专利复审和无效审查决定汇编丛书

专利复审和无效审查决定汇编

（2007）

光　电（第三卷）

国家知识产权局专利复审委员会　编

知识产权出版社
全国百佳图书出版单位

图书在版编目（CIP）数据

专利复审和无效审查决定汇编．2007．光电/国家知识产权局专利复审委员会编．—北京：知识产权出版社，2015．12

ISBN 978-7-5130-1610-0

Ⅰ．①专…　Ⅱ．①国…　Ⅲ．①专利权法—案例—中国　Ⅳ．①D923．425

中国版本图书馆 CIP 数据核字（2012）第 246938 号

内容提要

本书汇集了专利复审委员会 2007 年作出的光电专利复审和无效审查决定及相关审查决定和司法判决（根据法律规定需要保密的除外），比较全面地反映了专利复审委员会的审查工作和人民法院专利行政案件审理工作取得的进展，对专利工作者具有一定的借鉴和指导作用，也有利于当事人及广大公众对专利复审委员会的审查工作进行监督。

责任编辑：崔开丽　　**责任校对**：董志英

责任出版：孙婷婷　　**封面设计**：品　序

专利复审和无效审查决定汇编丛书

专利复审和无效审查决定汇编（2007）

光　电（第三卷）

国家知识产权局专利复审委员会　编

出版发行：知识产权出版社有限责任公司　　**网　址**：http://www.ipph.cn

社　址：北京市海淀区马甸南村 1 号（邮编：100088）　　**天猫旗舰店**：http://zscqcbs.tmall.com

责编电话：82000860 转 8377　　**责编邮箱**：cui_kaili@sina.com

发行电话：010-82000860 转 8101/8102　　**发行传真**：010-82000893/82005070/82000270

印　刷：北京中献拓方科技发展有限公司　　**经　销**：各大网上书店、新华书店及相关专业书店

开　本：880mm×1230mm　1/16　　**印　张**：175.75

版　次：2015 年 12 月第 1 版　　**印　次**：2015 年 12 月第 1 次印刷

字　数：5062 千字　　**定　价**：850.00 元（全 3 卷）

ISBN 978-7-5130-1610-0

前 言

随着经济全球化和我国国民经济的飞速发展，专利制度在经济活动中的作用和地位越来越突出，国民的专利意识也在不断增强。目前，我国专利申请总量超过1170万件，每年专利复审与无效宣告请求案件已超过2万件，2012年达到20261件。作为专利复审和无效宣告请求案件审查的专属机构，专利复审委员会每年都要作出数以千计的审查决定。与之相应，人民法院每年要作出数百篇司法判决。每一篇审查决定和判决书都凝聚着审查员和审判人员的心血和智慧。通过审查员和审判人员结合具体案情的创作型劳动，生硬的法律条文变得鲜活和丰满，形成一笔宝贵的精神财富和公共资源，并不断有专利代理机构、专利代理人以及审查员希望专利复审委员会能够出版专利复审和无效审查决定，作为学习和工作时的重要参考资料。

除根据法律规定需要保密的外，《专利复审和无效审查决定汇编（2007）》汇集了专利复审委员会2007年作出的审查决定，包括针对相应审查决定的司法判决，以便读者了解审查决定的法律状态并对照阅读和分析。本汇编按照技术专业领域将分为8大册，共25分卷：机械（3卷）、电学（4卷）、通信（2卷）、医药（2卷）、化学（2卷）、材料（3卷）、光电（3卷）、外观设计（6卷）。因此，本汇编比较全面地反映了专利复审委员会的审查工作和人民法院专利行政案件审理工作取得的进展。

我们相信，本汇编对专利工作者具有一定的借鉴和指导作用，也有利于当事人及广大公众对专利复审委员会的审查工作进行监督。本汇编也将为推动专利复审委员会的发展，促进专利代理业务水平的提高，为《国家知识产权战略纲要》进一步实施尽微薄之力。

本书编委会

2013年8月

目　　录

126

密封推拉窗

无效宣告请求审查决定（第9986号）

决　　定　　号　第9986号
决　　定　　日　2007年6月15日
发明创造名称　密封推拉窗
国 际 分 类 号　E06B 3/46，E06B 3/263
无效宣告请求人　辽宁忠旺集团有限公司
专　利　权　人　王广武
专　　利　　号　98200203.3
申　　请　　日　1998年1月5日
授 权 公 告 日　1999年6月16日
合 议 组 组 长　张梅珍
主　　审　　员　沈乐平
参　　审　　员　李晓娜

法　律　依　据　专利法第22条第3款
决　定　要　点

权利要求的技术方案与现有技术公开的技术方案之间存在区别技术特征，现有技术没有给出关于该区别技术特征的启示，同时该区别技术特征也给权利要求的整个技术方案带来了有益的效果，则该权利要求具备创造性。

一、案由

本无效宣告请求涉及国家知识产权局于1999年6月16日授权公告的、名称为“密封推拉窗”的98200203.3号实用新型专利（下称本专利），其申请日是1998年1月5日，专利权人是王广武。本专利授权公告时的权利要求书如下：

“1. 一种密封推拉窗是由窗框、窗扇、密封件、窗附件组成，其特征是：扇中立挺主型腔为直角型，在主型腔的一个直角边为玻璃镶嵌槽，在主型腔另一个直角边沿玻璃镶嵌槽方向有一中密封板，在中密封板与主型腔直角边所夹凹槽内和中密封板方向型材侧壁上设有密封条镶嵌槽，槽内装密封条。

2. 如权利要求1所述的密封推拉窗，其特征是：侧框型材上设有密封条镶嵌槽和侧挡台，密封条镶嵌槽内镶密封条，扇侧立挺两侧设有密封侧挡板，在扇侧立挺玻璃镶嵌槽相对端设密封条镶嵌槽，槽内装密封条，关闭推拉窗扇时，密封侧挡板插进框侧挡台内，侧框上的密封条与扇侧立挺侧面接触，扇侧立挺端部玻璃镶嵌槽内的密封条与侧框接触。

3. 如权利要求 1 所述的密封推拉窗，其特征是：下框型材下滑道两侧平面采用阶梯结构，其下部是矩形腔，矩形腔内设联接立筋。

4. 如权利要求 1 所述的密封推拉窗，其特征是：在扇中立挺相临的上框型材和下框型材上安装密封块。”

针对本专利，辽宁忠旺集团有限公司（下称请求人）于 2006 年 10 月 12 日向专利复审委员会提出了无效宣告请求，并提交了如下附件：

附件 1：本实用新型专利说明书复印件，共 5 页；

附件 2：专利号为 ZL96209349.1 的中国实用新型专利说明书复印件共 7 页，其授权公告日为 1996 年 12 月 4 日（下称对比文件 1）；

附件 3：专利号为 ZL94231628.2 的中国实用新型专利说明书复印件共 9 页，其授权公告日为 1996 年 2 月 21 日（下称对比文件 2）；

附件 4：专利号为 ZL96226073.8 的中国实用新型专利说明书复印件共 7 页，其授权公告日为 1997 年 9 月 3 日（下称对比文件 3）；

附件 5：公开号为 1476622 的英国专利文献的扉页及附图 1 复印件共 2 页，其公开日为 1977 年 6 月 16 日，没有中文译文（下称对比文件 4）；

附件 6：专利号为 4674246 的美国专利文献的扉页及附图 2 复印件共 2 页，其公开日为 1987 年 6 月 23 日，没有中文译文。

结合上述证据，请求人认为：本专利权利要求 1 相对于对比文件 1 或对比文件 2 不具备专利法第 22 条第 2 款规定的新颖性和专利法第 22 条第 3 款规定的创造性，本专利权利要求 2~4 相对于对比文件 1 和对比文件 3 的结合或相对于对比文件 2 和对比文件 3 的结合不具备专利法第 22 条第 3 款规定的创造性，对比文件 4 和附件 6 在使用对比文件 2 评述本专利权利要求 1 的新颖性时作为惯用手段直接置换的证据。

经形式审查合格，专利复审委员会依法受理了上述无效宣告请求，并于 2006 年 10 月 13 日向双方当事人发出了无效宣告请求受理通知书，随同无效宣告请求受理通知书将无效宣告请求书及其附件清单中所列附件副本转送给专利权人，要求其在指定的期限内答复。

针对上述无效宣告请求，专利权人于 2006 年 11 月 28 日向专利复审委员会提交了意见陈述书，专利权人认为：（1）本无效宣告请求书所附的对比文件 3 与针对本专利的编号为 5W07300 的无效宣告请求的审查决定书中的附件 2 为同一证据，该证据在编号为 5W07300 的无效宣告请求的审查决定书中作为主要证据已被充分考虑，依据审查指南的相关规定，该证据不应该在本无效宣告请求中再次使用。（2）对比文件 4、附件 6 为外文证据，没有提交中文译文，不能作为证据使用。（3）本专利权利要求 1~4 相对于对比文件 1 或对比文件 2 具备新颖性和创造性。

专利复审委员会依法成立合议组，对本案进行审理，合议组于 2007 年 3 月 5 日向双方当事人发出无效宣告请求口头审理通知书，告知双方当事人本案定于 2007 年 5 月 16 日举行口头审理，同时将专利权人于 2006 年 11 月 28 日提交的意见陈述书（共 7 页）转送给请求人。

口头审理如期举行，双方当事人均参加了口头审理，在口头审理中，

（1）请求人当庭明确表示放弃本专利权利要求 1 不具备专利法第 22 条第 2 款规定的新颖性的无效理由；放弃本专利权利要求 1 相对于对比文件 1 或对比文件 2 与公知常识的结合不具备专利法第 22 条第 3 款规定的创造性的无效理由。明确其无效宣告请求的理由为：本专利权利要求 1 相对于对比文件 1 与对比文件 3 的结合或相对于对比文件 4 与对比文件 3 的结合不具备专利法第 22 条第 3 款规定

的创造性，权利要求 2 和 4 相对于对比文件 1 和对比文件 3 的结合不具备专利法第 22 条第 3 款规定的创造性，权利要求 3 相对于对比文件 1~3 的结合不具备专利法第 22 条第 3 款规定的创造性。

（2）关于证据质证。

请求人明确表示放弃附件 6。

专利权人基于与答复无效请求的意见陈述书中相同的理由认为对比文件 3 不能作为本案的证据。专利权人对对比文件 1~3 的真实性无异议，对比文件 4 的真实性不能确定，且认为其为外文证据，未提供中文译文，不能作为证据。

请求人认为，本案中对比文件 3 与其他对比文件的结合方式没有在编号为 5W07300 的无效宣告请求的审查决定书中出现过，因此可用于评述本专利权利要求的创造性。对比文件 4 仅使用附图，不涉及使用说明书文字部分的内容，因而不需要译文。

合议组告知专利权人：由于对比文件 3 与对比文件 1 的结合、对比文件 3 与对比文件 4 的结合以及对比文件 1~3 的结合方式没有在编号为 5W07300 的无效宣告请求的审查决定书中出现过，因此可用于评述本专利权利要求的创造性。根据专利法实施细则第 4 条的有关规定，鉴于请求人只用对比文件 4 的扉页以及附图，不涉及说明书文字内容，可以作为证据使用。

（3）关于本专利权利要求 1 相对于对比文件 1 和对比文件 3 的结合是否具备创造性。

请求人认为，权利要求 1 相对于对比文件 1 的区别在于：①在中密封板与主型腔直角边所夹凹槽内设有密封条镶嵌槽，槽内装密封条；②在中密封板方向型材侧壁上设有密封条镶嵌槽，槽内装密封条。其中区别技术特征①为相同技术手段的等同置换，区别技术特征②在对比文件 1 中没有公开。对比文件 3 的附图 3 中披露了区别技术特征②，且对比文件 3 中披露的该技术手段所要解决的技术问题也是提高密封性能。对比文件 1 和对比文件 3 与本专利技术领域相同，因此本专利权利要求 1 相对于对比文件 1 和对比文件 3 的结合不具备创造性。至于本专利权利要求 1 中的“直角型腔”，本专利说明书中对其无严格定义，而对比文件 1 的主型腔上虽然开有玻璃镶嵌槽，但该槽从整体上不影响主型腔为直角型腔的结构。

专利权人认为，权利要求 1 相对于对比文件 1 的区别不仅是区别技术特征①和②，还有区别技术特征③，即扇中立挺主型腔为直角型。扇中立挺主型腔形状不同导致其强度不同；在端壁上必须用密封镶嵌槽，而不能用胶条，本专利的四次密封的效果不是数学上的四次密封的简单叠加，而是呈级数变化；本专利与对比文件 1 的发明点也不同；本专利的窗材是铝合金，对比文件 1~3 都是钢窗。对于直角型腔在本领域无明确定义，但是在《型钢手册》中有严格的定义，可以在口审后提供证据。

（4）关于本专利权利要求 1 相对于对比文件 4 和对比文件 3 的结合是否具备创造性。

请求人认为，权利要求 1 相对于对比文件 4 的区别在于：在中密封板方向型材侧壁上设有密封条镶嵌槽，槽内装密封条（即上述区别技术特征②）。上述区别技术特征②在对比文件 3 中被披露，因此本专利权利要求 1 相对于对比文件 4 和对比文件 3 的结合不具备创造性。另外，权利要求 1 中并未限定密封条方向，因此不能认为本专利权利要求 1 的密封结构为回字型。

专利权人认为，对比文件 4 中公开的型腔结构并非直角型腔，其中一个直角边特别短，因此所述型腔不具备抗弯性能。而且即使对比文件 4 与对比文件 3 结合也只能得到 4 个平行的密封结构，不能得到本专利具有回字型的密封结构。本专利说明书中对此密封结构有相关说明。

（5）关于本专利权利要求 2 相对于对比文件 1 和对比文件 3 的结合是否具备创造性。

请求人认为，对比文件 3 公开了权利要求 2 附加技术特征中除了“扇窗挺端部玻璃镶嵌槽内的密封条与侧框接触”之外的技术特征，而对比文件 1 则公开了框立料上设有毛条，因此相当于公开了“扇窗挺端部玻璃镶嵌槽内的密封条与侧框接触”，在权利要求 1 不具备创造性时，权利要求 2 也不具备创造性。请求人还认为本专利说明书中未提及减小噪声，而对比文件 2 公开的毛条与本专利密封条所起到的作用相同。

专利权人认可对比文件 3 公开了权利要求 2 附加技术特征中除了“扇窗挺端部玻璃镶嵌槽内的密封条与侧框接触”之外的技术特征，但认为对比文件 1 并没有公开“扇窗挺端部玻璃镶嵌槽内的密封条与侧框接触”，框立料上设有毛条与本专利结构完全不同，本专利的上述结构能够解决提高密封性能以及减小噪声的问题。

（6）关于本专利权利要求 3 相对于对比文件 1～3 的结合是否具备创造性。

请求人认为，对比文件 1 的图 3 公开了“矩形腔”和“联接立筋”，对比文件 2 公开了阶梯结构，并依据其说明书第 3 页倒数第 10～12 行认为其中的阶梯结构可以起到排水作用。

专利权人认为，对比文件 2 中的 2-2 是下框，其为阶梯状，但导轨 2-4 不是阶梯状，因此没有公开“下框型材下滑道两侧平面采用阶梯结构”，也未公开该结构具有很好的排水效果。

（7）关于本专利权利要求 4 相对于对比文件 1 和对比文件 3 的结合是否具备创造性。

请求人认为，该附加技术特征为公知常识。

专利权人认为，该附加技术特征不是公知常识，能起到更好的密封效果。

（8）合议组询问专利权人对于请求人当庭提出的证据组合方式是否需要庭后提交书面意见陈述，专利权人明确表示已经充分发表意见，不再提交意见陈述。合议组告知专利权人，可以在口审后 7 日内提交《型钢手册》，逾期不提交，不影响本案的审理。

专利权人未在指定的期限内提交《型钢手册》。

至此，合议组认为事实已经清楚，在此基础上，合议组经合议依法作出审查决定。

二、决定的理由

1. 关于证据和现有技术

请求人明确其所使用的证据为对比文件 1～4，其中对比文件 1～3 为中国实用新型专利说明书，专利权人对对比文件1～3 的真实性无异议，经审查合议组对对比文件1～3 的真实性予以认可。由于对比文件 1～3 的授权公告日均在本专利的申请日之前，因此对比文件 1～3 中公开的内容可以用作评价本专利权利要求 1～4 的创造性的现有技术。

对比文件 4 是公开号为 1476622 的英国专利文献的扉页及附图 1，其公开日为 1977 年 6 月 16 日。专利权人认为无法确定该证据的真实性。合议组认为，该证据是公开出版的专利文献，合议组经审查对其真实性予以认可。根据专利法实施细则第 4 条的有关规定，鉴于请求人只用对比文件 4 中的附图 1，不涉及说明书文字部分的内容，因此对比文件 4 可以作为证据使用。由于其公开日在本专利的申请日之前，因此由对比文件 4 的附图 1 中确定的内容可以作为现有技术来评价本专利权利要求的创造性。

2. 关于一事不再理

审查指南第四部分第三章第 2. 1 节规定：对已作出审查决定的无效宣告案件涉及的专利权，以同样的理由和证据再次提出无效宣告请求的，不予受理和审理。

专利权人认为，对比文件 3 在针对本专利的编号为 5W07300 的无效宣告请求的审查决定书中作为主要证据已被充分考虑，因此不应该在本无效宣告请求中再次使用。

合议组认为，虽然本无效宣告请求和编号为 5W07300 的无效宣告请求的审查决定书都涉及同一份证据（即本次无效宣告请求中的对比文件 3），但是在编号为 5W07300 的无效宣告请求的审查决定书中使用了另外一篇在本次无效宣告请求中没有使用的专利文献与该同一份证据结合来评价本专利的创造性，其中没有涉及本案中的对比文件 3 与对比文件 1 的结合、对比文件 3 与对比文件 4 的结合以及对比文件1~3的结合方式，因此不属于同样的理由和证据，在本案中可用涉及对比文件3的上述结合方式评述本专利权利要求的创造性。

3. 关于本专利权利要求1~4是否符合专利法第22条第3款的规定

专利法第22条第3款规定：创造性，是指同申请日以前已有的技术相比，该发明有突出的实质性特点和显著的进步，该实用新型有实质性特点和进步。

(1) 关于权利要求1是否符合专利法第22条第3款的规定。

本专利权利要求1保护一种密封推拉窗，其具有如下技术特征：①密封推拉窗由窗框、窗扇、密封件、窗附件组成；②扇中立挺主型腔为直角型；③在主型腔的一个直角边为玻璃镶嵌槽；④在主型腔另一个直角边沿玻璃镶嵌槽方向有一中密封板；⑤在中密封板与主型腔直角边所夹凹槽内设有密封条镶嵌槽，槽内装密封条；⑥在中密封板方向型材侧壁上设有密封条镶嵌槽，槽内装密封条。

①关于本专利权利要求1相对于对比文件1和对比文件3的结合是否具备创造性。

对比文件1涉及一种新型推拉窗，并公开了如下技术特征：该新型推拉窗具有外框（相当与本专利的窗框）。扇立料/横料（相当于本专利的窗扇），毛条、胶条，尼龙轮（相当于本专利的窗附件）等，尼龙轮设在两边的扇立料上，在中间的扇立料上加有胶条（相当于本专利的密封件）；对比文件1的附图1还公开了扇立料截面的形状为一条边开有用于镶嵌玻璃的槽的L型型腔，及在位于中间的扇立料（相当于本专利的扇中立挺）的另一个直角边沿玻璃镶嵌槽方向的、与胶条紧邻的条状结构（相当于本专利的中密封板）；胶条位于该条状结构与中间扇立料形成的凹槽内。

对比文件3公开了一种密封推拉窗，其由窗框、窗扇、窗附件、密封材料组成，其中窗扇内中立挺型材与窗扇外中立挺的型材相互咬合并与密封条相接触实现窗扇中立挺部位密封。附图5中部在标号6部件附近有两个黑色的T型结构，并可由该图看到中立挺型材为矩形。

请求人认为，由于本专利没有对直角型腔的具体含义进行严格定义，因此对比文件1中的扇立料截面的形状就相当于本专利的扇中立挺主型腔的形状；并且在凹槽内设有密封镶嵌槽、槽内设有密封条与直接在凹槽内设有胶条是相同技术手段的直接置换。因此，对比文件1实际上披露了本专利权利要求1的技术特征①~⑤，本专利权利要求1与对比文件1的区别在于：特征⑥。而对比文件3中的上述黑色T型结构就是在中密封板方向型材侧壁上的密封条镶嵌槽内装有的密封条，即对比文件3公开了上述区别技术特征⑥。由于该密封条也用于解决窗扇中立挺部位的密封问题，并且对比文件1和对比文件3与本专利同属于密封推拉窗领域，因此本专利权利要求1保护的技术方案不具备创造性。

合议组认为，虽然扇中立挺的直角型腔在密封推拉窗领域没有明确的定义，但是根据本专利说明书第1页第2~3段的记载“现有窗型材主型腔截面多为矩形或开口形状，矩形或开口形状型材防变形能力差，抗风压性能低。”以及“本实用新型的目的通过改变推拉窗型材的截面形状和增加立筋方法，提高推拉窗的防形变能力和抗风压性能”可知，本专利中直角型腔的含义不应该包括在L型型腔上有开口的情形。对比文件1的L型型腔上开有用于安装玻璃的镶嵌槽，因此对比文件1中的L型型腔的结构与本专利的直角型腔的结构不同，即对比文件1没有公开本专利的技术特征②；此外，正如请求人所承认的对比文件1也未公开技术特征⑥即没有公开技术特征“在中密封板方向型材侧壁上设有密封条镶嵌槽，槽内装密封条”；而且对比文件3所公开的扇中立挺的主型腔也不是直角型，即对比文件3也没有公开本专利的技术特征②。

合议组认为，对比文件1和对比文件3都没有公开本专利的技术特征②，也就是说，即便将对比文件1和对比文件3结合也无法得到本专利权利要求1的技术方案。而由于直角型腔具有不易变形的特性，所以采用直角型腔的扇中立挺可以降低推拉窗中立挺型材的变形，进而可以提高推拉窗的密封性能。可见，本专利权利要求保护的技术方案相对于对比文件1和对比文件3的结合具有实质性特点和进步，具备专利法第22条第3款规定的创造性。

②关于本专利权利要求1相对于对比文件4和对比文件3的结合是否具备创造性

对比文件4的附图1公开了一种结构。

请求人认为，对比文件4的附图1公开了一种密封推拉窗，并且公开了本专利权利要求1的技术特征①~⑤，本专利权利要求1相对于对比文件4的区别在于技术特征⑥。而技术特征⑥被对比文件3公开了，因此本专利权利要求1相对于对比文件4与对比文件3的结合不具备创造性。

合议组认为，在镶嵌有玻璃的密封推拉窗的结构中玻璃的厚度通常小于窗扇立料型材的厚度，这种厚度的不同将表现在工程制图中。当制图是一玻璃推拉窗的窗扇的俯视图时，图中会有用于表示窗扇立料的厚度与表示玻璃厚度的两对不同宽度的平行线。

如果将对比文件4的附图1当作俯视图，则其所示结构看起来象是推拉窗，但是附图1中的附图标记13处只有一对平行线，如果将这一对平行线理解为窗扇立料的厚度与镶嵌在其内的玻璃的厚度相同，则与通常的理解有悖。因此不能从对比文件4附图1公开的内容唯一地确定附图1中的结构就是一种玻璃推拉窗，从而也就无法确定对比文件4附图1中公开的其他信息的具体含义。因此对比文件4公开的内容无法用于评价本专利权利要求1的创造性。

由于请求人使用对比文件4作为最接近的现有技术，而对比文件4公开的内容无法用于评价本专利权利要求1的创造性，因此，请求人主张的本专利权利要求1相对于对比文件4与对比文件3的结合不具备专利法第22条第3款规定的创造性的无效理由不成立。

综上所述，本专利权利要求1相对于对比文件1与对比文件3的结合或者对比文件4与对比文件3的结合都具备专利法第22条第3款规定的创造性。

（2）关于本专利权利要求2和权利要求4是否符合专利法第22条第3款的规定。

由于本专利权利要求1相对于对比文件1与对比文件3的结合具备创造性，因而从属于权利要求1的权利要求2和权利要求4相对于对比文件1与对比文件3的结合也具有实质性特点和进步，具备专利法第22条第3款规定的创造性。

（3）关于本专利权利要求3是否符合专利法第22条第3款的规定。

请求人认为，对比文件2公开了阶梯结构，并依据对比文件2的说明书第3页倒数第10~12行认为其可以起到排水作用。

合议组认为，由于对比文件2没有公开本专利权利要求1的技术特征②，并且对该特征的引入也不存在任何技术启示。因此本专利权利要求1相对于对比文件1~3的结合具有实质性特点和进步，具备专利法第22条第3款规定的创造性。权利要求3从属于权利要求1，因而权利要求3相对于对比文件1~3的结合也具有实质性特点和进步，具备专利法第22条第3款规定的创造性。

综上所述，本专利权利要求1~4具备专利法第22条第3款规定的创造性。

三、决定

维持98200203.3号实用新型专利权有效。

当事人对本决定不服的，可以根据专利法第46条第2款的规定，自收到本决定之日起三个月内向北京市第一中级人民法院起诉。根据该款的规定，一方当事人起诉后，另一方当事人应当作为第三人参加诉讼。

127

高铟高铁锌精矿的铟、铁、银、锡等金属回收新工艺

无效宣告请求审查决定（第9990号）

决　定　号　第9990号
决　定　日　2007年6月14日
发明创造名称　高铟高铁锌精矿的铟、铁、银、锡等金属回收新工艺
国际分类号　C22B 3/06，3/46 //C22B 19：00，58：00
无效宣告请求人　柳州华锡集团有限责任公司
专利权人　沈奕林，覃庶宏
专　利　号　99106190. X
申　请　日　1999年5月4日
授权公告日　2001年11月7日
合议组组长　赵　明
主　审　员　王　冬
参　审　员　刘　翚

法律依据　专利法实施细则第20条第1款
决定要点

当权利要求中出现了“等”、“约”等类似用语，如果该用语没有导致权利要求的保护范围不清楚，则该权利要求符合专利法实施细则第20条第1款有关权利要求应当清楚的规定。

一、案由

本无效宣告请求涉及中华人民共和国国家知识产权局于2001年11月7日授权公告的、名称为“高铟高铁锌精矿的铟、铁、银、锡等金属回收新工艺”的发明专利权（以下简称本专利），其专利号是99106190. X，申请日是1999年5月4日，专利权人是沈奕林，共同专利权人是覃庶宏。本专利授权公告的权利要求书如下：

“1. 一种在高铟高铁锌精矿中回收铟、铁、银、锡等金属的工艺，该工艺包括在回转窑、反射炉或锌白炉等还原炉中处理含铟的黄钾铁矾渣和热酸浸出渣，其中高铟高铁锌精矿经过热酸浸出，把锌、铟、铁与银、锡分离得到富集银和锡的浸出渣，用黄钾铁矾法沉铁、铟，达到锌与铟、铁分离，得到富含铟和铁的铁矾渣，铁矾渣在回转窑中按不同的温度带先后进行脱水、硫酸盐分解和氧化、还原等反应，其中脱水温度是350~500℃，硫酸盐分解和氧化的温度是500~900℃，还原反应的温度是1 100~1 350℃，经过上述处理之后可以分别实现铁、铟分离和回收以及实现银和锡的回收。

2. 根据权利要求1的工艺，其特征在于还原反应中还原剂与物料之比是1∶3至2∶3（重量）。

3. 根据权利要求2的工艺，其特征在于还原剂是焦炭或还原煤。”

针对上述专利权，柳州华锡集团有限责任公司（以下简称请求人）于2006年2月7日向专利复审委员会提出无效宣告请求，同时提交了本专利的专利说明书，请求人认为：（1）权利要求1中多处使用了导致保护范围不清楚的用语“等”，权利要求1中出现的用语“高铁”、“高铟”、“富集”、“富含”为含义不清的用语，此外，“还原炉”不是本领域的规范技术术语，含义不确切，因此，权利要求1不符合专利法实施细则第20条第1款的规定；（2）权利要求2和3是引用权利要求1的从属权利要求，在权利要求1不清楚的情况下，权利要求2和3也不符合专利法实施细则第20条第1款的规定。

经形式审查合格，专利复审委员会依法受理了上述无效宣告请求，并于2006年2月10日向双方发出无效宣告请求受理通知书，同时将专利权无效宣告请求书及其附件清单中所列附件的副本转送给专利权人，并要求专利权人在指定的期限内陈述意见。

针对专利复审委员会于2006年2月10日发出的上述无效宣告请求受理通知书，专利权人于2006年3月23日提交了意见陈述书，同时提交了如下证据：

证据1：《湿法冶金新研究》，马荣骏著，湖南科学技术出版社，1999年3月第1版第1次出版，封面页、出版信息页、内容及作者简介页、第46~49、206页复印件；

证据2：《株冶科技》，1990年8月第18卷第3~4期封面页、第50、51、68页复印件；

证据3：《矿冶工程》，1988年9月第8卷第3期封面页、目录页、出版信息页以及载有王乾坤、马荣骏、谭泊曾编写的标题为“低污染钾铁矾法除铁”的文章复印件；

证据4：《稀有金属手册》下册，《稀有金属手册》编辑委员会编著，冶金工业出版社，1995年12月第1版，封面页、出版信息页、第737页复印件；

证据5：1985年9月国家科委攻关项目《广西大厂高铟锌精矿热酸浸出—铁矾法炼锌、萃取提铟新工艺锌流程工业试验报告》复印件，共2页；

证据6：鉴定日期为1985年12月5日、成果名称为《广西大厂高铟锌精矿热酸浸出、铁矾法炼锌工业试验》、编号为（85）中色科鉴字第127号技术鉴定证书复印件，共2页；

证据7：鉴定日期为1998年1月5日、成果名称为《高铟锌精矿新工艺提铟工业试验》的中色科鉴字【1997】第223号科学技术成果鉴定证书复印件，共2页。

专利权人认为：（1）权利要求1中出现的“等”不妨碍本领域技术人员理解和实施本发明，是清楚的；（2）权利要求1中出现的“高铁”、“高铟”、“富集”、“富含”是本领域技术人员所熟知的用语，在证据1~7中分别可以找到同样的用语，“还原炉”是指以还原反应为主要反应的冶金炉，是本领域技术人员所熟知的，因此，权利要求1~3清楚地表述了保护的范围，符合专利法实施细则第20条第1款的规定。

专利复审委员会依法成立合议组，对本案进行审查。

专利复审委员会本案合议组于2007年2月12日向双方发出无效宣告请求口头审理通知书，定于2007年3月28日举行口头审理。随同口头审理通知书，将专利权人于2006年3月23日提交的意见陈述书及其附件清单中所列附件的副本转送给请求人。

口头审理因故改期，专利复审委员会本案合议组于2007年3月9日向双方发出无效宣告请求口头审理通知书，定于2007年4月11日举行口头审理。

口头审理如期举行，专利权人没有出席口头审理，口头审理在请求人一方出席的情况下进行，合议组对本案的无效理由和证据逐一进行了调查。请求人明确其无效宣告的理由、事实和范围是：权利要求1中出现的“等”、“还原炉”不清楚，使得权利要求1的保护范围不清楚，因此，权利要求1~

3不符合专利法实施细则第20条第1款的规定，请求人当庭放弃关于权利要求1中“富集”、“富含”、“高铟”和“高铁”不清楚的无效理由。请求人对证据1~7的真实性没有异议，对证据5~7的合法性有异议，认为其不是公开出版物，不能作为证据使用。

至此，合议组认为本案事实已经清楚，可以作出审查决定。

二、决定的理由

1. 关于证据和现有技术

请求人对专利权人提交的证据1~4的真实性没有异议，因此证据1~4可以作为本案证据使用。

证据5是《广西大厂高铟锌精矿热酸浸出—铁矾法炼锌、萃取提铟新工艺锌流程工业试验报告》，其上有“密级 内部”字样；证据6和7是两份技术鉴定书，请求人对上述证据的合法性有异议，认为其是内部资料，不是公开出版物。合议组认为，上述证据不属于专利法意义上的公开出版物，由于专利权人没有出庭对该证据进行质证，无法证明上述证据在本专利申请日前已经处于公众想得知就能够得知的状态，因此合议组对证据5~7不予采信。

2. 关于专利法实施细则第20条第1款

专利法实施细则第20条第1款规定：权利要求书应当说明发明或者实用新型的技术特征，清楚、简要地表述请求保护的范围。

当权利要求中出现了“等”、“约”等类似用语，如果该用语没有导致权利要求的保护范围不清楚，则该权利要求符合专利法实施细则第20条第1款有关权利要求应当清楚的规定。

针对本专利，请求人认为，权利要求1中使用的“还原炉”不是规范的技术术语，在现有技术中没有给出确切含义，因此，权利要求1的保护范围不清楚。对此，合议组认为，即使“还原炉”不是本领域标准的技术术语，但其含义对本领域技术人员来说是清楚的，即根据本专利说明书的记载能够理解权利要求1中所述“还原炉”是指在其中以还原反应为主要反应的冶金炉，因此，权利要求1中使用的“还原炉”并没有导致权利要求1的保护范围不清楚，因此，该技术特征是清楚的。

请求人认为，权利要求1中出现的“……等金属回收工艺……”、“……等还原炉……”以及“……氧化、还原等反应……”中所述“等”的使用使得权利要求1的保护范围不清楚。合议组认为，虽然权利要求1中使用了“……等金属回收工艺……”的描述，但从权利要求1上下文可以看出，权利要求1请求保护的技术方案只是实现了铁、铟的分离和回收以及实现了银和锡的回收，因此，此处出现的“……等金属回收工艺……”并未使该权利要求的保护范围不清楚。对于“……等还原炉……”的描述，合议组认为，本专利说明书关于本发明技术方案的描述为：“……第三步根据布尔多反应，用碳还原法处理含铟铁矾渣，可以在回转窑、反射炉、锌白炉等各种还原炉窑中进行，得到含铟1%~5%的氧化物料，使铟得到第二次富集，完成了铟铁分离”（参见本专利说明书第1页最后一行至第2页第3行），根据上述关于本发明技术方案中第三步处理方法的记载，本领域技术人员可以理解：在该步骤中，其主要反应是用碳还原法处理含铟铁矾渣，而上述反应需要在包括回转窑、反射炉、锌白炉在内的还原炉窑中进行；权利要求1中所述“该工艺包括在回转窑、反射炉或锌白炉等还原炉中处理含铟的黄钾铁矾渣和热酸浸出渣”，其中“回转窑、反射炉或锌白炉”仅是对所使用“还原炉”的具体列举，本领域技术人员基于对说明书技术方案相应部分的理解，能够清楚地得知权利要求1中“……等还原炉……”的含义，不会产生错误的理解，因此，权利要求1中出现的上述“等”是清楚的，不会导致权利要求的保护范围不清楚。对于“……氧化、还原等反应……”的描述，合议组认为，铁矾渣在回转窑中的不同温度带会发生脱水、硫酸盐分解、氧化、还原等反应，权利要求1中对不同温度带具体工艺参数的限定实际上已经限定了其中所发生的各种反应，因此，本领域技术人员根据上述描述能够清楚地理解权利要求的保护范围，权利要求1中出现的上述

“等”不会造成保护范围的不清楚。

综上所述，权利要求 1 中“还原炉”和“等”字的出现不会造成权利要求 1 保护范围不清楚，权利要求 1 符合专利法实施细则第 20 条第 1 款的规定。

由于权利要求 1 的保护范围是清楚的，请求人没有提出权利要求 2 和 3 的附加技术特征存在不清楚之处，因此，权利要求 2~3 的保护范围也是清楚的，符合专利法实施细则第 20 条第 1 款的规定。

根据上述的事实和理由，本案合议组依法作出以下决定。

三、决定

维持 99106190. X 号发明专利权有效。

当事人对本决定不服的，可以根据专利法第 46 条第 2 款的规定，自收到本决定之日起 3 个月内向北京市第一中级人民法院起诉。根据该款的规定，一方当事人起诉后，另一方当事人应当作为第三人参加诉讼。

128

单吹气化颗粒镁铁水脱硫设备

无效宣告请求审查决定（第9999号）

决　　定　　号　第9999号
决　　定　　日　2007年6月14日
发明创造名称　单吹气化颗粒镁铁水脱硫设备
国 际 分 类 号　C22C 33/10，C21C 7/064
无效宣告请求人　中冶集团北京冶金设备研究设计总院
专　利　权　人　刘东业
专　　利　　号　99223935.4
申　　请　　日　1999年5月27日
授 权 公 告 日　2000年3月29日
合 议 组 组 长　刘瑞斌
主　　审　　员　董晓静
参　　审　　员　王　琳

法　律　依　据　专利法第26条第3款
决　定　要　点

如果所属技术领域的技术人员根据说明书公开的内容，结合其所掌握的现有技术的知识，就能够实现发明或者实用新型的技术方案，解决其技术问题，并且产生预期的技术效果，则说明书对于发明或者实用新型的描述就是清楚和完整的，符合专利法第26条第3款的规定。

一、案由

本无效宣告请求涉及中华人民共和国国家知识产权局于2000年3月29日授权公告的、名称为“单吹气化颗粒镁铁水脱硫设备”的实用新型专利权（以下简称本专利），其专利号是99223935.4，申请日是1999年5月27日，专利权人是刘东业。

本专利授权公告的权利要求书如下：

“1. 一种单吹气化颗粒镁铁水脱硫设备，它包括计量给料器（1）、带有气化室通道的耐火喷枪（2）、输镁管路（3）、铁水包盖（4），其特征在于在计量给料器（1）的出口端设置转子计量给料器（7），在转子给料器（7）的下方安装了一个立体式筛分器（8），筛分器底部连接气包（9），输镁管路（3）一端与气包相连，另一端与喷枪（2）相连，喷枪穿过铁水包盖伸入铁水包内，惰性气体出口分两条管路，一路连接气包（9），另一路连接计量给料器（1）。

2. 根据权利要求1所述的一种单吹气化颗粒镁铁水脱硫设备，其特征在于所述转子给料器（7）

为多级旋转格孔叶片组成，每个格孔在垂直方向上均与其上一个格孔错开。

3. 根据权利要求 1 或 2 所述的一种单吹气化颗粒镁铁水脱硫设备，其特征在于所述转子给料器（7）中的转子与转子外壳之间的间隙值（S）小于绝大部分镁试剂颗粒的直径。

4. 根据权利要求 1 所述的一种单吹气化颗粒镁铁水脱硫设备，其特征在于所述筛分器（8）的形态为在互相平行的若干平面上以等距离（a）拉紧的四条弦线，上两级的弦线与下两级的弦线互相垂直并相互错开半个步距（a/2），且上两级和下两级任意三条最邻近的弦线之间的距离都相等。

5. 根据权利要求 1 或 2 所述的一种单吹气化颗粒镁铁水脱硫设备，其特征在于所述转子给料器（7）的转子外壳与转子轴支点之间有一个自由空间。

6. 根据权利要求 1 所述的一种单吹气化颗粒镁铁水脱硫设备，其特征在于计量给料器（1）与转子计量给料器（7）相衔接的部位成截短锥体形，其形成线与锥体小端底面形成的倾角等于或大于镁试剂的安息角。

7. 根据权利要求 1 或 2 所述的一种单吹气化颗粒镁铁水脱硫设备，其特征在于所述计量给料器（1）的内部设置一个镁试剂容器，它与给料器四壁和转子计量给料器（7）之间都有间隙，并且装配一个自激式物料装置，镁试剂容器与转子旋转的传动装置不接相关联。

8. 根据权利要求 1 所述的一种单吹气化颗粒镁铁水脱硫设备，其特征在于转子给料器（7）装配了一个电动调节旋转速度的转子传动装置（15）。

9. 根据权利要求 1 所述的一种单吹气化颗粒镁铁水脱硫设备，其特征在于所述喷枪的壳管之中安装喷枪通道，通道出口处为加宽的锥体，通道壁与壳壁之间有气隙，喷枪通道与壳管的连接方式是可拆卸的。

10. 根据权利要求 1 所述的一种单吹气化颗粒镁铁水脱硫设备，其特征在于所述铁水包盖上装配了一个集气管，其喷咀（17）伸入铁水包盖下方。”

针对上述专利权，中冶集团北京冶金设备研究设计总院（以下简称请求人）于 2004 年 9 月 15 日向专利复审委员会提出无效宣告请求，其提交的附件如下：

附件 1：公开日为 1975 年 4 月 29 日的美国专利 US3880411A 及其中文译文。

请求人认为：（1）权利要求 1 相对于附件 1 不具备新颖性和创造性，因为其前序部分是公知的现有技术，特征部分是公知现有技术的等同替换技术；（2）权利要求 1 中“立体式筛分器（8）”和“气包（9）”这两个必要技术特征没有在说明书的技术方案部分得到详细描述，即说明书的技术方案部分没有描述它们带来的技术效果及其在实现实用新型目的中所起的作用，因此不符合专利法第 26 条第 3 款、第 4 款的规定。

经形式审查合格，专利复审委员会依法受理了上述无效宣告请求，并于 2004 年 9 月 16 日向双方发出无效宣告请求受理通知书，同时将专利权无效宣告请求书及其附件清单中所列附件的副本转送给专利权人，并要求专利权人在指定的期限内陈述意见。

针对上述无效宣告请求受理通知书，专利权人于 2004 年 10 月 30 日提交了意见陈述书，认为附件 1 没有公开本专利的技术内容，不能否定本专利的新颖性和创造性，并认为本专利对立体式筛分器和气包这两个部件的功能作了清楚的说明，二者的配套可以有效地控制颗粒镁总流量及均匀分布，使其离散化，以此可以防止铁水喷镁脱硫装置堵塞，保证将超规格物料筛分出去，这种效果对颗粒镁的均匀和稳定喷出起到很重要的作用，而且气包还可有效地利用另一管路中的气体将颗粒镁输送到输镁管道中，而附件 1 的管道只是普通的输送压缩气体的管，不能保证喷镁参数的调节与控制。

专利复审委员会依法组成合议组对上述无效宣告请求进行审查。合议组于 2004 年 12 月 3 日向双方当事人发出口头审理通知书，定于 2005 年 1 月 14 日举行口头审理。随同口头审理通知书，将专利权人于2004年10月30日提交的意见陈述书副本转送给请求人。

口头审理如期进行，合议组充分听取了双方当事人的意见陈述，并记录了以下事项：

（1）请求人明确其无效宣告请求的理由和范围是说明书不符合专利法第26条第3款的规定，权利要求1不符合专利法第22条第3款的规定，放弃权利要求1不符合专利法第26条第4款规定的无效理由。专利权人对附件1的真实性和译文准确性没有异议，双方认可权利要求1与附件1的区别技术特征是立体式筛分器和气包。

（2）请求人在口头审理过程中新提出说明书中还有多处不符合专利法第26条第3款的规定，合议组告知请求人对之前没有提出过的新事实可以提交书面意见，但是本次口头审理中不予考虑，同时将请求人当庭提交的关于无效理由和事实的补充材料转给专利权人，并给予专利权人15日的答复期限。

2005年1月18日，请求人针对口头审理提交了意见陈述书，重申权利要求1不具备创造性、说明书不符合专利法第26条第3款的意见，其主张的本专利不符合专利法第26条第3款的具体事实与其当庭提交的补充材料中主张的事实基本相同，可概括为：A. 说明书第2页第11~13行中“筛分器8的形态为在互相平行的若干平面上以等距离（a）拉紧的四条弦线……相互错开半个步距（a/2）……”，没有给出a的数值范围，也没有给出镁试剂颗粒的直径，更没有给出弦线的材质，因此立体式筛分器的结构没有充分公开，同时气包（9）的结构也没有公开；B. 本专利的发明目的与其优点效果不相适应；C. 说明书第2页第9行“转子与转子外壳之间的间隙（s）小于绝大部分镁试剂颗粒的直径”中的“绝大部分”不清楚，没有给出镁试剂颗粒的直径，本领域技术人员无法得知间隙（s）的数值；D. 说明书第2页第16~17行中“平台周边与给料器容器壁之间的间隙等于大多数镁试剂颗粒直径的15~20倍”没有说明平台的位置，间隙的位置更不能确定，由于镁试剂颗粒的直径的数值没有给出，间隙值也无法得知；E. 说明书第2页第15~16行“在计量给料1与转子7上方安装了一个平台状的支座卸料器”，没有给出平台状支座卸料器的具体构造；F. 说明书第2页第19行“……并且装配一个自激式物料装置13”，没有给出其具体结构；G. 图7中的标号“2”与图1中的标号“2”有矛盾；说明书第2页第15行的安息角在何处，安息角含义不清楚；H. 说明书没有公开脱硫装置的操作方法。

2005年1月26日，针对请求人于口头审理过程中当庭提交的补充材料，专利权人提交了意见陈述书。专利权人认为：（1）请求人在提出无效宣告请求时，仅举出本专利说明书没有清楚描述“立体式筛分器”和“气包”（即A、B）的结构和有益效果，却在口头审理过程中突然提出许多关于本专利说明书不符合专利法第26条第3款规定的新主张（C~H），因此应依照专利法实施细则第66条的规定，对新主张不予审理；（2）本专利说明书对“立体式筛分器”和“气包”结构的描述是清楚的，本实用新型的有益效果是由其形状、结构或其组合保证的，并非必须要用试验数据证明。

专利复审委员会经审理，于2005年9月7日针对上述无效宣告请求作出第7592号无效宣告请求审查决定，维持第99223935.4号实用新型专利权有效。该决定的具体理由为：

（1）请求人关于本专利说明书不符合专利法第26条第3款的规定的理由均不能成立，具体而言，合议组认为：

①关于A，由于镁试剂是公知的可商购原料，直径容易确定；立体式筛分器的a值可根据计量给料器出口的尺寸、铁水处理设备的容量、镁试剂颗粒的直径、处理时的喷吹强度多种因素来确定，弦线的数值范围可根据a值确定，弦线的材质对于本领域的技术人员是显而易见的；而且气包是充有气体的空间，本专利说明书描述了其连接关系，因此，请求人关于说明书没有公开立体式筛分器、气包结构的主张不能成立。

②关于 B，由于根据本专利说明书和附图对单吹气化颗粒镁铁水脱硫设备的结构特征和作用方式的描述，本领域技术人员可得知其有益效果，因此请求人关于本专利发明目的与其优点效果不相适应的主张不能成立。

③关于 C，由于当转子与转子外壳之间的间隙（s）小于绝大部分镁试剂颗粒的直径时，保证了绝大部分镁试剂颗粒不落到转子与转子外壳之间的间隙中，防止颗粒卡住转子以保证设备正常运行，因此在镁试剂颗粒的直径确定的情况下，本领域的普通技术人员根据常识不需要付出创造性劳动就可以设定间隙（s）的数值，而且“绝大部分”一词的使用不妨碍本领域的普通技术人员对转子与转子外壳之间的间隙（s）大小的选择，因此请求人关于“绝大部分”和“间隙（s）”未被充分公开的主张也不成立。

④关于 D，即“平台状支座卸料器”和“平台周边与给料器容器壁之间的间隙等于大多数镁试剂颗粒直径的 15~20 倍”，由于根据说明书第 2 页第 15~17 行和附图 7 可知平台状支座卸料器的形状、位置、作用，而且这是块状物料从料仓中卸出时常用的装置，是本领域普通技术人员公知的设备，在没有证据表明说明书有关描述会导致本专利权利要求所要求保护的技术方案无法实现其发明目的的情况下，对请求人的这一主张也不予支持。

⑤关于 E，即“自激式物料装置”，由于自激式物料装置是使结团的颗粒依靠重力作用下降时分开，避免喷吹时大颗粒物料堵塞管道的一种常用装置，本领域普通技术人员不需要付出创造性劳动就可以从现有技术已知的各种自激式物料装置中进行选择，因此请求人有关说明书没有公开自激式物料装置的结构导致不符合专利法第 26 条第 3 款的主张不能成立。

⑥关于 F 即附图标记矛盾和安息角的含义，由于本领域的普通技术人员对照图 3 与图 7 可容易地看出图 7 中的“2”属于“7”的明显笔误，而且“安息角”是指被计量物料的堆积角，是一个抽象的概念，无法、也无须指出其位置，因此请求人有关说明书附图标记的明显错误和没有公开安息角的位置与含义导致不符合专利法第 26 条第 3 款的主张不能成立。

⑦关于 H，由于本专利的发明点在于结合使用立体式筛分器和气包来有效控制颗粒镁的总流量及均匀分布，从而达到平稳、流畅、均匀的脱硫效果，本领域的技术人员不需要付出创造性的劳动就能够操作这一脱硫装置。

（2）本专利权利要求 1 相对于附件 1 的区别技术特征在于包括立体式筛分器和气包，由于附件 1 不存在采用该区别技术特征以解决因颗粒镁供应不平稳、不均匀而导致脱硫效果不理想的技术启示，因此权利要求 1 相对于附件 1 具备创造性。

请求人不服上述第 7592 号决定，于 2005 年 12 月 24 日向北京市第一中级人民法院起诉。北京市第一中级人民法院经审理，于 2006 年 6 月 22 日作出（2006）一中行初字第 94 号行政判决书，判决撤销上述第 7592 号无效宣告请求审查决定。

具体而言，上述行政判决书认为，“专利复审委员会针对其中 D、E、F 事实所作出的评判均涉及公知常识或公知设备，并以此为由认定中冶集团北京冶金设备研究设计总院提出的专利法第 26 条第 3 款的无效理由不成立。由于中冶集团北京冶金设备研究设计总院在提起诉讼时，对专利复审委员会在上述事实中所认定的本领域公知常识或公知设备的来源及如何适用的问题提出了异议，而专利复审委员会在法定举证期限内未提交相关证据予以证明，因此其在第 7592 号决定中对中冶集团北京冶金设备研究设计总院提出的 D、E、F 事实的评判缺乏事实依据，第 7592 号决定认定事实不清，应予撤销”。

上述行政判决书生效后，专利复审委员会重新成立合议组对本无效宣告请求案进行审理。本案合议组于 2007 年 1 月 18 日向双方当事人发出无效宣告请求口头审理通知书，定于 2007 年 3 月 29 日举行口头审理。

口头审理如期举行，双方当事人均参加了口头审理，合议组充分听取了双方的意见陈述，并记录了以下事项：

（1）关于无效请求的范围，请求人当庭放弃本专利不符合专利法第 22 条第 3 款规定的无效宣告理由，明确其无效理由是本专利说明书不符合专利法第 26 条第 3 款的规定，依据的具体事实是第 7592 号决定涉及的 A~H 特征，并明确这些特征与权利要求书的关系是权利要求 1~2、4~5、8~10 仅涉及 A 特征，权利要求 3 涉及 A、C 特征，权利要求 6 涉及 A、F 特征，权利要求 7 涉及 A、E 特征，因上述特征公开不充分导致权利要求 1~10 不符合专利法第 26 条第 3 款的规定。

（2）专利权人提交两份反证，分别为：

反证 1：耿光斗译、中国建筑工业出版社出版、1978 年 1 月第一版的《料仓》封面页、版权页、目录页、第 87、90、91、94、95、97、100~105、188、189、196 页；

反证 2：陆厚根编著、同济大学出版社出版的《粉体技术导论》封面、前言、目录第 2 页和第 61 页。

专利权人表示反证 1 用来证明平台式、自激式给料器是公知技术，反证 2 用来证明安息角是本领域公知的概念。请求人认可两份反证的真实性，也认可是现有公知技术，但是不认可其属于审查指南规定的公知常识性证据形式，因为从出版前言可以看出上述两反证不是手册、词典等。专利权人则表示根据上述反证的前言可知其是教科书，因此是公知常识。

至此，合议组认为本案事实已经清楚，可以作出审查决定。

二、决定的理由

（一）关于证据

请求人提交的证据是附件 1，由于请求人依据附件 1 提出的无效宣告理由仅是本专利权利要求 1 不具备创造性，而这一理由已在 2007 年 3 月 29 日的口头审理过程中被请求人明确放弃，因此合议组对附件 1 不予评述。

专利权人提交的证据是反证 1、2，请求人对它们的真实性没有异议，也认可其为现有公知技术，但是对反证 1、2 是否属于审查指南规定的公知常识性证据提出异议。对此合议组认为，反证 1 扉页"译校者的话"介绍了该书是作者根据近年来关于料仓设计和应用方面的有关文献加以归纳整理的，可以作为从事料仓设计和生产应用方面的工程技术人员参考之用；反证 2 扉页的"再版序"介绍了其作者根据本课程教学实践的体会和读者的反馈建议从而在再版时对该书作了进一步的完善，由此可知，上述反证 1、2 应当属于审查指南规定的公知常识性证据的范畴，在专利权人在口头审理辩论终结前提交且对其进行具体说明的情况下，合议组对其予以考虑。在此基础上，由于请求人认可其真实性而且是本专利的现有技术，因此反证 1、2 可以作为本案证据使用，其上记载的内容可以用来反映在本专利申请日之前所属技术领域技术人员的知识水平。

（二）关于专利法第 26 条第 3 款

专利法第 26 条第 3 款规定：说明书应当对发明或者实用新型作出清楚、完整的说明，以所属技术领域的技术人员能够实现为准。也就是说，说明书应当满足充分公开发明或者实用新型的要求。

如果所属技术领域的技术人员根据说明书公开的内容，结合其所掌握的现有技术的知识，就能够实现发明或者实用新型的技术方案，解决其技术问题，并且产生预期的技术效果，则说明书对于发明或者实用新型的描述就是清楚和完整的，符合专利法第 26 条第 3 款的规定。

具体到本案中，请求人认为本专利不符合专利法第 26 条第 3 款的规定的具体依据是第 7592 号决定所归纳的 A、B、C、D、E、F、H 技术特征，其中，技术特征 A 涉及权利要求 1~10，技术特征 C、F、E 分别涉及权利要求 3、6、7，其他技术特征 B、D、H 均涉及说明书。

1. 关于涉及权利要求书的技术特征 A、C、E 和 F 公开是否充分的问题

（1）技术特征 A，即说明书对立体式筛分器结构、气包结构、镁试剂颗粒直径、立体式筛分器的 a 值、弦线数值范围和弦线材质是否充分公开的问题。请求人在 2007 年 3 月 29 日的口头审理期间明确放弃关于气包结构未充分公开的主张，认为第 7592 号决定所述确定 a 值的多个因素中，铁水设备的尺寸、给料器出口尺寸、a 值弦线等范围没有被说明书充分公开。专利权人则认为立体式筛分器的结构是相互平行的平面上相互排列的拉紧的弦线，a 值代表弦线间距而不是函数关系，间距大或小都可以保证把镁颗粒送到铁水中。

说明书与上述 A 特征的相应描述是“筛分器的形态为在互相平行的若干平面上以等距离（a）拉紧的四条弦线，上两级的弦线与下两级的弦线互相垂直并相互错开半个步距（a/2），且上两级和下两级任意三条最邻近的弦线之间的距离都相等”（说明书第 2 页第 11~13 行），说明书附图 4、5 中给出了筛分器的平面示意图和侧视图，而且说明书中还指出“颗粒镁在气体压力及重力下通过试剂的转子计量给料器的叶片格孔进入筛分器，起到控制总流量及均匀分布的作用”（说明书第 2 页最后一段）。

在此基础上，合议组认为，对所属技术领域的技术人员来说，由上述说明和图示可以确定立体式筛分器的结构，也可以获知该多层弦线相互垂直并错开所形成的立体式结构将对基于气压和重力作用而进入的镁试剂颗粒起到筛分作用。镁试剂颗粒可以通过商业购买获得，其直径也因此确定。此外，基于筛分的作用机理，本领域技术人员可知 a 值和镁试剂颗粒直径的选择关系，例如，对于相同的镁试剂颗粒直径，如果弦线间距 a 值较大，则相当于筛分结构供颗粒物通过的通路较大，颗粒可以较快地通过，但是被分散的程度较差从而导致脱硫效果较差，而当 a 值较小时，相当于筛分结构供颗粒物通过的通路较小，分散程度更好，将导致脱硫效果更好但是颗粒通过速度较慢；而对于相同的弦线间距 a 值，镁试剂的颗粒直径大将难以通过，直径小则容易通过。此外，就弦线材质、铁水设备尺寸、给料器出口尺寸而言，这也是所属技术领域的技术人员可以根据设备应用的实际工况能够确定的。

因此，说明书对立体式筛分器的结构以及应用功能的说明已足以使所属技术领域的技术人员根据说明书的记载得到立体式筛分器的技术方案，解决镁颗粒的控制流量和均匀分布的技术问题，符合专利法第 26 条第 3 款的规定。

（2）技术特征 C，即说明书对“转子和转子外壳之间的间隙（s）小于绝大部分镁试剂颗粒的直径”的描述是否因“绝大部分”、“镁试剂颗粒的直径”不清楚而导致公开不充分的问题。请求人认为“绝大部分”一词不清楚，没有量的概念，而且没有证据证明是常识。专利权人则认为“绝大部分”是符合工艺要求和订货要求的尺寸，而间隙留多大是生活常识，如果镁试剂颗粒的订货尺寸是 1 毫米，却非要把缝隙设定成 0.5 毫米，就容易堵塞。

对此，说明书中相应部分的上下文是“转子给料器为多级旋转格孔叶片组成，每个格孔在垂直方向上均与其上一个格孔错开，转子与转子外壳之间的间隙值（s）小于绝大部分镁试剂颗粒的直径”、“颗粒镁在气体压力及重力下通过试剂的转子计量给料器的叶片格孔进入筛分器，起到控制总流量及均匀分布的作用”，而且说明书附图 2、3 和 8 还给出了转子计量给料器的剖视图、正视图和结构示意图。在此基础上，合议组认为，对所属技术领域的技术人员来说，根据上述表述可知这一间隙的设定必须符合转子给料器既要给料又要控制总流量的要求，那么前提条件之一就是间隙不能过小，以免因为颗粒物卡在转子和壳体之间而导致转子不能转动，而且间隙也不能过大，否则颗粒不经过转子叶片就可以直接经过该间隙离开给料器，如此就难以控制流量。根据转子给料器的上述功能，本领域技术人员可按照具体工况购买和/或选择镁试剂颗粒的直径，将转子与转子外壳之间的间隙（s）设定为小于绝大部分镁试剂颗粒的直径，从而保证绝大部分镁试剂颗粒不落到转子与转子外壳之间的间隙中，防止镁试剂颗粒卡住转子，保证设备的正常运行。另外，“绝大部分”一词的使用，并不妨碍

本领域的普通技术人员对转子与转子外壳之间的间隙（s）大小的选择，是完全可以理解并实施的。

因此，说明书对转子给料器的转子与外壳之间间隙的说明足以使本领域技术人员确定转子给料器的结构，从而实现给料和控制流量的功能，符合专利法第26条第3款的规定。

（3）技术特征E，即说明书第2页第19行“装配一个自激式物料装置13”是否因没有公开自激式物料装置构造而导致公开不充分的问题。专利权人认为反证1第90、91、95、103页涉及的助流器就是本专利所说的自激器，二者只是翻译不同，但都是给一定的外加能量来帮助粒料流动的。请求人虽然认可自激式物料装置的作用是给外力使其下料，但是认为没有证据说明本领域技术人员根据说明书的记载就能够实现发明目的，同时也没有公开怎样施加外力和自激式装置的结构。

对此，合议组认为，说明书的相关描述为“计量给料器的内部设置一个镁试剂容器，它与给料器四壁和转子计量给料器之间都有间隙，并且装配一个自激式物料装置”（说明书第2页第17～20行），以及图8表示的结构关系示意图。由此可知，该自激式物料装置的作用在于让镁试剂容器中的颗粒物下滑。反证1第90页指出“并不是所有料仓和斗仓斗能仅仅依靠重力流动就能自行卸空而且能同时保持合理的尺寸比例……为了使储存物料流动或者为了获得高度的流动活动性的使用方法是在料仓和（或）斗仓上装设‘助流器’。所谓‘助流器’，它包括能够引起物料颗粒和仓壁间相对运动以使物料下滑的任何手段和装置。建议采用和已经采用的助流器有许多类型。总起来说，助流器的原理有下述三种：a）气动助流装置；b）振动器；c）机械落料器。”第94、95、102、103页介绍了作为助流器的振动器，包括料仓和斗仓外壁上的振动器、内壁上的振动板、悬吊在料仓内的悬吊式振动件等。

因此，根据本申请说明书的描述结合现有技术的知识，本领域普通技术人员可以选择具体的自激式物料装置来解决使镁试剂颗粒下滑的技术问题，说明书对自激式物料装置的说明符合专利法第26条第3款的规定。

（4）技术特征F，即说明书附图标记和安息角含义的问题，请求人不再坚持附图标记矛盾导致说明书公开不充分的主张，坚持认为安息角的含义不清楚。专利权人则认为反证2第61页说明安息角是本领域技术人员公知的基本概念。

说明书对此的描述是“计量给料器与转子计量给料器相衔接的部位成截短锥体形，其形成线与锥体小端底面形成的倾角等于或大于镁试剂的安息角”（说明书第2页第13～15行）以及图7给出的结构示意图。反证2第61页指出“安息角是粉体粒度较粗的状态下由自重运动所形成的角。安息角的测定方法有排出角法、注入角法、滑动角法以及剪切盒法等多种。排出角法是去掉堆积粉体的方箱某一侧壁，残留在箱内的粉体斜面的倾角即为安息角。”

在上述基础上，合议组认为，对所属技术领域的技术人员来说，对于排出法测得的安息角为α的粉体物料，当将该粉体加入到底面水平并有中心孔的圆筒容器中，使粉体自筒底中心孔流出时，最终在筒内形成的逆圆锥状的残留粉体堆积体的倾斜角即其达到平衡状态时的自由表面与水平面夹角就是安息角α。由此显而易见，为了实现卸料的目的，对于呈截短锥体形的计量给料器来说，其形成线与锥体小端底面的倾角（参见本专利图7）应等于或大于镁试剂的安息角。

因此，根据说明书的记载和现有技术的知识，本领域的普通技术人员能够根据具体所应用物料的流动性能来确定计量给料器的锥体角度，从而实现本专利的单吹气化颗粒镁铁水脱硫设备的技术方案，说明书对锥体角度和安息角的描述符合专利法第26条第3款的规定。

综上，鉴于本专利说明书对A、C、E、F技术特征进行了充分公开，因此权利要求书也不因上述技术特征公开不充分而导致不符合专利法第26条第3款。

2. 关于技术特征B、D、H公开是否充分的问题

首先需要说明的是，即使技术特征B、D、H公开不充分，由于这些技术特征不涉及任何权利要

求，即不会因上述特征公开不充分而导致权利要求限定的技术方案不清楚，不完整，而使本领域技术人员无法实现，因此本专利的权利要求1~10也不会因B、D、H公开不充分而导致其不符合专利法第26条第3款的规定。

另外，针对请求人所主张的说明书没有充分公开B、D、H技术特征而导致说明书不符合专利法第26条第3款，合议组的意见如下：

（1）技术特征B，即说明书描述的发明目的以及脱硫效率是否对应、是否因不相适应而导致公开不充分的问题，请求人认为其提供的附件1也就是美国专利有实验数据，而本专利没有实验数据，本专利的发明目的和效果不相适应。

对此，合议组认为，首先，本专利不属于必须依赖实验结果加以证实才能成立的情况，其次，有益效果的描述方式并不是必须用实验数据说明，也可以通过对技术方案的分析来说明，由本专利的说明书和附图可知，脱硫试剂颗粒镁依次经过立体式筛分器、气包、气化室再喷入铁水中，与铁水中的硫反应，由于立体式筛分器防止颗粒镁结团，使之分散充分，气包使颗粒镁和气体充分混合形成粉气混合物，防止产生脉冲，因此，二者的结合可以有效控制颗粒镁的总流量及均匀分布，使其离散化，防止铁水喷镁脱硫装置堵塞，保证超规格物料筛出去，能够达到平稳、流畅、均匀的脱硫效果。由此可见，根据说明书对单吹气化颗粒镁铁水脱硫设备的结构特征和作用方式的描述，本领域技术人员就可得知其有益效果（参见说明书第2页第2段）。因此本专利说明书对有益效果的公开是充分的，请求人有关发明目的与效果不相适应的主张不能成立。

（2）技术特征D，即说明书对平台状支座卸料器、平台位置、间隙位置、间隙值是否充分公开的问题。请求人坚持之前陈述的理由即认为平台的位置、间隙的位置及间隙值均未充分公开。专利权人则认为平台的形状、位置是清楚的，功能是减轻料柱对转子的压力，安装方式只要能够支撑在容器中即可，说明书本身的叙述很清楚，而且反证1第196页图8-7也描述了支架平台。

对此，合议组认为，根据说明书的相关描述“在计量给料内部与转子上方安装了一个平台状的支座卸料器，它避免了整个料柱的压力都加到转子上，平台周边与给料器容器壁之间的间隙等于大多数镁试剂颗粒直径的15~20倍”（说明书第2页第15~17行），以及反证1第196页图8-7所示结构，所属技术领域的技术人员可以确定所属平台状的支座卸料器的位置是在计量给料器内部、转子给料器上方，形状是平台状并带支座，功能是防止物料集中在局部区域堆积从而对转子施加过大压力，尺寸是能够容纳在计量给料器内并且平台周边与给料器容器壁之间存在一定间隙，间隙大小则应当与依照具体工况购买和/或采用的镁试剂颗粒的直径相匹配。而且，没有证据表明有关描述会导致本专利说明书记载的技术方案无法实现其发明目的，因此请求人关于说明书没有充分公开D的主张不成立。

（3）技术特征H，即说明书对脱硫装置操作方法是否充分公开的问题。合议组认为，说明书第2页最后一段对该脱硫装置工作状况的描述足以使所属技术领域的技术人员能够操作本专利的脱硫装置，因此请求人关于说明书没有公开脱硫装置的操作方法而导致不符合说明书专利法第26条第3款的主张也不能成立。

根据上述的事实和理由，本案合议组依法作出以下决定。

三、决定

维持99223935.4号实用新型专利权有效。

当事人对本决定不服的，可以根据专利法第46条第2款的规定，自收到本决定之日起3个月内向北京市第一中级人民法院起诉。根据该款的规定，一方当事人起诉后，另一方当事人应当作为第三人参加诉讼。

北京市第一中级人民法院
行政判决书

（2007）一中行初字第 1278 号

原告中冶集团北京冶金设备研究设计总院，住所地北京市朝阳区安外胜古庄 2 号。

法定代表人孙松奇，院长。

委托代理人徐国文，北京安博达知识产权代理有限公司专利代理人。

委托代理人易平，男，1954 年 7 月 26 日出生，中冶集团北京冶金设备研究设计总院高级工程师，住北京市西城区大石虎胡同。

被告国家知识产权局专利复审委员会，住所地北京市海淀区北四环西路 9 号银谷大厦 10~12 层。

法定代表人廖涛，副主任。

委托代理人齐宏涛，国家知识产权局专利复审委员会审查员。

委托代理人董晓静，国家知识产权局专利复审委员会审查员。

第三人刘东业，男，汉族，1944 年 8 月 20 日出生，住辽宁省大石桥市石桥办事处。

委托代理人徐云瑞，男，1940 年 2 月 27 日出生，住北京市朝阳区北四环东路。

委托代理人杨嘉瑞，男，1947 年 1 月 20 日出生，住山西省太原市尖草坪区大同路 239 号。

原告中冶集团北京冶金设备研究设计总院（简称冶金设计总院）不服被告国家知识产权局专利复审委员会（简称专利复审委员会）作出的第 9999 号无效宣告请求审查决定（简称第 9999 号决定），在法定期限内向本院提起行政诉讼。

本院于 2007 年 9 月 21 日受理后，依法组成合议庭，并通知刘东业作为本案的第三人参加诉讼。本院于 2007 年 11 月 14 日公开开庭对本案进行了审理。原告冶金设计总院的委托代理人徐国文、易平，被告专利复审委员会的委托代理人齐宏涛、董晓静，第三人刘东业的委托代理人徐云瑞、杨嘉瑞到庭参加了诉讼。本案现已审理终结。

第 9999 号决定系被告专利复审委员会就原告冶金设计总院针对第三人刘东业拥有的名称为“单吹气化颗粒镁铁水脱硫设备”的实用新型专利（简称本专利）提出的无效宣告请求而作出。该决定认定：

（一）对于反证 1、2 是否属于《审查指南》规定的公知常识性证据

反证 1 扉页“译校者的话”介绍了该书是作者根据近年来关于料仓设计和应用方面的有关文献加以归纳整理的，可以作为从事料仓设计和生产应用方面的工程技术人员参考之用；反证 2 扉页的“再版序”介绍了其作者根据本课程教学实践的体会和读者的反馈建议从而在再版时对该书作了进一步的完善，由此可知，上述反证 1、2 应当属于《审查指南》规定的公知常识性证据的范畴，其上记载的内容可以用来反映在本专利申请日之前所属技术领域技术人员的知识水平。

（二）关于《中华人民共和国专利法》（简称《专利法》）第二十六条第三款

1. 关于涉及权利要求书的技术特征 A、C、E 和 F 公开是否充分的问题

（1）技术特征 A，即说明书对立体式筛分器结构、镁试剂颗粒直径、立体式筛分器的 a 值、弦线数值范围和弦线材质是否充分公开的问题。

说明书与上述 A 特征的相应描述是“筛分器的形态为在互相平行的若干平面上以等距离（a）拉紧的四条弦线，上两级的弦线与下两级的弦线互相垂直并相互错开半个步距（a/2），且上两级和下

两级任意三条最邻近的弦线之间的距离都相等”（说明书第2页第11~13行），说明书附图4、5中给出了筛分器的平面示意图和侧视图，而且说明书中还指出“颗粒镁在气体压力及重力下通过试剂的转子计量给料器的叶片格孔进入筛分器，起到控制总流量及均匀分布的作用”（说明书第2页最后一段）。对所属技术领域的技术人员来说，由上述说明和图示可以确定立体式筛分器的结构，也可以获知该多层弦线相互垂直并错开所形成的立体式结构将对基于气压和重力作用而进入的镁试剂颗粒起到筛分作用。镁试剂颗粒可以通过商业购买获得，其直径也因此确定。此外，基于筛分的作用机理，本领域技术人员可知a值和镁试剂颗粒直径的选择关系，例如，对于相同的镁试剂颗粒直径，如果弦线间距a值较大，则相当于筛分结构供颗粒物通过的通路较大，颗粒可以较快地通过，但是被分散的程度较差从而导致脱硫效果较差，而当a值较小时，相当于筛分结构供颗粒物通过的通路较小，分散程度更好，将导致脱硫效果更好但是颗粒通过速度较慢；而对于相同的弦线间距a值，镁试剂的颗粒直径大将难以通过，直径小则容易通过。此外，就弦线材质、铁水设备尺寸、给料器出口尺寸而言，这也是所属技术领域的技术人员可以根据设备应用的实际工况能够确定的。

因此，说明书对立体式筛分器的结构以及应用功能的说明已足以使所属技术领域的技术人员根据说明书的记载得到立体式筛分器的技术方案，解决镁颗粒的控制流量和均匀分布的技术问题，符合《专利法》第二十六条第三款的规定。

（2）技术特征C，即说明书对“转子和转子外壳之间的间隙（s）小于绝大部分镁试剂颗粒的直径”的描述是否因“绝大部分”、“镁试剂颗粒的直径”不清楚而导致公开不充分的问题。

冶金设计总院认为“绝大部分”一词不清楚，没有量的概念，而且没有证据证明是常识。对此，专利复审委员会认为，说明书中相应部分的上下文是“转子给料器为多级旋转格孔叶片组成，每个格孔在垂直方向上均与其上一个格孔错开，转子与转子外壳之间的间隙值（s）小于绝大部分镁试剂颗粒的直径”、“颗粒镁在气体压力及重力下通过试剂的转子计量给料器的叶片格孔进入筛分器，起到控制总流量及均匀分布的作用”，而且说明书附图2、3和8还给出了转子计量给料器的剖视图、正视图和结构示意图。对所属技术领域的技术人员来说，根据上述表述可知这一间隙的设定必须符合转子给料器既要给料又要控制总流量的要求，那么前提条件之一就是间隙不能过小，以免因为颗粒物卡在转子和壳体之间而导致转子不能转动，而且间隙也不能过大，否则颗粒不经过转子叶片就可以直接经过该间隙离开给料器，如此就难以控制流量。根据转子给料器的上述功能，本领域技术人员可按照具体工况购买和/或选择镁试剂颗粒的直径，将转子与转子外壳之间的间隙（s）设定为小于绝大部分镁试剂颗粒的直径，从而保证绝大部分镁试剂颗粒不落到转子与转子外壳之间的间隙中，防止镁试剂颗粒卡住转子，保证设备的正常运行。另外，“绝大部分”一词的使用，并不妨碍本领域的普通技术人员对转子与转子外壳之间的间隙（s）大小的选择，是完全可以理解并实施的。

因此，说明书对转子给料器的转子与外壳之间间隙的说明足以使本领域技术人员确定转子给料器的结构，从而实现给料和控制流量的功能，符合《专利法》第二十六条第三款的规定。

（3）技术特征E，即说明书第2页第19行“装配一个自激式物料装置13”是否因没有公开自激式物料装置构造而导致公开不充分的问题。

刘东业认为反证1第90、91、95、103页涉及的助流器就是本专利所说的自激器，二者只是翻译不同，但都是给一定的外加能量来帮助粒料流动的。冶金设计总院虽然认可自激式物料装置的作用是给外力使其下料，但是认为没有证据说明本领域技术人员根据说明书的记载就能够实现发明目的，同时也没有公开怎样施加外力和自激式装置的结构。对此，专利复审委员会认为，说明书的相关描述为“计量给料器的内部设置一个镁试剂容器，它与给料器四壁和转子计量给料器之间都有间隙，并且装配一个自激式物料装置”（说明书第2页第17~20行），以及图8表示的结构关系示意图。由此可知，该自激式物料装置的作用在于让镁试剂容器中的颗粒物下滑。反证 1 第 90 页指出“并不是所有料仓和斗仓都能仅仅依靠重力流动就能自行卸空而且能同时保持合理的尺寸比例。……为了使储存物料流动或者为了获得高度的流动活动性的使用方法是在料仓和（或）斗仓上装设‘助流器’。所谓‘助流器’，它包括能够引起物料颗粒和仓壁间相对运动以使物料下滑的任何手段和装置。建议采用和已经采用的助流器有许多类型。总起来说，助流器的原理有下述三种：①气动助流装置；②振动器；③机械落料器。”第 94、95、102、103 页介绍了作为助流器的振动器，包括料仓和斗仓外壁上的振动器、内壁上的振动板、悬吊在料仓内的悬吊式振动件等。

因此，根据本申请说明书的描述结合现有技术的知识，本领域普通技术人员可以选择具体的自激式物料装置来解决使镁试剂颗粒下滑的技术问题，说明书对自激式物料装置的说明符合《专利法》第二十六条第三款的规定。

（4）技术特征 F，即说明书附图标记和安息角含义的问题，冶金设计总院不再坚持附图标记矛盾导致说明书公开不充分的主张，坚持认为安息角的含义不清楚。

说明书对此的描述是“计量给料器与转子计量给料器相衔接的部位成截短锥体形，其形成线与锥体小端底面形成的倾角等于或大于镁试剂的安息角”（说明书第 2 页第 13~15 行）以及图 7 给出的结构示意图。反证 2 第 61 页指出“安息角是粉体粒度较粗的状态下由自重运动所形成的角。安息角的测定方法有排出角法、注入角法、滑动角法以及剪切盒法等多种。排出角法是去掉堆积粉体的方箱某一侧壁，残留在箱内的粉体斜面的倾角即为安息角。”对所属技术领域的技术人员来说，对于排出法测得的安息角为 α 的粉体物料，当将该粉体加入到底面水平并有中心孔的圆筒容器中，使粉体自筒底中心孔流出时，最终在筒内形成的逆圆锥状的残留粉体堆积体的倾斜角即其达到平衡状态时的自由表面与水平面夹角就是安息角 α。由此显而易见，为了实现卸料的目的，对于呈截短锥体形的计量给料器来说，其形成线与锥体小端底面的倾角（参见本专利图 7）应等于或大于镁试剂的安息角。

因此，根据说明书的记载和现有技术的知识，本领域的普通技术人员能够根据具体所应用物料的流动性能来确定计量给料器的锥体角度，从而实现本专利的单吹气化颗粒镁铁水脱硫设备的技术方案，说明书对锥体角度和安息角的描述符合《专利法》第二十六条第三款的规定。

综上，鉴于本专利说明书对 A、C、E、F 技术特征进行了充分公开，因此权利要求书也不因上述技术特征公开不充分而导致不符合《专利法》第二十六条第三款。

2. 关于技术特征 B、D、H 公开是否充分的问题

首先需要说明的是，即使技术特征 B、D、H 公开不充分，由于这些技术特征不涉及任何权利要求，即不会因上述特征公开不充分而导致权利要求限定的技术方案不清楚，不完整，而使本领域技术人员无法实现，因此本专利的权利要求 1~10 也不会因 B、D、H 公开不充分而导致其不符合《专利法》第二十六条第三款的规定。

针对冶金设计总院所主张的说明书没有充分公开 B、D、H 技术特征而导致说明书不符合《专利法》第二十六条第三款，专利复审委员会的意见如下：

（1）技术特征 B，即说明书描述的发明目的以及脱硫效率是否对应、是否因不相适应而导致公开不充分的问题。

冶金设计总院认为其提供的附件 1 也就是美国专利有实验数据，而本专利没有实验数据，本专利的发明目的和效果不相适应。对此，专利复审委员会认为，首先，本专利不属于必须依赖实验结果加以证实才能成立的情况，其次，有益效果的描述方式并不是必须用实验数据说明，也可以通过对技术方案的分析来说明，由本专利的说明书和附图可知，脱硫试剂颗粒镁依次经过立体式筛分器、气包、

气化室再喷入铁水中，与铁水中的硫反应，由于立体式筛分器防止颗粒镁结团，使之分散充分，气包使颗粒镁和气体充分混合形成粉气混合物，防止产生脉冲，因此，二者的结合可以有效控制颗粒镁的总流量及均匀分布，使其离散化，防止铁水喷镁脱硫装置堵塞，保证超规格物料筛出去，能够达到平稳、流畅、均匀的脱硫效果。由此可见，根据说明书对单吹气化颗粒镁铁水脱硫设备的结构特征和作用方式的描述，本领域技术人员就可得知其有益效果（参见说明书第 2 页第 2 段）。因此本专利说明书对有益效果的公开是充分的，冶金设计总院有关发明目的与效果不相适应的主张不能成立。

（2）技术特征 D，即说明书对平台状支座卸料器、平台位置、间隙位置、间隙值是否充分公开的问题。

冶金设计总院坚持认为平台的位置、间隙的位置及间隙值均未充分公开。专利复审委员会认为，根据说明书的相关描述“在计量给料内部与转子上方安装了一个平台状的支座卸料器，它避免了整个料柱的压力都加到转子上，平台周边与给料器容器壁之间的间隙等于大多数镁试剂颗粒直径的15~20 倍”（说明书第 2 页第 15~17 行），以及反证 1 第 196 页图 8-7 所示结构，所属技术领域的技术人员可以确定所属平台状的支座卸料器的位置是在计量给料器内部、转子给料器上方，形状是平台状并带支座，功能是防止物料集中在局部区域堆积从而对转子施加过大压力，尺寸是能够容纳在计量给料器内并且平台周边与给料器容器壁之间存在一定间隙，间隙大小则应当与依照具体工况购买和/或采用的镁试剂颗粒的直径相匹配。而且，没有证据表明有关描述会导致本专利说明书记载的技术方案无法实现其发明目的，因此冶金设计总院关于说明书没有充分公开技术特征 D 的主张不成立。

（3）技术特征 H，即说明书对脱硫装置操作方法是否充分公开的问题。

专利复审委员会认为，说明书第 2 页最后一段对该脱硫装置工作状况的描述足以使所属技术领域的技术人员能够操作本专利的脱硫装置，因此冶金设计总院关于说明书没有公开脱硫装置的操作方法而导致不符合《专利法》第二十六条第三款的主张也不能成立。

根据上述的事实和理由，专利复审委员会依法作出第 9999 号决定，维持本专利有效。

冶金设计总院不服，于法定期限内向本院提起诉讼，其诉称：首先，第 9999 号决定审理程序不合法。具体理由为：第一，根据（2006）一中行初字第 94 号判决（简称第 94 号判决），被告在重新审理时可以引入公知常识证据，但第 9999 号决定所引入的反证 1、2 均非公知常识证据。其中反证 1，第 94 号判决已明确认定其过举证期限不应予以采纳，且其本身并非公知常识证据，亦与本专利不属于同一技术领域。对于反证 2，其不符合《审查指南》所列举的公知常识性证据的规定，即并非技术词典、技术手册和教科书，同时，其与本专利并非同一领域，其属于粉体技术领域。鉴于第 94 号判决已对说明书公开是否充分进行了评述，在未吸收任何有效的公知常识证据的情况下，第 9999 号决定得出与第 94 号判决不同的结论，是不应当的。同时，在反证 1、2 并非公知常识证据的情况下，被告将其引入第 9999 号决定中，其作法违反了《最高人民法院关于贯彻执行<中华人民共和国行政诉讼法>若干问题的意见》第 30 条的规定。第二，对于第三人提交的两份反证，被告未给原告时间进行答复即再次作出无效决定，违反审理原则（在庭审中，原告并未涉及该起诉意见）。其次，本专利不符合《专利法》第二十六条第三款的规定。具体而言：第一，技术特征 F，即安息角的含义，说明书中并未公开。因反证 2 并非公知常识证据，即便反证 2 属于公知常识，其中亦未给出安息角的计算方法或明确的数值范围。第二，技术特征 E，即自激式物料装置，说明书中并未公开。首先，反证 1 因其不能被本次无效决定所采用，其次，即便其可以被采用，其与本专利亦不属于同一技术领域，其中亦未公开该技术特征，无法用以说明本专利自激式物料装置已公开充分。第三，技术特征 B，即说明书描述的发明目的以及脱硫效率是否对应、是否因不相适应而导致公开不充分的问题，说明书中并未公开。对于发明目的的评价应以原告提交的附件 1 作为对比客体，以确认本专利是否可以达到说明书中所称“脱硫效果好、成本低”的发明目的，因附件 1 的脱硫效果显然比本专利好。但被告却在未与附件 1 进行对比的情况下，认定本领域技术人员可得知本专利的有益效果。相对于附件 1 而言，本专利显然不能达到其发明目的。第四，对于技术特征 D，原告认为反证 1 中并未公开支架平台的技术特征，因此，即便可以引入反证 1，亦无法认为该特征已被公开。第五，对于技术特征 H、A、C，仍坚持在无效程序中的意见，认为说明书并未将其公开，同时对于技术特征 A，原告还指出说明书中未公开喷吹强度。综上，请求法院判决撤销第 9999 号决定，并由被告承担诉讼费用。

被告专利复审委员会答辩称：（1）关于审查程序：首先，第 94 号行政判决书并未直接判定本专利不符合《专利法》第二十六条第三款，也没有判定第 7592 号无效宣告审查决定（简称第 7592 号决定）对 A、B、C 和 G、H 处的认定事实依据不足。因此第 9999 号决定在第三人提交的两份反证和本专利说明书的基础上，依据与第 7592 号决定不同的证据，对 D、E、F 处事实重新作出了认定，并不违反第 94 号判决。其次，原告主张的《最高人民法院关于贯彻执行<中华人民共和国行政诉讼法>若干问题的意见》已于 2000 年被《最高人民法院的关于执行<中华人民共和国行政诉讼法>若干问题的解释》废止，而且该意见的相关规定与本案没有任何关联性。现行有效的任何法律、法规和司法解释都没有规定当事人在专利复审委员会的审查决定被法院撤销之后的审理过程中不能再提交证据。最后，原告主张的被告没有给予其书面答复的时间、违背审理程序的主张也不成立。根据口头审理笔录，在口头审理终结时，原告明确表示没有新的意见需要补充。（2）关于认定事实和适用法律。①原告关于反证 1、2 不属于公知常识性证据的主张不成立，因为《审查指南》的规定是“技术词典、技术手册和教科书等所属技术领域中的公知常识性证据”，而且原告在口头审理期间认可反证 1、2 是现有公知技术，因此被告认定反证 1、2 为公知常识证据并不违反《审查指南》的规定。②原告关于反证 1、2 的技术领域、相关记载和涉案专利不同，不能用于评价《专利法》第二十六条第三款的主张也不成立，其主要原因在于该规定的判断主体是所属技术领域的技术人员，其知晓申请日之前所属领域的普通技术知识，能够获知所有现有技术，具备从其他技术领域中获知相关现有技术、普通技术知识和常规实验手段的能力。③关于本专利是否符合《专利法》第二十六条第三款的规定，被告仍然坚持第 9999 号决定中的观点。综上所述，第 9999 号决定认定事实清楚、适用法律正确、审理程序合法，请求法院驳回原告诉讼请求，维持第 9999 号决定。

第三人刘东业述称：被告根据生效的第 94 号判决重新对本案所涉无效请求进行审理，并作出第 9999 号决定，是符合法定程序的。反证 1、2 属于《审查指南》所规定的公知常识，第 9999 号决定中可以采用。第 9999 号决定对于本专利说明书是否符合《专利法》第二十六条第三款规定的判定具有事实及法律依据，请求法院予以维持。

本院经审理查明：

本专利是名称为“单吹气化颗粒镁铁水脱硫设备”、专利号为 99223935.4 的实用新型专利，其申请日为 1999 年 5 月 27 日，授权公告日为 2000 年 3 月 29 日，专利权人为刘东业。

本专利授权公告的权利要求书如下：

“1. 一种单吹气化颗粒镁铁水脱硫设备，它包括计量给料器（1）、带有气化室通道的耐火喷枪（2）、输镁管路（3）、铁水包盖（4），其特征在于在计量给料器（1）的出口端设置转子计量给料器（7），在转子给料器（7）的下方安装了一个立体式筛分器（8），筛分器底部连接气包（9），输镁管路（3）一端与气包相连，另一端与喷枪（2）相连，喷枪穿过铁水包盖伸入铁水包内，惰性气体出口分两条管路，一路连接气包（9），另一路连接计量给料器（1）。

2. 根据权利要求 1 所述的一种单吹气化颗粒镁铁水脱硫设备，其特征在于所述转子给料器（7）

为多级旋转格孔叶片组成，每个格孔在垂直方向上均与其上一个格孔错开。

3. 根据权利要求 1 或 2 所述的一种单吹气化颗粒镁铁水脱硫设备，其特征在于所述转子给料器（7）中的转子与转子外壳之间的间隙值（S）小于绝大部分镁试剂颗粒的直径。

4. 根据权利要求 1 所述的一种单吹气化颗粒镁铁水脱硫设备，其特征在于所述筛分器（8）的形态为在互相平行的若干平面上以等距离（a）拉紧的四条弦线，上两级的弦线与下两级的弦线互相垂直并相互错开半个步距（a/2），且上两级和下两级任意三条最邻近的弦线之间的距离都相等。

5. 根据权利要求 1 或 2 所述的一种单吹气化颗粒镁铁水脱硫设备，其特征在于所述转子给料器（7）的转子外壳与转子轴支点之间有一个自由空间。

6. 根据权利要求 1 所述的一种单吹气化颗粒镁铁水脱硫设备，其特征在于计量给料器（1）与转子计量给料器（7）相衔接的部位成截短锥体形，其形成线与锥体小端底面形成的倾角等于或大于镁试剂的安息角。

7. 根据权利要求 1 或 2 所述的一种单吹气化颗粒镁铁水脱硫设备，其特征在于所述计量给料器（1）的内部设置一个镁试剂容器，它与给料器四壁和转子计量给料器（7）之间都有间隙，并且装配一个自激式物料装置，镁试剂容器与转子旋转的传动装置不接相关联。

8. 根据权利要求 1 所述的一种单吹气化颗粒镁铁水脱硫设备，其特征在于转子给料器（7）装配了一个电动调节旋转速度的转子传动装置（15）。

9. 根据权利要求 1 所述的一种单吹气化颗粒镁铁水脱硫设备，其特征在于所述喷枪的壳管之中安装喷枪通道，通道出口处为加宽的锥体，通道壁与壳壁之间有气隙，喷枪通道与壳管的连接方式是可拆卸的。

10. 根据权利要求 1 所述的一种单吹气化颗粒镁铁水脱硫设备，其特征在于所述铁水包盖上装配了一个集气管，其喷咀（17）伸入铁水包盖下方。”

针对本专利，冶金设计总院于 2004 年 9 月 15 日向专利复审委员会提出无效宣告请求，并提交了附件 1，即公开日为 1975 年 4 月 29 日的美国专利 US3880411A 及其中文译文。其无效理由为：权利要求 1 相对于附件 1 不具备新颖性和创造性；权利要求 1 不符合《专利法》第二十六条第三款、第四款的规 2005 年 1 月 14 日专利复审委员会针对该无效请求进行了口头审理。口头审理中，冶金设计总院放弃权利要求 1 不符合《专利法》第二十六条第四款规定的无效理由，其主张的本专利不符合《专利法》第二十六条第三款的具体事实可概括为：

A. 说明书第 2 页第 11~1 3 行中“筛分器 8 的形态为在互相平行的若干平面上以等距离（a）拉紧的四条弦线……相互错开半个步距（a/2）……”，没有给出 a 的数值范围，也没有给出镁试剂颗粒的直径，更没有给出弦线的材质，因此立体式筛分器的结构没有充分公开，同时气包（9）的结构也没有公开；在 2007 年 3 月 29 日的口头审理中，其明确放弃关于气包结构未充分公开的主张。

B. 本专利的发明目的与其优点效果不相适应；

C. 说明书第 2 页第 9 行“转子与转子外壳之间的间隙（s）小于绝大部分镁试剂颗粒的直径”中的“绝大部分”不清楚，没有给出镁试剂颗粒的直径，本领域技术人员无法得知间隙（s）的数值；

D. 说明书第 2 页第 16~17 行中“平台周边与给料器容器壁之间的间隙等于大多数镁试剂颗粒直径的 15~20 倍”没有说明平台的位置，间隙的位置更不能确定，由于镁试剂颗粒的直径的数值没有给出，间隙值也无法得知；

E. 说明书第 2 页第 15~16 行“在计量给料 1 与转子 7 上方安装了一个平台状的支座卸料器”，没有给出平台状支座卸料器的具体构造；

F. 说明书第 2 页第 19 行“……并且装配一个自激式物料装置 13”，没有给出其具体结构；

G. 图7中的标号“2”与图1中的标号“2”有矛盾；说明书第2页第15行的安息角在何处，安息角含义不清楚；

H. 说明书没有公开脱硫装置的操作方法。

2005年9月7日，专利复审委员会针对上述无效宣告请求作出第7592号决定，维持本专利权有效。该决定的具体理由为：在对技术特征A~F、H进行评述的情况下，认定本专利说明书不符合《专利法》第二十六条第三款规定的理由均不能成立。其中在对技术特征D、E、F的评述中引入了公知常识。同时认定本专利权利要求1相对于附件1具备创造性。

冶金设计总院不服第7592号决定，于2005年12月24日向本院提起诉讼。本院经审理，于2006年6月22日作出（2006）一中行初字第94号行政判决书，判决撤销第7592号决定，其理由为，“专利复审委员会针对其中D、E、F事实所作出的评判均涉及公知常识或公知设备，并以此为由认定中冶集团北京冶金设备研究设计总院提出的《专利法》第二十六条第三款的无效理由不成立。由于中冶集团北京冶金设备研究设计总院在提起诉讼时，对专利复审委员会在上述事实中所认定的本领域公知常识或公知设备的来源及如何适用的问题提出了异议，而专利复审委员会在法定举证期限内未提交相关证据予以证明，因此其在第7592号决定中对中冶集团北京冶金设备研究设计总院提出的D、E、F事实的评判缺乏事实依据，第7592号决定认定事实不清，应予撤销。”

上述行政判决书生效后，专利复审委员会重新成立合议组对本无效宣告请求案进行审理，并于2007年3月29日进行了口头审理。

口头审理中冶金设计总院当庭放弃本专利不符合《专利法》第二十二条第三款规定的无效宣告理由，明确其无效理由是本专利说明书不符合《专利法》第二十六条第三款的规定，依据的具体事实是第7592号决定涉及的A~H特征，并明确这些特征与权利要求书的关系是权利要求1~2、4~5、8~10仅涉及A特征，权利要求3涉及A、C特征，权利要求6涉及A、F特征，权利要求7涉及A、E特征，因上述特征公开不充分导致权利要求1~10不符合《专利法》第二十六条第三款的规定。

口头审理中，刘东业提交两份反证，分别为：

反证1：耿光斗译、中国建筑工业出版社出版、1978年1月第一版的《料仓》封面页、版权页、目录页、第87、90、91、94、95、97、100~105、188、189、196页。

该证据扉页上的“译校者的话”中有如下记载，“料仓……随着采矿、选矿、冶金、化工、粮食及建筑材料工业的发展，它的功能和作用日益重要……本书作者根据近年来关于料仓设计和应用方面的有关文献加以归纳整理，概括地介绍了料仓设计的理论根据、荷载计算、形状确定、物料活化、喂料和卸料以及料仓控制和自动化。本书可以作为从事料仓设计和生产应用方面的工程技术人员参考之用。”

该证据中第90页指出“并不是所有料仓和斗仓都能仅仅依靠重力流动就能自行卸空而且能同时保持合理的尺寸比例……为了使储存物料流动或者为了获得高度的流动活动性的使用方法是在料仓和（或）斗仓上装设‘助流器’。所谓‘助流器’，它包括能够引起物料颗粒和仓壁间相对运动以使物料下滑的任何手段和装置。建议采用和已经采用的助流器有许多类型。总起来说，助流器的原理有下述三种：a）气动助流装置；b）振动器；c）机械落料器。”第94、95、102、103页介绍了作为助流器的振动器，包括料仓和斗仓外壁上的振动器、内壁上的振动板、悬吊在料仓内的悬吊式振动件等。

反证2：陆厚根编著、同济大学出版社出版的《粉体技术导论》封面、前言、目录第2页和第61页。

该证据“再版序”中有如下记载，“本书于1993年8月出版，根据本课程教学实践的体会和读者的反馈建议，再版时对本书作进一步完善，这一直是笔者的愿望。”在“序”中有如下记载，“本书除可作高等学校……冶金等专业本科生和研究生教材外……”。

该证据第61页指出“安息角是粉体粒度较粗的状态下由自重运动所形成的角。安息角的测定方法有排出角法、注入角法、滑动角法以及剪切盒法等多种。排出角法是去掉堆积粉体的方箱某一侧壁，残留在箱内的粉体斜面的倾角即为安息角。”

刘东业表示反证1用来证明平台式、自激式给料器是公知技术，反证2用来证明安息角是本领域公知的概念。冶金设计总院认可两份反证的真实性，也认可是现有公知技术，但是不认可其属于《审查指南》规定的公知常识性证据形式，因为从出版前言可以看出上述两反证不是手册、词典等。刘东业则表示根据上述反证的前言可知其是教科书，因此是公知常识。

2007年6月14日，专利复审委员会作出第9999号决定，维持本专利有效。

经查，本专利说明书中对于技术特征A、C、E、F的表述与对应的权利要求相同。此外，附图4、5给出了技术特征A筛分器的平面示意图及侧视图，附图2、3、8中给出了技术特征C中转子计量给料器的剖视图、正视图和结构示意图，附图8中给出了技术特征E中自激式物料装置的结构关系示意图，附图7中给出了技术特征F的结构示意图。

对于技术特征B，说明书中相应的描述为，“目前现有的镁脱硫设备采用二元复吹装置，需两个计量给料仓，必须同时既吹镁粉又吹碳化钙或石灰，材料消耗大，脱硫成本高，铁水损失较大，由于喷枪内没有气化室，喷枪易堵，寿命短，消耗高，铁水温度降低大，且设备投资大，脱硫时喷吹时间长，构造复杂，易损件寿命较短。本实用新型的目的是提供一种脱硫效果好、成本低的单吹气化颗粒镁铁水脱硫设备。”（说明书第1页第2、3段）

对于技术特征D，说明书中相应的描述为“在计量给料内部与转子上方安装了一个平台状的支座卸料器，它避免了整个料柱的压力都加到转子上，平台周边与给料器容器壁之间的间隙等于大多数镁试剂颗粒直径的15~20倍”（说明书第2页第15~17行）。

对技术特征H，说明书中相应的描述为，“首先将颗粒镁注入镁试剂容器内，打开气体开关，气体分两路，一路进入气包，另一路进入计量给料器，根据需要调节气体压力，颗粒镁在气体压力及策略下通过试剂的转子计量给料器的叶片格孔进入筛分器，起到控制总流量及均匀分布的作用，再进入气包，在气包内用气体的另一管路中的气体将颗粒镁输送到输镁管道中，然后到达喷枪的气化室中，颗粒镁在气化室内进行气化，喷入铁水中，达到最佳脱硫效果。”（说明书第2页最后一段）

另，在已生效的第94号案中，第三人亦提交了本案反证1，对该证据，判决中进行了如下认定，“本院已依法向第三人刘东业送达了原告起诉状副本，但第三人刘东业于开庭审理中才提交相关证据，已经超过举证期限且无正当理由，因此本院对第三人刘东业的证据不予接纳。”

以上事实有本专利授权公告文本、反证1、反证2、第9999号决定、第7592号决定、第94号判决及庭审笔录在案佐证。

本院认为，本案涉及如下焦点：

（1）反证1、反证2是否为公知常识证据，第9999号决定中是否可以使用上述两份证据。

对于原告认为反证1、2均非教科书或者技术词典、技术手册，其不是《审查指南》中所规定的公知常识证据的主张，本院认为，《审查指南》中对于公知常识证据作了如下规定，“当事人可以通过教科书或者技术词典、技术手册等工具书记载的技术内容来证明某项技术手段是本领域的公知常识。”由该文字表述可知，《审查指南》对公知常识证据虽采用的是列举方式，但其并未穷尽所有方式，亦即并非仅限于教科书或者技术词典、技术手册这三种形式。只要足以证明所涉技术内容为本领域普通技术人员所公知的常识的证据均为公知常识证据。据此，即便反证1、2并非上述三种形式的证据，亦不足以证明其不是公知常识证据。本案中，对于反证 1，鉴于在中国出版的时间为 1978 年，距今已将近二十年，且由该书译校者的话中可以看出，该书是对料仓设计和应用的基础技术知识的概括性介绍，同时其亦可以作为从事料仓设计和生产应用方面的工程技术人员参考之用，故反证 1 所记载内容应认定为料仓领域的公知常识。对于反证 2，鉴于反证 2 序言中可以明确看出其是教学用书，故可以认定反证 2 所记载内容为粉体工程领域的公知常识。据此，反证 1、2 均为公知常识证据，原告的上述主张不能成立，本院不予支持。

对于原告认为因第 94 号判决中已明确认定本案反证 1 已过举证期限不应予以采纳，故第 9999 号决定中不应采用反证 1 的主张，本院认为，由第 94 号判决中的文字表述可知，法院之所以对于反证 1 不予采用，其理由在于第三人在无正当理由的情况下，提交该证据的时间超过了法院所限定的举证期限，而非无效审查程序中被告所限定的举证期限，故对该证据只是在第 94 号案中不予采用，而非在被告重新审理时不得再行引入。据此，第 9999 号决定中引入反证 1 与第 94 号判决并不冲突，原告的上述主张不能成立，本院不予支持。

对于原告认为反证 1、2 与本专利并非同一技术领域，故其不能成为本专利普通技术人员所公知的常识的主张，本院认为，对于反证 1，鉴于其为料仓领域的公知常识，且料仓领域与冶金领域密切相关，而本专利即属于冶金领域，本专利技术方案中亦显示料仓为本专利重要部件，故由此可以认定本专利所涉技术领域的普通技术人员对于料仓领域的公知常识亦应知晓，据此，反证 1 所记载相应内容可以认定为本专利技术领域的公知常识。对于反证 2，鉴于其为粉体领域的公知常识，而本专利所涉技术方案中所使用的颗粒镁亦为粉体，且该证据亦为冶金领域教科书，故反证 2 中的相关技术内容对于本专利普通技术人员而言亦应知晓。据此，反证 1 所记载的相应内容可以认定为本专利技术领域的公知常识。综上，原告的上述主张不能成立，本院不予支持。

鉴于第 94 号决定并未在实体上对本专利是否符合《专利法》第二十六条第三款规定作出具体认定，而仅是在认定第 7592 号决定缺少公知常识证据支持的情况下，对第 7592 号决定予以撤销，在此情况下，被告在重审中引入公知常识证据反证 1、2，并在此基础上作出本专利符合《专利法》第二十六条第三款的认定，与第 94 号判决并无矛盾，其作法并无不当。

（2）本专利是否符合《专利法》第二十六条第三款的规定。专利法第二十六条第三款规定：说明书应当对发明或者实用新型作出清楚、完整的说明，以所属技术领域的技术人员能够实现为准。也就是说，说明书应当满足充分公开发明或者实用新型的要求。

如果所属技术领域的技术人员根据说明书公开的内容，结合其所掌握的现有技术的知识，就能够实现发明或者实用新型的技术方案，解决其技术问题，并且产生预期的技术效果，则说明书对于发明或者实用新型的描述就是清楚和完整的，符合《专利法》第二十六条第三款的规定。

对于原告认为说明书中对技术特征 A，即立体式筛分器结构、镁试剂颗粒直径、立体式筛分器的 a 值、弦线数值范围和弦线材质，未充分公开的主张，本院认为，鉴于镁试剂颗粒为通常通过购买取得的常用原料，其直径具有不同的规格供购买者选择，故对于本领域技术人员而言，镁试剂颗粒的直径这一特征已充分公开。对于立体式筛分器的 a 值、弦线数值范围，鉴于筛分器的作用在于筛分镁试剂颗粒，使“颗粒镁在气体压力及重力下通过试剂的转子计量给料器的叶片格孔进入筛分器，起到控制总流量及均匀分布的作用”，而镁试剂颗粒通过商业购买可以得到，其直径可以因此确定，故本领域技术人员由此完全可以判断出，不同筛分效果所对应的镁试剂颗粒与筛分器的 a 值、弦线数值范围之间的选择关系，据此，该特征在说明书中亦已被充分公开。对于弦线材质，鉴于本领域技术人员根据实际情况可以在现有的材质中予以选择，故该特征亦已公开充分。对于立体式筛分器的结构，鉴于镁试剂颗粒的直径、立体式筛分器的 a 值、弦线数值范围及弦线材质等均已公开充分，且说明书中有“筛分器的形态为在互相平行的若干平面上以等距离（a）拉紧的四条弦线，上两级的弦线与下两级的弦线互相垂直并相互错开半个步距（a/2），且上两级和下两级任意三条最邻近的弦线之间的距离都相等”的描述，说明书附图4、5中亦给出了筛分器的平面示意图和侧视图，在此基础上，本领域技术人员完全可以确定立体式筛分器的结构，故立体式筛分器的结构已充分公开。对于原告认为说明书中未公开喷吹强度的主张，鉴于其在无效程序中未提出，故本院对此不予审理。综上，原告认为上述技术特征公开不充分的主张不能成立，本院不予支持。

对于原告认为鉴于相对于附件1而言，本专利的技术效果显然不能达到其发明目的，故技术特征B，即本专利发明目的及有益效果，公开不充分的主张，本院认为，判断专利的发明目的与技术效果应以说明书中所引用的背景技术作为判断客体，而非全部现有技术，只要相对于所引用的背景技术，该专利技术方案可以达到相应有益的技术效果，从而达到发明目的，即可认为其已公开充分。本案中，鉴于附件1并非本专利背景技术，即现有的采用二元复吹装置的镁脱硫设备，且原告对此亦予以认可，故原告认为应以附件1作为对比客体对本专利发明目的及有益效果是否公开充分的主张不能成立。具体到本专利技术方案，鉴于本领域普通技术人员由本专利的说明书和附图可知，脱硫试剂颗粒镁依次经过立体式筛分器、气包、气化室再喷入铁水中，与铁水中的硫反应，由于立体式筛分器防止颗粒镁结团，使之分散充分，气包使颗粒镁和气体充分混合形成粉气混合物，防止产生脉冲，因此，二者的结合可以有效控制颗粒镁的总流量及均匀分布，使其离散化，防止铁水喷镁脱硫装置堵塞，保证超规格物料筛出去，能够达到平稳、流畅、均匀的脱硫效果。因此本专利说明书不须列出具体实验数据对本专利的有益效果予以说明，据此，本专利说明书中对有益效果的公开是充分的。原告的上述主张不能成立，本院不予支持。

对于原告认为说明书对技术特征C，即“转子和转子外壳之间的间隙（s）小于绝大部分镁试剂颗粒的直径”的描述因“绝大部分”、“镁试剂颗粒的直径”不清楚而导致公开不充分的主张，本院认为，鉴于转子给料器的作用在于“颗粒镁在气体压力及重力下通过试剂的转子计量给料器的叶片格孔进入筛分器，起到控制总流量及均匀分布的作用”，说明书附图2、3和8亦给出了转子计量给料器的剖视图、正视图和结构示意图，故在镁试剂颗粒的直径这一技术特征已公开充分的情况下，本领域普通技术人员完全可以基于转子给料器的功能而判断出转子和转子外壳之间的间隙与镁试剂颗粒的直径之间的关系，将转子与转子外壳之间的间隙（s）设定为小于绝大部分镁试剂颗粒的直径，其中“绝大部分”的限定并不影响转子与转子外壳之间间隙（s）的确定。据此，上述技术特征已被说明书充分公开，原告的该主张不能成立，本院不予支持。

对于原告认为技术特征D，即平台状支座卸料器、平台位置、间隙位置、间隙值未充分公开的主张，本院认为，专利权的保护范围由权利要求书决定，因此只要权利要求书中所记载的技术方案在说明书中公开充分即可。对于本专利而言，鉴于平台状支座卸料器这一技术特征在权利要求书中并未涉及，故无论其是否公开充分对于本专利是否符合《专利法》第二十六条第三款的规定均无影响。在此情况下，即便不考虑该因素，该特征在说明书中亦已公开充分。根据说明书的相关描述“在计量给料内部与转子上方安装了一个平台状的支座卸料器，它避免了整个料柱的压力都加到转子上，平台周边与给料器容器壁之间的间隙等于大多数镁试剂颗粒直径的15~20倍”，所属技术领域的技术人员可以确定所属平台状的支座卸料器的位置是在计量给料器内部、转子给料器上方，形状是平台状并带支座，功能是防止物料集中在局部区域堆积从而对转子施加过大压力，尺寸是能够容纳在计量给料器内并且平台周边与给料器容器壁之间存在一定间隙，间隙大小则应当与依照具体工况购买和/或采用的镁试剂颗粒的直径相匹配。在原告并未提交证据证明上述描述会导致本专利说明书记载的技术方案无法实现其发明目的的情况下，原告关于说明书没有充分公开D的主张不成立，本院不予支持。

对于原告认为技术特征 E“装配一个自激式物料装置 13”因没有公开自激式物料装置构造而导致公开不充分的主张，本院认为，结合说明书的相关描述“计量给料器的内部设置一个镁试剂容器，它与给料器四壁和转子计量给料器之间都有间隙，并且装配一个自激式物料装置”，以及图 8 表示的结构关系示意图，可以认定该自激式物料装置的作用在于让镁试剂容器中的颗粒物下滑，且原告亦认可自激式物料装置的作用是给外力使其下料。据此，本领域普通技术人员可以根据情况在现有可以达到该功能的装置中进行选择，从而确定自激式物料装置的具体结构。鉴于反证 1 第 90 页中所记载的助流器的作用亦在于引起物料颗粒和仓壁间相对运动以使物料下滑，而助流器为公知技术，故本领域普通技术人员在结合该公知技术的情况下，可以选择并确定自激式物料装置的具体构造。据此，该特征在说明书中已公开充分。原告的上述主张不能成立，本院不予支持。

对于原告认为技术特征 F，即安息角含义不清而导致说明书公开不充分的主张，本院认为，说明书对安息角的描述是“计量给料器与转子计量给料器相衔接的部位成截短锥体形，其形成线与锥体小端底面形成的倾角等于或大于镁试剂的安息角”，同时图 7 给出了结构示意图。其中对安息角的含义虽未予以明确，但鉴于反证 2 为公知常识证据，其第 61 页有如下描述，“安息角是粉体粒度较粗的状态下由自重运动所形成的角。安息角的测定方法有排出角法、注入角法、滑动角法以及剪切盒法等多种。排出角法是去掉堆积粉体的方箱某一侧壁，残留在箱内的粉体斜面的倾角即为安息角。”在本专利所使用的镁试剂亦为粉体的情况下，本领域普通技术人员结合该公知技术，完全可以清楚地判断出安息角的含义。据此，该特征在说明书中已公开充分。原告的上述主张不能成立，本院不予支持。

对于原告认为说明书对技术特征 H，即脱硫装置操作方法未充分公开的主张，本院认为，鉴于本专利是对于现有二元复吹装置的镁脱硫设备的改进，其发明点在于结合使用立体式筛分器和气包来有效控制颗粒镁的总流量及均匀分布，从而达到平稳、流畅、均匀的脱硫效果，而说明书中对于本专利的发明点所对应的使用方式已进行了清楚的描述，本领域普通技术人员结合现有技术，在不需要付出创造性劳动的情况下完全可以了解本专利的具体操作方式，故本专利说明书中对于操作方式的公开是充分的，原告的该主张不能成立，本院不予支持。

综上，本专利符合《专利法》第二十六条第三款的规定。原告的起诉理由不能成立，本院不予支持。被告作出的第 9999 号决定认定事实清楚，适用法律正确，程序合法，应予维持。依照《中华人民共和国行政诉讼法》第五十四条第（一）项之规定，本院判决如下：

维持被告国家知识产权局专利复审委员会作出的第 9999 号无效宣告请求审查决定。

案件受理费 100 元，由原告中冶集团北京冶金设备研究设计总院负担（已交纳）。

如不服本判决，各方当事人可于本判决送达之日起 15 日内，向本院提交上诉状及其副本，并交纳上诉案件受理费 100 元，上诉于北京市高级人民法院。

审 判 长 姜 颖
代理审判员 芮松艳
人民陪审员 高 伟
二〇〇七年十二月十七日
书 记 员 牛 捷

北京市高级人民法院
行政判决书

（2008）高行终字第97号

上诉人（原审原告）中冶集团北京冶金设备研究设计总院，住所地北京市朝阳区安外胜古庄2号。

法定代表人孙松奇，院长。

委托代理人徐国文，男，汉族，1942年10月26日出生，北京安博达知识产权代理有限公司专利代理人，住北京市海淀区晴冬园2楼1805号。

委托代理人易平，男，汉族，1954年7月26日出生，该院法律顾问，住北京市西城区大石虎胡同28号。

被上诉人（原审被告）国家知识产权局专利复审委员会，住所地北京市海淀区北四环西路9号银谷大厦10~12层。

法定代表人廖涛，副主任。

委托代理人郭鹏鹏，该委员会审查员。

委托代理人董晓静，该委员会审查员。

原审第三人刘东业，男，汉族，1944年8月20日出生，住辽宁省大石桥市西市里8号6-9-8。

委托代理人徐云瑞，男，汉族，1940年2月27日出生，国家知识产权局专利局退休职工，住北京市朝阳区北四环东路116楼东1704号。

委托代理人杨嘉瑞，男，汉族，1947年1月20日出生，营口戴斯玛克高新技术有限公司高级工程师，住山西省太原市尖草坪区大同路239号7栋4单元52号。

上诉人中冶集团北京冶金设备研究设计总院（简称冶金设计总院）因实用新型专利权无效行政纠纷一案，不服北京市第一中级人民法院（2007）一中行初字第1278号行政判决，向本院提出上诉。本院2008年2月28日受理本案后，依法组成合议庭，于2008年4月1日公开开庭进行了审理。上诉人冶金设计总院的委托代理人徐国文、易平，被上诉人国家知识产权局专利复审委员会（简称专利复审委员会）的委托代理人郭鹏鹏、董晓静，原审第三人刘东业的委托代理人徐云瑞、杨嘉瑞到庭参加了诉讼。本案现已审理终结。

北京市第一中级人民法院认定，本案涉及名称为“单吹气化颗粒镁铁水脱硫设备”、专利号为99223935.4的实用新型专利（简称本专利），专利权人为刘东业。针对本专利，冶金设计总院于2004年9月15日向专利复审委员会提出无效宣告请求，主张本专利不符合《专利法》第二十六条第三款的规定。2005年9月7日，专利复审委员会针对上述无效宣告请求做出第7592号无效宣告请求审查决定（简称第7592号决定），维持本专利权有效。冶金设计总院不服第7592号决定，于2005年12月24日向北京市第一中级人民法院提起诉讼。北京市第一中级人民法院经审理，于2006年6月22日做出（2006）一中行初字第94号行政判决（简称第94号判决），撤销第7592号决定。第94号判决生效后，专利复审委员会重新对本无效宣告请求案进行审查，并于2007年3月29日进行了口头审理。口头审理中，刘东业提交了反证1、反证2。2007年6月14日，专利复审委员会做出第9999号无效宣告请求审查决定（简称第9999号决定），维持本专利权有效。

北京市第一中级人民法院认为，刘东业提交的反证1、反证2为公知常识证据。第9999号决定中引入反证 1 与第 94 号判决并不冲突。如果所属技术领域的技术人员根据说明书公开的内容，结合其所掌握的现有技术的知识，就能够实现发明或者实用新型的技术方案，解决其技术问题，并且产生预期的技术效果，则说明书对于发明或者实用新型的描述就是清楚和完整的，符合《专利法》第二十六条第三款的规定。冶金设计总院指出的说明书中的技术特征 A、B、C 已被说明书充分公开。技术特征 D 平台状支座卸料器在权利要求书中并未涉及，故无论其是否公开充分对于本专利是否符合《专利法》第二十六条第三款的规定均无影响。在此情况下，即便不考虑该因素，该特征在说明书中亦已公开充分。技术特征 E 结合说明书的相关描述及附图 8，以及反证 1 记载的公知技术，故本领域普通技术人员可以选择并确定自激式物料装置的具体构造。关于技术特征 F 即安息角的含义，反证 2 为公知常识证据，对安息角做出描述，据此，该特征在说明书中已公开充分。本专利说明书中对于操作方式的公开是充分的，冶金设计总院主张技术特征 H 公开不充分不能成立。综上，本专利符合《专利法》第二十六条第三款的规定。专利复审委员会做出的第 9999 号决定认定事实清楚，适用法律正确，程序合法，应予维持。

北京市第一中级人民法院依照《中华人民共和国行政诉讼法》第五十四条第（一）项之规定，判决：维持专利复审委员会作出的第 9999 号决定。

冶金设计总院不服原审判决，向本院提出上诉，请求撤销原审判决和第 9999 号决定，由专利复审委员会承担本案全部诉讼费用。其理由是：第 9999 号决定程序违法，已生效的第 94 号判决中认定不予接纳的反证 1 和 2，在对该案的重新审理中不应予以接纳；原审判决关于技术持征 D 的认定，未克服第 94 号判决所认定的缺乏事实依据的缺陷，无论删除还是采信反证 1 均不能克服生效判决认定的该缺陷的存在，本专利说明书不符合《专利法》第二十六条第三款的规定。专利复审委员会、刘东业服从原审判决。

经审理查明，本专利是名称为“单吹气化颗粒镁铁水脱硫设备”、专利号为 99223935.4 的实用新型专利，其申请日为 1999 年 5 月 27 日，授权公告日为 2000 年 3 月 29 日，专利权人为刘东业。

本专利授权公告的权利要求如下：

“1. 一种单吹气化颗粒镁铁水脱硫设备，它包括计量给料器（1）、带有气化室通道的耐火喷枪（2）、输镁管路（3）、铁水包盖（4），其特征在于在计量给料器（1）的出口端设置转子计量给料器（7），在转子给料器（7）的下方安装了一个立体式筛分器（8），筛分器底部连接气包（9），输镁管路（3）一端与气包相连，另一端与喷枪（2）相连，喷枪穿过铁水包盖伸入铁水包内，惰性气体出口分两条管路，一路连接气包（9），另一路连接计量给料器（1）。

2. 根据权利要求 1 所述的一种单吹气化颗粒镁铁水脱硫设备，其特征在于所述转子给料器（7）为多级旋转格孔叶片组成，每个格孔在垂直方向上均与其上一个格孔错开。

3. 根据权利要求 1 或 2 所述的一种单吹气化颗粒镁铁水脱硫设备，其特征在于所述转子给料器（7）中的转子与转子外壳之间的间隙值（S）小于绝大部分镁试剂颗粒的直径。

4. 根据权利要求 1 所述的一种单吹气化颗粒镁铁水脱硫设备，其特征在于所述筛分器（8）的形态为在互相平行的若干平面上以等距离（a）拉紧的四条弦线，上两级的弦线与下两级的弦线互相垂直并相互错开半个步距（a/2），且上两级和下两级任意三条最邻近的弦线之间的距离都相等。

5. 根据权利要求 1 或 2 所述的一种单吹气化颗粒镁铁水脱硫设备，其特征在于所述转子给料器（7）的转子外壳与转子轴支点之间有一个自由空间。

6. 根据权利要求 1 所述的一种单吹气化颗粒镁铁水脱硫设备，其特征在于计量给料器（1）与转子计量给料器（7）相衔接的部位成截短锥体形，其形成线与锥体小端底面形成的倾角等于或大于镁试剂的安息角。

7. 根据权利要求 1 或 2 所述的一种单吹气化颗粒镁铁水脱硫设备，其特征在于所述计量给料器（1）的内部设置一个镁试剂容器，它与给料器四壁和转子计量给料器（7）之间都有间隙，并且装配一个自激式物料装置，镁试剂容器与转子旋转的传动装置不接相关联。

8. 根据权利要求 1 所述的一种单吹气化颗粒镁铁水脱硫设备，其特征在于转子给料器（7）装配了一个电动调节旋转速度的转子传动装置（15）。

9. 根据权利要求 1 所述的一种单吹气化颗粒镁铁水脱硫设备，其特征在于所述喷枪的壳管之中安装喷枪通道，通道出口处为加宽的锥体，通道壁与壳壁之间有气隙，喷枪通道与壳管的连接方式是可拆卸的。

10. 根据权利要求 1 所述的一种单吹气化颗粒镁铁水脱硫设备，其特征在于所述铁水包盖上装配了一个集气管，其喷咀（17）伸入铁水包盖下方。"

针对本专利，冶金设计总院于 2004 年 9 月 15 日向专利复审委员会提出无效宣告请求，并提交了附件 1，即公开日为 1975 年 4 月 29 日的美国专利 US3880411A 及其中文译文。其无效理由为：本专利权利要求 1 相对于附件 1 不具备新颖性和创造性；本专利权利要求 1 不符合《专利法》第二十六条第三款、第四款的规定。

2005 年 1 月 14 日专利复审委员会针对该无效请求进行了口头审理。口头审理中，冶金设计总院放弃本专利权利要求 1 不符合《专利法》第二十六条第四款规定的无效理由，其主张的本专利不符合《专利法》第二十六条第三款的具体事实可概括为：

A. 说明书第 2 页第 11~13 行中"筛分器 8 的形态为在互相平行的若干平面上以等距离（a）拉紧的四条弦线……相互错开半个步距（a/2）……"，没有给出 a 的数值范围，也没有给出镁试剂颗粒的直径，更没有给出弦线的材质，因此立体式筛分器的结构没有充分公开，同时气包（9）的结构也没有公开；在 2007 年 3 月 29 日的口头审理中，其明确放弃关于气包结构未充分公开的主张。

B. 本专利的发明目的与其优点效果不相适应；

C. 说明书第 2 页第 9 行"转子与转子外壳之间的间隙（s）小于绝大部分镁试剂颗粒的直径"中的"绝大部分"不清楚，没有给出镁试剂颗粒的直径，本领域技术人员无法得知间隙（s）的数值；

D. 说明书第 2 页第 16~17 行中"平台周边与给料器容器壁之间的间隙等于大多数镁试剂颗粒直径的 15~20 倍"没有说明平台的位置，间隙的位置更不能确定，由于镁试利颗粒的直径的数值没有给出，间隙值也无法得知；

E. 说明书第 2 页第 15~16 行"在计量给料 1 与转子 7 上方安装了一个平台状的支座卸料器"，没有给出平台状支座卸料器的具体构造；

F. 说明书第 2 页第 1 9 行"……并且装配一个自激式物料装置 13"，没有给出其具体结构；

G. 图 7 中的标号"2"与图 1 中的标号"2"有矛盾；说明书第 2 页第 15 行的安息角在何处，安息角含义不清楚；

H. 说明书没有公开脱硫装置的操作方法。

2005 年 9 月 7 日，专利复审委员会针对上述无效宣告请求做出第 7592 号决定，维持本专利权有效。该决定的具体理由为：在对技术特征 A~F、H 进行评述的情况下，认定本专利说明书不符合《专利法》第二十六条第三款的规定的理由均不能成立。其中在对技术特征 D、E、F 的评述中引入了公知常识。同时认定本专利权利要求 1 相对于附件 1 具备创造性。关于技术特征 D，专利复审委员会认为，根据本专利说明书第 2 页第 15~17 行的描述和附图 7 可知，这是块状物料从料仓中卸出时常用的装置，是普通技术人员公知的设备，而且，没有证据表明本专利说明书有关描述会导致本专利权利要求所要求保护的技术方案无法实现其发明目的。

冶金设计总院不服第7592号决定，于2005年12月24日向北京市第一中级人民法院提起诉讼。北京市第一中级人民法院经审理认为："专利复审委员会针对其中D、E、F事实所做出的评判均涉及公知常识或公知设备，并以此为由认定中冶集团北京冶金设备研究设计总院提出的《专利法》第二十六条第三款的无效理由不成立，由于中冶集团北京冶金设备研究设计总院在提起诉讼时，对专利复审委员会在上述事实中所认定的本领域公知常识或公知设备的来源及如何适用的问题提出了异议，而专利复审委员会在法定举证期限内未提交相关证据予以证明，因此其在第7592号决定中对中冶集团北京冶金设备研究设计总院提出的D、E、F事实的评判缺乏事实依据，第7592号决定认定事实不清，应予撤销。"北京市第一中级人民法院于2006年6月22日做出（2006）一中行初字第94号行政判决，撤销第7592号决定。

第94号判决生效后，专利复审委员会重新成立合议组对本无效宣告请求案进行审理，并于2007年3月29日进行了口头审理，冶金设计总院放弃本专利不符合《专利法》第二十二条第三款规定的无效宣告理由，明确其无效理由是本专利说明书不符合《专利法》第二十六条第三款的规定，依据的具体事实是第7592号决定涉及的A~H特征，并明确这些特征与权利要求书的关系是权利要求1~2、4~5、8~10仅涉及A特征，权利要求3涉及A、C特征，权利要求6涉及A、F特征，权利要求7涉及A、E特征，因上述特征公开不充分导致权利要求1~10不符合《专利法》第二十六条第三款的规定。

口头审理中，刘东业提交两份反证，分别为：

反证1：耿光斗译、中国建筑工业出版社出版、1978年1月第一版的《料仓》封面页、版权页、目录页、第87、90、91、94、95、97、100~105、188、189、196页。

该证据扉页上的"译校者的话"中有如下记载，"料仓……随着采矿、选矿、冶金、化工、粮食及建筑材料工业的发展，它的功能和作用日益重要……本书作者根据近年来关于料仓设计和应用方面的有关文献加以归纳整理，概括地介绍了料仓设计的理论根据、荷载计算、形状确定、物料活化、喂料和卸料以及料仓控制和自动化。本书可以作为从事料仓设计和生产应用方面的工程技术人员参考之用。"

该证据中第90页指出"并不是所有料仓和斗仓都能仅仅依靠重力流动就能自行卸空而且能同时保持合理的尺寸比例……为了使储存物料流动或者为了获得高度的流动活动性的使用方法是在料仓和（或）斗仓上装设'助流器'。所谓'助流器'，它包括能够引起物料颗粒和仓壁间相对运动以使物料下滑的任何手段和装置。建议采用和已经采用的助流器有许多类型。总起来说，助流器的原理有下述三种：a）气动助流装置；b）振动器；c）机械落料器。"第94、95、102、103页介绍了作为助流器的振动器，包括料仓和斗仓外壁上的振动器、内壁上的振动板、悬吊在料仓内的悬吊式振动件等。

反证2：陆厚根编著、同济大学出版社出版的《粉体技术导论》封面、前言、目录第2页和第61页。

该证据"再版序"中有如下记载，"本书于1993年8月出版，根据本课程教学实践的体会和读者的反馈建议，再版时对本书作进一步完善，这一直是笔者的愿望。"在"序"中有如下记载，"本书除可作高等学校……冶金等专业本科生和研究生教材外……"。

该证据第61页指出"安息角是粉体粒度较粗的状态下由自重运动所形成的角。安息角的测定方法有排出角法、注入角法、滑动角法以及剪切盒法等多种。排出角法是去掉堆积粉体的方箱某一侧壁，残留在箱内的粉体斜面的倾角即为安息角。"

刘东业表示反证1用来证明平台式、自激式给料器是公知技术，反证2用来证明安息角是本领域公知的概念。冶金设计总院认可两份反证的真实性，也认可是现有公知技术，但是不认可其属于

《审查指南》规定的公知常识性证据形式，因为从出版前言可以看出上述两反证不是手册、词典等。刘东业则表示根据上述反证的前言可知其是教科书，因此是公知常识。

2007年6月14日，专利复审委员会做出第9999号决定，维持本专利权有效。该决定认为：

（一）对于反证1、2是否属于《审查指南》规定的公知常识性证据

反证1扉页“译校者的话”介绍了该书是作者根据近年来关于料仓设计和应用方面的有关文献加以归纳整理的，可以作为从事料仓设计和生产应用方面的工程技术人员参考之用；反证2扉页的“再版序”介绍了其作者根据本课程教学实践的体会和读者的反馈建议从而在再版时对该书作了进一步的完善，由此可知，上述反证1、2应当属于《审查指南》规定的公知常识性证据的范畴，其上记载的内容可以用来反映在本专利申请日之前所属技术领域技术人员的知识水平。

（二）关于《中华人民共和国专利法》（简称《专利法》）第二十六条第三款

1. 关于涉及权利要求书的技术特征A、C、E和F公开是否充分的问题

（1）技术特征A，即说明书对立体式筛分器结构、镁试剂颗粒直径、立体式筛分器的a值、弦线数值范围和弦线材质是否充分公开的问题。

说明书与上述A特征的相应描述是“筛分器的形态为在互相平行的若干平面上以等距离（a）拉紧的四条弦线，上两级的弦线与下两级的弦线互相垂直并相互错开半个步距（a/2），且上两级和下两级任意三条最邻近的弦线之间的距离都相等”（说明书第2页第11~13行），说明书附图4、5中给出了筛分器的平面示意图和侧视图，而且说明书中还指出“颗粒镁在气体压力及重力下通过试剂的转子计量给料器的叶片格孔进入筛分器，起到控制总流量及均匀分布的作用”（说明书第2页最后一段）。对所属技术领域的技术人员来说由上述说明和图示可以确定立体式筛分器的结构，也可以获知该多层弦线相互垂直并错开所形成的立体式结构将对基于气压和重力作用而进入的镁试剂颗粒起到筛分作用。镁试剂颗粒可以通过商业购买获得，其直径也因此确定。此外，基于筛分的作用机理，本领域技术人员可知a值和镁试剂颗粒直径的选择关系，例如，对于相同的镁试剂颗粒直径，如果弦线间距a值较大，则相当于筛分结构供颗粒物通过的通路较大，颗粒可以较快地通过，但是被分散的程度较差从而导致脱硫效果较差，而当a值较小时，相当于筛分结构供颗粒物通过的通路较小、分散程度更好，将导致脱硫效果更好但是颗粒通过速度较慢；而对于相同的弦线间距a值，镁试剂的颗粒直径大将难以通过，直径小则容易通过。此外，就弦线材质、铁水设备尺寸、给料器出口尺寸而言，这也是所属技术领域的技术人员可以根据设备应用的实际工况能够确定的。

因此，说明书对立体式筛分器的结构以及应用功能的说明已足以使所属技术领域的技术人员根据说明书的记载得到立体式筛分器的技术方案，解决镁颗粒的控制流量和均匀分布的技术问题，符合《专利法》第二十六条第三款的规定。

（2）技术特征C，即说明书对“转子和转子外壳之间的间隙（s）小于绝大部分镁试剂颗粒的直径”的描述是否因“绝大部分”、“镁试剂颗粒的直径”不清楚而导致公开不充分的问题。

冶金设计总院认为“绝大部分”一词不清楚，没有量的概念，而且没有证据证明是常识。对此，专利复审委员会认为，说明书中相应部分的上下文是“转子给料器为多级旋转格孔叶片组成，每个格孔在垂直方向上均与其上一个格孔错开，转子与转子外壳之间的间隙值（s）小于绝大部分镁试剂颗粒的直径”、“颗粒镁在气体压力及重力下通过试剂的转子计量给料器的叶片格孔进入筛分器，起到控制总流量及均匀分布的作用”，而且说明书附图2、3和8还给出了转子计量给料器的剖视图、正视图和结构示意图。对所属技术领域的技术人员来说，根据上述表述可知这一间隙的设定必须符合转子给料器既要给料又要控制总流量的要求，那么前提条件之一就是间隙不能过小，以免因为颗粒物卡在转子和壳体之间而导致转子不能转动，而且间隙也不能过大，否则颗粒不经过转子叶片就可以直接

经过该间隙离开给料器，如此就难以控制流量。根据转子给料器的上述功能，本领域技术人员可按照具体工况购买和/或选择镁试剂颗粒的直径，将转子与转子外壳之间的间隙（s）设定为小于绝大部分镁试剂颗粒的直径，从而保证绝大部分镁试剂颗粒不落到转子与转子外壳之间的间隙中，防止镁试剂颗粒卡住转子，保证设备的正常运行。另外，“绝大部分”一词的使用，并不妨碍本领域的普通技术人员对转子与转子外壳之间的间隙（s）大小的选择，是完全可以理解并实施的。

因此，说明书对转子给料器的转子与外壳之间间隙的说明足以使本领域技术人员确定转子给料器的结构，从而实现给料和控制流量的功能，符合《专利法》第二十六条第三款的规定。

（3）技术特征 E，即说明书第 2 页第 19 行“装配一个自激式物料装置 13”是否因没有公开自激式物料装置构造而导致公开不充分的问题。

刘东业认为反证 1 第 90、91、95、103 页涉及的助流器就是本专利所说的自激器，二者只是翻译不同，但都是给一定的外加能量来帮助粒料流动的。冶金设计总院虽然认可自激式物料装置的作用是给外力使其下料，但是认为没有证据说明本领域技术人员根据说明书的记载就能够实现发明目的，同时也没有公开怎样施加外力和自激式装置的结构。对此，专利复审委员会认为，说明书的相关描述为“计量给料器的内部设置一个镁试剂容器，它与给料器四壁和转子计量给料器之间都有间隙，并且装配一个自激式物料装置”（说明书第 2 页第 17~20 行），以及图 8 表示的结构关系示意图。由此可知，该自激式物料装置的作用在于让镁试剂容器中的颗粒物下滑。反证 1 第 90 页指出“并不是所有料仓和斗仓都能仅仅依靠重力流动就能自行卸空而且能同时保持合理的尺寸比例。……为了使储存物料流动或者为了获得高度的流动活动性的使用方法是在料仓和（或）斗仓上装设‘助流器’。所谓‘助流器’，它包括能够引起物料颗粒和仓壁间相对运动以使物料下滑的任何手段和装置。建议采用和已经采用的助流器有许多类型。总起来说，助流器的原理有下述三种：a）气动助流装置；b）振动器；c）机械落料器。”第 94、95、102、103 页介绍了作为助流器的振动器，包括料合和斗仓外壁上的振动器、内壁上的振动板、悬吊在料仓内的悬吊式振动件等。

因此，根据本申请说明书的描述结合现有技术的知识，本领域普通技术人员可以选择具体的自激式物料装置来解决使镁试剂颗粒下滑的技术问题，说明书对自激式物料装置的说明符合《专利法》第二十六条第三款的规定。

（4）技术特征 F，即说明书附图标记和安息角含义的问题，冶金设计总院不再坚持附图标记矛盾导致说明书公开不充分的主张，坚持认为安息角的含义不清楚。

说明书对此的描述是“计量给料器与转子计量给料器相衔接的部位成截短锥体形，其形成线与锥体小端底面形成的倾角等于或大于镁试剂的安息角”（说明书第 2 页第 13~15 行）以及图 7 给出的结构示意图。反证 2 第 61 页指出“安息角是粉体粒度较粗的状态下由自重运动所形成的角。安息角的测定方法有排出角法、注入角法、滑动角法以及剪切盒法等多种。排出角法是去掉堆积粉体的方箱某一侧壁，残留在箱内的粉体斜面的倾角即为安息角。”对所属技术领域的技术人员来说，对于排出法测得的安息角为 α 的粉体物料，当将该粉体加入到底面水平并有中心孔的圆筒容器中，使粉体自筒底中心孔流出时，最终在筒内形成的逆圆锥状的残留粉体堆积体的倾斜角即其达到平衡状态时的自由表面与水平面夹角就是安息角 α。由此显而易见，为了实现卸料的目的，对于呈截短锥体形的计量给料器来说，其形成线与锥体小端底面的倾角（参见本专利图 7）应等于或大于镁试剂的安息角。

因此，根据说明书的记载和现有技术的知识，本领域的普通技术人员能够根据具体所应用物料的流动性能来确定计量给料器的锥体角度，从而实现本专利的单吹气化颗粒镁铁水脱硫设备的技术方案，说明书对锥体角度和安息角的描述符合《专利法》第二十六条第三款的规定。

综上，鉴于本专利说明书对 A、C、E、F 技术特征进行了充分公开，因此权利要求书也不因上述技术特征公开不充分而导致不符合《专利法》第二十六条第三款。

2. 关于技术特征B、D、H公开是否充分的问题

首先需要说明的是，即使技术特征B、D、H公开不充分，由于这些技术特征不涉及任何权利要求，即不会因上述特征公开不充分而导致权利要求限定的技术方案不清楚，不完整，而使本领域技术人员无法实现，因此本专利的权利要求1~10也不会因B、D、H公开不充分而导致其不符合《专利法》第二十六条第三款的规定。

针对冶金设计总院所主张的说明书没有充分公开B、D、H技术特征而导致说明书不符合《专利法》第二十六条第三款，专利复审委员会的意见如下：

（1）技术特征B，即说明书描述的发明目的以及脱硫效率是否对应、是否因不相适应而导致公开不充分的问题。

冶金设计总院认为其提供的附件1也就是美国专利有实验数据，而本专利没有实验数据，本专利的发明目的和效果不相适应。对此，专利复审委员会认为，首先，本专利不属于必须依赖实验结果加以证实才能成立的情况，其次，有益效果的描述方式并不是必须用实验数据说明，也可以通过对技术方案的分析来说明，由本专利的说明书和附图可知，脱硫试剂颗粒镁依次经过立体式筛分器、气包、气化室再喷入铁水中，与铁水中的硫反应，由于立体式筛分器防止颗粒镁结团，使之分散充分，气包使颗粒镁和气体充分混合形成粉气混合物，防止产生脉冲、因此，二者的结合可以有效控制颗粒镁的总流量及均匀分布，使其离散化，防止铁水喷镁脱硫装置堵塞，保证超规格物料筛出去，能够达到平稳、流畅、均匀的脱硫效果。由此可见，根据说明书对单吹气化颗粒镁铁水脱硫设备的结构特征和作用方式的描述，本领域技术人员就可得知其有益效果（参见说明书第2页第2段）。因此本专利说明书对有益效果的公开是充分的，冶金设计总院有关发明目的与效果不相适应的主张不能成立。

（2）技术特征D，即说明书对平台状支座卸料器、平台位置、间隙位置、间隙值是否充分公开的问题。

冶金设计总院坚持认为平台的位置、间隙的位置及间隙值均未充分公开。专利复审委员会认为，根据说明书的相关描述“在计量给料内部与转子上方安装了一个平台状的支座卸料器，它避免了整个料柱的压力都加到转子上，平台周边与给料器容器壁之间的间隙等于大多数镁试剂颗粒直径的15~20倍”（说明书第2页第15~17行），以及反证1第196页图8-7所示结构，所属技术领域的技术人员可以确定所属平台状的支座卸料器的位置是在计量给料器内部、转子给料器上方，形状是平台状并带支座，功能是防止物料集中在局部区域堆积从而对转子施加过大压力，尺寸是能够容纳在计量给料器内并且平台周边与给料器容器壁之间存在一定间隙，间隙大小则应当与依照具体工况购买和/或采用的镁试剂颗粒的直径相匹配。而且，没有证据表明有关描述会导致本专利说明书记载的技术方案无法实现其发明目的，因此冶金设计总院关于说明书没有充分公开技术特征D的主张不成立。

（3）技术特征H，即说明书对脱硫装置操作方法是否充分公开的问题。

专利复审委员会认为，说明书第2页最后一段对该脱硫装置工作状况的描述足以使所属技术领域的技术人员能够操作本专利的脱硫装置，因此冶金设计总院关于说明书没有公开脱硫装置的操作方法而导致不符合《专利法》第二十六条第三款的主张也不能成立。

根据上述的事实和理由，专利复审委员会依法做出第9999号决定。

本专利说明书中对于技术特征A、C、E、F的表述与对应的权利要求相同。此外，附图4、5给出了技术特征A筛分器的平面示意图及侧视图，附图2、3、8中给出了技术特征C中转子计量给料器的剖视图、正视图和结构示意图，附图8中给出了技术特征E中自激式物料装置的结构关系示意图，附图7中给出了技术特征F的结构示意图。

对于技术特征 B，说明书中相应的描述为，“目前现有的镁脱硫设备采用二元复吹装置，需两个计量给料仓，必须同时既吹镁粉又吹碳化钙或石灰，材料消耗大，脱硫成本高，铁水损失较大，由于喷枪内没有气化室，喷枪易堵，寿命短，消耗高，铁水温度降低大，且设备投资大，脱硫时喷吹时间长，构造复杂，易损件寿命较短。本实用新型的目的是提供一种脱硫效果好、成本低的单吹气化颗粒镁铁水脱硫设备。”（说明书第 1 页第 2、3 段）

对于技术特征 D，说明书中相应的描述为“在计量给料内部与转子上方安装了一个平台状的支座卸料器，它避免了整个料柱的压力都加到转子上，平台周边与给料器容器壁之间的间隙等于大多数镁试剂颗粒直径的 15~20 倍”（说明书第 2 页第 15~17 行）。

对技术特征 H，说明书中相应的描述为，“首先将颗粒镁注入镁试剂容器内，打开气体开关，气体分两路，一路进入气包，另一路进入计量给料器，根据需要调节气体压力，颗粒镁在气体压力及策略下通过试剂的转子计量给料器的叶片格孔进入筛分器，起到控制总流量及均匀分布的作用，再进入气包，在气包内用气体的另一管路中的气体将颗粒镁输送到输镁管道中，然后到达喷枪的气化室中，颗粒镁在气化室内进行气化，喷入铁水中，达到最佳脱硫效果。”（说明书第 2 页最后一段）

在已生效的第 94 号判决中，进行了如下认定：“本院已依法向第三人刘东业送达了原告起诉状副本，但第三人刘东业于开庭审理中才提交相关证据，已经超过举证期限且无正当理由，因此本院对第三人刘东业的证据不予接纳。”

以上事实有本专利授权公告文本、反证 1、反证 2、第 9999 号决定、第 7592 号决定、第 94 号判决及当事人陈述等证据在案证明。

本院认为，本案争议的焦点是专利复审委员会在第 9999 号决定中接受刘东业提交的反证 1、2、程序上是否合法；本专利说明书对技术特征 D 做出的描述是否符合《专利法》第二十六条第三款的规定。

专利复审委员会作为行政机关，根据人民法院的生效判决对本案所涉及的无效宣告请求重新进行审查并做出新的无效宣告请求审查决定，与在先的无效宣告请求审查程序是两个独立的程序，当事人有权在新的程序中重新提出理由和证据。本案所涉及的反证 1、2 虽然在第 7952 号决定的无效宣告请求审查程序中因超过举证期限未被接受，但在第 9999 号决定的无效宣告请求审查程序中是在规定期限内提交的证据，因此，专利复审委员会接受反证 1、2 符合相关规定，未违反相关程序。

关于冶金设计总院提出本专利说明书中的技术特征 D 没有充分公开的理由，在第 9999 号决定中，对于技术特征 D 是从两个方面分析的，一是认为该特征不涉及权利要求限定的技术方案不清楚，不完整，而使本领域技术人员无法实现，因此，本专利说明书不会因技术特征 D 公开不充分而导致其不符合《专利法》第二十六条第三款的规定：二是结合反证 1 第 196 页图 8-7 所记载的公知技术认定该技术特征是清楚、完整的，本领域技术人员是能够实现的。

《专利法》第二十六条第三款规定，说明书应当对发明或者实用新型做出清楚、完整的说明，以所属技术领域的技术人员能够实现为准。说明书的作用在于将发明或者实用新型的技术方案清楚、完整地公开出来，使所属领域的技术人员能够理解和实施该发明或者实用新型，而没有记载在权利要求书中的技术特征不是权利要求所限定的技术特征，也无须在说明书中进行充分的描述。

原审判决虽然对技术特征 D 没有结合反证 1 论述该技术特征是否在本专利说明书中被充分公开有所不妥，但其认为对于本专利而言，鉴于平台状支座卸料器这一技术特征在本专利权利要求中并未涉及，故无论其是否公开充分对于本专利是否符合《专利法》第二十六条第三款的规定均无影响是正确的。因此，原审判决维持第 9999 号决定的结论并无不当。

综上，冶金设计总院的上诉理由不能成立，其上诉请求本院不予支持。原审判决认定事实基本清楚，适用法律正确。依照《中华人民共和国行政诉讼法》第六十一条第（一）项之规定，判决如下：

驳回上诉，维持原判。

一审案件受理费100元，由中冶集团北京冶金设备研究设计总院负担（已交纳）；二审案件受理费100元，由中冶集团北京冶金设备研究设计总院负担（已交纳）。

本判决为终审判决。

审　判　长　刘　辉

代理审判员　岑宏宇

代理审判员　焦　彦

二○○八年四月二十四日

书　记　员　孙　娜

129

一种蒸锅

无效宣告请求审查决定（第10004号）

决　　定　　号　第10004号
决　　定　　日　2007年6月11日
发明创造名称　一种蒸锅
国 际 分 类 号　A47J 27/05，A47J 27/00
无效宣告请求人　张文祎
专　利　权　人　王　超
专　　利　　号　200420082973.6
申　　请　　日　2004年8月12日
授 权 公 告 日　2005年11月9日
合 议 组 组 长　马志远
主　　审　　员　李婷婷
参　　审　　员　武　磊

法　律　依　据　专利法第22条第2款、第3款
决　定　要　点

如果一项权利要求的技术方案与在先申请的对比文件相比存在区别技术特征，但该区别技术特征仅仅属于本领域惯用手段的直接置换，那么该权利要求不具备专利法第22条第2款规定的新颖性。

在判断创造性的过程中，要确定现有技术整体上是否存在某种技术启示，如果相关技术手段在对比文件中没有记载，并且请求人没有提供有关证据证明其为本领域的公知技术，那么认为现有技术中不存在技术启示。

一、案由

本无效宣告请求涉及国家知识产权局于2005年11月9日授权公告的200420082973.6号实用新型专利权（下称本专利），其名称为“一种蒸锅”，申请日为2004年8月12日，专利权人原为陆流，后变更为王超。

本专利授权公告的权利要求书如下：

“1. 一种蒸锅，包括锅体、锅盖、数个层叠在一起的不锈钢蒸笼，其特征在于不锈钢蒸笼侧壁设有倒U形夹层，夹层外侧底边比不锈钢蒸笼底板低，夹层外侧上缘设有与夹层外侧底边相配的凹缘，夹层顶部设有与夹层相通的蒸汽孔。

2. 根据权利要求1所述的蒸锅，其特征在于设置一对提手，提手由挽手、设置在挽手上的能插

入相邻两蒸汽孔内的钩构成。”

针对上述专利权，张文祎、贺东梅于2006年4月30日向国家知识产权局专利复审委员会提出无效宣告请求，其无效宣告请求的具体理由是：附件1、2分别公开了本专利权利要求1的全部技术特征，因此权利要求1分别相对于附件1、2不具备创造性；附件1、2分别与公知常识结合公开了本专利权利要求2的全部技术特征，因此权利要求2分别相对于附件1、2不具备创造性。并提交了下述证据：

附件1：台湾专利TW305181的公告文本及其相应的专利公报，申请日：1996年6月14日，授权公告日：1997年5月11日；

附件2：中国实用新型专利说明书CN2469843Y，申请日：2001年2月23日，授权公告日：2002年1月9日；

附件3：中国实用新型专利说明书CN2738682Y，即本专利。

经形式审查，专利复审委员会于2006年6月14日向无效宣告请求人发出了无效宣告请求补正通知书，告知无效宣告请求人未各自独立提出无效宣告请求，且无效宣告请求书中的专利权人与变更后的专利权人不符，要求无效宣告请求人在指定的期限内对通知书中指出的缺陷进行补正。

2006年6月20日，张文祎（下称请求人）提交了复审、无效程序补正书。

经形式审查合格，专利复审委员会受理了上述请求，于2006年7月3日向双方当事人发出无效宣告请求受理通知书，并将无效宣告请求书和附件清单中所列附件副本，以及请求人于2006年6月20日递交的补正书转送给了专利权人，要求其在指定的期限内答复，并告知期满未答复的不影响专利复审委员会审理。专利权人在指定期限内未作答复。

专利复审委员会依法成立本案合议组，并于2006年12月13日向双方当事人发出无效宣告请求口头审理通知书，定于2007年1月30日进行口头审理。

请求人于2006年12月22日提交了无效宣告请求口头审理通知书回执，表示参加2007年1月30日举行的口头审理。专利权人在指定期限内未作答复。经电话联系，专利权人表示将如期参加口头审理。

口头审理如期进行，双方当事人均委托代理人参加了口头审理。在口头审理中，（1）双方当事人对合议组成员无异议、无回避请求；双方当事人对对方出庭人员身份无异议；（2）专利权人当庭陈述，由于专利权人变更代理机构，专利权人未收到专利复审委员会寄给原代理人的全部文件，合议组当庭将无效宣告请求书、无效宣告请求的补正书以及所附的附件1、2、3转交给专利权人；专利权人对请求人提交的附件1、2的真实性无异议，对附件1中台湾专利公报和与公报对应的说明书全文公告文本的合法性没有异议；（3）请求人明确表示其意见陈述书第5页第4行，以及第7页倒数第9行所述“夹层的底边应该“高于”蒸笼底板”是打字错误，应为“低于”；（4）请求人明确表示无效理由为：本专利权利要求1相对于附件1或附件2不具有新颖性和创造性，本专利权利要求2相对于附件1或附件2结合公知常识不具有创造性，请求人明确表示以附件1中的附图5的蒸笼结合图8叠层方式评价权利要求1的创造性。专利权人针对提出的无效理由充分发表了意见。

至此，合议组认为本案事实已经清楚，现依法作出审查决定。

二、决定的理由

1. 关于证据

请求人提交的附件1-2均是在本专利申请日之前已经公开的专利文献，专利权人对附件1-2的真实性没有异议，合议组经核实认可其真实性，因此，附件1-2可作为本案现有技术的证据使用。

2. 关于专利法第22条第2款

专利法第22条第2款规定：新颖性，是指在申请日以前没有同样的发明或者实用新颖在国内外出版物上公开发表过、在国内公开使用过或者以其他方式为公众所知，也没有同样的发明或者实用新型由他人向国务院专利行政部门提出过申请并且记载在申请日以后公布的专利申请文件中。

本专利提供了一种蒸锅，用以解决由于现有蒸锅的蒸笼上具有很多蒸汽孔，因此在蒸煮食物时必须用承载物承载食品，并且由于食物阻挡了蒸汽的上升从而影响蒸汽正常、均匀到达各个蒸笼的问题。本专利权利要求1的技术方案为：一种蒸锅，包括锅体、锅盖、数个层叠在一起的不锈钢蒸笼，其特征在于不锈钢蒸笼侧壁设有倒U形夹层，夹层外侧底边比不锈钢蒸笼底板低，夹层外侧上缘设有与夹层外侧底边相配的凹缘，夹层顶部设有与夹层相通的蒸汽孔。

附件1（参见说明书第1页第11行至第4页第7行，附图5、8）公开了一种兼具蒸煮功能的盛器（相当于本专利所述蒸笼），所述盛器由不锈钢材制成，数个盛器可与锅体、锅盖配合（相当于本专利所述蒸锅）以进行食物的蒸煮。所述盛器由内、外双层的包覆体经冲压一体制成，所述内、外双层之间形成一个空心层，并且外层底部为开口，其中外层的底边低于内层的底板（相当于本专利所述夹层外侧底边比不锈钢蒸笼底板低），所述盛器上部端口缘处设置有一内缩的小阶唇环（相当于本专利所述凹缘）用于使所述盛器能够相互叠放（参见附件1的附图5、8），所述小阶唇环上以适当间距设置有数个蒸汽透孔（相当于本专利的蒸汽孔）。由上述内容可见，附件1已经公开了权利要求1的大部分技术特征，区别在于本专利权利要求1所述蒸锅的不锈钢蒸笼侧壁的夹层为倒U形，附件1所述盛器的用于盛放食物的内层为近似喇叭形，因此其空心层上下宽度不一致。对于本领域技术人员来说，无论是将夹层设置为倒U形使蒸笼的底边与侧边之间的夹角近似为直角，还是设置为圆弧形使盛器的内层形状为近似喇叭形，其均为本领域常见的用于盛放食物的容器的形状，都是本领域惯用的设计手段，市场上常见设置成上下宽度一致的直角形或者上宽下窄的圆弧形的蒸笼、汤锅、饭碗等，这种形状的略微差别并未给容器在盛放食物的功能、效果方面带来差异，在附件1的基础上将直角形的蒸笼直接置换为圆弧形即可得到权利要求1所述的技术方案。因此，合议组认为权利要求1相对于附件1不具有专利法第22条第2款规定的新颖性。

专利权人认为本专利权利要求1中的下述特征没有被附件1公开：(1) 夹层外侧底边比不锈钢蒸笼底板低；(2) 不锈钢蒸笼侧壁的夹层为倒U形，该形状使得蒸汽不利于流通，能够保证食物不发生串味，且可以使蒸汽集中起来产生压力。

请求人认为，特征（1）通过附件1附图5即可看出，对于特征（2），附件1所述盛器的内层为近似喇叭形，因此其与环筒之间的空间也是倒U字形，此外食物串味与否取决于蒸汽孔，压力的大小取决于蒸汽孔的大小以及火力大小，与容器本身形状无关。

合议组认为，对于特征（1），尽管附件1的说明书中没有明确的文字描述，但由附件1的附图5、8均可清楚看出所述盛器的外层底边低于内层底板，因此该特征实际上已经被公开；对于特征B，本领域技术人员对于倒U形的理解应为所述U形空间的上下宽度基本一致，而附件1所述盛器的内层为近似喇叭形，即所述内层与外层之间的空心层为上下宽度有一定差距，以形成有一定曲线的斜面从而使内层形成为近似喇叭形，因此所述空心层并非完全呈倒U字形。本专利所述的蒸锅之所以能够保证食物不发生串味，原因在于该蒸锅的构造使得混有下层蒸锅内食物味道的蒸汽不直接与食物接触，而是通过蒸锅顶端的蒸汽孔进入上层蒸锅，此种缓冲能够改善食物的串味问题，而附件1所述盛器的蒸汽孔设置在所述盛器上部端口缘处的小阶唇环上，其同样不直接与食物接触，因此附件1的盛器同样改善了食物的串味问题，此外，在火力相同的情况下，蒸锅内压力的大小取决于空间的大小或者压力出口即蒸汽孔的大小，空间越小或者蒸汽孔越小，则压力越大，而无论是本专利还是附件1，均未对空间的大小以及蒸汽孔的大小作任何限定，因此上述两种方式的技术效果应当相同。

3. 关于专利法第 22 条第 3 款

专利法第 22 条第 3 款规定的创造性是指：同申请日以前已有的技术相比，该发明有突出的实质性特点和显著的进步，该实用新型有实质性特点和进步。

权利要求 2 是对权利要求 1 的进一步限定，其附加技术特征为："其特征在于设置一对提手，提手由挽手、设置在挽手上的能插入相邻两蒸汽孔内的钩构成。"

请求人承认附件 1、2 均未公开如本专利权利要求 2 所述的提手，且现有技术中亦没有如权利要求 2 所述的提手，但所属领域技术人员公知可在锅上设置把手用于提取蒸笼，本专利使用提手取代了常用的把手，其达到的功能是相同的，都是为了提取蒸笼，因此权利要求 2 同样不符合专利法第 22 条 3 款有关创造性的规定。

专利权人认为本专利所述蒸锅只设置一对提手即可用于提取多个蒸笼，可节省制造成本，因此权利要求 2 具有创造性。

合议组认为：附件 1 中公开的盛器并不具有提手。附件 2 公开了一种多功能蒸笼（参见说明书第 2 页第 8 行至第 3 页第 6 行，附图 1、2），包括煮水锅、锅盖、多个蒸筒及蒸锅等，每个蒸锅通过设置在口缘上的向外的承缘摆置在一个蒸筒上以配合使用，所述蒸锅的承缘上设置有多个孔用于透气，所述蒸筒上端向内折设一较小径承缘以及一<形凹槽环，从而使得上层蒸筒能够与下层蒸筒相互搭接串联，由此配合使用的蒸锅与蒸筒可数层层叠，且由附图 1 可知，蒸锅锅体与蒸筒之间形成一夹层，蒸筒的长度要大于蒸锅。由此可见，附件 1、2 均未公开本专利权利要求 2 的附加技术特征，请求人亦未提出能够证明所述附加技术特征为公知常识的证据，并且该附件技术特征所述的一对提手具有可用于提取多个蒸笼，可节省制造成本的有益效果，所属领域技术人员在附件 1 或附件 2 的基础上得到权利要求 2 的技术方案是非显而易见的，因此权利要求 2 所述的技术方案具有实质性特点和进步，符合专利法第 22 条第 3 款有关创造性的规定。

三、决定

宣告 200420082973.6 号实用新型专利的权利要求 1 无效，在权利要求 2 的基础上维持该专利权有效。

当事人对本决定不服的，可以根据专利法第 46 条第 2 款的规定，自收到本决定之日起 3 个月内向北京市第一中级人民法院起诉。根据该款的规定，一方当事人起诉后，另一方当事人应当作为第三人参加诉讼。

130

原味多层蒸汽锅

无效宣告请求审查决定（第10008号）

决　　定　　号　第10008号
决　　定　　日　2007年6月13日
发明创造名称　原味多层蒸汽锅
国 际 分 类 号　A47J 27/05
无效宣告请求人　朱继伟
专　利　权　人　庄文华
专　　利　　号　02217581.4
申　　请　　日　2002年5月22日
授 权 公 告 日　2003年9月3日
合 议 组 组 长　王桂莲
主　　审　　员　高桂莲
参　　审　　员　张　曦

法　律　依　据　专利法第22条第3款
决　定　要　点

如果一项权利要求请求保护的技术方案与一份证据所公开的技术方案相比，存在某些区别技术特征，但本领域技术人员根据已有的公知常识，选用常用的技术手段就能得到该权利要求的技术方案，且该方案未产生意料不到的技术效果，则该技术方案是显而易见的，不具备创造性。

一、案由

本无效宣告请求涉及中华人民共和国国家知识产权局于2003年9月3日授权公告的、名称为“原味多层蒸汽锅”的实用新型专利权（下称本专利），其专利号是02217581.4，申请日是2002年5月22日，授权时的专利权人是上海膳神日用品有限公司，于2006年3月24日变更为庄文华。该专利授权公告时的权利要求书如下：

“1. 一种原味多层蒸汽锅，包括蒸汽锅、架在蒸汽锅上的多层蒸架及罩盖在最上层蒸架上的锅盖；其特征在于，所述的蒸架包括与蒸汽锅内径一致的圆筒形蒸架体和在该架体的底部设置的托盘；所述架体的下部设有一圈凸缘；所述的托盘上设有一通孔，该通孔上贯设一导气管。

2. 根据权利要求1所述的蒸汽锅蒸架，其特征在于，所述蒸架的架体的上端设有一圈比该架体直径大的台阶。

3. 根据权利要求2所述的蒸汽锅蒸架，其特征在于，所述蒸架的架体台阶上部的内径与架体底部的外径相适配，所述架体底部可套设在架体台阶上部。

4. 根据权利要求 1 所述的蒸汽锅蒸架，其特征在于，所述蒸架的架体的顶部向外延伸一圈外翻的边。

5. 根据权利要求 1 所述的蒸汽锅蒸架，其特征在于，所述蒸架的托盘呈向上的圆锥形。

6. 根据权利要求 1 所述的蒸汽锅蒸架，其特征在于，所述蒸架的导气管设在托盘的中心。

7. 根据权利要求 1 或 6 所述的蒸汽锅蒸架，其特征在于，所述的蒸架的导气管顶部设有主出气孔。

8. 根据权利要求 1 或 6 所述的蒸汽锅蒸架，其特征在于，所述蒸架的导气管顶部主出气孔的侧面设有侧出气孔。

9. 根据权利要求 1 或 6 所述的蒸汽锅蒸架，其特征在于，所述蒸架的导气管的高度低于蒸架架体台阶的高度。”

针对上述专利权，朱继伟（下称请求人）于 2006 年 3 月 27 日向专利复审委员会提出无效宣告请求，其提交的证据如下：

证据 1：授权公告号为 CN2315868Y 的实用新型专利说明书，其授权公告日为 1999 年 4 月 28 日；

证据 2：授权公告号为 CN2444537Y 的实用新型专利说明书，其授权公告日为 2001 年 8 月 29 日。

请求人在无效宣告请求书中将本专利权利要求 1 的技术特征进行了如下标记：

A. 蒸汽锅；

B. 架在蒸汽锅上的多层蒸架；

C. 罩盖在最上层蒸架上的锅盖；

D. 所述的蒸架包括与蒸汽锅内径一致的圆筒形蒸架体，和在该架体的底部设置的托盘；

E. 所述架体的下部设有一圈凸缘；

F. 所述的托盘上设有一通孔，该通孔上贯设一导气管。

请求人认为：证据 1 公开了对应于权利要求 1 中的 A-F 技术特征的如下 A′-F′技术特征：A′、外锅；B′、大汽锅；C′、锅盖；D′、大汽锅每层的内部结构；E′、大汽锅外缘底部具有一内凹顶持部；F′、底部向上凸出一中空汽柱。本专利的权利要求 1~9 相对于证据 1 不具备新颖性，权利要求 2~9 的附加技术特征在证据 1 或 2 中公开，或为公知常识，权利要求 1~9 相对于证据 1 或证据 1 和证据 2 的结合不具备创造性。

经形式审查合格，专利复审委员会依法受理了上述无效宣告请求，于 2006 年 3 月 27 日向双方当事人发出无效宣告请求受理通知书，并将无效宣告请求书及其证据清单中所列证据的副本转送给专利权人，要求其在指定期限内答复。

专利权人于 2006 年 4 月 25 日向专利复审委员会提交了意见陈述书，专利权人认为：证据 1 未公开本专利权利要求 1 中的技术特征 C、D 和 E；证据 1 没有公开本专利从属权利要求 3、4、7、8、9 的附加技术特征；另外，证据 2 没有公开本专利从属权利要求 2~4 中的附加技术特征；认为本专利的全部权利要求具备新颖性和创造性。

请求人于 2006 年 4 月 26 日再次向专利复审委员会提交意见陈述书及如下补充证据：

证据 3：授权公告号为 CN2143453Y 的实用新型专利说明书，其授权公告日为 1993 年 10 月 13 日。

请求人在该意见陈述书中认为本专利权利要求 1~4、6、7 相对于证据 3 不具备创造性；从属权利要求 5~9 的附加技术特征在证据 1 中公开，权利要求 1~9 不具备创造性。

专利复审委员会依法成立合议组，本案合议组于 2006 年 9 月 8 日向双方当事人发出无效宣告请求口头审理通知书，指出定于2006年11月13日举行口头审理。随同口头审理通知书，将专利权人于2006年4月25日提交的意见陈述书副本转送给请求人，将请求人于2006年4月26日提交的意见陈述书及补充证据副本转送给专利权人。

口头审理如期举行，双方当事人均参加了口头审理。在口头审理中，请求人明确其无效的理由、范围、证据为：本专利权利要求1～9相对于证据1不符合专利法第22条第2、3款关于新颖性、创造性的规定；权利要求1～9相对于证据1和2的结合不具备创造性；权利要求1～9相对于证据3和1的结合不具备创造性。

在庭审调查阶段，请求人认为：关于权利要求1，证据1中记载的A′～F′特征公开了权利要求1中的A～F技术特征，其余意见坚持提出无效宣告请求时的意见；证据1和2分别公开了权利要求2和3的附加技术特征；权利要求4的附加技术特征"蒸架的架体的顶部向外延伸一圈外翻的边"与证据1图9中公开的把手的作用相同，即把持时使用；其余意见与提出无效宣告请求书及其补充陈述的意见相同。

专利权人对证据1～3的真实性无异议，专利权人认为：权利要求1中的技术特征C和D在证据1中没有公开，证据1的图9看不出D中的"内径一致"技术特征，技术特征E的作用除了限位外还有密封的作用，与证据1的上述对应的技术特征的作用不同；认可证据3公开了技术特征B、C，但认为证据3没有公开技术特征D，也没有给出相应的技术启示；权利要求4中的上述"外翻边"的作用除了把持外，还具有与凸缘一起形成密封面的作用；证据1的图9不能唯一推出权利要求5中托盘是圆锥形的技术特征；认可证据1中公开了权利要求6的附加技术特征以及权利要求8中的"侧气孔"，认可权利要求9的附加技术特征为公知常识；但是认为证据1没有公开权利要求7和8中描述的"主出气孔"。

至此，合议组认为本案事实清楚，现依法作出审查决定。

二、决定的理由

1. 关于证据

请求人共提交3份证据，均为公开日在本专利的申请日之前的专利文献，专利权人对其真实性、合法性和关联性无异议，合议组经审查，其可以作为本案证据使用，其上内容构成本专利的现有技术，可以用于评价本专利的新颖性和创造性。

2. 关于权利要求1的创造性

专利法第22条第3款规定：创造性是指同申请日以前已有的技术相比，该发明有突出的实质性特点和显著的进步，该实用新型有实质性特点和进步。

本案中，请求人认为权利要求1相对于证据1不具备新颖性，因此也不具备创造性。

专利权人认为：权利要求1中的技术特征C和D在证据1中没有公开，证据1的图9看不出D中的"内径一致"技术特征，技术特征E的作用除了限位外还有密封的作用，与证据1上述对应的技术特征的作用不同。

合议组经审查后认为，证据1（参见证据1的第4页第14、15、21～27行，第6页第1、2行，第7页第4～8行，图1、2、4、9）公开了一种大汽锅140，根据图9可毫无疑义地看出来该大汽锅包括多层蒸锅（相当于本专利权利要求1的技术特征B"架在蒸汽锅上的多层蒸架"），其顶端为一往外翻折的锅缘141，由其底部向上凸出一中空汽柱142，各层蒸架上均有该中空汽柱（相当于权利要求1的技术特征F"所述托盘上设有一通孔，该通孔贯设一导气管"），于大汽锅140外缘底部具有一内凹顶持部143，而可藉此内凹顶持部143将大汽锅140叠置于外锅110（相当于本专利权利要求1的技术特征A"蒸汽锅"）内。又根据图9可以明确看出大汽锅最上部的部分应为带有外锅盖头的外锅盖（其相当于权利要求 1 中的技术特征 C“罩盖在最上层蒸架上的锅盖”），并且每层蒸锅的锅底是用来盛放食物的（其中的锅底相当于权利要求 1 技术特征 D 中“在该架体的底部设置的托盘”），本领域技术人员根据上述附图可毫无疑义地得出该大汽锅为一圆柱体（其相当于权利要求 1 中技术特征 D 的“圆筒形蒸架体”），并且根据图 9 中表示的该大汽锅的叠置状态可以明确得出该大汽锅的内径是相同的（其相当于权利要求 1 技术特征 D 中描述的“内径一致”），并且由于蒸锅是采用蒸汽加热食物的器具，对于这种多层叠置的蒸锅而言，使各层蒸锅的内径相一致以保持锅体之间配合密封也是一种常规选择。

权利要求 1 与证据 1 相比其区别仅在于技术特征 E“所述架体的下部设有一圈凸缘”，其作用是使该蒸架限位放置在另一个蒸架的架口内（参见本专利说明书第 2 页倒数第 3、4 行），与之对应的证据 1 公开了大汽锅 140 各层蒸锅的底部外缘具有一圈内凹顶持部 143，且顶部外缘具有一圈外翻折 141，其作用是可借上层蒸锅的内凹顶持部 143 和下层蒸锅的外翻折 141 将大汽锅 140 的各层蒸锅叠置在一起，其中外翻折 141 与内凹顶持部 143 的配合实际上起到了限位作用，由此可见，上述两种设置方式的作用实质上是相同的，而且对本领域技术人员来说，在架体底部设凸缘或将底部内凹而形成一种可顶持状态均是所属技术领域的常用的技术手段，因此在证据 1 的基础上，本领域技术人员根据已有的公知常识，选用常用的技术手段得到权利要求 1 所述的技术方案是显而易见，因此该权利要求 1 不具有实质性特点和进步，不符合专利法第 22 条第 3 款有关创造性的规定。

至于专利权人所述的本专利权利要求 1 技术特征 E 的密封作用，由证据 1 中的“大汽锅 140 外缘底部具有一内凹顶持部 143”和“外翻折 141”结构在客观上增大了上层蒸锅与下层蒸锅之间的接合面积，当二者配合构成顶持状态时必然会具有密封的技术效果，因此证据 1 也公开了与权利要求 1 技术特征 E 结构相似、作用相同的结构，给出了应用上述配合方式的技术启示。专利权人强调的密封作用并不能给权利要求 1 的创造性带来实质性影响。

3. 关于权利要求 2~4 的创造性

请求人在提出无效宣告请求及补充意见时认为：证据 1、2 和 3 分别公开了权利要求 2 和 3 的附加技术特征。具体为：证据 1 的说明书第 4 页第 14~15 行“其锅体上缘具有一向外侧突出的凸缘 12，由凸缘 12 往下延伸，是形成向锅体内壁凸出一顶持部 13”其作用与权利要求 2 的附加技术特征的作用相同；证据 1 的说明书第 4 页第 21~22 行“上缘为一往外翻折的锅缘，可卡持于上述的顶持部 13 上”披露了权利要求 3 的附加技术特征；证据 2 的“上蒸笼底可与下蒸笼口正好对接，能够逐个嵌套成一个多层的蒸笼”和证据 3 中的“使两层锅之间相对底端与顶缘互相套接”分别给出了权利要求 2 和 3 中附加技术特征的技术启示。请求人口审当庭表示，权利要求 4 的附加技术特征“蒸架的架体的顶部向外延伸一圈外翻的边”与证据 1 图 9 中公开的把手的作用相同，即把持时使用。

专利权人在答复意见中认为，证据 1 的说明书第 4 页第 21~22 行“上缘为一往外翻折的锅缘，可卡持于上述的顶持部 13 上”没有公开权利要求 3 和 4 的技术特征，二者结构完全不同，证据 1 的大汽锅是放在外锅里面，而本专利的蒸架是架在蒸汽锅上面的。证据 2 公开的“上蒸笼底可与下蒸笼口正好对接，能够逐个嵌套成一个多层的蒸笼”仅仅是功能性语言，上蒸笼底可与相邻的下蒸笼口如何对接，如何定位都没有说明，因此没有公开权利要求 2~4 的附加技术特征。关于权利要求 4，在口审中专利权人认为，权利要求 4 中的上述“外翻边”的作用除了把持外，还具有与凸缘一起形成密封面的作用。

关于权利要求 2 和 3，合议组经审查后认为，权利要求 2 的附加技术特征“所述蒸架的架体的上端设有一圈比该架体直径大的台阶”与权利要求 3 的附加技术特征“所述蒸架的架体台阶上部的内径与架体底部的外径相适配，所述架体底部可套设在架体台阶上部”实际上记载的是蒸架的套接结构关系。在证据 1 中，与本专利蒸架体对应的是图 9 所示的多层叠置的大汽锅，该大汽锅各层之间的套接结构是（参见证据 1 的说明书第 7 页第 5~6 行及图 9）：大汽锅 140 各层蒸锅的底部外缘具有一圈内凹顶持部 143，且顶部外缘具有一圈外翻折 141，其作用是可藉上层蒸锅的内凹顶持部 143 和下层蒸锅的外翻折 141 将大汽锅 140 的各层蒸锅叠置在一起，其中外翻折 141 与内凹顶持部 143 相互配合，由于本专利所记载的叠置结构和证据 1 所披露的叠置结构对本领域技术人员来说都是一种常规技术手段，在二者之间选择任意一种结构对本领域技术人员都是显而易见的，不需要付出创造性劳动，并且本专利记载的叠置结构也没有给其带来意想不到的技术效果，因此，在上述从属权利要求 2 和 3 分别引用的权利要求不具备创造性的基础上，该从属权利要求 2 和 3 不符合专利法第 22 条第 3 款的规定。

关于权利要求 4，合议组经审查后认为，本专利说明书第 2 页倒数第 4 行明确指明了“所述蒸架的架体的顶部向外延伸一圈外翻的边 212，便于取放蒸架”。虽然其结构与证据 1 图 9 中公开的把手不同，但是二者的作用是相同的，对本领域技术人员来说结合公知常识得到权利要求 4 的技术方案是显而易见的，而且上述设置也没有给本发明带来意想不到的技术效果，因此在权利要求 4 引用的权利要求 1 不具备创造性的情况下，该从属权利要求 4 相对于证据 1 和本领域公知常识的结合不具备创造性，不符合专利法第 22 条第 3 款的规定。

4. 关于权利要求 5 的创造性

专利权人认为：证据 1 的图 9 不能唯一推出权利要求 5 中托盘是圆锥形的技术特征。

合议组经审查后认为，证据 1 公开的大汽锅各层蒸锅的锅底同样是从边缘向中央变高的结构，虽不是标准的圆锥形状，但其作用均是使冷凝水向边缘流动而不会留在食物上，因此本领域技术人员根据所属领域的公知常识很容易想到采用圆锥形状的托盘以实现上述效果，该技术特征不能为权利要求 5 的创造性带来实质性影响，因此在该权利要求引用的权利要求 1 不具备创造性的基础上，其相对于证据 1 不符合专利法第 22 条第 3 款有关创造性的规定。

5. 关于权利要求 6~9 的创造性

专利权人对证据 1 中公开了权利要求 6 的附加技术特征无异议，认可证据 1 公开权利要求 8 中的“侧气孔”，认可权利要求 9 的附加技术特征为公知常识；但是认为证据 1 没有公开权利要求 7 和 8 中描述的“主出气孔”。

关于权利要求 6~8，合议组经审查后认为，证据 1 的说明书第 4 页第 23~24 行公开了“内锅 20 中央设有一凸出、中空管状的汽柱 24”，并在第 25~27 行公开了“在该汽柱 24 顶端插棍 25 下设有汽孔 26”。上述技术特征实际上描述的是单层锅体（即只有一层内锅）的情况，其披露了本专利权利要求 6 的附加技术特征和权利要求 8 附加技术特征中的“侧出气孔”。但是证据 1 的图 9 中公开的是多层锅体的实施例，在这个例子中，要想使得蒸汽能给各个锅层加热，并保证蒸汽由下到上的畅通输送，本领域技术人员很容易想到在各层蒸锅汽柱顶端开放出汽孔，以使蒸汽传送到上一层蒸锅。因此从属权利要求 6~8 的附加技术特征不能为权利要求 6~8 的创造性带来实质性影响，在其分别引用的权利要求不具备创造性的情况下，上述权利要求 6~8 相对于证据 1 不符合专利法第 22 条第 3 款有关创造性的规定。

权利要求 9 的附加技术特征对蒸架导气管的高度进行了限定，其属于本领域的公知常识，因此在其引用的权利要求 1 和 6 分别不具备创造性情况下，该从属权利要求 9 相对于证据 1 和本领域公知常识的结合不具备创造性，不符合专利法第 22 条第 3 款的规定。

综上所述，本专利的权利要求 1~9 相对于证据 1 和本领域公知常识的结合不具备创造性。合议组依法作出如下审查决定。

三、决定

宣告 02217581.4 号实用新型专利权全部无效。

当事人对本决定不服的，可以根据专利法第 46 条第 2 款的规定，自收到本决定之日起三个月内向北京市第一中级人民法院起诉。根据该款的规定，一方当事人起诉后，另一方当事人应当作为第三人参加诉讼。

131

钢水温度连续测量方法和测温管

无效宣告请求审查决定（第10010号）

决　　定　　号　第10010号
决　　定　　日　2007年6月20日
发明创造名称　钢水温度连续测量方法和测温管
国 际 分 类 号　G01J 5/28，G01J 5/54
无效宣告请求人　孙敬文
专　利　权　人　东北大学，沈阳市泰合仪表有限公司
专　　利　　号　00120354.1
申　　请　　日　2000年7月12日
授 权 公 告 日　2003年7月30日
合 议 组 组 长　刘颖杰
主　　审　　员　马　燕
参　　审　　员　李　礼

法　律　依　据　专利法第22条第3款
决　定　要　点

如果一项方法权利要求请求保护的技术方案中必须同时满足三个条件，而即使将一篇对比文件中不同实施例相结合，或者该篇对比文件与其他对比文件相结合均不能得出同时满足该三个条件的技术方案，则该项权利要求具备创造性，符合专利法第22条第3款的规定。

一、案由

本无效宣告请求涉及中华人民共和国国家知识产权局于2003年7月30日授权公告的、名称为“钢水温度连续测量方法和测温管”的发明专利权（下称本专利），其申请号是00120354.1，申请日是2000年7月12日，专利权人是东北大学，共同专利权人是沈阳市泰合仪表有限公司。本专利授权公告时的权利要求书如下：

“1. 一种对钢水温度进行连续测量的方法，包括步骤：

提供一个测温管，该测温管是由内、外管套在一起构成的复合管，内外套管均是一端开口，一端封闭；

将所述测温管的封闭端插入钢水中，插入的长度与所述测温管的内径之比等于或大于15，与所述测温管的外径之比大于3；

将所述测温管的另一端与测温仪相连；

通过所述测温仪对所述测温管插入钢水中的内套管端部发出的热辐射进行分析，从而计算出钢水的温度。

2. 根据权利要求 1 所述的方法，其特征在于，所述测温管与所述测温仪的探头采用具有锥度的连接管配合连接。

3. 根据权利要求 1 所述的方法，其特征在于，所述内套管由 Al∶O 构成。

4. 根据权利要求 1 所述的方法，其特征在于，所述外套管由 Al∶O、C 或 Al∶O、C、Zr 构成。

5. 根据权利要求 1 所述的方法，其特征在于，所述外套管在渣线处比在测温端粗。

6. 根据权利要求 1 所述的方法，其特征在于，所述外套管涂有防氧化涂层。

7. 一种对钢水温度进行连续测量的测温管，其一端适合于插入钢水中以感知温度，另一端适合于与测温仪相连，其特征在于，所述测温管为由内、外管套在一起构成的复合管，内外套管均是一端开口，一端封闭，封闭端插入钢水中，插入的长度与所述测温管的内径之比等于或大于 15，与所述测温管的外径之比大于 3。

8. 根据权利要求 7 所述的测温管，其特征在于，所述内套管由 Al∶O 构成。

9. 根据权利要求 7 所述的测温管，其特征在于，所述外套管由 Al∶O、C 或 Al∶O、C、Zr 构成。

10. 根据权利要求 7 所述的测温管，其特征在于，所述外套管在渣线处比在测温端粗。

11. 根据权利要求 7 所述的测温管，其特征在于，所述外套管涂有防氧化涂层。”

针对上述专利权，孙敬文（下称请求人）于 2006 年 10 月 18 日向专利复审委员会提出无效宣告请求，并提交如下证据：

证据 1：US5180228A 美国专利说明书全文，授权公告日为 1993 年 1 月 19 日；

证据 2：US5302027A 美国专利说明书全文，授权公告日为 1994 年 4 月 12 日；

证据 3：日本特开平 7-12650 的公开专利公报的中文译文（请求书附件清单中称其为日本特开平 7-12650 号的公开复印件）；

证据 4：证据 1 的中文译文；

证据 5：证据 2 的中文译文；

证据 6：日本特开平 7-12650 的公开专利公报的中文译文，与证据 3 完全相同。

请求人的无效宣告请求的理由是本专利权利要求 1、7 相对于证据 1 不具备新颖性和创造性，不符合专利法第 22 条第 2 款、第 3 款的规定；权利要求 1 相对于证据 1、2、3 不具备创造性；权利要求 2~4、8、9 的附加技术特征在证据 2 中公开；权利要求 5、10 的附加技术特征在证据 2 和 3 中公开；权利要求 6、11 的附加技术特征属于公知常识；因此权利要求 2~6、8~11 不符合专利法第 22 条第 3 款有关创造性的规定。

经形式审查合格，专利复审委员会依法受理了上述无效宣告请求，并于 2006 年 11 月 29 日向双方当事人发出无效宣告请求受理通知书，并将无效宣告请求书及其附件清单中所列附件副本转送给专利权人，要求专利权人在指定期限内答复。

专利权人于 2007 年 1 月 22 日向专利复审委员会提交了意见陈述书，认为：（1）证据 1 的测量对象是铁水，本专利的测量对象是钢水，两者的测量对象不同，并且证据 1 的测温管外管材料与本专利的测温管外管材料不同，因此证据 1 不能破坏本专利的新颖性和创造性；（2）证据 2 中的观测管内具有一并列管，该并列管是通管，其结构、材料和作用都不同于本专利的内管，证据 2 没有对测温管结构参数与测温管插入钢水中的深度进行设定；（3）证据 3 所公开的内外管不是复合管，并且在证据 3 中，没有对测温管结构参数与测温管插入钢水中的深度进行设定，此外，在证据 3 中采用热电偶进行校正，其测温原理与本专利有本质差别。

专利复审委员会依法组成合议组对上述无效宣告请求进行审查。

本案合议组于 2007 年 2 月 13 日向双方当事人发出无效宣告请求口头审理通知书，指出本案合议组定于 2007 年 3 月 14 日举行口头审理。

应请求人要求，本案合议组于口头审理之前将专利权人的意见陈述书传真给请求人。

口头审理如期举行，双方当事人均参加了口头审理。在口头审理中，合议组当庭告知了合议组成员的变更情况，双方当事人对合议组成员的变更均无异议。

（1）请求人明确表示放弃本专利权利要求不符合专利法第 22 条第 2 款的无效宣告请求理由；请求人明确其无效宣告请求的理由为：本专利权利要求 1 相对于证据 1 不具备创造性；权利要求 2~7 相对于证据 1、2 的结合不具备创造性；权利要求 2~6、8~11 相对于证据 1~3 的结合不具备创造性，不符合专利法第 22 条第 3 款的规定。

（2）专利权人表示没有收到证据 3 的原文，请求人请求当庭提交证据 3 的原文，专利权人认为已经超过举证期限，不予认可，合议组当庭告知请求人，按照审查指南的相关规定，请求人当庭提交的证据 3 的原文已经超出了举证期限，不予接受，本次口头审理对证据 3 不予考虑。

（3）专利权人对证据 1、2 的真实性不予认可，并表示没有进行核对；对证据 1、2 的中文译文的准确性表示无异议。

（4）请求人认为，证据 1 译文第 8 页第 2 栏第 3 段公开了内外套管；证据 1 附图 6 可以看出测温管一端是开口一端是封闭；专利权人对此予以认可。

（5）请求人认为，证据 1 译文第 9~10 页以及第 11 页的表公开了本专利权利要求 1 的插入长度与套管内径之比等于 15 的技术特征；专利权人认为，证据 1 没有构成完整的黑体条件，黑体有两个特征，即密闭性和等温性，本专利权利要求 1 的插入长度与套管内径之比满足黑体的密闭性，而插入长度与套管外径之比满足黑体的等温性，这两个条件必须同时满足。

（6）请求人认为，证据 1 译文第 12 页第 9 栏实施例“如图 6 所示……内径和外径”公开了本专利权利要求 1 的“插入的长度与所述测温管的内径之比等于或大于 15，与所述测温管的外径之比大于 3”；专利权人认为，请求人所指出的实施例只提到外管 9 的长度是 400 毫米，内管的总长度是 395 毫米，没有表明插入钢水的深度是多少；请求人认可就该实施例来说插入长度与内管直径之比得不出 15。

（7）专利权人认为，从证据 1 推不出本专利的“内外套管均是一端开口，一端封闭”、“插入的长度与所述测温管的内径之比等于或大于 15，与所述测温管的外径之比大于 3”的这三个技术特征，不能同时满足；请求人认为，在具体实施例中不能推出同时满足“插入的长度与所述测温管的内径之比等于或大于 15，与所述测温管的外径之比大于 3”，从创造性的角度是可以推出的；此外，请求人认为，插入深度与外径之比大于 3 在工程上是显然的；专利权人认为，本专利强调插入钢水的长度与内径、外径之比以及复合套管这三个技术特征。

（8）请求人认为，权利要求 2~6 相对于证据 1、2 的结合不具备创造性；专利权人认为，权利要求 2~6 具备创造性。

（9）请求人认为，权利要求 7 的技术特征在证据 1、2 中公开；专利权人认为，权利要求 7 的技术特征没有被证据 1、2 公开，具体意见与针对权利要求 1 所陈述的意见相同；请求人认为权利要求 8~11的附加技术特征分别与权利要求 3~6 的附加技术特征相同，权利要求 8~11 不具备创造性的理由同权利要求 3~6；专利权人认为权利要求 8~11 具备创造性。

（10）请求人与专利权人针对本专利权利要求 1~11 是否具备创造性充分陈述了意见。

本案合议组于 2007 年 4 月 23 日发出转送文件通知书，将专利权人于 2007 年 1 月 22 日提交的意见陈述书转送给请求人，要求请求人在收到所述文件之日起一个月内答复。

针对该转送文件通知书，请求人于2007年6月1日寄交了意见陈述书，在意见陈述书中，请求人认为，（1）证据1第8页中公开了“连续测量熔铁，如熔融生铁或钢水”、“熔融金属是熔铁，如熔融生铁、钢水”，并且在具体实施例后也明确指出此种温度计和方法也可应用在钢水测温中，因此证据1的测量对象与本专利的测量对象完全相同，可用于评述本专利的创造性；（2）证据1中公开了“所述氧化物陶瓷是氧化铝陶瓷”、“特别地优选氧化铝陶瓷作内管”，因此，证据1公开的内管材料破坏了本专利的涉及内管材料的从属权利要求的创造性；（3）证据3中公开了“具备遥测单元、氧化铝内管、以及氧化铝-石墨外管”、“在用放射率高的氧化铝-石墨作为外管8的同时，用不会产生反应气体的氧化铝来作内管7，构成内外管二重管的结构”，因此，在本专利的独立权利要求缺乏创造性的前提下，相应的涉及内、外管材料的从属权利要求也缺乏创造性，此外，证据3中公开的测温管的结构设计和达到的目的与本专利完全相同；（4）关于测温管的插入深度，请求人是利用证据3和证据1的结合来破坏本专利的创造性，而测温管插入钢水深度的问题在证据1中有详细描述。综上所述，本专利的权利要求应当被全部无效。

经审理，合议组认为本案事实已经清楚，现依法作出如下决定。

二、决定的理由

1. 关于证据和现有技术

请求人共提交6份证据。在附件清单中称证据3为日本特开平7-12650号公开复印件，但实际却没有提交上述日本专利，并且没有在规定的期限内补交，请求人在口头审理当庭请求补交该证据，但是已经超过了审查指南规定的一个月的期限，因此合议组对该证据不予考虑。请求人虽然提交了上述日本专利的译文，但由于没有原文，上述译文的准确性无从考证。因此，本案中对证据3、6也不予考虑。

证据1、2是美国专利文献，证据4、5分别是证据1、2的中文译文。专利权人对证据1、2的真实性不予认可，但未提出合理的理由和相反的证据，经审查，合议组对证据1、2的真实性予以认可，因此证据1、2可以作为本案证据使用，同时由于证据1、2的公开日期均早于本专利的申请日，因此其上记载的内容已构成本专利的现有技术。专利权人对证据1、2的中文译文无异议，因此证据1、2的文字部分内容以其中文译文为准，即证据1、2的文字部分内容分别以证据4、5为准。

2. 关于专利法第22条第3款

专利法第22条第3款规定：创造性，是指同申请日以前已有的技术相比，该发明有突出的实质性特点和显著的进步，该实用新型有实质性特点和进步。

在本案中，请求人认为权利要求1相对于证据1不具备创造性，权利要求2~11相对于证据1、2的结合不具备创造性。

（1）关于本专利独立权利要求1与证据1相比是否具备创造性。

经合议组审查，证据1中明确其涉及用于连续测量熔铁如熔融生铁或钢水温度的辐射温度计和使用该温度计测量熔铁温度的方法，在其具体实施例中，以测量熔铁的温度为例进行说明，但又指出，在钢水测温的例子中，采用的方法与采用测量熔铁温度的方法相同，所不同的是，温度的范围或多或少的要高。因此，合议组认为，证据1涉及钢水温度的测量，其测温对象与本专利的测温对象相同，可用于评价本专利的创造性。

本专利权利要求1请求保护一种对钢水温度进行连续测量的方法，证据1的一个实施例（参见证据1第9栏第3~16行、图6）（下称实施例1）中公开了一种用于连续测量熔融金属的辐射温度计和使用该温度计测量熔融金属温度的方法，包括：提供一个测温管，该测温管由内管12、外管9套在一起形成的复合管构成，内管 12 安装在外管 9 内，内管 12 和外管 9 均是一端开口，一端封闭；将测温管的封闭端插入熔融金属中，外管 9 的长度是 400mm，外径是 45mm，内管 12 的内径是 28mm；测温管的另一端与辐射仪 7 相连（参见证据 1 第 8 栏第 1 段）；测温管插入熔融金属中，测温管底端内部发出与熔融金属温度相对应的辐射，辐射被辐射仪 7 中的传感器 7A 接收，得到熔融金属的温度（参见证据 1 第 8 栏第 1 段）。

本专利权利要求 1 请求保护的对钢水温度进行连续测量的方法与证据 1 公开的测量熔铁温度的方法相比，其区别在于：在独立权利要求 1 中，测温管插入钢水的长度与测温管的内径之比等于或大于 15，与测温管的外径之比大于 3；而在证据 1 的上述方法中，没有披露该测温管插入到钢水中的长度，因而没有披露在该方法中，测温管插入到钢水中的长度与测温管的内、外径的确切比例。

证据 1 中（参见证据 1 第 5 栏第 1 段和第 7 栏的表）还公开了当 L/R = 15 时，发射率达到 0.999，意味着接近于黑体，并且证据 1 还公开了另一个实施例（下称实施例 2，参见证据 1 第 7 栏第 5 段、第 8 栏第 1 段，图 1、3），在该实施例中，测温管不是内、外管形成的复合管结构，测温管插入到熔融金属中的长度 L 约为 210mm，测温管的外径是 28mm、内半径是 8.5mm（即内径是 17mm），即在实施例 2 中，测温管插入到熔融金属中的长度与测温管的外径之比为 210/28 = 7.5，与测温管的内径之比为 210/17 ≈ 12.35。

请求人认为，在证据 1 的实施例 2 中，测温管插入长度与测温管外径之比大于 3，并且证据 1 的文字部分和表格均描述了当 L/R = 15 或大于 15 时接近黑体，因此本领域的技术人员可以通过加长测温管的长度并增大测温管插入熔融金属中的长度，以满足测温管插入长度与测温管内径之比等于 15 的要求，从而得到本专利权利要求 1 请求保护的技术方案。此外，请求人认为，在工程上将测温管插入长度与测温管外径之比设计为大于 3 是显然的，如果将插入长度与测温管外径之比设计得很小会使得测温管很粗，这样是不经济的。

对此，合议组认为，本专利是一种采用黑体空腔对钢水温度进行连续测量的测温方法，黑体空腔有两个特征，即密闭性和等温性，本专利采用的技术方案中通过使测温管插入长度与测温管内径之比等于或大于 15 来满足黑体空腔的密闭性，通过使测温管插入长度与测温管外径之比大于 3 来满足黑体空腔的等温性，同时利用双层套管的结构来满足耐高温、耐钢液冲刷、抗热震和稳定、真确等性能要求，三个条件必须同时满足。证据 1 的实施例 1 披露了测温管采用内、外套管结构，证据 1 的实施例 2 披露了测温管插入长度与测温管的外径之比大于 3，证据 1 还公开了当 L/R = 15 或大于 15 时接近黑体，但证据 1 中没有任何一个技术方案同时满足上述三个条件。并且，如果实施例 1 的内外套管构成的测温管满足 L/R = 15，那么根据内径 = 28mm，得出测温管插入长度 L = 28×15 = 420mm，并由此得出，测温管插入长度与外径之比 = 420/45 = 9.33（即，测温管插入长度与测温管外径之比大于 3），但在实施例 1 中，测温管的外管长度是 400mm，可见，即使将测温管整体没入熔融金属中都不能达到 L/R = 15，如果将实施例 1 中的测温管全部没入熔融金属中，即插入长度 = 400mm，那么可以得出 L/R = 400/28 ≈ 14.3，插入长度与外径之比 = 400/45 ≈ 8.9，但不能得到 L/R = 15 或大于 15，因此，实施例 1 与条件 L/R = 15 或大于 15 相结合时，测温管插入长度超过测温管本身的长度，而实施例 1 的测温管全部插入时，无法得到同时满足上述三个条件的技术方案；至于实施例 2，该实施例 2 并非采用双层套管结构，只有一个测温管，其外径、内径均针对这一根测温管而言，而在本专利权利要求 1 中的测温管是内外管套在一起的复合管，因而其测温管的外径指的是外套管的外径、内径指的是内套管的内径，可见，实施例 2 的外径、内径的含义不同于本专利权利要求 1 中的外径、内径的含义，在实施例 2 未采用双层套管结构的情况下，无法判断其采用双层套管结构时是否同时满足测温管插入长度与内径之比等于或大于 15、与外径之比大于 3，因此，实施例 2 与实施例 1 是不同的技术方案，且没有给出可与实施例 1 相结合以同时满足上述三个条件的技术启示；并且基于上述理由，证据 1 中也没有任何启示表明将实施例 1、2 与条件 L/R = 15 或大于 15 结合即可以得出同时满足上述三个条件的技术方案。此外，请求人并未提出相应证据证明在工程上测温管插入长度与测温管外径之比大于 3 是显然的。基于上述理由，证据 1 没有公开同时满足上述三个条件的技术方案，也没有给出同时满足上述三个条件的技术方案的技术启示。因此，权利要求 1 相对于证据 1 具有创造性，符合专利法第 22 条第 3 款的规定。

（2）关于权利要求 2～6 是否具有创造性。

证据 2 公开了一种测量熔融金属温度的光学测温装置（参见证据 2 第 3 栏第 33 行至第 4 栏第 19 行，图 1），其中观测管 6 具有封闭底端 50 和开口端 30，并具有并列管 38，该并列管是两端开口的。可见证据 2 没有公开观测管 6 是内、外套管结构，且证据 2 中也没有公开观测管插入长度与内径之比等于或大于 15、与外径之比大于 3，由此可知，即使将证据 1 与证据 2 相结合也无法得到本专利权利要求 1 请求保护的技术方案，因此，权利要求 1 相对于证据 1、2 具有创造性，在权利要求 1 具有创造性时，直接或间接引用权利要求 1 的从属权利要求 2～6 也具有创造性，因而符合专利法第 22 条第 3 款的规定。

（3）关于权利要求 7 是否具有创造性。

独立权利要求 7 请求保护一种测温管，其中该测温管为由内、外管套在一起构成的复合管，插入的长度与测温管的内径之比等于或大于 15，与所述测温管的外径之比大于 3。基于前述权利要求 1 具备创造性的理由，证据 1 并未公开具有权利要求 7 技术方案所限定的结构的测温管，因而权利要求 7 相对于证据 1 具备创造性，符合专利法第 22 条第 3 款的规定。此外，证据 2 没有公开观测管 6 是内、外套管结构，且证据 2 中也没有公开观测管插入长度与内径之比等于或大于 15、与外径之比大于 3，因此，权利要求 7 相对于证据 1、2 的结合也具有创造性，符合专利法第 22 条第 3 款的规定。

（4）关于权利要求 8～11 是否具有创造性。

在权利要求 7 具有创造性时，直接或间接引用权利要求 7 的从属权利要求 8～11 也具有创造性，因而符合专利法第 22 条第 3 款的规定。

综上所述，本专利权利要求 1～11 具备创造性，符合专利法第 22 条第 3 款的规定。

三、决定

维持 00120354.1 号发明专利权有效。

当事人对本决定不服的，可以根据专利法第 46 条第 2 款的规定，自收到本决定之日起三个月内向北京市第一中级人民法院起诉。根据该款的规定，一方当事人起诉后，另一方当事人应当作为第三人参加诉讼。

132

工程塑料座椅背板及座板

无效宣告请求审查决定（第 10014 号）

决　　定　　号　第 10014 号
决　　定　　日　2007 年 6 月 6 日
发明创造名称　工程塑料座椅背板及座板
国 际 分 类 号　A47C 7/02，A47C 7/40
无效宣告请求人　成都亿洲塑料制品有限公司
专 利 权 人　朱洪兴
专　　利　　号　01206811. X
申　　请　　日　2001 年 7 月 12 日
授 权 公 告 日　2002 年 5 月 1 日
合 议 组 组 长　张　度
主　　审　　员　贾彦飞
参　　审　　员　汤　锷

法 律 依 据　专利法第 22 条第 2 款、第 3 款
决 定 要 点

引用对比文件判断发明或者实用新型的新颖性和创造性等时，应当以对比文件公开的技术内容为准。该技术内容不仅包括明确记载在对比文件中的内容，而且包括对于所属技术领域的技术人员来说，隐含的且可直接地、毫无疑义地确定的技术内容。

一、案由

本无效宣告请求涉及中华人民共和国国家知识产权局于 2002 年 5 月 1 日授权公告的、名称为“工程塑料座椅背板及座板”的实用新型专利（以下简称本专利），其申请日为 2001 年 7 月 12 日、专利号为 01206811. X、专利权人为朱洪兴。本专利授权公告的权利要求书是：

“1. 一种改木质板座椅背板及座板为工程塑料座椅背板及座板，改木质座椅椅架为各种金属座椅椅架，在注塑机上的模具中注塑成形，其特征在于座椅背板 1 和座板 2 由与各种金属座椅椅架连接成各种座椅、排椅，座椅背板 1 通过背板插孔 1. 1 直接与座椅椅架连接，座椅座板 2 通过金属座板结构件与座椅椅架连接。

2. 根据权利要求 1 所述的工程塑料座椅背板及座板，其特征在于：所述的座椅背板 1 的宽度大于高度，两边略向内呈弧形，其背面两侧有未穿透的背板插孔 1. 1 和加强筋 1. 2。

3. 根据权利要求 1 所述的工程塑料座椅背板及座板，其特征在于：所述的座椅座板 2 的两边略

向内成弧形，其下面有加强筋 2.2，在两侧加强筋交叉处有椅架固定孔 2.1，与座椅金属座板结构件 2.3 固定，座椅座板 2 的侧视剖面图略微弯曲像‘S’形。”

2004 年 3 月 12 日，国家知识产权局发出专利权终止通知书，指出由于专利权人未按缴费通知书中的规定缴纳或缴足第 3 年度年费和滞纳金，依照专利法第 44 条规定，该专利之专利权于 2003 年 7 月 12 日终止。

针对上述专利权，成都亿洲塑料制品有限公司（以下简称请求人）于 2006 年 5 月 8 日向国家知识产权局专利复审委员会提出了宣告本专利权无效的请求，同时，请求人提交了如下附件作为证据：

附件 1（以下简称证据 1）：授权公告号为 CN2224551Y 的中国实用新型专利说明书，复印件 1 份 9 页，其授权公告日为 1996 年 4 月 17 日；

附件 2（以下简称证据 2）：公告号为 CN3105701 的中国外观设计的网络打印件 1 份 1 页，其公告日为 1999 年 3 月 24 日；

附件 3：公告号为 CN2488391Y 的中国实用新型专利说明书，复印件 1 份 6 页，其授权公告日为 2002 年 5 月 1 日。

其主要的无效理由是：本专利相对于证据 1 不具有新颖性，不符合专利法第 22 条第 3 款的规定；本专利相对于证据 1 和证据 2 的结合不具有创造性，不符合专利法第 22 条第 3 款的规定。

对于上述无效宣告请求，专利复审委员会经形式审查合格，于 2006 年 5 月 8 日受理，同时将无效宣告请求书及其附件清单中所列附件的副本转寄给专利权人，要求专利权人在指定期限内对该无效宣告请求陈述意见，专利权人逾期未答复。

合议组于 2007 年 4 月 2 日向双方当事人发出口头审理通知书，定于 2007 年 5 月 16 日对本案举行口头审理。

口头审理如期举行，双方当事人均出席口头审理并各自陈述了意见。在口头审理中，

1. 双方当事人对合议组变更没有异议，对合议组成员没有回避请求，对对方出庭人员的身份没有异议；

2. 专利权人对请求人提交的证据 1 和证据 2 的真实性没有异议；

3. 请求人明确无效宣告理由是：本专利权利要求 1 和 2 相对于证据 1 不具有新颖性，本专利权利要求 1~3 相对于证据 1 和证据 2 的结合不具有创造性。

至此，合议组认为本案事实已经清楚，现依法作出审查决定。

二、决定的理由

1. 关于证据

本专利的申请日为 2001 年 7 月 12 日，证据 1 的公开日为 1996 年 4 月 17 日，证据 2 的公开日为 1999 年 3 月 24 日，因此证据 1 和证据 2 可以作为现有技术评价本专利的新颖性和创造性。

2. 关于专利法第 22 条第 2 款

专利法第 22 条第 2 款规定：“新颖性，是指在申请日以前没有同样的发明或者实用新型在国内外出版物上公开发表过、在国内公开使用过或者以其他方式为公众所知，也没有同样的发明或者实用新型由他人向国务院专利行政部门提出过申请并且记载在申请日以后公布的专利申请文件中。”

审查指南第二部分第三章第 2.3 节中规定：“对比文件是客观存在的技术资料。引用对比文件判断发明或者实用新型的新颖性和创造性等时，应当以对比文件公开的技术内容为准。该技术内容不仅包括明确记载在对比文件中的内容，而且包括对于所述技术领域的技术人员来说，隐含的且可直接地、毫无疑义地确定的技术内容。”

权利要求 1 的技术方案为：“一种改木质板座椅背板及座板为工程塑料座椅背板及座板，改木质

座椅椅架为各种金属座椅椅架，在注塑机上的模具中注塑成型，其特征在于座椅背板 1 和座板 2 由与各种金属座椅椅架连接成各种座椅、排椅，座椅背板 1 通过背板插孔 1.1 直接与座椅椅架连接，座椅座板 2 通过金属座板结构件与座椅椅架连接。”

证据 1 公开了一种钢塑餐椅，其中公开了如下技术特征：阻燃布 14 和海绵 13 用轧钉将其钉在塑料衬托板 12 上，制成座垫 2 和背垫 1，坐塑料底板 5 上含有凹槽 9、筋板 10 及压边 11，背塑料底板 3 上含有压边 15、插孔 4 及空芯铆钉孔 19，座垫 2 压入坐塑料底板 5 内，坐塑料底板 5 上的螺孔 18 与钢管坐框架 16 上的螺孔 17 通过螺钉连接固定，椅子后背部的纵向架 7 插入背塑料底板 3 上的插孔 4 内，并用拉芯铆钉在空芯铆钉孔 19 处固定，背垫 1 压入背塑料底板 3 内并用螺钉固定（详见说明书第 2 页第 6~14 行、说明书附图 2~6）。

将权利要求 1 的技术方案与证据 1 公开的技术特征相对比可知：证据 1 中的背板和座板均是用海面包裹在塑料底板上制成，其已经公开了权利要求 1 中的使用塑料制作背板和座板的技术特征，并且对于所属技术领域的技术人员来说，塑料底板肯定是采用注塑机注塑成形的；证据 1 中的座椅框架为钢制结构，其已经公开了权利要求 1 中的金属座椅椅架；证据 1 中的椅子后背部的纵向架 7 插入背塑料底板 3 上的插孔 4 中，其相当于权利要求 1 中座椅背板通过背板插孔 1. 1 与座椅椅架连接；证据 1 中的坐塑料底板 5 上的螺孔 18 与钢管座框架 16 上的螺孔 17 通过螺钉连接固定，螺钉即相当于权利要求 1 中的用于连接座椅座板 2 和座椅椅架的金属座板结构件。

合议组认为：证据 1 已经公开了权利要求 1 的所有技术特征，由于本专利与证据 1 属于相同的技术领域，解决了相同的技术问题，采用了相同的技术方案，取得了相同的技术效果，因此权利要求 1 相对于证据 1 不具有新颖性，不符合专利法第 22 条第 2 款的规定。

权利要求 2 的技术方案进一步限定了座椅背板 1 的宽度大于高度，两边略向内成弧形，其背面两侧有未穿透的背板插孔 1. 1 和加强筋 1. 2。

证据 1 中公开的内容中，坐塑料底板 5 上含有筋板 10。

将权利要求 2 的技术方案与证据 1 相比，其区别技术特征在于：权利要求 2 进一步限定了座椅背板 1 的宽度大于高度，两边略向内成弧形，其背面两侧有未穿透的背板插孔 1. 1。

合议组认为：由于证据 1 中并未公开上述区别技术特征，因此权利要求 2 相对于证据 1 具有新颖性，符合专利法第 22 条第 3 款的规定。

因此，权利要求 1 相对于证据 1 不具有新颖性；权利要求 2 相对于证据 1 具有新颖性。

3. 关于专利法第 22 条第 3 款

专利法第 22 条第 3 款规定：“创造性，是指同申请日以前已有的技术相比，该发明有突出的实质性特点和显著的进步，该实用新型有实质性特点和进步。”

权利要求 2 的技术方案与证据 1 相比，其区别技术特征在于：权利要求 2 进一步限定了座椅背板 1 的宽度大于高度，两边略向内成弧形，其背面两侧有未穿透的背板插孔 1. 1。

证据 2 为外观设计专利，其公开了如下内容：该排椅座椅为整体结构，其整体呈 U 形。

合议组认为：证据 1 中所公开的椅子后背部的纵向架 7 插入背塑料底板 3 上的插孔 4 中，其并未说明其是未穿透的插孔；并且从证据 2 中的仰视图、左视图和右视图中无法确定其背板的高度与宽度的关系，从主视图也无法看出座椅背板呈弧度，因此其并未公开权利要求 2 中进一步限定的座椅背板 1 的宽度大于高度，两边略向内呈弧形的技术特征。因此合议组认为权利要求 2 相对于证据 1 和证据 2 具有创造性。

权利要求 3 的技术方案进一步限定了座椅座板 2 的两边略向内成弧形，其下面有加强筋 2. 2，在两侧加强筋交叉处有椅架固定孔 2. 1，与座椅金属座板结构件 2. 3 固定，座椅座板 2 的侧视剖面图略微弯曲像“S”形。

证据1中公开的内容中，坐塑料底板5上含有筋板10。

将权利要求2的技术方案与证据1相比，其区别技术特征在于：座椅座板2的两边略向内成弧形，在两侧加强筋交叉处有椅架固定孔2.1，座椅座板2的侧视剖面图略微弯曲像“S”形。

合议组认为：证据1中的坐塑料底板的螺孔18位于凹槽9上，其并不是位于加强筋的交叉处；并且证据2中公开权利要求3中的座椅座板2的两边略向内成弧形和座椅座板2的侧视剖面图略微弯曲象“S”形的技术特征。因此权利要求3相对于证据1和证据2的结合具有创造性。

综上所述，权利要求1相对于证据1不具有新颖性，不符合专利法第22条第2款的规定；权利要求2相对于证据1具有新颖性，符合专利法第22条第2款的规定；权利要求2~3相对于证据1和证据2具有创造性，符合专利法第22条第3款的规定。

基于上述事实和理由，合议组作出如下审查决定。

三、决定

宣告第01206811.X号实用新型专利的权利要求1无效，维持权利要求2~3有效。

当事人对本决定不服的，可以根据专利法第46条第2款的规定，自收到本决定之日起三个月内向北京市第一中级人民法院起诉。根据该款的规定，一方当事人起诉后，另一方当事人应当作为第三人参加诉讼。

133

踏步机旋转驱动装置

无效宣告请求审查决定（第 10015 号）

决　定　号　第 10015 号
决　定　日　2007 年 6 月 19 日
发明创造名称　踏步机旋转驱动装置
国 际 分 类 号　A63B 22/04
无效宣告请求人　浙江百事特工贸有限公司，永康市海鸿健身器材有限公司
专 利 权 人　庄进成
申　请　号　200320130411. X
申　请　日　2003 年 12 月 18 日
授 权 公 告 日　2005 年 3 月 2 日
合 议 组 组 长　刘颖杰
主　审　员　高桂莲
参　审　员　王琦琳

法 律 依 据　专利法实施细则第 21 条第 2 款，专利法第 22 条第 2 款
决 定 要 点

必要技术特征是指，发明或者实用新型为解决其技术问题所不可缺少的技术特征，其总和足以构成发明或者实用新型的技术方案，使之区别于背景技术中所述的其他技术方案。

判断某一技术特征是否为必要技术特征，应当从所要解决的技术问题出发并考虑说明书描述的整体内容，不应简单地将实施例中的技术特征直接认定为必要技术特征。

一、案由

本无效宣告请求涉及中华人民共和国国家知识产权局于 2005 年 3 月 2 日授权公告的 200320130411. X 号、名称为“踏步机旋转驱动装置”的实用新型专利权（下称本专利），其申请日是 2003 年 12 月 18 日，专利权人是庄进成。本专利授权公告时的权利要求书如下：

“1. 一种踏步机旋转驱动装置，包含有：一基部（10）及一对脚踏板（30）；其特征在于：

一从动体（20）可转动地架设在基部（10）上，脚踏板（30）的前端（31）枢接至从动体（20），一对致动件（33）枢接至从动体（20），该二致动件（33）分别设有一顶抵杆（34），顶抵杆（34）是顶抵于基部（10），且该致动件（33）与脚踏板（30）相连接。

2. 如权利要求 1 所述的踏步机旋转驱动装置，其特征在于：从动体（20）设有至少一轴杆（21），以脚踏板（30）枢接于轴杆（21）。

3. 如权利要求1所述的踏步机旋转驱动装置，其特征在于：从动体（20）设有至少一支杆（22），以致动件（33）枢接于支杆（22）。

4. 如权利要求1所述的踏步机旋转驱动装置，其特征在于：基部（10）设有一座杆（13），该顶抵杆（34）顶抵座杆（13）。

5. 如权利要求4所述的踏步机旋转驱动装置，其特征在于：基部（10）还设有至少一架设在座杆（13）上的垫块（14）。

6. 如权利要求4所述的踏步机旋转驱动装置，其特征在于：座杆（13）是呈倾斜状。

7. 如权利要求1所述的踏步机旋转驱动装置，其特征在于：基部（10）设有一突部（12），座杆（13）设置于突部（12）上。

8. 如权利要求1所述的踏步机旋转驱动装置，其特征在于：致动件（33）各设有一延伸件（35），并通过一联杆（36）而联接至脚踏板（30）。

9. 如权利要求1所述的踏步机旋转驱动装置，其特征在于：还架设有至少一把手（43）。

10. 如权利要求9所述的踏步机旋转驱动装置，其特征在于：还包括至少一架体（40），把手（43）架设至架体（40），架体（40）架设至从动体（20）。

11. 如权利要求10所述的踏步机旋转驱动装置，其特征在于：架体（40）还具有一架设于支杆（22）的托架（41）。

12. 如权利要求1所述的踏步机旋转驱动装置，其特征在于：于脚踏板（30）与支杆（22）之间还至少联接一阻力件（37）。”

针对本专利权，浙江百事特工贸有限公司（下称第一请求人）于2006年4月7日向专利复审委员会提出无效宣告请求，随同其专利权无效宣告请求书，请求人提交了如下三份证据：

证据1-1：授权公告号为CN2501528Y的实用新型专利说明书，其授权公告日为2002年7月24日；

证据1-2：授权公告号为CN2341671Y的实用新型专利说明书，其授权公告日为1999年10月6日；

证据1-3：本专利授权公告文本。

第一请求人的具体无效理由是：本专利的权利要求1~3相对于证据1-1和证据1-2的结合以及公知常识不具备创造性，不符合专利法第22条第3款的规定；从属权利要求4至12中的附加技术特征或被证据1-1所公开，或属于要素变更或者惯常变换，因此其也分别不具备创造性，不符合专利法第22条第3款的规定。

经形式审查合格，专利复审委员会于2006年4月7日依法受理了上述无效宣告请求（案件编号为W507674），并向第一请求人和专利权人发出无效宣告请求受理通知书，同时将专利权无效宣告请求书及其相关文件副本转给专利权人，要求其在一个月内对该无效宣告请求陈述意见。

之后，第一请求人于2006年4月30日再次提交了意见陈述书及如下两份补充证据：

证据1-4：授权公告号为CN2370903Y的实用新型专利说明书，其授权公告日为2000年3月29日；

证据1-5：授权公告号为CN2413744Y的实用新型专利说明书，其授权公告日为2001年1月10日。

第一请求人在意见陈述书中补充的无效理由是：本专利权利要求1、2、4~7、12分别相对于证据1-4或证据1-5不具备新颖性和创造性，从属权利要求3、8~11分别相对于上述证据不具备创造性；本专利的权利要求1及其全部从属权利要求不符合专利法实施细则第21条第2款的规定，都缺少对于顶抵杆（34）以什么位置或方向顶抵于基部（10）或座杆（13）的限定，由于缺少该必要技术特征致使本专利不能完成其发明目的，此外，权利要求 1～11 还缺少必要技术特征“阻力件（37）”，由于该特征的缺失使得本专利的权利要求 1～11 丧失了体育锻炼器材的功能。

专利权人针对第一请求人的无效宣告请求于 2006 年 5 月 17 日向专利复审委员会提交了意见陈述书，专利权人认为：本专利的权利要求 1 相对于证据 1-1 或证据 1-2 无论从要解决的技术问题、所采用的技术手段还是所达到的技术效果来看，均有实质的不同，权利要求 1 相对于证据 1-1 和证据 1-2 具备创造性，因此权利要求 1 的从属权利要求 2～12 也具备创造性。

专利权人于 2006 年 7 月 6 日再次向专利复审委员会提交了意见陈述书，以及如下四份反证：

反证 1-1：由国家知识产权局出具的实用新型专利检索报告复印件，共 4 页；

反证 1-2：美国专利证书复印件 2 页及专利号为 US6899658B1 的美国专利文献授权文本；

反证 1-3：专利号为 GB2395443 的专利证书复印件 2 页及其申请文本首页，以及专利号为 GB2395443B 的公开文本；

反证 1-4：专利号为 10357740 的德国专利证书复印件 1 页及其授权文本。

针对本专利权，永康市海鸿健身器材有限公司（下称第二请求人）于 2006 年 6 月 1 日向专利复审委员会提出无效宣告请求，随同其专利权无效宣告请求书，请求人提交了如下四份证据：

证据 2-1：授权公告号为 CN2520902Y 的实用新型专利说明书，其授权公告日为 2002 年 11 月 20 日；

证据 2-2：授权公告号为 CN2566897Y 的实用新型专利说明书，其授权公告日为 2003 年 8 月 20 日；

证据 2-3：授权公告号为 CN2623279Y 的实用新型专利说明书，其申请日为 2003 年 4 月 15 日，其授权公告日为 2004 年 7 月 7 日，专利权人是陈宗佑；

证据 2-4：授权公告号为 CN2654171Y 的实用新型专利说明书，其申请日为 2003 年 9 月 28 日，其授权公告日为 2004 年 11 月 10 日，专利权人是张煌东。

第二请求人的具体无效理由是：本专利不符合专利法第 22 条第 2 款、第 3 款的规定，不具备新颖性和创造性；本专利权不符合专利法实施细则第 21 条第 2 款的规定，缺少必要技术特征。

经形式审查合格，专利复审委员会于 2006 年 6 月 1 日依法受理了上述无效宣告请求（案件编号为 W507825），并向第二请求人和专利权人发出无效宣告请求受理通知书，同时将专利权无效宣告请求书及其相关文件副本转给专利权人，要求其在一个月内对该无效宣告请求陈述意见。

第二请求人于 2006 年 6 月 26 日再次提交了 9 份专利文献作为补充证据，但没有对上述补充证据作任何说明。

针对第二请求人的无效宣告请求受理通知书，专利权人于 2006 年 7 月 6 日向专利复审委员会提交了意见陈述书，以及如下四份反证：

反证 2-1：由国家知识产权局出具的实用新型专利检索报告复印件，共 4 页（同反证 1-1）；

反证 2-2：美国专利证书复印件 2 页及专利号为 US6899658B1 的美国专利文献授权文本（同反证 1-2）；

反证 2-3：专利号为 GB2395443 的专利证书复印件 2 页及其申请文本首页，以及专利号为 GB2395443B 的公开文本（同反证 1-3）；

反证 2-4：专利号为 10357740 的德国专利证书复印件 1 页及其授权文本（同反证 1-4）。

专利复审委员会依法成立合议组，对上述无效宣告请求案进行审理。根据审查指南第四部分第三章第 4.5 节的规定，专利复审委员会合议组将上述两个无效宣告请求案件合并审理。

专利复审委员会于2006年8月4日向三方当事人发出无效宣告请求口头审理通知书，指出本案合议组定于2006年10月17日举行口头审理。随同口头审理通知书，将第一请求人于2006年4月30日提交的无效宣告请求补充意见及其附件清单中所列附件的副本转送给专利权人；将专利权人于2006年5月17日提交的意见陈述书转送给第一请求人，将专利权人于2006年7月6日提交的意见陈述及附件清单中所列附件副本转送给第二请求人；要求第一和第二请求人分别应在接到本通知书一周内或者在口头审理时对其所提证据陈述意见；要求专利权人应在接到本通知书一周内或者在口头审理时对第一和第二请求人所提的证据陈述意见。

第一请求人于2006年8月22日提交了意见陈述书，要求在口审当庭演示物证：踏步机。

专利权人于2006年9月6日针对第一请求人于2006年4月30日提交的无效宣告请求补充意见提交了意见陈述书，专利权人认为本专利的权利要求1~12分别相对于证据1-4和证据1-5具备新颖性、创造性；本专利所要解决的技术问题是现有踏步机在一脚踏板被往下踩时，其会往踏步机内侧移动，致使运动者会产生偏斜现象，而易于跌落该踏步机，本专利的权利要求1中对顶抵杆的位置作了清楚的记载“二致动件（33）分别设有一顶抵杆（34），顶抵杆（34）是顶抵于基部（10）”，至于“阻力件（37）”专利权人认为是踏步机的一个通用部件，不是本实用新型区别于现有技术的必要技术特征，因此本专利的权利要求1记载了其所要解决技术问题的必要技术特征，符合专利法实施细则第21条第2款的规定。

口头审理如期举行，三方当事人均参加了口头审理。在口头审理中，合议组当庭将第一请求人于2006年8月22日提交的意见陈述书转送给专利权人，将第二请求人于2006年6月26日提交的9份补充证据转送给专利权人，将专利权人于2006年7月6日提交的意见陈述书及其所附的反证1-1至1-4以及专利权人于2006年9月6日提交的意见陈述书转送给第一请求人。对于专利权人提交的反证1-1至1-4，第一请求人当庭陈述意见对反证1-1至反证1-4的真实性无异议，但认为反证1-1检索报告不是由法定单位作出的，不能据此说明本专利具备新颖性和创造性，反证1-2、反证1-3和反证1-4只能证明本专利在国外获得授权，但其授权内容与本专利不一定相同。第二请求人与第一请求人的上述意见一致。专利权人对第二请求人提交的证据2-1至2-4的真实性无异议。

第一请求人明确其无效的理由和范围是：本专利的权利要求1~12不符合专利法实施细则第21条第2款的规定，明确放弃专利法第22条第2款、第3款的无效理由，并放弃使用证据1-1、证据1-2、证据1-4和证据1-5；并表示当庭提交的踏步机样品不作为证据使用，仅用于辅助理解和说明。第一请求人认为权利要求1缺少的必要技术特征是：（1）顶抵杆以哪一方向顶抵于基部；（2）应将致动件与脚踏板的连接方式限定为是活动连接还是铰接；（3）应将从属权利要求8的附加技术特征中的“延伸件”和“联杆”写入权利要求1中；（4）应将权利要求12中的“阻力件”写入权利要求1中，才能实现锻炼的作用。此外，第一请求人表示上述认为本专利权利要求1缺少第（1）和第（4）必要技术特征的主张已经在2006年4月30日提交的补充意见陈述中提及，而缺少第（2）和第（3）必要技术特征的主张虽为新增加的，但该两个技术特征在本专利的权利要求书中有记载，专利权人应并不陌生，因此其虽是新增的理由，但增加的方式符合相关法律规定。

对此，专利权人认为，关于（1）本专利权利要求1对顶抵杆进行了清楚的描述，即“顶抵杆顶抵于基部”，本专利的脚踏板向下踩时，脚踏板向外倾斜，为实现本发明的技术效果，本专利与现有技术区别的必要技术特征如，设有一从动体等，都已经写入权利要求1中；关于（2）连接方式有很多种，且为本领域的公知常识；关于（3）认为其不是必要技术特征，只要向外斜就可达到技术效果；关于（4）本专利本身可以达到上述技术目的和技术效果，因此认为权利要求1是完整的。此外，认为第一请求人的无效理由都是当庭提出的，需要庭审后进行书面意见陈述。

合议组当庭告知专利权人于口头审理结束一周内提交相关意见陈述。

第二请求人明确其无效的理由和范围是：本专利的权利要求 1~12 不符合专利法第 22 条第 2 款、第 3 款有关新颖性和创造性的规定以及实施细则第 21 条第 2 款的规定。表示无效的具体理由与提交无效宣告请求书时的书面意见相同，使用的证据是证据 2-1 至证据 2-4 以及 2006 年 6 月 26 日补充的 9 份证据。第二请求人认为关于本专利权利要求 1 缺少必要技术特征的理由与第一请求人的意见一致；关于本专利不具备新颖性和创造性，经合议组再三当庭询问是否结合证据对其无效理由进行具体说明，第二请求人表示不进行具体说明。

对此，专利权人认为关于新颖性和创造性问题的意见与书面答辩意见一致，另外，认为本专利符合专利法实施细则第 21 条第 2 款的规定。

至此，第一和第二请求人明确表示已充分发表意见，没有新的意见需要补充，对专利权人补充提交的证据不再进行意见陈述。

口审结束之后，专利权人于 2006 年 10 月 24 日提交了意见陈述书，专利权人认为本专利的权利要求 1 包含了本专利解决技术问题所需的必要技术特征，并且认为“致动件与脚踏板的连接方式”、“延伸件”仅仅是设计上的细节，不是本专利所要解决技术问题的必要技术特征，而采用阻力件仅为一种优选方式。其具体意见与口头审理时的意见相同。

至此，合议组认为本案事实清楚，现依法作出审查决定。

二、决定的理由

1. 无效理由和证据的认定

第一请求人在无效宣告请求期间共提交五份证据，其中证据 1-3 为本专利，于口头审理当庭放弃了使用证据 1-1、证据 1-2、证据 1-4 和证据 1-5，同时放弃专利法第 22 条第 2 款、第 3 款的无效理由，因此合议组不再对上述证据和无效理由作出评述。

第二请求人在提出无效宣告请求时提交了四份中国专利文献作为证据（即证据 2-1 至证据 2-4），专利权人对其真实性无异议，其可以作为本案证据使用，经合议组审查，其中证据 2-1 和证据 2-2 的公开日在本专利的申请日之前，其上记载的内容构成本专利的现有技术，可用来评价本专利的新颖性和创造性；证据 2-3 和证据 2-4 的申请日在本专利的申请日之前，公开日在本专利的申请日之后，因此其只能作为评述本专利是否具备新颖性的证据使用，而不能用于评述本专利是否具有创造性。

关于第二请求人在 2006 年 6 月 26 日补充提交的 9 份证据，第二请求人没有结合该证据对其无效理由进行任何说明，而且在口头审理当庭，第二请求人也明确表示不对其进行具体的意见陈述。根据专利法实施细则第 64 条第 1 款的规定，无效宣告请求书应当结合提交的所有证据，具体说明无效宣告请求的理由，并指明每项理由所依据的证据。由于第二请求人没有结合所提交的证据具体说明无效理由，并且当庭也拒绝予以阐述，因此，合议组对上述补充提交的证据不予考虑。

专利权人分别针对第一请求人和第二请求人提交了四份反证，其中针对第一请求人的反证 1-1 至 1-4 与针对第二请求人的反证 2-1 至 2-4 相同。反证 1-1 是国家知识产权局出具的检索报告，反证 1-2至 1-4 是本专利分别在美国、英国和德国获得的专利证书及其相关授权文本，第一和第二请求人未对其真实性提出异议，因此该反证可以作为本案的证据使用。

2. 关于专利法实施细则第 21 条第 2 款

专利法实施细则第 21 条第 2 款规定：独立权利要求应当从整体上反映发明或者实用新型的技术方案，记载解决技术问题的必要技术特征。

必要技术特征是指，发明或者实用新型为解决其技术问题所不可缺少的技术特征，其总和足以构成发明或者实用新型的技术方案，使之区别于背景技术中所述的其他技术方案。

判断某一技术特征是否为必要技术特征，应当从所要解决的技术问题出发并考虑说明书描述的整体内容，不应简单地将实施例中的技术特征直接认定为必要技术特征。

第一请求人认为权利要求 1 缺少的必要技术特征是：（1）顶抵杆以哪一方向顶抵于基部；（2）应将致动件与脚踏板的连接方式限定为是活动连接还是铰接；（3）应将从属权利要求 8 的附加技术特征中的“延伸件”和“联杆”写入权利要求 1 中；（4）应将权利要求 12 中的“阻力件”写入权利要求 1 中，才能实现锻炼的作用。

专利权人认为第一请求人当庭提出的第（2）、（3）点必要技术特征为新增加的理由。关于这一点，由于第一请求人的无效宣告请求日期为 2006 年 4 月 7 日，对于其自提出无效宣告请求之日起一个月后提出的新理由和新证据的审查根据施行后的审查指南的过渡办法的规定，对其审查适用 2001 年 10 月 18 日公布施行的旧的审查指南，合议组审查后认为，第一请求人当庭提出的上述无效宣告理由，属于不需要新证据支持的理由，可以接受，相应地，合议组当庭告知专利权人其可以于口头审理结束一周内提交相关意见陈述。

关于上述第（1）点必要技术特征，合议组认为：本专利说明书背景技术中记载的的踏步机包括一对脚踏板可上下踩动，更可相对基部作旋转动作，其均是由脚踏板直接往下突伸一顶抵杆，去顶抵基部的某一部位，以驱使脚踏板可以相对于基部作旋转的动作，其会往踏步机内侧移动，致使运动者产生偏斜而易于跌落踏步机，本发明是为了解决上述技术问题，提供的一种踏步机旋转驱动装置，使脚踏板往下踩时可以往外移动，而让使用者稳定地踩踏（参见本专利说明书第 1 页第 8~14 行，第 2 页第 17~18 行）。权利要求 1 请求保护的技术方案，包含基部（10）和一对脚踏板（30），其中“一从动体（20）可转动地架设在基部（10）上，脚踏板（30）的前端（31）枢接至从动体（20），一对致动件（33）枢接至从动体（20），该二致动件（33）分别设有一顶抵杆（34），顶抵杆（34）是顶抵于基部（10），且该致动件（33）与脚踏板（30）相连接”，权利要求 1 技术方案中涉及的致动件、以及致动件和顶抵杆的关系是区别于背景技术中踏步机的技术特征，根据致动件上的顶抵杆与基部的配合关系，在顶抵杆顶抵于基部的某一部位时，本领域技术人员通过权利要求 1 记载的上述技术特征结合本专利发明目的以及本专利说明书的解释，能够解决上述说明书中需要解决的技术问题，并且能够获得说明书中所称的技术效果，也即目前的权利要求 1 限定的技术方案与本专利背景技术相比存在区别技术特征，并且结合该区别技术特征该方案包含了能够解决本专利技术问题并实现其技术效果的方式，因此，关于第一请求人认为权利要求 1 缺少（1）顶抵杆以哪一方向顶抵于基部的必要技术特征的主张，合议组不予支持。

此外，关于第一请求人提到的第（2）~（4）点中涉及权利要求 1 中的致动件与脚踏板的连接方式，权利要求 1 中应补入“延伸件”和“联杆”以及“阻力件”。合议组认为，在审查指南有关独立权利要求的撰写规定中描述了，独立权利要求的前序部分除写明要求保护的实用新型的主题名称外，仅需写明那些与实用新型技术方案密切相关的、共有的必要技术特征，而特征部分仅记载必要技术特征中与最接近的现有技术不同的区别技术特征。上述第（2）~（4）点中涉及的有关内容均是本领域技术人员的公知常识，而且也不是与本实用新型要解决的技术问题密切相关的技术特征，因此不属于解决本专利技术问题的必要技术特征。

综上所述，权利要求 1 已经记载了解决所提技术问题的必要技术特征，本领域技术人员根据上述记载的技术特征结合本专利的发明目的，能够实施其技术方案，并达到相应的技术效果，因此该权利要求 1 符合专利法实施细则第 21 条第 2 款的规定。

由于专利法实施细则第 21 条第 2 款的内容仅涉及独立权利要求，在独立权利要求 1 不缺少必要技术特征的基础上，从属权利要求 2~12 不存在不符合专利法实施细则第 21 条第 2 款规定的问题，合议组对此不再予以评述。

3. 关于本专利权利要求 1~12 的新颖性和创造性

本案中，第二请求人在提出无效宣告请求时认为证据 2-1 至证据 2-4 分别公开了一种旋转式踏步机和改良结构的踏步机，其中在部件或零件的命名上虽然与本专利不同，都属于等同替换功能、效果相同，据此认为本专利的权利要求均被上述证据 2-1 至 2-4 所公开，并且认为未公开的技术特征对本领域技术人员来说是显而易见的，因此认为本专利的权利要求不具备新颖性和创造性。而在出席口头审理时，也仅是坚持本专利的权利要求所有的技术特征被提交的证据 2-1 至 2-4 所公开，但表示并不结合上述证据进行具体的说明理由。

专利法实施细则第 64 条第 1 款规定："依照专利法第 45 条的规定，请求宣告专利权无效或者部分无效的，应当向专利复审委员会提交专利权无效宣告请求书和必要的证据一式两份。无效宣告请求书应当结合提交的所有证据，具体说明无效宣告请求的理由，并指明每项理由所依据的证据。审查指南第四部分第三章第 4.1 节规定："请求人在提出无效宣告请求时没有具体说明的无效宣告理由以及没有用于具体说明相关无效宣告理由的证据，且在提出无效宣告请求之日起一个月内也未补充具体说明的，专利复审委员会不予考虑。"而审查指南第四部分第三章第 3.3 节规定，"请求人应当具体说明无效宣告理由，提交有证据的，应当结合提交的所有证据具体说明……请求人针对专利法第二十二条第三款的无效宣告理由提交多篇对比文件的，应当指明与请求宣告无效的专利最接近的对比文件，并且应当指明是单独对比还是结合对比的对比方式。"

本案中，第二请求人欲使用四份证据评价本专利的创造性，但未结合证据陈述其具体理由，提交的理由仅仅为：本专利的权利要求均被上述四份证据所公开，未公开的技术特征对本领域技术人员来说是显而易见，因此认为本专利不具备创造性。对于这样的理由，合议组从中既无法确定最接近的对比文件，也无法确定其对证据的使用是单独对比还是结合对比，因而第二请求人对创造性无效宣告请求的理由的陈述意见不符合专利法实施细则及审查指南的上述规定，合议组对其有关创造性的无效宣告请求的理由不予考虑。

专利法第 22 条第 2 款规定：新颖性，是指在申请日以前没有同样的发明或者实用新型在国内外出版物上公开发表过、在国内公开使用过或者以其他方式为公众所知，也没有同样的发明或者实用新型由他人向国务院专利行政部门提出过申请并且记载在申请日以后公布的专利申请文件中。

合议组经审查后认为，证据 2-1 公开的是一种液压式踏步机，其要解决的技术问题是如何调整踏板的高度和运动的快慢，与本专利所要解决的技术问题不同。将本专利权利要求 1 要求保护的技术方案与证据 2-1 相比，该证据 2-1 没有公开从动体、致动件枢接至从动体、致动件设有顶抵杆、顶抵杆顶抵于基部、致动件与脚踏板相连的技术特征，因此权利要求 1 相对于证据 2-1 具备新颖性。相应地，直接或间接从属于权利要求 1 的权利要求 2~12 相对于证据 2-1 也具备新颖性。

证据 2-2 公开了一种踏步机的立体旋摆结构，包括一基座，该基座上具有左右二侧踏板，二踏板分别由支架杆固组在一横向可动管两侧，使该二踏板呈可以该可动管为旋支点作相对纵向旋摆枢动，该可动管一端枢套在基座上一立向枢转管一侧所横伸的轴杆外周而呈可旋转，并构成该可动管的另端成为可横向旋摆的可动端，该可动端的底侧往下凸设有一立向摆臂，摆臂的底端藉由一第一万向枢接件与一连动杆的一端枢组连结，该连动杆的设向与可动管的轴向互成垂直角度，该连动杆的另端则借由一第二万向枢接件与基座一对应的固定点枢组连接。将本专利权利要求 1 要求保护的技术方案与证据 2-2 相比，该证据 2-2 没有公开致动件设有顶抵杆、顶抵杆顶抵于基部的技术特征，因此权利要求 1 相对于证据 2-2 具备新颖性。相应地，直接或间接从属于权利要求 1 的权利要求 2~12 相对于证据 2-2 也具备新颖性。

证据 2-3 公开一种可调整踏板行程的踏步机，其要解决的技术问题是使其在二摇臂间设有调整装置，以调整踏板行程，与本专利不同。将本专利权利要求 1 要求保护的技术方案与证据 2-3 相比，其区别技术特征在于：该证据 2-3 没有公开致动件设有顶抵杆、顶抵杆顶抵于基部的技术特征，因此权利要求 1 相对于证据 2-3 具备新颖性。相应地，直接或间接从属于权利要求 1 的权利要求 2~12 相对于证据 2-3 也具备新颖性。

与证据 2-3 类似，证据 2-4 公开了一种可调整踏板行程的踏步机，其要解决的技术问题是如何以一种既轻松又省力的方式调整踏步机的踏板支架的夹角，与本专利所要解决的技术问题也不相同。将本专利权利要求 1 要求保护的技术方案与证据 2-4 相比，也存在如下区别技术特征：致动件设有顶抵杆、顶抵杆顶抵于基部，因此权利要求 1 相对于证据 2-4 具备新颖性。相应地，直接或间接从属于权利要求 1 的权利要求 2~12 相对于证据 2-4 也具备新颖性。

基于上述事实和理由，合议组依法作出如下审查决定。

三、决定

维持 200320130411. X 号实用新型专利权有效。

当事人对本决定不服的，可以根据专利法第 46 条第 2 款的规定，自收到本决定之日起三个月内向北京市第一中级人民法院起诉。根据该款的规定，一方当事人起诉后，另一方当事人应当作为第三人参加诉讼。

134

机动车燃油表传感器

无效宣告请求审查决定（第10043号）

决　定　号　第10043号
决　定　日　2007年6月21日
发明创造名称　机动车燃油表传感器
国际分类号　G01F 1/56　G01D 5/12
无效宣告请求人　慈溪市龙南夏利汽配厂
专利权人　王淑珍
专　利　号　98239440.3
申　请　日　1998年11月25日
授权公告日　1999年11月17日
合议组组长　张梅珍
主　审　员　王琦琳
参　审　员　李　礼

法律依据　专利法第22条第2款、第3款
决定要点

对于实用新型来说，如果一项权利要求相对于现有技术存在区别特征，现有技术对该区别特征未给出技术启示，且该区别特征具有特定技术效果，则该权利要求相对于现有技术具备创造性。

一、案由

本无效宣告请求涉及国家知识产权局于1999年11月17日授权公告的、名称为“机动车燃油表传感器”的98239440.3号实用新型专利权（下称本专利），其申请日是1998年11月25日，专利权人是王淑珍。本专利授权公告的权利要求书如下：

“1. 一种机动车燃油表传感器，该传感器是由插接件（1），底座（2）、固定板（3）、导线（4）、（11）、塑料支架（5）、厚膜电阻（6），滑动接触片支架（7）、杠杆（8）、浮子（9）、滑动接触片（10）等主要部件组成，其特征在于：在传感器上采用了厚膜电阻代替绕线式的电阻，结构，同时采用了塑料支架代替钢支架或锌合金支架结构；

a. 底座（2）与固定板（3）以点焊形成组装在一起，塑料支架（5）与固定板（3）用螺钉紧固，并固定在固定板（3）的下端，插接件（1）通过铆钉与底座（2）翻铆固定；

b. 厚膜电阻（6）通过塑料支架（5）上的抓钩（12）被固定在塑料支架（5）上，杠杆（8）的一端压入滑动接触片支架（7）中与塑料支架（5）配合，另一端与浮子（9）通过档圈固定；

c. 导线（4）一端焊在厚膜电阻（6）上，另一端焊在插接件（1）的铆钉上，另一根导线（11）一端焊在滑动接触片（10）上另一端焊在固定板（3）上。插接件（1）通过铆钉与底座（2）翻铆固定，

2. 根据权利要求1所述的一种机动车燃油表传感器，其特征在于：厚膜电阻（6）是在基片上先后印刷导电层（13）、电阻层（14），电极（15），经烧结后制成；塑料支架（5）为注塑件，其上设置有抓钩（12）用来固定厚膜电阻（6）。”

针对上述实用新型专利权，慈溪市龙南夏利汽配厂（下称请求人）于2006年9月1日向专利复审委员会提出了无效宣告请求，并提交了如下证据：

证据1：《汽车电器维修》1997年（下）第10期的封面、目录页、第34~35页以及《汽车电器维修》1997年第1期的目录页的复印件共5页。

结合上述证据，请求人认为：本专利权利要求1~2相对于证据1不具备专利法第22条第2款规定的新颖性，本专利权利要求1~2相对于证据1和公知常识的结合不具备专利法第22条第3款规定的创造性。

经形式审查合格，专利复审委员会依法受理了上述无效宣告请求，并于2006年9月1日向双方当事人发出了无效宣告请求受理通知书，并将专利权无效宣告请求书及其附件清单中所列附件的副本转送给专利权人，要求其在指定的期限内答复。

专利权人逾期未答复。

针对上述无效宣告请求，专利复审委员会依法成立合议组，对本案进行审理。本案合议组于2007年1月30日向双方当事人发出无效宣告请求口头审理通知书，指出本案定于2007年3月14日举行口头审理。

口头审理如期举行，双方当事人均参加了口头审理。在口头审理中，请求人当庭提交了证据1的原件，专利权人对证据1的真实性无异议。请求人当庭明确其无效宣告理由、范围和证据是：本专利权利要求1相对于证据1不符合专利法第22条第2款规定的新颖性；本专利权利要求1相对于证据1不符合专利法第22条第3款规定的创造性；本专利权利要求2相对于证据1不符合专利法第22条第3款规定的创造性。请求人明确表示放弃本专利权利要求2不符合专利法第22条第2款的规定的无效理由。请求人认为证据1的图中公开了本专利权利要求1中的底座、固定板、塑料支架、厚膜电阻、滑动支架、杠杆、滑动接触片、浮子；证据1的正文中则公开了本专利权利要求1中的插接件、导线；并且本专利权利要求1的连接特征在证据1附图中有所体现，所以本专利权利要求1不具备新颖性。请求人认为本专利权利要求1特征a~c均在证据1附图2中隐含公开，并且证据1附图2中隐含的技术特征是很常见的技术手段，本专利的导线连接方式也是最基本、最简单的回路，所以本专利权利要求1同样不具备创造性。专利权人认为证据1没有公开本专利的插接件、导线、滑动接触片支架、固定板，而这些特征是实现本专利发明目的的必要技术特征，因而本专利具有新颖性和创造性。请求人认为厚膜电阻是本领域公知的，在本专利权利要求1没有创造性的基础上，本专利权利要求2也不具备创造性。专利权人认为将厚膜电阻用在本专利传感器上所具备的效果是具有创造性的。双方当事人均对证据1能否影响本专利权利要求的新颖性、创造性充分发表了意见。

至此，合议组认为事实已经清楚，在此基础上，合议组经合议依法作出审查决定。

二、决定的理由

1. 关于证据和现有技术

证据1是由电子工业出版社主办的名为《汽车电器维修》的1997年杂志的摘选页，该杂志属于国内公开出版的出版物，且出版日期早于本专利的申请日，请求人当庭提交了证据1的原件，专利权

人对其真实性无异议，合议组经审查认为，证据 1 可以作为本案证据使用，其上记载的内容构成本专利的现有技术。

2. 关于本专利权利要求 1 相对于证据 1 是否符合专利法第 22 条第 2 款规定的新颖性

专利法第 22 条第 2 款规定：新颖性，是指在申请日以前没有同样的发明或者实用新型在国内外出版物上公开发表过，在国内公开使用过或者以其他方式为公众所知，也没有同样的发明或者实用新型由他人向国务院专利行政部门提出过申请并且记载在申请日以后公布的专利申请文件中。

本专利权利要求 1 要求保护一种机动车燃油表传感器，证据 1 公开了一种奥迪轿车燃油表的结构特点，其中也披露了一种燃油传感器的结构，该燃油传感器具体包括：用高强度塑料制成的传感器盖和传感器骨架（正文第 34 页第 2 栏倒数第 13 ~ 10 行，其中传感器盖对应本专利的底座，传感器骨架对应本专利的塑料支架），导线（正文第 34 页第 2 栏倒数第 10 行），厚膜电阻（正文第 35 页第 1 栏第 1 ~ 3 行），浮子杆（正文第 34 页第 2 栏倒数第 7 行，对应本专利的杠杆），浮子（正文第 34 页第 2 栏倒数第 5 行），滑动触点（正文第 34 页第 2 栏倒数 7 行，对应本专利的滑动接触片），另外正文第 35 页图 2 具体公开了浮子杆一端连接至传感器骨架一端与浮子通过档圈连接，从图中可以看出，存在与滑动触点接触的结构，而且为滑动触点提供支撑也是必然的，因此其隐含公开了本专利权利要求 1 的滑动接触片支架。

由此可知，本专利权利要求 1 与证据 1 的区别在于：（1）本专利权利要求 1 的技术方案中插接件通过铆钉与底座翻铆固定；（2）与底座以点焊形成组装在一起的固定板；（3）塑料支架与固定板用螺钉紧固，并固定在固定板的下端；（4）厚膜电阻通过塑料支架上的抓钩被固定在塑料支架上；（5）一端焊在厚膜电阻上另一端焊在插接件的铆钉上的导线，一端焊在滑动接触片上另一端焊在固定板上的导线。

请求人认为：（1）证据 1 图中传感器盖上部两个凸出的部分就是传感器的插接件，证据 1 正文中的“与指示表相连接的接头插座”相当于公开了本专利的插接件，其同样是实现电连接功能的，证据 1 图 2 的插接件与传感器盖是不可逆的连接方式，一般是铆接或者焊接，而铆接和焊接是惯用手段的置换，因此证据 1 公开了插接件通过铆钉与底座翻铆固定的特征；（2）证据 1 图 2 中上部传感器盖和下部骨架之间的连杆对应本专利固定板，证据 1 传感器盖和传感器骨架都是用塑料制成的，连接这两者的是金属材料制成，此柱状体公开了本专利固定板；（3）证据 1 中的厚膜电阻是陶瓷的，要固定在塑料件上，唯一的固定方式是抓钩；（4）证据 1 的文字部分中“与厚膜电阻相连接的导线”公开了导线，至于导线的连接关系，本专利导线的另外一端只能连接在固定板上用以接地，而证据 1 中的柱状连杆是金属材料制成的，因此导线也可与其相连，实现接地。

对此，合议组认为：对于（1），第一，证据 1 图 2 上既没有文字注明也无法唯一确定存在与本专利插接件相应的结构，当然从中也不能看出插接件与传感器盖是不可逆的连接方式，至于是铆接或者焊接自然无从说起，第二，证据 1 文字部分限定的是在传感器盖和传感器骨架上有与指示表相连接的接头插座，但并未对其固定方式进行限定，故，证据 1 并未公开本专利的区别特征（1）；对于（2），证据 1 图 2 传感器盖和下部骨架之间是一柱状连接结构，而本专利中公开的是一种板状结构，并且证据 1 的图 2 中并不能看出柱状连接结构与传感器盖是以何种形式组装在一起的，故，证据 1 并未公开本专利的区别特征（2）；对于（3），证据 1 文字和图中未对厚膜电阻的固定方式进行任何揭示，并且请求人未提供任何证据表明将陶瓷器件固定在塑料件上的唯一方式是抓钩方式，所以不能认定证据 1 公开了本专利的区别特征（4）；对于（4），证据 1 文字部分的内容仅公开了存在与厚膜电阻连接的导线，但是在证据 1 文字的其他部分以及图中未对该导线的连接方式进行任何限定，并且证据 2 中并未直接或间接说明导线是与柱状连杆连接的，故，证据 1 未公开导线的具体连接方式。

综上所述，由于本专利权利要求 1 相对于证据 1 存在上述区别特征，故本专利权利要求 1 相对于证据 1 具备新颖性，符合专利法第 22 条第 2 款的规定。

3. 关于本专利权利要求 1~2 相对于证据 1 是否符合专利法第 22 条第 3 款规定的创造性

专利法第 22 条第 3 款规定：创造性，是指同申请日以前已有的技术相比，该发明有突出的实质性特点和显著的进步，该实用新型有实质性特点和进步。

如上所述，本专利的上述区别特征中具体限定了：插接件是与底座翻铆固定的；固定板是与底座以点焊形成组装在一起的；塑料支架与固定板用螺钉紧固，并固定在固定板的下端；厚膜电阻是通过抓钩方式固定的；有两根导线分别连接在厚膜电阻和插接件以及滑动接触片和固定板之间。

请求人认为：（1）利用抓钩卡接固定的方式是很常见的一种技术手段，本专利的导线连接方式是最基本最简单的回路，是常见技术手段；（2）本专利的创造点仅是材料的替换，优点也都是厚膜电阻带来的效果，证明了本专利不具备创造性。

对此，合议组认为：（1）对于请求人的观点（1），其仅简单陈述抓钩卡接固定及导线连接方式属于常见技术手段但并未给出任何证据支持其观点，故，合议组对于请求人的上述观点不予支持；（2）对于请求人的观点（2），本专利权利要求 1 中不仅包括厚膜电阻的具体应用结构和安装方式，还包括传感器整体结构和各个部件之间的固定连接关系，虽然证据 1 公开了在燃油传感器中使用厚膜电阻，但在权利要求 1 相对于证据 1 有如此多区别特征，且证据 1 也未针对上述区别特征给出相应的技术启示的情况下，不能证明权利要求 1 相对于对比文件 1 不具备创造性。

综上所述，证据 1 既未公开本专利权利要求的上述区别特征，也未给出将上述区别特征应用进来以得到本专利权利要求 1 技术方案的技术启示，而上述区别特征对机动车燃油表传感器的结构和部件连接方式进行了具体限定，从而实现了本专利说明书中所述“阻值稳定，装配稳定性好，不易造成短路和断路现象，成品率高，生产工序简单”的技术效果，因此，本专利权利要求 1 相对于证据 1 具备实质性特点和进步，符合专利法第 22 条第 3 款的规定。

在本专利权利要求 1 相对于证据 1 具备创造性的情况下，从属于权利要求 1 的权利要求 2 也相应地具备创造性，符合专利法第 22 条第 3 款的规定。

三、决定

维持 98239440.3 号实用新型专利权有效。

当事人对本决定不服的，可以根据专利法第 46 条第 2 款的规定，自收到本决定之日起三个月内向北京市第一中级人民法院起诉。根据该款的规定，一方当事人起诉后，另一方当事人应当作为第三人参加诉讼。

135

电度表接线盒

无效宣告请求审查决定（第 10051 号）

决　　定　　号　第 10051 号
决　　定　　日　2007 年 6 月 20 日
发明创造名称　电度表接线盒
国 际 分 类 号　G01R 11/04
无效宣告请求人　上海施米斯电气有限公司
专　利　权　人　上海友邦电气有限公司
专　　利　　号　03255227.0
申　　请　　日　2003 年 7 月 1 日
授 权 公 告 日　2004 年 7 月 21 日
合 议 组 组 长　刘颖杰
主　　审　　员　李　礼
参　　审　　员　张田勇

法　律　依　据　专利法第 22 条第 2 款
决　定　要　点

若本专利申请日以前已销售的产品、或记载在本专利申请日以前已公开的出版物上的内容，与本专利权利要求请求保护的技术方案相比，均存在着差异，则本专利权利要求相对于该产品、或相对于该出版物所公开内容，具备新颖性。

一、案由

本无效宣告请求涉及中华人民共和国国家知识产权局于 2004 年 7 月 21 日授权公告的、名称为“电度表接线盒”的 03255227.0 号实用新型专利权（下称本专利），其申请日是 2003 年 7 月 1 日，专利权人是上海友邦电气有限公司（下称专利权人）。本专利授权公告时的权利要求书如下：

“1. 一种电度表接线盒，由绝缘盒和导电体构成，所述的导电体设置在所述的绝缘盒内，所述的绝缘盒由盒盖和绝缘底座构成，所述的导电体由接线柱构成，其特征在于：在所述的绝缘底座内设置有间隔分布的限位腔和接线腔，所述的限位腔和接线腔的数量之和至少为七个，所述的接线柱设置在所述的接线腔内，在所述的接线柱上设置有氖灯和熔芯。

2. 根据权利要求 1 所述的电度表接线盒，其特征在于：在所述的绝缘盒内设置有限位机构，所述的限位机构由限位柱和限位挡块构成，所述的限位挡块设置在所述的限位腔内，所述限位柱设置在盒盖的内侧。

3. 根据权利要求 1 所述的电度表接线盒，其特征在于：所述的限位腔和接线腔由设置在绝缘底座的内腔体内的至少六个隔板分隔形成。

4. 根据权利要求 2 所述的电度表接线盒，其特征在于：所述的限位柱在盒盖内侧的位置与所述的限位挡块的位置一一对应。

5. 根据权利要求 2 所述的电度表接线盒，其特征在于：所述的限位柱为垂直向下的薄片。

6. 根据权利要求 1 所述的电度表接线盒，其特征在于：在所述的绝缘底座的外侧设置有接线孔。

7. 根据权利要求 1 所述的电度表接线盒，其特征在于：在所述的绝缘盒的两端各设置有一个螺钉孔。

8. 根据权利要求 7 所述的电度表接线盒，其特征在于：在所述的螺钉孔内设置有固定螺钉。”

针对上述专利权，上海施米斯电气有限公司（下称请求人）于 2006 年 7 月 5 日向专利复审委员会提出无效宣告请求，其提交如下附件作为证据：

附件 1：由“天津发配电及电控设备检测所”和“国家电控配电质量监督检验中心”为型号为“UBH-1”、产品名称为“电度表接线盒”的产品出具的、报告编号为 2002 电检 145-6 的《检验报告》封面页、第 1、2 页的复印件 3 页，委托单位为“上海友邦电气有限公司”，检验日期为 2002 年 10 月 17 日至 2002 年 11 月 7 日，签发日期为 2002 年 11 月 8 日；

附件 2：由“天津发配电及电控设备检测所”和“国家电控配电质量监督检验中心”为型号为“UBH-2”、产品名称为“电度表接线盒”的产品出具的、报告编号为 2002 电检 145-7 的《检验报告》封面页、第 1、2 页的复印件共 3 页，委托单位为“上海友邦电气有限公司”，检验日期为 2002 年 10 月 17 日至 2002 年 11 月 7 日，签发日期为 2002 年 11 月 8 日；

附件 3：《友邦电气’2002 价目表》封面页、第 6 页的复印件 2 页；

附件 4：《友邦电气产品总汇》封面页、第 44 页的复印件 2 页；

附件 5：《2003 友邦产品总汇》封面页、第 24 页的复印件 2 页；

附件 6《友邦电气产品总汇》封面页、第 37~38 页的复印件 3 页。

请求人认为：附件 4 是专利权人在 2002 年发布的《友邦电气产品总汇》，其中已公开了本专利全部内容；附件 5 是专利权人在 2003 年上半年发布的《2003 友邦电气产品总汇》，其中已公开了本专利全部内容；附件 6 是专利权人在 2003 年下半年发布的《2003 友邦电气产品总汇》，此时已申请了本专利，总汇中标明本专利的申请号，进一步证明其公开内容与本专利内容一致；附件 1、2 是 UBH-1和 UBH-2 型电度表接线盒的检验报告，出具日期为 2002 年 11 月 8 日；附件 3 是专利权人 2002 年公开发布的《友邦电气 2002 价目表》，附件 1~3 结合可证明本专利产品在其申请日以前已经销售，因此，本专利不符合专利法第 22 条第 2 款的规定。

经形式审查合格，专利复审委员会依法受理了上述无效宣告请求，于 2006 年 7 月 5 日向双方当事人发出了无效宣告请求受理通知书，随同该受理通知书将无效宣告请求书及其附件清单中所列附件的副本转送给专利权人，要求其在指定期限内答复。

专利权人于 2006 年 7 月 31 日提交了意见陈述书，在意见陈述书中专利权人认为：本专利权利要求书中任何技术方案均未被附件 4 公开，并且附件 4 没有出版日期，无法核实其存在日期是否在本专利申请日之前，且也不属于公开出版物，因而，附件 4 无法破坏本专利的新颖性、创造性；同理附件 5 和附件 6 也无法破坏本专利的新颖性、创造性；并且请求人没有提供任何证据和理由来说明附件 6 中所涉及的产品与附件 4、附件 5 中所涉及的产品是相同的产品；附件 1 和附件 2 中也未公开本专利权利要求书的任何技术方案，同时也不能证明其中所涉及的产品曾经公开销售过，即使结合附件 3 也不能证明包含有本专利权利要求书中任何技术方案的产品曾经公开销售过。因此，本专利具备新颖性。

请求人于2006年8月4日提交了意见陈述书，同时提交如下附件作为补充证据：

附件7：盖有“上海友邦电气有限公司合同专用章”的《采购订单》复印件1页，供货单位为乐清丰泽电气厂，日期为2003年1月1日；

附件8：《上海友邦电气有限公司产品加工合同》复印件2页，甲方为上海友邦电气有限公司，乙方为乐清丰泽电气厂，甲方委托乙方生产型号规格为“UBH-1”、“UBH-2”的电度表接线盒，上盖有“上海友邦电气有限公司合同专用章”和“乐清市丰泽电气厂合同专用章”的印章，并且其上有双方代表人的签名，日期为2003年5月6日。

附件9：“上海友邦电气有限公司”的“电度表接线盒”产品的加工图纸复印件15页。

请求人在意见陈述书中指出：附件7证明在2003年1月1日专利权人已经生产制造本专利产品；附件8证明在2003年5月专利权人已经生产制造本专利产品；附件9是专利权人发给乐清丰泽电气厂的委托加工图纸，其中制图时间大多为2002年，还有2001年的，其证明委托加工的产品与本专利一致。通过附件7至9证明乐清丰泽电气厂一直是专利权人的零部件供应商，于2003年5月成为本专利产品的生产者。通过结合附件1~6，包括检测报告和友邦电气2002年价目表进一步证明在本专利申请日前已销售本专利产品的事实。

专利复审委员会依法成立合议组，对上述无效宣告请求进行审查。本案合议组于2006年11月17日向双方当事人发出无效宣告请求口头审理通知书，指出本案定于2007年1月9日举行口头审理，随同口头审理通知书，将专利权人于2006年7月31日提交的意见陈述书转送给请求人，将请求人于2006年8月4日提交的意见陈述书以及附件清单中所列附件副本转送给专利权人。

口头审理如期举行，双方当事人均出席了口头审理。

在口头审理中，请求人当庭明确其无效宣告请求的理由、范围和证据为：附件1、2、3、6、7、8、9证明在本专利申请日以前已经使用公开，附件4~6证明在本专利申请日以前已经被出版物所公开，因而本专利权利要求1~8不具备新颖性，不符合专利法第22条第2款的规定。请求人当庭提交了附件3、4、5、6、8的原件以及附件9的部分原件，并表示仅使用附件9中印有“2YB.671.006”、“2YB.671.007”的图纸，放弃附件9中其他图纸。

请求人宣称附件1和附件2是随产品附赠的，附赠时就为复印件，因而没有原件，附件7是专利权人从乐清丰泽订货的订单，是传真件，附件9是从专利权人处得到的，请求人当庭还提交了附件3~5的封底和扉页的复印件和原件。专利权人宣称未随本专利的产品附赠过附件1和附件2，对附件1、2、7、9的真实性没有异议，但从附件8的合同中可看出专利权人与乐清丰泽电气厂有过协议，图纸不得向第三方泄露，且图纸上日期为内部资料的日期，透露给公众的日期无法确定。

请求人认为附件4、附件5以及附件6为公开出版物，根据附件5中“大事记”推知其公开日期为2002年11月18日以前，并且由于附件6中有本专利申请号但附件5中对此未提及，也可推知附件5在本专利申请日之前已公开，用附件6佐证附件4、5的公开日期，附件4、5中关于电度表接线盒的附图与附件6中的基本一致，由于附件6中带申请号的产品即为本专利的产品，因此附件4、5在先公开了本专利的技术特征。专利权人认为附件4~6不属于公开出版物，仅是该公司销售人员向客户推销产品时使用的，其印刷时间不能确定。请求人指出附件4第44页的产品照片、视图及说明公开了本专利权利要求中的熔断器、限位机构、氖灯、七个腔，并且附件4所示的产品视图与本专利附图2一致，附件5中的照片与本专利附图1也基本一致，其中也提到了氖灯、熔断器和八个腔。专利权人认为附件4中没有文字公开本专利的任何技术特征，附件4的照片和图纸也未公开本专利的技术特征。

请求人认为附件1、2的出具日期均为2002年11月8日，因此附件1、2中的产品在2002年11月7日以前已生产，通过附件6可得知附件1、2的产品与本专利一致，附件9中印有

“2YB. 671. 006”、“2YB. 671. 007” 的图纸与本专利的附图 1、2 所示的技术方案基本一致。专利权人认为，附件 1、2 只是产品销售前的检验报告，其中未公开本专利的技术特征，附件 3 的价目表只是参考，并且其中的 UBH-1 也未写明是本专利产品，附件 4、5 中附图所示与本专利不同，其上不包括限位柱。请求人认为附件 4、5 文字说明部分均提到了限位机构，附件 5 的接线图与本专利附图 1 相同，图中可看出限位柱是在盖子上的，本专利权利要求 3~8 均已公开。专利权人认为附件 4、5 未公开固定螺钉。双方当事人就本专利权利要求 1~8 是否具备新颖性发表了各自的意见。

至此，在双方当事人意见陈述及口头审理的基础上，合议组经合议，认为本案事实清楚，现依法作出本审查决定。

二、决定的理由

1. 关于证据

（1）关于各附件的真实性问题。

附件 1 和附件 2 是由“天津发配电及电控设备检测所”和“国家电控配电质量监督检验中心”出具的两份《检验报告》的复印件，委托单位为上海友邦电气有限公司。请求人宣称上述两份检验报告是随产品附赠的，仅有复印件没有其原件，专利权人对其真实性无异议，但称未随产品附赠过上述检验报告。对此，虽然请求人未提供附件 1 和附件 2 的原件，但专利权人是上述两份检验报告的委托单位，对它们是否是真实的专利权人应当了解，其表示对附件 1、2 的真实性没有异议，经审查，合议组对附件 1 和附件 2 的真实性予以确认。

请求人当庭提交了附件 3~6 的原件，专利权人当庭核对上述附件复印件与原件一致，未对其真实性提出异议。对此合议组认为，附件 3 是专利权人的产品价目表，附件 4~6 均是专利权人的产品总汇，请求人提供了原件，在专利权人未对该证据真实性提出异议的情况下，合议组对附件 3~6 的真实性予以确认。

附件 7 为《采购订单》的复印件，其上盖有“上海友邦电气有限公司合同专用章”，日期栏为 2003 年 1 月 1 日，打印日期为 2002 年 12 月 31 日，请求人称该份证据由于只有传真件，因此无法提供该订单的原件，专利权人作为该合同的一方当事人，对该份合同的真实性应当了解，其对于该份合同的其真实性没有异议，经审查合议组对附件 7 的真实性予以确认。

请求人当庭提交了附件 8 的原件，专利权人当庭核对上述附件复印件与原件一致，未对其真实性提出异议。对此合议组认为，附件 8 是专利权人委托他人进行产品加工的产品加工合同，请求人提供了原件，在专利权人未对该证据真实性提出异议的情况下，合议组对附件 8 的真实性予以确认。

附件 9 为图纸复印件，请求人当庭明确表示仅使用印有“2YB. 671. 006”、“2YB. 671. 007” 的图纸，并提交了上述图纸的原件，专利权人当庭核对其复印件与原件一致，并对真实性没有异议，合议组对其真实性予以确认。

（2）关于附件 1~3、6~9。

请求人认为：附件 1 和附件 2 为专利权人对其型号为 UBH-1、UBH-2 的产品所进行的检验报告，检验日期为 2002 年 10 月 17 日至 11 月 7 日，签发日期为 2002 年 11 月 8 日，即附件 1 和附件 2 中的产品在 2002 年 10 月 17 日以前已经生产，通过附件 6 可知附件 1 和附件 2 中的产品与本专利是一致的，附件 3 中提到了 UBH-1，这证明本专利在先公开，附件 7 是 2002 年 12 月 31 日的采购订单，附件 8 为于 2003 年 5 月 6 日签署的关于 UBH-1、UBH-2 产品的委托加工合同，附件 9 为加工时使用的图纸，这证明本专利产品在本专利申请日以前使用公开。

专利权人认为：根据附件 8 中加工合同的规定，乙方不得将附件 9 中的图纸向其他人提供。

附件 1 和附件 2 是由“天津发配电及电控设备检测所”和“国家电控配电质量监督检验中心”

分别为型号为“UBH-1”和“UBH-2”、产品名称为“电度表接线盒”出具的《检验报告》的复印件，委托单位为上海友邦电气有限公司，即专利权人，报告编号分别为：2002 电检 145-6、2002 电检 145-67，检验时间为 2002 年 10 月 17 日至 2002 年 11 月 7 日，签发日期为 2002 年 11 月 8 日。附件 1 和附件 2 可以证明在 2002 年 10 月 17 日由专利权人委托对其型号分别为“UBH-1”和“UBH-2”的“电度表接线盒”进行过检验，即在 2002 年 10 月 17 日专利权人已有型号分别为“UBH-1”和“UBH-2”电度表接线盒的样品。

附件 3 是产品价目表，属于向公众发放的出版物，而作为产品的价目表，一般应当记载所标注年份当年使用的产品价格，根据附件 3 封面所标有的“2002 价目表”字样，可推定该份证据至少在 2002 年 12 月 31 日已公开，为公众所知。在该价目表的第 6 页中，在产品系列栏记载有“电度表接线盒”，与其对应的型号栏记载有“UBH-1”，单价/元栏含税栏记载有“62.00”、不含税栏记载有“58.12”，根据附件 3 所记载的上述内容，可以确定在 2002 年 12 月 31 日专利权人的型号为“UBH-1”电度表接线盒的产品处于公开销售状态。专利权人认为该价目表的出版日期不能确定，只是参考，其中的商品不一定销售。但是由于专利权人对该主张并没有提出合理的理由和相反证据，因此对其主张合议组不予认可。

附件 7 为“采购订单”的复印件，其上盖有“上海友邦电气有限公司合同专用章”的印章，供货单位为乐清丰泽电气厂，日期为 2003 年 1 月 1 日，在规格型号栏中记载有“UBH-1”，与之相对应的商品或劳务名称栏记载有“导电体（7-M1）”、“导电体（3-M4）”、“导电体（6-M4）”。根据附件 7 中所记载内容，可以证明于 2003 年 1 月 1 日专利权人向作为供货单位的“乐清丰泽电气厂”为采购规格型号为“UBH-1”中商品而发出“采购订单”这一事实。

附件 8 为专利权人委托乐清丰泽电气厂进行友邦品牌的产品“电度表接线盒”进行加工的合同，其中在产品价格表的型号规格栏中记载有“UBH-1（低压）”、“UBH-2（高压）”，该合同的签署日期为 2003 年 5 月 6 日，在该合同第 1.5 款规定“乙方为甲方加工的电度表接线盒（包括配件）及甲方品牌的其他产品不得向第三方提供”；附件 9 是图纸复印件，分别是“上海友邦电气有限公司”的“电度表接线盒 UBH-1”、“电度表接线盒 UBH-2”的图纸。附件 9 中的上述图纸所示型号与附件 8 委托合同中所委托加工的产品型号相对应。根据附件 8 中所记载内容，可以证明在合同签署时专利权人委托另一方对型号分别为“UBH-1（低压）”、“UBH-2（高压）”电度表接线盒的产品进行加工这一事实，所加工出的产品结构为附件 9 中图纸所示。专利权人主张根据附件 8 第 1.5 款的内容：“乙方为甲方加工的电度表接线盒（包括配件）及甲方品牌的其他产品不得向第三方提供”，说明作为受委托的乙方，不得直接将甲方所委托产品提供给第三方，而且也不能将图纸向第三方提供。对此合议组认为，第一，该条款仅能证明乙方不得将甲方的产品向第三方提供，这不等于要求乙方对该产品信息（包括图纸）有保密的义务；第二，由于在订立该合同时，专利权人已对该电度表接线盒进行销售，该产品的技术内容也处于公开状态而并不属于产品研制开发状态，此时无须再使之处于保密状态，由此也可证明在该合同中仅是出于商业利益防止受委托方擅自将所加工的产品提供给他人，而订立出条款 1.5，其中并不存在要求受委托方对该产品技术内容保密的内容。因而作为委托加工的型号分别为“UBH-1”和“UBH-2”电度表接线盒，在委托加工过程中实际已处于审查指南中所规定的使用公开状态，即于 2003 年 5 月 6 日、本专利申请日以前能够处于公众想得知就能得知的状态，而这两个型号产品的具体结构如附件 9 的两幅图纸上所示。

附件 6 的第 37 页中“产品概述”部分记载有如下内容：“本公司最新推出的 UBH 系列电度表接线盒”、“同时该系列产品已经申请新型专利：专利申请号为 03255227.0”，并在第 38 页中示出了型号为“UBH-1”、“UBH-2”的接线图，根据上述内容可证明“上海友邦电气有限公司”，也就是专利权人，其 UBH 系列电度表接线盒已申请了申请号为：03255227.0 的实用新型专利，其中的“UBH-1”属于该系列中的一个型号。请求人欲以此证明“UBH-1”、“UBH-2”与本专利的技术方案相同，但是鉴于附件 6 具有广告宣传性质，并且在口头审理过程中，请求人也认为附件 9 示出的“UBH-1”电度表接线盒中，并未公开本专利权利要求 1 中的氖灯，因此在本案中，不能仅以附件 6 所记载内容即确定专利权人的 UBH 系列电度表接线盒产品与本专利权利要求请求保护的技术方案完全相同。

结合附件 1~3、6~9 可以证明，2002 年 10 月 17 日专利权人已有型号分别为“UBH-1”和“UBH-2”电度表接线盒的样品，并在 2002 年 12 月 31 日之前其中的“UBH-1”已经处于公开销售状态；并且专利权人于 2003 年 5 月 6 日委托他人对“UBH-1”、“UBH-2”电度表接线盒产品进行制造，也使该产品处于使用公开的状态，而该“UBH-1”、“UBH-2”电度表接线盒的具体结构可以根据附件 9 加以确定。

（3）关于附件 4、5、6 的公开日期。

请求人认为：附件 4、5、6 为公开出版物，结合附件 4、5、6 中“大事记”的内容可以推知附件 4、5 的公开日期在本专利申请日之前。

专利权人认为：附件 4、5、6 不是公开出版物，附件上述 3 个附件的公开日期无法确定，由于公司地址不止一个，所以附件 4~6 中的地址不同。

合议组认为：第一，附件 4、5、6 是均是友邦产品总汇，作为该类印刷物，通常用于推销产品，对于产品感兴趣的公众可以不受限制的得到，且专利权人也指出附件 4~6 是其公司推销员向客户推销产品使用的，因此，附件 4、5、6 属于审查指南规定的公开出版物。其中由于在附件 6 上记载有本专利的申请号，因此确定附件 6 是在本专利申请日之后公开的。

第二，对于附件 4 的公开日期，请求人认为：附件 4 中记载了“2001 年底友邦工业园区在上海松江动工”，其封底记载的地址为“上海市常和路 198 号 11 号楼”，附件 5“友邦电气公司大事记”中记载了“2002 年 11 月 8 日友邦工业基地隆重开工建设”，其封底记载的地址为“上海市松江佘山工业区建业路友邦工业园”，附件 6“友邦公司大事记”中记载了“2002 年 11 月 8 日友邦科技园隆重开工建设”、“2003 年 8 月公司进入新的科技园办公”，并且在附件 6 中还记载了本专利的申请号，其封底记载的地址为“上海市松江佘山工业区建业路友邦科技园”，根据附件 4 中所记载内容和附件 5、附件 6“大事记”中所记载的内容以及各个附件所表明的不同厂址，由于附件 4 中仅记载有 2001 年友邦工业园区动土，而未记载有 2002 年 11 月 8 日友邦科技园开工建设的内容，若该份证据形成时已发生了友邦科技园开工建设的事件，应记载在附件 4 中，并且附件 4 中所记载内容最晚发生的事件为“2002 年 1 月上海船级社专家对产品进行了 CCS 船用安全认证”，所示厂址为“常和路”，由此推知在附件 4 印刷前并未发生友邦科技园开工建设这一事件，当时厂址也未迁往新址，进而推知附件 4 于 2002 年 11 月 8 日形成。

合议组认为，请求人根据附件 4~6 形成的证据链推定附件 4 的公开日期在本专利申请日前，这一过程符合逻辑，具备合理性，而专利权人称其公司的地址不止一个从而导致各附件中地址不同，从而认为不能以此推知附件 4 是于上述时间形成这一主张，其未对这一主张加以合理解释，也未能提出相应证据加以支持，而如果该主张确实属实，专利权人应当很容易举证加以证明。综合上述因素，合议组对于请求人的上述主张予以认可，可以认定附件 4 出版日期在 2002 年 11 月 8 日之前，早于本申请申请日，因此附件 4 中所记载的内容构成了本专利的现有技术。

关于附件 5，请求人认为其所记载内容中最晚发生的事件为 2002 年 11 月 8 日发生的时间，所示的厂址为“友邦工业园”，由此可以推知附件 5 应于 2002 年 11 月 8 日前出版公开。合议组对此认为，根据附件6“大事记”所记载的“2003年8月18日公司进入新的科技园办公”，而附件5中并未对该事件进行记录，由此推知附件5的形成应在迁入新的科技园办公这一事件发生之前，即在2003年8月18日前出版公开，而本专利申请日为2003年7月1日，结合附件6所记载内容仅能推知附件5于2003年8月18日以前出版公开，但并不能推知其于2003年7月1日以前就已公开，即请求人认为附件5于本专利申请日前已公开的推论不成立，因此，附件5中所记载的内容不能构成本专利的现有技术。

2. 关于专利法第22条第2款

专利法第22条第2款规定：新颖性，是指申请日以前没有同样的发明或者实用新型在国内外出版物上公开发表过、在国内公开使用过或者以其他方式为公众所知，也没有同样的发明或者实用新型由他人向国务院专利行政部门提出过申请并且记载在申请日以后公布的专利申请文件中。

（1）关于利用附件1~3、6~9能否证明在本专利申请日以前已公开使用的问题。

如前面所述，附件1~3、6~9能证明专利权人的“UBH-1”、“UBH-2”电度表接线盒在本专利申请日前处于公开状态，其具体结构分别如附件9中“2YB.671.006”、“2YB.671.007”图纸所示，用其中所示的具体结构与本专利进行对比。

本专利权利要求1请求保护一种电度表接线盒，“2YB.671.006”图纸示出了型号为“UBH-1”电度表接线盒的结构图，其中包括以下部件：绝缘盒1，防尘盖15，绝缘件144、，多个导电体6、11、12、13，熔断体3，熔芯卡10，多个螺钉5、7、8、9，在该图纸所示的结构中，用多个隔板将该电度表接线盒分隔成多个腔室，导电体和螺钉位于这些腔室内并被这些隔板所分隔。

将“2YB.671.006”图纸所公开的结构与本专利权利要求1请求保护的技术方案相比，其中图纸中的防尘盖相当于本专利中的盒盖，图纸中的绝缘件14相当于本专利中的绝缘底座，图纸中由防尘盖15与绝缘件14组成的绝缘盒1相当于本专利中的绝缘盒，图纸中的导电体上连接有螺钉，电度表中的将导电体与螺钉连接起到接线作用是本领域的常规手段，因而图纸中由导电体与螺钉所组成的部件相当于本专利中的由接线柱构成的导电体，图纸中设置在螺钉上的熔芯卡10相当于本专利中的熔芯。图纸所公开的结构与本专利权利要求1请求保护的技术方案相比区别在于：图纸中虽然将整个电度表接线盒分隔成多个腔室，但是图纸中并未公开该电度表接线盒各个腔室分为限位腔和接线腔，即图纸未公开本专利中的“在所述绝缘底座内设置有间隔分布的限位腔和接线腔，所述的限位腔和接线腔的数量之和至少为七个”；另一个区别在于图纸中不包含氖灯这一部件。由此可知，“2YB.671.006”图纸所公开的结构与本专利权利要求1请求保护的技术方案存在差异，即在本专利申请日以前使用公开的“UBH-1”电度表接线盒不同于本专利权利要求1请求保护的电度表接线盒，因而本专利权利要求1相对于“2YB.671.006”图纸所公开的结构具备新颖性，符合专利法第22条第2款的规定。

“2YB.671.007”图纸示出了型号为“UBH-2”电度表接线盒的结构图，其中包括以下部件：绝缘盒1，防尘盖15，绝缘件4、14，多个导电体6、11、12、13，熔断体3，熔芯卡10，多个螺钉5、7、8、9，在该图纸所示的结构中，用多个隔板将该电度表接线盒分隔成多个腔室，导电体和螺钉位于这些腔室内并被这些隔板所分隔。

将“2YB.671.007”图纸所公开的结构与本专利权利要求1请求保护的技术方案相比，其区别在于：图纸中虽然将整个电度表接线盒分隔成多个腔室，但是图纸中并未公开该电度表接线盒各个腔室分为限位腔和接线腔，即图纸未公开本专利中的“在所述绝缘底座内设置有间隔分布的限位腔和接线腔，所述的限位腔和接线腔的数量之和至少为七个”；另一个区别在于图纸中不包含氖灯这一部件。由此可知，“2YB.671.007”图纸所公开的结构与本专利权利要求1请求保护的技术方案存在差异，即在本专利申请日以前已公开的“UBH-2”电度表接线盒不同于本专利权利要求 1 请求保护的电度表接线盒，因而本专利权利要求 1 相对于“2YB. 671. 007”图纸所公开的结构具备新颖性，符合专利法第 22 条第 2 款的规定。

（2）关于利用附件 4~6 能否证明本专利在本专利申请日以前在出版物上公开的问题。

如前所述，仅有附件 4 可作为本专利的现有技术。附件 4 第 44 页公开了“UHB-1 系列电度表接线盒”，其中文字以及产品照片、视图部分公开了以下内容：该产品包括透明罩盖，导电体和螺钉材料采用 H62 黄铜并表面镀镍，电路联结可靠，绝缘材料为聚碳酸酯，耐电耐冲击性能好，透明盖上加有限位机构，若改动接线则无法盖上盖子从而防止窃电，接线盒内设有氖灯，若出现短路故障熔断器断开，氖灯即会闪亮达到报警的目的。

本专利权利要求 1 请求保护的技术方案与附件 4 中公开的上述内容相比，其区别在于：附件 4 中公开的接线盒被分隔为若干个腔，并公开了防止改动接线的限位机构，但从其所公开内容中不能得出电度表接线盒中间隔分布有限位腔和接线腔，即未公开本专利中的限位腔。由于本专利权利要求 1 的技术方案与附件 4 所公开内容相比存在着上述差异，因而本专利权利要求 1 相对于附件 4 所公开的“UBH-1 系列电度表接线盒”具备新颖性，符合专利法第 22 条第 2 款的规定。

综上所述，本专利权利要求 1 具备新颖性，因而作为其从属权利要求的本专利权利要求 2~8 均具备新颖性。

至此，合议组认为本案事实清楚，现依法作出审查决定。

三、决定

维持 03255227. 0 号实用新型专利权有效。

当事人对本决定不服的，可以根据专利法第 46 条第 2 款的规定，自收到本决定之日起三个月内向北京市第一中级人民法院起诉。根据该款的规定，一方当事人起诉后，另一方当事人应当作为第三人参加诉讼。

北京市第一中级人民法院
行政判决书

（2007）一中行初字第 1169 号

原告上海施米斯电气有限公司，住所地上海市南汇区周浦镇康沈路 1445 弄 68 号 2 幢 265 室。

法定代表人李孟，董事长。

委托代理人刘民选，北京市浩天信和律师事务所上海分所律师。

被告国家知识产权局专利复审委员会，住所地北京市海淀区北四环西路 9 号银谷大厦 10~12 层。

法定代表人廖涛，副主任。

委托代理人李礼，国家知识产权局专利复审委员会审查员。

委托代理人瞿晓峰，国家知识产权局专利复审委员会审查员。

第三人上海友邦电气股份有限公司，住所地上海市松江区佘山镇吉业路 528 号。

法定代表人王国良，董事长。

委托代理人韩一品，上海一凡律师事务所律师。

委托代理人赵峰，男，1976 年 11 月 8 日出生，上海世贸专利代理有限责任公司职员，住上海市虹口区凉城路539弄33号601室。

原告上海施米斯电气有限公司（以下简称施米斯公司）不服被告国家知识产权局专利复审委员会（以下简称专利复审委员会）2007年6月20日作出的第10051号无效宣告请求审查决定（以下简称第10051号决定），于法定期限内向本院提起诉讼。本院于2007年8月27日受理本案后，依法组成合议庭，并通知第10051号决定的相对方上海友邦电气股份有限公司（以下简称友邦公司）作为本案第三人参加诉讼，于2007年10月17日公开开庭进行了审理。原告施米斯公司的委托代理人刘民选，被告专利复审委员会的委托代理人李礼、瞿晓峰，第三人友邦公司的委托代理人韩一品、赵峰到庭参加了诉讼。本案现已审理终结。

第10051号决定系专利复审委员会针对施米斯公司就友邦公司拥有的第03255227.0号、名称为“电度表接线盒”的实用新型专利（以下简称本专利）提起的无效宣告请求所作出。专利复审委员会在该决定中认定：

1. 关于证据

（1）关于各附件的真实性问题。

专利复审委员会对附件1~9的真实性予以确认。

（2）关于附件1~3、6~9。

结合附件1~3、6~9可以证明，2002年10月17日友邦公司已有型号分别为“UBH-1”和“UBH-2”电度表接线盒的样品，并在2002年12月31日之前其中的“UBH-1””已经处于公开销售状态；并且友邦公司于2003年5月6日委托他人对“UBH-1”、“UBH-2”电度表接线盒产品进行制造，也使该产品处于使用公开的状态，而该“UBH-1”、“UBH-2”电度表接线盒的具体结构可以根据附件9加以确定。

（3）关于附件4、5、6的公开日期。

附件4、5、6属于《审查指南》规定的公开出版物。其中由于在附件6上记载有本专利的申请号，因此确定附件6是在本专利申请日之后公开的。

施米斯公司根据附件4~6形成的证据链推定附件4的公开日期在本专利申请日前，这一过程符合逻辑，具备合理性。可以认定附件4出版日期在2002年11月8日之前，早于本专利申请日，因此附件4中所记载的内容构成了本专利的现有技术。

根据附件6“大事记”所记载的“2003年8月18日公司进入新的科技园办公”，而附件5中并未对该事件进行记录，由此推知附件5的形成应在迁入新的科技园办公这一事件发生之前，即在2003年8月18日前出版公开，而本专利申请日为2003年7月1日，结合附件6所记载的内容仅能推知附件5于2003年8月18日以前出版公开，但并不能推知其于2003年7月1日以前就已公开。因此，附件5中所记载的内容不能构成本专利的现有技术。

2. 关于《专利法》第二十二条第二款

（1）关于利用附件1~3、6~9能否证明在本专利申请日以前已公开使用的问题。

附件9中“2YB.671.006”图纸所公开的结构与本专利权利要求1请求保护的技术方案相比，区别在于：图纸中虽然将整个电度表接线盒分隔成多个腔室，但是图纸中并未公开该电度表接线盒各个腔室分为限位腔和接线腔；另一个区别在于图纸中不包含氖灯这一部件。附件9中“2YB.671.007”图纸所公开的结构与本专利权利要求1请求保护的技术方案相比，同样存在上述区别。由此可知，“2YB.671.006”、“2YB.671.007”图纸所公开的结构与本专利权利要求1请求保护的技术方案存在差异，即在本专利申请日以前使用公开的“UBH-1”、“UBH-2”电度表接线盒不同于本专利权利要求1请求保护的电度表接线盒，因而本专利权利要求1相对于“2YB、671.006”、“2YB.671.007”

图纸所公开的结构具备新颖性，符合《专利法》第二十二条第二款的规定。

（2）关于利用附件 4~6 能否证明本专利在本专利申请日以前在出版物上公开的问题。

如前所述，仅有附件 4 可作为本专利的现有技术。本专利权利要求 1 请求保护的技术方案与附件 4 中公开的内容相比，其区别在于：附件 4 中公开的接线盒被分隔为若干个腔，并公开了防止改动接线的限位机构，但从其所公开内容中不能得出电度表接线盒中间隔分布有限位腔和接线腔，即未公开本专利中的限位腔。由于本专利权利要求 1 的技术方案与附件 4 所公开内容相比存在着上述差异，因而本专利权利要求 1 相对于附件 4 所公开的“UBH-1 系列电度表接线盒”具备新颖性，符合《专利法》第二十二条第二款的规定。

综上所述，本专利权利要求 1 具备新颖性，因而作为其从属权利要求的本专利权利要求 2~8 均具备新颖性。

基于上述理由，专利复审委员会作出第 10051 号决定，维持本专利权有效。

施米斯公司不服第 10051 号决定，依法向本院提起行政诉讼称：（1）限位机构已经在现有技术中公开，而对于限位腔，可以通过 2002 年产品总汇（即附件 4）看出。该总汇的文字部分写到“通过透明罩盖直接观察到内部各元件及试验端子状态”，且从图中可以明显看出不同的腔位。对于本领域一般技术人员而言，通过附件 4 可以知道有限位机构，并从附件 4 的附图中看到具体的机构，可以明显得出限位机构的位置就在其中一个腔位中，限位腔就是放限位机构的地方，因而附件 4 实际上公开了限位腔。（2）第 10051 号决定对于 2003 年上半年产品总汇（即附件 5）没有给以认定。我公司认为附件 5 在本专利申请日以前出版公开，理由为：①附件 6 中记载有本专利申请号，而附件 5 中没有记载，故可推断附件 5 出版公开于本专利申请日之前。②附件 6 的大事记中记载有“2003 年 7 月 17 日友邦科技园一期工程完成”这一事项附件 5 没有记载，说明附件 5 在 2003 年 7 月 17 日以前出版公开。③附件 5 大事记中记载的最后一项为“2002 年 11 月 8 日友邦工业基地隆重开工建设”，根据习惯来看，附件 5 的出版时间应该是 2003 年年初。（3）从 2002 年到 2003 年的产品总汇中，没有给出任何关于该产品的区别，相反无论从产品图或产品说明书，均能说明从 2002 年到 2003 年该产品是一样的，并且和本专利的说明书以及附图也基本一致。综上，被告作出审查决定所依据的事实和理由与实际情况不符，故请求法院依法撤销第 10051 号决定。

被告专利复审委员会辩称：（1）关于限位腔是否被公开。①虽然附件 4 文字部分记载了限位机构这一技术特征，但是限位机构并不同于限位腔，限位机构是设置于接线盒的透明盖上的，而限位腔是设置于接线盒的底座内的，两者并不相同，因而不能认为附件 4 的限位机构公开了本专利的限位腔；②从附件 4 的附图中无法清楚地看出限位腔这一结构，并且在附件 4 的文字中也没有记载限位腔这一技术特征，因而仅凭附件 4 公开的内容不能确定该接线盒中采用了限位腔的结构。（2）关于附件 5 的公开时间。①附件 5 的名称是“2003 年友邦产品总汇”，并非原告所述的“2003 年上半年产品总汇”，从附件 5 本身并不能确定其是 2003 年上半年的产品总汇；②附件 5 本身并不具有可以确定其公开时间的内容，仅凭附件 5 中没有记载本专利的申请事宜这一点尚不能确定附件 5 一定在本专利申请日之前即已公开。综上，第 10051 号决定认定事实合理，适用法律法规正确，审理程序合法，原告的诉讼理由不能成立，请求法院驳回原告的诉讼请求，维持第 10051 号决定。

第三人友邦公司陈述意见称：（1）第 10051 号决定及其审理程序符合《专利法》和《专利法实施细则》的规定。（2）第 10051 号决定符合客观事实。（3）原告作为宣告专利权无效程序的请求人，在整个专利权无效程序中提出的所有有效证据均没有影响到本专利的新颖性。故请求法院依法维持第 10051 号决定，驳回原告的诉讼请求。

本院经审理查明：

本专利为2004年7月21日授权公告的、名称为“电度表接线盒”的实用新型专利，其专利号为03255227.0，申请日为2003年7月1日，专利权人是上海友邦电气有限公司。本专利授权公告的权利要求书如下：

“1. 一种电度表接线盒，由绝缘盒和导电体构成，所述的导电体设置在所述的绝缘盒内，所述的绝缘盒由盒盖和绝缘底座构成，所述的导电体由接线柱构成，其特征在于：在所述的绝缘底座内设置有间隔分布的限位腔和接线腔，所述的限位腔和接线腔的数量之和至少为七个，所述的接线柱设置在所述的接线腔内，在所述的接线柱上设置有氖灯和熔芯。

2. 根据权利要求1所述的电度表接线盒，其特征在于：在所述的绝缘盒内设置有限位机构，所述的限位机构由限位柱和限位挡块构成，所述的限位挡块设置在所述的限位腔内，所述的限位柱设置在盒盖的内侧。

3. 根据权利要求1所述的电度表接线盒，其特征在于：所述的限位腔和接线腔由设置在绝缘底座的内腔体内的至少六个隔板分隔形成。

4. 根据权利要求2所述的电度表接线盒，其特征在于：所述的限位柱在盒盖内侧的位置与所述的限位挡块的位置一一对应。

5. 根据权利要求2所述的电度表接线盒，其特征在于：所述的限位柱为垂直向下的薄片。

6. 根据权利要求1所述的电度表接线盒，其特征在于：在所述的绝缘底座的外侧设置有接线孔。

7. 根据权利要求1所述的电度表接线盒，其特征在于：在所述的绝缘盒的两端各设置有一个螺钉孔。

8. 根据权利要求7所述的电度表接线盒，其特征在于：在所述的螺钉孔内设置有固定螺钉。”

2006年7月5日，施米斯公司以本专利不具备新颖性为由，向专利复审委员会提出无效宣告请求，并提交附件1至附件6作为证据。其中：

附件4为《友邦电气产品总汇》，第44页刊载有名称为“UHB-1系列电度表接线盒”产品的照片、概述及安装尺寸图。从照片及安装尺寸图中可以看出该电度表接线盒被分为若干个腔。概述部分包括以下文字内容：“为达到防窃电之目的，电度表接线盒的透明盖上增加有限位机构，如若改动接线，盖子将无法盖上。”封底记载的地址为“上海市常和路198号11号楼”。

附件5为《2003友邦产品总汇》，其中《友邦电气公司大事记》最后一项记载：“2002年11月8日友邦工业基地隆重开工建设”。封底记载的地址为“上海市松江佘山工业区建业路友邦工业园”。

附件6为《友邦电气产品总汇》，第37、38页刊载有名称为“UHB系列电度表接线盒”产品的照片、产品概述、安装尺寸图及接线图。产品概述部分记载：“该系列产品已经申请新型专利：专利申请号为：03255227.0”。其中《友邦电气公司大事记》第九项至第十一项依次记载：“2002年11月8日友邦科技园隆重开工建设”、“2003年7月17日友邦科技园一期工程完成”、“2003年8月18日公司进入新的科技园办公”。封底记载的地址为“上海市松江佘山工业区建业路友邦科技园”。

施米斯公司于2006年8月4日提交了意见陈述书，同时提交附件7至附件9作为补充证据。

2007年6月20日，专利复审委员会作出第10051号决定。

另查：2007年5月31日，上海友邦电气有限公司企业名称变更为上海友邦电气股份有限公司。

上述事实有本专利授权公告文本、第10051号决定、附件4、附件5、附件6、《企业名称变更预先核准通知书》、友邦公司企业法人营业执照副本复印件及当事人陈述等证据在案佐证。

本院认为：

1. 本专利权利要求1相对于附件4所公开的技术方案是否具备新颖性

《专利法》第二十二条第二款规定的新颖性是指，在申请日以前没有同样的发明或者实用新型在国内外出版物上公开发表过、在国内公开使用过或者以其他方式为公众所知，也没有同样的发明或者实用新型由他人向国务院专利行政部门提出过申请并且记载在申请日以后公布的专利申请文件中。

根据本专利权利要求1的记载，绝缘底座内设置有间隔分布的限位腔和接线腔，也就是说，本专利限位腔设置在绝缘底座内。附件4概述部分的文字内容公开了限位机构设置在电度表接线盒的透明盖上，但未记载限位腔这一技术特征。施米斯公司主张限位腔就是放限位机构的地方，若根据附件4概述部分的文字内容，“电度表接线盒的透明盖上增加有限位机构”，则用于放置限位机构的限位腔亦应在透明盖上。另外，虽然由照片及安装尺寸图可以看出附件4公开的电度表接线盒被分为若干个腔，但并不能直接地、毫无疑义地确定这些腔是限位腔。综上，施米斯公司的第一项起诉理由不能成立，仅根据附件4公开的内容不能确定该电度表接线盒中采用了限位腔的结构，即附件4并未公开限位腔，本专利权利要求1相对于附件4所公开的技术方案具备新颖性。

2. 附件5所记载的内容是否构成本专利的现有技术

首先，专利权人有权在其专利产品或者专利产品宣传材料中标明专利号，但这是专利权人的权利而非义务。专利权人行使还是放弃该权利完全取决于专利权人的意愿，我国法律并未作强制性规定。本案中，友邦公司是否在其产品总汇上标注专利申请号，仅是其自身意愿的体现，并不能依据附件5中未记载本专利申请号即推断附件5于本专利申请日以前出版公开。其次，附件5封底所记载的厂址为“上海市松江佘山工业区建业路友邦工业园”，附件6封底所记载的厂址已变更为“上海市松江佘山工业区建业路友邦科技园”，且附件6的《友邦电气公司大事记》中记载了“2003年8月18日公司进入新的科技园办公”这一事项，故可推知附件5出版公开的时间在2003年8月18日以前。施米斯公司关于附件5在2003年7月17日以前出版公开的主张，仅为一种可能性，仅根据附件5、附件6所记载的内容并不能得出附件5在2003年7月17日以前出版公开的结论。此外，施米斯公司关于附件5是在2003年年初出版公开的主张，没有证据支持，本院不予采信。综上，施米斯公司的第二项起诉理由不能成立，附件5中所记载的内容不构成本专利的现有技术。

3. 关于施米斯公司的第三项起诉理由

本院认为，即使从2002年到2003年的友邦产品总汇中该电度表接线盒产品是一样的，且和本专利的说明书以及附图基本一致，但如前所述，附件4所记载的内容并未公开限位腔这一技术特征，故施米斯公司的该项起诉理由并不影响本专利的新颖性。

综上所述，施米斯公司的起诉理由不成立，其诉讼请求本院不予支持。专利复审委员会作出的第10051号决定认定事实清楚，适用法律正确，程序合法，应予维持。依照《中华人民共和国行政诉讼法》第五十四条第（一）项之规定，本院判决如下；

维持被告国家知识产权局专利复审委员会作出的第10051号无效宣告请求审查决定。

案件受理费100元，由原告上海施米斯电气有限公司负担（已交纳）。

如不服本判决，各方当事人可在本判决送达之日起15日内，向本院递交上诉状及副本，并交纳上诉案件受理费100元，上诉于北京市高级人民法院。上诉期满后7日内未交纳上诉案件受理费的，按自动撤回上诉处理。

审　判　长　姜　颖
代理审判员　张晰昕
代理审判员　江建中
二〇〇七年十一月五日
书　记　员　严　哲

北京市高级人民法院
行政判决书

（2008）高行终字第 21 号

上诉人（原审原告）上海施米斯电气有限公司，住所地上海市南汇区周浦镇康沈路 1445 弄 68 号 2 幢 265 室。

法定代表人李孟，董事长。

委托代理人刘民选，北京市浩天信和律师事务所上海分所律师。

被上诉人（原审被告）国家知识产权局专利复审委员会，住所地北京市海淀区北四环西路 9 号银谷大厦 10~12 层。

法定代表人廖涛，副主任。

委托代理人李礼，该委员会审查员。

委托代理人瞿晓峰，该委员会审查员。

原审第三人上海友邦电气股份有限公司，住所地上海市松江区佘山镇吉业路 528 号。

法定代表人王国良，董事长。

委托代理人韩一品，上海一凡律师事务所律师。

上诉人上海施米斯电气有限公司（以下简称施米斯公司）因专利权无效行政纠纷案不服北京市第一中级人民法院（2007）一中行初字第 1169 号行政判决，向本院提起上诉。本院 2007 年 12 月 27 日受理本案后，依法组成合议庭，于 2008 年 1 月 28 日公开开庭进行了审理。上诉人施米斯公司的委托代理人刘民选，被上诉人国家知识产权局专利复审委员会（以下简称专利复审委员会）的委托代理人李礼、瞿晓峰，原审第三人上海友邦电气股份有限公司（以下简称友邦公司）的委托代理人韩一品到庭事加了诉讼。本案现已审理终结。

本专利为 2004 年 1 月 21 日授权公告的名称为“电度表接线盒”的实用新型专利，专利号为 03255227. 0，申请日为 2003 年 7 月 1 日，专利权人是上海友邦电气有限公司。2006 年 7 月 6 日，施米斯公司以本专利不具备新颖性为由，向专利复审委员会提出无效宣告请求。2007 年 5 月 31 日，上海友邦电气有限公司企业名称变更为上海友邦电气股份有限公司。2007 年 6 月 20 日专利复审委员会作出第 10051 号无效宣告请求审查决定（以下简称第 10051 号决定），维持本专利权有效，施米斯公司不服该决定，向北京市第一中级人民法院提起诉讼。

北京市第一中级人民法院认为，根据本专利权利要求 1 的记载，本专利限位腔设置在绝缘底座内。附件 4 概述部分的文字内容公开了限位机构设置在电度表接线盒的透明盖上，但未记载限位腔这一技术特征。施米斯公司主张限位腔就是放限位机构的地方，若根据附件 4 概述部分的文字内容，“电度表接线盒的透明盖上增加有限位机构”，则用于放置限位机构的限位腔亦应在透阴盖上，另外，虽然由照片及安装尺寸图可以看出附件 4 公开的电度表挡线盒被分为若干个腔，但并不能直接地、毫无疑义地确定这些腔是限位腔。因此，附件 4 并未公开限位腔，本专利权利要求 1 相对于附件 4 所公开的技术方案具备新颖性。

据此，北京市第一中级人民法院依照《中华人民共和国行政诉讼法》第五十四条第（一）项之规定，判决：维持国家知识产权局专利复审委员会作出的第 10051 号无效宣告请求审查决定。

施米斯公司不服原审判决，向本院提起上诉，请求撤销原审判决及第 10051 号无效决定，其理由为：（1）原审法院没有认清“限位腔”这一技术特征。限位腔是用于设置限位机构的限位挡块的，并非一个单纯的技术特征，而是限位机构的一个延伸特征，限位腔本身没有解决任何技术问题。（2）原审法院对附件4的认定错误。原审法院根据附件4概述部分的文字内容“电度表接线盒的透明盖上增加有限位机构”即认定用于放置限位机构的限位腔亦应在透明盖上，这样的推论是错误的。根据一般常识、限位机构是一个机械结构，它的一部分除了设置在透明盒上，必然会突出透明盖，因为透明盖本身不可能将限位机构包容起来。也就是说，限位机构必然一部分存在于接线盒内，对于接线盒而言、必然有一个部位来对应放置或者容纳限位机构。（3）限位机构已经在附件4的现有技术中公开。首先、原审法院已经认定附件4中的电度表接线盒被分为若干腔，而从附件4的文字部分可以指导有限位机构，并且结合其照片和安装尺寸图可明显看出，每一个限位机构对应一个腔，这个腔必然是限位腔，其次，从照片可以看出在透明盖上有一个柱体，而结合安装尺寸图可以看出在空腔中设有一个突出块，这样结合文字部分的限位机构的介绍，本领域普通技术人员可以毫无疑义地得知限位机构的具体结构，而在对应的腔体中设有一个挡块。因此可以得知附件4不但揭露了限位机构，而且也揭露了限位腔这一结构。因此，本专利不具有新颖性。专利复审委员会，友邦公司服从原审判决。

本院经审理查明：

本专利为2004年7月21日授权公告的名称为“电度表接线盒”的实用新型专利专利号为03255227.0，申请日为2003年7月1日、专利权人是上海友邦电气有限公司。本专利授权公告的权利要求书如下：

“1. 一种电度表接线盒，由绝缘盒和导电体构成，所述的导电体设置在所述的绝缘盒内，所述的绝缘盒由盒盖和绝缘底座构成，所述的导电体由接线柱构成，其特征在于：在所述的绝缘底座内设置确间隔分布的限位腔和接线腔，所述的限位腔和接线腔的数量之和至少为七个，所述的接线柱设置在所述的接线腔内，在所述的接线柱上设置有氖灯和熔芯。

2. 根据权利要求1所述的电度表接线盒，其特征在于在所述的绝缘盒内设置有限位机构，所述的限位机构由限位柱和限位挡块构成，所述的限位挡块设置在所述的限位腔内，所述的限位柱设置在盒盖的内侧。

3. 根据权利要求1所述的电度表接线盒，其特征在于：所述的限位腔和接线腔由设置在绝缘底座的内腔体内的至少六个隔板分隔形成。

4. 根据权利要求2所述的电度表接线盒，其特征在于：所述的限位柱在盒盖内侧的位置与所述的限位挡块的位置一一对应。

5. 根据权利要求2所述的电度表接线盒，其特征在于：所述的限位柱为垂直向下的薄片。

6. 根据权利要求1所述的电度表接线盒，其特征在于：在所述的绝缘底座的外侧设置有接线孔。

7. 根据权利要求1所述的电度表接线盒，其特征在于：在所述的绝缘盒的两端各设置有一个螺钉孔。

8. 根据权利要求7所述的电度表接线盒，其特征在于：在所述的螺钉孔内设置有固定螺钉。”

2006年7月5日，施米斯公司以本专利不具备新颖性为由向专利复审委员会提出无效宣告请求，并提交附件1至附件6作为证据。其中：

附件4为《友邦电气产品总汇》，其中第44页刊载有名称、为“UHB-1系列电度表接线盒”的产品照片、概述及安装尺寸图，从照片及安装尺寸图中可以看出该电度表接线盒被分为若干个腔概述部分包括以下文字内容：“为达到防窃电之目的，电度表接线盒的透明盖上增加有限位机构，如若改动接线，盖子将无法盖上。”封底记载的地址为“上海市常和路198号11号楼”。

附件5为《2003友邦产品总汇》，其中《友邦电气公司大事记》最后一项记载：“2002年11月8

日友邦工业基地隆重开工建设”。封底记载的地址为“上海市松江佘山工业区建业路友邦工业园”。

附件6为《友邦电气产品总汇》，其中第37、38页刊载有名称为“UHB系列电度表接线盒”的产品照片、产品概述，安装尺寸图及接线图。产品概述部分记载：“该系列产品已经申请新型专利：专利申请号为：03255227.0”。其中《友邦电气公司大事记》第九项至第十一项依次记载“2002年11月8日友邦科技园隆重开工建设”、“2003年7月17日友邦科技园一期工程完成”、“2003年8月18日公司进入新的科技园办公”，封底记载的地址为“上海市松江佘山工业区建业路友邦科技园”。

施米斯公司于2006年8月4日提交了意见陈述书，同时提交附件7至附件9作为补充证据。

2007年5月31日，上海友邦电气有限公司企业名称变更为上海友邦电气股份有限公司。

2007年6月20日，专利盒审委员会作出第100051号决定，该决定认定：

1. 关于证据

（1）关于各附件的真实性问题。

专利复审委员会对附件1~9的真实性予以确认。

（2）关于附件1~3、6~9。

附件1~3、6~9可以证明、2002年10月17日，友邦公司已有型号为“UBH-1”和“UBH-2”的电度表接线盒的样品，在2002年12月31日之前“UBH-1”电度表接线盒已经处于公开销售状态，并且，友邦公司于2003年5月6日委托他人对“UBH-1”、“UBH-2”电度表接线盒产品进行制造，也使该产品处于使用公开的状态，而该“UBH-1”、“UBH-2”电度表接线盒的具体结构可以根据附件9加以确定。

（3）关于附件4、5、6的公开日期。

附件4、5、6属于《审查指南》规定的公开出版物。其中，由于在附件6上记载有本专利的申请号，因此可以确定附件6是在本专利申请日之后公开的。

施米斯公司根据附件4~6形成的证据链推定附件4的公开日期在本专利申请日之前，这一过程符合逻辑，具备合理性。可以认定附件4的出版日期在2002年11月8日之前，早于本专利申请日，因此，附件4中所记载的内容构成了本专利的现有技术。

附件6“大事记”记载有“2003年8月18日公司进入新的科技园办公”，而附件5中并未对该事件进行记录，由此推知附件5的形式应在迁入新的科技园办公这一事件发生之前，即在2003年8月18日前出版公开，而本专利申请日为2003年7月1日，结合附件6所记载的内容仅能推知附件5于2003年8月18日以前出版公开，但并不能推知其于2003年7月1日以前就已公开，因此，附件5中所记载的内容不能构成本专利的现有技术。

2. 关于《专利法》第二十二条第二款

（1）关于利用附件1~3、6~9能否证明在本专利申请日以前已公开使用的问题。

附件9中“2YB.671.006”图纸所公开的结构与本专利权利要求1请求保护的技术方案相比、区别在于：图纸中虽然将整个电度表接线盒分隔成多个腔室，但是图纸中并未公开该电度表接线盒各个腔室分为限位腔和接线腔；另一个区别在于图纸中不包含氖灯这一部件。附件9中“2YB.671.007”图纸所公开的结构与本专利权利要求1请求保护的技术万案相比同样存在上述区别。由此可知，“2YB.671.006”“2YB.671.007”图纸所公开的结构与本专利权利要求1请求保护的技术方案存在差异，即在本专利申请日以前使用公开的“UBH-1”、“UBH-2“电度表接线盒不同于本专利权利要求1请求保护的电度表接线盒，因而本专利权利要求1相对于“2YB.671.006”“2YB.671.007”图纸所公开的结构具备新颖性，符合《专利法》第二十二条第二款的规定。

（2）关于利用附件4~6能否证明本专利在本专利申请日以前在出版物上公开的问题。

如前所述，仅有附件4可作为本专利的现有技术。本专利权利要求1请求保护的技术方案与附件

4 中公开的内容相比、其区别在于：附件 4 中公开的接线盒被分隔为若干个腔，并公开了防止改动接线的限位机构，但从其所公开内容中不能得出电度表接线盒中间隔分布有限位腔和接线腔即未公开本专利中的限位腔由于本专利权利要求 1 的技术方案与附件 4 所公开内容相比存在着上述差异，因而本专利权利要求 1 相对于附件 4 所公开的“UBH-1 系列电度表接线盒”具备新颖性，符合专利法第二十二条第二款的规定。

综上所述，本专利权利要求 1 具备新颖性，其从属权利要求 2~8 构具备新颖性。

基于上述理由，专利复审委员会作出第 10051 号决定，维持本专利权有效。

上述事实有本专利授权公告文本，第 10051 号决定、附件 4、附件 5、附件 6、《企业名称变更预先核准通知书》、友邦公司企业法人营业执照副本复印件及当事人陈述等证据在案佐证。

本院认为，本案的核心问题在于本专利权利要求 1 相对于附件 4 是否具有新颖性。专利法第二十条第二款规定的新颖性，是指在申请日以前没有同样的发明或者实用新型在国内外出版物上公开发表过，在国内公开使用过或者以其他方式为公众所知，也没有同样的发明或者实用新型由他人向国务院专利行政部门提出过申请并且记载在申请日以后公布的专利申请文件中。

本案中，根据本专利权利要求 1 的记载，绝缘底座内设置有间隔分布的限位腔和接线腔，本专利权利要求 1 没有记载限位机构，但是，限位腔是用于设置限位机构的腔体，这是本领域普通技术人员能够认知的事实。本院不同意上诉人施米斯公司关于限位腔不是个单纯的技术特征的观点，因为本专利独立权利要求 1 中的每个技术特征都是解决技术问题的必要技术特征，是整个技术方案不可或缺的一部分，即便某项非必要技术特征被写入独立权利要求中，那么也应当被视为是必要技术特征，由专利权人自己承担相应的责任。

将本专利权利要求 1 的技术方案与附件 4 公开的内容相比，其区别在于附件 4 并没有公开本专利中的限位腔。根据附件 4 概述部分的文字内容“电度表接线盒的透明盖上增加有限位机构”，仅能得出限位机构设置在电度表接线盒的透明盖上这一内容，至于附件 4 是否存在限位腔或者类似的腔体，尚不能从附件 4 的概述中得出。另外，虽然由照片及安装尺寸图可以看出附件 4 公开的电度表接线盒被分为若干个腔，但并不能直接地、毫无疑义地确定这些腔是限位腔。虽然限位机构确实会存在于接线盒中，但是不能就此得出接线盒中必然有一个类似限位腔的部位用以放置或容纳限位机构。综上，仅根据附件 4 公开的内容不能确定该电度表接线盒中采用了限位腔的结构，即附件 4 并未公开限位腔，故本专利权利要求 1 相对于附件 4 所公开的技术方案具备新颖性。上诉人施米斯公司关于本专利权利要求 1 不符合《专利法》第二十二条第二款的规定的上诉主张于法无据，本院不予支持。

综上，原审判决认定事实清楚，适用法律正确，应当予以维持。上诉人施米斯公司的上诉主张于法无据，本院不予支持，依照《中华人民共和国行政诉讼法》第六十一条第一款第（一）项之规定，判决如下：

驳回上诉，维持原判。

一审案件受理费 100 元，由上海施米斯电气有限公司负担（已交纳）；二审案件受理费 100 元由上海施米斯电气有限公司负担（已交纳）。

本判决为终审判决。

审　判　长　刘继祥
审　判　员　莎日娜
代理审判员　焦　彦
二〇〇八年三月二十七日
书　记　员　毕　怡

136

一种具有聚光效果的柔性管灯

无效宣告请求审查决定（第 10055 号）

决　　定　　号　第 10055 号
决　　定　　日　2007 年 6 月 22 日
发明创造名称　一种具有聚光效果的柔性管灯
国 际 分 类 号　F21S 4/00，F21V 7/00，F21V 7/22，F21W 121/00（2006.01）
无效宣告请求人　鹤山银雨灯饰有限公司
专　利　权　人　姚志峰
专　　利　　号　200520058121.8
申　　请　　日　2005 年 5 月 16 日
授 权 公 告 日　2006 年 8 月 9 日
合 议 组 组 长　黄玉平
主　　审　　员　张田勇
参　　审　　员　高桂莲

法　律　依　据　专利法第 22 条第 3 款
决　定　要　点

如果一项权利要求的技术方案与最接近的现有技术相比存在区别技术特征，而该区别技术特征未被请求人提交的其他现有技术所公开，也没有相应的技术启示，则该权利要求相对于这些现有技术具备创造性。

一、案由

本无效宣告请求涉及中华人民共和国国家知识产权局于 2006 年 8 月 9 日授权公告的 ZL200520058121.8 号、名称为“一种具有聚光效果的柔性管灯”的实用新型专利权（下称本专利），申请日是 2005 年 5 月 16 日，专利权人是姚志峰。该专利授权公告时的权利要求书如下：

“1. 一种具有聚光效果的柔性管灯，其特征在于：包括

一柔性灯体芯线，沿灯体芯线纵向方向的两侧面及底面设置有具有镜面效果的反光层，该灯体芯线两侧面及底面设置的反光层在芯线横向方向构成一具有聚光效果的凹面镜，在芯线内沿纵向方向设置有至少两根可以与电源或信号控制器作电气连接的导线，在芯线内设置有容置发光体的灯体孔；

若干发光体，所述的发光体设置在灯体孔内，其发光体设置在凹面镜正面方向的中心轴上，并设置在等于或小于凹面镜焦点的位置，该发光体与导线作电气连接；

一散光层，所述的散光层为透光体，并沿灯体芯线的纵向方向设置在芯线的顶部，该散光层的散

光面的宽度范围与凹面镜聚光后照射到散光层的宽度范围相匹配，其散光层的散光面的横向呈弧面形状；

一固定层，所述的固定层沿芯线的纵向方向设置在柔性芯线及具有聚光效果的凹面镜外围。

2. 根据权利要求 1 所述的一种具有聚光效果的柔性管灯，其特征在于：所述的芯线断面的下端部轮廓呈圆弧形。

3. 根据权利要求 1 所述的一种具有聚光效果的柔性管灯，其特征在于：所述的芯线断面轮廓呈圆形或呈一倒梯形或呈椭圆形。

4. 根据权利要求 1 所述的一种具有聚光效果的柔性管灯，其特征在于：所述的反光层为涂在芯线两侧面及底面的反光漆或粘贴在芯线两侧面及底面的反光膜。

5. 根据权利要求 1 所述的一种具有聚光效果的柔性管灯，其特征在于：所述的反光层为涂在固定层内表面的反光漆或粘贴在固定层内表面的反光膜。

6. 根据权利要求 1 所述的一种具有聚光效果的柔性管灯，其特征在于：所述散光层沿芯线的纵向方向与固定层设置为一体，该散光层可以为具有颜色的彩色层。

7. 根据权利要求 1 所述的一种具有聚光效果的柔性管灯，其特征在于：

所述散光层为一罩壳，在罩壳下端部的两内侧或外侧沿纵向方向设置有卡槽或凸筋。

8. 根据权利要求 1 所述的一种具有聚光效果的柔性管灯，其特征在于：所述固定层顶部的两内侧或外侧沿纵向方向设置有与罩壳下端部的卡槽或凸筋相匹配的凸筋或卡槽。

9. 根据权利要求 1 所述的一种具有聚光效果的柔性管灯，其特征在于：所述的发光体为灯泡或 LED 或 C. O. B 式 LED 或 SMD 式 LED，该发光体也可以是以多个发光晶片及电阻或 IC 组成的发光体。

10. 根据权利要求 1 或 9 所述的一种具有聚光效果的柔性管灯，其特征在于：所述发光体设置在垂直于芯线并沿芯线纵向分布的灯体孔内或设置在芯线内的纵向灯体孔内。”

针对本专利权，鹤山银雨灯饰有限公司（下称请求人）于 2006 年 9 月 4 日向专利复审委员会提出无效宣告请求，其提交的证据如下：

证据 1：申请编号为 04105676. 6 号的香港短期专利说明书，批予专利的发表日期为 2004 年 12 月 31 日；

证据 2：ZL03222223. 8 号中国实用新型专利说明书，授权公告日为 2004 年 8 月 4 日；

证据 3：ZL03226447. X 号中国实用新型专利说明书，授权公告日为 2004 年 9 月 8 日；

证据 4：ZL03268244. 1 号中国实用新型专利说明书，授权公告日为 2004 年 9 月 8 日；

证据 5：ZL200320123767. 0 号中国实用新型专利说明书，授权公告日为 2005 年 3 月 2 日。

请求人认为：本专利权利要求 1~4、6 相对于证据 1 与证据 2 的结合不具备创造性，权利要求 5 的附加技术特征是本领域技术人员容易想到的，权利要求 7、8 相对于证据 1 与证据 2、证据 3 以及本领域公知常识的结合不具备创造性，权利要求 9 的附加技术特征由证据 3、证据 4 或证据 5 所公开，并且权利要求 9 的附加技术特征也是本领域的公知常识，权利要求 10 的附加技术特征由证据 1 或证据 3 公开，因此，本专利权利要求 1~10 不具备专利法第 22 条第 3 款规定的创造性。

经形式审查合格，专利复审委员会依法受理了上述无效宣告请求，于 2006 年 10 月 20 日向双方当事人发出无效宣告请求受理通知书，同时将无效宣告请求书及其附件清单中所列附件的副本转送给专利权人。

专利权人于 2006 年 12 月 1 日向专利复审委员会提交意见陈述书和复审、无效宣告程序补正书，专利权人在意见陈述书中陈述了本专利权利要求 1~10 相对于证据 1~5 具备创造性的理由，并提出要求对本专利权利要求书进行修改。在复审、无效宣告程序补正书中，专利权人对本专利权利要求

4~6、10 中的具体技术特征的修改进行了说明，但专利权人并未提交权利要求书的修改替换页。

专利复审委员会依法成立合议组，对上述无效宣告请求进行审查。

本案合议组于 2006 年 12 月 26 日向双方当事人发出无效宣告请求口头审理通知书，指出定于 2007 年 1 月 31 日举行口头审理。随同口头审理通知书，将专利权人于 2006 年 12 月 1 日提交的意见陈述书和复审、无效宣告程序补正书转送给请求人。并在口头审理通知书中告知专利权人，其于 2006 年 12 月 1 日提交的复审、无效宣告程序补正书中对权利要求书的修改意见不符合专利法实施细则第 68 条第 1 款的规定，不能作为本次口头审理的审查基础，专利权人若仍需修改权利要求书，在指出修改方式的同时，应当提交相应的修改替换页。

口头审理如期举行，双方当事人均出席口头审理。在口头审理中，专利权人未对权利要求书进行修改，合议组当庭告知双方当事人由于专利权人于 2006 年 12 月 1 日提交的对权利要求书的修改不符合专利法实施细则第 68 条第 1 款以及审查指南第四部分第三章第 4.6.1、4.6.2 节的规定，因而不能作为本次口头审理的审查基础，本次口头审理以本专利授权公告的文本为审查基础。在口头审理中，请求人明确其无效宣告请求的理由、范围为本专利权利要求 1~6 相对于证据 1、证据 2 的结合不符合专利法第 22 条第 3 款关于创造性的规定；本专利权利要求 7~8 相对于证据 1~3 不符合专利法第 22 条第 3 款关于创造性的规定；本专利权利要求 9~10 相对于证据 1~5 不符合专利法第 22 条第 3 款关于创造性的规定。请求人进一步认为本专利权利要求 2~3 的附加技术特征可由证据 1 得出；本专利权利要求 4~6 的附加技术特征可由证据 1、证据 2 和本领域常用手段得出；本专利权利要求 7~8 的附加技术特征可由证据 1、3 得出；本专利权利要求 9 的附加技术特征为常见的发光元素，并在证据 1 中公开，证据 3~5 仅为补充说明；本专利权利要求 10 的附加技术特征可由证据 1 得出。专利权人认可证据 1~5 的真实性，但认为本专利权利要求 1~10 相对于证据 1~5 具备创造性。在口头审理中，双方当事人均充分发表了意见。

经审理，合议组认为本案的事实清楚，现依法作出如下审查决定。

二、决定的理由

1. 关于审查基础

专利法实施细则第 68 条第 1 款规定：在无效宣告请求的审查过程中，发明或者实用新型专利的专利权人可以修改其权利要求书，但是不得扩大原专利的保护范围。

审查指南第四部分第三章第 4.6.1 节规定：修改原则发明或者实用新型专利文件的修改仅限于权利要求书，其原则是：（1）不得改变原权利要求的主题名称。（2）与授权的权利要求相比，不得扩大原专利的保护范围。（3）不得超出原说明书和权利要求书记载的范围。（4）一般不得增加未包含在授权的权利要求书中的技术特征。外观设计专利的专利权人不得修改其专利文件。

审查指南第四部分第三章第 4.6.2 节规定：修改方式在满足上述修改原则的前提下，修改权利要求书的具体方式一般限于权利要求的删除、合并和技术方案的删除。权利要求的删除是指从权利要求书中去掉某项或者某些项权利要求，例如独立权利要求或者从属权利要求。权利要求的合并是指两项或者两项以上相互无从属关系但在授权公告文本中从属于同一独立权利要求的权利要求的合并。在此情况下，所合并的从属权利要求的技术特征组合在一起形成新的权利要求。该新的权利要求应当包含被合并的从属权利要求中的全部技术特征。在独立权利要求未作修改的情况下，不允许对其从属权利要求进行合并式修改。技术方案的删除是指从同一权利要求中并列的两种以上技术方案中删除一种或者一种以上技术方案。

在专利权人于 2006 年 12 月 1 日提交的复审、无效宣告程序补正书中，专利权人要求对本专利权利要求 4~6、10 中的具体技术特征进行修改。经合议组审查认为，专利权人对本专利权利要求书的所述修改仅是对权利要求4~6、10的附加技术特征中的某些具体的技术特征进行删除和进一步限定，这种修改不是对“权利要求的删除、合并和技术方案的删除”，因此，专利权人对权利要求书的所述修改不符合审查指南第四部分第三章第4.6.1、4.6.2节以及专利法实施细则第68条第1款的规定，不能作为本次审查的审查基础；由于本案合议组已随同口头审理通知书将上述意见告知专利权人，并在口头审理当庭告知过专利权人，而专利权人在口头审理结束前也未再次提交权利要求书的修改文本。因此本无效宣告请求审查决定以本专利授权公告的权利要求书作为审查基础。

2. 关于证据和现有技术

请求人在无效宣告程序中共提交5份证据，即证据1~5。

证据1是公开日期在本专利申请日之前的香港短期专利说明书，证据2~5分别是公开日期在本专利申请日之前的中国专利文献，专利权人对证据1~5的真实性均无异议，经合议组审查，证据1~5可以作为本案的定案根据，并且其上记载的内容构成本专利的现有技术。

3. 关于专利法第22条第3款

专利法第22条第3款规定：创造性，是指同申请日以前已有的技术相比，该发明有突出的实质性特点和显著的进步，该实用新型有实质性特点和进步。

证据1公开了一种软管灯（参见说明书第5页第5行至第9页第8行以及说明书附图1~11），包括柔性PVC芯线02、多个LED灯泡（04a、04b）、散光体08和包覆层09，所述柔性PVC芯线02，在芯线02内沿纵向方向设置有两根可以与电源作电气连接的铜绞合线01a、01b，在芯线02内设置有容置LED灯泡的多个横向孔（03a、03b、03c、03d）；所述的多个LED灯泡（04a、04b）设置在灯体孔（03a、03c）内，所述多个LED灯泡（04a、04b）与铜绞合线01a、01b作电气连接；所述的散光体08为乳白色或雾状不透明体，并沿芯线02的纵向方向设置在芯线02中的LED灯泡的正上方，散光体08的散光面的横向呈弧面形状；包覆层09由柔性透明PVC构成，沿芯线02的纵向方向包覆芯线02和散光体08，在芯线02和散光体08之间也间隔有作为包覆层09的一部分的透明PVC层11，在散光体08的弧状散光面上包覆有为包覆层09的一部分的透明PVC层12，透明PVC层12具有半圆形曲面10，不透光部分16、18遮挡除半圆形曲面外的包覆层09的其他部分，使得LED灯泡发出的光线从芯线02上方两次通过PVC层11、12，并通过所述散光体08漫射后，从包覆层09的半圆形曲面10上照射出去。

证据2公开了一种发光体（参见说明书第1页第16行至第2页第34行以及说明书附图1~9），包括透明胶体1和发光元件2，发光元件2放置在透明胶体1的内部，它还包括反射面3和发光面4，反射面3设置在发光元件2的光线方向，发光面4包覆在透明胶体1的表面或罩在所述的透明胶体1的外部，反射面3设置在发光元件2的光线正面，使反射面2垂直于光线中心线方向，反射面的几何形状以光线中心线为对称中心，反射面可以是平面形、弧面形或其他形状。

证据3公开了一种模拟霓虹灯装置（参见说明书摘要和摘要附图），包括有一LED软管灯、一U形灯罩和一底座，其中所述的LED软管灯容置在所述的底座与所述的U形灯罩形成的空腔中，该LED软管灯是由多个LED灯泡串接有限流电阻后并接入内芯线中的灯体导线，再包覆有不透明的外皮，所述的U形灯罩是呈半透明的弹性的透光塑料材料构成的U形长条灯罩，其外壁两侧分别设有一条纵向沟槽；可与所述的底座的上部的两壁设有的向内侧的凸边相适配。

证据4公开了一种LED软线灯（参见说明书第5页第1~6行、说明书第7页最后一段以及说明书附图1、10、11），可以使用表面粘著型LED（SMD LED），并也可以将未经开封的发光LED晶片设置在电路板上。

证据5公开了一种复合色光式发光二极管（LED）（参见说明书第3页以及说明书附图1~3），主要由体积小巧的明灭控制集成电路 10、复数只不同色泽的微型 LED 20 及可变电阻 30 等构件组成，各构件安装于一只透明 LED 灯体 40 内。

请求人认为：本专利权利要求 1~6 相对于证据 1、证据 2 的结合不符合专利法第 22 条第 3 款关于创造性的规定；本专利权利要求 7~8 相对于证据 1~3 不符合专利法第 22 条第 3 款关于创造性的规定；本专利权利要求 9~10 相对于证据 1~5 不符合专利法第 22 条第 3 款关于创造性的规定。

根据证据 1 公开的软管灯可知，由于不透光部分 16、18 遮挡，LED 灯泡发出的光线从芯线 02 上方两次通过 PVC 层 11、12，并通过所述散光体 08 漫射后，从包覆层 09 的半圆形曲面 10 上照射出去，具有聚光效果；在芯线 02 上方的 PVC 层 11、12 与散光体 08 共同构成了具有漫射和折射效果的部件，因此，在芯线 02 上方的该部件相当于本专利权利要求 1 中的散光层，而包覆层 09 位于芯线 02 两侧和底部的部分相当于本专利权利要求 1 中的固定层。

由此可知，本专利权利要求 1 的技术方案与对比文件 1 公开的内容相比，区别在于：（1）沿灯体芯线纵向方向的两侧面及底面设置有具有镜面效果的反光层；（2）该灯体芯线两侧面及底面设置的反光层在芯线横向方向构成一具有聚光效果的凹面镜；所述的发光体设置在凹面镜正面方向的中心轴上，并设置在等于或小于凹面镜焦点的位置；该散光层的散光面的宽度范围与凹面镜聚光后照射到散光层的宽度范围相匹配；所述的固定层设置在柔性芯线及具有聚光效果的凹面镜外围。

对于区别技术特征（1），证据 2 中公开了一种发光体，与证据 1 属于相同的技术领域，该发光体包括有反射面 3 和发光面 4，反射面 3 将发光元件 2 发出的光向发光面 4 反射；并且由证据 1 可知，其不透光部分 16、18 就是为了遮挡光线从软管灯的下侧射出而设置的。因此，对于本领域技术人员来说，为了提高光的利用率，使灯发出的光仅从发光面出射，可以将证据 2 中的反射面 3 应用到证据 1 中，设置在证据 1 的软管灯结构的底部或两侧下部，使光线仅从包覆层 09 的半圆形曲面 10 上照射出去；而反光层是设置在芯线 02 与包覆层 09 之间还是替代不透光部分 16 属于本领域技术人员的常规选择，经过这种选择可以得到区别技术特征（1）。

区别技术特征（2）中的特征均涉及本专利软管灯中的由反光层构成的凹面镜。请求人认为证据 2 中的反射面可以是弧面形，自然会有底面和侧面的反射面，并由此认为证据 2 公开了本专利权利要求 1 中的“凹面镜”的特征。对此合议组认为，证据 2 中的反射面是用于将“发光元件发出的光反射到发光面上”，从而提高了光的利用率，虽然证据 2 中提到反射面可以是弧面形，但是相对于“凹面镜”来说，“弧面形”的反光面属于上位概念，还可以包括多种形状，证据 2 中并未给出如本专利权利要求 1 中那样设置的凹面镜结构，并且使用本专利权利要求 1 中的凹面镜，通过将发光体设置在凹面镜等于或小于凹面镜焦点的位置上，使发光体发出的光平行的或发散的从散光面射出，这样即提高了光的利用率，又使得发光均匀，视觉效果好，所以本专利权利要求 1 中相应设置的凹面镜的作用不同于证据 2 中的反光面仅具有的反射作用。因此，证据 2 中既没有公开区别技术特征（2），也没有对其给出相应的技术启示，同时请求人也没有提供证据证明区别技术特征（2）属于本领域公知常识。

此外，证据 3~5 虽与本专利属于相同的技术领域，但其中没有公开区别技术特征（2），也没有对其给出相应的技术启示，即使证据 3~5 与证据 1 和证据 2 结合也不能破坏本专利权利要求 1 的创造性。

因此，权利要求 1 所要求保护的技术方案相对于请求人提交的证据 1~5 具备专利法第 22 条第 3 款规定的创造性。

本专利权利要求 2~10 分别是权利要求 1 的从属权利要求，在本专利权利要求 1 相对于证据 1~5 具备创造性的基础上，本专利权利要求 2~10 相对于证据 1~5 也具备专利法第 22 条第 3 款规定的创造性。

综上所述，本专利权利要求 1~10 具备创造性。

三、决定

维持 200520058121. 8 号实用新型专利权有效。

当事人对本决定不服的，可以根据专利法第 46 条第 2 款的规定，自收到本决定之日起三个月内向北京市第一中级人民法院起诉。根据该款的规定，一方当事人起诉后，另一方当事人应当作为第三人参加诉讼。

137

一种钢丝轮刷

无效宣告请求审查决定（第10058号）

决　　定　　号　第10058号
决　　定　　日　2007年6月13日
发明创造名称　一种钢丝轮刷
国　际　分　类　号　E04G 19/00，A46B 3/16
无效宣告请求人　大连市旅顺钢模板修复机设备厂有限公司
专　利　权　人　田承忠
专　　利　　号　00212026.7
申　　请　　日　2000年5月26日
授　权　公　告　日　2001年6月13日
合　议　组　组　长　朱文广
主　　审　　员　姜　岩
参　　审　　员　王　冬

法　律　依　据　专利法第22条第2款、第3款、第26条第3款、第22条4款，专利法实施细则第20条1款。

决　定　要　点

如果实用新型专利与对比文件公开的内容相比，其权利要求所限定的技术方案与对比文件公开的技术方案实质上相同，所属技术领域的技术人员根据两者的技术方案可以确定两者能够适用于相同的技术领域，解决相同的技术问题，并具有相同的预期效果，则认为两者为同样的实用新型。

判断实用新型是否具有实质性特点就是要判断对本领域的技术人员来说，要求保护的实用新型相对于现有技术是否显而易见；在评价实用新型是否具有进步时，主要应当考虑实用新型是否具有有益的技术效果。

一、案由

本无效宣告请求涉及中华人民共和国国家知识产权局于2001年6月13日授权公告的、名称为“一种钢丝轮刷”的实用新型专利权（以下简称本专利），其专利号是00212026.7，申请日是2000年5月26日，专利权人是闫宝福和郭春香（后变更为田承忠）。本专利授权公告时的权利要求书如下：

“1. 一种钢丝轮刷，该轮刷的两侧固定板（2）中间设置有至少两片周边装有金属刷丝（3）的轮板（4），固定板（2）和轮板（4）上加工有螺栓孔和轴孔（5），两者由螺栓（1）紧固成一体，其特征在于所说的轮刷各部件尺寸为：轮刷外径：158~220mm，厚度：27~50mm，固定板（2）外径：105~220mm，轮板（4）直径：98mm，轴孔内径：33~70mm，每片轮板（4）上装有多组金属刷丝（3）。

2. 根据权利要求1所述的轮刷，其特征在于所说的轮刷两侧固定板（2）中间装配有四片金属刷丝轮板（4）。

3. 根据权利要求1所述的轮刷，其特征在于所说轮刷的外径为160±2mm，厚度为28~30mm，固定板（2）外径为105mm，轮板（4）的直径为98mm，轴孔内径为50mm。

4. 根据权利要求1所述的轮刷，其特征在于所说轮刷的外径为160±2mm，厚度为50mm，固定板（2）外径为105mm，轮板（4）的直径为98mm，轴孔内径为38mm。

5. 根据权利要求1所述的轮刷，其特征在于所说轮刷的外径为165~175mm，厚度为50mm，固定板（2）外径为105mm，轮板（4）的直径为98mm，轴孔内径为42mm。

6. 根据权利要求1所述的轮刷，其特征在于所说轮刷的外径为220mm，厚度为28~30mm，固定板（2）外径为105mm，轮板（4）的直径为98mm，轴孔内径为70mm。

7. 根据权利要求1所述的轮刷，其特征在于所说刷丝丝径为0.3~1.5mm，可用钢丝或钢丝绳制作。"

针对本专利权，大连市旅顺钢模板修复机设备厂有限公司（以下简称请求人）于2006年2月21日向专利复审委员会提出无效宣告请求，认为本专利权利要求1~3相对于附件2不符合专利法第22条第2款的规定，权利要求4~7相对于附件2、3或4不符合专利法第22条第3款的规定，权利要求1~7不符合专利法第26条第3款、第4款的规定以及专利法实施细则第20条第1款的规定，权利要求7不符合专利法第22条第4款的规定。请求人同时提交了如下附件：

附件1：授权公告日1997年8月27日，授权公告号CN2260502Y（专利号96220598.2）的实用新型专利说明书，共4页；

附件2：授权公告日1999年7月14日，授权公告号CN2328247Y（专利号98237651.0）的实用新型专利说明书，共4页；

附件3：中华人民共和国国家标准GB347-82针布钢丝，共5页；

附件4：中华人民共和国国家标准GBT8919-1996制绳用钢丝，共3页；

附件5：中华人民共和国行业标准QBT2190-1995钢丝刷，共3页。

经形式审查合格，专利复审委员会依法受理了上述无效宣告请求，并于2006年6月23日向请求人和专利权人发出无效宣告请求受理通知书，同时将专利权无效宣告请求书及其附件清单中所列附件的副本转送给专利权人，并要求专利权人在指定的期限内陈述意见。

针对专利复审委员会发出的上述无效宣告请求受理通知书，专利权人未提交意见陈述书。

专利复审委员会依法成立合议组对本案进行审查，本案合议组于2006年12月28日向双方发出无效宣告请求口头审理通知书，定于2007年2月7日在专利复审委员会举行口头审理，后因故改为2007年2月6日。

口头审理如期举行，请求人单方参加了口头审理，在口头审理中，请求人明确其无效宣告的理由、证据和范围为：权利要求1~6相对于附件2不符合专利法第22条第2款的规定，权利要求3~6相对于附件2、权利要求7相对于附件2和3的结合、2和4的结合、2、3、4和5的结合不符合专利法第22条第3款的规定，权利要求7不符合专利法第26条第3款、专利法第22条第4款、专利法实施细则第20条第1款的规定，请求人放弃其他的无效理由及附件。

关于权利要求1~7的新颖性、创造性，请求人认为：附件2公开了权利要求1、2的所有技术特征，因此权利要求1、2不具备新颖性。权利要求3被附件2的权利要求1及说明书所公开，因此权利要求 3 不具备新颖性，同时轮刷外径 160±2 毫米即使不认为被对附件 2 公开，这也是显而易见的，因此没有创造性。权利要求 4~6 相对于附件 2 仅是尺寸的变化，形状构造上没有变化，因此相对于附件 2 没有创造性。权利要求 7 的附加技术特征被附件 3 所公开，权利要求 7 中使用钢丝制成轮刷的技术方案相对于附件 2 和 3 的结合不具备创造性，权利要求 7 中使用钢丝绳制成的技术方案相对于附件 2 和 4 的结合不具备创造性。附件 5 中公开了轮刷可采用钢丝或钢丝绳制成，因此本专利权利要求 7 相对于附件 2、3、4、5 的结合不具备创造性。

关于权利要求 7 是否符合专利法第 26 条第 3 款、第 22 条第 4 款及专利法实施细则第 20 条第 1 款。请求人认为：权利要求 7 中关于如何用钢丝绳制成轮刷没有限定清楚，而且在说明书中也没有具体说明，导致无法实施，因此权利要求 7 不符合专利法第 26 条第 3 款、第 22 条第 4 款及专利法实施细则第 20 条第 1 款的规定。

口审结束后，合议组向专利权人发出合议组成员告知通知书，告知专利权人如对合议组成员有回避请求应于收到通知书之日起 7 日内提交书面请求书。专利权人在答复期限内未作答复。

至此，合议组认为本案事实已经清楚，可以作出审查决定。

二、决定的理由

1. 关于证据和现有技术

请求人提交的证据包括附件 1~5，专利权人未对附件 1~5 的真实性提出异议，合议组经审查后认可附件 1~5 的真实性，因此附件 1~5 可以作为本案证据使用。由于附件 1~5 的公开日在本专利的申请日前，因此可以作为本专利的现有技术使用。

2. 权利要求 7 是否符合专利法第 22 条第 4 款、专利法第 26 条第 3 款、专利法实施细则第 20 条第 1 款的规定

专利法第 22 条第 4 款的实用性是指发明或者实用新型的主题必须能够在产业上制造或者使用，并且能够产生积极效果。

专利法第 26 条第 3 款规定：说明书应当对发明或者实用新型作出清楚、完整的说明，以所属技术领域的技术人员能够实现为准。由此可见，所属技术领域的技术人员依据说明书所公开的内容能否实现本发明或者实用新型是本专利是否符合专利法第 26 条第 3 款的判定依据。

专利法实施细则第 20 条第 1 款规定：权利要求书应当说明发明或者实用新型的技术特征，清楚、简要地表述请求保护的范围。

请求人认为，权利要求 7 中关于如何用钢丝绳制成轮刷没有限定清楚，而且在说明书中也没有具体说明，导致无法实施，因此权利要求 7 不符合上述条款。

合议组经审查后认为，虽然在本专利说明书中未具体公开使用钢丝绳制作轮刷的技术方案，但对本领域的技术人员来说，在本专利公开了可以使用钢丝绳制作轮刷的基础上，具体如何实施是完全能够实现的。因此，权利要求 7 符合专利法第 22 条第 4 款、第 26 条第 3 款、专利法实施细则第 20 条第 1 款的规定。

3. 权利要求 1~6 是否具备新颖性

新颖性，是指在申请日以前没有同样的发明或者实用新型在国内外出版物上公开发表过、在国内公开使用过或者以其他方式为公众所知，也没有同样的发明或者实用新型由他人向国务院专利行政部门提出过申请并记载在申请日以后（含申请日）公布的专利申请文件中。

如果专利申请与对比文件公开的内容相比，其权利要求所限定的技术方案与对比文件公开的技术方案实质上相同，所属技术领域的技术人员根据两者的技术方案可以确定两者能够适用于相同的技术领域，解决相同的技术问题，并具有相同的预期效果，则认为两者为同样的实用新型。

本案中，请求人认为：权利要求1~6不具备新颖性。

合议组经审查后认为，权利要求1请求保护一种钢丝轮刷，附件2中也公开了一种钢丝轮刷，并具体公开了如下技术特征：钢丝轮刷的两侧固定板（2）中间设置有至少两片周边装有金属刷丝（3）的轮板（4），固定板（2）和轮板（4）上加工有螺栓孔和轴孔（5），两者由螺栓（1）紧固成一体。其中，轮刷外径：158mm（落在本专利权利要求1中158~220mm的范围内），厚度：27~28mm（落在本专利权利要求1中27~50mm的范围内），固定板（2）外径：105mm（落在本专利权利要求1中105~220mm的范围内），轮板（4）直径：98mm（与本专利相同），轴孔内径：50mm（落在本专利权利要求1中33~70mm的范围内），每片轮板（4）上装有20组金属刷丝（3）（参见附件2权利要求及说明书第1页）。因此，附件2中公开了权利要求1的全部技术特征，权利要求1不符合专利法第22条第2款的规定。

权利要求2是独立权利要求1的从属权利要求，其附加技术特征为：轮刷两侧固定板（2）中间装配有四片金属刷丝轮板（4）。该技术特征已被附件2的权利要求2公开了，因此，权利要求2也不符合专利法第22条第2款的规定。

权利要求3是独立权利要求1的从属权利要求，其附加技术特征限定了轮刷的外径为160±2mm，附件2中公开的轮刷外径为158mm，其中160±2mm中的160mm应为外径的设计尺寸，而±2mm应为该尺寸的公差，因此附件2未完全公开权利要求3的全部技术特征，权利要求3符合专利法第22条第2款的规定。

权利要求4~6为权利要求1的从属权利要求，每一个权利要求的附加技术特征中都对轮刷的外径、厚度、固定板外径、轮板的直径、轴孔内径的尺寸进行了限定。但权利要求4~6中的技术特征与附件2的技术特征相比有如下不同：

权利要求4中所述的轮刷外径为160mm，附件2中公开的轮刷外径为158mm；权利要求4中轮刷的厚度为50mm，附件2公开的轮刷厚度为27~28mm，权利要求4中轮刷厚度超出了附件2中的数值范围；权利要求4中轴孔内径为38mm，而附件2公开的轴孔内径为50mm。可见，附件2未公开权利要求4的全部技术特征，权利要求4相对于附件2具备新颖性，符合专利法第22条第2款的规定。

权利要求5中所述的轮刷外径为165~175mm，附件2中公开的轮刷外径为158mm；权利要求5中轮刷厚度为50mm，附件2中公开的轮刷厚度为27~28mm，权利要求5中的轮刷厚度超出了附件2的数值范围；权利要求5中的轴孔内径为42mm，附件2中公开的轴孔内径为50mm。可见，附件2未公开权利要求5的全部技术特征，权利要求5相对于附件2具备新颖性，符合专利法第22条第2款的规定。

权利要求6中所述的轮刷外径为220mm，附件2中公开的轮刷外径为158mm；权利要求6中轴孔内径为70mm，附件2中公开的轴孔内径为50mm。可见，附件2未公开权利要求6的全部技术特征，权利要求6相对于附件2具备新颖性，符合专利法第22条第2款的规定。

权利要求4~6相对于附件2具备新颖性，符合专利法第22条第2款的规定。

4. 权利要求3~7是否具备创造性

创造性，是指同申请日以前已有的技术相比，该实用新型具有实质性特点和进步。

判断实用新型是否具有实质性特点就是要判断对本领域的技术人员来说，要求保护的实用新型相对于现有技术是否显而易见；在评价实用新型是否具有进步时，主要应当考虑实用新型是否具有有益的技术效果。

权利要求3是独立权利要求1的从属权利要求，其附加技术特征是：轮刷的外径为160±2mm，厚度为28~30mm，固定板（2）外径为105mm，轮板（4）的直径为98mm，轴孔内径为50mm。

请求人认为，权利要求 3 与附件 2 的唯一区别技术特征——轮刷外径为 160±2mm，即使不认为被对附件 2 公开，也是显而易见的，因此没有创造性。

合议组经审查后认为，附件 2 与本专利权利要求 3 的区别在于：本专利权利要求 1 中限定了轮刷的外径为 160±2mm，而附件 2 中公开的轮刷外径为 158mm。但由于轮刷外径尺寸是可以根据实际使用的需要来确定的，因此上述区别技术特征对本领域的技术人员来说是显而易见的，而且在说明书中也没有记载该尺寸会产生意想不到的技术效果。至于轮刷外径的公差选择则是本领域的技术人员根据需要经过分析、推理或者有限次的试验就能得到的，而且说明书也未记载选择 2mm 的公差会有意想不到的技术效果。综上所述，上述区别特征并不能使本专利权利要求 3 相对于附件 2 具备实质性特点和进步，因此权利要求 3 不具备创造性。

权利要求 4~6 是独立权利要求 1 的从属权利要求，其限定部分的技术特征分别对轮刷各部分的尺寸进行了限定。合议组认为，权利要求 4~6 是独立权利要求 1 的从属权利要求，在它们的附加技术特征中分别限定了几种轮刷的各部分尺寸，附件 2 并未具体公开这些具体的尺寸，但如上对权利要求 3 的评述，这些尺寸的改变对本领域的技术人员来说是显而易见的，而且在说明书中也未写明这些尺寸的改变能够产生意想不到的技术效果，因此权利要求 4~6 中请求保护的轮刷相对于附件 2 没有实质性特点和进步，不具备创造性。

权利要求 7 是权利要求 1 的从属权利要求，其附加技术特征为：刷丝丝径为 0.3~1.5mm，可用钢丝或钢丝绳制作。其中包括了两个技术方案：第一个为使用钢丝作为刷丝的技术方案；第二个为采用钢丝绳作为刷丝的技术方案。

请求人认为，权利要求 7 的附加技术特征被附件 3 所公开，权利要求 7 中使用钢丝制成轮刷的技术方案相对于附件 2 和 3 的结合不具备创造性。权利要求 7 中使用钢丝绳制成的技术方案相对于附件 2 和 4 的结合不具备创造性。附件 5 中公开了轮刷可采用钢丝或钢丝绳制成，因此本专利权利要求 7 相对于附件 2、3、4、5 的结合不具备创造性。

合议组经审查后认为，附件 3 中公开了一种针布钢丝，并公开了其公称直径的范围是 0.205~0.405mm（落在本专利权利要求 7 的 0.3~1.5mm 之间）。附件 4 公开了一种制绳用钢丝，并公开了其公称直径的范围是：0.2~4.4mm（落在本专利权利要求 7 的 0.3~1.5mm 之间），附件 5 中公开了一种使用钢丝制作的钢丝刷，并公开了制造钢丝刷的钢丝符合附件 3 中的钢丝的标准。由此可见，本领域的技术人员在附件 2 的基础上能够结合附件 3 和 5 得到权利要求 7 的第一个技术方案，因此权利要求 7 中的第一个技术方案不具备创造性。

虽然附件 4 中给出了可以用钢丝制造钢丝绳的启示，但无论是在附件 5 中还是附件 2~4 中均未给出使用钢丝绳制造轮刷的启示，因此仅依据上述证据，尚不能证明本领域技术人员能够想到使用钢丝绳代替常规的钢丝来制造轮刷，且使用钢丝绳制造轮刷，去灰力强，可降低轮刷制造成本，具有有益的技术效果，因此，请求人关于权利要求 7 中使用钢丝绳制作轮刷的技术方案相对于以上附件的组合不具备创造性的理由不能成立。

根据上述的事实和理由，本案合议组依法作出以下决定。

三、决定

宣告 00212026.7 号实用新型专利权的权利要求 1~6 以及权利要求 7 中使用钢丝制作轮刷的技术方案无效，在权利要求 7 中使用钢丝绳制做轮刷的技术方案的基础上维持该专利权继续有效。

当事人对本决定不服的，可以根据专利法第 46 条第 2 款的规定，自收到本决定之日起 3 个月内向北京市第一中级人民法院起诉。根据该款的规定，一方当事人起诉后，另一方当事人应当作为第三人参加诉讼。

脱硫喷枪

无效宣告请求审查决定（第 10066 号）

决　　定　　号　第 10066 号
决　　定　　日　2007 年 5 月 31 日
发明创造名称　脱硫喷枪
国 际 分 类 号　C21C 7/064，C21C 1/02
无效宣告请求人　营口东邦冶金设备耐材有限公司
专　利　权　人　李华维，姚吉良
专　　利　　号　200520091539.9
申　　请　　日　2005 年 6 月 27 日
授 权 公 告 日　2006 年 8 月 2 日
合 议 组 组 长　崔　震
主　　审　　员　徐洁玲
参　　审　　员　刘　犟

法　律　依　据　专利法第 22 条第 2 款、第 3 款
决　定　要　点

在判断创造性时，首先要将权利要求所述的技术方案和现有技术中最接近的技术方案进行特征对比分析，找出区别技术特征，进而考察该区别技术特征的引入是否给本专利权利要求的技术方案带来了实质性特点和进步，亦即考察所属技术领域的普通技术人员根据现有技术的教导是否可以不经过创造性劳动引入这些区别技术特征，以及这些区别技术特征的引入是否带来有益的效果。

一、案由

本无效宣告请求案涉及国家知识产权局于 2006 年 8 月 2 日授权公告的、名称为“脱硫喷枪”的第 200520091539.9 号实用新型专利权（以下简称本专利），其申请日为 2005 年 6 月 27 日，专利权人为李华维、姚吉良。该专利授权公告的权利要求如下：

“1. 脱硫喷枪，由枪身和连接法兰（8）构成，其特征在于连接法兰中心部的连接头（9）的下部有一套管（5），套管内有一喷管（4），套管的外表面上带有固钩（6），在枪身下部气化室体内带有钢筋网（2），在连接法兰与下法兰（7）之间带有筋板（10）。”

针对上述专利权，营口东邦冶金设备耐材有限公司（以下简称请求人）于 2006 年 8 月 23 日向专利复审委员会提出无效宣告请求，认为本专利不具备专利法第 22 条规定的新颖性和创造性，并提交了下述附件：

附件 1：第 200420069693.1 号中国实用新型专利说明书，申请日为 2004 年 7 月 7 日，授权公告日为 2005 年 8 月 3 日，专利权人刘东业；

附件 2：第 200320113475.9 号中国实用新型专利说明书，申请日为 2003 年 12 月 17 日，授权公告日为 2005 年 1 月 19 日；

附件 3：第 200430062704.9 号中国外观设计专利公报，申请日为 2004 年 7 月 7 日，公开日为 2005 年 5 月 25 日；

附件 4：第 200430062705.3 号中国外观设计专利公报，申请日为 2004 年 7 月 7 日，公开日为 2005 年 12 月 28 日；

附件 5：第 03254800.1 号中国实用新型专利说明书，申请日为 2003 年 7 月 11 日，授权公告日为 2004 年 8 月 4 日。

经形式审查合格后，专利复审委员会受理了上述请求，于 2006 年 8 月 23 日向双方当事人发出《无效宣告请求受理通知书》，并将《专利权无效宣告请求书》及其附件清单中所列附件的副本转送给专利权人，要求其在指定的期限内答复。

在规定的期限内，专利权人未作答复。

专利复审委员会组成合议组对本案进行了审理。

2006 年 12 月 22 日，本案合议组向双方当事人发出《无效宣告请求口头审理通知书》，拟定于 2007 年 1 月 31 日对该专利权的无效请求进行口头审理。

口头审理如期进行。请求人出席了口头审理，专利权人未出席口头审理。庭审过程中，请求人就本案无效请求所依据的证据、事实及理由充分发表了意见。请求人明确其无效理由、证据和范围是本专利权利要求 1 相对于附件 1 或 5 不具备新颖性，权利要求 1 相对于附件 5 或附件 5 和 3 或附件 5 和 2 的结合不具备创造性，放弃附件 4。

至此，合议组认为本案的事实清楚，可以作出审查决定。

二、决定的理由

1. 关于证据的认定

附件 1~3、5 都是国家知识产权局公开的专利文献，合议组经核对对其真实性予以确认。附件 1 是他人在本专利申请日之前向国家知识产权局提出申请的实用新型专利说明书，但该申请于本专利申请日之后公开，因此附件 1 可以作为评述本专利新颖性的对比文件，以下简称对比文件 1。附件 2、3、5 都是本专利申请日之前公开的中国专利，因此可以作为评述本专利新颖性和创造性的对比文件，以下简称对比文件 2、3、5。

2. 新颖性

专利法第 22 条第 2 款规定，新颖性，是指在申请日以前没有同样的发明或者实用新型在国内外出版物上公开发表过、在国内公开使用过或者以其他方式为公众所知，也没有同样的发明或者实用新型由他人向国务院专利行政部门提出过申请并且记载在申请日以后公布的专利申请文件中。

本专利要求保护一种脱硫喷枪，由枪身和连接法兰（8）构成，其特征在于连接法兰中心部的连接头（9）的下部有一套管（5），套管内有一喷管（4），套管的外表面上带有固钩（6），在枪身下部气化室体内带有钢筋网（2），在连接法兰与下法兰（7）之间带有筋板（10）。

对比文件 5 公开了一种汽化室式长寿脱硫喷枪，该喷枪由导管、主管、圆棒加强筋圆枕、圆棒加强筋、开孔加强筋板、倒锥形气化室和枪体耐火材料组成，并在主管表面还设有铆固件、保护圆环，汽化室上还设有多种铆固件、保护圆环。

对比上述技术方案可知，对比文件 5 中公开了除下法兰和筋板以外本专利权利要求 1 所有的技术特征，具体为：对比文件5公开了本专利权利要求中连接法兰、连接头、套管（对比文件中主管）、喷管（对比文件中导管）、汽化室以及上述部件的相应连接关系。此外，本专利权利要求1中所称套管外的固钩也被对比文件中主管外的铆固件公开；而对比文件中气化室外由圆棒加强筋圆枕、圆棒加强筋、多种铆固件和保护圆环整体构成的金属网络，也对本专利权利要求1中所称气化室外钢筋网构成了公开。综上所述，本专利权利要求1和对比文件5相比具有区别技术特征，因此，本专利权利要求1相对于对比文件5具备新颖性。

3. 关于创造性

专利法第22条第3款规定，创造性是指同申请日以前已有的技术相比，该实用新型有实质性特点和进步。

在判断创造性时，首先要将权利要求所述的技术方案和现有技术中最接近的技术方案进行特征对比分析，找出区别技术特征，进而考察该区别技术特征的引入是否给本专利权利要求的技术方案带来了实质性特点和进步，亦即考察所属技术领域的普通技术人员根据现有技术的教导是否可以不经过创造性劳动引入这些区别技术特征，以及这些区别技术特征的引入是否带来有益的效果。

如上所述，本专利权利要求1和对比文件5相比具有区别技术特征：下法兰和筋板。合议组认为，本专利中下法兰套装在套管上，位于连接法兰的下部，连接法兰和下法兰之间设有筋板，对于本领域技术人员而言利用这样的结构使喷枪更稳固是一种常规选择，很容易想到，并且没有为本专利带来意想不到的技术效果，不能为本专利权利要求带来实质性的特点和进步。

综上所述，本专利权利要求1的技术方案相对于上述现有技术不具有实质性的特点和进步，不具备专利法第22条第3款所规定的创造性。

在已经认定权利要求1相对于对比文件5不具备创造性的情况下，本决定对于其他的证据和相关的无效理由不再评述。

基于以上事实和理由，本案合议组作出如下审查决定。

三、决定

宣告第200520091539.9号实用新型专利权无效。

当事人对本决定不服的，可以根据专利法第46条第2款的规定，自收到本决定之日起3个月内向北京市第一中级人民法院起诉。根据该款的规定，一方当事人起诉后，另一方当事人应当作为第三人参加诉讼。

139

脱磷喷枪

无效宣告请求审查决定（第10067号）

决　　定　　号　第10067号
决　　定　　日　2007年6月13日
发明创造名称　脱磷喷枪
国 际 分 类 号　C21C 7/064，C21C 1/02
无效宣告请求人　营口东邦冶金设备耐材有限公司
专　利　权　人　石恩平，姚吉良
专　　利　　号　200520091540.1
申　　请　　日　2005年6月27日
授 权 公 告 日　2006年8月2日
合 议 组 组 长　崔　震
主　　审　　员　徐洁玲
参　　审　　员　刘　犟

法　律　依　据　专利法第22条第2款、第3款
决　定　要　点

在判断创造性时，首先要将权利要求所述的技术方案和现有技术中最接近的技术方案进行特征对比分析，找出区别技术特征，进而考察该区别技术特征的引入是否给本专利权利要求的技术方案带来了实质性特点和进步，亦即考察所属技术领域的普通技术人员根据现有技术的教导是否可以不经过创造性劳动引入这些区别技术特征，以及这些区别技术特征的引入是否带来有益的效果。

一、案由

本无效宣告请求案涉及国家知识产权局于2006年8月2日授权公告的、名称为"脱磷喷枪"的第200520091540.1号实用新型专利权（以下简称本专利），其申请日为2005年6月27日，专利权人为石恩平、姚吉良。该专利授权公告的权利要求如下：

"1. 脱磷喷枪，其特征在于方形护管（3）内有一套管（2），套管内有一喷管（1），在方形护管上部带有加固圆盘（5），在加固圆盘下部有一法兰盘（6），法兰盘上部带有筋板（4），在法兰盘下部的方形护管表面上带有钢筋网（8），方形护管外面带有耐火层（7），在套管上部有一顶丝（9），套管上部两侧带有吊环（10）。"

针对上述专利权，营口东邦冶金设备耐材有限公司（以下简称请求人）于2006年9月4日向专利复审委员会提出无效宣告请求，认为本专利不具备专利法第22条规定的新颖性和创造性，并提交

了下述附件：

附件 1：第 200320113475.9 号中国实用新型专利说明书，申请日为 2003 年 12 月 17 日，授权公告日为 2005 年 1 月 19 日；

附件 2：第 03254800.1 号中国实用新型专利说明书，申请日为 2003 年 7 月 11 日，授权公告日为 2004 年 8 月 4 日。

经形式审查合格后，专利复审委员会受理了上述请求，于 2006 年 9 月 4 日向双方当事人发出《无效宣告请求受理通知书》，并将《专利权无效宣告请求书》及其附件清单中所列附件的副本转送给专利权人，要求其在指定的期限内答复。

在规定的期限内，专利权人未作答复。

专利复审委员会组成合议组对本案进行了审理。

2006 年 12 月 22 日，本案合议组向双方当事人发出《无效宣告请求口头审理通知书》，拟定于 2007 年 2 月 1 日对该专利权的无效请求进行口头审理。

口头审理如期进行。请求人出席了口头审理，专利权人未出席口头审理。请求人明确其无效理由、证据和范围是本专利权利要求 1 相对于附件 1 不具备新颖性，权利要求 1 相对于附件 1 和 2 不具备创造性。庭审过程中，请求人就本案无效请求所依据的证据、事实及理由充分发表了意见。

至此，合议组认为本案的事实清楚，可以作出审查决定。

二、决定的理由

1. 关于证据的认定

附件 1、2 都是国家知识产权局公开的专利文献，合议组经核对对其真实性予以确认。附件 1、2 都是本专利申请日之前公开的中国专利，因此可以作为评述本专利新颖性和创造性的对比文件，以下简称对比文件 1、2。

2. 关于新颖性和创造性

专利法第 22 条第 2 款规定，新颖性，是指在申请日以前没有同样的发明或者实用新型在国内外出版物上公开发表过、在国内公开使用过或者以其他方式为公众所知，也没有同样的发明或者实用新型由他人向国务院专利行政部门提出过申请并且记载在申请日以后公布的专利申请文件中。

专利法第 22 条第 3 款规定，创造性是指同申请日以前已有的技术相比，该实用新型有实质性特点和进步。

在判断创造性时，首先要将权利要求所述的技术方案和现有技术中最接近的技术方案进行特征对比分析，找出区别技术特征，进而考察该区别技术特征的引入是否给本专利权利要求的技术方案带来了实质性特点和进步，亦即考察所属技术领域的普通技术人员根据现有技术的教导是否可以不经过创造性劳动引入这些区别技术特征，以及这些区别技术特征的引入是否带来有益的效果。

本专利要求保护一种脱磷喷枪，其特征在于方形护管（3）内有一套管（2），套管内有一喷管（1），在方形护管上部带有加固圆盘（5），在加固圆盘下部有一法兰盘（6），法兰盘上部带有筋板（4），在法兰盘下部的方形护管表面上带有钢筋网（8），方形护管外面带有耐火层（7），在套管上部有一顶丝（9），套管上部两侧带有吊环（10）。

对比文件 1 公开了一种脱硫喷枪，该喷枪结构特征包括：喷吹管外面套装保护管，保护管外面有方形套管，套管上有支撑板和肋板，肋板和堵头连接，堵头下面的保护管外周有由环筋、竖筋、鱼刺筋构成的金属网络整体，网络外包有耐火材料层，喷吹管和保护管通过固定螺栓连接。

对比上述技术方案可知，对比文件 1 公开了本专利权利要求中方形护管（对比文件 1 中的方形套管）、套管（对比文件 1 中保护管）、喷管（对比文件 1 中喷吹管）、加固圆盘（对比文件 1 中的支撑板）、法兰盘（对比文件 1 中的堵头）、筋板（对比文件 1 中的肋板）、顶丝（对比文件 1 中的固定螺栓）以及上述部件的相应连接和位置关系。两者相比其区别在于对比文件 1 没有公开权利要求 1 中套管上部两侧带有吊环、方形护管表面上带有钢筋网，方形护管外面带有耐火层，因此权利要求 1 相对于对比文件 1 具备新颖性，但上述区别技术特征不能为本专利权利要求带来创造性。具体分析如下：

首先，虽然本专利涉及一种脱磷喷枪，对比文件 1 是一种脱硫喷枪，但对于本领域技术人员而言，将脱硫喷枪用于脱磷无须改变喷枪本身，只要选择脱磷剂而非脱硫剂即可，因此对比文件 1 中的脱硫喷枪也可以用于脱磷，本专利和对比文件 1 涉及相同的技术领域。

其次，虽然对比文件 1 中没有公开套管上部两侧带有吊环的特征，但对于本领域技术人员而言，在套管上设置吊环以和脱磷设备的吊链相连，是一种公知常识。

再次，对于本专利权利要求的技术方案而言，尽管对比文件 1 的说明书的文字部分没有明确提及，方形护管表面带有钢筋网，方形护管外面带有耐火层，但从对比文件 1 的图 1 中可以看出，由环筋、竖筋、鱼刺筋构成的金属网络整体一部分附着在方形套管上另一部分附着在保护管上、耐火层一部分附着在方形套管上另一部分附着在保护管上，这种结构是为了保护喷管。而对比文件 2 公开了一种脱硫喷枪，其中在其主管外有金属锚固件等构成的金属网络整体，金属网络整体对主管外的耐火层起到抓固作用，这种结构也是为了保护主管内的喷吹管道。因此，在对比文件 1 的基础上结合对比文件 2 所公开的技术内容，获得本专利权利要求保护的技术方案是显而易见的，无须花费创造性的劳动。因此本专利权利要求不具备创造性。

综上所述，本专利权利要求 1 的技术方案与对比文件 1 和对比文件 2 所公开的技术方案的结合相比，不具备创造性，不符合专利法第 22 条第 3 款的规定。

基于以上事实和理由，本案合议组作出如下审查决定。

三、决定

宣告第 200520091540.1 号实用新型专利权无效。

当事人对本决定不服的，可以根据专利法第 46 条第 2 款的规定，自收到本决定之日起 3 个月内向北京市第一中级人民法院起诉。根据该款的规定，一方当事人起诉后，另一方当事人应当作为第三人参加诉讼。

140

振动平衡装置

无效宣告请求审查决定（第10081号）

决　　定　　号 第10081号
决　　定　　日 2007年6月14日
发明创造名称 振动平衡装置
国 际 分 类 号 G01M 1/30，G11B 19/20
无效宣告请求人 鸿富锦精密工业（深圳）有限公司
专　利　权　人 建兴电子科技股份有限公司
专　　利　　号 00263527.5
申　　请　　日 2000年12月5日
授 权 公 告 日 2001年10月10日
合 议 组 组 长 王桂莲
主　　审　　员 彭　燕
参　　审　　员 马　燕

法　律　依　据 专利法实施细则第2条第2款、第20条第1款，专利法第22条第3款
决　定　要　点

如果权利要求不属于对材料本身提出的技术方案，则该权利要求属于实用新型专利保护的客体。

如果权利要求中使用了不确定的词后仍能明确权利要求保护的范围，则不会导致该权利要求的保护范围不清楚。

如果权利要求的技术方案与现有技术存在的区别为本领域普通技术人员公知的常识，并且该区别在现有技术中与在本发明中所解决的技术问题相同，所产生的技术效果也相同，则该权利要求不具备创造性。

一、案由

本无效宣告请求涉及中华人民共和国国家知识产权局于2001年10月10日授权公告的、名称为“振动平衡装置”的00263527.5号实用新型专利权（下称本专利），申请日是2000年12月5日，专利权人是建兴电子科技股份有限公司。该专利授权公告时的权利要求书如下：

“1. 一种振动平衡装置，其特征在于：包括：一旋转体；至少一轨道，皆以该旋转体的旋转轴为圆心，且这些轨道是设置于该旋转体上；以及多个滚子，是由不同摩擦系数的多个第一滚子及多个第二滚子所构成，这些第一滚子及这些第二滚子是交错设置于这些轨道内，且该第一滚子与该第二滚子的相互摩擦力远小于二个第一滚子的相互摩擦力。

2. 如权利要求 1 所述的振动平衡装置，其特征在于：该旋转体固定于一主轴电机上，该旋转体可随主轴电机驱动而转动。

3. 如权利要求 1 所述的振动平衡装置，其特征在于：该第一滚子的材质为钢料，且该第二滚子的材质为铁氟龙或陶瓷。”

针对上述专利权，鸿富锦精密工业（深圳）有限公司（下称请求人）于 2006 年 4 月 25 日向专利复审委员会提出无效宣告请求，其理由是本专利不符合专利法实施细则第 2 条第 2 款、第 20 条第 1 款和专利法第 22 条第 3 款的规定，并提交了如下附件：

附件 1：公开号为 CN1189232A 的中国发明专利申请公开说明书，其公开日为 1998 年 7 月 29 日；

附件 2：公开号为 CN1178976A 的中国发明专利申请公开说明书，其公开日为 1998 年 4 月 15 日。

结合附件 1 和 2，请求人认为：（1）本专利权利要求 1 中记载了“不同摩擦系数的多个第一滚子及多个第二滚子”，由于“不同摩擦系数”是通过不同材质来实现的，故其不属于实用新型专利保护的客体，同时权利要求 2、3 从属于权利要求 1，因此，本专利权利要求 1~3 不符合专利法实施细则第 2 条第 2 款的规定；（2）本专利权利要求 1 中的“远小于”的含义不清楚，在说明书和权利要求书中也未进行过任何说明或者限定，造成权利要求 1 没有清楚地表述请求保护的范围，而且本专利权利要求 1 的第一滚子和第二滚子中的“第一”和“第二”仅是相对关系，权利要求 1 的“第一滚子与第二滚子的相互摩擦力远小于二个第一滚子的相互摩擦力”与“不同摩擦系数的多个第一滚子及多个第二滚子”构成重复限定，而权利要求 2~3 为本专利权利要求 1 的从属权利要求，因此本专利权利要求 1~3 不符合专利法实施细则第 20 条第 1 款的规定；（3）附件 1 是与本专利最接近的现有技术，其与本专利权利要求 1 的区别在于：本专利中为不同摩擦系数的球体、而附件 1 中为不同的材料的球体，但本专利使球体具有不同摩擦系数也是通过不同的材料来实现的，因此权利要求 1 相对于附件 1 不具备专利法第 22 条第 3 款规定的创造性，此外，本专利权利要求 2 的附加技术特征也在附件 1 中公开了，因此，本专利权利要求 2 相对于附件 1 不具备专利法第 22 条第 3 款规定的创造性；另外，由于附件 2 中也提到了通过减小刚性体、滚道之间的摩擦力达到动态平衡，且也公开了本专利权利要求 3 的附加技术特征，因此，本专利权利要求 3 与附件 1 和附件 2 结合相比也不具备创造性。除此之外，权利要求 1、2 相对于附件 1、2 的结合也不具备创造性。

形式审查时由于请求书表格与请求书具体陈述部分内容不一致，因此请求人于 2006 年 7 月 27 日补正提交了符合要求的全套文本。

经形式审查合格后，专利复审委员会受理了上述无效宣告请求，于 2006 年 8 月 24 日向双方当事人发出“无效宣告请求受理通知书”，并将请求人 2006 年 7 月 27 日补正的无效宣告请求书及其附件清单中所列附件的副本转送给专利权人，要求其在指定的期限内答复，并告知其期满未答复不影响专利复审委员会的审理。

专利权人在指定期限内未进行答复。

2006 年 10 月 10 日，本案合议组向双方当事人发出“无效宣告请求口头审理通知书”，指出本案合议组定于 2006 年 12 月 5 日进行口头审理。

口头审理如期举行，请求人出席了口头审理，专利权人缺席。在口头审理中，请求人明确无效宣告请求理由和范围是本专利权利要求 1~3 不符合专利法实施细则第 2 条第 2 款、第 20 条第 1 款和专利法第 22 条第 3 款的规定，其认为本专利权利要求 1~3 不符合专利法实施细则第 20 条第 1 款规定的具体理由为：（1）本专利权利要求 1 中的“远小于”含义不清楚，（2）本专利权利要求 1 的第一滚子和第二滚子的“第一”和“第二”仅是相对关系，根据权利要求 1 的“第一滚子与第二滚子的相互摩擦力远小于二个第一滚子的相互摩擦力”并不能清楚地知道第一滚子的摩擦系数是小还是大。

其认为本专利权利要求1~3不符合专利法实施细则第2条第2款和专利法第22条第3款规定的具体理由与无效宣告请求书中的意见相同。

至此，合议组认为本案事实已经调查清楚，可以作出无效宣告请求审查决定。

二、决定的理由

1. 关于适用的审查指南的版本

根据2006年5月24日颁布的国家知识产权局令第三十八号的规定："根据中华人民共和国专利法实施细则，制定专利审查指南。现将该审查指南予以公布，自2006年7月1日起施行。2001年10月18日公布的审查指南及其后公布的审查指南公报同时废止。"

同时，根据2006版审查指南中"施行修订后审查指南的过渡办法"的相关规定，针对本专利进行的无效宣告程序的审查应当适用2006年7月1日起施行的审查指南。

2. 关于证据和现有技术

附件1、2均为中国专利文献，经合议组核实认为，附件1、2可以作为本案证据使用，并且由于附件1、2的公开日均在本专利的申请日之前，其上记载的内容构成本专利的现有技术。

3. 关于专利法实施细则第2条第2款

专利法实施细则第2条第2款规定：专利法所称实用新型，是指对产品的形状、构造或者其结合所提出的适于实用的新的技术方案。

对于本案请求人所阐述的因本专利权利要求1中记载的"不同摩擦系数"是通过不同材质实现从而使得权利要求1~3不属于实用新型专利保护客体的理由，合议组认为：本专利权利要求1中所限定的多个第一滚子和多个第二滚子具有不同摩擦系数并非单纯地对其要求保护的振动平衡装置的材料进行的改进，也不属于对材料本身提出的技术方案，该权利要求实际上包含有旋转体、至少一轨道以及多个滚子，它是将现有技术中材料的固有属性应用于具有一定结构的产品上，属于实用新型专利保护的客体，因此，本专利权利要求1符合专利法实施细则第2条第2款的规定。

鉴于请求人认为权利要求2、3不符合专利法实施细则第2条第2款的规定是因为其从属于权利要求1，因此，合议组认为：在本专利权利要求1符合专利法实施细则第2条第2款规定的基础上，权利要求2、3也符合专利法实施细则第2条第2款的规定。

因此，本专利权利要求1~3均属于实用新型专利保护的客体，符合专利法实施细则第2条第2款的规定。因而，请求人关于本专利权利要求1~3不符合专利法实施细则第2条第2款规定的理由不能成立。

4. 关于专利法实施细则第20条第1款

专利法实施细则第20条第1款规定：权利要求书应当说明发明或者实用新型的技术特征，清楚、简要地表述请求保护的范围。

请求人认为：（1）本专利权利要求1中的"远小于"含义不清楚，其在说明书和权利要求书中都未进行过任何说明或者限定，造成权利要求1没有清楚地表述请求保护的范围，（2）本专利权利要求1的第一滚子和第二滚子的"第一"和"第二"仅是相对关系，权利要求1的"第一滚子与第二滚子的相互摩擦力远小于二个第一滚子的相互摩擦力"与"不同摩擦系数的多个第一滚子及多个第二滚子"构成了重复限定，而且根据权利要求1的"第一滚子与第二滚子的相互摩擦力远小于二个第一滚子的相互摩擦力"并不能清楚地知道第一滚子的摩擦系数是小还是大，而权利要求2~3为本专利权利要求1的从属权利要求，因此本专利权利要求1~3不符合专利法实施细则第20条第1款的规定。

对此，合议组认为：（1）虽然本专利权利要求1中的"远小于"的"远"从字面上看并不能确定小于的程度，但本领域普通技术人员根据该权利要求1整个技术方案的记载可以清楚地理解其只是为了强调本发明第一滚子和第二滚子的摩擦系数不同所带来的相互摩擦力有别于现有技术的相同摩擦系数滚子的相互摩擦力，其并未导致本专利权利要求1的保护范围不清楚；（2）虽然“第一”和“第二”仅是相对关系，但其正是为了明确本专利权利要求1要求保护的技术方案中存在两种不同的滚子，以使该技术方案的范围更清楚而进行的命名。另外，本领域普通技术人员根据权利要求1中记载的第一滚子和第二滚子的摩擦系数不同可知其可能存在两种情况，即：①第一滚子的摩擦系数小于第二滚子的摩擦系数，②第二滚子的摩擦系数小于第一滚子的摩擦系数。由于本专利权利要求1其后又限定了“第一滚子与第二滚子的相互摩擦力远小于二个第一滚子的相互摩擦力”，则第二滚子的摩擦系数必然小于第一滚子的摩擦系数，也就是说，正是通过先后限定了“不同摩擦系数的多个第一滚子及多个第二滚子”、“第一滚子与第二滚子的相互摩擦力远小于二个第一滚子的相互摩擦力”，使得该权利要求中进一步限定出第一滚子和第二滚子的摩擦系数如何不同，即根据本专利权利要求1要求保护的整个技术方案已能清楚地知道第二滚子的摩擦系数小于第一滚子的摩擦系数，这样，可以明确地得知，权利要求1中先后限定的“不同摩擦系数的多个第一滚子及多个第二滚子”、“第一滚子与第二滚子的相互摩擦力远小于二个第一滚子的相互摩擦力”并不属于重复限定。因此，权利要求1保护范围是清楚的，符合专利法实施细则第20条第1款的规定。

鉴于请求人认为权利要求2、3不符合专利法实施细则第20条第1款的规定是因为其从属于权利要求1，因此，合议组认为：在本专利权利要求1符合专利法实施细则第20条第1款的规定的基础上，权利要求2、3也符合专利法实施细则第20条第1款的规定。

因此，本专利权利要求1~3清楚地限定了要求保护的范围，符合专利法实施细则第20条第1款的规定。因而，请求人关于本专利权利要求1~3不符合专利法实施细则第20条第1款规定的理由不能成立。

5. 关于专利法第22条第3款

专利法第22条第3款规定：创造性，是指同申请日以前已有的技术相比，该发明有突出的实质性特点和显著的进步，该实用新型有实质性特点和进步。

请求人认为：（1）本专利权利要求1、2相对于附件1不具备专利法第22条第3款规定的创造性；（2）本专利权利要求1、2、3相对于附件1和附件2的结合也不具备创造性。

（1）关于本专利权利要求1、2相对于附件1是否具备创造性。

附件1公开了一种盘片驱动装置，其能抑制因盘片不平衡引起的振动，其具有一转台110（相当于本专利权利要求1的旋转体），一设置于转台110上的中空环形元件23（相当于本专利权利要求1的轨道），以转台110的转轴21（相当于本专利权利要求1的旋转轴）为圆心，在中空环形元件23内放置的各刚度较高的金属球体24c之间交替布置了塑料球体24d（参见附件1的图1、2、11、12及说明书中的相关说明）。

本专利权利要求1与附件1的区别为：本专利权利要求1的多个滚子是由不同摩擦系数的多个第一滚子及多个第二滚子所构成，其第一滚子与第二滚子的相互摩擦力远小于两个第一滚子的相互摩擦力；附件1只记载了“各刚度较高的金属球体24c之间交替布置了塑料球体24d”。合议组认为，本领域普通技术人员根据附件1公开的内容结合其掌握的本领域的基本知识可知，塑料球体24d之间的摩擦系数与金属球体24c之间的摩擦系数不同，这样，金属球体24c与塑料球体24d之间的相互摩擦力必然会小于两个金属球体24c或两个塑料球体24d之间的相互摩擦力中较小的一个，也即，塑料球体24d和金属球体24c中摩擦系数小的对应于本专利权利要求1中的“第二滚子”，摩擦系数大的对应于本专利权利要求1中的“第一滚子”，且附件1与本发明同属于盘片驱动装置，都是为了解决盘片被驱动时振动平衡的技术问题，且均达到了平衡盘片振动的技术效果，因此，本专利权利要求1相对于附件1没有实质性特点和进步，不具备创造性，不符合专利法第22条第3款的规定。

权利要求2引用了权利要求1，其限定部分记载的“旋转体固定于一主轴电机上，该旋转体可随主轴电机驱动而转动”的技术特征已被附件1说明书第9页第7至8行的“转台110与转轴21相固定，从而转台110可以和旋转电机2一起转动”所公开，因此，在其引用的权利要求1不具备创造性的基础上，权利要求2要求保护的技术方案也不具备专利法第22条第3款规定的创造性。

（2）关于本专利权利要求3相对于附件1和附件2的结合是否具备创造性。

权利要求3引用了权利要求1，其限定部分记载了“该第一滚子的材质为钢料，且该第二滚子的材质为铁氟龙或陶瓷”的技术特征，即权利要求3限定了两个技术方案，方案一是第一滚子的材质为钢料、第二滚子的材质为铁氟龙，方案二是第一滚子的材质为钢料、第二滚子的材质为陶瓷。

对于方案一，附件1记载的“各刚度较高的金属球体24c之间交替布置了塑料球体24d”已明确一种球体由金属制成、一种用塑料制成，同时在附件1说明书第20页第32~33行已明确记载“如果采用比重较大的磁性钢球作为放置在中空环形元件23c内的各球体，还可以进一步增强对不平衡力产生的振动的消振效果”，即附件1中明确记载了球体可使用钢球，而“铁氟龙”就是聚四氟乙烯，也是一种合成树脂，这是本领域的公知常识，这样本领域普通技术人员很容易根据附件1公开的塑料球体24d的启示来选择铁氟龙制成球体以达到盘片驱动时的平衡振动的技术效果，因此，在其引用的权利要求1不具备创造性的基础上，权利要求3中的方案一也不具备专利法第22条第3款规定的创造性。

对于方案二，由于与附件1和本发明属于同一技术领域的附件2说明书第7~10页多处明确地记载了刚性体430（对应于本专利的滚子）可以由陶瓷制成，即，附件2公开了一种装有自补偿动态平衡器的盘播放机，其具有能够限制由盘重心偏心所产生的内部振动的自补偿动态平衡器（对应于本专利的振动平衡装置），该自补偿动态平衡器包括与盘播放机内的旋转部件一体形成并绕转轴旋转的至少一个滚道、安装在滚道内能够游动的刚性体430。因此，本领域普通技术人员很容易想到将附件1公开的塑料球体24d更换为陶瓷制成的球体以达到平衡盘片驱动时的振动的技术效果，这样，在其引用的权利要求1不具备创造性的基础上，权利要求3中的方案二相对于附件1和2的结合也不具备专利法第22条第3款规定的创造性。

综上所述，由于已经得出权利要求1、2相对于附件1、权利要求3相对于附件1或附件1和2的结合不具备创造性的结论，对于权利要求1~3与附件1和2其他结合方式比较是否具备创造性不再进行评述。

根据以上事实和理由，本案合议组依法作出如下审查决定。

三、决定

宣告00263527.5号实用新型专利权全部无效。

当事人对本决定不服的，可以根据专利法第46条第2款的规定，自收到本决定之日起三个月内向北京市第一中级人民法院起诉。根据该款的规定，一方当事人起诉后，另一方当事人应当作为第三人参加诉讼。

141

顶吹式脱硫脱磷喷枪

无效宣告请求审查决定（第10086号）

决　　定　　号　第10086号
决　　定　　日　2007年5月30日
发明创造名称　顶吹式脱硫脱磷喷枪
国 际 分 类 号　C21C 5/32，C21C 7/04
无效宣告请求人　营口东邦冶金设备耐材有限公司
专　利　权　人　石恩平，姚吉良
专　　利　　号　200520091538.4
申　　请　　日　2005年6月27日
授 权 公 告 日　2006年8月2日
合 议 组 组 长　崔　震
主　　审　　员　徐洁玲
参　　审　　员　刘　犟

法　律　依　据　专利法第22条第2款
决　定　要　点
如果要求保护的实用新型和对比文件的区别仅仅是所属技术领域的惯用手段的直接置换，则该实用新型不具备新颖性。

一、案由

本无效宣告请求案涉及国家知识产权局于2006年8月2日授权公告的、名称为"顶吹式脱硫脱磷喷枪"的第200520091538.4号实用新型专利权（以下简称本专利），其申请日为2005年6月27日，专利权人为石恩平、姚吉良。该专利授权公告的权利要求如下：

"1. 顶吹式脱硫脱磷喷枪，由连接法兰（1）和枪身构成，其特征在于护管（6）外表面上带有耐火层抓固钩（7），护管内有一喷管（5），在下法兰（3）下部有一固定圈（4），在护管和喷管下部带有固定座（9），护管下部外表面上带有钢筋网（8）。"

针对上述专利权，营口东邦冶金设备耐材有限公司（以下简称请求人）于2006年8月23日向专利复审委员会提出无效宣告请求，认为本专利不具备专利法第22条规定的新颖性和创造性，并提交了下述附件：

附件1：第200420069693.1号中国实用新型专利说明书，申请日为2004年7月7日，授权公告日为2005年8月3日，专利权人为刘东业；

附件 2：第 200320113475.9 号中国实用新型专利说明书，申请日为 2003 年 12 月 17 日，授权公告日为 2005 年 1 月 19 日；

附件 3：第 200430062704.9 号中国外观设计专利公报，申请日为 2004 年 7 月 7 日，公开日为 2005 年 5 月 25 日；

附件 4：第 200430062705.3 号中国外观设计专利公报，申请日为 2004 年 7 月 7 日，公开日为 2005 年 12 月 28 日；

附件 5：第 03254800.1 号中国实用新型专利说明书，申请日为 2003 年 7 月 11 日，授权公告日为 2004 年 8 月 4 日。

经形式审查合格后，专利复审委员会受理了上述请求，于 2006 年 8 月 23 日向双方当事人发出《无效宣告请求受理通知书》，并将《专利权无效宣告请求书》及其附件清单中所列附件的副本转送给专利权人，要求其在指定的期限内答复。

在规定的期限内，专利权人未作答复。

专利复审委员会组成合议组对本案进行了审理。

2006 年 12 月 22 日，本案合议组向双方当事人发出《无效宣告请求口头审理通知书》，拟定于 2007 年 1 月 31 日对该专利权的无效请求进行口头审理。

口头审理如期进行。请求人出席了口头审理，专利权人未出席口头审理。庭审过程中，请求人明确其无效理由、证据和范围是本专利权利要求 1 相对于附件 1 或 5 不具备新颖性，权利要求 1 相对于附件 5 不具备创造性，放弃附件 4。请求人就本案无效请求所依据的证据、事实及理由充分发表了意见。

至此，合议组认为本案的事实清楚，可以作出审查决定。

二、决定的理由

1. 关于证据的认定

附件 1~3、5 都是国家知识产权局公开的专利文献，合议组经核对对其真实性予以确认。附件 1 是他人在本专利申请日之前向国家知识产权局提出申请的实用新型专利说明书，但该申请于本专利申请日之后公开，因此附件 1 可以作为评述本专利新颖性的对比文件，以下简称对比文件 1。附件 2、3、5 都是本专利申请日之前公开的中国专利，因此可以作为评述本专利新颖性和创造性的对比文件，以下简称对比文件 2、3、5。

2. 新颖性

专利法第 22 条第 2 款规定，新颖性，是指在申请日以前没有同样的发明或者实用新型在国内外出版物上公开发表过、在国内公开使用过或者以其他方式为公众所知，也没有同样的发明或者实用新型由他人向国务院专利行政部门提出过申请并且记载在申请日以后公布的专利申请文件中。

本专利要求保护一种顶吹式脱硫脱磷喷枪，由连接法兰（1）和枪身构成，其特征在于护管（6）外表面上带有耐火层抓固钩（7），护管内有一喷管（5），在下法兰（3）下部有一固定圈（4），在护管和喷管下部带有固定座（9），护管下部外表面上带有钢筋网（8）。

对比文件 1 公开了一种脱硫喷枪，该喷枪由管道、枪本体、位于枪本体外侧的耐火材料层，附在枪本体外又置于耐火材料层内的骨架，所述管道装配在枪本体内，此外对比文件 1 附图 1 还公开了连接法兰，下法兰，下法兰下部带有固定圈，在管道和枪本体下部有固定座。

对比上述技术方案可知，对比文件 1 中公开了除钢筋网以外本专利权利要求所有的技术特征，而本专利中的钢筋网相对于对比文件 1 的骨架是一种惯用技术手段的直接置换。具体分析如下：

首先，虽然本专利涉及一种脱磷脱硫喷枪，对比文件 1 是一种脱硫喷枪，但对于本领域技术人员而言，将脱硫喷枪用于脱磷无须改变喷枪本身，只要选择脱磷剂而非脱硫剂即可，因此对比文件 1 中的脱硫喷枪也可以用于脱磷，本专利和对比文件 1 涉及相同的技术领域。

其次，对比文件 1 公开了本专利权利要求中连接法兰、护管（对比文件 1 中枪本体）、喷管（对比文件 1 中管道）、下法兰、固定圈、抓固钩（对比文件 1 中的骨架，具体解释见下述）以及上述部件的相应连接关系。

对于本专利权利要求的技术方案而言，耐火层抓固钩和护管下部外表面上的钢筋网，均是起到抓固耐火材料层的作用。在本专利的背景技术部分谈到，现有技术中钢筋网对耐火材料层抓固不够，因此本专利进行了改进，从本专利的发明内容来看，本专利采用了护管主体用耐火层抓固钩来代替钢筋网，但在护管下部仍然采用钢筋网的方案。

对比文件 1 枪本体外表面用骨架对耐火材料层进行抓固，从对比文件 1 的附图中看，该骨架是一种本专利附图所公开的抓固钩和将抓固钩彼此连接加固的肋条构成的，而本专利权利要求并未对抓固钩的具体形态以及单个抓固钩之间连接关系进行限定，因此，对比文件 1 附图 1 中所公开的彼此互连的抓固钩是本专利抓固钩的一种具体形式。而且，对比文件 1 的骨架同时也对其枪本体的下部起到抓固耐火层的作用，并且其也是由钢质材料制成的。对于本领域技术人员而言，对比文件 1 所称骨架与本专利中钢筋网的结构都是现有技术中的抓固耐火层的惯用技术手段，因此本专利中的钢筋网相对于对比文件 1 的骨架是一种惯用技术手段的直接置换。

综上所述，本专利权利要求 1 的技术方案与对比文件 1 公开的技术方案实质上相同，并且二者属于相同的技术领域，解决相同的技术问题，并具有相同的预期效果，因此本专利权利要求 1 相对于对比文件 1 不具备新颖性。

在已经认定权利要求 1 相对于对比文件 1 不具备新颖性的情况下，本决定对于其他的证据和相关的无效理由不再评述。

基于以上事实和理由，本案合议组作出如下审查决定。

三、决定

宣告第 200520091538.4 号实用新型专利权无效。

当事人对本决定不服的，可以根据专利法第 46 条第 2 款的规定，自收到本决定之日起 3 个月内向北京市第一中级人民法院起诉。根据该款的规定，一方当事人起诉后，另一方当事人应当作为第三人参加诉讼。

142

空调器室内机面板的连接结构

无效宣告请求审查决定（第10090号）

决　　定　　号　第10090号
决　　定　　日　2007年6月16日
发明创造名称　空调器室内机面板的连接结构
国 际 分 类 号　F24F 13/20，F24F 1/02
无效宣告请求人　王　楠
专　利　权　人　春兰（集团）公司
专　　利　　号　02116517.3
申　　请　　日　2002年3月29日
授 权 公 告 日　2005年5月18日
合 议 组 组 长　朱文广
主　　审　　员　姜　岩
参　　审　　员　王　森

法　律　依　据　专利法第22条第2款、第3款
决　定　要　点

如果两篇对比文件公开了一个技术方案中的全部技术特征，但不存在结合形成被比技术方案的技术启示，则不能认为被比的技术方案是显而易见的。

一、案由

本无效宣告请求涉及中华人民共和国国家知识产权局于2005年5月18日授权公告的、名称为“空调器室内机面板的连接结构”的发明专利权（以下简称本专利），其专利号是02116517.3，申请日是2002年3月29日，专利权人是春兰（集团）公司。本专利授权公告时的权利要求书如下：

“1. 一种面板连接结构，包括：

至少一个锁定组件，所述锁定组件包括分别安装在所述面板和机身上的，能够保持在一起并在适当的外力作用下易于打开或闭合的相互配合的构件；

其特征在于：

至少一个在所述面板与机身之间的打开位置限制件，所述打开位置限制件中含有预定长度部件，所述预定长度部件一端与面板固定，而其另一端的移动受机身或机身上的限制部件的限制；所述预定长度部件及与其配合的所述限制部件构成所述打开位置限制件。

2. 如权利要求1所述的面板连接结构，其特征在于所述预定长度部件为连动卡，所述连动卡具

有大致U形的形状，其开口一端的两个叉中的一个比另一个长并固定地安装在面板上，所述限制部件为设置在机身上并夹在所述连动卡的两个叉之间的一个横拉杆，所述连动卡的封闭的一端与所述横拉杆配合。

3. 如权利要求2所述的面板连接结构，其特征在于所述横拉杆作为锁定组件中机身上的构件，而所述锁定组件中面板上的构件为一个连动卡，在靠近所述连动卡的开口端，设有位于两个叉的相对侧面上的相对的凸起。

4. 如权利要求1至3中任意一项所述的面板连接结构，其特征在于所述锁定组件包括固定在机身上的固定卡和自面板上向着所述固定卡伸出的凸头，在所述凸头顶端具有一个能被固定卡夹住的头部。

5. 根据权利要求1至3中任意一项所述的面板连接结构，其特征在于在所述面板下边具有由沿内侧向下伸出的L形的沿边，机身上具有一个支撑面板下边的底座，在底座上设置有适于L形沿边嵌入的卡缝。”

针对本专利权，王楠（以下简称请求人）于2006年11月14日向专利复审委员会提出无效宣告请求，认为本专利不符合专利法第22条第2款、第3款的规定，请求人同时提交了如下附件：

附件1：公开日为2000年3月31日、公开号为特开2000-88278的日本公开特许公报及其中文译文，共17页；

附件2：授权公告日为2000年4月26日、授权公告号为CN2375371Y（专利号为99203265.2）的中国实用新型专利说明书，共4页；

请求人认为：权利要求1~5相对于附件1没有新颖性，所以也同样没有创造性。权利要求4相对于附件1、2的结合没有创造性。

经形式审查合格，专利复审委员会依法受理了上述无效宣告请求，并于2006年12月4日向请求人和专利权人发出无效宣告请求受理通知书，同时将专利权无效宣告请求书及其附件清单中所列附件的副本转送给专利权人，并要求专利权人在指定的期限内陈述意见。专利权人未在指定期限内陈述意见。

专利复审委员会依法成立合议组对本案进行审理，本案合议组于2007年2月25日向双方发出无效宣告请求口头审理通知书，定于2007年4月9日在专利复审委员会举行口头审理。

口头审理如期举行，请求人单方参加了口头审理。请求人认为：附件1中公开了权利要求1~3、5的全部技术特征；附件2中公开了权利要求4限定部分的附加技术特征。因此，权利要求1、2、3、5相对于附件1不具备新颖性和创造性；权利要求4相对于附件1和附件2的结合不具备创造性；没有其他的无效理由、证据和事实。

至此，合议组认为本案事实已经清楚，可以作出审查决定。

二、决定的理由

1. 关于证据和现有技术

请求人提交的证据包括附件1、2，专利权人未对附件1、2的真实性提出异议，而且请求人当庭提交了盖有“经确认此副本与原件相同　国家知识产权局专利检索咨询中心副本认证装用章”的附件1，合议组经审查后认为上述附件可以作为本案证据使用。同时由于附件1、2为公开日在本专利申请日前的专利文献，因此可以作为本专利的现有技术使用。

请求人提交的附件1为外文，请求人同时提交了其中文译文，专利权人对附件1的中文译文也未提出异议，因此附件1的公开内容以其中文译文为准。

2. 本专利的权利要求1~3、5不具备新颖性

新颖性，是指在申请日以前没有同样的发明或者实用新型在国内外出版物上公开发表过、在国内公开使用过或者以其他方式为公众所知，也没有同样的发明或者实用新型由他人向国务院专利行政部门提出过申请并记载在申请日以后（含申请日）公布的专利申请文件中。

如果被比专利与对比文件公开的内容相比，其权利要求所限定的技术方案与对比文件公开的技术方案实质上相同，所属技术领域的技术人员根据两者的技术方案可以确定两者能够适用于相同的技术领域，解决相同的技术问题，并具有相同的预期效果，则认为两者为同样的发明或者实用新型。

创造性，是指同申请日以前已有的技术相比，该发明有突出的实质性特点和显著的进步，该实用新型具有实质性特点和进步。

权利要求1是本专利的独立权利要求。

合议组经审查后认为，附件1中公开了一种柜式空气调节机，与本专利属于相同的技术领域，并具体公开了如下技术内容（参见附件1的译文说明书第0001、0020到0025、0027及附图1到图8）：一个柜式机面板的连接结构，其中连接件19安装在面板上，止动棒22安装在机身上，二者互相配合共同构成锁定组件，进行打开带有吸入格栅4的面板的打开操作和通过凸部25保持带有吸入格栅4的面板关闭的关闭操作；连接件19和止动棒22同时又可构成打开位置限制件10，具体来讲，止动棒22是一个固定在机身上的部件，连接件19是一个一端固定在面板上的、大致U形的部件，当打开面板时，止动棒22由连接件19的开口端进入U形轨道中相对滑动直至到达U形结构的封闭端19c停止，以此限制面板相对于机身的开度。由此可见，止动棒22相当于本专利中的限制部件，连接件19相当于本专利中预定长度部件，其一端与面板固定，另一端的移动受到安装在机身上的止动棒22的限制，连接件19和止动棒22共同作用构成打开位置限制件。因此附件1中公开了本专利权利要求1的全部技术特征，而且两者属于相同的技术领域，能够解决相同的技术问题，并具有相同的预期效果，因此权利要求1相对于附件1不具备新颖性。

权利要求2是权利要求1的从属权利要求，其限定部分的技术特征对预定长度部件进行了进一步限定。

合议组经审查后认为，由如上对权利要求1中的评述，附件1中的连接件19是一个起到本专利中的预定长度部件作用的部件，也就是权利要求2中连动卡。由附图4可以得知连接件19是U形的部件，附件1中的U形部件下部直线部19b比上部直线部19a稍短，长端通过螺钉24连接到面板上；连接件19以夹着所述止动棒22（相当于本专利中的限制部件）的状态安装好（参见附件1图6-8），当止动棒22滑动到连动卡19的封闭端19c时，止动棒22与连接件19的配合阻止了面板继续被打开；因此附件1中公开了本专利权利要求2的全部技术特征，两者属于相同的技术领域，能够解决相同的技术问题，并具有相同的预期效果，因此权利要求2相对于附件1不具备新颖性。

权利要求3是权利要求2的从属权利要求，其限定部分的技术特征对锁定组件进行了进一步限定。

合议组经审查后认为，如上对权利要求1和2的评述，止动棒22和连接件19同时起到打开位置限制件以及锁定组件的作用，在起到锁定组件作用时，止动棒22即权利要求3中的位于机身上的构件，连接件19即面板上的构件。由附件1的附图4可知，连动件19是一个U形件，在其开口端有一对凸部25。因此附件1中公开了本专利权利要求3的全部技术特征，两者属于相同的技术领域，能够解决相同的技术问题，并具有相同的预期效果，权利要求3相对于附件1不具备新颖性。

权利要求5是权利要求1至3任一的从属权利要求，其限定部分的技术特征对面板下端与机身上支撑面板的底座进行了限定。

合议组经审查后认为，由附件1附图可知，其中止动突起部28相当于本专利中的面板下边的沿内侧向下伸出的L形沿边，下端口缘16a相当于本专利中的底座，止动孔27相当于卡缝。因此附件1中公开了本专利权利要求5的全部技术特征，且两者属于相同的技术领域，能够解决相同的技术问题，并具有相同的预期效果，因此权利要求5相对于附件1不具备新颖性。

由于权利要求1~3、5不具备新颖性，因此关于权利要求1~3、5的创造性不再予以评述。

3. 权利要求4具备创造性

权利要求4是权利要求1至3任一的从属权利要求，其附加技术特征是对另一种锁定组件进行了进一步限定，具体为："所述锁定组件包括固定在机身上的固定卡和自面板上向着所述固定卡伸出的凸头，在所述凸头顶端具有一个能被固定卡（14）夹住的头部。"

请求人认为，该权利要求的附加技术技术特征虽未在附件1中公开，但在附件2中公开了，因此可以由附件1和附件2的结合得到权利要求4的技术方案。

合议组经审查后认为，附件2公开了一种带门吸的门锁，具体公开了如下技术特征：门锁锁体2上带有一个插杆4，插杆4头部呈球形（相当于本专利中的凸头），与插杆对应的橡胶吸座6上带有一个插孔7（相当于本专利中的固定卡），用插杆4的球形头部与吸座6的插孔相配合从而实现牢固地门吸作用。虽然附件2与本专利权利要求4都是采用凸头与固定卡相卡合从而实现两个部件之间的锁定，但附件2中要解决的技术问题是：既能使房门保持张开状态，又无须在安装门锁的同时另外安装门吸。本专利权利要求4以及附件1中要解决的问题是：将空调机的面板与机身设置成可打开的锁定形式连接，从而便于更换面板中的过滤网。附件1和2所要解决的技术问题不同，且附件1和2中均未给出将附件2与附件1结合的启示，在附件1和2的基础上，本领域的技术人员无法得到将用于门吸的结构应用到冰箱面板上以用于锁定机身与面板从而便于更换过滤网，也就是说附件1和2的结合并非是显而易见的，因此，权利要求4相对于附件1和2的结合具有突出的实质性特点，请求人的理由不能成立。

根据上述的事实和理由，本案合议组依法作出以下决定。

三、决定

宣告02116517.3号发明专利权的权利要求1~3、5无效，在权利要求4的基础上维持该专利权继续有效。

当事人对本决定不服的，可以根据专利法第46条第2款的规定，自收到本决定之日起3个月内向北京市第一中级人民法院起诉。根据该款的规定，一方当事人起诉后，另一方当事人应当作为第三人参加诉讼。

143

医用绿激光发生装置及系统

无效宣告请求审查决定（第 10102 号）

决　定　号　第 10102 号
决　定　日　2007 年 6 月 19 日
发明创造名称　医用绿激光发生装置及系统
国 际 分 类 号　H01S 3/00，G02F 1/35，A61B 18/20，A61N 5/067
无效宣告请求人　北京瑞尔通激光科技有限公司
专 利 权 人　北京光电技术研究所
申　请　号　200520000745.4
申　请　日　2005 年 1 月 12 日
授 权 公 告 日　2006 年 3 月 1 日
合 议 组 组 长　王桂莲
主　审　员　张　曦
参　审　员　王琦琳

法 律 依 据　专利法第 22 条第 2 款、第 3 款、第 4 款
决 定 要 点

不同的技术方案有不同的发明目的，如果其实现了一定的功能和效果，满足了社会需要，并且没有明显无益之处，则该技术方案具备实用性。

一、案由

本无效宣告请求涉及中华人民共和国国家知识产权局于 2006 年 3 月 1 日授权公告的、名称为“医用绿激光发生装置及系统”的实用新型专利权（下称本专利），其专利号是 200520000745.4，申请日是 2005 年 1 月 12 日，专利权人是北京光电技术研究所。该专利授权公告时的权利要求书如下：

“1. 一种医用绿激光发生装置，包括激光器泵浦源和电源，以及在一条光路上的全反射镜、激光晶体、倍频晶体和输出镜，其特征在于：还包括有控制器、声光驱动器和同在所述光路上的 Q 开关，所述 Q 开关与声光驱动器相电气连接，所述激光泵浦源与激光晶体相电气连接，所述控制器和声光驱动器、激光泵浦源相电气连接，所述电源与声光驱动器、控制器和激光器泵浦源相电气连接。

2. 根据权利要求 1 所述的医用绿激光发生装置，其特征在于：所述输出镜外侧光路上还具有光闸。

3. 根据权利要求 1 或 2 所述的医用绿激光发生装置，其特征在于：所述输出镜外侧光路上还具

有与所述光路成45度的合光镜，一个与所述电源连接的指示光发生器，其产生的激光垂直于所述光路射入所述合光镜与光路的交点。

4. 根据权利要求3所述的医用绿激光发生装置，其特征在于：所述指示光发生器为650nm指示光发生器。

5. 根据权利要求3所述的医用绿激光发生装置，其特征在于：所述合光镜为双面镀薄膜，该薄膜对532nm的绿激光具有高透过率，对650nm的指示激光具有高反射率。

6. 根据权利要求1所述的医用绿激光发生装置，其特征在于：所述输出镜外侧光路上还具有光纤耦合器，该光纤耦合器还连接有光纤。

7. 根据权利要求1所述的医用绿激光发生装置，其特征在于：所述输出镜外侧光路上还具有衰减片。

8. 根据权利要求7所述的医用绿激光发生装置，其特征在于：所述衰减片为多片，各片的衰减率不同。

9. 根据权利要求1所述的医用绿激光发生装置，其特征在于：所述激光泵浦源为半导体激光泵浦源。

10. 根据权利要求1所述的医用绿激光发生装置，其特征在于：所述激光晶体为Nd YAG。

11. 根据权利要求1所述的医用绿激光发生装置，其特征在于：所述倍频晶体为LBO晶体或KTP晶体。

12. 一种包括权利要求1所述医用绿激光发生装置的系统，其特征在于：还包括为所述激光发生装置制冷的制冷机和制冷循环系统，所述制冷机连接和控制制冷循环系统。”

针对上述专利权，北京瑞尔通激光科技有限公司（下称请求人）于2006年8月10日向专利复审委员会提出无效宣告请求，请求人认为本专利不符合专利法第22条第2~4款、第26条第4款的规定。其提交的证据如下：

附件1：声称为梁志远于2004年7月4日发给穆力越的电子邮件；

附件2：《Operator's Manual Mars PVP（prototype）Laser system》复印件（共38页）及部分内容的中文译文；

附件3：声称为AHC公司火星PVP（选择性汽化前列腺）激光系统样机在宣武医院做临床试验的照片；

附件4：声称为美国Laserscope公司于2004年春天发表的产品信息的宣传材料复印件（共8页）及其部分内容的中文译文；

附件5：声称为美国Laserscope公司的800系列激光手术系统宣传册网页打印件（共1页）及其部分内容的中文译文；

附件6：声称为2000年6月的美国泌尿杂志（The Journal of Urology）第1730~1733页复印件及其部分内容的中文译文；

附件7：声称为AHC公司于2004年2月12日向美国专利局提交“continuous-pumped dual-wavelength solid-state laser apparatus for treatment of soft tissue”临时申请复印件（共15页）及其部分内容的中文译文；

附件8：US6554824B2号美国专利文献及其部分内容的中文译文。

经形式审查合格，专利复审委员会依法受理了上述无效宣告请求，并于2006年9月6日将专利权无效宣告请求书及其附件清单中所列附件的副本转送给专利权人。

针对上述无效宣告请求，专利权人于2006年10月8日向专利复审委员会提交了意见陈述书，专利权人在其意见陈述书中表示：不认可请求人提交的附件1~7的真实性，并且认为请求人未在规定期限内提交附件2、4~8的中文译文，还认为附件1和3与本案无关；请求人提出的关于说明书不符合专利法第22条第2、3款的无效宣告请求理由适用法律不当；本专利权利要求1~4、6、8~12具备创造性，权利要求5和7能够得到说明书的支持并且具备创造性，权利要求5具备实用性。

专利复审委员会依法成立合议组对本案进行审理，本案合议组于2007年1月5日向双方当事人发出无效宣告请求口头审理通知书，指出本案合议组定于2007年3月21日举行口头审理。随同口头审理通知书，将专利权人于2006年10月8日提交的意见陈述书副本转给请求人。

口头审理如期举行，双方当事人均参加了口头审理。

在口头审理中，（1）双方当事人对对方出席口头审理人员的资格没有异议，对合议组成员无回避请求；（2）请求人明确其无效理由、事实、证据为：本专利权利要求1~4、6、9~12不符合专利法第22条第2款、第3款关于新颖性、创造性的规定，本专利权利要求5、7和8不符合专利法第22条第4款关于实用性的规定，所使用的证据为附件1~8，请求人当庭提交了附件4和7的原件，未提供附件1~2、5~6的原件，表示附件2是于2004年7月5日寄给专利权人的，附件3是2004年10月在宣武医院拍摄的照片，附件7上有专利权人的签字；（3）专利权人认为：请求人关于本专利不符合专利法第22条第3款的无效理由未在规定时间内提出；附件1是网络证据，无法确认其真实性和时间，并且与本专利技术方案无关；附件2、4~7是域外证据，对其真实性有异议，认为附件2不是公开出版物，没有任何信息记载本手册是于本专利申请日之前公开出版的，附件3没有记载任何技术方案以及没有记载日期，附件4不能作为公开出版物，在美国公开使用不能破坏本专利的新颖性，附件5没有公开出版日期，附件7是美国临时申请，不是公开出版物，并且认为附件1~7没有公开出版日期，认可附件8的真实性，对外文证据的中文译文准确性无异议。

请求人认为，附件2可以证明公开使用的产品结构，附件3是附件2的产品临床试验时拍摄的照片；附件2、7和附件8能够影响权利要求1的创造性；附件6是于美国斯坦福大学复印得到的，能够影响权利要求1和11的新颖性和创造性；附件2公开了权利要求2~4、9、12的附加技术特征；附件7公开了权利要求6的附加技术特征；附件5公开了权利要求10和11的附加技术特征；本专利权利要求5的薄膜镀膜价格昂贵，不实用，权利要求7的附加技术特征在现有技术中已经存在，权利要求8的多片衰减片会产生大量热量，不实用，因此权利要求5、7和8不具备实用性；明确表示附件4与本专利权利要求书内容无关，不用于证明其提出的无效理由。

专利权人认为附件2未公开本专利权利要求1中控制器和声光驱动器的技术特征，本专利技术方案除了进行汽化切割之外还能进行凝固止血；附件8未公开本专利权利要求1的完整技术方案；认可附件2中记载了本专利权利要求3~4、9、12的附加技术特征，附件7中记载了权利要求6的附加技术特征；附件5记载了权利要求10和11的附加技术特征；本专利权利要求5、7和8的技术方案能够在产业上实现，具备实用性。

至此，合议组认为本案事实清楚，现依法作出审查决定。

二、决定的理由

1. 关于审查范围

专利权人认为，请求人在提出无效宣告请求时并未提出有关本专利权利要求1~4、6、9~12不符合专利法第22条第3款的无效宣告请求理由。

合议组经审查后认为，虽然请求人在无效宣告请求书中并未针对权利要求的技术方案提出上述理由，但其认为本专利不符合专利法第22条第3款的规定，并进行了具体的意见陈述，而专利的保护范围是以权利要求来界定的，因此合议组对请求人当庭明确的本专利权利要求1~4、6、9~12不符合专利法第 22 条第 3 款的无效宣告请求理由予以接受。

2. 关于证据

请求人共提交了 8 份附件作为证据。请求人当庭明确表示附件 4 不用于证明其提出的无效理由，因此本决定中对其不再进行评述。附件 1 是请求人声称为梁志远于 2004 年 7 月 4 日发给穆力越的电子邮件，专利权人对其真实性不予认可，合议组认为，网络数据通过电子方式生成、存储和传输，并以电子可读的形式显示，通过计算机系统可对网络数据进行即时的编辑和存储，即网络数据的显示形式易因数据的修改而发生改变。电子邮件是通过互联网传输和存储的一种网络数据，电子邮箱的注册、登录、邮件的发送等形式较为灵活，仅凭电子邮件中显示的信息不能明确邮件接受者或发送者的真实身份，且电子邮件的内容是可编辑的，输出打印显示的电子邮件上记载的时间、主题、文本等数据具有不确定性，在没有其他佐证的情况下，仅凭该附件 1 本身，无法确认其真实性，因此附件 1 不能单独作为本案的定案依据；附件 2 是《Operator's Manual Mars PVP（prototype）Laser system》（《火星 PVP（选择性汽化前列腺）激光手术系统样机的操作手册》）复印件，专利权人对其真实性不予认可，请求人未提交能够证明其真实性的证据，并且该证据为域外形成的证据，请求人未履行相应的公证认证或有关的证明手续，无法确认其真实性，因此不能作为本案的证据使用；附件 3 是一组照片，请求人声称这些照片是 AHC 公司火星 PVP（选择性汽化前列腺）激光系统样机在宣武医院做临床试验时拍摄的，专利权人对其真实性不予认可，请求人未能证明这些照片为本专利申请日前拍摄，也没有证据表明照片中的医疗器械实物为本专利申请日前已公开使用的产品，因此合议组对该组照片不予采信，不能作为本案证据使用；附件 5 是请求人声称为美国 Laserscope 公司的 800 系列激光手术系统宣传册网页打印件，专利权人对其真实性不予认可，请求人未提交能够证明其真实性的证据，并且该证据为域外形成的证据，请求人未履行相应的公证认证或有关的证明手续，无法确认其真实性，因此不能作为本案的证据使用；附件 6 是请求人声称为 2000 年 6 月的美国泌尿杂志（The Journal of Urology）第 1730~1733 页复印件，专利权人对其真实性不予认可，请求人声称该证据是在美国斯坦福大学复印得到的，但其未提交能够证明其真实性的证据，并且该证据为域外形成的证据，请求人也未履行相应的公证认证或有关的证明手续，无法确认其真实性，因此不能作为本案的证据使用；附件 7 是请求人声称为 AHC 公司于 2004 年 2 月 12 日向美国专利局提交"continuous-pumped dual-wavelength solid-state laser apparatus for treatment of soft tissue"临时申请复印件，该证据中标有"confidential"（保密）字样，可见该附件上记载的内容在该附件形成时处于保密状态，请求人也未提交能够证明该附件在本专利申请日前已在国内外公开出版或在国内以其他方式为公众所知的证据，因此无法确定该附件中记载的内容已构成本专利的现有技术；附件 8 是 US6554824B2 号美国专利文献，专利权人认可其真实性，经合议组审查，附件 8 可以作为本案证据使用，其公开日为 2003 年 4 月 29 日，在本专利申请日之前，因此其上记载的内容构成了本专利的现有技术，可以用来评价本专利的新颖性和创造性，其内容以其中文译文的内容为准。

综上所述，在请求人提交的 8 份附件中，仅有附件 8 可以作为本案的证据使用来评价本专利是否符合专利法第 22 条第 2~3 款的规定。

3. 关于专利法第 22 条第 4 款

审查指南第二部分第五章第 2 节指出，专利法第 22 条第 4 款的实用性是指发明或者实用新型申请的主题必须能够在产业上制造或者使用，并且能够产生积极效果。

请求人认为本专利权利要求 5 的薄膜镀膜价格昂贵，不实用，权利要求 7 的附加技术特征在现有技术中已经存在，权利要求 8 的多片衰减片会产生大量热量，不实用，因此权利要求 5、7 和 8 不具备实用性。

对此，合议组认为，本专利中使合光镜双面镀薄膜，该薄膜对532nm的绿激光具有高透过率，对650nm的指示激光具有高反射率，能够提高对汽化切割的绿激光的透过率和对指示激光的反射率，从而能够提高激光的利用效率，并且在光学元件的表面镀膜对于本领域技术人员而言，也是一种用于改变或影响光的透射率、反射率、颜色等方面的惯用技术手段，在产业上能够制造出镀有不同作用的膜的光学元件，虽然相比不镀膜的技术方案而言，镀膜会增加产品的成本，但是不同的技术方案有不同的发明目的，并且衡量技术方案是否有益不能以成本为唯一标准，就本专利权利要求5的技术方案而言，其提高了绿激光和指示激光的利用效率，并且没有明显无益之处；权利要求7和8限定了输出镜外侧光路上还具有衰减片，衰减片为多片，各片的衰减率不同，正如请求人在口头审理过程中所述的，衰减片在本领域中是一种公知的光学元件，因此在产业上完全能够制造出该衰减片，其能够使透过该元件的光功率降低，本专利正是基于衰减片的这种作用，将其应用到本专利技术方案中，从而可以迅速调节绿激光输出功率，产生了一定的积极效果，虽然衰减片在使用中会产生热量，但合议组认为本领域技术人员基于对衰减片性质的了解，在设计光学系统时，势必会考虑到热量的影响，并且必然会在允许的范围内使用该衰减片，不会导致整个系统由于热量过大而无法使用。因此，请求人关于本专利权利要求5、7和8不具备实用性的主张不成立，权利要求5、7和8符合专利法第22条第4款的规定。

4. 关于本专利权利要求1相对于附件8是否符合专利法第22条第2~3款的规定

专利法第22条第2款规定：新颖性，是指在申请日以前没有同样的发明或者实用新型在国内外出版物上公开发表过、在国内公开使用过或者以其他方式为公众所知，也没有同样的发明或者实用新型由他人向国务院专利行政部门提出过申请并且记载在申请日以后公布的专利申请文件中。

专利法第22条第3款规定，创造性，是指同申请日以前已有的技术相比，该发明有突出的实质性特点和显著的进步，该实用新型有实质性特点和进步。

请求人仅对附件8说明书第2栏第17~21行，第10栏第56~64行以及权利要求5和11进行了中文翻译，并且对附图3进行了中文说明，因此该附件公开的内容以上述部分的中文译文和对附图3的中文说明为准。

附件8的中文译文中，仅记载了如下内容：倍频的Nd：YAG激光工作在准连续状态下可输出功率达60瓦的532纳米绿激光，该激光可以有效地和不流血地汽化切除前列腺组织。这些激光是用连续发光的氪灯泵浦的，产生25kHz持续的Q开关脉冲序列；调制泵浦光源使得激光以脉冲方式激发辐射，脉冲持续时间为0.1~500微秒，脉冲重复频率为1~500赫兹；传输激光到目标软组织，其激光的平均功率超过20瓦，进而以Q开关的方式使激光产生微脉冲序列，每一微脉冲序列和起来称之为一个所述脉冲；激光介质是用钕掺杂YAG（Nd：YAG）；倍频晶体是磷酸氧钛钾晶体（KTP），并且请求人认为附图3中表示出巨脉冲内含有微脉冲。

由此可见，附件8中公开了如何产生切除前列腺组织的激光及其参数，没有公开医用绿激光发生装置，其中包括在一条光路上的全反射镜、激光晶体、倍频晶体和输出镜，以及声光驱动器和同在所述光路上的Q开关等技术特征，相应地，也没有公开这些部件之间的电气连接关系。因此附件8公开的技术方案与本专利权利要求1的技术方案不同，不能影响本专利权利要求1的新颖性，权利要求1符合专利法第22条第2款的规定。权利要求2~4、6、9~12均为权利要求1的从属权利要求，在独立权利要求1相对于附件8具备新颖性的情况下，其从属权利要求也均符合专利法第22条第2款的规定。

本专利权利要求1的技术方案中，控制器通过声光驱动器驱动声光Q开关，对绿激光脉宽的调制，从而能够在同一装置、同一光路中产生窄脉宽高峰值功率的绿激光进行组织的汽化切割，或者宽脉冲低峰值功率的绿激光用于凝固止血，解决了现有医用绿激光发生装置仅能产生单一波长的激光，不能兼顾汽化切割性和凝固止血性的技术问题。通过以上的分析可知，附件 8 未明确公开本专利权利要求 1 的医用绿激光发生装置的各个技术特征，并且也未给出在医用绿激光发生装置中对绿激光进行调制以得到两种不同脉宽、不同峰值功率的激光的技术启示，无法产生本专利中的技术效果，由附件 8 不能显而易见地得到本专利权利要求 1 的技术方案，因此本专利权利要求 1 具有实质性特点和进步，符合专利法第 22 条第 3 款有关创造性的规定。在独立权利要求 1 相对于附件 8 具备创造性的情况下，其从属权利要求也均符合专利法第 22 条第 3 款的规定。

综上所述，本专利符合专利法第 22 条第 2~4 款的规定。请求人的无效宣告请求理由均不成立。

三、决定

维持 200520000745. 4 号实用新型专利权有效。

当事人对本决定不服的，可以根据专利法第 46 条第 2 款的规定，自收到本决定之日起三个月内向北京市第一中级人民法院起诉。根据该款的规定，一方当事人起诉后，另一方当事人应当作为第三人参加诉讼。

144

一种棋牌及其制作方法

无效宣告请求审查决定（第 10105 号）

决　　定　　号 第 10105 号
决　　定　　日 2007 年 6 月 6 日
发明创造名称 一种棋牌及其制作方法
国 际 分 类 号 A63F 9/20
无效宣告请求人 李顺华
专　利　权　人 吴彩云
专　　利　　号 02134968.1
申　　请　　日 2002 年 10 月 17 日
授 权 公 告 日 2006 年 1 月 11 日
合 议 组 组 长 高海燕
主　　审　　员 程　华
参　　审　　员 毕艳红

法 律 依 据 专利法第 22 条第 3 款
决 定 要 点

如果现有技术中已经公开了一项权利要求的大部分技术特征，同时给出了应用现有技术与该权利要求的区别技术特征以得出该权利要求的技术启示，对本领域普通技术人员来说在现有技术的基础上得到权利要求所述的技术方案是显而易见的，则该权利要求的技术方案不具备创造性。

一、案由

本无效宣告请求涉及国家知识产权局于 2006 年 1 月 11 日授权公告、申请日为 2002 年 10 月 17 日、申请号为 02134968.1、名称为“一种棋牌及其制作方法”的发明专利（下称本专利），专利权人是吴彩云（下称专利权人）。本专利授权公告的权利要求如下：

“1. 一种棋牌，由厚层、薄层和牌芯组成，厚层上设有凹槽，凹槽内设有牌芯，其特征在于：所述厚层呈长方形，薄层置于厚层上并密闭所述凹槽，所述厚层与薄层之间还设置粘合层连接。

2. 根据权利要求 1 所述的棋牌，其特征在于：所述厚层与薄层之间的粘合层是交联剂。

3. 根据权利要求 1 所述的棋牌，其特征在于：所述薄层渗入到厚层壁与牌芯之间。

4. 根据权利要求 2 所述的棋牌，其特征在于：所述交联剂是二氯甲烷-聚甲基丙烯酯溶液。

5. 一种制造权利要求 1 所述棋牌的方法，其特征在于：包括如下步骤：

1）用水泥凝土模压成大小相匹配的牌芯，备用；

2）用注塑方法注塑上述带有凹槽的长方型厚层，其壁厚为1mm至5mm；

3）上述厚层在其开口处涂上交联剂，晾干，备用；

4）将上述的牌芯置入厚层的凹槽内，放入模具再注上薄层。

6. 根据权利要求4所述制造棋牌的方法，其特征在于：在厚层的开口处放入交联剂浸渍0.5~5秒，取出后，在空气中晾干。

7. 根据权利要求5所述制造棋牌的方法，其特征在于：在注塑上述厚层的模具内设置有牌名、图案，在注塑时一次性将牌名、图案注在厚层上。

8. 根据权利要求7所述制造棋牌的方法，其特征在于：上述注塑工艺的注塑条件，温度在200~240℃之间，压力在12~17mp/cm^2。

9. 根据权利要求5所述制造棋牌的方法，其特征在于：厚层和/或薄层所用材料是聚甲基丙烯酸甲脂为原料，即PMAA，由低聚PMAA和高聚PMAA混合而成。

10. 根据权利要求9所述制造棋牌的方法，其特征在于：所述高、低聚混合料中，高聚PMMA占97%~60%，低聚PMMA占3%~40%。"

针对上述专利权，李顺华（下称请求人）于2007年1月12日向国家知识产权局专利复审委员会提出无效宣告请求，其理由是本专利不符合专利法第22条第3款的规定，并提交了如下附件作为证据：

附件1：中国第00117369.3号发明专利说明书，授权公告日为2003年12月31日（下称对比文件1）；

附件2：中国第99204410.3号实用新型专利说明书，授权公告日为2000年2月2日（下称对比文件2）；

附件3：中国第00228793.5号实用新型专利说明书，授权公告日为2001年5月30日（下称对比文件3）；

附件4：结合对比文件对无效宣告理由的具体意见陈述。

请求人提出的具体理由是：对比文件1、2、3和公知常识的结合，公开了被请求无效专利的权利要求1的全部技术特征，权利要求1不具备创造性；权利要求2~4是本领域技术人员所具备的基本常识，权利要求2~4不具备创造性；权利要求5~10是本领域技术人员所具备的基本常识，不具备创造性。因此，权利要求1~10分别相对于对比文件1、2、3和公知常识的结合不具有创造性，不符合专利法第22条第3款的规定。

经形式审查合格后，专利复审委员会受理了该无效宣告请求案，于2007年1月15日向双方当事人发出了无效宣告请求受理通知书，并将请求人于2007年1月12日提交的无效宣告请求书及其附件清单中所列附件副本转送给专利权人，要求其在指定期限内答复。

请求人于2007年2月6日再次提交意见陈述书，其补充提出的具体无效宣告请求理由是：权利要求1相对于对比文件1的区别在于：所述厚层与薄层之间还设置粘合层，而上述区别技术特征已在对比文件2中公开，因此权利要求1相对于对比文件1、2的结合不具备创造性；权利要求2的附加技术特征是公知常识，权利要求2和4是变劣发明，因此权利要求2、4不具有创造性；权利要求3的附加技术特征与从对比文件1附图可以直接得到的"在底层（也就是薄层上）设有定位柱，在实心体上设有定位孔，底层的定位柱伸入定位孔中"相比，是以基本相同的手段、达到和"定位柱"基本相同的功能，实现和"定位柱"基本相同的技术效果，因此权利要求3不具有创造性；权利要求5与对比文件1相比其区别在于：①增加了"涂上交联剂"的步骤，而对本领域技术人员来说，如果要采用粘合的方式，那么"涂上交联剂"是一个显而易见的步骤；②增加了"长方形壁厚为1~

5mm”的限定技术特征，而对比文件3中公开的长方形的壁厚是3~8mm，因此权利要求5不具备创造性；权利要求6的附加技术特征是交联剂使用的普通常识，在权利要求5不具备创造性的情况下，权利要求6也没有创造性；从对比文件1可知，牌名是单独注塑还是和其他一体注塑，可以根据统筹方法来安排，一体注塑是显而易见的，也没有特别的有益效果，因此在权利要求5不具备创造性的情况下，权利要求7也没有创造性。

专利权人于2007年2月28日提交了意见陈述书，以及中华人民共和国广东省佛山市中级人民法院（2006）佛中法民三初字第236号受理通知书及其传票复印件各一页。专利权人认为：对比文件1没有公开本专利的牌底浸入到面层和实心体之间的技术特征，而且对比文件1所述产品的生产方法与本专利的明显不同；对比文件2、3与本专利注塑生产的牌体不同，本专利就是为了解决上述对比文件存在的缺陷而发明的。因此无论对比文件1、2、3单独或组合都没有完全公开本专利的所有技术特征，本专利符合专利授权条件，请求人提出的无效宣告请求理由不能成立。

专利复审委员会依法成立合议组对上述无效宣告请求进行审理，本案合议组于2007年4月3日向双方当事人发出口头审理通知书，定于2007年5月24日对本案进行口头审理，并随口头审理通知书将专利权人于2007年2月28日提交的意见陈述书转送给请求人，将请求人于2007年2月6日提交的意见陈述书转送给专利权人。

口头审理于2007年5月24日如期举行，请求人委托臧慧彦参见口头审理，并当庭提交了授权书；专利权人委托祁纯阳参见口头审理，并当庭出示了授权委托书。在口头审理过程中，（1）双方当事人对合议组成员无回避请求；请求人对对方出庭人员的身份有异议，对其当庭出示的授权委托书的真实性提出质疑，对对方出庭辩论是否有效提出质疑；专利权人对对方出庭人员身份无异议。鉴于专利权人方的出庭人员当庭出示的授权委托书中委托人的签名有误，合议组当庭告知专利权人方的出庭人员应在口审之后7日内重新提交授权委托书，否则专利权人方的出庭人员视为无代理权，其在口头审理中表达的意见合议组不予考虑。（2）由于请求人提交的对比文件1是00117369.3号发明专利说明书，其授权公告日为2003年12月31日，在本专利的申请日2002年10月17日之后，合议组当庭告知双方当事人对比文件1不能作为评价本专利创造性的证据，请求人坚持使用对比文件1作为评价创造性的证据。（3）请求人明确其无效宣告请求理由为本专利权利要求1~10不符合专利法第22条第3款的规定，具体评价方式为：以对比文件3与对比文件2的结合评价权利要求1的创造性；以对比文件1、对比文件2、对比文件3结合公知常识评价权利要求2、4的创造性；以对比文件1、对比文件2和对比文件3的结合评价权利要求3的创造性；以对比文件1和对比文件3的结合评价权利要求5、6、9的创造性；以对比文件1、对比文件3结合公知常识评价权利要求7、8、10的创造性。（4）专利权人对对比文件1~3的真实性无异议，但认为对比文件1的授权公告日晚于本专利的申请日，不能作为评价本专利创造性的证据。

专利权人于2007年5月31日提交了授权委托书。合议组于2007年6月1日将上述事宜电话通知请求人的联系人以及请求人委托出席口头审理的臧慧彦女士，其同意合议组对上述授权委托书进行核实。

经合议组核实，专利权人提交的授权委托书符合审查指南第四部分第三章第3.6节关于委托手续的相关规定，因此，合议组予以接受。

经过上述审理程序，合议组认为本案事实已经清楚，可以作出审查决定。

二、决定的理由

1. 证据认定

由于对比文件1的授权公告日为2003年12月31日，晚于本专利的申请日2002年10月17日，故对比文件 1 不能作为评价本专利创造性的证据。对比文件 2 的授权公告日为 2000 年 2 月 2 日，对比文件 3 的授权公告日为 2001 年 5 月 30 日，均早于本专利的申请日，且专利人对它们的真实性无异议，故对比文件 2、3 可以作为评价本专利创造性的证据。

2. 无效的理由

在请求人提出无效宣告请求时提交的意见陈述书、2007 年 2 月 6 日再次提交的意见陈述书以及口头审理中提出的无效宣告请求理由中，仅有以对比文件 3 结合对比文件 2 评述权利要求 1 的创造性这一具体理由未使用对比文件 1，其余具体理由均涉及对比文件 1，而对比文件 1 不能作为评价本专利创造性的证据使用，因此，合议组审理本无效宣告请求案的无效理由和范围为：权利要求 1 相对于对比文件 3 和对比文件 2 的结合是否具有创造性。

3. 关于创造性

专利法第 22 条第 3 款规定：创造性，是指同申请日以前已有的技术相比，该发明有突出的实质性特点和显著的进步，该实用新型有实质性特点和进步。

本专利权利要求 1 采用的技术方案是：一种棋牌，由厚层、薄层和牌芯组成，厚层上设有凹槽，凹槽内设有牌芯，其特征在于：所述厚层呈长方形，薄层置于厚层上并密闭所述凹槽，所述厚层与薄层之间还设置粘合层连接。

对比文件 3 公开了一种中间带填料的麻将牌，具体公开的技术内容如下（参见对比文件 3 说明书第 1 页第 7~9 行，附图 1、2）：在由厚薄两层组成的麻将牌的厚层中间制成一个长方形坑，坑内注入比该麻将牌材料价廉的且密度与其相当的填料，然后将薄层压制在厚层上。

将权利要求 1 的技术方案与对比文件 3 公开的上述内容对比可知，对比文件 3 中的麻将牌对应于权利要求 1 中的棋牌，对比文件 3 中的厚层对应于权利要求 1 中的厚层，对比文件 3 中的薄层对应于权利要求 1 中的薄层，对比文件 3 中的填料对应于权利要求 1 中的牌芯，对比文件 3 中厚层中间制成的长方形坑对应于权利要求 1 中厚层中设的凹槽，对比文件 3 中坑内注入填料对应于权利要求 1 中凹槽中内置牌芯。由对比文件 3 中长方形坑及附图 1、2，可以直接、毫无疑义地得出对比文件 1 中的厚层是长方形的，由对比文件 3 中的“由厚薄两层组成的麻将牌的厚层中间制成一个长方形坑”可以直接、毫无疑义地得出薄层和厚层是密闭所述长方形坑的。

权利要求 1 的技术方案与对比文件 3 的区别技术特征在于：所述厚层与薄层之间还设置粘合层连接。

对比文件 2 公开了一种麻将牌，其中是用不透明有机玻璃制造出带凹坑的牌面 1 和平板型牌底 2，粘合成内有空框 4 的牌体（参见对比文件 2 说明书第 1 页第 26~27 行）。其中，对比文件 2 中的麻将牌对应于权利要求 1 中的棋牌，对比文件 2 中的牌面对应于权利要求 1 中的厚层，对比文件 2 中的平板型牌底对应于权利要求 1 中的薄层，对比文件 2 中的牌面 1 和平板型牌底 2 采用粘合的方式连接。也就是说，对比文件 2 给出了采用粘合层连接棋牌的厚层与薄层的技术启示。

因此，本领域普通技术人员在对比文件 3 的基础上结合对比文件 2，而得到权利要求 1 的技术方案是显而易见的，权利要求 1 的技术方案不具备突出的实质性特点和显著的进步，不符合专利法第 22 条第 3 款的规定。

三、决定

宣告 02134968.1 号发明专利权利要求 1 无效，在权利要求 2~10 的基础上维持专利权有效。

当事人如对本决定不服，可依据专利法第 46 条第 2 款的规定，自收到本决定之日起 3 个月内向北京市第一中级人民法院起诉。根据该款的规定，一方当事人起诉后，另一方当事人应当作为第三人参加诉讼。

145

改良的助行车装置

无效宣告请求审查决定（第10114号）

决　　定　　号　第10114号
决　　定　　日　2007年6月20日
发明创造名称　改良的助行车装置
国 际 分 类 号　A61G 5/00
无效宣告请求人　佛山市南海良润医疗运动器材有限公司
专　利　权　人　吉律工业股份有限公司
专　　利　　号　00245512.9
申　　请　　日　2000年8月18日
授 权 公 告 日　2001年8月1日
合 议 组 组 长　黄玉平
主　　审　　员　张梅珍
参　　审　　员　刘　畅

法　律　依　据　专利法第22条第3款
决　定　要　点

对于人民法院生效判决明确认定的事实，合议组应当予以认可。

在实用新型创造性审查中，权利要求与对比文件的区别技术特征已被另一篇对比文件披露，且该特征在对比文件中所起到的作用与在权利要求中所起的作用相同，所要解决的技术问题相同，因而该权利要求的技术方案与现有技术相比没有实质性特点和进步，不具备专利法第22条第3款规定的创造性。

一、案由

本无效宣告请求涉及国家知识产权局于2001年8月1日授权公告的00245512.9号实用新型专利权，其申请日为2000年8月18日，名称为“改良的助行车装置”，专利权人为吉律工业股份有限公司。

其授权公告时的权利要求如下：

“1. 一种改良的助行车装置，前、后脚架的底端皆枢设有轮体，其前脚架顶端手把前方具有定位座、且枢组一控制手柄，该控制手柄连接一刹车导线及后脚架底端的刹车板，又前、后脚架的底段间枢组有折收杆件，上方适当高度则相对设有椅座杆、且架设一座垫，其中，前脚架的椅座杆上方并设有一背靠杆，其特征在于：背靠杆与椅座杆是可分离式，其背靠杆的杆径插组于椅座杆内，又在背靠杆内设一卡钮，该卡钮可弹性凸出于背靠杆的杆壁，并椅座杆对应于该卡钮开设定位孔。

2. 如权利要求 1 所述的一种改良的助行车装置，其特征在于：所述刹车板开设数排的锁固孔。”

针对上述实用新型专利权（下称本专利），南海良润医疗运动器材有限公司（下称请求人）于 2003 年 5 月 10 日向专利复审委员会提出宣告该专利权无效的请求，其理由是本专利不具备新颖性、创造性。所提供的证据是：

附件 1：南海良润医疗运动器材有限公司的目录原件及第 11 页译文；目录制作发票和支出证明单复印件。

附件 2：美国 ESSENTIAL MEDICAL SUPPLY INC 1995 年 9 月印刷的目录原件及第 1 页译文。

附件 3：加拿大 MOBILITY2000 年 4 月的目录原件及第 5 页译文。

附件 4：美国 Valentine International Ltd 于 1999 年 1 月（此为请求人所声称的时间，但上述时间信息在此目录原件上并未记载）所出目录原件及第 2~13 页译文，2000 年 1 月（此为请求人所声称的时间，但上述时间信息在此目录原件上并未记载）所出目录原件及第 2~11 页、2~12 页译文。

附件 5：国家知识产权局于 2002 年 8 月 8 日为本专利所作出的检索报告复印件。

附件 6. “bantex” 的产品目录原件。

经形式审查合格后，专利复审委员会受理了上述无效宣告请求，并将上述专利权无效宣告请求及其附件的副本转给专利权人，并要求其在指定的期限内答复，同时成立合议组进行审理。

请求人于 2003 年 6 月 10 日又提交了新证据如下：

附件 7：授权公告号为 CN2391599Y 的实用新型专利说明书，授权公告日为 2000 年 8 月 16 日；

附件 8：公开号为 WO9107936A1 的 PCT 专利说明书，公开日为 1991 年 6 月 13 日；

附件 9：授权公告号为 CN2306924Y 的实用新型专利说明书，授权公告日为 1999 年 2 月 10 日；

附件 10：授权公告号为 CN2315937Y 的实用新型专利说明书，授权公告日为 1999 年 4 月 28 日；

附件 11：“MADA” 产品目录 5~7 页及译文复印件，以及编号分别为 “No. 002837”、“No. 002816” 的由南海良润医疗运动器材有限公司的送货单复印件 2 页，其中注明交货日期分别为 2000 年 1 月 29 日及 2000 年 1 月 17 日。

专利权人针对上述无效宣告请求受理通知书于 2003 年 6 月 30 日提交了意见陈述书。在意见陈述书中专利权人认为：附件 1~4 不能用作证明本专利新颖性或创造性的对比文件，理由如下：附件 1 为请求人自己的产品目录，该目录没有制作时间，而目录制作发票和支出证明单复印件并不能证明该笔费用就是附件 1 的制作费用；附件 2~4 均为产品目录，其中的图片看不清细部；附件 5 只是对本专利与对比文件的联系所作的关联分析，不是对本专利是否具有创造性的审查决定。

请求人于 2003 年 7 月 8 日提交了新证据如下：

附件 12：专利号为 US5168947 的美国专利说明书，授权日为 1992 年 10 月 8 日；

附件 13：专利号为 US4046374 的美国专利说明书，授权日为 1977 年 9 月 6 日；

附件 14：专利号为 US5433235 的美国专利说明书，授权日为 1995 年 1 月 18 日；

附件 15：专利号为 US4354689 的美国专利说明书，授权日为 1982 年 10 月 19 日；

附件 16：专利号为 US5358220 的美国专利说明书，授权日为 1994 年 10 月 25 日；

附件 17：专利号为 US5593173 的美国专利说明书，授权日为 1997 年 1 月 14 日；

附件 18：“FMH” 产品目录原件。

合议组于 2003 年 10 月 31 日向双方当事人发出了口头审理通知书，定于 2003 年 12 月 8 日进行口头审理，同时将专利权人的意见陈述书的副本转送请求人，将请求人于 2003 年 6 月 10 日和 2003 年 7 月 8 日提交的新证据转送专利权人。

口头审理如期举行，双方当事人均参加了口头审理。请求人当庭明确其无效理由为专利法第22条第2款、第3款，无效范围为权利要求1~2，并提出用附件1作为评价本专利的最接近的现有技术，附件1和附件12结合评价权利要求1的创造性；权利要求2的特征被附件17公开；其余附件表明背靠板可拆卸以及刹车板结构这两个特征已被公开。请求人当庭将附件18的公证认证复印件转给专利权人，并向合议组提交了该公证认证的传真件。专利权人对全部境外证据没有公证认证提出疑义，认为无法证实其合法性；同时对所有专利文献的真实性没有疑义。合议组当庭核对了附件11的原件与复印件一致。

口头审理后，请求人于2003年12月22日提交了附件18的公证认证的原件。

合议组于2004年3月10日针对本案作出了第6013号无效宣告审查决定，决定内容如下：

（1）关于证据。

附件2~4、附件6及附件11是在中华人民共和国领域外形成的证据，请求人在提交上述证据时，没有提交相关的公证认证，因而对于上述证据合议组不予考虑。

附件18是请求人在提出无效宣告请求之日起一个月之后提出的证据，合议组不予考虑。附件12~17虽然是在提出无效宣告请求之日起一个月之后提交的证据，但这些专利文件都记载在附件5中，且有过相关评述，因而可以接受。

附件1是请求人自己的产品目录，该目录没有制作时间，而仅从请求人提供的目录制作发票和支出证明单复印件也不能说明其上所记载的“目录”就是附件1，因而附件1的公开日期不能确定，不能成为本专利的现有技术。

附件5是国家知识产权局针对本专利作出的检索报告，其只能作为评价本专利新颖性、创造性的佐证，对于该检索报告中的意见合议组仅作为参考。

附件7~10、附件12~17都是本专利申请日前公开的专利文献，可以作为本专利的现有技术。但是附件8、附件12~17为外国专利文献，根据审查指南第四部分第一章的规定，当事人在提交外文证据时，应当提交所使用部分的中文译文，提交外文证据的当事人未提交中文译文的，该外文证据视为未提交。因而，对于附件8、附件12~17合议组只考虑其中的附图部分。

（2）关于创造性。

权利要求1相对于附件7和附件10的结合不具备创造性；权利要求2的附加技术特征为常用技术手段，同时亦被附件8的附图2以及附件17的附图5A所公开，因此权利要求2也不具备创造性。

专利权人不服专利复审委员会作出的第6013号决定，向北京市第一中级人民法院提起行政诉讼，要求法院依法撤销上述决定，并判令维持本专利权有效。

北京市第一中级人民法院于2004年11月20日作出（2004）一中行初字第624号行政判决书，认为：（1）附件8、附件12、附件17应当视为未提交；（2）专利复审委员会在第6013号决定中使用了不同于请求人所主张的证据组合方式评价权利要求1创造性，但未给予专利权人就这一新的结合方式陈述意见的机会，违反了请求原则和听证原则。判决：撤销国家知识产权局专利复审委员会第6013号审查决定。

专利复审委员会对北京市第一中级人民法院（2004）一中行初字第624号行政判决不服，上诉至北京市高级人民法院，要求法院依法撤销上述判决，并判令维持第6013号审查决定有效。

北京市高级人民法院于2006年3月27日作出（2005）高行终字第39号行政判决书，认为：（1）请求人在无效宣告程序中未提交附件8、附件12、附件17的中文译文，根据专利法实施细则第4条的规定，上述附件应当视为未提交，而专利复审委员会在第6013号决定中却使用了上述附件的附图部分，违反了上述规定；（2）请求人明确使用附件1和附件12结合评价权利要求1的创造性，而专利复审委员会在第6013号决定中却使用了附件7和附件10结合评价权利要求1创造性，虽然该行为没有违反依职权审查原则，但未给予专利权人就这一新的结合方式陈述意见的机会，违反了请求原则和听证原则。判决：维持北京市第一中级人民法院（2004）一中行初字第624号行政判决。

根据北京市高级人民法院所作出的（2005）高行终字第39号行政判决书，专利复审委员会重新成立合议组对该无效宣告请求进行审理。

专利复审委员会于2007年1月15日向双方当事人发出口头审理通知书，定于2007年3月27日在专利复审委员会举行口头审理。

口头审理如期举行，双方当事人均出席了口头审理，其中请求人声称其企业名称于2004年4月1日由南海良润医疗运动器材有限公司变更为佛山市南海良润医疗运动器材有限公司，合议组当庭告知其应当于庭后提交上述证明材料。在口头审理中，

（1）合议组告知双方当事人：附件8、附件12~17是外国专利文献，请求人未在举证期限内提交其中文译文，高院（2005）高行终字第39号判决将附件8、附件12、附件17认定为视为未提交，参照高院的上述认定并根据专利法实施细则第4条和审查指南第四部分第一章的相关规定，附件13~16同样视为未提交，因而本次口头审理不对上述附件进行审理；附件2~4、附件6、附件11是在中华人民共和国领域外形成的证据，未经过公证认证，不予考虑；附件18是请求人在提出无效请求之日起一个月之后提出的证据，对于该证据合议组不予考虑；关于附件1，由于不能确定其公开日期，本案合议组不予考虑；附件5为检索报告，在本案中仅作参考。因此本案中仅附件7、附件9、附件10可以作为证据使用。双方当事人表示认可合议组关于上述证据的认定，同时请求人明确表示放弃附件1作为证据使用，专利权人表示对附件7、附件9、附件10的真实性予以认可。

（2）请求人明确表示：使用附件7、10的组合评述本专利权利要求1的创造性；附件7、10再加上公知常识用于评述本专利权利要求2的创造性；认为附件7为最接近的对比文件；附件9仅仅用于证明刹车板结构已经被公开。

关于本专利权利要求1是否具有创造性，请求人表示当庭具体意见与复审委员会作出的第6013号决定中认定的关于本专利权利要求1~2不具有创造性的意见一致。专利权人认可附件7公开了本专利权利要求1的前序部分；附件10与本专利一样，都能实现背靠板和椅座杆的分离，即技术效果实质上相同，但附件10中实现背靠板和椅座杆的分离的具体结构与本专利权利要求1的结构不同，本专利是硬质的插合结构，并且通过卡钮的方式达到插接方便的目的，同时硬质的背靠板相对于附件10中的背带更加安全可靠，因此本专利权利要求1相对于附件7与附件10的结合具有创造性。

关于本专利权利要求2是否具有创造性，请求人认为本专利权利要求2的附加技术特征为公知常识。

专利权人认为在本专利权利要求1具备创造性的基础上，本专利权利要求2具有创造性。

2007年3月30日请求人提交了盖有佛山市南海区工商行政管理局信息中心印章的“企业机读档案变更登记资料”原件（下称第一份材料）以及盖有佛山市南海区工商行政管理局业务专用章的“外商投资企业变更核准通知书”复印件（下称第二份材料），其中第一份材料记载了：南海良润医疗运动器材有限公司的企业名称变更为佛山市南海良润医疗运动器材有限公司，核准变更登记日期为2004年4月1日；第二份材料记载了：佛山市南海良润医疗运动器材有限公司已于2004年4月1日获准变更登记，领取了《中华人民共和国企业法人营业执照》（注册号：企独粤南总字第000106号），具有法人地位，变更前企业名称：南海良润医疗运动器材有限公司。

至此，本案合议组认为事实已经清楚，现依法作出如下审查决定。

二、决定的理由

1. 关于请求人

请求人在提出无效宣告请求时的名称为南海良润医疗运动器材有限公司，其于2007年3月30日提交了盖有佛山市南海区工商行政管理局信息中心印章的“企业机读档案变更登记资料”原件以及盖有佛山市南海区工商行政管理局业务专用章的“外商投资企业变更核准通知书”复印件，上述两份资料均载明：南海良润医疗运动器材有限公司的企业名称于2004年4月1日变更为佛山市南海良润医疗运动器材有限公司。合议组经审查，对上述资料的真实性予以认可，因此本案请求人为佛山市南海良润医疗运动器材有限公司。

2. 关于证据

请求人在无效宣告程序中共提交18份证据。其中，附件2~4、附件6及附件11是在中华人民共和国领域外形成的证据，根据审查指南第四部分第八章第2.2.2节的规定，当事人提供域外证据应当经所在国公证机关的证明，并经中华人民共和国驻该国使领馆认证，或者履行中华人民共和国与证据所在国订立的有关条约中规定的证明手续。请求人在提交上述证据时，没有提交相关的公证认证，因而对于上述证据合议组不予考虑。

附件18是请求人在提出无效宣告请求之日起一个月之后提出的证据，根据专利法实施细则第66条的规定，对于该证据合议组不予考虑。

附件8、附件12~17是外国专利文献，请求人未在举证期限内提交其中文译文，高院（2005）高行终字第39号判决将附件8、附件12、附件17认定为视为未提交，参照高院的上述认定并根据专利法实施细则第4条和审查指南第四部分第一章的相关规定，附件13~16同样视为未提交，因而在本决定中对附件8、附件12~17不予考虑。

请求人在本次无效宣告口头审理时明确放弃使用附件1，因此合议组对附件1不予考虑。

附件5是国家知识产权局针对本专利作出的检索报告，其不能作为评价本专利新颖性、创造性的证据使用，对于该检索报告中的意见合议组仅作为参考。

附件7、附件9~10为中国专利文献，专利权人认可其真实性，合议组经审查认为上述证据可以在本案中使用，由于其公开日在本专利申请日之前，其上记载的内容可以作为本专利的现有技术。

3. 关于创造性

专利法第22条第3款规定：创造性，是指同申请日以前已有的技术相比，该发明有突出的实质性特点和显著的进步，该实用新型有实质性特点和进步。

在本案中，请求人明确使用附件7、附件10的组合评价本专利权利要求1的创造性；使用附件7、附件10再加上公知常识评价本专利权利要求2的创造性；表示附件7为最接近的对比文件。

（1）关于权利要求1的创造性。

合议组经审理，查明：

附件7公开了一种助行车装置，在助行车的两侧分别设有主杆及副杆，主杆及副杆的底端枢组设有前轮和后轮（43、44），主杆顶端把手（100）前方具有固定基座（10），且枢组一握把（20），该握把（20）连接一刹车线（30），刹车线连接后轮的刹车器（参见说明书第2页第15~16行），且主杆及副杆的底段间枢组有几个杆件（附图1、6），上方适当高度则相对设有椅座杆（附图1、6）、且架设一座垫（45），其中，椅座杆的上方设有一背靠杆（附图1、6）。

附件7中的主杆及副杆分别相当于本专利权利要求1中的前、后脚架，固定基座（10）相当于权利要求1中定位座（14），握把（20）相当于权利要求1中的控制手柄（15），刹车器相当于权利要求1中的刹车板。

本专利权利要求 1 的技术方案与附件 7 公开的内容相比，其区别在于权利要求 1 的特征部分的特征以及权利要求 1 中前、后脚架的底段间枢组有折收杆件，从附件 7 的图 1、6 可以看到主杆及副杆的底段间枢组有几个杆件，其结构与本专利的折收杆件相似，而助行车通常都是能够折收的，因此对折收杆件虽然附件 7 没有进行文字记载，但本领域技术人员在附件 7 的基础上很容易想到使用上述杆件，而专利权人在本次口头审理中也明确表示本专利权利要求 1 的前序部分已经被附件 7 所公开，因此权利要求 1 未被附件 7 所公开且不能从中获得启示的技术内容是：背靠椅与椅座杆是可分离式，且背靠杆的杆径插组于椅座杆内，又在背靠杆内设一卡钮，该卡钮可弹性凸出于背靠杆的杆壁，并椅座杆对应于该卡钮开设定位孔。

附件 10 公开了一种助行车，该车上方设有扶把杆（12），在扶把杆（12）的两端连有背带（14），扶把杆（12）可插装在前轮杆（1）上方的管端，并以一固定螺栓（121）固定，通过松开固定螺栓（121）以调整扶把杆 12 的高低位置。

将附件 10 公开的内容与权利要求 1 的技术方案相比，可以看出，附件 10 中的扶把杆（12）连接上背带（14）就相当于权利要求 1 中的背靠杆，两者的作用是一样的。从附件 10 中的叙述“扶把杆 12 系插装在 S 形前轮杆 1 上方的管端”（说明书第 3 页第 22~23 行）中可以很明显的推断出该扶把杆和前轮杆是可分离的，这与权利要求 1 中背靠杆与椅座杆相分离的作用是相同的。同时附件 10 中的助行车所要解决的技术问题是便于拆卸或组装，且可缩小体积以便包装搬运，这一点与本专利的所要解决的技术问题也是一样的。因而，本领域中的普通技术人员在附件 10 公开的内容的启示下，可以很容易得出“背靠杆与椅座杆是可分离式，且背靠杆的杆径插组于椅座杆内”的技术方案。另外，至于本专利权利要求 1 中背靠椅和椅座杆通过卡钮和定位孔相连接，而附件 10 中扶把杆和前轮杆是通过螺栓连接，合议组认为用卡钮和定位孔进行连接是本领域中的常规技术手段，因而这一点区别也是本领域中的普通技术人员很容易想到的惯用技术手段。

专利权人强调：附件 10 与本专利一样，都能实现背靠板和椅座杆的分离，即技术效果实质上相同，但附件 10 中实现背靠板和椅座杆的分离的具体结构与本专利权利要求 1 的结构不同，本专利是硬质的插合结构，并且通过卡钮的方式达到插接方便的目的，同时硬质的背靠板相对于附件 10 中的背带更加安全可靠。

合议组认为，正如专利权人所陈述的附件 10 与本专利都能实现背靠板和椅座杆的分离，即技术效果实质上相同，虽然二者实现分离的具体结构不同，前者是通过螺栓调节，后者是通过卡钮插合，但如上所述，上述两种结构均是本领域技术人员为实现可分离式连接而惯常采用的技术手段，并且两种结构各自的优点也是本领域人员所熟知的，因此在附件 10 的基础上本领域技术人员很容易想到如本专利中的卡钮插合结构；至于专利权人所强调的“硬质的背靠板相对于附件 10 中的背带更加安全可靠”，合议组认为附件 10 中并未记载其中的背带是软质的，实际上由该附件 10 中的图 1~2、6~8 可以看出该背带连在该助行车上时，始终保持用以支撑人体背部的形状，也就是说没有证据表明附件 10 的背带不安全不可靠，因此专利权人的上述主张不能成立。

综上所述，由于附件 7、附件 10 与本专利的技术领域相同，附件 7 是本专利最接近的现有技术，而本专利权利要求 1 相对于附件 7 的区别特征中的插接结构已经被附件 10 所披露，且该技术手段在附件 10 中所起到的作用与在本专利作用相同，同时用卡钮和定位孔进行连接是本领域中的常规技术手段，因而权利要求 1 与现有技术相比没有实质性的特点和进步，不具备专利法第 22 条第 3 款规定的创造性。

（2）关于权利要求 2 的创造性。

权利要求 2 的附加技术特征是所述刹车板开设数排的锁固孔。刹车板上设置数排锁固孔是为了调节刹车板与轮体的相对位置以适用于不同尺寸规格的轮体，而通过锁固孔调整两个部件之间的相对位置是机械领域中的常用技术手段，同时该特征并没有产生任何预料不到的技术效果，因而权利要求 2 不具备专利法第 22 条第 3 款规定的创造性。

三、决定

宣告 00245512.9 号实用新型专利权全部无效。

当事人对本决定不服的，可以根据专利法第 46 条第 2 款的规定，自收到本决定之日起三个月内向北京市第一中级人民法院起诉。根据该款的规定，一方当事人起诉后，另一方当事人应当作为第三人参加诉讼。

146

卷帘式纱窗驱动弹簧正面调节装置

无效宣告请求审查决定（第10116号）

决　　定　　号　第10116号
决　　定　　日　2007年6月20日
发明创造名称　卷帘式纱窗驱动弹簧正面调节装置
国 际 分 类 号　E06B 9/56　E06B 9/54
无效宣告请求人　廊坊市宏佳纱窗有限公司
专　利　权　人　娄向明
专　　利　　号　03245193.8
申　　请　　日　2003年4月16日
授 权 公 告 日　2004年5月12日
合 议 组 组 长　马志远
主　　审　　员　李婷婷
参　　审　　员　张　琳

法　律　依　据　专利法第22条第3款
决　定　要　点

如果一项实用新型专利与现有技术相比具有不同的结构，该不同结构能够带来有益效果，并且所述的不同结构不能经由现有技术的教导而无需创造性劳动地实现，则该实用新型专利具有创造性。

一、案由

本无效宣告请求涉及中华人民共和国国家知识产权局于2004年5月12日授权公告的03245193.8号实用新型专利（下称本专利），其名称为“卷帘式纱窗驱动弹簧正面调节装置”，申请日为2003年4月16日，专利权人为娄向明。

本专利授权公告的权利要求如下：

“1. 卷帘式纱窗驱动弹簧正面调节装置，其特征在于：它由纱罩堵头（1）、纱罩堵头盖（5）、调节弹簧（2）、调节转盘（3）和中心轴（4）组成，所述纱罩堵头（1）与纱网轨道安装在一起，调节弹簧（2）套在纱罩堵头（1）的轴（11）上，调节转盘（3）套在调节弹簧（2）上，调节转盘内侧有凸起（31）卡在调节弹簧的两头（21、22）中间，中心轴（4）的一端插入纱罩堵头的轴（11）内，所述中心轴上的圆环（41）与调节弹簧（2）套接，调节弹簧的两头（21、22）卡在圆环（41）的开口处，中心轴（4）的另一端穿过纱罩堵头盖（5）上的孔，纱罩堵头（1）和纱罩堵头盖（5）对应连接。”

2006年8月9日廊坊市宏佳纱窗有限公司（以下称请求人）针对该专利权向国家知识产权局专利复审委员会提出无效宣告请求，其无效宣告请求的具体理由是：本专利权利要求1相对于附件1不具备新颖性和创造性。请求人提交了下述证据：

附件1：1995年11月出版的，第16卷第6期《江苏理工大学学报》第38~43页复印件，其上刊登有文章《汽车窗升降器自锁条件及结构参数设计研究》。

经形式审查合格，专利复审委员会受理了上述请求，于2006年8月10日向双方当事人发出无效宣告请求受理通知书，并将专利权无效宣告请求书和附件清单中所列附件副本转送给了专利权人，要求其在指定的期限内答复，并告知期满未答复的不影响专利复审委员会审理。

请求人于2006年9月8日提交了意见陈述书，并在意见陈述书中补充如下理由：本专利权利要求1相对于附件1~5的结合、附件3、4的结合或者附件3、5的结合均不具备创造性。请求人随意见陈述书再一次提交了附件1，并补充了如下证据：

附件2：授权公告号为CN2240602Y的实用新型专利申请日：1995年8月30日 授权公告日：1996年11月20日；

附件3：授权公告号为CN2352660Y的实用新型专利申请日：1998年11月17日 授权公告日：1999年12月8日；

附件4：授权公告号为CN2494423Y的实用新型专利申请日：2001年8月1日 授权公告日：2002年6月5日；

附件5：授权公告号为CN2600573Y的实用新型专利申请日：2002年10月21日 授权公告日：2004年1月21日；

专利复审委员会依法成立本案合议组，并于2006年11月28日向专利权人发出转送文件通知书，将请求人于2006年9月8日提交的意见陈述书及其所附附件转送给了专利权人，要求其在指定的期限内答复。

专利复审委员会本案合议组另于2006年12月12日向双方当事人发出无效宣告请求口头审理通知书，定于2007年1月23日进行口头审理。

专利权人另分别于2006年12月26日及2007年1月16日提交了意见陈述书。

专利权人认为：(1) 本专利要求保护一种卷帘式纱窗的驱动弹簧正面调节装置，附件1涉及一种汽车窗升降器，二者技术领域不同，且本专利以正面调节的方式解决弹簧弹力的变化，解决了附件1未能解决的技术问题，因此附件1不能破坏本专利权利要求1的新颖性和创造性。(2) 附件2~5的结构均与本专利不同，因此均不能破坏本专利的实质性特点和进步。

口头审理于2007年1月23日如期进行，双方当事人均参加了口头审理。在口头审理中，(1) 双方当事人对合议组成员无回避请求，对合议组成员变更无异议；双方当事人对对方出庭人员身份无异议；(2) 合议组当庭将专利权人分别于2006年12月26日和2007年1月16日提交的两份意见陈述书转交给请求人；(3) 专利权人对请求人提交的附件1~5的真实性无异议；(4) 合议组当庭告知请求人，附件5的公开日期晚于本专利的申请日，不属于现有技术。请求人明确表示放弃附件3和附件5相结合，或者附件1~5相结合评价本专利创造性的无效理由；(5) 请求人明确表示无效理由为：本专利权利要求1相对于附件3和附件4的结合，或者附件1~4的结合不具备创造性。在使用附件1~4结合评价本专利权利要求1时，使用附件2作为最接近的现有技术，此外请求人明确承认附件3中的调节装置用于调节弹簧的扭力，附件1、2、4中的装置用于克服车窗玻璃或纱窗的卷帘的重力进行定位。

至此，合议组认为本案事实已经清楚，现依法作出审查决定。

二、决定的理由

1. 关于证据

请求人提交了附件 1~5。其中，附件 1~4 的公开日期均早于本专利申请日，且专利权人对附件 1~4的真实性无异议，因此附件 1~4 可作为本案的有效证据使用；附件 5 的授权公告日为 2004 年 1 月 21 日，晚于本专利的申请日 2003 年 4 月 16 日，且请求人当庭表示放弃附件 5，因此合议组对附件 5 不再予以评述。

2. 关于创造性

专利法第 22 条第 3 款规定的创造性是指：同申请日以前已有的技术相比，该发明有突出的实质性特点和显著的进步，该实用新型有实质性特点和进步。

（1）关于使用附件 3、4 结合评价权利要求 1 的创造性。

本专利提供了一种卷帘式纱窗驱动弹簧正面调节装置，用以解决现有卷帘式纱窗的弹簧力量不可调节或者只能侧面调节的问题。本专利权利要求 1 采取了如下技术方案：卷帘式纱窗驱动弹簧正面调节装置，其特征在于：

A. 它由纱罩堵头（1）、纱罩堵头盖（5）、调节弹簧（2）、调节转盘（3）和中心轴（4）组成，

B. 所述纱罩堵头（1）与纱网轨道安装在一起，

C. 调节弹簧（2）套在纱罩堵头（1）的轴（11）上，

D. 调节转盘（3）套在调节弹簧（2）上，

E. 调节转盘内侧有凸起（31）卡在调节弹簧的两头（21、22）中间，

F. 中心轴（4）的一端插入纱罩堵头的轴（11）内，

G. 所述中心轴上的圆环（41）与调节弹簧（2）套接，

H. 调节弹簧的两头（21、22）卡在圆环（41）的开口处，

I. 中心轴（4）的另一端穿过纱罩堵头盖（5）上的孔，

J. 纱罩堵头（1）和纱罩堵头盖（5）对应连接。

由此可见，本专利权利要求 1 所述调节装置的主要部件的结构特点为：轴（11）位于纱罩堵头内，中心轴具有与调解弹簧套接的且带开口的圆环，调节转盘内侧有凸起，主要部件之间的结构关系由里到外依次为中心轴、纱罩堵头的轴、调节弹簧、中心轴的圆环、调节转盘。

附件 3（参见说明书第 2 页倒数第 10 行至第 3 页倒数第 3 行，附图 1、8~13）公开了一种自定位弹力式卷帘装置的弹力调节器，所述弹力调节器具有一个固定钢碗，固定钢碗内装有带扇形缺口的弹力调节轴，在弹力调节轴上套有调节弹簧，弹力调节轴的扇形缺口内插接有调节钮的定位销（7-3-1）和定位销（7-3-2），弹力调节轴另一端插接右定位轴方身，固定钢碗用固定卡板与右支架紧固，弹力调节器的调节弹力操作过程是：调节钮中的定位销（7-3-1）对准弹力调节轴的中孔，定位销（7-3-2）对准调节弹簧的间隙孔，调节钮作逆时针方向旋转，转动调节弹簧使其弹力增大，调节弹簧作反向膨胀运动，阻止扭簧回弹的弹力，通过弹力调节器可以调节扭簧的回弹弹力，以取得最佳回弹力。

附件 4（参见说明书第 3 页第 26 行至第 5 页第 26 行，附图 1~6）公开了一种卷帘的逆转卡掣装置，用于防止卷帘因重量下滑而对卷帘进行定位，其中所述逆转卡掣装置的卷动装置为由一主卷座和副卷座构成一卷动帘体的结构，其中主卷座中的主转盘一侧形成有一主动轴，而在主动轴的一侧另外套设有一从动轴与传动轴相连接，从动轴另具有与其相连的联动轴穿过座体，在主卷座的座体容置室中另外设有一套座，用以使主动轴与从动轴得以相对接合，主动轴与从动轴在其相互对接的轴体上分别形成有呈半剖状的第一压抵面与第二压抵面，且在套座的中段处套设有一绕卷弹簧，该绕卷弹簧分别形成有可伸入第一压抵面与第二压抵面间的连动区段，该连动区段直接由绕卷弹簧的两端直接朝向

弹簧的中心弯折成型，且绕卷弹簧的旋向是朝向从动轴的第二压抵面，主卷座还具有侧盖用于与容置室相配合。所述主卷座设有一侧盖与座体容置室配合便于对内部元件的组装及维修替换。主动轴由于主转盘受到主拉绳的拉引而转动，从而相应带动绕卷弹簧及从动轴转动。

请求人认为：弹簧自锁机构一般由固定盒体、主动轴或主动轴套、从动轴或从动轴套、密圈弹簧，以及密圈弹簧的固定轴或固定套组成。本专利所述正面调节装置、附件3所述调节器、附件4所述逆转卡掣装置均采用了弹簧自锁的原理，其中本专利所述堵头、附件3所述固定钢碗、附件4所述座体均相当于固定盒体，本专利所述调节转盘、附件3所述调节钮、附件4所述主转盘相当于主动轴，本专利所述中心轴、附件3所述调节轴、附件4所述从动轴相当于从动轴，本专利所述调节弹簧、附件3所述调解弹簧、附件4所述绕圈弹簧相当于密圈弹簧，本专利所述堵头的轴相当于固定轴，附件3所述固定钢碗的内壁、附件4所述套座和座体构成的固定套的内壁相当于固定套。亦即本专利所述调节装置采用了密圈弹簧与固定轴配合的方式，附件3、4均采用了密圈弹簧与固定套配合的方式。且附件4采用了正面调解的方式。

合议组认为：由上述对比可知，附件3所述调节器并不包括纱罩堵头和纱罩堵头盖，且其采用了密圈弹簧与固定套配合的方式，尽管密圈弹簧无论与固定轴配合还是与固定套配合，都是利用弹簧的涨大或者缩小产生摩擦力，并由此实现与其关联的从动轴的转动，但是由于密圈弹簧与固定轴或固定套之间位置关系相反，使得对上述两种结构的密圈弹簧作出相同动作时，所产生的摩擦力的效果相反，因此为了获得相同的技术效果，与上述两种结构分别相配合的从动部件等其他部件的具体组成、结构关系必然各不相同，具体到本专利与附件3，即为本专利所述调节装置的主要部件之间的结构关系由里到外依次为中心轴、纱罩堵头的轴、调节弹簧、中心轴的圆环、调节转盘，而附件3所述调节器的主要结构由里到外依次为调节钮的定位销、调节轴、调节弹簧、钢碗，即二者的各部分组成的连接关系不同，且二者除了调节弹簧外其他各部件的具体结构特点亦不同，即附件3所述调节器的结构与本专利所述调节装置的结构具有较大差别，附件3均未公开本专利权利要求1的技术特征A~J。附件4所述逆转卡掣装置用于对卷帘装置进行定位，并不涉及与纱窗有关的部件，其包括设置在主卷座的座体的容置室、套座、主卷座的侧盖、绕圈弹簧、主动轴和中心轴，其同样采用了密圈弹簧与固定套配合的方式，其主要结构由里到外依次为主动轴、从动轴、绕圈弹簧、套座，上述各部件之间的结构关系与本专利采用密圈弹簧与固定轴配合方式的调节装置的各相应部件之间的连接关系不同，且二者除了弹簧外其他各部件的具体结构特点亦不同，即附件4所述调节器的结构与本专利所述调节装置的结构亦具有较大差别，附件4亦未公开本专利权利要求1的技术特征A~J。因此附件3、4均没有对本专利所述调节装置采用的弹簧自锁的方式、及其整体结构给出启示，而本专利采用了与附件3、4采用的密圈弹簧与固定套配合的方式不同的密圈弹簧与固定轴配合的方式，并且由于将调节转盘设置在纱罩堵头与堵头盖之间，即其位于纱罩堵头的内侧，因此可达到仅仅拨动调节转盘即可对纱窗的弹簧扭力进行正面调节的技术效果，而附件3所述调节器的调节钮位于卷帘装置的侧边，其只能在侧面对弹簧进行调节，附件4所述逆转卡掣装置仅仅用于对卷帘装置进行定位，并非用于弹簧扭力的调节，且其必须使用另外的部件，即主拉绳控制与主动轴一体的主转盘才能够对卷帘进行定位。综上所述，附件3、4均未公开本专利权利要求1的技术特征A-J，亦未给出任何相关的技术启示，在附件3的基础上结合附件4无法得到本专利权利要求1所述的技术方案，因此本专利权利要求1相对于附件3、4的结合具有专利法第22条3款规定的创造性。

（2）关于使用附件1、2、3、4结合评价权利要求1的创造性。

如前所述，本专利权利要求1要求保护一种卷帘式纱窗驱动弹簧正面调节装置，用以解决现有卷帘式纱窗的弹簧力量不可调节或者只能侧面调节的问题。

在使用附件 1~4 结合评价本专利权利要求 1 的创造性时，附件 2（参见说明书第 1 页倒数第 3 行至第 4 页最后 1 行，附图 2~7）为请求人认为最接近本专利的现有技术，其公开了一种纱窗的定位机构，用于将窗纱固定在所需的位置，所述定位机构由定位轴、轴套、扭簧、定位套、压盖、轴承、外壳和定位销构成，定位轴上设有条状凸块，所述凸块与轴套内圈的条状凹槽相配，轴套上绕有扭簧，扭簧位于定位套内，扭簧的一端 22 与轴套外的定位套上的孔 18 相配，并由压盖压紧，使该端不能自由活动，扭簧的另一端 23 嵌入定位套上开的长槽中，定位套上还设置环形凹槽，可在所述环形凹槽内移动的定位销固定在外壳上，设置在外壳顶端的轴承与定位轴相配合。由于定位销的销头可在定位套上的环形凹槽内移动，当窗纱被拉动时，所述外壳被带动进行转动，固定在外壳上的定位销在定位套上环形凹槽内从一点向另一点移动，由此带动定位套绕轴套转动，从而使卷在卷纱筒上的窗纱随之移动，当窗纱达到一定位置需定位时，只需稍微将窗纱松一松，定位销即沿环形凹槽的一点运行至另一点，由于扭簧的一端 22 嵌入定位套的孔中，故扭簧被定位套旋紧，定位套不能再转动，此时，窗纱固定在所需的位置。

附件 1（参见附件 1 第 1 页第 8~20 行，图 1）公开了一种汽车窗升降器，用于控制车窗的升降，所述升降器的结构为两端做成钩状的密圈弹簧被压入金属壳中，壳中心套入摇把轴，摇把轴与升降器拉杆相连，转动摇把轴以实现车窗的上升或下降，当外力施加于车窗时，通过拉杆施力于弹簧端点，利用弹簧与壳壁之间的摩擦力实现自锁。

附件 3、4 公开的内容如前述意见 2-1 所述。

请求人认为，附件 1 涉及一种汽车窗升降器，其采用了密圈弹簧自锁的原理。此外本专利以及附件 2-4 亦采用了弹簧自锁的原理，其中本专利所述堵头、附件 2 所述定位机构、附件 3 所述固定钢碗、附件 4 所述座体均相当于固定盒体，本专利所述调节转盘、附件 2 所述外壳、附件 3 所述调节钮、附件 4 所述主转盘相当于主动轴，本专利所述中心轴、附件 2 所述定位套、附件 3 所述调节轴、附件 4 所述从动轴相当于从动轴，本专利所述调节弹簧、附件 2 所述扭簧、附件 3 所述调解弹簧、附件 4 所述绕圈弹簧相当于密圈弹簧，本专利所述堵头的轴、附件 2 所述定位轴和轴套 10 的组合相当于固定轴，附件 3 所述固定钢碗的内壁、附件 4 所述套座和座体构成的固定套的内壁相当于固定套。亦即本专利与附件 2 均采用了密圈弹簧与固定轴配合的方式，附件 3、4 均采用了密圈弹簧与固定套配合的方式。

合议组认为：由上述对比可知，附件 2 所述定位装置用于对纱窗进行定位，并不涉及弹簧扭力的调节，且所述定位机构为纱窗中的一个相对独立的装置，其并不包括传统的纱罩堵头以及相应的纱罩堵头盖，因此更不涉及定位套与纱罩堵头或堵头盖之间的关联关系，此外尽管附件 2 所述定位机构采用了与本专利相同的密圈弹簧与固定轴配合的方式，但二者除了弹簧外其他各部件的具体结构特点均不相同，具体为附件 2 所述定位机构由定位轴与轴套的组合构成固定轴，所述外壳相当于主动轴、定位套相当于从动轴、即附件 2 所述定位机构的结构与本专利所述调节装置的结构具有较大差别，附件 2 均未公开本专利权利要求 1 的技术特征 A~J。附件 1 所述汽车窗升降器用于克服车窗的重力而实现对车窗上升或下降的控制，而非如本专利所述的用于对纱窗的驱动弹簧进行正面调节，附件 1 所述汽车窗升降器不涉及纱窗及与纱窗有关的任何部件，且附件 1 所述汽车窗升降器采用了密圈弹簧套在固定套内的结构，其中摇把轴相当于主动轴，密圈弹簧即密圈弹簧、金属罩壳相当于固定套，密圈弹簧位于金属罩壳内，摇把轴位于密圈弹簧内，因此附件 1 所述汽车窗升降器的部件组成以及各部件之间的连接关系与本专利均有较大差别，附件 1 未公开本专利的技术特征 A~J。且由前述意见 2-1 可知，附件 3、4 同样未公开本专利权利要求 1 的技术特征 A~J。由此可知，附件 1、2、3、4 均没有对本专利所述调节装置采用的整体结构给出启示，而本专利将调节转盘设置在纱罩堵头与堵头盖之间，因此可达到仅仅拨动调节转盘即可对纱窗的弹簧扭力进行正面调节的技术效果，附件 2 仅涉及纱窗的定位，并不涉及弹簧扭力的调节，且其定位机构位于纱窗的一侧，只能侧面进行定位，附件1仅涉及车窗的升降，亦未涉及弹簧扭力的调节，且其与纱窗没有任何关系，因此不涉及正面调节还是侧面调节的问题，附件3所述调节器只能在侧面对弹簧进行调节，附件4所述逆转卡掣装置仅仅用于对卷帘装置进行定位，并非用于弹簧扭力的调节，且其必须使用另外的部件，即主拉绳控制与主动轴一体的主转盘才能够对卷帘进行定位。综上所述，附件1、2、3、4均未公开本专利权利要求1的技术特征A~J，亦未给出任何相关的技术启示，在附件2的基础上结合附件1、3、4无法得到本专利权利要求1所述的技术方案，因此本专利权利要求1相对于附件1、2、3、4的结合具有专利法第22条3款规定的创造性。

综上所述，对于请求人的无效宣告理由，合议组不予支持。

三、决定

维持第03245193.8号实用新型专利权有效。

当事人对本决定不服的，可以根据专利法第46条第2款的规定，自收到本决定之日起3个月内向北京市第一中级人民法院起诉。根据该款的规定，一方当事人起诉后，另一方当事人应当作为第三人参加诉讼。

北京市第一中级人民法院
行政判决书

（2007）一中行初字第1395号

原告廊坊市宏佳纱窗有限公司，住所地廊坊市广阳区东尖塔村。

委托代理人董金国，石家庄新世纪专利商标事务所有限公司专利代理人。

被告国家知识产权局专利复审委员会，住所地北京市海淀区北四环西路9号银谷大厦10~12层。

法定代表人廖涛，副主任。

委托代理人李卉，国家知识产权局专利复审委员会审查员。

委托代理人高雪，国家知识产权局专利复审委员会审查员。

第三人娄向明 原告廊坊市宏佳纱窗有限公司因专利行政决定一案，不服被告国家知识产权局专利复审委员会作出的第10116号无效宣告请求审查决定，向本院提起诉讼。本院受理后，依法组成合议庭。在诉讼期间，原告廊坊市宏佳纱窗有限公司向本院递交了撤诉申请书，申请撤回起诉。

经审查，本院认为，原告有权在诉讼期间依法处分其诉讼权利。原告在诉讼期间自愿申请撤诉的行为，是其依法处分其诉权的真实意思表示。该行为未侵犯国家、集体和他人的合法权益，本院应予准许。据此，依照《中华人民共和国行政诉讼法》第51条的规定，裁定如下：

准许原告廊坊市宏佳纱窗有限公司撤回起诉。

案件受理费100元，减半收取50元，由原告廊坊市宏佳纱窗有限公司负担（已交纳）。

审　判　长　娄宇红
代理审判员　李纪红
代理审判员　张燕宾
二〇〇七年十一月二十八日
书　记　员　张　涵

147

一种预制空心管

无效宣告请求审查决定（第 10121 号）

决　　定　　号　第 10121 号
决　　定　　日　2007 年 6 月 20 日
发明创造名称　一种预制空心管
国 际 分 类 号　E04G 15/00
无效宣告请求人　颜喜东
专　利　权　人　邓宝君
专　　利　　号　200420018468.5
申　　请　　日　2004 年 2 月 18 日
授 权 公 告 日　2005 年 3 月 16 日
合 议 组 组 长　赵　明
主　　审　　员　郭建强
参　　审　　员　巩克栋

法　律　依　据　专利法第 22 条第 3 款，专利法实施细则第 2 条第 2 款
决　定　要　点

如果实用新型的权利要求中既包含形状、构造特征，又包含对材料本身提出的技术方案，则不属于实用新型专利保护的客体。但是，将现有技术中已知的材料应用于具有形状、构造的产品上，不属于对材料本身提出的技术方案。

如果实用新型专利与一份对比文件的区别技术特征为本领域中的公知常识，则对本领域的技术人员来说，该实用新型专利相对于该对比文件是显而易见的，不具有实质性特点和进步。

一、案由

本无效宣告请求涉及中华人民共和国国家知识产权局于 2005 年 3 月 16 日授权公告的、名称为“一种预制空心管”的实用新型专利权（以下简称本专利），其专利号是 200420018468.5，申请日是 2004 年 2 月 18 日，专利权人是邓宝君。本专利授权公告时的权利要求书如下：

“1. 一种预制空心管，包括管体（1）及管端盖（2），其特征在于：管体（1）及管端盖（2）的中间均置有耐碱网格布（3），耐碱网格布（3）两侧的硅酸盐水泥中均匀混合耐碱短纤维（4）。

2. 根据权利要求 1 所述的预制空心管，其特征在于：耐碱短纤维（4）的含量为 5%。”

针对本专利权，颜喜东（以下简称请求人）于 2005 年 8 月 22 日向专利复审委员会提出无效宣告请求，认为本专利不符合专利法第 22 条第 2 款、第 3 款、第 26 条第 3 款、第 4 款、专利法实施细则

第 2 条第 2 款、第 20 条第 1 款的规定，请求人同时提交了如下附件作为证据：

附件 1：授权公告日为 2003 年 7 月 9 日的 ZL99115649.8 号发明专利说明书，共 9 页；

附件 2：授权公告日为 2003 年 6 月 11 日的 ZL01136050.X 号发明专利说明书，共 28 页；

附件 3：授权公告日为 1999 年 10 月 13 日的 ZL98231113.3 号实用新型专利说明书，共 5 页；

附件 4：公开日为 2002 年 7 月 31 日的 00136046.9 号发明专利申请公开说明书，共 7 页；

附件 5：ZL99249755.8 号发明专利说明书（实际未提交）；

附件 6：中国建筑工业出版社 1980 年 6 月第一版、1980 年 6 月第一次印刷的《凝胶材料学》版权页、目录页、第 196~210 页的复印件，共 17 页；

附件 7：吉林科学技术出版社 1985 年 10 月第一版、1985 年 10 月第一次印刷的《混凝土手册》版权页、目录页、第 134~148 页、第 170~190 页的复印件，共 38 页。

请求人认为：附件 1、2、3、4、5 都分别以下位概念公开了本专利权利要求 1 中的全部技术特征，权利要求 1 中的“硅酸盐水泥中均匀混合耐碱短纤维”不是实用新型的技术特征，并且在水泥等胶凝材料中加短纤维用于增强也是公知技术，权利要求 1 不符合专利法第 22 条和专利法实施细则第 2 条第 2 款的规定；权利要求 2 中的“耐碱短纤维的含量为 5%”不是实用新型技术特征，又未指明是体积比含量还是质量比含量，表述不清楚，不符合专利法和专利法实施细则的有关规定。

请求人于 2005 年 9 月 2 日向专利复审委员会提交了意见陈述书，并补充了无效宣告的理由和证据，其中补充的证据为：

附件 8：公开日为 2003 年 12 月 24 日的 02122558.3 号发明专利申请公开说明书，共 17 页；

附件 9：授权公告日为 2004 年 10 月 6 日、申请日为 2002 年 5 月 29 日的 ZL02122558.3 号发明专利说明书，共 30 页。

请求人认为：附件 8、9 也以下位概念公开了本专利权利要求 1 中的全部技术特征。

经形式审查合格，专利复审委员会依法受理了上述无效宣告请求，并于 2005 年 10 月 19 日向请求人和专利权人发出无效宣告请求受理通知书，同时将专利权无效宣告请求书及其附件清单中所列附件的副本转送给专利权人，并要求专利权人在指定的期限内陈述意见。

针对专利复审委员会发出的上述无效宣告请求受理通知书，专利权人于 2005 年 11 月 24 日提交了意见陈述书。

专利权人认为：附件 1~5、8~9 都没有公开本专利权利要求 1 中“耐碱网格布”和“耐碱短纤维”的技术特征，附件 6 只是公开了各种纤维与聚合物增强胶凝材料的物理化学性能，没有公开权利要求 1 和 2 的技术方案，附件 7 虽然公开了耐碱玻璃纤维，但没有公开如何使用和应用在哪种产品上，因此本专利权利要求 1 具备新颖性，从属权利要求 2 也具备新颖性。关于创造性，附件 9 的公开日在本专利申请日之后，不能用来作为现有技术使用，附件 1 是本专利最接近的现有技术，但其公开的普通的玻璃纤维在硅酸盐水泥化合物中会受到化学侵蚀和应力侵蚀，而本专利权利要求 1 的“耐碱网格布和耐碱短纤维”与硅酸盐水泥之间不发生侵蚀，大大提高了空心管的强度、韧性和抗震性能。因此本专利权利要求 1 具备创造性，从属权利要求 2 中耐碱短纤维的含量是体积率，其含量多少直接影响空心管的强度，经实验表明，耐碱短纤维含量为 5% 时，耐碱短纤维与硅酸盐水泥结合强度及韧性最适宜制造空心管，因此权利要求 2 也具备创造性。

专利复审委员会依法成立合议组。

本案合议组于 2007 年 4 月 2 日向请求人和专利权人发出无效宣告请求口头审理通知书，定于 2007 年 5 月 31 日在专利复审委员会举行口头审理。

口头审理如期举行，请求人单方出席了口头审理，专利权人未出席。合议组当庭将专利权人答复无效宣告请求书的意见陈述书转给请求人。请求人当庭出示附件6、7的原件，放弃了有关专利法第22条第2款和第26条第4款的无效理由，放弃使用附件5和9，并明确其无效的理由、证据和范围为：权利要求1、2不符合专利法实施细则第2条第2款和专利法第22条第3款的规定，权利要求2不符合专利法第26条第3款和专利法实施细则第20条第1款的规定，请求人明确表示没有其他的无效理由、范围和证据。关于专利法实施细则第2条第2款，请求人的具体主张为：权利要求1、2中的耐碱网格布、硅酸盐水泥、耐碱短纤维是材料特征，不属于实用新型的保护范围，但承认上述材料是已知材料。关于权利要求2不符合专利法第26条第3款和专利法实施细则第20条第1款的规定，请求人的具体主张为：权利要求2中耐碱短纤维的含量为5%没说是体积比还是重量比，说明书中也没有说明清楚。关于本专利的创造性，请求人认为权利要求1~2相对于附件1~4、8中的任何一篇分别与附件6或7的结合不具备创造性，其中请求人认为附件1是本专利最接近的现有技术。

至此，合议组认为本案事实已经清楚，可以作出审查决定。

二、决定的理由

1. 关于证据和现有技术

请求人提交的证据包括附件1~4、6~8，其中附件1~4和8为公开出版的中国专利文献，经核实其真实性可以得到确认；附件6和7是公开出版的教科书和技术手册，请求人当庭出示了附件6、7的原件，合议组经核实，确认附件6和7的复印件与原件的一致性以及原件的真实性，因此合议组接受上述附件1~4、6~8作为本案的证据使用。同时由于上述附件均为公开出版物，且其公开日期均在本专利的申请日前，因此都可以作为本专利的现有技术使用。

2. 关于专利法实施细则第2条第2款

专利法实施细则第2条第2款规定：专利法所称实用新型，是对产品的形状、构造或者其结合所提出的适于实用的新的技术方案。

根据该规定，如果实用新型的权利要求中既包含形状、构造特征，又包含对材料本身提出的技术方案，则不属于实用新型专利保护的客体。但是，将现有技术中已知的材料应用于具有形状、构造的产品上，不属于对材料本身提出的技术方案。

本案中，请求人认为本专利权利要求1、2中的耐碱网格布、硅酸盐水泥、耐碱短纤维都是材料特征，不属于实用新型的保护范围，不符合专利法实施细则第2条第2款的规定，但承认上述材料均是已知材料。

合议组经审查认为，由于耐碱网格布、硅酸盐水泥、耐碱短纤维是现有技术中已知的材料，因此本专利权利要求1和2属于将现有技术中已知的材料应用于具有形状、构造的产品上，故本专利权利要求1和2的技术方案不属于对材料本身提出的技术方案，属于实用新型专利保护的客体，符合专利法实施细则第2条第2款的规定。

3. 关于本专利的创造性

专利法第22条第3款规定，创造性，是指同申请日以前已有的技术相比，该发明有突出的实质性特点和显著的进步，该实用新型具有实质性特点和进步。

根据上述规定，如果实用新型专利与一份对比文件的区别技术特征为本领域中的公知常识，则对本领域的技术人员来说，该实用新型专利相对于该对比文件是显而易见的，不具有实质性特点和进步，不具备专利法第22条第3款规定的创造性。

本案中，本专利权利要求1为一种预制空心管，包括管体及管端盖，其特征在于管体及管端盖的中间均置有耐碱网格布，耐碱网格布两侧的硅酸盐水泥中均匀混合耐碱短纤维。请求人提交的附件1（参见说明书第3~4页）中公开了一种钢筋砼填充用纤维增强型空心薄壁管，其由硬质薄壁管（即管体）和堵头（即管端盖）组成，薄壁管管壁和堵头均由胎体和胶结材料复合而成，胎体为玻璃纤维或碳纤维或无纺布或纤维编织物的任一种，胶结材料为硅酸盐水泥或硫铝酸盐水泥或铁铝酸水泥或氯氧镁水泥或碱矿渣水泥或碱粉煤灰水泥或快硬水泥或特种水泥或有机树脂或为水泥、填料、外加剂、纤维的混合物中任一种。

合议组经审查后认为：附件 1 已经披露了本专利权利要求 1 中空心管管体及管端盖中间均置有网格布，网格布两侧硅酸盐水泥中均匀混合短纤维的主要结构特征，两者的区别技术特征仅仅在于：附件 1 没有披露本专利所采用的网格布和纤维均为耐碱性质。但合议组认为上述纤维材料性质的选择是本领域的公知常识，在附件 6 或附件 7 中都可以得到证明，附件 6 第 198~199 页中记载有"七十年代中期，美、日、苏等国均相继研制成抗碱玻璃纤维，近年来我国也已初步研制成此种纤维……这类抗碱玻璃纤维在常温的硅酸盐水泥液相中强度较为稳定"，在附件 7 第 170~171 页"玻璃纤维混凝土"一节中记载有"我国研制抗碱玻璃纤维是从七十年代开始的，建筑材料研究院纤维室自 1975 年至 1978 年研究成功抗碱玻璃纤维……为了节约纤维用量和便于施工，建筑材料研究院还研制成功了玻璃纤维格子布……近年来，国外对玻璃纤维增强混凝土的研究重点是研制耐碱玻璃纤维，并用它与普通硅酸盐水泥复合使用……玻璃纤维大体上可分为长纤维和短纤维两大类"，附件 6 和 7 作为教科书和技术手册，分别于 1980 年和 1985 年出版，因此证明了本专利权利要求 1 中的耐碱网格布、耐碱短纤维以及硅酸盐水泥中混合耐碱短纤维早已成为本领域所公知的常识。因此在附件 1 的基础上，为了解决纤维在硅酸盐水泥中抗碱化的问题，选择公知常识性的耐碱纤维材料，从而得到本专利权利要求 1 的技术方案，对于本领域技术人员来说是显而易见的，因此本专利权利要求 1 相对于附件 1 和附件 6 或 7 的结合不具有实质性特点，不具备创造性。

权利要求 2 中进一步限定耐碱短纤维的含量为 5%，请求人认为该含量在说明书和权利要求书中没有记载是体积比还是重量比，不符合专利法第 26 条第 3 款和专利法实施细则第 20 条第 1 款的规定，但专利权人在意见陈述书中认为纤维在胶凝材料中的比例均指体积比，只有纤维体积率的多少才会影响纤维与胶凝材料复合体的强度，这是本领域技术人员所公知的。对此，合议组认为，在附件 6 有关几种典型的纤维-胶凝材料复合体中的玻璃纤维水泥部分（见附件 6 第 205~207 页）中公开了"玻璃纤维的体积率为 5%"，在附件 7 第 186 页公开了"一般将纤维含量定为 5% 左右"，同时在该页及第 187 页表明表 7-6-33 中所使用的纤维含量为 5%（重量比），因此权利要求 2 的技术方案无论是体积比还是重量比都是显而易见的，在其引用的权利要求 1 不具备创造性的基础上同样不具备创造性。

鉴于本专利相对于附件 1 和附件 6 或 7 的结合不具备创造性，应予全部无效，因此对请求人提出的其他证据组合来影响本专利创造性的理由，本决定中不再予以评述。

根据上述的事实和理由，本案合议组依法作出以下决定。

三、决定

宣告 200420018468.5 号实用新型专利权全部无效。

当事人对本决定不服的，可以根据专利法第 46 条第 2 款的规定，自收到本决定之日起 3 个月内向北京市第一中级人民法院起诉。根据该款的规定，一方当事人起诉后，另一方当事人应当作为第三人参加诉讼。

148

组合式钢床

无效宣告请求审查决定（第 10137 号）

决 定 号 第 10137 号
决 定 日 2007 年 6 月 23 日
发明创造名称 组合式钢床
国 际 分 类 号 A47C 19/00，F16B 12/00
无效宣告请求人 浙江梦祥家私有限公司
专 利 权 人 林建耀
专 利 号 01247227.1
申 请 日 2001 年 8 月 10 日
授 权 公 告 日 2002 年 7 月 17 日
合 议 组 组 长 王桂莲
主 审 员 周 航
参 审 员 杨军艳

法 律 依 据 专利法第 22 条第 2 款、第 3 款，专利法实施细则第 13 条第 1 款
决 定 要 点

权利要求保护范围不同或仅部分重叠的，不属于同样的发明创造。

如果产品权利要求与对比文件披露的内容相比技术领域不同，并且存在结构上区别，则两者不是相同的发明创造，权利要求具备新颖性。

如果请求保护的技术方案与对比文件相比存在区别，并且该区别相对于对比文件来说是非显而易见的，并为请求保护的技术方案带来了有益的技术效果，则请求保护的技术方案相对于对比文件具备创造性。

一、案由

本无效宣告请求涉及中华人民共和国国家知识产权局于 2002 年 7 月 17 日授权公告的、名称为“组合式钢床”的实用新型专利权（下称本专利），其专利号是 01247227.1，申请日是 2001 年 8 月 10 日，授权时的专利权人为郑光远，于 2006 年 2 月 28 日变更为林建耀。该专利授权公告时的权利要求书如下：

“1. 一种组合式钢床，其特征在于床柱（1）的侧面或者棱角上有至少两排榫孔（2），横梁（3）和侧梁（4）的两端与榫架（5）连接，榫架（5）上有榫头（6）与床柱（1）中的榫孔（2）配合，床柱（1）由中空型材制成。

2. 根据权利要求 1 所述的组合式钢床，其特征在于床柱（1）横截面为中空方形，其相对的两直

角棱角上各有一排榫孔（2），分别与横梁和侧梁端部的榫架（5）上的榫头（6）配合，榫架（5）由角钢制成，其棱角与床柱（1）的棱角贴合，榫头（6）位于榫架棱角内侧。

3. 根据权利要求1所述的组合式钢床，其特征在于床柱（1）的横截面为中空圆形或椭圆形，其弧面上的两排榫孔（2）的轴线垂直，榫架（5）为与床柱仿形的弧形并与其贴合，每排榫孔有三个孔（2）竖向排列。

4. 根据权利要求1或2或3所述的组合式钢床，其特征在于榫架（5）上的榫头（6）由榫架（5）直角棱角或面上的开孔片构成，开孔片一边与榫架（5）相连，并从此向外张开，开孔片呈平滑过渡的弧形或锥形。

5. 根据权利要求1或2或3所述的组合式钢床，其特征在于横梁（3）和侧槽（4）的横截面为矩形，其内侧面有槽（8），槽（8）的上边有水平外折面（7）。

6. 根据权利要求5所述的组合式钢床，其特征在于床柱（1）有竖向槽（9），形成槽的两侧面的内折面（10）垂直。

7. 根据权利要求1所述的组合式钢床，其特征在于横梁（3）、侧梁（4）固连有栏杆（11），有底梁（12）位于横梁（3）的槽（8）内与槽内的挡块（13）通过螺栓连接，床柱（1）的上端有套帽（14），蚊帐杆（15）与套帽（14）连接。

8. 根据权利要求7所述的组合式钢床，其特征在于床柱（1）上有上、下榫孔（2）与上、下横梁（3）和侧梁（4）上的榫头（6）配合，上、下横梁（3）的相对面有孔与床梯（16）配合。

9. 根据权利要求1所述的组合式钢床，其特征在于床柱（1）上有三排榫孔（2）。”

（1）针对上述专利权，浙江梦祥家私有限公司（下称请求人）于2006年5月17日向专利复审委员会提出无效宣告请求，其理由是，本专利不符合专利法第22条第2款和第3款的规定，其提交的证据如下：

证据1：ZL99226002.7号中国实用新型专利说明书，其授权公告日为2000年2月23日；

证据2：ZL95206025.6号中国实用新型专利说明书，其授权公告日为1996年7月3日；

证据3：ZL96230051.9号中国实用新型专利说明书，其授权公告日为1997年6月11日；

证据4：ZL96237260.9号中国实用新型专利说明书，其授权公告日为1997年11月19日；

请求人认为：（1）证据1~4的技术方案分别与本专利权利要求1基本相同，区别仅在于文字表述上的差异，因此权利要求1所要求保护的技术方案不具备专利法第22条第2款规定的新颖性和专利法第22条第3款规定的创造性；（2）从属权利要求2~9的附加技术特征是本领域常规的结构，它们具有显而易见性。

经形式审查合格后，专利复审委员会依法受理了上述无效宣告请求（案件编号为5W07773），并于2006年5月17日向双方当事人发出无效宣告请求受理通知书，同时将无效宣告请求书及其附件清单中所列附件的副本转给专利权人，要求其在指定期限内答复。

请求人另于2006年6月11日向专利复审委员会提交意见陈述书，并在意见陈述书中补充了无效宣告的理由：本专利不符合专利法实施细则第13条第1款的规定。同时提交了以下补充证据：

证据5：ZL01247226.3号中国实用新型专利说明书，其申请日为2001年8月10日，授权公告日为2002年7月10日，专利权人为郑光远。

针对上述无效宣告请求，专利权人于2006年7月3日向专利复审委员会提交意见陈述书，专利权人认为：①证据1和2的主题与本专利的主题完全不相关，并且证据1和2没有公开床柱的棱角有榫孔，横梁和侧梁的两端与榫架连接，榫架上有榫头，床柱由中空型材制成的技术特征，证据3和4没有公开床柱的棱角有至少两排榫孔，横梁和侧梁的两端与榫架连接，榫架上有榫头的技术特征，因此证据 1~4 都不能破坏本专利权利要求 1 的新颖性或创造性；②请求人有关权利要求 2~9 的附加技术特征是本领域常用技术手段的主张没有证据支持。

专利复审委员会依法成立合议组，对上述无效宣告请求进行审查。专利复审委员会于 2006 年 8 月 22 日和 2006 年 8 月 25 日分别向请求人和专利权人发出转送文件通知书，其中分别将专利权人于 2006 年 7 月 3 日向专利复审委员会提交的意见陈述转送给请求人，将请求人于 2006 年 6 月 11 日向专利复审委员会提交的意见陈述及其所附附件转送给专利权人，同时要求双方在收到转送文件通知之日起一个月内陈述意见。

请求人于 2006 年 9 月 26 日向专利复审委员会提交意见陈述书，认为：①证据 1 和 2 与本专利同属于国际专利分类号 A47 类，因此属于相同、相近似的技术领域；②分别对比了证据 1~4 中与本专利独立权利要求 1 的各个技术特征，认为证据 1~4 能够破坏本专利独立权利要求的新颖性或创造性，并坚持其无效宣告请求中的理由。

专利复审委员会于 2006 年 10 月 11 日向双方当事人发出无效宣告请求口头审理通知书，指出本案定于 2006 年 11 月 22 日对 5W07773 号无效宣告请求案进行口头审理。随同口头审理通知书，将请求人于 2006 年 9 月 26 日提交的意见陈述书转送给专利权人。

针对 5W07773 号无效宣告请求的口头审理于 2006 年 11 月 22 日如期举行（下称第一次口头审理），双方当事人均参加了该次口头审理。在第一次口头审理过程中，请求人放弃了证据 2 以及有关本专利不符合专利法第 22 条第 2 款的无效宣告请求理由，明确其无效宣告请求的范围、理由和证据是：本专利权利要求 1~4、9 相对于证据 1 不具备创造性，权利要求 5 和 6 相对于证据 1 和 4 的结合不具备创造性，权利要求 7 和 8 相对于证据 1 和 3 的结合不具备创造性，本专利与证据 5 是同样的发明创造，不符合专利法实施细则第 13 条第 1 款的规定。

请求人认为：①证据 1 与本专利权利要求 1 的区别在于榫头、榫孔不同，但该技术特征是容易想到的，中空型材的技术特征也是本领域常见的；②权利要求 2~4 的附加技术特征在证据 1 中没有公开，但是是容易想到或者是司空见惯的，权利要求 5 中横截面为矩形的技术特征在证据 4 中公开，也是容易想到的，权利要求 6 的技术特征没有公开，但容易想到，权利要求 7 和 8 的部分技术特征在证据 3 中公开，其他技术特征是公知常识，权利要求 9 的技术特征在附件 1 中公开；③本专利与证据 5 只是在文字描述上不同，是同样的发明创造。

专利权人对证据 1、3~5 的真实性没有异议，但认为：①证据 1 的发明目的与本专利不同，没有公开本专利权利要求 1 的四个技术特征，这四个技术特征使得床立柱与梁之间连接更加牢固，具体意见与 2006 年 7 月 3 日提交的意见陈述相同；②权利要求 2~9 的附加技术特征与证据 1、3~4 中的特征不同，其可起到一定的技术效果，也不容易想到；③证据 5 与本专利解决的技术问题不同，技术构造不同，发明主题也不同，是不同的专利。

（2）针对上述专利权，请求人于 2006 年 11 月 15 日再次向专利复审委员会提出无效宣告请求，其理由是：本专利不符合专利法第 22 条第 2 款和第 3 款的规定，其提交的证据如下（编号接前面证据）：

证据 6：ZL96236767.2 号中国实用新型专利说明书，其授权公告日为 1997 年 3 月 26 日。

请求人认为：①证据 6 公开了一种“插装式仓储货架”，其中立柱与梁之间的结构与本专利权利要求 1 中的柱梁连接结构相同，区别仅在于个别文字表述不同，同时证据 6 中的货架与本专利的钢床属于相同、相近似的技术领域，因此权利要求 1 相对于证据 6 不具备新颖性和创造性；②从属权利要求 2~9 的附加技术特征是本领域常规的结构，它们具有显而易见性。

经形式审查合格后，专利复审委员会依法受理了上述无效宣告请求（案件编号为 5W08319），并于 2006 年 11 月 15 日向双方当事人发出无效宣告请求受理通知书，同时将无效宣告请求书及其附件清单中所列附件的副本转给专利权人，要求其在指定期限内答复。

2006 年 12 月 5 日专利复审委员会向双方当事人发出无效宣告请求口头审理通知书，指出本案合议组定于 2007 年 1 月 17 日对 5W08319 号无效宣告请求案进行口头审理。

针对 5W08319 号无效宣告请求，专利权人于 2006 年 12 月 18 日向专利复审委员会提交意见陈述书，专利权人认为：①证据 6 的主题是货架，本专利主题是组合式钢床，两者所要解决的技术问题和所要达到的技术效果完全不同；②证据 6 没有公开本专利权利要求 1 中床柱侧面或棱角上有至少两排榫孔，侧梁的两端与榫架连接的技术特征，证据 6 的货架只有起固定连接作用的横拉杆和斜拉杆，每根立柱只有一排模数孔，而没有本专利权利要求 1 中起承重作用的侧梁，而本专利权利要求 1 中两排以上的榫孔具有技术上的效果和作用；③在引用的权利要求 1 具有新颖性和创造性的情况下，从属权利要求 2~9 也具有新颖性和创造性，同时权利要求 2 和 3 的附加技术特征在证据 6 中没有公开，且具有一定的技术效果；④请求人有关权利要求 4~9 的附加技术特征是本领域常用技术手段的主张没有证据支持。

针对 5W08139 号无效宣告请求的口头审理 2007 年 1 月 17 日如期举行（下称第二次口头审理），双方当事人均委托代理人参加了口头审理。然而核实身份时，请求人认为专利权人对代理人林天凯的授权委托书有手写改写的痕迹、公民代理宋满义缺乏授权委托书，因而对其代理身份和资格均提出异议，但为了口头审理的顺利进行，表示对林天凯的身份不再持异议，并表示如果宋满义在庭后补交合格的授权委托书，则对其身份也不再持异议。合议组经合议告知专利权人的代理人林天凯、宋满义在庭后十日内补交合格的授权委托书，由合议组代为核实，否则视为代理无效。在口头审理过程中，请求人明确其无效宣告的范围、理由和证据为本专利权利要求 1~9 相对于证据 6 不具备新颖性和创造性，不符合专利法第 22 条第 2、3 款的规定。

在口头审理辩论阶段，请求人认为：①本专利权利要求 1 的大部分特征被证据 6 所公开，且领域相同，其区别仅在证据 6 的立柱只有一排榫孔并且侧梁没有与榫架连接，但本领域技术人员根据需要很容易想到增加榫孔的排数以及使侧梁与榫架连接；②权利要求 2、3、5~9 的附加技术特征没有完全被证据 6 所公开，但区别是容易想到的，本领域技术人员不需要创造性劳动就能实现，权利要求 4 的附加技术特征在证据 6 中已经公开，从属权利要求 2~9 相对于证据 6 不具备创造性。对此专利权人认为：本专利与证据 6 的主题不同，所解决的技术问题和达到的技术效果也不同，因此技术方案不具有可比性，本领域技术人员根据证据 6 的内容不能够无创造性地得到本专利权利要求的技术方案。

口审结束后，林天凯、宋满义分别于 2007 年 1 月 29 日递交了专利权人的授权委托书，经合议组核实，上述受权委托书符合有关规定。

在上述工作的基础上，合议组认为本案事实已经清楚，可以作出审查决定。

二、决定的理由

1. 关于证据

请求人在无效宣告程序中共提交了 6 份证据，在第一次口头审理中请求人放弃了证据 2 作为证据使用，专利权人对证据 1、3~6 的真实性没有异议，合议组经审查认为证据 1、3~6 可以作为本案的证据使用。其中请求人主张使用证据 1、3~4 和 6 评价本专利权利要求的创造性，由于证据 1、3~4 和 6 均是本专利申请日之前公开的专利文件，因此其上记载的内容构成本专利的现有技术。

2. 关于专利法实施细则第 13 条第 1 款

专利法实施细则第 13 条第 1 款规定：同样的发明创造只能被授予一项专利。

权利要求保护范围不同或仅部分重叠的，不属于同样的发明创造。

在本案中，请求人认为证据5与本专利相比只是在文字描述上不同，是同样的发明创造。合议组认为，本专利权利要求请求保护的主题是一种组合式钢床，证据5是与本专利同日申请并先于本专利授权的专利文件，其请求保护的权利要求主题是一种柱梁连接装置，其全部权利要求中也没有任何涉及组合式钢床的技术特征，因此它们的保护范围不同，不属于同样的发明创造。本专利符合专利法实施细则第13条第1款的规定。

3. 关于权利要求的新颖性

专利法第22条第2款规定：新颖性是指在申请日以前没有同样的发明或者实用新型在国内外的出版物上公开发表过，在国内公开使用过或者以其他方式为公众所知，也没有同样的发明或者实用新型由他人向国务院专利行政部门提出申请并记载在申请日以后（含申请日）公布的专利申请文件中。

如果产品权利要求与对比文件披露的内容相比技术领域不同，并且存在结构上区别，则权利要求具备新颖性。

在本案中，请求人认为本专利的权利要求1~9相对于证据6不具备新颖性，其同时指出证据6的立柱1相当于本专利的床柱，模数孔8相当于本专利的榫孔，梁3即证据6图3中的长边相当于本专利的横梁，证据6图3中的短边即横拉杆2相当于本专利中的侧梁，插板4相当于本专利的榫架，挂耳7相当于本专利的榫头。

经审查，证据6公开了一种插装式仓储货架（参见证据6说明书全文和附图1~4），其由立柱1、横拉杆2、梁3、插板4、连接板5、脚板6、挂耳7、模数孔8组成，其中立柱呈“凹”形，梁3的端部焊有插板4，插板4上设有挂耳7，直角上冲有模数孔，装配时挂耳7与模数孔8相吻合，立柱1与梁3配合处的侧面设置横拉杆2，两层货架之间设连接板5。可以看出证据6的货架与本专利的钢床在其中一条梁（即证据6的梁3与本专利的横梁）与立柱的连接关系方面的确有请求人所称的以上对应关系。但证据6与本专利权利要求1的技术方案的区别在于：①技术领域即主题名称不同，本专利权利要求1的主题涉及组合式钢床，而证据6涉及插装式仓储货架；②另一条梁（即证据6的横拉杆2与本专利的侧梁）与立柱/床柱的连接方式不同，本专利中的侧梁固定在床柱上的方式与横梁相同，都是先与榫架连接进而依靠榫头和榫孔设置与床柱相配合，而证据6中（参见证据6附图2、4）由于立柱呈中空凹形，模数孔设在凹入部分的直角处以依靠模数孔与插板上挂耳的配合分别连接两个货架单元的梁3，因而与梁3在水平面上呈垂直关系的横拉杆2不再通过插板与立柱相连，而是直接固定于立柱凹入部分的背面，此外证据6中还存在连接板5，位于上下两个横拉杆之间，其与立柱的连接方式与横拉杆相同。

鉴于权利要求1与证据6的技术方案存在以上区别，故权利要求1相对于证据6具有新颖性，符合专利法第22条第2款的规定。

在独立权利要求具备新颖性的情况下，其从属权利要求2~9也相对于证据6具备新颖性，符合专利法第22条第2款的规定。

4. 关于权利要求的创造性

专利法第22条第3款规定：创造性是指同申请日以前已有的技术相比，该发明有突出的实质性特点和显著的进步，该实用新型有实质性特点和进步。

如果请求保护的技术方案与对比文件相比存在区别，并且该区别相对于对比文件来说是非显而易见的并为请求保护的技术方案带来了一定的技术效果，则请求保护的技术方案相对于对比文件具备创造性。

在本案中，请求人认为本专利的权利要求1相对于证据1不具备创造性，相对于证据6也不具备创造性。

（1）关于证据1。

证据1公开了一种卡口式组合货架，主要包括数根金属立柱和金属横梁，各金属立柱上至少设有一排孔或凸钮，在靠近各金属横梁的两端至少设有一相配合的凸钮或孔。

由此可以看出，本专利权利要求1与证据1相比存在以下区别：①技术领域不同，本专利权利要求1的主题涉及组合式钢床，而证据1涉及组合货架；②技术方案本身结构不同，本专利的组合式钢床具有横梁和侧梁，床柱与横梁或侧梁通过榫架连接，而证据1的组合货架中只有横梁没有侧梁（参见证据1附图），立柱上设有一排孔或凸钮，横梁通过凸钮和孔的配合直接连接立柱；③解决的技术问题和实现的技术效果不同，本专利主要是为了实现钢床组装运输方便的目的，而证据1主要是为了实现在使用时根据货物高度调节上下横梁间距的目的。

鉴于本专利权利要求1与证据1相比在技术领域、技术方案本身结构、解决的技术问题和实现的技术效果方面均存在不同之处，且证据1中未给出榫架与横梁或侧梁固定连接的技术启示，因此本领域技术人员在证据1的基础上不能够无创造性地获得本专利权利要求1的技术方案，故仅凭证据1不足以否定本专利权利要求1的创造性。

由于权利要求1相对于证据1具有创造性，故其从属权利要求2~4和权利要求9相对于证据1也具备创造性。

在本无效宣告请求案中，请求人还主张本专利的从属权利要求5的部分附加技术特征在证据4中公开，从属权利要求7、8的部分附加技术特征在证据3中公开，因此从属权利要求5及其从属权利要求6相对于证据1和4的结合不具备创造性，从属权利要求7、8相对于证据1和3的结合不具备创造性。对此合议组进行了进一步的审查后认为：证据3公开了一种铁架床，证据4公开了一种金属床的套接结构，其中均没有涉及本专利中榫架与横梁或侧梁固定连接的技术特征，也未给出将该证据3或证据4与证据1相结合的技术启示，而且即使将证据3或证据4与证据1的技术方案拼凑在一起，本领域技术人员也不能显而易见地得到本专利权利要求5、6、7或8的全部技术特征，因此请求人的上述主张不能成立。

（2）关于证据6。

证据6所公开的内容及其与本专利权利要求1的区别如上面对权利要求新颖性的评述中所述。由于证据6与本专利存在技术领域和技术方案方面的差别，而且证据6中没有给出使本领域技术人员将证据6的货架技术方案应用于钢床领域同时对技术方案加以一定改进（另一条梁与床柱/立柱的连接方式）的技术启示，因而上述区别是非显而易见的，且本专利能够起到钢床组装运输方便的技术效果。因此，本专利权利要求1相对证据6具备创造性，符合专利法第22条第3款的规定。

在独立权利要求1相对于证据6具备创造性的情况下，其从属权利要求2~9相对于证据6也具备创造性，符合专利法第22条第3款的规定。

综上所述，本专利与证据5不属于同样的发明创造，符合专利法实施细则第13条第1款的规定，同时权利要求1~9具备新颖性和创造性，符合专利法第22条第2~3款的规定。

基于以上事实和理由，本案合议组依法作出如下审查决定。

三、决定

维持01247227.1号实用新型专利权有效。

当事人对本决定不服的，可以根据专利法第46条第2款的规定，在收到本决定之日起三个月内向北京市第一中级人民法院起诉。根据该款的规定，一方当事人起诉后，另一方当事人可以作为第三人参加诉讼。

149

一种硫酸制造系统中低温热能回收装置

无效宣告请求审查决定（第10138号）

决　　定　　号　第10138号
决　　定　　日　2007年6月1日
发明创造名称　一种硫酸制造系统中低温热能回收装置
国 际 分 类 号　C01B 17/69
无效宣告请求人　林晓冬
专　利　权　人　洪博志
专　　利　　号　200520039784.5
申　　请　　日　2005年2月25日
授 权 公 告 日　2006年3月15日
合 议 组 组 长　李广峰
主　　审　　员　巩克栋
参　　审　　员　崔　震

法　律　依　据　专利法第22条第2款、第3款
决　定　要　点

将本专利与现有技术相比，如果二者技术方案实质上相同，并且适用于相同的技术领域，解决相同的技术问题，并具有相同的预期效果，则本专利不具备新颖性。

一、案由

本无效宣告请求涉及国家知识产权局于2006年3月15日授权公告的、申请日为2005年2月25日、名称为“一种硫酸制造系统中低温热能回收装置”的第200520039784.5号实用新型专利（以下简称本专利），专利权人为洪博志。本专利授权公告的权利要求如下：

“1. 一种硫酸制造系统中低温热能回收装置，包括省煤器、酸冷器，其特征在于还包括吸收A塔、吸收B塔、蒸发器、稀释器，该省煤器通过气管与吸收A塔、吸收B塔相连，吸收A塔通过酸管、蒸发器、稀释器循环相连接。

2. 根据权利要求1所述的低温热能回收装置，其特征在于吸收A塔包括A塔体、A分酸器、A填料，其中A分酸器、A填料分别设在A塔体内的上下部，A塔体的下方设有浓酸循环泵槽。

3. 根据权利要求1所述的低温热能回收装置，其特征在于吸收B塔包括B塔体、除雾器、B分酸器、B填料，该B塔体内由上向下设有除雾器、B分酸器、B填料。”

2006年7月21日，林晓冬（以下简称请求人）针对该专利权向国家知识产权局专利复审委员会

提出无效宣告请求。请求人认为本专利不具备新颖性和创造性，不符合专利法第 22 条第 2 款、第 3 款的规定，请求宣告本专利权无效。请求人提交了如下证据：

附件 1：公开日为 1986 年 3 月 18 日、公开号为 US 4576813 A 的美国专利说明书及其部分译文；

附件 2：化肥工学丛书《硫酸》第 396～402 页复印件、扉页及其著录项目页，汤桂华主编，化肥工业出版社 1999 年 5 月第 1 版；

附件 3：《硫磷设计》第 8～14 页的复印件，1996 年第 1 期；

附件 4：《硫酸工业》第 5～8 页的复印件，2003 年第 4 期。

请求人认为：权利要求 1～3 的所有技术特征已经在附件 1 中公开，权利要求 1～3 不具备新颖性，不符合专利法第 22 条第 2 款的规定。权利要求 3 的特征已被附件 1 的热回收塔的内部结构所公开，本领域技术人员很容易推导出另一个一吸塔的结构特征，权利要求 3 不具备创造性，不符合专利法第 22 条第 3 款的规定。附件 2～4 是对附件 1 的互相印证，证明附件 1 的披露的技术方案已经公开使用。

2006 年 7 月 25 日，请求人再次向专利复审委员会提交了相同的意见陈述书及其附页。

经形式审查合格后，专利复审委员会受理了该无效请求，于 2006 年 9 月 4 日向双方当事人发出了“无效宣告请求受理通知书”，同时将“专利权无效宣告请求书”及其附件清单所列附件副本转送给专利权人，要求其在指定期限内答复。同时成立合议组对本无效宣告请求案进行审理。

2007 年 2 月 1 日，合议组向双方当事人发出“无效宣告请求口头审理通知书”，定于 2007 年 3 月 22 日举行口头审理，同时将请求人于 2006 年 7 月 25 日提交的无效宣告请求书及其附页的副本转送给专利权人。

口头审理如期举行。无效请求人的公民代理李平出席了口头审理，专利权人未出席口头审理。本案合议组对请求人提出的无效理由和事实进行了调查，并充分听取了请求人的意见陈述。在口头审理过程中，（1）请求人当庭提交了附件 2～4 的原件，经合议组核实，复印件与原件无误；（2）请求人确认使用附件 1 破坏权利要求 1～2 的新颖性，使用附件 1 破坏权利要求 3 的创造性；（3）附件 2～4 用来佐证附件 1 中的技术方案已经公开使用。

经过上述审理程序，合议组认为本案事实已经清楚，可以作出审查决定。

二、决定的理由

1. 无效理由和证据的认定

请求人在无效宣告请求时提交了附件 1～4 以及附件 1 的部分译文，在口头审理时，请求人当庭提交了附件 2～4 的原件。专利权人未对上述证据发表任何意见。经合议组核实，对附件 1～4 的真实性予以认可。

本专利的无效理由和范围为：相对于附件 1，权利要求 1～2 不符合专利法第 22 条第 2 款有关新颖性的规定，权利要求 3 不符合专利法第 22 条第 3 款有关创造性的规定。

2. 审查文本的认定

由于专利权人在本案的审理过程中未对本专利进行修改，因此本次无效宣告请求以授权公告的文本为基础进行审查。

3. 关于新颖性和创造性

专利法第 22 条第 2 款规定：新颖性，是指在申请日以前没有同样的发明或者实用新型在国内外出版物上公开发表过、在国内公开使用过或者以其他方式为公众所知，也没有同样的发明或者实用新型由他人向国务院专利行政部门提出过申请并且记载在申请日以后公布的专利申请文件中。

创造性，是指同申请日以前已有的技术相比，该发明有突出的实质性特点和显著的进步，该实用新型有实质性特点和进步。

附件1涉及一种用于硫酸工艺中回收热量的方法和设备，该设备包括省煤器（附图标记54）、酸冷器（附图标记66），还包括吸收A塔（附图标记60）、吸收B塔（附图标记64）、蒸发器（附图标记62）。附件1说明书公开了吸收SO_3后的硫酸浓度增大，在循环回到吸收塔前要向浓硫酸中加入稀释水，由于稀释水的加入必然要通过相应的稀释装置，由此可直接地、毫无疑义地确定该设备还包含稀释器，由附件1附图1及相关记载可以看出，省煤器（附图标记54）通过管线与吸收A塔（附图标记60）和吸收B塔（附图标记64）相连，由于管线中的流动介质是气体，因此该管线是气管；吸收A塔通过管线、蒸发器（附图标记62）、稀释器（附图1标记water部分）循环相连，由于管线中的流动介质是SO_3的洗涤液，因此该管线是酸管，尽管附件1将附图标记62称为热交换器，但在热交换器62内，通过产生低压蒸汽来释放硫酸吸收的热量，当使用液态水稀释酸时，热回收器可以生产大约0.5吨蒸气/每吨酸，由此可以看出该热交换器还起到蒸发器的作用，且该蒸发器的作用与本发明相同，也是使循环酸放出余热，因此该热交换器也是一个蒸发器。由此可知附件1披露了权利要求1的全部技术特征，且附件1公开的技术方案与权利要求1保护的技术方案属于相同的技术领域，解决相同的技术问题，并具有相同的预期效果，因此权利要求1不符合专利法第22条第2款有关新颖性的规定。

权利要求2是权利要求1的从属权利要求，其附加技术特征也已经在附件1中公开：吸收塔有塔体、分酸器（附图标记85）、填料（附图标记61），分酸器设在塔体内的上部，填料设在塔体内的下部，并且塔体与浓酸循环泵（附图标记63）相连，由附件1附图3可以看出，酸液经由浓酸循环泵63把酸泵入到蒸发器62中，对于所属技术领域的技术人员来说，由上述附件1及其附图公开的内容可以直接地、毫无疑义地确定在附件1中塔底部必然设有浓酸循环泵槽。因此在其引用的权利要求1不具备新颖性时，权利要求2也不符合专利法第22条第2款有关新颖性的规定。

权利要求3是权利要求1的从属权利要求，其附加技术特征在附件1中公开如下（见附图1及其相关描述）：该吸收塔包括塔体、分酸器、填料，在塔体内由上向下设置分酸器、填料。权利要求3保护的技术方案与附件1披露的技术方案的不同在于：吸收塔上部设有除雾器。但是对于所属技术领域的技术人员来说，在洗涤塔的上部设置除雾器，以除去气体夹带的液滴，正如附件1附图3所示的那样，是所属技术领域的常规技术手段。而附件1中的吸收塔64是一个洗涤塔，因此所属技术领域的技术人员在附件1的吸收塔中设置除雾器，从而得到权利要求3保护的技术方案，是显而易见的。在其引用的权利要求1不具备新颖性时，权利要求3保护的技术方案也不具备实质性特点和进步，不符合专利法第22条第3款有关创造性的规定。

综上所述，本专利权利要求1~2不符合专利法第22条第2款的规定，权利要求3不符合专利法第22条第3款的规定。

基于以上事实和理由，本案合议组作出如下审查决定。

三、决定

宣告200520039784.5号实用新型专利全部无效。

当事人对本决定不服的，可以根据专利法第46条第2款的规定，自收到本决定之日起3个月内向北京市第一中级人民法院起诉。根据该款的规定，一方当事人起诉后，另一方当事人应当作为第三人参加诉讼。

150

复合底不锈钢锅

无效宣告请求审查决定（第10155号）

决　　定　　号　第10155号
决　　定　　日　2007年6月22日
发明创造名称　复合底不锈钢锅
国 际 分 类 号　A47J 27/00，A47J 36/00
无效宣告请求人　赵利华
专　利　权　人　廉江市通用金属制品有限公司
专　　利　　号　99202463.3
申　　请　　日　1999年1月25日
授 权 公 告 日　2000年1月5日
合 议 组 组 长　黄毅斐
主　　审　　员　杜　宇
参　　审　　员　丛　森

法　律　依　据　专利法第22条第2款、第3款
决　定　要　点

若一份对比文件公开了权利要求的全部技术特征，两者的技术领域相同，采用实质上相同的技术方案解决相同的技术问题，并得到了相同的技术效果，则该权利要求不具备新颖性。

一、案由

本无效宣告请求涉及申请日为1999年1月25日、授权公告日为2000年1月5日、名称为“复合底不锈钢锅”、专利号为99202463.3实用新型专利（以下简称本专利），专利权人原为文锦有，后于2005年8月24日变更为廉江市通用金属制品有限公司。本专利授权公告的权利要求如下：

“1. 一种复合底不锈钢锅，由锅体、复合层组成，不锈钢锅体（1）底部压合一层与锅底形状相吻合的金属复合层（2），其特征在于：在金属复合层（2）外再压合一层与锅底形状相吻合的金属复合层（3）。

2. 据权利要求1所述的复合底不锈钢锅，其特征在于：金属复合层（3）压合成带螺纹凹槽状。

3. 据权利要求1所述的复合底不锈钢锅，其特征在于：金属复合层（3）为一平滑面。

4. 据权利要求1、2或3所述的复合底不锈钢锅，其特征在于：不锈钢锅体（1）四周部分位置压合金属复合层（2）、（3）。

5. 据权利要求1、2或3所述的复合底不锈钢锅，其特征在于：不锈钢锅体（1）全部压合金属

复合层（2）、（3）。

6. 据权利要求1、2或3所述的复合底不锈钢锅，其特征在于：复合层（2）的材料为铝、复合铝、铜、复合铜，厚度为0.1~1cm；复合层（3）为不锈钢、铜、铝，厚度为0.05~1cm。

7. 据权利要求4所述的复合底不锈钢锅，其特征在于：复合层（2）的材料为铝、复合铝、铜、复合铜，厚度为0.1~1cm；复合层（3）为不锈钢、铜、铝，厚度为0.05~1cm。

8. 据权利要求5所述的复合底不锈钢锅，其特征在于：复合层（2）的材料为铝、复合铝、铜、复合铜，厚度为0.1~1cm；复合层（3）为不锈钢、铜、铝，厚度为0.05~1cm。"

2006年9月27日，赵利华（以下简称请求人）针对本专利向专利复审委员会提出无效宣告请求，理由是：本专利不符合专利法第22条第2、3款的规定。该请求人同时提交了下列附件作为证据：

附件1：授权公告号为CN2298748Y的中国实用新型专利说明书（以下简称对比文件1），授权公告日：1998年12月2日；

附件2：公开号为CN1154228A的中国发明专利申请公开说明书（以下简称对比文件2），公开日：1997年7月16日；

附件3：授权公告号为CN2250089Y的中国实用新型专利说明书（以下简称对比文件3），授权公告日：1997年3月26日；

附件4：公告号为CN2051484U的中国实用新型专利申请说明书（以下简称对比文件4），公告日：1990年1月24日。

请求人认为：权利要求1相对对比文件1不具备新颖性和创造性；权利要求2相对于对比文件1和2不具备新颖性和创造性；权利要求3相对于对比文件1不具有新颖性和创造性；权利要求4相对于对比文件1不具备新颖性和创造性；权利要求5相对于对比文件1和3不具备新颖性和创造性；权利要求6~8相对于对比文件1结合对比文件2和4或者相对于对比文件1结合公知常识不具备新颖性和创造性。

经形式审查合格后，专利复审委员会于2006年12月4日向双方当事人发出无效宣告请求受理通知书，并将上述无效宣告请求书及所附证据副本转送给专利权人，要求专利权人在一个月内陈述意见。

专利权人逾期未答复。

2007年3月9日，专利复审委员向双方当事人发出更正处分通知书，更正了专利权人名称、地址及联系人名称。

2007年3月9日，专利复审委员重新向双方当事人发出无效宣告请求受理通知书，并将上述无效宣告请求书及所附证据副本转送给专利权人，要求专利权人在一个月内陈述意见。

2007年4月25日，合议组向双方当事人发出无效宣告请求口头审理通知书，拟定于2007年6月14日进行口头审理。

2007年6月14日，口头审理如期举行。专利权人未出席此次口头审理。请求人对合议组成员没有回避请求。请求人当庭明确其无效理由为：本专利权利要求1、3、4相对于对比文件1不符合专利法第22条第2、3款的规定；本专利权利要求2相对于对比文件1和2不符合专利法第22条第3款的规定；本专利权利要求5相对于对比文件1和3不符合专利法第22条第3款的规定；本专利权利要求6~8相对于对比文件1结合2和4或者相对于对比文件1结合公知常识不符合专利法第22条第3款的规定。请求人声明对于上述权利要求新颖性和创造性的评价以其无效宣告请求书附页第1~3页的书面意见为准。请求人声明权利要求1、3、4不具有创造性的理由是基于其不具有新颖性，因此也就不具有创造性。请求人放弃评述权利要求2、5~8新颖性的无效理由。

经过上述审理程序，合议组认为本案事实已经清楚，可以作出审查决定。

二、决定的理由

1. 关于证据

对比文件 1~4 均为中国专利文献，经合议组核实，可以确认其真实性，由于对比文件 1~4 的授权公告日或公开日均早于本专利申请日，因此可以作为评价本专利新颖性和创造性的现有技术。

2. 关于权利要求 1、3、4 是否符合专利法第 22 条第 2 款的规定

专利法第 22 条第 2 款规定：新颖性，是指在申请日以前没有同样的发明或者实用新型在国内外出版物上公开发表过、在国内公开使用过或者以其他方式为公众所知，也没有同样的发明或者实用新型由他人向国务院专利行政部门提出过申请并且记载在申请日以后公布的专利申请文件中。

权利要求 1 保护一种复合底不锈钢锅，其由锅体、复合层组成，不锈钢锅体（1）底部压合一层与锅底形状相吻合的金属复合层（2），在金属复合层（2）外再压合一层与锅底形状相吻合的金属复合层（3）。

对比文件 1 公开一种复合型锅底的不锈钢电饭锅内锅（见说明书第 2 页，附图 1），该内锅具有不锈钢内锅锅体 1（相当于本专利的不锈钢锅体 1），该锅体的底面有一层铝板 2（相当于本专利的金属复合层 2），该铝板的下面有一层不锈钢薄板 3（相当于本专利的金属复合层 3），将该不锈钢锅体、铝板、不锈钢薄板按上述排序以高温钎焊工艺焊成一体。

权利要求 1 与对比文件 1 的区别是：权利要求 1 采用压合的方法将锅体和两个金属复合层形成一体，而对比文件 1 采用高温钎焊的方法将锅体和两个金属板形成一体。合议组认为：采用压合的方法和焊接方法使金属板以及锅体形成一体是本领域惯用手段的直接置换，在本专利说明书第 2 页就记载了可以使用焊接的方法替换压合方法进行加工，并且由于权利要求 1 与对比文件 1 的技术领域相同，采用实质上相同的技术方案解决相同的技术问题，并得到了相同的技术效果，因此权利要求 1 不符合专利法第 22 条第 2 款关于新颖性的规定。

对比文件 1 公开了不锈钢薄板 3 为光滑平面（见说明书第 2 页），因此权利要求 3 的附加技术特征被对比文件 1 所公开，在其引用的权利要求 1 不具有新颖性的情况下，权利要求 3 也不符合专利法第 22 条第 2 款关于新颖性的规定。

权利要求 4 的附加技术特征是“不锈钢锅体（1）四周部分位置压合金属复合层（2）、（3）”，对比文件 1 没有公开上述技术特征，因此权利要求 4 所要求保护的技术方案与对比文件 1 存在区别，符合专利法第 22 条第 2 款关于新颖性的规定。

3. 关于权利要求 2、4~8 是否符合专利法第 22 条第 3 款的规定

专利法第 22 条第 3 款规定：创造性，是指同申请日以前已有的技术相比，该发明有突出的实质性特点和显著的进步，该实用新型有实质性特点和进步。

对比文件 2 公开了一种电磁锅锅体（见说明书第 11 页第 25~11 行，附图 9-11c），该锅体具有主锅体 10（相当于本专利的不锈钢锅体 1），其上具有覆板 11，该覆板 11 采用铝合金板 12（相当于本专利的金属复合层 2）和不锈钢板 13（相当于本专利的金属复合层 3），在主锅体 10 底部外表上形成多个沟槽 14，在使用热固相粘合法将所述覆板 11 所述主锅体底部部分的外表面过程中所合金板 12 流入所述沟槽 14 中，从而增强了机械粘合力，提高了所述主锅体 10 与覆板 11 之间的粘合强度。

对比文件 3 公开了一种不锈钢夹层锅（见说明书第 1 页，附图 1），其包括具有夹层壁的锅体 1，在锅体夹层的壁底部设有铝块。

对比文件 4 公开了一种复合铜底不锈钢锅（见说明书第 1 页，附图 1），其包括不锈钢锅体、复合铜铜底 2，在复合铜底中具有镍-铜过渡层 3（相当于本专利的金属复合层 2）和复合铜底合金直接

受热层 4（相当于本专利的金属复合层 3）。

权利要求 2 的附加技术特征是"金属复合层（3）压合成带螺纹凹槽状"，与对比文件 1 的区别在于：权利要求 2 的金属复合层 3 压合成带螺纹凹槽状，而对比文件 1 中的不锈钢薄板不具有螺纹凹槽。

对比文件 2 采用热固相粘合法将覆板粘合到主锅体上，与权利要求 2 采用的压合方式不同，并且对比文件 2 的锅体上所具有的沟槽是设置在锅体的锅底上，用于提高主锅体与覆板之间的粘合强度，其与权利要求 2 的螺纹凹槽设置的位置以及作用均不相同。

对比文件 1 和 2 均没有公开权利要求 2 的附加技术特征，并且也没有给出任何与之相关的技术启示，本领域普通技术人员在结合对比文件 1 和 2 的基础上，不能显而易见地得到权利要求 2 保护的技术方案，因此权利要求 2 相对于对比文件 1 和 2 具有实质性特点和进步，符合专利法第 22 条第 3 款关于创造性的规定。

由于权利要求 2 具有创造性，当权利要求 6 引用权利要求 2 保护的技术方案也具有创造性。

权利要求 4 的附加技术特征是"不锈钢锅体（1）四周部分位置压合金属复合层（2）、（3）"，对比文件 1 没有公开上述技术特征，并且对比文件 1 也没有给出这样设置金属复合层的技术启示，根据对比文件 1 本领域普通技术人员不能显而易见地得到权利要求 4 保护的技术方案，因此权利要求 4 相对于对比文件 1 具有实质性特点和进步，符合专利法第 22 条第 3 款关于创造性的规定。

在权利要求 4 具备创造性的情况下，其从属权利要求 7 也符合专利法第 22 条第 3 款的关于创造性规定。

权利要求 5 的附加技术特征是"不锈钢锅体（1）全部压合金属复合层（2）、（3）"，对比文件 3 公开的具有夹层壁的锅体的结构与权利要求 5 的全部压合有两个金属复合层的不锈钢锅体的结构不同，其没有公开与权利要求 5 的不锈钢锅体结构类似的锅体，并且对比文件 3 也没有给出任何与之相关的技术启示，因此对比文件 3 没有公开权利要求 5 的附加技术特征，本领域普通技术人员在结合对比文件 1 和 3 的基础上，不能显而易见地得到权利要求 5 保护的技术方案，因此权利要求 5 相对于对比文件 1 和 2 具有实质性特点和进步，符合专利法第 22 条第 3 款关于创造性的规定。

在权利要求 5 具备创造性的情况下，其从属权利要求 8 也符合专利法第 22 条第 3 款的关于创造性规定。

权利要求 6 的附加技术特征是"复合层（2）的材料为铝、复合铝、铜、复合铜，厚度为 0.1~1cm；复合层（3）为不锈钢、铜、铝，厚度为 0.05~1cm"，对比文件 1 公开了复合金属层材料可以分别为铝和不锈钢，并且采用权利要求 6 限定的其他材料制造复合层以及上述两个复合金属层的厚度的范围在制造锅的技术领域均是公知常识，因此权利要求 6 引用权利要求 1、3 时的技术方案，不符合专利法第 22 条第 3 款关于创造性的规定。

综上所述，权利要求 1、3 不符合专利法第 22 条第 2 款的规定；权利要求 4 符合专利法第 22 条第 2 款规定；权利要求 2、4、5、7、8 符合专利法第 22 条第 3 款的规定；权利要求 6 引用权利要求 1、3 时不符合专利法第 22 条第 3 款的规定；当权利要求 6 引用权利要求 2 时，权利要求 6 符合专利法 22 条第 3 款的规定。

三、决定

宣告 99202463.3 号实用新型专利权利要求 1、3 以及引用权利要求 1、3 时的权利要求 6 无效，在权利要求 2、4、5、7、8 以及引用权利要求 2 时的权利要求 6 的基础上维持该专利权有效。

当事人对本决定不服的，可以根据专利法第 46 条第 2 款的规定，自收到本决定之日起三个月内向北京市第一中级人民法院起诉。根据该款的规定，一方当事人起诉后，另一方当事人应当作为第三人参加诉讼。

151

微缆倒盘器

无效宣告请求审查决定（第 10156 号）

决　　定　　号　第 10156 号
决　　定　　日　2007 年 6 月 22 日
发明创造名称　微缆倒盘器
国 际 分 类 号　G02B 6/50
无效宣告请求人　上海宝力林特通讯工程技术有限公司
专　利　权　人　波立门特工程设备（上海）有限公司
专　　利　　号　200520040653.9
申　　请　　日　2005 年 4 月 5 日
授 权 公 告 日　2006 年 4 月 26 日
合 议 组 组 长　王桂莲
主　　审　　员　李　礼
参　　审　　员　张　曦

法　律　依　据　专利法第 22 条第 2 款、第 22 条第 3 款
决　定　要　点

如果请求人所提供的证据不能组成一个完整的证据链以证明与专利相同的产品在其申请日前已在国内公开使用，则请求人关于该专利不具备新颖性、创造性的主张不能成立。

一、案由

本无效宣告请求涉及中华人民共和国国家知识产权局于 2006 年 4 月 26 日授权公告的、名称为“微缆倒盘器”的实用新型专利权（下称本专利），其专利号是 200520040653.9，申请日是 2005 年 4 月 5 日，专利权人是波立门特工程设备（上海）有限公司。该专利授权公告时的权利要求如下：

“1. 一种微缆倒盘器，其特征是一个用于安放微缆的圈底座（1）上有内圈架（3）和外圈架（2）；内圈架（3）的中心杆（4）插在外圈圆心柱（6）的中心位置孔中，外圈圆心柱（6）的中心位置靠支柱（5）支撑在外圈架（2）上，带轴承的外圈圆心柱（6）的中心位置设计有可旋转的上弓型施放架（7），下弓型施放架（8），施放架上，各安装一段管壁开缝的导向管（9），上弓型施放架（7）的端部带托盘（10）。

2. 如权利要求 1 的一种微缆倒盘器，其特征是所述的外圈架（2）由两个半圈组成，两个半圈靠外圈合页，外圈卡扣实现开、合。”

针对上述专利权，上海宝力林特通讯工程技术有限公司（下称请求人）于 2006 年 6 月 8 日向专

利复审委员会提出无效宣告请求，其提交如下附件作为证据：

附件1：上海市商业统一发票复印件，编号为：沪 H03－12925659，开票日期为：2004 年 11 月 10 日；

附件2：上海增值税专用发票复印件，编号为：12482506，开票日期为 2004 年 11 月 29 日；

附件3：由上海市嘉定区公证处作出的、编号为（2006）沪嘉证经字第 1226 号公证书原件，公证日期为 2006 年 6 月 1 日。

请求人在无效宣告请求书中认为：在本专利申请日之前已有同样产品在市场上公开销售，并被广泛使用。附件 1、2 证明早在 2004 年 11 月 10 日、2004 年 11 月 29 日费加瑞依倒盘器已经在市场上销售，附件 3 证明费加瑞依倒盘器就是本专利产品，因此本专利不具有新颖性、创造性。

经形式审查合格，专利复审委员会依法受理了上述无效宣告请求，并于 2006 年 7 月 24 日向双方当事人发出无效宣告请求受理通知书，并将无效宣告请求书及其附件清单中所列附件的副本转送给专利权人。

专利权人于 2006 年 8 月 18 日提交了意见陈述书，专利权人在意见陈述书中认为：请求人认为本专利在其申请日之前已经有同样的产品在市场上公开销售，缺乏新颖性、创造性的理由证据不足，请求人通过附件 1、2、3 无法推断出名叫费加瑞依倒盘器的产品就是本专利中的微缆倒盘器，三份证据并未构成证明本专利在申请日之前就已公开销售、公开使用的完整证据链，因而本专利具备新颖性、创造性。

专利复审委员会依法成立合议组，对该无效宣告请求进行审查。本案合议组于 2006 年 10 月 11 日向双方当事人发出无效宣告请求口头审理通知书，指出本案合议组定于 2006 年 11 月 22 日举行口头审理。同时将专利权人于 2006 年 8 月 18 提交的意见陈述书转送给请求人。

请求人于 2006 年 10 月 22 日随无效宣告请求口头审理通知书回执提交了无效宣告请求补充意见，以及由 11 张相片构成的附件 4。请求人在补充意见中称附件 4 中有 8 张相片是案外人李潮于 2006 年 10 月 20 日，在中国通信建设第五工程局仓库对该公司于 2004 年 10 月 23 日左右向专利权人购买的本专利产品所拍摄的相片，其余的 3 张相片是由勋信公司员工梁峰在工地现场拍摄的。并指出请求人提供的附件 2（增值税发票）所指向的专利产品至今仍在最终的使用者中国通信建设第五工程局的仓库内，以上事实证明本专利产品在其申请日之前已经使用公开。

口头审理如期举行，双方当事人均出席口头审理。

在口头审理中，请求人对合议组成员没有回避请求。

请求人当庭明确其无效宣告请求的理由和范围为：附件 1～4 证明在本专利申请日以前已公开销售本专利产品，因而权利要求 1、2 不符合专利法第 22 条第 2、3 款的规定。请求人当庭出示了附件 1、2 的原件，认为附件 1 可证明上海勋信通信公司已将产品销售给中国通讯建设局第五工程局，附件 2 证明专利权人向上海勋信通信公司销售倒盘器的行为，附件 3 证明从专利权人的网站上可看到附件 2 中专利权人所销售的产品就是本专利产品，附件 4 的照片证明在中通建设的施工现场使用的产品就是本专利产品，仓库内存放有本专利产品，附件 1～3 中产品名称一致，从专利权人网站上的内容可以看出费伽瑞依与微缆倒盘器是相同产品，倒盘器上有没有底座不影响产品结构。专利权人当庭核实附件 1、2 的复印件与其原件一致，由于附件 1 上没有公章，对其真实性有异议，附件 2 只能证明有过销售行为，专利权人承认有过附件 2 中所示的销售行为，附件 3 仅证明本公司网站上有这个内容，但内容的准确性需要证明，且网站上的内容是本专利申请日之后刊登的，附件 4 的照片及拍摄时间均未作公证，对其真实性有异议，不认可附件 4 照片中的产品是本专利产品，费伽瑞依有很多种倒盘器，产品的名称虽然一样，但产品是不断改进的，产品相同但技术特征不同，微缆倒盘器是费伽瑞依倒盘器中的一种，认可附件3网页中的“费伽瑞侬”与附件2中的“费加瑞侬”的文字差别只是译文翻译不同，底座是增加的技术特征，与没有底座的产品是有区别的。

请求人于2006年12月11日提交了意见陈述书以及如下3份补充证据：

补充证据1：证人姚益龙出具的证人证言复印件1页；

补充证据2：出示实物证据申请；

补充证据3：《硅芯管管道建设及气流吹放微管、微缆工程暂行技术规范》中第22~27页复印件，共6页。

请求人在意见陈述书中指出：证人姚益龙为本专利的设计人，可证明专利产品微缆倒盘器用于微缆倒盘之用，2004年专利权人销售的倒盘器就是微缆倒盘器，用于北京五环工程，微缆倒盘器没有品种分类，加底座不属于技术改进；中国通信建设第五工程局硅芯管管道建设及气流吹放微管、微缆工程暂行技术规范可证明专利产品申请日前使用公开的时间、地点、方式。

专利权人于2006年12月12日提交了意见陈述书以及如下3份反证：

反证1：宣称为本专利产品的照片原件共3页，照片上所显示日期为2006年11月24日；

反证2：由“中国建设股份有限公司第三分公司”出具、盖有“中通建设股份有限公司第三分公司”公章、及“王汉明”签名的2份证明原件，共2页，出具日期为2006年11月1日；

反证3：《在光缆线路工程中敷设硅芯塑料管管道的技术问题》封面页、第15页的复印件，共2页。

专利权人在意见陈述书中指出：反证1证明本专利产品的微缆倒盘器具有底盘，请求人提供的在申请日前专利权人销售的“费伽瑞依倒盘器”没有底座（也叫“底盘”），而本专利中的“底座”是本专利的一个技术特征，请求人证明在本专利申请日前销售过的“费加瑞依倒盘器”中没有底座，因此请求人认为本专利没有新颖性是不成立的；反证2是专利权人客户“中通建设股份有限公司第三分公司”出具的两份证明，证明在2004年12月13日从专利权人购买的“费加瑞依倒盘器”是“无底座”，在2006年2月15日从专利权人购买的“费加瑞依倒盘器”是有底座，进一步说明在本专利申请日前专利权人是销售过“费加瑞依倒盘器”，但该倒盘器没有底座，不是本专利产品；反证3证明本专利由于设有底座，优点很明显，解决了长期无法解决的光缆倒盘器的技术缺陷，与已有的倒盘器相比，具有实质性特点和进步，具有创造性。

专利复审委员会于2007年1月22日向双方当事人发出无效宣告请求口头审理通知书，指出本案合议组定于2007年3月13日举行第二次口头审理。同时将专利权人于2006年12月12日提交的意见陈述书以及附件清单中所列附件的副本转送给请求人，将请求人于2006年12月11日提交的意见陈述书以及附件清单中所列附件的副本转送给专利权人。

口头审理如期举行，双方当事人均出席口头审理。

在口头审理中，请求人对合议组成员没有回避请求。

请求人当庭出具了补充证据3的原件，称补充证据3是公司内部文件，不是公开出版物，用以证明微缆倒盘器在本专利申请日以前使用过。请求人认为带底盘的倒盘器与不带底盘的倒盘器没有区别，对专利权人提供的反证1、2的真实性没有异议，但认为反证3只是内部资料，且并不是强制性的措施。专利权人核对补充证据3的复印件与原件一致，对请求人提交的补充证据3的真实性有异议，认为照片上并没有具体时间，不能证明就是在北京五环路施工时使用的，明确反证3只用于参考。

请求人当庭演示实物，宣称该实物即为附件1、2中发票上所指向销售的产品，该产品不具有底盘，但由于本专利申请时说明书中没有强调底盘的功能，且认为底盘仅是为了避免光缆变脏，只是一个辅助功能，因而认为本专利不具备新颖性、创造性。专利权人指出其所生产的倒盘器有带底盘的也有不带底盘的，底盘的功能是不会让光缆变脏，在不平坦的路面上也可以把光缆倒盘成功，如果没有底盘光缆会被倒盘器中的圆筒压住从而造成光缆打折，认可请求人当庭演示的实物中托架部分为其公司的产品，但对该实物其他部分无法确定，并指出不能确定该实物就是附件 1、2 中发票上销售的产品，认可附件 1、2 中发票上销售的产品不具有底盘。

出具请求人所提交补充证据 1 的证人姚益龙出庭作证，该证人称请求人所提交的补充证据 1 是其于 2006 年 12 月出具的，姚益龙称请求人当庭演示的倒盘器是其做出来的，倒盘器有无底盘都是一样的，微缆倒盘器与倒盘器没有区别，其是本专利的设计人之一，倒盘器只有一种产品，其参加过北京五环的现场施工，五环工程使用的倒盘器与当庭演示的实物相同，也没有底盘，五环施工的具体时间记不清，其于 2005 年底离开专利权人公司到请求人的公司工作，于去年离开该公司。专利权人指出，证人是从专利权人的公司跳槽到请求人的公司，是与本案有利害关系的人。双方当事人对本专利是否符合专利法的规定充分发表了各自的意见。

至此，合议组认为本案事实清楚，现依法作出审查决定。

二、决定的理由

1. 关于证据

附件 1 是上海市商业统一发票记账联复印件，请求人于口审当庭出具了它的原件，专利权人核对附件 1 的复印件与原件一致，但指出该记账联上并无公章，对其真实性有异议。对此合议组认为：请求人当庭出具了该附件的原件，但由于该发票记账联缺少单位签章，又无其他相关证据相印证其真实性，因此，该证据的真实性难以确定，不能作为本案证据使用。

附件 2 是上海增值税专用发票复印件，请求人于口审当庭出示了其原件，专利权人当庭核对附件 2 的复印件与原件一致，并承认有过附件 2 中这一销售行为。合议组经审查对附件 2 的真实性予以认可，附件 2 可以作为本案证据使用。

附件 3 是由上海市嘉定区公证处出具的公证书，专利权人对该公证书的真实性无异议，但认为其上记载的网站内容的准确性需要证明。本案合议组经审查认为：该网页为专利权人公司网页，专利权人指出附件 3 所记载网站内容的准确性无法确定，但未提交相应证据支持其观点，且专利权人已认可该证据的真实性，因此附件 3 可以作为本案证据使用。

附件 4 是请求人自行拍摄的 11 张照片，宣称其中 8 张是于 2006 年 10 月 20 日在中国通信建设第五工程局仓库对物品名称为“费伽瑞依倒盘器”自行进行的拍摄，另外 3 张是在中通建设的施工现场拍摄的，证明当时使用的产品就是本专利产品，证明其仓库有这个专利产品。专利权人指出附件 4 中的照片及拍摄时间没有进行公证，对附件 4 的真实性不予认可。对此合议组认为：该份证据中的照片是由请求人自行拍摄的，在无其他证据对其拍摄地点、拍摄时间及拍摄内容等进行印证的情况下，对附件 4 的真实性不予认可，该证据不能作为本案证据使用。

补充证据 1 是本专利设计人之一姚益龙所出具《证明》的复印件 1 页，其上有证明人姚益龙的签名，出具证明的时间为 2006 年 12 月 2 日，口头审理时出具该份《证明》的证人姚益龙出庭作证，专利权人当庭进行了质证，因此，补充证据 1 可以作为有效证据使用。

补充证据 2 是请求人请求在口审当庭出示微缆倒盘器实物的申请，并于口头审理时演示了实物，该实物是于庭上现场组装的，请求人宣称当庭所演示实物就是附件 1、2 中发票上所指向销售的产品。专利权人仅认可请求人当庭所演示实物的托架部分是其公司产品，但对其他部分无法确定，并且指出不能确定发票上销售的产品就是当庭所演示的实物。对此，合议组认为：在该实物的托架部分上具有标牌，标牌上具有“PLUMETTAZ CO.，Ltd.”、”Jialuo Road 1591/shanghai，China”、“PLUMETT”

等标记，在专利权人认可托架部分为其产品的情况下，该实物的托架部分可以作为本案证据使用；在该实物的外壳上具有“PLUMETT”和“MICROJET”的标记，请求人认为该实物就是附件2所销售的“费加瑞侬倒盘器”，但在附件2中编号为No. 12482506的增值税发票上，在货物或应税劳务名称栏中记载有“费加瑞侬倒盘器”，与其相应的规格型号栏中未填写任何信息，根据当庭演示实物上所示内容以及附件2中所示信息内容，两者并不能一一对应，即无法认定当庭演示的实物与附件2中所述“费加瑞侬倒盘器”的关系，同时请求人也没有提交可以表明该实物的来源、购买时间等信息的其他任何证据，并且鉴于该实物是当庭组装的，且专利权人并不认可该实物中除托架部分以外的其余部分为其产品，因此该实物除托架部分以外的其余部分不能作为本案证据使用。

补充证据3是11张照片的复印件共6页，请求人宣称上述照片出自于《中国通信建设第五工程局硅芯管管道建设及气流吹放微管、微缆工程暂行技术规范》中的第22～27页，请求人当庭提交了该暂行技术规范原件。专利权人当庭核对补充证据3复印件与原件一致，但对其真实性有异议。对此，合议组认为：补充证据3原件封底具有该暂行技术规范印发者“中国通信建设第五工程局”的地址、联系电话等信息，由于专利权人对该份暂行技术规范复印件的真实性未提出实质性的具体意见，合议组经核实对其真实性予以认可，该暂行技术规范可以作为本案证据使用。

专利权人所提交的反证1为专利权人对本专利产品自行拍摄的照片原件共3张，上述照片右下角示有“2006. 11. 24”；反证2为由“中国建设股份有限公司第三分公司”于2006年11月1日出具的2份《证明》原件，共2页，《证明》上有“中国建设股份有限公司第三分公司”的签章以及证明人“王汉明”的签字。对于上述两份反证，请求人对其真实性无异议。合议组经合议认为上述两份反证可以作为本案证据使用。

鉴于专利权人当庭明确反证3仅作为参考，因此本决定不再对该份证据进行评述。

2. 关于专利法第22条第2款、第3款

新颖性，是指在申请日以前没有同样的发明或者实用新型在国内外出版物上公开发表过、在国内公开使用过或者以其他方式为公众所知，也没有同样的发明或者实用新型由他人向专利局提出过申请并记载在申请日以后（含申请日）公布的专利申请文件中。

创造性，是指同申请日以前已有的技术相比，该发明有突出的实质性特点和显著的进步，该实用新型具有实质性特点和进步。

如前面“关于证据”部分中所述，附件1、4不能作为本案证据使用，附件2、3及补充证据1、补充证据2实物中的托架部分以及补充证据3可以作为本案证据使用。

附件2为上海增值税专用发票复印件1页，其编号为No. 12482506，开票日期为2004年11月29日，其上盖有专利权人“波立门特工程设备（上海）有限公司”的发票专用章，在购货单位名称栏上记载有“上海勋信通信设备有限公司”，其货物或应税劳务名称栏中记载有“费加瑞侬倒盘器”。

附件3（2006）沪嘉证经字第1226号公证书原件附有网页文件1页，公证日期为2006年6月1日，所附网页文件包括有以下内容：“波立门特工程设备（上海）有限公司”、“日前，我公司费伽瑞依（即微缆倒盘器）获得国家专利，专利号为200520040653. 9。此产品为我公司独家产品，对以任何方式仿造的个人或单位我公司将严厉追究法律责任”。

补充证据1是证人姚益龙出具的书面证言，其中证明的内容是：本专利所申请的倒盘器适用于微缆倒盘器之用，其型号就是专利申请中使用，没有其他品种分类，加底座仅是为避免微缆在倒盘过程中沾地弄脏，证人于2004年随上海波立门特公司参加北京五环线的汽吹施工，微缆倒盘器于该工程中使用。在证人姚益龙出庭作证的过程中，其证明：补充证据1是由其出具的，请求人当庭演示的实物是其做出的，倒盘器有无底盘是一样的，微缆倒盘器与倒盘器没有区别，其参加过北京五环的现场施工，具体时间记不清，在五环施工使用的倒盘器与当庭演示实物是一样的，没有底盘，其于2005年离开波立门特公司到请求人的公司工作，于2006年离开其公司，其是本专利的设计人之一，倒盘器只有一种产品。

补充证据2实物中的托架部分上具有标牌，标牌上具有“PLUMETTAZ CO., Ltd.”、“Jialuo Road 1591/shanghai, China”、“PLUMETT”等标记。

补充证据3的照片中包括2张关于工程总结的像片，以及9张施工的像片，这些像片中均没有明确信息表示这些照片所拍摄的时间、拍摄地点，仅在第22页首行中记载有“北京五环路主干光缆线路工程总结会及施工现场图片资料”。

请求人认为：使用附件1~4以及补充证据1~3所构成的证据链能够证明本专利产品在本专利申请日前已公开销售、使用过，且有无底盘不影响产品结构，倒盘器是否有底盘均一样，因而本专利不具备新颖性、创造性。附件3可以证明附件2中专利权人销售的产品就是本专利产品，且当庭演示的实物即为该销售行为中所涉及的费加瑞侬倒盘器，并请出具补充证据1的证人姚益龙证明微缆倒盘器与倒盘器没有区别，倒盘器有无底盘是一样的，倒盘器只有一种产品。使用补充证据3证明本专利产品在五环施工中使用过，即在本专利申请日前已公开使用。

专利权人认为：认可附件2中的销售行为，但指出费加瑞侬倒盘器于本专利申请日之前和之后结构不同，请求人所演示实物没有底盘，而本专利请求保护的技术方案中具有底盘，因而不能证明本专利产品已于本专利申请日前公开销售、使用过。

对于请求人用上述证据相互印证来证明本专利产品已在其申请日前公开销售、使用的事实，合议组认为：首先，附件2上所示信息能够证明“波立门特工程设备（上海）有限公司””于2004年11月29日向“上海勋信通信设备有限公司销售费加瑞侬倒盘器这一事实，对此专利权人当庭也予以认可，附件3公证书及其所附网页信息的内容，可以证明专利权人“波立门特工程设备（上海）有限公司”的“费伽瑞侬（即微缆倒盘器）”获得了专利号为200520040653.9的专利权，即专利权人的“费伽瑞侬”微缆倒盘器为专利产品，但是产品名称与附件2中的产品名称不同，并不能确定专利权人于2004年11月29日销售给上海勋信通信设备有限公司的费加瑞侬倒盘器与本专利请求保护的微缆倒盘器的结构完全一致，即不能由此确定专利权人于本专利申请日前销售过本专利产品。虽然请求人方的证人姚益龙说只有一种产品，但证人证明申请日前销售的倒盘器并无底盘。

其次，请求人所提供的证据无法确定于本专利申请日前销售的或使用产品的具体结构。请求人提交的、能够作为本案证据使用的证据中，涉及产品结构的证据包括补充证据2托架部分以及补充证据3。

对于补充证据2实物中的托架部分，在无其他证据佐证的情况下，无法认定当庭演示的实物与附件2中所述“费加瑞侬倒盘器”的关系，并不能据此认定实物中托架部分就是于本专利申请日前所销售产品中的部件。此外，由于该托架部分本身并未记载有任何其制造、销售的信息，同时请求人也未提交可以证明该托架来源、购买时间等信息的其他相关证据加以印证，因此该托架部分本身也无法证明其已于本专利申请日前使用公开。

对于补充证据3，首先，该份证据上并无任何信息可以表示出其出版或印刷日期；其次，由于其中的照片上没有明确信息表示这些照片所拍摄的时间、拍摄地点，仅在第22页首行中记载有“北京五环路主干光缆线路工程总结会及施工现场图片资料”，但仅凭上述内容无法确定这些照片是于本专利申请日之前拍摄的，同时根据照片中所示内容，由于其上没有任何关于施工使用的产品的实质技术内容，因此不能确定补充证据3中涉及微缆吹放或倒盘器的照片上所示的装置的具体结构以及是否为本专利产品，最后，请求人也未提交可以证明补充证据3照片上所示倒盘器为本专利产品的证据加以印证，由此补充证据3不能证明于本专利申请日前本专利产品已公开使用这一事实。

综上所述，虽然专利权人于本专利申请日前销售过费加瑞依倒盘器，但由于不能证明该销售行为中所涉及的费加瑞依倒盘器的结构与本专利请求保护的微缆倒盘器结构相同，因而，不能据此确定专利权人于本专利申请日前所销售的产品即为本专利权利要求请求保护的产品，同时也没有证据能确定于本专利申请日前销售的产品的具体结构，也不能证明于本专利申请日前公开使用过本专利产品这一事实，因此，附件2、3、补充证据1、3以及补充证据2中托架部分未能构成完整的证据链证明与本专利相同的产品在申请日前在先使用，不能以此破坏本专利权利要求1、2的新颖性。同时，由于没有证据能够确定于本专利申请日前所销售费加瑞依倒盘器的具体结构，所以无法将本专利与现有技术进行对比以确定本专利是否具备实质性特点和进步。因此，本专利符合专利法第22条第2、3款的有关规定。

根据以上事实和理由，本案合议组作出以下如下审查决定。

三、决定

维持200520040653.9号实用新型专利权有效。

当事人对本决定不服的，可以根据专利法第46条第2款的规定，自收到本决定之日起三个月内向北京市第一中级人民法院起诉。根据该款的规定，一方当事人起诉后，另一方当事人应当作为第三人参加诉讼。

152

用于形成光催化透明亲水涂层的二氧化钛纳米涂料及其制备方法

无效宣告请求审查决定（第10162号）

决　定　号　第10162号
决　定　日　2007年6月25日
发明创造名称　用于形成光催化透明亲水涂层的二氧化钛纳米涂料及其制备方法
国 际 分 类 号　C09D 183/04，C09D 1/00
无效宣告请求人　杜在梅
专　利　权　人　中科纳米技术工程中心有限公司
专　利　号　01115626.0
申　请　日　2001年4月28日
授 权 公 告 日　2004年9月22日
合 议 组 组 长　赵　明
主　审　员　王　冬
参　审　员　崔　震

法　律　依　据　专利法第22条第3款
决　定　要　点

如果发明是所属技术领域的技术人员在现有技术的基础上仅仅通过合乎逻辑的分析、推理或者有限的试验可以得到的，则该发明是显而易见的，也就不具备创造性。

一、案由

本无效宣告请求涉及中华人民共和国国家知识产权局于2004年9月22日授权公告的、名称为"用于形成光催化透明亲水涂层的二氧化钛纳米涂料及其制备方法"的发明专利权（以下简称本专利），其专利号是01115626.0，申请日是2001年4月28日，专利权人是中科纳米技术工程中心有限公司。该专利授权公告时的权利要求书如下：

"1. 一种用于形成光催化透明亲水涂层的二氧化钛纳米涂料，其特征在于：该涂料包括二氧化钛纳米粒子、有机硅树脂和由水和甲醇组成的溶剂，其中二氧化钛纳米粒子含量为3~10克/升；以SiO_2计，有机硅树脂含量为涂料中二氧化钛含量的0.2~1倍；所述的二氧化钛纳米粒子晶型为锐钛结构、金红石结构或它们的混合晶型。

2. 如权利要求1所述的涂料，其特征在于：所述的二氧化钛纳米粒子在涂料中的含量是2~

10g/l。

3. 如权利要求1所述的涂料，其特征在于：所述的二氧化钛纳米粒子的平均粒径在3~100纳米之间。

4. 如权利要求1~3之任一所述的涂料，其特征在于：所述的二氧化钛纳米粒子粒径在10~20纳米之间。

5. 一种权利要求l所述的涂料的制备方法，其特征在于：常温下，将二氧化钛纳米粒子溶胶、有机硅树脂及水和甲醇混合均匀，其中二氧化钛纳米粒子含量为3~10克/升，有机硅树脂含量为涂料体系中二氧化钛含量的0.2~1倍，制得用于形成光催化透明亲水涂层的二氧化钛涂料。”

针对上述专利权，杜在梅（以下简称请求人）于2005年12月20日向专利复审委员会提出无效宣告请求，其提交的证据如下：

附件1：公开日为1999年9月29日、公开号为CN1230207A的中国发明专利申请公开说明书；

附件2：本专利在实质审查程序中专利权人针对国家知识产权局的审查意见通知书提交的意见陈述书；

附件3：公开日为1996年6月25日的日本专利文献特开平8-164334的专利说明书原文及其中文译文。

请求人认为：（1）本专利权利要求1~4相对于附件1不具备新颖性，不符合专利法第22条第2款的规定；（2）权利要求1~5相对于附件1不具备创造性，不符合专利法第22条第3款的规定；（3）权利要求1~5相对于附件3不具备创造性，不符合专利法第22条第3款的规定。

经形式审查合格，专利复审委员会依法受理了上述无效宣告请求，并于2006年7月4日向双方发出无效宣告请求受理通知书，同时将专利权无效宣告请求书及其附件清单中所列附件的副本转送给专利权人，并要求专利权人在指定的期限内陈述意见。

在指定的期限内专利权人没有提交意见陈述。

专利复审委员会依法成立合议组，对本案进行审查。

专利复审委员会本案合议组于2006年9月25日向双方发出无效宣告请求口头审理通知书，定于2006年11月6日举行口头审理。

口头审理如期举行，专利权人没有参加口头审理。

在口头审理中，请求人明确其无效宣告的理由、证据和范围为：本专利权利要求1~3相对于附件1不具备新颖性，不符合专利法第22条第2款的规定；权利要求1~5相对于附件1和附件2的结合或者附件1、2和3的结合不具备创造性，不符合专利法第22条第3款的规定。请求人当庭提交了附件3的中文译文的更正文本及修改所依据的附件4（《英日汉化学化工词典》，新时代出版社，1999年2月第1版，封面页、第272~273、862~863以及896~897页，复印件），当庭提交公知常识性证据：附件5（《有机硅合成工艺及产品应用》，化学工业出版社，幸松民、王一璐编著，2000年9月第1版，封面页、版权信息页、第138~139、146~149、156~157、332~333以及717页，复印件），附件6（《精细化工词典》，化学工业出版社，王大全主编，1998年6月第1版，第243页，复印件），用以说明硅树脂或硅酮树脂就是有机硅树脂，同时提交了附件4~6的原件。

请求人认为，附件1已经公开了权利要求1的全部技术方案，因此，权利要求1不具备新颖性；权利要求2的保护范围大于权利要求1保护范围，在权利要求1不具备新颖性的情况下，权利要求2也不具备新颖性；权利要求3的附加技术特征已在附件1中公开，因此，权利要求3也不具备新颖性。

附件1的权利要求16中公开了所述粒径为8~20纳米，所以权利要求4不具备创造性。附件1的实施例 A3 的第 16~17 页虽然没有提到制备温度，但是在附件 3 说明书第 5 页第 0015 段指出混合温度保持在 10~50 度，常温混合就是指在不加热的情况下混合。附件 1 没有公开金红石结构和锐钛结构的混合晶型，但是金红石结构和锐钛结构混合晶型是本领域公知的，并且在附件 3 说明书第 4 页第 9 段的最后两行公开了二氧化钛颗粒晶型可为锐钛矿型、金红石型、板钛矿型三种晶型的混合晶型。附件 3 的第 9 页实施例 1 和实施例 2 用的都是有机硅树脂——四乙基硅酸酯的五聚体。因此，权利要求 1~5 相对于附件 1 和附件 2 的结合或者附件 1、2 和 3 的结合不具备创造性。

口头审理结束后，本案合议组于 2006 年 12 月 6 日发出转送文件通知书，将请求人于口头审理中当庭提交的意见陈述书、附件 3 的中文译文更正文本及附件 4~6 转送给专利权人，并告知专利权人应当在收到上述文件之日起一个月内答复。

在指定期限内，专利权人没有提交意见陈述。

至此，合议组认为本案事实已经清楚，可以作出审查决定。

二、决定的理由

1. 关于证据和现有技术

请求人提交的证据包括附件 1~6，专利权人在指定期限内对附件 1~6 的真实性没有提出反对意见，经合议组核实，对附加 1~6 的真实性予以确认。其中附件 1 为中国发明专利申请公开说明书，其公开日期在本专利的申请日前，因此可以作为本专利的现有技术使用；附件 2 是在本专利实质审查过程中，申请人（即专利权人）答复第一次审查意见通知书所作的意见陈述，由于该意见陈述是申请人对权利要求中相关事实的自认，因此，合议组对上述有关内容予以认可；由于专利权人在指定的期限内未对请求人提交的所有译文的准确性提出反对意见，因此，附件 3 公开的内容以请求人在口头审理时提交的中文译文的更正文本为准，由于附件 3 的公开日期在本专利的申请日前，因此可以作为本专利的现有技术使用；附件 4、6 是科技辞典，附件 5 是教科书，由于附件 4~6 的公开日期在本专利的申请日前，因此可以作为本专利的现有技术使用。

2. 关于创造性

创造性，是指同申请日以前已有的技术相比，该发明有突出的实质性特点和显著的进步。

如果发明是所属技术领域的技术人员在现有技术的基础上仅仅通过合乎逻辑的分析、推理或者有限的试验可以得到的，则该发明是显而易见的，也就不具备创造性

（1）权利要求 1 的创造性。

本案中，权利要求 1 要求保护一种用于形成光催化透明亲水涂层的二氧化钛纳米涂料，其中该涂料包括二氧化钛纳米粒子、有机硅树脂和由水和甲醇组成的溶剂，其中二氧化钛纳米粒子含量为 3-10 克/升；以 SiO_2 计，有机硅树脂含量为涂料中二氧化钛含量的 0.2~1 倍；所述的二氧化钛纳米粒子晶型为锐钛结构、金红石结构或它们的混合晶型。本专利权利要求 1 中所述二氧化钛纳米粒子的含量为 3~10 克/升，本领域技术人员能够得知百分数与克/升的换算公式为：

百分数=（克/升）÷（比重×10）

而根据专利权人在本专利实质审查阶段的意见陈述（即附件 2）可知，本专利要求保护的涂料的比重约为 0.9，经计算可知，本专利权利要求 1 所述二氧化钛纳米粒子的百分比含量约为 0.33-1.11 重量%。

附件 1 公开了一种含有由金属氧化物形成的光催化粒子的组合物，该组合物含有：（a）由金属氧化物形成的光催化剂粒子，其中该光催化剂粒子可以为锐钛矿型氧化钛粒子或金红石型氧化钛粒子，（b）从二氧化硅微粒子、可形成硅酮树脂皮膜的硅酮树脂皮膜前躯体、和可形成二氧化硅皮膜的二氧化硅皮膜前躯体中至少选出一种，（C）溶剂，所述溶剂优选水和醇的混合溶剂，其中所述醇溶剂

可选甲醇（参见附件1权利要求1、5、23，说明书第9页第20~21行以及说明书第10页第2行）。附件1实施例中将氧化钛溶胶ST—K01（由8重量份的锐钛矿型氧化钛粒子、2重量份的烷基硅酸酯、54.8重量份的硝酸水溶液、28重量份的甲醇和7.2重量份的丙醇组成的组合物）用乙醇稀释10倍，得到试料A1，其中试料A1的固体成分浓度为1重量%，由于氧化钛溶胶ST—K01中含有的固体成分为8重量份的锐钛矿型氧化钛粒子和2重量份的烷基硅酸酯（有关固体成分的定义参见说明书第9页第22~23行），因此，经计算试料A1中氧化钛粒子的含量为0.8%，该含量处于本专利权利要求1所述二氧化钛纳米粒子含量的范围内。附件1说明书第9页第12~16行公开了所述组合物中前躯体的添加量，以二氧化硅重量计，优选为催化剂粒子含量的0.2~1倍，可见本专利权利要求1中所述"以SiO_2计，有机硅树脂含量为涂料中二氧化钛含量的0.2~1倍"的技术特征已被附件1所公开。

由此可见，将本专利权利要求1与附件1公开的内容相比，其区别在于：①权利要求1中的涂料中含有有机硅树脂，而附件1中则为从二氧化硅微粒子、可形成硅酮树脂皮膜的硅酮树脂皮膜前躯体，和可形成二氧化硅皮膜的二氧化硅皮膜前躯体中至少选出一种，②权利要求1中所述二氧化钛纳米粒子还可以是锐钛结构和金红石结构的混合晶型。

对于区别技术特征①，合议组认为，由附件5可知，有机硅树脂的含义是指"在中国习惯上将硅烷单体及聚硅氧烷通称为有机硅……聚硅氧烷树脂为硅树脂，聚硅氧烷主链结构为Si-O-Si"（参见附件5第332页倒数第2、3段）；附件3公开了一种光催化用氧化钛涂膜形成性组合物，其由钛氧化物、加水分解性硅化合物的加水分解物以及溶剂构成，其中所述加水分解性硅化合物可以以烷基硅酸酯如甲基、乙基、异丙基硅酸酯等部分加水分解而生成的低聚物的形式使用，尤其是使用由通式$Si_nO_{n-1}(OR)_{2n+2}$表示的烷基硅酸酯缩合物（参见附件3译文第［0013］段），该缩合物的主链结构显然是Si-O-Si，因此其属于有机硅树脂，可见，该区别技术特征已被附件3所公开；此外，本专利与附件3的技术领域相同，本专利中所述有机硅树脂是作为粘结剂使用的，使得光催化涂膜与基材粘着在一起，而附件3中所述加水分解性硅化合物的加水分解物（属于有机硅树脂）也是起到同样的作用，因此，附件3中给出了将该区别技术特征①应用到附件1已解决其技术问题的技术启示，因此，该区别技术特征①对本领域技术人员来说是显而易见的。

对于区别技术特征②，合议组认为，在附件1公开了光催化剂粒子可以为锐钛矿型氧化钛粒子或金红石型氧化钛粒子，以及附件3在描述其采用的二氧化钛时明确指出其晶型为锐钛矿型、金红石型、板钛矿型或这三种晶型的混合晶型（参见附件3译文的说明书第［0009］段）的基础上，本领域技术人员可以很容易的想到采用锐钛结构和金红石结构的混合晶型结构作为二氧化钛纳米粒子，并且本专利说明书中也没有说明该混合晶型结构的二氧化钛纳米粒子能够产生意想不到的技术效果，因此，该区别技术特征对本领域技术人员来说也是显而易见的。

综上所述，权利要求1要求保护的技术方案相对于附件1和3的结合没有突出的实质性特点，因而不具备创造性，不符合专利法第22条第3款的规定。

（2）权利要求2~4的创造性。

权利要求2的附加技术特征为：所述的二氧化钛纳米粒子在涂料中的含量是2-10g/l，按照上述对权利要求1的评述可知，所述二氧化钛纳米粒子的百分比含量约为0.22~1.11重量%，可见，该附加技术特征已经被附件1所公开，因此，在权利要求1不具备创造性的前提下，权利要求2要求保护的技术方案相对于附件1和3的结合不具备创造性，不符合专利法第22条第3款的规定。

权利要求3的附加技术特征为：所述的二氧化钛纳米粒子的平均粒径在3~100纳米之间，而该技术特征也已经被附件1所公开，具体为：附件1说明书第7页第23~25行公开了所述光催化剂粒子的平均粒径优选在100nm以下，在3nm以上（即平均粒径在3mm~100nm），因此，在权利要求1不具备创造性的前提下，权利要求3要求保护的技术方案相对于附件1和3的结合不具备创造性，不符合专利法第22条第3款的规定。

权利要求4的附加技术特征为：所述的二氧化钛纳米粒子的平均粒径在10~20纳米之间，附件1说明书第7页第23~25行公开了所述光催化剂粒子的平均粒径优选在20nm以下，在3nm以上（即平均粒径在3nm~20nm），由于本申请说明书中没有记载上述粒径范围的具体选择能够产生预料不到的技术效果，因此，上述粒径范围的选择对本领域技术人员来说是显而易见的，在权利要求1~3不具备创造性的前提下，权利要求4要求保护的技术方案相对于附件1和3的结合不具备创造性，不符合专利法第22条第3款的规定。

（3）权利要求5的创造性。

权利要求5要求保护一种权利要求1所述的涂料的制备方法：常温下，将二氧化铁纳米粒子溶胶、有机硅树脂及水和甲醇混合均匀，其中二氧化钛纳米粒子含量为3~10克/升，有机硅树脂含量为涂料体系中二氧化钛含量的0.2~1倍，制得用于形成光催化透明亲水涂层的二氧化钛涂料。可见，权利要求5要求保护的技术方案是将权利要求1所述的涂料的各组成在常温下进行均匀混合，得到所述权利要求1所述的涂料。附件3公开了一种制备光催化氧化钛涂膜形成性组合物的方法，包括将平均粒径为1nm~500nm的钛氧化物水性分散液与低级烷基硅酸酯或四氯化硅在乙醇中分解得到的溶胶在10~50℃下混合，钛、硅分别换算成二氧化钛和二氧化硅后的重量比为30~96：70~4，组合物的总固体含量低于30重量%（参见附件3权利要求5）。

结合对权利要求1的评述可知，权利要求5相对于附件1与3的结合，其区别在于：本专利中混合温度是常温，附件3的混合温度为10~50℃。但是，附件3的实施例2采用的混合温度是30℃，因此对所属技术领域的技术人员来说，上述温度的选择是本领域的常规技术手段，是显而易见的，并且这种具体的选择并没有给请求保护的技术方案带来预料不到的技术效果。因此，权利要求5相对于附件1和3不具备创造性，不符合专利法第22条第3款的规定。

根据上述的事实和理由，本案合议组依法作出以下决定。

三、决定

宣告01115626.0号发明专利权全部无效。

当事人对本决定不服的，可以根据专利法第46条第2款的规定，自收到本决定之日起3个月内向北京市第一中级人民法院起诉。根据该款的规定，一方当事人起诉后，另一方当事人应当作为第三人参加诉讼。

153

一种热固底层防水胶带

无效宣告请求审查决定（第10164号）

决　定　号 第10164号
决　定　日 2007年6月22日
发明创造名称 一种热固底层防水胶带
国际分类号 B32B 27/06
无效宣告请求人 江门市多快好省机械有限公司
专利权人 劳敬满
专　利　号 200520113496.X
申　请　日 2005年7月12日
授权公告日 2006年8月16日
合议组组长 崔　震
主　审　员 姜　岩
参　审　员 王　冬

法律依据 专利法实施细则第2条第2款，专利法第22条第2款、第3款
决定要点

将现有技术中已知的材料应用于具有形状、构造的产品上，不属于对材料本身提出的技术方案，属于实用新型保护的客体。

一、案由

本无效宣告请求涉及中华人民共和国国家知识产权局于2006年8月16日授权公告的、名称为“一种热固底层防水胶带”的实用新型专利权（以下简称本专利），其专利号是200520113496.X，申请日是2005年7月12日，专利权人是劳敬满。本专利授权公告时的权利要求如下：

“1. 一种热固底层防水胶带，其特征在于：它包括一层热固底层，所述热固底层上至少有一面复合有热熔胶水层。

2. 如权利要求1所述的热固底层防水胶带，其特征在于：所述的热固底层上有一面复合有热熔胶水层。

3. 如权利要求1所述的热固底层防水胶带，其特征在于：所述热固底层上双面均复合有热熔胶水层。

4. 如权利要求1~3之任一所述的热固底层防水胶带，其特征在于：所述热固底层为热聚氨脂层，其厚度为0.01~5mm。

5. 如权利要求 4 所述的热固底层防水胶带，其特征在于：所述热熔胶水层为 PU 或 PVC 热熔胶，其厚度为 0.01~5mm。”

针对本专利权，江门市多快好省机械有限公司（以下简称请求人）于 2006 年 9 月 19 日向专利复审委员会提出无效宣告请求，同时提交了如下附件：

附件 1：专利申请号为 200410086902.8 的中国发明专利申请公开说明书，公开日为 2005 年 5 月 25 日，共 16 页；

附件 2：专利号为 200420027779.8 的中国实用新型专利说明书，授权公告日为 2005 年 5 月 25 日，共 5 页；

附件 3：专利号为 03265515.0 的中国实用新型专利说明书，授权公告日为 2004 年 9 月 1 日，共 5 页；

附件 4：《织物防水透湿原理与层压织物生产技术》，张建春、黄机质、郝新敏编著，中国纺织出版社出版，2003 年 5 月第 1 版，2004 年 4 月第 2 次印刷，版权信息页及第 4 页的复印件，共 2 页。

请求人认为：（1）权利要求 1、2、3 的技术方案被附件 1 公开，权利要求 1、2 被附件 2 公开，权利要求 1、3 被附件 3 公开，因此权利要求 1、2、3 不符合专利法第 22 条第 2 款的规定；（2）权利要求 4 相对于附件 1 和公知常识的结合、权利要求 5 相对于附件 1 和附件 4 的结合不符合专利法第 22 条第 3 款的规定；（3）从属权利要求 4、5 的附加技术特征包括对材料特征的进一步限定，不属于实用新型保护的客体，因此权利要求 4、5 不符合专利法实施细则第 2 条第 2 款的规定。

经形式审查合格，专利复审委员会依法受理了上述无效宣告请求，并于 2006 年 9 月 20 日向请求人和专利权人发出无效宣告请求受理通知书，同时将专利权无效宣告请求书及其附件清单中所列附件的副本转送给专利权人，并要求专利权人在指定的期限内陈述意见。

针对专利复审委员会发出的上述无效宣告请求受理通知书，专利权人未在指定期限内提交意见陈述书。

专利复审委员会依法成立合议组对本案进行审理。本案合议组于 2007 年 2 月 15 日向双方发出无效宣告请求口头审理通知书，定于 2007 年 3 月 27 日举行口头审理。

口头审理如期举行，双方当事人均参加了口头审理。在口头审理中，请求人明确其无效宣告请求的理由、范围及所依据的证据为：权利要求 1~3 相对于附件 1 不具备新颖性；权利要求 1、2 相对于附件 2 不具备新颖性；权利要求 1、3 相对于附件 3 不具备新颖性；权利要求 4 相对于附件 1 和公知常识的结合不具备创造性；权利要求 5 相对于附件 1 和 4 的结合不具备创造性；权利要求 4、5 不符合专利法实施细则第 2 条第 2 款的规定。请求人当庭出示了附件 4 的原件。专利权人对附件 1~4 的真实性、公开性没有异议。专利权人出示了专利产品实物一份。双方均认为 PVC 可作为热固底层，附件 2 中的热熔胶膜相当于本专利中的热熔胶水层。请求人认为附件 2 中的针织织物是热固底层的一种。专利权人认为附件 1 和 3 中的胶层是压敏胶层，不是热熔胶层。请求人认为附件 3 中的丁基橡胶相当于本专利的热熔胶水。请求人认为附件 1 没有公开热固底层为热聚氨脂，但认为其是本领域的公知常识。请求人认为附件 4 公开了热熔胶水层。专利权人认为附件 4 中的涂层剂不是热熔胶水。专利权人认为附件 1~4 所涉及的技术领域与本专利不同。

至此，合议组认为本案事实已经清楚，可以作出审查决定。

二、决定的理由

1. 关于证据和现有技术

请求人提交的证据包括附件 1~4，专利权人对附件 1~4 的真实性没有异议，经合议组审查，对附件 1~4 的真实性予以认可；同时由于附件 1~3 为公开日在本专利申请日之前的专利文献，附件 4

为公开出版物，且其公开日期在本专利的申请日前，因此附件1~4可以作为本专利的现有技术使用。

2. 关于专利法实施细则第2条第2款

专利法实施细则第2条第2款规定：专利法所称的实用新型，是指对产品的形状、构造或者其结合所提出的适于实用的新的技术方案。

将现有技术中已知的材料应用于具有形状、构造的产品上，不属于对材料本身提出的技术方案，属于实用新型保护的客体。

请求人认为本专利的权利要求4、5不符合专利法实施细则第2条第2款的规定，具体为：从属权利要求4~5中热固底层和热熔胶水层使用了材料特征进行进一步的限定，所以不属于实用新型保护的客体。

合议组经审查后认为，权利要求4和5是对权利要求1防水胶带的进一步限定，该防水胶带本身具有产品的形状、构造特征，并且在权利要求4和5中还分别对热固底层的厚度和热熔胶水层的厚度作了进一步的限定。尽管在权利要求4和5中还分别出现了“热聚氨脂”、“PU或PVC热溶胶”等材料特征，但其属于用现有技术中已知的材料名称限定产品的构造，因此不属于对材料本身提出的技术方案，符合专利法实施细则第2条第2款的规定。

3. 关于权利要求1~3的新颖性

新颖性，是指在申请日以前没有同样的发明或者实用新型在国内外出版物上公开发表过、在国内公开使用过或者以其他方式为公众所知，也没有同样的发明或者实用新型由他人向国务院专利行政部门提出过申请并记载在申请日以后（含申请日）公布的专利申请文件中。

如果专利申请与对比文件公开的内容相比，其权利要求所限定的技术方案与对比文件公开的技术方案实质上不同，则认为两者为不同的发明或者实用新型。

双方均认为：PVC可作为热固底层，附件2中的热熔胶膜相当于本专利中的热熔胶水层。

请求人认为：附件2中的针织织物是热固底层的一种；附件3中的丁基橡胶相当于本专利的热熔胶水。专利权人认为附件1和3中的胶层是压敏胶层，不是热熔胶层。

合议组经审查后认为，附件1公开了一种粘合带，结构与本专利相似，都是在支持体的一面或两面上具有涂层，但附件1中的涂层是压敏胶层粘合剂，与本专利中的热熔胶层不同，因此附件1没有公开权利要求1的全部技术特征，权利要求1相对于附件1具备新颖性。权利要求2~3是独立权利要求1的从属权利要求，在权利要求1具备新颖性的条件下，权利要求2、3相对于附件1也具备新颖性。

附件2公开了一种针织织物热熔胶带，它是在针织织物带材内表面直接涂覆一层热熔胶膜，但附件2中采用针织织物作为支撑热熔胶膜的底层，根据一般常识，针织织物不能起到防水的作用，而权利要求1中请求保护的是一种防水胶带，其热固底层具有防水的性能（参见本专利说明书正文第2页第3行），因此本专利权利要求书1中的热固底层不同于附件2中的针织织物带。尽管请求人认为附件2中的针织织物是热固底层的一种，但缺少相应的证据支持，权利要求1相对于附件2具备新颖性。权利要求2是独立权利要求1的从属权利要求，在权利要求1具备新颖性的条件下，权利要求2相对于附件2也具备新颖性。

附件3公开了一种防水密封胶带，在支撑胶层的两面上都带有涂层——粘结胶层，但附件3中的粘合胶层由丁基橡胶制成，属于压敏胶层，而不是权利要求1中限定的热熔胶层，因此附件3没有公开权利要求1的全部技术特征，权利要求1相对于附件3具备新颖性。权利要求3是独立权利要求1的从属权利要求，在权利要求1具备新颖性的条件下，权利要求3也具备新颖性。

综上，权利要求1相对于1、2、3具备新颖性。由于权利要求2和3是权利要求1的从属权利要求，因此，权利要求 2 相对于附件 1 或附件 2 具备新颖性；权利要求 3 相对于附件 1 或附件 3 也具备新颖性。

4. 关于权利要求 4 的创造性

创造性，是指同申请日以前已有的技术相比，该实用新型具有实质性特点和进步。

权利要求 4 是权利要求 1~3 的从属权利要求，其限定部分的技术特征为：所述热固底层为热聚氨脂层，其厚度为 0.01~5 毫米。

请求人认为附件 1 中公开了支持体的厚度，虽然没有公开热固底层为热聚氨脂，但认为其是本领域的公知常识。

合议组经审查后认为：权利要求 4 请求保护一种热固底层防水胶带，附件 1 公开了一种粘合带，并具体公开了如下技术内容：在支持体的一面或两面上具有黏合剂层，该支持体层的厚度优选为 50 微米至 200 微米之间，也就是 0.05 毫米至 0.2 毫米之间；权利要求 4 与附件 1 的区别在于：权利要求 4 中是热熔胶水层，而附件 1 中的黏合剂层是压敏胶层；权利要求 4 中的热固底层为热聚氨脂，而附件 1 中公开的支持体为 PVC。尽管请求人认为用热聚氨脂层做热固底层是本领域的公知常识，但附件 1 中并没有给出在该热固底层上可以复合热熔胶水层的技术启示，因此权利要求 4 相对于附件 1 和公知常识的结合是非显而易见的，并且该胶带具有防水性好等有益效果，因此，权利要求 4 相对于附件 1 和公知常识的结合具有实质性特点和进步，符合专利法第 22 条第 3 款规定的创造性。

5. 关于权利要求 5 的创造性

权利要求 5 是权利要求 4 的从属权利要求。其限定部分的技术特征为：所述热熔胶水层为 PU 或 PVC 热溶胶，其厚度为 0.01~5 毫米。

请求人认为权利要求 5 相对于附件 1 和附件 4 的结合不具备创造性。

合议组经审查后认为：附件 4 公开了一种涂层织物，该织物用直接涂层、转移涂层等工艺技术，使表面孔隙为涂层剂所封闭或减小到一定程度，因而得到防水性，其中涂层剂包括：聚氯乙烯（PVC）、聚氨酯（PU）等。虽然附件 4 中公开了涂层剂包括 PVC 和 PU，但附件 4 没有给出将用于防水涂层的 PVC 和 PU 材料用作本专利热熔胶层的技术启示，并且附件 1 与附件 4 技术领域不同，本领域的技术人员在现有技术的基础上无法想到将附件 1 的结构与附件 4 中的涂层材料——PVC 和 PU 结合而形成权利要求 5 的技术方案，因此从属权利要求 5 相对于附件 1 和 4 的结合是非显而易见的，具备创造性。

根据上述的事实和理由，本案合议组依法作出以下决定。

三、决定

维持 200520113496. X 号实用新型专利权有效。

当事人对本决定不服的，可以根据专利法第 46 条第 2 款的规定，自收到本决定之日起 3 个月内向北京市第一中级人民法院起诉。根据该款的规定，一方当事人起诉后，另一方当事人应当作为第三人参加诉讼。

154

扶正式高温高精度涡轮流量计

无效宣告请求审查决定（第 10174 号）

决　　定　　号　第 10174 号
决　　定　　日　2007 年 6 月 27 日
发明创造名称　扶正式高温高精度涡轮流量计
国 际 分 类 号　G01F 1/32
无效宣告请求人　北京市高新技术知识产权研究所
专　利　权　人　中国石油天然气股份有限公司
专　　利　　号　200420064600. 6
申　　请　　日　2004 年 6 月 2 日
授 权 公 告 日　2006 年 1 月 18 日
合 议 组 组 长　张梅珍
主　　审　　员　马　燕
参　　审　　员　张惠军

法　律　依　据　专利法第 26 条第 3 款、第 22 条第 4 款、第 22 条第 3 款
决　定　要　点

如果本领域的技术人员能够从现有技术中直接、唯一地确定的内容，则本专利的说明书中即使没有相应的记载，也应认为该说明书是清楚、完整的，符合专利法第 26 条第 3 款的规定。

如果本专利的技术方案能够在产业上制造和使用，并能够产生积极的效果，则不能因其适用于某些情况而不适用于另一些情况来否定其实用性。

如果一项权利要求与现有技术之间存在区别技术特征，而现有技术中没有公开该区别技术特征并且没有给出相应的技术启示，则该项权利要求具有创造性，符合专利法第 22 条第 3 款的规定。

一、案由

本无效宣告请求涉及中华人民共和国国家知识产权局于 2006 年 1 月 18 日授权公告的名称为“扶正式高温高精度涡轮流量计”的 200420064600. 6 号实用新型专利权（下称本专利），其申请日是 2004 年 6 月 2 日，专利权人是中国石油天然气股份有限公司。本专利授权公告时的权利要求书如下：

“1. 一种扶正式高温高精度涡轮流量计，它由高温涡轮流量计和具有变径与伸缩功能的高温扶正器两部分；高温涡轮流量计包括连接头（1）、涡轮笼体（2）、滑杆（3）、引鞋（4）、干簧管（5）、宝石轴承（6）、磁钢（7）、轴杆（8）、涡轮（9）；高温扶正器包括固定座（10）、耐高温扶正片（11）、滑动座（12），其特征在于：连接头（1）与固定座（10）、涡轮笼体（2）、滑动座（12）、滑

杆（3）、依次连接，在连接头（1）内有干簧管（5）、宝石轴承（6）、磁钢（7），在涡轮笼体（2）内磁钢（7）依次与轴杆（8）、滑杆（3）连接，轴杆（8）两端为宝石轴承（6），涡轮（9）在轴杆（8）上；在涡轮笼体（2）外为耐高温扶正片（11），滑杆（3）下接引鞋（4）。

2. 根据权利要求1所述的扶正式高温高精度涡轮流量计，其特征在于：涡轮笼体（2）为中空的壳体，其侧面铣成等角度分布的三个导流槽，上端通过内螺纹与连接头（1）连接，下端与滑杆（3）连接。"

针对上述专利权，北京市高新技术知识产权研究所（下称请求人）于2006年6月6日向专利复审委员会提出无效宣告请求，其理由是本专利权利要求1相对于证据1、2的结合不具备创造性，权利要求2相对于证据1、2以及本领域公知常识的结合不具备创造性，因此权利要求1~2不符合专利法第22条第3款的规定；权利要求1~2不具备实用性，不符合专利法第22条第4款的规定；本专利的说明书没有对实用新型作出清楚、完整的说明，不符合专利法第26条第3款的规定。请求人提交了如下证据：

证据1：授权公告号为CN2405010Y的实用新型专利说明书，授权公告日为2000年11月8日；

证据2：公告号为CN2086792U的实用新型专利申请说明书，公告日为1991年10月16日；

证据3：石油工业出版社出版、于1991年7月第1次印刷的《试井手册》（上）的封面、版权页、第64~66页复印件共5页；

证据4：人民教育出版社出版发行、于1995年6月第1次印刷的《九年义务教育四年制初级中学物理第二册 教学参考资料》封面、首页、版权页、第240~243页复印件共5页；

证据5：公告号为CN2058479U的实用新型专利申请说明书，公告日为1990年6月20日；

证据6：授权公告号为CN2302336Y的实用新型专利说明书，授权公告日为1998年12月30日；

证据7：公开号为CN1412413A的发明专利申请公开说明书，公开日为2003年4月23日；

证据8：高等教育出版社出版、于2004年4月第1次印刷的《石油开发测井原理》封面、版权页、第129~135页、第142~143页复印件共11页。

经形式审查合格，专利复审委员会依法受理了上述无效宣告请求，于2006年7月24日向双方当事人发出无效宣告请求受理通知书，并将无效宣告请求书及其附件清单中所列附件的副本转送给专利权人，要求其在指定的期限内答复。

专利权人逾期未答复。

专利复审委员会依法组成合议组，对上述无效宣告请求进行审理。

本案合议组于2006年10月10日向双方当事人发出无效宣告请求口头审理通知书，定于2006年11月13日举行口头审理。

口头审理如期举行，双方均出席了口头审理。

在口头审理中，

（1）请求人明确其无效宣告请求的理由、范围、证据为：本专利权利要求1~2相对于证据1、3的组合不符合专利法第22条第3款有关创造性的规定；权利要求1~2不符合专利法第22条第4款有关实用性的规定；权利要求1~2不符合专利法第26条第3款的规定；请求人当庭提交证据3、4、8的原件，明确表示使用证据3版权页、封面、第64~65页，放弃证据3中标有"图1~73"页作为证据使用；请求人明确表示证据4~7用于证明"干簧管"是公知技术；证据2用于评述本专利权利要求1~2的实用性；证据8用于证明本专利权利要求1~2不具有实用性；证据2、8不用于评述本专利权利要求1~2的创造性；

（2）专利权人对证据1~8的真实性表示无异议，认为请求人改变了证据的组合方式，即由证据

1、2 的组合方式改为证据 1、3 的组合方式；合议组当庭告知专利权人，本案适用于2001 年版审查指南的相关规定，请求人的新组合方式予以接受，告知专利权人可于庭后十日内针对权利要求1~2相对于证据 1、3 结合的创造性无效理由进行书面答复；

（3）关于专利法第 26 条第 3 款，请求人认为，本专利的权利要求书和说明书均未公开被测流体的进口和出口，涡轮流量计无法测量流体的流速，并且本专利使用特殊的导流方式取代了公知的引流方式，本专利的改进点在于导流流道，导流通道不是现有的，因此应该明确指出进口、出口的位置和结构；专利权人认为，涡轮流量计肯定有进口、出口，是公知的；本专利描述了蒸汽流道；

（4）关于实用性，请求人认为，本专利的扶正器的结构存在严重缺陷，其上端是固定的、下端是自由的，这样的扶正器不能往下滑动；本专利的涡轮流量计本身没有进口、出口，涡轮不会转动，不能实现发明目的；导流槽设在侧壁，涡轮转动比较慢，甚至不能转动；根据证据 8 公开的内容，流量计一种是敞流式一种是导流式，不能明确本专利取代涡轮引流方式的技术效果，本专利在笼体上打了三个槽不能取代涡轮引流方式。专利权人认为，油管不可能突然变径，扶正器靠涡轮的重量下滑，认为扶正器在设计的时候需要有良好设计的弧度；扶正片是弓型的，分解后受到横向力，扶正器必须大于井筒内径，扶正片不会卡在井筒内，不可能发生井筒内径稍微大于扶正器外径的情况；认为导流槽与蒸汽流道不同，蒸汽通道在上方，涡轮是可以通过蒸汽流道转动；证据 8 与本专利无关，认为导流或者敞流与本专利无关，不作答辩；蒸汽能够冲到涡轮，因此涡轮能够旋转；

（5）关于创造性，请求人认为，证据 1 公开了涡轮流量计的结构，结合证据 4~7 清楚证明采用干簧管测量流量；证据 3 公开了扶正器的结构，证据 3 的两端都可以滑动，但没有文字记载，在附图上可以看出，在证据 3 中可以看到滑杆、固定座等的连接关系；根据本专利权利要求 2 记载内容及说明书的内容，本专利的导流槽是通透的，是液体流通的通道，这种设计必然导致涡轮笼体的侧面挤入蒸汽，使涡轮发生不规则的旋转，因此认为本专利权利要求 2 不具有创造性，导流槽对稳定性不起作用；专利权人认为，证据 3 只有附图及附图注释，没有文字表达，证据 1 的目的是一个流量计，而且是一个产液的流量计，本专利是用于测量蒸汽的流量，两者的介质不同；证据 3 的目的是要两端扶正，本专利的目的是扶正器保护仪器；本专利有一个扶正器，证据 3 有两个扶正器；导流槽与蒸汽流道是不同的。

口头审理结束后，专利权人未在规定时间内提交书面答复。

至此，合议组认为本案事实清楚，现依法作出审查决定。

二、决定的理由

1. 关于证据

请求人在无效宣告程序中共提交 8 份证据，即证据 1~8。

证据 1、2、5~7 是中国专利文献，专利权人对其真实性无异议，经审查，证据 1、2、5~7 可以作为本案证据使用，由于这些证据的公开日期均在本专利申请日之前，因此其上记载的内容构成本专利的现有技术。

证据 3 是石油工业出版社出版、于 1991 年 7 月第 1 次印刷的《试井手册》（上）的封面、版权页、第 64~66 页；证据 4 是人民教育出版社出版发行、于 1995 年 6 月第 1 次印刷的《九年义务教育四年制初级中学物理第二册教学参考资料》封面、首页、版权页、第 240~243 页；证据 8 是高等教育出版社出版、于 2004 年 4 月第 1 次印刷的《石油开发测井原理》封面、版权页、第 129~135 页、第 142~143 页，请求人当庭提交了证据 3、4、8 的原件，专利权人对证据 3、4、8 的真实性无异议，经审查，证据 3、4、8 可以作为本案证据使用，由于这三份证据的公开日期均在本专利申请人之前，因此其上记载的内容构成本专利的现有技术。在口头审理中，请求人明确表示放弃证据 3 中标有“图

1~73”页，即第66页作为证据使用，因此本决定中不再对证据3的该部分进行评述，即，作为本案证据使用的证据3包括封面、版权页、第64~65页。

2. 关于专利法第26条第3款

专利法第26条第3款规定：说明书应当对发明或者实用新型作出清楚、完整的说明，以所属技术领域的技术人员能够实现为准；必要的时候，应当有附图。摘要应当简要说明发明或者实用新型的技术要点。

具体就本案而言，请求人认为，本专利的权利要求书和说明书均未公开被测流体的进口和出口，涡轮流量计无法测量流体的流速，并且由于本专利使用特殊的导流方式取代了公知的引流方式，即本专利的改进点在于导流流道，而导流通道不是现有的，因此应该明确指出进口、出口的位置和结构。

对此，合议组认为，(1) 本专利要解决的技术问题是涡轮叶片采用焊接工艺、一致性差、滚动轴承阻力大、扶正功能差，即，本专利的目的在于对涡轮叶片工艺、轴承以及扶正器进行改进，并且说明书对实现上述目的的技术手段进行了具体描述，至于与解决上述技术问题无直接关系的内容，并不需要记载在说明书中；(2) 通常在油田上使用的利用涡轮旋转来测量蒸汽或油的流量计的原理是将蒸汽或油引入到涡轮部分并流经涡轮部分，在流经涡轮部分时，通过对涡轮的冲击使之旋转，磁钢与涡轮的旋转速度相同，借助于与磁钢配合的磁性元件（通常是干簧管）来测量涡轮的旋转，并据此计算出蒸汽或油的流量、流速等，这种原理和应用在本领域是公知的，本领域的技术人员根据这种流量计的原理及实践经验可以直接、唯一地确定本专利的扶正式高温高精度涡轮流量计包括蒸汽的进入部分和流出部分，即进口和出口。因此请求人关于说明书未公开进口、出口从而导致本专利不符合专利法第26条第3款的主张不能成立。

3. 关于专利法第22条第4款

专利法第22条第4款规定：实用性，是指该发明或者实用新型能够制造或者使用，并且能够产生积极效果。

请求人认为本专利不具备实用性的具体理由为：(1) 本专利的涡轮流量计本身没有进口、出口，涡轮不会转动，不能实现发明目的；(2) 本专利的扶正器的结构存在严重缺陷，其上端是固定的、下端是自由的，这样的扶正器不能往下滑动；(3) 导流槽设在侧壁，涡轮转动比较慢，甚至不能转动；(4) 权利要求2中，井下流体从导流槽直接导入又导出，加之涡轮笼体外部还有扶正器片阻挡，不能构成流体对涡轮整体叶片的冲击，无法测出流体的流速；(5) 根据证据8公开的内容，流量计一种是敞流式一种是导流式，不能明确本专利取代涡轮引流方式的技术效果，本专利在笼体上打了三个槽不能取代涡轮引流方式。

针对上述理由 (1)，合议组认为，在上面关于本专利符合专利法第26条第3款的规定的论述中已经阐明了本专利的涡轮流量计具有进口、出口，因此，对该理由合议组不再作论述。

针对上述理由 (2)，合议组认为，本专利的扶正片为弓形，其材料具有弹性，无论是井筒内径从大到小还是从小到大的情况下，该扶正片在受到井筒内壁的阻力时，都会产生弹性形变，消除该阻力时，扶正片会恢复原始状态，扶正片的弹性形变的大小随井筒内壁的阻力大小而改变，并且，扶正器是在重力的作用下深入井筒内的，而且在重力的作用下继续向下移动，扶正器在工作中所起到的扶正作用是在重力和扶正片的弹性形变以及井筒内壁的阻力的共同作用下实现的，使扶正片顺应井筒的内径并使测量仪器位于井筒中心位置。由于扶正片的弹性形变在一定范围内，因此，扶正器要实现其扶正作用必须适用于与其弹性形变相对应的一定范围内的变径或非变径井筒，而非所有的变径或非变径井筒。在一般的应用中，技术人员可以根据井筒的内径和变径情况来选择适当的扶正器，使其在直径处于一定范围内的非变径井筒中，或者在处于一定变径范围内的从窄到宽或从宽到窄的变径井筒中使用，即，当在上述直径处于一定范围内的非变径井筒中、或者在处于一定变径范围内的从窄到宽或从宽到窄的变径井筒中工作时，所选择的扶正器应当是在井外人员不施加向上的力时该扶正器仍然可以向井筒内更深的地方下移，同时扶正片的外径顺应井筒内壁使测量仪器位于井筒内的中心位置。请求人提出的情况是所选用的扶正器与其所应用的井筒内径不匹配的情况，但这种情况是可以避免的。本专利公开了扶正器在20~400℃的环境下可在Φ62~162mm自由开闭，当井筒的内径过大或过小时，技术人员可以根据井筒的内径选择适当尺寸、材料的扶正器，使其能够完成其测量的任务，并使扶正器能够产生良好扶正的效果，因此，本专利的扶正器对于内径尺寸在一定范围内的井筒是适用的，以选用不当的结果来否定本专利的扶正器能够在产业上制造和使用并且能够产生积极效果是不适当的。

针对上述理由（3），合议组认为，涡轮能否转动与蒸汽能否冲击涡轮直接相关，而本专利说明书记载了在涡轮笼体侧面铣成等角度分布的三个导流槽，并且涡轮笼体设有截面成等角度分布的三个蒸汽流道，涡轮直接裸露在蒸汽中，根据说明书的上述记载可知，蒸汽流道能使蒸汽进入并冲击涡轮，使之转动，因此导流槽设在侧壁并不会导致涡轮不转动。

针对上述理由（4），合议组认为，权利要求2的附加技术特征包括涡轮笼体侧面铣成等角度分布的三个导流槽，导流槽所起的作用是将井筒内的流体导入到蒸汽流道中，而非将流体导入又导出，另外，虽然笼体外部有扶正器片，但扶正器并不是一个封闭的壳体，蒸汽可以进入扶正器内，并进一步通过导流槽、蒸汽流道冲击涡轮，因此扶正器片的存在不会影响蒸汽对涡轮的冲击。

针对上述理由（5），合议组认为，证据8公开了根据流量计是否带有机械导流装置而将流量计分成导流式和敞流式，本专利记载了“涡轮笼体设有截面成等角度分布的三个蒸汽流道，涡轮直接裸露在蒸汽中，取代引流方式”，可见，本专利所指的取代引流方式是指取代现有技术中的采用某个或某些装置引导流体冲击涡轮的方式，而非取代证据8所划分的导流式或敞流式，并且，本专利采用蒸汽流道的技术方案产生了利用蒸汽直接冲击涡轮使之转动平稳的积极效果。

另外，请求人认为本专利的扶正式高温高精度涡轮流量计存在的结构缺陷与证据2所欲克服的缺陷类似，合议组认为，本专利在产业上能够制造和使用，并且能够产生积极效果，已经符合专利法第22条第4款所规定的实用性，至于其是否存在与证据2所欲克服的缺陷，与本专利是否具备实用性没有关联性。

综上，本专利的扶正器能够在产业上制造和使用，并且能够产生积极效果，因此，符合专利法第22条第4款的规定。

4. 关于专利法第22条第3款

专利法第22条第3款规定：创造性，是指同申请日以前已有的技术相比，该发明有突出的实质性特点和显著的进步，该实用新型有实质性特点和进步。

（1）权利要求1、2相对于证据1、3的结合是否具备创造性。

证据1（参见说明书第1页倒数第5行至第3页结束，图1、2）公开了一种热采井高温产液剖面测量仪，具体披露了以下技术特征：该测量仪包括高温区3、测压4、测温5、流量测量总成6；测温5与流量测量总成6连接（测温5与联轴6-2之间的部分相当于本专利权利要求1中的“连接头”），流量测量总成6有耐高温涡轮6-1、联轴6-2（相当于本专利权利要求1中的“轴杆”）、耐高温磁钢6-3、耐高温平面直孔玛瑙宝石轴承6-4、磁性元件6-5、机械伞6-6（相当于本专利权利要求1中的“高温扶正器”）；机械伞6-6的上部与耐高温轴承6-4的外支撑套（相当于本专利权利要求1中的“涡轮笼体”）焊接在一起，该机械伞具有随油井管柱内径变化自动张大与缩小的功能；在测温5与联轴6-2之间的部分中有磁性元件6-5、耐高温平面直孔玛瑙宝石轴承6-4、耐高温磁钢6-3；在外支撑套中，耐高温磁钢6-3安装在联轴6-2的上部；联轴6-2两端分别镶有耐高温平面直孔玛瑙宝石轴承 6-4，耐高温涡轮 6-1 安装在联轴 6-2 的下部，与耐高温磁钢相匹配的耐高温磁性元件 6-5 位于磁钢附近 1mm 处，耐高温磁性元件 6-5 随耐高温磁钢 6-3 转动而不断打开与关闭。

请求人认为，证据 1 附图 1 最下部公开了本专利权利要求 1 的“引鞋”，作用相同；证据 1 说明书第 3 页第 1 段记载的磁性元件 6-5 公开了本专利权利要求 1 的“干簧管”，本领域技术人员根据证据 1 第 12 页第 11 行记载的“与耐高温磁钢相匹配的耐高温磁性元件（6-5）位于磁钢附近 1mm 处，耐高温磁性元件（6-5）随耐高温磁钢（6-3）转动而不断打开与关闭，产生电脉冲被计算机采集系统所接受”容易想到耐高温磁性元件是干簧管，并且在证据 1 中已经清楚的描述了耐高温磁性元件的工作原理，结合证据 4~7 清楚证明采用干簧管测量流量。

对此合议组认为，（1）证据 1 中明确记载，位于仪器下部的机械伞 6-6，具有随油井管柱内径变化自动张大与缩小的功能，扶正作用好，因此，该机械伞起到了本专利权利要求 1 中的高温扶正器的作用；（2）证据 1 中公开了耐高温磁性元件 6-5，干簧管是耐高温磁性元件中的一种，属于下位概念，不能认为证据 1 中的上位概念公开了本专利权利要求 1 中的干簧管的这一下位概念，但是根据证据 4~7 可知，在油田上使用的测量设备中经常使用干簧管与涡轮上的磁钢配合来测量涡轮的旋转，因此，在证据 1 公开了磁性元件的情况下，本领域的普通技术人员想到使用干簧管作为磁性元件是显而易见的。

因此，权利要求 1 请求保护的扶正式高温高精度涡轮流量计与证据 1 公开的热采井高温产液剖面测量仪相比，其区别在于：（1）权利要求 1 中的高温涡轮流量计包括滑杆、引鞋，高温扶正器包括固定座、耐高温扶正片、滑动座；（2）连接头与固定座、涡轮笼体、滑动座、滑杆依次连接；（3）在涡轮笼体内磁钢依次与轴杆、滑杆连接；（4）在涡轮笼体外为耐高温扶正片；（5）滑杆下接引鞋。

证据 3（参见第 65 页的图 1-72）公开了一种港 I 型回放式井下流量计，并具体公开了以下技术特征：该井下流量计包括扶正片 9、中心杆 2、弹簧锚 3、固定销 4、固定块 5、调节环 8、宝石轴承 48、磁钢 49、涡轮轴 51、涡轮 52、尾锥 56（相当于本专利权利要求 1 中的“引鞋”），扶正片 9 的两端均与固定块 5、固定销 4、弹簧锚 3 连接，中心杆 2 贯穿两个扶正片 9，扶正片 9 在该中心杆上滑动，中心杆 2 下接尾锥 56，两个扶正片 9 分别位于涡轮的上、下两方。

请求人认为，证据 3 的图 1-72 公开了本专利的扶正器，弹簧锚 3 与调节环 8 配合套在中心杆 2 上公开了本专利的固定座；在证据 3 中，滑动位置是可调的，扶正器的两端都可以滑动，从附图中可以看出，当滑到一定位置时，其上端是固定的，也相当于一个固定座，并且在证据 3 中可以看到滑杆、固定座等的连接关系。

对此合议组认为，（1）证据 3 的附图 1-72 中显示有尾锥 56、扶正片 9，由于扶正片通常都在一定范围内变径，且其变径主要是由于扶正片两端的间距变化而引起的，因此可以确定扶正片 9 的至少一端可以滑动。该图还显示出，扶正片 9 的两端均与固定块 5、固定销 4、弹簧锚 3 连接，在扶正器的一端可以滑动的情况下，滑动端的固定块 5、固定销 4、弹簧锚 3 构成了本专利权利要求 1 中的滑动座，而另一端的上述构件构成了本专利权利要求 1 中的固定座；在扶正器的两端均可以滑动的情况下，由图 1-72 可知，扶正片 9 的上部有绳帽 1、下部有套环 10 等部件，这两端的任一端滑动到一定位置就会停止滑动，而另一端仍在滑动，此时，滑动端的上述构件构成了本专利权利要求 1 中的滑动座，而固定端的上述构件构成了本专利权利要求 1 中的固定座，可见，证据 3 也公开了本专利权利要求 1 中的滑动座、固定座。另外，根据附图 1-72 可知，中心杆 2 是贯穿两个扶正片 9 的中心杆，扶正片 9 在该中心杆上滑动，因此该中心杆 2 相当于本专利权利要求 1 中的滑杆。即，证据 3 公开了上述区别技术特征（1）。

（2）证据3的附图1-72公开了尾锥56，中心杆2下接尾锥56，因此，证据3公开了上述区别技术特征（5）。

（3）在证据3中，两个扶正片9分别位于涡轮的上、下两方，因此证据3没有公开本专利权利要求1中的在涡轮笼体外为耐高温扶正片的技术特征；在证据3中，扶正片部分的固定座、中心杆和滑动座是依次连接的，该部分经过其他部件与涡轮部分连接；而且，图中未示出在两个扶正片之间存在中心杆2，可见，证据3没有公开在涡轮部分中，磁钢依次与涡轮轴、中心杆连接。即，证据3没有公开上述区别技术特征（2）～（4）。此外，根据证据3的图中所示的扶正片9的结构和涡轮部分的结构可知，在扶正片9的部分，起到滑动座作用的构件可以在中心杆2上滑动，在涡轮部分中有磁钢49、轴承座50、涡轮轴51、涡轮52，图中未示出在两个扶正片之间存在中心杆2，而且不能推导出在两个扶正片之间存在中心杆2，也不能推导出将扶正片部分置于涡轮部分的外面的技术方案，因此证据3未给出上述区别技术特征（4）的技术启示；此外，证据1也未公开扶正器置于涡轮部分的外面的技术方案，因此，证据1也未给出上述区别技术特征（4）的技术启示；另外，由于证据3的图中未示出在两个扶正片之间存在中心杆2，也不能推导得到在两个扶正片之间存在中心杆的技术方案，因此不能推导出连接头与固定座、涡轮笼体、滑动座、滑杆依次连接的这种连接关系，也不能推导出中心杆2与涡轮轴51连接的这种连接关系，即，证据3未给出上述区别技术特征（2）、（3）的技术启示。

基于上述理由，证据1、3的结合不能得到本专利权利要求1请求保护的技术方案，因而权利要求1相对于证据1、3的结合具备创造性，符合专利法第22条第3款的规定。

在权利要求1相对于证据1、3的结合具备创造性的基础上，其从属权利要求2也具备创造性，符合专利法第22条第3款的规定。

综上所述，本专利公开充分、具备实用性和创造性，请求人所提出的无效宣告理由均不成立，故本案合议组依法作出如下决定。

三、决定

维持200420064600.6号实用新型专利权有效。

当事人对本决定不服的，可以根据专利法第46条第2款的规定，自收到本决定之日起三个月内向北京市第一中级人民法院起诉。根据该款的规定，一方当事人起诉后，另一方当事人应当作为第三人参加诉讼。

155

金属封条锁定器

无效宣告请求审查决定（第10184号）

决　　定　　号　第10184号
决　　定　　日　2007年6月26日
发明创造名称　金属封条锁定器
国 际 分 类 号　G01D 11/16
无效宣告请求人　胡玉智
专　利　权　人　卓伟忠
专　　利　　号　00239557.6
申　　请　　日　2000年9月21日
授 权 公 告 日　2001年8月8日
合 议 组 组 长　张田勇
主　　审　　员　宋　瑞
参　　审　　员　王琦琳

法　律　依　据　专利法第22条第2款
决　定　要　点

如果一项权利要求的全部技术特征都已经被现有技术的一个技术方案全部公开，则该权利要求不具备新颖性。

如果一项产品权利要求与对比文件中记载的产品的区别仅在于某一用途特征，该用途由产品本身固有的特性决定，并且用途特征没有隐含产品在结构和/或组成上发生改变，则该用途特征限定的产品权利要求相对于对比文件的产品不具有新颖性。

一、案由

本无效宣告请求涉及国家知识产权局于2001年8月8日授权公告的名称为“金属封条锁定器”的00239557.6号实用新型专利权，其申请日是2000年9月21日，专利权人是陈鸿强，后于2002年10月29日变更为卓伟忠。授权公告的权利要求书如下：

“1. 一种金属封条锁定器，其特征是：锁定器包括一个定子和一个转子，定子具有一个一端封闭、另一端敞口的容腔；转子从容腔的敞口端轴向套入容腔内，并且轴向定位，与定子构成转动联接；在转子上还固定有一个遮盖于容腔敞口端的盖板，盖板上固定有一个手柄；在容腔内，于转子与定子之间联接有棘轮机构，使转子只能朝单一方向转动；在容腔内，于转子上或容腔内壁面上还开有一圈以转子转动轴线为中心的环形凹槽；与环形凹槽位于同一径向截面的位置处，开有径向贯穿定子以及转子的通孔，定子与转子上的通孔可相互对应。

2. 如权利要求 1 所述的金属封条锁定器，其特征是：转子的轴向定位机构由转子上的轴环以及容腔内壁上的止退挡块构成，止退挡块挡在轴环靠近容腔敞口端的一侧；在轴环的背向容腔敞口端的一侧设有倒角。

3. 如权利要求 1 或 2 所述的金属封条锁定器，其特征是：转子与定子之间的棘轮机构为齿式内啮合棘轮机构，在容腔的内壁面上设有一圈内棘齿，在转子上设有与棘齿相扣的棘爪，棘爪为弹簧片结构，与转子整体注塑而成。

4. 如权利要求 3 所述的金属封条锁定器，其特征是：在手柄与盖板衔接的位置处开有凹槽。

5. 如权利要求 4 所述的金属封条锁定器，其特征是在定子上设有标牌。”

针对上述专利权，专利复审委员会于 2005 年 10 月 8 日作出第 7559 号无效宣告请求审查决定，宣告本专利权利要求 1、权利要求 3 中直接引用权利要求 1 的技术方案、权利要求 4、5 中未间接引用权利要求 2 的技术方案无效，维持该专利权利要求 2、权利要求 3~5 中直接或间接引用权利要求 2 的技术方案继续有效。

针对上述专利权（下称本专利），胡玉智（下称请求人）于 2006 年 5 月 23 日向专利复审委员会提出了无效宣告请求，理由是本专利权利要求 1~5 不具备专利法第 22 条第 2 款规定的新颖性，权利要求 2 不具备专利法第 22 条第 3 款规定的创造性，并提交了如下附件作为证据：

附件 1：公开号为 CN1441943 A 的中国发明专利申请公开说明书，申请人为 E · J · 布鲁克斯公司，申请日为 2001 年 6 月 1 日，优先权日为 2000 年 6 月 8 日，公开日为 2003 年 9 月 10 日；

附件 2：公开号为 WO99/57702 A1 的专利文献扉页，公开日期为 1999 年 11 月 11 日；

附件 3：公开号为 CN1306655 A 的中国发明专利申请公开说明书，公开日期为 2001 年 8 月 1 日；

附件 4：专利号为 US6007121 A 的美国专利文献，授权日为 1999 年 12 月 28 日。

结合上述附件，其无效宣告请求的具体理由为：本专利权利要求 1、2、4、5 相对于附件 1 不具备新颖性，本专利权利要求 1、3~5 相对于附件 3 不具备新颖性，本专利权利要求 2 相对于附件 3 和附件 4 的结合或者附件 3 和附件 1 的结合不具备创造性。

经形式审查合格后，专利复审委员会于 2006 年 8 月 15 日受理了该无效宣告请求，并于该日向双方当事人发出无效宣告请求受理通知书，同时将专利权无效宣告请求书及其附件清单中所列附件副本转送给专利权人，要求专利权人在指定期限内答复。

针对上述无效宣告请求，专利权人于 2006 年 11 月 17 日向专利复审委员会提交了意见陈述书。专利权人认为附件 3 不能影响本专利权利要求 2 以及权利要求 3~5 中直接或间接引用权利要求 2 部分的新颖性和创造性，附件 1 与附件 3 基本上是相同的技术方案，不能影响本专利权利要求 2 的新颖性和创造性，附件 2、4 是英文稿，不能作为证据，附件 1 中沟槽 26 不能被认定为止退挡块，本专利的止退挡块使本专利的结构简单、牢靠。

在此基础上，专利复审委员会依法成立合议组对本案进行审理。2006 年 12 月 22 日本案合议组向双方当事人发出口头审理通知书，定于 2007 年 1 月 30 日在专利复审委员会举行口头审理，并将专利权人的上述意见陈述书副本转给请求人。

口头审理如期举行，请求人参加了口头审理，专利权人缺席口头审理。合议组当庭告知请求人以上述第 7559 号在先审查决定维持有效的本专利权利要求 2 以及权利要求 3~5 中直接或间接引用权利要求 2 部分的权利要求作为审查基础。请求人明确表示其无效宣告请求的理由及范围为：本专利权利要求 2~5 相对于附件 1 不具备专利法第 22 条第 2 款规定的新颖性，请求人明确表示放弃将附件 2~4 作为证据使用。请求人认为：本专利权利要求 2 的技术特征被附件 1 的外壳 4、转子本体 6 公开，外壳 4 相当于本专利的定子，转子本体 6 相当于本专利转子，附件 1 第 6 页第 19 行、第 7 页第 8~9 行有记载；本专利权利要求 2 的"转子……套入容腔内……"由附件 1 中公开了将转子 6 沿轴向插入腔 18，直至图 7、8 所示轴向位置，并围绕腔 18 的轴线 32 转动，在附件 1 第 7 页第 6 行及第 9 页倒数第 2 行有记载；本专利权利要求 2 的"在转子上固定有一个……盖板……盖板上固定一个手柄"在附件 1 说明书第 8 页第 9 行有记载；本专利权利要求 2 的"在容腔内一转子以定子之间联接有棘轮结构……"在附件 1 说明书摘要第 8~9 行有记载，并且在附件 1 说明书第 9 页第 12~13 行及第 20~22 行和第 27 行也有公开；本专利权利要求 2"在容腔内，于转子上……环形凹槽"在附件 1 说明书第 8 页第 16~17 行有记载；本专利权利要求 2"于环形凹槽位于同一径向截面的位置处，开有径向贯穿定子以及转子的通孔，定子与转子上的通孔可相互对应"在附件 1 说明书第 8 页第 9~11 行、第 14 行及说明书第 10 页第 12~13 行有记载；本专利权利要求 2"转子的轴向定位机构由转子上的轴环以及容腔内壁上的止退挡块构成，止退挡块挡在轴环靠近容腔敞口端的一侧，在轴环的背向容腔敞口端的一侧设有倒角"由附件 1 的附图 6~9 公开，在附件 1 说明书第 10 页第 2~4 行及附图 4 有公开。针对专利权人提交的意见陈述书中认为"构件 52 进入腔的沟槽 26（止退挡块）；将沟槽 26 认定为止退挡块，显然是不正确的"，请求人认为：沟槽 26 的肩部 27 才相当于本专利的止退挡块；认为附件 1 附图 6 和附图 7 是同一个实施方案的附图；针对专利权人的"在定子 1 的内腔并没有沟槽……"，请求人认为本专利中也具有沟槽。请求人还认为：本专利权利要求 3 的附加技术特征在附件 1 附图 7、附图 8 有公开，在附件 1 说明书第 9 页第 21 行、第 23~24 行以及说明书第 6 页倒数第 3 行有记载；本专利权利要求 4 的附加技术特征在附件 1 附图 1、2a、2b、2、7~10 中公开；本专利权利要求 5 的附加技术特征在附件 1 附图 1、3a、3b、5~7 公开了外壳 4，附件 1 的平板 16 相当于本专利的标牌。

专利权人于 2007 年 2 月 1 日向专利复审委员会再次提交了与其 2006 年 11 月 17 日向专利复审委员会提交的意见陈述书相同的意见陈述书。

在上述事实的基础上，合议组经合议认为本案事实已经清楚，现依法作出审查决定。

二、决定的理由

1. 关于证据

请求人明确表示放弃将附件 2~4 作为证据使用，因此在本次无效宣告请求中请求人所要使用的证据为附件 1。附件 1 是公开号为 CN1441943 A 的中国发明专利申请公开说明书，其申请日为 2001 年 6 月 1 日，优先权日为 2000 年 6 月 8 日，公开日为 2003 年 9 月 10 日，专利权人未对其真实性提出异议，合议组经审查认为附件 1 可以作为本案证据使用，由于附件 1 的优先权日在本专利的申请日之前，公开日在本专利申请日之后，且为他人向专利局提交的申请，因此附件 1 可以用于评述本专利权利要求的新颖性。

2. 关于新颖性

专利法第 22 条第 2 款规定：新颖性，是指在申请日以前没有同样的发明或者实用新型在国内外出版物上公开发表过、在国内公开使用过或者以其他方式为公众所知，也没有同样的发明或者实用新型由他人向国务院专利行政部门提出过申请并且记载在申请日以后公布的专利申请文件中。

如果一项权利要求的全部技术特征都已经被现有技术的一个技术方案公开，则该权利要求不具备新颖性。

鉴于本专利权利要求 1、权利要求 3 中直接引用权利要求 1 的技术方案、权利要求 4、5 中未间接引用权利要求 2 的技术方案已经被生效的第 7559 号无效宣告请求审查决定宣告无效，请求人认为本专利权利要求 2、权利要求 3~5 中直接或间接引用权利要求 2 的技术方案不具备新颖性。

本专利权利要求 2 引用权利要求 1，要求保护一种金属封条锁定器，附件 1 公开了一种可转动密封装置，该装置包括外壳 4（相当于本专利中的定子）和转子 6，外壳具有一个一端封闭、另一端敞口的内腔 18（相当于本专利中的容腔）；转子 6 从内腔 18 的敞口端轴向套入内腔内，并且轴向定位，与外壳构成转动联接；在转子上还固定有一个遮盖于内腔敞口端的盘状圆柱形头部 50（相当于本专利中的盖板），头部 50 上固定有一个片状凸缘 12（相当于本专利中的手柄）；在内腔中，于转子与外壳之间联接有棘轮齿 24 和棘爪齿 68（相当于本专利中的棘轮机构），使转子只能朝单一方向转动；在内腔中，于转子上开有一圈以转子转动轴线为中心的环形沟槽 54（相当于本专利中的环形凹槽）；与环形沟槽 54 位于同一径向截面的位置处，开有径向贯穿外壳以及转子的通孔，外壳与转子上的通孔可相互对应；转子 6 包括圆盘状构件 52（相当于本专利中的轴环），构件 52 具有两个部分 53 和 55，部分 53 呈圆柱状，而部分 55 位于部分 53 下方，呈截头圆锥状（相当于本专利中轴环上背向容腔敞口端一侧的倒角）；在外壳内腔 18 中形成一圆筒形沟槽 26，沟槽 26 具有肩部 27（相当于本专利中的止退挡块），内腔 18 的肩部 27 与构件 52 的肩部的接合沿轴向将转子锁定在内腔 18 中（参见附件 1 说明书第 3 页倒数第 1 段至第 8 页倒数第 2 段以及附图 1-10）。

专利权人在于 2006 年 11 月 17 日和 2007 年 2 月 1 日提交的意见陈述书中认为：请求人在无效宣告请求书中将附件 1 中的沟槽 26 认定为止退挡块是不正确的，附件 1 中的沟槽 26 具有肩部 27，该肩部不但没有止退挡构件 52 作用，反而会使构件 52 容易从沟槽 26 和腔 18 中退出。对此，合议组经审查认为，附件 1 中的沟槽 26 具有的肩部 27 相当于本专利权利要求 2 中的止退挡块，它位于与腔 18 的较小内直径的接合处（参见附件 1 说明书第 4 页第 15~17 行），由于转子 6 上的构件 52 的上方部分 53 是圆柱状，且其直径大于内腔 18 的较小直径，因此一旦构件 52 进入沟槽 26 中，肩部 27 就能起到防止构件 52 在轴向方向上从沟槽 26 中脱出的止退挡作用，因此附件 1 公开了本专利权利要求 2 中的止退挡块。

综上所述，本专利权利要求 2 的全部技术特征均已经被附件 1 所公开，并且二者均为封条锁定领域，所要解决的技术问题和实现的技术效果都相同，因此，本专利权利要求 2 相对于附件 1 不具备专利法第 22 条第 2 款规定的新颖性。

本专利权利要求 3 引用权利要求 2 的技术方案中，权利要求 3 的附加技术特征为："转子与定子之间的棘轮机构为齿式内啮合棘轮机构，在容腔的内壁面上设有一圈内棘齿，在转子上设有与棘齿相扣的棘爪，棘爪为弹簧片结构，与转子整体注塑而成。"

附件 1 公开了下述技术特征：当螺旋状齿 68 与棘轮齿 24 共面对准时，由于棘爪齿 68 与棘轮齿 24 接合，转子 6 只能沿着一角度方向围绕轴线 32 转动，棘爪齿 68 沿径向弹性挠曲，从而能防止棘轮棘爪出现逆向转动。同时，转子 6 可为聚丙烯制品（参见附件 1 说明书第 3 页倒数第 3 行、说明书第 9 页第 21 行、第 23~24 行），可直接、毫无疑义地得出转子 6 是整体注塑而成的。由此可见本专利权利要求 3 的附加技术特征已经被附件 1 所公开，因此，在其引用的权利要求 2 不具备新颖性的情况下，本专利权利要求 3 不具备新颖性，不符合专利法第 22 条第 2 款的规定。

本专利权利要求 4 引用权利要求 3，其附加技术特征为："在手柄与盖板衔接的位置处开有凹槽。"

附件 1 的附图 1、2a、2b、2、7~10 公开了在凸缘 12（相当于本专利中的手柄）与头部 50（相当于本专利中的盖板）衔接处开有凹槽的技术特征，由此可见本专利权利要求 4 的附加技术特征已经被附件 3 所公开，因此，在其引用的本专利权利要求 3 不具备新颖性的情况下，本专利权利要求 4 也不具备新颖性，不符合专利法第 22 条第 2 款的规定。

本专利权利要求 5 引用权利要求 4，其附加技术特征为："在定子上设有标牌"，对于该附加技术特征，本专利说明书只给出一个实施例，其中指出："为便于在锁定器上标注文字，参见图 1、3，本实施例还在定子上设有标牌15，该标牌与定子1整体注塑而成”，从本专利图1、3中可见，所述标牌是从定子边缘延伸出来的平板状部件。附件1说明书第7页第4~5行以及附图1、3a、3b、5~7公开了外壳4具有沿径向伸出的平板16，其结构和形状与本专利实施例中的标牌的结构和形状相同，区别仅在于本专利权利要求5中“标牌”的含义还进一步包含该平板状部件是作为“标注文字”使用的。审查指南第二部分第三章第3.2.5节第（2）点对于包含用途特征的产品权利要求新颖性的审查原则进行了如下规定：“对于这类权利要求，应当考虑权利要求中的用途特征是否隐含了要求保护的产品具有某种特定结构和/或组成。如果该用途由产品本身固有的特性决定，而且用途特征没有隐含产品在结构和/或组成上发生改变，则该用途特征限定的产品权利要求相对于对比文件的产品不具有新颖性。”具体到本案中，如上所述，附件1已经公开了和本专利权利要求5中所记载的“标牌”结构、形状相同的平板16，因此本专利权利要求5的技术方案与附件1的唯一区别仅在于本专利权利要求5对其用途的具体限定，即用于标注文字，但这一具体用途并没有对定子的结构和/或组成造成改变。因此，在本专利权利要求5所引用的权利要求4不具备新颖性的情况下，权利要求5也不具备新颖性，不符合专利法第22条第2款的规定。

三、决定

在专利复审委员会第7559号无效宣告请求审查决定维持有效的本专利权利要求2、权利要求3~5中直接或间接引用权利要求2的技术方案的基础上，宣告00239557.6号实用新型专利权全部无效。

当事人对本决定不服的，可以根据专利法第46条第2款的规定，自收到本决定之日起三个月内向北京市第一中级人民法院起诉。根据该款的规定，一方当事人起诉后，另一方当事人应当作为第三人参加诉讼。

156

显微镜摄像装置

无效宣告请求审查决定（第10185号）

决　　定　　号　第10185号
决　　定　　日　2007年6月26日
发明创造名称　显微镜摄像装置
国 际 分 类 号　G02B 21/36
无效宣告请求人　凤凰光学控股有限公司
专　利　权　人　麦克奥迪实业集团有限公司
专　　利　　号　00207786.8
申　　请　　日　2000年4月12日
授 权 公 告 日　2001年6月6日
合 议 组 组 长　丁惠玲
主　　审　　员　张　曦
参　　审　　员　孙桂敏

法　律　依　据　专利法第26条第4款、第22条第3款，专利法实施细则第20条第1款
决　定　要　点

如果现有技术中没有给出解决专利技术方案所要解决的技术问题的技术启示，则该技术方案具有实质性特点和进步，具备创造性。

一、案由

本无效宣告请求涉及国家知识产权局于2001年6月6日授权公告的名称为“显微镜摄像装置”的00207786.8号实用新型专利权（下称本专利），其申请日是2000年4月12日，专利权人是麦克奥迪实业集团有限公司。本专利授权公告的权利要求书如下：

“1. 一种主要由摄像机、语音系统、信号输出插口、镜头组、显微镜机体组成的显微镜摄像装置；摄像机、语音系统、信号输出插口、镜头组皆安装在显微镜机体内；语音系统由麦克风构成，通过导线连接摄像机；镜头组由物镜、目镜、棱镜和折射镜构成，摄像机安装在沿棱镜的光路上，摄像机通过导线连接信号输出插口，将数字信号或模拟信号由信号输出插口输出；其特征在于：棱镜和摄像机之间安装一起缩短了光路作用的摄像物镜。”

针对上述专利权，凤凰光学控股有限公司（下称请求人）于2005年8月26日向专利复审委员会提出了无效宣告请求，同时提交了下列证据：

证据1：公开号为CN1245903A的发明专利申请公开说明书，其公开日为2000年3月1日。

请求人的具体理由是：证据1完全公开了本专利权利要求1的技术特征，本领域技术人员根据现有技术与证据1的结合，即可获得本专利权利要求1的技术方案而不需付出创造性劳动，证据1给出了将其技术内容应用于现有技术从而得出本专利技术方案的技术启示，因此本专利权利要求1相对于证据1不具备新颖性和创造性，不符合专利法第22条第2、3款的规定。

经形式审查合格后，专利复审委员会受理了上述无效宣告请求，于2005年8月26日向双方当事人发出无效宣告请求受理通知书，并将无效宣告请求书及附件清单中所列附件副本转送给专利权人，要求其在指定期限内答复。

专利复审委员会于2005年9月23日收到了请求人提交的意见陈述书，并且请求人补充了如下证据（编号续前）：

证据2：声称为江西光学仪器总厂出版的1984年第2期《江光技术》封面页、目录页、第1~3、7、8、11、12、15、16、18页、“图一”页、封底页复印件，共14页；

证据3：中华人民共和国吉林省公证处2005年9月19日出具的（2005）吉省证字第8128号公证书复印件，共10页。

针对上述无效宣告请求，专利权人于2005年10月11日向专利复审委员会寄交了意见陈述书，专利权人认为：（1）证据1中的透镜83a仅具有放大加长光路的特征，其不具有缩小光路的特征，放大透镜的放大倍率大小只能增加或减小其放大功能，只能使光路在增长的幅度上有差异，并不能缩小光路，与本专利透镜的结构性质和实现的功能完全不同；（2）本专利的设计设得摄像显微镜性能更加稳定，体积、重量、成本更小，降低了摄像显微镜成本和所占空间，优化了结构布局，因此本专利权利要求1相对于证据1具备创造性。专利权人提交了本专利的实用新型检索报告，用以证明尚无现有技术能够破坏本专利权利要求1的新颖性和创造性，专利权人提交的附件如下：

附件1：本专利说明书；

附件2：公开号为CN1245903A的发明专利申请公开说明书（同请求人提交的证据1）；

附件3：中华人民共和国国家知识产权局对本专利作出的实用新型专利检索报告；

附件4：1997.11（3）安徽农业技术师范学院学报论文《显微设备与摄像机的简易配套使用方法》。

针对上述无效宣告请求，专利复审委员会依法成立合议组对本案进行审理。

2006年2月10日，合议组向双方当事人发出口头审理通知书，指出本案定于2006年3月20日举行口头审理，并随口审通知书向专利权人转送了专利复审委员会于2005年9月23日收到的请求人的意见陈述书副本，以及向请求人转送了专利权人于2005年10月11日提交的意见陈述书副本。

口头审理如期举行，双方均出席了口头审理，对合议组成员无回避请求。在口头审理过程中，请求人明确其无效宣告请求的理由、证据和范围是：本专利权利要求1不符合专利法第22条第3款关于创造性的规定，当庭补充本专利权利要求1不符合专利法实施细则第20条第1款、专利法第26条第4款规定作为无效宣告请求的理由，明确表示放弃专利法第22条第2款关于新颖性的无效宣告请求理由。请求人使用的证据为证据1~3，用来证明本专利权利要求1不具备创造性，请求人当庭提交了证据2、3的原件，并补充提交了证据4（“期刊登记表”原件），作为证据2的关联证据使用。专利权人对请求人提交的证据1的真实性无异议，对证据2的真实性无异议，但是对是否为馆藏有异议；被请求人对证据3的真实性无异议，但是认为证据3（公证书）只对封面与底面进行了公证。并且证据2中有一页为带有文字标记的传真件，与所述杂志原件相互矛盾，专利权人对证据4的真实性表示有异议，批准时间为1991年5月28日，因此无法判断1984年的《江光技术》是否为合法出版物，并认为此份证据为圆珠笔字迹，并且没有反映出公开时间。请求人称证据4是请求人单位保存的，证据 2 的出版单位江西光学仪器总厂是请求人凤凰光学控股有限公司的前身，带有文字标记的传真件是对原理图进行文字描述之后传真过来的，原理图与原件中相同。关于实施细则第 20 条第 1 款、专利法第 26 条第 4 款的无效宣告请求理由，请求人指出这两个理由所针对的事实相同，即“棱镜和摄像机之间安装一起缩短了光路作用的摄像物镜”的功能性限定导致权利要求 1 不清楚，并且说明书对这种功能也没有说明，所以也不能支持权利要求 1 限定的技术方案，再次成像与缩短光路没有关系，再次成像是必须的，而不是为了缩短光路，不再次成像不可能形成清晰的影像，摄像装置小了体积就会相应的减小，与是否设置摄像物镜无关。专利权人认为权利要求 1 已经完全公开了所要求保护的技术方案，本专利说明书对缩短光路的作用已经明确说明，并提出将请求人所提交的证据 2 中第 9 页、第 10 页、第 17 页作为自己的反证使用，但仍不认可其真实性，并认为二次成像是建立在棱镜后缩短了光路，一般技术人员看完这个特征后是完全可以理解的，根据这种质地、材料是可以实现专利技术的。关于本专利权利要求 1 是否具备创造性，请求人明确证据 1 与证据 2 为现有技术，明确本专利背景技术为最接近的现有技术，以背景技术分别与证据 1 和证据 2 组合评述本专利的创造性，请求人认为本专利权利要求 1 的前序部分均为现有技术，并且本专利说明书第 1 页第 2 段已经将前序部分特征作为公知技术，证据 1 中第 7 页倒数第 5 段也有提到数字摄像机说明也可以采用数字信号、模拟信号，放大物镜同样可以缩短光路，证据 2 中的图 1、图 3、图 4、图 12 均清楚表明棱镜与摄像装置之间设置有物镜，揭示了本专利的技术特征，证据 2 中的图 1（26）~（31），说明棱镜与摄像机胶片平面之间加了一个物镜，（28）、（29）、（30）加在一起相当于本专利的摄像物镜，图 2 与图 1 相比是加了一部分功能，电影胶片与棱镜加了一组摄像物镜，（6）~（10）之间的作用与图 1 的作用是相同的。（9）、（11）、（12）、（13）、（14）是附加的功能，（10）是摄影机，本专利权利要求 1 的前序部分已经被证据 1 所公开。专利权人认为本专利的前序部分不是现有技术，还认为证据 1 中放大透镜 83a 的设置位置、倍率与本专利的区别在于本专利是为了缩小光程，而证据 1 中放大透镜是放大作用，摄像原理图与本专利中的设置缩短光路的作用是两种不同的技术，证据 2 最终形成的结果是放大了光程，而我们的专利是缩短光路的技术，证据 2 中的图 1 不清楚，没有完全展现本专利的技术特征，该领域技术人员无法从这幅图中得出本专利权利要求 1 的技术方案，专利权人还使用附件 1~4 证明本专利权利要求 1 的技术方案具备创造性。合议组给予被请求人口审之后七天针对专利法第 26 条第 4 款、专利法实施细则第 20 条第 1 款的无效理由进行书面答辩，逾期未提交视为没有意见陈述。双方当事人当庭已充分发表意见。

2006 年 3 月 22 日，请求人向专利复审委员会提交了口审代理词，请求人认为证据 2 是公开出版物，并且于 1984 年公开发表，并且进一步陈述了本专利权利要求中使用“起缩短光路作用”的功能或效果特征，导致权利要求保护范围不清楚，说明书中也未对如何缩短光路进行说明，因此权利要求不符合专利法实施细则第 20 条第 1 款和专利法第 26 条第 4 款的规定，以及本专利权利要求 1 相对于证据 1 或证据 2 与现有技术的结合不具备创造性的意见。

2006 年 3 月 25 日，专利权人向专利复审委员会寄交了代理意见，专利权人认为请求人当庭提出的无效宣告理由超过了审查指南规定的期限，本专利说明书充分公开了“棱镜和摄像机之间安装一起缩短了光路作用的摄像物镜”的技术特征，该技术特征不属于功能特征限定，并且进一步陈述了本专利相对于请求人提交的证据和现有技术具备创造性的理由。

2006 年 12 月 4 日，合议组向双方当事人发出转送文件通知书，将请求人于 2006 年 3 月 22 日提交的口审代理词副本转送给专利权人，将专利权人于 2006 年 3 月 25 日提交的代理意见副本转送给请求人，并告知双方在收到上述文件之日起 1 个月内答复。

2007 年 1 月 8 日，专利复审委员会收到了专利权人的意见陈述书，专利权人认为，“起缩短光路作用的摄像物镜”明确了该物镜的性质、结构特点，具备本领域技术常识的人员可以选择具体的实施方案，并且“起缩短光路作用”在说明书具体实施例中已经公开，因此本专利权利要求清楚并能够得到说明书的支持；证据1中的“放大透镜”无法为本领域技术人员提供“缩短光路”的技术启示。

2007年1月16日，专利复审委员会收到了请求人的意见陈述书，请求人认为，在棱镜和摄像机之间安装摄像物镜可能缩短光路，也可能加长光路，仅从本专利说明书和附图不能说明该物镜缩短了光路，说明书中未说明采用何种具体方式来缩短光路；摄像装置采用内置式还是外置式是根据摄像机的特点或使用的要求决定的，与光路的长短没有必然联系；本专利说明书中对相同现象前后的说明相互矛盾；根据本领域公知技术，可以推导出安装摄像物镜使光路缩短是一般的普通结果。

至此，合议组经合议认为本案事实已经调查清楚，在上述事实的基础上，依法作出审查决定。

二、决定的理由

1. 关于请求人口头审理当庭补充的无效宣告理由

请求人在口头审理当庭补充了本专利权利要求1不符合专利法实施细则第20条第1款和专利法第26条第4款规定的无效宣告理由，合议组经审查认为，上述两个无效宣告理由所针对的是本专利权利要求1本身是否清楚地限定了本专利技术方案以及是否以说明书为依据，无需新的证据支持，不属于2001年版审查指南第四部分第三章第3.1节中规定的不予考虑的情形，因此应当予以审理。

2. 关于证据

证据1是授权公告号为CN1245903A的实用新型专利说明书，其授权公告日在本专利的申请日之前，专利权人对其真实性无异议，经合议组审查，该证据可以作为本案的证据使用，其上记载的内容已经构成本专利的现有技术，因此能够用来评价本专利权利要求的创造性；证据2是请求人声称为江西光学仪器总厂出版的1984年第2期《江光技术》封面页、目录页、第1~3、7、8、11、12、15、16、18页、“图一”页、封底页，证据3是中华人民共和国吉林省公证处2005年9月19日出具的公证书，证据4是“期刊登记表”，被请求人对证据2和4的真实性有异议，对证据3真实性无异议，但认为公证书仅公证了该书的封面和封底页，经合议组审查，证据2原件封面页印有该书名称、出版单位名称以及出版年份和期号，封底页印有编辑单位名称、所在地以及印刷单位名称，该书本身无明显伪造、涂改痕迹，专利权人也未提交反证否定该证据的真实性，因此合议组确认其真实性，该期刊中并未注明“内部刊物”、“供内部使用”等表示其为非公开出版物的信息，并且根据常理，这种单位自办的期刊通常以供相关领域的从业人员参考或宣传该单位产品和技术为目的，因此合议组确定其为公开出版物，附件4的“期刊登记表”中记载了《江西光学仪器》的刊期、出刊日期、发行范围、主办单位、主管单位等信息，从该登记表的填写和形式来看，并无明显造假和篡改痕迹，而且加盖有主办单位“江西光学仪器总厂”的公章和负责人印章以及主管单位“江西省机械工业厅”的公章和负责人签署的意见和签名，在无反证可以否定该期刊登记表真实性的情况下，合议组认可其真实性，根据该表“期刊演变情况”一栏中的信息可知，《江西光学仪器》原名《江光技术》，1984年时为季刊，据此可以获知，证据2的1984年第2期的《江光技术》是1984年第2季度出版的，因此推定证据2的公开时间为1984年6月30日，在本专利的申请日之前，其上记载的内容已经构成本专利的现有技术，因此能够用来评价本专利权利要求的创造性。在附件2的真实性以及公开时间已经能够确认的情况下，本决定中对于证据3不再进行评述。

3. 关于本专利是否符合专利法第26条第4款及专利法实施细则第20条第1款的规定

专利法第26条第4款规定：权利要求书应当以说明书为依据，说明要求专利保护的范围。

专利法实施细则第20条第1款规定，权利要求书应当说明发明或者实用新型的技术特征，清楚、简要地表述请求保护的范围。

请求人关于专利法实施细则第 20 条第 1 款、专利法第 26 条第 4 款的无效宣告理由所针对的事实相同，即“棱镜和摄像机之间安装一起缩短了光路作用的摄像物镜”的功能性限定导致权利要求 1 不清楚，并且说明书对这种功能也没有说明，所以也不能支持权利要求 1 限定的技术方案，再次成像与缩短光路没有关系，再次成像是必须的而不是为了缩短光路，不再次成像不可能形成清晰的影像。

合议组认为，本专利说明书的具体实施例部分，在对显微镜摄像装置进行说明时，记载了“在棱镜 I53 和摄像机 2 之间安装一摄像物镜 6，该摄像物镜 6 将显微镜物镜 51 所成的像进行再次成像，起到缩短了光路作用，使得棱镜 I53 与摄像机 2 之间的距离大大缩短”，附图 1 中也表示了该摄像物镜 6 的设置位置，而且摄像物镜的具体位置可以根据“缩短了光路作用”这一限定由本领域技术人员结合本领域的常识来确定。由此可见，本专利说明书记载了该摄像物镜的设置位置和作用，在说明书中能够找到权利要求 1 中限定的摄像物镜的依据，因此权利要求 1 能够得到说明书的支持，符合专利法第 26 条第 4 款的规定。

对于本领域技术人员而言，根据光学设计的常识，摄像物镜通常是指具有正折射率的透镜，对经过它的光线进行会聚，这就决定了该透镜客观上能够缩短光路、增大视角，合议组认同请求人所述的该摄像物镜对图像进行了再次成像，但正是由于其对光线再次地进行了偏折，缩短了光路，同时权利要求 1 中“缩短了光路”的限定进一步说明了该透镜在本专利技术方案中所起的作用，至于摄像机本身是否还需要设置物镜进行成像是本领域技术人员根据具体情况进行选择和设计使用的，与权利要求 1 中该起缩短光路作用的摄像物镜无关，可见权利要求 1 中限定的摄像物镜能够清楚地表述出该透镜的性质和用途，并且权利要求 1 中还限定了其设置的位置是在棱镜与摄像机之间，对其设置位置也有清楚的限定，因此合议组认为本专利权利要求 1 说明了实用新型的技术特征，对请求保护的范围进行了清楚、简要的表述，符合专利法实施细则第 20 条第 1 款的规定。

4. 关于权利要求 1 是否符合专利法第 22 条第 3 款的规定

专利法第 22 条第 3 款规定：创造性，是指同申请日以前已有的技术相比，该发明有突出的实质性特点和显著的进步，该实用新型有实质性特点和进步。

请求人以本专利说明书背景技术部分的内容作为最接近的现有技术，分别与证据 1 和证据 2 组合来评述本专利的创造性，并且认为权利要求 1 前序部分限定的技术特征均现有技术。

合议组经审查后认为，本专利说明书背景技术部分（说明书第 1 页第 2 段）虽然记载了所谓“公知的摄像显微镜”主要分为内置式和外置式，以及这两类摄像显微镜的工作方式，但是说明书中并没有记载其他能够证明在本专利申请日之前，这种所谓“公知的摄像显微镜”所涉及的技术内容已经处于公众能够得知的状态的信息，请求人也并没有提交相关的证据加以证明，另外，从本专利说明书背景技术部分记载的内容来看，其中并未包含内置式或外置式摄像显微镜的具体结构和各个部件之间连接关系等实质性技术内容，因此本专利说明书背景技术部分的内容不能构成专利法意义上的现有技术，不能根据该部分的内容认定本专利权利要求 1 的前序部分的技术特征属于现有技术，而请求人基于权利要求的特征划界认为前序部分的技术特征已构成现有技术的主张也缺乏证据支持。

请求人在口头审理中还认为证据 1 也公开了本专利权利要求 1 前序部分的技术特征。

证据 1 涉及一种用于显微镜的采用数字摄像机的图像处理系统，其包括数字摄像机 90、播放录好的声音的扬声器 92，可见该系统中还包括声音的拾取装置，采用麦克风作为声音拾取装置是本领域的惯用技术手段，摄像机拾取的图像信息可以以模拟形式发送给 TV101、VCR106 或投影仪 104，可见该系统与外部存在信号传递，因此该系统内必然存在供信号传输的接口等连接装置，该系统还包括物镜 30、目镜 40 以及用于将光线分路使其分别传播到摄像机和目镜中的棱镜，这些光学镜头设置在该系统内，而为了使光线传播到摄像机，采用能够使光线发生偏折的反射镜等光学元件也是显而易见的，可见证据 1 已经公开了本专利权利要求 1 前序部分的技术特征。

本专利权利要求 1 与证据 1 的区别在于，权利要求 1 中在棱镜和摄像机之间安装一起缩短了光路作用的摄像物镜。

证据 1 公开的系统还包括适配器 80，证据 1 中明确记载了该适配器的作用是校正由使用不允许取下其中包含的透镜的数字摄像机引起的球差和由于光的棱镜效应引起的色差，该适配器 80 的调节部分 82 包括放大透镜 83a，其作用是获得与目镜相同的放大倍数，使得数字摄像机通过调节部分拍摄的图像与用户通过目镜观察到的图像等同，该调节部分还具有球差校正透镜 83b 和色差校正透镜 83c。合议组认为，所谓适配器，是指使连接在其两端的部件相适应、相配合的器件，具体到证据 1 中，其作用是使显微镜与数字摄像机相适应、相配合，以使数字摄像机获得精确的图像，根据证据 1 说明书的记载可见，该适配器调节部分的作用有三个：其一，对图像进行放大；其二，校正球差；第三，校正色差。均未涉及如何解决缩短摄像机与棱镜之间的光路的技术问题，虽然放大透镜也采用了具有正放大率的透镜，但该适配器所针对的对象是透镜不可取下的摄像机，并且该放大透镜的作用仅在于使摄像机拍摄的图像与目镜观察到的图像等同，证据 1 中的放大透镜是在与本专利不同的特定情况中针对与本专利不同的技术问题提出的技术手段，也就是说，本领域技术人员为了缩短光路而寻求解决方案时，不会显而易见地想到在棱镜与摄像装置之间，采用证据 1 中用于放大图像的放大透镜以起到缩短光路的作用，因此调节单元中的放大透镜未给出在显微镜摄像装置中应用能够缩短光路作用的摄像物镜的技术启示，本专利权利要求 1 相对于证据 1 具有实质性特点和进步，具备创造性。

证据 2 涉及显微镜光学系统，在图 1~4 所示的技术方案中均采用了用于分光路的棱镜与胶片平面之间设置了照相目镜，该装置具有不同放大倍率的照相目镜，但是该照相目镜在证据 2 的显微镜光学系统中的作用是对胶片进行成像，也就是说该照相目镜是照相装置的一部分，在该显微镜光学系统中，并未在由照相目镜、电子快门等构成的照相装置之外，棱镜与照相装置之间再设置一用于解决缩短光路的技术问题的照相物镜，也就是说，证据 2 中的照相目镜未针对本专利所要解决的技术问题给出技术启示，因此证据 2 也未给出在棱镜和摄像机之间安装一起缩短了光路作用的摄像物镜的技术启示，本专利权利要求 1 相对于证据 2 具有实质性特点和进步，具备创造性。

因此，本专利权利要求 1 符合专利法第 22 条第 3 款的规定。

综上所述，本专利符合专利法第 26 条第 4 款、专利法实施细则第 20 条第 1 款以及专利法第 22 条第 3 款的规定。

鉴于请求人的无效宣告理由均不成立，因此对专利权人提交的附件 1~4 不再进行评述。

三、决定

维持 00207786.8 号实用新型专利权有效。

当事人对本决定不服的，可以根据专利法第 46 条第 2 款的规定，自收到本决定之日起三个月内向北京市第一中级人民法院起诉。根据该款的规定，一方当事人起诉后，另一方当事人应当作为第三人参加诉讼。

北京市第一中级人民法院
行政判决书

（2007）一中行初字第 1312 号

原告凤凰光学控股有限公司，住所地江西省上饶币光学路。

法定代表人刘林春，董事长。

委托代理人梁勇，北京市集佳律师事务所律师。

委托代理人孙长龙，北京市集佳律师事务所律师。

被告国家知识产权局专利复审委员会，住所地北京市海淀区北四环西路 9 号银谷大厦 10~12 层。

法定代表人廖涛，副主任。

委托代理人张曦，国家知识产权局专利复审委员会审查员。

委托代理人田华，国家知识产权局专利复审委员会审查员。

第三人麦克奥迪实业集团有限公司，住所地福建省厦门市火炬高新区火炬园麦克奥迪大厦。

法定代表人杨泽声，执行董事。

委托代理人杨文华，男，1977 年 8 月 4 日出生，麦克奥迪实业集团有限公司职员，住福建省厦门市湖里区新丰三路 3 号。

委托代理人吴纲，男，1965 年 7 月 27 日出生，麦克奥迪实业集团有限公司法律顾问，住山东省青岛市市南区宁夏路 201 号 2 号楼 205 户。

原告凤凰光学控股有限公司（以下简称凤凰光学公司）不服被告国家知识产权局专利复审委员会（以下简称专利复审委员会）于 2007 年 6 月 26 日作出的第 10185 号无效宣告请求审查决定（以下简称第 10185 号决定），于法定期限内向本院提起诉讼。本院于 2007 年 9 月 24 日受理本案后，依法组成合议庭，并按照法律有关规定通知麦克奥迪实业集团有限公司（以下简称麦克奥迪公司）作为第三人参加诉讼，于 2007 年 11 月 7 日公开开庭进行了审理。原告凤凰光学公司的委托代理人梁勇、孙长龙，被告专利复审委员会的委托代理人张曦、田华，第三人麦克奥迪公司的委托代理人杨文华、吴纲到庭参加诉讼。本案现已审理终结。

专利复审委员会第 10185 号决定系就凤凰光学公司对麦克奥迪公司享有的第 00207786.8 号实用新型专利（简称本专利）所提出的无效宣告请求作出的。专利复审委员会在该决定中认定：

1. 关于请求人口头审理当庭补充的无效宣告理由

请求人在口头审理当庭补充了本专利权利要求 1 不符合《中华人民共和国专利法实施细则》（以下简称专利法实施细则）第二十条第一款和《中华人民共和国专利法》（以下简称专利法）第二十六条第四款规定的无效宣告理由，专利复审委员会经审查认为，上述两个无效宣告理由所针对的是本专利权利要求 1 本身是否清楚地限定了本专利技术方案以及是否以说明书为依据，无需新的证据支持，不属于 2001 年版《审查指南》第四部分第三章第 3.1 节中规定的不予考虑的情形，因此应当予以审理。

2. 关于证据

证据 1 是授权公告号为 CN1245903A 的实用新型专利说明书，其授权公告日在本专利的申请日之前，专利权人对其真实性无异议，该证据可以作为本案的证据使用，其上记载的内容已经构成本专利的现有技术，因此能够用来评价本专利权利要求的创造性；证据 2 是请求人声称为江西光学仪器总厂出版的 1984 年第 2 期《江光技术》封面页、目录页、第 1~3、7、8、11、12、15、16、18 页、“图一”页、封底页，证据 3 是中华人民共和国吉林省公证处 2005 年 9 月 19 日出具的公证书，证据 4 是“期刊登记表”，被请求人对证据 2 和 4 的真实性有异议，对证据 3 真实性无异议，但认为公证书仅公证了该书的封面和封底页。经审查，证据 2 原件封面页印有该书名称、出版单位名称以及出版年份和期号，封底页印有编辑单位名称、所在地以及印刷单位名称，该书本身无明显伪造、涂改痕迹，专利权人也未提交反证否定该证据的真实性，因此确认其真实性。该期刊中并未注明“内部刊物”、“供内部使用”等表示其为非公开出版物的信息，并且根据常理，这种单位自办的期刊通常以供相关领域的从业人员参考或宣传该单位产品和技术为目的，因此确定其为公开出版物，附件 4 的“期刊登记表”中记载了《江西光学仪器》的刊期、出刊日期、发行范围、主办单位、主管单位等信息，从该登记表的填写和形式来看，并无明显造假和篡改痕迹，而且加盖有主办单位“江西光学仪器总厂”的公章和负责人印章以及主管单位“江西省机械工业厅”的公章和负责人签署的意见和签名，在无反证可以否定该期刊登记表真实性的情况下，专利复审委员会认可其真实性，根据该表“期刊演变情况”一栏中的信息可知，《江西光学仪器》原名《江光技术》，1984 年时为季刊，据此可以获知，证据 2 的 1984 年第 2 期的《江光技术》是 1984 年第 2 季度出版的，因此推定证据 2 的公开时间为 1984 年 6 月 30 日，在本专利的申请日之前，其上记载的内容已经构成本专利的现有技术，因此能够用来评价本专利权利要求的创造性。在附件 2 的真实性以及公开时间已经能够确认的情况下，本决定中对于证据 3 不再进行评述。

3. 关于本专利是否符合《专利法》第二十六条第四款及《专利法实施细则》第二十条第一款的规定

《专利法》第二十六条第四款规定，权利要求书应当以说明书为依据，说明要求专利保护的范围。

《专利法实施细则》第二十条第一款规定，权利要求书应当说明发明或者实用新型的技术特征，清楚、简要地表述请求保护的范围。

请求人关于《专利法实施细则》第二十条第一款、《专利法》第二十六条第四款的无效宣告理由所针对的事实相同，即“棱镜和摄像机之间安装一起缩短了光路作用的摄像物镜”的功能性限定导致权利要求 1 不清楚，并且说明书对这种功能也没有说明，所以也不能支持权利要求 1 限定的技术方案，再次成像与缩短光路没有关系，再次成像是必须的而不是为了缩短光路，不再次成像不可能形成清晰的影像。

专利复审委员会认为，本专利说明书的具体实施例部分，在对显微镜摄像装置进行说明时，记载了“在棱镜 I53 和摄像机 2 之间安装一摄像物镜 6，该摄像物镜 6 将显微镜物镜 51 所成的像进行再次成像，起到缩短了光路作用，使得棱镜 I53 与摄像机 2 之间的距离大大缩短”，附图 1 中也表示了该摄像物镜 6 的设置位置，而且摄像物镜的具体位置可以根据“缩短了光路作用”这一限定由本领域技术人员结合本领域的常识来确定。由此可见，本专利说明书记载了该摄像物镜的设置位置和作用，在说明书中能够找到权利要求 1 中限定的摄像物镜的依据，因此权利要求 1 能够得到说明书的支持，符合《专利法》第二十六条第四款的规定。

对于本领域技术人员而言，根据光学设计的常识，摄像物镜通常是指具有正折射率的透镜，对经过它的光线进行会聚，这就决定了该透镜客观上能够缩短光路、增大视角，专利复审委员会认同请求人所述的该摄像物镜对图像进行了再次成像，但正是由于其对光线再次地进行了偏折，缩短了光路，同时权利要求 1 中“缩短了光路”的限定进一步说明了该透镜在本专利技术方案中所起的作用，至于摄像机本身是否还需要设置物镜进行成像是本领域技术人员根据具体情况进行选择和设计使用的，与权利要求 1 中该起缩短光路作用的摄像物镜无关，可见权利要求 1 中限定的摄像物镜能够清楚地表述出该透镜的性质和用途，并且权利要求1中还限定了其设置的位置是在棱镜与摄像机之间，对其设置位置也有清楚的限定，因此专利复审委员会认为本专利权利要求1说明了实用新型的技术特征，对请求保护的范围进行了清楚、简要的表述，符合《专利法实施细则》第二十条第一款的规定。

4. 关于权利要求1是否符合《专利法》第二十二条第三款的规定

《专利法》第二十二条第三款规定，创造性，是指同申请日以前已有的技术相比，该发明有突出的实质性特点和显著的进步，该实用新型有实质性特点和进步。请求人以本专利说明书背景技术部分的内容作为最接近的现有技术，分别与证据1和证据2组合来评述本专利的创造性，并且认为权利要求1前序部分限定的技术特征均为现有技术。专利复审委员会经审查后认为，本专利说明书背景技术部分（说明书第1页第2段）虽然记载了所谓“公知的摄像显微镜”主要分为内置式和外置式，以及这两类摄像显微镜的工作方式，但是说明书中并没有记载其他能够证明在本专利申请日之前，这种所谓“公知的摄像显微镜”所涉及的技术内容已经处于公众能够得知的状态的信息，请求人也并没有提交相关的证据加以证明。另外，从本专利说明书背景技术部分记载的内容来看，其中并未包含内置式或外置式摄像显微镜的具体结构和各个部件之间连接关系等实质性技术内容，因此本专利说明书背景技术部分的内容不能构成专利法意义上的现有技术，不能根据该部分的内容认定本专利权利要求1的前序部分的技术特征属于现有技术，而请求人基于权利要求的特征划界认为前序部分的技术特征已构成现有技术的主张也缺乏证据支持。

请求人在口头审理中还认为证据1也公开了本专利权利要求1前序部分的技术特征。证据1涉及一种用于显微镜的采用数字摄像机的图像处理系统，其包括数字摄像机90、播放录好的声音的扬声器92，可见该系统中还包括声音的拾取装置，采用麦克风作为声音拾取装置是本领域的惯用技术手段，摄像机拾取的图像信息可以以模拟形式发送给TV101、VCR106或投影仪104，可见该系统与外部存在信号传递，因此该系统内必然存在供信号传输的接口等连接装置，该系统还包括物镜30、目镜40以及用于将光线分路使其分别传播到摄像机和目镜中的棱镜，这些光学镜头设置在该系统内，而为了使光线传播到摄像机，采用能够使光线发生偏折的反射镜等光学元件也是显而易见的，可见证据1已经公开了本专利权利要求1前序部分的技术特征。

本专利权利要求1与证据1的区别在于，权利要求1中在棱镜和摄像机之间安装一起缩短了光路作用的摄像物镜。证据1公开的系统还包括适配器80，证据1中明确记载了该适配器的作用是校正由使用不允许取下其中包含的透镜的数字摄像机引起的球差和由于光的棱镜效应引起的色差，该适配器80的调节部分82包括放大透镜83a，其作用是获得与目镜相同的放大倍数，使得数字摄像机通过调节部分拍摄的图像与用户通过目镜观察到的图像等同，该调节部分还具有球差校正透镜83b和色差校正透镜83c。专利复审委员会认为，所谓适配器，是指使连接在其两端的部件相适应、相配合的器件，具体到证据1中，其作用是使显微镜与数字摄像机相适应、相配合，以使数字摄像机获得精确的图像，根据证据1说明书的记载可见，该适配器调节部分的作用有三个，其一，对图像进行放大，其二，校正球差，第三，校正色差，均未涉及如何解决缩短摄像机与棱镜之间的光路的技术问题，虽然放大透镜也采用了具有正放大率的透镜，但该适配器所针对的对象是透镜不可取下的摄像机，并且该放大透镜的作用仅在于使摄像机拍摄的图像与目镜观察到的图像等同，证据1中的放大透镜是在与本专利不同的特定情况中针对与本专利不同的技术问题提出的技术手段，也就是说，本领域技术人员为了缩短光路而寻求解决方案时，不会显而易见地想到在棱镜与摄像装置之间采用证据1中用于放大图像的放大透镜以起到缩短光路的作用，因此调节单元中的放大透镜未给出在显微镜摄像装置中应用能够缩短光路作用的摄像物镜的技术启示，本专利权利要求1相对于证据1具有实质性特点和进步，具备创造性。

证据 2 涉及显微镜光学系统，在图 1~4 所示的技术方案中均采用了用于分光路的棱镜与胶片平面之间设置了照相目镜，该装置具有不同放大倍率的照相目镜，但是该照相目镜在证据 2 的显微镜光学系统中的作用是对胶片进行成像，也就是说该照相目镜是照相装置的一部分，在该显微镜光学系统中，并未在由照相目镜、电子快门等构成的照相装置之外，棱镜与照相装置之间再设置一用于解决缩短光路的技术问题的照相物镜，也就是说，证据 2 中的照相目镜未针对本专利所要解决的技术问题给出技术启示，因此证据 2 也未给出在棱镜和摄像机之间安装一起缩短了光路作用的摄像物镜的技术启示，本专利权利要求 1 相对于证据 2 具有实质性特点和进步，具备创造性。因此，本专利权利要求 1 符合《专利法》第二十二条第三款的规定。

综上所述，本专利符合《专利法》第二十六条第四款、《专利法实施细则》第二十条第一款以及《专利法》第二十二条第三款的规定。鉴于请求人的无效宣告理由均不成立，因此对专利权人提交的附件 1~4 不再进行评述。据此，专利复审委员会作出第 10185 号决定，维持本专利权有效。

原告凤凰光学公司不服第 10185 号决定，在法定期限内向本院提起行政诉讼，其诉称：（1）被告对本专利中摄像物镜的评价与客观事实不符。被告认定权利要求 1 还限定了其设置的位置是在棱镜与摄像机之间，对其设置位置也有清楚的限定与客观事实相悖。实际上，即使是具有正折射率的透镜，也并不是必然就能够缩短光路进而缩小图像，它同样可以延长光路进而放大图像，这完全取决于透镜本身焦距以及成像位置与透镜焦距之间的比例关系。由于本专利说明书或者权利要求书均没有对摄像物镜的具体位置进行限定。因此本专利权利要求 1 是不清楚的，根本不符合专利法实施细则第二十条第一款的规定。（2）被告在第 10185 号决定中的观点前后矛盾。被告在决定第 7 页第二段中认为摄像物镜的具体位置和尺寸可以根据“缩小了光路作用”这一限定由本领域技术人员结合本领域的常识来确定。但是被告在第 8 页最后一段中又认为本领域技术人员为了缩短光路而寻求解决方案时，不会显而易见地想到在棱镜与摄像装置之间，采用证据 1 中用于放大图像的放大透镜以起到缩短光路的作用。（3）被告对于原告在无效程序中所提交证据 2 的认定与事实不符。证据 2 中照相目镜的位置与本专利中摄像物镜的位置都位于棱镜与摄像机之间；其次，他们的作用也都是改变棱镜与摄像机之间光路的长短和放大倍率。而放大（延长光路）或缩小（缩短光路）显然对于本领域技术人员来说是显而易见的。因此，证据 2 也足以证明本专利权利要求 1 的技术方案同样不具有创造性。综上，被告作出的第 10185 号决定认定事实不清，适用法律不当，故请求法院撤销第 10185 号决定。

被告专利复审委员会辩称：（1）关于摄像物镜。判断摄像物镜是否能够缩短光路，要以所属技术领域技术人员所掌握的有关物镜的常识为基础，并且要在“摄像”这一特定的情况中进行考量。我方认同原告所述的该摄像物镜对图像进行了再次成像，但正是由于其对光线再次进行了偏折，缩短了光路，同时权利要求 1 中“缩短了光路”并非纯功能性限定，其进一步说明了该透镜在本专利技术方案中所起的作用，至于摄像机本身是否还需要设置物镜进行成像，是本领域技术人员根据具体情况进行选择和设计使用的，与权利要求 1 中起到缩短光路作用的摄像物镜无关。（2）关于第 10185 号决定中的观点是否前后矛盾。第 10185 号决定中认定所属技术领域的技术人员能够根据说明书的内容以及本领域的常识概括得到权利要求所要求保护的技术方案，与认定证据 1 没有给出在显微镜摄像装置中应用缩短光路的放大透镜的技术启示，从而不能破坏权利要求 1 的创造性并不存在矛盾。《专利法》第二十六条第四款与《专利法》第二十二条第三款的判断标准并不相同。（3）关于证据 2 的认定。我方认为，证据 2 中的照相目镜未针对本专利所要解决的技术问题给出技术启示，因此证据 2 也未给出在棱镜和摄像机之间安装一起缩短了光路作用的摄像物镜的技术启示。综上所述，第 10185 号决定认定事实清楚，适用法律正确，审理程序合法，原告的诉讼理由不能成立，请求法院驳回原告的诉讼请求，维持第 10185 号决定。

第三人麦克奥迪公司述称：（1）本专利公开充分，原告论述二次实像脱离了本专利技术方案，“起缩短了光路作用的摄像物镜”不是纯功能性限定，本专利设置摄像物镜就是要实现比没有设置时所成一次实像的光路更短。本专利说明书限定摄像物镜放置在棱镜与摄像机之间，摄像物镜通常是具有正折射率透镜，客观上能对光线进行会聚而缩短光路，本领域技术人员根据说明书“再次成像”、“起缩短了光路作用”的描述可轻易实施本专利，不属于纯功能性限定。（2）第 10185 号决定对本专利权利要求已公开和具备创造性的论述正确。作为光学权威的原告在口审中确认“摄像装置小了体积就会相应的减小，与是否设置哪种摄像物镜无关”，可见本领域技术人员为了减小摄像显微镜体积通常所能想到的就是减小摄像装置的体积，难以想到设置光学元件来缩短光路。证据 1 中的放大透镜是不可取下的透镜，其作用只是获得与目镜相同的放大倍数，并解决的技术问题不同，不能提供专利技术启示，本专利摄像物镜不是简单替换。（3）证据 2 不能为本领域的技术人员提供技术启示。根据证据 2 中 SJ 显微镜实物图，其照相或摄影目镜为照相或摄影装置不可分割部件，这不同于本专利中独立于摄像机外的摄像物镜。另外，原告诉状中承认照相目镜为延长光路，不能减小体积。综上，请求法院维持第 10185 号决定。

经本院审理查明，第三人于 2000 年 4 月 12 日向国家知识产权局提出了名称为“显微镜摄像装置”的实用新型专利申请，2001 年 6 月 6 日被授权公告，专利号为 00207786. 8，授权公告的权利要求书如下：

1. 一种主要由摄像机、语音系统、信号输出插口、镜头组、显微镜机体组成的显微镜摄像装置；摄像机、语音系统、信号输出插口、镜头组皆安装在显微镜机体内；语音系统由麦克风构成，通过导线连接摄像机；镜头组由物镜、目镜、棱镜和折射镜构成，摄像机安装在沿棱镜的光路上，摄像机通过导线连接信号输出插口，将数字信号或模拟信号由信号输出插口输出；其特征在于：棱镜和摄像机之间安装一起缩短了光路作用的摄像物镜。”

针对上述专利权，原告于 2005 年 8 月 26 日以本专利不符合《专利法》第二十二条第二、三款的规定为由向专利复审委员会提出无效宣告请求，其提交的与本案有关的证据包括：

证据 1：公开号为 CN124 5903A 的发明专利申请公开说明书，其公开日为 2000 年 3 月 1 日。

证据 2：声称为江西光学仪器总厂出版的 1984 年第 2 期《江光技术》封面页、目录页、第 1~3、7、8、11、12、15、16、18 页、“图一”页、封底页复印件，共 14 页；

证据 3：中华人民共和国吉林省公证处 2005 年 9 月 19 日出具的（2005）吉省证字第 8128 号公证书复印件，共 10 页。

原告的具体理由是：证据 1 完全公开了本专利权利要求 1 的技术特征，本领域技术人员根据现有技术与证据 1 的结合，即可获得本专利权利要求 1 的技术方案而不需付出创造性劳动，证据 1 给出了将其技术内容应用于现有技术从而得出本专利技术方案的技术启示，因此本专利权利要求 1 相对于证据 1 不具备新颖性和创造性，不符合《专利法》第二十二条第二、三款的规定。

针对上述无效宣告请求，第三人于 2005 年 10 月 11 日向专利复审委员会寄交了意见陈述书，第三人认为：（1）证据 1 中的透镜 83a 仅具有放大加长光路的特征，其不具有缩小光路的特征，放大透镜的放大倍率大小只能增加或减小其放大功能，只能使光路在增长的幅度上有差异，并不能缩小光路，与本专利透镜的结构性质和实现的功能完全不同；（2）本专利的设计使得摄像显微镜性能更加稳定，体积、重量、成本更小，降低了摄像显微镜成本和所占空间，优化了结构布局，因此本专利权利要求 1 相对于证据 1 具备创造性。第三人提交了本专利的实用新型检索报告，用以证明尚无现有技术能够破坏本专利权利要求 1 的新颖性和创造性，第三人提交的附件如下：

附件1：本专利说明书；

附件2：公开号为CN1245903A的发明专利申请公开说明书（同原告提交的证据1）；

附件3：中华人民共和国国家知识产权局对本专利作出的实用新型专利检索报告；

附件4：1997.11（3）安徽农业技术师范学院学报论文《显微设备与摄像机的简易配套使用方法》。

在无效程序的口头审理过程中，原告明确其无效宣告请求的理由、证据和范围是：本专利权利要求1不符合《专利法》第二十二条第三款关于创造性的规定，放弃本专利权利要求1不符合《专利法》第二十二条第二款关于新颖性的规定，补充本专利权利要求1不符合《专利法实施细则》第二十条第一款、《专利法》第二十六条第四款规定作为无效宣告请求的理由。

专利复审委员会经审理，于2007年6月26日作出第10185号决定，维持本专利有效。

上述事实，有本专利权利要求书、说明书及附图，第10185号决定及各方当事人的陈述等在案佐证。

本院认为，根据各方当事人的诉辩主张，本案的焦点在于：（1）本专利是否符合《专利法》第二十六条第四款、《专利法实施细则》第二十条第一款的规定；（2）本专利是否符合《专利法》第二十二条第三款的规定。

《专利法》第二十六条第四款规定，权利要求书应当以说明书为依据，说明要求专利保护的范围。《专利法实施细则》第二十条第一款规定，权利要求书应当说明发明或者实用新型的技术特征，清楚、简要地表述请求保护的范围。

关于《专利法》第二十六条第四款的问题。本院认为，在本专利说明书的实施例部分，对显微镜摄像装置进行了说明，载明了在棱镜和摄像机之间安装一摄像物镜，该摄像物镜将显微镜物镜的成像进行再次成像，起到缩短了光路作用，使得棱镜与摄像机之间的距离大大缩短的文字描述。此外在附图1中也表示了摄像物镜的设置位置，该位置可以根据缩短了光路作用这一限定由本领域技术人员结合相关常识予以确定。因此，本专利说明书已记载了摄像物镜的设置位置和作用，在说明书中能够找到权利要求1中限定的摄像物镜的依据。因此权利要求1能够得到说明书的支持，符合《专利法》第二十六条第四款的规定，第10185号决定对此问题的评述正确，本院予以支持。

关于《专利法实施细则》第二十条第一款的问题。本院认为，根据光学的常识，本领域技术人员可以清楚的认知到摄像物镜通常是指具有正折射率的透镜，系对通过它的光线进行会聚，因此透镜能够在客观上起到缩短光路、增大视角的效果。由于摄像物镜是对图像进行的再次成像，因此也可以认定为是对光线再次进行的偏折，缩短了光路。在本权利要求1中的特征部分，其文字描述的“缩短了光路”这一内容的限定，进一步说明了摄像物镜在本专利技术方案中所起的作用。此外，权利要求1中还限定了其设置的位置是在棱镜与摄像机之间，对其设置位置也有清楚的限定，因此第10185号决定关于本专利权利要求1说明了实用新型的技术特征，对请求保护的范围进行了清楚、简要的表述，符合《专利法实施细则》第二十条第一款的规定评述正确，本院予以支持。

关于《专利法》第二十二条第三款的问题。本院认为，《专利法》第二十二条第三款规定，创造性，是指同申请日以前已有的技术相比……该实用新型有实质性特点和进步。本案中，原告证据1、2用来评判本专利的创造性。第10185号决定评价了本专利权利要求1与证据1的区别，认为本专利权利要求1中在棱镜和摄像机之间安装摄像物镜是起到了缩短光路的作用。证据1公开的技术方案中包括适配器，并明确记载了适配器的作用是校正由使用不允许取下其中包含透镜的数字摄像机引起的球差和由于光的棱镜效应引起的色差，在适配器的调节部分还包括放大透镜，其作用是获得与目镜相同的放大倍数，使得数字摄像机通过调节部分拍摄的图像与用户通过目镜观察到的图像等同，其作用是使显微镜与数字摄像机相适应及配合，以使数字摄像机获得精确的图像，并没有给出如何解决缩短摄像机与棱镜之间光路的技术启示。然而，本院注意到，各方当事人对本案创造性的争议仅局限在棱镜与摄影机之间设置一个能起到缩短光路作用的摄像物镜是否具有创造性。本专利所指的摄像物镜按照本领域普通技术人员的理解是具有正折射率的透镜。基于透镜的光学原理，决定了其是在可见光通过透镜时对光线进行汇聚，其本身就具有缩短光路、增大视角和成像的客观属性，该客观属性是由透镜自身具有的特征决定的。由于证据1给出了放大透镜的技术启示，本领域普通技术人员根据自身掌握的光学知识，无需进行创造性劳动即可以为缩短光路，在棱镜和摄像机之间设置透镜，实现本专利的技术方案。即本领域技术人员为了缩短光路而寻求解决方案时，会显而易见地想到在棱镜与摄像装置之间采用证据1中用于放大图像的放大透镜以起到缩短光路的作用。同理，证据2也具有相同的启示，因此，本专利权利要求1不具有创造性，不符合《专利法》第二十二条第三款的规定。

综上所述，被告作出的第10185号决定对本专利权利要求1具有创造性的认定错误，依据《中华人民共和国行政诉讼法》第五十四条第（二）项第1、2目之规定，判决如下：

1. 撤销国家知识产权局专利复审委员会作出的第10185号无效宣告请求审查决定；

2. 国家知识产权局专利复审委员重新就第00207786.8号名称为“显微镜摄像装置”的实用新型专利权作出无效宣告请求审查决定。

案件受理费100元，由被告国家知识产权局专利复审委员会负担（本判决生效之日起7日内交纳）。

如不服本判决，各方当事人可于判决书送达之日起15日内，向本院提交上诉状并按对方当事人的人数递交副本，交纳上诉案件受理费100元，上诉于北京市高级人民法院。

审　判　长　刘海旗
代理审判员　佟　姝
人民陪审员　高　伟
二〇〇七年十一月二十九日
书　记　员　高　颖

北京市高级人民法院
行政判决书

（2008）高行终字第32号

上诉人（原审被告）国家知识产权局专利复审委员会，住所地北京市海淀区北四环西路9号银谷大厦10~12层。

法定代表人廖涛，副主任。

委托代理人张曦，国家知识产权局专利复审委员会审查员。

委托代理人高雪，国家知识产权局专利复审委员会审查员。

上诉人（原审第三人）麦克奥迪实业集团有限公司，住所地福建省厦门市火炬高新区火炬园麦克奥迪大厦。

法定代表人杨泽声，执行董事。

委托代理人杨文华，男，汉族，1977年8月4日出生，麦克奥迪实业集团有限公司职员，住福建省厦门市湖里区新丰三路3号。

委托代理人吴纲，男，汉族，1965年7月27日出生，麦克奥迪实业集团有限公司法律顾问，住山东省青岛市市南区宁夏路201号2号楼205户。

被上诉人（原审原告）凤凰光学控股有限公司，住所地江西省上饶市光学路。

法定代表人刘林春，董事长。

委托代理人梁勇，北京市集佳律师事务所律师。

委托代理人孙长龙，北京市集佳律师事务所律师。

上诉人国家知识产权局专利复审委员会（以下简称专利复审委员会）、麦克奥迪实业集团有限公司（以下简称麦克奥迪公司）因专利权无效行政纠纷一案，不服北京市第一中级人民法院（2007）一中行初字第1312号行政判决，向本院提起上诉。本院2008年1月8日受理本案后，依法组成合议庭，于2008年2月20日公开开庭进行了审理。上诉人专利复审委员会的委托代理人张曦、高雪，上诉人麦克奥迪公司的委托代理人杨文华、吴纲，被上诉人凤凰光学控股有限公司（以下简称凤凰光学公司）的委托代理人梁勇、孙长龙到庭参加诉讼。本案现已审理终结。

麦克奥迪公司于2000年4月12日向国家知识产权局提出了名称为“显微镜摄像装置”的实用新型专利申请（以下简称本专利），2001年6月6日被授权公告，专利号为00207786.8。针对本专利，凤凰光学公司于2005年8月26日以本专利不符合《中华人民共和国专利法》（以下简称专利法）第二十二条第二、三款的规定为由向专利复审委员会提出无效宣告请求。2006年3月20日，凤凰光学公司在口头审理中当庭补充了本专利权利要求1不符合《中华人民共和国专利法实施细则》（以下简称《专利法实施细则》）第二十条第一款、专利法第二十六条第四款的规定作为无效理由。2007年6月26日，专利复审委员会作出第10185号无效宣告请求审查决定（以下简称第10185号无效决定），维持本专利权有效。凤凰光学公司不服该决定，向北京市第一中级人民法院提起诉讼。

北京市第一中级人民法院认为，本专利说明书的实施例部分对显微镜摄像装置进行了说明，载明了在棱镜和摄像机之间安装一摄像物镜，该摄像物镜将显微镜物镜的成像进行再次成像，起到缩短了光路的作用，使得棱镜与摄像机之间的距离大大缩短的文字描述。此外，附图1中也表示了摄像物镜的设置位置，该位置可以根据缩短光路作用的限定由本领域技术人员结合相关常识予以确定。因此，本专利说明书已记载了摄像物镜的设置位置和作用，说明书中能够找到本专利权利要求1中限定的摄像物镜的依据。因此，权利要求1能够得到说明书的支持，符合《专利法》第二十六条第四款的规定。根据光学的常识，本领域技术人员可以清楚的认知到摄像物镜通常是指具有正折射率的透镜对通过它的光线进行会聚，因此，透镜能够在客观上起到缩短光路、增大视角的效果。由于摄像物镜是对图像进行的再次成像，因此，也可以认定为是对光线再次进行的偏折，缩短了光路。在本权利要求1的特征部分，其文字描述的“缩短了光路”这一内容的限定进一步说明了摄像物镜在本专利技术方案中所起的作用。此外，本专利权利要求1中还限定了其设置的位置是在棱镜与摄像机之间，对其设置位置也有清楚的限定，因此，第10185号无效决定关于本专利权利要求1说明了实用新型的技术特征，对请求保护的范围进行了清楚、简要的表述，符合《专利法实施细则》第二十条第一款的规定。第10185号无效决定评价了本专利权利要求1与证据1的区别，认为本专利权利要求1中在棱镜和摄像机之间安装摄像物镜起到了缩短光路的作用。证据1公开的技术方案中包括适配器，并明确记载适配器的调节部分还包括放大透镜，其作用是获得与目镜相同的放大倍数，使得数字摄像机通过调节部分拍摄的图像与用户通过目镜观察到的图像等同，其作用是使显微镜与数字摄像机相适应及配合，以使数字摄像机获得精确的图像，并没有给出如何解决缩短摄像机与棱镜之间光路的技术启示。然而，本专利所指的摄像物镜按照本领域普通技术人员的理解是具有正折射率的透镜，基于透镜的光学原理，决定了其是在可见光通过透镜时对光线进行会聚，其本身就具有缩短光路、增大视角和成像的客观属性，该客观属性是由透镜自身具有的特征决定的。由于证据1给出了放大透镜的技术启示，本领域普通技术人员根据自身掌握的光学知识，无需进行创造性劳动即可以为缩短光路而在棱镜和摄像机之间设置透镜，实现本专利的技术方案，即本领域技术人员为了缩短光路而寻求解决方案时，会显而易见地想到在棱镜与摄像装置之间采用证据1中用于放大图像的放大透镜以起到缩短光路的作用。同理，证据2也具有相同的启示，因此，本专利权利要求1不具有创造性，不符合《专利法》第二十二条第三款的规定。

综上所述，依据《中华人民共和国行政诉讼法》第五十四条第（二）项第1、2目之规定，判决：（1）撤销专利复审委员会作出的第10185号无效决定；（2）专利复审委员会重新就第00207786.8号名称为“显微镜摄像装置”的实用新型专利权作出无效决定。

专利复审委员会、麦克奥迪公司均不服原审判决，向本院提起上诉，请求撤销原审判决，维持第10185号无效决定。专利复审委员会的上诉理由主要为：(1) 就本专利创造性而言，无论证据1还是证据2，其技术方案均未针对缩短摄像显微镜中显微镜棱镜与摄像机之间光路的技术问题，也就是说，虽然证据1中公开了适配器的调节部分包括放大透镜，但是其作用是为了调整放大倍数，并不涉及光路长短，在所要解决的技术问题不相同的情况下，原审判决认为证据1给出了放大透镜的技术启示缺乏事实依据。(2) 对于光学领域来说，并不意味在不同技术方案中采用了相同的元件就能够认定给出了技术启示。麦克奥迪公司的上诉理由主要为：(1) 原审判决严重混淆本专利发明目的，从而错误地认为证据1、2能够为本领域普通技术人员提供技术启示。(2) 第10185号无效决定基于本专利摄像物镜与证据1放大透镜、证据2照相目镜各自针对技术问题的差别，认定证据1、2不能给出本专利技术启示完全正确，原审判决认定错误。凤凰光学公司服从原审判决。

本院经审理查明：

麦克奥迪公司于2000年4月12日向国家知识产权局提出了名称为“显微镜摄像装置”的实用新型专利申请，2001年6月6日被授权公告，专利号为00207786.8，授权公告的权利要求书如下：

1. 一种主要由摄像机、语音系统、信号输出插口、镜头组、显微镜机体组成的显微镜摄像装置；摄像机、语音系统、信号输出插口、镜头组皆安装在显微镜机体内；语音系统由麦克风构成，通过导线连接摄像机；镜头组由物镜、目镜、棱镜和折射镜构成，摄像机安装在沿棱镜的光路上，摄像机通过导线连接信号输出插口，将数字信号或模拟信号由信号输出插口输出；其特征在于：棱镜和摄像机之间安装一起缩短了光路作用的摄像物镜。”

针对上述专利权，凤凰光学公司于2005年8月26日以本专利不符合《专利法》第二十二条第二、三款的规定为由向专利复审委员会提出无效宣告请求，其提交的与本案有关的证据包括：

证据1：公开号为CN1245903A的发明专利申请公开说明书，其公开日为2000年3月1日。

证据2：声称为江西光学仪器总厂出版的1984年第2期《江光技术》封面页、目录页、第1~3、7、8、11、12、15、16、18页、“图一”页、封底页复印件，共14页；

证据3：中华人民共和国吉林省公证处2005年9月19日出具的（2005）吉省证字第8128号公证书复印件，共10页。

凤凰光学公司的具体理由是：证据1完全公开了本专利权利要求1的技术特征，本领域技术人员根据现有技术与证据1的结合即可获得本专利权利要求1的技术方案而不需付出创造性劳动，证据1给出了将其技术内容应用于现有技术从而得出本专利技术方案的技术启示，因此，本专利权利要求1相对于证据1不具备新颖性和创造性，不符合《专利法》第二十二条第二、三款的规定。

针对上述无效宣告请求，麦克奥迪公司于2005年10月11日向专利复审委员会寄交了意见陈述书，认为：（1）证据 1 中的透镜 83a 仅具有放大、加长光路的特征，其不具有缩小光路的特征，放大透镜的放大倍率大小只能增加或减小其放大功能，只能使光路在增长的幅度上有差异，并不能缩小光路，与本专利透镜的结构性质和实现的功能完全不同；（2）本专利的设计使得摄像显微镜性能更加稳定，体积、重量、成本更小，降低了摄像显微镜的成本和所占空间，优化了结构布局，因此，本专利权利要求 1 相对于证据 1 具备创造性。麦克奥迪公司提交了本专利的实用新型检索报告，用以证明尚无现有技术能够破坏本专利权利要求 1 的新颖性和创造性，麦克奥迪公司提交的附件如下：

附件 1：本专利说明书；

附件 2：公开号为 CN1245903A 的发明专利申请公开说明书；

附件 3：中华人民共和国国家知识产权局对本专利作出的实用新型专利检索报告；

附件 4：1997. 11（3）安徽农业技术师范学院学报论文《显微设备与摄像机的简易配套使用方法》。

在无效程序的口头审理过程中，凤凰光学公司明确其无效宣告请求的理由、证据和范围是：本专利权利要求 1 不符合专利法第二十二条第三款关于创造性的规定，放弃本专利权利要求 1 不符合《专利法》第二十二条第二款关于新颖性的规定，补充本专利权利要求 1 不符合《中华人民共和国专利法实施细则》第二十条第一款、《专利法》第二十六条第四款的规定作为无效宣告请求的理由。

专利复审委员会经审理，于 2007 年 6 月 26 日作出第 10185 号无效决定，维持本专利权有效。专利复审委员会在该决定中认定：

1. 关于请求人口头审理当庭补充的无效宣告理由

请求人在口头审理当庭补充了本专利权利要求 1 不符合《专利法实施细则》第二十条第一款和《专利法》第二十六条第四款的规定的无效宣告理由，上述两个无效宣告理由所针对的是本专利权利要求 1 本身是否清楚地限定了本专利技术方案以及是否以说明书为依据，无需新的证据支持，不属于 2001 年版《审查指南》第四部分第三章第 3. 1 节中规定的不予考虑的情形，因此应当予以审理。

2. 关于证据

证据 1 是授权公告号为 CN1245903A 的实用新型专利说明书，其授权公告日在本专利的申请日之前，专利权人对其真实性无异议，该证据可以作为本案的证据使用，其上记载的内容已经构成本专利的现有技术，因此，能够用来评价本专利权利要求的创造性；证据 2 是请求人声称为江西光学仪器总厂出版的 1984 年第 2 期《江光技术》封面页、目录页、第 1～3、7、8、11、12、15、16、18 页、“图一” 页、封底页，证据 3 是中华人民共和国吉林省公证处于 2005 年 9 月 19 日出具的公证书，证据 4 是 “期刊登记表”，被请求人对证据 2 和 4 的真实性有异议，对证据 3 的真实性无异议，但认为公证书仅公证了该书的封面和封底页。经审查，证据 2 原件封面页印有该书名称、出版单位名称以及出版年份和期号，封底页印有编辑单位名称、所在地以及印刷单位名称，该书本身无明显伪造、涂改痕迹，专利权人也未提交反证否定该证据的真实性，因此确认其真实性。该期刊中并未注明 “内部刊物”、“供内部使用，等表示其为非公开出版物的信息，并且根据常理，这种单位自办的期刊通常以供相关领域的从业人员参考或宣传该单位产品和技术为目的，因此确定其为公开出版物，附件 4 的 “期刊登记表” 中记载了《江西光学仪器》的刊期、出刊日期、发行范围、主办单位、主管单位等信息，从该登记表的填写和形式来看，并无明显造假和篡改痕迹，而且加盖有主办单位 “江西光学仪器总厂” 的公章和负责人的印章以及主管单位 “江西省机械工业厅” 的公章和负责人签署的意见和签名，在无反证可以否定该期刊登记表真实性的情况下，专利复审委员会认可其真实性，根据该表 “期刊演变情况” 一栏中的信息可知，《江西光学仪器》原名《江光技术》，1984 年时为季刊，据此可以获知，证据 2 的 1984 年第 2 期的《江光技术》是 1984 年第 2 季度出版的，因此推定证据 2 的公开时间为 1984 年 6 月 30 日，在本专利的申请日之前，其上记载的内容已经构成本专利的现有技术，因此能够用来评价本专利权利要求的创造性。在附件 2 的真实性以及公开时间已经能够确认的情况下，本决定中对于证据 3 不再进行评述。

3. 关于本专利是否符合《专利法》第二十六条第四款及《专利法实施细则》第二十条第一款的规定

《专利法》第二十六条第四款规定，权利要求书应当以说明书为依据，说明要求专利保护的范围。

《专利法实施细则》第二十条第一款规定，权利要求书应当说明发明或者实用新型的技术特征，清楚、简要地表述请求保护的范围。

请求人关于《专利法实施细则》第二十条第一款、《专利法》第二十六条第四款的无效宣告理由所针对的事实相同，即“棱镜和摄像机之间安装一起缩短了光路作用的摄像物镜”的功能性限定导致权利要求 1 不清楚，并且说明书对这种功能也没有说明，所以也不能支持权利要求 1 限定的技术方案，再次成像与缩短光路没有关系，再次成像是必须的而不是为了缩短光路，不再次成像不可能形成清晰的影像。

专利复审委员会认为，本专利说明书具体实施例部分，在对显微镜摄像装置进行说明时，记载了“在棱镜 I53 和摄像机 2 之间安装一摄像物镜 6，该摄像物镜 6 将显微镜物镜 51 所成的像进行再次成像，起到缩短了光路作用，使得棱镜 I53 与摄像机 2 之间的距离大大缩短”，附图 1 中也表示了该摄像物镜 6 的设置位置，而且摄像物镜的具体位置可以根据“缩短了光路作用”这一限定由本领域技术人员结合本领域的常识来确定。由此可见，本专利说明书记载了该摄像物镜的设置位置和作用，在说明书中能够找到权利要求 1 中限定的摄像物镜的依据，因此权利要求 1 能够得到说明书的支持，符合《专利法》第二十六条第四款的规定。

对于本领域技术人员而言，根据光学设计的常识，摄像物镜通常是指具有正折射率的透镜，对经过它的光线进行会聚，这就决定了该透镜客观上能够缩短光路、增大视角，专利复审委员会认同请求人所述的该摄像物镜对图像进行了再次成像，但正是由于其对光线再次地进行了偏折，缩短了光路，同时权利要求 1 中“缩短了光路”的限定进一步说明了该透镜在本专利技术方案中所起的作用，至于摄像机本身是否还需要设置物镜进行成像是本领域技术人员根据具体情况进行选择和设计使用的，与权利要求 1 中起缩短光路作用的摄像物镜无关，可见权利要求 1 中限定的摄像物镜能够清楚地表述出该透镜的性质和用途，并且权利要求 1 中还限定了其设置的位置是在棱镜与摄像机之间，对其设置位置也有清楚的限定，因此，本专利权利要求 1 说明了实用新型的技术特征，对请求保护的范围进行了清楚、简要的表述，符合《专利法实施细则》第二十条第一款的规定。

4. 关于权利要求 1 是否符合《专利法》第二十二条第三款的规定

《专利法》第二十二条第三款规定，创造性，是指同申请日以前已有的技术相比，该发明有突出的实质性特点和显著的进步，该实用新型有实质性特点和进步。请求人以本专利说明书背景技术部分的内容作为最接近的现有技术，分别与证据 1 和证据 2 组合来评述本专利的创造性，并且认为权利要求 1 前序部分限定的技术特征均为现有技术。经审查，本专利说明书背景技术部分（说明书第 1 页第 2 段）虽然记载了所谓“公知的摄像显微镜”主要分为内置式和外置式，以及这两类摄像显微镜的工作方式，但是说明书中并没有记载其他能够证明在本专利申请日之前这种所谓“公知的摄像显微镜”所涉及的技术内容已经处于公众能够得知的状态的信息，请求人也并没有提交相关的证据加以证明。另外，从本专利说明书背景技术部分记载的内容来看，其中并未包含内置式或外置式摄像显微镜的具体结构和各个部件之间的连接关系等实质性技术内容，因此，本专利说明书背景技术部分的内容不能构成专利法意义上的现有技术，不能根据该部分的内容认定本专利权利要求 1 的前序部分的技术特征属于现有技术，而请求人基于权利要求的特征认为前序部分的技术特征已构成现有技术的主张也缺乏证据支持。

请求人在口头审理中还认为证据 1 也公开了本专利权利要求 1 前序部分的技术特征。证据 1 涉及一种用于显微镜的采用数字摄像机的图像处理系统，其包括数字摄像机 90、播放录好的声音的扬声器 92，可见该系统中还包括声音的拾取装置，采用麦克风作为声音拾取装置是本领域的惯用技术手段，摄像机拾取的图像信息可以以模拟形式发送给 TV101、VCR106 或投影仪 104，可见该系统与外部存在信号传递，因此，该系统内必然存在供信号传输的接口等连接装置，该系统还包括物镜 30、目镜 40 以及用于将光线分路使其分别传播到摄像机和目镜中的棱镜，这些光学镜头设置在该系统内，而为了使光线传播到摄像机，采用能够使光线发生偏折的反射镜等光学元件也是显而易见的，可见，证据 1 已经公开了本专利权利要求 1 前序部分的技术特征。

本专利权利要求 1 与证据 1 的区别在于，权利要求 1 中在棱镜和摄像机之间安装一起缩短了光路作用的摄像物镜。证据 1 公开的系统还包括适配器 80，证据 1 中明确记载了该适配器的作用是校正由使用不允许取下其中包含的透镜的数字摄像机引起的球差和由于光的棱镜效应引起的色差，该适配器 80 的调节部分 82 包括放大透镜 83a，其作用是获得与目镜相同的放大倍数，使得数字摄像机通过调节部分拍摄的图像与用户通过目镜观察到的图像等同，该调节部分还具有球差校正透镜 83b 和色差校正透镜 83c。专利复审委员会认为，所谓适配器，是指使连接在其两端的部件相适应、相配合的器件。具体到证据 1 中，其作用是使显微镜与数字摄像机相适应、相配合，以使数字摄像机获得精确的图像，根据证据 1 说明书的记载可见，该适配器调节部分的作用有三个，其一，对图像进行放大；其二，校正球差；其三，校正色差。均未涉及如何解决缩短摄像机与棱镜之间的光路的技术问题，虽然放大透镜也采用了具有正放大率的透镜，但该适配器所针对的对象是透镜不可取下的摄像机，并且该放大透镜的作用仅在于使摄像机拍摄的图像与目镜观察到的图像等同，证据 1 中的放大透镜是在与本专利不同的特定情况中针对与本专利不同的技术问题提出的技术手段，也就是说，本领域技术人员为了缩短光路而寻求解决方案时，不会显而易见地想到在棱镜与摄像装置之间采用证据 1 中用于放大图像的放大透镜以起到缩短光路的作用，因此，调节单元中的放大透镜未给出在显微镜摄像装置中应用能够缩短光路作用的摄像物镜的技术启示，本专利权利要求 1 相对于证据 1 具有实质性特点和进步，具备创造性。

证据 2 涉及显微镜光学系统，在图 1-4 所示的技术方案中均采用了用于分光路的棱镜与胶片平面之间设置了照相目镜，该装置具有不同放大倍率的照相目镜，但是该照相目镜在证据 2 的显微镜光学系统中的作用是对胶片进行成像，也就是说，该照相目镜是照相装置的一部分，在该显微镜光学系统中并未在由照相目镜、电子快门等构成的照相装置之外，棱镜与照相装置之间再设置一用于解决缩短光路的技术问题的照相物镜，也就是说，证据 2 中的照相目镜未针对本专利所要解决的技术问题给出技术启示，因此证据 2 也未给出在棱镜和摄像机之间安装一起缩短了光路作用的摄像物镜的技术启示，本专利权利要求 1 相对于证据 2 具有实质性特点和进步，具备创造性。因此，本专利权利要求 1 符合《专利法》第二十二条第三款的规定。

综上所述，本专利符合《专利法》第二十六条第四款、《专利法实施细则》第二十条第一款以及《专利法》第二十二条第三款的规定。鉴于请求人的无效宣告理由均不成立，因此对专利权人提交的附件 1~4 不再进行评述。据此，专利复审委员会作出第 10185 号无效决定，维持本专利权有效。

上述事实，有本专利权利要求书、说明书及附图，第 10185 号无效决定及各方当事人的陈述等在案佐证。

本院认为，根据各方当事人的诉辩主张，本案的焦点在于本专利是否符合《专利法》第二十二条第三款关于创造性的规定。

创造性，是指同申请日以前已有的技术相比，实用新型有实质性特点和进步。本案中，凤凰光学公司的证据1、2用来评判本专利的创造性。就证据1而言，各方当事人对本专利相对于证据1是否具有创造性的争议在于证据1是否给出了在棱镜与摄影机之间设置一个能起到缩短光路作用的摄像物镜的技术启示。本专利权利要求1中为解决带有摄像装置的显微镜体积过大的问题在棱镜和摄像机之间安装摄像物镜以缩短光路，减小显微镜的体积。证据1公开的技术方案中包括适配器，并明确记载了适配器的作用是校正由使用不允许取下其中包含透镜的数字摄像机引起的球差和由于光的棱镜效应引起的色差，在适配器的调节部分还包括放大透镜，其作用是获得与目镜相同的放大倍数，使得数字摄像机通过调节部分拍摄的图像与用户通过目镜观察到的图像等同，其作用是使显微镜与数字摄像机相适应及配合，以使数字摄像机获得精确的图像。由此可见，证据1中的放大透镜所起的作用并不是缩短光路。但是，在第10185号无效决定中，专利复审委员会明确指出，对于本领域技术人员而言，根据光学的常识，摄像物镜通常是指具有正折射率的透镜，对经过它的光线进行会聚，这就决定了该透镜能够在客观上能够缩短光路、增大视角。由此可见，专利复审委员会在第10185号无效决定中认定透镜能够起到缩短光路效果是公知常识。既然透镜能够起到缩短光路效果是公知常识，那么本领域普通技术人员根据自身掌握的光学知识，无需进行创造性劳动即可以为缩短光路在棱镜和摄像机之间设置透镜，实现本专利的技术方案。由此可见，专利复审委员会在第10185号无效决定中的认定前后存在一定矛盾，本院不认可专利复审委员会关于本专利权利要求1具有创造性的认定。证据2也存在相同的问题。但是，鉴于各方均未提交相应的证据证明透镜能够起到缩短光路的效果是公知常识，本院不便作出本专利是否具有创造性的认定，应当由专利复审委员会重新就本专利权利要求1是否具有创造性进行认定。

综上，原审判决认定事实基本清楚，适用法律正确，应当予以维持，上诉人专利复审委员会、麦克奥迪公司的上诉主张于法无据，本院不予支持。依照《中华人民共和国行政诉讼法》第六十一条第一款第（一）项之规定，判决如下：

驳回上诉，维持原判。

一审案件受理费100元，由国家知识产权局专利复审委员会负担（本判决生效之日起7日内交纳）；二审案件受理费100元，由国家知识产权局专利复审委员会负担50元（本判决生效之日起7日内交纳），麦克奥迪实业集团有限公司负担50元（已交纳）。

本判决为终审判决。

审　判　长　刘继祥
审　判　员　莎日娜
代理审判员　焦　彦
二〇〇八年三月四日
书　记　员　毕　怡

157

一种改进的头戴式放大镜

无效宣告请求审查决定（第10187号）

决　定　号　第10187号
决　定　日　2007年6月26日
发明创造名称　一种改进的头戴式放大镜
国际分类号　G02C 7/02
无效宣告请求人　宁波亚太光学仪器有限公司
专　利　权　人　振宇光学有限公司
专　利　号　98207452.2
申　请　日　1998年9月28日
授权公告日　1999年9月8日
合议组组长　张田勇
主　审　员　马　燕
参　审　员　谢有成

法律依据　专利法第22条第3款
决定要点

如果一项权利要求与最接近的对比文件相比存在区别技术特征，而该区别技术特征在其他对比文件中公开，且该对比文件给出了将上述区别技术特征应用于最接近的对比文件的技术启示，则该项权利要求不具备创造性，不符合专利法第22条第3款的规定。

一、案由

本无效宣告请求涉及国家知识产权局于1999年9月8日授权公告的、名称为“一种改进的头戴式放大镜”的实用新型专利权（下称本专利），其申请号是98207452.2，申请日是1998年9月28日，专利权人是振宇光学有限公司。本专利授权公告时的权利要求书如下：

“1. 一种改进的头戴式放大镜，其特征在于：是于头戴式放大镜的固定座底端设有一个以上的夹置座，夹置放大镜片顶端所延设的卡榫，而该固定座的顶端则开设有一枢座，该枢座上并枢接一发光体底端的旋转部，使该发光体可藉由旋转部于枢座中的枢转而调整发光体的俯仰角度。

2. 如权利要求1所述的改进的头戴式放大镜，其特征在于：该固定座底端所设的夹置座是为两两相对，而放大镜片顶端的卡榫个数则与各相对的夹置座数目配合。

3. 如权利要求1所述的改进的头戴式放大镜，其特征在于：该发光体底端的旋转部表面是设有多个止滑条，而枢座底端则依势设有一弧形阻挡部，使旋转部可藉由止滑条与弧形阻挡部的摩擦力量而使发光体固定于一倾斜角度。

4. 如权利要求1所述的改进的头戴式放大镜，其特征在于：该发光体是以枢接的方式结合于旋转部顶端，使发光体亦可左、右偏转。”

针对上述专利权，宁波亚太光学仪器有限公司（下称请求人）于2006年11月29日向专利复审委员会提出无效宣告请求，其理由是本专利权利要求1相对于证据2不具备新颖性，不符合专利法第22条第2款的规定；权利要求1、2相对于证据1、2的结合不具备创造性；权利要求3、4的附加技术特征属于公知常识，因此权利要求1~4不符合专利法第22条第3款的规定；权利要求4不清楚，不符合专利法实施细则第20条第1款的规定。请求人提交的证据如下：

证据1：特开平10—104553A的日本公开特许公报，公开日为1998年4月24日；

证据2：US2964613号美国专利文献全文，授权公告日为1960年12月13日；

证据3：本专利授权公告文本。

经形式审查合格，专利复审委员会依法受理了上述无效宣告请求，并于2006年11月30日向双方当事人发出无效宣告请求受理通知书，并随无效宣告请求受理通知书将专利权无效宣告请求书及其附件清单中所列附件的副本转送给专利权人，要求其在指定的期限内答复。

请求人于2006年12月28日向专利复审委员会提交了意见陈述书，并补充提交了如下证据：

证据4：CN2143339Y号中国实用新型专利说明书，授权公告日为1993年10月6日；

证据5：证据1的使用部分的中文译文共3页；

证据6：证据2的使用部分的中文译文共1页。

请求人在意见陈述书补充无效宣告请求理由为，权利要求1相对于证据1、4的结合、或相对于证据1、2、4的结合不具备专利法第22条第3款规定的创造性；权利要求2相对于证据1、4的结合不具备创造性；权利要求3的附加技术特征属于公知常识；权利要求4相对于证据1、4的结合或者证据2、4的结合或者证据1、2、4的结合不具备创造性，因此权利要求1~4不符合专利法第22条第3款的规定；另外，权利要求4不符合专利法实施细则第2条第2款的规定。

针对请求人于2006年11月29日提交的无效宣告请求书，专利权人于2007年1月12日向专利复审委员会提交了意见陈述，专利权人认为，（1）请求人提交的证据为两份外文文献，但未提供该文献的中文译文，无法与本专利技术特征进行新颖性、创造性的具体比对；（2）权利要求4中所述的“枢接”是清楚的，且请求人未能提供认为其不确定不清楚的具体证据，因此，本专利符合专利法实施细则第20条第1款的规定。

专利复审委员会依法组成合议组，对上述无效宣告请求进行审理。

本案合议组于2007年2月27日向双方当事人发出无效宣告请求口头审理通知书，指出本案合议组定于2007年4月11日举行口头审理。随同无效宣告请求口头审理通知书将请求人于2006年12月28日提交的意见陈述书及其附件副本转送给专利权人，将专利权人于2007年1月12日提交的意见陈述书转送给请求人。

口头审理如期举行，双方当事人均参加了口头审理。

在口头审理中，（1）请求人明确表示放弃本专利不符合专利法第22条第2款、专利法实施细则第20条第1款、专利法实施细则第2条第2款的无效理由。（2）请求人明确表示证据3（即本专利）不作为证据使用。（3）请求人明确其无效宣告理由、事实、证据为：本专利权利要求1相对于证据1和4的结合、或相对于证据4、证据1和证据2的结合不具有创造性；本专利权利要求2的附加技术特征被证据1公开；权利要求3的附加技术特征属于公知常识；权利要求4的附加技术特征被证据4或证据2公开，因此权利要求2~4也不具有创造性。（4）专利权人对证据1、2、4的真实性表示无异议，对证据 1、2 的中文译文（即证据 5、6）的准确性表示无异议。(5) 请求人明确表示证据 1 为最接近的现有技术；认为权利要求 1 与证据 1 的区别技术特征为“而该固定座的顶端……而调整发光体的俯仰角度”，专利权人对此予以认可。(6) 请求人认为，本专利的枢座就是一个轴座，证据 4 的附图 2 公开了本专利的枢座，证据 4 附图标记 3 的元件相当于本专利的固定座；认为枢座位于固定座的前端即为顶端，两者没有实质区别；证据 4 中方位调节装置 9 外面的方框就是轴座，方位调节装置 9 也是固定在固定座上面的；证据 4 公开了俯仰角度的旋转；专利权人认为，本专利的枢接就是轴接，但本专利权利要求 1 的枢座与证据 4 中的方位调节装置 9 之间的连接结构、位置不同，证据 4 中的方位调节装置 9 是通过螺栓 8 装在框架上的，连接结构较复杂；而本专利只是将一根旋转部 4 枢接于固定座 2 上面的枢座 22 上即可，不需要螺栓等其他结构，具有方便调节俯仰角的优点，结构简单。(7) 请求人认为，证据 2 公开了本专利的枢接，证据 2 的标号 32 是顶端；专利权人认可证据 2 标号 32 是光源，但认为本专利的联接方式与证据 2 不同，证据 2 没有随时可以转动的。(8) 双方当事人均表示已充分发表了意见。

至此，合议组认为本案事实清楚，现依法作出审查决定。

二、决定的理由

1. 关于证据

请求人在无效宣告程序中共提交了 6 份证据，即证据 1~6，其中证据 5、6 分别是证据 1、2 的使用部分的中文译文，证据 3 是本专利。

在口头审理中，请求人明确表示证据 3 不作为证据使用，因此本决定中不再对其进行评述。

证据 1、2 均是公开日期在本专利申请日之前的专利文献，附件 5 是证据 1 的使用部分的中文译文、证据 6 是证据 2 的使用部分的中文译文，专利权人对证据 1、2 的真实性无异议，对证据 1、2 的中文译文（即证据 5、6）的准确性无异议，经合议组审查，证据 1、2 可以作为本案证据使用，其上记载的内容构成本专利的现有技术，其中证据 1、2 的文字部分所公开的内容以证据 5、6 的内容为准。

证据 4 是公开日期在本专利申请日之前的中国专利文献，专利权人对证据 4 的真实性无异议，经合议组审查，证据 4 可以作为本案证据使用，并且其上记载的内容构成本专利的现有技术。

2. 关于本专利是否具备创造性

专利法第 22 条第 3 款规定：创造性，是指同申请日以前已有的技术相比，该发明有突出的实质性特点和显著的进步，该实用新型具有实质性特点和进步。

证据 1 公开了一种放大镜装置（参见证据 1 的中文译文及附图 1-4），并具体公开了以下技术特征：在放大镜装置的帽檐 12（相当于本专利的“固定座”）的下侧设有 2 对卡头 26（相当于本专利的“夹置座”），每个卡头通过中部设有圆形的扩大部分的槽 28，形成一对突起的脚部 30；透镜 200（相当于本专利的“放大镜片”）是对应左右眼一对一体成形的透镜部件 34，沿其上缘两端附近的两个部位设有安装部 36（相当于本专利的“卡榫”），安装部 36 分别由一对脚部 38 和跨设在其间的轴 40 构成，透镜 200 安装到帽檐 12 时，先将轴 40 对准卡头 26 的一对脚部 30 之间，沿槽 28 将透镜轴 40 卡入。

证据 2 公开了一种灯控制器（参见说明书第 3 栏第 6~21 行的中文译文及附图 2），其中具体披露了以下技术特征：前端部分包括一个水平部分 54（相当于本专利中的“固定座”），在水平部分下面的螺栓上设有一螺母 58，将底座 60（相当于本专利中的“枢座”）稳固在水平部分上，底座为一个水平排列的铰接装置，包括一个用于转动的枢轴 64，灯壳（相当于本专利的“发光体”）的下部通过轴设置在枢轴 64 上，使灯壳在底座上可以自由转动，并将灯光照向任何想要的方向。并且根据图

2 及文字部分可以知道，底座 60 是水平排列的铰接装置，枢轴 64 水平穿过灯壳，灯壳绕底座 60 的枢轴 64 的转动可以改变其俯仰角度。

证据 4 公开了一种配有聚光灯的额式放大镜（参见说明书第 1 页第 5 行至第 2 页第 14 行、权利要求书、图 1、2），并具体公开了以下技术特征：额式框架 3 的前端装有镜片槽架 2，镜片槽架 2 的上端开有放置放大镜片 1 的长口，镜片槽架 2 内可置入不同放大倍数的规格大小一致的放大镜片；小型聚光灯（相当于本专利的“发光体”）装配在额式放大镜前侧方（参见说明书第 1 页第 6、7 行），该小型聚光灯通过固定螺栓 8 固紧在额式框架 3（相当于本专利的“固定座”）的一侧圆孔 7 处，固定螺栓 8 与方位调节装置 9 下端连接，方位调节装置 9 上端与聚光灯外壳 13 下面的支承耳座 10 连接，通过以上一套装置调节小型聚光灯的方位，聚光灯外壳 13 的后端装有灯座 12，聚光灯外壳 13 内的灯泡 14 装在灯座 12 上。

（1）关于本专利权利要求 1 是否具备创造性。

请求人在口头审理当庭认为，本专利权利要求 1 相对于证据 1、4 的结合或相对于证据 1、2、4 的结合不具备创造性；在 2006 年 11 月 29 日提交的请求书中还认为权利要求 1 相对于证据 1、2 的结合不具备创造性。

①关于本专利权利要求 1 相对于证据 1、4 的结合是否具备创造性。

本专利权利要求 1 请求保护的头戴式放大镜与证据 1 公开的放大镜装置相比，其区别在于：在本专利权利要求 1 中，固定座的顶端开设有一枢座，该枢座上并枢接一发光体底端的旋转部，使该发光体可藉由旋转部于枢座中的枢转而调整发光体的俯仰角度。

证据 4 中在额式框架 3 的前方一侧开有圆孔 7，固定螺栓 8 的下端固紧在圆孔 7 处，其上端容纳方位调节装置 9 的下端，方位调节装置 9 能够调节小型聚光灯的方位，其所起的作用与本专利的发光体底端的旋转部所起的作用相同。在证据 4 的说明书和权利要求书中还记载了：方位调节装置 9 能够调节小型聚光灯的方位，小型聚光灯装在额式框架上，随视线调节。由于人的视线包括俯仰方向、左右方向等，因此，在随视线调节小型聚光灯时，必然涉及对小型聚光灯的俯仰角度的调节。综上所述，证据 4 公开了发光体可藉由旋转部的转动而调整发光体的俯仰角度。

此外，根据证据 4 说明书第 1 页第 6、7 行的记载，小型聚光灯固紧在额式框架 3 的前侧方，从证据 4 的附图 1 中可以明显看出，圆孔 7 开在额式框架的前端，致使固定螺栓 8 开设于额式框架的前端。合议组认为，虽然证据 4 中的聚光灯通过固定螺栓 8 和额式框架 3 前方的圆孔 7 固定在额式框架 3 的前端，但由于聚光灯的方位可以调节，本领域技术人员容易想到只要将聚光灯固定到额式框架 3 上的适当位置即可，可以选择将聚光灯固定到额式框架 3 的顶部，因此证据 4 给出了在固定座顶端设置发光体的技术启示。

此外，合议组认为，证据 4 中仅记载了可以随视线调节小型聚光灯的方位，没有明确记载方位调节装置 9 是枢转的，从证据 4 的附图中也不能唯一地确定该方位调节装置 9 是以枢转的方式连接和转动，因此，证据 4 没有公开权利要求 1 中相应的“枢座”和“枢转”的结构特征。

可见，证据 4 公开了不仅可以根据使用者的需要而更换不同放大倍数的放大镜片，而且可以在额式框架的前端装配可调节方位的小型聚光灯，但未公开固定座的顶端开设有一枢座，该枢座上并枢接一发光体底端的旋转部，使该发光体藉由旋转部于枢座中的枢转而调整发光体的俯仰角度，也未给出该技术启示，因此，本专利权利要求 1 相对于证据 1、4 的结合具有创造性，符合专利法第 22 条第 3 款的规定。

②关于本专利权利要求 1 相对于证据 1、2、4 的结合是否具备创造性。

根据上面的评述可知，本专利权利要求 1 请求保护的头戴式放大镜与证据 1 公开的放大镜装置相比，其区别在于：在本专利权利要求1中，固定座的顶端开设有一枢座，该枢座上并枢接一发光体底端的旋转部，使该发光体可藉由旋转部于枢座中的枢转而调整发光体的俯仰角度。

并且，根据上述对本专利权利要求1相对于证据1、4具备创造性的分析可知，证据4公开了不仅可以根据使用者的需要而更换不同放大倍数的放大镜片，而且给出了在固定座顶端设置发光体的技术启示。

合议组认为，证据2公开了将底座60设置在水平部分54上，底座60通过螺母58稳固在水平部分上，底座60为一个水平排列的铰接装置，包括用于转动的枢轴64，灯壳的下部通过轴设置在枢轴64上，使灯壳在底座上可以自由转动从而将灯光照向任何想要的方向，可见，证据2公开了本专利权利要求1中的在固定座的顶端设有枢座，枢座上枢接发光体底端的旋转部，使该发光体可藉由旋转部于枢座中的枢转而调整发光体的俯仰角度。证据2与证据4属于相同的技术领域，因此，在证据1的基础上，根据证据4的技术启示，结合证据2得到本专利权利要求1请求保护的技术方案是显而易见的，且其能够产生与本专利权利要求1保护的技术方案相同的技术效果。因此，本专利权利要求1相对于证据1、2、4的结合不具备创造性，不符合专利法第22条第3款的规定。

③关于本专利权利要求1相对于证据1、2的结合是否具备创造性。

上述第②点已经评述了本专利权利要求1相对于证据1、2、4的结合不具备创造性，因此对于请求人提出的本专利权利要求1相对于证据1、2的结合不具备创造性的无效宣告请求的理由，合议组不再进行审查。

（2）关于本专利权利要求2是否具备创造性。

权利要求2对权利要求1做了进一步的限定，其限定部分的附加技术特征为：该固定座底端所设的夹置座是为两两相对，而放大镜片顶端的卡榫个数则与各相对的夹置座数目相配。

证据1公开了一种放大镜装置（参见证据1中文译文，图1-4），并具体公开了以下技术特征：在放大镜装置的帽檐12（相当于本专利的“固定座”）的下侧设有2对卡头26（相当于本专利的“夹置座”）；透镜200（相当于本专利的“放大镜片”）是对应左右眼一对一体成形的透镜部件34，沿其上缘两端附近的两个部位设有安装部36（相当于本专利的“卡榫”），安装部36的个数与相对的卡头的数目相配。由此可知，权利要求2的附加技术特征已经被证据1公开，因此在其引用的权利要求1不具备创造性时，从属权利要求2也不具备创造性，不符合专利法第22条第3款的规定。

（3）关于本专利权利要求3是否具备创造性。

权利要求3对权利要求1做了进一步的限定，其限定部分的附加技术特征为：该发光体底端的旋转部表面是设有多个止滑条，而枢座底端则依势设有一弧形阻挡部，使旋转部可藉由止滑条与弧形阻挡部的摩擦力量而使发光体固定于一倾斜角度。

请求人认为，本专利的权利要求3属于公知常识。对此合议组认为，证据1公开的放大镜装置不涉及发光体，证据2、4均没有公开发光体的旋转部表面设有多个止滑条，且没有给出旋转部表面设有止滑条的技术启示，而请求人也没有提供证据证明该特征属于本领域公知常识，合议组对其关于权利要求3的附加技术特征属于本领域公知常识的主张不予支持。因此，权利要求3具备创造性，符合专利法第22条第3款的规定。

（4）关于本专利权利要求4是否具备创造性。

权利要求4对权利要求1做了进一步的限定，其限定部分的附加技术特征为：该发光体是以枢接的方式结合于旋转部顶端，使发光体亦可左、右偏转。

请求人认为左右偏转属于公知常识，证据2或证据4公开了左右偏转这种功能。对此合议组认为，证据2公开了底座为一个水平排列的铰接装置，包括一个用于转动的枢轴64，灯壳（相当于本专利的“发光体”）的下部通过轴设置在枢轴 64 上。结合图 2、3 可以看到，灯壳的旋转是绕枢轴 64 的旋转，请求人提交的证据 2 的中文译文中没有记载灯可以左、右偏转，并且灯壳连接于枢轴 64 的部分上已无法再连接枢轴，即证据 2 中没有对上述特征给出相应的技术启示。证据 4 公开了小型聚光灯通过固定螺栓 8 固紧在额式框架 3（相当于本专利的“固定座”）的一侧圆孔 7 处，固定螺栓 8 与方位调节装置 9 下端连接，方位调节装置 9 上端与聚光灯外壳 13 下面的支承耳座 10 连接，通过以上一套装置调节小型聚光灯的方位。可见，根据证据 4 文字部分及其图 2 可以知道，小型聚光灯的方位调节是通过方位调节装置 9 来实现的，证据 4 中没有关于方位调节装置 9 与聚光灯外壳 13 枢接使聚光灯可左、右偏转的记载。由此可知，证据 2 和证据 4 均没有公开本专利权利要求 4 中的特征“该发光体是以枢接的方式结合于旋转部顶端，使发光体亦可左、右偏转”，也没有给出相应的技术启示。因此，权利要求 4 具备创造性，符合专利法第 22 条第 3 款的规定。

综上所述，权利要求 1、2 相对于证据 1、2、4 的结合不具备创造性，不符合专利法第 22 条第 3 款的规定，权利要求 3、4 相对于证据 1、2、4 的结合具备创造性，符合专利法第 22 条第 3 款的规定。

三、决定

宣告 98207452.2 号实用新型专利权权利要求 1、2 无效，在权利要求 3、4 的基础上维持 98207452.2 号实用新型专利权有效。

当事人对本决定不服的，可以根据专利法第 46 条第 2 款的规定，自收到本决定之日起三个月内向北京市第一中级人民法院起诉。根据该款的规定，一方当事人起诉后，另一方当事人应当作为第三人参加诉讼。

玻璃划刀盘片、自动划玻璃机和划玻璃刀

无效宣告请求审查决定（第10210号）

决　　定　　号　第10210号
决　　定　　日　2007年6月26日
发明创造名称　玻璃划刀盘片、自动划玻璃机和划玻璃刀
国 际 分 类 号　C03B 33/10
无效宣告请求人　新韩金刚石工业株式会社
专　利　权　人　三星钻石工业株式会社
专　　利　　号　96101939.5
申　　请　　日　1996年3月27日
优　先　权　日　1995年11月6日
授 权 公 告 日　2003年10月29日
合 议 组 组 长　赵　明
主　　审　　员　郭建强
参　　审　　员　朱文广

法　律　依　据　专利法第22条第3款
决　定　要　点

如果涉案发明专利的权利要求相对于对比文件的结合是显而易见的，则该权利要求相对于对比文件的结合没有突出的实质性特点，因而不具备创造性。

一、案由

本无效宣告请求涉及中华人民共和国国家知识产权局于2003年10月29日授权公告的、名称为“玻璃划刀盘片、自动划玻璃机和划玻璃刀”的发明专利权（以下简称本专利），其专利号是96101939.5，申请日是1996年3月27日，优先权日是1995年11月6日，专利权人是三星钻石工业株式会社。本专利授权公告时的权利要求书如下：

“1. 一种玻璃划刀盘片包括一径向向外斜削形成一圆周脊的外圆周部分，形成所述圆周脊的所述外圆周部分的两个斜平面的角度形成90°～160°的会聚角，其特征在于，

所述圆周脊沿着所述玻璃划刀盘片的圆周方向具有彼此相互交替形成的突起和凹槽，所述突起以一预定节距隔开并且具有一自每一所述凹槽的底部起量至所述圆周脊的预定高度。

2. 如权利要求1所述的玻璃划刀盘片，其特征在于，当划刀盘片的外径在1至20毫米范围内时，所述节距在20至200微米的范围内。

3. 如权利要求1所述的玻璃划刀盘片，其特征在于，当划刀盘片的外径在1至20毫米的范围内时，所述高度在2至20微米的范围内。

4. 如权利要求2所述的玻璃划刀盘片，其特征在于，当划刀盘片的外径在1至20毫米的范围内时，所述高度在2至20微米的范围内。

5. 如权利要求1所述的玻璃划刀盘片，其特征在于，所述突起和凹槽通过垂直于划刀盘片圆周脊的方向磨削划刀盘片的圆周脊而制成从而使诸凹槽等距地间隔分布在圆周脊上。

6. 如权利要求1所述的玻璃划刀盘片，其特征在于，所述突起和凹槽通过利用一电气放电切割装置加工划刀盘片的圆周脊而制成从而使诸表面凹槽特征等距地间隔分布在圆周脊上。

7. 一种自动划玻璃机，包括：

一用来支承其上待划痕的玻璃制品的支承台装置，所述支承台装置可在两个相互垂直的两方向中任一方向上移动；

一被支承着以能在支承台装置上方的玻璃制品上方运动的切割头；

一由所述切割头携带的玻璃划刀盘片，所述玻璃划刀盘片包括一径向向外斜削形成一圆周脊的外圆周部分，形成所述圆周脊的所述外圆周部分的两个斜平面的角度形成90°~160°的会聚角，其特征在于，

所述圆周脊沿着所述玻璃划刀盘片的圆周方向具有彼此相互交替形成的突起和凹槽，所述突起以一预定节距隔开并且具有一自每一所述凹槽的底部起量至圆周脊的预定高度。

8. 一种划玻璃刀，包括：

一大体上呈细长形的、具有彼此相对的第一和第二端的手柄；

一可转动地安装在手柄的第一和第二端之一上的玻璃划刀盘片，所述玻璃划刀盘片包括一径向向外斜削形成一圆周脊的外圆周部分，形成所述圆周脊的所述外圆周部分的两个斜平面的角度形成90°~160°的会聚角，其特征在于，

所述圆周脊沿着所述玻璃划刀盘片的圆周方向具有彼此相互交替形成的突起和凹槽，所述突起以一预定节距隔开并且具有一自每一所述凹槽的底部起量至圆周脊的预定高度。"

针对本专利权，新韩金刚石工业株式会社（以下简称请求人）于2006年6月6日向专利复审委员会提出无效宣告请求，认为本专利的权利要求1~8不符合专利法第22条第3款的规定，请求人同时提交了如下附件：

附件1：公开日为1978年12月14日、公开号为JP昭53-143622的日本专利文献，共3页；（对比文件1）

附件2：附件1中部分内容的中文译文，共2页；

附件3：公开日为1993年10月5日、公开号为JP特开平5-254865A的日本专利文献，共3页；（对比文件2）

附件4：附件3中部分内容的中文译文，共2页；

附件5：公告日为1988年4月19日、公告号为US4738028的美国专利文献，共6页；（对比文件3）

附件6：附件5中部分内容的中文译文，共1页；

附件7：公开日为1995年1月11日、公开号为CN1097159A（专利申请号为93108200.5）的中国发明专利申请公开说明书，共5页；（对比文件4）

附件8：公告日为1895年4月16日、公告号为US537803的美国专利文献，共4页；（对比文件5）

附件9：附件8中部分内容的中文译文，共1页；

附件10：本专利的说明书，共20页。

请求人认为：本专利权利要求1相对于对比文件1、2、3的组合不具备创造性；同理，权利要求2~6相对于对比文件1、2、3以及公知常识的组合也不具备创造性；权利要求7相对于对比文件1~4的组合不具备创造性；权利要求8相对于对比文件1~3和5的组合不具备创造性。

请求人于2006年7月3日向专利复审委员会再次提交了意见陈述书，并补充了无效宣告的理由和证据，其中补充的证据为：（编号续前）

附件11：公开日为1994年3月1日、公开号为JP特开平6-56451A的日本专利文献，共3页；（对比文件6）

附件12：附件11中部分内容的中文译文，共1页；

附件13：公开日为1994年1月11日、公开号为JP特开平6-1628A的日本专利文献，共12页；（对比文件7）

附件14：附件13中部分内容的中文译文，共1页；

附件15：公告日为1987年6月17日、公告号为JP昭62-23780Y2的日本专利文献，共4页；（对比文件8）

附件16：附件15部分内容的中文译文，共1页。

请求人认为：本专利权利要求1与对比文件1~3和6的组合相比不具备创造性；同理，本专利权利要求2~6与对比文件1~3和6的组合相比也不具备创造性；本专利权利要求7与对比文件7相比不具备创造性；本专利权利要求8与对比文件1~3、5、6和8的组合相比不具备创造性。

经形式审查合格，专利复审委员会依法受理了上述无效宣告请求，并于2006年7月17日向请求人和专利权人发出无效宣告请求受理通知书，同时将专利权无效宣告请求书及其附件清单中所列附件的副本转送给专利权人，并要求专利权人在指定的期限内陈述意见。

针对专利复审委员会发出的上述无效宣告请求受理通知书，专利权人于2006年8月31日提交了意见陈述书。

专利权人认为：（1）请求人只是提供了对比文件1~3和5的部分中文译文，无法准确完整理解原文内涵，请求以对比文件全文进行审查。（2）本专利是在刀刃的圆周脊上形成规则的峰和谷，而对比文件1的"微小锯齿状"是不规则的峰和谷，两者在发明目的、技术手段以及所实现的效果上都不同。对比文件2与本专利在发明目的、技术手段以及所实现的效果上也不同；对比文件3和5与本专利的技术领域不同，也不存在转用发明的启示；本专利权利要求2~4中节距和高度的数值选择对实现良好的切断效果具有重要意义。因此本专利权利要求1~8具备创造性。

专利复审委员会依法成立合议组对本案进行审查。

本案合议组于2006年10月17日向专利权人和请求人分别发出转送文件通知书，将请求人于2006年7月3日提交的意见陈述书及其所附附件的副本转给专利权人，将专利权人于2006年8月31日提交的意见陈述书的副本转给请求人。

请求人于2006年11月24日针对上述转送文件通知书提交了意见陈述书和补充证据，其中补充的证据为：（编号续前）

附件17：附件11的完整中文译文，共3页。

请求人认为：创造性判断的标准应该以权利要求的文字内容为准，专利权人反复强调的本专利与对比文件1的差异只是刀刃加工方法上的差异，从本专利权利要求的内容来看，两者在产品的形状构造上是相同的。通过试验数据证明本专利权利要求2~4主张的数值选择对切断效果并没有任何显著的功效，即该数值范围不具备创造性。

专利权人于2006年12月1日针对上述转送文件通知书提交了意见陈述书和权利要求书的修改替换页，其中新修改的权利要求书为：

“1. 一种玻璃划刀盘片包括一径向向外斜削形成一圆周脊的外圆周部分，形成所述圆周脊的所述外圆周部分的两个斜平面的角度形成90°~160°的会聚角，其特征在于，

所述圆周脊沿着所述玻璃划刀盘片的圆周方向具有彼此相互交替形成的突起和凹槽，所述突起以一预定节距隔开并且具有一自每一所述凹槽的底部起量至圆周脊的预定高度，

当划刀盘片的外径在1至20毫米范围内时，所述节距在20至200微米的范围内。

2. 一种玻璃划刀盘片包括一径向向外斜削形成一圆周脊的外圆周部分，形成所述圆周脊的所述外圆周部分的两个斜平面的角度形成90°~160°的会聚角，其特征在于，

所述圆周脊沿着所述玻璃划刀盘片的圆周方向具有彼此相互交替形成的突起和凹槽，所述突起以一预定节距隔开并且具有一自每一所述凹槽的底部起量至所述圆周脊的预定高度，

当划刀盘片的外径在1至20毫米范围内时，所述高度在2至20微米的范围内。

3. 如权利要求1所述的玻璃划刀盘片，其特征在于，当划刀盘片的外径在1至20毫米的范围内时，所述高度在2至20微米的范围内。

4. 如权利要求1~3任意一项所述的玻璃划刀盘片，其特征在于，所述突起和凹槽通过垂直于划刀盘片圆周脊的方向磨削划刀盘片的圆周脊而制成从而使诸凹槽等距地间隔分布在圆周脊上。

5. 如权利要求1~3任意一项所述的玻璃划刀盘片，其特征在于，所述突起和凹槽通过利用一电气放电切割装置加工划刀盘片的圆周脊而制成从而使诸表面凹槽特征等距地间隔分布在圆周脊上。

6. 一种自动划玻璃机，包括：

一用来支承其上待划痕的玻璃制品的支承台装置，所述支承台装置可在两个相互垂直的两方向中任一方向上移动；

一被支承着以能在支承台装置上方的玻璃制品上方运动的切割头；

一由所述切割头携带的玻璃划刀盘片，所述玻璃划刀盘片包括一径向向外斜削形成一圆周脊的外圆周部分，形成所述圆周脊的所述外圆周部分的两个斜平面的角度形成90°~160°的会聚角，其特征在于，

所述圆周脊沿着所述玻璃划刀盘片的圆周方向具有彼此相互交替形成的突起和凹槽，所述突起以一预定节距隔开并且具有一自每一所述凹槽的底部起量至所述圆周脊的预定高度。

7. 一种划玻璃刀，包括：

一大体上呈细长形的、具有彼此相对的第一和第二端的手柄；

一可转动地安装在手柄的第一和第二端之一上的玻璃划刀盘片，所述玻璃划刀盘片包括一径向向外斜削形成一圆周脊的外圆周部分，形成所述圆周脊的所述外圆周部分的两个斜平面的角度形成90°~160°的会聚角，其特征在于，

所述圆周脊沿着所述玻璃划刀盘片的圆周方向具有彼此相互交替形成的突起和凹槽，所述突起以一预定节距隔开并且具有一自每一所述凹槽的底部起量至所述圆周脊的预定高度。”

专利权人提交的反证如下：

证据1：附件11（对比文件6）的中文译文，共4页；

证据2：发明人对发明过程的陈述，共16页。

专利权人认为：修改权利要求书的目的是为了提高本专利的创造性高度来加快审查程序，但是仍然坚持原权利要求1~8具备创造性的意见；对比文件6中“刀尖成为粗糙面”的部位相当于本专利

中的“外圆周部分”的部位，没有公开本专利“圆周脊上的凹槽和突起”的构造，因此两者在发明目的、技术手段以及所实现的效果上都不同；同样，对比文件 1 中的“锯齿状”也是“外圆周部分”，没有公开“圆周脊上的规则的凹槽和突起”的构造。本专利突起的节距和高度的数值选择是非显而易见的；因此修改后的权利要求 1~7 具备创造性。

本案合议组于 2006 年 12 月 20 日向双方发出无效宣告请求口头审理通知书，定于 2007 年 1 月 31 日在专利复审委员会举行口头审理。随同口头审理通知书，将请求人于 2006 年 11 月 24 日提交的意见陈述书及其附件清单中所列附件的副本共 13 页转送给专利权人。

本案合议组于 2006 年 12 月 26 日向请求人发出转送文件通知书，将专利权人于 2006 年 12 月 1 日提交的意见陈述书、权利要求书修改替换页以及附件清单所列附件的副本转给请求人。

请求人于 2006 年 12 月 28 日再次提交了意见陈述书和补充的证据，其中补充的证据为：（编号续前）

附件 18：韩国专利法院对韩国第 279184 号专利的无效宣告案的判决书，共 20 页；

附件 19：附件 18 的中文译文，共 15 页。

请求人认为：韩国专利法院判决与本专利同族的韩国第 279184 号专利的权利要求 1、2、6、7 不具备创造性，供本案审理考虑。

口头审理如期举行，双方当事人均参加了口头审理。

在口头审理中，（1）合议组当庭将请求人提交的附件 18、19 的副本转给专利权人。请求人表示附件 18、19 只作为参考，不作为证据使用。（2）请求人对专利权人新修改的权利要求书没有异议，合议组当庭宣布此次口头审理的文本是专利权人于 2006 年 12 月 1 日提交的权利要求书。（3）请求人明确无效的理由、证据和范围为：本专利权利要求 1~7 不符合专利法第 22 条第 3 款的规定，具体是权利要求 1~5 相对于对比文件 1、2 和 3 或者对比文件 1、2、3 和 6 的组合不具备创造性，权利要求 6 相对于对比文件 1、2、3 和 4 或对比文件 1、2、3、6 和 7 的组合不具备创造性，权利要求 7 相对于对比文件 1、2、3 和 5 或对比文件 1、2、3、6 和 8 的组合不具备创造性。双方就上述无效理由成立与否充分发表了意见。（4）专利权人对外文证据的真实性没有异议，但是对其中文译文有异议，认为附件 17（即对比文件 6 的全文译文）超过了举证期限，对译文的某些词语翻译的准确性有异议，但表示如有异议的地方，以双方在口头审理中确定的内容为准。（5）专利权人承认权利要求 4、5 中加工玻璃划刀盘片的磨削技术、方法和装置是现有技术。

至此，合议组认为本案事实已经清楚，可以作出审查决定。

二、决定的理由

1. 关于证据和现有技术

请求人提交的证据包括附件 1、3、5、7、8、11、13、15，专利权人对其中外文证据的真实性没有异议，同时对其他附件的真实性也未提出异议，合议组经审查，认为上述附件可以作为本案证据使用。同时由于上述附件为公开出版的专利文献，其公开日期在本专利的优先权日之前，因此可以作为本专利的现有技术使用。

请求人提交的附件 1、3、5、8、13、15 为外文专利文献，请求人用附件 2、4、6、9、14、16 分别作为其使用部分的中文译文，专利权人对上述中文译文没有异议，因此合议组认为，附件 1、3、5、8、13、15 的公开内容分别以附件 2、4、6、9、14、16 的记载为准，其他未提交译文的部分不予考虑。

附件 11 也是外文专利文献，请求人先后提交了其部分中文译文附件 12 和其全文中文译文附件 17，专利权人对上述两份中文译文有异议，并提交了附件 11 的全文中文译文证据 1。在口头审理中，专利权人表示如对附件 11 内容有异议的地方，以双方在口头审理时共同确定的内容为准。合议组经审查认为，关于附件 11 所公开的内容，合议组将在具体对比分析中予以认定。

2. 关于专利权人提交的修改文本

《审查指南》第四部分第三章第 4.6 节在“无效宣告程序中专利文件的修改”中对修改原则、修改方式和修改方式的限制进行了规定。其中在修改原则中规定发明或者实用新型专利文件的修改仅限于权利要求书，其原则是：（1）不得改变原权利要求的主题名称。（2）与授权的权利要求相比，不得扩大原专利的保护范围。（3）不得超出原说明书和权利要求书记载的范围。（4）一般不得增加未包含在授权的权利要求书中的技术特征。其中在修改的方式中规定：修改权利要求书的具体方式一般限于权利要求的删除、合并和技术方案的删除。并且在独立权利要求未作修改的情况下，不允许对其从属权利要求进行合并式修改；在修改方式的限制中规定在专利复审委员会作出审查决定之前，专利权人可以删除权利要求或者权利要求中包括的技术方案。仅在下列三种情形的答复期限内，专利权人可以以合并的方式修改权利要求书：①针对无效宣告请求书。②针对请求人增加的无效宣告理由或者补充的证据。③针对专利复审委员会引入的请求人未提及的无效宣告理由或者证据。

本案中，专利权人于 2006 年 12 月 1 日提交的权利要求书的修改替换页，删除了独立权利要求 1，保留从属权利要求 2~4 和独立权利要求 7、8，改变从属权利要求 5、6 的引用关系，从而形成了新的权利要求 1~7。请求人对修改后的权利要求书没有异议。合议组经审查后认为，专利权人于 2006 年 12 月 1 日提交的上述修改文本属于对权利要求的删除和合并式的修改，且是针对请求人于 2006 年 7 月 3 日补充的无效宣告理由和证据，并在合议组 2006 年 10 月 17 日发出的转送文件通知书的答复期限内作出的修改，因此符合审查指南的上述规定，故本决定是以专利权人于 2006 年 12 月 1 日提交的权利要求书的修改文本为基础进行。

3. 关于本专利的创造性

《专利法》第二十二条第三款规定，创造性，是指同申请日以前已有的技术相比，该发明有突出的实质性特点和显著的进步。

根据上述规定，如果涉案发明专利的权利要求相对于几篇对比文件的结合是显而易见的，则该权利要求相对于这几篇对比文件的结合没有突出的实质性特点，因而不具备创造性。

（1）关于权利要求 1 的创造性。

本案中，对比文件 1 公开了一种玻璃材料切割器刀刃，也具有径向向外斜削形成锯齿状刀尖（即圆周脊）的外圆周部分，外圆周部分的两个斜刀面之间具有一个会聚角，从图 9 中可以看出，锯齿状刀尖沿着刀刃的圆周方向也具有交替的刃尖和凹槽（即交替的凸起和凹槽），刃尖之间隔开一个节距并且也具有一个从凹槽底部量至刃尖的高度。对比文件 1 与权利要求 1 的区别在于：①对比文件 1 没有具体公开权利要求 1 中 90°~160°的会聚角；②对比文件 1 中的锯齿状刃尖是不规则的，而权利要求 1 中圆周脊的凸起和凹槽是规则分布的，具有预定的节距和预定的凸起高度；③对比文件 1 没有具体公开权利要求 1 中的刀片外径和节距的数值范围。但上述区别特征都是本领域技术人员可以进行的常规选择或者很容易想到的。对比文件 2 公开了切玻璃用齿轮刀具所采用的“外径为 2.5mm、刀刃会聚角为 130°”，由此公开了区别①和区别③中外径。而凸起的高度和节距的范围与盘片的具体外径有关，上述数值范围的选择是本领域技术人员的常规选择，是很容易想到的，这一点也可以得到对比文件 6 和 3 的支持。对比文件 6 公开了一种玻璃切割刀，从对比文件 6 的图 1 和 2 可以看出，玻璃切割刀上具有 36 个锯齿状凸起，由此形成的凸起和凹槽是规则分布的，具有预定的节距和凸起高度，当其外径为 1 毫米时，本领域技术人员经过简单计算即可得知其锯齿的节距为 87 微米，正好位于 20

至200微米的范围内。对比文件3中的切割轮虽然用于切割比萨，但其表明一般的锯齿形切割轮都具有预定的节距和凸起高度。综上所述，对本领域技术人员来说，将对比文件1、2、3和6相结合，从而得到本专利权利要求1的玻璃划刀盘片是显而易见的，故本专利权利要求1相对于对比文件1、2、3和6的结合不具有突出的实质性特点，不具备专利法第22条第3款所规定的创造性。

（2）关于权利要求2和3的创造性。

权利要求2与权利要求1是并列的独立权利要求，区别在于权利要求2没有限定节距，而是限定了凸起的高度为2至20微米的范围。权利要求3是权利要求1的从属权利要求，进一步限定了凸起的高度为2至20微米的范围。与权利要求1不具备创造性的理由相同，合议组认为外径、节距和凸起高度的尺寸范围也是本领域技术人员的常规选择或者很容易想到的，因此权利要求2和3相对于对比文件1、2、3和6的结合也不具备创造性。

（3）关于权利要求4和5的创造性。

权利要求4用磨削加工划刀盘片的方法特征对权利要求1~3进行了进一步的限定，权利要求5进一步限定了权利要求1~3所用的加工装置为电气放电切割装置。请求人认为上述的磨削加工划刀盘片的方法和所使用的电气放电切割装置均是现有技术，专利权人在口头审理当庭也予以承认。因此，合议组认为，权利要求4和5的附加技术特征均是现有技术，对本领域技术人员来说，将该现有技术应用在本专利权利要求1~3的技术方案中是显而易见的，因此在其引用的权利要求1~3没有创造性的基础上，权利要求4和5也不具备创造性。

（4）关于权利要求6的创造性。

权利要求6要求保护一种自动划玻璃机，其包括可在两个相互垂直的两方向中任一方向上移动的支承台和在支承台上方运动的切割头，所述切割头携带着如前所评述的玻璃划刀盘片。对比文件7也公开了一种自动划玻璃机，其说明书附图1和2与本专利关于自动划玻璃机的说明书附图18和19完全相同，本专利权利要求6的自动划玻璃机及其支承台和切割头等特征也都被对比文件7所完全公开，而且权利要求6中关于玻璃划刀盘片的特征在上文也已经进行过评述，被对比文件1、2、3和6所公开。因此权利要求6相对于对比文件1、2、3、6和7的组合也不具备专利法第22条第3款所规定的创造性。

（5）关于权利要求7的创造性。

权利要求7要求保护一种划玻璃刀，包括呈细长形的、具有第一和第二端的手柄，如前所评述的玻璃划刀盘片可转动地安装在第一和第二端之一上。对比文件8也公开了一种划玻璃刀，其说明书附图2与本专利关于玻璃划刀的说明书附图20完全相同，本专利权利要求7的划玻璃刀及其手柄等特征也都被对比文件8所完全公开，而且权利要求7中关于玻璃划刀盘片的特征在上文也已经进行过评述，被对比文件1、2、3和6所公开。因此权利要求7相对于对比文件1、2、3、6和8的组合也不具备专利法第22条第3款所规定的创造性。

根据上述的事实和理由，本案合议组依法作出以下决定。

三、决定

宣告96101939.5号发明专利权全部无效。

当事人对本决定不服的，可以根据专利法第46条第2款的规定，自收到本决定之日起3个月内向北京市第一中级人民法院起诉。根据该款的规定，一方当事人起诉后，另一方当事人应当作为第三人参加诉讼。

北京市第一中级人民法院
行政判决书

（2007）一中行初字第 1367 号

原告三星钻石工业株式会社，住所地日本国大阪府吹田市南金田二丁目 12 番 12 号。

法定代表人三宅泰明，董事长。

委托代理人吴玉和，中国专利代理（香港）有限公司专利代理人。

委托代理人刘宗杰，中国专利代理（香港）有限公司专利代理人。

被告中华人民共和国国家知识产权局专利复审委员会，住所地中华人民共和国北京市海淀区北四环西路 9 号银谷大厦 10～12 层。

法定代表人廖涛，副主任。

委托代理人郭建强，中华人民共和国国家知识产权局专利复审委员会审查员。

委托代理人隋璐，中华人民共和国国家知识产权局专利复审委员会审查员。

第三人新韩金刚石工业株式会社，住所地大韩民国仁川南洞区南村洞 610-9 南洞工团内 36 街区 10 号。

法定代表人金信京，代表理事。

委托代理人郑光，北京连和连知识产权代理有限公司专利代理人。

委托代理人屈小春，北京连和连知识产权代理有限公司专利代理人。

原告三星钻石工业株式会社（简称三星钻石株式会社）不服被告中华人民共和国国家知识产权局专利复审委员会（简称专利复审委员会）作出的第 10210 号无效宣告请求审查决定（简称第 10210 号决定），于法定期限内向本院提起诉讼。本院于 2007 年 10 月 8 日受理本案后，依法组成合议庭，并依法通知新韩金刚石工业株式会社（简称新韩金刚石株式会社）作为第三人参加诉讼，于 2008 年 4 月 1 日公开开庭进行了审理。原告三星钻石株式会社的法定代表人三宅泰明、委托代理人吴玉和、刘宗杰，被告专利复审委员会的委托代理人郭建强、隋璐，第三人新韩金刚石株式会社的委托代理人郑光、屈小春到庭参加诉讼。本案现已审理终结。

专利复审委员会 2007 年 6 月 26 日作出的第 10210 号决定是针对新韩金刚石株式会社对三星钻石株式会社享有的 96101939.5 号名称为“玻璃划刀盘片、自动划玻璃机和划玻璃刀”的发明专利（以下简称本发明）所提出的无效宣告请求作出的。

专利复审委员会认定：（1）关于权利要求 1 的创造性。对比文件 1，JP 昭 53-143622 日本发明文献，公开了一种玻璃材料切割器刀刃，也具有径向向外斜削形成锯齿状刀尖（即圆周脊）的外圆周部分，外圆周部分的两个斜面之间具有一个会聚角，从图 9 中可见，锯齿状刀尖沿着刀刃的圆周方向也具有交替的刀刃和凹槽（即交替的凸起和凹槽），刃尖之间隔开一个节距并且也具有一个从凹槽底部量至刃尖的高度。对比文件 1 与本发明权利要求 1 的区别在于：①对比文件 1 没有具体公开本发明权利要求 1 中 90°～160°的会聚角；②对比文件 1 中的锯齿状刃尖是不规则的，而权利要求 1 中圆周脊的凸起和凹槽是规则分布的，具有预定的节距和预定的凸起高度；③对比文件 1 没有具体公开本发明权利要求 1 中的刀片外径和节距的数值范围。但上述区别特征都是本领域技术人员可以进行的常规选择或者很容易想到的。对比文件 2，JP 特开平 5-254865A 日本发明文献，公开了切玻璃用齿轮刀具所采用的“外径为 2.5mm、刀刃会聚角为 130°”，由此公开了区别特征 1 和 3 中外径。而凸起的高度和节距的范围与盘片的具体外径有关，上述数值范围的选择是本领域技术人员的常规选择，是很容易想到的，这一点可以得到对比文件6，JP特开平6-56451A日本发明文献和对比文件3，US4738028美国专利文献的支持。对比文件6公开了一种玻璃切割刀，从对比文件6的图1和2可见，玻璃切割刀上具有36个锯齿状凸起，由此形成的凸起和凹槽是规则分布的，具有预定的节距和凸起高度，当其外径为1毫米时，本领域技术人员经过简单计算即可得知其锯齿的节距为87微米，正好位于20至200微米的范围内。对比文件3中的切割轮虽然用于切割比萨，但其表明一般的锯齿形切割轮都具有预定的节距和凸起高度。综上，对本领域技术人员来说，将对比文件1、2、3和6相结合，从而得到本发明权利要求1的玻璃划刀盘片是显而易见的，故本发明权利要求1相对于对比文件1、2、3和6的结合不具有突出的实质性特点，不具备创造性。

（2）关于权利要求2和3的创造性。权利要求2和1是并列的独立权利要求，区别在于权利要求2没有限定节距，而是限定了凸起的高度为2至20微米的范围。权利要求3是权利要求1的从属权利要求。进一步限定了凸起的高度为2至20微米的范围。与权利要求1不具备创造性的理由相同，其外径、节距和凸起高度的尺寸范围也是本领域技术人员的常规选择或者很容易想到的，因此权利要求2和3相对于对比文件1、2、3和6的结合不具备创造性。

（3）关于权利要求4和5的创造性。二者均属于权利要求1~3的从属权利。新韩金刚石株式会社认为该权利要求所述磨削加工划刀盘片的方法和所使用的电气放电切割装置均是现有技术，三星钻石株式会社在口头审理时也已承认，因此，专利复审委员会认为权利要求4和5不具备创造性。

（4）关于权利要求6的创造性。权利要求6属于独立权利要求，要求保护一种自动划玻璃机，对比文件7，JP特开平6-1628A日本发明文献公开了一种自动划玻璃机，其说明书附图1和2与本发明说明书附图18和19完全相同。权利要求6的自动划玻璃机及其支承台和切割头等特征也都被对比文件7所完全公开，同时同上理，盘片已不具备创造性，因此，权利要求6的所有技术特征相对于对比文件1、2、3、6和7的组合也不具备创造性。

（5）关于权利要求7的创造性。权利要求7属于独立权利要求，要求保护一种划玻璃刀，呈细长形，具有第一和第二端的手柄玻璃划刀盘片可转动地安装在第一和第二端之一上。对比文件8，JP昭62-23780Y2日本发明文献也公开了一种划玻璃刀，其说明书附图2与本发明关于玻璃划刀的说明书附图20完全相同，权利要求7的划刀及其手柄等特征也都被对比文件8所完全公开，同时同上理，盘片已不具备创造性，因此，权利要求7的所有技术特征相对于对比文件1、2、3、6和8的组合也不具备创造性。

本发明不具有《中华人民共和国专利法》（简称《专利法》）第二十二条第三款所规定的创造性。决定：宣告96101939.5号发明专利权全部无效。

原告三星钻石株式会社不服该决定，向本院起诉称：

（1）专利复审委员会所作决定存在事实认定不清问题。关于权利要求1的创造性，被告观点存在如下不清之处：①专利复审委员会认定了对比文件1的图9公开了本发明有关“交替的突起和凹槽”且“突起以预定节距隔开并具有预定高度”的特征，显然，被告的含义是认为对比文件1中的“锯齿”具有规则性，但其后被告又认为对比文件中的“锯齿”是不规则的，其观点前后矛盾，事实认定不清。②有关本发明的“外径为2.5mm、刀刃会聚角为130°”的特征，专利复审委员会先认为是本领域技术人员可以进行的常规选择，很易想到，后又认为属于对比文件6和3所公开的特征，观点模棱两可。③有关区别特征3“权利要求1中有刀片外径和节距的数值范围”究竟是被对比文件6还是3所公开，观点不清。④专利复审委员会前已认定区别特征1、2、3相对于对比文件1和公知技术结合不具备创造性，后又认为相对于对比文件1、2、3、6的结合不具备创造性。⑤未说明区别特征 2 为哪一对比文件所公开。

（2）证据不足以支持判断结论的问题。用于判断创造性事实的对比文件 1，一种被两面研磨而成的切割器刀刃，因研磨形成的条痕会聚于圆周脊是随机而就的，故不能形成有规则的锯齿状，也不能用如本发明那样的节距和高度等规则性参数来定义。对比文件 3 涉及一种切割比萨的切割轮，与本发明对比，其所涉及的技术领域不同，所要解决的技术问题也不同，不应用于证据的结合。对比文件 6 存在不同版本的译文，究竟以哪一文本为准专利复审委员会没有给予明确。属于证据认定不清。另外根据对比文件 6 附图 2，并结合文字说明部分，可见附图与说明所介绍的情况不相符，按照说明内容得不出有规律的凸凹齿状圆周脊图形，因此不能证明本发明区别特征 2 已被其所公开。

（3）法律规则适用错误。①专利复审委员会没有考察其引用的对比文件中所要解决的技术问题和技术效果。现有的玻璃划刀盘片刻划玻璃后，不能形成良好的刻划线，形成的裂缝比较表浅，玻璃断裂后难免产生碎屑。在现有技术下切割玻璃离不开刻划和断裂两步骤。本发明为解决这一问题而有所改进，产生了比现有技术更好的效果，使得刻划后的玻璃裂缝明显加深，更易使玻璃断开，甚至简化或者省略断裂步骤，并减少了碎屑的出现。在此我公司补充提交的实验报告和公知性技术资料更进一步佐证该事实。根据《审查指南》第二部分第四章第 3.1 规定，在评价发明是否具备创造性时，审查员不仅要考虑发明技术本身，而且还要考虑所属技术领域、所要解决的技术课题和所产生的技术效果，将发明作为一个整体看待。但专利复审委员会在决定中并未对此给予考虑。②专利复审委员会没有说明将对比文件 1、2、3、6 组合的理由，并且违背《审查指南》有关评判创造性的“三步法”规则，除了确定最接近的现有技术和与本发明相比较的区别特征外，没有确定本发明实际解决的技术问题，也没有说明对比文件 2、3、6 中是否存在将这些区别特征应用到对比文件 1 中来实现本发明的技术效果的技术启示。③对比文件 1、2、3、6 的组合是非显而易见的。

综上，请求撤销第 10210 号决定。

被告专利复审委员会辩称：（1）有关三星钻石株式会社所诉对比文件 1、2、3、6 的关联性以及本发明权利要求 1、2 相对于上述证据的结合不具备创造性问题依然坚持我委第 10210 号决定意见。同时，我委虽然使用了四篇对比文件的结合，但其中对比文件 3、6 的证明作用是相同的，都是为了用来佐证本发明权利要求 1 与对比文件 1 的区别特征 2、3 属于本领域技术人员的常规选择或者很容易想到的技术手段。（2）关于原告所诉对比文件 6 的译文问题，我委在决定中已表明以双方口头审理时共同确认的内容为准，同时在创造性的具体分析部分我委没有使用双方有争议的译文部分，而是根据原文的说明书附图以及从图中可以直接地、毫无疑问地确定的部分来作出认定的，不存在证据认定不清问题。（3）关于原告于诉讼中提交实验报告和公知性技术资料属于本发明无效宣告请求审查中未予涉及的证据，不应予以考虑。综上，我委认为第 10210 号决定认定事实清楚、适用法律准确、程序合法，请求驳回原告的诉讼请求，维持第 10210 号决定。

第三人新韩金刚石株式会社同意第 10210 号决定，认为专利复审委员会的决定正确。并表示：（1）三星钻石株式会社在无效宣告请求审查阶段对本发明的权利要求书进行了修改，并被接受，应当以三星钻石株式会社修改后的权利要求书为准进行审查。（2）专利复审委员会认定事实清楚。三星钻石株式会社于诉讼中大量引入从未涉及的证据内容，超出了本发明所公开的范围，不应给予考虑。同时三星钻石株式会社曲解对比文件 1、2、3、6，试图说明本发明具备创造性。而其诉讼中所增加的证据均已超过了原审查期间的证据范围。三星钻石株式会社曲解对比文件 6 及其译文本身明显违背了事实。（3）专利复审委员会适用法律正确，无违背法律规范之处。（4）专利复审委员会审查程序合法有效。故，请求维持第 10210 号决定。

经审理查明：

1996年3月27日，三星钻石株式会社申请了名称为“玻璃划刀盘片、自动划玻璃机和划玻璃刀”发明专利（即本发明），2003年10月29日获得授权，专利号为96101939.5，其权利要求共8项。

2006年6月6日，新韩金刚石株式会社以本发明不符合《专利法》第二十二条第三款之规定为由，向专利复审委员会提起无效宣告请求，2006年7月3日补充了无效宣告的理由和证据，请求以对比文件1、2、3和6的结合否定本发明权利要求1的创造性；同理，以此为据否定本发明权利要求2~6的创造性；以对比文件7否定本发明权利要求7的创造性；以对比文件1~3、5、6和8的结合否定本发明权利要求8的创造性。

2006年12月1日，三星钻石株式会社修改了本发明权利要求书为：

“1. 一种玻璃划刀盘片包括一径向向外斜削形成一圆周脊的外圆周部分，形成所述圆周脊的所述外圆周部分的两个斜平面的角度形成90°~160°的会聚角，其特征在于，所述圆周脊沿着所述玻璃划刀盘片的圆周方向具有彼此相互交替形成的突起和凹槽，所述突起以一预定节距隔开并且具有一自每一所述凹槽的底部起量至圆周脊的预定高度。当划刀盘片的外径在1至20毫米范围内时，所述节距在20至200微米的范围内。

2. 一种玻璃划刀盘片包括一径向向外斜削形成一圆周脊的外圆周部分，形成所述圆周脊的所述外圆周部分的两个斜平面的角度形成90°~160°的会聚角，其特征在于，所述圆周脊沿着所述玻璃划刀盘片的圆周方向具有彼此相互交替形成的突起和凹槽，所述突起以一预定节距隔开并且具有一自每一所述凹槽的底部起量至所述圆周脊的预定高度。当划刀盘片的外径在1至20毫米范围内时，所述高度在2至20微米的范围内。

3. 如权利要求1所述的玻璃划刀盘片，其特征在于，当划刀盘片的外径在1至20毫米的范围内时，所述高度2至20微米的范围内。

4. 如权利要求1~3任意一项所述的玻璃划刀盘片，其特征在于，所述突起和凹槽通过垂直于划刀盘片圆周脊的方向磨削划刀盘片的圆周脊而制成从而使诸凹槽等距地间隔分布在圆周脊上。

5. 如权利要求1~3任意一项所述的玻璃划刀盘片，其特征在于，所述突起和凹槽通过利用一电气放电切割装置加工划刀盘片的圆周脊而制成从而使诸表面凹槽特征等距地间隔分布在圆周脊上。

6. 一种自动划玻璃机，包括：一用来支承其上待划痕的玻璃制品的支承台装置，所述支承台装置可在两个相互垂直的两方向中任一方向上移动；一被支承着以能在支承台装置上方的玻璃制品上方运动的切割头；一由所述切割头携带的玻璃划刀盘片，所述玻璃划刀盘片包括一径向向外斜削形成一圆周脊的外圆周部分，形成所述圆周脊的所述外圆周部分的两个斜平面的角度形成90°~160°的会聚角，其特征在于，所述圆周脊沿着所述玻璃划刀盘片的圆周方向具有彼此相互交替形成的突起和凹槽，所述突起以一预定节距隔开并且具有一自每一所述凹槽的底部起量至所述圆周脊的预定高度。

7. 一种划玻璃刀，包括：一大体上呈细长形的具有彼此相对的第一和第二端的手柄；一可转动地安装在手柄的第一和第二端之一上的玻璃划刀盘片，所述玻璃划刀盘片包括一径向向外斜削形成一圆周脊的外圆周部分，形成所述圆周脊的所述外圆周部分的两个斜平面的角度形成90°~160°的会聚角，其特征在于，所述圆周脊沿着所述玻璃划刀盘片的圆周方向具有彼此相互交替形成的突起和凹槽，所述突起以一预定节距隔开并且具有一自每一所述凹槽的底部起量至所述圆周脊的预定高度。”

2007年1月31日，专利复审委员会进行了口头审理，审理中，新韩金刚石株式会社明确请求以对比文件1、2和3或者1~3和6的结合否定本发明权利要求1~5的创造性；以对比文件1~3和4或者1~3、6和7的结合否定本发明权利要求6的创造性；以对比文件1~3和5或者1~3、6和8的结合否定本发明权利要求 7 的创造性。

在本案庭审中，三星钻石株式会社对专利复审委员会认定的以下事实予以认可，即：（1）对比文件 1 公开了一种玻璃材料切割器刀刃，并将其作为与本发明最接近的对比文件，用于评判本发明的创造性。（2）对比文件 1 与本发明权利要求 1 比较后的区别特征在于：①对比文件 1 没有具体公开本发明权利要求 1 中 90°~160°的会聚角；②对比文件 1 中的锯齿状刃尖是不规则的，而权利要求 1 中圆周脊的突起和凹槽是规则分布的，具有预定的节距和预定的凸起高度；3. 对比文件 1 没有具体公开本发明权利要求 1 中的刀片外径和节距的数值范围。③对比文件 2 公开了切割玻璃用齿轮刀具所采用的“会聚角为 130°”。四、对比文件 3 公开了一种用于切割比萨的切割轮，其刀刃形成像锯一样的刀刃。

专利复审委员会表示上述区别特征本身即属于本领域技术人员可以进行的常规技术选择，是容易想到的。由于新韩金刚石株式会社作为无效宣告请求人明确要求将对比文件 1、2 与 3 或者 1~3 与 6 结合的评述，因此认为这些证据在证明是“常规选择”或者“容易想到”事实方面的证明力相同，故而一并给予了评述。三星钻石株式会社表示反对，认为，首先被告违背创造性评审中有关对比文件的结合规则，没有理由进行多篇结合，其次没有说明对比文件 1 所要解决的技术问题，而对比文件 1 实际要解决的是划痕滑动问题，本发明则是解决提高垂直裂缝深度问题。对比文件 2 仅仅公开本发明的会聚角特征，并未公开其他特征，只是构成本发明的现有技术。对比文件 3 属于切割比萨切割刀，与本发明用于切割玻璃的划刀盘片所属的技术领域不同，也不会给本领域技术人员带来任何有益的技术启示。对比文件 6 与对比文件 1 类似，发明的目的不涉及垂直裂缝的深度，技术效果也未涉及“简化或者省略断裂步骤”，同时结合文字说明部分，该玻璃切割刀的两面斜向研磨方法决定了其不可能具有规则性锯齿形圆周脊，即没有公开本发明区别特征 2。被告表示由于对比文件 6 中的附图 1、2 能够直接无疑地确定所公开的内容，故其直接采用了附图 1、2，而没有考虑文字说明部分，即便是文字说明部分也没有明确肯定或者否定地说明研磨所得的切割刀是非规则性锯齿状，而附图已明确给出了规则性锯齿形状。另外《审查指南》并未限定对比文件结合的篇数。新韩金刚石株式会社同意专利复审委员会的意见陈述，并表示三星钻石株式会社所述对比文件 6 文字说明部分内容已经超出原有证据确定范围。

另经查明，本发明说明书记述了如下发明目的和技术效果：“在上述每一专利中，玻璃划刀盘片中采用的表面凹凸都是旨在减小可能的划刀盘片相对于平板玻璃的滑动，但是却都无法满足下列划痕性能的要求：a. 能准确地沿着划痕折断平板玻璃，b. 作用于划刀盘片上，用于形成划痕的外力应能较小，c. 当沿着划痕折断平板玻璃时，在断开边缘处发生的不需要的碎屑减至最小。因此，本发明旨在提供一种改进的玻璃划刀盘片，这种玻璃划刀盘片不仅能有效地减少任何可能的划刀盘片相对于待划开的玻璃制品的滑动，而且还能满足各种划痕性能的要求。”该说明书还结合其附图 15、16 说明了本发明与现有技术在技术效果上存在裂缝深度的差异，前者裂缝更深。

专利复审委员会表示，三星钻石株式会社所述发明目的和技术效果的作用在于判断本发明相对于现有技术的新颖性问题，而本案争议的是创造性问题。新韩金刚石株式会社表示本发明的发明目的与对比文件 1、2、6 相同，本发明说明书并未明确本发明要达到简化或者省略切割玻璃中的“断裂步骤”这一目的，且本发明也不能实现刻划玻璃后使玻璃完全断裂，从而简化或者省略了切割玻璃中的“断裂步骤”。划痕深浅问题同样也是对比文件 1、2、6 所要解决的技术问题。

对比文件 1 载明：“本发明涉及为了在切割厚度比较薄的玻璃材料时，在玻璃表面附加细微的刻痕所使用的一种玻璃材料切割器刀刃。”该玻璃切割刀刃具有的效果是：“1. 由于以将切割刀刃的圆周长度设定成小于附加刻痕的长度的方式来设定切割刀刃的直径，因此刀刃的尖端会有相同的磨耗，而不会造成切割情况及切口形状的异常。2. 由于在玻璃切割刀刃的斜面的研磨削切纹路附有 0°~180°的角度，且刀刃尖端形成有微小的锯齿，因此只要轻轻按压在玻璃表面，就可以长时间的使玻璃表面附有细微的刻痕。”用以克服现有技术存在的：“没有猛推刀刃则难以附有刻痕，且会加速磨耗，即使旋转也会引起部分的磨耗，而且无法附加一定宽度、深度的刻痕，使切割情况或切口形状受到不好的影响。”

对比文件 2，[0007] 实施例载明：切割刀锯的形状是圆盘形，在中心形成轴孔，切割刀锯的外径是 2.5mm。在圆周围形成刀刃，两个刃面的交叉部分是刀刃，刀刃角是 130°。

关于对比文件 6，三星钻石株式会社与新韩金刚石株式会社各自提交的文字部分的译文均显示为“一种玻璃切割刀”的发明，对此两方在无效宣告请求审查期间未显示有异议。其上的附图 1 显示圆形刀片刃部侧视形状带有两侧斜面构成的会聚夹角形状，附图 2 显示刃部（圆周脊）成锯齿状。附图 1 与附图 2 显示锯齿数量的表达相互吻合。在两方的译文部分，前者译文附图说明注有：“【图 2】图 1 的刀轮的刀尖上形成锯齿刃的图”；后者译文附图说明注有：“【图 2】图 1 的切割圆盘之刀尖上形成锯齿的视图”。在有关【发明效果】一节，前者表述为：“刀尖可靠地咬合到玻璃板，消除了刀轮的滑动，因此消除了以往因切割刀刀轮与玻璃表面的滑动而引起局部磨损、刀尖钝化、引起正圆的变形以及它们加速化进行而陷入不能刻划的情况。并且，由于与玻璃板可靠地咬合，所以即使在从玻璃表面上开始刻划的切断方法的场合，也不会出现所谓‘条纹跳跃’……”；后者表述为：“刀尖对于玻璃板之咬合会更确实，使切割圆盘减少滑移，因此可以减少发生以往由于玻璃切割圆盘刀与玻璃之滑移所导致的局部磨耗、钝化刀尖、引起正圆之扭曲加速进行并导致无法刻化等问题”。该对比文件文字部分没有关于“研磨方式所带来的刀刃锯齿是规则抑或是不规则”等内容。

专利复审委员会提交的口审记录表显示三星钻石株式会社针对新韩金刚石株式会社译文证据的意见是，有关全文译文的提交为迟延证据，对译文的某些词语翻译的准确性有异议。但具体哪些内容有异议，双方是否对异议达成过共识没有记载。

三星钻石株式会社为进一步说明本发明实现的技术效果具备创造性，在本诉讼中提交了公开出版物及刊物相关复印页和前川实验报告、原口实验报告共 8 份证据。上述证据除前川实验报告外，其他证据存在时间均早于专利复审委员会进行审查之前，三星钻石株式会社没有说明未予及时提交的合理原因，专利复审委员会与新韩金刚石株式会社均不同意将上述证据直接引入诉讼程序中。

三星钻石株式会社对第 10210 号决定关于本发明权利要求 2、3 的创造性评述的异议在于专利复审委员会以公知常识为据否定创造性缺乏证据佐证。关于权利要求 4、5 的异议在于虽认可放电切割加工技术是现有技术，但将该技术用于加工本发明产品的突起和凹槽是新事物。关于权利要求 6、7 的异议在于权利要求 1 的对比文件的多篇结合。专利复审委员会表示，多篇结合并无不可，原因在于本发明存在多项技术的简单组合问题。

上述事实有第 10210 号决定、96101939.5 号发明专利说明书、JP 昭 5 3-143622 日本发明文献，JP 特开平 5-254865A 日本发明文献、JP 特开平 6-56451A 日本发明文献，以及当事人起诉状、答辩状、陈述书、专利复审委员会的口头审理记录表和本院庭审陈述等证据在案佐证。

本院认为：

根据各方当事人的诉辩陈述，本案争议的核心事实是本发明权利要求 1 的创造性。

因三星钻石株式会社与新韩金刚石株式会社对专利复审委员会确定的以下事实均无异议，本院予以认定：将对比文件 1 作为本发明最接近的现有技术，并将对比后的区别特征确立为：（1）对比文件 1 没有具体公开本发明权利要求 1 中 90°~160°的会聚角；（2）对比文件 1 中的锯齿状刃尖是不规则的，而权利要求 1 中圆周脊的凸起和凹槽是规则分布的，具有预定的节距和预定的凸起高度；（3）

对比文件1没有具体公开本发明权利要求1中的刀片外径和节距的数值范围。

根据对比文件2所述“切割刀锯的形状是圆盘形，在中心形成轴孔，切割刀锯的外径是2.5mm。在圆周围形成刀刃，两个刃面的交叉部分是刀刃，刀刃角是130°”，由此证明区别特征1以及区别特征3中的外径被公开的事实已经成立。三星钻石株式会社只认可会聚角被公开，而无视外径也已被公开的事实，本院不予支持。

由于所余待证事实在于“划刀盘片上的圆周脊凸起和凹槽的规则分布，预定的节距和预定的凸起高度，以及节距的数值范围”等特征是否也已被他证所公开，而能够起到证明作用的证据只能是与此有关的证据。根据新韩金刚石株式会社提交的对比文件6可见，该证据是一份日本发明文献，记述的也是一种玻璃切割刀，属于相关证据，其相关内容由文字及附图所构成，故此，采用该证据应当包括相关的文字及其附图，从可证据性角度考察，该证据所示的信息内容不应存在自相矛盾情况，否则即应被当作没有证明作用的证据而予排除。但审查对比文件6并未显示有自相矛盾之处所导致的意思表示不清问题，即该对比文件符合可证据性要求。

专利复审委员会认为从该对比文件附图中已能明确获取所需印证的相关内容，而未再考虑文字内容，即意味着并不排除对文字部分的采用，而客观上三星钻石株式会社与新韩金刚石株式会社的译文内容并无本质上的不同和抵触，专利复审委员会与新韩金刚石株式会社拒绝再将文字部分引入本诉讼，于理不通，本院不予支持。

就该对比文件文字部分而言，相关内容提示该发明所要解决的技术问题包括刀刃咬合玻璃不佳，造成滑动，而得不到理想的刻划线，既而无法获得较好的玻璃切割制品。三星钻石株式会社强调本发明的效果在于加深垂直裂缝，其本身仍不能脱离解决防滑和刻划划痕时应力不能很好集中问题。且所述效果是圆周脊上的锯齿结构带来的，不能排除所述效果为对比文件6所不能达到。

综上，对比文件6与本发明所要解决的技术问题相同，给出使本领域技术人员将该对比文件结合进来用于解决本发明所要解决的技术问题的启示，且该对比文件没有关于“研磨方式所带来的刀刃锯齿是规则抑或是不规则”等内容，也即没有排除锯齿是规则排列的可能，同时附图1、2已明确地表达了该发明者的意图，即如图所示的刀刃圆周脊呈具有明显锯齿节距，凸起和凹槽形态呈规则排列的情况，由此证明所余待证事实中“划刀盘片上的圆周脊凸起和凹槽的规则分布，预定的节距和预定的凸起高度”的区别特征已被公开。第10210号决定以附图中36个齿状凸起计算节距并不恰当，但由于节距的数值范围是本领域技术人员可以根据需要而加以选择和测算来获得，也没有证据显示这一技术限定给本发明带来哪些意想不到的技术效果，据此，本发明权利要求1相对于对比文件1、2、6的结合是显而易见的，不具备创造性，如再结合对比文件3加以说明，已无必要，本院不再赘述。

三星钻石株式会社为证明本发明已实现的技术效果具备创造性，而于本诉讼中提交的公开出版物等8份证据属于迟延证据，因没能说明未予及时提交的合理原因，且专利复审委员会与新韩金刚石株式会社均不同意将上述证据直接引入诉讼程序中，故此，本院不予考虑。

就本案而言，在有具体证据能够用于评述的情况下，应当结合具体证据对事实证明作出评判，专利复审委员会概以常识性规则给予评判，其结果变为无须再要具体证据加以佐证是不妥的，但值得注意的是专利复审委员会最终依据具体证据完成了相关评判。

权利要求2和1是并列的独立权利要求，区别在于权利要求2没有限定节距，而是限定了凸起的高度为2至20微米的范围。权利要求3是权利要求1的从属权利要求。进一步限定了凸起的高度为2至20微米的范围。与权利要求1不具备创造性的理由相同，由于凸起高度的数值范围是本领域技术人员可以根据需要而加以选择和测算来获得，也没有证据显示这一技术限定给本发明带来哪些意想不到的技术效果，因此权利要求2和3相对于对比文件1、2、6的结合不具备创造性。

三星钻石株式会社认可从属于权利要求 1~3 的权利要求 4、5 中的放电切割加工技术是现有技术，但认为将该技术用于加工本发明产品的凸起和凹槽是新事物。在此专利复审委员会作出的“将现有技术用于本发明权利要求 1~3 中是显而易见的”判定是恰当的，因此，在其引用的权利要求1~3 没有创造性的基础上，权利要求 4、5 也不具备创造性。

三星钻石株式会社质疑专利复审委员会对权利要求 6、7 的评述存在多篇结合的不当评述问题，根据权利要求 6、7 所述情况，专利复审委员会所作抗辩与事实相符，其抗辩成立。

综上所述，专利复审委员会作出的第 10210 号决定认定事实基本清楚，适用法律正确，程序合法，依照《中华人民共和国行政诉讼法》第五十四条第（一）项之规定，本院判决如下：

维持被告中华人民共和国国家知识产权局专利复审委员会作出的第 10210 号无效宣告请求审查决定。

案件受理费人民币一百元，由原告三星钻石工业株式会社负担（已交纳）。

如不服本判决，原告三星钻石工业株式会社、第三人新韩金刚石工业株式会社会于本判决书送达之日起 30 日内，被告中华人民共和国国家知识产权局专利复审委员会于本判决书送达之日起 15 日内，向本院递交上诉状，并按对方当事人人数提交上诉状副本，同时交纳上诉案件受理费人民币 100 元，上诉于中华人民共和国北京市高级人民法院。

审　判　长　任　进
代理审判员　邢　军
人民陪审员　郝建欣
二〇〇八年五月二十日
书　记　员　朱　平

北京市高级人民法院
行政判决书

（2008）高行终字第 510 号

上诉人（原审原告）三星钻石工业株式会社，住所地日本国大阪府吹田市南金田二丁目 12 番 12 号。

法定代表人三宅泰明，董事长。

委托代理人吴玉和，男，汉族，1966 年 3 月 12 日出生，中国专利代理（香港）有限公司专利代理人，住中华人民共和国北京市海淀区万泉河路 68 号院 4 号楼 306 号。

委托代理人刘宗杰，男，汉族，1965 年 8 月 15 日出生，中国专利代理（香港）有限公司专利代理人，住中华人民共和国北京市海淀区泉宗路 10 号 3 楼 6 门 701 号。

被上诉人（原审被告）中华人民共和国国家知识产权局专利复审委员会，住所地中华人民共和国北京市海淀区北四环西路 9 号银谷大厦 10~12 层。

法定代表人廖涛，副主任。

委托代理人郭建强，该委员会审查员。

委托代理人隋璐，该委员会审查员。

原审第三人新韩金刚石工业株式会社，住所地大韩民国仁川南洞区南村洞 610-9 南洞工团内 36

街区10号。

法定代表人金信京，代表理事。

委托代理人郑光，男，汉族，1975年9月24日出生，北京连和连知识产权代理有限公司专利代理人，住中华人民共和国北京市朝阳区安贞里一区8楼1006号。

委托代理人屈小春，女，汉族，1974年3月24日出生，北京连和连知识产权代理有限公司专利代理人，住中华人民共和国河南省灵宝市新华东路四街坊21栋510号。

上诉人三星钻石工业株式会社（简称三星钻石株式会社）因发明专利权无效行政纠纷一案，不服中华人民共和国北京市第一中级人民法院（以下简称北京市第一中级人民法院）（2007）一中行初字第1367号行政判决，向本院提出上诉。本院2008年8月18日受理本案后，依法组成合议庭，于2008年10月21日公开开庭进行了审理。上诉人三星钻石株式会社的委托代理人吴玉和、刘宗杰，被上诉人中华人民共和国国家知识产权局专利复审委员会（简称专利复审委员会）的委托代理人郭建强、隋璐，原审第三人新韩金刚石工业株式会社（简称新韩金刚石株式会社）的委托代理人郑光到庭参加诉讼。本案现已审理终结。

北京市第一中级人民法院认定，三星钻石株式会社是名称为“玻璃划刀盘片、自动划玻璃机和划玻璃刀”发明专利（简称本专利）的专利权人。2006年6月6日，新韩金刚石株式会社以本专利不符合《专利法》第二十二条第三款之规定为由，向专利复审委员会提起无效宣告请求。2006年12月1日，三星钻石株式会社修改了本专利权利要求书。2007年1月31日，专利复审委员会进行了口头审理，并于2007年6月26日做出第10210号无效宣告请求审查决定（简称第10210号决定），宣告本专利权全部无效。

北京市第一中级人民法院认为，对比文件1与本专利的区别特征为：（1）对比文件1没有具体公开本专利权利要求1中90°~160°的会聚角；（2）对比文件1中的锯齿状刃尖是不规则的，而权利要求1中圆周脊的凸起和凹槽是规则分布的，具有预定的节距和预定的凸起高度；（3）对比文件1没有具体公开本专利权利要求1中的刀片外径和节距的数值范围。而对比文件2公开了外径及会聚角。对比文件6与本专利所要解决的技术问题相同，给出使本领域技术人员将该对比文件结合进来用于解决本专利所要解决的技术问题的启示，且该对比文件没有关于“研磨方式所带来的刀刃锯齿是规则抑或是不规则”等内容，也即没有排除锯齿是规则排列的可能，同时附图1、2已明确地表达了该发明者的意图，即如图所示的刀刃圆周脊呈具有明显锯齿节距，凸起和凹槽形态呈规则排列的情况，由此证明所余待证事实中“划刀盘片上的圆周脊凸起和凹槽的规则分布，预定的节距和预定的凸起高度”的区别特征已被公开。本专利权利要求1相对于对比文件1、2、6的结合是显而易见的，不具备创造性。权利要求2和1是并列的独立权利要求，区别在于权利要求2没有限定节距，而是限定了凸起的高度为2至20微米的范围。权利要求3是权利要求1的从属权利要求。进一步限定了凸起的高度为2至20微米的范围。与权利要求1不具备创造性的理由相同，由于凸起高度的数值范围是本领域技术人员可以根据需要而加以选择和测算来获得，也没有证据显示这一技术限定给本专利带来哪些意想不到的技术效果，因此权利要求2和3相对于对比文件1、2、6的结合不具备创造性。在其引用的权利要求1~3没有创造性的基础上，权利要求4、5也不具备创造性。

北京市第一中级人民法院依照《中华人民共和国行政诉讼法》第五十四条第（一）项的规定判决：维持专利复审委员会作出的第10210号决定。

三星钻石株式会社不服原审判决，向本院提出上诉，请求撤销原审判决及第10210号决定，判令专利复审委员会重新做出无效宣告请求审查决定。其上诉理由是：专利复审委员会及一审法院将对比文件1和6中公开的划刀盘片的圆周脊上斜削加工形成的微小的锯齿形凹凸误认为是本专利中在圆周脊上另外切口形成的凹槽和突起是错误的，其产生和作用效果是有区别的，完全不同。本专利的特征是具有一定间距、规则分布的凹槽，在仅仅公开了通过斜削加工形成的研磨条痕的方向和圆周脊的微小锯齿状的对比文件1和6、以及进一步公开了划刀盘片的刀刃角度的对比文件2中，根本没有任何公开和暗示。现有技术在玻璃表面形成“连续划痕”，而本专利形成“断续刻划痕”，所述“突起”集中载荷产生深入进展的垂直裂缝，可以简化或者省略断裂步骤，具有有益的技术效果。因此，本专利权利要求1具备创造性。一审法院一方面认定专利复审委员会存在三个行为不妥，另一方面却得出第10210号决定“事实基本清楚、适用法律正确、程序合法”的结论，有悖逻辑常识，其在审理中发现专利复审委员会的主张发生错误后，理应撤销决定并由专利复审委员会重新审理。一审法院应当接受三星钻石株式会社在一审期间提交的证据。

专利复审委员会、新韩金刚石株式会社服从原审判决。

经审理查明，1996年3月27日，三星钻石株式会社向中国专利局申请了名称为“玻璃划刀盘片、自动划玻璃机和划玻璃刀”发明专利（即本专利），2003年10月29日获得授权，专利号为96101939.5，其权利要求共8项。

2006年6月6日，新韩金刚石株式会社以本专利不符合《专利法》第二十二条第三款之规定为由，向专利复审委员会提起无效宣告请求，后于2006年7月3日补充了无效宣告的理由和证据，请求以对比文件1、2、3和6的结合否定本专利权利要求1以及本专利权利要求2~6的创造性；以对比文件7否定本专利权利要求7的创造性；以对比文件1~3、5、6和8的结合否定本专利权利要求8的创造性。

2006年12月1日，三星钻石株式会社将本专利权利要求修改为：

“1. 一种玻璃划刀盘片包括一径向向外斜削形成一圆周脊的外圆周部分，形成所述圆周脊的所述外圆周部分的两个斜平面的角度形成90°~160°的会聚角，其特征在于，所述圆周脊沿着所述玻璃划刀盘片的圆周方向具有彼此相互交替形成的突起和凹槽，所述突起以一预定节距隔开并且具有一自每一所述凹槽的底部起量至所述圆周脊的预定高度。当划刀盘片的外径在1至20毫米范围内时，所述节距在20至200微米的范围内。

2. 一种玻璃划刀盘片包括一径向向外斜削形成一圆周脊的外圆周部分，形成所述圆周脊的所述外圆周部分的两个斜平面的角度形成90°~160°的会聚角，其特征在于，所述圆周脊沿着所述玻璃划刀盘片的圆周方向具有彼此相互交替形成的突起和凹槽，所述突起以一预定节距隔开并且具有一自每一所述凹槽的底部起量至所述圆周脊的预定高度。当划刀盘片的外径在1至20毫米范围内时，所述高度在2至20微米的范围内。

3. 如权利要求1所述的玻璃划刀盘片，其特征在于，当划刀盘片的外径在1至20毫米的范围内时，所述高度2至20微米的范围内。

4. 如权利要求1~3任意一项所述的玻璃划刀盘片，其特征在于，所述突起和凹槽通过垂直于划刀盘片圆周脊的方向磨削划刀盘片的圆周脊而制成从而使诸凹槽等距地间隔分布在圆周脊上。

5. 如权利要求1~3任意一项所述的玻璃划刀盘片，其特征在于，所述突起和凹槽通过利用一电气放电切割装置加工划刀盘片的圆周脊而制成从而使诸表面凹槽特征等距地间隔分布在圆周脊上。

6. 一种自动划玻璃机，包括：一用来支承其上待划痕的玻璃制品的支承台装置，所述支承台装置可在两个相互垂直的两方向中任一方向上移动；一被支承着以能在支承台装置上方的玻璃制品上方运动的切割头；一由所述切割头携带的玻璃划刀盘片，所述玻璃划刀盘片包括一径向向外斜削形成一圆周脊的外圆周部分，形成所述圆周脊的所述外圆周部分的两个斜平面的角度形成90°~160°的会聚角，其特征在于，所述圆周脊沿着所述玻璃划刀盘片的圆周方向具有彼此相互交替形成的突起和凹槽，所述突起以一预定节距隔开并且具有一自每一所述凹槽的底部起量至所述圆周脊的预定高度。

7. 一种划玻璃刀，包括：一大体上呈细长形的具有彼此相对的第一和第二端的手柄；一可转动地安装在手柄的第一和第二端之一上的玻璃划刀盘片，所述玻璃划刀盘片包括一径向向外斜削形成一圆周脊的外圆周部分，形成所述圆周脊的所述外圆周部分的两个斜平面的角度形成 90°~160°的会聚角，其特征在于，所述圆周脊沿着所述玻璃划刀盘片的圆周方向具有彼此相互交替形成的突起和凹槽，所述突起以一预定节距隔开并且具有一自每一所述凹槽的底部起量至所述圆周脊的预定高度。”

2007 年 1 月 31 日，专利复审委员会进行了口头审理。审理中，新韩金刚石株式会社明确请求以对比文件 1、2 和 3 或者 1~3 和 6 的结合否定本专利权利要求 1~5 的创造性；以对比文件 1~3 和 4 或者 1~3、6 和 7 的结合否定本专利权利要求 6 的创造性；以对比文件 1~3 和 5 或者 1~3、6 和 8 的结合否定本专利权利要求 7 的创造性。

对比文件 1 是公开日为 1978 年 12 月 14 日、公开号为 JP 昭 53-143622 日本专利文献；对比文件 2 是公开日为 1993 年 10 月 5 日、公开号为 JP 特开平 5-254865A 日本专利文献；对比文件 3 是公告日为 1988 年 4 月 19 日、公告号为 US4738028 美国专利文献；对比文件 4 是公开日为 1995 年 1 月 11 日、公告号为 CN1097159A 中国发明专利申请公开说明书；对比文件 5 是公告日为 1895 年 4 月 16 日、公告号为 US537803 美国专利文献；对比文件 6 是公开日为 1994 年 3 月 1 日、公告号为 JP 特开平 6-56451A 日本专利文献；对比文件 7 是公开日为 1994 年 1 月 11 日、公开号为 JP 特开平 6-1628A 日本专利文献；对比文件 8 是公告日为 1987 年 6 月 17 日、公告号为 JP 昭 62-23780Y2 日本专利文献。其中对比文件 1 载明：“本专利涉及为了在切割厚度比较薄的玻璃材料时，在玻璃表面附加细微的刻痕所使用的一种玻璃材料切割器刀刃。”该玻璃切割刀刃具有的效果是：“1. 由于以将切割刀刃的圆周长度设定成小于附加刻痕的长度的方式来设定切割刀刃的直径，因此刀刃的尖端会有相同的磨耗，而不会造成切割情况及切口形状的异常。2. 由于在玻璃切割刀刃的斜面的研磨削切纹路附有 0°~180°的角度，且刀刃尖端形成有微小的锯齿，因此只要轻轻按压在玻璃表面，就可以长时间的使玻璃表面附有细微的刻痕。”用以克服现有技术存在的：“没有猛推刀刃则难以附有刻痕，且会加速磨耗，即使旋转也会引起部分的磨耗，而且无法附加一定宽度、深度的刻痕，使切割情况或切口形状受到不好的影响。”对比文件 2，[0007] 实施例载明：切割刀锯的形状是圆盘形，在中心形成轴孔，切割刀锯的外径是 2.5mm。在圆周围形成刀刃，两个刃面的交叉部分是刀刃，刀刃角是 130°。对比文件 6，三星钻石株式会社与新韩金刚石株式会社各自提交的文字部分的译文均显示为“一种玻璃切割刀”的发明，对此两方在无效宣告请求审查期间未显示有异议。其上的附图 1 显示圆形刀片刃部侧视形状带有两侧斜面构成的会聚夹角形状，附图 2 显示刃部（圆周脊）呈锯齿状。附图 1 与附图 2 显示锯齿数量的表达相互吻合。在两方的译文部分，前者译文附图说明注有：“【图 2】图 1 的刀轮的刀尖上形成锯齿刃的图”；后者译文附图说明注有：“【图 2】图 1 的切割圆盘之刀尖上形成锯齿的视图”。在有关【发明效果】一节，前者表述为：“刀尖可靠地咬合到玻璃板，消除了刀轮的滑动，因此消除了以往因切割刀刀轮与玻璃表面的滑动而引起局部磨损、刀尖钝化、引起正圆的变形以及它们加速化进行而陷入不能刻划的情况。并且，由于与玻璃板可靠地咬合，所以即使在从玻璃表面上开始刻划的切断方法的场合，也不会出现所谓‘条纹跳跃’……”；后者表述为：“刀尖对于玻璃板之咬合会更确实，使切割圆盘减少滑移，因此可以减少发生以往由于玻璃切割圆盘刀与玻璃之滑移所导致的局部磨耗、钝化刀尖、引起正圆之扭曲加速进行并导致无法刻化等问题”。该对比文件文字部分没有关于“研磨方式所带来的刀刃锯齿是规则抑或是不规则”等内容。

在本案一审庭审中，三星钻石株式会社对专利复审委员会认定的以下事实予以认可，即：（1）对比文件 1 公开了一种玻璃材料切割器刀刃，并将其作为与本专利最接近的对比文件，用于评判本专利的创造性。(2) 对比文件 1 与本专利权利要求 1 比较后的区别特征在于：①对比文件 1 没有具体公开本专利权利要求 1 中 90–160°的会聚角；②对比文件 1 中的锯齿状刃尖是不规则的，而权利要求 1 中圆周脊的突起和凹槽是规则分布的，具有预定的节距和预定的凸起高度；③对比文件 1 没有具体公开本专利权利要求 1 中的刀片外径和节距的数值范围。(3) 对比文件 2 公开了切割玻璃用齿轮刀具所采用的“会聚角为 130°”。(4) 对比文件 3 公开了一种用于切割比萨的切割轮，其刀刃形成像锯一样的刀刃。

专利复审委员会主张上述区别特征本身即属于本领域技术人员可以进行的常规技术选择，是容易想到的。由于新韩金刚石株式会社明确要求将对比文件 1、2 与 3 或者 1~3 与 6 结合进行评述，因此认为这些证据在证明是“常规选择”或者“容易想到”事实方面的证明力相同，故而一并给予了评述。三星钻石株式会社表示反对，认为，首先专利复审委员会违背创造性评审中有关对比文件的结合规则，没有理由进行多篇结合，其次没有说明对比文件 1 所要解决的技术问题，而对比文件 1 实际要解决的是划痕滑动问题，本专利则是解决提高垂直裂缝深度问题。对比文件 2 仅仅公开本专利的会聚角特征，并未公开其他特征，只是构成本专利的现有技术。对比文件 3 属于切割比萨切割刀，与本专利用于切割玻璃的划刀盘片所属的技术领域不同，也不会给本领域技术人员带来任何有益的技术启示。对比文件 6 与对比文件 1 类似，发明的目的不涉及垂直裂缝的深度，技术效果也未涉及“简化或者省略断裂步骤”，同时结合文字说明部分，该玻璃切割刀的两面斜向研磨方法决定了其不可能具有规则性锯齿形圆周脊，即没有公开本专利区别特征 2。专利复审委员会主张由于对比文件 6 中的附图 1、2 能够直接无疑地确定所公开的内容，故其直接采用了附图 1、2，而没有考虑文字说明部分，即便是文字说明部分也没有明确肯定或者否定地说明研磨所得的切割刀是非规则性锯齿状，而附图已明确给出了规则性锯齿形状。另外《审查指南》并未限定对比文件结合的篇数。新韩金刚石株式会社同意专利复审委员会的意见陈述，并表示三星钻石株式会社所述对比文件 6 文字说明部分内容已经超出原有证据确定范围。

另查，本专利说明书记述了如下发明目的和技术效果：“在上述每一专利中，玻璃划刀盘片中采用的表面凹凸都是旨在减小可能的划刀盘片相对于平板玻璃的滑动，但是却都无法满足下列划痕性能的要求：a. 能准确地沿着划痕折断平板玻璃，b. 作用于划刀盘片上，用于形成划痕的外力应能较小，c. 当沿着划痕折断平板玻璃时，在断开边缘处发生的不需要的碎屑减至最小。因此，本专利旨在提供一种改进的玻璃划刀盘片，这种玻璃划刀盘片不仅能有效地减少任何可能的划刀盘片相对于待划开的玻璃制品的滑动，而且还能满足各种划痕性能的要求。”该说明书还结合其附图 15、16 说明了本专利与现有技术在技术效果上存在裂缝深度的差异，前者裂缝更深。

专利复审委员会主张，三星钻石株式会社所述发明目的和技术效果的作用在于判断本专利相对于现有技术的新颖性问题，而本案争议的是创造性问题。新韩金刚石株式会社主张本专利的发明目的与对比文件 1、2、6 相同，本专利说明书并未明确本专利要达到简化或者省略切割玻璃中的“断裂步骤”这一目的，且本专利也不能实现刻划玻璃后使玻璃完全断裂，从而简化或者省略了切割玻璃中的“断裂步骤”。划痕深浅问题同样也是对比文件 1、2、6 所要解决的技术问题。

专利复审委员会提交的口头审理记录表记载三星钻石株式会社针对新韩金刚石株式会社译文证据的意见是，有关全文译文的提交为迟延证据，对译文的某些词语翻译的准确性有异议。但具体哪些内容有异议，双方是否对异议达成过共识没有记载。

三星钻石株式会社为进一步说明本专利实现的技术效果具备创造性，在一审法院审理过程中提交了公开出版物及刊物相关复印页和前川实验报告、原口实验报告共 8 份证据。上述证据除前川实验报告外，其他证据存在时间均早于专利复审委员会受理本专利无效宣告请求之前，三星钻石株式会社没有说明未予及时提交的合理原因，专利复审委员会与新韩金刚石株式会社均不同意将上述证据直接引入诉讼程序中。

三星钻石株式会社对第10210号决定关于本专利权利要求2、3的创造性评述的异议在于专利复审委员会以公知常识为据否定创造性缺乏证据佐证。关于权利要求4、5的异议在于虽认可放电切割加工技术是现有技术，但将该技术用于加工本专利产品的突起和凹槽是新事物。关于权利要求6、7的异议在于权利要求1的对比文件的多篇结合。专利复审委员会主张，多篇结合并无不可，原因在于本专利存在多项技术的简单组合问题。

上述事实有第10210号决定、96101939.5号发明专利说明书、JP昭53-143622日本专利文献、JP特开平5-254865A日本专利文献、JP特开平6-56451A日本专利文献、以及当事人起诉状、答辩状、陈述书、专利复审委员会的口头审理记录表和当事人陈述等证据在案佐证。

本院认为，本案争议的焦点是本专利权利要求1、2是否具备创造性。《专利法》第二十二条第三款规定，发明专利的创造性，是指同申请日以前已有的技术相比，该发明有突出的实质性特点和显著的进步。

本专利权利要求1与作为最接近的现有技术对比文件1的区别技术特征有：（1）对比文件1没有具体公开本专利权利要求1中90°~160°的会聚角；（2）对比文件1中的锯齿状刃尖是不规则的，而本专利权利要求1中圆周脊的凸起和凹槽是规则分布的，具有预定的节距和预定的凸起高度；（3）对比文件1没有具体公开本专利权利要求1中的刀片外径和节距的数值范围。其中区别技术特征1以及区别技术特征3中的刀片外径的数值范围已被对比文件2记载的“切割。刀锯的形状是圆盘形，在中心形成轴孔，切割刀锯的外径是2.5mm。在圆周围形成刀刃，两个刃面的交叉部分是刀刃，刀刃角是130°”所公开。未被对比文件1、2所公开的技术特征是：“划刀盘片上的圆周脊凸起和凹槽的规则分布，预定的节距和预定的凸起高度，以及节距的数值范围”。本专利权利要求1没有限定凸起与凹槽的具体形状，而在实施例中凸起与凹槽也可呈锯齿形。对比文件6是一份日本专利文献，涉及一种玻璃切割刀，与本专利属于相同技术领域。对比文件6的附图内容与文字内容是一致的，一审法院引用文字部分评述对比文件6与本专利要解决的技术问题和技术效果相同，以此作为对附图的补强证明并无不妥，其结论与专利复审委员会的认定一致，即对比文件6给出了可以将玻璃切割刀的刀刃圆周脊制成具有明显锯齿节距，凸起和凹槽形态呈规则排列的技术启示，同样能达到加深垂直裂缝，解决防滑和刻划划痕时应力不能很好集中的技术问题。即使对比文件6与本专利形成刀刃圆周脊上的锯齿工艺不同，仍不能排除对比文件6也可以形成锯齿凸起和凹槽形态呈规则排列的情况。由于节距的数值范围是本领域技术人员可以根据需要而加以选择和测算来获得，不需要付出创造性劳动，也没有证据显示这一技术限定给本专利带来哪些意想不到的技术效果，据此，本专利权利要求1相对于对比文件1、2、6的结合是显而易见的，不具备创造性。

本专利权利要求2是与权利要求1并列的独立权利要求，与权利要求1的区别在于没有限定节距，而是限定了凸起的高度为2至20微米的范围。与本专利权利要求1不具备创造性的理由相同，由于凸起高度的数值范围是本领域技术人员可以根据需要而加以选择和测算来获得，也没有证据显示这一技术限定给本发明带来哪些意想不到的技术效果，因此本专利权利要求2相对于对比文件1、2、6的结合不具备创造性。

三星钻石株式会社认可从属于权利要求1~3的权利要求4、5中的放电切割加工技术是现有技术，但认为将该技术用于加工本发明产品的凸起和凹槽是新事物。对此专利复审委员会作出的“将现有技术用于本发明权利要求1~3中是显而易见的”判定是恰当的。因此，在其引用的本专利权利要求1~3没有创造性的基础上，本专利权利要求4、5也不具备创造性。关于本专利权利要求6、7的创造性，本专利存在多项技术的简单组合问题，因此可以使用多篇对比文件结合进行评述。原审判决和第 10210 号决定对于本专利权利要求 3~7 均不具备创造性的认定是正确的。

三星钻石株式会社在一审诉讼期间提交的证据不是专利复审委员会做出第 10210 号决定的依据，一审法院不予采纳并无不妥。

综上所述，三星钻石株式会社的上诉理由缺乏事实和法律依据，其上诉请求本院不予支持。原审判决认定事实清楚，适用法律正确。依照《中华人民共和国行政诉讼法》第六十一条第（一）项之规定，判决如下：

驳回上诉，维持原判。

一审案件受理费人民币 100 元，由三星钻石工业株式会社负担（已交纳）。二审案件受理费人民币 100 元，由三星钻石工业株式会社负担（已交纳）。

本判决为终审判决。

审　判　长　刘　辉
代理审判员　岑宏宇
代理审判员　焦　彦
二〇〇八年十一月十二日
书　记　员　陈　明

159

电子液体加热设备

无效宣告请求审查决定（第10216号）

决　定　号　第10216号
决　定　日　2007年6月27日
发明创造名称　电子液体加热设备
国 际 分 类 号　F24H 9/20，A47J 31/56
无效宣告请求人　奥特控制有限公司
专　利　权　人　施特里克斯有限公司
专　利　号　03241587.7
申　请　日　2003年2月26日
授 权 公 告 日　2005年10月19日
合 议 组 组 长　张宗任
主　审　员　刘路尧
参　审　员　马志远

法 律 依 据　专利法第22条第2款、第3款，专利法实施细则第20条第1款
决 定 要 点

如果实用新型专利的权利要求所要求保护的技术方案只是将现有技术简单组合，未获得有益的技术效果，则该权利要求相对于对比文件不具备实质性特点和进步，不具有创造性。

权利要求中采用含义不确定的措辞可能会导致权利要求的保护范围不清楚。

一、案由

本无效宣告请求涉及国家知识产权局于2005年10月19日授权公告的名称为“电子液体加热设备”的03241587.7号实用新型专利，其申请日为2003年2月26日，优先权日为2002年2月26日，专利权人为施特里克斯有限公司。授权公告的权利要求书的内容如下：

“1. 一种电子液体加热设备，其特征在于，其包括：一个较高功率的、将该设备中液体加热到第一预设温度的第一加热装置，以及一个较低功率的、使得设备中液体在所述的第一温度达到后保持在第二较低温度的第二加热装置。

2. 如权利要求1所述的设备，其特征在于，第一预设温度为沸腾，并且设备包括在水沸腾之后减少热量输入的装置，但依旧保持水沸腾。

3. 如权利要求1或2所述的设备，其特征在于，包括热敏感控制器，用来将较高功率的加热装置切换到较低功率的加热装置。

4. 如权利要求 1 所述的设备，其特征在于，第一和第二加热装置都是被封装的电子加热元件。

5. 如权利要求 1 所述的设备，其特征在于，第一和第二加热装置是厚膜电子加热元件。

6. 如权利要求 1 所述的设备，其特征在于，第一加热装置是被封装的电子元件并且第二加热装置是厚膜电子加热元件。

7. 如权利要求 1、2、4、5、或 6 所述的设备，其特征在于，第一和第二加热装置是分别供电的第一和第二加热元件。

8. 如权利要求 1、2、4、5、或 6 所述的设备，其特征在于，第二加热装置包括一个第一加热元件以及一个被切换为与第一加热元件相串联的第二加热元件。

9. 如权利要求 1 所述的设备，其特征在于，第一加热装置可以包括多于一个的加热元件，例如两个互相并联或者串联的加热器。

10. 如权利要求 1 所述的设备，其特征在于，第二加热装置被设计成当供电后连续工作。”

针对上述实用新型专利（下称本专利），奥特控制有限公司（下称请求人）于 2006 年 7 月 5 日向专利复审委员会提出无效宣告请求，并提交了下列证据：

证据 1：WO01/56437A2 号 PCT 专利申请公开文本及其摘要、说明书、权利要求书及说明书附图的中文译文（下称对比文件 1），公开日为 2001 年 8 月 9 日；

证据 2：GB2302003A 号英国专利申请公开文本及其摘要、说明书、权利要求书及说明书附图的中文译文（下称对比文件 2），公开日为 1996 年 12 月 18 日；

证据 3：WO01/06334A1 号 PCT 专利申请公开文本及摘要、说明书、权利要求书及说明书附图的中文译文（下称对比文件 3），公开日为 2001 年 1 月 25 日。

请求人认为：本专利权利要求 1 分别相对于对比文件 1、2 或 3 不符合专利法第 22 条第 2 款的规定，权利要求 2 相对于对比文件 1 不符合专利法第 22 条第 2 款的规定，权利要求 3 不符合专利法第 22 条第 2 款或第 3 款的规定，其中引用权利要求 1 的权利要求 3 分别相对于对比文件 1 或 3 不符合专利法第 22 条第 2 款的规定、当权利要求 2 不具有新颖性时引用权利要求 2 的权利要求 3 相对于对比文件 1 不符合专利法第 22 条第 2 款的规定、引用权利要求 2 的权利要求 3 相对于对比文件 1 和 3 的结合不符合专利法第 22 条第 3 款的规定，权利要求 4 相对于对比文件 2 不符合专利法第 22 条第 2 款的规定，权利要求 5 相对于对比文件 3 不符合专利法第 22 条第 2 款的规定，权利要求 6 相对于对比文件 1 或 3 不符合专利法第 22 条第 2 或 3 款的规定，权利要求 7 相对于对比文件 1 不符合专利法第 22 条第 2 款的规定，权利要求 8 相对于对比文件 3 不符合专利法第 22 条第 2 或 3 款的规定，权利要求 9 相对于对比文件 3 不符合专利法第 22 条第 2 款的规定，权利要求 10 相对于对比文件 1 不符合专利法第 22 条第 2 款的规定；权利要求 9 中“例如”一词不清楚导致该权利要求不符合专利法实施细则第 20 条的规定。

经形式审查合格，专利复审委员会受理了上述无效宣告请求，于 2006 年 7 月 31 日向双方当事人发出无效宣告请求受理通知书，并随无效宣告请求受理通知书将上述无效宣告请求书及其附件清单所列的附件本转送专利权人。专利权人在规定的期限内未提交答复意见。

专利复审委员会依法成立合议组，对上述无效宣告请求进行审理。合议组于 2006 年 10 月 25 日向双方当事人发出口头审理通知书，定于 2006 年 12 月 4 日在专利复审委员会进行口头审理。

口头审理如期举行，请求人出席了口头审理，专利权人未出席口头审理。在口头审理中，请求人明确其无效理由为：相对于对比文件 1，权利要求 1~7、10 不符合专利法第 22 条第 2 款的规定，权利要求 3 和权利要求 6 不符合专利法第 22 条第 3 款的规定；相对于对比文件 2，权利要求 1、4 不符合专利法第 22 条第 2 款的规定；相对于对比文件 3，权利要求 1、5、6、8、9，以及引用权利要求 1

的权利要求3不符合专利法第22条第2款的规定，权利要求6不符合专利法第22条第3款的规定；相对于对比文件1和3的结合，引用权利要求2的权利要求3不符合专利法第22条第3款的规定。相对于对比文件1和3以及公知常识的结合，权利要求8不符合专利法第22条第3款的规定；权利要求9中记载的“例如”一词不清楚，导致该权利要求不符合专利法实施细则第20条第1款的规定。请求人在此基础上充分陈述了意见。

在上述工作的基础上，合议组经合议后认为本案事实已经清楚，可以依法作出无效宣告请求审查决定。

二、决定的理由

1. 关于现有技术

请求人共计提交了3份对比文件，均为外国专利文献，并提交了相应的中文译文，由于专利权人未对对比文件1~3的真实性和译文的准确性提交答复意见，视为其对对比文件的真实性和中文译文的准确性无异议，因此合议组对对比文件1~3的真实性和中文译文的准确性予以认可。对比文件1~3的公开日均早于本专利的优先权日，可以作为评价本专利新颖性和创造性的现有技术证据使用。

2. 关于权利要求是否清楚

权利要求9的附加技术特征为“第一加热装置可以包括多于一个的加热元件，例如两个互相并联或者串联的加热器”，其中“例如”一词不符合审查指南第二部分第二章第3.2.2节的规定，即权利要求中不得出现“例如”、“最好是”、“尤其是”、“必要时”等类似用语。“例如”的使用使得权利要求9限定出不同的保护范围，其中“多于一个”的表述表示多个加热元件，而“例如两个”的表述表示两个加热元件，权利要求9的技术方案中所述加热元件的数量究竟是只包括两个还是包括两个以上不清楚，导致该权利要求的保护范围不清楚，不符合专利法实施细则第20条第1款的规定。

3. 关于新颖性和创造性

专利法第22条第2款规定的新颖性，是指在申请日以前没有同样的发明或者实用新型在国内外出版物上公开发表过、在国内公开使用过或者以其他方式为公众所知，也没有同样的发明或者实用新型由他人向专利局提出过申请并且记载在申请日以后（含申请日）公布的专利申请文件中。

专利法第22条第3款规定的创造性，是指同申请日以前已有的技术相比，该发明有突出的实质性特点和显著的进步，该实用新型有实质性特点和进步。

对比文件1涉及一种用于液体煮沸容器的热敏感控制器，其中（参见其译文说明书第1页第22~30行、第3页第10~14行、第4页第4~5行、第5页第5~11行、第10页第12~16行）公开了如下内容：液体煮沸容器具有对容器中的液体进行蒸煮的第一加热装置和在液体被煮沸后使容器中的液体仍然沸腾或使容器中的液体保温的第二加热装置，其中具有封装加热元件或厚膜加热元件。其中第一个实施例描述了所述控制单元2安装在厚膜加热器4上，厚膜加热器4设置在金属板6上，金属板6安装在塑料壁容器的底座上；厚膜加热器4包括两条并联连接的加热轨道8、10，轨道8用于将容器中的液体加热至沸腾，典型的额定功率大约是3kW，轨道10的功率很低，通常在40~80W之间，用于在容器中的液体沸腾后使容器中的液体保温，具体视容器的热绝缘性能而定；控制单元2包括主模件12和离合杆模件14，模件12安装有一对致动器/触点支架30、32，模件14一端装有热敏快速双金属致动器16，切换触点使得主加热轨道8或保温轨道10“接通”或“断开”。由对比文件1公开的内容可知，对比文件1与本专利的技术领域相同，可以用于评价本专利的新颖性和创造性。

将权利要求1所要求保护的技术方案与对比文件1公开的内容相比，对比文件1与本专利的技术领域都是涉及电液体加热设备，两者所要解决的技术问题都是在电液体加热设备中如何设置使得该设备能够分别实现加热和加热后保持温度。对比文件 1 的第一实施例中的厚膜加热器 4 中的用于将液体加热至沸腾的较高功率的加热轨道 8 和用于在容器中的液体沸腾后使容器中的液体保温的较低功率的加热轨道 10 分别相当于权利要求 1 中的第一加热装置和第二加热装置。对比文件 1 与权利要求 1 的技术效果相同，都是可以实现分别加热和加热后保温的效果。因此，权利要求 1 与对比文件 1 的技术领域、所要解决的技术问题、技术方案和要达到的技术效果相同，该权利要求相对于对比文件 1 不具有新颖性，不符合专利法第 22 条第 2 款的规定。

权利要求 2 对权利要求 1 中的第一加热装置做进一步限定，对比文件 1 中的加热轨道 8 在液体被煮沸后使容器中的液体仍然沸腾，与权利要求 2 中第一预设温度为沸腾并在沸腾后保持沸腾的技术特征相同。因此，当其引用的权利要求 1 不具有新颖性时，权利要求 2 不具有新颖性，不符合专利法第 22 条第 2 款的规定。

权利要求 3 对权利要求 1 或 2 中的设备做进一步限定，具体描述了热敏感控制器，对比文件 1 的第一实施例中公开了模件 12 安装有一对致动器/触点支架 30、32，模件 14 一端装有热敏快速双金属致动器 16，其中模件 12 的致动器可以使得主加热轨道 8 接通或断开，与权利要求 3 中的热敏感控制器的技术特征相同。因此，当其引用的权利要求 1 或 2 不具有新颖性时，权利要求 3 不具有新颖性，不符合专利法第 22 条第 2 款的规定。

权利要求 4、5、6 均对权利要求 1 中的设备做进一步限定，分别限定所述加热装置为被封装的电子加热元件或厚膜电子加热元件或者是两者的结合，对比文件 1 中公开了具有封装加热元件或厚膜加热元件的容器。因此，当其引用的权利要求 1 不具有新颖性时，权利要求 4、5、6 均不具有新颖性，不符合专利法第 22 条第 2 款的规定。

权利要求 7 的附加技术特征已经被对比文件 1 公开，具体参见对权利要求 1 的新颖性分析，对比文件 1 中的加热轨道即该权利要去中的加热元件。因此，当其引用的权利要求 1、2、4、5、6 不具有新颖性时，权利要求 7 不具有新颖性，不符合专利法第 22 条第 2 款的规定。

权利要求 8 对权利要求 1、2、4、5 或 6 中的设备做进一步限定，进一步限定了所述第二加热装置包括相互串联的第一和第二加热元件。对比文件 3 涉及一种水加热容器，其中（参见其译文的说明书第 11 页第 3、4 段，附图 7、8）公开了如下内容：厚膜加热元件 1 具有弧形主加热器部分 4，该部分 4 的端部连接于导体 5，辅助轨线部分 11 连接在主加热器轨线的抽头点 20 和由轨线部分 13 形成的可调电阻之间，在加热元件的中心形成用作保温轨线的额外轨线部分 21，从附图 7 中可以看出弧形主加热器部分 4 和额外轨线部分 21 均包括通过桥串联连接的轨迹部分。对比文件 3 公开了额外轨线部分 21 均包括通过桥串联连接的轨迹部分，同权利要求 8 中所述第二加热装置中的串联加热元件的技术特征是一致的，起到了相同的作用。对比文件 1 和 3 均涉及液体加热装置，属于相同的技术领域，所属领域的技术人员在对比文件 1 的基础上，为在加热装置中形成串联加热元件结构，很容易从对比文件 3 中获得启示，将对比文件 1 与对比文件 3 相结合，得到权利要求 8 的技术方案。因此，权利要求 8 相对于对比文件 1、3 的结合不具有实质性特点和进步，不符合专利法第 22 条第 3 款有关创造性的规定。

权利要求 10 对权利要求 1 中的设备做进一步限定，限定所述第二加热装置在供电后连续工作，对比文件 1 中的保温轨道 10 可以在沸腾后维持额定功率持续对液体保温。因此，当其引用的权利要求 1 不具有新颖性时，权利要求 10 不具有新颖性，不符合专利法第 22 条第 2 款的规定。

综上所述，本专利权利要求 9 不清楚，不符合专利法实施细则第 20 条第 1 款的规定；本专利权利要求 1~7、10 不具有新颖性，不符合专利法第 22 条第 2 款的规定；权利要求 8 不具有创造性，不符合专利法第22条第3款的规定。鉴于本专利权利要求1~10均不符合专利法及专利法实施细则的规定，因此合议组对请求人提出的其他无效理由和证据不再予以评述。

三、决定

宣告03241587.7号实用新型专利权全部无效。

当事人对本决定不服的，可以根据专利法第46条第2款的规定，自收到本决定之日起3个月内向北京市第一中级人民法院起诉。根据该款的规定，一方当事人起诉后，另一方当事人应当作为第三人参加诉讼。

160

家用建材门窗装饰条

无效宣告请求审查决定（第 10217 号）

决　　定　　号 第 10217 号
决　　定　　日 2007 年 6 月 27 日
实用新型创造名称 家用建材门窗装饰条
国 际 分 类 号 E06B 3/30
无效宣告请求人 黄李美珠，谢丽卿
专　利　权　人 中山市巨大塑胶制品厂
专　　利　　号 01243056.0
申　　请　　日 2001 年 8 月 7 日
授 权 公 告 日 2002 年 7 月 17 日
合 议 组 组 长 钱　芸
主　　审　　员 郎亦虹
参　　审　　员 贾彦飞

法　律　依　据 专利法第 22 条第 3 款
决　定　要　点

若要求保护的技术方案是所属领域技术人员在现有技术的基础上不经过创造性劳动就可以得到的，并且要求保护的技术方案相对于现有技术未产生有益的技术效果，则该技术方案不具备创造性。

一、案由

本无效宣告请求涉及国家知识产权局于 2002 年 7 月 17 日授权公告、名称为“家用建材门窗装饰条”的 01243056.0 号实用新型专利（以下简称本专利），其申请日为 2001 年 8 月 7 日，专利权人为中山市巨大塑胶制品厂。

本专利授权公告的权利要求书为：

“1. 家用建材门窗装饰条，其特征在于它是由页片层（1）和包裹在页片层（1）外面的油墨层（2）组成。

2. 根据权利要求 1 所述的家用建材门窗装饰条，其特征在于页片层（1）是一层 PVC 发泡材料。

3. 根据权利要求 1 所述的家用建材门窗装饰条，其特征在于页片层（1）是一层 PVC 加木粉的发泡材料。”

针对上述专利权，黄李美珠（以下简称第一请求人）于 2005 年 9 月 26 日向专利复审委员会提出无效宣告请求（案件编号为 5W07229），其理由是本专利权利要求 1~3 不符合专利法第 22 条、专利

法实施细则第2条第2款之规定，并提交了如下证据：

证据1-1：2001年2月出版的《塑料材料的选用》一书封面、出版信息页、前言、第2223、32~33、420~421、426~427、446~461、530~531页复印件2份共30页；

证据1-2：1999年2月出版的《泡沫塑料成型》一书封面、出版信息页、第二版前言、第14~15、20~21、24~25、142~143、464~465、576~581、586~589页复印件2份共24页；

证据1-3：1996年9月出版的《塑料包装印刷与复合技术问答》一书封面、出版信息页、目录、第38~43、46~47、96~99、102~103、116~119、136~137、374~375页复印件2份共26页；

证据1-4：1994年3月出版的《丝网印刷工艺》一书封面、出版信息页、序、第326~333、454~471页复印件2份共30页；

证据1-5：公开号为CN1057026A的中国发明专利申请公开说明书复印件2份共8页，其公开日为1991年12月18日；

证据1-6：公告号为CN2033105U的中国实用新型专利申请说明书复印件2份共20页，其公告日为1989年2月22日；

证据1-7：公告日为1994年6月21日、公告编号为225505的台湾专利公报2份共8页；

证据1-8：公告日为1995年10月1日、公告编号为258696的台湾专利公报2份共8页。

请求人的具体无效宣告请求理由是：

证据1-1至1-4公开了表面涂饰技术对提升泡沫塑料的外观和使用性能的重要性，以及油墨作为防锈涂料印刷、涂敷在PVC装饰条表面的技术；证据1-5公开了在塑料装饰材质上涂布油墨的技术；证据1-6公开了用PVC制作的装饰条。将证据1-2、1-3、1-4分别作为公知常识与证据1-1结合，或者将证据1-6分别与证据1-1至1-5结合均能够否定权利要求1的创造性。证据1-7、1-8公开了通过转印方式将油墨印在百叶窗叶片上印刷的技术，因此权利要求1不具备新颖性和创造性。证据1-1、1-2公开了PVC泡沫塑料的原理及制作、用途以及PVC加木粉可以作为发泡材料的技术，可以否定权利要求2、3的创造性。权利要求2、3中的附加技术特征都是材料特征，没有任何形状或构造技术特征，因此不符合专利法实施细则第2条第2款之规定。

经过形式审查合格后，专利复审委员会受理了上述请求，于2005年12月1日向双方当事人发出无效宣告请求受理通知书，并将无效宣告请求书及其附件清单中所列附件的副本转送给专利权人，要求其在指定的期限内答复。

2006年1月12日，专利权人提交了意见陈述书，专利权人认为：

证据1-1至1-8中均未公开权利要求1中所述的在叶片层外包裹油墨层的门窗装饰条结构，其中提到的防锈材料、涂层、转印纸均不是油墨，因此权利要求1具备新颖性与创造性，在此基础上，从属权利要求2、3也具备新颖性与创造性。

针对上述同一专利权，谢丽卿（以下简称第二请求人）于2006年7月5日向专利复审委员会提出无效宣告请求（案件编号为5W07959），其理由是本专利权利要求1~3不符合专利法第22条第2款、第3款、专利法实施细则第2条第2款之规定，并提交了如下证据：

证据2-1：授权公告号为CN2485404Y的中国实用新型专利授权公告文本复印件2份共18页，其授权公告日为2002年4月10日；

证据2-2：公告日为1996年1月11日、公告编号为267970的台湾专利公报复印件2份共44页；

证据2-3：公告日为1995年11月21日、公告编号为263466的台湾专利公报复印件2份共22页。

请求人的具体无效宣告请求理由是：

证据 2-1 揭示了一种百叶窗的复层式组件，其中薄板状的叶片具有一本体和一表层，表层可以由漆料直接喷涂在本体周面而构成，公开了权利要求 1 中的页片层与油墨层，因此证据 2-1 作为权利要求 1 的抵触申请否定了权利要求 1 的新颖性。证据 2-2 公开了一种复合式板材，其中芯材对应于权利要求 1 的页片层，印刷环节对应于权利要求 1 中的油墨层，因此权利要求 1 不符合专利法第 22 条第 3 款规定的创造性。证据 2-2 揭示了复合板材的芯材（对应于页片层）由 PVC 材料制成以及在 PVC 中加入木粉的方法；证据 2-3 揭示了一种百叶窗帘叶片的制法以及发泡膨胀的技术，将证据 2-2、2-3 相结合，可以否定权利要求 2、3 的创造性。权利要求 1 所要解决的仅是如何使家用建材门窗装饰条色彩更加丰富、表面更加光滑、外形更加美观的问题，而不是技术问题；权利要求 2、3 所要保护的页片层的材料，相对于现有技术来说只是材料的分子结构或组分不同，依据专利法实施细则第 2 条第 2 款之规定，权利要求 1~3 不属于实用新型保护的客体。

经形式审查合格后，专利复审委员会于 2006 年 8 月 7 日向双方当事人发出无效宣告请求受理通知书，并将无效宣告请求书及其附件清单中所列附件的副本转给专利权人。

2006 年 9 月 22 日，专利权人提交了意见陈述书，具体理由如下：

证据 2-2 所述的叶片不是本专利所述的门窗装饰条，叶片实质上是在纤维板上压贴皮，而本专利所述的门窗装饰条的页片层不是纤维板而是 PVC 发泡材料，油墨层是包裹而不是压制。证据 2-3 揭示了一种复合式板材，它是由芯材及芯材上印刷、贴皮或压花组成。而本专利保护的门窗装饰条，页片层不是硬质芯材而是软质，油墨层是包裹。因此，权利要求 1 具备新颖性与创造性。在此基础上，从属权利要求 2、3 具备新颖性和创造性。权利要求 1 保护的产品是家用建材门窗装饰条，是对产品构造进行保护。因此权利要求 1 符合专利法实施细则第 2 条第 2 款之规定。在此基础上，权利要求 2、3 符合专利法实施细则第 2 条第 2 款之规定。

根据审查指南第四部分第三章第 4.5 节的规定，合议组决定对上述两项无效宣告请求合案进行审查。2007 年 3 月 19 日，本案合议组向三方当事人发出口头审理通知书，定于 2007 年 4 月 27 日进行口头审理。同时将专利权人于 2006 年 1 月 12 日提交的意见陈述书转送给第一请求人，并在口头审理通知书中告知第一请求人应当提交能够证明证据 1-1 至 1-4、1-7、1-8 真实性的证据。合议组同时将专利权人于 2006 年 9 月 22 日提交的意见陈述书转送给第二请求人，并在口头审理通知书中告知第二请求人应当提交能够证明证据 2-2、2-3 真实性的证据。

2007 年 4 月 20 日，专利权人针对编号为 5W07229 的无效宣告请求案再次提交了意见陈述书，并提交了如下附件：

附件 1：《国政评论》2001 年 9 月 21 日发表的文章的网络打印件 1 份共 2 页，题为：从幼儿发展迟缓问题谈潜在铅污染。

专利权人陈述：证据 2-2 中提到的漆料所采用的着色剂是由颜料粘结剂和辅助剂等组成；而本实用新型中油墨制造技术涉及到油脂化学、合成树脂化学、颜料及其中间体化学，与油墨是两种不同的物质。附件 1 给出了目前使用在门窗上的都是油漆而不是油墨的证明。

口头审理如期举行，专利权人及第一请求人的委托代理人到庭参加了口头审理。双方对合议组成员没有回避请求，对对方出席人员的身份和资格没有异议。第二请求人未参加口头审理。

（1）第一请求人当庭提交了盖有“经确认此副本与原件相同国家知识产权局专利检索咨询中心副本认证专用章”红章的证据 1-7、1-8 的认证文本，以及证据 1-1 至 1-4 的原件，专利权人当庭核实，确认复印件与原件一致，对证据 1-1 至 1-4 的真实性没有异议。专利权人当庭表示对证据 1-5 至 1-8 的真实性没有异议。第一请求人当庭表示放弃本专利不符合专利法第 22 条第 2 款以及专利法实施细则第 2 条第 2 款的无效理由，并明确其无效的理由、证据、范围以及证据的使用情况为：证据

1-5 作为最接近的现有技术，分别结合证据 1-2、1-4 评述本专利权利要求 1 不具有创造性；证据 1-6 作为最接近的现有技术，分别结合证据 1-2、1-4 评述本专利权利要求 1 不具有创造性；证据 1-7 作为最接近的现有技术，分别结合证据 1-2、1-4 评述本专利权利要求 1 不具有创造性；证据 1-8 作为最接近的现有技术，分别结合证据 1-2、1-4 评述本专利权利要求 1 不具有创造性；证据 1-4 作为最接近的现有技术，结合证据 1-2 评述本专利权利要求 1 的不具有创造性；权利要求 2 的附加技术特征在证据 1-2、1-4、1-8 中都有公开；权利要求 3 的附加技术特征是公知常识，例如：在证据 1-2 中有公开，因此，权利要求 2、3 也不具有创造性；证据 1-1、1-3 仅供合议组参考使用。第一请求人表示已对本案充分发表意见，没有其他的无效理由、证据和事实，专利权人表示已针对第一请求人的无效理由、证据和事实充分发表意见，没有其他意见需要补充。

（2）专利权人当庭表示对证据 2-1 的真实性没有异议；对证据 2-2、证据 2-3 的真实性有异议。合议组当庭让专利权人针对第二请求人的书面意见进行答辩。专利权人表示已针对第二请求人的无效理由、证据和事实充分发表意见，没有其他意见需要补充。

在此基础上，合议组认为双方当事人已经充分发表了意见，本案事实已经清楚，现依法作出本决定。

二、决定的理由

1. 关于证据

证据 1-2 的出版日为 1999 年 2 月；证据 1-4 的出版日为 1994 年 3 月，且专利权人对证据 1-2 和 1-4 的真实性无异议。以上证据的出版日均早于本专利的申请日，因此均构成评判本专利创造性的现有技术。

2. 关于创造性

专利法第 22 条第 3 款规定，创造性，是指同申请日以前已有的技术相比，该发明有突出的实质性特点和显著的进步，该实用新型有实质性特点和进步。

若要求保护的技术方案是所属领域技术人员在现有技术的基础上不经过创造性劳动就可以得到的，并且要求保护的技术方案相对于现有技术未产生有益的技术效果，则该技术方案不具备创造性。

本专利权利要求 1 为：家用建材门窗装饰条，其特征在于它是由页片层（1）和包裹在页片层（1）外面的油墨层（2）组成。

证据 1-4（具体参见第 461 页第 12~18 行）公开了油墨可以作为涂料用于在塑料物体表面进行涂敷而形成涂层的技术特征。权利要求 1 与证据 1-4 的区别在于，权利要求 1 是在家用建材门窗装饰条的叶片层外面进行涂敷的。

证据 1-2（具体参见第 143 页表 5-1、第 577 页“第二节”的第 1 自然段）公开了作为建材用的塑料装饰板、片、条，通过表面涂饰技术能够在该板、片、条表面进行涂敷以形成涂层。该技术特征在权利要求 1 与证据 1-2 中所起到的作用均为对作为建材的装饰条进行表面涂敷，从而使其表面质量得以提升，因此证据 1-2 给出了将该区别技术特征应用于证据 1-4 的技术启示。

针对权利要求 1 所记载的该装饰条用于门窗这一点，建筑用的塑料装饰板、片、条均可以根据需要用于门窗的装饰，这是本领域技术人员所公知的。因此，本领域技术人员在证据 1-4 及证据 1-2 的基础上得出权利要求 1 的技术方案无需付出创造性劳动；且权利要求 1 的技术方案也未产生预料不到的技术效果。可见权利要求 1 相对于证据 1-4、1-2 不具备实质性特点和进步，不符合专利法第 22 条第 3 款有关创造性之规定。

权利要求 2 的附加技术特征为：页片层（1）是一层 PVC 发泡材料。证据 1-2（具体参见第 142 页第二节第一部分）中公开了使用聚氯乙烯（PVC）发泡材料制造建筑用的塑料装饰板、片、条的技术特征。且权利要求 2 所引用的权利要求 1 不具备创造性，因此权利要求 2 不符合专利法第 22 条第 3 款有关创造性之规定。

权利要求 3 的附加技术特征是：页片层（1）是一层 PVC 加木粉的发泡材料。证据 1-2（具体参见第 25 页第二节“4. 木粉”部分）公开了使用 PVC 加木粉的发泡材料制造建筑用的塑料装饰板、片、条的技术特征。且权利要求 3 所引用的权利要求 1 不具备创造性，因此权利要求 3 不符合专利法第 22 条第 3 款有关创造性之规定。

鉴于权利要求 1~3 均不具备创造性，对第二请求人提出的无效理由和证据不再进行审查。

根据以上事实和理由，合议组作出以下决定。

三、决定

宣告 01243056.0 号实用新型专利权利要求 1~3 全部无效。

当事人对本决定不服的，可以根据专利法第 46 条第 2 款的规定，自收到本决定之日起三个月内向北京市第一中级人民法院起诉。根据该款的规定，一方当事人起诉后，另一方当事人应当作为第三人参加诉讼。

161

一种低温差放热气-固相催化方法及反应器

无效宣告请求审查决定（第10223号）

决　定　号 第10223号
决　定　日 2007年6月27日
发明创造名称 一种低温差放热气-固相催化方法及反应器
国 际 分 类 号 B01J 8/02
无效宣告请求人 沈耀冲
专　利　权　人 楼　韧
专　利　号 01808570.9
优　先　权　日 2000年4月24日
申　请　日 2001年4月23日
授 权 公 告 日 2004年9月29日
合 议 组 组 长 崔　震
主　审　员 董晓静
参　审　员 任颖丽

法　律　依　据 专利法第22条第2款、第3款，第26条第3款、第4款；专利法实施细则第13条第1款，第20条第1款，第21条第2款

决　定　要　点

如果请求人提交证据的公开日在涉案专利的优先权日和申请日之间，并据此提出的无效宣告理由涉及到对涉案专利申请能否享有优先权的判断，在此情况下，专利复审委员会对涉案专利的优先权进行判断并不超出专利复审委员会依法行政的职权范围。

一、案由

本无效宣告请求涉及中华人民共和国国家知识产权局于2004年9月29日授权公告的、名称为“一种低温差放热气-固相催化方法及反应器”的发明专利权（以下简称本专利），其专利号是01808570.9，申请日是2001年4月23日，专利权人是楼韧，其优先申请日为2000年4月24日，优先申请国为中国，优先申请号为00105264.0。

本专利授权公告的权利要求书如下：

“1. 一种低温差放热气-固相催化反应器，主要由外壳（P）、隔板（H）、冷管胆（Cb）、支架（S）、多孔板（R）组成，外壳（P）是一受压容器，顶部封头有进气口（1），底部封头有出气口（2），隔板（H）把受压容器分隔为上部分气室和下部反应室，反应室中装有触媒层（K），反应室底

部支架（S）支撑冷管胆（Cb），底部多孔板（R）支承反应室中冷管胆外的触媒层（K），其特征在于外壳（P）分为带上法兰的封头（P1）和带下法兰的筒体（P2），外壳（P）与隔板（H）连结密封，或隔板（H）与外壳（P）的支承圈密封，冷管胆（Cb）包含有进气管（a）、上环管（c）、冷管（b），冷管（b）是U形管，上环管（c）连结进气管（a）和U形冷管（b）的一端，冷管这一端成为下行冷管（b_A），U形冷管的另一端上端开口成为上行冷管（b_B）；或者冷管胆（Cb）包含有进气管（a）、上环管（c）、下环管（d）、冷管（b），冷管（b）由下行冷管（b_A）和上行冷管（b_B）组成，上环管（c）连结进气管（a）和下行冷管（b_A），下环管（d）连结下行冷管（b_A）和上行冷管（b_B）；进气管（a）穿过隔板（H）并用填料函活动密封，合成原料气由外壳（P）的顶部进气口进入上部分气室，经进气管（a）到上环管（c）分布到各冷管（b），原料气在下行冷管中先由上到下流动与冷管（b）管外的反应气换热，然后经上行冷管中由下到上与管外反应气换热到顶部出上行冷管，到管外进入触媒层由上到下一边反应一边与冷管中的原料气换热，反应气到底部经多孔板由底部出气管（2）出反应器。

2. 根据权利要求1所述的反应器，其特征在于冷管胆（Cb）中的U形冷管（b）成同轴心的不同圈径多排冷管，每排中全部U形冷管右端上口与上环管（c）相连成为下行冷管，或者全部U形冷管左端上口与上环管（c）相连成为下行冷管。

3. 根据权利要求1所述的反应器，其特征在于冷管胆（Cb）中的U形冷管（b）成同轴心的不同圈径多排冷管，每排U形冷管按二根U形管一组，二根U形管分大小二个不同弯头，小弯头U形管套在大弯头U形管里面，由大弯头U形管左侧上端与上环管（c）相连，小弯头U形管右侧上端与上环管（c）相连，或大弯头U形管右侧为下行冷管与上环管（c）相连，小弯头U形管左侧管为下行冷管与上环管（c）相连，构成相邻二根管子中气体上下流动方向均不相同。

4. 根据权利要求1所述的反应器，其特征在于冷管胆（Cb）中的冷管（b）成同轴心的不同圈径多排冷管，每排冷管中下行冷管（bA）的面积与上行冷管（bB）的面积之比为0.5~3。

5. 根据权利要求1所述的反应器，其特征在于出反应器后气体进入管壳式合成反应器进一步反应。

6. 根据权利要求1所述的反应器，其特征在于反应器设有圆筒形气体分气筒（E）和集气筒（F），分气筒（E）和集气筒（F）上开有气孔，气体经分气筒（E）气孔到触媒层在触媒层中径向流动到经集气筒（F）气孔汇集到集气筒后由底部出气管（2）出反应器。”

针对本专利权，沈耀冲（以下简称请求人）于2006年5月29日向专利复审委员会提出无效宣告请求。请求人同时提交了以下附件：

附件1：专利申请号为00105264.0、申请日为2000年4月24日、公开日为2001年11月7日、公开号为CN1320478A、申请人为杭州林达化工技术工程有限公司的中国发明专利申请公开说明书，全文复印件，共8页；

附件2：专利号为00208802.9、申请日为2000年4月24日、授权公告日为2001年3月14日、授权公告号为CN2423018Y、专利权人为杭州林达化工技术工程有限公司的中国实用新型专利说明书，全文复印件，共8页；

附件3：专利号为98233387.0、申请日为1998年11月28日、授权公告日为2000年10月11日、授权公告号为CN2400445Y、专利权人为楼寿林、卢慕书、楼韧的中国实用新型专利说明书，全文复印件，共11页；

附件4：丁宥果主编、浙江大学出版社出版、1996年7月第1版第1次印刷的《化工容器及设备设计》的封面页、版权信息页、前言页和第119、120、127~129页的复印件，共8页；

附件5：湖北化工设计院主编、石油化学工业出版社出版、1977年12月北京第1版第1次印刷的《氨合成塔》的封面页、版权信息页和第23、24、62~67页的复印件，共10页；

附件6：梅安华主编、化学工业出版社出版、1995年3月第1版第1次印刷的《小合成氨厂工艺技术与设计手册》下册的封面页、扉页、版权信息页和第200~201页的复印件，共5页；

附件7：公告日为1992年1月15日、公告号为CN 2093358U的实用新型专利申请说明书，全文复印件，共7页；

附件8：公开日为1996年8月21日、号为CN1129205A的中国发明专利申请公开说明书，全文复印件，共15页；

附件9：公告日为1990年10月17日、公告号为CN2063942U的实用新型专利申请说明书，全文复印件，共13页。

请求人认为：

（1）本专利不应享有优先权，因为本专利要求优先权的在先申请即附件1的发明名称、申请人和技术主题与本专利不同，附件1的申请人是杭州林达化工技术工程有限公司，没有记载本专利“下环管”的技术方案和权利要求4、5、6的技术方案，而且与附件1相同申请人、相同申请日和相同主题的另一份实用新型申请即附件2已经被授予专利权，因此本专利不符合专利法第29条和专利法实施细则第33条第2款和审查指南的有关规定，不得享有附件1的优先权，评价新颖性和创造性应该以申请日为准。

（2）本专利权利要求1~3不具备新颖性，因为附件2公开了权利要求1请求保护的U形冷管技术方案和权利要求2、3的技术方案。

（3）本专利权利要求1~6不具备创造性，因为独立权利要求1相对于附件2或者附件2与附件3、6、7、8或4的结合，或者相对于附件8与附件4、5或9的结合都不具备创造性；权利要求2、3的附加特征被附件5公开，权利要求4的附加特征被附件3、5公开，权利要求5的附加特征被附件3、9公开，权利要求6的附加特征被附件8公开，因此都不具备创造性。

（4）本专利权利要求2~6不符合专利法第26条第3款、第4款规定，因为权利要求2、3的U形冷管与下环管的方案无法同时实施，权利要求4的下、上行冷管面积比除了1：1之外的点都不能实施，权利要求5的方案也没有清楚说明，权利要求6的多孔板（R）和集气筒（F）的方案无法同时实施，说明书没有作出清楚完整的说明。

（5）权利要求1~3、6不符合专利法实施细则第20条第1款的规定，因为权利要求1的主题名称既有方法又有产品，权利要求2、3无法对权利要求1的上下环管技术方案进行限定，本专利的权利要求6的多孔板（R）和集气筒（F）的方案无法同时实施。

（6）权利要求6不符合专利法实施细则第21条第2款的规定，因为如果将其认为是独立权利要求，则缺少反应器必需的技术特征。

（7）权利要求1~3不符合专利法实施细则第13条第1款的规定，因为它们要求保护的U形冷管的技术方案与已被授权的附件2相同，属于重复授权。

经形式审查合格，专利复审委员会依法受理了上述无效宣告请求，并于2006年5月29日向请求人和专利权人发出无效宣告请求受理通知书，同时将专利权无效宣告请求书及其附件清单中所列附件的副本转送给专利权人，并要求专利权人在指定的期限内陈述意见。

请求人于2006年6月26日向专利复审委员会提交了意见陈述书，补充以下附件以进一步支持其无效宣告请求理由：

附件10：授权公告日为1999年11月10日、授权公告号为CN2347653Y的中国实用新型专利说明书，全文复印件，共8页；

针对专利复审委员会发出的上述无效宣告请求受理通知书，专利权人于2006年7月13日提交了意见陈述书。专利权人认为：（1）是否享有优先权不是无效宣告的理由；（2）附件2的公开日晚于本专利的优先权日，也不是抵触申请，不能评判本专利新颖性，而且附件2没有公开本专利的全部必要技术特征；（3）请求人没有对技术特征作具体分析，只是泛泛而谈，其关于创造性的意见没有事实依据；而且本专利依据气-固相催化放热可逆反应的特点，对反应器的外壳、冷管等具体结构及反应器的整体结构都做了富有创意的改进，与现有技术相比，产生了可减小触媒层的温差、增加触媒装填系数及活性、结构简单可靠、操作性强等有益的技术效果，因而具备创造性；（4）本专利权利要求2~6的方案是本领域技术人员可以实施的，其中权利要求2、3只对权利要求1的多项技术方案之一作出限定，权利要求4的上、下行冷管面积是显而易见的，权利要求5显然能够实现，权利要求6的集气筒是多孔板的一种，二者都有集聚反应气出塔和支承触媒作用，集气筒的集聚气体作用更明显，但两者并不冲突；（5）权利要求1~3、6的保护范围清楚，权利要求1的主题只有产品；（6）权利要求6是从属权利要求，反应器的必要技术特征在权利要求1中已有记载；（7）权利要求1与附件2的权利要求1存在很大区别，与附件2不属于同样的发明创造。

专利复审委员会依法成立合议组。本案合议组于2007年2月13日向双方发出无效宣告请求口头审理通知书，定于2007年4月24日在专利复审委员会举行口头审理。同时随同口头审理通知书，将请求人于2006年6月26日提交的意见陈述书及其附件清单中所列附件的副本转送给专利权人，将专利权人于2006年7月13日提交的意见陈述书转送给请求人。

口头审理如期举行，双方当事人均出席口头审理并充分发表了意见。合议组就无效宣告请求的范围、理由和证据进行了调查，并记录了以下事项：

1）请求人放弃附件7和附件10，专利权人对附件1~10的真实性、公开性没有异议。

2）请求人明确其无效宣告请求的范围、理由及所依据的证据为：

（1）权利要求2~6不符合专利法第26条第3款、第4款的规定；权利要求1~3、6不符合专利法实施细则第20条第1款的规定；权利要求6不符合专利法实施细则第21条第2款的规定；

（2）按照权利要求1所请求保护的技术方案中冷管胆是U形管还是包括上下环管，以及隔板与外壳之间的密封方式是连结密封还是支承圈密封，对权利要求书进行分组，分为U形冷管+支承圈密封的方案，U形冷管+连结密封的方案，上下环管+连结密封的方案，上下环管+支承圈密封的方案；用附件1证明本专利不应享有优先权，应以申请日为准作为划分现有技术的界限；其中，

①对于U形冷管+支承圈密封的方案，用附件2证明权利要求1~3不符合专利法实施细则第13条第1款的规定；用附件2证明权利要求1~3没有新颖性，也没有创造性。

②对于U形冷管+连结密封的方案，用附件2和附件3、4之一的结合评价权利要求1的创造性；从属权利要求2、3的附加特征被附件2或5公开，权利要求4的附加特征被附件3公开，权利要求5的附加特征被附件9公开，权利要求6的附加特征被附件8公开，所以权利要求1~6的U形冷管和连结密封的方案都没有创造性。

③对于上下环管+支承圈密封的方案，用附件2和3的结合，或者附件2、6的结合评价权利要求1的创造性，从属权利要求2、3的附加特征被附件2或5公开，权利要求4的附加特征被附件3公开，权利要求5的附加特征被附件9公开，权利要求6的附加特征被附件8公开，所以权利要求1~6的上下环管和支承圈密封的方案都没有创造性。

④对于上下环管+连结密封的方案，单独用附件3，或者用附件2、3的组合，或者用附件2和4和6三篇的结合评价权利要求1的创造性，从属权利要求2、3的附加特征被附件2或5公开，权利

要求 4 的附加特征被附件 3 公开，权利要求 5 的附加特征被附件 9 公开，权利要求 6 的附加特征被附件 8 公开，所以权利要求 1~6 的上下环管和连结密封的方案都没有创造性。

2007 年 4 月 28 日，请求人提交了对口头审理陈述意见进行总结的意见陈述书，强调优先权是否成立涉及评价本专利新颖性和创造性的时间界限，属于无效宣告程序的审查范围，并重申本专利不符合专利法第 22 条第 2 款、第 3 款、第 26 条第 3 款、第 4 款，以及专利法实施细则第 13 条第 1 款、第 20 条第 1 款和第 21 条第 2 款规定的意见。

2007 年 4 月 30 日，专利权人的代理人提交了口头审理代理词，坚持认为：（1）本专利是否享有优先权不属于专利法实施细则第 64 条第 2 款的范畴，在无效宣告程序中将优先权列入审查范围超出了专利复审委员会依法行政的职权；（2）请求人虽然是在 2006 年 5 月 29 日提出无效宣告请求，但是在 2006 版审查指南公布之后请求人应对提供的证据进行具体说明而未具体说明，因此对其在口头审理时提出的证据组合方式和增加的无效理由应不予考虑；（3）即使不考虑优先权的问题，本专利也具备新颖性和创造性，附件 3 的花板和密封方式、附件 4 的法兰垫片连接、附件 5 的固定方式和弯曲方式、附件 8 的焊接和支承方式、附件 9 的串联甲醇合成系统都与本专利明显不同。

2007 年 5 月 14 日，专利权人提交了出让人为杭州林达化工技术工程有限公司、受让人为楼韧、转让日为 2001 年 4 月 3 日的专利申请优先权转让协议原件。

2007 年 5 月 28 日，请求人到专利复审委员会核实该优先权转让协议的原件，对该原件形式上的真实性没有异议，但是认为其提交日期超过了法定的期限。

至此，合议组认为本案事实已经清楚，可以作出审查决定。

二、决定的理由

（一）关于审查基础

由于专利权人未修改权利要求书，因此本次审查的审查基础是授权公告的权利要求书。

对于独立权利要求 1，其所述的低温差放热气-固相催化反应器除了共有的特征之外，还包括外壳与隔板的密封方式为“外壳与隔板连结密封”（以下简称“连结密封”）或“隔板与外壳支承圈密封”（以下简称“支承圈密封”），冷管胆为“冷管胆包含有进气管、上环管、冷管，冷管是 U 形管，上环管连结进气管和 U 形冷管的一端，冷管这一端成为下行冷管，U 形冷管的另一端上端开口成为上行冷管”（以下简称“U 形冷管”）或“冷管胆包含有进气管、上环管、下环管、冷管，冷管由下行冷管和上行冷管组成，上环管连结进气管和下行冷管，下环管连结下行冷管和上行冷管”（以下简称“上下环管”）。因此，可以根据反应器的密封方式和冷管结构的不同，将其划分为四个技术方案，即“U 形冷管+支承圈密封”的方案，“U 形冷管+连结密封”的方案，“上下环管+支承圈密封”的方案，和“上下环管+连结密封”的方案。

对于从属权利要求，权利要求 2、3 的限定部分为“冷管胆中的 U 形冷管……”，因此是对权利要求 1 请求保护的反应器冷管为 U 形冷管的方案作出的进一步限定，只引用权利要求 1 所请求保护的“U 形冷管+支承圈密封”的方案和“U 形冷管+连结密封”的方案，而从属权利要求 4、5、6 则对权利要求 1 请求保护的四种方案都作了进一步限定。

综上，将权利要求书分组如下：

第一组权利要求：独立权利要求 1 的技术方案简称为“U 形冷管+支承圈密封”的方案，即除了共有特征之外，所述低温差放热气-固相催化反应器的外壳与隔板支承圈密封，冷管胆包括 U 形冷管；其从属权利要求为权利要求 2~6。

第二组权利要求：其独立权利要求 1 的技术方案简称为“U 形冷管+连结密封”的方案，即除了共有特征之外，所述低温差放热气-固相催化反应器的外壳与隔板连结密封，冷管胆包含 U 形冷管；

其从属权利要求为权利要求 2~6。

第三组权利要求：其独立技术方案 1 的技术方案简称为“上下环管+支承圈密封”的方案，即除了共有特征之外，所述低温差放热气–固相催化反应器的外壳与隔板支承圈密封，冷管胆包括上下环管；其从属权利要求为权利要求 4~6。

第四组权利要求：其独立权利要求 1 的技术方案简称为“上下环管+连结密封”的方案，即除了共有特征之外，所述低温差放热气–固相催化反应器的外壳与隔板连结密封，冷管胆包括上下环管；其从属权利要求为权利要求 4~6。

（二）关于无效宣告请求的理由和范围

本案审理范围以请求人在口头审理期间明确的无效宣告请求的理由、证据和范围为准。

针对专利权人提出的对于请求人在口头审理时提出的补充证据结合方式及增加的无效宣告理由不应予以考虑的意见，合议组认为，由于本案是在 2006 年 7 月 1 日之前提出的无效宣告请求，对其自无效宣告请求之日起一个月后提出的新理由、新证据的审查适用 2001 年 10 月 18 日公布的审查指南第四部分第三章第 3. 1 节的规定，而且请求人在口头审理期间明确的理由、范围和证据使用方式基本上已记载在请求书中，因此合议组对它们予以考虑。

（三）关于证据

请求人提交并要求使用的证据是附件 1~6、8、9，专利权人对它们的真实性没有异议，因此附件 1~6、8、9 可以作为本案的证据使用。

（四）关于专利法第 26 条第 3 款、第 4 款、专利法实施细则第 20 条第 1 款和专利法实施细则第 21 条第 2 款的无效理由

1. 关于专利法第 26 条第 3 款、第 4 款

专利法第 26 条第 3 款规定：说明书应当对发明或者实用新型作出清楚、完整的说明，以所属技术领域的技术人员能够实现为准。

专利法第 26 条第 4 款规定，权利要求书应当以说明书为依据，说明要求专利保护的范围。

具体到本案中，请求人认为权利要求 2、3 引用权利要求 1 中 U 形冷管的方案能够实施，引用上下环管的方案无法实施，权利要求 4 的下、上行冷管面积比除了 1∶1 之外的点之外都不能实施，权利要求 5 的方案因说明书没有清楚说明导致本领域技术人员不能实现，权利要求 6 的多孔板和集气筒二者起相同的作用，不能安装在同一个设备中，无法同时实施，因此权利要求 2~6 不符合专利法第 26 条第 3、4 款的规定。专利权人则认为权利要求 1 是选择性的权利要求，权利要求 2、3 可以只对其中记载的某项技术方案进行限定，说明书对此作了清楚完整的说明；权利要求 4 中的 U 形冷管可以实现 0. 5~3 的比例，所述面积为传热面积；权利要求 5 的技术方案能够实现；权利要求 6 的集气筒是权利要求 1 所述多孔板的一种具体结构，二者起相同作用，多孔板没有限定形状，也可以是筒体。

合议组认为，对于权利要求 2、3，由于独立权利要求 1 存在多项并列方案，从属权利要求的限定部分可以对在前的权利要求中的某一方案进行限定，而权利要求 2 和 3 正是对权利要求 1 中 U 形冷管的技术方案所作的进一步限定，因此权利要求 2、3 符合专利法第 26 条第 4 款的规定，说明书对权利要求 2、3 所述方案的说明也符合专利法第 26 条第 3 款的规定。

对于权利要求 4，由于冷管胆包括 U 形冷管的方案以及冷管胆包括上下环管的方案都可以通过调节上、下行冷管的尺寸如直径、长短等因素来调节面积，从而得到所述的面积比，因此权利要求 4 符合专利法第 26 条第 4 款的规定，说明书对权利要求 4 所述方案的说明也符合专利法第 26 条第 3 款的规定。

对于权利要求 5，由于所属技术领域的技术人员能够根据其限定部分的描述获知并确定所述反应

器的技术方案，因此权利要求 5 符合专利法第 26 条第 4 款的规定，说明书对权利要求 5 所述方案的说明符合专利法第 26 条第 3 款的规定。

对于权利要求 6，由于双方当事人均认可多孔板和集气筒的作用相同，而且权利要求 1 所述多孔板没有限定形状，因此可以认为集气筒是对多孔板的进一步限定，权利要求 6 符合专利法第 26 条第 4 款的规定，说明书对权利要求 6 所述方案的说明符合专利法第 26 条第 3 款的规定。

2. 关于专利法实施细则第 20 条第 1 款

专利法实施细则第 20 条第 1 款规定：权利要求书应当说明发明或者实用新型的技术特征，清楚、简要地表述请求保护的范围。

请求人认为权利要求 1 主题类型不清楚，而且用方法特征对产品进行限定，权利要求 2、3 引用权利要求 1 所述冷管胆包括上下环管的技术方案时保护范围不清楚，权利要求 6 的集气筒与多孔板无法同时实施导致保护范围不清楚。专利权人则认为权利要求 1 是产品权利要求，主题类型清楚，可以用方法特征限定产品，权利要求 2、3、6 的技术方案是清楚的。

对此，合议组认为，权利要求 1 的主题“一种低温差放热气-固相催化反应器”说明其是产品权利要求，类型清楚，而且既包括结构特征，也包括方法特征的描述足以使所属技术领域的技术人员确定该反应器的保护范围，因此符合专利法实施细则第 20 条第 1 款的规定。权利要求 2、3 是对权利要求 1 所述冷管胆包括 U 形管的进一步限定，权利要求 6 的集气筒是对权利要求 1 所述多孔板的进一步限定，也符合专利法实施细则第 20 条第 1 款的规定。

3. 关于专利法实施细则第 21 条第 2 款

专利法实施细则第 21 条第 2 款规定：独立权利要求应当从整体上反映发明或者实用新型的技术方案，记载解决技术问题的必要技术特征。

请求人主张如果权利要求 6 是独立权利要求则缺少反应器的必要技术特征，专利权人认为权利要求 6 是从属权利要求，必要技术特征已记载在独立权利要求 1 中。

对此，合议组认为，如前所述，权利要求 6 的集气筒是对权利要求 1 所述多孔板的进一步限定，其包括了权利要求 1 的所有技术特征，是从属权利要求，因此不违反专利法实施细则第 21 条第 2 款的规定。

（五）关于专利法实施细则第 13 条第 1 款和专利法第 22 条第 2 款、第 3 款

1. 关于优先权

（1）优先权核实的必要性。

本案中，请求人主张本专利不应享有优先权，应以本专利的申请日来评价其新颖性和创造性。专利权人则认为是否享有优先权不属于专利法实施细则第 64 条第 2 款的范畴，在无效宣告程序中将优先权列入审查范围超出了专利复审委员会依法行政的职权。

对此，合议组认为，本案中，请求人提出的无效宣告理由包括专利法第 22 条第 2 款、第 3 款和专利法实施细则第 13 条第 1 款，而其用于评价新颖性、创造性和重复授权的有效证据中，附件 2、3 的公开日在本专利的申请日和公开日之间。因此，根据专利法实施细则第 10 条第 1 款的规定“除专利法第 28 条和第 42 条的情形外，专利法所称申请日，有优先权的，指优先权日”，以及专利法实施细则第 30 条的规定“专利法第 22 条第 3 款所称已有的技术，是指申请日（有优先权的，指优先权日）前在国内公开出版物上公开发表、在国内公开使用或者以其他方式为公众所知的技术，即现有技术”，和审查指南第二部分第三章第 6 节的规定“在先申请构成抵触申请或已公开构成现有技术的，应根据专利法第 22 条第 2 款、第 3 款，而不是根据专利法第 9 条或专利法实施细则第 13 条第 1 款对在后专利进行审查”，在针对请求人提出的专利法第 22 条第 2 款、第 3 款和专利法实施细则第 13 条第 1 款的无效宣告理由进

行审查时必将涉及对本专利能否享有优先权的判断，对优先权进行核实不超出专利复审委员会依法行政的职权。

（2）优先权核实的结论。

审查指南第三部分第二章第2节规定，对于进入国家阶段的国际申请，其授予专利权的实质条件应适用中国专利法及其实施细则和审查指南的规定，其中包括专利法第29条第2款，即“申请人自发明或者实用新型在中国第一次提出专利申请之日起十二个月内，又向国务院专利行政部门就相同主题提出专利申请的，可以享有优先权。”

由此可知，要求优先权的在后申请的申请人与在先申请的申请人应当完全一致，或者由在先申请的全体申请人将优先权转让给在后申请的申请人；而且，在先申请和在后申请应当是相同主题，即技术领域、所解决的技术问题、技术方案和预期的效果相同的发明或者实用新型。

① 关于申请人。

本案中，附件1是本专利所要求优先权的在先申请，其申请人为杭州林达化工技术工程有限公司，与本专利的专利权人不同。但是，专利权人于2007年5月14日提交了出让人为杭州林达化工技术工程有限公司、受让人为楼韧、签署日为2001年4月3日的优先权转让协议，请求人对该转让协议的真实性也无异议，因此由于上述转让，本专利与在先申请的申请人一致。

针对请求人提出的专利权人提交上述优先权转让协议的时机超过了举证期限的问题，合议组认为，根据专利法实施细则第107条第3款，以及审查指南第三部分第一章第5节和第二章第5节的规定，专利局对进入国家阶段的申请核实优先权的前提是国际局提供了优先权文件副本或者申请人补交了优先权文件副本，而中国专利局只是在必要时才向国际局请求传送该申请的优先权文件副本或通知申请人在指定期限内补交在先申请文件副本，所谓“必要时”是指国际申请的公布文本中的国际检索报告在相关文件一栏中标出PX、PY类文献，或者国际检索单位没有检索到、但是专利局负责实质审查的审查员在补充检索到PX、PY类文献（PX、PY类文献，即公开日在申请日和所要求的优先权日之间或者会导致需要核实该申请优先权，内容可以单独或结合影响权利要求的新颖性或创造性的文献）时。因此，鉴于本专利在国际阶段的国际检索报告和国内阶段的实质审查检索报告及审查意见通知书中均未记载和/或提及存在PX或PY类文献，而是在无效宣告请求审查程序中才由请求人提供了PX、PY类文件即附件2、3，并综合考虑到专利权人已经主动提交了形式合格的优先权转让协议，优先权转让协议的签订日期也在本专利的申请日之前，因此，合议组对上述优先权转让协议予以考虑。

② 关于主题。

附件1记载了一种低温差放热气-固相催化反应器，其权利要求1的前序部分以及权利要求1~3对U形冷管结构特征的限定与本专利完全相同；说明书第2页第28、29行指出“本发明中外壳P的上封头和筒体也可分开为二件用法兰连结，以便拆下隔板装触媒和检修设备”，与本专利权利要求1所述“外壳分为带上法兰的封头和带下法兰的筒体”相同；而且，由于双方当事人在口头审理期间均认可附件1图2所示的壳体与隔板密封为支承圈密封，因此附件1记载了本专利权利要求1所述的支承圈密封；此外，附件1说明书第2页第13、14行记载“隔板支承在筒壁上并用焊接或活动密封”，由于专利权人表示本专利的连结密封包括法兰连结和垫片连结，是可以拆下来的，不是一体的，因此附件1也记载了隔板与壳体的连结密封。综上，本专利第一、二组权利要求的权利要求1~3的技术方案已记载在附件1中，可以享有优先权。

由于附件1明确指出“本发明因上行冷管和下行冷管用一支长管弯成U形弯头不用下环管连结”，排除了本专利权利要求1所述的冷管胆包括上下环管的技术方案，而且附件1没有记载本专利权利要求4~6的附加技术特征，因此，本专利第一、二组权利要求的权利要求4~6，以及第三、四组权利要求的技术方案未记载在附件 1 中，不能享有优先权。

此外，针对请求人提出的因附件 2 被授权将导致本专利属于专利法实施细则第 33 条第 2 款规定的情形而不应享有优先权的意见，合议组认为，该条款明确规定的是“提出后一申请时，在先申请已经被授予专利权的，不得作为要求本国优先权的基础”，而附件 2 并非本专利要求享有优先权的在先申请，因此不违反上述条款的规定。

2. 关于现有技术

基于上述对优先权的认定，请求人提供的证据中，附件 4~6、8、9 是本专利全部四组权利要求的现有技术，附件 2、3 是本专利第二组权利要求 4~6 以及第三、四组全部权利要求的现有技术。但是，附件 2 对第一组权利要求 1~3 来说不是现有技术也不是在先申请在后公开的专利文件，不能用于评价新颖性和创造性；附件 2、3 对第二组权利要求 1~3 来说不是现有技术，不能用于评价创造性。

3. 关于第一组权利要求

请求人针对第一组权利要求提出的无效理由包括权利要求 1~3 相对于附件 2 不符合专利法实施细则第 13 条第 1 款和专利法第 22 条第 2、3 款的规定。合议组认为，

（1）关于新颖性和创造性。

专利法第 22 条第 2 款规定，新颖性，是指在申请日以前没有同样的发明或者实用新型在国内外出版物上公开发表过、在国内公开使用过或者以其他方式为公众所知，也没有同样的发明或者实用新型由他人向国务院专利行政部门提出过申请并记载在申请日以后（含申请日）公布的专利申请文件中。

专利法第 22 条第 3 款规定，创造性，是指同申请日以前已有的技术相比，该发明有突出的实质性特点和显著的进步，该实用新型具有实质性特点和进步。

由于第一组权利要求 1~3 享有优先权，附件 2 的申请日是第一组权利要求 1~3 的优先权日，因此附件 2 不是权利要求 1~3 的现有技术，也不是在先申请在后公开的专利申请文件，不能用于评价新颖性和创造性，请求人据此提出的专利法第 22 条第 2、3 款的理由不成立。

（2）关于专利法实施细则第 13 条第 1 款。

专利法实施细则第 13 条第 1 款规定，同样的发明创造只能被授予一项专利权。

根据上述规定，所述的“同样的发明创造”是指两件或两件以上申请（或专利）中存在保护范围相同的权利要求。

具体到本案中，请求人认为本专利权利要求 1~3 要求保护的 U 形冷管+支承圈密封的技术方案与已被授权的附件 2 相同，属于重复授权。专利权人则认为本专利权利要求 1 与附件 2 的权利要求 1 保护范围不同，不是同样的发明创造。

合议组认为，比较本专利第一组权利要求 1~3 与附件 2 的权利要求书可知，独立权利要求 1 的至少一项技术特征“外壳分为带上法兰的封头和带下法兰的筒体，隔板与外壳支承圈密封”没有被附件 2 的权利要求书公开，因此两专利不存在保护范围相同的权利要求，不违反专利法实施细则第 13 条第 1 款的规定。

4. 关于第二组权利要求

请求人针对第二组权利要求提出专利法第 22 条第 3 款的无效理由，包括权利要求 1 相对于附件 2 和附件 3、4 之一的结合不具备创造性，其从属权利要求 2、3 的附加特征被附件 2 或 5 公开，权利要求 4 的附加特征被附件 3 公开，权利要求 5 的附加特征被附件 9 公开，权利要求 6 的附加特征被附件 8 公开，也都不具备创造性。

对此，合议组经审理后认为：

专利法第 22 条第 3 款规定，创造性，是指同申请日以前已有的技术相比，该发明有突出的实质

性特点和显著的进步，该实用新型具有实质性特点和进步。

专利法第22条第3款规定的“已有的技术”是指申请日（有优先权的，指优先权日）前在国内外出版物上公开发表、在国内公开使用或者以其他方式为公众所知的技术，即现有技术。

在判断创造性时，首先应将权利要求与最接近的现有技术公开的技术内容进行比较分析，找出区别技术特征，随后从所属技术领域、所要解决的技术问题、技术方案及预期效果等方面判断这些区别技术特征的引入对于本领域技术人员而言是否是显而易见的。如果本领域技术人员根据现有技术的教导或启示能够容易导出或引入上述区别特征，则应当认为该技术方案是显而易见的，相应的权利要求不能满足专利法第22条第3款关于创造性的规定。

（1）关于权利要求1、2、3的创造性。

由于附件2、3不是本组权利要求1~3所述方案的现有技术，不能用于评价创造性，而请求人引用的附件4第119页仅涉及化工容器及设备的法兰设计，附件5第66页图4-3-5仅涉及U形冷管固定在触媒筐顶部的分环上，倒数第4、5行仅涉及小化肥厂的冷管采用同心圆排列，因此由于附件4没有公开包括冷管胆的反应器结构，也没有给出任何启示，不能破坏权利要求1的创造性；附件4、5的结合也没有公开包括外壳、隔板、包括U形冷管的冷管胆、支架、多孔板等的反应器结构，也没有给出相关启示，因此附件4、5的结合也不能破坏权利要求2、3的创造性。

（2）关于权利要求4、5、6的创造性。

对于权利要求4~6，附件2是最接近的现有技术，其公开了一种低温差放热气-固相催化反应器，主要由外壳、隔板、冷管胆、支架、多孔板组成，外壳是一受压容器，顶部封头有进气口，底部封头有出气口，隔板把受压容器分隔为上部分气室和下部反应室，反应室中装有触媒层，反应室底部支架支撑冷管胆，底部多孔板支承反应室中冷管胆外的触媒层，其特征是冷管胆包含有进气管、环管、冷管，冷管是形管，环管连结进气管和U形冷管的一端，冷管这一端成为下行冷管，U形冷管的另一端上端开口成为上行冷管，进气管穿过隔板并用填料函活动密封（参见附件2的权利要求1）。合成原料气由外壳顶部进气口进入上部分气室，经进气管到环管分布到各下行冷管，原料气在下行冷管中先由上到下流动与冷管管外的反应气并流换热，然后经U形弯头在上行冷管中由下到上与管外反应气逆流换热到顶部出上行冷管，到管外进入触媒层由上到下一边反应一边与U形冷管中的原料气向并流换热，反应气到底部经多孔板由底部出气管出反应器（参见附件2的说明书第2页第4~9行）。而且，外壳为一个带有上下封头的圆筒形容器，上封头和筒体可以分开为两件用法兰连接，容器上部有圆形隔板，隔板支承在筒壁上并用焊接或活动密封（参见附件2的说明书第2页第11~14行、第28~29行）。

对于权利要求4，附件2、3是其现有技术。比较权利要求4与附件2可知，权利要求4相对于附件2的区别技术特征在于冷管胆中的冷管成同轴心的不同圈径多排冷管，每排冷管中下行与上行冷管的面积比为0.5~3。附件3公开了一种均温型醇醚合成反应器，冷管胆包括上下环管，下行与上行冷管的面积比为1.2~3.2，并指出上下行冷管氨触媒层截面分成反应热量和冷管排热量之比趋于一致的原则均匀布置（参见附件3说明书第3页），因此所属技术领域的技术人员根据附件3的启示显而易见可以通过调节下行上行冷管的面积比的技术手段来改进附件2从而得到权利要求4请求保护的技术方案，因此权利要求4不具备创造性。

对于权利要求5，权利要求5相对于附件2的区别技术特征在于出反应器后气体进入管壳式合成反应器进一步反应，但是附件9公开了一种包括触媒层和冷管胆的均温型甲醇塔，可以用于前后两个串联甲醇合成系统（参见附件9第7页），而且管壳式合成反应器也是本领域常用的反应器体系，因此本领域技术人员在附件2的基础上结合附件9可以显而易见得到权利要求5的技术方案，权利要求

5 不具备创造性。

对于权利要求 6，权利要求 6 相对于附件 2 的区别技术特征在于反应器设有圆筒形气体分气筒和集气筒，但是附件 8 公开的节能冷管型甲醇合成反应器，设有外分布筒和内分布筒，都开有气孔，气体一部分在触媒床层顶部轴向流动，大部分在触媒床层中下部径向流动，由外分布筒到内分布筒（参见附件 8 第 4 页和图 4），因此本领域技术人员在附件 2 的基础上结合附件 8 可以显而易见得到权利要求 6 的技术方案，权利要求 6 不具备创造性。

5. 关于第三组权利要求

请求人针对第三组权利要求提出专利法第 22 条第 3 款的无效理由，包括权利要求 1 相对于附件 2、3 的结合，或者附件 2、6 的结合不具备创造性，从属权利要求 2、3 的附加特征被附件 2 或 5 公开，权利要求 4 的附加特征被附件 3 公开，权利要求 5 的附加特征被附件 9 公开，权利要求 6 的附加特征被附件 8 公开，都不具备创造性。对此，合议组经审理后认为：

专利法第 22 条第 3 款规定，创造性，是指同申请日以前已有的技术相比，该发明有突出的实质性特点和显著的进步，该实用新型具有实质性特点和进步。

在判断创造性时，首先应将权利要求与最接近的现有技术公开的技术内容进行比较分析，找出区别技术特征，随后从所属技术领域、所要解决的技术问题、技术方案及预期效果等方面判断这些区别技术特征的引入对于本领域技术人员而言是否是显而易见的。如果本领域技术人员根据现有技术的教导或启示能够容易导出或引入上述区别特征，则应当认为该技术方案是显而易见的，相应的权利要求不能满足专利法第 22 条第 3 款关于创造性的规定。

（1）关于权利要求 1 的创造性。

对于权利要求 1，附件 2、3 是其现有技术。其中，附件 3 公开了一种均温型醇醚合成反应器，主要由外壳、触媒筐、筒体、大盖板、花板组成，外壳承受压力，上端有原料气的入口，底部有出气口，触媒筐有壳体、大盖板和底部花板，引气管通过填料函与大盖板活动配合使得大盖板将反应器外壳内的空间分为外部的气室和触媒筐内部的反应室，底部花板支承触媒层，触媒层中设有一个或多个同轴套装的冷管胆，冷管胆的上环管连结引气管和下行冷管，下环管连结下行冷管和上行冷管，原料气由外壳上端入口经外壳和触媒筐之间的环隙下流，由导气管进入集气室，再经引气管到冷管胆，先通过下行冷管并流换热，再经下环管分布到上行冷管进行逆流换热（参见附件 3 权利要求 1、2 和图 1~3）。由此可见，权利要求 1 与附件 3 的区别技术特征在于：①权利要求 1 所述的进气口、出气口分别在外壳的顶部和底部封头，而且外壳分为带上法兰的封头和带下法兰的筒体，外壳与隔板支承圈密封，而附件 3 没有明确公开其进气口和出气口分别位于外壳的顶部封头和底部封头，没有公开法兰，也没有公开支承圈密封方式，其采用的是触媒筐的壳体与盖板相连；②权利要求 1 包括支架和多孔板，分别用于支承冷管胆和触媒层，而附件 3 没有公开用支架支承冷管胆，而且由底部花板支承触媒层。

但是，附件 2 公开了一种可用于甲醇、甲醚合成过程的低温差放热气-固相催化反应器，包括外壳、隔板、冷管胆、支架、多孔板组成，外壳为受压容器，顶部封头有进气口，底部封头有出气口，外壳的上封头和筒体也可分开为二件用法兰连结，以便拆下隔板装触媒和检修设备，并且由隔板把受压容器分隔为上部分气室和下部反应室，反应室底部支架支承冷管胆，底部多孔板支承触媒层，隔板支承在筒壁上并用焊接或活动密封，且附件 2 的图 2 公开了隔板与外壳支承圈密封（参见附件 2 的权利要求 1，说明书第 2 页和附图 2）。

由此可见，本组权利要求 1 相对于附件 3 的区别技术特征已被附件 2 公开，它们在附件 2 中所起作用与其在本专利中所起作用相同，因此对所属技术领域的技术人员来说，根据附件 2、3 可以显而易见得到本专利权利要求 1 保护的技术方案，权利要求 1 不具备创造性。

（2）关于权利要求 2~6 的创造性。

对于权利要求 2、3，由于它们仅是对冷管胆包括 U 形管的技术方案进行的限定，不是对冷管胆包括上下环管的方案的进一步限定，因此不是本组权利要求 1 的从属权利要求，合议组对其创造性不予评述。

对于权利要求 4，其引用权利要求 1，进一步限定下行与上行冷管的面积比为 0.5~3。由于附件 3 公开了下行与上行冷管的面积比为 1.2~3.2，因此在权利要求 1 不具备创造性的基础上，其从属权利要求 4 也不具备创造性。

对于权利要求 5，其引用权利要求 1，限定出反应器后气体进入管壳式合成反应器进一步反应。由于附件 9 公开了一种包括触媒层和冷管胆的均温型甲醇塔，可以用于前后两个串联甲醇合成系统（参见附件 9 第 7 页），而且管壳式合成反应器也是本领域常用的反应器体系，因此在权利要求 1 不具备创造性的基础上，其从属权利要求 5 也不具备创造性。

对于权利要求 6，其引用权利要求 1，限定反应器包括分气筒和集气筒。由于附件 8 公开的节能冷管型甲醇合成反应器，设有开有气孔的外分布筒和内分布筒，气体一部分在触媒床层顶部轴向流动，大部分在触媒床层中下部径向流动，由外分布筒到内分布筒（参见附件 8 第 4 页和图 4），因此在权利要求 1 不具备创造性的基础上，其从属权利要求 6 也不具备创造性。

6. 关于第四组权利要求

请求人针对第四组权利要求提出专利法第 22 条第 3 款的无效理由，包括权利要求 1 相对于附件 3，或者附件 2、3 的组合，或者附件 2 和 4 和 6 三篇的结合不具备创造性，从属权利要求 2、3 的附加特征被附件 2 或 5 公开，权利要求 4 的附加特征被附件 3 公开，权利要求 5 的附加特征被附件 9 公开，权利要求 6 的附加特征被附件 8 公开，都不具备创造性。

对此，合议组经审理后认为：

专利法第 22 条第 3 款规定，创造性，是指同申请日以前已有的技术相比，该发明有突出的实质性特点和显著的进步，该实用新型具有实质性特点和进步。

在判断创造性时，首先应将权利要求与最接近的现有技术公开的技术内容进行比较分析，找出区别技术特征，随后从所属技术领域、所要解决的技术问题、技术方案及预期效果等方面判断这些区别技术特征的引入对于本领域技术人员而言是否是显而易见的。如果本领域技术人员根据现有技术的教导或启示能够容易导出或引入上述区别特征，则应当认为该技术方案是显而易见的，相应的权利要求不能满足专利法第 22 条第 3 款关于创造性的规定。

（1）关于权利要求 1 的创造性。

对于权利要求 1，附件 2、3 是其现有技术。附件 3 的公开内容如前所述，权利要求 1 与附件 3 的区别技术特征在于：①权利要求 1 所述的进气口、出气口分别在外壳的顶部和底部封头，而且外壳分为带上法兰的封头和带下法兰的筒体，外壳与隔板连结密封，而附件 3 没有明确公开其进气口和出气口分别位于外壳的顶部封头和底部封头，没有公开法兰，也没有公开连结密封方式，其采用的是触媒筐的壳体与盖板相连；②权利要求 1 包括支架和多孔板，分别用于支承冷管胆和触媒层，而附件 3 没有公开用支架支承冷管胆，而且由底部花板支承触媒层。

但是，附件 2 公开了一种可用于甲醇、甲醚合成过程的低温差放热气-固相催化反应器，包括外壳、隔板、冷管胆、支架、多孔板组成，外壳为受压容器，顶部封头有进气口，底部封头有出气口，外壳的上封头和筒体也可分开为二件用法兰连结，以便拆下隔板装触媒和检修设备，并且由隔板把受压容器分隔为上部分气室和下部反应室，反应室底部支架支承冷管胆，底部多孔板支承触媒层，隔板支承在筒壁上并用焊接或活动密封（参见附件 2 的权利要求 1，说明书第 2 页和附图 2）。

由此可见，本组权利要求 1 相对于附件 3 的区别技术特征已被附件 2 公开，它们在附件 2 中所起作用与其在本专利中所起作用相同，因此对所属技术领域的技术人员来说，根据附件 2、3 可以显而易见得到本专利要求保护的技术方案，权利要求 1 不具备创造性。

（2）关于权利要求 2~6 的创造性。

对于权利要求 2、3，由于它们仅是对冷管胆包括 U 形管的技术方案进行的限定，不是对冷管胆包括上下环管的方案的进一步限定，因此不是本组权利要求 1 的从属权利要求，合议组对其创造性不予评述。

对于权利要求 4，其引用权利要求 1，进一步限定下行与上行冷管的面积比为 0.5~3。由于附件 3 公开了下行与上行冷管的面积比为 1.2~3.2，因此在权利要求 1 不具备创造性的基础上，其从属权利要求 4 也不具备创造性。

对于权利要求 5，其引用权利要求 1，限定出反应器后气体进入管壳式合成反应器进一步反应。由于附件 9 公开了一种包括触媒层和冷管胆的均温型甲醇塔，可以用于前后两个串联甲醇合成系统（参见附件 9 第 7 页），而且管壳式合成反应器也是本领域常用的反应器体系，因此在权利要求 1 不具备创造性的基础上，其从属权利要求 5 也不具备创造性。

对于权利要求 6，其引用权利要求 1，限定反应器包括分气筒和集气筒。由于附件 8 公开的节能冷管型甲醇合成反应器，设有开有气孔的外分布筒和内分布筒，气体一部分在触媒床层顶部轴向流动，大部分在触媒床层中下部径向流动，由外分布筒到内分布筒（参见附件 8 第 4 页和图 4），因此在权利要求 1 不具备创造性的基础上，其从属权利要求 6 也不具备创造性。

根据上述的事实和理由，本案合议组依法作出以下决定。

三、决定

宣告 01808570.9 号发明专利权的权利要求 1 请求保护的冷管胆包括上下环管、外壳与隔板连结密封的技术方案及其从属权利要求 4~6，权利要求 1 请求保护的冷管胆包括上下环管、外壳与隔板支承圈密封的技术方案及其从属权利要求 4~6，以及，引用权利要求 1 请求保护的冷管胆包括 U 形冷管、外壳与隔板连结密封的技术方案的从属权利要求 4~6 无效，在独立权利要求 1 请求保护的冷管胆包括 U 形冷管、外壳与隔板支承圈密封的技术方案及其从属权利要求 2~6，以及，独立权利要求 1 请求保护的冷管胆包括 U 形冷管、外壳与隔板连结密封的技术方案及其从属权利要求 2、3 的基础上，维持 01808570.9 号发明专利权有效。

当事人对本决定不服的，可以根据专利法第 46 条第 2 款的规定，自收到本决定之日起 3 个月内向北京市第一中级人民法院起诉。根据该款的规定，一方当事人起诉后，另一方当事人应当作为第三人参加诉讼。

北京市第一中级人民法院
行政判决书

（2007）一中行初字第1601号

原告楼韧，男，1975年11月3日出生，汉族，杭州市林达化工实业有限公司总经理，住浙江省杭州市下城区德胜新村东新桥8栋1单元201室。

委托代理人李东辉，上海市一平律师事务所律师。

委托代理人邢志，上海市一平律师事务所律师。

被告国家知识产权局专利复审委员会，住所地北京市海淀区北四环西路9号银谷大厦10~12层。

法定代表人廖涛，副主任。

委托代理人董晓静，国家知识产权局专利复审委员会审查员。

委托代理人瞿晓峰，国家知识产权局专利复审委员会审查员。

第三人沈耀冲，男，1965年5月21日出生，汉族，自由职业者，住上海市虹口区车站北路715弄34号601室。

原告楼韧不服被告国家知识产权局专利复审委员会（简称专利复审委员会）于2007年6月27日作出的第10223号无效宣告请求审查决定（简称第10223号决定），于法定期限内向本院提起行政诉讼。本院于2007年11月19日受理本案后，依法组成合议庭，并通知第10223号决定的请求人沈耀冲作为第三人参加本案诉讼。本院于2007年12月11日公开开庭进行了审理。原告楼韧的委托代理人李东辉、邢志，被告专利复审委员会的委托代理人董晓静、瞿晓峰，第三人沈耀冲到庭参加了诉讼。本案现已审理终结。

被告专利复审委员会针对第三人沈耀冲就专利权人为原告楼韧的名称为“一种低温差放热气-固相催化方法及反应器”发明专利（专利号为01808570.9，简称本专利）所提出的无效宣告请求作出第10223号决定，该决定认定：

（一）关于审查基础

由于楼韧未修改权利要求书，因此本次审查的审查基础是授权公告的权利要求书。

专利复审委员会将权利要求书分组如下：

第一组权利要求：独立权利要求1的技术方案简称为“U形冷管+支承圈密封”的方案，即除了共有特征之外，所述低温差放热气-固相催化反应器的外壳与隔板支承圈密封，冷管胆包括U形冷管；其从属权利要求为权利要求2~6。

第二组权利要求：其独立权利要求1的技术方案简称为“U形冷管+连结密封”的方案，即除了共有特征之外，所述低温差放热气-固相催化反应器的外壳与隔板连结密封，冷管胆包含U形冷管；其从属权利要求为权利要求2~6。

第三组权利要求：其独立技术方案1的技术方案简称为“上下环管+支承圈密封”的方案，即除了共有特征之外，所述低温差放热气-固相催化反应器的外壳与隔板支承圈密封，冷管胆包括上下环管；其从属权利要求为权利要求4~6。

第四组权利要求：其独立权利要求1的技术方案简称为“上下环管+连结密封”的方案，即除了共有特征之外，所述低温差放热气-固相催化反应器的外壳与隔板连结密封，冷管胆包括上下环管；其从属权利要求为权利要求4~6。

（二）关于无效宣告请求的理由和范围

本案审理范围以沈耀冲在口头审理期间明确的无效宣告请求的理由、证据和范围为准。

（三）关于证据

沈耀冲提交并要求使用的证据是附件1~6、8、9，楼韧对它们的真实性没有异议，因此附件1~6、8、9可以作为本案的证据使用。

（四）关于《中华人民共和国专利法》（简称《专利法》）第二十六条第三款、第四款、《中华人民共和国专利法实施细则》（简称《专利法实施细则》）第二十条第一款和《专利法实施细则》第二十一条第二款的无效理由

1. 关于《专利法》第二十六条第三款、第四款

对于权利要求2、3，由于独立权利要求1存在多项并列方案，从属权利要求的限定部分可以对在前的权利要求中的某一方案进行限定，而权利要求2和3正是对权利要求1中U形冷管的技术方案所作的进一步限定，因此权利要求2、3符合《专利法》第二十六条第四款的规定，说明书对权利要求2、3所述方案的说明也符合《专利法》第二十六条第三款的规定。

对于权利要求4，由于冷管胆包括U形冷管的方案以及冷管胆包括上下环管的方案都可以通过调节上、下行冷管的尺寸如直径、长短等因素来调节面积，从而得到所述的面积比，因此权利要求4符合《专利法》第二十六条第四款的规定，说明书对权利要求4所述方案的说明也符合《专利法》第二十六条第三款的规定。

对于权利要求5，由于所属技术领域的技术人员能够根据其限定部分的描述获知并确定所述反应器的技术方案，因此权利要求5符合《专利法》第二十六条第四款的规定，说明书对权利要求5所述方案的说明符合《专利法》第二十六条第三款的规定。对于权利要求6，由于双方当事人均认可多孔板和集气筒的作用相同，而且权利要求1所述多孔板没有限定形状，因此可以认为集气筒是对多孔板的进一步限定，权利要求6符合《专利法》第二十六条第四款的规定，说明书对权利要求6所述方案的说明符合《专利法》第二十六条第三款的规定。

2. 关于《专利法实施细则》第二十条第一款

权利要求1的主题“一种低温差放热气-固相催化反应器”说明其是产品权利要求，类型清楚，而且既包括结构特征也包括方法特征的描述足以使所属技术领域的技术人员确定该反应器的保护范围，因此符合《专利法实施细则》第二十条第一款的规定。权利要求2、3是对权利要求1所述冷管胆包括U形管的进一步限定，权利要求6的集气筒是对权利要求1所述多孔板的进一步限定，也符合《专利法实施细则》第二十条第一款的规定。

3. 关于《专利法实施细则》第二十一条第二款

权利要求6的集气筒是对权利要求1所述多孔板的进一步限定，其包括了权利要求1的所有技术特征，是从属权利要求，因此不违反《专利法实施细则》第二十一条第二款的规定。

（五）关于《专利法实施细则》第十三条第一款和《专利法》第二十二条第二款、第三款

1. 关于优先权

（1）优先权核实的必要性。

本案中，沈耀冲主张本专利不应享有优先权，应以本专利的申请日来评价其新颖性和创造性。楼韧则认为是否享有优先权不属于《专利法实施细则》第六十四条第二款的范畴，在无效宣告程序中将优先权列入审查范围超出了专利复审委员会依法行政的职权。

对此，专利复审委员会认为，本案中，沈耀冲提出的无效宣告理由包括《专利法》第二十二条第二款、第三款和《专利法实施细则》第十三条第一款，而其用于评价新颖性、创造性和重复授权

的有效证据中，附件2、3的公开日在本专利的申请日和公开日之间。因此，根据专利法实施细则第十条第一款的规定“除《专利法》第二十八条和第四十二条的情形外，专利法所称申请日，有优先权的，指优先权日”，以及《专利法实施细则》第三十条的规定“《专利法》第二十二条第三款所称已有的技术，是指申请日（有优先权的，指优先权日）前在国内公开出版物上公开发表、在国内公开使用或者以其他方式为公众所知的技术，即现有技术”和《审查指南》第二部分第三章第6节的规定“在先申请构成抵触申请或已公开构成现有技术的，应根据《专利法》第二十二条第二款、第三款，而不是根据《专利法》第九条或《专利法实施细则》第十三条第一款对在后专利进行审查”，在针对沈耀冲提出的《专利法》第二十二条第二款、第三款和《专利法实施细则》第十三条第一款的无效宣告理由进行审查时必将涉及对本专利能否享有优先权的判断，对优先权进行核实不超出专利复审委员会依法行政的职权。

（2）优先权核实的结论。

要求优先权的在后申请的申请人与在先申请的申请人应当完全一致，或者由在先申请的全体申请人将优先权转让给在后申请的申请人；而且，在先申请和在后申请应当是相同主题，即技术领域、所解决的技术问题、技术方案和预期的效果相同的发明或者实用新型。

①关于申请人。

本案中，附件1是本专利所要求优先权的在先申请，其申请人为杭州林达化工技术工程有限公司，与本专利的楼韧不同。但是，楼韧于2007年5月14日提交了出让人为杭州林达化工技术工程有限公司、受让人为楼韧、签署日为2001年4月3日的优先权转让协议，沈耀冲对该转让协议的真实性也无异议，因此由于上述转让，本专利与在先申请的申请人一致。

针对沈耀冲提出的楼韧提交上述优先权转让协议的时机超过了举证期限的问题，专利复审委员会认为，根据《专利法实施细则》第一百零七条第三款，以及《审查指南》第三部分第一章第5节和第二章第5节的规定，专利局对进入国家阶段的申请核实优先权的前提是国际局提供了优先权文件副本或者申请人补交了优先权文件副本，而中国专利局只是在必要时才向国际局请求传送该申请的优先权文件副本或通知申请人在指定期限内补交在先申请文件副本，所谓“必要时”是指国际申请的公布文本中的国际检索报告在相关文件一栏中标出PX、PY类文献，或者国际检索单位没有检索到、但是专利局负责实质审查的审查员在补充检索到PX、PY类文献（PX、PY类文献，即公开日在申请日和所要求的优先权日之间或者会导致需要核实该申请优先权，内容可以单独或结合影响权利要求的新颖性或创造性的文献）时。因此，鉴于本专利在国际阶段的国际检索报告和国内阶段的实质审查检索报告及审查意见通知书中均未记载和/或提及存在PX或PY类文献，而是在无效宣告请求审查程序中才由沈耀冲提供了PX、PY类文件即附件2、3，并综合考虑到楼韧已经主动提交了形式合格的优先权转让协议，优先权转让协议的签订日期也在本专利的申请日之前，因此，专利复审委员会对上述优先权转让协议予以考虑。

②关于主题。

附件1记载了一种低温差放热气–固相催化反应器，其权利要求1的前序部分以及权利要求1~3对U形冷管结构特征的限定与本专利完全相同；说明书第2页第28、29行指出“本发明中外壳P的上封头和筒体也可分开为二件用法兰连结，以便拆下隔板装触媒和检修设备”，与本专利权利要求1所述“外壳分为带上法兰的封头和带下法兰的筒体”相同；而且，由于双方当事人在口头审理期间均认可附件1图2所示的壳体与隔板密封为支承圈密封，因此附件1记载了本专利权利要求1所述的支承圈密封；此外，附件1说明书第2页第13、14行记载“隔板支承在筒壁上并用焊接或活动密封”，由于楼韧表示本专利的连结密封包栝法兰连结和垫片连结，是可以拆下来的，不是一体的，因此附件 1 也记载了隔板与壳体的连结密封。综上，本专利第一、二组权利要求的权利要求 1~3 的技术方案已记载在附件 1 中，可以享有优先权。

由于附件 1 明确指出“本发明因上行冷管和下行冷管用一支长管弯成 U 形弯头不用下环管连结”，排除了本专利权利要求 1 所述的冷管胆包括上下环管的技术方案，而且附件 1 没有记载本专利权利要求 4~6 的附加技术特征，因此，本专利第一、二组权利要求的权利要求 4~6，以及第三、四组权利要求的技术方案未记载在附件 1 中，不能享有优先权。

此外，针对沈耀冲提出的因附件 2 被授权将导致本专利属于《专利法实施细则》第三十三条第二款规定的情形而不应享有优先权的意见，专利复审委员会认为，该条款明确规定的是“提出后一申请时，在先申请已经被授予专利权的，不得作为要求本国优先权的基础”，而附件 2 并非本专利要求享有优先权的在先申请，因此不违反上述条款的规定。

2. 关于现有技术

基于上述对优先权的认定，沈耀冲提供的证据中，附件 4~6、8、9 是本专利全部四组权利要求的现有技术，附件 2、3 是本专利第二组权利要求 4~6 以及第三、四组全部权利要求的现有技术。但是，附件 2 对第一组权利要求 1~3 来说不是现有技术也不是在先申请在后公开的专利文件，不能用于评价新颖性和创造性；附件 2、3 对第二组权利要求 1~3 来说不是现有技术，不能用于评价创造性。

3. 关于第一组权利要求

沈耀冲针对第一组权利要求提出的无效理由包括权利要求 1~3 相对于附件 2 不符合《专利法实施细则》第十三条第一款和《专利法》第二十二条第二款、第三款的规定。专利复审委员会认为，

（1）关于新颖性和创造性。

由于第一组权利要求 1~3 享有优先权，附件 2 的申请日是第一组权利要求 1~3 的优先权日，因此附件 2 不是权利要求 1~3 的现有技术，也不是在先申请在后公开的专利申请文件，不能用于评价新颖性和创造性，沈耀冲据此提出的《专利法》第二十二条第二款、第三款的理由不成立。

（2）关于《专利法实施细则》第十三条第一款。

《专利法实施细则》第十三条第一款规定所述的“同样的发明创造”是指两件或两件以上申请（或专利）中存在保护范围相同的权利要求。

比较本专利第一组权利要求 1~3 与附件 2 的权利要求书可知，独立权利要求 1 的至少一项技术特征“外壳分为带上法兰的封头和带下法兰的筒体，隔板与外壳支承圈密封”没有被附件 2 的权利要求书公开，因此两专利不存在保护范围相同的权利要求，不违反《专利法实施细则》第十三条第一款的规定。

4. 关于第二组权利要求

《专利法》第二十二条第三款规定的“已有的技术”是指申请日（有优先权的，指优先权日）前在国内外出版物上公开发表、在国内公开使用或者以其他方式为公众所知的技术，即现有技术。

（1）关于权利要求 1、2、3 的创造性。

由于附件 2、3 不是本组权利要求 1~3 所述方案的现有技术，不能用于评价创造性，而沈耀冲引用的附件 4 第 11 9 页仅涉及化工容器及设备的法兰设计，附件 5 第 66 页图 4-3-5 仅涉及 U 形冷管固定在触媒筐顶部的分环上，倒数第 4、5 行仅涉及小化肥厂的冷管采用同心圆排列，因此由于附件 4 没有公开包括冷管胆的反应器结构，也没有给出任何启示，不能破坏权利要求 1 的创造性；附件 4、5 的结合也没有公开包括外壳、隔板、包括 U 形冷管的冷管胆、支架、多孔板等的反应器结构，也没有给出相关启示，因此附件 4、5 的结合也不能破坏权利要求 2、3 的创造性。

（2）关于权利要求4、5、6的创造性。

对于权利要求4~6，附件2是最接近的现有技术，其公开了一种低温差放热气-固相催化反应器，主要由外壳、隔板、冷管胆、支架、多孔板组成，外壳是一受压容器，顶部封头有进气口，底部封头有出气口，隔板把受压容器分隔为上部分气室和下部反应室，反应室中装有触媒层，反应室底部支架支撑冷管胆，底部多孔板支承反应室中冷管胆外的触媒层，其特征是冷管胆包含有进气管、环管、冷管，冷管是形管，环管连结进气管和U形冷管的一端，冷管这一端成为下行冷管，U形冷管的另一端上端开口成为上行冷管，进气管穿过隔板并用填料函活动密封（参见附件2的权利要求1）。合成原料气由外壳顶部进气口进入上部分气室，经进气管到环管分布到各下行冷管，原料气在下行冷管中先由上到下流动与冷管管外的反应气并流换热，然后经U形弯头在上行冷管中由下到上与管外反应气逆流换热到顶部出上行冷管，到管外进入触媒层由上到下一边反应一边与U形冷管中的原料气向并流换热，反应气到底部经多孔板由底部出气管出反应器（参见附件2的说明书第2页第4~9行）。而且，外壳为一个带有上下封头的圆筒形容器，上封头和筒体可以分开为两件用法兰连结，容器上部有圆形隔板，隔板支承在筒壁上并用焊接或活动密封（参见附件2的说明书第2页第11~14行、第28~29行）。

对于权利要求4，附件2、3是其现有技术。比较权利要求4与附件2可知，权利要求4相对于附件2的区别技术特征在于冷管胆中的冷管成同轴心的不同圈径多排冷管，每排冷管中下行与上行冷管的面积比为0.5~3。附件3公开了一种均温型醇醚合成反应器，冷管胆包括上下环管，下行与上行冷管的面积比为1.2~3.2，并指出上下行冷管氨触媒层截面分成反应热量和冷管排热量之比趋于一致的原则均匀布置（参见附件3说明书第3页），因此所属技术领域的技术人员根据附件3的启示显而易见可以通过调节下行上行冷管的面积比的技术手段来改进附件2从而得到权利要求4请求保护的技术方案，因此权利要求4不具备创造性。

对于权利要求5，权利要求5相对于附件2的区别技术特征在于出反应器后气体进入管壳式合成反应器进一步反应，但是附件9公开了一种包括触媒层和冷管胆的均温型甲醇塔，可以用于前后两个串联甲醇合成系统（参见附件9第7页），而且管壳式合成反应器也是本领域常用的反应器体系，因此本领域技术人员在附件2的基础上结合附件9可以显而易见得到权利要求5的技术方案，权利要求5不具备创造性。

对于权利要求6，权利要求6相对于附件2的区别技术特征在于反应器设有圆筒形气体分气筒和集气筒，但是附件8公开的节能冷管型甲醇合成反应器，设有外分布筒和内分布筒，都开有气孔，气体一部分在触媒床层顶部轴向流动，大部分在触媒床层中下部径向流动，由外分布筒到内分布筒（参见附件8第4页和图4），因此本领域技术人员在附件2的基础上结合附件8可以显而易见得到权利要求6的技术方案，权利要求6不具备创造性。

5. 关于第三组权利要求

（1）关于权利要求1的创造性。

对于权利要求1，附件2、3是其现有技术。其中，附件3公开了一种均温型醇醚合成反应器，主要由外壳、触媒筐、筒体、大盖板、花板组成，外壳承受压力，上端有原料气的入口，底部有出气口，触媒筐有壳体、大盖板和底部花板，引气管通过填料函与大盖板活动配合使得大盖板将反应器外壳内的空间分为外部的气室和触媒筐内部的反应室，底部花板支承触媒层，触媒层中设有一个或多个同轴套装的冷管胆，冷管胆的上环管连结引气管和下行冷管，下环管连结下行冷管和上行冷管，原料气由外壳上端入口经外壳和触媒筐之间的环隙下流，由导气管进入集气室，再经引气管到冷管胆，先通过下行冷管并流换热，再经下环管分布到上行冷管进行逆流换热（参见附件3权利要求1、2和图

1~3)。由此可见，权利要求1与附件3的区别技术特征在于：①权利要求1所述的进气口、出气口分别在外壳的顶部和底部封头，而且外壳分为带上法兰的封头和带下法兰的筒体，外壳与隔板支承圈密封，而附件3没有明确公开其进气口和出气口分别位于外壳的顶部封头和底部封头，没有公开法兰，也没有公开支承圈密封方式，其采用的是触媒筐的壳体与盖板相连；②权利要求1包括支架和多孔板，分别用于支承冷管胆和触媒层，而附件3没有公开用支架支承冷管胆，而且由底部花板支承触媒层。

但是，附件2公开了一种可用于甲醇、甲醚合成过程的低温差放热气-固相催化反应器，包括外壳、隔板、冷管胆、支架、多孔板组成，外壳为受压容器，顶部封头有进气口，底部封头有出气口，外壳的上封头和筒体也可分开为二件用法兰连结，以便拆下隔板装触媒和检修设备，并且由隔板把受压容器分隔为上部分气室和下部反应室，反应室底部支架支承冷管胆，底部多孔板支承触媒层，隔板支承在筒壁上并用焊接或活动密封，且附件2的图2公开了隔板与外壳支承圈密封（参见附件2的权利要求1，说明书第2页和附图2）。

由此可见，本组权利要求1相对于附件3的区别技术特征已被附件2公开，它们在附件2中所起作用与其在本专利中所起作用相同，因此对所属技术领域的技术人员来说，根据附件2、3可以显而易见得到本专利权利要求1保护的技术方案，权利要求1不具备创造性。

（2）关于权利要求2~6的创造性。

对于权利要求2、3，由于它们仅是对冷管胆包括U形管的技术方案进行的限定，不是对冷管胆包括上下环管的方案的进一步限定，因此不是本组权利要求1的从属权利要求，专利复审委员会对其创造性不予评述。

对于权利要求4，其引用权利要求1，进一步限定下行与上行冷管的面积比为0.5~3。由于附件3公开了下行与上行冷管的面积比为1.2~3.2，因此在权利要求1不具备创造性的基础上，其从属权利要求4也不具备创造性。

对于权利要求5，其引用权利要求1，限定出反应器后气体进入管壳式合成反应器进一步反应。由于附件9公开了一种包括触媒层和冷管胆的均温型甲醇塔，可以用于前后两个串联甲醇合成系统（参见附件9第7页），而且管壳式合成反应器也是本领域常用的反应器体系，因此在权利要求1不具备创造性的基础上，其从属权利要求5也不具备创造性。

对于权利要求6，其引用权利要求1，限定反应器包括分气筒和集气筒。由于附件8公开的节能冷管型甲醇合成反应器，设有开有气孔的外分布筒和内分布筒，气体一部分在触媒床层顶部轴向流动，大部分在触媒床层中下部径向流动，由外分布筒到内分布筒（参见附件8第4页和图4），因此在权利要求1不具备创造性的基础上，其从属权利要求6也不具备创造性。

6. 关于第四组权利要求

（1）关于权利要求1的创造性。

对于权利要求1，附件2、3是其现有技术。附件3的公开内容如前所述，权利要求1与附件3的区别技术特征在于：①权利要求1所述的进气口、出气口分别在外壳的顶部和底部封头，而且外壳分为带上法兰的封头和带下法兰的筒体，外壳与隔板连结密封，而附件3没有明确公开其进气口和出气口分别位于外壳的顶部封头和底部封头，没有公开法兰，也没有公开连结密封方式，其采用的是触媒筐的壳体与盖板相连；②权利要求1包括支架和多孔板，分别用于支承冷管胆和触媒层，而附件3没有公开用支架支承冷管胆，而且由底部花板支承触媒层。

但是，附件2公开了一种可用于甲醇、甲醚合成过程的低温差放热气-固相催化反应器，包括外壳、隔板、冷管胆、支架、多孔板组成，外壳为受压容器，顶部封头有进气口，底部封头有出气口，外壳的上封头和筒体也可分开为二件用法兰连结，以便拆下隔板装触媒和检修设备，并且由隔板把受压容器分隔为上部分气室和下部反应室，反应室底部支架支承冷管胆，底部多孔板支承触媒层，隔板支承在筒壁上并用焊接或活动密封（参见附件2的权利要求1，说明书第2页和附图2）。

由此可见，本组权利要求1相对于附件3的区别技术特征已被附件2公开，它们在附件2中所起作用与其在本专利中所起作用相同，因此对所属技术领域的技术人员来说，根据附件2、3可以显而易见得到本专利要求保护的技术方案，权利要求1不具备创造性。

（2）关于权利要求2~6的创造性。

对于权利要求2、3，由于它们仅是对冷管胆包括U形管的技术方案进行的限定，不是对冷管胆包括上下环管的方案的进一步限定，因此不是本组权利要求1的从属权利要求，专利复审委员会对其创造性不予评述。

对于权利要求4，其引用权利要求1，进一步限定下行与上行冷管的面积比为0.5~3。由于附件3公开了下行与上行冷管的面积比为1.2~3.2，因此在权利要求1不具备创造性的基础上，其从属权利要求4也不具备创造性。

对于权利要求5，其引用权利要求1，限定出反应器后气体进入管壳式合成反应器进一步反应。由于附件9公开了一种包括触媒层和冷管胆的均温型甲醇塔，可以用于前后两个串联甲醇合成系统（参见附件9第7页），而且管壳式合成反应器也是本领域常用的反应器体系，因此在权利要求1不具备创造性的基础上，其从属权利要求5也不具备创造性。

对于权利要求6，其引用权利要求1，限定反应器包括分气筒和集气筒。由于附件8公开的节能冷管型甲醇合成反应器，设有开有气孔的外分布筒和内分布筒，气体一部分在触媒床层顶部轴向流动，大部分在触媒床层中下部径向流动，由外分布筒到内分布筒（参见附件8第4页和图4），因此在权利要求1不具备创造性的基础上，其从属权利要求6也不具备创造性。

至此，被告专利复审委员会作出第10223号决定，宣告01808570.9号发明专利权的权利要求1请求保护的冷管胆包括上下环管、外壳与隔板连结密封的技术方案及其从属权利要求4~6，权利要求1请求保护的冷管胆包括上下环管、外壳与隔板支承圈密封的技术方案及其从属权利要求4~6，以及引用权利要求1请求保护的冷管胆包括U形冷管、外壳与隔板连结密封的技术方案的从属权利要求4~6无效，在独立权利要求1请求保护的冷管胆包括U形冷管、外壳与隔板支承圈密封的技术方案及其从属权利要求2~6，以及独立权利要求1请求保护的冷管胆包括U形冷管、外壳与隔板连结密封的技术方案及其从属权利要求2、3的基础上，维持01808570.9号发明专利权有效。

原告楼韧不服该决定，于法定期限内向本院提起诉讼，诉称：判断本专利是否享有优先权不属于《专利法实施细则》第六十四条第二款规定的范畴，不能作为无效宣告的理由提出，同时也不是无效审查程序中审查的内容。对于发明专利而言，优先权的核实属于实质审查程序中的一项重要审查内容，不是在专利权授予后所应涉及和解决的问题。现行的法律、法规或者部门规章没有规定专利复审委员会有权对优先权问题进行核实。在确认本专利享有全部优先权的情况下，附件2并不构成法律意义上的现有技术，本专利应当被维持全部有效。综上，请求法院依法撤销专利复审委员会第10223号决定。

被告专利复审委员会辩称：被告坚持认为对优先权进行核实不超出专利复审委员会依法行政的职权，具体理由详见第10223号决定第9页。综上，请求法院维持第10223号决定。

第三人陈耀冲陈述意见称：（1）原告提起行政诉讼已超过了法定的诉讼时效。（2）专利复审委员会依第三人的请求核实本专利的优先权并不超出依法行政的职权范围。综上，请求法院维持第10223号决定。

本院经审理查明：楼韧于2001年4月23日向国家知识产权局专利局申请了名称为“一种低温差放热气-固相催化方法及反应器”的发明专利。本专利于2004年9月29日被授权公告，专利号为01808570.9，其优先申请日为2000年4月24日，优先申请国为中国，优先申请号为00105264.0。

本专利授权公告的权利要求书如下：

“1. 一种低温差放热气-固相催化反应器，主要由外壳（P）、隔板（H）、冷管胆（Cb）、支架（S）、多孔板（R）组成，外壳（P）是一受压容器，顶部封头有进气口（1），底部封头有出气口（2），隔板（H）把受压容器分隔为上部分气室和下部反应室，反应室中装有触媒层（K），反应室底部支架（S）支撑冷管胆（Cb），底部多孔板（R）支承反应室中冷管胆外的触媒层（K），其特征在于外壳（P）分为带上法兰的封头（P1）和带下法兰的筒体（P2），外壳（P）与隔板（H）连结密封，或隔板（H）与外壳（P）的支承圈密封，冷管胆（Cb）包含有进气管（a）、上环管（c）、冷管（b），冷管（b）是U形管，上环管（c）连结进气管（a）和U形冷管（b）的一端，冷管这一端成为下行冷管（bA），U形冷管的另一端上端开口成为上行冷管（bB）；或者冷管胆（Cb）包含有进气管（a）、上环管（c）、下环管（d）、冷管（b），冷管（b）由下行冷管（bA）和上行冷管（bB）组成，上环管（c）连结进气管（a）和下行冷管（bA），下环管（d）连结下行冷管（bA）和上行冷管（bB）；进气管（a）穿过隔板（H）并用填料函活动密封，合成原料气由外壳（P）的顶部进气口进入上部分气室，经进气管（a）到上环管（c）分布到各冷管（b），原料气在下行冷管中先由上到下流动与冷管（b）管外的反应气换热，然后经上行冷管中由下到上与管外反应气换热到顶部出上行冷管，到管外进入触媒层由上到下一边反应一边与冷管中的原料气换热，反应气到底部经多孔板由底部出气管（2）出反应器。

2. 根据权利要求1所述的反应器，其特征在于冷管胆（Cb）中的U形冷管（b）成同轴心的不同圈径多排冷管，每排中全部U形冷管右端上口与上环管（c）相连成为下行冷管，或者全部U形冷管左端上口与上环管（c）相连成为下行冷管。

3. 根据权利要求1所述的反应器，其特征在于冷管胆（Cb）中的U形冷管（b）成同轴心的不同圈径多排冷管，每排U形冷管按二根U形管一组，二根U形管分大小二个不同弯头，小弯头U形管套在大弯头U形管里面，由大弯头U形管左侧上端与上环管（c）相连，小弯头U形管右侧上端与上环管（c）相连，或大弯头U形管右侧为下行冷管与上环管（c）相连，小弯头U形管左侧管为下行冷管与上环管（c）相连，构成相邻二根管子中气体上下流动方向均不相同。

4. 根据权利要求1所述的反应器，其特征在于冷管胆（Cb）中的冷管（b）成同轴心的不同圈径多排冷管，每排冷管中下行冷管（bA）的面积与上行冷管（bB）的面积之比为0.5~3。

5. 根据权利要求1所述的反应器，其特征在于出反应器后气体进入管壳式合成反应器进一步反应。

6. 根据权利要求1所述的反应器，其特征在于反应器设有圆筒形气体分气筒（E）和集气筒（F），分气筒（E）和集气筒（F）上开有气孔，气体经分气筒（E）气孔到触媒层在触媒层中径向流动到经集气筒（F）气孔汇集到集气筒后由底部出气管（2）出反应器。”

针对本专利权，沈耀冲于2006年5月29日向专利复审委员会提出无效宣告请求。沈耀冲同时提交了以下附件：

附件1：专利申请号为00105264.0、申请日为2000年4月24日、公开日为2001年11月7日、公开号为CN1320478A、申请人为杭州林达化工技术工程有限公司的中国发明专利申请公开说明书，全文复印件，共8页；

附件2：专利号为00208802.9、申请日为2000年4月24日、授权公告日为2001年3月14日、授权公告号为 CN2423018Y、专利权人为杭州林达化工技术工程有限公司的中国实用新型专利说明书，全文复印件，共 8 页；

附件 3：专利号为 98233387.0、申请日为 1998 年 11 月 28 日、授权公告日为 2000 年 10 月 11 日、授权公告号为 CN2400445Y、专利权人为楼寿林、卢慕书、楼韧的中国实用新型专利说明书，全文复印件，共 11 页；

附件 4：丁窘果主编、浙江大学出版社出版、1996 年 7 月第 1 版第 1 次印刷的《化工容器及设备设计》的封面页、版权信息页、前言页和第 119、120、127~129 页的复印件，共 8 页；

附件 5：湖北化工设计院主编、石油化学工业出版社出版、1977 年 12 月北京第 1 版第 1 次印刷的《氨合成塔》的封面页、版权信息页和第 23、24、62~67 页的复印件，共 1 0 页；

附件 6：梅安华主编、化学工业出版社出版、1995 年 3 月第 1 版第 1 次印刷的《小合成氨厂工艺技术与设计手册》下册的封面页、扉页、版权信息页和第 200~201 页的复印件，共 5 页；

附件 7：公告日为 1992 年 1 月 1 5 日、公告号为 CN2093358U 的实用新型专利申请说明书，全文复印件，共 7 页；

附件 8：公开日为 1996 年 8 月 21 日、公开号为 CN1129205A 的中国发明专利申请公开说明书，全文复印件，共 15 页；

附件 9：公告日为 1990 年 10 月 17 日、公告号为 CN2063942U 的实用新型专利申请说明书，全文复印件，共 13 页；

经形式审查合格，专利复审委员会依法受理了上述无效宣告请求。

沈耀冲于 2006 年 6 月 26 日向专利复审委员会提交了意见陈述书，补充以下附件以进一步支持其无效宣告请求理由：

附件 10：授权公告日为 1999 年 11 月 10 日、授权公告号为 CN2347653Y 的中国实用新型专利说明书，全文复印件，共 8 页；

针对专利复审委员会发出的上述无效宣告请求受理通知书，楼韧于 2006 年 7 月 13 日提交了意见陈述书。

口头审理如期举行，双方当事人均出席口头审理并充分发表了意见。在口头审理中，沈耀冲明确提出："本案的优先权日是 2000 年 4 月 24 日，申请日 2001 年 4 月 23 日，我们提供的附件 2、3 的日期在优先权日和申请日之间，因此要引入优先权的判断。"

2007 年 5 月 14 日，楼韧提交了出让人为杭州林达化工技术工程有限公司、受让人为楼韧、转让日为 2001 年 4 月 3 日的专利申请优先权转让协议原件。

2007 年 5 月 28 日，沈耀冲到专利复审委员会核实该优先权转让协议的原件，对该原件形式上的真实性没有异议，但是认为其提交日期超过了法定的期限。

2007 年 6 月 27 日，专利复审委员会作出第 10223 号决定。

另查，在本案庭审过程中，专利复审委员会提出本专利在实质审查阶段并未进行优先权的核实。对此，楼韧并未提出异议。

上述事实，有第 10223 号决定、本专利说明书复印件、口审记录表、公开号为 CN2423018Y 的实用新型专利说明书、庭审笔录及当事人陈述等证据为证。

本院认为：根据本案各方的诉辩主张，本案的焦点问题是：专利复审委员会是否有权对优先权问题进行核实。

《专利法实施细则》第六十四条第二款规定了十二种提起无效宣告请求的理由，其中包括《专利法》第二十二条和《专利法实施细则》第十三条第一款。《专利法》第二十二条第二款规定，新颖性，是指在申请日以前没有同样的发明或者实用新型在国内外出版物上公开发表过、在国内公开使用过或者以其他方式为公众所知，也没有同样的发明或者实用新型由他人向国务院专利行政部门提出过申请并记载在申请日以后（含申请日）公布的专利申请文件中。《专利法》第二十二条第三款规定，创造性，是指同申请日以前已有的技术相比，该发明有突出的实质性特点和显著的进步，该实用新型具有实质性特点和进步。《专利法实施细则》第十三条第一款规定，同样的发明创造只能被授予一项专利权。

本案中，沈耀冲提出的无效宣告理由包括《专利法》第二十二条第二款、第三款和《专利法实施细则》第十三条第一款，其提交的用于评价新颖性、创造性和重复授权的证据中的附件2、3，其公开日在本专利的申请日和公开日之间。可见，在专利复审委员会针对沈耀冲提出的无效请求对本专利进行新颖性、创造性和重复授权判定时，涉及了公开日在本专利的申请日和公开日之间的对比文件。在此情况下，本专利能否享有优先权是专利复审委员是否能采用对比文件进行判断的基础，如果不首先确定本专利的优先权范围，则无法进一步判定本专利的新颖性和创造性问题。况且，在本案中，本专利在实质审查阶段并未进行优先权的核实，如果在复审阶段不进行核实优先权的工作，必然导致对本专利判定的程序缺失，故本院认定专利复审委员会根据第三人沈耀冲对本专利优先权提出的质疑主张进行优先权的核实是必要的，并且符合相关法律规定。

关于沈耀冲提出的原告起诉超过诉讼时效的问题，本院认为，由于沈耀冲并未提交有力证据证明楼韧收到第10223号决定的日期，故本院综合考虑原告的法定诉讼时效以及行政裁判文书送达的合理的在途时间，认定原告楼韧的起诉并未超过诉讼时效。

综上，原告楼韧的诉讼请求缺乏事实和法律依据，本院不予支持。被告专利复审委员会作出的第10223号决定认定事实清楚，程序合法，应予维持。依照《中华人民共和国行政诉讼法》第五十四条第（一）项之规定，本院判决如下：

维持被告国家知识产权局专利复审委员会作出的第10223号无效宣告请求审查决定。

案件受理费100元，由原告楼韧负担（已交纳）。

如不服本判决，可在本判决书送达之日起15日内，向本院递交上诉状，并按对方当事人人数提交副本，交纳上诉案件受理费100元，上诉于北京市高级人民法院。

审 判 长　任　进
代理审判员　邢　军
人民陪审员　唐晓君
二〇〇七年十二月十八日
书 记 员　朱　平

北京市高级人民法院
行政判决书

（2008）高行终字第 103 号

上诉人（原审原告）楼韧，男，汉族，1975 年 11 月 3 日出生，杭州市林达化工实业有限公司总经理，住浙江省杭州市下城区德胜新村东新桥 8 幢 1 单元 201 室。

委托代理人李东辉，上海市一平律师事务所律师。

委托代理人邢志、上海市一平律师事务所律师。

被上诉人（原审被告）国家知识产权局专利复审委员会，住所地北京市海淀区北四环西路 9 号银谷大厦 10~12 层。

法定代表人廖涛，副主任。

委托代理人董晓静，该委员会审查员。

委托代理人瞿晓峰，该委员会审查员。

原审第三人沈耀冲，男，汉族，1965 年 5 月 21 日出生，自由职业者，住上海市虹口区车站北路 715 弄 34 号 601 室。

上诉人楼韧因发明专利权无效行政纠纷一案，不服北京市第一中级人民法院（2007）一中行初字第 1601 号行政判决，向本院提起上诉。本院 2008 年 3 月 3 日受理本案后，依法组成合议庭，于 2008 年 4 月 15 日公开开庭进行了审理。上诉人楼韧的委托代理人李东辉、邢志，被上诉人国家知识产权局专利复审委员会（简称专利复审委员会）的委托代理人董晓静、瞿晓峰，原审第三人沈耀冲到庭参加了诉讼。本案现已审理终结。

北京市第一中级人民法院认定，楼韧是“一种低温差放热气-固相催化方法及反应器”发明专利（简称本专利）的专利权人。沈耀冲于 2006 年 5 月 29 日向专利复审委员会提出宣告本专利权无效的请求。专利复审委员会经审查，于 2007 年 6 月 27 日作出第 10223 号无效宣告请求审查决定（简称第 10223 号无效决定），宣告本专利权利要求 1 请求保护的冷管胆包括上下环管、外壳与隔板连结密封的技术方案及其从属权利要求 4~6，本专利权利要求 1 请求保护的冷管胆包括上下环管、外壳与隔板支承圈密封的技术方案及其从属权利要求 4~6，以及引用本专利权利要求 1 请求保护的冷管胆包括 U 形冷管、外壳与隔板连结密封的技术方案的从属权利要求 4~6 无效，在本专利权利要求 1 请求保护的冷管胆包括 U 形冷管、外壳与隔板支承圈密封的技术方案及其从属权利要求 2~6，以及本专利权利要求 1 请求保护的冷管胆包括 U 形冷管、外壳与隔板连结密封的技术方案及其从属权利要求 2、3 的基础上，维持本专利权有效。

北京市第一中级人民法院认为，本案的焦点问题是：专利复审委员会是否有权对优先权问题进行核实。专利复审委员会在对本专利进行新颖性、创造性和重复授权判定时，涉及了公开日在本专利的申请日和公开日之间的对比文件。本专利能否享有优先权是专利复审委员会是否能采用对比文件进行判断的基础，如果不首先确定本专利的优先权范围，则无法进一步判定本专利的新颖性和创造性问题。故专利复审委员会根据沈耀冲对本专利优先权提出的质疑主张进行优先权的核实是必要的，并且符合相关法律规定。综合考虑楼韧的法定诉讼时效以及行政裁判文书送达的合理的在途时间，楼韧的起诉并未超过诉讼时效。

北京市第一中级人民法院依据《中华人民共和国行政诉讼法》第五十四条第一款第（一）项的

规定，判决：维持专利复审委员会作出的第 10223 号无效决定。

楼韧不服一审判决，向本院提起上诉。理由是：发明专利的优先权的核实属于专利申请审查程序中的审查内容，专利复审委员会在发明专利权无效宣告请求审查程序中对优先权进行核实无法律依据。请求撤销一审判决，依法改判；撤销专利复审委员会第 10223 号无效决定。专利复审委员会、沈耀冲服从一审判决。

经审理查明：楼韧是名称为“一种低温差放热气-固相催化方法及反应器”、专利号为 01808570.9 的发明专利的专利权人。本专利于 2004 年 9 月 29 日由国家知识产权局公告授权，本专利授权公告中记载的申请日是 2001 年 4 月 23 日，优先权日是 2000 年 4 月 24 日。

本专利授权公告的权利要求是：

“1. 一种低温差放热气-固相催化反应器，主要由外壳（P）、隔板（H）、冷管胆（Cb）、支架（S）、多孔板（R）组成，外壳（P）是一受压容器，顶部封头有进气口（1），底部封头有出气口（2），隔板（H）把受压容器分隔为上部分气室和下部反应室，反应室中装有触媒层（K），反应室底部支架（S）支撑冷管胆（Cb），底部多孔板（R）支承反应室中冷管胆外的触媒层（K），其特征在于外壳（P）分为带上法兰的封头（P1）和带下法兰的筒体（P2），外壳（P）与隔板（H）连结密封，或隔板（H）与外壳（P）的支承圈密封，冷管胆（Cb）包含有进气管（a）、上环管（c）、冷管（b），冷管（b）是 U 形管，上环管（c）连结进气管（a）和 U 形冷管（b）的一端，冷管这一端成为下行冷管（bA），U 形冷管的另-端上端开口成为上 行冷管（bB）；或者冷管胆（Cb）包含有进气管（a）、上环管（c）、下环管（d）、冷管（b），冷管（b）由下行冷管（bA）和上行冷管（bB）组成，上环管（c）连结进气管（a）和下行冷管（bA），下环管（d）连结下行冷管（bA）和上行冷管（bB）；进气管（a）穿过隔板（H）并用填料函活动密封，合成原料气由外壳（P）的顶部进气口进入上部分气室，经进气管（a）到上环管（c）分布到各冷管（b），原料气在下行冷管中先由上到下流动与冷管（b）管外的反应气换热，然后经上行冷管中由下到上与管外反应气换热到顶部出上行冷管，到管外进入触媒层由上到下一边反应一边与冷管中的原料气换热，反应气到底部经多孔板由底部出气管（2）出反应器。

2. 根据权利要求 1 所述的反应器，其特征在于冷管胆（Cb）中的 U 形冷管（b）成同轴心的不同圈径多排冷管，每排中全部 U 形冷管右端上口与上环管（c）相连成为下行冷管，或者全部 U 形冷管左端上口与上环管（c）相连成为下行冷管。

3. 根据权利要求 1 所述的反应器，其特征在于冷管胆（Cb）中的 U 形冷管（b）成同轴心的不同圈径多排冷管，每排 U 形冷管按二根 U 形管一组，二根 U 形管分大小二个不同弯头，小弯头 U 形管套在大弯头 U 形管里面，由大弯头 U 形管左侧上端与上环管（c）相连，小弯头 U 形管右侧上端与上环管（c）相连，或大弯头 U 形管右侧为下行冷管与上环管（c）相连，小弯头 U 形管左侧管为下行冷管与上环管（c）相连，构成相邻二根管子中气体上下流动方向均不相同。

4. 根据权利要求 1 所述的反应器，其特征在于冷管胆（Cb）中的冷管（b）成同轴心的不同圈径多排冷管，每排冷管中下行冷管（bA）的面积与上行冷管（bB）的面积之比为 0.5~3。

5. 根据权利要求 1 所述的反应器，其特征在于出反应器后气体进入管壳式合成反应器进一步反应。

6. 根据权利要求 1 所述的反应器，其特征在于反应器设有圆筒形气体分气筒（E）和集气筒（F），分气筒（E）和集气筒（F）上开有气孔，气体经分气筒（E）气孔到触媒层在触媒层中径向流动到经集气筒（F）气孔汇集到集气筒后由底部出气管（2）出反应器。”

沈耀冲于 2006 年 5 月 29 日向专利复审委员会提出宣告本专利权无~效的请求，其提出的无效理由是：（1）本专利不应享有优先权；（2）本专利权利要求 1~3 不具备新颖性；（3）本专利权利要求

1~6不具备创造性；（4）本专利权利要求2~6不符合《专利法》第二十六条第三款、第四款的规定；（5）本专利权利要求1~3、6不符合《专利法实施细则》第二十条第一款的规定；（6）本专利权利要求6不符合《专利法实施细则》第二十一条第二款的规定；（7）本专利权利要求1~3不符合《专利法实施细则》第十三条第一款的规定。沈耀冲同时向专利复审委员会提交了以下附件：

附件1：专利申请号为00105264.0、申请日为2000年4月24日、公开日为2001年11月7日、公开号为CN1320478A、申请人为杭州林达化工技术工程有限公司的中国发明专利申请公开说明书，全文复印件，共8页；

附件2：专利号为00208802.9、申请日为2000年4月24日、授权公告日为2001年3月14日、授权公告号为CN2423018Y、专利权人为杭州林达化工技术工程有限公司的中国实用新型专利说明书，全文复印件，共8页；

附件3：专利号为98233387.0、申请日为1998年11月28日、授权公告日为2000年10月11日、授权公告号为CN2400445Y、专利权人为楼寿林、卢慕书、楼韧的中国实用新型专利说明书，全文复印件，共11页；

附件4：丁宭果主编、浙江大学出版社出版、1996年7月第1版第1次印刷的《化工容器及设备设计》的封面页、版权信息页、前言页和第119、120、127~129页的复印件，共8页；

附件5：湖北化工设计院主编、石油化学工业出版社出版、1977年12月北京第1版第1次印刷的《氨合成塔》的封面页、版权信息页和第23、24、62~67页的复印件，共10页；

附件6：梅安华主编、化学工业出版社出版、1995年3月第1版第1次印刷的《小合成氨厂工艺技术与设计手册》下册的封面页、扉页、版权信息页和第200~201页的复印件，共5页；

附件7：公告日为1992年1月15日、公告号为CN2093358U的实用新型专利申请说明书，全文复印件，共7页；

附件8：公开日为1996年8月21日、公开号为CN1129205A的中国发明专利申请公开说明书，全文复印件，共15页；

附件9：公告日为1990年10月17日、公告号为CN2063942U的实用新型专利申请说明书，全文复印件，共13页。

2006年6月26日，沈耀冲向专利复审委员会提交了意见陈述书，并补充提交了以下附件：

附件10：授权公告日为1999年11月10日、授权公告号为CN2347653Y的中国实用新型专利说明书，全文复印件，其8页。

楼韧于2006年7月13日就沈耀冲针对本专利提出的无效宣告请求提交了意见陈述书。

专利复审委员会于2007年4月24日就沈耀冲针对本专利权提出的无效宣告请求进行口头审理。双方当事人均参加了口头审理并陈述意见。在此次口头审理过程中，沈耀冲明确提出："本案的优先权日是2000年4月24日，申请日是2001年4月23日，我们提供的附件2、3的日期在优先权日和申请日之间，因此要引入优先权的判断……"

2007年5月14日，楼韧向专利复审委员会提交了出让人为杭州林达化工技术工程有限公司、受让人为楼韧、转让日为2001年4月3日的专利申请优先权转让协议原件。沈耀冲于2007年5月28日到专利复审委员会核实该优先权转让协议的原件，对该原件形式上的真实性没有异议，但是认为其提交日期超过了法定的期限。

2007年6月27日，专利复审委员会作出第10223号决定，宣告本专利权利要求1请求保护的冷管胆包括上下环管、外壳与隔板连结密封的技术方案及其从属权利要求4~6，本专利权利要求1请求保护的冷管胆包括上下环管、外壳与隔板支承圈密封的技术方案及其从属权利要求4~6，以及引用本专利权利要求 1 请求保护的冷管胆包括 U 形冷管、外壳与隔板连结密封的技术方案的从属权利要求 4 ~6 无效，在本专利权利要求 1 请求保护的冷管胆包括 U 形冷管、外壳与隔板支承圈密封的技术方案及其从属权利要求 2~6，以及本专利权利要求 1 请求保护的冷管胆包括 U 形冷管、外壳与隔板连结密封的技术方案及其从属权利要求 2、3 的基础上，维持本专利权有效。专利复审委员会认为：

（一）关于审查基础

由于楼韧未修改权利要求书，因此本次审查的审查基础是授权公告的权利要求书。

专利复审委员会将权利要求书分组如下：

第一组权利要求：独立权利要求 1 的技术方案简称为“U 形冷管+支承圈密封”的方案，即除了共有特征之外，所述低温差放热气-固相催化反应器的外壳与隔板支承圈密封，冷管胆包括 U 形冷管；其从属权利要求为权利要求 2~6。

第二组权利要求：其独立权利要求 1 的技术方案简称为“U 形冷管+连结密封”的方案，即除了共有特征之外，所述低温差放热气-固相催化反应器的外壳与隔板连结密封，冷管胆包含 U 形冷管；其从属权利要求为权利要求 2~6。

第三组权利要求：其独立技术方案 1 的技术方案简称为“上下环管+支承圈密封”的方案，即除了共有特征之外，所述低温差放热气-固相催化反应器的外壳与隔板支承圈密封，冷管胆包括上下环管；其从属权利要求为权利要求 4~6。

第四组权利要求：其独立权利要求 1 的技术方案简称为“上下环管+连结密封”的方案，即除了共有特征之外，所述低温差放热气-固相催化反应器的外壳与隔板连结密封，冷管胆包括上下环管；其从属权利要求为权利要求 4~6。

（二）关于无效宣告请求的理由和范围

本案审理范围以沈耀冲在口头审理期间明确的无效宣告请求的理由、证据和范围为准。

（三）关于证据

沈耀冲提交并要求使用的证据是附件 1~6、8、9，楼韧对它们的真实性没有异议，因此附件 1~6、8、9 可以作为本案的证据使用。

（四）关于《专利法》第二十六条第三款、第四款、《专利法实施细则》第二十条第一款和《专利法实施细则》第二十一条第二款的无效理由

1. 关于《专利法》第二十六条第三款、第四款

对于权利要求 2、3，由于独立权利要求 1 存在多项并列方案，从属权利要求的限定部分可以对在前的权利要求中的某一方案进行限定，而权利要求 2 和 3 正是对权利要求 1 中 U 形冷管的技术方案所作的进一步限定，因此权利要求 2、3 符合《专利法》第二十六条第四款的规定，说明书对权利要求 2、3 所述方案的说明也符合《专利法》第二十六条第三款的规定。

对于权利要求 4，由于冷管胆包括 U 形冷管的方案以及冷管胆包括上下环管的方案都可以通过调节上、下行冷管的尺寸如直径、长短等因素来调节面积，从而得到所述的面积比，因此权利要求 4 符合《专利法》第二十六条第四款的规定，说明书对权利要求 4 所述方案的说明也符合《专利法》第二十六条第三款的规定。

对于权利要求 5，由于所属技术领域的技术人员能够根据其限定部分的描述获知并确定所述反应器的技术方案，因此权利要求 5 符合《专利法》第二十六条第四款的规定，说明书对权利要求 5 所述方案的说明符合《专利法》第二十六条第三款的规定。

对于权利要求 6，由于双方当事人均认可多孔板和集气筒的作用相同，而且权利要求 1 所述多孔板没有限定形状，因此可以认为集气筒是对多孔板的进一步限定，权利要求 6 符合《专利法》第二

十六条第四款的规定，说明书对权利要求 6 所述方案的说明符合《专利法》第二十六条第三款的规定。

2. 关于《专利法实施细则》第二十条第一款

权利要求 1 的主题“一种低温差放热气一固相催化反应器”说明其是产品权利要求，类型清楚，而且既包括结构特征也包括方法特征的描述足以使所属技术领域的技术人员确定该反应器的保护范围，因此符合《专利法实施细则》第二十条第一款的规定。权利要求 2、3 是对权利要求 1 所述冷管胆包括 U 形管的进一步限定，权利要求 6 的集气筒是对权利要求 1 所述多孔板的进一步限定，也符合《专利法实施细则》第二十条第一款的规定。

3. 关于《专利法实施细则》第二十一条第二款

权利要求 6 的集气筒是对权利要求 1 所述多孔板的进一步限定，其包括了权利要求 1 的所有技术特征，是从属权利要求，因此不违反《专利法实施细则》第二十一条第二款的规定。

（五）关于《专利法实施细则》第十三条第一款和《专利法》第二十二条第二款、第三款

1. 关于优先权

（1）优先权核实的必要性。

本案中，沈耀冲主张本专利不应享有优先权，应以本专利的申请日来评价其新颖性和创造性。楼韧则认为是否享有优先权不属于《专利法实施细则》第六十四条第二款的范畴，在无效宣告程序中将优先权列入审查范围超出了专利复审委员会依法行政的职权。

对此，专利复审委员会认为，本案中，沈耀冲提出的无效宣告理由包括《专利法》第二十二条第二款、第三款和《专利法实施细则》第十三条第一款，而其用于评价新颖性、创造性和重复授权的有效证据中，附件 2、3 的公开日在本专利的申请日和公开日之间。因此，根据《专利法实施细则》第十条第一款的规定“除《专利法》第二十八条和第四十二条的情形外，《专利法》所称申请日，有气先权的，指优先权日”，以及《专利法实施细则》第三十条的规定“《专利法》第二十二条第三款所称已有的技术，是指申请日（有优先权的，指优先权日）前在国内公开出版物上公开发表、在国内公开使用或者以其他方式为公众所知的技术，即现有技术”和《审查指南》第二部分第三章第 6 节的规定“在先申请构成抵触申请或已公开构成现有技术的，应根据《专利法》第二十二条第二款、第三款，而不是根据《专利法》第九条或《专利法实施细则》第十三条第一款对在后专利进行审查”，在针对沈耀冲提出的《专利法》第二十二条第二款、第三款和《专利法实施细则》第十三条第一款的无效宣告理由进行审查时必将涉及对本专利能否享有优先权的判断，对优先权进行核实不超出专利复审委员会依法行政的职权。

（2）优先权核实的结论。

要求优先权的在后申请的申请人与在先申请的申请人应当完全一致，或者由在先申请的全体申请人将优先权转让给在后申请的申请人；而且，在先申请和在后申请应当是相同主题，即技术领域、所解决的技术问题、技术方案和预期的效果相同的发明或者实用新型。

①关于申请人。

本案中，附件 1 是本专利所要求优先权的在先申请，其申请人为杭州林达化工技术工程有限公司，与本专利的楼韧不同。但是，楼韧于 2007 年 5 月 14 日提交了出让人为杭州林达化工技术工程有限公司、受让人为楼韧、签署日为 2001 年 4 月 3 日的优先权转让协议，沈耀冲对该转让协议的真实性也无异议，因此由于上述转让，本专利与在先申请的申请人一致。

针对沈耀冲提出的楼韧提交上述优先权转让协议的时机超过了举证期限的问题，专利复审委员会认为，根据《专利法实施细则》第一百零七条第三款，以及《审查指南》第三部分第一章第 5 节和

第二章第 5 节的规定，专利局对进入国家阶段的申请核实优先权的前提是国际局提供了优先权文件副本或者申请人补交了优先权文件副本，而中国专利局只是在必要时才向国际局请求传送该申请的优先权文件副本或通知申请人在指定期限内补交在先申请文件副本，所谓“必要时”是指国际申请的公布文本中的国际检索报告在相关文件一栏中标出 PX、PY 类文献，或者国际检索单位没有检索到、但是专利局负责实质审查的审查员在补充检索到 PX、PY 类文献（PX、PY 类文献，即公开日在申请日和所要求的优先权日之间或者会导致需要核实该申请优先权，内容可以单独或结合影响权利要求的新颖性或创造性的文献）时。因此，鉴于本专利在国际阶段的国际检索报告和国内阶段的实质审查检索报告及审查意见通知书中均未记载和/或提及存在 PX 或 PY 类文献，而是在无效宣告请求审查程序中才由沈耀冲提供了 PX、PY 类文件即附件 2、3，并综合考虑到楼韧已经主动提交了形式合格的优先权转让协议，优先权转让协议的签订日期也在本专利的申请日之前，因此，专利复审委员会对上述优先权转让协议予以考虑。

②关于主题。

附件 1 记载了一种低温差放热气-固相催化反应器，其权利要求 1 的前序部分以及权利要求 1~3 对 U 形冷管结构特征的限定与本专利完全相同；说明书第 2 页第 28、29 行指出“本发明中外壳 P 的上封头和筒体也可分开为二件用法兰连结，以便拆下隔板装触媒和检修设备”，与本专利权利要求 1 所述“外壳分为带上法兰的封头和带下法兰的筒体”相同；而且，由于双方当事人在口头审理期间均认可附件 1 图 2 所示的壳体与隔板密封为支承圈密封，因此附件 1 记载了本专利权利要求 1 所述的支承圈密封；此外，附件 1 说明书第 2 页第 13、14 行记载“隔板支承在筒壁上并用焊接或活动密封”，由于楼韧表示本专利的连结密封包栝法兰连结和垫片连结，是可以拆下来的，不是一体的，因此附件 1 也记载了隔板与壳体的连结密封。综上，本专利第一、二组权利要求的权利要求 1~3 的技术方案已记载在附件 1 中，可以享有优先权。

由于附件 1 明确指出“本发明因上行冷管和下行冷管用一支长管弯成 U 形弯头不用下环管连结”，排除了本专利权利要求 1 所述的冷管胆包括上下环管的技术方案，而且附件 1 没有记载本专利权利要求 4~6 的附加技术特征，因此，本专利第一、二组权利要求的权利要求 4~6，以及第三、四组权利要求的技术方案未记载在附件 1 中，不能享有优先权。

此外，针对沈耀冲提出的因附件 2 被授权将导致本专利属于《专利法实施细则》第三十三条第二款规定的情形而不应享有优先权的意见，专利复审委员会认为，该条款明确规定的是“提出后一申请时，在先申请已经被授予专利权的，不得作为要求本国优先权的基础”，而附件 2 并非本专利要求享有优先权的在先申请，因此不违反上述条款的规定。

2. 关于现有技术

基于上述对优先权的认定，沈耀冲提供的证据中，附件 4~6、8、9 是本专利全部四组权利要求的现有技术，附件 2、3 是本专利第二组权利要求 4~6 以及第三、四组全部权利要求的现有技术。但是，附件 2 对第一组权利要求 1~3 来说不是现有技术也不是在先申请在后公开的专利文件，不能用于评价新颖性和创造性；附件 2、3 对第二组权利要求 1~3 来说不是现有技术，不能用于评价创造性。

3. 关于第一组权利要求

沈耀冲针对第一组权利要求提出的无效理由包括权利要求 1~3 相对于附件 2 不符合《专利法实施细则》第十三条第一款和《专利法》第二十二条第二款、第三款的规定。专利复审委员会认为，

（1）关于新颖性和创造性。

由于第一组权利要求 1~3 享有优先权，附件 2 的申请日是第一组权利要求 1~3 的优先权日，因

此附件 2 不是权利要求 1~3 的现有技术，也不是在先申请在后公开的专利申请文件，不能用于评价新颖性和创造性，沈耀冲据此提出的《专利法》第二十二条第二款、第三款的理由不成立。

（2）关于《专利法实施细则》第十三条第一款。

《专利法实施细则》第十三条第一款规定所述的“同样的发明创造”是指两件或两件以上申请（或专利）中存在保护范围相同的权利要求。

比较本专利第一组权利要求 1~3 与附件 2 的权利要求书可知，独立权利要求 1 的至少一项技术特征“外壳分为带上法兰的封头和带下法兰的筒体，隔板与外壳支承圈密封”没有被附件 2 的权利要求书公开，因此两专利不存在保护范围相同的权利要求，不违反《专利法实施细则》第十三条第一款的规定。

4. 关于第二组权利要求

《专利法》第二十二条第三款规定的“已有的技术”是指申请日（有优先权的，指优先权日）前在国内外出版物上公开发表、在国内公开使用或者以其他方式为公众所知的技术，即现有技术。

（1）关于权利要求 1、2、3 的创造性。

由于附件 2、3 不是本组权利要求 1~3 所述方案的现有技术，不能用于评价创造性，而沈耀冲引用的附件 4 第 119 页仅涉及化工容器及设备的法兰设计，附件 5 第 66 页图 4-3-5 仅涉及 U 形冷管固定在触媒筐顶部的分环上，倒数第 4、5 行仅涉及小化肥厂的冷管采用同心圆排列，因此由于附件 4 没有公开包括冷管胆的反应器结构，也没有给出任何启示，不能破坏权利要求 1 的创造性；附件 4、5 的结合也没有公开包括外壳、隔板、包括 U 形冷管的冷管胆、支架、多孔板等的反应器结构，也没有给出相关启示，因此附件 4、5 的结合也不能破坏权利要求 2、3 的创造性。

（2）关于权利要求 4、5、6 的创造性。

对于权利要求 4~6，附件 2 是最接近的现有技术，其公开了一种低温差放热气-固相催化反应器，主要由外壳、隔板、冷管胆、支架、多孔板组成，外壳是一受压容器，顶部封头有进气口，底部封头有出气口，隔板把受压容器分隔为上部分气室和下部反应室，反应室中装有触媒层，反应室底部支架支撑冷管胆，底部多孔板支承反应室中冷管胆外的触媒层，其特征是冷管胆包含有进气管、环管、冷管，冷管是形管，环管连结进气管和 U 形冷管的一端，冷管这一端成为下行冷管，U 形冷管的另一端上端开口成为上行冷管，进气管穿过隔板并用填料函活动密封（参见附件 2 的权利要求 1）。合成原料气由外壳顶部进气口进入上部分气室，经进气管到环管分布到各下行冷管，原料气在下行冷管中先由上到下流动与冷管管外的反应气并流换热，然后经 U 形弯头在上行冷管中由下到上与管外反应气逆流换热到顶部出上行冷管，到管外进入触媒层由上到下一边反应一边与 U 形冷管中的原料气向并流换热，反应气到底部经多孔板由底部出气管出反应器（参见附件 2 的说明书第 2 页第 4~9 行）。而且，外壳为一个带有上下封头的圆筒形容器，上封头和筒体可以分开为两件用法兰连结，容器上部有圆形隔板，隔板支承在筒壁上并用焊接或活动密封（参见附件 2 的说明书第 2 页第 11~14 行、第28~29 行）。

对于权利要求 4，附件 2、3 是其现有技术。比较权利要求 4 与附件 2 可知，权利要求 4 相对于附件 2 的区别技术特征在于冷管胆中的冷管成同轴心的不同圈径多排冷管，每排冷管由下行与上行冷管的面积比为 0. 5~3。附件 3 公开了一种均温型醇醚合成反应器，冷管胆包括上下环管，下行与上行冷管的面积比为 1. 2~3. 2，并指出上下行冷管氨触媒层截面分成反应热量和冷管排热量之比趋于一致的原则均匀布置（参见附件 3 说明书第 3 页），因此所属技术领域的技术人员根据附件 3 的启示显而易见可以通过调节下行上行冷管的面积比的技术手段来改进附件 2 从而得到权利要求 4 请求保护的技术方案，因此权利要求 4 不具备创造性。

对于权利要求 5，权利要求 5 相对于附件 2 的区别技术持征在于出反应器后气体进入管壳式合成反应器进一步反应，但是附件9公开了一种包括触媒层和冷管胆的均温型甲醇塔，可以用于前后两个串联甲醇合成系统（参见附件9第7页），而且管壳式合成反应器也是本领域常用的反应器体系，因此本领域技术人员在附件2的基础上结合附件9可以显而易见得到权利要求5的技术方案，权利要求5不具备创告性。

对于权利要求6，权利要求6相对于附件2的区别技术特征在于反应器设有圆筒形气体分气筒和集气筒，但是附件8公开的节能冷管型甲醇合成反应器，设有外分布筒和内分布筒，都开有气孔，气体一部分在触媒床层顶部轴向流动，大部分在触媒床层中下部径向流动，由外分布筒到内分布筒（参见附件8第4页和图4），因此本领域技术人员在附件2的基础上结合附件8可以显而易见得到权利要求6的技术方案，权利要求6不具备创造性。

5. 关于第三组权利要求

（1）关于权利要求1的创造性。

对于权利要求1，附件2、3是其现有技术。其中，附件3公开了一种均温型醇醚合成反应器，主要由外壳、触媒筐、筒体、大盖板、花板组成，外壳承受压力，上端有原料气的入口，底部有出气口，触媒筐有壳体、大盖板和底部花板，引气管通过填料函与大盖板活动配合使得大盖板将反应器外壳内的空间分为外部的气室和触媒筐内部的反应室，底部花板支承触媒层，触媒层中设有一个或多个同轴套装的冷管胆，冷管胆的上环管连结引气管和下行冷管，下环管连结下行冷管和上行冷管，原料气由外壳上端入口经外壳和触媒筐之间的环隙下流，由导气管进入集气室，再经引气管到冷管胆，先通过下行冷管并流换热，再经下环管分布到上行冷管进行逆流换热（参见附件3权利要求1、2和图1-3）。由此可见，权利要求1与附件3的区别技术特征在于：①权利要求1所述的进气口、出气口分别在外壳的顶部和底部封头，而且外壳分为带上法兰的封头和带下法兰的筒体，外壳与隔板支承圈密封，而附件3没有明确公开其进气口和出气口分别位于外壳的顶部封头和底部封头，没有公开法兰，也没有公开支承圈密封方式，其采用的是触媒筐的壳体与盖板相连；②权利要求1包括支架和多孔板，分别用于支承冷管胆和触媒层，而附件3没有公开用支架支承冷管胆，而且由底部花板支承触媒层。

但是，附件2公开了一种可用于甲醇、甲醚合成过程的低温差放热气-固相催化反应器，包括外壳、隔板、冷管胆、支架、多孔板组成，外壳为受压容器，顶部封头有进气口，底部封头有出气口，外壳的上封头和筒体也可分开为二件用法兰连结，以便拆下隔板装触媒和检修设备，并且由隔板把受压容器分隔为上部分气室和下部反应室，反应室底部支架支承冷管胆，底部多孔板支承触媒层，隔板支承在筒壁上并用焊接或活动密封，且附件2的图2公开了隔板与外壳支承圈密封（参见附件2的权利要求1，说明书第2页和附图2）。

由此可见，本组权利要求1相对于附件3的区别技术特征已被附件2公开，它们在附件2中所起作用与其在本专利中所起作用相同，因此对所属技术领域的技术人员来说，根据附件2、3可以显而易见得到本专利权利要求1保护的技术方案，权利要求1不具备创造性。

（2）关于权利要求2~6的创造性。

对于权利要求2、3，由于它们仅是对冷管胆包括U形管的技术方案进行的限定，不是对冷管胆包括上下环管的方案的进一步限定，因此不是本组权利要求1的从属权利要求，专利复审委员会对其创造性不予评述。

对于权利要求4，其引用权利要求1，进一步限定下行与上行冷管的面积比为0.5-3。由于附件3公开了下行与上行冷管的面积比为1.2~3.2，因此在权利要求1不具备创造性的基础上，其从属权利要求4也不具备创造性。

对于权利要求5，其引用权利要求1，限定出反应器后气体进入管壳式合成反应器进一步反应。

由于附件9公开了一种包括触媒层和冷管胆的均温型甲醇塔，可以用于前后两个串联甲醇合成系统（参见附件9第7页），而且管壳式合成反应器也是本领域常用的反应器体系，因此在权利要求1不具备创造性的基础上，其从属权利要求5也不具备创造性。

对于权利要求6，其引用权利要求1，限定反应器包括分气筒和集气筒。由于附件8公开的节能冷管型甲醇合成反应器，设有开有气孔的外分布筒和内分布筒，气体一部分在触媒床层顶部轴向流动，大部分在触媒床层中下部径向流动……由外分布筒到内分布筒（参见附件8第4页和图4），因此在权利要求1不具备创造性的基础上，其从属权利要求6也不具备创造性。

6. 关于第四组权利要求

（1）关于权利要求1的创造性。

对于权利要求1，附件2、3是其现有技术。附件3的公开内容如前所述，权利要求1与附件3的区别技术特征在于：①权利要求1所述的进气口、出气口分别在外壳的顶部和底部封头，而且外壳分为带上法兰的封头和带下法兰的筒体，外壳与隔板连结密封，而附件3没有明确公开其进气口和出气口分别位于外壳的顶部封头和底部封头，没有公开法兰，也没有公开连结密封方式，其采用的是触媒筐的壳体与盖板相连；②权利要求1包括支架和多孔板，分别用于支承冷管胆和触媒层，而附件3没有公开用支架支承冷管胆，而且由底部花板支承触媒层。

但是，附件2公开了一种可用于甲醇、甲醚合成过程的低温差放热气-固相催化反应器，包括外壳、隔板、冷管胆、支架、多孔板组成，外壳为受压容器，顶部封头有进气口，底部封头有出气口，外壳的上封头和筒体也可分开为二件用法兰连结，以便拆下隔板装触媒和检修设备，并且由隔板把受压容器分隔为上部分气室和下部反应室，反应室底部支架支承冷管胆，底部多孔板支承触媒层，隔板支承在筒壁上并用焊接或活动密封（参见附件2的权利要求1，说明书第2页和附图2）。

由此可见，本组权利要求1相对于附件3的区别技术特征已被附件2公开，它们在附件2中所起作用与其在本专利中所起作用相同，因此对所属技术领域的技术人员来说，根据附件2、3可以显而易见得到本专利要求保护的技术方案，权利要求1不具备创造性。

（2）关于权利要求2~6的创造性。

对于权利要求2、3，由于它们仅是对冷管胆包括U形管的技术方案进行的限定，不是对冷管胆包括上下环管的方案的进一步限定，因此不是本组权利要求1的从属权利要求，专利复审委员会对其创造性不予评述。

对于权利要求4，其引用权利要求1，进一步限定下行与上行冷管的面积比为0.5~3。由于附件3公开了下行与上行冷管的面积比为1.2~3.2，因此在权利要求1不具备创造性的基础上，其从属权利要求4也不具备创造性。

对于权利要求5，其引用权利要求1，限定出反应器后气体进入管壳式合成反应器进一步反应。由于附件9公开了一种包括触媒层和冷管胆的均温型甲醇塔，可以用于前后两个串联甲醇合成系统（参见附件9第7页），而且管壳式合成反应器也是本领域常用的反应器体系，因此在权利要求1不具备创造性的基础上，其从属权利要求5也不具备创造性。

对于权利要求6，其引用权利要求1，限定反应器包括分气筒和集气筒。由于附件8公开的节能冷管型甲醇合成反应器，设有开有气孔的外分布筒和内分布筒，气体一部分在触媒床层顶部轴向流动，大部分在触媒床层中下部径向流动，由外分布筒到内分布筒（参见附件8第4页和图4），因此在权利要求1不具备创造性的基础上，其从属权利要求6也不具备创造性。

基于上述理由，专利复审委员会作出了第10223号无效决定。

楼韧不服专利复审委员会作出的第10223号无效决定，在法定期限内向一审法院提起诉讼。

在一审法院公开开庭审理本案过程中，专利复审委员会主张本专利在实质审查阶段并未进行优先权的核实。楼韧对专利复审委员会的上述主张未提出异议。

以上事实，有专利复审委员会作出的第10223号无效决定、本专利权利要求书及说明书等专利文件、专利复审委员会口头审理记录表、公开号为CN2423018Y的实用新型专利说明书及当事人陈述等证据在案佐证。

本院认为，专利复审委员会在发明专利权无效宣告请求审查程序中应严格按照法律法规的规定进行审查。根据《专利法实施细则》第六十四条第二款的规定，无效宣告请求人可以以被请求宣告无效的发明专利不符合《专利法》第二十二条第二款、第三款、《专利法实施细则》第十三条第一款作为无效理由。

《专利法》第二十二条第二款规定："新颖性，是指在申请日以前没有同样的发明或者实用新型在国内外出版物上公开发表过、在国内公开使用过或者以其他方式为公众所知，也没有同样的发明或者实用新型由他人向国务院专利行政部门提出过申请并记载在申请日以后公布的专利申请文件中。"《专利法》第二十二条第三款规定："创造性，是指同申请日以前已有的技术相比，该发明有突出的实质性特点和显著的进步，该实用新型具有实质性特点和进步。"《专利法实施细则》第十三条第一款规定："同样的发明创造只能被授予一项专利权。"《专利法实施细则》第十条第一款规定专利法所称的申请日，有优先权的指优先权日。《专利法实施细则》第三十条对什么是已有技术也有明确规定，即："是指申请日（有优先权的，指优先权日）前在国内外公开出版物上公开发表、在国内公开使用或者以其他方式为公众所知的技术，即现有技术。"根据专利法、专利法实施细则的上述规定，专利复审委员会在无效宣告请求审查程序中应当以已有技术对发明专利进行新颖性、创造性评价以及判断是否属于重复授权，而判断是否为已有技术，必须以发明专利的申请日（有优先权的，为优先权日）作为是否为已有技术分界时间，在申请日（有优先权的，为优先权日）之前的为已有技术。专利复审委员会对本专利进行新颖性、创造性评价以及判断是否属于重复授权时，必然首先判断本案无效宣告请求人沈耀冲提交的证据能否作为已有技术。由于沈耀冲向专利复审委员会提交的用于评价本专利新颖性、创造性和判断是否重复授权的证据中的附件2、3，其公开日在本专利申请日和公开日之间，且沈耀冲在无效宣告请求审查程序中主张本专利不应享有优先权，应以本专利的申请日来评价本专利的新颖性、创造性，因此，专利复审委员会在判断沈耀冲提交的上述证据能否作为本专利的已有技术时，必然首先要对本专利是否享有优先权进行判断。可见，专利复审委员会对本专利的优先权进行核实，是对沈耀冲提交的相关证据能否作为本专利的已有技术作出判断的前提，专利复审委员会该行为并未违反相关法律法规的规定。专利复审委员会在核实本专利的优先权后，采用沈耀冲提交的相关附件作为本专利的已有技术，对本专利是否具备创造性进行评价，并作出认定并无不当。

楼韧的上诉理由不能成立，其上诉请求本院不予支持。综上，一审判决认定事实清楚，适用法律正确。依据《中华人民共和国行政诉讼法》第六十一条第（一）项的规定，判决如下：

驳回上诉，维持原判。

一审案件受理费100元，由楼韧负担（已交纳）；二审案件受理费100元，由楼韧负担（已交纳）。

本判决为终审判决。

审　判　长　刘　辉
代理审判员　岑宏宇
代理审判员　张冬梅
二〇〇八年四月十八日
书　记　员　孙　娜

162

玻璃-金属热压封接工艺

无效宣告请求审查决定（第 10225 号）

决　定　号　第 10225 号
决　定　日　2007 年 6 月 26 日
发明创造名称　玻璃-金属热压封接工艺
国际分类号　C03C 29/00
无效宣告请求人　北京欧科能太阳能技术有限公司
专　利　权　人　北京桑达太阳能技术有限公司
专　利　号　93101627.4
申　请　日　1993 年 2 月 18 日
授权公告日　1995 年 5 月 31 日
合议组组长　李广峰
主　审　员　赵　明
参　审　员　王　冬

法律依据　专利法第 26 条第 3 款、第 22 条第 3 款、第 4 款，专利法实施细则第 20 条第 1 款

决定要点

在判断一项权利要求的创造性时，首先应当将权利要求所述技术方案与最接近的现有技术相比较，找出它们之间的区别技术特征，然后再考察该区别特征在现有技术中是否存在教导和启示，如果现有技术给出了将区别特征应用到最接近的现有技术中的教导和启示，则该项权利要求相对于现有技术是显而易见的，不具备创造性。

一、案由

本无效宣告请求案涉及国家知识产权局于 1995 年 5 月 31 日公告授权、申请日为 1993 年 2 月 18 日、名称为“玻璃-金属热压封接工艺”的第 93101627.4 号发明专利权（以下简称本专利），专利权人为北京桑达太阳能技术有限公司。

本专利授权公告的权利要求如下：

“1. 一种玻璃-金属热压封接工艺，其特征在于：

（1）采用铅焊料，封接温度为铅焊熔点的 0.70~0.90 倍，

（2）封接时对焊料进行冲击加压，压力为 40~150kg/cm^2，时间为 50μs~2min，

（3）加压采用法兰直接支承受力方式，法兰的形状采用 30°~65°法兰。”

针对上述专利权，北京欧科能太阳能技术有限公司（以下简称请求人）于2005年11月17日向专利复审委员会提出了无效宣告请求，认为本专利不符合专利法第26条第3款、第22条第3款、第4款，以及专利法实施细则第20条第1款的规定。同时，请求人提交了以下附件：

附件1：长安公证处于2005年6月29日出具的（2005）长证内经字第77718号公证书复印件，其附有1979年10月公开的《CONFERENCE PREPRINTS》封面、PEPER 1、PAPER30复印件以及相关引用部分的中文译文，共22页；

附件2：长安公证处于2005年5月19日出具的（2005）长证内经字第6703号公证书复印件，其附有《真空电子技术》，1985年第4期，电子工业部电真空专业情报网出版，封面、目录、第1~16页复印件，共21页；

附件3：《陶瓷-金属封接技术指南》，国防工业出版社出版1990年6月第一版第一次印刷，封面、出版信息页、序言、前言、目录、第1~15页、第216~225页、第314~323页，及发票号为201204021012141211的发票联复印件，共47页；

附件4：WO9117398A1（公开日为1991年11月14日）专利文献复印件，以及所使用部分的中文译文，共21页；

附件5：德国DE8913387.0U1（公开日为1990年3月8日）专利文献复印件，以及所使用部分的中文译文，共22页；

附件6：本专利说明书。

请求人认为：（1）附件1~5所涉及的产品和技术与本专利属于一个技术领域，本专利权利要求1相对于附件1和4、附件1和5、附件2和4、附件2和5、附件3和4、附件3和5、附件1、2和4、附件1、2和5、附件1、3和4或者附件1、3和5的结合不具备创造性。（2）本专利权利要求1的技术方案是在先技术的重复使用，没有产生任何积极效果，不具备实用性。（3）本领域的技术人员无法理解并实施“加压采用法兰直接支承受力方式，法兰的形状采用30°~65°法兰”这一技术，权利要求1没有清楚地表述所要保护的范围，说明书也没有给予充分的说明和公开，不符合专利法第26条第3款、专利法实施细则第20条第1款的规定。

经形式审查合格，专利复审委员会依法受理了上述无效宣告请求，并于2005年11月30日向请求人和专利权人发出无效宣告请求受理通知书，同时将专利权无效宣告请求书及其附件清单中所列附件的副本转送给专利权人，并要求专利权人在指定的期限内陈述意见。

针对专利复审委员会发出的上述无效宣告请求受理通知书，专利权人于2006年1月9日提交了意见陈述书，专利权人认为：请求人提出的本专利不符合专利法第26条第3款、第22条第4款、以及相对于附件2~5的组合不具备创造性的无效理由已经过审查并在已经生效的第7672号无效宣告请求审查决定中作出了结论，因此对上述理由不应重复审理；权利要求1中记载的技术特征全部是惯常使用的涉及操作条件的技术特征，其用词对本领域技术人员来说不会产生任何歧义，因此符合专利法实施细则第20条第1款的规定；附件1和4、附件1和5、附件1、2和4、附件1、2和5、附件1、3和4或者附件1、3和5的组合得不到权利要求1的技术方案，权利要求1相对于上述组合具备创造性。

专利复审委员会依法成立合议组。

本案合议组于2006年7月24日向双方发出无效宣告请求口头审理通知书，定于2006年9月20日在专利复审委员会举行口头审理。随同口头审理通知书，将专利权人于2006年1月9日提交的意见陈述书转送给请求人。

2006年9月20日，口头审理如期举行，双方均参加了口头审理。口头审理中，请求人明确其无效宣告请求的理由、证据和范围是：本专利不符合专利法第26条第3款、第4款、专利法第22条第3款、第4款以及专利法实施细则第20条第1款的规定，请求人明确使用附件1、4和5的结合、附件3、4和5的结合、附件1、3、4和5的结合、附件1、2、4和5的结合四种组合方式评价本专利权利要求1的创造性。合议组经合议当庭宣布，请求人当庭提出的关于本专利不符合专利法第26条第4款的无效理由不符合专利法实施细则第66条的规定，因此不予接受。请求人当庭提交了附件1~3的原件，专利权人经核实认为原件与复印件内容一致，对附件1~5的真实性没有异议，对译文的准确性也没有异议。

请求人认为附件1与权利要求1的区别仅在于附件1没有公开权利要求1中的“加压采用法兰直接支承受力方式，法兰的形状采用30°~65°法兰”的特征，而附件5的图2公开了法兰，附件4的图3公开了法兰的角度，把玻璃端部加厚是公知的方法，附件1、4和5结合已经公开了本专利的全部技术内容，因此，权利要求1没有创造性。专利权人认为附件1与权利要求1的区别在于：（1）“玻璃-金属热压封接工艺”的发明主题；（2）封接时对焊料进行冲击加压的加压方式；（3）封接压力为40~150kg/cm^2；（4）加压采用法兰直接承受力的方式，法兰的形状采用30°~65°法兰。即使将附件1、4和5结合也无法破坏权利要求1的创造性。

至此，合议组认为本案事实已经清楚，可以作出审查决定。

二、决定的理由

1. 证据的认定

请求人提交的证据为附件1~5，在口头审理中，请求人当庭提交了附件1~3的原件，专利权人经核实认为原件与复印件内容一致，对附件1~5的真实性没有异议，对译文的准确性也没有异议。合议组对请求人提交的证据1~5的真实性予以认可，附件1~5可以作为本案证据使用，附件1、4和5公开的内容以其中文译文为准，同时，由于附件1~5的公开日期均在本专利申请日前，因此可以作为本专利的现有技术使用。

2. 关于专利法第22条第4款、第26条第3款和专利法实施细则第20条第1款的无效理由

专利法第22条第4款规定：实用性是指该发明或者实用新型能够制造或者使用，并且能够产生积极效果。

专利法第26条第3款规定：说明书应当对发明或者实用新型作出清楚、完整的说明，以所属技术领域的技术人员能够实现为准。

专利法实施细则第20条第1款规定：权利要求书应当说明发明或者实用新型的技术特征，清楚、简要地表述请求保护的范围。

请求人认为，本专利权利要求书和说明书描述不清楚，本领域技术人员无法实施本发明；本专利是现有技术的重复使用，没有产生积极效果，不具备实用性。

就本案而言，权利要求1请求保护的技术方案是一种玻璃-金属热压封接工艺，在该技术方案中给出了封接所用的材料，封接的方式以及相应的工艺条件。针对权利要求1所要保护的内容，说明书从发明所涉及的领域、现有技术的状况、发明的目的以及本发明所采用的方案等几方面做了说明并且结合附图和实施例对本发明的玻璃-金属封接工艺进行了详细的描述。从本专利说明书附图中可以清楚的看出，带有法兰端的玻璃管上支承有一金属盖，在玻璃管和金属盖间夹有铅焊料，而本专利说明书中的实施例1又以举例的方式详细描述了BTZ-2型热管式法兰真空管集热器封接的工艺。由此可见，本专利的说明书已经对说明书作出了清楚、完整的说明，本领域技术人员根据说明书记载的内容并结合其附图，无须花费创造性的劳动即可再现权利要求1所要保护的技术方案，并且，权利要求1请求保护的技术方案显然能够在产业上使用的。因此，权利要求1符合专利法第22条第4款有关实

用性的规定以及专利法实施细则第 20 条第 1 款的规定，其说明书也符合专利法第 26 条第 3 款有关充分公开的规定。

请求人认为本专利说明书的实施例中记载的是对端面施加 1800kg 的冲击压力，而权利要求中则是对焊料进行冲击加压，压力为 40～150kg/cm²，权利要求书和说明书的施加方式不一致，对此，合议组认为，说明书实施例中记载的对端面施加 1800kg 的冲击压力是指为了达到符合要求的压强而对端面施加的冲击压力，而权利要求中所述压力为 40－150kg/cm² 是指所述端面所承受的压强（单位是 kg/cm²）；由于焊料是位于法兰端面和金属端盖之间，因此在向法兰端面施加冲击力的同时，也必然对焊料进行了冲击加压，两者并无矛盾之处，；此外，关于法兰度数的问题，请求人认为，本专利关于法兰度数的描述是不清楚的，合议组认为，本领域技术人员根据说明书及附图的记载，可以理解法兰角度是指法兰的斜线与玻璃管母线之间形成的锐角，因此，本专利关于法兰度数的描述是清楚的，本领域技术人员根据上述记载能够清楚理解其含义而不会产生误解。

3. 关于专利法第 22 条第 3 款的无效理由

专利法第 22 条第 3 款规定：创造性是指同申请日以前已有的技术相比，该发明有突出的实质性特点和显著的进步，该实用新型有实质性特点和进步。

在判断一项权利要求的创造性时，首先应当将权利要求所述技术方案与最接近的现有技术相比较，找出它们之间的区别技术特征，然后再考察该区别特征在现有技术中是否存在有教导和启示，如果现有技术给出了将区别特征应用到最接近的现有技术中的教导和启示，则该项权利要求相对于现有技术是显而易见的，不具备创造性。

本专利权利要求 1 要求保护一种玻璃－金属热压封接工艺，其特征在于：（1）采用铅焊料，封接温度为铅焊熔点的 0.70～0.90 倍，（2）封接时对焊料进行冲击加压，压力为 40～150kg/cm²，时间为 50μs～2min，（3）加压采用法兰直接支承受力方式，法兰的形状采用 30°～65°法兰。

附件 1（超高真空系统的封接工艺，1979 年 10 月 29～31 日）公开了一种热压封接工艺，所述热压封接方法可以用于绝缘体如陶瓷和玻璃的封接、陶瓷与金属的封接、石英玻璃和金属的封接，其中间封接材料可以为铝、铅、铜等金属，图 19 及其相应文字说明部分具体公开了采用该热压封接方法将两块陶瓷进行封接的方法，其中具体公开了封接温度为封接材料熔点的 90%，封接压力在 10～250kg/cm² 之间，封接时间通常为 2 分钟，也可以很短，如 100μ 秒（参见附件 1 中文译文第 3 页）。根据附件 1 的记载，本领域技术人员可以很容易的想到该热压封接工艺也可以用于玻璃和金属之间的热压封接，并可选用铅作为封接焊料，在附件 1 所公开的封接条件下进行真空密封封接。由此可见，本专利权利要求 1 与附件 1 相比，其区别技术特征为：权利要求 1 中，（1）封接压力为 40～150kg/cm²，（2）加压采用法兰直接支承受力方式，法兰的形状采用 30°～65°法兰。

对区别技术特征（1），合议组认为，虽然权利要求 1 中所述封接压力 40～150kg/cm² 是对附件 1 封接压力 10～250kg/cm² 数值范围的选择，但其仅仅是从可能的、有限的范围内选择出的具体范围，而且本专利说明书中并没有记载上述选择能够带来何种意想不到的技术效果，因此，该区别技术特征对本领域技术人员来说是显而易见的。

附件 4（WO9117398A，公开日为 1991 年 11 月 14 日）公开了一种真空集热管，其具有一玻璃管，玻璃管的一端具有一金属端盖，金属端盖借助于热压法与玻璃管连接，从附图 3 可以看出所述玻璃管端部为法兰型，且所述金属端盖是直接与法兰连接的（参见附件 4 中文译文第 2 页，附图 3）。

附件 5（DE8913387U1，公开日为 1990 年 3 月 8 日）公开了一种真空集热管，其具有一玻璃管和一金属端盖。该真空集热管的制备过程为：将玻璃管 1 的端部增厚，使得端部区域 2 和 3 比玻璃管的其他区域的壁厚更厚；接着，在玻璃管端 2 和 3 上装上环形的热压金属件 6，该金属件具有一圆形的横截面，然后，装上金属端盖5，用公知的热压法对端部进行加热，然后对热压金属件施以高压，从而在金属端盖5与玻璃管端之间形成所希望的真空密封。该热压金属件可以由铅或铅合金构成。为避免刚刚加工好的金属表面氧化，相对变形速度 $e=\frac{1}{h_0}\frac{dh}{dt}$ 大于 $1s^{-1}$（参见附件5译文第1~4页）。

对于区别技术特征（2），合议组认为，附件4公开了在将金属端盖借助于热压法与玻璃管连接时，将玻璃端部做成法兰状，附件5公开了在将金属端盖借助于热压法与玻璃管连接时，将玻璃管的端部增厚，其作用均是增加金属端部与玻璃端部的接触面积，减小单位面积上的冲击压力，避免玻璃管破裂，可见其作用与本专利权利要求1中所述加压采用法兰直接支承受力方式所起的作用相同，因此，该区别技术特征中所述"加压采用法兰直接支承受力方式"已经被附件4公开；此外，虽然附件4和5中均没有披露法兰的具体角度，但上述法兰度数的选择是为了使玻璃管在封接过程中能够承受住足够的压力，对本领域技术人员来说，根据冲击压力的大小选择相应的法兰度数以承受住相应的压力是容易想到的，由此可见，本领域技术人员在附件4和5的基础上得到该区别技术特征是显而易见的。

综上所述，本领域技术人员在附件1、4和5的基础上能够显而易见地得到本专利权利要求1要求保护的技术方案，因此，权利要求1不具备专利法第22条第3款规定的创造性。

基于以上事实和理由，本案合议组作出如下审查决定。

三、决定

宣告第93101627.4号发明专利权全部无效。

当事人对本决定不服的，可以根据专利法第46条第2款的规定，自收到本决定之日起3个月内向北京市第一中级人民法院起诉。根据该款的规定，一方当事人起诉后，另一方当事人应当作为第三人参加诉讼。

北京市第一中级人民法院
行政判决书

（2007）一中行初字第1360号

原告北京桑达太阳能技术有限公司，住所地北京市海淀区花园路3号。

法定代表人韩建功，总经理。

委托代理人耿慕白，北京金之桥知识产权代理有限公司专利代理人。

被告国家知识产权局专利复审委员会，住所地北京市海淀区北四环西路9号银谷大厦10~12层。

法定代表人廖涛，副主任。

委托代理人王冬，国家知识产权局专利复审委员会审查员。

委托代理人齐宏涛，国家知识产权局专利复审委员会审查员。

第三人北京欧科能太阳能技术有限公司，住所地北京市海淀区学院路30号科技会议中心1202室。

法定代表人江希年，董事长。

委托代理人陈建民，北京三友知识产权代理有限公司专利代理人。

委托代理人葛洪川，男，1959年1月24日出生，北京欧科能太阳能技术有限公司总经理，住北京市朝阳区安翔里。

原告北京桑达太阳能技术有限公司（简称桑达公司）不服被告国家知识产权局专利复审委员会（简称专利复审委员会）于2007年6月26日作出的第10225号无效宣告请求审查决定（简称第10225号决定），于法定期限内向本院提起诉讼。本院于2007年9月28日受理本案后，依法组成合议庭，并通知北京欧科能太阳能技术有限公司（简称欧科能公司）作为第三人参加诉讼，于2007年12月13日公开开庭进行了审理。原告桑达公司的委托代理人耿慕白，被告专利复审委员会的委托代理人王冬、齐宏涛，第三人欧科能公司的委托代理人陈建民、葛洪川到庭参加了诉讼。本案现已审理终结。

针对桑达公司拥有的93101627.4号"玻璃-金属热压封接工艺"发明专利权（简称本专利），欧科能公司于2005年11月17日向专利复审委员会提出无效宣告请求，专利复审委员会经审查作出第10225号决定，认定：

1. 证据的认定

欧科能公司提交的证据为附件1~5，在口头审理中，欧科能公司当庭提交了附件1~3的原件，桑达公司经核实认为原件与复印件内容一致，对附件1~5的真实性没有异议，对译文的准确性也没有异议。专利复审委员会对欧科能公司提交的证据1~5的真实性予以认可，附件1~5可以作为本案证据使用，附件1、4和5公开的内容以其中文译文为准，司时，由于附件1~5的公开日期均在本专利申请日前，因此可以作为本专利的现有技术使用。

2. 本专利权利要求1符合《中华人民共和国专利法》（简称《专利法》）第二十二条第四款有关实用性的规定以及《中华人民共和国专利法实施细则》（简称《专利法实施细则》）第二十条第一款的规定，其说明书也符合《专利法》第二十六条第三款有关充分公开的规定。本专利关于法兰度数的描述是清楚的，本领域技术人员根据上述记载能够清楚理解其含义而不会产生误解。

3. 关于《专利法》第二十二条第三款的无效理由

根据附件1的记载，本领域技术人员可以很容易的想到该热压封接工艺也可以用于玻璃和金属之间的热压封接，并可选用铅作为封接焊料，在附件1所公开的封接条件下进行真空密封封接。由此可见，本专利权利要求1与附件1相比，其区别技术特征为：权利要求1中（1）封接压力为40~150kg/cm^2，（2）加压采用法兰直接支承受力方式，法兰的形状采用30°~65°法兰。

对区别技术特征（1），专利复审委员会认为，虽然权利要求1中所述封接压力40~150kg/cm^{2}是对附件1封接压力10~250kg/cm^2，数值范围的选择，但其仅仅是从可能的、有限的范围内选择出的具体范围，而且本专利说明书中并没有记载上述选择能够带来何种意想不到的技术效果，因此，该区别技术特征对本领域技术人员来说是显而易见的。

对于区别技术特征（2），专利复审委员会认为，其中所述"加压采用法兰直接支承受力方式"已经被附件4公开；此外，虽然附件4和5中均没有披露法兰的具体角度，但上述法兰度数的选择是为了使玻璃管在封接过程中能够承受住足够的压力，对本领域技术人员来说，根据冲击压力的大小选择相应的法兰度数以承受住相应的压力是容易想到的，由此可见，本领域技术人员在附件4和5的基础上得到该区别技术特征是显而易见的。

综上所述，本领域技术人员在附件1、4和5的基础上能够显而易见地得到本专利权利要求1要求保护的技术方案，因此，权利要求1不具备《专利法》第二十二条第三款规定的创造性。专利复审委员会作出第10225号决定，宣告本专利权全部无效。

原告桑达公司不服第10225号决定，在法定期限内向本院提起诉讼称：（1）第10225号决定与专利复审委员会在先作出的同样针对本专利并已生效的第7672号决定之间存在相反认定，具体体现在第7672号决定认定证据2（即本案附件4）没有披露具体到法兰角度，证据4（即本案附件2）与本专利之间的工艺参数没有可比性。附件1中并没有公开金属与玻璃通过铅焊料热压封的技术方案，它给出的仅仅是陶瓷与陶瓷通过中间焊料封接、铝部件与中间的陶瓷绝缘环热压封接、蓝宝石和石英玻璃通过铝封接、石英玻璃和铁镍钴合金通过铝热压封这样四个技术方案。石英玻璃的主要成分是 SiO_2（二氧化硅），它不同于普通玻璃（主要成分是硅酸盐）。可见这四个方案与本专利都没有可比性。在本技术领域，根据封接对象及其中间封接料的不同，其工作参数会截然不同。本专利是将玻璃和金属作为封接对象，中间封接料采用铅，在空气中直接封接。这和陶瓷之间的封接、陶瓷直接与金属焊接、玻璃与金属直接焊接、玻璃与金属采用铝作为焊料的焊接都有天壤之别，不经过创造性劳动，是不可能把这些工况中的参数直接搬过来采用的。本专利要充分考虑铅和玻璃及金属的封接难度和强度、三种材料不同的膨胀系数、变形、铅作为封接料在封接过程及封接后的特性等多种因素，才得出权利要求所保护的方案。附件1中的四种方案都与本专利截然不同，专利复审委员会把四种方案组合起来是不科学的。附件1中只有图19的方案做了较为详细的介绍，但这个方案和本专利也是没有可比性的。表面上虽然公开了封接温度、封接压力、封接时间和封接材料（也可以使用铅），但是这些参数针对的却是“陶瓷与金属的直接封接”，而不是玻璃与金属之间借助中间材料铅的热压封接，即发明主题不同。此外二者之间在技术特征上也不相同，即附件1中既没有公开权利要求1中“封接时对焊料进行冲击加压”的加压方式，也没有公开“封接压力为40~150kg/cm^2，以及其中的技术特征（3）。”换句话说，本专利权利要求相对于附件1的区别特征是：①“玻璃-金属热压封接工艺”的发明主题；②“封接时对焊料进行冲击加压”的加压方式；③封接压力为40~150kg/cm^2，④“加压采用法兰直接承受力的方式，法兰的形状采用30°~65°法兰”。图22、23、24等三个技术方案没有公开本专利的技术特征。第10225号决定认定本领域技术人员根据附件1的记载很容易想到该热压封接工艺也可以用于玻璃和金属之间的热压封接，并可选用铅作焊料等没有事实依据。首先，附件1中虽然给出了封接压力为10~250kg/cm^{2}数值范围，但其是用于两块陶瓷进行封接时所适用的冲击压力，而本专利是用于玻璃与金属的封接，尽管本专利封接压力在附件1封接压力数值范围之内，但这是我方经过长期技术研究及认证而得来的，并不是从附件1给出的封接压力数值中随意选择的，仅用于本专利技术方案中玻璃与金属的封接，具有封接表面光滑、封接迅速、气密性可靠等有益技术效果。其次，附件4中图3虽然显示出玻璃管端部呈法兰型，附件5将玻璃端部增厚相当于法兰的作用，但都未对法兰的角度给以限定。而本专利限定法兰的斜线与玻璃管母线之间的夹角为30°~65°，只有如此，法兰与金属端面的封接部位才能承受40~150kg/cm^2，的封接压力，不仅保证了封接的成功机率，同时还保证了封接质量，与现有技术相比具有显著的进步和有益的技术效果。（2）第10225号决定适用法律不当。专利复审委员会认定40~150kg/cm^{2}的选择显而易见，背离了专利审查的原则和审查指南的规定，属适用法律不当。综上，请求法院判决撤销第10225号决定，维持本专利有效。

被告专利复审委员会辩称：第10225号决定与第7672号决定中均认定附件4（第7672号决定中涉及的证据2）没有具体公开所述法兰的角度，因此，不存在认定事实错误。同时，由于第10225号决定在评述本专利权利要求1创造性时所使用的对比文件及结合方式与第7672号决定不完全相同，因此，在创造性判断的结论上与之不同也并不矛盾。本专利权利要求1中仅仅请求保护金属和玻璃通过铅焊料热压封的技术方案，而未对所述玻璃和金属作出限定，因此，附件1中石英玻璃与铁镍钴合金之间的热压封已经公开了本专利权利要求1所述玻璃和金属热压封的技术方案，而附件1也给出了使用铅焊料的技术启示，因此，本领域技术人员根据附件1公开的内容很容易得到将金属和玻璃通过铅焊料热压封的技术方案。此外，即便将权利要求1中的玻璃解释为普通玻璃，但本领域技术人员都知晓，石英玻璃与工业大规模生产的普通玻璃的主要成分均是 SiO_2，两者除在特殊领域表现出不同的性质外，其他性质均较为接近，因此，本领域技术人员很容易想到将普通玻璃代替石英玻璃与金属进行热压封。关于本专利权利要求 1 不具备创造性的论述我方坚持第 10225 号决定中的意见。第 10225 号决定认定事实清楚、适用法律正确、审理程序合法，桑达公司的诉讼理由不能成立，请求法院驳回其请求，维持第 10225 号决定。

第三人欧科能公司述称：（1）玻璃-金属热压封接工艺是一种公知常识技术。此外，本专利权利要求 1 的技术方案对其中玻璃成分没有任何限定，其说明书也看不到对其技术方案中玻璃成分的限定，因此，本专利技术方案中所指的玻璃应理解为是各种类型的玻璃，而不是普通玻璃。（2）本专利权利要求 1 的技术方案与第 10225 号决定中引用对比文件的技术相比不具备创造性。综上，请求法院驳回桑达公司诉讼请求，维持第 10225 号决定。

本院经审理查明：

本专利是名称为“玻璃-金属热压封接工艺”的发明专利，申请日为 1993 年 2 月 18 日，授权公告日为 1995 年 5 月 31 日，专利号为 93101627.4，专利权人为桑达公司。

本专利授权公告的权利要求如下：

“1. 一种玻璃-金属热压封接工艺，其特征在于：

（1）采用铅焊料，封接温度为铅焊熔点的 0.70~0.90 倍，

（2）封接时对焊料进行冲击加压，压力为 40~40~150kg/cm^2，时间为 50μs~2min，

（3）加压采用法兰直接支承受力方式，法兰的形状采用 30°~65°法兰。”

欧科能公司于 2005 年 11 月 17 日向专利复审委员会申请宣告本专利无效，并提交了以下附件：

附件 1：长安公证处于 2005 年 6 月 29 日出具的（2005）长证内经字第 77718 号公证书复印件，其附有 1979 年 10 月公开的《CONFERENCE PREPRINTS》封面、PAPER 1、PAPER30 复印件以及相关引用部分的中文译文等共 22 页，涉及《超高真空系统的封接工艺》论文一篇，公开了一种热压封接工艺，其方法可以用于陶瓷和玻璃的封接、陶瓷与金属的封接、石英玻璃和金属的封接，其中图 19 及其相应文字说明部分涉及采用该热压封接方法将两块陶瓷进行封接的方法，具体公开了封接温度为封接材料熔点的 90%，封接压力在 10~150kg/cm^2 之间，封接时间通常为 2 分钟，也可以很短，如 100μ 秒；封接材料可以为铝、铅、铜等金属，一些封接样品见图 22、23、24，其中图 24 为石英玻璃和铁镍钴合金通过铝热压封接的实例。

附件 2：长安公证处于 2005 年 5 月 19 日出具的（2005）长证内经字第 6703 号公证书复印件，其附有《真空电子技术》，1985 年第 4 期，电子工业部电真空专业情报网出版，封面、目录、第 1~16 页复印件等共 21 页。

附件 3：《陶瓷-金属封接技术指南》，国防工业出版社出版 1990 年 6 月第一版第一次印刷，封面、出版信息页、序言、前言、目录、第 1 ~ 15 页、第 216 ~ 225 页、第 314 ~ 323 页，及 20120402101214121l 号发票联复印件等共 47 页。

附件 4：W09117398A1（公开日为 1991 年 11 月 14 日）专利文献复印件，以及所使用部分的中文译文等共 21 页，公开了一种真空集热管，其具有一玻璃管，玻璃管的一端具有一金属端盖，金属端盖借助于热压法与玻璃管连接，从其附图 3 可以看出所述玻璃管端部为法兰型，且所述金属端盖是直接与法兰连接的。

附件 5：德国 DE8913387.0U1（公开日为 1990 年 3 月 8 日）专利文献复印件，以及所使用部分的中文译文等共 22 页，公开了一种真空集热管，其具有一玻璃管和一金属端盖。该真空集热管的制备过程为：将玻璃管 1 的端部增厚，使得端部区域 2 和 3 比玻璃管的其他区域的壁厚更厚；接着，在玻璃管端 2 和 3 上装上环形的热压金属件 6，该金属件具有一圆形的横截面，然后，装上金属端盖 5，用公知的热压法对端部进行加热，然后对热压金属件施以高压，从而在金属端盖 5 与玻璃管端之间形

成所希望的真空密封。该热压金属件可以由铅或铅合金构成。为避免刚刚加工好的金属表面氧化，相对变形速度 $e=\frac{1}{h_0}\frac{dh}{dt}$大于 $1s^{-1}$。

附件 6：本专利说明书。

专利复审委员会受理了上述无效宣告请求。

2006 年 1 月 9 日，桑达公司提交意见陈述书，认为欧科能公司提出的本专利不符合《专利法》第二十六条三款、第二十二条第四款以及相对于附件 2~5 的组合不具备创造性的无效理由已经过审查并在已经生效的第 7672 号决定中作出了结论，对上述理由不应重复审理。

专利复审委员会于 2006 年 9 月 20 日举行口头审理。口头审理中，欧科能公司明确其无效宣告请求的理由、证据和范围是：本专利不符合《专利法》第二十六条第三款、第四款、《专利法》第二十二条第三款、第四款以及《专利法实施细则》第二十条第一款的规定，欧科能公司明确使用附件 1、4 和 5 的结合、附件 3、4 和 5 的结合、附件 1、3、4 和 5 的结合、附件 1、2、4 和 5 的结合四种组合方式评价本专利权利要求 1 的创造性。专利复审委员会当庭宣布，欧科能公司当庭提出的关于本专利不符合《专利法》第二十六条第四款的无效理由不符合《专利法实施细则》第六十六条的规定，不予接受。欧科能公司当庭提交了附件 1~3 的原件，桑达公司经核实认为原件与复印件内容一致，对附件 1~5 的真实性没有异议，对译文的准确性也没有异议。

2007 年 6 月 26 日，专利复审委员会作出第 10225 号决定，宣告本专利全部无效。

在本案庭审中，桑达公司明确表示其对第 10225 号决定的案由部分，决定的理由部分之“证据的认定”及“关于《专利法》第二十二条第四款、第二十六条第三款和《专利法实施细则》第二十条第一款的无效理由”的相关内容及认定没有异议，并将本专利权利要求 1 中“冲击加压”解释为“在很短时间内加压”。

另查，欧科能公司于 2005 年 1 月 24 日就曾向专利复审委员申请过宣告本专利无效，并提供了五个附件作为证据，其中附件 2 和附件 3 即分别为本案中的附件 4 和附件 5，并且附件 3（本案附件 5）被作为与本专利权利要求所述技术方案最接近的现有技术的对比文件。专利复审委员会审查后认为在附件 3（本案附件 5）基础上结合包括附件 2（本案证据 4）在内的其他证据不能得出本专利权利要求 1 要求保护的技术方案，因此权利要求 1 具有突出的实质性特点和显著进步，符合《专利法》第二十二条第三款规定，遂于 2005 年 9 月 16 日作出第 7672 号决定，维持本专利权有效，该决定系生效决定。本案中欧科能公司向专利复审委员会提交的附件 1 在第 7672 号决定案中并未涉及。

上述事实，有第 7672、10225 号决定，本专利授权文本及说明书，第 10225 号决定中引用的附件 1、4 和 5，以及庭审笔录等证据在案佐证。

本院认为，本案的焦点问题在于本专利权利要求 1 是否具备创造性。

《专利法》第二十二条第三款规定：创造性是指同申请日以前已有的技术相比，该发明有突出的实质性特点和显著的进步。在判断一项权利要求的创造性时，首先应当将权利要求所述技术方案与最接近的现有技术相比较，找出它们之间的区别技术特征，然后再考察该区别特征在现有技术中是否存在有教导和启示，如果现有技术给出了将区别特征应用到最接近的现有技术中的教导和启示，则该项权利要求相对于现有技术是显而易见的，不具备创造性。

本专利权利要求 1 要求保护一种玻璃-金属热压封接工艺，而附件 1——《超高真空系统的封接工艺》，亦公开了一种热压封接工艺，可以用于陶瓷和玻璃、陶瓷与金属、石英玻璃和金属的封接。二者相比，从所要解决的技术问题、技术效果和本专利被附件 1 所公开的技术特征等角度而言，专利复审委员会将附件 1 所载技术方案作为与本专利最接近的现有技术并无不当。至于桑达公司在本案中提出专利复审委员会所采用的附件 1 的译文中对于“石英玻璃”的翻译有误，实际应翻译为“石英”，而“石英”不等于玻璃的主张，本院认为，首先，桑达公司在专利复审委员会举行的口头审理中对于附件 1“石英玻璃”的翻译并没有提出异议；其次，本专利并未对于玻璃的种类进行限定；再次，将附件 1 相关部分译为“石英玻璃和铁镍钴合金通过铝热压封接的实例”还是译为“石英和铁镍钴合金通过铝热压封接的实例”，对于本领域技术人员是否可以很容易的想到附件 1 所载热压封接工艺也可以应用到玻璃和金属之间的热压封接并无实质性影响。桑达公司在本案中还提出附件 1 相关部分记载了四种技术方案，不应将这四种技术方案组合起来与本专利进行对比，本院认为，通过附件 1 所记载的内容可知，其所公开的具体热压封接方法记载于图 19 两块陶瓷之间封接的示例当中，而陶瓷与金属、蓝宝石和石英玻璃、石英玻璃和铁镍钴合金等热压封接的实例作为封接样品被图 22、23、24 所示，在这种情况下，第 10225 号决定认定本领域技术人员根据附件 1 的记载可以很容易的想到附件 1 所载热压封接工艺也可以应用到玻璃和金属之间的热压封接，并可以选用铅作为封接焊料，并无不当。综上，桑达公司以发明主题不同为由主张附件 1 与本专利没有可比性并将发明主题不同作为二者之间的区别技术特征，事实依据不足，本院不予支持。

将本专利权利要求 1 与附件 1 相比较，第 10225 号决定得出如下区别技术特征：权利要求 1 中，（1）封接压力为 $40\sim150kg/cm^2$，（2）加压采用法兰直接承受力方式，法兰的形状采用 30°～65°法兰。桑达公司认可这两项区别技术特征的存在，但认为除上述发明主题不同之外，还存在“封接时对焊料进行冲击加压”这一区别技术特征。对此本院认为，权利要求中 1 有关“封接时对焊料进行冲击加压”的具体描述为“封接时对焊料进行冲击加压，压力为 $40\sim150kg/cm^2$，时间为 50μs～2min”，其中对于冲击动作的时间描述为“50μs～2min”，并且桑达公司在本案开庭审理中将权利要求 1 中的“冲击加压”解释为“在很短时间内加压”；而附件 1 中所公开的封接时间“也可以很短，如 100μ 秒”正好与桑达公司对于“冲击加压”的解释相吻合，因此桑达公司所提“封接时对焊料进行冲击加压”亦应作为区别技术特征的主张不能成立，本院不予支持。第 10225 号决定有关本专利权利要求 1 与附件 1 之间区别技术特征的认定，并无不当，本院予以认可。

针对上述区别技术特征（1），桑达公司主张尽管本专利封接压力在附件 1 相关数值范围之内，但本专利数值范围系经过长期技术研究及认证而得来的，并不是从附件 1 给出的封接压力数值中随意选择的，仅用于本专利技术方案中玻璃与金属的封接，具有封接表面光滑、封接迅速、气密性可靠等有益技术效果。本院认为，鉴于权利要求 1 区别技术特征（1）的数值范围完全包含于附件 1 所公开的相关数值范围之内，因此该选择能否带来本领域技术人员事先无法预测或者推理出来的预料不到的技术效果是相关创造性判断的主要考虑因素。由于在本专利说明书中并没有记载上述选择相对于附件 1 能够带来何种预料不到的技术效果，桑达公司就此也未提交相关证据予以证明。本院对于桑达公司针对本专利权利要求 1 区别技术特征（1）所提异议，不予支持。第 10225 号决定认定该区别技术特征对本领域技术人员来说是显而易见的，并无不当。

针对上述区别技术特征（2），附件 4 公开了在将金属端盖借助于热压法与玻璃管连接时，将玻璃管端部做成法兰状，附件 5 公开了在将金属端盖借助于热压法与玻璃管连接时，将玻璃管的端部增厚，其作用均是增加金属端部与玻璃管端部的接触面积，减小单位面积上的冲击压力，避免玻璃管破裂，可见权利要求 1 区别技术特征（2）中所述加压采用法兰直接支承受力方式及其作用已经被披露，该区别技术特征中只有法兰的具体角度尚未被公开。但对于法兰角度范围的选择，其目的是为了使玻璃管在封接过程中能够耐受相应的压力，本领域技术人员根据冲击压力的不同通过有限次的常规实验即可获得能够耐受相应冲击压力的法兰度数，无须付出创造性劳动。因此，第 10225 号决定认定本领域技术人员在附件 4、5 的基础上得到本专利权利要求 1 区别技术特征（2）是显而易见的，并无不当。

综上，第10225号决定认定本领域技术人员在附件1、4和5的基础上能够显而易见地得到本专利权利要求1要求保护的技术方案，权利要求1不具备《专利法》第二十二条第三款规定的创造性，并无不当。

至于桑达公司主张第10225号决定与专利复审委员会在先作出的同样针对本专利的第7672号决定之间存在相反认定，并具体指出上述相反认定体现在第7672号决定认定证据2（即本案附件4）没有披露具体到法兰角度，证据4（即本案附件2）与本专利之间的工艺参数没有可比性。对此，本院认为，第10225号决定与第7672号决定在对于本案附件4的认定中均认为其没有披露具体的法兰度数，并不存在矛盾；而专利复审委员会在第10225号决定中对于本专利权利要求1是否具备创造性的评述中没有涉及附件2，也不存在与第7672号决定相关认定相矛盾的问题。至于两个均针对本专利的决定彼此结论相反的问题，本院认为其主要原因在于在后的第10225号决定中引入了在先的第7672号决定中没有涉及的附件1作为与本专利权利要求1所述技术方案最接近的现有技术，专利复审委员会在第7672号决定中没有涉及的附件1的基础上再结合附件4和5，作出与在先决定结论相反的第10225号决定，并无不当。

综上所述，桑达公司请求撤销第10225号决定并维持本专利权有效，缺乏事实和法律依据，本院不予支持。第10225号决定认定事实清楚，适用法律法规正确，程序合法，应予维持。依照《中华人民共和国行政诉讼法》第五十四条第（一）项之规定，本院判决如下：

维持被告国家知识产权局专利复审委员会作出的第10225号无效宣告请求审查决定。

案件受理费100元，由原告北京桑达太阳能技术有限公司负担（已交纳）。

如不服本判决，各方当事人可于本判决送达之日起15日内，向本院提交上诉状及其副本，并交纳上诉案件受理费100元，上诉于北京市高级人民法院。

审 判 长　赵　静
代理审判员　姜庶伟
代理审判员　乔　平
二〇〇七年十二月二十八日
书 记 员　李冰青

北京市高级人民法院
行政判决书

（2008）高行终字第110号

上诉人（原审原告）北京桑达太阳能技术有限公司，住所地北京市海淀区花园路3号。

法定代表人韩建功，总经理。

委托代理人耿慕白，男，汉族，1946年1月26日出生，北京金之桥知识产权代理有限公司专利代理人，住北京市朝阳区高家园五区2楼3单元24号。

被上诉人（原审被告）国家知识产权局专利复审委员会，住所地北京市海淀区北四环西路9号银谷大厦10~12层。

法定代表人廖涛，副主任。

委托代理人王冬，该委员会审查员。

委托代理人齐宏涛，该委员会审查员。

原审第三人北京欧科能太阳能技术有限公司，住所地北京市海淀区学院路30号科技会议中心1202室。

法定代表人江希年，董事长。

委托代理人陈建民，北京市天驰律师事务所律师。

委托代理人葛洪川，男，汉族，1959年1月24日出生，该公司总经理，主北京市朝阳区安翔里48号楼095号。

上诉人北京桑达太阳能技术有限公司（简称桑达公司）因发明专利权无效行政纠纷一案，不服北京市第一中级人民法院（2007）一中行初字第1360号行政判决，向本院提起上诉，本院2008年3月3日受理本案后，依法组成合议庭，于2008年4月10日公开开庭进行了审理。上诉人桑达公司的委托代理人耿慕白、被上诉人国家知识产权局专利复审委员会（简称专利复审委员会）的委托代理人王冬、齐宏涛，原审第三人北京欧科能太阳能技术有限公司（简称欧科能公司）的委托代理人陈建民、葛洪川到庭参加了诉讼。本案现已审理终结。

北京市第一中级人民法院认定，桑达公司是名称为“玻璃-金属热压封接工艺”发明专利（简称本专利）的专利权人。欧科能公司于2005年11月17日向专利复审委员会提出宣告本专利权无效的请求。专利复审委员会经审查，于2007年6月26日作出第10225号无效宣告请求审查决定（简称第10225号无效决定），宣告本专利权全部无效。

北京市第一中级人民法院认为，本专利权利要求1与欧科能公司提交的附件1——《超高真空系统的封接工艺》相比，从所要解决的技术问题、技术效果和本专利被附件1所公开的技术特征等角度而言，专利复审委员会将附件1所载技术方案作为与本专利最接近的现有技术并无不当。桑达公司关于附件1翻译错误及本专利与附件1发明主题不同，二者没有可比性并将发明主题不同作为二者之间的区别技术特征的主张不能成立。

根据附件1中记载了相关压力和时间数值范围及桑达公司对本专利权利要求1中记载的“冲击加压”的解释，桑达公司所提“封接时对焊料进行冲击加压”亦应作为区别技术特征的主张不能成立。专利复审委员会认定本专利权利要求1与附件1相比，具有两个区别技术特征。对本领域技术人员来说根据附件1记载的内容，得到本专利权利要求1区别技术特征（1）是显而易见的。本领域技术人员在附件4、5的基础上得到本专利权利要求1区别技术特征（2）也是显而易见的，专利复审委员会在第10225号无效决定中认定本领域技术人员在附件1、4和5的基础上能够显而易见地得到本专利权利要求1要求保护的技术方案，权利要求1不具备创造性，并无不当。第10225号无效决定与第7672号无效宣告请求审查决定（简称第7672号无效决定）均认为附件4没有披露具体的法兰度数，两个决定并不存在矛盾。第7672号无效决定未涉及附件1，故专利复审委员会在附件1的基础上再结合附件4、5作出第10225号无效决定，并无不当。

北京市第一中级人民法院依据《中华人民共和国行政诉讼法》第五十四条第一款第（一）项的规定，判决：维持专利复审委员会作出的第10225号无效决定。

桑达公司不服一审判决，向本院提起上诉。理由是：（1）一审判决认定事实错误。附件1作为最接近的对比文件以及将附件1的4个技术方案综合使用是错误的。一审判决认定证据不足，在没有证据的情况下使用许多推断的手法，作出错误的结论，（2）一审法院存在漏审。专利复审委员会对在第10225号无效决定中记载的外文字符的公式未作任何解释。（3）第10225号无效决定与已生效的第7672号无效决定针对本专利，在基本相同的证据情况下却作出截然相反的决定与法相悖。一审判决沿袭专利复审委员会的作法也违背了司法的既判力。（4）一审判决适用法律不当。本专利中对封接压力进行了选择，属选择发明，其效果在本专利说明书中有论述，并非如第10225号无效决定和一审判决所认定的没有取得意料不到的技术效果。专利复审委员会错误地解释、适用《审查指南》，属于适用法律错误。请求撤销一审判决；撤销专利复审委员会作出的第10225号无效决定，重新对本专利作出无效宣告请求审查决定，维持本专利权有效。专利复审委员会、欧科能公司服从一审判决。

经审理查明，本专利名称为"玻璃-金属热压封接工艺"，申请日为1993年2月18日，本专利于1995年5月31日由国家知识产权局公告授权，专利号为93101627.4，专利权人为桑达公司。

本专利授权公告的权利要求如下：

"1. 一种玻璃-金属热压封接工艺，其特征在于：

（1）采用铅焊料，封接温度为铅焊熔点的0.70~0.90倍，

（2）封接时对焊料进行冲击加压，压力为40~150kg/m^2，时间为50μs~2min，

（3）加压采用法兰直接支承受力方式，法兰的形状采用30°~65°法兰。"

欧科能公司于2005年11月17日向专利复审委员会提出宣告本专利权无效的请求。欧科能公司向专利复审委员会提交了以下附件：

附件1：长安公证处于2005年6月29日出具的（2005）长证内经字第77718号公证书复印件，其附有1979年10月公开的《CONFERENCE PREPRINTS》封面、PAPER 1、PAPER 30复印件以及相关引用部分的中文译文等共22页，涉及《超高真空系统的封接工艺》论文一篇，其中文译文包括以下内容：

"热压封接是过去5年中开始使用的一项工艺。这种封接方法最初用于绝缘体的封接，如陶瓷和玻璃。近年来此工艺被用于陶瓷与金属的封接。例如采用图19示意的方式就可制造出好的真空密封封接。热压工艺的技术要点如下：陶瓷的前处理（见1.1节）。封接材料的前处理：依据所用金属的温度进行还原气氛处理。封接温度：约为封接材料熔点的90%。封接压力：很大程度上依据中间材料的硬度和可能产生的氧化层，该压力（由中间材料变形后）在40~150kg/cm^{2}之间。封接气氛：根据封技材料，封接可在还原气体，中性气体或空气中进行，封接时间：通常为2分钟，但也可以很短，如100μ秒。中间封接材料可以为铝A1，但也可使用铅Pb、铜Cu，铂Pt，铁Fe，和镍Ni实现可重复的真空封接。封接设备的示意图见图20。图21为设备的照片。一些封接样品见图22、23、24，其中图24为石英玻璃和铁镍钴合金通过铝热压封接的实例……图24是石英玻璃和铁镍钴合金通过铝热压封接的实例。"

附件2：长安公证处于2005年5月19日出具的（2005）长证内经字第6703号公证书复印件，其附有《真空电子技术》，1985年第4期，电子工业部电真空专业情报网出版，封面、目录、第1~16页复印件等共21页。

附件3：《陶瓷-金属封接技术指南》，国防工业出版社出版1990年6月第一版第一次印刷，封面、出版信息页、序言、前言、目录、第1~15页、第216~225页、第314~323页，及201204021012141211号发票联复印件等共47页。

附件4：W09117398A1（公开日为1991年11月14日）专利文献复印件，以及所使用部分的中文译文等共21页，公开了一种真空集热管，其具有一玻璃管，玻璃管的一端具有一金属端盖，金属端盖借助于热压法与玻璃管连接，从其附图3可以看出所述玻璃管端部为法兰型，且所述金属端盖是直接与法兰连接的。

附件5：德国DE8913387.0U1（公开日为1990年3月8日）专利文献复印件，以及所使用部分的中文译文等共22页，公开了一种真空集热管，其具有一玻璃管和一金属端盖。该真空集热管的制

备过程为：将玻璃管 1 的端部增厚，使得端部区域 2 和 3 比玻璃管的其他区域的壁厚更厚；接着，在玻璃管端 2 和 3 上装上环形的热压金属件 6，该金属件具有一圆形的横截面，然后，装上金属端盖 5，用公知的热压法对端部进行加热，然后对热压金属件施以高压，从而在金属端盖 5 与玻璃管端之间形成所希望的真空密封。该热压金属件可以由铅或铅合金构成。为避免刚刚加工好的金属表面氧化，相对变形速度 $e=\frac{1dg}{H_0dh}$大于 $1s^{-1}$。

附件 6：本专利说明书。

2006 年 1 月 9 日，桑达公司向专利复审委员会提交意见陈述书，认为欧科能公司提出的本专利不符合《专利法》第二十六条三款、第二十二条第四款以及相对于附件 2~5 的组合不具备创造性的无效理由已经过审查并在已经生效的第 7672 号无效决定中作出了结论，对上述理由不应重复审理。

专利复审委员会于 2006 年 9 月 20 日就欧科能公司针对本专利提出的无效宣告请求进行口头审理。桑达公司、欧科能公司均参加了此次口头审理。在口头审理过程中，欧科能公司明确其无效理由、证据和范围是：本专利不符合《专利法》第二十六条第三款、第四款、第二十二条第三款、第四款以及《专利法专利法实施细则》第二十条第一款的规定；欧科能公司明确使用附件 1、4 和 5 的结合、附件 3、4 和 5 的结合、附件 1、3、4 和 5 的结合、附件 1、2、4 和 5 的结合四种组合方式评价本专利权利要求 1 的创造性。专利复审委员会在开庭审理时宣布，欧科能公司在此次口头审理时提出的关于本专利不符合《专利法》第二十六条第四款的无效理由不符合《专利法实施细则》第六十六条的规定，不予接受。欧科能公司在此次口头审理时提交了附件 1~3 的原件，桑达公司经核实认为原件与复印件内容一致，对附件 1~5 的真实性没有异议，对译文的准确性也没有异议。

2007 年 6 月 26 日，专利复审委员会作出第 10225 号决定，宣告本专利权全部无效。专利复审委员会认为：欧科能公司提交的证据为附件 1~5，欧科能公司提交了附件 1~3 的原件，桑达公司对附件 1~5 的真实性没有异议，对译文的准确性也没有异议。专利复审委员会对附件 1~5 的真实性予以认可，附件 1~5 可以作为本案证据使用，附件 1、4 和 5 公开的内容以其中文译文为准，同时，由于附件 1~5 的公开日期均在本专利申请日前，因此可以作为本专利的现有技术使用。

本专利权利要求 1 符合《专利法》第二十二条第四款有关实用性的规定以及《专利法实施细则》第二十条第一款的规定，其说明书也符合《专利法》第二十六条第三款有关充分公开的规定，本专利关于法兰度数的描述是清楚的，本领域技术人员根据上述记载能够清楚理解其含义而不会产生误解。

根据附件 1 的记载，本领域技术人员可以很容易地想到该热压封接工艺也可以用于玻璃和金属之间的热压封接，并可选用铅作为封接焊料，在附件 1 所公开的封接条件下进行真空密封封接。由此可见，本专利权利要求 1 与附件 1 相比，其区别技术特征为：权利要求 1 中，（1）封接压力为 40~150kg/cm²；（2）加压采用法兰直接支承受力方式，法兰的形状采用 30°~65°法兰。对区别技术特征（1），虽然本专利权利要求 1 中所述封接压力 40~150kg/cm² 是对附件 1 封接压力 10~250kg/cm² 数值范围的选择，但其仅仅是从可能的，有限的范围内选择出的具体范围，而且本专利说明书中并没有记载上述选择能够带来何种意想不到的技术效果，因此，该区别技术特征对本领域技术人员来说是显而易见的。对于区别技术特征（2），其中所述“加压采用法兰直接支承受力方式”已经被附件 4 公开；此外，虽然附件 4 和 5 中均没有披露法兰的具体角度，但上述法兰度数的选择是为了使玻璃管在封接过程中能够承受住足够的压力，对本领域技术人员来说，根据冲击压力的大小选择相应的法兰度数以承受住相应的压力是容易想到的，由此可见，本领域技术人员在附件 4 和 5 的基础上得到该区别技术特征是显而易见的。

综上所述，本领域技术人员在附件 1、4 和 5 的基础上能够显而易见地得到本专利权利要求 1 要求保护的技术方案，因此，本专利权利要求 1 不具备《专利法》第二十二条第三款规定的创造性。

基于以上理由专利复审委员会作出第 10225 号无效决定专利复审委员会在第 10225 号无效决定涉及本专利权利要求 1 区别技术特征（1）的部分中，记载有如下内容："附件 5……相对变形速度 $e=\frac{1}{h_0}\frac{dh}{dt}$（参见附件 5 译文第 1~4 页）。"

附件 5 中文译文中记载："……相对变形速度 $e=\frac{1}{h_0}\frac{dh}{dt}$大于 $1s^{-1}$，以避免刚刚加工好的金属表面氧化（在此 h_0 是热挤压解释环的初始厚度，h 是暂时的可变高度，t 为时间）。"

在一审法院审理本案过程中，桑达公司明确主张其对第 10225 号无效决定的案由部分，第 10225 号无效决定的理由部分中"证据的认定"及"关于《专利法》第二十二条第四款、第二十六条第三款和《专利法实施细则》第二十条第一款的无效理由"的相关内容及认定没有异议。在一审法院开庭审理本案过程中，桑达公司将本专利权利要求 1 中"冲击加压"解释为"在很短时间内加压"。

另查，欧科能公司于 2005 年 1 月 24 日针对本专利权向专利复审委员提出过无效宣告请求。专利复审委员会于 2005 年 9 月 16 日针对该次无效宣告请求作出第 7672 号无效决定。欧科能公司向专利复审委员会提交了 5 个附件作为证据，其中证据 2 和证据 3 在本案的无效宣告请求审查程序中也作为证据向专利复审委员会提交。第 7672 号无效决定中的证据 2 在第 10225 号无效决定中为附件 4，第 7672 号无效决定中的证据 3 在第 10225 号无效决定中为附件 5。

在第 7672 号无效决定中，附件 3 被作为与本专利权利要求 1 所述技术方案最接近的现有技术的对比文件。专利复审委员会审查后认为在附件 3 基础上结合包括附件 2 在内的其他证据不能得出本专利权利要求 1 要求保护的技术方案，因此本专利权利要求 1 具有突出的实质性特点和显著进步，符合《专利法》第二十二条第三款规定。据此，专利复审委员会作出第 7672 号无效决定，维持本专利权有效。第 7672 号无效决定作出后，桑达公司、欧科能公司均未提起诉讼，该决定现已生效。第 7672 号无效决定中未涉及本案中欧科能公司向专利复审委员会提交的附件 1。

以上事实，有本专利权利要求书及说明书等专利文件，第 7672 无效决定，第 10225 号无效决定，欧科能公司在本案无效宣告请求审查程序中向专利复审委员会提交的附件 1、附件 4、附件 5 以及当事人陈述等证据在案佐证。

本院认为，专利复审委员会在第 10225 号无效决定中记载的外文字符的公式是附件 5 中的 $e=\frac{1}{h_0}\frac{dh}{dt}$大于 $1s^{-1}$，对该公式，专利复审委员会在第 10225 号无效决定中已经载明："参见附件 5 译文第 1~4 页"。附件 5 中文译文中记载了前述公式中外文字符所代表的含义。由于专利复审委员会在第 10225 号无效决定中已经说明了该公式出自附件 5 中文译文，而附件 5 中文译文记载了该公式外文字符的含义，因此，不能认定专利复审委员会在第 10225 号无效决定中未对上述外文公式作出解释。

石英与石英玻璃成分相同，石英为石英玻璃的上位概念，石英玻璃为石英的下位概念，且本案现有证据也未记载现实中有需要将石英（包括天然石英和人工合成石英）直接与金属热压封接。因此，将附件 1 图 24 翻译为"图 24 是石英玻璃于铁镍钴合金通过铝热压封接的实例"与翻译为"石英和铁镍钴合金通过铝热压封接的实例"，对本领域普通技术人员而言在实质上并无区别。此外，桑达公司在无效宣告请求审查程序中也未对附件 1 的中文译文提出异议。故专利复审委员会在第 10225 号无效决定中采纳欧科能公司提交的附件 1 的中文译文并无不当。

根据附件 1 中记载的热压封接最初用于绝缘体的封接，如陶瓷和玻璃。近年来被用于陶瓷与金属的封接。例如采用图 19 示意的方式就可制造出好的真空密封封接以及热压封接的技术要点等内容，应认定附件1中文译文记载的是热压封接工艺可以用于绝缘体，如陶瓷和玻璃以及陶瓷与金属的封接，并记载了该工艺的封接温度、封接压力、封接气氛、封接时间等技术要点。通过阅读附件1全部的中文译文，应认定附件1中文译文记载的是热压封接工艺的技术要点，而不是仅指图19的技术要点，图19记载只是使用该工艺的一个实例。经本院对附件1中文译文审查，未发现附件1中文译文中包括对图19的中文译文，但由于桑达公司、专利复审委员会、欧科能公司均认可附件1图19及其相关外文文字记载的是陶瓷与陶瓷进行热压封接，因此，本院认可图19记载的是陶瓷与陶瓷进行热压封接的实例。

根据附件1中记载的“一些封接样品见图22、23、24……图24是石英玻璃和铁镍钴合金通过铝热压封接的实例”的内容，可以认定附件1记载了石英玻璃通过中间封接材料铝与铁镍钴合金进行热压封接。

根据附件1中文译文中记载的“中间封接材料可以为铝Al，但也可使用铅Pb、铜Cu，铂Pt，铁Fe和镍Ni实现可重复的真空封接”的内容，可以认定附件1记载了铝、铅、铜，铂，铁和镍均可以作为热压封接的中间封接材料。

由于本专利中并未限定使用何种玻璃与金属进行热压封接，因此，本领域普通技术人员根据附件1图24及相关内容的记载，可以得到将石英玻璃与金属进行热压封接的技术启示。因石英玻璃属于玻璃的一种，故本领域普通技术人员通过阅读附件1图24及相关内容，可以得到将玻璃与金属进行热压封接的技术启示。

将本专利权利要求1与附件1相比，从所要解决的技术问题、技术效果和本专利被附件1所公开的技术特征等因素，专利复审委员会将附件1所记载的技术方案作为与本专利最接近的现有技术并无不当。通过阅读附件1及各方当事人认可的附件1图19的内容，本领域普通技术人员可以得到玻璃与金属通过铝、铅Pb等中间封接材料，在附件1给出的热压封接技术要点的数值范围内进行热压封接的技术启示。附件1中记载的图19、22、23、24均是在附件1记载的热压封接工艺技术要点数值范围之内的几个实例，并不是4种不同的热压封接技术方案。桑达公司所提第10225号无效决定及一审判决将陶瓷之间通过焊料封接的工艺参数搬到金属与玻璃通过焊料封接的工艺中来，违背科学规律的主张不能成立。

专利复审委员会及一审法院认定将本专利权利要求1与附件1相比，本专利权利要求1具有如下区别技术特征：（1）封接压力为$40\sim150kg/cm^2$；（2）加压采用法兰直接支承受力方式，法兰的形状采用30°~65°法兰。桑达公司主张除上述区别技术特征外，本专利权利要求1还具有“封接时对焊料进行冲击加压”这一区别技术特征。桑达公司在一审法院公开开庭审理本案过程中明确主张本专利权利要求1中记载的“冲击加压”就是“在很短的时间内加压”，且附件1中热压封接技术要点记载的封接时间是“通常为2分钟，但也可以很短，如100μ秒”，其中记载的“100μ秒”应认定与桑达公司主张的“冲击加压”含义相符，因此，一审法院根据桑达公司的陈述及相关附件记载的内容，认定“封接时对焊料进行冲击加压”不应作为本专利权利要求1区别技术特征并无不当，一审法院并未曲解“冲击加压”的含义。

由于本专利权利要求1区别技术特征（1）的数值范围包含于附件1所公开的相关数值范围之内，因此该选择能否带来本领域技术人员事先无法预测或者推理出来的意料不到的技术效果是相关创造性判断的主要考虑因素。由于在本专利说明书中并没有记载对本专利权利要求1区别技术特征（1）的数值范围的上述选择相对于附件1能够带来何种预料不到的技术效果，桑达公司虽主张在本专利说明书中记载了上述数值范围的技术效果，但本专利说明书中涉及上述数值范围的记载并不能得出上述数值范围带来了意料不到的技术效果的结论。故本专利权利要求1区别技术特征（1）对本领域普通技术人员而言是显而易见的。附件4公开了在将金属端盖借助于热压法与玻璃管连接时，将玻璃管端部做成法兰状。附件5公开了在将金属端盖借助于热压法与玻璃管连接时，将玻璃管的端部增厚。附件4、5上述技术方案的作用均是增加金属端部与玻璃管端部的接触面积，减小单位面积上的冲击压力，避免玻璃管破裂，因此，本专利权利要求1区别技术特征（2）中所记载的加压采用法兰直接支承受力方式及其作用已经被附件4、5公开。虽然本专利权利要求1区别技术持征（2）中法兰的具体角度尚未被公开，但选择法兰角度的目的是为了使玻璃管在封接过程中能够耐受相应的压力，因此，本领域技术人员根据冲击压力的不同通过有限次的常规实验即可获得能够耐受相应冲击压力的法兰度数，无须付出创造性劳动。一审判决关于第10225号无效决定认定本领域技术人员在附件1、4和5的基础上能够显而易见地得到本专利权利要求1要求保护的技术方案，本专利权利要求1不具备创造性的认定并无不当。

虽然专利复审委员会作出的第7672号无效决定中认定证据2没有公开具体的法兰角度，证据4与本专利之间的工艺参数没有可比性，但第10225号无效决定中认定附件4即第7672号无效决定中的证据2也未公开具体的法兰角度，因此，专利复审委员会在第7672号无效决定中对证据2的认定与其在第10225号无效决定中对附件4的认定并不矛盾；专利复审委员会在第10225号无效决定中对于本专利权利要求1是否具备创造性的评述中未涉及附件2，不存在与第7672号无效决定相关认定相矛盾的问题。专利复审委员会在第10225号无效决定中，将在第7672号无效决定中未涉及的附件1作为与本专利最接近的现有技术并结合附件4、5，作出本专利权利要求1不具备创造性的认定与第7672号无效决定对本专利权利要求1是否具备创造性的认定，并非是在基本相同的证据情况下作出截然相反的认定。

桑达公司的上诉理由均不能成立，其上诉请求本院不予支持。

综上，一审判决认定事实清楚，适用法律正确。依据《中华人民共和国行政诉讼法》第六十一条第（一）项的规定，判决如下：

驳回上诉，维持原判。

一审案件受理费100元，由北京桑达太阳能技术有限公司负担（已交纳）；二审案件受理费100元，由北京桑达太阳能技术有限公司负担（已交纳）。

本判决为终审判决。

审　判　长　刘　辉
代理审判员　岑宏宇
代理审判员　焦　彦
二〇〇八年七月六日
书　记　员　耿巍巍

163

具复合式功能的座椅结构

无效宣告请求审查决定（第10231号）

决　　定　　号　第10231号
决　　定　　日　2007年6月28日
发明创造名称　具复合式功能的座椅结构
国 际 分 类 号　A47C 17/04
无效宣告请求人　浙江华欣家具工业有限公司，美国艾钜资源有限公司（LGSourcing，Inc.）
专　利　权　人　基胜工业（上海）有限公司
申　　请　　号　200420115759.6
申　　请　　日　2004年11月19日
授 权 公 告 日　2006年2月1日
合 议 组 组 长　张宗任
主　　审　　员　武　磊
参　　审　　员　李婷婷

法　律　依　据　专利法第26条第4款、第22条第3款，专利法实施细则第20条第1款、第21条第2款

决　定　要　点

如果根据说明书的描述和附图的显示，能够明确得出权利要求中所记载的某一特征，那么该特征不会导致该权利要求得不到说明书的支持；如果功能性描述能清楚体现相应部件的结构关系，那么它不会导致权利要求的保护范围不清楚；如果权利要求记载的技术方案不足以解决发明所要解决的技术问题，则该权利要求保护的技术方案不符合专利法实施细则第21条第2款的规定；如果权利要求所述技术方案与现有技术公开的技术方案之间存在区别技术特征，而现有技术没有给出结合该区别技术特征得出权利要求所述技术方案的技术启示，采用上述区别技术特征的技术方案产生了有益的效果，则该权利要求具有创造性。

一、案由

1. 关于专利权

本无效宣告请求涉及国家知识产权局于2006年2月1日授权公告的200420115759.6号实用新型专利权（以下称本专利），其名称为“具复合式功能的座椅结构”、申请日为2004年11月19日、专利权人为基胜工业（上海）有限公司。本专利授权公告文本的权利要求书中共7项权利要求，权利要求2~7都直接或间接引用权利要求1，本专利授权公告的权利要求书的内容如下：

"1. 一种具复合功能的座椅结构，其特征在于其中包括有：

一主座椅架构，包含有一第一管件、一第二管件及二第一枢接装置，该第一管件及第二管件均呈现П字型的形态，且该第一管件的两端及该第二管件的两端分别均由该第一枢接装置连接；

一副座椅架构，包含有一第三管件及一第四管件及一第二枢接装置，该第三管件及第四管件均呈现L字型的形态，该第三管件的一端与第四管件的一端分别枢接于该第一管件及该第二管件的边上，该第三管件及第四管件的另一端以该第二枢接装置连接，而该第二枢接装置的配置处搭配该第一枢接装置，使得该主座椅架构于折叠时，该副座椅架构也可一并折叠。

2. 如权利要求1所述的一种具复合式功能的座椅结构，其特征在于该主座椅架构可接合于一框体架构，该框体架构包含有二П字型的脚架、两端分别连结于该二脚架的二连接杆及可结合于该二脚架上的二扶手结构，其一扶手结构具有一第三枢接装置。

3. 如权利要求2所述的一种具复合式功能的座椅结构，其特征在于该主座椅架构可枢接一H字型的固定架，且该框体架构设有具有以可承接该固定架的一凹槽的一凸件。

4. 如权利要求1所述的一种具复合式功能的座椅结构，其特征在于该主座椅架构与该副座椅架构枢接于一起的边可分别设有一卡制装置，该卡制装置包括有一L型的卡制件及一设于主座椅架构的卡制块，该卡制件的一端连接至副座椅架构上，且该卡制件更具有一以可容置该卡制块的L型的一导槽。

5. 如权利要求1所述的一种具复合式功能的座椅结构，其特征在于该副座椅架构可在具第二枢接装置的边套设一可于该边上滑动的套管。

6. 如权利要求2所述的一种具复合式功能的座椅结构，其特征在于该框体架构可搭配一悬吊架构，使该框体架构、主座椅架构及副座椅架构呈现悬空的形态，而该悬吊架构至少包括有两支撑架、一上连接杆、一下连接杆及两悬吊装置，该上连接杆及下连接杆的两端分别连接于该两支撑架，该两组悬吊装置其一端连接于上连接杆上，另一端连接于该框体架构的扶手结构。

7. 如权利要求6所述的一种具复合式功能的座椅结构，其特征在于该主座椅架构可枢接一H字型的固定架，且该悬吊架构的下连接杆设有具有一可承接该固定架中空的固定件。"

2. 关于第一无效宣告请求

针对上述实用新型专利权，浙江华欣家具工业有限公司（以下称第一请求人，以提出无效宣告请求的时间排序）于2006年7月19日向专利复审委员会提出了无效宣告请求。理由是本专利权利要求3、7不符合专利法第26条第4款的规定，权利要求1~7不符合专利法实施细则第20条第1款的规定，权利要求1不符合专利法实施细则第21条第2款的规定，权利要求1、2、4、5不符合专利法第22条第3款的规定。第一请求人同时提交的作为证据的附件如下：

附件1：99214168.0号中国实用新型专利授权公告文本（下称附件1a），其公开日为2000年5月24日；

附件2：03213649.8号中国实用新型专利授权公告文本（下称附件2a），其公开日为2004年6月30日；

附件3：US4996730号美国专利公告文件（下称附件3a）及其说明书和权利要求书的中文译文，其公开日为1991年3月5日；

附件4：EP1230877A1号欧洲专利公告文件（下称附件4a）及其说明书和权利要求书的中文译文，其公开日为2002年8月14日；

附件5：US5146640A号美国专利公告文件（下称附件5a）及其说明书和权利要求书的中文译文，其公开日为1992年9月15日；

附件6：US5129114A号美国专利公告文件（下称附件6a）及其说明书和权利要求书的中文译文，其公开日为1992年7月14日；

附件7：US5153951A号美国专利公告文件（下称附件7a）及其说明书和权利要求书的中文译文，其公开日为1992年10月13日；

附件8：DE19923361A1号德国专利公告文件（下称附件8a）及其说明书和权利要求书的中文译文，其公开日为1999年12月30日；

附件9：FR2666730号法国专利公告文件（下称附件9a），其公开日为1992年3月20日。

第一请求人在无效请求书中提出的具体理由如下：

①本专利的目的是提供一种具复合式功能的座椅结构，能以当时所需的条件变化该座椅结构成为座椅、床组及躺椅等任一的形态，而权利要求1中仅仅记载了有关“枢接装置”的技术特征，缺少能“定位并支撑”的结构技术特征，导致其不符合专利法实施细则第21条第2款的规定；

②权利要求1中记载的“使得该主座椅架构于折叠时，该副座椅架构也可一并折叠”的技术特征属于功能性的表述，权利要求6中记载的“该框体架构可搭配一悬吊架构，使该框体架构、主座椅架构及副座椅架构呈现悬空的形态”的技术特征属于功能性的表述，采用上述功能性的技术特征限定权利要求，造成权利要求的保护范围不清楚，由于权利要求2~7都直接或间接从属于权利要求1，权利要求7从属于权利要求6，致使权利要求1~7均不符合专利法实施细则第20条第1款的规定；

③权利要求3和权利要求7中记载的“H字型的固定架”在说明书中没有明确的记载，导致权利要求3、7不符合专利法第26条第4款的规定；

④本专利属于组合发明，仅仅是现有技术的简单叠加。附件1a公开了权利要求1中有关“主座椅架构”、“第一管件”、“第二管件”和“第一枢接装置”的技术特征，附件4a公开了权利要求1中所谓的“副座椅架构”，本专利权利要求1相对于附件1a与附件4a的结合不具有创造性，权利要求2、4、5记载的附加技术特征也已经在附件1a和4a中公开，在权利要求1不具备创造性的情况下，权利要求2、4、5也不具备创造性，因此权利要求1、2、4、5相对于附件1a与附件4a的结合不符合专利法第22条第3款的规定。

第一请求人于2006年8月2日提交了附件9a的摘要和说明书的中文译文。

经过形式审查合格后，专利复审委员会于2006年9月6日向双方当事人发出了无效宣告请求受理通知，同时将第一请求人于2006年7月19日提交的无效宣告请求书及其附件的副本转送专利权人。

专利权人于2006年10月13日针对上述无效宣告请求的理由和证据进行了答复，专利权人在意见陈述书中具体指出：

①“定位及支撑”的技术特征并不构成解决本专利技术问题的必要技术特征，本实用新型的目的是提供一种可以变化成三种形态、并且在不使用时可以折叠在一起的座椅结构，如何实现定位及支撑不是本专利要解决的技术问题，从权利要求1中记载的座椅结构可以得知，权利要求1的技术方案完全可以实现将座椅变化成三种形式的发明目的，因此，权利要求1符合专利法实施细则第21条第2款的规定；

②权利要求1中记载的技术特征“使得该主座椅架构于折叠时，该副座椅架构也可一并折叠”是对“该第二枢接装置的配置处搭配该第一枢接装置”的进一步说明，并非是直接采用功能性的表述来对“第二枢接装置”进行限定，同时其限定的范围也是清楚的；权利要求6中清楚记载了悬吊架构的结构特征，其中的功能性描述是对悬吊架构的进一步限定，因此权利要求1和6的保护范围是清楚的；在权利要求1和6符合专利法实施细则第20条的1款的规定的情况下，其他从属权利要求

2~5、7也是符合规定的；

③权利要求3中的附加技术特征“一H字型的固定架”，在说明书的第4页最后一行描述为“该主座椅架构10更可枢接一Π字型的支撑架14”，这里把支撑架14的形状描述为Π字型，参考图1可以明显看出，支撑架14的形状更接近H字型，虽然在文字上说明书没有准确地描述支撑架14的形状，但说明书的附图明确显示了支撑架14的形状，本领域技术人员可以清楚地了解该支撑架的形状和结构，因此，权利要求3的附加技术特征得到了说明书的支持，同理，权利要求7也得到了说明书的支持；

④附件1a和4a并没有完全公开本专利权利要求1的全部技术特征，因此权利要求1相对于附件1a、4a的结合具有创造性，请求人认为权利要求2、4、5的附加技术特征也为对比文件1a和4a所公开，但没有说明详细的理由，应当不予考虑。请求人对其提交的其他附件2a、3a、5a~9a的使用没有作出任何具体说明，且在提出无效宣告请求之日起一个月内也未补充具体的说明，应当不予考虑。

专利复审委员会依法成立合议组对该无效宣告请求进行审理。合议组于2006年11月30日向双方当事人发出无效宣告请求口头审理通知书及转送文件通知书，定于2007年1月15日举行口头审理，同时将专利权人于2006年10月13日提交的意见陈述书副本转送第一请求人，将第一请求人于2006年8月2日提交的附件9a的有关中文译文的副本转送专利权人。考虑到案件的复杂性，合议组于2006年12月21日向双方当事人发出了无效宣告请求审查通知书，取消原定于2007年1月15日的口头审理。

3. 关于第二无效宣告请求

针对上述实用新型专利权，美国艾钜资源有限公司（LG Sourcing，Inc.）（以下称第二请求人）于2006年7月21日向专利复审委员会提出了无效宣告请求。理由是本专利权利要求1不符合专利法第22条第2款的规定、权利要求1~7不符合专利法第22条第3款的规定、权利要求3和7不符合专利法第26条第4款的规定。同时第二请求人提交的作为证据的附件如下：

附件1：200420115759.6号中国实用新型专利授权公告文本（下称附件1b），其公开日为2006年2月1日（即本专利）；

附件2：US213847号美国专利说明书、权利要求书和说明书附图（下称附件2b）及其说明书和权利要求的中文译文，其公开日为1879年4月1日；

附件3：200420098907.8号中国实用新型专利授权公告文本（下称附件3b），其公开日为2005年11月16日；

附件4：US6348005B1号美国专利授权公告文本（下称附件4b）及其说明书摘要、权利要求书和说明书的中文译文，其公开日为2002年2月19日；

附件5：95216029.3号中国实用新型专利授权公告文本（下称附件5b），其公开日为1997年4月9日；

附件6：97231003.7号中国实用新型专利授权公告文本（下称附件6b），其公开日为1999年5月5日；

附件7：US6648768B1号美国专利授权公告文本（下称附件7b）及其说明书摘要、权利要求书和说明书的中文译文，其公开日为2003年11月18日。

第二请求人在无效宣告请求书中提出的具体理由如下：

①权利要求1的所有技术特征已经分别被附件2b或附件3b公开，因此权利要求1不具备新颖性；.

②权利要求1与附件2b所揭示的技术方案相比，不具有实质性特点和进步；权利要求2的附加

技术特征已被附件 5b 公开；权利要求 3 的附加技术特征已被附件 4b 公开；权利要求 4 的附加技术特征已被附件 6b 公开；权利要求 5 的附加技术特征属于本领域的公知常识；权利要求 6 的附加技术特征已被附件 4b 或附件 7b 公开，但未对附件 7b 公开内容进行任何说明；附件 4b 和附件 7b 的结合公开了权利要求 7 的附加技术特征，因此权利要求 1~7 不具备创造性；

③权利要求 3 和权利要求 7 中记载的“H 字型的固定架”在说明书中没有明确的记载，不能得到说明书的支持，导致权利要求 3 和权利要求 7 不符合专利法第 26 条第 4 款的规定。

经过形式审查合格后，专利复审委员会于 2006 年 7 月 24 日向双方当事人发出了无效宣告请求受理通知，同时将第二请求人于 2006 年 7 月 21 日提交的无效宣告请求书及其附件的副本转送专利权人。

专利权人于 2006 年 8 月 25 日针对上述无效宣告请求的理由和证据进行了答复，专利权人在意见陈述书中具体指出：

①权利要求 1 中“第二枢接装置的配置处搭配该第一枢接装置，使得该主座椅架构于折叠时，该副座椅架构也可一并折叠”的技术特征明显与附件 2b 中的技术特征不同，因此，权利要求 1 具有新颖性，而且，现有技术中未给出采用该技术特征的启示，采用上述技术特征后，使操作更为简便，因此权利要求 1 相对于附件 2b 具有创造性。

②权利要求 1 中“第三管件及第四管件均呈现 L 字型的形态”、以及“第三管件的一端与第四管件的一端分别枢接于该第一管件及该第二管件的边上”的技术特征并未在附件 3b 中公开，因此权利要求 1 相对于附件 3b 具备新颖性。

③权利要求 2 中的第三枢接装置是用于往外倾倒，这与附件 5b 扶手架上的转接器的结构配置不同，效果也不相同，将附件 2b 和附件 5b 相结合并不能覆盖权利要求 2 的全部技术特征，因此权利要求 2 具备创造性。

④虽然权利要求 3 的附加技术特征在附件 4b 中有所揭示，但是附件 2b、3b、4b、5b 中的任意两篇对比文件相结合都不可能将权利要求 3 的所有技术特征覆盖，因此，权利要求 3 具备创造性。

⑤权利要求 4 的附加技术特征“卡制装置包括一 L 形的卡制件，且该卡制件更具有一以可容置该卡制块的 L 型的一导槽”并未被附件 6b 所公开，采用上述技术特征的技术方案的支撑效果更稳固，因此，权利要求 4 具备创造性。

⑥请求人没有提供权利要求 5 中的附加技术特征属于公知常识的任何证据，而权利要求 5 的附加技术特征不属于公知常识，因此，权利要求 5 具备创造性。

⑦权利要求 6 的附加技术特征“悬吊架构具有一下连接杆”并未在附件 4b 中公开，也没有证据证明上述技术特征属于公知常识，将附件 1b 或附件 2b 结合附件 4b 并不能覆盖权利要求 6 的全部技术特征，因此，权利要求 6 具备创造性。

⑧权利要求 7 中“该主座椅架构可枢接一 H 字型的固定架”的技术特征并未在附件 4b 和附件 7b 中公开，权利要求 7 中“该悬吊架构的下连接杆设有具有一可承接该固定架中空的固定件”的技术特征也未在附件 7b 中公开，将附件 2b 同附件 4b 和附件 7b 相结合，并不能完全覆盖权利要求 7 的所有技术特征，因此，权利要求 7 具备创造性。

⑨权利要求 3 中的附加技术特征“H 字型的固定架”，在说明书的第 4 页最后一行描述为“该主座椅架构 10 更可枢接一П字型的支撑架 14”，这里将支撑架 14 的形状描述为П字型，参考图 1 可以明显看出，支撑架 14 的形状更接近 H 字型，虽然在文字上说明书没有准确地描述支撑架 14 的形状，但说明书的附图明确显示了支撑架 14 的形状，本领域技术人员可以清楚地了解该支撑架的形状和结构，因此，权利要求 3 的附加技术特征得到了说明书的支持，同理，权利要求 7 的附加技术特征也得

到了说明书的支持。

专利复审委员会依法成立合议组对该无效宣告请求进行审理。合议组于2006年11月30日向双方当事人发出无效宣告请求口头审理通知书及转送文件通知书，定于2007年1月16日举行口头审理，同时将专利权人于2006年8月25日提交的意见陈述书副本转送给第二请求人。考虑到案件的复杂性，合议组于2006年12月21日向双方当事人发出无效宣告请求审查通知书，取消原定于2007年1月16日的口头审理。

4. 关于口头审理

由于上述两个无效宣告请求涉及同一专利，考虑到案件的关联性，合议组决定合案审理，合议组于2007年2月6日向三方当事人发出口头审理通知，定于2007年3月21日举行口头审理。

口头审理如期举行，三方当事人均委托代理人出席了口头审理。三方当事人分别对对方出席口头审理人员的身份无异议，同时对本案合议组成员无回避请求。

在口头审理中，第一请求人明确表示放弃附件2a、3a、5a~9a作为证据使用，放弃权利要求2、4、5不符合专利法第22条第3款的无效宣告请求理由。第一请求人同时明确其无效宣告请求的理由为：权利要求1中缺少能“定位并支撑”的结构技术特征，导致其不符合专利法实施细则第21条第2款的规定；权利要求1中记载的功能性特征“使得该主座椅架构于折叠时，该副座椅架构也可一并折叠”导致其不符合专利法实施细则第20条第1款的规定，由此导致其从属权利要求2~7也不符合专利法实施细则第20条第1款的规定；权利要求3和7中记载的“H字型的固定架”得不到说明书支持，不符合专利法第26条第4款的规定；权利要求1相对于附件1a和4a的结合不符合专利法第22条第3款的规定，最接近的对比文件为附件4a。第一请求人当庭提交了本案口头审理代理词共7页。

第二请求人明确其无效宣告请求的理由为：权利要求3和7中记载的“H字型的固定架”得不到说明书支持，不符合专利法第26条第4款的规定；权利要求1相对于附件2b或3b不符合专利法第22条第2款的规定；权利要求1相对于附件2b不符合专利法第22条第3款的规定；权利要求2相对于附件2b和5b的结合不符合专利法第22条第3款的规定；权利要求3相对于附件2b、4b和5b的结合不符合专利法第22条第3款的规定；权利要求4相对于附件2b和6b的结合不符合专利法第22条第3款的规定，权利要求4相对于附件2b和公知常识的结合不符合专利法第22条第3款的规定；权利要求5相对于附件2b和公知常识的结合不符合专利法第22条第3款的规定；权利要求6相对于附件2b、4b和5b的结合不符合专利法第22条第3款的规定，权利要求6相对于附件2b、5b和7b的结合不符合专利法第22条第3款的规定；权利要求7相对于附件2b、4b、5b和7b的结合不符合专利法第22条第3款的规定。

专利权人明确表示对第一、二请求人提交的所有附件及其译文的真实性、准确性没有异议。专利权人当庭陈述说明书中所涉及的支撑架14与固定架14应为同一部件；同时坚持其在意见陈述书中的意见。三方当事人在口头审理过程中充分陈述了各自的观点。

在口头审理过程中，第二请求人当庭提交了三份美国专利文献（US6073286A号美国专利公开文本，其公开日为2000年6月13日；US5815857A号美国专利公开文本，其公开日为1998年10月6日；US6406095B1号美国专利公告文本，其公开日为2002年6月18日，该三份专利文献下称为文献1-3），用于说明和主张权利要求4中的“L型卡制件”和“L型导槽”属于公知常识；同时，第二请求人还当庭提交了两份美国专利文献（US927713号美国专利公告文本，其公开日为1909年7月13日；US5779001A号美国专利公开文本，其公开日为1998年7月14日，该两份文献下称为文献4-5）用于说明和主张权利要求5中的附加技术特征属于公知常识。

合议组当庭告知第一、二请求人可以于口审之日起7日内提交供合议组参考的关于口头审理所涉及内容的总结，逾期视为未提交，对于请求人提交的总结合议组将不再转文。

2007年3月28日第二请求人提交了补充意见陈述书，总结了其在口头审理过程中发表过的意见，同时提交了其在口头审理中提交的文献1~3和文献4~5的部分中文译文（共四页）。

至此，合议组认为三方当事人已充分发表意见，上述两个无效宣告请求的事实已经调查清楚，可以依法做出审查决定。

二、决定的理由

1. 关于证据

附件1a、4a为专利文献，属于公开出版物，专利权人对附件1a和4a的真实性无异议，对附件4a的中文译文的准确性无异议，因此，附件1a和附件4a可以作为本案的现有技术证据使用，其中附件4a的公开内容以其中文译文为准。

附件2a、附件3a、附件5a~9a已被第一请求人声明放弃，因此合议组不再对这些证据进行审查和评价。

附件1b为本专利授权公告文本，经合议组核实内容属实，可作为本无效宣告请求审查所依据的文本。

附件2b、附件4b~7b为专利文献，属于公开出版物，专利权人对附件2b、附件4b~7b的真实性无异议，对附件2b、附件4b、附件7b的中文译文的准确性无异议，因此，附件2b、附件4b~7b可以作为本案的现有技术证据使用，其中附件2b、附件4b、附件7b的公开内容以其各自的中文译文为准。

附件3b为中国实用新型专利授权公告文献，属于公开出版物，专利权人对附件3b的真实性无异议，附件3b的申请日是2004年11月12日，早于本专利的申请日，附件3b的公开日是2005年11月16日，晚于本专利的申请日，且附件3b的申请人与本专利申请人不同，因此，附件3b可以作为评价本专利是否构成抵触申请的证据来使用。

根据审查指南第四部分第八章第4.4节的规定：主张某技术手段是本领域公知常识的当事人，对其主张承担举证责任。该当事人未能举证证明或者未能充分说明该技术手段是本领域公知常识，并且对方当事人不予认可的，合议组对该技术手段是本领域公知常识的主张不予支持。当事人可以通过教科书或者技术词典、技术手册等工具书记载的技术内容来证明某项技术手段是本领域的公知常识。根据审查指南的上述规定，第二请求人当庭提交的作为公知常识的证据是文献1~3和文献4~5是专利文献，并不属于审查指南规定的公知常识的证据范畴，即不属于教科书或者技术词典、技术手册等工具书的范畴，因此，专利文献1~3和专利文献4~5不能作为公知常识性证据使用。

2. 关于无效宣告请求理由

对于第二请求人提出的权利要求6相对于附件2b、5b和7b的结合不符合专利法第22条第3款规定的理由，根据审查指南第四部分第三章第4.1节中规定：“请求人在提出无效宣告请求时没有具体说明的无效宣告理由以及没有用于具体说明相关无效宣告理由的证据，且在提出无效宣告请求之日起一个月内也未补充具体说明的，专利复审委员会不予考虑。”根据审查指南的上述规定，由于第二请求人未在提交无效宣告请求的一个月内陈述关于权利要求6相对于附件2b、5b和7b的结合不符合专利法第22条第3款的规定的具体理由，致使专利权人不能获知其具体理由，合议组对第二请求人提出的该无效理由不予考虑。

结合第一和第二请求人在口头审理中进一步明确的无效宣告请求理由，本案审理的无效宣告请求理由包括：

（1）权利要求3、7中的“H字型的固定架”是否会导致权利要求3和7不符合专利法第26条第4款的规定；

（2）权利要求1中记载的“使得该主座椅架构于折叠时，该副座椅架构也可一并折叠”是否会导致权利要求1及其从属权利要求2~7不符合专利法实施细则第20条第1款的规定；

（3）权利要求1未记载定位和支撑架构是否会导致其不符合专利法实施细则第21条第2款的规定；

（4）权利要求1相对于附件2b或附件3b是否符合专利法第22条第2款的规定，相对于附件2b是否符合专利法第22条第3款的规定，相对于附件1a和附件4a的结合是否符合专利法第22条第3款的规定；

（5）权利要求2相对于附件2b和附件5b的结合是否符合专利法第22条第3款的规定；

（6）权利要求3相对于附件2b、附件5b和附件4b的结合是否符合专利法第22条第3款的规定；

（7）权利要求4相对于附件2b和附件6b的结合是否符合专利法第22条第3款的规定，相对于附件2b和公知常识的结合是否符合专利法第22条第3款的规定；

（8）权利要求5相对于附件2b和公知常识的结合是否符合专利法第22条第3款的规定；

（9）权利要求6相对于附件2b、附件4b和附件5b的结合是否符合专利法第22条第3款的规定；

（10）权利要求7相对于附件2b、附件4b、附件5b和附件7b的结合是否符合专利法第22条第3款的规定。

3. 关于专利法第26条第4款

专利法第26条第4款规定，权利要求书应当以说明书为依据，说明要求专利保护的范围。即权利要求所要求保护的技术方案在说明书中应当有清楚充分的记载，并且权利要求对说明书的概括应当适当。

权利要求3中的附加技术特征“该主座椅架构可枢接一H字型的固定架”，其中将固定架表述为H字型。本专利说明书第4页最后一行的描述为“该主座椅架构10更可枢接一Π字型的支撑架14”，这里把支撑架14的形状描述为Π字型，参考图1可以明显看出，支撑架14的形状更接近H字型；同时在说明书第3页第22~24行中的描述为“该枢接于该主座椅架构10的固定架14可与该固定件530形成一连接关系，以具有防止摇晃的功效”，参考图6可以明显看出，固定架的形状更接近H字型。本领域技术人员从说明书的附图中明确显示的支撑架14和固定架14的形状，以及说明书中对“固定架14”和“支撑架14”采用的相同标号，可以清楚地认识到所述“固定架”和“支撑架”是代表主座椅架构中的同一部件，仅仅在不同的实施例中使用了不同的名称，并且从说明书的附图中的描述，可以明确看到该支撑架和固定架的形状和结构更接近于H字型，因此，权利要求3中的上述附加技术特征得到了说明书的支持，权利要求7中也记载了有关“H字型的固定架”的特征，同理，该特征也得到了说明书的支持。因此，权利要求3和7中记载的“H字型的固定架”不会导致权利要求3和7不符合专利法第26条第4款的规定。

4. 关于专利法实施细则第20条第1款

专利法实施细则第20条第1款规定，权利要求书应当说明发明或实用新型的技术特征，清楚、简要地表述请求保护的范围。

权利要求1中记载了“该第二枢接装置的配置处搭配该第一枢接装置，使得该主座椅架构于折叠时，该副座椅架构也可一并折叠”，前面所述的“该第二枢接装置的配置处搭配该第一枢接装置”是结构特征，意在限定第二枢接装置和第一枢接装置的相对位置关系，后面的“使得该主座椅架构于折叠时，该副座椅架构也可一并折叠”，是对该“搭配”含义的进一步说明，其进一步限定了第二枢接装置和第一枢接装置的对应位置关系，即第一枢接装置和第二枢接装置是成相互对应的关系，二者的可折叠方向是一致的，这样才能同时折叠主座椅架构和副座椅架构，本领域普通技术人员根据上下文的表述，可以清楚理解上述特征所表达的含义和限定的范围，因此，权利要求 1 中记载的“使得该主座椅架构于折叠时，该副座椅架构也可一并折叠”不会导致权利要求 1 不符合专利法实施细则第 20 条第 1 款的规定。

同理，上述记载的“使得该主座椅架构于折叠时，该副座椅架构也可一并折叠”的特征也不会导致直接或间接引用权利要求 1 的从属权利要求 2~7 的技术方案不符合专利法实施细则第 20 条第 1 款的规定。

5. 关于专利法实施细则第 21 条第 2 款

专利法实施细则第 21 条第 2 款规定，独立权利要求应当从整体上反映发明或者实用新型的技术方案，记载解决技术问题的必要技术特征。

审查指南第二部分第二章中规定：必要技术特征是指，发明或者实用新型为解决其技术问题所不可缺少的技术特征，其总和足以构成发明或者实用新型的技术方案，使之区别于背景技术中所述的其他技术方案。

根据本专利说明书的记载，本专利要解决的问题是在购买床组、座椅及躺椅时，单独购买这些物品会占用不小空间、无法缩减体积，因而提供了一种具复合式功能的座椅结构，使用者在使用该座椅结构时，能以当时所需的条件变化该座椅结构成为座椅、床组及躺椅等任一的形态。从权利要求 1 中记载的座椅结构的方案可以得到，权利要求 1 记载的技术方案所体现的是由“第一管件”、“第二管件”、“第一枢接装置”、“第三管件”、“第四管件”和“第二枢接装置”所构成的可变换形态的座椅架构，其中，主座椅架构和副座椅架构可以展开不作折叠；主座椅架构的第一管件可以相对于第二管件利用第一枢接装置向上枢转；副座椅架构的第三管件和第四管件可以分别相对于第一管件及第二管件向上枢转；然而，权利要求 1 中对于为实现“躺椅”或“座椅”形态所采取的“定位和支撑”结构设置并未进行任何记载，权利要求 1 中设置的“第一枢接装置”和“第二枢接装置”所起的作用是用于分别枢转第一管件和第二管件以及第三管件和第四管件，在缺少对上述管件进行定位和支撑的情况下，仅仅使用枢接装置并不能使主座椅架构和副座椅架构实现“躺椅”和“座椅”的形态。因此，权利要求 1 未完整记载解决其技术问题的必要技术特征，不符合专利法实施细则第 21 条第 2 款的规定。

基于上述对权利要求 1 的评述，由于本专利权利要求 1 不符合专利法实施细则第 21 条第 2 款的规定，因此合议组不再对权利要求 1 是否符合专利法第 22 条第 2 款、第 3 款的规定的无效宣告请求理由进行评述。

6. 关于专利法第 22 条第 3 款

专利法第 22 条第 3 款规定：创造性，是指同申请日以前已有的技术相比，该发明有突出的实质性特点和显著的进步，该实用新型具有实质性特点和进步。

（1）关于权利要求 2 的创造性。

本专利权利要求 2 要求保护一种具复合功能的座椅结构，该座椅结构包含以下技术特征：

“主座椅架构，包含有一第一管件、一第二管件及二第一枢接装置，该第一管件及第二管件均呈现П字型的形态，且该第一管件的两端及该第二管件的两端分别均由该第一枢接装置连接；

副座椅架构，包含有一第三管件及一第四管件及一第二枢接装置，该第三管件及第四管件均呈现 L 字型的形态，该第三管件的一端与第四管件的一端分别枢接于该第一管件及该第二管件的边上，该第三管件及第四管件的另一端以该第二枢接装置连接，而该第二枢接装置的配置处搭配该第一枢接装置，使得该主座椅架构于折叠时，该副座椅架构也可一并折叠；

该主座椅架构可接合于一框体架构，该框体架构包含有二Π字型的脚架、两端分别连接于该二脚架的二连接杆及可结合于该二脚架上的二扶手结构，其一扶手结构具有一第三枢接装置”。

附件2b公开了一种折叠沙发，B表示床架，靠背连接其上；C表示可移动或折叠沙发框架，其通过铰链D与床架B相连，铰链D如图所示位于床架B后围栏和沙发可移动或折叠框架的围栏C中，在沙发B后轨道的内侧上，以及在沙发B的可移动的或折叠部件的轨道C的内侧上，固定有旋转板G-G′，折叠架的杆E-E′的端部枢转于该旋转板G-G′，杆E折弯成L形，并设置有插孔F′，在插孔F′中，杆E′上的轴杆F运动并形成如图3所示的铰链（参见附件2b的说明书译文第1页第11行至第20行，附图1-3）。

将权利要求2的技术方案与附件2b公开的内容进行对比，可以看出二者属于相同的技术领域，附件2b中的可移动和折叠框架C的外边框对应于权利要求2的Π字型第一管件，床架B的外边框对应于权利要求2的Π字型第二管件，铰链D对应于权利要求2的第一枢接装置；可移动或折叠沙发框架C通过铰链D与床架B相连对应于权利要求2的第一管件的两端与第二管件的两端分别均由该第一枢接装置连接；杆E′对应于权利要求2的第三管件，杆E对应于权利要求2的第四管件，铰链F对应于权利要求2的第二枢接装置，杆E′和杆E通过铰链G和G′与床架B和可移动和折叠沙发框架C连接对应于权利要求2的第三管件的一端与第四管件的一端分别枢接于第一管件和第二管件的边上，杆E′和杆E通过铰链F连接对应于权利要求2的第三管件及第四管件的另一端以该第二枢接装置连接，附件2b中附图3所示的铰链F和铰链D同轴，当铰链D折叠时，铰链F可一并折叠对应于权利要求2的第二枢接装置的配置处搭配该第一枢接装置，使得该主座椅架构于折叠时，该副座椅架构也可一并折叠。

权利要求2的技术方案与附件2b的区别在于：权利要求2中主座椅架构可接合于一框体架构，该框体架构包含有二Π字型的脚架、两端分别连接于该二脚架的二连接杆及可结合于该二脚架上的二扶手结构，其一扶手结构具有一第三枢接装置。

附件5b公开了一种可折展变换的多功能沙发床架，该沙发床架包括：在矩形框体2的上面连接有两组竖直向上的套管21，在矩形架体1上连接有两组竖直向下的套管21，套管12与套管21一一对应插接并将矩形框体1水平连接在与地面坐放的矩形框体2的正上方，在矩形架体1上插靠有一矩形的座架体5，在矩形架体1的后侧连接有两对称分布的转接器6，在矩形架体1的左右侧所设置的转接器6上各插接有Π形扶手架4，在两组上下相对应的T形套管12和21之间有一中间插接杆14，矩形架体1是由相间隔平行的前后两横杆11和插接在两横杆两端的T形套管12内的左右对称的两H形架体13构成，在两H形架体13的向上弯折端各连接有一个转接器6，与H形架体13的向上弯折端上连接的转接器6相插接的是两Π形的扶手架4，转接器6是一种既可枢接转动又可固定的一常用器件（参见附件5b的说明书第2页第17行至第3页第6行，说明书第3页第21行，附图1）。

可以看出，附件5b也同样涉及沙发、床领域，将权利要求2的技术方案与附件5b公开的内容进行对比，可以看出附件5b已经公开了权利要求2与附件2b的上述区别技术特征，附件5b中的矩形架体1、套管12、套管21、中间插接杆14和扶手架4构成了权利要求2中可接合座椅架构的框体架构，附件5b中由横杆11、套管12、套管21和中间插接杆14组成的部件对应于权利要求2中的Π字型的脚架，附件5b中矩形架体1的两H形架体13对应于权利要求2中的连接于该二脚架的二连接杆，附件5b中在转接器6上插接的两Π形扶手架4对应于权利要求2中的可结合于该二脚架上的二扶手结构，附件5b中的转接器6对应于权利要求2中的扶手结构具有的第三枢接装置。

本专利权利要求2中有关“脚架”、“连接杆”的设置是对主座椅架构起支撑作用，权利要求2

中有关“扶手”的设置是起保持身体平衡作用，权利要求2中有关“第三枢接装置”的设置是起转动扶手的作用，而对比文件5b中由矩形架体1、套管12、套管21、中间插接杆14和扶手架4所构成的框体架构所起的作用与上述技术特征在本专利中所起的作用相同，附件5b给出了采用上述区别特征以解决座椅结构的支撑等问题的启示，本领域技术人员在附件2b的基础上结合附件5b所给出的技术启示，得到本专利权利要求2的技术方案是显而易见的，其所获得的技术效果也是可以预期的，因此，本专利权利要求2不符合专利法第22条第3款有关创造性的规定。

（2）关于权利要求3的创造性。

附件4b公开一种带有座位的摇摆组件，该座位可以从椅子转换为床，其中揭示了：靠背支撑43由平行横向杆部431和连接杆部432构成，作为U形支撑杆，该连接杆432将横向杆部431的下端部相互连接，且平行于水平棒12。每个横向杆部431具有上端部，在枢转销442的向后的位置点上，该上端部枢转地连接至靠背架42的侧臂421中的相应一个侧臂的中间部。这样靠背支撑围绕平行于枢转销442和枢转轴45的水平轴线可以枢转。保持部件35安装在后杆32的内侧，沿后杆32纵向间隔设置。每个保持架35包括保持座351和限制件352。通过折叠金属板，形成保持座351。固定板部353固定连接至后杆32上。翼部354从固定板部353的两个相对的边缘处向前突出。每个翼部均形成为U形板，其限定保持槽355，该保持槽355带有向前开口的进入开口356（参见附件4b的说明书译文第4页第2、3段，附图1、2）。

权利要求3是对权利要求2的进一步限定，将权利要求3的附加技术特征与附件4b进行比较，可以看出附件4b中的靠背支撑43对应于权利要求3中的固定架，附件4b中的保持部件35对应于权利要求3中的具有以可承接该固定架的一凹槽的一凸件。但是，附件4b中的靠背支撑是U型，权利要求3中的固定架是H型。从本专利说明书附图1的描述中可以看到，在床组形态下，该H型的支撑架/固定架14可以起到支撑主座椅架构的作用；在本专利说明书第3页第21～24行的描述以及参考附图6可以看到，该枢接于主座椅架构的H型固定架14可与固定件530形成一连接关系，以具有防止摇晃的功效。从本专利说明书的上述记载可以得到，H型的固定架14所起的作用并不仅限于由床组形态转换成座椅形态时支撑主座椅，还具有在悬吊架构下防止座椅摇晃、在床组形态下支撑主座椅的作用，这是附件4b中的U型靠背支撑所不具有的结构和功效。因此，附件4b并没有公开有关H型固定架的特征，也未给出相应的技术启示。结合前面附件2b和附件5b所公开的内容可以看出，附件2b和附件5b也未公开有关H型固定架的特征或给出相应的技术启示，因此，对于本领域技术人员来说，将附件2b、附件5b和附件4b结合得出权利要求3的技术方案是非显而易见的，而使用H型的固定架能够带来有益的效果，所以，权利要求3相对于附件2b、附件5b和附件4b的结合符合专利法第22条第3款规定的创造性。

（3）关于权利要求4的创造性。

本专利权利要求4要求保护一种具复合功能的座椅结构，该座椅结构包含以下技术特征：

“主座椅架构，包含有一第一管件、一第二管件及二第一枢接装置，该第一管件及第二管件均呈现∏字型的形态，且该第一管件的两端及该第二管件的两端分别均由该第一枢接装置连接；

副座椅架构，包含有一第三管件及一第四管件及一第二枢接装置，该第三管件及第四管件均呈现L字型的形态，该第三管件的一端与第四管件的一端分别枢接于该第一管件及该第二管件的边上，该第三管件及第四管件的另一端以该第二枢接装置连接，而该第二枢接装置的配置处搭配该第一枢接装置，使得该主座椅架构于折叠时，该副座椅架构也可一并折叠；

该主座椅架构与该副座椅架构枢接于一起的边可分别设有一卡制装置，该卡制装置包括有一L型的卡制件及一设于主座椅架构的卡制块，该卡制件的一端连接至副座椅架构上，且该卡制件更具有一以可容置该卡制块的L型的一导槽。”

附件2b公开一种折叠沙发，B表示床架，靠背连接其上；C表示可移动或折叠沙发框架，其通过铰链D与床架B相连，铰链D如图所示位于床架B后围栏和沙发可移动或折叠框架的围栏C中，在沙发B后轨道的内侧上，以及在沙发B的可移动的或折叠部件的轨道C的内侧上，固定有旋转板G-G′，折叠架的杆E-E′的端部枢转于该旋转板G-G′，杆E折弯成L形，并设置有插孔F′，在插孔F′中，杆E′上的轴杆F运动并形成如图3所示的铰链（参见附件2b的说明书译文第1页第11行至第20行，附图1~3）。

将权利要求4的技术方案与附件2b公开的内容进行对比，可以看出附件2b与本专利属于相同的技术领域，附件2b中的可移动和折叠框架C的外边框对应于权利要求4的П字型第一管件，床架B的外边框对应于权利要求4的П字型第二管件，铰链D对应于权利要求4的第一枢接装置；可移动或折叠沙发框架C通过铰链D与床架B相连对应于权利要求4的第一管件的两端与第二管件的两端分别均由该第一枢接装置连接；杆E′对应于权利要求4的第三管件，杆E对应于权利要求4的第四管件，铰链F对应于权利要求4的第二枢接装置，杆E′和杆E通过铰链G和G′与床架B和可移动和折叠沙发框架C连接对应于权利要求4的第三管件的一端与第四管件的一端分别枢接于第一管件和第二管件的边上，杆E′和杆E通过铰链F连接对应于权利要求4的第三管件及第四管件的另一端以该第二枢接装置连接，附件2b中附图3所示的铰链F和铰链D同轴，当铰链D折叠时，铰链F可一并折叠对应于权利要求4的第二枢接装置的配置处搭配该第一枢接装置，使得该主座椅架构于折叠时，该副座椅架构也可一并折叠。

权利要求4的技术方案与附件2b的区别在于：权利要求4中该主座椅架构与该副座椅架构枢接于一起的边可分别设有一卡掣装置，该卡掣装置包括有一L型的卡制件及一设于主座椅架构的卡掣块，该卡掣件的一端连接至副座椅架构上，且该卡掣件更具有一以可容置该卡掣块的L型的一导槽。

附件6b公开一种折合沙发床，其中揭示了：为了使两内框22能够以第二枢轴221为支点向前旋摆定位，在两内框22和外框21上对应位置设有四组侧向对应的顶撑机构24，每一顶撑机构24都包含一固设在内框22外侧的卡掣板240，以及固设于在外框21的架设段211内侧或者分割杆213两侧的卡柱241，卡摯板240底端设有多数开口朝向卡柱241的卡槽242，借卡掣板240上不同卡槽242卡掣在卡柱241上，可调整定位两内框22的旋摆角度（参见附件6b的说明书第3页第5~10行，附图1、3）。

附件6b与本专利属于相同的技术领域，可以看出附件6b中的卡掣板240对应于权利要求4中的卡制件，附件6b中的卡柱241对应于权利要求4中的限制块。但是附件6b中的卡掣板240并非是L形，也没有L形的导槽，而只是多个开口朝向卡柱241的卡槽242。可见同附件2b一样，附件6b也没有公开权利要求4中“卡掣装置包括一L型的卡制件，且该卡制件更具有一以可容置该卡掣块的L型的一导槽”的技术特征，并且，附件2b和附件6b也未给出采用上述区别技术特征的技术启示，同时也没有证明上述区别技术特征属于本领域公知常识的有效证据，因此，对于本领域技术人员来说，在附件2b基础上或在附件2b与附件6b结合的基础上得出权利要求4的技术方案是非显而易见的，采用上述“卡掣件”和“卡掣块”的技术方案能够获得可靠支撑副座椅架构的有益效果，所以，权利要求4相对于附件2b或者相对于附件2b和附件6b的结合符合专利法第22条第3款规定的创造性。

（4）关于权利要求5的创造性。

本专利权利要求5要求保护一种具复合功能的座椅结构，该座椅结构包含以下技术特征：

“主座椅架构，包含有一第一管件、一第二管件及二第一枢接装置，该第一管件及第二管件均呈现⊓字型的形态，且该第一管件的两端及该第二管件的两端分别均由该第一枢接装置连接；

副座椅架构，包含有一第三管件及一第四管件及一第二枢接装置，该第三管件及第四管件均呈现L字型的形态，该第三管件的一端与第四管件的一端分别枢接于该第一管件及该第二管件的边上，该第三管件及第四管件的另一端以该第二枢接装置连接，而该第二枢接装置的配置处搭配该第一枢接装置，使得该主座椅架构于折叠时，该副座椅架构也可一并折叠；

该副座椅架构可在具第二枢接装置的边套设一可于该边上滑动的套筒。”

附件2b公开一种折叠沙发，B表示床架，靠背连接其上；C表示可移动或折叠沙发框架，其通过铰链D与床架B相连，铰链D如图所示位于床架B后围栏和沙发可移动或折叠框架的围栏C中，在沙发B后轨道的内侧上，以及在沙发B的可移动的或折叠部件的轨道C的内侧上，固定有旋转板G-G′，折叠架的杆E-E′的端部枢转于该旋转板G-G′，杆E折弯成L形，并设置有插孔F′，在插孔F′中，杆E′上的轴杆F运动并形成如图3所示的铰链（参见附件2b的说明书译文第1页第11行至第20行，附图1~3）。

将权利要求5的技术方案与附件2b公开的内容进行对比，可以看出附件2b已经公开了权利要求5的大部分技术特征，附件2b中的可移动和折叠框架C的外边框对应于权利要求5的⊓字型第一管件，床架B的外边框对应于权利要求5的⊓字型第二管件，铰链D对应于权利要求5的第一枢接装置；可移动或折叠沙发框架C通过铰链D与床架B相连对应于权利要求5的第一管件的两端与第二管件的两端分别均由该第一枢接装置连接；杆E′对应于权利要求5的第三管件，杆E对应于权利要求5的第四管件，铰链F对应于权利要求5的第二枢接装置，杆E′和杆E通过铰链G和G′与床架B和可移动和折叠沙发框架C连接对应于权利要求5的第三管件的一端与第四管件的一端分别枢接于第一管件和第二管件的边上，杆E′和杆E通过铰链F连接对应于权利要求5的第三管件及第四管件的另一端以该第二枢接装置连接，附件2b中附图3所示的铰链F和铰链D同轴，当铰链D折叠时，铰链F可一并折叠对应于权利要求5的第二枢接装置的配置处搭配该第一枢接装置，使得该主座椅架构于折叠时，该副座椅架构也可一并折叠。

权利要求5的技术方案与附件2b的区别在于：权利要求5中该副座椅架构可在具第二枢接装置的边套设一可于该边上滑动的套筒。由于附件2b并未公开上述区别技术特征，或给出采用上述区别技术特征的启示，另外，也没有证明上述区别技术特征属于本领域公知常识的有效证据，而权利要求5中设置的滑动套管，具有根据当时需要的条件变化座椅结构时，限制第三管件与第四管件的枢转的作用，能获得有益的效果，因此，权利要求5相对于附件2b符合专利法第22条第3款规定的创造性。

（5）关于权利要求6的创造性。

附件4b公开一种带有座位的摇摆组件，该座位可以从椅子转换为床，其中揭示了：根据本发明摇摆组件的优选实施例包括支撑架部件1，一对连接部件2和座位部件4。支撑架部件1包括：一对间隔设置的侧腿11，带有适于支撑在地表面上的下端部；和水平棒，用于将侧腿11的上端部相互连接。连接部件2沿水平棒12纵向间隔设置。每个连接部件2包括一对连接链21，该连接链21的上端部枢转连接到倾斜挂杆121上，该挂杆121在水平棒12的相应端部与邻接侧腿11的上端部之间延伸。基底架3的每个横向架部的头架330、340枢转地连接至连接部件2中的对应的一个的连接链21的下端部（参见附件4b的说明书译文第3页第1~4段，附图1、2）。

权利要求6是对权利要求2的进一步限定，将权利要求6的技术方案与附件4b进行比较，可以看出附件4b中支撑架对应于权利要求6中的支撑架，附件4b中的水平棒对应于权利要求6中的上连接杆，附件4b中的连接部件2对应于权利要求6中的悬吊装置。但是附件4b中并没有公开权利要求6中“悬吊架构具有一下连接杆”的技术特征，也没有给出采用上述技术特征的相应技术启示，结合前面附件 2b 和附件 5b 所公开的内容可以看出，附件 2b、附件 5b 也未公开有关“悬吊架构具有一下连接杆”的技术特征或给出相应的技术启示，因此，对于本领域技术人员来说，将附件 2b、附件 4b 和附件 5b 结合得出权利要求 6 的技术方案是非显而易见的，而下连接杆可以具有使悬吊架构更稳固，可防止悬吊架构在使用时发生摇晃的效果，所以，权利要求 6 相对于附件 2b、附件 4b 和附件 5b 的结合符合专利法第 22 条第 3 款规定的创造性。

（6）关于权利要求 7 的创造性。

本专利权利要求 7 要求保护一种具复合功能的座椅结构，该座椅结构包含以下技术特征：

“主座椅架构，包含有一第一管件、一第二管件及二第一枢接装置，该第一管件及第二管件均呈现⊓字型的形态，且该第一管件的两端及该第二管件的两端分别均由该第一枢接装置连接；

副座椅架构，包含有一第三管件及一第四管件及一第二枢接装置，该第三管件及第四管件均呈现 L 字型的形态，该第三管件的一端与第四管件的一端分别枢接于该第一管件及该第二管件的边上，该第三管件及第四管件的另一端以该第二枢接装置连接，而该第二枢接装置的配置处搭配该第一枢接装置，使得该主座椅架构于折叠时，该副座椅架构也可一并折叠；

该框体架构可搭配一悬吊架构，使该框体架构、主座椅架构及副座椅架构呈现悬空的形态，而该悬吊架构至少包括有两支撑架、一上连接杆、一下连接杆及两悬吊装置，该上连接杆及下连接杆的两端分别连接于该两支撑架，该两组悬吊装置其一端连接于上连接杆上，另一端连接于该框体架构的扶手结构；

该主座椅架构可枢接一 H 字型的固定架，且该悬吊架构的下连接杆设有具有一可承接该固定架中空的固定件。”

结合前面对权利要求 2 的评述以及附件 2b 和附件 5b 公开的内容可知，附件 2b 和附件 5b 均没有公开权利要求 7 中的如下技术特征：“该框体架构可搭配一悬吊架构，使该框体架构、主座椅架构及副座椅架构呈现悬空的形态，而该悬吊架构至少包括有两支撑架、一上连接杆、一下连接杆及两悬吊装置，该上连接杆及下连接杆的两端分别连接于该两支撑架，该两组悬吊装置其一端连接于上连接杆上，另一端连接于该框体架构的扶手结构；该主座椅架构可枢接一 H 字型的固定架，且该悬吊架构的下连接杆设有具有一可承接该固定架中空的固定件。”

附件 4b 公开一种带有座位的摇摆组件，该座位可以从椅子转换为床，其中揭示了：根据本发明摇摆组件的优选实施例包括支撑架部件 1，一对连接部件 2 和座位部件 4。支撑架部件 1 包括：一对间隔设置的侧腿 11，带有适于支撑在地表面上的下端部；和水平棒，用于将侧腿 11 的上端部相互连接。连接部件 2 沿水平棒 12 纵向间隔设置。每个连接部件 2 包括一对连接链 21，该连接链 21 的上端部枢转连接到倾斜挂杆 121 上，该挂杆 121 在水平棒 12 的相应端部与邻接侧腿 11 的上端部之间延伸。基底架 3 的每个横向架部的头架 330、340 枢转地连接至连接部件 2 中的对应的一个的连接链 21 的下端部。靠背支撑 43 由平行横向杆部 431 和连接杆部 432 构成，座位 U 形支撑杆，该连接杆 432 将横向杆部 431 的下端部相互连接，且平行于水平棒 12，每个横向杆部 431 具有上端部，在枢转销 442 的向后的位置点上，该上端部枢转地连接至靠背架 42 的侧臂 421 中的相应一个侧臂的中间部。这样靠背支撑围绕平行于枢转销 442 和枢转轴 45 的水平轴线可以枢转（参见附件 4b 的说明书译文第 3 页第 1~4 段、第 4 页第 2 段，附图 1、2）。

将权利要求 7 的技术方案与附件 4b 进行比较，可以看出附件 4b 中支撑架对应于权利要求 7 中的支撑架，附件 4b 中的水平棒对应于权利要求 7 中的上连接杆，附件 4b 中的连接部件 2 对应于权利要求 7 中的悬吊装置。但是附件 4b 中并没有公开权利要求 7 中“悬吊架构具有一下连接杆”的技术特征，也未给出相应的技术启示，另外，附件 4b 中的靠背支撑（相应于权利要求 7 中的固定架）是 U

形支撑杆，而权利要求7中的固定架是H字型，因此，附件4b也没有公开权利要求7中“H字型的固定架”的技术特征，也未给出相应的技术启示。

附件7b公开一种摇摆组件，其中揭示了一种摇摆组件，摇摆组件包括摇摆架部件和座位部件，摇摆架部件可摇摆的设置在支撑部件上，座位部件提供一对左、右连接部件而连接至摇摆部件上。座位定位部件7可操作地设置在摇摆架部件4和支撑部件2之间，并可操作地阻止摇摆部件4相对于支撑部件2而进行摇摆运动。该座位定位部件7包括插孔元件71、套子72、和插入杆73，插孔元件71固定地设置在摇摆件部件4的一个侧杆411的顶部表面413上，且具有水平顶表面711，水平顶表面711上形成有穿过其中的孔713。套子72固定设置在支撑部件2的一个连接杆213上。插入杆73具有：旋转轴731，其延伸穿过套子72的中心孔721，并可以相对于套子72旋转，插入杆73可以旋转，从而导致插入杆73的结合杆部734可以与插孔元件71上的孔713结合（参见附件7b的说明书译文第3页第4行至第20行，第5页倒数第2段至第6页第1段，附图2）。

附件7b与本专利属于相同的技术领域，将权利要求7的技术方案与附件7b进行比较可以看到：附件7b中并没有公开权利要求7中的“H字型的固定架”，此外，参照附件7b的图2和图5，以及译文第5页最后一段和第6页第1段的描述可知，附件7b的座位定位部件7是设置在摇摆架部件和支撑部件之间的，其使用时是以插入杆73的结合杆部734旋转后穿入插孔组件71上的孔713中相互勾合来固定两者的相对位置，附件7b中也没有公开权利要求7中“该悬吊架构的下连接杆设有具有一可承接该固定架中空的固定件”的技术特征，也未给出相应的技术启示。

综上可见，附件2b、附件4b、附件5b和附件7b中均未公开有关“H字型的固定架”、“该悬吊架构的下连接杆设有具有一可承接该固定架中空的固定件”的技术特征，也未提供相应的技术启示，因此，对于本领域技术人员来说，将附件2b、附件4b、附件5b和附件7b结合得出权利要求7的技术方案是非显而易见的，而权利要求7中采用的“H字型的固定架”和“该悬吊架构的下连接杆设有具有一可承接该固定架中空的固定件”特征，具有能够使H字型固定架的下端与下连接杆上的中空的固定件相配合，产生固定作用的效果，因此，权利要求7相对于附件2b、4b、5b和7b的结合符合专利法第22条第3款的规定。

综上所述，本专利权利要求3、7符合专利法第26条第4款的规定；权利要求1~7符合专利法实施细则第20条第1款的规定；权利要求1不符合专利法实施细则第21条第2款的规定；权利要求2相对于附件2b和附件5b的结合不符合专利法第22条第3款的规定；权利要求3相对于附件2b、附件4b和附件5b的结合符合专利法第22条第3款的规定；权利要求4相对于附件2b或者相对于附件2b和附件6b的结合符合专利法第22条第3款的规定；权利要求5相对于附件2b符合专利法第22条第3款的规定；权利要求6相对于附件2b、附件4b和附件5b的结合符合专利法第22条第3款的规定；权利要求7相对于附件2b、附件4b、附件5b和附件7b的结合符合专利法第22条第3款的规定。

三、决定

宣告200420115759.6号实用新型专利权利要求1、权利要求2无效，在权利要求3、权利要求4、权利要求5、权利要求6、权利要求7的基础上维持本专利有效。

当事人对本决定不服的，可以根据专利法第46条第2款的规定，自收到本决定之日起3个月内向北京市第一中级人民法院起诉。根据该款的规定，一方当事人起诉后，另一方当事人应当作为第三人参加诉讼。

164

组合式衣橱

无效宣告请求审查决定（第10237号）

决　　定　　号 第10237号
决　　定　　日 2007年7月3日
发明创造名称 组合式衣橱
国 际 分 类 号 A47B 61/00，A47B 47/00
无效宣告请求人 上海镁嘉实业有限公司
专　利　权　人 珠海宜心家居有限公司
专　　利　　号 200520059689.1
申　　请　　日 2005年6月15日
授 权 公 告 日 2006年8月2日
合 议 组 组 长 刘颖杰
主　　审　　员 沈乐平
参　　审　　员 刘　畅

法　律　依　据 专利法第22条第3款
决　定　要　点

如果实用新型专利保护的技术方案相对于现有技术存在区别，并且现有技术中不存在得到本专利技术方案的技术启示，则应该认为该实用新型专利保护的技术方案具备专利法第22条第3款规定的创造性。

一、案由

本无效宣告请求涉及国家知识产权局于2006年8月2日授权公告的名称为“组合式衣橱”的200520059689.1号实用新型专利权（下称本专利），其申请日是2005年6月15日，专利权人是珠海宜心家居有限公司。授权公告时的权利要求书如下：

“1. 一种组合式衣橱，包括有外边框、隔层部件以及外罩套组成，所述外边框采用框架式结构：即外部用管材和板材纵横相互套接搭成外框架，其特征在于：所述隔层部件包括有支撑管和隔布；由两根水平放置的支撑管作为隔层部件支架，所述支撑管的两端固定在衣橱外边框的两支撑条上，所述隔布的两边设置有固定装置，所述隔布通过固定装置与两根支撑管相固定。

2. 根据权利要求1所述的组合式衣橱，其特征在于：所述衣橱外边框的两支撑条（13）、（16）上各设置有两个安装孔（13），所述隔层部件的支撑管（15）穿入所述安装孔（13）定位。

3. 根据权利要求1或2所述的组合式衣橱，其特征在于：所述衣橱外边框的两支撑条（13）、

（16）上述各设置有一个安装孔（14），晾衣管（12）两边穿入所述安装孔（14）定位，所述安装孔（14）要略低于安装孔（13）。

4. 根据权利要求 3 所述的组合式衣橱，其特征在于：所述隔布（11）采用纺织物或塑胶布料制成。

5. 根据权利要求 1 所述的组合式衣橱，其特征在于：所述固定装置为将隔布（11）的两边缝合成管状，将支撑管（15）穿入而固定。

6. 根据权利要求 5 所述的组合式衣橱，其特征在于：所述组合式衣橱的隔层部件（1）即为衣橱的顶层，所述组合式衣橱内设置了多层便于使用时分类搁置衣物的网状隔板。

7. 根据权利要求 5 所述的组合式衣橱，其特征在于：组合式衣橱顶层和内隔层均可采用隔层部件（1）完全相同的结构，所述衣橱内设置了便于使用时分类搁置衣物的多层网状隔板，同时设置了网状结构的可透气底层。

8. 根据权利要求 5 所述的组合式衣橱，其特征在于：所述组合式衣橱为用铁丝或钢丝材料焊接而成，衣橱的顶层、内隔层和底层均采用与隔层部件（1）完全相同的结构。

9. 根据权利要求 6、7、8 中任何一项所述的组合式衣橱，其特征在于：所述外边框以及支撑管、晾衣管均可采用木制或塑料、铁制材料混合制成。

10. 根据权利要求 6、7、8 中任何一项所述的组合式衣橱，其特征在于：所述外边框以及支撑管、晾衣管均可采用同钟木制或塑料、铁制材料制成。"

针对本专利，上海镁嘉实业有限公司（下称请求人）于 2006 年 9 月 7 日向专利复审委员会提出了无效宣告请求，并提交了如下附件：

附件 1：本专利的实用新型专利说明书，共 11 页；

附件 2（对比文件 1）：专利号为 93215037.3 的实用新型专利说明书，共 9 页，其授权公告日为 1994 年 3 月 9 日；

附件 3（对比文件 2）：专利号为 02200969.8 的实用新型专利说明书，共 6 页，其授权公告日为 2002 年 10 月 2 日。

结合上述证据，请求人认为：本专利权利要求 1~10 相对于对比文件 1 和对比文件 2 的结合不具备专利法第 22 条第 3 款规定的创造性。

经形式审查合格，专利复审委员会依法受理了上述无效宣告请求，并于 2006 年 9 月 8 日向双方当事人发出了无效宣告请求受理通知书，随同无效宣告请求受理通知书将专利权无效宣告请求书及其附件清单中所列附件副本转送给专利权人，要求其在指定的期限内答复。

请求人于 2006 年 9 月 25 日提交了补充意见陈述书及补充附件：

附件 4（对比文件 3）：专利号为 99236997.5 的实用新型专利说明书，共 4 页，其授权公告日为 2000 年 9 月 27 日。

结合上述证据，请求人认为，本专利权利要求 1 相对于对比文件 3 和对比文件 1 的结合不具备专利法第 22 条第 3 款规定的创造性。

专利权人于 2006 年 10 月 23 日提交了意见陈述书，并指出：（1）本专利在整体上独立提供了一个隔层部件，对比文件 1 和对比文件 2 均没有披露本专利权利要求 1 中的技术特征"所述隔布的两边设置有固定装置，所述隔布通过固定装置与两根支撑管固定"；（2）本专利权利要求 1 中的"隔布"与对比文件 2 中的网板不同。因此本专利权利要求 1 具备专利法第 22 条第 3 款规定的创造性。由于权利要求 1 具备创造性，因此从属于权利要求 1 的权利要求 2~10 也具备创造性。

针对上述无效宣告请求，专利复审委员会依法成立合议组，并于 2007 年 3 月 1 日向双方当事人发出无效宣告请求口头审理通知书，告知双方当事人合议组定于2007年4月26日举行口头审理，同时将请求人于2006年9月25日提交的意见陈述书副本转送给专利权人，将专利权人于2006年10月23日提交的意见陈述书及补充附件的副本转送给请求人。

口头审理如期举行，双方当事人均参加了口头审理。在口头审理中，

（1）请求人明确表示无效的理由和范围为：本专利权利要求1~10不符合专利法第22条第3款关于创造性的规定。

（2）专利权人明确表示认可对比文件1~3的合法性、真实性，认为对比文件1~3与本专利无关联性。

（3）请求人明确表示使用对比文件1、对比文件2、对比文件3的结合评述本利权利要求1的创造性。请求人认为：本专利权利要求1的前序部分在对比文件1权利要求1第1~3行和附图1中公开，认为不同层数就是隔层，认可对比文件1没有公开“外套”，但认为衣橱肯定会有外套，本专利支撑管在对比文件1中公开，认可对比文件1没有公开隔布，但认为肯定会有隔布；对比文件1没有公开本专利的“隔布的固定装置”；本专利的“外罩套”在对比文件2的图4中被公开；本专利的“隔布”在对比文件3的权利要求1的“帆布或其他纺织……”公开；本专利“由两根水平放置的支撑管……支撑管相固定”由对比文件1的附图1公开，认为“固定装置”是上位概念，对比文件2的附图1的隔层与本专利的隔布性质相同，对比文件2的隔层也有固定装置，但是没有具体文字说明。对比文件3的附图3及权利要求1公开了隔层。

（4）专利权人认为，对比文件1~3没有公开本专利权利要求1的特征部分，对比文件2的内隔层与本专利的隔层不同，现有技术中衣橱是有隔层的，但现有技术的隔板通常是中空的硬质板材，易于变形，需要固定元件来加强支撑，运输时占用空间不方便，本专利的隔布便于储运、便于清洗，本专利的隔布是为整个衣橱作隔层的，支撑架直接固定在外框架上的，对比文件3中的隔布的支撑方式与本专利不同，不是与整个衣橱的外框架连接在一起。本专利说明书第3页实施例1说明固定装置还有很多实现方法，对比文件3没有公开本专利的固定装置。

（5）请求人认为，对比文件1公开了本专利权利要求2、3、5的附加技术特征，对比文件2公开了本专利权利要求6、7、8的附加技术特征，对比文件3公开了本专利权利要求4的附加技术特征，本专利权利要求9、10的附加技术特征是公知常识。

（6）专利权人认为，本专利权利要求1具备创造性，因而权利要求2~10也具备创造性。

至此，合议组认为事实已经清楚，在此基础上，合议组经合议依法作出审查决定。

二、决定的理由

1. 关于证据和现有技术

请求人共提交了3份证据，均为实用新型专利说明书，其公开日均在本专利的申请日之前。专利权人对对比文件1~3的真实性和合法性无异议，合议组经核实认为，对比文件1~3可以作为本案证据使用，其上公开的内容构成本专利的现有技术。

2. 关于本专利权利要求1~10是否符合专利法第22条第3款关于创造性的规定

专利法第22条第3款规定：创造性，是指同申请日以前已有的技术相比，该发明有突出的实质性特点和显著的进步，该实用新型有实质性特点和进步。

对比文件1涉及一种组合衣橱架，其中权利要求1、附图1和附图9具体公开了如下技术特征：一种组合式衣橱架，包括套模（1）（相当于本专利的外边框）和套管（2）（相当于本专利的隔层部件的支撑管）二种基本组件，套模（1）为一框体，通过多个套管与多个套模的孔插接，即可连接出不同高度、不同宽度、不同层次的衣橱架；由两根水平放置的支撑管作为隔层部件支架，所述支撑管

的两端固定在衣橱外边框的两支撑条上（具体参见对比文件 1 的附图 1 和附图 9）。

对比文件 2 涉及一种方便耐用的组装式衣橱，其中说明书第 2 页及附图 1 和附图 4 公开了外罩套和用作隔层部件的网板，网板的端头上带有螺孔，螺钉通过螺孔把立柱与横梁和网板连接在一起。

对比文件 3 涉及一种内隔层悬挂式简易衣橱，其中权利要求书第 2 行及说明书第 5~7 行和 12 行公开了如下内容：一种简易衣橱，由组合式的外部框架和用帆布或其他纺织、编织、塑胶材料做成的多层活动隔层组成，活动隔层悬挂在衣橱上。

请求人认为：本专利的权利要求 1 与对比文件 1 的区别在于没有公开如下技术特征：外罩套，隔布，隔布的固定装置。但对比文件 2 的附图 4 公开了本专利的“外罩套”，对比文件 3 的权利要求 1 的“帆布或其他纺织……”公开了本专利的“隔布”。并且“固定装置”是上位概念，对比文件 2 的附图 1 的隔层与本专利的隔布性质相同，对比文件 2 的隔层也有固定装置。对比文件 3 的附图 3 及权利要求 1 公开了隔层。因此权利要求 1 相对于对比文件 1~3 的结合不具备专利法第 22 条第 3 款规定的创造性。

合议组认为：本专利权利要求 1 与对比文件 1 的区别在于权利要求 1 中的组合式衣橱还具有：（1）外罩套；（2）隔布；（3）所述隔布的两边设置有固定装置，所述隔布通过固定装置与两根支撑管相固定。

对比文件 2 的附图 4 公开了上述区别技术特征（1）即“外罩套”，但没有公开上述区别技术特征（2）和（3），上述区别技术特征（2）和（3）限定了本专利权利要求 1 的技术方案中隔层的结构与对比文件 2 不同，具体来说，对比文件 2 的隔层采用了网板，网板的端头上带有螺孔，螺钉通过螺孔把立柱与横梁和网板连接在一起，而本专利的隔层是隔布与整个衣橱的外框架连接在一起。

对比文件 3 的权利要求 1 的“帆布或其他纺织……”公开了上述区别技术特征（2）即“隔布”，但没有公开上述区别技术特征（1）和（3），上述区别技术特征（3）限定了本专利权利要求 1 的技术方案中隔布的支撑方式与对比文件 3 不同，具体来说，对比文件 3 中的隔布是悬挂式的，而本专利的隔布是与整个衣橱的外框架连接在一起。

因此，对比文件 2 和对比文件 3 都没有公开上述区别技术特征（3），上述区别技术特征（3）限定了本专利权利要求 1 的技术方案与对比文件 1~3 不同。本专利的隔层结构克服了现有技术中使用中空的硬质板材隔板导致易于变形、需要固定元件来加强支撑、运输时占用空间不方便的问题。本领域技术人员在对比文件 1~3 的基础上无法得出权利要求 1 的技术方案，因而本专利权利要求 1 保护的技术方案相对于对比文件 1~3 的结合具有实质性特点和进步，具备专利法第 22 条第 3 款规定的创造性。

由于本专利的权利要求 1 具备创造性，因而从属于权利要求 1 的权利要求 2~10 也具备专利法第 22 条第 3 款规定的创造性。

综上所述，本专利权利要求 1~10 均具备实质性特点和进步，符合专利法第 22 条第 3 款有关创造性的规定。

三、决定

维持 200520059689.1 号实用新型专利权有效。

当事人对本决定不服的，可以根据专利法第 46 条第 2 款的规定，自收到本决定之日起三个月内向北京市第一中级人民法院起诉。根据该款的规定，一方当事人起诉后，另一方当事人应当作为第三人参加诉讼。

165

塑料容器成型机的模具结构

无效宣告请求审查决定（第 10249 号）

决　定　号　第 10249 号
决　定　日　2007 年 7 月 9 日
发明创造名称　塑料容器成型机的模具结构
国际分类号　B29C 49/48
无效宣告请求人　廖　玮
专利权人　俞　晟
专　利　号　200520100374.7
申　请　日　2005 年 1 月 28 日
授权公告日　2006 年 3 月 29 日
合议组组长　崔　震
主　审　员　姜　岩
参　审　员　赵　明

法律依据　专利法第 22 条第 2 款、第 3 款
决定要点

如果由公开销售使用所披露的技术方案与本专利所要保护的技术方案间存在着明显的区别技术特征，则本专利所要保护的技术方案相对于该公开销售使用构成的现有技术具备新颖性。

一、案由

本无效宣告请求涉及中华人民共和国国家知识产权局于 2006 年 3 月 29 日授权公告的、名称为“塑料容器成型机的模具结构”的实用新型专利权（以下简称本专利），其专利号是 200520100374.7，申请日是 2005 年 1 月 28 日，专利权人是俞晟。本专利授权公告时的权利要求书如下：

“1. 塑料容器成型机的模具机构，包括基座（1）、左模板（3）、右模板（4）、底模板（14）、驱动板（5）和驱动机构，其特征是：

在基座（1）上设有可在基座上移动的横向连杆（2），所述的横向连杆（2）右端固接右模板（4），左端固接驱动板（5），其中间活接左模板（3）；所述的驱动机构固设在驱动板（5）上并与左模板（3）连接；所述的底模板（14）通过连接在左模板（3）上的联动板（12）设在左右模板合模界面上方。

2. 根据权利要求 1 所述的塑料容器成型机的模具机构，其特征是基座（1）上固接一立板（6），驱动板（5）与左模板（3）之间连接一同步装置，该同步装置固定在所述的立板（6）上。

3. 根据权利要求2所述的塑料容器成型机的模具机构，其特征是所述的同步装置包括定位在立板（6）上的齿轮（7）和位于齿轮上、下方且与其啮合的上、下齿条（23、24），上齿条（23）连接在左模板（3）上，下齿条（24）连接在驱动板（5）上。

4. 根据权利要求3所述的塑料容器成型机的模具机构，其特征是所述的驱动机构为汽缸驱动机构，缸体（8）固接在驱动板（5）上，活塞杆与左模板（3）连接或通过驱动件（9）与左模板（3）连接。

5. 根据权利要求4所述的塑料容器成型机的模具机构，其特征是所述的驱动件（9）为曲臂连杆、直臂连杆或两者的组合。

6. 根据权利要求2所述的塑料容器成型机的模具机构，其特征是所述的底模板上设有带销轴（17）的升降杆（13），升降杆（13）外有一带竖槽（16）的导向件（15），该导向件通过一支板（25）与立板（6）固接，联动板（12）上设有一左低右高的升降横槽（11），所述的销轴（17）处于竖槽（16）与横槽（11）的交汇处。

7. 根据权利要求1或2所述的塑料容器成型机的模具机构，其特征是所述的横向连杆（2）为上、下两组，分别连接在左、右模板和驱动板的上、下两端，每组有两根平行的圆杆，其中下组连杆还与位于基座（1）上的连杆座（10）活接。

8. 根据权利要求1或2所述的塑料容器成型机的模具机构，其特征是左模板（3）下端连有一可弹性伸缩的瓶坯止动件（20）。

9. 根据权利要求1或2所述的塑料容器成型机的模具机构，其特征是右模板（4）上设有一瓶口定位件（21）。

10. 根据权利要求1或2所述的塑料容器成型机的模具机构，其特征是左右模板的合模界面和底模板的结合处设有垂直于左右模板移动方向的凹槽（28）以及限位杆（27），限位杆（27）螺接在一高度可调的固定杆（26）上。”

针对本专利权，廖玮（以下简称请求人）于2006年6月19日向专利复审委员会提出无效宣告请求，认为本专利不符合专利法第22条第2款、第3款的规定，请求人同时提交了如下附件：

附件1：公开号为CN1472057A（申请号为03129420.0）的发明专利申请公开说明书，公开日为2004年2月4日，共14页；

附件2：公开号为CN1322618A（申请号为01117659.8）的发明专利申请公开说明书，公开日为2001年11月21日，共12页。

请求人认为：（1）附件1和2已经基本披露了本专利的权利要求1的最主要的必要技术特征，因此，独立权利要求1不符合专利法第22条第3款规定的创造性。（2）请求人与专利权人之间一直存在业务合作关系，请求人在2004年初通过马来西亚外商获得一份与本专利的形状结构完全相同的塑料容器成型机的资料图片，并交给黄岩塑料机械厂仿制，仿制成功后的机器型号定为XT-100/1，该XT-100/1机器先后向马来西亚经销商出口了数台，请求人在2004年4月16日从黄岩塑料机械厂购买了一台XT-100/1塑料容器成型机，并由请求人卖给东莞敬记容器有限公司使用至今，即实施本专利方案的XT-100/1塑料容器成型机在本专利申请日前已经在国内公开使用了，因此不符合专利法第22条第2款规定的新颖性。

经形式审查合格，专利复审委员会依法受理了上述无效宣告请求，并于2006年7月24日向请求人和专利权人发出无效宣告请求受理通知书，同时将专利权无效宣告请求书及其附件清单中所列附件的副本转送给专利权人，并要求专利权人在指定的期限内陈述意见。

2006年7月25日专利复审委员会收到请求人于2006年7月18日提交的意见陈述书以及补充提

交的如下附件：

附件 3.1：请求人与黄岩塑料机械厂手写对账单一的复印件，其上有俞钢镜于 2004 年 6 月 6 日的签名，对账单中注明了“2004 年 4 月 26 日发往虎门自动式机一套”，共 1 页；

附件 3.2：请求人与黄岩塑料机械厂手写对账单二的复印件，第一页中有俞钢镜于 2005 年 4 月 22 日的签名，并注明“虎门发自动机一台 8.55 万，已付现金”；第二页中有俞钢镜于 2004 年 8 月 5 日的签名，共 2 页；

附件 3.3：2004 年 1 月 18 日，甲方东莞敬记容器有限公司与乙方深圳市恒达峰塑胶制品有限公司签订的 XT-100/1 型自动吹瓶机定作合同，合同号码为 00400108，乙方签字盖章处有深圳市恒泰达实业有限公司的印章和请求人廖玮的签名，复印件，共 1 页；

附件 3.4：深圳市恒达峰收到东莞敬记容器有限公司的 3 万 6 千元订金的收款收据，其摘由中注明“‘SnTO’牌 XT-100/1 型自动吹瓶机 30% 订金”，收据编号为 No. 0024619，填票日期为 2004 年 2 月 23 日，复印件，共 1 页；

附件 3.5：发送“SnTO”牌 XT-100/1 型自动吹瓶机的送货单复印件，送货单编号 No. 7018404，填写日期 2004 年 4 月 29 日，收货单位是东莞敬记容器有限公司，送货单位是深圳恒达峰，复印件，共 1 页；

附件 3.6：恒达峰实业（深圳）有限公司发给深圳敬记容器有限公司关于小瓶吹瓶机的对账单（传真件）复印件，其上有请求人廖玮的签名，传真日期是 2004 年 6 月 4 日，共 1 页；

附件 3.7：东莞敬记容器有限公司通过广东省东莞市工行虎门支行汇入在广东省深圳市广东发展银行南山支行开户的深圳市恒达峰塑料制品有限公司账户上的汇款的中国工商银行电汇凭证（回单），编号为 No. 11248724，汇款金额 8 万 4 千元，其中汇款用途注明为机器款，汇出行中国工商银行东莞市虎门支行的盖章日是 2004 年 10 月 13 日；

广东发展银行特种转账贷方传票，其上注明付款单位为东莞敬记容器有限公司，收款单位为深圳市恒达峰塑胶制品有限公司，金额 8 万 4 千元，转账原因上注明“补到 2004 年 10 月 18 日回单”，广东发展银行南山支行的盖章日是 2006 年 7 月 12 日；

以上两份银行票据在 1 页复印件中。

附件 3.8：中华人民共和国广东省东莞市公证处 2006 年 7 月 13 日作出的（2006）东证内字第 5607 号公证书原件，公证书中包括 17 张照片；

附件 3.9：XT-100/1 型自动吹瓶机使用说明光碟一盘。

请求人认为：附件 3.1~3.9 形成了完整的证据链，证明实施本专利技术方案的产品在本专利申请日前已经在国内公开销售和使用，导致本专利丧失了新颖性。

针对专利复审委员会发出的上述无效宣告请求受理通知书，专利权人于 2006 年 8 月 18 日提交了意见陈述书，认为附件 1 中未公开本专利权利要求 1 中的基座、底模板、联动板及由这些构件确定的装配（位置）关系，附件 2 中的两套模板驱动机构不同于本专利中的驱动机构，而且附件 2 中设有本专利中不存在的“支承构件”，且未公开本专利权利要求 1 中的联动板及其装配位置的技术特征，二者存在本质区别。因此本专利权利要求分别相对于附件 1 和 2 具备新颖性和创造性；而且即使将两篇专利文件组合也不能破坏本专利独立权利要求的创造性。

2006 年 12 月 11 日，专利复审委员会收到请求人提交的意见陈述书及附件 3.10，声称补充的附件 3.10 是在附件 3.9 的光碟中抓捕的 12 张图片，这 12 张图片与附件 3.8 中的公证书图片所揭示的吹瓶机的型号、生产厂家及其形状结构是完全相同的，由此证明了附件 3.9 中的光碟与附件 3.1~3.8 是关联的，且相互印证，其中：

附件3.10：从附件3.9的XT-100/1型自动吹瓶机使用光碟中抓捕的图片，共12页。

专利复审委员会依法成立合议组对本无效宣告请求进行审理。本案合议组于2006年12月10日向双方发出无效宣告请求口头审理通知书，定于2007年1月22日在专利复审委员会举行口头审理。随同口头审理通知书，将专利复审委员会于2006年7月25日、2006年12月11日收到的请求人提交的意见陈述书及其附件清单中所列附件的副本转送给专利权人，将专利权人于2006年8月18日提交的意见陈述书转送给请求人。

2007年1月10日，请求人再次提交了无效宣告请求的补充意见，并同时提交附件3.9.1、3.9.2和附件3.9.3，其中附件3.9.1、3.9.2用于证明附件3.9的XT-100/1型自动吹瓶机使用说明光碟的制作时间，而附件3.9.3是由2004年4月参与购买XT-100/1型自动吹瓶机的东莞敬记容器有限公司出具的证言。

附件3.9.1：浙江黄岩塑料机械厂俞钢镜寄给廖玮的附件3.9光碟的特快专递信封复印件，寄出邮局邮戳日期为2004年4月29日，共3页；

附件3.9.2：广东安证计算机司法鉴定所作出的粤安计司鉴［2007］第001号鉴定检验报告书原件（包括电子数据检验鉴定附带光碟）；

附件3.9.3：购买XT-100/1型自动吹瓶机的情况说明，复印件，1页。

专利权人于2007年1月11日提交了2份反证，用于证明请求人提交的证据中所涉及的“深圳市恒达峰塑胶制品有限公司”以及“深圳市恒泰达实业有限公司”主体资格问题。

反证1：深圳市工商物价信息中心提供的深圳市恒达峰塑胶制品有限公司吊销登记的有关资料复印件，其备注上记载吊销时间为2001年1月10日，共1页；

反证2：深圳市工商物价信息中心提供的深圳市恒泰达实业有限公司注册登记的有关资料复印件，其上记载公司的成立日期是2004年6月30日，共1页。

口头审理如期举行，双方当事人均参加了口头审理。

请求人要求证人出庭作证，但在口审之前的无效宣告过程中该证人未出具过证言，因此合议组告知根据审查指南的相关规定，不允许该证人出庭作证。

请求人明确其无效的理由、证据和范围为：权利要求1相对于附件2不符合专利法第22条第2款、第3款的规定。权利要求2~5、7相对于附件2和附件1的结合不符合专利法第22条第3款的规定。权利要求1~10相对于附件3.1~3.9、3.9.1~3.9.3已经公开销售使用，不符合专利法第22条第2款的规定。

合议组当庭将专利权人提交的反证1、2转送请求人，将请求人提交的无效宣告请求代理词、2007年1月10日提交的意见陈述书以及附件3.9.1、3.9.2、3.9.3转送给专利权人；请求人当庭提交了定作合同，声称是从东莞敬记容器有限公司借用的合同原件，用于证明2006年7月18日提交的附件3.3的乙方盖章是错误的，乙方应为深圳市恒达峰塑胶制品有限公司；合议组当庭将该定作合同的复印件转送给专利权人，专利权人经核对认为原件与复印件一致，但认为附件3.9.1~3.9.3及当庭提交的定作合同超出了法定期限，因此不对这些证据发表意见。合议组当庭将附件3.9的光碟转送给专利权人，专利权人当庭签收，请求人当庭提交了附件3.1~3.9的原件，专利权人对附件1、2的真实性没有异议。认为附件3.1~3.8原件与复印件是一致的，但是附件3.1、3.2的主体与专利权人不是一个主体。附件3.1、3.2不能证明所述产品就是本专利的产品，所以没有关联性。附件3.3定作合同的乙方是深圳市恒达峰塑胶有限公司，与乙方签章深圳市恒泰达实业有限公司是不同的，所以真实性有异议。专利权人认为恒达峰塑胶制品有限公司在2001年1月10日已经被吊销了；恒泰达是2004年6月30日注册登记的，在还没有注册时就签定合同是不合法的所以合同是虚构的。附件3.4

恒达峰出具的收据为单页显然是假的，是客户联，应在客户手里，不能在请求人的手里。根据工商局的登记表不存在附件 3.6 中恒达峰实业有限公司这一企业，因此恒达峰实业有限公司这一企业是伪造的。附件 3.7 是在恒达峰被吊销执照后发生的，而且塑料制品与塑胶制品是不同的单位，所以是虚假的，汇款用途中机器未指明是何机器以及与本专利产品的关系。基于定作合同 3.3 的虚假性所以跟它有联系的证据链全部都是假的。从光碟中打印的图片没有办法发表意见，机器图片的取得时间、地点、拍照人都不能确定，因此不能确定是在申请日前已经销售使用的。

请求人认为，附件 3.1、3.2 用于证明 2004 年 4 月 26 黄岩塑料机械厂向虎门发了一台小自动机，附件 3.3 的定作合同用于证明东莞敬记与恒达峰之间有定作委托关系。恒达峰被吊销执照是企业管理的瑕疵，不能否定交易的存在。附件 3.7 中的票据本身是真实的，是银行错填成恒达峰塑料制品有限公司，恒达峰虽被吊销执照，但账号还是在运行的。光碟的本身是一个演示，在这个过程当中专利权人本人在作解说，光碟的修改日期和生成日期是同一天，快递日期和机器的到达日期是相同的，因为是新机器所以没有时间做出说明书，所以用光碟演示，光碟本身也清晰地公开了所有的技术特征。

专利权人认为，光碟有形成时间但无法证明公开时间。廖玮是销售人员不代表公众，不能证明处于公众可以得知的状态。

请求人认为，专利权人与工厂未签署保密协议。光碟的唯一目的就是教给客户如何正常使用。按照交易惯例买方应在付过全款以后将定金收款收据退还，所以请求人才有顾客联的收款收据。

合议组告知专利权人可以在口审结束之后一周内针对合议组当庭转送的附件提交书面意见。

专利权人未在指定期限内对口头审理当庭转送的附件进行意见陈述。

至此，合议组认为本案事实已经清楚，可以作出审查决定。

二、决定的理由

1. 权利要求 1~10 相对于附件 3.1~3.9 与 3.9.1~3.9.3 结合的新颖性

新颖性，是指在申请日以前没有同样的发明或者实用新型在国内外出版物上公开发表过、在国内公开使用过或者以其他方式为公众所知，也没有同样的发明或者实用新型由他人向国务院专利行政部门提出过申请并记载在申请日以后（含申请日）公布的专利申请文件中。

如果由公开销售使用所披露的技术方案与本专利所要保护的技术方案间存在着明显的区别技术特征，则本专利所要保护的技术方案相对于该公开销售使用构成的现有技术具备新颖性。

本案中请求人欲通过附件 3.1~3.9、3.9.1~3.9.3 证明本专利申请日前深圳市恒达峰塑胶制品有限公司销售了一台“SnTO”牌 XT-100/1 型自动吹瓶机给东莞敬记容器有限公司，该机器结构与本专利权利要求 1~10 中的技术方案相同，因此权利要求 1~10 不具备新颖性。

合议组经审查后认为：

附件 3.1 是请求人与黄岩塑料机械厂手写的对账单一，其上有俞钢镜于 2004 年 6 月 6 日的签名，对账单中注明了“2004 年 4 月 26 日发往虎门自动式机一套”。

附件 3.2 是请求人与黄岩塑料机械厂手写的对账单二，第一页中有俞钢镜于 2005 年 4 月 22 日的签名，并注明“虎门发自动机一台 8.55 万，已付现金”；第二页中有俞钢镜于 2004 年 8 月 5 日的签名。

附件 3.3 中的定作合同记载了 2004 年 1 月 18 日甲方东莞敬记容器有限公司与乙方深圳市恒达峰塑胶制品有限公司之间签订了定作合同，其中规定：定购 XT-100/1 型自动吹瓶机 1 套，每套价格 12 万元整，甲方先支付 30% 的定金，乙方负责托运设备至甲方，完成验收后付清 70% 余款。

证据 3.4 中的收款收据记载了 2004 年 2 月 23 日深圳市恒达峰塑胶制品有限公司收到东莞敬记容器有限公司“SnTO”牌 XT-100/1 型自动吹瓶机 3 万 6 千元的定金。

证据 3.5 的送货单记载了 2004 年 4 月 29 日深圳市恒达峰塑胶制品有限公司向东莞敬记容器有限公司发货，货物是一台“SnTO”牌 XT-100/1 型自动吹瓶机，该机器总价 12 万元整。

附件 3.6 的对账单传真记载了 2004 年 6 月 4 日深圳市恒达峰塑胶制品有限公司和东莞敬记容器有限公司之间进行了对账，其中记载：深圳市恒达峰塑胶制品有限公司已经将小瓶吹瓶机交付东莞敬记容器有限公司，已付款 3 万 6 千元，未付款 8 万 4 千元。

附件 3.7 是两份银行票据，一份是 2004 年 10 月 13 日中国工商银行东莞市虎门支行出具的中国工商银行电汇凭证（回单），其上记载了东莞敬记容器有限公司从其账户上向深圳市恒达峰塑料制品有限公司在深圳市广东省发展银行南山支行的账号上汇入 8 万 4 千元机器款；另一份是 2006 年 7 月 12 日广东省发展银行的特种转账贷方传票，其上记载了东莞敬记容器有限公司从工商银行虎门支行的帐户上向深圳市恒达峰塑胶制品有限公司在广东发展银行南山支行的账户汇款 8 万 4 千元，并在转账原因上记载：补到 2004 年 10 月 18 日回单。

附件 3.8 作为一份公证书，公证了公证员赴东莞市虎门镇怀德村的东莞敬记容器有限公司对该公司使用的吹瓶机进行查看、拍照的过程，并记录该吹瓶机的商标为“SnTO”，型号为“XT-100/1”。

附件 3.9 为 XT-100/1 型自动吹瓶机使用说明光碟，其中演示了型号为 XT-100/1 的“SnTO”牌吹瓶机的安装过程。

附件 3.9.1 为黄岩塑料机械厂俞钢镜寄给廖玮的特快专递信封，信封上的邮寄日期是 2004 年 4 月 29 日，记载的邮寄物品为样机教片。

附件 3.9.2 是一份光碟的鉴定检验报告，由广东安证计算机司法鉴定所出具，在该鉴定报告中记载了对该光碟进行了照相备案、用检验工具检查光碟物理属性、用检验工具获取光碟 MPEG 影片截图、将光碟原样复制作为报告书附件，检验结论是：该光碟为一次性可刻录 CD 关盘，光碟中共有视频 MPEG 文件 2 个，创建时间和修改时间均为 2004 年 4 月 29 日。

附件 3.9.3 是东莞敬记容器有限公司设备部主管万荣发和生产部经理李家强作出的购买 XT-100/1 型自动吹瓶机的情况说明，说明东莞敬记容器有限公司于 2004 年元月 18 日与深圳市恒达峰塑料制品有限公司签订了购买 XT-100/1 型自动吹瓶机的购机合同，该机由黄岩塑料机械厂生产，于 2004 年 4 月 26 日交付东莞敬记容器有限公司使用至今，该机配有指导安装使用该机的光碟一盘，并证明请求人所制作的模型与东莞敬记容器有限公司所使用的 XT-100/1 型自动吹瓶机完全相同。

在附件 3.8 的照片以及附件 3.9 的光碟中均显示出了该设备的型号为 XT-100/1，并且，从这两个附件中可以看出该机器由基座、左模板、右模板、底模板、驱动板、汽缸、四个横向圆柱形连杆组成，该圆杆分为上下两组，上面两根位于同一水平面上，下面两根位于同一水平面内，驱动板和右模板都是通过螺栓与四个横向连杆紧固在一起的，位于驱动板和右模板之间的左模板套设在横向连杆上，下组横向连杆套接在基座上的连杆座上，底模板通过设在右模板上的联动板设在合模界面上方；汽缸固定在驱动板上，并通过连杆与左模板连接。将本专利权利要求 1 与附件公开的内容相比可以看出：附件 3.8 和 3.9 所披露的 XT-100/1 型设备的联动板是固设在右模板上，而本专利权利要求 1 中的联动板是设在左模板上的。因此即使附件 3.1~3.9、3.9.1~3.9.3 可以证明附件 3.8、3.9 中的产品已在本专利申请日之前公开销售了，但由于该产品与本专利权利要求 1 中要求保护的模具机构存在区别技术特征，因而权利要求 1 相对于上述附件构成的证据链所披露的技术方案具备新颖性，权利要求 2~10 为权利要求 1 的从属权利要求，因此也具备新颖性。综上，请求人关于权利要求 1~10 相对于附件 3.1~3.9、3.9.1~3.9.3 的组合不具备新颖性的无效请求不能成立。

2. 权利要求 1 相对于附件 2 的新颖性和创造性

新颖性，是指在申请日以前没有同样的发明或者实用新型在国内外出版物上公开发表过、在国内公开使用过或者以其他方式为公众所知，也没有同样的发明或者实用新型由他人向国务院专利行政部门提出过申请并记载在申请日以后（含申请日）公布的专利申请文件中。

创造性，是指同申请日以前已有的技术相比，该实用新型具有实质性特点和进步。

附件2公开了一种吹塑成型机的合模机构，并具体公开了如下技术内容：底座34（相当于本专利中的基座）、第一合模板12（相当于本专利中的左模板）、第二合模板14（相当于本专利中的右模板）、可动板16（相当于本专利中的驱动板）、四个连杆18（相当于本专利中的横向连杆），连杆18固定连接在可动板16和第二合模板14上，第一合模板12借助连杆18可移动地支承在可动板16和第二合模板14之间，合模液压汽缸20安装在可动板16的一个侧面上，合模液压汽缸20的活塞杆40贯穿可动板16凸出到第一合模板12一侧（参见附件2说明书第3页到第4页内容），同时，附件2在第3页第15行到第19行还公开了：在两个分型模28的每一个上……底模组装到各型腔面之间的上部。用于升降该底模的底模升降机构32由升降机构支承构件33支承在第一合模板12和第二合模板14之间的上方位置。

本专利权利要求1与附件2相比，其区别在于：附件2中未公开权利要求1中限定的所述的底模板通过连接在左模板上的联动板设在左右模板合模界面上方。因此权利要求1相对于附件2具备新颖性。同时在附件2中也没有给出关于采用联动板使底模上下运动的技术启示，并且采用联动板可以起到仅用一个汽缸就可以使底模板与左右模板同步合模的技术效果。因此，本领域技术人员在附件2的基础上不能显而易见的得出本专利权利要求1所要保护的技术方案，权利要求1的技术方案相对于附件2具备实质性特点和进步，符合专利法第22条第3款规定的创造性。

3. 权利要求2~5、7相对于附件2和附件1的创造性

附件1公开了一种注拉吹塑料瓶机，并具体公开了如下技术内容：机架70（相当于本专利中的基座）、后模板41（相当于本专利中驱动板）、中模板42（相当于本专利中的左模板）、前模板43（相当于本专利中的右模板）、拉杆49（相当于本专利中的横向连杆），拉杆的两端分别与后模板和前模板相连接，在后模板41的外侧面44上垂直安装着两个相互平行的驱动油缸45、46，驱动油缸的活塞杆与所述的中模板固接并带动中模板沿拉杆49直线运动，中模板的运动带动后模板也沿拉杆直线运动，后模板通过固定连接的拉杆带动前模板沿拉杆直线运动（参见附件1说明书正文第3页最后一段至第4页第一段）。

将本专利权利要求1与附件1相比可以看出：附件1中也未公开权利要求1中限定的所述的底模板通过连接在左模板上的联动板设在左右模板合模界面上方这一技术特征，由于在附件1和附件2中均没有给出关于这一技术特征的技术启示，并且采用这一技术特征可以起到仅用一个汽缸就可以使底模板与左右模板同步合模的技术效果。因此，本领域技术人员在附件2和附件1的结合的基础上不能显而易见的得出本专利权利要求1所要保护的技术方案，权利要求1的技术方案相对于附件2和附件1的结合具备实质性特点和进步，符合专利法第22条第3款规定的创造性。

由于权利要求1相对于附件2和1的结合具备创造性，因此直接或间接引用该权利要求的权利要求2~5、7相对于附件2和1的结合也具备创造性。

根据上述的事实和理由，本案合议组依法作出以下决定。

三、决定

维持200520100374.7号实用新型专利权有效。

当事人对本决定不服的，可以根据专利法第46条第2款的规定，自收到本决定之日起3个月内向北京市第一中级人民法院起诉。根据该款的规定，一方当事人起诉后，另一方当事人应当作为第三人参加诉讼。

北京市第一中级人民法院
行政判决书

（2007）一中行初字第1330号

原告廖玮，男，汉族，1970年12月15日出生，住广东省汕头市汕樟路10号。

委托代理人王志明，深圳市睿智专利事务所专利代理人。

委托代理人王利国，广东信达律师事务所律师。

被告国家知识产权局专利复审委员会，住所地北京市海淀区北四环西路9号银谷大厦10~12层。

法定代表人廖涛，副主任。

委托代理人姜岩，国家知识产权局专利复审委员审查员。

委托代理人齐宏涛，国家知识产权局专利复审委员审查员。

第三人俞晟，男，汉族，1972年2月27日出生，住浙江省台州市黄岩区东城街道小东门新村4幢25号。

委托代理人戴晓翔，浙江翔隆专利事务所专利代理人。

委托代理人俞钢镜，男，汉族，1946年6月22日出生，住浙江省台州市黄岩区东城街道小东门新村4-25号。

原告廖玮不服被告国家知识产权局专利复审委员会（简称专利复审委员会）于2007年7月9日作出的第10249号无效宣告请求审查决定（简称第10249号决定），于法定期限内向本院提起行政诉讼。本院于2007年9月27日受理后，依法组成合议庭，并通知俞晟作为本案第三人参加诉讼，于2007年11月19日对本案公开开庭进行了审理。原告廖玮及其委托代理人王志明，被告专利复审委员会的委托代理人姜岩、齐宏涛，第三人俞晟的委托代理人戴晓翔、俞钢镜到庭参加了诉讼。本案现已审理终结。

第10249号决定系专利复审委员会针对廖玮就俞晟拥有的名称为“塑料容器成型机的模具结构”的实用新型专利（简称本专利）提出的无效宣告请求作出的。

专利复审委员会经审查后认为：

首先，权利要求1~10相对于附件3.1~3.9与3.9.1~3.9.3结合的新颖性。

在附件3.8的照片以及附件3.9的光碟中均显示出了该设备的型号为XT-100/1，并且，从这两个附件中可以看出该机器由基座、左模板、右模板、底模板、驱动板、汽缸、四个横向圆柱形连杆组成，该圆杆分为上下两组，上面两根位于同一水平面上，下面两根位于同一水平面内，驱动板和右模板都是通过螺栓与四个横向连杆紧固在一起的，位于驱动板和右模板之间的左模板套设在横向连杆上，下组横向连杆套接在基座上的连杆座上，底模板通过设在右模板上的联动板设在合模界面上方；汽缸固定在驱动板上，并通过连杆与左模板连接。将本专利权利要求1与附件公开的内容相比可以看出：附件3.8和3.9所披露的XT-100/1型设备的联动板是固设在右模板上，而本专利权利要求1中的联动板是设在左模板上的。因此即使附件3.1~3.9、3.9.1~3.9.3可以证明附件3.8、3.9中的产品已在本专利申请日之前公开销售了，但由于该产品与本专利权利要求1中要求保护的模具机构存在区别技术特征，因而权利要求1相对于上述附件构成的证据链所披露的技术方案具备新颖性，权利要求2~10为权利要求1的从属权利要求，因此也具备新颖性。综上，廖玮关于权利要求1~10相对于附件3.1~3.9、3.9.1~3.9.3的组合不具备新颖性的无效请求不能成立。

其次，专利复审委员会认为权利要求1的技术方案相对于附件2具备实质性特点和进步，符合《中华人民共和国专利法》（简称《专利法》）第二十二条第三款规定的创造性；权利要求1的技术方案相对于附件1和附件2的结合具备实质性特点和进步，符合《专利法》第二十二条第三款规定的创造性，因此直接或间接引用该权利要求的权利要求2~5、7相对于附件1和附件2的结合也具备创造性。

综上，专利复审委员会作出第10249号决定，维持本专利权有效。

廖玮不服第10249号决定，在法定期限内向本院提起行政诉讼，其诉称：（1）专利复审委员会在评述本案权利要求1的新颖性时，没有对专利技术方案和附件3.8和3.9所披露的产品的技术方案所要解决的技术问题、技术方案实质、预期效果进行任何对比分析和评述，便主观地认定由于XT-100/1型设备的联动板是固设在右模板上，而本专利权利要求1中的联动板是固设在左模板上的，两者存在区别特征，因而权利要求1相对于上述附件构成的证据链所披露的技术方案具备新颖性。专利复审委员会这种没有经过分析的主观认定导致决定书认定事实和结论的错误；（2）本专利方案中把联动板固设在左模板上与XT-100/1型设备把联动板固设在右模板上相比较，对本领域的技术人员来说，仅仅是本领域惯用手段的直接置换或者说仅仅是简单的文字变换。因此，第10249号决定中认定两者存在明显的区别技术特征是完全错误的；（3）从附件3.8和3.9所披露的XT-100/1型设备的技术方案可知，该技术方案分别公开了本专利从属权利要求2~10特征部分的技术特征，在本专利权利要求1没有新颖性的情况下，引用该权利要求1的从属权利要求2~10也没有新颖性。综上，专利复审委员会作出的行政行为不当，廖玮请求人民法院撤销第10249号决定。

被告专利复审委员会辩称：首先，廖玮已经承认本专利与对比文件之间的技术方案之间存在区别；其次，这种区别并非廖玮所说的惯用手段的直接置换，《审查指南》中关于惯用手段的直接置换中仅提到了螺钉和螺栓的例子；另外，本专利说明书中提到了"联动板可以设置在左模板上；也可以设置在右模板上"，这表明本专利说明书中公开了两种技术方案，并不能说明二者属于相同的发明创造。因此本专利相对于对比文件具备新颖性。综上，专利复审委员会认为第10249号决定认定事实清楚，适用法律法规正确，审理程序合法，原告的诉讼理由不能成立，请求人民法院维持第10249号决定。

第三人俞晟述称：（1）专利复审委员会并没有确认廖玮提供证据的真实性、关联性，第10249号决定中使用"即使"、"如果"等假设限定词并不意味着已认可所述证据。在廖玮提交的证据的技术内容不支持其无效请求时，同样足以作出维持专利权有效的审查决定；（2）同意专利复审委员会关于本专利相对于对比文件具备新颖性的评判，本专利说明书的有关描述是对专利方案而言的，并不适用于廖玮生产的有关产品。廖玮的起诉理由均不能成立，10249号决定认定事实清楚，适用法律正确，请求人民法院维持第10249号决定。

本院经审理查明：

名称为"塑料容器成型机的模具结构"的实用新型专利（即本专利）由俞晟于2005年1月28日向国家专利局提出申请，于2006年3月29日被授权公告，专利号为200520100374.7，专利权人为俞晟。本专利授权公告时的权利要求书如下：

"1. 塑料容器成型机的模具机构，包括基座（1）、左模板（3）、右模板（4）、底模板（14）、驱动板（5）和驱动机构，其特征是：

在基座（1）上设有可在基座上移动的横向连杆（2），所述的横向连杆（2）右端固接右模板（4），左端固接驱动板（5），其中间活接左模板（3）；所述的驱动机构固设在驱动板（5）上并与左模板（3）连接；所述的底模板（14）通过连接在左模板（3）上的联动板（12）设在左右模板合模界面上方。

2. 根据权利要求1所述的塑料容器成型机的模具机构，其特征是基座（1）上固接一立板（6），驱动板（5）与左模板（3）之间连接一同步装置，该同步装置固定在所述的立板（6）上。

3. 根据权利要求2所述的塑料容器成型机的模具机构，其特征是所述的同步装置包括定位在立板（6）上的齿轮（7）和位于齿轮上、下方且与其啮合的上、下齿条（23、24），上齿条（23）连接在左模板（3）上，下齿条（24）连接在驱动板（5）上。

4. 根据权利要求3所述的塑料容器成型机的模具机构，其特征是所述的驱动机构为汽缸驱动机构，缸体（8）固接在驱动板（5）上，活塞杆与左模板（3）连接或通过驱动件（9）与左模板（3）连接。

5. 根据权利要求4所述的塑料容器成型机的模具机构，其特征是所述的驱动件（9）为曲臂连杆、直臂连杆或两者的组合。

6. 根据权利要求2所述的塑料容器成型机的模具机构，其特征是所述的底模板上设有带销轴（17）的升降杆（13），升降杆（13）外有一带竖槽（16）的导向件（15），该导向件通过一支板（25）与立板（6）固接，联动板（12）上设有一左低右高的升降横槽（11），所述的销轴（17）处于竖槽（16）与横槽（11）的交汇处。

7. 根据权利要求1或2所述的塑料容器成型机的模具机构，其特征是所述的横向连杆（2）为上、下两组，分别连接在左、右模板和驱动板的上、下两端，每组有两根平行的圆杆，其中下组连杆还与位于基座（1）上的连杆座（10）活接。

8. 根据权利要求1或2所述的塑料容器成型机的模具机构，其特征是左模板（3）下端连有一可弹性伸缩的瓶坯止动件（20）。

9. 根据权利要求1或2所述的塑料容器成型机的模具机构，其特征是右模板（4）上设有一瓶口定位件（21）。

10. 根据权利要求1或2所述的塑料容器成型机的模具机构，其特征是左右模板的合模界面和底模板的结合处设有垂直于左右模板移动方向的凹槽（28）以及限位杆（27），限位杆（27）螺接在一高度可调的固定杆（26）上。”

本专利说明书记载了如下内容：“联动板也可设置在右模板，一样可达到同步移动的效果。”

针对上述专利权，廖玮于2006年6月19日向国家知识产权局专利复审委员会提出了宣告本专利权无效的请求，提交了如下附件作为证据用来评价本专利的新颖性：

附件3.1：请求人与黄岩塑料机械厂手写对账单一的复印件，其上有俞钢镜于2004年6月6日的签名，对账单中注明了“2004年4月26日发往虎门自动式机一套”，共1页；

附件3.2：请求人与黄岩塑料机械厂手写对账单二的复印件，第一页中有俞钢镜于2005年4月22日的签名，并注明“虎门发自动机一台8.55万，已付现金”；第二页中有俞钢镜于2004年8月5日的签名，共2页；

附件3.3：2004年1月18日，甲方东莞敬记容器有限公司与乙方深圳市恒达峰塑胶制品有限公司签订的XT-100/1型自动吹瓶机定作合同，合同号码为00400108，乙方签字盖章处有深圳市恒泰达实业有限公司的印章和请求人廖玮的签名，复印件，共1页；

附件3.4：深圳市恒达峰收到东莞敬记容器有限公司的3万6千元订金的收款收据，其摘由中注明“‘SnTO’牌XT-100/1型自动吹瓶机30%订金”，收据编号为No.0024619，填票日期为2004年2月23日，复印件，共1页；

附件3.5：发送“SnTO”牌XT-100/1型自动吹瓶机的送货单复印件，送货单编号No.7018404，填写日期2004年4月29日，收货单位是东莞敬记容器有限公司，送货单位是深圳恒达峰，复印件，共1页；

附件3.6：恒达峰实业（深圳）有限公司发给深圳敬记容器有限公司关于小瓶吹瓶机的对账单（传真件）复印件，其上有请求人廖玮的签名，传真日期是2004年6月4日，共1页；

附件3.7：东莞敬记容器有限公司通过广东省东莞市工行虎门支行汇入在广东省深圳市广东发展银行南山支行开户的深圳市恒达峰塑料制品有限公司账户上的汇款的中国工商银行电汇凭证（回单），编号为No.11248724，汇款金额8万4千元，其中汇款用途注明为机器款，汇出行中国工商银行东莞市虎门支行的盖章日是2004年10月13日；

广东发展银行特种转账贷方传票，其上注明付款单位为东莞敬记容器有限公司，收款单位为深圳市恒达峰塑胶制品有限公司，金额8万4千元，转账原因上注明“补到2004年10月18日回单”，广东发展银行南山支行的盖章日是2006年7月12日；

附件3.8：中华人民共和国广东省东莞市公证处2006年7月13日作出的（2006）东证内字第5607号公证书原件，公证书中包括17张照片。该公证书公证了公证员赴东莞市虎门镇怀德村的东莞敬记容器有限公司对该公司使用的吹瓶机进行查看、拍照的过程，并记录该吹瓶机的商标为“SnTO”，型号为“XT-100/1”；

附件3.9：XT-100/1型自动吹瓶机使用说明光碟一盘。其中演示了型号为XT-100/1的“SnT0”牌吹瓶机的安装过程；

各方均认可附件3.8和3.9所披露的XT-100/1型设备与本专利技术方案仅存在一点区别，即该设备中联动板是固设在右模板上，而本专利权利要求1中的联动板是设在左模板上的。

附件3.9.1：浙江黄岩塑料机械厂俞钢镜寄给廖玮的附件3.9光碟的特快专递信封复印件，寄出邮局邮戳日期为2004年4月29日，共3页；

附件3.9.2：广东安证计算机司法鉴定所作出的粤安计司鉴［2007］第001号鉴定检验报告书原件（包括电子数据检验鉴定附带光碟）；

附件3.9.3：购买XT-100/1型自动吹瓶机的情况说明，复印件，共1页。

廖玮在本案中对专利复审委员会有关权利要求1相对于附件2的新颖性和创造性以及权利要求2~5、7相对于附件2和附件1的创造性评判未提出异议。

另查，廖玮和俞晟在本案诉讼阶段提交的证据与其在无效审查阶段提交的证据相同。

上述事实，有第10249号决定、本专利权利要求书及说明书、廖玮提交的附件3.1~3.9与3.9.1~3.9.3及当事人陈述等证据在案佐证。

本院认为：

一、关于本案的审理范围问题。

我国《专利法》第二十二条第二款规定，新颖性是指在申请日以前没有同样的发明或实用新型在国内外出版物公开发表过、在国内公开使用过或者以其他方式为公众所知，也没有同样的发明或者实用新型由他人向国务院专利行政部门提出过申请并且记载在申请日以后公布的专利申请文件中。

在专利无效案件审理中，无效请求人欲通过证明涉案专利技术方案在先使用公开来影响涉案专利的新颖性应当同时具备如下两个条件：（1）有证据证明存在在先公开的技术方案；（2）在先公开的技术方案与涉案专利技术方案实质性相同。上述两个条件处于同等地位，必须同时具备才可影响本专利的新颖性。

本案中，专利复审委员会在第10249号决定中并没有认定廖玮提交的附件可以证明XT-100/1型自动吹瓶机已在本专利申请日之前公开销售，而是在假设可以认定公开销售的前提下评判公开销售的技术方案能否影响本专利的新颖性。因此，本院将仅就本专利技术方案是否被公开销售的产品所公开进行审理。

二、关于本专利是否符合《专利法》第二十二条第二款的规定。

本案中，各方当事人均认可，XT-100/1型自动吹瓶机与本专利相比，仅存在一个区别技术特征：XT-100/1型设备的联动板是固设在右模板上，而本专利权利要求1中的联动板是设在左模板上的。廖玮认为该区别技术特征属于文字的简单替换或者属于惯常手段的直接替换，因此本专利不具备新颖性。首先，联动板固设在右模板上还是固设在左模板上已经在位置和方向上发生了变化，属于不同的技术方案，不属于文字的简单替换；其次，“联动板连接在左模板上”是本专利权利要求1的必要技术特征，属于本专利的发明点之一，不属于惯常手段。而且，廖玮也未提交证据证明该技术特征属于惯常手段。因此，该区别技术特征不属于惯常手段的简单替换。在权利要求1相对于附件31~3.9与3.9.1~3.9.3的结合具备新颖性的情况下，权利要求2~10相对于附件3.1~3.9与3.9.1~3.9.3的结合也具备新颖性。综上，XT-100/1型自动吹瓶机不能破坏本专利的新颖性，廖玮的该起诉理由不能成立，本院不予支持。

综上，第10249号决定证据充分，适用法律正确，程序合法，应予维持。原告的诉讼理由不能成立，其诉讼请求本院不予支持。依照《中华人民共和国行政诉讼法》第五十四条第（一）项之规定，本院判决如下：

维持被告国家知识产权局专利复审委员会第10249号无效宣告请求审查决定。

案件受理费100元，由原告廖玮负担（已交纳）。

如不服本判决，各方当事人可在本判决书送达之日起15日内，向本院提交上诉状，并按对方当事人人数提交副本，交纳上诉案件受理费100元，上诉于北京市高级人民法院。

审 判 长 仪 军
代理审判员 王 暲
人民陪审员 唐晓君
二〇〇七年十二月三日
书 记 员 王东勇

北京市高级人民法院
行政判决书

（2008）高行终字第217号

上诉人（原审原告）廖玮，男，汉族，1970年12月15日出生，户籍所在地广东省汕头市汕樟路10号，住广东省深圳市南山区锦隆花园锦晖阁B栋203。

委托代理人王志明，深圳市万商天勤知识产权事务所专利代理人。

被上诉人（原审被告）国家知识产权局专利复审委员会，住所地北京市海淀区北四环西路9号银谷大厦10~12层。

法定代表人廖涛，副主任。

委托代理人姜岩，该委员会审查员。

委托代理人齐宏涛，该委员会审查员。

原审第三人俞晟，男，汉族，1972年2月27日出生，住浙江省台州市黄岩区东城街道小东门新村4幢25号。

委托代理人戴晓翔，浙江翔隆专利事务所专利代理人。

委托代理人俞钢镜，男，汉族，1946年6月22日出生，浙江黄岩塑料机械厂厂长，住浙江省台州市黄岩区东城街道小东门新村4-25号。

上诉人廖玮因专利权无效行政纠纷一案，不服北京市第一中级人民法院2007年12月3日作出的（2007）一中行初字第1330号行政判决，向本院提起上诉。本院2008年3月24日受理本案后，依法组成合议庭，于2008年5月5日公开开庭进行了审理。上诉人廖玮及其委托代理人王志明，被上诉人国家知识产权局专利复审委员会（简称专利复审委员会）的委托代理人姜岩、齐宏涛，原审第三人俞晟的委托代理人戴晓翔、俞钢镜到庭参加了诉讼。本案现已审理终结。

俞晟系第200520100374.7号名称为“塑料容器成型机的模具结构”的实用新型专利（简称本专利）的专利权人。2006年6月19日，廖玮以本专利不具备新颖性和创造性为由向专利复审委员会提出了宣告本专利权无效的请求。2007年7月9日，专利复审委员会作出第10249号无效宣告请求审查决定（简称第10249号决定），维持本专利权有效。廖玮不服第10249号决定，向北京市第一中级人民法院提起行政诉讼。

北京市第一中级人民法院经审理认为：在专利无效案件审理中，无效请求人欲通过证明涉案专利技术方案在先使用公开来影响涉案专利的新颖性应当同时具备如下两个条件：（1）有证据证明存在在先公开的技术方案；（2）在先公开的技术方案与涉案专利技术方案实质相同。上述两个条件处于同等地位，必须同时具备才可影响本专利的新颖性。本案中，专利复审委员会在第10249号决定中并没有认定廖玮提交的附件可以证明XT-100/1型自动吹瓶机已在本专利申请日之前公开销售，而是在假设可以认定公开销售的前提下评判公开销售的技术方案能否影响本专利的新颖性。因此，法院将仅就本专利技术方案是否被公开销售的产品所公开进行审理。

本案中，各方当事人均认可XT-100/1型自动吹瓶机与本专利相比仅存在一个区别技术特征——XT-100/1型设备的联动板是固设在右模板上，而本专利权利要求1中的联动板是固设在左模板上的。廖玮认为该区别技术特征属于文字的简单替换或者属于惯常手段的直接替换，因此本专利不具备新颖性。首先，联动板固设在右模板上还是固设在左模板上已经在位置和方向上发生了变化，属于不同的技术方案，不属于文字的简单替换；其次，“联动板连接在左模板上”是本专利权利要求1的必要技术特征，属于本专利的发明点之一，不属于惯常手段。而且，廖玮也未提交证据证明该技术特征属于惯常手段。因此，该区别技术特征不属于惯常手段的简单替换。在本专利权利要求1相对于附件3.1~3.9与3.9.1~3.9.3的结合具备新颖性的情况下，权利要求2~10相对于附件3.1~3.9与3.9.1~3.9.3的结合也具备新颖性，XT-100/1型自动吹瓶机不能破坏本专利的新颖性。

综上，北京市第一中级人民法院依照《中华人民共和国行政诉讼法》第五十四条第（一）项之规定，判决：维持第10249号决定。

廖玮不服一审判决，向本院提起上诉，请求撤销一审判决及第10249号决定。其主要理由为：（1）专利复审委员会在没有认定由附件3.1~3.9、3.9.1~3.9.3所组成的证据链的真实性的情况下却利用该证据链所公开的技术方案与本专利进行比对，在审查程序上是本末倒置，请求二审法院对该组证据予以认定。（2）专利复审委员会在评述本专利权利要求1的新颖性时，没有考虑本专利技术方案和附件3.8和3.9所披露的产品的技术方案所要解决的技术问题、技术方案实质、预期效果，违反了《审查指南》有关新颖性的审查原则，是错误的，本专利中把联动板固设在左模板上与XT-100/1型设备把联动板固设在右模板上相比较，对本领域的技术人员来说，仅仅是本领域惯用手段的直接置换或者仅仅是简单的文字变换。

专利复审委员会、俞晟服从一审判决。

经审理查明：

俞晟于2005年1月28日向国家知识产权局专利局提出名称为“塑料容器成型机的模具结构”的实用新型专利（即本专利）申请，2006年3月29日被授权公告，专利号为200520100374.7，专利权人为俞晟。本专利授权公告的权利要求书如下：

“1. 塑料容器成型机的模具机构，包括基座、左模板、右模板、底模板、驱动板和驱动机构，其特征是：

在基座上设有可在基座上移动的横向连杆，所述的横向连杆右端固接右模板，左端固接驱动板，其中间活接左模板；所述的驱动机构固设在驱动板上并与左模板连接；所述的底模板通过连接在左模板上的联动板设在左右模板合模界面上方。

2. 根据权利要求1所述的塑料容器成型机的模具机构，其特征是基座上固接一立板，驱动板与左模板之间连接一同步装置，该同步装置固定在所述的立板上。

3. 根据权利要求2所述的塑料容器成型机的模具机构，其特征是所述的同步装置包括定位在立板上的齿轮和位于齿轮上、下方且与其啮合的上、下齿条，上齿条连接在左模板上，下齿条连接在驱动板上。

4. 根据权利要求3所述的塑料容器成型机的模具机构，其特征是所述的驱动机构为汽缸驱动机构，缸体固接在驱动板上，活塞杆与左模板连接或通过驱动件与左模板连接。

5. 根据权利要求4所述的塑料容器成型机的模具机构，其特征是所述的驱动件为曲臂连杆、直臂连杆或两者的组合。

6. 根据权利要求2所述的塑料容器成型机的模具机构，其特征是所述的底模板上设有带销轴的升降杆，升降杆外有一带竖槽的导向件，该导向件通过一支板与立板固接，联动板上设有一左低右高的升降横槽，所述的销轴处于竖槽与横槽的交汇处。

7. 根据权利要求1或2所述的塑料容器成型机的模具机构，其特征是所述的横向连杆为上、下两组，分别连接在左、右模板和驱动板的上、下两端，每组有两根平行的圆杆，其中下组连杆还与位于基座上的连杆座活接。

8. 根据权利要求1或2所述的塑料容器成型机的模具机构，其特征是左模板下端连有一可弹性伸缩的瓶坯止动件。

9. 根据权利要求1或2所述的塑料容器成型机的模具机构，其特征是右模板上设有一瓶口定位件。

10. 根据权利要求1或2所述的塑料容器成型机的模具机构，其特征是左右模板的合模界面和底模板的结合处设有垂直于左右模板移动方向的凹槽以及限位杆，限位杆螺接在一高度可调的固定杆上。”

本专利说明书记载了如下内容：“联动板也可设置在右模板，一样可达到同步移动的效果。”

针对上述专利权，廖玮于2006年6月19日向专利复审委员会提出了宣告本专利权无效的请求，提交了如下附件作为证据用来评价本专利的新颖性：

附件3.1：请求人与黄岩塑料机械厂手写对账单一的复印件，其上有俞钢镜于2004年6月6日的签名，对账单中注明了“2004年4月26日发往虎门自动式机一套”，共1页；

附件3.2：请求人与黄岩塑料机械厂手写对账单二的复印件，第一页中有俞钢镜于2005年4月22日的签名，并注明“虎门发自动机一台8.55万，已付现金”；第二页中有俞钢镜于2004年8月5

日的签名，共 2 页；

附件 3.3：2004 年 1 月 18 日，甲方东莞敬记容器有限公司与乙方深圳市恒达峰塑胶制品有限公司签订的 XT-100/1 型自动吹瓶机定作合同，合同号码为 00400108，乙方签字盖章处有深圳市恒泰达实业有限公司的印章和请求人廖玮的签名，复印件，共 1 页；

附件 3.4：深圳市恒达峰收到东莞敬记容器有限公司的 36 000 元订金的收款收据，其摘要中注明"'SnT0'牌 XT-100/1 型自动吹瓶机 30% 订金"，收据编号为 No. 0024619，填票日期为 2004 年 2 月 23 日，复印件，共 1 页；

附件 3.5：发送"SnTO"牌 XT-100/1 型自动吹瓶机的送货单复印件，送货单编号 No. 7018404，填写日期 2004 年 4 月 29 日，收货单位是东莞敬记容器有限公司，送货单位是深圳恒达峰，复印件，共 1 页；

附件 3.6：恒达峰实业（深圳）有限公司发给深圳敬记容器有限公司关于小瓶吹瓶机的对账单（传真件）复印件，其上有请求人廖玮的签名，传真日期是 2004 年 6 月 4 日，共 1 页；

附件 3.7：东莞敬记容器有限公司通过广东省东莞市工行虎门支行汇入在广东省深圳市广东发展银行南山支行开户的深圳市恒达峰塑料制品有限公司账户上的汇款的中国工商银行电汇凭证（回单），编号为 No. 11248724，汇款金额 84 000 元，其中汇款用途注明为机器款，汇出行中国工商银行东莞市虎门支行的盖章日是 2004 年 10 月 13 日；

广东发展银行特种转账贷方传票，其上注明付款单位为东莞敬记容器有限公司，收款单位为深圳市恒达峰塑胶制品有限公司，金额 8 万 4 千元，转账原因上注明"补到 2004 年 10 月 18 日回单"，广东发展银行南山支行的盖章日是 2006 年 7 月 12 日；

附件 3.8：中华人民共和国广东省东莞市公证处 2006 年 7 月 1 3 日作出的（2006）东证内字第 5607 号公证书原件，公证书中包括 17 张照片。该公证书公证了公证员赴东莞市虎门镇怀德村的东莞敬记容器有限公司对该公司使用的吹瓶机进行查看、拍照的过程，并记录该吹瓶机的商标为"SnT0"，型号为"XT-100/1"；

附件 3.9：XT-100/1 型自动吹瓶机使用说明光碟一盘。其中演示了型号为 XT-100/1 的"SnT0"牌吹瓶机的安装过程；

附件 3.9.1：浙江黄岩塑料机械厂俞钢镜寄给廖玮的附件 3.9 光碟的特快专递信封复印件，寄出邮局邮戳日期为 2004 年 4 月 29 日，共 3 页；

附件 3.9.2：广东安证计算机司法鉴定所作出的粤安计司鉴［2007］第 001 号鉴定检验报告书原件（包括电子数据检验鉴定附带光碟）；

附件 3.9.3：购买 XT-100/1 型自动吹瓶机的情况说明，复印件，共 1 页。

专利复审委员会经审查认为：关于本专利权利要求 1~10 相对于附件 3.1~3.9 与 3.9.1~3.9.3 结合的新颖性。在附件 3.8 的照片以及附件 3.9 的光碟中均显示出了该设备的型号为 XT-100/1，并且，从这两个附件中可以看出该机器由基座、左模板、右模板、底模板、驱动板、汽缸、四个横向圆柱形连杆组成，该圆杆分为上下两组，上面两根位于同一水平面上，下面两根位于同一水平面内，驱动板和右模板都是通过螺栓与四个横向连杆紧固在一起的，位于驱动板和右模板之间的左模板套设在横向连杆上，下组横向连杆套接在基座上的连杆座上，底模板通过设在右模板上的联动板设在合模界面上方；汽缸固定在驱动板上，并通过连杆与左模板连接。将本专利权利要求 1 与附件中公开的内容相比可以看出：附件 3.8 和 3.9 所披露的 XT-100/1 型设备的联动板是固设在右模板上，而本专利权利要求 1 中的联动板是设在左模板上的。因此，即使附件 3.1~3.9、3.9.1~3.9.3 可以证明附件 3.8、3.9 中的产品已在本专利申请日之前公开销售，但由于该产品与本专利权利要求 1 中要求保护的模具机构存在区别技术特征，因而权利要求 1 相对于上述附件构成的证据链所披露的技术方案具有新颖性。本专利权利要求 2~10 为权利要求 1 的从属权利要求，因此也具备新颖性。综上，廖玮关于本专利权利要求 1~10 相对于附件 3.1~3.9、3.9.1~3.9.3 的组合不具备新颖性的无效请求不能成立。

其次，专利复审委员会认为本专利权利要求 1 的技术方案相对于附件 2 具备实质性特点和进步，符合《中华人民共和国专利法》（简称《专利法》）第二十二条第三款规定的创造性；权利要求 1 的技术方案相对于附件 1 和附件 2 的结合具备实质性特点和进步，符合专利法第二十二条第三款规定的创造性，因此直接或间接引用该权利要求的权利要求 2~5、7 相对于附件 1 和附件 2 的结合也具备创造性。

综上，专利复审委员会作出第 10249 号决定，维持本专利权有效。

本案庭审中，各方当事人均认可附件 3.8 和 3.9 所披露的 XT-100/1 型设备与本专利技术方案仅存在一点区别，即该设备中联动板是固设在右模板上，而本专利权利要求 1 中的联动板是设在左模板上的。

上述事实，有第 10249 号决定、本专利权利要求书及说明书、廖玮提交的附件 3.1~3.9 与 3.9.1~3.9.3 及当事人陈述等证据在案佐证。

本院认为：根据廖玮的上诉请求，本案二审的审理焦点为专利复审委员会对附件 3.1~3.9、3.9.1~3.9.3 未进行认定是否属于程序违法，附件 3.1~3.9、3.9.1~3.9.3 应否予以采纳；2、本专利与 XT-100/1 型产品的技术特征的区别，本专利是否具备新颖性。

首先，关于专利复审委员会对附件 3.1~3.9、3.9.1~3.9.3 未进行认定是否属于程序违法，附件 3.1~3.9、3.9.1~3.9.3 应否予以采纳问题。

《专利法》第二十二条第二款规定，新颖性是指在申请日以前没有同样的发明或实用新型在国内外出版物公开发表过、在国内公开使用过或者以其他方式为公众所知，也没有同样的发明或者实用新型由他人向国务院专利行政部门提出过申请并且记载在申请日以后公布的专利申请文件中。从该规定可知，否定专利的新颖性应该从两个方面举证：一是证明存在在先公开的技术方案；二是证明该在先公开的技术方案与涉案专利技术方案是同样的发明或实用新型。这两方面的证明内容必须同时具备，其中任一证明内容不成立即不能否定专利的新颖性，因此，在进行专利新颖性的审查时，对上述两方面证明内容并无审查的先后顺序，只要经过审理，其中一个证明内容不成立，即不能否定专利的新颖性。本案中，专利复审委员会系将该技术方案与涉案专利技术方案是否为同样的发明或实用新型作为在先的审查内容，该做法并无不妥，并未违反程序。廖玮认为该两个证明内容具有先后的审查顺序关系，审查在先公开使用是审查两者是否为同样的发明或实用新型的前提的主张没有法律依据，本院不予支持。由于专利复审委员会在第 10249 号决定中并没有认定廖玮提交的附件是否可以证明 XT-100/1 型自动吹瓶机已在本专利申请日之前公开销售，因此，本院对该组证据亦不予审理。

其次，关于本专利与 XT-100/1 型产品的技术特征的区别，本专利是否具备新颖性问题。

本案中，各方当事人均认可 XT-100/1 型自动吹瓶机与本专利相比仅存在一个区别技术特征——XT-100/1 型设备的联动板是固设在右模板上，而本专利权利要求 1 中的联动板是固设在左模板上的。廖玮认为两技术方案所要解决的技术问题、技术方案实质、预期效果相同，因此，虽然 XT-100/1 型设备的联动板是固设在右模板上，而本专利权利要求 1 中的联动板是固设在左模板上的，但两技术方案是实质相同的技术方案，本专利不具备新颖性。对此，本院认为，在进行新颖性审查时，首先应当判断专利的技术方案与对比文件的技术方案是否实质上相同，如果两者实质上相同，所属技术领域的技术人员根据两者的技术方案可以确定两者能适用于相同的技术领域，解决相同的技术问题，并具有相同的预期效果，则两者是同样的发明或者实用新型。本案中，由于本专利将联动板固设在左模板上，而对比文件将联动板固设在右模板上，是两种不同的技术方案，因此，虽然二者所要解决的技术问题、技术方案实质、预期效果相同，但仍然不是同样的技术方案，廖玮关于两技术方案仅是将联动板的固定设置在左、右模板上的区别，但所要解决的技术问题、技术方案实质、预期效果相同，因此是实质上相同的技术方案的主张不能成立，本院不予支持。廖玮还认为，联动板固设在右模板上还是固设在左模板上是文字的简单变换或惯常手段的直接置换，对此，本院认为，第一，联动板固设在右模板上还是固设在左模板上已经使产品结构在位置、方向、连接关系上发生了变化，不属于文字的简单变换；第二，廖玮对于其惯常手段的置换的主张应承担举证责任，但其对该主张并未提交证据证明，因此，该主张不能成立。

综上，一审判决认定事实清楚，适用法律正确，应予维持。廖玮的上诉理由不能成立，对其上诉请求，本院不予支持。依照《中华人民共和国行政诉讼法》第六十一条第（一）项之规定，判决如下：

驳回上诉，维持原判。

本案一审、二审案件受理费各100元，均由廖玮负担（均已交纳）。

本判决为终审判决。

审　判　长　张雪松
代理审判员　李燕蓉
代理审判员　张冬梅
二〇〇八年三月二十八日
书　记　员　毕　怡

166

具有语音引导功能的天地闩式推杠防盗报警逃生门锁

无效宣告请求审查决定（第10262号）

决　　定　　号　第10262号
决　　定　　日　2007年7月10日
发明创造名称　具有语音引导功能的天地闩式推杠防盗报警逃生门锁
国 际 分 类 号　E05B 65/10，E05B 45/10，E05B 49/00
无效宣告请求人　北京莹德嘉电子有限公司
专　利　权　人　北京科进天龙控制系统有限公司
专　　利　　号　200420066004.1
申　　请　　日　2004年6月16日
授 权 公 告 日　2006年4月12日
合 议 组 组 长　赵　明
主　　审　　员　姜　岩
参　　审　　员　王　琳

法　律　依　据　专利法第22条第2款
决　定　要　点

使用公开不仅包括制造、使用、销售或者进口，而且还包括通过模型演示使公众能够了解其技术内容的情况。但是，未给出任何有关技术内容的说明，以致所属技术领域的技术人员无法得知其结构或功能或材料成分的产品展示，不属于使用公开。

一、案由

本无效宣告请求涉及中华人民共和国国家知识产权局于2006年4月12日授权公告的、名称为“具有语音引导功能的天地闩式推杠防盗报警逃生门锁”的实用新型专利权（以下简称本专利），其专利号是200420066004.1，申请日是2004年6月16日，专利权人是北京科进天龙控制系统有限公司。本专利授权公告时的权利要求书如下：

“1. 一种具有语音引导功能的天地闩式推杠防盗报警逃生门锁，其特征在于：它主要由机械装置，电子传感部件和管理控制部件组成。管理控制部件主要由电池、喇叭、复位锁、带CPU的控制部件等组成。机械装置的结构中推杠被压下时联动压杆，带动摆块拨销运动，接着摆块又带动滑轴运动，滑轴的运动通过连接片和拉杆接头联动上下杆，使得上下锁头的锁舌运动；中间滑槽上固定一个销钉，钩形挂板的孔穿过此销钉，这样中间滑槽的运动就和钩形挂板的运动相关联；这个销钉上的两个弹簧片使此钩形挂板固定在滑槽的中间位置；侧挂板用螺钉连接在上锁座侧面，侧挂板弹簧连接在侧挂板的中部。弹性销钉可以滑动到侧挂板的凹槽内；钥匙旋转时带动钥匙凸轮，钥匙凸轮的运动可以拨动安装在底板上的微动开关；压杆支架侧面安装一微动开关，压杆的运动能够拨动微动开关。带CPU的控制部件实时检测六路开关量信号，其优先级由高至低依次为：消防报警信号、钥匙开门信号、门禁信号、门状态信号、推杆信号、人体接近报警信号。机械装置中锁头内部运动部件周边的2个微动开关随机械运动输出的开关量信号及其他4路开关量信号作为六路不同且独立的开关量信号输入到带CPU的控制部件相应的输入端口，经CPU判断并执行输出各种联动及相应的语音提示。

2. 根据权利要求1所述的具有语音引导功能的天地闩式推杠防盗报警逃生门锁，其特征在于：对于中间锁头组件，结构中推杠被压下时联动压杆，带动摆块拨销运动，接着摆块又带动滑轴运动，滑轴的运动通过连接片和拉杆接头联动上下杆，使得上下锁头的锁舌运动；滑轴支架固定在底板上，摆块轴销固定在滑轴支架上穿过摆块的孔，摆块可绕摆块轴销旋转运动，而摆块拨销固定在摆块上；连接片一端连接在滑轴上，另一端连接在拉杆接头上，而拉杆接头上有内螺纹，具有外螺纹的上下杆可以旋入拉杆接头。

3. 根据权利要求1所述的具有语音引导功能的天地闩式推杠防盗报警逃生门锁，其特征在于：对于上锁头组件，中间滑槽上固定一销钉，钩形挂板的孔穿过此销钉，这个销钉上的两个弹簧片使此钩形挂板固定在滑槽的中间位置；侧挂板中间有一凹槽和小凸台，凸台和弹簧相连；侧挂板的一端有一孔，可以通过此孔把挂板连接在上锁座侧面；结构中中间滑槽上固定一个销钉，钩形挂板的孔穿过此销钉，这样中间滑槽的运动就和勾形挂板的运动相关联；这个销钉上的两个弹簧片使此勾形挂板固定在滑槽的中间位置；结构中侧挂板用螺钉连接在上锁座侧面，侧挂板弹簧连接在侧挂板的中部；弹性销钉可以滑动到侧挂板的凹槽内。

4. 根据权利要求1所述的具有语音引导功能的天地闩式推杠防盗报警逃生门锁，其特征在于：结构中压杆上的圆柱形滚筒与推杠相接触来实现推动压杆从而撬动锁舌的功能。

5. 根据权利要求1所述的具有语音引导功能的天地闩式推杠防盗报警逃生门锁，其特征在于：在锁头内部带CPU的控制部件上有一指示灯，电池电量不足时指示灯点亮，电池电压低于控制部件工作电压时，输出控制电控锁的锁输出端口断开。

6. 根据权利要求1所述的具有语音引导功能的天地闩式推杠防盗报警逃生门锁，其特征在于：具有语音提示功能，针对上述六路不同且独立的开关量信号的不同输入经过处理后通过喇叭发出8种不同的语音提示。语音提示有中英文两种方式可选，也可根据用户要求特制其他语种的语音。

7. 根据权利要求1所述的具有语音引导功能的天地闩式推杠防盗报警逃生门锁，其特征在于：PCB托板作为电池、喇叭、复位锁和带CPU的控制部件的承载体，其中电池卡在PCB托板上，喇叭通过喇叭弹簧卡在PCB托板上，复位锁用并紧螺母固定在PCB托板上，PCB板用螺钉固定在PCB托板上，而PCB托板通过螺钉固定在底板上。

8. 根据权利要求1所述的具有语音引导功能的天地闩式推杠防盗报警逃生门锁，其特征在于：消防报警信号输入至带CPU的控制部件，带CPU的控制部件的继电器输出打开警灯，锁输出端口断开电控锁，同时循环播报‘这里是紧急出口，请迅速撤离’的语音及报警笛音；门状态信号输入至带CPU的控制部件，带CPU的控制部件的继电器输出打开警灯，同时循环播报‘紧急门被强行闯入’的语音及报警笛音；门禁信号输入至带CPU的控制部件，带CPU的控制部件上的锁输出端口断开电控锁，同时循环播报‘开门成功，请通过’的提示报警语音；人体接近报警信号输入至带CPU的控制部件，PCB喇叭输出循环播报“这里是紧急出口，非紧急情况请勿使用”的提示报警语音及报警笛音。

9. 根据权利要求1所述的具有语音引导功能的天地闩式推杠防盗报警逃生门锁，其特征在于：

钥匙凸轮侧面安装一个处于张开状态的微动开关，钥匙凸轮在钥匙的带动下旋转拨动微动开关使其闭合；此微动开关输出的开关量信号作为钥匙开门信号输入至带 CPU 的控制部件，锁输出端口断开电控锁，同时循环播报‘开门成功，请通过’的提示报警语音。

10. 根据权利要求 1 所述的具有语音引导功能的天地闩式推杠防盗报警逃生门锁，其特征在于：在内支架的侧面安装了一个微动开关，当逃生门处于关闭状态时，微动开关处于闭合状态；当压杆压下时微动开关与压杆分离而张开。当欲通过按压推杆方式打开逃生门时，此微动开关输出的开关量信号作为推杆信号输入到带 CPU 的控制部件，带 CPU 的控制部件的输出端口控制电控锁及输出联动的设备延时开启。延时设定有 0 秒、2 秒、5 秒、15 秒四种可选。按压推杆，循环播报‘这里是紧急出口，非紧急情况请勿使用’‘持续推压，紧急出口稍候会自动开启’及报警笛音，到设定的延时时，带 CPU 的控制部件的信号输出打开警灯；锁输出端口断开电控锁，同时循环播报‘这里是紧急出口，请迅速撤离’及报警笛音；对逃生门锁进行钥匙复位的同时持续按压推杆 12 秒，带 CPU 的控制部件锁输出端口断开电控锁，逃生门锁全部功能均屏蔽。”

针对本专利权，北京莹德嘉电子有限公司（以下简称请求人）于 2006 年 12 月 30 日向专利复审委员会提出无效宣告请求，认为本专利权利要求 1~10 不符合专利法第 22 条、第 24 条的规定，请求人同时提交了如下附件：

附件 1：防火型报警逃生门锁系统宣传资料的复印件共 5 页；

附件 2：国家固定灭火系统和耐火构件质量监督检验中心作出的 No. 2003-1581 号检验报告，其中显示的受检门锁名称为“防火型报警逃生门锁”，型号规格为 SP-6000A，复印件共 2 页；

附件 3：第四届广州国际社会公共安全防范产品、智能楼宇设备、智能交通及停车设施展览会会后报道，复印件共 3 页；

附件 4：公鉴字［2004］第 011 号科学技术成果鉴定证书，复印件共 2 页；

附件 5：公安部科技局颁发的公成鉴登 2004011 号鉴定证书，其中显示的成果名称为“‘SPRINTS 佳和’防火型报警疏散门锁系统”，复印件共 1 页；

附件 6：HC360 慧聪网安防行业频道上下载打印的关于 2003 年国际社会公共安全产品博览会的展台图片以及其中关于科进天龙控制系统有限公司展台的放大图和展板上所示门锁的放大效果图，复印件共 3 页；

附件 7：下载打印的标题为“中国智能建筑专家网——《城市建筑智能系统》编辑部”的网页共 1 页；

附件 8：授权公告日 2006 年 4 月 12 日，授权公告号为 CN2771427Y（专利号为 200420066004. 1）的中国实用新型专利说明书（即本专利）的首页及权利要求书，共 4 页；

附件 9：公开日 2005 年 12 月 21 日，公开号为 CN1710231A（申请号为 200410048231. 6）的发明专利申请公开说明书的首页及权利要求书，共 4 页。

请求人认为：本专利门锁在申请日之前已经多次在中国政府承认举办的展览会上展出，并且在出版物上公开发表过，取得的门锁型式检验报告、科学技术成果登记证书、科学技术成果鉴定证书在网站上公布过，因此，本专利门锁在申请日前已经被公开、被公众所知，不具备新颖性。

经形式审查合格，专利复审委员会依法受理了上述无效宣告请求，并于 2007 年 2 月 5 日向请求人和专利权人发出无效宣告请求受理通知书，同时将专利权无效宣告请求书及其附件清单中所列附件的副本转送给专利权人，并要求专利权人在指定的期限内陈述意见。

专利复审委员会依法成立合议组对本案进行审理，本案合议组于 2007 年 5 月 15 日向双方发出无效宣告请求口头审理通知书，定于 2007 年 6 月 22 日在专利复审委员会举行口头审理。

针对无效宣告受理通知书，专利权人于2007年6月1日提交了意见陈述书，认为：（1）专利法第24条不是无效宣告请求的无效理由；（2）附件1~5均不是专利法意义上的公开出版物，属于无效证据；附件6中的“照片”没有经过公证部门的公证，因此，对附件6的真实性有异议；而且从这些“照片”中也无法知道照片中产品的具体结构特征；附件7是网上下载的资料，资料的取得过程没有经过公证机关的公证，对附件7的真实性有异议，而且从中也看不到与本专利权利要求1的具体技术特征相同的内容；附件8是本专利，对其真实性无异议；附件9的权利要求与本专利权利要求明显不同。

口头审理如期举行，双方当事人均参加了口头审理。

请求人明确其无效的理由、范围以及证据的使用情况为：本专利权利要求1~10相对于附件1~7的组合不符合专利法第22条第2款的规定，其中附件3、6、7证明在本专利申请日前与本专利相同的产品已经被公开展出，附件1、2、4、5证明在本专利申请日前与本专利相同的产品已经被出版物公开。请求人当庭放弃附件9。

请求人当庭出示了朝阳公证处出具的第2007朝证字第1404号公证书原件和第2007朝证字第1403号公证书的原件，同时提交了两份公证书的复印件。第1404号公证书是对附件3关于《第四届广州国际社会公共安全防范产品、智能楼宇设备、智能交通及停车设施展览会会后报道》网上相关内容的保全公证，第1403号公证书是对附件6第1页和第3页相关内容的保全公证，合议组当庭将这两份公证书复印件转给专利权人。请求人确认附件6第2页中的产品放大效果图是供合议组参考所做出的。

专利权人认为附件1~7是无效的证据，不是公开资料，不影响本专利的新颖性；对附件8的真实性没有异议；认为当庭提交的公证书超出举证期限，公证书所公证的内容与提交的附件3、6的内容不一致，对其真实性有异议；对其他没有提供原件的附件的真实性均有异议。

请求人认为，本专利门锁在申请日之前已经公开了，附件1、2说明本专利产品的型号是SP6000A型，而根据国家规定抽样检验中至少要由100把锁中抽样2把，所以抽样的时候已经公开了图纸及门锁；附件3发表的技术讲座在专业网站上已经公开；附件4~5证明2003年本专利向有关部门进行鉴定并公开；附件3、6、7证明在本专利申请日前与本专利相同的产品进行了展出。请求人承认没有附件公开了本专利权利要求书中的技术内容。

专利权人认为：展览会没有公开本专利权利要求书的具体内容，不影响本专利的新颖性，附件3的展会专利权人并未参展，只是做了报告，本专利与报告中涉及的内容并不相同。附件1是2004年7月份之后公开的文件，而且附件1中的技术内容也说明不了权利要求1的技术内容已被公开。

至此，合议组认为本案事实已经清楚，可以作出审查决定。

二、决定的理由

新颖性，是指在申请日以前没有同样的发明或者实用新型在国内外出版物上公开发表过、在国内公开使用过或者以其他方式为公众所知，也没有同样的发明或者实用新型由他人向国务院专利行政部门提出过申请并记载在申请日以后（含申请日）公布的专利申请文件中。

使用公开不仅包括制造、使用、销售或者进口，而且还包括通过模型演示使公众能够了解其技术内容的情况。但是，未给出任何有关技术内容的说明，以致所属技术领域的技术人员无法得知其结构或功能或材料成分的产品展示，不属于使用公开。

附件1的第1页、第2页和第4~5页中公开了门锁的外观图，但由这些外观图无法得知所示门锁的内部结构，也无法得知该门锁是否与本专利权利要求中限定的门锁结构相同；第4~5页中的文字说明部分公开了天地闩式推杠型报警逃生门锁系统（SP6000A）的系统配置，包括门磁、连接器、电控锁、打碎玻璃报警器灯、感应卡、信号转接器、闪灯、读卡器等部件，而本专利权利要求中各部件的具体构成等技术特征在附件1中并未公开，因此附件1中没有公开本专利权利要求中的技术方案，无法确定附件1中的锁具是否与本专利权利要求中限定的门锁相同。

附件2是一份检验报告，从其中可以得知：国家固定灭火系统和耐火构件质量监督检验中心曾对SP6000A防火型报警逃生门锁进行了检验；检验结论中记载了检验结果为判定合格。即使如请求人所述该检验报告可通过各种方式为公众所知，但该检验报告中并未披露本专利门锁的具体结构。因此无法得知附件2中的锁具是否与本专利权利要求中限定的门锁相同。

附件3是一份展览会的会后报道，从其中可以得知：专利权人北京科进天龙控制系统有限公司在2003年7月11日曾经做过题目为《出入口控制系统如何处理安防与消防的矛盾问题研究》的报告，由附件3文字部分的记载无法得知专利权人所作报告的内容，而且该会后报道也没有记载任何门锁的结构。因此由附件3无法得知本专利门锁的具体结构，即其并未披露权利要求中的各项技术特征。因而附件3也没有公开本专利权利要求中的技术方案。

附件4是一份科学技术成果鉴定证书，从其中可以得知：科学技术成果的完成单位是本专利的专利权人，成果名称为“SPRINTS佳和”防火型报警疏散门锁系统，给出了“锁具结构紧凑、疏散时开启便捷，实现了语音报警、闪灯报警、自动探测报警、消防联动、报警联动及延时阻隔等多项功能”以及“该门锁运用了计算机控制技术”的鉴定意见。合议组认为，鉴定意见中仅简单地介绍了受鉴定锁具具有的几项功能，并未将实现这些功能所使用的部件公开，即未公开其内部结构，因此无法得知附件4中的锁具是否与本专利权利要求中限定的门锁相同。

附件5是附件4中受鉴定门锁的登记证书，从其中可以得知：科学技术成果的完成单位是本专利的专利权人，成果名称为“SPRINTS佳和”防火型报警疏散门锁系统。与附件4相同，附件5也没公开任何门锁的具体结构，因此无法得知附件5中的锁具是否与本专利权利要求中限定的门锁相同。

附件6是从网页上打印的一些图片，从第1页和第3页可以得知，本专利的专利权人曾参加2003年国际社会公共安全产品博览会，由请求人自己做出的、供合议组参考的门锁放大效果图（即第2页）中也仅可以看出锁的外部，但由这些放大效果图同样无法得知所示门锁的内部结构，也无法得知该门锁是否与本专利权利要求中限定的门锁结构相同。

附件7是一页网页，从网页上可以得知：本专利的专利权人曾经作过“出入口控制系统如何处理安防与消防的矛盾问题研究”的报告，但网页中并没有公开任何门锁的结构，由该网页的记载也无法确定该报告公开了本专利权利要求中所限定的门锁。

综上所述，附件1~7之间没有形成完整的证据链来证明本专利在申请日之前已经被使用公开或出版公开，同时未给出或未充分给出有关技术内容的说明，以致所属技术领域的技术人员从中无法确定附件1~7中涉及的门锁与本专利权利要求中限定的门锁是否相同，因此请求人关于本专利在申请日之前已经被公开，不具备新颖性的无效理由并不成立。

根据上述的事实和理由，本案合议组依法作出以下决定。

三、决定

维持200420066004.1号实用新型专利权有效。

当事人对本决定不服的，可以根据专利法第46条第2款的规定，自收到本决定之日起3个月内向北京市第一中级人民法院起诉。根据该款的规定，一方当事人起诉后，另一方当事人应当作为第三人参加诉讼。

167

金属长杆件热处理方法及其设备

无效宣告请求审查决定（第10268号）

决　　定　　号　第10268号
决　　定　　日　2007年7月10日
发明创造名称　金属长杆件热处理方法及其设备
国 际 分 类 号　C21D 1/18，C21D 1/62
无效宣告请求人　嘉兴新悦标准件有限公司，海盐县兄弟纸业有限责任公司
专　利　权　人　沈申昆，王均捷
专　　利　　号　01102716.9
申　　请　　日　2001年1月3日
授 权 公 告 日　2006年1月4日
合 议 组 组 长　崔　震
主　　审　　员　徐洁玲
参　　审　　员　刘　犟

法　律　依　据　专利法第26条第3款，第22条第3款
决　定　要　点

在判断创造性时，首先要将权利要求所述的技术方案和现有技术中最接近的技术方案进行特征对比分析，找出其区别技术特征，进而考察该区别技术特征的引入是否给本专利权利要求的技术方案带来了突出的实质性特点和显著的进步。

一、案由

本无效宣告请求案涉及国家知识产权局于2006年1月4日授权公告的、名称为“金属长杆件热处理方法及其设备”的第01102716.9号发明专利权（以下简称本专利），其申请日为2001年1月3日，专利权人为沈申昆、王均捷。本专利授权公告的权利要求如下：

“1. 金属长杆件热处理方法，热处理工艺包括淬火加热、淬火冷却、回火加热、回火冷却，其特征在于热处理工艺前，工件采用自动进料、输送、旋转进给，所述的淬火加热、回火加热分别为淬火感应加热、回火感应加热，所述的淬火冷却、回火冷却采用淬火喷水圈冷却、回火喷水圈冷却，热处理工艺结束后工件自动输出和卸料，整个热处理工艺按上述工艺步骤连续循环操作，淬火感应加热和回火感应加热的工作频率为2.5~40kHz，淬火感应加热和回火感应加热的加热功率分别为80~100kW和40~60kW，用测温仪或目测方法测定工件加热温度，同时根据加热温度高低调节工件旋转进给速度，相应的工件旋转进给速度为30~10mm/s。

2. 金属长杆件热处理设备，其特征是在一连续机架左部设置由工件输入滚轮（4）及相应的飞轮（6）构成的工件输入机构，工件输入机构前侧设置由上料拔叉轮驱动电机（1）、上料拔叉轮（2）、进料架（3）构成的上料机构，连续机架中部设有三辊式旋转进给装置（9）、淬火加热器（10）、淬火冷却装置（11）、回火加热器（12）、回火冷却装置（13），三辊式旋转进给装置（9）与调速电机（8）传动配合，连续机架右部设置由工件输出滚轮（14）及相应的飞轮（15）构成的工件输出机构，工件输出机构前侧设置由卸料拔叉轮驱动电机（18）、卸料拔叉轮（17）、卸料架（16）构成的卸料机构，工件输入滚轮（4）、工件输出滚轮（14）分别通过飞轮（6）和飞轮（15）与调速电机（8）传动配合。

3. 如权利要求2所述的金属长杆件热处理设备，其特征在于淬火加热器（10）为淬火感应加热器，回火加热器（12）为回火感应加热器。

4. 如权利要求2所述的金属长杆件热处理设备，其特征在于淬火冷却装置（11），为淬火喷水圈冷却装置，回火冷却装置（13）为回火喷水圈冷却装置。

5. 如权利要求2所述的金属长杆件热处理设备，其特征在于与工件输入滚轮（4）同轴连接的每二个相邻飞轮（6）之间以链条传动配合。

6. 如权利要求2所述的金属长杆件热处理设备，其特征在于所述的工件输入滚轮（4）、工件输出滚轮（14）为槽轮式结构。

7. 如权利要求2所述的金属长杆件热处理设备，其特征在于调速电机（8）为无级调速电机，分别与工件输入滚轮（4）、三辊式旋转进给装置（9）、工件输出滚轮（14）同步传动配合。"

针对上述专利权，嘉兴新悦标准件有限公司（以下简称请求人Ⅰ）于2006年6月7日向专利复审委员会提出无效宣告请求，认为本专利装置各部分之间的关联没有具体描述，发明的方法没有具体步骤，没有热处理的温度和时间范围，加热方式不清楚，因此不符合专利法第26条第3款的规定。

经形式审查合格后，专利复审委员会受理了上述请求，于2006年6月7日向双方当事人发出《无效宣告请求受理通知书》，并将《专利权无效宣告请求书》及其他有关文件的副本转送给专利权人，要求其在指定的期限内答复，同时成立合议组对本无效请求案进行审理。

2006年7月6日，请求人Ⅰ向专利复审委员会提交了意见陈述书，其中补充了无效宣告的理由及证据，认为本专利不符合专利法第22条第2款、第3款、专利法第26条第3款的规定，同时提交了如下证据以证明其主张：

证据1.《热处理手册》第三分册，机械工业出版社1982年12月第一版，封面、出版信息页及第3~956至3~962页（复印件）；

证据2.《黑龙江矿业学院学报》第8卷第4期，"感应加热对18U型支护钢进行调质处理的综合分析"，1998年12月，第11~15页（复印件）；

证据3.《实用钢铁热处理手册》，上海科技教育出版社，1998年3月第一版，封面、出版信息页、目录页、第170、171、192、193页（复印件）；

证据4. CN87200790U实用新型专利申请说明书，公告日为1988年3月16日（复印件）；

证据5.《工业加热》，1996年第4期，"连续感应热处理生产线的计算机闭环控制"，第22~24页（复印件）；

证据6.《蜗杆高频率电流热处理》，赵良佐译自1955年2月号［станкиикнструмент］（复印件）；

证据7.《感应热处理问答》，机械工业出版社，1990年12月第一版，封面、出版信息页，第208、209页（复印件）；

证据 8.《机械工程手册》第 10 卷——机械制造过程的机械化与自动化，机械工业出版社，1982 年 10 月第一版，封面、出版信息页，第 61~63 至 61~65 页（复印件）；

证据 9.《机械工程手册》第 61 篇——热处理机械化与自动化，机械工业出版社，1978 年 1 月第一版，封面、出版信息页、目录页 2 页、第 61~63 至 61~64 页（复印件）。

请求人Ⅰ认为本专利权利要求 1 和 2 的技术内容被上述证据公开，不具备新颖性，同时，也被现有技术中一篇或两篇或加公知常识所揭示。而且，本专利说明书没有对所涉及的方法和装置做出清楚完整的描述。工艺方法的不清楚之处在于：具体步骤、热处理的温度范围、如何目测加热温度、如何调节工件旋转进给速度；装置的不清楚之处在于：具体结构、各部分之间的位置关系、三辊式旋转进给装置、一个电机如何实现单独调节某部分的速度。

2006 年 7 月 21 日，专利权人针对上述无效宣告请求受理通知书提交了意见陈述书，其中具体陈述了本专利符合专利法第 26 条第 3 款的理由，认为从本领域普通技术人员的角度出发本专利的热处理的温度和时间范围，感应加热工艺都是公知技术，对于本专利装置各部分之间的连接以及本发明的方法必要工艺步骤和参数，本专利说明书给予了清楚完整的记载，本领域技术人员根据说明书内容不需要经过创造性劳动完全可以再现本专利技术方案，专利权人同时认为本专利符合专利法第 22 条的规定。

2006 年 8 月 10 日海盐县兄弟纸业有限责任公司（以下简称请求人Ⅱ）向专利复审委员会提出无效宣告请求，认为本专利不符合专利法第 22 条第 2 款、第 3 款、专利法第 26 条第 3 款的规定，同时提交了上述证据 1~9 以证明其主张。请求人Ⅱ的证据和主张与请求人Ⅰ于 2006 年 6 月 7 日提交的证据和意见陈述完全一致。

经形式审查合格后，专利复审委员会受理了上述请求，于 2006 年 8 月 10 日向双方当事人发出《无效宣告请求受理通知书》，并将《专利权无效宣告请求书》及其他有关文件的副本转送给专利权人，要求其在指定的期限内答复，同时成立合议组对本无效请求案进行审理。

2006 年 9 月 25 日，专利权人针对上述无效宣告请求受理通知书提交了意见陈述书，其中具体陈述了本专利符合专利法第 26 条第 3 款的理由，认为从本领域普通技术人员的角度出发本专利的热处理的温度和时间范围，感应加热工艺都是公知技术，对于本专利装置各部分之间的连接关系以及本发明的方法必要工艺步骤和参数，本专利说明书给予了清楚完整的记载，本领域技术人员根据说明书内容不需要经过创造性劳动完全可以再现本专利技术方案，专利权人同时认为本专利符合专利法第 22 条的规定。

2007 年 1 月 17 日，本案合议组向各方当事人发出《无效宣告请求口头审理通知书》，拟定于 2007 年 3 月 15 日对上述两个无效请求进行口头审理，同时向请求人Ⅰ转送了专利权人于 2006 年 7 月 21 日向专利复审委员会提交的意见陈述书，向请求人Ⅱ转送了专利权人于 2006 年 9 月 25 日提交的意见陈述书，向专利权人转送了请求人Ⅰ于 2006 年 7 月 6 日提交的意见陈述书及其附件清单中所列附件的副本。

2007 年 3 月 15 日，口头审理如期进行。请求人Ⅰ、Ⅱ、专利权人出席了口头审理。口头审理过程中，请求人Ⅰ、Ⅱ（以下统称请求人）当庭声明放弃权利要求 1~7 不具备新颖性的理由，放弃证据 7~9，明确其无效理由为本专利权利要求 1~7 不符合专利法第 26 条第 3 款的规定，权利要求 1~7 相对于证据 1 结合证据 2、3 不具备创造性，权利要求 1 相对于证据 1 结合证据 4 或 5 或 6 不具备创造性。专利权人对证据 1~6 的真实性没有异议，对请求人的无效理由、证据结合方式没有异议。

经审查，合议组认为本案的事实已经清楚，可以作出审查决定。

二、决定的理由

1. 证据的认定

由于专利权人对于证据 1~6 的真实性没有异议，合议组经审查对证据 1~6 的真实性予以确认。同时由于证据 1~6 均是公开时间早于本专利的申请日的公开出版物，因此证据 1~6 均可以作为本专利的对比文件评价本专利的创造性。

2. 关于专利法第 26 条第 3 款

专利法第 26 条第 3 款规定，说明书应当对发明或者实用新型作出清楚、完整的说明，以所属技术领域的技术人员能够实现为准。

说明书的内容应当清楚，是指说明书主题明确、表述准确。所谓主题明确是指说明书应当从现有技术出发，明确反映出发明或者实用新型想要做什么和如何去做，使所属技术领域的技术人员能够确切地理解该发明或者实用新型要求保护的主题。所谓表述准确，指说明书的表述应当准确地表达发明或者实用新型的技术内容，不得含糊不清或者模棱两可，以致所属技术领域的技术人员不能清楚、正确地理解该发明。

说明书的内容应当完整，是指说明书不得缺少有关理解、实现发明或者实用新型所需的全部技术内容。

所属技术领域的技术人员能够实现，是指所属技术领域的技术人员按照说明书记载的内容，就能够实现该发明或者实用新型的技术方案，解决其技术问题，并且产生预期的技术效果。

请求人认为本专利工艺方法的不清楚之处在于：具体步骤、热处理的温度和时间参数的范围、工作频率、如何目测加热温度、如何调节工件旋转进给速度。合议组认为，一项发明是否清楚应站在本领域普通技术人员的角度来看，对于工艺方法发明而言，如果其在现有技术基础上的改进在于某一或几个步骤，那么需要对相应部分的内容作更为细致的公开以使本领域普通技术人员无须花费创造性劳动就能够实现，而对于其他的内容特别是涉及可以根据具体情况进行不同选择的工艺参数则可以作概括性的说明，只要本领域普通技术人员能够理解并实施即可。根据说明书的记载，本专利涉及的工艺方法相对于现有技术的改进主要在于：利用合理的机械传动和加工处理技术的组合，提供一种金属长杆件连续热处理方法。也就是说，本专利的工艺方法是现有技术中常见的机械传动和加工处理的工艺组合，因此本专利只需要对如何将机械传动和加工处理进行配合做出充分的说明即可。而事实上，本专利说明书对热处理工艺和传动分别作了基本的介绍，同时对加热的工作频率和功率的参数范围以及工件的旋转进给速度的参数范围进行了概括说明，并指出应当根据加热温度调节工件旋转速度，本领域技术人员根据说明书揭示的内容会了解整体技术方案并在实际应用中会根据具体情况进行参数选择。因此请求人认为本专利工艺方法的公开不清楚完整缺乏依据，权利要求 1 的技术方案符合专利法第 26 条第 3 款的规定。

请求人认为本专利装置的不清楚之处在于：具体结构、各部分之间的位置关系、三辊式旋转进给装置、一个电机如何实现单独调节某部分的速度。合议组认为，根据说明书的记载，本专利涉及的装置相对于现有技术的改进主要在于：利用合理的机械传动装置和加工处理装置的组合，提供一种金属长杆件连续热处理装置。也就是说，本专利的装置是现有技术中常见的机械传动和加工处理装置的组合，因此本专利只需要对如何将机械传动装置和加工处理装置进行配合做出充分的说明即可。而事实上，本专利说明书对热处理装置和传动装置分别作了基本的介绍，同时对其位置关系也作了说明，本领域技术人员根据说明书揭示的内容会了解整体技术方案并具体实施而无须花费创造性劳动。对于三辊式旋转进给装置，专利权人指出附件 4 公开的三辊矫直机即可实现三辊式旋转进给，因此本专利所述的装置是现有技术，对此，合议组认为虽然在本专利说明书中没有明确说明三辊式旋转进给装置就是附件 4 的三辊式矫直机，但对于本领域技术人员而言，三辊式矫直机是一种常用的矫直机，同时完全可以实现旋转进给，因此对于本专利三辊式旋转进给装置而言，本领域技术人员可以不必花费创造性劳动就可以理解附件 4 公开的矫直机可以实现本专利三辊式旋转进给，因此在专利权人并不主张附件 4 所述矫直机不能实现所述旋转进给的情况下，本专利所称的三辊式旋转进给装置是清楚的。对于一个电机如何实现单独调节某部分的速度，本专利权利要求 2~7 中很明确不仅仅是一个电机，请求人所称的不能实现单独调节速度的问题并不存在。因此请求人认为本专利装置的公开不清楚完整缺乏依据，权利要求 2~7 的技术方案符合专利法第 26 条第 3 款的规定。

基于上述理由，合议组对请求人关于本专利说明书公开不充分的无效理由不予支持。

3. 关于专利法第 22 条第 3 款

专利法第 22 条第 3 款规定：创造性，是指同申请日以前已有的技术相比，该发明有突出的实质性特点和显著的进步，该实用新型有实质性特点和进步。

在判断创造性时，首先要将权利要求所述的技术方案和现有技术中最接近的技术方案进行特征对比分析，找出其区别技术特征，进而考察该区别技术特征的引入是否给本专利权利要求的技术方案带来了突出的实质性特点和显著的进步。

请求人认为，权利要求 1~7 相对于证据 1 结合证据 2、3 不具备创造性，权利要求 1 相对于证据 1 结合证据 4 或 5 或 6 不具备创造性。

权利要求 1 要求保护一种金属长杆件热处理方法，热处理工艺包括淬火加热、淬火冷却、回火加热、回火冷却，其特征在于热处理工艺前，工件采用自动进料、输送、旋转进给，所述的淬火加热、回火加热分别为淬火感应加热、回火感应加热，所述的淬火冷却、回火冷却采用淬火喷水圈冷却、回火喷水圈冷却，热处理工艺结束后工件自动输出和卸料，整个热处理工艺按上述工艺步骤连续循环操作，淬火感应加热和回火感应加热的工作频率为 2.5~40kHz，淬火感应加热和回火感应加热的加热功率分别为 80~100kW 和 40~60kW，用测温仪或目测方法测定工件加热温度，同时根据加热温度高低调节工件旋转进给速度，相应的工件旋转进给速度为：30~10mm/s。

证据 1（《热处理手册》第三分册，以以下简称对比文件 1）公开了一种棒料中频感应加热调质自动线，并指出这种自动线缺点在于采用链轮传动平稳性差，三辊校直精度较低，“自动线工艺流程为：自动上料—机械传送—淬火加热—喷水冷却—回火加热—机械校直—消除应力（利用回火余热）—自动落料”。“自动线由上料机构、传送机械、中频调质卧式自动淬火机床，配备两台 100 千瓦的 BPS-8000/100 及 BPS-2500/100 的变频机组供电，以及校直装置及落料机构等组成”。工件移动速度为 0~18mm/s。（参见对比文件 1 第 3~958 页）

将本专利权利要求 1 要求保护的技术方案与对比文件 1 相比，其区别技术特征在于本专利权利要求 1 中的热处理工艺包括回火冷却、旋转进给，回火感应加热的加热功率为 40~60kW，不包括机械校直。

证据 2（《黑龙江矿业学院学报》“感应加热对 18U 型支护钢进行调质处理的综合分析”，以以下简称对比文件 2）给出回火后喷水冷却的步骤，其要解决的技术问题是得到特定的回火组织。

证据 3（《实用钢铁热处理手册第六章第一节感应加热表面淬火》以以下简称对比文件 3）中公开了旋转淬火，以克服由于工件运动速度不均匀而导致的淬火变形。

可见，对比文件 2、3 均没有公开对于长杆件的热处理可以省略机械校直这一步骤，对比文件 2、3 也没有给出将上述旋转进给以及回火功率的区别技术特征引入而获得的权利要求 1 要求保护的技术方案的启示，即通过旋转进给和所述热处理工艺相配合从而可以省略长杆件的机械校直的步骤，而同时又不丧失工件在现有技术中因机械校直而获得的校直效果，同时还克服了长杆件热处理后经机械校直而破坏螺纹的缺陷，因此请求人关于权利要求1要求保护的技术方案相对于对比文件1、2、3的结合不具备创造性的无效理由不能成立。

同样，证据4或5或6（以下简称对比件4、5、6）也没有公开对于长杆件的热处理可以省略机械校直这一步骤，对比文件5或6也没有给出将上述回火冷却、旋转进给以及回火功率的区别技术特征引入而获得的权利要求1要求保护的技术方案的启示，对比文件4虽然公开了旋转进给，但没有公开回火冷却以及回火功率，因而对比文件4没有给出将上述区别技术特征引入从而可以省略长杆件机械校直步骤的技术启示，因此请求人关于权利要求1要求保护的技术方案相对于对比文件1和对比文件4或5或6的结合不具备创造性的无效理由不能成立。

权利要求2要求保护一种金属长杆件热处理设备，其特征是在一连续机架左部设置由工件输入滚轮（4）及相应的飞轮（6）构成的工件输入机构，工件输入机构前侧设置由上料拔叉轮驱动电机（1）、上料拔叉轮（2）、进料架（3）构成的上料机构，连续机架中部设有三辊式旋转进给装置（9）、淬火加热器（10）、淬火冷却装置（11）、回火加热器（12）、回火冷却装置（13），三辊式旋转进给装置（9）与调速电机（8）传动配合，连续机架右部设置由工件输出滚轮（14）及相应的飞轮（15）构成的工件输出机构，工件输出机构前侧设置由卸料拔叉轮驱动电机（18）、卸料拔叉轮（17）、卸料架（16）构成的卸料机构，工件输入滚轮（4）、工件输出滚轮（14）分别通过飞轮（6）和飞轮（15）与调速电机（8）传动配合。

将本专利权利要求2要求保护的技术方案与对比文件1相比，对比文件1没有公开本专利权利要求2中的热处理设备所包括的回火冷却装置、三辊式旋转进给装置，对比文件1还包括校直装置。

对比文件2公开了回火冷却采用仿形喷水线圈。

对比文件3公开了旋转淬火，以克服由于工件运动速度不均匀而导致的淬火变形。

可见，对比文件2、3均没有公开对于长杆件的热处理设备可以省略校直装置，对比文件2、3也没有给出将上述回火冷却装置、旋转进给装置的区别技术特征引入而获得的权利要求2要求保护的技术方案的启示，即通过旋转进给装置和所述其余热处理装置相配合从而可以省略校直装置，同时又不丧失工件在现有技术中因机械校直而获得的校直效果，并且还克服了长杆件热处理后经机械校直而破坏螺纹的缺陷，因此请求人关于权利要求2要求保护的技术方案相对于对比文件1、2、3的结合不具备创造性的无效理由不能成立。

本专利权利要求3~7是权利要求2的从属权利要求，在权利要求2相对于对比文件1、2、3的结合具备创造性的前提下，权利要求3~7相对于对比文件1、2、3的结合也具备创造性。

基于上述事实和理由，本案合议组作出如下审查决定。

三、决定

维持第01102716.9号发明专利权有效。

当事人对本决定不服的，可以根据专利法第46条第2款的规定，自收到本决定之日起3个月内向北京市第一中级人民法院起诉。根据该款的规定，一方当事人起诉后，另一方当事人应当作为第三人参加诉讼。

北京市第一中级人民法院
行政判决书

（2007）一中行初字第 1530 号

原告嘉兴新悦标准件有限公司，住所地浙江省嘉兴市海盐经济开发区标准件工业城城西北路 188 号。

法定代表人姜文国，总经理。

委托代理人郁玉成，男，1946 年 9 月 7 日出生，北京明和龙知识产权代理有限公司，住北京市海淀区友谊宾馆 50 号楼 207 室。

被告国家知识产权局专利复审委员会，住所地北京市海淀区北四环西路 9 号银谷大厦 10~12 层。

法定代表人廖涛，副主任。

委托代理人瞿晓峰，国家知识产权局专利复审委员会审查员。

委托代理人刘妍，国家知识产权局专利复审委员会审查员。

第三人沈申昆，男，1948 年 12 月 10 日出生，汉族，住浙江省杭州市江干区华家池十一号二幢 505 室。

第三人王均捷，男，1937 年 9 月 1 日出生，汉族，住浙江省杭州市上城区老浙大横路一弄 11 号 401 室。

上述第三人之共同委托代理人吴秉中，杭州浙科专利事务所专利代理人。

上述第三人之共同委托代理人龚旻晏，杭州浙科专利事务所专利代理人。

原告嘉兴新悦标准件有限公司（简称新悦公司）不服被告国家知识产权局专利复审委员会（简称专利复审委员会）作出的第 10268 号无效宣告请求审查决定（简称第 10268 号决定），在法定期限内向本院提起行政诉讼。本院于 2007 年 7 月 24 日受理后，依法组成合议庭，并通知沈申昆、王均捷作为本案的第三人参加诉讼，于 2007 年 12 月 19 日公开开庭进行了审理。原告新悦公司的委托代理人郁玉成，被告专利复审委员会的委托代理人瞿晓峰、刘妍，第三人沈申昆、王均捷的委托代理人吴秉中、龚旻晏到庭参加了诉讼。本案现已审理终结。

就新悦公司和海盐县兄弟纸业有限责任公司针对沈申昆、王均捷拥有的名称为“金属长杆件热处理方法及其设备”的发明专利（简称本专利）提出的无效宣告请求，专利复审委员会作出第 10268 号决定，其认为：

（1）关于本专利是否符合《中华人民共和国专利法》（简称《专利法》）第二十六条第三款的规定。

一项发明是否清楚应站在本领域普通技术人员的角度来看，对于工艺方法发明而言，如果其在现有技术基础上的改进在于某一或几个步骤，那么需要对相应部分的内容作更为细致的公开以使本领域普通技术人员无须花费创造性劳动就能够实现，而对于其他的内容特别是涉及可以根据具体情况进行不同选择的工艺参数则可以作概括性的说明，只要本领域普通技术人员能够理解并实施即可。根据说明书的记载，本专利涉及的工艺方法相对于现有技术的改进主要在于：利用合理的机械传动和加工处理技术的组合，提供一种金属长杆件连续热处理方法，即现有技术中常见的机械传动和加工处理的工艺组合，因此本专利只需要对如何将机械传动和加工处理进行配合作出充分的说明即可。而事实上，本专利说明书对热处理工艺和传动分别作了基本的介绍，同时对加热的工作频率和功率的参数范围以及工件的旋转进给速度的参数范围进行了概括说明，并指出应当根据加热温度调节工件旋转速度，本领域技术人员根据说明书揭示的内容会了解整体技术方案并在实际应用中会根据具体情况进行参数选择。因此新悦公司认为本专利工艺方法的公开不清楚完整缺乏依据，权利要求1的技术方案符合《专利法》第二十六条第三款的规定。

根据说明书的记载，本专利涉及的装置相对于现有技术的改进主要在于：利用合理的机械传动装置和加工处理装置的组合，提供一种金属长杆件连续热处理装置，即本专利的装置是现有技术中常见的机械传动和加工处理装置的组合，因此本专利只需要对如何将机械传动装置和加工处理装置进行配合作出充分的说明即可。而事实上，本专利说明书对热处理装置和传动装置分别作了基本的介绍，同时对其位置关系也作了说明，本领域技术人员根据说明书揭示的内容会了解整体技术方案并具体实施而无须花费创造性劳动。虽然在本专利说明书中没有明确说明三辊式旋转进给装置就是附件4的三辊式矫直机，但对于本领域技术人员而言，三辊式矫直机是一种常用的矫直机，同时完全可以实现旋转进给，因此对于本专利三辊式旋转进给装置而言，本领域技术人员可以不必花费创造性劳动就可以理解附件4公开的矫直机可以实现本专利三辊式旋转进给，因此在沈申昆、王均捷未主张附件4所述矫直机不能实现所述旋转进给的情况下，本专利所称的三辊式旋转进给装置是清楚的。对于一个电机如何实现单独调节某部分的速度，本专利权利要求2~7中很明确不仅仅是一个电机、新悦公司称不能实现单独周节速度的问题并不存在。因此新悦公司认为本专利装置的公开不清楚完整缺乏依据，权利要求2~7的技术方案符合《专利法》第二十六条第三款的规定。

（2）关于本专利是否符合《专利法》第二十二条第三款的规定。

将本专利权利要求1要求保护的技术方案与对比文件1相比，其区别技术特征在于本专利权利要求1中的热处理工艺包括回火冷却、旋转进给，回火感应加热的加热功率为40~60kW，不包括机械校直。而对比文件2、3也没有公开对于长杆件的热处理可以省略机械校直这一步骤，对比文件2、3也没有给出将上述旋转进给以及回火功率的区别技术特征引入而获得的权利要求1要求保护的技术方案的启示，即通过旋转进给和所述热处理工艺相配合从而可以省略长杆件的机械校直的步骤，而同时又不丧失工件在现有技术中因机械校直而获得的校直效果，同时还克服了长杆件热处理后经机械校直而破坏螺纹的缺陷，因此新悦公司关于权利要求1要求保护的技术方案相对于对比文件1、2、3的结合不具备创造性的无效理由不能成立。

对比文件4或5或6没有公开对于长杆件的热处理可以省略机械校直这一步骤，对比文件5或6没有给出将上述回火冷却、旋转进给以及回火功率的区别技术特征引入而获得的权利要求1要求保护的技术方案的启示。对比文件4虽然公开了旋转进给，但没有公开回火冷却以及回火功率，故对比文件4没有给出将上述区别技术特征引入从而可以省略长杆件机械校直步骤的技术启示，因此，新悦公司关于权利要求1要求保护的技术方案相对于对比文件1和对比文件4或5或6的结合不具备创造性的无效理由不能成立。

将本专利权利要求2要求保护的技术方案与对比文件1相比，对比文件1没有公开本专利权利要求2中的热处理设备所包括的回火冷却装置、三辊式旋转进给装置，对比文件1还包括校直装置。对比文件2公开了回火冷却采用仿形喷水线圈。对比文件3公开了旋转淬火，以克服由于工件运动速度不均匀而导致的淬火变形。可见，对比文件2、3均没有公开对于长杆件的热处理设备可以省略校直装置，对比文件2、3也没有给出将上述回火冷却装置、旋转进给装置的区别技术特征引入而获得的权利要求2要求保护的技术方案的启示，即通过旋转进给装置和所述其余热处理装置相配合从而可以省略校直装置，同时又不丧失工件在现有技术中因机械校直而获得的校直效果，并且还克服了长杆件热处理后经机械校直而破坏螺纹的缺陷，因此，新悦公司关于权利要求2要求保护的技术方案相对于对比文件 1、2、3 的结合不具备创造性的无效理由不能成立。

本专利权利要求 3~7 是权利要求 2 的从属权利要求，在权利要求 2 相对于对比文件 1、2、3 的结合具备创造性的前提下，权利要求 3~7 相对于对比文件 1、2、3 的结合也具备创造性。

综上，专利复审委员会作出第 10268 号决定，维持本专利权有效。

新悦公司不服第 10268 号决定，在法定期限内向本院提起诉讼，其诉称：

（1）专利复审委员会审查程序不当。专利复审委员会认定本专利省略了证据 1 中的校直装置，其他证据也没有关于省略校直装置的教导，因而认定本专利具备创造性。但是，这一观点不但新悦公司和沈申昆、王均捷未在无效程序中提出，且本专利说明书也未提到该省略及其技术效果。专利复审委员会在口头审理时未询问与此有关的问题，甚至未将与此有关的事实告知新悦公司和沈申昆、王均捷，以便双方充分发表意见。因此，新悦公司未能在决定作出前就该认定涉及的事实发表自己的意见，专利复审委员会在此情况下作出第 10268 号决定，不符合《审查指南》关于听证原则的规定。

（2）第 10268 号决定存在事实认定错误。

①证据 1 是一个本领域的“热处理手册”，新悦公司在无效程序当中所引用的 3-956 至 3-962 页是关于中碳钢和中碳合金钢的棒材或无台阶的长轴的热处理方法和装置。由于被处理的材料是棒材或者无台阶的长轴，而不是本专利所特指的长螺杆之类的工件，棒材平直度的好坏决定了随后的加工工件的质量好坏，而长轴则必须要求平直才能工作。进而，棒材和长轴也有可能进行加压校直，不会像本专利当中的长螺杆，加压校直会造成工件的损坏，因此，在证据 1 当中是采用了加压的校正辊轮 9 进行校直。而本专利中的工件是金属长杆螺纹件，不允许用加压装置在工件表面加压，故对长杆螺纹件热处理就只能省略掉加压校直装置，这是一个公知常识。以这个省略来认定权利要求 1 和 2 具备创造性是错误的。而且，专利复审委员会在第 10268 号决定中既认为“三辊校直精度较低”，又认为“可以省略校直装置，同时又不丧失工件在现有技术中因机械校直而获得的校直效果，并且还克服了长杆件热处理后经机械校直而破坏螺纹的缺陷”，是自相矛盾的。从另一个角度讲，专利复审委员会是认可在本专利中对校直并无要求，而由一个“校直精度较低”的三辊旋转给进装置就可以代替原来的校直装置。

②三辊旋转给进装置的主要功能是旋转给进，其施加在工件上的力主要是使工件旋转和向前推进的力，而不是加压校直的力。不可能用三辊旋转进给装置就能够达到证据 1 的加压校直装置的校直效果。如本专利说明书第 3 页第 1~3 行所说的，“三辊式旋转进给装置 9 与调速电机 8 传动配合，使工件在处理过程中同时获得旋转、进给两个运动，致使工件加热、冷却的均匀性提高，减少工件变形”。即由于三辊旋转给进装置的使用，使加热、冷却均匀，工件变形减少，使得在金属长杆件热处理过程当中对校直的要求下降。三辊旋转给进装置这一效果早已成为公有领域的常识，专利复审委员会不适当的认定三辊旋转给进装置在本专利中的校直作用，甚至认为是本专利创造性的体现，属于认定事实错误。

③在金属长杆件，特别是长螺杆热处理的实际操作过程中，由于工件变形不大，不需要也不可能再加上过大的校直力校直。在本专利中，淬火层的位置对称，使用的是感应加热，而且采用了旋转给进的方式，工件的加热是均匀的，最后造成的变形并不大，完全可以去除校直装置。这是显而易见的常识，更不是第三人的创造性劳动。

综上所述，专利复审委员会认定事实错误，把一个以常识水平就知道必须省略的校直装置认为由主要起旋转给进功能的三辊旋转给进装置代替，甚至把这种省略认定为是创造性的标志，由此得出的结论也是错误的。把现有技术范围内的常识扩大为本专利的保护范围，不符合《审查指南》的规定。

（3）本专利不具备创造性。无论是三辊还是二辊或多辊旋转给进，早已是本领域的最普通的常识，在证据3~7当中已经列举了多个文件说明，三辊旋转给进装置早已是本领域的普通常识。本领域的普通技术人员无需创造性劳动就能在证据1的基础上结合公知常识或者证据3~7得出权利要求1和2。决定认定权利要求1和2具备创造性是错误的。

证据2提供了回火后喷水冷却的教导。现将证据3的一部分内容作为证据13附上，第52页“表2-10回火的工艺过程及目的”中的一般回火工艺过程提到，“然后在水或油中冷却，或者空冷”，说明回火加热后用水冷却早已是普通常识。在第54~55页，表2-13所列举的回火工艺规范中，有大量的水冷却方式。审查员在证据12正文第1页第2段倒数第7行也指出，“只要进行回火就必然要冷却，根据对比文件1中记载的使用淬火喷水环冷却，本领域普通技术人员很容易想到将喷水环冷却应用于该连续热处理中，既应用于淬火冷却、也用于随后进行的回火冷却。”因此，并不能因为在证据1当中回火处理采用空气冷却而使权利要求1和2具备创造性。

至于“回火感应加热的加热功率为40~60kW”，只不过是在热处理行业当中常用的功率范围，在证据3第192页表6-38中已有同样数据。这样的证据数不胜数，在此不再列举。

至于“不包括机械校直”，上文已经讲得很清楚。表面淬火零件总变形不大，如果淬火层的位置对称的话，零件在表面淬火时产生的挠曲将更小。仔细地进行表面淬火就能够在某些情况下避免成品零件的校正。由于采用了旋转给进的方式，工件的加热是均匀的，最后造成的变形并不大，完全可以去除校直装置。这是显而易见的常识。

本专利三辊旋转给进装置9是置于淬火加热器10之前。此时金属工件还未被加热，机械强度很高，三棍旋转给进装置的校直作用几乎丧失，此时，三棍旋转给进装置9的确只是完成了本专利的说明书所说的，“同时获得旋转、进给两个运动”的功能。并没有第10268号决定所说的“可以省略校直装置”的作用。不符合《审查指南》第二部分第四章第4.6.3“要素省略的发明”的规定，第10268号决定据此认定本专利具备创造性是错误的。

本专利权利要求1和2不具备创造性，从属于权利要求2的权利要求3~7也不具备创造性。

以证据1和公知常识相结合，或者和相应的对比文件相结合，都能看出本专利不具有突出的实质性特点和显著的进步，得出不具备创造性的结论。第10268号决定置众多的事实于不顾，认定一个从早已在本领域中使用多年的工艺方法加上一些早已公知的技术和常识所得到的本专利具备创造性的结论，显然是事实认定上的错误，其适用的法律并无正确的基础，明显地是适用法律错误。

（4）本专利未充分公开，不符合《专利法》第二十六条第三款规定。

《审查指南》第二部分第二章规定，“实施例是对发明的优选的具体实施方式的举例说明”。“当权利要求（尤其是独立权利要求）覆盖的保护范围较宽，其概括不能从一个实施例中找到依据时，应当给出一个以上的不同实施例，以支持要求保护的范围。当权利要求相对于背景技术的改进涉及数值范围时，通常应给出两端值附近（最好是两端值）的实施例，当数值范围较宽时，还应当给出至少一个中间值的实施例”。“对于方法的发明，应当写明其步骤，包括可以用不同的参数或者参数范围表示的工艺条件”。本专利说明书未给出具体的实施过程，未提供工艺方法的具体步骤，也未对要求保护的装置作具体描述，给了范围极为宽广的数据，而这些数据没有得到任何实施例的支持，不符合“应给出两端值附近（最好是两端值）的实施例，还应当给出至少一个中间值的实施例”的要求。在说明书和权利要求当中甚至有对工件加热温度这一最重要参数以“目测方法测定工件加热温度，同时根据加热温度高低调节工件旋转进给速度”这样模糊不清的描述。本领域的普通技术人员如何能根据“目测方法”就能准确确定工件的加热温度？“工件旋转进给速度”如何能够仅仅根据目测得到的加热温度高低来随意调节？这些含糊不清的手段无法具体实施，也是《审查指南》所不允许的。《审查指南》还规定，对于产品的发明，实施方式或者实施例应当描述产品的机械构成、电路构成或者化学成分，说明组成产品的各部分之间的相互关系。而本专利的说明书并没有对所涉及的装置和方法作出清楚完整的描述，也没有提供任何实施例。发明的装置没有讲明装置的具体结构，只罗列了装置的几个组成部分，几个部分间的相关联也未加以具体描述。故本专利不符合《专利法》第二十六条第三款的规定，应予以宣告无效。

综上，请求北京市第一中级人民法院撤销第10268号决定。

被告专利复审委员会在提交的书面答辩中除坚持在第10268号决定中阐述的理由外，针对新悦公司的起诉辩称：沈申昆、王均捷在口头审理中陈述了本专利省略了证据1中的校直装置的意见。事实上，无论是在补充意见中，还是在口头审理中，新悦公司都没有结合证据确切地提出有关本专利不具创造性的具体事实，只是在口头审理中明确了证据结合方式。在此情况下，专利复审委员会要求沈申昆、王均捷直接陈述意见，新悦公司也给予了回应，并表示已充分发表意见。因此，专利复审委员会认定事实清楚，适用法律正确，请求人民法院维持第10268号决定。

第三人沈申昆、王均捷述称：专利复审委员会在无效宣告请求审查过程中，认定事实清楚，适用法律正确，程序合法、请求人民法院维持第10268号决定。

本院经审理查明：

名称为“金属长杆件热处理方法及其设备”发明专利（即本专利）的申请日为2001年1月3日，授权公告日为2006年1月4日，专利权人为沈申昆、王均捷，专利号为01102716.9。授权权利要求为：

“1. 金属长杆件热处理方法，热处理工艺包括淬火加热、淬火冷却、回火加热、回火冷却，其特征在于热处理工艺前，工件采用自动进料、输送、旋转进给，所述的淬火加热、回火加热分别为淬火感应加热、回火感应加热，所述的淬火冷却、回火冷却采用淬火喷水圈冷却、回火喷水圈冷却，热处理工艺结束后工件自动输出和卸料，整个热处理工艺按上述工艺步骤连续循环操作，淬火感应加热和回火感应加热的工作频率为2.5~40kHz，淬火感应加热和回火感应加热的加热功率分别为80~100kW和40~60kW，用测温仪或目测方法测定工件加热温度，同时根据加热温度高低调节工件旋转进给速度，相应的工件旋转进给速度为：30~10mm/s。

2. 金属长杆件热处理设备，其特征是在一连续机架左部设置由工件输入滚轮（4）及相应的飞轮（6）构成的工件输入机构，工件输入机构前侧设置由上料拔叉轮驱动电机（1）、上料拔叉轮（2）、进料架（3）构成的上料机构，连续机架中部设有三辊式旋转进给装置（9）、淬火加热器（10）、淬火冷却装置（11）、回火加热器（12）、回火冷却装置（13），三辊式旋转进给装置（9）与调速电机（8）传动配合，连续机架右部设置由工件输出滚轮（14）及相应的飞轮（15）构成的工件输出机构，工件输出机构前侧设置由卸料拔叉轮驱动电机（18）、卸料拔叉轮（17）、卸料架（16）构成的卸料机构，工件输入滚轮（4）、工件输出滚轮（14）分别通过飞轮（6）和飞轮（15）与调速电机（8）传动配合。

3. 如权利要求2所述的金属长杆件热处理设备，其特征在于淬火加热器（10）为淬火感应加热器，回火加热器（12）为回火感应加热器。

4. 如权利要求2所述的金属长杆件热处理设备，其特征在于淬火冷却装置（11），为淬火喷水圈冷却装置，回火冷却装置（13）为回火喷水圈冷却装置。

5. 如权利要求2所述的金属长杆件热处理设备，其特征在于与工件输入滚轮（4）同轴连接的每两个相邻飞轮（6）之间以链条传动配合。

6. 如权利要求2所述的金属长杆件热处理设备，其特征在于所述的工件输入滚轮（4）、工件输出滚轮（14）为槽轮式结构。

7. 如权利要求 2 所述的金属长杆件热处理设备，其特征在于调速电机（8）为无级调速电机，分别与工件输入滚轮（4）、三辊式旋转进给装置（9）、工件输出滚轮（14）同步传动配合。”

本专利说明书记载，目前，对于细长杆或 1 米以上的长螺钉，采用现有的设备加工很难达到质量要求，主要存在的问题是：（1）由于淬火加热、冷却的不均匀性，以及操作的随意性，热处理后的工件变形量大，校直困难。（2）处理后工件的机械性不稳定，质量不易控制。（3）表面质量差，螺纹牙形易碰坏，同时易出现因清洗而锈蚀等问题。本发明的目的在于克服以上存在的缺陷，利用先进合理的机械传动和加工处理技术的组合，提供一种金属长杆件连续热处理方法及其设备的方案。该处理方法构思先进合理，工艺简单。所述的设备调整和操作灵活方便，易于控制，可进行连续生产操作，大大提高了生产效率。利用该方法生产的长杆件。其弯曲变形量明显减少，表面处理质量和机械性能达到美国材料试验标准……三辊式旋转进给装置 9 与调速电机 8 传动配合，使工件在处理过程中同时获得旋转、进给两个运动，致使工件加热、冷却的均匀性提高，减少工件变形。同时，三辊轮组具有校直作用，使细长杆件在热处理过程中充分利用相变超塑性机理得到校直。

2006 年 6 月 7 日，新悦公司以本专利不符合《专利法》第二十六条第三款，第二十二条第二款、第三款为由向专利复审委员会提出无效宣告请求，并提交了相关证据，其中：

权利要求 1 要求保护一种金属长杆件热处理方法，热处理工艺包括淬火加热、淬火冷却、回火加热、回火冷却，其特征在于热处理工艺前，工件采用自动进料、输送、旋转进给，所述的淬火加热、回火加热分别为淬火感应加热、回火感应加热，所述的淬火冷却、回火冷却采用淬火喷水圈冷却、回火喷水圈冷却，热处理工艺结束后工件自动输出和卸料，整个热处理工艺按上述工艺步骤连续循环操作，淬火感应加热和回火感应加热的工作频率为 2.5~40KHz，淬火感应加热和回火感应加热的加热功率分别为 80~100kW 和 40~60kW，用测温仪或目测方法测定工件加热温度，同时根据加热温度高低调节工件旋转进给速度，相应的工件旋转进给速度为：30~10mm/s。

证据 1 为《热处理手册》第三分册公开了一种棒料中频感应加热调质自动线，并指出这种自动线缺点在于采用链轮传动平稳性差，三辊校直精度较低，“自动线工艺流程为：自动上料—机械传送—淬火加热—喷水冷却—回火加热—机械校直—消除应力（利用回火余热）—自动落料”。“自动线由上料机构、传送机械、中频调质卧式自动淬火机床，配备两台 100 千瓦的 BPS-8000/100 及 BPS-2500/100 的变频机组供电，以及校直装置及落料机构等组成”。工件移动速度为 0-18mm/s。

证据 2 为《黑龙江矿业学院学报》“感应加热对 18U 型支护钢进行调质处理的综合分析”，给出回火后喷水冷却的步骤，其要解决的技术问题是得到特定的回火组织。

证据 3 为《实用钢铁热处理手册第六章第一节感应加热表面淬火》中公开了旋转淬火，以克服由于工件运动速度不均匀而导致的淬火变形。

证据 4 为 CN87200790U 实用新型专利申请说明书，公告日为 1988 年 3 月 16 日。

证据 5 为《工业加热》，1996 年第 4 期，“连续感应热处理生产线的计算机闭环控制”，第 22~24 页。

证据 6 为《蜗杆高频率电流热处理》，赵良佐译自 1955 年 2 月号［стаиКииКиструмеит］。

2006 年 8 月 10 日，海盐县兄弟纸业有限责任公司向专利复审委员会提出无效宣告请求，其主张和证据与新悦公司提交的意见陈述和证据完全一致。

2007 年 3 月 15 日，专利复审委员会进行了口头审理。口头审理记录表的第 2 页第 6 节就本专利的创造性对无效请求人和专利权人的陈述作了记载，其中沈申昆、王均捷陈述：“本专利与附件 1 相比工艺的步骤不同，附件 1 有机械校直，本专利权利要求 1 中没有机械校直……”沈申昆、王均捷的委托代理人对该节的其他内容进行过修改，但对上述内容未作改动。口头审理记录表共计 4 页，新悦公司的委托代理人郁玉成在第1页和第4页上签字，未在第2页和第3页上签字。郁玉成在第1页其签字的旁边注明："被请求人的庭后任何修改不接受。"2007年7月24日，专利复审委员会作出第10268号决定。

专利复审委员会作出第10268号决定后，新悦公司在法定期限内向本院提起诉讼，而海盐县兄弟纸业有限责任公司则明确表示不就该决定向法院提起诉讼。

在本案庭审过程中，新悦公司陈述：（1）本专利说明书对应于权利要求1的技术方案不符合《专利法》第二十六条第三款的理由是缺少实施例，而对应于权利要求2的技术方案不符合《专利法》第二十六条第三款的理由是未对具体结构的连接关系进行详细描述；（2）对第10268号决定中关于证据1与本专利差别的描述没有异议，对证据2~6没有涉及省略校直装置无异议。专利复审委员会陈述，本专利不属于要素省略发明。

另查，新悦公司在本案诉讼过程中还向本院提交了证据10~13，但这些证据在无效程序中未向专利复审委员会提交。

以上事实，有本专利说明书，第10268号决定，对比文件1~3，口审记录表，当事人陈述等证据在案佐证。

本院认为：

（1）关于本案的证据。

《中华人民共和国行政诉讼法》第五条规定，人民法院审理行政案件，对具体行政行为是否合法进行审查。新悦公司在无效程序中未向专利复审委员会提交的证据，不是专利复审委员会作出第10268号决定的依据，不对该决定的合法性产生影响。同时，依照《中华人民共和国专利法实施细则》（简称《专利法实施细则》）第六十四条的规定，无效宣告请求人就其提出的无效宣告请求负有举证责任。新悦公司作为无效宣告请求人在无效程序中未充分提交证据的后果应由其自己承担，故新悦公司提交的证据10~13不应作为本案的证据。新悦公司可以以上述证据重新提出无效宣告请求。

（2）专利复审委员会在无效程序中是否违反听证原则。

《审查指南》第四部分第一章第2.5节规定，在作出审查决定之前，应当给予审查决定对其不利的当事人针对审查决定所依据的理由、证据和认定的事实陈述意见的机会，即审查决定对其不利的当事人已经通过通知书、转送文件或者口头审理被告知过审查决定所依据的理由、证据和认定的事实，并且具有陈述意见的机会。

就本案而言，首先，沈申昆、王均捷已经在口头审理时陈述了"本专利与附件1相比工艺的步骤不同，附件1有机械校直，本专利权利要求1中没有机械校直"的意见，尽管在该页上没有新悦公司的委托代理人郁玉成的签字，但从郁玉成在第1页签字旁的"注明"内容看，其是知道上述记载在第2页的内容的。而且，该段文字未经修改，是对口头审理时沈申昆、王均捷意见陈述的记录。其次，无论是在口头审理过程中还是在从口头审理至审查决定作出的4个月时间内，新悦公司完全有机会就上述问题充分陈述意见。因此，专利复审委员会在无效程序中并未违反听证原则，新悦公司相关起诉内容缺乏事实和法律依据，本院不予支持。

（3）本专利是否符合《专利法》第二十六条第三款规定。

《专利法》第二十六条第三款规定，"说明书应当对发明或者实用新型作出清楚、完整的说明，以所属技术领域的技术人员能够实现为准。"

就本案而言，首先，新悦公司的起诉状所涉及的《审查指南》的相关规定系引自《审查指南》第二部分第二章第2.2.6节，该节的规定是对《专利法实施细则》第十八条第一款第（五）项作出的细化规定。应当指出的是，虽然《专利法实施细则》第十八条第一款系对说明书应当包括的内容所作的规定，但是《专利法实施细则》第十八条第二款规定了例外情形，即：发明或者实用新型专利申请人应当按照前款规定的方式和顺序撰写说明书，并在说明书每一部分前面写明标题，除非其发明或者实用新型的性质用其他方式或者顺序撰写能节约说明书的篇幅并使他人能够准确理解其发明或者实用新型。因此，该款规定并非是对说明书包含内容的强制性规定，而且根据《专利法实施细则》第六十四条的规定，不符合《专利法实施细则》第十八条并不属于无效宣告请求的理由范围，故综合以上分析，不能仅以说明书不符合《审查指南》第二部分第二章第2.2.6节的有关规定而直接认定说明书公开不充分。

其次，根据本专利说明书的记载，本专利技术方案系“利用先进合理的机械传动和加工处理技术的组合，提供一种金属长杆件连续热处理方法及其设备的方案。”同时，本专利说明书对如何将机械传动和加工处理进行配合作出了说明，并公开了加热工作频率、加热功率以及工件的旋转进给速度的参数范围。虽然在说明书中没有具体说明如何用目测方法测定工件加热温度，但在说明书公开了淬火感应加热功率的情况下，本领域技术人员完全可以根据自身具有的专业知识结合工件的被加热状态对工件的加热温度进行测定。因此，本领域技术人员依据说明书的记载，结合其具有的技术知识，能够在实际应用中根据具体情况进行参数选择，实现本发明。同理，本专利说明书第2页已经以实施例的形式给出了各部件的连接配合关系，本领域技术人员可以结合附图和自身具有的专业知识实现本发明。因此，新悦公司未从本领域技术人员的角度理解本专利说明书，其认为本专利不符合《专利法》第二十六条第三款缺乏事实和法律依据，本院不予支持。

（4）本专利是否符合《专利法》第二十二条第三款规定。

创造性，是指同申请日以前已有的技术相比，该发明有突出的实质性特点和显著的进步，该实用新型有实质性特点和进步。

就本案而言，首先，新悦公司认可证据2~6没有涉及省略校直装置的内容；其次，新悦公司主张“本专利中的工件是金属长杆螺纹件，不允许用加压装置在工件表面加压，故对长杆螺纹件热处理就只能省略掉加压校直装置系公知常识”，但在其提交的证据中并没有提及不允许对金属长杆螺纹件表面进行加压校直，也没有说明在此情况下，可否使用其他校直方式，故新悦公司的该项主张没有事实依据，本院不予支持。专利复审委员会表示本专利不属于要素省略发明，而是通过旋转进给和所述热处理工艺相配合且不丧失校直效果，同时还克服了长杆件热处理后经机械校直而破坏螺纹的缺陷，因此，专利复审委员会关于本专利具备创造性的评述是正确的。

综上，专利复审委员会作出的第10268号决定认定事实清楚，适用法律正确，程序合法，应予维持。依照《中华人民共和国行政诉讼法》第五十四条第（一）项之规定，本院判决如维持被告国家知识产权局专利复审委员会作出的第10268号无效宣告请求审查决定。

案件受理费100元，由原告嘉兴新悦标准件有限公司负担（已交纳）。

如不服本判决，各方当事人可在本判决书送达之日起15日内，向本院提交上诉状及副本，并交纳上诉案件受理费100元，上诉于北京市高级人民法院。

审　判　长　仪　军
代理审判员　王　晫
人民陪审员　唐晓君
二〇〇八年八月十一日
书　记　员　王东勇

北京市高级人民法院
行政判决书

（2008）高行终字第708号

上诉人（原审原告）嘉兴新悦标准件有限公司，住所地浙江省嘉兴市海盐经济开发区标准件工业城城西北路188号。

法定代表人姜文国，总经理。

委托代理人郁玉成，男，汉族，1946年9月7日出生，住北京市海淀区友谊宾馆50号楼207室。

被上诉人（原审被告）国家知识产权局专利复审委员会，住所地北京市海淀区北四环西路9号银谷大厦10~12层。

法定代表人廖涛，副主任。

委托代理人瞿晓峰，该委员会审查员。

委托代理人朱茜，该委员会审查员。

原审第三人沈申昆，男，汉族，1948年12月10日出生，住浙江省杭州市江干区华家池十一号二幢505室。

委托代理人吴秉中，男，汉族，1963年12月13日出生，杭州浙科专利事务所专利代理人，住浙江省杭州市西湖区金祝新村20幢62号102室。

委托代理人龚旻晏，女，汉族，1968年9月5日出生，杭州浙科专利事务所专利代理人，住浙江省杭州市下城区助圣庙前2号。

原审第三人王均捷，男，汉族，1937年9月1日出生，住浙江省杭州市上城区老浙大横路一弄11号401室。

委托代理人吴秉中，男，汉族，1963年12月13日出生，杭州浙科专利事务所专利代理人，住浙江省杭州市西湖区金祝新村20幢62号102室。

委托代理人龚旻晏，女，汉族，1968年9月5日出生，杭州浙科专利事务所专利代理人，住浙江省杭州市下城区助圣庙前2号。

上诉人嘉兴新悦标准件有限公司（简称新悦公司）因发明专利权无效行政纠纷一案，不服北京市第一中级人民法院（2007）一中行初字第1530号行政判决，向本院提起上诉。本院2008年11月17日受理后，依法组成合议庭，于2008年12月1日公开开庭进行了审理。上诉人新悦公司的委托代理人郁玉成，被上诉人国家知识产权局专利复审委员会（简称专利复审委员会）的委托代理人瞿晓峰、朱茜，原审第三人沈申昆、王均捷共同的委托代理人吴秉中、龚旻晏到庭参加了诉讼。本案现已审理终结。

北京市第一中级人民法院认定，涉案专利系名称为“金属长杆件热处理方法及其设备”发明专利（简称本专利），专利权人为沈申昆、王均捷。2006年6月7日，新悦公司以本专利不符合《专利法》第二十六条第三款、第二十二条第二款、第三款为由向专利复审委员会提出无效宣告请求。2007年7月24日，专利复审委员会做出第10268号无效宣告请求审查决定（简称第10268号决定），维持本专利权全部有效。

北京市第一中级人民法院认为，新悦公司认可证据2~6没有涉及省略校直装置的内容，而且，新悦公司主张“本专利中的工件是金属长杆螺纹件，不允许用加压装置在工件表面加压，故对长杆螺纹件热处理就只能省略掉加压校直装置系公知常识”，但在其提交的证据中并没有提及不允许对金属长杆螺纹件表面进行加压校直，也没有说明在此情况下，可否使用其他校直方式，故新悦公司的该项主张没有事实依据。

北京市第一中级人民法院依照《中华人民共和国行政诉讼法》第五十四条第（一）项之规定，判决：维持专利复审委员会做出的第10268号决定。

新悦公司不服原审判决，向本院提起上诉，请求撤销原审判决及第10268号决定。其理由为：（1）原审判决认定事实错误。在证据1当中是采用了加压的校正辊轮9进行校直。而本专利中的工件是金属长杆螺纹件，不允许用加压装置在工件表面加压，故对长杆螺纹件热处理就只能省略掉加压校直装置，这是一个公知常识。（2）本专利不具备创造性。本领域的普通技术人员无须创造性劳动就能在证据1的基础上结合公知常识或者证据2~7得出本专利权利要求1和2不具备创造性。在本专利权利要求1和2不具备创造性的基础上，从属于权利要求2的权利要求3~7也不具备创造性。专利复审委员会、沈申昆、王均捷服从原审判决。

本院经审理查明，名称为“金属长杆件热处理方法及其设备”发明专利（即本专利）的申请日为2001年1月3日，公告授权日为2006年1月4日，专利权人为沈申昆、王均捷，专利号为01102716.9。本专利权利要求为：

“1. 金属长杆件热处理方法，热处理工艺包括淬火加热、淬火冷却、回火加热、回火冷却，其特征在于热处理工艺前，工件采用自动进料、输送、旋转进给，所述的淬火加热、回火加热分别为淬火感应加热、回火感应加热，所述的淬火冷却、回火冷却采用淬火喷水圈冷却、回火喷水圈冷却，热处理工艺结束后工件自动输出和卸料，整个热处理工艺按上述工艺步骤连续循环操作，淬火感应加热和回火感应加热的工作频率为2.5~40kHz，淬火感应加热和回火感应加热的加热功率分别为80~100kW和40~60kW，用测温仪或目测方法测定工件加热温度，同时根据加热温度高低调节工件旋转进给速度，相应的工件旋转进给速度为：30~10mm/s。

2. 金属长杆件热处理设备，其特征是在一连续机架左部设置由工件输入滚轮（4）及相应的飞轮（6）构成的工件输入机构，工件输入机构前侧设置由上料拔叉轮驱动电机（1）、上料拔叉轮（2）、进料架（3）构成的上料机构，连续机架中部设有三辊式旋转进给装置（9）、淬火加热器（10）、淬火冷却装置（11）、回火加热器（12）、回火冷却装置（13），三辊式旋转进给装置（9）与调速电机（8）传动配合，连续机架右部设置由工件输出滚轮（14）及相应的飞轮（15）构成的工件输出机构，工件输出机构前侧设置由卸料拔叉轮驱动电机（18）、卸料拔叉轮（17）、卸料架（16）构成的卸料机构，工件输入滚轮（4）、工件输出滚轮（14）分别通过飞轮（6）和飞轮（15）与调速电机（8）传动配合。

3. 如权利要求2所述的金属长杆件热处理设备，其特征在于淬火加热器（10）为淬火感应加热器，回火加热器（12）为回火感应加热器。

4. 如权利要求2所述的金属长杆件热处理设备，其特征在于淬火冷却装置（11），为淬火喷水圈冷却装置，回火冷却装置（13）为回火喷水圈冷却装置。

5. 如权利要求2所述的金属长杆件热处理设备，其特征在于与工件输入滚轮（4）同轴连接的每两个相邻飞轮（6）之间以链条传动配合。

6. 如权利要求2所述的金属长杆件热处理设备，其特征在于所述的工件输入滚轮（4）、工件输出滚轮（14）为槽轮式结构。

7. 如权利要求2所述的金属长杆件热处理设备，其特征在于调速电机（8）为无级调速电机，分别与工件输入滚轮（4）、三辊式旋转进给装置（9）、工件输出滚轮（14）同步传动配合。”

本专利说明书记载，目前，对于细长杆或1米以上的长螺钉，采用现有的设备加工很难达到质量要求，主要存在的问题是：（1）由于淬火加热、冷却的不均匀性，以及操作的随意性，热处理后的工件变形量大，校直困难。（2）处理后工件的机械性不稳定，质量不易控制。（3）表面质量差，螺纹牙形易碰坏，同时易出现因清洗而锈蚀等问题。本发明的目的在于克服以上存在的缺陷，利用先进合理的机械传动和加工处理技术的组合，提供一种金属长杆件连续热处理方法及其设备的方案。该处理方法构思先进合理，工艺简单。所述的设备调整和操作灵活方便，易于控制，可进行连续生产操作，大大提高了生产效率。利用该方法生产的长杆件。其弯曲变形量明显减少，表面处理质量和机械性能达到美国材料试验标准……三辊式旋转进给装置9与调速电机8传动配合，使工件在处理过程中同时获得旋转、进给两个运动，致使工件加热、冷却的均匀性提高，减少工件变形。同时，三辊轮组具有校直作用，使细长杆件在热处理过程中充分利用相变超塑性机理得到校直。

2006年6月7日，新悦公司以本专利不符合《专利法》第二十六条第三款、第二十二条第二款、第三款为由向专利复审委员会提出无效宣告请求，并提交了相关证据，其中：

证据1为《热处理手册》第三分册，公开了一种棒料中频感应加热调质自动线，并指出这种自动线缺点在于采用链轮传动平稳性差，三辊校直精度较低，“自动线工艺流程为：自动上料—机械传送—淬火加热—喷水冷却—回火加热—机械校直—消除应力（利用回火余热）—自动落料”。“自动线由上料机构、传送机械、中频调质卧式自动淬火机床，配备两台100千瓦的BPS~8000/100及BPS-2500/100的变频机组供电，以及校直装置及落料机构等组成”。工件移动速度为0~18mm/s。

证据2为《黑龙江矿业学院学报》“感应加热对18U型支护钢进行调质处理的综合分析”，给出回火后喷水冷却的步骤，其要解决的技术问题是得到特定的回火组织。

证据3为《实用钢铁热处理手册》，第六章第一节感应加热表面淬火中公开了旋转淬火，以克服由于工件运动速度不均匀而导致的淬火变形。此外，该证据第192页表6-38披露滚珠丝杠中频（2.5kHz）表面淬火工艺参数披露使用功率范围为55至67kW。

2007年7月24日，专利复审委员会做出第10268号决定。专利复审委员会在该决定中认为：

（1）本专利权利要求1~7的技术方案符合《专利法》第二十六条第三款的规定。

（2）关于本专利是否符合《专利法》第二十二条第三款的规定。

将本专利权利要求1要求保护的技术方案与证据1相比，其区别技术特征在于本专利权利要求1中的热处理工艺包括回火冷却、旋转进给，回火感应加热的加热功率为40~60kW，不包括机械校直。而证据2、3没有公开对于长杆件的热处理可以省略机械校直这一步骤，证据2、3也没有给出将上述旋转进给以及回火功率的区别技术特征引入而获得的本专利权利要求1要求保护的技术方案的启示，即通过旋转进给和所述热处理工艺相配合从而可以省略长杆件的机械校直的步骤，而同时又不丧失工件在现有技术中因机械校直而获得的校直效果，同时还克服了长杆件热处理后经机械校直而破坏螺纹的缺陷，因此新悦公司关于本专利权利要求1要求保护的技术方案相对于证据1、2、3的结合不具备创造性的无效理由不能成立。

证据4或5或6没有公开对于长杆件的热处理可以省略机械校直这一步骤，证据5或6没有给出将上述回火冷却、旋转进给以及回火功率的区别技术特征引入而获得的本专利权利要求1要求保护的技术方案的启示。证据4虽然公开了旋转进给，但没有公开回火冷却以及回火功率，故证据4没有给出将上述区别技术特征引入从而可以省略长杆件机械校直步骤的技术启示，因此，新悦公司关于本专利权利要求1要求保护的技术方案相对于证据1和证据4或5或6的结合不具备创造性的无效理由不能成立。

将本专利权利要求2要求保护的技术方案与证据1相比，证据1没有公开本专利权利要求2中的热处理设备所包括的回火冷却装置、三辊式旋转进给装置，证据1还包括校直装置。证据2公开了回火冷却采用仿形喷水线圈。证据3公开了旋转淬火，以克服由于工件运动速度不均匀而导致的淬火变形。可见，证据2、3均没有公开对于长杆件的热处理设备可以省略校直装置，证据2、3也没有给出将上述回火冷却装置、旋转进给装置的区别技术特征引入而获得的本专利权利要求2要求保护的技术方案的启示，即通过旋转进给装置和所述其余热处理装置相配合从而可以省略校直装置，同时又不丧失工件在现有技术中因机械校直而获得的校直效果，并且还克服了长杆件热处理后经机械校直而破坏螺纹的缺陷，因此，新悦公司关于本专利权利要求2要求保护的技术方案相对于证据1、2、3的结合不具备创造性的无效理由不能成立。

本专利权利要求3~7是权利要求2的从属权利要求，在本专利权利要求2相对于证据1、2、3的结合具备创造性的前提下，权利要求3~7相对于证据1、2、3的结合也具备创造性。

综上，专利复审委员会作出第10268号决定，维持本专利权有效。

以上事实，有本专利的专利文件，第10268号决定，证据1~3，口审记录表，当事人陈述等证据在案佐证。

本院认为，本案的核心问题在于本专利权利要求1相对于证据1、2、3的组合是否具备创造性。创造性，是指同申请日以前已有的技术相比，该发明有突出的实质性特点和显著的进步。当专利要求保护的技术方案相对于最接近的现有技术存在区别技术特征时，应判断现有技术是否给出将上述区别技术特征应用到该最接近现有技术以解决其存在的技术问题的启示，如果不存在这种技术启示，且所述技术方案获得了有益的技术效果，则该技术方案具备创造性。反之，如果存在这种技术启示，并且要求保护的技术方案没有带来意想不到的技术效果，则该技术方案不具备创造性。

专利复审委员会认为，将本专利权利要求1要求保护的技术方案与证据1相比，其区别技术特征在于本专利权利要求1中的热处理工艺包括回火冷却、旋转进给，回火感应加热的加热功率为40~60kW，不包括机械校直。对此，应指出，创造性判断中区别技术特征的认定是以本专利技术方案与对比文件的技术方案进行比对，而不是以相反的方式进行。机械校直是证据1具有而本专利权利要求1不具有的技术特征。专利复审委员会认定本专利“不包括机械校直”并将其作为本专利与证据1的区别技术特征之一，违反了审查指南关于创造性判断方法的要求。专利复审委员会进而以现有技术是否给出“省略机械校直”的技术启示来判断本专利是否具备创造性是错误的，本院予以纠正。

在进行创造性判断中需要就被比专利与对比文件的技术特征进行逐一比对，所比对的技术特征必须是在各自整体技术方案中技术效果相同的。本案中，证据1中的机械校直与本专利权利要求1中旋转进给所带来的技术效果均可以将热处理的工件进行校直。本专利权利要求1与证据1的区别技术特征在于：第一，本专利权利要求1采用旋转进给方式完成校直而证据1采用机械校直方式；第二，本专利权利要求1包括回火冷却；第三，本专利权利要求1中回火感应加热的加热功率为40~60kW，而证据1中未披露加热功率。因此，本专利权利要求1是否具备创造性的关键在于证据2、3是否给出了将回火冷却、旋转进给等技术特征应用到证据1中以解决相关技术问题的启示。

由于本专利涉及到金属长杆件特别是长螺钉的热处理方法，其发明目的决定了其不能采用机械加压校直的技术特征，而证据3中公开了通过旋转淬火以克服由于工件运动速度不均匀而导致的淬火变形。此外，证据2中公开了回火后喷水冷却的步骤。所以本领域技术人员从证据2、3中得到了采用旋转进给方式以解决校直问题以及回火冷却的技术启示。此外，证据3也公开了感应线圈的功率范围为55~67kW，而且本专利权利要求1的加热功率的数值范围仅仅是从常规感应加热的加热功率范围内选取的，选择该功率范围并没有取得预料不到的技术效果。故证据1、2、3的结合已经足以破坏本专利权利要求1的创造性。新悦公司关于本专利权利要求1不具备创造性的上诉主张有事实和法律依据，本院予以支持。

将本专利权利要求2要求保护的技术方案与证据1相比，证据1没有公开本专利权利要求2中的热处理设备所包括的回火冷却装置、三辊式旋转进给装置。基于以上分析，证据1、2、3的结合同样足以破坏本专利权利要求2的创造性。新悦公司关于本专利权利要求2不具备创造性的上诉主张有事实和法律依据，应予支持。

专利复审委员会关于本专利权利要求1、2具备创造性的认定错误。鉴于原审法院及专利复审委员会均未评述本专利权利要求3~7的创造性问题，因此，在本专利权利要求1、2不具备创造性的前提下，专利复审委员会应当就本专利权利要求3~7是否具备创造性重新做出无效宣告请求审查决定。

综上所述，新悦公司的上诉主张有事实和法律依据，本院予以支持。原审判决及第10268号决定认定事实不清，适用法律错误，应予撤销。依据《中华人民共和国行政诉讼法》第六十一条第（三）项之规定，判决如下：

（1）撤销北京市第一中级人民法院（2007）一中行初字第1530号行政判决；

（2）撤销国家知识产权局专利复审委员会第10268号无效宣告请求审查决定；

（3）国家知识产权局专利复审委员会重新就名称为“金属长杆件热处理方法及其设备”、专利号为01102716.9的发明专利权做出无效宣告请求审查决定。

一审案件受理费100元，由国家知识产权局专利复审委员会负担（于本判决生效之日起7日内交纳）；二审案件受理费100元，由国家知识产权局专利复审委员会负担（于本判决生效之日起7日内交纳）。

本判决为终审判决。

审 判 长　刘　辉
代理审判员　岑宏宇
代理审判员　焦　彦
二〇〇九年三月二十日
书 记 员　陈　明
书 记 员　迟雅娜

168

复合结构的枕垫装置

无效宣告请求审查决定（第10276号）

决　定　号　第10276号
决　定　日　2007年7月17日
发明创造名称　复合结构的枕垫装置
国际分类号　A47G 9/00
无效宣告请求人　南京中脉科技发展有限公司，江苏悦尔健康用品有限公司
专　利　权　人　深圳市金士吉康复用品科技有限公司
专　利　号　97209013.4
申　请　日　1997年4月14日
授权公告日　1998年9月23日
合议组组长　黄玉平
主　审　员　周　航
参　审　员　张　曦

法律依据　专利法第22条第3款
决定要点

如果请求保护的技术方案与对比文件相比存在区别，并且该区别相对于对比文件来说是非显而易见的并为请求保护的技术方案带来了有益的技术效果，且现有技术中并未就所区别之处给出相应的技术启示，则该请求保护的技术方案相对于对比文件具备创造性。

一、案由

本案是根据北京市高级人民法院的（2005）高行终字第399号行政判决书，撤销专利复审委员会第6374号无效宣告请求审查决定后，对97209013.4号实用新型专利重新成立合议组进行的审理。

本无效宣告请求涉及国家知识产权局于1998年9月23日授权公告的名称为“复合结构的枕垫装置”的97209013.4号专利权，其申请日为1997年4月14日，授权公告时的专利权人为深圳市金士吉实业发展有限公司，2004年1月16日变更为深圳市金士吉康复用品科技有限公司。该专利授权公告的权利要求如下：

“1. 一种复合结构的枕垫装置，其特征在于包括泡棉基座1、间隔铺设在泡棉基座1上、下或左、右的纤维层2以及设在所述纤维层2外围的锯齿形泡棉4，所述泡棉基座1与锯齿形泡棉4直接通过胶水3粘合成型，或者所述泡棉基座1与锯齿形泡棉4通过其间纤维层2粘合定型。

2. 根据权利要求1所述的复合结构的枕垫装置，其特征在于，所述纤维层2一个或多个由无纺

布袋及装在该无纺布袋中的三维卷曲中空纤维组成。

3. 根据权利要求2所述的复合结构的枕垫装置，其特征在于，所述纤维层2由多个无纺布袋及装在该无纺布袋中的三维卷曲中空纤维组成时，布袋间用胶水粘合连接。

4. 根据权利要求1中任一项所述的复合结构的枕垫装置，其特征在于，所述枕垫装置可以是枕芯、床垫、座垫或靠垫。

5. 根据权利要求4所述的复合结构的枕垫装置，其特征在于，在作为枕芯时，所述泡棉基座1的侧向剖面一边高另一边低，由高向低直线倾斜，两端呈弧形。

6. 根据权利要求4所述的复合结构的枕垫装置，其特征在于，在作为枕垫时，其两侧设有透气孔5。”

针对上述专利权，南京中脉科技发展有限公司（下称第一请求人）于2003年11月12日向专利复审委员会提出无效宣告请求，其理由是本专利不具备专利法第22条所规定的新颖性和创造性，并且不符合专利法实施细则第2条第2款的规定，所提供的如下：

附件1.1：93241472.9号实用新型专利说明书，授权公告日为1994年8月3日；

附件1.2：92214876.7号实用新型专利说明书，授权公告日为1993年3月24日；

附件1.3：95214783.1号实用新型专利说明书，授权公告日为1997年2月26日；

附件1.4：95231902.0号实用新型专利说明书，授权公告日为1997年2月26日。

第一请求人认为：权利要求1相对于附件1.1不具备新颖性，相对于附件1.1和1.2的结合或者附件1.1和1.3的结合不具备创造性；权利要求5的6的附加技术特征分别被附件1.4和附件1.2所披露，因而不具备新颖性；权利要求2、3的附加技术特征是常规的技术手段，因而不具备创造性；权利要求4没有结构特征，不属于实用新型的保护范围，不符合专利法实施细则第2条第2款的规定。

经形式审查合格后，专利复审委员会于2003年11月27日受理了上述请求（案件编号为5W05476），同时将第一请求人的上述无效宣告请求书及其相关文件的副本转送给专利权人，要求其在指定的期限内答复。

2003年12月11日，第一请求人提交了意见陈述书，并补充了8份证据，其中一份证据同附件1.2，另外的7份证据如下（编号续前）：

附件1.5：93235627.3号实用新型专利说明书，授权公告日为1995年1月18日；

附件1.6：94216962.X号实用新型专利说明书，授权公告日为1995年3月29日；

附件1.7：94239655.3号实用新型专利说明书，授权公告日为1995年11月29日；

附件1.8：US4021871号美国专利说明书及中文译文，公开日为1977年5月10日；

附件1.9：95231863.6号实用新型专利说明书，授权公告日为1997年1月1日；

附件1.10：95246573.6号实用新型专利说明书，授权公告日为1996年11月13日；

附件1.11：GB2187113号英国专利说明书及中文译文，公开日为1987年9月3日；

第一请求人在意见陈述书中指出，分别以三种证据的使用方式评价本专利权利要求1~6的创造性，三种方式所引用的对比文件分别为：附件1.5、附件1.6和附件1.2；附件1.7~1.10以及附件1.2；附件1.11。

（1）在第一种证据使用方式中，附件1.5公开了本专利权利要求1的大部分技术特征，其中聚氨酯泡沫8相当于本专利的基座，丝棉布层10相当于本专利的纤维层，瓦楞体5相当于本专利的锯齿形泡棉，其区别点有三：①本专利中的纤维层是间隔铺设，而附件1.5中是连续铺设；②本专利中限定了胶水粘合成型而附件1.5中未明确说明；③附件1.5中的两层丝棉布中间夹有聚氨酯，并非严格意义上的纤维层。上述区别点①没有给技术方案带来更好的效果，对实现发明目的没有实质性影响；区别点②在附件 1.6 中公开；区别点③没有导致产品在形状、构造或其结合上有所变化，因此权利要求 1 相对于附件 1.5 和 1.6 的结合不具备创造性。权利要求 2 的附加技术特征是容易想到的；权利要求 3 中有关胶水粘结的技术特征在附件 1.6 中给出了启示，权利要求 4、5 的附加技术特征在附件 1.5 的启示下很容易想到，权利要求 6 的附加技术特征在附件 1.2 中公开。

（2）在第二种证据使用方式中，附件 1.7 公开了本专利权利要求 1 的大部分技术特征，其中面层 5 相当于本专利的锯齿形泡棉，底层 4 相当于本专利的基座，二者粘合而成，其区别点有二：①本专利在基座上铺设有纤维层；②纤维层为彼此间隔铺设。上述区别点①在附件 1.8 中公开，而区别点②是在附件 1.8 的启示下很容易想到的。权利要求 2 的附加技术特征除材料特征之外在附件 1.9 和 1.10 中公开，而材料特征在实用新型创造性中不考虑；权利要求 3 的附加技术特征除结合方式的技术特征外在附件 1.9 中公开，而方法特征在实用新型创造性中不考虑；权利要求 4 的附加技术特征在附件 1.7 或者 1.8 中都已公开；权利要求 5 的附加技术特征是显而易见的；权利要求 6 的附加技术特征在附件 1.2 中公开。

（3）在第三种证据使用方式中，附件 1.11 中的聚氨酯泡沫 11、12 分别相当于本专利的锯齿形泡棉和泡棉基座，内部芯层 10 相当于本专利的纤维层，上下泡沫通过粘合剂与内部芯层 10 结合在一起，权利要求 1 与附件 1.11 的区别在于纤维层间隔铺设在泡棉基座 1 的上下或左右。而上述区别技术特征无需创造性劳动就能实现，因此权利要求 1 相对于附件 1.11 不具备创造性。权利要求 4 的附加技术特征是本领域技术人员很容易想到的，因而也不具备创造性。

专利权人于 2003 年 12 月 18 日针对第一请求人于 2003 年 11 月 12 日提交的无效宣告请求书陈述了意见，认为本专利与附件 1.1~1.4 相比具备新颖性和创造性。

针对上述同一专利权，江苏悦尔健康用品有限公司（下称第二请求人）于 2004 年 1 月 16 日向专利复审委员会提出无效宣告请求，其理由是本专利不具备专利法第 22 条第 3 款所规定的创造性，所提供的如下：

附件 2.1：92242948.0 号实用新型专利说明书，授权公告日为 1993 年 8 月 25 日；

附件 2.2：特开平 9-37909 号日本公开特许公报及中文译文，公开日为 1997 年 2 月 10 日；

附件 2.3：92214876.7 号实用新型专利说明书，授权公告日为 1993 年 3 月 24 日（同附件 1.2）。

第二请求人认为，本专利权利要求 1 的技术方案与附件 2.1 相比仅存在两点区别，其一是材料上的不同，该区别在实用新型的创造性审查中应当不予考虑，其二是权利要求 1 中的三层结构之间采用胶水粘合定型，该区别是日常生活中的常用技术手段，因而权利要求 1 相对于附件 2.1 不具备专利法 22 条第 3 款所规定的创造性。此外，本专利从属权利要求 2~6 的附加技术特征在不考虑材料和方法特征的前提下，已在附件 2.2 或 2.3 中公开，或者是本领域技术人员容易想到的，因而也不具备专利法 22 条第 3 款所规定的创造性。

经形式审查合格后，专利复审委员会于 2004 年 2 月 10 日受理了上述无效宣告请求（案件编号为 5W05642），同时将第二请求人的上述无效宣告请求书及其相关文件的副本转送给专利权人，并要求其在指定的期限内答复。

针对第二请求人的无效宣告请求，专利权人于 2004 年 3 月 5 日寄交了意见陈述书，指出附件 2.1 没有公开锯齿形泡棉、纤维层的存在，附件 2.2 为多层枕，并且没有公开锯齿形泡棉以及纤维层和基座的连接结构，附件 2.3 与本专利没有关系。

专利复审委员会依法成立合议组对上述两项无效宣告请求进行了审理，并于 2004 年 8 月 31 日作出第 6374 号无效宣告请求审查决定（下称第 6374 号无效决定）。第 6374 号无效决定认为：经比较，附件 2.1 是本专利最接近的现有技术，该附件 2.1 枕头底部的海绵层相当于本专利的基座，在底部上面且上、下间隔铺设的填充物对应于本专利的间隔铺设的纤维层，填充物外的海绵外套与本专利纤维层外的泡棉相对应；虽然本专利的权利要求 1 中还包括纤维层左右间隔铺设的情况，但是说明书未体现出左、右设置比上、下设置具有更好的效果，因此两种铺设方式在效果上是等同的；此外，在权利要求 1 中还限定了泡棉基座与表层泡棉之间的连接关系，但是其限定的结果为表层泡棉与基座之间粘合定型，即二者为固定连接，这与附件 2.1 中表层与底层的一体连接的结构没有区别，综上所述，本专利权利要求 1 与附件 2.1 相比区别在于，附件 2.1 没有公开顶部泡棉为锯齿形，但是，将枕头中与人体接触的上表面设计为锯齿状的目的是为了起到按摩作用，而用锯齿状的表面以及类似的有密布均匀突起的表面来实现按摩作用是本领域的公知技术，在附件 2.3（以及附件 1.7）中对这一特征均有记载，本领域技术人员能够很容易地将两者组合，因此权利要求 1 限定的技术方案与现有技术相比不具有实质性的特点和进步，不具备创造性。此外，在不考虑材料特征和方法特征的前提下，权利要求 2 和 3 的附加技术特征在附件 2.2 中公开，权利要求 4 的附加技术特征是本领域的公知常识，权利要求 5 的附加技术特征与附件 2.3 中公开的内容具有实质上相同的技术效果，权利要求 6 的附加技术特征在附件 2.1 中公开。基于上述理由，宣告本专利的权利要求 1~6 全部无效。

专利权人不服第 6374 号无效决定，向北京市第一中级人民法院提起行政诉讼。北京市第一中级人民法院经审理认为，本专利权利要求 1 记载的泡棉、纤维、无纺布为材料特征，对其结构没有进一步限定，本身也不具有结构特征的含义；此外粘合属于对产品的形状、构造或者其结合产生影响的方法特征，专利复审委员会在第 6374 号无效决定中对粘合本身不予考虑并无不妥，因其在评述权利要求 1 的创造性时认定了泡棉与基座之间的粘合定型是固定连接，表明已经考虑了粘合的引入使得权利要求 1 中枕垫装置所发生的在形状、构造或其结合上的变化。因此北京市第一中级人民作出（2004）一中行初字第 1009 号行政判决书，维持专利复审委员会第 6374 号无效决定。

专利权人不服上述判决，向北京市高级人民法院提起上诉，请求撤销一审判决和专利复审委员会第 6374 号无效决定。经审理，北京市高级人民法院作出（2005）高行终字第 399 号行政判决书，判决书中认为，本专利权利要求 1 中记载的锯齿形泡棉、纤维层、三维卷曲中空纤维是本专利产品的具体组成部件，这种组成部件是形状或结构特征，而非单纯的泡棉、纤维等材料特征；此外，权利要求 1 中记载的结合成型，应当认定是一种连接关系，属于实用新型专利需要考虑的因素，而非一种单纯的方法特征；上述技术特征共同部分组成了特定结构并实现了特定的技术效果，属于实用新型专利的保护范围，应当予以保护。因此，专利复审委员会和一审法院以权利要求 1 中包含泡棉、纤维、无纺布、三维卷曲中空纤维等材料特征以及粘合等方法特征为由，对锯齿形形泡棉、纤维层、三维卷曲中空纤维、粘合成型等技术特征及其组成的特定结构未予考虑，有失妥当。本专利与附件 2.1 相比，发明目的、技术方案、技术效果上均有明显不同，专利复审委员会结合附件 2.1、附件 2.2、附件 2.3 不足以否定 97209013.4 号实用新型专利的创造性。综上，一审判决和专利复审委员会第 6374 号无效决定认定事实、适用法律均有不当，应予撤销。

专利复审委员会针对上述两项无效宣告请求重新立案，案件编号分别为 5W08549 和 5W08550。

针对上述两项无效宣告请求，专利复审委员会依法重新成立合议组，根据审查指南第四部分第三章第 4.5 节所规定的“案件的合并审理”原则，本案合议决定对 5W08549 和 5W08550 两件无效宣告请求案进行合并审理。合议组于 2007 年 2 月 6 日向三方当事人发出无效宣告请求口头审理通知书，指出专利复审委员会针对 5W08549 和 5W08550 号无效宣告请求案的合并口头审理定于 2007 年 4 月 12 日举行。

口头审理如期举行，第一请求人、第二请求人和专利权人三方均参加了口头审理。

（1）关于第一请求人的无效宣告请求（案件编号为5W08549）。

在口头审理过程中，第一请求人明确其无效宣告的理由是本专利不符合专利法第22条第3款有关创造性的规定，放弃有关专利法第22条第2款和专利法实施细则第2条第2款的无效宣告理由，放弃附件1.1、1.3、1.4作为证据使用。专利权人对第一请求人提交的证据的真实性没有异议，对其中文译文的准确性也没有异议。

第一请求人认为，三种证据的组合方式可以破坏本专利的创造性，即附件1.5、附件1.6和附件1.2的结合，其中附件1.5是最接近的对比文件；附件1.7~1.10以及附件1.2的结合，其中附件1.7是最接近的对比文件；以及附件1.11。具体理由与之前提交的意见陈述（即2003年12月11日提交的意见陈述书）中相同。

专利权人认为，第一请求人的三种证据使用方式都无法破坏本专利的创造性，本专利中的纤维层有透气、防老化促进汗液挥发的作用，纤维层间隔铺设有塑型、固型、透气的效果，粘合有规模化生产的功用。附件1.5中使用的气囊没有透气效果，丝棉布10与纤维层作用不一样，是包在枕芯外的，附件1.6也没有纤维层结构，只是将两个不同的材料结合在一起。附件1.7中没有纤维层，也没有纤维层于泡棉底座之间的具体连接结构，附件1.7、和1.8都没有披露本专利中纤维层间隔铺设的特征，也没有相应的技术效果。附件1.11没有揭示本专利权利要求1的技术特征，其中使用的粘合剂所起到的作用与本专利不同，并且其限定于床垫。

（2）关于第二请求人的无效宣告请求（案件编号为5W08550）。

在口头审理过程中，第二请求人坚持认为本专利相对于附件2.1和2.3的结合不具备创造性，并表示附件2.1为本专利最接近的对比文件，附件2.1的外套相当于本专利的泡棉，棉布3和药芯相当于本专利的纤维层，附图标记为5的部件可以是弹簧或者海棉，附件2.3公开了锯齿型的泡棉以及粘结的成型方式。专利权人对第二请求人提交的证据的真实性没有异议，对其中文译文的准确性也没有异议，但认为：附件2.1中标号3的部件不能相当于本专利的纤维层，其与药芯不是一个结构；此外，附件2.1所要达到的效果是将挥发的药粉气体加热进入人体，而与本专利所要达到的透气、固型塑型的效果不同；附件2.3的连接方式与本专利中的机构连接方式不同。

口头审理结束后，专利权人于2007年4月19日向专利复审委员会寄交了意见陈述书，对5W08549和5W08550号无效宣告请求案的案由和口头审理意见进行了归纳总结，重申了其认为本专利权利要求1~6具备创造性的理由。

至此，合议组认为本案的事实已清楚，作出如下决定。

二、决定的理由

1. 无效宣告请求的理由

由于在2007年4月12日举行的口头审理中，第一请求人放弃了本专利不符合专利法第22条第2款和专利法实施细则第2条第2款的无效宣告理由，故第一请求人和第二请求人针对本专利所提出的全部无效宣告理由和范围为权利要求1~6不具备专利法第22条第3款规定的创造性。

2. 证据的认定

第一请求人在提出无效宣告请求时提交了附件1.1~1.4，在之后一个月的期限内补充提交了附件1.5~1.11，在口头审理过程中第一请求人明确放弃附件1.1、1.3、1.4作为证据使用，专利权人对第一请求人提交的作为证据使用的附件真实性和其中外文专利文献的中文译文准确性没有异议。合议组经审查认为，附件1.2、1.5~1.11可以作为本案的证据使用，并且上述附件均是本专利申请日之前公开的专利文件，其上记载的内容构成本专利的现有技术。鉴于专利权人对外文证据即附件1.8、1.11的中文译文准确性无异议，故该附件1.8、1.11文字部分的内容以其中文译文为准。

第二请求人在无效宣告程序中共提交了三份附件作为证据使用，即附件 2.1~2.3，专利权人对其真实性和其中外文专利文献的中文译文准确性没有异议。合议组经审查认为，附件 2.1~2.3 可以作为本案的证据使用，并且上述附件均是本专利申请日之前公开的专利文件，其上记载的内容构成本专利的现有技术。鉴于专利权人对外文证据即附件 2.2 的中文译文准确性无异议，故该附件 2.2 文字部分的内容以其中文译文为依据。

3. 关于权利要求的创造性

专利法第 22 条第 3 款规定，创造性是指同申请日以前已有的技术相比，该发明有突出的实质性特点和显著的进步，该实用新型有实质性特点和进步。

如果请求保护的技术方案与对比文件相比存在区别，并且该区别相对于对比文件来说是非显而易见的并为请求保护的技术方案带来了有益的技术效果，则该请求保护的技术方案相对于对比文件具备创造性。

（1）关于第一请求人的证据是否影响本专利的创造性。

第一请求人共提出三种证据的使用方式来评价本专利的创造性，即附件 1.5、附件 1.6 和附件 1.2 的结合；附件 1.7~1.10 以及附件 1.2 的结合；以及附件 1.11。

①在第一种证据使用方式中，第一请求人认为附件 1.5 是最接近的对比文件，本专利的权利要求 1~5 相对于附件 1.5 和附件 1.6 的结合不具备创造性，权利要求 6 的附加技术特征在附件 1.2 中公开。

经审理查明，附件 1.5 公开了一种现代人功能枕，包括枕芯、枕套，其中枕芯包括内芯 8 和枕面 7，枕面 7 是排列成四方连续的瓦楞体 5，枕芯正面上下两侧设有两个直径不等的气袋 11、12，中部下凹弧形由聚氨酯泡沫填充，在气袋 11、12 及聚氨酯泡沫外，由两层丝棉布层 10 中间夹有聚氨酯层 9 包覆（参见附件 1.5 说明书第 2~3 页）。

附件 1.6 公开了一种枕头，枕体分为表层和内层两部分，表层由柔软泡棉制成，四周边一体密接封合，内层由一半柔软泡棉 20 与一半高弹性泡棉 30 以上下或者前后的方式粘接复合为一体，构成上下或者前后分别具有不同柔软弹性的枕体（参见附件 1.6 说明书第 2~3 页和附图）。

可见，本专利与附件 1.5、附件 1.6 都涉及一种枕垫装置，并且它们的主要构造都包括一个中间形成空腔的外围构件（即附件 1.5 中的丝棉布层 10、附件 1.6 中的柔软泡棉表层 10、以及本专利中的锯齿形泡棉 4 与基座 1 的结合）和填塞在该空腔中的的填充物（即附件 1.5 中的聚氨酯泡沫和两个气袋、附件 1.6 中的柔软泡棉和高弹性泡棉的结合体、以及本专利中的纤维层 2）。

然而，附件 1.5 和 1.6 中均没有公开本专利权利要求 1 技术方案中的如下技术特征：纤维层 2 间隔铺设在泡棉基座 1 的上、下或左、右，并且所述泡棉基座 1 与锯齿形泡棉 4 直接通过胶水 3 粘合成型，或者所述泡棉基座 1 与锯齿形泡棉 4 通过其间纤维层 2 粘合定型。上述技术特征表明，本专利中作为填充物的纤维层铺设在泡棉基座与锯齿形泡棉部分粘合形成的、具有上下或者左右间隔的空腔内，因而本专利的枕垫装置的上述结构明显不同于附件 1.5 和 1.6 中填充物连续铺设在空腔内的技术方案。并且由于纤维层的间隔铺设具有塑型、固型、透气的作用，故上述技术特征也为本专利带来了有益的技术效果，而附件 1.5 和 1.6 并未给出应用权利要求 1 中的上述结构以达到所述塑型等技术效果的技术启示。因此，本专利权利要求 1 的技术方案相对于附件 1.5 和 1.6 的结合具有实质性特点和进步，符合专利法第 22 条第 3 款有关创造性的规定。

第一请求人认为，附件 1.5 中的内芯 8 相当于本专利的基座，丝棉布层 10 相当于本专利的纤维层，瓦楞体 5 的相当于本专利的锯齿形泡棉，同时纤维层的间隔铺设相对于连续铺设在枕垫柔软舒适度方面并没有产生更好的效果。对此合议组认为，首先，本专利中的基座 1 是一个起底部支撑作用板块，纤维层 2 是位于基座 1 和锯齿形泡棉 4 之间的空腔内起透气柔软填充作用填充物；而附件 1.5 的内芯 8 是由聚氨酯泡沫和两个气袋组成、起固型填充作用的填充物，丝棉布层 10 是包覆在内芯外起包裹固定作用的夹层结构，因而附件 1.5 的内芯 8 和丝棉布层 10 与本专利的基座和纤维层结构和作用均不相同，并不存在以上对应关系；其次，如上面所述，纤维层的间隔铺设容易塑型和固型且透气更好，因而应当认为其相对于连续铺设来说具有有益的技术效果。

鉴于本专利独立权利要求 1 相对于附件 1.5 和 1.6 的结合具备创造性，因而其从属权利要求 2~5 相对于附件 1.5 和 1.6 的结合也具备专利法第 22 条第 3 款规定的创造性；此外，由于从属权利要求 6 引用的权利要求 4 相对于附件 1.5 和 1.6 的结合具备创造性，即使其附加技术特征在附件 1.2 中公开，该从属权利要求 6 相对于附件 1.5、1.6 和 1.2 的结合也具备专利法第 22 条第 3 款规定的创造性。

②在第二种证据使用方式中，第一请求人认为附件 1.7 是最接近的对比文件，本专利的权利要求 1、4、5 相对于附件 1.7 和附件 1.8 的结合不具备创造性，权利要求 2、3 的附加技术特征除在实用新型创造性中不应考虑的材料特征和方法特征之外，均在附件 1.9 和 1.10 中公开，权利要求 6 的附加技术特征在附件 1.2 中公开。

经审理查明，附件 1.7 公开了一种颈椎保健枕头，包括一枕芯 2，枕芯由聚氨酯泡沫塑料制成的底层 4 和面层 5 粘合而成，面层 5 为带锥形凸齿的等厚度层，底层 4 顶面为大波浪形，当底层 4 与面层 5 粘合后枕面沿枕芯横向成大波浪形（参见附件 1.7 说明书第 1 页）。

附件 1.8 公开了一种枕垫，由上下两层弹性泡棉通过受热或受压或粘合剂连接而成，该上下两层泡棉相对的表面分别具有有序的凸起，在上下泡棉形成的空腔中填充有纤维材料（参见附件 1.8 中文译文第 1 页）。

可见，上述附件 1.7 和 1.8 中均未公开本专利权利要求 1 中“纤维层 2 间隔铺设在泡棉基座 1 的上、下或左、右”、“或者所述泡棉基座 1 与锯齿形泡棉 4 通过其间纤维层 2 粘合定型”的技术特征。该区别技术特征使本专利的枕垫结构与附件 1.7 和 1.8 明显不同，且为本专利的枕垫装置带来了塑型、固型、透气的技术效果，附件 1.7 和 1.8 中也没有就所述区别技术特征给出相应的技术启示。因此，本专利权利要求 1 的技术方案相对于附件 1.7 和 1.8 的结合具有实质性特点和进步，符合专利法第 22 条第 3 款有关创造性的规定。

第一请求人认为，根据附件 1.7 中枕头底层具有凸起而形成大波浪形状和附件 1.8 中纤维材料填充在空腔内，本领域技术人员根据枕芯所需的形状很容易想到用形成波峰的位置填充纤维材料来代替底层上形成的凸起，即形成纤维材料彼此间隔的设置。对此合议组认为，由于附件 1.7 中为了达到枕头形状依托住人体颈椎的目的，特意将枕头的底层设计成特殊尺寸的波浪形，并使具有凸齿的面层完全粘合底层上以免改变底层的固定形状，如果将附件 1.7 中的枕头变成三层夹层构造，其底层的特殊设计就失去了意义，故附件 1.7 的枕头与附件 1.8 中具有空腔的三层枕垫结构具有较大不同，其中并不存在促使本领域技术人员将二者相结合以实现纤维层的间隔铺设结构的技术启示，即对于本领域技术人员来说将两者结合获得本专利的技术方案尚需付出创造性的劳动，因而对第一请求人的上述主张合议组不予支持。

鉴于独立权利要求 1 相对于附件 1.7 和 1.8 的结合具备创造性，其从属权利要求 4 和 5 相对于附件 1.7 和 1.8 的结合也具备创造性。此外，由于从属权利要求 2、3 和 6 分别引用的权利要求 1、2 和 4 相对于附件 1.7 和 1.8 的结合具备创造性，即使其附加技术特征在附件 1.9、1.10 或者 1.2 中有所披露，该从属权利要求 2、3 和 6 相对于附件 1.7、1.8 以及附件 1.9、1.10 和/或 1.2 的结合也具备专利法第 22 条第 3 款规定的创造性。

③在第三种证据使用方式中，第一请求人认为本专利的权利要求1、4相对于附件1.11不具备创造性。

经审理查明，附件1.11涉及一种用于床垫或类似产品的材料，包括夹在两层聚氨酯泡沫11和12之间的内芯材料，并通过粘合剂粘合在一起，其外部还包括多层外包裹层13。

第一请求人认为，附件1.11中的聚氨酯泡沫11、12分别相当于本专利的锯齿形泡棉和泡棉基座，内芯10相当于本专利的纤维层。对此合议组认为，首先，附件1.11中同样没有公开本专利权利要求1中有关纤维层间隔铺设的技术特征，进而不具有间隔铺设所具有的技术效果；其次，本专利中的枕垫装置通过泡棉基座与锯齿形泡棉的部分粘合形成了填塞纤维层的闭合空腔，而附件1.11中聚氨酯泡沫11、12并不具有直接粘合的部分，而是由内芯10相隔开，构成的三明治结构，因此本专利与附件1.11并不存在第一请求人主张的以上对应关系；除此之外，附件1.11涉及的一种床垫或类似产品，与本专利的枕垫装置有所区别。因此，权利要求1的技术方案相对于附件1.11的具有实质性特点和进步，符合专利法第22条第3款有关创造性的规定。

鉴于独立权利要求1相对于附件1.11具备创造性，其从属权利要求4相对于附件1.11也具备创造性。

（2）关于第二请求人的证据是否影响本专利的创造性。

第二请求人共提交了三份证据，即附件2.1~2.3，其主张本专利权利要求1相对于附件2.1和2.3的结合不具备创造性，其中最接近的对比文件是附件2.1，权利要求2~6的附加技术特征在附件2.2或者附件2.3中公开。

北京市高级人民法院（2005）高行终字第399号行政判决书中认定，本专利与附件2.1相比，发明目的、技术方案、技术效果上均有明显不同，附件2.1、附件2.2、附件2.3的结合不足以否定97209013.4号实用新型专利的创造性。因而认为专利复审委员会应当就本案争议专利的创造性问题重新进行审查。

经合议组审查，本无效宣告请求案应当适用2006年7月1日起施行的审查指南的规定。2006版审查指南第四部分第六章第4节规定，在实用新型专利创造性的审查中，应当考虑其技术方案中的所有技术特征，包括材料特征和方法特征。

在本案中，附件2.1公开了一种颈康枕，其外形为人体颈、头部的生理曲度，即呈两个间隔凸形，其外套用棉布和一层海绵制成，两个凸形中分别填充中药芯，中药芯下设电热垫，电热垫和中药芯下放一层棉布3，棉布3下面放弹簧或海绵（参见附件2.1说明书）；附件2.3公开了一种保健枕，其由凸形枕拱架1和粘结或螺栓连接在枕拱架1上的乳头板8构成，乳头板8上密布有柔性按摩乳头9，乳头板8与枕拱架1之间设有一柔性物质层6，所述乳头板8、柔性物质层6及枕拱架1上对应开有若干通气孔（参见附件2.3说明书及附图）。第二请求人认为，附件2.1中的外套相当于本专利中的泡棉，棉布3和药芯相当于本专利中的纤维层。对此合议组认为，本专利权利要求1中的纤维层结构是柔软、透气性的填充物，而附件2.1中枕头的填充物为中药芯，根据说明书的记载，其主要成分是薄荷、丹参等中药粉，而由本领域常识可知，中药粉的质地相对较硬而致密，故其主要作用是为了发挥药效，并没有柔软、透气的技术效果，而棉布3仅为单层，设置于中药芯下方，其也没有作为柔软填充物的作用，因此附件2.1中的中药芯和棉布层与本专利的纤维层不同；而且附件2.1的目的是提供一种符合人体生理曲度的保健药枕，如果将其中的硬质填充物中药芯替换成柔软纤维材料，就不能实现其发明目的，因而附件2.1中也不存在促使本领域技术人员将其中的填充物替换为纤维层的技术启示。此外，尽管附件2.3中的乳头板相当于本专利中的锯齿型泡棉，并且其中公开了粘合成型的连接方式，但其同样没有公开纤维层的技术特征，也未给出在枕垫装置中应用纤维层以解决现有技术问题的技术启示。综上，附件 2.1 和 2.3 中均未公开本专利权利要求 1 中所述纤维层的技术特征，且没有就该区别技术特征给出相应的技术启示，而该技术特征为本专利带来了有益的技术效果，故本专利权利要求 1 的技术方案相对于附件 2.1 和 2.3 的结合具有实质性特点和进步，符合专利法第 22 条第 3 款有关创造性的规定。

鉴于本专利独立权利要求 1 相对于附件 2.1 和 2.3 的结合具备创造性，因而其从属权利要求 2~5 相对于附件 2.1 和 2.3 的结合也具备专利法第 22 条第 3 款规定的创造性；此外，由于从属权利要求 6 引用的权利要求 4 相对于附件 2.1 和 2.3 的结合具备创造性，即使其附加技术特征在附件 2.2 中公开，该从属权利要求 6 相对于附件 2.1、2.2 和 2.3 的结合也具备专利法第 22 条第 3 款规定的创造性。

综上所述，第一请求人和第二请求人提出的所有证据组合方式均不足以破坏本专利的创造性，本专利的权利要求 1~6 符合专利法第 22 条第 3 款的规定。

基于以上事实和理由，本案合议组依法作出如下审查决定。

三、决定

维持 97209013.4 号实用新型专利权有效。

当事人对本决定不服的，可以根据专利法第 46 条第 2 款的规定，在收到本决定之日起三个月内向北京市第一中级人民法院起诉。根据该款的规定，一方当事人起诉后，另一方当事人可以作为第三人参加诉讼。

北京市第一中级人民法院
行政判决书

（2007）一中行初字第 1480 号

原告南京中脉科技发展有限公司，住所地江苏省南京市浦口经济开发区浦珠路 8 号。

法定代表人王尢山，董事长。

原告江苏悦尔健康用品有限公司，住所地江苏省南京市正洪街 18 号东宇大厦 23 楼 D 座。

法定代表人肖俊方，董事长。

二原告之共同委托代理人顾伯兴，南京众联专利代理有限公司专利代理人。

二原告之共同委托代理人吴永纪，男，南京中脉科技发展有限公司法务总监。

被告国家知识产权局专利复审委员会，住所地北京市海淀区北四环西路 9 号。

法定代表人廖涛，副主任。

委托代理人周航，女，国家知识产权局专利复审委员会审查员。

委托代理人郭鹏鹏，男，国家知识产权局专利复审委员会审查员。

第三人深圳市金士吉康复用品科技有限公司，住所地广东省深圳市南山区西丽平山工业区 23 栋。

法定代表人周升忠，总经理。

委托代理人于军，男，深圳市金士吉康复用品科技有限公司法务专员。

原告南京中脉科技发展有限公司（以下简称南京中脉公司）、江苏悦尔健康用品有限公司（以下简称江苏悦尔公司）不服被告国家知识产权局专利复审委员会专利无效宣告请求审查决定，于 2007 年 10 月 26 日向本院提起行政诉讼。本院受理后，依法组成合议庭并通知被诉具体行政行为的利害关系人深圳市金士吉康复用品科技有限公司作为第三人参加诉讼。本院于2007年12月7日公开开庭审理了本案。原告的委托代理人顾伯兴、吴永纪，被告的委托代理人周航、郭鹏鹏，第三人的委托代理人于军到庭参加了诉讼。本案现已审理终结。

2007年7月17日，被告作出第10276号无效宣告请求审查决定（以下简称第10276号决定），宣告维持97209013.4号实用新型专利权（以下简称本专利）有效。决定认为：

1. 无效宣告请求的理由

由于在2007年4月12日举行的口头审理中，南京中脉公司放弃了本专利不符合《中华人民共和国专利法》（以下简称《专利法》）第二十二条第二款和《中华人民共和国专利法实施细则》（以下简称《专利法实施细则》）第二条第二款的无效宣告理由，故南京中脉公司和江苏悦尔公司针对本专利所提出的全部无效宣告理由和范围为权利要求1~6不具备《专利法》第二十二条第三款规定的创造性。

2. 证据的认定

南京中脉公司在提出无效宣告请求时提交了附件1.1~1.4，在之后一个月的期限内补充提交了附件1.5~1.11，在口头审理过程中南京中脉公司明确放弃附件1.1、1.3、1.4作为证据使用，第三人对南京中脉公司提交的作为证据使用的附件真实性和其中外文专利文献的中文译文准确性没有异议。被告经审查认为，附件1.2、1.5~1.11可以作为本案的证据使用，并且上述附件均是本专利申请日之前公开的专利文件，其上记载的内容构成本专利的现有技术。鉴于专利权人对外文证据即附件1.8、1.11的中文译文准确性无异议，故该附件1.8、1.11文字部分的内容以其中文译文为准。

江苏悦尔公司在无效宣告程序中共提交了三份附件作为证据使用，即附件2.1~2.3，第三人对其真实性和其中外文专利文献的中文译文准确性没有异议。被告经审查认为，附件2.1~2.3可以作为本案的证据使用，并且上述附件均是本专利申请日之前公开的专利文件，其上记载的内容构成本专利的现有技术。鉴于第三人对外文证据即附件2.2的中文译文准确性无异议，故该附件2.2文字部分的内容以其中文译文为依据。

3. 关于权利要求的创造性

（1）关于南京中脉公司的证据是否影响本专利的创造性。

南京中脉公司共提出三种证据的使用方式来评价本专利的创造性，即附件1.5、附件1.6和附件1.2的结合；附件1.7~1.10以及附件1.2的结合；以及附件1.11。

①在第一种证据使用方式中，南京中脉公司认为附件1.5是最接近的对比文件，本专利的权利要求1~5相对于附件1.5和附件1.6的结合不具备创造性，权利要求6的附加技术特征在附件1.2中公开。

附件1.5公开了一种现代人功能枕，包括枕芯、枕套，其中枕芯包括内芯8和枕面7，枕面7是排列成四方连续的瓦楞体5，枕芯正面上下两侧设有两个直径不等的气袋11、12，中部下凹弧形由聚氨酯泡沫填充，在气袋11、12及聚氨酯泡沫外，由两层丝棉布层10中间夹有聚氨酯层9包覆（参见附件1.5说明书第2~3页）。

附件1.6公开了一种枕头，枕体分为表层和内层两部分，表层由柔软泡棉制成，四周边一体密接封合，内层由一半柔软泡棉20与一半高弹性泡棉30以上下或者前后的方式粘接复合为一体，构成上下或者前后分别具有不同柔软弹性的枕体（参见附件1.6说明书第2~3页和附图）。

可见，本专利与附件1.5、附件1.6都涉及一种枕垫装置，并且它们的主要构造都包括一个中间形成空腔的外围构件（即附件1.5中的丝棉布层10、附件1.6中的柔软泡棉表层10，以及本专利中的锯齿形泡棉4与基座1的结合）和填塞在该空腔中的的填充物（即附件1.5中的聚氨酯泡沫和两个气袋、附件 1.6 中的柔软泡棉和高弹性泡棉的结合体，以及本专利中的纤维层 2)。

然而，附件 1.5 和 1.6 中均没有公开本专利权利要求 1 技术方案中的如下技术特征：纤维层 2 间隔铺设在泡棉基座 1 的上、下或左、右，并且所述泡棉基座 1 与锯齿形泡棉 4 直接通过胶水 3 粘合成型，或者所述泡棉基座 1 与锯齿形泡棉 4 通过其间纤维层 2 粘合定型。上述技术特征表明，本专利中作为填充物的纤维层铺设在泡棉基座与锯齿形泡棉部分粘合形成的、具有上下或者左右间隔的空腔内，因而本专利的枕垫装置的上述结构明显不同于附件 1.5 和 1.6 中填充物连续铺设在空腔内的技术方案。并且由于纤维层的间隔铺设具有塑型、固型、透气的作用，故上述技术特征也为本专利带来了有益的技术效果，而附件 1.5 和 1.6 并未给出应用权利要求 1 中的上述结构以达到所述塑型等技术效果的技术启示。因此，本专利权利要求 1 的技术方案相对于附件 1.5 和 1.6 的结合具有实质性特点和进步，符合《专利法》第二十二条第三款有关创造性的规定。

南京中脉公司认为，附件 1.5 中的内芯 8 相当于本专利的基座，丝棉布层 10 相当于本专利的纤维层，瓦楞体 5 相当于本专利的锯齿形泡棉，同时纤维层的间隔铺设相对于连续铺设在枕垫柔软舒适度方面并没有产生更好的效果。对此被告认为，首先，本专利中的基座 1 是一个起底部支撑作用板块，纤维层 2 是位于基座 1 和锯齿形泡棉 4 之间的空腔内起透气柔软填充作用填充物；而附件 1.5 的内芯 8 是由聚氨酯泡沫和两个气袋组成、起固型填充作用的填充物，丝棉布层 10 是包覆在内芯外起包裹固定作用的夹层结构，因而附件 1.5 的内芯 8 和丝棉布层 10 与本专利的基座和纤维层结构和作用均不相同，并不存在以上对应关系；其次，如上面所述，纤维层的间隔铺设容易塑型和固型且透气更好，因而应当认为其相对于连续铺设来说具有有益的技术效果。

鉴于本专利独立权利要求 1 相对于附件 1.5 和 1.6 的结合具备创造性，因而其从属权利要求 2~5 相对于附件 1.5 和 1.6 的结合也具备《专利法》第二十二条第三款规定的创造性；此外，由于从属权利要求 6 引用的权利要求 4 相对于附件 1.5 和 1.6 的结合具备创造性，即使其附加技术特征在附件 1.2 中公开，该从属权利要求 6 相对于附件 1.5、1.6 和 1.2 的结合也具备《专利法》第二十二条第三款规定的创造性。

②在第二种证据使用方式中，南京中脉公司认为附件 1.7 是最接近的对比文件，本专利的权利要求 1、4、5 相对于附件 1.7 和附件 1.8 的结合不具备创造性，权利要求 2、3 的附加技术特征除在实用新型创造性中不应考虑的材料特征和方法特征之外，均在附件 1.9 和 1.10 中公开，权利要求 6 的附加技术特征在附件 1.2 中公开。

附件 1.7 公开了一种颈椎保健枕头，包括一枕芯 2，枕芯由聚氨酯泡沫塑料制成的底层 4 和面层 5 粘合而成，面层 5 为带锥形凸齿的等厚度层，底层 4 顶面为大波浪形，当底层 4 与面层 5 粘合后枕面沿枕芯横向成大波浪形（参见附件 1.7 说明书第 1 页）。

附件 1.8 公开了一种枕垫，由上下两层弹性泡棉通过受热或受压或粘合剂连接而成，该上下两层泡棉相对的表面分别具有有序的凸起，在上下泡棉形成的空腔中填充有纤维材料（参见附件 1.8 中文译文第 1 页）。

可见，上述附件 1.7 和 1.8 中均未公开本专利权利要求 1 中“纤维层 2 间隔铺设在泡棉基座 1 的上、下或左、右”、“或者所述泡棉基座 1 与锯齿形泡棉 4 通过其间纤维层 2 粘合定型”的技术特征。该区别技术特征使本专利的枕垫结构与附件 1.7 和 1.8 明显不同，且为本专利的枕垫装置带来了塑型、固型、透气的技术效果，附件 1.7 和 1.8 中也没有就所述区别技术特征给出相应的技术启示。因此，本专利权利要求 1 的技术方案相对于附件 1.7 和 1.8 的结合具有实质性特点和进步，符合《专利法》第二十二条第三款有关创造性的规定。

南京中脉公司认为，根据附件 1.7 中枕头底层具有凸起而形成大波浪形状和附件 1.8 中纤维材料填充在空腔内，本领域技术人员根据枕芯所需的形状很容易想到用形成波峰的位置填充纤维材料来代替底层上形成的凸起，即形成纤维材料彼此间隔的设置。对此被告认为，由于附件 1.7 中为了达到枕头形状依托住人体颈椎的目的，特意将枕头的底层设计成特殊尺寸的波浪形，并使具有凸齿的面层完全粘合底层上以免改变底层的固定形状，如果将附件 1.7 中的枕头变成三层夹层构造，其底层的特殊设计就失去了意义，故附件 1.7 的枕头与附件 1.8 中具有空腔的三层枕垫结构具有较大不同，其中并不存在促使本领域技术人员将二者相结合以实现纤维层的间隔铺设结构的技术启示，即对于本领域技术人员来说将两者结合获得本专利的技术方案尚需付出创造性的劳动，因而对南京中脉公司的上述主张被告不予支持。

鉴于独立权利要求 1 相对于附件 1.7 和 1.8 的结合具备创造性，其从属权利要求 4 和 5 相对于附件 1.7 和 1.8 的结合也具备创造性。此外，由于从属权利要求 2、3 和 6 分别引用的权利要求 1、2 和 4 相对于附件 1.7 和 1.8 的结合具备创造性，即使其附加技术特征在附件 1.9、1.10 或者 1.2 中有所披露，该从属权利要求 2、3 和 6 相对于附件 1.7、1.8 以及附件 1.9、1.10 和/或 1.2 的结合也具备《专利法》第二十二条第三款规定的创造性。

③在第三种证据使用方式中，南京中脉公司认为本专利的权利要求 1、4 相对于附件 1.11 不具备创造性。

附件 1.11 涉及一种用于床垫或类似产品的材料，包括夹在两层聚氨酯泡沫 11 和 12 之间的内芯材料，并通过粘合剂粘合在一起，其外部还包括多层外包裹层 13。

南京中脉公司认为，附件 1.11 中的聚氨酯泡沫 11、12 分别相当于本专利的锯齿形泡棉和泡棉基座，内芯 10 相当于本专利的纤维层。对此被告认为，首先，附件 1.11 中同样没有公开本专利权利要求 1 中有关纤维层间隔铺设的技术特征，进而不具有间隔铺设所具有的技术效果；其次，本专利中的枕垫装置通过泡棉基座与锯齿形泡棉的部分粘合形成了填塞纤维层的闭合空腔，而附件 1.11 中聚氨酯泡沫 11、12 并不具有直接粘合的部分，而是由内芯 10 相隔开，构成的三明治结构，因此本专利与附件 1.11 并不存在南京中脉公司主张的以上对应关系；除此之外，附件 1.11 涉及的一种床垫或类似产品，与本专利的枕垫装置有所区别。因此，权利要求 1 的技术方案相对于附件 1.11 具有实质性特点和进步，符合《专利法》第二十二条第三款有关创造性的规定。

鉴于独立权利要求 1 相对于附件 1.11 具备创造性，其从属权利要求 4 相对于附件 1.11 也具备创造性。

（2）关于江苏悦尔公司的证据是否影响本专利的创造性。

江苏悦尔公司共提交了三份证据，即附件 2.1~2.3，其主张本专利权利要求 1 相对于附件 2.1 和 2.3 的结合不具备创造性，其中最接近的对比文件是附件 2.1，权利要求 2~6 的附加技术特征在附件 2.2 或者附件 2.3 中公开。

北京市高级人民法院（2005）高行终字第 399 号行政判决书中认定，本专利与附件 2.1 相比，发明目的、技术方案、技术效果上均有明显不同，附件 2.1、附件 2.2、附件 2.3 的结合不足以否定 97209013.4 号实用新型专利的创造性。因而认为被告应当就本案争议专利的创造性问题重新进行审查。

经被告审查，本无效宣告请求案应当适用 2006 年 7 月 1 日起施行的《审查指南》的规定。2006 版审查指南第四部分第六章第 4 节规定，在实用新型专利创造性的审查中，应当考虑其技术方案中的所有技术特征，包括材料特征和方法特征。

在本案中，附件 2.1 公开了一种颈康枕，其外形为人体颈、头部的生理曲度，即呈两个间隔凸形，其外套用棉布和一层海绵制成，两个凸形中分别填充中药芯，中药芯下设电热垫，电热垫和中药芯下放一层棉布3，棉布3下面放弹簧或海绵（参见附件2.1说明书）；附件2.3公开了一种保健枕，其由凸形枕拱架1和粘结或螺栓连接在枕拱架1上的乳头板8构成，乳头板8上密布有柔性按摩乳头9，乳头板8与枕拱架1之间设有一柔性物质层6，所述乳头板8、柔性物质层6及枕拱架1上对应开有若干通气孔（参见附件2.3说明书及附图）。江苏悦尔公司认为，附件2.1中的外套相当于本专利中的泡棉，棉布3和药芯相当于本专利中的纤维层。对此被告认为，本专利权利要求1中的纤维层结构是柔软、透气性的填充物，而附件2.1中枕头的填充物为中药芯，根据说明书的记载，其主要成分是薄荷、丹参等中药粉，而由本领域常识可知，中药粉的质地相对较硬而致密，故其主要作用是为了发挥药效，并没有柔软、透气的技术效果，而棉布3仅为单层，设置于中药芯下方，其也没有作为柔软填充物的作用，因此附件2.1中的中药芯和棉布层与本专利的纤维层不同；而且附件2.1的目的是提供一种符合人体生理曲度的保健药枕，如果将其中的硬质填充物中药芯替换成柔软纤维材料，就不能实现其发明目的，因而附件2.1中也不存在促使本领域技术人员将其中的填充物替换为纤维层的技术启示。此外，尽管附件2.3中的乳头板相当于本专利中的锯齿型泡棉，并且其中公开了粘合成型的连接方式，但其同样没有公开纤维层的技术特征，也未给出在枕垫装置中应用纤维层以解决现有技术问题的技术启示。综上，附件2.1和2.3中均未公开本专利权利要求1中所述纤维层的技术特征，且没有就该区别技术特征给出相应的技术启示，而该技术特征为本专利带来了有益的技术效果，故本专利权利要求1的技术方案相对于附件2.1和2.3的结合具有实质性特点和进步，符合《专利法》第二十二条第三款有关创造性的规定。

鉴于本专利独立权利要求1相对于附件2.1和2.3的结合具备创造性，因而其从属权利要求2~5相对于附件2.1和2.3的结合也具备《专利法》第二十二条第三款规定的创造性；此外，由于从属权利要求6引用的权利要求4相对于附件2.1和2.3的结合具备创造性，即使其附加技术特征在附件2.2中公开，该从属权利要求6相对于附件2.1、2.2和2.3的结合也具备《专利法》第二十二条第三款规定的创造性。

综上所述，南京中脉公司和江苏悦尔公司提出的所有证据组合方式均不足以破坏本专利的创造性，本专利的权利要求1~6符合《专利法》第二十二条第三款的规定。

被告在法定的举证期限内向本院提交并经庭审质证的证据有：（1）专利号为97209013.4的中国实用新型专利说明书，即本专利；（2）附件1.2：92214876.7号实用新型专利说明书，授权公告日为1993年3月24日；（3）附件1.5：93235627.3号实用新型专利说明书，授权公告日为1995年1月18日；（4）附件1.6：94216962.X号实用新型专利说明书，授权公告日为1995年3月29日；（5）附件1.7：94239655.3号实用新型专利说明书，授权公告日为1995年11月29日；（6）附件1.8：US4021871号美国专利说明书及中文译文，公开日为1977年5月10日；（7）附件1.9：95231863.6号实用新型专利说明书，授权公告日为1997年1月1日；（8）附件1.10：95246573.6号实用新型专利说明书，授权公告日为1996年11月13日；（9）附件1.11：GB2187113号英国专利说明书及中文译文，公开日为1987年9月3日；（10）附件2.1：92242948.0号实用新型专利说明书，授权公告日为1993年8月25日；（11）附件2.2：特开平9-37909号日本公开特许公报及中文译文，公开日为1997年2月10日；（12）附件2.3：92214876.7号实用新型专利说明书，授权公告日为1993年3月24日（同附件1.2）；（13）口头审理记录表附页。上述证据用于证明第10276号决定认定事实清楚、适用法律法规正确、审理程序合法。经本院准许，被告补充提交了北京市高级人民法院（2005）高行终字第399号行政判决书。

二原告诉称：（1）本专利与附件1.5相比较仅存在两点区别，一是本专利权利要求1是间隔铺设，二是胶水粘接，而间隔铺设比连续铺设并没有产生更好的效果，用胶水粘接纤维和泡沫是生活常识，且附件 1.6 中的说明书中公开了这种柔软泡沫“相互粘接复合成一体”的方法。在附件 1.5 基础上加上附件 1.6，所属领域技术人员完全可以想到或得到启示实现本专利权利要求的技术方案，故权利要求 1 不具有创造性。权利要求 2~5 从属于权利要求 1，其进一步限定的技术特征也均被公开，故权利要求 2~5 也不具有创造性。权利要求 6 增加的透气孔的技术特征也被附件 1.2 所公开，同样无创造性。(2) 附件 1.7 与本专利权利要求 1 的区别仅在于所谓间隔铺设在基座上、下或左、右的纤维层 2。而聚氨酯泡沫和纤维层同样都是能达到柔软的技术效果，间隔铺设还是连续铺设同样也没有什么区别。在附件 1.8 中也公开了枕垫内腔中填充纤维填充物包括传统的高密度、高弹性的植物或合成材料，因此，本专利权利要求 1 中的技术特征包括从属权利要求中所进一步限定的无纺布袋中的三维卷曲中空纤维等技术特征也均被公开或者给出了技术启示，因此权利要求 1~6 不具有创造性。(3) 被告认定附件 2.1 中的中药芯和棉布层与本专利的纤维层不同的认识错误，棉布层就是等同于纤维层，附件 2.1、2.3 完全已经公开了在枕垫装置中应用纤维层以解决现有技术问题的技术启示，因此本专利权利要求 1 无创造性，同样其从属权利要求 2~6 也不具有创造性。综上，第 10276 号决定认定事实不清、决定理由不足，请求法院撤销第 10276 号决定，宣告本专利全部无效。

二原告未向本院提交证据。

被告辩称，被告坚持在无效决定中对本专利创造性的评述意见，认为第 10276 号决定认定事实清楚、适用法律正确、审理程序合法，原告的诉讼理由不成立，请求法院依法驳回原告的诉讼请求，维持第 10276 号决定。

第三人认为，第 10276 号决定认定事实清楚、适用法律正确、审理程序合法，请求法院驳回原告的诉讼请求，维持第 10276 号决定。第三人未向本院提交证据。

经庭审质证，二原告对被告提交的证据的关联性、合法性、真实性无异议，但不同意被告主张的证明作用。第三人对被告提交的证据没有异议。本院认为，被告提交的证据与被诉第 10276 号决定有关且合法，各方当事人对其真实性均无异议，能够证明本案的事实，本院予以采纳。

根据上述有效证据及各方当事人在庭审中无争议的陈述，本院确认如下事实：

本案是根据北京市高级人民法院的（2005）高行终字第 399 号行政判决书，撤销被告第 6374 号无效宣告请求审查决定后，被告对 97209013.4 号实用新型专利重新成立合议组进行的审理。

本案涉及申请日为 1997 年 4 月 14 日，授权公告日为 1998 年 9 月 23 日，专利号为 97209013.4，名称为“复合结构的枕垫装置”的实用新型专利权（即本专利）。专利权人是深圳市金吉士实业发展有限公司，2004 年 1 月 16 日变更为深圳市金吉士康复用品科技有限公司（即本案第三人）。

本专利授权公告的权利要求如下：

“1. 一种复合结构的枕垫装置，其特征在于包括泡棉基座 1、间隔铺设在泡棉基座 1 上、下或左、右的纤维层 2 以及设在所述纤维层 2 外围的锯齿形泡棉 4，所述泡棉基座 1 与锯齿形泡棉 4 直接通过胶水 3 粘合成型，或者所述泡棉基座 1 与锯齿形泡棉 4 通过其间纤维层 2 粘合定型。

2. 根据权利要求 1 所述的复合结构的枕垫装置，其特征在于，所述纤维层 2 一个或多个由无纺布袋及装在该无纺布袋中的三维卷曲中空纤维组成。

3. 根据权利要求 2 所述的复合结构的枕垫装置，其特征在于，所述纤维层 2 由多个无纺布袋及装在该无纺布袋中的三维卷曲中空纤维组成时，布袋间用胶水粘合连接。

4. 根据权利要求 1 中任一项所述的复合结构的枕垫装置，其特征在于，所述枕垫装置可以是枕芯、床垫、座垫或靠垫。

5. 根据权利要求 4 所述的复合结构的枕垫装置，其特征在于，在作为枕芯时，所述泡棉基座 1 的侧向剖面一边高另一边低，由高向低直线倾斜，两端呈弧形。

6. 根据权利要求 4 所述的复合结构的枕垫装置，其特征在于，在作为枕垫时，其两侧设有透气孔 5。”

针对上述专利权，南京中脉公司于 2003 年 11 月 12 日向被告提出无效宣告请求，其理由是本专利不具备《专利法》第二十二条所规定的新颖性和创造性，并且不符合《专利法实施细则》第二条第二款的规定，所提供的证据如下：

附件 1.1：93241472.9 号实用新型专利说明书，授权公告日为 1994 年 8 月 3 日；

附件 1.2：92214876.7 号实用新型专利说明书，授权公告日为 1993 年 3 月 24 日；

附件 1.3：95214783.1 号实用新型专利说明书，授权公告日为 1997 年 2 月 26 日；

附件 1.4：95231902.0 号实用新型专利说明书，授权公告日为 1997 年 2 月 26 日。

南京中脉公司认为：权利要求 1 相对于附件 1.1 不具备新颖性，相对于附件 1.1 和 1.2 的结合或者附件 1.1 与 1.3 的结合不具备创造性；权利要求 5、6 的附加技术特征分别被附件 1.4 和附件 1.2 所披露，因而不具备新颖性；权利要求 2、3 的附加技术特征是常规的技术手段，因而不具备创造性；权利要求 4 没有结构特征，不属于实用新型的保护范围，不符合《专利法实施细则》第二条第二款的规定。

经形式审查合格后，被告于 2003 年 11 月 27 日受理了上述请求（案件编号为 5W05476），同时将南京中脉公司的上述无效宣告请求书及其相关文件的副本转送给专利权人，要求其在指定的期限内答复。

2003 年 12 月 11 日，南京中脉公司提交了意见陈述书，并补充了 8 份证据，其中一份证据同附件 1.2，另外的 7 份证据如下（编号续前）：

附件 1.5：93235627.3 号实用新型专利说明书，授权公告日为 1995 年 1 月 18 日；

附件 1.6：94216962.X 号实用新型专利说明书，授权公告日为 1995 年 3 月 29 日；

附件 1.7：94239655.3 号实用新型专利说明书，授权公告日为 1995 年 11 月 29 日；

附件 1.8：US4021871 号美国专利说明书及中文译文，公开日为 1977 年 5 月 10 日；

附件 1.9：95231863.6 号实用新型专利说明书，授权公告日为 1997 年 1 月 1 日；

附件 1.10：95246573.6 号实用新型专利说明书，授权公告日为 1996 年 11 月 13 日；

附件 1.11：GB2187113 号英国专利说明书及中文译文，公开日为 1987 年 9 月 3 日；

南京中脉公司在意见陈述书中指出，分别以三种证据的使用方式评价本专利权利要求 1~6 的创造性，三种方式所引用的对比文件分别为：附件 1.5、附件 1.6 和附件 1.2；附件 1.7~1.10 以及附件 1.2；附件 1.11。

（1）在第一种证据使用方式中，附件 1.5 公开了本专利权利要求 1 的大部分技术特征，其中聚氨酯泡沫 8 相当于本专利的基座，丝棉布层 10 相当于本专利的纤维层，瓦楞体 5 相当于本专利的锯齿形泡棉，其区别点有三：①本专利中的纤维层是间隔铺设，而附件 1.5 中是连续铺设；②本专利中限定了胶水粘合成型而附件 1.5 中未明确说明；③附件 1.5 中的两层丝棉布中间夹有聚氨酯，并非严格意义上的纤维层。上述区别点①没有给技术方案带来更好的效果，对实现发明目的没有实质性影响；区别点②在附件 1.6 中公开；区别点③没有导致产品在形状、构造或其结合上有所变化，因此权利要求 1 相对于附件 1.5 和 1.6 的结合不具备创造性。权利要求 2 的附加技术特征是容易想到的；权利要求 3 中有关胶水粘结的技术特征在附件 1.6 中给出了启示，权利要求 4、5 的附加技术特征在附件 1.5 的启示下很容易想到，权利要求 6 的附加技术特征在附件 1.2 中公开。

（2）在第二种证据使用方式中，附件 1.7 公开了本专利权利要求 1 的大部分技术特征，其中面层 5 相当于本专利的锯齿形泡棉，底层 4 相当于本专利的基座，二者粘合而成，其区别点有二：①本专利在基座上铺设有纤维层；②纤维层为彼此间隔铺设。上述区别点①在附件 1.8 中公开，而区别点②是在附件 1.8 的启示下很容易想到的。权利要求 2 的附加技术特征除材料特征之外在附件 1.9 和 1.10 中公开，而材料特征在实用新型创造性中不考虑；权利要求 3 的附加技术特征除结合方式的技术特征外在附件 1.9 中公开，而方法特征在实用新型创造性中不考虑；权利要求 4 的附加技术特征在附件 1.7 或者 1.8 中都已公开；权利要求 5 的附加技术特征是显而易见的；权利要求 6 的附加技术特征在附件 1.2 中公开。

（3）在第三种证据使用方式中，附件 1.11 中的聚氨酯泡沫 11、12 分别相当于本专利的锯齿形泡棉和泡棉基座，内部芯层 10 相当于本专利的纤维层，上下泡沫通过粘合剂与内部芯层 10 结合在一起，权利要求 1 与附件 1.11 的区别在于纤维层间隔铺设在泡棉基座 1 的上下或左右。而上述区别技术特征无需创造性劳动就能实现，因此权利要求 1 相对于附件 1.11 不具备创造性。权利要求 4 的附加技术特征是本领域技术人员很容易想到的，因而也不具备创造性。

专利权人于 2003 年 12 月 18 日针对南京中脉公司于 2003 年 11 月 12 日提交的无效宣告请求书陈述了意见，认为本专利与附件 1.1~1.4 相比具备新颖性和创造性。

针对上述同一专利权，江苏悦尔公司于 2004 年 1 月 16 日向被告提出无效宣告请求，其理由是本专利不具备《专利法》第二十二条第三款所规定的创造性，所提供的证据如下：

附件 2.1：92242948.0 号实用新型专利说明书，授权公告日为 1993 年 8 月 25 日；

附件 2.2：特开平 9-37909 号日本公开特许公报及中文译文，公开日为 1997 年 2 月 10 日；

附件 2.3：92214876.7 号实用新型专利说明书，授权公告日为 1993 年 3 月 24 日（同附件 1.2）。

江苏悦尔公司认为，本专利权利要求 1 的技术方案与附件 2.1 相比仅存在两点区别，其一是材料上的不同，该区别在实用新型的创造性审查中应当不予考虑，另一区别是权利要求 1 中的三层结构之间采用胶水粘合定型，该区别是日常生活中的常用技术手段，因而权利要求 1 相对于附件 2.1 不具备《专利法》二十二条第三款所规定的创造性。此外，本专利从属权利要求 2~6 的附加技术特征在不考虑材料和方法特征的前提下，已在附件 2.2 或 2.3 中公开，或者是本领域技术人员容易想到的，因而也不具备《专利法》二十二条第三款所规定的创造性。

经形式审查合格后，被告于 2004 年 2 月 10 日受理了上述无效宣告请求（案件编号为 5W05642），同时将江苏悦尔公司的上述无效宣告请求书及其相关文件的副本转送给专利权人，并要求其在指定的期限内答复。

针对江苏悦尔公司的无效宣告请求，专利权人于 2004 年 3 月 5 日寄交了意见陈述书，指出附件 2.1 没有公开锯齿形泡棉、纤维层的存在，附件 2.2 为多层枕，并且没有公开锯齿形泡棉以及纤维层和基座的连接结构，附件 2.3 与本专利没有关系。

被告依法成立合议组对上述两项无效宣告请求进行了审理．并于 2004 年 8 月 31 日作出第 6374 号无效宣告请求审查决定（以下简称第 6374 号无效决定）。第 6374 号无效决定认为：经比较，附件 2.1 是本专利最接近的现有技术，该附件 2.1 枕头底部的海绵层相当于本专利的基座，在底部上面且上、下间隔铺设的填充物对应于本专利的间隔铺设的纤维层，填充物外的海绵外套与本专利纤维层外的泡棉相对应；虽然本专利的权利要求 1 中还包括纤维层左右间隔铺设的情况，但是说明书未体现出左、右设置比上、下设置具有更好的效果，因此两种铺设方式在效果上是等同的；此外，在权利要求 1 中还限定了泡棉基座与表层泡棉之间的连接关系，但是其限定的结果为表层泡棉与基座之间粘合定型，即二者为固定连接，这与附件 2.1 中表层与底层的一体连接的结均没有区别，综上所述，本专利权利要求 1 与附件 2.1 相比区别在于，附件 2.1 没有公开顶部泡棉为锯齿形，但是，将枕头中与人体接触的上表面设计为锯齿状的目的是为了起到按摩作用，而用锯齿状的表面以及类似的有密布均匀突起的表面来实现按摩作用是本领域的公知技术，在附件2.3（以及附件1.7）中对这一特征均有记载，本领域技术人员能够很容易地将两者组合，因此权利要求1限定的技术方案与现有技术相比不具有实质性的特点和进步，不具备创造性。此外，在不考虑材料特征和方法特征的前提下，权利要求2和3的附加技术特征在附件2.2中公开，权利要求4的附加技术特征是本领域的公知常识，权利要求5的附加技术特征与附件2.3中公开的内容具有实质上相同的技术效果，权利要求6的附加技术特征在附件2.1中公开。基于上述理由，宣告本专利的权利要求1~6全部无效。

第三人不服第6374号无效决定，向我院提起行政诉讼。我院经审理认为，本专利权利要求1记载的泡棉、纤维、无纺布为材料特征，对其结构没有进一步限定，本身也不具有结构特征的含义；此外粘合属于对产品的形状、构造或者其结合产生影响的方法特征，被告在第6374号无效决定中对粘合本身不予考虑并无不妥，因其在评述权利要求1的创造性时认定了泡棉与基座之间的粘合定型是固定连接，表明已经考虑了粘合的引入使得权利要求1中枕垫装置所发生的在形状、构造或其结合上的变化。因此我院作出（2004）一中行初字第1009号行政判决书，维持被告第6374号无效决定。

第三人不服上述判决，向北京市高级人民法院提起上诉，请求撤销一审判决和被告第6374号无效决定。经审理，北京市高级人民法院作出（2005）高行终字第399号行政判决书，判决书中认为，本专利权利要求1中记载的锯齿形泡棉、纤维层、三维卷曲中空纤维是本专利产品的具体组成部件，这种组成部件是形状或结构特征，而非单纯的泡棉、纤维等材料特征；此外，权利要求1中记载的结合成型，应当认定是一种连接关系，属于实用新型专利需要考虑的因素，而非一种单纯的方法特征；上述技术特征共同部分组成了特定结构并实现了特定的技术效果，属于实用新型专利的保护范围，应当予以保护。因此，被告和一审法院以权利要求1中包含泡棉、纤维、无纺布、三维卷曲中空纤维等材料特征以及粘合等方法特征为由，对锯齿形泡棉、纤维层、三维卷曲中空纤维、粘合成型等技术特征及其组成的特定结构未予考虑，有失妥当。本专利与附件2.1相比，发明目的、技术方案、技术效果上均有明显不同，被告结合附件2.1、附件2.2、附件2.3不足以否定97209013.4号实用新型专利的创造性。综上，一审判决和被告第6374号无效决定认定事实、适用法律均有不当，应予撤销。

被告针对上述两项无效宣告请求重新立案，案件编号分别为5W08549和5W08550。

针对上述两项无效宣告请求，被告依法重新成立合议组，根据《审查指南》第四部分第三章第4.5节所规定的“案件的合并审理”原则，决定对5W08549和5W08550两件无效宣告请求案进行合并审理。被告于2007年2月6日向三方当事人发出无效宣告请求口头审理通知书，指出被告针对5W08549和5W08550号无效宣告请求案的合并口头审理定于2007年4月12日举行。

口头审理如期举行，南京中脉公司、江苏悦尔公司和第三人三方均参加了口头审理。

（1）关于南京中脉公司的无效宣告请求（案件编号为5W08549）。

在口头审理过程中，南京中脉公司明确其无效宣告的理由是本专利不符合《专利法》第二十二条第三款有关创造性的规定，放弃有关《专利法》第二十二条第二款和《专利法实施细则》第二条第二款的无效宣告理由，放弃附件1.1、1.3、1.4作为证据使用。第三人对南京中脉公司提交的证据的真实性没有异议，对其中文译文的准确性也没有异议。

南京中脉公司认为，三种证据的组合方式可以破坏本专利的创造性，即附件1.5、附件1.6和附件1.2的结合，其中附件1.5是最接近的对比文件；附件1.7~1.10以及附件1.2的结合，其中附件1.7是最接近的对比文件；以及附件1.11。具体理由与之前提交的意见陈述（即2003年12月11日提交的意见陈述书）中相同。

第三人认为，南京中脉公司的三种证据使用方式都无法破坏本专利的创造性，本专利中的纤维层有透气、防老化促进汗液挥发的作用，纤维层间隔铺设有塑型、固型、透气的效果，粘合有规模化生产的功用。附件 1.5 中使用的气囊没有透气效果，丝棉布 10 与纤维层作用不一样，是包在枕芯外的，附件 1.6 也没有纤维层结构，只是将两个不同的材料结合在一起。附件 1.7 中没有纤维层，也没有纤维层于泡棉底座之间的具体连接结构，附件 1.7、和 1.8 都没有披露本专利中纤维层间隔铺设的特征，也没有相应的技术效果。附件 1.11 没有揭示本专利权利要求 1 的技术特征，其中使用的粘合剂所起到的作用与本专利不同，并且其限定于床垫。

（2）关于江苏悦尔公司的无效宣告请求（案件编号为 5W08550）。

在口头审理过程中，江苏悦尔公司坚持认为本专利相对于附件 2.1 和 2.3 的结合不具备创造性，并表示附件 2.1 为本专利最接近的对比文件，附件 2.1 的外套相当于本专利的泡棉，棉布 3 和药芯相当于本专利的纤维层，附图标记为 5 的部件可以是弹簧或者海棉，附件 2.3 公开了锯齿型的泡棉以及粘结的成型方式。第三人对江苏悦尔公司提交的证据的真实性没有异议，对其中文译文的准确性也没有异议，但认为：附件 2.1 中标号 3 的部件不能相当于本专利的纤维层，其与药芯不是一个结构；此外，附件 2.1 所要达到的效果是将挥发的药粉气体加热进入人体，而与本专利所要达到的透气、固型塑型的效果不同；附件 2.3 的连接方式与本专利中的机构连接方式不同。

口头审理结束后，第三人于 2007 年 4 月 19 日向被告寄交了意见陈述书，对 5W08549 和 5W08550 号无效宣告请求案的案由和口头审理意见进行了归纳总结，重申了其认为本专利权利要求 1~6 具备创造性的理由。

在上述工作的基础上，被告作出第 10276 号决定，宣告维持本专利权有效。原告不服该决定，诉至本院。

本院认为，《专利法》第二十二条第三款规定，创造性是指同申请日以前已有的技术相比，该发明有突出的实质性特点和显著的进步，该实用新型有实质性特点和进步。

关于本专利的创造性，被告在第 10276 号决定中针对二原告提出的四种证据使用方式进行了认定，原告仅对其中的三种证据使用方式的认定提出异议。

第一种证据使用方式，原告认为附件 1.5 是最接近的对比文件，本专利的权利要求 1~5 相对于附件 1.5 和附件 1.6 的结合不具备创造性，权利要求 6 的附加技术特征在附件 1.2 中公开。

附件 1.5 公开了一种现代人功能枕，包括枕芯、枕套，其中枕芯包括内芯 8 和枕面 7，枕面 7 是排列成四方连续的瓦楞体 5，枕芯正面上下两侧设有两个直径不等的气袋 11、12，中部下凹弧形由聚氨酯泡沫填充，在气袋 11、12 及聚氨酯泡沫外，由两层丝棉布层 10 中间夹有聚氨酯层 9 包覆。附件 1.6 公开了一种枕头，枕体分为表层和内层两部分，表层由柔软泡棉制成，四周边一体密接封合，内层由一半柔软泡棉 20 与一半高弹性泡棉 30 以上下或者前后的方式粘接复合为一体，构成上下或者前后分别具有不同柔软弹性的枕体。

附件 1.5 和 1.6 中均没有公开本专利权利要求 1 技术方案中的如下技术特征：纤维层 2 间隔铺设在泡棉基座 1 的上、下或左、右，并且所述泡棉基座 1 与锯齿形泡棉 4 直接通过胶水 3 粘合成型，或者所述泡棉基座 1 与锯齿形泡棉 4 通过其间纤维层 2 粘合定型。上述技术特征表明，本专利中作为填充物的纤维层铺设在泡棉基座与锯齿形泡棉部分粘合形成的、具有上下或者左右间隔的空腔内，因而本专利的枕垫装置的上述结构明显不同于附件 1.5 和 1.6 中填充物连续铺设在空腔内的技术方案。并且由于纤维层的间隔铺设具有塑型、固型、透气的作用，故上述技术特征也为本专利带来了有益的技术效果，而附件 1.5 和 1.6 并未给出应用权利要求 1 中的上述结构以达到所述塑型等技术效果的技术启示。因此，本专利权利要求 1 的技术方案相对于附件 1.5 和 1.6 的结合具有实质性特点和进步，符合《专利法》第二十二条第三款有关创造性的规定。

鉴于本专利独立权利要求1相对于附件1.5和1.6的结合具备创造性，因而其从属权利要求2~5相对于附件1.5和1.6的结合也具备《专利法》第二十二条第三款规定的创造性；此外，由于从属权利要求6引用的权利要求4相对于附件1.5和1.6的结合具备创造性，即使其附加技术特征在附件1.2中公开，该从属权利要求6相对于附件1.5、1.6和1.2的结合也具备《专利法》第二十二条第三款规定的创造性。

第二种证据使用方式，原告认为附件1.7是最接近的对比文件，本专利的权利要求1、4、5相对于附件1.7和附件1.8的结合不具备创造性，权利要求2、3的附加技术特征除在实用新型创造性中不应考虑的材料特征和方法特征之外，均在附件1.9和1.10中公开，权利要求6的附加技术特征在附件1.2中公开。

附件1.7公开了一种颈椎保健枕头，包括一枕芯2，枕芯由聚氨酯泡沫塑料制成的底层4和面层5粘合而成，面层5为带锥形凸齿的等厚变层，底层4顶面为大波浪形，当底层4与面层5粘合后枕面沿枕芯横向成大波浪形。附件1.8公开了一种枕垫，由上下两层弹性泡棉通过受热或受压或粘合剂连接而成，该上下两层泡棉相对的表面分别具有有序的凸起，在上下泡棉形成的空腔中填充有纤维材料。

附件1.7和1.8中均未公开本专利权利要求1中“纤维层2间隔铺设在泡棉基座1的上、下或左、右”、“或者所述泡棉基座1与锯齿形泡棉4通过其间纤维层2粘合定型”的技术特征。该区别技术特征使本专利的枕垫结构与附件1.7和1.8明显不同，且为本专利的枕垫装置带来了塑型、固型、透气的技术效果，附件1.7和1.8中也没有就所述区别技术特征给出相应的技术启示。因此，本专利权利要求1的技术方案相对于附件1.7和1.8的结合具有实质性特点和进步，符合《专利法》第二十二条第三款有关创造性的规定。

鉴于独立权利要求1相对于附件1.7和1.8的结合具备创造性，其从属权利要求4和5相对于附件1.7和1.8的结合也具备创造性。此外，由于从属权利要求2、3和6分别引用的权利要求1、2和4相对于附件1.7和1.8的结合具备创造性，即使其附加技术特征在附件1.9、1.10或者1.2中有所披露，该从属权利要求2、3和6相对于附件1.7、1.8以及附件1.9、1.10和/或1.2的结合也具备《专利法》第二十二条第三款规定的创造性。

第三种证据使用方式，原告主张本专利权利要求1相对于附件2.1和2.3的结合不具备创造性，其中最接近的对比文件是附件2.1，权利要求2~6的附加技术特征在附件2.2或者附件2.3中公开。

北京市高级人民法院（2005）高行终字第399号行政判决书中认定，本专利与附件2.1相比，发明目的、技术方案、技术效果上均有明显不同，附件2.1、附件2.2、附件2.3的结合不足以否定97209013.4号实用新型专利的创造性。因而认为被告应当就本案争议专利的创造性问题重新进行审查。

2006版《审查指南》第四部分第六章第4节规定，在实用新型专利创造性的审查中，应当考虑其技术方案中的所有技术特征，包括材料特征和方法特征。本案适用上述规定。

在本案中，附件2.1公开了一种颈康枕，其外形为人体颈、头部的生理曲度，即呈两个间隔凸形，其外套用棉布和一层海绵制成，两个凸形中分别填充中药芯，中药芯下设电热垫，电热垫和中药芯下放一层棉布3，棉布3下面放弹簧或海绵；附件2.3公开了一种保健枕，其由凸形枕拱架1和粘结或螺栓连接在枕拱架1上的乳头板8构成，乳头板8上密布有柔性按摩乳头9，乳头板8与枕拱架1之间设有一柔性物质层6，所述乳头板8、柔性物质层6及枕拱架1上对应开有若干通气孔。

本专利权利要求1中的纤维层结构是柔软、透气性的填充物，而附件2.1中枕头的填充物为中药芯，根据说明书的记载，其主要成分是薄荷、丹参等中药粉，而由本领域常识可知，中药粉的质地相对较硬而致密，故其主要作用是为了发挥药效，并没有柔软、透气的技术效果，而棉布 3 仅为单层，设置于中药芯下方，其也没有作为柔软填充物的作用，因此附件 2.1 中的中药芯和棉布层与本专利的纤维层不同；而且附件 2.1 的目的是提供一种符合人体生理曲度的保健药枕，如果将其中的硬质填充物中药芯替换成柔软纤维材料，就不能实现其发明目的，因而附件 2.1 中也不存在促使本领域技术人员将其中的填充物替换为纤维层的技术启示。此外，尽管附件 2.3 中的乳头板相当于本专利中的锯齿型泡棉，并且其中公开了粘合成型的连接方式，但其同样没有公开纤维层的技术特征，也未给出在枕垫装置中应用纤维层以解决现有技术问题的技术启示。综上，附件 2.1 和 2.3 中均未公开本专利权利要求 1 中所述纤维层的技术特征，且没有就该区别技术特征给出相应的技术启示，而该技术特征为本专利带来了有益的技术效果，故本专利权利要求 1 的技术方案相对于附件 2.1 和 2.3 的结合具有实质性特点和进步，符合《专利法》第二十二条第三款有关创造性的规定。

鉴于本专利独立权利要求 1 相对于附件 2.1 和 2.3 的结合具备创造性，因而其从属权利要求 2~5 相对于附件 2.1 和 2.3 的结合也具备《专利法》第二十二条第三款规定的创造性；此外，由于从属权利要求 6 引用的权利要求 4 相对于附件 2.1 和 2.3 的结合具备创造性，即使其附加技术特征在附件 2.2 中公开，该从属权利要求 6 相对于附件 2.1、2.2 和 2.3 的结合也具备《专利法》第二十二条第三款规定的创造性。

综上所述，被告认定原告提出的所有证据组合方式均不足以破坏本专利的创造性，本专利的权利要求 1~6 符合《专利法》第二十二条第三款的规定正确，第 10276 号决定认定事实清楚、适用法律正确、审理程序合法，本院予以支持。原告的诉讼主张缺乏事实及法律依据，其请求法院撤销第 10276 号决定的诉讼请求，本院不予支持。原告关于请求法院判决宣告本专利全部无效的诉讼请求，不属于人民法院行政审判的权限范围，依法应予驳回。据此，本院依照《中华人民共和国行政诉讼法》第五十四条第（一）项以及最高人民法院《关于执行<中华人民共和国行政诉讼法>若干问题的解释》第五十六条第（四）项之规定，判决如下：

1. 维持被告国家知识产权局专利复审委员会于二〇〇七年七月十七日作出的第 10276 号无效宣告请求审查决定。

2. 驳回原告南京中脉科技发展有限公司、江苏悦尔健康用品有限公司的其他诉讼请求。

案件受理费 100 元，由原告南京中脉科技发展有限公司、江苏悦尔健康用品有限公司各负担 50 元（已交纳）。

如不服本判决，可在判决书送达之日起 15 日内，向本院递交上诉状，并按对方当事人的人数提出副本，预交上诉案件受理费 100 元，上诉于北京市高级人民法院。

审 判 长　齐　莹
代理审判员　乔　军
代理审判员　张靛卿
二〇〇八年一月八日
书 记 员　赵　峰

北京市高级人民法院
行政判决书

（2008）高行终字第234号

上诉人（一审原告）南京中脉科技发展有限公司，住所地江苏省南京市浦口经济开发区浦珠路8号。

法定代表人王尤山，董事长。

上诉人（一审原告）江苏悦尔健康用品有限公司，住所地江苏省南京市正洪街18号东宇大厦23楼D座。

法定代表人肖俊方、董事长。

二上诉人之共同委托代理人顾伯兴，南京众联专利代理有限公司专利代理人。

被上诉人（一审被告）国家知识产权局专利复审委员会，住所地北京市海淀区北四环西路9号。

法定代表人廖涛，副主任。

委托代理人周航，女，国家知识产权局专利复审委员会审查员。

委托代理人瞿晓峰，男，国家知识产权局专利复审委员会审查员。

被上诉人（一审第三人）深圳市金士吉康复用品科技有限公司，住所地广东省深圳市南山区西丽平山工业区23栋。

法定代表人周升忠，总经理。

委托代理人于军，男，深圳市金士吉康复用品科技有限公司法务专员。

上诉人南京中脉科技发展有限公司（以下简称中脉公司）、江苏悦尔健康用品有限公司（以下简称悦尔公司）因专利无效宣告请求审查决定，不服北京市第一中级人民法院（2007）一中行初字第1480号行政判决，向本院提起上诉。本院受理后，依法组成合议庭对本案进行了审理。本案现已审理终结。

2007年7月17日，国家知识产权局专利复审委员会（以下简称专利复审委）作出第10276号无效宣告请求审查决定（以下简称第10276号决定），宣告维持深圳市金吉士康复用品科技有限公司（以下简称金吉士公司）的第97209013.4号"复合结构的枕垫装置"实用新型专利权（以下简称本专利）有效。中脉公司、悦尔公司不服该决定，向北京市第一中级人民法院（以下简称一审法院）提起行政诉讼。

一审法院经审理认为，专利复审委在第10276号决定中针对二无效请求人提出的四种证据使用方式进行了认定，中脉公司、悦尔公司仅对其中的三种证据使用方式的认定提出异议。

第一种证据使用方式，二无效请求人认为附件1.5是最接近的对比文件，本专利的权利要求1~5相对于附件1.5和附件1.6的结合不具备创造性，权利要求6的附加技术特征在附件1.2中公开。

附件1.5公开了一种现代人功能枕，包括枕芯、枕套，其中枕芯包括内芯和枕面，枕面是排列成四方连续的瓦楞体，枕芯正面上下两侧设有两个直径不等的气袋，中部下凹弧形由聚氨酯泡沫填充，在气袋及聚氨酯泡沫外，由两层丝棉布层中间夹有聚氨酯层包覆。附件1.6公开了一种枕头，枕体分为表层和内层两部分，表层由柔软泡棉制成，四周边一体密接封合，内层由一半柔软泡棉与一半高弹性泡棉以上下或者前后的方式粘接复合为一体，构成上下或者前后分别具有不同柔软弹性的枕体。

附件 1.5 和 1.6 中均没有公开本专利权利要求 1 技术方案中的如下技术特征：纤维层间隔铺设在泡棉基座的上、下或左、右，并且所述泡棉基座与锯齿形泡棉直接通过胶水粘合成型，或者所述泡棉基座 1 与锯齿形泡棉通过其间纤维层粘合定型。上述技术特征表明，本专利中作为填充物的纤维层铺设在泡棉基座与锯齿形泡棉部分粘合形成的、具有上下或者左右间隔的空腔内，因而本专利的枕垫装置的上述结构明显不同于附件 1.5 和 1.6 中填充物连续铺设在空腔内的技术方案。并且由于纤维层的间隔铺设具有塑型、固型、透气的作用，故上述技术特征也为本专利带来了有益的技术效果，而附件 1.5 和 1.6 并未给出应用权利要求 1 中的上述结构以达到所述塑型等技术效果的技术启示。因此，本专利权利要求 1 的技术方案相对于附件 1.5 和 1.6 的结合具有实质性特点和进步，符合《专利法》第二十二条第三款有关创造性的规定。

鉴于本专利独立权利要求 1 相对于附件 1.5 和 1.6 的结合具备创造性，因而其从属权利要求 2~5 相对于附件 1.5 和 1.6 的结合也具备《专利法》第二十二条第三款规定的创造性；此外，由于从属权利要求 6 引用的权利要求 4 相对于附件 1.5 和 1.6 的结合具备创造性，即使其附加技术特征在附件 1.2 中公开，该从属权利要求 6 相对于附件 1.5、1.6 和 1.2 的结合也具备《专利法》第二十二条第三款规定的创造性。

第二种证据使用方式，二无效请求人认为附件 1.7 是最接近的对比文件，本专利的权利要求 1、4、5 相对于附件 1.7 和附件 1.8 的结合不具备创造性，权利要求 2、3 的附加技术特征除在实用新型创造性中不应考虑的材料特征和方法特征之外，均在附件 1.9 和 1.10 中公开，权利要求 6 的附加技术特征在附件 1.2 中公开。

附件 1.7 公开了一种颈椎保健枕头，包括一枕芯 2，枕芯由聚氨酯泡沫塑料制成的底层 4 和面层 5 粘合而成，面层 5 为带锥形凸齿的等厚度层，底层 4 顶面为大波浪形，当底层 4 与面层 5 粘合后枕面沿枕芯横向成大波浪形。附件 1.8 公开了一种枕垫，由上下两层弹性泡棉通过受热或受压或粘合剂连接而成，该上下两层泡棉相对的表面分别具有有序的凸起，在上下泡棉形成的空腔中填充有纤维材料。

附件 1.7 和 1.8 中均未公开本专利权利要求 1 中“纤维层 2 间隔铺设在泡棉基座 1 的上、下或左、右”、“或者所述泡棉基座 1 与锯齿形泡棉 4 通过其间纤维层 2 粘合定型”的技术特征。该区别技术特征使本专利的枕垫结构与附件 1.7 和 1.8 明显不同，且为本专利的枕垫装置带来了塑型、固型、透气的技术效果，附件 1.7 和 1.8 中也没有就所述区别技术特征给出相应的技术启示。因此，本专利权利要求 1 的技术方案相对于附件 1.7 和 1.8 的结合具有实质性特点和进步，符合《专利法》第二十二条第三款有关创造性的规定。

鉴于独立权利要求 1 相对于附件 1.7 和 1.8 的结合具备创造性，其从属权利要求 4 和 5 相对于附件 1.7 和 1.8 的结合也具备创造性。此外，由于从属权利要求 2、3 和 6 分别引用的权利要求 1、2 和 4 相对于附件 1.7 和 1.8 的结合具备创造性，即使其附加技术特征在附件 1.9、1.10 或者 1.2 中有所披露，该从属权利要求 2、3 和 6 相对于附件 1.7、1.8 以及附件 1.9、1.10 和/或 1.2 的结合也具备《专利法》第二十二条第三款规定的创造性。

第三种证据使用方式，二无效请求人主张本专利权利要求 1 相对于附件 2.1 和 2.3 的结合不具备创造性，其中最接近的对比文件是附件 2.1，权利要求 2~6 的附加技术特征在附件 2.2 或者附件 2.3 中公开。

2006 版《审查指南》第四部分第六章第 4 节规定，在实用新型专利创造性的审查中，应当考虑其技术方案中的所有技术特征，包括材料特征和方法特征。本案适用上述规定。

在本案中，附件2.1公开了一种颈康枕，其外形为人体颈、头部的生理曲度，即呈两个间隔凸形，其外套用棉布和一层海绵制成，两个凸形中分别填充中药芯，中药芯下设电热垫，电热垫和中药芯下放一层棉布，棉布下面放弹簧或海绵；附件2.3公开了一种保健枕，其由凸形枕拱架和粘结或螺栓连接在枕拱架上的乳头板构成，乳头板上密布有柔性按摩乳头，乳头板与枕拱架之间设有一柔性物质层，所述乳头板、柔性物质层及枕拱架上对应开有若干通气孔。

本专利权利要求1中的纤维层结构是柔软、透气性的填充物，而附件2.1中枕头的填充物为中药芯，根据说明书的记载，其主要成分是薄荷、丹参等中药粉，而由本领域常识可知，中药粉的质地相对较硬而致密，故其主要作用是为了发挥药效，并没有柔软、透气的技术效果，而棉布仅为单层，设置于中药芯下方，其也没有作为柔软填充物的作用，因此附件2.1中的中药芯和棉布层与本专利的纤维层不同；而且附件2.1的目的是提供一种符合人体生理曲度的保健药枕，如果将其中的硬质填充物中药芯替换成柔软纤维材料，就不能实现其发明目的，因而附件2.1中也不存在促使本领域技术人员将其中的填充物替换为纤维层的技术启示。此外，尽管附件2.3中的乳头板相当于本专利中的锯齿型泡棉，并且其中公开了粘合成型的连接方式，但其同样没有公开纤维层的技术特征，也未给出在枕垫装置中应用纤维层以解决现有技术问题的技术启示。综上，附件2.1和2.3中均未公开本专利权利要求1中所述纤维层的技术特征，且没有就该区别技术特征给出相应的技术启示，而该技术特征为本专利带来了有益的技术效果，故本专利权利要求1的技术方案相对于附件2.1和2.3的结合具有实质性特点和进步，符合《专利法》第二十二条第三款有关创造性的规定。

鉴于本专利独立权利要求1相对于附件2.1和2.3的结合具备创造性，因而其从属权利要求2~5相对于附件2.1和2.3的结合也具备《专利法》第二十二条第三款规定的创造性；此外，由于从属权利要求6引用的权利要求4相对于附件2.1和2.3的结合具备创造性，即使其附加技术特征在附件2.2中公开，该从属权利要求6相对于附件2.1、2.2和2.3的结合也具备《专利法》第二十二条第三款规定的创造性。

综上所述，专利复审委认定二无效请求人提出的所有证据组合方式均不足以破坏本专利的创造性，本专利的权利要求1~6符合《专利法》第二十二条第三款的规定正确，第10276号决定认定事实清楚、适用法律正确、审理程序合法，应予支持。中脉公司、悦尔公司的诉讼主张缺乏事实及法律依据，对其请求法院撤销第10276号决定的诉讼请求，不予支持。中脉公司、悦尔公司关于请求法院判决宣告本专利全部无效的诉讼请求，不属于人民法院行政审判的权限范围，依法应予驳回。据此，依照《行政诉讼法》第五十四条第（一）项以及最高人民法院《关于执行<中华人民共和国行政诉讼法>若干问题的解释》第五十六条第（四）项之规定，判决维持第10276号决定；驳回中脉公司、悦尔公司的其他诉讼请求。

中脉公司、悦尔公司不服一审判决，提起上诉。两公司认为，专利复审委关于三组证据的组合均不能否定本专利创造性的确认错误。

第一组证据中附件1.5中间填有聚氨酯泡沫的纱棉布层包覆在聚氨酯泡沫的整个外围，纤维层的最表面设有瓦楞体和按摩块，完全对应于本专利权利要求1所述的设在泡棉基座上、下或左、右的纤维层以及设在所述纤维层外围的锯齿形泡棉的技术特征。二者的区别仅有两点：一是本专利权利要求1要求间隔铺设，二是胶水粘接；关于第一个区别间隔铺设与连续铺设相比较并没有起到更好的效果，且本专利说明书也未就该技术效果给予说明；显然，间隔铺设比之连续铺设不具备实质性特点和进步。关于第二个区别，用胶水粘接纤维和泡沫是生活常识，且对比文件1.6说明书中也公开了这种柔软泡沫“相互粘接复合成一体”的方法。因此，在附件1.5的基础上加上附件1.6，所属领域技术人员完全可以想到或得到实现本专利的技术方案，故权利要求1不具有创造性。据此，其从属权利要求2、3、4、5限定的技术特征也均被公开，也不具有创造性；权利要求6所增加的透气孔的技术特征也被附件1.2公开，同样不具有创造性。

第二组证据中的附件1.7与本专利的唯一区别是所谓间隔铺设在基座上、下或左、右的纤维，而聚氨酯泡沫和纤维层同样都能达到柔软的技术效果，间隔铺设相对于连续铺设没有实质性特点和进步；且在附件1.8中也公开了枕垫内腔中填充纤维填充物包括传统的高密度、高弹性的植物或合成材料，因此，本专利权利要求1及从属权利要求限定的无纺布袋中的三维卷曲中空纤维等技术特征也均被公开或者给出了技术启示，因此，根据该组证据，本专利的权利要求1~6没有创造性。

第三组证据的附件2.1公开了带药芯的健康枕头，附件2.3公开了带有按摩乳头的保健枕头，与本专利的不同之处仅为间隔铺设纤维层，由于间隔铺设与连续铺设相比没有实质性特点和进步，因此，附件2.1、2.3已经公开了在枕垫装置中应用纤维层以解决现有技术问题的技术启示。因此，根据本组证据，本专利权利要求1不具有创造性，从属权利要求2~6也不具有创造性。

综上认为，第10276号决定和一审判决认定事实不清，请求予以撤销。

专利复审委答辩认为，中脉公司和悦尔公司提出的以三组证据的组合证明本专利不具有创造性的观点不能成立；同时，就第三组证据的结合方式，北京市高级人民法院作出的（2005）高行终字第399号行政判决已经作出认定，即本专利与附件2.1相比发明目的、技术方案、技术效果均有明显不同；附件2.1、2.2、2.3的结合不足以否定本专利的创造性。故本委考虑到方法和材料特征对产品结构具有的限定作用的情况下，认为第三组证据不足以否定本专利的创造性，并认为其他两组证据结合方式以类似的原因再加上未公开纤维层间隔铺设的技术特征（其具有一定的技术效果），因此，也不能否定本专利的创造性。因此认为，第10276号决定认定事实清楚，适用法律正确，审理程序合法，请求予以维持。

金吉士公司答辩认为，专利复审委作出的第10276号决定认定事实清楚，适用法律正确，审理程序合法，请求维持第10276号决定。

一审法院审理期间，专利复审委提交了本专利说明书和口审记录，同时提交了中脉公司、悦尔公司在无效程序中提交的：（1）附件1.2：92214876.7号实用新型专利说明书，授权公告日为1993年3月24日；（2）附件1.5：93235627.3号实用新型专利说明书，授权公告日为1995年1月18日；（3）附件1.6：94216962.X号实用新型专利说明书，授权公告日为1995年3月29日；（4）附件1.7：94239655.3号实用新型专利说明书，授权公告日为1995年11月29日；（5）附件1.8：US4021871号美国专利说明书及中文译文，公开日为1977年5月10日；（6）附件1.9：95231863.6号实用新型专利说明书，授权公告日为1997年1月1日；（7）附件1.10：95246573.6号实用新型专利说明书，授权公告日为1996年11月13日；（8）附件1.11：GB2187113号英国专利说明书及中文译文，公开日为1987年9月3日；（9）附件2.1：92242948.0号实用新型专利说明书，授权公告日为1993年8月25日；（10）附件2.2：特开平9-37909号日本公开特许公报及中文译文，公开日为1997年2月10日；（11）附件2.3：92214876.7号实用新型专利说明书，授权公告日为1993年3月24日（同附件1.2）。

中脉公司、悦尔公司未向一审法院提交证据。

上述证据材料已随案移送本院。经审查，专利复审委提交的上述证据来源合法，内容真实，能够反映第10276号决定中关于本专利与各附件的技术方案进行比对的相关事实，专利复审委予以采信符合相关规定，本院予以确认。

经审理查明，本专利为深圳市金吉士实业发展有限公司于1997年4月14日申请，国家知识产权局于1998 年 9 月 23 日授权公告的“复合结构的枕垫装置”的实用新型专利权，专利号为97209013. 4。2004 年 1 月 16 日深圳市金吉士实业发展有限公司变更为深圳市金吉士康复用品科技有限公司。

本专利授权公告的权利要求如下：

“1. 一种复合结构的枕垫装置，其特征在于包括泡棉基座、间隔铺设在泡棉基座上、下或左、右的纤维层以及设在所述纤维层外围的锯齿形泡棉，所述泡棉基座与锯齿形泡棉直接通过胶水粘合成型，或者所述泡棉基座与锯齿形泡棉通过其间纤维层粘合定型。

2. 根据权利要求 1 所述的复合结构的枕垫装置，其特征在于，所述纤维层一个或多个由无纺布袋及装在该无纺布袋中的三维卷曲中空纤维组成。

3. 根据权利要求 2 所述的复合结构的枕垫装置，其特征在于，所述纤维层由多个无纺布袋及装在该无纺布袋中的三维卷曲中空纤维组成时，布袋间用胶水粘合连接。

4. 根据权利要求 1 中任一项所述的复合结构的枕垫装置，其特征在于，所述枕垫装置可以是枕芯、床垫、座垫或靠垫。

5. 根据权利要求 4 所述的复合结构的枕垫装置，其特征在于，在作为枕芯时，所述泡棉基座的侧向剖面一边高另一边低，由高向低直线倾斜，两端呈弧形。

6. 根据权利要求 4 所述的复合结构的枕垫装置，其特征在于，在作为枕垫时，其两侧设有透气孔。”

针对上述专利权，中脉公司以本专利不具备《专利法》第二十二条所规定的新颖性和创造性，不符合《专利法实施细则》第二条第二款的规定为由，于 2003 年 11 月 12 日向专利复审委提出无效宣告请求。同时提交了附件 1. 1~1. 4 作为对比文件。经形式审查合格后，专利复审委于 2003 年 11 月 27 日受理了上述请求，并将中脉公司的上述无效宣告请求书及附件副本转送给金吉士公司。

2003 年 12 月 11 日，中脉公司提交了意见陈述书，并补充了附件 1. 5~1. 11 作为证据。

金吉士公司于 2003 年 12 月 18 日提交了陈述意见，认为本专利与附件 1. 1~1. 4 相比具备新颖性和创造性。

针对本专利，悦尔公司以本专利不具备《专利法》第二十二条第三款所规定的创造性为由，于 2004 年 1 月 16 日向专利复审委提出无效宣告请求，并提交了附件 2. 1~2. 3。

经形式审查合格后，专利复审委于 2004 年 2 月 10 日受理了上述无效宣告请求，并将悦尔公司的上述无效宣告请求书及其相关文件的副本转送给金吉士公司，并要求其在指定的期限内答复。

针对悦尔公司的无效宣告请求，金吉士公司于 2004 年 3 月 5 日寄交了意见陈述书。

专利复审委对上述两项无效宣告请求进行了合并审理，并于 2004 年 8 月 31 日作出第 6374 号无效决定。该委认为：权利要求 1 限定的技术方案与现有技术相比不具有实质性的特点和进步，不具备创造性。在不考虑材料特征和方法特征的前提下，权利要求 2 和 3 的附加技术特征在附件 2. 2 中公开，权利要求 4 的附加技术特征是本领域的公知常识，权利要求 5 的附加技术特征与附件 2. 3 中公开的内容具有相同的技术效果，权利要求 6 的附加技术特征在附件 2. 1 中公开。基于上述理由，专利复审委第 6374 号决定，宣告本专利的权利要求 1~6 全部无效。

金吉士公司不服第 6374 号无效决定，向北京市第一中级人民法院提起行政诉讼。该院经审理作出（2004）一中行初字第 1009 号行政判决，判决维持了第 6374 号无效决定。金吉士公司随后提起上诉，请求撤销一审判决和专利复审委第 6374 号无效决定。本院经审理认为，本专利与附件 2. 1 相比，发明目的、技术方案、技术效果上均有明显不同，专利复审委结合附件 2. 1、附件 2. 2、附件 2. 3 不足以否定 97209013. 4 号实用新型专利的创造性。综上，一审判决和专利复审委作出的第 6374 号无效决定认定事实、适用法律均有不当。遂作出（2005）高行终字第399号行政判决书，判决撤销了一审判决和第6374号决定。

根据上述判决，专利复审委重新成立合议组，并于2007年4月12日进行了口头审理。

口审中，中脉公司明确其无效宣告的理由是本专利不符合《专利法》第二十二条第三款的规定，放弃本专利不符合《专利法》第二十二条第二款和《专利法实施细则》第二条第二款规定的无效理由，放弃附件1.1、1.3、1.4作为证据使用。金吉士公司对中脉公司提交的证据的真实性没有异议，对其中文译文也未提出异议。

悦尔公司坚持认为本专利相对于附件2.1和2.3的结合不具备创造性，并表示附件2.1为本专利最接近的对比文件，附件2.1的外套相当于本专利的泡棉，棉布和药芯相当于本专利的纤维层，附图标记为5的部件可以是弹簧或者海棉，附件2.3公开了锯齿型的泡棉以及粘结的成型方式。

专利复审委经审查认为：

根据口头审理中的确认，中脉公司和悦尔公司针对本专利所提出的全部无效宣告理由和范围为权利要求1~6不具备《专利法》第二十二条第三款规定的创造性。

鉴于中脉公司在口头审理过程中明确放弃了附件1.1、1.3、1.4作为证据使用，金吉士公司对中脉公司提交的作为证据使用的附件真实性和其中外文专利文献的中文译文准确性没有异议。故，附件1.2、1.5~1.11可以作为本案的证据使用，并且上述附件均是本专利申请日之前公开的专利文件，记载的内容构成本专利的现有技术。鉴于金吉士公司对附件1.8、1.11的中文译文无异议，故该附件1.8、1.11文字部分的内容以其中文译文为准。

悦尔公司在无效宣告程序中提交的附件2.1~2.3，金吉士公司对其真实性和其中外文专利文献的中文译文准确性没有异议。故，附件2.1~2.3可以作为本案的证据使用，并且上述附件均是本专利申请日之前公开的专利文件，记载的内容构成本专利的现有技术。金吉士公司对附件2.2的中文译文准确性无异议，故该附件2.2文字部分的内容以其中文译文为依据。

中脉公司共提出三种证据的使用方式来评价本专利的创造性，即附件1.5、附件1.6和附件1.2的结合；附件1.7~1.10以及附件1.2的结合；以及附件1.11。

关于中脉公司提出的第一组证据的比对：

附件1.5公开了一种现代人功能枕，包括枕芯、枕套，其中枕芯包括内芯和枕面，枕面是排列成四方连续的瓦楞体，枕芯正面上下两侧设有两个直径不等的气袋，中部下凹弧形由聚氨酯泡沫填充，在气袋及聚氨酯泡沫外，由两层丝棉布层中间夹有聚氨酯层包覆。

附件1.6公开了一种枕头，枕体分为表层和内层两部分，表层由柔软泡棉制成，四周边一体密接封合，内层由一半柔软泡棉与一半高弹性泡棉以上下或者前后的方式粘接复合为一体，构成上下或者前后分别具有不同柔软弹性的枕体。

可见，本专利与附件1.5、附件1.6都涉及一种枕垫装置，并且它们的主要构造都包括一个中间形成空腔的外围构件（即附件1.5中的丝棉布层、附件1.6中的柔软泡棉表层、以及本专利中的锯齿形泡棉与基座的结合）和填塞在该空腔中的填充物（即附件1.5中的聚氨酯泡沫和两个气袋、附件1.6中的柔软泡棉和高弹性泡棉的结合体、以及本专利中的纤维层2）。

然而，附件1.5和1.6中均没有公开本专利权利要求1技术方案中的如下技术特征：纤维层间隔铺设在泡棉基座的上、下或左、右，并且所述泡棉基座与锯齿形泡棉直接通过胶水粘合成型，或者所述泡棉基座与锯齿形泡棉通过其间纤维层粘合定型。上述技术特征表明，本专利中作为填充物的纤维层铺设在泡棉基座与锯齿形泡棉部分粘合形成的、具有上下或者左右间隔的空腔内，因而本专利的枕垫装置的上述结构明显不同于附件1.5和1.6中填充物连续铺设在空腔内的技术方案。并且由于纤维层的间隔铺设具有塑型、固型、透气的作用，故上述技术特征也为本专利带来了有益的技术效果，而附件1.5和1.6并未给出应用权利要求1中的上述结构以达到所述塑型等技术效果的技术启示。因此，本专利权利要求1的技术方案相对于附件1.5和1.6的结合具有实质性特点和进步，符合《专利法》第二十二条第三款有关创造性的规定。

针对中脉公司关于"附件1.5中的内芯相当于本专利的基座，丝棉布层相当于本专利的纤维层，瓦楞体相当于本专利的锯齿形泡棉，同时纤维层的间隔铺设相对于连续铺设在枕垫柔软舒适度方面并没有产生更好的效果"的主张。该委认为，首先，本专利中的基座是一个起底部支撑作用板块，纤维层是位于基座和锯齿形泡棉之间的空腔内起透气柔软填充作用填充物；而附件1.5的内芯是由聚氨酯泡沫和两个气袋组成、起固型填充作用的填充物，丝棉布层是包覆在内芯外起包裹固定作用的夹层结构，因而附件1.5的内芯和丝棉布层与本专利的基座和纤维层结构和作用均不相同，并不存在以上对应关系；其次，如上面所述，纤维层的间隔铺设容易塑型和固型且透气更好，因而应当认为其相对于连续铺设来说具有有益的技术效果。

鉴于本专利独立权利要求1相对于附件1.5和1.6的结合具备创造性，因而其从属权利要求2~5相对于附件1.5和1.6的结合也具备《专利法》第二十二条第三款规定的创造性；此外，由于从属权利要求6引用的权利要求4相对于附件1.5和1.6的结合具备创造性，即使其附加技术特征在附件1.2中公开，该从属权利要求6相对于附件1.5、1.6和1.2的结合也具备《专利法》第二十二条第三款规定的创造性。

关于第二组证据的比对。附件1.7公开了一种颈椎保健枕头，包括一枕芯，枕芯由聚氨酯泡沫塑料制成的底层和面层粘合而成，面层为带锥形凸齿的等厚度层，底层顶面为大波浪形，当底层与面层粘合后枕面沿枕芯横向成大波浪形。

附件1.8公开了一种枕垫，由上下两层弹性泡棉通过受热或受压或粘合剂连接而成，该上下两层泡棉相对的表面分别具有有序的凸起，在上下泡棉形成的空腔中填充有纤维材料。

可见，上述附件1.7和1.8中均未公开本专利权利要求1中"纤维层2间隔铺设在泡棉基座1的上、下或左、右"、"或者所述泡棉基座1与锯齿形泡棉4通过其间纤维层2粘合定型"的技术特征。该区别技术特征使本专利的枕垫结构与附件1.7和1.8明显不同，且为本专利的枕垫装置带来了塑型、固型、透气的技术效果，附件1.7和1.8中也没有就所述区别技术特征给出相应的技术启示。因此，本专利权利要求1的技术方案相对于附件1.7和1.8的结合具有实质性特点和进步，符合《专利法》第二十二条第三款有关创造性的规定。

关于中脉公司提出的"根据附件1.7中枕头底层具有凸起而形成大波浪形状和附件1.8中纤维材料填充在空腔内，本领域技术人员根据枕芯所需的形状很容易想到用形成波峰的位置填充纤维材料来代替底层上形成的凸起，即形成纤维材料彼此间隔的设置"的问题。由于附件1.7中为了达到枕头形状依托住人体颈椎的目的，特意将枕头的底层设计成特殊尺寸的波浪形，并使具有凸齿的面层完全粘合底层上以免改变底层的固定形状，如果将附件1.7中的枕头变成三层夹层构造，其底层的特殊设计就失去了意义，故附件1.7的枕头与附件1.8中具有空腔的三层枕垫结构具有较大不同，其中并不存在促使本领域技术人员将二者相结合以实现纤维层的间隔铺设结构的技术启示，即对于本领域技术人员来说将两者结合获得本专利的技术方案尚需付出创造性的劳动，因而对中脉公司的上述主张不予支持。

鉴于独立权利要求1相对于附件1.7和1.8的结合具备创造性，其从属权利要求4和5相对于附件1.7和1.8的结合也具备创造性。此外，由于从属权利要求2、3和6分别引用的权利要求1、2和4相对于附件1.7和1.8的结合具备创造性，即使其附加技术特征在附件1.9、1.10或者1.2中有所披露，该从属权利要求2、3和6相对于附件1.7、1.8以及附件1.9、1.10和/或1.2的结合也具备《专利法》第二十二条第三款规定的创造性。

关于第三组证据的比对。附件1.11涉及一种用于床垫或类似产品的材料，包括夹在两层聚氨酯泡沫11和12之间的内芯材料，并通过粘合剂粘合在一起，其外部还包括多层外包裹层13。

针对中脉公司关于"附件1.11中的聚氨酯泡沫分别相当于本专利的锯齿形泡棉和泡棉基座，内芯相当于本专利的纤维层"的主张。该委认为，附件1.11中同样没有公开本专利权利要求1中有关纤维层间隔铺设的技术特征，进而不具有间隔铺设所具有的技术效果；本专利中的枕垫装置通过泡棉基座与锯齿形泡棉的部分粘合形成了填塞纤维层的闭合空腔，而附件1.11中聚氨酯泡沫并不具有直接粘合的部分，而是由内芯相隔开，构成的三明治结构，因此本专利与附件1.11并不存在中脉公司主张的以上对应关系；除此之外，附件1.11涉及的一种床垫或类似产品，与本专利的枕垫装置有所区别。因此，权利要求1的技术方案相对于附件1.11具有实质性特点和进步，符合《专利法》第二十二条第三款有关创造性的规定。

鉴于独立权利要求1相对于附件1.11具备创造性，其从属权利要求4相对于附件1.11也具备创造性。

悦尔公司提交的附件2.1~2.3，其中最接近的对比文件是附件2.1，权利要求2~6的附加技术特征在附件2.2或者附件2.3中公开。

专利复审委认为，本无效宣告请求案应当适用2006年7月1日起施行的《审查指南》的规定。2006版《审查指南》第四部分第六章第4节的规定，在实用新型专利创造性的审查中，应当考虑其技术方案中的所有技术特征，包括材料特征和方法特征。

在本案中，附件2.1公开了一种颈康枕，其外形为人体颈、头部的生理曲度，即呈两个间隔凸形，其外套用棉布和一层海绵制成，两个凸形中分别填充中药芯，中药芯下设电热垫，电热垫和中药芯下放一层棉布，棉布下面放弹簧或海绵；附件2.3公开了一种保健枕，其由凸形枕拱架和粘结或螺栓连接在枕拱架上的乳头板构成，乳头板上密布有柔性按摩乳头，乳头板与枕拱架之间设有一柔性物质层，所述乳头板、柔性物质层及枕拱架上对应开有若干通气孔。

关于悦尔公司提出的"附件2.1中的外套相当于本专利中的泡棉，棉布3和药芯相当于本专利中的纤维层"的问题。由于本专利权利要求1中的纤维层结构是柔软、透气性的填充物，而附件2.1中枕头的填充物为中药芯，根据说明书的记载，其主要成分是薄荷、丹参等中药粉，而由本领域常识可知，中药粉的质地相对较硬而致密，故其主要作用是为了发挥药效，并没有柔软、透气的技术效果，而棉布仅为单层，设置于中药芯下方，其也没有作为柔软填充物的作用，因此附件2.1中的中药芯和棉布层与本专利的纤维层不同；而且附件2.1的目的是提供一种符合人体生理曲度的保健药枕，如果将其中的硬质填充物中药芯替换成柔软纤维材料，就不能实现其发明目的，因而附件2.1中也不存在促使本领域技术人员将其中的填充物替换为纤维层的技术启示。此外，尽管附件2.3中的乳头板相当于本专利中的锯齿型泡棉，并且其中公开了粘合成型的连接方式，但其同样没有公开纤维层的技术特征，也未给出在枕垫装置中应用纤维层以解决现有技术问题的技术启示。综上，附件2.1和2.3中均未公开本专利权利要求1中所述纤维层的技术特征，且没有就该区别技术特征给出相应的技术启示，而该技术特征为本专利带来了有益的技术效果，故本专利权利要求1的技术方案相对于附件2.1和2.3的结合具有实质性特点和进步，符合《专利法》第二十二条第三款有关创造性的规定。

鉴于本专利独立权利要求1相对于附件2.1和2.3的结合具备创造性，因而其从属权利要求2~5相对于附件2.1和2.3的结合也具备《专利法》第二十二条第三款规定的创造性；此外，由于从属权利要求 6 引用的权利要求 4 相对于附件 2.1 和 2.3 的结合具备创造性，即使其附加技术特征在附件 2.2 中公开，该从属权利要求 6 相对于附件 2.1、2.2 和 2.3 的结合也具备《专利法》第二十二条第三款规定的创造性。

综上，专利复审委认为中脉公司和悦尔公司提出的所有证据组合方式均不足以破坏本专利的创造性，本专利的权利要求 1~6 符合《专利法》第二十二条第三款的规定。2007 年 7 月 17 日，专利复审委作出第 10276 号决定。

本院认为，经对第 10276 号决定适用的法律和作出的程序的审查，专利复审委该决定适用的法律正确，对本专利无效审查的程序符合相关规定，本院予以确认，不再赘述。

由于中脉公司放弃了附件 1.1、1.3、1.4 作为证据使用，金吉士公司对其中外文证据的译文也未提出异议，故专利复审委经审查，将中脉公司和悦尔公司提交的其他附件作为对本专利无效审查的证据，并依中脉公司请求，以其提出的三组证据组合的方式与本专利进行了比对，该无效审查的方式及程序不违反《审查指南》关于实用新型专利无效审查的相关规定。

就本专利的无效审查而言，首先需要确定的是本专利权利要求中要求保护的技术特征。据记载，本专利结构特征为：上高下低的泡棉基座；基座的上、下、左、右间隔铺设了纤维层，该纤维层由一个或多个由无纺布及装在该无纺布袋中的三维卷曲中空纤维组成；作为填充物的纤维层铺设在泡棉基座与锯齿形泡棉部分粘合形成的、具有上、下或者左、右间隔的空腔内，泡棉基座和纤维层上有锯齿形泡棉直接通过胶水与泡棉基座或纤维层粘合成型。其中，纤维层的间隔铺设具有塑型、固型、透气的作用。

第一组证据中的附件 1.5 包括枕芯、枕套；枕芯包括内芯和枕面，枕面是排列成四方连续的瓦楞体，枕芯正面上下两侧设有两个直径不等的气袋，形成上高、下低，中部呈下凹弧形并由聚氨酯泡沫填充；气袋及聚氨酯泡沫外，由两层丝棉布层中间夹有聚氨酯层包覆。

附件 1.6 的枕体分为表层和内层；内层由一半柔软泡棉与一半高弹性泡棉以上下或者前后的方式粘接复合为一体，构成上下或者前后分别具有不同柔软弹性的枕体；表层由柔软泡棉制成，四周边一体将内层密接封合。

上述三者虽都涉及的是枕垫装置，且主要构造都包括一个中间形成空腔的外围构件，但正如专利复审委在第 10276 号决定中所述：附件 1.5 和 1.6 均未公开本专利权利要求 1 中的“纤维层间隔铺设在泡棉基座的上、下或左、右，泡棉基座与锯齿形泡棉直接通过胶水粘合成型，或与锯齿形泡棉通过其间纤维层粘合定型”的技术特征。而由于纤维层的间隔铺设具有塑型、固型、透气的作用，故上述技术特征也为本专利带来了有益的技术效果，而附件 1.5 和 1.6 显然未给出权利要求 1 的上述技术启示和技术效果。因此，专利复审委确认本专利权利要求 1 的技术方案相对于第二组证据具有实质性特点和进步，事实依据充分。关于附件 1.2 公开了从属权利要求 6 的技术特征后，权利要求 6 是否具有创造性的问题，本院同意专利复审委基于权利要求 4 相对于附件 1.5 和 1.6 的结合具备创造性，即使其附加技术特征在附件 1.2 中公开，该从属权利要求 6 相对于附件 1.5、1.6 和 1.2 的结合也具有创造性的确认。

第二组证据中的附件 1.8 由上下两层弹性泡棉通过受热或受压或粘合剂连接而成，该上下两层泡棉相对的表面分别具有有序的凸起，在上下泡棉形成的空腔中填充有纤维材料。该附件显然与本专利的技术方案不同，也未公开本专利权利要求 1 的前述技术特征。

附件 1.7 的结构包括枕芯和面层；枕芯由聚氨酯泡沫塑料制成的底层和面层粘合而成，面层上均匀分布着锥齿度为 30°的锥形凸齿；枕芯的枕面沿枕芯横向成大波浪形，中间为波谷，两旁为波峰，前波峰高于后波峰。该附件虽结构与本专利近似，但其枕芯由聚氨酯泡沫塑料制成的底层和面层粘合而成，本专利权利要求1则在其基座的上、下、左、右间隔铺设的是由一个或多个由无纺布及装在该无纺布袋中的三维卷曲中空纤维组成的纤维层，而该纤维层的间隔铺设具有塑型、固型、透气的作用在附件1.7中则无体现。

由此可见，附件1.7和1.8中均未公开本专利权利要求1的前述技术特征，也没有就前述技术特征给出相应的技术启示。因此，专利复审委关于本专利权利要求1相对于附件1.7和1.8的结合具有实质性特点和进步，具有创造性的确认理由充分。同时，本院同意专利复审委基于权利要求1具有创造性，在此基础上，从属权利要求2、3和6分别引用的权利要求1、2和4相对于附件1.7和1.8的结合具备创造性，即使其附加技术特征在附件1.9、1.10或者1.2中有所披露，该从属权利要求2、3和6相对于附件1.7、1.8以及附件1.9、1.10和/或1.2的结合也具有创造性的判断。

第三组证据中的比对。附件1.11为一种用于床垫或类似产品的材料，包括夹在两层聚氨酯泡沫和之间的内芯材料，并通过粘合剂粘合在一起，其外部还包括多层外包裹层；聚氨酯泡沫由内芯相隔开，构成的三明治结构。显然，该附件未公开本专利权利要求1前述的技术特征。因此，专利复审委关于权利要求1的技术方案相对于附件1.11具有实质性特点和进步，具有创造性以及其从属权利要求4相对于附件1.11也具备创造性的确认理由充分。

关于悦尔公司提交的附件2.1~2.3与本专利的比对。附件2.1公开了一种颈康枕，其外形为适应人体颈、头部的生理曲度，呈中间凹、上高下低的两个间隔凸形，其外套用棉布和一层海绵制成，两个凸形中分别填充中药芯，中药芯下设电热垫，电热垫和中药芯下放一层棉布，棉布下面放弹簧或海绵。附件2.2为一由若干长方形小袋互相重叠并缝合，在重叠的袋体中间长度方向上设置带状连接布，各相邻两重袋体之间相互以连接布的条幅为间隔，并用连接布连接成袋体集合体，在小袋中装入粒状填充物。附件2.3公开了一种保健枕，其由凸形枕拱架和粘结或螺栓连接在枕拱架上的乳头板构成，乳头板上密布有柔性按摩乳头，乳头板与枕拱架之间设有一柔性物质层，所述乳头板、柔性物质层及枕拱架上对应开有若干通气孔。

根据上述表述，附件2.2、2.3的构造特征与本专利权利要求1的技术方案明显不同。虽然附件2.3中的乳头板与本专利的锯齿型泡棉有相似之处，并且也采用了粘合成型的连接方式，但其同样没有公开纤维层的技术特征，也未给出在枕垫装置中应用纤维层以解决现有技术问题的技术启示。附件2.1虽其结构特征与本专利有相似之处，但因其填充物为薄荷、丹参等中药粉等中药芯，由本领域常识可知，中药粉的质地相对较硬而致密，故其主要作用是为了发挥药效，不具备柔软、透气的技术效果，而棉布仅为单层，设置于中药芯下方，其也没有作为增加柔软性的填充物使用，因此附件2.1中的中药芯和棉布层与本专利的纤维层是不同的；且附件2.1是以提供一种符合人体生理曲度的保健药枕为发明目的，如果将其中的硬质填充物中药芯替换成柔软纤维材料，就不能实现其发明目的，因而附件2.1中也不存在促使本领域技术人员将其中的填充物替换为纤维层的技术启示。

综上，本院同意专利复审委关于附件2.1、2.2和2.3中均未公开本专利权利要求1中所述纤维层的技术特征，未给出相应的技术启示，本专利权利要求1的技术方案相对于附件2.1、2.2和2.3的结合具有实质性特点和进步，具有创造性的判断。

综上，专利复审委作出的第10276号决定事实清楚，判断理由充分，适用法律正确，程序合法；一审判决维持符合《中华人民共和国行政诉讼法》第五十四条第（一）项的规定；中脉公司和悦尔公司的上诉理由不能成立，本院不予支持。据此，依据《中华人民共和国行政诉讼法》第六十一条第（一）项的规定，判决如下：

驳回上诉，维持一审判决。

二审案件受理费人民币100元由上诉人南京中脉科技发展有限公司、江苏悦尔健康用品有限公司各负担50元（已交纳）。

本判决为终审判决。

审　判　长　郭　宜
审　判　员　张学磊
代理审判员　朱海宏
二〇〇八年六月十九日
书　记　员　程钰玮

169

可拆分的导轨式拉绳蚊帐架

无效宣告请求审查决定（第 10285 号）

决　　定　　号　第 10285 号
决　　定　　日　2007 年 7 月 17 日
发明创造名称　可拆分的导轨式拉绳蚊帐架
国 际 分 类 号　A47C 29/00
无效宣告请求人　阳爱梅
专　利　权　人　夏伟红
专　　利　　号　02248876. 6
申　　请　　日　2002 年 10 月 22 日
授 权 公 告 日　2003 年 10 月 1 日
合 议 组 组 长　黄玉平
主　　审　　员　高桂莲
参　　审　　员　刘　畅

法　律　依　据　专利法第 22 条第 3 款
决　定　要　点

在实用新型专利的创造性评价中，一般着重于考虑该实用新型专利所属的技术领域。除非现有技术中给出明确的启示，否则本领域的技术人员一般不考虑其相近或者相关的技术领域。

一、案由

本无效宣告请求涉及国家知识产权局于 2003 年 10 月 1 日授权公告的 ZL02248876. 6 号、名称为“可拆分的导轨式拉绳蚊帐架”的实用新型专利（下称本专利），其专利权人是夏伟红，申请日是 2002 年 10 月 22 日。本专利授权公告的权利要求书如下：

“1. 可拆分的导轨式拉绳蚊帐架，包括单边导轨的直边（1）和横边（2），其特征在于直边（1）与横边（2）的过渡处断开并通过铰链（3）相接。

2. 根据权利要求 1 所述的可拆分的导轨式拉绳蚊帐架，其特征在于所述的铰链（3）由两块连接片（4）通过销（5）紧接。

3. 根据权利要求 1 所述的可拆分的导轨式拉绳蚊帐架，其特征在于所述的直边（1）和横边（2）的导轨内的上面是封闭孔和/或下面是槽或封闭孔。”

针对本专利权，阳爱梅（下称请求人）于 2006 年 11 月 20 日向专利复审委员会提出无效宣告请求，其无效宣告请求的理由是本专利不符合专利法第 22 条的规定，不具备新颖性和创造性。随同其专利权无效宣告请求书，请求人提交了如下六份附件：

附件1：授权公告号CN2176688Y的实用新型专利说明书，其授权公告日为1994年9月14日；

附件2：授权公告号CN2486762Y的实用新型专利说明书，其授权公告日为2002年4月17日；

附件3：授权公告号CN2345084Y的实用新型专利说明书，其授权公告日为1999年10月27日；

附件4：由上海科学技术出版社出版的《窗帘制作装潢技巧》的封面页、书名页、版权页、前言页、目录页、正文第1~100页以及封底页的复印件共54页，其中版权页上标注的日期为1990年3月；

附件5：公告号CN2047139U的实用新型专利申请说明书，其公告日为1989年11月8日；

附件6：授权公告号CN2280773Y的实用新型专利说明书，其授权公告日为1998年5月6日。

请求人认为：本专利的权利要求1和2分别相对于四种组合方式，即附件1和2的结合、附件1和4的结合、附件1和6的结合、附件5和2的结合不具备创造性；从属权利要求3的附加技术特征被附件3公开，相应地从属权利要求3分别相对于四种组合方式，即附件1、2和3的结合，附件1、4和3的结合，附件1、6和3的结合，附件5、2和3的结合不具备创造性。

经形式审查合格，专利复审委员会依法受理了上述无效宣告请求，并于2006年12月5日向请求人和专利权人发出无效宣告请求受理通知书，同时将专利权无效宣告请求书及其相关文件副本转给专利权人，要求其在规定期限内对该无效宣告请求陈述意见，没有在规定期限内答复不影响专利复审委员会的审理。

专利权人逾期没有答复意见。

专利复审委员会依法成立合议组，对本案进行审理，合议组于2007年3月20日向请求人和专利权人发出无效宣告请求口头审理通知书，告知双方当事人合议组定于2007年5月25日对本案进行口头审理。

专利复审委员会于2007年4月17日收到请求人提交的意见陈述书，补充了新的无效宣告请求理由，请求人认为，本专利权利要求3中记载的“是封闭孔和/或下面是糟或封闭孔”请求保护的范围不清楚，所限制的特征是什么样东西无法得知，不符合专利法实施细则第2条第1款的规定。

专利复审委员会于2007年4月18日向专利权人发出转送文件通知书，将请求人于2007年4月17日补充提交的意见陈述书转给专利权人，同时要求专利权人在收到该通知书之日起7日内答复，期满未答复的，视为当事人已得知转送文件中所涉及的事实、理由和证据，并且未提出反对意见。

口头审理如期举行，请求人委托代理人出席了口头审理，专利权人未出席口头审理。在口头审理中，请求人明确无效宣告请求的理由和范围是：本专利的权利要求1~3不符合专利法第22条第3款的规定，其中权利要求1和2分别相对于两种组合方式，即附件1和2的结合、附件5和2的结合不具备创造性，权利要求3分别相对于两种组合方式，即附件1、2和3的结合，附件5、2和3的结合不具备创造性；此外，权利要求3不符合专利法实施细则第20条第1款的规定；附件4和6仅供参考，不作为证据使用。

合议组当庭告知请求人：针对权利要求3提出的不符合专利法实施细则第20条第1款的无效宣告理由，由于超出规定的补充无效宣告请求的证据及理由的期限，不符合专利法实施细则第66条及审查指南的相关规定，合议组不予考虑。

关于权利要求1，请求人在用附件1和2的组合评述方式中认为，本专利权利要求1与附件1的区别仅在于连接方式不同，而该区别技术特征在附件2中公开，并且附件2与本专利是相近似的技术领域，其披露了管件的连接方式，为日常生活中易常见的设施，附件1和2的结合是显而易见的。在用附件5和2的组合评述方式中认为，附件5与本专利的技术领域相同，附件5披露的纵杆和横杆相当于本专利权利要求1的直边和横边，而纵杆和横杆之间通过弯头装配连接相当于权利要求1中的铰链连接，而附件5和2的结合启示同上述附件1和2的结合启示。

关于权利要求2，请求人在用附件1和2、附件5和2两种组合方式中，均认为从属权利要求2的附加技术特征被附件2所披露。

关于权利要求3，在用附件1、2和3的组合方式中，请求人认为附件3公开了从属权利要求3附加技术特征中的槽与导轨的结构；在用附件5、2和3的组合方式中，附件5披露了导轨上下都是槽的结构，附件3公开了封闭孔的结构。

针对请求人于2007年4月17日提交的意见陈述书，专利权人逾期未提交答复意见。

至此，合议组认为本案事实已经清楚，现依法作出如下审查决定。

二、决定的理由

1. 关于证据和无效宣告请求的理由

请求人在无效宣告请求期间共提交六份附件作为证据，其中附件1、2、3、5、6为中国专利文献，附件4为工具书复印件，由于请求人于口头审理当庭放弃了附件4和6作为证据使用，合议组对其不再进行评述，经合议组核实，附件1、2、3、5的真实性可以得到确认，可以作为本案证据使用，并且上述附件1、2、3、5的公开日均在本专利的申请日之前，其披露的内容构成本专利的现有技术。

关于请求人提出的权利要求3不符合专利法实施细则第2条第1款以及第20条第1款的无效宣告理由，是在提出无效宣告请求一个月后增加的无效宣告理由，而且其不属于审查指南第四部分第三章第4.2节的规定的可接受的情形，因此根据专利法实施细则第66条以及审查指南第四部分第三章第4.2节的规定，合议组对该无效理由不予考虑。

2. 关于本专利的新颖性和创造性

专利法第22条第2款规定：新颖性，是指在申请日以前没有同样的发明或者实用新型在国内外出版物上公开发表过、在国内公开使用过或者以其他方式为公众所知，也没有同样的发明或者实用新型由他人向国务院专利行政部门提出过申请并且记载在申请日以后公布的专利申请文件中。

专利法第22条第3款规定，创造性，是指同申请日以前已有的技术相比，该发明有突出的实质性特点和显著的进步，该实用新型有实质性特点和进步。

（1）具体到本案，请求人在无效宣告请求书中未具体说明新颖性的无效理由，只是在请求书的最后提及本专利权利要求1~3均无新颖性和创造性，因此合议组在具体评述请求人提出的本专利的权利要求1分别相对于附件1和2、附件5和2的两种组合方式不具备创造性时一并考虑其新颖性。

权利要求1请求保护一种可拆分的导轨式拉绳蚊帐架，包括单边导轨的直边（1）和横边（2），其特征在于直边（1）和横边（2）的过渡处断开并通过铰链（3）相接。

附件1公开了一种设有轨道开合门的豪华型方顶蚊帐架，它包括有若干接杆构成的骨架、用于连接骨架接杆的直角连接块和平角连接块（参见附件1的说明书第1页第13~16行，附图1~4）。

将本专利权利要求1请求保护的技术方案与附件1相比较，可以看出二者的蚊帐架都可以拆分，所不同的是二者对拆分的蚊帐架的连接方式不同，本专利采用铰链连接，附件1采用直角连接块和平角连接块。对本领域技术人员来说，采用铰链连接可以使蚊帐架的直边和横边折叠存放，从而方便运输和存储，故带来了有益的技术效果，这与附件1所披露的直角或平角连接块的结构和作用明显不同。

附件2涉及一种管件联接器，它主要用于体育场和露天剧场在搭建看台时所用的各金属型材的连接上，包括连接在一起的两联接件，所述两联接件通过销轴铰接在一起（参见附件2说明书第1

页第 12~13 行以及附图 1、2)。它与本专利属于明显不同的技术领域。虽然请求人认为，附件 2 与本专利是相近似的技术领域，其披露了管件的连接方式，为日常生活中很常见的设施，附件 1 和 2 的结合是显而易见的。但是作为最接近现有技术的附件 1 要解决的技术问题是针对豪华型床铺上没有预制挂蚊帐的插孔，而提供的轨道式开合帐门的方顶蚊帐架，其安装架设方便，适合于在席梦思类现代豪华床铺上使用。显然，其并没有给出对蚊帐架使用铰链连接以方便运输和存储的启示，因此根据审查指南第四部分第六章第 4 节中的规定，在现有技术没有明确给出启示的情况下对于本专利相近或者相关的技术领域不予考虑。鉴于附件 2 与本专利及附件 1 所属技术领域相距甚远，本领域技术人员将附件 1 与附件 2 结合以取得本专利权利要求 1 的技术方案尚需付出创造性的劳动，即二者并没有结合的启示。综上所述，本专利的权利要求 1 相对于附件 1 或附件 2 具备专利法第 22 条第 2 款规定的新颖性，同时相对于附件 1 和附件 2 的结合具有专利法第 22 条第 3 款规定的创造性。

附件 5 公开了一种实用美观的新型蚊帐，它是为了解决传统挂帐在床的四个角装四根帐杆而占用空间且不美观等缺点而设计的占用空间小并实用美观的蚊帐，其中帐架是一个可拆卸的矩形或多边形组合体，由两根纵杆、两根横杆和四个弯头组成（参见附件 5 的说明书第 1 页第 15~17 行以及附图 1~3)。

与附件 1 类似，将本专利权利要求 1 的技术方案与附件 5 相比较，可以看出二者的不同之处也在于蚊帐架的连接方式不同，本专利权利要求 1 采用铰链连接，附件 5 采用弯头连接，而且采用铰链连接可以使蚊帐架的直边和横边折叠存放，从而方便运输和存储，这与附件 5 所披露的弯头的结构和作用明显不同。

鉴于上文已对附件 2 的技术领域做过评述，因此基于与附件 1 和附件 2 组合相同的理由，本专利权利要求 1 相对于附件 5 或附件 2 及其结合也具备专利法第 22 条第 2、3 款规定的新颖性和创造性。

请求人在提出无效宣告请求书中针对权利要求 1 的创造性还使用另外两种组合方式，即附件 1 与附件 4 的结合，附件 1 与附件 6 的结合。鉴于请求人在口头审理当庭明确表示放弃附件 4 和 6 作为证据使用，因此涉及附件 4 和 6 的上述两组证据组合方式已不存在，故合议组对以上所述两种组合方式不再进行评述。

(2) 权利要求 2 是权利要求 1 的从属权利要求，在权利要求 1 相对于附件 1 和附件 2、附件 5 和附件 2 具备新颖性和创造性的基础上，该从属权利要求 2 相对于附件 1 和附件 2、附件 5 和附件 2 的两种组合方式也分别具备新颖性和创造性。

(3) 请求人认为从属权利要求 3 的附加技术特征在附件 3 中公开，权利要求 3 相对于附件 1、2 和 3 组合或者相对于附件 5、2 和 3 的组合分别不具备创造性。

由于权利要求 3 是权利要求 1 的从属权利要求，因此该权利要求 3 的技术方案本身包含了权利要求 1 的所有技术特征和权利要求 3 的附加技术特征。

附件 3 公开了一种导轨拉伸豪华型蚊帐支架。将本专利权利要求 3 的技术方案与附件 3 相比，该附件 3 也没有披露蚊帐支架的铰链连接方式，基于以上对权利要求 1 和 2 的评述可知，附件 1 和 2 的组合或者附件 5 和 2 的组合均因没有给出蚊帐架用铰链连接的技术启示，而不能影响该权利要求 1 和 2 的创造性，因此，在附件 3 也没有披露蚊帐架可用铰链连接的前提下，该权利要求 3 分别相对于所述附件以及附件 1、2 和 3 组合或者附件 5、2 和 3 的组合具备专利法第 22 条第 2、3 款规定的新颖性和创造性。

综上所述，本专利的权利要求 1~3 相对于附件 1、2、3 或者附件 5、2、3 均具备专利法第 22 条第 2 款规定的新颖性，同时具备专利法第 22 条第 3 款规定的创造性。

根据上述事实和理由，合议组依法作出如下决定。

三、决定

维持 02248876.6 号实用新型专利权有效。

当事人对本决定不服的，可以根据专利法第 46 条第 2 款的规定，在收到本决定之日起三个月内向北京市第一中级人民法院起诉。根据该款规定，一方当事人起诉后，另一方当事人应当作为第三人参加诉讼。

170

一种过滤网罩

无效宣告请求审查决定（第10289号）

决　　定　　号　第10289号
决　　定　　日　2007年7月16日
发明创造名称　一种过滤网罩
国 际 分 类 号　A47J 43/04
无效宣告请求人　蔡雁庭
专　利　权　人　王旭宁
专　　利　　号　00248594. X
申　　请　　日　2000年9月29日
授 权 公 告 日　2001年7月25日
合 议 组 组 长　何　炜
主　　审　　员　任　怡
参　　审　　员　郭　婷

法　律　依　据　专利法第22条第3款
决　定　要　点

如果一项权利要求要求保护的技术方案与现有技术相比存在区别技术特征，而现有技术中给出了为解决本发明技术问题而引入该区别技术特征的技术启示，该权利要求保护的技术方案是本领域技术人员很容易想到的，并且权利要求所限定的技术方案并没有带来意想不到的技术效果，则该权利要求不具备创造性。

一、案由

本专利权无效宣告请求案涉及国家知识产权局于2001年7月25日公告授予的、名称为“一种过滤网罩”的00248594. X号实用新型专利权（下称本专利），其申请日为2000年9月29日，专利权人为王旭宁。本专利授权公告的权利要求书如下：

“1. 一种过滤网罩，为底部封闭、顶部敞开的不锈钢圆桶，其特征在于在桶壁（3）和桶底（7）上设置有用电化学腐蚀而成的筛孔（5）。

2. 如权利要求1所述的一种过滤网罩，其特征在于所述筛孔（5）为50~60目、筛孔（5）孔径为0. 40~0. 45mm。

3. 如权利要求1或2所述的一种过滤网罩，其特征在于是在桶壁（3）和桶底（7）之间固定连接设置有用电化学腐蚀而成的筛孔（5）的侧筛板（4），在开孔的桶底（7）的孔上固定设置有用电化学腐蚀而成的筛孔（5）的底筛板（6）。

4. 如权利要求 1 或 2 所述的一种过滤网罩，其特征在于在桶壁（3）上端冲有两个以上锁定凸（1）。

5. 如权利要求 1 或 2 所述的一种过滤网罩，其特征在于在桶底（7）上固定设置有一个支撑架（8）。

6. 如权利要求 3 所述的一种过滤网罩，其特征在于在桶壁（3）上端冲有两个以上锁定凸（1）。

7. 如权利要求 3 所述的一种过滤网罩，其特征在于在桶底（7）上固定设置有一个支撑架（8）。

8. 如权利要求 4 所述的一种过滤网罩，其特征在于在桶底（7）上固定设置有一个支撑架（8）。”

针对上述专利权，蔡雁庭（下称请求人）于 2006 年 8 月 21 日向专利复审委员会提出专利无效宣告请求，认为本专利不符合专利法第 22 条第 2 款、第 3 款，专利法第 26 条第 3 款，专利法第 9 条，专利法实施细则第 13 条第 1 款，专利法实施细则第 18 条的规定。请求人同时提交了以下证据：

证据 1：中国实用新型专利说明书，专利号为 ZL 93206216.4，授权公告号为 CN2159165Y，授权公告日为 1994 年 3 月 23 日，复印件共 5 页；

证据 2：中国实用新型专利说明书，专利号为 ZL 00212029.1，授权公告号为 CN2448434Y，申请日为 2000 年 5 月 30 日，授权公告日为 2001 年 9 月 19 日，专利权人为叶红兵，复印件共 5 页；

证据 3：中国实用新型专利说明书，专利号为 ZL 96239058.5，授权公告号为 CN2284095Y，授权公告日为 1998 年 6 月 17 日，复印件共 4 页。

依据上述证据，请求人认为权利要求 1 不具备新颖性和创造性、权利要求 2~3 不具备创造性，权利要求 4~8 也不具备新颖性和创造性：（1）证据 1 的权利要求 1 以及说明书披露了一种果汁过滤网碗，由网架和网碗构成，碗壁上开有微孔，过滤网采用不锈钢片为材料，用蚀刻工艺开出网碗的微孔，本专利权利要求 1 与之相比不具备新颖性和创造性；（2）证据 2 的权利要求 1 公开了不锈钢板过滤网，在不锈钢板上均匀开孔，孔径是 0.08~0.4mm，虽然证据 2 与本专利技术领域不同，但技术人员不需要创造性劳动就可联想到将其应用于自己的技术领域，权利要求 2 不具备创造性；（3）证据 3 的权利要求 1 公开了不锈钢板式过滤网，证据 3 的说明书中指出采用化学腐蚀工艺方法生产，本专利的权利要求 1 相对于证据 3 不具备创造性；（4）证据 1~3 证明了电化学腐蚀不锈钢板、不锈钢网碗是现有技术，因此权利要求 3 不具备创造性；（5）权利要求 4~8 使用的是一般的普通公开技术，当权利要求 1~3 不具备新颖性和创造性时，权利要求 4~8 也不具备新颖性和创造性。

经形式审查合格后，专利复审委员会受理了上述请求，于 2006 年 11 月 1 日向双方当事人发出《无效宣告请求受理通知书》，并将《专利权无效宣告请求书》及其附件副本转送给专利权人，要求其在指定的期限内答复，同时成立合议组对本无效宣告请求案进行审理。

专利权人于 2006 年 12 月 12 日作出答复，认为本专利的豆浆过滤网是一个独特的技术设计方案，其与豆浆机的机组的结合是解决该问题的关键，网罩与豆浆机结合产生了独特的技术效果，桶底经电化学腐蚀成的筛孔增强了循环效果，有利于豆子的营养物质析出，契合了水流循环设计加快液体过滤速度，加大了过滤面积。这样的结构设计在对比文件中没有被披露，也没有技术教导。结构设计有利于电化学腐蚀法腐蚀孔工艺，提高成品率、使大规模加工成为可能、增强了网罩的刚度，降低了成本。因此本专利具有专利性，并且无效宣告请求的其他理由也不成立。

2007 年 3 月 14 日，本案合议组向双方当事人发出口头审理通知书，定于 2007 年 5 月 29 日对本案进行口头审理，并将专利权人 2006 年 12 月 12 日提交的《意见陈述书》转送给请求人，要求其在口头审理时一并答复。

2007年5月29日口头审理如期进行。双方当事人均委托代理人参加了口头审理，口头审理过程中认定的事实如下：（1）请求人放弃本专利不符合专利法第9条、第26条第3款、第22条第2款以及专利法实施细则第13条第1款、第18条的无效理由，确定其无效的理由为专利法第22条第3款；（2）专利权人对请求人提交的证据1、3的真实性、合法性、公开性均无异议，并指出证据2不是本专利的现有技术，不能作为评述创造性的证据；（3）请求人明确其无效的理由和所依据的证据为：权利要求1分别相对于证据1、3不具备创造性、权利要求2相对于证据2不具备创造性，权利要求3相对于证据1和3的结合不具备创造性，权利要求4~8相对于证据1结合公知常识不具备创造性；（4）专利权人认为权利要求3相对于证据1和3的结合不具备创造性未在无效宣告请求书中提出，不能被接受。庭审中，合议组对请求人提出的无效理由和事实进行了充分调查，并听取了各方当事人的陈述。

口头审理后，专利权人于2007年5月30日提交了意见陈述，指出请求人在无效宣告请求书中未指出权利要求3相对于证据1和3的结合不具备创造性的理由，在规定的期限内也未补充说明，应不予考虑；权利要求3的结构组成未在任何一篇对比文件中公开，给本专利带来了有益效果，具有创造性。

至此，合议组认为本案事实已经清楚，可以依法作出审查决定。

二、决定的理由

1. 无效宣告请求的理由和范围

鉴于请求人在口头审理中放弃本专利不符合专利法第9条、第26条第3款、第22条第2款以及专利法实施细则第13条第1款、第18条的无效理由，合议组对这些无效理由也不再予以审理。

请求人在口头审理中确定其无效的理由具体为：权利要求1分别相对于证据1或3不具备创造性、权利要求2相对于证据2不具备创造性，权利要求3相对于证据1和3的结合不具备创造性，权利要求4~8相对于证据1结合公知常识不具备创造性。

专利权人认为权利要求3相对于证据1和3的结合不具备创造性的无效宣告理由在无效宣告请求书中没有具体指出及具体说明理由，不应予以考虑。对此，合议组认为无效宣告请求书的第（一）、（三）部分中具体陈述了证据1和3所披露的技术内容，并且在无效宣告请求书的第（四）部分指出：根据之前引证的专利技术文献，已证明电化学腐蚀不锈钢板、不锈钢网碗是在先的专利技术，因此权利要求3不具备创造性，根据上述内容可看出请求人针对上述证据的使用包括了单独使用以及结合使用证据1、3的方式，并基本说明了无效理由，此外，合议组在口头审理的过程中给予专利权人当庭陈述权利要求3相对于证据1和3组合是否具有创造性的机会，并且在口头审理后也给予了专利权人陈述意见的机会，因此合议组认为权利要求3相对于证据1和3的结合不具备创造性的无效宣告理由可以接受，对专利权人并无不公平之处。综上所述，本无效宣告请求审查决定审理的理由及范围为请求人在口头审理中明确的无效理由及范围。

2. 关于证据

证据1~3都是中国实用新型专利说明书，都属于公开发行的出版物。其中证据2的公开日为2001年9月19日，在本专利申请日2000年9月29日之后，不属于本专利申请日前公开的现有技术，因此证据2不能作为评述本专利创造性的证据。证据1、3的公开日均早于本专利的申请日，专利权人对其真实性、合法性、公开性均没有异议，合议组对其真实性也予以认可，因此证据1、3均构成了本专利的现有技术，可以作为现有技术评价本专利的创造性。

3. 关于专利法第22条第3款

专利法第22条第3款规定：创造性，是指同申请日以前已有的技术相比，该发明有突出的实质性特点和显著的进步，该实用新型有实质性特点和进步。

如果一项权利要求要求保护的技术方案与现有技术相比存在区别技术特征，而现有技术中给出了为解决本发明技术问题而引入该区别技术特征的技术启示，该权利要求保护的技术方案是本领域技术人员很容易想到的，并且权利要求所限定的技术方案并没有带来意想不到的技术效果，则该权利要求不具备创造性。

（1）权利要求 1 保护一种过滤网罩，为底部封闭、顶部敞开的不锈钢圆桶，其特征在于在桶壁（3）和桶底（7）上设置有用电化学腐蚀而成的筛孔（5）。证据 1 披露了一种不锈钢过滤网碗，该过滤网碗是底部封闭、顶部敞开的结构，在侧壁设置有蚀刻工艺开出的微孔（参见权利要求 1、说明书第 1 页最后 1 行至第 2 页第 5 行、附图 1~2）。虽然权利要求 1 的筛孔是通过电化学腐蚀而成，而证据 1 未明确是哪种蚀刻工艺条件，但是不论是哪种蚀刻条件，其在不锈钢材料上形成的筛孔并没有实质区别。权利要求 1 与证据 1 的区别仅在于：①权利要求 1 的过滤网罩的外部形状是圆桶形，而证据 1 的是碗型；②权利要求 1 的过滤网的底部开有筛孔，而证据 1 的底部没有筛孔。针对上述区别技术特征①来说，证据 1 的说明书第 2 页第 5 行给出了技术启示，指出“可根据配套主机的需要加工成其他形状”，而且圆桶形和碗形都是通常家用食品加工机中使用的过滤容器形状，这种形状的选择对于所属领域技术人员是显而易见的；对于区别技术特征②来说，众所周知当过滤面积增大时有助于改善过滤效果，在证据 1 使用侧壁进行过滤的基础上，为了增加过滤网罩的过滤面积而在网罩的底部也设置过滤筛孔是显而易见的。并且根据本专利说明书的记载，并未看出上述区别技术特征使本专利产生了任何预料不到的技术效果。因此，在证据 1 的基础上结合所属领域的常规技术得到上述技术方案是显而易见的，权利要求 1 不具备实质性特点和进步，不符合专利法第 22 条第 3 款创造性的规定。

专利权人认为：豆浆过滤网是一个独特的技术设计方案，其与豆浆机的机组的结合是解决该问题的关键，网罩与豆浆机结合产生了独特的技术效果，桶底电化学腐蚀成筛孔增强了循环效果，有利于豆子的营养物质析出，契合了水流循环设计加快液体过滤速度，加大了过滤面积。对此，合议组认为，根据专利法第 56 条第 1 款的规定，发明或者实用新型专利权的保护范围以其权利要求的内容为准，说明书及附图可以用于解释权利要求。本专利权利要求 1 中仅限定了该产品是一种过滤网罩，并未限定其与豆浆机配合的其他部件等，并且根据本专利说明书的记载（参见说明书第 1 页第 1 行至第 3 行、第 1 页最后一段），本专利的过滤网罩应用于家用食品加工机的过滤部件，其中特别可用于豆浆机，因此就权利要求本身并不能看出该过滤网仅是应用于豆浆机的过滤网，本专利的过滤网并不排除应用于其他家用食品加工机，豆浆机仅是其优选的实施方式。对于一般家用食品加工机的过滤网罩来说，为了增加过滤网的过滤能力而采用扩大过滤网面积是所属领域技术人员的常规技术。因此专利权人的意见陈述不能证明权利要求 1 具有创造性。

由于证据 1 已足以否定本专利权利要求 1 的创造性，因此合议组对本专利权利要求 1 相对于证据 3 不具备创造性的无效理由不再予以评述。

权利要求 3 对权利要求 1 进行了限定，附加技术特征为：在桶壁（3）和桶底（7）之间固定连接设置有用电化学腐蚀而成的筛孔（5）的侧筛板（4），在开孔的桶底（7）的孔上固定设置有用电化学腐蚀而成的筛孔（5）的底筛板（6）。证据 1 中的过滤网罩由上圈和底盘和加强筋组成网架，网架侧面为网碗壁（参见说明书第 2 页第 1 段及附图 1~2），相当于在桶壁和桶底之间固定连接筛孔的侧筛板。虽然证据 1 没有披露在开孔的桶底的孔上固定设置有用电化学腐蚀而成的筛孔的底筛板。但同对权利要求 1 评述的理由，在过滤网罩的底部设置有筛孔的底筛板是显而易见的。因此，在权利要求 1 不具备创造性的基础上，引用权利要求 1 的权利要求 3 相对于证据 1 也不符合专利法第 22 条第 3 款创造性的规定。专利权人认为：权利要求 3 的结构设计有利于电化学腐蚀工艺、易于加工、增强了网罩的强度。对此，合议组认为：对于本专利过滤网罩的网壁和网底的结构来说，证据1中网碗的侧壁也是采用侧筛板的结构，为了方便加工对于过滤网罩的不同结构部分采用不同部件进行组装是所属领域的常规技术，该特征并未使本专利产生任何实质性特点和进步。因此专利权人的意见陈述不能证明权利要求3具有创造性。

权利要求4、6进一步限定了在桶壁上端冲有两个以上锁定凸。对于家用食品加工机的过滤网罩来说，该网罩需要与其他部件进行固定装配，锁定凸、螺纹等都是所属领域中常规的固定方法，为了使过滤网罩与其他部件配合固定，在网罩上部装有两个以上锁定凸用于固定网罩位置对所属领域技术人员是显而易见的。因此，在所引用的权利要求1、3不具备创造性的基础上，引用其的权利要求4、6相对于证据1和所属领域公知常识的结合也不符合专利法第22条第3款有关创造性的规定。

权利要求5、7~8进一步限定了桶底设有支撑架。众所周知，在机械设备中，为了使悬空的部件或下面没有支撑的部件位置稳定、不易脱落，可在部件的下方固定设置支撑架。因此，在网罩底部设置支撑架对所属领域技术人员是显而易见的。因此，在所引用的权利要求1、3~4不具备创造性的基础上，引用其的权利要求5、7~8相对于证据1和所属领域公知常识的结合也不符合专利法第22条第3款有关创造性的规定。

（2）本案中，请求人以权利要求2相对于证据2不具备创造性为由宣告本专利权利要求2无效。而合议组在本决定理由的第（二）部分中已指出证据2不属于本专利申请日前的现有技术，不能作为评价本专利创造性的证据。由于请求人没有提供有效的证据来证明本专利权利要求2同申请日以前已有的技术相比不具有实质性特点和进步，因此，合议组对其认为本专利权利要求2不具有创造性的主张不予支持。在权利要求2具有创造性的基础上，引用权利要求2的权利要求3~8也具有创造性。

基于以上事实和理由，本案合议组作出如下审查决定。

三、决定

宣告00248594.X号实用新型专利的权利要求1、引用权利要求1的权利要求3~8无效，在权利要求2和引用权利要求2的权利要求3~8的基础上维持该专利权继续有效。

当事人对本决定不服的，可以根据专利法第46条第2款的规定，自收到本决定之日起三个月内向北京市第一中级人民法院起诉。根据该款的规定，一方当事人起诉后，另一方当事人应当作为第三人参加诉讼。

171

一种作为超白抛光瓷砖原料的球土及其生产方法

无效宣告请求审查决定（第10302号）

决　　定　　号　第10302号
决　　定　　日　2007年7月24日
发明创造名称　一种作为超白抛光瓷砖原料的球土及其生产方法
国 际 分 类 号　C04B 33/24，33/13，33/04，35/63，35/622
无效宣告请求人　惠州隆光陶瓷原料有限公司
专　利　权　人　矽比科嘉窑新会矿业有限公司
申　　请　　号　200410027086.3
申　　请　　日　2004年4月28日
授 权 公 告 日　2006年1月25日
合 议 组 组 长　于　萍
主　　审　　员　郭建强
参　　审　　员　王　琳

法　律　依　据　专利法第22条第2款、第3款
决　定　要　点

如果对比文件是要求保密的企业内部文件，则不属于专利法意义上的公开出版物；依据该对比文件进行的制造行为并不必然地导致相关的技术方案被公开，除非有证据证明该生产过程是公开的。

如果某权利要求所要求保护的技术方案为生产某化学产品的配方，且其中包含了两种有效成分相同的原料，但所占的重量百分比不同，则该化学产品的销售行为并不必然地导致关于生产化学产品的配方的技术方案被公开，需要判断购买了该化学产品的客户，在不知道其具体配方的情况下，通过现有的测量方法是否能够反向分析出该两种有效成分相同的原料的配比。

一、案由

本无效宣告请求涉及中华人民共和国国家知识产权局于2006年1月25日授权公告的、名称为“一种作为超白抛光瓷砖原料的球土及其生产方法”的发明专利权（以下简称本专利），其专利申请号是200410027086.3，申请日是2004年4月28日，专利权人是矽比科嘉窑新会矿业有限公司。本专利授权公告时的权利要求书如下：

“1. 一种作为超白抛光瓷砖原料的球土，该球土包含有如下原料：高岭土、二次粘土、水、稀释剂及絮凝剂；以球土的总重量计，其中：高岭土含量为14%～63%；二次粘土含量为7%～56%；稀释剂的含量为0.01%～2%，絮凝剂的含量为0.01%～1%，水为22%～32%。

2. 根据权利要求 1 所述的一种作为超白抛光瓷砖原料球土，其特征在于所述稀释剂为水玻璃、三聚磷酸钠或六偏磷酸钠。

3. 根据权利要求 1 所述的一种作为超白抛光瓷砖原料的球土，其特征在于所述絮凝剂为氯化镁、氯化钙或硝酸。

4. 权利要求 1 所述的一种作为超白抛光瓷砖原料的球土生产方法，其包括如下步骤：（1）将高岭土原料按比例加入稀释剂和水在 1# 化浆池化成浆料，浆料输送到 1#除沙池除去石英沙，再输送到 1#振动筛除去杂质，然后输送到 1#中池，加入絮凝剂，使其絮凝沉降，沉降后的浆料输送到 1#成品池而得到纯高岭土浆；

（2）将二次粘土原料按比例加入稀释剂和水在 2#化浆池化成浆料，浆料输送到 2#除沙池除去石英沙，再输送到 2#振动筛除去杂质，然后输送到 2#中池，加入絮凝剂，使其絮凝沉降，沉降后的浆料输送到 2#成品池而得到纯二次粘土浆；

（3）按比例将纯高岭土浆和纯二次粘土浆输送至 3#成品池，均匀混合，混合后的物料经压滤脱去部分水后得到球土产品。”

针对本专利权，惠州隆光陶瓷原料有限公司（以下简称请求人）于 2006 年 10 月 23 日向专利复审委员会提出无效宣告请求，认为本专利的权利要求 1~4 不符合专利法第 22 条第 2 款、第 3 款的规定，请求人同时提交了如下附件：

附件 1：中国轻工业出版社 1985 年 2 月第 1 版第 1 次印刷、1993 年 5 月第 1 版第 5 次印刷的《陶瓷工艺学》版权信息页、第 89、90、92 页复印件，共 4 页；

附件 2：中国建材工业出版社 1998 年 8 月第 1 版、1998 年 8 月第 1 次印刷的《现代建筑卫生陶瓷工程师手册》版权信息页、第 89、90 页复印件，共 3 页；

附件 3：注册编号为 001-HKCH 的《质量管理体系认证证书》复印件、盖有惠州隆光陶瓷原料有限公司红章的《隆光陶瓷原料有限公司质量管理手册》及其附件复印件、以及编号为 WI-QC-SD3 和 WI-QC-SD-2 的《配方作业指导书》复印件，共 29 页；

附件 4：中国轻工业出版社 1980 年 7 月第 1 版第 1 次印刷、1993 年 4 月第 1 版第 7 次印刷的《陶瓷工艺学》版权信息页、第 199 页复印件，共 2 页；

附件 5：轻工业出版社 1988 年 10 月第 1 版的《高岭土》版权信息页、第 258 页复印件，共 2 页；

附件 6：中国建材工业出版社 1999 年 5 月第 1 版、1999 年 5 月第 1 次印刷的《现代陶瓷工业技术装备》版权信息页、第 15、16 页复印件，共 3 页；

附件 7：惠州隆光陶瓷原料有限公司的企业法人营业执照（副本）复印件，共 1 页。

请求人认为：从附件 2 中公开的“原料标准化生产技术”可知，陶瓷原料由多种原料组成是公知技术；附件 3 中产品 SD-2、SD-3 的配方作业指导书公开了本专利权利要求 1 的原料组成及其配比，因此本专利权利要求 1 不具备新颖性，附件 3 除构成出版物公开外，也构成使用公开；附件 4 和附件 5 分别公开了稀释剂和絮凝剂含量的数值范围；附件 1 中公开了解凝剂采用水玻璃、碳酸钠、硅酸钠，絮凝剂采用硫酸镁、氯化钙、硫酸、硫酸铝、氯化镁，因此权利要求 2 和 3 也不具备新颖性或者创造性；权利要求 4 的球土生产方法相对于附件 6 的“水簸法精选粘土、高岭土工艺过程”是显而易见的，不具备创造性。

经形式审查合格，专利复审委员会依法受理了上述无效宣告请求，并于 2006 年 10 月 25 日向请求人和专利权人发出无效宣告请求受理通知书，同时将专利权无效宣告请求书及其附件清单中所列附件的副本转送给专利权人，并要求专利权人在指定的期限内陈述意见。

请求人于 2006 年 11 月 17 日向专利复审委员会提交了意见陈述书，并补充了无效宣告的理由和

证据，其中补充的证据为：（编号续前）

附件8：惠州市工商局外资科出具的请求人公司名称变更证明复印件，共1页；

附件9：惠阳隆光陶瓷原料有限公司的一组合同书复印件，共9页，包括：

附件9-1：三水市博德精工建材有限公司与惠阳隆光陶瓷原料有限公司于2003年9月29日签订的工矿产品购销合同；

附件9-2：南海市冠星王陶瓷有限公司与惠阳隆光陶瓷原料有限公司于2004年3月4日签订的工矿产品购销合同；

附件9-3：南海区华陶瓷业有限公司与隆光陶瓷原料有限公司于2003年7月2日签订的购货合同；

附件9-4：佛山欧神诺陶瓷有限公司与惠阳隆光陶瓷原料有限公司于2004年3月10日签订的工矿产品购销合同；

附件9-5：佛山石湾鹰牌设备配套有限公司与惠阳隆光陶瓷原料有限公司于2004年4月17日签订的工矿产品购销合同；

附件9-6：南海市隆光精细陶瓷原料有限公司与何振权于2003年1月16日签订的工程合同书及工程预算书；

附件10：惠阳隆光陶瓷原料有限公司购买设备、原料以及销售产品的一组发票复印件，共21页；

附件11：江门市新会区凯科实业有限公司的企业法人营业执照复印件及广东增值税专用发票复印件，共4页；

附件12：江门市新会区双水盛超陶瓷原料加工场的个人独资企业营业执照（副本）复印件、关于“水洗泥生产工艺流程”和“超白原料的配方组成及性能”的证明复印件、与广东能强陶瓷有限公司在2003年12月26日签订的供购协议书复印件，共5页。

请求人认为：补充的附件8~12证明本专利在申请日前已经公开使用。本专利权利要求1~4相对于附件8~12不具备专利法第22条第2款、第3款规定的新颖性和创造性。

针对专利复审委员会发出的无效宣告请求受理通知书，专利权人于2006年12月11日向专利复审委员会提交了意见陈述书。专利权人认为：附件3作为请求人的质量管理体系认证文件，属于内部管理文件，不向外公开发行，且配方作业指导书上加盖有“管制文件”字样，因此附件3不属于专利法意义上的公开出版物，不能用于作为评价本专利新颖性和创造性的对比文件使用；附件1、2、4、5相结合也得不出本专利权利要求1的技术方案，因此权利要求1具备新颖性和创造性，其从属权利要求2~3因而也具备新颖性和创造性；附件6只是公开了权利要求4的部分技术特征，没有公开本专利权利要求4中球土的生产方法的全部技术特征，而且现有技术中也没有任何启示，因此权利要求4具备创造性。

专利复审委员会依法成立合议组对本案进行审查。

本案合议组于2007年3月1日向双方发出无效宣告请求口头审理通知书，随同口头审理通知书，将请求人于2006年11月17日提交的意见陈述书及其附件清单中所列附件的副本转送给专利权人，将专利权人于2006年12月11日提交的意见陈述书的副本转送给请求人。

2007年5月14日在专利复审委员会如期举行了口头审理，双方当事人均参加了口头审理。

在口头审理中，（1）请求人确认无效的理由和范围为，本专利权利要求1~4不符合专利法第22条第2款、第3款的规定。（2）请求人当庭放弃了附件9-4、9-5、11以及附件12中的供购协议书作为证据使用；出示了附件1至8、9-1、9-2、9-3以及附件12中的“水洗泥生产工艺流程”和“超白原料的配方组成及性能”的证明件的原件；明确附件10中只保留编号为04320619的发票作为证据使用，并当庭出示了该发票的原件，放弃附件10中其余的发票作为证据使用。（3）专利权人对附件1、2、4至8、附件9-1至9-3、附件10中编号为04320619的发票的真实性没有异议；对附件3的真实性有异议，认为附件3不属于专利法意义上的公开出版物，不能作为评判本专利新颖性和创造性的证据；对附件9-6的真实性有异议，认为合同上没有双方盖章；对附件12的真实性也有异议。（4）双方就本专利权利要求1~3相对于附件3是否具备新颖性，附件3和附件9-1、9-2、9-3、9-6、附件10是否证明本专利在先使用公开，权利要求1~3相对于附件12是否具备创造性，以及权利要求4相对于附件6、附件6和2的结合、附件12的新颖性或创造性充分发表了意见。

至此，合议组认为本案事实已经清楚，可以作出审查决定。

二、决定的理由

1. 关于证据的认定

请求人提交过的证据包括附件1~12，其中口头审理中请求人当庭放弃了附件9-4、9-5、11以及附件12中的供购协议书作为证据使用，明确附件10中只保留编号为04320619的发票，放弃其余的发票作为证据使用。因此请求人使用的证据最后确定为：附件1~8，附件9-1、9-2、9-3、9-6，附件10中的编号为04320619的发票复印件（以下简称附件10’），附件12中的江门市新会区双水盛超陶瓷原料加工场的个人独资企业营业执照（副本）复印件、关于“水洗泥生产工艺流程”和“超白原料的配方组成及性能”的证明复印件（以下简称附件12’）。

其中，请求人口头审理当庭出示了附件1~8，附件9-1、9-2、9-3，附件10’，附件12’的原件；专利权人对附件1、2、4~8、附件9-1、9-2、9-3、附件10’的真实性没有异议；合议组经审查，认为上述证据的真实性可以得到确认，因此可以作为本案的证据使用。

关于附件3，专利权人对其真实性有异议，并认为附件3属于企业内部管制文件，不属于专利法意义上的公开出版物，不能作为评判本专利新颖性和创造性的证据。附件3为惠州隆光陶瓷原料有限公司质量管理手册及作业配方指导书，请求人称该文件为其参加ISO9001：2000标准质量体系认证中形成的文件，并且在口头审理中出具了该证据的原件。专利权人对其真实性有异议，但未能提出充分的理由或反证来否认该附件3本身的真实性。所以合议组认为该附件3可以作为本案证据使用。至于其公开性和关联性，合议组将在下文关于本专利新颖性或创造性的具体判断中进行评述。

关于附件9-6，专利权人对其真实性有异议。合议组经审查认为，附件9-6作为工程合同书和工程预算书，只有个人的签字，缺少甲方公章，且请求人无正当理由未出示原件供合议组和专利权人核对其真实性，因此合议组认为该附件的真实性无法得到确认，不能作为本案证据使用。

关于附件12’，专利权人对其真实性有异议。合议组经审查认为，附件12’中的关于“水洗泥生产工艺流程”和“超白原料的配方组成及性能”的两份证明件属于“江门市新会区双水盛超陶瓷原料加工场”出具的证言，其上虽有单位公盖，但缺少单位负责人或经办人的签名或盖单，且该单位也未派相关人员出庭进行质证，缺少证明的构成要件，同时专利权人又对其真实性提出异议，因此附件12’也不能作为本案证据使用。

2. 关于本专利的新颖性和创造性

专利法第22条第1款、第2款、第3款规定，授予专利权的发明应当具备新颖性和创造性，新颖性是指在申请日以前没有同样的发明或者实用新型在国内外出版物上公开发表过、在国内公开使用过或者以其他方式为公众所知，也没有同样的发明或者实用新型由他人向国务院专利行政部门提出过申请并记载在申请日以后公布的专利申请文件中。创造性，是指同申请日以前已有的技术相比，该发明有突出的实质性特点和显著的进步。

根据上述规定，如果对比文件是要求保密的企业内部文件，则不属于专利法意义上的公开出版物；依据该对比文件进行的制造行为并不必然地导致相关的技术方案被公开，除非有证据证明该生产过程是公开的。

如果专利某权利要求所要求保护的技术方案为生产某化学产品的配方，且其中包含了两种有效成分相同的原料，但所占的重量百分比不同，则该化学产品的销售行为并不必然地导致关于生产化学产品的配方的技术方案被公开，需要判断购买了该化学产品的客户，在不知道其具体配方的情况下，通过现有的测量方法是否能够反向分析出该两种有效成分相同的原料的配比。

如果本专利与对比文件存在区别技术特征，且关于这些特征也没有证据证明是本领域技术人员显而易见能够想到的，则本专利相对于对比文件具备创造性。

（1）权利要求 1~3 相对于附件 3 的新颖性。

本案中，请求人认为附件 3 是客户需要了解的时候可以查看的，作为 ISO 文件也是对产品的使用者公开的。附件 3 除构成出版物公开外，证明生产过程也构成使用公开。

合议组经审查后认为，①附件 3 并不能构成本专利的现有技术。首先，关于出版物公开，附件 3 中隆光陶瓷原料有限公司的配方作业指导书只是企业内部发行的文件，且该文件上盖有管制文件的印章，表明该文件是要求保密的，因此根据审查指南第二部分第三章 2.1.3.1 节的相关规定，其不属于专利法意义上的公开出版物。且请求人也没有证据证明 ISO 质量体系认证中有相关规定，附件 3 中配方作业指导书作为企业内部文件是应该对产品使用者公开的，因此附件 3 不构成出版物公开。其次，关于使用公开，虽然附件 3 能够证明隆光陶瓷原料有限公司制造 SD-2 和 SD-3 球土的事实，但是该制造行为并不必然地导致相关的技术被公开。根据商业习惯，通常企业的生产活动属于企业内部的行为，企业外部的人员一般并不能随意了解到企业内部的生产活动情况。所以，仅仅以某企业生产制造了某种产品这一事实通常并不能证明该生产过程是公开的，除非有证据证明。但是本案中请求人并没有证据表明其生产 SD-2 和 SD-3 球土的过程是公开的，因此也就无法证明相关的技术内容处于公众想得知就能够得知的状态，即附件 3 也不能证明依据其所进行的生产行为构成使用公开。②关于附件 3 配方作业指导书中的技术内容与本专利权利要求 1 的对比，两份配方作业指导书均只公开黑浆（二次粘土）、白浆（高岭土）、水玻璃（稀释剂）的重量比以及氧化镁（絮凝剂）的体积比，而没有公开权利要求 1 中絮凝剂的重量比为 0.01%~1%，水的重量比为 22%~32%，因此附件 3 配方作业指导书中的技术内容与本专利权利要求 1 以及从属权利要求 2~3 的技术方案存在区别。综上所述，请求人提出的附件 3 并不能构成本专利的现有技术，同时其中的技术内容也与本专利存在不同，因此请求人据以否定本专利权利要求 1~3 新颖性的主张不能成立，合议组不予支持。

（2）权利要求 1~3 相对于附件 3、附件 9-1、9-2、9-3 以及附件 10’的组合的新颖性和创造性

请求人认为附件 3、附件 9-1、9-2、9-3、附件 10’能够构成证据链，证明本专利权利要求 1~3 的技术方案由于球土的销售而构成使用公开。专利权人认为，请求人不能证明销售的产品与本专利的产品相一致。

合议组经审查查明，附件 10’是三水市博德精工建材有限公司与惠阳隆光陶瓷原料有限公司之间的发票，附件 9-1 是三水市博德精工建材有限公司与惠阳隆光陶瓷原料有限公司签订的工矿产品购销合同，而附件 9-2 是南海市冠星王陶瓷有限公司与惠阳隆光陶瓷原料有限公司签订的工矿产品购销合同，附件 9-3 是南海区华陶瓷业有限公司与隆光陶瓷原料有限公司签订的购货合同。请求人认为上述证据链可以证明在本专利申请日前 SD-2 球土已公开销售，并用附件 3 来证明销售的 SD-2 球土与本

专利权利要求 1~3 的球土相同。但是合议组认为，①如同前文的审查意见所述，附件 3 本身并不能构成本专利的现有技术，同时也不能证明其中的生产 SD-2 以及 SD-3 球土的配方被公开。②附件 10'、附件 9-1 以及附件 3 构成的证据链所能够证明的只是 SD-2 以及 SD-3 球土在本专利的申请日前发生过销售。而一种化学产品的销售行为并不必然地导致生产该产品的配方就能够被公众所知。本专利要求保护的技术方案是关于生产一种化学产品的配方，其中陶瓷原料球土中的高岭土、二次粘土均为自然界的混合物，其主要成分均为二氧化硅和三氧化二铝，客户在购买了该球土产品之后，在不知道具体生产配方的前提下，通过现有的测量方法只能反向分析出分子级的如二氧化硅、三氧化二铝等成分的含量，而不可能分析出这些有效成分的来源，从而分析出高岭土和二次粘土的比例。综上所述，附件 3 和附件 9-1、9-2、9-3、附件 10'不能形成一个完整的证据链，来证明生产 SD-2 及 SD-3 产品的配方在本专利申请日前被公开，构成现有技术。因此请求人提出的上述证据的组合来否定本专利权利要求 1~3 所要求保护的超白抛光瓷砖原料配方的技术方案的新颖性的主张也不能成立，合议组不予支持。

同时，请求人也没有证据证明本领域普通技术人员根据公开销售的 SD-2 以及 SD-3 球土产品就可以获得如本专利权利要求 1~3 中所述的高岭土、二次粘土、稀释剂、絮凝剂和水之间的比例的技术启示，因此请求人提出的附件 3、附件 9-1、9-2、9-3 以及附件 10'的组合也不足以否认本专利权利要求 1~3 的创造性。

（3）权利要求 4 的新颖性或创造性。

请求人认为附件 6 第 16 页图 2.1-5 以及对应的文字公开了精选粘土和精选高岭土的方法，即公开了权利要求 4 中的步骤 1 和步骤 2，附件 6 第 15 页图 2.1-4 记载了黑球粘土的生产工艺流程，也就是混合土的标准化生产方式，公开了权利要求 4 的步骤 3。同时，附件 2 第 89 页倒数第 3 行公开了在陶瓷原料行业中用一种或两种以上的原料混合制成成品，即权利要求 4 的步骤 3 也被附件 2 所公开。因此权利要求 4 相对于附件 6 不具备新颖性和创造性，相对于附件 6 和附件 2 的结合不具备创造性。

合议组经审查认为，本专利权利要求 4 的生产方法中将高岭土和二次粘土分别精选之后还进行步骤 3，即将高岭土和二次粘土配比混合，然后压滤脱水得到球土产品。附件 6 以及附件 2 中并没有公开上述步骤 3。其次，权利要求 4 虽然是和权利要求 1 并列的独立权利要求，但是其引用了权利要求 1。按照审查指南第二部分第二章 3.1.2 节关于并列的独立权利要求的规定，对于这种引用另一权利要求的独立权利要求，在确定其保护范围时，被引用的权利要求的特征均应予以考虑，而其实际的限定作用应当最终体现在对该独立权利要求的保护主题产生了何种影响。因此本专利权利要求 4 中的三处“按比例”应该理解为包括权利要求 1 中关于高岭土、二次粘土、水、稀释剂及絮凝剂的比例的特征，然而上述比例在附件 6 和 2 中均未公开，而且请求人也没有证据证明这些比例特征是本领域技术人员显而易见能够想到的。因此附件 6 不能否定本专利权利要求 4 的新颖性和创造性，附件 6 和附件 2 的结合也不能否定本专利权利要求 4 的创造性。

（4）其他证据对本专利新颖性和创造性的影响。

附件 1、4、5 作为本专利申请日前公开的出版物，虽然可以构成本专利的现有技术，但是请求人在口头审理中提出的无效理由中并没有使用这些证据，而且附件 1、4、5 均只涉及絮凝剂或稀释剂，而不涉及球土配方的技术方案，因此也不能对本专利的新颖性和创造性构成影响。

附件 7 为请求人的企业法人营业执照（副本），附件 8 为惠州市工商局外资科出具的请求人公司名称变更证明，均只涉及请求人的法人资格及变更状况，不构成本专利的现有技术，因此其也不能对本专利的新颖性和创造性构成影响。

根据上述的事实和理由，本案合议组依法作出以下决定。

三、决定

维持200410027086.3号发明专利权有效。

当事人对本决定不服的，可以根据专利法第46条第2款的规定，自收到本决定之日起3个月内向北京市第一中级人民法院起诉。根据该款的规定，一方当事人起诉后，另一方当事人应当作为第三人参加诉讼。

北京市第一中级人民法院
行政判决书

（2007）一中行初字第1589号

原告惠州隆光陶瓷原料有限公司，住所地广东省惠州市惠城区横沥镇柯树排村。

法定代表人蔡荣发，总经理。

委托代理人赵彦雄，广东惠邦律师事务所律师。

委托代理人陶建新，男，1956年9月7日出生，中国摩擦密封材料协会副秘书长，住北京市朝阳区管庄西里53楼5门101号。

被告国家知识产权局专利复审委员会，住所地北京市海淀区北四环西路9号银谷大厦10~12层。

法定代表人廖涛，副主任。

委托代理人郭建强，国家知识产权局专利复审委员会审查员。

委托代理人刘妍，国家知识产权局专利复审委员会审查员。

第三人矽比科嘉窑新会矿业有限公司，住所地广东省江门市新会区崖门镇苍山。

法定代表人谢忠友，董事长。

委托代理人李林辉，男，1977年9月5日出生，江门嘉权专利商标事务所有限公司职员，住广东省江门市蓬江区美景街5号601。

委托代理人张海文，男，1968年7月7日出生，江门嘉权专利商标事务所有限公司专利代理人，住湖南省望城县高塘岭镇西塘街社区高塘岭西街140号。

原告惠州隆光陶瓷原料有限公司（简称隆光公司）不服被告国家知识产权局专利复审委员会（简称专利复审委员会）于2007年7月24日作出的第10302号无效宣告请求审查决定（简称第10302号决定），于法定期限内向本院提起行政诉讼。本院于2007年11月16日受理后，依法组成合议庭，并根据相关法律规定通知矽比科嘉窑新会矿业有限公司（简称嘉窑公司）作为第三人参加本案诉讼，于2007年12月13日公开开庭进行了审理。原告隆光公司的法定代表人蔡荣发及其委托代理人赵彦雄、陶建新，被告专利复审委员会的委托代理人郭建强、刘妍，第三人嘉窑公司的委托代理人李林辉、张海文到庭参加了诉讼。本案现已审理终结。

第10302号决定系专利复审委员会针对隆光公司就嘉窑公司所拥有的200410027086.3号发明专利（简称本专利）所提出的无效宣告请求而作出的。专利复审委员会在第10302号决定中认定：（1）关于证据。附件1~8、附件9-1、9-2、9-3、附件10’的真实性得以确认，可以作为证据使用；附件9-6和附件12’的真实性无法确认，不能作为证据使用。（2）关于本专利权利要求1~3相对于附件3的新颖性。首先，附件3中的《配方作业指导书》只是隆光公司内部发行的文件，且该文件上盖有管制文件的印章，表明该文件是要求保密的；且隆光公司也没有证据证明 ISO 质量体系认证中有相关规定，说明附件 3 中的《配方作业指导书》作为企业内部文件是应该对产品使用者公开的，因此附件 3 不构成出版物公开。其次，虽然附件 3 能够证明隆光公司制造 SD-2 和 SD-3 球土的事实，但是根据商业习惯，通常企业的生产活动属于企业内部的行为，企业外部的人员一般并不能随意了解到企业内部的生产活动情况。在没有证据证明的情况下，该制造行为并不必然地导致相关的技术被公开。因此，附件 3 并不能构成本专利的现有技术。附件 3 中《配方作业指导书》的技术内容与本专利权利要求 1 以及从属权利要求 2~3 的技术方案存在区别，没有公开权利要求 1 中絮凝剂的重量比和水的重量比。综上所述，隆光公司提出的附件 3 并不能构成本专利的现有技术，同时其中的技术内容也与本专利存在不同，因此专利复审委认为隆光公司据以否定本专利权利要求 1~3 新颖性的主张不能成立。(3) 本专利权利要求 1~3 相对于附件 3、附件9-1、9-2、9-3 以及附件 10’的组合的新颖性和创造性。首先，附件 3 本身并不能构成本专利的现有技术，同时也不能证明其中的生产 SD-2 以及 SD-3 球土的配方被公开。其次，附件 10’、附件 9-1 以及附件 3 构成的证据链所能够证明的只是 SD-2 以及SD-3球土在本专利的申请日前发生过销售。而一种化学产品的销售行为并不必然地导致生产该产品的配方就能够被公众所知。本专利要求保护的技术方案是关于生产一种化学产品的配方，其中陶瓷原料球土中的高岭土、二次粘土均为自然界的混合物，其主要成分均为二氧化硅和三氧化二铝，客户在购买了该球土产品之后，在不知道具体生产配方的前提下，通过现有的测量方法只能反向分析出分子级的如二氧化硅、三氧化二铝等成分的含量，而不可能分析出这些有效成分的来源，从而分析出高岭土和二次粘土的比例。综上所述，附件 3 和附件 9-1、9-2、9-3、附件 10’不能形成一个完整的证据链，来证明生产 SD-2 及 SD-3 产品的配方在本专利申请日前被公开，构成现有技术。因此，隆光公司以上述证据组合来否定本专利权利要求 1~3 的新颖性的主张也不能成立。同时，隆光公司也没有证据证明本领域普通技术人员根据公开销售的 SD-2 以及 SD-3 球土产品就可以获得如本专利权利要求 1~3 中所述的高岭土、二次粘土、稀释剂、絮凝剂和水之间的比例的技术启示，因此隆光公司提出的附件 3、附件 9-1、9-2、9-3 以及附件 10’的组合也不足以否认本专利权利要求 1~3 的创造性。(4) 本专利权利要求 4 的新颖性或创造性。首先，附件 6 以及附件 2 中并没有公开权利要求 4 中的步骤 3。其次，权利要求 4 引用了权利要求 1，其中的三处“按比例”应该理解为包括权利要求 1 中关于高岭土、二次粘土、水、稀释剂及絮凝剂的比例的特征，然而上述比例在附件 6 和附件 2 中均未公开，而且隆光公司也没有证据证明这些比例特征是本领域技术人员显而易见能够想到的。因此附件 6 不能否定本专利权利要求 4 的新颖性和创造性，附件 6 和附件 2 的结合也不能否定本专利权利要求 4 的创造性。隆光公司提交的其他证据也不能破坏本专利的新颖性和创造性。基于上述理由，专利复审委员会作出第 10302 号决定，维持本专利全部有效。

原告隆光公司不服该决定，向本院提起行政诉讼，其诉称：(1) 附件 3 是客户可以得到的，作为 ISO 文件对产品的使用者也是公开的，因此构成出版物公开，同时也构成使用公开，是本专利的现有技术。(2) 附件 3 中《配方作业指导书》虽然只公开了黑浆（二次粘土）、白浆（高岭土）、水玻璃（稀释剂）的重量比以及氧化镁（絮凝剂）的体积比，而没有公开絮凝剂的重量比为 0.01%~1%、水的重量比为 22%~32%等技术特征，但根据附件 9-1、9-2、9-3，原告产品水的重量比在权利要求 1 的范围内，并且已公开，附件 4 作为公开出版物已公开了絮凝剂的重量比。附件 3、附件 9-1、9-2、9-3、附件 10’构成一个完整的证据链证明 SD-2 及 SD-3 产品在本专利申请前已发生过销售。而该球土产品只是两种物质原料的混合，发生的只是物理变化，没有发生任何化学反应，不应认定为化学产品，通过现有的测量方法能够反向分析出 SD-2 及 SD-3 产品的配比。因此，权利要求1~

3 所要求保护的技术方案不具备新颖性。(3) 权利要求 4 是独立的权利要求，而非权利要求 1 的从属权利要求，不应以权利要求 1 为基础。权利要求 4 中的步骤 3 已被附件 6 和附件 2 公开，在权利要求 1~3 中的“按比例”不具备创造性的基础上，权利要求 4 也就不具备创造性。综上，原告请求人民法院撤销第 10302 号决定，责令被告重新作出无效宣告请求审查决定书。

被告专利复审委员会在书面答辩中仍坚持第 10302 号决定中的观点，认为其作出的第 10302 号决定认定事实清楚、适用法律正确、审查程序合法，原告的诉讼请求不能成立，请求人民法院维持第 10302 号决定。

第三人嘉窑公司述称：(1) 被告认定附件 3 不属于公开出版物符合《审查指南》的规定，但被告对附件 3 真实性的认定是错误的，附件 3 的真实性无法得到确认，因此，不能作为本案证据使用。(2) 附件 3 并不能构成本专利的现有技术，即使附件 3 能够证明隆光公司制造 SD-2 和 SD-3 球土的事实，但是该制造行为并不必然导致相关的技术公开，在不知道具体生产配方的前提下，通过现有的测量方法只能反向分析出分子级的如二氧化硅、三氧化二铝等成分的含量，而不可能分析出这些有效成分的来源，从而分析出高岭土和二次粘土的比例，因而不能得出本专利所要求保护的技术方案。因此本专利权利要求 1~3 具备新颖性。(3) 原告提出的附件 3 和附件 9-1、9-2、9-3 及附件 10’的组合不足以否认本专利权利要求 1~3 的创造性。(4) 本专利权利要求 4 中，不仅包含其本身公开的技术特征，还包含有权利要求 1 公开的技术特征，在确定其保护范围时应考虑权利要求 1 的技术特征。附件 6 不能否定本专利权利要求 4 的新颖性和创造性，附件 6 和附件 2 的结合也不能否定本专利权利要求 4 的创造性。综上，第三人请求驳回原告的诉讼请求。

本院经审理查明：

本案涉及国家知识产权局于 2006 年 1 月 25 日授权公告的、名称为“一种作为超白抛光瓷砖原料的球土及其生产方法”的发明专利权，其申请日为 2004 年 4 月 28 日，专利号为 200410027086.3，专利权人为嘉窑公司。本专利授权公告的权利要求书为：

“1. 一种作为超白抛光瓷砖原料的球土，该球土包含有如下原料：高岭土、二次粘土、水、稀释剂及絮凝剂；以球土的总重量计，其中：高岭土含量为 14%~63%；二次粘土含量为 7%~56%；稀释剂的含量为 0.01%~2%，絮凝剂的含量为 0.01%~1%，水为 22%~32%。

2. 根据权利要求 1 所述的一种作为超白抛光瓷砖原料的球土，其特征在于所述稀释剂为水玻璃、三聚磷酸钠或六偏磷酸钠。

3. 根据权利要求 1 所述的一种作为超白抛光瓷砖原料的球土，其特征在于所述絮凝剂为氯化镁、氯化钙或硝酸。

4. 权利要求 1 所述的一种作为超白抛光瓷砖原料的球土生产方法，其包括如下步骤：(1) 将高岭土原料按比例加入稀释剂和水在 1#化浆池化成浆料，浆料输送到 1#除沙池除去石英沙，再输送到 1#振动筛除去杂质，然后输送到 1#中池，加入絮凝剂，使其絮凝沉降，沉降后的浆料输送到 1#成品池而得到纯高岭土浆；(2) 将二次粘土原料按比例加入稀释剂和水在 2#化浆池化成浆料，浆料输送到 2#除沙池除去石英沙，再输送到 2#振动筛除去杂质，然后输送到 2#中池，加入絮凝剂，使其絮凝沉降，沉降后的浆料输送到 2#成品池而得到纯二次粘土浆；(3) 按比例将纯高岭土浆和纯二次粘土浆输送至 3#成品池，均匀混合，混合后的物料经压滤脱去部分水后得到球土产品。”

针对本专利，隆光公司于 2006 年 10 月 23 日以本专利不具备新颖性和创造性为由，向专利复审委员会提出无效宣告请求，并提交了 12 份证据。其中：

附件 2 为中国建材工业出版社 1998 年 8 月第 1 版、1998 年 8 月第 1 次印刷的《现代建筑卫生陶瓷工程师手册》版权信息页、第 89、90 页，其中提到“陶瓷原料实现了用数种单一的标准化原料配制成适合生产诸种终端产品的标准化、商品化、系列化坯料的工业化生产”；

附件 3：注册编号为 001-HKCH 的《质量管理体系认证证书》（简称《认证证书》）、盖有“惠州隆光陶瓷原料有限公司”红章的《隆光陶瓷原料有限公司质量管理手册》（简称《质量管理手册》）及其附件、以及编号为 WI-QC-SD3 和 WI-QC-SD-2 的《配方作业指导书》，其中《认证证书》有效期自 2004 年 4 月 5 日至 2007 年 4 月 5 日，《质量管理手册》中载明生效日期有 2004 年 1 月 1 日，也有 2004 年 1 月 10 日，《配方作业指导书》上加盖有“管制文件”章，核准日期为 2004 年 4 月 1 日，载有产品名称为 SD-3 和 SD-2 的配方比例和工艺控制参数等。

附件 6：中国建材工业出版社 1999 年 5 月第 1 版、1999 年 5 月第 1 次印刷的《现代陶瓷工业技术装备》版权信息页、第 15、16 页，其中公开了水簸法精选粘土、高岭土工艺过程，即将原矿料经喂料机进入化浆机化浆，笼筛去除有机杂质的树皮木根等，回转式圆筒除去粘土中的颗粒石英砂，不锈钢振动筛和括板槽去除细砂、云母等杂质，沉降浆池或漩流器用于浓缩泥浆，其中加入聚凝剂的泥浆通过压滤或喷雾干燥器进行回收，获得精选后的产品；

附件 9-1：三水市博德精工建材有限公司与隆光公司于 2003 年 9 月 29 日签订的工矿产品购销合同，销售的产品为 SD-2、SD-3 超白球土；

附件 9-2：南海市冠星王陶瓷有限公司与隆光公司于 2004 年 3 月 4 日签订的工矿产品购销合同，销售的产品为 SD-2 超白球土；

附件 9-3：南海区华陶瓷业有限公司与隆光公司于 2003 年 7 月 2 日签订的购货合同，销售的产品为 SD-3 球土；

附件 10’：编号为 04320619、隆光公司出具给三水市博德精工建材有限公司涉及 SD-2 球土的发票。

2007 年 5 月 14 日，专利复审委员会主持进行了口头审理。在口头审理中，嘉窑公司对附件 1、2、4 至 8、附件 9-1 至 9-3、附件 10’编号为 04320619 的发票的真实性没有异议，对附件 3 的真实性有异议。

2007 年 7 月 24 日，专利复审委员会作出第 10302 号决定。

在本案庭审过程中，隆光公司当庭提交鉴定申请，请求对其销售的 SD-2、SD-3 球土产品予以鉴定，以证明本专利产品的配方属于现有技术。嘉窑公司认为隆光公司鉴定申请已经超过了法定申请期间，不应接受。隆光公司承认在无效审查程序中没有提出鉴定的申请，认可高岭土和二次粘土的成分基本相同，主要为二氧化硅、三氧化二铝等。

上述事实有本专利授权公告说明书、第 10302 号决定、附件 1-8、附件 9-1、9-2、9-3、附件 10’编号为 04320619 的发票、口头审理记录表及当事人陈述等证据在案佐证。

本院认为：

一、关于附件 3 是否构成本专利的现有技术

现有技术是指申请日前在国内外出版物上公开发表、在国内公开使用或者以其他方式为公众所知的技术，其应当处于能够为公众获得的状态，并包含有能够使公众从中得知实质性技术知识的内容。本案中，附件 3 是由《认证证书》、《质量管理手册》和《配方作业指导书》组成，各部分所载时间上存在不对应，难以确定是如原告所主张的用于申报 ISO 质量体系认证的同一套资料。而且，附件 3 是原告内部文件，即使如原告所称，该文件用于 ISO 质量体系认证，也没有证据证明其处于公众想获得就能获得的状态，尤其是其中记载有 SD-2 和 SD-3 配比的《配方作业指导书》上还加盖“管制文件”章，表明该文件属于要求保密的范围，而且对于此类文件加以保密也是符合商业惯例。故依照现有证据无法认定附件 3 构成本专利的现有技术，原告关于客户均可以了解附件 3，附件 3 作为 ISO

文件对产品的使用者公开的主张没有事实依据，本院不予支持。

二、关于附件 3 和附件 9-1、9-2、9-3 及附件 10’能否破坏本专利权利要求 1~3 的新颖性、创造性

附件 9-1、9-2、9-3 和附件 10’相结合，可以证明原告生产的 SD-2 及 SD-3 产品在本专利申请日之前已发生过销售。但是，上述附件并没有公开所销售的产品的技术方案。隆光公司在本案审理过程中当庭提出鉴定申请，请求对其销售的上述 SD-2、SD-3 球土产品予以鉴定，以证明本专利权利要求 1~3 限定的技术方案在申请日之前已经构成使用公开。对此，本院认为：首先，原告并未在无效审查程序中提出鉴定申请，且也没有在本案确定的举证期限内提出鉴定申请；其次，虽然原告主张可以通过反向技术测定出 SD-2 及 SD-3 产品的配比，但是，由于高岭土和二次粘土均为自然界的混合物，其主要成分基本相同，均为二氧化硅、三氧化二铝等，在不知道具体生产配方的情况下，通过反向测定只能分析出分子级的如二氧化硅、三氧化二铝等成分的含量，而不可能分析出这些有效成分的来源，从而分析出高岭土和二次粘土的比例，因而不能得出在先销售的产品的配比。因此本院对于原告的鉴定申请不予准许。原告如能提供其他证据证明在先销售的产品的技术方案能通过鉴定等方式予以公开，则可以再次启动无效审查程序予以救济。

在本案中原告还主张结合附件 3 能够证明在先销售的产品的技术方案。对此本院认为，虽然附件 3 中《配方作业指导书》上记载有 SD-2 和 SD-3 的原料配比，但在没有其他证据予以佐证的情况下，难以认定附件 9-1 和附件 10’所销售的产品的配比与附件 3 中产品配比相同。即使二者相同，正如原告在起诉状中所承认的，该产品的技术方案也与本专利权利要求 1 所限定的技术方案存在差异，即没有公开权利要求 1 中絮凝剂的重量比为 0. 01%~1%、水的重量比为 22%%~32%等技术特征。因此，即使结合附件 3 也无法否定本专利权利要求 1 的新颖性。

同时原告也没有证据证明本领域技术人员根据公开销售的 SD-2 和 SD-3 球土产品就可以获得本专利权利要求 1~3 所述的高岭土、二次粘土、稀释剂、絮凝剂和水之间的比例的技术启示，因此上述附件结合也不足以否定本专利权利要求 1~3 的创造性。

三、关于本专利权利要求 4 的新颖性和创造性

权利要求 4 虽然是一项方法权利要求，但其在前序部分明确要求保护的是权利要求 1 所限定的一种作为超白抛光瓷砖原料的球土的生产方法，且在相关的步骤中均强调“按比例”，因此在评价权利要求 4 新颖性和创造性时，应当考虑权利要求 1 所限定的技术特征。而其实际的限定作用应当最终体现在对权利要求 4 的保护主题产生了何种影响。

根据本专利权利要求 4，其所限定的生产方法包括三个步骤：将高岭土和二次粘土分别精选之后还进行步骤 3，即将高岭土和二次粘土配比混合，然后压滤脱水得到球土产品。上述三步骤中均限定了应当按照权利要求 1 所限定的关于高岭土、二次粘土、水、稀释剂和絮凝剂的比例进行操作。因此在判断现有技术是否破坏本专利权利要求 4 新颖性和创造性时，应当考虑现有技术是否公开了上述步骤及各个步骤中限定的各组分的比例。由于附件 6 以及附件 2 中并没有公开上述比例，且也未公开上述步骤 3，同时也没有证据证明上述未公开的特征对于本领域技术人员来说是显而易见的。因此本专利权利要求 4 相对于附件 6、附件 2 及二者的结合具备新颖性和创造性。

综上，被告作出的第 10302 号决定审查程序合法，认定事实清楚，适用法律正确，本院予以维持。原告请求撤销该决定的理由均不能成立。依照《中华人民共和国行政诉讼法》第五十四条第（一）项之规定，本院判决如下：

维持被告国家知识产权局专利复审委员会作出的第 10302 号无效宣告请求审查决定。

案件受理费 100 元，由原告惠州隆光陶瓷原料有限公司负担（已交纳）。

如不服本判决，各方当事人可于本判决送达之日起15日内，向本院提交上诉状及其副本，并交纳上诉案件受理费100元，上诉于北京市高级人民法院。

审 判 长 姜 颖
代理审判员 周云川
人民陪审员 唐晓君
二〇〇七年十二月二十日
书 记 员 周 波

北京市高级人民法院
行政判决书

（2008）高行终字第54号

上诉人（原审原告）惠州隆光陶瓷原料有限公司，住所地广东省惠州市惠城区横沥镇柯树排村。

法定代表人蔡荣发，总经理。

委托代理人赵彦雄，广东惠邦律师事务所律师。

委托代理人孙金盛，男，汉族，1975年9月16日出生，广东惠邦律师事务所律师助理，住长春市朝阳区前进大街2699号。

被上诉人（原审被告）国家知识产权局专利复审委员会，住所地北京市海淀区北四环西路9号银谷大厦10~12层。

法定代表人廖涛，副主任。

委托代理人郭建强，国家知识产权局专利复审委员会审查员。

委托代理人刘妍，国家知识产权局专利复审委员会审查员。

被上诉人（原审第三人）矽比科嘉窑新会矿业有限公司，住所地广东省江门市新会区崖门镇苍山。

法定代表人谢忠友，董事长。

委托代理人李林辉，男，汉族1977年9月5日出生，江门嘉权专利商标事务所有限公司职员，住广东省江门市蓬江区美景街5号601。

委托代理人张海文，男，汉族，1968年7月7日出生，江门嘉权专利商标事务所有限公司专利代理人，住湖南省望城县高塘岭镇西塘街居委会高塘岭西街140号。

上诉人惠州隆光陶瓷原料有限公司（简称隆光公司）因专利无效行政纠纷一案，不服北京市第一中级人民法院（2007）一中行初字第1589号行政判决，向本院提出上诉。本院于2008年2月13日受理后，依法组成合议庭，于2008年3月18日公开开庭进行了审理。上诉人隆光公司的委托代理人赵彦雄，被上诉人国家知识产权局专利复审委员会（简称专利复审委员会）的委托代理人郭建强、刘妍，被上诉人矽比科嘉窑新会矿业有限公司（简称嘉窑公司）的委托代理人李林辉到庭参加了诉讼。本案现已审理终结。

嘉窑公司拥有名称为“一种作为超白抛光瓷砖原料的球土及其生产方法”的发明专利权（简称本专利），专利号为200410027086.3，申请日为2004年4月28日，授权公告日为2006年1月25日。2006年10月23日隆光公司以本专利不具备新颖性和创造性为由，向专利复审委员会提出无效宣告请求。专利复审委员会经审查于2007年7月24日作出的第10302号无效宣告请求审查决定（简称第10302号决定），认为：（1）关于证据。附件1~8、附件9-1、9-2、9-3、附件10'可以作为证据使用；附件9-6和附件12'的真实性无法确认，不能作为证据使用。（2）隆光公司提交的证据也不能破坏本专利的新颖性和创造性，在此基础上维持本专利全部有效。隆光公司不服，向北京市第一中级人民法院提起诉讼。

北京市第一中级人民法院判决认定：附件3是由《质量管理体系认证证书》、《隆光陶瓷原料有限公司质量管理手册》和《配方作业指导书》组成，各部分所载时间不能相互对应，难以确定是如隆光公司所主张的用于申报ISO质量体系认证的同一套资料。而且，附件3是隆光公司内部文件，没有证据证明其处于公众想获得就能获得的状态，尤其是其中记载有SD-2和SD-3配比的《配方作业指导书》上还加盖“管制文件”章，表明该文件属于要求保密的范围，而且对于此类文件加以保密也是符合商业惯例。故依照现有证据无法认定附件3构成本专利的现有技术。

附件9-1、9-2、9-3和附件10'相结合，可以证明隆光公司生产的SD-2及SD-3产品在本专利申请日之前已发生过销售。但是，上述附件并没有公开所销售的产品的技术方案。隆光公司在本案审理过程中当庭提出鉴定申请，请求对其销售的上述SD-2、SD-3球土产品予以鉴定，以证明本专利权利要求1~3限定的技术方案在申请日之前已经构成使用公开。因隆光公司并未在无效审查程序中提出鉴定申请，也没有在本案确定的举证期限内提出鉴定申请；隆光公司主张可以通过反向技术测定出SD-2及SD-3产品的配比，但是，由于高岭土和二次粘土均为自然界的混合物，其主要成分基本相同，均为二氧化硅、三氧化二铝等，在不知道具体生产配方的情况下，通过反向测定只能分析出分子级的如二氧化硅、三氧化二铝等成分的含量，而不可能分析出这些有效成分的来源，从而分析出高岭土和二次粘土的比例，因而不能得出在先销售的产品的配比。因此本院对于隆光公司的鉴定申请不予准许。

附件3中《配方作业指导书》上记载有SD-2和SD-3的原料配比，但在没有其他证据予以佐证的情况下，难以认定附件9-1和附件10'所销售的产品的配比与附件3中产品配比相同。即使二者相同，正如隆光公司在起诉状中所承认的，该产品的技术方案也与本专利权利要求1所限定的技术方案存在差异，即没有公开权利要求1中絮凝剂的重量比为0.01%~1%、水的重量比为22%~32%等技术特征。因此，即使结合附件3也无法否定本专利权利要求1的新颖性。

隆光公司没有证据证明本领域技术人员根据公开销售的SD-2和SD-3球土产品就可以获得本专利权利要求1~3所述的高岭土、二次粘土、稀释剂、絮凝剂和水之间的比例的技术启示，因此上述附件结合也不足以否定本专利权利要求1~3的创造性。

在评价权利要求4新颖性和创造性时，应当考虑权利要求1所限定的技术特征。而其实际的限定作用应当最终体现在对权利要求4的保护主题产生了何种影响。根据本专利权利要求4，其所限定的生产方法包括三个步骤：将高岭土和二次粘土分别精选之后还进行步骤3，即将高岭土和二次粘土配比混合，然后压滤脱水得到球土产品。上述三步骤中均限定了应当按照权利要求1所限定的关于高岭土、二次粘土、水、稀释剂和絮凝剂的比例进行操作。因此在判断现有技术是否破坏本专利权利要求4新颖性和创造性时，应当考虑现有技术是否公开了上述步骤及各个步骤中限定的各组分的比例。由于附件6以及附件2中并没有公开上述比例，且也未公开上述步骤3，同时也没有证据证明上述未公开的特征对于本领域技术人员来说是显而易见的。因此本专利权利要求4相对于附件6、附件2及二者的结合具备新颖性和创造性。综上，专利复审委员会作出的第10302号决定审查程序合法，认定事实清楚，适用法律正确。依照《中华人民共和国行政诉讼法》第五十四条第（一）项之规定，判决：维持国家知识产权局专利复审委员会作出的第10302号无效宣告请求审查决定。

隆光公司不服原审判决，向本院提起上诉，请求撤销原审判决和第 10302 号决定，主要理由为：（1）权利要求 1~3 相对于附件 3、附件 9-1、9-2、9-3 以及附件 10’的组合不具备新颖性和创造性。上述附件能够构成证据链条，证明本专利权利要求 1~3 的技术方案由于球土的销售而构成使用公开。通过反向技术能够测定 SD-2、SD-3 产品的配比，从而证明该产品的配方在专利申请日前被公开，构成现有技术。本领域普通技术人员根据公开销售的 SD-2 及 SD-3 产品可以获得本专利权利要求 1~3 所述的高岭土、二次粘土、稀释剂和水的比例启示。（2）权利要求 4 不具备新颖性和创造性。附件 6 加附件 1 的说明可以证明上述在申请日前公开的出版物已经公开了本专利权利要求 4 中的步骤 1 和步骤 2，故本专利的权利要求 4 的步骤 1、步骤 2 相对于附件 6 不具备新颖性。附件 2 作为申请日之前公开的出版物说明本专利权利要求 4 的步骤 3 是本领域普通技术人员显而易见能够想到的，因而其相对于附件 2 缺乏创造性。

专利复审委员会、嘉窑公司服从原审判决。

本院经审理查明：本专利的名称为“一种作为超白抛光瓷砖原料的球土及其生产方法”，申请日为 2004 年 4 月 28 日，授权公告日为 2006 年 1 月 25 日，专利号为 200410027086.3，专利权人为嘉窑公司。本专利授权公告的权利要求书为：

“1. 一种作为超白抛光瓷砖原料的球土，该球土包含有如下原料：高岭土、二次粘土、水、稀释剂及絮凝剂；以球土的总重量计，其中：高岭土含量为 14%~63%；二次粘土含量为 7%~56%；稀释剂的含量为 0.01%~2%，絮凝剂的含量为 0.01%~1%，水为 22%~32%。

2. 根据权利要求 1 所述的一种作为超白抛光瓷砖原料的球土，其特征在于所述稀释剂为水玻璃、三聚磷酸钠或六偏磷酸钠。

3. 根据权利要求 1 所述的一种作为超白抛光瓷砖原料的球土，其特征在于所述絮凝剂为氯化镁、氯化钙或硝酸。

4. 权利要求 1 所述的一种作为超白抛光瓷砖原料的球土生产方法，其包括如下步骤：（1）将高岭土原料按比例加入稀释剂和水在 1#化浆池化成浆料，浆料输送到 1#除沙池除去石英沙，再输送到 1#振动筛除去杂质，然后输送到 1#中池，加入絮凝剂，使其絮凝沉降，沉降后的浆料输送到 1#成品池而得到纯高岭土浆；（2）将二次粘土原料按比例加入稀释剂和水在 2#化浆池化成浆料，浆料输送到 2#除沙池除去石英沙，再输送到 2#振动筛除去杂质，然后输送到 2#中池，加入絮凝剂，使其絮凝沉降，沉降后的浆料输送到 2#成品池而得到纯二次粘土浆；（3）按比例将纯高岭土浆和纯二次粘土浆输送至 3#成品池，均匀混合，混合后的物料经压滤脱去部分水后得到球土产品。”

隆光公司于 2006 年 10 月 23 日以本专利不具备新颖性和创造性为由，向专利复审委员会提出无效宣告请求，并提交了 12 份证据。其中：

附件 2 为中国建材工业出版社 1998 年 8 月第 1 版、1998 年 8 月第 1 次印刷的《现代建筑卫生陶瓷工程师手册》版权信息页、第 89、90 页，其中提到“陶瓷原料实现了用数种单一的标准化原料配制成适合生产诸种终端产品的标准化、商品化、系列化坯料的工业化生产”；

附件 3：注册编号为 001-HKCH 的《质量管理体系认证证书》（简称《认证证书》）、盖有“惠州隆光陶瓷原料有限公司”红章的《隆光陶瓷原料有限公司质量管理手册》（简称《质量管理手册》）及其附件、以及编号为 WI-QC-SD3 和 WI-QC-SD-2 的《配方作业指导书》，其中《认证证书》有效期自 2004 年 4 月 5 日至 2007 年 4 月 5 日，《质量管理手册》中载明生效日期有 2004 年 1 月 1 日，也有 2004 年 1 月 10 日，《配方作业指导书》上加盖有“管制文件”章，核准日期为 2004 年 4 月 1 日，载有产品名称为 SD-3 和 SD-2 的配方比例和工艺控制参数等；

附件 6：中国建材工业出版社 1999 年 5 月第 1 版、1999 年 5 月第 1 次印刷的《现代陶瓷工业技术装备》版权信息页、第 1 5、16 页，其中公开了水簸法精选粘土、高岭土工艺过程，即将原矿料经喂料机进入化浆机化浆，笼筛去除有机杂质的树皮木根等，回转式圆筒除去粘土中的颗粒石英砂，不锈钢振动筛和括板槽去除细砂、云母等杂质，沉降浆池或漩流器用于浓缩泥浆，其中加入聚凝剂的泥浆通过压滤或喷雾干燥器进行回收，获得精选后的产品；

附件 9-1：三水市博德精工建材有限公司与隆光公司于 2003 年 9 月 29 日签订的工矿产品购销合同，销售的产品为 SD-2、SD-3 超白球土；

附件 9-2：南海市冠星王陶瓷有限公司与隆光公司于 2004 年 3 月 4 日签订的工矿产品购销合同，销售的产品为 SD-2 超白球土；

附件 9-3：南海区华陶瓷业有限公司与隆光公司于 2003 年 7 月 2 日签订的购货合同，销售的产品为 SD-3 球土；

附件 10’：编号为 04320619、隆光公司出具给三水市博德精工建材有限公司涉及 SD-2 球土的发票。

2007 年 5 月 14 日，专利复审委员会主持进行了口头审理。在口头审理中，嘉窑公司对附件 1、2、4 至 8、附件 9-1 至 9-3、附件 10’编号为 04320619 的发票的真实性没有异议，对附件 3 的真实性有异议。

2007 年 7 月 24 日，专利复审委员会作出第 10302 号决定。

在原审法院庭审过程中，隆光公司当庭提交鉴定申请，请求对其销售的 SD-2、SD-3 球土产品予以鉴定，以证明本专利产品的配方属于现有技术。嘉窑公司认为隆光公司鉴定申请已经超过了法定申请期间，不应接受。隆光公司承认在无效审查程序中没有提出鉴定的申请，认可高岭土和二次粘土的成分基本相同，主要为二氧化硅、三氧化二铝等。

上述事实有本专利授权公告说明书、第 10302 号决定、附件 1-8、附件 9-1、9-2、9-3、附件 10’编号为 04320619 的发票、口头审理记录表及当事人陈述等证据在案佐证。

本院认为，(1) 本专利权利要求 1~3 相对于附件 3、附件 9-1、9-2、9-3 以及附件 10’的组合是否具备新颖性和创造性。附件 3 中的《配方作业指导书》是隆光公司内部发行的文件，该文件上盖有管制文件的印章，因此附件 3 不构成出版物公开。附件 3 能够证明隆光公司制造 SD-2 和 SD-3 球土的事实，但通常企业的生产活动属于企业内部的行为，企业外部的人员一般并不能随意了解到企业内部的生产活动情况。在没有证据证明的情况下，该制造行为并不必然地导致相关的技术被公开。因此，附件 3 并不能构成本专利的现有技术。附件 9-1、9-2、9-3 以及附件 10’的组合能够证明 SD-2 及 SD-3 球土在本专利的申请日前发生过销售。但上述附件并没有公开所销售的产品的技术方案。上诉人主张，通过反向技术能够测定 SD-2、SD-3 产品的配比，从而证明该产品的配方早于专利申请日之前被公开，但其并没有证据证实该主张。二审庭审过程中，上诉人仍然请求本院对 SD-2、SD-3 产品进行鉴定。鉴于其在无效审查程序中没有请求鉴定，在原审法院指定的举证期限内也未提出鉴定申请，因此，本院对上诉人请求对 SD-2、SD-3 产品进行鉴定的主张不予支持。附件 3 中《配方作业指导书》上虽然记载有 SD-2 和 SD-3 的原料配比，但在没有其他证据予以佐证的情况下，不能认定附件 9-1、9-2、9-3 和附件 10’所销售的产品的配比与附件 3 中产品配比相同。另外，上诉人不能证明附件 3 所记载的技术方案与本专利权利要求 1~3 所记载的技术方案相同，也没有证据证明本领域普通技术人员根据公开销售的 SD-2、SD-3 产品就可以获得如本专利权利要求 1~3 中所述的高岭土、二次粘土、稀释剂、絮凝剂和水之间的比例的技术启示，因此专利复审委员会第 10302 号决定及原审判决认定本专利权利要求 1~3 相对于附件 3、附件 9-1、9-2、9-3 以及附件 10’的组合具备新颖性和创造性正确。上诉人的该项上诉请求不能成立，本院不予支持。

（2）本专利的权利要求4是否具备新颖性和创造性。权利要求4作为方法专利要求，其各个步骤之间具有时间要素上的连续性以及过程要素上的整体性。因此，权利要求4应视为是各个步骤所构成的一个整体的工艺步骤，其保护范围应是该整体的工艺步骤，不应将权利要求4的各个步骤分割开来并分别评价各个步骤的新颖性和创造性。本专利权利要求4的生产方法是将高岭土和二次粘土分别精选之后再进行步骤3，即将高岭土和二次粘土配比混合，然后压滤脱水得到球土产品。附件6以及附件2中并没有公开权利要求4中的步骤3。从权利要求4的撰写看，引用了权利要求1中的独立权利要求，因此，在确定其保护范围时，应考虑被引用的权利要求的特征。权利要求4中的三处“按比例”应该理解为包括权利要求1中关于高岭土、二次粘土、水、稀释剂及絮凝剂的比例的特征，然而上述比例在附件6和附件2中均未公开，上诉人没有证据证明这些比例特征是本领域技术人员显而易见能够想到的。因此，本专利权利要求4相对于附件6和附件2具备新颖性和创造性。上诉人的该项上诉请求不能成立，本院不予支持。

综上，原审判决认定事实清楚，适用法律正确，程序并无不当，应予维持。上诉人隆光公司的上诉请求和理由没有事实和法律依据，本院不予支持。依照《中华人民共和国行政诉讼法》第六十一条第（一）项之规定，判决如下：

驳回上诉，维持原判。

一审案件受理费100元，由惠州隆光陶瓷原料有限公司负担（已交纳），二审案件受理费100元，由惠州隆光陶瓷原料有限公司负担（已交纳）。

本判决为终审判决。

审　判　长　刘继祥
审　判　员　莎日娜
代理审判员　刘晓军
二〇〇八年四月一日
书　记　员　孙　娜

172

公路交通柔性安全护栏

无效宣告请求审查决定（第10316号）

决　　定　　号　第10316号
决　　定　　日　2007年8月1日
发明创造名称　公路交通柔性安全护栏
国 际 分 类 号　E01F 15/06
无效宣告请求人　重庆嘉润交通设施有限公司
专　利　权　人　重庆宏奥交通设施有限公司
专　　利　　号　200520009348.3
申　　请　　日　2005年5月26日
授 权 公 告 日　2006年8月23日
合 议 组 组 长　刘颖杰
主　　审　　员　李晓娜
参　　审　　员　马　燕

法　律　依　据　专利法第26条第4款、第22条第2款、第3款、第4款，专利法实施细则第20条第1款、第21条第2款

决　定　要　点

如果独立权利要求所保护的技术方案与某一证据相比存在区别技术特征，则该独立权利要求相对于该证据具备新颖性，如果现有技术中也不存在该区别技术特征的启示，则该独立权利要求具备创造性，其从属权利要求相对于该证据也具备新颖性和创造性。

判断某一技术特征是否为必要技术特征，应当从所要解决的技术问题出发并考虑说明书描述的整体内容，不应简单地将实施例中的技术特征直接认定为必要技术特征。

一、案由

本无效宣告请求涉及国家知识产权局于2006年8月23日授权公告的200520009348.3号、名称为“公路交通柔性安全护栏”的实用新型专利（下称本专利），其申请日为2005年5月26日，专利权人是重庆宏奥交通设施有限公司。本专利授权公告的权利要求书如下：

“1. 一种公路交通柔性安全护栏，包括端柱和端柱之间的若干安装有缓冲板的立柱，以及多根并列连接在端柱、立柱上的钢丝绳，其特征在于：所述钢丝绳的两端分别通过用于调节的连接装置与端柱连接，钢丝绳的中段通过扣件卡在立柱上的缓冲板上。

2. 根据权利要求1所述的公路交通柔性安全护栏，其特征在于：所述用于调节的连接装置由用

于铆接钢丝绳的装置、用于调节钢丝绳松紧的装置通过螺栓连接构成，螺栓的栓头一端与用于铆接钢丝绳的装置连接，螺纹一端与用于调节钢丝绳松紧的装置连接。

3. 根据权利要求2所述的公路交通柔性安全护栏，其特征在于：所述用于铆接钢丝绳的装置由设有圆锥孔的铆头、设有台阶孔的铆套以及锥头铆芯组成，钢丝绳插入铆头的圆锥孔中，通过压入锥头圆锥孔中的锥头铆芯铆接，铆头与套在螺栓上的铆套螺纹连接。

4. 根据权利要求2所述的公路交通柔性安全护栏，其特征在于：所述用于调节钢丝绳松紧的装置为螺母或者双头螺母套。

5. 根据权利要求4所述的公路交通柔性安全护栏，其特征在于：所述双头螺母套上设有用于限位的台阶。

6. 根据权利要求1所述的公路交通柔性安全护栏，其特征在于：所述扣件为"U"型扣件。

7. 根据权利要求1所述的公路交通柔性安全护栏，其特征在于：所述端柱上设有横向的圆管。

8. 根据权利要求1所述的公路交通柔性安全护栏，其特征在于：所述钢丝绳、用于调节的连接装置上分别安装塑料护罩。

9. 根据权利要求8所述的公路交通柔性安全护栏，其特征在于：所述塑料护罩可以同时罩住数根钢丝绳或数个用于调节的连接装置。

10. 根据权利要求8所述的公路交通柔性安全护栏，其特征在于：所述塑料护罩为两部分连接组成。"

针对上述专利权，重庆嘉润交通设施有限公司（下称请求人）于2006年9月14日向专利复审委员会提出无效宣告请求，理由是本专利权利要求1~10不符合专利法第22条的规定，不具备新颖性、创造性、实用性，本专利权利要求1~10不符合专利法第26条第4款、专利法实施细则第20条第1款的规定，得不到说明书的支持，同时权利要求1~10还不符合专利法实施细则第21条第2款的规定，缺少解决技术问题的必要技术特征。随同其专利权无效宣告请求书，请求人提交了以下证据：

证据1：中华人民共和国交通部于1994年1月27日发布、于1994年6月1日实施的《高速公路交通安全设施设计及施工技术规范》（JTJ074-94）的首页、第61~81、259~272页的复印件，共36页；该书出版时间为2004年10月第1版，第11次印刷；

证据2：专利号为ZL97205665.3的实用新型专利说明书，共6页，其授权公告日为1999年4月14日。

请求人在无效宣告请求书中认为：（1）本专利权利要求1的全部技术特征都在证据1中公开，故权利要求1不具备新颖性；（2）权利要求1相对于证据1不具备创造性，结合证据1和证据2所公开的内容，本专利权利要求2~10同样没有创造性；（3）本专利权利要求的技术方案中没有采用中端柱、双头螺母套，所述护栏是分开的、独立的，每段长度基本就是每根钢丝绳的长度200~300米，因此这样的护栏存在严重的安全隐患，没有实用性；（4）本专利中存在多处上位概括的内容，得不到说明书的支持，而且这种概括性的权利要求，不合理地扩大了保护范围；（5）本专利缺少"中端柱3、双头螺母套13及其两者之间的连接关系"这样一组必要技术特征，没有构成一个完整的技术方案。关于本专利权利要求不符合专利法实施细则第20条第1款规定的理由，请求人仅列出了法条，没有进行具体说明。

经形式审查合格，专利复审委员会于2006年11月1日依法受理了上述无效宣告请求，并向请求人和专利权人发出无效宣告请求受理通知书，同时将专利权无效宣告请求书及其附件清单中所列附件副本转给专利权人，要求其在指定的期限内答复。

请求人于2006年10月10日再次向专利复审委员会提交了意见陈述书，补充提交了以下两份证据：

证据3：专利号为ZL00219350.7的实用新型专利说明书，共6页，其授权公告日为2000年11月29日；

证据4：专利号为ZL02226615.1的实用新型专利说明书，共11页，其授权公告日为2003年2月5日。

请求人在该意见陈述书中仅仅简单指出，“这两份证据，主要作为专利法第22条有关新颖性、创造性的证据，证明涉案专利的权利要求1、附属权利要求8、9、10没有新颖性或创造性”，并未结合证据3、4对权利要求1、8~10不具备新颖性或创造性的无效宣告理由作具体说明。

针对上述无效宣告请求，专利权人于2006年11月30日寄交了意见陈述书，提交了权利要求书的全文修改替换页，但其中仅加盖了专利代理公司的签章，并未加盖专利权人的签章，修改后的权利要求书共有7项权利要求，具体内容如下：

“1. 一种公路交通柔性安全护栏，包括端柱和端柱之间的若干安装有缓冲板的立柱，以及多根并列连接在端柱、立柱上的钢丝绳，钢丝绳的中段通过扣件卡在立柱上的缓冲板上，其特征在于：所述钢丝绳的两端分别通过用于调节的连接装置与端柱连接，所述用于调节的连接装置由用于铆接钢丝绳的装置、用于调节钢丝绳松紧的装置通过螺栓连接构成，螺栓的栓头一端与用于铆接钢丝绳的装置连接，螺纹一端与用于调节钢丝绳松紧的装置连接；所述用于调节钢丝绳松紧的装置为螺母或者设有限位台阶的双头螺母套。

2. 根据权利要求1所述的公路交通柔性安全护栏，其特征在于：所述用于铆接钢丝绳的装置由设有圆锥孔的铆头、设有台阶孔的铆套以及锥头铆芯组成，钢丝绳插入铆头的圆锥孔中，通过压入锥头圆锥孔中的锥头铆芯铆接，铆头与套在螺栓上的铆套螺纹连接。

3. 根据权利要求1所述的公路交通柔性安全护栏，其特征在于：所述扣件为“U”型扣件。

4. 根据权利要求1所述的公路交通柔性安全护栏，其特征在于：所述端柱上设有横向的圆管。

5. 根据权利要求1所述的公路交通柔性安全护栏，其特征在于：所述钢丝绳、用于调节的连接装置上分别安装塑料护罩。

6. 根据权利要求5所述的公路交通柔性安全护栏，其特征在于：所述塑料护罩可以同时罩住数根钢丝绳或数个用于调节的连接装置。

7. 根据权利要求5所述的公路交通柔性安全护栏，其特征在于：所述塑料护罩为两部分连接组成。”

同时专利权人还提交了如下反证：

反证1：重庆市巴南区交通局于2005年9月16日出具的“顾客满意度调查表”的复印件1页，

反证2：重庆高速公路发展有限公司东渝营运管理分公司于2006年6月15日出具的“重庆高速公路发展有限公司东渝营运管理分公司用户使用评价报告”的复印件共3页；

反证3：重庆高速公路发展有限公司北方建设分公司于2006年3月10日出具的“重庆高速公路发展有限公司北方建设分公司用户评价报告”的复印件1页；

反证4：报导于2006年6月12日发生的交通事故的重庆电视台“天天630”新闻节目的影像资料（光盘）。

在该意见陈述书中，专利权人认为：（1）证据1、2的技术方案均不能覆盖本专利修改后权利要求1的技术方案，本专利的技术方案可以减少中端柱的数量，使得施工的工作量减少，成本降低，车辆撞击中端柱的几率降低；且反证2和反证4证明了本专利产品投入生产后的使用效果好，因此本专利具备新颖性；（2）将证据1、2结合也不能实现本专利的技术效果，因此本专利具备创造性；（3）

根据本专利文件的记载，本领域技术人员完全可以重复再现本专利产品，且本专利产品实施后，其使用效果很好，受到了相关部门的广泛好评（参见反证1、3），因此具备实用性；（4）本专利权利要求书进行了清楚、简要的表述，并且说明书和附图也对权利要求的技术方案做了进一步清楚、详细的描述，因此符合专利法实施细则第20条第1款的规定；在判断权利要求是否得到说明书支持时，应当考虑说明书的全部内容，请求人在"无效宣告"意见陈述书中抛开权利要求1的前序部分来分析是不合适的，本专利的权利要求也得到了说明书的支持；（5）关于中端柱3、双头螺母套13及其两者之间的连接关系，在本专利的实施例中结合附图4、5做了非常清楚的描述，因此本专利并不缺少必要技术特征。

专利复审委员会依法成立合议组，对本案进行审查，合议组于2007年1月30日向专利权人发出转送文件通知书和无效宣告请求审查通知书，将请求人于2006年10月10日提交的意见陈述书及其补充证据转给专利权人，同时在无效宣告请求审查通知书中指出：（1）专利权人于2006年11月30日寄交了权利要求书的全文修改替换页，其中没有加盖专利权人的签章，而专利权人仅在专利申请阶段提交了专利代理委托书，其中并没有明确在专利申请过程中委托的代理人具有在专利无效宣告请求审查阶段代为修改权利要求书的权利，因此专利权人应当在收到本通知之日起一个月内提交加盖专利权人签章的权利要求书替换页，或者提交新的委托书，在委托书中应当写明代理人权限仅限于办理本专利无效宣告程序有关事务，并特别授权代理人代为修改权利要求书；（2）由于专利权人提交的反证4为光盘，因此应当提交该光盘的制作时间、制作人、证明对象等相关资料以满足视听资料类证据的要求。

合议组于2007年1月30日也向请求人发出了转送文件通知书和无效宣告请求审查通知书，将专利权人于2006年11月30日提交的意见陈述书及其反证1~4转给请求人，同时在无效宣告请求审查通知书中指出：由于请求人在提交补充证据即证据3和证据4时，并未结合这两份证据具体说明相关的无效宣告理由，因此对于证据3和证据4，合议组不予考虑；鉴于专利权人以合并方式修改了权利要求2~7并提交了反证，请求人可以在收到本通知之日起一个月内针对以合并方式修改的权利要求2~7增加无效宣告理由，同时对所增加的无效宣告理由进行具体说明，也可以在收到本通知之日起一个月内针对以合并方式修改的权利要求2~7或反证补充证据，同时结合该证据具体说明相关的无效宣告理由。

请求人于2007年2月28日提交了意见陈述书，并提交了如下证据：

证据5：中华人民共和国机械电子工业部于1992年7月20日发布、于1993年1月1日起实施的中华人民共和国机械行业标准（JB/T2773-92）的首页，第1~3页的复印件，共4页。

请求人在该意见陈述书中指出：（1）请求人于2006年10月10日提交证据3和证据4时，已经结合该两份证据，具体说明了无效宣告理由，因此符合审查指南的相关规定；（2）对于专利权人提交的反证1~4，不知道它们的待证事实是什么，无法确定它们的真实性、合法性，且与本案无关；（3）关于修改后的权利要求1~7，存在以下几个问题：①专利权人将原权利要求1特征部分的特征修改为前序部分的特征，不符合审查指南的相关规定；②虽然修改后的权利要求1中存在"双头螺母套13"这个特征，但其中仍缺少"中端柱3、锁紧螺母12、中端柱3与双头螺母套13之间的连接关系"这样一组必要技术特征，因此修改后的权利要求书不符合实施细则第21条第2款的规定；③修改后的权利要求1中记载了上位概念"用于铆接钢丝绳的装置"，还存在多处上位概括，因此得不到说明书的支持，不符合专利法第26条第4款、专利法实施细则第20条第1款的规定；④请求人补充的证据5中公开了一种双头螺柱，其结构与本专利文件中的螺栓7的结构相同；修改后的权利要求1中包括两个并列的技术方案，其中用螺母作为调节钢丝绳松紧装置的技术方案，相对于证据1、证据2和证据5的结合，不具备新颖性或创造性。

合议组于2007年3月20日向专利权人和请求人发出无效宣告请求口头审理通知书，告知双方当事人合议组定于2007年6月5日对本案进行口头审理，同时将请求人于2007年2月28日提交的意见陈述书及其所附证据转给专利权人。

专利权人于2007年3月1日寄交了意见陈述书，其中指出证据3、4不能否定本专利的新颖性和创造性，同时提交了加盖专利权人签章的权利要求书修改替换页。

合议组于2007年4月12日向请求人发出转送文件通知书，将专利权人于2007年3月1日提交的意见陈述书转给请求人。

口头审理如期举行，请求人和专利权人均出席了口头审理。

在口头审理中，

（1）请求人明确表示对权利要求书的修改方式无异议，请求人明确其无效的理由和范围为：修改后的权利要求1不符合专利法第26条第4款的规定、不符合专利法实施细则第20条第1款和第21条第2款的规定，修改后的权利要求1~7不符合专利法第22条第2款、第3款、第4款的规定。

（2）请求人当庭提交了证据1和证据5的原件。专利权人对请求人提交的证据1~5的真实性没有异议，但认为证据3、4请求人在意见陈述中没有提及，请求合议组不予考虑。

合议组当庭告知请求人，由于请求人在补充证据3和证据4时没有结合证据具体说明相关的无效理由，因此对于证据3和证据4，合议组在口头审理中不予考虑；此外，由于请求人只能针对专利权人以合并方式修改的权利要求2~7提交补充证据，而权利要求1并不是以合并式方式修改的，因此对于请求人于2007年2月28日提交的、用于说明权利要求1不具备新颖性或创造性的证据5，合议组不予考虑。

请求人当庭表示将证据5作为公知常识类证据使用。

专利权人表示当庭无法提交反证1~3的原件，也无法提交反证4的来源证明，请求人表示无法确定反证1~3的真实性，并认为反证1~4与本专利没有关联，合议组当庭告知专利权人，由于专利权人提交的反证1~3没有原件，专利权人无法证明反证4的来源，因此对于反证1~4在口头审理中不再进行讨论。

（3）关于专利法第26条第4款。

请求人表示针对专利法第26条第4款的无效理由以本次口头审理中的陈述内容为准。请求人认为权利要求1中的“用于铆接钢丝绳的装置”是上位概念，得不到说明书的支持，本专利说明书中所说的只是一种装置，而权利要求1所说的是所有铆接钢丝绳的装置。另外权利要求1中的“扣件”、“用于调节的连接装置”和“用于调节钢丝绳松紧的装置”都是上位概念。

专利权人认为“用于铆接钢丝绳的装置”和“扣件”在从属权利要求中有具体限定。“用于调节的连接装置”和“用于调节钢丝绳松紧的装置”在权利要求的技术方案中有具体说明，说明书对以上装置也进行了详细说明，不必将实施例中的内容写到权利要求书中。

（4）关于专利法实施细则第20条第1款。

请求人认为“双头螺母套”的结构在权利要求1中没有说明，其连接关系和位置关系在权利要求书中都没有公开。

专利权人认为说明书中对双头螺母套有详细的说明。

（5）关于专利法实施细则第21条第2款。

请求人认为，现有技术没有“中端柱”这一概念，本专利的发明目的是将钢丝绳相连接，“中端柱”和“双头螺母套”都是本专利的发明点，它们必须连接在一起，而权利要求1缺少“双头螺母套、中端柱”和“锁紧螺母”及其相关的连接关系这样一组必要技术特征。

专利权人认为：本专利说明书中说明“端柱”包括“中端柱”，双头螺母套与端柱的连接及其效果、作用在说明书中说明得很清楚。本专利权利要求1达到了对于必要技术特征的标准，钢丝绳相连的端柱是中端柱，这个概念原来就存在，只是原来是两个端柱，而本专利是一个中端柱。

（6）关于专利法第22条第2、3、4款。

请求人对本专利的实用性没有发表意见。

请求人坚持使用证据1评价权利要求1的新颖性，但未发表意见。

请求人认为修改后的权利要求1有两个并列的技术方案：用于调节钢丝绳松紧的装置为“螺母”时是一个方案，该装置为“双头螺母套”时是另一个方案；其中，该装置为双头螺母套的技术特征具有创造性，而该装置为螺母的技术特征不具备创造性；在陈述不具备创造性的具体意见中，请求人认为：证据1的端部立柱公开了权利要求1的端柱，由证据1第62页的图6.1.3-1可知，证据1也是用螺丝螺母与钢丝绳连接在端柱上，证据1第70页的图6.1.6-2中的托架就是本专利权利要求1中的缓冲板，第79页第6.3.6条中的第（3）点中清楚地说明了缆索与索端模具的关系，索端模具是用来铆接钢丝的，第80页倒数第3行第（7）点中的“索端模具”相当于本专利的铆接钢丝绳的装置，第81页的图是索端模具，证据1第62页的图6.1.3-1结合第77页第（5）点、第80页第（7）点均公开了螺母的技术特征，证据1第80页证明了钢丝绳也是需要调节松紧的。

请求人表示只使用证据1评价本专利权利要求1的新颖性或创造性，不对权利要求1相对于证据2和证据5是否具备新颖性和创造性进行评述，也不对权利要求2~7的新颖性和创造性进行评述。

专利权人认为：说明书第3页倒数第2行说明螺母用于端柱的、双头螺母套是用于中端柱的，两者是一个技术方案，证据1公开的内容不是一个技术方案，而本专利权利要求1是一个完整的技术方案，请求人所提出的附图不能覆盖本专利权利要求1的技术特征。请求人拿多个技术方案来评述本专利权利要求1的创造性是没有依据的，证据1第80页没有记载螺母的技术特征，第77页的内容不能结合第62页的附图。

合议组当庭告知请求人，如果请求人不对权利要求1相对于证据2和证据5是否具备新颖性和创造性进行评述，不对权利要求2~7的新颖性和创造性进行评述，合议组将不对证据2和证据5是否影响权利要求1的新颖性和创造性进行审查，也不对权利要求2~7是否具备新颖性和创造性进行审查。

请求人仍然表示不对权利要求1相对于证据2和证据5是否具备新颖性和创造性进行评述，不对权利要求2~7的新颖性和创造性进行评述。

至此，合议组认为本案事实已经清楚，现依法作出审查决定。

二、决定的理由

1. 关于审查文本

请求人对权利要求书的修改方式无异议。合议组经审理查明，专利权人于2006年11月30日所提交的权利要求书替换页中，包括7项权利要求，其中独立权利要求1的技术方案与授权公告文本中权利要求5的技术方案相同，即专利权人实际上是删除了授权公告文本中的权利要求1、2、4，将授权公告时的权利要求5变成新的独立权利要求1，新的从属权利要求2~7则是以合并方式进行的修改。专利权人这种修改权利要求书的方式符合审查指南第四部分第三章第4.6.2节的相关规定，因此本无效宣告审查决定针对的文本是：专利权人于2006年11月30日提交的权利要求1~7项，本专利授权公告文本中的说明书第1~4页、说明书附图1~4页、说明书摘要及摘要附图。

2. 关于证据

请求人当庭提交了证据1和证据5的原件，证据2~4为专利文献，专利权人对证据1~5的真实性无异议。

证据1是中华人民共和国交通部发布的技术规范，专利权人对其真实性表示无异议，经审查，证据1可以作为本案证据使用，其出版日期在本专利申请日之前，其上记载的内容构成了本专利的现有技术。

对于证据2，请求人在无效宣告请求书中仅仅简单指出“结合附件1和附件2所公开的内容，本专利权利要求2~10同样没有创造性”（所述附件1、附件2分别对应于证据1、证据2），并未具体说明证据2公开了哪些内容、如何破坏权利要求2~10的创造性，在提出无效宣告请求之日起一个月内也未补充具体说明，在口头审理中，在合议组当庭告知请求人如果不对证据2是否影响本专利权利要求新颖性和创造性进行评述、则合议组将不对证据2是否影响本专利权利要求新颖性和创造性进行审查的情况下，请求人仍然坚持不对证据2是否影响本专利权利要求新颖性和创造性进行评述；因此根据审查指南第四部分第三章第4.1节的规定“请求人在提出无效宣告请求时没有具体说明的无效宣告理由以及没有用于具体说明相关无效宣告理由的证据，且在提出无效宣告请求之日起一个月内也未补充具体说明的，专利复审委员会不予考虑”，合议组对证据2不予考虑。

对于证据3和证据4，根据审查指南第四部分第三章第4.3.1节规定的“请求人在提出无效宣告请求之日起一个月后补充证据的，应当在该期限内结合该证据具体说明相关的无效宣告理由，否则专利复审委员会不予考虑”，由于请求人在补充证据3和证据4时没有结合这两份证据具体说明相关的无效理由，因此对于证据3和证据4合议组不予考虑。

对于证据5，证据5是请求人在收到修改的权利要求书后补充提交的，请求人认为权利要求1中用螺母作为调节钢丝绳松紧的装置的方案相对于证据1、证据2和证据5的结合不具备新颖性或创造性。依据审查指南第四部分第三章第4.3.1节的规定：“（2）请求人在提出无效宣告请求之日起一个月后补充证据的，专利复审委员会一般不予考虑，但下列情形除外：针对专利权人以合并方式修改的权利要求或者提交的反证，请求人在专利复审委员会指定的期限内补充证据，并在该期限内结合该证据具体说明相关无效宣告理由的”，由于补充提交的证据5并非针对以合并方式修改的权利要求2~7，因此对于该证据5，合议组不予考虑；但由于请求人于口头审理当庭表示将证据5作为公知常识类证据使用，根据审查指南第四部分第三章第4.3.1节的规定，公知常识类证据可以口头审理辩论终结前提交，而证据5作为国家的行业标准属于公知常识，因此本案中证据5中的内容可认定为公知常识。

专利权人未提交反证1~3的原件，也没有提交证明反证4光盘的来源证明，请求人对反证1~4的真实性有异议，合议组经审查认为反证1~4的真实性无法确定，不能作为本案证据使用。

3. 关于专利法第26条第4款

专利法第26条第4款规定：权利要求书应当以说明书为依据，说明要求专利保护的范围。

请求人认为权利要求1中的“用于铆接钢丝绳的装置”、“扣件”、“用于调节的连接装置”和“用于调节钢丝绳松紧的装置”都是上位概念，得不到说明书的支持。本专利说明书中仅记载了一种具体的铆接装置，而权利要求1却限定了所有铆接钢丝绳的装置。

对此，合议组认为：（1）权利要求可以进行适当的概括，在考虑权利要求对说明书的概括是否适当时，应考虑说明书的全部内容，以及本领域技术人员应具备的技术常识；（2）对“用于铆接钢丝绳的装置”而言，在本专利说明书中的“发明内容”、“具体实施方式”及说明书附图中已经清楚地记载了“用于铆接钢丝绳的装置”的具体构件及铆接方式，而且本领域技术人员可以预见，只要是“用于铆接钢丝绳的装置”就可以用于本专利中铆接或固定钢丝绳并能达到本专利所述的技术效果；(3) 权利要求 1 前序部分所限定的“扣件”是本领域公知的将钢丝绳卡在立柱缓冲板上的固定部件，权利要求 1 中也明确限定了“用于调节的连接装置”和“用于调节钢丝绳松紧的装置”，即“用于调节的连接装置由用于铆接钢丝绳的装置、用于调节钢丝绳松紧的装置通过螺栓连接构成，螺栓的栓头一端与用于铆接钢丝绳的装置连接，螺纹一端与用于调节钢丝绳松紧的装置连接；所述用于调节钢丝绳松紧的装置为螺母或者设有限位台阶的双头螺母套”，同时说明书中对于“扣件”、“用于调节的连接装置”和“用于调节钢丝绳松紧的装置”有清楚、详细的说明，而且本领域技术人员可以预见，只要是“扣件”、满足上述限定的“用于调节的连接装置”和“用于调节钢丝绳松紧的装置”就可以用于本专利中并能达到本专利所述的技术效果；(4) 基于上述理由，权利要求 1 的技术方案是本领域技术人员能够从说明书充分公开的内容得到或概括得出的，并且权利要求 1 的范围也没有超出说明书记载的内容，因此，本专利权利要求 1 得到了说明书的支持，符合专利法第 26 条第 4 款的规定。

4. 关于专利法实施细则第 21 条第 2 款的规定

专利法实施细则第 21 条第 2 款规定：独立权利要求应当从整体上反映发明或者实用新型的技术方案，记载解决技术问题的必要技术特征。

审查指南第二部分第二章第 3.1.2 节进一步明确了：必要技术特征是指，发明或者实用新型为解决其技术问题所不可缺少的技术特征，其总和足以构成发明或者实用新型的技术方案，使之区别于背景技术中所述的其他技术方案。

判断某一技术特征是否为必要技术特征，应当从所要解决的技术问题出发并考虑说明书描述的整体内容，不应简单地将实施例中的技术特征直接认定为必要技术特征。

请求人认为，权利要求 1 中没有记载“中端柱”，现有技术也没有“中端柱”这一概念，然而本专利的发明目的是将钢丝绳相连接，“中端柱”和“双头螺母套”都是本专利的发明点，它们必须连接在一起，“中端柱、锁紧螺母、中端柱与双头螺母套之间的连接关系”都是实现本专利发明目的所不可缺少的特征，因此权利要求 1 缺少“中端柱、锁紧螺母、中端柱与双头螺母套之间的连接关系”这样一组必要技术特征。

专利权人认为：权利要求 1 中限定了“端柱”，本专利说明书中已经记载了“端柱”包括“中端柱”，双头螺母套与“端柱”的连接及其效果、作用在说明书中描述得很清楚。本专利权利要求 1 达到了记载必要技术特征的标准，“中端柱”这个概念现有技术中就存在，只不过现有技术中连接两根钢丝绳接头的是两个两端的端柱，而本专利中是一个中端柱。

合议组认为：(1) 对于专利中某一术语的理解，不能脱离整个技术方案、孤立地从这一术语来理解其含义，而是应当根据说明书中给出的整体信息加以理解。对于权利要求 1 中的“端柱”，本专利说明书第 3 页记载了：“本公路交通柔性安全护栏的端柱包括设于两端的端柱 1 和设于其间的若干中端柱 3”，即说明书已经明确定义了本专利中的“端柱”的特定含义，在这种情况下，应当将本专利权利要求 1 中的“端柱”理解为包括两端的端柱和“中端柱”；(2) 权利要求 1 中也限定了：“所述钢丝绳的两端分别通过用于调节的连接装置与端柱连接，所述用于调节的连接装置由用于铆接钢丝绳的装置、用于调节钢丝绳松紧的装置通过螺栓连接构成……所述用于调节钢丝绳松紧的装置为螺母或者设有限位台阶的双头螺母套”，由此可知在权利要求 1 的技术方案中，钢丝绳的两端由用于铆接钢丝绳的装置铆接之后，再通过螺栓、螺母或双头螺母套与端柱相连，由于本领域公知可利用螺母将螺栓锁紧到两端端柱上的，而顾名思义，双头螺母套具有两个端头，不可能将其固定在位于柔性护栏两端的端柱上，而只能将该双头螺母套限位在中端柱以通过其两个端头来连接两根钢丝绳的接头，由此也可确定权利要求 1 的技术方案中必然包括“中端柱”，因此本专利权利要求 1 中的“端柱”实质上确实包括两端的端柱和中端柱。

通过阅读本专利的说明书可知，本专利要解决的是背景技术中由于使用液压机将断开的钢丝绳穿入张紧结构的两端而产生的装配烦琐、安装困难、且生产成本高的问题，其相应的技术方案是使用双头螺母套连接两根钢丝绳的端头使得柔性安全护栏的安装简捷灵活、调节方便，由此可见，使用双头螺母套连接两根钢丝绳端头进而构成柔性安全护栏是解决本专利所述技术问题的必要技术特征。然而，由上述分析可知，权利要求1中已经限定了钢丝绳的两端由用于铆接钢丝绳的装置铆接之后，再通过螺栓、螺母或双头螺母套与端柱相连，即于本专利权利要求1已经记载了解决技术问题的必要技术特征，从整体上反映了本专利的技术方案，使之区别于背景技术中所述的其他技术方案。

至于“锁紧螺母、中端柱与双头螺母套之间的连接关系”，属于本专利具体实施方式中的技术特征，由于本专利权利要求1已经记载了解决技术问题的必要技术特征，因此对于请求人简单地将本专利具体实施方式中的技术特征认定为必要技术特征的主张，合议组不予支持。

由上述内容可知，权利要求1并不缺少必要技术特征，符合专利法实施细则第21条第2款的规定。

5. 关于专利法实施细则第20条第1款

专利法实施细则第20条第1款规定：权利要求书应当说明发明或者实用新型的技术特征，清楚、简要地表述请求保护的范围。

请求人认为“双头螺母套”的结构在权利要求1中没有说明，其连接关系和位置关系在权利要求1中也没有记载，这导致了权利要求1不清楚。

对此，合议组认为：（1）根据专利法实施细则第20条第1款的规定，权利要求的技术方案的保护范围应当清楚，而这并不要求在权利要求中限定每个部件的具体结构及其相关特征；（2）权利要求1中记载了“所述用于调节钢丝绳松紧的装置为螺母或者设有限位台阶的双头螺母套”，而“双头螺母套”是本领域中含义确定的用语，由此本领域技术人员能清楚知道双头螺母套为具有限位台阶、两端头为螺母头的结构，又因为本专利权利要求1中的“端柱”包括两端的端柱和中端柱，而双头螺母套具有两个端头，不可能将其固定在位于柔性护栏两端的端柱上，而只能将该双头螺母套限位在中端柱以通过其两个端头来连接两根钢丝绳的接头；因而该双头螺母套的结构、连接关系和位置关系对本领域技术人员来说是清楚的，没有导致权利要求1的保护范围不清楚，请求人的无效理由不成立。

6. 关于专利法第22条第4款

专利法第22条第4款规定的实用性，是指该发明或者实用新型能够制造或者使用，并且能够产生积极效果。

请求人在口头审理中对本专利不具备实用性的无效理由没有发表意见，在无效宣告请求书中，请求人认为本专利授权公告的权利要求1~10的技术方案中没有采用中端柱、双头螺母套将两两相邻的钢丝绳端头连接起来，所述护栏是分开的、独立的，每段长度基本就是每根钢丝绳的长度200~300米，这样所述护栏存在严重的安全隐患，也没有实用性。

合议组经审查认为：修改后的权利要求1的技术方案中限定了“双头螺母套”，又因为本专利权利要求1中的“端柱”实质上包括了中端柱，因而修改后权利要求1~7的技术方案实质上都采用了中端柱和双头螺母套从而将护栏连在一起，所述护栏并非为分开的、独立的，而且本专利能够制造或者使用，并且能够产生积极效果，因此具备专利法第22条第4款规定的实用性。

7. 关于专利法第22条第2、3款

专利法第22条第3款规定：新颖性，是指在申请日以前没有同样的发明或者实用新型在国内外出版物上公开发表过、在国内公开使用过或者以其他方式为公众所知，也没有同样的发明或者实用新型型由他人向国务院专利行政部门提出过申请并且记载在申请日以后公布的专利申请文件中。

专利法第 22 条第 3 款规定：创造性，是指同申请日以前已有的技术相比，该发明有突出的实质性特点和显著的进步，该实用新型有实质性特点和进步。

请求人在口头审理中对本专利不具备新颖性的无效理由没有发表意见，请求人认为权利要求 1 有两个并列的技术方案：用于调节钢丝绳松紧的装置为“螺母”或者“双头螺母套”时分别对应的两个方案；本专利的双头螺母套的技术特征具有创造性，本专利的螺母的技术特征不具备创造性。只使用证据 1 对本专利权利要求 1 进行评述。

合议组认为：权利要求 1 中限定了“所述用于调节钢丝绳松紧的装置为螺母或者设有限位台阶的双头螺母套”，如果用于调节钢丝绳松紧的装置均为双头螺母套，则钢丝绳无法通过双头螺母套连接在柔性安全护栏两端的端柱上，如果用于调节钢丝绳松紧的装置均为螺母，则显然不能解决本发明所述的灵活、简便地连接两根钢丝绳的问题。又根据说明书的记载，本专利权利要求 1 中的“端柱”包括设于两端的端柱和中端柱，而“双头螺母套”具有两个螺母端头，由此本领域技术人员必然会用螺母来进行本安全护栏两端处的连接固定和调节，而用具有两个螺母接头的“双头螺母套”来进行本安全护栏中端处的连接固定和调节，因而权利要求 1 实质上保护的是一个技术方案，即一种公路交通安全护栏，在该护栏的两端处，用于调节钢丝绳松紧的装置为螺母，用于铆接钢丝绳的装置通过螺栓与螺母连接在一起从而使钢丝绳的末端头连接在两端的端柱上，而在该护栏的中端处，用于调节钢丝绳松紧的装置为设有限位台阶的双头螺母套，用于铆接钢丝绳的装置通过螺栓与双头螺母套连接在一起从而使钢丝绳的两端头连接在中端柱上。

根据上述分析，权利要求 1 保护的是一个技术方案，该技术方案中在安全护栏两端处用于调节钢丝绳松紧的装置为螺母，在安全护栏中端处上述装置为设有限位台阶的双头螺母套，而根据请求人在口头审理时的意见陈述，其认为本专利的双头螺母套的技术特征具有创造性，同时经合议组审查，证据 1 中也确实并未公开双头螺母套这一技术特征，且由于本专利使用双头螺母套连接钢丝绳的端头使得柔性安全护栏的安装简捷灵活、调节方便，并且减少了中端柱的数量，使得施工的工作量减少，成本降低，车辆撞击中端柱的几率降低；因此证据 1 无法破坏权利要求 1 的新颖性和创造性。

请求人在口审当庭表示将证据 5 作为公知常识类证据使用，但随后在合议组告知如果请求人不对证据 5 是否影响本专利权利要求的新颖性和创造性进行评述、则合议组将不对证据 5 是否影响本专利权利要求新颖性和创造性进行审查的情况下，请求人仍然坚持不对证据 5 是否影响本专利权利要求的新颖性和创造性进行评述，因此依据请求原则，合议组仅对意见陈述书中与证据 5 相关的意见进行审查。

请求人补充提交证据 5 时，认为权利要求 1 中用螺母作为调节钢丝绳松紧装置的方案相对于证据 1、证据 2 和证据 5 的结合，不具备新颖性或创造性。证据 5 公开了一种双头螺柱，经审查，证据 5 中双头螺柱的结构与本专利中的螺栓结构相同，因而证据 5 中没有公开双头螺母套这一技术特征，即使将证据 5 作为公知常识类证据与证据 1 相结合也无法破坏权利要求 1 的创造性。

因此请求人关于权利要求 1 不具备新颖性和创造性的主张不能成立，权利要求 1 具备新颖性和创造性，其从属权利要求 2~7 也具备新颖性和创造性，符合专利法第 22 条第 2 款和专利法第 22 条第 3 款的规定。

三、决定

维持 200520009348.3 号实用新型专利权有效。

当事人对本决定不服的，可以根据专利法第 46 条第 2 款的规定，自收到本决定之日起三个月内向北京市第一中级人民法院起诉。根据该款规定，一方当事人起诉后，另一方当事人应当作为第三人参加诉讼。

173

隐形耳机探测器

无效宣告请求审查决定（第10330号）

决　　定　　号　第10330号
决　　定　　日　2007年8月10日
发明创造名称　隐形耳机探测器
国 际 分 类 号　G01R 29/08
无效宣告请求人　北京蓝元高科信息技术有限公司
专　利　权　人　凌子龙
专　　利　　号　200620025104.9
申　　请　　日　2006年1月4日
授 权 公 告 日　2006年9月27日
合 议 组 组 长　杨军艳
主　　审　　员　沈乐平
参　　审　　员　李　礼

法　律　依　据　专利法第22条第2款、第3款，专利法实施细则第2条第2款、第21条第2款
决　定　要　点

如果一项权利要求相对于现有技术存在区别技术特征，并且现有技术中没有给出技术启示，则应当认为该项权利要求具备专利法第22条第3款规定的创造性。

一、案由

本无效宣告请求涉及中华人民共和国国家知识产权局于2006年9月27日授权公告的、名称为“隐形耳机探测器”的200620025104.9号实用新型专利（下称本专利），其申请日是2006年1月4日，专利权人是凌子龙。该专利授权公告时的权利要求书如下：

“1. 一种隐形耳机探测器，其特征在于，包括音频电磁波接收部件、音频电磁波还原电路和声波输出部件，其中，

所述音频电磁波接收部件用于探测音频电磁波，并输出电信号；

所述音频电磁波还原电路用于将从上述的音频电磁波接收部件输入的电信号还原放大成声波电信号；

所述声波输出部件用于将音频电磁波还原电路输出的声波电信号转换为声波并输出。

2. 根据权利要求1所述的隐形耳机探测器，其特征在于，所述音频电磁波接收部件为音频电磁

波收发线圈或电感。

3. 根据权利要求 1 所述的隐形耳机探测器，其特征在于，所述隐形耳机探测器还包括与音频电磁波接收部件串联的电流表或与其并联的电压表。

4. 根据权利要求 1 所述的隐形耳机探测器，其特征在于，所述声波输出部件为耳机或扬声器。

5. 根据权利要求 1~4 任意一项所述的隐形耳机探测器，其特征在于，所述隐形耳机探测器还包括金属探测电路或带有磁敏元件的磁敏开关电路。

6. 根据权利要求 1~4 任意一项所述的隐形耳机探测器，其特征在于，所述隐形耳机探测器还包括音频电磁波发射部件、定频发射电路、声波接收部件、选频声控电路，其中，

定频发射电路，能够输出至少一种音频驱动信号；

音频电磁波发射部件，受定频发射电路发出的音频驱动信号的驱动，发射音频电磁波；

声波接收部件，用于接收由隐形耳机在上述的音频电磁波驱动下所产生的向耳外辐射的声波，并将其转换成电信号；

选频声控电路，其输入端与声波接收部件的输出端相连，其激活频率与定频发射电路同时或交替发射的音频电磁波频率相同。

7. 根据权利要求 6 所述的隐形耳机探测器，其特征在于，还包括主控制电路，用于控制定频发射电路输出的音频信号，并根据由选频声控电路输入的电信号作出判断。

8. 根据权利要求 6 所述的隐形耳机探测器，其特征在于，所述定频发射电路为一种录音芯片或一种振荡电路。

9. 根据权利要求 6 所述的隐形耳机探测器，其特征在于，所述音频电磁波发射部件和接收部件为同一个音频电磁波收发线圈或电感。

10. 根据权利要求 6 所述的隐形耳机探测器，其特征在于，所述声波接收部件为一种麦克风。”

针对上述专利权，北京蓝元高科信息技术有限公司（下称请求人）于 2006 年 11 月 23 日向专利复审委员会提出了无效宣告请求，并提交了如下证据：

证据 1：《电子报》1991 年合订本封面页、版权信息页、第 56 页、第 60 页、第 152 页及第 168 页的复印件，共 6 页；

证据 2：《电子报》1992 年合订本封面页、版权信息页、第 28 页及第 141 页的复印件，共 4 页；

证据 3：公告号为 CN2083819U 的实用新型专利申请说明书，公告日为 1991 年 8 月 28 日；

证据 4：ZL200420000898. 4 号实用新型专利说明书，授权公告日为 2005 年 1 月 5 日；

证据 5：公告号为 CN2105805U 的实用新型专利申请说明书，公告日为 1992 年 5 月 27 日；

证据 6：《哈尔滨学院学报》第 22 卷第 5 期《无线电磁听音原理》复印件共 4 页，作者为李作晏、甘云祥，公开日为 2001 年 9 月；

证据 7：页眉标有“电声技术 8/1999”、文章名称为《无绳耳机在语音教学中的应用研究》的复印件共 2 页，作者为张军；

证据 8：《无线电“猎狐”》封面页、版权信息页、目录页、第 34~41 页及第 62~73 页的复印件，共 12 页，印刷日期为 1985 年 2 月；

证据 9：本专利授权公告文本；

证据 10：ZL01264064. 6 号实用新型专利说明书，授权公告日为 2002 年 8 月 28 日。

结合上述证据，请求人认为：（1）本专利权利要求 1、2、4 相对于证据 1~7 不符合专利法第 22 条第 2 款、第 3 款有关新颖性和创造性的规定；（2）本专利权利要求 2 相对于证据 1~8 与公知常识的结合不符合专利法第 22 条第 3 款有关创造性的规定；（3）根据上述证据，权利要求 1~5 不是新的

技术方案，不符合专利法实施细则第2条第2款的规定；（4）本专利权利要求中只给出了其中所包含的部分构件，没有给出部件间的连接关系，不符合专利法实施细则第21条第2款的规定。

此外，在请求书中列出的无效宣告请求理由还有：本专利权利要求3、5~10不符合专利法第22条第2款、第3款的规定；本专利权利要求1~10不符合专利法第22条第4款的规定；本专利权利要求6~10不符合专利法实施细则第2条第2款的规定。但是请求人没有对上述无效理由进行具体意见陈述。

经形式审查合格，专利复审委员会依法受理了上述无效宣告请求，并于2006年11月23日向双方当事人发出了无效宣告请求受理通知书，随同无效宣告请求受理通知书将无效宣告请求书及其证据清单中所列证据副本转送给专利权人，要求其在指定的期限内答复。

针对上述无效宣告请求，专利权人于2007年1月5日向专利复审委员会提交了意见陈述书，专利权人认为：（1）本专利与证据1~8、证据10所属的技术领域、解决的技术问题和产生的技术效果都不同，因而具备新颖性；（2）证据1~8及证据10没有明确记载其公开的技术方案可以使用在本专利的技术领域中，因此本专利具备创造性；（3）本专利的技术方案是对隐形耳机探测器产品的构造所提出的适于实用的新的技术方案，符合专利法实施细则第2条第2款的规定；（4）本专利权利要求1不但记载了各组成部件，还记载了各部件信号的传递关系，符合专利法实施细则第21条第2款的规定。

专利复审委员会依法成立合议组，对本无效宣告请求案进行审理。本案合议组于2007年3月5日向双方当事人发出无效宣告请求口头审理通知书，指出本案定于2007年5月9日举行口头审理，随同口头审理通知书，将专利权人于2007年1月5日提交的意见陈述书（共2页）转送给请求人。

专利复审委员会于2007年4月29日收到了专利权人提交的材料，该材料包括：司法部国家司法考试中心出具的关于使用监考大师的情况说明复印件、安徽省高等学校招生办公室出具的关于使用HESKY-I型监考大师的情况说明复印件、济南市高等教育自学考试办公室出具的产品使用证明复印件、河北省教育考试院综合业务信息网设备到货初步检验单复印件1页，产品购销合同12份复印件共12页。

口头审理如期举行，双方当事人均参加了口头审理。在口头审理中，

（1）请求人明确表示无效宣告请求的理由、证据及范围为：本专利权利要求1、2、4相对于证据1~7不符合专利法第22条第2款的规定，本专利权利要求1~10相对于证据1~9不符合专利法第22条第3款的规定；本专利权利要求1、2、4~10不符合专利法实施细则第2条第2款的规定；本专利权利要求1~10不符合实施细则第21条第2款的规定。请求人明确表示放弃本专利权利要求1~10不符合专利法第22条第4款的无效理由。

（2）请求人明确表示放弃证据10作为证据使用，并表示其于无效宣告请求日起1个月内补充提交过证据11。合议组当庭告知请求人需要于本次口审后15日之内提交证明其在于无效宣告请求日起1个月内提交过证据11的证据，逾期不提交相关证据，视为证据11未提交。

请求人当庭提交证据1、证据2、证据8的原件；未提交证据6~7的原件，表示证据6和证据7是网上电子版的，是从网上下载的；当庭明确证据8仅使用第62~66页对应的“短波波段测向机”，其他页不使用。

专利权人认可证据3~5、9的真实性；表示证据1、证据2、证据8的原件与复印件一致，但不认可其真实性，认为证据1、证据2、证据8的来源不明；认为证据6~7不能证明请求人是在网站上下载的，不认可证据6~7的真实性；表示其于4月29日向专利复审委员会提交的材料仅供合议组参考。

（3）关于权利要求1、2、4~10是否符合专利法实施细则第2条第2款的规定。

请求人认为，本专利权利要求1、2、4~10中三个部件及其下面所述的功能均是已有的，仅是已

有技术的罗列，没有结构形状的改进，不是新的技术方案，不符合专利法实施细则第2条第2款的规定。

专利权人认为，本专利利用了自然规律，采用了技术手段，具有探测出隐性耳机的效果，改进了产品的结构和性能，是新的技术方案。

(4) 关于权利要求1~10是否符合专利法实施细则第21条第2款的规定

请求人认为：本专利缺少对各部件连接关系的描述，缺少必要技术特征，不能形成清楚完整的技术方案。

专利权人认为：本专利权利要求1和权利要求6中有三个部件连接关系，此外说明书及附图已有详细的说明，本领域技术人员根据本专利说明书可以了解本专利的连接关系。

(5) 关于权利要求1、2、4是否符合专利法第22条第2款的规定

请求人认为：证据1~7均是接收装置，上述证据均包括了音频接收、还原放大和声频输出三个部件，与本专利实际上是一样的，本专利权利要求1、2、4都不包括探测部分，仅具备被动接收的功能，与证据1~7的耳机是一致的。

专利权人认为：证据1~7未公开探测器的任何特征，仅公开了耳机的特征，本专利的三个部件与证据1~7不同，二者不能对应，选用的器件和电路可能会同类，但性质会有很大的差别，本专利的目的是找到耳机而不是听清楚声音，最重要是找到信号源，本专利的放大电路、电感等均与证据1不同，产品不同所以选用的东西肯定不同。

(6) 关于权利要求1~10是否符合专利第22条第3款的规定

请求人认为：本专利权利要求1~2、4在不具有新颖性的基础上也不具有创造性；本专利权利要求3的附加技术特征属于公知常识；本专利权利要求5~10的附加技术特征属于已有技术，本专利说明书中也记载其是已有技术；证据8第62~66页对应的"短波波段测向机"，证明接收、还原和输出部件均是已有技术，证据8与证据1~7之一结合使用评述本专利权利要求1~2、4~10的创造性。

专利权人认为：本专利说明书第7页倒数第4~2行所述的部件和元件就拆分来说是已有的，但连接后形成探测器是本专利的发明点，与耳机的区别在于本专利目的不接收信号而在于找到信号源位置，捕捉的是磁场的变化，耳机着重的是捕捉音频信号的内容。

口头审理后，请求人未在指定的期限内提交其在无效宣告请求日起1个月内提交过证据11的相关证明。

至此，合议组认为事实已经清楚，在此基础上，合议组经合议依法作出审查决定。

二、决定的理由

1. 关于证据和现有技术

证据1是《电子报》1991年的合订本封面页、版权信息页、第56页、第60页、第152页及第168页的复印件，证据2是《电子报》1992年的合订本封面页、版权信息页、第28页及第141页的复印件，证据8是1985年2月印刷的《无线电"猎狐"》封面页、版权信息页、目录页、第34~41页及第62~73页的复印件。请求人于口审当庭提交了它们的原件，专利权人核实后表示其原件与复印件一致，但认为来源不明，不认可其真实性。合议组经审查认为，证据1、证据2、证据8均为国内公开出版物，请求人提交了原件，专利权人经核实认可复印件与原件一致，因此合议组对上述证据的真实性予以认可，上述证据可以作为本案证据使用。上述证据的公开日均在本专利申请日之前，其上公开的内容构成本专利的现有技术。

证据3~5、9为实用新型专利说明书，专利权人对证据3~5、9的真实性无异议，合议组经审查认为，证据3~5、9可以作为本案证据使用；其中证据3~5的公开日均在本专利申请日之前，其上公

开的内容构成本专利的现有技术；证据9是本专利授权公告文本，在其第6页第12行、第6页倒数第2行、第7页第4行、第7页倒数第4~2行记载金属探测电路、定频发射电路、选频声控电路及音频电磁波接收部件、音频电磁波还原电路和声波输出部件、报警信号电路属于已有技术，合议组经审查认为，证据9中记载的上述金属探测电路、定频发射电路、选频声控电路及音频电磁波接收部件、音频电磁波还原电路和声波输出部件、报警信号电路在本专利申请日前确已存在，并为公众所知，因此构成了本专利的现有技术。

请求人没有提交网上下载的证据6、7的原件，专利权人不认可其真实性。合议组经审查认为，由于请求人没有提供证据6、7的原件，也未提供相关证据证明证据6、7从何处下载得到，因此对证据6、7的真实性无法确定，合议组对其不予采信。

请求人在口头审理中当庭明确表示放弃证据10作为证据使用，故不再对证据10进行评述。

请求人在口头审理当庭表示其于无效宣告请求日起1个月内补充提交过证据11，由于合议组并未收到该证据11，因此合议组在口头审理当庭告知请求人需于口头审理后15日内提交相关证据，以证明其于无效宣告请求日起1个月内提交过证据11的事实，逾期不提交相关证据，视为证据11未提交。但请求人并未在口头审理后提交任何证据来证明其提交过证据11，因此合议组认为请求人并未在无效宣告请求日起1个月内提交过证据11。

2. 关于本专利权利要求1~10专利法实施细则第21条第2款的规定

专利法实施细则第21条第2款规定：独立权利要求应当从整体上反映发明或者实用新型的技术方案，记载解决技术问题的必要技术特征。

请求人认为，本专利缺少对各部件连接关系的描述，缺少必要技术特征，不能形成清楚完整的技术方案。

合议组经审查认为，本专利的目的是针对现有技术中存在的问题提出了一种对人体不会造成危害、成本低廉、使用便捷的隐形耳机探测器的解决方案，本专利权利要求1提供的解决方案如下：一种隐形耳机探测器，其特征在于，包括音频电磁波接收部件、音频电磁波还原电路和声波输出部件，其中，所述音频电磁波接收部件用于探测音频电磁波，并输出电信号；所述音频电磁波还原电路用于将从上述的音频电磁波接收部件输入的电信号还原放大成声波电信号；所述声波输出部件用于将音频电磁波还原电路输出的声波电信号转换为声波并输出。可见，本专利权利要求1除了记载了组成隐形耳机探测器的部件“音频电磁波接收部件”、“音频电磁波还原电路”和“声波输出部件”外，还明确记载了上述部件之间的信号流向关系，即“所述音频电磁波接收部件”用于探测音频电磁波，其输出送给“所述音频电磁波还原电路”的输入，“所述音频电磁波还原电路”的输出送给“所述声波输出部件”，“所述声波输出部件”输出声波信号。在电路中信号流向关系也体现出各部件之间的连接关系。因此本专利权利要求1记载了解决技术问题的必要技术特征，符合专利法实施细则第21条第2款的规定。

权利要求2~10从属于权利要求1，也包含了部件间的连接关系，因此将权利要求2~10都上升为独立权利要求时，权利要求2~10也符合专利法实施细则第21条第2款的规定。

3. 关于本专利权利要求1、2、4~10是否符合专利法实施细则第2条第2款的规定和本专利权利要求1、2、4是否符合专利法第22条第2款关于新颖性的规定

专利法实施细则第2条第2款规定：专利法所称实用新型，是指对产品的形状、构造或者其结合所提出的适于实用的新的技术方案。

专利法第22条第2款规定：新颖性，是指在申请日以前没有同样的发明或者实用新型在国内外出版物上公开发表过、在国内公开使用过或者以其他方式为公众所知，也没有同样的发明或者实用新型由他人向国务院专利行政部门提出过申请并且记载在申请日以后公布的专利申请文件中。

（1）本专利权利要求1、2、4是否具备新颖性。

请求人认为权利要求1、2、4相对于证据1~7不具备新颖性。由于如上所述证据6、7的真实性无法确定，合议组对它们均不予采信，因此以下仅对本专利权利要求1、2、4相对于证据1~5是否具备新颖性进行评述。

请求人认为，证据1~5均为接收装置，包括了音频电磁波接收部件、音频电磁波还原电路、声波输出部件三个部件，本专利权利要求1、2、4不包括探测部分，仅有接收功能，因此二者是相同的。

经审查，证据1第60页公开了一种音频感应耳机，该耳机包括：线圈L，为一电感元件，用于接收音频信号；放大器T1-T3，构成一还原电路；部件Y，为一喇叭，用于输出音频信号。

此外，证据1中的第56页公开了一种自制音频感应耳机，证据1第152页公开了一种实用音频无线传呼器，证据1第168页公开了一种用LM386组装的无线感应耳机及一种音频耳机；证据2第28页公开了一种可消除低频噪音的无线耳机，证据2第141页公开了一种简单的音频感应耳机；证据3公开了一种分离型头戴感应式无线耳机；证据4公开了一种外语教学听力用无线耳机；证据5公开了一种音频无线耳机。上述证据所公开的内容与证据1第60页所公开的音频感应耳机的内容基本相似，均是接收装置。

合议组认为，本专利权利要求1保护的主题为一种隐形耳机探测器，该主题限定了该探测器不是任意一种接收装置，而是一种用于探测隐形耳机是否存在的接收装置，作为探测隐形耳机的探测器，其目的是找到耳机而不是听清楚声音，最重要的是找到信号源，其虽然采用了与证据1~5中的各种耳机结构中相似名称的部件，但是其对放大电路、电感等元件的要求与耳机是不同的。因此本专利权利要求1与证据1~5相比，采用了不同的结构，解决了不同的技术问题，其相对于证据1~5具备新颖性，符合专利法第22条第2款的规定。

由于本专利权利要求1相对于证据1~5具备新颖性，因此从属于本专利权利要求1的权利要求2、4相对于证据1~5也具备新颖性，符合专利法第22条第2款的规定。

（2）关于本专利权利要求1、2、4~10是否符合专利法实施细则第2条第2款的规定。

如上所述，本专利权利要求1相对于证据1~5具备新颖性，是对产品形状、构造或其结合所提出的适于实用的新的技术方案，因此符合专利法实施细则第2条第2款的规定。

由于本专利权利要求1是一个新的技术方案，符合专利法实施细则第2条第2款的规定，因此从属于本专利权利要求1的权利要求2、4~10也符合专利法实施细则第2条第2款的规定。

4. 本专利权利要求1~10是否具备创造性

专利法第22条第3款规定：创造性，是指同申请日以前已有的技术相比，该发明有突出的实质性特点和显著的进步，该实用新型有实质性特点和进步。

（1）本专利权利要求1是否具备创造性。

如上所述，证据1~5均公开的是耳机，其中仅给出了多种耳机的结构，本领域的技术人员从证据1~5公开的内容中没有动机设计一种探测器来探测上述耳机发出的音频信号，即证据1~5均没有给出如何设计探测器对隐形耳机进行探测的技术启示。因此本专利权利要求1相对于证据1~5中的任意一份证据具备创造性。

证据8中第62~66页公开了与“短波波段测向机”有关的内容。证据8仅能证明接收、还原和输出部件均是已有技术，而其没有给出将上述部件应用于探测器来探测隐形耳机是否存在的技术启示。因此本专利权利要求1相对于证据8或者证据8与证据1~5之一的结合均具备创造性。

证据9是本专利的授权公告文本，本专利说明书第6页第12行、第6页倒数第2行、第7页第4

行、第 7 页倒数第 4～2 行记载的金属探测电路、定频发射电路、选频声控电路及音频电磁波接收部件、音频电磁波还原电路和声波输出部件、报警信号电路是本专利的现有技术。但上述内容只是涉及各个组成部件，而将各个现有的组成部件结合得到隐形耳机探测器正是本专利所要解决的技术问题，因此本领域的技术人员不能从上述说明书中记载的现有技术中得到将上述部件应用到隐形耳机探测器中的技术启示。本专利权利要求 1 相对于上述现有技术或上述现有技术与证据 8、证据 1～5 之一的结合均具备创造性。

（2）本专利权利要求 2～10 是否具备创造性。

由于本专利权利要求 1 具备创造性，因此从属于权利要求 1 的权利要求 2～10 也具备创造性。

综上所述，本专利权利要求 1～10 相对于证据 1～5、证据 8、证据 9 中记载的现有技术或上述证据的结合均具备实质性特点和进步，符合专利法第 22 条第 3 款规定的创造性。

三、决定

维持 200620025104.9 号实用新型专利权有效。

当事人对本决定不服的，可以根据专利法第 46 条第 2 款的规定，自收到本决定之日起三个月内向北京市第一中级人民法院起诉。根据该款的规定，一方当事人起诉后，另一方当事人应当作为第三人参加诉讼。

北京市第一中级人民法院
行政判决书

（2007）一中行初字第 1331 号

原告北京蓝元高科信息技术有限公司，住所地北京市海淀区清河安宁庄西路当代城市家园 15 幢 2 单元 108 房。

法定代表人布和苏道，经理。

委托代理人陈晓光，女，1959 年 4 月 28 日出生，哈尔滨东方专利事务所员工，住黑龙江省哈尔滨市南岗区新文街 52 号。

被告国家知识产权局专利复审委员会，住所地北京市海淀区北四环西路 9 号银谷大厦 10～12 层。

法定代表人廖涛，副主任。

委托代理人李礼，国家知识产权局专利复审委员会审查员。

委托代理人朱明雅，国家知识产权局专利复审委员会审查员。

第三人凌子龙，男，1982 年 9 月 4 日出生，汉族，北京魁盾科技发展有限公司职员，住黑龙江省佳木斯市永红区 29 委 6 组。

委托代理人王秀奎，男，1982 年 8 月 18 日出生，天津市北洋有限责任专利代理事务所职员，住天津市河东区津塘路互助南里 21 号楼 1 门 301 号。

原告北京蓝元高科信息技术有限公司（以下简称蓝元公司）不服被告国家知识产权局专利复审委员会（以下简称专利复审委员会）于 2007 年 8 月 10 日作出的第 10330 号无效宣告请求审查决定（以下简称第 10330 号决定），于法定期限内向本院提起行政诉讼。本院于 2007 年 9 月 27 日受理本案后，依法组成合议庭，并通知第 10330 号决定的专利权人凌子龙作为第三人参加本案诉讼。本院于 2007 年 11 月 9 日公开开庭进行了审理。原告蓝元公司的委托代理人陈晓光，被告专利复审委员会的委托代理人李礼、朱明雅，第三人凌子龙及其委托代理人王秀奎到庭参加了诉讼。本案现已审理终结。

被告专利复审委员会针对原告蓝元公司就第三人凌子龙的名称为“隐形耳机探测器”的实用新型专利（专利号为200620025104.9，以下简称本专利）所提出的无效宣告请求作出第10330号决定，该决定认定：

1. 关于证据和现有技术

证据1是《电子报》1991年的合订本封面页、版权信息页、第56页、第60页、第152页及第168页的复印件，证据2是《电子报》1992年的合订本封面页、版权信息页、第28页及第141页的复印件，证据8是1985年2月印刷的《无线电“猎狐”》封面页、版权信息页、目录页、第34~41页及第62~73页的复印件。蓝元公司于口头审理当庭提交了它们的原件，凌子龙核实后表示其原件与复印件一致，但认为来源不明，不认可其真实性。专利复审委员会经审查认为，证据1、证据2、证据8均为国内公开出版物，蓝元公司提交了原件，凌子龙经核实认可复印件与原件一致，因此专利复审委员会对上述证据的真实性予以认可，上述证据可以作为本案证据使用。上述证据的公开日均在本专利申请日之前，其上公开的内容构成本专利的现有技术。

证据3~5、9为实用新型专利说明书，凌子龙对证据3~5、9的真实性无异议，专利复审委员会经审查认为，证据3~5、9可以作为本案证据使用；其中证据3~5的公开日均在本专利申请日之前，其上公开的内容构成本专利的现有技术；证据9是本专利授权公告文本，在其第6页第12行、第6页倒数第2行、第7页第4行、第7页倒数第4~2行记载金属探测电路、定频发射电路、选频声控电路及音频电磁波接收部件、音频电磁波还原电路和声波输出部件、报警信号电路属于已有技术，专利复审委员会经审查认为，证据9中记载的上述金属探测电路、定频发射电路、选频声控电路及音频电磁波接收部件、音频电磁波还原电路和声波输出部件、报警信号电路在本专利申请日前确已存在，并为公众所知，因此构成了本专利的现有技术。

蓝元公司没有提交网上下载的证据6、7的原件，凌子龙不认可其真实性。专利复审委员会经审查认为，由于蓝元公司没有提供证据6、7的原件，也未提供相关证据证明证据6、7从何处下载得到，因此对证据6、7的真实性无法确定，专利复审委员会对其不予采信。

蓝元公司在口头审理中当庭明确表示放弃证据10作为证据使用，故不再对证据10进行评述。

蓝元公司在口头审理当庭表示其于无效宣告请求日起1个月内补充提交过证据11，由于专利复审委员会并未收到该证据11，因此专利复审委员会在口头审理当庭告知蓝元公司需于口头审理后15日内提交相关证据，以证明其于无效宣告请求日起1个月内提交过证据11的事实，逾期不提交相关证据，视为证据11未提交。但蓝元公司并未在口头审理后提交任何证据来证明其提交过证据11，因此专利复审委员会认为蓝元公司并未在无效宣告请求日起1个月内提交过证据11。

2. 关于本专利权利要求1~10是否符合《中华人民共和国专利法实施细则》（简称《专利法实施细则》）第二十一条第二款的规定

蓝元公司认为，本专利缺少对各部件连接关系的描述，缺少必要技术特征，不能形成清楚完整的技术方案。

专利复审委员会经审查认为，本专利的目的是针对现有技术中存在的问题提出了一种对人体不会造成危害、成本低廉、使用便捷的隐形耳机探测器的解决方案，本专利权利要求1提供的解决方案如下：一种隐形耳机探测器，其特征在于，包括音频电磁波接收部件、音频电磁波还原电路和声波输出部件，其中，所述音频电磁波接收部件用于探测音频电磁波，并输出电信号；所述音频电磁波还原电路用于将从上述的音频电磁波接收部件输入的电信号还原放大成声波电信号；所述声波输出部件用于将音频电磁波还原电路输出的声波电信号转换为声波并输出。可见，本专利权利要求 1 除了记载了组成隐形耳机探测器的部件“音频电磁波接收部件”、“音频电磁波还原电路”和“声波输出部件”外，还明确记载了上述部件之间的信号流向关系，即“所述音频电磁波接收部件”用于探测音频电磁波，其输出送给“所述音频电磁波还原电路”的输入，“所述音频电磁波还原电路”的输出送给“所述声波输出部件”，“所述声波输出部件”输出声波信号。在电路中信号流向关系也体现出各部件之间的连接关系。因此本专利权利要求 1 记载了解决技术问题的必要技术特征，符合《专利法实施细则》第二十一条第二款的规定。

权利要求 2~10 从属于权利要求 1，也包含了部件间的连接关系，因此将权利要求 2~10 都上升为独立权利要求时，权利要求 2~10 也符合《专利法实施细则》第二十一条第二款的规定。

3. 关于本专利权利要求 1、2、4~10 是否符合《专利法实施细则》第二条第二款的规定和本专利权利要求 1、2、4 是否符合《中华人民共和国专利法》（以下简称《专利法》）第二十二条第二款关于新颖性的规定

（1）本专利权利要求 1、2、4 是否具备新颖性。

蓝元公司认为权利要求 1、2、4 相对于证据 1~7 不具备新颖性。由于如上所述证据 6、7 的真实性无法确定，专利复审委员会对它们均不予采信，因此以下仅对本专利权利要求 1、2、4 相对于证据 1~5 是否具备新颖性进行评述。

蓝元公司认为，证据 1~5 均为接收装置，包括了音频电磁波接收部件、音频电磁波还原电路、声波输出部件三个部件，本专利权利要求 1、2、4 不包括探测部分，仅有接收功能，因此二者是相同的。

经审查，证据 1 第 60 页公开了一种音频感应耳机，该耳机包括：线圈 L，为一电感元件，用于接收音频信号；放大器 T1-T3，构成一还原电路；部件 Y，为一喇叭，用于输出音频信号。

此外，证据 1 中的第 56 页公开了一种自制音频感应耳机，证据 1 第 152 页公开了一种实用音频无线传呼器，证据 1 第 168 页公开了一种用 LM386 组装的无线感应耳机及一种音频耳机；证据 2 第 28 页公开了一种可消除低频噪音的无线耳机，证据 2 第 141 页公开了一种简单的音频感应耳机；证据 3 公开了一种分离型头戴感应式无线耳机；证据 4 公开了一种外语教学听力用无线耳机；证据 5 公开了一种音频无线耳机。上述证据所公开的内容与证据 1 第 60 页所公开的音频感应耳机的内容基本相似，均是接收装置。

专利复审委员会认为，本专利权利要求 1 保护的主题为一种隐形耳机探测器，该主题限定了该探测器不是任意一种接收装置，而是一种用于探测隐形耳机是否存在的接收装置，作为探测隐形耳机的探测器，其目的是找到耳机而不是听清楚声音，最重要的是找到信号源，其虽然采用了与证据 1~5 中的各种耳机结构中相似名称的部件，但是其对放大电路、电感等元件的要求与耳机是不同的。因此本专利权利要求 1 与证据 1~5 相比，采用了不同的结构，解决了不同的技术问题，其相对于证据 1~5 具备新颖性，符合《专利法》第二十二条第二款的规定。

由于本专利权利要求 1 相对于证据 1~5 具备新颖性，因此从属于本专利权利要求 1 的权利要求 2、4 相对于证据 1~5 也具备新颖性，符合《专利法》第二十二条第二款的规定。

（2）关于本专利权利要求 1、2、4~10 是否符合《专利法实施细则》第二条第二款的规定。

如上所述，本专利权利要求 1 相对于证据 1~5 具备新颖性，是对产品形状、构造或其结合所提出的适于实用的新的技术方案，因此符合《专利法实施细则》第二条第二款的规定。

由于本专利权利要求 1 是一个新的技术方案，符合《专利法实施细则》第二条第二款的规定，因此从属于本专利权利要求 1 的权利要求 2、4~10 也符合《专利法实施细则》第二条第二款的规定。

4. 本专利权利要求1~10是否具备创造性

（1）本专利权利要求1是否具备创造性。

如上所述，证据1~5均公开的是耳机，其中仅给出了多种耳机的结构，本领域的技术人员从证据1~5公开的内容中没有动机设计一种探测器来探测上述耳机发出的音频信号，即证据1~5均没有给出如何设计探测器对隐形耳机进行探测的技术启示。因此本专利权利要求1相对于证据1~5中的任意一份证据具备创造性。

证据8中第62~66页公开了与“短波波段测向机”有关的内容。证据8仅能证明接收、还原和输出部件均是已有技术，而其没有给出将上述部件应用于探测器来探测隐形耳机是否存在的技术启示。因此本专利权利要求1相对于证据8或者证据8与证据1~5之一的结合均具备创造性。

证据9是本专利的授权公告文本，本专利说明书第6页第12行、第6页倒数第2行、第7页第4行、第7页倒数第4~2行记载的金属探测电路、定频发射电路、选频声控电路及音频电磁波接收部件、音频电磁波还原电路和声波输出部件、报警信号电路是本专利的现有技术。但上述内容只是涉及各个组成部件，而将各个现有的组成部件结合得到隐形耳机探测器正是本专利所要解决的技术问题，因此本领域的技术人员不能从上述说明书中记载的现有技术中得到将上述部件应用到隐形耳机探测器中的技术启示。本专利权利要求1相对于上述现有技术或上述现有技术与证据8、证据1~5之一的结合均具备创造性。

（2）本专利权利要求2~10是否具备创造性。

由于本专利权利要求1具备创造性，因此从属于权利要求1的权利要求2~10也具备创造性。

综上所述，本专利权利要求1~10相对于证据1~5、证据8、证据9中记载的现有技术或上述证据的结合均具备实质性特点和进步，符合《专利法》第二十二条第三款规定的创造性。

被告专利复审委员会作出第10330号决定。维持200620025104.9号实用新型专利权有效。

原告蓝元公司不服该决定，于法定期限内向本院提起诉讼，诉称：（1）被告作出的第10330号决定违背了听证原则，没有将本次决定依据的理由、证据和认定的事实通知原告，没有给予其陈述意见的机会。（2）第10330号决定的要点部分没有事实根据，违背了法律和法规的规定。没有法律或者法规规定只要与现有技术存在区别特征就能带来创造性。（3）本专利缺少必要的技术特征。本专利说明书中没有给出构成产品的元器件之间的确定的连接关系。专利复审委员会将电路中电流的流向人为推断成连接关系，没有事实和法律依据。权利要求2~10也存在类似问题。（4）本专利不符合专利法关于新颖性和创造性的规定。并且，专利复审委员会对本专利和被检测隐形耳机之间的关系存在重大理解错误。证据1~5包含了权利要求1，2，4中的所有构件，及其电信号的流向，并通过电路图清楚地给出了这种连接关系，以及权利要求中所体现的功能性描述。在权利要求1~4中，没有进行探测的发射部件，其仅仅具有被动的接收功能，用来接收给隐形耳机发射信号的信号源给隐形耳机发射的信号，通过与隐形耳机同步接收信号来发现给耳机发射信号的信号源的位置，其功能和作用和耳机是完全一致的。第10330号决定中认为本专利采用了不同要求的放大电路和电感，在专利的权利要求中并没有记载。第10330号决定根据权利要求中关于用途的描述，即认定本专利具有新颖性和创造性，不符合《审查指南》第二部分第二章第3.1节的规定。第10330号决定认定：（证据中）没有动机设计一种探测器来探测上述耳机发出的音频信号。而本案中被探测的隐形耳机并没有发射音频信号的功能。可见专利复审委员会对技术方案的理解是完全错误的。综上所述，请求法院依法撤销专利复审委员会第10330号决定。

被告专利复审委员会辩称：（1）关于听证原则，第10330号决定审查程序合法，未违反听证原则。（2）第10330号决定的要点部分符合相关法律规定。（3）关于本专利缺少必要的技术特征，参见第10330号决定。(4) 关于新颖性、创造性，原告提交的证据均公开的是耳机，并未涉及探测的内容。本专利的用途是探测隐形耳机，该限定实质上对所要求保护的产品带来影响，其与对比文件属于不同的技术领域，且技术效果不同，同时各对比文件均未给出技术启示，故本专利具有新颖性、创造性。综上，请求法院维持第10330号决定。

第三人凌子龙述称：(1) 关于新颖性，对比文件的技术领域、所解决的技术问题和效果均与本专利不同。(2) 关于创造性，对比文件公开的技术方案没有给出设计一种探测器的动机即技术启示。(3) 关于本专利缺少必要的技术特征，本领域技术人员可以通过说明书和附图中记载的电信号的传递过程，实现本专利各个部件的连接。(4) 关于听证原则，专利复审委员会通过听取双方当事人的意见，进行合议组的合议，在决定中对双方的证据和理由进行评述，完全符合法律规定。综上，请求法院维持第10330号决定。

本院经审理查明：

凌子龙于2006年1月4日向国家知识产权局专利局申请了名称为“隐形耳机探测器”的实用新型专利。本专利于2006年9月27日被授权公告，专利号为200620025104.9号。本专利授权公告的权利要求书的内容为：

“1. 一种隐形耳机探测器，其特征在于，包括音频电磁波接收部件、音频电磁波还原电路和声波输出部件，其中，

所述音频电磁波接收部件用于探测音频电磁波，并输出电信号；

所述音频电磁波还原电路用于将从上述的音频电磁波接收部件输入的电信号还原放大成声波电信号；

所述声波输出部件用于将音频电磁波还原电路输出的声波电信号转换为声波并输出。

2. 根据权利要求1所述的隐形耳机探测器，其特征在于，所述音频电磁波接收部件为音频电磁波收发线圈或电感。

3. 根据权利要求1所述的隐形耳机探测器，其特征在于，所述隐形耳机探测器还包括与音频电磁波接收部件串联的电流表或与其并联的电压表。

4. 根据权利要求1所述的隐形耳机探测器，其特征在于，所述声波输出部件为耳机或扬声器。

5. 根据权利要求1~4任意一项所述的隐形耳机探测器，其特征在于，所述隐形耳机探测器还包括金属探测电路或带有磁敏元件的磁敏开关电路。

6. 根据权利要求1~4任意一项所述的隐形耳机探测器，其特征在于，所述隐形耳机探测器还包括音频电磁波发射部件、定频发射电路、声波接收部件、选频声控电路，其中，

定频发射电路，能够输出至少一种音频驱动信号；

音频电磁波发射部件，受定频发射电路发出的音频驱动信号的驱动，发射音频电磁波；

声波接收部件，用于接收由隐形耳机在上述的音频电磁波驱动下所产生的向耳外辐射的声波，并将其转换成电信号；

选频声控电路，其输入端与声波接收部件的输出端相连，其激活频率与定频发射电路同时或交替发射的音频电磁波频率相同。

7. 根据权利要求6所述的隐形耳机探测器，其特征在于，还包括主控制电路，用于控制定频发射电路输出的音频信号，并根据由选频声控电路输入的电信号作出判断。

8. 根据权利要求6所述的隐形耳机探测器，其特征在于，所述定频发射电路为一种录音芯片或一种振荡电路。

9. 根据权利要求6所述的隐形耳机探测器，其特征在于，所述音频电磁波发射部件和接收部件

为同一个音频电磁波收发线圈或电感。

10. 根据权利要求6所述的隐形耳机探测器，其特征在于，所述声波接收部件为一种麦克风。”

针对上述专利权，蓝元公司于2006年11月23日向专利复审委员会提出了无效宣告请求，并提交了如下证据：

证据1：《电子报》1991年合订本封面页、版权信息页、第56页、第60页、第152页及第168页的复印件，共6页。其中，第60页公开了一种音频感应耳机，该耳机包括：线圈L，为一电感元件，用于接收音频信号；放大器T1-T3，构成一还原电路；部件Y，为一喇叭，用于输出音频信号；第56页公开了一种自制音频感应耳机；第152页公开了一种实用音频无线传呼器；第168页公开了一种用LM386组装的无线感应耳机及一种音频耳机。

证据2：《电子报》1992年合订本封面页、版权信息页、第28页及第141页的复印件，共4页。其中，第28页公开了一种可消除低频噪音的无线耳机；第141页公开了一种简单的音频感应耳机。

证据3：公告号为CN2083819U的实用新型专利申请说明书，公开了一种分离型头戴感应式无线耳机，公告日为1991年8月28日；

证据4：ZL200420000898.4号实用新型专利说明书，公开了一种外语教学听力用无线耳机，授权公告日为2005年1月5日；

证据5：公告号为CN2105805U的实用新型专利申请说明书，公开了一种音频无线耳机，公告日为1992年5月27日；

证据6：《哈尔滨学院学报》第22卷第5期《无线电磁听音原理》复印件共4页，作者为李作晏、甘云祥，公开日为2001年9月；

证据7：页眉标有“电声技术8/1999”、文章名称为《无绳耳机在语音教学中的应用研究》的复印件共2页，作者为张军；

证据8：《无线电“猎狐”》封面页、版权信息页、目录页、第34~41页及第62~73页的复印件，共12页，印刷日期为1985年2月；

证据9：本专利授权公告文本；

证据10：ZL01264064.6号实用新型专利说明书，授权公告日为2002年8月28日。

专利复审委员会依法受理了上述无效宣告请求。

凌子龙于2007年1月5日向专利复审委员会提交了意见陈述书。

专利复审委员会于2007年4月29日收到了凌子龙提交的材料，该材料包括：司法部国家司法考试中心出具的关于使用监考大师的情况说明复印件、安徽省高等学校招生办公室出具的关于使用HESKY-I型监考大师的情况说明复印件、济南市高等教育自学考试办公室出具的产品使用证明复印件、河北省教育考试院综合业务信息网设备到货初步检验单复印件1页，产品购销合同12份复印件共12页。

口头审理如期举行，双方当事人均参加了口头审理。

上述事实，有第10330号决定、本专利说明书以及当事人陈述等证据在案佐证。

本院认为：

蓝元公司起诉称第10330号决定违背了听证原则，没有给予原告就不利事实进行陈述的机会，但原告未能具体明确被告采用的哪些证据未听取其陈述，对其主张，本院认为，行政机关在其所作出的行政裁决中依据的理由和对证据的认定，属于其依法行使行政职权的行为，无须征得当事人同意。蓝元公司的此诉讼理由，缺乏事实及法律依据，本院不予采信。蓝元公司起诉称本案口头审理时，专利复审委员会没有履行书记员回避的程序，对此本院认为，蓝元公司并未提交证据证明其在口头审理程序中曾主张过对书记员的回避申请，亦未证明该书记员有必须回避的事由以及蓝元公司因该书记员没有回避致使其利益受到损害，现其仅以专利复审委员会存在上述程序问题为由要求撤销第 10330 号决定，本院对此不予支持。

蓝元公司起诉称第 10330 号决定的要点部分没有事实及法律依据，第 10330 号决定的要点部分载明："如果一项权利要求相对于现有技术存在区别技术特征，并且现有技术中没有给出技术启示，则应当认为该项权利要求具备《专利法》第二十二条第三款规定的创造性"。本院认为，第 10330 号决定中认定现有技术中没有给出本专利的技术启示，并为此作了详细的评述。而且，由于本专利相对于现有技术具有不同的技术效果，故第 10330 号决定关于本专利相对于现有技术具有创造性的结论是正确的，其决定要点部分的总结并未脱离其内容，故对蓝元公司的该诉讼理由，本院不予支持。

根据各方当事人的诉辩主张，本案争议的焦点是：（1）本专利是否缺少必要的技术特征。（2）本专利是否具有新颖性和创造性。

（1）蓝元公司认为，本专利缺少对各部件连接关系的描述，缺少必要技术特征。本院认为，本专利权利要求 1 载明：一种隐形耳机探测器，其特征在于，包括音频电磁波接收部件、音频电磁波还原电路和声波输出部件，其中，所述音频电磁波接收部件用于探测音频电磁波，并输出电信号；所述音频电磁波还原电路用于将从上述的音频电磁波接收部件输入的电信号还原放大成声波电信号；所述声波输出部件用于将音频电磁波还原电路输出的声波电信号转换为声波并输出。可见，本专利权利要求 1 除了记载了组成隐形耳机探测器的部件外，还记载了部件之间的信号流向关系。上述信号流向关系已经体现出各部件之间的连接关系。因此本专利权利要求 1 记载了解决技术问题的必要技术特征。本专利符合《专利法实施细则》第二十一条第二款的规定。

（2）关于新颖性、创造性。

关于新颖性。蓝元公司认为证据 1~5 包含了权利要求 1、2、4 中的所有构件，及其电信号的流向，并通过电路图清楚地给出了这种连接关系，而本专利权利要求 1~4 仅仅具有被动接收功能，其功能和作用和耳机完全一致。对此本院认为，本专利作为隐形耳机探测器，其目的是找到隐形耳机的发射设备，而不是与隐形耳机听到同样的声音。因此，本专利权利要求 1~4 虽然包括与证据 1~5 相类似的功能部件，但其功能和作用与普通隐形耳机并不一样，由此决定了其结构必然与普通隐形耳机不一致。证据 1~5 公开的是普通耳机的结构，本专利权利要求 1 与证据 1~5 相比，在结构、目的、效果上均不相同，其相对于证据 1~5 具备新颖性。由于本专利权利要求 1 相对于证据 1~5 具备新颖性，因此从属于本专利权利要求 1 的权利要求 2、4 相对于证据 1~5 也具备新颖性，故本专利权利要求 1、2、4 符合《专利法》第二十二条第二款的规定。

关于创造性。蓝元公司认为，本专利权利要求 1~4 的功能和作用与普通耳机完全一致，其电路的组成和其中电流的流向也与证据 1~5 以及证据 8 是一样的，因此不具备创造性。对此本院认为，如前所述，证据 1~5 均公开的是耳机，没有给出如何设计探测器对隐形耳机进行探测的技术启示。因此本专利权利要求 1 相对于证据 1~5 中的任意一份证据或其结合具备创造性。证据 8 中第 62~66 页公开了与"短波波段测向机"有关的内容。证据 8 仅能证明接收、还原和输出部件均是已有技术，而其没有给出将上述部件应用于探测器来探测隐形耳机是否存在的技术启示。综上，本专利权利要求 1 与证据 1~5 以及证据 8 相比，在功能、效果上明显不同，因此证据 1~5 以及证据 8 无法给出实现本专利权利要求 1 的技术启示。本专利权利要求 1 相对于证据 1~5 以及证据 8 具有创造性。由于本专利权利要求 1 具备创造性，因此从属于权利要求 1 的权利要求 2~10 也具备创造性。

综上，被告专利复审委员会作出的第 10330 号决定认定事实清楚，程序合法，应予维持。依照《中华人民共和国行政诉讼法》第五十四条第（一）项之规定，本院判决如下：

维持被告国家知识产权局专利复审委员会作出的第10330号无效宣告请求审查决定。

案件受理费100元，由原告北京蓝元高科信息技术有限公司负担（已交纳）。

如不服本判决，可在本判决书送达之日起15日内，向本院递交上诉状，并按对方当事人人数提交副本，交纳上诉案件受理费100元，上诉于北京市高级人民法院。

审　判　长　任　进
代理审判员　邢　军
人民陪审员　唐晓君
二〇〇七年十一月二十日
书　记　员　朱　平

北京市高级人民法院
行政判决书

（2008）高行终字第262号

上诉人（原审原告）北京蓝元高科信息技术有限公司，住所地北京市海淀区清河安宁庄西路当代城市家园15幢2单元108房。

法定代表人布和苏道，经理。

委托代理人陈晓光，女，汉族，1959年4月28日出生，哈尔滨东方专利事务所员工，住黑龙江省哈尔滨市南岗区新文街52号。

被上诉人（原审被告）国家知识产权局专利复审委员会，住所地北京市海淀区北四环西路9号银谷大厦10~12层。

法定代表人廖涛，副主任。

委托代理人李礼，国家知识产权局专利复审委员会审查员。

委托代理人瞿晓峰，国家知识产权局专利复审委员会审查员。

原审第三人凌子龙，男，汉族，1982年9月4日出生，住黑龙江省佳木斯市向阳区群英社区6组97号。

委托代理人王秀奎，男，汉族，1982年8月18日出生，住天津市河东区津塘路互助南里21号楼1门301号。

上诉人北京蓝元高科信息技术有限公司（以下简称蓝元公司）因实用新型专利权无效行政纠纷一案，不服北京市第一中级人民法院（2007）一中行初字第1331号行政判决，向本院提起上诉。本院2008年4月21日受理本案后，依法组成合议庭，于2008年5月15日公开开庭进行了审理。上诉人蓝元公司的委托代理人陈晓光，被上诉人国家知识产权局专利复审委员会（以下简称专利复审委员会）的委托代理人李礼、瞿晓峰，原审第三人凌子龙的委托代理人王秀奎到庭参加了诉讼。本案现已审理终结。

北京市第一中级人民法院认定，涉案专利系名称为“隐形耳机探测器”的实用新型专利（以下简称本专利），专利权人为凌子龙。针对本专利权，蓝元公司于2006年11月23日向专利复审委员会提出了无效宣告请求，理由为：本专利权利要求1、2、4不具有新颖性和创造性；本专利权利要求1~5不符合《专利法实施细则》第二条第二款的规定；本专利权利要求不符合《专利法实施细则》第二十一条第二款的规定。2007 年 8 月 10 日，专利复审委员会做出第 10330 号无效宣告请求审查决定（以下简称第 10330 号决定），维持本专利有效。

北京市第一中级人民法院认为，本专利权利要求 1 除了记载了组成隐形耳机探测器的部件外，还记载了部件之间的信号流向关系。上述信号流向关系已经体现出各部件之间的连接关系。因此本专利权利要求 1 记载了解决技术问题的必要技术特征。本专利符合《专利法实施细则》第二十一条第二款的规定。本专利作为隐形耳机探测器，其目的是找到隐形耳机的发射设备，而不是与隐形耳机听到同样的声音。因此，本专利权利要求 1~4 虽然包括与证据 1~5 相类似的功能部件，但其功能和作用与普通隐形耳机并不一样，由此决定了其结构必然与普通隐形耳机不一致。故本专利权利要求 1 相对于证据 1~5 具备新颖性，从属于本专利权利要求 1 的权利要求 2、4 相对于证据 1~5 也具备新颖性，故本专利权利要求 1、2、4 符合《专利法》第二十二条第二款的规定。证据 1~5 均公开的是耳机，没有给出如何设计探测器对隐形耳机进行探测的技术启示。因此本专利权利要求 1 相对于证据 1~5 中的任意一份证据或其结合具备创造性。证据 8 仅能证明接收、还原和输出部件均是已有技术，而其没有给出将上述部件应用于探测器来探测隐形耳机是否存在的技术启示。因此，本专利权利要求 1 相对于证据 1~5 以及证据 8 具有创造性。

依照《中华人民共和国行政诉讼法》第五十四条第（一）项之规定，北京市第一中级人民法院判决：维持专利复审委员会做出的第 10330 号决定。

上诉人蓝元公司不服原审判决，向本院提起上诉，请求撤销原审判决，撤销第 10330 号决定。其理由主要为：（1）专利复审委员会做出的第 10330 号决定违背了听证原则，没有将依据的理由、证据和认定的事实通知蓝元公司，没有给予其陈述意见的机会。此外，第 10330 号决定没有告知是否要求履行书记员回避的程序。（2）本专利权利要求 1 不符合专利法关于新颖性和创造性的规定。本专利所有权利要求的技术特征都在耳机的技术方案中出现过；专利复审委员会所述的由于参数的不同，所以具有新颖性的观点也不能成立，因为这种参数的不同并没有记载在权利要求中，评价新颖性不是看参数，而是看权利要求记载的技术特征。本专利是产品专利，不是一种耳机的技术方案在隐形耳机或者其他无线电波检测领域的应用，一审法院将新的应用判定为新的产品不符合专利法和审查指南的规定。因此，本专利权利要求 1、2、4 不具有创造性。（3）即便原审法院认定的关于其中所谓的参数不同可能成立，那么这种参数的不同并没有记载在权利要求中，并且，本专利权利要求 1 中没有给出构成产品的元器件之间的确定的连接关系。专利复审委员会将电路中电流的流向人为推断成连接关系，没有事实和法律依据。因此，本专利权利要求 1~10 不符合《专利法实施细则》第二十一条第二款规定。专利复审委员会、凌子龙服从原审判决。

本院经审理查明：凌子龙于 2006 年 1 月 4 日向国家知识产权局专利局申请了名称为“隐形耳机探测器”的实用新型专利。本专利于 2006 年 9 月 27 日被公告授权，专利权人是凌子龙，专利号为 200620025104. 9。本专利授权公告的权利要求书的内容为：

“1. 一种隐形耳机探测器，其特征在于，包括音频电磁波接收部件、音频电磁波还原电路和声波输出部件，其中，

所述音频也磁波接收部件用于探测音频电磁波，并输出电信号；

所述音频电磁波还原电路用于将从上述的音频电磁波接收部件输入的电信号还原放大成声波电信号；

所述声波输出部件用于将音频电磁波还原电路输出的声波电信号转换为声波并输出。

2. 根据权利要求 1 所述的隐形耳机探测器，其特征在于，所述音频电磁波接收部件为音频电磁波收发线圈或电感。

3. 根据权利要求 1 所述的隐形耳机探测器，其特征在于，所述隐形耳机探测器还包括与音频电

磁波接收部件串联的电流表或与其并联的电压表。

4. 根据权利要求1所述的隐形耳机探测器，其特征在于，所述声波输出部件为耳机或扬声器。

5. 根据权利要求1~4任意一项所述的隐形耳机探测器，其特征在于，所述隐形耳机探测器还包括金属探测电路或带有磁敏元件的磁敏开关电路。

6. 根据权利要求1~4任意一项所述的隐形耳机探测器，其特征在于，所述隐形耳机探测器还包括音频电磁波发射部件、定频发射电路、声波接收部件、选频声控电路，其中，

定频发射电路，能够输出至少一种音频驱动信号；

音频电磁波发射部件，受定频发射电路发出的音频驱动信号的驱动，发射音频电磁波；

声波接收部件，用于接收由隐形耳机在上述的音频电磁波驱动下所产生的向耳外辐射的声波，并将其转换成电信号；

选频声控电路，其输入端与声波接收部件的输出端相连，其激活频率与定频发射电路同时或交替发射的音频电磁波频率相同。

7. 根据权利要求6所述的隐形耳机探测器，其特征在于，还包括主控制电路，用于控制定频发射电路输出的音频信号，并根据由选频声控电路输入的电信号作出判断。

8. 根据权利要求6所述的隐形耳机探测器，其特征在于，所述定频发射电路为一种录音芯片或一种振荡电路。

9. 根据权利要求6所述的隐形耳机探测器，其特征在于，所述音频电磁波发射部件和接收部件为同一个音频电磁波收发线圈或电感。

10. 根据权利要求6所述的隐形耳机探测器，其特征在于，所述声波接收部件为一种麦克风。”

针对本专利权，蓝元公司于2006年11月23日向专利复审委员会提出了无效宣告请求，并提交了如下证据：

证据1：《电子报》1991年合订本封面页、版权信息页、第56页、第60页、第152页及第168页的复印件，共6页。其中，第60页公开了一种音频感应耳机，该耳机包括：线圈L，为一电感元件，用于接收音频信号；放大器T1-T3，构成一还原电路；部件Y，为一喇叭，用于输出音频信号；第56页公开了一种自制音频感应耳机；第152页公开了一种实用音频无线传呼器；第168页公开了一种用LM386组装的无线感应耳机及一种音频耳机。

证据2：《电子报》1992年合订本封面页、版权信息页、第28页及第141页的复印件，共4页。其中，第28页公开了一种可消除低频噪音的无线耳机；第141页公开了一种简单的音频感应耳机。

证据3：公告号为CN2083819U的实用新型专利申请说明书，公开了一种分离型头戴感应式无线耳机，公告日为1991年8月28日；

证据4：ZL200420000898.4号实用新型专利说明书，公开了一种外语教学听力用无线耳机，授权公告日为2005年1月5日；

证据5：公告号为CN2105805U的实用新型专利申请说明书，公开了一种音频无线耳机，公告日为1992年5月27日；

证据6：《哈尔滨学院学报》第22卷第5期《无线电磁听音原理》复印件共4页，作者为李作晏、甘云祥，公开日为2001年9月；

证据7：页眉标有“电声技术8/1999”、文章名称为《无绳耳机在语音教学中的应用研究》的复印件共2页，作者为张军；

证据8：《无线电“猎狐”》封面页、版权信息页、目录页、第34~41页及第62~73页的复印件，共12页，印刷日期为1985年2月；

证据9：本专利授权公告文本；

证据10：ZL01264064.6号实用新型专利说明书，授权公告日为2002年8月28日。

2007年8月15日，专利复审委员会做出第10330号决定。专利复审委员会在该决定中认定：

1. 关于证据和现有技术

证据1是《电子报》1991年的合订本封面页、版权信息页、第56页、第60页、第152页及第168页的复印件；证据2是《电子报》1992年的合订本封面页、版权信息页、第28页及第141页的复印件；证据8是1985年2月印刷的《无线电“猎狐”》封面页、版权信息页、目录页、第34~41页及第62~73页的复印件。蓝元公司于口头审理当庭提交了它们的原件，凌子龙核实后表示其原件与复印件一致，但认为来源不明，不认可其真实性。专利复审委员会经审查认为，证据1、证据2、证据8均为国内公开出版物，蓝元公司提交了原件，凌子龙经核实认可复印件与原件一致，因此专利复审委员会对上述证据的真实性予以认可，上述证据可以作为本案证据使用。上述证据的公开日均在本专利申请日之前，其上公开的内容构成本专利的现有技术。

证据3~5、9为实用新型专利说明书，凌子龙对证据3~5、9的真实性无异议，专利复审委员会经审查认为，证据3~5、9可以作为本案证据使用；其中证据3~5的公开日均在本专利申请日之前，其上公开的内容构成本专利的现有技术；证据9是本专利授权公告文本，在其第6页第12行、第6页倒数第2行、第7页第4行、第7页倒数第4~2行记载金属探测电路、定频发射电路、选频声控电路及音频电磁波接收部件、音频电磁波还原电路和声波输出部件、报警信号电路属于已有技术，专利复审委员会经审查认为，证据9中记载的上述金属探测电路、定频发射电路、选频声控电路及音频电磁波接收部件、音频电磁波还原电路和声波输出部件、报警信号电路在本专利申请日前确已存在，并为公众所知，因此构成了本专利的现有技术。

蓝元公司没有提交网上下载的证据6、7的原件，凌子龙不认可其真实性。专利复审委员会经审查认为，由于蓝元公司没有提供证据6、7的原件，也未提供相关证据证明证据6、7从何处下载得到，因此对证据6、7的真实性无法确定，专利复审委员会对其不予采信。蓝元公司在口头审理中当庭明确表示放弃证据10作为证据使用，故不再对证据10进行评述。

蓝元公司在口头审理当庭表示其于无效宣告请求日起1个月内补充提交过证据11，由于专利复审委员会并未收到该证据11，因此专利复审委员会在口头审理当庭告知蓝元公司需于口头审理后15日内提交相关证据，以证明其于无效宣告请求日起1个月内提交过证据11的事实，逾期不提交相关证据，视为证据11未提交。但蓝元公司并未在口头审理后提交任何证据来证明其提交过证据11，因此专利复审委员会认为蓝元公司并未在无效宣告请求日起1个月内提交过证据11。

2. 关于本专利权利要求1~10是否符合《专利法实施细则》第二十一条第二款的规定

蓝元公司认为，本专利缺少对各部件连接关系的描述，缺少必要技术特征，不能形成清楚完整的技术方案。

专利复审委员会认为，本专利的目的是针对现有技术中存在的问题提出了一种对人体不会造成危害、成本低廉、使用便捷的隐形耳机探测器的解决方案，本专利权利要求1提供的解决方案如下：一种隐形耳机探测器，其特征在于，包括音频电磁波接收部件、音频电磁波还原电路和声波输出部件，其中，所述音频电磁波接收部件用于探测音频电磁波，并输出电信号；所述音频电磁波还原电路用于将从上述的音频电磁波接收部件输入的电信号还原放大成声波电信号；所述声波输出部件用于将音频电磁波还原电路输出的声波电信号转换为声波并输出。可见，本专利权利要求1除了记载了组成隐形耳机探测器的部件“音频电磁波接收部件”、“音频电磁波还原电路”和“声波输出部件”外，还明确记载了上述部件之间的信号流向关系，即“所述音频电磁波接收部件”用于探测音频电磁波，其输出送给“所述音频电磁波还原电路”的输入，“所述音频电磁波还原电路”的输出送给“所述声波输出部件”，“所述声波输出部件”输出声波信号。在电路中信号流向关系也体现出各部件之间的连接关系。因此本专利权利要求1记载了解决技术问题的必要技术特征，符合《专利法实施细则》第二十一条第二款的规定。

权利要求2~10从属于权利要求1，也包含了部件间的连接关系，因此将权利要求2~10都上升为独立权利要求时，权利要求2~10也符合《专利法实施细则》第二十一条第二款的规定。

3. 关于本专利权利要求1、2、4~10是否符合《专利法实施细则》第二条第二款的规定和本专利权利要求1、2、4是否符合《专利法》第二十二条第二款关于新颖性的规定

（1）本专利权利要求1、2、4是否具备新颖性。

蓝元公司认为权利要求1、2、4相对于证据1~7不具备新颖性。由于如上所述证据6、7的真实性无法确定，专利复审委员会对它们均不予采信，因此以下仅对本专利权利要求1、2、4相对于证据1~5是否具备新颖性进行评述。

蓝元公司认为，证据1~5均为接收装置，包括了音频电磁波接收部件、音频电磁波还原电路、声波输出部件三个部件，本专利权利要求1、2、4不包括探测部分，仅有接收功能，因此二者是相同的。

经审查，证据1第60页公开了一种音频感应耳机，该耳机包括：线圈L，为一电感元件，用于接收音频信号；放大器T1-T3，构成一还原电路；部件Y，为一喇叭，用于输出音频信号。

此外，证据1中的第56页公开了一种自制音频感应耳机，证据1第152页公开了一种实用音频无线传呼器，证据1第168页公开了一种用LM386组装的无线感应耳机及一种音频耳机；证据2第28页公开了一种可消除低频噪音的无线耳机，证据2第141页公开了一种简单的音频感应耳机；证据3公开了一种分离型头戴感应式无线耳机；证据4公开了一种外语教学听力用无线耳机；证据5公开了一种音频无线耳机。上述证据所公开的内容与证据1第60页所公开的音频感应耳机的内容基本相似，均是接收装置。

专利复审委员会认为，本专利权利要求1保护的主题为一种隐形耳机探测器，该主题限定了该探测器不是任意一种接收装置，而是一种用于探测隐形耳机是否存在的接收装置，作为探测隐形耳机的探测器，其目的是找到耳机而不是听清楚声音，最重要的是找到信号源，其虽然采用了与证据1~5中的各种耳机结构中相似名称的部件，但是其对放大电路、电感等元件的要求与耳机是不同的。因此本专利权利要求1与证据1~5相比，采用了不同的结构，解决了不同的技术问题，其相对于证据1~5具备新颖性，符合《专利法》第二十二条第二款的规定。

由于本专利权利要求1相对于证据1~5具备新颖性，因此从属于本专利权利要求1的权利要求2、4相对于证据1~5也具备新颖性，符合《专利法》第二十二条第二款的规定。

（2）关于本专利权利要求1、2、4~10是否符合《专利法实施细则》第二条第二款的规定。

如上所述，本专利权利要求1相对于证据1~5具备新颖性，是对产品形状、构造或其结合所提出的适于实用的新的技术方案，因此符合《专利法实施细则》第二条第二款的规定。

由于本专利权利要求1是一个新的技术方案，符合《专利法实施细则》第二条第二款的规定，因此从属于本专利权利要求1的权利要求2、4~10也符合《专利法实施细则》第二条第二款的规定。

4. 本专利权利要求1~10是否具备创造性

（1）本专利权利要求1是否具备创造性。

如上所述，证据1~5均公开的是耳机，其中仅给出了多种耳机的结构，本领域的技术人员从证据1~5公开的内容中没有动机设计一种探测器来探测上述耳机发出的音频信号，即证据1~5均没有

给出如何设计探测器对隐形耳机进行探测的技术启示。因此本专利权利要求 1 相对于证据 1~5 中的任意一份证据具备创造性。

证据 8 中第 62~66 页公开了与“短波波段测向机”有关的内容。证据 8 仅能证明接收、还原和输出部件均是已有技术，而其没有给出将上述部件应用于探测器来探测隐形耳机是否存在的技术启示。因此本专利权利要求 1 相对于证据 8 或者证据 8 与证据 1~5 之一的结合均具备创造性。

证据 9 是本专利的授权公告文本，本专利说明书第 6 页第 12 行、第 6 页倒数第 2 行、第 7 页第 4 行、第 7 页倒数第 4~2 行记载的金属探测电路、定频发射电路、选频声控电路及音频电磁波接收部件、音频电磁波还原电路和声波输出部件、报警信号电路是本专利的现有技术。但上述内容只是涉及各个组成部件，而将各个现有的组成部件结合得到隐形耳机探测器正是本专利所要解决的技术问题，因此本领域的技术人员不能从上述说明书中记载的现有技术中得到将上述部件应用到隐形耳机探测器中的技术启示。本专利权利要求 1 相对于上述现有技术或上述现有技术与证据 8、证据 1~5 之一的结合均具备创造性。

（2）本专利权利要求 2~10 是否具备创造性。

由于本专利权利要求 1 具备创造性，因此从属于权利要求 1 的权利要求 2~10 也具备创造性。

综上所述，本专利权利要求 1~10 相对于证据 1~5、证据 8、证据 9 中记载的现有技术或上述证据的结合均具备实质性特点和进步，符合《专利法》第二十二条第三款规定的创造性。

据此，专利复审委员会作出第 10330 号决定。维持本专利权有效。

上述事实，有第 10330 号决定、本专利说明书、证据 1~5、8、9 以及当事人陈述等证据在案佐证。

本院认为：（1）专利复审委员会第 10330 号决定是否违反听证原则及回避规定。

听证原则是指在作出审查决定之前，应当给予审查决定对其不利的当事人针对审查决定所依据的理由、证据和认定的事实陈述意见的机会。专利复审委员会在其所做出的无效宣告请求审查决定中依据的理由和对证据的认定，属于其依法行使行政职权的行为，无需征得当事人同意。在本专利无效审查阶段，针对蓝元公司提出的无效理由和证据以及凌子龙的意见和证据，专利复审委员会都给予了蓝元公司充分的陈述意见的机会，蓝元公司通过意见陈述书和口审中陈述意见等方式对第 10330 号决定中所依据的理由、证据和认定的事实充分发表了意见。蓝元公司所提专利复审委员会做出第 10330 号决定前没有给予其就不利事实进行陈述的机会，违背听证原则的规定上诉主张没有事实依据，本院不予支持。

《专利法实施细则》第三十八条规定，在初步审查、实质审查、复审和无效宣告程序中，实施审查和审理的人员有下列情形之一的，应当自行回避，当事人或者其他利害关系人可以要求其回避：①是当事人或者其代理人的近亲属的；②与专利申请或者专利权有利害关系的；③与当事人或者其代理人有其他关系，可能影响公正审查和审理的；④专利复审委员会成员曾参与原申请的审查的。《审查指南》规定，当事人请求合议组成员回避，应以书面方式提出，并且说明理由，必要时附具有关证据。根据上述规定，在无效案件审理中，回避的对象应当指合议组成员，书记员属于无效案件审查辅助人员，且现有证据也不能证明蓝元公司向专利复审委员会书面提交过要求书记员回避的请求。蓝元公司关于专利复审委员会没有履行书记员回避的程序的上诉主张不能成立，本院不予支持。

（2）本专利权利要求 1 是否缺少必要的技术特征，不符合《专利法实施细则》第二十一条第二款的规定。

《专利法实施细则》第二十一条第二款规定，独立权利要求应当从整体上反映发明或者实用新型的技术方案，记载解决技术问题的必要技术特征。

蓝元公司认为，本专利缺少对各部件连接关系的描述，缺少必要技术特征。对此，本院认为，本专利权利要求 1 载明：一种隐形耳机探测器，其特征在于，包括音频电磁波接收部件、音频电磁波还原电路和声波输出部件，其中，所述音频电磁波接收部件用于探测音频电磁波，并输出电信号；所述音频电磁波还原电路用于将从上述的音频电磁波接收部件输入的电信号还原放大成声波电信号；所述声波输出部件用于将音频电磁波还原电路输出的声波电信号转换为声波并输出。可见，本专利权利要求 1 除了记载了组成隐形耳机探测器的部件外，还记载了部件之间的信号流向关系。上述信号流向关系已经体现出各部件之间的连接关系。因此本专利权利要求 1 记载了解决技术问题的必要技术特征。蓝元公司认为本专利权利要求 1 缺乏必要技术特征的上诉主张于法无据，本院不予支持。

（3）本专利权利要求 1 是否具有新颖性和创造性。

《专利法》第二十二条第二款规定的新颖性是指，在申请日以前没有同样的发明或者实用新型在国内外出版物上公开发表过、在国内公开使用过或者以其他方式为公众所知，也没有同样的发明或者实用新型由他人向国务院专利行政部门提出过申请并且记载在申请日以后公布的专利申请文件中。在判断本专利披露的技术方案是否与对比文件属于同样的实用新型时应当首先判断本专利披露的技术方案与对比文件是否实质上相同。

蓝元公司认为证据 1~5 包含了本专利权利要求 1、2、4 中的所有构件，及其电信号的流向，并通过电路图清楚地给出了这种连接关系，而本专利权利要求 1~4 仅仅具有被动接收功能，其功能、作用和耳机完全一致。本院认为，本专利作为隐形耳机探测器，其目的是找到隐形耳机的发射设备，而不是与隐形耳机听到同样的声音。因此，本专利权利要求 1~4 虽然包括与证据 1~5 相类似的功能部件，但其功能和作用与普通隐形耳机并不一样，由此决定了其结构必然与普通隐形耳机不一致。证据 1~5 公开的是普通耳机的结构，本专利权利要求 1 与证据 1~5 相比，在结构、目的、效果上均不相同，其相对于证据 1~5 具备新颖性。蓝元公司关于本专利权利要求 1 没有新颖性的上诉主张于法无据，本院不予支持。

《专利法》第二十二条第三款规定：创造性，是指同申请日以前已有的技术相比，该实用新型有实质性特点和进步。

蓝元公司认为，本专利权利要求 1~4 的功能和作用与普通耳机完全一致，其电路的组成和其中电流的流向也与证据 1~5 以及证据 8 是一样的，因此不具备创造性。本院注意到，本专利权利要求 1 是采用功能性限定的技术持征进行表述的，其保护范围应当解释为仅仅涵盖了说明书中记载的具体实现方式及其等同方式，不应当解释为覆盖了能够实现该功能的任何方式。在实用新型专利的创造性判断中，采用功能性限定的技术特征的权利要求与对比文件相比，也应当具有实质性特点和进步。本案中，证据 1~5 均公开的是耳机，没有给出如何设计探测器对隐形耳机进行探测的技术启示。因此本专利权利要求 1 相对于证据 1~5 中的任意一份证据或其结合具备创造性。证据 8 中第 62~66 页公开了与“短波波段测向机”有关的内容。证据 8 仅能证明接收、还原和输出部件均是已有技术，而其没有给出将上述部件应用于探测器来探测隐形耳机是否存在的技术启示。综上，本专利权利要求 1 与证据 1~5 以及证据 8 相比，在功能、效果上明显不同，因此证据 1~5 以及证据 8 无法给出实现本专利权利要求 1 的技术启示。本专利权利要求 1 相对于证据 1~5 以及证据 8 具有创造性。蓝元公司关于本专利权利要求 1 不具备创造性的上诉主张没有事实和法律依据，本院不予支持。

综上，原审判决认定事实清楚，适用法律正确，应予维持。蓝元公司的上诉理由不能成立，其上诉请求本院不予支持。依照《中华人民共和国行政诉讼法》第六十一条第一款第（一）项之规定，判决如下：

驳回上诉，维持原判。

一审案件受理费 100 元，由北京蓝元高科信息技术有限公司负担（已交纳）；二审案件受理费

100 元，由北京蓝元高科信息技术有限公司负担（已交纳）。

本判决为终审判决。

审　判　长　刘　辉
代理审判员　岑宏宇
代理审判员　焦　彦
二○○八年六月十九日
书　记　员　耿巍巍
书　记　员　孙　娜

174

自撑蚊帐

无效宣告请求审查决定（第10333号）

决　　定　　号　第10333号
决　　定　　日　2007年6月21日
发明创造名称　自撑蚊帐
国 际 分 类 号　A47C 29/00
无效宣告请求人　杨秀清，佛山市顺德区龙江镇西庆恒发蚊帐支架厂
专　利　权　人　卢福同
专　　利　　号　98225247.1
申　　请　　日　1998年9月30日
授 权 公 告 日　1999年11月24日
合 议 组 组 长　蒋　彤
主　　审　　员　王艳妮
参　　审　　员　高　颖

法　律　依　据　专利法第22条第3款
决　定　要　点

如果本实用新型专利相对于现有技术的区别特征是本领域技术人员在设计蚊帐的尺寸形状时根据床体大小和形状所自然而然作出的选择，则本实用新型专利所要求保护的技术方案对本领域技术人员而言是显而易见的，该技术方案不具有实质性特点和进步，不具备创造性。

一、案由

本无效宣告请求涉及国家知识产权局于1999年11月24日授权公告、专利号为98225247.1、名称为“自撑蚊帐”的实用新型专利（下称本专利），其申请日为1998年9月30日，专利权人为卢福同。

本专利授权公告的权利要求书的内容如下：

“1. 一种自撑蚊帐，包括纱网材料制成的前后左右四个侧面件和一顶面件，其特征在于：

所述侧面件的前和后，左和右为分别对称的扇形面，且周边均有封套缝合边，其中，前后侧面件的底边大于左右侧面件的底边，该自撑蚊帐还包括一底面件、四支撑组件和四菱形块，其中，所述底面件呈矩形，所述支撑组件各由一弹性钢丝及一钢丝套接头组成，所述钢丝穿设于前后左右侧面件的周边封套缝合边中，并由所述钢丝套接头连接钢丝的两端，组成一绷紧的扇形封闭环，将四侧面件的侧周边两两相接，形成一依次为前、右、后和左侧面件前后首尾连接并相围成一金字塔状，所述顶面

件的四边分别与四个侧面件的上边沿相连接，所述矩形底面件的四个边分别与其下边沿相连接，蚊帐下部四角端由侧面件与矩形底面件连接所形成的空缺部分分别用一所述菱形块补合，使整个蚊帐形成一封闭体，其中一个或一个以上的侧面件上开设有倒T形拉链门。

2. 根据权利要求1所述的自撑蚊帐，其特征在于：所述底面件材料为布质。

3. 根据权利要求1所述的自撑蚊帐，其特征在于：所述弹性钢丝为弹簧钢材质，直径为2.6~2.8mm。

4. 根据权利要求1所述的自撑蚊帐，其特征在于：所述矩形底面件的长边为1.4~2.1m，宽为0.6~1.7m。

5. 根据权利要求1所述的自撑蚊帐，其特征在于：所述矩形底面件的长边上设有一根以上的宽度调整带。

6. 根据权利要求1所述的自撑蚊帐，其特征在于：所述侧面件上设有图案。

7. 根据权利要求1所述的自撑蚊帐，其特征在于：所述顶面件上设有图案。

8. 根据权利要求1所述的自撑蚊帐，其特征在于：所述顶面件的支撑件上设有用以悬挂装饰件的挂扣。

9. 根据权利要求1所述的自撑蚊帐，其特征在于：所述每一菱形块的下端角各设有一固定环。”

1. 第一次无效宣告请求

针对上述专利权，杨秀清（下称第一请求人）于2005年5月23日向国家知识产权局专利复审委员会提出无效宣告请求，其无效理由为：本专利权利要求1~9不符合专利法第22条第2款和第3款的规定；权利要求6、7不是实用新型专利保护的客体，不符合专利法实施细则第2条第2款的规定；权利要求8不符合专利法第26条第4款的规定。第一请求人提交了如下附件：

附件1-1：本专利说明书；

附件1-2：中国实用新型专利第ZL94231636.3号说明书复印件，其授权公告日为1995年7月26日（下称证据1）。

第一请求人提出的无效宣告理由具体为：

（1）证据1公开了一种户外用自动支架蚊帐，证据1中公开的蚊帐与权利要求1的技术方案相比，除了部件名称略有不同之外，其技术特征完全相同，而且二者所涉及的技术领域、达到的技术效果也相同，因此权利要求1相对于证据1不具有新颖性；权利要求2是对权利要求1的底面件材料的进一步限定，而证据1公开了底面6可以采用尼丝纺涂层布，也可采用聚氯乙烯涂层布，因此权利要求2不具有新颖性；权利要求3是对权利要求1的钢丝的进一步限定，而证据1公开了钢丝7为直径2.5~3.0mm的高强度高弹性钢丝，权利要求3的数值范围落入证据1的数值范围，并且该数值范围的选择没有带来意想不到的技术效果，因此权利要求3不具备创造性；权利要求4是对权利要求1底面件的规格所作的限定，是根据人的高矮和睡卧面积测算出的数值，因此权利要求4不具备创造性；权利要求5是对底面件的限定，其采用调整带调整底面宽度也是一种常规的调整方式，因此权利要求5不具备创造性；权利要求6、7限定的不是技术特征，同样不具有创造性。权利要求9限定的是在菱形块上设有固定环，而证据1在菱形块上设有固定孔，因此权利要求9不具有创造性。

（2）权利要求8的“顶面件的支撑件”在说明书中没有进行记载，因此权利要求8未得到说明书的支持。

经形式审查合格，专利复审委员会于2005年5月23日向双方当事人发出无效宣告请求受理通知书，随受理通知书将第一请求人于2005年5月23日提交的无效宣告请求书及其附件的副本转寄给专利权人，要求其在指定的期限内答复。

专利权人于2005年7月5日提交了意见陈述书和附页，其中指出本专利涉及的蚊帐是相对于现有的依靠外在挂架支撑的普通蚊帐而言，是一种自身具有弹性支撑架的蚊帐。对于第一请求人所使用的证据1，首先，其功能本身定位于户外，供野外使用，所以该产品属于帐篷类，这与本专利专供室内使用的床上用品的蚊帐根本不同；其次，在证据1的权利要求中，首先没有交待蚊帐正、后、左、右四个面的连接关系，其次没有提及蚊帐的开门，因此权利要求本身就有缺陷，结构不清楚，不可实施，不具有实用性。而本专利恰恰提供了自带支撑架的床上用品睡帐，而且强调了在封闭体的睡帐上的一个或一个以上的侧面件上开设有拉链门，免除了传统蚊帐需要挂杆或钩架，改变了普通蚊帐只开一个门，不利于人们出入的问题。

2. 第二次无效宣告请求

针对上述专利权，佛山市顺德区龙江镇西庆恒发蚊帐支架厂（下称第二请求人）于2005年6月14日向国家知识产权局专利复审委员会提出无效宣告请求，其无效理由为：本专利权利要求1~9相对于证据1不具备专利法第22条第2款规定的新颖性和专利法第22条第3款规定的创造性，本专利权利要求5相对于证据1和2的结合不具备专利法第22条第3款规定的创造性。第二请求人提交了如下附件：

附件2-1：中国实用新型专利第ZL94231636.3号说明书复印件，其授权公告日为1995年7月26日，该附件与第一请求人提交的附件1-2是相同的专利文献（下也称证据1）；

附件2-2：中国实用新型专利第ZL95241022.2号说明书复印件，其授权公告日为1996年10月2日（下称证据2）。

附件2-3：本专利说明书。

第二请求人提出的无效理由具体为：

证据1公开了权利要求1中所有内容，因此权利要求1不具备新颖性和创造性；对于权利要求2中的底面布质材料，在证据1的权利要求3和说明书第2页倒数第一段中也有描述；对于权利要求3的附加技术特征，已经在证据1的说明书第1页倒数第5~6行中描述为钢丝直径为2.5~3.0mm；关于权利要求4描述的矩形底面的长宽长度范围，这种范围的选取是根据床的大小来确定，属于普通技术人员不需要创造性劳动的公知常识；关于权利要求5在底面设置宽度调节带，根据床的大小调节底面宽度并加装调节带对普通技术人员是不需要创造性劳动的，另外，证据2的说明书中的两底面拉筋对应于本专利权利要求5中的宽度调节带；关于权利要求6~8描述的为蚊帐上设有装饰图案及挂件，在本专利申请日之前即有蚊帐布的本身带有图案，在本专利申请日之前甚至几百年来很早就有在蚊帐上设置挂件；关于权利要求9描述的菱形块设有固定环，在证据1的权利要求2和说明书第2页第21行中描述了带有固定孔的菱形面，固定孔用于穿入防风固定销。

经形式审查合格，专利复审委员会于2005年6月14日向双方当事人发出无效宣告请求受理通知书，随受理通知书将第二请求人于2005年6月14日提交的无效宣告请求书及其附件的副本转寄给专利权人，要求其在指定的期限内答复。在指定期限内，专利权人未针对该无效请求提交意见陈述书。

专利复审委员会依法成立合议组对上述两份无效请求进行合并审理，本案合议组于2007年2月27日向三方当事人发出口头审理通知书，定于2007年4月17日对本专利的两份无效请求进行合并口头审理。发给专利权人的通知书因专利权人迁移新址但未在国家知识产权局做著录项目变更而被退回，经与专利权人电话联系确定其新地址，并在电话中告知专利权人具体的口头审理日期和地点，同时于2007年3月13日再次向专利权人发出口头审理通知书，告知其于2007年4月17日举行口头审理，专利权人未提交口头审理回执。

2007年4月17日口头审理如期举行。第一请求人和第二请求人均出席了口头审理，专利权人未参加口头审理，并且第一请求人和第二请求人对合议组成员无回避请求，对合议组成员变更无异议，第二请求人当庭演示了蚊帐样品。

在口头审理中，第一请求人所使用的证据为：证据1，其明确无效理由为：本专利权利要求8不符合专利法第26条第4款的规定；本专利权利要求6~7不符合专利法实施细则第2条第2款的规定；权利要求1~2不具备专利法第22条第2款规定的新颖性；权利要求1~7、9不具备专利法第22条第3款规定的创造性；第一请求人明确放弃权利要求8不具有创造性的理由。

在口头审理中，第二请求人所使用的证据为：证据1和证据2。其明确无效理由为：本专利权利要求1~2相对于证据1不具备新颖性和创造性，权利要求3~9相对于证据1不具备创造性；权利要求5相对于证据1和证据2的结合不具备创造性；放弃权利要求3~9不具备新颖性的无效理由。

合议组于2007年4月18日向专利权人发出合议组成员告知通知书，并指出如对本案合议组成员有回避请求，请于收到本通知之日起7天内提交书面请求书，逾期未答复，视为无回避请求。专利权人逾期未对合议组成员提出回避请求。

在以上审理的基础上，合议组认为本案事实清楚，可以依法作出审查决定。

二、决定的理由

1. 关于证据

鉴于证据1和证据2均为于本专利申请日前公开的专利文献，而且专利权人对这两份证据的真实性未提出异议，因此合议组对证据1和证据2的真实性予以确认。证据1和证据2可以作为现有技术用于评价本专利的新颖性和创造性。

2. 关于创造性

专利法第22条第3款规定："创造性，是指同申请日以前已有的技术相比，该发明有突出的实质性特点和显著的进步，该实用新型有实质性特点和进步。"

（1）本专利权利要求1的技术方案为：一种自撑蚊帐，包括纱网材料制成的前后左右四个侧面件和一顶面件，其特征在于：所述侧面件的前和后，左和右为分别对称的扇形面，且周边均有封套缝合边，其中，前后侧面件的底边大于左右侧面件的底边，该自撑蚊帐还包括一底面件、四支撑组件和四菱形块，其中，所述底面件呈矩形，所述支撑组件各由一弹性钢丝及一钢丝套接头组成，所述钢丝穿设于前后左右侧面件的周边封套缝合边中，并由所述钢丝套接头连接钢丝的两端，组成一绷紧的扇形封闭环，将四侧面件的侧周边两两相接，形成一依次为前、右、后和左侧面件前后首尾连接并相围成一金字塔状，所述顶面件的四边分别与四个侧面件的上边沿相连接，所述矩形底面件的四个边分别与其下边沿相连接，蚊帐下部四角端由侧面件与矩形底面件连接所形成的空缺部分分别用一所述菱形块补合，使整个蚊帐形成一封闭体，其中一个或一个以上的侧面件上开设有倒T形拉链门。

证据1（参见证据1的说明书第1页第12行至第3页第11行以及附图1-4）公开了一种快速自动支架蚊帐，其包括有正面（1）、左侧面（2）、右侧面（3）、后面（4），顶面（5）和底面（6），这六个面分别相应于权利要求1中的前左右后四个侧面件、顶面件以及底面件，正面（1）、左侧面（2）、右侧面（3）、后面（4）为尼龙网纱面，正面（1）、左侧面（2）、右侧面（3）、后面（4）形成弧形面，且前和后、左和右分别对称，四个面的边缘穿有钢丝（7），从图1和2中可以看出四个面的边缘上具有如权利要求1所述的封套缝合边，钢丝（7）的两端由各自的接头（8）固住构成钢丝圈，该快速自动支架蚊帐的四个钢丝圈相应于权利要求1中的四个支撑组件，底面（6）呈矩形，正面（1）、左侧面（2）、右侧面（3）、后面（4）的侧边两两相接，围成金字塔状，顶面（5）的四边分别与正面（1）、左侧面（2）、右侧面（3）、后面（4）的上端边对应连接，底面（6）的四边分别与正面（1）、左侧面（2）、右侧面（3）、后面（4）的下端边对应连接，在正面（1）、左侧面（2）、右侧面（3）、后面（4）下端两两弧形角之间均向外连有带有固定孔（9）的菱形面（10），与权利要求1的四个菱形块相应，在正面（1）上开设有T形拉链（11），与权利要求1的倒T形拉链门相应。

权利要求1与证据1所公开的内容相比，其区别特征在于“前后侧面件的底边大于左右侧面件的底边”，该区别特征是对蚊帐底面形状的限定，合议组认为，由于蚊帐的底面形状需要与床的形状匹配，通常床的形状为长方形，其前后边大于左右边，因此根据床的大小来调整蚊帐尺寸即将蚊帐的前后侧面边设计为大于左右侧面边是所属技术领域的技术人员根据应用需求而自然作出的一种选择。因此，在证据1的基础上结合本领域常规设计手段得出权利要求1所要求保护的技术方案对本领域技术人员来说是显而易见的，故本专利权利要求1所要求保护的技术方案不具有实质性特点和进步，不具备专利法第22条第3款规定的创造性。

关于专利权人在2005年7月5日提交的意见陈述书，其中指出本专利与证据1涉及不同的应用领域，具体而言，本专利涉及的蚊帐是相对于现有的依靠外在挂架支撑的普通蚊帐而言，是一种自身具有弹性支撑架的蚊帐，而证据1中的蚊帐的功能定位于户外，供野外使用，所以该产品属于帐篷类，这与本专利专供室内使用的床上用品的蚊帐根本不同；其次，证据1的权利要求中没有交待蚊帐正、后、左、右四个面的连接关系，也没有提及蚊帐的开门，因此权利要求本身就有缺陷，结构不清楚，不可实施，不具有实用性。针对上述专利权人的意见陈述，合议组认为：首先，关于应用场合的不同，证据1涉及一种自身具有弹性支撑架的蚊帐，虽然其说明书中指出能够用于户外，但是对于蚊帐而言，将其放置于床上仍是其常规放置方法，并且无论放置在户外还是放置在室内的对象都是蚊帐，都不会导致蚊帐的结构因为环境的不同而改变，而且权利要求1要求保护一种蚊帐的结构，其中并没有对应用领域的限制，因此证据1所公开的蚊帐与本专利的技术方案涉及相同的技术领域，证据1可以用于评价本专利的新颖性和创造性；其次，关于证据1的实用性，虽然证据1的权利要求中没有将蚊帐的细节介绍清楚，但是其说明书中详细地记载了蚊帐的结构，证据1作为现有技术，其用于评价新颖性和创造性的内容可以是全文公开的内容，而不仅仅局限于证据1的权利要求书，更为重要的，证据1本身是否具有实用性与其能否作为现有技术并无必然联系。因此，专利权人的上述意见陈述不能成立，可以使用证据1来评价本专利权利要求的新颖性和创造性。

（2）权利要求2引用了权利要求1，其限定部分的附加技术特征为：所述底面件材料为布质。该特征已经被证据1公开，其中证据1（参见证据1的说明书第2页倒数第一段）中公开了：底面、菱形面可采用尼丝纺涂层布，也可采用聚氯乙烯涂层布。因此证据1公开了权利要求2的附加技术特征，当权利要求2所引用的权利要求1不具备创造性的情况下，该从属权利要求2也不具备专利法第22条第3款规定的创造性。

（3）权利要求3引用了权利要求1，其限定部分的附加技术特征为：所述弹性钢丝为弹簧钢材质，直径为2.6~2.8mm。其中证据1（参见证据1的说明书第1页倒数第5行）中公开了：钢丝7为直径2.5~3.0mm的高强度高弹性钢丝，该附加技术特征与证据1中相应特征的区别在于钢丝直径的具体数值范围不同。合议组认为，本专利权利要求3的钢丝直径的数值范围2.6~2.8mm包含在证据1中公开的数值范围2.5~3.0mm内，权利要求3的钢丝直径属于从宽范围中选择一个窄的范围，由于这种选择并没有给本实用新型带来优越于证据1的技术效果。因此，当权利要求3所引用的权利要求1不具备创造性的情况下，该从属权利要求3也不具备专利法第22条第3款规定的创造性。

（4）权利要求4引用了权利要求1，其限定部分的附加技术特征为：所述矩形底面件的长边为1.4~2.1m，宽为0.6~1.7m。该附加技术特征实质上是对蚊帐底面大小的具体限定，合议组认为，该特征是根据本领域所公知的符合人体工程的床的不同尺寸而进行的限定，其尺寸范围是此类产品通用的数值范围，属于所属技术领域技术人员的常规认知范畴，采用这种常规设计对本领域技术人员而言是显而易见的，因此，当权利要求 4 所引用的权利要求 1 不具备创造性的情况下，该从属权利要求 4 也不具备专利法第 22 条第 3 款规定的创造性。

（5）权利要求 5 引用了权利要求 1，其限定部分的附加技术特征为：所述矩形底面件的长边上设有一根以上的宽度调整带，证据 2（参见证据 2 的说明书第 1 页第 18 行至第 2 页第 14 行以及附图 1-2）披露了：自撑蚊帐的底边分别与两底面拉筋（4）的侧边连接在一起，两底面拉筋（4）的两端与大矩形网纱面（1）的四个底角边连接在一起，从而在构成整体蚊帐时两底面拉筋在蚊帐的底部被拉紧。根据证据 2 所披露的两个底面拉筋，本领域技术人员很容易想到通过设置类似于拉筋的宽度调整带来对蚊帐的宽度进行调整，以适应不同的床体宽度，因此将证据 1 和证据 2 相结合得到权利要求 5 的技术方案对于本领域技术人员而言是显而易见的，该从属权利要求 5 不具备专利法第 22 条第 3 款规定的创造性。

（6）权利要求 6 和 7 分别引用了权利要求 1，其限定部分的附加技术特征分别为："所述侧面件上设有图案" 和 "所述顶面件上设有图案"。这两个附加技术特征是对侧面和顶面上的图案的限定，合议组认为，为了美观的目的，在蚊帐的侧面和顶面上设置一些图案是所属技术领域的技术人员所容易想到的，其对本领域技术人员而言是显而易见的，因此，当权利要求 6 和 7 所引用的权利要求 1 不具备创造性的情况下，该从属权利要求 6 和 7 也不具备专利法第 22 条第 3 款规定的创造性。

（7）权利要求 8 引用了权利要求 1，其限定部分的附加技术特征为：所述顶面件的支撑件上设有用以悬挂装饰件的挂扣。该附加技术特征实质上是在蚊帐内的顶面上设置悬挂装饰件的挂扣，以在蚊帐内悬挂一些装饰品，合议组认为，在蚊帐内设置挂扣以悬挂装饰品是所属技术领域的技术人员根据蚊帐的具体使用需求所容易增设的，其对本领域技术人员而言是显而易见的，因此，当权利要求 8 所引用的权利要求 1 不具备创造性的情况下，该从属权利要求 5 也不具备专利法第 22 条第 3 款规定的创造性。

（8）权利要求 9 引用了权利要求 1，其限定部分的附加技术特征为：所述每一菱形块的下端角各设有一固定环，该特征已经被证据 1 公开，其中证据 1（参见证据 1 的说明书第 3 页第 4~7 行以及附图 2）披露了：每个菱形面上各设有一固定孔，防风固定销可以从该固定孔穿过插入地下，从而将蚊帐固定。因此，证据 1 公开了该权利要求 9 的附加技术特征，当权利要求 9 所引用的权利要求 1 不具备创造性的情况下，该从属权利要求 9 也不具备专利法第 22 条第 3 款规定的创造性。

鉴于本专利权利要求第 1~9 项不具备专利法第 22 条第 3 款规定的创造性，在此合议组对于请求人提出的其他无效理由不再予以评述。

三、决定

宣告 98225247.1 号实用新型专利权全部无效。

当事人对本决定不服的，可以根据专利法第 46 条第 2 款的规定，自收到本决定之日起 3 个月内向北京市第一中级人民法院起诉。根据该款的规定，一方当事人起诉后，另一方当事人应当作为第三人参加诉讼。

175

两用沙发床的改进结构

无效宣告请求审查决定（第10334号）

决　　定　　号　第10334号
决　　定　　日　2007年7月30日
发明创造名称　两用沙发床的改进结构
国 际 分 类 号　A47C 17/16
无效宣告请求人　合肥双凤家具厂
专　利　权　人　杨　伟
专　　利　　号　200520068230.8
申　　请　　日　2005年1月10日
授 权 公 告 日　2006年4月19日
合 议 组 组 长　张　度
主　　审　　员　曲　颖
参　　审　　员　龙　安

法　律　依　据　专利法第22条第4款，专利法第26条第3款，专利法第22条第3款
决　定　要　点

如果实用新型能够制造或者使用，并且能够产生积极效果，那么该实用新型具备实用性，符合专利法第22条第4款的规定。专利法第26条第3款规定说明书应当满足充分公开发明或者实用新型的要求，其是对说明书的实质性内容所作出的规定，也就是说专利法第26条第3款所针对的是说明书，而不是权利要求书。如果一项权利要求的技术方案与现有技术的相比存在区别技术特征，而现有技术对上述区别技术特征给出了技术启示，本领域普通技术人员在现有技术的基础上得出该权利要求的技术方案无需付出创造性的劳动，则该权利要求不具备创造性，不符合专利法第22条第3款有关创造性的规定。

一、案由

本无效宣告请求涉及国家知识产权局于2006年4月19日授权公告的第200520068230.8号实用新型专利（以下简称本专利），其名称为“两用沙发床的改进结构”，申请日为2005年1月10日，专利权人为杨伟。

本专利授权公告的权利要求书如下：

“1. 两用沙发床的改进结构，包括有构架、坐板、背板，构架由左、右侧板与连接横梁组成，左、右侧板内侧上有竖直方向的弧形滑槽和水平方向的弧形滑槽，坐板两端有转轴安装在水平方向的弧形滑槽内，背板两端有转轴安装在竖直方向的弧形滑槽内，其特征在于竖直方向的弧形滑槽和水平

方向的弧形滑槽内均安装有工程塑料滑套。

2. 根据权利要求1所述的两用沙发床的改进结构，其特征在于所述的工程塑料滑套为尼龙塑料滑套。

3. 根据权利要求1所述的两用沙发床的改进结构，其特征在于竖直方向的弧形滑槽和水平方向的弧形滑槽内均安装有金属滑套。”

针对本专利，2006年11月27日，合肥双凤家具厂（以下简称请求人）向专利复审委员会提交了无效宣告请求书和证据，其中无效宣告请求的理由是该实用新型专利不具备新颖性和创造性，不符合专利法第22条第2款和第3款的规定，提交的证据如下：

证据1-1：专利号为00238007.2的中国实用新型专利说明书网络打印扉页，公告日为2001年8月1日，共1页；

证据1-2：合肥庐东塑料制品厂于2006年11月20日出具的《证明》复印件，共1页；

昆山塑利电子科技有限公司于2006年11月24日出具的《证明》复印件，共1页；

证据1-3：顶贸木业（苏州）有限公司于2006年11月24日出具的《说明》复印件，共1页；

证据1-4：证据1-3所附的图片的复印件，共2页。

请求人在无效宣告请求书中指出：（1）该实用新型不具有创造性。首先，该实用新型与00238007.2实用新型相比实质只增加了工程塑料滑套，其本身不具有创造性；其次，用工程塑料滑套的方法减少摩擦，在生活中这种情况比比皆是，并广泛应用于各个领域，不具有创造性。（2）该实用新型不具有新颖性。因为，包括请求人在内的其他家具制造企业在该实用新型申请日（2005年1月10日）之前都已经使用了工程塑料滑套，且请求人使用的工程塑料滑套与该实用新型使用的工程塑料滑套形状不一样。

经形式审查合格，专利复审委员会受理了该无效宣告请求（编号为5W08539），并于2007年2月8日向双方当事人发出无效宣告请求受理通知书，并将无效宣告请求书及其证据的副本转给专利权人，要求专利权人在指定期限内陈述意见。

专利权人于2007年3月17日提交了意见陈述书，其主要理由是：无效宣告请求人提交的合肥庐东塑料制品厂、昆山塑利电子科技有限公司、顶贸木业（苏州）有限公司等的证明均属单方面说明，无明确事实依据，无证明力。其次，请求人认为本专利与002380072专利相似，只增加了塑料滑套，请求人认为比比皆是，但无事实证据证明，因此无说服力。首先，在滑槽内安装滑套，家具已有技术中无直接相同结构的启示，其次，本专利安装滑套后，增加了耐磨性，滑槽使用寿命大大延长，即使当滑套损坏，可以更换，但滑槽不会损坏，延长了家具的使用寿命。综上所述，本专利具有创造性，请求驳回其无效请求。

2006年12月18日，请求人合肥双凤家具厂再次就本专利提出无效宣告请求书和证据，其中无效宣告请求的理由是该实用新型专利不具有创造性，不符合专利法第22条第3款的规定，提交的证据如下：

证据2-1：专利号为00238007.2的中国实用新型专利说明书，公告日为2001年8月1日，共8页。

请求人在无效宣告请求书中指出：证据2-1公开了该实用新型的大部分技术特征，对比文件虽没有直接表现出弧形滑槽，但要求其沿弧形运动必然就是弧形滑槽，并且滑槽自然需要“滑”，滑槽内设置滑套以增强滑的效果是容易想到的，并且在木头滑槽内为保护木头不易被转轴损坏，也自然会想到增加滑套，故专利权人在背景技术中描述的证据2-1的基础上进行改动的内容又是容易想到且显而易见，则对于本领域技术人员而言，权利要求1不具有创造性，权利要求2和权利要求3仅是限定常用材料，没有产生意想不到的效果，故权利要求2和权利要求3也没有创造性。

经形式审查合格，专利复审委员会受理了该无效宣告请求（编号为5W08415），并于2006年12月18日向双方当事人发出无效宣告请求受理通知书，并将无效宣告请求书及其证据的副本转给专利权人，要求专利权人在指定期限内陈述意见。

专利权人于2007年1月14日提交了意见陈述书，该意见陈述书是专利权人针对请求人于2006年12月18日提交的无效宣告请求书所发表的意见，其理由是：（1）本专利与证据2-1相比，二者技术特征“滑槽”有实质不同。证据2-1的“背板两端有转轴安装在竖直方向的滑槽内”，从证据2-1的说明书和附图可以看出，其前述竖直方向的滑槽为条形滑槽；而本专利的滑槽明确为弧形滑槽，二者明显属于不同的技术状态。虽然条形滑槽和弧形滑槽的功能都是导向作用，但实际使用时，条形滑槽使用起来比较僵硬，背板滑动不流畅；而本专利弧形滑槽，背板滑动很流畅，变换使用方式很方便。由于沙发床一般是木器，重量很大，拉动背板需要很大力量，采用条形滑槽或弧形滑槽，直接影响产品的使用效果，本专利和证据2-1相比，有明显的技术进步。（2）本专利在弧形滑槽上增加滑套，使得本专利和证据2-1的技术特征构成实质的不同。在弧形滑槽上增加的滑套，该滑套必然是和弧形滑槽形状相同且匹配的弧形滑槽，显然，这种特定形状的弧形滑套，无法从现有技术中得到联想和启示，因而具有创造性。至于请求人说由滑槽自然联想到滑套，完全是一种主观臆测，没有说服力。就一般思维而言，轴外有轴套，为了保护轴座不被磨损，比较普遍，但在滑槽外增加滑套，并未有见。综上所述，本专利具有实质性特点和进步，因而具有创造性。

专利复审委员会于2007年1月15日收到请求人提交的意见陈述书及其证据，其基于新的证据进一步陈述的无效理由是：该实用新型专利不符合专利法第26条第3款、第4款，第22条第4款，专利法实施细则第20条第1款，专利法第22条第3款的规定，提交的证据如下：

证据2-2：专利号为01242349.1的中国实用新型专利说明书，公告日为2002年8月14日，共8页；

证据2-3：申请号为95112087.5的中国发明专利申请公开说明书，公开日为1998年6月3日，共15页；

证据2-4：专利号为6138299的美国专利说明书及其译文，公开日为2000年10月31日，共17页；

证据2-5：申请号为85109442的中国发明专利申请公开说明书，公开日为1987年7月1日，共12页。

请求人在无效宣告请求书中指出：

（1）权利要求3引用权利要求1，导致竖直方向的弧形滑道和水平方向的弧形滑道均安装有工程塑料滑套和金属滑套，但此技术方案在说明书中没有描述，不支持，也不知如何实现，公开不充分，也不清楚和明确，也无法合理地有效地实现而不具备实用性，权利要求3不符合专利法第26条第3、4款，第22条第4款和专利法实施细则第20条第1款的规定。

（2）证据2-2已经公开了权利要求1的前序部分，而其在滑道中设有耐磨材料是容易想到的，而耐磨材料选择为工程塑料、尼龙塑料或金属也是本技术领域人员容易想到的，因此权利要求1、2和3相对于证据2-2不具有创造性，不符合专利法第22条第3款的规定。

（3）证据2-3公开了权利要求1的大部分技术特征，而既然存在水平方向的弧形滑道，在竖直方向的弧形滑道也是根据需要容易想到的，且滑道是由连接螺栓固定在侧立板内侧的，滑道自然会选用耐磨的金属、工程塑料和尼龙塑料，因此权利要求1、2和3相对于证据2-3不具备创造性，不符合专利法第22条第3款的规定。

（4）证据2-4已经公开了权利要求1的前序部分，而从文中理解导槽就是金属或耐磨材料构成，而耐磨材料选择为工程塑料、尼龙塑料也是本技术领域人员容易想到的，因此权利要求1、2和3相对于证据2-4不具有创造性，不符合专利法第22条第3款的规定。

（5）证据2-5是公开在先的与涉案专利描述的均为同一种产品的有效对比文件，其直接给出了滑槽中加硬塑衬的技术手段，同时也指出衬可以是金属或者其他合适材料的启示，此证据2-5与证据2-1至证据2-4均属于同一技术领域，证据2-5与证据2-1至证据2-4任一的结合是显而易见的，因此权利要求1、2和3相对于证据2-5与证据2-1至证据2-4任一的结合不具有创造性，不符合专利法第22条第3款的规定。

专利复审委员会依法成立合议组对本案进行审理。合议组根据合案审查原则决定将两案合并审理，于2007年3月26日向双方当事人发出口头审理通知书，定于2007年5月15日在专利复审委员会进行口头审理，并随口头审理通知书分别向请求人转送了专利权人于2007年1月14日提交的意见陈述书的副本，向专利权人转送了请求人于2007年1月15日提交的意见陈述书和证据的副本。

2007年3月27日，合议组向请求人转送了专利权人于2007年3月17日提交的意见陈述书的副本。

因故取消原定的口头审理后，合议组于2007年4月5日再次向双方当事人发出口头审理通知书，定于2007年6月13日对本案进行口头审理。

口头审理如期举行，双方当事人均参加了此次口头审理。

在口头审理中，（1）双方当事人对对方出席人员的身份和资格没有异议，对合议组组长、主审员、参审员、书记员没有回避请求，对合议组成员的变更没有异议。（2）针对编号为5W08539的无效宣告请求：请求人当庭未能出示证据1-2、证据1-3、证据1-4的原件。专利权人当庭表示对证据1-1的真实性没有异议。（3）针对编号为5W08415的无效宣告请求：专利权人当庭表示对证据2-1、证据2-2、证据2-3、证据2-4、证据2-5的真实性没有异议，对证据2-4的中文译文的准确性不发表意见。（4）请求人明确其无效的理由、证据、范围以及证据的使用情况为：第一请求（5W08539）：证据1-1评述本专利权利要求1~3的创造性；证据1-2、证据1-3、证据1-4评述本专利权利要求1~3的新颖性；第二请求（5208415）：本专利权利要求3不符合专利法第26条第3、4款、专利法第22条第4款、专利法实施细则第20条第1款的规定，以书面意见为准；证据2-5分别结合证据2-1、证据2-2、证据2-3、证据2-4评述本专利权利要求1~3的创造性，其中证据2-4作为最接近的现有技术。（5）合议组告知专利权人，其若对证据2-4中文译文的准确性有异议，在口审之日起15日内提交译文，逾期视为无异议。

专利权人逾期未提交任何书面意见。

至此，合议组认为本案事实已经清楚，依法作出如下审查决定。

二、决定的理由

1. 关于证据

请求人共计提交了9份证据。其中证据2-2、证据2-3、证据2-4、证据2-5均是请求人在提出无效宣告请求后一个月内提交的，因此符合专利法实施细则第66条的规定。

请求人未能出示证据1-2、证据1-3、证据1-4的原件，并且请求人也未能证明上述证据的真实性，因此合议组对证据1-2、证据1-3、证据1-4不予采信，对涉及证据1-2、证据1-3、证据1-4的相关无效理由不予支持。

证据1-1、证据2-1、证据2-2、证据2-3、证据2-4、证据2-5均为专利文献，专利权人对其真实性无异议；另外，虽然专利权人对证据2-4的中文译文的准确性未当庭发表意见，但由于在口审之日起15日内未提交译文，所以视为专利权人对证据2-4的中文译文的准确性没有异议；并且，证据1-1、证据2-1、证据2-2、证据2-3、证据2-4、证据2-5的公开日均在本专利的申请日之前，因此可以用于评价本专利的创造性。

2. 关于说明书是否符合专利法第22条第4款的规定

专利法第22条第4款规定：实用性，是指该发明或者实用新型能够制造或者使用，并且能够产生积极效果。

审查指南第二部分第五章第3.2节规定：专利法第22条第4款所说的“能够制造或使用”是指发明或者实用新型的技术方案具有在产业中被制造或使用的可能性。满足实用性要求的技术方案不能违背自然规律并且应当具有再现性。因不能制造或使用而不具备实用性是由技术方案本身固有的缺陷引起的，与说明书公开的程度无关。专利法第22条第4款所述的“能够产生积极效果”是指具备实用性的发明或者实用新型专利申请的技术方案应当能够产生预期的积极效果。明显无益、脱离社会需要的发明或者实用新型专利申请的技术方案不具备实用性。

请求人认为本专利的权利要求3不符合专利法第22条第4款有关实用性的规定，具体理由为：权利要求3引用权利要求1，导致竖直方向的弧形滑道和水平方向的弧形滑道均安装有工程塑料滑套和金属滑套，但此技术方案在说明书中没有描述，无法合理地有效地实现而不具备实用性，因此权利要求3不符合专利法第22条第4款的规定。

针对本案，合议组认为：

本专利是对现有两用沙发床提出的一种改进方案。其所针对的是现有两用沙发床所采用的滑槽容易磨损，且耐用性不够，沙发与床之间的变换操作不方便的问题。鉴于此，本专利对沙发床的左右侧板的设计结构进行了改进，在其竖直方向和水平方向的弧形滑槽内设置滑套，所述滑套采用耐磨性良好的工程塑料、金属等制成。利用模压、铸造等现有技术来将工程塑料、金属制造成滑套，所述内容毫无疑问是可以在产业上制造和使用的；该方案利用了工程塑料、金属的耐磨性好、摩擦力小的特性，符合自然规律；并且，通过设置滑套减少了摩擦，对滑槽起到了保护作用，延长了使用寿命，在进行两种功能转换时，十分省力，增强了耐用性和稳定性，从而获得了有益的技术效果。另外，鉴于“因不能制造或使用而不具备实用性是由技术方案本身固有的缺陷引起的，与说明书公开的程度无关”，所以虽然在本专利的说明书中没有详细介绍如何在滑槽中即设置工程塑料滑套又设置金属滑套，但这不表示本专利的技术方案无法实现而不具备实用性。综上所述，请求人所提出的权利要求3不具有实用性的无效理由不成立。

3. 关于说明书是否符合专利法第26条第3款的规定

专利法第26条第3款规定：说明书应当对发明或者实用新型作出清楚、完整的说明，以所属技术领域的技术人员能够实现为准。

针对本案，合议组认为：

专利法第26条第3款规定说明书应当满足充分公开发明或者实用新型的要求，其是对说明书的实质性内容所作出的规定，也就是说专利法第26条第3款是针对说明书而非权利要求书所作的规定，因此请求人在意见陈述书中论述权利要求3不符合专利法第26条第3款的规定的无效理由不成立。

4. 关于权利要求1~3是否符合专利法第22条第3款的规定

专利法第22条第3款规定：“创造性，是指同申请日以前已有的技术相比，该发明有突出的实质性特点和显著的进步，该实用新型有实质性特点和进步。”

针对本案，合议组认为：

(1) 权利要求1不具备创造性。

权利要求1请求保护一种两用沙发床的改进结构。证据2-4公开了一种沙发床的构架，其中具体公开了以下技术特征（参见证据2-4的中文译文第3页第9~18行，第6页第4~9行，图1、6-8）：沙发床的框架10（相当于权利要求1中的构架）包括一对相对的侧板12A、12B（相当于权利要求1中的左侧板和右侧板）、前支撑部件14（相当于权利要求1中的前连接横梁）、后支撑部件16（相当于权利要求1中的后连接横梁）、矩形靠背18（相当于权利要求1中的背板）和矩形底座22（相当于权利要求1中的坐板），靠背侧板的内侧上有竖直方向的上导槽104（相当于权利要求1中的竖直方向的弧形滑槽）和水平方向的下导槽106（相当于权利要求1中的水平方向的弧形滑槽）；矩形靠背18的两端有上从动轴100（相当于权利要求1中的上转轴），该上从动轴100被安装成在竖直方向的上导槽104内滑动；矩形底座的两端连接有下从动轴102（相当于权利要求1中的下转轴），所述下从动轴102被安装成在水平方向的下导槽106内滑动。

权利要求1与证据2-4相比，区别在于：在权利要求1中，在滑槽内安装有工程塑料滑套。基于上述区别技术特征可以确定，权利要求1相对于证据2-4实际要解决的技术问题是减少滑槽的磨损。

证据2-5公开了一种四用沙发床，其中具体公开了以下技术特征（参见证据2-5的说明书第2页倒数第1行以及第3页第1行）：在两个扶手体（6）内侧面上，对应各开有前滑槽（7）和后滑槽（10），并用硬塑镶衬（相当于权利要求1中的安装有工程塑料滑套）。可见，上述区别技术特征已经被证据2-5所公开，并且其在证据2-5中所起作用与其在权利要求1中所起作用相同，都是用来保护滑槽不受磨损。因此，证据2-5给出了将上述区别技术特征应用于证据2-4以解决其技术问题的技术启示。因此，在证据2-4的基础上结合证据2-5得到权利要求1所要求保护的技术方案对本领域技术人员来说是显而易见的。因此，权利要求1不具备实质性特点和进步，不符合专利法第22条第3款关于创造性的规定。

（2）权利要求2不具备创造性。

权利要求2引用权利要求1，其附加技术特征是将滑套的材料进一步限定为尼龙塑料。但是，本领域技术人员可知，滑套容易磨损，因此用于制作滑套的工程塑料需要具备一定的耐磨性，而尼龙塑料是工程塑料中常用的一种耐磨性较高的塑料，因此选择尼龙塑料作为滑套的材料对本领域技术人员来说是容易想到的且容易实现的。因此，当其引用的权利要求1不具备创造性时，从属权利要求2也不具备实质性特点和进步，不符合专利法第22条第3款有关创造性的规定。

（3）权利要求3不具备创造性。

权利要求3引用权利要求1，其附加技术特征将滑套的材料限定为金属。证据2-5公开了以下技术特征（参见说明书第2页第10~11行）：组成整个装置的各部件可用木材、塑料、金属或者其他合适的材料制造。由此，本领域技术人员可从中获得技术启示，因为滑套需要具备一定的耐磨性，并且考虑金属制成的滑套不仅耐磨，而且具有摩擦小的特点，所以选择金属作为滑套的材料，这对本领域技术人员来说同样是容易想到且容易实现的。因此，当其引用的权利要求1不具备创造性时，从属权利要求3也不具备实质性特点和进步，不符合专利法第22条第3款有关创造性的规定。

综上所述，本专利权利要求1~3均不具备创造性，不符合专利法第22条第3款的规定。

鉴于已得出本专利全部权利要求均不具备创造性的结论，本决定不再评述请求人提出的其他无效理由和证据。

三、决定

宣告第200520068230.8号实用新型专利权全部无效。

当事人对本决定不服的，可以根据专利法第46条第2款的规定，自收到本决定之日起三个月内向北京市第一中级人民法院起诉。根据该款规定，一方当事人起诉后，另一方当事人应当作为第三人参加诉讼。

176

精滤液体过滤片

无效宣告请求审查决定（第10343号）

决　　定　　号　第10343号
决　　定　　日　2007年8月7日
发明创造名称　精滤液体过滤片
国 际 分 类 号　B01D 39/16，B01D 29/01
无效宣告请求人　北京世纪华德科技开发有限公司
专　利　权　人　张明文
专　　利　　号　200320114898.2
申　　请　　日　2003年10月23日
授 权 公 告 日　2005年1月19日
合 议 组 组 长　于　萍
主　　审　　员　巩克栋
参　　审　　员　刘小静

法　律　依　据　专利法第22条第2款、第3款
决　定　要　点

如果专利所保护的技术方案与最接近的现有技术存在区别技术特征，并且现有技术未给出将该区别特征应用到最接近的现有技术以解决其存在的技术问题的启示，则所属技术领域的技术人员没有动机采用该区别技术特征来改进该最接近的现有技术，从而无法获得保护的实用新型，即从现有技术得到保护的实用新型是不容易想到的，该实用新型专利具备创造性。

一、案由

本无效宣告请求涉及国家知识产权局于2005年1月19日授权公告、申请日为2003年10月23日、发明名称为“精滤液体过滤片”的第200320114898.2号实用新型专利（以下简称本专利），本专利的专利权人为张明文（以下简称专利权人），本专利授权公告的权利要求如下：

“1. 精滤液体过滤片，过滤片有上下过滤外层，内部为中空结构，过滤的中心孔为套接孔，其特征在于上下过滤外层壁上由中心孔处沿径向均匀分布有加强筋，上过滤外层沿垂直方向到下过滤外层连接有加强点。”

2007年1月22日，北京世纪华德科技开发有限公司（以下简称请求人）针对该专利权向国家知识产权局专利复审委员会提出无效宣告请求。请求人认为本专利权利要求1不符合专利法第22条第2款和第3款的规定，请求宣告本专利无效。请求人提交了如下证据：

附件1：山西省交城县公证处于2007年1月9日做出的（2007）交公证字第002号公证书复印件，该公证书记载有现场封存过滤片，并注明其附件为交城县酒厂证明复印件一份和1998年10月21日第三联收据复印件一份，所述封存的过滤片未提交；

附件2：授权公告日为1997年12月10日的第96215536.5号实用新型专利说明书，复印件共6页；

附件3：授权公告日为2003年1月29日的第02219114.3号实用新型专利说明书，复印件共8页；

附件4：公告日为1991年6月26日的第90207615.9号实用新型专利说明书，复印件共12页；

附件5：《机械设计手册》上册（第一分册），机械工业出版社1979年10月第2版，1982年3月第2次印刷，封面页、出版信息页、第208、209、211页，复印件共5页。

请求人认为：（1）附件1证明山西省交城县酒厂于1998年10月21日购买使用了秦皇岛华德过滤设备有限公司35mm×400mm过滤片，该过滤片与本专利权利要求1技术特征完全一样，因此权利要求1不具备新颖性；（2）与本专利最接近的对比文件为附件2，相对附件2、3和4的结合，权利要求1不具备创造性；（3）附件5证明加强筋和加强点为公知常识，相对于附件2和公知常识的结合，权利要求1不具备创造性。

经形式审查合格后，专利复审委员会受理了该无效请求，于2007年1月26日向双方当事人发出了“无效宣告请求受理通知书”，并将“专利权无效宣告请求书”及其附件清单所列附件副本转送给专利权人，要求其在指定期限内答复。

2007年3月10日，专利权人向专利复审委员会提交了意见陈述书，专利权人认为：（1）附件1为物证，专利权人见到实物才能对比分析；（2）附件3用于自来水、污水处理，其盲板和上孔板的结构、功能与本专利不同，附件4是用于硅藻土固夜分离的压滤机，其所用的过滤片与本专利的结构、功能相差甚远，证据2~4没有结合的启示；（3）附件5公开的是一种通用的机械设计，其与附件2的结合需要付出创造性的劳动。

专利复审委员依法成立合议组对本无效宣告请求案进行审理。

2007年3月22日，本案合议组向双方当事人发出无效宣告请求口头审理通知书，定于2007年5月16日举行口头审理，并将专利权人于2007年3月10日提交的意见陈述书的副本转送给请求人。

2007年5月16日，口头审理如期举行，双方当事人均到庭参加口头审理，在口头审理中，请求人确认无效理由、范围和证据为：权利要求1相对于附件1所证明的使用公开的事实不符合专利法第22条第2款的规定；附件2为最接近的对比文件，权利要求1和附件2的区别在于加强筋和加强点，附件3说明书第3页第12~14行和附图2公开了加强筋，附件4说明书第5页第2~6行“一带有凸台的滤片3’和一个平面滤片3〃的组合A2”和附图2公开了加强点，附件5第209页左上方图2和211页表1-178证明加强筋和加强点是公知常识，因此权利要求1相对于附件2结合附件3和4或者附件2结合附件5，不符合专利法第22条第3款的规定。请求人当庭提交了附件1、5的原件，专利权人对附件1的公证书形式上的真实性无异议，对附件2~5的真实性无异议。

请求人当庭提交了附件1中公证书中所述封存的过滤片物证1，物证1的四周贴有“山西省交城县公证处二〇〇七年一月九日封”的封条，封条上盖有“山西省交城县公证处”的章。专利权人对物证的封存情况无异议。封条被当庭打开，当场拆封的物证包括一个完整的过滤片和被锯成四块（一个半圆、一个四分之一圆、两个四分之一圆横剖）的过滤片，以及一份公证书原件，公证书内包括一份交城县酒厂证明原件及一份收据复印件，收据复印件上盖有山西省交城县酒厂的章。完整的过滤片上刻有“GAA0632”字样，四分之一圆横剖过滤片上刻有“BEI”字样，其锯缝处刻有“1”字样，半圆过滤片上刻有“821”字样，专利权人核实物证标记并予以认可。

在此基础上，合议组对请求人提出的无效理由和事实进行了调查，并充分听取了双方当事人的意见。

至此，合议组认为本案的事实已经调查清楚，可以依法作出审查决定。

二、决定的理由

1. 关于证据和现有技术

在口头审理时，专利权人对附件1的公证书形式上的真实性无异议，对附件2~5的真实性无异议，本案合议组经审查后认为附件1~5可以作为本案证据使用，同时附件2~5为公开出版物，且其公开时间早于本专利的申请日，因此附件2~5可以作为本专利的现有技术。

2. 关于专利法第22条第2款

专利法第22条第2款规定，新颖性，是指在申请日以前没有同样的发明或者实用新型在国内外出版物上公开发表过、在国内公开使用过或者以其他方式为公众所知，也没有同样的发明或者实用新型由他人向国务院专利行政部门提出过申请并且记载在申请日以后公布的专利申请文件中。

只要通过制造、使用、销售、进口、交换、馈赠、演示、展出等方式使有关技术内容处于公众想得知就能够得知的状态，就构成使用公开，使用公开是以公众能够得知该产品或者方法之日为公开日。

请求人提交的附件1和物证1的公证书内容相同，内附山西省交城县酒厂出具的证明和收据。其中公证书称：“兹证明山西省交城县酒厂法人代表白峰的委托代理人荣肇泉（男，一九五八年六月十八日出生，身份证编号：142323580618001）与北京世纪华德科技开发有限公司马彰原的委托代理人全蛟（男，一九七六年八月二十三日出生，身份证编号：14240119760823241X）于一九九八年购进使用的35mm×400mm过滤机片。现场封存过滤片为交城县酒厂于一九九八年十月二十一日购进并使用。参加封存人员：荣肇泉、全蛟、郭志义、雷惠芳”；山西省交城县酒厂出具的证明称：“兹证明35mm×400mm过滤片于一九九八年十月二十一日购进使用。（滤片为秦皇岛华德过滤设备有限公司，共22片）”，收据记载有1998年10月21日收到山西省交城县酒厂交来滤片22片单价1200元。合议组认为由于该证明和收据仅能证明1998年10月21日山西省交城县酒厂向秦皇岛华德过滤设备有限公司购买了22片滤片，但证明和收据中提及的过滤片与封存的过滤片之间缺少一一对应的关系，不能证明物证1封存的过滤片就是山西省交城县酒厂于1998年10月21日向秦皇岛华德过滤设备有限公司购买的22片滤片之一，因此由上述证明和收据不能得出“现场封存过滤片为交城县酒厂于一九九八年十月二十一日购进并使用”的结论。而由公证书记载的内容也无法得知该结论的依据，理由如下：公证的日期是2007年1月9日，而公证员没有经历公证书所述的发生在1998年10月21日的买卖行为，此外，公证书中提及的荣肇泉和全蛟在收据的复印件中没有体现，不能证明上述二人经历了上述买卖行为，因此该公证书不能证实封存的过滤片是山西省交城县酒厂于1998年10月21日购进的，因此上述公证书的结论明显缺乏依据，该内容不能作为定案的依据。同时，请求人表示物证1封存的过滤片表面所刻字样为企业内部管理的标号，不是生产日期，因此封存的过滤片自身也不能证明该过滤片的生产或销售日期早于本专利的申请日。因此附件1、物证1及物证1内的公证书不能证明物证1封存的过滤片在本专利的申请日之前销售并使用过，也就不能证明物证1封存过滤片的公开日早于本专利的申请日，请求人关于权利要求1保护的产品已经构成国内公开使用的证据不足，权利要求1不符合专利法第22条第2款的无效理由不成立。

3. 关于专利法第22条第3款

请求人认为本专利权利要求1相对于附件2与附件3和4的结合、或者附件2与附件5的结合不具备创造性，不符合专利法第22条第3款的规定。

专利法第22条第3款规定，创造性，是指同申请日以前已有的技术相比，该发明有突出的实质性特点和显著的进步，该实用新型有实质性特点和进步。

如果专利所保护的技术方案与最接近的现有技术存在区别技术特征，并且现有技术未给出将该区别技术特征应用到最接近的现有技术以解决其存在的技术问题的启示，则所属技术领域的技术人员没有动机采用该区别技术特征来改进该最接近的现有技术，从而无法获得保护的实用新型，即从现有技术得到保护的实用新型是不容易想到的，该实用新型专利具备创造性。

附件2为最接近的现有技术，其披露了一种液体过滤片，该过滤片可以用于酒及饮料的过滤处理装置中，该过滤片（附图标记1）有上下过滤外层，内部为中空结构，过滤片的中心孔（附图标记3）为套接孔。本专利权利要求1保护的技术方案与附件2的区别在于：（1）上下过滤外层壁上由中心孔处沿径向均匀分布有加强筋，（2）上过滤外层沿垂直方向到下过滤外层连接有加强点。上述事实均已得到双方当事人的认可。

附件3公开了一种过滤器，该过滤器的过滤层包括与罐体固定的水平设置的下孔板和活动设置在罐体内的上孔板，多组过滤纤维束固定连接于上下孔板之间，说明书第3页第12~14行和附图2公开的筋板以盲板通孔为中心辐射状分布在密封盲板7与上孔板4之间，密封盲板7与上孔板4之间的空间被筋板分成若干个配水室。请求人认为附件3中的筋板对应于本专利的加强筋，附件3公开了本专利上述区别技术特征（1）。合议组认为，由于附件3中的筋板上下连接密封盲板和上孔板，而密封盲板和上孔板不起过滤作用，因此附件3的筋板与本专利的加强筋位置不同。另外，由附件3说明书第1页倒数第2行至第2页第6行的记载可以看出，附件3的筋板在过滤时的主要作用是形成配水室，而本发明加强筋的作用是在过滤时避免滤片被压变形，可以承受较大的压差，因此附件3的筋板与本专利的加强筋作用也不同。综上所述，附件3的筋板与本专利的加强筋安装位置与作用均不相同，其解决的技术问题也不相同，因此所属技术领域的技术人员根据附件3不能得出将所述筋板用到附件2中以解决附件2过滤时被压变形并承受较大压差的技术启示，附件3与附件2的结合是不容易想到的。

附件4公开了一种板框式压滤机，说明书第5页第2~6行公开了一带有凸台的滤片3”和一个平面滤片3〃的组合A2的实施例，如附图2所示。请求人认为其中的凸台对应于本专利的加强点，因此认为附件4公开了本专利的上述区别技术特征（2）。合议组认为，由于附件4中的凸台一端连接滤片另一端不连接滤片，而本专利中“上过滤外层沿垂直方向到下过滤外层连接有加强点”，因此附件4的凸台与本专利的加强点位置不同。另外根据附件4说明书第5页第10~13行的记载，凸台的作用是：在反向清洗时滤片3’受清洗液液流压强的作用发生膨胀，而凸台可以平衡液流压力，克服因膨胀所导致的滤片失效，而本专利加强点的作用是：在反向清洗时避免滤片反吹破裂，可以承受较大的反压差，因此附件4的凸台与本专利的加强点作用也不同。综上，附件4的凸台与本专利的加强点安装位置与作用均不相同，其解决的技术问题也不相同，因此所属技术领域的技术人员根据附件4并不能获得将附件4中的凸台用到附件2中去以解决附件2反向清洗时反吹破裂并承受较大反压差的技术启示，附件4与附件2的结合也是不容易想到的。

综上所述，由于附件3和附件4中的相应技术特征与本专利中的加强筋、加强点的设置位置及作用均不同，因此对于所属技术领域的技术人员来说不存在将附件3和附件4与附件2相结合而获得本专利权利要求1的技术启示；与此同时，本专利的权利要求1保护的过滤片具有开孔率高、流量大且可以承受较大的压差和反压差的技术效果。因此权利要求1相对于附件2与附件3和附件4的结合具有实质性特点和进步，具备创造性，符合专利法第22条第3款的规定。

附件5第209页左上方的图2公开的具有加强筋的物体，其技术领域属于铸件，其第211页表1-178公开的具有筋的物体，其技术领域属于灰铁铸件，均与本专利滤片所属的技术领域不相同。其次，附件5的加强筋和筋仅仅起机械加强的作用，其与本专利的加强筋和加强点避免滤片被压变形和反吹破裂，可以承受较大压差和反压差的作用不同。综上所述，附件5公开的加强筋和筋所属技术领域、所起作用与本专利均不相同，其解决的技术问题也不相同，因此附件5并未给出将加强筋和筋用到附件2中去以解决附件2反向清洗时反吹破裂并承受较大反压差的技术启示，附件5与附件2的结合也是不容易想到的。因此权利要求1相对于附件2与附件5的结合，具备实质性特点和进步，符合专利法第22条第3款有关创造性的规定。

综上，相对于附件1及物证1，权利要求1具备新颖性，符合专利法第22条第2款的规定；相对于附件2与附件3和4的结合，以及附加2与附件5的结合，权利要求1具备创造性，符合专利法第22条第3款的规定。

基于以上事实和理由，本案合议组作出如下审查决定。

三、决定

维持200320114898.2号发明专利权有效。

当事人对本决定不服的，可以根据专利法第46条第2款的规定，自收到本决定之日起3个月内向北京市第一中级人民法院起诉。根据该款的规定，一方当事人起诉后，另一方当事人应当作为第三人参加诉讼。

北京市第一中级人民法院
行政判决书

（2008）一中行初字第60号

原告北京世纪华德科技开发有限公司，住所地北京市海淀区知春园太月园8号楼705室。

法定代表人马章勤，董事长。

委托代理人郑德义，男，北京世纪华德科技开发有限公司经理。

委托代理人王金锁，男，山西同圆知识产权服务中心主任。

被告国家知识产权局专利复审委员，住所地北京市海淀区北四环西路9号银谷大厦。

法定代表人廖涛，副主任。

委托代理人巩克栋，男，国家知识产权局专利复审委员会审查员。

委托代理人佘心蕾，女，国家知识产权局专利复审委员会审查员。

第三人张明文，女，1963年11月27日出生，汉族，泸州南方过滤设备有限公司经理，住四川省泸州市纳溪区永宁路53号1号楼2单元9号。

委托代理人康海燕，重庆华科专利事务所专利代理人。

原告北京世纪华德科技开发有限公司（以下简称世纪华德公司）不服被告国家知识产权局专利复审委员会（以下简称专利复审委）作出的无效宣告请求审查决定，向本院提起行政诉讼。本院受理后，依法组成合议庭，并依法通知与被诉具体行政行为有利害关系的张明文参加诉讼。本院于2008年3月3日公开开庭审理了本案。原告世纪华德公司的委托代理人郑德义、王金锁，被告专利复审委的委托代理人巩克栋、佘心蕾，第三人张明文的委托代理人康海燕到庭参加了诉讼。本案现已审理终结。

2007 年 8 月 7 日，被告作出第 10343 号无效宣告请求审查决定（以下简称第 10343 号决定），依据《中华人民共和国专利法》（以下简称《专利法》）第二十二条第二款、第三款的规定，维持第 200320114898. 2 号实用新型专利权（以下简称本专利）有效。

被告于答辩期内向本院提交了作出被诉具体行政行为的证据材料：（1）本专利说明书复印件；（2）原告于 2007 年 1 月 22 日提交的无效宣告请求书复印件；（3）口头审理记录表及附表复印件；（4）山西省交城县公证处于 2007 月 1 月 9 日作出的（2007）交公证字第 002 号公证书及其附件复印件；（5）授权公告日为 1997 年 12 月 10 日第 96215536. 5 号实用新型专利说明书复印件（即第 10343 号决定中的附件 2）；（6）授权公告日为 2003 年 1 月 29 日的第 02219114. 3 号实用新型专利说明书复印件（即第 1034 3 号决定中的附件 3）；（7）公告日为 1991 年 6 月 26 日的第 90207615. 9 号实用新型专利说明书复印件（即第 10343 号决定中的附件 4）；（8）《机械设计手册》上册（第一分册），机械工业出版社 1979 年 1 月第 2 版 1982 年 3 月第 2 次印刷，封面页、出版信息页、第 208、209、211 页复印件（即第 10343 号决定中的附件 5）；（9）封存的物证及物证内的公证书。上述证据用以证明被诉决定认定事实清楚，适用法律正确，审理程序合法。

原告世纪华德公司诉称：（1）被诉决定对公证书认定的事实有误。（2）关于加强筋是否公开或从现有技术中是否可以得到启示的问题。首先被告在认定现有技术时，即附件 2 中有意把最接近的现有技术有意去掉，然后再去对比，得出区别特征。事实是现有技术明确记载：其内腔中充满用多孔材料制成的或成网架结构的内胆，或是空腔（见权利要求书第三行）。说明书第 1 页第 3~4 行也明确记载：还包括它们之间的可通过液体的内胆或骨架。而本专利的发明点是设置加强筋和加强点。而现有技术是骨架或叫作网架，要对比，应是骨架或网架与加强筋和加强点对比。被告偏偏删掉“网架”或“骨架”是最接近的现有技术。在决定书第 5 页第 16~17 行强调：而本发明加强筋的作用是在过滤时避免滤片被压变形，可以承受较大的压差。而对比文件附件 2 中“骨架”或是“网架”就是起上述作用的。所以说本领域的专业人员受到“骨架”或“网架”的启发完全可以想到具体采用加强筋和加强点的技术方案。被告认为附件 3 中加强筋主要起形成配水室的作用，这个观点也是错误的。（3）关于加强点是否公开或从现有技术中是否可以得到启示的问题。首先还强调现有技术是“骨架”或“网架”结构，“骨架”中就包括加强筋、加强点、十字架等具体结构，而附件 4 中第 5 页第 5 行中记载：带有凸台的滤片 3’和一平面滤片 3”的组合 A2（参见图 2），完全公开了本专利中加强点的内容。总之，在骨架结构的启示下，又看到附件 4 的具体结构，本领域的技术人员完全是显而易见地可以不经创造性的劳动就可想到采用加强点的技术方案。（4）关于加强筋和加强点是否是公知技术的问题。首先附件 2 公开的现有技术是“骨架”和“网架”。在确定现有技术为“骨架”的情况下，骨架结构是公知结构，加强筋和加强点也是公知技术，所以本专利无创造性。综上，第 10343 号决定认定事实不清，适用法律不当，请求法院予以撤销。

原告向法院提交了如下证据：（1）山西省交城县公证处于 2007 月 1 月 9 日作出的（2007）交公证字第 002 号公证书及其附件复印件，用以证明本专利在申请日之前国内已经公开使用过，没有新颖性；（2）授权公告日为 1997 年 12 月 10 日第 96215536. 5 号实用新型专利说明书复印件（即第 10343 号决定中的附件 2），用以证明其公开了 5 个必要的技术特征；（3）授权公告日为 2003 年 1 月 29 日的第 02219114. 3 号实用新型专利说明书复印件（即第 10343 号决定中的附件 3），用以证明其公开了加强筋的技术方案；（4）公告日为 1991 年 6 月 26 日的第 90207615. 9 号实用新型专利说明书复印件（即第 10343 号决定中的附件 4），用以证明其公开了加强点的技术特征；（5）《机械设计手册》上册（第一分册），用以证明其公开了加强筋这个技术作为现有技术。

被告专利复审委辩称，（1）交城县酒厂的证明与收据不能证明“现场封存过滤片为交城县酒厂于 1998 年 10 月 21 日购进使用”。交城县酒厂出具的证明和收据只能证明 1998 年 10 月 21 日山西省交城县酒厂向秦皇岛华德过滤设备有限公司购买了 22 片过滤片，但不能证明收据中和证明中提及的过滤片就是封存的过滤片，因为上述证明与收据提及的过滤片与封存的过滤片之间缺少一一对应的关系。公证书记载的“现场封存过滤片为交城县酒厂于 1998 年 10 月 21 日购进使用”的结论明显缺乏依据，该内容不能作为定案的依据。公证员未经历 1998 年 10 月 21 日的买卖行为，因此公证员不能在 2007 年 1 月 9 日（公证日）证明 1998 年 10 月 21 日发生的事实。由交城县酒厂的证明和收据也不能证明荣肇泉和全蛟经历了 1998 年 10 月 21 日的买卖行为，因为二人在收据中没有相应体现。由于原告在无效宣告请求时提交的证据不能证明封存的过滤片就是 1998 年 10 月 21 日交城县酒厂购进使用的过滤片，因此原告主张的权利要求 1 保护的产品已经构成国内公开使用的理由不成立。（2）原告主张的附件 2 有关“网架”的主张不成立。原告在 2007 年 1 月 22 日提交的专利权无效宣告请求书中已经自认：“区别特征是本专利内腔是加强筋，而证据 2 内腔是网架结构；本专利中内腔中设加强点，而证据 2 中无此技术特征”。由此可知，原告在起诉状中的主张与其在无效宣告中的主张相矛盾。即使上述主张不矛盾，对于所属技术领域的技术人员来说，附件 2 中的网架与加强筋根本就是两种不同也不相关的结构，这也可由原告提交的附件 5 和附件 2 证明。（3）原告主张的加强点可以得到启示的主张不成立。首先原告的骨架包括加强筋、加强点、十字架等具体结构的主张在无效宣告请求中以及在口审时均未提出，其属于新的理由，不应作为本案的审理范围。附件 4 的凸台与本专利的加强点作用也不同，技术领域也不同，因此附件 4 未给出设置加强点的技术启示。（4）附件 5 公开的加强筋和筋所属技术领域、所起作用与本专利均不相同，其解决的技术问题也不相同，因此附件 5 并未给出将加强筋和筋用到附件 2 中去以解决附件 2 反向清洗时反吹破裂并承受较大反压差的技术启示，附件 5 与附件 2 的结合也是不容易想到的。综上，第 10343 号决定认定事实清楚、适用法律法规正确、审理程序合法，原告的诉讼理由无法律和事实上的依据，请求法院维持该决定。

第三人张明文同意被告意见，请求法院维持第 10343 号决定。

第三人未向法院提交证据。

经庭审质证，原告对被告证据的关联性、合法性、真实性无异议，但不同意其证明作用；第三人对被告证据无异议。被告及第三人对原告证据的关联性、合法性、真实性无异议，但对其证明作用有异议。

经审查，被告及原告提交的证据与本案具有关联性，且合法、真实，能够证明本案事实，本院予以确认。

经审理查明，本无效宣告请求涉及国家知识产权局于 2005 年 1 月 19 日授权公告、申请日为 2003 年 10 月 23 日、发明名称为“精滤液体过滤片”的第 200320114898.2 号实用新型专利（即本专利），本专利的专利权人为本案第三人，本专利授权公告的权利要求如下：

“1. 精滤液体过滤片，过滤片有上下过滤外层，内部为中空结构，过滤的中心孔为套接孔，其特征在于上下过滤外层壁上由中心孔处沿径向均匀分布有加强筋，上过滤外层沿垂直方向到下过滤外层连接有加强点。”

2007 年 1 月 22 日，原告针对该专利权向被告提出无效宣告请求。认为本专利权利要求 1 不符合《专利法》第二十二条第二款和第三款的规定，请求宣告本专利无效。原告提交了如下证据：

附件 1：山西省交城县公证处于 2007 年 1 月 9 日作出的（2007）交公证字第 002 号公证书复印件，该公证书记载有现场封存过滤片，并注明其附件为交城县酒厂证明复印件一份和 1998 年 10 月 21 日第三联收据复印件一份，所述封存的过滤片未提交；

附件 2：授权公告日为 1997 年 12 月 10 日的第 96215536.5 号实用新型专利说明书，复印件共 6 页；

附件 3：授权公告日为 2003 年 1 月 29 日的第 02219114.3 号实用新型专利说明书，复印件共 8 页；

附件 4：公告日为 1991 年 6 月 26 日的第 90207615.9 号实用新型专利说明书，复印件共 12 页；

附件 5：《机械设计手册》上册（第一分册），机械工业出版社 1979 年 10 月第 2 版 1982 年 3 月第 2 次印刷，封面页、出版信息页、第 208、209、211 页，复印件共 5 页。

原告认为：（1）附件 1 证明山西省交城县酒厂于 1998 年 10 月 21 日购买使用了秦皇岛华德过滤设备有限公司 35mm×400mm 过滤片，该过滤片与本专利权利要求 1 技术特征完全一样，因此权利要求 1 不具备新颖性；（2）与本专利最接近的对比文件为附件 2，相对附件 2、3 和 4 的结合，权利要求 1 不具备创造性；（3）附件 5 证明加强筋和加强点为公知常识，相对于附件 2 和公知常识的结合，权利要求 1 不具备创造性。

经形式审查合格后，被告受理了该无效请求，于 2007 年 1 月 26 日向双方当事人发出了"无效宣告请求受理通知书"，并将"专利权无效宣告请求书"及其附件清单所列附件副本转送给第三人，要求其在指定期限内答复。

2007 年 3 月 10 日，第三人向被告提交了意见陈述书，第三人认为：（1）附件 1 为物证，第三人见到实物才能对比分析；（2）附件 3 用于自来水、污水处理，其盲板和上孔板的结构、功能与本专利不同，附件 4 是用于硅藻土固夜分离的压滤机，其所用的过滤片与本专利的结构、功能相差甚远，证据 2~4 没有结合的启示；（3）附件 5 公开的是一种通用的机械设计，其与附件 2 的结合需要付出创造性的劳动。

2007 年 3 月 22 日，被告向双方当事人发出无效宣告请求口头审理通知书，定于 2007 年 5 月 1 6 日举行口头审理，并将第三人于 2007 年 3 月 10 日提交的意见陈述书的副本转送给原告。

2007 年 5 月 16 日，口头审理如期举行，双方当事人均到庭参加口头审理，在口头审理中，原告确认无效理由、范围和证据为：权利要求 1 相对于附件 1 所证明的使用公开的事实不符合《专利法》第二十二条第二款的规定；附件 2 为最接近的对比文件，权利要求 1 和附件 2 的区别在于加强筋和加强点，附件 3 说明书第 3 页第 12~14 行和附图 2 公开了加强筋，附件 4 说明书第 5 页第 2~6 行"一带有凸台的滤片 3′和一个平面滤片 3″的组合 A_2"和附图 2 公开了加强点，附件 5 第 209 页左上方图 2 和 211 页表 1-178 证明加强筋和加强点是公知常识，因此权利要求 1 相对于附件 2 结合附件 3 和 4 或者附件 2 结合附件 5，不符合《专利法》第二十二条第三款的规定。原告当庭提交了附件 1、5 的原件，第三人对附件 1 的公证书形式上的真实性无异议，对附件 2~5 的真实性无异议。

原告当庭提交了附件 1 中公证书中所述封存的过滤片物证 1，物证 1 的四周贴有"山西省交城县公证处二〇〇七年一月九日封"的封条，封条上盖有"山西省交城县公证处"的章。第三人对物证的封存情况无异议。封条被当庭打开，当场拆封的物证包括一个完整的过滤片和被锯成四块（一个半圆、一个四分之一圆、两个四分之一圆横剖）的过滤片，以及一份公证书原件，公证书内包括一份交城县酒厂证明原件及一份收据复印件，收据复印件上盖有山西省交城县酒厂的章。完整的过滤片上刻有"GAA0632"字样，四分之一圆横剖过滤片上刻有"BEI"字样，其锯缝处刻有"1"字样，半圆过滤片上刻有"821"字样，第三人核实物证标记并予以认可。

被告经审查认为：

1. 关于证据和现有技术

在口头审理时，第三人对附件 1 的公证书形式上的真实性无异议，对附件 2~5 的真实性无异议，被告经审查后认为附件1~5可以作为本案证据使用，同时附件2~5为公开出版物，且其公开时间早于本专利的申请日，因此附件2~5可以作为本专利的现有技术。

2. 关于《专利法》第二十二条第二款

只要通过制造、使用、销售、进口、交换、馈赠、演示、展出等方式使有关技术内容处于公众想得知就能够得知的状态，就构成使用公开，使用公开是以公众能够得知该产品或者方法之日为公开日。

原告提交的附件1和物证1的公证书内容相同，内附山西省交城县酒厂出具的证明和收据。其中公证书称："兹证明山西省交城县酒厂法人代表白峰的委托代理人荣肇泉（男，一九五八年六月十八日出生，身份证编号：142323580618001）与北京世纪华德科技开发有限公司马彰原的委托代理人全蛟（男，一九七六年八月二十三日出生，身份证编号：14240119760823241X）于一九九八年购进使用的35mm×400mm过滤机片。现场封存过滤片为交城县酒厂于一九九八年十月二十一日购进并使用。参加封存人员：荣肇泉、全蛟、郭志义、雷惠芳"；山西省交城县酒厂出具的证明称："兹证明35mm×400mm过滤片于一九九八年十月二十一日购进使用。（滤片为秦皇岛华德过滤设备有限公司，共22片）"，收据记载有1998年10月21日收到山西省交城县酒厂交来滤片22片单价1200元。被告认为由于该证明和收据仅能证明1998年10月21日山西省交城县酒厂向秦皇岛华德过滤设备有限公司购买了22片滤片，但证明和收据中提及的过滤片与封存的过滤片之间缺少一一对应的关系，不能证明物证1封存的过滤片就是山西省交城县酒厂于1998年10月21日向秦皇岛华德过滤设备有限公司购买的22片滤片之一，因此由上述证明和收据不能得出"现场封存过滤片为交城县酒厂于一九九八年十月二十一日购进并使用"的结论。而由公证书记载的内容也无法得知该结论的依据，理由如下：公证的日期是2007年1月9日，而公证员没有经历公证书所述的发生在1998年10月21日的买卖行为，此外，公证书中提及的荣肇泉和全蛟在收据的复印件中没有体现，不能证明上述二人经历了上述买卖行为，因此该公证书不能证实封存的过滤片是山西省交城县酒厂于1998年10月21日购进的，因此上述公证书的结论明显缺乏依据，该内容不能作为定案的依据。同时，原告表示物证1封存的过滤片表面所刻字样为企业内部管理的标号，不是生产日期，因此封存的过滤片自身也不能证明该过滤片的生产或销售日期早于本专利的申请日。因此附件1、物证1及物证1内的公证书不能证明物证1封存的过滤片在本专利的申请日之前销售并使用过，也就不能证明物证1封存过滤片的公开日早于本专利的申请日，原告关于权利要求1保护的产品已经构成国内公开使用的证据不足，权利要求1不符合《专利法》第二十二条第二款的无效理由不成立。

3. 关于《专利法》第二十二条第三款

如果专利所保护的技术方案与最接近的现有技术存在区别技术特征，并且现有技术未给出将该区别技术特征应用到最接近的现有技术以解决其存在的技术问题的启示，则所属技术领域的技术人员没有动机采用该区别技术特征来改进该最接近的现有技术，从而无法获得保护的实用新型，即从现有技术得到保护的实用新型是不容易想到的，该实用新型专利具备创造性。

附件2为最接近的现有技术，其披露了一种液体过滤片，该过滤片可以用于酒及饮料的过滤处理装置中，该过滤片（附图标记1）有上下过滤外层，内部为中空结构，过滤片的中心孔（附图标记3）为套接孔。本专利权利要求1保护的技术方案与附件2的区别在于：（1）上下过滤外层壁上由中心孔处沿径向均匀分布有加强筋，（2）上过滤外层沿垂直方向到下过滤外层连接有加强点。上述事实均已得到双方当事人的认可。

附件3公开了一种过滤器，该过滤器的过滤层包括与罐体固定的水平设置的下孔板和活动设置在罐体内的上孔板，多组过滤纤维束固定连接于上下孔板之间，说明书第3页第12~14行和附图2公开的筋板以盲板通孔为中心辐射状分布在密封盲板7与上孔板4之间，密封盲板7与上孔板4之间的空间被筋板分成若干个配水室。原告认为附件3中的筋板对应于本专利的加强筋，附件3公开了本专利上述区别技术特征（1）。被告认为，由于附件3中的筋板上下连接密封盲板和上孔板，而密封盲板和上孔板不起过滤作用，因此附件3的筋板与本专利的加强筋位置不同。另外，由附件3说明书第1页倒数第2行~第2页第6行的记载可以看出，附件3的筋板在过滤时的主要作用是形成配水室，而本发明加强筋的作用是在过滤时避免滤片被压变形，可以承受较大的压差，因此附件3的筋板与本专利的加强筋作用也不同。综上所述，附件3的筋板与本专利的加强筋安装位置与作用均不相同，其解决的技术问题也不相同，因此所属技术领域的技术人员根据附件3不能得出将所述筋板用到附件2中以解决附件2过滤时被压变形并承受较大压差的技术启示，附件3与附件2的结合是不容易想到的。

附件4公开了一种板框式压滤机，说明书第5页第2~6行公开了一带有凸台的滤片3’和一个平面滤片3的组合 A_2 的实施例，如附图2所示。原告认为其中的凸台对应于本专利的加强点，因此认为附件4公开了本专利的上述区别技术特征（2）。被告认为，由于附件4中的凸台一端连接滤片另一端不连接滤片，而本专利中“上过滤外层沿垂直方向到下过滤外层连接有加强点”，因此附件4的凸台与本专利的加强点位置不同。另外根据附件4说明书第5页第10~13行的记载，凸台的作用是：在反向清洗时滤片3’受清洗液液流压强的作用发生膨胀，而凸台可以平衡液流压力，克服因膨胀所导致的滤片失效，而本专利加强点的作用是：在反向清洗时避免滤片反吹破裂，可以承受较大的反压差，因此附件4的凸台与本专利的加强点作用也不同。综上，附件4的凸台与本专利的加强点安装位置与作用均不相同，其解决的技术问题也不相同，因此所属技术领域的技术人员根据附件4并不能获得将附件4中的凸台用到附件2中去以解决附件2反向清洗时反吹破裂并承受较大反压差的技术启示，附件4与附件2的结合也是不容易想到的。

综上所述，由于附件3和附件4中的相应技术特征与本专利中的加强筋、加强点的设置位置及作用均不同，因此对于所属技术领域的技术人员来说不存在将附件3和附件4与附件2相结合而获得本专利权利要求1的技术启示；与此同时，本专利的权利要求1保护的过滤片具有开孔率高、流量大且可以承受较大的压差和反压差的技术效果。因此权利要求1相对于附件2与附件3和附件4的结合具有实质性特点和进步，具备创造性，符合《专利法》第二十二条第三款的规定。

附件5第209页左上方的图2公开的具有加强筋的物体，其技术领域属于铸件，其第211页表1-178公开的具有筋的物体，其技术领域属于灰铁铸件，均与本专利滤片所属的技术领域不相同。其次，附件5的加强筋和筋仅仅起机械加强的作用，其与本专利的加强筋和加强点避免滤片被压变形和反吹破裂，可以承受较大压差和反压差的作用不同。综上所述，附件5公开的加强筋和筋所属技术领域、所起作用与本专利均不相同，其解决的技术问题也不相同，因此附件5并未给出将加强筋和筋用到附件2中去以解决附件2反向清洗时反吹破裂并承受较大反压差的技术启示，附件5与附件2的结合也是不容易想到的。因此权利要求1相对于附件2与附件5的结合，具备实质性特点和进步，符合《专利法》第二十二条第三款有关创造性的规定。

综上，相对于附件1及物证1，权利要求1具备新颖性，符合《专利法》第二十二条第二款的规定；相对于附件2与附件3和4的结合、以及附件2与附件5的结合，权利要求1具备创造性，符合《专利法》第二十二条第三款的规定。据此，被告作出第10343号决定。原告不服，诉至本院。

本院认为，各方当事人对于第10343号决定作出的程序及决定中关于证据和现有技术的认定无异议。经审查，被告对上述内容的评判合法，本院予以确认。

本案的重点问题是本专利权利要求1是否符合《专利法》有关新颖性和创造性的规定。

《专利法》第二十二条第二款规定：新颖性，是指在申请日以前没有同样的发明或者实用新型在国内外出版物上公开发表过、在国内公开使用过或者以其他方式为公众所知，也没有同样的发明或者实用新型由他人向国务院行政部门提出过申请并且记载在申请日以后公布的专利申请文件中。

原告在无效程序中提交了山西省交城县公证处于2007月1月9日作出的（2007）交公证字第002号公证书及其附件，并在口审中提交了公证书中所述封存的过滤片物证，用以证明使用公开的事实，进而证明本专利不具备新颖性。但是从公证书及其附件的内容看，其仅能证明1998年10月21日山西省交城县酒厂向秦皇岛华德过滤设备有限公司购买了22片滤片，但不能证明封存的过滤片就是山西省交城县酒厂于1998年10月21日向秦皇岛华德过滤设备有限公司购买的22片滤片之一。而且，公证书附件中的收据亦无法证明买卖事实的存在，故该公证书及其附件无法证明本专利权利要求1保护的产品已经构成在国内公开使用。被告认定本专利权利要求1符合《专利法》第二十二条第二款关于新颖性的规定正确。

《专利法》第二十二条第三款规定：创造性，是指同申请日以前已有的技术相比，该发明有突出的实质性特点和显著的进步，该实用新型有实质性特点和进步。

原告在无效程序中提交的附件2公开了一种液体过滤片，其为最接近的现有技术。将本专利权利要求1保护的技术方案与附件2相比，二者存在两个区别技术特征：一是上下过滤外层壁上由中心孔处沿径向均匀分布有加强筋，二是上过滤外层沿垂直方向到下过滤外层连接有加强点。对于上述事实各方当事人均予以认可。

附件3公开了一种过滤器，其公开了筋板这一技术特征。从其说明书记载及附图显示，筋板上下连接密封盲板和上孔板，主要作用是在过滤时形成配水室。而本专利中的加强筋位于上下过滤层壁上并由中心孔处沿径向均匀分布，其主要作用是在过滤时避免滤片被压变形。可见，附件3公开的筋板在位置和作用方面与本专利权利要求1限定的加强筋均不同，故将附件2与附件3结合能够得出本专利的技术方案对于本领域技术人员并非显而易见。

附件4公开了一种板框式压滤机，其公开了一带有凸台的滤片，原告认为该凸台对应于本专利中的加强点。但是，根据附图4说明书及附图可以看出，凸台一端固定连接在滤片上，而另一端不与滤片固定连接，其作用是在反向清洗时可以平衡液流压力，克服因膨胀所导致的滤片失效。而本专利上过滤外层沿垂直方向到下过滤外层连接有加强点，且加强点的作用在于在反向清洗时避免滤片反吹破裂，可以承受较大的反压差。因此，附件4公开的凸台在位置和作用方面与本专利权利要求1限定的加强点也不相同，本领域技术人员无法从附件2和附件4的结合中得出本专利权利要求1所限定的技术方案。

据此，被告认定本专利权利要求1相对于附件2与附件3和附件4的结合具有实质性特点和进步，符合《专利法》第二十二条第三款关于创造性的规定正确。

原告在无效程序中提交的附件5，即《机械设计手册》，因其技术领域属于铸件，故其公开的具有加强筋和筋的物体与本专利产品不属于相同的技术领域。且附件5中公开的加强筋和筋的作用与本专利加强筋和加强点的作用不相同。因此，附件5公开的内容与本专利权利要求1的技术方案所要解决的技术问题不同，本领域技术人员无法结合附件2和附件5得出本专利权利要求限定的技术方案。故被告认定本专利权利要求1相对于附件2与附件5的结合，具备实质性特点和进步，符合《专利法》第二十二条第三款有关创造性的规定正确。

此外，原告在诉讼中认为，附件2的现有技术中公开了骨架和网架结构，该技术特征结合附件3、4、5可以公开本专利加强筋和加强点的技术内容。但是，原告的上述主张在无效请求书及口审过程中均未提出，并非被诉决定中涉及的内容，故本院不予支持。

综上，第10343号决定认定事实清楚，适用法律正确，行政程序合法，本院应予维持。原告的诉讼主张缺乏事实和法律依据，本院不予支持。据此，依照《中华人民共和国行政诉讼法》第五十四条第（一）项之规定，判决如下：

维持被告国家知识产权局专利复审委员会于二〇〇七年八月七日作出的第 10343 号无效宣告请求审查决定。

案件受理费 100 元，由原告北京世纪华德科技开发有限公司负担（已交纳）。

如不服本判决，可在本判决书送达之日起 15 日内，向本院提交上诉状，并按对方当事人人数提出副本，上诉于北京市高级人民法院。上诉人在上诉期满后 7 日内未预交上诉案件受理费又不提交缓交申请的，按自动撤回上诉处理。

审　判　长　强刚华
代理审判员　贾志刚
人民陪审员　付勇军
二〇〇八年三月二十日
书　记　员　张　莹

177

油烟过滤板

无效宣告请求审查决定（第10346号）

决　定　号　第10346号
决　定　日　2007年8月9日
发明创造名称　油烟过滤板
国 际 分 类 号　B01D 53/24，B01D 45/08，F24C 15/20
无效宣告请求人　四川成泰科技有限责任公司
专　利　权　人　成都亿诺高新科技有限公司
专　利　号　02245034.3
申　请　日　2002年12月5日
授 权 公 告 日　2003年10月29日
合 议 组 组 长　赵　明
主　审　员　巩克栋
参　审　员　刘　犟

法　律　依　据　专利法第22条第2款、第3款
决　定　要　点

对于所属技术领域的技术人员来说，如果现有技术并未给出将区别技术特征应用到最接近的现有技术以解决其存在的技术问题的启示，或给出的技术启示相反，则所属技术领域的技术人员没有动机改进该最接近的现有技术，从而不能将上述区别技术特征应用到现有技术中从而得到本专利保护的技术方案，即本专利是不容易想到的，具备实质性特点。

一、案由

本无效宣告请求涉及国家知识产权局于2003年10月29日授权公告的、申请日为2002年12月5日、名称为“油烟过滤板”的第02245034.3号实用新型专利（以下简称本专利），本专利的专利权人为成都炉莱特尔净化技术实业有限公司，后变更为成都亿诺高新科技有限公司（以下简称专利权人），本专利授权公告的权利要求如下：

“1. 一种油烟过滤板，其特征是：它包括前板（1）和后板（2），前板（1）和后板（2）相对设置并间隔有距离，前板（1）上设置有进气口（3），后板（2）上设置有出气口（4），进气口（3）与出气口（4）交错间隔排列。

2. 如权利要求1所述的油烟过滤板，其特征是：所述前板（1）的进气口（3）的边缘处设置有前翼板（5），后板（2）的出气口（4）边缘处设置有后翼板（6），进气口（3）、前翼板（5）、后翼

板（6）和出气口（4）之间形成转折的进气通道（7）。

3. 如权利要求 2 所述的油烟过滤板，其特征是：所述前翼板（5）与所述前板（1）之间的夹角 α 为 30°~150°，所述后翼板（6）与所述后板（2）之间的夹角 β 为 30°~150°。

4. 如权利要求 3 所述的油烟过滤板，其特征是：所述夹角 α 与夹角 β 相等且均为 60°~120°。

5. 如权利要求 4 所述的油烟过滤板，其特征是：所述前翼板（5）的顶端（8）和后翼板（6）的顶端（9）为锐利的棱边。

6. 如权利要求 1、2、3、4 或 5 所述的油烟过滤板，其特征是：所述进气口（3）和出气口（4）均为长条形，所述前翼板（5）设置在长条形进气口（3）的长边的边缘处，所述后翼板（6）设置在长条形出气口（4）的长边的边缘处。

7. 如权利要求 6 所述的油烟过滤板，其特征是：所述各条进气口（3）所组成的进风面的轮廓为长方形、方形、圆形或椭圆形。

8. 如权利要求 1、2、3、4 或 5 所述的油烟过滤板，其特征是：所述进气口（3）和出气口（4）均为形状相同的圆孔、椭圆形孔或方孔，所述前翼板（5）设置在进气口（3）的周边边缘处，所述后翼板（6）设置在出气口（4）的周边边缘处。

9. 如权利要求 8 所述的油烟过滤板，其特征是：所述各个进气口（3）所组成的进风面的轮廓为长方形、方形、圆形或椭圆形。”

2006 年 8 月 11 日，四川成泰科技有限责任公司（以下简称请求人）针对该专利权向国家知识产权局专利复审委员会提出无效宣告请求。请求人认为本专利不具备新颖性和创造性，不符合专利法第 22 条第 2 款、第 3 款的规定，请求宣告本专利权无效。请求人提交了如下证据：

附件 1：授权公告日为 2003 年 1 月 8 日、授权公告号为 CN2529696 Y 的实用新型专利说明书；

附件 2：授权公告日为 1999 年 6 月 23 日、授权公告号为 CN2325691 Y 的实用新型专利说明书。

请求人认为：权利要求 1 和权利要求 2 的技术特征均在附件 1 中公开，权利要求 1 和权利要求 2 不具备新颖性。权利要求 1 和权利要求 2 的技术特征均在附件 2 中公开，权利要求 1 和权利要求 2 不具备新颖性。权利要求 3~5 的附加技术特征均是所属技术领域的技术人员容易想到的，且并没有产生预料不到的技术效果，因此权利要求 3~5 不具备创造性。权利要求 6~9 的附加技术特征仅仅是美学意义上的考虑，不属于实用新型保护的客体。

经形式审查合格后，专利复审委员会受理了该无效请求，于 2006 年 8 月 11 日向双方当事人发出了无效宣告请求受理通知书，并将专利权无效宣告请求书及其附件清单所列附件副本转送给专利权人，要求其在指定期限内答复。同时成立合议组对本无效宣告请求案进行审理。

2006 年 9 月 7 日，专利复审委员会收到了请求人补充提交的意见陈述书，请求人认为本专利不具备新颖性和创造性，并补充了下述附件：

附件 3：授权公告日为 1990 年 5 月 16 日、授权公告号为 CN 2057112 U 的实用新型专利申请说明书。

请求人认为：相对于附件 3，权利要求 1 和 2 不具备新颖性和创造性，权利要求 3~8 不具备创造性。

2006 年 9 月 22 日，专利权人针对无效宣告请求受理通知书陈述了意见，专利权人认为：权利要求 3~5 符合专利法有关创造性的规定。权利要求 6~9 的附加技术特征是对产品的形状、结构、连接关系等的进一步限定，属于实用新型保护客体的要求。

2007 年 1 月 31 日，合议组向双方当事人发出无效宣告请求口头审理通知书，定于 2007 年 3 月 12 日举行口头审理，并将请求人于 2006 年 9 月 7 日提交的意见陈述书和附件清单中所列附件的副本转送给专利权人，将专利权人于2006年9月22日提交的意见陈述书转送给请求人。

2007年3月12日，口头审理如期举行，双方当事人均到庭参加口头审理，在口头审理中，请求人当庭放弃附件1作为证据使用，并放弃本专利不符合专利法实施细则第2条第2款的无效理由。请求人确认的无效理由、范围和所使用的证据为：相对于附件2，权利要求1~2不符合专利法第22条第2款有关新颖性的规定，权利要求1~9不符合专利法第22条第3款有关创造性的规定；相对于附件3，权利要求1~4、6和7不符合专利法第22条第2款有关新颖性的规定，权利要求1~9不符合专利法第22条第3款有关创造性的规定。专利权人对请求人提交的附件2~3的真实性无异议。

在此基础上，合议组对请求人提出的无效理由和事实进行了调查，并充分听取了双方当事人的意见。

至此，合议组认为本案的事实已经调查清楚，可以依法作出审查决定。

二、决定的理由

1. 关于证据和现有技术

在口头审理时，专利权人对附件2、3的真实性没有异议，本案合议组经审查后认为附件2、3可以作为本案证据使用，同时附件2、3为公开出版物，且其公开时间均早于本专利的申请日，因此附件2、3可以作为本专利的现有技术。

2. 关于新颖性。

专利法第22条第2款规定，新颖性，是指在申请日以前没有同样的发明或者实用新型在国内外出版物上公开发表过、在国内公开使用过或者以其他方式为公众所知，也没有同样的发明或者实用新型由他人向国务院专利行政部门提出过申请并且记载在申请日以后公布的专利申请文件中。

要求保护的发明与现有技术相比，如果其技术领域、所解决的技术问题、技术方案和预期效果实质上相同，则认为两者是同样的发明。

（1）相对于附件2的新颖性

附件2公开了一种油烟净化器，该油烟净化器由一组平行排列的截面呈倒人字形的过滤片2焊接在其两端的槽钢型连接件5的下部组成前面板，由一组平行排列的截面呈马蹄形的过滤片1焊接在其两端的连接片3和连接片4组成后面板，前后面板相对设置并间隔有距离，相邻倒人字形过滤片2之间的缝隙形成油烟进口d1，相邻马蹄形过滤片1之间的缝隙形成油烟出口d2，马蹄形过滤片1和倒人字形过滤片2呈上下交错对置，其进气口和出气口交错间隔排列（参见附件2权利要求1和附图1-4）。而本专利权利要求1的油烟过滤板采用前板和后板，前板上设置进气口，后板上设置出气口的结构，其与附件2油烟净化器采用的由一组平行排列的截面呈倒人字形的过滤片2焊接在其两端的槽钢型连接件5的下部组成前面板、由一组平行排列的截面呈马蹄形的过滤片1焊接在其两端的连接片3和连接片4组成后面板，并通过相邻过滤片之间的缝隙形成的油烟进口和出口的结构不同，由于附件2与权利要求1存在上述区别技术特征，因此权利要求1相对于附件2具备新颖性，符合专利法第22条第2款的规定。

权利要求2引用权利要求1，因此在权利要求1相对于附件2具备新颖性的条件下，权利要求2相对于附件2也具备新颖性，符合专利法第22条第2款的规定。

（2）相对于附件3的新颖性。

附件3公开了一种厨房排气扇用油烟过滤器，该油烟过滤器主要由壳体1、外夹板2、过滤层3、内夹板4和手柄5所组成。外夹板2和内夹板4均为一块方形的隔板，在隔板上分别设有许多条倾斜的直缝7，外夹板2与内夹板4之间设有过滤层3，外夹板2与内夹板4上直缝的开口位置互相错开（参见附件3权利要求书）。本专利权利要求1的油烟过滤板由前板1和后板2构成，其上设置的进气口 3 和出气口 4 交错间隔排列。可见，附件 3 并没有记载进气口、出气口要间隔排列这一技术特征，因此附件 3 公开的油烟过滤器与本专利权利要求 1 保护的油烟过滤板并不相同，因此权利要求 1 相对于附件 3 具备新颖性，符合专利法第 22 条第 2 款的规定。

权利要求 2~4、6 和 7 均直接或间接引用权利要求 1，因此在权利要求 1 相对于附件 3 具备新颖性的条件下，上述权利要求相对于附件 3 也具备新颖性，符合专利法第 22 条第 2 款的规定。

3. 关于创造性

专利法第 22 条第 3 款的规定：创造性，是指同申请日以前已有的技术相比，该发明有突出的实质性特点和显著的进步，该实用新型有实质性特点和进步。

对于所属技术领域的技术人员来说，如果现有技术并未给出将区别技术特征应用到最接近的现有技术以解决其存在的技术问题的启示，或给出的技术启示相反，则所属技术领域的技术人员没有动机改进该最接近的现有技术，从而不能将上述区别技术特征应用到现有技术中从而得到本专利保护的技术方案，即本实用新型专利是不容易想到的，具备实质性特点。

（1）相对于附件 2 的创造性。

①权利要求 1。

附件 2 公开了一种油烟净化器，该油烟净化器由一组平行排列的截面呈倒人字形的过滤片 2 焊接在其两端的槽钢型连接件 5 的下部组成前面板，由一组平行排列的截面呈马蹄形的过滤片 1 焊接在其两端的连接片 3 和连接片 4 组成后面板，前、后面板相对设置并间隔有距离，相邻倒人字形过滤片 2 之间的缝隙形成油烟进口 d1，相邻马蹄形过滤片 1 之间的缝隙形成油烟出口 d2，马蹄形过滤片 1 和倒人字形过滤片 2 呈上下交错对置，其进气口和出气口交错间隔排列（参见附件 2 权利要求 1 和附图 1–4）。本专利权利要求 1 保护的技术方案与附件 2 公开的技术方案的不同仅在于：权利要求 1 的油烟过滤板采用前板和后板，前板上设置进气口，后板上设置出气口；而附件 2 采用由一组平行排列的截面呈倒人字形的过滤片 2 焊接在其两端的槽钢型连接件的下部组成前面板，由一组平行排列的截面呈马蹄形的过滤片 1 焊接在其两端的连接片 3 和连接片 4 组成后面板，相邻过滤片之间的缝隙形成油烟的进、出口。对于所属技术领域的技术人员来说，将油烟过滤板制成前板或后板的形式，或者采用前面板、后面板的设计，都是所属技术领域的惯常设计，对所属技术领域的技术人员来说是容易想到的，因此权利要求 1 保护的技术方案不具备实质性特点，不符合专利法第 22 条第 3 款有关创造性的规定。

②权利要求 2 的创造性。

附件 2 公开了相邻倒人字形过滤片 2 之间的缝隙形成油烟进口 d1，相邻马蹄形过滤片 1 之间的缝隙形成油烟出口 d2（参见附件 2 图 4），倒人字形过滤片 2 由两弧形斜边 2a 和其端部向上形成的小圆弧 2b 构成，马蹄形过滤片 1 是由圆弧 1a、直边 1b 和直边下端的圆弧 1c 构成，油烟进口 d1、倒人字形过滤片 2 端部与对应马蹄形过滤片 1 端部之间的缝隙形成的油烟通道 d3 与油烟出口 d2 之间形成进气通道。通过该进气通道，从油烟进口向上的油烟气流所受的阻力较小，能很快地左右分流向上进入涡流室，涡流室主要由三段圆弧所构成，开口呈向内收缩状，从油烟进口 d1 进入的气流向上碰撞到涡流室的顶部圆弧 1a 后，沿圆弧壁产生强烈的涡流，并分流向下在油烟通道 d3 处受圆弧 1c 的作用再次引起涡流，经净化处理的油烟从油烟出口 d2 处排出。由此可知，附件 2 的进气通道利用圆弧设置从而达到减少阻力并产生涡流的效果。

而权利要求 2 中的进气通道，其由进气口 3、前翼板 5、后翼板 6 和出气口 4 之间形成转折的通道，空气在通过油烟过滤板的过程中发生流向的变化并折回，使形成的空气绕流和旋涡加强，通过该结构的进气通道，可以加大空气流向转折的角度，使空气绕流和涡流的形成更加充分，使得油烟更容易在空气流向改变时被惯性力和离心力抛向油烟过滤板。由此可知，权利要求 1 的进气通道利用翼板的设置，通过加大空气流向转折的角度，即通过增大阻力来产生绕流和涡流。由此可见，二者的进气通道具体的结构不相同。对于所属技术领域的技术人员来说，附件 2 给出的是进气通道圆弧设置并减少阻力的启示，其与权利要求 2 的加大空气流向变化从而增大阻力的技术方案相反，因此附件 2 未给出设置如权利要求 2 所述的进气通道的技术启示，权利要求 2 所保护的技术方案对所属技术领域的技术人员来说是不容易想到的，权利要求 2 相对于附件 2 具备实质性特点，并且本专利采用上述的进气通道结构，可以加大空气流向转折的角度，使空气的绕流和旋涡的形成更加充分，增加了油烟与油烟过滤板接触的几率，提高了油烟的分离效率，因此权利要求 2 符合专利法第 22 条第 3 款有关创造性的规定。

③权利要求 3~9 的创造性。

在权利要求 2 相对于附件 2 具备创造性的前提下，权利要求 3~9 中引用权利要求 2 的技术方案相对于附件 2 也具备实质性特点和进步，符合专利法第 22 条第 3 款有关创造性的规定。

由附件 2 附图 1~2 及说明书的相应描述可以看出，油烟净化器的油烟进口和油烟出口为长条形，在油烟进口 d1 的边缘有弧形斜边 2a 和其端部的小圆弧 2b 构成的前翼板，在油烟出口 d2 的边缘有由圆弧 1a、直边 1b 和其下端的圆弧 1c 构成的后翼板。由此可知，权利要求 6 的附加技术特征已经被附件 2 公开；附件 2 附图 1~4 公开了油烟进口组成的进风面为长方形，油烟进口和油烟出口为长方形，在油烟进口 d1 的边缘有弧形斜边 2a 和其端部的小圆弧 2b 构成的前翼板，在油烟出口 d2 的边缘有由圆弧 1a、直边 1b 和其下端的圆弧 1c 构成的后翼板；而方形、圆形、椭圆形或长方形的进风面，或者圆孔、椭圆形孔、方孔与长方形孔的进、出气口的设计，都是所属技术领域的惯常设计，因此这些形状的改变是容易想到的，由此可知权利要求 7~9 的附加技术特征被附件 2 公开或者是所属技术领域的惯常设计，因此在其引用的权利要求 1 不具备创造性时，权利要求 6~9 中引用权利要求 1 的技术方案不具备实质性特点，不符合专利法第 22 条第 3 款有关创造性的规定。

综上所述，本专利权利要求 1、以及权利要求 6~9 中引用权利要求 1 的技术方案不符合专利法第 22 条第 3 款有关创造性的规定，权利要求 2 及权利要求 3~9 中引用权利要求 2 的技术方案相对于附件 2 具备创造性。

由于权利要求 1 及权利要求 6~9 中引用权利要求 1 的技术方案不具备创造性应予以无效，因此对涉及上述技术方案的其他无效理由及证据，合议组不再予以评述。

（2）相对于附件 3 的创造性。

附件 3 公开了由壳体 1、外夹板 2、过滤层 3、内夹板 4 和手柄 5 组成的厨房排气扇用油烟过滤器，外夹板 2 和内夹板 4 均为一块方形的隔板，在隔板上分别设有许多条直缝，每条直缝的外口与内口不在一条水平面上，该直缝从外向内为倾斜设置，在外夹板 2 与内夹板 4 之间设有过滤层 3（参见附件 3 说明书第 1 页第 4 段至第 2 页第 1 段及图 2）。权利要求 2 的技术方案与附件 3 披露的过滤器的不同在于：权利要求 2 中前翼板设置在前板的进气口的边缘处，后翼板设置在后板的出气口的边缘处；进气口与出气口交错间隔排列；进气口、前翼板、后翼板和出气口之间形成转折的通道。尽管附件 3 所披露的油烟过滤器设有外夹板 2 和内夹板 4，内夹板和外夹板上设有位置相互错开的直缝 7 作为开口，但内夹板和外夹板的主要起夹持作用而不是本专利前板和后板的过滤作用，在上述开口的边缘处，并未设置前翼板和后翼板，同时附件 3 也未给出设置如权利要求 2 所述的进气通道的技术启示。由于附件 3 并未披露上述技术特征，同时附件 3 在结构或功能上也未给出在附件 3 的油烟过滤器前后板的边缘处设置单独的翼板，并形成转折的进气通道的技术启示，因此在附件 3 的基础上得到权利要求 2 保护的技术方案对于所属技术领域的技术人员来说是不容易想到的，权利要求 2 相对于附件

3 具备实质性特点，并且本专利采用上述的进气通道结构，可以加大空气流向转折的角度，使空气的绕流和旋涡的形成更加充分，增加了油烟与油烟过滤板接触的几率，提高了油烟的分离效率，因此权利要求 2 符合专利法第 22 条第 3 款有关创造性的规定。

在权利要求 2 相对于附件 3 具备创造性的前提下，权利要求 3~9 中引用权利要求 2 的技术方案相对于附件 3，也具备实质性特点和进步，符合专利法第 22 条第 3 款的规定。

综上所述，本专利权利要求 1、权利要求 6~9 中引用权利要求 1 的技术方案不符合专利法第 22 条第 3 款的规定。权利要求 2 及权利要求 3~9 中引用权利要求 2 的技术方案相对于附件 2 或附件 3 具备创造性，符合专利法第 22 条第 3 款的规定。

三、决定

宣告 02245034.3 号实用新型专利权利要求 1、权利要求 6~9 中引用权利要求 1 的技术方案无效，在权利要求 2 有效的基础上，维持权利要求 3~9 中引用权利要求 2 的技术方案有效。

当事人对本决定不服的，可以根据专利法第 46 条第 2 款的规定，自收到本决定之日起 3 个月内向北京市第一中级人民法院起诉。根据该款的规定，一方当事人起诉后，另一方当事人应当作为第三人参加诉讼。

北京市第一中级人民法院
行政判决书

（2007）一中行初字第 1531 号

原告四川成泰科技有限责任公司，住所地四川省成都市青羊区小南街 69 号长城园 111789 号。

法定代表人余泰成，董事长。

委托代理人朱黎光，北京金之桥知识产权代理有限公司专利代理人。

被告国家知识产权局专利复审委员会，住所地北京市海淀区北四环西路 9 号银谷大厦 10~12 层。

法定代表人廖涛，副主任。

委托代理人巩克栋，国家知识产权局专利复审委员会审查员。

委托代理人隋璐，国家知识产权局专利复审委员会审查员。

第三人成都亿诺高新科技有限公司，住所地四川省成都市武侯区桐梓林中路 6 号。

法定代表人王建平，董事长。

委托代理人任虹，男，1964 年 6 月 17 日出生，成都虹桥专利事务所专利代理人，住四川省成都市金牛区三友路 18 号 3 栋 1 单元 2 楼 3 号。

委托代理人刘世平，男，1964 年 10 月 30 日出生，成都虹桥专利事务所专利代理人，住四川省成都市青羊区东御河沿街 2 栋 2 楼 7 号。

原告四川成泰科技有限责任公司（简称四川成泰公司）不服被告国家知识产权局专利复审委员会（简称专利复审委员会）于 2007 年 8 月 9 日作出的第 10346 号无效宣告请求审查决定（简称第 10346 号决定），于法定期限内向本院提起行政诉讼。本院于 2007 年 11 月 7 日受理本案后，依法组成合议庭，并通知成都亿诺高新科技有限公司（简称成都亿诺公司）作为本案第三人参加诉讼，于 2007 年 12 月 12 日公开开庭进行了审理。原告四川成泰公司的委托代理人朱黎光，被告专利复审委员会的委托代理人巩克栋、隋璐，第三人成都亿诺公司的委托代理人刘世平、任虹到庭参加了诉讼。本案现已审理终结。

第 10346 号决定系专利复审委员会针对四川成泰公司就成都亿诺公司拥有的名称为“油烟过滤板”的实用新型专利（简称本专利）提出的无效宣告请求作出的。专利复审委员会在该决定中认为：1）作为公开出版物的附件 2 和附件 3 的公开时间均早于本专利的申请日，故可作为现有技术用于评价本专利。2）关于新颖性。(1) 相对于附件 2 的新颖性。本专利权利要求 1 的油烟过滤板采用前板和后板，前板上设置进气口，后板上设置出气口的结构，其与附件 2 油烟净化器采用的由一组平行排列的截面呈倒人字形的过滤片 2 焊接在其两端的槽钢型连接件 5 的下部组成前面板、由一组平行排列的截面呈马蹄形的过滤片 1 焊接在其两端的连接片 3 和连接片 4 组成后面板，并通过相邻过滤片之间的缝隙形成的油烟进口和出口的结构不同，由于附件 2 与权利要求 1 存在上述区别技术特征，因此权利要求 1 相对于附件 2 具备新颖性。权利要求 2 引用权利要求 1，在权利要求 1 相对于附件 2 具备新颖性的条件下，权利要求 2 相对于附件 2 也具备新颖性。(2) 相对于附件 3 的新颖性。本专利权利要求 1 的油烟过滤板由前板 1 和后板 2 构成，其上设置的进气口 3 和出气口 4 交错间隔排列。然而，附件 3 并没有记载进气口、出气口要间隔排列这一技术特征，权利要求 1 相对于附件 3 具备新颖性。权利要求 2~4、6 和 7 均直接或间接引用权利要求 1，因此在权利要求 1 相对于附件 3 具备新颖性的条件下，上述权利要求相对于附件 3 也具备新颖性，符合《中华人民共和国专利法》（简称《专利法》）第二十二条第二款的规定。3）关于创造性。(1) 相对于附件 2 的创造性。①权利要求 1 相对于附件 2 的创造性。本专利权利要求 1 保护的技术方案与附件 2 公开的技术方案的不同仅在于：权利要求 1 的油烟过滤板采用前板和后板，前板上设置进气口，后板上设置出气口；而附件 2 采用由一组平行排列的截面呈倒人字形的过滤片 2 焊接在其两端的槽钢型连接件的下部组成前面板，由一组平行排列的截面呈马蹄形的过滤片 1 焊接在其两端的连接片 3 和连接片 4 组成后面板，相邻过滤片之间的缝隙形成油烟的进、出口。对于所属技术领域的技术人员来说，将油烟过滤板制成前板或后板的形式，或者采用前面板、后面板的设计，都是所属技术领域的惯常设计，对所属技术领域的技术人员来说是容易想到的，因此权利要求 1 保护的技术方案不具备实质性特点。②权利要求 2 相对于附件 2 的创造性。附件 2 的进气通道利用圆弧设置从而达到减少阻力并产生涡流的效果，而权利要求 2 的进气通道利用翼板的设置，通过加大空气流向转折的角度，即通过增大阻力来产生绕流和涡流。由此可见，二者的进气通道具体的结构不相同。对于所属技术领域的技术人员来说，附件 2 给出的是进气通道圆弧设置并减少阻力的启示，其与权利要求 2 的加大空气流向变化从而增大阻力的技术方案相反，因此附件 2 未给出设置如权利要求 2 所述的进气通道的技术启示，权利要求 2 所保护的技术方案对所属技术领域的技术人员来说是不容易想到的，权利要求 2 相对于附件 2 具备实质性特点，并且本专利采用上述的进气通道结构，可以加大空气流向转折的角度，使空气的绕流和旋涡的形成更加充分，增加了油烟与油烟过滤板接触的几率，提高了油烟的分离效率，因此权利要求 2 符合专利法第二十二条第三款有关创造性的规定。③权利要求 3~9 相对于附件 2 的创造性。在权利要求 2 相对于附件 2 具备创造性的前提下，权利要求 3~9 中引用权利要求 2 的技术方案相对于附件 2 也具备实质性特点和进步，符合《专利法》第二十二条第三款有关创造性的规定。但是，权利要求 6 的附加技术特征已经被附件 2 公开，权利要求 7~9 的附加技术特征被附件 2 公开或者是所属技术领域的惯常设计，因此在其引用的权利要求 1 不具备创造性时，权利要求 6~9 中引用权利要求 1 的技术方案不具备实质性特点，不符合《专利法》第二十二条第三款有关创造性的规定。(2) 权利要求 2 相对于附件 3 的创造性。权利要求 2 的技术方案与附件 3 披露的过滤器的不同在于：权利要求 2 中前翼板设置在前板的进气口的边缘处，后翼板设置在后板的出气口的边缘处；进气口与出气口交错间隔排列；进气口、前翼板、后翼板和出气口之间形成转折的通道。由于附件 3 并未披露上述技术特征，同时附件 3 在结构或功能上也未给出在附件 3 的油烟过滤器前后板的边缘处设置单独的翼板，并形成转折的进气通道的技术启示，因此在附件 3 的基础上得到权利要求 2 保护的技术方案对于所属技术领域的技术人员来说是不容易想到的，权利要求 2 符合《专利法》第二十二条第三款有关创造性的规定。综上所述，本专利权利要求 1、权利要求 6~9 中引用权利要求 1 的技术方案不符合《专利法》第二十二条第三款的规定。权利要求 2 及权利要求 3~9 中引用权利要求 2 的技术方案相对于附件 2 或附件 3 具备创造性，符合《专利法》第二十二条第三款的规定。专利复审委员会据此宣告本专利权利要求 1、权利要求 6~9 中引用权利要求 1 的技术方案无效，在权利要求 2 有效的基础上，维持权利要求 3~9 中引用权利要求 2 的技术方案有效。

四川成泰公司不服第 10346 号决定，在法定期限内向本院提起行政诉讼称：（1）关于权利要求 1 相对于附件 2 的新颖性问题。专利复审委员会认定附件 2 与本专利存在的区别技术特征并不是根据本专利权利要求书而是基于附图中公开的结构，其并没有正确适用专利法第五十六条的规定即以权利要求书来确定保护范围。由于决定中已经认定附件 2 包括有前面板和后面板，其又是相对设置并间隔有距离，前板设有进气口，后板设有出气口，进气口和出气口交错间隔排列，客观上权利要求 1 的所有技术特征均已被公开，权利要求 1 相对于附件 2 不具备新颖性。（2）关于板利要求 1 相对于附件 3 的新颖性问题。第 10346 号决定中已经认定附件 3 公开了外夹板和内夹板，其又是相对设置并间隔有距离，内外夹板又均有开口（进、出气口）且位置错开，即权利要求 1 的技术特征已公开。而权利要求 1 并没有限定有无过滤层，附件 3 是否存在过滤层并不影响新颖性的判断。（3）关于权利要求 2 相对于附件 2 的创造性问题。第 10346 号决定中认为“附件 2 给出的是进气通道圆弧设置并减少阻力的启示”没有事实依据，附件 2 中所谓的“向上的油烟气流所受的阻力较小”，指的是油烟进入过滤器的阻力较小，而过滤器内部的结构仍然是使进入过滤器的气流产生涡流。附件 2 之所以选择多段弧形的结构，实际上是为了增加涡流，增加气流接触侧壁的机会，也即给气流增大阻力。所以，附件 2 的气流通道实际上比本专利的气流通道效果更好，基于附件 2 的气流通道，本领域的普通技术人员可以显而易见能想到本专利的气流通道，故权利要求 2 相对于附件 2 不具备创造性。（4）在权利要求 2 没有创造性的基础上，引用权利要求 2 的其他权项也均没有创造性。综上所述，第 10346 号决定认定事实和适用法律有误，请求人民法院依法予以撤销。

被告专利复审委员会辩称：（1）关于权利要求 1 相对于附件 2 的新颖性。本专利权利要求 1 中并不存在如附件 2 所称的整板和在板上的开口，专利复审委员会对于上述区别技术特征的认定是基于权利要求而非实施例的比较。（2）关于权利要求 1 相对于附件 3 的新颖性。附件 3 中所公开的夹板的作用主要是夹持而非过滤，其过滤作用的实现完全依赖于单独存在的过滤层，所以在新颖性的判断时考虑附件 3 的过滤层并无不妥同时，附件 3 并未公开权利要求 1 中的进气口、出气口要间隔排列这一技术特征，因此二者的技术方案并不相同，权利要求 1 相对于附件 3 具备新颖性。（3）权利要求 2 相对于附件 2 的创造性。本专利权利要求 2 的结构是利用增大压降从而实现更好的分离效果，而附件 2 的结构均有弧形斜边，尽管其也能产生旋涡和绕流，但对于所属技术领域的技术人员来说，其给出的技术启示是减小阻力从而降低压降，这与权利要求 2 的通道作用相反，因此权利要求 2 相对于附件 2 具备实质性特点。综上所述，第 10346 号决定认定事实清楚，适用法律正确，审查程序合法，请求人民法院驳回原告的诉讼请求，维持第 10346 号决定。

第三人成都亿诺公司陈述意见称：（1）本专利的权利要求 1 相对于附件 2 具备新颖性。附件 2 中没有与本专利中前板和后板相同的技术特征，权利要求 1 相对于附件 2 具备新颖性。（2）权利要求 1 相对于附件 3 具备新颖性。附件 3 中没有与本专利进气口和出气口的位置间隔排列相同的、相互位置关系的技术特征，且本专利的前板和后板与附件 3 的内夹板和外夹板不是相同的技术特征，权利要求

1 相对于附件 3 具备新颖性。(3) 权利要求 2 相对于附件 2 具备创造性附件 2 给出的只是进气通道应该按照圆弧设置并减少阻力的常规设计的启示，但本专利采用的直接形成转折的进气通道的结构形式，主要目的就是以牺牲部分空气阻力损失为代价，从而保证并加大空气流向折回角度和力度，使空气绕流和旋涡的形成更加充分，使得油烟更容易在空气流向突然改变时能够更好地被惯性力和离心力抛向油烟过滤板，增加了油烟与过滤板接触的几率，达到分离的目的。综上所述，请求人民法院驳回原告的诉讼请求，维持第 10346 号决定。

本院经审理查明：

名称为"油烟过滤板"的实用新型专利（即本专利）由成都炉莱特尔净化技术实业有限公司于 2002 年 12 月 5 日向国家知识产权局提出申请，于 2003 年 10 月 29 日被授权公告，专利号为 02245034.3，后该专利的权利人变更为成都亿诺公司。本专利的授权权利要求为：

"1. 一种油烟过滤板，其特征是：它包括前板（1）和后板（2），前板（1）和后板（2）相对设置并间隔有距离，前板（1）上设置有进气口（3），后板（2）上设置有出气口（4），进气口（3）与出气口（4）交错间隔排列。

2. 如权利要求 1 所述的油烟过滤板，其特征是：所述前板（1）的进气口（3）的边缘处设置有前翼板（5），后板（2）的出气口（4）边缘处设置有后翼板（6），进气口（3）、前翼板（5）、后翼板（6）和出气口（4）之间形成转折的进气通道（7）。

3. 如权利要求 2 所述的油烟过滤板，其特征是：所述前翼板（5）与所述前板（1）之间的夹角 α 为 30°~150°，所述后翼板（6）与所述后板（2）之间的夹角 β 为 30°~150°。

4，如权利要求 3 所述的油烟过滤板，其特征是：所述夹角 α 与夹角 β 相等且均为 60°~120°。

5. 如权利要求 4 所述的油烟过滤板，其特征是：所述前翼板（5）的顶端（8）和后翼板（6）的顶端（9）为锐利的棱边。

6. 如权利要求 1、2、3、4 或 5 所述的油烟过滤板，其特征是：所述进气口（3）和出气口（4）均为长条形，所述前翼板（5）设置在长条形进气口（3）的长边的边缘处，所述后翼板（6）设置在长条形出气口（4）的长边的边缘处。

7. 如权利要求 6 所述的油烟过滤板，其特征是：所述各条进气口（3）所组成的进风面的轮廓为长万形，方形、圆形或椭圆形。

8. 如权利要求 1、2、3、4 或 5 所述的油烟过滤板，其特征是：所述进气口（3）和出气口（4）均为形状相同的圆孔、椭圆形孔或方孔，所述前翼板（5）设置在进气口（3）的周边边缘处，所述后翼板（6）设置在出气口（4）的周边边缘处。

9. 如权利要求 8 所述的油烟过滤板，其特征是：所述各个进气口（3）所组成的进风面的轮廓为长方形、方形、圆形或椭圆形。"

2006 年 8 月 11 日，四川成泰公司以本专利不具备《专利法》第二十二条第二款及第三款所规定的新颖性和创造性为由向专利复审委员会提出无效宣告请求。为支持其无效宣告请求，四川成泰公司提供的与本案有关的证据包括附件 2——名称为"油烟净化器"的第 98235540.8 号实用新型专利，其授权公告日为 1999 年 6 月 23 日该实用新型专利公开了一种油烟净化器，该油烟净化器由一组平行排列的截面呈倒人字形的过滤片 2 焊接在其两端的槽钢型连接件 5 的下部组成前面板，由一组平行排列的截面呈马蹄形的过滤片 1 焊接在其两端的连接片 3 和连接片 4 组成后面板，前后面板相对设置并间隔有距离，相邻倒人字形过滤片 2 之间的缝隙形成油烟进口 d1，相邻马蹄形过滤片 1 之间的缝隙形成油烟出口 d2，马蹄形过滤片 1 和倒人字形过滤片 2 呈上下交错对置，其进气口和出气口交错间隔排列。同时，在阅读附件 2 的说明书后可知，倒人字形过滤片 2 是由夹角为 140°~160°的两弧形斜边

2a，以及在两弧形斜边 2a 端部向上形成的小圆弧 2b 所构成的……上述马蹄形过滤片 1 则是由顶部弧度为 100°~140°的圆弧 1a、与圆弧 1a 两端切向连接的两直边 1b、以及与两直边 1b 下端切向连接的弧度为 50°~70°的圆弧 1c 所构成的，该结构使马蹄形过滤片 1 的开口处呈向内收缩状。

附件 3 名称为“厨房排气扇用油烟过滤器”的第 892192038 号实用新型专利，其授权公告日为 1990 年 5 月 16 日，附件 3 公开的油烟过滤器主要由壳体 1，外夹板 2、过滤层 3、内夹板 4 和手柄 5 所组成。外夹板 2 和内夹板 4 均为一块方形的隔板，在隔板上分别设有许多条倾斜的直缝 7，外夹板 2 与内夹板 4 之间设有过滤层 3，外夹板 2 与内夹板 4 上直缝的开口位置互相错开。

2007 年 3 月 12 日，专利复审委员会对于本案进行了口头审理，在口审过程中，四川成泰公司将无效理由和证据明确为：相对于附件 2，权利要求 1~2 不具备新颖性，权利要求 1~9 不具备创造性；相对于附件 3，权利要求 1~4、6、7 不具备新颖性，权利要求 1~9 不具备创造性，成都亿诺公司对四川成泰公司提供的附件 2 和附件 3 的真实性没有异议。

2007 年 8 月 9 日，专利复审委员会作出第 10346 号决定。

上述事实，有本专利授权公告文本、第 982355408 号实用新型专利授权公告文本、第 892192038 号实用新型专利授权公告文本，第 10346 号决定、口头审理记录表及当事人陈述等证据在案佐证。

本院认为：

结合第 10346 号决定的理由、原告提起本案诉讼主要事实与法律依据及各方当事人的诉辩焦点，本案所争议的主要问题是权利要求 1 相对于附件 2 和附件 3 的新颖性及权利要求 2 相对于附件 2 的创造性问题，故本院将围绕上述问题对第 10346 号决定这一具体行政行为的合法性予以审查。

1. 关于权利要求 1 相对于附件 2 和附件 3 的新颖性问题

首先，关于权利要求 1 相对于附件 2 的新颖性。根据本院已经查明的事实，本专利权利要求 1 所公开的主要技术特征是前后板相对设置及板上设置有交错间隔排列的进出气口。而在附件 2 所公开的技术方案中，被第 10346 号决定以“前面板”指代的实际上是一组截面呈倒人字形的过滤片，而“后面板”是一组截面呈马蹄形的过滤片，两组过滤片的两端设置有连接器，倒人字形过滤片在平行连接时由于过滤片自身的弧度所自然存在的两过滤片之间的缝隙形成油烟进口，同理，马蹄形过滤片之间的缝隙形成油烟出口。显然，从两技术方案的对比来看，本专利的前后板与附件 2 中两组截面形状不同且两端还设置有连接器的过滤片不存在唯一对应关系。此外，本专利中的进出气口设置在板上，而附件 2 中的进出气口实际上是由于倒人字形和马蹄形过滤片本身所具有的弧度在并排连接时所自然产生的缝隙所形成的，两者的进出气口位置亦不存在同一关系。基于附件 2 与权利要求 1 所存在的上述区别技术特征，权利要求 1 相对于附件 2 具备新颖性。在权利要求 1 具备新颖性的前提下，引用权利要求 1 的权利要求 2 相对于附件 2 也具备新颖性。

其次，关于权利要求 1 相对于附件 3 的新颖性。

权利要求 1 中的进出气口位置是交错间隔排列，而附件 3 中仅限定为互相错开，很明显，权利要求 1 中的进出气口不仅要错开还要间隔，这与附件 3 所限定的仅要求错开不是同一含义。因此，鉴于附件 3 并未公开与权利要求 1 相比存在的上述区别技术特征，权利要求 1 相对于附件 3 具备《专利法》第二十二条第二款所规定的新颖性。权利要求 2~4、6 和 7 均直接或间接引用权利要求 1，因此在权利要求 1 相对于附件 3 具备新颖性的条件下，上述权利要求相对于附件 3 也具备新颖性。

2. 权利要求 2 相对于附件 2 的创造性问题

第 10346 号决定系在认定权利要求 1 相对于附件 2 存在区别技术特征从而具备新颖性的基础上，认定作为权利要求 1 从属权利要求的权利要求 2 亦具备新颖性。但由于被告在第 10346 号决定已经以权利要求 1 相对于附件 2 存在的区别技术特征系所述技术领域的惯常设计为由认定权利要求 1 相对于附件2不具备创造性，各方当事人对此亦无异议，故本院所要评述的即是权利要求2的附加技术特征相对于附件2是否具备创造性的问题。权利要求2在权利要求1的基础上进一步明确在进气口的边缘处设置前翼板，出气口的边缘处设置有后翼板，进气口、前翼板、后翼板和出气口之间形成转折的进气通道。通过分析附件2的说明书附图可见，倒人字形过滤片的一条弧形斜边设置在进气口的边缘处，马蹄形过滤片的一条弧形斜边设置在出气口的边缘处，而附件2中进气口、倒人字形过滤片的一条弧形斜边、马蹄形过滤片的一条弧形斜边和出气口也形成了一个转折的进气通道所以，倒人字形过滤片的弧形斜边即相当于前翼板，马蹄形过滤片的弧形斜边相当于后翼板，而这两条斜边的作用与权利要求2中前后翼板的作用相同即也是为了形成转折的进气通道。在附件2与本专利的技术效果基本相同即均是为了实现油烟分离的情况下，附件2所公开的内容对于权利要求2的附加技术特征存在技术启示，权利要求2相对于附件2而言不具备《专利法》第二十二条第三款所规定的创造性。就此，第10346号决定中对于权利要求2相对于附件2具备实质性特点的认定错误，本院予以纠正。

由于第10346号决定是在认定权利要求2相对于附件2具备创造性的基础上，进一步认定权利要求3~9中引用权利要求2的技术方案相对于附件2也具备实质性特点和进步，因此，在本院认定权利要求2相对于附件2不具备创造性的情况下，被告应当就权利要求3~9中引用权利要求2的技术方案相对于附件2是否具备创造性的问题重新予以评述。

综上，被告作出的第10346号决定认定事实不清，适用法律错误，本院依法予以撤销。依照《中华人民共和国行政诉讼法》第五十四条第（二）项第1、2目之规定，本院判决如下：

（1）撤销被告国家知识产权局专利复审委员会作出的第103466号无效宣告请求审查决定；

（2）被告国家知识产权局专利复审委员会就第02245034.3号“油烟过滤板”的实用新型专利权重新作出无效宣告请求审查决定。

案件受理费100元，由被告国家知识产权局专利复审委员会负担（于本判决生效之日起7日内交纳）。

如不服本判决，各方当事人可在本判决书送达之日起15日内，向本院提交上诉状，并按对方当事人人数提交副本，交纳上诉案件受理费100元，上诉于北京市高级人民法院。

审　判　长　刘海旗
代理审判员　佟　姝
人民陪审员　郝建欣
二〇〇七年十二月二十日
书　记　员　高　颖

北京市高级人民法院
行政判决书

（2008）高行终字第102号

上诉人（原审被告）国家知识产权局专利复审委员会，住所地北京市海淀区北四环西路9号银谷大厦10~12层。

法定代表人廖涛，副主任。

委托代理人巩克栋，该委员会审查员。

委托代理人郭鹏鹏，该委员会审查员。

上诉人（原审第三人）成都亿诺高新科技有限公司，住所地四川省成都市武侯区桐梓林中路6号。

法定代表人王建平，董事长。

委托代理人张志，四川致高律师事务所律师。

委托代理人林俐，女，汉族，1962年4月29日出生，该公司顾问，住北京市海淀区万泉河路68号院4号楼201号。

被上诉人（原审原告）四川成泰科技有限责任公司，住所地四川省成都市青羊区小南街69号长城园111789号。

法定代表人余泰成，董事长。

委托代理人朱黎光，男，汉族，1961年12月26日出生，北京金之桥知识产权代理有限公司专利代理人，住北京市海淀区复兴路甲49号院2楼4单元306号。

上诉人国家知识产权局专利复审委员会（简称专利复审委员会）、成都亿诺高新科技有限公司（简称成都亿诺公司）因实用新型专利权无效行政纠纷一案，不服北京市第一中级人民法院（2007）一中行初字第1531号行政判决，向本院提出上诉。本院2008年3月3日受理本案后，依法组成合议庭，于2008年4月8日公开开庭进行了审理。上诉人专利复审委员会的委托代理人巩克栋、郭鹏鹏，上诉人成都亿诺公司的委托代理人张志、林俐，被上诉人四川成泰科技有限责任公司（简称四川成泰公司）的委托代理人朱黎光到庭参加了诉讼。本案现已审理终结。

北京市第一中级人民法院认定，名称为“油烟过滤板”的02245034.3号实用新型专利（简称本专利）的权利人现为成都亿诺公司。2006年8月11日，四川成泰公司以本专利不具备《专利法》第二十二条第二款及第三款所规定的新颖性和创造性为由向专利复审委员会提出无效宣告请求。2007年8月9日，专利复审委员会做出第10346号无效宣告请求审查决定（简称第10346号决定）。

北京市第一中级人民法院认为，本专利权利要求1中的前后板与附件2中两组截面形状不同且两端还设置有连接器的过滤片不存在唯一对应关系。本专利中的进出气口设置在板上，附件2中进出气口是由过滤片本身的形状在连接时自然产生的缝隙所形成，两者的进出气口位置不存在同一关系。因此，本专利权利要求1相对于附件2具备新颖性。在本专利权利要求1具备新颖性的前提下，本专利权利要求2相对于附件2也具备新颖性。本专利权利要求1相对于附件3也具备新颖性，本专利权利要求2~4、6和7均直接或间接引用权利要求1，上述权利要求相对于附件3也具备新颖性。本专利权利要求2在权利要求1的基础上进一步明确在进气口的边缘处设置前翼板，出气口的边缘处设置有后翼板，进气口、前翼板、后翼板和出气口之间形成转折的进气通道。而附件2中进气口、倒人字形过滤片的一条弧形斜边、马蹄形过滤片的一条弧形斜边和出气口也形成了一个转折的进气通道。在附件 2 与本专利的技术效果基本相同的情况下，附件 2 所公开的内容对于本专利权利要求 2 的附加技术特征存在技术启示，权利要求 2 不具备创造性。第 10346 号决定中对于本专利权利要求 2 相对于附件 2 具备实质性特点的认定错误，应予纠正。专利复审委员会应当就权利要求 3~9 中引用权利要求 2 的技术方案相对于附件 2 是否具备创造性的问题重新予以评述。

北京市第一中级人民法院依照《中华人民共和国行政诉讼法》第五十四条第（二）项第 1、2 目的规定，判决：（1）撤销专利复审委员会做出的第 10346 号决定；（2）专利复审委员会就本专利权重新做出无效宣告请求审查决定。

专利复审委员会、成都亿诺公司均不服原审判决，向本院提出上诉。

专利复审委员会请求撤销原审判决，改判维持第 10346 号决定。其理由是：本专利权利要求 2 与附件 2 的区别技术特征除权利要求 1 所评述的区别技术特征外，还包括前板的进气口的边缘处设置有前翼板，后板的出气口处设置有后翼板，进气口、前翼板、后翼板和出气口之间形成转折的进气通道。而附件 2 由倒人字形过滤片之间的缝隙形成油烟进口，倒人字形过滤片由两弧形斜边以及在弧形斜边端部向上形成的小圆弧构成，马蹄过滤片之间的缝隙形成油烟出口，马蹄形过滤片则是由顶部的圆弧、与圆弧两端切向连接的两直边以及与两直边下端切向连接的两圆弧构成。由此可知，无论是倒人字形过滤片、马蹄形过滤片以及由上述两者构成的烟气通道都是弧形的圆滑设计。本专利权利要求 2 中的翼板不同于倒人字形过滤片和马蹄形过滤片，由翼板构成的烟气通道也不同于倒人字形过滤片和马蹄形过滤片构成的烟气通道。本专利权利要求 2 的进气通道利用翼板的设置，通过加大空气流向转折的角度，即通过增大阻力来产生绕流和涡流。而附件 2 给出的是进气通道圆弧设置并减少阻力的技术启示，其与本专利权利要求 2 加大空气流向变化从而增大阻力的技术方案相反，因此，附件 2 未给出设置如本专利权利要求 2 所述的进气通道的技术启示，并且本专利采用的进气通道结构，可以加大空气流向转折的角度，使空气的绕流和旋涡的形成更加充分，增加了油烟与油烟过滤板接触的几率，提高了油烟的分离效率，因此，本专利权利要求 2 符合《专利法》第二十二条第三款的规定。

成都亿诺公司上诉请求撤销原审判决，维持专利复审委员会做出的第 10346 号决定。其理由是：附件 2 只给出了按照圆弧设置对空气进行倒流而减少局部阻力的“圆弧过渡的导流型进气通道,，的技术启示，而没有给出本专利突然改变空气流向的直接形成转折而加大局部阻力的转折形进气通道的技术启示，因此，本专利权利要求 2 相对于附件 2 具备创造性。

四川成泰公司服从原审判决。

经审理查明，本专利是名称为“油烟过滤板”的实用新型专利，由成都炉莱特尔净化技术实业有限公司于 2002 年 12 月 5 日向国家知识产权局提出申请，于 2003 年 10 月 29 日被公告授予专利权，专利号为 02245034.3，后该专利的权利人变更为成都亿诺公司。本专利的授权权利要求为：

“1. 一种油烟过滤板，其特征是：它包括前板（1）和后板（2），前板（1）和后板（2）相对设置并间隔有距离，前板（1）上设置有进气口（3），后板（2）上设置有出气口（4），进气口（3）与出气口（4）交错间隔排列。

2. 如权利要求 1 所述的油烟过滤板，其特征是：所述前板（1）的进气口（3）的边缘处设置有前翼板（5），后板（2）的出气口（4）边缘处设置有后翼板（6），进气口（3）、前翼板（5）、后翼板（6）和出气口（4）之间形成转折的进气通道（7）。

3. 如权利要求 2 所述的油烟过滤板，其特征是：所述前翼板（5）与所述前板（1）之间的夹角 α 为 30°~150°，所述后翼板（6）与所述后板（2）之间的夹角 β 为 30°~150°。

4. 如权利要求 3 所述的油烟过滤板，其特征是：所述夹角 α 与夹角 β 相等且均为 60°~120°。

5. 如权利要求 4 所述的油烟过滤板，其特征是：所述前翼板（5）的顶端（8）和后翼板（6）的顶端（9）为锐利的棱边。

6. 如权利要求 1、2、3、4 或 5 所述的油烟过滤板，其特征是：所述进气口（3）和出气口（4）均为长条形，所述前翼板（5）设置在长条形进气口（3）的长边的边缘处，所述后翼板（6）设置在长条形出气口（4）的长边的边缘处。

7. 如权利要求 6 所述的油烟过滤板，其特征是：所述各条进气口（3）所组成的进风面的轮廓为长方形、方形、圆形或椭圆形。

8. 如权利要求 1、2、3、4 或 5 所述的油烟过滤板，其特征是：所述进气口（3）和出气口（4）均为形状相同的圆孔、椭圆形孔或方孔，所述前翼板（5）设置在进气口（3）的周边边缘处，所述后翼板（6）设置在出气口（4）的周边边缘处。

9. 如权利要求 8 所述的油烟过滤板，其特征是：所述各个进气口（3）所组成的进风面的轮廓为长方形、方形、圆形或椭圆形。"

2006 年 8 月 11 日，四川成泰公司以本专利不具备《专利法》第二十二条第二款及第三款所规定的新颖性和创造性为由向专利复审委员会提出无效宣告请求。为支持其无效宣告请求，四川成泰公司向专利复审委员会提交了相关证据，其中：

附件 2：名称为"油烟净化器"的第 98235540. 8 号实用新型专利，其授权公告日为 1999 年 6 月 23 日。该实用新型专利公开了一种油烟净化器，该油烟净化器由一组平行排列的截面呈倒人字形的过滤片 2 焊接在其两端的槽钢型连接件 5 的下部组成前面板，由一组平行排列的截面呈马蹄形的过滤片 1 焊接在其两端的连接片 3 和连接片 4 组成后面板，前后面板相对设置并间隔有距离，相邻倒人字形过滤片 2 之间的缝隙形成油烟进口 d1，相邻马蹄形过滤片 1 之间的缝隙形成油烟出口 d2，马蹄形过滤片 1 和倒人字形过滤片 2 呈上下交错对置，其进气口和出气口交错间隔排列。同时，在阅读附件 2 的说明书后可知，倒人字形过滤片 2 是由夹角为 140°~160°的两弧形斜边 2a、以及在两弧形斜边 2a 端部向上形成的小圆弧 2b 所构成的……上述马蹄形过滤片 1 则是由顶部弧度为 100°~140°的圆弧 1a、与圆弧 1a 两端切向连接的两直边 1b，以及与两直边 1b 下端切向连接的弧度为 50°~70°的圆弧 1c 所构成的，该结构使马蹄形过滤片 1 的开口处呈向内收缩状。

附件 3：名称为"厨房排气扇用油烟过滤器"的第 89219203. 8 号实用新型专利，其授权公告日为 1990 年 5 月 16 日。附件 3 公开的油烟过滤器主要由壳体 1、外夹板 2、过滤层 3、内夹板 4 和手柄 5 所组成。外夹板 2 和内夹板 4 均为一块方形的隔板，在隔板上分别设有许多条倾斜的直缝 7，外夹板 2 与内夹板 4 之间设有过滤层 3，外夹板 2 与内夹板 4 上直缝的开口位置互相错开。

2007 年 3 月 12 日，专利复审委员会对本无效宣告请求进行了口头审理。在口头审理过程中，四川成泰公司将无效理由和证据明确为：相对于附件 2，本专利权利要求 1~2 不具备新颖性，本专利权利要求 1~9 不具备创造性；相对于附件 3，本专利权利要求 1~4、6、7 不具备新颖性，本专利权利要求 1~9 不具备创造性。成都亿诺公司对四川成泰公司提供的附件 2 和附件 3 的真实性没有异议。

2007 年 8 月 9 日，专利复审委员会做出第 10346 号决定，维持本专利权部分有效。该决定认为：1. 作为公开出版物的附件 2 和附件 3 的公开时间均早于本专利的申请日，故可作为现有技术用于评价本专利。2. 关于新颖性。（1）相对于附件 2 的新颖性。本专利权利要求 1 的油烟过滤板采用前板和后板，前板上设置进气口，后板上设置出气口的结构，其与附件 2 油烟净化器采用的由一组平行排列的截面呈倒人字形的过滤片 2 焊接在其两端的槽钢型连接件 5 的下部组成前面板、由一组平行排列的截面呈马蹄形的过滤片 1 焊接在其两端的连接片 3 和连接片 4 组成后面板，并通过相邻过滤片之间的缝隙形成的油烟进口和出口的结构不同，由于附件 2 与权利要求 1 存在上述区别技术特征，因此权利要求 1 相对于附件 2 具备新颖性。权利要求 2 引用权利要求 1，在权利要求 1 相对于附件 2 具备新颖性的条件下，权利要求 2 相对于附件 2 也具备新颖性。(2) 相对于附件 3 的新颖性。本专利权利要求 1 的油烟过滤板由前板 1 和后板 2 构成，其上设置的进气口 3 和出气口 4 交错间隔排列。然而，附件 3 并没有记载进气口、出气口要间隔排列这一技术特征，权利要求 1 相对于附件 3 具备新颖性。权利要求 2~4、6 和 7 均直接或间接引用权利要求 1，因此在权利要求 1 相对于附件 3 具备新颖性的条件下，上述权利要求相对于附件 3 也具备新颖性，符合《专利法》第二十二条第二款的规定。3. 关于创造性。(1) 相对于附件 2 的创造性。①权利要求 1 相对于附件 2 的创造性。本专利权利要求 1 保护的技术方案与附件 2 公开的技术方案的不同仅在于：权利要求 1 的油烟过滤板采用前板和后板，前板上设置进气口，后板上设置出气口；而附件 2 采用由一组平行排列的截面呈倒人字形的过滤片 2 焊接在其两端的槽钢型连接件的下部组成前面板，由一组平行排列的截面呈马蹄形的过滤片 1 焊接在其两端的连接片 3 和连接片 4 组成后面板，相邻过滤片之间的缝隙形成油烟的进、出口。对于所属技术领域的技术人员来说，将油烟过滤板制成前板或后板的形式，或者采用前面板、后面板的设计，都是所属技术领域的惯常设计，对所属技术领域的技术人员来说是容易想到的，因此权利要求 1 保护的技术方案不具备实质性特点。②权利要求 2 相对于附件 2 的创造性。附件 2 的进气通道利用圆弧设置从而达到减少阻力并产生涡流的效果，而权利要求 2 的进气通道利用翼板的设置，通过加大空气流向转折的角度，即通过增大阻力来产生绕流和涡流。由此可见，二者的进气通道具体的结构不相同。对于所属技术领域的技术人员来说，附件 2 给出的是进气通道圆弧设置并减少阻力的启示，其与权利要求 2 的加大空气流向变化从而增大阻力的技术方案相反，因此附件 2 未给出设置如权利要求 2 所述的进气通道的技术启示，权利要求 2 所保护的技术方案对所属技术领域的技术人员来说是不容易想到的，权利要求 2 相对于附件 2 具备实质性特点，并且本专利采用上述的进气通道结构，可以加大空气流向转折的角度，使空气的绕流和旋涡的形成更加充分，增加了油烟与油烟过滤板接触的几率，提高了油烟的分离效率，因此权利要求 2 符合《专利法》第二十二条第三款有关创造性的规定。③权利要求 3~9 相对于附件 2 的创造性。在权利要求 2 相对于附件 2 具备创造性的前提下，权利要求 3~9 中引用权利要求 2 的技术方案相对于附件 2 也具备实质性特点和进步，符合《专利法》第二十二条第三款有关创造性的规定。但是，权利要求 6 的附加技术特征已经被附件 2 公开，权利要求 7~9 的附加技术特征被附件 2 公开或者是所属技术领域的惯常设计，因此在其引用的权利要求 1 不具备创造性时，权利要求 6~00009 中引用权利要求 1 的技术方案不具备实质性特点，不符合《专利法》第二十二条第三款有关创造性的规定。(2) 权利要求 2 相对于附件 3 的创造性。权利要求 2 的技术方案与附件 3 披露的过滤器的不同在于：权利要求 2 中前翼板设置在前板的进气口的边缘处，后翼板设置在后板的出气口的边缘处；进气口与出气口交错间隔排列；进气口、前翼板、后翼板和出气口之间形成转折的通道。由于附件 3 并未披露上述技术特征，同时附件 3 在结构或功能上也未给出在附件 3 的油烟过滤器前后板的边缘处设置单独的翼板，并形成转折的进气通道的技术启示，因此在附件 3 的基础上得到权利要求 2 保护的技术方案对于所属技术领域的技术人员来说是不容易想到的，权利要求 2 符合《专利法》第二十二条第三款有关创造性的规定。综上所述，本专利权利要求 1、权利要求 6~9 中引用权利要求 1 的技术方案不符合《专利法》第二十二条第三款的规定。本专利权利要求 2 及权利要求 3~9 中引用权利要求 2 的技术方案相对于附件 2 或附件 3 具备创造性，符合《专利法》第二十二条第三款的规定。专利复审委员会据此宣告本专利权利要求 1、权利要求 6~9 中引用本专利权利要求 1 的技术方案无效，在本专利权利要求 2 有效的基础上，维持本专利权利要求 3~9 中引用权利要求 2 的技术方案有效。

上述事实，有本专利授权公告文本、第 98235540.8 号实用新型专利授权公告文本、第

89219203.8号实用新型专利授权公告文本、第10346号决定、口头审理记录表及当事人陈述等证据在案佐证。

本院认为，实用新型专利的创造性是指，同申请日以前已有的技术相比，该实用新型具有实质性特点和进步。

第10346号决定和原审判决认定本专利权利要求1、2具备新颖性，本专利权利要求1不具备创造性，对此，成都亿诺公司、四川成泰公司均无异议，故本案争议焦点在于本专利权利要求2相对于附件2是否具备创造性。

根据《专利法》第五十六条的规定，实用新型的保护范围以其权利要求的内容为准，说明书及其附图可以用于解释权利要求。根据本专利权利要求2所限定的技术方案，并结合说明书及其附图分析，可以得知：本专利权利要求2的技术方案是在进气口和出气口分别设置的前翼板、后翼板为非弧形的直板，进气通道是由进气口、出气口，还有前翼板、后翼板组成的转折的进气通道。

在进行创造性判断时，应当确定现有技术整体上是否存在某种技术启示，即现有技术中是否给出将上述区别技术特征应用到该最接近的现有技术以解决现有技术中存在的技术问题的启示，这种启示会使所属技术领域的技术人员在面对所述技术问题时，有动机改进该最接近的现有技术并获得要求保护的技术方案。附件2给出的技术教导是通过圆弧形过滤片的设置，减小空气阻力，增强空气的流动性，从而形成较强的涡流，以此达到油烟分离的目的。而本专利的前翼板、后翼板采用非弧形设计，形成转折的进气通道，加大气流的转折角度，通过增加油烟流动的阻力，以此提高与油烟过滤板接触的几率，达到提高油烟分离率的目的。附件2整体公开的技术方案与本专利技术构思不同，对于本领域技术人员来说，根据附件2记载的技术方案不经过创造性劳动不能得出本专利权利要求2的技术方案，因此，本专利权利要求2与附件2相比，具有实质性特点，而且加工工艺简单、制造成本低，提高了油烟的过滤效果，与现有技术相比有进步，符合《专利法》第二十二条第三款的规定，具备创造性。

综上，原审判决撤销第10346号决定依据不足，应予纠正。专利复审委员会、成都亿诺公司上诉理由成立，其上诉请求本院予以支持。依照《中华人民共和国行政诉讼法》第六十一条第（三）项之规定，判决如下：

（1）撤销北京市第一中级人民法院（2007）一中行初字第1531号行政判决；

（2）维持国家知识产权局专利复审委员会做出的第10346号无效宣告请求审查决定。

一审案件受理费100元，由四川成泰科技有限责任公司负担（已交纳）；二审案件受理费100元，由四川成泰科技有限责任公司负担（于本判决生效后7日内交纳）。

本判决为终审判决。

审　判　长　刘　辉
代理审判员　岑宏宇
代理审判员　焦　彦
二〇〇八年六月二日
书　记　员　孙　娜

178

一种衣架推拉装置

无效宣告请求审查决定（第10355号）

决　　定　　号　第10355号
决　　定　　日　2007年8月14日
发明创造名称　一种衣架推拉装置
国 际 分 类 号　A47B 61/00
无效宣告请求人　郑龙规
专　利　权　人　陈洪波
专　　利　　号　01242748.9
申　　请　　日　2001年7月24日
授 权 公 告 日　2002年10月2日
合 议 组 组 长　黄玉平
主　　审　　员　周　航
参　　审　　员　高桂莲

法　律　依　据　专利法第22条第2款、第3款
决　定　要　点

如果一项权利要求请求保护的技术方案与对比文件领域不同且存在区别，则该权利要求相对于该对比文件具备新颖性。

如果上述区别相对于对比文件来说是非显而易见的并为请求保护的技术方案带来了有益的技术效果，且现有技术中并未就所区别之处给出相应的技术启示，则该请求保护的技术方案相对于对比文件具备创造性。

一、案由

本无效宣告请求涉及的是国家知识产权局于2002年10月2日授权公告的ZL 01242748.9号、名称为“一种衣架推拉装置”的实用新型专利（下称本专利），其申请日是2001年7月24日，专利权人是陈洪波。

本专利授权时的权利要求书为：

“1. 一种衣架推拉装置，其特征在于该装置由衣架钩支承板（1）、导轨（2）、滚珠（3）、衬板（4）和滚珠支承板（5）组成，衬板（4）固定在壁板上；滚珠（3）放在滚珠支承板（5）上，并设在衬板（4）与导轨（2）之间，导轨（2）镶入在衣架钩支承板（1）上。”

针对上述专利权，郑龙规（下称请求人）于2006年10月20日向专利复审委员会提出无效宣告

请求，其理由是：本专利不具备专利法第 22 条第 2 款和第 3 款规定的新颖性和创造性。与此同时，请求人提交了如下证据：

证据 1：专利号为 94211995.9 的实用新型专利说明书，其授权公告日为 1995 年 2 月 1 日；

证据 2：专利号为 99244768.2 的实用新型专利说明书，其授权公告日为 2000 年 9 月 6 日。

请求人认为，本专利的权利要求 1 相对于证据 1 不具备新颖性，相对于证据 1 和 2 的结合不具备创造性。

经形式审查合格，专利复审委员会受理了该无效宣告请求，并于 2006 年 10 月 20 日向双方发出无效宣告请求受理通知书，同时将请求书及附件清单中所列附件副本转送给专利权人，并告知专利权人在收到无效宣告请求受理通知书之日起一个月内对该无效宣告请求陈述意见。

在指定期限内专利权人未做答复。

专利复审委员会依法成立合议组，并于 2007 年 3 月 20 日向双方当事人发出无效宣告请求口头审理通知书，定于 2007 年 5 月 22 日进行口头审理。

口头审理如期进行，双方当事人均参加了口头审理。在口头审理中，请求人明确其无效宣告的理由、证据和范围是：本专利权利要求 1 相对于证据 1 不具备新颖性，相对于证据 1 和 2 的结合不具备创造性。专利权人对证据 1 和 2 的真实性均无异议。

在口头审理的过程中，请求人认为：(1) 证据 1 中的工作台相当于本专利的衣架钩支承板 (1)，滑动块本体相当于本专利的导轨 (2)，钢珠相当于本专利的滚珠 (3)；轨条相当于本专利的衬板 (4)，钢珠保持器相当于本专利的滚珠支承板 (5)，“轨条设有一沉头孔作为固定直线滚珠导轨之用”相当于本专利中的“衬板 (4) 固定在壁板上”，“钢珠安装在钢珠保持器内，并设在滑动块本体和轨条之间”相当于本专利中的“滚珠 (3) 放在滚珠支承板上，并设在衬板 (4) 与导轨 (2) 之间”，“滑动块本体设置有装置工作台的螺孔”相当于本专利中的“导轨 (2) 镶入在衣架钩支承板 (1) 上”，因此证据 1 完全覆盖了本专利的技术特征。(2) 证据 1 与证据 2 的结合可以评述本专利的创造性，其中证据 1 是最接近的对比文件，证据 2 与本专利技术领域相同，并给出了将衣架代替证据 1 的工作台从而构成本专利的衣架推拉装置的教导和启示，此外，本专利中“导轨镶入衣架钩支承板”只是一种固定连接方式，证据 1 和证据 2 都公开了固定连接方式。

针对上述观点专利权人认为：(1) 本专利的发明点在于衬板固定在壁板上，导轨镶入衣架钩支承板而相对于衬板，因而拉出距离较长，本专利与证据 1 属于不同的技术领域，结构也不相同，本专利的滚珠支承板与证据 1 的钢珠保持器在结构、目的、作用方面均不相同，滚珠与支承板、衬板、导轨的设置位置也与证据 1 不同，证据 1 的钢珠靠半球形凹槽支持，位于歌德形钢珠钩槽内，而本专利的滚珠是靠滚珠支承板固定的。(2) 证据 2 涉及一种滚轮吊轨式的衣架，证据 1 和 2 均未公开导轨镶入衣架支承板的技术特征。

在上述工作的基础上，合议组认为本案事实已经清楚，可以依法作出审查决定。

二、决定的理由

1. 关于证据

请求人在无效宣告程序中共提交了 2 份证据，专利权人对证据 1 和 2 的真实性均无异议，合议组经审查认为，证据 1 和 2 可以作为本案证据使用，并且上述证据均是本专利申请日之前公开的专利文件，其上记载的内容构成本专利的现有技术，可以用来评价本专利的新颖性和创造性。

2. 关于新颖性

专利法第 22 条第 2 款规定：新颖性是指在申请日以前没有同样的发明或者实用新型在国内外出版物上公开发表过、在国内公开使用过或者以其他方式为公众所知，也没有同样的发明或者实用新型由他人向国务院专利行政部门提出过申请并且记载在申请日以后公布的专利申请文件中。

在本案中，请求人认为本专利的权利要求 1 相对于证据 1 不具备新颖性。

经审查，证据 1 公开了一种直线滚珠导轨（参见说明书第 1~3、7~10 页、附图 1~6），根据说明书第 1 页背景技术部分的记载可知，这种直线导轨用于引导工具机或输送机械的直线运动，其由一轨条 1、一滑动块本体 2、一对端盖 3，一对负荷钢珠保持器 5、两圈钢珠 6 等结构构成，轨条 1 上设有沉头孔 11 作为固定该轨条之用，滑动块本体 2 与轨条 1 配合相对滑动，滑动块本体 2 的两端设有端盖 3，轨条 1 的两侧和滑动块本体 2 的内侧各设有一直线歌德形钢珠沟槽 12，用以导引其中的负荷钢珠 6 产生低摩擦阻力的直线运动，负荷钢珠保持器 5 以弹簧线弯曲制成，用于使钢珠 6 在滑动块本体 2 与轨条分离时不至于脱落，滑动块本体 2 上具有螺孔 23，用于装置工作台。

合议组认为，尽管证据 1 与本专利权利要求 1 的技术方案中都包含轨条/导轨和通过滚珠与所述轨条/导轨相配合实现相对运动装置，但是首先，由于本专利涉及一种衣架推拉装置，而证据 1 涉及的是一种用于引导工具机或输送机械的导轨，二者明显属于不同的技术领域；其次，仅就结构而言（即不考虑技术领域、所解决的技术问题），证据 1 中也没有公开本专利权利要求 1 中的衣架钩支承板这一结构技术特征，因而二者在结构上也不相同。鉴于本专利权利要求 1 与证据 1 存在以上区别之处，故权利要求 1 相对于证据 1 具备新颖性，符合专利法第 22 条第 2 款的规定。

请求人认为证据 1 的工作台相当于本专利的衣架钩支承板 1，滑动块本体相当于本专利的导轨，轨条相当于本专利的衬板。对此合议组认为，尽管证据 1 中滑动块本体与轨条的配合关系类似于本专利中导轨与衬板的配合关系，但正如上面所述，证据 1 与本专利明显属于不同的技术领域，所要解决的技术问题也不同，因而不能仅以证据 1 中记载有工作台、滑动块本体、轨条等具有相互结合关系的部件为由就简单地得出其与本专利的某些相互结合运动的部件（如衣架钩支承板、导轨、衬板等）具有对应关系，故请求人的上述主张不成立。

3. 关于创造性

专利法第 22 条第 3 款规定：创造性是指同申请日以前已有的技术相比，该发明有突出的实质性特点和显著的进步，该实用新型有实质性特点和进步。

在本案中，请求人认为本专利的权利要求 1 相对于证据 1 和 2 的结合不具备创造性，并认为证据 1 是最接近的对比文件，证据 2 与本专利技术领域相同，并给出了将衣架代替证据 1 的工作台从而构成本专利的衣架推拉装置的教导和启示。

本专利与证据 1 存在的区别见上面有关新颖性的评述中所述。

证据 2 公开了一种滑动旋转衣架（参见说明书第 1 页和附图 1、2、9），其由环形导轨 1、拉杆架 6、滑动吊轮 8、衣架体 4 构成，其中多个滑动吊轮 8 可滑动地装在环形导轨 1 的槽内，可自由地定向滑动，拉杆架 6 吊装在滑动吊轮 8 下面，并且各拉杆架 6 之间通过该架上的拉杆 2 互相连接，衣架体 4 吊装在拉杆架 6 之下，每个衣架体上挂有多个衣架。

因此，尽管证据 2 与本专利的技术领域相同，均涉及推拉式的衣架装置，但是证据 2 的衣架装置是将导轨进行固定，拉杆架通过滑动吊轮相对于导轨自由滑动，因而该技术方案中没有公开本专利权利要求 1 中衬板固定在壁板上、导轨镶入衣架钩支承板上、并具有滚珠和滚珠支承板这些技术特征，而本专利的技术方案由于上述技术特征而具有衣架钩支承板推拉方便、拉出长度较长的有益技术效果。另外，由于证据 1 与本专利（进而与证据 2）明显属于不同的技术领域，而且结构上也存在区别之处（参见新颖性的评述），同时证据 1 也未给出启示促使本领域技术人员到该技术领域寻找有关的技术手段，因而证据 1 和证据 2 并不存在相互结合以获得本专利权利要求 1 的技术方案的启示，故本领域技术人员在不付出创造性劳动的情况下很难将证据 1 和证据 2 结合来获得本专利权利要求 1 的技术方案。因此，本专利权利要求 1 的技术方案相对于证据 1 和 2 的结合具有实质性特点和进步，符合专利法第 22 条第 3 款有关创造性的规定。

基于以上事实和理由，本案合议组依法作出如下审查决定。

三、决定

维持 01242748.9 号实用新型专利权有效。

当事人对本决定不服的，可以根据专利法第 46 条第 2 款的规定，在收到本决定之日起三个月内向北京市第一中级人民法院起诉。根据该款的规定，一方当事人起诉后，另一方当事人可以作为第三人参加诉讼。

179

一种吹风机

无效宣告请求审查决定（第 10360 号）

决　　定　　号　第 10360 号
决　　定　　日　2007 年 8 月 3 日
发明创造名称　一种吹风机
国 际 分 类 号　A47J 9/00
无效宣告请求人　广州市白云区超宝清洁用品公司
专　利　权　人　东莞威霸清洁器材有限公司
专　　利　　号　01255422. 7
申　　请　　日　2001 年 8 月 31 日
授 权 公 告 日　2002 年 7 月 10 日
合 议 组 组 长　黄玉平
主　　审　　员　刘　畅
参　　审　　员　高桂莲

法　律　依　据　专利法第 22 条第 3 款
决　定　要　点

如果两篇对比文件之间没有彼此结合的启示，本领域技术人员在这两篇对比文件的基础上不花费创造性的劳动尚不能得出本专利权利要求所限定的技术方案，因而本专利权利要求 1 相对于这两篇对比文件的结合具备专利法第 22 条第 3 款所规定的创造性。

一、案由

本无效宣告请求涉及的是国家知识产权局于 2002 年 7 月 10 日授权公告的名称为“一种吹风机”的实用新型专利（下称本专利），其专利号是 01255422. 7，申请日是 2001 年 8 月 31 日，专利权人是东莞威霸清洁器材有限公司。

本专利授权时的权利要求书为：

“1. 一种吹风机，包括：手柄（1）、连杆（2）、主机（3）、连杆套（4）、挡块（5）和滚轮（6）构成，其特征在于：主机（3）下端的两侧各安装有一个滚轮（6），手柄（1）固定在连杆（2）的一端，连杆（2）的另一端安装在连杆套（4）中，连杆套（4）固定在主机（3）上。

2. 根据权利要求 1 所述的一种吹风机，其特征在于：挡块（5）放置在连杆套（4）中，弹簧（52）安装在挡块（5）和连杆套（4）的内壁之间，挡块（5）可绕支点（54）旋转，挡块（5）一端（53）通过连杆套（4）上的通孔（55）突出在连杆套（4）外，另一端（51）穿过通孔（56），并在弹簧（52）的压力作用下嵌入连杆（2）相应的凹槽内。

3. 根据权利要求1所述的一种吹风机，其特征在于：轮轴（62）的一端固定在主机（3）上，滚轮（6）套接在轮轴（62）的另一端，并通过垫圈（61）和挡片（63）将滚轮（6）固定在轮轴（62）上。”

针对上述专利权，广州市白云区超宝清洁用品公司（下称请求人）于2006年11月24日向专利复审委员会提出无效宣告请求，其理由是：本专利的权利要求1~3不具备专利法第22条第3款规定的创造性。与此同时，请求人提交了如下附件：

附件1：无效宣告请求书；

附件2：本专利的授权公告文本；

附件3（下称对比文件1）：专利号为97202438.7的实用新型专利说明书，其授权公告日为1998年7月29日；

附件4（下称对比文件2）：专利号为US00D361414S的美国专利，其公开日为1995年8月15日；

附件5（下称公知常识性证据）：人民交通出版社出版的《机械原理及机械零件》封面页、版权页以及第174~176页复印件共5页，其中在版权页注明的印刷日期为1995年8月；

附件6（下称对比文件3）：专利号为US4118826的美国专利文件及其部分内容的中文译文，其公开日为1978年10月10日；

附件7（下称对比文件4）：专利号为US6226833B1的美国专利文件及其部分内容的中文译文，其公开日为2001年5月8日。

请求人认为，权利要求1相对于对比文件1与对比文件2的结合，或者对比文件1与对比文件3的结合，或者对比文件1与对比文件4的结合不具备创造性；权利要求2的附加技术特征被对比文件1所公开；权利要求3的附加技术特征属于本领域的公知常识。因此，权利要求1~3均不具备创造性。

经形式审查合格，专利复审委员会受理了该无效宣告请求，并于2006年11月28日向双方当事人发出无效宣告请求受理通知书，同时将专利权无效宣告请求书及附件清单中所列附件副本转送给专利权人，并告知专利权人在收到无效宣告请求受理通知书之日起1个月内对该无效宣告请求陈述意见。

专利权人逾期未答复。

针对上述无效宣告请求，专利复审委员会依法成立合议组，并于2007年3月23日向双方当事人发出无效宣告请求口头审理通知书，指出本案合议组定于2007年5月21日进行口头审理。

口头审理如期进行，双方当事人均参加了此次口头审理。在口头审理中，请求人明确其无效的理由、证据和范围为：本专利的权利要求1~3不符合专利法第22条第3款的规定，使用对比文件1分别结合对比文件2、对比文件3、对比文件4评述权利要求1的创造性，使用对比文件1结合对比文件2评述权利要求2的创造性，使用对比文件1分别结合对比文件2、3、4以及本领域的公知常识评述权利要求3的创造性。

请求人当庭提交了公知常识性证据附件5的原件，专利权人对于请求人提交的对比文件1~4及公知常识性证据的真实性没有异议。请求人明确对比文件1是最接近的对比文件，并认为对比文件2是一种不具有拉杆的吹风机，对比文件1与本专利都是为了解决同样的问题，对比文件1和2可以结合来评述权利要求1的创造性。对此专利权人认为，对比文件1与本专利的技术领域完全不同，所以不能作为对比文件使用，虽然对比文件1中的按扣与本专利的挡块的作用是一样的，但结构是不同的。请求人认为权利要求2的附加技术特征在对比文件1中已经公开了，对此专利权人表示本专利中挡块的连接方式和弹簧的安装位置与对比文件1不同。请求人表示权利要求3的附加技术特征是本领域的公知常识。

请求人对对比文件1结合对比文件3或对比文件4可评述权利要求1的创造性进行了充分的论述，而专利权人认为对比文件3的拉杆是在机架上的，与主机不相连接，其固定方式和连接方式也没有体现。专利权人认为对比文件4中机座的连接方式与本专利的不同，技术效果也不同，不能用对比文件4评述本专利的创造性。

至此，合议组认为本案事实清楚，依法作出审查决定。

二、决定的理由

1. 关于证据

对比文件1~4均为专利文献，其公开日期均在本专利的申请日之前，专利权人对对比文件1~4的真实性均无异议，并对对比文件3、4的部分中文译文的准确性也无异议，因而，对比文件1~4可以作为本案证据使用，其上记载的内容构成本专利的现有技术，对于对比文件3、4所公开的文字部分的内容，以请求人提交的相应中文译文为准。

附件5是请求人提交的公知常识类证据，请求人当庭提交了附件5的原件，专利权人对附件5的真实性表示认可，在附件5的版权页注明的印刷日期为1995年8月，在本专利的申请日之前，因而附件5可以作为本案证据使用，其上记载的内容构成本专利的现有技术。

2. 关于专利法第22条第3款

专利法第22条第3款规定：创造性，是指同申请日以前已有的技术相比，该发明有突出的实质性特点和显著的进步，该实用新型有实质性特点和进步。

对比文件1涉及一种可拆卸的拖拉式行李箱拉杆，其包括握柄10（相当于权利要求1中的手柄）、拉杆组35（相当于权利要求1中的连杆）、上下扣合座40、50（相当于权利要求1中的连杆套）、一对按钮42、43（相当于权利要求1中的挡块）、轮子70（相当于权利要求1中滚轮），其中握柄固定在拉杆组的一端，拉杆组的另一端套装在上下扣合座40、50内（参见对比文件1的说明书第3页第3段、附图2、3）。

对比文件2是美国外观设计专利的公开文本，从对比文件2的名称以及7幅附图中可以看出，其公开了一种吹风机，此吹风机相当于本专利中的主机3（参见无效宣告请求书理由部分），且在口头审理过程中专利权人认可对比文件2是一种吹风机。

对比文件3公开了一种吹风机，其包括吹风机主机、手柄、连杆及滚轮（见对比文件3的译文部分）。

对比文件4公开了一种吹风机，其包括吹风机主机、手柄、连杆及滚轮（见对比文件4的译文部分）。

请求人认为，对比文件1与本专利都是为了解决同样的技术问题，对比文件1可以分别结合对比文件2、3、4来评述权利要求1的创造性。

本专利的权利要求1涉及一种吹风机，其与对比文件1相比，区别在于：本专利主体为吹风机，其包括主机，滚轮是安装于主机下端的两侧，且连杆套固定在主机上，而对比文件1主体为行李箱，其轮子70是安装于行李箱的下端两侧，拉杆组固定于行李箱上。合议组认为，本专利中的吹风机与对比文件1中带有拉杆的拉杆箱属于不同的技术领域；对比文件2中的吹风机不带有本专利权利要求1中的手柄、拉杆、连杆套、挡块及滚轮等部件。由此可见，虽然对比文件2的技术领域与本专利相同，但由于对比文件1的技术领域与本专利相距甚远，本领域技术人员难以将对比文件1中披露的拉杆等内容应用到对比文件2中，也就是说，对比文件1与对比文件2之间没有结合的启示，本领域技术人员在对比文件1、2的基础上不花费创造性的劳动尚不能得出本专利权利要求1所限定的技术方案，因而本专利权利要求1相对于对比文件1与对比文件2的结合具备专利法第22条第3款所规定的创造性。

同理，对比文件3和4也均没有公开本专利连杆套、挡块这两个部件，也未对连杆是如何与吹风机主机连接作出说明。因此，基于与上述相同的理由，对比文件1与本专利属于不同的技术领域，其与对比文件3、4之间也没有结合的启示，本领域技术人员在对比文件1、3或对比文件1、4的基础上不花费创造性的劳动尚不能得出本专利权利要求1所限定的技术方案，因而本专利权利要求1相对于对比文件1分别与对比文件3、4的结合也具备专利法第22条第3款所规定的创造性。

由于本专利权利要求2、3均为权利要求1的从属权利要求，因而在本专利权利要求1具备创造性的情况下，权利要求2、3也具备创造性。

综上所述，本专利的权利要求1~3均具备专利法第22条第3款所规定的创造性，请求人的主张不能成立。

三、决定

维持01255422.7号实用新型专利权有效。

当事人对本决定不服的，可以根据专利法第46条第2款的规定，在收到本决定之日起三个月内向北京市第一中级人民法院起诉，根据该款的规定，一方当事人起诉后，另一方当事人应当作为第三人参加诉讼。

180

发声活动拳套

无效宣告请求审查决定（第10363号）

决　　定　　号　第10363号
决　　定　　日　2007年6月15日
发明创造名称　发声活动拳套
国 际 分 类 号　A63H3/28
无效宣告请求人　汕头市升平区万盼食品有限公司
专　利　权　人　东莞市常平新新食品包装厂
专　　利　　号　00239743.9
申　　请　　日　2000年10月11日
授 权 公 告 日　2001年10月3日
合 议 组 组 长　刘颖杰
主　　审　　员　张惠军
参　　审　　员　杨军艳

法　律　依　据　专利法第22条第2款、第3款，专利法实施细则第20条第1款
决　定　要　点

在实用新型创造性的审查中，除现有技术中给出明确的启示、促使本领域技术人员到相近或者相关的技术领域寻找技术手段之外，一般着重于考虑该实用新型专利所属的技术领域。

根据北京市高级人民法院（2005）高行终字第116号行政判决，专利复审委员会对汕头市升平区万盼食品有限公司针对00239743.9号实用新型专利提出的无效宣告请求重新进行审理，现作出如下决定。

一、案由

本无效宣告请求涉及中华人民共和国国家知识产权局于2001年10月3日授权公告的、名称为“发声活动拳套”的实用新型专利权（下称本专利），其专利号是00239743.9，申请日是2000年10月11日，专利权人是东莞市常平新新食品包装厂。该专利授权公告时的权利要求书如下：

“1. 发声活动拳套，包括手柄（1）、推杆（2）、机身（5），手柄（1）与机身（5）螺纹连接为一整体，推杆（2）一端固定在机身（5）上，其特征在于：伸缩支架（3）的一端的两个支点中的一个支点连接在玩具头（4）上，另一个支点卡设在玩具头（4）的滑槽内，另一端的两个支点中的一个卡设在机身（5）上的滑槽内，另一个销轴连接在机身（5）上，并与推杆（2）连接。

2. 根据权利要求1所述的发声活动拳套，其特征在于：弹簧（7）一端固装在机身（2）上，另

一端与推杆（2）连接。

3. 根据权利要求 1 所述的发声活动拳套，其特征在于：音乐卡（6）固装在机身（2）上。

4. 根据权利要求 1 所述的发声活动拳套，其特征在于：所述的玩具头（4）可为拳头、足球、动物等造型。

5. 根据权利要求 1 所述的发声活动拳套，其特征在于：所述的手柄（1）可为盛装各种小食品的空心管。”

针对本专利权，汕头市升平区万盼食品有限公司（下称请求人）于 2003 年 8 月 18 日向专利复审委员会提出无效宣告请求，其无效理由是本专利权利要求 1~5 不具备创造性，不符合专利法第 22 条第 3 款的规定；权利要求 4 和 5 中出现了模糊不清的术语，没有清楚地限定保护范围，不符合专利法第 26 条第 4 款和专利法实施细则第 20 条第 1 款的规定。请求人提交了如下证据：

证据 1：公告编号为 195830 的台湾新型专利复印件共 5 页，其公告日为 1992 年 12 月 1 日；

证据 2：日本实开平 6-74199 号公开实用新案公报的首页及第 2、3 页复印件共 3 页，其公开日为 1994 年 10 月 21 日；

证据 3：ZL95226326.2 号实用新型专利说明书全文，授权公告日为 1996 年 10 月 23 日。

经形式审查合格后，专利复审委员会于 2003 年 8 月 18 日依法受理了上述无效宣告请求（案件编号为 5W05249）。

请求人于 2003 年 9 月 15 日向专利复审委员会提交了意见陈述书，进一步完善了所提交的证据，提交了证据 1 的公告文本复印件共 2 页、证据 2 的公开说明书全文及其中文译文，并补充提交了如下证据（编号从前）：

证据 4：ZL92234447.7 号实用新型专利说明书全文，授权公告日是 1993 年 6 月 16 日；

证据 5：ZL98226035.0 号实用新型专利说明书全文，授权公告日是 1999 年 5 月 19 日；

证据 6：日期是 2000 年 6 月 19 日、号码为 8000101 的送货单复印件共 1 页；

证据 7：声称是所销售物品的照片共 4 张。

请求人认为，本专利技术方案除被国内外专利文献公开以外，在本专利申请日之前本专利产品已经公开销售过，缺乏新颖性，不符合专利法第 22 条的规定。

专利复审委员会于 2003 年 10 月 24 日收到了东莞市华南专利事务所代表“东莞市常平新新食品包装厂”（简称“新新包装厂”）针对上述无效宣告请求提交的意见陈述书，认为本专利符合专利法第 22 条、第 26 条第 4 款及专利法实施细则第 20 条第 1 款的规定。

针对上述无效宣告请求，专利复审委员会于 2004 年 3 月 8 日进行口头审理。在该次口头审理中，东莞市华南专利事务所代理人李卫平代表“新新包装厂”出席口头审理，双方当事人对对方出席口头审理人员的资格均无异议。请求人明确其无效理由为：本专利不符合专利法第 22 条第 2、3 款及专利法实施细则第 20 条第 1 款的规定，明确表示放弃无效宣告请求书中的其他意见。请求人当庭提交了如下三份证据（编号从前）：

证据 8：委托日期是 2000 年 6 月 19 日的中国工商银行电汇凭证（回单）原件 1 页；

证据 9：汕头经济特区粤东会计师事务所报告原件 1 页；

证据 10：“汕头市升平区万盼食品有限公司”章程原件共 3 页。

合议组当庭将上述三份新证据的复印件转送给“新新包装厂”的代理人李卫平，李卫平表示对证据 1~5 的真实性无异议，对证据 6、7 有异议，认为证据 6 是复印件，无法确定其真实性；证据 7 无日期，并且不能反映具体结构。请求人用证据 6~10 来说明本专利已经公开销售，从而不具有新颖性；用证据 2 作为最接近的对比文件，结合证据 3 评价权利要求 1、2 的创造性，证据 1 结合证据 2

评价权利要求4的创造性，认为权利要求3、5进一步限定的内容是公知技术或普通常识，用证据1、4、5来说明伸缩支架是常用的一种技术。同时请求人指出，本专利不符合实施细则第20条第1款的规定是因为权利要求4中出现了“可为……”，权利要求5中出现了“可为”，从而导致权利要求4、5描述不清楚。请求人和“新新包装厂”的代理人李卫平均认为证据2的伸缩架为前端集中一点固定，与本专利权利要求1限定的“一端两个支点中的一个支点连接在玩具头上，另一个支点卡设在玩具头的滑槽内”不同。

专利复审委员会于2004年3月16日作出了第5940号无效宣告请求审查决定（下称第5940号无效决定），维持本专利权有效。该决定中认为：本专利权利要求4和5虽然分别出现了“可为……”和“可为”但并未使这两项权利要求限定了不同的保护范围或者使其保护范围不清楚，因此认为权利要求4和5符合专利法实施细则第20条第1款的规定；在缺乏原件和对方存有异议的情况下，对证据6的真实性不予认可，证据7与证据8、9、10之间无任何关联，不能形成一个证据链证明本专利在申请日之前已经公开销售；证据2没有公开本专利权利要求1中的以下技术特征：“伸缩支架的一端的两个支点中的一个支点连接在玩具头上，另一个支点卡设在玩具头的滑槽内；伸缩支架另一端的两个支点中的一个卡设在机身上的滑槽内”，并且证据3、4、5均没有公开上述区别技术特征，因此本专利权利要求1及其从属权利要求2~5具备创造性。

请求人不服第5940号无效决定，向北京市第一中级人民法院提起行政诉讼。北京市第一中级人民法院经审理于2004年12月10日作出（2004）一中行初字第566号行政判决书。该判决书中认为：（1）由于证据6只是复印件，虽然请求人主张其在无效程序中提交了该证据的传真件，但没有证据予以证实，且专利权人对其真实性存有异议，因此对证据6不予采信，证据7至10不能形成一个完整的证据链证明本专利产品在先公开销售；（2）证据2没有公开本专利权利要求1中的如下技术特征：“伸缩支架的一端的两个支点中的一个支点连接在玩具头上，另一个支点卡设在玩具头的滑槽内；伸缩支架另一端的两个支点中的一个卡设在机身上的滑槽内，另一个支点以销轴连接在机身上。证据5公开的是一种伸缩支架，其给出了在伸缩支架的两端均为一端固定连接，另一端滑动连接的技术启示，同时证据5亦给出了伸缩支架与玩具头或机身可以通过伸缩支架一端的一个支点进行绞接，另一个支点在滑槽内滑动进行连接的技术启示，因此，在证据2所公开的技术方案的指引下结合证据5得到权利要求1的技术方案对于本领域的普通技术人员而言是显而易见的，权利要求1不具备专利法第22条第3款规定的创造性。因而，撤销了第5940号无效决定。

专利复审委员会、“新新包装厂”均不服原审判决，向北京市高级人民法院提出上诉。在二审期间请求人向法院提交了由东莞市工商行政管理局出具的两份《企业登记查询结果》，证明前后存在两个“新新包装厂”，二者之间没有法律上的承继关系，原审判决所列第三人“新新包装厂”业主黄伟安并非真正的专利权人，二审法院应驳回黄伟安的上诉。北京市高级人民法院经审理于2005年12月15日作出（2005）高行终字第116号行政判决书，认为本专利的专利权人“东莞市新新食品包装厂”（下称“原新新包装厂”）的企业性质为个体工商户，应当列业主为当事人。根据民法通则第二十六条规定，以个体工商户字号的名义申请并获得专利权，实际上还是自然人作为民事主体，即专利权的主体是个体工商户的业主。作为本专利专利申请人的原新新包装厂在参加无效程序时已被注销，参加无效相关请求审查程序和行政诉讼程序的是新成立的新新包装厂，专利复审委员会在无效宣告请求审查程序中有义务对专利权人的主体资格进行审查。在本案中，申请并获得专利权的原新新包装厂的业主是何灿燊，参加本案无效宣告审查行政程序和行政诉讼程序的当事人应当是何灿燊，而不是黄伟安，故专利复审委员会应当通知专利权人原新新包装厂的业主何灿燊参加无效宣告请求审查程序，重新作出无效宣告请求审查决定。

专利复审委员会针对上述无效宣告请求重新立案（案件编号为 5W07521），并依法重新组成合议组对本案进行审理。本案合议组于 2007 年 1 月 16 日向双方当事人发出无效宣告请求口头审理通知书，指出本案定于 2007 年 3 月 20 日举行口头审理。在无效宣告请求口头审理通知书中，要求何灿燊本人或其指定的代理人，携带能够证明其“东莞市常平新新食品包装厂”（即原新新包装厂）业主身份的证件参加口头审理。

口头审理如期举行，请求人委托汕头市高科专利事务所专利代理人丁楚浩、王少明出席口头审理，何灿燊委托东莞市创益专利事务所代理人李卫平出席口头审理。李卫平出具了由何灿燊签署的授权委托书、何灿燊的香港居民身份证复印件、通行证复印件、经营者为何灿燊的“东莞市常平新新食品包装厂”的卫生许可证和营业执照复印件，以及工商局出具的“证明”复印件，以证明自己为何灿燊的合法委托人。请求人认为由于提供的有关何灿燊身份的证明材料都是复印件，无法核实授权委托书上何灿燊签名的真实性，并认为由何灿燊身份证复印件也无法确认该身份证上的“何灿燊”就是原新新包装厂的业主，因此对李卫平的身份和资格存有异议，同时表示，如果委托书上的签名是新新包装厂负责人的亲笔签名，则对李卫平的身份和资格无异议。合议组当庭告知李卫平，何灿燊应尽快到公证处进行公证，证明签署授权委托书的“何灿燊”就是本专利的专利权人原新新包装厂的业主，并将公证书及其附件的原件提交给专利复审委员会，专利复审委员会将会在收到该公证书原件之后，将其复印件寄送请求人。另外，鉴于双方已经到庭参加口头审理，为了节约程序，合议组决定对本次口头审理继续进行进行，并告知双方，若何灿燊于口头审理之后提供的证明资料不足以证明其身份和资格及授权委托书符合要求，则视为其未参加口头审理，专利复审委员会将按照专利权人缺席口头审理作出无效宣告请求审查决定。

在与请求人针对本案无效宣告请求理由的辩论中，李卫平表示，对请求人所提交的证据的真实性的意见与上次口头审理（案件编号为：5W05249）时的意见相同。关于本专利是否具备新颖性和创造性，请求人认为证据 6 到 10 证明本专利是公开销售，证据 6 的送货单是传真件，没有原件。在证据 7 的照片中可以看出生产日期。李卫平认为，证据 7 上的生产日期看不清楚。请求人认为证据 2 和 3 的结合可以破坏本专利的创造性，本专利权利要求 1 与证据 2 的区别技术特征“伸缩支架的一端的两个支点中的一个支点连接在玩具头上，另一个支点卡设在玩具头的滑槽内；伸缩支架另一端的两个支点中的一个卡设在机身上的滑槽内”已被证据 3 或证据 5 公开，证据 5 是日用产品，一般消费者是很容易看到其结构的，伸缩支架是可以用于很多领域的，在玩具领域中对伸缩支架的应用是很广泛的，所以本专利伸缩支架的技术特征是公知的。请求人认可证据 2 中手柄与机身是一体的，没有公开本专利权利要求 1 中手柄与机身螺纹连接这一技术特征，但认为将手柄与机身分开设置是公知的。李卫平认为，本专利的伸缩支架是四个支点，与请求人所提交的证据不同；证据 5 与本专利的技术领域不同，本专利的两端都有一个支点设在滑槽内。请求人认为权利要求 2 的附加技术特征被证据 2 公开，权利要求 3 和 5 的附加技术特征属于公知常识，证据 1 公开了权利要求 4 的附加技术特征，认为玩具头部的形状是可以变化的。

口头审理结束后，专利复审委员会于 2007 年 4 月 23 日收到了李卫平提交的以下两份公证书原件：

公证书 1：东莞市公证处于 2007 年 3 月 29 日出具的（2007）东证内字第 2207 号公证书原件，证明何灿燊（男，1960 年 7 月 9 日出生，身份证编号为 K355046［A］）与东莞市创益专利事务所李卫平于 2007 年 3 月 28 日到东莞市公证处，在公证员陈胜民的面前，当面在该份公证书所粘贴的《专利权无效宣告程序授权委托书》上签名并盖章。该《专利权无效宣告程序授权委托书》上显示，该项专利权无效宣告请求的专利号为 00239743.9，发明创造名称为“发声活动拳套”，无效宣告请求人为

"汕头市升平区万盼食品有限公司"，专利权人为"东莞市常平新新食品包装厂业主何灿燊"，委托人为"东莞市常平新新食品包装厂业主何灿燊"，受委托人为"东莞市创益专利事务所"，委托该事务所的代理人李卫平作为上述专利的专利权无效宣告程序中专利权人的代理人。该公证书中粘附有上述授权委托书。

公证书2：东莞市公证处于2007年3月29日出具的（2007）东证内字第2208号公证书原件，证明何灿燊（男，1960年7月9日出生，身份证编号为K355046（A））与东莞市公证处工作人员陈胜民于2007年3月28日到东莞市工商行政管理局，在公证人员的监督下查询了有关东莞市常平新新食品包装厂的工商登记资料，现场取得档案资料共计10页，并证明与该份公证书相粘连的《东莞市常平新新食品包装厂的工商登记资料》的复印件与原件相符，原件上"东莞市工商行政管理局查询专用章（1）"的印签属实，并附《现场勘验笔录》复印件1份。与该份公证书相粘连的东莞市常平新新食品包装厂的工商登记资料显示，何灿燊（出生日期为1960年7月9日，身份证号码为：K355046（A））于1999年8月13日申请登记"东莞市常平新新塑胶厂"，后于1999年9月6日申请将该厂字号名称变更为"东莞市常平新新食品包装厂"。

专利复审委员会于2007年4月24日向请求人发出转送文件通知书，将2007年4月23日收到的李卫平提交的上述两份公证书的复印件转送给请求人。

针对上述转送文件通知书，请求人于2007年5月25日向专利复审委员会寄交了意见陈述书，认为：(1) 根据《城乡个体工商户管理暂行条例》第2条、《城乡个体工商户管理暂行条例实施细则》第2条及《内地与香港关于建立更紧密经贸关系的安排》附件4《关于开放服务贸易领域的具体承诺》第4部《分销服务》C项《零售服务（不包括烟草）》第5条的相关规定，在2004年1月1日之前，香港居民是不能在广东省境内设立个体工商户的，而只能依照外资企业法或者中外合资企业法进行登记，从2208号公证书可以看出，何灿燊是香港永久居民，何灿燊登记的东莞市常平新新食品包装厂在2004年1月1日之前成立，其作为个体工商户不是依法取得的，何灿燊和东莞市常平新新食品包装厂不能享有个体工商户的权利和承担规定的义务，因此，何灿燊不能直接享有东莞市常平新新食品包装厂的财产权而成为本专利的专利权人。(2) 根据专利法实施细则第15条第1款的规定，除依照专利法第10条规定转让专利权外，专利权因其他事由发生转移的，当事人应当凭有关证明文件或者法律文书向国务院专利行政部门办理专利权人变更手续。而迄今为止，本专利的专利权人并没有进行过任何变更，专利权没有发生过转移，依然是东莞市常平新新食品包装厂，因此本专利的无效宣告程序的当事人只能是何灿燊登记的东莞市常平新新食品包装厂，何灿燊不是专利权人，与本案没有关联性，没有作为当事人的资格。由于何灿燊登记的东莞市常平新新食品包装厂已经注销，本专利应当作为没有权利人处置，本专利的无效宣告程序不应该有专利权人。

至此，合议组认为本案事实已清楚，可以依法作出审查决定。

二、决定的理由

1. 关于李卫平是否为本案专利权人的合法代理人

根据北京市高级人民法院在（2005）高行终字第116号行政判决中的认定，以个体工商户字号的名义申请并获得专利权实际上是自然人作为民事主体，即专利权的主体是个体工商户的业主，参加本案无效宣告审查程序的应当专利权人原新新包装厂的业主何灿燊，因此李卫平是否为本案专利权人的合法代理人的关键就在于其是否得到原新新包装厂的业主何灿燊的授权。

李卫平向专利复审委员会提交了公证书1和公证书2的原件，请求人未对上述公证书的内容提出异议，合议组经审查，认为上述两份公证书真实有效。公证书1能够证明的事实是，何灿燊（身份证编号为K355046［A］）于2007年3月28日委托东莞市创益专利事务所代理人李卫平作为其与汕头市升平区万盼食品有限公司的有关第00239743.9号专利（即本专利）的专利权无效宣告程序的代理人。公证书2能够证明的事实是，公证书1中的委托人何灿燊（身份证编号为K355046（A））于1999年8月13日申请登记了“东莞市常平新新塑胶厂”，并于1999年9月6日申请将该厂字号名称变更为“东莞市常平新新食品包装厂”。综合上述两份公证书证明的事实可知，李卫平的委托人何灿燊即为原新新包装厂的业主，其委托行为合法有效，因此李卫平可以在本案无效程序中作为专利权人的代理人。

关于请求人认为何灿燊的个体工商户不是依法取得因而本专利权应视为没有权利人的主张，合议组认为：在请求人对第5940号无效决定提起诉讼的审理过程中，北京市高级人民法院已经认定参加本案无效宣告审查程序的应当专利权人原新新包装厂的业主何灿燊，并且该一判决已经生效，请求人并未能提出合法有效的理由和证据推翻法院的认定，其上述主张不能成立。

2. 关于证据

证据1~5均为专利文献，且专利权人对证据1~5的真实性以及证据2中文译文的准确性均无异议，并且证据1~5的公开日期均早于本专利的申请日，证据1~5可以作为本案证据使用，其上记载的内容构成本专利的现有技术。

请求人用证据6~10来证明本专利在先公开销售。经合议审查，证据6是东莞市常平新新食品包装厂的送货单，该份证据是复印件，虽然请求人在口头审理时声称证据6是传真件，因此没有原件，但没有证据予以证实，在专利权人对证据6的真实性持有异议的情况下，合议组对证据6不予采信。

证据7是4张照片，其横向第2幅照片中共包括两个“咚咚”产品，其中一个产品上显示的生产日期为2000年6月2日，另一产品上显示的生产日期为2000年4月22日。证据8是中国工商银行电汇凭证（回单），其汇款人为汕头市升平区中山融顺经营部，收款人是东莞市常平新新食品包装厂，汇款金额为7216.60元。证据9为汕头经济特区粤东会计师事务所出具的“企业登记注册资本验资证明”、证据10是“汕头市升平区万盼食品有限公司”章程，证据9和10所能证明的事实是，汕头市升平区万盼食品有限公司是经合法登记注册的公司，汕头市升平区中山融顺经营部是其一个股东。证据8、9、10所能证明的事实是，汕头市升平区万盼食品有限公司的股东之一汕头市升平区中山融顺经营部，于2000年6月19日出资从东莞市常平新新食品包装厂购买了货款额为7216.60元的商品，但未载明所购为何物；虽然证据7上所示产品的包装上显示出的生产日期均为2000年，早于本专利的申请日，但证据7是请求人自行对产品拍摄的照片，没有证据表明证据7中所涉及的产品就是证据8中实际所购的商品，证据7与证据8、9、10之间无任何关联，不能形成一个证据链，证明本专利在申请日之前已经公开销售，在缺乏能够证明实际生产或销售行为确实存在的证据的情况下，仅凭证据7上显示出的产品的生产日期尚不足以认定，证据7上显示的产品确实是在本专利申请日之前生产、销售的。

综上，证据7~10不能形成一个完整的证据链，证明本专利在先使用公开。

3. 关于本专利是否符合专利法实施细则第20条第1款的规定

专利法实施细则第20条第1款规定：权利要求书应当说明发明或者实用新型的技术特征，清楚、简要地表述请求保护的范围。

只有当权利要求由于使用了某一词语而使其限定出不同的保护范围，或者保护范围不清楚时，该权利要求才属于没有清楚地表述请求保护的范围。

在本案中，请求人指出本专利权利要求4中出现了“可为……”，权利要求5中出现了“可为”，从而导致这两项权利要求表述的范围不清楚。

经合议组审查，权利要求4是权利要求1的从属权利要求，其附加技术特征为：“所述的玩具头可为拳头、足球、动物等造型。”即在权利要求1的基础上，进一步限定发声活动拳套的玩具头是拳头、足球、动物等造型，该项权利要求限定的保护范围十分清楚，“可为……”的出现并没有使该权利要求限定了不同的保护范围或者使其保护范围不清楚，因此，权利要求 4 符合专利法实施细则第 20 条第 1 款的规定。

权利要求 5 是权利要求 1 的从属权利要求，其附加技术特征为："所述的手柄可为盛装各种小食品的空心管。"，即在权利要求 1 的基础上，发声活动拳套的手柄是盛各种小食品的空心管就属于该权利要求的保护范围。该权利要求中的"可为"也没有使该权利要求限定了不同的保护范围，或者使其保护范围不清楚，因此权利要求 5 符合专利法实施细则第 20 条第 1 款的规定。

此外，请求人认为权利要求 4 和 5 因使用了不清楚的术语而不符合专利法第 26 条第 4 款的规定。合议组认为，根据以上的评述可知，权利要求 4 和 5 的保护范围是清楚的，因而权利要求 4 和 5 符合专利法第 26 条第 4 款的规定。

4. 本专利是否符合专利法第 22 条第 2 款的规定

请求人用证据 6~10 来证明本专利在先公开销售，因而不具备新颖性。根据上述对于证据的分析，证据 6 不能采信，证据 7~10 不能形成一个完整的证据链，证明本专利在先使用公开。因此，请求人的主张不能成立，本专利符合专利法第 22 条第 2 款的规定。

5. 本专利是否符合专利法第 22 条第 3 款的规定

专利法第 22 条第 3 款规定：创造性，是指同申请日以前已有的技术相比，该发明有突出的实质性特点和显著的进步，该实用新型有实质性特点和进步。

在实用新型创造性的审查中，除现有技术中给出明确的启示之外，一般着重于考虑该实用新型专利所属的技术领域。

本专利权利要求 1 要求保护的发声活动拳套，包括手柄（1）、推杆（2）、机身（5），手柄（1）与机身（5）螺纹连接为一整体，推杆（2）一端固定在机身（5）上，其特征在于：伸缩支架（3）的一端的两个支点中的一个支点连接在玩具头（4）上，另一个支点卡设在玩具头（4）的滑槽内，另一端的两个支点中的一个卡设在机身（5）上的滑槽内，另一个销轴连接在机身（5）上，并与推杆（2）连接。

请求人用证据 2 结合证据 3 评价本专利权利要求的创造性；证据 1、4、5 证明伸缩支架是现有技术，且两端有四个点的连接方式也是公知的。证据 5 是日用产品，一般消费者是很容易看到其结构的，伸缩支架是可以用于很多领域的，在玩具领域中对伸缩支架的应用是很广泛的，所以本专利伸缩支架的技术特征是公知的。请求人认可证据 2 中手柄与机身是一体的，没有公开本专利权利要求 1 中手柄与机身螺纹连接这一技术特征，但认为该将手柄与机身分开设置是公知的。

经合议组审查，证据 2 公开了一种对站用伸缩棒玩具，在伸缩棒玩具的上部安装磁石（1），将带有磁石的球（2）安装到磁石（1）上，在伸缩部（3）的前端安装海绵状的球（4）。扣动扳机（5）后，伸缩部（3）会伸出，放开扳机时扳机内的螺旋弹簧（7）会把扳机（5）推回原位，伸缩部（3）因而收缩回来（参见证据 2 中文译文第 2 页第 4~6 段，附图 2、3）。将本专利权利要求 1 与证据 2 比较，可以看出，证据 2 伸缩部（3）的前端集中一点固定在球（4）上，而本专利伸缩支架的一端的两个支点其中之一与玩具头固定连接，而另一支点卡设在玩具头的滑槽内；证据 2 并未对伸缩部（3）的后端与把手的连接方式作出任何描述，并且由其附图也看不出伸缩支架与把手相连接的另一端的两个支点中的一个支点卡设在机身上的滑槽内。由此，证据 2 没有公开本专利权利要求 1 中的如下技术特征：①伸缩支架（3）的一端的两个支点中的一个支点连接在玩具头（4）上，另一个支点卡设在玩具头（4）的滑槽内；另一端的两个支点中的一个卡设在机身（5）上的滑槽内；②手柄（1）与机身（5）螺纹连接为一整体。

对于上述区别特征②，合议组认为，虽然证据 2 中手柄与机身是一体的，但将手柄与机身通过螺纹连接的方式分开设计属于本领域的公知常识。

证据 3 公开了一种开屏孔雀，其壳体内装有电池，电机置于电池侧面，减速机和电机相连接，减速机输出轴上有齿轮 13 与齿轮 12 啮合，齿轮 12 装在丝杠 8 的轴端上面，壳体前端装有双向开关，壳体内前后端分别装有开屏微动开关 4 和闭屏微动开关 11，丝杠 8 两端支承在壳体的孔内，剪式支架组与滑动螺母铰接（参见证据 3 说明书第 1 页倒数第 2 段）。当双向开关 2 接通开屏的位置时，电机正转通过减速齿轮组减速使齿轮 13 驱动齿轮 12，于是丝杠 8 正向转动，滑动螺母 9 被驱动就在滑道上向前滑移，使铰接于滑动螺母上部的剪式支架张开，并向上伸展；当双向开关接通关屏位置时，电机反转，通过减速齿轮组使丝杠反转，滑动螺母就向后滑移，使剪式支架下降，于是屏面闭合。可见，证据 3 公开的剪式支架通过滑动螺母在螺母滑道上滑移而使支架伸缩，并未公开本专利与证据 2 的上述区别技术特征①。

对于证据 5，请求人欲用其证明伸缩支架是现有技术。合议组认为，以证据 5 和证据 2 或 3 结合评价本专利的创造性这一请求不能得到支持。理由如下：首先，证据 5 公开的是一种多功能伸缩晾架，而本专利涉及的技术领域是玩具和食品包装领域，两者属于不同的技术领域。根据审查指南的规定，实用新型专利创造性的标准应当低于发明专利创造的标准，具体而言，对于实用新型专利专利而言，一般应着重于考虑该实用新型专利所属的技术领域，而在国家知识产权局于 2006 年 7 月 1 日开始施行的审查指南第四部分第六章第 4 节中，明确了在何种情况下才应考虑与该实用新型相近或相似的技术领域，即除非现有技术给出明确的启示，促使本领域的技术人员到相近或者相关的技术领域寻找有关技术方案，才可以考虑其相近或者相关的技术领域。具体到本案，由于本专利与证据 5 分属不同的技术领域，而且证据 5 公开的结构是为了实现特定晾衣架的功能而设计的，其没有公开可将其结构用于玩具的启示，证据 2、3 中也没有任何启示促使本领域普通技术人员到晾衣架领域中寻找改进该玩具的技术方案，根据上述审查指南的规定，证据 5 不能与证据 2 或 3 结合破坏本专利的创造性。

另外，证据 5 也没有公开本专利伸缩支架的结构。证据 5 公开的伸缩晾架，其左右伸缩支架的一端的一个支点（即 C 端）分别与左右基座的切口板铰接构成转动副，其另一支点（即 D 端）与左右基座的切口板槽孔铰接构成移动副。伸缩支架的另一端的一个支点（即 G 端）连接上固定座 9，上固定座 9 上设有孔 11-2，另一支点（即 H 端）连接有带有孔 16 的下固定座 16，挂钩 18 穿过伸缩支架 3 的下固定座孔 16 和上固定座孔 11-2，并用螺母 12 加以固定。证据 5 仅公开了本专利伸缩支架一端的连接方式，即：一个支点固定连接，另一支点可在滑槽内滑动，但并未公开本专利权利要求 1 限定的伸缩支架两端均为一个支点卡设在滑槽内，另一个支点相对固定的技术内容。

综上，证据 5 不能与证据 2、3 结合破坏本专利的创造性。

证据 4 公开了一种挂壁式伸缩晾晒架，其折叠件 2 的一端的一个支点与滑动块 5 连接，该滑动块在基座的滑动槽 6 内滑动，而折叠件 2 的另一端为自由状态。根据上述对证据 5 的评述可知，证据 4 也不应作为评价本专利创造性的现有技术；其次，证据 4 公开了本专利伸缩支架一端的连接方式，即：一个支点固定连接，另一支点可在滑槽内滑动，但并未公开本专利权利要求 1 限定的伸缩支架两端均为一个支点卡设在滑槽内，另一支点相对固定的技术内容；因此，证据 2、3 不能与证据 4 相结合破坏本专利权利要求 1 的创造性。

证据 1 公开了一种趣味搏击器，其伸缩支架 2 的一端集中在一个支点且枢接前套杆 21；另一端两支点中的一个支点枢设一后套杆 22，另一支点结合有一拉绳 5，当拉绳被拉动时，伸缩支架向前伸出而作出拳状，放松拉绳时，则借助于弹簧 7 的收缩力而将伸缩支架恢复为收拳状。可见，证据 1 也没有公开本专利权利要求 1 的上述区别技术特征 A。

因此，本领域普通技术人员在证据 2 的基础上，不能结合证据 3、4、5 或 1 得出本专利权利要求 1 的技术方案，并且本专利权利要求 1 限定的技术方案因伸缩支架两端的四个支点构成平行四边形，其中两个支点分别在机身的滑槽内及在玩具头的滑槽内发生移动，从而伸缩支架整体产生伸长或缩短动作，其操作更加平衡。因此，权利要求 1 相对于现有技术具有实质性特点和进步，具备专利法第 22 条第 3 款规定的创造性。

权利要求 2~5 是权利要求 1 的从属权利要求，在权利要求 1 具备创造性的条件下，从属权利要求 2~5 也具备创造性，符合专利法第 22 条第 3 款的规定。

三、决定

维持 00239743.9 号发明专利权有效。

当事人对本决定不服的，可以根据专利法第 46 条第 2 款的规定，自收到本决定之日起三个月内向北京市第一中级人民法院起诉。根据该款的规定，一方当事人起诉后，另一方当事人应当作为第三人参加诉讼。

北京市第一中级人民法院
行政裁定书

（2008）一中行初字第 75 号

原告汕头市升平区万盼食品有限公司，住所地中华人民共和国广东省汕头市永泰路 8 号 3 铺面。

法定代表人杨庆坤，总经理。

委托代理人王少名，中华人民共和国广东省汕头市高科专利事务所专利代理人。

委托代理人丁楚浩，中华人民共和国广东省汕头市高科专利事务所专利代理人。

被告中华人民共和国国家知识产权局专利复审委员会，住所地中华人民共和国北京市海淀区北四环西路 9 号银谷大厦。

法定代表人廖涛，副主任。

委托代理人杨军艳，中华人民共和国国家知识产权局专利复审委员会审查员。

委托代理人隋璐，中华人民共和国国家知识产权局专利复审委员会审查员。

第三人何灿燊。

原告汕头市升平区万盼食品有限公司诉国家知识产权局专利复审委员会、第三人何灿燊专利无效行政纠纷一案，本院于 2008 年 1 月 7 日受理本案后，依法组成合议庭进行审理。在本案审理过程中，原告汕头市升平区万盼食品有限公司于 2008 年 8 月 30 日向本院提出书面申请，请求撤回对国家知识产权局专利复审委员会的起诉。

本院认为，原告汕头市升平区万盼食品有限公司的撤诉申请是其真实意思表示，未违反相关法律规定，应予准许。依照《中华人民共和国行政诉讼法》第五十一条之规定，本院裁定如下：

准予原告汕头市升平区万盼食品有限公司撤回对被告国家知识产权局专利复审委员会的起诉。

案件受理费 100 元，减半收取 50 元，由原告汕头市升平区万盼食品有限公司负担（已交纳）。

审 判 长 任 进

代理审判员 邢 军

人民陪审员 高 伟

二〇〇八年九月二十二日

书 记 员 袁 伟

181

一种新型装饰灯灯头

无效宣告请求审查决定（第10364号）

决　定　号　第10364号
决　定　日　2007年8月7日
发明创造名称　一种新型装饰灯灯头
国际分类号　F21S 4/00//（F21W121：00）
无效宣告请求人　中山市中振灯饰有限公司
专　利　权　人　鹤山银雨灯饰有限公司
专　利　号　99235779.9
申　请　日　1999年4月12日
授权公告日　2000年9月6日
合议组组长　黄玉平
主　审　员　张梅珍
参　审　员　周　航

法　律　依　据　专利法第22条第3款，专利法实施细则第20条第1款、第21条第2款
决　定　要　点

权利要求是否缺少必要技术特征是针对其要解决的技术问题而言的，如果某特征不是解决其技术问题所必需的，则不能认为该特征为必要技术特征。

在实用新型创造性审查中，权利要求与一篇对比文件的区别技术特征未被其他对比文件披露，且该特征在现有技术中也未有相应的技术启示，则该权利要求的技术方案相对于上述对比文件具备创造性。

一、案由

本无效宣告请求涉及中华人民共和国国家知识产权局于2000年9月6日授权公告的、名称为“一种新型装饰灯灯头”的实用新型专利权（下称本专利），其申请号为99235779.9，申请日是1999年4月12日，原专利权人是樊邦弘，后于2006年11月17日变更为鹤山银雨灯饰有限公司。该专利授权公告时的权利要求书如下：

“1. 一种新型装饰灯灯头由灯泡、热缩套管、导线、隔离柱、啤注层组成，其中，隔离柱将灯泡的两灯脚分开，套管把灯泡、隔离柱导线固定成一个整体，热缩套管外是啤注层，其特征在于，啤注层把灯泡、热缩套管、导线、隔离柱及灯泡与导线的连接部位包覆成一整体。

2. 根据权利要求1所述的一种新型圣诞灯灯头，其特征是，隔离柱材质是硬质塑料。

3. 根据权利要求 1 所述的一种新型圣诞灯灯头，其特征是，隔离柱两侧有凹槽。

4. 根据权利要求 1 所述的一种新型圣诞灯灯头其特征是，啤注层密度、厚度均匀。

5. 根据权利要求 1 所述的一种新型圣诞灯灯头，其特征是，处于灯泡与导线连接部位的啤注层是凹凸的筋条。”

针对上述专利权，中山市中振灯饰有限公司（下称请求人）于 2006 年 4 月 29 日向专利复审委员会提出无效宣告请求，无效理由为本专利不符合专利法第 22 条第 2、3 款，专利法实施细则第 2 条第 2 款、第 20 条第 1 款和第 21 条第 2 款的规定，其提交的证据如下：

证据 1：专利号为 95223332.0 的中国实用新型专利公告文本，其授权公告日为 1997 年 9 月 17 日；

证据 2：公告编号为 298295 号的台湾实用新型专利说明书以及专利公报扉页，其公告日为 1997 年 2 月 11 日；

证据 3：公告号为 CN87214517 U 的中国实用新型专利申请说明书，其公告日为 1988 年 11 月 2 日。

请求人认为：（1）权利要求 1 不符合专利法实施细则第 20 条第 1 款的规定：权利要求 1 中记载“灯头由灯泡、热缩套管……组成”是封闭式写法，其中未包含“灯脚”，但权利要求 1 中又限定“隔离柱将灯泡的两灯脚分开”，从而造成灯头的组成部分没有清楚限定；同时权利要求 1 中又限定了“灯泡与导线的连接部位”，造成导线、灯脚与灯泡的连接关系不清楚；“包覆”是接触覆盖的意思，而从附图可以看出啤注层与灯脚和导线的连接部分没有接触，因此权利要求 1 中“包覆”所表达的内容不清楚。（2）权利要求 1 缺少热缩套管与灯泡之间的分隔层的必要技术特征，因此不符合专利法实施细则第 21 条第 2 款的规定。（3）权利要求 1 相对于证据 1 不具备新颖性，相对于证据 1 或者证据 1、2、3 的结合不具备创造性。权利要求 2、4 的特征为材料特征，应当不予考虑，权利要求 3、5 的特征在证据 1、2 中公开，因此在权利要求 1 不具备创造性的情况下，权利要求 2~5 也不具备创造性。（4）权利要求 2、4 限定的是材料和方法特征，不属于实用新型保护的客体，不符合专利法实施细则第 2 条第 2 款的规定。

需要说明的是，请求人在无效宣告请求书“第④栏理由”中写明专利法实施细则第 22 条第 2 款，但在其无效宣告请求书正文中为专利法实施细则第 21 条第 2 款。

经形式审查合格，专利复审委员会依法受理了上述无效宣告请求，并于 2006 年 5 月 8 日向双方当事人发出无效宣告请求受理通知书，同时将专利权无效宣告请求书及其附件清单中所列附件的副本转送给专利权人，要求其在指定的期限内答复，逾期未答复，不影响专利复审委员会的审理。

专利权人逾期未答复。

专利复审委员会于 2007 年 1 月 9 日向双方发出无效宣告请求口头审理通知书，指出本案合议组定于 2007 年 3 月 6 日举行口头审理。

口头审理如期举行，双方当事人均参加了口头审理。

在口头审理中，（1）请求人明确其无效理由、范围、证据为本专利权利要求 1~5 不符合专利法第 22 条第 3 款的规定；权利要求 1 不符合专利法实施细则第 20 条第 1 款的规定、第 21 条第 2 款的规定；明确表示放弃专利法实施细则第 2 条第 2 款以及专利法第 22 条第 2 款的无效理由。专利权人表示对证据 1~3 的真实性无异议。（2）关于专利法实施细则第 20 条第 1 款的规定，请求人坚持无效宣告请求书中所述意见。专利权人认为：本专利灯泡、灯脚、导线之间的关系属于现有技术，而在灯泡、隔离柱、导线已经成为一体的情况下，权利要求 1 中的“包覆”并不意味着啤注层要与该整体内部的“灯泡与导线的连接部位”接触，而是啤注层将连同隔离柱以及灯泡与导线的连接部位在内的各个部件包覆成整体。(3) 关于专利法实施细则第 21 条第 2 款的规定，请求人坚持无效宣告请求书中所述意见。专利权人认为：请求人所述的分隔层并非必要技术特征，像冷光源、小功率的灯就不需要这种分隔层。专利权人当庭提交产品照片以及证明其产品不具有上述分隔层也能达到消除安全隐患目的的材料。(4) 关于权利要求 1 的创造性，①请求人认为：本专利权利要求 1 相对于证据 1 不具创造性。证据 1 软硅胶管对应本专利热缩套管，证据 1 液态矽胶对应本专利隔离柱，证据 1 套管 87 对应本专利啤注层；权利要求 1 中“包覆”指的可以是部分包覆，也可以是全部包覆。即使是后者，本领域人员在证据 1 的基础上也很容易想到全部包覆。专利权人认为：证据 1 液态矽胶为包裹导线的立体结构，与本专利隔离柱不同，但其也可以起到隔离作用；灯泡暴露于套管之外，与本专利啤注层不同；权利要求 1 中“包覆”指的只是全部包覆，认为证据 1 中并不是“包覆”，从发明目的来讲，必定灯泡要露出套管，本领域人员无法在其基础上想到本专利，因为要解决的技术问题不同。专利权人、请求人均认为液态矽胶在充入软硅胶管后立刻凝固。合议组要求专利权人庭后针对“包覆”的含义提交意见陈述。②请求人使用证据 1、2、3 的结合评述本专利权利要求 1 的创造性；具体意见同无效请求书中所述。专利权人认为：证据 2 中“插柱体”与“芯部”是一体的，并且一起起作用，与本专利隔离柱不同，证据 3 中“护管”只是起保护作用，并不能起到增加装饰效果的作用。关于从属权利要求 2~5 的创造性，请求人认为：本专利权利要求 2、4 为本领域的常规选择；权利要求 3 的附加技术特征为证据 1、2 单独公开，权利要求 5 的附加技术特征为证据 2 公开。专利权人认为：在本专利权利要求 1 具有创造性的基础上，本专利权利要求 2~5 也具有创造性，并且没有证据证明本专利权利要求 5 的附加技术特征是常规设计。

专利权人于 2007 年 3 月 20 日针对权利要求 1 中的用语“包覆”的含义提交了意见陈述书，认为其含义是啤注层把由热缩套管固定成整体的灯泡、导线、隔离柱完全包覆在其中（灯泡完全包覆在啤注层）。

至此，合议组认为本案事实清楚，现依法作出审查决定。

二、决定的理由

1. 关于证据和现有技术

请求人在无效宣告程序中共提交了 3 份证据，即证据 1~3，专利权人对其真实性没有异议，因此证据 1~3 可以作为本案证据使用。同时由于上述证据的公开日期均在本专利的申请日前，因此其上记载的内容构成本专利的现有技术。

2. 关于专利法实施细则第 20 条第 1 款

专利法实施细则第 20 条第 1 款规定：权利要求书应当说明发明或者实用新型的技术特征，清楚、简要地表述请求保护的范围。

请求人认为权利要求 1 存在以下几点不清楚的问题，因而不符合专利法实施细则第 20 条第 1 款的规定：(1) 关于“灯头”的构成使用了封闭式写法，其中未包含“灯脚”，而后又限定“隔离柱将灯泡的两灯脚分开”，从而造成灯头的组成部分没有清楚限定；(2) 同时权利要求 1 中又限定了“灯泡与导线的连接部位”，造成导线、灯脚与灯泡的连接关系不清楚；(3)“包覆”是接触覆盖的意思，而从本专利附图可以看出啤注层与灯脚和导线的连接部分没有接触，因此权利要求 1 中“包覆”所表达的内容不清楚。

对此，合议组认为：权利要求 1 中记载了“一种新型装饰灯灯头由灯泡、热缩套管、导线、隔离柱、啤注层组成，其中，隔离柱将灯泡的两灯脚分开”，从上述内容可知灯头由包括灯泡在内的 5 个组成部分构成，而灯泡进一步包括两灯脚，因此权利要求 1 对于灯头的限定是清楚的，而对灯头的各组成部件的进一步限定并不会造成灯头本身不清楚。至于导线、灯脚与灯泡的关系，从权利要求 1 可知灯泡包括灯脚，而灯泡通过灯脚与导线相连是本领域技术人员所熟知的，因此权利要求 1 中“灯泡与导线的连接部位”实际是“灯泡的灯脚与导线连接的部位”，这对于本领域技术人员是能够理解的，上述部件的连接关系应当是清楚的。在权利要求 1 中，套管把灯泡、隔离柱导线固定成一个整体，热缩套管外是啤注层，因此，“啤注层把灯泡、热缩套管、导线、隔离柱及灯泡与导线的连接部位包覆成一整体”应当理解为啤注层把灯泡、热缩套管连同被热缩套管所包裹的部件（导线、隔离柱及灯泡与导线的连接部位）一起包围且遮盖，虽然被热缩套管所包裹的部件不会与热缩套管外的啤注层直接接触，词语“包覆”也不会导致权利要求 1 不清楚。

3. 关于专利法实施细则第 21 条第 2 款。

专利法实施细则第 21 条第 2 款规定：独立权利要求应当从整体上反映发明或者实用新型的技术方案，记载解决技术问题的必要技术特征。

必要技术特征是指，发明或者实用新型为解决其技术问题所不可缺少的技术特征，其总和足以构成发明或者实用新型的技术方案，使之区别于背景技术中所述的其他技术方案。

请求人认为权利要求 1 中记载了“套管把灯泡、隔离柱、导线固定成一个整体”。根据公知常识，热缩套管具有遇热收缩的性能，如果热缩套管与灯泡直接接触，则热缩套管将会遇热收缩变形，并且会产生失火的安全隐患，因此热缩套管与灯泡之间必须有一分隔层。权利要求 1 缺少热缩套管与灯泡之间的分隔层的必要技术特征，因此不符合专利法实施细则第 21 条第 2 款的规定。

专利权人认为请求人所述的分隔层并非必要技术特征，像冷光源、小功率的灯就不需要这种分隔层。专利权人当庭提交产品照片以及证明其产品不具有上述分隔层也能达到消除安全隐患目的的材料。

合议组认为：第一，本专利要解决的技术问题是：使灯泡不易损坏，且灯泡发光柔和，装饰效果好，而在热缩套管与灯泡之间增加分隔层是为了消除失火隐患，并不是解决上述技术问题所不可缺少的技术特征。第二，正如专利权人所述，如果灯泡采用冷光源、小功率的灯，则在热缩套管遇灯泡之间不设置分隔层也不会存在失火隐患。因此，在热缩套管与灯泡之间增加分隔层不是本专利为解决灯泡易损坏，使灯泡发光柔和，装饰效果好的技术问题的必要技术特征。

4. 关于创造性。

创造性，是指同申请日以前已有的技术相比，该发明有突出的实质性特点和显著的进步，该实用新型具有实质性特点和进步。

本案中，请求人认为权利要求 1 相对于证据 1 或者证据 1、2、3 的结合不具有创造性，权利要求 2、4 为本领域的常规选择，权利要求 3、5 的附加技术特征为证据 1、2 所公开，因此权利要求 1~5 均不具备创造性。

权利要求 1 请求保护一种新型装饰灯灯头，该灯头由灯泡、热缩套管、导线、隔离柱、啤注层组成，其中，隔离柱将灯泡的两灯脚分开，套管把灯泡、隔离柱导线固定成一个整体，热缩套管外是啤注层，啤注层把灯泡、热缩套管、导线、隔离柱及灯泡与导线的连接部位包覆成一整体。根据《现代汉语词典》对“包”、“覆”的解释，权利要求 1 中所述“啤注层把灯泡、热缩套管、导线、隔离柱及灯泡与导线的连接部位包覆成一整体”是指啤注层覆盖灯泡，从而使灯泡不外露。上述解释也得到了说明书的支持，根据说明书对现有技术的描述，现有圣诞灯套管形式的灯头结构由于灯泡暴露于外而带来装饰效果不强、灯泡在运输、堆放过程中易损坏的缺点，本专利正是为了解决上述问题而提供如权利要求 1 所述灯头，其通过覆盖于灯泡外部的啤注层而实现上述目的，此外说明书附图也证实了这一点。再有，专利权人于口头审理中以及 2007 年 3 月 20 日提交的意见陈述书中都明确表示权利要求 1 中的“包覆”是指啤注层把由热缩套管固定成整体的灯泡、导线、隔离柱完全包覆在其中证据1公开了一种组合式网灯，其中的图3~6表示出该网灯的示意图以及形成该网灯的一种灯泡组合结构，该组合式网灯10包含数条大致平行设置且互呈导电连接的灯串11，一外部连接插头20以及数个套管30，套管30将设于各灯串11上的每隔一个灯泡13，与其一邻侧灯串11′上的相对应灯泡13′配对套住并固定，且分别将各灯串11上其他灯泡14′与其另一邻侧灯串11″上的相对应灯泡14′配对套住并固定，使整体灯串因套管30的结合而形成一蜂巢格状的组合式网灯10，从而形成如图3所示的蜂窝状网灯，组合式网灯另包括数个软硅胶管40套合于各灯泡及其所相连的导线12上，软硅胶管40内注以液态矽胶，使灯泡13及其所相连的导线12区域呈绝缘密封（参见说明书第5~7页以及图3~6）。此外图11表示出该网灯的另一种灯泡组合结构，该网灯由灯泡组合结构80构成，其包含一小型灯泡81，该灯泡81具有一发光体82以及二导电接脚83、84，两导线85分别连接至二导电接脚83、84；一软硅胶管86套合于灯泡81和所相连的导线85的区域外，软硅胶管86内灌充液态矽胶88，液态矽胶随即凝固，从而将二导电接脚83、84分开，可见液态矽胶起到了本专利隔离柱的作用。套管87套合于软硅胶管86外部，形成双层绝缘保护，使整体灯泡81的抗破坏强度增强。此外，由图11可见，灯泡81暴露于套管87之外（参见说明书第7~8页以及图11）。

证据2公开了一种圣诞灯串结构，其包括壳体、芯部、灯泡以及二导线，芯部置于壳体中，其设有二通孔，供灯泡的二细铜丝穿过，上述铜丝分别与二导线相连，芯部上方的插柱体将二导线隔开（参见权利要求1以及图1~5）。

证据3公开了一种主要用于冰箱等设备的杀菌、除臭及延长食品保鲜期的灯泡型放电灯，该放电灯包括两个保持一定距离的电极1，电极1放电后产生的紫外线透过内管2向外辐射，内管2的外壁上涂覆了一层导电薄膜3，从而缩短两电极的距离，使电极两端易于导通。为了保证电气安全，在导电薄膜3的外部包覆一能透紫外线的护管4，从而避免使用者直接与放电灯的导电部分接触（参见说明书第3~5页以及图1）。

将本专利权利要求1与证据1图11所示方案进行比较，可知二者的区别在于：证据1中使用套管把灯泡、软硅胶管、导线、液态矽胶以及灯泡与导线的连接部位固定成一整体，但灯泡外露，而本专利是通过啤注层把灯泡、热缩套管、导线、隔离柱及灯泡与导线的连接部位包覆成一整体，灯泡被啤注层包覆。另外，将本专利权利要求1与证据1图3~6所示方案进行比较，可知：证据1中虽然使用套管把灯泡、软硅胶管、导线、液态矽胶以及灯泡与导线的连接部位固定成一整体，并且灯泡没有外露，但该套管是用于将两个灯串上的灯泡连接，从而构成蜂巢状网灯，并不是防止灯泡在运输中损坏，也不是用于使光线柔和、增加装饰性，也就是说该套管不能起到本专利啤注层的作用。

请求人认为权利要求1中“包覆”可以是部分包覆，也可以是全部包覆。即使是后者，本领域人员在证据1的基础上也很容易想到全部包覆。

合议组认为，根据上文的解释，权利要求1中“包覆”是指灯泡被啤注层包裹覆盖，不外露，而证据1图11所示方案中灯泡暴露于套管之外，证据1图3~6所示方案中也不存在本专利中的啤注层，因此证据1并没有公开“啤注层把灯泡、热缩套管、导线、隔离柱及灯泡与导线的连接部位包覆成一整体”的技术特征，本专利正是通过上述啤注层对灯泡的包覆实现其发明目的：使灯泡不易损坏，且灯泡发光柔和，装饰效果好。证据1在于提供一种成本低的蜂巢格状组合式网灯，并且通过套管套装以及胶体封装增加灯泡及导线连接区域的绝缘性以及防水性，可见证据1没有给出将灯泡完全覆盖使其发光柔和不易损坏的技术启示，本领域技术人员在证据1的基础上不能显而易见地想到使用啤注层将灯泡完全覆盖，因此本专利权利要求1相对于证据1具有实质性特点和进步，具备创造性。

证据2也没有公开本专利中啤注层把灯泡全部包覆的技术特征。而对于证据3，请求人认为证据3中护管4的作用是将放电灯与外界隔离，相当于本专利的啤注层。合议组认为证据3中已经清楚说明该护管4是为了保证电气安全，避免使用者与放电灯的导电部分直接接触，即其起到的是绝缘作用，而本专利啤注层所起到的是防止灯泡损坏，使灯泡发光柔和的作用，可见二者并不相同，证据3也没有公开本专利与证据1的区别技术特征。在证据2、3均未给出使用啤注层把灯泡全部包覆的技术启示的情况下，将证据1、2、3结合起来得到本专利权利要求1的技术方案尚需付出创造性的劳动，因此权利要求1相对于上述证据具备创造性。

在权利要求1相对于证据1或者证据1~3的结合具备创造性的情况下，从属于权利要求1的权利要求2~5相对于上述证据也具备创造性。

三、决定

维持99235779.9号实用新型专利权有效。

当事人对本决定不服的，可以根据专利法第46条第2款的规定，自收到本决定之日起三个月内向北京市第一中级人民法院起诉。根据该款的规定，一方当事人起诉后，另一方当事人应当作为第三人参加诉讼。

北京市第一中级人民法院
行政判决书

（2007）一中行初字第1658号

原告中山市中振灯饰有限公司，住所地中山市小榄镇广丰工业区铁米缸。

法定代表人邓长明，总经理。

委托代理人林建军，北京金之桥知识产权代理有限公司专利代理人。

委托代理人宋哲，北京金之桥知识产权代理有限公司专利代理人。

被告国家知识产权局专利复审委员会，住所地北京市海淀区北四环西路9号银谷大厦10~12层。

法定代表人廖涛，副主任。

委托代理人张梅珍，国家知识产权局专利复审委员会审查员。

委托代理人王伟艳，国家知识产权局专利复审委员会审查员。

第三人鹤山银雨灯饰有限公司，住所地鹤山市共和镇工业开发区。

法定代表人樊邦扬，董事长。

委托代理人刘卉，广东世纪专利事务所专利代理人。

原告中山市中振灯饰有限公司（以下简称中振公司）不服被告国家知识产权局专利复审委员会（以下简称专利复审委员会）于2007年8月21日作出的第10364号无效宣告请求审查决定（以下简称第10364号决定），在法定期限内向本院提起行政诉讼。本院于2007年11月27日受理本案后，依法组成合议庭，并通知鹤山银雨灯饰有限公司（以下简称银雨公司）作为本案第三人参加诉讼，于2008年3月6日公开开庭进行了审理。原告中振公司的委托代理人林建军、宋哲，被告专利复审委员会的委托代理人张梅珍、王伟艳，第三人银雨公司的委托代理人刘卉到庭参加诉讼。本案现已审理终结。

2006年4月29日，原告中振公司针对第三人银雨公司拥有的名称为“一种新型装饰灯灯头”的实用新型专利（以下简称本专利）向被告专利复审委员会提出无效宣告请求。2007年8月7日，被告专利复审委员会作出第10364号决定，认为：

1. 关于证据和现有技术

中振公司提交的证据1~3，银雨公司对其真实性没有异议，因此证据1~3可以作为证据使用。同时由于上述证据的公开日期均在本专利的申请日前，因此其上记载的内容构成本专利的现有技术。

2. 关于《中华人民共和国专利法实施细则》（以下简称《专利法实施细则》）第二十条第一款

中振公司认为本专利权利要求1存在以下几点不清楚的问题，因而不符合《专利法实施细则》第二十条第一款的规定：（1）关于“灯头”的构成使用了封闭式写法，其中未包含“灯脚”，而后又限定“隔离柱将灯泡的两灯脚分开”，从而造成灯头的组成部分没有清楚限定；（2）同时本专利权利要求1中又限定了“灯泡与导线的连接部位”，造成导线、灯脚与灯泡的连接关系不清楚；（3）“包覆”是接触覆盖的意思，而从本专利附图可以看出啤注层与灯脚和导线的连接部分没有接触，因此权利要求1中“包覆”所表达的内容不清楚。

对此，专利复审委员会认为：本专利权利要求1中记载了“一种新型装饰灯灯头由灯泡、热缩套管、导线、隔离柱、啤注层组成，其中，隔离柱将灯泡的两灯脚分开”，从上述内容可知灯头由包括灯泡在内的5个组成部分构成，而灯泡进一步包括两灯脚，因此权利要求1对于灯头的限定是清楚的，而对灯头的各组成部件的进一步限定并不会造成灯头本身不清楚。至于导线、灯脚与灯泡的关系，从权利要求1可知灯泡包括灯脚，而灯泡通过灯脚与导线相连是本领域技术人员所熟知的，因此权利要求1中“灯泡与导线的连接部位”实际是“灯泡的灯脚与导线连接的部位”，这对于本领域技术人员是能够理解的，上述部件的连接关系应当是清楚的。在权利要求1中，套管把灯泡、隔离柱导线固定成一个整体，热缩套管外是啤注层，因此，“啤注层把灯泡、热缩套管、导线、隔离柱及灯泡与导线的连接部位包覆成一整体”应当理解为啤注层把灯泡、热缩套管连同被热缩套管所包裹的部件（导线、隔离柱及灯泡与导线的连接部位）一起包围且遮盖，虽然被热缩套管所包裹的部件不会与热缩套管外的啤注层直接接触，词语“包覆”也不会导致权利要求1不清楚。

3. 关于《专利法实施细则》第二十一条第二款

中振公司认为权利要求1中记载了“套管把灯泡、隔离柱、导线固定成一个整体”。根据公知常识，热缩套管具有遇热收缩的性能，如果热缩套管与灯泡直接接触，则热缩套管将会遇热收缩变形，并且会产生失火的安全隐患，因此热缩套管与灯泡之间必须有一分隔层。权利要求1缺少热缩套管与灯泡之间的分隔层的必要技术特征，因此不符合《专利法实施细则》第二十一条第二款的规定。

银雨公司认为中振公司所述的分隔层并非必要技术特征，像冷光源、小功率的灯就不需要这种分隔层。银雨公司当庭提交产品照片以及证明其产品不具有上述分隔层也能达到消除安全隐患目的的材料。

专利复审委员会认为：第一，本专利要解决的技术问题是：使灯泡不易损坏，且灯泡发光柔和，装饰效果好，而在热缩套管与灯泡之间增加分隔层是为了消除失火隐患，并不是解决上述技术问题所不可缺少的技术特征。第二，正如银雨公司所述，如果灯泡采用冷光源、小功率的灯，则在热缩套管遇灯泡之间不设置分隔层也不会存在失火隐患。因此，在热缩套管与灯泡之间增加分隔层不是本专利为解决灯泡易损坏，使灯泡发光柔和，装饰效果好的技术问题的必要技术特征。4、关于创造性。中振公司认为权利要求1相对于证据1或者证据1、2、3的结合不具有创造性，权利要求2、4为本领域的常规选择，权利要求3、5的附加技术特征为证据1、2所公开，因此权利要求1~5均不具备创造性。

权利要求1请求保护一种新型装饰灯灯头，该灯头由灯泡、热缩套管、导线、隔离柱、啤注层组成，其中，隔离柱将灯泡的两灯脚分开，套管把灯泡、隔离柱导线固定成一个整体，热缩套管外是啤注层，啤注层把灯泡、热缩套管、导线、隔离柱及灯泡与导线的连接部位包覆成一整体。根据《现代汉语词典》对“包”、“覆”的解释，权利要求1中所述“啤注层把灯泡、热缩套管、导线、隔离柱及灯泡与导线的连接部位包覆成一整体”是指啤注层覆盖灯泡，从而使灯泡不外露。上述解释也得到了说明书的支持，根据说明书对现有技术的描述，现有圣诞灯套管形式的灯头结构由于灯泡暴露于外而带来装饰效果不强、灯泡在运输、堆放过程中易损坏的缺点，本专利正是为了解决上述问题而提供如权利要求1所述灯头，其通过覆盖于灯泡外部的啤注层而实现上述目的，此外说明书附图也证实了这一点。再有，银雨公司于口头审理中以及2007年3月20日提交的意见陈述书中都明确表示权利要求1中的“包覆”是指啤注层把由热缩套管固定成整体的灯泡、导线、隔离柱完全包覆在其中。

将本专利权利要求1与证据1图11所示方案进行比较，可知二者的区别在于：证据1中使用套管把灯泡、软硅胶管、导线、液态矽胶以及灯泡与导线的连接部位固定成一整体，但灯泡外露，而本专利是通过啤注层把灯泡、热缩套管、导线、隔离柱及灯泡与导线的连接部位包覆成一整体，灯泡被啤注层包覆。另外，将本专利权利要求1与证据1图3~6所示方案进行比较，可知：证据1中虽然使用套管把灯泡、软硅胶管、导线、液态矽胶以及灯泡与导线的连接部位固定成一整体，并且灯泡没有外露，但该套管是用于将两个灯串上的灯泡连接，从而构成蜂巢状网灯，并不是防止灯泡在运输中损坏，也不是用于使光线柔和、增加装饰性，也就是说该套管不能起到本专利啤注层的作用。

中振公司认为权利要求1中“包覆”可以是部分包覆，也可以是全部包覆。即使是后者，本领域人员在证据1的基础上也很容易想到全部包覆。

专利复审委员会认为，根据上文的解释，权利要求1中“包覆”是指灯泡被啤注层包裹覆盖，不外露，而证据1图11所示方案中灯泡暴露于套管之外，证据1图3~6所示方案中也不存在本专利中的啤注层，因此证据1并没有公开“啤注层把灯泡、热缩套管、导线、隔离柱及灯泡与导线的连接部位包覆成一整体”的技术特征，本专利正是通过上述啤注层对灯泡的包覆实现其发明目的：使灯泡不易损坏，且灯泡发光柔和，装饰效果好。证据1在于提供一种成本低的蜂巢格状组合式网灯，并且通过套管套装以及胶体封装增加灯泡及导线连接区域的绝缘性以及防水性，可见证据1没有给出将灯泡完全覆盖使其发光柔和不易损坏的技术启示，本领域技术人员在证据1的基础上不能显而易见地想到使用啤注层将灯泡完全覆盖，因此本专利权利要求1相对于证据1具有实质性特点和进步，具备创造性。

证据2也没有公开本专利中啤注层把灯泡全部包覆的技术特征。而对于证据3，中振公司认为证据3中护管4的作用是将放电灯与外界隔离，相当于本专利的啤注层。专利复审委员会认为证据3中已经清楚说明该护管4是为了保证电气安全，避免使用者与放电灯的导电部分直接接触，即其起到的是绝缘作用，而本专利啤注层所起到的是防止灯泡损坏，使灯泡发光柔和的作用，可见二者并不相同，证据3也没有公开本专利与证据1的区别技术特征。在证据2、3均未给出使用啤注层把灯泡全部包覆的技术启示的情况下，将证据1、2、3结合起来得到本专利权利要求1的技术方案尚需付出创造性的劳动，因此本专利权利要求1相对于上述证据具备创造性。

在本专利权利要求1相对于证据1或者证据1~3的结合具备创造性的情况下，从属于权利要求1的权利要求2~5相对于上述证据也具备创造性。

综上，专利复审委员会作出第10364号决定，维持本专利权有效。

原告中振公司不服第10364号决定，在法定期限内向本院提起行政诉讼，称：（1）本专利的权利要求1不符合《专利法实施细则》第二十条第一款的规定。银雨公司在口头审理以及2007年3月20日提交的意见陈述中表示，“包覆”是指啤注层把由热缩套管固定成整体的灯泡、导线、隔离柱完全包覆在其中。显然银雨公司的解释不清楚，还是在用“包覆”解释“包覆”。中振公司认为，要解释“包覆”的含义，只能结合“啤注层”的形成过程来解释怎样才属于“包覆成一整体”，但翻阅了大量的资料也无法找到关于啤注技术的资料。(2) 本专利的权利要求 1 不符合《专利法实施细则》第二十一条第二款的规定。权利要求 1 中记载了“套管把灯泡、隔离柱、导线固定成一个整体”。根据公知常识，热缩套管具有遇热收缩的性能，如果热缩套管与灯泡直接接触，则热缩套管将会遇热收缩变形，并且会产生失火的安全隐患，因此热缩套管与灯泡之间必须有一分隔层。权利要求 1 缺少热缩套管与灯泡之间的分隔层这一必要技术特征。银雨公司认为灯泡采用冷光源、小功率的灯，在热缩套管与灯泡之间不设置分隔层也不存在失火隐患。专利复审委员会认为本专利要解决的技术问题是：使灯泡不易损坏，且灯泡发光柔和，装饰效果好，而在热缩套管与灯泡之间增加分隔层是为了消除失火隐患，并不是解决上述技术问题的必要技术特征。但是本专利的说明书中并没有说明只适用于冷光源、小功率的灯，所以增加分隔层是十分必要的，即使不是为了解决灯泡容易损坏的问题，也是为了防火而必须安装的。(1) 本专利的权利要求 1 不具备创造性。①专利复审委员会认定本专利权利要求 1 与证据 1 图 11 所示方案的区别是：证据 1 使用套管把灯泡、软硅胶管、导线、液态矽胶以及与导线的连接部位固定成一整体，但灯泡外露。专利复审委员会这一认定是错误的，由证据 1 图 11、图 6、图 4 可知，灯泡没有外露，而是被套管包覆，这与本专利中灯泡被啤注层包覆是一样的。另外，证据 1 图 3~6 所示的方案中，套管把灯泡、软硅胶管、导线、液态矽胶以及与导线的连接部位固定成一整体，并且灯泡没有外露，这与本专利中灯泡被啤注层包覆是一样的。证据 1 的说明书第 8 页写有“热缩套管 87 套合于软硅胶管 86 外，更形成了使得整体灯泡 81 的抗破坏强度增加”；说明书第 4 页最后一段写有“由于采用套管套装以及胶体封装，该网灯具有较强的防水性，并提高了抗拉强度，进一步延长了网灯的使用寿命”。可见，证据 1 中的套管与本专利中啤注层使灯泡不易损坏的作用基本相同。因此，本专利相对于证据 1 不具备创造性。②专利复审委员会认定本专利权利要求 1 与证据 1 图 3~6 所示方案的区别是：证据 1 套管是用于将两个灯串上的灯泡连接，并不是防止灯泡损坏和使光线柔和、增加装饰性，不能起到本专利啤注层的作用。中振公司认为，套管对于防止灯泡损坏的作用，在说明书第 4 页已经有了表述，同时套管使灯光柔和以及增加装饰性，这也是套管自身物理属性应该起到的作用。③本专利与对比文件 1、2、3 的结合对比，也不具备创造性。对比文件 2 的灯串包括有插柱体，且该插柱体将灯泡的两灯脚分开，相当于本专利中的隔离柱，以及隔离柱将灯泡的两灯脚分开。证据 3 中公开的灯泡型放电灯，最外层有护管 4，该护管将放电灯与外界隔离，既是为了保护电气安全，又和本专利的啤注层一样，都能起到保护作用，并且该护管将灯泡完全包覆。因此，本专利权利要求 1 相对于证据 1、2、3 的结合不具有创造性。(4) 专利复审委员会在无效审查中存在程序违法行为。专利复审委员会让银雨公司在口头审理后对有关“包覆”的含义提交意见陈述书，不符合《审查指南》第四部分第三章第 4.3.2 节的规定。专利复审委员会对于本案最为关键的“包覆”的理解，采信了银雨公司庭后提交的、来经中振公司质证的意见，损害了中振公司的程序利益。综上，原告请求人民法院判令：依法撤销被告专利复审委员会作出的第 10364 号决定。

被告专利复审委员会辩称：(1)《审查指南》第四部分第三章第 4.3.2 节是对专利权人自行举证作出的规定，并没有对专利复审委员会根据调查的需要另行要求当事人提交材料的时机进行任何限制，因此本案中专利复审委员会要求银雨公司在口头审理结束后提交对“包覆”含义的意见陈述并没有违反《审查指南》的规定；另外，关于银雨公司提交的意见陈述，鉴于其内容与银雨公司在口头审理中表述完全一致，即中振公司已经知晓其内容，专利复审委员会没有必要再行转文，因此专利复审委员会在无效程序中的上述处理程序没有损害中振公司的利益。(2) 关于本专利符合《专利法》第二十二条第三款、《专利法实施细则》第二十条第一款和第二十一条第二款规定的具体事实和理由，在第 10364 号无效请求审查决定中已经清楚、完整地进行了论述。综上，专利复审委员会认为第 10364 号决定认定事实清楚，适用法律正确，审理程序合法，中振公司的诉讼理由不能成立，请求人民法院维持第 10364 号决定。

第三人银雨公司表示同意专利复审委员会的意见。

本院经审理查明：

本专利系名称为“一种新型装饰灯灯头”的第 99235779.9 号的实用新型专利，其申请日为 1999 年 4 月 12 日，授权公告日为 2000 年 9 月 6 日，授权时专利权人为樊邦弘，后于 2006 年 11 月 17 日变更为银雨公司。本专利授权公告时的权利要求书如下：

“1. 一种新型装饰灯灯头由灯泡、热缩套管、导线、隔离柱、啤注层组成，其中，隔离柱将灯泡的两灯脚分开，套管把灯泡、隔离柱导线固定成一个整体，热缩套管外是啤注层，其特征在于，啤注层把灯泡、热缩套管、导线、隔离柱及灯泡与导线的连接部位包覆成一整体。

2. 根据权利要求 1 所述的一种新型圣诞灯灯头，其特征是，隔离柱材质是硬质塑料。

3. 根据权利要求 1 所述的一种新型圣诞灯灯头，其特征是，隔离柱两侧有凹槽。

4. 根据权利要求 1 所述的一种新型圣诞灯灯头其特征是，啤注层密度、厚度均匀。

5. 根据权利要求 1 所述的一种新型圣诞灯灯头，其特征是，处于灯泡与导线连接部位的啤注层是凹凸的筋条。”

本专利说明书载明：“现有圣诞灯的灯头结构为套管形式，灯泡外露于外，因此具有装饰效果不强，且因灯泡外露，运输、堆放均易使灯泡损坏的缺点。本实用新型的目的是克服现有圣诞灯灯头结构的缺点，使灯泡不易损坏，且灯泡发光柔和，装饰效果好。”、“根据图 1 所示，啤注式圣诞灯头是由啤注层（1）、灯泡（2）、导线（3）、隔离柱（4）、热缩套管（5）组成，先将灯泡（2）的灯脚（21）与导线（3）焊接，然后将隔离柱（4）插入两灯脚（21）间，分开灯脚。外用热缩套管（5）包住导线（3）及隔离柱（4）及灯泡（2）的下部，然后通过注塑工艺（通过 6 注塑定位），将灯泡（2）、导线（3）、隔离柱（4）、热缩套管（5）包覆在啤注层内，使其形成一整体”。

针对上述专利权，中振公司于 2006 年 4 月 29 日向专利复审委员会提出无效宣告请求，无效理由为本专利不符合《专利法》第二十二条第二、三款，《专利法实施细则》第二条第二款、第二十条第一款和第二十一条第二款的规定，认为：（1）本专利权利要求 1 不符合《专利法实施细则》第二十条第一款的规定。权利要求 1 记载“灯头由灯泡、热缩套管……组成”是封闭式写法，其中未包含“灯脚”，但权利要求 1 中又限定“隔离柱将灯泡的两灯脚分开”，从而造成灯头的组成部分没有清楚限定；同时权利要求 1 中又限定了“灯泡与导线的连接部位”，造成导线、灯脚与灯泡的连接关系不清楚；“包覆”是接触覆盖的意思，而从本专利附图可以看出啤注层与灯脚和导线的连接部分没有接触，因此权利要求 1 中“包覆，”所表达的内容不清楚。（2）本专利权利要求 1 缺少热缩套管与灯泡之间的分隔层的必要技术特征，因此不符合《专利法实施细则》第二十一条第二款的规定。（3）本专利权利要求 1 相对于证据 1 不具备新颖性，相对于证据 1 或者证据 1、2、3 的结合不具备创造性。权利要求 2、4 的特征为材料特征，应当不予考虑，权利要求 2~5 也不具备创造性。（4）权利要求 2、4 限定的是材料和方法特征，不属于实用新型保护的客体，不符合《专利法实施细则》第二条第二款的规定。同时，其提交了如下证据：

证据 1：专利号为 95223332.0 的中国实用新型专利公告文本，其授权公告日为 1997 年 9 月 17 日。其公开了一种组合式网灯，其中的图 3~6 表示出该网灯的示意图以及形成该网灯的一种灯泡组合结构，该组合式网灯 10 包含数条大致平行设置且互呈导电连接的灯串 11，一外部连接插头 20 以及数个套管 30，套管 30 将设于各灯串 11 上的每隔一个灯泡 13，与其一邻侧灯串 11′上的相对应灯泡 13′配对套住并固定，且分别将各灯串 11 上其他灯泡 14′与其另一邻侧灯串 11”上的相对应灯泡 14′配对套住并固定，使整体灯串因套管 30 的结合而形成一蜂巢格状的组合式网灯 10，从而形成如图 3 所示的蜂窝状网灯，组合式网灯另包括数个软硅胶管40套合于各灯泡及其所相连的导线12上，软硅胶管40内注以液态矽胶，使灯泡13及其所相连的导线12区域呈绝缘密封（参见说明书第5~7页以及图3~6）。此外图11表示出该网灯的另一种灯泡组合结构，该网灯由灯泡组合结构80构成，其包含一小型灯泡81，该灯泡81具有一发光体82以及二导电接脚83、84，两导线85分别连接至二导电接脚83、84；一软硅胶管86套合于灯泡81和所相连的导线85的区域外，软硅胶管86内灌充液态矽胶88，液态矽胶随即凝固，从而将二导电接脚83、84分开，可见液态矽胶起到了本专利隔离柱的作用。套管87套合于软硅胶管86外部，形成双层绝缘保护，使整体灯泡81的抗破坏强度增强。此外，由图11可见，灯泡81暴露于套管87之外（参见说明书第7~8页以及图11）。

证据2：公告编号为298295号的台湾实用新型专利说明书以及专利公报扉页，其公告日为1997年2月11日。其公开了一种圣诞灯串结构，其包括壳体、芯部、灯泡以及二导线，芯部置于壳体中，其设有二通孔，供灯泡的二细铜丝穿过，上述铜丝分别与二导线相连，芯部上方的插柱体将二导线隔开（参见权利要求1以及图1~5）。

证据3：公告号为CN87214517U的中国实用新型专利申请说明书，其公告日为1988年11月2日。其公开了一种主要用于冰箱等设备的杀菌、除臭及延长食品保鲜期的灯泡型放电灯，该放电灯包括两个保持一定距离的电极1，电极1放电后产生的紫外线透过内管2向外辐射，内管2的外壁上涂覆了一层导电薄膜3，从而缩短两电极的距离，使电极两端易于导通。为了保证电气安全，在导电薄膜3的外部包覆一能透紫外线的护管4，从而避免使用者直接与放电灯的导电部分接触（参见说明书第3~5页以及图1）。

2006年5月8日，专利复审委员会向双方当事人发出无效宣告请求受理通知书，同时将专利权无效宣告请求书及其附件清单中所列附件的副本转送给银雨公司，银雨公司逾期未答复。

2007年3月6日，专利复审委员会举行口头审理。

在口头审理中，中振公司明确其无效理由、范围、证据：本专利权利要求1~5不符合《专利法》第二十二条第三款的规定；权利要求1不符合《专利法实施细则》第二十条第一款的规定、第二十一条第二款的规定；明确表示放弃《专利法实施细则》第二条第二款以及《专利法》第二十二条第二款的无效理由。银雨公司表示对证据1~3的真实性无异议。

在口头审理中，针对本专利不符合《专利法实施细则》第二十条第一款的规定，银雨公司认为本专利灯泡、灯脚、导线之间的关系属于现有技术，而在灯泡、隔离柱、导线已经成为一体的情况下，权利要求1中的“包覆”并不意味着啤注层要与该整体内部的“灯泡与导线的连接部位”接触，而是啤注层将连同隔离柱以及灯泡与导线的连接部位在内的各个部件包覆成整体。针对本专利不符合《专利法实施细则》第二十一第二款的规定，银雨公司认为分隔层并非必要技术特征，像冷光源、小功率的灯就不需要这种分隔层。银雨公司当庭提交产品照片以及证明其产品不具有上述分隔层也能达到消除安全隐患目的的材料。针对本专利权利要求1的创造性，中振公司认为本专利权利要求1相对于证据1不具有创造性。证据1软硅胶管对应本专利热缩套管，证据1液态矽胶对应本专利隔离柱，证据1套管87对应本专利啤注层；权利要求1中“包覆”指的可以是部分包覆，也可以是全部包覆。即使是后者，本领域人员在证据1的基础上也很容易想到全部包覆。银雨公司认为证据1液态矽胶为包裹导线的立体结构，与本专利隔离柱不同，但其也可以起到隔离作用；灯泡暴露于套管之外，与本专利啤注层不同；权利要求1中“包覆”指的只是全部包覆，认为证据1中并不是“包覆”，从发明目的来讲，必定灯泡要露出套管，本领域人员无法在其基础上想到本专利，因为要解决的技术问题不同。银雨公司、中振公司均认为液态矽胶在充入软硅胶管后立刻凝固。专利复审委员会要求银雨公司庭后针对“包覆”的含义提交意见陈述。同时，银雨公司认为证据2中“插柱体”与“芯部”是一体的，并且一起起作用，与本专利隔离柱不同，证据3中“护管”只是起保护作用，并不能起到增加装饰效果的作用。针对本专利权利要求2~5的创造性，中振公司认为本专利权利要求2、4为本领域的常规选择；权利要求3的附加技术特征为证据1、2单独公开，权利要求5的附加技术特征为证据2公开。银雨公司认为在本专利权利要求1具有创造性的基础上，本专利权利要求2~5也具有创造性，并且没有证据证明本专利权利要求5的附加技术特征是常规设计。

2007年3月20日，银雨公司针对权利要求1中的用语“包覆”的含义提交了意见陈述书，认为其含义是啤注层把由热缩套管固定成整体的灯泡、导线、隔离柱完全包覆在其中（灯泡完全包覆在啤注层）。

2007年8月21日，专利复审委员会作出第10364号决定，维持本专利权有效。

上述事实，有本专利授权公告文本、证据1、证据2、证据3、口审记录表、第10364号决定及当事人陈述等证据在案佐证。

本院认为：

综合当事人的诉辩主张，本案的争议焦点在于：

1. 关于无效宣告审查的程序违法问题

《审查指南》第四部分第三章第4.3.2节仅规定了专利权人自行举证的期限，未规定专利复审委员会依职权要求当事人提交材料的期限，专利复审委员会根据无效审查的需要而要求银雨公司在口头审理结束后提交关于“包覆”含义的意见陈述，未违反《审查指南》的规定。况且，银雨公司在口头审理后关于“包覆”的意见陈述与其在口头审理中的表述完全相同，专利复审委员会显然没有转文的必要，因此，中振公司主张专利复审委员会在无效审查中程序违法，缺乏事实和法律依据，本院不予支持。

2. 关于《专利法实施细则》第二十条第一款

《专利法实施细则》第二十条第一款规定：权利要求书应当说明发明或者实用新型的技术特征，清楚、简要地表述请求保护的范围。

中振公司认为本专利权利要求1所述“套管把灯泡、隔离柱导线固定成一个整体，热缩套管外是啤注层，啤注层把灯泡、热缩套管、导线、隔离柱及灯泡与导线的连接部位包覆成一整体”中“包覆”含义不清楚。本院认为，首先，灯泡的灯脚必须与导线相连不容置疑，“热缩套管将灯泡及隔离柱导线固定成一整体”必然导致灯脚及导线的连接部位被套装在热缩套管内，而“啤注层在热缩套管外”，那么啤注层与灯泡及导线的连接部位肯定不能直接接触。其次，本领域技术人员根据本专利说明书附图1及“外用热缩套管包住导线及隔离柱及灯泡的下部，然后通过注塑工艺（通过注塑定位），将灯泡、导线、隔离柱、热缩套管包覆在啤注层内，使其形成一整体”文字描述，显然也能够将本专利权利要求1所述的“啤注层把灯泡、热缩套管、导线、隔离柱及灯泡与导线的连接部位包覆成一整体”理解为啤注层把灯泡、热缩套管连同被热缩套管所包裹的部件（导线、隔离柱及灯泡与导线的连接部位）一起包围且遮盖，且被热缩套管所包裹的部件不会与热缩套管外的啤注层直接接触。因此，本院认为本专利权利要求1所述的“包覆”含义清楚，中振公司主张本专利不符合《专利法实施细则》第二十条第一款的规定，缺乏事实依据，本院不予支持。

3. 关于《专利法实施细则》第二十一条第二款

《专利法实施细则》第二十一条第二款规定：独立权利要求应当从整体上反映发明或者实用新型的技术方案，记载解决技术问题的必要技术特征。

必要技术特征，是指发明或者实用新型为解决其技术问题所不可缺少的技术特征，其总和足以构成发明或者实用新型的技术方案，使之区别于背景技术中所述的其他技术方案。

根据本专利说明书的记载，现有圣诞灯的灯头结构为套管形式，灯泡外露于外，因此具有装饰效果不强，且因灯泡外露，运输堆放均易使灯泡损坏的缺点，本专利要解决的技术问题是：使灯泡不易损坏，且灯泡发光柔和，装饰效果好，其采用的技术手段是通过一啤注层把灯泡、热缩套管、导线、隔离柱及灯泡与导线的连接部位包覆成一整体而实现上述目的，因此，权利要求1的技术方案已经记载了完成本发明的必要技术特征。而在热缩套管与灯泡之间增加分隔层是为了消除失火隐患，并不是解决上述技术问题所不可缺少的技术特征。因此，中振公司主张本专利权利要求1不符合《专利法实施细则》第二十一条第二款的规定，缺乏事实依据，本院不予支持。

4. 关于创造性

创造性，是指同申请日以前已有的技术相比，该发明有突出的实质性特点和显著的进步，该实用新型有实质性特点和进步。

证据1使用套管把灯泡、软硅胶管、导线、液态矽胶以及灯泡与导线的连接部位固定成一整体，该套管用于将一个灯串上的灯泡与另一个灯串上的灯泡或导线连接，从而构成蜂巢状网灯，其中灯泡位于套管中不外露，但不与套管直接接触。而本专利是通过啤注层把灯泡、热缩套管、导线、隔离柱及灯泡与导线的连接部位包覆成一整体，灯泡被啤注层包覆。证据1中的套管不同于本专利的啤注层。本专利正是通过啤注层对灯泡的包覆来实现“灯泡不易损坏，灯泡发光柔和，装饰效果好”的发明目的。因此证据1并没有公开本专利权利要求1所述“啤注层把灯泡、热缩套管、导线、隔离柱及灯泡与导线的连接部位包覆成一整体”的技术特征，也没有给出将灯泡完全覆盖使其不易损坏发光柔和的技术启示，因此，本专利权利要求1相对于证据1具有实质性的特点和进步，具备创造性。

证据2也没有公开本专利中啤注层把灯泡全部包覆的技术特征。证据3中的护管是为了保证电气安全，避免使用者与放电灯的导电部分直接接触，起到的是绝缘作用，而本专利的啤注层能够防止灯泡损坏，并且使灯泡发光柔和，可见二者并不相同。因此，证据1~3均没有公开本专利权利要求1所述“啤注层把灯泡、热缩套管、导线、隔离柱及灯泡与导线的连接部位包覆成一整体”的技术特征，也没有给出相应的技术启示，因此，本专利权利要求1相对于证据1~3具有实质性特点和进步，具备创造性。

综上所述，中振公司主张本专利权利要求1不具备创造性，缺乏事实和法律依据，本院不予支持。

在本专利权利要求1相对于证据1或者证据1~3的结合具备创造性的情况下，从属于权利要求1的权利要求2~5相对于上述证据也具备创造性。

综上，被告作出的第10364号决定认定事实清楚，适用法律正确，审理程序合法。原告的诉讼理由不能成立，对其诉讼请求，本院不予支持。依照《中华人民共和国行政诉讼法》第五十四条第（一）项之规定，本院判决如下：

维持被告国家知识产权局专利复审委员会作出的第10364号无效宣告请求审查决定。

案件受理费100元，由原告中山市中振灯饰有限公司负担（已交纳）。

如不服本判决，各方当事人可在本判决书送达之日起15日内，向本院提交上诉状并交纳上诉案件受理费100元，上诉于北京市高级人民法院。

审　判　长　彭文毅
代理审判员　江建中
人民陪审员　高　伟
二〇〇八年五月二十日
书　记　员　瞿文伟

北京市高级人民法院
行政判决书

（2008）高行终字第517号

上诉人（原审原告）中山市中振灯饰有限公司，住所地广东省中山市小榄镇广丰工业区铁米缸。

法定代表人邓长明，总经理。

委托代理人林建军，男，汉族，1963年10月9日出生，北京金之桥知识产权代理有限公司专利代理人，住北京市海淀区双榆树知春路49号院A座108号。

委托代理人宋哲，男，汉族，1972年11月17日出生，北京金之桥知识产权代理有限公司职员，住湖北省武汉市武昌区体育街4-3-101号。

被上诉人（原审被告）国家知识产权局专利复审委员会，住所地北京市海淀区北四环西路9号银谷大厦10~12层。

法定代表人廖涛，副主任。

委托代理人张梅珍，国家知识产权局专利复审委员会审查员。

委托代理人王伟艳，国家知识产权局专利复审委员会审查员。

原审第三人鹤山银雨灯饰有限公司，住所地广东省鹤山市共和镇工业开发区。

法定代表人樊邦扬，董事长。

委托代理人刘卉，女，汉族，1963年10月13日出生，广东世纪专利事务所专利代理人，住广东省广州市越秀区先烈中路81号大院117号1602房。

上诉人中山市中振灯饰有限公司（以下简称中振公司）因实用新型专利权无效行政纠纷一案，不服北京市第一中级人民法院（2007）一中行初字第1658号行政判决，向本院提出上诉。本院2008年8月18日受理本案后，依法组成合议庭，于2008年9月23日公开开庭进行了审理。上诉人中振公司的委托代理人宋哲，被上诉人国家知识产权局专利复审委员会（以下简称专利复审委员会）的委托代理人张梅珍、王伟艳，原审第三人鹤山银雨灯饰有限公司（以下简称银雨公司）的委托代理人刘卉到庭参加诉讼。本案现已审理终结。

北京市第一中级人民法院认定，银雨公司是名称为“一种新型装饰灯灯头”的实用新型专利（以下简称本专利）的专利权人。针对上述专利权，中振公司于2006年4月29日向专利复审委员会提出无效宣告请求。2007年8月7日，专利复审委员会做出第10364号无效宣告请求审查决定（以下简称第10364号决定），维持本专利权有效。

北京市第一中级人民法院认为，《审查指南》第四部分第三章第4.3.2节仅规定了专利权人自行举证的期限，未规定专利复审委员会依职权要求当事人提交材料的期限，专利复审委员会根据无效审查的需要而要求银雨公司在口头审理结束后提交关于“包覆”含义的意见陈述，未违反《审查指南》的规定。况且，银雨公司在口头审理后关于“包覆”的意见陈述与其在口头审理中的表述完全相同，专利复审委员会显然没有转文的必要，因此，中振公司主张专利复审委员会在无效审查中程序违法，缺乏事实和法律依据。本专利权利要求1所述的“包覆”含义清楚，中振公司主张本专利不符合《专利法实施细则》第二十条第一款的规定，缺乏事实依据。本专利要解决的技术问题是：使灯泡不易损坏，且灯泡发光柔和，装饰效果好，其采用的技术手段是通过一啤注层把灯泡、热缩套管、导线、隔离柱及灯泡与导线的连接部位包覆成一整体而实现上述目的，因此，权利要求1已经记载了完成本发明的必要技术特征。证据 1 中的套管不同于本专利的啤注层，本专利正是通过啤注层对灯泡的包覆来实现“灯泡不易损坏，灯泡发光柔和，装饰效果好”的发明目的。因此证据 1 并没有公开本专利权利要求 1 所述“啤注层把灯泡、热缩套管、导线、隔离柱及灯泡与导线的连接部位包覆成一整体”的技术特征，也没有给出将灯泡完全覆盖使其不易损坏发光柔和的技术启示，因此，本专利权利要求 1 相对于证据 1 具有实质性的特点和进步，具备创造性。证据 2 也没有公开本专利中啤注层把灯泡全部包覆的技术特征。证据 3 中的护管是为了保证电气安全，避免使用者与放电灯的导电部分直接接触，起到的是绝缘作用，而本专利的啤注层能够防止灯泡损坏，并且使灯泡发光柔和，可见二者并不相同。因此，证据 1~3 均没有公开本专利权利要求 1 所述“啤注层把灯泡、热缩套管、导线、隔离柱及灯泡与导线的连接部位包覆成一整体”的技术特征，也没有给出相应的技术启示，因此，本专利权利要求 1 相对于证据 1~3 具有实质性特点和进步，具备创造性。从属于权利要求 1 的权利要求 2~5 相对于上述证据也具备创造性。

北京市第一中级人民法院依照《中华人民共和国行政诉讼法》第五十四条第（一）项的规定判决：维持专利复审委员会做出的第 10364 号决定。

中振公司不服原审判决，向本院提出上诉，请求撤销原审判决和第 10364 号决定。其理由是：本专利不符合《专利法实施细则》第二十条第一款的规定，“啤注”不是本领域通用术语，本专利权利要求书及说明书未对“包覆”的含义做出清楚的解释；本专利权利要求 1 不符合《专利法》第二十二条第三款的规定，不具有创造性；专利复审委员会未将银雨公司在口头审理后提交的书面意见陈述转给中振公司，程序违法。专利复审委员会、银雨公司服从原审判决。

经审理查明，本专利系名称为“一种新型装饰灯灯头”的实用新型专利，其申请日为 1999 年 4 月 12 日，申请号为 99235779.9 号，授权公告日为 2000 年 9 月 6 日，授权时专利权人为樊邦弘，后于 2006 年 11 月 17 日变更为银雨公司。本专利授权公告时的权利要求如下：

“1. 一种新型装饰灯灯头由灯泡、热缩套管、导线、隔离柱、啤注层组成，其中，隔离柱将灯泡的两灯脚分开，套管把灯泡、隔离柱导线固定成一个整体，热缩套管外是啤注层，其特征在于，啤注层把灯泡、热缩套管、导线、隔离柱及灯泡与导线的连接部位包覆成一整体。

2. 根据权利要求 1 所述的一种新型圣诞灯灯头，其特征是，隔离柱材质是硬质塑料。

3. 根据权利要求 1 所述的一种新型圣诞灯灯头，其特征是，隔离柱两侧有凹槽。

4. 根据权利要求 1 所述的一种新型圣诞灯灯头其特征是，啤注层密度、厚度均匀。

5. 根据权利要求 1 所述的一种新型圣诞灯灯头，其特征是，处于灯泡与导线连接部位的啤注层是凹凸的筋条。”

本专利说明书载明：“现有圣诞灯的灯头结构为套管形式，灯泡外露于外，因此具有装饰效果不强，且因灯泡外露，运输、堆放均易使灯泡损坏的缺点。本实用新型的目的是克服现有圣诞灯灯头结构的缺点，使灯泡不易损坏，且灯泡发光柔和，装饰效果好。”“为实现上述目的，本实用新型采取的技术方案是：一种新型装饰灯灯头由灯泡、热缩套管、导线、隔离柱、啤注层组成，其中，塑料隔离柱将灯泡的两灯脚分开，防止短路，用套管把灯泡、隔离柱导线固定成一个整体，外面用塑胶注塑一啤注层……”“根据图 1 所示，啤注式圣诞灯灯头是由啤注层（1）、灯泡（2）、导线（3）、隔离柱（4）、热缩套管（5）组成，先将灯泡（2）的灯脚（21）与导线（3）焊接，然后将隔离柱（4）插入两灯脚（21）间，分开灯脚。外用热缩套管（5）包住导线（3）及隔离柱（4）及灯泡（2）的下部，然后通过注塑工艺（通过 6 注塑定位），将灯泡（2）、导线（3）、隔离柱（4）、热缩套管（5）包覆在啤注层（1）内，使其形成一整体”。

针对本专利权，中振公司于 2006 年 4 月 29 日向专利复审委员会提出无效宣告请求，无效理由为本专利不符合《专利法》第二十二条第二、三款，《专利法实施细则》第二条第二款、第二十条第一款和第二十一条第二款的规定。同时，提交了如下证据：

证据1：专利号为95223332.0的中国实用新型专利公告文本，其授权公告日为1997年9月17日。其公开了一种组合式网灯，其中的图3~6表示出该网灯的示意图以及形成该网灯的一种灯泡组合结构，该组合式网灯10包含数条大致平行设置且互呈导电连接的灯串11，一外部连接插头20以及数个套管30，套管30将设于各灯串11上的每隔一个灯泡13，与其一邻侧灯串11′上的相对应灯泡13′配对套住并固定，且分别将各灯串11上其他灯泡14′与其另一邻侧灯串11”上的相对应灯泡14′配对套住并固定，使整体灯串因套管30的结合而形成一蜂巢格状的组合式网灯10，从而形成如图3所示的蜂窝状网灯，组合式网灯另包括数个软硅胶管40套合于各灯泡及其所相连的导线12上，软硅胶管40内注以液态矽胶，使灯泡13及其所相连的导线12区域呈绝缘密封。此外图11表示出该网灯的另一种灯泡组合结构，该网灯由灯泡组合结构80构成，其包含一小型灯泡81，该灯泡81具有一发光体82以及二导电接脚83、84，两导线85分别连接至二导电接脚83、84；一软硅胶管86套合于灯泡81和所相连的导线85的区域外，软硅胶管86内灌充液态矽胶88，液态矽胶随即凝固，从而将二导电接脚83、84分开，可见液态矽胶起到了本专利隔离柱的作用。套管87套合于软硅胶管86外部，形成双层绝缘保护，使整体灯泡81的抗破坏强度增强。此外，由图11可见，灯泡81暴露于套管87之外。

证据2：公告编号为298295号的台湾实用新型专利说明书以及专利公报扉页，其公告日为1997年2月11日。其公开了一种圣诞灯串结构，其包括壳体、芯部、灯泡以及二导线，芯部置于壳体中，其设有二通孔，供灯泡的二细铜丝穿过，上述铜丝分别与二导线相连，芯部上方的插柱体将二导线隔开。

证据3：公告号为CN87214517U的中国实用新型专利申请说明书，其公告日为1988年11月2日。其公开了一种主要用于冰箱等设备的杀菌、除臭及延长食品保鲜期的灯泡型放电灯，该放电灯包括两个保持一定距离的电极1，电极1放电后产生的紫外线透过内管2向外辐射，内管2的外壁上涂覆了一层导电薄膜3，从而缩短两电极的距离，使电极两端易于导通。为了保证电气安全，在导电薄膜3的外部包覆一能透紫外线的护管4，从而避免使用者直接与放电灯的导电部分接触。

2006年5月8日，专利复审委员会向双方当事人发出无效宣告请求受理通知书，同时将专利权无效宣告请求书及其附件清单中所列附件的副本转送给银雨公司，银雨公司逾期未答复。

2007年3月6日，专利复审委员会进行口头审理。在口头审理中，中振公司明确其无效理由、范围、证据：本专利权利要求1~5不符合《专利法》第二十二条第三款的规定；权利要求1不符合《专利法实施细则》第二十条第一款的规定、第二十一条第二款的规定；明确表示放弃《专利法实施细则》第二条第二款以及《专利法》第二十二条第二款的无效理由。银雨公司表示对证据1~3的真实性无异议。针对本专利不符合《专利法实施细则》第二十条第一款的规定，银雨公司认为本专利灯泡、灯脚、导线之间的关系属于现有技术，而在灯泡、隔离柱、导线已经成为一体的情况下，权利要求1中的“包覆”并不意味着啤注层要与该整体内部的“灯泡与导线的连接部位”接触，而是啤注层将连同隔离柱以及灯泡与导线的连接部位在内的各个部件包覆成整本。针对本专利不符合《专利法实施细则》第二十一第二款的规定，银雨公司认为分隔层并非必要技术特征，像冷光源、小功率的灯就不需要这种分隔层。银雨公司当庭提交产品照片以及证明其产品不具有上述分隔层也能达到消除安全隐患目的的材料。针对本专利权利要求1的创造性，中振公司认为本专利权利要求1相对于证据1不具有创造性。证据1软硅胶管对应本专利热缩套管，证据1液态矽胶对应本专利隔离柱，证据1套管87对应本专利啤注层；权利要求1中“包覆”指的可以是部分包覆，也可以是全部包覆。

即使是后者，本领域人员在证据1的基础上也很容易想到全部包覆。银雨公司认为证据1液态矽胶为包裹导线的立体结构，与本专利隔离柱不同，但其也可以起到隔离作用；灯泡暴露于套管之外，与本专利啤注层不同；权利要求1中“包覆”指的只是全部包覆，认为证据1中并不是“包覆”，从发明目的来讲，必定灯泡要露出套管，本领域人员无法在其基础上想到本专利，因为要解决的技术问题不同。银雨公司、中振公司均认为液态矽胶在充入软硅胶管后立刻凝固。专利复审委员会要求银雨公司庭后针对“包覆”的含义提交意见陈述。同时，银雨公司认为证据2中“插柱体”与“芯部”是一体的，并且一起起作用，与本专利隔离柱不同，证据3中“护管”只是起保护作用，并不能起到增加装饰效果的作用。针对本专利权利要求2~5的创造性，中振公司认为本专利权利要求2、4为本领域的常规选择；权利要求3的附加技术特征为证据1、2单独公开，权利要求5的附加技术特征为证据2公开。银雨公司认为在本专利权利要求1具有创造性的基础上，本专利权利要求2~5也具有创造性，并且没有证据证明本专利权利要求5的附加技术特征是常规设计。

2007年3月20日，银雨公司针对本专利权利要求1中的用语“包覆”的含义提交了意见陈述书，认为其含义是啤注层把由热缩套管固定成整体的灯泡、导线、隔离柱完全包覆在其中（灯泡完全包覆在啤注层）。

2007年8月21日，专利复审委员会做出第10364号决定，维持本专利权有效。其理由是：

1. 关于证据和现有技术

中振公司提交的证据1~3，银雨公司对其真实性没有异议，因此证据1~3可以作为证据使用。同时由于上述证据的公开日期均在本专利的申请日前，因此其上记载的内容构成本专利的现有技术。

2. 关于《专利法实施细则》第二十条第一款

中振公司认为本专利权利要求1存在以下几点不清楚的问题，因而不符合《专利法实施细则》第二十条第一款的规定：（1）关于“灯头”的构成使用了封闭式写法，其中未包含“灯脚”，而后又限定“隔离柱将灯泡的两灯脚分开”，从而造成灯头的组成部分没有清楚限定；（2）同时本专利权利要求1中又限定了“灯泡与导线的连接部位”，造成导线、灯脚与灯泡的连接关系不清楚；（3）“包覆”是接触覆盖的意思，而从本专利附图可以看出啤注层与灯脚和导线的连接部分没有接触，因此权利要求1中“包覆”所表达的内容不清楚。

对此，专利复审委员会认为：本专利权利要求1中记载了“一种新型装饰灯灯头由灯泡、热缩套管、导线、隔离柱、啤注层组成，其中，隔离柱将灯泡的两灯脚分开”，从上述内容可知灯头由包括灯泡在内的5个组成部分构成，而灯泡进一步包括两灯脚，因此权利要求1对于灯头的限定是清楚的，而对灯头的各组成部件的进一步限定并不会造成灯头本身不清楚。至于导线、灯脚与灯泡的关系，从权利要求1可知灯泡包括灯脚，而灯泡通过灯脚与导线相连是本领域技术人员所熟知的，因此权利要求1中“灯泡与导线的连接部位”实际是“灯泡的灯脚与导线连接的部位”，这对于本领域技术人员是能够理解的，上述部件的连接关系应当是清楚的。在权利要求1中，套管把灯泡、隔离柱导线固定成一个整体，热缩套管外是啤注层，因此，“啤注层把灯泡、热缩套管、导线、隔离柱及灯泡与导线的连接部位包覆成一整体”应当理解为啤注层把灯泡、热缩套管连同被热缩套管所包裹的部件（导线、隔离柱及灯泡与导线的连接部位）一起包围且遮盖，虽然被热缩套管所包裹的部件不会与热缩套管外的啤注层直接接触，词语“包覆”也不会导致权利要求1不清楚。

3. 关于《专利法实施细则》第二十一条第二款

中振公司认为权利要求1中记载了“套管把灯泡、隔离柱、导线固定成一个整体”。根据公知常识，热缩套管具有遇热收缩的性能，如果热缩套管与灯泡直接接触，则热缩套管将会遇热收缩变形，并且会产生失火的安全隐患，因此热缩套管与灯泡之间必须有一分隔层。权利要求1缺少热缩套管与灯泡之间的分隔层的必要技术特征，因此不符合《专利法实施细则》第二十一条第二款的规定。

银雨公司认为中振公司所述的分隔层并非必要技术特征，像冷光源、小功率的灯就不需要这种分隔层。银雨公司当庭提交产品照片以及证明其产品不具有上述分隔层也能达到消除安全隐患目的的材料。

专利复审委员会认为：首先，本专利要解决的技术问题是：使灯泡不易损坏，且灯泡发光柔和，装饰效果好，而在热缩套管与灯泡之间增加分隔层是为了消除失火隐患，并不是解决上述技术问题所不可缺少的技术特征。另外，正如银雨公司所述，如果灯泡采用冷光源、小功率的灯，则在热缩套管遇灯泡之间不设置分隔层也不会存在失火隐患。因此，在热缩套管与灯泡之间增加分隔层不是本专利为解决灯泡易损坏，使灯泡发光柔和，装饰效果好的技术问题的必要技术特征。

4. 关于创造性

中振公司认为权利要求 1 相对于证据 1 或者证据 1、2、3 的结合不具有创造性，权利要求 2、4 为本领域的常规选择，权利要求 3、5 的附加技术特征为证据 1、2 所公开，因此权利要求 1~5 均不具备创造性。

权利要求 1 请求保护一种新型装饰灯灯头，该灯头由灯泡、热缩套管、导线、隔离柱、啤注层组成，其中，隔离柱将灯泡的两灯脚分开，套管把灯泡、隔离柱导线固定成一个整体，热缩套管外是啤注层，啤注层把灯泡、热缩套管、导线、隔离柱及灯泡与导线的连接部位包覆成一整体。根据《现代汉语词典》对“包”、“覆”的解释，权利要求 1 中所述“啤注层把灯泡、热缩套管、导线、隔离柱及灯泡与导线的连接部位包覆成一整体”是指啤注层覆盖灯泡，从而使灯泡不外露。上述解释也得到了说明书的支持，根据说明书对现有技术的描述，现有圣诞灯套管形式的灯头结构由于灯泡暴露于外而带来装饰效果不强、灯泡在运输、堆放过程中易损坏的缺点，本专利正是为了解决上述问题而提供如权利要求 1 所述灯头，其通过覆盖于灯泡外部的啤注层而实现上述目的，此外说明书附图也证实了这一点。再有，银雨公司于口头审理中以及 2007 年 3 月 20 日提交的意见陈述书中都明确表示权利要求 1 中的“包覆”是指啤注层把由热缩套管固定成整体的灯泡、导线、隔离柱完全包覆在其中。

将本专利权利要求 1 与证据 1 图 11 所示方案进行比较，可知二者的区别在于：证据 1 中使用套管把灯泡、软硅胶管、导线、液态矽胶以及灯泡与导线的连接部位固定成一整体，但灯泡外露，而本专利是通过啤注层把灯泡、热缩套管、导线、隔离柱及灯泡与导线的连接部位包覆成一整体，灯泡被啤注层包覆。另外，将本专利权利要求 1 与证据 1 图 3~6 所示方案进行比较，可知：证据 1 中虽然使用套管把灯泡、软硅胶管、导线、液态矽胶以及灯泡与导线的连接部位固定成一整体，并且灯泡没有外露，但该套管是用于将两个灯串上的灯泡连接，从而构成蜂巢状网灯，并不是防止灯泡在运输中损坏，也不是用于使光线柔和、增加装饰性，也就是说该套管不能起到本专利啤注层的作用。

中振公司认为权利要求 1 中“包覆”可以是部分包覆，也可以是全部包覆。即使是后者，本领域人员在证据 1 的基础上也很容易想到全部包覆。

专利复审委员会认为，根据上文的解释，权利要求 1 中“包覆”是指灯泡被啤注层包裹覆盖，不外露，而证据 1 图 11 所示方案中灯泡暴露于套管之外，证据 1 图 3~6 所示方案中也不存在本专利中的啤注层，因此证据 1 并没有公开“啤注层把灯泡、热缩套管、导线、隔离柱及灯泡与导线的连接部位包覆成一整体”的技术特征，本专利正是通过上述啤注层对灯泡的包覆实现其发明目的：使灯泡不易损坏，且灯泡发光柔和，装饰效果好。证据 1 在于提供一种成本低的蜂巢格状组合式网灯，并且通过套管套装以及胶体封装增加灯泡及导线连接区域的绝缘性以及防水性，可见证据 1 没有给出将灯泡完全覆盖使其发光柔和不易损坏的技术启示，本领域技术人员在证据 1 的基础上不能显而易见地想到使用啤注层将灯泡完全覆盖，因此本专利权利要求 1 相对于证据 1 具有实质性特点和进步，具备创造性。

证据 2 也没有公开本专利中啤注层把灯泡全部包覆的技术特征。而对于证据 3，中振公司认为证据 3 中护管 4 的作用是将放电灯与外界隔离，相当于本专利的啤注层。专利复审委员会认为证据 3 中已经清楚说明该护管 4 是为了保证电气安全，避免使用者与放电灯的导电部分直接接触，即其起到的是绝缘作用，而本专利啤注层所起到的是防止灯泡损坏，使灯泡发光柔和的作用，可见二者并不相同，证据 3 也没有公开本专利与证据 1 的区别技术特征。在证据 2、3 均未给出使用啤注层把灯泡全部包覆的技术启示的情况下，将证据 1、2、3 结合起来得到本专利权利要求 1 的技术方案尚需付出创造性的劳动，因此本专利权利要求 1 相对于上述证据具备创造性。

在本专利权利要求 1 相对于证据 1 或者证据 1~3 的结合具备创造性的情况下，从属于权利要求 1 的权利要求 2~5 相对于上述证据也具备创造性。

上述事实有本专利授权公告文本、证据 1、证据 2、证据 3、口头审理记录表、第 10364 号决定及当事人陈述等证据在案佐证。

本院认为，专利复审委员会在第 10364 号决定的案由部分对银雨公司在口头审理后向专利复审委员会提交了意见陈述书的事实进行了客观的表述。该意见陈述书的内容与该公司在口头审理中陈述的意见一致，在第 10364 号决定的理由部分也未明确引用该意见陈述书的内容。专利复审委员会未将该意见陈述书转送给中振公司并未影响该公司的实体权利。

《专利法实施细则》第二十条第一款规定：权利要求书应当说明发明或者实用新型的技术特征，清楚、简要地表述请求保护的范围。

对于本专利权利要求中的“啤注”一词，虽然不是规范的技术术语，但是专利权人在本专利说明书中进行了解释，即外面用塑料注塑一啤注层，本领域技术人员可以理解为“啤注层”就是用一种注塑工艺形成的一包覆层，而注塑工艺是一种公知技术，因此，“啤注层”一词的含义是清楚的。中振公司认为本专利权利要求 1 中“包覆”一词含义不清楚。本院认为，“包覆”一词的含义按照一般生活常识即可理解，在本专利技术方案中并无其他特殊意义。第 10364 号决定中将其解释为“包围且遮盖”并无不妥。结合本专利权利要求书及说明书包括附图本领域技术人员可以清楚地了解灯泡、热缩套管、导线、隔离柱及灯泡与导线的连接部位与啤注层之间的位置关系，即啤注层把灯泡、热缩套管连同被热缩套管所包裹的部件（导线、隔离柱及灯泡与导线的连接部位）一起包围且遮盖，由于导线、隔离柱及灯泡与导线的连接部位被热缩套管所包裹，这些部件当然不会与热缩套管外的啤注层直接接触。因此，本专利权利要求中的“啤注层把灯泡、热缩套管、导线、隔离柱及灯泡与导线的连接部位包覆成一整体”的含义就是利用注塑工艺在热缩套管外注塑啤注层，形成整体结构。本专利权利要求所述的“包覆”含义清楚，符合《专利法实施细则》二十条第一款的规定。

实用新型的创造性，是指同申请日以前已有的技术相比，该实用新型有实质性特点和进步。

证据 1 使用套管把灯泡、软硅胶管、导线、液态矽胶以及灯泡与导线的连接部位固定成一整体，该套管用于将一个灯串上的灯泡与另一个灯串上的灯泡或导线连接，从而构成蜂巢状网灯，其中灯泡位于套管中不外露，但不与套管直接接触，形成多个灯头位于同一套管之中。而本专利每一个灯头都是独立的，是采用一种注塑工艺通过啤注层把灯泡、热缩套管、导线、隔离柱及灯泡与导线的连接部位包覆成一整体，灯泡与啤注层直接接触。啤注层贴覆于灯泡、套管等部件，其形状取决于灯泡、套管等部件的形状。因此，证据 1 中的套管起到的是串连灯泡的作用，不同于本专利通过啤注层对灯泡的包覆来实现“灯泡不易损坏，灯泡发光柔和，装饰效果好”的发明目的。因此，本专利权利要求 1

相对于证据 1 具有实质性的特点和进步，具备创造性。

证据 2 也没有公开本专利中啤注层把灯泡全部包覆的技术特征。证据 3 中的护管是为了保证电气安全，避免使用者与放电灯的导电部分直接接触，起到的是绝缘作用，而本专利的啤注层能够防止灯泡损坏，并且使灯泡发光柔和，可见二者的发明目的、技术效果均不相同。因此，本专利权利要求 1 相对于证据 1~3 具有实质性特点和进步，具备创造性。

综上所述，中振公司的上诉理由缺乏事实和法律依据，其上诉请求本院不予支持。原审判决认定事实清楚，适用法律正确。依照《中华人民共和国行政诉讼法》第六十一条第一款第（一）项之规定，判决如下：

驳回上诉，维持原判。

一审案件受理费 100 元，由中山市中振灯饰有限公司负担（已交纳）。二审案件受理费 100 元，由中山市中振灯饰有限公司负担（已交纳）。

本判决为终审判决。

审　判　长　刘　辉
代理审判员　岑宏宇
代理审判员　焦　彦
二〇〇八年十月十七日
书　记　员　陈　明

182

多层玻璃

无效宣告请求审查决定（第10365号）

决　　定　　号 第10365号
决　　定　　日 2007年8月14日
发明创造名称 多层玻璃
国 际 分 类 号 E06B 3/66
无效宣告请求人 东营胜明玻璃有限公司
专 利 权 人 王书泉
专　　利　　号 200520085373. X
申　　请　　日 2005年7月15日
授 权 公 告 日 2006年8月9日
合 议 组 组 长 李人久
主　　审　　员 叶　娟
参　　审　　员 何　炜

法 律 依 据 专利法第22条第3款
决 定 要 点

在判断一项实用新型权利要求的创造性时，如果现有技术中公开的信息足以使得本领域技术人员显而易见地想到该权利要求所保护的技术方案，且其技术效果也是可以预料的，则该权利要求不具备创造性。

一、案由

本无效宣告请求案涉及国家知识产权局于2006年8月9日公告授予的、名称为“多层玻璃”的200520085373. X号实用新型专利（下称本专利），其申请日为2005年7月15日，专利权人为王书泉。

本专利授权公告的权利要求书如下：

“1. 多层玻璃，至少3层玻璃组成，其特征在于至少有两层玻璃之间为夹胶，其中一层与另外一层或多层玻璃之间为中空。

2. 根据权利要求1所述的多层玻璃，其特征在于所说的玻璃可采用平板玻璃或变形玻璃。

3. 根据权利要求1或2所述的多层玻璃，其特征在于所说的玻璃可采用无色玻璃或有色玻璃。”

针对上述专利权，东营胜明玻璃有限公司（下称请求人）于2006年10月9日以本专利全部权利要求不符合专利法第26条第4款、专利法第22条第2款、第3款的规定为由向专利复审委员会提出专利权无效宣告请求，请求宣告该专利权无效。为支持其主张，请求人提交了以下证据：

附件1："建筑玻璃"，马眷荣等，化学工业出版社，封面页、内封面页、出版信息页、正文第28~33、36~40页，1999年7月第1版，2003年5月北京第3次印刷，复印件共11张；

附件2：GB 11944-89，"中空玻璃"，国家技术监督局1989年12月23日发布，1990年7月1日实施，中国标准出版社，1990年12月第一版，复印件共5页；

附件3：GB/T 11944-2002，"中空玻璃"，中华人民共和国国家质量监督检验检疫总局2002年6月12日发布，2002年10月1日实施，中国标准出版社，2002年9月第一版，复印件共6页；

附件4：GB 9962-1999，"夹层玻璃"，国家质量技术监督局1999年9月1日发布，2000年8月1日实施，中国标准出版社，1999年12月第一版，复印件共4页。

依据上述证据，请求人认为：(1) 附件1中公开了中空玻璃及其配片方式、夹层玻璃，根据附件1可知，在中空玻璃的配片方案中包括单层与单层构成中空，也可以采用夹层玻璃，夹层玻璃制成中空也已公开，根据附件1的教导和启示，本专利权利要求1在夹层玻璃基础上形成的单层与单层中空、或与多层中空方案没有实质性特点，其效果也是公知的，不具备创造性，权利要求2~3的技术方案在附件1中也已公开，因而也不具备创造性；(2) 根据附件2~4公开的内容可知，单层与单层，夹层玻璃均可以制成中空玻璃，本专利权利要求1~3与这些附件相比没有实质性特点和进步，不具备创造性；(3) 在权利要求1的技术方案中，中空形式包括其中一层与另一层、其中一层与多层，但说明书的具体实施方式中却没有公开一层与另一层的技术方案，只公开了一层与多层和多层与多层，因此，权利要求1及其从属权利要求2~3没有以说明书为依据，不符合专利法第26条第4款的规定。

经形式审查合格后，专利复审委员会受理了该无效宣告请求案，并于2006年10月9日向双方当事人发出《无效宣告请求受理通知书》，同时将《专利权无效宣告请求书》及其所附证据的副本转送给专利权人，要求其在指定期限内答复，同时成立合议组对本无效请求案进行审理。

2006年10月24日，请求人提交了补充意见陈述和以下新证据（编号续前）：

附件5："加工玻璃"，龙逸编著，武汉工业大学出版社，封面页、出版信息页、正文第107~109、209、210、227、229~233页，1999年6月第1版，1999年6月第1次印刷，复印件共13页；

附件6：中国实用新型专利说明书，专利号为ZL200320103601.2，授权公告号为CN2647632Y，授权公告日为2004年10月13日，复印件共5页。

结合上述新证据，请求人认为：(1) 附件5公开了夹层玻璃的结构形式，还公开了中空玻璃的结构和配片形式，明确说明了中空玻璃结构有双层、三层或多层，玻璃原片包括平板玻璃……夹层玻璃、夹丝夹网玻璃……因此，本专利与附件5比较没有创造性；(2) 附件6公开了一种多层中空玻璃，它与附件1、3、5的夹层玻璃组合，覆盖了本专利权利要求1的技术方案，并公开了本专利权利要求2~3的内容，因此，本专利与附件1与6、4与6、或5与6的结合相比，不具有创造性。

针对专利复审委员会发出的《无效宣告请求受理通知书》及其附件，专利权人于2006年12月18日作出答复，认为：(1) 请求人未曾指明附件1~4中与本专利最接近的对比文件，也未指明附件1~4的结合方式，而这四份附件均未披露本专利的全部技术特征，因此，无论是单独对比还是结合对比，请求人提交的附件1~4均无法支持其无效主张，本专利符合专利法第22条第2款、第3款的规定；(2) 权利要求1记载的内容与说明书"发明内容"部分第3~4行记载的内容无论形式还是实质内容均一致，且基于权利要求的前序部分和特征部分结合在一起解释，多层是由多个一层组成，根据本专利附图也可理解多层中的一层与另一层的解释，因此，本专利权利要求是以说明书为依据的，符合专利法第26条第4款的规定。

2007年3月5日，专利复审委员会将请求人于2006年10月24日提交的补充意见陈述及其附件副本转送给专利权人，并要求其在指定期限内答复。

2007年4月5日，专利复审委员会本案合议组分别向双方当事人发出《无效宣告请求口头审理通知书》，告知双方当事人专利复审委员会拟定于2007年5月17日对本无效宣告请求案进行口头审理。同时，合议组将专利权人于2006年12月18日提交的意见陈述书的副本转送给请求人，且要求其于口头审理之时针对转送的文件进行答复。

2007年5月17日，口头审理如期举行。双方当事人均委托代理人参加了口头审理。在口头审理过程中，双方当事人均确认已收到专利复审委员会转送的所有文件。口头审理中确认了以下事实：（1）请求人放弃专利法第26条第4款、专利法第22条第2款的无效宣告请求理由；（2）请求人放弃附件2；（3）请求人出示了附件1、3~6的原件，专利权人对其真实性以及在本专利申请日之前确已公开无异议；（4）请求人的无效宣告请求理由为：本专利权利要求1~3不具备专利法第22条第3款规定的创造性，所依据的证据为附件1、3~6，具体的证据使用方式为以下六种：附件1或5单独比较，附件1与5结合或附件5与6结合进行比较（两种结合方式中均附件5为最接近对比文件），附件1与6结合进行比较（其中以附件1为最接近对比文件），附件3与4结合进行比较（其中以附件3为最接近对比文件）；（5）专利权人认为，在请求人提出的上述结合方式中，附件1与5结合的方式在其提出无效宣告请求之日起一个月内未具体说明，应不予考虑。合议组当庭告知双方当事人，合议组对以附件1、5结合评述本专利创造性的证据使用方式不予考虑，在本案的审理中不再调查。在口头审理过程中，双方针对本专利是否具有创造性进行了充分的意见陈述，发表了详细的意见。

至此，合议组认为本案的事实清楚，可以作出审查决定。

二、决定的理由

1. 关于无效宣告请求理由和范围的确定

由上述案由部分可知，本案确定的无效宣告请求理由是：本专利权利要求1~3不符合专利法第22条第3款的规定；所依据的证据为：附件1、3~6；具体的证据使用方式为：附件1或5单独比较，附件5与6结合进行比较（两种结合方式中均附件5为最接近对比文件），附件1与6结合进行比较（其中以附件1为最接近对比文件），附件3与4结合进行比较（其中以附件3为最接近对比文件）。

2. 证据认定

由于请求人在口头审理时明确放弃附件2，因此合议组对其不再评述。

专利权人对附件1、3~6的真实性无异议，合议组对其真实性予以确认。

附件1、3~6的公开时间依次分别为1999年7月、2002年9月、1999年12月、1999年6月、2004年10月，均在本专利申请日之前，因此均可作为本专利的现有技术用于评价本专利的创造性。

3. 关于专利法第22条第3款

专利法第22条第3款规定：创造性是指同申请日以前已有的技术相比，该发明有突出的实质性特点和显著的进步，该实用新型有实质性特点和进步。

在判断一项实用新型权利要求的创造性时，如果现有技术中公开的信息足以使得本领域技术人员显而易见地想到该权利要求所保护的技术方案，且其技术效果也是可以预料的，则该权利要求不具备创造性。

（1）关于权利要求1的创造性。

权利要求1请求保护："多层玻璃，至少3层玻璃组成，其特征在于至少有两层玻璃之间为夹胶，其中一层与另外一层或多层玻璃之间为中空。"

附件5公开了一种中空玻璃，中空玻璃的结构有双层、三层或多层，其玻璃原片可以是普通平板玻璃或夹层玻璃（参见附件5第229页第6.5.1节）；夹层玻璃是由两片或两片以上玻璃，将有机材料胶合层嵌夹在两片玻璃之间，经加热、加压而制成的复合玻璃制品（参见附件5第107页第3.1.1节）。

根据附件5公开的上述信息，本领域普通技术人员可知，如果中空玻璃中至少有一层夹层玻璃，而其他层为夹层或非夹层玻璃，则该中空玻璃即至少由三层玻璃组成，且组成夹层玻璃的两层玻璃之间为夹胶，而夹层玻璃中的一层与中空玻璃中的其他夹层玻璃或非夹层玻璃之间形成中空，也即，得到权利要求1所保护的多层玻璃，对于本领域的技术人员来说，这是很容易想到的，权利要求1不具备实质性特点，且其技术效果也是可以预料的。

因此，权利要求1相对于附件5不具有创造性，不符合专利法第22条第3款的规定。

（2）关于权利要求2~3的创造性。

权利要求2~3均为权利要求1的从属权利要求，其附加技术特征部分分别为："其特征在于所说的玻璃可采用平板玻璃或变形玻璃"和"其特征在于所说的玻璃可采用无色玻璃或有色玻璃"，也即，它们均对玻璃的具体种类作了进一步限定。

根据附件5可知，①根据夹层玻璃产品的外形分类，所述夹层玻璃可以是平夹层玻璃，也即产品的外形是平的，也可以是弯夹层玻璃，也即产品的外形有一个或两个方向是曲面的（参见附件5第109页倒数第1~6行"D"）；②玻璃的颜色可以有无色、茶色、蓝色、灰色、灰绿色、紫色、金色、银色等，也即，玻璃可以是无色玻璃或有色玻璃（参见附件5第229页第6.5.1节）。本领域技术人员知晓，夹层玻璃整体为平的或弯曲的，这必然意味着组成夹层玻璃的各层玻璃相应也应为平板或弯曲形状，因此，实际上权利要求2~3的附加技术特征均已被附件5公开，将这两个附加技术特征分别引入权利要求1的技术方案而各自得到权利要求2~3的技术方案对于本领域普通技术人员来说是显而易见的，且其技术效果也是可以预见的，因此，在权利要求1相对于附件5没有创造性的基础上，权利要求2~3相对于附件5也不具备实质性特点，因而不具备创造性。

综上所述，权利要求1~3相对于附件5没有创造性，不符合专利法第22条第3款的规定。

鉴于以上已经得出权利要求1~3相对于附件5不符合专利法第22条第3款的规定的结论，合议组对于其他证据不再进行评述。

根据上述事实和理由，本案合议组作出如下决定。

三、决定

宣告200520085373.X号实用新型专利权全部无效。

当事人对本决定不服的，可以根据专利法第46条第2款的规定，自收到本决定之日起三个月内向北京市第一中级人民法院起诉。根据该款规定，一方当事人起诉后，另一方当事人应当作为第三人参加诉讼。

183

多次燃烧锅炉

无效宣告请求审查决定（第 10376 号）

决　　定　　号　第 10376 号
决　　定　　日　2007 年 8 月 20 日
发明创造名称　多次燃烧锅炉
国 际 分 类 号　F24H 1/34
无效宣告请求人　灯塔市盛源供暖工程有限公司
专　利　权　人　韩克武
申　　请　　号　95112001.8
申　　请　　日　1995 年 9 月 18 日
授 权 公 告 日　2001 年 8 月 22 日
合 议 组 组 长　刘颖杰
主　　审　　员　张　曦
参　　审　　员　刘　铭

法　律　依　据　专利法第 22 条第 3 款，专利法实施细则第 20 条第 1 款
决　定　要　点

针对相同的技术问题，一项发明提出了一种与现有技术不同的技术方案，该技术方案相对于现有技术是非显而易见的，并能产生有益的技术效果，则该发明的技术方案具有突出的实质性特点和显著的进步。

一、案由

本无效宣告请求涉及的是国家知识产权局 2001 年 8 月 22 日授权公告的、名称为“多次燃烧锅炉”的发明专利权（以下称本专利），其申请号是 95112001.8，申请日是 1995 年 9 月 18 日，专利权人为韩克武。其授权公告时的权利要求书是：

“1. 一种多次燃烧锅炉，外壁［12］与内壁［11］的中间是贮水腔［3］，炉体的下方设进水口［7］，上方设出水口［8］，炉底［10］的上方是第一燃烧室［1］，设炉门［17］，其特征在于在第一燃烧室的顶部设若干个烟气管［5］，烟气管经过配风室［2］通向位于其上方的二次燃烧室［20］，配风室位于上、下两个燃烧室的中间，并且与这两个燃烧室都保持一段距离，每个烟气管在配风室中的一段都有若干孔［16］，配风室有若干个通风口［6］与外界相通；在二次燃烧室的上方也设若干个烟气管［5］，烟气管经过二次配风室［21］通向三次燃烧室［22］，烟气管在二次配风室［21］中的一段也有若干进风孔［16］，二次配风室也有若干个通风口［6］与外界相通，在三次燃烧室的

顶部设烟囱。

2. 按照权利要求1所说的多次燃烧锅炉，其特征在于：

a. 制作两次燃烧的"多次燃烧锅炉"：在二次燃烧室的上方设烟囱［9］，锅炉的内壁和外壁也到此封顶，并在此设出水口［8］；或

b. 制作三次以上燃烧的多次燃烧锅炉：按照在第一燃烧室上方设置二次燃烧室及三次燃烧室的方法，包括配风室、烟气管及通风口、进风孔等的制作进行重复设置，包括四次燃烧或更多。

3. 按照权利要求1、2所说的多次燃烧锅炉，其特征在于在各次燃烧室中增设若干个受热管［4］，受热管是两端固定在内壁［11］上与贮水腔［3］相通连的过水管。"

针对上述专利权，灯塔市盛源供暖工程有限公司（下称请求人）于2005年5月27日向专利复审委员会提出了无效宣告请求，其理由是本专利权利要求1~3相对于证据1不具备创造性，不符合专利法第22条第3款的规定；权利要求2不具备新颖性，不符合专利法第22条第2款的规定；权利要求2不具备实用性，不符合专利法第22条第4款的规定；权利要求2和3不符合专利法实施细则第20条第1款的规定。所提交的证据是：

证据1：1981年6月出版的《工业锅炉安全技术》一书的版权页、第278、279页复印件。

经形式审查合格，专利复审委员会受理了该无效宣告请求，于2005年5月27日发出了无效宣告请求受理通知书，同时将请求人提交的意见陈述书及所附证据副本转给了专利权人。要求其在指定的期限内答复。

专利权人于2005年7月2日提交了意见陈述书，专利权人认为：请求人曾于2004年4月20日以相同的理由和相同的证据针对本专利提出无效宣告请求，因此本次无效宣告请求应适用一事不再理原则，驳回请求人的无效请求；同时，专利权人还针对权利要求1~3相对于证据1是否具备创造性以及权利要求2和3的保护范围是否清楚的问题，进行了意见陈述。专利权人提交了以下反证：

反证1：专利复审委员会于2004年4月20日发出的无效宣告请求受理通知书复印件1页（案件编号：W40847）；专利复审委员会于2004年4月19日收到的专利权无效宣告请求书复印件1页；1981年6月出版的《工业锅炉安全技术》一书的出版信息页、第278、279页复印件2页；

反证2：专利复审委员会于2005年5月24日发出的第7125号无效宣告请求审查决定复印件6页；

反证3：专利复审委员会于2005年5月27日发出的无效宣告请求受理通知书复印件1页（案件编号：W401093，即本案）；专利复审委员会于2005年5月27日收到的专利权无效宣告请求书及其附件复印件7页；

反证4：1981年6月出版的《工业锅炉安全技术》一书的出版信息页、第278~281页复印件3页。

针对上述无效宣告请求，专利复审委员会依法成立合议组对本案进行审查。

本案合议组于2007年6月7日发出无效宣告请求口头审理通知书，指出本案定于2007年7月16日进行口头审理，并随口头审理通知书向请求人转送了专利权人于2005年7月2日提交的意见陈述书以及反证的副本。

口头审理如期进行。双方当事人均出席了口头审理。口头审理中，请求人明确其无效理由、范围是：放弃有关本专利不符合专利法第22条第2条的规定、权利要求2不符合专利法实施细则第20条第1款的规定、本专利不符合专利法第22条第4款的规定的无效宣告请求理由，仅保留本专利权利要求2、3相对于证据1不符合专利法第22条第3款的规定、权利要求3不符合专利法实施细则第20条第1款的规定的无效宣告请求理由。专利权人对请求人提交的证据1的真实性无异议，请求人对专

利权人提交的反证1~4的真实性无异议。

请求人的具体理由是：（1）专利复审委员会第7125号无效宣告请求审查决定认定证据1公开了外壁、内壁、贮水腔、进水口、出水口、烟囱，第一燃烧室，其投煤口也就是权利要求1中的炉门；关于权利要求2的a方案，证据1中的煤气出口相当于权利要求2的烟气管，二次风口的入口是相同的，二次风口的内部相当于配风室，证据1与权利要求2的区别特征在于煤气发生室和第一燃烧室，二者结构相同，功能相同，但效果不同，但效果的不同可以由公知常识推定，因此由证据1公开的煤气发生室可以显而易见地得到第一燃烧室，证据1所要解决的技术问题也是节约染料、减少污染等，与本专利相同，证据1的附图标记4是煤气出口，其为一个管子，两侧有两个小管，通过证据1中对附图标记4和5的描述，本领域技术人员可以将其理解为一个空气与煤气混合的场所，与本专利的配风室相同，证据1在煤层厚时产生的气体多，煤层薄时煤和气体同时燃烧，与本专利所要达到的效果相同，证据1的附图标记4相当于本专利的烟气管，附图标记5相当于本专利的通风口；关于权利要求2的b方案，多次燃烧是一种简单的叠加，而叠加之后燃烧更充分也是显而易见的，本专利在炉体下方放置水池也是为了防爆，说明本专利也会有大量气体产生；关于权利要求3，受热管已经被证据1公开，证据1的受热管设置在炉膛上，该技术是公知常识，因此权利要求2和3不具备创造性；（2）权利要求3是从属权利要求，未以择一引用的方式撰写，导致其未清楚限定保护范围，其引用部分的顿号表示并列关系，是“和”的意思。

专利权人认为：（1）反证4的第280页能够反映出证据1技术方案的缺点；关于权利要求2的a方案，第一燃烧室是用来燃烧燃料的，而不是产生煤气，证据1的进风口是供煤气燃烧室使用的，二者在结构上和效果上均不相同，本专利不存在爆炸的危险，证据1中并未说明煤层加厚便可增加燃烧，并且进入第二燃烧室的是烟气，是为了把剩余的烟气燃烧充分，证据1是煤气发生炉，本专利是锅炉，煤气炉是把煤变成煤气再燃烧，锅炉是直接燃烧煤，二者领域不同，本专利的配风室和烟气管相通，配风室的作用是向烟气管中配空气；关于权利要求2的b方案，权利要求1具备创造性，通过叠加之后更具备创造性；关于权利要求3，在权利要求1、2具备创造性的基础上，权利要求3也具备创造性，因此权利要求2和3均具备创造性；（2）权利要求3引用部分的“权利要求1、2”表示权利要求1或2，是择一引用，顿号可以表示“或”的意思，权利要求3清楚地限定了保护范围。

2007年7月16日，请求人向专利复审委员会提交了意见陈述书，其提交了《现代汉语词典》（第5版）第349页的复印件，其中对顿号的解释为“表示句子内部并列词语之间的停顿。主要用在并列的词或并列的较短的词组中间。”

至此，合议组经过合议认为，本案的事实已经清楚，现依法作出如下决定。

二、决定理由

1. 关于证据

证据1的公开日为1981年6月，早于本专利的申请日，并且专利权人对该证据的真实性无异议，经合议组审查，该证据可以作为本案证据使用，其上的内容构成了本专利的现有技术。请求人于口头审理之后，随同意见陈述书向专利复审委员会提交的《现代汉语词典》（第5版）第349页的复印件，由于其超过了审查指南第四部分第三章第4.3.1节中规定的举证期限，本案合议组对该证据不予考虑。

2. 关于权利要求2的保护范围

在已经生效的专利复审委员会第7125号无效宣告请求审查决定中认定，权利要求2仅是形式上的从属权利要求，实际上是独立权利要求，包括两个并列选择的技术方案a和b，其中方案a的保护范围是授权文本的权利要求1的开头至第7行分号为止的技术特征以及方案a中所描述的技术特征共同构成的技术方案，方案 b 限定了包括四次或更多次燃烧室的方案，将配风室、烟气管、通风口、进风孔重复设置。因此，权利要求 2 的 a 技术方案包括以下技术特征：

"一种多次燃烧锅炉，外壁［12］与内壁［11］的中间是贮水腔［3］，炉体的下方设进水口［7］，上方设出水口［8］，炉底［10］的上方是第一燃烧室［1］，设炉门［17］，其特征在于在第一燃烧室的顶部设若干个烟气管［5］，烟气管经过配风室［2］通向位于其上方的二次燃烧室［20］，配风室位于上、下两个燃烧室的中间，并且与这两个燃烧室都保持一段距离，每个烟气管在配风室中的一段都有若干孔［16］，配风室有若干个通风口［6］与外界相通；制作两次燃烧的"多次燃烧锅炉"：在二次燃烧室的上方设烟囱［9］，锅炉的内壁和外壁也到此封顶，并在此设出水口［8］；制作三次以上燃烧的多次燃烧锅炉：按照在第一燃烧室上方设置二次燃烧室及三次燃烧室的方法，包括配风室、烟气管及通风口、进风孔等的制作进行重复设置，包括四次燃烧或更多。"

权利要求 2 的 b 技术方案包括以下技术特征：

"一种多次燃烧锅炉，外壁［12］与内壁［11］的中间是贮水腔［3］，炉体的下方设进水口［7］，上方设出水口［8］，炉底［10］的上方是第一燃烧室［1］，设炉门［17］，其特征在于在第一燃烧室的顶部设若干个烟气管［5］，烟气管经过配风室［2］通向位于其上方的二次燃烧室［20］，配风室位于上、下两个燃烧室的中间，并且与这两个燃烧室都保持一段距离，每个烟气管在配风室中的一段都有若干孔［16］，配风室有若干个通风口［6］与外界相通；在二次燃烧室的上方也设若干个烟气管［5］，烟气管经过二次配风室［21］通向三次燃烧室［22］，烟气管在二次配风室［21］中的一段也有若干进风孔［16］，二次配风室也有若干个通风口［6］与外界相通，在三次燃烧室的顶部设烟囱，制作三次以上燃烧的多次燃烧锅炉：按照在第一燃烧室上方设置二次燃烧室及三次燃烧室的方法，包括配风室、烟气管及通风口、进风孔等的制作进行重复设置，包括四次燃烧或更多。"

3. 关于权利要求 2 是否符合专利法第 22 条第 3 款的规定

创造性，是指同申请日以前已有的技术相比，该发明有突出的实质性特点和显著的进步，该实用新型具有实质性特点和进步。

针对相同的技术问题，一项发明提出了一种与现有技术不同的技术方案，该技术方案相对于现有技术是非显而易见的，并能产生有益的技术效果，则该发明的技术方案具有突出的实质性特点和显著的进步。

（1）关于权利要求 2 的 a 方案：

证据 1 公开的是一种简易煤气炉，是在立式锅炉的下部或卧式锅炉的前端另建一个煤气发生室，将煤制成煤气，然后再导入炉内燃烧的一种煤气炉。图 7-1 表示的是立式简易煤气锅炉，该炉包括烟囱、燃烧室、点火口、煤气出口、二次风管入口、煤气发生室、投煤口、除渣口、灰坑，从图 7-1 中还可明显看出该锅炉包括内壁、外壁、贮水腔、下方设有进水口、上方设有出水口及烟囱。

由此可见，证据 1 公开了本专利权利要求 2 的 a 方案中的外壁、内壁、贮水腔、进水口、出水口、烟囱的技术特征，煤气发生室的投煤口也就是权利要求 2 的 a 方案中的炉门。

但是，参照证据 1 的图 7-1，证据 1 中的煤气发生室用于将煤制成煤气，将煤气通过煤气出口输入到煤气发生室上方的燃烧室，通过燃烧室侧壁的点火口点火使煤气在燃烧室进行燃烧，在煤气发生室中尽量不让煤气燃烧，而本专利权利要求 2 中的第一燃烧室设置的目的是尽可能让可燃物充分燃烧，并且第一燃烧室无需设置煤气点火口，可见，煤气发生室并不同于本专利中炉底上方的第一燃烧室，证据 1 的简易煤气炉中仅具有一个燃烧室，并且该燃烧室并不直接位于炉底上方，此外，证据 1 也没有公开权利要求 2 的 a 方案的如下技术特征："在第一燃烧室的顶部设若干个烟气管［5］，烟气管经过配风室［2］通向位于其上方的二次燃烧室［20］，配风室位于上、下两个燃烧室的中间，并且与这两个燃烧室都保持一段距离，每个烟气管在配风室中的一段都有若干孔［16］，配风室有若干个通风口［6］与外界相通”。在本专利中，该烟气管起到了连通两个燃烧室的作用，而配风室的结构使得由第一燃烧室到第二燃烧室的可燃物质获得了充分的氧气补充，便于在第二燃烧室中充分燃烧。

本专利所要解决的技术问题是使燃料在燃烧过程中产生的未充分燃烧的可燃物进行多次燃烧，以达到充分燃烧的机会、不浪费能源、减少环境污染，采用的技术手段是使燃料在第一燃烧室和第二燃烧室中均尽量充分燃烧，由此达到多次燃烧的效果。证据 1 所要解决的技术问题尽管也是消除烟囱冒黑烟、节约燃料，减轻烟尘对环境的污染等，采用的技术手段是在燃烧室的下部设煤气发生室，首先使煤产生煤气，再使煤气在唯一的燃烧室中进行燃烧。虽然这两个技术方案均能使染料充分燃烧，但通过上述分析可知，两者所采用的技术方案不同，本专利是使燃料直接在不同的燃烧室中燃烧，而证据 1 首先需要生成煤气，并且证据 1 没有给出在锅炉中使燃料在不同燃烧室中多次燃烧的任何技术启示及技术教导，因此权利要求 2 的 a 技术方案具有非显而易见性，并且产生了节约能源、减少污染等有益的技术效果，因此权利要求 2 的 a 方案相对于证据 1 具有突出的实质性特点和显著的进步，具备创造性，符合专利法第 22 条第 3 款的规定；

（2）关于权利要求 2 的 b 方案：

如评述权利要求 2 的 a 方案时所述，证据 1 中未公开权利要求 2 的 b 方案中的第一燃烧室以及“在第一燃烧室的顶部设若干个烟气管［5］，烟气管经过配风室［2］通向位于其上方的二次燃烧室［20］，配风室位于上、下两个燃烧室的中间，并且与这两个燃烧室都保持一段距离，每个烟气管在配风室中的一段都有若干孔［16］，配风室有若干个通风口［6］与外界相通”的技术特征，并且也未公开制作三次以上燃烧的多次燃烧锅炉的相关技术特征。

同理，该 b 方案通过使燃料在三次以上的燃烧室中均尽量充分燃烧，由此达到多次燃烧的效果，从而达到充分燃烧的机会、不浪费能源、减少环境污染的技术效果。证据 1 并未公开多个燃烧室的技术特征，同时相应地也就未公开燃烧室之间的连接关系，可见两者所采用的技术方案不同，并且证据 1 没有给出在锅炉中使燃料在不同燃烧室中多次燃烧的任何技术启示及技术教导，权利要求 2 的 b 技术方案具有非显而易见性，并且产生了进一步节约能源、减少污染等有益的技术效果，因此权利要求 2 的 b 方案相对于证据 1 也具有突出的实质性特点和显著的进步，具备创造性，符合专利法第 22 条第 3 款的规定。

由于权利要求 2 所包含的两个技术方案均具备创造性，因此引用该权利要求的权利要求 3 也具备创造性，符合专利法第 22 条第 3 款的规定。

4. 关于权利要求 3 是否符合专利法实施细则第 20 条第 1 款的规定

专利法实施细则第 20 条第 1 款规定：权利要求书应当说明发明或者实用新型的技术特征，清楚、简要地表述请求保护的范围。

请求人认为本专利权利要求 3 限定的保护范围不清楚，具体的理由是：权利要求 3 是从属权利要求，未以择一引用的方式撰写，导致其未清楚限定保护范围，其引用部分的顿号表示并列关系，是“和”的意思。

专利权人认为，该顿号表示“或”的意思。

合议组认为，句子内部的并列词语之间的关系可以包括“和”的关系以及“或”的关系，具体到本案，本专利权利要求 3 的引用部分的“按照权利要求 1、2 所说的多次燃烧锅炉”，根据权利要求撰写的要求和常理推断，其中的顿号可以并且应当表示“或”的关系，不属于未择一引用的情况，不会导致该权利要求 3 保护范围不清楚，因此权利要求 3 符合专利法实施细则第 20 条第 1 款的规定。

综上所述，请求人提出的本专利权利要求 2 和 3 不符合专利法第 22 条第 3 款以及权利要求 3 不符合实施细则第 20 条第 1 款的无效宣告请求理由均不成立。

鉴于请求人提出的无效宣告请求的理由均不成立，合议组对专利权人提交的反证不再进行评述。

三、决定

维持 95112001.8 号发明专利权有效。

当事人对本决定不服的，可以根据专利法第 46 条第 2 款的规定，自收到本决定之日起三个月内向北京市第一中级人民法院起诉。根据该款的规定，一方当事人起诉后，另一方当事人应当作为第三人参加诉讼。

184

保温隔热墙面板

无效宣告请求审查决定（第 10378 号）

决　　定　　号　第 10378 号
决　　定　　日　2007 年 5 月 28 日
发明创造名称　保温隔热墙面板
国 际 分 类 号　E04C 2/284，E04B 1/80
无效宣告请求人　李　霞
专　利　权　人　邓　超
申　　请　　号　200420060947.3
申　　请　　日　2004 年 8 月 27 日
授 权 公 告 日　2005 年 9 月 7 日
合 议 组 组 长　刘瑞斌
主　　审　　员　欧　岚
参　　审　　员　董晓静

法　律　依　据　专利法第 22 条第 2 款、第 3 款，专利法实施细则第 20 条第 1 款
决　定　要　点

评价一项实用新型权利要求的创造性时，将被评述的权利要求与最接近的现有技术进行比较，确定区别技术特征以及根据该区别技术特征所能达到的技术效果确定该权利要求实际解决的技术问题，最后判断现有技术中是否给出了将上述区别技术特征应用到该最接近现有技术以解决上述实际解决的技术问题的启示，若给出了启示则该权利要求相对于现有技术是显而易见的，无实质性特点；反之则是非显而易见的，具有实质性特点。

一、案由

本无效宣告请求涉及中华人民共和国国家知识产权局于 2005 年 9 月 7 日授权公告的、名称为“保温隔热墙面板”的实用新型专利权（以下简称本专利），其专利号是 200420060947.3，申请日是 2004 年 8 月 27 日，专利权人是邓超。本专利授权公告时的权利要求书如下：

“1. 一种保温隔热墙面板，其特征在于：保温隔热墙面板为一层状结构，其保温层 XPS 挤塑聚苯板（3）表面上胶合有一层无机板（2），无机板（2）上面涂有一涂层（1）。

2. 根据权利要求 1 所述的一种保温隔热墙面板，其特征在于：XPS 挤塑聚苯板（3）为二至数层，其中设有一至数层隔热增强层（4）或在 XPS 挤塑聚苯板（3）的底面增设一层无机板。

3. 根据权利要求 1 所述的保温隔热墙面板，其特征在于：所说的隔热增强层为经热塑性或热固

性树脂浸胶的纺织布或 PVC、PP、PE 塑料片材。

4. 根据权利要求 1 所述的保温隔热墙面板，其特征在于：所说的无机板为纤维增强硅酸钙板或纤维增强水泥板或 PVC、PP、PE 板。

5. 根据权利要求 1 所述的保温隔热墙面板，其特征在于：所说的涂层为底漆或涂料。

6. 根据权利要求 1 所述的保温隔热墙面板，其特征在于：所说的 XPS 挤塑聚苯板由硬质聚氨脂发泡板或酚醛发泡板作替代层。”

针对本专利权，李霞（以下简称请求人）于 2006 年 11 月 28 日向专利复审委员会提出无效宣告请求，认为本专利不符合专利法第 22 条第 2 款、第 3 款的规定，请求人同时提交了如下附件：

附件 1：授权公告日为 2000 年 12 月 6 日、授权公告号为 CN2409049Y（专利号为 00203059.4）的中国实用新型专利说明书，共 5 页；

附件 2：授权公告日为 2000 年 9 月 13 日、授权公告号为 CN2396120Y（专利号为 99250280.2）的中国实用新型专利说明书，共 6 页；

附件 3：授权公告日为 2000 年 9 月 13 日、授权公告号为 CN2396121Y（专利号为 99250281.0）的中国实用新型专利说明书，共 7 页；

附件 4：授权公告日为 2002 年 9 月 11 日、授权公告号为 CN2510558Y（专利号为 02204837.5）的中国实用新型专利说明书，共 7 页；

附件 5：授权公告日为 2004 年 7 月 7 日、授权公告号为 CN2623765Y（专利号为 03202024.4）的中国实用新型专利说明书，共 5 页；

附件 6：公开日 2000 年 4 月 5 日、公开号为 CN1249237A（申请号为 99120256.2）的中国发明专利申请公开说明书，共 11 页；

附件 7：中国计划出版社 2004 年 1 月出版的 2004CPXY 全国民用建筑工程设计技术措施《建筑产品选用技术》建筑·装修，扉页、出版信息页、JC15、JC22、JC23、JC28、JC39、JC57、JC58、JC59、JC98、JC99、JC100、J121、J122、J126、J128、J134、J195、J199 的复印件共 20 页。

请求人认为：（1）附件 1~7 公开了涉案专利权利要求 1 层状结构的主要技术特征，与附件 1~7 相比，权利要求 1 不具备新颖性和创造性；（2）附件 2~4 公开了权利要求 2 的主要技术特征；（3）权利要求 3~6 的附加技术特征属于本领域技术人员对常规材料的选择和置换，也不具备新颖性和创造性。

经形式审查合格，专利复审委员会依法受理了上述无效宣告请求，并于 2006 年 12 月 12 日向请求人和专利权人发出无效宣告请求受理通知书，同时将专利权无效宣告请求书及其附件清单中所列附件的副本转送给专利权人，并要求专利权人在指定的期限内陈述意见。

针对专利复审委员会发出的上述无效宣告请求受理通知书，专利权人于 2007 年 1 月 15 日提交了意见陈述书及反证 1：中国建筑标准设计研究院组织编制的国家建筑标准设计图集 06J121-3《外墙外保温建筑构造（三）》的原件，专利权人认为：本专利和请求人提交的附件 1~7 不但发明目的不同、技术方案不同、所产生的技术效果也不同，具备新颖性和创造性。而且本专利已被国家建设部作为规范，见反证 1。

专利复审委员会依法成立合议组。

本案合议组于 2007 年 2 月 15 日向双方发出无效宣告请求口头审理通知书，定于 2007 年 4 月 18 日在专利复审委员会举行口头审理。随同口头审理通知书，将专利权人于 2007 年 1 月 15 日提交的意见陈述书及其附件清单中所列附件的副本转送给请求人。

口头审理如期举行，双方当事人均参加了口头审理。

在口头审理中，（1）请求人明确其无效的理由、证据、范围以及证据的使用情况为：权利要求1相对于附件6不具备新颖性和创造性；权利要求2相对于附件6与附件2或3或4的结合、附件1与附件2或3或4的结合不具创造性；权利要求3不符合专利法实施细则第20条第1款的规定，权利要求3相对于附件6与附件2或3或4以及公知常识的结合不具备创造性；权利要求4相对于附件6与附件2或3或4或5或7的结合不具备创造性；权利要求5相对于附件6不具备新颖性和创造性；权利要求6相对于附件6和7的结合不具备创造性。（2）请求人当庭出示附件7的原件，专利权人对附件1~7的真实性没有异议。请求人对反证1的真实性没有异议。专利权人表示用反证1证明正是由于本专利具备新颖性和创造性，所以才能被建设部作为规范。（3）关于权利要求1的新颖性和创造性。请求人认为附件6的聚苯乙烯基材公开了权利要求1的保温层，装饰层压板、微薄装饰层压板、金属膜、金属箔等公开了权利要求1的无机板，说明书第5页倒数第4行的树脂涂层公开了权利要求1的涂层，第5页第12行公开了XPS挤塑，第6页公开了将发泡聚合物单独挤出。专利权人认为附件6与本专利不是同类产品，分类号部分不同，所以不能否定本专利有新颖性。（4）关于权利要求2的创造性。请求人认为附件4中附图标记为2的聚合物水泥砂浆层公开了权利要求2的隔热增强层。专利权人认为本专利保护的是装饰板，附件4是采用整体浇铸的，水泥砂浆不是板、与本专利是无机板概念上是不同的，本专利增强层的作用是增加板的刚性，没有增强层装饰板是不能上墙使用的。（5）权利要求3是否符合专利法实施细则第20条第1款的规定：请求人认为权利要求3中的隔热增强层在权利要求1中没有描述，所以权利要求书描述不清楚。专利权人认为授权文本就是这样。（6）关于权利要求4、5、6的创造性。请求人认为附件4中附图标记为1、2的结构公开了纤维增强水泥板，附件7的第JC39页公开了纤维水泥板及人造板（PVC、PP、PE），第JC15页公开了纤维增强硅酸钙板；树脂涂层可以是底漆也可以是涂料；在附件7第JC58、59页公开了聚氨酯和酚醛发泡板，专利权人同意其是公知材料，但是因为权利要求1具备创造性，所以权利要求4、5、6也具备创造性。

至此，合议组认为本案事实已经清楚，可以作出审查决定。

二、决定的理由

1. 关于证据和现有技术

请求人提交的证据包括附件1~7，专利权人对附件1~7的真实性没有异议，经合议组审查后认为附件1~7可以作为本案证据使用。同时由于附件1~6为中国专利文献，附件7为公开出版物，且它们的公开日期均在本专利的申请日前，因此可以作为本专利的现有技术使用。

2. 关于专利法实施细则第20条第1款

专利法实施细则第20条第1款规定：权利要求书应当说明发明或者实用新型的技术特征，清楚、简要地表述请求保护的范围。

请求人针对权利要求3提出的无效宣告理由是权利要求3不具备创造性，但由于权利要求3引用的权利要求1中没有记载“隔热增强层”，因此权利要求3对“隔热增强层”进行限定造成无法确定其保护范围，从而不存在审查创造性的基础。在此情形下，专利复审委员会本案合议组依职权引入涉及权利要求3的专利法实施细则第20条第1款的无效宣告理由并进行审查，并在口头审理中要求双方对此无效理由发表意见。

请求人认为权利要求3中的隔热增强层在其引用的权利要求1中没有描述，在权利要求3中对该特征进行限定，造成该权利要求不清楚，专利权人没有给出该权利要求清楚的具体理由。合议组认为，权利要求3因引用权利要求不当导致其保护范围不清楚，不符合专利法实施细则第20条第1款的规定。

3. 关于新颖性和创造性

专利法第 22 条第 2 款规定的新颖性，是指在申请日以前没有同样的发明或者实用新型在国内外出版物上公开发表过、在国内公开使用过或者以其他方式为公众所知，也没有同样的发明或者实用新型由他人向国务院专利行政部门提出过申请并且记载在申请日以后公布的专利申请文件中。

专利法第 22 条第 3 款规定的创造性，是指同申请日以前已有的技术相比，该发明有突出的实质性特点和显著的进步，该实用新型有实质性特点和进步。

（1）权利要求 1。

本案中，请求人认为权利要求 1 相对于附件 6 不具备新颖性和创造性。

合议组经审查后认为，附件 6 公开了一种多层装饰产品，其中具体公开了以下技术特征（参见说明书第 2 页至第 7 页）：一个包含一种聚合物泡沫的基材，所述聚合物可为聚苯乙烯聚合物，并将其独立地挤出；一层或多层黏合在所述基材上的装饰层，装饰层可为金属片、金属膜、金属箔等，因此附件 6 中的基材和装饰层分别对应于权利要求 1 中的 XPS 挤塑聚苯板保温层和无机板。由此可见，权利要求 1 相对于附件 6 的区别在于：无机板上面涂有一涂层，因此权利要求 1 相对于附件 6 具备新颖性。请求人认为附件 6 说明书第 5 页倒数第 4 行的树脂涂层公开了权利要求 1 的涂层，但由于所述树脂涂层所涉及的实施例中并未公开该树脂涂层是涂在一无机板上的，因此请求人的该主张不能成立。

虽然权利要求 1 相对于附件 6 存在上述区别技术特征，但在金属片或板上涂装涂层用于保护金属、防腐、美观等，是本领域惯常采用的技术手段，属于公知常识，因此在附件 6 的基础上结合公知常识，本领域技术人员很容易得到权利要求 1 的技术方案，故该技术方案不具有实质性特点，权利要求 1 不符合专利法第 22 条第 3 款关于创造性的规定。

（2）权利要求 2。

权利要求 2 引用了权利要求 1，其附加技术特征为：XPS 挤塑聚苯板（3）为二至数层，其中设有一至数层隔热增强层（4）或在 XPS 挤塑聚苯板（3）的底面增设一层无机板。

合议组经审查后认为，附件 4 公开了一种增强聚合物水泥聚苯加层保温板，具体公开以下技术特征（参见说明书第 1、2 页及附图 1）：由水泥砂浆层夹聚苯保温板组成，两面层为水泥砂浆层，在面层中间靠外处还设有一层玻璃纤维网格布层，两面层的内侧为聚苯保温层，聚苯保温层可为 2~3 层，每两层聚苯保温层之间增加一层水泥砂浆层，水泥砂浆层的作用是为了增强保温板的整体强度和刚度。因此附件 4 中位于聚苯保温层之间的水泥砂浆层对应于权利要求 2 中的隔热增强层，作为面层的水泥砂浆层相当于权利要求 2 的无机板。故本领域的技术人员会容易地从附件 4 中得到将多层聚苯保温层和增设水泥砂浆层的技术方案应用到附件 6 中得到权利要求 2 的技术方案的启示，所以权利要求 2 不具备实质性特点，不符合专利法第 22 条第 3 款关于创造性的规定。

（3）权利要求 4、5、6。

权利要求 4、5、6 均引用了权利要求 1，它们分别对无机板、涂层的材质和 XPS 挤塑聚苯板作了进一步限定或替代。

合议组经审查后认为，附件 4 中由水泥砂浆加玻璃纤维网格布组成的面层相当于权利要求 4 中的纤维增强水泥板，附件 7 的第 JC15 页公开了纤维增强硅酸钙板，第 JC39 页公开了纤维水泥板，而 PP、PVC、PE 板属于公知板材；底漆或涂料也属于公知材料；附件 7 的第 JC58、JC59 页公开了硬质聚氨脂发泡板和酚醛发泡塑料，由此可显而易见得到酚醛发泡板材。由此可见，权利要求 4、5、6 的附加技术特征属于本领域技术人员对常规材料的选择和置换，因此本领域的技术人员会容易地从上述现有技术中得到将上述板材或涂料应用到附件 6 中得到权利要求 4、5、6 的技术方案的启示，所以权利要求 4、5、6 均不具备实质性特点，不符合专利法第 22 条第 3 款关于创造性的规定。

根据上述的事实和理由，本案合议组依法作出以下决定。

三、决定

宣告 200420060947.3 号实用新型专利权全部无效。

当事人对本决定不服的，可以根据专利法第 46 条第 2 款的规定，自收到本决定之日起 3 个月内向北京市第一中级人民法院起诉。根据该款的规定，一方当事人起诉后，另一方当事人应当作为第三人参加诉讼。

185

保健型茶杯

无效宣告请求审查决定（第10390号）

决　定　号　第10390号
决　定　日　2007年8月9日
发明创造名称　保健型茶杯
国际分类号　A47J 31/06
无效宣告请求人　张振棋
专利权人　严斯清
专　利　号　98213292.1
申　请　日　1998年3月22日
授权公告日　1999年11月10日
合议组组长　钱　芸
主　审　员　覃冬梅
参　审　员　李韵美

法律依据　专利法第22条第3款
决定要点

如果一项要素省略的发明，其结果是由这个要素带来的功能也相应地消失，则该发明不具备创造性。

一、案由

本无效宣告请求涉及国家知识产权局1999年11月10日授权公告的名称为“保健型茶杯”的实用新型专利，其专利号为98213292.1，申请日为1998年3月22日，专利权人是严斯清，授权公告的权利要求书如下：

“1. 一种可过滤茶叶的茶杯，有上下两个开口，两个杯盖，其特征在于杯体中间有一布满小孔的隔板（3）。

2. 根据权利要求1所述的茶杯其特征是杯体中间有一固定的可过滤茶叶的带孔的隔板（3）。

3. 根据权利要求1所述的茶杯其特征在于有上下两个开口。”

针对本实用新型专利权（以下简称本专利），张振棋（以下简称请求人）于2006年4月29日向专利复审委员会提出了宣告专利权无效请求，请求宣告专利权无效的理由是：本专利权利要求1~3不具备新颖性，不符合专利法第22条第2款的规定。请求人同时提交如下对比文件作为证据：

对比文件1：公告号为298790的中国台湾专利公报，公开日为1997年2月21日；

对比文件2：公告号为355334中国的台湾专利公报，申请日为1996年11月6日，公开日为1999年4月1日；

对比文件3：专利号为ZL97234078.5的实用新型专利说明书，申请日为1997年8月27日，授权公告日为1999年4月28日，专利权人为王群。

请求人认为：本专利权利要求1~3的全部技术特征分别在对比文件1~3中被公开，因此权利要求1~3相对于对比文件1~3分别不具备新颖性。

经形式审查合格，专利复审委员会于2006年7月5日向请求人和专利权人发出无效宣告请求受理通知书，并将无效宣告请求书及其附件的副本转送给专利权人。

专利权人对上述受理通知书未进行答复。

本案合议组于2007年1月17日向双方当事人发出无效宣告请求口头审理通知书，定于2007年2月28日举行口头审理，并告知专利权人最晚于口审时对无效宣告请求人提供的证据的真实性发表意见，逾期不发表意见则视为对无效宣告请求人提供的证据的真实性无异议。

口头审理如期举行，专利权人未出席口头审理，请求人对合议组成员没有回避请求。请求人当庭明确其无效理由为：对比文件1评述本专利权利要求1~3的新颖性、创造性；对比文件2、对比文件3评述本专利权利要求1~3的新颖性。

2007年2月28日，专利复审委员会发出转送文件通知书，将口头审理记录表的复印件转送给专利权人。合议组在转送文件通知书中告知专利权人在收到所述文件之日起壹个月内答复，期满未答复的，视为已得知转送文件中所涉及的事实、理由和证据，并且未提出反对意见。

在指定的答复期限内，合议组未收到专利权人的答复。

在上述工作的基础上，合议组认为本案事实已经清楚，现依法作出审查决定。

二、决定的理由

1. 关于证据的认定

对比文件1是中国台湾专利文献，其公开日为1997年2月21日，早于本专利的申请日，且专利权人未对该证据的真实性提出异议，因此对比文件1可以用作评价本专利新颖性、创造性的现有技术。

2. 关于本专利权利要求1~3的创造性

专利法第22条第3款规定，创造性是指同申请日以前已有的技术相比，该实用新型具有实质性特点和进步。

审查指南第二部分第四章第4.6.3节规定，如果发明省去一项或多项要素后其功能也相应地消失，则该发明不具备创造性。

审查指南第四部分第六章第4节规定，实用新型专利创造性审查的有关内容，包括创造性的概念、创造性的审查原则、审查基准以及不同类型发明的创造性判断等内容参照本指南第二部分第四章的规定。

本专利权利要求1保护的技术方案中具有如下技术特征：

一种可过滤茶叶的茶杯，有上下两个开口（以下简称特征A），两个杯盖（以下简称特征B），其特征在于杯体中间有一布满小孔的隔板（以下简称特征C）。

对比文件1公开了一种泡茶杯，包含母杯、子杯、子杯端盖及上盖组成，母杯及子杯一体制设成一具缩腰状之外杯本体7，中央为出水构造及滤网（相当于权利要求1特征C），外杯本体7内上、下形成茶叶容置室a及茶汁容置室b，并于上、下杯体开口周缘（相当于权利要求1特征A）设有卡缘以卡固上、下盖8、9（相当于权利要求1特征B）作一遮盖，下盖9卡固使得茶汁容置室b得以密合以盛装茶汁，并可再将外杯本体 7 反置后旋转分离下盖 9 以倾倒出茶叶汁，轻拉出水构造中的拉杆可由拉杆的连动间接引动其下的止水钢珠球则可以控制从滤网滤出茶叶汁到茶汁容置室 b（参见对比文件 1 说明书第 4 页、第 6 页、第 9~11 页及其附图 9）。

对比文件 1 与权利要求 1 属于相同技术领域，对比文件 1 的技术方案与权利要求 1 的技术方案相比，其区别在于权利要求 1 技术方案没有出水构造，即权利要求 1 技术方案省略了出水构造这个要素，这个要素在对比文件 1 中起的作用是使用时轻拉出水构造中的拉杆，可间接引动其下的止水钢珠球，从而控制从滤网中滤出的茶叶汁，使之流到茶汁容置室 b，而权利要求 1 技术方案没有这个要素则不能对过滤出水进行控制。由于权利要求 1 的技术方案中省略了这个要素，其结果是由这个要素所带来的功能也相应地消失。而对于要素省略的发明，如果省去一项或多项要素后其功能也相应地消失，则该发明不具有创造性。因此，权利要求 1 相对于对比文件 1 不具备实质性的特点和进步，不符合专利法第 22 条第 3 款的规定。

从属权利要求 2 的附加技术特征为“杯体中间有一固定的可过滤茶叶的带孔的隔板（3）”。上述附加技术特征在对比文件 1 中（参见对比文件说明书第 4 页第 11~12 行）被公开：滤网周缘嵌固于滤网定位突块下。因此在其引用的权利要求 1 不具备创造性时，权利要求 2 相对于对比文件 1 也不具备创造性，不符合专利法第 22 条第 3 款的规定。

权利要求 3 对权利要求 1 进一步，其附加技术特征为：“所述的茶杯其特征在于有上下两个开口”。上述附加技术特征在其引用的权利要求 1 技术方案中已有限定，且已被对比文件 1 公开（参见权利要求 1 的评述），因此在其引用的权利要求 1 不具备创造性时，权利要求 3 相对于对比文件 1 也不具备创造性，不符合专利法第 22 条第 3 款的规定。

综上所述，本专利全部权利要求 1~3 相对于对比文件 1 不具有创造性。因此，合议组对请求人提出的其余无效宣告请求的理由和证据不予评述。

三、决定

宣告 98213292.1 号实用新型专利权全部无效。

当事人对本决定不服的，可以根据专利法第 46 条第 2 款的规定，自收到本决定之日起三个月内向北京市第一中级人民法院起诉。根据该款的规定，一方当事人起诉后，另一方当事人应当作为第三人参加诉讼。

186

塞入式测力传感器

无效宣告请求审查决定（第10401号）

决　　定　　号　第10401号
决　　定　　日　2007年8月24日
发明创造名称　塞入式测力传感器
国 际 分 类 号　G01L 1/18
无效宣告请求人　唐晓云
专　利　权　人　顾增华
专　　利　　号　99251566.1
申　　请　　日　1999年10月28日
授 权 公 告 日　2000年9月20日
合 议 组 组 长　刘颖杰
主　　审　　员　李　礼
参　　审　　员　关　刚

法　律　依　据　专利法第22条第2款
决　定　要　点

如果在一份证据的文字部分以及附图部分中，已公开了一项权利要求所要求保护的技术方案，且二者所属技术领域相同，所要解决的技术问题以及所实现的技术效果均相同，则该项权利要求相对于这份证据不具备新颖性。

一、案由

本无效宣告请求涉及中华人民共和国国家知识产权局于2000年9月20日授权公告的、名称为"塞入式测力传感器"的99251566.1号实用新型专利权（下称本专利），申请日是1999年10月28日，专利权人为顾增华。该专利授权公告时的权利要求书如下：

"1. 塞入式测力传感器，设有筒状体及其内联的敏感区（2），敏感区（2）上贴设有应变片（6），其特征是所述的筒状体设有变形区（1）其周壁上径向对称地设有凸棱（3），变形区（1）两侧设有槽形隔离区（4）。

2. 如权利要求1所述的塞入式测力传感器，其特征是所述的凸棱（3）为4个径向对称且周向均分地设于变形区（1）外壁，凸棱（3）外壁倾斜而成为圆锥面的一部分。"

针对上述专利权，唐晓云（下称请求人）于2007年1月24日向专利复审委员会提出无效宣告请求，认为本专利不符合专利法第22条第2款的规定。具体理由是：证据1与本专利属于相同的技术领域，解决相同的技术问题，并且本专利权利要求1~2中的全部技术特征都已被证据1所公开，二者达到基本相同的技术效果，因此，本专利权利要求1、2相对于证据1不具备新颖性，不符合专利法第22条第2款的规定；证据3~10用来证明“动态轨道称重传感器”这项技术在1989年就已经开始研制，并在1991年提出了科学技术成果鉴定申请，同年召开了科学技术鉴定会，并颁发了科学技术成果鉴定证书，即该项技术早已开发并已公开。请求人并未对证据2进行评述，同时在其提出上述无效宣告请求时也未提交附件清单中所列证据1~10。

请求人于2007年2月2日提交了无效宣告请求书附件清单中所列证据：

证据1：《全国第二届测力与称重技术学术讨论会论文集》封面页、目录2页、前言页、全国第二届测力与称重技术学术讨论会参会人员页、第41~47页复印件，共12页；

证据2：由江苏省科学技术情报研究所文献服务中心出具的《证明》复印件1页；

证据3：项目名称为“轨道称重传感器”的《一九八九年计量科技项目计划任务书》复印件，共8页；

证据4：《科学技术成果鉴定申请书》复印件，共2页；

证据5：封面页印有“动态轨道称重传感器计划任务书和技术合同”字样的复印件，共8页；

证据6：封面页印有“动态轨道称重传感器的研制技术总结”字样的复印件，共12页；

证据7：报告编号为“XL字18-1005”的《浙江省计量测试技术研究所试验报告》复印件，共5页；

证据8：封面页印有“动态轨道称重传感器国内、外同类项目技术水平的比较”字样的复印件，共4页；

证据9：封面页印有“动态轨道称重传感器查新检索及鉴定报告”字样的复印件，共3页；

证据10：编号为“（91）技监鉴字55号”的《科学技术成果鉴定书》复印件，共8页。

经形式审查合格，专利复审委员会依法受理了上述无效宣告请求，于2007年2月28日向双方当事人发出无效宣告请求受理通知书，并将无效宣告请求书及其附件清单中所列附件的副本转送给专利权人。

针对上述无效请求，专利权人于2007年4月10日提交了意见陈述书，并提交了权利要求书的修改文本，修改后的权利要求1增加了授权权利要求书中未记载的、原说明书实施例方式和说明书附图中表明的技术特征“密封胶8”和“补偿板5”，专利权人认为修改后的权利要求1相对于证据1具有创造性。

专利复审委员会依法成立合议组，对上述无效宣告请求进行审理。本案合议组于2007年6月1日向双方当事人发出无效宣告请求口头审理通知书，指出本案定于2007年8月16日举行口头审理，同时将专利权人于2007年4月10日提交的意见陈述书及修改后的权利要求书转送给请求人，并告知专利权人其针对权利要求1的修改方式不符合审查指南第四部分第三章第4.6节的有关规定。

口头审理如期举行，双方当事人均出席了口头审理。

在口头审理中，合议组告知双方当事人本案合议组成员的变更情况，双方当事人对上述变更没有异议，对合议组成员没有回避请求。

合议组还告知双方当事人，鉴于专利权人于2007年4月10日所提交的权利要求书修改文本中，将说明书中未包含在授权的权利要求书中的技术特征加入到新的权利要求1中，这种对权利要求书的修改方式不符合审查指南第四部分第三章第4.6节的相关规定，因此专利权人于2007年4月10日所提交的权利要求书修改文本不能作为本无效宣告请求所依据的文本，本无效宣告请求所针对的权利要求书仍是本专利授权时的权利要求书。

在口头审理中，请求人明确其无效宣告请求理由、证据和范围：本专利权利要求 1、2 不符合专利法第 22 条第 2 款的规定，使用证据 1 进行评述。请求人当庭明确表示证据 3~10 仅作为参考使用。

请求人当庭出示了证据 1 原件，提交了证据 2 的原件，证据 2 原件除由江苏省科学技术情报研究所文献收藏服务中心出具的《证明》之外，还附有《全国第二届测力与称重技术学术讨论会论文集》封面页和目录页的复印件，以及收录在该论文集第 41~47 页、文章名称为“高精确度轮重传感器的研制”的复印件，请求人表示证据 2 中的论文内容与证据 1 中的内容一样，仅是来源不同；证据 2 可证明任何人都可以通过借阅和查阅得到该论文；证据 1 和证据 2 中所涉及的“全国第二届测力与称重技术学术讨论会”是以本行业人员为主的技术交流会，其他人也可参加，没有保密性质，论文集是由该会议上交流的技术论文制成的，参会人员对该论文集没有保密义务。

专利权人当庭核对证据 1 的复印件与原件一致，对其真实性没有异议；认为证据 1 与证据 2 中的论文来源相同，均来自证据 1 的原件《全国第二届测力与称重技术学术讨论会论文集》，虽然证据 2 中包括江苏省科学技术情报研究所出具的证明，但对该证明内容的真实性有异议，认为该论文并不是任何人都能得到的；指出“全国第二届测力与称重技术学术讨论会”不是任何人都可参加的，仅限于本行业中论文集上所收集文章的作者才可参加该会议，论文集也不是任何人都可拿到的，只有参加交流的人才有，讨论会没有保密要求。

在对本专利相对于证据 1 是否具备新颖性的具体辩论意见中，请求人认为：证据 1 与本专利的技术领域相同，所解决的技术问题相同，其中第 43 页公开的“圆柱体”与本专利权利要求 1 中的筒状体相同，本专利权利要求 1 中的敏感区、变形区在证据 1 第 44 页的附图 3~5 中可以看出，证据 1 中的传力凸台与本专利中的凸棱相同，是圆锥形的，应变片在证据 1 第 44 页图 5 中 C-C 的中间方形部分公开，由于证据 1 的主要发明目的在于凸棱，因此没有对内部进行剖视，文字部分也没有提及，在证据 1 中其敏感区与非敏感区之间有所隔离，即其公开了隔离区。

专利权人认为：证据 1 中的附图并没有文字与之相对应，其所反映出的技术方案并不完整，本专利中的隔离区、应变片等核心内容在证据 1 中没有反映出来，本专利的槽形隔离区是发明点，可以隔离杂音，证据 1 中的槽不是隔离槽而是退刀槽。

请求人认为：证据 1 的第 44 页图 5 右侧剖视图以及第 44 页第 3 点已公开本专利权利要求 2 的附加技术特征。

专利权人认为：证据 1 中的附图上看不出是传感器上的传力凸台是锥形的。

至此，在双方当事人意见陈述及口头审理的基础上，合议组认为本案事实清楚，现依法作出审查决定。

二、决定的理由

1. 关于证据

证据 1 是《全国第二届测力与称重技术学术讨论会论文集》封面页、目录 2 页、前言页、全国第二届测力与称重技术学术讨论会参会人员页、第 41~47 页的复印件，其封面页上印有“中国仪器仪表学会过程检测控制仪表学会编印”、“1993 年 4 月于常州”的字样。专利权人核对其复印件与原件一致，对证据 1 以及所述学术讨论会的真实性无异议，但认为证据 1 并非公众想得到就可得到，只是参加全国第二届测力与称重技术学术讨论会的交流人员才有。

对此，合议组经审查认为：讨论会论文集封面页上的时间“1993 年 4 月”以及前言部分“定于 1993 年 4 月 19~22 日在江苏省常州市召开第二届全国测力与称重技术学术讨论会”，表示出该会议召开时间，由于该讨论会是以学术交流，促进测力与称重技术的研究开发和应用为主要目的的会议，如前言部分中所述：“为了促进我国测力和称重技术的研究开发和应用，更好地为国民经济建设服务……定于 1993 年 4 月 19~22 日在江苏省常州市召开第二届全国测力与称重技术学术讨论会”，可以看出上述学术交流会不仅不应当有保密要求，参加会议的人员没有保密义务，而且举办者希望参加会议者能够以会议平台相互交流经验技术，促进新技术的推广应用，对于这一点双方当事人也是予以认可的，同时该论文集中并没有任何信息表示其是在特定范围内发行并要求保密的，因此在该论文集中收录的论文至少应当在会议结束前（即 1993 年 4 月 22 日）就能被参加该会议的人员所得知，并且鉴于会议并没有保密要求，故其他公众至少在会议结束之日起已能够获得所述会议论文的内容。由此证明证据 1 上记载论文的内容在本专利申请日之前已经处于公众想得知就可以得知的状态，属于专利法中规定的“在国内公开使用或者以其他方式为公众所知的技术”，可以用来作为本专利的现有技术。

证据 2 是一份由江苏省科学技术情报研究所文献收藏服务中心出具的《证明》复印件 1 页，请求人于口审当庭提交了该份证明的原件，并在其后附有《全国第二届测力与称重技术学术讨论会论文集》封面和目录的复印件，以及收录在该论文集第 41~47 页、文章名称为“高精确度轮重传感器的研制”的复印件，该证明上盖有“江苏省科学技术情报研究所科技文献收藏服务中心”的印章，并在该证明以及所附附件上盖有“江苏省科学技术情报研究所科技文献收藏服务中心”的骑缝章。请求人指出证据 2 所附的论文与证据 1 中的一样，但来源不同，用证据 2 证明该论文是任何人可以通过借阅和查阅得到的。专利权人认为证据 1 与证据 2 所附论文的来源是相同的，对证据 2 中《证明》所证明内容的真实性有质疑。

合议组经审查认为：证据 2 所附《全国第二届测力与称重技术学术讨论会论文集》封面和目录、以及收录在该论文集第 41~47 页、文章名称为“高精确度轮重传感器的研制”的具体公开内容与证据 1 中相应部分均相同，请求人提供证据 2 只是用以证明所附论文是任何人都可以通过借阅和查阅得到的。如前面关于证据 1 中所述，由于该论文上记载的内容在本专利申请日之前已经处于公众想得知就可以得知的状态，因此，合议组就不再对证据 2 进行评述。

鉴于请求人当庭明确证据 3~10 仅作为参考，并且其并未提供上述证据的原件，因此本决定中不再对上述证据进行评述。

2. 关于新颖性的问题

专利法第 22 条第 2 款规定：新颖性，是指在申请日以前没有同样的发明或者实用新型在国内外出版物上公开发表过、在国内公开使用过或者以其他方式为公众所知，也没有同样的发明或者实用新型由他人向国务院专利行政部门提出过申请并且记载在申请日以后公布的专利申请文件中。

请求人认为：证据 1 与本专利的技术领域相同，所要解决的技术问题也相同，其中证据 1 文字部分或附图部分中已公开了本专利权利要求 1、2 的全部技术特征，虽然文字部分中没有明确公开本专利中的“敏感区”和“变形区”，但从附图中可看出，且在它们之间有所隔离，因而证据 1 也公开的本专利中的隔离区。

专利权人认为：证据 1 所反映的技术方案不完整，其中并没有公开属于本专利核心内容的隔离区、应变片等内容，证据 1 中的槽并不是隔离槽而是退刀槽，从证据 1 附图中也看不出其公开了本专利从属权利要求 2 的附加技术特征。

（1）关于本专利权利要求 1。

本专利权利要求 1 请求保护一种塞入式测力传感器，证据 1 公开了一种高精确度轮重传感器，具体公开了以下内容（参见证据 1 第 41~47 页）：该轮重传感器是一种装配式电阻应变传感器，2 只传感器为一套，直接安装在铁路二根枕木之间的钢轨腹板上的 2 个设定距离的锥孔中，通过改变配合面的结构形式和减小配合面的面积来解决装配产生的装配间隙和装配力不均匀的问题，从而提供传感器精度，共公开了三种配合面外型的传感器，即圆锥型传感器、棱锥型传感器以及凸台锥型传感器，分别由第 44 页的图 3~5 表示出来，它们的基本外型是圆柱体，其中圆锥型传感器配合面为全圆锥面，凸台锥型传感器是在圆锥型传感器的圆锥面上留出 4 个对称均匀的宽度一定的圆锥形传力凸台，将其余的圆锥配合面都加工成圆柱面，这样在改变配合面和减小配合面面积的同时，也使传感器测量部分的结构更加对称和均匀，既符合有利于减小配合间隙和配合力不均匀的设计考虑，又符合传感器测量部分的结构要对称和均匀的设计要求，单剪切式测量截面是在剪切式传感器腹板单面粘贴应变片，双剪切式测量截面是在传感器腹板二边粘贴应变片的常规作法，从第 44 页的图 3~5 中可看出三种不同配合面外型的传感器中，位于中间、用于测量的测量部分的两端均具有圆柱体，圆柱体与该测量配合面之间具有凹槽，A-A、B-B、C-C 横截面图中，在中央位置处均具有矩形应变片。

将本专利权利要求 1 请求保护的技术方案与证据 1 相比，首先本专利与证据 1 所属的技术领域和所要解决的技术问题均相同，都是提供一种高精确度的塞入式测力传感器。其次，证据 1 中公开的传感器基本外型为圆柱体，这与本专利权利要求 1 中的筒状体相对应，由于证据 1 中的传感器同本专利权利要求 1 的传感器均是通过将其塞入到被测构件中，由传感器来测量作用在被测构件上的外力，即传感器与被测构件相配合的表面区域为变形区，证据 1 中在传感器腹板上单面或双面粘贴应变片的技术特征对应于本专利权利要求 1 中的敏感区上贴设有应变片，其中证据 1 中的传感器腹板就相当于本专利中的敏感区，证据 1 中凸台锥型传感器上的 4 个对称均匀的宽度一定的圆锥形传力凸台与本专利权利要求 1 中的在筒状体周壁上径向对称设置的凸棱，它们的作用均是为了提高传感器测量精度，由证据 1 第 44 页的附图 3~5 中可很明显看出，在位于整个传感器中间区域的测量部分的两端具有两个圆柱体，在测量部分与这两个圆柱体之间用凹槽隔离开，这与本专利权利要求 1 中的设置在变形区两侧的槽形隔离区相对应。由此可见，证据 1 与本专利同属于一个技术领域，并且证据 1 公开内容与本专利权利要求 1 请求保护的技术方案实质相同，两者所要解决的技术问题以及所实现的技术效果也均相同。

对于专利权人认为的①证据 1 中没有公开属于本专利核心内容的隔离区、应变片等内容以及证据 1 中的槽并不是隔离槽而是退刀槽这两个观点，合议组经审查认为：如前所述证据 1 中已公开了应变片，证据 1 中位于测量部分与测量部分两端部分之间的凹槽从结构上已起到了将两部分相隔离的作用，且其具体结构与本专利中的槽形相同，虽然在证据 1 中没有明确的文字记载该凹槽为何，但可从其第 44 页上附图 3~5 中均已明显看出所公开的传感器具有凹槽，且其在证据 1 所公开传感器中的位置及结构均与本专利中的槽形隔离区相同，而这一凹槽结构势必带来将两部分相隔离的技术效果，因此证据 1 中凹槽相当于本专利权利要求 1 中的隔离区，即证据 1 公开了本专利中的隔离区、应变片。

综上所述，本专利权利要求 1 请求保护的技术方案与证据 1 文字部分以及附图部分所公开的技术内容相比，两者的技术领域相同，所要解决的技术问题、采用的技术方案以及实现的技术效果实质上均相同，因而，本专利权利要求 1 相对于证据 1 不具备新颖性，不符合专利法第 22 条第 2 款的规定。

（2）关于本专利权利要求 2。

本专利权利要求 2 是权利要求 1 的从属权利要求，其附加技术特征为：所述的凸棱为 4 个径向对称且周向均分地设于变形区外壁，凸棱外壁倾斜而成为圆锥面的一部分。

证据 1 中公开的凸台锥型传感器，其是在圆锥型传感器的圆锥面上留出 4 个对称均匀的宽度一定的圆锥形传力凸台，将其余的圆锥配合面都加工成圆柱面，即证据 1 中的圆锥形传力凸台相当于本专利权利要求 2 中的凸棱，且二者在设置方式、位置以及形状上均相同，即证据 1 已公开了上述附加技术特征，因此在其引用的权利要求 1 相对于证据 1 不具备新颖性时，从属权利要求 2 请求保护的技术方案相对于证据 1 也不具备新颖性，不符合专利法第 22 条第 2 款的规定。

综上所述，本专利权利要求 1、2 相对于证据 1 均不具备新颖性，故本案合议组作出如下决定。

三、决定

宣告 99251566.1 号实用新型专利权全部无效。

当事人对本决定不服的，可以根据专利法第 46 条第 2 款的规定，自收到本决定之日起三个月内向北京市第一中级人民法院起诉。根据该款的规定，一方当事人起诉后，另一方当事人应当作为第三人参加诉讼。

187

一种硫酸蒸发器

无效宣告请求审查决定（第10410号）

决 定 号 第10410号
决 定 日 2007年8月9日
发明创造名称 一种硫酸蒸发器
国际分类号 C01B 17/88
无效宣告请求人 德地氏化工设备（无锡）有限公司
专 利 权 人 西部金属材料股份有限公司
专 利 号 02294114.2
申 请 日 2002年12月27日
授权公告日 2003年12月10日
合议组组长 刘 犟
主 审 员 董晓静
参 审 员 徐伟锋

法 律 依 据 专利法第22条第2款、第3款，专利法实施细则第2条第2款
决 定 要 点
将现有技术中已知的材料用于具有形状、构造的产品上，不属于对材料本身提出的技术方案。
如果实用新型专利的一项权利要求与现有技术相比存在区别技术特征，而该区别技术特征的引入使得该权利要求与现有技术相比具备实质性特点和进步，则该权利要求具备创造性。

一、案由

本无效宣告请求涉及中华人民共和国国家知识产权局于2003年12月10日授权公告的、名称为“一种硫酸蒸发器”的实用新型专利权（以下简称本专利），其专利号是02294114.2，申请日是2002年12月27日，专利权人是西部金属材料股份有限公司（原为西研稀有金属新材料股份有限公司，2005年1月28日变更为西部金属材料股份有限公司）。

本专利授权公告的权利要求书如下：

“1. 一种硫酸蒸发器，包括

蒸发器外壳——上部带有两个接口和两端分别设有接口的卧式搪瓷釜，并用支脚支撑在地基上；

换热器——位于蒸发器外壳内的下部；

其特征在于换热器包括下列部件：

进汽管——其数量为两个，分别位于蒸发器外壳一端的进汽室的上下部；

出汽管——位于蒸发器外壳一端出汽室的下部；

盖板——为16MnR，位于蒸发器外壳一端进汽室的一端，并与进气室的外壳相焊接。

加热管——其结构为指形排列的钽管，在钽管内置有通蒸汽的与钽管底端留有间隙的不锈钢管或碳钢管，使蒸汽从不锈钢管或碳钢管与钽管的间隙中出来，形成钽管内为加热蒸汽，钽管外为稀硫酸；

定距管——为聚四氟乙烯管，其数量为二组，分别位于指形排列的加热管的上部和下部；

第一管板——在其上设有置入加热管的孔洞，通过螺栓与蒸发器外壳一端的接口相连接；

第二管板——在其上设有置入通蒸汽的不锈钢管的孔洞，位于进气室与出气室之间；

折流板——为聚四氟乙烯板，支撑加热管和定距管，其数量为3~4个，在其板上设有置入加热管和定距管的孔洞，并设有导流口；

固定杆——为聚四氟乙烯材料，其数量为1~2个，其下部分别与中间的折流板相固接，其上端与蒸发器外壳相固接。

2. 根据权利要求1所述的一种硫酸蒸发器，其特征在于第一管板为钽/不锈钢复合板。”

针对上述专利权，德地氏化工设备（无锡）有限公司（以下简称请求人）于2006年8月17日向专利复审委员会提出无效宣告请求，其提交的附件如下：

附件1：本专利的专利说明书；

附件2：公开日为1994年11月30日、公开号为CN1095815A的中国发明专利申请公开说明书；

附件3：时钧等主编、化学工业出版社出版、1996年第2版的《化学工程手册》上卷的封面页、版权页、编辑委员会介绍页、第6-72~6-78页、第6-97、6-98页的复印件；

附件4：公开号为FR2448375A的法国发明专利申请说明书及其中文译文；

附件5：国家知识产权局专利检索咨询中心出具的编号为G061105的检索报告；

附件6：DDPS-QVF工艺系统有限公司中国代表处于2006年8月1日出具的证言原件，证言内容是QVF公司自1991~1999年在中国境内将硫酸蒸发器销售给南京化工厂、沧州化肥厂、吉林化工厂和扬农化工厂，所销售的硫酸蒸发器与02294114.2号实用新型专利的结构特征相同，该02294114.2号实用新型专利根本不具备新颖性。

请求人认为：（1）权利要求2的核心是钽/不锈钢材质，根据附件3可知这是一种公开的材质，因此权利要求2是材质权利要求，不符合专利法实施细则第2条第2款的规定；（2）附件6的证人证言表明本专利的技术特征已经被QVF公司在中国公开销售的设备产品所公开，因此本专利不具备新颖性；（3）本专利权利要求1相对于附件2的区别仅在于本专利中所述的换热器包括定距管、固定杆和盖板，以及加热管为钽管、加热管内置管为钢管或碳钢管，但是根据附件3可知换热器中的定距管、固定杆和盖板都是常用结构，对所述加热管材料的选择也是本领域的公知常识，而且附件4公开了一种包括蒸发外壳和换热器的硫酸蒸发器，换热器位于蒸发器外壳的下部，由此容易想到更换蒸发器中的换热器同样能达到浓缩硫酸的目的，而对比文件2公开了一种管壳式换热器，因此很容易将二者结合得到权利要求1的技术方案，所以权利要求1不具备创造性，而从属权利要求2的附加技术特征也是根据附件3的教导显而易见的，因此也不具备创造性。

经形式审查合格，专利复审委员会依法受理了上述无效宣告请求，并于2006年11月20日向双方发出无效宣告请求受理通知书，同时将专利权无效宣告请求书及其附件清单中所列附件的副本转送给专利权人，并要求专利权人在指定的期限内陈述意见，同时成立合议组对本无效宣告请求案进行审理。

针对上述受理通知书，专利权人于2006年12月19日提交了意见陈述书和国家知识产权局针对本专利做出的实用新型专利检索报告。专利权人认为其提供的检索报告的结论能证明本专利具备新颖性和创造性，而且，本专利中第一管板为钽/不锈钢复合板以及在外壳和折流板之间设置固定杆的结构特征是申请日之前未有的，附件6证言所述的换热器没有采用钽/不锈钢复合板这一核心关键材料，因此本专利具备新颖性；附件4和附件2的结构形式与本专利相去甚远，因此本专利具备创造性；权利要求2所述第一管板为一层钽和一层不锈钢复合而成的复合板，是实用新型所要保护的结构特征。

专利复审委员会本案合议组于2007年1月18日向请求人发出转送文件通知书，将专利权人于2006年12月19日提交的意见陈述书及其所附附件转给请求人。

2007年2月28日，专利复审委员会收到请求人针对上述转送文件通知书提交的意见陈述书。请求人认为专利权人主张本专利具备新颖性时称钽钢复合板是材料，而在主张本专利符合专利法实施细则第2条第2款时又称其是结构，前后矛盾；而且本专利的申请文件中没有揭露钽层和不锈钢层是采用何种结构形式进行复合的，所以“第一管板为钽/不锈钢复合板”不是结构特征。

专利复审委员会本案合议组于2007年3月12日向双方当事人发出无效宣告请求口头审理通知书，定于2007年5月23日举行口头审理。随同口头审理通知书，将2007年2月28日收到的请求人的意见陈述书转给专利权人。

口头审理如期举行，双方当事人均参加了口头审理并充分发表意见。在口头审理过程中，请求人明确其无效宣告的理由和范围是权利要求1、2不符合专利法第22条第2款、第3款的规定，用附件6单独使用评价权利要求1、2的新颖性，附件2、3、4结合使用否定权利要求1、2的创造性，以及权利要求2不符合专利法实施细则第2条第2款的规定。专利权人对请求人提交的附件2、4的真实性没有异议，对附件4的译文准确性没有异议，并且认为附件2、4的公开日期在本专利申请日之前，但是对附件3的真实性有异议，认为附件5不能作为证据使用，并认为附件6只是具有形式真实性，而其内容的真实性无法核实。请求人不能提供附件3的原件。请求人请证人吕国俊出庭作证，该证人提交英国DDPS-QVF工艺系统有限公司中国代表处的外国（地区）企业常驻代表机构的授权书原件，其证言内容是QVF公司从1991年起就在中国境内销售硫酸蒸发设备，所销售设备的结构特征与第02294114.2号专利的硫酸蒸发器结构特征相同，第02294114.2号专利不具备新颖性，QVF公司相同的硫酸蒸发设备在中国境内早期的销售记录有：1995年销售给南京化工厂，1997年销售给南京化工厂，1996年2月12日销售给沧州大化，1997年3月3日销售给吉林化工厂，1999年销售给扬农化工厂。合议组和各方当事人对证人进行询问质证。

至此，合议组认为本案事实已经清楚，可以作出审查决定。

二、决定理由

1. 关于证据和现有技术

请求人提交附件2至附件6。其中，对于附件2、4，专利权人对它们的真实性以及附件4的译文准确性没有异议，因此可以作为本案证据使用，附件4的内容以其译文为准。同时由于证据2的公开时间为1994年11月30日，证据4译文第2页注明“该申请对公众开放的日期”为“工业产权官方公告（B. O. P. I.）5-9-1980的n. 36名单”，而且专利权人对附件2、4的公开日期在本专利申请日之前没有异议，因此附件2、4上记载的内容可以作为本专利的现有技术。

对于附件3，由于专利权人对其真实性提出异议，因此在请求人未能提供原件，也未提供其他佐证来证明该附件的真实性的情况下，合议组对附件3不予采信。

对于附件6，由于专利权人对其形式真实性没有异议，而且出具该书面证言的DDPS-QVF工艺系统有限公司中国代表处委派证人吕国俊出席口头审理并接受质证，因此可以作为本案证据使用。但是就证明力来说，请求人试图用该附件证明在本专利申请日之前已经有相同的产品因为公开销售而构成现有技术，对此，合议组经审查后认为，对于国内使用公开构成现有技术的证明目的来说，其提供的证据必须能够证明两方面的内容，第一方面要证明申请日前国内公开使用（包括制作、销售、使用等方式）的事实，第二要证明该技术方案的内容与本专利权的技术方案相同。而在本案中，对于申请日之前销售的事实以及所销售产品的结构和技术方案，仅有证人的直接认定，并且证人也仅仅是口头描述专利的技术方案已经被公开，但没有说明具体的技术内容，同时也无其他证据加以佐证；因此，合议组认为附件 6 不足以证明有与本专利相同的产品因在国内使用公开而构成本专利的现有技术。

此外，针对附件 6 以及证人出席口头审理时表达的愿意承担专利复审委员会到其所述工厂进行现场检验和验证的费用的意愿，合议组认为，当事人没有在举证期限内提出书面申请，而且本案也不属于请求人及其代理人确因客观原因不能自行收集相关证据的情况，因此合议组对该请求不予采纳。

对于请求人提交的附件 5，以及专利权人 2006 年 12 月 19 日随意见陈述书提交的国家知识产权局针对本专利出具的检索报告，上述检索报告的结论对合议组对本专利权利要求新颖性、创造性的认定不产生必然的影响，因此不能将其作为评价新颖性、创造性的证据使用。

2. 关于专利法实施细则第 2 条第 2 款

专利法实施细则第 2 条第 2 款规定，专利法所称实用新型，是指对产品的形状、构造或者其结合所提出的适于实用的新的技术方案。

将现有技术中已知的材料用于具有形状、构造的产品上，不属于对材料本身提出的技术方案。

本案中，权利要求 2 引用权利要求 1，其附加技术特征是“第一管板为钽/不锈钢复合板”。请求人认为该附加技术特征是对材料进行限定，因此不符合专利法实施细则第 2 条第 2 款的规定。对此，合议组认为，首先，权利要求 2 是权利要求 1 的从属权利要求，其技术方案包括所引用权利要求 1 的所有技术特征和权利要求 2 的附加技术特征，从而也就包括了权利要求 1 所述对产品结构的限定，因此其主题是硫酸蒸发器的形状、构造及其结合；其次，就权利要求 2 的附加技术特征来说，由于钽和不锈钢都是现有技术已知的材料，复合板是具有形状、构造的产品，因此属于将现有技术中已知的材料用于具有形状、构造的产品上，不属于对材料本身提出的技术方案。综上，权利要求 2 符合专利法实施细则第 2 条第 2 款的规定。

3. 关于新颖性

专利法第 22 条第 2 款规定，新颖性，是指在申请日以前没有同样的发明或者实用新型在国内外出版物上公开发表过、在国内公开使用过或者以其他方式为公众所知，也没有同样的发明或者实用新型由他人向国务院专利行政部门提出过申请并记载在申请日以后公布的专利申请文件中。

在无效宣告请求审查程序中，请求人对其主张负有相应的举证责任，若举证不足则应承担相应的后果。

本案中，请求人依据附件 6 主张本专利权利要求 1、2 不具备新颖性。如上述，由于附件 6 的证明力不足以证明在申请日之前已经有相同的实用新型因在国内使用公开而成为现有技术，因此请求人据此提出的关于权利要求 1、2 的新颖性无效理由不能成立。

4. 关于创造性

专利法第 22 条第 3 款规定，创造性，是指同申请日以前已有的技术相比，该发明有突出的实质性特点和显著的进步，该实用新型有实质性特点和进步。

如果实用新型专利的一项权利要求与现有技术相比存在区别技术特征，而该区别技术特征的引入使得该权利要求与现有技术相比具备实质性特点和进步，则该权利要求具备创造性。

请求人认为附件 2、3、4 结合使用可以破坏权利要求 1、2 的创造性。

附件2涉及一种搪玻璃复合式管壳换热器，由壳体和壳体内的换热管组成，壳体上设有液体入口和液体出口，换热管与另一液体入口和液体出口相通；壳体内腔中左右两边分布固定管板，每个管板上对向固定有换热管，外侧设有隔离板，隔离板上固定有内管；内腔中还竖向设有若干折流板；所述换热管由内管和外管组成，外管的外壁上镀有搪玻璃层，端部封闭，内管端部开口，开口端插在外管的空腔中；冷却液从冷却液入口进入隔离板外侧，再进入内管，在外管的封闭端处进入外管内腔，再反向沿内管外壁和外管内壁的间隙流出，被冷却液进入壳体内腔，经与外管外壁接触后进行热交换，达到加热或者冷却的目的，再从壳体流出（参见附件2的权利要求1，说明书第2页倒数第5行至第3页，图1）。

由此可见，附件2所述的设有圆孔供换热管插入的管板以及固定内管的隔离板分别对应于本专利权利要求1的第一、第二管板，冷却液进出口对应于本专利的进汽管、出汽管，内管、外管对应于本专利的指状钽管和钽管内的不锈钢或碳钢管。比较二者的技术方案可知，本专利权利要求1相对于附件2的区别在于：（1）主题名称不同，权利要求1请求保护硫酸蒸发器，包括蒸发器外壳和换热器，而附件2仅涉及换热器；（3）换热器结构不同，权利要求1限定的盖板、定距管、固定杆的技术特征完全没有被附件2公开，而且权利要求1对进、出汽管的数量和位置的限定，对加热管材质的限定，对第一、二管板位置连接关系的限定，以及对折流板材质、数量和形状、位置的限定也没有被附件2公开。

对于附件3，如前所述，由于专利权人对其真实性提出异议，请求人未能提供原件，也未提供其他佐证来证明该附件的真实性，因此合议组对附件3不予采信。

对于附件4，该附件公开了带有保护壳的横向沸腾蒸发器，要处理的液体即要加浓的硫酸在保护壳内流动，传送水蒸气或其他载热流体的横向热交换管则浸泡在要处理的液体中，所述保护壳的内部和下部安装了一系列的纵向挡板，挡板由带有钻孔的板块构成，用于通过并稳定换热管，当处理硫酸时挡板的材料可以是聚四氟乙烯（参见附件4权利要求1，图1）。

由此可见，附件4没有完全公开上述区别技术特征，也没有给出任何技术启示。

而且，本专利通过采用如权利要求1所述的技术方案，可以将20%~70%的稀硫酸浓缩至90%以上的成品酸，具有蒸发效率高、能耗低、耐腐蚀的特点，也就是产生了有益的技术效果，具有进步。

因此，请求人关于本专利独立权利要求1不具备专利法第22条第3款规定的创造性的主张不能成立。在此基础上，关于从属权利要求2不具备专利法第22条第3款规定的创造性的主张也不能成立。

根据上述的事实和理由，本案合议组依法作出以下决定。

三、决定

维持02294114.2号实用新型专利权有效。

当事人对本决定不服的，可以根据专利法第46条第2款的规定，自收到本决定之日起3个月内向北京市第一中级人民法院起诉。根据该款的规定，一方当事人起诉后，另一方当事人应当作为第三人参加诉讼。

北京市第一中级人民法院
行政判决书

（2008）一中行初字第73号

原告德地氏化工设备（无锡）有限公司，住所地江苏省无锡市国家高新区B31-D地块。法定代表人Daniel Steck，董事长。

委托代理人黄剑，上海元达律师事务所律师。

委托代理人刘志华，上海元达律师事务所律师。

被告国家知识产权局专利复审委员会，住所地北京市海淀区北四环西路9号银谷大厦10~12层。

法定代表人廖涛，副主任。

委托代理人董晓静，女，国家知识产权局专利复审委员会审查员。

委托代理人杜微科，男，国家知识产权局专利复审委员会审查员。

第三人西部金属材料股份有限公司，住所地陕西省西安市高新区科技三路56号。

法定代表人奚正平，董事长。

委托代理人孙振铎，男，北京金言诚信知识产权代理有限公司专利代理人。

委托代理人杨永福，男，西部金属材料股份有限公司技术质量部部长。

原告德地氏化工设备（无锡）有限公司不服国家知识产权局专利复审委员会作出的第10410号专利无效宣告请求审查决定书（以下简称被诉决定），向本院起诉。本院受理后，依法组成合议庭，通知西部金属材料股份有限公司作为第三人参加诉讼。2008年3月12日，本院依法公开开庭进行了审理，原告的委托代理人黄剑、刘志华，被告的委托代理人董晓静、杜微科，第三人的委托代理人孙振铎、杨永福到庭参加了诉讼。现本案已审理终结。

2007年8月29日，被告根据原告的请求，对"一种硫酸蒸发器"实用新型专利（以下简称本专利）进行审查，依据《中华人民共和国专利法》（以下简称《专利法》）第二十二条第二款、第三款的规定，作出被诉决定：维持本专利有效。具体理由如下：

（1）附件2（即：公开日为1994年11月30日、公开号为CN1095815A的中国发明专利申请公开说明书）、附件4（即公开号为FR2448375A的法国发明专利申请说明书及其中文译文）可以作为本案证据使用，可以作为本专利的现有技术，附件4的内容以其译文为准。因原告未提交附件3（即《化学工程手册》上卷，时钧等主编，化学工业出版社出版，1996年第2版）的原件，且第三人对其真实性有异议，故对附件3不予采信。附件6（即DDPS-QVF工艺系统有限公司中国代表处于2006年8月1日出具的证言原件）不足以证明有与本专利相同的产品因在国内使用公开而构成本专利的现有技术；附件5（即国家知识产权局专利检索咨询中心出具的编号为G061105的检索报告）的结论不能将其作为评价新颖性、创造性的证据使用。

（2）权利要求2引用权利要求1，其附加技术特征是"第一管板为钽/不锈钢复合板"。该技术方案包括所引用权利要求1的所有技术特征和权利要求2的附加技术特征，从而也就包括了权利要求1所述对产品结构的限定，因此其主题是硫酸蒸发器的形状、构造及其结合；其次，就权利要求2的附加技术特征来说，由于钽和不锈钢都是现有技术已知的材料，复合板是具有形状、构造的产品，因此属于将现有技术中已知的材料用于具有形状、构造的产品上，不属于对材料本身提出的技术方案。综上，权利要求2符合《中华人民共和国专利法实施细则》（以下简称《专利法实施细则》）第二条第二款的规定。

（3）关于新颖性的问题：附件6的证明力不足以证明在本专利申请日之前已经有相同的实用新型在国内使用公开而成为现有技术，因此原告据此提出的关于权利要求1、2不具备新颖性的无效理由不能成立。

（4）关于创造性的问题：

将附件2与本专利比对，二者的技术方案的区别在于：①主题名称不同，权利要求1请求保护硫酸蒸发器，包括蒸发器外壳和换热器，而附件2仅涉及换热器；②换热器结构不同，权利要求1限定的盖板、定距管、固定杆的技术特征完全没有被附件2公开，而且权利要求1对进、出汽管的数量和位置的限定，对加热管材质的限定，对第一、二管板位置连接关系的限定，以及对折流板材质、数量和形状、位置的限定也没有被附件2公开。

附件4公开了带有保护壳的横向沸腾蒸发器，要处理的液体即要加浓的硫酸在保护壳内流动，传送水蒸气或其他载热流体的横向热交换管则浸泡在要处理的液体中，所述保护壳的内部和下部安装了一系列的纵向挡板，挡板由带有钻孔的板块构成，用于通过并稳定换热管，当处理硫酸时挡板的材料可以是聚四氟乙烯。因此，附件4没有完全公开上述区别技术特征，也没有给出任何技术启示。

而且，本专利通过采用如权利要求1所述的技术方案，可以将20%~70%的稀硫酸浓缩至90%以上的成品酸，具有蒸发效率高、能耗低、耐腐蚀的特点，也就是产生了有益的技术效果，具有进步。

因此，原告关于本专利独立权利要求1不具备创造性的主张不能成立。在此基础上，原告关于从属权利要求2不具备《专利法》第二十二条第三款规定的主张也不能成立。

在法定期限内，被告向本院提交了以下证据，用以证明被诉决定合法：①本专利的授权文本；②附件2；③附件3；④附件4；⑤口头审理记录表。

原告诉称：

（1）被告排除了原告的部分证据，违反程序，也没有法律依据。由国家知识产权专利检索咨询中心的相关技术领域的技术专家根据其所检索到的在先现有技术文献，其结论实质上即为技术专家的鉴定结论。附件5应当被作为评价该专利的新颖性、创造性的证据使用。被告不能仅以“不产生必然影响”就排除证据本身、这种排除没有法律依据。

（2）被诉决定认定事实错误。

附件3为附件5在其结论的分析部分中援引到的，并且作为该检索报告之附件提供给原告，而并非单独提交。因此，虽然当时由于种种客观原因没有能提供附件3的原件，但有“检索报告”这个有力的佐证，应该可以认定附件3的真实性。因此，附件3应当被采信来作为评价该专利的新颖性、创造性的证据使用。

虽然，附件2的主题名称与该专利权利要求1请求保护的主题不同，但只要技术领域密切相关，就可以用来评价该专利权利要求1的新颖性和创造性，且应当就技术内容的实质进行对比，而不仅仅是描述技术的语言文字。况且该专利权利要求1主张的硫酸蒸发器也包括蒸发器外壳和换热器，附件2即关于一种与该专利十分接近的换热器。对于在相关技术领域的一般技术人员来说，在附件2所揭示的换热器之外再适当增加一个外壳，以制成蒸发器，是显而易见的。

附件4所揭示的蒸发器（包括保护外壳和设于该外壳之内的换热结构）则进一步说明了这一点。附件2虽然没有直接公开盖板、定距管和固定杆三个技术特征，但对于本领域技术人员来说，换热器中的定距管、固定杆和盖板都是常用结构，可根据需要选用，而对加热管材料的选择也是本领域的公知常识。相并有技术内容可参考附件3“化学工程手册”。附件4公开了一种硫酸蒸发器，包括蒸发器外壳和换热器两部分组成，其换热器位于蒸发器外壳下部。对于本领域一般技术人员来说，根据附件 4 可以很容易想到更换蒸发器中的换热器同样能达到浓缩硫酸的目的，而附件 2 公开了一种管壳式换热器。故而，很容易即可将两者结合得到该专利权利要求 1 保护的技术方案。因此，该专利之权利要求 1 相对于附件 2 和 4 及公知之相关技术常识的结合，不具有突出的实质性特点和显著的进步，因而不具备创造性。对于硫酸蒸发器来说，由于第一管板与要浓缩的硫酸相接触，因此应当选用有防腐作用的复合金属板（附件 3 之第 6~77 页），因而对于本技术领域一般技术人员来说，选用钽/不锈钢复合板作为第一管板是显而易见的，无须花费创造性劳动。所以，结合上述对该专利权利要求 1 的创造性的否定，其权利要求 2 同样也不具有突出的实质性特点和显著的进步，不具备创造性。

综上，被诉决定认定事实错误，适用法律不当，违反法律程序，请求法院撤销被诉决定，判决被告重新作出决定。

在法定期限内，原告向本院提供了以下证据，用以支持其诉讼主张：（1）附件 2 的第 1~7 页；（2）附件 3 的第 8~29 页；（3）附件 4 及其翻译文件，第 30~43 页，三份证据结合使用，证明本专利无创造性；（4）附件 5 的第 44~47 页，单独使用，证明本专利无创造性；（5）附件 6，单独使用，证明本专利无新颖性。

被告辩称：我委根据《专利法》的授权对请求人提出的宣告专利权无效的请求进行审查并依法作出决定。针对原告的起诉，我委认为，第一，原告提交的附件 5 系国家知识产权局专利检索咨询中心出具的检索报告，报告未公开任何技术内容，不能作为对比文件用于评价本专利的新颖性和创造性。而且，报告中的有关认定也仅为参考性的咨询意见，对我委不具有约束力。第二，原告在行政程序中未能提供附件 3 的原件，也没有提供其他证据对其真实性进行佐证，且第三人对其真实性不予认可，因此我委对该附件不予采信。根据原告提交的附件 5 仅能说明存在一本《化学工程手册（第二版）》，证据 4 没有附上任何该手册的具体内容，不能佐证附件 3 的真实性。第三，关于权利要求 1、2 的创造性问题，我委坚持决定中的有关认定，在此不再赘述。综上，原告的诉讼理由不能成立，请求法院判决驳回原告的诉讼请求，维持被诉决定。

第三人述称：原告的理由既无法律依据，也无事实依据。事实上，被诉决定对附件 3、附件 5 的认定，以及对本专利创造性的判断，事实认定清楚，适用法律适当，程序合法。具体理由如下：

（1）附件 5 不能作为评定涉案专利创造性的证据使用。附件 5 是国家知识产权局专利检索咨询中心出具的一份检索报告，其中记载有该中心检索到的一些文献名称和有关涉案专利是否具备新颖性和创造性检索结论，该检索结论是在原告的单方委托下由该中心作出的。该检索报告既不属于《专利法》规定的公开出版物，也不属于已有的技术，因而不能作为对比文件评定涉案专利的新颖性和创造性。而且，根据《专利法》第四十五条、第四十六条、《专利法实施细则》第四章以及《审查指南》第四部分第三、四章等规定，对于一项授予专利权的技术方案而言，只有被告有权在无效程序中依法决定维持授权后专利有效或宣告其无效或部分无效，对于涉案专利方案作出具有法律效力的新颖性和创造性的评价。因此，对于附件 5 而言，无论是其中记载的文献编号或名称还是其中对于涉案专利权是否应当维持有效或宣告无效的检索咨询结论，都不应加以考虑。

（2）根据《中华人民共和国行政诉讼法》第三十一条的规定，作为书证的附件 3 只有经法庭审查属实，才能作为定案的根据。附件 3 是未经审查属实的一份复印件，当然不能作为定案的证据使用。

（3）被告对本专利技术特征的认定事实清楚，本专利具备创造性，符合《专利法》第二十二条三款的规定。

（4）被告适用法律正确，原告在无效程序中没有完成举证责任，应当承担举证不能的法律后果。由于原告既无法证明本专利与对比文件的区别特征是显而易见的，又不能证明本专利不具有进步性，因此原告所主张的本专利权利要求 1 不具备创造性的理由不能成立。

综上所述，被诉决定认定事实清楚，程序合法，适用法律正确。原告的诉讼不能成立，恳请法院判决维持被诉决定。

第三人未向本院提供证据。

在庭审质证中，针对被告的举证，原告对证据的内容没有争议，但不同意被告的举证主张；第三人同意被告的举证。针对原告的举证，被告提出原告的证据 2（即附件 3）内容超过了其在行政程序中提交的附件 3，原告同意，并当庭撤回了多余的内容。被告坚持被诉决定的认证结论；第三人同意被告的质证意见。

经审查，被告的证据和原告的证据 1、3~5 为行政程序中的有效证据，本院予以确认；原告证据 2 是复印件，其真实性无法确定，本院不予确认。

根据有效证据，本院确认事实如下：

本专利的申请日为 2002 年 12 月 27 日，授权公告日为 2003 年 12 月 10 日、专利号为 02294114.2，专利权人原为西研稀有金属新材料股份有限公司。后于 2005 年 1 月 28 日变更为第三人。

本专利授权公告的权利要求书如下；

“1. 一种硫酸蒸发器，包括

蒸发器外壳一上部带有两个接口和两端分别设有接口的卧式搪瓷釜，并用支脚支撑在地基上；

换热器一位于蒸发器外壳内的下部；

其特征在于换热器包括下列部件：

进汽管一其数量为两个，分别位于蒸发器外壳一端的进汽室的上下部；

出汽管一位于蒸发器外壳一端出汽室的下部；

盖板一为 16MnR，位于蒸发器外壳一端进汽室的一端，并与进气室的外壳相焊接。

加热管一其结构为指形排列的钽管，在钽管内置有通蒸汽的与钽管底端留有间隙的不锈钢管或碳钢管，使蒸汽从不锈钢管或碳钢管与钽管的间隙中出来，形成钽管内为加热蒸汽，钽管外为稀硫酸；

定距管一为聚四氟乙烯管，其数量为二组，分别位于指形排列的加热管的上部和下部；

第一管板一在其上设有置入加热管的孔洞，通过螺栓与蒸发器外壳一端的接口相连接；

第二管板-在其上设有置入通蒸汽的不锈钢管的孔洞，位于进气室与出气室之间；

折流板一为聚四氟乙烯板，支撑加热管和定距管，其数量为 3~4 个，在其板上设有置入加热管和定距管的孔洞，并设有导流口；

固定杆-为聚四氟乙烯材料，其数量为 1~2 个，其下部分别与中间的折流板相固接，其上端与蒸发器外壳相固接。

2. 根据权利要求 1 所述的一种硫酸蒸发器，其特征在于第一管板为钽/不锈钢复合板。”

针对本专利，原告于 2006 年 8 月 17 日向被告提出无效宣告请求，其提交的附件 1~6 作为对比文件。其理由如下：

（1）权利要求 2 的核心是钽/不锈钢材质，根据附件 3 可知这是一种公开的材质，因此权利要求 2 是材质权利要求，不符合《专利法实施细则》第二条第二款的规定；

（2）附件 6 的证人证言表明本专利的技术特征已经被 QVF 公司在中国公开销售的设备产品所公开，因此本专利不具备新颖性；

（3）本专利权利要求 1 相对于附件 2 的区别仅在于本专利中所述的换热器包括定距管、固定杆和盖板，以及加热管为钽管、加热管内置管为钢管或碳钢管，但是根据附件 3 可知换热器中的定距管、固定杆和盖板都是常用结构，对所述加热管材料的选择也是本领域的公知常识，而且附件4公开了一种包括蒸发外壳和换热器的硫酸蒸发器，换热器位于蒸发器外壳的下部，由此容易想到更换蒸发器中的换热器同样能达到浓缩硫酸的目的，而对比文件2公开了一种管壳式换热器，因此很容易将二者结合得到权利要求1的技术方案，所以权利要求1不具备创造性，而从属权利要求2的附加技术特征也是根据附件3的教导显而易见的，因此也不具备创造性。

经形式审查合格，被告依法受理，并发出受理通知书，同时将原告的请求书即附件副本向第三人转送。

第三人在法定期限内向被告提交了意见陈述书和国家知识产权局针对本专利作出的实用新型专利检索报告，其认为检索报告的结论能证明本专利具备新颖性和创造性，而且，本专利中第一管板为钽/不锈钢复合板以及在外壳和折流板之间设置固定杆的结构特征是申请日之前未有的，附件6证言所述的换热器没有采用钽/不锈钢复合板这一核心关键材料，因此本专利具备新颖性；附件4和附件2的结构形式与本专利相去甚远，因此本专利具备创造性；权利要求2所述第一管板为一层钽和一层不锈钢复合而成的复合板，是实用新型所要保护的结构特征。被告将该内容的副本向原告转送。

原告收到后，向被告提交意见陈述书，认为第三人称钽钢复合板是材料还是结构的陈述前后矛盾，且本专利的申请文件中没有揭露钽层和不锈钢层是采用何种结构形式进行复合的，所以"第一管板为钽/不锈钢复合板"不是结构特征。被告将该内容的副本向第三人转送。

2007年5月23日，被告进行口头审理，原告和第三人均参加了口头审理。口头审理包括以下内容：

（1）原告明确其无效宣告的理由和范围是权利要求1、2不符合《专利法》第二十二条第二款、第三款的规定，用附件6单独使用评价权利要求1、2的新颖性，附件2、3、4结合使用否定权利要求1、2的创造性，以及权利要求2不符合《专利法实施细则》第二条第二款的规定。

（2）第三人对附件2、4的真实性没有异议，对附件4的译文准确性没有异议，并且认为附件2、4的公开日期在本专利申请日之前，但是对附件3的真实性有异议，认为附件5不能作为证据使用，并认为附件6只是具有形式真实性，而其内容的真实性无法核实。

（3）原告不能提供附件3的原件。其请证人吕国俊出庭作证，该证人提交英国DDPS-QVF工艺系统有限公司中国代表处的外国（地区）企业常驻代表机构的授权书原件，其证言内容是QVF公司从1991年起就在中国境内销售硫酸蒸发设备，所销售设备的结构特征与第02294114.2号专利的硫酸蒸发器结构特征相同，第02294114.2号专利不具备新颖性，QVF公司相同的硫酸蒸发设备在中国境内早期的销售记录有：1995年销售给南京化工厂，1997年销售给南京化工厂，1996年2月12日销售给沧州大化，1997年3月3日销售给吉林化工厂，1999年销售给扬农化工厂。合议组和各方当事人对证人进行询问质证。

据此，被告经审查，作出被诉决定。原告不服，于2007年12月7日向本院起诉。

在开庭审理中，原告和第三人对以下内容没有争议：

（1）被告的审查职责和审查程序；

（2）被诉决定的"案由"部分记载的内容；

（3）被诉决定认定"权利要求2符合《专利法实施细则》第二条第二款"的内容；

同时，原告在起诉状和开庭审理中未对被诉决定认定本专利具备新颖性的内容提出反对意见，其争议的焦点内容是"本专利相对于附件2和4及公知技术常识的结合，不具备创造性"。

本院认为；根据当事人无争议的陈述，本院经书面审查，对上述无争议的内容予以确认。在此基础上，本院将围绕原告争议的焦点问题对被诉决定进行合法性审查。

首先，关于证据的认定问题。

当事人请求宣告专利无效应当在法定期限内向被告提供真实、有效的证据。因原告在行政程序中未提交附件3的原件，且第三人对该证据的真实性提出了异议，原告未能提供其他证据证明附件3真实，所以，被告对附件3不予采信是正确的。虽然附件5中记载有附件3的名称，但是出具附件5的机构不是法律授权对无效宣告请求进行审查的机构，原告主张附件5可以佐证附件3真实的主张缺乏法律依据，本院不予采纳。

证据是用来证明案件事实的材料。虽然附件6形式合格，与本案有关联，且其证人出庭接受了质证，能够作为本案的有效证据。但是该证据缺乏所销售产品的结构和技术方案、制作、销售等方面的证据，未形成有效的证据链。所以，被告认为仅凭证人证言不能证明其口头描述的专利技术方案已经被公开，附件6不构成本专利现有技术的结论正确。在此基础上，根据当事人无争议的陈述，本院对被告认定的附件2、4记载的内容可以作为本专利的现有技术的结论予以确认。

而附件5是国家知识产权局专利检索咨询中心根据委托对本专利进行检索后作出的专利检索报告，不是行政决定，其中记载的技术构成内容可以作为本案的参考，但检索结论部分的内容对本案无约束力。被告认为不能将该检索报告的结论作为评价新颖性、创造性的证据使用的结论正确。

其次，关于被告的审查程序问题。

虽然，被告按照《审查指南》第四部分第八章第3节的规定，对于当事人确因客观原因不能自行收集的证据，在举证期限内可以向被告提出调查收集证据的申请。本案原告的证人在口头审理中为了证明自己的证言真实，提出请求被告对现场检验和验证，不能视为原告的申请，故被告对该项请求不予采纳没有违反法定程序。

最后，关于被诉决定认定事实问题。

鉴于原告未对被诉决定认定本专利具备新颖性的内容提出反对意见本院经书面审查，对被告认定的本专利具备新颖性的内容予以确认。

在评价专利的创造性方面，应根据《专利法》第二十二条第三款以及《审查指南》中关于创造性的规定。基于原告对被告认定本专利与附件2的区别特征没有争议的陈述，本院对被诉决定中认定的本专利权利要求1相对于附件2的以下区别特征予以确认：（1）主题名称不同；（2）换热器结构不同。

针对区别技术特征（1），能够确定本专利保护的是“一种硫酸蒸发器”；附件2的说明书记载该发明涉及“一种复合式管壳换热器”，该换热器“由壳体和壳体内的换热管组成”，两者的名称不同。

针对区别技术特征（2），能够确定本专利权利要求1限定的技术方案包括盖板、定距管、固定杆、进出汽管的数量和位置以及加热管材、两块管板位置的连接关系以及对折流板材质、数量和形状、位置等技术特征。被告将上述特征与附件对比，认定权利要求1也没有被附件2公开。为此，原告没有提出实质性的反对意见，其认为“对于本领域技术人员来说，换热器中的定距管、固定杆和盖板都是常用结构，可根据需要选用，而对加热管材料的选择也是本领域的公知常识”缺乏事实依据，本院不予采纳。

将附件4与本专利进行对比，被告认定附件4公开了以下内容“带有保护壳的横向沸腾蒸发器，要处理的掖体即要加浓的硫酸在保护壳内流动，传送水蒸气或其他载热流体的横向热交换管则浸泡在要处理的液体中，所述保护壳的内部和下部安装了一系列的纵向挡板，挡板由带有钻孔的板块构成，用于通过并稳定换热管，当处理硫酸时挡板的材料可以是聚四氟乙烯”。虽然原告不同意被告的上述认定，其提出“附件4有盖板，下部有定距管”在附件4中没有记载，其主张“根据附件4很容易想到更换蒸发器同样能够达到浓缩硫酸的目的”缺乏事实根据。

因此，被告认定“本专利通过采用如权利要求 1 所述的技术方案，可以将 20%～70% 的稀硫酸浓缩至 90% 以上的成品酸，具有蒸发效率高、能耗低、耐腐蚀的特点，产生了有益的技术效果，具有进步”的结论事实清楚。在此基础上，被告认定原告关于本专利从属权利要求 2 不具备创造性的主张不能成立的结论正确。

综上，被诉决定认定事实清楚，程序合法，符合《专利法》第二十二条第三款以及《审查指南》第二部分第四章第 3 节的规定，本院应予维持。故，依照《中华人民共和国行政诉讼法》第五十四条第（一）项，判决如下：

维持国家知识产权局专利复审委员会于二〇〇七年八月二十九日作出的第 10410 号专利无效宣告请求审查决定。

案件受理费 100 元，由原告德地氏化工设备（无锡）有限公司负担（已交纳）。

如不服本判决，可在本判决书送达之日起 15 日内向本院递交上诉状，并按对方当事人的人数提出副本及预交上诉案件受理费 100 元，上诉于北京市高级人民法院。

审　判　长　饶亚东
审　判　员　刘景文
人民陪审员　孟玉珍
二〇〇八年三月十七日
书　记　员　蒋利玮

一种硫酸蒸发器

无效宣告请求审查决定（第10411号）

决　　定　　号　第10411号
决　　定　　日　2007年8月9日
发明创造名称　一种硫酸蒸发器
国 际 分 类 号　C01B 17/88
无效宣告请求人　张家港市化工机械有限公司
专　利　权　人　西部金属材料股份有限公司
专　　利　　号　02294114.2
申　　请　　日　2002年12月27日
授 权 公 告 日　2003年12月10日
合 议 组 组 长　刘　犟
主　　审　　员　董晓静
参　　审　　员　徐伟锋

法　律　依　据　专利法第22条第2款、第3款
决　定　要　点

如果实用新型专利的一项权利要求与现有技术相比存在区别技术特征，而该区别技术特征的引入使得该权利要求与现有技术相比具备实质性特点和进步，则该权利要求具备创造性。

一、案由

本无效宣告请求涉及中华人民共和国国家知识产权局于2003年12月10日授权公告的、名称为“一种硫酸蒸发器”的实用新型专利权（以下简称本专利），其专利号是02294114.2，申请日是2002年12月27日，专利权人是西部金属材料股份有限公司（原为西研稀有金属新材料股份有限公司，2005年1月28日变更为西部金属材料股份有限公司）。

本专利授权公告的权利要求书如下：

“1. 一种硫酸蒸发器，包括

蒸发器外壳——上部带有两个接口和两端分别设有接口的卧式搪瓷釜，并用支脚支撑在地基上；

换热器——位于蒸发器外壳内的下部；

其特征在于换热器包括下列部件：

进汽管——其数量为两个，分别位于蒸发器外壳一端的进汽室的上下部；

出汽管——位于蒸发器外壳一端出汽室的下部；

盖板——为16MnR，位于蒸发器外壳一端进汽室的一端，并与进气室的外壳相焊接。

加热管——其结构为指形排列的钽管，在钽管内置有通蒸汽的与钽管底端留有间隙的不锈钢管或碳钢管，使蒸汽从不锈钢管或碳钢管与钽管的间隙中出来，形成钽管内为加热蒸汽，钽管外为稀硫酸；

定距管——为聚四氟乙烯管，其数量为两组，分别位于指形排列的加热管的上部和下部；

第一管板——在其上设有置入加热管的孔洞，通过螺栓与蒸发器外壳一端的接口相连接；

第二管板——在其上设有置入通蒸汽的不锈钢管的孔洞，位于进气室与出气室之间；

折流板——为聚四氟乙烯板，支撑加热管和定距管，其数量为3~4个，在其板上设有置入加热管和定距管的孔洞，并设有导流口；

固定杆——为聚四氟乙烯材料，其数量为1~2个，其下部分别与中间的折流板相固接，其上端与蒸发器外壳相固接。

2. 根据权利要求1所述的一种硫酸蒸发器，其特征在于第一管板为钽/不锈钢复合板。”

针对上述专利权，张家港市化工机械有限公司（以下简称请求人）于2006年12月25日向专利复审委员会提出无效宣告请求，其提交的附件如下：

附件1：《陕西环境》，第9卷第6期，2002年12月（巨建辉、杨永福，“钽制设备在废硫酸浓缩技术中的应用”），第17~19页复印件，；

附件2：《焊接技术》，第30卷第3期，2001年6月（艾建玲、杨永福、焦登宝，“复层厚度对钽钢复合板焊接性的影响”），第5、6页复印件；

附件3：所称为国家标准GB151-1999《管壳式换热器》第4~7页、表1、图1~6页的复印件；

附件4：所称为化学工业出版社1999年5月出版的《硫酸》第522、523、540、543、545页的复印件。

请求人认为：（1）附件1介绍了钽材硫酸蒸发器的应用和钽管的壁厚，并介绍了美国Astro公司、英国QVF公司等均在制造钽材硫酸蒸发器，南京化工厂等引进了多台钽材硫酸蒸发器，因此构成了使用公开，而且附件2对钽材硫酸蒸发器的焊接进行了技术公开，因此本专利不具备新颖性；（2）附件3第4、7页公开了本专利使用的零件名称和图形，第5~8页以及附件4第523页的附图与本专利附图的结构原理一致，而且附件4公开了钽、搪瓷、聚四氟乙烯耐硫酸腐蚀，介绍了加拿大凯米蒂克斯国际有限公司的蒸酸器是搪玻璃设备，并采用钽制的插入式加热器，英国科宁公司的硫酸浓缩器内有水平安装的加热用的钽管，管束段装有若干段聚四氟乙烯挡板以防止返混，因此本专利不具备创造性。

经形式审查合格，专利复审委员会依法受理了上述无效宣告请求，并于2006年12月25日向双方发出无效宣告请求受理通知书，同时将专利权无效宣告请求书及其附件清单中所列附件的副本转送给专利权人，并要求专利权人在指定的期限内陈述意见，同时成立合议组对本案进行审查。

针对上述受理通知书，专利权人于2007年1月23日提交了意见陈述书，认为附件1、2均只是一般性的描述，没有公开本专利的核心内容，因此本专利具备新颖性；附件3、4是本专利符合国家标准的具体体现，本专利是在国家标准和已有技术基础上对一些关键环节进行再创造，形成了本专利的核心内容即蒸发器中首次采用复合板的技术方案，因此本专利具备创造性。

专利复审委员会本案合议组于2007年3月12日向双方当事人发出无效宣告请求口头审理通知书，定于2007年5月23日举行口头审理。随同口头审理通知书，将专利权人于2007年1月23日提交的意见陈述书及其附件清单中所列附件的副本转送给请求人。

口头审理如期举行，双方当事人均参加了口头审理并充分发表意见。在口头审理过程中，请求人明确其无效宣告请求的理由和范围是本专利权利要求1、2不符合专利法第22条第2款、第3款的规定，用附件2评价本专利权利要求1、2的新颖性，用附件3、4结合评价本专利权利要求1、2的创造性。请求人明确放弃附件1，并出示附件2、3和4的原件，专利权人经核实原件，对附件2~4的真实性没有异议。该附件2~4的信息如下：

附件2：《焊接技术》编辑部编辑出版的《焊接技术》第30卷第3期（总第135期），2001年6月出版，第5、6页；

附件3：中华人民共和国国家标准GB151-1999《管壳式换热器》，国家质量监督局1999年2月26日发布，2000年1月1日实施，中国国家标准出版社出版，2000年12月第1版，第4~7页；

附件4：汤桂华主编，化学工业出版社出版，1999年5月第1版的《硫酸》第522、523、540、543、545页。

至此，合议组认为本案事实已经清楚，可以作出审查决定。

二、决定理由

1. 关于证据和现有技术

请求人提交的证据是附件1至4。其中，附件1已被请求人放弃，因此本决定对其不予评述。对于附件2~4，由于请求人提供了原件，专利权人对其真实性没有异议，经合议组审查附件2~4可以作为本案证据使用。同时由于附件2至4的公开日均在本专利的申请日之前，因此其上记载的内容可以用作现有技术评价本专利的新颖性和创造性。

2. 关于新颖性

专利法第22条第2款规定，新颖性，是指在申请日以前没有同样的发明或者实用新型在国内外出版物上公开发表过、在国内公开使用过或者以其他方式为公众所知，也没有同样的发明或者实用新型由他人向国务院专利行政部门提出过申请并记载在申请日以后公布的专利申请文件中。

如果一项权利要求与现有技术的一个技术方案相比存在区别技术特征，则该权利要求具备新颖性。

具体到本案中，附件2描述了复层厚度对钽钢复合板焊接性的影响，指出钽钢复合板常用于加热器的管板，复层厚度是影响钽钢复合板焊接性的重要因素；其试验方法包括用爆炸焊接法制成Ta1/16MnR复合板，并公开了管板焊接接头示意图和复合板焊接示意图（参见附件2的摘要和第5页，以及图1、2）。

比较本专利权利要求1和附件2可知，权利要求1请求保护的硫酸蒸发器的结构特征（例如蒸发器外壳、换热器进汽管、出汽管、定距管、折流板等）未被附件2公开，因此独立权利要求1相对于附件2具备专利法第22条第2款规定的新颖性。在权利要求1具备新颖性的基础上，其从属权利要求2相对于附件2也具备专利法第22条第2款规定的新颖性。

3. 关于创造性

专利法第22条第3款规定，创造性，是指同申请日以前已有的技术相比，该发明有突出的实质性特点和显著的进步，该实用新型有实质性特点和进步。

如果实用新型专利的一项权利要求与现有技术相比存在区别技术特征，而该区别技术特征的引入使得该权利要求与现有技术相比具备实质性特点和进步，则该权利要求具备创造性。

本案中，附件3包括图1~6和表1，表1是序号和名称对照表，图1涉及AES、BES浮头式换热器，图2涉及BEM立式固定管板式换热器，图3涉及BIU U型管式换热器，图4涉及AFP填料函双壳程换热器，图5涉及AKT釜式重沸器，图6涉及AJW填料函分流式换热器。

附件4公开了加拿大凯米蒂克斯国际有限公司的蒸发器系搪玻璃设备，采用钽制的插入式加热器，一般将硫酸浓缩至93% H_2SO_4 也可浓缩至95% ~96% H_2SO_4（参见第522页）；英国科宁有限公司开发的硫酸浓缩器形似卧式锅炉，壳体由硼硅玻璃制成，内有水平安装的加热用的钽管，管束段安装有若干块聚四氟乙烯挡板以防止返混（参见第522、523页）。并且附件4还描述了钽、搪玻璃制品、聚氯乙烯、氟塑料，指出钽除了不耐发烟硫酸外实际上可用于200℃下的任何浓度硫酸中，在稀酸浓缩工艺中钽可能是制作换热器和加热器的最佳材料；搪玻璃设备多用于苛刻腐蚀环境中，搪玻璃反应釜、管道、管件被广泛用于以硫酸为原料的医药等行业，搪玻璃铸铁管用于稀硫酸浓缩工艺，聚四氟乙烯能耐任何浓度的酸碱盐的腐蚀（参见第540、543、545页）。

比较本专利独立权利要求1与上述附件3、4可知，权利要求1与附件3、4存在的至少一个区别技术特征就是本专利权利要求1中的"换热器的加热管是钽管，钽管内置有与钽管底端留有间隙的不锈钢管或碳钢管"的技术特征，而且附件3和4均没有就此给出任何启示，因此本专利权利要求1具备实质性的特点。

而且，本专利通过采用如权利要求1所述的技术方案，可以将20% ~70%的稀硫酸浓缩至90%以上的成品酸，具有蒸发效率高、能耗低、耐腐蚀的特点，也就是产生了有益的技术效果，具有进步。

因此，本专利独立权利要求1相对于附件3和4的结合具备专利法第22条第3款规定的创造性。在此基础上，其从属权利要求2相对于附件3和4的结合也具备专利法第22条第3款规定的创造性。

根据上述的事实和理由，本案合议组依法作出以下决定。

三、决定

维持02294114.2号实用新型专利权有效。

当事人对本决定不服的，可以根据专利法第46条第2款的规定，自收到本决定之日起3个月内向北京市第一中级人民法院起诉。根据该款的规定，一方当事人起诉后，另一方当事人应当作为第三人参加诉讼。

189

自动启闭的保温瓶塞

无效宣告请求审查决定（第10422号）

决　　定　　号　第10422号
决　　定　　日　2007年8月26日
发明创造名称　自动启闭的保温瓶塞
国 际 分 类 号　A47J 41/02
无效宣告请求人　济南一把手有限公司
专 利 权 人　修昌珉
专　　利　　号　95110414.4
申　　请　　日　1995年4月17日
授 权 公 告 日　2000年3月1日
合 议 组 组 长　李人久
主　　审　　员　李金光
参　　审　　员　叶　娟

法 律 依 据　专利法第22条第2款、第3款、第4款
决 定 要 点

"能够制造或使用"是指发明或者实用新型的技术方案是符合自然规律、具有技术特征的，即具有在产业中被制造或使用的可能性；"能够产生积极效果"是指发明或者实用新型的技术方案产生的经济、技术和社会的效果是所属领域技术人员可以预料到的，这些效果应当是积极的和有益的。

如果发明的权利要求请求保护的技术方案与对比文件公开的现有技术方案不是同样的发明创造，则该发明的权利要求请求保护的技术方案相对于该现有技术方案具有新颖性。如果现有技术整体上不存在将该发明的技术方案与该现有技术方案之间的区别技术特征用于改进该现有技术方案以解决该现有技术方案存在的技术问题，即该发明实际要解决的技术问题，且该发明技术方案比该现有技术方案具有更好的技术效果，则该发明的技术方案相对于该现有技术方案具有创造性。

一、案由

本专利权无效宣告请求案涉及国家知识产权局于2000年3月1日授权公告的、名称为"自动启闭的保温瓶塞"的95110414.4号发明专利权（下称本专利），其申请日为1995年4月17日，专利权人为修昌珉。本专利授权公告的权利要求书如下：

"1. 自动启闭的保温瓶塞，它有固定套（5）以及与固定套（5）相配的活动体，其特征在于：活动体上有一个上盖（2），上盖（2）下端有一个装有保温材料的内腔（1），在内腔（1）的底部有

配重导杆（8），在内腔（1）和配重导杆（8）的结合处，安装防尘罩（9），防尘罩（9）上有一个直径大于固定套（5）的隔水沿（10），防尘罩（9）上还有一个直径大于固定套（5）的相对于防尘罩（9）水平方向向下凸出的台（3），配重导杆（8）上设有凸出台（7），凸台（7）设在导杆（8）上的位置，以固定套（5）的顶端外径与凸出的台（3）内径相接触处为圆心，旋转活动体时，凸台（7）的顶端与固定套（5）的底端相触。

2. 按照权利要求1所述的自动启闭的保温瓶塞，其特征在于：配重导杆（8）可做成空心的圆柱形和锥形，内装配重材料（11）。

3. 按照权利要求1所述的自动启闭的保温瓶塞，其特征在于配重导杆（8）上的凸台（7）可制成多齿形（13）。

4. 按照权利要求1所述的自动启闭的保温瓶塞，其特征在于：凸出的台（3）上有数个槽（12）。

5. 接照权利要求1所述的自动启闭的保温瓶塞，其特征在于：防尘罩（9）与上盖（2）作成一体。”

针对上述专利权，济南一把手有限公司（下称请求人）于2006年12月11日向专利复审委员会提出专利权无效宣告请求，认为本专利不符合专利法实施细则第2条、专利法第26条第3款、专利法第22条的规定，并提交了下述附件作为证据：

附件1：名称为“自动启闭瓶塞保温瓶”的第93231624.7号实用新型专利（公告日为1994年6月15日）摘要及权利要求项的网络打印页，共1页；

附件2：请求人自称的“专利产品照片”，原件共2张；

附件3：请求人自称的“专利产品设计说明书”，复印件共7页，其中包括名称为“自动启闭的保温瓶塞”的说明书第1~3页、说明书摘要1页、摘要附图1页、权利要求书1页、说明书附图1页。

请求人认为：（1）附件1的申请日为1993年8月12日，颁证日期为1994年4月1日，该专利的权利摘要公开的自动启闭瓶塞与本专利有多处雷同，因而本专利不具备新颖性和创造性。（2）本专利装保温材料的内腔设计不合理，材质低劣不卫生、容易滋生细菌危害人身健康；底部配重导杆为铁棒电镀材料，使用一段时间后容易生锈；固定套多为回收废旧聚丙再生材料，浸泡污染水质。（3）图纸设计不合理，技术人员无法根据图纸制作出产品。

经形式审查合格后，专利复审委员会受理了上述请求，于2006年12月12日向双方当事人发出《无效宣告请求受理通知书》，并将《专利权无效宣告请求书》副本及其附件清单中所列文件的副本转送给专利权人，要求其在指定的期限内答复，同时依法成立合议组对本专利权无效宣告请求案进行审理。

2007年1月8日，请求人补充了意见陈述，同时提交了本专利的授权公告专利说明书和以下证据：

附件4：第89217483.8号实用新型专利申请说明书（其中缺少权利要求书），公告日为1990年5月30日，公告号为CN2057576U，共5页；

附件5：第93232595.5号实用新型专利说明书，授权公告日为1994年11月2日，公告号为CN2181240Y，共5页；

附件6：第91200898.9号实用新型专利申请说明书，公告日为1991年12月18日，公告号为CN2090672U，共6页；

请求人认为：（1）附件5公开了瓶塞各个部分如固定套、活动塞、导杆等结构和工作原理，本专利保护范围明显与之雷同，附件6的盖体部分与本专利的盖体部分相近似，附件4的重锤部分与本专利的导杆部分相仿，所以本专利不具备新颖性。（2）本专利利用了附件5的结构和工作原理，无新的改进和创新，并借用了附件6的外形和附件4的工作原理，所以本专利不具备创造性。（3）本专利设计不合理、不具备实用性，如瓶塞塑料部分长期泡水污染水质，且塑料制品易脱落，其中的铁棒易掉出砸坏瓶胆，易伤人；瓶塞盖体部分较长，易损坏；使用时盖体容易从瓶口脱落，盖体损坏后因固定套的存在，无法配用其他瓶盖。

2007年3月2日，本案合议组将请求人于2007年1月8日提交的补充意见及证据副本转送给专利权人，并要求其在指定期限内作出答复。

2007年4月6日，本案合议组向双方当事人发出《无效宣告请求口头审理通知书》，拟定于2007年5月15日对本专利权无效宣告请求案进行口头审理。

2007年5月15日，口头审理如期进行。双方当事人均参加了口头审理，口头审理过程中认定的事实如下：（1）双方当事人对对方出庭人员的身份无异议，对本案合议组成员无回避请求；（2）请求人放弃本专利不符合专利法第26条第3款和专利法实施细则第2条的无效理由，放弃权利要求2~4不符合专利法第22条第2款以及权利要求4不符合专利法第22条第3款的无效理由；并明确其提出专利权无效宣告请求的理由（下称无效理由）和范围为：本专利权利要求1~5不符合专利法第22条第4款的规定，权利要求1~5不符合专利法第22条第2款、第3款的规定，权利要求2~3不符合专利法第22条第3款的规定；（3）请求人放弃附件3，专利权人对附件1、4~6的真实性、公开日期均无异议，双方当事人均认可附件2是本专利权利要求1产品的照片；（4）请求人主张本专利不具备实用性的意见同其提交的意见陈述书中的意见，并强调本专利产品易老化、掉色，且配重导杆易生锈；专利权人认为本专利已有成品，且权利要求记载的技术方案不涉及材质；（5）请求人主张权利要求1、5不具备新颖性的证据仅用附件5；权利要求1不具备创造性的证据分别单独使用附件1、4~5；权利要求2~3、5不具备创造性的证据仅使用附件5单独进行评价，放弃使用其他附件；专利权人认为附件未公开权利要求1的全部技术特征和权利要求5的附加技术特征，本专利的权利要求均具有新颖性和创造性。口头审理中，合议组对请求人明确的无效理由、范围和事实进行了充分调查，双方当事人均充分发表了相应意见。

至此，本案合议组认为事实已经调查清楚，可以依法作出审查决定。

二、决定的理由

1. 关于无效理由、范围和证据

本案请求人在口头审理中明确其提出无效理由和范围为本专利权利要求1~5不符合专利法第22条第4款的规定和权利要求1、5不符合专利法第22条第2~3款的规定以及权利要求2~3不符合专利法第22条第3款的规定。请求人明确其主张本专利不具备实用性的理由同其提交的意见陈述书中的意见，并强调本专利产品易老化、掉色，且配重导杆易生锈；权利要求1、5不具备新颖性的证据仅用附件5；权利要求1不具备创造性的证据分别单独使用附件1、4~5；权利要求2~3、5不具备创造性的证据仅使用附件5单独进行评价，放弃使用其他附件。因此，本决定中仅针对这些无效理由和范围进行评述。

请求人在口头审理中明确其在本案中使用的证据为附件1、4~6，专利权人对附件1、4~6的真实性、公开日期未提出异议，本案合议组认可附件1、4~6的真实性。附件1、4~6的公开日期均在本专利申请日之前，可以作为本专利的现有技术文件。双方当事人均认为附件2是本专利产品的照片，合议组对此予以确认。请求人放弃了附件3，所以合议组在本决定中对附件3不予考虑。

2. 关于专利法第22条第4款

专利法第22条第4款规定：实用性，是指该发明或者实用新型能够制造或者使用，并且能够产生积极效果。

“能够制造或使用”是指发明或者实用新型的技术方案是符合自然规律、具有技术特征的，即具有在产业中被制造或使用的可能性；“能够产生积极效果”是指发明或者实用新型的技术方案产生的经济、技术和社会的效果是所属领域技术人员可以预料到的，这些效果应当是积极的和有益的。

本案中，首先，从本专利说明书和权利要求书所公开的整体内容来看，本专利权利要求 1~5 用技术特征来限定各技术方案，各技术方案中也不存在不符合自然规律之处，且双方当事人均认可附件 2 是本专利产品的照片，说明本专利产品是可以根据专利说明书的描述制造出来的。其次，根据说明书的记载，本专利所要解决的技术问题是克服现有技术中存在以下缺陷：保温瓶向外倒水时活动塞落在水流前面，阻碍了水的流动，使水流不集中，且水流大小不易控制；倒水时活动塞容易掉下来，防尘效果不好（参见本专利说明书第 1 页第 2 段）。而从本专利权利要求记载的技术方案可以看出，本专利由于在保温瓶塞上设计有导杆上的凸台、防尘罩上凸出的台和隔水沿，克服了现有技术中存在的上述缺陷，这是所属领域技术人员根据本专利的技术方案可以预料到的，且这种效果是积极和有益的。最后，本专利的技术方案并不涉及材质（参见本专利权利要求 1~5），虽然本专利产品选用特定材质可能会存在请求人所述缺陷，但并不能否认本专利产生了积极的效果。因此，合议组对请求人认为本专利权利要求 1~5 不符合专利法第 22 条第 4 款之规定的理由不予支持。

3. 关于专利法第 22 条第 2 款、第 3 款

专利法第 22 条第 2 款规定：新颖性，是指在申请日以前没有同样的发明或者实用新型在国内外出版物上公开发表过、在国内公开使用过或者以其他方式为公众所知，也没有同样的发明或者实用新型由他人向国务院专利行政部门提出过申请并且记载在申请日以后公布的专利申请文件中。

专利法第 22 条第 3 款规定，创造性，是指同申请日以前已有的技术相比，该发明有突出的实质性特点和显著的进步。

如果发明的权利要求请求保护的技术方案与对比文件公开的现有技术方案不是同样的发明创造，则该发明的权利要求请求保护的技术方案相对于该现有技术方案具有新颖性。如果现有技术整体上不存在将该发明的技术方案与该现有技术方案之间的区别技术特征用于改进该现有技术方案以解决该现有技术方案存在的技术问题，即该发明实际要解决的技术问题，且该发明技术方案比该现有技术方案具有更好的技术效果，则该发明的技术方案相对于该现有技术方案具有创造性。

将本专利权利要求 1 与附件 5 公开的保温瓶塞相比可以看出，附件 5 虽公开了固定套、活动塞、导杆等结构，但附件 5 中未公开本专利权利要求 1 记载的“防尘罩（9）上有一个直径大于固定套（5）的隔水沿（10），防尘罩（9）上还有一个直径大于固定套（5）的相对于防尘罩（9）水平方向向下凸出的台（3）”、“凸台（7）设在导杆（8）上的位置，以固定套（5）的顶端外径与凸出的台（3）内径相接触处为圆心，旋转活动体时，凸台（7）的顶端与固定套（5）的底端相触”，因此，即使权利要求 1 的瓶塞工作原理与附件 5 的瓶塞工作原理相同，但由于二者明显存在上述区别特征，本专利权利要求 1 记载的技术方案与附件 5 公开的瓶塞是完全不同的技术方案，不属于同样的发明创造。权利要求 5 引用了权利要求 1，权利要求 5 必然具有权利要求 1 记载的所有技术特征，因此，基于同样的理由，本专利权利要求 5 记载的技术方案也不同于附件 5 公开的瓶塞。所以本案合议组对请求人认为本权利要求 1、5 相对于附件 5 不具备新颖性的理由不予支持。

由于本专利权利要求 1 记载的技术方案与附件 5 公开的保温瓶塞存在上述区别技术特征，且根据本专利说明书的记载可知，本发明实际要解决的技术问题在于改进附件 5 公开瓶塞所存在的缺陷，使提供的自动启闭保温瓶塞在从瓶内向外倒水时不需拿掉塞子，并可根据保温瓶倾斜角度大小，控制从自动张口的塞子流出水量大小，且水流集中，塞子不易掉落，而将瓶直立时，塞子可自动扣在瓶口

上，使用方便，不污染瓶塞，使灰尘无法进入（参见本专利说明书第1页第2、3段）。虽然请求人认为本专利权利要求1利用了附件5所公开瓶塞的结构和工作原理，但请求人没有提供现有技术整体上教导将上述区别技术特征用于改进附件5公开瓶塞的证据，即请求人提供的现有技术中不存在将上述区别技术应用于附件5公开瓶塞的技术启示，因此，权利要求1记载的技术方案相对于附件5公开瓶塞具备突出的实质性特点；同时由于权利要求1记载的技术方案克服了附件5公开瓶塞的缺陷，比附件5公开瓶塞的使用更方便，比附件5公开瓶塞具有显著进步。所以本案合议组对请求人认为权利要求1记载的技术方案相对于附件5不具备创造性的理由不予支持。

本专利权利要求1记载的技术方案与附件1、4公开的瓶塞相比，附件1、4同样没有公开本专利权利要求1中记载的“防尘罩（9）上有一个直径大于固定套（5）的隔水沿（10），防尘罩（9）上还有一个直径大于固定套（5）的相对于防尘罩（9）水平方向向下凸出的台（3）”、“凸台（7）设在导杆（8）上的位置，以固定套（5）的顶端外径与凸出的台（3）内径相接触处为圆心，旋转活动体时，凸台（7）的顶端与固定套（5）的底端相触”等技术特征，虽然请求人认为附件1公开瓶塞的使用效果与本专利产品多处雷同，本专利利用了附件4的工作原理，但请求人没有提供现有技术整体上教导将上述区别技术特征分别用于改进附件1、4所公开瓶塞的证据，所以，权利要求1记载的技术方案相对于附件1、4公开瓶塞具备突出的实质性特点。同时，本专利产品也比附件1、4所公开的瓶塞更容易制作。因此，合议组对请求人主张本专利权利要求1相对于附件1、4不具备创造性的理由不予支持。

权利要求2~3、5分别引用了权利要求1，必然具有权利要求1记载的技术特征。在权利要求1相对于附件5不具备创造性的无效理由不成立的情况下，权利要求2~3、5相对于附件5不具备创造性的无效理由也不成立。

基于以上事实和理由，本案合议组作出如下审查决定。

三、决定

维持95110414.4号发明专利权有效。

当事人对本决定不服的，可以根据专利法第46条第2款的规定，自收到本决定之日起三个月内向北京市第一中级人民法院起诉。根据该款的规定，一方当事人起诉后，另一方当事人应当作为第三人参加诉讼。

北京市第一中级人民法院
行政判决书

（2007）一中行初字第1621号

原告济南一把手有限公司，住所地山东省章丘市明水经济开发区赭山中路9号。

法定代表人于孝海，董事长。

委托代理人李传娥，女，济南一把手有限公司职员。

委托代理人宋长荣，男，济南一把手有限公司职员。

被告国家知识产权局专利复审委员会，住所地北京市海淀区北四环西路9号银谷大厦10~12层。

法定代表人廖涛，副主任。

委托代理人李金光，男，国家知识产权局专利复审委员会审查员。

委托代理人张华，男，国家知识产权局专利复审委员会审查员。

第三人修昌珉，男，1942 年 11 月 14 日出生，汉族，自由职业者，住山东省济南市历城区济钢新村中心楼 10 号楼 3 单元 102 号。

委托代理人苗峻，女，济南舜源专利事务所有限公司专利代理人。

原告济南一把手有限公司不服被告国家知识产权局专利复审委员会于 2007 年 8 月 26 日作出的第 10422 号无效宣告请求审查决定（以下简称被诉决定），向本院提起行政诉讼。本院受理后，依法组成合议庭，并依法通知与本案被诉决定存在法律上利害关系的修昌珉作为本案第三人参加诉讼。2007 年 12 月 19 日，本院公开开庭审理了本案。原告的委托代理人宋长荣，被告的委托代理人李金光、张华及第三人的委托代理人苗峻到庭参加了诉讼。本案现已审理终结。

2007 年 8 月 26 日，被告作出被诉决定，宣告维持专利权人为第三人的 95110414. 4 号“自动启闭的保温瓶塞”发明专利权（以下简称本专利）有效。

在法定期限内，被告向本院提交了下列证据用以证明被诉决定合法：(1) 附件 1（即：名称为“自动启闭瓶塞保温瓶”的第 93231624. 7 号实用新型专利，公告日为 1994 年 6 月 15 日）摘要及权利要求项的网络打印页，共 1 页；(2) 附件 2（即：原告自称的“专利产品照片”，原件共 2 张）；(3) 附件 3（即：原告自称的“专利产品设计说明书”，复印件共 7 页，其中包括名称为“自动启闭的保温瓶塞”的说明书第 1~3 页、说明书摘要 1 页、摘要附图 1 页、权利要求书 1 页、说明书附图 1 页）；(4) 附件 4［即：第 89217483. 8 号实用新型专利申请说明书（其中缺少权利要求书），公告日为 1990 年 5 月 30 日，公告号为 CN2057576U，共 5 页］；(5) 附件 5（即：第 93232595. 5 号实用新型专利说明书，授权公告日为 1994 年 11 月 2 日，公告号为 CN2181240Y，共 5 页）；(6) 附件 6（即：第 91200898. 9 号实用新型专利申请说明书，公告日为 1991 年 12 月 18 日，公告号为 CN2090672U，共 6 页）；(7) 本专利说明书；(8) 原告于 2006 年 12 月 11 日向被告提交的专利权无效宣告请求书复印件 2 页；(9) 原告于 2007 年 1 月 10 日向被告提交的补充说明复印件 1 页；(10) 口头审理记录表复印件 2 页。

原告诉称：被诉决定认定事实不清。首先，本专利与对比文件有多处雷同，而且，附件 5 已经公开了本专利的固定套、活动塞、导杆等结构和工作原理。其次，本专利结构图 2 中的装保温材料的内腔设计不合理，材质低劣不卫生、容易滋生细菌危害人身健康；本专利结构图 8 的结构设计不合理，过长易损，其底部配重导杆为铁棒电镀材料，使用一段时间后，容易生锈、污染水质有害人身健康；本专利结构图 5 的固定套多为回收废旧聚丙再生材料，浸泡污染水质。再次，本专利利用了附件 5 的结构和工作原理，并没有改进和创新，而且，本专利还借用附件 6 的外形和附件 4 的工作原理，因此，本专利不具有创造性。最后，本专利瓶塞的塑料部分长期浸泡水中，污染水质，对人体有害；长期使用，塑料制品易脱落，其中的铁棒易掉出砸坏瓶胆，易伤人。瓶塞的盖体部分较长，易损坏，消费者无法自行修复使用，造成极大浪费。使用时，盖体部分容易从瓶口脱落，给消费者带来不必要的麻烦，更无法起到方便、保温、卫生、安全的作用。因此，本专利也不具有实用性。综上，请求人民法院撤销被诉决定。

在法定期限内，原告向本院提交了下列证据：(1) 专利无效宣告请求书；(2) 本专利说明书；(3) 附件 5；(4) 附件 6；(5) 附件 1 的授权公告文本。

被告辩称：(1)《中华人民共和国专利法》（以下简称《专利法》）所称的实用性是指发明或者实用新型能够制造或者使用，并且能够产生积极的效果。原告所诉称的本专利有具有实用性的理由并不影响本专利的制造、使用和产生积极效果。(2) 附件 4~6 均没有公开本专利要求保护的技术，方案，也没有给出本专利技术方案的技术启示。综上，请求人民法院维持被诉决定，驳回原告的诉讼请求。

第三人述称，被诉决定认定事实清楚，适用法律正确，请求人民法院维持被诉决定。在法定期限内，第三人未向本院提交证据。

经庭审质证，原告与第三人对于被告提交的证据均无异议。被告与第三人认为原告在行政阶段仅提交了附件1所指专利的摘要及权利要求项，其在诉讼阶段提交的附件1所指专利的其他内容与本案无关；对于其他证据，被告与第三人均无异议。

本院经审查认为，原告证据5中附件1所指专利的摘要及权利要求项之外的内容在行政阶段没有提交，其在诉讼阶段提交也无正当理由，与本案无关，本院不予接纳；原告提交的其他证据以及被告提交的证据均与本案有关，本院予以确认。

根据上述有效证据及各方当事人无争议的陈述，本院认定事实如下：

本专利申请日为1995年4月17日，授权公告日为2000年3月1日。本专利授权公告的权利要求书如下：

“1. 自动启闭的保温瓶塞，它有固定套（5）以及与固定套（5）相配的活动体，其特征在于：活动体上有一个上盖（2），上盖（2）下端有一个装有保温材料的内腔（1），在内腔（1）的底部有配重导杆（8），在内腔（1）和配重导杆（8）的结合处，安装防尘罩（9），防尘罩（9）上有一个直径大于固定套（5）的隔水沿（10），防尘罩（9）上还有一个直径大于固定套（5）的相对于防尘罩（9）水平方向向下凸出的台（3），配重导杆（8）上设有凸出台（7），凸台（7）设在导杆（8）上的位置，以固定套（5）的顶端外径与凸出的台（3）内径相接触处为圆心，旋转活动体时，凸台（7）的顶端与固定套（5）的底端相触。

2. 按照权利要求1所述的自动启闭的保温瓶塞，其特征在于：配重导杆（8）可做成空心的圆柱形和锥形，内装配重材料（11）。

3. 按照权利要求1所述的自动启闭的保温瓶塞，其特征在于配重导杆（8）上的凸台（7）可制成多齿形（13）。

4. 按照权利要求1所述的自动启闭的保温瓶塞，其特征在于：凸出的台（3）上有数个槽（12）。

5. 接照权利要求1所述的自动启闭的保温瓶塞，其特征在于：防尘罩（9）与上盖（2）作成一体。”

针对本专利权，原告于2006年12月11日向被告提出专利权无效宣告请求，认为本专利不符合《中华人民共和国专利法实施细则》（以下简称《专利法实施细则》）第二条、《专利法》第二十六条第三款、《专利法》第二十二条的规定，并提交了附件1~3作为证据。原告认为：（1）附件1的申请日为1993年8月12日，颁证日期为1994年4月1日，该专利的权利摘要公开的自动启闭瓶塞与本专利有多处雷同，本专利不具备新颖性和创造性。（2）本专利装保温材料的内腔设计不合理，材质低劣不卫生、容易滋生细菌危害人身健康；底部配重导杆为铁棒电镀材料，使用一段时间后容易生锈；固定套多为回收废旧聚丙再生材料，浸泡污染水质。（3）图纸设计不合理，技术人员无法根据图纸制作出产品。

经形式审查合格，被告受理了上述请求后，于2006年12月12日向双方当事人发出无效宣告请求受理通知，并将上述文件的副本转送给第三人，要求其在指定期限内答复。

2007年1月8日，原告补充了意见陈述，同时提交了本专利的授权公告专利说明书和附件4~6。原告认为：（1）附件5公开了瓶塞各个部分如固定套、活动塞、导杆等结构和工作原理，本专利保护范围明显与之雷同，附件6的盖体部分与本专利的盖体部分相近似，附件4的重锤部分与本专利的导杆部分相仿，本专利不具备新颖性。（2）本专利利用了附件5的结构和工作原理，无新的改进和创新，并借用了附件6的外形和附件4的工作原理，本专利不具备创造性。（3）本专利设计不合理不具备实用性，如瓶塞塑料部分长期泡水污染水质，且塑料制品易脱落，其中的铁棒易掉出砸坏瓶胆，易伤人；瓶塞盖体部分较长，易损坏；使用时盖体容易从瓶口脱落，盖体损坏后因固定套的存在，无法配用其他瓶盖。

2007 年 3 月 2 日，被告亦依法将上述材料转送给第三人，并要求其在指定期限内作出答复。

2007 年 5 月 15 日，原告与第三人均参加了被告举行的口头审理，口头审理过程中认定的事实为：(1) 双方当事人对对方出庭人员的身份无异议，对被告合议组成员无回避请求；(2) 原告放弃本专利不符合《专利法》第二十六条第三款和《专利法实施细则》第二条的无效理由，放弃权利要求 2~4 不符合《专利法》第二十二条第二款以及权利要求 4 不符合《专利法》第二十二条第三款的无效理由；并明确其提出专利权无效宣告请求的理由和范围为：本专利权利要求 1~5 不符合《专利法》第二十二条第四款的规定，权利要求 1、5 不符合《专利法》第二十二条第二、三款的规定，权利要求 2~3 不符合《专利法》第二十二条第三款的规定；(3) 原告放弃附件 3，第三人对附件 1、4~6 的真实性、公开日期均无异议，双方当事人均认可附件 2 是本专利权利要求 1 产品的照片；(4) 原告主张本专利不具备实用性的意见同其提交的意见陈述书中的意见，并强调本专利产品易老化、掉色，且配重导杆易生锈；第三人认为本专利已有成品，且权利要求记载的技术方案不涉及材质；(5) 原告主张权利要求 1、5 不具备新颖性的证据仅使用附件 5；权利要求 1 不具备创造性的证据分别单独使用附件 1、4~5；权利要求 2~3、5 不具备创造性的证据仅使用附件 5 单独进行评价，放弃使用其他附件；第三人认为附件未公开权利要求 1 的全部技术特征和权利要求 5 的附加技术特征，本专利的权利要求均具有新颖性和创造性。口头审理中，被告对原告明确的无效理由、范围和事实进行了调查，原告与第三人均充分发表了相应意见。

被告经审查认为：

1. 关于无效理由、范围和证据

原告在口头审理中明确其提出无效理由和范围为本专利权利要求 1~5 不符合《专利法》第二十二条第四款的规定和权利要求 1、5 不符合《专利法》第二十二条第二、三款的规定以及权利要求 2~3 不符合《专利法》第二十二条第三款的规定。原告明确其主张本专利不具备实用性的理由同其提交的意见陈述书中的意见，并强调本专利产品易老化、掉色，且配重导杆易生锈；权利要求 1、5 不具备新颖性的证据仅使用附件 5；权利要求 1 不具备创造性的证据分别单独使用附件 1、4~5；权利要求 2~3、5 不具备创造性的证据仅使用附件 5 单独进行评价，放弃使用其他附件。

原告在口头审理中放弃了附件 3，明确其在本案中使用的证据为附件 1、4~6，第三人对这些附件的真实性、公开日期未提出异议，故对附件 1、4~6 的真实性认可。附件 1、4~6 的公开日期均在本专利申请日之前，可以作为本专利的现有技术文件。双方当事人均认为附件 2 是本专利产品的照片，被告对此予以确认。

2. 关于《专利法》第二十二条第四款

首先，从本专利说明书和权利要求书所公开的整体内容来看，本专利权利要求 1~5 用技术特征来限定各技术方案，各技术方案中也不存在不符合自然规律之处，且双方当事人均认可附件 2 是本专利产品的照片，说明本专利产品是可以根据专利说明书的描述制造出来的。其次，根据说明书的记载，本专利所要解决的技术问题是克服现有技术中存在以下缺陷：保温瓶向外倒水时活动塞落在水流前面，阻碍了水的流动，使水流不集中，且水流大小不易控制；倒水时活动塞容易掉下来，防尘效果不好（参见本专利说明书第 1 页第 2 段）。而从本专利权利要求记载的技术方案可以看出，本专利由于在保温瓶塞上设计有导杆上的凸台、防尘罩上凸出的台和隔水沿，克服了现有技术中存在的上述缺陷，这是所属领域技术人员根据本专利的技术方案可以预料到的，且这种效果是积极和有益的。最后，本专利的技术方案并不涉及材质（参见本专利权利要求1~5），虽然本专利产品选用特定材质可能会存在原告所述缺陷，但并不能否认本专利产生了积极的效果。因此，被告对原告关于本专利权利要求1~5不符合《专利法》第二十二条第四款之规定的理由不予支持。

3. 关于《专利法》第二十二条第二、三款

将本专利权利要求1与附件5公开的保温瓶塞相比可以看出，附件5虽公开了固定套、活动塞、导杆等结构，但附件5中未公开本专利权利要求1记载的“防尘罩（9）上有一个直径大于固定套（5）的隔水沿（10），防尘罩（9）上还有一个直径大于固定套（5）的相对于防尘罩（9）水平方向向下凸出的台（3）”、“凸台（7）设在导杆（8）上的位置，以固定套（5）的顶端外径与凸出的台（3）内径相接触处为圆心，旋转活动体时，凸台（7）的顶端与固定套（5）的底端相触”，因此，即使权利要求1的瓶塞工作原理与附件5的瓶塞工作原理相同，但由于二者明显存在上述区别特征，本专利权利要求1记载的技术方案与附件5公开的瓶塞是完全不同的技术方案，不属于同样的发明创造。权利要求5引用了权利要求1，权利要求5必然具有权利要求1记载的所有技术特征，因此，基于同样的理由，本专利权利要求5记载的技术方案也不同于附件5公开的瓶塞。所以被告对原告关于本权利要求1、5相对于附件5不具备新颖性的理由不予支持。

由于本专利权利要求1记载的技术方案与附件5公开的保温瓶塞存在上述区别技术特征，且根据本专利说明书的记载可知，本发明实际要解决的技术问题在于改进附件5公开瓶塞所存在的缺陷，使提供的自动启闭保温瓶塞在从瓶内向外倒水时不需拿掉塞子，并可根据保温瓶倾斜角度大小，控制从自动张口的塞子流出水量大小，且水流集中，塞子不易掉落，而将瓶直立时，塞子可自动扣在瓶口上，使用方便，不污染瓶塞，使灰尘无法进入（参见本专利说明书第1页第2~3段）。虽然原告认为本专利权利要求1利用了附件5所公开瓶塞的结构和工作原理，但其没有提供现有技术整体上教导将上述区别技术特征用于改进附件5公开瓶塞的证据，即原告提供的现有技术中不存在将上述区别技术应用于附件5公开瓶塞的技术启示，因此，权利要求1记载的技术方案相对于附件5公开瓶塞具备突出的实质性特点；同时由于权利要求1记载的技术方案克服了附件5公开瓶塞的缺陷，比附件5公开瓶塞的使用更方便，比附件5公开瓶塞具有显著进步。所以被告对原告关于权利要求1记载的技术方案相对于附件5不具备创造性的理由不予支持。

本专利权利要求1记载的技术方案与附件1、4公开的瓶塞相比，附件1、4同样没有公开本专利权利要求1中记载的“防尘罩（9）上有一个直径大于固定套（5）的隔水沿（10），防尘罩（9）上还有一个直径大于固定套（5）的相对于防尘罩（9）水平方向向下凸出的台（3）”、“凸台（7）设在导杆（8）上的位置，以固定套（5）的顶端外径与凸出的台（3）内径相接触处为圆心，旋转活动体时，凸台（7）的顶端与固定套（5）的底端相触”等技术特征，虽然原告认为附件1公开瓶塞的使用效果与本专利产品多处雷同，本专利利用了附件4的工作原理，但原告没有提供现有技术整体上教导将上述区别技术特征分别用于改进附件1、4所公开瓶塞的证据，所以，权利要求1记载的技术方案相对于附件1、4公开瓶塞具备突出的实质性特点。同时，本专利产品也比附件1、4所公开的瓶塞更容易制作。因此，被告对原告主张本专利权利要求1相对于附件1、4不具备创造性的理由不予支持。

权利要求2~3、5分别引用了权利要求1，必然具有权利要求1记载的技术特征。在权利要求1相对于附件5不具备创造性的无效理由不成立的情况下，权利要求2~3、5相对于附件5不具备创造性的无效理由也不成立。

基于上述理由，被告作出了被诉决定。原告不服，在法定期限内向本院提起行政诉讼。

庭审中，原告与第三人明确表示对于被诉决定的下列内容不持异议：被诉决定作出的行政程序；

被诉决定“案由”部分记载的内容；被诉决定确定的无效范围及对比文件的认定；被诉决定认定的附件5公开的内容；在本专利权利要求1相对于附件5具有新颖性的前提下，本专利权利要求5也具有新颖性；被诉决定认定的本专利权利要求1与附件1、4的区别技术特征。

本院认为，对于被诉决定中原告与第三人不持异议的内容，本院经审查，对其合法性予以确认。在此基础上，本案的焦点在于：本专利相对于相应附件，是否具有新颖性、创造性及实用性。

关于本专利是否具有实用性的问题，本院认为根据本专利说明书和权利要求书记载的内容看，本专利权利要求1~5用技术特征来限定各技术方案，未存在不符合自然规律之处。且本专利产品的照片能够证明本专利技术方案是能够实施的。由于本专利所要解决的技术问题是克服现有技术中存在的以下缺陷：保温瓶向外倒水时活动塞落在水流前面，阻碍了水的流动，使水流不集中，且水流大小不易控制；倒水时活动塞容易掉下来，防尘效果不好。为此，本专利在保温瓶塞上设计有导杆上的凸台、防尘罩上凸出的台和隔水沿，克服了现有技水中存在的上述缺陷，取得了积极和有益的效果。而且，本专利的技水方案并不涉及材质，虽然本专利产品选用特定材质可能会存在原告所述缺陷，但并不能以此否认本专利产生了积极的效果。因此，被告认为原告关于本专利权利要求1~5不符合《专利法》第二十二条第四款之规定的理由不成立是正确的。

关于本专利是否具有新颖性、创造性的问题，本院认为，本专利权利要求1与附件5公开的内容相比存在以下区别技术特征，即本专利权利要求1记载的“防尘罩（9）上有一个直径大于固定套（5）的隔水沿（10），防尘罩（9）上还有一个直径大于固定套（5）的相对于防尘罩（9）水平方向向下凸出的台（3）”、“凸台（7）设在导杆（8）上的位置，以固定套（5）的顶端外径与凸出的台（3）内径相接触处为圆心，旋转活动体时，凸台（7）的顶端与固定套（5）的底端相触”。因此，二者的技术方案不同，不属于同样的发明创造。本专利权利要求5记载的技术方案也不同于附件5公开的瓶塞。故被告认为原告关于本权利要求1、5相对于附件5不具备新颖性的理由不成立正确。

根据本专利说明书的明确记载，本专利使提供的自动启闭保温瓶塞在从瓶内向外倒水时不需拿掉塞子，并可根据保温瓶倾斜角度大小，控制从自动张口的塞子流出水量大小，且水流集中，塞子不易掉落，而将瓶直立时，塞子可自动扣在瓶口上，使用方便，不污染瓶塞，使灰尘无法进入，改进了附件5存在的缺陷，比附件5公开瓶塞的使用更方便。虽然原告认为本专利权利要求1利用了附件5所公开瓶塞的结构和工作原理，但原告提供的现有技术中不存在将上述区别技术应用于附件5公开瓶塞的技术启示，因此，权利要求1记载的技术方案相对于附件5公开瓶塞具备突出的实质性特点，并具有显著进步。被告认为原告关于权利要求1记载的技术方案相对于附件5不具备创造性的理由不成立正确。

从本专利权利要求1与附件1、4的区别技术特征来看，虽然原告认为附件1公开瓶塞的使用效果与本专利产品多处雷同，本专利利用了附件4的工作原理，但原告没有提供现有技术整体上教导将上述区别技术特征分别用于改进附件1、4所公开瓶塞的证据，所以，权利要求1记载的技术方案相对于附件1、4公开瓶塞具备突出的实质性特点。同时，本专利产品也比附件1、4所公开的瓶塞更容易制作。因此，被告认为原告关于本专利权利要求1相对于附件1、4不具备创造性的理由不能成立亦正确。

权利要求2~3、5分别引用了权利要求1，必然具有权利要求1记载的技术特征。在权利要求1相对于附件5不具备创造性的无效理由不成立的情况下，被告认为权利要求2~3、5相对于附件5不具备创造性的无效理由也不成立正确。

综上，被诉决定认定事实清楚，适用法律正确，程序合法，本院应予维持。原告的诉讼请求缺乏事实及法律依据，本院不予支持。依照《中华人民共和国行政诉讼法》第五十四条第（一）项之规定，判决如下：

维持被告国家知识产权局专利复审委员会于二○○七年八月二十六日作出的第 10422 号无效宣告请求审查决定。

案件受理费 100 元，由原告济南一把手有限公司负担（已交纳）。

如不服本判决，各方当事人可于判决书送达之日起 15 日内，向本院递交上诉状，并按对方当事人人数提出副本，上诉于北京市高级人民法院。上诉人在上诉期满之日起 7 日内未预交上诉费，又不提出缓交申请的，按自动撤回上诉处理。

审　判　长　梁　菲
代理审判员　何君慧
代理审判员　司品华
二○○八年二月十四日
书　记　员　李秩萌

北京市高级人民法院
行政判决书

（2008）高行终字第 278 号

上诉人（一审原告）济南一把手有限公司，住所地山东省章丘市明水经济开发区赭山中路 9 号。

法定代表人于孝海，董事长。

委托代理人张宝丰，男，济南一把手有限公司职员，身份证号码 370122550728003。

被上诉人（一审被告）国家知识产权局专利复审委员会，住所地北京市海淀区北四环西路 9 号银谷大厦 10~1 2 层。

法定代表人廖涛，副主任。

委托代理人李金光，国家知识产权局专利复审委员会审查员。

委托代理人张华，国家知识产权局专利复审委员会审查员。

被上诉人（一审第三人）修昌珉，男，1942 年 11 月 14 日出生，汉族，住山东省济南市历城区济钢新村中心楼 1 0 号楼 3 单元 102 号，身份证号码 370111194211140035。

上诉人济南一把手有限公司（以下简称一把手公司）因无效宣告请求审查决定一案，不服北京市第一中级人民法院（2007）一中行初字第 1621 号行政判决，向本院提起上诉。本院依法组成合议庭，公开开庭审理了本案。上诉人一把手公司的委托代理人张宝丰，被上诉人国家知识产权局专利复审委员会（以下简称专利复审委员会）的委托代理人李金光、张华出庭参加了诉讼。被上诉人修昌珉经本院合法传唤未到庭参加诉讼。本案现已审理终结。

2007 年 8 月 26 日，专利复审委员会作出第 10422 号无效宣告请求审查决定（以下简称第 10422 号决定），宣告维持名称为“自动启闭的保温瓶塞”的 95110414.4 号发明专利权（以下简称本专利）有效。一把手公司不服该决定，向北京市第一中级人民法院提起行政诉讼。

北京市第一中级人民法院判决认为，第 10422 号决定认定事实清楚，适用法律正确，程序合法。依照《中华人民共和国行政诉讼法》第五十四条第（一）项之规定，判决维持第 10422 号决定。

一把手公司不服一审判决，向本院提起上诉认为：（1）本专利不具有实用性。本专利结构设计不合理，瓶塞的塑料部分长期浸泡水中，污染水质，对人体有害；长期使用，塑料制品易脱落，其中的铁棒易掉出砸坏瓶胆，易伤人。瓶塞的盖体部分较长，易损坏，消费者无法自行修复使用，造成极大浪费。使用时盖体部分容易从瓶口脱落，给消费者带来不必要的麻烦，更无法起到方便、保温、卫生、安全的作用。(2) 本专利不具有新颖性和创造性。本专利与附件1有多处雷同，附件5公开了本专利的固定套、活动塞、导杆等结构和工作原理，与附件6的盖体部分相近似，本专利导杆部分与附件4的重锤部分相仿。综上，一审判决认定事实不清，适用法律不当，请求二审法院撤销一审判决，依法改判。

被上诉人专利复审委员会答辩认为，一审判决正确，请求二审法院维持一审判决和第10422号决定。

被上诉人修昌珉未提交书面意见。

一审法院审理期间，专利复审委员会为证明其行为的合法性提交了下列3组证据：(1) 一把手公司在行政程序中作为证据提交的附件1至6；(2) 本专利说明书、专利权无效宣告请求书复印件2页以及补充说明复印件1页；(3) 口头审理记录表复印件2页。

一把手公司提交了下列证据：(1) 专利无效宣告请求书；(2) 本专利说明书；(3) 该公司在行政程序中作为证据提交的附件5、附件6以及附件1的授权公告文本。

修昌珉未提交证据。

上述证据均随案移送本院，经本院审查核实，一把手公司提交的附件1授权公告文本中的专利摘要及权利要求项之外的内容无正当理由未在行政程序中提交，不能作为评价被诉行政行为合法性的依据，本院不予接纳；一把手公司提交的其他证据以及专利复审委员会提交的证据均能证明本案的相关事实，本院予以接纳。

根据上述有效证据及各方当事人无争议的陈述，本院确认如下事实：

本专利系名称为“自动启闭的保温瓶塞”的95110414.4号发明专利，其申请日为1995年4月17日，授权公告日为2000年3月1日，专利权人为修昌珉。本专利授权公告的权利要求书如下：

“1. 自动启闭的保温瓶塞，它有固定套（5）以及与固定套（5）相配的活动体，其特征在于：活动体上有一个上盖（2），上盖（2）下端有一个装有保温材料的内腔（1），在内腔（1）的底部有配重导杆（8），在内腔（1）和配重导杆（8）的结合处，安装防尘罩（9），防尘罩（9）上有一个直径大于固定套（5）的隔水沿（1 0），防尘罩（9）上还有一个直径大于固定套（5）的相对于防尘罩（9）水平方向向下凸出的台（3），配重导杆（8）上设有凸出台（7），凸台（7）设在导杆（8）上的位置，以固定套（5）的顶端外径与凸出的台（3）内径相接触处为圆心，旋转活动体时，凸台（7）的顶端与固定套（5）的底端相触。

2. 按照权利要求1所述的自动启闭的保温瓶塞，其特征在于：配重导杆（8）可做成空心的圆柱形和锥形，内装配重材料（11）。

3. 按照权利要求1所述的自动启闭的保温瓶塞，其特征在于配重导杆（8）上的凸台（7）可制成多齿形（13）。

4. 按照权利要求1所述的自动启闭的保温瓶塞，其特征在于：凸出的台（3）上有数个槽（12）。

5. 按照权利要求1所述的自动启闭的保温瓶塞，其特征在于：防尘罩（9）与上盖（2）作成一体。”

2006年12月11日，一把手公司针对本专利向专利复审委员会提出无效宣告请求，理由是本专利不符合《中华人民共和国专利法实施细则》（以下简称《专利法实施细则》）第二条、《中华人民共和国专利法》（以下简称《专利法》）第二十六条第三款、第二十二条的规定，并提交了3份附件作为证据：

附件1：名称为“自动启闭瓶塞保温瓶”的第93231624.7号实用新型专利，公告日为1994年6月15日）摘要及权利要求项的网络打印页，共1页；

附件2：一把手公司所称“专利产品照片”，原件共2张；

附件3：一把手公司所称“专利产品设计说明书”，复印件共7页，其中包括名称为“自动启闭的保温瓶塞”的说明书第1~3页、说明书摘要1页、摘要附图1页、权利要求书1页、说明书附图1页。

经形式审查合格，专利复审委员会受理了上述请求并进行了转文。2007年1月8日，一把手公司补充提交了本专利的授权公告专利说明书和3份附件作为证据并结合提交的所有证据补充了意见陈述。一把手公司提交的3份附件为：

附件4：第89217483.8号实用新型专利申请说明书（其中缺少权利要求书），公告日为1990年5月30日，公告号为CN2057576U，共5页；

附件5：第93232595.5号实用新型专利说明书，授权公告日为1994年11月2日，公告号为CN2181240Y，共5页；

附件6：第91200898.9号实用新型专利申请说明书，公告日为1991年12月18日，公告号为CN2090672U，共6页。

专利复审委员会再次进行转文后于2007年5月15日举行了口头审理。口头审理中，一把手公司放弃附件3并放弃本专利不符合《专利法》第二十六条第三款和《专利法实施细则》第二条的无效理由，放弃权利要求2~4不符合《专利法》第二十二条第二款以及权利要求4不符合《专利法》第二十二条第三款的无效理由；明确无效宣告请求的理由和范围为：本专利权利要求1~5不符合《专利法》第二十二条第四款的规定，权利要求1、5不符合《专利法》第二十二条第二、三款的规定，权利要求2~3不符合《专利法》第二十二条第三款的规定；明确本专利权利要求1~5不具备新颖性的证据仅使用附件5；权利要求1不具备创造性的证据分别单独使用附件1、4~5；权利要求2~3、5不具备创造性的证据仅使用附件5单独进行评价，放弃使用其他附件。修昌珉对附件1、4~6的真实性、公开日期均无异议，双方当事人均认可附件2是本专利权利要求1产品的照片。

专利复审委员会依据一把手公司在口头审理中明确的无效理由和范围进行了审查。经审查，专利复审委员会认为，附件1、4~6具有真实性，其公开日期均在本专利申请日之前，可以作为本专利的现有技术。双方当事人均认为附件2是本专利产品的照片，专利复审委员会对此予以确认。

关于本专利是否符合《专利法》第二十二条第四款，专利复审委员会认为，首先，从本专利说明书和权利要求书所公开的整体内容来看，本专利权利要求1~5用技术特征来限定各技术方案，各技术方案中也不存在不符合自然规律之处，且双方当事人均认可附件2是本专利产品的照片，说明本专利产品是可以根据专利说明书的描述制造出来的。其次，根据说明书的记载，本专利所要解决的技术问题是克服见有技术中存在以下缺陷：保温瓶向外倒水时活动塞落在水流前面，阻碍了水的流动，使水流不集中，且水流大小不易控制；倒水时活动塞容易掉下来，防尘效果不好（参见本专利说明书第1页第2段）。而从本专利权利要求记载的技术方案可以看出，本专利由于在保温瓶塞上设计有导杆上的凸台、防尘罩上凸出的台和隔水沿，克服了现有技术中存在的上述缺陷，这是所属领域技术人员根据本专利的技术方案可以预料到的，且这种效果是积极和有益的。最后，本专利的技术方案并不涉及材质（参见本专利权利要求1~5），虽然本专利产品选用特定材质可能会存在一把手公司所述缺陷，但并不能否认本专利产生了积极的效果。因此，专利复审委员会对一把手公司关于本专利权利要求1~5不符合《专利法》第二十二条第四款之规定的理由不予支持。

关于本专利是否符合《专利法》第二十二条第二、三款的规定，专利复审委员会认为，将本专利权利要求 1 与附件 5 公开的保温瓶塞相比可以看出，附件 5 虽公开了固定套、活动塞、导杆等结构，但附件 5 中未公开本专利权利要求 1 记载的“防尘罩（9）上有一个直径大于固定套（5）的隔水沿（10），防尘罩（9）上还有一个直径大于固定套（5）的相对于防尘罩（9）水平方向向下凸出的台（3）”、“凸台（7）设在导杆（8）上的位置，以固定套（5）的顶端外径与凸出的台（3）内径相接触处为圆心，旋转活动体时，凸台（7）的顶端与固定套（5）的底端相触”，因此，即使权利要求 1 的瓶塞工作原理与附件 5 的瓶塞工作原理相同，但由于二者明显存在上述区别特征，本专利权利要求 1 记载的技术方案与附件 5 公开的瓶塞是完全不同的技术方案，不属于同样的发明创造。权利要求 5 引用了权利要求 1，权利要求 5 必然具有权利要求 1 记载的所有技术特征，因此，基于同样的理由，本专利权利要求 5 记载的技术方案也不同于附件 5 公开的瓶塞。因此，对一把手公司关于本权利要求 1、5 相对于附件 5 不具备新颖性的理由不予支持。

由于本专利权利要求 1 记载的技术方案与附件 5 公开的保温瓶塞存在上述区别技术特征，且根据本专利说明书的记载可知，本发明实际要解决的技术问题在于改进附件 5 公开瓶塞所存在的缺陷，使提供的自动启闭保温瓶塞在从瓶内向外倒水时不需拿掉塞子，并可根据保温瓶倾斜角度大小，控制从自动张口的塞子流出水量大小，且水流集中，塞子不易掉落，而将瓶直立时，塞子可自动扣在瓶口上，使用方便，不污染瓶塞，使灰尘无法进入（参见本专利说明书第 1 页第 2~3 段）。虽然一把手公司认为本专利权利要求 1 利用了附件 5 所公开瓶塞的结构和工作原理，但其没有提供现有技术整体上教导将上述区别技术特征用于改进附件 5 公开瓶塞的证据，即一把手公司提供的现有技术中不存在将上述区别技术应用于附件 5 公开瓶塞的技术启示，因此，权利要求 1 记载的技术方案相对于附件 5 公开瓶塞具备突出的实质性特点；同时由于权利要求 1 记载的技术方案克服了附件 5 公开瓶塞的缺陷，比附件 5 公开瓶塞的使用更方便，比附件 5 公开瓶塞具有显著进步。所以专利复审委员会对一把手公司关于权利要求 1 记载的技术方案相对于附件 5 不具备创造性的理由不予支持。

本专利权利要求 1 记载的技术方案与附件 1、4 公开的瓶塞相比，附件 1、4 同样没有公开本专利权利要求 1 中记载的“防尘罩（9）上有一个直径大于固定套（5）的隔水沿（10），防尘罩（9）上还有一个直径大于固定套（5）的相对于防尘罩（9）水平方向向下凸出的台（3）”、“凸台（7）设在导杆（8）上的位置，以固定套（5）的顶端外径与凸出的台（3）内径相接触处为圆心，旋转活动体时，凸台（7）的顶端与固定套（5）的底端相触”等技术特征，虽然一把手公司认为附件 1 公开瓶塞的使用效果与本专利产品多处雷同，本专利利用了附件 4 的工作原理，但一把手公司没有提供现有技术整体上教导将上述区别技术特征分别用于改进附件 1、4 所公开瓶塞的证据，所以，权利要求 1 记载的技术方案相对于附件 1、4 公开瓶塞具备突出的实质性特点。同时，本专利产品也比附件 1、4 所公开的瓶塞更容易制作。因此，对一把手公司主张本专利权利要求 1 相对于附件 1、4 不具备创造性的理由不予支持。

权利要求 2~3、5 分别引用了权利要求 1，必然具有权利要求 1 记载的技术特征。在权利要求 1 相对于附件 5 不具备创造性的无效理由不成立的情况下，权利要求 2~3、5 相对于附件 5 不具备创造性的无效理由也不成立。

基于上述理由，专利复审委员会作出了第 10422 号决定。一把手公司不服，在法定期限内向北京市第一中级人民法院提起行政诉讼。

经本院审查，专利复审委员会关于本专利权利要求 1 与附件 5、附件 1、附件 4 相比所存在的区别技术特征的认定属实。

本院认为，一把手公司关于本专利不具有新颖性、创造性和实用性的上诉理由与在行政程序、一审程序中所述理由一致。在行政程序中，专利复审委员会结合其主张及所提交的证据进行了认真审查，并在第10422号决定中进行了详细的评价。一审法院经审理对第10422号决定予以维持。经本院审查，专利复审委员会关于本专利权利要求1相对于附件5或附件1或附件4均存在“防尘罩（9）上有一个直径大于固定套（5）的隔水沿（10），防尘罩（9）上还有一个直径大于固定套（5）的相对于防尘罩（9）水平方向向下凸出的台（3）”、“凸台（7）设在导杆（8）上的位置，以固定套（5）的顶端外径与凸出的台（3）内径相接触处为圆心，旋转活动体时，凸台（7）的顶端与固定套（5）的底端相触”的区别特征的认定正确。在此基础上，专利复审委员会按照发明专利新颖性、创造性和实用性的审查标准，结合一把手公司的主张逐一进行了评价，并认定一把手公司的主张均不能成立，本专利权利要求1、5相对于附件5具备新颖性，权利要求1相对于附件1或附件4或附件5均具备创造性，在权利要求1具备创造性的基础上，从属权利要求2~3、5相对于附件5亦具备创造性。专利复审委员会的上述认定事实清楚，理由充分，符合法律规定，本院予以认可，不再赘述。

综上，第10422号决定认定事实清楚，适用法律正确，行政程序合法，一审判决正确，本院予以维持。一把手公司的上诉请求不能成立，本院不予支持。根据《中华人民共和国行政诉讼法》第六十一条第（一）项的规定，判决如下：

驳回上诉，维持一审判决。

二审案件受理费人民币100元，由上诉人济南一把手有限公司负担（已交纳）。

本判决为终审判决。

审　判　长　任全胜
代理审判员　景　滔
代理审判员　朱海宏
二〇〇八年九月十日
书　记　员　王　芳

190

橱柜内置物架

无效宣告请求审查决定（第10431号）

决　　定　　号　第10431号
决　　定　　日　2007年6月22日
发明创造名称　橱柜内置物架
国 际 分 类 号　A47B 55/00，A47B 96/00
无效宣告请求人　范志平
专　利　权　人　黄潮平
专　　利　　号　200420066500.7
申　　请　　日　2004年6月22日
授 权 公 告 日　2005年8月3日
合 议 组 组 长　高　栋
主　　审　　员　刘　鹏
参　　审　　员　张　琳

法　律　依　据　专利法实施细则第13条第1款，专利法第22条第2款、第3款
决　定　要　点

"同样的发明创造"是指两件或两件以上申请（或专利）中存在保护范围相同的权利要求。相同的发明创造是指相同的发明、实用新型或相同的外观设计，对本实用新型专利而言，外观设计专利与本实用新型专利两者之间不存在保护范围相同的权利要求，故不属于同样的发明创造，本实用新型专利符合专利法实施细则第13条第1款的规定。

一、案由

本无效宣告请求涉及国家知识产权局于2005年8月3日授权公告的专利号为200420066500.7，名称为"橱柜内置物架"的实用新型专利（下称本专利），其申请日是2004年6月22日，专利权人是黄潮平。本专利授权公告的权利要求书内容如下：

"1. 一种橱柜内置物架，由若干立杆、横梁和若干置物板组成，立杆和横梁组成架体，置物板间隔的设置在架体上并将架体分成若干层，其特征在于：所述置物板上表面向上突出若干凸起，这些凸起均匀分布。

2. 根据权利要求1所述的橱柜内置物架，其特征在于：所述架体侧面的横梁上设置有侧板，所述侧板上开设有取物口。

3. 根据权利要求2所述的橱柜内置物架，其特征在于：所述取物口为梯形结构。

4. 根据权利要求 1 或 2 或 3 所述的橱柜内置物架，其特征在于：所述立杆为角铝，立杆与横梁铆接在一起。

5. 根据权利要求 4 所述的橱柜内置物架，其特征在于：在顶层的横梁和侧板外也包有角铝。

6. 根据权利要求 5 所述的橱柜内置物架，其特征在于：所述凸起为圆形。

7. 根据权利要求 5 所述的橱柜内置物架，其特征在于：所述凸起为方形。”

针对上述专利权，范志平（下称请求人）于 2006 年 10 月 27 日向专利复审委员会提出专利权无效宣告请求，其理由是：本专利不符合专利法实施细则第 13 条第 1 款的规定；本专利不具有新颖性和创造性，不符合专利法第 22 条第 2 款、第 3 款的规定；请求人同时提交了以下附件：

附件 1：专利号为 200430059532. X 的中国外观设计专利，专利权人为黄潮平，公开日为 2005 年 5 月 11 日；

附件 2：专利号为 02361952. X 的中国外观设计专利，公开日为 2003 年 4 月 23 日；

附件 3：专利号为 98252184. 7 的中国实用新型专利说明书，授权公告日为 1999 年 11 月 17 日；

附件 4：封面印有 2004 字样的《诺米五金》画册的复印件，共 14 页；

附件 5：本专利说明书。

请求人认为：本专利和附件 1 属于相同的发明创造，附件 1 的申请日早于本专利的申请日，本专利不符合专利法实施细则第 13 条第 1 款的规定；附件 4 第 3~12 页的图中清楚地显示了一种置物架，附件 4 公开了本专利权利要求 1~6 的全部技术特征，本专利权利要求 7 的技术特征“所述凸起为方形”为权利要求 6 的技术特征“所述凸起为圆形”的等效替换，因而权利要求 7 也不具有新颖性；以附件 3 为与本专利最接近的对比文件，附件 3 和附件 2 结合公开了本专利权利要求 1~7 的全部技术特征，因而本专利权利要求 1~7 相对于附件 3 和附件 2 的结合没有创造性。

请求人于 2006 年 11 月 24 日补充提交了 4 份附件：

附件 6：广州市番禺区信成模具塑料厂和广州雅振展览策划有限公司的合同复印件，共 1 页；

附件 7：盖有广州雅振展览策划有限公司公章的收据的复印件；

附件 8：盖有广州市番禺区信成模具塑料厂财务专用章的收据的复印件和诺米五金送货单的复印件；

附件 9：盖有广州市番禺区信成模具塑料厂财务专用章的收据的复印件和诺米五金送货单的复印件。

请求人认为：附件 6、7 的结合说明附件 4 的公开出版日期为 2004 年 5 月 20 日之前，早于本专利的申请日；附件 8 和附件 9 中送货单上列出的产品型号和《诺米五金》上的产品型号相同，说明其销售行为发生在本专利申请日之前，因而附件 8 或附件 9 与附件 4 结合，证明在本专利申请日之前就有相同的产品在国内公开使用过。

专利复审委员会于 2007 年 1 月 12 日受理了该无效宣告请求，向双方当事人发出无效宣告请求受理通知书，并随受理通知书将请求人于 2006 年 10 月 27 日提交的无效宣告请求书及所附附件的副本和请求人于 2006 年 11 月 24 日提交的意见陈述书及所附附件的副本转送专利权人。

专利复审委员会依法成立合议组对本案进行审理，并于 2007 年 4 月 5 日向双方当事人发出口头审理通知书，拟定于 2007 年 5 月 24 日进行口头审理。

2007 年 5 月 24 日，口头审理如期进行。请求人出席了口头审理，专利权人未出席口头审理。在口头审理中，请求人明确其无效理由为：权利要求 1~7 不符合专利法实施细则第 13 条第 1 款以及专利法第 22 条第 2、3 款的规定。请求人当庭未出示附件 6~9 的原件。请求人声称附件 4 的原件在专利号为 200430059532. X（委内编号为 6W06655）的案卷中保留，合议组当庭调取该证据原件，并核实复印件与原件内容相符。请求人明确具体评价方式为：附件 3 为最接近的对比文件，用附件 3 结合附件 2 评价权利要求 1~7 的创造性，其中从附件 2 的俯视图中分布的黑点可以看出是凸起，权利要求 4~7 的附加技术特征为公知常识。附件 4 结合附件 6、7 作为公开出版物使用证明权利要求 1~7 不具有新颖性；附件 4 结合证据 8、9 作为使用公开证据证明权利要求 1~7 不具有新颖性。附件 1 用来证明本专利不符合专利法实施细则第 13 条第 1 款的规定。

合议组认为本案事实已经清楚，可以依法作出无效请求审查决定。

二、决定的理由

1. 关于证据

附件 1、附件 2、附件 3 为中国公开的专利文献，其都属于公开出版物，对其真实性合议组予以认可，附件 1 为专利权人于 2004 年 6 月 8 日申请、2005 年 5 月 11 日公开的外观设计专利，其可以作为本案证据使用；附件 2、附件 3 的公开日均早于本专利的申请日，可以作为评价本专利新颖性、创造性的证据使用。

附件 4 为《诺米五金》画册的复印件，经合议组核实复印件与原件内容相符，对其真实性合议组予以认可，但附件 4 首页上只有“2004”字样，从该“2004”字样无法得知附件 4 的公开日期为 2004 年且在本专利申请日之前，因此附件 4 不能作为评价本专利新颖性和创造性的证据使用。

请求人补充提交了附件 6~9，由于请求人无法提供原件，合议组无法核实其真实性，因此对附件 6~9 不予接受。

2. 关于专利法实施细则第 13 条第 1 款

专利法实施细则第 13 条第 1 款规定：同样的发明创造只能被授予一项专利。

根据审查指南的规定，专利法实施细则第 13 条第 1 款中所述的“同样的发明创造”是指两件或两件以上申请（或专利）中存在保护范围相同的权利要求的情况。审查指南第四部分第七章引言部分规定：专利法实施细则第 13 条第 1 款所述的“同样的发明创造”，对于发明和实用新型而言，是指要求保护的发明或者实用新型相同，对于外观设计而言，是指外观设计相同或者相近似。相同的发明创造是指相同的发明、实用新型或相同的外观设计，对本实用新型专利而言，能够构成相同的发明创造的对象只能是发明或者实用新型中的一种，而不能是外观设计，因为外观设计专利不存在权利要求，外观设计专利的保护范围是以表示在图片或者照片中的外观设计专利产品为准，故实用新型专利与外观设计专利两者之间缺少对应比较的主体即权利要求，两者之间也就不存在保护范围相同的权利要求，因此附件 1 不能作为评价本专利是否符合专利法实施细则第 13 条第 1 款的证据使用，本专利符合专利法实施细则第 13 条第 1 款的规定。

3. 关于专利法第 22 条第 2 款

专利法第 22 条第 2 款规定：新颖性：是指在申请日以前没有同样的发明或者实用新型在国内外出版物上公开发表过、在国内公开使用过或者以其他方式为公众所知，也没有同样的发明或者实用新型由他人向国务院专利行政部门提出过申请并且记载在申请日以后公布的专利申请文件中。

由于无法核实附件 6~9 的真实性，因此请求人关于附件 6、7 结合附件 4 作为公开出版物以及附件 8、9 结合附件 4 作为使用公开评价权利要求 1~7 不具有新颖性的无效理由，合议组不予支持。

4. 关于专利法第 22 条第 3 款

专利法第 22 条第 3 款规定：创造性，是指同申请日以前已有的技术相比，该发明具有突出的实质性特点和显著的进步，该实用新型有实质性特点和进步。

附件 3 公开了一种多层置物架结构，由立杆、扣接块、置物网层等组成，其中置物网层相当于本专利权利要求 1 中的置物板，该置物架 3 于四个角落，分别由成双支式的立杆 31 焊接而成，在各四角隅的双支式立杆 31 之间，于适当高度再有支撑横杆 32 粘焊着，另外，作为放置物品的各置物网层 33（相当于本专利权利要求 1 的置物板间隔的设置在架体上并将架体分成若干层），其皆在四个角隅凸设有并列的插设杆段 331，作为与扣接块 34 插接组合（参见附件 3 说明书第 2~3 页）。

将权利要求 1 的技术方案与附件 3 所公开的内容进行对比，二者之间存在以下区别：（1）权利要求 1 中明确“置物板上表面向上突出若干凸起，这些凸起均匀分布”；（2）权利要求 1 中是置物板，而附件 3 中是置物网层；（3）权利要求 1 的置物架具有横梁。

附件 2 公开了一种储物架，从各视图上可看到出，该储物架包括多个立杆和横梁，并采用多层置物板结构，多个立杆和横梁构成储物架的整体框架，用以支撑置物板，从俯视图上可以看到置物板上均匀分布有多个点状图形。

由此可见，附件 2 公开了区别特征（2）和（3）。对于区别特征（1），请求人认为附件 2 中所述点状图形就是凸起，不可能是图案设计。合议组认为，无法清楚地确定置物板上所述点状图形就是凸起结构而不是图案或其他，同时，附件 2 也没有对所述点状图形给出具体的文字说明，所以权利要求 1 中置物板上表面向上突出若干凸起的技术特征并未被附件 2 所公开，并且没有证据表明其属于本领域内的公知常识，因此附件 2 中也没有给出在置物板上设置凸起的技术启示。同时，本专利权利要求 1 与附件 3 的区别技术特征（1），即置物板上表面上均匀设置凸起解决了现有技术存在的问题，即不仅可以增强置物板上的摩擦力，清洗起来更加方便，而且增强了置物板的强度。可见，本专利权利要求 1 中置物板上设置凸起的结构克服了现有技术中存在的问题，取得了有益的技术效果，从而使得权利要求 1 的技术方案具有实质性特点和进步，因此，权利要求 1 相对于附件 3 和附件 2 的结合具有创造性，符合专利法第 22 条第 3 款的规定。

基于权利要求 1 相对于附件 3 和附件 2 的结合具备创造性的理由，权利要求 1 的从属权利要求 2~7相对于附件 3 和附件 2 的结合也具备创造性，符合专利法第 22 条第 3 款的规定。

三、决定

维持 200420066500. 7 号实用新型专利权有效。

当事人对本决定不服的，可以根据专利法第 46 条第 2 款的规定，自收到本决定之日起 3 个月内向北京市第一中级人民法院起诉。根据该款的规定，一方当事人起诉后，另一方当事人应当作为第三人参加诉讼。

191

具有分离的模块的移动模

无效宣告请求审查决定（第 10437 号）

决　定　号　第 10437 号
决　定　日　2007 年 8 月 29 日
发明创造名称　具有分离的模块的移动模
国 际 分 类 号　B29C 33/36
无效宣告请求人　上海金纬机械制造有限公司，潍坊中云机器有限公司
专　利　权　人　曼夫瑞德.A.A. 鲁波克
专　利　号　95192937.2
申　请　日　1995 年 4 月 20 日
授 权 公 告 日　2000 年 10 月 25 日
合 议 组 组 长　马文霞
主　审　员　孙跃飞
参　审　员　刘　亚

法　律　依　据　专利法第 26 条第 4 款，第 22 条第 3 款
决　定　要　点

对于权利要求中所包含的功能性限定的技术特征，应当理解为覆盖了所有能够实现所述功能的实施方式。如果权利要求中限定的功能是以说明书实施例中记载的特定方式完成的，并且所属技术领域的技术人员不能明了此功能还可以采用说明书中未提到的其他替代方式来完成，则权利要求中不得采用覆盖了上述其他替代方式的功能性限定。

只有现有技术才能破坏一项专利权利要求的创造性，在该专利说明书中记载的内容（包括对背景技术的描述）不能直接作为现有技术公开的内容用于评价该专利权利要求的创造性。

将要求保护的发明与现有技术对比，其技术方案相对于现有技术是非显而易见的，则其具有突出的实质性特点。而在评价发明是否具有显著的进步时，主要应当考虑发明是否具有有益的技术效果。

一、案由

本无效宣告请求案涉及国家知识产权局于 2000 年 10 月 25 日授权公告的、名称为“具有分离的模块的移动模”的第 95192937.2 号发明专利权（下称本专利），其申请日为 1995 年 4 月 20 日，专利权人为曼夫瑞德.A.A. 鲁波克。本专利授权公告的权利要求书如下：

“1. 一种移动模，它具有绕至少一个环形导轨（1，2）被驱动的模块部分（3），所述模具有一个驱动系统，该驱动系统包括一个第一驱动部分（S），该第一驱动部分（S）驱动处于相互邻接位置

的所述模块部分，其特征在于：所述第一驱动部分把所述模块部分驱动至所述驱动系统的包括螺旋杆装置（7）的第二驱动部分，所述螺旋杆装置用于所述模块部分的加速和分离，并在把所述模块部分返回至所述第一驱动部分之前，将其减速并相互并排地重新组合。

2. 如权利要求1所述的移动模，其特征在于：所述模块部分（3）沿所述环形导轨（1，2）无停顿地运动。

3. 如权利要求2所述的移动模，其特征在于：随着所述模块部分被所述第一驱动部分（S）驱动到所述螺旋杆装置（7）上，由所述模块部分使所述螺旋杆装置（7）旋转。

4. 如权利要求3所述的移动模，其特征在于：所述模块部分（3）包括第一组模块部分（3）和第二组模块部分（3），所述至少一个环形导轨包括其上安装有所述第一组模块部分的第一环形导轨（1）和其上安装有所述第二组模块部分的第二环形导轨（2），所述第一驱动部分（S）驱动所述模块部分，形成一个模制通道（5），在该模制通道中，所述第一组模块部分与所述第二组模块部分会合，所述第一和第二导轨中的每一个导轨均包括一个远离所述模制通道的回行路径，所述第一和第二导轨中的每一个导轨的所述回行路径设有所述螺旋杆装置（7），所述螺旋杆装置（7）具有一个上游端部（9）、一个下游端部（11）和一个位于所述螺旋杆装置的所述上游端部和所述下游端部之间的长杆体部分，所述螺旋杆装置可旋转并具有一个沿着它布置的螺旋齿（13），为沿所述螺旋杆装置的长度方向导引所述模块部分，所述螺旋齿在所述螺旋杆装置的所述上游端部（9）和所述下游端部（11）处具有相匹配的螺距较小的螺旋缠绕，而在所述螺旋杆装置的所述长杆体部分上具有螺距较大的螺旋缠绕，所述螺旋齿还具有导向装置（4，4A）。

5. 如权利要求4所述的移动模，其特征在于：所述螺旋杆装置（7）包括沿所述第一导轨的所述回行路径的第一组相互分开的相配螺旋杆和沿所述第二导轨的所述回行路径的第二组相互分开的相配螺旋杆，所述第一组螺旋杆与所述第二组螺旋杆相匹配。

6. 如权利要求5所述的移动模，其特征在于：所述螺旋杆位于所述模制通道之上和之下。

7. 如权利要求5所述的移动模，其特征在于：在所述第一和第二导轨中的所述模块部分（3a）水平地移至所述模制通道（5a）及水平地从所述模制通道（5a）移开。

8. 如权利要求1所述的移动模，其特征在于：所述模块部分（3b）全部安装在一个单一导轨上。"

针对上述专利权，无锡华光塑胶工程有限公司（下称请求人I）于2004年6月3日向专利复审委员会提出无效宣告请求，认为本专利权利要求1~8不符合专利法第33条，专利法第26条第3款、第4款，专利法实施细则第21条第2款和专利法第22条第2款、第3款、第4款规定，应予无效。请求人I在无效请求陈述书正文提到对比文件FR2210022A，但没有提交该对比文件。

请求人I又于2004年7月5日提交了意见陈述书，同时提交了以下附件：

附件1：电话讨论记录，复印件共1页；

附件2：授予发明专利权通知书，复印件共1页。

针对上述专利权，上海金纬机械制造有限公司（下称请求人II）于2004年12月1日向专利复审委员会提出无效宣告请求，认为本专利权利要求1~8不符合专利法第22条第3款的规定，并提交了下述证据：

证据1：US 3881851，授权公告日1975年5月6日，复印件共10页，及其第3栏第54行至第4栏第17行和第6栏第41~44行内容的中文译文1页；

证据2：DE 2740921 A，公开日期为1979年3月22日，公开文本的首页、权利要求书3页、说明书5页和附图3页，复印件共12页，及其第4页第1~4行、第4页第25~30行和第5页第23行至第 6 页第 11 行内容的中文译文 1 页。

针对上述两个无效宣告请求案，专利复审委员会组成合议组进行审理。经过各方当事人充分陈述意见及辩论后，合议组于 2005 年 6 月 10 日作出了第 7282 号无效宣告请求审查决定（以下简称 7282 号决定）。7282 号决定认为：（1）权利要求 1～3、8 修改超范围，不符合专利法第 33 条的规定；（2）权利要求 4～7 符合专利法第 33 条的规定；（3）权利要求 1～3、8 缺少必要技术特征，不符合专利法实施细则第 21 条第 2 款的规定；（4）本专利说明书符合专利法第 26 条第 3 款的规定；（5）权利要求 4～7 具备实用性，符合专利法第 22 条第 4 款的规定；（6）权利要求 4～7 具备创造性，符合专利法第 22 条第 3 款的规定，从而宣告第 95192937.2 号发明专利的权利要求 1～3 和 8 无效，维持权利要求 4～7 有效。

专利权人不服专利复审委员会作出的 7282 号决定，向北京市第一中级人民法院提起行政诉讼，认为：（1）修改的权利要求书没有超出原说明书和权利要求书记载的范围；（2）权利要求 1 中已经包含了能够实现本发明目的的必要技术特征——螺旋杆装置，因此没有必要将变距螺旋杆的内部结构加到权利要求 1 中去。北京市第一中级人民法院经审理后，于 2006 年 1 月 9 日作出（2005）一中行初字第 997 号行政判决（下称一审判决），认为：（1）"至少一个环形导轨"的修改没有超出原说明书和权利要求书记载的范围，权利要求 1～3、8 符合专利法第 33 条的规定；（2）本专利权利要求 1 中特征部分使用了功能性的技术特征，即所述螺旋杆装置用于所述模块部分的加速和分离，并在把所述模块部分返回至所述第一驱动部分之前，将其减速并相互并排地重新组合，根据审查指南第二部分第二章第 3.2.1 节中规定，7282 号决定关于权利要求 1 中所述的功能性特征不是必要技术特征的三点主张仅仅是判断权利要求是否得到说明书支持的理由，而不是判断权利要求是否缺少必要技术特征的理由，因此专利复审委员会不能据此得出权利要求 1 缺少必要技术特征的结论，因此撤销专利复审委员会作出的 7282 号决定，要求专利复审委员会在进一步审查的基础上，重新作出无效宣告请求审查决定。

在一审判决的上诉期限内，各方均未提起上诉，该一审判决生效。

根据一审判决，专利复审委员会成立本合议组，对请求人 I 和请求人 II 提起的无效宣告请求继续审查。

2007 年 7 月 2 日，本合议组向请求人 I、请求人 II 和专利权人分别发出《无效宣告请求口头审理通知书》，告知各方当事人拟定于 2007 年 8 月 14 日对请求人 I 和请求人 II 提起的无效宣告请求进行口头审理。

2007 年 8 月 6 日，本合议组向请求人 I、请求人 II 和专利权人分别发出《无效宣告请求口头审理通知书》，告知各方当事人口头审理因故改为 2007 年 8 月 17 日进行。

对上述两份《无效宣告请求口头审理通知书》，请求人 I 均未提交回执。

2007 年 8 月 17 日，口头审理如期进行。请求人 II 和专利权人的代理人出席了口头审理，请求人 I 未出席。庭审过程中：（1）请求人 II 明确表示放弃权利要求 8 不具备创造性的无效理由，放弃此前所有关于创造性的具体意见陈述，关于权利要求 1～7 不具备创造性的具体理由以本次口头审理中的陈述为准；（2）请求人 II 表示以证据 1 为最接近的现有技术，结合本专利说明书背景技术部分描述的有关 EP 0270694 A 中的内容以及一审判决中认定的公知常识来评述权利要求 1 的创造性；（3）专利权人表示对于本专利说明书背景技术部分描述的有关 EP 0270694 A 的内容需要核实才能确认，这部分内容描述的技术方案不完整，没有描述关于分离模块所采取的方式，并且用本专利中记载的内容作为现有技术来评述本专利权利要求的创造性不符合相关规定；同时，一审判决仅指出本领域技术人员根据本专利权利要求 1 中功能性特征的教导很容易想到实现上述功能性特征的具体手段，并没有认定将螺旋杆运用到模具来加速分离或减速合并模块是公知常识，请求人 II 混淆了这两个事实，因此权利要求 1 具有创造性，符合专利法第 22 条第 3 款的规定；（4）本合议组对于从属权利要求 2~7 的创造性也进行了充分调查，听取了双方当事人的陈述。

针对上述专利权，潍坊中云机器有限公司（下称请求人 III）于 2006 年 4 月 25 日向专利复审委员会提出无效宣告请求，认为：本专利权利要求 1 中使用了功能性限定"……所述螺旋杆装置用于所述模块部分的加速和分离，并在把所述模块部分返回至所述第一驱动部分之前，将其减速并相互并排地重新组合"，而说明书中只有一种"在近两端部螺距较小，中部螺距加大的螺纹杆"实施方式，从而导致权利要求 1 得不到说明书的支持，不符合专利法第 26 条第 4 款；同时也导致权利要求 1 不清楚，不符合专利法实施细则第 20 条第 1 款的规定；同样地，权利要求 2、3、8 也不符合专利法第 26 条第 4 款和专利法实施细则第 20 条第 1 款的规定。

经形式审查合格后，专利复审委员会受理了上述无效宣告请求，于 2006 年 6 月 12 日向双方当事人发出《无效宣告请求受理通知书》，并将《专利权无效宣告请求书》及其他有关文件的副本转送给专利权人，同时成立合议组对本无效宣告请求案进行审理。

2006 年 5 月 23 日，请求人 III 提交了意见陈述书，同时提交了以下证据：

证据 1：美国专利说明书 US 3881851，授权公告日 1975 年 5 月 6 日，复印件共 10 页，及其中文译文 4 页；

证据 2：德国专利说明书 DE 2740921 A，公开日为 1979 年 3 月 22 日，复印件共 12 页，及其中文译文 12 页；

证据 3：《机械工程师》，1994 年 1 期（总第 57 期），1994 年 2 月 15 日出版，封面、目录、第 31~34页，复印件共 6 页；

证据 4：《机械制造》，1990 年第 5 期，第 28 卷总第 308 期，封面、目录、第 15 页，复印件共 3 页。

请求人 III 认为：（1）在证据 1 的基础上，结合证据 2、3 或 4，本专利权利要求 1~8 不具备创造性，不符合专利法第 22 条第 3 款的规定；（2）本专利权利要求 5 在说明书中只有一个实施例，而权利要求 5 却概括了本领域技术人员不能明了的完成该功能的其他方法或者全部方法，因此不符合专利法第 26 条第 4 款的规定。

2006 年 7 月 21 日，专利权人提交了意见陈述书，针对请求人 III 的《专利权无效宣告请求书》及其附件进行答复，同时提交了以下证据：

反证 1：第 95192937.2 号中国发明专利说明书（即本专利），授权公告号为 CN 1057724C，授权公告日为 2000 年 10 月 25 日，复印件共 12 页；

反证 2：专利复审委员会第 7282 号无效宣告请求审查决定书，复印件共 14 页；

反证 3：北京市第一中级人民法院行政判决书，（2005）一中行初字第 997 号，复印件共 16 页。

专利权人认为：（1）权利要求 1 的功能性限定表述清楚，保护范围明确，符合专利法实施细则第 20 条第 1 款的规定；（2）由于存在多种变距的方式，因此权利要求 1 用功能性限定概括成"……所述螺旋杆装置用于所述模块部分的加速和分离，并在把所述模块部分返回至所述第一驱动部分之前，将其减速并相互并排地重新组合"是合理的，符合专利法第 26 条第 4 款的规定；（3）上述无效理由实质上已在反证 3 的生效判决中被审理过，因此本无效请求属于一事不再理的情形，应予驳回请求。

2006 年 9 月 8 日，本合议组向双方发出《转送文件通知书》，将请求人 III 于 2006 年 5 月 23 日提交的意见陈述书及其附件转送至专利权人，将专利权人于 2006 年 7 月 21 日提交的意见陈述书及其附件转送至请求人 III，并要求双方在收到通知书之日起一个月内答复。

2006 年 10 月 18 日，专利权人提交了意见陈述书，认为：（1）证据 3、4 与本专利应用领域、解决的技术问题、可达到的技术效果均不同，没有将“变距螺杆”应用到证据 1 或 2 的移动模装置中以解决其存在的技术问题的启示，因此权利要求 1 具有创造性；（2）权利要求 2~8 是权利要求 1 的从属权利要求，在权利要求 1 具有创造性的基础上，权利要求 2~8 也具有创造性；（3）权利要求 5 的限定是明确的，并非功能性概括，权利要求 5 得到说明书的支持。

2007 年 2 月 2 日，本合议组向双方当事人发出《无效宣告请求口头审理通知书》，拟定于 2007 年 3 月 26 日对本案进行口头审理。同时向请求人 III 转送了专利权人于 2006 年 10 月 18 日提交的意见陈述书，要求请求人 III 在口头审理时一并答复。

2007 年 3 月 26 日，口头审理如期举行，双方当事人的代理人均参加了口头审理。庭审过程中：（1）请求人 III 放弃关于专利法实施细则第 20 条第 1 款的无效理由；（2）在核实原件的基础上，双方当事人对对方提交的证据的真实性均无异议，专利权人对请求人 III 提交的中文译文的准确性无异议；（3）请求人 III 当庭补充了权利要求 4~7 由于驱动方式、驱动器、导向装置得不到说明书支持而不符合专利法第 26 条第 4 款的规定的具体陈述；专利权人认为这些具体陈述为逾期提出的新理由，不应被接受；合议组经合议后当庭宣布接受上述具体陈述，同时允许专利权人在当庭尽量答辩的基础上于口头审理后 15 日内针对这些具体陈述提交书面意见；（4）本合议组对请求人 III 提出的无效理由和证据进行了充分调查并听取了双方当事人的陈述。

2007 年 4 月 10 日，专利权人提交了意见陈述书，认为：（1）请求人 III 在口头审理当庭提出的权利要求 4、6、7 不符合专利法第 26 条第 4 款的无效理由为逾期提出的新理由，不宜纳入审理范围；（2）即使纳入审理范围，权利要求 4、6、7 也得到说明书的支持，符合专利法第 26 条第 4 款的规定；（3）请求人 III 关于权利要求 1、2、3、5、8 不符合专利法第 26 条第 4 款规定的理由也不能成立；（4）权利要求 1~8 相对于证据 1~4 单独或者结合都具有创造性。

经过上述审理程序，合议组认为本案事实已经清楚，可以依法作出审查决定。

二、决定的理由

1. 文本认定

本决定针对本专利于 2000 年 10 月 25 日授权公告的文本作出。

2. 关于请求人 I 的无效理由

由于请求人 I 既未在指定的期限内答复本合议组发出的口头审理通知书，并且也未参加 2007 年 8 月 17 日进行的口头审理，因此其无效宣告请求视为撤回，对于请求人 I 提出的无效理由本决定不再评述。

3. 关于请求人 II 的无效理由

专利法第 22 条第 3 款规定：创造性，是指同申请日以前已有的技术相比，该发明有突出的实质性特点和显著的进步。

只有现有技术才能破坏一项专利权利要求的创造性，在该专利说明书中记载的内容（包括对背景技术的描述）不能直接作为现有技术公开的内容用于评价该专利权利要求的创造性。

请求人 II 最终确认的无效宣告请求的理由为：权利要求 1~7 相对于证据 1、本专利说明书背景技术部分描述的有关 EP 0270694 A 中的内容以及一审判决中认定的公知常识的结合不具有创造性。请求人 II 将本专利说明书第 1 页第 14~22 行中记载的内容作为现有技术来证明在本专利优先权日之前 EP 0270694 A 中公开了相关内容从而影响本专利的创造性。对此，专利权人认为 EP 0270694 A 是否准确公开了上述事实需要核实后才能确认。鉴于请求人 II 并未在举证期限提交 EP 0270694 A 以证实现有技术的真实状况，专利权人对该内容也不予认可，根据谁主张谁举证的原则，本合议组无法确认在本专利说明书第1页第14~22行中记载的内容已在本专利优先权日之前公开，致使请求人II的无效理由得不到足够的证据支持，请求人II关于本专利权利要求1~7不符合专利法第22条第3款规定的无效理由不成立。

4. 关于请求人III的无效理由

（1）关于逾期提出的新理由。

专利法实施细则第66条规定：在专利复审委员会受理无效宣告请求后，请求人可以在提出无效宣告请求之日起1个月内增加理由或者补充证据。逾期增加理由或者补充证据的，专利复审委员会可以不予考虑。

“施行修订后审查指南的过渡办法”规定：对于在2006年7月1日之前提出的无效宣告请求，对其自无效宣告请求之日起一个月后提出的新理由、新证据的审查适用2001年10月18日公布的审查指南第四部分第三章第3.1节的规定。

2001年10月18日公布的审查指南第四部分第三章第3.1节的规定：对请求人在提出无效宣告请求之日起一个月后提出的需要新的证据支持的新的无效宣告理由和提交的用于证明在提出无效宣告请求之日起一个月内未举证主张的具体事实的新证据，合议组不予考虑。

本无效宣告请求案于2006年4月25日提出，在2006年7月1日之前，因此对其自无效宣告请求之日起一个月后提出的新理由、新证据的审查适用2001年10月18日公布的审查指南第四部分第三章第3.1节的规定。

由于请求人III在口头审理当庭补充的关于权利要求4~7由于驱动方式、驱动器、导向装置得不到说明书支持而不符合专利法第26条第4款规定的无效宣告理由不需要新证据支持，因此合议组接受这些无效宣告理由。

（2）关于专利法第26条第4款。

专利法第26条第4款规定：权利要求书应当以说明书为依据，说明要求专利保护的范围。

权利要求书应当以说明书为依据，是指权利要求应当得到说明书的支持。

对于权利要求中所包含的功能性限定的技术特征，应当理解为覆盖了所有能够实现所述功能的实施方式。如果权利要求中限定的功能是以说明书实施例中记载的特定方式完成的，并且所属技术领域的技术人员不能明了此功能还可以采用说明书中未提到的其他替代方式来完成，则权利要求中不得采用覆盖了上述其他替代方式的功能性限定。

①权利要求1。

本专利权利要求1中包含功能性限定的技术特征“所述螺旋杆装置用于所述模块部分的加速和分离，并在把所述模块部分返回至所述第一驱动部分之前，将其减速并相互并排地重新组合”，双方当事人对此均无异议，并且在先的生效判决中也有认定（参见反证3第14页第17~20行）。对于该功能性限定的技术特征，应当理解为覆盖了所有能够实现所述功能的实施方式。

对于该功能性限定，本专利说明书只描述了一种特定的实现本发明的方式：在两端部螺距较小、中部螺距较大的螺旋杆。并且在口头审理中，专利权人认为只能通过改变螺旋杆的螺距这一种方式实现本发明的变速。因此，所属技术领域的技术人员不能明了上述功能还可以采用说明书中未提到的其他替代方式来完成，权利要求1得不到说明书的支持，不符合专利法第26条第4款的规定。

专利权人认为：对于上述功能性限定的技术特征，本专利说明书第3页第9行至第14行记载了至少两种变速方式，本专利的螺旋杆的螺距存在多种变距可能，因此上述功能性限定的技术特征概括恰当，权利要求1符合专利法第26条第4款的规定。

对此，合议组认为：专利权人声称的“至少两种变速方式”、“多种变距可能”实质上都包括在“两端部螺距较小、中部螺距较大的螺旋杆”这一种特定的方式中，因此专利权人的争辩不能成立。

专利权人还认为：上述关于权利要求得不到说明书支持的无效理由实质上已在反证3的生效判决中被审理过，因此本无效请求属于一事不再理的情形，应予驳回请求。

对此，合议组认为：反证3的生效判决仅仅指出：“根据审查指南第二部分第二章第3.2.1节中规定，被告关于权利要求1中所述的功能性特征并不是必要技术特征的三点主张仅仅是判断权利要求是否得到说明书支持的理由，而不是判断权利要求是否缺少必要技术特征的理由，故被告不能据此得出权利要求1缺少必要技术特征的结论，因而被告的上述主张缺乏法律依据，本院不予支持。”（参见反证3第15页第12~18页），而没有对权利要求1的功能性限定是否得到说明书支持的实体问题作出判断，因此不能认为反证3的生效判决已经审理过权利要求1的支持问题。在此情况下，合议组应当对权利要求1是否得到说明书支持进行审理并得出明确结论，专利权人的争辩不能成立。

②权利要求2、3、8。

权利要求2、8分别从属于权利要求1，由于这些从属权利要求都没有对上述功能性限定的技术特征进一步限定，因此由于上述功能性限定的技术特征导致的权利要求得不到说明书支持的缺陷仍然存在，权利要求2、8不符合专利法第26条第4款的规定。

权利要求3从属于权利要求2，同样地，权利要求3也没有对上述功能性限定的技术特征进一步限定，因此权利要求3也不符合专利法第26条第4款的规定。

鉴于已经得出权利要求1~3和8不符合专利法第26条第4款的规定的结论，应宣告这些权利要求无效，故对涉及到权利要求1~3和8的其他无效理由及证据不再评述。

③权利要求4~7。

请求人III认为：a. 本专利说明书中仅公开了用传送带传送模块的实施例，权利要求4~7没有限定具体的驱动方式；b. 本专利说明书中仅公开了齿轮作为驱动器的实施例，权利要求4~7没有限定具体的驱动器；c. 从说明书图2可以看出模块两侧安装导向装置，而权利要求4~7中为“所述螺旋齿还具有导向装置（4，4A）”，与说明书不符，因此权利要求4~7得不到说明书支持，不符合专利法第26条第4款的规定。

对上述理由a和b，首先，根据本专利说明书中的记载，本发明所要解决的技术问题是通过在移动模的回行路径上设置变距螺旋杆装置，从而减少环形导轨回行路径上的模块数量，降低模块成本。权利要求4~7中驱动方式和驱动器的具体选择的不同不会对上述所要解决的技术问题产生实质影响，并且背景技术中也需要通过驱动器对环形导轨上的模块进行驱动，本领域的技术人员可以根据现有技术选择合适的驱动器或驱动方式实现本发明。其次，对于权利要求4~7技术方案中的传送模块的驱动方式或者驱动器，请求人III仅仅声称本领域的技术人员不能明了除实施例的特定方式外也能实现本发明，而没有具体阐述保护范围内的何种方式为何不能解决本发明所要解决的技术问题，其论断没有理论和/或证据支持。最后，对于本领域的技术人员来说，为了解决本发明所要解决的技术问题，可以选择皮带、齿轮、链条、螺旋杆等多种驱动方式。因此，上述理由a和b不成立。

对于上述理由c，关键在于对“具有”的理解。由于本专利说明书记载了“为每个模块部分3提供一对在装有该模块部分3的运载装置的侧部伸出的导向件4和4a，尽管图2仅示出运载装置的一侧，但应该理解为在运载装置的另一侧也具有如图2所示的相同的结构，亦即，在运载装置的两侧设有导向件4和4a”（参见本专利说明书第3页第5~8行，图2），从说明书图2可以看出螺旋齿和导向装置紧密配合、相互接触，因此上述“具有”应理解为表示位置关系，而不应按照请求人III理解为表示隶属关系。根据这种理解，“具有”表示“有”、“存在”的意思。因此上述理由③也不成立。

由于请求人Ⅲ提出的权利要求4~7得不到说明书支持的理由都不成立，因此其关于权利要求4~7不符合专利法第26条第4款规定的无效理由不成立。

（3）关于专利法第22条第3款

将要求保护的发明与现有技术对比，其技术方案相对于现有技术是非显而易见的，则其具有突出的实质性特点。而在评价发明是否具有显著的进步时，主要应当考虑发明是否具有有益的技术效果。

鉴于前文已经阐明的理由，本部分仅针对权利要求4~7是否具备创造性进行评述。

就本案而言，权利要求4要求保护一种移动模，为一从属权利要求，其直接或者间接引用权利要求1~3，因此权利要求4要求保护的技术方案包括了权利要求1~4的所有技术特征。

请求人Ⅲ明确证据1为最接近的对比文件。证据1公开了一种移动模装置，与本专利的技术领域相同。并具体公开了该移动模装置上有两个环形导轨G、H及一个模制通道，每个导轨上各有一组模块4，在该模制通道中，两导轨上的模块会合，环形导轨G和H中的螺旋杆5驱动模块，环形导轨G、H包括远离模制通道的回行路径，其中回行路径上有具有驱动作用的均螺距螺杆13，模块4具有导向凹槽4c（参见证据1中文译文第3页以及图1、图3和图5）。

将权利要求4的技术方案和证据1中公开的内容相比，至少存在以下区别技术特征：在移动模的导轨回行路径上设置的螺旋杆装置被分为上游端部、下游端部和前两者间的长杆体部分三个部分，在螺旋杆装置上布置的螺旋齿在所述螺旋杆装置的上游端部和下游端部处具有相匹配的螺距较小的螺旋缠绕，而在螺旋杆装置的长杆体部分上具有螺距较大的螺旋缠绕。该区别技术特征的引入实际解决了减少环形导轨回行路径上的模块数量、降低模块成本的技术问题。

证据2公开了一种用于拆分容器的装置，特别是用于拆分铸型模具的装置，该装置包括两个平行的可旋转部件3、3′，可旋转部件3、3′均为螺距由小变大的螺旋杆，通过这些螺旋杆可以将相互交叉堆码在一起的、侧面有开口边缘凸起的、尤其是用经过泡沫处理的材料制成的容器快速简单地卸码并且运走（参见证据2中文译文第5、7、9页，图1）。

证据3公开了变螺距螺杆是常用的供料元件之一，图1公开了一个螺距由小变大的螺杆（参见证据3第31页，图1）。

证据4公开了变螺距螺旋线的设计方法，提及一种分距装置，其核心是一个变螺距旋线推进辊，它的作用是把灌装瓶分成一定距离，使之准确而有规律地进入工位（参见证据4第15页）。

由于证据2~4没有公开上述权利要求4相对于证据1的区别技术特征，当然也没有给出将上述区别技术特征应用到证据1中以解决其存在的技术问题的启示，因此权利要求4相对于证据1和证据2、3或4的结合非显而易见，具有突出的实质性的特点；并且权利要求4的技术方案取得了减少模块数量降低成本的有益效果，具有显著的进步，因此权利要求4相对于证据1和证据2、3或4的结合具有创造性，符合专利法第22条第3款规定。

另外，请求人Ⅲ认为基于证据2、3、4可知，变螺距是常规的变速方式，从而导致权利要求1相对于证据1和公知常识的结合没有创造性。

对此，合议组认为：首先，证据2、3、4都不是公知常识的载体，以这些证据证明“变螺距是常规的变速方式”为公知常识尚不足为信；其次，本专利通过螺距先从小变大再从大变小的螺旋杆使得模块先分离再合并，其解决的技术问题和螺旋杆所起的作用与证据2、3、4公开的通过螺距由小变大（或由大变小）的螺旋杆拆分物体的方案明显不同，因此从目前的证据出发，权利要求4相对于证据1和公知常识的结合也具有创造性。

权利要求5是权利要求4的从属权利要求，权利要求6和7是权利要求5的从属权利要求，在权利要求4具备创造性的基础上，权利要求5~7也具备创造性，符合专利法第22条第3款的规定。

基于上述事实和理由，合议组作出下述决定。

三、决定

宣告第95192937.2号发明专利权利要求1~3和8无效，维持权利要求4~7有效。

当事人对本决定不服的，可以根据专利法第46条第2款的规定，自收到本决定之日起三个月内向北京市第一中级人民法院起诉。根据该款规定，一方当事人起诉后，另一方当事人应当作为第三人参加诉讼。

北京市第一中级人民法院
行政判决书

（2007）一中行初字第1447号

原告上海金纬机械制造有限公司，住所地中华人民共和国上海市嘉定区黄渡镇方黄公路7735号。

法定代表人何海潮，董事长。

委托代理人程化铭，南京知识律师事务所律师。

原告潍坊中云机器有限公司，住所地中华人民共和国山东省昌邑市饮马镇。

法定代表人张其智，董事长。

委托代理人祁献民，北京中博世达专利商标代理有限公司专利代理人。

委托代理人张仲波，北京中博世达专利商标代理有限公司专利代理人。

原告曼夫瑞德·A·A·鲁波克，男，1939年7月14日出生，国籍：加拿大。

委托代理人张黎明，上海市华诚律师事务所律师。

委托代理人黄剑国，上海市华诚律师事务所律师。

被告中华人民共和国国家知识产权局专利复审委员会，住所地中华人民共和国北京市海淀区北四环西路9号。

法定代表人廖涛，副主任。

委托代理人刘亚，女，中华人民共和国国家知识产权局专利复审委员会审查员。

委托代理人刘妍，女，中华人民共和国国家知识产权局专利复审委员会审查员。

原告上海金纬机械制造有限公司（以下简称金纬公司）、潍坊中云机器有限公司（中云公司）、曼夫瑞德·A·A·鲁波克不服被告中华人民共和国国家知识产权局专利复审委员会（以下简称专利复审委）专利无效宣告请求审查决定，分别向本院提起行政诉讼。本院受理后，依法组成合议庭，于2008年2月25日公开开庭审理了本案。原告金纬公司的委托代理人程化铭，原告中云公司的委托代理人祁献民、张仲波，原告曼夫瑞德·A·A·鲁波克的委托代理人张黎明、黄剑国，被告专利复审委的委托代理人刘妍、刘亚到庭参加了诉讼。本案现已审理终结。

2007年8月29日，被告作出第10437号无效宣告请求审查决定（以下简称第10437号决定），宣告第95192937.2号发明专利（以下简称本专利）权利要求1~3和8无效，维持权利要求4~7有效。决定认为：

（1）本决定针对本专利于2000年10月25日授权公告的文本作出。

（2）关于无锡华光塑胶工程有限公司（以下简称华光公司）的无效理由

由于华光公司既未在指定的期限内答复被告发出的口头审理通知书，也未参加2007年8月17日进行的口头审理，因此其无效宣告请求视为撤回。

（3）关于金纬公司的无效理由。

只有现有技术才能破坏一项专利权利要求的创造性，在该专利说明书中记载的内容（包括对背景技术的描述）不能直接作为现有技术公开的内容用于评价该专利权利要求的创造性。

金纬公司最终确认的无效宣告请求的理由为：权利要求1~7相对于证据1、本专利说明书背景技术部分描述的有关EP0270694 A中的内容以及中华人民共和国北京市第一中级人民法院（2005）一中行初字第997号行政判决（以下简称第997号判决）中认定的公知常识的结合不具有创造性。金纬公司将本专利说明书第1页第14~22行中记载的内容作为现有技术来证明在本专利优先权日之前EP 0270694 A中公开了相关内容从而影响本专利的创造性。对此，曼夫瑞德·A·A·鲁波克认为EP0270694 A是否准确公开了上述事实需要核实后才能确认。鉴于金纬公司并未在举证期限提交EP0270694 A以证实现有技术的真实状况，曼夫瑞德·A·A·鲁波克对该内容也不予认可，根据谁主张谁举证的原则，被告无法确认在本专利说明书第1页第14~22行中记载的内容已在本专利优先权日之前公开，致使金纬公司的无效理由得不到足够的证据支持，其关于本专利权利要求1~7不符合《中华人民共和国专利法》（以下简称《专利法》）第二十二条第三款规定的无效理由不成立。

（4）关于中云公司的无效理由。

（1）关于逾期提出的新理由。

中云公司于2006年4月25日提出无效宣告请求，在2006年7月1日之前，因此对其自无效宣告请求之日起一个月后提出的新理由、新证据的审查适用2001年10月18日公布的《审查指南》第四部分第三章第3.1节的规定。

由于中云公司在口头审理当庭补充的关于权利要求4~7由于驱动方式、驱动器、导向装置得不到说明书支持而不符合《专利法》第二十六条第四款规定的无效宣告理由不需要新证据支持，因此被告接受这些无效宣告理由。

（2）关于《专利法》第二十六条第四款。

对于权利要求中所包含的功能性限定的技术特征，应当理解为覆盖了所有能够实现所述功能的实施方式。如果权利要求中限定的功能是以说明书实施例中记载的特定方式完成的，并且所属技术领域的技术人员不能明了此功能还可以采用说明书中未提到的其他替代方式来完成，则权利要求中不得采用覆盖了上述其他替代方式的功能性限定。

①权利要求1。

本专利权利要求1中包含功能性限定的技术特征："所述螺旋杆装置用于所述模块部分的加速和分离，并在把所述模块部分返回至所述第一驱动部分之前，将其减速并相互并排地重新组合"，双方当事人对此均无异议，并且在先的生效判决中也有认定。对于该功能性限定的技术特征，应当理解为覆盖了所有能够实现所述功能的实施方式。

对于该功能性限定，本专利说明书只描述了一种特定的实现本发明的方式：在两端部螺距较小、中部螺距较大的螺旋杆。并且在口头审理中，曼夫瑞德·A·A·鲁波克认为只能通过改变螺旋杆的螺距这一种方式实现本发明的变速。因此，所属技术领域的技术人员不能明了上述功能还可以采用说明书中未提到的其他替代方式来完成，权利要求1得不到说明书的支持，不符合《专利法》第二十六条第四款的规定。

曼夫瑞德·A·A·鲁波克认为：对于上述功能性限定的技术特征，本专利说明书第3页第9~14行记载了至少两种变速方式，本专利的螺旋杆的螺距存在多种变距可能，因此上述功能性限定的技术特征概括恰当，权利要求1符合《专利法》第二十六条第四款的规定。

对此，被告认为：曼夫瑞德·A·A·鲁波克声称的“至少两种变速方式”、“多种变距可能”实质上都包括在“两端部螺距较小、中部螺距较大的螺旋杆”这一种特定的方式中，因此其争辩不能成立。

曼夫瑞德·A·A·鲁波克还认为：上述关于权利要求得不到说明书支持的无效理由实质上已在反证3的生效判决中被审理过，因此本无效请求属于一事不再理的情形，应予驳回请求。

对此，被告认为：反证3的生效判决仅仅指出：“根据《审查指南》第二部分第二章第3.2.1节中规定，被告关于权利要求1中所述的功能性特征并不是必要技术特征的三点主张仅仅是判断权利要求是否得到说明书支持的理由，而不是判断权利要求是否缺少必要技术特征的理由，故被告不能据此得出权利要求1缺少必要技术特征的结论，因而被告的上述主张缺乏法律依据，本院不予支持。”而没有对权利要求1的功能性限定是否得到说明书支持的实体问题作出判断，因此不能认为反证3的生效判决已经审理过权利要求1的支持问题。在此情况下，被告应当对权利要求1是否得到说明书支持进行审理并得出明确结论，曼夫瑞德·A·A·鲁波克的争辩不能成立。

②权利要求2、3、8。

权利要求2、8分别从属于权利要求1，由于这些从属权利要求都没有对上述功能性限定的技术特征进一步限定，因此由于上述功能性限定的技术特征导致的权利要求得不到说明书支持的缺陷仍然存在，权利要求2、8不符合《专利法》第二十六条第四款的规定。

权利要求3从属于权利要求2，同样地，权利要求3也没有对上述功能性限定的技术特征进一步限定，因此权利要求3也不符合《专利法》第二十六条第四款的规定。

鉴于已经得出权利要求1~3和8不符合《专利法》第二十六条第四款的规定的结论，应宣告这些权利要求无效，故对涉及权利要求1~3和8的其他无效理由及证据不再评述。

③权利要求4~7。

中云公司认为：a. 本专利说明书中仅公开了用传送带传送模块的实施例，权利要求4~7没有限定具体的驱动方式；b. 本专利说明书中仅公开了齿轮作为驱动器的实施例，权利要求4~7没有限定具体的驱动器；c. 从说明书图2可以看出模块两侧安装导向装置，而权利要求4~7中为“所述螺旋齿还具有导向装置（4，4A）”，与说明书不符，因此权利要求4~7得不到说明书支持，不符合《专利法》第二十六条第四款的规定。

对上述理由a和b，首先，根据本专利说明书中的记载，本发明所要解决的技术问题是通过在移动模的回行路径上设置变距螺旋杆装置，从而减少环形导轨回行路径上的模块数量，降低模块成本。权利要求4~7中驱动方式和驱动器的具体选择的不同不会对上述所要解决的技术问题产生实质影响，并且背景技术中也需要通过驱动器对环形导轨上的模块进行驱动，本领域的技术人员可以根据现有技术选择合适的驱动器或驱动方式实现本发明。其次，对于权利要求4~7技术方案中的传送模块的驱动方式或者驱动器，中云公司仅仅声称本领域的技术人员不能明了除实施例的特定方式外也能实现本发明，而没有具体阐述保护范围内的何种方式为何不能解决本发明所要解决的技术问题，其论断没有理论和/或证据支持。最后，对于本领域的技术人员来说，为了解决本发明所要解决的技术问题，可以选择皮带、齿轮、链条、螺旋杆等多种驱动方式。因此，上述理由a和b不成立。

对于上述理由③，关键在于对“具有”的理解。由于本专利说明书记载了：“为每个模块部分3提供一对在装有该模块部分3的运载装置的侧部伸出的导向件4和4a，尽管图2仅示出运载装置的一侧，但应该理解为在运载装置的另一侧也具有如图2所示的相同的结构，亦即，在运载装置的两侧设有导向件4和4a”，从说明书图2可以看出螺旋齿和导向装置紧密配合、相互接触，因此上述“具有”应理解为表示位置关系，而不应按照中云公司理解为表示隶属关系。根据这种理解，“具有”表示“有”、“存在”的意思。因此上述理由③也不成立。

由于中云公司提出的权利要求 4~7 得不到说明书支持的理由都不成立，因此其关于权利要求4~7不符合《专利法》第二十六条第四款规定的无效理由不成立。

（3）关于《专利法》第二十二条第三款。

鉴于前文已经阐明的理由，本部分仅针对权利要求 4~7 是否具备创造性进行评述。

就本案而言，权利要求 4 要求保护一种移动模，为一从属权利要求，其直接或者间接引用权利要求 1~3，因此权利要求 4 要求保护的技术方案包括了权利要求 1~4 的所有技术特征。

中云公司明确证据 1 为最接近的对比文件。证据 1 公开了一种移动模装置，与本专利的技术领域相同。并具体公开了该移动模装置上有两个环形导轨 G、H 及一个模制通道，每个导轨上各有一组模块 4，在该模制通道中，两导轨上的模块会合，环形导轨 G 和 H 中的螺旋杆 5 驱动模块，环形导轨 G、H 包括远离模制通道的回行路径，其中回行路径上有具有驱动作用的均螺距螺杆 13，模块 4 具有导向凹槽 4c。

将权利要求 4 的技术方案和证据 1 中公开的内容相比，至少存在以下区别技术特征：在移动模的导轨回行路径上设置的螺旋杆装置被分为上游端部、下游端部和前两者间的长杆体部分三个部分，在螺旋杆装置上布置的螺旋齿在所述螺旋杆装置的上游端部和下游端部处具有相匹配的螺距较小的螺旋缠绕，而在螺旋杆装置的长杆体部分上具有螺距较大的螺旋缠绕。该区别技术特征的引入实际解决了减少环形导轨回行路径上的模块数量、降低模块成本的技术问题。

证据 2 公开了一种用于拆分容器的装置，特别是用于拆分铸型模具的装置，该装置包括两个平行的可旋转部件 3、3′，可旋转部件 3、3′均为螺距由小变大的螺旋杆，通过这些螺旋杆可以将相互交叉堆码在一起的、侧面有开口边缘凸起的、尤其是用经过泡沫处理的材料制成的容器快速简单地卸码并且运走。

证据 3 公开了变螺距螺杆是常用的供料元件之一，图 1 公开了一个螺距由小变大的螺杆。

证据 4 公开了变螺距螺旋线的设计方法，提及一种分距装置，其核心是一个变螺距旋线推进辊，它的作用是把灌装瓶分成一定距离，使之准确而有规律地进入工位。

由于证据 2~4 没有公开上述权利要求 4 相对于证据 1 的区别技术特征，当然也没有给出将上述区别技术特征应用到证据 1 中以解决其存在的技术问题的启示，因此权利要求 4 相对于证据 1 和证据 2、3 或 4 的结合非显而易见，具有突出的实质性的特点；并且权利要求 4 的技术方案取得了减少模块数量降低成本的有益效果，具有显著的进步，因此权利要求 4 相对于证据 1 和证据 2、3 或 4 的结合具有创造性，符合《专利法》第二十二条第三款规定。

另外，中云公司认为基于证据 2、3、4 可知，变螺距是常规的变速方式，从而导致权利要求 1 相对于证据 1 和公知常识的结合没有创造性。

对此，被告认为：首先，证据 2、3、4 都不是公知常识的载体，以这些证据证明“变螺距是常规的变速方式”为公知常识尚不足为信；其次，本专利通过螺距先从小变大再从大变小的螺旋杆使得模块先分离再合并，其解决的技术问题和螺旋杆所起的作用与证据 2、3、4 公开的通过螺距由小变大（或由大变小）的螺旋杆拆分物体的方案明显不同，因此从目前的证据出发，权利要求 4 相对于证据 1 和公知常识的结合也具有创造性。

权利要求 5 是权利要求 4 的从属权利要求，权利要求 6 和 7 是权利要求 5 的从属权利要求，在权利要求 4 具备创造性的基础上，权利要求 5~7 也具备创造性，符合《专利法》第二十二条第三款的规定。

被告针对金纬公司的起诉，在法定的举证期限内向本院提交了如下证据：（1）本专利说明书；

（2）金纬公司于 2004 年 12 月 1 日提交的专利权无效宣告请求书及其附件；（3）2007 年 8 月 17 日的口头审理记录表及附表。上述证据用于证明第 10437 号决定认定事实清楚、适用法律法规正确、审理程序合法。

被告针对中云公司的起诉，在法定的举证期限内向本院提交了如下证据：（1）美国专利说明书 US 3881851，授权公告日 1975 年 5 月 6 日，复印件共 10 页，及其中文译文 4 页（即决定中的证据 1）；（2）德国专利说明书 DE 2740921 A，公开日为 1979 年 3 月 22 日，复印件共 12 页，及其中文译文 12 页（即决定中的证据 2）；（3）《机械工程师》，1994 年 1 期（总第 57 期），1994 年 2 月 15 日出版，封面、目录、第 31~34 页，复印件共 6 页（即决定中的证据 3）；（4）《机械制造》，1990 年第 5 期，第 28 卷总第 308 期，封面、目录、第 15 页，复印件共 3 页（即决定中的证据 4）；（5）本专利说明书；（6）口头审理记录表及其附页；（7）中云公司于 2006 年 4 月 25 日提交的无效宣告请求书；（8）中云公司于 2006 年 5 月 23 日提交的意见陈述书。上述证据用于证明第 10437 号决定认定事实清楚、适用法律法规正确、审理程序合法。

被告针对曼夫瑞德·A·A·鲁波克的起诉，在法定举证期限内向本院提交了针对中云公司的起诉提交的证据 1~8 外，还提交了如下证据：（9）中云公司于 2006 年 7 月 21 日提交的意见陈述书；（10）中云公司于 2006 年 10 月 18 日提交的意见陈述书；（11）中云公司于 2007 年 4 月 10 日提交的口头审理意见陈述书；（12）被告作出的第 7282 号无效宣告请求审查决定书（以下简称第 7282 号决定）；（13）第 997 号判决。上述证据用于证明第 10437 号决定认定事实清楚、适用法律法规正确、审理程序合法。

原告金纬公司诉称：（1）决定中关于“在该专利说明书中记载的内容（包括对背景技术的描述）不能直接作为现有技术公开的内容用于评价该专利权利要求的创造性。”的观点不符合《专利法》第二十二条第三款的规定，属于适用法律错误，专利说明书中的背景技术是现有技术，可以用来评价专利的创造性；（2）决定中认定“本合议组无法确认在本专利说明书第 1 页第 14~22 行中记载的内容已在本专利优先权日之前公开”，属于认定事实错误；（3）被告支持曼夫瑞德·A·A·鲁波克无相反证据支持的反悔行为违反法律规定；（4）本专利权利要求 1~7 不具有创造性，应当宣告无效。综上，第 10437 号决定针对金纬公司的无效理由作出的无效决定适用法律错误，认定事实错误，原告金纬公司请求法院撤销第 10437 号决定中关于金纬公司的无效理由的决定。

原告金纬公司未向本院提交证据。

原告中云公司诉称：（1）本专利权利要求 4~7 中的第一驱动部分（S）为功能性概括，得不到说明书的支持，权利要求 4~7 中记载的“所述螺旋齿还具有导向装置（4，4A）”的技术特征在说明书及附图中并无记载，因此也得不到说明书的支持。（2）从属权利要求 4 在对比文件 1 的基础上，结合对比文件 2、3、4 不具备创造性；从属权利要求 5 的附加技术特征已在对比文件 1、2 中公开，对本领域技术人员来说是显而易见的，而且它们的结合没有产生预料不到的效果，因此，从属权利要求 5 不具备创造性；从属权利要求 6、7 的附加技术特征仅仅是对设备安装位置的一种简单限定，对本领域技术人员来说是显而易见的，因此，权利要求 6、7 不具备创造性。综上，第 10437 号决定认定事实不清、适用法律错误，原告中云公司请求法院撤销第 10437 号决定中维持权利要求 4~7 有效的决定，判令被告就本专利权利要求 4~7 重新作出无效决定。

原告中云公司向本院提交的证据同被告针对中云公司的起诉提交的证据 1~5，用以证明本专利权利要求 4~7 不符合《专利法》第二十六条第四款的规定以及不具备《专利法》第二十二条第三款规定的创造性。

原告曼夫瑞德·A·A·鲁波克诉称：（1）本专利的功能性概括是合理和恰当的。对于用于加、减速的变螺距的螺距变化方式，本领域技术人员显而易见地可想到也可采用非线性的变化方式；对于模块在回程路径上的运行方式，本领域技术人员显而易见地可想到也可采用加速-减速-加速-减速或中间环节多次减速、加速而路径两端加速和减速的运行方式；因此用功能性特征涵盖它们应当是允许的。由于本专利的螺旋杆结构可能包含变螺距螺旋杆部分，也可能包含有等螺距螺旋杆，因此，将其概括为“螺旋杆装置”是合理的。由于变螺距的变化方式有多种，因此用功能性语言“加速”、“减速”加以概括也是合理的。虽然运行方式有多种变化例，但其共同特征是一端加速分离，另一端减速组合，因此权利要求1中的功能性限定对上述各种变化这些共同特征进行概括是合理的，且这一功能性限定并没有包含上述变化实施例以外的需要付出创造性劳动所获得的任何技术方案，因此，这种功能性限定是恰当的。且本专利权利要求1的功能性限定比被告给出的结构特征的描述更为恰当。(2) 本专利说明书揭示了两种变速方法的实施例，并得到第7282号决定的认可，实现本专利功能性限定的实施方式具有多样性，第10437号决定认定本专利权利要求1的功能性概括只包含有一个特定的实施方式，有违事实。(3) 本案实质审查阶段及另两位无效请求人的请求理由均未提到本专利功能性概括只有一个特定的实施方式。(4) 权利要求1的功能性概括即使只有一个特定的实施方式，也不应成为无效的理由：①权利要求1的功能性概括没有不当的扩大权利要求的保护范围；②被告应当对其认为的功能性限定包括了本领域技术人员不能明了的技术方案承担举证责任，没有法律法规规定当功能性概括只有一个特定实施方式时可以成为无效的理由，无效过程中可以用说明书来限定权利要求中的功能性概括，第10437号决定剥夺了权利人修改权利要求的机会。综上，第10437号决定关于本专利权利要求1、2、3、8的认定没有事实和法律依据，原告曼夫瑞德·A·A·鲁波克请求法院撤销第10437号决定。

原告曼夫瑞德·A·A·鲁波克向本院提交了如下证据：(1) 本专利权利要求书及说明书；(2) 第10437号决定（即被诉决定）；(3) 中云公司提交的无效宣告请求书；(4) 中云公司提交的无效程序中意见陈述书；(5) 被告作出的第7282号决定，用于证明本专利的在先无效审查决定已经认定本专利揭示了两种以上的减速方法，并已经对本案其他部分事实作出认定；(6) 第997号判决，用以证明该判决认定第7282号决定中被告对本专利无效的认定理由不成立，并对本案发明目的等事实作出认定；(7) 被告第6990号无效宣告请求审查决定书，用以证明在无效过程中，可以用说明书来限定权利要求中的功能性限定。

被告针对金纬公司的诉讼意见答辩称：(1) 本专利说明书的内容（包括背景技术的内容）本身并不是现有技术，在背景技术中的描述无法直接确认其中引用的内容的公开时间和确切的公开内容，因此不能直接用来评价本专利的创造性。金纬公司有义务在举证期限内按规定提交其使用的证据，如果没有提交则承担举证不能的后果。(2) 背景技术只是对专利权人工作基础的概括描述，专利权人并未由此获益，因此与“禁止反悔”原则无关。综上，被告坚持第10437号决定中的理由，认为第10437号决定认定事实清楚，说明理由充分，审理程序合法，被告请求法院驳回金纬公司的诉讼请求，维持第10437号决定。

被告针对中云公司的诉讼意见答辩称：(1) 权利要求4~7中的“第一驱动部分（S）”、“所述螺旋齿还具有导向装置（4，4A）”得不到说明书支持的理由不成立；(2) 证据1结合证据2、3或4均不能破坏权利要求4~7的创造性。另外，中云公司在起诉状中仍然没有具体说明权利要求4与证据1之间的区别技术特征在证据2~4何处公开，以及证据2~4何处给出了结合证据1的技术启示。综上，第10437号决定认定事实清楚、适用法律正确、审理程序合法，被告请求法院依法驳回中云公司的诉讼请求，维持第10437号决定。

被告针对曼夫瑞德·A·A·鲁波克的诉讼意见答辩称：(1) 曼夫瑞德·A·A·鲁波克在无效程

序中未尽到应尽的说明责任和证明责任；即使是曼夫瑞德·A·A·鲁波克主张的上述螺距变化方式或模块在回程路径上的运行方式，其实质仍属于“两端部螺距较小、中部螺距较大的螺旋杆”这一特定的变螺距方式，否则将与本专利权利要求1中“所述螺旋杆装置用于所述模块部分的加速和分离，并在把所述模块部分返回至所述第一驱动部分之前，将其减速并相互并排地重新组合”的功能性限定不符；而且，曼夫瑞德·A·A·鲁波克在口头审理中认为只能通过改变螺旋杆的螺距这一种方式实现本专利的变速；因此，本专利权利要求1的功能性限定得不到说明书的实质支持。（2）实质审查意见以及另案中两个请求人的意见与本案无关，不能证明本专利权利要求1的功能性限定得不到说明书实质支持的缺陷不存在。（3）第6990号无效审查决定与本案无关。综上，被告坚持第10437号决定中的理由，认为第10437号决定认定事实清楚，说明理由充分，审理程序合法，被告请求法院驳回曼夫瑞德·A·A·鲁波克的诉讼请求，维持第10437号决定。

经庭审质证，三原告对被告提交的证据的关联性、合法性、真实性均无异议，但不同意被告主张的证明作用。被告对原告曼夫瑞德·A·A·鲁波克提交的证据1~6的关联性、合法性、真实性均无异议，但不同意其主张的证明作用，认为证据7与本案无关联性。原告金纬公司、中云公司对原告曼夫瑞德·A·A·鲁波克提交的证据的三性没有异议，但不同意其主张的证明作用。被告及原告曼夫瑞德·A·A·鲁波克对原告中云公司提交的证据的三性没有异议，但不同意其主张的证明作用。本院认为，被告提交的证据、原告中云公司提交的证据以及原告曼夫瑞德·A·A·鲁波克提交的证据1~6与被诉第10437号决定有关，且合法，各方当事人对其真实性均无异议，能够证明本案的事实，本院予以采纳。原告曼夫瑞德·A·A·鲁波克提交的证据7与本案不具有关联性，本院不予采纳。

根据上述有效证据及各方当事人在庭审中无争议的陈述，本院确认如下事实：

本案涉及申请日为1995年10月25日，授权公告日为2000年10月25日，专利号为95192937.2，名称为“具有分离的模块的移动模”的发明专利权（即本专利），专利权人是曼夫瑞德·A·A·鲁波克（即本案原告之一）。本专利授权公告的权利要求书如下：

“1. 一种移动模，它具有绕至少一个环形导轨（1，2）被驱动的模块部分（3），所述模具有一个驱动系统，该驱动系统包括一个第一驱动部分（S），该第一驱动部分（S）驱动处于相互邻接位置的所述模块部分，其特征在于：所述第一驱动部分把所述模块部分驱动至所述驱动系统的包括螺旋杆装置（7）的第二驱动部分，所述螺旋杆装置用于所述模块部分的加速和分离，并在把所述模块部分返回至所述第一驱动部分之前，将其减速并相互并排地重新组合。

2. 如权利要求1所述的移动模，其特征在于：所述模块部分（3）沿所述环形导轨（1，2）无停顿地运动。

3. 如权利要求2所述的移动模，其特征在于：随着所述模块部分被所述第一驱动部分（S）驱动到所述螺旋杆装置（7）上，由所述模块部分使所述螺旋杆装置（7）旋转。

4. 如权利要求3所述的移动模，其特征在于：所述模块部分（3）包括第一组模块部分（3）和第二组模块部分（3），所述至少一个环形导轨包括其上安装有所述第一组模块部分的第一环形导轨（1）和其上安装有所述第二组模块部分的第二环形导轨（2），所述第一驱动部分（S）驱动所述模块部分，形成一个模制通道（5），在该模制通道中，所述第一组模块部分与所述第二组模块部分会合，所述第一和第二导轨中的每一个导轨均包括一个远离所述模制通道的回行路径，所述第一和第二导轨中的每一个导轨的所述回行路径设有所述螺旋杆装置（7），所述螺旋杆装置（7）具有一个上游端部（9）、一个下游端部（11）和一个位于所述螺旋杆装置的所述上游端部和所述下游端部之间的长杆体部分，所述螺旋杆装置可旋转并具有一个沿着它布置的螺旋齿（13），为沿所述螺旋杆装置的长度方向导引所述模块部分，所述螺旋齿在所述螺旋杆装置的所述上游端部（9）和所述下游端部（11）处具有相匹配的螺距较小的螺旋缠绕，而在所述螺旋杆装置的所述长杆体部分上具有螺距较大的螺旋缠绕，所述螺旋齿还具有导向装置（4，4A）。

5. 如权利要求4所述的移动模，其特征在于：所述螺旋杆装置（7）包括沿所述第一导轨的所述回行路径的第一组相互分开的相配螺旋杆和沿所述第二导轨的所述回行路径的第二组相互分开的相配螺旋杆，所述第一组螺旋杆与所述第二组螺旋杆相匹配。

6. 如权利要求5所述的移动模，其特征在于：所述螺旋杆位于所述模制通道之上和之下。

7. 如权利要求5所述的移动模，其特征在于：在所述第一和第二导轨中的所述模块部分（3a）水平地移至所述模制通道（5a）及水平地从所述模制通道（5a）移开。

8. 如权利要求1所述的移动模，其特征在于：所述模块部分（3b）全部安装在一个单一导轨上。”

针对本专利，华光公司于2004年6月3日向被告提出无效宣告请求。

针对本专利，金纬公司于2004年12月1日向被告提出无效宣告请求，认为本专利权利要求1~8不符合《专利法》第二十二条第三款的规定，并提交了下述证据：

证据1：US 3881851，授权公告日1975年5月6日，复印件共10页，及其第3栏第54行至第4栏第17行和第6栏第41~44行内容的中文译文1页；

证据2：DE 2740921 A，公开日期为1979年3月22日，公开文本的首页、权利要求书3页、说明书5页和附图3页，复印件共12页，及其第4页第1~4行、第4页第25~30行和第5页第23行至第6页第11行内容的中文译文1页。

针对上述两个无效宣告请求案，被告于2005年6月10日作出第7282号决定。决定认为：（1）权利要求1~3、8修改超范围，不符合《专利法》第三十三条的规定；（2）权利要求4~7符合《专利法》第三十三条的规定；（3）权利要求1~3、8缺少必要技术特征，不符合《中华人民共和国专利法实施细则》（以下简称《专利法实施细则》）第二十一条第二款的规定；（4）本专利说明书符合《专利法》第二十六条第三款的规定；（5）权利要求4~7具备实用性，符合《专利法》第二十二条第四款的规定；（6）权利要求4~7具备创造性，符合《专利法》第二十二条第三款的规定，从而宣告本专利的权利要求1~3和8无效，维持权利要求4~7有效。

曼夫瑞德·A·A·鲁波克不服第7282号决定，向我院提起行政诉讼。我院于2006年1月9日作出第997号判决，认为：（1）“至少一个环形导轨”的修改没有超出原说明书和权利要求书记载的范围，权利要求1~3、8符合《专利法》第三十三条的规定；（2）本专利权利要求1中特征部分使用了功能性的技术特征，即所述螺旋杆装置用于所述模块部分的加速和分离，并在把所述模块部分返回至所述第一驱动部分之前，将其减速并相互并排地重新组合，根据《审查指南》第二部分第二章第3.2.1节中规定，第7282号决定关于权利要求1中所述的功能性特征不是必要技术特征的三点主张仅仅是判断权利要求是否得到说明书支持的理由，而不是判断权利要求是否缺少必要技术特征的理由，因此被告不能据此得出权利要求1缺少必要技术特征的结论，因此撤销第7282号决定，要求被告在进一步审查的基础上，重新作出无效宣告请求审查决定。

各方当事人均未提起上诉，第997号判决生效。

根据第997号判决，被告重新组成合议组，对华光公司和金纬公司提起的无效宣告请求继续审查。

2007年7月2日，被告向华光公司、金纬公司和曼夫瑞德·A·A·鲁波克分别发出《无效宣告请求口头审理通知书》，告知各方当事人拟定于2007年8月14日进行口头审理。

2007年8月6日，被告向华光公司、金纬公司和曼夫瑞德·A·A·鲁波克分别发出《无效宣告请求口头审理通知书》，告知各方当事人口头审理因故改为2007年8月17日进行。

对上述两份《无效宣告请求口头审理通知书》，华光公司均未提交回执。

2007年8月17日，口头审理如期进行。金纬公司和曼夫瑞德·A·A·鲁波克的代理人出席了口头审理，华光公司未出席。审理过程中：(1) 金纬公司明确表示放弃权利要求8不具备创造性的无效理由，放弃此前所有关于创造性的具体意见陈述，关于权利要求1~7不具备创造性的具体理由以本次口头审理中的陈述为准；(2) 金纬公司表示以证据1为最接近的现有技术，结合本专利说明书背景技术部分描述的有关EP 0270694 A中的内容以及第997号判决中认定的公知常识来评述权利要求1的创造性；(3) 曼夫瑞德·A·A·鲁波克表示对于本专利说明书背景技术部分描述的有关EP 0270694 A的内容需要核实才能确认，这部分内容描述的技术方案不完整，没有描述关于分离模块所采取的方式，并且用本专利中记载的内容作为现有技术来评述本专利权利要求的创造性不符合相关规定；同时，第997号判决仅指出本领域技术人员根据本专利权利要求1中功能性特征的教导很容易想到实现上述功能性特征的具体手段，并没有认定将螺旋杆运用到模具来加速分离或减速合并模块是公知常识，金纬公司混淆了这两个事实，因此权利要求1具有创造性，符合《专利法》第二十二条第三款的规定；(4) 被告对于从属权利要求2~7的创造性也进行了充分调查，听取了双方当事人的陈述。

针对本专利，中云公司于2006年4月25日向被告提出无效宣告请求，认为：本专利权利要求1中使用了功能性限定"……所述螺旋杆装置用于所述模块部分的加速和分离，并在把所述模块部分返回至所述第一驱动部分之前，将其减速并相互并排地重新组合"，而说明书中只有一种"在近两端部螺距较小，中部螺距加大的螺纹杆"实施方式，从而导致权利要求1得不到说明书的支持，不符合《专利法》第二十六条第四款；同时也导致权利要求1不清楚，不符合《专利法实施细则》第二十条第一款的规定；同样地，权利要求2、3、8也不符合《专利法》第二十六条第四款和《专利法实施细则》第二十条第一款的规定。

被告受理了上述无效宣告请求，并于2006年6月12日向双方当事人发出《无效宣告请求受理通知书》，并将《专利权无效宣告请求书》及其他有关文件的副本转送给曼夫瑞德·A·A·鲁波克，同时成立合议组对本无效宣告请求案进行审理。

2006年5月23日，中云公司提交了意见陈述书，同时提交了以下证据：

证据1：美国专利说明书US 3881851，授权公告日1975年5月6日，复印件共10页，及其中文译文4页；

证据2：德国专利说明书DE 2740921 A，公开日为1979年3月22日，复印件共12页，及其中文译文12页；

证据3：《机械工程师》，1994年1期（总第57期），1994年2月15日出版，封面、目录、第31~34页，复印件共6页；

证据4：《机械制造》，1990年第5期，第28卷总第308期，封面、目录、第15页，复印件共3页。

中云公司认为：(1) 在证据1的基础上，结合证据2、3或4，本专利权利要求1~8不具备创造性，不符合《专利法》第二十二条第三款的规定；(2) 本专利权利要求5在说明书中只有一个实施例，而权利要求5却概括了本领域技术人员不能明了的完成该功能的其他方法或者全部方法，因此不符合《专利法》第二十六条第四款的规定。

2006年7月21日，曼夫瑞德·A·A·鲁波克提交了意见陈述书，针对中云公司的《专利权无效宣告请求书》及其附件进行答复，同时提交了以下证据：

反证1：本专利说明书，复印件共12页；

反证2：第7282号决定，复印件共14页；

反证3：第997号判决，复印件共16页。

曼夫瑞德·A·A·鲁波克认为：（1）权利要求1的功能性限定表述清楚，保护范围明确，符合《专利法实施细则》第二十条第一款的规定；（2）由于存在多种变距的方式，因此权利要求1用功能性限定概括成“……所述螺旋杆装置用于所述模块部分的加速和分离，并在把所述模块部分返回至所述第一驱动部分之前，将其减速并相互并排地重新组合”是合理的，符合《专利法》第二十六条第四款的规定；（3）上述无效理由实质上已在反证3的生效判决中被审理过，因此本无效请求属于一事不再理的情形，应予驳回请求。

2006年9月8日，被告向双方发出《转送文件通知书》，将中云公司于2006年5月23日提交的意见陈述书及其附件转送至曼夫瑞德·A·A·鲁波克，将曼夫瑞德·A·A·鲁波克于2006年7月21日提交的意见陈述书及其附件转送至中云公司，并要求双方在收到通知书之日起一个月内答复。

2006年10月18日，曼夫瑞德·A·A·鲁波克提交了意见陈述书，认为：（1）证据3、4与本专利应用领域、解决的技术问题、可达到的技术效果均不同，没有将“变距螺杆”应用到证据1或2的移动模装置中以解决其存在的技术问题的启示，因此权利要求1具有创造性；（2）权利要求2~8是权利要求1的从属权利要求，在权利要求1具有创造性的基础上，权利要求2~8也具有创造性；（3）权利要求5的限定是明确的，并非功能性概括，权利要求5得到说明书的支持。

2007年2月2日，被告向双方当事人发出《无效宣告请求口头审理通知书》，拟定于2007年3月26日对本案进行口头审理。同时向中云公司转送了曼夫瑞德·A·A·鲁波克于2006年10月18日提交的意见陈述书，要求中云公司在口头审理时一并答复。

2007年3月26日，口头审理如期举行，双方当事人的代理人均参加了口头审理。审理过程中：（1）中云公司放弃关于《专利法实施细则》第二十条第一款的无效理由。（2）在核实原件的基础上，双方当事人对对方提交的证据的真实性均无异议，曼夫瑞德·A·A·鲁波克对中云公司提交的中文译文的准确性无异议。（3）中云公司当庭补充了权利要求4~7由于驱动方式、驱动器、导向装置得不到说明书支持而不符合《专利法》第二十六条第四款的规定的具体陈述；曼夫瑞德·A·A·鲁波克认为这些具体陈述为逾期提出的新理由，不应被接受；被告经合议后当庭宣布接受上述具体陈述，同时允许曼夫瑞德·A·A·鲁波克在当庭尽量答辩的基础上于口头审理后15日内针对这些具体陈述提交书面意见；（4）被告对中云公司提出的无效理由和证据进行了充分调查并听取了双方当事人的陈述。

2007年4月10日，曼夫瑞德·A·A·鲁波克提交了意见陈述书，认为：（1）中云公司在口头审理当庭提出的权利要求4、6、7不符合《专利法》第二十六条第四款的无效理由为逾期提出的新理由，不宜纳入审理范围；（2）即使纳入审理范围，权利要求4、6、7也得到说明书的支持，符合《专利法》第二十六条第四款的规定；（3）中云公司关于权利要求1、2、3、5、8不符合《专利法》第二十六条第四款规定的理由也不能成立；（4）权利要求1~8相对于证据1~4单独或者结合都具有创造性。

经过上述审理程序，被告认为本案事实已经清楚，于2007年8月29日作出第10437号决定，宣告本专利权利要求1~3和8无效，维持权利要求4~7有效。

金纬公司、中云公司、曼夫瑞德·A·A·鲁波克均不服该决定，分别向本院提起行政诉讼。

本院认为，由于三原告在庭审中明确表示对无效决定作出的程序、案由部分的记载、文本的认定以及被告接受中云公司逾期提出的新理由均无异议，经审查，本院予以确认。

本案争议的焦点问题在于以下三个方面。

1. 本专利说明书中记载的背景技术的内容能否直接作为现有技术公开的内容用于评价本专利的创造性

根据《专利法实施细则》第三十条的规定，现有技术是指申请日（有优先权的，指优先权日）前在国内外出版物上公开发表、在国内公开使用或者以其他方式为公众所知的技术。本专利说明书中背景技术部分的描述不能直接作为认定现有技术的依据，原告金纬公司在没有提供证据证明其描述为已经公开的现有技术且专利权人对该内容也不予认可的情况下，被告无法确认在本专利说明书中记载的上述内容已在本专利优先权日之前公开，因此被告不支持金纬公司的无效理由是正确的，本院应予支持。

2. 本专利权利要求 1~8 是否得到说明书支持

根据《专利法》第二十六条第四款的规定，权利要求书应当以说明书为依据，说明要求专利保护的范围。参照《审查指南》第二部分第二章第 3.2.1 节的规定，权利要求书应当以说明书为依据，是指权利要求应当得到说明书的支持。对于权利要求中所包含的功能性限定的技术特征，应当理解为覆盖了所有能够实现所述功能的实施方式。如果权利要求中限定的功能是以说明书实施例中记载的特定方式来完成，并且所属技术领域的技术人员不能明了此功能还可以采用说明书中未提到的其他替代方式来完成，则权利要求中不得采用覆盖了上述其他替代方式的功能性限定。

（1）关于权利要求 1、2、3、8。

①权利要求 1。

本专利权利要求 1 中包含功能性限定的技术特征为：所述螺旋杆装置用于所述模块部分的加速和分离，并在把所述模块部分返回至所述第一驱动部分之前，将其减速并相互并排地重新组合。对于该功能性限定的技术特征，应当理解为覆盖了所有能够实现所述功能的实施方式。而本专利说明书只描述了一种特定的实现本发明的方式：在两端部螺距较小、中部螺距较大的螺旋杆。并且在口头审理中，专利权人曼夫瑞德·A·A·鲁波克认为只能通过改变螺旋杆的螺距这一种方式实现本专利的变速。因此，所属技术领域的技术人员不能明了上述功能还可以采用说明书中未提到的其他替代方式来完成，权利要求 1 不符合《专利法》第二十六条第四款的规定。原告曼夫瑞德·A·A·鲁波克所主张的其他运行方式，实质上都属于“两端部螺距较小、中部螺距较大的螺旋杆”这一特定的变螺距方式，故其关于本专利权利要求 1 符合《专利法》第二十六条第四款的规定的诉讼主张，本院不予支持。

②权利要求 2、3、8。

权利要求 2、8 分别从属于权利要求 1，权利要求 3 从属于权利要求 2，由于这些从属权利要求都没有对上述功能性限定的技术特征进一步限定，因此由于上述功能性限定的技术特征导致的权利要求得不到说明书支持的缺陷仍然存在，故，被告认定本专利权利要求 2、3、8 不符合《专利法》第二十六条第四款的规定正确，本院应予支持。

综上，被告宣告本专利权利要求 1~3 和 8 无效正确，本院应予支持。

（2）关于权利要求 4~7。

根据本专利说明书中的记载，本发明所要解决的技术问题是通过在移动模的回行路径上设置变距螺旋杆装置，从而减少环形导轨回行路径上的模块数量，降低模块成本。权利要求 4~7 中对驱动方式和驱动器的具体选择不会对上述所要解决的技术问题产生实质影响，并且背景技术中也需要通过驱动器对环形导轨上的模块进行驱动，本领域的技术人员为解决本发明所要解决的技术问题，可以根据现有技术选择皮带、齿轮、链条、螺旋杆等多种合适的驱动器或驱动方式实现本发明。原告中云公司认为本专利权利要求4~7中的第一驱动部分（S）为功能性概括，得不到说明书的支持的诉讼主张，缺乏事实及法律依据，本院不予支持。

根据本专利说明书中的记载，为每个模块部分3提供一对在装有该模块部分3的运载装置的侧部伸出的导向件4和4a，尽管图2仅示出运载装置的一侧，但应该理解为在运载装置的另一侧也具有如图2所示的相同的结构，亦即，在运载装置的两侧设有导向件4和4a。且从本专利说明书图2中可以看出螺旋齿和导向装置紧密配合、相互接触。因此，原告中云公司认为，权利要求4~7中记载的“所述螺旋齿还具有导向装置（4，4A）”的技术特征在说明书及附图中并无记载，因此也得不到说明书的支持的诉讼主张，缺乏事实及法律依据，本院不予支持。

3. 关于权利要求4~7的创造性

根据《专利法》第二十二条第三款的规定，创造性是指同申请日以前已有的技术相比，该发明有突出的实质性特点和显著的进步，该实用新型具有实质性特点和进步。

本案中，权利要求4要求保护的技术方案包括了权利要求1~4的所有技术特征。证据1与本专利的技术领域相同。将权利要求4的技术方案和证据1中公开的内容相比，至少存在以下区别技术特征：在移动模的导轨回行路径上设置的螺旋杆装置被分为上游端部、下游端部和前两者间的长杆体部分三个部分，在螺旋杆装置上布置的螺旋齿在所述螺旋杆装置的上游端部和下游端部处具有相匹配的螺距较小的螺旋缠绕，而在螺旋杆装置的长杆体部分上具有螺距较大的螺旋缠绕。该区别技术特征的引入实际解决了减少环形导轨回行路径上的模块数量、降低模块成本的技术问题。由于证据2~4没有公开上述区别技术特征，也没有给出将上述区别技术特征应用到证据1中以解决其存在的技术问题的启示，因此权利要求4相对于证据1和证据2、3或4的结合非显而易见，具有突出的实质性的特点；并且权利要求4的技术方案取得了减少模块数量降低成本的有益效果，具有显著的进步，因此权利要求4相对于证据1和证据2、3或4的结合具有创造性，符合《专利法》第二十二条第三款规定。

权利要求5是权利要求4的从属权利要求，权利要求6和7是权利要求5的从属权利要求，在权利要求4具备创造性的基础上，权利要求5~7也具备创造性，符合《专利法》第二十二条第三款的规定。

综上，第10437号决定认定事实清楚、适用法律正确、审理程序合法，本院应予维持。三原告的诉讼请求缺乏事实及法律依据，本院不予支持。据此，本院依照《中华人民共和国行政诉讼法》第五十四条第（一）项之规定，判决如下：

维持被告中华人民共和国国家知识产权局专利复审委员会于二〇〇七年八月二十九日作出的第10437号无效宣告请求审查决定。

案件受理费人民币100元，由上海金纬机械制造有限公司、曼夫瑞德·A·A·鲁波克、潍坊中云机器有限公司共同负担（已交纳）。

如不服本判决，原告曼夫瑞德·A·A·鲁波克可在判决书送达之日起30日内，原告上海金纬机械制造有限公司、潍坊中云机器有限公司、被告中华人民共和国国家知识产权局专利复审委员会可在判决书送达之日起15日内，向本院递交上诉状，并按对方当事人的人数提出副本，预交上诉案件受理费人民币100元，上诉于中华人民共和国北京市高级人民法院。

审　判　长　齐　莹
代理审判员　乔　军
代理审判员　何君慧
二〇〇八年四月二十四日
书　记　员　赵　峰

北京市高级人民法院
行政判决书

（2009）高行终字第 103 号

上诉人（一审原告）上海金纬机械制造有限公司，住所地中华人民共和国上海市嘉定区黄渡镇方黄公路 7735 号。

法定代表人何海潮，董事长。

委托代理人程化铭，南京知识律师事务所律师。

上诉人（一审原告）潍坊中云机器有限公司，住所地中华人民共和国山东省昌邑市饮马镇。

法定代表人张其智，董事长。

委托代理人蒋玉，北京市中闻律师事务所律师。

委托代理人祁献民，男，北京中博世达专利商标代理有限公司代理人。

上诉人（一审原告）曼夫瑞德·A·A·鲁波克，男，1939 年 7 月 14 日出生，国籍：加拿大。

委托代理人张黎明，上海市华诚律师事务所律师。

委托代理人帅科，上海市华诚律师事务所律师。

被上诉人（一审被告）中华人民共和国国家知识产权局专利复审委员会，住所地中华人民共和国北京市海淀区北四环西路 9 号。

法定代表人廖涛，副主任。

委托代理人刘亚，女，中华人民共和国国家知识产权局专利复审委员会审查员。

委托代理人刘妍，女，中华人民共和国国家知识产权局专利复审委员会审查员。

上诉人上海金纬机械制造有限公司（以下简称金纬公司）、潍坊中云机器有限公司（以下简称中云公司）、曼夫瑞德·A·A·鲁波克因专利无效宣告请求审查决定一案，不服中华人民共和国北京市第一中级人民法院（2007）一中行初字第 1447 号行政判决，向本院提起上诉，本院依法组成合议庭进行了公开开庭审理。上诉人金纬公司的委托代理人程化铭，上诉人中云公司的委托代理人蒋玉、祁献民，上诉人的曼夫瑞德·A·A·鲁波克的委托代理人张黎明、帅科，被上诉人中华人民共和国国家知识产权局专利复审委员会（以下简称专利复审委）的委托代理人刘亚、刘妍到庭参加了诉讼。本案现已审理终结。

2007 年 8 月 29 日，专利复审委作出第 10437 号无效宣告请求审查决定（以下简称第 10437 号决定），依照《中华人民共和国专利法》（以下简称（专利法》）第二十六条第四款、第二十二条第三款的规定，宣告第 95192937.2 号“具有分离的模块的移动模”发明专利权（以下简称本专利）权利要求 1~3 和 8 无效，维持权利要求 4~7 有效。

金纬公司、中云公司、曼夫瑞德·A·A·鲁波克不服专利复审委作出的第 10437 号决定，向中华人民共和国北京市第一中级人民法院（以下简称一审法院）提起行政诉讼。

一审法院判决认定：

（1）本专利说明书中记载的背景技术的内容能否直接作为现有技术公开的内容用于评价本专利的创造性。根据《中华人民共和国专利法实施细则》（以下简称《专利法实施细则》）第三十条的规定，现有技术是指申请日（有优先权的，指优先权日）前在国内外出版物上公开发表、在国内公开使用或者以其他方式为公众所知的技术。本专利说明书中背景技术部分的描述不能直接作为认定现有技术的依据，金纬公司在没有提供证据证明其描述为已经公开的现有技术且专利权人对该内容也不予认可的情况下，专利复审委无法确认在本专利说明书中记载的上述内容已在本专利优先权日之前公开，因此专利复审委不支持金纬公司的无效理由是正确的，予以支持。

（2）本专利权利要求1~8是否得到说明书支持。根据《专利法》第二十六条第四款的规定，权利要求书应当以说明书为依据，说明要求专利保护的范围。参照《审查指南》第二部分第二章第3.2.1节的规定，权利要求书应当以说明书为依据，是指权利要求应当得到说明书的支持。对于权利要求中所包含的功能性限定的技术特征，应当理解为覆盖了所有能够实现所述功能的实施方式。如果权利要求中限定的功能是以说明书实施例中记载的特定方式来完成，并且所属技术领域的技术人员不能明了此功能还可以采用说明书中未提到的其他替代方式来完成，则权利要求中不得采用覆盖了上述其他替代方式的功能性限定。

（1）关于权利要求1、2、3、8。

①权利要求1。本专利权利要求1中包含功能性限定的技术特征为：所述螺旋杆装置用于所述模块部分的加速和分离，并在把所述模块部分返回至所述第一驱动部分之前，将其减速并相互并排地重新组合。对于该功能性限定的技术特征，应当理解为覆盖了所有能够实现所述功能的实施方式。而本专利说明书只描述了一种特定的实现本发明的方式：在两端部螺距较小、中部螺距较大的螺旋杆。并且在口头审理中，专利权人曼夫瑞德·A·A·鲁波克认为只能通过改变螺旋杆的螺距这一种方式实现本专利的变速。因此，所属技术领域的技术人员不能明了上述功能还可以采用说明书中未提到的其他替代方式来完成，权利要求1不符合《专利法》第二十六条第四款的规定。曼夫瑞德·A·A·鲁波克所主张的其他运行方式，实质上都属于“两端部螺距较小、中部螺距较大的螺旋杆”这一特定的变螺距方式，故其关于本专利权利要求1符合《专利法》第二十六条第四款的规定的诉讼主张，不予支持。

②权利要求2、3、8。权利要求2、8分别从属于权利要求1，权利要求3从属于权利要求2，由于这些从属权利要求都没有对上述功能性限定的技术特征进一步限定，因此由于上述功能性限定的技术特征导致的权利要求得不到说明书支持的缺陷仍然存在，故，专利复审委认定本专利权利要求2、3、8不符合《专利法》第二十六条第四款的规定正确，予以支持。

综上，专利复审委宣告本专利权利要求1~3和8无效正确，予以支持。

（2）关于权利要求4~7。

根据本专利说明书中的记载，本发明所要解决的技术问题是通过在移动模的回行路径上设置变距螺旋杆装置，从而减少环形导轨回行路径上的模块数量，降低模块成本。权利要求4~7中对驱动方式和驱动器的具体选择不会对上述所要解决的技术问题产生实质影响，并且背景技术中也需要通过驱动器对环形导轨上的模块进行驱动，本领域的技术人员为解决本发明所要解决的技术问题，可以根据现有技术选择皮带、齿轮、链条、螺旋杆等多种合适的驱动器或驱动方式实现本发明。中云公司认为本专利权利要求4~7中的第一驱动部分（S）为功能性概括，得不到说明书的支持的诉讼主张，缺乏事实及法律依据，不予支持。

根据本专利说明书中的记载，为每个模块部分3提供一对在装有该模块部分3的运载装置的侧部伸出的导向件4和4a，尽管图2仅示出运载装置的一侧，但应该理解为在运载装置的另一侧也具有如图2所示的相同的结构，亦即，在运载装置的两侧设有导向件4和4a。且从本专利说明书图2中可以看出螺旋齿和导向装置紧密配合、相互接触。因此，中云公司认为权利要求4~7中记载的“所述螺旋齿还具有导向装置（4，4A）”的技术特征在说明书及附图中并无记载，因此也得不到说明书的支持的诉讼主张，缺乏事实及法律依据，不予支持。

（3）关于权利要求4~7的创造性。根据《专利法》第二十二条第三款的规定，创造性是指同申请日以前已有的技术相比，该发明有突出的实质性特点和显著的进步，该实用新型具有实质性特点和进步。

本案中，权利要求4要求保护的技术方案包括了权利要求1~4的所有技术特征。证据1与本专利的技术领域相同。将权利要求4的技术方案和证据1中公开的内容相比，至少存在以下区别技术特征：在移动模的导轨回行路径上设置的螺旋杆装置被分为上游端部、下游端部和前两者间的长杆体部分三个部分，在螺旋杆装置上布置的螺旋齿在所述螺旋杆装置的上游端部和下游端部处具有相匹配的螺距较小的螺旋缠绕，而在螺旋杆装置的长杆体部分上具有螺距较大的螺旋缠绕。该区别技术特征的引入实际解决了减少环形导轨回行路径上的模块数量、降低模块成本的技术问题。由于证据2-4没有公开上述区别技术特征，也没有给出将上述区别技术特征应用到证据1中以解决其存在的技术问题的启示，因此权利要求4相对于证据1和证据2、3或4的结合非显而易见，具有突出的实质性的特点；并且权利要求4的技术方案取得了减少模块数量降低成本的有益效果，具有显著的进步，因此权利要求4相对于证据1和证据2、3或4的结合具有创造性，符合《专利法》第二十二条第三款规定。

权利要求5是权利要求4的从属权利要求，权利要求6和7是权利要求5的从属权利要求，在权利要求4具备创造性的基础上，权利要求5~7也具备创造性，符合《专利法》第二十二条第三款的规定。

综上，第10437号决定认定事实清楚、适用法律正确、审理程序合法，予以维持。金纬公司、中云公司、曼夫瑞德·A·A·鲁波克的诉讼请求缺乏事实及法律依据，不予支持。据此，依照《中华人民共和国行政诉讼法》第五十四条第（一）项之规定，判决维持专利复审委员会作出的第10437号决定。

金纬公司不服一审判决，上诉称：（1）第10437号决定适用法律错误。只要是申请日已有的技术，都可以作为评价创造性的对比技术。专利说明书的背景技术是对申请日以前存在的与专利技术最接近的技术的陈述和说明，其确认的内容毫无疑问是现有技术，将其用于对专利的创造性的对比，符合《专利法》第二十二条第三款的规定。（2）本专利说明书第1页第14~22行（背景技术）中所记载的文献EP0270694A公开的内容是与本专利最接近的技术的一部分，为现有技术，确定无疑。专利复审委以EP0270694A是否公开了上述事实需要核实后才能确认，专利权人对该内容也不予认可，金纬公司没有举证为由，对该内容在本专利优先权日之前公开这一事实不予确认，是完全错误的。（3）专利权人对自己在说明书背景技术中明确描述的EP0270694A公开的技术内容不予认可，是无证据支持的反悔行为，违反了“禁止反悔”原则，按照《审查指南》的相关规定，应当不予支持。（4）金纬公司在无效宣告请求口头审理中关于本专利权利要求1~7不具有创造性的理由，证据充分，技术对比准确清晰，应当予以支持。综上，请求撤销一审判决，撤销第10437号决定中关于金纬公司无效理由的决定。

中云公司不服一审判决，上诉称：（1）本专利权利要求4~7中的第一驱动S为功能限定概括，为概括得出的上位概念，没有得到说明书的支持。该权利要求限定的功能是以说明书中记载的特定方式完成的，并且本领域技术人员不能明了此功能还可以采用说明书中未提到的其他替代方法完成，所属技术领域的技术人员有理由怀疑该功能性限定所包含的一种或几种方式不能解决发明所要解决的技术问题，并达到相同的技术效果。（2）本专利权利要求4~7得不到说明书的支持，第10437号决定第二段对“具有”含义的理解存在明显的错误。权利要求4中，专利权人错误地将导向装置所在的正确位置“运载装置的两侧”写成了“螺旋齿上”，由于两处位置毫无联系，专利权人的表述存在明显错误，导致权利要求没有得到说明书的支持。综上，请求撤销一审判决，撤销第10437号决定中

“维持权利要求 4-7 有效”的审查决定。

曼夫瑞德·A·A·鲁波克不服一审判决，上诉称：(1) 专利复审委没有对其作出第 10437 号决定的依据尽到举证责任，专利复审委应当举证证明“权利要求概括了哪些不能得到说明书支持的实施方式”。(2) 一审判决及第 10437 号决定认定事实错误。一审法院及专利复审委一方面认定本专利可以进行结构性的概括，一方面又否定其可以进行与结构性概括对应的功能性概括，存在明显的矛盾。一审判决及第 10437 号决定认定事实错误将螺距变化的多种方式归纳为“两端部螺距较小，中部螺距较大的螺旋杆”，该概括不准确，认定事实有误。一审判决不当扩大了涉案功能性限定的覆盖范围，显属错误。涉案功能性限定的对象是螺旋杆装置，而不是其他与螺旋杆装置无关的其他装置。(3) 本专利进行较宽的概括符合《审查指南》的规定。本专利属于开拓性的发明，本应允许有更宽的概括范围。(4) 专利局从未提出涉案功能性限定得不到说明书支持的问题，进而授予其专利权。专利复审委所作的行政行为与专利局的行政行为相互矛盾，进而造成其修改权利要求权利的丧失。如果通过实施例进行解释以缩小保护范围或作限制性陈述等方式，使专利权人的权利要求符合法律的规定，则应当允许专利权人进行这样的修改或限定，而不应直接宣告专利无效。《审查指南》第四章无效审查的章节中未规定可以适用或参考第二章实质审查的规定，专利复审委引用实质审查的判断标准作为专利无效的判断标准，于法无据。综上，请求撤销一审判决，撤销第 10437 号决定。

被上诉人专利复审委辩称：(1) 针对金纬公司的上诉意见的答辩。①本专利说明书的内容（包括背景技术部分描述的内容）本身并不是现有技术，在背景技术中的描述无法直接确认其中引用内容的公开时间和确切的公开内容，不能直接用来评价本专利的创造性。金纬公司主张本专利说明书第 1 页第 14~22 行记载的内容证明在本专利优先权之前 EP0270694A 中公开了所描述的内容从而影响本专利的创造性，其作为无效宣告请求人有义务在举证期限内按规定提交其所使用的证据来证明其主张，否则应承担举证不能或举证不利的法律后果。②《审查指南》第二部分第二章第 2.2.3 节只是对背景技术的撰写方式作出了具体说明，该规定不能直接证明本专利说明书记载的有关内容必然属于本专利优先权日之前的现有技术且内容真实可靠。(2) 针对中云公司的上诉意见的答辩。①关于本专利权利要求 4-7 中的“第一驱动部分（S）”得不到说明书支持以及对“具有”一词的理解，仍坚持第 10437 号决定中的相关论述，并且同意一审判决的相关认定。②“权利要求 4 中，专利权人错误地将导向装置所在的正确位置‘运载装置的两侧’写成了‘螺旋齿上’，由于两处位置毫无联系，专利权人的表述存在明显错误，导致权利要求没有得到说明书的支持”的上诉意见无论是在提出无效宣告请求时，还是在口头审理过程中都未提及，并不是作出被诉决定的依据。(3) 针对曼夫瑞德·A·A·鲁波克的上诉意见的答辩。①本专利权利要求 1 中特征部分的“所述螺旋杆装置用于所述模块部分的加速和分离，并把所述模块部分返回至所述第一驱动部分之前，将其减速并相互并排地重新组合”是功能性限定。在口头审理中，专利权人认为只能通过改变螺旋杆的螺距这一种方式实现本专利的变速。在本专利说明书中只描述了一种特定的实现本发明的方式，即：螺旋杆的上游端部和下游端部（即两个端部）螺距较小，而主要中部上（即中部）螺距较大。②“两端部螺距较小，中部螺距较大的螺旋杆”就是对本专利说明书第 3 页第 9~14 行公开内容的理解，因此概括并无不妥。专利复审委从未否认本专利功能性限定的对象是螺旋杆装置。③《审查指南》规定的开拓性发明是判断发明创造性的一种类型，与权利要求的概括范围之间并无必然联系，专利权人在无效程序中也未提出过这一主张，与本案无关，不应予以考虑。④对于发明专利，在专利无效宣告审查阶段，关于权利要求是否得到说明书支持的判断适用《审查指南》第二部分，而不会仅限于第四部分。综上，第 10437 号决定认定事实清楚、适用法律正确、符合法定程序，上诉人的上诉理由均不能成立，请求驳回上诉，维持第 10437 号决定和一审判决。

本案一审审理期间，专利复审委在法定期限内向一审法院提交了以下证据：（1）本专利说明书；（2）金纬公司于2004年12月1日提交的专利权无效宣告请求书及其附件；（3）口头审理记录表及附表；（4）美国专利说明书US3881851，授权公告日1975年5月6日，复印件共10页，及其中文译文4页（即第10437号决定中的证据1）；（5）德国专利说明书DE2740921A，公开日为1979年3月22日，复印件共12页，及其中文译文12页（即第10437号决定中的证据2）；（6）《机械工程师》，1994年1期（总第57期），1994年2月15日出版，封面、目录、第31~34页，复印件共6页（即第10437号决定中的证据3）；（7）《机械制造》，1990年第5期，第28卷总第308期，封面、目录、第15页，复印件共3页（即第10437号决定中的证据4）；（8）中云公司于2006年4月25日提交的无效宣告请求书；（9）中云公司于2006年5月23日提交的意见陈述书；（10）中云公司于2006年7月21日提交的意见陈述书；（11）中云公司于2006年10月18日提交的意见陈述书；（12）中云公司于2007年4月10日提交的口头审理意见陈述书；（13）专利复审委作出的第7282号无效宣告请求审查决定书（以下简称第7282号决定）；（14）一审法院（2005）一中行初字第997号行政判决书（以下简称第997号判决）。

金纬公司未向一审法院提交证据。

中云公司向一审法院提交了如下证据：同专利复审委证据1、证据4~7。

曼夫瑞德·A·A·鲁波克向一审法院提交了如下证据：（1）本专利权利要求书及说明书；（2）中云公司提交的无效宣告请求书；（3）中云公司提交的无效程序中意见陈述书；（4）专利复审委作出的第7282号决定；（5）第997号判决；（6）专利复审委作出的第6990号无效宣告请求审查决定书（以下简称第6990号决定）。

一审法院经审查认为，曼夫瑞德·A·A·鲁波克提交的第6990号决定与本案不具有关联性，不予采纳；本案其他证据与第10437号决定有关，且合法，各方当事人对其真实性均无异议，能够证明本案的事实，予以采纳。

上述证据均已随案移送本院，经庭审质证及审查核实，本院确认一审法院认证意见正确，并据此认定本案如下事实：

本专利是名称为“具有分离的模块的移动模”的发明专利权，专利号为95192937.2，其申请日为1995年4月20日，授权公告日为2000年10月25日，专利权人是曼夫瑞德·A·A·鲁波克。本专利授权公告的权利要求如下：

“1. 一种移动模，它具有绕至少一个环形导轨（1，2）被驱动的模块部分（3），所述模具有一个驱动系统，该驱动系统包括一个第一驱动部分（S），该第一驱动部分（S）驱动处于相互邻接位置的所述模块部分，其特征在于：所述第一驱动部分把所述模块部分驱动至所述驱动系统的包括螺旋杆装置（7）的第二驱动部分，所述螺旋杆装置用于所述模块部分的加速和分离，并在把所述模块部分返回至所述第一驱动部分之前，将其减速并相互并排地重新组合。

2. 如权利要求1所述的移动模，其特征在于：所述模块部分（3）沿所述环形导轨（1，2）无停顿地运动。

3. 如权利要求2所述的移动模，其特征在于：随着所述模块部分被所述第一驱动部分（S）驱动到所述螺旋杆装置（7）上，由所述模块部分使所述螺旋杆装置（7）旋转。

4. 如权利要求3所述的移动模，其特征在于：所述模块部分（3）包括第一组模块部分（3）和第二组模块部分（3），所述至少一个环形导轨包括其上安装有所述第一组模块部分的第一环形导轨（1）和其上安装有所述第二组模块部分的第二环形导轨（2），所述第一驱动部分（S）驱动所述模块部分，形成一个模制通道（5），在该模制通道中，所述第一组模块部分与所述第二组模块部分会合，所述第一和第二导轨中的每一个导轨均包括一个远离所述模制通道的回行路径，所述第一和第二导轨中的每一个导轨的所述回行路径设有所述螺旋杆装置（7），所述螺旋杆装置（7）具有一个上游端部（9）、一个下游端部（11）和一个位于所述螺旋杆装置的所述上游端部和所述下游端部之间的长杆体部分，所述螺旋杆装置可旋转并具有一个沿着它布置的螺旋齿（13），为沿所述螺旋杆装置的长度方向导引所述模块部分，所述螺旋齿在所述螺旋杆装置的所述上游端部（9）和所述下游端部（11）处具有相匹配的螺距较小的螺旋缠绕，而在所述螺旋杆装置的所述长杆体部分上具有螺距较大的螺旋缠绕，所述螺旋齿还具有导向装置（4，4A）。

5. 如权利要求4所述的移动模，其特征在于：所述螺旋杆装置（7）包括沿所述第一导轨的所述回行路径的第一组相互分开的相配螺旋杆和沿所述第二导轨的所述回行路径的第二组相互分开的相配螺旋杆，所述第一组螺旋杆与所述第二组螺旋杆相匹配。

6. 如权利要求5所述的移动模，其特征在于：所述螺旋杆位于所述模制通道之上和之下。

7. 如权利要求5所述的移动模，其特征在于：在所述第一和第二导轨中的所述模块部分（3a）水平地移至所述模制通道（5a）及水平地从所述模制通道（5a）移开。

8. 如权利要求1所述的移动模，其特征在于：所述模块部分（3b）全部安装在一个单一导轨上。”

针对本专利，无锡华光塑胶工程有限公司（以下简称华光公司）和金纬公司分别于2004年6月3日、2004年12月1日向专利复审委提出无效宣告请求。其中金纬公司提出的无效宣告请求理由是本专利权利要求1~8不符合《专利法》第二十二条第三款的规定，并提交了下述证据：

证据1：US3881851，授权公告日1975年5月6日，复印件共10页，及其第3栏第54行至第4栏第17行和第6栏第41~44行内容的中文译文1页；

证据2：DE2740921A，公开日期为1979年3月22日，公开文本的首页、权利要求书3页、说明书5页和附图3页，复印件共12页，及其第4页第1~4行、第4页第25~30行和第5页第23行至第6页第11行内容的中文译文1页。

针对上述两个无效宣告请求案，专利复审委曾于2005年6月10日作出第7282号决定。曼夫瑞德·A·A·鲁波克不服该决定，向一审法院提起行政诉讼。一审法院于2006年1月9日作出第997号判决，撤销了第7282号决定，并要求专利复审委在进一步审查的基础上，重新作出无效宣告请求审查决定。各方当事人均未提起上诉，第997号判决生效。

根据第997号判决，专利复审委重新组成合议组，对华光公司和金纬公司提起的无效宣告请求继续审查。由于华光公司未在指定的期限内答复专利复审委发出的口头审理通知书，也未参加指定日期的口头审理，专利复审委视为其撤回无效宣告请求。

专利复审委于2007年8月17日举行了口头审理，金纬公司和曼夫瑞德·A·A·鲁波克的代理人出席了口头审理。审理过程中，金纬公司表示放弃权利要求8不具备创造性的无效理由，放弃此前所有关于创造性的具体意见陈述，关于权利要求1~7不具备创造性的具体理由以本次口头审理中的陈述为准；金纬公司表示以证据1为最接近的现有技术，结合本专利说明书背景技术部分描述的有关EP0270694A中的内容以及第997号判决中认定的公知常识来评述权利要求1的创造性。

2006年4月25日，中云公司针对本专利向专利复审委提出无效宣告请求，认为：本专利权利要求1中使用了功能性限定“……所述螺旋杆装置用于所述模块部分的加速和分离，并在把所述模块部分返回至所述第一驱动部分之前，将其减速并相互并排地重新组合”，而说明书中只有一种“在近两端部螺距较小，中部螺距加大的螺纹杆”实施方式，从而导致权利要求1得不到说明书的支持，不符合《专利法》第二十六条第四款的规定，同时也导致权利要求1不清楚，不符合《专利法实施细则》

第二十条第一款的规定；同样地，权利要求2、3、8也不符合《专利法》第二十六条第四款和《专利法实施细则》第二十条第一款的规定。

专利复审委受理了上述无效宣告请求，并进行了相关转文。2006年5月23日，中云公司提交了意见陈述书，同时提交了以下证据：

证据1：美国专利说明书US3881851，授权公告日1975年5月6日，复印件共10页，及其中文译文4页；

证据2：德国专利说明书DE2740921A，公开日为1979年3月22日，复印件共12页，及其中文译文12页；

证据3：《机械工程师》，1994年1期（总第57期），1994年2月15日出版，封面、目录、第31~34页，复印件共6页；

证据4：《机械制造》，1990年第5期，第28卷总第308期，封面、目录、第15页，复印件共3页。

中云公司认为：（1）在证据1的基础上，结合证据2、3或4，本专利权利要求1~8不具备创造性，不符合《专利法》第二十二条第三款的规定；（2）本专利权利要求5在说明书中只有一个实施例，而权利要求5却概括了本领域技术人员不能明了的完成该功能的其他方法或者全部方法，因此不符合《专利法》第二十六条第四款的规定。

2006年7月21日，曼夫瑞德·A·A·鲁波克提交了意见陈述书，针对中云公司的《专利权无效宣告请求书》及其附件进行答复，同时提交了以下证据：

反证1：本专利说明书，复印件共12页；

反证2：第7282号决定，复印件共14页；

反证3：第997号判决，复印件共16页。

曼夫瑞德·A·A·鲁波克认为：（1）权利要求1的功能性限定表述清楚，保护范围明确，符合《专利法实施细则》第二十条第一款的规定；（2）由于存在多种变距的方式，因此权利要求1用功能性限定概括成"……所述螺旋杆装置用于所述模块部分的加速和分离，并在把所述模块部分返回至所述第一驱动部分之前，将其减速并相互并排地重新组合"是合理的，符合《专利法》第二十六条第四款的规定；（3）上述无效理由实质上已在反证3的生效判决中被审理过，因此本无效请求属于一事不再理的情形，应予驳回请求。

2007年3月26日，专利复审委举行了口头审理，中云公司和曼夫瑞德·A·A·鲁波克的代理人均参加了口头审理。审理过程中：（1）中云公司放弃关于《专利法实施细则》第二十条第一款的无效理由；（2）在核实原件的基础上，双方当事人对对方提交的证据的真实性均无异议，曼夫瑞德·A·A·鲁波克对中云公司提交的中文译文的准确性无异议；（3）中云公司当庭补充了权利要求4~7由于驱动方式、驱动器、导向装置得不到说明书支持而不符合《专利法》第二十六条第四款的规定的具体陈述；曼夫瑞德·A·A·鲁波克认为这些具体陈述为逾期提出的新理由，不应被接受；专利复审委当庭宣布接受上述具体陈述，同时允许曼夫瑞德·A·A·鲁波克在当庭尽量答辩的基础上于口头审理后15日内针对这些具体陈述提交书面意见。

2007年4月10日，曼夫瑞德·A·A·鲁波克提交了意见陈述书，认为：（1）中云公司在口头审理当庭提出的权利要求4、6、7不符合《专利法》第二十六条第四款的无效理由为逾期提出的新理由，不宜纳入审理范围；（2）即使纳入审理范围，权利要求4、6、7也得到说明书的支持，符合《专利法》第二十六条第四款的规定；（3）中云公司关于权利要求1、2、3、5、8不符合《专利法》第二十六条第四款规定的理由也不能成立；（4）权利要求1~8相对于证据1~4单独或者结合都具有创造性。

2007 年 8 月 29 日，专利复审委作出第 10437 号决定。

1. 关于金纬公司的无效理由

鉴于金纬公司并未在举证期限提交 EP 0270694 A 以证实现有技术的真实状况，曼夫瑞德·A·A·鲁波克对该内容也不予认可，根据谁主张谁举证的原则，专利复审委无法确认在本专利说明书第 1 页第 14~22 行中记载的内容已在本专利优先权日之前公开，致使金纬公司的无效理由得不到足够的证据支持，其关于本专利权利要求 1~7 不符合《专利法》第二十二条第三款规定的无效理由不成立。

2. 关于中云公司的无效理由

（1）关于逾期提出的新理由。

中云公司于 2006 年 4 月 25 日提出无效宣告请求，在 2006 年 7 月 1 日之前，因此对其自无效宣告请求之日起一个月后提出的新理由、新证据的审查适用 2001 年 10 月 18 日公布的《审查指南》第四部分第三章第 3.1 节的规定。

由于中云公司在口头审理当庭补充的关于权利要求 4~7 由于驱动方式、驱动器、导向装置得不到说明书支持而不符合《专利法》第二十六条第四款规定的无效宣告理由不需要新证据支持，因此专利复审委接受这些无效宣告理由。

（2）关于《专利法》第二十六条第四款。

对于权利要求中所包含的功能性限定的技术特征，应当理解为覆盖了所有能够实现所述功能的实施方式。如果权利要求中限定的功能是以说明书实施例中记载的特定方式完成的，并且所属技术领域的技术人员不能明了此功能还可以采用说明书中未提到的其他替代方式来完成，则权利要求中不得采用覆盖了上述其他替代方式的功能性限定。

①权利要求 1。

本专利权利要求 1 中包含功能性限定的技术特征："所述螺旋杆装置用于所述模块部分的加速和分离，并在把所述模块部分返回至所述第一驱动部分之前，将其减速并相互并排地重新组合"，双方当事人对此均无异议，并且在先的生效判决中也有认定。对于该功能性限定的技术特征，应当理解为覆盖了所有能够实现所述功能的实施方式。

对于该功能性限定，本专利说明书只描述了一种特定的实现本发明的方式：在两端部螺距较小、中部螺距较大的螺旋杆。并且在口头审理中，曼夫瑞德·A·A·鲁波克认为只能通过改变螺旋杆的螺距这一种方式实现本发明的变速。因此，所属技术领域的技术人员不能明了上述功能还可以采用说明书中未提到的其他替代方式来完成，权利要求 1 得不到说明书的支持，不符合《专利法》第二十六条第四款的规定。

曼夫瑞德·A·A·鲁波克认为：对于上述功能性限定的技术特征，本专利说明书第 3 页第9~14 行记载了至少两种变速方式，本专利的螺旋杆的螺距存在多种变距可能，因此上述功能性限定的技术特征概括恰当，权利要求 1 符合《专利法》第二十六条第四款的规定。

专利复审委认为：曼夫瑞德·A·A·鲁波克声称的"至少两种变速方式"、"多种变距可能"实质上都包括在"两端部螺距较小、中部螺距较大的螺旋杆"这一种特定的方式中，因此其争辩不能成立。

曼夫瑞德·A·A·鲁波克还认为：上述关于权利要求得不到说明书支持的无效理由实质上已在反证 3 的生效判决中被审理过，因此本无效请求属于一事不再理的情形，应予驳回请求。

专利复审委认为：反证 3 的生效判决仅仅指出："根据《审查指南》第二部分第二章第 3.2.1 节

中规定，被告关于权利要求1中所述的功能性特征并不是必要技术特征的三点主张仅仅是判断权利要求是否得到说明书支持的理由，而不是判断权利要求是否缺少必要技术特征的理由，故被告不能据此得出权利要求1缺少必要技术特征的结论，因而被告的上述主张缺乏法律依据，本院不予支持。”而没有对权利要求1的功能性限定是否得到说明书支持的实体问题作出判断，因此不能认为反证3的生效判决已经审理过权利要求1的支持问题。在此情况下，专利复审委应当对权利要求1是否得到说明书支持进行审理并得出明确结论，曼夫瑞德·A·A·鲁波克的争辩不能成立。

②权利要求2、3、8。

权利要求2、8分别从属于权利要求1，由于这些从属权利要求都没有对上述功能性限定的技术特征进一步限定，因此由于上述功能性限定的技术特征导致的权利要求得不到说明书支持的缺陷仍然存在，权利要求2、8不符合《专利法》第二十六条第四款的规定。

权利要求3从属于权利要求2，同样地，权利要求3也没有对上述功能性限定的技术特征进一步限定，因此权利要求3也不符合《专利法》第二十六条第四款的规定。

鉴于已经得出权利要求1~3和8不符合《专利法》第二十六条第四款的规定的结论，应宣告这些权利要求无效，故对涉及权利要求1~3和8的其他无效理由及证据不再评述。

③权利要求4~7。

根据本专利说明书中的记载，本发明所要解决的技术问题是通过在移动模的回行路径上设置变距螺旋杆装置，从而减少环形导轨回行路径上的模块数量，降低模块成本。权利要求4~7中驱动方式和驱动器的具体选择的不同不会对上述所要解决的技术问题产生实质影响，并且背景技术中也需要通过驱动器对环形导轨上的模块进行驱动，本领域的技术人员可以根据现有技术选择合适的驱动器或驱动方式实现本发明。其次，对于权利要求4~7技术方案中的传送模块的驱动方式或者驱动器，中云公司仅仅声称本领域的技术人员不能明了除实施例的特定方式外也能实现本发明，而没有具体阐述保护范围内的何种方式为何不能解决本发明所要解决的技术问题，其论断没有理论和/或证据支持。最后，对于本领域的技术人员来说，为了解决本发明所要解决的技术问题，可以选择皮带、齿轮、链条、螺旋杆等多种驱动方式。

本专利说明书记载了：“为每个模块部分3提供一对在装有该模块部分3的运载装置的侧部伸出的导向件4和4a，尽管图2仅示出运载装置的一侧，但应该理解为在运载装置的另一侧也具有如图2所示的相同的结构，亦即，在运载装置的两侧设有导向件4和4a”，从说明书图2可以看出螺旋齿和导向装置紧密配合、相互接触。“所述螺旋齿还具有导向装置”中的“具有”应理解为表示位置关系，而不应理解为表示隶属关系。根据这种理解，“具有”表示“有”、“存在”的意思。

由于中云公司提出的权利要求4~7得不到说明书支持的理由都不成立，因此其关于权利要求4~7不符合《专利法》第二十六条第四款规定的无效理由不成立。

(3) 关于《专利法》第二十二条第三款。

权利要求4要求保护一种移动模，为一从属权利要求，其直接或者间接引用权利要求1~3，因此权利要求4要求保护的技术方案包括了权利要求1~4的所有技术特征。

中云公司明确证据1为最接近的对比文件。证据1公开了一种移动模装置，与本专利的技术领域相同。并具体公开了该移动模装置上有两个环形导轨G、H及一个模制通道，每个导轨上各有一组模块4，在该模制通道中，两导轨上的模块会合，环形导轨G和H中的螺旋杆5驱动模块，环形导轨G、H包括远离模制通道的回行路径，其中回行路径上有具有驱动作用的均螺距螺杆13，模块4具有导向凹槽4c。

将权利要求4的技术方案和证据1中公开的内容相比，至少存在以下区别技术特征：在移动模的导轨回行路径上设置的螺旋杆装置被分为上游端部、下游端部和前两者间的长杆体部分三个部分，在螺旋杆装置上布置的螺旋齿在所述螺旋杆装置的上游端部和下游端部处具有相匹配的螺距较小的螺旋缠绕，而在螺旋杆装置的长杆体部分上具有螺距较大的螺旋缠绕。该区别技术特征的引入实际解决了减少环形导轨回行路径上的模块数量、降低模块成本的技术问题。

证据2公开了一种用于拆分容器的装置，特别是用于拆分铸型模具的装置，该装置包括两个平行的可旋转部件3、3′，可旋转部件3、3′均为螺距由小变大的螺旋杆，通过这些螺旋杆可以将相互交叉堆码在一起的、侧面有开口边缘凸起的、尤其是用经过泡沫处理的材料制成的容器快速简单地卸码并且运走。证据3公开了变螺距螺杆是常用的供料元件之一，图1公开了一个螺距由小变大的螺杆。证据4公开了变螺距螺旋线的设计方法，提及一种分距装置，其核心是一个变螺距旋线推进辊，它的作用是把灌装瓶分成一定距离，使之准确而有规律地进入工位。

由于证据2~4没有公开上述权利要求4相对于证据1的区别技术特征，当然也没有给出将上述区别技术特征应用到证据1中以解决其存在的技术问题的启示，因此权利要求4相对于证据1和证据2、3或4的结合非显而易见，具有突出的实质性的特点；并且权利要求4的技术方案取得了减少模块数量降低成本的有益效果，具有显著的进步，因此权利要求4相对于证据1和证据2、3或4的结合具有创造性，符合《专利法》第二十二条第三款规定。

另外，中云公司认为基于证据2、3、4可知，变螺距是常规的变速方式，从而导致权利要求1相对于证据1和公知常识的结合没有创造性。专利复审委认为：首先，证据2、3、4都不是公知常识的载体，以这些证据证明“变螺距是常规的变速方式”为公知常识尚不足为信；其次，本专利通过螺距先从小变大再从大变小的螺旋杆使得模块先分离再合并，其解决的技术问题和螺旋杆所起的作用与证据2、3、4公开的通过螺距由小变大（或由大变小）的螺旋杆拆分物体的方案明显不同，因此从目前的证据出发，权利要求4相对于证据1和公知常识的结合也具有创造性。

权利要求5是权利要求4的从属权利要求，权利要求6和7是权利要求5的从属权利要求，在权利要求4具备创造性的基础上，权利要求5~7也具备创造性，符合《专利法》第二十二条第三款的规定。

综上，专利复审委决定宣告本专利权利要求1~3和8无效，维持权利要求4~7有效。

金纬公司、中云公司、曼夫瑞德·A·A·鲁波克均不服第10437号决定，向一审法院提起行政诉讼。

本院认为，金纬公司、中云公司、曼夫瑞德·A·A·鲁波克对专利复审委作出的第10437号决定的行政程序没有异议，经审查，本院对第10437号决定程序的合法性予以确认。

关于本案争议的焦点问题：

（1）本专利说明书中对背景技术的有关描述能否直接作为现有技术评价本专利的创造性。

根据《专利法实施细则》第三十条的规定，现有技术是指申请日（有优先权的，指优先权日）前在国内外出版物上公开发表、在国内公开使用或者以其他方式为公众所知的技术。本专利说明书背景技术部分对文献EP0270694A公开的内容有相关描述，但据此并不能确认该描述内容的真实性、准确性及该文献公开日早于本专利优先权日。根据《审查指南》第四部分第八章第2.1节的规定，当事人对自己提出的无效宣告请求所依据的事实有责任提供证据加以证明，没有证据或者证据不足以证明当事人的事实主张的，由负有举证责任的当事人承担不利后果。由《专利法实施细则》第十八条第一款及《审查指南》第二部分第二章2.2.3节对背景技术撰写要求的规定并不能推导出本专利说明书对背景技术的描述即是证明现有技术的有效证据，不能由此免除以之作为事实依据的无效宣告请求人提交本专利说明书背景技术部分所引证文件的举证责任。金纬公司对文献EP0270694A及其公开的内容未尽举证责任，专利复审委对其无效理由不予支持符合上述相关规定。

（2）本专利权利要求是否符合《专利法》第二十六条第四款的规定。

《专利法》第二十六条第四款的规定，权利要求书应当以说明书为依据，说明要求专利保护的范围。《审查指南》第二部分第二章第3.2.1节规定，对于权利要求中所包含的功能性限定的技术特征，应当理解为覆盖了所有能够实现所述功能的实施方式。如果权利要求中限定的功能是以说明书实施例中记载的特定方式来完成，并且所属技术领域的技术人员不能明了此功能还可以采用说明书中未提到的其他替代方式来完成，或者所属技术领域的技术人员有理由怀疑该功能性限定所包含的一种或几种方式不能解决发明或者实用新型所要解决的技术问题，并达到相同的技术效果，则权利要求中不得采用覆盖了上述其他替代方式的功能性限定。

①关于本专利权利要求1、2、3、8。

本专利权利要求1中包含了如下功能性限定的技术特征：所述螺旋杆装置用于所述模块部分的加速和分离，并在把所述模块部分返回至所述第一驱动部分之前，将其减速并相互并排地重新组合。而本专利说明书对上述功能性限定的技术特征只描述了一种特定的实现本发明的方式：两端部螺距较小、中部螺距较大的螺旋杆。所属技术领域的技术人员不能明了上述功能还可以采用说明书中未提到的其他替代方式来完成。因此，专利复审委认定权利要求1不符合《专利法》第二十六条第四款的规定，具有事实根据。鉴于权利要求2、8分别从属于权利要求1，权利要求3从属于权利要求2，都未对上述功能性限定的技术特征进一步限定，由上述功能性限定的技术特征导致的权利要求得不到说明书支持的缺陷仍然存在，因此专利复审委认定本专利权利要求2、3、8也不符合《专利法》第二十六条第四款的规定，具有事实根据。

曼夫瑞德·A·A·鲁波克认为专利复审委对此未尽到举证责任，本院认为对于专利复审委所认定的所属技术领域的技术人员不能明了其他可能实现上述功能的替代方式的情形，举证责任不在专利复审委。曼夫瑞德·A·A·鲁波克所主张的其他螺距变化方式，实质上都属于“两端部螺距较小、中部螺距较大的螺旋杆”这一特定的变螺距方式，一审判决及第10437号决定的认定具有事实根据。所谓开拓性的发明是《审查指南》在发明创造性判断中划分的几种类型之一，本案也未涉及权利要求的修改的问题，因此曼夫瑞德·A·A·鲁波克提出的该两项诉讼理由，与本案无关。《审查指南》第二章有关实质审查的规定是对《专利法》和《专利法实施细则》相关规定的具体化，曼夫瑞德·A·A·鲁波克认为其不应适用于专利无效宣告请求审查程序的诉讼主张，缺乏法律依据。

②关于本专利权利要求4~7。

本专利所要解决的技术问题是通过在移动模的回行路径上设置变距螺旋杆装置，从而减少环形导轨回行路径上的模块数量，降低模块成本。权利要求4~7中对驱动方式和驱动器的具体选择不会对上述所要解决的技术问题产生实质影响，并且背景技术中也需要通过驱动器对环形导轨上的模块进行驱动。本领域的技术人员为解决本发明所要解决的技术问题，可以根据现有技术选择皮带、齿轮、链条、螺旋杆等多种合适的驱动器或驱动方式实现本发明，专利复审委此处认定具有事实根据。

根据本专利说明书中的记载，为每个模块部分3提供一对在装有该模块部分3的运载装置的侧部伸出的导向件4和4a。从本专利说明书图2中可以看出螺旋齿和导向装置紧密配合、相互接触。因此，专利复审委认定权利要求4~7中“所述螺旋齿还具有导向装置（4，4A）”的“具有”应理解为表示位置关系，而不是隶属关系，表示“有”“存在”的意思，该认定具有事实根据。

中云公司认为本专利权利要求4~7中的第一驱动S为功能性限定概括，没有得到说明书的支持。本院认为专利复审委对该功能性限定的技术特征可供选择的实施方式的认定正确，而中云公司认为所属技术领域的技术人员有理由怀疑该功能性限定所包含的一种或几种方式不能解决发明所要解决的技术问题，并达到相同的技术效果，但未提出证据，因此其主张本院不予支持。

（3）本专利权利要求4~7是否符合《专利法》第二十二条第三款的规定。

《专利法》第二十二条第三款的规定，创造性是指同申请日以前已有的技术相比，该发明有突出的实质性特点和显著的进步，该实用新型具有实质性特点和进步。

本专利权利要求4的技术方案和最接近的现有技术对比文件证据1相比，存在以下区别技术特征：螺旋杆装置上布置的螺旋齿在上游端部和下游端部螺距较小，而在螺旋杆装置的长杆体部分螺距较大。该区别技术特征的引入解决了减少环形导轨回行路径上的模块数量、降低模块成本的技术问题。由于对比文件证据2~4没有公开上述区别技术特征，也没有给出将上述区别技术特征应用到证据1中以解决其存在的技术问题的启示，因此权利要求4相对于证据1和证据2、3或4的结合非显而易见，具有突出的实质性的特点，并且取得了减少模块数量降低成本的有益效果，具有显著的进步。据此，专利复审委认定权利要求4相对于证据1和证据2、3或4的结合具有创造性，符合《专利法》第二十二条第三款规定，具有事实根据。权利要求5是权利要求4的从属权利要求，权利要求6和7是权利要求5的从属权利要求，在权利要求4具备创造性的基础上，权利要求5~7也具备创造性，符合《专利法》第二十二条第三款的规定。

综上，专利复审委作出的第10437号决定认定事实清楚、适用法律正确、符合法定程序，一审判决维持正确，本院予以支持。金纬公司、中云公司、曼夫瑞德·A·A·鲁波克的上诉请求缺乏事实及法律依据，本院不予支持。依据《中华人民共和国行政诉讼法》第六十一条第（一）项的规定，判决如下：

驳回上诉，维持一审判决。

二审案件受理费人民币100元，由上诉人上海金纬机械制造有限公司、潍坊中云机器有限公司、曼夫瑞德·A·A·鲁波克共同负担（已交纳）。

本判决为终审判决。

审　判　长　朱世宽
代理审判员　胡华峰
代理审判员　赵宇晖
二〇〇九年二月十八日
书　记　员　张　怡

水晶镶嵌铜板灵位

无效宣告请求审查决定（第10439号）

决　　定　　号 第10439号
决　　定　　日 2007年8月17日
发明创造名称 水晶镶嵌铜板灵位
国 际 分 类 号 A47G 33/00，E04H 13/00
无效宣告请求人 上海市宝兴殡仪馆
专　利　权　人 杜祖兴，王运良
专　　利　　号 200520041436.1
申　　请　　日 2005年5月11日
授 权 公 告 日 2007年2月14日
合 议 组 组 长 高　栋
主　　审　　员 毕艳红
参　　审　　员 武　磊

法　律　依　据 专利法第22条第3款
决　定　要　点

将现有技术中已知的技术转用到一项实用新型中，如果这种转用是在相近技术领域之间进行的，所达到的效果是本领域技术人员可以预料的，则该实用新型不具备创造性。

一、案由

本无效宣告请求涉及国家知识产权局于2007年2月14日授权公告、申请号为200520041436.1、名称为“水晶镶嵌铜板灵位”的实用新型专利（下称本专利），其申请日是2005年5月11日，专利权人是杜祖兴、王运良。本专利授权公告的权利要求书如下：

“一种水晶镶嵌铜板灵位，形状是：长方形、扇形、椭圆形，构造是：24K镀金遗像铜板镶嵌于水晶前牌与后牌之中，放置在水晶底座之上，其特征是：遗像铜板的正、反面及水晶前、后牌与水晶底座使用无影胶粘接，隔绝空气。”

针对上述专利权，上海市宝兴殡仪馆（下称请求人）于2007年3月26日向国家知识产权局专利复审委员会提出无效宣告请求，其无效理由为本专利权利要求1相对于附件1和附件2的结合不符合专利法第22条第3款的规定以及本专利涉及的技术方案已经在申请日之前使用公开。请求人提交了如下附件：

附件1：中国实用新型专利CN2233711Y，授权公告日1996年8月28日（下称对比文件1）；

附件 2：中国实用新型专利 CN2615240Y，授权公告日 2004 年 5 月 12 日（下称对比文件 2）；

附件 3：中国实用新型专利 CN2868092Y，申请日 2005 年 5 月 11 日，授权公告日 2007 年 2 月 14 日（本专利）。

具体无效理由如下：对比文件 1 公开了权利要求 1 大部分的技术特征，其区别技术特征在于：遗像铜板的正反面及水晶前、后牌与水晶底座使用无影胶黏结。上述区别技术特征已在对比文件 2 中公开，并所起作用与其在权利要求 1 中所起作用相同，对比文件 2 给出了将上述技术特征应用于对比文件 1 以粘接部件的技术启示。对于本专利与对比文件 1 和对比文件 2 的材料不同问题，在创造性的评价时对材料特征应不予考虑；权利要求 1 中灵位的形状：长方形、扇形、椭圆形是本领域技术人员制作灵位时惯常使用的形状，是本领域技术人员的公知常识。综上，权利要求 1 相对于对比文件 1、2 不具备创造性；另外，本专利所涉及的技术方案已经在申请日之前使用公开。

经形式审查合格，专利复审委员会受理了上述无效宣告请求，并于 2007 年 3 月 27 日向双方当事人发出无效宣告请求受理通知书，同时将请求人提交的无效宣告请求书及其附件清单中所列附件的副本转寄给专利权人。

针对上述无效宣告请求，专利权人于 2007 年 4 月 29 日提交了意见陈述书，其中专利权人认为：本专利与对比文件 1、2 相比具有实质性特点和进步，与本专利相比，对比文件 1 无逝者的彩色遗像，对比文件 2 属于玻璃装饰工艺品技术领域，与殡葬用品领域毫无关联，而本专利设计将铜板遗像镶嵌在水晶前后牌中，使彩色遗像隔绝空气，不易因空气中的酸碱腐蚀而褪色，可长久保存，具有实质性特点。而且本专利采用先进电脑软件编辑和数码处理的工艺、技术、设备，将彩色遗像复制在铜板上，具有进步。由于采用了水晶材料代替木质材料，并与铜板结合的灵位，使形状与构造结合时发生了变化，水晶的折射使彩色遗像逼真清晰，因此本专利的材料特征应予以认定具备创造性。另外，请求人认为长方形、扇形、椭圆形是本领域技术人员惯常使用的形状，属于公知常识，但是否属于公知常识应根据事实来判断，而不能凭请求人的主观想像来判断认定。铜板彩色遗像技术和无影胶技术不是通过使用能够使公众想得知就能够得知的，因此本专利不属于使用公开。

2007 年 6 月 1 日，专利复审委员会本案合议组向双方当事人发出无效宣告请求口头审理通知书，定于 2007 年 7 月 11 日举行口头审理，并随本口审通知书将专利权人提交的意见陈述书转送给请求人。

2007 年 6 月 13 日，专利权人提交无效宣告请求口头审理通知书回执，表示不能参加口头审理。

口头审理如期举行，请求人委托代理人参加了口头审理，专利权人未出席口头审理。在口头审理过程中，请求人对合议组成员无回避请求；请求人明确无效理由为：本专利权利要求 1 相对于对比文件 1（CN2233711Y）、对比文件 2（CN2615240Y）的结合不符合专利法第 22 条第 3 款的规定，其中对比文件 1 作为最接近的对比文件；请求人没有在规定期限内提交本专利已经在申请日之前使用公开的证据，合议组当庭告知对其提出的使用公开的理由不予审理，请求人当庭明确表示放弃上述理由；本次口审之后合议组不再接受双方当事人的任何意见陈述。

在上述工作的基础上，合议组认为本案事实已经清楚，可以依法作出审查决定。

二、决定的理由

1. 关于证据

对比文件 1 和对比文件 2 均为在本专利申请日之前公开的专利文献，合议组经核实认可其真实性，并且专利权人对其真实性也没有提出过异议，因此对比文件 1、2 可作为本案的现有技术的证据使用。

2. 关于专利法第 22 条第 3 款

专利法第 22 条第 3 款规定：创造性，是指同申请日以前已有的技术相比，该发明具有突出的实质性特点和显著的进步，该实用新型有实质性特点和进步。

权利要求 1 请求保护一种水晶镶嵌铜板灵位，对比文件 1（参见其权利要求 1、2，说明书第 1 页第 4 段至第 2 页第 6 段，附图 1-5）也公开了一种灵位，并具体公开了如下技术内容：灵位由灵碑和底座组成（灵碑对应于权利要求 1 中遗像铜板镶嵌于水晶前牌与后牌之间所组成的这个整体），灵碑与底座有螺栓紧固、粘接或者灵碑伸入底座孔（对应于权利要求 1 中遗像铜板镶嵌于水晶前牌与后牌之中的这个整体放置在水晶底座之上），灵碑与底座的材料为木料、金属、天然或人造石料、塑料或有机复合材料。灵碑为长方体或矮形，顶部为梯形、半圆形或方形。权利要求 1 与对比文件 1 的区别技术特征为：a. 权利要求 1 中的灵碑由 24K 镀金遗像铜板镶嵌于水晶前牌与后牌之中构成，对比文件 1 的灵碑不分层且其中无遗像；权利要求 1 中遗像铜板的正、反面及水晶前、后牌与水晶底座使用无影胶粘接，隔绝空气；b. 权利要求 1 中的灵牌的前后牌与底座为水晶材料，对比文件 1 公开了灵碑与底座的材料可以为木料、金属、天然或人造石料、塑料或有机复合材料；c. 权利要求 1 中灵位的形状可以是长方形、扇形、椭圆形，对比文件 1 中的灵碑为长方体或矮形，顶部为梯形、半圆形或方形。

对于上述区别技术特征 a，对比文件 2（参见其说明书第 1 页第 3~5 段、第 2 页第 6 段）公开了一种嵌贴玻璃，并具体公开了如下技术内容：嵌贴玻璃，它包括玻璃板、拼图嵌贴物，在玻璃板和拼图嵌贴物之间设有无影胶粘层，为了更好地保护由拼图嵌贴物形成的拼图，拼图嵌贴物可夹嵌在两层玻璃板之间，拼图嵌贴物可以选用玻璃、天然石、人造宝石，如水晶等。由于本专利与对比文件 2 所属的技术领域相近，本领域技术人员可以容易地从对比文件 2 获得用灵牌替代拼图嵌贴物夹嵌在玻璃或其他材质的物品之间并使用无影胶黏结物品以隔绝空气的技术启示，并且两者均起到了装饰、保护中间夹嵌物的作用；而灵碑上加入遗像以及该遗像采用 24K 镀金铜板制作是本领域技术人员的惯用技术手段；对于上述区别技术特征 b，因为水晶是一种天然石料，在对比文件 1 公开的使用天然石料做灵牌和底座的基础上，本领域技术人员可以根据实际应用的需要而容易的想到使用水晶制作灵牌的前后牌与底座；对于上述区别技术特征 c，在对比文件 1 公开的灵牌为长方体或矮形，顶部为梯形、半圆形或方形的基础上，本领域技术人员可以根据实际应用的需要而容易的想到将权利要求 1 中的灵位形状设置为长方形、扇形、椭圆形。因此，在对比文件 1 的基础上结合对比文件 2 和本领域的惯用技术手段，得到权利要求 1 所要求保护的技术方案对本领域技术人员来说是容易想到的，这种结合所产生的技术效果是可以预见的，权利要求 1 不具备实质性特点和进步，不符合专利法第 22 条第 3 款有关创造性的规定。

针对专利权人的意见陈述，合议组认为，对比文件 1 中的确无逝者的彩色遗像，但在灵牌中加入逝者遗像是本领域的惯用技术手段，而至于遗像到底如何设计并不是本专利所要解决的技术问题，采用先进电脑软件编辑和数码处理的工艺、技术、设备，将彩色遗像复制在铜板上是现有的技术手段，这种技术手段的采用并不能使本专利具有进步；另外，虽然从技术领域来看，对比文件 2 属于装饰工艺品领域而本专利属于殡葬用品领域，但上述两个领域其实属于相近的领域，殡葬用品采用了很多工艺品领域的设计手段，殡葬用品领域的技术人员也相应地具备在相近的装饰工艺品领域寻找有关技术手段的能力。对比文件 1 已经给出了采用水晶材料制作灵牌或底座的技术启示，而由于水晶材料的折射作用而使彩色遗像逼真清晰等技术效果是本领域技术人员可以预料到的技术效果，因此所使用的材料特征并不能使本专利具备创造性。另外，将灵牌制成长方形、扇形、椭圆形并不存在任何技术和实施方面的困难，是本领域技术人员在实际应用中容易想到的设置方式，上述技术内容属于本领域的惯用技术手段。鉴于请求人已放弃本专利在申请日之前使用公开的无效理由，合议组对此不再予以评述。综上，合议组对专利权人的意见陈述不予支持，请求人提出的无效宣告请求的理由成立。

三、决定

宣告200520041436.1号实用新型专利权全部无效。

当事人对本决定不服的，可以根据专利法第46条第2款的规定，自收到本决定之日起3个月内向北京市第一中级人民法院起诉。根据该款的规定，一方当事人起诉后，另一方当事人应当作为第三人参加诉讼。

193

增压发动机增压器气压测量仪

无效宣告请求审查决定（第 10442 号）

决　　定　　号　第 10442 号
决　　定　　日　2007 年 8 月 29 日
发明创造名称　增压发动机增压器气压测量仪
国 际 分 类 号　G01L 23/00
无效宣告请求人　王新泽
专　利　权　人　陈东风
专　　利　　号　200420011008. X
申　　请　　日　2004 年 6 月 3 日
授 权 公 告 日　2005 年 5 月 25 日
合 议 组 组 长　张梅珍
主　　审　　员　宋　瑞
参　　审　　员　刘亚斌

法　律　依　据　专利法第 22 条第 2 款、第 3 款
决　定　要　点

如果一项权利要求和对比文件相比存在区别技术特征，且在对比文件中没有给出应用上述区别特征的技术启示，同时也没有证据表明该区别技术特征属于公知常识，则该权利要求相对于上述对比文件具备创造性。

一、案由

本无效宣告请求涉及中华人民共和国国家知识产权局于 2005 年 5 月 25 日授权公告的、名称为“增压发动机增压器气压测量仪”的实用新型专利权（下称本专利），其申请号为 200420011008. X，申请日为 2004 年 6 月 3 日，专利权人为陈东风。本专利授权公告时的权利要求如下：

“1. 一种增压发动机增压器气压测量仪，具有气压表［2］，其特征是还具有三通空芯分支器［1］，三通空芯分支器［1］的一个接口［6］用于与增压器的压气机压入发动机进气管的分支气管相连通，另一个接口［7］用于与油泵的补偿气进气口相连通，第三个接口［8］用于与气压表［2］相连通。

2. 根据权利要求 1 的一种增压发动机增压器气压测量仪，其特征是所述的三通空芯分支器［1］的一个接口［6］上装有眼孔接头［5］，另一个接口［8］上装有气动快插头［3］，气动快插头［3］上装有管道［4］，管道［4］的一端通过气动快插头［3］装在气压表［2］上。

3. 根据权利要求1，2的一种增压发动机增压器气压测量仪，其特征是所述的三通空芯分支器［1］的一个接口［8］上装有气动快插头［3］，气动快插头［3］上装有手柄［9］，手柄［9］的另一端通过气动快插头［3］装在气压表［2］上，手柄［9］设有内通孔。

4. 根据权利要求2的一种增压发动机增压器气压测量仪，其特征是所述的气压表［2］上安装有操作室内。

5. 根据权利要求2、3的一种增压发动机增压器气压测量仪，其特征是所述的管道［4］为软管。"

针对上述专利权，王新泽（下称请求人）于2006年12月8日向专利复审委员会提出无效宣告请求，其提交的证据如下：

证据1：名称为《油泵油嘴维修工具一览图》的产品目录一份；

证据2：标有"2002年12月18日"字样的握柄图纸复印件一页；

证据3：标有"2002年12月18日"字样的空心螺钉图纸复印件一页；

证据4：由南阳市油泵油嘴试验设备厂出具的证明的复印件一页；

证据5：由郭清元出具的证言复印件一页。

结合上述证据，请求人认为本专利的技术内容在其申请日之前在证据1中公开发表过，并且其产品在国内公开使用过，因此本专利不符合专利法第22条第2~3款的规定。

请求人于2007年1月31日向专利复审委员会提交补正书，对无效宣告请求书进行了形式上的补正。

经形式审查合格，专利复审委员会依法受理了上述无效宣告请求，并于2007年2月8日将无效宣告请求书及其附件清单中所列附件的副本转送给专利权人。

专利权人于2007年3月9日向专利复审委员会提交了意见陈述书以及如下反证：

反证1：河南省南阳市知识产权局宛专纠字（2006）5号的处理决定复印件1份；

反证2：河南省郑州市中级人民法院（2006）郑行初字第88号的行政判决书复印件1份；

反证3：南阳市油泵油嘴试验设备厂2007年1月5日出具的购货单据复印件1页；

反证4：河南省南阳市宛泵大军培训学习材料之八《车用增压器测量仪》的手册一份。

专利权人在上述意见陈述书中表示对请求人提交的证据1~5的真实性有异议，认为证据1具有欺骗性，不真实性，不能作为证据使用；证据1封面有三个企业单位落款，这三个单位之间没有联系，结果出现一览图内容不知是哪个企业所有；证据1图2~5中没有发现请求人理由书上所说的"握柄和空心螺钉"，本专利和证据1的图2~5完全是两码事，两种测量工具；证据2和证据3的图纸没有填写设计人、绘制人、审核人姓名及签字，更没有这些人的证言，为假图纸，不具备证据效力；证据4上称柳大江是南阳市油泵油嘴厂工程师，南阳市油泵油嘴试验厂一切产品图纸均由柳大江设计绘制，但是没有柳大江的签字或证言，因此证据4说的都是假话，不具备证言材料，请求人就是证据4出证单位负责人，自己证明自己，不起任何证据作用；证据5的证言内容与签字不是一个人的笔迹，又没有盖手印，又没有单位签字，盖公章，不能凭信，不能作证据使用。专利权人认为上述证据1~5均不能证明本专利的技术方案在申请日之前公开发表过或公开使用过，本专利权利要求1具备新颖性和创造性。关于反证1~4，专利权人认为反证1、2证明南阳市知识产权局和郑州市中院都认为请求人先用权不能成立；反证3用于证明请求人有侵权行为；反证4对本专利产品的性能以及使用作了说明，并认为该产品解决了以前无法测量增压器气压的难题，避免了很多故障的发生，可以证明本专利有实质性特点和进步。

专利复审委员会于2007年4月17日向双方发出无效宣告请求口头审理通知书，指出本案合议组定于2007年7月11日举行口头审理。随同口头审理通知书，将专利权人于2007年3月9日提交的意见陈述书及其附件清单中所列附件的副本一份转送给请求人，将请求人于2007年1月31日提交的补正书副本1页转送给专利权人。

请求人于2007年5月6日再次向专利复审委员会提交了意见陈述书，指出2002年12月18日，南阳市油泵油嘴厂及南阳市油泵油嘴试验设备厂已完成本专利产品的图纸设计、制造等工作，在其产品目录油泵油嘴维修工具一览图上公开发表，并予以生产销售，上述事实有证据1~5证明，而本专利的申请日为2004年6月3日，从时间上看，本专利不具有新颖性和创造性；三通空心分支技术属公知技术，本专利不具有新颖性和创造性；南阳油泵油嘴厂、南阳油泵油嘴试验设备厂、南阳油泵油嘴培训中心属上下级隶属关系，三个单位有着必然的联系，请求人出任过油泵油嘴试验设备厂的法定代表人，该企业不是请求人的个人企业。

由于专利复审委员会工作原因，本案合议组经与双方当事人电话联系后，向双方发出无效宣告请求口头审理通知书，改在2007年7月17日对本案进行口头审理。

口头审理如期举行，请求人参加了口头审理，专利权人缺席口头审理。

在口头审理中，请求人明确其无效理由、事实、证据为：（1）关于专利法第22条第2款：证据1中的图2~5公开了本专利权利要求1~3的技术内容，证据1~3的结合证明在本专利申请日之前已经公开使用本专利权利要求1~3的技术方案，因此权利要求1~3不具备新颖性；（2）关于专利法第22条第3款：三通空芯分支器属于本领域公知技术，本专利权利要求1~3相对于证据1以及上述公知技术的结合不具备创造性。请求人当庭出示了证据1~5的原件。证人郭清元出庭作证，证明其在2002年和2003年生产过空心螺钉和握柄。

至此，合议组认为本案事实清楚，现依法作出审查决定。

二、决定的理由

1. 关于证据和现有技术

请求人在无效宣告请求程序中共提交了5份证据，即证据1~5，请求人在口头审理当庭出示了上述证据的原件。专利权人在意见陈述书中对上述证据1~5的真实性均有异议。专利权人对证据1的异议仅在于证据1中标有三个单位的名称，因此对证据1的提供单位有异议，进而怀疑证据1的真实性。鉴于请求人当庭出示了证据1的原件，且专利权人也没有提供其他任何证据来证明证据1涉嫌造假的主张，至于证明1封面上标有三个单位的名称，如请求人所述，这三个单位存在密切联系，合议组认为在产品目录上注明三个关联单位的名称也是合理的，并不影响该证据的真实性。因此合议组对专利权人的上述主张不予支持，对证据1的真实性予以认可。证据1前言中标有“2002年12月”的时间，出于产品推销的目的，产品目录一般会在印刷后很快散发出去，而本专利的申请日比上述时间晚一年半左右的时间，因此可以认为证据1在本专利的申请日之前已经处于公开状态，因此证据1可以作为本专利的现有技术使用。专利权人认为证据2、3的图纸上没有填写设计人、绘制人、审核人姓名及签字，因此对其真实性有异议。合议组认为，工程制图要求在图纸上注明设计人、绘制人、审核人，对于批量生产各种配件、工具的厂家，很难想象其产品设计图纸不符合上述工程制图的规范，因此专利权人对证据2、3真实性的置疑是合理的，且请求人也没有提供能够充分证明证据2、3真实性的其他证据，因此合议组对证据2、3的真实性不予认可。关于证据4，作为证明材料但没有出证单位负责人的签字，因此合议组对其真实性不予认可。由于证据5的证明材料的出证人郭清元在口头审理当庭出庭作证，因此合议组对证据5证明材料本身的真实性予以认可。

专利权人提交的证据是反证1~4，由于反证1~4与本案无效宣告请求的新颖性、创造性的审查无直接关系，因此在本决定中对反证1~4不再进行评述。

2. 关于新颖性

专利法第 22 条第 2 款规定：新颖性，是指在申请日以前没有同样的发明或者实用新型在国内外出版物上公开发表过、在国内公开使用过或者以其他方式为公众所知，也没有同样的发明或者实用新型由他人向国务院专利行政部门提出过申请并且记载在申请日以后公布的专利申请文件中。

本专利权利要求 1 请求保护一种增压发动机增压器气压测量仪，证据 1 的图 2~5 是一种名为“油腔压力表 VE 泵油腔压力专用”的仪表图片，从图片中可以看出该油腔压力表包括一个指针式表头，一根与表头连接的软管，软管的另一端有一个接头，接头旁边有一个请求人称之为“三通”的部件，但是从图中无法看清其形状和结构。

合议组认为，首先，证据 1 的图 2~5 中的仪表与本专利权利要求 1 的主题名称和所要解决的技术问题不同，证据 1 中的是油腔压力表，是用于测量油腔压力的，而本专利权利要求 1 的名称为增压发动机增压器气压测量仪，是用于测量增压器气压的。其次，证据 1 的图 2~5 没有公开本专利权利要求 1 的全部技术特征。本专利权利要求 1 的气压测量仪具有三通空芯分支器［1］，三通空芯分支器［1］的一个接口［6］用于与增压器的压气机压入发动机进气管的分支气管相连通，另一个接口［7］用于与油泵的补偿气进气口相连通，第三个接口［8］用于与气压表［2］相连通。请求人声称证据 1 图 2~5 中的软管远离表头的接头旁边的部件为“三通”，但从该图中无法看清该部件的形状和结构，合议组认为不能认定图 2~5 公开了本专利中的“三通空芯分支器”，同时该图也未公开所述分支器与其他部件的连接关系。因此，证据 1 没有公开本专利权利要求 1 的技术方案，权利要求 1 相对于证据 1 具备新颖性，符合专利法第 22 条第 2 款的规定。

如上所述，在证据 1 没有公开权利要求 1 的技术方案，且对证据 2~4 的真实性不予认可的情况下，仅根据证据 5 中的证明，不足以证明在本专利申请日前就已经公开使用本专利权利要求 1 的技术方案。

在权利要求 1 具备新颖性的情况下，其从属权利要求 2、3 也具备新颖性，符合专利法第 22 条第 2 款的规定。

3. 关于创造性

专利法第 22 条第 3 款规定：创造性，是指同申请日以前已有的技术相比，该发明有突出的实质性特点和显著的进步，该实用新型有实质性特点和进步。

本专利权利要求 1 请求保护一种增压发动机增压器气压测量仪，证据 1 的图 2~5 是一张名为“油腔压力表 VE 泵油腔压力专用”的仪表图片，从上述关于新颖性的评述中可知，证据 1 没有公开本专利权利要求 1 特征部分的技术内容，即“还具有三通空芯分支器［1］，三通空芯分支器［1］的一个接口［6］用于与增压器的压气机压入发动机进气管的分支气管相连通，另一个接口［7］用于与油泵的补偿气进气口相连通，第三个接口［8］用于与气压表［2］相连通”，请求人认为“三通技术”为公知常识，但没有证据表明将“三通空芯分支器”用于增压发动机增压器气压测量仪属于公知常识，并且在本专利中通过“三通空芯分支器”能够实现在发动机上不拆卸增压器、油泵进行气压测量的目的，因此权利要求 1 相对于证据 1 和公知常识具备创造性，符合专利法第 22 条第 3 款的规定。

在权利要求 1 具备创造性的情况下，其从属权利要求 2、3 相对于证据 1 和公知常识也具备创造性，符合专利法第 22 条第 3 款的规定。

三、决定

维持 200420011008. X 号实用新型专利权有效。

当事人对本决定不服的，可以根据专利法第 46 条第 2 款的规定，自收到本决定之日起三个月内向北京市第一中级人民法院起诉。根据该款的规定，一方当事人起诉后，另一方当事人应当作为第三人参加诉讼。

北京市第一中级人民法院
行政判决书

（2007）一中行初字第 1644 号

原告王新泽，男，1950 年 11 月 10 日出生，汉族，住河南省南阳市宛城区联合街 17 号。

委托代理人兰文旭，河南育滨律师事务所律师。

委托代理人杜泽斌，河南省南阳市卧龙区司法局七里园法律服务所法律工作者。

被告国家知识产权局专利复审委员会，住所地北京市海淀区北四环西路 9 号银谷大厦 10~12 层。

法定代表人廖涛，副主任。

委托代理人王琦琳，国家知识产权局专利复审委员审查员。

委托代理人张鹏，国家知识产权局专利复审委员审查员。

第三人陈东风。

原告王新泽不服被告国家知识产权局专利复审委员会（以下简称专利复审委员会）于 2007 年 8 月 29 日作出的第 10442 号无效宣告请求审查决定（以下简称第 10442 号决定），于法定期限内向本院提起行政诉讼。本院于 2007 年 11 月 26 日受理后，依法组成合议庭，并通知陈东风作为本案第三人参加诉讼，于 2008 年 9 月 25 日对本案公开开庭进行了审理。原告王新泽及其委托代理人兰文旭、杜泽斌，被告专利复审委员会的委托代理人王琦琳、张鹏到庭参加了诉讼，第三人陈东风经公告送达传票，无正当理由未到庭参加诉讼，本院依法进行了缺席审理。本案现已审理终结。

第 10442 号决定系专利复审委员会针对王新泽就陈东风拥有的名称为“增压发动机增压器气压测量仪”的实用新型专利（以下简称本专利）提出的无效宣告请求作出的。

专利复审委员会在该决定中认为：

1. 关于证据和现有技术

王新泽在无效宣告请求程序中共提交了 5 份证据，即证据 1~5，王新泽在口头审理当庭出示了上述证据的原件。专利权人陈东风在意见陈述书中对上述证据 1~5 的真实性均有异议。专利权人陈东风对证据 1 的异议仅在于证据 1 中标有三个单位的名称，因此对证据 1 的提供单位有异议，进而怀疑证据 1 的真实性。鉴于王新泽当庭出示了证据 1 的原件，且专利权人陈东风也没有提供其他任何证据来证明证据 1 涉嫌造假的主张，至于证明 1 封面上标有三个单位的名称，如王新泽所述，这三个单位存在密切联系，专利复审委员会认为在产品目录上注明三个关联单位的名称也是合理的，并不影响该证据的真实性。因此专利复审委员会对专利权人陈东风的上述主张不予支持，对证据 1 的真实性予以认可。证据 1 前言中标有“2002 年 12 月”的时间，出于产品推销的目的，产品目录一般会在印刷后很快散发出去，而本专利的申请日比上述时间晚一年半左右的时间，因此可以认为证据 1 在本专利的申请日之前已经处于公开状态，因此证据 1 可以作为本专利的现有技术使用。专利权人陈东风认为证据 2、3 的图纸上没有填写设计人、绘制人、审核人姓名及签字，因此对其真实性有异议。专利复审委员会认为，工程制图要求在图纸上注明设计人、绘制人、审核人，对于批量生产各种配件、工具的厂家，很难想象其产品设计图纸不符合上述工程制图的规范，因此专利权人陈东风对证据 2、3 真实性的置疑是合理的，且王新泽也没有提供能够充分证明证据 2、3 真实性的其他证据，因此专利复审委员会对证据 2、3 的真实性不予认可。关于证据 4，作为证明材料但没有出证单位负责人的签字，因此专利复审委员会对其真实性不予认可。由于证据 5 的证明材料的出证人郭清元在口头审理当庭出庭作证，因此专利复审委员会对证据5证明材料本身的真实性予以认可。

专利权人陈东风提交的证据是反证1~4，由于反证1~4与本案无效宣告请求的新颖性、创造性的审查无直接关系，因此对反证1~4不再进行评述。

2. 关于新颖性

（1）证据1的图2~5中的仪表与本专利权利要求1的主题名称和所要解决的技术问题不同，证据1中的是油腔压力表，是用于测量油腔压力的，而本专利权利要求1的名称为增压发动机增压器气压测量仪，是用于测量增压器气压的。（2）证据1的图2~5没有公开本专利权利要求1的全部技术特征。本专利权利要求1的气压测量仪具有三通空芯分支器［1］，三通空芯分支器［1］的一个接口［6］用于与增压器的压气机压入发动机进气管的分支气管相连通，另一个接口［7］用于与油泵的补偿气进气口相连通，第三个接口［8］用于与气压表［2］相连通。王新泽声称证据1图2~5中的软管远离表头的接头旁边的部件为“三通”，但从该图中无法看清该部件的形状和结构，专利复审委员会认为不能认定图2~5公开了本专利中的“三通空芯分支器”，同时该图也未公开所述分支器与其他部件的连接关系。因此，证据1没有公开本专利权利要求1的技术方案，权利要求1相对于证据1具备新颖性，符合《中华人民共和国专利法》（以下简称《专利法》）第二十二条第二款的规定。

如上所述，在证据1没有公开权利要求1的技术方案，且对证据2~4的真实性不予认可的情况下，仅根据证据5中的证明，不足以证明在本专利申请日前就已经公开使用本专利权利要求1的技术方案。

在权利要求1具备新颖性的情况下，其从属权利要求2、3也具备新颖性，符合《专利法》第二十二条第二款的规定。

3. 关于创造性

本专利权利要求1请求保护一种增压发动机增压器气压测量仪，证据1的图2~5是一张名为“油腔压力表VE泵油腔压力专用”的仪表图片，从上述关于新颖性的评述中可知，证据1没有公开本专利权利要求1特征部分的技术内容，即“还具有三通空芯分支器［1］，三通空芯分支器［1］的一个接口［6］用于与增压器的压气机压入发动机进气管的分支气管相连通，另一个接口［7］用于与油泵的补偿气进气口相连通，第三个接口［8］用于与气压表［2］相连通”，王新泽认为“三通技术”为公知常识，但没有证据表明将“三通空芯分支器”用于增压发动机增压器气压测量仪属于公知常识，并且在本专利中通过“三通空芯分支器”能够实现在发动机上不拆卸增压器、油泵进行气压测量的目的，因此权利要求1相对于证据1和公知常识具备创造性，符合《专利法》第二十二条第三款的规定。

在权利要求1具备创造性的情况下，其从属权利要求2、3相对于证据1和公知常识也具备创造性，符合《专利法》第二十二条第三款的规定。

综上，专利复审委员会作出第10442号决定，维持本专利权有效。

王新泽不服第10442号决定，在法定期限内向本院提起行政诉讼，其诉称：（1）证据1公开了“三通空芯分支器”，并且在口头审理时出示了证据1的实物。证据2、3设计图纸中的卧柄和空芯螺钉技术含量较低，因此该图纸不可能像工程制图的规范的要求那样严格，虽然没有注明设计人、绘制人和审核人，但不影响真实性。证据4已经在单位出具的证明上加盖公章，即使没有单位负责人的签字也可以认定真实性。证据5和其他证据结合可以认定本专利已经在先使用公开；（2）证据1可以证明本专利在申请日之前已经处于公开状态，另外证据5可以证明本专利在申请日之前已经使用公开。综上，被告作出的第10442号决定认定事实和适用法律错误，王新泽请求人民法院撤销第10442号决定。

专利复审委员会在其书面答辩中坚持其在第10442号决定中的意见，认为第10442号决定认定事实清楚，适用法律法规正确，审理程序合法，原告的诉讼理由不能成立，请求人民法院维持第10442号决定。

本院经审理查明：

名称为“增压发动机增压器气压测量仪”的实用新型专利（即本专利）于2004年6月3日向国家知识产权局专利局提出申请，于2005年5月25日被授权公告，专利号为200420011008.X，专利权人为陈东风。本专利授权公告的权利要求如下：

“1. 一种增压发动机增压器气压测量仪，具有气压表［2］，其特征是还具有三通空芯分支器［1］，三通空芯分支器［1］的一个接口［6］用于与增压器的压气机压入发动机进气管的分支气管相连通，另一个接口［7］用于与油泵的补偿气进气口相连通，第三个接口［8］用于与气压表［2］相连通。

2. 根据权利要求1的一种增压发动机增压器气压测量仪，其特征是所述的三通空芯分支器［1］的一个接口［6］上装有眼孔接头［5］，另一个接口［8］上装有气动快插头［3］，气动快插头［3］上装有管道［4］，管道［4］的一端通过气动快插头［3］装在气压表［2］上。

3. 根据权利要求1，2的一种增压发动机增压器气压测量仪，其特征是所述的三通空芯分支器［1］的一个接口［8］上装有气动快插头［3］，气动快插头［3］上装有手柄［9］，手柄［9］的另一端通过气动快插头［3］装在气压表［2］上，手柄［9］设有内通孔。

4. 根据权利要求2的一种增压发动机增压器气压测量仪，其特征是所述的气压表［2］上安装有操作室内。

5. 根据权利要求2、3的一种增压发动机增压器气压测量仪，其特征是所述的管道［4］为软管。”

针对上述专利权，王新泽于2006年12月8日向专利复审委员会提出了宣告本专利权无效的请求，并提交了证据，其中：

证据1：名称为《油泵油嘴维修工具一览图》的产品目录一份，其中图2~5是一种名为“油腔压力表VE泵油腔压力专用”的仪表图片，从图片中可以看出该油腔压力表包括一个指针式表头，一根与表头连接的软管，软管的另一端有一个接头，接头旁边有一个王新泽称之为“三通”的部件，但是从图中无法看清其形状和结构。

证据2：标有“2002年12月18日”字样的握柄图纸复印件一页，该图纸上没有设计人、绘制人和审核人的姓名和签字；

证据3：标有“2002年12月18日”字样的空心螺钉图纸复印件一页，该图纸上没有设计人、绘制人和审核人的姓名和签字；

证据4：由南阳市油泵油嘴试验设备厂出具的证明的复印件一页，该证明盖有南阳市油泵油嘴试验设备厂的公章，但没有法定代表人的签字；

证据5：由郭清元出具的证言复印件一页。

在口头审理中，王新泽明确其无效理由为本专利权利要求1~3相对于证据1不具备新颖性，本专利权利要求1~3相对于证据1和公知常识的结合不具备创造性。

庭审中，王新泽称其在本专利无效审查阶段还提交了证据6~10，并且认为证据1~5可以证明本专利在先使用公开。

上述事实有第10442号决定、本专利授权公告文本、口头审理记录表、证据1~5及当事人陈述等证据在案佐证。

本院认为，综合各方当事人的诉辩主张，本案主要涉及如下焦点问题：

1. 有关证据认定问题

在本案中，王新泽主张在无效审查阶段还提交了证据6~10，但其未提供证据证明其在无效程序中提交过上述证据，并且专利复审委员会举行的口头审理明确了王新泽使用的证据为1~5，王新泽及其委托代理人兰文旭、杜泽斌均在该口头审理记录表中签字确认而未提出异议，因此王新泽在诉讼阶段依据证据6~10提出相应主张缺乏事实依据，本院不予采信。

王新泽提交的证据2、3系设计图纸，按照行业内对机械制图的规范性要求，设计图纸应当有设计人、绘制人和审核人的姓名和签字，在缺乏上述内容的情况下，该两份证据的真实性不能认定。王新泽有关该两份设计图纸本身技术含量较低，不需要严格制图的主张缺乏事实和法律依据，本院不予支持。

最高人民法院《关于执行中华人民共和国行政诉讼法若干问题的解释》第九十七条规定，人民法院审理行政案件，除依照行政诉讼法和本解释外，可以参照民事诉讼的有关规定。《中华人民共和国民事诉讼法》第六十五条第二款规定，人民法院对有关单位和个人提出的证明文书，应当辨别真伪，审查确定其效力。最高人民法院《关于适用中华人民共和国民事诉讼法若干问题的意见》第七十七条规定，依照民事诉讼法第六十五条有关单位向人民法院提出的证明文书，应由单位负责人签名或盖章，并加盖单位印章。根据上述规定，单位出具的证明材料，除应当加盖单位印章外，还应当有单位负责人的签名才能认可其真实性。本案中，王新泽提交的证据4系南阳市油泵油嘴试验设备厂出具的证明，其中只有该单位的公章，没有负责人的签名，因此不能认可其真实性。

综上，专利复审委员会对王新泽提交的证据的认定均无不当，王新泽关于证据认定方面的起诉理由缺乏事实和法律依据，本院不予支持。

2. 本专利权利要求1~3相对于证据1是否具备新颖性

《专利法》第二十二条第二款规定，新颖性是指在申请日以前没有同样的发明或实用新型在国内外出版物公开发表过、在国内公开使用过或者以其他方式为公众所知，也没有同样的发明或者实用新型由他人向国务院专利行政部门提出过申请并且记载在申请日以后公布的专利申请文件中。在判断新颖性时，应当考虑相比较的两个技术方案的技术领域、所要解决的技术问题、技术方案和预期效果。

本案中，王新泽主张证据1的图2~5公开了本专利权利要求1~3公开的技术方案。首先，证据1的图2~5公开的是一种油枪压力表，其是用于测量油枪压力的，而本专利权利要求1保护的是增压发动机增压器气压测量仪，适用于测量增压器气压的，因此两者所属技术领域和要解决的技术问题不同；其次，证据1的图2~5没有公开本专利权利要求1中的“三通空芯分支器”，王新泽称该图中软管远离表头的接头旁边的部件为“三通空芯分支器”，但从该图中不能清楚地看出该部件的结构和形状，也未公开该部件与其他部件的连接关系，因此不能认定该图已经公开了本专利权利要求1所保护的技术方案，因此权利要求1相对于证据1具备新颖性。在权利要求1具备新颖性的前提下，权利要求2、3也具备新颖性。

另外，由于证据1没有公开本专利权利要求1所保护的技术方案，证据2~4的真实性不能认可，因此王新泽认为证据1~5可以证明本专利在先使用公开的主张也不能成立，本院不予支持。

3. 本专利权利要求1相对于证据1和公知常识的结合是否具有创造性

《专利法》第二十二条第三款规定：实用新型的创造性，是指同申请日以前已有的技术相比，该实用新型有实质性特点和进步。

《审查指南》规定，主张某技术手段是本领域公知常识的当事人，对其主张承担举证责任。该当事人未能举证证明或者未能充分说明该技术手段是本领域公知常识，并且对方当事人不予认可的，专利复审委员会对该技术手段是本领域公知常识的主张不予支持。

本案中，王新泽主张证据1~3可以证明“三通空芯分支器”是本领域的公知常识，但该几份证据均未清楚显示“三通空芯分支器”的具体结构，且公知常识通常应当通过词典、工具书、教科书等方面的证据加以证明，因此王新泽提交的证据1~3不足以证明“三通空芯分支器”是本领域的公知常识。因此，在证据1未公开“三通空芯分支器”具体结构的情况下，王新泽有关证据1与公知常识的结合可以破坏本专利创造性的主张不能成立，本院不予支持。

综上，第10442号决定证据充分，适用法律正确，程序合法，应予维持。王新泽的诉讼理由不能成立，其诉讼请求本院不予支持。依照《中华人民共和国行政诉讼法》第五十四条第（一）项之规定，本院判决如下：

维持被告国家知识产权局专利复审委员会作出的第10442号无效宣告请求审查决定。

案件受理费100元，由原告王新泽负担（已交纳）。

如不服本判决，各方当事人可在本判决书送达之日起15日内，向本院提交上诉状，并按对方当事人人数提交副本，交纳上诉案件受理费100元，上诉于北京市高级人民法院。

审 判 长 仪 军
代理审判员 王 晫
人民陪审员 高 伟
二〇〇八年十一月二十六日
书 记 员 王东勇

北京市高级人民法院
行政判决书

（2009）高行终字第338号

上诉人（原审原告）王新泽，男，汉族，1950年11月10日出生，住河南省南阳市宛城区联合街17号。

委托代理人兰文旭，河南育滨律师事务所律师。

委托代理人杜泽斌，男，汉族，1951年7月15日出生，河南省南阳市卧龙区司法局七里园法律服务所法律工作者，住河南省南阳市宛城区仲景路215号。

被上诉人（原审被告）国家知识产权局专利复审委员会，住所地北京市海淀区北四环西路9号银谷大厦10~12层。

法定代表人廖涛，副主任。

委托代理人宋瑞，国家知识产权局专利复审委员会审查员。

委托代理人张鹏，国家知识产权局专利复审委员会审查员。

原审第三人陈东风

上诉人王新泽因实用新型专利权无效行政纠纷一案，不服北京市第一中级人民法院（2007）一中行初字第1644号行政判决，向本院提起上诉。本院2009年3月9日受理后，依法组成合议庭，于2009年5月20日公开开庭进行了审理。上诉人王新泽及其委托代理人兰文旭、杜泽斌，被上诉人国家知识产权局专利复审委员会（以下简称专利复审委员会）的委托代理人宋瑞、张鹏到庭参加了诉讼。原审第三人陈东风经本院合法传票传唤，未到庭。本案现已审理终结。

北京市第一中级人民法院认定，陈东风是名称为“增压发动机增压器气压测量仪”实用新型专利（以下简称本专利）的专利权人。王新泽于2006年12月8日向专利复审委员会提出宣告本专利权无效的请求。专利复审委员会经审查，于2007年8月29日作出的第10442号无效宣告请求审查决定（以下简称第10442号无效决定），维持本专利权有效。

北京市第一中级人民法院认为，王新泽未提供证据证明其向专利复审委员会提交过证据6~10，且专利复审委员会在口头审理时明确王新泽使用的证据是1~5。因此，王新泽在诉讼阶段依据证据6~10提出相应主张缺乏事实依据。王新泽提交的证据2、3不符合行业内对机械制图的规范性要求，其真实性不能认定。王新泽提交的证据4只有出具该证据的单位公章，无负责人的签名，因此不能认可其真实性。专利复审委员会对王新泽提交的证据的认定均无不当。

王新泽提交的证据1的图2~5公开的是一种油枪压力表，本专利权利要求1保护的是增压发动机增压器气压测量仪，两者所属技术领域和要解决的技术问题不同。证据1的图2~5也未公开本专利权利要求1所保护的技术方案。因此，本专利权利要求1相对于证据1具备新颖性。在本专利权利要求1具备新颖性的前提下，本专利权利要求2、3也具备新颖性。另外，证据1未公开本专利权利要求1所保护的技术方案，证据2~4的真实性不能认可，因此王新泽认为证据1~5可以证明本专利在先使用公开的主张也不能成立。

王新泽提交的证据1~3不足以证明“三通空芯分支器”是本领域的公知常识。因此，在证据1未公开“三通空芯分支器”具体结构的情况下，王新泽有关证据1与公知常识的结合可以破坏本专利创造性的主张不能成立。

北京市第一中级人民法院依据《中华人民共和国行政诉讼法》第五十四条第（一）项的规定，判决：维持专利复审委员会作出的第10442号无效决定。

王新泽不服一审判决，向本院提起上诉。理由是：（1）一审判决认定事实不清，证据不足。王新泽提交的证据足以证明在无效宣告请求审查程序中提交了10份证据，但专利复审委员会却称王新泽提交了5份证据，一审法院对此未予以认定。王新泽提交的证据1公开了本专利权利要求1~3的技术方案。油腔压力表和增压发动机增压器气压测量仪属同一产品，仅名称不同，均含有三通空芯技术。本专利技术是本领域的公知常识，不具备新颖性和创造性。王新泽提交的证据证明在本专利申请日前已有产品公开使用并销售。（2）一审判决程序违法。王新泽向一审法院提交了其向专利复审委员会递交证据6~10的证据，但一审法院未予认定，也未组织质证，属于程序严重违法。请求撤销一审判决；撤销专利复审委员会作出的第10442号无效决定，并宣告本专利无效；诉讼费用由专利复审委员会承担。专利复审委员会、陈东风服从一审判决。

经审理查明，本专利是名称为“增压发动机增压器气压测量仪”的实用新型专利。本专利申请日是2004年6月3日，于2005年5月25日由国家知识产权局公告授权。本专利的专利号是200420011008. X，专利权人是陈东风。本专利权利要求是：

“1. 一种增压发动机增压器气压测量仪，具有气压表［2］，其特征是还具有三通空芯分支器［1］，三通空芯分支器［1］的一个接口［6］用于与增压器的压气机压入发动机进气管的分支气管相连通，另一个接口［7］用于与油泵的补偿气进气口相连通，第三个接口［8］用于与气压表［2］相连通。

2. 根据权利要求1的一种增压发动机增压器气压测量仪，其特征是所述的三通空芯分支器［1］的一个接口［6］上装有眼孔接头［5］，另一个接口［8］上装有气动快插头［3］，气动快插头［3］上装有管道［4］，管道［4］的一端通过气动快插头［3］装在气压表［2］上。

3. 根据权利要求 1，2 的一种增压发动机增压器气压测量仪，其特征是所述的三通空芯分支器［1］的一个接口［8］上装有气动快插头［3］，气动快插头［3］上装有手柄［9］，手柄［9］的另一端通过气动快插头［3］装在气压表［2］上，手柄［9］设有内通孔。

4. 根据权利要求 2 的一种增压发动机增压器气压测量仪，其特征是所述的气压表［2］上安装有操作室内。

5. 根据权利要求 2、3 的一种增压发动机增压器气压测量仪，其特征是所述的管道［4］为软管。”

2006 年 12 月 8 日，王新泽向专利复审委员会提出宣告本专利权无效的请求，并提交了证据，其中：

证据 1：名称为《油泵油嘴维修工具一览图》的产品目录一份，其中图 2~5 是一种名为“油腔压力表 VE 泵油腔压力专用”的仪表图片，从图片中可以看出该油腔压力表包括一个指针式表头，一根与表头连接的软管，软管的另一端有一个接头，接头旁边有一个王新泽称之为“三通”的部件，但是从图中无法看清其形状和结构；

证据 2：标有“2002 年 12 月 18 日”字样的握柄图纸复印件一页，该图纸上没有设计人、绘制人和审核人的姓名和签字；

证据 3：标有“2002 年 12 月 18 日”字样的空心螺钉图纸复印件一页，该图纸上没有设计人、绘制人和审核人的姓名和签字；

证据 4：由南阳市油泵油嘴试验设备厂出具的证明的复印件一页，该证明盖有南阳市油泵油嘴试验设备厂的公章，但没有法定代表人的签字；

证据 5：由郭清元出具的证言复印件一页。

2007 年 7 月 17 日，专利复审委员会就王新泽针对本专利权提出的无效宣告请求进行口头审理。在此次口头审理过程中，王新泽明确其无效理由为本专利权利要求 1~3 相对于证据 1 不具备新颖性，本专利权利要求 1~3 相对于证据 1 和公知常识的结合不具备创造性。在此次口头审理记录表中还记载：王新泽使用的证据为证据 1~5，并出示了证据原件；王新泽当场展示了声称与证据 1 图 2~5 中的产品相同的实物。在上述口头审理记录表上有王新泽及其无效宣告请求审查程序的代理人的签字。

专利复审委员会于 2007 年 8 月 29 日作出第 10442 号无效决定，维持本专利权有效。专利复审委员会认为：

1. 关于证据和现有技术

王新泽在无效宣告请求程序中共提交了 5 份证据，即证据 1~5，王新泽在口头审理当庭出示了上述证据的原件。专利权人陈东风在意见陈述书中对上述证据 1~5 的真实性均有异议。专利权人陈东风对证据 1 的异议仅在于证据 1 中标有三个单位的名称，因此对证据 1 的提供单位有异议，进而怀疑证据 1 的真实性。鉴于王新泽当庭出示了证据 1 的原件，且专利权人陈东风也没有提供其他任何证据来证明证据 1 涉嫌造假的主张，至于证明 1 封面上标有三个单位的名称，如王新泽所述，这三个单位存在密切联系，专利复审委员会认为在产品目录上注明三个关联单位的名称也是合理的，并不影响该证据的真实性。因此专利复审委员会对专利权人陈东风的上述主张不予支持，对证据 1 的真实性予以认可。证据 1 前言中标有“2002 年 12 月”的时间，出于产品推销的目的，产品目录一般会在印刷后很快散发出去，而本专利的申请日比上述时间晚一年半左右的时间，因此可以认为证据 1 在本专利的申请日之前已经处于公开状态，因此证据 1 可以作为本专利的现有技术使用。专利权人陈东风认为证据 2、3 的图纸上没有填写设计人、绘制人、审核人姓名及签字，因此对其真实性有异议。专利复审委员会认为，工程制图要求在图纸上注明设计人、绘制人、审核人，对于批量生产各种配件、工具的厂家，很难想象其产品设计图纸不符合上述工程制图的规范，因此专利权人陈东风对证据2、3真实性的置疑是合理的，且王新泽也没有提供能够充分证明证据2、3真实性的其他证据，因此专利复审委员会对证据2、3的真实性不予认可。关于证据4，作为证明材料但没有出证单位负责人的签字，因此专利复审委员会对其真实性不予认可。由于证据5的证明材料的出证人郭清元在口头审理当庭出庭作证，因此专利复审委员会对证据5证明材料本身的真实性予以认可。

专利权人陈东风提交的证据是反证1~4，由于反证1~4与本案无效宣告请求的新颖性、创造性的审查无直接关系，因此对反证1~4不再进行评述。

2. 关于新颖性

（1）证据1的图2~5中的仪表与本专利权利要求1的主题名称和所要解决的技术问题不同，证据1中的是油腔压力表，是用于测量油腔压力的，而本专利权利要求1的名称为增压发动机增压器气压测量仪，是用于测量增压器气压的。（2）证据1的图2~5没有公开本专利权利要求1的全部技术特征。本专利权利要求1的气压测量仪具有三通空芯分支器［1］，三通空芯分支器［1］的一个接口［6］用于与增压器的压气机压入发动机进气管的分支气管相连通，另一个接口［7］用于与油泵的补偿气进气口相连通，第三个接口［8］用于与气压表［2］相连通。王新泽声称证据1图2~5中的软管远离表头的接头旁边的部件为“三通”，但从该图中无法看清该部件的形状和结构，专利复审委员会认为不能认定图2~5公开了本专利中的“三通空芯分支器”，同时该图也未公开所述分支器与其他部件的连接关系。因此，证据1没有公开本专利权利要求1的技术方案，权利要求1相对于证据1具备新颖性，符合《专利法》第二十二条第二款的规定。

如上所述，在证据1没有公开权利要求1的技术方案，且对证据2~4的真实性不予认可的情况下，仅根据证据5中的证明，不足以证明在本专利申请日前就已经公开使用本专利权利要求1的技术方案。

在权利要求1具备新颖性的情况下，其从属权利要求2、3也具备新颖性，符合《专利法》第二十二条第二款的规定。

3. 关于创造性

本专利权利要求1请求保护一种增压发动机增压器气压测量仪，证据1的图2~5是一张名为“油腔压力表VE泵油腔压力专用”的仪表图片，从上述关于新颖性的评述中可知，证据1没有公开本专利权利要求1特征部分的技术内容，即“还具有三通空芯分支器［1］，三通空芯分支器［1］的一个接口［6］用于与增压器的压气机压入发动机进气管的分支气管相连通，另一个接口［7］用于与油泵的补偿气进气口相连通，第三个接口［8］用于与气压表［2］相连通”，王新泽认为“三通技术”为公知常识，但没有证据表明将“三通空芯分支器”用于增压发动机增压器气压测量仪属于公知常识，并且在本专利中通过“三通空芯分支器”能够实现在发动机上不拆卸增压器、油泵进行气压测量的目的，因此权利要求1相对于证据1和公知常识具备创造性，符合《专利法》第二十二条第三款的规定。

在权利要求1具备创造性的情况下，其从属权利要求2、3相对于证据1和公知常识也具备创造性，符合《专利法》第二十二条第三款的规定。

基于上述理由，专利复审委员会作出第10442号无效决定。

王新泽不服专利复审委员会作出的第10442号无效决定，在法定期限内向一审法院提起诉讼。

在一审法院审理过程中，王新泽主张其在本专利无效宣告请求审查程序中，还向专利复审委员会提交了证据6~10，并且认为证据1~5可以证明本专利在先使用公开。

在本院2009年5月20日公开开庭审理本案过程中，王新泽主张其向专利复审委员会提交了11

份证据，其中 10 份证据是书证，1 份是物证，该物证包括 3 个实物。王新泽的代理人就王新泽所主张的向专利复审委员会提交的证据 6~10 作如下陈述：“证据 6 是证明，证明 2002 年王新泽购买了他们的仪表进行生产制作和销售，因此专利产品丧失了新颖性和创造性；证据 7 是邓州市油泵配件门市部的证明一份，证明 2003 年以前购买了增压器测量表五块，证明对象同上；证据 8 市证明一份，证明对象同上；证据 9 是南阳市油泵油嘴厂证明一份，该厂生产的产品涵盖所有专利产品的元件；证据 10 是普通中等专业教育机电类教科书，证明三通技术属于公知常识。”王新泽主张：上述证据 1~10 是分 7 次，均以特快专递方式邮寄给专利复审委员会，实物证据是通过一个箱子邮寄给专利复审委员会，但邮寄实物证据没有相关邮寄单据。专利复审委员会主张：专利复审委员会 7 次收到王新泽通过特快专递邮寄的材料，分别是 2006 年 7 月 26 日收到无效宣告请求书及证据 1~5；2006 年 8 月 19 日收到王新泽提交的意见陈述 1 页和郑州市中级人民法院案件受理费收据 1 页；2006 年 10 月 9 日收到王新泽意见陈述 1 页；2006 年 12 月 8 日收到王新泽提交的邮政汇款收据 1 页；2007 年 1 月 19 日收到王新泽提交的无效宣告请求书及所附证据 1~5（因第一次提交的无效宣告请求书因未交请求费视为未提出，故王新泽又再次提交无效宣告请求书及所附 5 份证据）；2007 年 1 月 31 日王新泽提交一份补正书 1 页；2007 年 5 月 31 日王新泽提交口头审理回执。王新泽出示了其向专利复审委员会邮寄特快专递的存根。专利复审委员会出示了本案无效宣告请求审查程序中专利复审委员会的案卷中附卷的上述 7 次的特快专递信封及所邮寄的材料原件。上述特快专递信封与王新泽提交的特快专递邮件存根相符，王新泽对此无异议，但王新泽主张上述 7 次特快专递邮寄的材料包括证据 6~10。在上述特快专递信封上均未明确记载所邮寄的材料的具体名称。王新泽主张在专利复审委员会进行口头审理过程中展示了 3 个实物，但专利复审委员会主张展示了一个实物。王新泽及其代理人主张口头审理记录表是专利复审委员会记录，他们在专利复审委员会口头审理完毕后，急着赶火车，没有细看记录即签字了。

上述事实有本专利的专利文件、第 10442 号无效决定、专利复审委员会口头审理记录表、证据 1~5、特快专递信封及当事人陈述等证据在案佐证。

本院认为，专利复审委员会在实用新型专利权无效宣告请求审查程序中，应依据当事人提交的证据进行审查并作出无效宣告请求审查决定。在诉讼过程中，当事人对其主张应提交证据予以证明。王新泽虽主张其在本案无效宣告请求审查程序中向专利复审委员会提交了证据 6~10 以及实物证据，但是，王新泽提交的特快专递存根及专利复审委员会出示的特快专递信封上均未记载王新泽通过特快专递邮寄的具体是何材料。专利复审委员会口头审理记录表是专利复审委员会对口头审理过程的记录，王新泽及其在本专利权无效宣告请求审查程序中的代理人也均在该记录表上签字。专利复审委员会提交的口头审理记录表中仅记载了王新泽对证据 1~5 进行陈述的记录，该记录表中并未有涉及王新泽所称的证据 6~10 的任何记录。虽然王新泽及其代理人主张其没有细看口头审理记录表，但其未提交证据证明口头审理记录表中记载的内容不准确。因此，对专利复审委员会针对本专利权进行的口头审理的内容，应以专利复审委员会口头审理记录表记载的内容为准。由于前述的特快专递信封及存根不能证明王新泽向专利复审委员会邮寄了证据 6~10，而专利复审委员会口头审理记录表中也未记载在口头审理过程中涉及了证据 6~10，故根据现有证据，不足以支持王新泽关于其在本专利权无效宣告请求审查程序中向专利复审委员会以特快专递邮寄提交了证据 6~10 的主张。

王新泽主张其邮寄给专利复审委员会 3 个实物证据，但未提交相关单据，且专利复审委员会主张其未收到过通过邮寄提交的实物证据。根据专利复审委员会口头审理记录表的记载，王新泽在口头审理过程中使用的证据是证据 1~5，而证据 1~5 中并不包括实物证据。在专利复审委员会的口头审理记录表中虽然记载了王新泽在口头审理过程中展示了声称与证据 1 图 2~5 相同的实物，但该记录也不能得出口头审理时，王新泽展示了 3 个实物的结论。因此，王新泽虽然在专利复审委员会口头审理过程中展示了实物，但王新泽提交的证据无法证明向专利复审委员会邮寄了实物证据，专利复审委员会未将王新泽在口头审理过程中展示的实物作为证据并无不当。

实用新型专利的新颖性是指在申请日以前没有同样的发明或实用新型在国内外出版物上公开发表过、在国内公开使用过或者以其他方式为公众所知，也没有同样的发明或者实用新型由他人向国务院专利行政部门提出过申请并且记载在申请日以后公布的专利申请文件中。实用新型专利的创造性，是指同申请日以前已有的技术相比，该实用新型有实质性特点和进步。

本专利权利要求 1 记载的是增压发动机增压器气压测量仪，适用于测量增压器气压，证据 1 图 2~5公开的是一种油腔压力表，适用于测量油腔压力，因此，本专利与证据 1 图 2~5 记载的内容所属技术领域和要解决的技术问题不同。王新泽虽主张证据 1 图 2~5 中软管远离表头的接头旁边的部件是“三通空芯分支器”，但通过观察，从证据 1 图 2~5 中不能清楚地看出上述部件的结构和形状，也未公开该部件与其他部件的连接关系，因此，不能认定证据 1 的图 2~5 公开了本专利权利要求 1 中记载的技术方案，本专利权利要求 1 相对于证据 1 具备新颖性。在本专利权利要求 1 具备新颖性的前提下，其从属的权利要求 2、3 也具备新颖性。

王新泽虽然主张在本专利申请日前已有相同产品公开使用，但现有证据不能支持其该主张。

由于证据 1 未能公开本专利权利要求 1 中记载的“三通空芯分支器”具体结构，且王新泽所提交的证据也不能证明“三通空芯分支器”是本领域的公知常识，因此，王新泽关于证据 1 与公知常识结合可以破坏本专利创造性的主张不能成立。

王新泽的上诉理由不能成立，其上诉请求本院不予支持。

综上，一审判决认定事实清楚，适用法律正确。依据《中华人民共和国行政诉讼法》第六十一条第（一）项的规定，判决如下：

驳回上诉，维持原判。

一审案件受理费 100 元，由王新泽负担（已交纳）；二审案件受理费 100 元，由王新泽负担（已交纳）。

本判决为终审判决。

审 判 长 刘 辉
代理审判员 焦 彦
代理审判员 谢甄珂
二〇〇九年六月一日
书 记 员 陈 明
书 记 员 刘 悠

194

注塑带内置钢头的防护靴芯模

无效宣告请求审查决定（第10445号）

决　　定　　号　第10445号
决　　定　　日　2007年8月27日
发明创造名称　注塑带内置钢头的防护靴芯模
国 际 分 类 号　B29C45/14，//B29L31：50
无 效 请 求 人　天津丽泰鞋业有限公司
专　利　权　人　杨　静
申　　请　　号　200320102025. X
申　　请　　日　2003年10月31日
授 权 公 告 日　2004年10月13日
合 议 组 组 长　刘　犟
主　　审　　员　欧　岚
参　　审　　员　王　琳

法　律　依　据　专利法第22条第2、3款
决　定　要　点

如果涉案专利权利要求与请求人提交的一篇对比文件进行比较，至少存在一项区别技术特征，请求人没有证据证明现有技术给出了将上述区别技术特征应用到该对比文件中以解决其实际要解决的技术问题的启示，而且该对比文件的其他部分也没给出相应启示，则该对比文件不足以破坏所述权利要求的创造性。

一、案由

本无效宣告请求涉及中华人民共和国国家知识产权局于2004年10月13日授权公告的、名称为“注塑带内置钢头的防护靴芯模”的实用新型专利权（下称本专利），其专利申请号是200320102025. X，申请日是2003年10月31日，专利权人是杨静。本专利授权公告时的权利要求书如下：

“1. 一种注塑带内置钢头的防护靴芯模，其特征是防护靴芯模前掌的底部边缘及其头部上表面冠部分别设有凸点，在其芯模两侧面与凸点对应位置及其头部上表面冠部凸点上分别镶嵌有磁铁。

2. 根据权利要求1所述的注塑带内置钢头的防护靴芯模，其特征在于所述凸点数量为3-6个。

3. 根据权利要求2所述的注塑带内置钢头的防护靴芯模，其特征在于所述磁铁数量与凸点数量相对应。”

针对本专利权，天津丽泰鞋业有限公司（下称请求人）于2007年2月25日向专利复审委员会提出无效宣告请求，认为本专利的权利要求1~3不符合专利法第22条第1、2、3款的规定，请求人同时提交了如下附件：

附件1：所称天津正林鞋业有限公司于2000年使用该芯模生产的产品照片10张，共4页；

附件2：所称天津正林鞋业有限公司于2001年使用该芯模生产的产品照片5张，共2页；

附件3：所称广州越秀企业（集团）公司在购买"注塑带内置钢头的防护靴芯模"后于2001年9月23日使用该芯膜生产的产品照片5张，共2页；

附件4：所称广州越秀企业（集团）公司与金太阳国际贸易（天津）有限公司于2001年9月23日签的订单、装箱单或重量证明单、发票、汇款单等和图片复印件，共6页；

附件5：所称广州越秀企业（集团）公司2002年5月24日销售劳保雨鞋的发票、汇款单和装箱单或重量证明单等的复印件，共5页；

附件6：所称广州越秀企业（集团）公司2002年8月12日销售PVC雨鞋的发票、装箱单或重量证明单和汇款单等的复印件，共5页；

附件7：所称广州越秀企业（集团）公司与金太阳国际贸易（天津）有限公司于2003年5月12日签的订单、发票和汇款单等的复印件，共5页；

附件8：授权公告日为1996年5月8日、授权公告号为CN2226392Y（专利号为95208131.8）的中国实用新型专利说明书，共5页；

附件9：公开日为1993年8月4日、公开号为CN1074854A（专利申请号为92100526.1）的中国发明专利申请公开说明书，共7页；

附件10：金华市长江塑料工业有限公司企业标准《注塑钢包靴》（2000年3月20日发布和实施）复印件，共7页。

请求人认为：本专利权利要求1~3相对于附件1~7、10不具备新颖性；权利要求1~3相对于附件8、9不具备创造性。

经形式审查合格，专利复审委员会依法受理了上述无效宣告请求，并于2007年2月25日向请求人和专利权人发出无效宣告请求受理通知书，同时将专利权无效宣告请求书及其附件清单中所列附件的副本转送给专利权人，并要求专利权人在指定的期限内陈述意见。

针对专利复审委员会发出的上述无效宣告请求受理通知书，专利权人于2007年3月23日提交了意见陈述书，在其中陈述了本专利相对于附件1~10具备新颖性和创造性的理由。

请求人于2007年3月22日向专利复审委员会提交了意见陈述书，并补充了无效宣告的理由和证据，其中补充的证据为：（编号续前）

附件11：由中华人民共和国天津市武清区公证处出具的编号为（2007）津武清证经字第206号公证书的原件，共8页；

附件12：由中华人民共和国天津市武清区公证处出具的编号为（2007）津武清证经字第202号公证书的原件，共18页；

附件13：由中华人民共和国天津市武清区公证处出具的编号为（2007）津武清证经字第205号公证书的原件，共7页；

附件14：由中华人民共和国天津市武清区公证处出具的编号为（2007）津武清证经字第203号公证书的原件，共11页；

附件15：由中华人民共和国天津市武清区公证处出具的编号为（2007）津武清证经字第204号

公证书的原件，共12页；

附件16：由国家知识产权局专利检索咨询中心出具的编号为G070240的检索报告复印件1份，共4页；

附件17：授权公告日为1998年4月1日、授权公告号为CN2277337Y（专利号为97210940.4）的中国实用新型专利说明书，共10页；

附件18：公开日为1975年3月26日的英国专利文献GB1388420A及其中文译文，共8页。

请求人认为：本专利权利要求1~3相对于附件11~15不具备新颖性；权利要求1~3相对于附件16~18不具备创造性。

专利复审委员会依法成立合议组。

本案合议组于2007年4月26日向双方发出无效宣告请求口头审理通知书，定于2007年6月1日在专利复审委员会举行口头审理。随同口头审理通知书，将请求人于2007年3月22日提交的意见陈述书及其附件清单中所列附件的副本转送给专利权人，将专利权人于2007年3月23日提交的意见陈述书转送给请求人。

口头审理如期举行，双方当事人均参加了口头审理。

在口头审理中，（1）请求人放弃附件8、9、10、12、13、16作为证据使用，明确其无效宣告的理由、证据和范围为：本专利的权利要求1~3不符合专利法第22条第2、3款的规定，附件1或2分别使用或者附件3-7结合使用或者附件14与15组合使用破坏本专利权利要求1、2的新颖性；附件11破坏权利要求1~3的新颖性；附件17或18的单独使用破坏权利要求1~3的创造性。

（2）专利权人对附件1、2、3、11、14、15、17的真实性没有异议，对附件4-7的真实性、公开性以及证明的内容均有异议，原因在于请求人没有提交原件；对附件18的真实性及译文的准确性有异议，合议组当庭宣布给专利权人10天的时间对附件18的真实性予以核对，逾期将视为对其真实性没有异议，由于专利权人没有对附件18译文的不准确之处提出具体的修改方式，因此本次口头审理以请求人提供的附件18译文作为附件18的公开内容。

（3）权利要求1、2相对于附件1或者附件2或者附件3-7的新颖性。请求人认为附件1就是用芯模生产的产品，在申请日前已公开使用。附件1或2公开了权利要求1、2的全部技术特征；附件4-7的日期就是发票、装箱单和发款回单的时间，证明了生产时间，附件3用来证明全部的技术特征。专利权人认为本专利是鞋的模具，请求人提供的产品附件1、2仅仅是雨靴，社会公众并不能够根据雨靴了解本专利的实际内容，因此不能破坏本专利的新颖性，附件4-7均是复印件，而且没有任何关于技术内容的披露，因此不能证明本专利同样的内容已经在申请日之前公开使用了。

（4）权利要求1、2相对于附件14、15的新颖性。请求人认为附件14的企业标准的第4页表2中明确地列出了钢包不能外露，在之前的国家标准是没有这一要求的，附件15是企业标准在技术监督局备案的标准，在附件15表2的第3页也明确地说明了钢包不能外露，两者结合证明已经采用具有凸点和磁铁的本案专利的芯模。专利权人认为没有相应的证据证明该模具是从意大利引进的，后面附注的两份企业标准上没有制作工艺和使用方式，钢包不得外露对社会公众来说不能理解出与本专利相同的技术内容。

（5）权利要求1~3相对于附件11的新颖性。请求人认为附件11证明所用的芯模是在包头部分有6个凸点的磁铁，冠部有大的凸点加磁铁，在前掌的边缘有凸点，即公开了权利要求1~3的技术特征，磁铁和凸点是相同的，凸点上面都是带有磁铁的。专利权人认为没有相应的证据证明该模具是从意大利引进的，后面的生产许可证仅仅是产品的生产许可证没有披露任何的技术内容，后面的照片中模具上没有标示任何时间，不能证明申请日之前模具已经存在了。

（6）权利要求1~3相对于附件17的创造性。请求人认为权利要求1中的“芯模两侧面与凸点对应位置”中的对应可以理解为很多位置，附件17的图2中可以看出在前掌的边缘有凸点17，图4中可以看出芯模二侧面有磁铁，冠部有凸出芯模的磁铁，并且凸点和嵌柱均对应本专利的凸点，权利要求1与附件17的区别仅仅在于冠部的磁铁是在凸点上镶嵌磁铁，附件17包括选择不同材质、增加磁铁的强度，成为优于“镶嵌磁铁”的凸点加磁铁，并且这是公知常识。专利权人认为附件17的技术方案、发明目的和技术效果与本专利均不相同，附件17的模具上有锥柱和安全垫片上有锥孔，靠锥柱与锥孔的配合才能定位防止移位，本专利没有锥柱、垫片上无锥孔，是在凸点冠头上加磁铁，减少了要素，达到了同样的效果。

（7）权利要求1~3相对于附件18的创造性。请求人认为附件18公开了涉案专利权利要求1的全部技术特征，从图1中可以看出在前掌底部的边缘上设有磁铁，凸出的磁铁相当于凸点，前掌侧边的磁铁也是凸出的。专利权人认为附件18模具上没有公开凸点和磁铁，本专利是在凸点上嵌磁铁，对比文件中所公开的是大块磁铁，小块磁铁凸出于模具表面后易折断，大块磁铁又使产品钢头不能完全被包覆，所以反复试验后才采取了模具边缘和头部设凸点并在其上镶磁铁。

请求人于2007年6月7日再次提交意见陈述，具体理由与口头审理时的陈述相同。

至此，合议组认为本案事实已经清楚，可以作出审查决定。

二、决定的理由

1. 关于证据和现有技术

请求人提交并使用的证据包括附件1~7、11、14、15、17、18。

专利权人对附件4~7的真实性有异议，合议组经审查后认为由于请求人未提供附件4~7的原件，其真实性不能确认，因此不能作为本案证据使用。

专利权人对附件1~3、附件11、14、15以及附件17的真实性均没有异议，合议组经审查后认为附件1~3、11、14、15、17可以作为本案证据使用。同时由于附件17为中国专利文献，且其公开日期在本专利的申请日前，因此可以作为本专利的现有技术使用。专利权人对附件18英国专利文献的真实性以及其中文译文的准确性有异议，但由于其在合议组指定的核对期限内未提出异议，同时也未对附件18中的中文译文提出具体的修改方式，因此视为专利权人对附件18的真实性以及该中文译文的准确性没有异议，并且该专利文献的公开日期在本专利的申请日前，因此经合议组审查后认为附件18可以作为本专利的现有技术使用，附件18的公开内容以请求人提交的中文译文为准。

2. 关于新颖性

专利法第22条第2款规定的新颖性，是指在申请日以前没有同样的发明或者实用新型在国内外出版物上公开发表过、在国内公开使用过或者以其他方式为公众所知，也没有同样的发明或者实用新型由他人向国务院专利行政部门提出过申请并且记载在申请日以后公布的专利申请文件中。

本案中，请求人认为附件1或2分别使用或者附件3~7结合使用或者附件14与15组合使用破坏本专利权利要求1、2的新颖性；附件11破坏权利要求1~3的新颖性。

合议组经审查后认为，附件1、2、3均为防护靴的若干张照片，而本专利为防护靴芯模，是鞋的模具，本领域技术人员由附件1、2、3公开的防护靴并不能够得到制作这些防护靴所用的芯模的具体结构；由于附件4~7的真实性不能确认，而且附件4~7均为有关防护靴的订单、销售证明等，其中也未公开制作防护靴所用的芯模的具体结构，因此附件1或2分别使用或者附件3~7结合使用均不能证明与本专利相同的防护靴芯模已经在申请日之前公开使用，故不能破坏本专利权利要求1、2的新颖性。

附件14、15均为公证书，其中附件14中包括金华市长江塑料工业有限公司出具的一份说明及其公司的“注塑钢包靴”的企业标准，附件15中包括前述公司在金华市质量技术监督局申请备案注塑工矿靴的企业标准的登记表。附件14和15的“注塑钢包靴”的企业标准中均没有公开制作钢包靴所用的芯模的具体结构，本领域技术人员仅凭标准中列出的“钢包不得外露”也不能够得到芯模的具体结构；其次，附件14中的说明属于书面证言，但该公司的相关人员未出庭接受质证，同时也没有其他证据加以佐证，例如说明中虽然提到生产钢包头工矿劳保靴的设备是1992年从意大利引进的，但没有提供相应的证据证明，也没有公开该设备的具体结构，说明中虽解释“生产钢包头靴的内置塑钢包头放置位置，是用支点支起钢包头，用磁铁吸住钢包头的方法注塑钢包头靴”，但缺乏证据支持。因此仅由附件14、15组合不足以证明与本专利相同的防护靴芯模已经在申请日之前公开使用，故不能破坏本专利权利要求1、2的新颖性。

附件11为包括有天津市双安塑料制品有限公司的一份说明、6张所称生产防护安全靴的模具的照片及其公司的特种劳动防护用品安全生产许可证的公证书。附件11中的说明属于书面证言，但该公司的相关人员未出庭接受质证，同时也没有其他证据加以佐证，例如说明中虽然提到该公司生产的特种防护安全靴由1984年意大利进口的模具制成，该模具于1984年进口，其冠部、侧面防钢包头芯模的位置有六个凸点的磁铁，并用6张照片证明，但是没有提供相应的证据证明该模具是于1984年进口、其具体结构以及所附的6张照片中拍摄的鞋模就是当时进口的模具，而且附件11中的特种劳动防护用品安全生产许可证中也未涉及生产安全靴的模具的具体结构，因此仅由附件11不足以证明与本专利相同的防护靴芯模已经在申请日之前公开使用，故不能破坏本专利权利要求1~3的新颖性。

3. 关于创造性

专利法第22条第3款规定的创造性，是指同申请日以前已有的技术相比，该发明有突出的实质性特点和显著的进步，该实用新型有实质性特点和进步。

如果涉案专利权利要求与请求人提交的一篇对比文件进行比较，至少存在一项区别技术特征，请求人没有证据证明现有技术给出了将上述区别技术特征应用到该对比文件中以解决其实际要解决的技术问题的启示，而且该对比文件的其他部分也没给出相应启示，则该对比文件不足以破坏所述权利要求的创造性。

本案中，请求人认为附件17或18单独使用破坏权利要求1~3的创造性。

附件17公开了一种制造安全鞋的模具，其具体公开（参见说明书第1、2页及附图2、4）了：模具由底模、左模盖、右模盖、上模盖相互组合构成，于底模上设置倒鞋形体，左模盖、右模盖、上模盖借助倒鞋形体对合密封，并在模具上预设有注入口；倒鞋形体于其端面适当位置处设有一个以上锥状嵌柱；安全垫片在相对嵌柱位置设有嵌孔，使安全垫片可借助嵌柱及嵌孔的相对配合而腾空组设于倒鞋形体上；还可在倒鞋形体端面适当位置处设有若干凸点，而安全垫片的底端适可抵接于凸点上，以使安全垫片和倒鞋形体间形成一适当间隙，供射出成型时将安全垫片完全包覆；倒鞋形体也可于适当位置处预嵌设若干磁铁，供金属安全垫片可快速吸附组设。

请求人认为从附件17的图4中可以看出芯模二侧面有磁铁，冠部有凸出芯模的磁铁，并且附件17的凸点和嵌柱均对应本专利的凸点。合议组经审查后认为，附件17公开的模具中的倒鞋形体、安全垫片60分别相当于本专利权利要求1中的防护靴芯模、钢头，从附件17的图4中看不出冠部的磁铁18是凸出于芯模设置的，也看不出图中另一磁铁18是设在芯模的两侧面，同时附件17的文字部分也未公开磁铁预嵌设的具体位置，因此附件17没有公开本专利权利要求1“在其芯模两侧面与凸点对应位置及其头部上表面冠部凸点上分别镶嵌有磁铁”的特征。其次，从附件17的图2可看出倒鞋形体的前掌部的锥形嵌柱16需要与安全垫片60上的嵌孔61及凸点17配合使安全垫片腾空组设于倒鞋形体上，预嵌设若干磁铁的目的仅是供安全垫片可快速吸附组设；而本专利中靠设置的凸点使钢头与防护靴芯模保持一定空间，将钢头实现悬空固定，并在芯模上和凸点上镶嵌磁铁将钢头牢牢地固定在安装位置上，使钢头受到强大的注塑冲击力时不会移位。因此附件 17 中使用锥形嵌柱、嵌孔和凸点悬空固定钢头的技术方案与本专利的使用凸点和芯模及凸点上镶嵌磁铁悬空固定钢头的技术方案是不相同的，两者使用磁铁实际解决的技术问题也各不相同，同时请求人没有提供证据证明现有技术给出了将上述区别特征引入附件 17 的技术启示，而且附件 17 的其他部分也没有给出相应的技术启示，因此附件 17 不足以破坏权利要求 1 的创造性。同时引用了权利要求 1 的从属权利要求 2 和 3 相对于附件 17 也都具备创造性。

附件 18 公开了一种鞋子的制作方法，其具体公开了（参见中文译文第 1、2 页及附图 1~3）鞋子模具的内侧至少安装一块磁铁，磁铁要附着在模具（内部结构 1）的外层或者底部，这些磁铁可以是永久性磁铁，也可以是电磁铁，磁铁的安装可以突出于它的支撑物（内部结构 1），也可以和支撑物（内部结构 1）齐平，理想状态是在模具（内部结构 1）的顶端置入多块稍稍突出于其表面的永久性磁铁，如图 1~3 所示，三块磁铁 2 被嵌入到内部结构 1 里，它们的顶端稍稍突出于内部结构 1 的表面，将金属垫片 3 嵌入模具套外壁即鞋面 4 中。

请求人认为从附件 18 的图 1 中可以看出在前掌底部的边缘上设有磁铁，凸出的磁铁相当于凸点，也就是磁铁为凸点加磁铁，前掌侧边的磁铁也是凸出的。合议组经审查后认为，附件 18 公开的模具内部结构 1、金属垫片 3 分别相当于本专利权利要求 1 中的防护靴芯模、钢头，但附件 18 中的三块凸出的磁铁与本专利权利要求 1 中的凸点上镶嵌磁铁在结构上不同，而且两种结构带来的效果也不相同，凸出的块状磁铁会使产品的金属垫片的一部分不被包覆而曝露在外，附件 18 的图 3 中在鞋内部与磁铁对应位置即可看见金属垫片 3 曝露在外的部分，而本专利权利要求 1 所述的芯模因采用凸点上镶嵌磁铁的方案，钢头的绝大部分被包覆，在鞋内部与凸点对应位置仅有若干小点，因此两者实际解决的技术问题和获得的技术效果是不相同的，同时请求人没有提供证据证明公知常识给出了将上述区别特征引入附件 18 的技术启示，而且附件 18 的其他部分也没有给出相应的技术启示，因此附件 18 不足以破坏权利求 1 的创造性。同时引用了权利要求 1 的从属权利要求 2 和 3 相对于附件 18 也都具备创造性。

根据上述的事实和理由，本案合议组依法做出以下决定。

三、决定

维持 200320102025. X 号实用新型专利权有效。

当事人对本决定不服的，可以根据专利法第 46 条第 2 款的规定，自收到本决定之日起 3 个月内向北京市第一中级人民法院起诉。根据该款的规定，一方当事人起诉后，另一方当事人应当作为第三人参加诉讼。

195

平滑型金属屏蔽复合带的制作方法

无效宣告请求审查决定（第 10449 号）

决　　定　　号　第 10449 号
决　　定　　日　2007 年 9 月 3 日
发明创造名称　平滑型金属屏蔽复合带的制作方法
国 际 分 类 号　B29C 43/28，H01B 11/10
无效宣告请求人　江苏省无锡市隆盛电缆材料厂
专　利　权　人　西安秦邦电信材料有限责任公司
专　　利　　号　01106788.8
申　　请　　日　2001 年 3 月 7 日
授 权 公 告 日　2004 年 1 月 28 日
合 议 组 组 长　崔　震
主　　审　　员　徐洁玲
参　　审　　员　王　冬

法　律　依　据　专利法第 26 条第 3 款、第 22 条第 3 款、第 4 款，专利法实施细则第 21 条第 2 款
决　定　要　点

在判断创造性时，首先要将权利要求所述的技术方案和现有技术中最接近的技术方案进行特征对比分析，找出其区别技术特征，进而考察该区别技术特征的引入是否给本专利权利要求的技术方案带来了突出的实质性特点和显著的进步，亦即考察所属技术领域的普通技术人员根据现有技术的教导是否可以不经过创造性劳动导入这些区别技术特征，以及这些区别技术特征的引入是否带来有益的效果。

一、案由

本无效宣告请求案涉及国家知识产权局于 2004 年 1 月 28 日公告授予的、名称为“平滑型金属屏蔽复合带的制作方法”的第 01106788.8 号发明专利权（以下简称本专利），其申请日为 2001 年 3 月 7 日，专利权人为西安秦邦电信材料厂，后变更为西安秦邦电信材料有限责任公司。该专利授权公告的权利要求如下：

“1. 一种平滑型金属屏蔽复合带的制作方法，是将塑料薄膜与金属箔带表面进行凹凸不平的非纯平面粘合，使复合带与光缆、电缆纵包模具或定径模具之间形成点接触，以减小摩擦力，避免电缆起包、漏气、脱膜及断带；工艺过程与条件如下：

（1）将原金属箔带开卷伸直，进行前预热处理；

（2）将塑料熔体或塑料膜通过温度为35～80℃，直径为Φ240mm～Φ600mm，目数为40～85目的粗糙面细目钢辊，与直径为Φ160mm～Φ480mm传动金属箔带的挤压辊，相互转动，使塑料膜的表面形成0.04mm～0.09mm厚的凹凸不平粗糙面，热挤压在金属箔带一面的基材上；

（3）将带有塑料膜的金属箔经过导辊、弹簧辊传动，再经倒向辊翻面，对另一面金属箔进行塑料膜热挤压复合处理；

（4）将复合处理后的复合带通过运行时线速度为10m/min～80m/min的导辊进入加热烘箱，进行后加热处理，加热温度为250～400℃；

（5）根据传动线速度，调整加热温度，使复合带的粗糙度在后工序处理过程中破坏最小，并使拉毛的塑料表面形成新的带有圆弧过渡的凹凸不平粗糙面，以加强复合带的剥离强度和塑料塑化定型；

（6）对后加热处理过的复合带进行冷却处理并收卷。

2. 根据权利要求1所述的方法，其特征在于后加热处理中，通过调节加热烘箱内的调节板距离，使复合带呈现反光度弱，手感光滑、平整的外表面。”

针对上述专利权，江苏省无锡市隆盛电缆材料厂（以下简称请求人）于2006年3月28日向专利复审委员会提出无效宣告请求，认为本专利是附件1、2及本专利说明书背景技术中提及的热贴法的简单结合，不具备创造性，不符合专利法第22条第3款的规定；说明书未对粗糙面细目钢辊与挤压辊之间的压力控制作出清楚、完整的说明，未披露塑料膜在烘箱里的持续时间和温度变化关系，因此不符合专利法第26条第3款的规定；本专利记载的工艺流程无法实现金属箔带与塑料薄膜表面凹凸不平的非纯平面粘合，因此不具备实用性，不符合专利法第22条第4款的规定。请求人提交了下述附件：

附件1：申请号为97191127.4的发明专利说明书；

附件2：申请号为98805347.0的发明专利说明书。

2006年4月27日，请求人提交意见陈述书，补充提交了附件3～5，补充意见认为本专利相对于本次提交的对比文件不具备创造性；说明书没有对如何保持细目钢辊的温度在35～80℃之间做出说明，没有公开调节板的材料、结构和具体工作方式，没有公开如何实现塑料薄膜与金属箔带表面之间的非纯平面结合；权利要求1的技术方案不能实现塑料薄膜与金属箔带表面之间的非纯平面结合，因此权利要求1缺乏必要技术特征，不符合专利法实施细则第21条第2款的规定；权利要求2的技术方案中对调节板进行调节的技术特征不清楚，仅仅一个“调节”，无法使人清楚地明白如何使用该“调节板”，因此权利要求2不具备实用性。附件3～5分别是：

附件3：《复合材料包装》，曹家鑫编译，轻工业出版社出版，1988年11月第一版第一次印刷，封面、出版信息页、目录页、第50～51页、第106～109页复印件，共9页；

附件4：“电缆用铝-塑复合带挤压涂覆生产工艺”，作者刘照旺，刊载于1997年度《轻合金加工技术》，第33～35页复印件，共3页；

附件5：日本专利特开平6-255021及其译文，公开日1994年9月13日，复印件共16页。

经形式审查合格后，专利复审委员会受理了上述请求，于2006年7月12日向双方当事人发出《无效宣告请求受理通知书》，并将《宣告专利权无效请求书》及其他有关文件的副本转送给专利权人，要求其在指定的期限内答复，同时成立合议组对本无效请求案进行审理。

专利权人于2006年8月16日作出答复，认为请求人的无效理由均不能成立，并提交了如下反证：

反证1:《塑料薄膜的印刷与复合》,1997年10月第1版,化学工业出版社出版,封面、出版信息页、第164~169页复印件;

反证2:“复合电缆带生产设备和工艺的改进”,作者严竹梅,刊载于1998年度《轻合金加工技术》,第24、35~38页,复印件;

反证3:“FH30600三层复合机的改造”,作者李睿,刊载于1995年度《轻合金加工技术》,第21~24页复印件;

反证4:“多能涂层复合机的开发与应用”,作者刘建泽,刊载于1998年度《北京纺织》,第49~51页,复印件;

反证5:JISG3315-1987,复印件共4页;

反证6:中华人民共和国国家标准GB4239-91,“不锈钢和耐热钢冷轧钢带”,1991年11月1日实施,复印件共4页;

反证7:中华人民共和国国家标准GB2523-90,“冷轧薄钢板(带)表面粗糙度测量方法”,1990年7月21日发布,1991年7月1日实施,复印件共9页;

反证8:“铝箔轧辊磨削和表面粗糙度”,作者辛越,刊载于1998年度《轻合金加工技术》,第19~22、29页,复印件;

反证9:“高速铝箔轧制的润滑”,作者樊玉庆,刊载于1994年度《轻合金加工技术》,第20~26页,复印件。

2007年1月23日,本案合议组向双方当事人发出《无效宣告请求口头审理通知书》,拟定于2007年4月10日对该专利权的无效请求进行口头审理,同时将专利权人于2006年8月16日提交的意见陈述书及附件转送给请求人。

口头审理如期进行。双方当事人出席了口头审理,合议组就本无效宣告请求案进行了庭审调查。庭审过程中,请求人明确其无效的理由为:权利要求1、2不符合专利法第22条第4款的规定;权利要求1、2不符合专利法第26条第3款的规定;权利要求1、2相对于附件4与附件3结合或附件4与附件5的结合不符合专利法第22条第3款的规定;权利要求1不符合专利法实施细则第21条第2款的规定。请求人当庭放弃附件1、2,请求人当庭出示附件3、4、5的原件。专利权人当庭出示反证1~9的原件。专利权人对附件3、4、5的真实性没有异议。对附件5译文的准确性没有异议。请求人对反证1~9的真实性没有异议。

至此,合议组认为本案的事实清楚,可以作出审查决定。

二、决定的理由

1. 证据的认定

由于请求人在口头审理时声明放弃了附件1、2,专利权人对于请求人提交的附件3~5的真实性不存异议,请求人对专利权人提交的反证1~9的真实性不存异议,合议组对附件3~5、反证1~9的真实性予以确认,由于附件3~5的公开日均在本专利申请日之前,因此,可以作为本专利的现有技术。

2. 法律适用

(1)专利法第22条第4款。

专利法第22条第4款规定,实用性,是指该发明或者实用新型能够制造或者使用,并且能够产生积极效果。

基于下述事实请求人认为本专利权利要求1、2不具备实用性:①40~85目的粗糙面的技术含义、特征不清楚,所述权利要求的细目钢辊不能实现;②对于塑料膜的表面形成0.04~0.09mm的凹凸不平粗糙面，没有说明怎样实现金属表面非纯平面粘合；③塑料熔体或塑料膜通过温度为35~80℃，塑料熔融体和塑料膜是两种概念，塑料膜表面不能形成粗糙面及与金属箔带凹凸不平的粘合；④本专利中写到为250~400℃是不能实现，在此温度下塑料表面粗糙度将全消失；⑤权利要求2通过调节加热烘箱当中调节板距离，在没公开加热方式和调节板的结构、形式、作用过程的时候，本领域技术人员是无法得知的。

合议组认为，对于本领域技术人员而言，事实①所述的细目钢辊是现有技术中的技术手段，40~85目的粗糙面的含义是清楚的，事实①不能成立；显然，利用具有相应粗糙度的细目钢辊与金属箔带的相互转动将塑料膜金属箔带非纯平面粘合，是本领域技术人员完全可能做得到的，本专利说明书实施例也证明专利权人做到了这一点，相反，请求人无证据证明为什么不可能实现，因此请求人依据事实②的主张不能成立；对于事实③，根据本专利说明书的记载，35~80℃指的是细目钢辊的温度，而不是指薄膜本身的温度，因此对于塑料薄膜而言，也同样可以实现与金属箔带的非平面粘合，请求人关于事实③的主张不能成立；对于事实④，专利权人指出这里的加热温度是指加热源的温度而不是指环境温度，根据本专利说明书的记载，合议组认为这种解释是合理的，也是本领域技术人员通过阅读说明书可以理解到的，因此请求人关于事实④的主张也不能成立；对于事实⑤，合议组认为调节板结构、形式、作用过程是本领域技术人员熟知的公知常识，因此，请求人关于调节板不可能实施的主张不能成立。

基于上述理由，合议组认为本专利权利要求1、2符合专利法第22条第4款的规定。

（2）专利法第26条第3款。

专利法第26条第3款规定，说明书应当对发明或者实用新型作出清楚、完整的说明，以所属技术领域的技术人员能够实现为准。

所属技术领域的技术人员能够实现，是指所属技术领域的技术人员按照说明书记载的内容，就能够实现该发明或者实用新型的技术方案，解决其技术问题，并且产生预期的技术效果。

基于下述事实请求人认为本专利权利要求1、2在说明书中公开不充分：①细目钢辊不清楚；②后温处理的温度高于塑料熔点的温度，速度和温度的对应关系，持续的时间没有说明；③调节板的结构没有给出说明；④未说明如何通过温度250~400℃形成圆弧过渡的凹凸不平的粗糙面；⑤说明书没有清楚地描述塑料薄膜与箔表面如何呈凹凸不平的结合。

对于请求人依据事实①、③的主张，合议组认为不能成立，其理由同上文中对于实用性的相应评述。对于事实②，合议组认为，根据说明书的记载以及专利权人的解释，本专利中后温处理的温度指的是加热源的温度而非环境温度，因此虽然高于塑料熔点也不会造成塑料熔融，而后温处理的速度、温度、时间参数的调整，均是本领域技术人员能够根据具体情况进行选择调节的，因此本专利权利要求中的后温处理是本领域技术人员无须花费创造性劳动即可以实现的，请求人关于事实②的主张不能成立；对于事实④、⑤)，根据说明书实施例的记载，本专利实现了所述凹凸不平的黏合的技术效果，而请求人并无证据证明根据本专利权利要求的技术方案不能实现上述技术效果，因此请求人关于事实④、⑤的主张不能成立。

此外，请求人还在请求书中提出说明书对于粗糙面细目钢辊与挤压辊之间的压力控制、如何保持细目钢辊的温度没有公开，对此合议组认为对于本领域技术人员均已掌握的技术，说明书无须一一做出说明，这并不影响本专利要求保护的技术方案根据说明书记载能够实现。

基于上述理由，合议组认为本专利说明书清楚完整，符合专利法第26条第3款的规定，请求人关于本专利说明书公开不充分的无效理由不能成立，合议组不予支持。

（3）专利法实施细则第 21 条第 2 款。

专利法实施细则第 21 条第 2 款规定，独立权利要求应当从整体上反映发明或者实用新型的技术方案，记载解决技术问题的必要技术特征。

基于下述事实请求人认为本专利权利要求 1 缺乏必要技术特征：①熔体和金属基带相对现有技术来说怎样做到非纯平面粘合；②塑料膜和不加热的金属基带粘合是不能实现的，塑料膜的表面也不可能形成粗糙面，也不可能和塑料膜形成非纯平面粘合。

合议组认为，根据上述关于专利法第 22 条第 4 款的评述，由说明书的描述以及实施例的证明均可发现本专利权利要求中记载了用于解决其技术问题的必要技术特征，从整体上反映了解决该问题的技术方案。虽然，本专利权利要求 1 没有将塑料熔体和塑料薄膜的技术方案分别限定，但合议组认为，对熔体和薄膜与金属箔带粘合的工艺是现有技术中成熟的工艺，本领域技术人员根据说明书记载的内容会在不同的需求条件下在权利要求 1 给定的范围内进行选择、控制其工艺参数，而且本专利所要解决的技术问题在于使塑料与金属粘合而成的复合带能够光滑地通过模具成型，其解决问题的技术方案是通过采用具有一定粗糙度的细目钢辊使得粘合为非纯平面的从而使复合带与成型模具的接触为平滑点接触进而减小二者间的摩擦，因此本专利权利要求 1 记载了要求保护的技术方案的必要工艺步骤，也就是说，对于本领域技术人员而言，本专利权利要求 1 记载了解决技术问题的必要技术特征，符合专利法实施细则第 21 条第 2 款的规定。

（4）专利法第 22 条第 3 款。

专利法第 22 条第 3 款规定：创造性，是指同申请日以前已有的技术相比，该发明有突出的实质性特点和显著的进步，该实用新型有实质性特点和进步。

在判断创造性时，首先要将权利要求所述的技术方案和现有技术中最接近的技术方案进行特征对比分析，找出其区别技术特征，进而考察该区别技术特征的引入是否给本专利权利要求的技术方案带来了突出的实质性特点和显著的进步，亦即考察所属技术领域的普通技术人员根据现有技术的教导是否可以不经过创造性劳动导入这些区别技术特征，以及这些区别技术特征的引入是否带来有益的效果。

本专利权利要求 1 要求保护一种平滑型金属屏蔽复合带的制作方法，其工艺过程包括如下步骤：金属箔带开卷—前预热处理—塑料熔体或塑料膜通过温度为 35～80℃、目数的 40～85 目的粗糙面细目钢棍与挤压辊之间进行热挤压—翻面并对另一面金属箔进行塑料膜热挤压复合处理—复合带通过线速度为 10m/min～80m/min 的导辊进入加热烘箱进行后加热处理，加热温度为 250～400℃—根据传动线速度调整后加热温度从而获得特定表面效果—对后加热处理过的复合带进行冷却处理并收卷。此外，权利要求 1 中还对细目钢辊、挤压辊的尺寸、塑料薄膜的厚度的参数进行了限定。

附件 4（以下简称对比文件 1）公开了电缆用铝-塑复合带挤压涂覆生产工艺，其工艺步骤包括开卷—预热—复合—后加热—冷却—收卷。

附件 3（以下简称对比文件 2）公开了细目面的冷却辊，其细目面是将光亮面经特殊暗光处理呈毛玻璃状，使得薄膜对冷却辊的剥离性好，同时公开了冷却辊的冷却水温为不高于 10～20℃。

附件 5（以下简称对比文件 3）公开了一种冲压成型性良好的热塑性树脂被覆金属板的制造方法，其特征在于通过粘着剂层用热塑性合成树脂膜被覆金属板的表面，该合成树脂皮膜表面的粗糙面的微观形态为由独立的池状凹部和其周围的平坦部构成，其粗糙面是利用表面的微观形态为有规则的凹凸的金属轧辊形成的。

请求人认为对比文件 1 和 2 或对比文件 1 和 3 的结合可以破坏本专利权利要求 1 和 2 的创造性。

本专利权利要求 1 相对于对比文件 1 的区别技术特征在于，权利要求 1 要求保护的技术方案限定了细目钢辊的表面粗糙度的目数及温度范围，以及后加热处理的温度范围，后加热处理复合带线速度与温度的调节从而获得具有特殊的表面效果的复合带。

对比文件2、3均未公开上述区别技术特征，也未给出任何引入上述区别技术特征从而获得塑料与金属箔带的粘合为凹凸不平的非纯平面粘合的技术启示，从而使复合带与成型模具的接触为平滑点接触进而减小二者间的摩擦，使塑料与金属粘合而成的复合带光滑地通过模具成型，进而解决电缆起包、漏气、脱膜及断带的问题。因此本发明通过引入上述区别技术特征带来了有益的效果，而现有技术中并没有相关的启示，对于所属领域的普通技术人员而言，引入上述区别技术特征获得本专利权利要求1要求保护的技术方案是非显而易见的，需要付出创造性的劳动，本专利与对比文件1~3相比具有突出的实质性特点和显著的进步。因此，本专利权利要求1相对对比文件1和2或对比文件1和3的结合均具备创造性，符合专利法第22条第3款的规定。

本专利权利要求2是权利要求1的从属权利要求，在权利要求1具备创造性的前提下，权利要求2也具备创造性。

基于以上事实和理由，本案合议组作出如下审查决定。

三、决定

维持第01106788.8号发明专利权有效。

当事人对本决定不服的，可以根据专利法第46条第2款的规定，自收到本决定之日起3个月内向北京市第一中级人民法院起诉。根据该款的规定，一方当事人起诉后，另一方当事人应当作为第三人参加诉讼。

北京市第一中级人民法院
行政判决书

（2007）一中行初字第1659号

原告无锡市隆盛电缆材料厂，住所地江苏省无锡市玉祁镇民主村。

个人独资企业投资人王晨。

委托代理人汪旭东，南京知识律师事务所律师。

被告国家知识产权局专利复审委员会，住所地北京市海淀区北四环西路9号银谷大厦10~12层。

法定代表人廖涛，副主任。

委托代理人徐洁玲，国家知识产权局专利复审委员会审查员。

委托代理人程强，国家知识产权局专利复审委员会审查员。

第三人西安秦邦电信材料有限责任公司，住所地陕西省西安市高新区高新五路尚品·格蓝021103号。

法定代表人杭涛，董事长。

委托代理人王占财，男，1957年11月11日生，西安秦邦电信材料有限责任公司副总经理，住陕西省西安市碑林区互助路20号。

委托代理人翟中平，杭州中平专利事务所有限公司专利代理人。

原告无锡市隆盛电缆材料厂（简称隆盛电缆材料厂）不服被告国家知识产权局专利复审委员会（简称专利复审委员会）作出的第10449号无效宣告请求审查决定（简称第10449号决定），在法定期限内向本院提起行政诉讼。本院于 2007 年 11 月 27 日受理后，依法组成合议庭，并通知西安秦邦电信材料有限责任公司（简称秦邦公司）作为本案的第三人参加诉讼，于 2008 年 2 月 25 日公开开庭进行了审理。原告隆盛电缆材料厂的委托代理人汪旭东，被告专利复审委员会的委托代理人程强，第三人秦邦公司的法定代表人杭涛及其委托代理人王占财、翟中平到庭参加了诉讼。本案现已审理终结。

就隆盛电缆材料厂针对秦邦公司拥有的名称为“平滑型金属屏蔽复合带的制作方法”的发明专利（简称本专利）提出的无效宣告请求，专利复审委员会作出第 10449 号决定，其认为：

（1）对于本领域技术人员而言，细目钢辊是现有技术中的技术手段，40~85 目的粗糙面的含义是清楚的，隆盛电缆材料厂关于“40~85 目的粗糙面的技术含义、特征不清楚，所述权利要求的细目钢辊不能实现”主张不能成立；利用具有相应粗糙度的细目钢辊与金属箔带的相互转动将塑料膜金属箔带非纯平面粘合，是本领域技术人员完全可能做得到的，本专利说明书实施例也证明专利权人做到了这一点。相反，隆盛电缆材料厂无证据证明为什么不可能实现，因此隆盛电缆材料厂关于“对于塑料膜的表面形成 0.04mm~0.09mm 的凹凸不平粗糙面，没有说明怎样实现金属表面非纯平面粘合”的主张不能成立；根据本专利说明书的记载，35~80℃指的是细目钢辊的温度，而不是指薄膜本身的温度，因此对于塑料薄膜而言，也同样可以实现与金属箔带的非平面粘合，隆盛电缆材料厂关于“塑料熔体或塑料膜通过温度为 35~80℃，塑料熔融体和塑料膜是两种概念，塑料膜表面不能形成粗糙面及与金属箔带凹凸不平的粘合”的主张不能成立；秦邦公司指出加热温度是指加热源的温度而不是指环境温度，根据本专利说明书的记载，这种解释是合理的，也是本领域技术人员通过阅读说明书可以理解到的，因此隆盛电缆材料厂关于“本专利技术方案中加热温度为 250~400℃是不能实现的，在此温度下塑料表面粗糙度将全消失”的主张也不能成立；调节板的结构、形式、作用过程是本领域技术人员熟知的公知常识，因此，隆盛电缆材料厂关于“权利要求 2 通过调节加热烘箱当中调节板距离，在没公开加热方式和调节板的结构、形式、作用过程的时候，本领域技术人员是无法得知的”的主张不能成立。据此，本专利权利要求 1、2 符合《中华人民共和国专利法》（简称《专利法》）第二十二条第四款的规定。

（2）隆盛电缆材料厂关于“细目钢辊不清楚”和“调节板的结构没有给出说明”的主张，专利复审委员会的评述理由与前述评述实用性的理由一致，隆盛电缆材料厂的主张不能成立；根据本专利说明书的记载以及专利权人的解释，本专利中后温处理的温度指的是加热源的温度而非环境温度，因此虽然高于塑料熔点也不会造成塑料熔融，而后温处理的速度、温度、时间参数的调整，均是本领域技术人员能够根据具体情况进行选择调节的，因此本专利权利要求中的后温处理是本领域技术人员无须花费创造性劳动即可以实现的，隆盛电缆材料厂关于“后温处理的温度高于塑料熔点的温度，速度和温度的对应关系，持续的时间没有说明”的主张不能成立；根据本专利说明书实施例的记载，本专利实现了所述凹凸不平的粘合的技术效果，而隆盛电缆材料厂并无证据证明根据本专利权利要求的技术方案不能实现上述技术效果，因此隆盛电缆材料厂关于“未说明如何通过温度 250~400℃形成圆弧过渡的凹凸不平的粗糙面”和“说明书没有清楚地描述塑料薄膜与箔表面如何呈凹凸不平的结合”的主张不能成立。此外，隆盛电缆材料厂还在请求书中提出说明书对于粗糙面细目钢辊与挤压辊之间的压力控制、如何保持细目钢辊的温度没有公开，对此合议组认为对于本领域技术人员均已掌握的技术，说明书无需一一作出说明，这并不影响本专利要求保护的技术方案根据说明书记载能够实现。据此，本专利说明书清楚完整，符合《专利法》第二十六条第三款的规定。

（3）根据前述关于《专利法》第二十二条第四款的评述，由说明书的描述以及实施例的证明均可发现本专利权利要求中记载了用于解决其技术问题的必要技术特征，从整体上反映了解决该问题的技术方案。虽然，本专利权利要求 1 没有将塑料熔体和塑料薄膜的技术方案分别限定，但对熔体和薄膜与金属箔带粘合的工艺是现有技术中成熟的工艺，本领域技术人员根据说明书记载的内容会在不同的需求条件下在权利要求 1 给定的范围内进行选择、控制其工艺参数，而且本专利所要解决的技术问题在于使塑料与金属粘合而成的复合带能够光滑地通过模具成型，其解决问题的技术方案是通过采用具有一定粗糙度的细目钢辊使得粘合为非纯平面的从而使复合带与成型模具的接触为平滑点接触进而减小二者间的摩擦，因此本专利权利要求 1 记载了要求保护的技术方案的必要工艺步骤，也就是说，对于本领域技术人员而言，本专利权利要求 1 记载了解决技术问题的必要技术特征，符合《中华人民共和国专利法实施细则》（简称《专利法实施细则》）第二十一条第二款的规定。

（4）本专利权利要求 1 相对于对比文件 1 的区别技术特征在于，权利要求 1 要求保护的技术方案限定了细目钢辊的表面粗糙度的目数及温度范围，以及后加热处理的温度范围，后加热处理复合带线速度与温度的调节从而获得具有特殊的表面效果的复合带。对比文件 2、3 均未公开上述区别技术特征，也未给出任何引入上述区别技术特征从而获得塑料与金属箔带的粘合为凹凸不平的非纯平面粘合的技术启示，从而使复合带与成型模具的接触为平滑点接触进而减小二者间的摩擦，使塑料与金属粘合而成的复合带光滑地通过模具成型，进而解决电缆起包、漏气、脱膜及断带的问题。因此本专利通过引入上述区别技术特征带来了有益的效果，而现有技术中并没有相关的启示，对于所属领域的普通技术人员而言，引入上述区别技术特征获得本专利权利要求 1 要求保护的技术方案是非显而易见的，需要付出创造性的劳动，本专利与对比文件 1~3 相比具有突出的实质性特点和显著的进步，符合《专利法》第二十二条第三款的规定。本专利权利要求 2 是权利要求 1 的从属权利要求，在权利要求 1 具备创造性的前提下，权利要求 2 也具备创造性。

综上，专利复审委员会作出第 10449 号决定，维持本专利权有效。

隆盛电缆材料厂不服第 10449 号决定，在法定期限内向本院提起行政诉讼，其诉称：

1. 专利复审委员会认定事实错误

专利复审委员会在第 10449 号决定中认为，40~85 目的粗糙面细目钢辊的含义是清楚的；利用具有相应粗糙度的细目钢辊与金属箔带的相互转动将塑料膜金属箔带非纯平粘合；对于塑料薄膜而言，可以实现与金属箔带的非平面粘合；加热烘箱中 250~400℃ 的加热温度是指加热源的温度而不是指环境温度；调节板结构、形式、作用是本领域技术人员熟知的公知常识；根据说明书的记载，本专利实现了塑料薄膜与金属箔带表面进行凸凹不平的非纯平面粘合的技术效果；权利要求 1 要求保护的技术方案限定了细目钢辊的表面粗糙度的目数及温度范围；本专利权利要求 1 中还对细目钢辊、挤压辊的尺寸、塑料薄膜的厚度的参数进行了限定等认定，均没有事实依据。

2. 专利复审委员会适用法律错误

（1）专利复审委员会在涉及如何实现“塑料薄膜与金属箔带表面进行凹凸不平的非纯平面粘合”这一关键问题上，没有针对隆盛电缆材料厂的无效请求内容作出有针对性的评述。在此基础上，专利复审委员会在评述本专利是否符合《专利法》第二十二条第四款、第二十六条第三款、《专利法实施细则》第二十一条第二款以及《专利法》第二十二条第三款时，对于同样的问题作出了前后含糊不清的表述，违反了行政审查应当遵循的客观、公正、准确的原则。

（2）在本专利说明书以及第 10449 号决定中，均没有明确本专利权力要求 1 相对于对比文件 1 的区别技术特征所带来的有益效果究竟是什么。故专利复审委员会认为这些区别特征带来了有益效果，并进而认为本专利权利要求 1 具备创造性，是缺乏客观依据的主观臆断；另一方面，专利复审委员会在评价本专利是否符合《专利法》第二十六条第三款、《专利法实施细则》第二十一条第二款的问题时，均认为有关工艺参数和后温处理的速度、温度、时间参数，是本领域技术人员能够依据具体情况和要求进行选择调节的。而在评价本专利的创造性时，却又认为这样的区别技术特征带来了有益的效果，违反了客观、公正的行政审查原则。

3. 审查程序违法

专利复审委员会对隆盛电缆材料厂所提出的问题作出了不准确的表述，因而在有些问题上作出了偏离所请求问题的评述。

综上，隆盛电缆材料厂请求人民法院判决撤销第10449号决定，并由其重新作出无效宣告请求审查决定。

被告专利复审委员会在提交的书面答辩中除坚持其在第10449号决定中阐述的理由外，进一步认为隆盛电缆材料厂在无效程序和起诉状中多是不就具体问题进行举证或说明，而只是发问，故其未尽到举证责任。专利复审委员会认为其在第10449号决定中认定事实清楚、适用法律正确，请求人民法院维持该决定。

第三人秦邦公司在法定期限内未向本院提交书面陈述，其在本案庭审过程中述称同意专利复审委员会的意见，请求人民法院维持第10449号决定。

本院经审理查明：

本案涉及国家知识产权局于2004年1月28日公告授予的、名称为“平滑型金属屏蔽复合带的制作方法”的第01106788.8号发明专利权（即本专利），其申请日为2001年3月7日，专利权人为西安秦邦电信材料厂，后变更为西安秦邦电信材料有限责任公司（即本案第三人）。该专利授权公告的权利要求如下：

“1. 一种平滑型金属屏蔽复合带的制作方法，是将塑料薄膜与金属箔带表面进行凹凸不平的非纯平面粘合，使复合带与光缆、电缆纵包模具或定径模具之间形成点接触，以减小摩擦力，避免电缆起包、漏气、脱膜及断带；工艺过程与条件如下：

（1）将原金属箔带开卷伸直，进行前预热处理；

（2）将塑料熔体或塑料膜通过温度为35~80℃，直径为Φ240mm~Φ600mm，目数为40~85目的粗糙面细目钢辊，与直径为Φ160mm~Φ480mm传动金属箔带的挤压辊，相互转动，使塑料膜的表面形成0.04mm~0.09mm厚的凹凸不平粗糙面，热挤压在金属箔带一面的基材上；

（3）将带有塑料膜的金属箔经过导辊、弹簧辊传动，再经倒向辊翻面，对另一面金属箔进行塑料膜热挤压复合处理；

（4）将复合处理后的复合带通过运行时线速度为10m/min~80m/min的导辊进入加热烘箱，进行后加热处理，加热温度为250~400℃；

（5）根据传动线速度，调整加热温度，使复合带的粗糙度在后工序处理过程中破坏最小，并使拉毛的塑料表面形成新的带有圆弧过渡的凹凸不平粗糙面，以加强复合带的剥离强度和塑料塑化定型；

（6）对后加热处理过的复合带进行冷却处理并收卷。

2. 根据权利要求1所述的方法，其特征在于后加热处理中，通过调节加热烘箱内的调节板距离，使复合带呈现反光度弱，手感光滑、平整的外表面。”

本专利说明书记载，本发明的目的是提供一种摩擦力小，可顺利通过光缆、电缆纵包模具或定径模具，且无断带现象的金属屏蔽复合带制作方法。实现本发明目的的技术关键是将塑料膜与金属箔带表面进行凹凸不平的非纯平面粘合，使复合带与光缆、电缆纵包模具或定径模具之间形成点接触，以减少摩擦力，避免电缆起包、漏气、脱膜及断带等问题。

2006 年 3 月 28 日，隆盛电缆材料厂以本专利不符合《专利法》第二十二条第四款、《专利法》第二十六条第三款、《专利法实施细则》第二十一条第二款以及《专利法》第二十二条第三款为由向专利复审委员会提出无效宣告请求，并提交了相关证据，其中：

对比文件 1 为《电缆用铝-塑复合带挤压涂覆生产工艺》一文的第 33~35 页，该文刊载于 1997 年度《轻合金加工技术》杂志，作者刘照旺。文中记载了电缆用铝-塑复合带挤压涂覆生产工艺，其工艺步骤包括开卷—预热—复合—后加热—冷却—收卷。

对比文件 2 为《复合材料包装》一书的封面、出版信息页、目录页、第 50~51 页、第 106~109 页，该书由曹家鑫编译，轻工业出版社出版，1988 年 11 月第一版第一次印刷。书中公开了细目面的冷却辊，其细目面是将光亮面经特殊暗光处理呈毛玻璃状，使得薄膜对冷却辊的剥离性好，同时公开了冷却辊的冷却水温为不高于 10~20℃。

对比文件 3 为日本专利特开平 6-255021 及其译文，公开日 1994 年 9 月 13 日，记载了一种冲压成型性良好的热塑性树脂被覆金属板的制造方法，其特征在于通过粘着剂层用热塑性合成树脂膜被覆金属板的表面，该合成树脂皮膜表面的粗糙面的微观形态为由独立的池状凹部和其周围的平坦部构成，其粗糙面是利用表面的微观形态为有规则的凹凸的金属轧辊形成的。

2007 年 4 月 10 日，专利复审委员会进行了口头审理，在口头审理过程中，隆盛电缆材料厂明确其无效的理由为：权利要求 1、2 不符合《专利法》第二十二条第四款的规定；权利要求 1、2 不符合《专利法》第二十六条第三款的规定；权利要求 1、2 相对于对比文件 1 与对比文件 2 结合或对比文件 1 与对比文件 3 的结合不符合《专利法》第二十二条第三款的规定；权利要求 1 不符合《专利法实施细则》第二十一条第二款的规定。

2007 年 9 月 3 日，专利复审委员会作出第 10449 号决定。

在本案庭审过程中，隆盛电缆材料厂陈述：在口头审理记录表中记载的其陈述的有关本专利不符合《专利法》第二十二条第四款、《专利法》第二十六条第三款、《专利法实施细则》第二十一条第二款的具体事实和理由与第 10449 号决定中记载的相关内容一致，其不坚持相关异议；对专利复审委员会在第 10449 号决定中记载的对比文件 1~3 的技术内容无异议，对认定的对比文件 1 与本专利权利要求 1 的区别特征没有异议。此外，经庭审过程中核实，隆盛电缆材料厂在本案诉讼过程中提交的证据 6~10 均未在无效程序中向专利复审委员会提交。

以上事实，有本专利说明书、对比文件 1、对比文件 2、对比文件 3、第 10449 号决定、当事人陈述等证据在案佐证。

本院认为：

1. 本专利是否符合《专利法》第二十二条第四款的规定

《专利法》第二十二条第四款规定，实用性是指该发明或者实用新型能够制造或者使用，并且能够产生积极效果。

就本案而言，根据专利复审委员会在第 10449 号决定中的认定并结合隆盛电缆材料厂的起诉理由，本院认为，第一，尽管秦邦公司没有提交证据证明“目”数为表示粗糙程度的概念但在本专利的技术方案中，粗糙是相对于平整而言的，只要存在网孔，就相应地存在一定程度的凹凸，因此，对于本领域技术人员来说，完全可以理解本专利权利要求书和说明书中记载的“目数为 40 目~85 目的粗糙面细目钢辊”的含义，该记载是清楚的，专利复审委员会在第 10449 号决定中的认定是适当的；第二，本专利权利要求 1 的步骤 2 和说明书已经给出细目钢琨、挤压辊、金属箔带、塑料膜的相互运动挤压关系。在具有粗糙面的细目钢辊的挤压作用下，使塑料膜的表面形成一定厚度的凹凸不平粗糙面，并与金属箔带形成非纯平面粘合，在本专利说明书中还给出了实施例，因此，在实际生产中塑料膜与金属箔带的非纯平面粘合是能够被制造的。相反，隆盛电缆材料厂未提供塑料膜与金属箔带无法非纯平面粘合的证据或就此给予具体、明确的说明。第三，本专利权利要求书中明确了细目钢辊的温度，细目钢辊、挤压辊、金属箔带、塑料膜的相当运动挤压关系并给出相关实施例，故专利复审委员会据此认为“对于塑料薄膜而言，可以实现与金属箔带的非平面粘合”是有依据的。隆盛电缆材料厂虽对此持有异议，但未提交相反证据或充分的论证支持其主张。第四，关于“加热温度为250~400℃”的含义，在了解了本专利的发明目的和所采取的技术手段之后，根据自己所掌握的技术知识，本领域技术人员完全可以得出上述温度是指加热源的温度，而不会将其理解为环境温度的结论。第五，在加热烘箱中设置调节板，以及调节板基本结构、形式、作用应是本领域技术人员熟知的，对此专利复审委员会在第10449号决定中的认定更为合理并具有说服力，本院予以采信。

综上，专利复审委员会对本专利是否符合《专利法》第二十二条第四款的规定的评述是适当的，隆盛电缆材料厂未在本领域技术人员的基础上理解本专利技术方案，相关主张缺乏事实和法律依据，本院不予支持。

2. 本专利是否符合《专利法》第二十六条第三款的规定

《专利法》第二十六条第三款规定，说明书应当对发明或者实用新型作出清楚、完整的说明，以所属技术领域的技术人员能够实现为准；必要的时候，应当有附图。摘要应当简要说明发明或者实用新型的技术要点。

就本案而言，根据专利复审委员会在第10449号决定中的认定并结合隆盛电缆材料厂的起诉理由，本院认为，第一，基于与评述本专利是否符合《专利法》第二十二条第四款的规定相同的理由，本专利说明书对于细目钢辊已经给予了清楚、完整的说明，而调节板的结构也是本领域技术人员所熟知的，故隆盛电缆材料厂以此为由主张本专利说明书不符合《专利法》第二十六条第三款的规定没有事实和法律依据，本院不予支持。第二，从本领域技术人员的角度出发，关于后温处理的速度、温度、时间参数的调整，可以根据具体情况通过有限次试验进行选择或调整，隆盛电缆材料厂关于“后温处理的温度高于塑料熔点的温度，速度和温度的对应关系，持续的时间没有说明”的主张不能成立。第三，本专利说明书中明确了细目钢辊的温度，细目钢辊、挤压辊、金属箔带、塑料膜的相互运动挤压关系并给出相关实施例，内容是清楚、完整的，能够实现塑料薄膜与金属箔带表面进行凹凸不平的非纯平面粘合。相反，隆盛电缆材料厂没有提交证据证明根据本专利的技术方案不能实现上述技术效果，故其在起诉状中围绕此问题提出的相关异议不能成立，本院不予支持。

综上，隆盛电缆材料厂关于本专利不符合《专利法》第二十六条第三款规定的主张缺乏事实和法律依据，本院不予支持。

3. 本专利是否符合《专利法实施细则》第二十一条第二款的规定

《专利法实施细则》第二十一条第二款规定，独立权利要求应当从整体上反映发明或者实用新型的技术方案，记载解决技术问题的必要技术特征。

本专利系一项方法发明专利，是为解决相关技术问题提出的手段和步骤的组合。通过对本专利是否符合《专利法》第二十二条第四款以及《专利法》第二十六条第三款的规定的评述可以看出，本专利权利要求已经记载了将塑料膜与金属箔带表面进行凹凸不平的非纯平面粘合的手段和步骤等必要技术特征，故隆盛电缆材料厂关于本专利不符合《专利法实施细则》第二十一条第二款规定的主张缺乏事实和法律依据，本院不予支持。

四、本专利是否符合《专利法》第二十二条第三款的规定

《专利法》第二十二条第三款规定，发明专利的创造性，是指同申请日以前已有的技术相比，该发明有突出的实质性特点和显著的进步。

结合本案而言，用“目”数表示粗糙程度的问题已经在前面评述过，隆盛电缆材料厂对专利复审委员会认定的本专利与对比文件1的区别特征无异议。对比文件2和3也未公开上述区别技术特征或给出相关技术启示。而从本专利说明书的内容可知，本专利技术方案中的相关手段、步骤可以实现塑料与金属箔带的粘合为凹凸不平的非纯平面粘合的技术效果，从而解决电缆起包、漏气、脱膜及断带的问题。因此，本专利技术方案中的细目钢辊的表面粗糙度的目数及温度范围，以及后加热处理的温度范围，对后加热处理复合带线速度与温度进行调节等手段带来了有益的效果，故本专利相对于对比文件的结合具备创造性。隆盛电缆材料厂关于本专利不具备创造性的主张没有法律依据，本院不予支持。

另外，由于隆盛电缆材料厂认可在口头审理记录表中记载的其陈述的有关本专利不符合《专利法》第二十二条第四款、《专利法》第二十六条第三款、《专利法实施细则》第二十一条第二款的具体事实和理由与第10449号决定中记载的相关内容一致，其不坚持相关异议。故本院对此不再评述。

综上，专利复审委员会作出的第10449号决定认定事实清楚，适用法律准确，程序合法，应予维持。依照《中华人民共和国行政诉讼法》第五十四条第（一）项之规定，本院判决如下：

维持被告国家知识产权局专利复审委员会作出的第10449号无效宣告请求审查决定。

案件受理费100元，由无锡市隆盛电缆材料厂负担（已交纳）。

如不服本判决，各方当事人可在本判决书送达之日起15日内，向本院提交上诉状并交纳上诉案件受理费100元，上诉于北京市高级人民法院。

审 判 长　仪　军
代理审判员　侯占恒
人民陪审员　郝建欣
二〇〇八年三月二十日
书 记 员　王东勇

北京市高级人民法院
行政判决书

（2008）高行终字第565号

上诉人（原审原告）无锡市隆盛电缆材料厂，住所地江苏省无锡市玉祁镇民主村。

负责人王晨，厂长。

委托代理人汪旭东，南京知识律师事务所律师。

委托代理人王晓婕，南京知识律师事务所律师。

被上诉人（原审被告）国家知识产权局专利复审委员会，住所地北京市海淀区北四环西路9号银谷大厦10~12层。

法定代表人廖涛，副主任。

委托代理人王冬，该委员会审查员。

委托代理人程强，该委员会审查员。

原审第三人西安秦邦电信材料有限责任公司，住所地陕西省西安市高新区高新五路尚品·格蓝021103号。

法定代表人杭涛，董事长。

委托代理人王占财，男，汉族，1957年11月11日出生，该公司副总经理，住陕西省西安市碑林区互助路20号1单元4层2号。

委托代理人翟中平，男，汉族，1959年3月23日出生，杭州中平专利事务所有限公司专利代理人，住浙江省杭州市余杭区临平街道荷花塘6组荷花小区9幢3单元106室。

上诉人无锡市隆盛电缆材料厂（简称隆盛电缆材料厂）因发明专利权无效行政纠纷一案，不服北京市第一中级人民法院（2007）一中行初字第1659号行政判决，向本院提出上诉。本院2008年9月8日受理本案后，依法组成合议庭，于2008年10月28日公开开庭进行了审理。上诉人隆盛电缆材料厂的委托代理人汪旭东，被上诉人国家知识产权局专利复审委员会（简称专利复审委员会）的委托代理人王冬、程强，原审第三人西安秦邦电信材料有限责任公司（简称秦邦公司）的法定代表人杭涛及其委托代理人王占财、翟中平到庭参加了诉讼。本案现已审理终结。

北京市第一中级人民法院认定，秦邦公司是01106788.8号“平滑型金属屏蔽复合带的制作方法”发明专利（简称本专利）的专利权人。针对本专利权，隆盛电缆材料厂于2006年3月28日向专利复审委员会提出无效宣告请求。2007年9月3日，专利复审委员会做出第10449号无效宣告请求审查决定（简称第10449号决定），维持本专利权全部有效。

北京市第一中级人民法院认为，专利复审委员会对本专利是否符合《专利法》第二十二条第四款的规定的评述是适当的，隆盛电缆材料厂未在本领域技术人员的基础上理解本专利技术方案，相关主张缺乏事实和法律依据，不予支持。本专利说明书对于细目钢辊已经给予了清楚、完整的说明，而调节板的结构也是本领域技术人员所熟知的，故隆盛电缆材料厂以此为由主张本专利说明书不符合《专利法》第二十六条第三款的规定没有事实和法律依据，不予支持。隆盛电缆材料厂关于“后温处理的温度高于塑料熔点的温度，速度和温度的对应关系，持续的时间没有说明”的主张不能成立。本专利说明书中明确了细目钢辊的温度，细目钢辊、挤压辊、金属箔带、塑料膜的相互运动挤压关系并给出相关实施例，内容是清楚、完整的，能够实现塑料薄膜与金属箔带表面进行凹凸不平的非纯平面粘合。隆盛电缆材料厂关于本专利不符合《专利法》第二十六条第三款规定的主张缺乏事实和法律依据。本专利权利要求已经记载了将塑料膜与金属箔带表面进行凹凸不平的非纯平面粘合的手段和步骤等必要技术特征，故隆盛电缆材料厂关于本专利不符合《专利法实施细则》第二十一条第二款规定的主张缺乏事实和法律依据。隆盛电缆材料厂对专利复审委员会认定的本专利与对比文件1的区别特征无异议。对比文件2和3也未公开上述区别技术特征或给出相关技术启示。本专利技术方案中的细目钢辊的表面粗糙度的目数及温度范围，以及后加热处理的温度范围，对后加热处理复合带线速度与温度进行调节等手段带来了有益的效果，故本专利相对于对比文件的结合具备创造性。

北京市第一中级人民法院依照《中华人民共和国行政诉讼法》第五十四条第（一）项的规定判决：维持专利复审委员会做出的第10449号决定。

隆盛电缆材料厂不服原审判决，向本院提出上诉，请求撤销原审判决和第10449号决定，判令专利复审委员会重新做出无效宣告请求审查决定。其理由是：一审法院对于隆盛电缆材料厂的诉讼理由审查遗漏，导致对本案事实认定不清。本专利没有对“细目钢辊”、“塑料薄膜与金属箔带表面进行凹凸不平的非纯平面粘合”、“调节板的结构”、“后加热温度”等技术特征做出解释，因此本专利不符合《专利法》第二十二条第四款的规定，不具备实用性，也不符合《专利法》第二十六条第三款、《专利法实施细则》第二十一条第二款的规定；本专利不符合《专利法》第二十二条第三款的规定，不具备创造性。

专利复审委员会、秦邦公司服从原审判决。

经审理查明，本专利名称为“平滑型金属屏蔽复合带的制作方法”，申请日为2001年3月7日，申请号为01106788.8，授权公告日为2004年1月28日，专利权人原为西安秦邦电信材料厂，后变更为秦邦公司。该专利授权公告的权利要求如下：

“1. 一种平滑型金属屏蔽复合带的制作方法，是将塑料薄膜与金属箔带表面进行凹凸不平的非纯平面粘合，使复合带与光缆、电缆纵包模具或定径模具之间形成点接触，以减小摩擦力，避免电缆起包、漏气、脱膜及断带；工艺过程与条件如下：

（1）将原金属箔带开卷伸直，进行前预热处理；

（2）将塑料熔体或塑料膜通过温度为35~80℃，直径为Φ240mm~Φ600mm，目数为40~85目的粗糙面细目钢辊，与直径为Φ160mm~Φ480mm传动金属箔带的挤压辊，相互转动，使塑料膜的表面形成0.04mm~0.09mm厚的凹凸不平粗糙面，热挤压在金属箔带一面的基材上；

（3）将带有塑料膜的金属箔经过导辊、弹簧辊传动，再经倒向辊翻面，对另一面金属箔进行塑料膜热挤压复合处理；

（4）将复合处理后的复合带通过运行时线速度为10m/min~80m/min的导辊进入加热烘箱，进行后加热处理，加热温度为250~400℃；

（5）根据传动线速度，调整加热温度，使复合带的粗糙度在后工序处理过程中破坏最小，并使拉毛的塑料表面形成新的带有圆弧过渡的凹凸不平粗糙面，以加强复合带的剥离强度和塑料塑化定型；

（6）对后加热处理过的复合带进行冷却处理并收卷。

2. 根据权利要求1所述的方法，其特征在于后加热处理中，通过调节加热烘箱内的调节板距离，使复合带呈现反光度弱，手感光滑、平整的外表面。”

本专利说明书记载，本发明的目的是提供一种摩擦力小，可顺利通过光缆、电缆纵包模具或定径模具，且无断带现象的金属屏蔽复合带制作方法。实现本发明目的的技术关键是将塑料膜与金属箔带表面进行凹凸不平的非纯平面粘合，使复合带与光缆、电缆纵包模具或定径模具之间形成点接触，以减少摩擦力，避免电缆起包、漏气、脱膜及断带等问题。

2006年3月28日，隆盛电缆材料厂以本专利不符合《专利法》第二十二条第四款、《专利法》第二十六条第三款、《专利法实施细则》第二十一条第二款以及《专利法》第二十二条第三款为由向专利复审委员会提出无效宣告请求，并提交了相关证据，其中：

对比文件1为《电缆用铝-塑复合带挤压涂覆生产工艺》一文的第33~35页，该文刊载于1997年度《轻合金加工技术》杂志，作者刘照旺。文中记载了电缆用铝-塑复合带挤压涂覆生产工艺，其工艺步骤包括开卷—预热—复合—后加热—冷却—收卷。

对比文件2为《复合材料包装》一书的封面、出版信息页、目录页、第50~51页、第106~109页，该书由曹家鑫编译，轻工业出版社出版，1988年11月第一版第一次印刷。书中公开了细目面的冷却辊，其细目面是将光亮面经特殊暗光处理呈毛玻璃状，使得薄膜对冷却辊的剥离性好，同时公开了冷却辊的冷却水温为不高于10~20℃。

对比文件3为日本专利特开平6-255021及其译文，公开日1994年9月13日，记载了一种冲压成型性良好的热塑性树脂被覆金属板的制造方法，其特征在于通过粘着剂层用热塑性合成树脂膜被覆金属板的表面，该合成树脂皮膜表面的粗糙面的微观形态为由独立的池状凹部和其周围的平坦部构成，其粗糙面是利用表面的微观形态为有规则的凹凸的金属轧辊形成的。

2007 年 4 月 10 日，专利复审委员会进行了口头审理，在口头审理过程中，隆盛电缆材料厂明确其无效的理由为：本专利权利要求 1、2 不符合《专利法》第二十二条第四款的规定；本专利权利要求 1、2 不符合《专利法》第二十六条第三款的规定；本专利权利要求 1、2 相对于对比文件 1 与对比文件 2 结合或对比文件 1 与对比文件 3 的结合不符合《专利法》第二十二条第三款的规定；本专利权利要求 1 不符合《专利法实施细则》第二十一条第二款的规定。

2007 年 9 月 3 日，专利复审委员会做出第 10449 号决定，维持本专利权有效。该决定认为：

（1）对于本领域技术人员而言，细目钢辊是现有技术中的技术手段，40～85 目的粗糙面的含义是清楚的，隆盛电缆材料厂关于“40～85 目的粗糙面的技术含义、特征不清楚，所述权利要求的细目钢辊不能实现”主张不能成立；利用具有相应粗糙度的细目钢辊与金属箔带的相互转动将塑料膜金属箔带非纯平面粘合，是本领域技术人员完全可能做得到的，本专利说明书实施例也证明专利权人做到了这一点。相反，隆盛电缆材料厂无证据证明为什么不可能实现，因此隆盛电缆材料厂关于“对于塑料膜的表面形成 0.04mm～0.09mm 的凹凸不平粗糙面，没有说明怎样实现金属表面非纯平面粘合”的主张不能成立；根据本专利说明书的记载，35～80℃指的是细目钢辊的温度，而不是指薄膜本身的温度，因此对于塑料薄膜而言，也同样可以实现与金属箔带的非平面粘合，隆盛电缆材料厂关于“塑料熔体或塑料膜通过温度为 35～80℃，塑料熔融体和塑料膜是两种概念，塑料膜表面不能形成粗糙面及与金属箔带凹凸不平的粘合”的主张不能成立；秦邦公司指出加热温度是指加热源的温度而不是指环境温度，根据本专利说明书的记载，这种解释是合理的，也是本领域技术人员通过阅读说明书可以理解到的，因此隆盛电缆材料厂关于“本专利技术方案中加热温度为 250～400℃是不能实现的，在此温度下塑料表面粗糙度将全消失”的主张也不能成立；调节板的结构、形式、作用过程是本领域技术人员熟知的公知常识，因此，隆盛电缆材料厂关于“权利要求 2 通过调节加热烘箱当中调节板距离，在没公开加热方式和调节板的结构、形式、作用过程的时候，本领域技术人员是无法得知的”的主张不能成立。据此，本专利权利要求 1、2 符合《专利法》第二十二条第四款的规定。

（2）隆盛电缆材料厂关于“细目钢辊不清楚”和“调节板的结构没有给出说明”的主张，专利复审委员会的评述理由与前述评述实用性的理由一致，隆盛电缆材料厂的主张不能成立；根据本专利说明书的记载以及专利权人的解释，本专利中后温处理的温度指的是加热源的温度而非环境温度，因此虽然高于塑料熔点也不会造成塑料熔融，而后温处理的速度、温度、时间参数的调整，均是本领域技术人员能够根据具体情况进行选择调节的，因此本专利权利要求中的后温处理是本领域技术人员无须花费创造性劳动即可以实现的，隆盛电缆材料厂关于“后温处理的温度高于塑料熔点的温度，速度和温度的对应关系，持续的时间没有说明”的主张不能成立；根据本专利说明书实施例的记载，本专利实现了所述凹凸不平的粘合的技术效果，而隆盛电缆材料厂并无证据证明根据本专利权利要求的技术方案不能实现上述技术效果，因此隆盛电缆材料厂关于“未说明如何通过温度 250～400℃形成圆弧过渡的凹凸不平的粗糙面”和“说明书没有清楚地描述塑料薄膜与箔表面如何呈凹凸不平的结合”的主张不能成立。此外，隆盛电缆材料厂还在请求书中提出说明书对于粗糙面细目钢辊与挤压辊之间的压力控制、如何保持细目钢辊的温度没有公开，对此合议组认为对于本领域技术人员均已掌握的技术，说明书无须一一作出说明，这并不影响本专利要求保护的技术方案根据说明书记载能够实现。据此，本专利说明书清楚完整，符合《专利法》第二十六条第三款的规定。

（3）根据前述关于《专利法》第二十二条第四款的评述，由说明书的描述以及实施例的证明均可发现本专利权利要求中记载了用于解决其技术问题的必要技术特征，从整体上反映了解决该问题的技术方案。虽然，本专利权利要求1没有将塑料熔体和塑料薄膜的技术方案分别限定，但对熔体和薄膜与金属箔带粘合的工艺是现有技术中成熟的工艺，本领域技术人员根据说明书记载的内容会在不同的需求条件下在权利要求1给定的范围内进行选择、控制其工艺参数，而且本专利所要解决的技术问题在于使塑料与金属粘合而成的复合带能够光滑地通过模具成型，其解决问题的技术方案是通过采用具有一定粗糙度的细目钢辊使得粘合为非纯平面的从而使复合带与成型模具的接触为平滑点接触进而减小二者间的摩擦，因此本专利权利要求1记载了要求保护的技术方案的必要工艺步骤，也就是说，对于本领域技术人员而言，本专利权利要求1记载了解决技术问题的必要技术特征，符合《专利法实施细则》第二十一条第二款的规定。

（4）本专利权利要求1相对于对比文件1的区别技术特征在于，权利要求1要求保护的技术方案限定了细目钢辊的表面粗糙度的目数及温度范围，以及后加热处理的温度范围，后加热处理复合带线速度与温度的调节从而获得具有特殊的表面效果的复合带。对比文件2、3均未公开上述区别技术特征，也未给出任何引入上述区别技术特征从而获得塑料与金属箔带的粘合为凹凸不平的非纯平面粘合的技术启示，从而使复合带与成型模具的接触为平滑点接触进而减小二者间的摩擦，使塑料与金属粘合而成的复合带光滑地通过模具成型，进而解决电缆起包、漏气、脱膜及断带的问题。因此本专利通过引入上述区别技术特征带来了有益的效果，而现有技术中并没有相关的启示，对于所属领域的普通技术人员而言，引入上述区别技术特征获得本专利权利要求1要求保护的技术方案是非显而易见的，需要付出创造性的劳动，本专利与对比文件1～3相比具有突出的实质性特点和显著的进步，符合《专利法》第二十二条第三款的规定。本专利权利要求2是权利要求1的从属权利要求，在权利要求1具备创造性的前提下，权利要求2也具备创造性。

以上事实有本专利的专利文件、对比文件1、对比文件2、对比文件3、第10449号决定及当事人陈述等证据在案佐证。

本院认为：

1. 关于《专利法》第二十二条第四款

依据《专利法》第二十二条第四款的规定，发明的实用性是指该发明能够制造或者使用，即必须能在产业中应用并能够产生积极效果。因不能制造或者使用而不能具备实用性是由技术方案本身固有的缺陷引起的，与说明书公开的程度无关，并且要以本领域技术人员的技术水平从专利权利要求书和说明书的整体内容来考虑。

隆盛电缆材料厂认为根据本专利所记载的技术方案，无法实现“塑料薄膜与金属箔带表面进行凹凸不平的非纯平面粘合”。根据本专利权利要求1的步骤2和说明书的记载，经过粗糙面细目钢辊与挤压辊的相互转动挤压，会使塑料膜的表面形成一定厚度的凹凸不平粗糙面。专利复审委员会认为权利要求书中限定的塑料膜表面的厚度就是塑料膜本身的厚度，本领域技术人员可以理解，由于塑料薄膜的特性，经过细目钢辊时不仅限于朝向细目钢辊的一面是凹凸不平的，而是塑料薄膜本身会发生变形，所以塑料薄膜与金属箔带接触的一面也是凹凸不平的，从而与金属箔带形成非纯平面粘合。对此，一审法院与专利复审委员会的意见无异。另外，专利复审委员会在第10449号中所述“细目钢辊与金属箔带的相互转动”与本专利权利要求书及说明书中记载的细目钢辊与挤压辊相互转动是一致的，因为金属箔带是由挤压辊传动的，必然与细目钢辊也存在互动关系。原审判决对此事实有所表述，隆盛电缆材料厂认为一审法院漏审依据不足。在本专利说明书中还给出了具体的实施例，因此，在实际生产中塑料膜与金属箔带的非纯平面粘合是能够被制造的。

隆盛电缆材料厂还提出“后加热温度为250～400℃”无法实现，认为后加热温度应为加热烘箱内的环境温度。秦邦公司主张后加热温度是指加热源的温度，不可能是环境温度。由于塑料的熔点是本领域技术人员都了解的公知常识，因此，不会将后加热温度误解为环境温度。一审法院及专利复审委员会的认定是正确的。

隆盛电缆材料厂认为塑料薄膜是固态的，无法实现与金属箔带相互粘合。从本专利权利要求书及说明书中可以看出，在粘合步骤之前有一个“将原金属箔带开卷伸直，进行预热处理”的步骤，通过该步骤，完全能够实现塑料薄膜与金属箔带的粘合。

本专利涉及的是一种金属复合带的制作方法，技术特征是工艺过程与条件，在涉及所采用的设备零部件结构为公知技术时，无须将所有的结构特征写入权利要求书及说明书。调节板结构、形式、作用过程是本领域技术人员熟知的公知常识，因此，隆盛电缆材料厂关于调节板不可能实施的主张不能成立。

隆盛材料厂关于本专利不符合《专利法》第二十二条第四款的规定的上诉理由不能成立。

2. 关于《专利法》第二十六条第三款的规定

《专利法》第二十六条第三款规定，说明书应当对发明或者实用新型作出清楚、完整的说明，以所属技术领域的技术人员能够实现为准。所属技术领域的技术人员能够实现，是指所属技术领域的技术人员按照说明书记载内容，就能够实现该发明的技术方案，解决其技术问题，并且产生预期的技术效果。

隆盛电缆材料厂认为以下问题本专利说明书公开不充分：（1）细目钢辊不清楚；（2）后温处理的温度高于塑料熔点的温度，速度和温度的对应关系，持续的时间没有说明；（3）调节板的结构没有给出说明；（4）未说明如何通过温度 250~400℃形成圆弧过渡的凹凸不平的粗糙面；（5）说明书没有清楚地描述塑料薄膜与金属箔带表面如何呈凹凸不平的结合。

关于第（1）点，本领域技术人员知晓目数是用来表示网孔孔眼分布密度的，用在细目钢辊上，表示细目钢辊的粗糙程度是本领域技术人员可以理解、不会产生歧义的。第(2)~(5)点相关问题在评述本专利是否符合《专利法》第二十二条第四款的规定中已做出认定，不存在说明书公开不充分的情况。因此，本专利符合《专利法》第二十六条第三款的规定。

3. 关于《专利法实施细则》第二十一条第二款的规定

《专利法实施细则》第二十一条第二款规定，独立权利要求应当从整体上反映发明或者实用新型的技术方案，记载解决技术问题的必要技术特征。

从前述分析可以看出，本专利就发明目的即实现将塑料薄膜与金属箔带进行凹凸不平的非纯平面粘合的工艺过程和条件进行了清楚的记载，不缺少必要技术特征，符合《专利法实施细则》第二十一条第二款的规定。

4. 关于《专利法》第二十二条第三款的规定

《专利法》第二十二条第三款规定，发明专利的创造性，是指同申请日以前已有的技术相比，该发明有突出的实质性特点和显著的进步。

本专利权利要求 1 相对于对比文件 1 的区别技术特征在于，权利要求 1 要求保护的技术方案限定了细目钢辊的表面粗糙度的目数及温度范围，以及后加热处理的温度范围，后加热处理复合带线速度与温度的调节从而获得具有特殊的表面效果的复合带。对比文件 2、3 均未公开上述区别技术特征，也未给出任何引入上述区别技术特征从而获得塑料与金属箔带的粘合为凹凸不平的非纯平面粘合的技术启示，从而使复合带与成型模具的接触为平滑点接触进而减小二者间的摩擦，使塑料与金属粘合而成的复合带光滑地通过模具成型，进而解决电缆起包、漏气、脱膜及断带的问题。对于本领域技术人员而言，对比文件 1~3 的结合未给出得到本专利技术方案的技术启示，本专利与其相比具有突出的实质性特点和显著的进步，符合《专利法》第二十二条第三款的规定。本专利权利要求 2 是权利要求 1 的从属权利要求，在权利要求 1 具备创造性的前提下，权利要求 2 也具备创造性。

第 10449 号决定对于本专利权利要求 1 中所涉及的有关工艺参数和后温处理的速度、温度时间参数问题，在涉及本专利是否符合《专利法》第二十一条第二款和《专利法》第二十六条第三款的评判时与是否具备创造性的判断不存在前后不一致的认定，一审法院就隆盛电缆材料厂相关理由一一做出了认定，且并未作出否定专利复审委员会相关意见的认定，更不存在对隆盛电缆材料厂的诉讼理由没有理涉的情况。

综上，隆盛电缆材料厂的上诉理由缺乏事实和法律依据，其上诉请求本院不予支持。原审判决认定事实清楚，适用法律正确。依照《中华人民共和国行政诉讼法》第六十一条第（一）项之规定，判决如下：

驳回上诉，维持原判。

一审案件受理费100元，由无锡市隆盛电缆材料厂负担（已交纳）。二审案件受理费100元，由无锡市隆盛电缆材料厂负担（已交纳）。

本判决为终审判决。

审　判　长　刘　辉
代理审判员　岑宏宇
代理审判员　焦　彦
二〇〇八年十一月六日
书　记　员　陈　明
书　记　员　迟雅娜

平滑型金属屏蔽复合带的制作方法

无效宣告请求审查决定（第 10450 号）

决　　定　　号　第 10450 号
决　　定　　日　2007 年 9 月 3 日
发明创造名称　平滑型金属屏蔽复合带的制作方法
国 际 分 类 号　B29C 43/28，H01B 11/10
无效宣告请求人　王立波
专　利　权　人　西安秦邦电信材料有限责任公司
专　　利　　号　01106788.8
申　　请　　日　2001 年 3 月 7 日
授 权 公 告 日　2004 年 1 月 28 日
合 议 组 组 长　崔　震
主　　审　　员　徐洁玲
参　　审　　员　王　冬

法　律　依　据　专利法第 26 条第 3 款
决　定　要　点

说明书的内容应当清楚，是指说明书主题明确、表述准确。所谓主题明确是指说明书应当从现有技术出发，明确反映出发明或者实用新型想要做什么和如何去做，使所属技术领域的技术人员能够确切地理解该发明或者实用新型要求保护的主题。所谓表述准确，指说明书的表述应当准确地表达发明或者实用新型的技术内容，不得含糊不清或者模棱两可，以致所属技术领域的技术人员不能清楚、正确地理解该发明。

说明书的内容应当完整，是指说明书不得缺少有关理解、实现发明或者实用新型所需的全部技术内容。

一、案由

本无效宣告请求案涉及国家知识产权局于 2004 年 1 月 28 日公告授予的、名称为“平滑型金属屏蔽复合带的制作方法”的第 01106788.8 号发明专利权（以下简称本专利），其申请日为 2001 年 3 月 7 日，专利权人为西安秦邦电信材料厂，后变更为西安秦邦电信材料有限责任公司。该专利授权公告的权利要求如下：

“1. 一种平滑型金属屏蔽复合带的制作方法，是将塑料薄膜与金属箔带表面进行凹凸不平的非纯平面粘合，使复合带与光缆、电缆纵包模具或定径模具之间形成点接触，以减小摩擦力，避免电缆起包、漏气、脱膜及断带；工艺过程与条件如下：

（1）将原金属箔带开卷伸直，进行前预热处理；

（2）将塑料熔体或塑料膜通过温度为35~80℃，直径为Φ240mm~Φ600mm，目数为40~85目的粗糙面细目钢辊，与直径为Φ160mm~Φ480mm传动金属箔带的挤压辊，相互转动，使塑料膜的表面形成0.04mm~0.09mm厚的凹凸不平粗糙面，热挤压在金属箔带一面的基材上；

（3）将带有塑料膜的金属箔经过导辊、弹簧辊传动，再经倒向辊翻面，对另一面金属箔进行塑料膜热挤压复合处理；

（4）将复合处理后的复合带通过运行时线速度为10m/min~80m/min的导辊进入加热烘箱，进行后加热处理，加热温度为250~400℃；

（5）根据传动线速度，调整加热温度，使复合带的粗糙度在后工序处理过程中破坏最小，并使拉毛的塑料表面形成新的带有圆弧过渡的凹凸不平粗糙面，以加强复合带的剥离强度和塑料塑化定型；

（6）对后加热处理过的复合带进行冷却处理并收卷。

2. 根据权利要求1所述的方法，其特征在于后加热处理中，通过调节加热烘箱内的调节板距离，使复合带呈现反光度弱，手感光滑、平整的外表面。”

针对上述专利权，王立波（以下简称请求人）于2006年4月15日向专利复审委员会提出无效宣告请求，认为本专利说明书内容不清楚、不完整，本专利权利要求没有优选的具体实施方式的支持，因此不符合专利法第26条第3款的规定。

经形式审查合格后，专利复审委员会受理了上述请求，于2006年10月16日向双方当事人发出《无效宣告请求受理通知书》，并将《宣告专利权无效请求书》及其他有关文件的副本转送给专利权人，要求其在指定的期限内答复，同时成立合议组对本无效请求案进行审理。

专利权人于2006年11月27日作出答复，认为请求人的无效理由不能成立，并提交了如下反证：

反证1：“铝-塑复合带的生产技术”，作者黄建芳，刊载于2001年度《轻合金加工技术》，第43、44、46页，复印件；

反证2：“电缆用铝-塑复合带挤压涂覆生产工艺”，作者刘照旺，刊载于1997年度《轻合金加工技术》，第33~35页，复印件；

反证3：《橡胶塑料机械产品样品》，1989年2月第11版，机械工业出版社出版，封面、出版信息页、第959页，复印件，共3页；

反证4：“复合电缆带生产设备和工艺的改进”，作者严竹梅，刊载于1998年度《轻合金加工技术》，第24、35~38页，复印件；

反证5：《塑料薄膜的印刷与复合》，1997年10页第1版，化学工业出版社出版，封面、出版信息页、第164~171页复印件，共6页；

反证6：《复合材料包装》，1988年11月第一版第一次印刷，轻工业出版社出版，封面、出版信息页、目录、第94~131页，复印件；

反证7：“FH30600三层复合机的改造”，作者：李睿，刊载于1995年度《轻合金加工技术》，第22页，复印件1页；

反证8：中华人民共和国通信行业标准YD/T723.1~723.3-94，“通信电缆光缆用金属塑料复合带”，1994年4月25日发布，1994年10月1日实施，复印件共15页；

反证9：载自《轻合金加工技术》中的相关资料，复印件共4页。

2007年1月23日，本案合议组向双方当事人发出《无效宣告请求口头审理通知书》，拟定于

2007年4月10日对该专利权的无效请求进行口头审理，同时将专利权人于2006年11月27日提交的意见陈述书及附件转送给请求人。

口头审理如期进行。双方当事人出席了口头审理，合议组就本无效宣告请求案进行了庭审调查。庭审过程中，请求人明确其无效的理由为：权利要求1、2在说明书中公开不充分，不符合专利法第26条第3款的规定。专利权人放弃了反证9，并当庭出示反证1~8的原件。请求人对反证1~8的真实性没有异议。

至此，合议组认为本案的事实清楚，可以作出审查决定。

二、决定的理由

1. 证据的认定

由于专利权人在口头审理时放弃了反证9，请求人对于专利权人提交的反证1~8的真实性不持异议，因此，合议组对反证1~8的真实性予以确认，对反证9不予考虑。

2. 法律适用

专利法第26条第3款规定，说明书应当对发明或者实用新型作出清楚、完整的说明，以所属技术领域的技术人员能够实现为准。

说明书的内容应当清楚，是指说明书主题明确、表述准确。所谓主题明确是指说明书应当从现有技术出发，明确反映出发明或者实用新型想要做什么和如何去做，使所属技术领域的技术人员能够确切地理解该发明或者实用新型要求保护的主题。所谓表述准确，指说明书的表述应当准确地表达发明或者实用新型的技术内容，不得含糊不清或者模棱两可，以致所属技术领域的技术人员不能清楚、正确地理解该发明。

说明书的内容应当完整，是指说明书不得缺少有关理解、实现发明或者实用新型所需的全部技术内容。

所属技术领域的技术人员能够实现，是指所属技术领域的技术人员按照说明书记载的内容，就能够实现该发明或者实用新型的技术方案，解决其技术问题，并且产生预期的技术效果。

基于下述事实请求人认为本专利说明书不清楚：

（1）本专利工艺是现有技术中何种工艺基础上改进的不清楚；

（2）预热金属箔的温度范围不清楚；

（3）塑料熔体如何产生、细目钢辊如何制造、细目钢辊如何加热、塑料熔体或塑料薄膜如何通过细目钢辊、塑料熔体或塑料薄膜通过细目钢辊后如何与挤压辊相互转动、塑料膜应当形成多少厚度、如何使塑料膜的表面形成0.04~0.09mm厚的凹凸不平面不清楚；

（4）导向辊如何翻面、翻面后复合带向何方向运动、如何对金属箔另一面进行塑料膜热挤压、如何加入另一层塑料熔体或塑料膜不清楚；

（5）加热烘箱的构造和尺寸、加热时间、如何进行后加热处理不清楚；

（6）如何调整加热温度、如何使复合带的粗糙度在后处理工序中破坏最小，如何形成圆弧过渡凹凸不平粗糙面不清楚；

（7）如何冷却处理、加热烘箱中调节板的尺寸、构造及在烘箱中的位置，如何调整加热烘箱中的调节板距离不清楚。

基于下述事实请求人认为本专利说明书不完整：

（1）本专利工艺制作的复合带符合何种要求未描述；

（2）本专利说明书没有工艺流程图，实现工艺的设备不完整。

基于下述事实请求人认为本专利没有具体实施方式支持：

（1）对于如何用 0.05mm 厚的塑料薄膜分别挤压出 0.04mm、07mm、0.09mm 厚的塑料薄膜不清楚，因此实施例 4 不能支持权利要求；

（2）本专利的实施例都属于单面挤压的实施方式，不能支持权利要求中可以通过开卷至冷却收卷整个工艺一次性完成金属箔两面复合的技术方案。

请求人依据上述事实主张本专利不符合专利法第 26 条第 3 款的规定，合议组认为其主张不能成立。

专利法第 26 条第 3 款中所涉及的不清楚包括主题不明确、表述不准确。请求人所主张的本专利说明书不清楚的内容，涉及主题是否明确。对此，合议组认为，如果说明书在现有技术的基础上对本发明想要做什么和如何去做进行了说明，而且对于所属领域技术人员而言，可以确切地理解而不会产生歧义，则应当认为说明书是清楚的。对于本案而言，现有技术中工业制造金属屏蔽复合带是成熟的工艺，本发明要在现有技术中熔融法和热贴法两种成熟工艺的基础上通过对复合带的结合方式的改进从而获得具有特殊表面效果的产品，由于该产品具有平滑性的凹凸不平的粗糙面从而使复合带与光缆、电缆纵包模具或定径模具之间形成点接触，进而减小摩擦力，避免电缆起包、漏气、脱膜及断带，而这种改进是通过将现有技术中光滑面的钢辊改为目数为 40~85 目的粗糙面细目钢辊来做到的。本专利说明书清楚地表达了上述内容，至于请求人所列举的不清楚的上述事实①至④，合议组认为均属于现有技术成熟的工艺内容，是本领域技术人员应当掌握并能根据需要具体应用的，无须在说明书中具体描述。请求人所列举的不清楚的上述事实⑤至⑦，涉及如何根据需求对具体的加热、冷却工艺的设备及工艺参数进行选择，对此合议组认为这种选择在本专利说明书已经给出了必要的教导的条件下，对于本领域技术人员而言对技术方案的理解应当是确切的，并且无须花费创造性劳动即可实现。因此，本发明说明书中对所述事实未作细化地说明并不导致本领域技术人员不能对本专利的主题做确切的理解，请求人关于本专利说明书不清楚的主张不能成立。

专利法第 26 条第 3 款中所谓的说明书的内容应当完整，是指说明书不得缺少有关理解、实现发明或者实用新型所需的全部技术内容。请求人认为本专利说明书没有说明工艺制作的复合带符合何种要求、缺少工艺流程图、实现工艺的设备不完整，因此本专利内容不完整。对此，合议组认为，如上所述，本发明是对现有技术中熔融法和热贴法两种成熟工艺的局部改进，工艺流程图以及实现工艺的所有设备都是在现有技术的基础上进行的，因此缺少工艺流程图、实现工艺的设备不完整不会导致本领域技术人员不能理解、再现本发明。至于复合带应符合何种要求，是本领域技术人员根据实际需要确定的，无须在说明书中记载。

专利法第 26 条第 3 款中所谓的说明书的内容应当完整，还包括为解决发明技术问题而采用的技术方案的具体实施方式。本专利说明书给出了相应的具体实施方式，实施例 1~4 给出了成型不同厚度的塑料薄膜的具体实施方式而实施例 5 则阐明在单面复合的基础上进行双面复合，因此符合上述完整的要求。在此情况下，请求人还认为说明书没有给出涉及不同厚度薄膜以及双面复合的具体实施方式，合议组认为这种主张缺乏法律依据和事实依据，因为专利法第 26 条第 3 款对于具体实施方式的要求同样也是从理解发明实现发明出发，并不要求公开所有的实施方式或是某个实施方式的所有步骤。

综上，合议组认为本专利说明书符合专利法第 26 条第 3 款的规定，因此，请求人关于本专利说明书公开不充分的无效理由不能成立，合议组不予支持。

基于以上事实和理由，本案合议组作出如下审查决定。

三、决定

维持第 01106788.8 号发明专利权有效。

当事人对本决定不服的，可以根据专利法第 46 条第 2 款的规定，自收到本决定之日起 3 个月内向北京市第一中级人民法院起诉。根据该款的规定，一方当事人起诉后，另一方当事人应当作为第三人参加诉讼。

北京市第一中级人民法院
行政判决书

（2008）一中行初字第 1392 号

原告王立波，男，1956 年 5 月 13 日出生，汉族，江苏无锡神阙律师事务所律师，住江苏省无锡市中市桥上塘街 25 号 401 室。

被告国家知识产权局专利复审委员会，住所地北京市海淀区北四环西路 9 号银谷大厦。

法定代表人廖涛，副主任。

委托代理人王冬，男，国家知识产权局专利复审委员会审查员。

委托代理人程强，男，国家知识产权局专利复审委员会审查员。

第三人西安秦邦电信材料有限责任公司，住所地西安市大兴西路 18 号。

法定代表人杭涛，董事长。

委托代理人翟中平，男，杭州中平专利事务所有限公司专利代理人。

原告王立波不服被告国家知识产权局专利复审委员会（以下简称专利复审委）作出的无效宣告请求审查决定，向本院提起行政诉讼。本院受理后，依法组成合议庭，并依法通知与被诉具体行政行为有利害关系的西安秦邦电信材料有限责任公司（以下简称秦邦公司）作为本案第三人参加诉讼。本院于 2008 年 11 月 11 日公开开庭审理了本案。原告王立波，被告专利复审委的委托代理人王冬、程强，第三人秦邦公司的委托代理人翟中平到庭参加了诉讼。本案现已审理终结。

2007 年 9 月 3 日，被告作出第 10450 号无效宣告请求审查决定（以下简称被诉决定），依据《中华人民共和国专利法》（以下简称《专利法》）第二十六条第三款的规定，维持第 01106788.8 号发明专利权（以下简称本专利）有效。

被告于答辩期内向本院提交了作出被诉具体行政行为的证据材料的复印件：1. 被诉决定；2. 本专利说明书。上述证据用以证明被诉决定认定事实清楚，适用法律正确。

原告王立波诉称：1. 本专利说明书内容不清楚。（1）说明书内容对现有技术的改进表述不清楚；（2）说明书内容关于预热处理温度范围不清楚；（3）说明书内容如何对金属箔另一面进行塑料膜热挤压、如何加入另一层塑料膜不清楚；（4）说明书内容关于 40~85 目的粗糙面细目钢辊如何制造不清楚；（5）说明书内容关于后加热处理加热时间不清楚。综上，涉案专利说明书内容不清楚，本领域技术人员不能确切、清楚、正确理解该发明，被诉决定认定事实证据不足。2. 本专利说明书内容不完整。（1）说明书内容没有工艺流程图、对实现工艺的设备表述太简单；（2）说明书内容没有任何实现发明的具体实施方式。本专利说明书内容不完整，缺少理解、实现该发明所需的全部技术内容，不符合《专利法》第二十六条第三款的规定。综上，被诉决定认定事实不清，适用法律错误，请求法院撤销该决定。

原告未向本院提交证据。

被告专利复审委辩称：1. 针对原告认为的本专利说明书内容不清楚的问题，（1）现有技术中工业制造金属屏蔽复合带是成熟的工艺，本发明要在现有技术中熔融法和热贴法两种成熟工艺的基础上通过对复合带的结合方式的改进从而获得具有特殊表面效果的产品，由于该产品具有平滑形的凹凸不平的粗糙面从而使复合带与光缆、电缆纵包模具或定径模具之间形成点接触，进而减小摩擦力，避免电缆起包、漏气、脱膜及断带，而这种改进是通过将现有技术中光滑面的钢辊改为目数为40~85目的粗糙面细目钢辊来做到的；（2）在了解了本专利的发明目的和所采取的技术手段之后，本领域技术人员根据本领域普通技术知识完全可以根据具体情况经过有限次试验选择和调整后预热金属箔的温度以及后加热处理时间，说明书无需对此作具体记载；（3）本领域技术人员能够了解，粗糙是相对于平整而言的，只要存在网孔，就相应的存在一定程度的凹凸。因此，本领域技术人员完全理解“40~80目粗糙面细目钢辊”的含义，进而根据本领域普通技术知识制造出具有40-80目粗糙面细目钢辊；（4）说明书已经具体公开了在金属箔带一面上进行塑料膜热挤压，因此，本领域技术人员完全可以根据上述工业步骤的记载采用相近似的方法对另一面进行塑料膜热挤压。因此，本专利说明书是清楚的。2. 针对本专利说明书内容不完整的问题，（1）本发明是对现有技术中熔融法和热贴法两种成熟工艺的局部改进，工艺流程图以及实现工艺的所有设备都是在现有技术的基础上进行的，因此缺少工艺流程图、实现工艺的设备不完整不会导致本领域技术人员不能理解本发明；（2）本专利说明书给出了相应的具体实施方式，实施例1~4给出了成型不同厚度的塑料薄膜的具体实施方式。而实施例5则阐明在单面符合的基础上进行双面复合，因此符合上述完整的要求，本专利说明书是完整的。综上，被诉决定认定事实清楚，适用法律正确，审理程序合法，原告的诉讼请求没有事实和法律依据，请求法院维持该决定。

第三人秦邦公司同意被告意见，请求法院维持被诉决定。

第三人向本院提交了如下证据：1. 江山牌砂布背面的照片；2. 鲸鱼牌砂布背面的照片；3. 1989年第2期《中国铸机》杂志国家机械委济南铸锻机械研究所罗柏福、秦兴福、徐金成撰写《<抛（喷）喷砂表面粗糙度比较样块>国家标准的制订》，上述用以证据目数与粗糙度的关系。

经庭审质证，原告对被告提交的证据的关联性、合法性、真实性无异议，对其证明作用有异议。第三人对被告证据无异议。原告及被告认为第三人提交的证据在无效程序中未提交，不应予以采纳。

经审查，被告提交的证据与本案具有关联性，且合法、真实，能够证明本案事实，本院予以确认。第三人提交的证据系行政程序中未提交的证据，不能作为审查被诉决定合法性的依据，本院不予采纳。

经审理查明，本无效宣告请求案涉及国家知识产权局于2004年1月28日公告授予的、名称为“平滑型金属屏蔽复合带的制作方法”的第01106788.8号发明专利权（即本专利），其申请日为2001年3月7日，专利权人为西安秦邦电信材料厂，后变更为本案第三人。该专利授权公告的权利要求如下：

“1. 一种平滑型金属屏蔽复合带的制作方法，是将塑料薄膜与金属箔带表面进行凹凸不平的非纯平面粘合，使复合带与光缆、电缆纵包模具或定径模具之间形成点接触，以减小摩擦力，避免电缆起包、漏气、脱膜及断带；工艺过程与条件如下：

（1）将原金属箔带开卷伸直，进行前预热处理；

（2）将塑料熔体或塑料膜通过温度为35℃~80℃，直径为Φ240mm~Φ600mm，目数为40~85目的粗糙面细目钢辊，与直径为Φ160mm~Φ480mm传动金属箔带的挤压辊，相互转动，使塑料膜的表面形成0.04~0.09mm厚的凹凸不平粗糙面，热挤压在金属箔带一面的基材上；

（3）将带有塑料膜的金属箔经过导辊、弹簧辊传动，再经倒向辊翻面，对另一面金属箔进行塑料膜热挤压复合处理；

（4）将复合处理后的复合带通过运行时线速度为10m/min～80m/min的导辊进入加热烘箱，进行后加热处理，加热温度为250℃～400℃；

（5）根据传动线速度，调整加热温度，使复合带的粗糙度在后工序处理过程中破坏最小，并使拉毛的塑料表面形成新的带有圆弧过渡的凹凸不平粗糙面，以加强复合带的剥离强度和塑料塑化定型；

（6）对后加热处理过的复合带进行冷却处理并收卷。

2. 根据权利要求1所述的方法，其特征在于后加热处理中，通过调节加热烘箱内的调节板距离，使复合带呈现反光度弱，手感光滑、平整的外表面。”

针对上述专利权，原告于2006年4月15日向被告提出无效宣告请求，认为本专利说明书内容不清楚、不完整，本专利权利要求没有优选的具体实施方式的支持，因此不符合《专利法》第二十六条第三款的规定。

经形式审查合格后，被告受理了上述请求，于2006年10月16日向双方当事人发出《无效宣告请求受理通知书》，并将《宣告专利权无效请求书》及其他有关文件的副本转送给第三人，要求其在指定的期限内答复，同时成立合议组对本无效请求案进行审理。

第三人于2006年11月27日作出答复，认为请求人的无效理由不能成立，并提交了如下反证：

反证1：“铝-塑复合带的生产技术”，作者黄建芳，刊载于2001年度《轻合金加工技术》，第43、44、46页，复印件；

反证2：“电缆用铝-塑复合带挤压涂覆生产工艺”，作者刘照旺，刊载于1997年度《轻合金加工技术》，第33～35页，复印件；

反证3：《橡胶塑料机械产品样品》，1989年2月第11版，机械工业出版社出版，封面、出版信息页、第959页，复印件，共3页；

反证4：“复合电缆带生产设备和工艺的改进”，作者严竹梅，刊载于1998年度《轻合金加工技术》，第24、35～38页，复印件；

反证5：《塑料薄膜的印刷与复合》，1997年10页第1版，化学工业出版社出版，封面、出版信息页、第164～171页复印件，共6页；

反证6：《复合材料包装》，1988年11月第一版第一次印刷，轻工业出版社出版，封面、出版信息页、目录、第94～131页，复印件；

反证7：“FH30600三层复合机的改造”，作者：李睿，刊载于1995年度《轻合金加工技术》，第22页，复印件1页；

反证8：中华人民共和国通信行业标准YD/T723.1～723.3-94，“通信电缆光缆用金属塑料复合带”，1994年4月25日发布，1994年10月1日实施，复印件共15页；

反证9：载自《轻合金加工技术》中的相关资料，复印件共4页。

2007年1月23日，被告向双方当事人发出《无效宣告请求口头审理通知书》，拟定于2007年4月10日对该专利权的无效请求进行口头审理，同时将第三人于2006年11月27日提交的意见陈述书及附件转送给原告。

口头审理如期进行。双方当事人出席了口头审理，合议组就本无效宣告请求案进行了庭审调查。庭审过程中，原告明确其无效的理由为：权利要求1、2在说明书中公开不充分，不符合《专利法》第二十六条第三款的规定。第三人放弃了反证9，并当庭出示反证1～8的原件。原告对反证1～8的真实性没有异议。

被告经审查认为：

1. 证据的认定。

由于第三人在口头审理时放弃了反证9，原告对于第三人提交的反证1-8的真实性不持异议，因此，被告对反证1~8的真实性予以确认，对反证9不予考虑。

2. 法律适用。

《专利法》第二十六条第三款规定，说明书应当对发明或者实用新型作出清楚、完整的说明，以所属技术领域的技术人员能够实现为准。

说明书的内容应当清楚，是指说明书主题明确、表述准确。所谓主题明确是指说明书应当从现有技术出发，明确反映出发明或者实用新型想要做什么和如何去做，使所属技术领域的技术人员能够确切地理解该发明或者实用新型要求保护的主题。所谓表述准确，指说明书的表述应当准确地表达发明或者实用新型的技术内容，不得含糊不清或者模棱两可，以致所属技术领域的技术人员不能清楚、正确地理解该发明。

说明书的内容应当完整，是指说明书不得缺少有关理解、实现发明或者实用新型所需的全部技术内容。

所属技术领域的技术人员能够实现，是指所属技术领域的技术人员按照说明书记载的内容，就能够实现该发明或者实用新型的技术方案，解决其技术问题，并且产生预期的技术效果。

基于下述事实原告认为本专利说明书不清楚：

（1）本专利工艺是现有技术中何种工艺基础上改进的不清楚；

（2）预热金属箔的温度范围不清楚；

（3）塑料熔体如何产生、细目钢辊如何制造、细目钢辊如何加热、塑料熔体或塑料薄膜如何通过细目钢辊、塑料熔体或塑料薄膜通过细目钢辊后如何与挤压辊相互转动、塑料膜应当形成多少厚度、如何使塑料膜的表面形成0.04~0.09mm厚的凹凸不平面不清楚；

（4）导向辊如何翻面、翻面后复合带向何方向运动、如何对金属箔另一面进行塑料膜热挤压、如何加入另一层塑料熔体或塑料膜不清楚；

（5）加热烘箱的构造和尺寸、加热时间、如何进行后加热处理不清楚；

（6）如何调整加热温度、如何使复合带的粗糙度在后处理工序中破坏最小，如何形成圆弧过渡凹凸不平粗糙面不清楚；

（7）如何冷却处理、加热烘箱中调节板的尺寸、构造及在烘箱中的位置，如何调整加热烘箱中的调节板距离不清楚。

基于下述事实请求人认为本专利说明书不完整：

（1）本专利工艺制作的复合带符合何种要求未描述；

（2）本专利说明书没有工艺流程图，实现工艺的设备不完整。

基于下述事实请求人认为本专利没有具体实施方式支持：

（1）对于如何用0.05mm厚的塑料薄膜分别挤压出0.04mm、0.07mm、0.09mm厚的塑料薄膜不清楚，因此实施例4不能支持权利要求；

（2）本专利的实施例都属于单面挤压的实施方式，不能支持权利要求中可以通过开卷至冷却收卷整个工艺一次性完成金属箔两面复合的技术方案。

原告依据上述事实主张本专利不符合《专利法》第二十六条第三款的规定，被告认为其主张不能成立。

《专利法》第二十六条第三款中所涉及的不清楚包括主题不明确、表述不准确。原告所主张的本专利说明书不清楚的内容，涉及主题是否明确。对此，被告认为，如果说明书在现有技术的基础上对本发明想要做什么和如何去做进行了说明，而且对于所属领域技术人员而言，可以确切地理解而不会产生歧义，则应当认为说明书是清楚的。对于本案而言，现有技术中工业制造金属屏蔽复合带是成熟的工艺，本发明要在现有技术中熔融法和热贴法两种成熟工艺的基础上通过对复合带的结合方式的改进从而获得具有特殊表面效果的产品，由于该产品具有平滑性的凹凸不平的粗糙面从而使复合带与光缆、电缆纵包模具或定径模具之间形成点接触，进而减小摩擦力，避免电缆起包、漏气、脱膜及断带，而这种改进是通过将现有技术中光滑面的钢辊改为目数为40~85目的粗糙面细目钢辊来做到的。本专利说明书清楚地表达了上述内容，至于原告所列举的不清楚的上述事实（1）~（4），被告认为均属于现有技术成熟的工艺内容，是本领域技术人员应当掌握并能根据需要具体应用的，无需在说明书中具体描述。原告所列举的不清楚的上述事实（5）~（7），涉及如何根据需求对具体的加热、冷却工艺的设备及工艺参数进行选择，对此原告认为这种选择在本专利说明书已经给出了必要的教导的条件下，对于本领域技术人员而言对技术方案的理解应当是确切的，并且无需花费创造性劳动即可实现。因此，本发明说明书中对所述事实未作细化地说明并不导致本领域技术人员不能对本专利的主题做确切的理解，原告关于本专利说明书不清楚的主张不能成立。

《专利法》第二十六条第三款中所谓的说明书的内容应当完整，是指说明书不得缺少有关理解、实现发明或者实用新型所需的全部技术内容。原告认为本专利说明书没有说明工艺制作的复合带符合何种要求、缺少工艺流程图、实现工艺的设备不完整，因此本专利内容不完整。对此，被告认为，如上所述，本发明是对现有技术中熔融法和热贴法两种成熟工艺的局部改进，工艺流程图以及实现工艺的所有设备都是在现有技术的基础上进行的，因此缺少工艺流程图、实现工艺的设备不完整不会导致本领域技术人员不能理解、再现本发明。至于复合带应符合何种要求，是本领域技术人员根据实际需要确定的，无需在说明书中记载。

《专利法》第二十六条第三款中所谓的说明书的内容应当完整，还包括为解决发明技术问题而采用的技术方案的具体实施方式。本专利说明书给出了相应的具体实施方式，实施例1~4给出了成型不同厚度的塑料薄膜的具体实施方式而实施例5则阐明在单面复合的基础上进行双面复合，因此符合上述完整的要求。在此情况下，原告还认为说明书没有给出涉及不同厚度薄膜以及双面复合的具体实施方式，被告认为这种主张缺乏法律依据和事实依据，因为《专利法》第二十六条第三款对于具体实施方式的要求同样也是从理解发明实现发明出发，并不要求公开所有的实施方式或是某个实施方式的所有步骤。

综上，被告认为本专利说明书符合《专利法》第二十六条第三款的规定，因此，原告关于本专利说明书公开不充分的无效理由不能成立，被告不予支持。

据此，被告作出被诉决定。原告不服，诉至本院。

本院认为，各方当事人对于被诉决定作出的程序及证据的认定无异议。经审查，被告对上述内容的评判合法，本院予以确认。

本案审理的重点问题在于本专利说明书是否符合《专利法》第二十六条第三款的规定。

《专利法》第二十六条第三款规定，说明书应当对发明或者实用新型作出清楚、完整的说明，以所属技术领域的技术人员能够实现为准。

本专利涉及一种“平滑型金属屏蔽复合带的制作方法”，在其说明书中已记载，本专利是在现有技术中熔融法和热贴法两种成熟工艺的基础上，通过对复合带的结合方式的改进从而获得具有特殊表面效果的产品。该产品具有平滑形的凹凸不平的粗糙面从而使复合带与光缆、电缆纵包模具或定径模具之间形成点接触，进而减小摩擦力，避免电缆起包、漏气、脱膜及断带，而这种改进是通过将现有技术中光滑面的钢辊改为目数为40~85目的粗糙面细目钢辊来实现的。因此，本专利已经说明了其发明目的及技术手段，故原告认为本专利说明书对现有技术的改进表述不清的诉讼主张，缺乏事实及法律依据，本院不予支持。根据本专利的发明目的和所采取的技术手段，本领域技术人员依据现有技术及知识，可以根据具体情况选择和调整后预热金属箔的温度以及后加热处理时间。因此，原告认为本专利说明书关于预热金属箔的温度范围及后加热处理时间不清楚的诉讼主张，本院不予支持。本专利说明书已经具体公开了在金属箔带一面上进行塑料膜热挤压，因此，本领域技术人员可以根据上述步骤的记载采用相近似的方法对另一面进行塑料膜热挤压。故原告认为说明书关于如何对金属箔另一面进行塑料膜热挤压、如何加入另一层塑料膜的内容不清楚的诉讼主张，本院不予支持。此外，根据本专利说明书记载的技术手段，依据现有技术，本领域技术人员完全理解“40~80目粗糙面细目钢辊”的含义，进而根据本领域普通技术知识制造出具有40~80目粗糙面细目钢辊。故原告认为本专利说明书对如何制造40~85目的粗糙面细目钢辊表述不清楚的诉讼主张，缺乏事实及法律依据，本院不予支持。

本专利是对现有技术中熔融法和热贴法两种成熟工艺的改进，工艺流程图以及实现工艺的所有设备都是现有技术，即使在本专利说明书缺少工艺流程图、实现工艺的设备不完整情况下，本领域技术人员通过对本专利说明书的阅读，仍然能够理解本专利的发明目的及技术手段。因此，原告认为本专利说明书没有工艺流程图、工艺设备不完整，进而导致说明书不完整的诉讼主张，缺乏事实及法律依据，本院不予支持。同时，本专利说明书给出了相应的具体实施方式，实施例1~4给出了成型不同厚度的塑料薄膜的具体实施方式；实施例5则载明在单面符合的基础上进行双面复合，因此本专利说明书已经给出了具体的实施例。原告认为本专利没有具体实施方式支持的诉讼主张，本院亦不予支持。

综上，被告认定本专利说明书符合《专利法》第二十六条第三款的规定正确，被诉决定认定事实清楚，适用法律正确，行政程序合法，本院应予维持。原告的诉讼主张缺乏事实和法律依据，本院不予支持。据此，依照《中华人民共和国行政诉讼法》第五十四条第（一）项之规定，判决如下：

维持被告国家知识产权局专利复审委员会于二〇〇七年九月三日作出的第10450号无效宣告请求审查决定。

案件受理费100元，由原告王立波负担（已交纳）。

如不服本判决，可在本判决书送达之日起15日内，向本院提交上诉状，并按对方当事人人数提出副本，上诉于北京市高级人民法院。上诉人在上诉期满后7日内未预交上诉案件受理费又不提交缓交申请的，按自动撤回上诉处理。

审　判　长　强刚华
代理审判员　贾志刚
代理审判员　欧万雄
二〇〇八年十二月十八日
书　记　员　张　莹

北京市高级人民法院
行政判决书

（2009）高行终字第821号

上诉人（一审原告）王立波，男，1956年5月13日出生，汉族，江苏无锡神阙律师事务所律师，住江苏省无锡市中市桥上塘街25号401室。

被上诉人（一审被告）国家知识产权局专利复审委员会，住所地北京市海淀区北四环西路9号银谷大厦。

法定代表人廖涛，副主任。

委托代理人王冬，男，国家知识产权局专利复审委员会审查员。

委托代理人程强，男，国家知识产权局专利复审委员会审查员。

被上诉人（一审第三人）西安秦邦电信材料有限责任公司，住所地西安市大兴西路18号。

法定代表人杭涛，董事长。

委托代理人翟中平，男，杭州中平专利事务所有限公司专利代理人。

上诉人王立波因专利无效宣告请求审查决定一案，不服北京市第一中级人民法院（2008）一中行初字第1392号行政判决，向本院提出上诉。本院依法组成合议庭，审理了本案。本案现已审理终结。

2007年9月3日，国家知识产权局专利复审委员会（以下简称专利复审委）依据《中华人民共和国专利法》（以下简称《专利法》）第二十六条第三款的规定，作出第10450号无效宣告请求审查决定（以下简称第10450号决定），维持西安秦邦电信材料有限责任公司（以下简称秦邦公司）的第01106788.8号发明专利权（以下简称本专利）有效。王立波不服，向北京市第一中级人民法院（以下简称一审法院）提起行政诉讼。

一审法院判决认定，本专利涉及一种“平滑型金属屏蔽复合带的制作方法”，在其说明书中已记载，本专利是在现有技术中熔融法和热贴法两种成熟工艺的基础上，通过对复合带的结合方式的改进从而获得具有特殊表面效果的产品。该产品具有平滑形的凹凸不平的粗糙面从而使复合带与光缆、电缆纵包模具或定径模具之间形成点接触，进而减小摩擦力，避免电缆起包、漏气、脱膜及断带，而这种改进是通过将现有技术中光滑面的钢辊改为目数为40~85目的粗糙面细目钢辊来实现的。因此，本专利已经说明了其发明目的及技术手段，故王立波认为本专利说明书对现有技术的改进表述不清的诉讼主张，缺乏事实及法律依据，不予支持。根据本专利的发明目的和所采取的技术手段，本领域技术人员依据现有技术及知识，可以根据具体情况选择和调整后预热金属箔的温度以及后加热处理时间。因此，王立波认为本专利说明书关于预热金属箔的温度范围及后加热处理时间不清楚的诉讼主张，不予支持。本专利说明书已经具体公开了在金属箔带一面上进行塑料膜热挤压，因此，本领域技术人员可以根据上述步骤的记载采用相近似的方法对另一面进行塑料膜热挤压。故王立波认为说明书关于如何对金属箔另一面进行塑料膜热挤压、如何加入另一层塑料膜的内容不清楚的诉讼主张，不予支持。此外，根据本专利说明书记载的技术手段，依据现有技术，本领域技术人员完全理解“40~80目粗糙面细目钢辊”的含义，进而根据本领域普通技术知识制造出具有40~80目粗糙面细目钢辊。故王立波认为本专利说明书对如何制造40~85目的粗糙面细目钢辊表述不清楚的诉讼主张，缺乏事实及法律依据，不予支持。

本专利是对现有技术中熔融法和热贴法两种成熟工艺的改进，工艺流程图以及实现工艺的所有设备都是现有技术，即使在本专利说明书缺少工艺流程图、实现工艺的设备不完整情况下，本领域技术人员通过对本专利说明书的阅读，仍然能够理解本专利的发明目的及技术手段。因此，王立波认为本专利说明书没有工艺流程图、工艺设备不完整，进而导致说明书不完整的诉讼主张，缺乏事实及法律依据，不予支持。同时，本专利说明书给出了相应的具体实施方式，实施例 1-4 给出了成型不同厚度的塑料薄膜的具体实施方式；实施例 5 则载明在单面符合的基础上进行双面复合，因此本专利说明书已经给出了具体的实施例。王立波认为本专利没有具体实施方式支持的诉讼主张，故不予支持。

综上，专利复审委认定本专利说明书符合《专利法》第二十六条第三款的规定正确，第 10450 号决定认定事实清楚，适用法律正确，行政程序合法，应予维持。王立波的诉讼主张缺乏事实和法律依据，故不予支持。据此，依照《中华人民共和国行政诉讼法》第五十四条第（一）项之规定，判决维持专利复审委于所作第 10450 号决定。

王立波不服一审判决，向本院提出上诉，上诉的主要理由是：一审判决认定事实不清，证据不足，适用法律错误。1. 本专利说明书内容对现有技术的改进表述不清楚。本领域技术人员针对本专利说明书，对其只能理解为：本专利实在一条生产线上混合适用熔融法和热贴法从开卷到收卷一次性完成金属箔双面塑料膜热挤压复合生产的技术。一审判决认为“本专利是在现有技术中熔融法和热贴法两种成熟工艺的基础上，通过对复合带的结合方式的改进从而获得具有特殊表面效果的产品”，属于认定事实不清。2. 说明书内容预热处理温度范围不清楚。3. 说明书内容对后加热处理加热时间不清楚。4. 40~85 目的粗糙面细目钢辊无法制造。5. 说明书内容没有工艺流程图、对实现工艺的设备表述太简单。6. 说明书内容没有实现发明的具体实施方式。本专利不符合《专利法》第二十六条第三款的规定，综上，一审判决认定事实不清，适用法律错误，请求二审撤销一审判决，撤销第 10450 号决定，并判由专利复审委重新作出审查决定。

专利复审委答辩认为：（1）现有技术中工业制造金属屏蔽复合带是成熟的工艺，本发明要在现有技术中熔融法和热贴法两种成熟工艺的基础上通过对复合带的结合方式的改进从而获得具有特殊表面效果的产品，由于该产品具有平滑形的凹凸不平的粗糙面从而使复合带与光缆、电缆纵包模具或定径模具之间形成点接触，进而减小摩擦力，避免电缆起包、漏气、脱膜及断带，而这种改进是通过将现有技术中光滑面的钢辊改为目数为 40~85 目的粗糙面细目钢辊来做到的；（2）在了解了本专利的发明目的和所采取的技术手段之后，本领域技术人员根据本领域普通技术知识完全可以根据具体情况经过有限次试验选择和调整后预热金属箔的温度以及后加热处理时间，说明书无需对此作具体记载；（3）本领域技术人员能够了解，粗糙是相对于平整而言的，只要存在网孔，就相应的存在一定程度的凹凸。因此，本领域技术人员完全理解“40~80 目粗糙面细目钢辊”的含义，进而根据本领域普通技术知识制造出具有 40~80 目粗糙面细目钢辊。综上，本专利说明书是清楚的。关于本专利说明书内容是否完整的问题：（1）本发明是对现有技术中熔融法和热贴法两种成熟工艺的局部改进，工艺流程图以及实现工艺的所有设备都是在现有技术的基础上进行的，因此缺少工艺流程图、实现工艺的设备不完整不会导致本领域技术人员不能理解本发明；（2）本专利说明书给出了相应的具体实施方式，实施例 1-4 给出了成型不同厚度的塑料薄膜的具体实施方式。而实施例 5 则阐明在单面符合的基础上进行双面复合，因此符合上述完整的要求，本专利说明书是完整的。一审判决认定事实清楚，适用法律正确，审理程序合法，请求二审驳回上诉，维持一审判决。

秦邦公司同意专利复审委的意见，请求二审驳回上诉，维持一审判决。

一审法院审理期间，专利复审委向法院提交了本专利说明书作为决定的证据。

一审法院审理期间，王立波未向法院提交证据。

一审法院审理期间，秦邦公司向法院提交了以下证据：1. 江山牌砂布背面的照片；2. 鲸鱼牌砂布背面的照片；3. 1989 年第 2 期《中国铸机》杂志国家机械委济南铸锻机械研究所罗柏福、秦兴福、徐金成撰写《<抛（喷）喷砂表面粗糙度比较样块>国家标准的制订》。

一审法院经审查认为，专利复审委提交的证据与本案具有关联性，且合法、真实，能够证明本案事实，故予以确认。秦邦公司提交的证据系行政程序中未提交的证据，不能作为审查第 10450 号决定合法性的依据，故不予采纳。

上述证据均随案移送本院。二审期间，专利复审委、王立波以及秦邦公司均未向本院提交新证据。经本院审查，一审法院的认证意见正确，本院予以确认。

本院根据合法有效的证据，认定如下事实：

国家知识产权局于 2004 年 1 月 28 日公告授予的、名称为“平滑型金属屏蔽复合带的制作方法”的第 01106788.8 号发明专利权（即本专利），其申请日为 2001 年 3 月 7 日，专利权人为西安秦邦电信材料厂，后变更为秦邦公司。本专利权利要求书载明如下：

1. 一种平滑型金属屏蔽复合带的制作方法，是将塑料薄膜与金属箔带表面进行凹凸不平的非纯平面粘合，使复合带与光缆、电缆纵包模具或定径模具之间形成点接触，以减小摩擦力，避免电缆起包、漏气、脱膜及断带；工艺过程与条件如下：（1）将原金属箔带开卷伸直，进行前预热处理；（2）将塑料熔体或塑料膜通过温度为 35℃~80℃，直径为 Φ240mm~Φ600mm，目数为 40 目-85 目的粗糙面细目钢辊，与直径为 Φ160mm~Φ480mm 传动金属箔带的挤压辊，相互转动，使塑料膜的表面形成 0.04~0.09mm 厚的凹凸不平粗糙面，热挤压在金属箔带一面的基材上；（3）将带有塑料膜的金属箔经过导辊、弹簧辊传动，再经倒向辊翻面，对另一面金属箔进行塑料膜热挤压复合处理；（4）将复合处理后的复合带通过运行时线速度为 10m/min~80m/min 的导辊进入加热烘箱，进行后加热处理，加热温度为 250℃~400℃；（5）根据传动线速度，调整加热温度，使复合带的粗糙度在后工序处理过程中破坏最小，并使拉毛的塑料表面形成新的带有圆弧过渡的凹凸不平粗糙面，以加强复合带的剥离强度和塑料塑化定型；（6）对后加热处理过的复合带进行冷却处理并收卷。2. 根据权利要求 1 所述的方法，其特征在于后加热处理中，通过调节加热烘箱内的调节板距离，使复合带呈现反光度弱，手感光滑、平整的外表面。

针对本专利，王立波于 2006 年 4 月 15 日向专利复审委提出无效宣告请求，认为本专利说明书内容不清楚、不完整，本专利权利要求没有优选的具体实施方式的支持，不符合《专利法》第二十六条第三款的规定。

2006 年 11 月 27 日，秦邦公司答复认为，王立波所提的无效理由不能成立，并提交了以下反证：

反证 1：“铝-塑复合带的生产技术”，作者黄建芳，刊载于 2001 年度《轻合金加工技术》，第 43、44、46 页，复印件；

反证 2：“电缆用铝-塑复合带挤压涂覆生产工艺”，作者刘照旺，刊载于 1997 年度《轻合金加工技术》，第 33~35 页，复印件；

反证 3：《橡胶塑料机械产品样品》，1989 年 2 月第 11 版，机械工业出版社出版，封面、出版信息页、第 959 页，复印件，共 3 页；

反证 4：“复合电缆带生产设备和工艺的改进”，作者严竹梅，刊载于 1998 年度《轻合金加工技术》，第 24、35~38 页，复印件；

反证 5：《塑料薄膜的印刷与复合》，1997 年 10 页第 1 版，化学工业出版社出版，封面、出版信息页、第 164~171 页复印件，共 6 页；

反证 6：《复合材料包装》，1988 年 11 月第一版第一次印刷，轻工业出版社出版，封面、出版信息页、目录、第 94~131 页，复印件；

反证 7：“FH30600 三层复合机的改造”，作者：李睿，刊载于 1995 年度《轻合金加工技术》，第 22 页，复印件 1 页；

反证 8：中华人民共和国通信行业标准 YD/T723. 1~723. 3-94，“通信电缆光缆用金属塑料复合带”，1994 年 4 月 25 日发布，1994 年 10 月 1 日实施，复印件共 15 页；

反证 9：载自《轻合金加工技术》中的相关资料，复印件共 4 页。

2007 年 4 月 10 日，专利复审委举行口头审理。王立波明确其无效的理由为：权利要求 1、2 在说明书中公开不充分，不符合《专利法》第二十六条第三款的规定；秦邦公司放弃反证 9，并当庭出示反证 1~8 的原件。王立波对反证 1~8 的真实性不持异议。

专利复审委经审查认为：

1. 证据的认定

由于秦邦公司在口头审理时放弃了反证 9，王立波对于秦邦公司提交的反证 1~8 的真实性不持异议，因此，专利复审委对反证 1~8 的真实性予以确认，对反证 9 不予考虑。

2. 法律适用

说明书的内容应当清楚，是指说明书主题明确、表述准确。所谓主题明确是指说明书应当从现有技术出发，明确反映出发明或者实用新型想要做什么和如何去做，使所属技术领域的技术人员能够确切地理解该发明或者实用新型要求保护的主题。所谓表述准确，指说明书的表述应当准确地表达发明或者实用新型的技术内容，不得含糊不清或者模棱两可，以致所属技术领域的技术人员不能清楚、正确地理解该发明。

说明书的内容应当完整，是指说明书不得缺少有关理解、实现发明或者实用新型所需的全部技术内容。

所属技术领域的技术人员能够实现，是指所属技术领域的技术人员按照说明书记载的内容，就能够实现该发明或者实用新型的技术方案，解决其技术问题，并且产生预期的技术效果。

基于下述事实王立波认为本专利说明书不清楚：

（1）本专利工艺是现有技术中何种工艺基础上改进的不清楚；

（2）预热金属箔的温度范围不清楚；

（3）塑料熔体如何产生、细目钢辊如何制造、细目钢辊如何加热、塑料熔体或塑料薄膜如何通过细目钢辊、塑料熔体或塑料薄膜通过细目钢辊后如何与挤压辊相互转动、塑料膜应当形成多少厚度、如何使塑料膜的表面形成 0. 04~0. 09mm 厚的凹凸不平面不清楚；

（4）导向辊如何翻面、翻面后复合带向何方向运动、如何对金属箔另一面进行塑料膜热挤压、如何加入另一层塑料熔体或塑料膜不清楚；

（5）加热烘箱的构造和尺寸、加热时间、如何进行后加热处理不清楚；

（6）如何调整加热温度、如何使复合带的粗糙度在后处理工序中破坏最小，如何形成圆弧过渡凹凸不平粗糙面不清楚；

（7）如何冷却处理、加热烘箱中调节板的尺寸、构造及在烘箱中的位置，如何调整加热烘箱中的调节板距离不清楚。

基于下述事实王立波认为本专利说明书不完整：

（1）本专利工艺制作的复合带符合何种要求未描述；

（2）本专利说明书没有工艺流程图，实现工艺的设备不完整。

基于下述事实王立波认为本专利没有具体实施方式支持：

（1）对于如何用 0.05mm 厚的塑料薄膜分别挤压出 0.04mm、0.07mm、0.09mm 厚的塑料薄膜不清楚，因此实施例 4 不能支持权利要求；

（2）本专利的实施例都属于单面挤压的实施方式，不能支持权利要求中可以通过开卷至冷却收卷整个工艺一次性完成金属箔两面复合的技术方案。

王立波依据上述事实主张本专利不符合《专利法》第二十六条第三款的规定，专利复审委认为其主张不能成立。

《专利法》第二十六条第三款中所涉及的不清楚包括主题不明确、表述不准确。王立波所主张的本专利说明书不清楚的内容，涉及主题是否明确。对此，专利复审委认为，如果说明书在现有技术的基础上对本发明想要做什么和如何去做进行了说明，而且对于所属领域技术人员而言，可以确切地理解而不会产生歧义，则应当认为说明书是清楚的。对于本案而言，现有技术中工业制造金属屏蔽复合带是成熟的工艺，本发明要在现有技术中熔融法和热贴法两种成熟工艺的基础上通过对复合带的结合方式的改进从而获得具有特殊表面效果的产品，由于该产品具有平滑性的凹凸不平的粗糙面从而使复合带与光缆、电缆纵包模具或定径模具之间形成点接触，进而减小摩擦力，避免电缆起包、漏气、脱膜及断带，而这种改进是通过将现有技术中光滑面的钢辊改为目数为 40~85 目的粗糙面细目钢辊来做到的。本专利说明书清楚地表达了上述内容，至于王立波所列举的不清楚的上述事实(1)~(4)，专利复审委认为均属于现有技术成熟的工艺内容，是本领域技术人员应当掌握并能根据需要具体应用的，无需在说明书中具体描述。王立波所列举的不清楚的上述事实（5）~（7），涉及如何根据需求对具体的加热、冷却工艺的设备及工艺参数进行选择，对此王立波认为这种选择在本专利说明书已经给出了必要的教导的条件下，对于本领域技术人员而言对技术方案的理解应当是确切的，并且无需花费创造性劳动即可实现。因此，本发明说明书中对所述事实未作细化地说明并不导致本领域技术人员不能对本专利的主题做确切的理解，王立波关于本专利说明书不清楚的主张不能成立。

《专利法》第二十六条第三款中所谓的说明书的内容应当完整，是指说明书不得缺少有关理解、实现发明或者实用新型所需的全部技术内容。王立波认为本专利说明书没有说明工艺制作的复合带符合何种要求、缺少工艺流程图、实现工艺的设备不完整，因此本专利内容不完整。对此，专利复审委认为，如上所述，本发明是对现有技术中熔融法和热贴法两种成熟工艺的局部改进，工艺流程图以及实现工艺的所有设备都是在现有技术的基础上进行的，因此缺少工艺流程图、实现工艺的设备不完整不会导致本领域技术人员不能理解、再现本发明。至于复合带应符合何种要求，是本领域技术人员根据实际需要确定的，无需在说明书中记载。

《专利法》第二十六条第三款中所谓的说明书的内容应当完整，还包括为解决发明技术问题而采用的技术方案的具体实施方式。本专利说明书给出了相应的具体实施方式，实施例 1-4 给出了成型不同厚度的塑料薄膜的具体实施方式而实施例 5 则阐明在单面复合的基础上进行双面复合，因此符合上述完整的要求。在此情况下，王立波还认为说明书没有给出涉及不同厚度薄膜以及双面复合的具体实施方式，专利复审委认为这种主张缺乏法律依据和事实依据，因为《专利法》第二十六条第三款对于具体实施方式的要求同样也是从理解发明实现发明出发，并不要求公开所有的实施方式或是某个实施方式的所有步骤。

综上，专利复审委认为本专利说明书符合《专利法》第二十六条第三款的规定，对王立波关于本专利说明书公开不充分的无效理由不能成立而不予支持。

综上，专利复审委作出第 10450 号决定。王立波不服遂诉至一审法院。

本院认为，《专利法》第二十六条第三款规定，说明书应当对发明或者实用新型作出清楚、完整的说明，以所属技术领域的技术人员能够实现为准；必要的时候，应当有附图。摘要应当简要说明发明或者实用新型的技术要点。

对于所属领域技术人员来说，说明书在现有技术的基础上对本发明想要做什么和如何去做进行了说明，且可以确切地理解而不会产生歧义，则应当认为说明书是清楚的。

基于现有技术中，金属屏蔽复合带的工业制造已成为成熟工艺，因此，本专利是通过对复合带的结合方式进行改进，获得具有特殊表面效果产品的制作方法的发明。这种改进是通过将现有技术中光滑面的钢辊改为目数为40~85目的粗糙面细目钢辊来实现的。根据本专利说明书记载的技术手段，依据现有技术，本领域技术人员完全理解“40~80目粗糙面细目钢辊”的含义，进而根据本领域普通技术知识制造出具有40~80目粗糙面细目钢辊。本专利说明书清楚表达了上述内容。专利复审委认定对于本领域技术人员应当掌握，并能根据需要具体应用的成熟的工艺内容，不必在说明书中具体描述正确。另外，本领域技术人员可根据本专利说明书中已给出的必要教导条件，对具体加热、冷却工艺的设备及参数等进行选择，无需创造性劳动即可实现，并不因说明书未细化说明而导致本领域技术人员不能确切理解；也不因缺少工艺流程图、实现工艺的设备不完整等，导致本领域技术人员不能理解并再现本专利。

本专利说明书给出了相应的具体实施方式，实施例1-4给出了成型不同厚度的塑料薄膜的具体实施方式；实施例5则载明在单面符合的基础上进行双面复合，因此，本专利说明书已经给出了具体的实施例。

综上，专利复审委所作第10450号决定合法，一审维持正确，本院应予维持。王立波的上诉理由缺乏事实和法律依据，本院不予支持。依照《中华人民共和国行政诉讼法》第六十一条第（一）项的规定，判决如下：

驳回上诉，维持一审判决。

二审案件受理费人民币100元，由上诉人王立波负担（已交纳）。

本判决为终审判决。

审　判　长　朱世宽
审　判　员　赵宇晖
代理审判员　胡华峰
二○○九年九月十五日
书　记　员　张　怡

197

压实路基的施工方法

无效宣告请求审查决定（第 10458 号）

决　　定　　号　第 10458 号
决　　定　　日　2007 年 8 月 26 日
发明创造名称　压实路基的施工方法
国 际 分 类 号　E01C 3/00
无效宣告请求人　孙　希
专　利　权　人　蓝派冲击压实技术开发（北京）有限公司
专　　利　　号　98125050.5
申　　请　　日　1998 年 11 月 30 日
授 权 公 告 日　2004 年 3 月 10 日
合 议 组 组 长　于　萍
主　　审　　员　王　博
参　　审　　员　刘瑞斌

法　律　依　据　专利法实施细则第 20 条第 1 款，专利法第 22 条第 2 款、第 3 款
决　定　要　点

判断权利要求的技术特征是否清楚、该权利要求是否清楚地表述了请求保护的范围，应站在所属技术领域的一般技术人员的角度、结合其知晓的所属技术领域的普通技术知识来加以判断。如果权利要求中使用的用语在特定技术领域中具有公认的确切含义，则不应以该用语的出现而认定该权利要求不清楚。

在判断一项权利要求是否具备创造性时，首先要将权利要求所述的技术方案和最接近的现有技术进行特征对比分析，确定两者之间的区别技术特征，进而考察对于所属技术领域的普通技术人员而言在最接近的现有技术的基础上引入上述区别技术特征从而获得权利要求所要保护的技术方案是否显而易见，如果不是，则该权利要求具备创造性。

一、案由

本无效宣告请求涉及中华人民共和国国家知识产权局于 2004 年 3 月 10 日授权公告的、名称为“压实路基的施工方法”的发明专利权（以下简称本专利），其专利号是 98125050.5，申请日是 1998 年 11 月 30 日，专利权人是蓝派冲击压实技术开发（北京）有限公司。本专利授权公告时的权利要求如下：

“1. 一种采用高振幅、低频率的冲击压实机来压实路基的施工方法，其特征在于在已完成的路基

上进行补充冲击碾压的连续作业，通过增加碾压遍数，使路基增加密实度，并形成厚度在 1.0m～1.5m 的范围内的加固层。

2. 根据权利要求 1 所述的采用高振幅、低频率的冲击压实机来压实路基的施工方法，其特征在于补充冲击碾压的连续作业采用高能量冲击压实机。

3. 根据权利要求 1 或 2 所述的采用高振幅、低频率的冲击压实机来压实路基的施工方法，其特征在于补充冲击碾压的连续作业采用 25kJ 冲击压实机。

4. 根据权利要求 1 或 2 所述的采用高振幅、低频率的冲击压实机来压实路基的施工方法，其特征在于补充冲击碾压的连续作业采用三边形冲击压实机。”

针对本专利权，孙希（以下简称请求人）于 2006 年 10 月 24 日向专利复审委员会提出无效宣告请求，认为本专利不符合专利法第 22 条第 2 款、第 3 款、第 26 条第 3 款、第 4 款、第 33 条、专利法实施细则第 20 条第 1 款、第 21 条第 2 款的规定。请求人同时提交了如下附件、证据：

附件 1：本专利的公开文本；

附件 2：本专利的授权文本；

证据 1：《黑龙江交通科技》1996 年第 1 期第 14、15 页的复印件；

证据 2：《山西交通科技》1995 年第 3 期第 8～11 页的复印件；

证据 3：1995 年 11 月 30 日发布的中华人民共和国行业标准 JTJ033-95《公路路基施工技术规范》封面页及第 42、43、130、131 页的复印件；

证据 4：1990 年 4 月出版的《THE CIVIL ENGINEER in South Africa》第 141、143、145、146 页的复印件；

证据 5：印有“HUAJIE INTERNATIONAL PUBLISHING CO. LTD”字样的《3rd International Conference on Road & Airfield Pavement Technology》，1998 年 4 月，第 1211～1219 页复印件。

经形式审查合格，专利复审委员会受理了上述无效宣告请求，并于 2006 年 11 月 23 日向请求人和专利权人发出了无效宣告请求受理通知书，同时将专利权无效宣告请求书及其附件清单中所列附件的副本转送给专利权人，并要求专利权人在指定的期限内陈述意见。

专利权人在指定的期限内没有答复。

专利复审委员会于 2006 年 11 月 28 日收到了请求人此前寄交的补充意见陈述和如下附件：

证据 4 的中文译文；

证据 5 的中文译文；

证据 6：公告号为 WO9704179，公开日为 1997 年 2 月 6 日的专利文献，共 55 页，及其进入中国国家阶段的中文公开文本，公开号为 CN1195383A，共 32 页，该中文公开文本作为 WO9704179 的中文译文使用。

请求人认为：（1）本专利不符合专利法第 33 条规定。

（2）本专利权利要求不符合专利法实施细则第 20 条第 1 款的规定。权利要求书中的以下部分不清楚：“已完成路基”、“补充冲击碾压”、“冲击碾压”、“连续作业”、“通过增加碾压遍数，使路基增加密实度”、“形成厚度在 1.0m～1.5m 的范围内的加固层”、“高能量冲击压实机”、“25kJ 高能量冲击压实机”、“三边形冲击压实机”。

（3）本专利不符合专利法实施细则第 21 条第 2 款的规定，权利要求 1 中缺乏“采用 25kJ 高能量冲击压实机”和“碾压数遍”等必要技术特征。

（4）本专利不符合专利法第 26 条第 3 款、第 4 款的规定。说明书中没有公开任何有关“25kJ 高能量冲击压实机”、“高能量冲击压实机”、“25kJ 三边形冲击压实机”的内容，也没有公开何谓“高振幅、低频率”，不能实现本专利发明目的。说明书中强调“采用 25kJ 三边形冲击压实机”，并没有涉及任何其他设备，而权利要求 1、2、4 中都没有涉及这些特征；权利要求 1~4 的方案在说明书中没有记载，得不到说明书的支持。

（5）本专利不符合专利法第 22 条第 2 款、第 3 款的规定。权利要求 1~4 相对于证据 5 不具备新颖性、亦不具备创造性；相对于证据 5 和证据 1 和/或 2 的结合也不具备创造性；相对于证据 5 与证据 4 的结合、证据 5 与证据 1、4 的结合、证据 5 与证据 2、4 的结合不具备创造性；相对于证据 5 与证据 6 的结合、证据 5 与证据 1、6 的结合、证据 5 与证据 2、6 的结合不具备创造性。

专利复审委员会依法成立合议组。

本案合议组于 2007 年 3 月 14 日向双方当事人发出口头审理通知书，定于 2007 年 4 月 27 日进行口头审理，随该口头审理通知书将上述专利复审委员会于 2006 年 11 月 28 日收到的请求人提交的证据转给专利权人。

专利权人于 2007 年 3 月 23 日提交意见陈述书，表示其在收到无效宣告请求口头审理通知书之前，从未收到复审委员会发出的任何有关无效宣告通知书的相关文件，只是于 2007 年 3 月 21 日从复审委员会取走无效宣告请求书及附件证据副本，因此请求延期答复。本案合议组于 2007 年 3 月 27 日发出口头审理变更通知书，将口头审理日期改定于 2007 年 5 月 23 日进行。

专利权人于 2007 年 4 月 23 日提交意见陈述，认为本专利具备创造性，并提交以下证据：

证据 A：《公路路基设计规范》（JTJ013-95）第 10~13 页、《公路路基施工规范》（JTJ033-95）第 38~44 页，复印件共 11 页。

本案合议组于 2007 年 4 月 23 日发出转送文件通知书，将专利权人于 2007 年 4 月 23 日提交意见陈述及所附证据 A 转送给请求人，并要求请求人在指定的期限内陈述意见。

口头审理于 2007 年 5 月 23 日如期举行，双方当事人均参加了口头审理。

在口头审理中，专利权人对请求人第二次提交的证据的日期提出质疑，请求人当庭提供了第二次寄交文件时挂号信的收据原件，收据上挂号编号为 6844，而信封上的编号为 6844 1000 0501 1000 0000 01，专利权人当庭核对了上述收据并认为二者号码并不完全一致。合议组告知专利权人可在口审结束后 7 日内就此问题进行答复并可以提供反证证明其主张。请求人明确其无效的理由、证据、范围以及证据的使用情况为：本专利权利要求 1~4 不符合专利法实施细则第 20 条第 1 款的规定，说明书不符合专利法第 26 条第 3 款的规定，权利要求 1~4 不符合专利法第 22 条第 2 款、第 3 款的规定。请求人明确表示以口头审理的意见陈述为准，没有其他的无效理由、证据、范围和证据组合形式。请求人当庭出示了证据 1、2、3、5 的原件并明确表示放弃使用证据 4、6。专利权人经核对原件，对证据 1~3、5 的真实性、公开性没有异议，对证据 5 的译文没有异议。专利权人当庭出示了证据 A 的原件，请求人对证据 A 的真实性没有异议。关于专利法实施细则第 20 条第 1 款，请求人认为权利要求 1~4 中的“已完成路基”、“连续作业”、“形成厚度在 1.0m~1.5m 的范围内的加固层”、“高能量冲击压实机”、“25kJ 高能量冲击压实机”、“三边形冲击压实机”等特征不清楚，专利权人对此一一进行答辩，请求人基于专利权人的答辩，放弃权利要求 3、4 不清楚的请求。请求人认本专利不符合专利法第 26 条第 3 款的意见与有关专利法实施细则第 20 条第 1 款的意见相同，专利权人表示没有其他意见。请求人认为本专利权利要求 1 相对于证据 5 不符合专利法第 22 条第 2 款的规定，同时认为权利要求 1 相对于现有技术不符合专利法第 22 条第 3 款的规定，其使用的证据组合方式明确为：（A）证据 5、（B）证据 5 与公知常识（用证据 3 证明）的结合、（C）证据 5、证据 1 的结合以及（D）证据 5、证据 2 的结合。请求人还认为证据 5 公开了权利要求 2~4 的附加技术特征。专利权人认为在权利要求 1 具备新颖性创造性的前提下，权利要求 2~4 也具备新颖性和创造性。

请求人于2007年5月30日提交了补充意见陈述，其中声明放弃了对本专利不符合专利法第26条第3款的无效请求理由。

专利权人于2007年6月6日提交了补充意见陈述，其中没有就请求人第二次寄交文件的邮戳日提出异议。

至此，合议组认为本案事实已经清楚，可以作出审查决定。

二、决定的理由

1. 关于证据和现有技术

对于专利复审委员会于2006年11月28日收到的请求人寄交的补充证据的提交时间是否超出自请求之日起一个月期限的问题，请求人在口头审理中提交了一份据称是该邮件的国内挂号函件收据原件，已尽到了举证责任，并且收据中的4位数编号与信封上的条形码的前4位相同。专利权人虽提出质疑，但未能在合议组规定的期限内举出反证证明其主张，因此合议组认为，可以依据收据上显示的日期2006年11月24日认定请求人第二次寄交的文件日期即为2006年11月24日，因此请求人第二次寄交的补充意见陈述、证据4、5的译文、证据6及其译文符合专利法实施细则第66条的规定，可以接受作为本次无效宣告请求的证据使用。

请求人在口头审理中明确使用的证据为证据1~3、5并当庭出示了原件，专利权人对证据1~3、5的真实性、公开性没有异议，对于证据5的中文译文没有异议，因此证据1~3、5可以作为本专利的现有技术使用，其中证据5的公开内容以其中文译文为准。对于请求人在口头审理中放弃了的证据4、6，本决定不予评述。

专利权人当庭出示了证据A的原件，请求人对证据A的真实性没有异议，因其为1995年的规范，故其公开日也在本专利申请日之前，可以作为本专利的现有技术使用。

2. 关于请求人无效宣告请求的理由及其范围

由于请求人口头审理中明确表示其无效宣告请求的理由及其范围和所依据的证据为：权利要求1~4不符合专利法实施细则第20条第1款的规定，说明书不符合专利法第26条第3款的规定，权利要求1~4不符合专利法第22条第2款、第3款，并明确表示没有其他的无效理由。而其在口审之后的2007年5月30日提交的书面意见陈述中又进一步明确放弃了专利法第26条第3款的无效理由，故本决定的审理范围仅限于：权利要求1~4是否符合专利法实施细则第20条第1款以及专利法第22条第2款、第3款。

3. 关于专利法实施细则第20条第1款

专利法实施细则第20条第1款规定：权利要求书应当说明发明或者实用新型的技术特征，清楚、简要地表述请求保护的范围。

判断权利要求的技术特征是否清楚、该权利要求是否清楚地表述了请求保护的范围，应站在所属技术领域的一般技术人员的角度、结合其知晓的所属技术领域的普通技术知识来加以判断。

如果权利要求中使用的用语在特定技术领域中具有公认的确切含义，则不应以该用语的出现而认定该权利要求不清楚。

（1）关于权利要求1。

请求人认为本专利权利要求1不清楚，具体为其中的特征“路基”、“连续作业”、“形成厚度在1.0米~1.5米的加固层”不清楚。“路基”与说明书中描述的路堤、路床、地基的表述不一致；“连续作业”有两种解释：一是不间断施工，另一种是设备连续运转；“加固层”在说明书中没有明确定义，现有规范中也没有定义。

专利权人认为，根据证据A和本说明书中的记载，已完成路基是指已经达到规范要求的路基；

连续作业是针对与强夯的对比，是连续的冲击压实；加固层是指有效压实厚度。

关于“路基”与“已完成路基”，合议组认为，路基属于道路的一个重要组成部分，在证据A《公路路基设计规范》及《公路路基施工规范》中，对其填料最小强度、最大粒径要求、压实度等各方面的参数及工艺等都有明确的要求，由于规范属于国家强制性标准，因此本领域技术人员能够清楚“路基”就是指符合国家相关规范的道路结构，“已完成路基”就是指施工完成已经符合国家相关规范的结构，因此，该特征对于本领域技术人员来说是清楚的。

关于“连续作业”，合议组认为，“连续作业”是相对于强夯类机具的点位作业方式而言，本专利记载的冲击压实机在运行过程中，通过非圆形压实轮的连续滚动，以实现冲击压实作业，因此是一种连续作业，而请求人所称的“不间断施工”通常多用于施工的组织方式，而非一种技术特征，因而对于本领域技术人员而言，该特征是清楚的。

关于“加固层”，合议组认为，说明书中记载了“有效压实厚度由振动压实的0.20m~0.30m，增加为1.00m~1.50m”，这一数值范围对应于权利要求1中的加固层厚度，因此加固层就是说明书中的“具有有效压实厚度”的层。关于什么是“有效压实”，根据其字面含义，有效压实应是密实程度达到一定要求的状态，再结合本领域的普通知识，在路基施工工艺中，规范对路基的密实度有着明确的要求（参见证据A），因此，本领域技术人员能够明白有效压实即是指密实度达到规范要求的状态，加固层就是密实度达到规范要求的层。因此，该特征也是清楚的。

综上，请求人所主张的权利要求1特征不清楚的理由不能成立，权利要求1符合专利法实施细则第20条第1款的规定。

（2）关于权利要求2。

请求人认为特征“高能量”没有明确定义，专利权人认为高能量是本领域技术人员都能理解的含义。

合议组认为，审查指南第二部分第二章第3.2.2节规定“权利要求不得使用含义不确定的用语，如‘厚’、‘薄’、‘强’、‘弱’、‘高温’、‘高压’、‘很宽范围’等，除非这种用语在特定技术领域中具有公认的确切含义，如放大器中的‘高频’”。而权利要求2中的“高能量”在冲击压路机领域就属于这样的具有公认确切含义的术语，说明书中描述了冲击压实技术的原理是将振动压实的“高频率、低振幅”改为“高振幅、低频率”，由于振幅的提高，采用同等质量的压实设备的前提下，其能量必然相对于低振幅产生的能量要高，同时请求人提交的证据5的标题为“采用高能量冲击压实机压实路面和机场的创新性压实技术”，也从另一方面验证了“高能量”属于具有公认确切含义的术语，因此，权利要求2中“高能量”的特征是清楚的，权利要求2符合专利法实施细则第20条第1款的规定。

（3）关于权利要求3、4。

请求人认为权利要求3、4中的“25kJ冲击压实机”和“三边形冲击压实机”不清楚，与说明书中记载的不一致，专利权人认为25kJ是冲击势能，25kJ冲击压实机包括三边形、四边形、多边形的冲击压实机，可以在市场上买到，是本领域技术人员清楚的。请求人表示，基于专利权人的上述解释，放弃权利要求3、4不清楚的无效请求。

由于请求人放弃权利要求3、4不清楚的无效请求，对此合议组不再予以审查。

4. 关于专利法第22条第2款

专利法第22条第2款规定，新颖性，是指在申请日以前没有同样的发明或者实用新型在国内外出版物上公开发表过、在国内公开使用过或者以其他方式为公众所知，也没有同样的发明或者实用新型由他人向专利局提出过申请并且记载在申请日以后公布的专利申请文件中。

根据该规定，如果权利要求中含有对比文件中所不具有的技术特征，使得该权利要求限定的方案与对比文件不同，则该权利要求具备新颖性。

请求人认为，证据5公开了权利要求1中所有的技术特征。证据5中第3页（f）中，检验压实所针对的路基就是指已完成路基。第6页倒数第3段公开了冲击压实机压实40次的特征，对应于本专利中“通过增加碾压遍数使路基增加密实度”的特征，第3页（b）部分公开了压实最多可达0.6~1米，因为加固层没有明确定义，所以厚度范围也没有限定作用。加固层的定义在本专利申请之前是没有的，所以本领域技术人员无法理解加固层的意思。

专利权人认为：证据5不是对已完成路基进行碾压的。本专利加固层是1.0m~1.5m，与证据5是区别之一。证据5中的检验压实只是冲击碾压，不涉及遍数，是针对地基中的薄弱环节的，不一定只是在路基完成后才检测。证据A第11页中有明确表述密实度要求达到93%~95%，加固层的厚度是指路基中密实度达到规范要求的最大厚度。

合议组认为，证据5介绍了采用高能量冲击压实机压实路面和机场的创新性压实技术，其译文第3页公开了采用高振幅、低频率的冲击压实机对路面进行压实，其有效压实深度最多达到1米，译文第6页公开了“金属板沉降逐渐变小的趋势与相关的弹性模量随着压实次数的显著增加可以通过图7明显看出”，即公开了本专利权利要求1中的“通过增加碾压遍数，使路基增加密实度”的特征。本专利权利要求1与证据5的区别在于，①本专利权利要求1在已完成路基上利用冲击压实机进行补充碾压，而证据5中没有公开补充碾压的特征，仅公开了利用冲击压实机进行常规碾压，②本专利权利要求1的加固层厚度在1.0~1.5米范围内，而证据5仅公开了有效压实深度最多达到1米的内容。关于区别①，请求人主张证据5译文第3页的（f）检验压实部分公开了本专利权利要求1中的补充压实的特征，合议组认为，检验压实虽然是在已完成路基上进行的，但是其目的只是在于检验路基的施工效果，虽然由于检验压实机的冲击能量较大，客观上能够起到一定的补充压实的作用，但检验压实一般碾压遍数有限，而补充压实则是多次进行碾压，因此检验压实与补充压实的目的不同，碾压遍数不同，效果也是不同的。因此，请求人所关于区别特征①被证据5所公开的主张不能得到合议组的支持。关于区别特征②，根据前面关于专利法实施细则第20条第1款的分析，本专利权利要求1中的加固层指的是密实度达到规范要求的层，其加固层的厚度就是密实度达到规范要求的层的厚度，而证据5中公开的有效压实深度最多达到1米，即其范围在1米以内，而这与本专利权利要求1中的1.0~1.5米的范围是有区别的。因此，请求人关于区别特征b被证据5所公开的主张也不能得到合议组的支持。综上，由于区别特征①、②均没有被证据5公开，因此，合议组认为权利要求1具备新颖性。

由于权利要求1具备新颖性，因此，其从属权利要求2~4也具备新颖性。

5. 关于专利法第22条第3款

专利法第22条第3款规定，创造性，是指同申请日以前已有的技术相比，该发明有突出的实质性特点和显著的进步，该实用新型有实质性特点和进步。

根据该规定，在判断一项权利要求是否具备创造性时，首先要将权利要求所述的技术方案和最接近的现有技术进行特征对比分析，确定两者之间的区别技术特征，进而考察对于所属技术领域的普通技术人员而言在最接近的现有技术的基础上引入上述区别技术特征从而获得权利要求所要保护的技术方案是否显而易见，如果不是，则该权利要求具备创造性。

关于权利要求1的创造性，请求人认为以（1）证据5或（2）证据5与公知常识（用证据3证明）的结合或（3）证据5、证据1的结合或（4）证据5、证据2的结合的方式均可影响权利要求1的创造性。①证据5中公开的检验压实步骤就是针对的已完成路基，所以对于已完成的路基利用冲击压实机进行多次压实，对于本领域技术人员而言，在证据5的基础上容易想到，所以权利要求1不具备创造性。(2) 关于证据5与公知常识的结合方式，本领域技术人员都知道，为了提高路基强度，只要重复压就行，证据 3 中第 130 页 7. 4. 5. 1 公开了“要重新补压”的内容，因此证据 5 的方案结合公知常识就可以得出本专利权利要求 1 的技术方案。(3) 关于证据 5 与证据 1 的结合方式，从证据 1 第 15 页第 2 段所公开的内容，给出采用 25kJ 冲击压实机进行压实的启示，从证据 1 及证据 5 中的启示自然可以得到权利要求 1 的技术方案。(4) 关于证据 5 与证据 2 的结合方式，证据 2 第 9 页第 2. 2 部分给出了不断增加碾压遍数和吨位可以提高密实度的启示，因此证据 5 与证据 2 的结合公开了权利要求 1 的方案。

专利权人认为：所有证据都没有涉及权利要求 1 所有技术特征。(1) 证据 5 中的检验压实是在未压实土上进行的，是未完成路基。增加静碾和振动碾压的次数是可以增加密实度的，但是普通的技术人员不能想到对已完成的路基再进行补压。(2) 证据 3 中达不到要求的地基是不合格的产品需要进行重新补压，与本专利的已完成的路基是不同的。(3) 证据 1 中是分层压实的路基，因此不用再补充压实，即使再冲击压实也不会产生更好的效果，因此没有给出相关启示。(4) 专利权人认可不断增加碾压遍数及吨位以提高路基密实度是公知常识，但是当时本领域技术人员不容易想到在已完成的路基再进行碾压。在当时，公路施工仍然是传统的方式，没有进行冲击压实。

(1) 与证据 5 的对比方式。

根据前文关于权利要求 1 新颖性的论述，本专利权利要求 1 与证据 5 的区别特征为①、②。

合议组认为，虽然使用冲击压实机进行路面压实的特征已经被证据 5 所公开，但证据 5 中公开的冲击压实是检验压实步骤，而不是在已完成路基上进行补充压实。而本专利中的补充压实是在已完成路面上进行的，并且是对路基施工的步骤之一，而非路基施工完成后的检测。在道路工程领域中，当路基强度已达到设计标准时，即认为已经满足要求，虽然本领域技术人员明白补充碾压能进一步增加路基强度，但一般考虑到在已完成路基上进行碾压的高投入，就不会再进一步进行补充碾压，因此合议组认为，本领域普通技术人员一般难以想到在已完成路基上进行补充碾压。而本专利通过对已完成路基的补充碾压使其加固层深度达到 1~1. 5 米，大大超过了证据 5 中的 0. 6~1 米，这种技术效果是本领域技术人员根据现有技术所不能显而易见的得知的。另外，由于道路工程的特殊性，其使用年限较长，一般多达几十年，建造成本特别高，一般高速公路每公里造价高达数千万元，如果在施工阶段在路基已达到设计标准的基础上，进行补充压实，进一步增加路基的强度，则可以提高道路的使用年限，由此可以通过前期较小的投入带来后期巨大的经济效益。综上，合议组认为，特征 a 和特征 b 给本专利权利要求 1 带来了突出的实质性特点和显著的进步，使权利要求 1 相对于证据 5 具备了专利法第 22 条第 3 款所规定的创造性。

(2) 与证据 5、公知常识（用证据 3 证明）相结合的对比方式。

合议组认为，证据 3 中仅公开了“按照规定压实遍数压过之后，仍达不到要求的压实度，要重新补压”，这里的重新补压仅仅是针对未完成路基的，而不是针对已完成路基的，因此，证据 3 也没有公开在已完成路基上进行补充碾压的特征。同时考虑到上述分析认为通过补充碾压所达到的加固层深度为 1~1. 5 米的技术效果，因此，请求人所主张的权利要求 1 相对于证据 5 与公知常识的结合不具备创造性的理由也不能成立。

(3) 与证据 5、证据 1 相结合的对比方式。

合议组认为，证据 1 公开了“冲击压实机可直接进行压实、深达 5m”，这里仅公开了影响深度达到 5 米，而没有公开加固层的厚度。因此，请求人所主张的权利要求 1 相对于证据 5 与证据 1 的结合不具备创造性的理由也不能成立。

(4) 与证据 5、证据 2 相结合的对比方式。

合议组认为，证据 2 第 9 页第 2. 2 部分仅公开了不断增加碾压遍数吨位可以提高密实度的内容，而没有给出在已完成路基上进行补充碾压以及使加固层厚度达到 1.0~1.5 米的启示。因此，请求人所主张的权利要求 1 相对于证据 5 与证据 2 的结合不具备创造性的理由也不能成立。

鉴于请求人所主张的权利要求 1 不具备创造性的理由不能成立，其所主张的从属权利要求 2~4 不具备创造性的理由自然也不能成立。

根据上述的事实和理由，本案合议组依法作出以下决定。

三、决定

维持 98125050.5 号发明专利权全部有效。

当事人对本决定不服的，可以根据专利法第 46 条第 2 款的规定，自收到本决定之日起 3 个月内向北京市第一中级人民法院起诉。根据该款的规定，一方当事人起诉后，另一方当事人应当作为第三人参加诉讼。

辐射交联聚烯烃发泡设备

无效宣告请求审查决定（第10471号）

决　　定　　号　第10471号
决　　定　　日　2007年9月5日
发明创造名称　辐射交联聚烯烃发泡设备
国 际 分 类 号　B29C 44/28，44/46，44/34，B29K 23/00
无效宣告请求人　中核华康辐照技术有限公司
专　利　权　人　浙江交联电缆有限公司
专　　利　　号　200420013114.1
申　　请　　日　2004年12月31日
授 权 公 告 日　2006年2月22日
合 议 组 组 长　赵　明
主　　审　　员　郭建强
参　　审　　员　任颖丽

法　律　依　据　专利法第22条第3款
决　定　要　点

判断实用新型是否具有实质性特点就是要判断对本领域的技术人员来说，要求保护的实用新型相对于现有技术是否显而易见；在评价实用新型是否具有进步时，主要应当考虑实用新型是否具有有益的技术效果。

一、案由

本无效宣告请求涉及中华人民共和国国家知识产权局于2006年2月22日授权公告的、名称为“辐射交联聚烯烃发泡设备”的实用新型专利权（以下简称本专利），其专利号是200420013114.1，申请日是2004年12月31日，专利权人是浙江交联电缆有限公司。本专利授权公告时的权利要求书如下：

“1. 一种辐射交联聚烯烃卷材发泡设备，其特征在于：它是由放卷送料装置、预热加热发泡炉、冷却装置、牵引收卷装置所组成的，所述的放卷送料装置由依次设置的放卷架、牵压辊、循环输送机所组成，预热加热发泡炉其炉腔体呈角尺形，是由水平放置的预热炉腔和垂直设置的加热发泡炉腔组合而成，该加热发泡炉腔内还设有聚烯烃发泡材料展开装置，循环输送机延伸置于预热加热发泡炉的预热炉腔中，滚筒式冷却装置设于加热发泡炉腔出口处，由张紧辊、牵引辊和收卷架组成的牵引收卷装置设置在其后。

2. 根据权利要求1所述的辐射交联聚烯烃发泡设备，其特征在于：所述的预热加热发泡炉的加热发泡炉腔内设有的聚烯烃发泡材料展开装置是设置于垂直加热发泡炉中部，对发泡片材形成夹持状，由机械传动旋转的，中空带冷却系统的棒状物。

3. 根据权利要求1或2所述的辐射交联聚烯烃发泡设备，其特征在于：所述的预热加热发泡炉是中空的长方形柱状体，依次由外壳，保温材料，内衬，设于炉内衬壁上的远红外加热元件所组成。

4. 根据权利要求3所述的辐射交联聚烯烃发泡设备，其特征在于：所述滚筒式冷却装置是以外筒壁为热交换壁，使用液体介质冷却的。

5. 根据权利要求4所述的辐射交联聚烯烃发泡设备，其特征在于：所述的预热加热发泡炉其水平放置的预热炉腔内沿轴线方向是设有隔板的。

6. 根据权利要求5所述的辐射交联聚烯烃发泡设备，其特征在于：在冷却装置之后还加设有卷材压光装置，该项装置为成对设置的旋转压辊。

7. 根据权利要求6所述的辐射交联聚烯烃发泡设备，其特征在于：在卷进材压光装置之后还加设有表面处理的电晕装置，该项装置由二组电极和过料辊所构成。

8. 根据权利要求7所述的辐射交联聚烯烃发泡设备，其特征在于：在卷进材压光装置之后还加设有切边机构。"

针对本专利权，中核华康辐照技术有限公司（以下简称请求人）于2007年2月14日向专利复审委员会提出无效宣告请求，认为本专利的权利要求1~8不符合专利法第22条第3款的规定，请求人同时提交了如下附件：

附件1：授权公告日为2004年11月10日、授权公告号为CN2654327Y（专利号为03270700.2）的中国实用新型专利说明书，共6页；

附件2：公告日为1990年3月7日、公告号为CN2054162U（申请号为89211346.4）的中国实用新型专利申请说明书，共8页；

附件3：公告日为1991年4月17日、公告号为CN2075198U（申请号为90218891.7）的中国实用新型专利申请说明书，共7页；

附件4：公开日为1986年11月26日、公开号为CN85104217A的中国发明专利申请公开说明书，共7页；

附件5：授权公告日为1995年6月14日、授权公告号为CN2200537Y（专利号为94218623.0）的中国实用新型专利说明书，共7页；

附件6："电晕放电发生器的设计及电晕放电处理对高密度聚乙烯表面作用的研究"、姚耀广等撰写、《广州化学》1988年第3期第21~30页复印件，共10页；

附件7：授权公告日为2002年4月3日、授权公告号为CN2484169Y（专利号为01243337.3）的中国实用新型专利说明书，共17页。

请求人认为：权利要求1~2相对于附件1不具备创造性，权利要求3的附加技术特征被附件2或者3公开，权利要求4~5的附加技术特征被附件1公开，权利要求6的附加技术特征被附件5公开，权利要求7的附加技术特征被附件6公开，权利要求8的附加技术特征被附件7公开，因此权利要求3~8也不具备创造性。

经形式审查合格，专利复审委员会依法受理了上述无效宣告请求，并于2007年3月27日向请求人和专利权人发出无效宣告请求受理通知书，同时将专利权无效宣告请求书及其附件清单中所列附件的副本转送给专利权人，并要求专利权人在指定的期限内陈述意见。

针对专利复审委员会发出的无效宣告请求受理通知书，专利权人于2007年5月11日提交了意见陈述书及权利要求书的修改替换页，其中修改后的权利要求书为：

“1. 一种辐射交联聚烯烃卷材发泡设备，它包括放卷送料装置、预热加热发泡炉、冷却装置、牵引收卷装置，预热加热发泡炉其炉腔体呈角尺形，是由水平放置的预热炉腔和垂直设置的加热发泡炉组合而成，其特征在于：该垂直加热发泡炉内还设有聚烯烃发泡材料展开装置，其位于炉腔中部，对发泡片材形成夹持状，是由机械传动旋转的，中空带冷却系统的棒状物，所述的放卷送料装置由依次设置的放卷架、牵压辊、循环输送机组成，循环输送机延伸置于预热加热发泡炉的预热炉腔中，滚筒式冷却装置设于加热发泡炉腔出口处，由张紧辊、牵引辊和收卷架组成的牵引收卷装置设置在其后。

2. 根据权利要求 1 所述的辐射交联聚烯烃发泡设备，其特征在于：所述的预热加热发泡炉是中空的长方形柱状体，依次由外壳、保温材料、内衬，设于炉内衬壁上的远红外加热元件所组成。

3. 根据权利要求 2 所述的辐射交联聚烯烃发泡设备，其特征在于：所述的预热加热发泡炉其水平放置的预热炉腔内沿轴线方向四周是设有隔板的。

4. 根据权利要求 3 所述的辐射交联聚烯烃发泡设备，其特征在于：在冷却装置之后还加设有卷材压光装置，该项装置为成对设置的旋转压辊。

5. 根据权利要求 6 所述的辐射交联聚烯烃发泡设备，其特征在于：在卷进材压光装置之后还加设有表面处理的电晕装置，该项装置由二组电极和过料辊所构成。

6. 根据权利要求 7 所述的辐射交联聚烯烃发泡设备，其特征在于：在卷进材压光装置之后还加设有切边机构。”

专利权人认为：展平装置放置在发泡炉中比放置在发泡炉外具有更好的效果，因此权利要求 1~2 相对于附件 1 具备创造性，权利要求 3、6~8 也具备创造性。

专利复审委员会依法成立合议组。

本案合议组于 2007 年 6 月 1 日向双方发出无效宣告请求口头审理通知书，定于 2007 年 7 月 9 日在专利复审委员会举行口头审理。随同口头审理通知书，将专利权人于 2007 年 5 月 11 日提交的意见陈述书及其附件清单中所列附件的副本转送给请求人。

口头审理如期举行，双方当事人均参加了口头审理。

在口头审理中，（1）针对专利权人于 2007 年 5 月 11 日提交的权利要求书修改替换页，请求人认为权利要求 5、6 的引用关系不清楚，权利要求 1 由原来的封闭式改成了开放式，扩大了保护范围，权利要求 3 增加的“四周”的特征在原权利要求书中未出现过。专利权人认为只是把原有的权利要求 1、2 进行了合并，能够得到说明书的支持。合议组经审查，当庭宣布：专利权人对权利要求书的修改不符合审查指南的相关规定，扩大了原专利的保护范围，因此不予接受。双方均同意口头审理以授权公告时的权利要求书为准。（2）请求人明确请求无效的理由和范围是：本专利的权利要求 1~8 不符合专利法第 22 条第 3 款的规定，具体事实和理由与无效宣告请求书所附的具体陈述相一致。（3）请求人放弃附件 4 作为证据使用，专利权人认可请求人所提交的附件 1~7 的真实性。（4）双方就本专利权利要求 1~8 是否具备创造性的理由充分陈述了意见。其中，请求人认为权利要求 1 与附件 1 的区别仅在于展开装置相对于炉腔的位置不同，其余技术特征均被附件 1 所公开，但上述区别特征是显而易见的，因此权利要求 1 相对于附件 1 不具备创造性；权利要求 2、4 和 5 的附加技术特征也被附件 1 公开，权利要求 3 的附加技术特征被附件 2 或者附件 3 公开，权利要求 6 的附加技术特征被附件 5 公开，权利要求 7 的附加技术特征被附件 6 公开，权利要求 8 的附加技术特征被附件 7 公开，因此权利要求 2~8 也不具备创造性。专利权人认为权利要求 1 与附件 1 的区别特征不是显而易见的，展开装置放置于加热炉腔内比放置于炉腔外有更好的防止卷材粘连的效果，因此具备创造性，从属权利要求 2~8 也具备创造性。

至此，合议组认为本案事实已经清楚，可以作出审查决定。

二、决定的理由

1. 关于证据和现有技术

请求人提交的证据包括附件 1~7，口头审理当庭放弃了附件 4，专利权人对附件 1~3、5~7 的真实性没有异议，合议组经审查，认为附件 1~3、5~7 可以作为本案证据使用，同时由于附件 1~3、5~7 为公开出版物，且其公开日期在本专利的申请日之前，因此可以作为本专利的现有技术使用。

2. 关于专利权人提交的修改文本和审查基础

审查指南第四部分第三章第 4.6 节规定，发明或者实用新型专利文件的修改仅限于权利要求书，其原则是：(1) 不得改变原权利要求的主题名称；(2) 与授权的权利要求相比，不得扩大原专利的保护范围；(3) 不得超出原说明书和权利要求书记载的范围；(4) 一般不得增加未包含在授权的权利要求书中的技术特征。

本案中，专利权人于 2007 年 5 月 11 日提交了权利要求书修改替换页，删除了权利要求 1 和 4，将权利要求 1 中的“由……组成”改为“包括……”，在新的权利要求 3 中增加了技术特征“四周”，同时对权利要求的引用关系进行了修改，形成了新的权利要求 1~6。合议组经审查认为，删除权利要求 4，导致新的权利要求 3~6 相对于原权利要求 5~8 扩大了保护范围；同时新的权利要求 3 中增加的技术特征“四周”也未包含在授权公告的权利要求书中。因此专利权人提交的权利要求书的修改文本不符合审查指南的上述规定，合议组不予接受。本决定是以本专利授权公告的权利要求书作为审查基础。

3. 关于本专利的创造性

专利法第 22 条第 1 款、第 3 款规定，授予专利权的实用新型应当具备创造性，创造性是指同申请日以前已有的技术相比，该实用新型具有实质性特点和进步。

判断实用新型是否具有实质性特点就是要判断对本领域的技术人员来说，要求保护的实用新型相对于现有技术是否显而易见；在评价实用新型是否具有进步时，主要应当考虑实用新型是否具有有益的技术效果。

本案中，请求人认为附件 1 与权利要求 1 的区别仅仅在于展开装置（或展平装置）相对于炉腔的位置不同，但是其所处的工艺位置和技术手段都是相同的，所起的作用也是相同的，都是对发泡卷材进行展开，权利要求 1 中的其余技术特征均已经被附件 1 公开了。因此本专利权利要求 1 相对于附件 1 是显而易见的，不具备创造性。从属权利要求 2~8 由于附加技术特征也均被公开，因此也不具备创造性。

合议组经审查后认为，本专利权利要求 1 要求保护一种辐射交联聚烯烃卷材发泡设备，它是由放卷送料装置、预热加热发泡炉、冷却装置、牵引收卷装置所组成的，所述的放卷送料装置由依次设置的放卷架、牵压辊、循环输送机所组成，预热加热发泡炉其炉腔体呈角尺形，是由水平放置的预热炉腔和垂直设置的加热发泡炉腔组合而成，该加热发泡炉腔内还设有聚烯烃发泡材料展开装置，循环输送机延伸置于预热加热发泡炉的预热炉腔中，滚筒式冷却装置设于加热发泡炉腔出口处，由张紧辊、牵引辊和收卷架组成的牵引收卷装置设置在其后。附件 1 公开了一种聚乙烯卷材发泡设备，包括进片牵引装置、加热装置、冷却装置、出片牵引装置和收卷装置等，其中加热装置分为水平预热段和竖直加热发泡段，且为连续的壳体，水平预热段内设有托网，托网进入水平预热段与竖直发泡段的结合处，竖直发泡段出口处设有展平装置（即展开装置），展平装置后面依次设置水冷装置、风冷装置、出片牵引装置和收卷装置等（参见附件 1 说明书第 2~3 页以及附图）。因此，本专利权利要求 1 与附件 1 的区别至少包括，两者展开或展平装置的位置不同，本专利是在加热发泡炉腔内，而附件 1 是在竖直发泡段（即加热发泡炉腔）的出口处。

根据附件 1 的记载，发泡后的卷材从竖直发泡段底部的过渡区出来后会出现卷曲粘连的现象，附件 1 通过在加热发泡炉腔的出口处设置展平装置，可以起到消除上述卷曲粘连痕迹的作用，实现热态的发泡片材出炉后在平整状态下的冷却定型（参见附件 1 说明书第 2 页第 17-18 行，第 3 页第 15~17 行)。本专利通过将展平装置前移设置在炉腔中，在发泡过程中即对片材进行展平，使得从加热发泡炉腔中出来的聚烯烃片材已经处于平整光滑的状态，消除了聚烯烃片材在发泡过程中的卷曲粘连，从而提高发泡片材产品的质量。对本领域技术人员来说，附件 1 中并没有给出在加热发泡炉腔中设置展平装置从而消除片材在发泡过程中产生的卷曲粘连的技术启示，同时该区别特征的引入提高了发泡产品的质量，故本专利权利要求 1 相对于附件 1 是非显而易见的，具有实质性的特点，同时产生了有益的技术效果，因此本专利权利要求 1 相对于附件 1 具备专利法第 22 条第 3 款规定的创造性。

由于附件 2~3、5~7 也没有公开上述关于展平装置位置的区别特征，基于上述同样的理由，从属权利要求 2~8 在其直接或间接引用的独立权利要求 1 具备创造性的基础上，相对于请求人提出的各种证据组合方式也具备专利法第 22 条第 3 款规定的创造性。

根据上述的事实和理由，本案合议组依法作出以下决定。

三、决定

维持 200420013114.1 号实用新型专利权有效。

当事人对本决定不服的，可以根据专利法第 46 条第 2 款的规定，自收到本决定之日起 3 个月内向北京市第一中级人民法院起诉。根据该款的规定，一方当事人起诉后，另一方当事人应当作为第三人参加诉讼。

199

复合底不锈钢锅

无效宣告请求审查决定（第10475号）

决　　定　　号　第10475号
决　　定　　日　2007年8月17日
发明创造名称　复合底不锈钢锅
国 际 分 类 号　A47J 27/00
无效宣告请求人　赵利华
专　利　权　人　廉江市通用金属制品有限公司
专　　利　　号　98233962.3
申　　请　　日　1998年4月10日
授 权 公 告 日　1999年5月19日
合 议 组 组 长　苏　青
主　　审　　员　程　华
参　　审　　员　武　磊

法　律　依　据　专利法第22条第2款、第3款
决　定　要　点

与本专利最接近的现有技术已经公开了本专利权利要求的大部分技术特征，其区别技术特征已在另一篇现有技术中被公开或者属于所属技术领域中的常用技术手段，因此本专利权利要求相当于现有技术的结合不具备实质性特点和进步，没有创造性。

一、案由

本无效宣告请求涉及国家知识产权局于1999年5月19日授权公告、申请号为98233962.3、名称为“复合底不锈钢锅”的实用新型专利（下称本专利），其申请日是1998年4月10日，专利权人是廉江市廉城吉东电器厂，后变更为廉江市通用金属制品有限公司。其授权公告的权利要求书内容如下：

“1. 一种复合底不锈钢锅，由锅体、复合层组成，其特征在于：不锈钢锅体（1）底部压合一与锅底形状相吻合的带有螺纹凹槽的金属复合层（2），复合层（2）的厚度为0.1~8mm，最佳厚度2~3mm；

2. 据权利要求1所述的复合底不锈钢锅，其特征在于：复合层（2）为一光滑面；

3. 据权利要求1、2所述的复合底不锈钢锅，其特征在于：呈半球形炒锅的弧形锅体（1）全部压合复合层（2）；

4. 据权利要求 1、2 所述的复合底不锈钢锅，其特征在于：平底锅体底部压合有一复合层（2）；

5. 据权利要求 1、2 所述的复合底不锈钢锅，其特征在于：中间略向内凹的电饭锅内胆底部有一与其形状相吻合的复合层（2）。”

针对上述专利权，赵利华（下称请求人）于 2006 年 9 月 27 日向国家知识产权局专利复审委员会提出无效宣告请求，其无效理由为本专利权利要求 1~5 不符合专利法第 22 条第 2、3 款的规定。请求人提交了如下附件作为证据：

附件 1：公开号为 CN1154228A 的中国发明专利申请公开说明书复印件，公开日为 1997 年 7 月 16 日；

附件 2：授权公告号为 CN2165743Y 的中国实用新型专利说明书复印件，授权公告日为 1994 年 5 月 25 日；

附件 3：授权公告号为 CN2275842Y 的中国实用新型专利说明书复印件，授权公告日为 1998 年 3 月 11 日。

请求人认为：本专利权利要求 1 所述的“不锈钢锅体（1）底部压合一与锅底形状相吻合的带有螺纹凹槽的金属复合层（2）”的内容已由附件 1 的权利要求 1、9、10，说明书第 2 页倒数 2 行和倒数 1 行、第 13 页第 23~25 行、说明书附图 11A、14A、15、16 的内容及附件 2 的权利要求 1、说明书第 1 页倒数 3 行和倒数 2 行、说明书附图的内容所公开，其中本专利所述的金属复合层（2）相当于附件 1 所述的覆板和附件 2 所述的铝质板 2，都是用于复合在锅底上，而本专利所述的金属复合层的“螺纹凹槽”则相当于附件 1 所述覆板的“呈同心园的环形”，即图 11A、14A、15、16 所示形状。至于复合层的厚度，都是现有技术的材料规格，因此本专利权利要求 1 的全部技术特征已由附件 1 及附件 2 所公开，权利要求 1 不具有新颖性和创造性。权利要求 2 所述的“复合层（2）为一光滑面”的内容已由附件 1 的说明书附图 7A、8A 以及附件 2 的说明书附图所公开，这也是锅体复合层的常态，因此权利要求 2 不具有新颖性和创造性。权利要求 3 所述的“弧形锅体（1）”相当于附件 1 和附件 2 的“锅体”，而“复合层（2）”相当于附件 1 的“覆板”和附件 2 的“铝质板”，都是在复合层复合于锅底，仅是锅体形状不同而已，对于炒锅而言，这个炒锅的外表面同时就是锅底，因此权利要求 3 也不具有新颖性和创造性。权利要求 4 所述的“平底锅体底部压合有一复合层（2）”已由附件 3 的说明书附图 1 内容所公开，而且锅底形状呈平底属于常态，即使对比附件 1 或附件 2，其在平底锅上压合复合层也没有创造性，因此权利要求 4 不具有新颖性和创造性。权利要求 5 所述的“中间略向内凹的电饭锅内胆底部有一与其形状相吻合的复合层（2）”已由附件 1 的说明书附图 1A、7B 所公开，所不同的是附件 1 图 1A 的复合层呈环形，图 7B 的锅体内胆底部的中间是略向外凸的，因此权利要求 5 不具有新颖性和创造性。

经形式审查合格后，专利复审委员会受理了上述无效宣告请求，于 2007 年 2 月 14 日向双方当事人发出了《无效宣告请求受理通知书》，同时将请求人提交的无效宣告请求书及其附件清单中所列附件的副本转寄给专利权人。

针对上述无效宣告请求，专利权人未提交意见陈述书。

专利复审委员会本案合议组于 2007 年 5 月 31 日向双方当事人发出口头审理通知书，定于 2007 年 7 月 19 日对本案进行口头审理。

口头审理如期举行。请求人出席了口头审理，专利权人未出席口头审理。在口头审理过程中，请求人对合议组成员的变更无异议，对合议组成员无回避请求。在口头审理中，请求人明确无效理由为：本专利权利要求 1 相对于附件 1 不符合专利法第 22 条第 2 款的规定，附件 1 为最接近的对比文件，权利要求 1 相对于附件 1、附件 2 结合公知常识不符合专利法第 22 条第 3 款的规定；权利要求 2

相对于附件 1 不符合专利法第 22 条第 2 款的规定，权利要求 2 相对于附件 1、2 结合不符合专利法第 22 条第 3 款的规定；权利要求 3 相对于附件 1 不符合专利法第 22 条第 2 款的规定，权利要求 3 相对于附件 1、2 结合不符合专利法第 22 条第 3 款的规定；权利要求 4 相对于附件 1、附件 2、附件 3 的结合不符合专利法第 22 条第 3 款的规定；权利要求 5 相对于附件 1 不符合专利法第 22 条第 2 款的规定，权利要求 5 相对于附件 1 结合附件 2 不符合专利法第 22 条第 3 款的规定。

在上述工作的基础上，合议组认为本案事实已经清楚，可以作出审查决定。

二、决定的理由

1. 关于证据

请求人提交了三份附件作为评价本专利权利要求新颖性和创造性的对比文件，合议组经核实认可其真实性，且附件 1、2、3 的公开日均在本专利的申请日之前，因此附件 1、2、3 可以作为本案的现有技术证据使用。

2. 关于专利法第 22 条第 2 款

专利法第 22 条第 2 款规定：新颖性，是指在申请日以前没有同样的发明或者实用新型在国内外出版物上公开发表过、在国内公开使用过或者以其他方式为公众所知，也没有同样的发明或者实用新型由他人向国务院专利行政部门提出过申请并且记载在申请日以后公布的专利申请文件中。

具体就本专利而言，针对目前市场上不锈钢锅存在的缺点，本实用新型专利提供一种复合底不锈钢锅，在其底部增设复合层，使其受热均匀，避免食物烧焦和锅底发黑的现象产生。权利要求 1 采用的技术方案为：一种复合底不锈钢锅，由锅体、复合层组成，其特征在于：不锈钢锅体（1）底部压合一与锅底形状相吻合的带有螺纹凹槽的金属复合层（2），复合层（2）的厚度为 0.1~8mm，最佳厚度 2~3mm。

附件 1 公开了一种电磁锅锅体及其制造方法，具体公开了以下技术内容：电磁锅锅体包括：一个主锅体，由铝或铝合金制成，一个覆板，由铝或铝合金材料和铁氧体系不锈钢材料覆合在一起构成，所述覆板用热固相粘合法粘合到主锅体底部部分的外表面；电磁锅锅体主锅体底部部分的外表面上形成有多个凸出部分，图 12 是主锅体底部部分外表面上形成有多个凸出部分的电磁锅锅体底部部分的剖视图，图 14A 是主锅体 10 底部部分外表面上形成的各凸出部分配置方式具体实例的示意顶视图，该配置方式可以取图 14A 所示的同心圆环形，当主锅体 10 底部部分外表面上按上述方式形成有多个凸出部分时，在用固相粘合法将覆板粘合到底部部分外表面的过程中，令各凸出部分埋入覆板的铝合金板 12 中（参见附件 1 权利要求 8、9、10，说明书第 2 页倒数第 1~2 行，说明书第 12 页第 20 行至第 13 页第 11 行，附图 12、14A）。

通过将权利要求 1 的技术方案与附件 1 进行对比，可以看出附件 1 已经公开了权利要求 1 的大部分技术特征，其中附件 1 中的主锅体就相当于权利要求 1 中的锅体，附件 1 中的覆板就相当于权利要求 1 中的复合层，从附件 1 中的主锅体 10 底部部分外表面上形成的各凸出部分配置方式可以取图 14A 所示的同心圆环形，用固相粘合法将覆板粘合到底部部分外表面的过程中，令各凸出部分埋入覆板的铝合金板 12 中可以直接地、毫无疑义地导出在覆板上相应地形成同心圆环形凹槽，也就是说相当于公开了权利要求 1 中的与锅底形状相吻合的带有螺纹凹槽的金属复合层。

权利要求 1 与附件 1 的区别在于：a. 权利要求 1 中的锅体是不锈钢锅体，附件 1 中的锅体是由铝或铝合金制成；b. 权利要求 1 中的不锈钢锅体（1）底部与金属复合层之间采用压合的方式相结合，附件 1 中的覆板与主锅体底部采用热固相粘合法粘合；c. 权利要求 1 复合层（2）的厚度为0.1~8mm，最佳厚度为 2~3mm。

由此可知，权利要求 1 的技术方案与附件 1 之间存在区别技术特征，权利要求 1 相对于附件 1 具有新颖性，符合专利法第22条第2款的规定。

在独立权利要求相对于附件1具有新颖性的情况下，从属权利要求2、3、5相对于附件1也具有新颖性，符合专利法第22条第2款的规定。

3. 关于专利法第22条第3款

专利法第22条第3款规定：创造性，是指同申请日以前已有的技术相比，该发明有突出的实质性特点和显著的进步，该实用新型有实质性特点和进步。

根据对权利要求1相对于附件1不具有新颖性的评述可知，权利要求1的技术方案与附件1之间存在三个区别技术特征a、b、c。

而上述区别技术特征a已在附件2中公开，附件2公开了一种电饭锅内锅（参见附件2权利要求1），其电饭锅内锅采用不锈钢制成（就相当于权利要求1所述的不锈钢锅体），在其底部复合了一块球形凹面状的铝质板（2）（就相当于权利要求1所述的金属复合层），且刚好能与电饭锅的电热盘（3）和磁钢限温器（4）的球面相吻合。

对于上述区别技术特征b和c，对于本领域普通技术人员来说，在锅体与复合层之间采用压合、热固、焊接等手段相复合是所属技术领域中的常用技术手段，至于复合层的厚度是可以根据实际需要选取的，权利要求1中所记载的复合层厚度的取值范围也都是现有技术中已有的材料规格。

由于附件1与附件2属于相同的技术领域，并且附件2中给出了采用不锈钢材料制成的内锅体作为电热炊具，在其底部复合传热层实现底部受热均匀的启示，在附件1的基础上结合附件2公开的不锈钢内锅体和所属技术领域的常用技术手段得到权利要求1的技术方案对所属技术领域的技术人员来说是显而易见的，这种结合也未取得意料不到的技术效果，因此，权利要求1相对于附件1、2的结合不具备实质性特点和进步，不符合专利法第22条第3款的规定。

权利要求2对权利要求1做了进一步的限定，其附加技术特征为：复合层（2）为一光滑面。上述附加技术特征也已被附件1公开，从附件1附图7A、7B、8A、8B、9、12可以看出，覆板不与主锅体底部结合的一侧呈一光滑面。因此，在其引用的权利要求1不具备创造性的情况下，权利要求2也不具备实质性特点和进步，不符合专利法第22条第3款的规定。

权利要求3分别对权利要求1、2做了进一步的限定，其附加技术特征为：呈半球形炒锅的弧形锅体（1）全部压合复合层（2）。其与附件1或附件2公开的锅体的区别在于锅体形状不同，炒锅的锅体是弧形属于所属技术领域中的公知常识，而对于炒锅而言，这个炒锅的外表面同时也就是锅底。因此，权利要求3相对于附件1和2不具备实质性特点和进步，不符合专利法第22条第3款的规定。

权利要求4分别对权利要求1、2做了进一步的限定，其附加技术特征为：平底锅体底部压合有一复合层（2）。附件3公开了一种不锈钢复合底锅，从其附图1可以看出所述锅体底部是平的。也就是说，上述附加技术特征已被附件3所公开，而且锅底形状呈平底是所述技术领域常用的一种形式。因此，权利要求4相对于附件1、2和3不具备实质性特点和进步，不符合专利法第22条第3款的规定。

权利要求5分别对权利要求1、2做了进一步的限定，其附加技术特征为：中间略向内凹的电饭锅内胆底部有一与其形状相吻合的复合层（2）。上述区别技术特征已在附件2中公开，附件2公开了一种电饭锅内锅（参见附件2的权利要求1），其电饭锅内锅采用不锈钢制成（就相当于权利要求5所述的中间略向内凹的电饭锅内胆），在其底部复合了一块球形凹面状的铝质板（2）（就相当于权利要求5所述的复合层）且刚好能与电饭锅的电热盘（3）和磁钢限温器（4）的球面相吻合。因此，在其引用的权利要求不具备创造性的情况下，权利要求5也不具有实质性特点和进步，不符合专利法第22条第3款的规定。

综上所述，本专利权利要求 1~5 的技术方案与现有技术相比，不具有实质性特点和进步，不符合专利法第 22 条第 3 款的规定。

三、决定

宣告 98233962.3 号实用新型专利权全部无效。

当事人对本决定不服的，可以根据专利法第 46 条第 2 款的规定，自收到本决定之日起 3 个月内向北京市第一中级人民法院起诉。根据该款的规定，一方当事人起诉后，另一方当事人应当作为第三人参加诉讼。

200

磁疗床垫

无效宣告请求审查决定（第 10478 号）

决　　定　　号　第 10478 号
决　　定　　日　2007 年 8 月 29 日
发明创造名称　磁疗床垫
国 际 分 类 号　A47C 27/15，A61N 2/08
无效宣告请求人　四川梦斯康健康用品有限公司
专　利　权　人　日本生命株式会社
专　　利　　号　93115031.0
申　　请　　日　1993 年 11 月 19 日
优　先　权　日　1993 年 2 月 16 日
授 权 公 告 日　2003 年 6 月 25 日
合 议 组 组 长　张　度
主　　审　　员　涂洪文
参　　审　　员　刘丽伟

法　律　依　据　专利法第 22 条第 3 款，专利法实施细则第 20 条第 1 款
决　定　要　点

如果一项权利要求与用于评价创造性的最接近的现有技术相比存在区别技术特征，现有技术中也未给出将其区别技术特征应用于最接近的现有技术从而得到该权利要求所限定的技术方案的技术启示，则该权利要求具有创造性。

一、案由

本无效宣告请求案涉及国家知识产权局 2003 年 6 月 25 日授权公告、名称为“磁疗床垫”的第 93115031.0 号发明专利（以下简称本专利），本专利的申请日为 1993 年 11 月 19 日，优先权日为 1993 年 2 月 16 日，专利权人是日本生命株式会社。

本专利授权公告的权利要求 1~2 的内容为：

“1. 一种多层结构的床垫，它是这样构成的：

设置一个基础层，该基础层由厚度约 5 厘米的泡沫聚乙烯泡沫材料制成，其上面按一定间隔突设着多个大凸起和小凸起；

在上述基础层上叠加缓冲层，该缓冲层由高密度氨基甲酸乙酯制成，并形成有供上述大凸起显露的透孔；

在上述缓冲层上叠加保温层，该保温层由羊毛毡等材料制成，并形成有供上述大凸起显露的透孔；

上述三层套进由不织布制成的保护袋中；

在上述保护袋上叠加远红外线陶瓷印刷层，可作为远红外线发射源的陶瓷被直接印刷在该层上；以上各部分装进上侧内面固定着多个软质棒状永磁铁的袋状外表层中。

2. 一种多层结构的床垫，它是这样构成的：

设置一个基础层，该基础层由厚度约5厘米的泡沫聚乙烯泡沫材料制成，并设有多个上下贯通的贯通孔；

在上述基础层上配置将椰子刚毛性纤维经涂抹热硬化剂并加热挤压后而形成的带有多个球面状凸起的板状棕榈稳定层；

在上述棕榈稳定层上配置缓冲层，该缓冲层的表面形成有多个波状凸起，并在与上述球面状凸起相对应的位置上形成有上下贯通的用于显露凸起的露出孔，该缓冲层是由氨基甲酸乙酯泡沫制成的，其表面层用含浸液作过硬化处理；

上述基础层、棕榈稳定层以及缓冲层装入用不织布制成的保护袋内；

在上述保护袋上叠加远红外线印刷层，该层是将作为远红外线放射源的陶瓷印刷到布料上而成的；

上述各部分装入上侧内面固定着多根软质棒状永磁铁的袋状外表层中。”

2007年1月25日，四川梦斯康健康用品有限公司（以下简称无效宣告请求人）向专利复审委员会提出无效宣告请求，认为本专利权利要求1~2不符合专利法第22条第2款、第3款，专利法实施细则第20条第1款的规定，并且提交了如下附件作为证据：

附件1（以下简称对比文件1）：申请号为91111260. X的中国发明专利申请公开说明书复印件共9页，公开日为1992年6月17日；

附件2（以下简称对比文件2）：申请号为91100560. 9的中国发明专利申请公开说明书复印件共6页，公开日为1992年1月15日。

2007年1月25日，专利复审委员会受理了该无效宣告请求，并将无效宣告请求人提交的无效宣告请求书及其附件的副本转送给专利权人，要求其在指定期限内答复。

2007年3月14日专利权人提交了意见陈述，并且提出了权利要求书的修改文本，其中指出对比文件1与本专利权利要求1存在5个主要的区别，对比文件1与本专利权利要求2也存在5个主要的区别，因此权利要求1~2相对于对比文件1或对比文件1结合对比文件2均具备新颖性、创造性。

2007年6月18日，复审委员会向双方当事人发出了无效宣告请求口头审理通知书，定于2007年8月13日对该无效请求进行口头审理，并且将专利权人于2007年3月14日提交的意见陈述书及附件清单中所列的附件副本转送给无效宣告请求人。

口头审理如期举行，双方当事人均参加了口头审理。在口头审理中，双方当事人对合议组成员没有回避请求。合议组当庭告知双方当事人，由于专利权人2007年3月14日提交的权利要求书修改文本不符合审查指南的相关规定，因此本次口头审理以本专利授权公告的权利要求书作为审理基础。专利权人当庭表示对对比文件1、对比文件2的真实性没有异议。无效宣告请求人明确表示放弃本专利权利要求1不具备新颖性的无效理由。无效宣告请求人明确其无效的理由、证据、范围及证据的使用情况为：本专利权利要求2中的“热硬化剂”、“含浸液”不符合专利法实施细则第20条的规定；本专利权利要求1、2相对于对比文件1结合对比文件2不具备创造性。专利权人当庭表示以其提交的书面意见为准。双方当事人当庭已对本案充分发表意见，口头审理之后，合议组不再接受双方当事人的任何书面意见和证据。

基于上述工作，合议组认为本案事实已经清楚，依法作出本决定。

二、决定的理由

1. 关于证据

由于无效宣告请求人提交的对比文件 1 和对比文件 2 均为专利文献，公开日均在本专利的优先权日之前，本案合议组已予以查实，并且专利权人对对比文件 1 和对比文件 2 的真实性没有异议，因此本无效决定所依据的证据为对比文件 1 和对比文件 2，它们所公开的内容已构成本专利的现有技术。

2. 关于专利法实施细则第 20 条第 1 款

专利法实施细则第 20 条第 1 款规定：权利要求书应当说明发明或者实用新型的技术特征，清楚、简要地表述请求保护的范围。

无效宣告请求人认为本专利权利要求 2 中的“热硬化剂”、“含浸液”都没有清楚地说明其为何种成分等相关信息，因此不能清楚地限定权利要求 2 请求保护的范围。

合议组认为“热硬化剂”、“含浸液”属于公知技术，本专利权利要求 2 请求保护的是一种磁疗床垫，只需对该磁疗床垫的结构特征等作出具体的解释即可，而不必对其中部分材料所使用的加工材料进行具体的说明，因此权利要求 2 中关于“热硬化剂”、“含浸液”的描述是清楚的，符合专利法实施细则第 20 条第 1 款的规定。

3. 关于专利法第 22 条第 3 款

创造性，是指同申请日以前已有的技术相比，该发明有突出的实质性特点和显著的进步，该实用新型有实质性特点和进步。

如果一项权利要求与用于评价创造性的最接近的现有技术相比存在区别技术特征，现有技术中也未给出将其区别技术特征应用于最接近的现有技术从而得到该权利要求所限定的技术方案的技术启示，则该权利要求具有创造性。

本专利权利要求 1 请求保护的是一种磁疗床垫，该磁疗床垫包括有具有大凸起和小凸起的约 5 厘米厚的基础层、缓冲层、和保温层，上述三层均套进由不织布制成的保护袋中，保护袋上叠加远红外陶瓷印刷层，以上各部分装进上侧内面固定着多个软质棒状永磁铁的袋状外表层中。对比文件 1 公开了一种磁疗用垫，两者属于相同技术领域，其中的磁疗用垫包括弹性体（相当于权利要求 1 中的基础层）、缓冲毡（相当于权利要求 1 中的缓冲层）、软纤维层（相当于权利要求 1 中的保温层）和磁铁及纤维薄层组成，弹性体带有具指压疗效的突出处，磁铁设在缓冲毡上，缓冲毡固定在弹性体上，软纤维层固定在缓冲毡上，软纤维薄层铺设在软纤维层上，弹性体的结构是纵横连接呈桶状的高背桶体和低背桶体（相当于大凸起和小凸起，参见对比文件 1 的附图 4），并且指出在使用时根据需要在磁疗用垫上铺设床单或包上袋状套（相当于保护袋）。由此可见，权利要求 1 请求保护的技术方案与对比文件 1 存在如下区别技术特征：（1）权利要求 1 中的基础层厚度为 5 厘米，对比文件 1 中未记载其弹性体的厚度；（2）权利要求 1 中的缓冲层由高密度氨基甲酸乙酯制成，而对比文件 1 中的缓冲毡由混纺毡构成；（3）对比文件 1 中的薄层 10 制成袋状，将磁铁和纤维层包裹住（参见对比文件 1 说明书第 3 页第 8、9 行），而权利要求 1 中的保护袋仅包裹基础层、缓冲层和保温层；（4）对比文件 1 中没有公开权利要求 1 中的远红外陶瓷印刷层；（5）权利要求 1 中最后将所有材料都装入一个侧内面固定多个软质棒状永磁铁的袋状外表层中，而对比文件 1 中仅公开其中可以在磁疗用垫完成之后铺上床单或包上袋状套，其永磁铁被粘贴在缓冲毡之上。合议组认为：上述区别技术特征中，对于区别技术特征（1），虽然对比文件 1 未记载其弹性体的厚度，但是对于本领域普通技术人员而言，不需要付出创造性劳动即可实现其厚度为不容易被人体压塌的厚度，因此该区别属于本领域公知常识。对于区别技术特征（2），权利要求1中缓冲层的材料和对比文件1中缓冲毡的材料虽有不同，但是对于本领域普通技术人员而言，很容易实现相同类似材料的替换，因此该区别属于等同替代。对于区别技术特征（3），虽然权利要求1中的保护袋与对比文件1中的薄层所包裹的内容不完全相同，但是都是为了对里面所包裹的材料进行保护，因此对比文件1已经给出了实现权利要求1中保护袋作用的技术启示。对于区别技术特征（4），该区别技术特征已经被对比文件2公开，对比文件2公开了一种远红外陶瓷织物，其所起作用与本专利权利要求1中的远红外陶瓷印刷层相同，因此对比文件2给出了将其技术手段应用于对比文件1以解决其技术问题的启示。对于区别技术特征（5），虽然对比文件1中永磁铁的位置以及其袋状套与权利要求1中永磁铁的位置和袋状外表层不能完全等同，但是它们所起的实质作用相同，因此对比文件1已经给出了技术启示以实现该区别。综上所述，在对比文件1结合对比文件2的基础上，本领域普通技术人员不需要付出创造性即可得到权利要求1请求保护的技术方案，因此权利要求1在对比文件1结合对比文件2的基础上不具备创造性。

权利要求2也请求保护一种磁疗床垫，具有多个球面凸起的约5厘米厚的基础层、棕榈稳定层、缓冲层，上述三层均套进由不织布制成的保护袋中，保护袋上叠加远红外陶瓷印刷层，以上各部分装进上侧内面固定着多个软质棒状永磁铁的袋状外表层中。对比文件1公开了一种磁疗用垫，两者属于相同技术领域，其中的磁疗用垫包括弹性体（相当于权利要求2中的基础层）、缓冲毡（相当于权利要求2中的棕榈稳定层）、软纤维层（相当于权利要求1中的保温层）和磁铁及纤维薄层组成，弹性体带有具指压疗效的突出处，磁铁设在缓冲毡上，缓冲毡固定在弹性体上，纤维层固定在缓冲毡上，软纤维层铺设在纤维层上，弹性体的结构是纵横连接呈桶状的高背桶体和低背桶体，并且指出在使用时根据需要在其上铺设床单或包上袋状套（相当于保护袋）。由此可见，权利要求2请求保护的技术方案与对比文件1存在如下区别技术特征：（1）权利要求2中的基础层厚度为5厘米，而对比文件1中未记载其弹性体的厚度；（2）对比文件1中不存在棕榈稳定层；（3）权利要求1中的保护袋将基础层、棕榈稳定层和缓冲层装入其中，而对比文件1中的袋状套是将所有材料装入其中；（4）对比文件1中没有如权利要求2中的远红外陶瓷印刷层；（5）权利要求2中的多个柔软棒状永磁铁被缝在表层（8）的内面，而对比文件1中的永磁铁（6）置于缓冲毡（4）上。上述区别技术特征中，区别技术特征（1）、（3）~（5）参见对权利要求1的评述。但是对比文件1中并不存在棕榈稳定层及该棕榈稳定层上设置的球面凸起等，本专利权利要求2中的棕榈稳定层由椰子等的强力纤维适量积层后涂上热硬化剂，而且棕榈稳定层上设置的球面凸起具有充分的刚性，可以给身体适宜的按摩刺激作用。对比文件1、2没有给出任何技术启示以实现该区别，该区别技术特征也不属于本领域公知常识，因此在对比文件1的基础上结合对比文件2或本领域公知常识无法实现权利要求2中的技术方案，因此权利要求2具备创造性。

基于上述事实，合议组现依法作出如下决定。

三、决定

宣告第93115031.0号发明权利要求1无效，维持权利要求2继续有效。

当事人对本决定不服的，可以根据专利法第46条第2款的规定，自收到本决定之日起三个月内向北京市第一中级人民法院起诉。根据该条款的规定，一方当事人起诉后，另一方当事人应当作为第三人参加诉讼。

201

粗滤、精滤一体式中空片式精密过滤机

无效宣告请求审查决定（第10480号）

决　　定　　号　第10480号
决　　定　　日　2007年8月28日
发明创造名称　粗滤、精滤一体式中空片式精密过滤机
国 际 分 类 号　B01D 36/02
无效宣告请求人　北京世纪华德科技开发有限公司
专 利 权 人　陈　林
专　　利　　号　03249737.7
申　　请　　日　2003年7月31日
授 权 公 告 日　2004年7月21日
合 议 组 组 长　刘　犟
主　　审　　员　姜　岩
参　　审　　员　徐伟锋

法 律 依 据　专利法第22条第2款、第3款
决 定 要 点

在判断一项权利要求是否具备创造性时，首先要将该权利要求所述的技术方案和现有技术中最接近的技术方案进行特征对比分析，确定二者之间的区别技术特征，进而考察对于所属技术领域的普通技术人员而言在后者的基础上引入上述区别技术特征从而获得该权利要求所述的技术方案是否显而易见，以及这些区别技术特征的引入是否给该权利要求所述的技术方案带来有益的效果。

一、案由

本无效宣告请求涉及中华人民共和国国家知识产权局于2004年7月21日授权公告的、名称为“粗滤、精滤一体式中空片式精密过滤机”的实用新型专利权（以下简称本专利），其专利号是03249737.7，申请日是2003年7月31日，专利权人是陈林。本专利授权公告时的权利要求书如下：

“1. 一种过滤机，其特征在于该过滤机的主体部分由粗滤腔（1）、精滤腔（2）和粗滤腔与精滤腔间的导流孔（3）组成一体式结构，粗滤腔中有多孔板进行粗滤，经粗滤的液体由导流孔流入精滤腔，精滤腔有中空滤片，精滤后的液体由导流管流至出口。

2. 按权利要求1所说的过滤机，其特征在于封头与筒体间用单柱活页式螺栓压接。”

针对本专利权，北京世纪华德科技开发有限公司（以下简称请求人）于2006年8月1日向专利复审委员会提出无效宣告请求，认为本专利不符合专利法第22条第2款、第3款的规定，请求人同

时提交了如下附件：

附件1：授权公告日为2004年7月14日，授权公告号为CN2625014Y（专利号为03257445.2）的中国实用新型专利说明书，共9页，专利权人为北京金伟晖工程技术有限公司；

附件2：授权公告日为2002年6月12日、授权公告号为CN2494691Y（专利号为01248993.X）的中国实用新型专利说明书，共5页；

附件3：授权公告日为2001年11月28日、授权公告号为CN2461635Y（专利号为00267712.1）的中国实用新型专利说明书，共4页；

附件4：授权公告日为1997年12月10日、授权公告号为CN2269890Y（专利号为96215536.5）的中国实用新型专利说明书，共5页。

请求人认为：（1）附件1中说明书第6页第21行中记载：在进口3和出口7之间顺序设置前精过滤装置A和后段精细过滤装置B，这就公开了本专利中粗滤腔1和精滤腔2这一技术特征；附件1说明书第6页第24行至25行记载的：设置三个滤网框架103、104和105，这就公开了本专利中粗滤腔中有多孔板这一技术特征；附件1说明书第7页第9行记载：在支撑筒的侧壁上固设微孔固体过滤介质03公开了精滤腔有中空滤片这一技术特征，因此本专利没有新颖性。

（2）附件2中说明书第13~14行中记载：在过滤器的罐体内上下串联两个纤维束过滤装置，上部为粗滤，下部为精滤。说明书第2页11~12行记载：纤维束I7固定在上孔板Ⅰ8和下孔板Ⅰ6上。纤维束Ⅱ3固定在上孔板Ⅱ4和下孔板Ⅱ2上。这就公开了本专利中粗滤腔1和精滤腔2这一技术特征。纤维束Ⅰ7公开了精滤腔中有多孔板这一技术特征。

（3）附件3中说明书第1页19~23行中记载：所述的槽孔立杆上套有一组滤板6，该滤板包括一带有导液槽6011的槽板601，槽板的导液槽6011通过滤板出液孔605与槽孔立杆的中心孔导通。该内容公开了精滤腔由中空滤片，精滤后的液体由导流管流至出口这一技术特征，附件3中公开了精滤腔中有中空滤片。

（4）附件4中权利要求书第2行中记载：所说过滤片是一个具有内腔的整体腔式过滤片，即附件4公开了精滤腔有中空滤片这一特征。

进行特征分析后，请求人认为附件2未公开导流孔这一特征，但上下滤腔必然需要有导流孔连通，这是公知常识，将附件2中的纤维束变换成多孔进行粗滤，这一技术特征对于本领域的技术人员来说是显而易见的，附件3、4中公开了精滤腔中有中空滤片这一技术特征，附件4中的滤片就是专用于过滤机上的专用件。本领域的技术人员通过附件2~4的教导容易想到本专利的技术方案。

经形式审查合格，专利复审委员会依法受理了上述无效宣告请求，并于2006年8月1日向请求人和专利权人发出无效宣告请求受理通知书，同时将专利权无效宣告请求书及其附件清单中所列附件的副本转送给专利权人，并要求专利权人在指定的期限内陈述意见。

针对专利复审委员会发出的上述无效宣告请求受理通知书，专利权人于2006年8月24日提交了意见陈述书，认为附件1为分体结构组成的过滤筒，不同于本专利中的一体式过滤机，没有公开粗滤腔，精滤腔，以及多孔板和中空滤片，因此权利要求1相对于附件1具备新颖性；附件2没有公开粗滤腔、精滤腔、以及多孔板，附件3没有公开中空滤片精滤后的液体由导流管流至出口这一技术特征，附件4没有公开精滤腔中有中空滤片这一技术特征。因此以上附件的组合不能否定权利要求1的创造性。

专利权人于2006年9月5日再次提交了意见陈述，坚持认为本专利具备新颖性和创造性。

专利复审委员会依法成立合议组对本案进行审理，本案合议组于2007年4月24日向双方发出无效宣告请求口头审理通知书，定于2007年8月16日在专利复审委员会举行口头审理。随同口头审理通知书，将专利权人于2006年8月24日及2006年9月5日提交的意见陈述书及其附件清单中所列附件的副本转送给请求人。

口头审理如期举行，双方当事人均参加了口头审理。双方对对方出席人员的身份和资格没有异议，对变更后的合议组成员组长刘翠、主审员姜岩、参审员徐伟锋没有回避请求。专利权人没有提交权利要求书的修改文本，本次口头审理的文本是本专利授权公告时的权利要求书。请求人明确其无效的理由、证据、范围为：权利要求1相对于附件1不具备新颖性，权利要求1、2相对于附件2与3的结合或附件2与4的结合不具备创造性，权利要求2的附加技术特征为公知常识，请求人明确表示没有其他的无效理由、证据、范围和证据组合形式。专利权人声称对附件中的专利文献的真实性进行核查，合议组给专利权人7天时间核对附件1~4的真实性，逾期认为没有异议。

在口头审理过程中，合议组就本案的无效理由和证据逐一进行了调查，双方当事人充分陈述了各自的意见。

至此，合议组认为本案事实已经清楚，可以作出审查决定。

二、决定的理由

1. 关于证据和现有技术

请求人提交的证据包括附件1~4，由于专利权人在合议组指定的期限内未对附件1~4的真实性提出异议，同时由于附件1~4为中国专利文献，经合议组审查后认为附件1~4可以作为本案的证据使用。而且，附件2~4的公开日期在本专利的申请日前，因此附件2~4可以作为本专利的现有技术使用。而附件1为不同于本专利申请人的他人在本专利申请日前向中国专利局提出的、在本专利申请日后公开的专利文献，因此其仅能用来评述本专利的新颖性。

2. 关于新颖性

新颖性，是指在申请日以前没有同样的发明或者实用新型在国内外出版物上公开发表过、在国内公开使用过或者以其他方式为公众所知，也没有同样的发明或者实用新型由他人向国务院专利行政部门提出过申请并记载在申请日以后（含申请日）公布的专利申请文件中。

请求人认为附件1公开了权利要求1的全部技术特征，因此权利要求1相对于附件1不具备新颖性。

合议组经合议后认为：附件1公开了一种双级过滤分离器，并具体公开了如下技术内容：在物料进口和滤清物料出口之间顺序设置前段粗过滤装置A和后端精细过滤装置B；在粗过滤装置A中围绕中心孔101由内向外设置三个过滤框架103、104、105；在粗过滤装置A的下部筒体01内设置后段精细过滤装置B，其内固设有一个支撑筒6，在该支撑筒的侧壁上固设微孔固体过滤介质03；由精细过滤装置B过滤后的物料最后由滤清物料出口流出。将附件1与本专利权利要求1相比，二者至少存在以下不同：本专利中精过滤腔中使用的是中空滤片，而附件1中精细过滤装置中采用了微孔固体过滤介质，而中空滤片与多孔固体过滤介质属于不同的过滤部件，二者的结构并不相同，因此，附件1所公开的技术方案与本专利权利要求1的技术方案并不相同，请求人关于权利要求1相对于附件1不具备新颖性的无效理由不能成立。

3. 关于创造性

创造性，是指同申请日以前已有的技术相比，该发明有突出的实质性特点和显著的进步，该实用新型具有实质性特点和进步。

在判断一项权利要求是否具备创造性时，首先要将该权利要求所述的技术方案和现有技术中最接近的技术方案进行特征对比分析，确定二者之间的区别技术特征，进而考察对于所属技术领域的普通技术人员而言在后者的基础上引入上述区别技术特征从而获得该权利要求所述的技术方案是否显而易见，以及这些区别技术特征的引入是否给该权利要求所述的技术方案带来有益的效果。

请求人认为附件 3 和附件 4 中分别公开了中空滤片这一技术特征，而其他技术特征为附件 2 公开，因此，权利要求 1 相对于附件 2 和 3 的结合或附件 2 和 4 的结合不具备创造性。

合议组经合议后认为：附件 2 公开了一种机调双层纤维束过滤器，并具体公开了如下技术内容：该过滤器的罐体内上下串联两个纤维束过滤装置，上部为粗滤，下部为精滤；物料由粗滤部分下方的下孔板 6 流到精滤部分的上孔板从而流到精滤部分的纤维部分；粗滤部分和精滤部分中均采用纤维束对物料进行过滤，只是纤维束的密度各不相同（参见附件 2 说明书第 1 页第 3 段第 1~2 行以及第 2 页 11~13 行）。由附件 2 的说明书以及附图中可以得知附件 2 中过滤的过程：需过滤的物料进入过滤装置的罐体后，先经过粗滤部分的上孔板 8 进入到纤维束 7 中，经过纤维束 7 粗滤后由粗滤部分的下孔板 6 流向精滤部分的上孔板 4，物料再次经过纤维束 3 过滤，并由精滤部分的下孔板 2 流出，最终在过滤器罐体的底部流出。

附件 3 公开了一种食醋除菌除浊过滤机，其公开了如下技术内容：该过滤器是在罐体中心设置槽孔立杆，槽孔立杆上套有一组滤板 6，滤板包括一带有导液槽 6011 的槽板 601，槽板的导液槽 6011 通过滤板出液孔 605 与槽孔立杆的中心孔导通。工作时，经滤板过滤的物料均会聚至滤板中心孔导出。

附件 4 公开了一种液体过滤片，并具体公开了如下技术内容：过滤装置空腔中的液体过滤片包括一个具有内腔的整体腔式过滤片 1，该滤片的上、下腔壁之中的一面壁或两面壁中心处开设有液体进出口，内腔中间填充由多孔性材料制成的内胆 2 或是空腔。

首先，将本专利与附件 2 进行对比后可以得知：附件 2 粗滤装置中的纤维束与本专利粗滤腔中的多孔板是不同的过滤部件。其次，附件 2 中的精滤腔中的过滤部件是纤维束 3，粗滤后的物料经由精滤装置的上孔板 4 从纤维束 3 上方整体流入，并由纤维束 3 下方整体流出，在粗、精滤装置之间不存在一个用于汇聚过滤后物料的导流孔。再次，附件 3、4 中也未公开本专利粗滤腔中的多孔板，上述两个附件由于未公开粗滤、精滤两部件进行过滤，因而上述附件也未公开经粗滤的液体由导流孔流入到精滤腔中。同时请求人也没有提供证据证明现有技术给出了将上述区别特征引入到附件 2~4 中的启示。因此，附件 2 和 3 或者附件 2 和 4 结合后也无法得到权利要求 1 保护的技术方案。因此，权利要求 1 相对于附件 2 和 3 的结合或者附件 2 和 4 的结合不具备创造性的理由不能成立。

基于权利要求 1 具备创造性，其从属权利要求 2 也因此具备创造性。

根据上述的事实和理由，本案合议组依法作出以下决定。

三、决定

维持 03249737.7 号实用新型专利权有效。

当事人对本决定不服的，可以根据专利法第 46 条第 2 款的规定，自收到本决定之日起 3 个月内向北京市第一中级人民法院起诉。根据该款的规定，一方当事人起诉后，另一方当事人应当作为第三人参加诉讼。

202

建筑施工梁柱混凝土浇注用紧固卡

无效宣告请求审查决定（第 10508 号）

决　　定　　号　第 10508 号
决　　定　　日　2007 年 9 月 4 日
发明创造名称　建筑施工梁柱混凝土浇注用紧固卡
国 际 分 类 号　E04G 17/075
无效宣告请求人　唐生云
专　利　权　人　任光汉，任　勇
专　　利　　号　00222072.5
申　　请　　日　2000 年 1 月 10 日
授 权 公 告 日　2000 年 11 月 29 日
合 议 组 组 长　于　萍
主　　审　　员　任颖丽
参　　审　　员　董晓静

法　律　依　据　专利法第 22 条第 2 款、第 3 款
决　定　要　点

如果权利要求要求保护的技术方案与现有技术公开的技术方案之间的区别技术特征是本领域技术人员可以根据实际应用的需要进行常规选择而确定的，不需要付出创造性的劳动，则该权利要求不具备创造性；反之，如果现有技术没有给出得出所述权利要求技术方案的任何技术启示，本领域技术人员需要付出创造性的劳动才能得出该权利要求的技术方案，且该技术方案具有有益效果，则该权利要求具备创造性。

一、案由

本无效宣告请求涉及中华人民共和国国家知识产权局于 2000 年 11 月 29 日授权公告的、名称为“建筑施工梁柱混凝土浇注用紧固卡”的实用新型专利权（以下简称本专利），其专利号是 00222072.5，申请日是 2000 年 1 月 10 日，专利权人是任光汉和任勇。本专利授权公告时的权利要求书如下：

“1. 一种建筑施工梁柱混凝土浇注用紧固卡，由导条与卡子组成，其特征在于：导条（2）为一矩形弹簧钢导条，卡子（3）为设有矩形通孔并有弧度的弹簧钢卡子，卡子通孔的长与宽大于导条长宽 1mm~2mm，卡子通过通孔与导条一端套接，导条另一端设有挡头（1）。

2. 根据权利要求 1 所述的建筑施工梁柱混凝土浇注用紧固卡，其特征在于：所说的挡头为直角

形挡头。

3. 根据权利要求 1 所述的建筑施工梁柱混凝土浇注用紧固卡，其特征在于：所说的挡头为圆钩形挡头（5）。

4. 根据权利要求 1 所述的建筑施工梁柱混凝土浇注用紧固卡，其特征在于：所说的挡头为回折形挡头（8）。

5. 根据权利要求 1 所述的建筑施工梁柱混凝土浇注用紧固卡，其特征在于：所说的卡子为带有弧度的锤头形卡子。

6. 根据权利要求 1 所述的建筑施工梁柱混凝土浇注用紧固卡，其特征在于：所说的卡子为带有弧度的"⟨"形卡子。

7. 根据权利要求 1 所述的建筑施工梁柱混凝土浇注用紧固卡，其特征在于：所说的卡子为圆钩形卡子。

8. 根据权利要求 1 所述的建筑施工梁、柱混凝土浇注用紧固卡，其特征在于：导条挡头端侧面固接一与导条垂直的挡条（10）。"

针对本专利权，唐生云（以下简称请求人）于 2006 年 12 月 26 日向专利复审委员会提出无效宣告请求，认为本专利权利要求 1、3、4 不符合专利法第 22 条第 2 款的规定，权利要求 1~8 不符合专利法第 22 条第 3 款的规定，请求人同时提交了如下附件：

附件 1：授权公告日为 1997 年 9 月 10 日、授权公告号为 CN2262074Y（专利号为 96227764.9）的中国实用新型专利说明书，共 6 页；

附件 2：授权公告日为 1993 年 4 月 28 日、授权公告号为 CN2130865Y（专利号为 92207721.5）的中国实用新型专利说明书，共 9 页。

请求人认为：权利要求 1 与附件 1 的区别仅为"卡子通孔的长与宽大于导条长宽 1mm~2mm"，但该区别为公知常识，其作用是使滑动有余地，因此权利要求 1 相对于附件 1 无新颖性和创造性；权利要求 2 的附加技术特征相对于附件 1 并非最佳技术方案，无创造性；权利要求 3 的附加技术特征被附件 2 公开，因此权利要求 3 相对于附件 1 和 2 的结合无新颖性和创造性；权利要求 4 的附加技术特征被附件 1 公开，因此权利要求 4 相对于附件 1 无创造性；权利要求 5~7 的附加技术特征限定了卡子的形状，一方面已经被附件 1 的结构所覆盖，另一方面这些变化与受力无关，因此权利要求 5~7 无创造性。

经形式审查合格，专利复审委员会依法受理了上述无效宣告请求，并于 2007 年 2 月 12 日向请求人和专利权人发出无效宣告请求受理通知书，同时将专利权无效宣告请求书及其附件清单中所列附件的副本转送给专利权人，并要求专利权人在指定的期限内陈述意见。

针对专利复审委员会发出的上述无效宣告请求受理通知书，专利权人于 2007 年 3 月 19 日提交了意见陈述书。随同意见陈述书，专利权人提交了 6 幅附图，用于说明本专利的卡子的结构和功能。另外还提交了国家知识产权局针对本专利做出的实用新型专利检索报告复印件一份，共 5 页。专利权人认为，本专利与请求人提交的附件 1 和 2 相比有如下区别：（1）实现紧固卡功能关键部位的卡子与导条间间隙不同；（2）挡头结构不同、功能与效果也不同；（3）卡子的结构、功能不同。因此，本专利具有实质性特点和进步，具备新颖性和创造性。

专利复审委员会依法成立合议组。本案合议组于 2007 年 4 月 23 日向双方发出无效宣告请求口头审理通知书，定于 2007 年 6 月 26 日在专利复审委员会举行口头审理。随同口头审理通知书，将专利权人于 2007 年 3 月 19 日提交的意见陈述书及其附件清单中所列附件的副本转送给请求人。

2007 年 6 月 26 日，口头审理如期举行，双方当事人均参加了口头审理。

在口头审理中，请求人明确其无效宣告的理由、证据和范围是：权利要求 1、4 相对于附件 1 无新颖性和创造性；权利要求 3 相对于附件 1 和 2 的结合无新颖性和创造性；权利要求 2、5~6、8 相对于附件 1 无创造性；权利要求 7 相对于附件 1 和 2 的结合无创造性。专利权人对附件 1、2 的真实性没有异议。

口头审理中，双方当事人充分发表了意见。

请求人认为：权利要求 1 中的“卡子通孔的长与宽大于导条长宽 1mm~2mm”虽然没有在附件 1 中明确写明，但是附件 1 中的“圆钢槽孔套在扁铁上，可自由移动”包括了 1mm~2mm 这一特征，权利要求 1 的其他技术特征都已经被附件 1 公开；附件 1 公开的 80 度挡头比权利要求 2 的直角形挡头更实用；附件 2 图 1 中的滑杆弯钩 5 相当于权利要求 3 中的圆钩形挡头；权利要求 4 的回折形挡头虽然没有被附件公开，但挡头的形状有很大的随意性，可以直角弯折或者其他的角度弯折，附件 1 中所说的“扁铁的一端弯曲”就是随意的，相当于权利要求 4 中的回折形挡头；权利要求 5 中的锤头形卡子与附件 1 中的唯一不同只是多了个分孔，但二者作用是相同的；权利要求 6 的“⟨”形卡子只有一个受力点无法在实际操作中使用；权利要求 7 中的圆钩形卡子与附件 2 中的卡子 3 相同；附件 1 中的扁铁弯曲端 3 与权利要求 8 中的挡条作用相同。

专利权人认为：权利要求 1 中的“卡子通孔的长与宽大于导条长宽 1mm~2mm”和“弹簧钢”都没有被附件 1 公开；权利要求 2 中的直角形挡头和附件 1 中的 80 度挡头弯曲角度不一样，直角形的挡头可以不需要再校正，并且不需要使用木条；权利要求 4 中的回折形挡头和附件 1 中的挡头回折方向不同，权利要求 4 的回折形挡头可以钩住导条；权利要求 5 的卡子与附件 1 中的卡子作用不同，权利要求 5 中的锤头有弧度，卡子有两个卡爪可以卡在导条上；权利要求 6 的“⟨”形卡子是用拐弯的地方卡住的；附件 2 中的卡子不是圆钩形的，并且权利要求 7 中的卡子可以抱钢管，与附件 2 不同；权利要求 8 中的挡条和附件 1 中的扁铁弯曲端 3 的弯度和角度都不同。

至此，合议组认为本案事实已经清楚，可以作出审查决定。

二、决定的理由

1. 关于证据和现有技术

请求人请求使用的附件 1、2 均为中国实用新型专利文献，专利权人对附件 1、2 的真实性没有异议，合议组经审查，认为附件 1、2 可以作为本案证据使用。同时由于它们的公开日期早于本专利的申请日，因此可以作为本专利的现有技术用于评价新颖性和创造性。

2. 关于专利法第 22 条第 2 款

请求人认为本专利权利要求 1、4 相对于附件 1 无新颖性，权利要求 3 相对于附件 1 和 2 的结合无新颖性。

专利法第 22 条第 2 款规定，新颖性，是指在申请日以前没有同样的发明或者实用新型在国内外出版物上公开发表过，在国内公开使用过或者以其他方式为公众所知，也没有同样的发明或者实用新型由他人向国务院专利行政部门提出过申请并且记载在申请日以后公布的专利申请文件中。

判断新颖性时，适用单独对比的原则，如果权利要求所限定的技术方案与一项现有技术公开的技术内容相比，存在区别技术特征，使得二者技术方案不同，则该权利要求具备新颖性。

（1）权利要求 1、4。

本专利权利要求 1 要求保护一种建筑施工梁柱混凝土浇注用紧固卡，由导条与卡子组成，导条为矩形弹簧钢导条，卡子为设有矩形通孔并有弧度的弹簧钢卡子，卡子通孔的长与宽大于导条长宽 1mm~2mm，卡子通过通孔与导条一端套接，导条另一端设有挡头。

附件 1 也公开了一种建筑模板多功能卡具（参见权利要求书、附图 1），由扁铁和圆钢组成，扁铁的一端弯曲，另一端有挡凸，圆钢的一端有圆钢槽孔，另一端弯曲，圆钢槽孔套在扁铁上，可自由移动，圆钢槽孔与扁铁的间隙为 3 毫米。

通过对比可知，附件 1 所述的“扁铁”相当于本专利权利要求 1 的矩形导条，“圆钢”相当于权利要求 1 的卡子，“扁铁的一端弯曲”相当于权利要求 1 的“导条另一端设有挡头”，“圆钢的一端有园钢槽孔，另一端弯曲，圆钢槽孔套在扁铁上”相当于权利要求 1 的“卡子为设有矩形通孔并有弧度的卡子”和“卡子通过通孔与导条一端套接”。但是，附件 1 并没有公开权利要求 1 中的“卡子通孔的长与宽大于导条长宽 1mm ~ 2mm”，也没有公开权利要求 1 中的“导条为……弹簧钢导条，卡子为……弹簧钢卡子”的技术特征。

由于权利要求 1 与附件 1 存在上述区别，因此，二者是不同的技术方案，权利要求 1 相对于附件 1 具备专利法第 22 条第 2 款规定的新颖性。

在独立权利要求 1 相对于附件 1 具备新颖性的基础上，其从属权利要求 4 相对于附件 1 也具备专利法第 22 条第 2 款规定的新颖性。

（2）权利要求 3。

本案中，请求人提出的无效宣告理由之一为权利要求 3 相对于附件 1 和 2 的结合无新颖性，合议组认为，该项无效宣告理由不符合审查指南规定的新颖性判断应适用单独对比的原则，在判断权利要求 3 的新颖性时，不能将其与附件 1 和 2 的组合进行对比，而应当将其分别与附件 1 或 2 单独对比。

权利要求 3 是权利要求 1 的从属权利要求，其附加技术特征为“挡头为圆钩形挡头”，并且权利要求 1 的全部技术特征也都是权利要求 3 的技术特征。如前所述，权利要求 1 相对于附件 1 具备新颖性，因此其从属权利要求 3 相对于附件 1 也具备专利法第 22 条第 2 款规定的新颖性。

附件 2 公开了一种紧固混凝土模板多功能活动卡（参见附件 2 的说明书、图 1），由滑杆（1）（相当于本专利的导条）和滑杆弯钩（5）（相当于本专利的挡头）及活动卡头（3）（相当于本专利的卡子）所组成，滑杆（1）的端头为滑杆弯钩（5），其上有滑杆弯钩帽，活动卡头（3）设有固定螺栓和活动卡头帽，由附件 2 的图 1 可以明显确定滑杆弯钩（5）是圆钩形的。但是，附件 2 中也没有公开“卡子通孔的长与宽大于导条长宽 1mm ~ 2mm”和“导条为……弹簧钢导条，卡子为……弹簧钢卡子”这两个技术特征，因此权利要求 3 相对于附件 2 也具备专利法第 22 条第 2 款规定的新颖性。

3. 关于专利法第 22 条第 3 款

专利法第 22 条第 3 款规定，创造性，是指同申请日以前已有的技术相比，该实用新型具有实质性特点和进步。

如果权利要求要求保护的技术方案与现有技术公开的技术方案之间的区别技术特征是本领域技术人员可以根据实际应用的需要进行常规选择而确定的，不需要付出创造性的劳动，则该权利要求不具备创造性；反之，如果现有技术没有给出得出所述权利要求技术方案的任何技术启示，本领域技术人员需要付出创造性的劳动才能得出该权利要求的技术方案，且该技术方案具有有益效果，则该权利要求具备创造性。

（1）权利要求 1。如前所述，权利要求 1 相对于附件 1，其区别在于：①权利要求 1 中“卡子通孔的长与宽大于导条长宽 1 ~ 2mm”；②权利要求 1 中“导条为……弹簧钢导条，卡子为……弹簧钢卡子”。对于区别特征①，附件 1 中公开了“圆钢槽孔套在扁铁上，可自由移动”，为了实现组装时圆钢和扁铁之间的相对自由移动，以及在需要卡紧模板时使圆钢的弯曲爪能够在外力作用下挤入模板，圆钢槽孔的长宽必然要大于扁铁的长宽，而本领域技术人员可以根据实际应用确定一个适当的圆钢槽孔和扁铁的长宽差，完全属于常规设计，不需要付出创造性的劳动，并且本专利说明书中也没有记载

“卡子通孔的长与宽大于导条长宽 1~2mm” 为本专利带来了任何预料不到的技术效果。而对于区别特征②，导条和卡子的材质是本领域技术人员可以根据实际应用的需要来选择和确定的，不需要付出创造性的劳动，并且弹簧钢也是本领域的常用材料，本专利说明书中也没有记载使用弹簧钢质的导条和卡子为本专利带来了任何预料不到的技术效果。综上所述，上述两个区别技术特征没并有使权利要求 1 具有实质性特点和进步，因此，权利要求 1 相对于附件 1 不具备专利法第 22 条第 3 款规定的创造性。

专利权人在意见陈述书中强调：附件 1 公开的圆钢槽孔与扁铁的间隙比本专利卡孔与导条的间隙大，卡孔越大，在卡子与导条从垂直角度向非垂直角度倾斜时，卡子与导条接触面越小，两者的摩擦系数越小，导致卡子与导条不能或不易抱合卡住。合议组认为：附件 1 已经明确给出了利用卡具的摩擦力而使模板得以固定的教导，本领域技术人员据此容易想到根据具体应用对槽孔间隙进行调整，因此专利权人的意见不能成立。

（2）权利要求 2。权利要求 2 是对权利要求 1 的进一步限定，其附加技术特征为“挡头为直角形挡头”，虽然该技术特征在附件 1 中没有被公开，但其仅仅起到与卡子相配合夹紧模板的常规作用，而且附件 1 中也公开了“扁铁与扁铁弯曲端内角呈 80 度”，本领域技术人员根据本领域的常规知识和附件 1 所公开的内容，很容易想到将挡头做成直角形，不需要付出创造性的劳动，而且即使考虑到专利权人所述的直角形挡头起到了校正模板成直角的作用，这一方案对本领域技术人员来说也是显而易见的，本专利说明书中也没有记载使用直角形挡头为本专利带来了任何预料不到的技术效果。因此，权利要求 2 不具有实质性特点和进步，不具备专利法第 22 条第 3 款规定的创造性。

（3）权利要求 3、7。权利要求 3 和 7 均是权利要求 1 的从属权利要求，其附加技术特征分别为“挡头为圆钩形挡头”、“卡子为圆钩形卡子”，附件 2 也公开了一种紧固混凝土模板多功能活动卡（参见附件 2 的说明书、图 1），由滑杆（1）（相当于本专利的导条、附件 1 的扁铁）和滑杆弯钩（5）（相当于本专利的挡头、附件 1 的扁铁弯曲端）及活动卡头（3）（相当于本专利的卡子、附件 1 的圆钢）所组成，滑杆（1）的端头为滑杆弯钩（5），其上有滑杆弯钩帽，活动卡头（3）设有固定螺栓和活动卡头帽；由附件 2 的图 1 可以明显确定滑杆弯钩（5）是圆钩形的、活动卡头（3）也是接近圆钩形的。附件 1 和 2 属于相同的技术领域，均用于建筑工地的模板卡固，在附件 1 的基础上根据实际情况的需要将扁铁的弯曲端及圆钢的弯曲端设置成如附件 2 所公开的圆钩形从而得出权利要求 3 和 7 所要求保护的技术方案，对本技术领域的技术人员来说是显而易见的，且两者的结合没有产生预料不到的技术效果，因此在其所引用的权利要求 1 不具备创造性的前提下，权利要求 3 和 7 不具备实质性特点和进步，不具备专利法第 22 条第 3 款规定的创造性。

（4）权利要求 4。请求人认为本专利的权利要求 4 相对于附件 1 没有创造性。

权利要求 4 是权利要求 1 的从属权利要求，其附加技术特征为“挡头为回折形挡头”，该技术特征在附件 1 中没有被公开，结合本专利说明书及本领域的公知常识，本领域技术人员可以理解到本专利的回折形挡头的作用是可以钩住其他紧固卡的导条、与其他紧固卡组合使用。由于附件 1 没有公开权利要求 4 的上述附加技术特征，且本领域技术人员根据附件 1 所公开的内容无法得到技术启示而得到权利要求 4 的技术方案，因此，权利要求 4 的技术方案对本领域技术人员来说是不容易想到的，具有实质性特点。并且，权利要求 4 要求保护的具有回折形挡头的紧固卡，可以与其他紧固卡组合使用，取得了有益的效果。因此，权利要求 4 相对于附件 1 具备专利法第 22 条第 3 款规定的创造性。

（5）权利要求 5。权利要求 5 是权利要求 1 的从属权利要求，其附加技术特征为“卡子为带有弧度的锤头形卡子”，该特征没有被附件 1 公开，其作用是与挡头配合紧固模板，在与其他紧固卡组合使用时用卡子下端的卡爪卡住其他紧固卡的导条（参见实施例 3）。本领域技术人员根据附件 1 所公开的内容无法得到技术启示将上述区别特征应用到附件 1 中从而得到权利要求 5 的技术方案，因此，权利要求 5 的技术方案对本领域技术人员来说是不容易想到的，具有实质性特点。并且，权利要求 5 要求保护的具有带有弧度的锤头形卡子的紧固卡，可以与其他紧固卡组合使用，取得了有益的效果。因此，权利要求 5 相对于附件 1 具备专利法第 22 条第 3 款规定的创造性。

（6）权利要求 6。权利要求 6 是权利要求 1 的从属权利要求，其附加技术特征为“卡子为带有弧度的 ⟆形卡子”，虽然该特征没有被附件 1 公开，但其仅仅起到与挡头配合紧固模板的常规作用，即使如专利权人所述该拐弯之处可用来卡住梁柱，其卡子的形状也是本领域技术人员可以根据实际应用的需要来选择和确定的，不需要付出创造性的劳动，而且本专利说明书中也没有记载使用 ⟆形卡子为本专利带来了任何预料不到的技术效果。因此，在其所引用的权利要求 1 不具备创造性的前提下，权利要求 6 也不具有实质性特点和进步，不具备专利法第 22 条第 3 款规定的创造性。

（7）权利要求 8。权利要求 8 是权利要求 1 的从属权利要求，其附加技术特征为“导条挡头端侧面固接一与导条垂直的挡条”，根据本专利说明书的描述并结合公知常识，本领域技术人员可以理解到该挡条的作用是定位，使挡条与模板相贴并与卡子配合紧固模板，并与其他紧固卡组合使用（参见说明书第 2 页第 5 段和实施例 3）。该技术特征在附件 1 中没有被公开，本领域技术人员根据附件 1 所公开的内容也无法得到技术启示将本专利的上述区别特征应用到附件 1 中从而得到权利要求 8 的技术方案，因此，权利要求 8 的技术方案对本领域技术人员来说是不容易想到的，具有实质性特点。并且，权利要求 8 要求保护的具有挡条的紧固卡，在挡头为回折形时利用挡条与外模方便地贴合，并可以与其他紧固卡配合使用，取得了有益的效果。所以，权利要求 8 相对于附件 1 具备专利法第 22 条第 3 款规定的创造性。

根据上述的事实和理由，本案合议组依法作出以下决定。

三、决定

宣告 00222072.5 号实用新型专利权的权利要求 1～3、6 和 7 无效，在权利要求 4、5 和 8 的基础上维持该专利权继续有效。

当事人对本决定不服的，可以根据专利法第 46 条第 2 款的规定，自收到本决定之日起 3 个月内向北京市第一中级人民法院起诉。根据该款的规定，一方当事人起诉后，另一方当事人应当作为第三人参加诉讼。

203

互通式立体交叉道路

无效宣告请求审查决定（第 10534 号）

决　定　号　第 10534 号
决　定　日　2007 年 8 月 27 日
发明创造名称　互通式立体交叉道路
国 际 分 类 号　E01C 1/04
无效宣告请求人　杭州市城建设计研究院有限公司
专　利　权　人　渠　涛
专　利　号　97110657. 6
申　请　日　1997 年 5 月 24 日
授 权 公 告 日　2004 年 5 月 12 日
合 议 组 组 长　刘瑞斌
主　审　员　欧　岚
参　审　员　朱文广

法　律　依　据　专利法第 22 条第 2 款、第 3 款
决　定　要　点

评价一项发明权利要求的创造性时，将被评述的权利要求与最接近的现有技术进行比较，确定区别技术特征以及根据该区别技术特征所能达到的技术效果确定该权利要求实际解决的技术问题，最后判断现有技术中是否给出了将上述区别技术特征应用到该最接近现有技术以解决其实际要解决的技术问题的启示，若给出了启示则该权利要求相对于现有技术是显而易见的，无突出的实质性特点；反之则是非显而易见的，具有突出的实质性特点。

一、案由

本无效宣告请求涉及中华人民共和国国家知识产权局于 2004 年 5 月 12 日授权公告的、名称为“互通式立体交叉道路”的发明专利权（以下简称本专利），其专利号是 97110657. 6，申请日是 1997 年 5 月 24 日，专利权人是渠涛。本专利授权公告时的权利要求书如下：

“1. 一种互通式立体交叉道路，由跨线立体构造物，联结上下相交道路的转弯匝道组成，跨线立体构造物是在交叉路口的干道上平面平行的两个直行行车道分离成有高程差的上下两个层面的上下分离车道，其特征在于：与上下分离车道相交的干道从上下分离车道的两直行车道的中间通过。

2. 根据权利要求 1 所述的立体交叉道路，其特征在于：立体交叉为无地下层或无地上层的结构。

3. 根据权利要求 1 所述的立体交叉道路，其特征在于：上下分离车道的两条直行行车道，一条

为上跨桥，一条为下穿隧道，与上下分离车道相交的干道从上跨桥和下穿隧道间通过。

4. 根据权利要求 3 所述的立体交叉道路，其特征在于：匝道中的左转弯匝道是上跨桥和下穿隧道分别向相交干道引出的两条定向分支桥和两条定向分支隧道；分支桥跨越下穿隧道与上跨桥连接，分支隧道穿越上跨桥与下穿隧道连接；与上跨桥合流的分支桥是从相交干道的第一中间车道上引至交汇点；与上跨桥分流的分支桥是从交汇点引出架空桥至合流分支桥的起始端变线至相交干道的第一中间车道上方后下引至第二中间车道；与下穿隧道合流的分支隧道是从相交干道的第三中间车道下引至交汇点；与下穿隧道分流的分支隧道是从交汇点引出地道桥至合流分支隧道的起始端变线至相交干道的第三中间车道下方后上引至第四中间车道。

5. 根据权利要求 4 所述的立体交叉道路，其特征在于：分支桥与上跨桥交汇处位于上跨桥引道坡长的 1/2 处；分支隧道与下穿隧道交汇处位于下穿隧道坡长的 1/2 处；上跨桥与分支桥合流处的后方设置一个单车道宽度的隔离物，下穿隧道与分支隧道合流处的后方设置一个单车道宽度的隔离物，消除直行与左转车流的合流与分流。

6. 根据权利要求 1 所述的立体交叉道路，其特征在于：上下分离两行车道为上、下两个分离的横向半圆形，构成上下分离的环形立体交叉。

7. 根据权利要求 1 所述的立体交叉道路，其特征在于：与上下分离车道相交的干道同样分离成两个层面的行车道，四方向直行各占一个层面，转弯由定向匝道直接连接。

8. 根据权利要求 1 所述的立体交叉道路，其特征在于：立体道路中的非机动车从机动车中分离出来，单设非机动车的迂回式立体交叉通道。

9. 根据权利要求 1、2、3 或 6 所述的立体交叉道路，其特征在于：转弯匝道为定向式或环形或迂回或双向匝道或其任一组合。

10. 根据权利要求 1 所述的立体交叉道路，其特征在于：将其结构用于三路及多路立体交叉。”

针对本专利权，杭州市城建设计研究院有限公司（以下简称请求人）于 2006 年 6 月 29 日向专利复审委员会提出无效宣告请求，认为本专利不符合专利法第 22 条第 2 款、第 3 款的规定，请求人同时提交了附件 1~4：

附件 1：人民交通出版社 1997 年 2 月出版、刘旭吾编著的《互通式立交线形设计与施工》封面页、扉页、出版信息页、目录页、第 38~43 页复印件，共 7 页；

附件 2：天津市市政工程科技信息中心 1993 年 9 月 26 日出版的 1993 年第 3 期（总第 14 期）《天津市政工程》封面页、目录页、第 1~4 页复印件，共 6 页；

附件 3：由天津市市政工程设计研究院出具的说明以及天津市王顶堤立交桥的图片及设计图纸复印件，共 7 页；

附件 4：人民交通出版社 1984 年 5 月出版、郑祖武编著的《城市道路交通》封面页、出版信息页、目录页、第 71~74 页复印件，共 7 页。

请求人认为：本专利的权利要求 1、2、7~10 相对于附件 1~3 不符合专利法第 22 条第 2 款的规定；权利要求 1 相对于附件 4 不符合专利法第 22 条第 2 款、第 3 款的规定；权利要求 1~10 相对于附件1~3不符合专利法第 22 条第 3 款的规定。

经形式审查合格，专利复审委员会依法受理了上述无效宣告请求，并于 2006 年 6 月 29 日向请求人和专利权人发出无效宣告请求受理通知书，同时将专利权无效宣告请求书及其附件清单中所列附件的副本转送给专利权人，并要求专利权人在指定的期限内陈述意见。

请求人在 2006 年 7 月 28 日再次提交意见陈述书和附件 5~7 作为补充证据，其中附件 5~7 为：

附件 5：由中华人民共和国浙江省杭州市公证处出具的（2006）杭证民字第 4939 号公证书原件

一份及光盘一张；

附件6：由中华人民共和国浙江省杭州市公证处出具的（2006）杭证民字第4941号公证书原件一份及其所附封装图纸的部分复印件；

附件7：由中华人民共和国浙江省杭州市公证处出具的（2006）杭证民字第4942号公证书原件一份及其所附封装图纸的部分复印件。

请求人使用附件5、6结合原提交的附件1~3证明天津市王顶堤立交桥于1994年已竣工营运，相关设计资料已存档备查，设计方案的介绍文献已在出版物上公开；使用附件7中公开的长春市西解放大路立交桥证明权利要求1~10不具备新颖性和创造性。

针对专利复审委员会发出的上述无效宣告请求受理通知书，专利权人在2006年8月9日提交意见陈述书，陈述了本专利的权利要求1~10相对于附件1~4具备新颖性和创造性的理由，随意见陈述书专利权人还提交了修改的权利要求书一页，但未陈述其是否作为权利要求书的替换页提交。

专利复审委员会依法成立合议组。

本案合议组于2007年2月27日向双方发出无效宣告请求口头审理通知书，定于2007年5月15日在专利复审委员会举行口头审理。随口头审理通知书将请求人于2006年7月28日提交的意见陈述书及附件副本转给专利权人，将专利权人于2006年8月9日提交的意见陈述书转给请求人。

口头审理如期举行，双方当事人均参加了口头审理。

在口头审理中，（1）请求人当庭提交了附件1的补充页15~37页，附件4的补充页68~70页，当庭出示了附件1、2、3、4的原件以及附件5~7的原件，专利权人当庭核实了第4941和4942号公证书所附附件的盖有杭州市公证处骑缝章的档案袋和光盘封存的完整性。（2）此次口审以本专利授权公告时的权利要求书为基础。请求人简述请求无效的主要理由和事实为权利要求1相对于附件1、2、3、5、6王顶堤的方案或者是附件7中的长春桥的方案没有新颖性，权利要求1相对于附件1、2、3、5、6王顶堤的方案结合附件2、3、5、6或附件4或附件7没有创造性，权利要求2的无地下层方案相对于附件1、2、3、5、6王顶堤的方案或者附件7的方案没有新颖性或创造性，权利要求2的无地上层方案相对于附件1、2、3、5、6王顶堤的方案或者附件7的方案没有创造性，权利要求3、4、5相对于附件1、2、3、5、6或者相对于附件7的长春桥的方案没有创造性，权利要求6相对于附件1、2、3、5、6或附件4加7没有创造性，权利要求7~10相对于附件1、2、3、5、6没有新颖性，权利要求7~10相对于附件1、2、3、5、6加上附件7的长春桥的方案或者单独的长春桥的方案没有创造性。附件1、2、3、5、6证明的是同一个在先公开的事实。（3）专利权人认为对附件1、4的真实性没有异议。（4）关于权利要求1的新颖性和创造性。请求人认为附件1的第41页公开了权利要求1中的全部技术特征，因此权利要求1不具备新颖性，更不具备创造性。专利权人认为附件1和本专利的技术方案、技术领域不相同，附件1是在原直行车道外侧再建两个车道，42页的第2段说明了左右分开一定距离是附件1不可避免的致命的缺陷，而权利要求1恰恰避免了这一点，平面直行的两个直行行车道分离成有高程差的上下两个层面的单行行车道是挨着的，中间没有距离，附件1中是有距离的，因此权利要求1具备新颖性和创造性，因为不需要分开距离，与其他匝道可以完美的结合。请求人认为权利要求1中没有限定是水平拉开的，匝道在权利要求1中没有进行限定。（5）权利要求2、3的新颖性和创造性。请求人认为权利要求2是要么没有地上层，要么没有地下层，所有的证据都公开了没有地下层的结构，因此没有新颖性更不具备创造性，无地上层的技术方案不具备创造性，权利要求3仅仅是把一条车道放在地下而已，本领域技术人员可以实现本专利权利要求3的技术方案，因此权利要求3同样不具备创造性。专利权人认为启示显而易见的情况下才能得出统一的标准，评价专利是否具备创造性，要看是否有新的技术性，现有技术中没有任何穿入地下的启示。（6）

权利要求 4 的新颖性和创造性。请求人认为在权利要求 1 不具备新颖性和创造性的条件下，上跨桥和下穿隧道和权利要求 1 是同一个概念，附件 1 的第 16 页结合附件 1、2、5、6 王顶堤立交桥可得，与上跨桥合流的分支桥都是从中间道引出的，四个方向都是从中间分支、中间合流的，从相交道路的下穿道路流过，权利要求 4 讲的都是转弯的匝道，根据实际需要和形式的结合，本领域技术人员可以根据现有技术和相关桥结合得到，因此不具备创造性，并认为中间车道指的是靠中间的车道。专利权人认为本专利的发明点是原路口无须改变，本专利的合流都是从中间车道引出的，分支变线和附件 1 不同，变线就是走 S 弯，主要的作用就是占地少，认为中间的车道是指匝道的出入口与中间车道连接。（7）权利要求 5 的新颖性和创造性。请求人认为分支桥和上跨桥的交汇在图纸中可以很清楚地看出是位于上引桥的中间，长度是根据地理位置的相关条件决定的，根据设计要求设定的，隔离物是通常的道路隔离设施，属于公知常识，权利要求 5 在权利要求 1 不具备创造性的情况下，权利要求 5 也不具备创造性。专利权人认为采用 1/2 的比例，传统的桥梁没有可能性，中间的高差是两倍，占地面积不超过原路口，车速达到前所未有，本专利加隔离物不增加占地面积，上下分离各种匝道可以任意组合。（8）权利要求 6 的创造性。请求人认为结合附件 1 的公知技术，附件 1 的封面是两个半圆的环形立交，也就说明分成半圆的环形立交是非常常见的，附件 1 的第 29 ~ 35 页，讲的是立交桥的环形，权利要求 6 的附加技术特征是本领域技术人员通过阅读王顶堤的技术是公知的，因此权利要求 6 也不具备创造性。专利权人认为附件的结合必须有清晰的脉络，半环形带来了意想不到的技术效果，环形本身是直行的通道也是环形的通道，两个方向的长度都比非互通式的立交桥还要短，认可环形是公知常识，但是两者的结合没有任何的启示可以得到上下分离的技术特征。（9）权利要求 7 ~ 10 的新颖性和创造性。请求人认为权利要求 7 的技术特征已经被对比文件公开，不具备新颖性；附件 1、2、5、6 和长春桥完全公开了权利要求 8 的附加技术特征，因此权利要求 8 不具备新颖性和创造性；权利要求 9 的匝道的设计对本领域技术人员来说是非常常规的技术，本领域技术人员完全可以根据实际的需要设计各式各样的匝道，在权利要求 1 不具备新颖性创造性的情况下，权利要求 9 也不具备新颖性和创造性；权利要求 10 的附加技术特征在现有技术中被公开了，因此权利要求 10 不具备新颖性、创造性。专利权人认为本专利的说明书明确写的是四层结构，所有的权利要求都是在原路口实现，本专利发明的目的是不增加结构层次、占地，附件中是环形的，本专利权利要求 8 中是迂回式的，权利要求 9 中定义的四个匝道是一种形式，四种匝道形式本身是公知常识。本专利没有苜蓿页匝道，对比文件中是苜蓿页和定向，定向式匝道本身和环形匝道本身是本领域的公知技术；三路立体交叉没有给出任何启示，对四路没有异议，原道口在本专利说明书的第 5 页的中段谈到了占地面积小，行车道本身代表一条路，附件 1 中是不分开的，中间穿过是并到一起的，本专利的说明书中是构成四层结构，附件 1 的分离不是两条道路分离，而是局部的，长春桥是两层立交而不是三层立交。

专利权人于 2007 年 5 月 25 日再次向专利复审委员会提交意见陈述书以及所称被控侵权立交桥的图纸复印件 1 张和专利权人撰写的一篇名为《城市互通式立体交叉道路》的文章。

专利权人于 2007 年 8 月 10 日再次向专利复审委员会提交意见陈述书，确认其在 2006 年 8 月 9 日提交的修改的权利要求书一页不是正式的修改文本，应以本专利授权文本作为审查基础。

至此，合议组认为本案事实已经清楚，可以作出审查决定。

二、决定的理由

1. 关于请求人提交的请求书和意见陈述书

专利权人在口头审理中陈述，请求人提交的请求书中的专利权人名称不是本案的专利权人，请求书的第 5 部分中请求人所说的是详见意见陈述书的正文，但是没有收到意见陈述书的正文，只收到无效请求书正文，请求书只有一份有穿孔日期；其 2006 年 7 月 28 日提交的补充意见没有签章，请求人提交了两份意见陈述书，只有一份盖有公章。因此专利权人认为对请求人提出的无效宣告请求应不予受理。

合议组经审查后认为，在口审当庭合议组已经让专利权人核实其收到的请求书和2006年7月28日的补充意见与本案案卷中的原件内容完全一致，且请求人说明请求书中专利权人名称与本专利专利权人不一致是打印错误，因此合议组认为请求人对本专利提起的无效宣告请求符合专利法的相关规定，对专利权人的上述主张不予支持。

2. 关于证据和现有技术

请求人提交的附件1、4均为公开出版物，并提交了原件，专利权人对其真实性没有异议，且其公开日期在本专利的申请日前，因此可以作为本专利的现有技术使用。

3. 关于新颖性和创造性

专利法第22条第2款规定：新颖性，是指在申请日以前没有同样的发明或者实用新型在国内外出版物上公开发表过、在国内公开使用过或者以其他方式为公众所知，也没有同样的发明或者实用新型由他人向国务院专利行政部门提出过申请并且记载在申请日以后公布的专利申请文件中。

专利法第22条第3款规定：创造性，是指同申请日以前已有的技术相比，该发明有突出的实质性特点和显著的进步，该实用新型具有实质性特点和进步。

评价一项发明权利要求的创造性时，将被评述的权利要求与最接近的现有技术进行比较，确定区别技术特征以及根据该区别技术特征所能达到的技术效果确定该权利要求实际解决的技术问题，最后判断现有技术中是否给出了将上述区别技术特征应用到该最接近现有技术以解决其实际要解决的技术问题的启示，若给出了启示则该权利要求相对于现有技术是显而易见的，无突出的实质性特点；反之则是非显而易见的，具有突出的实质性特点。

（1）权利要求1。

合议组经审查后认为，权利要求1请求保护一种互通式立体交叉道路，附件1公开了天津王顶堤立交桥，具体公开了以下技术特征（参见第41、42页的文字说明及图3-3-26）：该立交桥由各种跨线立体构造物、联结上下相交道路的转弯匝道组成，红旗路为干道，复康路分为平面平行的两个直行行车道，该两个车道分离成有高程差的上下两个层面的上下分离车道，红旗路从上下分离车道的两直行车道中间通过。由此可见，附件1公开了权利要求1的全部技术特征。由于权利要求1的技术方案与附件1公开的相同，两者属于相同的技术领域，都是用于解决交叉路口的车辆行驶问题，具有相同的技术效果，因此权利要求1相对于附件1不具备新颖性，故也不具备创造性，不符合专利法第22条第2款、第3款的规定。

专利权人认为权利要求1中的平面平行的分离成有高程差的上下分离车道是水平挨着的，中间没有距离，而附件1中上下分离车道水平方向是相隔有距离的，因此权利要求1具备新颖性和创造性。合议组认为权利要求1中没有限定上下分离车道是水平挨着或是水平拉开的，因此权利要求1所保护的技术方案实质上与附件2的技术方案相同，专利权人的该主张不能成立。

（2）权利要求2、3。

权利要求2、3都引用了权利要求1，其附加技术特征分别限定立体交叉为无地下层或无地上层的结构和立体交叉为上跨桥、下穿隧道以及从两者中间穿过的相交干道。

合议组经审查认为，由于上跨架桥或是下穿隧道都是立体交叉领域中惯常采用的设计方式和成熟的施工手段，因此本领域技术人员由天津王顶堤立交桥的技术方案并根据设置立交桥位置的具体地形以及考虑成本的情况下，很容易想到采用立体交叉为无地下层或无地上层的结构的权利要求2的技术方案或是采用上跨桥、下穿隧道、相交干道从两者中间穿过的权利要求3的技术方案，因此权利要求

2、3不具备创造性，不符合专利法第22条第3款的规定。

（3）权利要求4。

权利要求4引用了权利要求3，其附加技术特征限定了匝道中作为左转弯匝道的两条定向分支桥和两条定向分支隧道均为定向式。

合议组经审查认为，附件1公开的天津王顶堤立交桥还具体公开了以下技术特征（参见第41、42页的文字说明及图3-3-26）：匝道中的左转弯匝道包括上跨桥和下穿隧道（复康路）分别向相交干道（红旗路）引出了两条定向分支桥和两条定向分支隧道，分支桥跨越下穿隧道与上跨桥连接，分支隧道穿越上跨桥与下穿隧道连接；与上跨桥合流的分支桥是从相交干道的第一中间车道上引至交汇点；两条定向分支桥采用的是定向式，即与上跨桥分流的分支桥是从交汇点引出架空桥至合流分支桥的起始端变线至相交干道的第一中间车道上方后下引至第二中间车道，而两条分支隧道采用的是苜蓿叶型。显然，设置这两条苜蓿叶型分支隧道的目的是在于实现两个左转及一个调头，而权利要求4中的作为左转弯匝道的两条定向分支隧道则仅为了实现左转。附件1与权利要求4的技术方案相比，多了一个实现调头的功能。由于立交桥均是按所需功能进行设计，因此当本领域的技术人员面对同样仅需左转功能的需求时，自然会想到在附件1的基础上，用两条左转弯定向分支隧道代替两条苜蓿叶型分支隧道，从而得到权利要求4的技术方案，因此该技术方案不具有实质性特点，而且没有取得预料不到的技术效果，因而权利要求4所要求保护的技术方案不具备创造性，不符合专利法第22条第3款的规定。

（4）权利要求5。

权利要求5引用了权利要求4，其附加技术特征限定了分支桥与上跨桥以及分支隧道与下穿隧道的交汇位置以及在合流交汇处后方设置一个隔离物。

合议组经审查认为，分支桥和上跨桥的交汇在附件1的图3-3-26中不能准确看出是位于上引桥的中间，此外由于附件1分支隧道的立交型式与本专利不同，因此与下穿隧道的交汇位置也不同，但是本领域的技术人员在附件1的基础上根据具体交通要求及地理位置的相关条件，当把苜蓿叶型分支隧道改为定向式分支隧道时会容易地想到将其与下穿隧道的交汇处设于下穿隧道坡长的二分之一处，同时将分支桥和上跨桥的交汇点设在上引桥的中间是常规的设计手段，而设置隔离物是通常的道路隔离设施，属于公知常识，因此在权利要求4不具备创造性的情况下，权利要求5也不具备创造性，不符合专利法第22条第3款的规定。

（5）权利要求6。

权利要求6引用了权利要求1，其附加技术特征限定了上下分离两行车道为上下两个分离的横向半圆形，构成上下分离的环形立体交叉。

合议组经审查认为，环形立体交叉属于本领域的公知技术，例如附件1的封面以及第29~35页均是各种各样的环形立交桥，其中第29页图3-3-13是双层式环形立交，上下方向的道路为两个横向半圆，左右方向的道路干道从两个横向半圆上通过，并从干道两侧用迂回式匝道引向两个横向半圆，两个匝道与两个横向半圆组合形成一个环形，这样干道的两对左转弯车流分别在两个横向半圆上交织通行。而本专利说明书第4页第4段描述了将上下分离两行车道改为上下两个分离的横向半圆形的作用及目的是“当AB方向为次干道或不要求高速时，可将原上跨桥和下穿隧道分别变成横向半圆形，成为上下分离的环形立交结构，原匝道由CD干道两侧迂回引入环形的上跨桥和下穿隧道，这样两对左转车流分别在上跨桥和下穿隧道上交织通行，而AB干道直行又无交织现象，只是在环道上速度降低一些，但可使立交道路CD方向长度减少2/3，造价进一步降低。”由上所述可知，本专利权利要求6所保护的上下分离的环形立体交叉的技术方案与附件1第29页图3-3-13所示立交桥的技术方案的作用、目的和带来的效果是相同的，故在附件1公开的天津王顶堤立交桥的上下分离两行车道结构的技术方案的基础上，本领域技术人员会容易地从公知技术中得到还可根据需要对其采用环形立交的启示而得到权利要求6的技术方案，因此该技术方案不具备实质性特点，而且没有取得预料不到的技术效果，因而权利要求6所要求保护的技术方案不具备创造性，不符合专利法第22条第3款的规定。

（6）权利要求7。

权利要求7引用了权利要求1，其附加技术特征限定了与上下分离车道相交的干道同样分离成两个层面的行车道，四方向直行各占一个层面，转弯由定向匝道直接连接。

合议组经审查认为，由附件1天津王顶堤立交桥公开的复康路分为平面平行的两个直行行车道，该两个车道分离成有高程差的上下两个层面的上下分离车道，红旗路从上下分离车道的两直行车道中间通过，本领域的技术人员根据交通要求并结合场地条件很容易想到将分离开的红旗路双向道同样分离为两个层面的行车道且用公知技术中的定向匝道作转弯连接而得到权利要求7所保护的技术方案，因此该技术方案不具备实质性特点，而且没有取得预料不到的技术效果，因而权利要求7所要求保护的技术方案不具备创造性，不符合专利法第22条第3款的规定。

（7）权利要求8、9、10。

权利要求8、9、10分别引用了在前的权利要求，其附加技术特征分别是立体道路中的非机动车从机动车中分离出来，单设非机动车的迂回式立体交叉通道；转弯匝道为定向式或环形或迂回或双向匝道或其任一组合；将其结构用于三路及多路立体交叉。

合议组经审查认为，权利要求8、9、10的附加技术特征均已被附件1天津王顶堤立交桥（图3-3-26）所公开，图中用虚线显示了单独分设的非机动车道为迂回式通道，转弯匝道包括有定向式匝道等，王顶堤立交桥为四路立体交叉；而且这些附加技术特征均属于公知技术，本领域技术人员可以根据实际需要和场地条件来设计非机动车道和转弯匝道的形式和几路立体交叉。因此，由于其引用的在前权利要求不具备新颖性和/或创造性，权利要求8、9、10所要求保护的技术方案也不具备新颖性和/或创造性，不符合专利法第22条第2款、第3款的规定。

专利权人认为权利要求9中的定义是四个匝道是一种形式，而附件1中是苜蓿叶型和定向式组合，合议组认为权利要求9中明确限定“或其任一组合”，因此专利权人的该主张不能成立。此外，由于上述四种匝道均为公知技术，因此即使是一种形式，也不具备创造性。

根据上述的事实和理由，本案合议组依法作出以下决定。

三、决定

宣告97110657.6号发明专利权全部无效。

当事人对本决定不服的，可以根据专利法第46条第2款的规定，自收到本决定之日起3个月内向北京市第一中级人民法院起诉。根据该款的规定，一方当事人起诉后，另一方当事人应当作为第三人参加诉讼。

北京市第一中级人民法院
行政判决书

（2009）一中知行初字第 2159 号

原告渠涛，男，1970 年 3 月 30 日出生，汉族，住山西省太原市万柏林区和平南路 95 号 2 楼 28 号。

被告国家知识产权局专利复审委员会，住所地北京市海淀区北四环西路 9 号银谷大厦 10~12 层。

法定代表人张茂于，副主任。

委托代理人欧岚，国家知识产权局专利复审委员会审查员。

委托代理人曹铭书，国家知识产权局专利复审委员会审查员。

第三人杭州市城建设计研究院有限公司，住所地浙江省杭州市上城区浣纱路 116 号。

法定代表人施国栋，董事长。

委托代理人李永明，浙江泽大律师事务所律师。

委托代理人裘建，男，1963 年 3 月 29 日出生，住浙江省杭州市西湖区松溪公寓。

原告渠涛不服被告国家知识产权局专利复审委员会（简称专利复审委员会）作出的第 10534 号发明专利无效宣告请求审查决定（简称第 10534 号决定），于法定期限内向本院提起行政诉讼。本院于 2009 年 8 月 28 日受理后，依法组成合议庭，并通知杭州市城建设计研究院有限公司（简称城建设计院）作为本案的第三人参加诉讼。2009 年 11 月 27 日，本院依法公开开庭审理了本案。原告渠涛，被告专利复审委员会的委托代理人欧岚、曹铭书，第三人城建设计院的委托代理人李永明、裘建到庭参加了诉讼。本案现已审理终结。

第 10534 号决定系专利复审委员会就城建设计院针对渠涛拥有的 97110657.6 号“互通式立体交叉道路”发明专利（简称本专利）提出的无效宣告请求而作出的，内容如下：

（1）城建设计院对本专利提起的无效宣告请求符合 2001 年 7 月 1 日起施行的《中华人民共和国专利法》（简称 2001 年专利法）的相关规定，应予受理。

（2）城建设计院提交的附件 1（即《互通式立交线形设计与施工》封面页、扉页、出版信息页、目录页、第 38~43 页复印件，共 7 页）和附件 4（即人民交通出版社 1984 年 5 月出版、郑祖武编著的《城市道路交通》封面页、出版信息页、目录页、第 71~74 页复印件，共 7 页）均为公开出版物，并提交了原件，渠涛对其真实性没有异议，其公开日期在本专利申请日前，因此可以作为本专利的现有技术使用。

（3）关于新颖性和创造性。

①权利要求 1。

权利要求 1 请求保护一种互通式立体交叉道路，由于权利要求 1 中没有限定上下分离车道是水平挨着的或是水平拉开的，附件 1 公开了权利要求 1 的全部技术特征。权利要求 1 的技术方案与附件 1 公开的相同，两者属于相同的技术领域，都是用于解决交叉路口的车辆行驶问题，具有相同的技术效果，因此权利要求 1 相对于附件 1 不具备新颖性，故也不具备创造性，不符合 2001 年《专利法》第二十二条第二款、第三款的规定。

②权利要求 2、3。

权利要求 2、3 都引用了权利要求 1，其附加技术特征分别限定立体交叉为无地下层或无地上层的结构和立体交叉为上跨桥、下穿隧道以及从两者中间穿过的相交干道。由于上跨架桥或是下穿隧道都是立体交叉领域中惯常采用的设计方式和成熟的施工手段，因此本领域技术人员由天津王顶堤立交桥的技术方案并根据设置立交桥位置的具体地形以及考虑成本的情况下，很容易想到采用立体交叉为无地下层或无地上层的结构的权利要求 2 的技术方案或是采用上跨桥、下穿隧道、相交干道从两者中间穿过的权利要求 3 的技术方案，因此权利要求 2、3 不具备创造性，不符合 2001 年《专利法》第二十二条第三款的规定。

③权利要求 4。

权利要求 4 引用了权利要求 3，其附加技术特征限定了匝道中作为左转弯匝道的两条定向分支桥和两条定向分支隧道均为定向式。附件 1 与权利要求 4 的技术方案相比，多了一个实现调头的功能。由于立交桥均是按所需功能进行设计，因此当本领域的技术人员面对同样仅需左转功能的需求时，自然会想到在附件 1 的基础上，用两条左转弯定向分支隧道代替两条苜蓿叶型分支隧道，从而得到权利要求 4 的技术方案，因此该技术方案不具有实质性特点，而且没有取得预料不到的技术效果，因而权利要求 4 所要求保护的技术方案不具备创造性，不符合 2001 年《专利法》第二十二条第三款的规定。

④权利要求 5。

权利要求 5 引用了权利要求 4，其附加技术特征限定了分支桥与上跨桥以及分支隧道与下穿隧道的交汇位置以及在合流交汇处后方设置一个隔离物。本领域技术人员在附件 1 的基础上根据具体交通要求及地理位置的相关条件，当把苜蓿叶型分支隧道改为定向式分支隧道时会容易地想到将其与下穿隧道的交汇处设于下穿隧道坡长的二分之一处，同时将分支桥和上跨桥的交汇点设在上引桥的中间是常规的设计手段，而设置隔离物是通常的道路隔离设施，属于公知常识，因此在权利要求 4 不具备创造性的情况下，权利要求 5 也不具备创造性，不符合 2001 年《专利法》第二十二条第三款的规定。

⑤权利要求 6。

权利要求 6 引用了权利要求 1，其附加技术特征限定了上下分离两行车道为上下两个分离的横向半圆形，构成上下分离的环形立体交叉。环形立体交叉属于本领域的公知技术，本专利权利要求 6 所保护的上下分离的环形立体交叉的技术方案与附件 1 所示立交桥的技术方案的作用、目的和带来的效果是相同的，故在附件 1 公开的天津王顶堤立交桥的上下分离两行车道结构的技术方案的基础上，本领域技术人员会容易地从公知技术中得到还可根据需要对其采用环形立交的启示而得到权利要求 6 的技术方案，因此该技术方案不具备实质性特点，而且没有取得预料不到的技术效果，因而权利要求 6 所要求保护的技术方案不具备创造性，不符合 2001 年《专利法》第二十二条第三款的规定。

⑥权利要求 7。

权利要求 7 引用了权利要求 1，其附加技术特征限定了与上下分离车道相交的干道同样分离成两个层面的行车道，四方向直行各占一个层面，转弯由定向匝道直接连接。本领域的技术人员根据交通要求并结合场地条件很容易想到将附件 1 分离开的红旗路双向道同样分离为两个层面的行车道且用公知技术中的定向匝道作转弯连接而得到权利要求 7 所保护的技术方案，因此该技术方案不具备实质性特点，而且没有取得预料不到的技术效果，因而权利要求 7 所要求保护的技术方案不具备创造性，不符合 2001 年《专利法》第二十二条第三款的规定。

⑦权利要求 8、9、10。

权利要求 8、9、10 分别引用了在前的权利要求，其附加技术特征分别是立体道路中的非机动车从机动车中分离出来，单设非机动车的迂回式立体交叉通道；转弯匝道为定向式或环形或迂回或双向匝道或其任一组合；将其结构用于三路及多路立体交叉。权利要求 8、9、10 的附加技术特征均已被附件 1 所公开；而且这些附加技术特征均属于公知技术，本领域技术人员可以根据实际需要和场地条件来设计非机动车道和转弯匝道的形式和几路立体交叉。因此，由于其引用的在前权利要求不具备新颖性和/或创造性，权利要求 8、9、10 所要求保护的技术方案也不具备新颖性和/或创造性，不符合 2001 年《专利法》第二十二条第二款、第三款的规定。

综上，宣告本专利权全部无效。

原告渠涛诉称：

首先，专利复审委员会存在以下错误：(1) 专利复审委员会没有告知决定的理由并给我提供陈述意见的机会，致使我不能够充分陈述意见和观点，只能被动地接受，在听证原则上违反法定程序。(2) 专利复审委员会未给予原告针对请求人当庭递交证据陈述意见的机会，违反法定程序。专利复审委员会未对此进行说明，在我主动要求并递交了意见陈述后，第 10534 号决定却对此意见陈述及其内容只字不提，剥夺了我的答辩权。(3) 第 10534 号决定认定事实不清，主要证据不足，未尽到基本的举证责任，缺乏事实根据。专利复审委员会认定本专利权利要求 2~10 的区别技术特征属于公知常识，据此认为已有技术给出的信息已经启示出了本专利所要求保护的权利要求的技术方案。专利复审委员会对此结论并未列举本技术领域相关教科书的内容加以佐证，也未提交本领域技术人员如何在现有技术中找到将上述区别技术特征应用到该最接近现有技术以解决其实际要解决的技术问题启示的证据。(4) 第 10534 号决定未对于结论对其不利的当事人的全部理由、证据和主要观点进行具体分析，阐明其理由不成立、观点不被采纳的原因。(5) 专利复审委员会并未依据 2001 年《专利法》第二十二条第二款的规定评价本专利的新颖性，法律适用错误。(6) 专利复审委员会并未依据 2001 年《专利法》第二十二条第三款的规定及决定要点的方法评价本专利的创造性，适用法律错误。(7) 请求书不符合受理条件，代理人资格不适。城建设计院未指明与本专利最接近的对比文件及具体结合方式，不符合受理条件。(8) 专利复审委员会人为杜撰出现有技术不存在的技术特征。(9) 大量问题未进行审理。

其次，专利复审委员会对本专利权利要求的认定错误：

权利要求 1：专利复审委员会在新颖性判定上适用法规错误，断章取义地将相关证据中完整技术方案的局部与本专利进行对比，将不可缺少的必要技术特征“中间穿过干道水平分离”（红旗路）故意忽略，并且对技术效果的认定也只限于常规方案所共有的“用于解决交叉路口的车辆行驶问题”，而对于本专利说明书中关于解决“有些定向式立体交叉，匝道由干道左侧引出，但又使直行干道向外扩展增加占地，直行出现曲线段，降低了性能”等技术问题所带来的“空间利用更充分，结构更简化，占地更小，通行性能更高”的技术效果完全回避，得出“解决的技术问题相同，具有相同的技术效果”的认定。专利复审委员会对本专利的保护范围理解错误。作为方法专利的本专利权利要求 1 的前序部分是与最接近的现有技术共有的必要技术特征，二者都属于立体交叉道路，立体部分指跨线立体构造物，是“将平面干道的两车道上下分层”的方法，“跨线”是指跨越另一平面相交干道，未作限定的平面相交干道自然是通常意义的形态，不可能具有任何纵向或横向分离的特征，作为方法权利要求也未限定此方法步骤，特征部分对此相交干道进一步限定后也应具有与前序部分相共有的特征，前序部分与特征部分应作为一个整体来限定专利的保护范围，说明书也明确了“针对上述缺点”解决“直行干道向外扩展增加占地”从而“使空间利用更充分，结构更简化，占地更小”的发明目的，在前引证的背景技术具有缺陷的技术特征不可能成为本专利权保护范围，说明书实施例中也无此技术内容的任何显示。

权利要求 2：专利复审委员会未举证证明作为并列权利要求的无地上层和无地下层的区别技术特征为本领域的惯用手段，得出现有技术中存在技术启示或教导的结论缺乏事实根据。

权利要求 3：专利复审委员会未举证证明“一条干道的对行两车道一条为上跨桥，一条为下穿隧道”的区别技术特征为本领域的惯用手段，更无法证明现有技术中给出了将上述区别技术特征应用到对比文件1中以解决相关技术问题的启示，专利复审委员会得出现有技术中存在技术启示或教导的结论缺乏事实根据。

权利要求4：专利复审委员会人为地将权利要求4中6段技术特征的后4段技术特征删除，只将前2段技术特征解释为其全部保护范围。专利复审委员会在附件1的基础上杜撰出“下穿隧道（复康路）、两条定向分支隧道”的技术特征，而后又认定“两分支隧道采用的是苜蓿叶型”的自相矛盾的解释。附件1不存在“中间车道”、“起始端变线”、“至中间车道的上方或下放后下引或上引至中间车道”的技术特征，更不具备左转匝道只占用于道的一个匝道宽度的路面的技术效果，而是以本专利所不具备的干道横向与纵向都进行分离的技术特征来解决两定向匝道间的立体交叉问题，两方案没有任何可比之处。专利复审委员会未举证证明“干道中的两条左侧车道就是中间车道”，也未作具体分析，更未对本专利所限定的“中间车道”作任何分析。同样对于其他区别特征也未作任何具体说明。

权利要求5：专利复审委员会并未举证证明“交汇处位于坡长的1/2处；合流处的后方设置一个单车道宽度的隔离物”的区别技术特征为常规的设计手段和通常的道路设施，更无法证明现有技术中给出了将上述区别技术特征应用到附件1中以解决相关技术问题的启示。

权利要求6：附件1图3-3-13所示立交桥从整体技术方案上看是一个完整的圆形，并无任何明确的技术启示或教导可将其不可分割的整体特征人为地拆分为局部特征并存在某种技术启示将此局部特征应用到上、下分层的技术方案中而得到“构成上下分离的环形立体交叉”的本专利的技术方案，而且可以解决“交织点过多，占地面积过大”的技术问题，并获得本专利“干道直行有无交织现象，中间穿过干道长度减少2/3，造价进一步降低”的技术效果。

权利要求7：专利复审委员会未举证证明现有技术如何启示将“四方向直行各占一个层面”的区别技术特征应用到附件中以达到“转弯由定向匝道直接连接，无须使直行干道向外扩展占地，通行性能最好，占地面积最小，比目前的四层定向立交桥有更好的效果”的发明目的。

权利要求8：相关附件并非迂回式通道，而是传统环形通道，同时也不具备说明书中记载的相关技术效果。

权利要求9：该权利要求为5项并列的从属权利要求，同时其又引用了在前的4项权利要求，相当于20个独立的技术方案，应就其各自从属关系分别就其创造性进行认定，同时不能因第5项的公开而否定前4项“4条匝道由一种匝道形式构成”的创造性。该权利要求中的4种基本匝道形式单独看是公知技术，但与在前权利要求结合的结构形态与所达到的技术效果同公知技术相比完全不同，专利复审委员会并未引用公知技术相关证据加以佐证，无法得出此种结合及其实际解决的技术问题存在启示的结论。

权利要求10：“王顶堤立交桥为四路立体交叉”与“将其结构用于三路及多路立体交叉”无必然联系。

综上，请求法院：（1）撤销第10534号决定；（2）判令专利复审委员会重新作出决定。

被告专利复审委员会辩称：渠涛的起诉已超过法定期限。关于程序问题，渠涛的主张缺乏法律依据。关于实体部分。具体意见同第10534号决定。综上，我委作出的第10534号决定认定事实清楚、适用法律正确、审理程序合法，渠涛的诉讼理由不能成立，请法院维持第10534号决定。

第三人城建设计院述称：同意专利复审委员会答辩意见。

本院经审理查明如下事实：

本专利系国家知识产权局于2004年5月12日授权公告的97110657.6号、名称为“互通式立体交叉道路”的发明专利权，其申请日为1997年5月24日，专利权人渠涛。本专利授权公告的权利要求如下：

“1. 一种互通式立体交叉道路，由跨线立体构造物，联结上下相交道路的转弯匝道组成，跨线立体构造物是在交叉路口的干道上平面平行的两个直行行车道分离成有高程差的上下两个层面的上下分离车道，其特征在于：与上下分离车道相交的干道从上下分离车道的两直行车道的中间通过。

2. 根据权利要求1所述的立体交叉道路，其特征在于：立体交叉为无地下层或无地上层的结构。

3. 根据权利要求1所述的立体交叉道路，其特征在于：上下分离车道的两条直行行车道，一条为上跨桥，一条为下穿隧道，与上下分离车道相交的干道从上跨桥和下穿隧道间通过。

4. 根据权利要求3所述的立体交叉道路，其特征在于：匝道中的左转弯匝道是上跨桥和下穿隧道分别向相交干道引出的两条定向分支桥和两条定向分支隧道；分支桥跨越下穿隧道与上跨桥连接，分支隧道穿越上跨桥与下穿隧道连接；与上跨桥合流的分支桥是从相交干道的第一中间车道上引至交汇点；与上跨桥分流的分支桥是从交汇点引出架空桥至合流分支桥的起始端变线至相交干道的第一中间车道上方后下引至第二中间车道；与下穿隧道合流的分支隧道是从相交干道的第三中间车道下引至交汇点；与下穿隧道分流的分支隧道是从交汇点引出地道桥至合流分支隧道的起始端变线至相交干道的第三中间车道下方后上引至第四中间车道。

5. 根据权利要求4所述的立体交叉道路，其特征在于：分支桥与上跨桥交汇处位于上跨桥引道坡长的1/2处；分支隧道与下穿隧道交汇处位于下穿隧道坡长的1/2处；上跨桥与分支桥合流处的后方设置一个单车道宽度的隔离物，下穿隧道与分支隧道合流处的后方设置一个单车道宽度的隔离物，消除直行与左转车流的合流与分流。

6. 根据权利要求1所述的立体交叉道路，其特征在于：上下分离两行车道为上下两个分离的横向半圆形，构成上下分离的环形立体交叉。

7. 根据权利要求1所述的立体交叉道路，其特征在于：与上下分离车道相交的干道同样分离成两个层面的行车道，四方向直行各占一个层面，转弯由定向匝道直接连接。

8. 根据权利要求1所述的立体交叉道路，其特征在于：立体道路中的非机动车从机动车中分离出来，单设非机动车的迂回式立体交叉通道。

9. 根据权利要求1、2、3或6所述的立体交叉道路，其特征在于：转弯匝道为定向式或环形或迂回或双向匝道或其任一组合。

10. 根据权利要求1所述的立体交叉道路，其特征在于：

将其结构用于三路及多路立体交叉。”

本专利说明书描述了将上下分离两行车道改为上下两个分离的横向半圆形的作用及目的是“当AB方向为次干道或不要求高速时，可将原上跨桥和下穿隧道分别变成横向半圆形，成为上下分离的环形立交结构，原匝道由CD干道两侧迂回引入环形的上跨桥和下穿隧道，这样两对左转车流分别在上跨桥和下穿隧道上交织通行，而AB干道直行又无交织现象，只是在环道上速度降低一些，但可使立交道路CD方向长度减少2/3，造价进一步降低。”

针对本专利权，城建设计院于2006年6月29日向专利复审委员会提出无效宣告请求，认为本专利不符合2001年《专利法》第二十二条第二款、第三款规定，并同时提交了包括附件1、4在内的共四份附件。其中附件1中所载与天津王顶堤立交桥有关的内容，具体公开了以下技术特征（参见第41、42页的文字说明及图3-3-26）：该立交桥由各种跨线立体构造物、联结上下相交道路的转弯匝道组成，红旗路为干道且对向两车道分开一定距离，复康路分为平面平行且平面分开一定距离的两个直行行车道，该两个车道分离成有高程差的上下两个层面的上下分离车道，红旗路从上下分离车道的两直行车道中间通过；匝道中的左转弯匝道包括上跨桥和下穿隧道（复康路）分别向相交干道（红旗路）引出了两条定向分支桥和两条定向分支隧道，分支桥跨越下穿隧道与上跨桥连接，分支隧道穿越上跨桥与下穿隧道连接；与上跨桥合流的分支桥是从相交干道的第一中间车道上引至交汇点；两条定向分支桥采用的是定向式，即与上跨桥分流的分支桥是从交汇点引出架空桥至合流分支桥的起始端变线至相交干道的第一中间车道上方后下引至第二中间车道，而两条分支隧道采用的是苜蓿叶型。附件 1 的封面以及第 29~35 页均是各种各样的环形立交桥，其中第 29 页图 3-3-13 是双层式环形立交，上下方向的道路为两个横向半圆，左右方向的道路干道从两个横向半圆上通过，并从干道两侧用迂回式匝道引向两个横向半圆，两个匝道与两个横向半圆组合形成一个环形，这样干道的两对左转弯车流分别在两个横向半圆上交织通行。附件 1 中图 3-3-26 中用虚线显示了单独分设的非机动车道为迂回式通道，转弯匝道包括有定向式匝道等，王顶堤立交桥为四路立体交叉。

专利复审委员会受理后，于 2006 年 6 月 29 日向城建设计院和渠涛发出无效宣告请求受理通知书，同时将专利权无效宣告请求书及其附件清单中所列附件的副本转送给渠涛，并要求渠涛在指定的期限内陈述意见。

城建设计院在 2006 年 7 月 28 日再次向专利复审委员会提交意见陈述书和附件 5~7 作为补充证据。

针对专利复审委员会发出的上述无效宣告请求受理通知书，渠涛在 2006 年 8 月 9 日向专利复审委员会提交意见陈述书，陈述了本专利的权利要求 1~10 相对于附件 1~4 具备新颖性和创造性的理由，同时还提交了修改的权利要求书一页，但未陈述其是否作为权利要求书的替换页提交。

专利复审委员会于 2007 年 2 月 27 日向双方发出无效宣告请求口头审理通知书，定于 2007 年 5 月 15 日举行口头审理。随口头审理通知书将城建设计院于 2006 年 7 月 28 日提交的意见陈述书及附件副本转给渠涛，将渠涛于 2006 年 8 月 9 日提交的意见陈述书转给城建设计院。

2007 年 5 月 15 日，专利复审委员会进行口头审理，城建设计院和渠涛均参加了口头审理。在口头审理中：(1) 城建设计院提交了附件 1 的补充页 15~37 页，附件 4 的补充页 68~70 页，当庭出示了附件 1、2、3、4 的原件以及附件 5~7 的原件，渠涛当庭核实了附件 6 和 7 所涉公证书所附盖有杭州市公证处骑缝章的档案袋和光盘封存的完整性。(2) 此次口头审理以本专利授权公告时的权利要求书为基础。城建设计院简述请求无效的主要理由和事实为权利要求 1 相对于附件 1、2、3、5、6 王顶堤的方案或者是附件 7 中长春桥的方案没有新颖性，权利要求 1 相对于附件 1、2、3、5、6 王顶堤方案结合附件 2、3、5、6 或附件 4 或附件 7 没有创造性；权利要求 2 的无地下层方案相对于附件 1、2、3、5、6 王顶堤方案或者附件 7 的方案没有新颖性或创造性，权利要求 2 的无地上层方案相对于附件 1、2、3、5、6 王顶堤的方案或者附件 7 的方案没有创造性；权利要求 3、4、5 相对于附件 1、2、3、5、6 或者相对于附件 7 长春桥方案没有创造性；权利要求 6 相对于附件 1、2、3、5、6 或附件 4 加 7 没有创造性；权利要求 7~10 相对于附件 1、2、3、5、6 没有新颖性，权利要求 7~10 相对于附件 1、2、3、5、6 加上附件 7 长春桥方案或者单独的长春桥方案没有创造性。附件 1、2、3、5、6 证明的是同一个在先公开的事实。在本案庭审中，渠涛表示上述证据组合方式不是城建设计院提出的，而是专利复审委员会提出的；专利复审委员会和城建设计院都认为上述证据组合方式是城建设计院提出的，而且专利复审委员会向本院提交了口头审理记录表，以其中的相关记录内容证明城建设计院在口头审理中提出了上述证据组合方式。(3) 渠涛表示收到附件 1~7。专利复审委员会询问渠涛对附件1~7等证据的真实性、合法性和关联性的意见。渠涛表示对附件 1、4 的真实性没有异议。在本案庭审中，渠涛主张证据应当由专利复审委员会进行审查，而专利复审委员会要求渠涛审查证据是违法的。(4) 关于权利要求 1 的新颖性和创造性。城建设计院认为附件 1 第 41 页公开了权利要求 1 中的全部技术特征，因此权利要求 1 不具备新颖性，更不具备创造性。渠涛认为附件 1 和本专利的技术方案、技术领域不相同，附件 1 是在原直行车道外侧再建两个车道，42 页第 2 段说明了左右分开一定距离是附件 1 不可避免的致命缺陷，而权利要求 1 恰恰避免了这一点，平面直行的两个直行行车道分离成有高程差的上下两个层面的单行行车道是挨着的，中间没有距离，附件 1 是有距离的，因此权利要求 1 具备新颖性和创造性，因为不需要分开距离，与其他匝道可以完美的结合。城建设计院认为权利要求 1 中没有限定水平拉开，匝道在权利要求 1 中没有进行限定。（5）权利要求 2、3 的新颖性和创造性。城建设计院认为权利要求 2 是要么没有地上层，要么没有地下层，所有证据都公开了没有地下层的结构，因此没有新颖性更不具备创造性，无地上层的技术方案不具备创造性，权利要求 3 仅仅是把一条车道放在地下而已，本领域技术人员可以实现本专利权利要求 3 的技术方案，因此权利要求 3 不具备创造性。渠涛认为启示显而易见的情况下才能得出统一的标准，评价专利是否具备创造性，要看是否有新的技术性，现有技术中没有任何穿入地下的启示。（6）权利要求 4 的新颖性和创造性。城建设计院认为在权利要求 1 不具备新颖性和创造性的条件下，上跨桥和下穿隧道和权利要求 1 是同一个概念，附件 1 第 16 页结合附件 1、2、5、6 王顶堤立交桥可得，与上跨桥合流的分支桥都是从中间道引出的，四个方向都是从中间分支、中间合流的，从相交道路的下穿道路流过，权利要求 4 讲的都是转弯的匝道，根据实际需要和形式的结合，本领域技术人员可以根据现有技术和相关桥结合得到，因此不具备创造性，并认为中间车道指的是靠中间的车道。渠涛认为本专利的发明点是原路口无需改变，本专利的合流都是从中间车道引出，分支变线和附件 1 不同，变线就是走 S 弯，主要的作用就是占地少，中间的车道是指匝道的出入口与中间车道连接。（7）权利要求 5 的新颖性和创造性。城建设计院认为分支桥和上跨桥的交汇在图纸中可以清楚地看出是位于上引桥的中间，长度根据地理位置的相关条件决定，根据设计要求设定，隔离物是通常的道路隔离设施，属于公知常识，在权利要求 1 不具备创造性的情况下，权利要求 5 也不具备创造性。渠涛认为采用 1/2 的比例，传统桥梁没有可能性，中间高差是两倍，占地面积不超过原路口，车速达到前所未有，本专利加隔离物不增加占地面积，上下分离各种匝道可以任意组合。（8）权利要求 6 的创造性。城建设计院认为结合附件 1 的公知技术，附件 1 封面是两个半圆的环形立交，也就说明分成半圆的环形立交非常常见，附件 1 第 29~35 页，讲的是立交桥的环形，权利要求 6 的附加技术特征本领域技术人员通过阅读王顶堤的技术是公知的，因此权利要求 6 也不具备创造性。渠涛认为附件的结合必须有清晰的脉络，半环形带来了意想不到的技术效果，环形本身是直行的通道也是环形的通道，两个方向的长度都比非互通式立交桥短，环形是公知常识，但是两者的结合没有任何的启示可以得到上下分离的技术特征。（9）权利要求 7~10 的新颖性和创造性。城建设计院认为权利要求 7 的技术特征已经被相关附件公开，不具备新颖性；附件 1、2、5、6 和长春桥完全公开了权利要求 8 的附加技术特征，因此权利要求 8 不具备新颖性和创造性；权利要求 9 匝道的设计对本领域技术人员来说是常规技术，本领域技术人员完全可以根据实际需要设计各式各样的匝道，在权利要求 1 不具备新颖性、创造性的情况下，权利要求 9 也不具备新颖性和创造性；权利要求 10 的附加技术特征在现有技术中被公开了，因此权利要求 10 不具备新颖性、创造性。渠涛认为本专利说明书明确写的是四层结构，所有的权利要求都是在原路口实现，本专利发明目的是不增加结构层次、占地，附件中是环形的，本专利权利要求 8 中是迂回式的，权利要求 9 定义的四个匝道是一种形式，四种匝道形式本身是公知常识。本专利没有苜蓿叶匝道，相关附件中苜蓿叶和定向，定向式匝道本身和环形匝道本身是本领域公知技术；三路立体交叉没有给出任何启示，对四路没有异议，原道口在本专利说明书第 5 页中段谈到了占地面积小，行车道本身代表一条路，附件 1 是分开的，中间穿过是并到一起的，本专利说明书中是四层结构，附件 1 的分离不是两条道路分离，而是局部的，长春桥是两层立交而不是三层立交。

渠涛于2007年5月25日再次向专利复审委员会提交意见陈述书及所称被控侵权立交桥图纸复印件1张和渠涛撰写的文章《城市互通式立体交叉道路》。渠涛在本案庭审中表示其同时还提交了质证意见，在第10534号决定没有提及该质证意见；但渠涛没有就此提交能够证明其还提交了质证意见的材料交接证据，亦未明确指出该质证意见对判定专利复审委员会作出第10534号决定是否违法有何影响。

渠涛于2007年8月10日再次向专利复审委员会提交意见陈述书，确认其在2006年8月9日提交的修改的权利要求书一页不是正式修改文本，应以本专利授权文本作为审查基础。

据此，专利复审委员会于2007年8月27日作出第10534号决定，宣告本专利全部无效，并于2007年10月10日向渠涛和城建设计院送达。

渠涛于2007年10月25日收到第10534号决定，于2008年1月24日以邮寄方式向本院提起行政诉讼。

在本案庭审中：渠涛表示，对于专利复审委员会在第10534号决定中有关城建设计院对本专利提起的无效宣告请求符合2001年《专利法》规定的认定，不持异议；渠涛表示，在无效宣告审查行政程序中，上述附件1~4没有全部从专利复审委员会处收到，但同时表示其无法当庭明确指出具体哪些部分没有收到。

上述事实有本专利授权公告文本、附件1和4、专利复审委员会口头审理记录表，渠涛向本院寄交起诉材料的EMS邮政特快专递信封以及当事人陈述等证据在案佐证。

本院认为：

于2008年12月27日修改的《中华人民共和国专利法》（简称2009年《专利法》）已于2009年10月1日起施行，因此本案审理涉及2001年专利法与2009年专利法之间的选择适用问题。《中华人民共和国立法法》第八十四条规定，法律、行政法规、地方性法规、自治条例和单行条例、规章不溯及既往，但为了更好地保护公民、法人和其他组织的权利和利益而作的特别规定除外。国家知识产权局据此制定了《施行修改后的专利法的过渡办法》，并于2009年10月1日起施行。对于专利权是否有效的审查，根据该过渡办法，申请日在2009年10月1日前的专利申请以及根据该专利申请授予的专利权适用2001年《专利法》的规定；申请日在2009年10月1日以后（含该日）的专利申请以及根据该专利申请授予的专利权适用2009年《专利法》的规定。本案属于专利确权行政纠纷，本专利的申请日在2009年10月1日前，因此依据《中华人民共和国立法法》第八十四条之规定，并参照上述过渡办法的相关规定，本案应审查专利复审委员会作出第10534号决定的行政行为是否符合2001年《专利法》的规定。

根据当事人争议，本案焦点如下：

（1）渠涛的起诉是否超过法定期限。

2001年《专利法》第四十六条第二款规定，对专利复审委员会宣告专利权无效或者维持专利权的决定不服的，可以自收到通知之日起3个月内向人民法院起诉。专利复审委员会作出第10534号决定后于2007年10月10日发文；渠涛在2007年10月25日收到第10534号决定后，于2008年1月24日向本院提交行政起诉状，并未超过上述法定期限。

（2）专利复审委员会是否违反法定程序。

渠涛主张专利复审委员会在审查程序中违反听证原则和合法原则、剥夺其答辩权等。经本院审查，专利复审委员会在作出第10534号决定的审查程序中，已经给予渠涛针对该决定所依据的理由、证据和认定的事实陈述意见和答辩的机会，对渠涛和城建设计院的相关理由和证据进行了分析，而且渠涛对第10534号决定“案由”部分记载的事实经过没有提出实质性的反对意见。故专利复审委员会不存在违反法定程序之处。渠涛的相关主张没有事实根据，本院不予支持。

虽然渠涛在本案庭审中提出其没有收到全部附件，但其并未否认曾收到附件 1 和 4；渠涛还提出相关附件的组合方式系由专利复审委员会提出，而不是由城建设计院提出等主张，无事实根据，且不是第 10534 号决定的事实基础，本院不予支持。至于专利复审委员会在口头审理程序中询问渠涛对城建设计院所提附件的意见，属于专利复审委员会审查证据的一个环节，并不意味着专利复审委员会将其对于证据的审查职责转移到渠涛一方，渠涛认为专利复审委员的这一审查行为违法的主张，没有法律依据，本院不予支持。

（3）专利复审委员会认定本专利权利要求 1 不具备新颖性的结论是否合法。

2001 年《专利法》第二十二条第二款规定：新颖性，是指在申请日以前没有同样的发明或者实用新型在国内外出版物上公开发表过、在国内公开使用过或者以其他方式为公众所知，也没有同样的发明或者实用新型由他人向国务院专利行政部门提出过申请并且记载在申请日以后公布的专利申请文件中。

根据本专利权利要求书公开的内容，在确定权利要求 1 所保护的技术方案时，其前序部分与特征部分是一个不可分割的整体。在本专利权利要求 1 的前序部分中记载跨线立体构造物是在“交叉路口”的“干道”上平面平行的两个直行行车道分离成有高程差的上下两个层面的上下分离车道（简称上下分离车道）；在特征部分中记载与上下分离车道相交的“干道”（简称中间穿越干道）从上下分离车道的两直行车道的中间通过。一般情况下，应当将前序部分中的“交叉路口”理解为“一个”交叉路口，而不是“两个”或“四个”彼此相邻的交叉路口。本专利授权文件中没有给出可以将该“交叉路口”理解为不止一个交叉路口的理由。因此，在确定权利要求 1 所保护的技术方案时，应当按照一般情况将其前序部分中的“交叉路口”理解为“一个”交叉路口。据此，本专利权利要求 1 组成前序部分交叉路口的干道（即上下分离车道和中间穿越干道），也只能是指车道彼此挨着的道路，而不可能存在道路上不同车道水平拉开的情况。否则，如果上下分离车道或者中间穿越干道中的任意一条可以被理解为车道水平拉开的情况，那么前序部分中的“交叉路口”就必须是指“两个”相邻的交叉路口；如果上下分离车道或者中间穿越干道同时为车道水平拉开的情况，那么前序部分中的“交叉路口”就必须是指的四个彼此相邻的交叉路口。因此，本专利权利要求 1 中由车道彼此挨着的干道中的车道上下分离而成的上下分离车道，以及中间穿越干道上的车道，不应当被理解为在水平方向上存在彼此分开的情况。综上，专利复审委员会认定本专利权利要求 1 的技术方案没有限定上下分离车道是水平挨着或是水平拉开，认定事实不清。

将附件 1 与本专利权利要求 1 进行对比，附件 1 中的复康路对应于本专利技术方案中上下分离车道，附件 1 中的红旗路对应于本专利技术方案中的中间穿越干道，两者的技术方案构成不同。由于专利复审委员会对本专利权利要求 1 技术方案的错误认定，对于附件 1 中上述复康路、红旗路水平拉开的技术特征没有认定。因此，专利复审委员会认定本专利权利要求 1 相对于附件 1 不具备新颖性的结论缺乏事实依据，显属不当。

在此基础上，专利复审委员会有关本专利权利要求 1 因不具备新颖性故也不具备创造性的认定，亦缺乏事实和法律依据。进而，专利复审委员会基于本专利权利要求 1 不具备新颖性和创造性而对本专利从属权利要求 2~10 的评价也缺，乏事实和法律依据。故专利复审委员会作出第 10534 号决定的主要证据不足，本院依法予以撤销。依据《中华人民共和国行政诉讼法》第五十四条第（二）项第 1 目之规定，本院判决如下：

撤销国家知识产权局专利复审委员会于二〇〇七年八月二十七日作出的第 10534 号无效宣告请求审查决定。

案件受理费 100 元，由被告国家知识产权局专利复审委员会负担（于本判决生效后 7 日内交纳）。

如不服本判决，各方当事人可在判决书送达之日起 15 日内，向本院递交上诉状及副本，上诉于北京市高级人民法院。

审　判　长　强刚华
代理审判员　姜庶伟
人民陪审员　刘世昌
二〇一〇年十月二十日
书　记　员　宋　晖

204

刮画纸

无效宣告请求审查决定（第10556号）

决　　定　　号　第10556号
决　　定　　日　2007年9月3日
发明创造名称　刮画纸
国 际 分 类 号　B44D 3/22，G09B 11/10
无效宣告请求人　张雪靖
专　利　权　人　王建华
专　　利　　号　02265309.0
申　　请　　日　2002年7月5日
授 权 公 告 日　2003年12月31日
合 议 组 组 长　高　雪
主　　审　　员　隋　璐
参　　审　　员　余心蕾

法　律　依　据　专利法第22条第3款
决　定　要　点

如果一项权利要求所请求保护的技术方案与对比文件相比的区别技术特征是本领域的技术人员根据现有技术的教导，不需要花费创造性劳动就能获得的，也未产生意想不到的技术效果，则该权利要求所要求保护的技术方案不具备创造性。

一、案由

本无效宣告请求涉及中华人民共和国国家知识产权局于2003年12月31日授权公告的02265309.0号的名称为“刮画纸”的实用新型专利，申请日是2002年7月5日，专利权人是王建华。本专利授权公告时的权利要求书如下：

“1. 一种刮画纸，包括白纸、颜料等，其特征在于由纸与其上印刷色彩及该色彩上覆盖油墨组成”。

针对上述实用新型专利（下称本专利），张雪靖（下称请求人）于2006年4月28日向专利复审委员会提出无效宣告请求，认为本专利不符合专利法第22条第2款、专利法实施细则第30条的规定，请求人同时提交了如下证据：

证据1：北京市21世纪教材《美术》，人民美术出版社出版，2002年5月第1版、2003年5月第2次印刷；

证据2：网络上下载的《中国环境》2000年12月6日文章《刮画——幼儿园大班环保美术活动》复印件，共2页。

请求人认为本专利权利要求1所要求保护的技术方案被证据1或2公开了，权利要求1不符合专利法有关创造性的规定。

经形式审查合格，专利复审委员会依法受理了上述无效宣告请求，并于2006年8月7日向请求人和专利权人发出无效宣告请求受理通知书，同时将专利权无效宣告请求书及其证据清单中所列证据的副本转送给专利权人，并要求专利权人在指定的期限内陈述意见。

专利权人于2006年9月12日针对受理通知书提交了意见陈述。专利权人认为本专利同证据1和证据2相比，产品结构、技术效果不同，权利要求1具备新颖性和创造性，符合专利法第22条第2款和第3款的规定。

专利复审委员会依法成立合议组。

本案合议组于2007年3月7日向双方发出无效宣告请求口头审理通知书，定于2007年4月23日在专利复审委员会举行口头审理。随同口头审理通知书，合议组将专利权人于2006年9月12日提交的意见陈述书转送给请求人。

口头审理如期举行，双方当事人均参加了口头审理。

在口头审理中，双方当事人对对方出席口头审理人员的资格及身份均无异议。对合议组成员没有回避请求。请求人明确其无效请求理由为本专利不符合专利法第22条第3款有关创造性的规定，放弃专利法第22条第2款、专利法实施细则第30条的无效理由；请求人结合证据1、2就其相应的观点进行了充分的意见陈述。专利权人对证据1的真实性无异议，对证据1的公开日期有异议，其认为证据1的公开日期非请求人主张的2002年5月。合议组告知请求人在口头审理结束后7个工作日内提交能支持其主张的证据1公开日期的相应证据。专利权人认为证据1和本专利要求保护的技术方案的结构、方法以及材料不同，本专利的技术方案是在印刷有色彩的图画纸上作画，而证据1是在涂有色彩的白纸上作画。专利权人对证据2的真实性、合法性、公开日期没有异议，但其认为证据2的技术方案、所解决的技术问题、产品结构与本专利不同，证据2也未公开涂覆油墨这一技术特征。

2007年4月29日，请求人提交了证据1的2002年5月第1版第1次印刷的版本（下称证据3）。2007年5月8日，合议组发出转文通知书，将其转送给专利权人，并要求专利权人在指定的期限内对其真实性、合法性、关联性陈述意见。

专利权人逾期没有答复。

在上述工作的基础上，合议组认为本案事实已经清楚，可以作出审查决定。

二、决定的理由

1. 证据的认定

请求人应合议组要求，在指定期限内提交了证据1的2002年5月第1版第1次印刷的版本即证据3，合议组将其转送给专利权人，要求专利权人核实其真实性、合法性、关联性，专利权人逾期没有答复。合议组经审查后认可证据3的真实性，证据3的公开日为2002年5月。因此合议组认为，证据3是公开日期早于本专利申请日的公开出版物，其中记载的内容可以作为本专利的现有技术使用。

2. 关于创造性

专利法第22条第3款规定：创造性，是指同申请日以前已有的技术相比，该发明有突出的实质性特点和显著的进步，该实用新型具有实质性特点和进步。

权利要求1要求保护“一种刮画纸，包括白纸、颜料等，其特征在于由纸与其上印刷色彩及该色彩上覆盖油墨组成”。证据3的第18~19页公开了一种刮画方法，其中第18页下方四幅图公开了作画者在白纸上用蜡笔涂上彩色颜料，然后用黑色颜料将彩色颜料全部涂覆，用木刻刀根据构思的画面将黑色颜料刮掉，显出下边的彩色颜料，刮画工具包括钉子、木刻刀、竹笔、螺丝刀等。由此可见，证据3公开了一种刮画纸，这种刮画纸是由白纸、白纸上涂覆的彩色颜料、彩色颜料上涂覆的黑色颜料构成。合议组认为：证据3公开的刮画纸制作方法形成的刮画纸的结构是白纸上用蜡笔涂覆彩色色彩，彩色色彩上覆盖黑色色彩，与权利要求1的技术方案相比，其区别技术特征在于权利要求1的刮画纸上的色彩是印刷的，色彩上覆盖的是油墨，而证据3的刮画纸的彩色颜料和覆盖其上的黑色颜料是用蜡笔涂覆的。专利权人认为蜡笔涂覆的刮画纸，存在色彩容易刮花的缺陷，而本专利则克服了这一缺陷。对此，合议组认为：为了解决色彩容易刮花的缺陷，本领域技术人员很容易想到用印刷代替用蜡笔涂覆，用油墨代替蜡笔，在印有色彩的白纸上覆盖油墨是本领域常用的技术手段。因此，本领域普通技术人员在证据3的基础上，得到权利要求1要求保护的技术方案无须花费创造性劳动，并且该权利要求请求保护的技术方案也未带来任何意料不到的技术效果。因此，权利要求1不具备创造性，不符合专利法第22条第3款的规定。

综上所述，请求人提出的无效宣告请求能够成立。

鉴于上述已得出本专利权利要求1相对于证据3不具有创造性的结论，故针对请求人提出的其他证据不再予以评述。

三、决定

宣告02265309.0号实用新型专利权无效。

当事人对本决定不服的，可以根据专利法第46条第2款的规定，自收到本决定之日起三个月内向北京市第一中级人民法院起诉。根据该款的规定，一方当事人起诉后，另一方当事人应当作为第三人参加诉讼。

北京市第一中级人民法院
行政判决书

（2007）一中行初字第1642号

原告王建华，男，1965年2月21日出生，汉族，住上海市杨浦区鞍山四村64号甲502室。

委托代理人吴干权，男，1956年3月15日出生，上海三方专利事务所专利代理人，住上海市静安区新闸路888弄140号801室。

被告国家知识产权局专利复审委员会，住所地北京市海淀区北四环西路9号银谷大厦10~12层。

法定代表人廖涛，副主任。

委托代理人隋璐，国家知识产权局专利复审委员会审查员。

委托代理人余心蕾，国家知识产权局专利复审委员会审查员。

第三人张雪靖，女，1978年2月6日出生，汉族，住北京市宣武区燕家胡同23号。

原告王建华不服被告国家知识产权局专利复审委员会（以下简称专利复审委员会）2007年9月3日作出的第10556号无效宣告请求审查决定（以下简称第10556号决定），于法定期限内向本院提起诉讼。本院于2007年11月26日受理本案后，依法组成合议庭，并依照有关法律规定通知张雪靖作为第三人参加诉讼，于2008年3月6日公开开庭进行了审理。原告王建华的委托代理人吴干权，被告专利复审委员会的委托代理人隋璐、余心蕾到庭参加了诉讼，第三人张雪靖书面向本院表示不参加开庭。本案现已审理终结。

专利复审委员会第10556号决定系就张雪靖对王建华享有的02265309.0号实用新型专利（简称本专利）所提出的无效宣告请求作出的。专利复审委员会在该决定中认定：（1）证据3是公开日期早于本专利申请日的公开出版物，其中记载的内容可以作为本专利的现有技术使用。（2）证据3与权利要求1的技术方案相比，其区别技术特征在于权利要求1的刮画纸上的色彩是印刷的，色彩上覆盖的是油墨，而证据3的刮画纸的彩色颜料和覆盖其上的黑色颜料是用蜡笔涂覆的。王建华认为蜡笔涂覆的刮画纸存在色彩容易刮花的缺陷，而本专利克服了这一缺陷。对此，专利复审委员会认为：为了解决色彩容易刮花的缺陷，本领域技术人员很容易想到用印刷代替用蜡笔涂覆，用油墨代替蜡笔，在印有色彩的白纸上覆盖油墨是本领域常用的手段。因此，本领域普通技术人员在证据3的基础上，得到权利要求1要求保护的技术方案无需花费创造性劳动，并且该权利要求请求保护的技术方案也未带来任何意料不到的技术效果。因此，权利要求1不具备创造性，不符合《中华人民共和国专利法》（以下简称《专利法》）第二十二条第三款的规定。鉴于已得出本专利权利要求1相对于证据3不具有创造性的结论，故对张雪靖提出的其他证据不再予以评述。综上，专利复审委员会作出第10556号决定，宣告本专利无效。

王建华不服，在法定期限内向本院提起行政诉讼。其诉称：（1）专利复审委员会对证据1和证据3的认定错误。证据1第3页排版日期为2002年5月第1版，2004年第3次印刷，无销售发票，不是早于本专利申请日的公开出版物，不能作为本专利申请日的公开出版物，不能作为本专利的现有技术使用。证据3的排版日期为2002年5月第1版，2002年5月第1次印刷，印刷还没有结束，如何证明杂志的公开日为2002年5月，更何况没有销售发票佐证，所以说证据3不是早于本专利申请日的公开出版物，不能作为本专利的现有技术使用。（2）专利复审委员会对技术的理解错误。1证据1和证据3第18页提供的产品结构是相同的，都是白纸。白纸上手工涂上彩色蜡笔，在彩色蜡笔上手工涂上黑色蜡笔，再使用工具进行刮画，无油墨层。其缺点有四：一是纸上的彩色蜡笔再上黑色蜡笔，两者色彩结合力差，二是利用工具刮蜡时容易造成画纸刮花，图案模糊不清，三是小朋友的手容易弄脏，四是不能产业化生产。本专利的产品结构是画纸，由三层结构构成的一张画纸，它由纸上印刷色彩及该色彩上覆盖油墨组成，然后采用竹笔进行刮画。采用竹笔进行刮画不是本专利的发明点，本专利的发明点是画纸产品结构。两者的结构明显不同，产品不能替代，专利复审委员会的判断错误。（3）本专利同现有技术相比，具有创造性。①本专利具有实质性的进步。本专利同现有技术相比，产品结构不同。本专利改变了证据1和3采用手工上色彩的工艺，增加了油墨层，拓宽了应用领域，能产业化生产，技术效果好，具有实质性特点和进步。②本专利克服了传统的技术偏见。对已印刷好的画纸进行刮画并非想象中容易的事，因为刮画时工具容易刮坏色彩层，所以始终无人问及。采用传统工艺蜡笔作画，效果不理想。因而原告从1998年开始一直到2002年7月才研制成功，解决了印刷中印刷色彩图案层耐刮的问题，才构成一项新的技术解决方案，预先是难以想到的，带来了显著的技术效果。③画纸结构比现有技术好。同现有技术相比，儿童作画不使用蜡笔，成本减少一半，刮画后的技术效果好，图像清楚，解决了蜡笔产生刮花的原因，视觉效果强。综上，原告请求人民法院依法撤销第10556号决定，维持本专利权有效。

被告专利复审委员会辩称：（1）被告在第10556号决定中并没有使用证据1作为本专利的现有技术。关于证据3的公开日期问题，《审查指南》第二部分第三章第2.1.3.1节记载的出版物的印刷日视为公开日，有其他证据证明其公开日的除外，因此在没有证据证明公开日的情况下，证据3的印刷日视为公开日，被告的认定并无不当。关于张雪靖没有提供销售发票的问题。由于证据3是教科书的原件，原告也没有对其真实性、合法性和关联性发表意见，根据《审查指南》第四部分第八章第4.1节的规定，专利复审委员会认可证据3的真实性。（2）关于创造性。第10556号决定已经有详细的论述，不再赘述。综上，被告认为，第10556号决定认定事实清楚，适用法律准确，程序合法，原告的诉讼请求不能成立。请求人民法院驳回原告的诉讼请求，维持第10556号决定。

第三人张雪靖未向本院提交书面的意见陈述。

本院经审理查明：

本案涉及国家知识产权局于2003年12月31日授权公告的名称为“刮画纸”的02265309.0号实用新型专利权（即本专利），其申请日为2002年7月5日，专利权人为王建华。本专利授权公告的权利要求书如下：

“1. 一种刮画纸，包括白纸、颜料等，其特征在于由纸与其上印刷色彩及该色彩上覆盖油墨组成。”

本专利说明书载明：“本实用新型的目的是提供一种结构新颖的刮画纸，用软性铅笔轻轻地在纸上构思画面，用特制的竹笔，将画面上的线条刮去，使画面达到意想不到的特殊效果。……本实用新型与现有技术相比，画纸里设计隐藏渐层受色效果，根据绘画规律作画，图案逼真，立体感强，培养儿童学画信心，增进儿童作画乐趣。投资少，成本低，值得推广和应用。”

针对本专利，张雪靖于2006年4月28日向专利复审委员会提出无效宣告请求，其无效理由为本专利不符合《专利法》第二十二条第三款、《中华人民共和国专利法实施细则》（以下简称《专利法实施细则》）第三十条的规定。张雪靖提交了两份证据，其中：证据1是北京市21世纪教材《美术》，人民美术出版社出版，2002年5月第1版、2003年5月第2次印刷。

2007年4月23日，专利复审委员会举行了口头审理。在口头审理中，王建华对张雪靖提交的证据1的2002年5月第1版的公开日提出异议。专利复审委员会当庭准许张雪靖在口头审理结束后7个工作日内提交证明证据1的2002年5月第1版公开日的证据。张雪靖在2007年4月29日提交了证据1的2002年5月第1版第1次印刷的版本即证据3。专利复审委员会于2007年5月8日将证据3以及转送文件通知书转送给王建华，要求其核实该证据的真实性、合法性和关联性，王建华逾期没有答复。专利复审委员会经审查后认可了证据3的真实性。

证据3封面载有“北京市21世纪教材”、“九年义务教育教材”、“北京教科院人民美术出版社合编”、“人民美术出版社”等内容。证据3的版权页载明：2002年5月第1版，2002年5月第1次印刷。证据3第18页公开了一种刮画方法，其中第18页下方的四幅图公开了作画者在白纸上用蜡笔涂上彩色颜料，然后用黑色颜料将彩色颜料全部涂覆，用木刻刀根据构思的画面将黑色颜料刮掉，显出下边的彩色颜料，刮画工具包括钉子、木刻刀、竹笔、螺丝刀等。

在本案庭审过程中，王建华主张其收到了证据3，但专利复审委员会没有要求其答复。其认为证据3的提交已经超过了1个月的举证期限，专利复审委员会程序有误。其认可证据3的真实性。

上述事实，有本专利说明书、第10556号决定、证据1、证据3、口头审理记录表、转送文件通知书以及当事人陈述等证据在案佐证。

本院认为：

1. 专利复审委员会审查程序是否有误

《专利法实施细则》第六十六条规定，在专利复审委员会受理无效宣告请求后，请求人可以在提出无效宣告请求之日起1个月内增加理由或者补充证据。逾期增加理由或者补充证据的，专利复审委员会可以不予考虑。

就本案而言，首先，证据1是《美术》一书第1版第3次印刷的版本。原告在口头审理中对该书第 1 版的最初公开日提出了异议，被告根据情况当庭准许第三人在口头审理后 7 日内提交能够证明证据 1 第 1 版第 1 次印刷时间的证据即证据 3 并无不当。其次，第三人在被告指定的期限内提交了证据 3。再次，被告已经将证据 3 连同转送文件通知书一并邮寄给了原告，原告主张其没有收到转送文件通知书没有事实依据。在此情况下，其有机会针对证据 3 陈述意见。退一步而言，即使原告没有收到转送文件通知书，也不影响其针对第三人提交的证据 3 发表意见，不会损害其权利。原告主张被告审查程序有误的主张没有事实和法律依据，本院不予支持。

2. 第 10556 号决定认定事实是否有误

根据《中华人民共和国行政诉讼法》第五条的规定，人民法院审理行政案件，对具体行政行为是否合法进行审查。

具体到本案，人民法院审查的是专利复审委员会作出的第 10556 号决定是否合法。首先，第 10556 号决定并未采纳证据 1，该证据并非专利复审委员会作出决定的依据，依法不属于本案审理的范畴。原告关于证据 1 不能作为本专利的现有技术使用的主张与本案无关，本院不予审理。其次，根据《审查指南》的规定，出版物的印刷日视为公开日，有其他证据证明其公开日的除外。印刷日只写明年月的，以所写月份的最后一日为公开日。证据 3 是一本教科书，属于专利法意义上的出版物，其印刷日期为 2002 年 5 月。根据《审查指南》的上述规定，证据 3 的公开日为 2002 年 5 月 31 日，早于本专利的申请日，可以作为评价本专利的现有技术使用。原告关于 2002 年 5 月证据 3 第一次印刷还没有结束，没有销售发票佐证，证据 3 不是早于本专利申请日的公开出版物的主张没有法律依据，本院对此不予支持。

3. 本专利是否具备创造性

根据《专利法》第二十二条第三款的规定，实用新型的创造性，是指同申请日以前已有的技术相比，该实用新型有实质性特点和进步。

本专利与证据 3 的区别在于：本专利刮画纸上的色彩是印刷的，色彩上覆盖的是油墨；证据 3 刮画纸的彩色颜料和覆盖其上的黑色颜料是用蜡笔涂覆的。本领域技术人员在证据 3 的基础上，为了解决其中用工具刮蜡时容易造成画纸刮花，图案模糊不清以及刮画人的手容易弄脏的问题，容易想到通过在白纸上印刷色彩的方式代替用蜡笔在白纸上涂覆彩色颜料。另外，在印有色彩的白纸上覆盖油墨是本领域常用技术手段。本领域的技术人员容易想到将证据 3 中通过蜡笔在彩色颜料上涂覆黑色颜料的方式用覆盖油墨的方式完成，从而得到本专利所述的技术方案。因此，本专利不具有实质性特点和进步，不符合《专利法》第二十二条第三款规定的创造性。

综上，专利复审委员会作出的第 10556 号决定认定事实清楚，适用法律正确，本院予以维持。王建华的诉讼理由不能成立，其诉讼请求本院不予支持。依照《中华人民共和国行政诉讼法》第五十四条第（一）项之规定，本院判决如下：

维持被告国家知识产权局专利复审委员会作出的第 10556 号无效宣告请求审查决定。

案件受理费 100 元，由原告王建华负担（已交纳）。

如不服本判决，各方当事人可于本判决送达之日起 15 日内，向本院提交上诉状及其副本，并交纳上诉案件受理费 100 元，上诉于北京市高级人民法院。

审　判　长　彭文毅
代理审判员　江建中
人民陪审员　唐晓君
二〇〇八年六月二十日
书　记　员　瞿文伟

北京市高级人民法院
行政判决书

（2008）高行终字第 518 号

上诉人（原审原告）王建华，男，汉族，1965 年 2 月 21 日出生，住上海市杨浦区鞍山四村 64 号甲 502 室。

委托代理人吴干权，男，汉族，1956 年 3 月 15 日出生，上海三方专利事务所专利代理人，住上海市静安区新闸路 888 弄 140 号 801 室。

被上诉人（原审被告）国家知识产权局专利复审委员会，住所地北京市海淀区北四环西路 9 号银谷大厦 10~12 层。

法定代表人廖涛，副主任。

委托代理人隋璐，国家知识产权局专利复审委员会审查员。

原审第三人张雪靖，女，汉族，1978 年 2 月 6 日出生，住北京市宣武区燕家胡同 23 号。

上诉人王建华因实用新型专利权无效行政纠纷一案，不服北京市第一中级人民法院（2007）一中行初字第 1642 号行政判决，向本院提起上诉。本院 2008 年 8 月 18 日受理本案后，依法组成合议庭进行了审理。本案现已审理终结。

北京市第一中级人民法院认定，涉案专利系国家知识产权局于 2003 年 12 月 31 日授权公告的名称为“刮画纸”的实用新型专利（以下简称本专利），专利权人为王建华。针对本专利，张雪靖于 2006 年 4 月 28 日向国家知识产权局专利复审委员会（以下简称专利复审委员会）提出无效宣告请求，其无效理由为本专利不符合《专利法》第二十二条第三款。2007 年 9 月 3 日，专利复审委员会作出第 10556 号无效宣告请求审查决定（以下简称第 10556 号决定），宣告本专利权无效。

北京市第一中级人民法院认为，证据 1 是《美术》一书第 1 版第 3 次印刷的版本，专利复审委员会根据情况当庭准许张雪靖在口头审理后七日内提交能够证明证据 1 第 1 版第 1 次印刷时间的证据即证据 3 并无不当。张雪靖在指定期限内提交了证据 3 后，专利复审委员会将证据 3 连同转送文件通知书一并邮寄给了王建华，即使王建华没有收到转送文件通知书，也不影响其针对张雪靖提交的证据 3 发表意见，不会损害其权利。本领域技术人员在证据 3 的基础上，为了解决其中用工具刮蜡时容易造成画纸刮花，图案模糊不清以及刮画人的手容易弄脏的问题，容易想到通过在白纸上印刷色彩的方式代替用蜡笔在白纸上涂覆彩色颜料。而且在印有色彩的白纸上覆盖油墨是本领域常用技术手段。因此，本专利不具有实质性特点和进步，不符合《专利法》第二十二条第三款规定的创造性。

北京市第一中级人民法院依照《中华人民共和国行政诉讼法》第五十四条第（一）项之规定，判决：维持第 10556 号决定。

王建华不服原审判决，向本院提起上诉，请求撤销原审判决及第 10556 号决定。其理由主要为：（1）原审判决对证据 1 和证据 3 的认定错误。证据 1 第 3 页排版日期为 2002 年 5 月第一版，2004 年第 3 次印刷，无销售发票，不是早于本专利申请日的公开出版物，不能作为本专利申请日的公开出版物，不能作为本专利的现有技术使用。（2）原审判决对技术的理解错误。证据 1 和证据 3 与本专利的结构明显不同，产品不能替代。（3）本专利同现有技术相比，具有创造性。本专利改变了证据 1 和 3

采用手工上色彩的工艺，增加了油墨层，拓宽了应用领域，能产业化生产，技术效果好，克服了传统的技术偏见，具有实质性特点和进步。专利复审委员会、张雪靖服从原审判决。

本院经审理查明：

本案涉及国家知识产权局于2003年12月31日授权公告的名称为“刮画纸”的02265309.0号实用新型专利权（即本专利），其申请日为2002年7月5日，专利权人为王建华。本专利授权公告的权利要求书如下：

“1. 一种刮画纸，包括白纸、颜料等，其特征在于由纸与其上印刷色彩及该色彩上覆盖油墨组成。”

本专利说明书载明：“本实用新型的目的是提供一种结构新颖的刮画纸，用软性铅笔轻轻地在纸上构思画面，用特制的竹笔，将画面上的线条刮去，使画面达到意想不到的特殊效果。……本实用新型与现有技术相比，画纸里设计隐藏浙层受色效果，根据绘画规律作画，图案逼真，立体感强，培养儿童学画信心，增进儿童作画乐趣。投资少，成本低，值得推广和应用。”

针对本专利，张雪靖于2006年4月28日向专利复审委员会提出无效宣告请求，其无效理由为本专利不符合《专利法》第二十二条第三款、《专利法实施细则》第三十条的规定。张雪靖提交了两份证据，其中：证据1是北京市21世纪教材《美术》，人民美术出版社出版，2002年5月第1版、2004年5月第3次印刷，版号：7-102-02558-0（课）。证据1第18页公开了一种刮画方法，其中第18页下方的四幅图公开了作画者在白纸上用蜡笔涂上彩色颜料，然后用黑色颜料将彩色颜料全部涂覆，用木刻刀根据构思的画面将黑色颜料刮掉，显出下边的彩色颜料，刮画工具包括钉子、木刻刀、竹笔、螺丝刀等。

2007年4月23日，专利复审委员会进行口头审理。在口头审理中，王建华对张雪靖提交的证据1的2002年5月第1版的公开日提出异议。专利复审委员会当庭准许张雪靖在口头审理结束后7个工作日内提交证明证据1的2002年5月第1版公开日的证据。张雪靖在2007年4月29日提交了证据1的2002年5月第1版第1次印刷的版本即证据3。专利复审委员会于2007年5月8日将证据3以及转送文件通知书转送给王建华，要求其核实该证据的真实性、合法性和关联性，王建华未予以答复。专利复审委员会经审查后认可了证据3的真实性。

证据3封面载有“北京市21世纪教材”、“九年义务教育教材”、“北京教科院人民美术出版社合编”、“人民美术出版社”等内容。证据3的版权页载明：2002年5月第1版，2002年5月第1次印刷，版号：7-102-02558-0/G·307（课）。证据3与证据1内容相同。

2007年9月3日，专利复审委员会作出第10556号决定。专利复审委员会在该决定中认定：1.证据3是公开日期早于本专利申请日的公开出版物，其中记载的内容可以作为本专利的现有技术使用。（2）证据3与权利要求1的技术方案相比，其区别技术特征在于权利要求1的刮画纸上的色彩是印刷的，色彩上覆盖的是油墨，而证据3的刮画纸的彩色颜料和覆盖其上的黑色颜料是用蜡笔涂覆的。王建华认为蜡笔涂覆的刮画纸存在色彩容易刮花的缺陷，而本专利克服了这一缺陷。对此，专利复审委员会认为：为了解决色彩容易刮花的缺陷，本领域技术人员很容易想到用印刷代替用蜡笔涂覆，用油墨代替蜡笔，在印有色彩的白纸上覆盖油墨是本领域常用的手段。因此，本领域普通技术人员在证据3的基础上，得到权利要求1要求保护的技术方案无须花费创造性劳动，并且该权利要求请求保护的技术方案也未带来任何意料不到的技术效果。因此，权利要求1不具备创造性，不符合《专利法》第二十二条第三款的规定。鉴于已得出本专利权利要求1相对于证据3不具有创造性的结论，故对张雪靖提出的其他证据不再予以评述。综上，专利复审委员会作出第10556号决定，宣告本专利无效。

上述事实，有本专利文件、第10556号决定、证据1、证据3、专利复审委员会口头审理记录表、转送文件通知书以及当事人陈述等证据在案佐证。

本院认为，根据《专利法》第二十二条第三款的规定，实用新型的创造性，是指同申请日以前已有的技术相比，该实用新型有实质性特点和进步。

首先，就证据而言，证据1为证据3的重印本，对此，证据1的版权页上有明确记载。按照我国出版行业的惯例，出版物的重印本是将原出版物重新印刷或加印后出版发行，内容不变，版号相同。本案中，证据1的版权页上明确记载证据1为证据3的重印本，两者共用同一版号。专利复审委员会在口头审理后接受证据3作为对比文件并无不妥。据此，原审法院关于证据3可以作为评价本专利创造性的对比文件的认定是正确的。王建华关于原审判决对证据1和证据3认定错误的上诉主张于法无据，本院不予支持。

其次，本专利与证据3的区别在于：本专利刮画纸上的色彩是印刷的，色彩上覆盖的是油墨；证据3刮画纸的彩色颜料和覆盖其上的黑色颜料是用蜡笔涂覆的。本领域技术人员在证据3的基础上，为了解决其中用工具刮蜡时容易造成画纸刮花，图案模糊不清以及刮画人的手容易弄脏的问题，容易想到通过在白纸上印刷色彩的方式代替用蜡笔在白纸上涂覆彩色颜料。另外，在印有色彩的白纸上覆盖油墨是本领域常用技术手段。本领域的技术人员容易想到将证据3中通过蜡笔在彩色颜料上涂覆黑色颜料的方式用覆盖油墨的方式完成，从而得到本专利所述的技术方案。因此，本专利不具有实质性特点和进步，不符合《专利法》第二十二条第三款规定的创造性。王建华关于本专利具有创造性的上诉主张不能成立，本院不予支持。

综上所述，原审判决认定事实清楚，适用法律正确。王建华的上诉主张不能成立，本院不予支持。依照《中华人民共和国行政诉讼法》第六十一条第一款第（一）项之规定，判决如下：

驳回上诉，维持原判。

一审案件受理费100元，由王建华负担（已交纳）；二审案件受理费100元，由王建华负担（已交纳）。

本判决为终审判决。

审　判　长　刘　辉
代理审判员　岑宏宇
代理审判员　焦　彦
二〇〇八年九月十九日
书　记　员　耿巍巍
书　记　员　陈　明

205

多功能槽型龙骨

无效宣告请求审查决定（第10557号）

决　定　号 第10557号
决　定　日 2007年8月29日
发明创造名称 多功能槽型龙骨
国际分类号 E04B 2/74
无效宣告请求人 何　梅
专　利　权　人 广州金鹏实业有限公司
专　利　号 97210253.1
申　请　日 1997年5月7日
授权公告日 1998年5月27日
合议组组长 李广峰
主　审　员 赵　明
参　审　员 刘　犟

法律依据 专利法实施细则第21条第2款
决定要点
判断某一个技术特征是否为必要技术特征，应当从所要解决的技术问题出发并考虑说明书描述的整体内容，不应简单地将实施例中的技术特征直接认定为必要技术特征。

一、案由

本无效宣告请求涉及中华人民共和国国家知识产权局于1998年5月27日授权公告的、名称为“多功能槽型龙骨”的实用新型专利权（以下简称本专利），其专利号是97210253.1，申请日是1997年5月7日，专利权人是广州金鹏实业有限公司。本专利授权公告的权利要求书如下：

“1. 多功能槽型龙骨，其特征在于所述的槽型龙骨中有含扣槽（2）的主龙骨，含与主龙骨上的扣槽配合的槽扣（4）的副龙骨，副龙骨通过其上的槽扣与主龙骨上的扣槽扣合而使主、副龙骨扣接。

2. 如权利要求1所述的多功能槽型龙骨，其特征在于所述的扣槽（2）的形状为燕尾状。

3. 如权利要求1所述的多功能槽型龙骨，其特征在于所述的主龙骨和副龙骨两底面（5、6）相顺呈‘十’字扣接。

4. 如权利要求1所述的多功能槽型龙骨，其特征在于所述的主龙骨和副龙骨两底面（5、6）在同一平面上。”

针对本专利权，何梅于2006年6月22日向专利复审委员会提出无效宣告请求，认为本专利权利要求1不符合专利法实施细则第21条第2款、第22条第1款的规定，权利要求2不符合专利法实施细则第21条第3款的规定，权利要求4不符合专利法实施细则第22条第3款的规定。请求人同时提交了如下附件：

附件1：本专利的专利说明书；

附件2：贵州省贵阳市中级人民法院（2005）筑民三初字第33号民事判决书复印件，共8页；

附件3：贵州省高级人民法院（2005）黔高民二终字第82号民事判决书复印件，共9页；

附件4：授权公告日为1997年1月22日、授权公告号为CN2245639Y（专利号为95220758.3）的中国实用新型专利说明书复印件，共11页；

附件5：所称请求人涉讼的答辩状，共13页；

附件6：专利复审委员会第3527号无效宣告请求审查决定书复印件，共8页；

附件7：专利复审委员会第6598号无效宣告请求审查决定书复印件，共7页；

附件8：专利复审委员会案卷编号为W507121号无效宣告请求受理通知书复印件，共5页；

附件9：贵阳市中级人民法院（2006）筑民三初字第10号应诉通知书复印件，1页。

请求人认为：本专利权利要求1缺少必要技术特征，不符合专利法实施细则第21条第2款的规定，权利要求整体不符合专利法实施细则第22条的有关规定。

经形式审查合格，专利复审委员会依法受理了上述无效宣告请求，并于2006年8月24日向请求人和专利权人发出无效宣告请求受理通知书，同时将专利权无效宣告请求书及其附件清单中所列附件的副本转送给专利权人，并要求专利权人在指定的期限内陈述意见。

针对专利复审委员会发出的上述无效宣告请求受理通知书，专利复审委员会于2006年9月26日收到了专利权人提交的意见陈述书及以下附件：

反证1：专利复审委员会第8058号无效宣告请求审查决定书复印件，共5页。

专利权人认为：请求人没有提供任何新证据来否定本专利的新颖性、创造性，其所提交的证据属于重复证据或无效证据，请求复审委员会驳回无效宣告请求。

专利复审委员会依法成立合议组。

本案合议组于2006年11月7日向双方发出无效宣告请求口头审理通知书，定于2006年12月12日在专利复审委员会举行口头审理。随同口头审理通知书，将专利复审委员会于2006年9月26日收到的专利权人提交的意见陈述书及其附件清单中所列附件的副本转送给请求人。

口头审理如期举行，双方当事人均参加了口头审理。

在口头审理中，请求人明确其无效请求的理由为本专利权利要求1不符合专利法实施细则第21条第2款的规定；专利权人对附件1~9的真实性没有异议，请求人对反证1的真实性没有异议；合议组告知请求人专利法实施细则第22条第1款、第3款以及第21条第3款不属于专利法实施细则第64条第2款规定的无效宣告理由，因此不予考虑。

至此，合议组认为本案事实已经清楚，可以作出审查决定。

二、决定的理由

专利法实施细则第21条第2款规定，独立权利要求应当从整体上反映发明或者实用新型的技术方案，记载解决技术问题的必要技术特征。

判断某一项技术特征是否为必要技术特征，应当从所要解决的技术问题出发并考虑说明书描述的整体内容，不应简单地将实施例中的技术特征直接认定为必要技术特征。

请求人认为本专利独立权利要求1没有记载“主龙骨与副龙骨两底面在同一平面上”这一技术

特征，该技术特征为权利要求 1 要求保护的技术方案的必要技术特征，因此本专利的权利要求 1 不符合专利法实施细则第 21 条第 2 款的规定。

合议组认为，必要技术特征是指一项专利为解决其技术问题所不可缺少的技术特征，其总和足以构成该项专利的技术方案，使之区别于背景技术中所述的其他技术方案。

本专利的发明目的是针对现有轻钢龙骨“［”型和“［］”配合存在主、副龙骨配合不合理，副件多；“Π”型和“［］”配合存在主龙骨没有直接与装饰板贴合面贴合，龙骨面利用率不高，平整度差、安装不方便等缺陷，提供一种龙骨整体性强，贴合面大，平整度高，结构简单，美观，线条清晰，龙骨面利用率高的多功能槽型龙骨。

为了实现上述发明目的，本专利权利要求 1 限定的技术方案由以下技术特征组成：（1）主龙骨含有扣槽；（2）副龙骨含有与主龙骨上的扣槽配合的槽扣；（3）副龙骨通过其上的槽扣与主龙骨上的扣槽扣合；（4）主、副龙骨扣接。本专利通过副龙骨上的槽扣与主龙骨上的扣槽扣合而使主、副龙骨扣接，根据专利复审委员会第 6598 号无效宣告请求审查决定中的认定，本专利的这种连接无活动余地，副龙骨不会相对主龙骨上下移动，使得龙骨整体性强，在受力极限范围内，主、副龙骨呈扣紧趋势。因此，独立权利要求 1 中记载的上述技术特征的总和所构成的技术方案，足以实现本专利的发明目的，因此，权利要求 1 的撰写符合专利法实施细则第 21 条第 2 款的规定。

关于请求人认为权利要求 1~3 均被附件 4 公开，所以权利要求 4 中的“主龙骨与副龙骨两底面在同一平面上”为独立权利要求 1 要求保护的技术方案的必要技术特征的理由，合议组认为，该技术特征是对权利要求 1 中主、副龙骨扣接后的进一步限定，是本专利的实施例或优选的实施方式。而本专利通过副龙骨上的槽扣与主龙骨上的扣槽扣合而使主、副龙骨扣接，足以实现本专利的发明目的，因此不能简单地将该技术特征认定为必要技术特征。

因此，合议组认为本专利不符合实施细则第 21 条第 2 款的无效理由不能成立。

根据以上事实和理由，本案合议组作出如下审查决定。

三、决定

维持 97210253.1 号实用新型专利权有效。

当事人对本决定不服的，可以根据专利法第 46 条第 2 款的规定，自收到本决定之日起 3 个月内向北京市第一中级人民法院起诉。根据该款的规定，一方当事人起诉后，另一方当事人应当作为第三人参加诉讼。

北京市第一中级人民法院
行政判决书

（2008）一中行初字第 291 号

原告何梅，女，1958 年 3 月 30 日出生，汉族，贵阳南明幼亚装饰材料经营部一门市经营者，住贵州省贵阳市南明区青年路 131 号。

委托代理人陈忠俊，男，贵阳中工知识产权代理事务所专利代理人。

委托代理人何幼农，男，1956 年 5 月 4 日出生，汉族，贵州柯特板业有限公司工程师，住贵州省贵阳市云岩公园路 15 号 7 单元附 9 号。

被告国家知识产权局专利复审委员会，住所地北京市海淀区北四环西路 9 号银谷大厦。

法定代表人廖涛，副主任。

委托代理人王冬，男，国家知识产权局专利复审委员会审查员。

委托代理人杜微科，男，国家知识产权局专利复审委员会审查员。

第三人广州金鹏实业有限公司。

原告何梅不服被告国家知识产权局专利复审委员会作出的第10557号无效宣告请求审查决定（以下简称第10557号决定），向本院提起行政诉讼。本院受理后，依法组成合议庭，在法定期限内向被告送达了起诉书副本及应诉通知书。

依照《中华人民共和国行政诉讼法》第二十七条的规定，本院通知广州金鹏实业有限公司作为第三人参加诉讼，并于2008年3月28日公开开庭审理了本案。原告的委托代理人陈忠俊、何幼农，被告的委托代理人王冬、杜微科到庭参加了诉讼。经本院传唤，第三人未到庭参加诉讼。本案现已审理终结。

2007年8月29日，被告作出第10557号决定，认为名称为“多功能槽型龙骨”的97210253.1号实用新型专利（以下简称本专利）权利要求1的撰写符合《中华人民共和国专利法实施细则》（以下简称《专利法实施细则》）第二十一条第二款的规定，故决定维持本专利有效。

在法定举证期限内，被告为证明被诉决定的合法性向本院提交了下列证据：1. 本专利说明书；2. 口头审理记录表。

原告诉称：首先，根据《中华人民共和国专利法》（以下简称《专利法》）第二十六条第四款的规定，权利要求书应当以说明书为依据，说明专利保护的范围。本专利说明书中唯一的实施例只能支持权利要求4的保护范围。权利要求1、2未将附图中的技术特征作为必要技术特征，不能得到说明书的支持。且其所具有的技术特征包含了现有技术，亦不具备新颖性，不能作为权利要求提出。其次，权利要求的必要技术特征是参照说明书得来的，本专利说明书已经明确记载附图是用来支持权利要求1，因此，附图所示方案的技术特征应当属于必要技术特征，而不是特例。且说明书记载的本发明有益的技术效果均是在权利要求4存在的前提下才能成立，由此说明权利要求1缺少必要的技术特征。最后，第10557号决定与最高人民法院《专利侵权判定若干问题的意见（试行）》第八、九条规定的精神也是背道而驰的，致使第三人根据保护过宽的权利要求进行维权时，严重损害了公众利益。综上所述，请求法院依法撤销第10557号决定，并判令被告承担本案诉讼费用。

在法定举证期限内，原告为支持其诉讼主张向本院提交了下列证据：（1）本专利说明书；（2）名称为“石膏天花板轻钢架的暗架”的第95220758.3号实用新型专利说明书复印件；（3）原告的无效宣告请求书；（4）青钢金属建材（上海）有限公司“直卡式暗架龙骨系列”宣传手册以及第三人产品介绍；（5）产品的模型。

被告辩称：判断一个技术特征是否是必要技术特征，与权利要求是否符合《专利法》第二十六条第四款以及是否具备新颖性没有必然的联系。而是应当从所要解决的技术问题出发并考虑说明书描述的整体内容，不应当简单地将实施例中的技术特征直接认定为必要的技术特征。关于本专利权利要求1是否符合《专利法实施细则》第二十一条第二款规定的具体理由，在第10557号决定中已经详细进行了论述，我委仍然坚持决定中的认定意见，在此不再赘述。综上所述，第10557号决定认定事实清楚、适用法律正确，程序合法，审查结论正确。故请求法院判决予以维持。

第三人未向本院陈述意见，亦未在法定举证期限内向本院提交证据。

经庭审质证，原告对被告提交证据的关联性、合法性、真实性均没有异议，但是不同意被告主张的证据的证明作用。被告对原告提交的证据1~3的关联性、合法性、真实性没有异议，但不同意原告主张的上述证据的证明作用。被告认为原告提交的其他证据未在无效审查程序中提交，亦不是被诉决定作出的依据。

本院经审查认为，被告提交的证据及原告提交的证据1~3与第10557号决定的合法性审查有关，亦符合证据合法性、真实性的要求，能够证明案件的相关事实，本院对上述证据均予以采纳。原告提交的证据4系在诉讼中新提交的证据，属于最高人民法院《关于行政诉讼证据若干问题的规定》第五十九条规定的情形；证据5系原告自己根据本专利说明书制作的产品演示模型，不能作为评价本专利是否符合《专利法实施细则》第二十一条第二款规定的依据，本院对上述两份证据均不予采纳。

根据上述确认的有效证据以及当事人当庭无争议的陈述，本院认定事实如下：

1997年5月7日，第三人向国家知识产权局提出名称为“多功能槽型龙骨”的97210253.1号实用新型专利申请。1998年5月27日，国家知识产权局授予其专利权，即本专利。本专利授权公告的权利要求书如下：

“1. 多功能槽型龙骨，其特征在于所述的槽型龙骨中有含扣槽（2）的主龙骨，含与主龙骨上的扣槽配合的槽扣（4）的副龙骨，副龙骨通过其上的槽扣与主龙骨上的扣槽扣合而使主、副龙骨扣接。

2. 如权利要求1所述的多功能槽型龙骨，其特征在于所述的扣槽（2）的形状为燕尾状。

3. 如权利要求1所述的多功能槽型龙骨，其特征在于所述的主龙骨和副龙骨两底面（5、6）相顺呈‘十’字扣接。

4. 如权利要求1所述的多功能槽型龙骨，其特征在于所述的主龙骨和副龙骨两底面（5、6）在同一平面上。”

2006年6月22日，原告以本专利权利要求1不符合专利法《专利法实施细则》第二十一条第二款、第二十二条第一款的规定，权利要求2不符合《专利法实施细则》第二十一条第三款的规定，权利要求4不符合《专利法实施细则》第二十二条第三款的规定为由，向被告提出无效宣告请求，同时提交了9份附件作为支持其无效理由的证据。被告受理该无效宣告请求后，将有关文件转送第三人，并于2006年12月12日举行了口头审理。在口头审理中，原告明确其无效请求的理由为本专利权利要求1不符合《专利法实施细则》第二十一条第二款的规定。

被告经审查认为，《专利法实施细则》第二十一条第二款规定，独立权利要求应当从整体上反映发明或者实用新型的技术方案，记载解决技术问题的必要技术特征。判断某一项技术特征是否为必要技术特征，应当从所要解决的技术问题出发并考虑说明书描述的整体内容，不应简单地将实施例中的技术特征直接认定为必要技术特征。必要技术特征是指一项专利为解决其技术问题所不可缺少的技术特征，其总和足以构成该项专利的技术方案，使之区别于背景技术中所述的其他技术方案。

本专利的发明目的是针对现有轻钢龙骨“［”型和“［］”配合存在主、副龙骨配合不合理，副件多；“Π”型和“［］”配合存在主龙骨没有直接与装饰板贴合面贴合，龙骨面利用率不高，平整度差、安装不方便等缺陷，提供一种龙骨整体性强，贴合面大，平整度高，结构简单，美观，线条清晰，龙骨面利用率高的多功能槽型龙骨。为了实现上述发明目的，本专利权利要求1限定的技术方案由以下技术特征组成：（1）主龙骨含有扣槽；（2）副龙骨含有与主龙骨上的扣槽配合的槽扣；（3）副龙骨通过其上的槽扣与主龙骨上的扣槽扣合；（4）主、副龙骨扣接。本专利通过副龙骨上的槽扣与主龙骨上的扣槽扣合而使主、副龙骨扣接，根据被告第6598号无效宣告请求审查决定中的认定，本专利的这种连接无活动余地，副龙骨不会相对主龙骨上下移动，使得龙骨整体性强，在受力极限范围内，主、副龙骨呈扣紧趋势。因此，独立权利要求1中记载的上述技术特征的总和所构成的技术方案，足以实现本专利的发明目的，因此，权利要求1的撰写符合《专利法实施细则》第二十一条第二款的规定。权利要求4中的“主龙骨与副龙骨两底面在同一平面上”的技术特征是对权利要求1中主、副龙骨扣接后的进一步限定，是本专利的实施例或优选的实施方式。而本专利通过副龙骨上的槽扣与主龙骨上的扣槽扣合而使主、副龙骨扣接，足以实现本专利的发明目的，因此不能简单地将该技术特征认定为必要技术特征。

根据上述的事实和理由，被告作出第10557号决定，维持本专利权有效。原告不服该决定，向本院提起行政诉讼。

本院认为，根据《专利法实施细则》第二十一条第二款规定，独立权利要求应当从整体上反映发明或者实用新型的技术方案，记载解决技术问题的必要技术特征。参照《审查指南》第二部分第二章第3.2.1节的规定，必要技术特征是指一项专利为解决其技术问题所不可缺少的技术特征，其总和足以构成该项专利的技术方案，使之区别于背景技术中所述的其他技术方案。本专利所要解决的技术问题是主、副龙骨配合不合理，副件多；主龙骨没有直接与装饰板贴合面贴合，龙骨面利用率不高，平整度差、安装不方便等问题。权利要求1所记载的技术特征的整体已构成了解决该技术问题的完整的技术方案，并和说明书记载的背景技术中其他技术方案相区别。第10557号决定认定本专利权利要求1符合《专利法实施细则》第二十一条第二款的规定正确。原告认为，权利要求1所保护的技术方案由于缺少了“主龙骨与副龙骨两底面在同一平面上”这一技术特征，因此不能解决主龙骨与装饰面贴合的问题。并以此为由主张权利要求1缺少必要技术特征。因本专利所解决的主龙骨与装饰面贴合的问题并不是要求达到一定面积或范围上的“贴合”，本专利通过主、副龙骨上的扣槽与槽扣的扣合使主、副龙骨扣接，足以实现本专利的发明目的，说明书附图中所示的技术方案，即“主龙骨与副龙骨两底面在同一平面上”仅仅是能达到贴合面最佳的优选方案，因此，原告关于权利要求1缺乏必要技术特征的诉讼主张依据不足，本院不予采信。综上，第10557号决定认定事实清楚，适用法律正确，审查程序合法，本院予以维持。原告的诉讼请求均缺乏事实和法律依据，本院不予支持。据此，依照《中华人民共和国行政诉讼法》第五十四条第（一）项的规定，判决如下：

维持被告国家知识产权局专利复审委员会于二〇〇七年八月二十九日作出的第10557号无效宣告请求审查决定。

案件受理费100元，由原告何梅负担（已交纳）。

如不服本判决，可在判决书送达之日起15日内向本院递交上诉状，并按对方当事人的人数提出副本，上诉于北京市高级人民法院。上诉人在接到人民法院预交诉讼费的通知后7日内未预交，又不提出缓交申请的，按自动撤回上诉处理。

审　判　长　张　杰
代理审判员　何君慧
人民陪审员　陈　辉
二〇〇八年六月二十日
书　记　员　李　智

北京市高级人民法院
行政判决书

（2008）高行终字第704号

上诉人（一审原告）何梅，女，1958年3月30日出生，汉族，贵阳南明幼亚装饰材料经营部一门市经营者，住贵州省贵阳市南明区青年路131号。

委托代理人何幼农，男，1956年5月4日出生，汉族，贵州柯特板业有限公司工程师，住贵州省贵阳市云岩公园路15号7单元附9号。

委托代理人何剑华，男，1973年1月25日出生，汉族，自由职业者，住北京市海淀区西王庄小区14楼5门601号。

被上诉人（一审被告）国家知识产权局专利复审委员会，住所地北京市海淀区北四环西路9号银谷大厦。

法定代表人廖涛，副主任。

委托代理人王冬，男，国家知识产权局专利复审委员会审查员。

委托代理人杜微科，男，国家知识产权局专利复审委员会审查员。

被上诉人（一审第三人）广州金鹏实业有限公司。

上诉人何梅因专利无效宣告请求审查决定一案，不服北京市第一中级人民法院（2008）一中行初字第291号行政判决，向本院提起上诉。本院依法组成合议庭公开开庭审理了本案。上诉人何梅及其委托代理人何剑华、何幼农，被上诉人国家知识产权局专利复审委员会的委托代理人杜微科出庭参加了诉讼。经本院传唤，被上诉人广州金鹏实业有限公司未到庭参加诉讼。本案现已审理终结。

国家知识产权局专利复审委员会（以下简称专利复审委）根据何梅的无效宣告请求，对广州金鹏实业有限公司的名称为“多功能槽型龙骨”的97210253.1号实用新型专利（以下简称本专利）进行审查。2007年8月29日，专利复审委依据《中华人民共和国专利法实施细则》（以下简称《专利法实施细则》）第二十一条第二款的规定，作出第10557号无效宣告请求审查决定（以下简称第10557号决定），维持本专利有效。何梅不服，向北京市第一中级人民法院（以下简称一审法院）提起行政诉讼。

一审法院判决认定，本专利所要解决的技术问题是主、副龙骨配合不合理，副件多；主龙骨没有直接与装饰板贴合面贴合，龙骨面利用率不高，平整度差、安装不方便等问题。权利要求1所记载的技术特征的整体已构成了解决该技术问题的完整的技术方案，并和说明书记载的背景技术中其他技术方案相区别。第10557号决定认定本专利权利要求1符合《专利法实施细则》第二十一条第二款的规定正确。原告认为，权利要求1所保护的技术方案由于缺少了“主龙骨与副龙骨两底面在同一平面上”这一技术特征，因此不能解决主龙骨与装饰面贴合的问题。并以此为由主张权利要求1缺少必要技术特征。因本专利所解决的主龙骨与装饰面贴合的问题并不是要求达到一定面积或范围上的贴合，本专利通过主、副龙骨上的扣槽与槽扣的扣合使主、副龙骨扣接，足以实现本专利的发明目的，说明书附图中所示的技术方案，即“主龙骨与副龙骨两底面在同一平面上”仅仅是能达到贴合面最佳的优选方案，因此，原告关于权利要求1缺乏必要技术特征的诉讼主张依据不足，不予采信。综上，第10557号决定认定事实清楚，适用法律正确，审查程序合法，应予维持。原告的诉讼请求缺乏事实和法律依据，不予支持。依照《中华人民共和国行政诉讼法》第五十四条第（一）项的规定，判决维持专利复审委作出的第10557号决定。

何梅不服一审判决，提出上诉。诉称，一审法院维持专利复审委作出的第10557号决定是错误的。根据《中华人民共和国专利法》（以下简称《专利法》）第二十六条第四款的规定，权利要求书应当以说明书为依据，说明专利保护的范围。从本专利的说明书中可以得知本专利的技术背景，从该技术背景可以看出本专利是在现有技术的基础上发展而来的。本专利主要是解决龙骨的贴合面大，龙骨利用率高的问题。如果不是这样，则本专利就没有新颖性。本专利权利要求1是现有技术的必要技术特征，本专利却也将其作为必要技术特征来用，给市场带来了混乱。一审判决认为本专利说明书附图中所示的技术方案，即“主龙骨与副龙骨两底面在同一平面上”仅仅是能达到贴合面最佳的优选方案是错误的，本专利中主龙骨与副龙骨两底面在同一平面上不是特例，而是唯一的，本专利经过修改还可以成立。本专利权利要求1、2是不能成立的。故请求二审法院依法撤销一审判决和第10557号决定，由被上诉人承担一、二审诉讼费用。

专利复审委答辩认为，判断一个技术特征是否是必要技术特征，应当从所要解决的技术问题出发并考虑说明书描述的整体内容，不应当简单地将实施例中的技术特征直接认定为必要的技术特征。本专利独立权利要求1中记载的技术特征的总和所构成的技术方案，足以实现本专利的发明目的，而“主龙骨与副龙骨两底面在同一平面上”仅仅是能够达到贴合面最佳的优选方案，本专利权利要求1的撰写符合《专利法实施细则》第二十一条第二款规定。综上，一审判决认定事实清楚，适用法律正确，审理程序合法，请求依法驳回上诉，维持一审判决。

广州金鹏实业有限公司未向本院陈述意见，亦未在法定举证期限内向法院提交证据。

一审法院审理期间，专利复审委向法院提交了以下证据材料：（1）本专利说明书；（2）口头审理记录表。何梅向法院提交了以下证据材料：（1）本专利说明书；（2）名称为“石膏天花板轻钢架的暗架”的第95220758.3实用新型专利说明书复印件；（3）何梅的无效宣告请求书；（4）青钢金属建材（上海）有限公司“直卡式暗架龙骨系列”宣传手册以及第三人产品介绍；（5）产品的模型。

一审法院经审查，认为专利复审委提交的证据及何梅提交的证据1~3与第10557号决定的合法性审查有关，亦符合证据合法性、真实性的要求，能够证明案件的相关事实，对上述证据均予以采纳。何梅提交的证据4系在诉讼中新提交的证据，属于最高人民法院《关于行政诉讼证据若干问题的规定》第五十九条规定的情形；证据5系何梅自己根据本专利说明书制作的产品演示模型，不能作为评价本专利是否符合《专利法实施细则》第二十一条第二款规定的依据，对上述两份证据均不予采纳。

上述证据均随案移送本院，经审查，本院认可一审法院的认证意见，予以确认。

本院根据合法有效的证据及当事人的有关陈述，确认如下事实：本专利是名称为“多功能槽型龙骨”的97210253.1号实用新型专利，其申请日是1997年5月7日，授权公告日为1998年5月27日，专利权人为广州金鹏实业有限公司。

本专利授权公告的权利要求书如下：

“1. 多功能槽型龙骨，其特征在于所述的槽型龙骨中有含扣槽（2）的主龙骨，含与主龙骨上的扣槽配合的槽扣（4）的副龙骨，副龙骨通过其上的槽扣与主龙骨上的扣槽扣合而使主、副龙骨扣接。

2. 如权利要求1所述的多功能槽型龙骨，其特征在于所述的扣槽（2）的形状为燕尾状。

3. 如权利要求1所述的多功能槽型龙骨，其特征在于所述的主龙骨和副龙骨两底面（5、6）相顺呈‘十’字扣接。

4. 如权利要求1所述的多功能槽型龙骨，其特征在于所述的主龙骨和副龙骨两底面（5、6）在同一平面上。”

2006年6月22日，何梅以本专利权利要求1不符合《专利法实施细则》第二十一条第二款、第二十二条第一款的规定，权利要求2不符合《专利法实施细则》第二十一条第三款的规定，权利要求4不符合《专利法实施细则》第二十二条第三款的规定为由，向专利复审委提出无效宣告请求，同时提交了9份附件作为支持其无效理由的证据。专利复审委受理该无效宣告请求后，将有关文件转送广州金鹏实业有限公司，并于2006年12月12日举行了口头审理。在口头审理中，何梅明确其无效请求的理由为本专利权利要求1不符合《专利法实施细则》第二十一条第二款的规定。

专利复审委经审查认为，《专利法实施细则》第二十一条第二款规定，独立权利要求应当从整体上反映发明或者实用新型的技术方案，记载解决技术问题的必要技术特征。判断某一项技术特征是否为必要技术特征，应当从所要解决的技术问题出发并考虑说明书描述的整体内容，不应简单地将实施例中的技术特征直接认定为必要技术特征。必要技术特征是指一项专利为解决其技术问题所不可缺少的技术特征，其总和足以构成该项专利的技术方案，使之区别于背景技术中所述的其他技术方案。

本专利的发明目的是针对现有轻钢龙骨“［”型和“［］”配合存在主、副龙骨配合不合理，副件多；“Π”型和“［］”配合存在主龙骨没有直接与装饰板贴合面贴合，龙骨面利用率不高，平整度差、安装不方便等缺陷，提供一种龙骨整体性强，贴合面大，平整度高，结构简单，美观，线条清晰，龙骨面利用率高的多功能槽型龙骨。为了实现上述发明目的，本专利权利要求1限定的技术方案由以下技术特征组成：（1）主龙骨含有扣槽；（2）副龙骨含有与主龙骨上的扣槽配合的槽扣；（3）副龙骨通过其上的槽扣与主龙骨上的扣槽扣合；（4）主、副龙骨扣接。本专利通过副龙骨上的槽扣与主龙骨上的扣槽扣合而使主、副龙骨扣接，根据专利复审委第6598号无效宣告请求审查决定中的认定，本专利的这种连接无活动余地，副龙骨不会相对主龙骨上下移动，使得龙骨整体性强，在受力极限范围内，主、副龙骨呈扣紧趋势。因此，本专利独立权利要求1中记载的上述技术特征的总和所构成的技术方案，足以实现本专利的发明目的，因此，权利要求1的撰写符合《专利法实施细则》第二十一条第二款的规定。权利要求4中的“主龙骨与副龙骨两底面在同一平面上”的技术特征是对权利要求1中主、副龙骨扣接后的进一步限定，是本专利的实施例或优选的实施方式。而本专利通过副龙骨上的槽扣与主龙骨上的扣槽扣合而使主、副龙骨扣接，足以实现本专利的发明目的，因此不能简单地将该技术特征认定为必要技术特征。

根据上述的事实和理由，2007年8月29日，专利复审委作出第10557决定，维持本专利有效，并向何梅和广州金鹏实业有限公司送达。何梅不服，在法定期限内，向北京市第一中级人民法院提起行政诉讼。

本院认为，《专利法实施细则》第二十一条第二款明确规定，独立权利要求应当从整体上反映发明或者实用新型的技术方案，记载解决技术问题的必要技术特征。参照《审查指南》第二部分第二章第3.2.1节的规定，必要技术特征是指一项专利为解决其技术问题所不可缺少的技术特征，其总和足以构成该项专利的技术方案，使之区别于背景技术中所述的其他技术方案。

本案中，本专利是名称为“多功能槽型龙骨”的实用新型专利，为了克服现有龙骨主、副龙骨配合不合理，副件多；主龙骨没有直接与装饰板贴合面贴合，龙骨面利用率不高，平整度差、安装不方便等问题，而提供一种龙骨整体性强，贴合面大，平整度高，结构简单，美观，线条清晰，龙骨面利用率高的多功能槽型龙骨。为了实现以上发明目的，本专利权利要求1限定的技术方案由四个技术特征组成，这些技术特征的整体已构成了解决该技术问题的完整的技术方案，并和说明书记载的背景技术中其他技术方案相区别。本专利的这种连接无活动余地，副龙骨不会相对主龙骨上下移动，使得龙骨整体性强，在受力极限范围内，主、副龙骨呈扣紧趋势。本专利独立权利要求 1 中记载的技术特征的总和所构成的技术方案，足以实现本专利的发明目的，因此，权利要求 1 的撰写符合《专利法实施细则》第二十一条第二款的规定。对此，本院确认专利复审委维持本专利有效的认定理由。

综上，专利复审委作出的第 10557 号决定认定事实清楚，适用法律正确，行政程序合法。一审判决维持第 10557 号决定正确。何梅的上诉请求缺乏事实和法律依据，本院不予支持。依据《中华人民共和国行政诉讼法》第六十一条第（一）项的规定，判决如下：

驳回上诉，维持一审判决。

二审案件受理费人民币 100 元，由上诉人何梅负担（已交纳）。

本判决为终审判决。

审　判　长　程　琥
代理审判员　马　军
代理审判员　景　滔
二〇〇八年十二月十九日
书　记　员　王　芳

水力自控无阀过滤机

无效宣告请求审查决定（第 10567 号）

决　　定　　号　第 10567 号
决　　定　　日　2007 年 9 月 18 日
发明创造名称　水力自控无阀过滤机
国 际 分 类 号　B01D 36/00
无效宣告请求人　北京市沃奇新德水处理设备开发有限责任公司
专　利　权　人　周　岚
专　　利　　号　200420070472. 6
申　　请　　日　2004 年 8 月 27 日
授 权 公 告 日　2005 年 8 月 24 日
合 议 组 组 长　朱文广
主　　审　　员　王　森
参　　审　　员　郭建强

法　律　依　据　专利法第 22 条第 2 款、第 3 款
决　定　要　点

如果在一项专利的申请日以前、在国内公开使用过的设备的结构与该专利请求保护的技术方案不同，则该专利具备新颖性。

判断实用新型是否具有实质性特点就是要判断对本领域的技术人员来说，要求保护的实用新型相对于现有技术是否显而易见。

一、案由

本无效宣告请求涉及中华人民共和国国家知识产权局于 2005 年 8 月 24 日授权公告的、名称为“水力自控无阀过滤机”的实用新型专利权（以下简称本专利），其专利号是 200420070472. 6，申请日是 2004 年 8 月 27 日，专利权人是周岚。本专利授权公告时的权利要求书如下：

“1. 水力自控无阀过滤机，包括原水分配罐、过滤罐、主虹吸管和辅助虹吸管，过滤罐整齐排列，围成区域上方放置原水分配罐，原水分配罐中设置与过滤罐数目相同的进水分配槽，通过过滤罐进水管连通过滤罐，其特征是：原水分配罐（4）的上方设置与过滤罐数目相同的的虹吸加强管（7）和分流管（5），虹吸加强管一端与辅助虹吸管（15）上管相连，另一端接至原水分配罐的内筒（11）中，虹吸加强管的形成及破坏管（10）与主虹吸管的抽气管（17）连通；分流管一端接入原水分配罐的内筒中，另一端接至过滤罐的清水箱的正常工作水位以下，分流管的形成管（8）与主虹吸管的

破坏管（9）相连，分流管的破坏管（6）接至破坏斗（3）中。

2. 根据权利要求1所述的水力自控无阀过滤机，其特征是：辅助虹吸管（15）的下管管径比上管管径粗，主虹吸抽气管（17）的一端与辅助虹吸管的下管相连，另一端接至主虹吸管顶部的破坏管（9）。

3. 根据权利要求1所述的水力自控无阀过滤机，其特征是：所有虹吸管及分流管的破坏管均设置在同一破坏斗（3）中。

4. 根据权利要求1所述的水力自控无阀过滤机，其特征是：所述过滤罐（1）数量为1个、2个或4个。

5. 根据权利要求1、2、3或4所述的水力自控无阀过滤机，其特征是：水力自控无阀过滤机为UPVC塑料设备。"

针对本专利权，北京市沃奇新德水处理设备开发有限责任公司（以下简称请求人）于2007年1月24日向专利复审委员会提出无效宣告请求，认为本专利不符合专利法第22条第2款、第3款的规定，请求人同时提交如下附件作为证据：

附件1：本专利的授权公告文本；

附件2：授权公告日为1996年3月13日、授权公告号为CN2222162Y（专利号为95207190.8）的中国实用新型专利说明书，共6页；

附件3：授权公告日为1994年7月20日、授权公告号为CN2172285Y（专利号为93217916.9）的中国实用新型专利说明书，共6页；

附件4：请求人与国防大学签订的工矿产品购销合同和国防大学出具的证明复印件；共2页；

附件5：请求人所称的北京电视台于2000年6月23日播出节目的VCD片断和中央电视台于2000年播出节目的VCD片断；

附件6：北京电视台的证言（未提交）；

附件7：请求人所称的中国人民解放军国防大学游泳馆水处理设备的照片复印件，共3页；

附件8：工资单复印件，共3页。

请求人认为：（1）附件4~8证明权利要求1~5的技术方案已经在本专利的申请日前使用公开，因此权利要求1~5不具备新颖性，同时请求专利复审委员会到现场进行勘验；（2）权利要求1~4相对于附件2或相对于附件2和附件4~8的结合不具备创造性，权利要求5相对于附件2和附件3的结合或相对于附件2、附件3和附件4~8的结合不具备创造性。

经形式审查合格，专利复审委员会依法受理了上述无效宣告请求，并于2007年1月24日向请求人和专利权人发出无效宣告请求受理通知书，同时将专利权无效宣告请求书及其附件清单中所列附件的副本转送给专利权人，并要求专利权人在指定的期限内陈述意见。

请求人于2007年2月15日向专利复审委员会提交了意见陈述书，其中申请专利复审委员会到国防大学游泳池进行现场勘验，称其无法获得北京电视台的播放证明，因此请求专利复审委员会前往北京电视台调查取证，并请求北京电视台的部分记者在口审时出庭作证，但未提交上述记者的证人证言。

专利权人于2007年3月1日向专利复审委员会提交了意见陈述书，其认为：（1）对附件4、5和7的真实性和有效性有质疑；（2）权利要求1~5具备新颖性；（3）权利要求1~5具备创造性。

专利复审委员会依法成立合议组。

本案合议组于2007年3月28日向双方发出无效宣告请求口头审理通知书，定于2007年5月21日在专利复审委员会举行口头审理。随同口头审理通知书，将专利权人于2007年3月1日提交的意见陈述书转送给请求人，将请求人于2007年2月15日提交的意见陈述书转送给专利权人。

请求人于2007年5月18日向专利复审委员会提交了意见陈述书，同时提交了如下附件：

附件9.1：1986年12月出版的《给排水设计手册第3册城市给水》第1版，第794页复印件；

附件9.2：2004年4月出版的《给排水设计手册第3册城镇给水》第2版，第651页复印件；

附件9.3：2003年7月出版的《城市污水回用深度处理设施设计计算》，第216页复印件；

附件10：李新的证人证言及相关身份证明材料，北京电视台播放节目的VCD和截图；

附件11.1：北京青年报2000年6月20日第4版复印件；

附件11.2：北京晚报2000年7月19日第16版复印件；

附件11.3：北京晚报2000年6月20日第1版复印件。

在该意见陈述书中，请求人认为附件9.1~9.3证明权利要求2的附加技术特征属于公知常识；附件10证明北京电视台播放节目内容的真实性；附件11.1~11.3证明本专利不具备新颖性。

口头审理如期举行，双方当事人均参加了口头审理。

在口头审理中，专利权人当庭提交了北京青鸟健身大连店、大连华宇健身有限公司于2007年1月30日出具的“证明”1页。合议组当庭将请求人于2007年5月18日提交的附件9.1~11.3转送给专利权人，并将专利权人当庭提交的“证明”转送给请求人。

请求人当庭出示了附件4、8、9.1、9.2、9.3的原件。

专利权人对附件2、3、9.1、9.2、9.3、11.1、11.2、11.3的真实性没有异议，在核实了附件4和8的原件后对其真实性没有异议，但是认为附件8与本案无关；附件5不属于公开出版物，对其真实性有异议；附件7只有复印件，对其真实性有异议；附件9.1~11.3的举证超过规定的期限。

休庭合议后，合议组当庭宣布附件9.1、9.2、9.3属于公知常识性证据，本案可以考虑；附件10、11.1、11.2、11.3举证超期，不符合专利法实施细则第66条的规定，本案不予考虑。

请求人坚持以下无效理由：（1）本专利的权利要求1~5相对于附件4、5、7、8、10、11不具备新颖性；（2）权利要求1、3、4相对于附件2不具备创造性；（3）权利要求2相对于附件2、9不具备创造性；（4）权利要求5相对于附件2、3的结合不具备创造性。双方就上述无效理由充分发表了意见，请求人明确表示没有其他的无效理由、证据、范围和证据的组合形式。

口审结束后，请求人于2007年5月30日提交了意见陈述书及3张实地照片，请求人坚持认为本专利不具备新颖性或创造性。

至此，合议组认为本案事实已经清楚，可以作出审查决定。

二、决定的理由

1. 关于权利要求1~5的新颖性

新颖性，是指在申请日以前没有同样的发明或者实用新型在国内外出版物上公开发表过、在国内公开使用过或者以其他方式为公众所知，也没有同样的发明或者实用新型由他人向国务院专利行政部门提出过申请并记载在申请日以后公布的专利申请文件中。

如果在一项专利的申请日以前、在国内公开使用过的设备的结构与该专利请求保护的技术方案不同，则该专利具备新颖性。

本案中，请求人认为：附件4证明国防大学里使用本专利水处理设备，附件5证明国防大学和五大露天游泳场使用本专利水处理设备的结构。附件7是附件5的VCD片断的截图照片。附件8是本专利设计人在请求人公司工作的工资单。附件4、5、7、8构成证据链，证明本专利已经在申请日前公开使用过，故权利要求1~5不具备新颖性。附件5的VCD片断公开的水处理设备结构与国防大学使用的水处理设备结构完全相同。附件5的VCD片断公开的水力自控无阀过滤机，其包括原水分配罐、过滤罐、主虹吸管和辅助虹吸管，过滤罐整齐排列，围成区域上方放置原水分配罐，原水分配罐中设置与过滤罐数目相同的进水分配槽，通过过滤罐进水管连通过滤罐，原水分配罐的上方设置与过滤罐数目相同的虹吸加强管和分流管，虹吸加强管一端与辅助虹吸管上管相连，另一端接至原水分配罐的内筒中，虹吸加强管的形成及破坏管与主虹吸管的抽气管连通，分流管一端接入原水分配罐的内筒中分流管的形成管与主虹吸管的破坏管相连，主虹吸管的破坏管连接至破坏斗，分流管的形成管及破坏管是同一根管。此外，请求人还提到了附件 10、11.1~11.3。

专利权人认为：附件 4、5 只能证明国防大学购买了一套设备，附件 4、5、7、8 不能证明设备的具体结构与本专利的技术方案相同。柳浪游泳池和国防大学的游泳池并不相关，上述附件不能形成证据链。附件 5 不属于公开出版物，对真实性有异议。本专利权利要求 1 的技术方案与 VCD 片断公开内容存在以下不同：分流管另一端连接至清水箱的正常工作水位以下；分流管的形成管与主虹吸管的破坏管相连；分流管的破坏管接至破坏斗。对附件 5 的 VCD 片断的播放时间没有异议，但认为从播放的内容不能看出本专利的技术内容。

合议组经审查后认为：附件 10、11.1~11.3 是请求人于提出无效请求之日起一个月之后提出的非公知常识性证据，因此合议组不予考虑。附件 4 能够证明请求人与国防大学于 1998 年 5 月 26 日存在 WQX-5A 水力自动化曝气滤机的销售事实；附件 5 的 VCD 片断为北京电视台和中央电视台在 2000 年播出的节目片断，专利权人对上述片断播放的内容与本专利技术方案的关联性提出了疑义，但是其对该 VCD 节目的播出时间表示认可，合议组经审查认为附件 5 的 VCD 片断属于审查指南第二部分第三章 2.1.3.3 节规定的以其他方式公开，其播放内容没有疑点，因此其本身是真实的，并且由于其播放时间早于本专利的申请日，因此附件 5 中所涉及的设备可以作为现有技术使用。附件 7 是附件 5 的 VCD 片断的截图照片，其真实性及形成时间与附件 5 是一致的，其也可作为现有技术使用。附件 8 仅能证明本专利的设计人曾就职于请求人的公司，与请求人所要证明的本专利在先销售或使用导致实用公开的事实无关。附件 5 的 VCD 片断公开的水处理设备铭牌 WQX 与请求人销售给国防大学的 WQX-5A 水力自动化曝气滤机的型号基本相同，并且 WQX-5A 水力自动化曝气滤机的销售时间早于附件 5 的 VCD 片断的播放时间，上述事实相互对应，附件 4 的销售时间和附件 5 的 VCD 片断播放时间均早于本专利的申请日，因此附件 4、5、7、8 可以证明在本专利的申请日前，请求人向国防大学销售了 WQX-5A 水力自动化曝气滤机，该 WQX-5A 水力自动化曝气滤机的结构为附件 5 的 VCD 片断中的水处理设备公开的结构。

然而，虽然附件 5 的 VCD 片断公开的水处理设备可以作为现有技术使用，但是从该 VCD 片断也不能唯一地确定请求人所述的具体技术特征。并且即便是按照请求人所述该 VCD 片断公开的水处理设备结构与国防大学游泳池采用的设备结构完全相同且已经公开了请求人所认为的上述技术内容，合议组还认为该 VCD 片断与本专利的权利要求 1 至少存在两点区别：（1）本专利的分流管的形成管与主虹吸管的破坏管相连；（2）本专利的分流管的破坏管接至破坏斗，因此本专利的权利要求 1 与附件 5 的 VCD 片断公开的内容不相同。因此请求人提出的附件 4、5、7、8 并不能形成一个完整的证据链，无法证明与本专利相同的产品在本专利申请日之前公开销售或使用过。由于本专利的权利要求 1 具备新颖性，引用权利要求 1 的权利要求 2~5 也具备新颖性。

在无效程序中当事人多次要求合议组进行现场勘验。对此合议祖认为：本专利的权利要求 1 与附件 5 的 VCD 片断公开的水处理设备结构至少存在两点区别，因此合议组没有必要进行现场勘验；并且合议组认为当事人提供证据以证明其主张的事实应当是当事人的义务，因此合议组对请求人提出的勘验请求不予支持。

2. 关于权利要求 1~5 的创造性

创造性，是指同申请日以前已有的技术相比，该发明有突出的实质性特点和显著的进步，该实用新型具有实质性特点和进步。

判断实用新型是否具有实质性特点就是要判断对本领域的技术人员来说，要求保护的实用新型相对于现有技术是否显而易见。

本案中，双方均认为权利要求 1 的前序部分已被附件 2 公开。

请求人认为：权利要求 1 与附件 2 的区别仅在于：附件 2 没有提到虹吸加强管、分流管及其形成及破坏管。但上述部件的连接关系与主虹吸管是相同的，它们的工作原理相同，对于本领域技术人员来讲是公知的，因此权利要求 1 不具备创造性。

专利权人认为：本专利的目的与解决的问题与附件 2 均不相同，本专利的权利要求 1 与附件 2 之间的区别对于本领域技术人员不是显而易见的，附件 2 没有公开虹吸加强管、分流管及其形成及破坏管的连接关系。

合议组经审查后认为：专利权人对附件 2、3、9.1~9.3 的真实性没有异议，因此附件 2 和 3 可以作为本案证据使用。由于附件 2、3 为公开出版物，且其公开日期在本专利的申请日前，因此附件 2、3 可以作为本专利的现有技术使用。专利权人认为附件 9.1~9.3 的举证超过规定期限，但是上述附件属于公知常识性证据，并且请求人结合上述附件进行了具体说明，因此附件 9.1~9.3 可以作为本案证据使用。由于附件 9.1~9.3 为公开出版物，且其公开日期在本专利的申请日前，因此附件9.1~9.3 可以作为本专利的现有技术使用。

将附件 2 公开的内容与本专利相比，权利要求 1 的下述技术特征没有被附件 2 公开：原水分配罐（4）的上方设置与过滤罐数目相同的的虹吸加强管（7）和分流管（5），虹吸加强管一端与辅助虹吸管（15）上管相连，另一端接至原水分配罐的内筒（11）中，虹吸加强管的形成及破坏管（10）与主虹吸管的抽气管（17）连通；分流管一端接入原水分配罐的内筒中，另一端接至过滤罐的清水箱的正常工作水位以下，分流管的形成管（8）与主虹吸管的破坏管（9）相连，分流管的破坏管（6）接至破坏斗（3）中。

由于附件 2 并没有给出在高效、节能、全自动水处理机中设置虹吸加强管和分流管及虹吸加强管和分流管与其他管路之间如何连接的技术启示，且上述区别技术特征也不能被认定为公知常识，因此权利要求 1 请求保护的技术方案相对于附件 2 是非显而易见的，所以权利要求 1 相对于附件 2 具备创造性。由于权利要求 1 相对于附件 2 具备创造性，所以引用权利要求 1 的权利要求 3、4 相对于附件 2 也具备创造性。

请求人使用附件 9.1~9.3 来证明权利要求 2 的附加技术特征属于公知常识，但是附件 9.1~9.3 也没有给出在高效、节能、全自动水处理机中设置虹吸加强管和分流管及虹吸加强管和分流管与其他管路之间如何连接的技术启示，因此权利要求 2 相对于附件 2 和附件 9.1~9.3 的结合也具备创造性。

同样，附件 3 也没有给出在高效、节能、全自动水处理机中设置虹吸加强管和分流管及虹吸加强管和分流管与其他管路之间如何连接的技术启示，因此无论权利要求 5 的附加技术特征是否已被附件 3 公开，权利要求 5 相对于附件 2 和 3 的结合也具备创造性。

另外，由于请求人在口审过程中已经明确地说明了其无效的理由、证据、范围以及证据的使用情况，且明确表示其没有其他的无效的理由、证据、范围和证据组合形式，因此请求人于 2007 年 5 月 30 日提交的意见陈述书中请求人补充的其他无效理由合议组不予考虑。

根据上述的事实和理由，本案合议组依法作出以下决定。

三、决定

维持 200420070472. 6 号实用新型专利权有效。

当事人对本决定不服的，可以根据专利法第 46 条第 2 款的规定，自收到本决定之日起 3 个月内向北京市第一中级人民法院起诉。根据该款的规定，一方当事人起诉后，另一方当事人应当作为第三人参加诉讼。

北京市第一中级人民法院
行政判决书

（2008）一中行初字第 242 号

原告北京市沃奇新德水处理设备开发有限责任公司，住所地北京市海淀区莲花池西路 16 号 6000 房间。

法定代表人王烨，总经理。

委托代理人花春秀，男，北京市沃奇新德水处理设备开发有限责任公司职员。

委托代理人张利民，男，北京市沃奇新德水处理设备开发有限责任公司职员。

被告国家知识产权局专利复审委员会，住所地北京市海淀区北四环西路 9 号银谷大厦 10~12 层。

法定代表人廖涛，副主任。

委托代理人王森，男，国家知识产权局专利复审委员会审查员。

委托代理人瞿晓峰，男，国家知识产权局专利复审委员会审查员。

第三人周岚，男，1954 年 10 月 11 日出生，汉族，大连调查队调研员，住辽宁省大连市中山区高洁巷 34 号 1-5-2。

委托代理人王鑫，男，1976 年 4 月 4 日出生，汉族，大连瀚森水处理设备有限公司经理，住辽宁省大连市开发区东北大街 104 号华冠大厦 1209 室。

原告北京市沃奇新德水处理设备开发有限责任公司不服被告国家知识产权局专利复审委员会作出的第 10567 号无效宣告请求审查决定（以下简称无效决定），向本院提起行政诉讼。本院受理后依法组成合议庭，根据《中华人民共和国行政诉讼法》第二十七条、《中华人民共和国专利法》（以下简称《专利法》）第四十六条第二款的规定，通知周岚作为第三人参加诉讼。本院于 2008 年 3 月 13 日公开开庭审理了本案，原告的委托代理人花春秀和张利民、被告的委托代理人王森和瞿晓峰、第三人的委托代理人王鑫到庭参加了诉讼。本案现已审理终结。

被告针对原告提出的无效请求于 2007 年 9 月 18 日作出无效决定，其主要内容如下：

本无效宣告请求案涉及名称为“水力自控无阀过滤机”的实用新型专利权（以下简称本专利），专利权人为第三人。

针对本专利，原告于 2007 年 1 月 24 日向被告提出无效宣告请求，并提交了下列证据：

附件 1：本专利的授权公告文本；

附件 2：授权公告日为 1996 年 3 月 13 日、授权公告号为 CN2222162Y（专利号为 95207190. 8）的中国实用新型专利说明书，共 6 页；

附件 3：授权公告日为 1994 年 7 月 20 日、授权公告号为 CN2172285Y（专利号为 93217916. 9）的中国实用新型专利说明书，共 6 页；

附件4：原告与中国人民解放军国防大学（以下简称国防大学）签订的工矿产品购销合同和国防大学出具的证明复印件；共2页；

附件5：原告所称的北京电视台于2000年6月23日播出节目的VCD片断和中央电视台于2000年播出节目的VCD片断；

附件6：北京电视台的证言（未提交）；

附件7：原告所称的国防大学游泳馆水处理设备的照片复印件，共3页；

附件8：工资单复印件，共3页；

附件9.1：1986年12月出版的《给排水设计手册第3册城市给水》第1版，第794页复印件；

附件9.2：2004年4月出版的《给排水设计手册第3册城镇给水》第2版，第651页复印件；

附件9.3：2003年7月出版的《城市污水回用深度处理设施设计计算》，第216页复印件；

附件10：李新的证人证言及相关身份证明材料，北京电视台播放节目的VCD和截图；

附件11.1：北京青年报2000年6月20日第4版复印件；

附件11.2：北京晚报2000年7月19日第16版复印件；

附件11.3：北京晚报2000年6月20日第1版复印件。

被告经审查后认为：

1. 关于本专利权利要求1~5的新颖性

原告认为：附件4证明国防大学使用本专利水处理设备，附件5证明国防大学和五大露天游泳场使用本专利水处理设备的结构。附件7是附件5的VCD片断的截图照片。附件8是本专利设计人在原告公司工作的工资单。附件4、5、7、8构成证据链，证明本专利已经在申请日前公开使用过，故权利要求1~5不具备新颖性。附件5的VCD片断公开的水处理设备结构与国防大学使用的水处理设备结构完全相同。附件5的VCD片断公开的水力自控无阀过滤机，其包括原水分配罐、过滤罐、主虹吸管和辅助虹吸管，过滤罐整齐排列，围成区域上方放置原水分配罐，原水分配罐中设置与过滤罐数目相同的进水分配槽，通过过滤罐进水管连通过滤罐，原水分配罐的上方设置与过滤罐数目相同的虹吸加强管和分流管，虹吸加强管一端与辅助虹吸管上管相连，另一端接至原水分配罐的内筒中，虹吸加强管的形成及破坏管与主虹吸管的抽气管连通，分流管一端接入原水分配罐的内筒中分流管的形成管与主虹吸管的破坏管相连，主虹吸管的破坏管连接至破坏斗，分流管的形成管及破坏管是同一根管。此外，原告还提到了附件10、11.1~11.3。

第三人认为：附件4、5只能证明国防大学购买了一套设备，附件4、5、7、8不能证明设备的具体结构与本专利的技术方案相同。柳浪游泳池和国防大学的游泳池并不相关，上述附件不能形成证据链。附件5不属于公开出版物，对真实性有异议。本专利权利要求1的技术方案与VCD片断公开内容存在以下不同：分流管另一端连接至清水箱的正常工作水位以下；分流管的形成管与主虹吸管的破坏管相连；分流管的破坏管接至破坏斗。对附件5的VCD片断的播放时间没有异议，但认为从播放的内容不能看出本专利的技术内容。

被告经审查后认为：附件10、11.1~11.3是原告于提出无效请求之日起一个月之后提出的非公知常识性证据，因此不予考虑。附件4能够证明原告与国防大学于1998年5月26日存在WQX-5A水力自动化曝气滤机的销售事实；附件5的VCD片断为北京电视台和中央电视台在2000年播出的节目片断，第三人对上述片断播放的内容与本专利技术方案的关联性提出了疑义，但是其对该VCD节目的播出时间表示认可，被告经审查认为附件5的VCD片断属于《审查指南》第二部分第三章2.1.3.3节规定的以其他方式公开，其播放内容没有疑点，因此其本身是真实的，并且由于其播放时间早于本专利的申请日，因此附件5中所涉及的设备可以作为现有技术使用。附件7是附件5的VCD

片断的截图照片，其真实性及形成时间与附件5是一致的，其也可作为现有技术使用。附件8仅能证明本专利的设计人曾就职于原告的公司，与原告所要证明的本专利在先销售或使用导致实用公开的事实无关。附件5的VCD片断公开的水处理设备铭牌WQX与原告销售给国防大学的WQX-5A水力自动化曝气滤机的型号基本相同，并且WQX-5A水力自动化曝气滤机的销售时间早于附件5的VCD片断的播放时间，上述事实相互对应，附件4的销售时间和附件5的VCD片断播放时间均早于本专利的申请日，因此附件4、5、7、8可以证明在本专利的申请日前，原告向国防大学销售了WQX-5A水力自动化曝气滤机，该WQX-5A水力自动化曝气滤机的结构为附件5的VCD片断中的水处理设备公开的结构。

然而，虽然附件5的VCD片断公开的水处理设备可以作为现有技术使用，但是从该VCD片断也不能唯一地确定原告所述的具体技术特征。并且即便是按照原告所述该VCD片断公开的水处理设备结构与国防大学游泳池采用的设备结构完全相同且已经公开了原告所认为的上述技术内容，被告还认为该VCD片断与本专利的权利要求1至少存在两点区别：（1）本专利的分流管的形成管与主虹吸管的破坏管相连；（2）本专利的分流管的破坏管接至破坏斗。因此本专利的权利要求1与附件5的VCD片断公开的内容不相同。因此原告提出的附件4、5、7、8并不能形成一个完整的证据链，无法证明与本专利相同的产品在本专利申请日之前公开销售或使用过。由于本专利的权利要求1具备新颖性，引用权利要求1的权利要求2~5也具备新颖性。

在无效程序中当事人多次要求被告进行现场勘验。对此被告认为：本专利的权利要求1与附件5的VCD片断公开的水处理设备结构至少存在两点区别，因此被告没有必要进行现场勘验；并且被告认为当事人提供证据以证明其主张的事实应当是当事人的义务，因此被告对原告提出的勘验请求不予支持。

2. 关于本专利权利要求1~5的创造性

双方均认为权利要求1的前序部分已被附件2公开。

原告认为：权利要求1与附件2的区别仅在于：附件2没有提到虹吸加强管、分流管及其形成及破坏管。但上述部件的连接关系与主虹吸管是相同的，它们的工作原理相同，对于本领域技术人员来讲是公知的，因此权利要求1不具备创造性。

第三人认为：本专利的目的与解决的问题与附件2均不相同，本专利的权利要求1与附件2之间的区别对于本领域技术人员不是显而易见的，附件2没有公开虹吸加强管、分流管及其形成及破坏管的连接关系。

被告经审查后认为：第三人对附件2、3、9.1~9.3的真实性没有异议，因此附件2和3可以作为本案证据使用。由于附件2、3为公开出版物，且其公开日期在本专利的申请日前，因此附件2、3可以作为本专利的现有技术使用。第三人认为附件9.1~9.3的举证超过规定期限，但是上述附件属于公知常识性证据，并且原告结合上述附件进行了具体说明，因此附件9.1~9.3可以作为本案证据使用。由于附件9.1~9.3为公开出版物，且其公开日期在本专利的申请日前，因此附件9.1~9.3可以作为本专利的现有技术使用。

将附件2公开的内容与本专利相比，权利要求1的下述技术特征没有被附件2公开：原水分配罐（4）的上方设置与过滤罐数目相同的虹吸加强管（7）和分流管（5），虹吸加强管一端与辅助虹吸管（15）上管相连，另一端接至原水分配罐的内筒（11）中，虹吸加强管的形成及破坏管（10）与主虹吸管的抽气管（17）连通；分流管一端接入原水分配罐的内筒中，另一端接至过滤罐的清水箱的正常工作水位以下，分流管的形成管（8）与主虹吸管的破坏管（9）相连，分流管的破坏管（6）接至破坏斗（3）中。

由于附件2并没有给出在高效、节能、全自动水处理机中设置虹吸加强管和分流管及虹吸加强管和分流管与其他管路之间如何连接的技术启示，且上述区别技术特征也不能被认定为公知常识，因此权利要求1请求保护的技术方案相对于附件2是非显而易见的，所以权利要求1相对于附件2具备创造性。由于权利要求1相对于附件2具备创造性，所以引用权利要求1的权利要求3、4相对于附件2也具备创造性。

原告使用附件9.1~9.3来证明权利要求2的附加技术特征属于公知常识，但是附件9.1~9.3也没有给出在高效、节能、全自动水处理机中设置虹吸加强管和分流管及虹吸加强管和分流管与其他管路之间如何连接的技术启示，因此权利要求2相对于附件2和附件9.1~9.3的结合也具备创造性。

同样，附件3也没有给出在高效、节能、全自动水处理机中设置虹吸加强管和分流管及虹吸加强管和分流管与其他管路之间如何连接的技术启示，因此无论权利要求5的附加技术特征是否已被附件3公开，权利要求5相对于附件2和3的结合也具备创造性。

另外，由于原告在口审过程中已经明确地说明了其无效的理由、证据、范围以及证据的使用情况，且明确表示其没有其他的无效的理由、证据、范围和证据组合形式，因此原告于2007年5月30日提交的意见陈述书中原告补充的其他无效理由被告不予考虑。

根据上述的事实和理由，被告依照《专利法》第二十二条第二款、第三款的规定，维持本专利有效。

被告为证明无效决定的合法性，向本院提交了下列证据，用于证明无效决定认定事实清楚、适用法律法规正确、审理程序合法：

（1）本专利的专利说明书；（2）授权公告日为1996年3月13日、授权公告号为CN2222162Y（专利号为95207190.8）的中国实用新型专利说明书（无效决定中附件2）；（3）授权公告日为1996年7月20日、授权公告号为CN2172285Y（专利号为93217916.9）的中国实用新型专利说明书（无效决定中附件3）；（4）原告与国防大学签订的工矿产品购销合同和国防大学出具的证明复印件（无效决定中附件4）；（5）北京电视台在2000年6月23日播出节目的VCD片断和中央电视台2000年播出节目的VCD片断（无效决定中附件5）；（6）国防大学游泳馆水处理设备的照片（无效决定中附件7）；（7）1986年12月出版的《给排水设计手册第3册城市给水》第1版，第794页复印件（无效决定中附件9.1）；（8）2004年4月出版的《给排水设计手册第3册城镇给水》第2版，第651页复印件（无效决定中附件9.2）；（9）2003年7月出版的《城市污水回用深度处理设施设计计算》，第216页复印件（无效决定中附件9.3）；（10）口头审理记录表。

原告诉称，（1）被告对于原告关于附件5结合附件2评价本专利创造性的无效理由未予审查，被告的审查程序违法；（2）在行政程序中，原告多次要求被告到国防大学现场勘察，但被告拒绝现场勘察，审查程序违法；（3）关于本专利新颖性，本专利与附件5所示产品虽有区别，但实质作用相同，没有实质区别；（4）本专利相对于附件5或相对于附件5结合附件2，不具备创造性。原告请求法院判决撤销无效决定、认定本专利不符合《专利法实施细则》第二十二条第二款、第三款的规定、判令被告承担本案诉讼费用。

原告向本院提交了下列证据，用于证明本专利不具备创造性和新颖性：

（1）原告在行政程序中向被告提交的附件1、2、3、5，附件9.1，9.2，9.3，附件5含具体摘录画面的打印件及标注；（2）无效请求书；（3）原告于2007年2月15日向被告提交的意见陈述书；（4）原告于2007年5月18日向被告提交的意见陈述书；（5）原告在口头审理时向被告提交的代理词；（6）原告在口头审理后向被告提交的代理词。

被告辩称，原告在口头审理时明确了无效理由、证据、范围以及证据的使用情况，且明确没有其他的无效理由、证据、范围和证据组合形式。由于原告在行政程序中明确附件5公开的水处理设备与国防大学使用的水处理设备结构一致，经被告审查，附件5与本专利至少存在两点区别，故被告没有必要到国防大学现场勘验，其审查程序合法。关于本专利新颖性和创造性问题，被告坚持无效决定的理由。综上，无效决定认定的事实清楚、适用法律正确、程序合法，被告请求法院判决维持无效决定。

第三人同意被告意见，其请求法院判决维持无效决定。第三人未向本院提交证据。

经庭审质证，原告对于被告提交证据的关联性、合法性、真实性没有异议，对其证明作用持有异议；对于原告提交的证据，被告认为原告在行政程序中没有提交过附件5中的照片，该证据与本案无关，对于其他证据的关联性、合法性、真实性没有异议，对其证明作用持有异议；第三人对被告提交的证据没有异议，对原告提交的证据同意被告的意见。本院根据最高人民法院《关于行政诉讼证据若干问题的规定》，对当事人提交的证据认证如下：被告提交证据符合关联性、合法性、真实性的要求，可以证明原告在行政程序中提交证据、本专利和对比文件以及口头审理等相关事实，本院予以确认。原告提交的附件5中的照片，因其在无效程序中没有向被告提交，其无正当理由在诉讼中提交，不能作为认定被诉具体行政行为是否合法的证据，本院不予以确认；原告提交的其他证据符合关联性、合法性、真实性的要求，可以证明对比文件以及无效宣告请求、原告在行政程序中陈述意见等相关事实，本院予以确认。

依据上述有效证据以及均无异议的当事人陈述，本院认定事实如下：

第三人于2004年8月27日向国家知识产权局申请名称是“水力自控无阀过滤机”的实用新型专利（即本专利），2005年8月24日授权公告，专利号为第200420070472.6号，专利权人是第三人。

本专利授权公告时的权利要求书如下：

“1. 水力自控无阀过滤机，包括原水分配罐、过滤罐、主虹吸管和辅助虹吸管，过滤罐整齐排列，围成区域上方放置原水分配罐，原水分配罐中设置与过滤罐数目相同的进水分配槽，通过过滤罐进水管连通过滤罐，其特征是：原水分配罐（4）的上方设置与过滤罐数目相同的虹吸加强管（7）和分流管（5），虹吸加强管一端与辅助虹吸管（15）上管相连，另一端接至原水分配罐的内筒（11）中，虹吸加强管的形成及破坏管（10）与主虹吸管的抽气管（17）连通；分流管一端接入原水分配罐的内筒中，另一端接至过滤罐的清水箱的正常工作水位以下，分流管的形成管（8）与主虹吸管的破坏管（9）相连，分流管的破坏管（6）接至破坏斗（3）中。

2. 根据权利要求1所述的水力自控无阀过滤机，其特征是：辅助虹吸管（15）的下管管径比上管管径粗，主虹吸抽气管（17）的一端与辅助虹吸管的下管相连，另一端接至主虹吸管顶部的破坏管（9）。

3. 根据权利要求1所述的水力自控无阀过滤机，其特征是：所有虹吸管及分流管的破坏管均设置在同一破坏斗（3）中。

4. 根据权利要求1所述的水力自控无阀过滤机，其特征是：所述过滤罐（1）数量为1个、2个或4个。

5. 根据权利要求1、2、3或4所述的水力自控无阀过滤机，其特征是：水力自控无阀过滤机为UPVC塑料设备。”

针对本专利权，原告于2007年1月24日向被告提出无效宣告请求，认为本专利不符合《专利法》第二十二条第二款、第三款的规定，原告向被告提交附件1至附件11.3作为证据。

被告经形式审查合格后受理了原告提出的无效请求，并成立合议组对本无效请求案进行审理。被告向原告和第三人送达了《无效宣告请求口头审理通知书》，并将《专利权无效宣告请求书》及其附件副本及第三人的意见陈述书分别转送给第三人和原告。

2007年5月21日进行了口头审理，原告和第三人均参加了口头审理。在口头审理过程中，原告明确其无效理由是：（1）本专利的权利要求1~5相对于附件4、5、7、8、10、11不具备新颖性；（2）权利要求1、3、4相对于附件2不具备创造性；（3）权利要求2相对于附件2、9不具备创造性；（4）权利要求5相对于附件2、3的结合不具备创造性。原告和第三人就上述无效理由充分发表了意见，原告明确表示其没有其他的无效理由、证据、范围和证据的组合形式。口审结束后，原告于2007年5月30日提交了意见陈述书及3张实地照片，原告坚持认为本专利不具备新颖性和创造性。

被告经审查后作出无效决定，维持本专利有效。原告不服无效决定，向本院提起行政诉讼。

另，原告在本院庭审中明确：除被告未就附件5结合附件2评价本专利创造性问题和未到国防大学现场勘查属程序违法以外，其对于被告的审查程序没有其他异议；对于无效决定案由部分载明的事实及法律依据没有异议；对于无效决定关于创造性的评价，没有异议。

本院认为：根据《专利法》第四十六条第一款的规定，被告具有受理无效请求和作出无效决定的法定职权。针对无效决定中各方当事人明确表示无争议的内容，本院经审查，对其合法性予以确认。经各方当事人确认，本案的争议焦点是：（1）被告审查程序是否合法；（2）本专利相对于附件5是否符合新颖性的规定。

（1）关于被告审查程序。

根据《审查指南》第四部分第一章第2.3节规定的请求原则和第三章第3.3节关于无效宣告请求范围以及理由和证据的规定，无效宣告程序应当基于当事人的请求启动，无效宣告请求书应当明确无效宣告请求范围，并应当具体说明无效宣告的理由、指明对比方式。

本案中，原告在无效宣告请求书中并未明确提出以附件5或以附件5结合附件2评价本专利的创造性，原告在口头审理时明确了无效理由、证据、范围以及证据的使用方式，且原告明确没有其他的无效理由、证据、范围和证据组合形式。因此，被告以原告明确的无效宣告理由和对比方式评价本专利，并作出无效决定，程序合法。

原告在行政程序中明确，附件5公开的水处理设备与国防大学使用的水处理设备结构一致，且被告根据附件5所示产品即可确定附件5与本专利存在区别，因此，被告没有接受原告关于到国防大学现场勘验的请求并未违反相关法律和法规。

（2）关于本专利的新颖性。

根据《专利法》第二十二条第二款的规定，新颖性是指在申请日以前没有同样的发明或者实用新型在国内外出版物上公开发表过、在国内公开使用过或者以其他方式为公众所知，也没有同样的发明或者实用新型由他人向国务院专利行政部门提出过申请并记载在申请日以后公布的专利申请文件中。

本案中，本专利为“水力自控无阀过滤机”的实用新型专利，附件5的VCD片断播放时间为2000年，播出节目时间早于本专利的申请日。附件5的VCD片断中公开了一种水处理设备结构，该VCD片断与本专利的权利要求1的技术方案相比，至少存在两点区别：①本专利的分流管的形成管与主虹吸管的破坏管相连；②本专利的分流管的破坏管接至破坏斗。原告在本院庭审中亦认可本专利与附件5相比存在上述区别特征。因此，本专利的权利要求1相对于附件5具备新颖性，其从属权利要求2~5也具备新颖性。

综上所述，被告作出的无效决定认定事实清楚，适用法律正确，程序合法。原告关于撤销无效决定的诉讼请求缺乏事实和法律依据，本院不予支持。原告关于判决认定本专利不符合《专利法实施细则》第二十二条第二款、第三款规定的诉讼请求，不属于人民法院行政审判权限范围。据此，本院依照《中华人民共和国行政诉讼法》第五十四条第（一）项及《最高人民法院关于执行<中华人民共和国行政诉讼法>若干问题的解释》第五十六条第（四）项的规定，判决如下：

（1）维持被告国家知识产权局专利复审委员会于二〇〇七年九月十八日作出的第10567号无效宣告请求审查决定。

（2）驳回原告北京市沃奇新德水处理设备开发有限责任公司的其他诉讼请求。

案件受理费100元，由原告北京市沃奇新德水处理设备开发有限责任公司负担（已交纳）。

如不服本判决，当事人可在本判决书送达之日起15日内向本院递交上诉状，并按对方当事人人数提交副本，上诉于北京市高级人民法院。

审　判　长　梁　菲
代理审判员　乔　军
人民陪审员　杨　旭
二〇〇八年三月二十日
书　记　员　曹　炜

北京市高级人民法院
行政判决书

（2008）高行终字第402号

上诉人（一审原告）北京市沃奇新德水处理设备开发有限责任公司，住所地北京市海淀区莲花池西路16号6000房间。

法定代表人王烨，总经理。

委托代理人张利民，男，北京市沃奇新德水处理设备开发有限责任公司职员。

委托代理人王清熙，男，北京市沃奇新德水处理设备开发有限责任公司职员。

被上诉人（一审被告）国家知识产权局专利复审委员会，住所地北京市海淀区北四环西路9号银谷大厦10~12层。

法定代表人廖涛，副主任。

委托代理人王森，男，国家知识产权局专利复审委员会审查员。

委托代理人瞿晓峰，男，国家知识产权局专利复审委员会审查员。

被上诉人（一审第三人）周岚，男，汉族，1954年10月11日出生，住辽宁省大连市中山区高洁巷34号。

委托代理人王鑫，男，汉族，1976年4月4日出生，大连瀚森水处理设备有限公司经理，现住辽宁省大连市开发区东北大街104号。

上诉人北京市沃奇新德水处理设备开发有限责任公司（以下简称沃奇新德公司）因专利无效宣告请求审查决定一案，不服北京市第一中级人民法院（以下简称一审法院）（2008）一中行初字第242号行政判决，向本院提起上诉。本院依法组成合议庭，于2008年7月22日公开开庭审理了本案。上诉人沃奇新德公司的委托代理人张利民、王清熙，被上诉人国家知识产权局专利复审委员会（以下简称专利复审委）的委托代理人王森、瞿晓峰，被上诉人周岚的委托代理人王鑫到庭参加了诉讼。本案现已审理终结。

2007 年 9 月 18 日，专利复审委依据《中华人民共和国专利法》（以下简称《专利法》）第二十二条第二款、第三款的规定，针对专利权人为周岚，名称为“水力自控无阀过滤机”的实用新型专利权（以下简称本专利）作出第 10567 号无效宣告请求审查决定（以下简称被诉的第 10567 号决定），宣告维持本专利权有效。沃奇新德公司不服该决定，在法定期限内向一审法院提起行政诉讼。

一审法院判决认为，专利复审委作出的第 10567 号决定认定事实清楚，适用法律正确，程序合法。沃奇新德公司关于撤销无效决定的诉讼请求缺乏事实和法律依据。沃奇新德公司关于请求判决认定本专利不符合《专利法实施细则》第二十二条第二款、第三款规定的诉讼请求，不属于人民法院行政审判权限范围。依照《中华人民共和国行政诉讼法》第五十四条第（一）项及《最高人民法院关于执行<中华人民共和国行政诉讼法>若干问题的解释》第五十六条第（四）项的规定，判决维持被诉的第 10567 号决定，驳回沃奇新德公司的其他诉讼请求。

沃奇新德公司不服上述一审判决向本院上诉称，（1）专利复审委漏审了沃奇新德公司在无效审查阶段提出的无效理由，即本专利权利要求 1 相对于附件 5 公开的现有技术和附件 2 相结合，以及国防大学的游泳池公开的现有技术和附件 2 结合破坏其创造性的无效理由，以及漏审了在此基础上其他权利要求也不具备创造性的无效理由。专利复审委的审查程序违法。（2）本专利权利要求 1 相对于附件 5 不具备新颖性。（3）本专利相对于附件 5 和附件 2 的结合不具备创造性。请求二审法院撤销一审判决和被诉的第 10567 号决定，并判令专利复审委继续进行审查。

专利复审委辩称，（1）沃奇新德公司在口头审理时明确了无效理由、证据、范围以及证据的使用情况，且明确没有其他的无效理由、证据、范围和证据组合形式。因此，上诉人关于专利复审委漏审了其无效理由的主张不能成立。（2）沃奇新德公司在行政程序中明确附件 5 公开的水处理设备与国防大学使用的水处理设备结构一致，经专利复审委审查，附件 5 与本专利至少存在两点区别，故专利复审委没有必要到国防大学现场勘验，其审查程序合法。（3）关于本专利新颖性和创造性问题，专利复审委坚持无效决定的理由。被诉决定认定的事实清楚、适用法律正确、程序合法。请求二审法院驳回上诉，维持一审判决和被诉的第 10567 号决定。

被上诉人周岚同意专利复审委意见，请求二审法院驳回上诉，维持一审判决和被诉的第 10567 号决定。

专利复审委在法定期限内向一审法院提交了下列证据：

（1）本专利的专利说明书；（2）授权公告日为 1996 年 3 月 13 日、授权公告号为 CN2222162Y（专利号为 95207190.8）的中国实用新型专利说明书（即附件 2）；（3）授权公告日为 1996 年 7 月 20 日、授权公告号为 CN21 72285Y（专利号为 93217916.9）的中国实用新型专利说明书（即附件 3）；（4）沃奇新德公司与国防大学签订的工矿产品购销合同和国防大学出具的证明复印件（即附件 4）；（5）北京电视台在 2000 年 6 月 23 日播出节目的 VCD 片断和中央电视台 2000 年播出节目的 VCD 片断（即附件 5）；（6）国防大学游泳馆水处理设备的照片（即附件 7）；（7）1986 年 12 月出版的《给排水设计手册第 3 册城市给水》第 1 版，第 794 页复印件（即附件 9.1）；（8）2004 年 4 月出版的《给排水设计手册第 3 册城镇给水》第 2 版，第 651 页复印件（即附件 9.2）；（9）2003 年 7 月出版的《城市污水回用深度处理设施设计计算》，第 216 页复印件（即附件 9.3）；（10）口头审理记录表。

沃奇新德公司在法定期限内向一审法院提交了下列证据：

（1）沃奇新德公司在行政程序中向专利复审委提交的附件 1、2、3、5，附件 9.1，9.2，9.3，附件 5 含具体摘录画面的打印件及标注；（2）无效请求书；（3）沃奇新德公司于 2007 年 2 月 15 日向专利复审委提交的意见陈述书；（4）沃奇新德公司于 2007 年 5 月 18 日向专利复审委提交的意见陈述书；(5) 沃奇新德公司在口头审理时向专利复审委提交的代理词；(6) 沃奇新德公司在口头审理后向专利复审委提交的代理词。

周岚未向一审法院提交证据。

上述证据均已随案移送本院，经本院审查认为，专利复审委提交的证据与本案具有关联性，且合法、真实，能够证明相关事实，一审法院予以认定正确，本院予以确认。沃奇新德公司提交的附件5中的照片，因其在无效程序中没有向专利复审委提交，其无正当理由在诉讼中提交，依法不能作为认定被诉具体行政行为是否合法的证据，一审法院不予认定正确；沃奇新德公司提交的其他证据与本案具有关联性，且合法、真实，一审法院予以认定正确，本院予以确认。

根据对上述证据的审查认定及各方当事人的陈述，本院确认如下事实：本专利是申请日为2004年8月27日，授权公告日为2005年8月24日，专利号为200420070472.6号，名称为"水力自控无阀过滤机"，专利权人为周岚的实用新型专利权。本专利授权公告时的权利要求书如下：

"1. 水力自控无阀过滤机，包括原水分配罐、过滤罐、主虹吸管和辅助虹吸管，过滤罐整齐排列，围成区域上方放置原水分配罐，原水分配罐中设置与过滤罐数目相同的进水分配槽，通过过滤罐进水管连通过滤罐，其特征是：原水分配罐 (4) 的上方设置与过滤罐数目相同的虹吸加强管 (7) 和分流管 (5)，虹吸加强管一端与辅助虹吸管 (15) 上管相连，另一端接至原水分配罐的内筒 (11) 中，虹吸加强管的形成及破坏管 (10) 与主虹吸管的抽气管 (17) 连通；分流管一端接入原水分配罐的内筒中，另一端接至过滤罐的清水箱的正常工作水位以下，分流管的形成管 (8) 与主虹吸管的破坏管 (9) 相连，分流管的破坏管 (6) 接至破坏斗 (3) 中。

2. 根据权利要求1所述的水力自控无阀过滤机，其特征是：辅助虹吸管 (15) 的下管管径比上管管径粗，主虹吸抽气管 (17) 的一端与辅助虹吸管的下管相连，另一端接至主虹吸管顶部的破坏管 (9)。

3. 根据权利要求1所述的水力自控无阀过滤机，其特征是：所有虹吸管及分流管的破坏管均设置在同一破坏斗 (3) 中。

4. 根据权利要求1所述的水力自控无阀过滤机，其特征是：所述过滤罐 (1) 数量为1个、2个或4个。

5. 根据权利要求1、2、3或4所述的水力自控无阀过滤机，其特征是：水力自控无阀过滤机为UPVC塑料设备。"

针对本专利权，沃奇新德公司于2007年1月24日向专利复审委提出无效宣告请求，认为本专利不符合《专利法》第二十二条第二款、第三款的规定，并提交了下列证据：

附件1：本专利的授权公告文本；附件2：授权公告日为1996年3月13日、授权公告号为CN2222162Y（专利号为95207190.8）的中国实用新型专利说明书，共6页；附件3：授权公告日为1994年7月20日、授权公告号为CN2172285Y（专利号为93217916.9）的中国实用新型专利说明书，共6页；附件4：沃奇新德公司与中国人民解放军国防大学（以下简称国防大学）签订的工矿产品购销合同和国防大学出具的证明复印件；共2页；附件5：沃奇新德公司所称的北京电视台于2000年6月23日播出节目的VCD片断和中央电视台于2000年播出节目的VCD片断；附件6：北京电视台的证言（未提交）；附件7：沃奇新德公司所称的国防大学游泳馆水处理设备的照片复印件，共3页；附件8：工资单复印件，共3页。

沃奇新德公司于2007年5月18日向专利复审委提交了如下证据：附件9.1：1986年12月出版的《给排水设计手册第3册城市给水》第1版，第794页复印件；附件9.2：2004年4月出版的《给排水设计手册第3册城镇给水》第2版，第651页复印件；附件9.3：2003年7月出版的《城市污水回用深度处理设施设计计算》，第216页复印件；附件10：李新的证人证言及相关身份证明材料，北京电视台播放节目的VCD和截图；附件11.1：北京青年报2000年6月20日第4版复印件；附件11.2：北京晚报2000年7月19日第16版复印件；附件11.3：北京晚报2000年6月20日第1版复印件。

专利复审委经形式审查合格后受理了沃奇新德公司提出的无效请求，并成立合议组对本无效请求案进行审理。专利复审委向沃奇新德公司和周岚送达了《无效宣告请求口头审理通知书》，并将《专利权无效宣告请求书》及其附件副本及周岚的意见陈述书分别转送给周岚和沃奇新德公司。

2007年5月21日进行了口头审理，沃奇新德公司和周岚均参加了口头审理。在口头审理过程中，沃奇新德公司明确其无效理由是：（1）本专利的权利要求1~5相对于附件4、5、7、8、10、11不具备新颖性；（2）权利要求1、3、4相对于附件2不具备创造性；（3）权利要求2相对于附件2、9不具备创造性；（4）权利要求5相对于附件2、3的结合不具备创造性。沃奇新德公司和周岚就上述无效理由充分发表了意见，沃奇新德公司明确表示其没有其他的无效理由、证据、范围和证据的组合形式。口审结束后，沃奇新德公司于2007年5月30日提交了意见陈述书及3张实地照片，沃奇新德公司坚持认为本专利不具备新颖性和创造性。

专利复审委经审查后认为：

1. 关于本专利权利要求1~5的新颖性

沃奇新德公司认为：附件4证明国防大学使用本专利水处理设备，附件5证明国防大学和五大露天游泳场使用本专利水处理设备的结构。附件7是附件5的VCD片断的截图照片。附件8是本专利设计人在沃奇新德公司公司工作的工资单。附件4、5、7、8构成证据链，证明本专利已经在申请日前公开使用过，故权利要求1~5不具备新颖性。附件5的VCD片断公开的水处理设备结构与国防大学使用的水处理设备结构完全相同。附件5的VCD片断公开的水力自控无阀过滤机，其包括原水分配罐、过滤罐、主虹吸管和辅助虹吸管，过滤罐整齐排列，围成区域上方放置原水分配罐，原水分配罐中设置与过滤罐数目相同的进水分配槽，通过过滤罐进水管连通过滤罐，原水分配罐的上方设置与过滤罐数目相同的虹吸加强管和分流管，虹吸加强管一端与辅助虹吸管上管相连，另一端接至原水分配罐的内筒中，虹吸加强管的形成及破坏管与主虹吸管的抽气管连通，分流管一端接入原水分配罐的内筒中分流管的形成管与主虹吸管的破坏管相连，主虹吸管的破坏管连接至破坏斗，分流管的形成管及破坏管是同一根管。此外，沃奇新德公司还提到了附件10、11.1~11.3。

周岚认为：附件4、5只能证明国防大学购买了一套设备，附件4、5、7、8不能证明设备的具体结构与本专利的技术方案相同。柳浪游泳池和国防大学的游泳池并不相关，上述附件不能形成证据链。附件5不属于公开出版物，对真实性有异议。本专利权利要求1的技术方案与VCD片断公开内容存在以下不同：分流管另一端连接至清水箱的正常工作水位以下；分流管的形成管与主虹吸管的破坏管相连；分流管的破坏管接至破坏斗。对附件5的VCD片断的播放时间没有异议，但认为从播放的内容不能看出本专利的技术内容。

专利复审委经审查后认为：附件9.1~9.3属于公知常识性证据，本案可以考虑；附件10、11.1~11.3是沃奇新德公司于提出无效请求之日起一个月之后提出的非公知常识性证据，因此不予考虑。附件4能够证明沃奇新德公司与国防大学于1998年5月26日存在WQX-5A水力自动化曝气滤机的销售事实；附件5的VCD片断为北京电视台和中央电视台在2000年播出的节目片断，周岚对上述片断播放的内容与本专利技术方案的关联性提出了疑义，但是其对该VCD节目的播出时间表示认可，专利复审委经审查认为附件5的VCD片断属于《审查指南》第二部分第三章2.1.3.3节规定的以其他方式公开，其播放内容没有疑点，因此其本身是真实的，并且由于其播放时间早于本专利的申请日，因此附件5中所涉及的设备可以作为现有技术使用。附件7是附件5的VCD片断的截图照片，其真实性及形成时间与附件 5 是一致的，其也可作为现有技术使用。附件 8 仅能证明本专利的设计人曾就职于沃奇新德公司，与沃奇新德公司所要证明的本专利在先销售或使用导致实用公开的事实无关。附件 5 的 VCD 片断公开的水处理设备铭牌 WQX 与沃奇新德公司销售给国防大学的 WQX-5A 水力自动化曝气滤机的型号基本相同，并且 WQX-5A 水力自动化曝气滤机的销售时间早于附件 5 的 VCD 片断的播放时间，上述事实相互对应，附件 4 的销售时间和附件 5 的 VCD 片断播放时间均早于本专利的申请日，因此附件 4、5、7、8 可以证明在本专利的申请日前，沃奇新德公司向国防大学销售了 WQX-5A 水力自动化曝气滤机，该 WQX-5A 水力自动化曝气滤机的结构为附件 5 的 VCD 片断中的水处理设备公开的结构。

然而，虽然附件 5 的 VCD 片断公开的水处理设备可以作为现有技术使用，但是从该 VCD 片断也不能唯一地确定沃奇新德公司所述的具体技术特征。并且即便是按照沃奇新德公司所述该 VCD 片断公开的水处理设备结构与国防大学游泳池采用的设备结构完全相同且已经公开了沃奇新德公司所认为的上述技术内容，专利复审委还认为该 VCD 片断与本专利的权利要求 1 至少存在两点区别：（1）本专利的分流管的形成管与主虹吸管的破坏管相连；（2）本专利的分流管的破坏管接至破坏斗。因此本专利的权利要求 1 与附件 5 的 VCD 片断公开的内容不相同。因此沃奇新德公司提出的附件 4、5、7、8 并不能形成一个完整的证据链，无法证明与本专利相同的产品在本专利申请日之前公开销售或使用过。由于本专利的权利要求 1 具备新颖性，引用权利要求 1 的权利要求 2~5 也具备新颖性。

在无效程序中当事人多次要求专利复审委进行现场勘验。对此专利复审委认为：本专利的权利要求 1 与附件 5 的 VCD 片断公开的水处理设备结构至少存在两点区别，因此专利复审委没有必要进行现场勘验；并且专利复审委认为当事人提供证据以证明其主张的事实应当是当事人的义务，因此专利复审委对沃奇新德公司提出的勘验请求不予支持。

2. 关于本专利权利要求 1~5 的创造性

双方均认为权利要求 1 的前序部分已被附件 2 公开。

沃奇新德公司认为：权利要求 1 与附件 2 的区别仅在于：附件 2 没有提到虹吸加强管、分流管及其形成及破坏管。但上述部件的连接关系与主虹吸管是相同的，它们的工作原理相同，对于本领域技术人员来讲是公知的，因此权利要求 1 不具备创造性。

周岚认为：本专利的目的与解决的问题与附件 2 均不相同，本专利的权利要求 1 与附件 2 之间的区别对于本领域技术人员不是显而易见的，附件 2 没有公开虹吸加强管、分流管及其形成及破坏管的连接关系。

专利复审委经审查后认为：周岚对附件 2、3、9. 1~9. 3 的真实性没有异议，因此附件 2 和 3 可以作为本案证据使用。由于附件 2、3 为公开出版物，且其公开日期在本专利的申请日前，因此附件 2、3 可以作为本专利的现有技术使用。周岚认为附件 9. 1~9. 3 的举证超过规定期限，但是上述附件属于公知常识性证据，并且沃奇新德公司结合上述附件进行了具体说明，因此附件 9. 1~9. 3 可以作为本案证据使用。由于附件 9. 1~9. 3 为公开出版物，且其公开日期在本专利的申请日前，因此附件 9. 1~9. 3 可以作为本专利的现有技术使用。

将附件 2 公开的内容与本专利相比，权利要求 1 的下述技术特征没有被附件 2 公开：原水分配罐（4）的上方设置与过滤罐数目相同的虹吸加强管（7）和分流管（5），虹吸加强管一端与辅助虹吸管（15）上管相连，另一端接至原水分配罐的内筒（11）中，虹吸加强管的形成及破坏管（10）与主虹吸管的抽气管（17）连通；分流管一端接入原水分配罐的内筒中，另一端接至过滤罐的清水箱的正常工作水位以下，分流管的形成管（8）与主虹吸管的破坏管（9）相连，分流管的破坏管（6）接至破坏斗（3）中。

由于附件 2 并没有给出在高效、节能、全自动水处理机中设置虹吸加强管和分流管及虹吸加强管和分流管与其他管路之间如何连接的技术启示，且上述区别技术特征也不能被认定为公知常识，因此权利要求 1 请求保护的技术方案相对于附件 2 是非显而易见的，所以权利要求 1 相对于附件 2 具备创造性。由于权利要求 1 相对于附件 2 具备创造性，所以引用权利要求 1 的权利要求 3、4 相对于附件 2 也具备创造性。

沃奇新德公司使用附件 9.1～9.3 来证明权利要求 2 的附加技术特征属于公知常识，但是附件 9.1～9.3也没有给出在高效、节能、全自动水处理机中设置虹吸加强管和分流管及虹吸加强管和分流管与其他管路之间如何连接的技术启示，因此权利要求 2 相对于附件 2 和附件 9.1～9.3 的结合也具备创造性。

同样，附件 3 也没有给出在高效、节能、全自动水处理机中设置虹吸加强管和分流管及虹吸加强管和分流管与其他管路之间如何连接的技术启示，因此无论权利要求 5 的附加技术特征是否已被附件 3 公开，权利要求 5 相对于附件 2 和 3 的结合也具备创造性。

另外，由于沃奇新德公司在口审过程中已经明确地说明了其无效的理由、证据、范围以及证据的使用情况，且明确表示其没有其他的无效的理由、证据、范围和证据组合形式，因此沃奇新德公司于 2007 年 5 月 30 日提交的意见陈述书中沃奇新德公司补充的其他无效理由专利复审委不予考虑。

根据上述的事实和理由，专利复审委依照《专利法》第二十二条第二款、第三款的规定，维持本专利权有效。

本院认为：本案的争议焦点是，（1）专利复审委审查程序是否合法，即被诉第 10567 号决定是否存在漏审的事实；（2）被诉第 10567 号决定认定本专利符合《专利法》第二十二条第二款的规定是否正确；（3）被诉第 10567 号决定认定本专利符合《专利法》第二十二条第三款的规定是否正确。

（1）关于专利复审委审查程序是否合法的问题。

根据《审查指南》第四部分第一章第 2.3 节规定的请求原则和第三章第 3.3 节关于无效宣告请求范围以及理由和证据的规定，无效宣告程序应当基于当事人的请求启动，无效宣告请求书应当明确无效宣告请求范围，并应当具体说明无效宣告的理由、指明对比方式。

在专利复审委对本案进行审查过程中，沃奇新德公司在口头审理时明确了无效理由、证据、范围以及证据的使用方式，且沃奇新德公司亦明确没有其他的无效理由、证据、范围和证据组合形式。上述内容均记录在口审记录表中，沃奇新德公司对口审记录的内容亦签字予以确认。沃奇新德公司虽认为其在无效宣告请求书中明确提出以附件 5 或以附件 5 结合附件 2 评价本专利的创造性的无效理由，但其提交的无效宣告请求书不能证明其观点。因此，专利复审委以沃奇新德公司在口审时明确的无效理由和对比方式评价本专利，并据此作出被诉的第 10567 号决定，程序合法。沃奇新德公司关于漏审的上诉理由没有事实依据。

（2）被诉的第 10567 号决定认定本专利符合《专利法》第二十二条第二款的规定是否正确。

根据《专利法》第二十二条第二款的规定，新颖性是指在申请日以前没有同样的发明或者实用新型在国内外出版物上公开发表过、在国内公开使用过或者以其他方式为公众所知，也没有同样的发明或者实用新型由他人向国务院专利行政部门提出过申请并记载在申请日以后公布的专利申请文件中。沃奇新德公司、周岚对专利复审委认定附件 4、5、7、8 可以证明在本专利的申请日前，沃奇新德公司向国防大学销售了 WQX-5A 水力自动化曝气滤机，该 WQX-5A 水力自动化曝气滤机的结构为附件 5 的 VCD 片断中的水处理设备公开的结构不持异议，经本院审查，专利复审委对上述证据的认定正确。沃奇新德公司在口审时明确表示，附件 5 公开的水处理设备与国防大学使用的水处理设备结构一致。附件 5 的 VCD 片断播放时间为 2000 年，播出节目时间早于本专利的申请日，可以作为现有技术。附件 5 的 VCD 片断中公开了一种水处理设备结构，附件 5 与本专利的权利要求 1 的技术方案相比，至少存在两点区别：（1）本专利的分流管的形成管与主虹吸管的破坏管相连；（2）本专利的分流管的破坏管接至破坏斗。因此，本专利的权利要求 1 具备新颖性。在权利要求 1 具备新颖性的前提下，其从属权利要求 2~5 也具备新颖性。被诉的第 10567 号决定认定本专利符合《专利法》第二十二条第二款的规定正确，上诉人的上诉理由没有事实和法律依据。

（3）被诉的第 10567 号决定认定本专利符合《专利法》第二十二条第三款的规定是否正确。

沃奇新德公司虽然强调本专利相对于附件 5 和附件 2 的结合不具备创造性，但该无效理由未在行政程序中提出，依照相关法律规定本案不应予以审查。沃奇新德公司在一审中明确表示对于被诉的第 10567 号决定关于本专利创造性的评价没有异议，经本院审查，被诉的第 10567 号决定认定本专利符合《专利法》第二十二条第三款的规定正确。

综上所述，被诉的第 10567 号决定认定事实清楚，程序合法，适用法律正确，一审法院予以维持正确。上诉人的上诉理由没有事实和法律依据，本院不予支持。依据《中华人民共和国行政诉讼法》第六十一条第（一）项的规定，判决如下：

驳回上诉，维持一审判决。

二审案件受理费人民币 100 元，由上诉人北京市沃奇新德水处理设备开发有限责任公司（已交纳）。

本判决为终审判决。

审 判 长 郭 宜
审 判 员 张学磊
代理审判员 朱海宏
二〇〇八年九月十日
书 记 员 程钰玮

207

一种油田采油或注入液体介质用抗腐蚀油管或套管及其抗腐蚀处理方法

无效宣告请求审查决定（第10579号）

决　　定　　号　第10579号
决　　定　　日　2007年9月26日
发明创造名称　一种油田采油或注入液体介质用抗腐蚀油管或套管及其抗腐蚀处理方法
国 际 分 类 号　C23C 8/26，F16L 58/04
无效宣告请求人　东营市宏祥机械有限责任公司
专　利　权　人　梁龙旭，蒲宝林，王建平
专　　利　　号　03119549.0
申　　请　　日　2003年3月11日
授 权 公 告 日　2005年2月2日
合 议 组 组 长　刘　犟
主　　审　　员　王　琳
参　　审　　员　王　冬

法　律　依　据　专利法第22条第3款
决　定　要　点

判断要求保护的发明是否具备创造性，首先应该与最接近的对比文件进行比较，如果要求保护的发明与最接近对比文件相比存在区别特征，且现有技术中不存在将此区别特征应用到最接近对比文件中以解决发明实际解决的技术问题的启示，则该发明具有突出的实质性特点，在此基础上，如果该发明同时具有有益的技术效果，则该发明具备创造性。

一、案由

本无效宣告请求涉及中华人民共和国国家知识产权局于2005年2月2日授权公告的、名称为“一种油田采油或注入液体介质用抗腐蚀油管或套管及其抗腐蚀处理方法”的发明专利权（以下简称本专利），其专利号是03119549.0，申请日是2003年3月11日，专利权人是梁龙旭、蒲宝林和王建平。本专利授权公告时的权利要求书如下：

“1. 一种油田采油或注入液体介质用抗腐蚀油管或套管，其基本组织为铁素体加珠光体，在包括连接螺纹在内的油管或套管内外壁表面上形成抗腐蚀氮化层，其特征在于，所说的氮化层由内部黑白

相混的部分和最外表面的白亮部分组成，内部黑白相混的部分其组织为 $Fe_{2-3}N$，Fe_4N 和残余奥氏体及马氏体，最外表面的白亮部分为白亮层，由 $Fe_{2-3}N$ 和 Fe_4N 组成。

2. 按照权利要求 1 所述的油田采油或注入液体介质用抗腐蚀油管或套管，其特征在于，所说的氮化层的厚度为 0.10mm 至 0.16mm，所说的白亮层的厚度为 16μm 至 24μm。

3. 一种如权利要求 1 或 2 所述的抗腐蚀油管或套管的抗腐蚀处理方法，其特征在于，按顺序包括下列步骤：

①将要处理的基本组织为铁素体加珠光体的油管或套管装入电热井式氮化炉内，炉内温度控制在 440~460℃之间。

②将炉温升至 620℃，在升温过程中，进行第一次抽真空和随后的充氮气操作，15 分钟后，进行第二次抽真空和随后的充氮气操作；

③在 620℃和氮气环境下保温 120 分钟；

④在 620℃下充氨气同时滴入由甲酰胺、乙醇、碘和稀土金属组成的催化剂悬浮液，保压一定时间，然后抽真空，反复进行该操作，时间持续 120 分钟；

⑤在 620℃下充入氮气，使炉内压力达到 0.01MPa，并在此压力下将处理过的油管或套管出炉，进行空气冷却到常温。

4. 按照权利要求 3 所述的方法，其特征在于，在步骤②中，所说的第一次和第二次抽真空的时间都为 25~30 秒，使炉内压力降到-0.06MPa，所说的随后的充氮气时间为 25~30 秒，使炉内压力升到 0.01MPa。

5. 按照权利要求 3 所述的方法，其特征在于，在步骤④中，所说的充氨气同时滴入所说的催化剂的时间为 70 秒，所说的保压时间为 25 秒，所说的抽真空使炉内压力降到-0.06MPa。

6. 按照权利要求 3 所述的方法，其特征在于，在步骤④中所说的滴入催化剂的重量配比为：甲酰胺：乙醇+碘+稀土金属=3：1。

7. 按照权利要求 3 所述的方法，其特征在于，在步骤④中，所说的碘占所说的乙醇、碘及稀土金属的总重量的 1%，所说的稀土金属占所说的乙醇和碘及稀土金属的总重量的 0.6%，在步骤④中，所说的滴入催化剂的重量配比为：甲酰胺：乙醇+碘+稀土金属=3：1。

8. 按照权利要求 3 所述的方法，其特征在于，在步骤④中，所说的碘占所说的乙醇、碘及稀土金属的总重量的 1%，所说的稀土金属占所说的乙醇和碘及稀土金属的总重量的 0.6%。

9. 按照权利要求 3 所述的方法，其特征在于，在步骤④中，所说的催化剂的滴入量为每小时 500mL。

10. 按照权利要求 3 所述的方法，其特征在于，在步骤④中，所说的稀土金属为镧系混合稀土金属，其中镧系稀土金属占镧系混合稀土金属总重量的 45.48%，其他为杂质，镧系稀土金属的重量组成为：26.29% 的 La_2O_3，50.83% 的 CeO_2，5.15% 的 Pr_6O_{11}，15.12% 的 NdO_3，2.61% 的 Eu_2O_3。”

针对本专利权，东营市宏祥机械有限责任公司（以下简称请求人）于 2007 年 2 月 7 日向专利复审委员会提出无效宣告请求，同时请求人还提交了如下附件：

附件 1：胡明娟，潘健生编著，上海交通大学出版社出版，1996 年 3 月第 1 版，1996 年 4 月第 1 次印刷的《钢铁化学热处理原理》（修订版）的封面页、封面内页、版权页、目录页、第 19、20、49、50、59、60、61、62 页的复印件（以下简称为证据 1）；

附件 2：授权公告日为 2005 年 2 月 2 日，授权公告号为 CN1187468C 的中国发明专利说明书（即本专利）。

请求人认为：权利要求 1 中在金属表面渗氮起到抗腐蚀作用是本领域中的公知技术，而渗入的氮化层出现的黑白相混和白亮部分是在铁素体加珠光体表面渗氮后出现的共性，而且权利要求 2 中的氮化层的厚度也是本领域的公知技术，因此权利要求 1、2 相对于证据 1 不具备专利法第 22 条第 2 款、第 3 款规定的新颖性和创造性。

经形式审查合格，专利复审委员会依法受理了上述无效宣告请求，并于 2007 年 2 月 7 日向请求人和专利权人发出无效宣告请求受理通知书，同时将专利权无效宣告请求书及其附件清单中所列附件的副本转送给专利权人，并要求专利权人在指定的期限内陈述意见。

针对本专利权，请求人于 2007 年 3 月 7 日向专利复审委员会提交了补充的意见陈述书，进一步证明权利要求 1 和 2 记载的内容是本领域的公知技术，此次提交的附件包括：

附件 3：2002 年 7 月出版的《机械工程师》，题名为“抽油杆脉冲真空抗蚀氮化工艺及其应用”的第 72、73 页复印件（以下简称为证据 2）；

附件 4：王国佐、王万智编著、中国铁道出版社 1980 年出版的《钢的化学热处理》封面页、目录页、符号名称页、第 112~121 页的复印件（以下简称为证据 3）；

附件 5：机械工业部机电研究所主编、机械工业出版社出版、1986 年 10 月北京第一版第一次印刷的《钢铁材料渗氮层金相组织图谱》封面页、扉页、版权页、序页、编者的话页、目录页、第 1~11 页、第 44~47 页、第 68~73 页、封底页的复印件（以下简称为证据 4）；

附件 6：机械工程手册、电机工程手册编辑委员会编著、机械工业出版社出版、1979 年 1 月北京第一版，第一次印刷的《机械工程手册》第 44 篇热处理（试用本）封面页、版权页、目录页、第 44~1、44~2、44~87、44~88、44~100、44~101、44~106 页的复印件（以下简称为证据 5）；

附件 7：夏立芳、高彩桥编著、机械工业出版社出版、1989 年 6 月北京第一版，第一次印刷的《钢的渗氮》封面页、扉页、版权页、前序页、目录页、引言页、第 1、4~11 页、第 28~33 页的复印件（以下简称为证据 6）；

针对专利复审委员会发出的上述无效宣告请求受理通知书，专利权人于 2007 年 3 月 17 日提交了意见陈述书。专利权人认为：请求人提供的证据 1 的真实性和公开性无法确认；而且其中只提到了关于渗氮工艺的部分技术特征，而未提供任何关于产品的具体结构特征，因此本专利权利要求 1 和 2 具备新颖性和创造性。

专利复审委员会依法成立合议组，对本案进行审理。

本案合议组于 2007 年 4 月 5 日向双方发出无效宣告请求口头审理通知书，定于 2007 年 6 月 5 日在专利复审委员会举行口头审理。随同口头审理通知书，将专利权人于 2007 年 3 月 17 日提交的意见陈述书副本转给了请求人，将请求人于 2007 年 3 月 7 日提交的意见陈述书及其附件清单中所列附件的副本转给了专利权人。

口头审理如期举行，请求人当庭补充提交了作为公知常识性证据的证据 1 的第 22 页的复印件，合议组当庭将该补充证据转给专利权人，即证据 1 为：胡明娟，潘健生编著，上海交通大学出版社出版，1996 年 3 月第 1 版，1996 年 4 月第 1 次印刷的《钢铁化学热处理原理》（修订版）的封面页、封面内页、版权页、目录页、第 19、20、22、49、50、59、60、61、62 页的复印件。专利权人对证据 1~6的真实性没有异议；请求人明确其无效的理由、证据、范围以及证据的适用情况为：权利要求 1 相对于证据 2 和 1 的组合，或证据 2 和 4 的组合，或证据 1、2 和 4 的组合不具备创造性；权利要求 2 相对于证据 2 和 1 的组合，或证据 2 和 4 的组合不具备创造性；使用证据 2 的全文，证据 1 的第 19、22、49 和 60 页以及证据 4 的第 10、46 和 47 页，放弃其他证据和证据 1 和 4 的其他页作为证据使用，并放弃了权利要求 1、2 有关新颖性的无效理由；请求人认为与本专利最接近的现有技术是证据 2，证据 2 和权利要求 1 的区别在于：证据 2 中没有具体公开氮化层是由白亮层和黑白相混层组成，但该特征被证据 1 或 4 公开了，权利要求 2 的附加技术特征被证据 1 公开了，另外，证据 4 公开了白亮层厚度为 20~30 微米；专利权人认为证据 2 中只公开了黑白相混层，没有白亮层，而且证据 2 中的白亮层是化合物层不该含马氏体和奥氏体，即该白亮层不是指 ε+γ' 相，而是指表面的化合物层，证据 1 中第 22 页的相图是公知常识，但其并未给出具体的相结构，并强调最终相的组成与具体的处理工艺密切相关。

至此，合议组认为本案事实已经清楚，可以作出审查决定。

二、决定的理由

1. 关于证据

请求人在口审时当庭补充提交了证据 1 的第 22 页的复印件，合议组认为，其属于公知常识性证据，按照审查指南的相关规定，可以在口头审理辩论终结前补充，因此予以接受。请求人仅使用证据 1、2 和 4 作为无效理由的证据，专利权人对上述证据的真实性没有异议，合议组对上述证据的真实性予以认可。同时由于上述证据为公开出版物，且其公开日期在本专利的申请日前，因此可以作为本专利的现有技术使用。

2. 关于创造性

创造性，是指同申请日以前已有的技术相比，该发明有突出的实质性特点和显著的进步，该实用新型有实质性特点和进步。

判断要求保护的发明是否具备创造性，首先应该与最接近的对比文件进行比较，如果要求保护的发明与最接近对比文件相比存在区别特征，且现有技术中不存在将此区别特征应用到最接近对比文件中以解决发明实际解决的技术问题的启示，则该发明具有突出的实质性特点，在此基础上，如果该发明同时具有有益的技术效果，则该发明具备创造性。

本案中，双方均认可：证据 2 中公开了内部的黑白相混层，该层的组织为 $Fe_{2-3}N$、Fe_4N 和残余奥氏体和马氏体。请求人认为证据 2 与权利要求 1 相比，区别特征在于权利要求 1 中的“氮化层是由白亮层和黑白相混层组成”，而该区别特征被证据 1 或 4 公开了，权利要求 2 的附加技术特征被证据 1 公开，且证据 4 中还公开了白亮层的厚度。专利权人认为，证据 2 中只公开了黑白相混层，没有白亮层。

合议组经审查后认为：证据 2 中公开了一种用脉冲真空抗蚀氮化工艺处理的抽油杆，该抗蚀氮化抽油杆表面形成了含氮、碳的 ε 相（$Fe_{2-3}N$）和 γ 相（Fe_4N）以及含氮奥氏体淬火层（残余奥氏体+马氏体），由于在通常的侵蚀剂中不受侵蚀，在金相显微镜下呈白色，故称白亮层，其有耐磨性。证据 1（参见其第 19、22 和 60 页）中公开了气体铁素体氮碳共渗，在共渗后碳钢中的 ε 相为含碳氮化合物相 Fe_3（C_2N），而 γ' 近乎于纯氮化物相，因 ε 相和 γ' 相的耐腐蚀性，用硝酸酒精浸蚀，呈光亮的白亮层，故渗氮层表面的化合物层常称“白亮层”，且该化合物层的厚度为 6~20μm 左右。证据 4（参见其第 10、46 和 47 页）也指出气体渗氮一般可得到 20~30 微米厚的化合物层，该层大都由 ε 和 γ' 相组成，并图示了在不同工艺条件下渗氮层的组织，其中图 1-60 的组织为：第一层以 Fe2N 相为主，第二层以 $Fe_{2-3}N$+γ' 相为主，第三层以 γ' +α 相为主；图 1-61 的组织为：表面白亮层为 ε+γ'，靠外面一层以 ε 相为主，其上分布有黑点为 ε+γ' 两项混合物，深度约 0.008~0.012 毫米，靠里层呈柱状晶，为 ε+γ' 两相混合物，深度约 0.018~0.024 毫米，化合物层下面是含氮马氏体+残余奥氏体，深度约 0.008~0.018 毫米，再往里为马氏体+铁素体及无马氏体的过渡层。将权利要求 1 与证据 1、2 和 4 对比后可知，上述证据均未公开“氮化层是由内部黑白相混的部分和最外表面的白亮部分层组成”这一区别技术特征，并且上述证据均未给出利用上述区别技术特征的技术启示。因此，请求人关于权利要求 1 相对于证据 2 和 1 的组合，或证据 2 和 4 的组合，或证据 1、2 和 4 的组合不具备创造性的理由不成立。同时权利要求 1 的抗腐蚀油管或套管在不降低被处理前的机械性能的情况下，其内外表面的抗腐蚀性能有明显的改善，而且保证了管螺纹被处理前的加工精度，因此，权利要求 1 具备创造性。在权利要求 1 相对于上述证据组合不具备创造性的条件下，请求人关于权利要求 2 不具备创造性的理由也不成立。

基于上述理由，本案合议组作出如下决定。

三、决定

维持 03119549.0 号发明专利权有效。

当事人对本决定不服的，可以根据专利法第 46 条第 2 款的规定，自收到本决定之日起 3 个月内向北京市第一中级人民法院起诉。根据该款的规定，一方当事人起诉后，另一方当事人应当作为第三人参加诉讼。

208

一种新型彩色美耐灯

无效宣告请求审查决定（第10584号）

决　　定　　号　第10584号
决　　定　　日　2007年10月17日
发明创造名称　一种新型彩色美耐灯
国 际 分 类 号　B44F 1/08
无效宣告请求人　鹤山市茂兴灯饰有限公司
专　利　权　人　鹤山银雨灯饰有限公司
专　　利　　号　99235620.2
申　　请　　日　1999年3月25日
授 权 公 告 日　2000年3月22日
合 议 组 组 长　徐洁玲
主　　审　　员　刘　妍
参　　审　　员　杜微科

法　律　依　据　专利法第22条第3款
决　定　要　点

如果同申请日以前已有的技术相比，该实用新型有实质性特点和进步，则具备创造性。

在现有技术的启示下，如果本领域的普通技术人员结合对比文件仍然不容易想到某技术方案，则该技术方案具有实质性特点和进步，具备专利法第22条第3款规定的创造性。

一、案由

本无效宣告请求案涉及的是国家知识产权局于2000年3月22日授权公告的、名称为“一种新型彩色美耐灯”的99235620.2号实用新型专利（下称本专利），其申请日为1999年3月25日，专利权人为鹤山银雨灯饰有限公司。

本专利授权公告的权利要求如下：

“1. 一种新型彩色美耐灯，是由灯体、插头、前端接头、尾塞组成，其中灯体是由芯线、清光灯泡串、无色透明外皮、彩色油漆层组成，清光灯泡串放在芯线内，无色透明外皮包在芯线外，其特征在于，彩色油漆层是喷涂在芯线表层，或喷涂在无色透明外皮上。

2. 根据权利要求1所述的一种新型彩色美耐灯，其特征是，前端接头啤注在灯体的一端，与插头相接。”

针对本专利，专利复审委员会曾于2002年9月27日作出第4506号无效宣告请求审查决定，宣告本专利权利要求2无效；于2004年7月26日作出第6274号无效宣告请求审查决定，宣告本专利权利要求1中包括“彩色油漆层喷涂在无色透明外皮上”技术特征的技术方案无效，维持该专利权利要求1中包括“彩色油漆层喷涂在芯线表层”技术特征的技术方案有效，上述两决定均已生效。故本次审查所针对的权利要求如下：

“1. 一种新型彩色美耐灯，是由灯体、插头、前端接头、尾塞组成，其中灯体是由芯线、清光灯泡串、无色透明外皮、彩色油漆层组成，清光灯泡串放在芯线内，无色透明外皮包在芯线外，其特征在于，彩色油漆层是喷涂在芯线表层。”

针对本专利，鹤山市茂兴灯饰有限公司（下称请求人）于2006年6月16日向专利复审委员会提出无效宣告请求，认为本专利不符合专利法第22条第3款规定的创造性，请求宣告本专利无效。请求人提交了如下证据：

证据1：名称为“低压装饰霓虹灯”的94227940.9号实用新型专利说明书，其授权公告日为1995年5月31日；

证据2：名称为“一种装饰灯条”的91233203.4号实用新型专利说明书，其授权公告日为1992年8月5日；

证据3：名称为“带式可塑霓虹灯”的95209300.6号实用新型专利说明书，其授权公告日为1996年2月14日。

请求人认为：本专利权利要求1相对于证据1和证据2的结合，以及证据1和证据3的结合不具备创造性，不符合专利法第22条第3款的规定。

经形式审查合格后，专利复审委员会受理了上述请求，并于2006年7月19日向双方当事人发出无效宣告请求受理通知书，并将宣告专利权无效请求书及其附件的副本转送给本专利变更前的专利权人樊邦弘（下称原专利权人），要求其在指定的期限内答复。

2007年3月21日，合议组向双方当事人发出无效宣告请求口头审理通知书，定于2007年5月23日进行口头审理。

口头审理如期进行，双方当事人的代理人均参加了口头审理。在口审中，请求人明确其无效宣告请求的理由为本专利权利要求1相对于证据1和证据2的结合，以及证据1和证据3的结合不具备专利法第22条第3款规定的创造性。原专利权人樊邦弘对证据1~3的真实性无异议，但是认为证据1和证据2的结合，以及证据1和证据3的结合均无法破坏本专利权利要求1的创造性。在此基础上，合议组对请求人提出的无效理由和事实进行了审查，并充分听取了双方当事人的意见。

根据原专利权人樊邦弘于2006年7月27日提交的著录项目变更申报书，国家知识产权局将本专利专利权人由樊邦弘变更为鹤山银雨灯饰有限公司，该变更于2007年6月15日公告。

本案合议组于2007年8月21日向变更后的专利权人鹤山银雨灯饰有限公司发出无效宣告请求审查通知书，将请求人提交的无效无效宣告请求书及证据1~10、无效宣告请求受理通知书、无效宣告请求口头审理通知书、口头审理记录一并寄送给变更后的专利权人，并告知其在收到本通知之日起15日内答复，期满未答复的，视为对变更前的专利权人樊邦弘已陈述过的意见无异议。

2007年8月22日，鹤山银雨灯饰有限公司向专利复审委员会提交意见陈述书，表明其认可原专利权人樊邦弘在本无效程序中已作出的全部意见陈述。

至此，合议组认为本案的事实清楚，可以作出审查决定。

二、决定的理由

1. 证据的认定

请求人提交的证据1~3均为在本专利申请日之前公开的中国实用新型专利说明书，专利权人对其真实性无异议，因此证据1~3均构成本专利的现有技术，可以用于评价本专利的创造性。

2. 关于创造性

专利法第22条第3款规定：创造性，是指同申请日以前已有的技术相比，该发明有突出的实质性特点和显著的进步，该实用新型有实质性特点和进步。

（1）证据1与2的结合评价本专利权利要求1的创造性。

本专利权利要求1要求保护“一种新型彩色美耐灯，是由灯体、插头、前端接头、尾塞组成，其中灯体是由芯线、清光灯泡串、无色透明外皮、彩色油漆层组成，清光灯泡串放在芯线内，无色透明外皮包在芯线外，其特征在于，彩色油漆层是喷涂在芯线表层。”

证据2（专利号91233203.4，授权公告日1992年8月5日）公开了一种装饰灯条，它由“内管、灯串及设于内管外部的包覆层组成，其特征在于内管上部中空，灯串设置在中空腔内”，“灯串的灯泡上套设有套管”（参见证据2权利要求1、2）。

证据2涉及的装饰灯条公开了相当于本专利芯线的内管、相当于本专利清光灯泡串的灯串、及相当于本专利无色透明外皮的包覆层，而本专利的“清光”和“无色透明”特征是为了由喷涂在芯线上的彩色油漆层来表现色彩而将灯串和外皮的色彩消除，与证据2并无实质区别。对于条形美耐灯而言，为了接通电源和自身保护，通常需要设置插头、前端接头和尾塞，因此，在美耐灯中设置插头、前端接头和尾塞是本领域的公知常识。

权利要求1与证据2的区别在于：权利要求1的彩色油漆层是喷涂在芯线表层。

关于上述区别特征，请求人认为：证据1给出了可以在灯管表层涂覆彩色油漆层的足够的启示，而该彩色油漆层不论是涂覆在无色透明的包覆层还是涂覆在芯线的表层对于本领域的普通技术人员而言都是无需付出创造性劳动就可以联想到的。

合议组认为：本专利权利要求1是在灯带内部的芯线表层喷漆，再包上无色透明外皮，即喷漆层位于芯线和外皮之间，这种喷涂方式既不同于将漆喷涂在灯管表面，也不同于将漆喷涂在整个灯具的外皮上，它可以在同一条美耐灯上呈现不同的颜色，达到更好的装饰、广告效果；同时避免了因采用中间接头而使灯体难以弯曲的现象，可以灵活弯折，降低了材料成本和人工。证据1（专利号94227940.9，授权公告日1995年5月31日）公开了一种低压装饰霓虹灯，其中具体公开了以下特征：“灯管（2）呈直线、曲线状，可组合任意图形、文字或符号”，“灯管外表涂上彩色油漆，因品种多，可人工调色，因而获得更多，更丰富的色彩”（参见证据1权利要求2，说明书第4页第12~13行）。证据1虽公开了可以在灯管外表面喷涂彩色漆，即给出了可以在灯具外皮上涂覆彩色油漆层的技术启示（如在灯管表面，包覆层表面），但证据1并未给出在除灯具表面、灯泡表面之外的其他位置喷漆的技术启示（如在证据1中的芯线上喷漆），也就是说，在证据2的基础上结合证据1，本领域的普通技术人员不易想到在证据2的内管上喷涂彩色漆层，如果在证据2的内管上喷涂彩色漆层，则需要付出创造性的劳动。

因此，证据1并未公开上述区别特征，也未给出将彩色油漆层喷涂在芯线表层的技术启示，本专利权利要求1相对于证据1和2的结合具有实质性特点和进步，符合专利法第22条第3款的规定。

（2）证据1与3的结合评价本专利权利要求1的创造性。

证据3（专利号95209300.6，授权公告日1996年2月14日）公开了一种带式可塑霓虹灯，其中具体公开了以下特征：其“包括有带式灯管和电源接触装置，带式灯管包括有灯泡（4）、内套管（2）、外套管（1）”，“带式灯管的内套管（2）中的微型灯泡（4）设计为37~40只为一单元”，“霓虹灯的灯管带为透明塑料，其色彩可以根据需要分别制成赤橙黄绿青蓝紫等各种颜色”（参见证据3权利要求1、2，说明书的第2页第5~6行）。

证据 3 涉及的带式可塑霓虹灯公开了相当于本专利清光灯泡串的灯泡、相当于本专利无色透明外皮的外管套、以及相当于本专利的芯线的内管套，权利要求 1 与证据 3 的区别在于：权利要求 1 中的彩色油漆层是喷涂在芯线表层。

基于上文的评述，可知证据 1 虽公开了可以在灯管外表面喷涂彩色漆，但并未给出在除灯具表面、灯泡表面之外的其他位置喷漆的技术启示（如在证据 1 中的芯线上喷漆），即使将证据 3 与证据 1 结合，本领域的普通技术人员也不易想到在证据 3 的内管套上喷涂彩色漆层。

请求人认为，证据 3 中的“带式灯管为透明塑料制成，其彩色可以根据需要分别制成各种颜色，如内管彩色外管无色，内管无色外管彩色及内管外管均为彩色或无色之选择，作出这样的色彩组合是本领域的公知常识和惯用手段”。对此合议组认为，证据 3 事实上仅公开了“霓虹灯的灯带为透明塑料，其色彩可以根据需要分别制成赤橙黄绿青蓝紫等各种颜色”（参见证据 3 说明书第 2 页第 5~6 行），并未公开“内管彩色外管无色，内管无色外管彩色及内管外管均为彩色或无色之选择”，即并未公开将彩色制在灯带的外管套上还是内管套上，也未给出所述内、外管套“色彩组合”的技术启示。

因此，本专利权利要求 1 相对于证据 1 和 3 的结合具有实质性特点和进步，符合专利法第 22 条第 3 款的规定。

综上所述，本专利权利要求 1 相对于证据 1 和证据 2 的结合或者证据 1 与证据 3 的结合具有实质性特点和进步，符合专利法第 22 条第 3 款规定的创造性。

基于以上事实和理由，本案合议组作出如下审查决定。

三、决定

在下述权利要求的基础上，维持 99235620.2 号实用新型专利有效：“一种新型彩色美耐灯，是由灯体、插头、前端接头、尾塞组成，其中灯体是由芯线、清光灯泡串、无色透明外皮、彩色油漆层组成，清光灯泡串放在芯线内，无色透明外皮包在芯线外，其特征在于，彩色油漆层是喷涂在芯线表层”。

当事人对本决定不服的，可以根据专利法第 46 条第 2 款的规定，自收到本决定之日起三个月内向北京市第一中级人民法院起诉。根据该款的规定，一方当事人起诉后，另一方当事人应当作为第三人参加诉讼。

209

槽道接头

无效宣告请求审查决定（第10592号）

决　　定　　号　第10592号
决　　定　　日　2007年10月23日
发明创造名称　槽道接头
国 际 分 类 号　G02B 6/46
无效宣告请求人　北京华进专利事务所
专　利　权　人　苏州工业园区新海宜电信发展股份有限公司
申　　请　　号　02220038.X
申　　请　　日　2002年4月16日
授 权 公 告 日　2003年3月5日
合 议 组 组 长　张　曦
主　　审　　员　陈　力
参　　审　　员　王琦琳

法　律　依　据　专利法第22条第3款、第26条第3款，专利法实施细则第20条第1款
决　定　要　点

如果一项权利要求的技术方案相对于现有技术存在区别特征，且现有技术中并未给出采用该区别特征解决该权利要求的技术方案所要解决的技术问题的技术启示，则该权利要求具备创造性。

一、案由

本无效宣告请求案涉及国家知识产权局于2003年3月5日授权公告的、名称为“槽道接头”的实用新型专利权（下称本专利），其申请号是02220038.X，申请日为2002年4月16日，专利权人是苏州工业园区新海宜电信发展股份有限公司（下称专利权人）。

该专利授权公告的权利要求书如下：

“1. 一种槽道接头，其特征在于：包括内壁［2］、外壁［3］以及连接筋［4］，内壁［2］和外壁［3］均为U形结构，其中内壁［2］间距叠放在外壁［3］中，两者之间形成U形插槽［1］型腔结构，连接筋［4］在内壁［2］与外壁［3］之间的中间位置上将两者连接成一体，并将整段U形插槽［1］在轴向对称分割成两段；内壁［2］的整个内面为光滑过渡面结构，外壁［3］周向设有连接平台［15］和连接凸台［6］，连接平台［15］与内壁［2］之间形成插孔［7］，该插孔［7］与槽道外侧凸起的连接槽配合，连接平台［15］的台面在插入方向设有U槽［5］，连接凸台［6］与弯头、三通、四通配合，其台面在横向设有螺钉孔，所述连接平台［15］和连接凸台［6］在外壁［3］

左右双向对称设置。

2. 根据权利要求 1 所述的接头，其特征在于：所述外壁［3］外侧设有周向加强筋［16］和加强筋［8］。

3. 根据权利要求 1 所述的接头，其特征在于：还包括连接卡［17］，该连接卡［17］由卡片［19］、卡钩［13］和两个预定位凸块［14］组成，凸块［14］分别设在卡片［19］的两端，卡钩［13］设在卡片［19］的中部，该连接卡［17］跨越在左右对称的两个 U 槽［5］之间，其卡钩［13］与外壁［3］扣接，两端的凸块［14］穿过 U 槽［5］卡接在被连接件上所设的定位孔中。

4. 根据权利要求 3 所述的接头，其特征在于：所述连接卡［17］上的卡钩［13］与外壁［3］扣接具体为：在两个 U 槽［5］之间对应的外壁［3］上设有卡座［10］，卡座［10］中设有两个对称的卡台［11］，卡片［19］也设有两个对称的卡钩［13］，两个卡钩［13］插入卡座［10］中，并与两个卡台［11］扣接。

5. 根据权利要求 1 所述的接头，其特征在于：还包括连接条［18］，该连接条［18］连接在内壁［2］的 U 形开口之间，连接条［18］的一端设有鸟嘴孔［12］，另一端设有卡槽［20］，对应的内壁［2］U 形结构顶部两端分别设有鸟嘴凸台［9］，其鸟嘴凸台［9］的颈部为圆柱，连接条［18］的鸟嘴孔［12］和卡槽［20］分别与两个鸟嘴凸台［9］配合。

6. 根据权利要求 5 所述的接头，其特征在于：所述连接条［18］的卡槽［20］旁设有用于变形的异型间隙孔［21］结构。”

针对上述专利权，北京华进专利事务所（下称请求人）于 2007 年 3 月 16 日向专利复审委员会提出无效宣告请求，请求人认为本专利权利要求 1~6 不符合专利法实施细则第 20 条第 1 款的规定，本专利说明书不符合专利法第 26 条第 3 款的规定，本专利权利要求 1~6 不符合专利法第 22 条第 3 款的规定，随专利无效宣告请求书提交的证据如下：

证据 1：WO01/95003A2 号专利文献（共 27 页），其公开日为 2001 年 12 月 13 日；

证据 2：US5752781 号美国专利文献（共 13 页），其公开日为 1998 年 5 月 19 日；

证据 3：WO00/75550A1 号专利文献（共 16 页），其公开日为 2000 年 12 月 14 日。

请求人请求宣告本专利无效的具体理由是：

（1）权利要求 1 中的特征“连接凸台［6］与弯头、三通、四通配合”这一表述的含义不清楚，不仅在权利要求 1 本身中看不出凸台［6］如何与弯头、三通、四通配合，说明书中也没有对此给予描述或解释，即使结合附图也看不出如何配合，此外，特征“连接平台［15］和连接凸台［6］在外壁［3］左右双向对称设置”的含义也不清楚，从此表述中看不出是平台［15］与另外的平台［15］之间对称，凸台［6］与其他凸台［6］之间对称，还是平台［15］与凸台［6］二者之间对称，也看不出其中的左右指的是哪个方向，在说明书中也没有对这些不清楚之处给予解释，因此该权利要求 1 没有清楚地表述请求保护的范围，不符合专利法实施细则第 20 条第 1 款的规定。

由于权利要求 2~6 均为独立权利要求 1 的从属权利要求，因此当其引用的权利要求 1 不清楚时，上述权利要求 2~6 也不清楚，不符合专利法实施细则第 20 条第 1 款的规定。

（2）由于权利要求 1 中存在的不清楚之处同样也存在于说明书中，这使得本领域技术人员不能实现该专利的技术方案，尤其是“连接凸台［6］与弯头、三通、四通配合”这一技术特征。因此本专利不符合专利法第 26 条第 3 款的规定。

（3）权利要求 1 所要求保护的技术方案相对于证据 1、2、3 不具备专利法第 22 条第 3 款规定的创造性；证据 1 公开了一种光缆槽道，从其图 1 中可以看出，其包括槽道接头 14，从该图中可以清楚地看出，槽道接头 14 包括均为 U 形结构的内壁和外壁，内壁叠放在外壁内，二者之间留有均匀的间隙，形成U形插槽，内壁的整个内面为光滑的，外壁的周向设有连接平台（在该证据的图1中以附加的标记A示出）和连接凸台，连接平台与内壁之间形成插孔，该插孔与槽道外侧的凸台配合，连接凸台上设有螺钉孔14b，连接平台以及连接凸台在槽道的轴向上对称于槽道接头的垂直于轴线的中平面，在轴线两侧也对称，虽然在图1中看不出内壁与外壁之间有连接筋，但在证据1的第3页第21行中写明，接头14在证据2中作了更详细的描述，从证据2的图4中可以清楚地看出，接头的外壁与内壁通过连接筋242连接起来，该连接筋将所述U型插槽沿轴向分割成两段，可见证据1中公开的这种槽道接头与本专利权利要求1中的槽道接头的差别仅仅在于，连接平台的台面上没有本专利权利要求1中的“在插入方向上设有槽”的特征，证据3公开了一种光缆导槽系统的管件接头（见证据3的摘要），从该证据的摘要附图中可以看出，该接头上带有连接平台10，而且该平台上还带有轴向的槽。由此在证据1的基础上从证据2中得到启示，得到本专利权利要求1的技术方案对于本领域技术人员来说是显而易见的，因此本专利权利要求1不具备创造性。

从属权利要求2~6的附加技术特征已被证据1的附图1所公开，因此也不具备专利法第22条第3款的规定的创造性。

请求人还在无效宣告请求书的第1页第1段提到本专利不符合专利法第22条第2款的规定，以及第3页倒数第2段提到本专利权利要求2~6不符合专利法实施细则第22条第1款的规定。

经形式审查合格，专利复审委员会依法受理了上述无效宣告请求，并于2007年4月16日向双方当事人发出无效宣告请求受理通知书，随同该受理通知书将专利权无效宣告请求书及其附件清单中所列附件的副本转送给专利权人，要求其在收到该通知之日起1个月内陈述意见，并告知其期满未答复不影响专利复审委员会审理。

请求人于2007年4月5日向专利复审委员会补充提交了证据1的说明书摘要和说明书文字部分的中文译文，证据2的说明书文字部分、权利要求书以及说明书摘要的中文译文，证据3的说明书摘要和说明书文字部分的中文译文。该补正书并未随上述无效宣告请求受理通知书转给专利权人。

针对上述无效请求，专利权人于2007年5月23日向专利复审委员会提交了意见陈述书，其意见主要如下：

（1）专利权人没有收到请求人关于证据1、2、3的中文译文，请求合议组在收到上述三个证据的中文译文后及时转文给专利权人并给予专利权人陈述意见的机会。另外，专利权人所收到的证据2不完整，请求合议组将缺少的部分给予补充。

（2）专利权人认为虽然权利要求1中未对上述两处不清楚的特征做进一步解释，但在说明书第2页第16~18行“将连接凸台用于固定弯头、三通、四通等构件，其固定方式是用螺钉通过螺钉孔进行连接，连接时螺钉不穿透内壁，避免损伤光线”中对连接凸台与弯头、三通、四通配合的含义进行了清楚地说明；此外，说明书第3页第10~13行“利用内壁和外壁的U形结构通过连接筋形成双向插入连接的U形插槽型腔，而且特别将这两个可插入的U形插槽型腔设计成相同的双向对称结构，这样就可以将两个相同或不同的被连接构件方便、快捷地连接起来，然后通过设在外壁上相应的固定结构加以固定”、说明书第2页第11行“所述轴向指的是光纤走线方向”、说明书第2页第12行“所述连接平台和连接凸台是起固定被连接构件的两种结构”、说明书附图4对“连接平台［15］和连接凸台［6］在外壁［3］左右双向对称设置”进行了清楚地说明，因此权利要求1的表述是清楚、简要的，符合专利法实施细则第20条第1款的规定。

（3）与上述理由（2）相同，专利权人认为本实用新型专利说明书清楚、完整地说明了该发明创造的技术方案，本领域技术人员能够实现该说明书记载的内容实现该专利的技术方案，符合专利法第26条第3款的规定。

（4）专利权人认为证据2（US5752781）作为权利要求1最接近的现有技术，应是对比文件1，权利要求1与对比文件1（US5752781）相比的区别在于：外壁周向设有连接平台，连接平台与内壁之间形成插孔，该插孔与槽道外侧凸起的连接槽配合，连接平台的台面在插入方向设有U槽，连接平台在外壁左右双向对称设置。证据1也就是对比文件2（WO01/95003A2）公开了一种光缆槽道，其图1中包括了一种槽道接头14，但该槽道接头14上没有公开上述区别技术特征，请求人用标记A指示的部位不是专利权利要求1中所述的连接平台，从图1中也看不出“A部位”对形成权利要求1中的连接平台有任何启示性作用和效果。证据3为对比文件3（WO00/75550A1）公开了一种光缆导槽系统的管件接头，其没有公开上述区别技术特征，请求人在摘要附图上看到的所谓“连接平台，而且该平台上还带有轴向的槽”与权利要求1中所述的连接平台完全不同。另外，从对比文件3所谓的“连接平台10”也看不出对形成权利要求1中的连接平台有任何启示性作用和效果。综上所述，权利要求1相对于对比文件1、2、3具有实质性特点和进步，尤其是连接平台这一技术特征，是针对现有技术的改进和发展，因此权利要求1具备专利法第22条第3款规定的创造性。

权利要求2~6分别是对权利要求1的进一步限定，因此，在权利要求1具有创造性的前提下，权利要求2~6均具有创造性。

针对上述无效宣告请求，专利复审委员会依法成立合议组对本案进行审理，本案合议组于2007年6月22日向双方当事人发出无效宣告请求口头审理通知书，告知双方当事人本案定于2007年8月30日举行口头审理，并随该无效宣告请求口头审理通知书将专利权人于2007年5月23日提交的意见陈述书副本共10页转给请求人，将请求人于2007年4月5日提交的证据1~3的中文译文共17页及证据2（US5752781A）的全文转给专利权人。

口头审理如期举行，双方当事人均参加了口头审理。

在口头审理中请求人明确其无效宣告请求的理由和范围为：本专利权利要求1~6不符合专利法实施细则第20条第1款的规定；本专利说明书不符合专利法第26条第3款的规定；本专利权利要求1~2相对于证据1和2的结合不符合专利法第22条第3款关于创造性的规定。请求人明确表示在其请求书第2页第2段中表述的其认为本专利不符合专利法第22条第2款规定的无效理由，以及第3页倒数第2段的权利要求2~6不符合专利法实施细则第22条第1款的无效理由，均属于笔误。请求人明确表示放弃关于从属权利要求3~6不具备创造性的无效理由。请求人放弃将证据3作为证据使用。

专利权人对请求人所提交证据1~3的真实性均无异议，对证据1~3的中文译文准确性也无异议。

请求人认为：（1）本专利权利要求1“连接凸台［6］与弯头、三通、四通配合”的含义不清楚，不清楚凸台［16］如何与弯头、三通、四通配合，且说明书中限定的均为固定关系，配合并不能认为就是固定关系，也不具有固定的含义，反过来固定的方式也不能用来解释配合；“所述连接平台［15］和连接凸台［16］在外壁［3］左右双向对称设置”的含义也不清楚，从此表述中看不出是平台［15］与另外的平台［15］之间对称，凸台［16］与其他凸台［16］之间对称，还是平台［15］与凸台二者之间对称，也看不出其中的左右指的是哪个方向，说明书第3页第10~13行关于双向的解释说的是U形插槽型腔的对称而不是平台或者凸台的对称，根据说明书第3页第10~13行的内容无法推出权利要求中连接平台和连接凸台的具体对称结构，说明书和附图推出来的结构与权利要求的限定结构不同，因此权利要求1及其从属权利要求2~6不符合专利法实施细则第20条第1款的规定。由于本专利说明书中发明内容部分记载的是与权利要求相同的不清楚的内容，所以本专利的技术方案无法实施，因此本专利不符合专利法第26条第3款的规定。（2）与本专利最接近的现有技术是证据1，并认为本专利权利要求1中的连接平台以及所有与连接平台相关的结构均没有被证据1和

2 公开，但是该连接平台的结构没有产生有益效果，没有进步，特别是螺母条仅在说明书第 2 页第 15 行有简单记载，在附图中没有示出，本领域技术人员在仅有文字表述的情况下，很难理解螺母条如何连接，在没有螺母条配合的情况下，连接平台本身不具备任何有益效果。对于本专利权利要求 1 中除与连接平台相关的技术特征之外的其他技术特征与证据 1 的具体对比方式与请求书中的表述一致。权利要求 2 的附加技术特征在证据 1 图 1 中公开了。综上所述，请求人认为权利要求 1、2 不具备专利法第 22 条第 3 款规定的创造性。

专利权人认为：（1）本专利说明书中对权利要求的上述结构和关系给出了详细地说明，因此权利要求 1~6 是清楚的，符合专利法实施细则第 20 条第 1 款的规定。（2）基于上述相同的理由，本专利说明书也是完整清楚的，符合专利法第 26 条第 3 款的规定。（3）权利要求 1 与证据 1、2 相比其区别特征是连接平台 15 以及所有与连接平台相关的结构，并且这些区别特征具有实质性特点和进步，因此权利要求 1 相对于证据 1、2 具有创造性。由于权利要求 1 具有创造性，所以其从属权利要求 2~6 也具有创造性。

至此，合议组认为本案事实已经清楚，现依法作出审查决定。

二、决定的理由

1. 关于证据

请求人提交的证据 1、2 是两份专利文献，专利权人对证据 1、2 的真实性没有异议，经审查，证据 1、2 可以作为本案的证据使用，证据 1、2 的公开日均在本专利的申请日之前，证据 1、2 可以作为本专利的现有技术使用来评价本专利的创造性，请求人提交了证据 1、2 相应的中文译文，专利权人对证据 1、2 相应中文译文的准确性没有异议，证据 1、2 的文字部分所公开的内容以请求人提交的中文译文为准。请求人当庭放弃了证据 3，因此本决定中不再涉及该证据。

2. 关于权利要求 1~6 是否符合专利法实施细则第 20 条第 1 款的规定

专利法实施细则第 20 条第 1 款规定：权利要求书应当说明发明或者实用新型的技术特征，清楚、简要地表述请求保护的范围。

请求人认为：本专利权利要求 1 中“连接凸台［6］与弯头、三通、四通配合”的含义不清楚，不清楚凸台［6］如何与弯头、三通、四通配合；“所述连接平台［15）和连接凸台［6］在外壁［3］左右双向对称设置”的含义也不清楚，从此表述中看不出是平台［15］与另外的平台［15］之间对称，凸台［6］与其他凸台［6］之间对称，还是平台［15］与凸台二者之间对称，也看不出其中的左右指的是哪个方向，因此不符合专利法实施细则第 20 条第 1 款的规定。由于权利要求 2~6 均为独立权利要求 1 的从属权利要求，因此当权利要求 1 不清楚且该从属权利要求又没有对上述不清楚之处作出解释时，权利要求 2~6 也不清楚，不符合专利法实施细则第 20 条第 1 款的规定。

经审查，合议组认为：权利要求 1 中的特征“连接凸台［6］与弯头、三通、四通配合”的含义是清楚的，其表达的含义是：连接凸台用于连接弯头、三通、四通，本领域技术人员可以理解权利要求 1 中的“配合”一词在此的含义是连接凸台可用于连接弯头、三通、四通，其所表达的含义在于连接凸台的用途以及连接凸台与连接弯头，三通，四通之间的关系，而不是具体限定连接凸台与连接弯头、三通、四通之间的连接方式，而且在实现权利要求 1 的技术方案时，具体采用何种方式来进行连接，是所属技术领域的技术人员能够根据具体的情况和要求进行选择的，权利要求 1 中的这种限定方式已经清楚地表达了其含义。此外，权利要求 1 中的特征“所述连接平台［15］和连接凸台［6］在外壁［3］左右双向对称设置”的含义也是清楚的，根据所属领域技术人员所掌握的有关槽道接头的常识，连接平台和连接凸台是设置在接头外壁上的两个不同的部件，并且均是用来将接头两侧，即左右两侧的槽道与该接头连接固定而设置的，因此其表达的含义必然是：连接平台本身在外壁轴向上左右双向对称设置，并且连接凸台本身也是在外壁轴向上左右双向对称设置，所属技术领域的技术人员也可以清楚地理解到该含义，不会误解为平台与凸台二者之间对称。同时，根据说明书中对权利要求1中的上述限定方式所进行的说明以及附图能够进一步理解上述技术特征所表达的含义，因此这种限定方式是允许并且清楚的，权利要求1符合专利法实施细则第20条第1款的规定。

请求人认为权利要求2~6不清楚是因为权利要求2~6是独立权利要求1的从属权利要求，因此当权利要求1不清楚且从属其的权利要求没有对上述不清楚之处作出解释时，权利要求2~6也不清楚，而且请求人并未针对权利要求2~6的附加技术特征是否导致权利要求2~6不清楚提出疑议。因此基于上述理由，如上面已经评述的，在独立权利要求1清楚的情况下，请求人认为权利要求2~6不符合专利法实施细则第20条第1款规定的理由不成立。

3. 关于说明书是否符合专利法第26条第3款的规定

专利法第26条第3款规定：说明书应当对发明或者实用新型作出清楚、完整的说明，以所属技术领域的技术人员能够实现为准；必要的时候，应当有附图。摘要应当简要说明发明或者实用新型的技术要点。

请求人认为：由于上述权利要求1中存在的不清楚之处同样也存在于说明书中，这使得本领域的技术人员不能实现该专利的技术方案。

经审查，合议组认为：如上所述，权利要求1中限定的“连接凸台［6］与弯头、三通、四通配合”的含义是清楚的，并且说明书第2页第16~18行记载了“将连接凸台用于固定弯头、三通、四通等构件，其固定方式是用螺钉通过螺钉孔进行连接，连接时螺钉不穿透内壁，避免损伤光纤”，根据说明书上述部分的记载所属技术领域的技术人员可以实现连接凸台与弯头、三通、四通的配合。此外，权利要求1中的技术特征“所述连接平台［15］和连接凸台［6］在外壁［3］左右双向对称设置”的含义也是清楚地，并且说明书第3页第10~13行、第2页第11~12行、附图4都对连接平台和连接凸台的对称关系进行了详细、清楚地说明。因此上述内容所表达的含义是清楚的，所属技术领域的技术人员根据本专利上述说明书文字部分和附图的记载能够实现本发明，因此本专利说明书符合专利法第26条第3款的规定。

4. 关于权利要求1~2是否符合专利法第22条第3款的规定

专利法第22条第3款规定：创造性，是指同申请日以前已有的技术相比，该发明有突出的实质性特点和显著的进步，该实用新型有实质性特点和进步。

请求人认为：本专利权利要求1~2相对于证据1、2不具备创造性。

经审查，合议组认为：本专利权利要求1要求保护一种槽道接头，证据1公开了一种光缆槽道以及安装在其上的连接件14，并具体公开了以下技术特征（参见证据1中文译文的说明书第2页、附图1）：从附图1中可以毫无疑义地看出该光缆槽道连接件14包括内壁和外壁，内壁和外壁均为U形结构，其中内壁间距叠放在外壁中，两者之间形成U形插槽型腔结构，内壁的整个内面为光滑过渡面结构，外壁的周向设有两个紧固支座，支座中包括横向插入的螺丝钉，支座通过该结构来与三通配合，并且所述紧固支座在外壁左右双向对称设置。由此可见，证据1中公开的紧固支座相当于本专利权利要求1中的连接凸台，由于连接原理相同其可以与三通配合必然也可以与弯头、四通配合。综上所述，权利要求1与证据1相比其区别在于：（1）该权利要求1还包括连接筋［4］，其在内壁［2］与外壁［3］之间的中间位置上将两者连接成一体，并将整段U形插槽［1］在轴向对称分割成两段；（2）外壁［3］周向设有连接平台［15］，连接平台［15］与内壁［2］之间形成插孔［7］，该插孔［7］与槽道外侧凸起的连接槽配合，连接平台［15］的台面在插入方向设有U槽［5］，所述连接平台［15］在外壁［3］左右双向对称设置。

证据2（也就是证据1中记载的详细描述了连接件14的美国专利文献）公开了光纤槽接头，并具体公开了以下技术特征（参见附图4标号242）：该光纤槽接头200（相当于证据1中的连接件14）包括内槽202和外槽212以及挡壁242，该挡壁242在内槽与外槽之间的中间的位置将两者连接成一体，并将整段U形槽在轴向对称分割成两段。由此可见，证据2中的挡壁242相当于本专利权利要求1中的连接筋，但是证据2中没有公开上述区别特征（2），即外壁［3］周向设有连接平台［15］，连接平台［15］与内壁［2］之间形成插孔［7］，该插孔［7］与槽道外侧凸起的连接槽配合，连接平台［15］的台面在插入方向设有U槽［5］，所述连接平台［15］在外壁［3］左右双向对称设置。

上述对比文件1和对比文件2均未公开的区别特征（2），在本专利说明书第2页第12~20行有具体说明如下："所述连接平台和连接凸台是起固定被连接构件的两种结构，这两种结构可以根据被连接构件所提供的接口灵活运用，其目的是为了定位和固定被连接构件。一般情况下可以将连接平台用于固定直通槽道，其固定方式是利用连接槽上的开口和平台台面上的U槽，采用螺母条将两者固定连接在一起，尤其是作为直通槽道与直通槽道的连接"。由此可见，区别特征（2）中连接平台是用于水平方向槽道的对接，而且由于该结构的特殊构造使其具有便于直通槽道固定的有益效果，证据1和2中既没有公开上述区别特征（2）也没有公开可以获得与上述区别特征限定的结构所能实现的效果类似的部件。因此，证据2没有给出得到上述区别特征的技术启示。综上所述，权利要求1相对于证据1和证据2的结合具备实质性特点和进步，具有创造性，符合专利法第22条第3款的规定。

另外，在口头审理的过程中请求人认为：专利权人所声称的权利要求1与证据1、2的区别，即，涉及连接平台的结构，其所带来的有益效果是来源于与其配合使用的部件螺母条，但是关于螺母条的内容仅在说明书第2页第15行有简单记载，在附图中没有示出，本领域技术人员在仅有文字表述的情况下，很难理解螺母条如何连接，在没有螺母条配合的情况下，连接平台本身不具备任何有益效果。

对此，合议组认为：尽管附图中没有示出连接平台如何与螺母条连接，但是根据说明书文字部分的记载以及该领域的公知常识，本领域技术人员也完全了解如何实施螺母条与连接平台的连接。本专利通过连接平台本身所特有的结构，使螺母条可以与连接平台配合使用，利用连接平台上的独特结构，使用螺母条将连接槽上的开口与连接平台面上的U槽固定在一起，不管如何拉扯，所连接的槽相互之间不会脱离，这种连接具有有益的效果，而这种有益效果的实现依赖于连接平台本身的结构。

由于权利要求1具有创造性，因此引用权利要求1的从属权利要求2也具有创造性，符合专利法第22条第3款的规定。

综上所述，本专利权利要求1~6保护范围清楚，符合专利法实施细则第20条第1款的规定。本专利说明书清楚、完整地说明了该发明的技术方案，符合专利法第26条第3款的规定。权利要求1~2相对于证据1、2具有专利法第22条第3款规定的创造性。

根据以上事实和理由，本案合议组作出如下审查决定。

三、决定

维持02220038.X号实用新型专利权有效。

当事人对本决定不服的，可以根据专利法第46条第2款的规定，自收到本决定之日起三个月内向北京市第一中级人民法院起诉。根据该款的规定，一方当事人起诉后，另一方当事人应当作为第三人参加诉讼。

210

自扣式遮帘机构

无效宣告请求审查决定（第10600号）

决 定 号 第10600号
决 定 日 2007年9月26日
发明创造名称 自扣式遮帘机构
国 际 分 类 号 E06B 9/40，E06B 9/56
无效宣告请求人 立川窗饰工业株式会社，广州艺帘实业有限公司
专 利 权 人 吉永航，林口精三
专 利 号 200520011572.6
申 请 日 2005年4月11日
授 权 公 告 日 2006年4月26日
合 议 组 组 长 徐洁玲
主 审 员 唐 莉
参 审 员 周英姿

法 律 依 据 专利法第22条第2款、第3款
决 定 要 点

在判断一项权利要求是否具有创造性时，可将权利要求的技术方案与最接近的现有技术进行比较，找出二者的区别技术特征，并判断现有技术整体上是否给出将这些区别特征应用到该最接近现有技术以解决其存在的技术问题的启示。如果现有技术存在这种启示，则该方案是显而易见的。

一、案由

本无效宣告请求案涉及国家知识产权局于2006年4月26日公告授予的、名称为“自扣式遮帘机构”的200520011572.6号实用新型专利权（下称本专利），其申请日为2005年4月11日，专利权人为吉永航、林口精三。该专利授权公告的权利要求如下：

“1. 一种自扣式遮帘机构，包括帘布卷取装置（1）、帘布（2）、帘布下轨（3）及设置在帘布两侧、开口方向相对的侧轨（4），侧轨（4）与帘布卷取装置（1）配合连接，其特征在于：所述侧轨（4）由外侧轨（5）及装在其内的内侧轨（6）组成，内外侧轨的开口方向一致，帘布两侧的内侧轨（6）内各自设有至少一个一端可在其内自由滑动且不脱出，另一端与帘布（2）固定连接的侧链（7）。

2. 如权利要求1所述的自扣式遮帘机构，其特征在于：所述内侧轨（6）开口为一细缝（8），所述侧链（7）的一端设有比细缝（8）宽的突起缘条（9），另一端穿过细缝（8）与帘布（2）粘连，

细缝（8）的宽度与细缝（8）内侧链（7）的厚度相匹配，侧链（7）能在其内自由滑动。

3. 如权利要求 2 所述的自扣式遮帘机构，其特征在于：所述内侧轨（6）的横截面为形。

4. 如权利要求 2 所述的自扣式遮帘机构，其特征在于：所述内侧轨（6）的横截面为形。

5. 如权利要求 3 所述的自扣式遮帘机构，其特征在于：所述外侧轨（5）与内侧轨（6）之间设有张紧装置。

6. 如权利要求 5 所述的自扣式遮帘机构，其特征在于：所述张紧装置为弹簧（10）。

7. 如权利要求 1~6 中任何一项所述的自扣式遮帘机构，其特征在于：所述侧轨（4）分为几部分组合而成。

8. 如权利要求 7 所述的自扣式遮帘机构，其特征在于：所述侧轨（4）为弧形。”

针对上述专利权，立川窗饰工业株式会社（下称请求人 I）于 2006 年 11 月 2 日向专利复审委员会提出无效宣告请求，并提交了下述证据：

附件 I-1：本专利授权公告文本；

附件 I-2：日本国特许厅发出的公告号为实公平 6-50639Y2 的实用新案公报，公告日为 1994 年 12 月 21 日，原文及部分内容的中文译文的复印件共 6 页；

附件 I-3：日本国特许厅发出的公告号为平 5-7514B2 的特许公报，公告日为 1993 年 1 月 28 日，原文及部分内容的中文译文的复印件共 8 页；

附件 I-4：日本国特许厅发出的公开号为特开平 8-109776A 的公开特许公报，公开日为 1996 年 4 月 30 日，原文以及部分内容的中文译文的复印件共 6 页；

附件 I-5：日本国特许厅发出的公告号为昭 62-35779Y2 的实用新案公报，公告日为 1987 年 9 月 11 日，原文以及部分内容的中文译文的复印件共 5 页。

请求人 I 认为：（1）权利要求 1~3 中所包含的技术特征均已被附件 I-2 中所包含的技术特征揭示，该附件的技术方案具有与本案实质上相同的预期效果，因此权利要求 1~3 不具备新颖性；（2）权利要求 1 与附件 I-3 的区别在于，权利要求 1 中的侧链由可在内侧轨内自由滑动且不脱出的一端和与帘布固定连接的另一端等两部分组成，而附件 I-3 中相应的扣合部件与帘布装在一起，并以可以自由滑动且无法脱出的状态扣合在内轨部件中，但该扣合部件特征的作用与权利要求 1 中的侧链所起的作用实质上是相同的，而且该区别特征已在附件 I-2 中揭示，因此权利要求 1 不具备创造性。在此基础上，权利要求 2 和 3 的附加技术特征也已在附件 I-2 中揭示，上述现有技术也给出了技术启示，因此权利要求 2~3 也不具备创造性；（3）权利要求 4 的附加技术特征已在附件 I-4 中公开，附件 I-2 与附件 I-4 的内容结合很容易获得权利要求 4 的技术方案，因此权利要求 4 也不具备创造性；（4）权利要求 5 和 6 的附加技术特征已在附件 I-3 中公开，与附件 I-2 和 I-3 的结合相比，权利要求 5 和 6 也不具备创造性；（5）权利要求 7 的附加技术特征已被附件 I-2 或附件 I-3 包含的技术特征所揭示，因此在其引用的权利要求不具备新颖性或创造性的基础上，权利要求 7 也不具备新颖性或创造性；（6）权利要求要求 8 的附加技术特征已在附件 I-4 和附件 I-5 中公开，与现有技术相比，权利要求 8 不具备创造性。

经形式审查合格后，专利复审委员会受理了上述请求，于 2006 年 12 月 20 日向双方当事人发出《无效宣告请求受理通知书》，并将请求人 I 提交的《专利权无效宣告请求书》及其附件清单中所列附件的副本转送给专利权人，要求其在指定的期限内答复，同时成立合议组对本无效请求案进行审理。

针对上述专利权无效宣告请求，专利权人于 2007 年 2 月 4 日作出答复。专利权人认为：（1）附件 I-2 和 I-3 的应用对象不同，附件 I-4 与本专利无关，附件 I-5 在内部结构上与本专利完全不同；

（2）权利要求1中的外侧轨、内侧轨和侧链与附件I-2和I-3不同，其中侧链为专利权人刚发明出来的一体式侧链，权利要求1具有新颖性和创造性；（3）权利要求2的技术特征说明本申请设计了一种一端带拉链状侧链的能与窗帘布粘结的部件侧链，而附件I-3是扣合部件直接装在防虫网面料上，附件I-3是分成带状本体、扣合部和扣合片，不实用，权利要求2具有新颖性和创造性；（4）权利要求3的技术特征是指采用该形状的内侧轨时可以实现具有弹性结构的内外两层构造，这在以前的文献中没有做过清晰的描述，权利要求3具有创造性；（5）对于权利要求4的技术特征，附件I-2和I-3中没有与之类似的内容，虽然附件I-4的实施例中有相近的图，但其是为了做到型材本身具有对称性而易于弯曲成型而画的，它与权利要求4在技术要求、应用范围、使用目的和要求等方面都不相同，权利要求4符合专利法第22条第3款的要求；（6）对于权利要求5的张紧装置，附件I-2中没有该项技术，附件I-3中的弹性材料是为了使防虫网适度张紧并在槽和扣合部件之间产生适度的摩擦力，使得防虫网能在半开的位置上停住，该张紧装置的目的、解决的问题和适用范围都与本专利不同，权利要求5符合专利法第22条第3款的要求。此外，基于与权利要求5相同的理由，权利要求5的从属权利要求权利要求6符合专利法第22条第3款的规定；（7）权利要求7所指的侧轨分为几个部分并非是指框架型材或导轨等分为内侧轨和外侧轨，而是为了便于安装维护或增加强度等目的将内侧轨分为几个部分组成，或将外侧轨分成几部分组装而成，是一项完全新的概念，权利要求7符合专利法第22条第3款的规定；（8）对于权利要求8的技术特征，附件I-2和I-3中对此没有描述，附件I-4不属于本专利所述的卷帘装置领域，附件I-5中提到的弧形导轨与本专利的侧轨系统在关键结构上有本质的区别，权利要求8符合专利法第22条第3款的规定；（9）附件I-2至I-5技术本身的适用范围与解决的技术问题与本专利不相同；因此本专利权利要求1~8具备新颖性和创造性。

针对上述专利权无效宣告请求，专利权人于2007年5月21日再次作出答复，意见与专利权人于2007年2月4日作出的答复意见相同。

针对上述专利权，广州艺帘实业有限公司（下称请求人II）于2007年2月2日向专利复审委员会提出无效宣告请求，并提交了下述证据：

附件II-1：申请号为200410000465.3，公开号为CN1580479A的中国发明专利申请公开说明书，公开日为2005年2月16日，复印件共49页；

附件II-2：ZL专利号为01253736.5，授权公告号为CN2498315Y的中国实用新型专利说明书，授权公告日为2002年7月3日，复印件共7页；

附件II-3：由国家知识产权局专利检索咨询中心出具的，编号为G062779的检索报告，复印件共4页。

请求人II认为，（1）权利要求1的技术特征已经完全被附件II-1公开，因此权利要求1不具备新颖性；（2）权利要求2的附加技术特征已被附件II-2公开，附件II-1和附件II-2结合公开了权利要求2的全部技术特征，因此权利要求2不具备创造性；（3）本领域普通技术人员通过阅读附件II-1，可以非常容易地知道，如果要限制内侧轨从外侧轨处脱除，显然可以将内侧轨制成形或形，与外侧轨的开口相配合，因此权利要求3和4也不具备创造性；（4）在附件II-1中，弹性体是介于轨道本体与支撑轨道之间的弹性装置，弹性体本身的物理属性决定了它可以起到张紧的作用，本案仅仅将附件II-1的技术方案简单置换，因此权利要求5和6不具备创造性；（5）对本领域的普通技术人员来说，为了安装方便可以将导轨分为几个部分是众所周知的简单知识，为了适应具体的安装情况，将导轨做成弧形、倾斜状也是众所周知的知识；因此权利要求7和8也不具备创造性；（6）对于权利要求7所述“侧轨分为几部分组合而成”，说明书中并没有描述侧轨如何分为几个部分，这几个部分如何连接，如何使得侧链在侧轨的各个分段中可以保持自由滑动，附图中也没有这样的图例，本领域普通技术人员无法实现上述技术方案，说明书不符合专利法第 26 条第 3 款的规定。

经形式审查合格后，专利复审委员会受理了上述请求，于 2007 年 3 月 2 日向双方当事人发出《无效宣告请求受理通知书》，并将请求人 II 提交的《专利权无效宣告请求书》及其附件清单中所列附件的副本转送给专利权人，要求其在指定的期限内答复，同时成立合议组对本无效请求案进行审理。

2007 年 6 月 5 日，本案合议组向请求人 I、请求人 II 和专利权人发出《无效宣告请求口头审理通知书》，拟定于 2007 年 7 月 18 日对该专利权的无效请求进行口头审理，同时将专利权人于 2007 年 2 月 4 日以及 2007 年 5 月 21 日提交的针对请求人 I 提出的专利权无效请求的意见陈述转送给请求人 I，要求其在口头审理时一并答复。

2007 年 7 月 18 日，口头审理如期进行，请求人 I 和请求人 II 均委托代理人参加了口头审理，专利权人未参加口头审理，请求人 I 和请求人 II 对合议组成员均无异议。口头审理过程中认定的事实如下：（1）请求人 I 放弃权利要求 7 不具备专利法第 22 条第 2 款规定的新颖性的理由，明确其无效宣告理由为：权利要求 1~3 相对于附件 I-2 不具备新颖性，不符合专利法第 22 条第 2 款的规定；权利要求 1~3、5~6 相对于附件 I-2 和 I-3 的结合不具备创造性，权利要求 4 相对于附件 I-2 和 I-4 的结合不具备创造性，权利要求 7 相对于附件 I-2 和 I-3 的结合或相对于附件 I-2 和 I-4 的结合不具备创造性，权利要求 8 相对于附件 I-2 和 I-4 的结合或相对于附件 I-2 和 I-5 的结合不具备创造性，因此权利要求 1~8 不符合专利法第 22 条第 3 款的规定；（2）合议组当庭告知请求人 I，应在口头审理后 7 日内提交附件 I-2 至 I-5 的检索件以证实其真实性；（3）请求人 II 放弃说明书不符合专利法第 26 条第 3 款规定的理由，明确其无效宣告理由为：权利要求 1 相对于附件 II-1 不具备新颖性，不符合专利法第 22 条第 2 款的规定；权利要求 1 相对于附件 II-1 不具备创造性，权利要求 2~6 相对于附件 II-1和 II-2 的结合不具备创造性，权利要求 7~8 在引用权利要求 1 的基础上相对于附件 II-1 不具备创造性，在引用权利要求 2~6 的基础上相对于附件 II-1 和 II-2 的结合不具备创造性，因此权利要求 1~8 不符合专利法第 22 条第 3 款的规定。庭审过程中，合议组就本案的无效理由、事实和证据逐一进行了调查，请求人 I 和请求人 II 充分陈述了各自的意见。

2007 年 7 月 24 日，本案合议组向专利权人发出了《合议组成员告知通知书》。

口头审理后，请求人 I 于 2007 年 7 月 27 日提交了附件 I-2 至附件 I-5 的检索件，其中每一份附件的首页以及骑缝处盖有“上海图书馆上海科学技术情报研究所文献资料查找复印证明章”。同时提交了有关附件 I-2 技术特征的书面说明，重申了口头审理过程中和请求书中的观点。

至此，合议组认为本案的事实清楚，可以作出审查决定。

二、决定的理由

1. 无效宣告请求的理由和范围

根据请求人 I 在口头审理中的确认，其请求宣告本专利无效的理由及范围是：权利要求 1~3 相对于附件 I-2 不具备新颖性，不符合专利法第 22 条第 2 款的规定；权利要求 1~3、5~6 相对于附件 I-2 和 I-3 的结合不具备创造性，权利要求 4 相对于附件 I-2 和 I-4 的结合不具备创造性，权利要求 7 相对于附件 I-2 和 I-3 的结合或相对于附件 I-2 和 I-4 的结合不具备创造性，权利要求 8 相对于附件 I-2 和 I-4 的结合或相对于附件 I-2 和 I-5 的结合不具备创造性，因此权利要求 1~8 不符合专利法第 22 条第 3 款的规定。

根据请求人 II 在口头审理中的确认，其请求宣告本专利无效的理由及范围是：权利要求 1 相对于附件 II-1 不具备新颖性，不符合专利法第 22 条第 2 款的规定；权利要求 1 相对于附件 II-1 不具备创造性，权利要求 2~6 相对于附件 II-1 和 II-2 的结合不具备创造性，权利要求 7~8 在引用权利要求 1

的基础上相对于附件II-1不具备创造性，在引用权利要求2~6的基础上相对于附件II-1和II-2的结合不具备创造性，因此权利要求1~8不符合专利法第22条第3款的规定。

2. 证据的认定

请求人I提交的附件I-2至I-5是日本专利文献，鉴于请求人I提交了其中每一份附件的首页以及骑缝处盖有“上海图书馆上海科学技术情报研究所文献资料查找复印证明章”的附件I-2至I-5的检索件，合议组对附件I-2至I-5的真实性予以确认；由于附件I-2至I-5的公开日均早于本专利的申请日，因此附件I-2至I-5属于本专利的现有技术，可用于评价本专利的新颖性和创造性。

由于专利权人未对附件I-2至I-5的中文译文的准确性提出异议，因此，合议组对附件I-2至I-5的中文译文予以接受。

请求人II提交的附件II-1和II-2是中国专利文献，合议组对附件II-1和II-2的真实性予以确认，附件II-1和II-2的公开日均早于本专利的申请日，因此附件II-1和II-2属于本专利的现有技术，可用于评价本专利的新颖性和创造性。

3. 关于专利法第22条第2款

专利法第22条第2款规定：新颖性，是指在申请日以前没有同样的发明或者实用新型在国内外出版物上公开发表过、在国内公开使用过或者以其他方式为公众所知，也没有同样的发明或者实用新型由他人向国务院专利行政部门提出过申请并且记载在申请日以后公布的专利申请文件中。

本案中，权利要求1要求保护一种自扣式遮帘机构，包括帘布卷取装置、帘布、帘布下轨、及设置在帘布两侧、开口方向相对的侧轨、侧轨与帘布卷取装置配合连接，其特征在于：所述侧轨由外侧轨及装在其内的内侧轨组成，内外侧轨的开口方向一致，帘布两侧的内侧轨内各自设有至少一个一端可在其内自由滑动且不脱出，另一端与帘布固定连接的侧链。

附件I-2公开了一种卷取式帘布装置（参见附件I-2附图1~2，中文译文第2页倒数第1~9行），包括卷取轴（相应于本专利的帘布卷取装置），帘布（相应于本专利的帘布），横档（相应于本专利的帘布下轨），框架型材（相应于本专利的外侧轨）、导轨（相应于本专利的内侧轨），导轨配设在框架型材内，框架型材和导轨的开口方向一致（由附件I-2的图2可看出），帘布两侧有扣合部件（相应于本专利的侧链），该扣合部件具有本体和扣合于所述导轨上细缝内的扣合部，本体的一端与帘布连结；根据附件I-2的附图1、2可以看出，帘布的卷取是沿着框架型材和导轨的，因此卷取轴必然是和框架型材、导轨配合连接，扣合部件与帘布一起卷取，因此二者应是相对无移动、相对固定的固定连接，而扣合部件的扣合部也必然可在导轨中自由滑动，扣合部的尺寸大于细缝，因此扣合部必然是不脱出的。由此可见，附件I-2实质上已经公开了权利要求1要求保护的技术方案，而且二者能够适用于相同的技术领域，解决相同的技术问题，并具有相同的预期效果，因此权利要求1相对于附件I-2不具备新颖性，不符合专利法第22条第2款的规定。

权利要求2对内侧轨和侧链作了进一步限定，附件I-2中导轨的开口为一细缝（由附件I-2的图2可以看出），扣合部件上的扣合部（相应于本专利中的突起缘条）通过细缝插入扣合于导轨内，扣合部比细缝宽（由附件I-2的图2可以看出），由于扣合部件由本体和扣合部组成，并且是穿过细缝扣合于导轨内，因此扣合部件的本体必然穿过细缝与帘布连结，扣合部件本体的厚度也必然与细缝的宽度相匹配，而扣合部件与帘布一起卷取，因此扣合部件必然能在细缝内自由滑动。权利要求2要求保护的技术方案与附件I-2公开的技术方案相比，其区别在于：附件I-2中仅仅公开了扣合部件一端与帘布连结，而权利要求2限定侧链一端与帘布粘连。由此可见，权利要求2要求保护的技术方案与附件I-2公开的技术方案实质上是不同的，因此权利要求2相对于附件I-2具备新颖性，符合专利法第22条第2款的规定。

权利要求 3 引用权利要求 2，同理，权利要求 3 要求保护的技术方案与附件 I-2 公开的技术方案实质上也是不同的，因此权利要求 3 相对于附件 I-2 具备新颖性，符合专利法第 22 条第 2 款的规定。

4. 关于专利法第 22 条第 3 款

专利法第 22 条第 3 款规定：创造性，是指同申请日以前已有的技术相比，该发明有突出的实质性特点和显著的进步，该实用新型有实质性特点和进步。

在判断一项权利要求是否具有创造性时，可将权利要求的技术方案与最接近的现有技术进行比较，找出二者的区别技术特征，并判断现有技术整体上是否给出将这些区别特征应用到该最接近现有技术以解决其存在的技术问题的启示。如果现有技术存在这种启示，则该方案是显而易见的。

（1）权利要求 1 不具备创造性。

附件 I-3 公开了一种设于建筑物开口部的纱窗（参见附件 I-3 附图 5，中文译文第 2 页第 1 行至最后 1 行），其包括卷取用的转子（相应于本专利的帘布卷取装置），防虫网（相应于本专利的帘布），横档（相应于本专利的帘布下轨），导轨（相应于本专利的侧轨），导轨由内轨部件和外轨部件组成，外轨部件的开口与内轨部件的槽的开口方向一致（参见附件 I-3 附图 5），防虫网两侧边缘装有以不脱出的状态扣合在内轨部件的槽中并在其中滑动的扣合部件，防虫网两侧边缘部分以及其上装设的扣合部件一起构成本专利中的“侧链”；根据附件 I-3 附图 1 及其中文译文第 2 页第 1 行至最后 1 行可知，防虫网沿着导轨卷取，因此卷取用的转子必然与导轨配合连接，防虫网两侧边缘部分和扣合部件一起构成本专利中的“侧链”。

由上可知，权利要求 1 要求保护的技术方案与附件 I-3 公开的技术方案的区别在于：权利要求 1 中侧链的另一端与帘布固定连接，而附件 I-3 中防虫网两侧边缘部分与防虫网是一体的。该区别特征已在附件 I-2 中公开，如上所述，附件 I-2 已经公开了可卷曲的帘布两侧与扣合部件（相应于本专利中的侧链）的本体固定连接，并且该扣合部件具有可在导轨中自由滑动且不脱出的扣合部，该特征在附件 I-2 中的作用与其在本专利中的作用相同，都是使帘布与扣合部件（即侧链）成为分体结构以便于拆装，因此附件 I-2 给出了将上述区别特征应用于附件 I-3 以解决其技术问题的启示，因此在附件 I-3 的基础上结合附件 I-2 获得权利要求 1 要求保护的技术方案，对本领域技术人员来说是显而易见的，权利要求 1 相对于附件 I-3 和 I-2 的结合不具备实质性特点和进步，不符合专利法第 22 条第 3 款有关创造性的规定。

（2）权利要求 2 不具备创造性。

权利要求 2 在权利要求 1 的基础上进一步限定“所述内侧轨开口为一细缝，所述侧链的一端设有比细缝宽的突起缘条，另一端穿过细缝与帘布粘连，细缝的宽度与细缝内侧链的厚度相匹配，侧链能在其内自由滑动”。附件 I-3 中内轨部件上具有“口小内大”的槽，防虫网两侧边缘沿其全长通过焊着或粘结装设的扣合部件能以不脱出的状态扣合于上述槽中并在其中滑动（参见附件 I-3，中文译文第 2 页第 4 段，该槽的开口即相应于本专利的细缝，该扣合部件即相应于本专利的突起缘条），再结合附件 I-3 附图 5，可见扣合部件比上述槽的开口宽，防虫网两侧边缘部分穿过上述槽的开口，防虫网两侧边缘部分的厚度与上述槽的开口宽度相匹配，同时，根据上述内容可知，扣合部件必然会带动防虫网两侧边缘部分在上述槽内滑动。虽然在权利要求 2 的技术方案中“侧链的另一端穿过细缝与帘布粘连”，而在附件 I-3 中防虫网两侧边缘部分与防虫网是一体的，但是，如上所述，附件 I-2 已经给出了将“侧链的另一端与帘布固定连接”这一技术特征应用于附件 I-3 以解决其技术问题的启示，而且附件 I-2 中的扣合部件（相应于本专利中的侧链）是通过细缝插入扣合于导轨中（参见附件 I-2 中文译文“作用”部分第 2 段），说明附件 I-2 同时也给出了“侧链的另一端穿过细缝与帘布固定连接”的启示，而“粘连”仅仅是本领域中实现“固定连接”的一种惯用手段，因此在附件 I-3 的基础上结合附件I–2获得权利要求2要求保护的技术方案，对本领域技术人员来说也是显而易见的，权利要求2相对于附件I–3和I–2的结合不具备实质性特点和进步，不符合专利法第22条第3款有关创造性的规定。

（3）权利要求3不具备创造性。

权利要求3在权利要求2的基础上进一步限定了所述内侧轨的横截面形状。由附件I–3的附图5可以看出，其内轨部件的横截面形状与权利要求3限定的横截面形状是一致的，因此在其所引用的权利要求2相对于附件I–3和I–2的结合不具备创造性的基础上，权利要求3相对于附件I–3和I–2也不具备实质性特点和进步，不符合专利法第22条第3款有关创造性的规定。

（4）权利要求4不具备创造性。

权利要求4在权利要求2的基础上进一步限定了所述内侧轨的横截面形状。根据前述对权利要求2的新颖性的评述可知，权利要求4要求保护的技术方案与附件I–2公开的技术方案相比其区别在于：（1）附件I–2中仅仅公开了扣合部件一端与帘布连结，而权利要求4限定侧链一端与帘布粘连；（2）附件I–2的内侧轨横截面形状与权利要求限定的内侧轨横截面形状不同。

对于上述区别特征（1），而“粘连”仅仅是本领域中实现“固定连接”的一种惯用手段，因此该区别特征不能为权利要求4的技术方案带来实质性特点和进步；对于上述区别特征（2），其已经在附件I–4中公开（参见其附图2、4~5，其中文译文的“技术领域”和“实施例”部分），附件I–4公开的遮阳装置的导轨由内轨和外轨组成，其内轨的横截面形状与权利要求4中具体限定的横截面形状相同，其开口也为一细缝，而且该内轨在附件I–4中的作用与其在本专利中的作用相同，都是使遮帘的侧边通过细缝置于内轨中从而能够沿着导轨滑动，因此附件I–4给出将上述区别特征应用于附件I–2以解决其技术问题的启示；综上所述，在附件I–2的基础上结合附件I–4获得权利要求4要求保护的技术方案，对本领域技术人员来说是显而易见的，权利要求4相对于附件I–2和附件I–4的结合不具备实质性特点和进步，不符合专利法第22条第3款有关创造性的规定。

（5）权利要求5和6不具备创造性。

权利要求5在权利要求3的基础上进一步限定“所述外侧轨与内侧轨之间设有张紧装置”，权利要求6在权利要求5的基础上进一步限定“所述张紧装置为弹簧”，附件I–3中（参见其中文译文第1页倒数第一段、第2页第4段）在外轨部件和内轨部件之间配设有弹性部件，该弹性部件可以是弹簧，该弹性部件的作用是使防虫网保持适度的张紧力，因而其是作为张紧装置存在，因此在其引用的权利要求相对于附件I–3和I–2不具备创造性的基础上，权利要求5和6相对于附件I–3和I–2也不具备实质性特点和进步，不符合专利法第22条第3款有关创造性的规定。

（6）权利要求7不具备创造性。

权利要求7在引用权利要求1~6的基础上进一步限定“所述侧轨分为几部分组合而成”。根据说明书的记载，该附加技术特征所要解决的技术问题是为了制成有一定弧度的，或者有一定倾斜度的产品，对于本领域技术人员来说，要想使轨道形成一定弧度或有一定倾斜度，将其分成几段，从而拼接成总体上呈弧形或倾斜状的轨道，是惯用的技术手段，因此在其所引用的权利要求不具备创造性的基础上，权利要求7也不具备创造性，不符合专利法第22条第3款的规定。

（7）权利要求8不具备创造性。

权利要求8在引用权利要求7的基础上进一步限定“所述侧轨为弧形”，由于帘布的轨道通常要适应门窗的形状，根据弧形的门窗将帘布的轨道制成弧形，对本领域技术人员来说是惯用的技术手段，因此在其所引用的权利要求不具备创造性的基础上，权利要求8也不具备创造性，不符合专利法第22条第3款的规定。

5. 关于其他无效宣告的理由和证据

鉴于根据上述理由和证据，已得出本专利应予以无效的结论，对于其他无效宣告的理由和证据，合议组不再予以评述。

三、决定

宣告 200520011572.6 号实用新型专利权无效。

当事人对本决定不服的，可以根据专利法第 46 条第 2 款的规定，自收到本决定之日起三个月内向北京市第一中级人民法院起诉。根据该款的规定，一方当事人起诉后，另一方当事人应当作为第三人参加诉讼。

211

分体式冷热水机组

无效宣告请求审查决定（第10605号）

决　　定　　号　第10605号
决　　定　　日　2007年9月25日
发明创造名称　分体式冷热水机组
国 际 分 类 号　F24F 3/08，F25B 29/00
无效宣告请求人　北京江森自控有限公司，约克广州空调冷冻设备有限公司
专　利　权　人　张委三
专　　利　　号　00103523.1
申　　请　　日　2000年3月27日
授 权 公 告 日　2004年3月17日
合 议 组 组 长　欧　岚
主　　审　　员　王　森
参　　审　　员　刘　犟
法　律　依　据　专利法实施细则第20条第1款、第21条第2款，专利法第26条第3款、第4款、第22条第2款、第3款
决　定　要　点

如果发明的一部分技术特征在最接近现有技术中没有公开，本领域的技术人员也不能从现有技术中得到将上述技术特征应用于最接近现有技术的技术启示，则发明是非显而易见的，具有突出的实质性特点。

一、案由

本无效宣告请求涉及国家知识产权局于2004年3月17日授权公告的、名称为“分体式冷热水机组”的发明专利（以下简称本专利），其专利号是00103523.1，申请日为2000年3月27日，专利权人为张委三。本专利授权公告的权利要求如下：

“1. 一种分体式冷热水机组，包括制冷系统的压缩机，室外侧空气—制冷剂热交换器，四通换向阀，室内侧水—制冷剂热交换器及循环水泵，其特征在于：所述压缩机、室外侧空气—制冷剂热交换器和四通换向阀置于一个箱体内，所述室内侧水—制冷剂热交换器及循环水泵置于另一个独立的箱体内，两箱体之间通过制冷连接管连接成一个制冷系统。

2. 一种分体式冷热水机组，包括制冷系统的压缩机，室外侧空气—制冷剂热交换器，四通换向阀，室内侧水—制冷剂热交换器及循环水泵，其特征在于：所述压缩机、室外侧空气—制冷剂热交换器和四通换向阀置于一个箱体内；所述压缩机与四通换向阀之间的高压管路上有一个水—制冷剂热交

换器，该热交换器与室内侧水—制冷剂热交换器及循环水泵置于另一个独立的箱体内，两箱体之间通过制冷连接管连接成一个制冷系统。”

针对上述专利权，特灵空调器有限公司曾于2004年8月18日和2005年3月28日两次向专利复审委员会提出无效宣告请求，北京西吉制冷技术有限公司于2005年3月31日也向专利复审委员会提出无效宣告请求，针对上述三个请求，专利复审委员会于2006年1月17日作出了第8062号无效宣告请求审查决定书，维持专利权有效。针对该决定，特灵空调器有限公司和北京西吉制冷技术有限公司分别在法定期限内向北京市第一中级人民法院起诉了专利复审委员会，后两原告均撤诉，北京市第一中级人民法院于2006年9月20日和2006年7月10日分别作出（2006）一中行初字第720号行政裁定书和第603号行政裁定书。

针对上述专利权，北京江森自控有限公司（以下简称第一请求人）于2007年2月17日向专利复审委员会提出无效宣告请求，其理由是本专利权利要求1、2不符合专利法实施细则第20条第1款的规定；权利要求1、2不符合专利法实施细则第21条第2款的规定；权利要求1、2不符合专利法第22条第2款的规定以及权利要求1、2不符合专利法第26条第4款的规定。同时提交了如下证据：

附件Ⅰ-1：公开号为CN1306180A的中国发明专利申请公开说明书，公开日2001年8月1日，申请日2000年1月19日，申请人为杭州森宝电器有限公司。

第一请求人认为本专利权利要求1、2没有清楚描述各部件之间的连接关系，尤其是连接管如何将内置有压缩机、室外侧空气—制冷剂热交换器和四通换向阀的箱体A和内置有室内侧水—制冷剂热交换器及循环水泵的箱体B连接，因此权利要求1、2不符合专利法实施细则第20条第1款的规定；权利要求1缺少必要技术特征“箱体（A）置于室外、箱体（B）置于室内”；同理，权利要求2也缺少上述必要技术特征，因此权利要求1、2不符合专利法实施细则第21条第2款的规定；权利要求1中的技术特征“两箱体之间通过制冷连接管连接成一个制冷系统”以及“所述压缩机、室外侧空气—制冷剂热交换器和四通换向阀置于一个箱体内”得不到说明书的支持，权利要求2中的技术特征“所述压缩机与四通换向阀之间的高压管路上有一个水—制冷剂热交换器”以及“两箱体之间通过制冷连接管连接成一个制冷系统”得不到说明书的支持，因此权利要求1、2不符合专利法第26条第4款的规定；权利要求1、2相对附件Ⅰ-1不具备新颖性。

第一请求人于2007年3月19日提交了意见陈述，除再次提交了附件Ⅰ-1外，还补充提交了以下附件：

附件Ⅰ-2：授权公告日为2000年3月1日、授权公告号为CN2366745Y（专利号为98250673.2）的中国实用新型专利说明书；

附件Ⅰ-3：授权公告日为1998年9月2日、授权公告号为CN2289986Y（专利号为96242244.4）的中国实用新型专利说明书；

附件Ⅰ-4：授权公告日为1999年8月11日、授权公告号为CN2332943Y（专利号为98202838.5）的中国实用新型专利说明书；

附件Ⅰ-5：授权公告日为1993年11月10日、授权公告号为CN2145957Y（专利号为93236102.1）的中国实用新型专利说明书；

附件Ⅰ-6：公告日为1992年6月24日、公告号为CN2108246U（申请号为91221689.1）的中国实用新型专利申请说明书。

第一请求人再次说明本专利权利要求1、2不符合专利法实施细则第20条第1款、第21条第2款以及专利法第26条第4款规定的理由；认为说明书没有充分公开水—制冷剂热交换器（212）在冷热水机组中的位置关系和连接关系，以及在室内制热时需要生活用水和不需要生活用水是如何导致房间风机的启动或不启动，因此说明书不符合专利法第 26 条第 3 款的规定；权利要求 1、2 相对于附件Ⅰ-2 或Ⅰ-3 不具备新颖性；以及权利要求 1、2 相对于已有技术、附件Ⅰ-2 和附件Ⅰ-4 的结合、或相对于已有技术、附件Ⅰ-3 和附件Ⅰ-4 的结合、或相对于已有技术、附件Ⅰ-5 和附件Ⅰ-4 的结合不具备创造性。

经形式审查合格，专利复审委员会依法受理了第一请求人提出的上述无效宣告请求，并于 2007 年 3 月 30 日向双方当事人发出无效宣告请求受理通知书，同时将无效宣告请求书及其附件清单中所列附件副本以及第一请求人于 2007 年 3 月 19 日提交的意见陈述书及其附件清单中所列附件副本转送给专利权人，并要求专利权人在收到通知书之日起一个月内对该无效宣告请求陈述意见。

针对上述专利权，约克广州空调冷冻设备有限公司（以下简称第二请求人）于 2007 年 2 月 25 日向专利复审委员会提出无效宣告请求，其理由是本专利权利要求 1、2 不符合专利法实施细则第 20 条第 1 款的规定；权利要求 1、2 不符合专利法实施细则第 21 条第 2 款的规定；权利要求 1、2 不符合专利法第 26 条第 4 款的规定以及权利要求 1、2 不符合专利法第 22 条第 2 款的规定。同时提交了如下证据：

附件Ⅱ-1：公开号为 CN1306180A 的中国发明专利申请公开说明书，公开日 2001 年 8 月 1 日，申请日 2000 年 1 月 19 日，申请人为杭州森宝电器有限公司。（同附件Ⅰ-1，以下简称对比文件 1）

第二请求人认为本专利权利要求 1、2 没有清楚描述各部件之间的连接关系，尤其是连接管如何将内置有压缩机、室外侧空气—制冷剂热交换器和四通换向阀的箱体 A 和内置有室内侧水—制冷剂热交换器及循环水泵的箱体 B 连接，权利要求 1 中的技术特征“一箱体”与压缩机、室外侧空气—制冷剂热交换器、四通换向阀的相互位置关系不清楚，技术特征“另一个独立的箱体”与室内侧水—制冷剂热交换器、循环水泵的相互位置关系不清楚，因此权利要求 1、2 专利法实施细则第 20 条第 1 款的规定；权利要求 1 缺少必要技术特征“箱体（A）置于室外、箱体（B）置于室内”、“双向膨胀阀（4）”，同理，权利要求 2 也缺少上述必要技术特征，因此权利要求 1、2 不符合专利法实施细则第 21 条第 2 款的规定，权利要求 1、2 记载了非必要技术特征“四通换向阀”；权利要求 1 中的技术特征“两箱体之间通过制冷连接管连接成一个制冷系统”以及“所述压缩机、室外侧空气—制冷剂热交换器和四通换向阀置于一个箱体内”得不到说明书的支持，权利要求 2 中的技术特征“所述压缩机与四通换向阀之间的高压管路上有一个水—制冷剂热交换器”以及“两箱体之间通过制冷连接管连接成一个制冷系统”得不到说明书的支持，因此权利要求 1、2 不符合专利法第 26 条第 4 款的规定；权利要求 1、2 相对于对比文件 1 不具备新颖性。

第二请求人于 2007 年 3 月 21 日提交了意见陈述，除再次提交了对比文件 1 外，还补充提交了以下附件：

附件Ⅱ-2：授权公告日为 2000 年 3 月 1 日、授权公告号为 CN2366745Y（专利号为 98250673.2）的中国实用新型专利说明书；（同附件Ⅰ-2，以下简称对比文件 2）；

附件Ⅱ-3：授权公告日为 1998 年 9 月 2 日、授权公告号为 CN2289986Y（专利号为 96242244.4）的中国实用新型专利说明书；（同附件Ⅰ-3，以下简称对比文件 3）；

附件Ⅱ-4：授权公告日为 1999 年 8 月 11 日、授权公告号为 CN2332943Y（专利号为 98202838.5）的中国实用新型专利说明书；（同附件Ⅰ-4，以下简称对比文件 4）；

附件Ⅱ-5：公告日为 1992 年 12 月 30 日、公告号为 CN2126338U（申请号为 92218082.2）的中国实用新型专利申请说明书；（以下简称对比文件 7）；

附件Ⅱ-6：授权公告日为 1993 年 7 月 7 日、授权公告号为 CN2137766Y（专利号为 92230488.2）的中国实用新型专利说明书；（以下简称对比文件 8）；

附件Ⅱ-7：公告日为1990年7月4日、公告号为CN2058968U（申请号为89217514.1）的中国实用新型专利申请说明书；（以下简称对比文件9）；

附件Ⅱ-8：授权公告日为1999年3月24日、授权公告号为CN2311720Y（专利号为97230433.9）的中国实用新型专利说明书；（以下简称对比文件10）；

附件Ⅱ-9：机械工业出版社出版《空调用热泵技术及应用》，1999年3月第1版第2次印刷，封面页、出版信息页、第160~163页复印件；

附件Ⅱ-10：《低温工程》1999年第6期总第112期，“改进风冷热泵冷热水机组除霜性能的实验研究”，第52~55、58页复印件；

附件Ⅱ-11：《REFRIGERATION》1999年6月第18卷第2期（总第67期），“风冷热泵冷热水机组设计中的若干问题”，第58~61页复印件；

附件Ⅱ-12：第二请求人所称的麦克维尔MAC040S（R）/050S（R）-PM-ACS-C003家用中央空调小型风冷冷热水机组风采系列的用户手册复印件。

第二请求人认为本专利权利要求1中技术特征“室内侧水—制冷热交换器”以及技术特征“冷热水机组”和“制冷系统”不清楚，权利要求2除上述不清楚的地方外，技术特征“室内侧水—制冷剂热交换器”与“水—制冷剂热交换器”也不清楚，因此权利要求1、2不符合专利法实施细则第20条第1款的规定；权利要求1、2缺少必要技术特征“双向膨胀阀（4）”，因此权利要求1、2不符合专利法实施细则第21条第2款的规定；权利要求1未对两箱体的位置关系进行限定，技术特征“箱体”的上位概括得不到说明书的支持，因此权利要求1、2不符合专利法第26条第4款的规定；权利要求1、2相对于对比文件1不具备新颖性；权利要求1相对于公知常识、对比文件4的结合，或相对于公知常识、对比文件4和对比文件7的结合，或相对于公知常识、对比文件4和对比文件8的结合，或相对于公知常识、对比文件4和对比文件9的结合，或相对于公知常识、对比文件4和对比文件10的结合，或相对于对比文件4、对比文件7（或对比文件8）和对比文件9（或对比文件10）的结合不具备创造性；权利要求2不具备创造性的理由与权利要求1相同，其中技术特征“在高压管路上的另一水—制冷剂热交换器”在对比文件4和对比文件10中已给出技术启示。

经形式审查合格，专利复审委员会依法受理了第二请求人提出的上述无效宣告请求，并于2007年3月30日向双方当事人发出无效宣告请求受理通知书，同时将无效宣告请求书及其附件清单中所列附件副本以及第二请求人于2007年3月21日提交的补充意见陈述书及其附件清单中所列附件副本转送给专利权人，要求其在收到通知书之日起一个月内陈述意见。

专利复审委员会于2007年5月15日收到了专利权人的意见陈述书，专利权人补充提交了以下附件：

附件A：第8062号无效宣告请求审查决定书；

附件B：国家知识产权局专利实质审查部门作出的有关申请号为00103523.1的发明专利申请的首次检索报告。

专利权人认为第二请求人的证据涵盖了第一请求人的证据，因此基于第二请求人的证据对第一请求及第二请求合并进行答辩，其认为本专利符合专利法实施细则第20条第1款、第21条第2款、专利法第26条第4款的规定，并且本专利具备新颖性和创造性。

为了提高审查效率，专利复审委员会本案合议组决定对上述两个无效请求进行合并审查，并于2007年6月4日向第一请求人、第二请求人及专利权人三方当事人发出口头审理通知书，定于2007年7月18日进行口头审理，随该通知书将专利权人于2007年5月15日提交的意见陈述书及附件清单中所列附件的副本分别转送给第一请求人和第二请求人。

专利权人于2007年7月9日针对上述两个请求再次提交了意见陈述书，专利权人认为本专利具备新颖性和创造性。

第一、二请求人均于2007年7月11日提交了意见陈述书，并补充提交了相同的附件：

附件Ⅰ-8或Ⅱ-13：公开日为1985年7月16日的第US4528822号美国专利文献；

附件Ⅰ-9或Ⅱ-14：公开日为1981年11月10日的第US4299098号美国专利文献；

附件Ⅰ-7或Ⅱ-15：北京市第二中级人民法院（2007）二中民初字第2534号民事判决书。

第一、二请求人均认为本专利的权利要求1相对于附件Ⅰ-8、Ⅱ-13或附件Ⅰ-9、Ⅱ-14不具备新颖性。

口头审理如期举行，本案当事人均委托代理人到庭参加口头审理，对合议组成员无回避请求，各方出庭人员对对方出庭人员的身份和资格无异议。

合议组当庭将专利权人于2007年7月9日提交的意见陈述书转送给第一请求人和第二请求人；当庭将第一请求人及第二请求人于2007年7月11日提交的意见陈述书及附件清单中所列附件的副本转送给专利权人。

第一请求人放弃了附件Ⅰ-6、附件Ⅰ-8、附件Ⅰ-9。第二请求人未提供附件Ⅱ-9～Ⅱ-12的原件。专利权人对附件Ⅰ-1～Ⅰ-7以及附件Ⅱ-1～Ⅱ-8的真实性没有异议，但认为附件Ⅰ-7的举证超期，不认可附件Ⅱ-9～Ⅱ-12的真实性。

第一请求人明确其无效的理由、证据、范围以及证据的使用情况为：权利要求1、2不符合专利法实施细则第20条第1款、第21条第2款、专利法第26条第4款、第22条第2款和第3款的规定；说明书对有关权利要求2的技术方案的描述不符合专利法第26条第3款的规定。第一请求人放弃了在2007年2月17日所提交的专利权无效宣告请求书中的意见陈述，无效宣告的意见陈述以2007年3月19日提交的为准。关于专利法第22条第2款，单独使用附件Ⅰ-1、Ⅰ-2或Ⅰ-3破坏权利要求1、2的新颖性；关于专利法第22条第3款，单独使用附件Ⅰ-2或Ⅰ-3来破坏权利要求1、2的创造性、附件Ⅰ-2结合附件Ⅰ-4来破坏权利要求2的创造性、附件Ⅰ-3结合附件Ⅰ-4来破坏权利要求2的创造性、附件Ⅰ-4结合Ⅰ-5来破坏权利要求1、2的创造性。

第二请求人明确其无效的理由、证据、范围以及证据的使用情况为：权利要求1、2不符合专利法实施细则第20条第1款、专利法实施细则第21条第2款、专利法第26条第4款的规定；权利要求1相对于对比文件1不符合专利法第22条第2款的规定；权利要求1、2不符合专利法第22条第3款的规定。关于专利法第22条第3款，对比文件4与公知常识的结合，对比文件4与8的结合，对比文件4与9的结合，对比文件4与10的结合，对比文件4、对比文件7与公知常识的结合来破坏权利要求1、2的创造性。

第一、二请求人均明确表示没有其他的无效理由、证据、范围和证据组合形式，并且放弃其他的无效理由、证据以及证据的组合方式。

第一请求人、第二请求人以及专利权人就上述理由陈述了各自的意见。

口头审理结束后，第二请求人于2007年7月24日提交了意见陈述书，认为权利要求1不符合专利法实施细则第20条第1款、专利法第26条第4款的规定，权利要求1相对于对比文件1不具备新颖性，相对于公知常识和对比文件4的结合不具备创造性，具体意见与口头审理中陈述的意见相同。

至此，合议组认为本案事实已经调查清楚，依法作出如下决定。

二、决定的理由

1. 关于证据和现有技术

附件Ⅰ-1和附件Ⅱ-1（对比文件1）是同一份申请日早于本专利申请日，公开日晚于本专利申请日的中国发明专利申请公开说明书，上述附件的申请人不同于本专利的申请人，因此该证据只能作为评价新颖性的证据使用。

附件Ⅰ-2～Ⅰ-5以及附件Ⅱ-2～Ⅱ-8（分别对应对比文件2～4、7～10）均是专利说明书，专利权人对其真实性无异议，且这些证据的公开日均早于本专利的申请日，合议组认为这些证据中记载的内容可以作为本专利的现有技术使用。

第二请求人未提供附件Ⅱ-9～Ⅱ-12的原件，并且专利权人不认可附件Ⅱ-9～Ⅱ-12的真实性，经合议组审查附件Ⅱ-9～Ⅱ-12不能作为本案证据使用。

附件Ⅰ-7或附件Ⅱ-15为一份2007年6月20日作出的法院判决书，其提交时间超出了规定的期限，但考虑其在举证时限内无法获得，且与本案有一定的关联性，同时专利权人认可其真实性，因此合议组予以考虑。

2. 关于专利法实施细则第20条第1款

专利法实施细则第20条第1款规定：权利要求书应当说明发明的技术特征，清楚、简要地表述请求保护的范围。

第一请求人认为本专利权利要求1、2各部件之间的连接以及连接管如何将内置有压缩机、室外侧空气—制冷剂热交换器和四通换向阀的箱体A和内置有室内侧水—制冷剂热交换器及循环水泵的箱体B连接不清楚。

第二请求人认为权利要求1和2中的“室内侧水—制冷剂热交换器”不清楚，放弃其他的关于权利要求1、2不清楚的理由及陈述。

专利权人认为权利要求1、2中各个部件之间的连接以及如何连接箱体A和B是本领域技术人员可以知道的。

合议组认为，权利要求1和2中已经记载了“所述压缩机、室外侧空气—制冷剂热交换器和四通换向阀置于一个箱体内，所述室内侧水—制冷剂热交换器及循环水泵置于另一个独立的箱体内，两箱体之间通过制冷连接管连接成一个制冷系统”，而将权利要求1和2中的压缩机、室外侧空气—制冷剂热交换器、四通换向阀及室内侧水—制冷剂热交换器连接成一个制冷系统所采用的连接方式对于本领域的技术人员来讲是公知的，为了构成制冷系统，本领域的技术人员显然会清楚上述各部件之间如何连接，上述各部件的连接方式确定后，本领域的技术人员也显然会清楚两箱体A、B如何连接。从权利要求1、2的记载可以清楚：压缩机、室外侧空气—制冷剂热交换器、四通换向阀置于一个箱体，由于该箱体内设置室外侧空气—制冷剂热交换器，因此该箱体显然应当设置在室外；而另一个独立的箱体内设置室内侧水—制冷剂热交换器及循环水泵，由于该箱体内要设置室内侧水—制冷剂热交换器，结合说明书第2页倒数第6行至倒数第4行的说明，显然权利要求1、2中包含室内侧水—制冷剂热交换器及循环水泵的另一个独立的箱体应当设置在室内，因此合议组认为通过说明书的解释，本领域的技术人员能够清楚“室内侧水—制冷剂热交换器”是设置在室内的水—制冷剂热交换器，故第一请求人和第二请求人有关权利要求1、2不符合专利法实施细则第20条第1款规定的理由不能成立。

3. 关于专利法实施细则第21条第2款

专利法实施细则第21条第2款规定：独立权利要求应当从整体上反映发明或者实用新型的技术方案，记载解决技术问题的必要技术特征。

第一请求人和第二请求人认为：根据附件Ⅰ-7或附件Ⅱ-15的法院判决中以及本专利的背景技术中记载的内容，并没有认定室内侧水—制冷剂热交换器就必须安放在室内，权利要求1和2缺乏箱体（A或2A）置于室外、箱体（B或2B）置于室内这样的技术特征。第二请求人放弃其他的关于权利要求1、2缺乏必要技术特征的理由及陈述。

合议组认为，第一、第二请求人提交的附件Ⅰ-7或附件Ⅱ-15北京市第二中级人民法院（2007）二中民初字第2534号民事判决书中并没有对本专利权利要求1、2的保护范围作出解释，而本专利背景技术也仅是对本发明所要改进的现有技术进行说明，并非对权利要求进行限定；如前所述，通过说明书的解释，箱体（A或2A）置于室外、箱体（B或2B）置于室内可以从权利要求1、2中得出。因此，第一请求人和第二请求人关于权利要求1、2缺少必要技术特征、不符合专利法实施细则第21条第2款规定的理由不能成立。

4. 关于专利法第26条第3款

专利法第26条第3款规定，说明书应当对发明作出清楚、完整的说明，以所属技术领域的技术人员能够实现为准。

第一请求人认为本专利权利要求2中的水—制冷剂热交换器在冷热水机组中的位置关系和连接关系没有说明；没有说明在室内制热时，需要生活用水和不需要生活用水是如何导致房间风机的启动或不启动的。

专利权人认为：第一请求人有关室内制热时风机启动或不启动的主张与权利要求2无关，从第一请求人提供的附件Ⅰ-4中能够看出本领域技术人员可以实现本专利权利要求2，而且本专利说明书也对权利要求2进行了具体的说明。

合议组认为，权利要求2中已经清楚记载了"压缩机与四通换向阀之间的高压管路上有一个水—制冷剂热交换器"，通过说明书第3、4页记载的内容并参见附图2，本领域的技术人员能够清楚地知道水—制冷剂热交换器212的位置及其与其他部件的连接关系，即说明书已对发明作出了清楚、完整的说明，所属技术领域的技术人员能够实现权利要求2请求保护的技术方案；而且使风机启动或不启动是本领域的常规技术手段，本领域的技术人员根据说明书中记载的在室内制热时，当需要生活用水时风机启动和当不需要生活用水时风机不启动，其采用本领域的常规技术手段即能实现上述操作。因此第一请求人有关权利要求2不符合专利法第26条第3款规定的主张不能成立。

5. 关于专利法第26条第4款

专利法第26条第4款规定，权利要求书应当以说明书为依据，说明要求专利保护的范围。

权利要求书应当以说明书为依据，是指权利要求应当得到说明书的支持。

第一请求人认为权利要求1、2中的技术特征"两箱体之间通过制冷连接管连接成一个制冷系统"得不到说明书的支持，因为说明书中记载的是"箱体（B）通过制冷连接管（8）与箱体（A）的制冷截止阀（7）相连"，除了此连接方式外没有公开其他连接方式；以及"所述压缩机、室外侧空气—制冷剂热交换器和四通换向阀置于一个箱体内"得不到说明书的支持，因为说明书记载的是"分体式冷热水机组压缩机（1）、四通换向阀（2）、室外侧空气—制冷剂热交换器（3）、双向膨胀阀（4）及制冷截止阀（7）置于箱体（A）"，本领域的技术人员不能从上述公开的内容得到权利要求1的上述技术特征；权利要求2中的技术特征"所述压缩机与四通换向阀之间的高压管路上有一个水—制冷剂热交换器"得不到说明书的支持，因为在说明书实施例中没有记载"高压管路"，因此权利要求1、2不符合专利法第26条第4款的规定。

第二请求人认为权利要求1、2未对两箱体的位置关系进行限定导致得不到说明书的支持，因此权利要求1、2不符合专利法第26条第4款的规定。

专利权人认为权利要求1中的部件如何连接是本领域的技术人员所能实现的，权利要求2中"高压管路"也是本领域公知的。

合议组认为，说明书实施例中制冷截止阀（7）是设置在制冷连接管（8）上的，显然箱体（B）

即是通过制冷连接管（8）与箱体（A）相连，并使用制冷连接管（8）上的截止阀（7）控制箱体（B）与箱体（A）的连通，因此权利要求1、2中限定的“两箱体之间通过制冷连接管连接成一个制冷系统”与说明书中记载的内容是一致的。说明书中记载了“分体式冷热水机组压缩机（1）、四通换向阀（2）、室外侧空气—制冷剂热交换器（3）、双向膨胀阀（4）及制冷截止阀（7）置于箱体（A）”，而“双向膨胀阀（4）”、“制冷截止阀（7）”是制冷系统中的常用部件，本领域的技术人员会根据需求并结合公知常识来采用它们，并设置它们的具体位置，因此本领域的技术人员能够从说明书充分公开的内容概括得出权利要求1、2中的“所述压缩机、室外侧空气—制冷剂热交换器和四通换向阀置于一个箱体内”的技术特征。压缩机的高压管路对于本领域的技术人员来讲是公知的，并且采用本领域的常规技术手段就能将“水—制冷剂热交换器”设置在“高压管路”上，因此权利要求2中记载的“所述压缩机与四通换向阀之间的高压管路上有一个水—制冷剂热交换器”能够得到说明书的支持。由前述可知，设置室外侧空气—制冷剂热交换器的箱体显然应当设置在室外；设置室内侧水—制冷剂热交换器的另一个独立的箱体应当设置在室内，因此权利要求1、2中已经限定了两箱体的位置关系。第一请求人和第二请求人有关权利要求1、2没有得到说明书支持、不符合专利法第26条第4款规定的理由不能成立。

6. 关于新颖性

新颖性，是指在申请日以前没有同样的发明或者实用新型在国内外出版物上公开发表过、在国内公开使用过或者以其他方式为公众所知，也没有同样的发明或者实用新型由他人向国务院专利行政部门提出过申请并记载在申请日以后公布的专利申请文件中。

所谓同样的发明或者实用新型，是指技术领域、所要解决的技术问题和技术方案实质上相同，预期效果相同的发明或者实用新型。

第一请求人单独使用附件Ⅰ-1破坏权利要求1的新颖性，认为权利要求1与附件Ⅰ-1的区别技术特征“四通换向阀”属于等同置换，本领域技术人员知道在特定需求时可以加入该四通换向阀，其单独使用附件Ⅰ-2或Ⅰ-3破坏权利要求1、2的新颖性。第二请求人认为权利要求1相对于对比文件1不具备新颖性。

专利权人认为附件Ⅰ-2没有将制冷系统分体，其室外机包括了蒸发器，其公开的方案与权利要求1存在多处不同；附件Ⅰ-3没有公开权利要求1的全部技术特征，故权利要求1相对于附件Ⅰ-2或Ⅰ-3具备新颖性。对比文件1公开的技术方案与权利要求1不同，第8062号决定书已作出权利要求1相对于此证据具备新颖性的结论，权利要求1具备新颖性。

附件Ⅰ-1公开了一种分体式风冷冷水空调机组的分体方法，采用水作为间接换热介质，该空调机组仅能实现房间内制热的功能，而不能实现房间内制冷的功能。

附件Ⅰ-2公开了一种家用分体式空调机，其由室外机和室内机组成，室外机内有风冷散热器2、压缩机1和蒸发器22，蒸发器22置于有绝热衬层23的换热器5内的低压工作介质13中，换热器5可自成一体，与室外机其他部件分置。

附件Ⅰ-3公开了一种家庭式中央空调，其由压缩机1，四通换向阀2，储液罐3，热力膨胀阀4，电器控制板5，水泵6，钎焊板式换热器7，中隔板8，风冷冷凝器9，风扇电机11，轴流风叶12，单向阀组13组成，中隔板8把内部空间分隔为两部分，一边装有风冷冷凝器、风扇电机11、轴流风叶12，另一边装有压缩机1、四通换向阀2、储液罐3、热力膨胀阀4、电器控制板5、水泵6、钎焊板式换热器7、单向阀组13，压缩机1、四通换向阀2、储液罐3固定在底盘上，钎焊板式换热器7、电器控制板5固定在中隔板上。

经合议组审查认为，附件Ⅰ-1中没有披露采用权利要求1中的四通换向阀，因此附件Ⅰ-1没有披露本专利权利要求 1 的全部技术特征，且附件Ⅰ-1 的空调机组不能同时实现房间内制热和制冷功能，因此附件Ⅰ-1 公开的技术方案与权利要求 1 的技术方案实质上也并不相同，故权利要求 1 相对于附件Ⅰ-1 具备新颖性。由于附件Ⅰ-1 相对于权利要求 1 缺少了“四通换向阀”，因此该特征不属于等同替换。第二请求人使用的对比文件 1 与附件Ⅰ-1 相同，基于上述同样的理由，权利要求 1 相对于对比文件 1 也具备新颖性。

与附件Ⅰ-2 相比，至少权利要求 1 的技术特征“室内侧水—制冷剂热交换器及循环水泵置于另一个独立的箱体内”、权利要求 2 的附加技术特征“压缩机与四通换向阀之间的高压管路上有一个水—制冷剂热交换器”没有被附件Ⅰ-2 公开；与附件Ⅰ-3 相比，至少权利要求 1 的技术特征“压缩机、室外侧空气—制冷剂热交换器和四通换向阀置于一个箱体内，室内侧水—制冷剂热交换器及循环水泵置于另一个独立的箱体内”、权利要求 2 的附加技术特征“压缩机与四通换向阀之间的高压管路上有一个水—制冷剂热交换器”没有被附件Ⅰ-3 公开，权利要求 1 或 2 的技术方案与附件Ⅰ-2 或Ⅰ-3 所公开的技术方案均存在区别，因此附件Ⅰ-2 或Ⅰ-3 均不能破坏权利要求 1 或 2 的新颖性。

7. 关于创造性

专利法第 22 条第 3 款规定：创造性是指同申请日以前已有的技术相比，该发明有突出的实质性特点和显著的进步，该实用新型有实质性特点和进步。

如果发明的一部分技术特征在最接近现有技术中没有公开，本领域的技术人员也不能从现有技术中得到将上述技术特征应用于最接近现有技术的技术启示，则发明是非显而易见的，具有突出的实质性特点。

（1）关于权利要求 1、2 相对于附件Ⅰ-2 或Ⅰ-3 的创造性。

第一请求人认为，与附件Ⅰ-2 相比，附件Ⅰ-2 未公开权利要求 1 中的“所述室内侧水—制冷剂热交换器及循环水泵置于另一个独立的箱体内”，而该循环水泵安装位置的选择是现有技术，因此权利要求 1 不具备创造性。附件Ⅰ-2 未公开权利要求 2 中的“所述室内侧水—制冷剂热交换器及循环水泵置于另一个独立的箱体内”以及“高压管路上有一个水—制冷剂热交换器”上述两个特征，而上述特征是现有技术，因此权利要求 2 也不具备创造性。权利要求 1、2 相对于附件Ⅰ-3 不具备新颖性，从而不具备创造性。

合议组认为，附件Ⅰ-2 中的设在室外机内的换热器 5 和风冷散热器 2 分别对应于本专利的水—制冷剂热交换器和空气—制冷剂热交换器，虽然附件Ⅰ-2 说明了换热器 5 可自成一体、和室外机其他部件分置，但换热器 5 和风冷散热器 2 还是共同置于室外机内，因此附件Ⅰ-2 未公开权利要求 1 和 2 中的“压缩机、室外侧空气—制冷剂热交换器和四通换向阀置于一个箱体内，室内侧水—制冷剂热交换器及循环水泵置于另一个独立的箱体内”，而现有技术中也没有给出将上述技术特征应用于附件Ⅰ-2 的技术启示。附件Ⅰ-2 也没有公开权利要求 2 的技术特征“压缩机与四通换向阀之间的高压管路上有一个水—制冷剂热交换器”，虽然水—制冷剂热交换器本身是公知技术，但附件Ⅰ-2 和现有技术均没有给出在压缩机与四通换向阀之间的高压管路上设水—制冷剂热交换器的技术启示，因此权利要求 1、2 所保护的技术方案相对于附件Ⅰ-2 是非显而易见的，权利要求 1、2 具有突出的实质性特点；附件Ⅰ-3 中风冷热水机组的钎焊板式换热器 7 和风冷冷凝器 9 分别对应于本专利的水—制冷剂热交换器和空气—制冷剂热交换器，虽然附件Ⅰ-3 中提到该冷热水机组设有中隔板 8 把内部空间分隔为两部分，但如图 2 所示钎焊板式换热器 7 和风冷冷凝器 9 仍是在同一机箱内，因此附件Ⅰ-3 没有公开权利要求 1 和 2 中的“压缩机、室外侧空气—制冷剂热交换器和四通换向阀置于一个箱体内，室内侧水—制冷剂热交换器及循环水泵置于另一个独立的箱体内”，而现有技术中也没有给出将上述技术特征应用于附件Ⅰ-3 的技术启示；同时附件Ⅰ-3 也没有公开权利要求 2 的技术特征“压缩机与四通换向阀之间的高压管路上有一个水—制冷剂热交换器”，虽然水—制冷剂热交换器本身是公知技术，但附件Ⅰ-3和现有技术均没有给出在压缩机与四通换向阀之间的高压管路上设水—制冷剂热交换器的技术启示，因此权利要求1、2所保护的技术方案相对于附件Ⅰ-3是非显而易见的，权利要求1、2具有突出的实质性特点。因此第一请求人有关权利要求1、2相对于附件Ⅰ-2或Ⅰ-3不具备创造性的主张不能成立。

（2）关于权利要求2相对于附件Ⅰ-2与Ⅰ-4的结合、附件Ⅰ-3与Ⅰ-4的结合是否具备创造性。

第一请求人以附件Ⅰ-2作为最接近的现有技术，权利要求2与附件Ⅰ-2的区别技术特征中有关生活热水的技术特征被附件Ⅰ-4公开，其他区别技术特征不具备创造性，因此权利要求2不具备创造性；以附件Ⅰ-3作为最接近的现有技术，权利要求2与附件Ⅰ-3的区别技术特征中有关生活热水的技术特征被附件Ⅰ-4公开，其他区别技术特征不具备创造性，因此权利要求2不具备创造性。

专利权人认为附件Ⅰ-4未公开本专利有关生活热水部分的连接关系，权利要求2具备创造性。

附件Ⅰ-4（对比文件4）公开了一种风冷热泵全年冷热水机组，该机组的构造为在上部风冷冷凝器16前装有空气—水热交换器12，在下部有制冷工质—水热交换器18、蒸发器15、制冷压缩机13，中部四通换向阀19分别与上述部件连接。附件Ⅰ-4中并没有记载任何有关“箱体”的技术内容，也没有说明各部件如何放置。

合议组认为附件Ⅰ-4显然也没有给出将“压缩机、室外侧空气—制冷剂热交换器和四通换向阀置于一个箱体内，室内侧水—制冷剂热交换器及循环水泵置于另一个独立的箱体内”的技术启示，基于前面对附件Ⅰ-2和附件Ⅰ-3的论述，本领域的技术人员将附件Ⅰ-2或附件Ⅰ-3与Ⅰ-4结合均不能显而易见地得到权利要求2请求保护的技术方案，因此第一请求人有关权利要求2相对于附件Ⅰ-2与Ⅰ-4的结合、附件Ⅰ-3与Ⅰ-4的结合不具备创造性的主张不能成立。

（3）关于权利要求1、2相对于附件Ⅰ-4与Ⅰ-5的结合是否具备创造性。

第一请求人认为附件Ⅰ-5公开了换热器8和水泵3位于一单独的箱体内，所述单独的箱体由外壳2和蜗壳4形成，组合附件Ⅰ-5和附件Ⅰ-4能够得到权利要求1的技术方案，另一水—制冷剂热交换器的位置是显而易见的，因此权利要求1、2不具备创造性。

专利权人认为附件Ⅰ-5明显不同于本专利，二者的技术领域并不相同，也未公开本专利权利要求1、2的技术特征。

附件Ⅰ-5公开了一种封闭式水循环暖风机，其以燃气热水器为热源，在该燃气热水器的进、出水管上用管道依次串接热交换器和微型水泵，热交换器的内侧装有蜗壳、离心风扇和风扇电机。该设备仅能供暖。

合议组认为，附件Ⅰ-5也没有给出将“压缩机、室外侧空气—制冷剂热交换器和四通换向阀置于一个箱体内，室内侧水—制冷剂热交换器及循环水泵置于另一个独立的箱体内”的技术启示，基于前面对附件Ⅰ-4的论述，本领域的技术人员将附件Ⅰ-4与Ⅰ-5结合不能显而易见地得到权利要求1、2请求保护的技术方案，因此第一请求人有关权利要求1、2相对于附件Ⅰ-4与Ⅰ-5的结合不具备创造性的主张不能成立。

（4）关于权利要求1、2相对于对比文件4与公知常识的结合，对比文件4与8的结合，对比文件4与9的结合，对比文件4与10的结合，对比文件4、对比文件7与公知常识的结合是否具备创造性。

第二请求人以对比文件4作为最接近的现有技术，认为权利要求1与对比文件4之间的区别为：将水路系统（水—制冷剂热交换器和循环水泵）全部置于室内，并认为上述区别技术特征属于公知常识，而且对比文件7给出了将间壁式水冷换热器5和水泵11置于壳体2内，壳体2置于室内的技术启示，权利要求1相对于公知常识与对比文件4的结合、对比文件4、对比文件7与公知常识的结合不具备创造性；对比文件8给出了将水冷换热器5、6、7和水泵4置于壳体1内，壳体1置于室内的技术启示，对比文件9给出了将水、制冷剂热交换器3、12和水泵11置于壳体1内，空调器1置于室内的技术启示，对比文件10给出了将水冷凝器7和水泵15置于空调热水器内，空调热水器置于室内的技术启示，因此权利要求1、2相对于对比文件4与8的结合，对比文件4与9的结合，对比文件4与10的结合不具备创造性。有关权利要求2的理由基本上与权利要求1相同，并且通过对比文件4给出的技术启示或者本领域的技术人员通过简单逻辑推理就能得到“在高压管路上的另一水-制冷剂热交换器”，因此权利要求2相对于上述结合也不具备创造性。

对比文件7公开了一种间壁换热式水冷空调器，其由外壳、间壁式换热器、喷淋头、水箱、水泵、补水器、冷气扇、排气扇、排汽管和万向轮底座组成。

对比文件8公开了一种水冷式空调器，其壳体的两侧设有进风口和出风口，壳体底部内设有一微型水泵，水泵的吸水管向上延伸至壳体的上部并靠近进风口，靠近进风口的吸水管连接有喷头，壳体内的第一滤水层是倾斜设置，第二滤水层是垂直设置，水泵上接有风扇，风扇与出风口之间有一风筒，壳体下部的进水口有一浮球加水开关。

对比文件9公开了一种无室外装置的蒸发冷凝式空调器，该装置将热效率高的蒸发式冷凝器装置与排放装置一起安装在空调器内，利用在蒸发器表面上产生的冷凝水，使冷凝装置冷却，同时，能将冷凝热排放到外部，因而在没有另外的室外装置的情况下，能得到供冷气的效果。

对比文件10公开了一种空调热水器水冷风冷自动切换及水温调控贮能装置，其主要包括空调器的风冷装置以及水冷凝器、冷凝管、止回阀、水泵和自动控制电路等。它适用于窗式、分体式、壁挂式及柜机式各类以压缩机制冷的空调器，可在风冷运行状态与水冷运行状态作自动切换。

合议组认为，由前述可知，对比文件4以及7、8、9、10没有公开权利要求1和2中的“压缩机、室外侧空气—制冷剂热交换器和四通换向阀置于一个箱体内，室内侧水—制冷剂热交换器及循环水泵置于另一个独立的箱体内”，并且现有技术中也没有给出将上述技术特征应用于对比文件4的技术启示，因此本领域的技术人员将对比文件4与公知常识结合，对比文件4与8结合，对比文件4与9结合，对比文件4与10结合，对比文件4、对比文件7与公知常识结合均不能显而易见地得到权利要求1请求保护的技术方案，所以权利要求1相对于上述对比文件及公知常识的结合具备创造性；同时上述对比文件均没有公开权利要求2的技术特征“压缩机与四通换向阀之间的高压管路上有一个水—制冷剂热交换器”，虽然水—制冷剂热交换器本身是公知技术，但上述对比文件和现有技术均没有给出在压缩机与四通换向阀之间的高压管路上设水—制冷剂热交换器的技术启示，因此权利要求2相对于上述对比文件及公知常识的结合也具备创造性。故第二请求人有关权利要求1、2相对于公知常识与对比文件4的结合，对比文件4与8的结合，对比文件4与9的结合，对比文件4与10的结合，对比文件4、对比文件7与公知常识的结合不具备创造性的主张不能成立。

综上，合议组认为，第一、第二请求人提出的无效宣告请求理由均不能成立。

三、决定

维持00103523.1号发明专利权有效。

当事人对本决定不服的，可以根据专利法第46条第2款的规定，自收到本决定之日起3个月内向北京市第一中级人民法院起诉。根据该规定，一方当事人起诉后，另一方当事人应当作为第三人参加诉讼。

北京市第一中级人民法院
行政判决书

（2008）一中行初字第343号

原告约克广州空调冷冻设备有限公司，住所地广东省清远市佛冈县龙山镇学田。

法定代表人孙永明，总经理。

委托代理人蒋洪义，北京市立方律师事务所律师。

委托代理人徐满霞，北京市立方律师事务所律师。

被告国家知识产权局专利复审委员会，住所地北京市海淀区北四环西路9号银谷大厦10~12层。

法定代表人廖涛，副主任。

委托代理人王森，国家知识产权局专利复审委员会审查员。

委托代理人杜微科，国家知识产权局专利复审委员会审查员。

第三人张委三，男，汉族，1967年9月18日出生，住上海市徐汇区田林十三村36号404室。

委托代理人冯云，北京市力行律师事务所律师。

委托代理人张委东，男，汉族，1964年5月11日出生，北京捷盛源环境科技发展有限公司经理，住北京市西城区百万庄北里6楼4门1号。

原告约克广州空调冷冻设备有限公司（简称约克广州公司）不服被告国家知识产权局专利复审委员会（简称专利复审委员会）作出的第10605号无效宣告请求审查决定（简称第10605号决定），于法定期限内向本院提起诉讼。本院于2008年2月25日受理本案后，依法组成合议庭，并依法通知张委三作为第三人参加诉讼，于2008年5月12日公开开庭进行了审理。原告约克广州公司的委托代理人蒋洪义、徐满霞，被告专利复审委员会的委托代理人王森、杜微科，第三人张委三的委托代理人冯云、张委东到庭参加诉讼。本案现已审理终结。

专利复审委员会2007年9月25日作出的第10605号决定是针对约克广州公司对张委三享有的00103523.1号名称为“分体式冷热水机组”的发明专利（以下简称本专利）所提出的无效宣告请求作出的。

专利复审委员会在第10605号决定中认为，关于第一无效请求人北京江森自控有限公司（简称江森公司）和第二无效请求人约克广州公司质疑本专利符合《中华人民共和国专利法实施细则》（简称《专利法实施细则》）第二十一条第二款规定方面，依照该项规定，独立权利要求应当从整体上反映发明专利或者实用新型的技术方案，记载解决技术问题的必要技术特征。其在此方面的证据（2007）二中民初字第2534号民事判决，以及本专利背景技术中所载明的内容，并未对本专利权利要求1、2的保护范围作出解释。本专利背景技术也仅是对本专利所要改进的现有技术进行说明，并非对本专利要求进行限定。从本专利权利要求1、2的记载中可以清楚，“压缩机、室外侧空气-制冷剂热交换器和四通换向阀置于一个箱体内”，由于该箱体内设置了“室外侧空气-制冷剂热交换器”，因此，该箱体显然应当设置于室外。而另一个独立的箱体内设置了“室内侧水-制冷剂热交换器及循环水泵”，由于该箱体内设置“室内侧水-制冷剂热交换器”，因此，该箱体显然应当设置于室内。而且，通过说明书的解释，箱体（A或2A）置于室外、箱体（B或2B）置于室内可以从权利要求1、2中得出。因此，其有关本专利权利要求1、2缺乏必要技术特征、不符合《专利法实施细则》第二十一条第二款规定的理由不成立。综上，无效请求人的无效请求理由不能成立，本专利符合《专利法》及《专利法实施细则》的规定，决定：宣告维持 00103523.1 号发明专利权有效。

原告约克广州公司不服该决定，向本院起诉称：本专利权利要求 1、2 均缺乏解决技术问题的必要技术特征，不符合《专利法实施细则》第二十一条第二款的规定，而第 10605 号决定对此所作认定错误。根据说明书记载的发明目的，本专利在于提供一种“方便实用，不须防冻的分体式冷热水机组”，针对“无须防冻”这一发明目的，本专利在其实施例中指出“室内侧水-制冷剂热交换器（5）、循环水泵（6）及水截止阀（10）置于另一个箱体（B），因其有水路系统为防冻结，通常置于室内”，可见，本专利通过将含有水路系统的箱体安装在室内来实现其“不须防冻”这一发明目的，除此之外，本专利未提供任何用于解决防冻问题的技术措施。本专利独立权利要求中并不包括“将装有室内侧水-制冷剂热交换器的箱体安装在室内”的必要技术特征，因此，本专利不符合上述法律规定。本专利权利要求 1、2 中虽记载了“室内侧水-制冷剂热交换器及循环水泵置于另一独立箱体内”这一技术特征，但其所述的“室内侧”并不是对其箱体安装位置的限定。据此，请求撤销专利复审委员会作出的第 10605 号决定，判令其重新作出无效宣告请求审查决定。

被告专利复审委员会的答辩称：关于《中华人民共和国专利法》（以下简称《专利法》）第二十一条第二款，从本专利权利要求 1、2 的记载可以看出，压缩机、室外侧空气-制冷剂热交换器、四通换向阀置于一个箱体，由于该箱体内设置室外侧空气-制冷剂热交换器，因此该箱体显然应当设置于室外；而另一个独立的箱体内设置室内侧水-制冷剂热交换器及循环水泵，由于该箱体内要设置室内侧水-制冷剂热交换器，结合说明书第 2 页显然本专利权利要求 1、2 中包含装有室内侧水-制冷剂热交换器及循环水泵的另一个独立的箱体应当设置于室内。因此，我委认为通过综合考虑权利要求书记载的整体技术方案并结合说明书记载的技术内容，可以认定箱体（A 或 2A）置于室外、箱体（B 或 2B）置于室内的技术是可以从本专利权利要求 1、2 中得出的，本专利符合《专利法》第二十一条第二款的规定。该决定认定事实清楚、适用法律准确、程序合法，故请求驳回原告的诉讼请求，维持第 10605 号决定。

第三人张委三同意第 10605 号决定，称，本专利的实质是对冷热水机组中的制冷系统的分体，发明目的不限于“无需防冻”，还有方便实用，本专利反映了完整的技术方案，不缺乏必要技术特征。

经审理查明，2000 年 3 月 27 日，张委三申请了名称为“分体式冷热水机组”发明专利（即本专利），2004 年 3 月 17 日获得授权，专利号为 00103523.1。

本专利权利要求载明：“1. 一种分体式冷热水机组，包括制冷系统的压缩机，室外侧空气-制冷热交换器，四通换向阀，室内侧水-制冷剂热交换器及循环水泵，其特征在于：所述压缩机、室外侧空气-制冷剂热交换器和四通换向阀置于一个箱体内，所述室内侧水-制冷剂热交换器及循环水泵置于另一个独立的箱体内，两箱之间通过制冷连接管连接成一个制冷系统。2. 一种分体式冷热水机组，包括制冷系统的压缩机，室外侧空气-制冷剂热交换器，四通换向阀，室内侧水-制冷剂热交换器及循环水泵，其特征在于：所述压缩机、室外侧空气-制冷剂热交换器和四通换向阀置于一个箱体内，所述压缩机与四通换向阀之间的高压管路上有一个水-制冷剂热交换器，该热交换器与室内侧水-制冷剂热交换器及循环水泵置于另一个独立的箱体内，两箱之间通过制冷连接管连接成一个制冷系统。”

说明书载明：公知的冷热水机组其制冷系统的压缩机，室外侧空气-制冷剂热交换器，室内侧水-制冷剂热交换器；及循环水泵全部置于一个箱体内，通常置于室外，其存在的缺点是，当室外温度低于 0℃时，为了防止水系统冻结，必须采取防冻措施或将整个箱体置于室内，必须将室外侧空气-制冷剂热交换器的冬季冷空气和夏季热空气排至室外，同时其不能提供生活用热水。本发明的任务是一种方便实用，不须防冻的分体式冷热水机组。本发明的另一任务是提供一种方便实用，不须防冻的同时能提供生活用热水且节能的分体式冷热水机组。图 1 所示的分体式冷热水机组压缩机（1）、四通换向阀（2）、室外侧空气-制冷剂热交换器（3）、双向膨胀阀（4）及制冷截止阀（7）置于箱体（A），箱体（A）通常置于室外，可落地也可挂于墙上，由于没有水路系统，即使室外温度低于0℃也不怕冻结；室内侧水-制冷剂热交换器（5）、循环水泵（6）及水截止阀（10）置于另一个箱体（B），因其有水路系统为防止冻结通常置于室内，箱体（B）通过制冷连接管（8）与箱体（A）的制冷截止阀（7）相连，各房间风机盘管（9）通过水连接管（11）与箱体（B）的水截止阀（10）连接。

在庭审中，约克广州公司指出“将装有室内侧水-制冷剂热交换器的箱体（B或2B）安装在室内”是本专利独立权利要求的必要技术特征，专利复审委员会予以认可，与此同时约克广州公司提出本专利权利要求1、2中并未记载上述必要技术特征。专利复审委员会予以反对，其理由在于，根据权利要求书的整体技术方案记载，所述压缩机、室外侧空气-制冷剂热交换器和四通换向阀置于一个箱体内，所述室内侧水-制冷剂热交换器及循环水泵置于另一个独立的箱体内，两箱之间通过制冷连接管连接成一个制冷系统。考虑本专利的发明目的在于解决“无需防冻”问题，并结合说明书的辅助说明，可以看出上述“箱体（B或2B）安装在室内”这一必要技术特征。约克广州公司反对专利复审委员会以说明书来解释权利要求书的做法，认为权利要求书是否记载了上述必要技术特征只能单以权利要求书为据，而不能依靠说明书解释，专利复审委员会仅通过权利要求书中有“室外侧”一语推导出“箱体（B或2B）安装在室内”的结论，理由不能成立，且张委三在说明书的技术背景中已表明“公知的冷热水机组其制冷系统的压缩机，室外侧空气-制冷剂热交换器，室内侧水-制冷剂热交换器；及循环水泵全部置于一个箱体内，通常置于室外”，存在“室内侧水-制冷剂热交换器”也置于室外的情况。说明“室外侧”和“室内侧”术语并不用于表述安装位置。约克广州公司当庭出示了2008年4月30日，北京市高级人民法院（2007）高民终字第1259号民事判决书，上认定“约克广州公司和张委三明确认可权利要求书和说明书中记载的‘室外侧’和‘室内侧’术语的含义应不表示安装位置。因此，可以认定，本专利权利要求1记载的文字本身并不涉及装有该热交换器的独立箱体系安装在室内的内容”。专利复审委员会表示对上述一证无法当庭答辩，但认为权利要求书客观上包含了“箱体（B或2B）安装在室内”这一实质性内容。张委三表示了与专利复审委员会相同的意见。

另，在庭审中，约克广州公司明确表示放弃对本专利不符合《专利法》第二十二条第三款的异议。

上述事实有第10605号决定、00103523.1号专利权利要求书及其说明书与附图、（2007）高民终字第1259号民事判决书以及当事人陈述等证据在案佐证。

本院认为，鉴于本案当事人各方均认可“箱体（B或2B）安装在室内”属于本专利的必要技术特征，本院对该事实予以确认。本案争议核心在于如何看待本专利权利要求1、2是否记载了上述必要技术特征问题。

依照《专利法实施细则》第二十一条第二款之规定，独立权利要求应当从整体上反映发明或者实用新型的技术方案，记载解决技术问题的必要技术特征。该规定的要义在于审查必要技术特征是否得以记载，要从整体上把握技术方案的实质，确定组成该技术方案的必要技术特征。

将一事物以语言文字的形式加以表达时，其形式并不是唯一的，因此不应机械地考察权利要求书中文字本身是否记述了“箱体（B或2B）安装在室内”一语。尽管文字没有记述，也不能据此得出实质有或是无“箱体（B或2B）需要安装在室内”这一必要技术特征的确切结论。

当事实处于或然而不确定的状态时，应当依靠证据加以佐证。依照《专利法》第五十六条第一款的规定，发明或者实用新型专利权的保护范围以其权利要求的内容为准，说明书及附图可以用于解释权利要求。权利要求书和说明书即为记载发明或者实用新型及确定其保护范围的法律文件。据此，说明书应当成为佐证确定上述待证事实的关键证据。倘若仍不能得以确定，应当判定该必要技术特征未予记载。但根据该说明书记述的本发明目的，即提供一种“不须防冻的分体式冷热水机组”，以及对本发明所作的描述，因箱体（B 或 2B）“有水路系统为防冻结通常置于室内”，可以认定“箱体（B 或 2B）安装在室内”这一特征是实际存在的。

约克广州公司反对专利复审委员会以说明书证明上述待证事实缺乏法律依据，且其在主张“箱体（B 或 2B）安装在室内”属于本专利必要技术特征时离不开对发明目的的确定，而确定本发明目的就需要以说明书为据，其也是这样做的，据此，对于约克广州公司的上述主张本院不予支持。

鉴于约克广州公司主动放弃对本专利创造性事实的争议，本院对该事实不再评述。

综上所述，专利复审委员会所作认定并无不当，第 10605 号决定认定事实清楚，适用法律正确，程序合法，依照《中华人民共和国行政诉讼法》第五十四条第（一）项之规定，本院判决如下：

维持被告国家知识产权局专利复审委员会作出的第 10605 号无效宣告请求审查决定。

案件受理费一百元，由原告约克广州空调冷冻设备有限公司负担（已交纳）。

如不服本判决，各方当事人可于本判决书送达之日起 15 日内，向本院递交上诉状，并按对方当事人人数提交上诉状副本，同时交纳上诉案件受理费 100 元，上诉于北京市高级人民法院。

审 判 长 任 进

代理审判员 邢 军

人民陪审员 唐晓君

二〇〇八年六月四日

书 记 员 袁 伟

212

折叠桌架

无效宣告请求审查决定（第10607号）

决　　定　　号 第10607号
决　　定　　日 2007年9月19日
发明创造名称 折叠桌架
国 际 分 类 号 A47B 3/02
无效宣告请求人 刘　平
专　利　权　人 邓金元
专　　利　　号 200520036149.1
申　　请　　日 2005年11月17日
授 权 公 告 日 2006年11月8日
合 议 组 组 长 左　一
主　　审　　员 程　华
参　　审　　员 武　磊

法　律　依　据 专利法第22条第2款、第3款
决　定　要　点

涉案专利的权利要求与一篇现有技术相比存在区别技术特征，则该权利要求相对于现有技术具有新颖性；而如果上述区别技术特征已在另一篇现有技术中公开，且上述两篇现有技术属于相同的技术领域，存在结合的技术启示，则该项权利要求相对于上述两篇现有技术不具有创造性。

一、案由

本无效宣告请求涉及国家知识产权局于2006年11月8日授权公告、申请号为200520036149.1、名称为“折叠桌架”的实用新型专利（下称本专利），其申请日是2005年11月17日，专利权人是邓金元。该专利授权公告时的权利要求书内容如下：

“1. 一种折叠桌架，包括活动连接的两桌架脚（1）和与桌架脚（1）连接的上、下连接横条（2、3），其特征在于上连接横条（2）或桌架脚（1）上至少有一个连接件（4）。

2. 根据权利要求1所述的折叠桌架，其特征在于连接件（4）是柔性连接件（5），连接在上连接横条（2）上。

3. 根据权利要求2所述的折叠桌架，其特征在于柔性连接件（5）是由至少一根柔性带（6）和与柔性带（6）配合调距的带扣（7）组成的，带扣（7）装在柔性带（6）上，柔性带（6）套在上连接横条（2）上。

4. 根据权利要求2所述的折叠桌架，其特征在于柔性连接件（5）是由一端分别连接在对应的上连接横条（2）上的两根柔性带（8、9）组成的，柔性带（8、9）相对应端分别有互相配合调距的带扣和与带扣上的卡（10）配合的孔（11）。

5. 根据权利要求1所述的折叠桌架，其特征在于连接件（4）是活动连接片（12）。

6. 根据权利要求5所述的折叠桌架，其特征在于活动连接片（12）是由一端互相铰接的金属片构成的，金属片的另一端分别固定在桌架脚（1）的两只脚上。

7. 根据权利要求1所述的折叠桌架，其特征在于连接件（4）是一端有孔或槽的棒或管（13），棒或管（13）的一端与桌架脚（1）和上连接横条（2）铰接，其孔或槽与桌架脚（1）顶端钳合。”

针对上述专利权，刘平（下称请求人）于2007年4月17日向国家知识产权局专利复审委员会提出无效宣告请求，其无效理由为本专利权利要求1不符合专利法第22条第2款的规定，权利要求1~7不符合专利法第22条第3款的规定。请求人提交了如下附件：

附件1：88207660.4号中国实用新型专利授权公告文本，公告日为1989年10月25日（下称对比文件1）；

附件2：88215935.6号中国实用新型专利授权公告文本，公告日为1989年7月19日（下称对比文件2）；

附件3：00250294.1号中国实用新型专利授权公告文本，授权公告日为2001年9月5日（下称对比文件3）；

附件4：89208978.4号中国实用新型专利授权公告文本，公告日为1990年7月11日（下称对比文件4）；

附件5：95205044.7号中国实用新型专利授权公告文本，授权公告日为1996年10月16日（下称对比文件5）；

附件6：本专利授权公告文本。

请求人认为本专利权利要求1相对于对比文件1不具有新颖性，相对于对比文件5不具有新颖性，相对于对比文件1和对比文件5的结合不具有创造性；权利要求2、3相对于对比文件1和对比文件2的结合不具有创造性；权利要求4~7相对于对比文件1和对比文件2的结合、相对于对比文件1和对比文件3的结合、相对于对比文件1和对比文件4的结合均不具有创造性。

经形式审查合格，专利复审委员会依法受理了上述无效宣告请求，于2007年4月17日向双方当事人发出了无效宣告请求受理通知书，同时将请求人提交的无效宣告请求书及其附件清单中所列附件副本转送专利权人，要求其在指定期限内陈述意见。

专利复审委员会依法成立合议组，对上述无效宣告请求进行审理。

本案合议组于2007年6月29日向双方当事人发出口头审理通知书，定于2007年8月28日对本案进行口头审理。

口头审理如期举行，专利权人未出席口头审理，合议组依法对本案进行缺席审理。在口头审理中，请求人对合议组成员无回避请求，对合议组成员变更无异议。请求人明确表示放弃对比文件4的使用，请求人明确表示无效宣告理由为：权利要求1不符合专利法第22条第2款的规定，权利要求1~7不符合专利法第22条第3款的规定。具体评述方式为：对比文件1（88207660.4）和对比文件5（95205044.7）分别评价权利要求1的新颖性和创造性；以对比文件1作为最接近的对比文件，使用对比文件1结合对比文件5评价权利要求1的创造性；使用对比文件1结合对比文件2（88215935.6）评价权利要求2、3的创造性；使用对比文件1结合对比文件2或者对比文件1结合对比文件2、对比文件3（00250294.1）分别评价权利要求4的创造性；使用对比文件1结合对比文件2或者对比文件

1 结合对比文件 3 分别评价权利要求 5~7 的创造性。

至此，合议组认为本案事实清楚，现可以依法作出本审查决定。

二、决定的理由

1. 证据的认定

请求人明确表示放弃对比文件 4 的使用，故合议组对对比文件 4 不作评述。请求人提交的分别作为对比文件 1、2、3、5 使用的四份证据均为中国专利文献，其授权公告日均在本专利的申请日之前，经合议组核实，对其真实性予以认可，因此，对比文件 1、2、3、5 可以作为评价本专利新颖性或创造性的现有技术使用。

2. 关于专利法第 22 条第 2 款的无效理由

专利法第 22 条第 2 款规定：新颖性，是指在申请日以前没有同样的发明或者实用新型在国内外出版物上公开发表过、在国内公开使用过或者以其他方式为公众所知，也没有同样的发明或者实用新型由他人向国务院专利行政部门提出过申请并且记载在申请日以后公布的专利申请文件中。

权利要求 1 要求保护一种折叠桌架，该折叠桌架包括活动连接的两桌架脚（1）和与桌架脚（1）连接的上、下连接横条（2、3），其特征在于上连接横条（2）或桌架脚（1）上至少有一个连接件（4）。

对比文件 1 公开了一种便携式折叠凳，其中公开了如下技术内容：该产品有由杆件组成的支撑架和柔性坐面［1］，支撑架有两根横杆［2］可将柔性坐面［1］撑紧，有四根斜杆［3］分别组成两个三角架与横杆［2］连接，在斜杆［3］的交叉点具有铰接副［6］，另有两根横加强杆［4］与斜杆［3］连接，对支撑架起加强与固定作用。（参见对比文件 1 说明书第 2 页第 3~10 行，权利要求 1、附图 1）。

经过对比可以发现，对比文件 1 公开了权利要求 1 的部分技术特征，对比文件 1 中由四根斜杆分别交叉组成的两个三角架就相当于权利要求 1 中的桌架脚，对比文件 1 中的两根横杆就相当于权利要求 1 中的上连接横条，对比文件 1 中的两根横加强杆就相当于权利要求 1 中的下连接横条。权利要求 1 的技术方案与对比文件 1 的区别在于：（1）权利要求 1 要求保护的是一种折叠桌架，对比文件 1 公开的是一种便携式折叠凳；（2）权利要求 1 的技术方案中在上连接横条或桌架脚上至少有一个连接件，而对比文件 1 中是在支撑架上设有柔性坐面。

对比文件 5 公开了一种多用桌，其中公开了如下技术内容：一种用于家具和娱乐的多用桌，该多用桌在正方型底板（1）的一侧四周装有侧板（2），内表面装有布（6），四个角上挖有洞（7），洞（7）外侧的侧板（2）上装有挡板（5），设有独立的桌腿架，桌腿架也可以由支撑（9）、（10）、（11）和桌腿架轴（13）分别将四个支腿（4）连接组成，两个支腿（4）的一端由园柱销（8）固定在侧板（2）上，支撑（11）上固定有挂钩（12）（参见对比文件 5 权利要求 1、2，说明书第 1 页第 8~20 行，图 1）。

经过对比可以发现，对比文件 5 公开了权利要求 1 的部分技术特征，对比文件 5 中的四个支腿就相当于权利要求 1 中的桌架脚，对比文件 5 中的支撑 9、11 就相当于权利要求 1 中的下连接横条，对比文件 5 中的固定在支撑上的挂钩就相当于权利要求 1 中的设置在桌架脚上的连接件。权利要求 1 的技术方案与对比文件 5 的区别在于：1、权利要求 1 的技术方案中设置有与桌架脚（1）连接的上连接横条，对比文件 5 中所述的侧板是安装在正方型底板的一侧，是属于桌面的一部分。

由此可知，不论是对比文件 1 还是对比文件 5 均未公开权利要求 1 的所有技术特征，因此，权利要求 1 相对于对比文件 1 或者对比文件 5 具有新颖性，符合专利法第 22 条第 2 款的规定。

3. 关于专利法第 22 条第 3 款的无效理由

专利法第 22 条第 3 款规定：创造性，是指同申请日以前已有的技术相比，该发明有突出的实质性特点和显著的进步，该实用新型有实质性特点和进步。

（1）权利要求1要求保护一种折叠桌架，对比文件1公开了一种便携式折叠凳，其中公开了如下技术内容：该产品有由杆件组成的支撑架和柔性坐面［1］，支撑架有两根横杆［2］可将柔性坐面［1］撑紧，有四根斜杆［3］分别组成两个三角架与横杆［2］连接，在斜杆［3］的交叉点具有铰接副［6］，另有两根横加强杆［4］与斜杆［3］连接，对支撑架起加强与固定作用。（参见对比文件1说明书第2页第3~10行，权利要求1，附图1。）

经过对比可以发现，对比文件1公开了权利要求1的部分技术特征，对比文件1中由四根斜杆分别交叉组成的两个三角架就相当于权利要求1中的桌架脚，对比文件1中的两根横杆就相当于权利要求1中的上连接横条，对比文件1中的两根横加强杆就相当于权利要求1中的下连接横条。

权利要求1的技术方案与对比文件1的区别在于：1、权利要求1保护的是一种折叠桌架，对比文件1公开的是一种便携式折叠凳；2、权利要求1的技术方案中在上连接横条或桌架脚上至少有一个连接件，而对比文件1中是在支撑架上设有柔性坐面。

尽管本专利权利要求1所述的是一种折叠桌架，对比文件1公开了一种便携式折叠凳，但由于本专利与对比文件1技术领域相近，均属于折叠桌椅，二者物品的主体架构相同，而且桌子和凳子（或椅子）可以配套使用，设计构思或风格也可以相同或相近似，因此，将在对比文件1所述的便携式折叠凳中应用的技术方案应用到折叠桌架中对所属技术领域的普通技术人员来说是很容易想到和实现的。此外，为了使桌面放在桌架脚上时更加稳定，在上连接横条或桌架脚上架上设置与对比文件1中在支撑架上设置的柔性坐面相类似的柔性连接物，对所属技术领域的普通技术人员来说是很容易想到和实现的。因此，权利要求1相对于对比文件1不具备实质性特点和进步，不符合专利法第22条第3款有关创造性的规定。

（2）权利要求2对其引用的权利要求1做了进一步的限定，其附加技术特征为“连接件（4）是柔性连接件（5），连接在上连接横条（2）上”。

对比文件2公开了一种多功能餐桌，在桌腿2的上部铰接装有开有多个U形缺口的金属板3，在桌腿4的上部则装有一个用于支撑金属板3上U形缺口的凸起小轴（参见对比文件2说明书第1页第20~22行，图1）。

从对比文件2公开的上述技术方案可见，对比文件2所公开的多功能餐桌就是一种桌子，对比文件1中在两根横杆上设置的坐面是柔性的，同时其安装的位置与权利要求2所述的连接在上连接横条上的柔性连接件的安装位置是相同的，对比文件2与对比文件1技术领域相近，均属于折叠桌椅，虽然对比文件1公开的是一种便携式折叠凳，但其公开的主体架构与对比文件2所公开的桌子主体架构相同，而且桌子和凳子（或椅子）可以配套使用，设计构思或风格也可以相同或相近似，在对比文件1的基础上结合对比文件2公开的技术内容得到权利要求2的技术方案对所属技术领域中的普通技术人员来说是显而易见的，因此，权利要求2不具备实质性特点和进步，不符合专利法第22条第3款有关创造性的规定。

（3）权利要求3对其引用的权利要求2做了进一步的限定，其附加技术特征为“柔性连接件（5）是由至少一根柔性带（6）和与柔性带（6）配合调距的带扣（7）组成的，带扣（7）装在柔性带（6）上，柔性带（6）套在上连接横条（2）上”。

对比文件1、对比文件2公开的具体技术内容参见第1、2条审查意见，不论是在对比文件1中还是在对比文件2中均未公开权利要求3附加技术特征所述的带扣的内容，也未给出获得上述技术内容的技术启示，即使为了使长度可调在类似皮带或鞋带的带状物上设置可调节距离的带扣属于公知常识，但上述对比文件均未给出将上述带状物上可调节距离的带扣技术应用到对比文件1的折叠凳或对比文件 2 的餐桌中以解决便于调整桌子的使用高度的技术问题的技术启示，因此，权利要求 3 相对于对比文件 1 和对比文件 2 具有实质性特点和进步，符合专利法第 22 条第 3 款有关创造性的规定。

（4）权利要求 4 对其引用的权利要求 2 做了进一步的限定，其附加技术特征为“柔性连接件（5）是由一端分别连接在对应的上连接横条（2）上的两根柔性带（8、9）组成的，柔性带（8、9）相对应端分别有互相配合调距的带扣和与带扣上的卡（10）配合的孔（11）”。

对比文件 1、对比文件 2 公开的具体技术内容参见第 1、2 条审查意见，不论是在对比文件 1 中还是在对比文件 2 中均未公开权利要求 4 附加技术特征所述内容，也未给出获得上述技术内容的技术启示，因此，权利要求 4 相对于对比文件 1 和对比文件 2 具有实质性特点和进步，符合专利法第 22 条第 3 款有关创造性的规定。

对比文件 3 公开了一种万向折叠桌架，其中披露了如下技术内容：由销轴 2 连接的长管件 1 和短管件 3，通过销轴 5 将 U 形管件 4 与短管件 3 的上端相铰接，U 形管件 4 上有限位档铁 6，在长管件 1 和 U 形管件 4 的顶端通过销轴 8 连接带有螺孔的角铁 7，角铁 7 用于与桌面相连。两个长管件 1 和两个短管件 3 的下部有固接横管 9，其特征是在长管件 1 和短管件 3 的下端各安有万向轮 10。当桌架支开时，万向轮 10 向外撇，当桌架合拢时，万向轮 10 的轴杆垂直于地面。为了使桌架调解桌面的斜度，在短管件 3 的下部通过销轴 11 安装角度调节器 12，角度调节器 12 上有与长管件 1 下部的横管 9 相配合的豁口。或者在长管件 1 的下部安有横销 13，角度调节器的豁口与之相配合（参见对比文件 3 说明书第 1 页第 10~19 行，图 1）。

对比文件 3 中的角度调节器 12 是为了调节桌面的斜度，安装在相当于本专利所述桌架脚的管件 3 上，权利要求 4 中设置柔性带、带扣以及与带扣上的卡配合的孔是为了调整桌子的使用高度，而且由柔性带、带扣以及与带扣上的卡配合的孔构成的柔性连接件是安装在上连接横条上的，也就是说，对比文件 3 中的角度调节器 12 与权利要求 4 中的柔性连接件的作用、安装的位置均不相同，因此，对比文件 3 也未公开权利要求 4 附加技术特征，同时也未给出获得上述技术内容的技术启示，结合上述对对比文件 1 和对比文件 2 的相关评述，可以得出权利要求 4 相对于对比文件 1、对比文件 2 和对比文件 3 的结合具有实质性特点和进步，符合专利法第 22 条第 3 款有关创造性的规定。

（5）权利要求 5 对其引用的权利要求 1 做了进一步的限定，其附加技术特征为“连接件（4）是活动连接片（12）”。对比文件 2 公开了一种多功能餐桌，在桌腿 2 的上部铰接装有开有多个 U 形缺口的金属板 3，在桌腿 4 的上部则装有一个用于支撑金属板 3 上 U 形缺口的凸起小轴（参见对比文件 2 说明书第 1 页第 20~22 行，图 1）。对比文件 2 中的金属板 3 就相当于权利要求 5 中的活动连接片，而且对比文件 2 所公开的多功能餐椅就是一种桌子，也就是说，对比文件 2 已经公开了权利要求 5 的附加技术特征，虽然对比文件 1 公开的是一种便携式折叠凳，但对比文件 2 与对比文件 1 技术领域相近，均属于折叠桌椅，并且对比文件 1 公开的折叠凳的主体架构与对比文件 2 所公开的桌子主体架构相同，而且桌子和凳子（或椅子）可以配套使用，设计构思或风格也可以相同或相近似，在对比文件 1 的基础上结合对比文件 2 公开的技术内容得到权利要求 5 的技术方案对所属技术领域中的普通技术人员来说是显而易见的，因此，权利要求 5 不具备实质性特点和进步，不符合专利法第 22 条第 3 款有关创造性的规定。

（6）权利要求 6、7 分别对其引用的权利要求做了进一步的限定，其附加技术特征分别为“活动连接片（12）是由一端互相铰接的金属片构成的，金属片的另一端分别固定在桌架脚（1）的两只脚上”、“连接件（4）是一端有孔或槽的棒或管（13），棒或管（13）的一端与桌架脚（1）和上连接横条（2）铰接，其孔或槽与桌架脚（1）顶端钳合”。

对比文件 1、2、3 公开的技术内容参见第 1、2、4 条审查意见，在对比文件 1、2、3 中均未公开权利要求 6、7 的附加技术特征，也未给出得到上述附加技术特征的技术启示，因此，权利要求 6、7 相当于对比文件 1 和对比文件 2 的结合或者对比文件 1 和对比文件 3 的结合具有实质性特点和进步，符合专利法第 22 条第 3 款有关创造性的规定。

综上所述，本专利权利要求 1、2、5 不具备创造性，不符合专利法第 22 条第 3 款有关创造性的规定，权利要求 3、4、6、7 具备创造性，符合专利法第 22 条第 3 款有关创造性的规定。

由于本专利权利要求 1 相对于对比文件 1 已不具有创造性，权利要求 2、5 相对于对比文件 1 和对比文件 2 的结合已不具有创造性，因此对请求人提出的本专利权利要求 1、2、5 不具有创造性的其他评价方式，合议组在此不作评述。

三、决定

宣告 200520036149.1 号实用新型专利权部分无效，在权利要求 3、4、6、7 的基础上维持专利权有效。

当事人对本决定不服的，可以根据专利法第 46 条第 2 款的规定，自收到本决定之日起 3 个月内向北京市第一中级人民法院起诉。根据该款的规定，一方当事人起诉后，另一方当事人应当作为第三人参加诉讼。

213

钢渣粒化装置

无效宣告请求审查决定（第10625号）

决　　定　　号　第10625号
决　　定　　日　2007年10月9日
发明创造名称　钢渣粒化装置
国 际 分 类 号　C21B 3/06，C04B 5/02
无效宣告请求人　唐山市嘉恒实业有限公司
专　利　权　人　李志成
专　　利　　号　200420028575.6
申　　请　　日　2004年3月21日
授 权 公 告 日　2005年3月23日
合 议 组 组 长　赵　明
主　　审　　员　徐伟锋
参　　审　　员　董晓静

法　律　依　据　专利法第22条第3款
决　定　要　点
如果实用新型同申请日以前已有的技术相比，不具有实质性特点和进步，则不具备创造性。

一、案由

本无效宣告请求涉及中华人民共和国国家知识产权局于2005年3月23日授权公告的、名称为“钢渣粒化装置”的实用新型专利权（以下简称本专利），其专利号是200420028575.6，申请日是2004年3月21日，专利权人是李志成。本专利授权公告时的权利要求书如下：

“1. 一种钢渣粒化装置，包括渣罐倾翻机、熔渣流槽、粒化器、二次淬渣池、给料机、提升脱水器、集汽装置，其特征在于，渣罐倾翻机位于熔渣流槽前端，熔渣流槽位于粒化器前端，由粒化轮、粒化罩体、组合喷嘴、弧形撞击板组成的粒化器位于二次淬渣池上，二次淬渣池由回水装置、上排气孔、下出料孔组成，安装在粒化器的下方；由下集汽罩，上排汽筒，内部冷凝水回收装置组成的集汽装置安装在粒化器和二次淬渣池上部；给料机位于二次淬渣池下出料口处；提升脱水器呈70°角安装在二次淬渣池外侧与给料机相连。

2. 根据权利要求1所述钢渣粒化装置，其特征在于：所述的渣罐倾翻机为液压托圈倾翻式结构，由托圈、支柱构成，支柱上设置有固定旋转点。

3. 根据权利要求1所述钢渣粒化装置，其特征在于：粒化器由粒化轮、粒化轮齿、粒化器罩、弧形撞击板和组合喷嘴组成，粒化轮位于粒化器罩体前端下方，粒化轮齿安装在粒化轮的外沿上，弧形撞击板安装在粒化器的后端，粒化器罩体的上方安装高压喷水嘴。

4. 根据权利要求 1 所述钢渣粒化装置，其特征在于：所述的粒化轮的结构为空腔灌流水冷轮鼓和单齿嵌装灌流水冷球面齿。

5. 根据权利要求 1 或 3 所述钢渣粒化装置，其特征在于，粒化轮齿结构也可以为偶数箱形灌流水冷单齿嵌装。

6. 根据权利要求 1 所述钢渣粒化装置，其特征在于：二次淬渣池为四面锥体结构，其内部一侧设有回水装置，其下出料口与给料机相连通。

7. 根据权利要求 1 所述钢渣粒化装置，其特征在于：提升脱水器为下密封、上敞开的箱体结构，其头部安装机头轴，尾部安装机尾轴，轴端空腔密封水润滑运行，机头轴上安装传动轮，机尾轴上安装引导轮，传动链子套装在引导轮和传动轮上，传动链子上安装链板，提料滤水斗安装在链板上。

8. 根据权利要求，所述钢渣粒化装置，其特征在于：集汽装置由集汽罩、排汽筒和冷凝水回收装置组成，集汽罩与排汽筒组合装配为一体，其内部设冷凝水回收装置。”

针对上述专利权，唐山市嘉恒实业有限公司（以下简称请求人）于 2007 年 2 月 28 日向专利复审委员会提出无效宣告请求，并提交如下附件：

附件 1：本专利的专利说明书；

附件 2：授权公告日为 2001 年 6 月 20 日、授权公告号为 CN2435402Y 的中国实用新型专利说明书；

附件 3：授权公告日为 1999 年 4 月 21 日、授权公告号为 CN2315121Y 的中国实用新型专利说明书。

请求人认为附件 2 所记载的内容已经将本专利的技术特征全部公开，因此本专利不具备创造性。

经形式审查合格，专利复审委员会依法受理了上述无效宣告请求，并于 2007 年 3 月 1 日向双方当事人发出无效宣告请求受理通知书，同时将专利权无效宣告请求书及其附件清单中所列附件的副本转送给专利权人，并要求专利权人在指定的期限内陈述意见。

请求人于 2007 年 3 月 16 日向专利复审委员会提交意见陈述书，其补充了无效的理由和证据，其中补充的附件为：

附件 4：授权公告日为 1995 年 11 月 8 日、授权公告号为 CN2212012Y 的中国实用新型专利说明书；

附件 5：授权公告日为 1995 年 5 月 31 日、授权公告号为 CN2199214Y 的中国实用新型专利说明书；

附件 6：南京化工设计院石油、化工起重运输设计建设组组织编写、燃料化学工业出版社出版、1973 年 5 月第一版第一次印刷的《化工起重运输手册——螺旋输送机与斗式提升机》封面、前言、第 52、58、95、96、124、126 页和版权页的复印件。

请求人认为：

（1）权利要求 2~8 不具备创造性，其中权利要求 2~4 的附加技术特征被附件 2 公开，权利要求 6、8 的附加技术特征被附件 2 和公知常识公开，权利要求 5 的附加技术特征被附件 2 和 3 公开，权利要求 7 的附加技术特征被附件 2 和 6 公开。

（2）本专利属于一个工艺流程中的多个设备的组合，不是具有独立性，整体性的产品的概念，不符合专利法实施细则第 2 条的规定。

（3）本专利不符合专利法第 26 条第 3 款的规定，导致本领域技术人员无法实现本发明的技术内容包括：①说明书仅仅罗列了渣罐倾翻机、熔渣流槽、粒化器、二次淬渣池、给料机、提升脱水器、集汽装置，而没有说明使用什么结构形式或机械结构安装上述设备；②说明书没有提供完整的渣罐倾翻机结构，没有提供倾翻锁紧装置结构，没有公开托圈箱体的结构；③说明书没有公开给料机的结构；④说明书没有公开冷凝水回收装置的结构，并且对冷凝水回收装置的描述也是矛盾的。

（4）由于没有对前述理由（3）中的四个技术特征作出清楚、完整的说明，因此导致了本专利的权利要求 1~8 不具有明确的保护范围，不符合专利法第 26 条第 4 款的规定。

针对专利复审委员会于 2007 年 3 月 1 日发出的无效宣告请求受理通知书，专利权人于 2007 年 3 月 29 日提交了意见陈述书。专利权人认为：本专利是专利权人改进附件 2 所获得的发明创造，本专利和附件 2 的权利要求 1 的技术方案并不相同，本专利的权利要求 1 中关于集汽装置内设冷凝水回收装置，二次淬渣池下设出料口，提升脱水器固定安装角度和位置等技术特征，在附件 2 中没有，也没有给出附件 2 和 3 结合的启示，因此具备创造性。由于权利要求 1 具备创造性，所以权利要求 2~8 相应也有创造性。

专利复审委员会依法成立合议组。本案合议组于 2007 年 5 月 11 日向双方当事人发出口头审理通知书，定于 2007 年 6 月 20 日举行口头审理，随口头审理通知书，向请求人转送了专利权人于 2007 年 3 月 29 日提交的意见陈述书，向专利权人转送了请求人于 2007 年 3 月 16 日提交的补充意见陈述书及其附件清单中所列的附件副本，并要求双方当事人在口头审理时针对各自收到的被转送文件进行答复。

口头审理如期举行，双方当事人均参加了口头审理，并充分发表了意见。

针对请求人于 2007 年 3 月 16 日提交的补充意见陈述书及其所附附件，专利权人当庭提交权利要求书的全文修改替换页和意见陈述书，修改后的权利要求书如下：

“1. 一种钢渣粒化装置，包括渣罐倾翻机、熔渣流槽、粒化器、二次淬渣池、给料机、提升脱水器、集汽装置，渣罐倾翻机位于熔渣流槽前端，熔渣流槽位于粒化器前端；二次淬渣池由回水装置、上排气孔、下出料孔组成，安装在粒化器的下方；由下集汽罩，上排汽筒，内部冷凝水回收装置组成的集汽装置安装在粒化器和二次淬渣池上部；给料机位于二次淬渣池下出料口处；提升脱水器呈 70°角安装在二次淬渣池外侧与给料机相连；其特征在于由粒化轮、粒化罩体、组合喷嘴、弧形撞击板组成的粒化器位于二次淬渣池上，粒化轮位于粒化器罩体前端下方，粒化轮齿安装在粒化轮的外沿上，弧形撞击板安装在粒化器的后端，粒化器罩体的上方安装高压喷水嘴。

2. 根据权利要求 1 所述的钢渣粒化装置，其特征在于：所述的渣罐倾翻机为液压托圈倾翻式结构，由托圈、支柱构成，支柱上设置有固定旋转点。

3. 根据权利要求 1 所述钢渣粒化装置，其特征在于：所述的粒化轮的结构为空腔灌流水冷轮鼓和单齿嵌装灌流水冷球面齿。

4. 根据权利要求 1 所述钢渣粒化装置，其特征在于，粒化轮齿结构也可以为偶数箱形灌流水冷单齿嵌装。

5. 根据权利要求 1 所述钢渣粒化装置，其特征在于：提升脱水器为下密封、上敞开的箱体结构，其头部安装机头轴，尾部安装机尾轴，轴端空腔密封水润滑运行，机头轴上安装传动轮，机尾轴上安装引导轮，传动链子套装在引导轮和传动轮上，传动链子上安装链板，提料滤水斗安装在链板上。”

专利权人认为修改后的权利要求 1~5 具备创造性，符合专利法实施细则第 2 条第 2 款的规定，也符合专利法第 26 条第 4 款和专利法第 26 条第 3 款的规定。

请求人认可专利权人对权利要求书的修改，合议组当庭明确口头审理调查以专利权人当庭提交的权利要求书为基础。

请求人明确无效请求的理由、证据和范围是：①权利要求 1~5 不符合专利法实施细则第 2 条第 2 款的规定；②本专利不符合专利法第 26 条第 3 款的规定；③权利要求 1~5 不符合专利法第 26 条第 4 款的规定；④权利要求 1~5 不符合专利法第 22 条第 3 款的规定，其中权利要求 1 相对于附件 2 和 3 和公知常识的结合不具备创造性，附件 2 是最接近的对比文件；权利要求 2 的附加技术特征被附件 2 和 4 公开；权利要求 3、4 的附加技术特征被附件 2 公开；权利要求 5 的附加技术特征被附件 2、6 公开。专利权人对附件 2~6 的真实性、公开性没有异议。

至此，合议组认为本案事实已经清楚，可以作出审查决定。

二、决定的理由

1. 关于审查的文本

专利法实施细则第 68 条第 1 款规定，在无效宣告请求的审查过程中，实用新型专利的专利权人可以修改其权利要求书，但是不得扩大原专利的保护范围。

审查指南第四部分第三章第 4.6 节在“无效宣告程序中专利文件的修改”中规定“发明或者实用新型专利文件的修改仅限于权利要求书，其原则是：（1）不得改变原权利要求的主题名称；（2）与授权的权利要求书相比，不得扩大原专利的保护范围；（3）不得超出原说明书和权利要求书记载的范围；（4）一般不得增加未包含在授权的权利要求书中的技术特征。”此外，还规定仅在下列三种情形的答复期限内，专利权人可以以合并的方式修改权利要求书：（1）针对无效宣告请求书。（2）针对请求人增加的无效宣告理由或者补充的证据。（3）针对专利复审委员会引入的请求人未提及的无效宣告理由或者证据。

请求人在口头审理中当庭提交了权利要求书的修改文本，其是在口头审理通知书指定的答复期限内，针对请求人增加的证据和理由而作的修改，其具体修改方式是将原权利要求 1 和权利要求 3 合并，同时删除了原权利要求 6 和权利要求 8，合议组经审查后认为，专利权人的修改时机和修改方式都符合专利法实施细则和审查指南的上述规定。所以，合议组对该修改文本予以接受，本决定是在上述修改文本的基础上作出的。

2. 关于证据和现有技术

请求人提交的证据是附件 2~6，专利权人对其真实性没有异议，合议组对附件 2~6 予以采信，附件 2~6 可以作为本案证据使用。由于附件 2~6 的公开日期在本专利的申请日前，因此可以作为本专利的现有技术使用。

3. 关于专利法第 22 条第 3 款

专利法第 22 条第 3 款规定，创造性，是指同申请日以前已有的技术相比，该实用新型有实质性特点和进步。

具体而言，如果实用新型是所属技术领域的技术人员在现有技术的基础上仅仅通过合乎逻辑的分析、推理或者有限的试验可以得到的，则该实用新型是显而易见的，也就不具备实质性特点。

（1）关于权利要求 1 的创造性。

请求人认为权利要求 1 相对于附件 2 的区别仅在于冷凝水回收装置，本专利的撞击板就是附件 2 的粒化器的弧形外罩，而附件 2 的附图也显示了粒化器的弧形外罩和粒化轮的相对位置，该位置与本专利的弧形撞击板和粒化轮的位置相同。

专利权人则认为本专利与附件 2、3 的区别在于弧形撞击板以及粒化轮和弧形撞击板的位置，本专利是单独设置了弧形撞击板，附件 2 和附件 3 所表述的内容只能是粒化器的罩体，并不是弧形撞击板，一般的粒化器的罩体不能起到专门的弧形撞击板的作用，本专利的弧形撞击板起到的是提高粒化效果，使粒化率得到更大的提高。

合议组经审查认为，本专利权利要求 1 请求保护一种钢渣粒化装置，附件 2 也公开了一种冶金炉渣粒化装置，具体公开了以下技术特征：该装置包括钢渣罐 15、固定倾翻架 19（其包括倾翻支架 17、托圈 16、传动装置 18，相当于本专利的渣罐倾翻机）、溜渣沟头 5（相当于本专利的熔渣流槽）、提升脱水器 12、粒化器 4、集汽装置 1、二次水淬池 7（相当于本专利的二次淬渣池）；钢渣罐 15 放入固定倾翻架 19 的托圈 16 内，固定倾翻架 19 位于溜渣沟头 5 前端，溜渣沟头 5 位于粒化器 4 下方，二次水淬池 7 经出料口再通过闸阀 8 与提升脱水器 12 密闭相连，粒化轮 6 位于粒化器 4 半罩式壳体 2 前端下方，粒化轮的齿头 27 安装在粒化轮 6 的外沿上；集汽装置 1 由下集汽罩、上排汽筒组成，集汽装置 1 位于粒化器 4 和二次水淬池 7 上方，提升脱水器 12 与二次水淬池 7 装配角度可在 45°~90°范围内调整，粒化器 4 半罩式壳体 2 的上方安装高压水管 3（本专利的组合喷嘴）（参见附件 2 说明书第 2~3 页，权利要求书、图 1–5）；对于给料机，在本专利中并没有进一步描述，但是由本专利说明书的记载可知，成品渣是通过给料机给料进入提升脱水器，这与附件 2 中闸阀所起的作用实质相同，这一点在口审中也得到了专利权人的认可，因此，合议组认为本专利的给料机 6 与附件 2 的闸阀 8 实质相同，该技术特征也已经被附件 2 公开。

由此可见权利要求 1 与附件 2 的区别在于，本专利的权利要求 1 的粒化器包括罩体和弧形撞击板，而附件 2 的粒化器 4 包括半罩式壳体 2；本专利的权利要求 1 的集汽装置包括内部冷凝水回收装置，而附件 2 没有明确说明。但是从附件 2 的图 3 可以看出，附件 2 的粒化器 4 的半罩式壳体 2 同样是一个弧形的外罩，半罩式壳体 2 位于粒化轮 6 的后端。而在本专利的说明书中仅对弧形撞击板的功能作了描述，即“一次水淬的粗粒渣，在抛射运行至弧形撞击板 16 撞击之后，落入二次淬渣池 4 中二次水淬成理想颗粒的成品渣”（参见本专利的说明书第 4 页第 3 段第 6~8 行），附件 2 中的半罩式壳体同样可以实现上述功能，即弧形的外罩既可以起到保护作用，同时也能使得渣粒撞击后进一步粉碎并改变运动方向落入二次淬化池的作用。此外，尽管附件 2 没有明确记载集汽装置 1 包括内部冷凝水回收装置，但根据本专利对冷凝装置的描述“粒化过程产生的蒸汽通过集汽装置 5 回收冷凝水并将少量蒸汽外排”（参见本专利说明书第 4 页第 3 段倒数第 1、2 行），即粒化过程产生的蒸汽通过回收装置进行回收，本领域技术人员为了达到回收冷凝水的目的，很容易想到在集汽装置中设置冷凝水回收装置。因此，虽然权利要求 1 与附件 2 相比存在上述区别特征，但是上述区别对本领域技术人员来说是容易想到的，因此权利要求 1 不符合专利法第 22 条第 3 款的规定。

专利权人认为弧形撞击板以及弧形撞击板位于粒化器轴心线下方的相对位置关系使得本专利的钢渣粒化装置，具有非常好的技术效果。合议组认为，弧形撞击板位于粒化器轴心线下方的相对位置关系并没有记载在本专利的申请文件中，而附件 2 中的半罩式壳体 2 与权利要求 1 弧形撞击板的作用实质相同，因此，专利权人所声称的该技术效果也应该是实质相同的。

（2）关于权利要求 2 的创造性。

权利要求 2 以“所述的渣罐倾翻机为液压托圈倾翻式结构，由托圈、支柱构成，支柱上设置有固定旋转点”对渣罐倾翻机进一步限定。附件 2 的固定倾翻机 19 由倾翻支架 17 和传动装置 18 构成，托圈 16 通过倾翻支架 17 与传动装置 18 相连，托圈 16 翻转，使钢渣罐 15 可以在±800 内翻转（参见附件 2 的说明书实施例部分以及附图 9），由附件 2 的图 9 可以看出，附件 2 的倾翻支架 17 也有使得托圈 16 旋转并带动渣罐 15 转动的固定旋转点。而液压作为倾翻机的动力方式已经在附件 4 中公开（参见附件 4 的说明书实施例部分和附图 1、2），可见液压作为一种常用的动力源已经在钢渣倾翻机领域获得应用，因此，由附件 4 的液压倾动方式与附件 2 结合获得权利要求 2 的技术方案，对本领域技术人员而言是显而易见的，不具备实质性特点，因此权利要求 2 不符合专利法第 22 条第 3 款的规定。

专利权人认为本专利权利要求2的固定旋转点是在渣罐的一侧，而附件2的托架的固定旋转点在渣罐开口的中心轴上，由此本专利的技术方案可以使得渣粒的落点分布均匀。合议组认为，本专利的权利要求2的固定旋转点并没有限定是一个还是多个，对固定的位置也没有限定，而且专利权人所述的固定旋转点所起的作用也没有记载在本专利的申请文件中，因此，在权利要求2没有限定固定旋转点的数目和位置而说明书也没有记载的前提下，附件2的托架的固定旋转点和权利要求2的固定旋转点实质相同。

（3）关于权利要求3、4的创造性。

权利要求3、4是权利要求1的从属权利要求，分别以“粒化轮的结构为空腔灌流水冷轮鼓和单齿嵌装灌流水冷球面齿”、“粒化轮齿结构也可以为偶数箱形灌流水冷单齿嵌装”进一步限定。附件2公开了粒化轮的结构为花架灌流式串联球面齿头27或并联球面齿头27，半轴26心水冷，也可以是串联或并联灌流箱形齿头28，半轴26心水冷（参见附件2的说明书实施例部分以及附图7、8），“半轴26心水冷和灌流”表明附件2也是空腔灌流水冷，也就是说除“单齿嵌装”、“偶数箱形”外附件2已经公开了权利要求3和4的所有附加技术特征，虽然附件2并没有明确说明齿头以单独嵌装的方式组装，但是从附件2的附图7、8也可以看出，附件2的轮齿也是各自独立的，采用螺栓固定，而嵌装或螺栓固定是常用的连接方式，是本领域技术人员常规的选择；此外虽然齿头为“偶数箱形”这一技术特征在附件2中没有明确公开，但是本专利的说明书同样也没有对其结构进行明确的阐述，在附图中也不能明确表示，因此合议组认为在附件2已经公开了箱形齿头的情况下，齿头的数目是奇数还是偶数则应当根据轮鼓的大小、齿头的大小和粉碎工艺的需要来确定，也就是说不论是偶数还是奇数都是视实际需要而定的，同时本专利的申请文件中也没有记载采用“偶数箱形”的齿头取得了意想不到的技术效果。因此，权利要求3、4要求保护的技术方案对本领域技术人员来说是显而易见的，在其引用的权利要求1不具备创造性的基础上，权利要求3、4也不符合专利法第22条第3款的规定。

（4）关于权利要求5的创造性。

权利要求5是权利要求1的从属权利要求，进一步限定提升脱水器的结构。附件6公开了脱水斗提机，其包括头部组件4，尾部组件10，头部组件4包括传动主轴、星轮，尾部组件10包括尾轮轴、滚轮，斗提机水面以下的部分为封闭的箱形结构，水面以上敞开，斗链安装在传动部件和滚轮之间，斗链的链条为片式牵引链，斗子（带脱水用的长孔）安装在链条上（参见附件6的第95、96页，图3-1）。权利要求5的附加技术特征与附件6的区别在于，权利要求5的链子为板式链带，附件6则是片式链条，以及权利要求5的脱水器轴端空腔密封水润滑。但是链板或链条传动均是本领域的常规技术手段，两者实质相同，而且由于提升脱水器工作的环境存在粉尘、固体颗粒杂质的影响，因此为避免轴承进入杂质影响使用寿命，轴端密封是必然的技术选择，而使用水润滑是最普通的一种润滑剂，同时如果使用水润滑，为防止水的外泄也需要对轴承密封。因此权利要求5要求保护的技术方案，对本领域技术人员而言是显而易见的，在其引用的权利要求1不具备创造性的基础上，权利要求5也不符合专利法第22条第3款的规定。

专利权人认为轴端空腔水密封并非显而易见的，然而应当看到轴承密封并用水润滑或润滑油润滑都是本领域常用的技术手段，如果对轴承进行水润滑，必然需要密封，否则由于水的黏度非常低，不密封必然会使得水外泄，从而无法达到水润滑的效果。由此从逻辑上看，延长轴承使用寿命需要对轴承进行润滑，润滑通常采用润滑油或水，如果水润滑必然要密封，因此专利权人的理由并不成立。

综上所述，本专利权利要求1~5不具备创造性，应予以无效，因此本决定对请求人提出的其他无效理由不再予以评述。

根据上述的事实和理由，本案合议组依法作出以下决定。

三、决定

在专利权人于 2007 年 6 月 20 日提交的权利要求 1~5 的基础上，宣告 200420028575.6 号实用新型专利权全部无效。

当事人对本决定不服的，可以根据专利法第 46 条第 2 款的规定，自收到本决定之日起 3 个月内向北京市第一中级人民法院起诉。根据该款的规定，一方当事人起诉后，另一方当事人应当作为第三人参加诉讼。

固定轨道式搅拌机

无效宣告请求审查决定（第 10669 号）

决　　定　　号 第 10669 号
决　　定　　日 2007 年 11 月 26 日
发明创造名称 固定轨道式搅拌机
国 际 分 类 号 E04G 21/02
无效宣告请求人 南宁市耀宇建筑机械有限公司
专　利　权　人 梁航华
专　　利　　号 02278628.7
申　　请　　日 2002 年 7 月 31 日
授 权 公 告 日 2003 年 6 月 11 日
合 议 组 组 长 赵　明
主　　审　　员 王　琳
参　　审　　员 王　冬

法　律　依　据 专利法第 22 条第 2 款、第 3 款
决　定　要　点

销售一般是一种公开的行为，在没有证据证明所述的销售是保密的或者双方为特定关系人时，应当认定产品的销售导致其产品使用公开。

一、案由

本无效宣告请求涉及中华人民共和国国家知识产权局于 2003 年 6 月 11 日授权公告的、名称为“固定轨道式搅拌机”的实用新型专利权（以下简称本专利），其专利号是 02278628.7，申请日是 2002 年 7 月 31 日，专利权人是梁航华（由谢永明、梁增活变更为南方生物工程研究所，后又变更为梁航华）。本专利授权公告时的权利要求书如下：

“1. 一种固定轨道式搅拌机，它由搅拌机、轨道和卷扬机组成，其特征是以搅拌机（1）为基座，通过支架（4）和升降架（5）将轨道（2）垂直安装在搅拌机上，轨道上装有轨道滑车和熟料斗（6），轨道造成槽型双轨分段式，由各段拼装而成，轨道上段安装有轨道滑轮（7）和滑车别子（8），轨道下段装有勾耳（13），轨道中段又分为 4~6 段，卷扬机（3）固定在搅拌机的顶盖上。

2. 根据权利要求 1 所描述的固定轨道式搅拌机，其特征是支架（4）固定在搅拌机（1）上，升降架（5）则插装在支架上，升降架左右两边有轨道滑槽（14），中间有吊装滑轮（15）。

3. 根据权利要求 1 所描述的固定轨道式搅拌机，其特征是轨道（2）段与段之间用各段左右两边

轨道上下端相对应的插板（12）和插槽（10）及上下端横梁间的连接螺钉连接。

4. 根据权利要求1所描述的固定轨道式搅拌机，其特征是轨道上段的滑车别子（8）做成偏心型，两个别子之间用大小两段钢管活动连接，轨道上有3~5组别子安装桩（9）。

5. 根据权利要求1所描述的固定轨道式搅拌机，其特征是方型轨道滑车左右两边的翘板前端装有转轴套孔（16），熟料斗（6）上装有转轴（18），通过转轴将熟料斗安装在轨道滑车上。”

针对本专利权，南宁市耀宇建筑机械有限公司（以下简称请求人）于2007年3月2日向专利复审委员会提出无效宣告请求，认为本专利权利要求1~5不符合专利法第22条第1款、第2款和第3款以及专利法实施细则第2条第2款的规定，请求人同时提交了如下附件：

附件1：授权公告日为2003年6月11日，授权公告号为CN2555328Y的中国实用新型专利说明书（本专利），共10页；

附件2：梁温新于2006年12月17日出具的证明复印件，共1页；

附件3：开票日期为2000年9月9日，编号为No.0006638，客户名称为梁温新的广西南宁市兴达建机总汇仓库清单复印件，共1页；

附件4：中华人民共和国广西壮族自治区南宁市东博公证处于2007年1月24日出具的（2007）桂东博证民字第132号公证书；

附件5：中华人民共和国广西壮族自治区恭城瑶族自治县公证处于2007年1月23日出具的（2007）恭证字第1009号公证书；

附件6：中华人民共和国广西壮族自治区恭城瑶族自治县公证处于2007年1月23日出具的（2007）恭证字第1010号公证书；

附件7：打印日期为2007年2月28日的南宁市城北区兴达建设机械厂电脑咨询单复印件，共1页；

附件8：南宁市城北区兴达建设机械厂企业法人营业执照（副本）复印件，共1页；

附件9：南宁市耀宇建筑机械有限公司企业法人营业执照（副本）复印件，共1页；

附件10：南宁市耀宇建筑机械有限公司企业法定代表人证书复印件，共1页。

请求人认为：在申请日前广西南宁市城北区兴达建设机械厂和南宁市丰达建设机械厂已经生产了与本专利完全相同的搅拌机；附件4中的搅拌机与本专利同属于建筑机械领域，而且两者的技术特征完全相同；附件5、6与附件4证明的对象相同，并与其他附件构成证据链证明本专利在申请日前已经生产销售，而且已经在国内公开使用。

经形式审查合格，专利复审委员会依法受理了上述无效宣告请求，并于2007年3月2日向请求人和专利权人发出无效宣告请求受理通知书，同时将专利权无效宣告请求书及其附件清单中所列附件的副本转送给专利权人，并要求专利权人在指定的期限内陈述意见。

针对本专利权，请求人于2007年3月29日向专利复审委员会提交了补充的意见陈述书以及附件，此次提交的附件包括：

附件11：中华人民共和国广西壮族自治区武鸣县公证处于2007年3月15日出具的（2007）桂武证字第190号公证书；

附件12：盖有南宁市耀宇建筑机械有限公司红章的“环宇”牌注册商标的详细信息表，共1页；

附件13：中华人民共和国云南省弥勒县公证处于2007年3月16日出具的（2007）云弥勒证字第69号公证书；

附件14：文光华于2007年3月15日在云南省开远市对王建军的调查记录，其上盖有南宁市耀宇建筑机械有限公司红章，共1页；

附件15：中华人民共和国广西壮族自治区靖西县公证处于2007年3月20日出具的（2007）桂靖证字第43号公证书；

附件16：开票日期为2001年3月20日，编号为No. 0736096，盖有南宁市南源通建筑机械有限责任公司印章的广西壮族自治区南宁市货物销售统一发票复印件，共1页；

附件17：打印日期为2007年3月26日的广西南宁通用建筑机械有限公司的电脑咨询单复印件，共1页；

附件18：专利号为02278628.7的专利登记簿副本复印件，共1页。

请求人认为，附件11证明在本专利申请日前由南宁兴达建筑机械厂生产的与本专利相同的搅拌机已经在国内公开使用了；附件12证明“环宇”牌搅拌机早在1997年7月14日已经注册，请求人、广西南宁市城北区兴达建设机械厂和南宁市丰达建设机械厂生产的“环宇”牌梯式搅拌机使用的均为该注册商标；附件13、14证明在本专利申请日前南宁市丰达建设机械厂生产的与本专利完全相同的搅拌机已经在国内公开使用；附件15和16证明南宁市通用机械厂所生产的，在本专利申请日前公开使用的搅拌机与本专利相同；附件17证明南宁市通用机械厂成立于1992年12月31日，改制后名称为广西南宁通用建筑机械有限公司；附件18证明本专利专利权人的变更情形。

针对专利复审委员会发出的上述无效宣告请求受理通知书，专利权人于2007年4月10日提交了意见陈述书，认为：附件2、3是已被专利复审委员会认定为无法律效力的证据，而且附件3有伪造之嫌；附件4、5、6公证事项仅为“证据保全”或“现场证据保全公证”，而现场的真伪、实物的真伪、证据真伪等都没有公证，而且其中请求公证的JZC梯架式混凝土搅拌机与照片中的双锥混凝土搅拌机的名称也不一致；附件7、8、9、10则与本案无关联；另外，附件2、3以及铭牌都不足以证明其中的搅拌机是在本专利申请日前生产的；而根据现场公证的搅拌机认定其与本专利相同也没有依据。

专利复审委员会依法成立合议组，对本案进行审理。

本案合议组于2007年6月1日向双方发出无效宣告请求口头审理通知书，定于2007年7月17日在专利复审委员会举行口头审理。随同口头审理通知书，将请求人于2007年3月29日提交的意见陈述书以及附件11~18的副本转送给了专利权人，将专利权人于2007年4月10日提交的意见陈述书副本转送给了请求人。

口头审理如期举行，请求人单方出席了口头审理，请求人明确其无效的理由、范围以及证据的使用情况为：权利要求1~5相对附件2、3、4、7、8、11和12的组合，或附件5、6、12、13和14的组合，或附件15、16和17的组合不符合专利法第22条第2款、第3款的规定；权利要求5不符合专利法实施细则第2条第2款的规定。

请求人当庭提交了附件2、附件3的顾客联、附件7和17的原件；盖有南宁市南源通建筑机械有限公司印章及南宁市南源通建筑机械有限公司发票专用章的附件16的复印件；并出示了附件9和10的原件，合议组经核实原件与复印件一致。请求人确认附件9、10和18只是为了说明主体资格以及本专利专利权人的变更情况，不作为证据使用。

对于附件2、3、4、7、8、11和12的组合，请求人认为，附件2、3可以证明梁温新在2000年9月9日从兴达建设机械厂购买了JZC200农用梯式搅拌机，附件4和11为针对该搅拌机进行的公证，从其中的照片可以看出该搅拌机是兴达建设机械厂生产的，且注册商标为“环宇”牌，搅拌机的结构跟本专利权利要求1~4相同，附件7、8可以证明兴达建设机械厂的主体资格；对于附件5、6、12、13和14的组合，请求人认为，附件5、6和13证明丰达建设机械厂在本专利申请日前销售了与本专利权利要求1~4相同的搅拌机，附件13的销售发票上面注明搅拌机编号为4634，而附件13中照片上搅拌机的编号也为4634，两者是对应的，而且附件14也可以证明附件13的销售事实；对于附件15、16和17的组合，请求人认为，附件16证明在2001年3月20日南宁市通用机械厂（附件17证明后改制为南源通建筑机械有限责任公司）卖给那坡县土产公司一台与本专利权利要求1~4相同的搅拌机，附件15证明证人张郁金2002年3月从那坡县土产公司购买该搅拌机的事实。另外，附件12可以证明耀宇建筑机械有限公司、丰达建设机械厂以及兴达建设机械厂使用了同样的“环宇”牌商标。请求人认为虽然上述所公开的搅拌机与本专利的权利要求5稍有区别，即本专利权利要求5的转轴是焊死的，而上述附件中搅拌机则是通过套孔和料斗连接的，但是两者的目的是相同的，都是为了保证熟料斗和滑车的连接。

此外，应请求人的请求，证人梁温新、张郁金分别就其出具过的证言出庭作证。请求人当庭提交了带有光盘的附件5、11、13和15的原件。

合议组于2007年7月17日发出转送文件通知书，将上述原件转送给专利权人，并要求专利权人在指定期限内答复，专利权人在指定的期限内未答复。

至此，合议组认为本案事实已经清楚，可以作出审查决定。

二、决定的理由

1. 关于证据

请求人在无效宣告请求期间提交的证据包括附件13，专利权人在指定期限内未对上述附件的真实性提出异议。合议组经查实认为，请求人提交的附件13为公证书的原件，专利权人未对公证书本身的真实性提出异议，因此合议组对附件13予以采信。

2. 关于专利法实施细则第2条第2款

根据专利法实施细则第64条第1款的有关规定，请求人在提出无效宣告请求时没有具体说明的无效宣告理由，且在提出无效宣告请求之日起一个月内也未补充具体说明的，专利复审委员会不予考虑。

本案中，请求人的无效宣告理由包括本专利权利要求5不符合专利法实施细则第2条第2款的规定，但是其在提出无效宣告请求时以及在提出无效宣告请求之日起一个月内都未具体说明权利要求5不符合专利法实施细则第2条第2款的事实和理由，因此，合议组对请求人关于权利要求5不符合专利法实施细则第2条第2款的无效宣告理由不予考虑。

3. 关于新颖性和创造性

专利法第22条第2款规定：新颖性，是指在申请日以前没有同样的发明或者实用新型在国内外出版物上公开发表过、在国内公开使用过或者以其他方式为公众所知，也没有同样的发明或者实用新型由他人向国务院专利行政部门提出过申请并且记载在申请日以后公布的专利申请文件中。

专利法第22条第3款规定：创造性，是指同申请日以前已有的技术相比，该发明有突出的实质性特点和显著的进步，该实用新型有实质性特点和进步。

销售一般是一种公开的行为，在没有证据证明所述的销售是保密的或者双方为特定关系人时，应当认定产品的销售导致其产品使用公开。

就本案而言，本专利是为了解决现有搅拌机作业时搅拌、提升分体操作的缺点，而提供了一种搅拌提升合为一体的生产效率高、耗能低的新型搅拌机。其中权利要求1采用的技术方案为：一种固定轨道式搅拌机，它由搅拌机、轨道和卷扬机组成，其特征是以搅拌机（1）为基座，通过支架（4）和升降架（5）将轨道（2）垂直安装在搅拌机上，轨道上装有轨道滑车和熟料斗（6），轨道造成槽型双轨分段式，由各段拼装而成，轨道上段安装有轨道滑轮（7）和滑车别子（8），轨道下段装有勾耳（13），轨道中段又分为4~6段，卷扬机（3）固定在搅拌机的顶盖上。

附件 13 是中华人民共和国云南省弥勒县公证处于 2007 年 3 月 16 日出具的公证书，其中对云南省弥勒县朋普镇朋普村委会村民一小组郑志祥（强）使用的一台“JZC200 双锥混凝土梯式搅拌机（又称搅拌、提升两用机）”进行了实物现状现场勘验、拍摄、拍照，照片中搅拌机的铭牌上记载的型号为“JZC200 双锥混凝土搅拌机”，生产厂家为广西南宁市丰达建设机械厂，日期为 2002 年 6 月，编号为 4634。公证书中包含与云南省弥勒县朋普镇朋普村委会村民一小组郑志强的谈话笔录，笔录中记载：照片中的搅拌机是郑志强于 2002 年 6 月 25 日从开远市瑞华机电物资站购买的，在未改变其结构的情况下一直使用至今，该搅拌机的型号为 200 型梯式搅拌机，生产厂家是广西南宁市丰达建设机械厂，机子编号为 4634。郑志强同时还提供了购买该搅拌机的发票原件，公证书中所附发票的复印件与原件一致。该发票是编号为 00439505 的云国税（2001）第 447 号发票，由开远市瑞华机电物资站于 2002 年 6 月 25 日开出，其记载的品名为“200 梯式搅拌机<编号 4634>”，客户名称为郑志强；另外，公证书中还包含对开远市瑞华机电物资站负责人王建军的询问笔录，该笔录中记载：开远市瑞华机电物资站曾于 2002 年 6 月 25 日销售过一台梯式搅拌机给弥勒县朋普镇朋普村委会一组的村民郑志强，该搅拌机由广西南宁丰达建设机械厂生产，型号是梯式（200）搅拌机，编号是 4634。由此可见，上述证据可以相互印证用以证明开远市瑞华机电物资站于 2002 年 6 月 25 日销售过一台型号为 JZC200 双锥混凝土搅拌机（编号为 4634）给郑志强，郑志强在谈话笔录中说明该搅拌机在购买后未对其结构进行过改变，在专利权人未对附件 13 提出反对意见，并且没有相反证据的情况下，合议组认可附件 13 照片中的搅拌机的部件和结构与销售时相同，即上述编号为 4634 的搅拌机在本专利的申请日 2002 年 7 月 31 日之前已经被公开销售。

由附件 13 所附的照片可以看出，其中的双锥混凝土搅拌机具有以下特征：它由搅拌机、轨道和卷扬机组成，以搅拌机为基座，通过支架和升降架将轨道垂直安装在搅拌机上，轨道上装有轨道滑车和熟料斗，轨道为双轨分段式，由各段拼装而成，轨道上段安装有轨道滑轮和滑车别子，轨道下段装有勾耳，轨道中段分为 4 段，卷扬机固定在搅拌机的顶盖上。由此可见，附件 13 照片中的搅拌机公开了权利要求 1 的全部技术特征，并且二者的技术领域、所解决的技术问题及预期效果实质相同，因此权利要求 1 不具备新颖性。

在此基础上，附件 13 中的搅拌机还包含以下特征：支架固定在搅拌机上，升降架则插装在支架上，升降架左右两边有轨道滑槽，中间有吊装滑轮；轨道段与段之间用各段左右两边轨道上下端相对应的插板和插槽及上下端横梁间的连接螺钉连接。由此可见，权利要求 2、3 的附加技术特征也被附件 13 的搅拌机公开了，在权利要求 1 不具备新颖性的前提下，权利要求 2、3 也不具备新颖性。

权利要求 4 的附加技术特征是：轨道上段的滑车别子（8）做成偏心型，两个别子之间用大小两段钢管活动连接，轨道上有 3~5 组别子安装桩（9）。附件 13 照片中公开了：轨道上段的滑车别子是偏心型，两个别子之间用大小两段钢管活动连接，轨道上可见 8 组别子安装桩。由此可见，两者的差别在于别子安装桩的数量不同，但是别子安装桩数量的选择是本领域技术人员根据搅拌机操作的高度需要很容易实现的，且说明书中也未记载采用 3~5 组别子安装桩产生了意料不到的技术效果，因此，权利要求 4 要求保护的技术方案对本领域技术人员来说是显而易见的，不具备创造性。

权利要求 5 的附加技术特征是：方型轨道滑车左右两边的翘板前端装有转轴套孔（16），熟料斗（6）上装有转轴（18），通过转轴将熟料斗安装在轨道滑车上。附件 13 照片中的搅拌机采用的方案是：方型轨道滑车左右两边的翘板前端和熟料斗下装有转轴套孔，通过转轴将熟料斗安装在轨道滑车上。由此可见，两者的技术方案并不相同，因此权利要求 5 具备新颖性。虽然两者的转轴固定方式稍有差别，但熟料斗和滑车的连接方式是相同的，即通过转轴连接，无论转轴是焊接还是活动连接都是本领域技术人员常规使用的技术手段，可见，权利要求 5 要求保护的技术方案对于本领域技术人员来说是显而易见的，且没有产生意料不到的技术效果，因此权利要求 5 不具备创造性。

由于权利要求 1~5 不具备新颖性或创造性应予无效，合议组对请求人提出的其他无效理由和证据的组合方式不再予以评述。

基于上述事实和理由，合议组作出下述决定。

三、决定

宣告 02278628.7 号实用新型专利权全部无效。

当事人对本决定不服的，可以根据专利法第 46 条第 2 款的规定，自收到本决定之日起 3 个月内向北京市第一中级人民法院起诉。根据该款的规定，一方当事人起诉后，另一方当事人应当作为第三人参加诉讼。

215

节能燃烧装置

无效宣告请求审查决定（第10671号）

决　　定　　号　第10671号
决　　定　　日　2007年10月11日
发明创造名称　节能燃烧装置
国 际 分 类 号　F23B 10/00，F23B 80/02，F24H 1/46，F22B 1/00，F22D 1/16
无效宣告请求人　福清市冰凌厨具设备有限公司
专 利 权 人　黄业超
专　　利　　号　200420150241.6
申　　请　　日　2004年6月28日
授 权 公 告 日　2006年1月25日
合 议 组 组 长　刘　犟
主　　审　　员　巩克栋
参　　审　　员　王　琳

法 律 依 据　专利法第22条第2款、第3款
决 定 要 点

实用新型的一项权利要求保护的发明与现有技术相比，如果二者技术领域、所解决的技术问题、技术方案和预期效果实质上相同，则认为该权利要求不具备新颖性。

一、案由

本无效宣告请求涉及国家知识产权局于2006年1月25日授权公告的、申请日为2004年6月28日、名称为“节能燃烧装置”的第200420150241.6号实用新型专利权（以下简称本专利），本专利的专利权人为黄业超，本专利授权公告的权利要求如下：

“1. 一种节能燃烧装置，包括具有燃烧装置的炉膛，其特征在于：所述的炉膛由位于下方的第一燃烧室和位于第一燃烧室上方外围的第二燃烧室构成，所述的第一燃烧室内设有燃烧装置。

2. 根据权利要求1所述的节能燃烧装置，包括具有燃烧装置的炉膛和设于炉膛上的锅体，其特征在于：所述的炉膛外围设有蓄水装置。

3. 根据权利要求1或2所述的节能燃烧装置，其特征在于：所述的第一燃烧室的上侧周部设有位于锅底下方的环形座圈，所述的第二燃烧室位于环形座圈的外侧，环形座圈上设有使第一燃烧室和第二燃烧室相通的凹槽或间隙，所述的第二燃烧室与排烟口相通。

4. 根据权利要求3所述的节能燃烧装置，其特征在于：所述的第一燃烧室或第二燃烧室的外围

环绕有蓄水装置，蓄水装置上设有进、出水管，所述的第二燃烧室的排烟口经穿设于蓄水装置中部的烟气管道与烟囱相联接。

5. 根据权利要求4所述的节能燃烧装置，其特征在于：所述的蓄水装置由环绕于第二燃烧室外围的前蓄水装置和设于炉膛后侧的余热蓄水装置经中间连接管联接而成，所述的排烟口经穿设于前蓄水装置中部的烟气管道连接到余热蓄水装置的烟气进口后，从设于余热蓄水装置体内的烟气迂回管道通向烟囱；所述的出水管设于余热蓄水装置的前侧上部，该出水管伸至锅具上方，出水管上设有一开关阀。

6. 根据权利要求5所述的节能燃烧装置，其特征在于：所述的燃烧装置为设于第一燃烧室底部的燃气或燃油燃烧炉头。

7. 根据权利要求5所述的节能燃烧装置，其特征在于：所述的燃烧装置为设于第一燃烧室旁侧的具有全自动点火功能的燃烧机。

8. 根据权利要求5所述的节能燃烧装置，其特征在于：所述的位于余热蓄水装置体内的烟气迂回管道内穿设有若干两端口与余热蓄水装置体相通的水管。”

2007年2月14日，福清市冰凌厨具设备有限公司（以下简称请求人）针对上述专利权向国家知识产权局专利复审委员会提出无效宣告请求，请求人同时提交了如下证据：

附件1：授权公告日为2001年9月12日、授权公告号为CN2447657Y的第00242142.9号中国实用新型专利说明书，共5页；

附件2：授权公告日为2002年4月10日、授权公告号为CN2485552Y的第01240335.0号中国实用新型专利说明书，共6页；

附件3：福州市中级人民法院应诉通知书，（2006）榕民初字第306号，复印件共1页；

附件4：授权公告日为2006年1月25日、授权公告号为CN2753965Y的第200420150241.6号中国实用新型专利说明书，共7页（本专利）。

请求人将本专利与现有技术对比分析后认为：权利要求1~3的技术特征已经被附件1披露，因此权利要求1~3不具备专利法第22条第2款规定的新颖性；权利要求4、8的附加技术特征被附件2披露，权利要求5的附加技术特征部分被附件2披露、其余部分为公知常识，权利要求6的附加技术特征被附件1披露，权利要求7的附加技术特征为公知常识，因此权利要求4~8不具备专利法第22条第3款规定的创造性。

经形式审查合格后，专利复审委员会受理了上述无效宣告请求，于2007年2月14日针对上述无效宣告请求向双方当事人发出了无效宣告请求受理通知书，并将上述无效宣告请求书及其附件清单中所列附件副本转送给专利权人，要求其在指定期限内答复，同时成立合议组对本案进行审查。

2007年3月12日，请求人向国家知识产权局补充提交了如下证据：

附件5：授权公告日为2006年12月20日、授权公告号为CN2849505Y的第200420150109.5号中国实用新型专利说明书，共6页，其申请日为2004年5月13日，专利权人为黄业超。

附件6：国家知识产权局专利检索咨询中心出具的检索报告，复印件共1页；

附件A：授权公告日为2002年8月7日、授权公告号为CN2504515Y的第01241846.3号中国实用新型专利说明书著录项目页，共1页；

附件B：授权公告日为2001年5月30日、授权公告号为CN2432469Y的第00212331.2号中国实用新型专利说明书著录项目页，共1页；

附件C：授权公告日为2002年2月27日、授权公告号为CN2479395Y的第01205382.1号中国实用新型专利说明书著录项目页，共1页；

附件D：授权公告日为1996年10月23日、授权公告号为CN2238384Y的第94224608. X号中国实用新型专利说明书著录项目页，共1页；

附件E：授权公告日1992年10月28日、授权公告号为CN2120276U的第92211810. 8号中国实用新型专利申请说明书著录项目页，共1页；

附件F：授权公告日为1992年9月23日的第91219222. 4号中国实用新型专利申请说明书著录项目页，共1页；

附件G：授权公告日为1997年10月22日、授权公告号为CN2265485Y的第96214130. 5号中国实用新型专利说明书著录项目页，共1页；

附件H：授权公告日为1999年4月14日、授权公告号为CN2314261Y的第97241446. 0号中国实用新型专利说明书著录项目页，共1页；

附件I：授权公告日为1997年12月17日、授权公告号为CN2270900Y的第96233793. 5号中国实用新型专利说明书著录项目页，共1页；

附件J：授权公告日为1997年1月15日、授权公告号为CN2245173Y的第95200273. 6号中国实用新型专利说明书著录项目页，共1页；

附件K：公开日为2006年1月25日、公开号为CN1724939A的第200410060415. 4号中国实用新型专利说明书著录项目页，共1页；

附件L：授权公告日为2003年4月2日、授权公告号为CN2542928Y的第02202724. 6号中国实用新型专利说明书著录项目页，共1页；

附件M：中国专利信息网-专利检索结果页，共1页；

附件N：中国专利信息网-专利检索结果页，共5页。

请求人认为：相对于附件5，本专利不符合专利法实施细则第13条第1款的规定；本专利不具备实用性；本专利说明书不符合专利法第26条第3款的规定；权利要求1缺少解决技术问题的必要技术特征，不符合专利法实施细则第21条第2款；权利要求2的保护范围不清楚，不符合专利法实施细则第20条第1款；权利要求2未以说明书为依据，不符合专利法第26条第4款；权利要求1~8不符合专利法第22条第2款或第3款的规定。

2007年3月19日，专利权人针对上述无效宣告请求受理通知书陈述了意见，认为本领域技术人员无法利用附件1、2所披露的内容完成本专利，请求人的无效理由不成立。

2007年3月28日，合议组向双方当事人发出无效宣告请求口头审理通知书，定于2007年6月12日举行口头审理，并将请求人于2007年3月12日提交的意见陈述书及其附件清单中所列附件的副本转送给专利权人。

2007年6月12日，口头审理如期举行。请求人单方出席了本次口头审理。请求人当庭表示对合议组无回避请求。

请求人明确其无效的理由、证据、范围以及证据的使用情况为：权利要求1不符合专利法实施细则第21条第2款的规定；权利要求2不符合专利法实施细则第20条第1款的规定；权利要求3~5、7~8相对于附件5的权利要求1~5不符合专利法实施细则第13条第1款的规定；权利要求1~3相对于附件1不符合专利法第22条第2款和第3款的规定，权利要求4~5、8的附加技术特征被附件2公开，权利要求6的附加技术特征被附件1公开，权利要求7的附加技术特征为公知常识，因此权利要求4~8不符合专利法第22条第3款的规定。请求人明确表示在本次无效宣告请求中仅使用附件1、2、5作为证据使用，放弃了其他的无效理由，明确表示没有其他的无效理由、证据、范围和证据组合形式。

在此基础上，合议组对请求人提出的无效理由和事实进行了调查，并充分听取了当事人的意见。并于口头审理当日，向专利权人发出合议组成员告知通知书，要求其在指定的期限内对合议组成员有无回避请求进行答复。期限届满，专利权人未做答复。

至此，合议组认为本案的事实已经调查清楚，可以依法作出审查决定。

二、决定的理由

1. 关于无效证据

专利权人在规定的时间内，未对附件 1、2 的真实性和公开性提出异议，合议组经审查后认为，附件 1、2 可以作为本案的证据使用，同时附件 1、2 的公开日早于本专利的申请日，因此附件 1、2 可以作为本专利的现有技术。

2. 关于专利法第 22 条第 2 款

专利法第 22 条第 2 款规定，新颖性，是指在申请日以前没有同样的发明或者实用新型在国内外出版物上公开发表过、在国内公开使用过或者以其他方式为公众所知，也没有同样的发明或者实用新型由他人向国务院专利行政部门提出过申请并且记载在申请日以后公布的专利申请文件中。

实用新型的一项权利要求保护的发明与现有技术相比，如果二者技术领域、所解决的技术问题、技术方案和预期效果实质上相同，则认为该权利要求不具备新颖性。

附件 1 公开了一种节能燃气灶（参见其说明书及附图），该燃气灶包括燃烧器（附图标记 8）的炉膛，炉膛具有位于导流盘中间的燃烧空间，即相当于本专利权利要求 1 的第一燃烧室，以及凸筋外侧空间，即相当于本专利权利要求 1 的第二燃烧室，由附件 1 的附图 1 可以看出，第二燃烧室位于第一燃烧室的上方外围，第一燃烧室内设有燃烧器（附图标记 8）。由此可知，附件 1 披露了权利要求 1 的全部技术特征，且二者属于相同的技术领域，解决了相同的技术问题，并能产生相同的预期效果，因此权利要求 1 保护的技术方案不符合专利法第 22 条第 2 款有关新颖性的规定。

权利要求 2 对权利要求 1 作了进一步限定，其附加技术特征也已经在附件 1 中披露：该节能燃气灶具有炉膛，炉膛上设有锅体（见附件 1 附图 1），在炉膛的外围设有蓄水装置（附图标记 3）。因此在其引用的权利要求 1 不具备新颖性时，权利要求 2 保护的技术方案也不符合专利法第 22 条第 2 款有关新颖性的规定。

3. 关于专利法第 22 条第 3 款

专利法第 22 条第 3 款规定，创造性，是指同申请日前已有的技术相比，该发明有突出的实质性特点和显著的进步，该实用新型有实质性特点和进步。

权利要求 3 对权利要求 1 或 2 作了进一步限定，其附加技术特征在附件 1 中披露如下：在第一燃烧室的上侧周部等距离设有三个或更多个凸筋（附图标记 10），该凸筋位于锅底下方，第二燃烧室位于凸筋的外侧，凸筋之间设有使第一燃烧室和第二燃烧室相通的凹槽和间隙（见附件 1 说明书第 1 页、附图 1-2），第二燃烧室与排烟口相通。权利要求 3 与附件 1 披露的技术方案的区别在于：权利要求 3 中设有环形座圈，而附件 1 采用等距离排列的三个或更多个凸筋。对于所属技术领域的技术人员来说，附件 1 中的凸筋与本专利的环形座圈作用相同，且都是本领域的已知手段，因此将附件 1 中的凸筋替换为已知的环形座圈是容易想到的，在其引用的权利要求 1 或 2 不具备新颖性时，权利要求 3 保护的技术方案不具备实质性特点和进步，不符合专利法第 22 条第 3 款有关创造性的规定。

从属权利要求 4、5、8 的附加技术特征是对蓄水装置和烟气位置等的进一步限定，而上述权利要求的附加技术特征已经在附件 2 中公开（附件 2 的附图 1-2 及说明书第 1 页第 4 段至第 3 页第 2 段），附件 2 的技术领域与本专利的技术领域相同，其公开了一种多功能环保采暖炉，其在炉膛中设置有第一燃烧室 6 和其上方的第二燃烧室 4，第一燃烧室 6 和第二燃烧室 4 的外围均环绕有水套 20，水套 20

相当于本专利的蓄水装置，该蓄水装置设置有进水管 30 和出水口 2，出水口必然连接有出水管，第二燃烧室 4 的排烟口经第三燃烧室 3 和第二燃烧室 4 之间的横向烟气管道与烟筒 1 连接，该横向烟气管道相当于本专利的烟气管道，烟筒 1 相当于本专利的烟囱，而第三燃烧室 3 相当于本专利的烟气迂回管道，所述横向烟气管道穿设于蓄水装置（即水套 20）中部。蓄水装置由环绕第二燃烧室外围的附图标记 12 下侧及烟囱左侧环绕第二燃烧室的水套和炉膛后侧的环绕第三燃烧室的水套经中间连接管连接而成，附图标记 12 下侧及烟囱左侧环绕第二燃烧室的水套相当于本专利的前蓄水装置，炉膛后侧的环绕第三燃烧室的水套相当于本专利的余热蓄水装置。第二燃烧室的排烟口经横向烟气管道连接到第三燃烧室的进口，即连接到余热蓄水装置的烟气进口，该烟气管道穿设于前蓄水装置中部，设于余热蓄水装置内的烟气管道设有两个长管（附图标记 18）和一个短管（附图标记 19）通向烟囱，该长管和短管与余热蓄水装置的上下两部分连通，因此该烟气管道为迂回管道。上述技术特征在附件 2 中的作用与在本专利中的作用相同，解决了相同的技术问题，且附件 2 的领域与本专利相同，因此附件 2 给出了将上述技术特征应用到附件 1 中，以解决其技术问题的启示。对于所属技术领域的技术人员来说，在余热蓄水装置的前侧上部设置出水管并使其伸至锅具上方，出水管上设有一开关阀，是所属技术领域的常规技术手段。因此在附件 1 和附件 2 的基础上得到权利要求 4、5、8 保护的技术方案，是容易想到的，在其引用的权利要求不具备创造性时，权利要求 4、5、8 保护的技术方案不具备实质性特点和进步，不符合专利法第 22 条第 3 款有关创造性的规定。

权利要求 6 对权利要求 5 作了进一步限定，其附加技术特征已经在附件 1 中披露：第一燃烧室底部设置有燃气炉头（附图标记 17），而燃油炉头与燃气炉头是所属技术领域的已知手段，二者的替换也是容易想到的，因此在其引用的权利要求 5 不具备创造性时，权利要求 6 保护的技术方案不具备实质性特点和进步，不符合专利法第 22 条第 3 款有关创造性的规定。

权利要求 7 对权利要求 5 作了进一步限定，其附加技术特征为“所述燃烧装置为设于第一燃烧室旁侧的具有全自动点火功能的燃烧机”。对于所属技术领域的技术人员来说，上述附加技术特征是所属技术领域的常规技术手段，因此在其引用的权利要求 5 不具备创造性时，权利要求 7 保护的技术方案不具备实质性特点和进步，不符合专利法第 22 条第 3 款有关创造性的规定。

综上，相对于附件 1，权利要求 1~2 不具备新颖性，不符合专利法第 22 条第 2 款的规定；相对于附件 1 和 2，权利要求 3~8 不具备创造性，不符合专利法第 22 条第 3 款的规定。由于全部权利要求 1~8 应予以无效，因此对于其他的无效理由、证据、范围及证据组合方式，本决定不再予以评述。

基于以上事实和理由，本案合议组作出如下审查决定。

三、决定

宣告 200420150241.6 号实用新型专利权全部无效。

当事人对本决定不服的，可以根据专利法第 46 条第 2 款的规定，自收到本决定之日起 3 个月内向北京市第一中级人民法院起诉。根据该款的规定，一方当事人起诉后，另一方当事人应当作为第三人参加诉讼。

216

单管塔

无效宣告请求审查决定（第10681号）

决　　定　　号　第10681号
决　　定　　日　2007年11月14日
发明创造名称　单管塔
国　际　分　类　号　E04H 12/02
无效宣告请求人　嘉兴市巨匠建设有限公司，浦小平
专　利　权　人　杭州电联设备工程有限公司
专　　利　　号　00247957.5
申　　请　　日　2000年8月25日
授　权　公　告　日　2001年7月11日
合　议　组　组　长　于　萍
主　　审　　员　王　冬
参　　审　　员　郭建强

法　律　依　据　专利法第22条第2款、第3款，专利法实施细则第20条第1款
决　定　要　点

如果实用新型专利某项权利要求所保护的技术方案与最接近的现有技术相比存在区别技术特征，请求人提供的其他所有证据也均没有公开该区别技术特征或给出技术启示，且没有证据表明其是公知常识，而且该区别技术特征的引入使得该权利要求的技术方案产生了有益的技术效果，则该权利要求相对于请求人提供的现有技术具有实质性特点和进步，具备创造性。

一、案由

本无效宣告请求涉及国家知识产权局于2001年7月11日授权公告的、名称为“单管塔”的00247957.5号专利权，其申请日为2000年8月25日，专利权人为杭州电联机电设备成套有限公司，后变更为杭州电联设备工程有限公司。该专利授权公告的权利要求书如下：

“1. 一种单管塔，包括中空杆体及爬梯，其特征在于所述杆体内腔固定有爬梯，在杆体上开有可进出杆体内腔的门洞。

2. 如权利要求1所述的单管塔，其特征在于所述杆体采用多节联接，所述相邻的杆体采用内法兰进行联接。

3. 如权利要求2所述的单管塔，其特征在于所述联接的内法兰对上设有防雨机构。

4. 如权利要求2所述的单管塔，其特征在于所述防雨机构是在其中一只法兰设一凹孔，另一只

法兰的内腔设一可插入所述凹孔的凸台。

5. 如权利要求2所述的的单管塔，其特征在于所述爬梯由梯架及固定在梯架上的脚钉组成，所述梯架竖向固定在杆体内壁。

6. 如权利要求2所述的的单管塔，其特征在于所述梯架为一长圆杆，在杆体内壁竖向固定有若干只底托，梯架通过固定在其上的‘U’字型包箍套在底托外，底托与包箍固定连接，脚钉穿过梯架固定在梯架上。

7. 如权利要求4所述的的单管塔，其特征在于所述脚钉分为左、右两种，所述左、右脚钉上、下交错布置。

8. 如权利要求1所述的单管塔，其特征在于所述门洞有上、下分布的多只。

9. 如权利要求8所述的单管塔，其特征在于在所述杆体外上端门洞相邻的门洞间固定有外爬梯。

10. 如权利要求1所述的单管塔，其特征在于在所述门洞外连接有密封门。"

针对上述专利权，嘉兴市巨匠建设有限公司（以下简称第一请求人）于2002年6月27日向专利复审委员会提出无效宣告请求，第一请求人提出的无效宣告请求的理由包括本权利要求1~10不具备专利法第22条所规定的新颖性和创造性，权利要求4~6引用关系错误，导致不清楚，而不符合专利法实施细则第20条第1款的规定。第一请求人在审理中提交了如下证据材料：

附件1.1：（2002）杭上证民字第2050号公证书；

附件1.2：《建筑施工》杂志1998第20卷第6期封面、第24~26页复印件。

针对上述专利权，2003年6月13日，浦小平（以下简称第二请求人）向专利复审委员会提出无效宣告请求，其理由是本专利不具备专利法第22条所规定的新颖性和创造性，第二请求人在审理过程中先后提交了如下证据材料：

附件2.1：96222122.8号实用新型专利说明书，授权公告日为1998年1月21日；

附件2.2：《建筑施工》杂志1998第20卷第6期封面、目录页、第24~28页复印件；

附件2.3/2.4：《同济大学学报》2000年第1期，第28卷第1期的封面、目录页、第118~121页、版权页复印件，其中包括了两篇文章；

附件2.5：中国工程建筑标准化协会标准，塔桅钢结构施工及验收规程CECS80：96，其中记载的批准日期为1996年5月30日，并印有"1996北京"字样；

附件2.6：浦小平声称为同济大学科学技术开发公司于1997年7月在上海市金山区（县）漕泾建造的单管塔（实际使用图）的照片；

附件2.7：（2002）沪杨证经字第1632号公证书，涉及上海金山县漕泾基站的《工程总承包合同》；

附件2.8：（2002）沪杨证经字第1636号公证书，涉及在上海金山县漕泾镇拍摄的铁塔照片；

附件2.9：（2002）沪杨证经字第1634号公证书，涉及上海金山县漕泾基站的铁塔施工图。

在2004年4月27日举行的口头审理中，专利权人当庭提交了修改后的权利要求书：

"1. 一种单管塔，包括中空杆体及爬梯，其特征在于所述杆体内腔固定有爬梯，在杆体上开有可进出杆体内腔的门洞。

2. 如权利要求1所述的单管塔，其特征在于所述杆体采用多节连接，所述相邻的杆体采用内法兰进行连接，所述爬梯由梯架及固定在梯架上的脚钉组成，所述梯架竖向固定在杆体内壁。

3. 如权利要求2所述的单管塔，其特征在于所述联接的内法兰对上设有防雨机构。

4. 如权利要求2所述的单管塔，其特征在于所述防雨机构是在其中一只法兰设一凹孔，另一只法兰的内腔设一可插入所述凹孔的凸台。

5. 如权利要求 2 所述的单管塔，其特征在于所述梯架为一长圆杆，在杆体内壁竖向固定有若干只底托，梯架通过固定在其上的‘U’字型包箍套在底托外，底托与包箍固定连接，脚钉穿过梯架固定在梯架上。

6. 如权利要求 4 所述的的单管塔，其特征在于所述脚钉分为左、右两种，所述左、右脚钉上、下交错布置。

7. 如权利要求 1 所述的单管塔，其特征在于所述门洞有上、下分布的多只。

8. 如权利要求 7 所述的单管塔，其特征在于在所述杆体外上端门洞相邻的门洞间固定有外爬梯。

9. 如权利要求 1 所述的单管塔，其特征在于在所述门洞外连接有密封门。”

基于上述修改后的权利要求书，专利复审委员会经审理于 2004 年 6 月 21 日针对上述两个无效宣告请求作出第 6251 号无效宣告请求审查决定，认为：（1）专利权人于 2004 年 4 月 27 日提交的权利要求书修改替换页符合专利法实施细则及审查指南的相关规定，决定是基于该修改后的权利要求书作出的；（2）权利要求 4 和 6 保护范围不清楚，不符合专利法实施细则第 20 条第 1 款的规定；（3）附件 1. 1 不能否定本专利的新颖性；（4）第二请求人提供的附件 2. 7~2. 9 不足以证明 1997 年 7 月在上海金山漕泾曾经建造了与本专利结构相同的单管塔，因此上述三份证据不能影响本专利的新颖性；（5）权利要求 1 相对于附件 2. 1 不具备专利法第 22 条第 2 款所规定的新颖性；（6）权利要求 2、3、7~9 所限定的技术方案不具备创造性；（7）权利要求 5 具备新颖性和创造性。因此，宣告本专利权利要求 1~4、6~9 无效，在权利要求 5 的基础上维持专利权有效。

第二请求人不服专利复审委员会的第 6251 号无效宣告请求审查决定，向北京市第一中级人民法院提起诉讼，请求人民法院撤销第 6251 号决定并宣告本专利全部无效。经审理，北京市第一中级人民法院于 2005 年 6 月 20 日作出（2004）一中行初字第 947 号行政判决书（以下简称中第 947 号判决书），判决驳回第二请求人的诉讼请求。判决书认为，附件 2. 1、2. 2、2. 5 中均没有记载权利要求 5 的附加技术特征，也未给出技术启示，而本专利的爬梯具有固定牢固、占用空间少的有益效果，故权利要求 5 技术方案具备创造性。

第二请求人不服北京市第一中级人民法院的上述判决，上诉至北京市高级人民法院。经审理，北京市高级人民法院于 2005 年 12 月 20 日作出（2005）高行终字第 332 号终审判决（以下简称高第 332 号判决书），维持了一审第 947 号判决书。

专利权人不服上述专利复审委员会于 2004 年 6 月 21 日作出的第 6251 号无效宣告请求审查决定，向北京市第一中级人民法院提起诉讼，请求人民法院撤销第 6251 号决定，并作出维持本专利全部有效的判决。经审理，北京市第一中级人民法院于 2005 年 6 月 20 日作出（2004）一中行初字第 866 号行政判决书（以下简称中第 866 号判决书），判决书认为鉴于专利权人认可专利复审委员会关于本专利权利要求 1 不具备新颖性的评价，法院对此不持异议；权利要求 2 中的技术特征“爬梯由梯架及固定在梯架上的脚钉组成”在专利复审委员会所引用的附件 2. 1、附件 2. 2 中均未公开，且该梯架能够带来节省单管塔内空间的技术效果，故权利要求 2 具备创造性；权利要求 3 是权利要求 2 的从属权利要求，在权利要求 2 具备创造性的基础上，权利要求 3 也具备创造性；权利要求 4 是引用权利要求 2 的，权利要求 2 是从属于独立权利要求 1 的，权利要求 4 是对防雨机构的进一步限定，然而在其引用的权利要求 2 和权利要求 1 当中均未出现防雨机构这一特征，因此权利要求 4 的保护范围不清楚，不符合专利法实施细则第 20 条第 1 款的规定；权利要求 7 是权利要求 1 的从属权利要求，其附加技术特征是所述门洞有上、下分布的多只，附件 2. 1 图 1 中的塔顶处有一门形图案，据此可以认为该门形图案表示的是门洞，在附件 2. 1 已经公开了在单管塔上设置有门的条件下，设置多只上下分布的门洞是本领域技术人员容易想到的，其也没有带来意想不到的技术效果，故权利要求 7 不具备创造性；权利要求 8 从属于权利要求 7，其附加技术特征与附件 2.2 公开的内爬梯相比，没有带来意想不到的技术效果，本领域技术人员也容易选择适当的外爬梯的设置位置，在其所引用的权利要求 7 不具备创造性的前提下，权利要求 8 页不具备创造性。基于上述原因，北京市第一中级人民法院判决撤销国家知识产权局复审委员会第 6251 号无效宣告请求审查决定；在专利权人于 2004 年 4 月 27 日提交的修改后的权利要求书的基础上，宣告 00247957.5 号专利权利要求 1、4、6~9 无效，在权利要求 2、3、5 的基础上维持专利权有效。专利权人、第一请求人、第二请求人和国家知识产权局专利复审委员会均不服上述判决，上诉至北京市高级人民法院。北京市高级人民法院于 2005 年 12 月 20 日作出（2005）高行终字第 343 号终审判决（以下简称高第 343 号判决书），维持上述一审第 866 号判决书。

专利复审委员会根据审查指南以及两审法院的生效判决重新组成合议组，对上述第一及第二请求人的无效宣告请求案重新进行审查。

专利复审委员会本案合议组于 2007 年 6 月 15 日向专利权人和第二请求人发出无效宣告请求口头审理通知书，定于 2007 年 7 月 24 日举行口头审理；向专利权人和第一请求人发出合议组成员告知通知书。

收到口头审理通知书后，第二请求人通过电话与合议组联系，声称由于在北京市高级人民法院作出终审判决后，第二请求人与专利权人已经签订了和解协议，因此，双方约定不参加于 2007 年 7 月 24 日举行的口头审理，希望专利复审委员会在北京市高级人民法院终审判决的基础上维持本专利权部分有效。并随后提交了书面声明。

因双方均未参加口头审理，故口头审理未能如期举行。

至此，合议组认为本案事实已经调查清楚，现依法重新作出如下决定。

二、决定的理由

1. 关于权利要求书的修改

专利权人于 2004 年 4 月 27 日，在口头审理中提出的权利要求书修改文本符合专利法实施细则第 68 条及审查指南关于无效宣告请求程序中对专利文件进行修改的相关规定，可以被接受，本决定基于该修改后的权利要求书作出。

2. 关于证据和现有技术

第一请求人提交的附件 1.1 是一份公证书证据，附件 1.2 为期刊杂志，属于公开出版物证据，专利权人在口头审理中明确表示对附件 1.1 和 1.2 真实性无异议，因此，附件 1.1 和 1.2 可以作为本案证据使用，同时，在附件 1.2 的封面页记载了该杂志的出版日期为 1998 年，早于本专利的申请日，因此附件 1.2 上记载的内容构成本专利的现有技术。

第二请求人提交的附件 2.1 为一份专利文献，附件 2.2 为期刊杂志，附件 2.5 是中国工程建筑标准化协会标准，专利权人对附件 2.1、附件 2.2、附件 2.5 的真实性无异议，因此合议组对上述证据予以采信。同时，附件 2.1 的公开日期早于本专利的申请日，附件 2.2 与附件 1.2 出自同一本杂志，在附件 2.2 的目录页上记载了该杂志的出版日期为 1998 年 11 月 30 日，早于本专利的申请日，因此附件 2.1 和附件 2.2 上记载的内容构成本专利的现有技术。第二请求人在口头审理中提交了附件 2.5 的原件，该书扉页记载有“1996 北京”，合议组根据审查指南第二部分第三章第 2.1.3.1 节的规定，将该书的出版物印刷日期推定为 1996 年 12 月 31 日，因此附件 2.5 记载的内容构成本专利的现有技术。

第二请求人在口头审理中明确放弃了附件 2.3 和附件 2.4，因此本决定对附件 2.3 和附件 2.4 不再进行评述。

由于第二请求人向专利复审委员会提交的附件 2.6 为复印件，合议组无法核实其真实性，并且专利权人对附件 2. 6 的真实性有异议，因此，合议组对该证据不予采信。

由于附件 2. 7~附件 2. 9 均为公证书，且专利权人对其真实性无异议，因此合议组对附件 2. 7~附件 2. 9 应予接受。

3. 关于本专利是否符合专利法实施细则第 20 条第 1 款的规定

专利法实施细则第 20 条第 1 款规定：权利要求书应当说明发明或者实用新型的技术特征，清楚、简要地表述请求保护的范围。

权利要求 4 是引用权利要求 2 的，权利要求 2 是从属于独立权利要求 1 的，权利要求 4 是对防雨机构的进一步限定，然而在其引用的权利要求 2 和权利要求 1 当中均未出现防雨机构这一特征，因此权利要求 4 的保护范围不清楚，不符合专利法实施细则第 20 条第 1 款的规定。

权利要求 6 是引用权利要求 4 的，上述缺陷同样导致了权利要求 6 的保护范围不清楚，权利要求 6 也不符合专利法实施细则第 20 条第 1 款的规定。

4. 关于新颖性和创造性

专利法第 22 条第 2 款规定：新颖性，是指在申请日以前没有同样的发明或者实用新型在国内外出版物上公开发表过、在国内公开使用过或者以其他方式为公众所知，也没有同样的发明或者实用新型由他人向国务院专利行政部门提出过申请并记载在申请日以后（含申请日）公布的专利申请文件中。

专利法第 22 条第 3 款规定：创造性，是指同申请日以前已有的技术相比，该发明有突出的实质性特点和显著的进步，该实用新型具有实质性特点和进步。

如果专利某项权利要求所保护的技术方案与最接近的现有技术相比存在区别技术特征，请求人提供的其他所有证据也均没有公开该区别技术特征或给出技术启示，且没有证据表明其是公知常识，而且该区别技术特征的引入使得该权利要求的技术方案产生了有益的技术效果，则该权利要求相对于请求人提供的现有技术具有实质性特点和进步，具备创造性。

（1）第一请求人提交的附件 1. 1 意图证明在 1999 年，专利权人已将与全部权利要求所描述的技术方案完全相同的单管塔制造并销售给浙江移动通信杭州分公司。上述结构的单管塔坐落在杭州市半城区杭州汽轮机厂区内（东经 120. 1869/北纬 30. 3411）。

附件 1. 1 公证书证明了公证员于 2002 年 6 月 24 日来到浙江省信息产业厅无线电管理处，该厅工作人员高卫东从储存在其电脑里的《基站信息》（2002 年 2 月，8 期完成后——上报无委）的文件中打印出一份相关资料；然后公证员又于 2002 年 6 月 25 日来到杭州汽轮机股份有限公司的厂区内拍摄单管塔照片，并将所述打印资料及所拍摄照片附于公证书之后。所附的打印资料上显示的单管塔启用日期为 1999 年 8 月 1 日，地点为杭州汽轮机厂内（东经 120. 1869/北纬 30. 3411）。

合议组认为，虽然所述打印文件记载的单管塔位置与公证书所记载的单管塔拍摄现场位置相符，但是所附照片只反映了所述单管塔的部分外部结构，并且照片仅反映了 2002 年 6 月 25 日拍摄时单管塔的结构。而第一请求人没有提供其他证据以证明附件 1. 1 所反映出的单管塔的结构即为 1999 年建成时的外部结构，且未曾更换过内、外部件。因此，附件 1. 1 不能证明第一请求人的主张，从而附件 1. 1 不能否定本专利的新颖性和创造性。

（2）第二请求人提供附件 2. 7~附件 2. 9 意图证明 1997 年 7 月，在上海金山漕泾曾经建造了与本专利结构相同的单管塔。

附件 2. 7 为上海市长途电信局与同济大学科学技术开发公司及同济大学塔桅结构工程设计所签定的关于建设金山县漕泾基站的工程总承包合同；附件 2. 8 为 2002 年 7 月 25 日公证员到上海市金山县漕泾镇文明路三号的现场进行证据保全，对位于上海市金山电信局漕泾分局的通信单管塔的上海长途电信局金山县漕泾基站拍摄了照片，及所拍照片原件；附件 2.9 证明公证员于 2002 年 7 月 29 日来到上海移动通信有限公司，该公司工程部薛霖陈述，上海市长途电信局现改名为上海移动通信有限责任公司，1997 年 3 月 16 日由其代表本公司与同济大学科学技术开发公司、同济大学塔桅结构工程设计所签定《工程总承包合同》，由对方负责位于上海市金山漕泾基站的铁塔进行工程的钻探、设计至施工的总承包，该工程于当年竣工。薛霖对当时签定的《工程总承包合同》和竣工图予以确认，并在上述文本上加盖了公章。公证书证明与公证书粘连的上海长途电信局漕泾通信塔竣工图共 5 页的复印件与原件相符。

合议组认为，附件 2.7 仅可证明上海市长途电信局与同济大学科学技术开发公司、同济大学塔桅结构工程设计所曾经签定过所述的合同，但是该合同并没有涉及塔的结构，附件 2.8 的照片仅反映了 2002 年 7 月 25 日拍摄时塔的结构，第二请求人没有提供其他证据以证明附件 2.8 所反映出的单管塔的结构即为 1997 年建成时的结构，并且未曾更换过内、外部件；附件 2.9 中是由一位上海移动通信有限责任公司的员工指认所附的图纸为上海金山漕泾基站的竣工图，但是从所附图纸的标题栏所记载的信息看并没有注明该图是竣工图，附件 2.9 中薛霖的陈述应视为是证人证言，但是该证人没有出庭接受质证，并且第二请求人也没有提供其他证据以证明漕泾基站建成时即采用了所述图纸记载的结构，如果所述图纸仅是设计图，同样道理，第二请求人也没有提供其他证据以证明漕泾基站完工时是完全按照设计图纸建造的，总之，附件 2.7~附件 2.9 尚不足以证明第二请求人的主张。

由于第二请求人提出的本专利在先销售、使用的主张不能成立，因此上述公开使用、销售的证据不能影响本专利的新颖性和创造性。

（3）如上所述，第二请求人提供的附件 2.1、附件 2.2、附件 2.5 构成了本专利申请日前的已有技术。而第一请求人提供的附件 1.2 同第一请求人提供的附件 2.2 部分内容相同。

附件 2.1 公开了一种预应力管塔，特别适用于通信天线塔，该塔塔体由若干层钢板制成的上端直径小，下端直径大的圆台形管筒由下至上牢固连接组成，上下节管筒用高强度螺栓和焊接牢固连接成一体，塔体内设爬梯，从图 1 可以看出，塔顶部安装有上下两组天线，其中塔体与下面一组天线位置对应的地方绘制一门形图案。

附件 2.2/1.2 公开了一种通信单管塔，与本专利属于相同的技术领域，该塔体全部设计成圆锥形，人行爬梯和馈线等设置在筒体内壁，这样从外面看上去很简洁、美观，攀爬者更安全，单管塔节段之间的连接为内法兰，26 页图 1 显示该塔顶外部安装有上下两组天线。

附件 2.5 是中国工程建筑标准化协会标准，塔桅钢结构施工及验收规程，其 8、19 页没有记载单管塔的结构，仅在第 19 页固定了采用法兰连接的节点，法兰接触面的贴合率不低于 75%，用 0.3mm 塞尺检查，插入深度的面积之和不得大于总面积的 25%，边缘最大间隙不得大于 0.8mm。

将附件 2.1 与权利要求 1 对比可知，其形式上的区别在于：①本专利权利要求 1 限定为爬梯固定在杆体的内腔，而附件 2.1 的爬梯固定在塔体的内壁；②附件 2.1 中没有明确记载在塔体上开有可以进出杆体内腔的门洞。对于区别①，合议组认为，本专利权利要求 1 虽然将爬梯限定为固定在内腔，但是，可以想见，如果爬梯不与塔体内壁固定则该爬梯将无所依附，附件 2.1 中的爬梯是通过与内壁的固定而使得爬梯位于管体的内腔中，也是将爬梯固定在管体内腔的一种具体方式，因此所谓区别①实际上并不存在；对于区别②，合议组认为，从附件 2.1 图 1 可以看出，塔顶部安装有上下两组天线，其中塔体与下面一组天线位置对应的地方绘制一门形图案，虽然附件 2.1 文字部分没有明确记载该图形即为进出内腔的门洞，但是任何本领域的技术人员根据附件 2.1 的记载以及单管塔的使用方式都会知晓，爬梯设置在内部的单管通信塔，其顶部外部设置天线，为了对天线进行必要的检修，检修人员必然要从塔内的爬梯爬到塔顶而后通过塔体上的门到达位于外部的天线位置，附件 2.1 图 1 所示应当包括用于检修者出入的门洞，并且该门洞的图示方式与本专利图 4 中对门洞的图示方式完全相同，因此尽管文字部分没有明确记载，但是可以从单管塔的使用方式或者从附件 2.1 附图及相关的文字描述毫无疑义地导出，在附件 2.1 所公开的单管塔上也必然存在可以进出杆体内腔的门洞，而且这一门洞的作用与本专利门洞的作用相同，所谓区别②实际上不存在。因此，附件 2.1 实质上公开了权利要求 1 的全部技术特征，因此权利要求 1 相对于附件 2.1 不具备专利法第 22 条第 2 款所规定的新颖性。

权利要求 2 是引用权利要求 1 的从属权利要求，其所进一步限定的附加技术特征包括①所述杆体采用多节联接，所述相邻的杆体采用内法兰进行联接，②所述爬梯由梯架及固定在梯架上的脚钉组成，所述梯架竖向固定在杆体内壁。通过对比可知，附件 2.1 没有公开上述附加技术特征①、②，并且附件 1.2、附件 2.2 和附件 2.5 都没有公开特征②，因此权利要求 2 与上述任何一份附件单独对比都具备新颖性。

由于附件 2.1 和 2.2（附件 1.2）及附件 2.5 均没有公开上述附加技术特征②，也未给出得到上述附加技术特征②的足够的技术启示，而上述特征的引入使该权利要求所保护的单管塔的梯架能够带来节省单管塔内空间的技术效果，因此，权利要求 2 具有实质性的特点和进步，具备创造性。

权利要求 3 和 5 是引用权利要求 2 的从属权利要求，在权利要求 2 具备新颖性和创造性的前提下，权利要求 3 和 5 也具备新颖性和创造性。

权利要求 7 是引用权利要求 1 的从属权利要求，其进一步限定的附加技术特征是所述门洞有上、下分布的多只。附件 2.1 没有记载这一特征，附件 1.2、附件 2.2 以及附件 2.5 均没有记载这一技术特征，因此权利要求 7 与上述任何一份附件单独相比均具备新颖性。

但是合议组认为：在这样一个顶部设置了相互间有一定距离的多层天线的封闭结构的通讯塔结构上，根据实际需要，在适当的位置设置方便进出塔体的门洞是所属技术领域的技术人员都能够实现的，因此将门洞设计为多只不能使得权利要求 7 所限定的技术方案与现有技术相比具备实质性的特点和进步，因此在其引用的权利要求 1 不具备新颖性的情况下，该权利要求 7 也不具备创造性。

权利要求 8 是引用权利要求 7 的从属权利要求，在权利要求 7 具备新颖性的基础上，权利要求 8 也具备新颖性。

权利要求 8 所进一步限定的附加技术特征是所述杆体外上端门洞相邻的门洞间固定有外爬梯，从本专利说明书对现有技术的描述来看，现有技术的单管塔是采用外爬梯的，因此本专利权利要求 1 采用内爬梯才具有了被请求人所声称的美观和安全的效果，那么塔体外设置外爬梯作为一个现有技术，在权利要求 8 中被再次引入到本专利的技术方案中，其所起的作用也与现有技术相同，因此该特征的引入并不能使得权利要求 8 所限定的技术方案与现有技术相比具备实质性的特点和进步，因此，在其引用的权利要求 7 不具备新颖性的情况下，该权利要求 8 也不具备创造性。

权利要求 9 是引用权利要求 1 的从属权利要求，其所进一步限定的附加技术特征是，所述门洞外连接有密封门，附件 2.1 没有公开这一技术特征，并且附件 1.2、附件 2.2 和附件 2.5 也没有公开这一技术特征，因此，权利要求 9 与上述任何一份附件单独相比均具备新颖性。

但是单管塔塔体保证防雨是必要的；本专利的单管塔可能造成雨水渗入的环节至少有两个，①塔体两节间的内法兰连接处，②门洞。在此基础上，合议组认为，既然需要防雨，则不可能将门洞敞开，必然有门，一般的铁门防雨效果显然又达不到对室外使用的铁塔内部电气设备的基本保护，密封是工程中常用的防水措施，因此将门设计成密封门对所属技术领域技术人员来说是显而易见的，该附加技术特征的引入并不能使得权利要求 9 所限定的技术方案与现有技术相比具备实质性的特点和进步，因此，在其引用的权利要求 1 不具备新颖性的情况下，该权利要求 9 也不具备创造性。

根据上述事实和理由，本案合议组作出下述决定。

三、决定

在专利权人于2004年4月27日提交的修改后的权利要求书的基础上，宣告00247957.5号专利权利要求1、4、6~9无效，在权利要求2、3、5的基础上维持专利权有效。

当事人对本决定不服的，可以根据专利法第46条第2款的规定，自收到本决定之日起3个月内向北京市第一中级人民法院起诉。根据该款的规定，一方当事人起诉后，另一方当事人应当作为第三人参加诉讼。

217

微滤布过滤机

无效宣告请求审查决定（第10684号）

决　　定　　号　第10684号
决　　定　　日　2007年11月22日
发明创造名称　微滤布过滤机
国 际 分 类 号　B01D 33/21，B01D 39/08
无效宣告请求人　阿克-艾罗比克系统公司
专　利　权　人　浦华控股有限公司
专　　利　　号　200520008593.2
申　　请　　日　2005年3月18日
授 权 公 告 日　2006年7月26日
合 议 组 组 长　刘　犟
主　　审　　员　董晓静
参　　审　　员　任颖丽

法　律　依　据　专利法第26条第3款
决　定　要　点

如果发明或实用新型的本质在于用其声称的某一技术手段解决现有技术存在的问题，但对于所属技术领域的技术人员来说，说明书对该技术手段的描述是含糊不清的，根据说明书记载的内容无法清楚、正确地具体实施，则说明书对发明或者实用新型的说明没有达到充分公开的要求。

一、案由

本无效宣告请求涉及中华人民共和国国家知识产权局于2006年7月26日授权公告的、名称为“微滤布过滤机”的实用新型专利权（以下简称本专利），其专利号是200520008593.2，申请日是2005年3月18日，专利权人是浦华控股有限公司。本专利授权公告的权利要求书如下：

“1. 一种微滤布过滤机，包括池体（4），分别设置在池体一侧的进水口（2）和另一侧的出水口（9），设置在池体内的中空六方轴（7）、滤盘（6）以及设置在滤盘两侧的滤布反抽吸机构（5），其特征在于：所述的中空六方轴水平布置；滤盘采用纳米滤布滤盘，该滤盘垂直安装在中空六方轴上。”

针对上述专利权，阿克-艾罗比克系统公司（以下简称请求人）于2007年5月28日向专利复审委员会提出无效宣告请求，认为本专利权利要求1不符合专利法第22条第2款、第3款的规定，说明书不符合专利法第26条第3款的规定。请求人提交的附件如下：

附件1：无效宣告请求理由的具体意见陈述；

附件2：本专利的授权公告说明书；

附件3：[美] 梅特卡夫和埃迪公司、秦裕珩等译、化学工业出版社2004年6月第4版第一次印刷的《废水工程处理及回用》的封面、版权页、第797~799页的复印件，共5页；

附件4：公告日为2000年8月15日的美国专利文献US6103132A，共8页；

附件5：附件4第6页右栏第42~66行的中文译文，共1页；

附件6：可事托咨询（上海）有限公司的滤布滤池宣传页，原件，共4页；

附件7：北京康利胶印厂出具的证明，证明内容是“我公司曾于2003年8月18日为可事托咨询（上海）有限公司印制‘滤布滤池’设备样本5000份（10包）”，复印件，共1页；

附件8：公告日为2001年9月25日的美国专利文献US6294098B1，共8页；

附件9：附件8第7页左栏第30~41行的中文译文，共1页；

附件10：公告日为2000年7月18日的美国专利文献US6090298A，共7页；

附件11：附件10第5页左栏第1~16行的中文译文，共1页。

请求人认为：（1）权利要求1相对于附件3的区别仅在于进水口，这是附件3虽未记载但却必定含有的部件，因此权利要求1不具备新颖性；即使认为本专利的纳米滤布与附件3公开的聚酯编织针毡滤布或合成纤维绒滤布不同，由于本专利并没有解释纳米滤布的材料和制作方法，只能认定其是现有技术，所以权利要求1相对于附件3不具备创造性。（2）如果专利权人认为纳米滤布是其发明点，那么由于专利权人没有在说明书中对其详细说明，以至于本领域技术人员不能根据这一名称得知其具体材料和制造方法，因此本专利的说明书不符合专利法第26条第3款的规定。（3）权利要求1的技术方案被附件4完全公开，不具备新颖性，即使认为权利要求1的纳米滤布不同于附件4所述的滤布，权利要求1也不具备创造性。（4）附件7证明附件6的出版日早于本专利申请日，附件6公开了权利要求1除“纳米滤布”以外的全部技术特征，因此权利要求1相对于附件6不具备新颖性和创造性。（5）附件8、10公开的过滤装置结构与权利要求1的结构一致。

经形式审查合格，专利复审委员会依法受理了上述无效宣告请求，并于2007年7月14日向双方当事人发出无效宣告请求受理通知书，同时将专利权无效宣告请求书及其附件清单中所列附件的副本转给专利权人，并要求专利权人在指定的期限内陈述意见。

针对上述无效宣告请求受理通知书，专利权人于2007年8月13日和2007年8月20日共提交了两次意见陈述书，专利权人认为：（1）附件3将滤布转盘过滤器作为表面过滤的一种形式进行介绍，图中的中央集水管是圆形而非六方结构，未提及本专利的核心内容如池体进出水布置方式、轴的具体形式、滤盘安装方式、反抽吸机构的详细结构和滤布的具体特征。附件6仅散发给有限的客户，不是公开出版物，也没有对设备结构进行详细公开，而且其滤布靠外部反冲洗达到清洁目的，本专利则是通过负压反抽吸方式，二者不同。附件4是单个滤盘对应一套反抽吸结构，附件8、10的中心轴为圆形截面且滤盘通过至少三个轴承与中心轴连接，本专利则是每两组或三组滤盘对应一套反抽吸结构，滤盘直接安装在中空六方轴上。（2）在表面过滤中，滤布材质和技术规格参数是整个过滤系统最核心、最关键的部分，本专利的纳米滤布是根据中国的实际不同水质情况，充分考虑污水的黏度、悬浮物特性和耐磨性能等原因，通过实际经验取得的最核心的技术，与请求人提交的附件中简单提到的聚酯编织针毡滤布和合成纤维滤布相比具有实质性的特点和进步，具备新颖性和创造性，同时专利权人认为没有必要介绍其制造方法。

专利复审委员会依法成立合议组对本无效宣告请求案进行审理。本案合议组于2007年9月25日向双方当事人发出无效宣告请求口头审理通知书，定于2007年11月5日举行口头审理。随同口头审理通知书，将专利权人于2007年8月13日和2007年8月20日提交的意见陈述书转给请求人。

口头审理如期举行，双方当事人均参加了口头审理并充分发表了意见：

（1）请求人明确其无效宣告请求的范围、理由和证据是，本专利说明书因未充分公开权利要求1记载的“纳米滤布”，因而权利要求1不符合专利法第26条第3款的规定；权利要求1分别相对于附件3、4、8、10及其译文不具备新颖性和创造性；权利要求1相对于附件6、7不具备新颖性和创造性，其中用附件7证明附件6公开的时间，用附件6评价权利要求1的新颖性和创造性。

（2）专利权人认可附件3、4、8、10的真实性和附件5、9、11的译文准确性，对附件6、7的真实性提出异议。请求人主张附件7的原件已随无效宣告请求书提交，由于专利权人在答复的意见陈述书中未提出异议，故未让附件7的证人出庭。合议组认为本案案卷中保留的是附件7的复印件，因而要求专利权人在口头审理结束后的10日内提交复审委员会转送的文件。

（3）关于专利法第26条第3款，请求人认为“纳米滤布”是很模糊的概念，不知道是指滤布厚度或空隙是纳米级，还是指用纳米材料制成的滤布，而且纳米材料有很多种，有金属、非金属的，用纳米材料制成布包括用含有纳米添加剂的纤维来制成布，也包括直接用纳米材料制成布，所以是不清楚的。专利权人则认为纳米滤布就是用纳米材料制成的滤布，材料是纳米的，清华大学的学报已经公开了纳米材料可以制成纳米布，但是纳米滤布用作这个领域是第一次。

（4）关于专利法第22条第2款、第3款，请求人认为附件3~11已经完全公开了权利要求1的技术特征，即使区别在于中空六方轴以及纳米滤布，这也是现有技术，权利要求1没有新颖性和创造性。专利权人则认为区别就是中空六方轴和纳米滤布，中空六方轴不易变形、强度高，纳米滤布具有说明书所述的不黏结、悬浮物自动脱落的优点，纳米布用于这一领域是本专利的发明点。

2007年11月7日，专利权人提交其收到的专利复审委员会转送的附件6、7，经合议组核实该附件7也是复印件。

此外，专利权人还随上述文件提交了补充答辩意见，认为本专利的独到之处是：①采用中空六方轴，这是为了增加中空轴的强度并防止焊接易变形，和②采用新型纳米滤布，这是其公司技术人员经过大量实验和探索，把清华大学新研制的纳米材料应用到这一设备上，起到了如说明书所述不黏结、悬浮物自动脱落等效果。专利权人还主张其采用的纳米滤布材质是现在广泛使用的，并提交以下证据说明纳米布制造：

证据1：2007年11月7日从国家知识产权局网站下载打印的关于申请号为03131586.0、发明名称为“纳米纤维防护过滤材料及其制备方法”、申请人为东南大学的发明专利申请的著录项目和摘要的检索结果页。

至此，合议组认为本案事实已经清楚，可以作出审查决定。

二、决定的理由

专利法第26条第3款规定：说明书应当对发明或者实用新型作出清楚、完整的说明，以所属技术领域的技术人员能够实现为准。

判断说明书是否公开充分，要考虑现有技术的水平，并具体判断发明的本质。如果发明或实用新型的本质在于用其声称的某一技术手段解决现有技术存在的问题，但对于所属技术领域的技术人员来说，说明书对该技术手段的描述是含糊不清的，根据说明书记载的内容无法具体实施，则说明书不满足充分公开的要求。

具体到本案中，请求人提供附件3、4、8和10，专利权人对它们的真实性予以认可，对附件4、8、10的译文准确性也予以认可，附件4、8、10的内容分别以附件5、9、11为准；而且这些附件的公开日都在本专利申请日之前，合议组经审查后认为上述附件上所记载的内容可以作为本专利的现有技术。

根据本专利说明书对背景技术和实用新型内容的描述，专利权人认为现有技术采用滤盘水平布置，导致水中的悬浮物很快就会沉积在滤料的表面堵塞通道，因此存在缺陷，本专利的改进之处在于滤盘采用垂直设计，中空六方轴内出水，滤布采用纳米材料不黏结，使得水中的悬浮物沉积在滤料的表面到一定程度就会自动脱落，从而克服了现有技术的不足和缺陷。但是，根据附件 3、4、8、10 记载的内容，现有技术中已经有滤盘垂直布置、中空轴出水和设置滤布的过滤机技术方案，例如附件 3 公开了包括池体、出水口、水平布置的中空轴、垂直安装的滤盘和真空吸入装置且滤布为聚酯编织针毡滤布和合成纤维滤布的滤布转盘过滤器，附件 4 公开了包括池体、进出水口、水平布置的中空轴以及滤盘上覆盖有滤布的滤盘过滤设备，附件 8、10 公开了包括池体、进出水口、滤盘、滤布和中空轴的过滤装置。由此可以看出，本专利的改进实质上在于中空轴是六方的，并且采用了纳米滤布。也就是说，采用“纳米滤布”是本专利为解决悬浮物粘结这样的技术问题所必需的技术手段。

但说明书对“纳米滤布”的描述仅为“采用纳米材料做滤布”，并无其他如材料化学名称、化学/物理状态和制备方法等足以确认该化学产品的内容，而对所属技术领域的技术人员来说，“纳米滤布”和“采用纳米材料做滤布”的描述都是含糊不清的，纳米滤布可能指含有纳米添加剂的纤维来制成的滤布，也可能指用纳米纤维本身制成的滤布，还有可能是指其他的材料；同时“纳米材料”本身也是一个含义非常宽泛而且可以有很多不同理解的用语，因此所属技术领域的技术人员根据本专利的说明书无法清楚、正确地实施本专利的技术方案，本专利的说明书对权利要求 1 所请求保护的技术方案的说明不符合专利法第 26 条第 3 款的规定。

针对专利权人在口头审理时和之后补充答辩中陈述的意见和提交的证据，合议组认为，首先，专利权人在口头审理时声称采用清华大学研制的纳米材料，但是对于这一主张专利权人并未提供证据支持，本专利说明书也未对此给出任何有关的指引，因此不足以说明所属领域技术人员根据说明书即可实现所述纳米滤布的技术方案。其次，专利权人在口头审理后陈述“纳米滤布材质是现在广泛使用的一种”并提交了证据 1，但是本专利说明书中并没有引用证据 1 所提到的 03131586. 0 号专利申请，而仅仅记载了“纳米滤布”和“采用纳米材料做滤布”，并非专利权人在补充答辩意见中所解释的“纳米纤维”以及所举证据 1 涉及的纳米纤维，而且专利说明书本身也未对所采用的“纳米材料”为纳米纤维给出任何相关指引，所属领域技术人员根据本专利说明书所公开的内容无法确定本专利的“纳米滤布”是证据 1 所涉及的纳米纤维，也不能从现有技术中直接地、唯一地确定其技术内容，因此证据 1 不足以证明本专利说明书是公开充分的。再次，专利权人在意见陈述书强调的“滤布的材质及技术规格参数是过滤系统最核心、最关键的部分，我们的纳米滤布是根据中国的实际不同水质情况，充分考虑污水的黏度、悬浮物特性和耐磨性能等原因，通过实际经验取得的最核心的技术，比请求人提交的附件中简单提到的聚酯编织针毡滤布和合成纤维滤布具备新颖性和创造性”，“我公司的技术人员经过大量实验和探索，把清华大学新研制的纳米材料应用到这一设备上”，也从侧面证明了本领域的技术人员仅从“纳米材料”的描述尚不能实现本专利要求保护的技术方案。

根据上述的事实和理由，本案合议组依法作出以下决定。

三、决定

宣告 200520008593. 2 号实用新型专利权全部无效。

当事人对本决定不服的，可以根据专利法第 46 条第 2 款的规定，自收到本决定之日起 3 个月内向北京市第一中级人民法院起诉。根据该款的规定，一方当事人起诉后，另一方当事人应当作为第三人参加诉讼。

218

玻镁、竹、木、植物纤维复合板

无效宣告请求审查决定（第10700号）

决　　定　　号　第10700号
决　　定　　日　2007年12月6日
发明创造名称　玻镁、竹、木、植物纤维复合板
国 际 分 类 号　E04C 2/10，B32B 3/12
无效宣告请求人　台山先驱建材有限公司
专　利　权　人　付志洪
申　　请　　号　200420017642.4
申　　请　　日　2004年4月3日
授 权 公 告 日　2005年7月6日
合 议 组 组 长　欧　岚
主　　审　　员　郭建强
参　　审　　员　王　博

法　律　依　据　专利法第22条第2款、第3款
决　定　要　点

如果涉案专利与对比文件相比，具有区别技术特征，且该区别不属于惯用手段直接置换的情形，则该专利相对于该对比文件具备新颖性。同时，如果不能证明将上述区别技术特征应用到该对比文件中以形成涉案专利的技术方案对本领域技术人员来说是显而易见的，且该专利也具有有益的技术效果，则请求人主张该专利相对于上述对比文件不具备创造性的理由不能成立。

一、案由

本无效宣告请求涉及中华人民共和国国家知识产权局于2005年7月6日授权公告的、名称为“玻镁、竹、木、植物纤维复合板”的实用新型专利权（以下简称本专利），其专利号是200420017642.4，申请日是2004年4月3日，专利权人是付志洪。本专利授权公告时的权利要求书如下：

“1. 一种玻镁、竹、木、植物纤维复合板，它由镁质胶凝竹、木、植物纤维复合层和玻纤网格布层或竹编网增强层组成，其特征在于：镁质胶凝竹、木、植物纤维复合层至少有两层，玻纤网格布层或竹编网增强层至少有一层，两层镁质胶凝竹、木、植物纤维层置于玻纤网格布层或竹编网增强层的下面和上面。

2. 根据权利要求1所述的玻镁、竹、木、植物纤维复合板，其特征是：所述的竹编网增强层是

由厚度为0.1~3mm的竹薄片编织而成的网状物。”

针对本专利权，台山先驱建材有限公司（以下简称请求人）于2007年6月20日向专利复审委员会提出无效宣告请求，认为本专利的权利要求1不符合专利法第22条第2款的规定，权利要求2不符合专利法第22条第3款的规定，请求人同时提交了如下附件：

附件1：本专利的实用新型专利说明书；

附件2：公开日为1991年12月25日、公开号为CN1057227A（专利申请号为90105150.0）的中国发明专利申请公开说明书，共5页。

请求人认为：附件2公开了一种镁质纤维复合板及制造方法（参见附件2说明书第5页第2段），其与本专利权利要求1的技术方案完全一致，因此本专利权利要求1相对于附件2不具备新颖性，权利要求2的附加技术特征是本领域的常规技术手段，因此权利要求2相对于附件2没有创造性。

经形式审查合格，专利复审委员会依法受理了上述无效宣告请求，并于2007年6月22日向请求人和专利权人发出无效宣告请求受理通知书，同时将专利权无效宣告请求书及其附件清单中所列附件的副本转送给专利权人，并要求专利权人在指定的期限内陈述意见。

针对专利复审委员会发出的上述无效宣告请求受理通知书，专利权人于2007年7月18日提交了意见陈述书和证据。专利权人提交的证据如下：

证据1：国家知识产权局针对本专利做出的实用新型专利检索报告复印件一份，共4页。

专利权人认为：本专利权利要求1与附件2的区别在于：（1）本专利的镁质胶凝竹、木、植物纤维复合层是具有一定厚度和形状的结构层，而附件2中的镁质胶凝材料使用时是均匀地“刮”在玻璃纤维布上的，作用仅相当于将多层玻璃纤维布粘接在一起的胶水质粘接剂，不是具有形状和厚度的层面结构；（2）本专利的镁质胶凝竹、木、植物纤维复合层中掺入的竹、木、植物纤维既环保又能使复合层形成一定的厚度和形状，而附件2中的镁质胶凝材料粘接剂中添加的是玻璃纤维丝，不环保，对人体有害，而且不能形成一定的厚度和形状的复合层；（3）本专利的玻纤网格布层或竹编网增强层的作用是增加复合板的整体强度和抗折抗弯强度，而附件2中纤维质布是作为镁质纤维复合板的主体材料，两者的作用不同；（4）本专利的玻纤网格布层或竹编网增强层网格孔较大，两层镁质胶凝竹、木、植物纤维复合层的材料可以穿过网格孔相互粘接，而将玻纤网格布层或竹编网增强层牢固地夹在中间，而附件2中的纤维质布的经线和纬线织得很密，网格孔很小，掺有玻璃纤维丝的稀状镁质胶凝材料粘接剂可以刮在上面，但不能在本专利的玻纤网格布层或竹编网增强层的两面形成具有形状和厚度的镁质胶凝层。因此本专利权利要求1相对于附件2具备新颖性。另外权利要求2中的附加技术特征也不是本领域的常规技术手段，因此权利要求2相对于附件2具备创造性。

专利复审委员会依法成立合议组对本案进行审理。

本案合议组于2007年8月9日向双方发出无效宣告请求口头审理通知书，定于2007年9月20日在专利复审委员会举行口头审理。随同口头审理通知书，将专利权人于2007年7月18日提交的意见陈述书及其附件清单中所列附件的副本转送给请求人。

口头审理如期举行，双方当事人均参加了口头审理。

在口头审理中，（1）请求人明确其无效宣告的理由、证据和范围为：本专利权利要求1相对于附件2不符合专利法第22条第2款的规定，权利要求2相对于附件2不符合专利法第22条第3款的规定。（2）专利权人对附件2的真实性无异议。请求人表示收到专利权人提交的本专利的实用新型专利检索报告，对其真实性无异议。（3）关于权利要求1相对于附件2的新颖性。请求人认为：附件2公开的是镁质纤维复合板，纤维丝可以是玻璃纤维丝或者其他质地的纤维丝，经过本领域技术人员的推导可以包含竹、木、植物等纤维，附件2中的“玻璃纤维布”对应于本专利的玻纤网格布层或竹编网增强层，但认可竹编网在附件2中没有公开，附件2中第4页倒数第一段还公开了镁质纤维复合板的复合层结构，与本专利权利要求1的结构相同，因此本专利权利要求1不具备新颖性。专利权人认为：附件2的镁质胶凝材料中加入玻璃纤维丝只是改变流变性，并不能增强稳定性。附件2的方案不能形成具有厚度的镁质凝胶纤维层，且不环保。本专利的镁质胶凝材料中加入竹、木纤维后形成有厚度、有形状的层面结构，强度大、握钉力好，抗返卤性好，成本低，更环保。本专利的竹编网比附件2的玻璃纤维布有一定的柔韧性和硬性，竹编网更环保。玻纤网格布和玻璃纤维布从大类上讲是相同的，但是从结构上看是不相同的，两者的织法不同，网眼不一样，密度不同。（4）关于权利要求2相对于附件2的创造性。请求人认为：竹编网和玻璃纤维布是等效替换，两者的作用是一样的，本领域技术人员可以根据常规的选择确定厚度，因此在权利要求1没有新颖性的前提下，权利要求2不具备创造性。专利权人认为：竹编网和玻璃纤维布两者的材料不同，作用不同，附件2中玻璃纤维布只是起到整体强度的作用，而本专利竹编网的作用是加强韧性和强度，且相比附件2的玻璃纤维布更环保。

至此，合议组认为本案事实已经清楚，可以作出审查决定。

二、决定的理由

1. 关于证据和现有技术

请求人提交的证据为附件2，专利权人对附件2的真实性没有异议，合议组经审查认为，附件2作为中国专利文献，其真实性得到确认，因此可以作为本案证据使用，同时由于附件2为公开出版物，其公开日期在本专利的申请日之前，因此可以作为本专利的现有技术使用。

2. 关于本专利的新颖性和创造性

专利法第22条第1款、第2款、第3款规定，授予专利权的实用新型应当具备新颖性和创造性。新颖性，是指在申请日以前没有同样的发明或者实用新型在国内外出版物上公开发表过、在国内公开使用过或者以其他方式为公众所知，也没有同样的发明或者实用新型由他人向国务院专利行政部门提出过申请并记载在申请日以后公布的专利申请文件中。创造性，是指同申请日以前已有的技术相比，该实用新型具有实质性特点和进步。

根据上述规定，如果涉案专利与对比文件相比，具有区别技术特征，且该区别不属于惯用手段直接置换的情形，则该专利相对于该对比文件具备新颖性。同时，如果不能证明将上述区别技术特征应用到该对比文件中以形成涉案专利的技术方案对本领域技术人员来说是显而易见的，且该专利也具有有益的技术效果，则请求人主张该专利相对于上述对比文件不具备创造性的理由不能成立。

本案中，本专利权利要求1要求保护一种玻镁、竹、木、植物纤维复合板，它由镁质胶凝竹、木、植物纤维复合层和玻纤网格布层或竹编网增强层组成，镁质胶凝竹、木、植物纤维复合层至少有两层，玻纤网格布层或竹编网增强层至少有一层，两层镁质胶凝竹、木、植物纤维层置于玻纤网格布层或竹编网增强层的下面和上面。附件2公开了一种镁质纤维复合板及制造方法，该镁质纤维复合板由玻璃纤维布、棉纤维布、化学纤维布等不同种纤维布为填充增强材料，并通过镁质胶凝材料为粘接剂复合而成，镁质胶凝材料粘接剂是由氧化镁、氯化镁、滑石粉、纤维丝和水调制而成，其中纤维丝可以是玻璃纤维丝或其他质地的纤维丝。制造时，在模具上均匀地刮上一层面层材料，之后再敷上一层纤维质布，然后再刮上一层镁质胶凝材料，再敷上一层纤维质布，再刮上一层镁质胶凝材料，这样反复刮敷，一直达到板材要求的厚度为止（参见附件2第4页）。

合议组经审查后认为，附件2虽然公开了同样层叠结构的镁质纤维复合板，但是并没有采用本专利权利要求1各层结构所特选的的材料特征。具体为，即本专利权利要求1相对于附件2的区别在于：（1）本专利复合板外面两层的镁质胶凝复合层中选用的是竹、木、植物纤维，而附件2中只是记载了玻璃纤维丝或其他质地的纤维丝，并没有具体公开竹、木、植物纤维，同时请求人也没有证据证明本领域技术人员能从附件 2 中的“其他质地的纤维丝”中推断出必然是“竹、木、植物纤维”；（2）本专利复合板中间一层为玻纤网格布层或竹编网增强层；而附件 2 中记载的是玻璃纤维布、棉纤维布、化学纤维布或其他质地的纤维质布，并没有具体公开竹编网增强层。由于至少存在上述两个关于材料的区别特征，同时根据审查指南第六章第 3 节、第 4 节中“在实用新型专利新颖性和创造性审查中，应当考虑其技术方案中的所有技术特征，包括材料特征和方法特征”的相关规定，因此请求人所称的本专利权利要求 1 相对于附件 2 不具备新颖性的主张不能够成立。

同时，由于上述两个材料区别特征的选用，使得本专利的镁质胶凝竹、木、植物纤维复合层中掺入的竹、木、植物纤维既环保，又能使复合层形成一定的厚度和形状，竹编网增强层的使用更进一步提高了复合板的韧性和强度；而附件 2 中的镁质胶凝材料粘接剂中添加的是玻璃纤维丝，不如竹、木、植物纤维等天然材料环保，镁质胶凝材料使用时是均匀地“刮”在纤维质布上的，作用仅相当于将多层纤维质布粘接在一起的胶水质粘接剂，如此形成的复合层相对单薄。因此本专利权利要求 1 的复合板相对于附件 2 的复合板韧性和强度更高，更加环保，具有有益的技术效果，而请求人并没有提供证据证明上述材料的选择以及据此形成的玻镁、竹、木、植物纤维复合板结构是显而易见的。因此本专利权利要求 1 相对于附件 2 具有实质性特点和进步，即具备创造性。由于权利要求 2 是权利要求 1 的从属权利要求，因此权利要求 2 相对于附件 2 当然也具备创造性，即请求人所称的本专利权利要求 2 相对于附件 2 不具备创造性的主张也不能够成立。

根据上述的事实和理由，本案合议组依法作出以下决定。

三、决定

维持 200420017642.4 号实用新型专利权有效。

当事人对本决定不服的，可以根据专利法第 46 条第 2 款的规定，自收到本决定之日起 3 个月内向北京市第一中级人民法院起诉。根据该款的规定，一方当事人起诉后，另一方当事人应当作为第三人参加诉讼。

219

一种加工砼构件用的垫板

无效宣告请求审查决定（第10723号）

决　　定　　号　第10723号
决　　定　　日　2007年12月3日
发明创造名称　一种加工砼构件用的垫板
国 际 分 类 号　E04G 9/02
无效宣告请求人　高密市盛龙机械科技开发有限公司
专　利　权　人　周　凯
申　　请　　号　98222133.9
申　　请　　日　1998年8月14日
授 权 公 告 日　2000年3月8日
合 议 组 组 长　欧　岚
主　　审　　员　郭建强
参　　审　　员　王　博

法　律　依　据　专利法第22条第2款、第3款
决　定　要　点

如果实用新型专利与对比文件在技术领域、要解决的技术问题、技术方案和预期效果上都实质上相同，则该专利与对比文件所公开的技术方案属于同样的技术方案，即该专利不具备新颖性。

如果实用新型专利相对于对比文件来说是显而易见的，则该专利不具备实质性特点，即不具备创造性。

一、案由

本无效宣告请求涉及中华人民共和国国家知识产权局于2000年3月8日授权公告的、名称为“一种加工砼构件用的垫板”的实用新型专利权（以下简称本专利），其专利申请号是98222133.9，申请日是1998年8月14日，专利权人是周凯。本专利授权公告时的权利要求书如下：

“1. 一种加工砼构件用的垫板，包括有与构件端形状相对应的底板（1），其特征在于底板（1）上面有能使砼构件端面形成沟槽的凸起带（2）。

2. 根据权利要求1所述的垫板，其特征在于底板（1）的形状与U型构件端面形状相应。

3. 根据权利要求1所述的垫板，其特征在于底板（1）的形状与半U型构件端面相应。

4. 根据权利要求1所述的垫板，其特征在于该凸起带（2）上端面平行于底板（1）表面延伸至该底板（1）的两端。

5. 根据权利要求 1 或 4 所述的垫板，其特征在于该凸起带（2）的横向截面为梯形。

6. 根据权利要求 1 或 4 所述的垫板，其特征在于该凸起带（2）横截面为三角形。”

针对本专利权，高密市盛龙机械科技开发有限公司（以下简称请求人）于 2007 年 6 月 18 日向专利复审委员会提出无效宣告请求，认为本专利不符合专利法第 22 条第 2 款、第 3 款的规定，请求人同时提交了如下附件：

附件 1：声称为高密市水利科技开发公司 1997 年 9 月 30 日公开销售垫铁的合同，复印件共 1 页；

附件 2：声称为高密市水利科技开发公司 1998 年 4 月 1 日公开销售垫铁的合同，复印件共 1 页；

附件 3：声称为山东省高密县水利科技开发公司的宣传材料，复印件共 4 页。

请求人认为：附件 1、2、3 证明本专利权利要求 1~5 由于产品在申请日前销售和使用，所以不具备新颖性和创造性。

经形式审查合格，专利复审委员会依法受理了上述无效宣告请求，并于 2007 年 6 月 18 日向请求人和专利权人发出无效宣告请求受理通知书，同时将专利权无效宣告请求书及其附件清单中所列附件的副本转送给专利权人，并要求专利权人在指定的期限内陈述意见。

针对专利复审委员会发出的上述无效宣告请求受理通知书，专利权人于 2007 年 7 月 6 日提交了意见陈述书，专利权人认为：附件 1~3 均为复印件，在未与原件核对的前提下，真实性不能确认；其次，附件 1、2、3 中并没有相关产品结构的披露，与本案无关联性；因此，附件 1、2、3 无论单独使用还是结合使用，均不能破坏本专利的新颖性和创造性。

请求人于 2007 年 7 月 16 日向专利复审委员会提交了意见陈述书，并补充了无效宣告的理由和证据，其中补充的证据为：

附件 4：公告日为 1988 年 8 月 17 日，公告号为 CN87212794U 的中国实用新型专利申请说明书，共 8 页；

附件 5：授权公告日为 1997 年 4 月 2 日，授权公告号为 CN2251007Y 的中国实用新型专利说明书，共 6 页；

附件 6：授权公告日为 1998 年 1 月 21 日，授权公告号为 CN2272922Y 的中国实用新型专利说明书，共 5 页。

请求人认为：本专利权利要求 1~6 相对于附件 4 或者 5 或者 6 不具备新颖性和创造性。

专利复审委员会依法成立合议组。

本案合议组于 2007 年 8 月 9 日向双方发出无效宣告请求口头审理通知书，定于 2007 年 9 月 17 日在专利复审委员会举行口头审理，随同口头审理通知书，将请求人于 2007 年 7 月 16 日提交的意见陈述书及其附件清单中所列附件的副本转送给专利权人，将专利权人于 2007 年 7 月 6 日提交的意见陈述书转送给请求人。后因故，本案合议组于 2007 年 8 月 27 日向双方再次发出无效宣告请求口头审理通知书，将口头审理的日期改为 2007 年 9 月 19 日。

口头审理如期举行，双方当事人均参加了口头审理。

在口头审理中，（1）请求人明确其无效宣告请求的理由、证据、范围为：权利要求 1、4、5 相对于附件 4 或 5 或 6 的单独对比不具备新颖性和创造性，权利要求 2、3、6 相对于附件 4 或 5 或 6 的单独对比不具备创造性，并当庭放弃附件 1~3 的使用以及其他的无效理由和证据的组合方式。（2）专利权人对附件 4~6 的真实性无异议。（3）双方就本专利权利要求 1~6 相对于附件 4 或 5 或 6 是否具备新颖性和创造性充分发表了意见。其中，关于附件 6，请求人认为其中的底模 10 相当于本专利的底板 1，凸条 12 相当于本专利的凸起带 2，因此权利要求 1 相对于附件 6 没有新颖性或者创造性，从属权利要求 2~6 的附加技术特征或者被附件 6 公开或者是本领域技术人员很容易想到的，因此也不具备新颖性或者创造性。专利权人认为附件6不能否定本专利权利要求1~6的新颖性和创造性。

至此，合议组认为本案事实已经清楚，可以作出审查决定。

二、决定的理由

1. 关于证据和现有技术

请求人提交的证据包括附件1~6，其在口头审理当庭放弃了附件1~3，专利权人对附件4~6的真实性没有异议。合议组经审查，附件4~6作为中国专利文献，其真实性得到确认，因此可以作为本案的证据使用。同时由于附件4~6的公开日期都在本专利的申请日之前，因此均可以作为本专利的现有技术使用。

2. 涉案专利的新颖性和创造性

专利法第22条第1款、第2款、第3款规定，授予专利权的实用新型应当具备新颖性和创造性，新颖性是指在申请日以前没有同样的发明或者实用新型在国内外出版物上公开发表过、在国内公开使用过或者以其他方式为公众所知，也没有同样的发明或者实用新型由他人向国务院专利行政部门提出过申请并记载在申请日以后公布的专利申请文件中。创造性，是指同申请日以前已有的技术相比，该实用新型具有实质性特点和进步。

如果实用新型专利与对比文件在技术领域、要解决的技术问题、技术方案和预期效果上都实质上相同，则该专利与对比文件所公开的技术方案属于同样的技术方案，即该专利不具备新颖性。如果实用新型专利相对于对比文件来说是显而易见的，则该专利不具备实质性特点，即不具备创造性。

本案中，权利要求1为一种加工砼构件用的垫板，包括有与构件端形状相对应的底板（1），其特征在于底板（1）上面有能使砼构件端面形成沟槽的凸起带（2）。附件6公开了一种新型隔墙板成组立模，由立模面板、堵板、底模和连接件组成，以预制七块隔墙空心板，其中底模钢板上设有七根纵向排列整齐的凸条12（参见附件6说明书第2页最后1段和附图1）。

合议组经审查后认为，附件6中的底模、底模钢板和凸条即分别相当于本专利权利要求1中加工砼构件用的垫板、底板以及凸起带，附件6中的底模钢板用于形成构件的底部，因而显然也是与构件的端面形状相对应，凸条也是为了使砼构件的端面形成相应的沟槽。由于本专利权利要求1和附件6的技术领域、要解决的技术问题、技术方案和预期效果都实质上相同，因此本专利权利要求1与附件6所公开的技术方案属于同样的实用新型，即本专利权利要求1相对于附件6不具备专利法第22条第2款规定的新颖性。

即使根据说明书的解释，将本专利权利要求1的保护范围理解为“底板只设一根凸起带”那样的技术方案，使其区别于附件6中“底模10上设有七根纵向排列整齐的凸条12，用来同时预制七块隔墙空心板”的技术方案，但是该区别特征对于本领域技术人员来说也是显而易见的，七个本专利的垫板集成一起即构成附件6的底模，而附件6的底模也可以分割成七个本专利的垫板，两者对现有技术的贡献都是相同的，都是利用底板上的凸起带使得砼构件的端面形成一个凹槽，成为施工衔接的企口，同时使得加工砼构件时不易变形。因此上述根据说明书的解释所理解出来的技术方案相对于附件6也不具备实质性特点，即不具备专利法第22条第3款规定的创造性。

此外，关于专利权人在口头审理时所辩称的“附件6的凸条形状是与堵板下端凹槽配合的，不是为了在隔墙板端面上形成凹槽，结合附图1纵向凸条的形状，并不能表明凸条在纵向上有一个贯通延长”。合议组认为：首先，本专利权利要求1中也并没有限定凸起带在底板上是贯通延长的；其次，根据本领域技术人员对附件6的理解，附件6中制造隔墙板用的一个立模单元是由两块立模面板、两块堵板、一块盖版和一块底模所构成的一个矩形的模具空间，在该空间中浇灌混凝土以形成隔墙板，其中底模作为与隔墙板的底侧边相接触的侧边模，其上纵向具有凸条，该凸条在本领域中的作用显然是为了在砼构件的侧边上形成一个纵向贯通的凹槽以作为施工连接的企口，因此，该凸条应该是纵向贯穿底模的。当然，也正是因为该凸条贯通延长，所以其才能与底模两侧的堵板下端的凹槽相配合。因此，专利权人的上述争辩事由并不成立，合议组不予支持。

从属权利要求 2 和 3 的附加技术特征限定了底板的形状与 U 形或者半 U 形构件的端面相应，虽然附件 6 中的成组立模用来预制矩形的隔墙空心板，底模 10 是与矩形构件的端面相应，但是这种底模端面形状的变化对于本领域技术人员来说也是显而易见的，因此在其引用的技术方案不具备新颖性和创造性的基础上，从属权利要求 2 和 3 相对于附件 6 也不具备专利法第 22 条第 3 款规定的创造性。

附件 6 中描述了“底模 10 上设有纵向排列整齐的凸条 12”，如前所述，根据本领域技术人员对附件 6 的理解可知，所述的凸条是纵向贯穿底模的，并且凸条上端面平行于底模表面延伸至底模的两端，因此公开了从属权利要求 4 的附加技术特征；并且本领域技术人员可以直接地、毫无疑义地从附件 6 的附图 1 中确定该凸条 12 的截面形状为梯形，从而公开了从属权利要求 5 的附加技术特征。因此在其引用的技术方案不具备新颖性和创造性的基础上，从属权利要求 4 和 5 相对于附件 6 也不具备新颖性和创造性。

从属权利要求 6 的附加技术特征“凸起带横截面为三角形”相对于附件 6 的凸条截面形状为梯形来说，也只是显而易见的形状上的等效替换，因此在其引用的技术方案不具备新颖性和创造性的基础上，从属权利要求 6 相对于附件 6 也不具备创造性。

鉴于本专利权利要求 1~6 相对于附件 6 均不具备新颖性或者创造性，应予全部无效，因此对于请求人提出的其他无效理由和证据不再予以评述。

根据上述的事实和理由，本案合议组依法作出以下决定。

三、决定

宣告 98222133.9 号实用新型专利权全部无效。

当事人对本决定不服的，可以根据专利法第 46 条第 2 款的规定，自收到本决定之日起 3 个月内向北京市第一中级人民法院起诉。根据该款的规定，一方当事人起诉后，另一方当事人应当作为第三人参加诉讼。

北京市第一中级人民法院
行政裁定书

(2008) 一中行初字第 508 号

原告周凯，男，1956 年 9 月 30 日出生，汉族，住山东省高密市北工业园 A 区 36-38 号。

委托代理人马洪磊，济南舜源专利事务所代理有限公司职员。

被告国家知识产权局专利复审委员会，住所地北京市海淀区北四环西路 9 号。

法定代表人廖涛，副主任。

委托代理人郭建强，男，国家知识产权局专利复审委员会审查员。

委托代理人齐宏涛，男，国家知识产权局专利复审委员会审查员。

第三人高密市盛龙机械科技开发有限公司，住所地山东省高密市南外环路北杨戈庄村西。

原告周凯不服被告国家知识产权局专利复审委员会作出的无效宣告请求审查决定，向本院提起行政诉讼。本院受理后，依法组成合议庭，对本案进行了审理。在本院审理期间，原告周凯以其已与本案第三人达成庭外和解为由向法院提出撤诉申请。

本院经审查认为，原告有权在诉讼期间依法处分其诉讼权利。现原告周凯申请撤回起诉，系其真实意思表示，未违反法律规定，本院应予准许。依照《中华人民共和国行政诉讼法》第五十一条之规定，裁定如下：

准许原告周凯撤回起诉。

案件受理费100元，减半收取50元，由原告周凯负担（已交纳）。

审　判　长　强刚华
代理审判员　贾志刚
人民陪审员　欧万雄
二〇〇八年五月二十日
书　记　员　张　莹

间歇式预发机

无效宣告请求审查决定（第 10744 号）

决　　定　　号　第 10744 号
决　　定　　日　2007 年 12 月 12 日
发明创造名称　间歇式预发机
国　际　分　类　号　B29C 44/44
无效宣告请求人　杭州富阳东山塑料机械有限公司
专　利　权　人　杭州方圆塑料机械有限公司
专　　利　　号　200320126066.2
申　　请　　日　2003 年 11 月 21 日
授　权　公　告　日　2005 年 1 月 5 日
合　议　组　组　长　于　萍
主　　审　　员　郭建强
参　　审　　员　欧　岚

法　律　依　据　专利法第 22 条第 3 款
决　定　要　点

如果涉案专利与对比文件的区别特征为教科书中公开的本领域的公知常识，则将该教科书与对比文件相结合从而得到涉案专利，对本领域技术人员来说是显而易见的，该涉案专利不具备创造性。

一、案由

本无效宣告请求案涉及国家知识产权局于 2005 年 1 月 5 日授权公告、申请日为 2003 年 11 月 21 日、名称为“间歇式预发机”的 200320126066.2 号实用新型专利权（以下简称本专利），专利权人为杭州方圆塑料机械有限公司。

本专利授权公告的权利要求如下：

“1. 一种间歇式预发机，电脑控制箱、上料装置、蒸汽管路装置、出料装置，其特征在于所述的上料装置与电子称重装置连接，电子称重装置与搅拌桶体连接，搅拌桶体与出料装置连接。

2. 如权利要求 1 所述的一种间歇式预发机，其特征在于所述的电子称重装置由光电料位开关、快慢放汽缸、称重斗和放料阀组成，称重斗上设有三点式均布称重传感仪。

3. 如权利要求 1 所述的一种间歇式预发机，其特征在于所述的搅拌桶体由中空的桶体、上下轴承座、连轴器、搅拌电机组；桶体内有穿过中心的搅拌主轴、搅拌主轴上排列有若干个与桶壁连接的搅拌杆子、若干个固定杆子。

4. 如权利要求3所述的一种间歇式预发机，其特征在于所述的搅拌桶体底部设有搅拌刮板。”

针对上述专利权，杭州富阳东山塑料机械有限公司于2006年2月5日向专利复审委员会提出了专利权无效宣告请求，无效宣告请求的理由是本专利权利要求1不具备新颖性，权利要求1、3、4不具备创造性，并提供了公开号为JP昭56-25424A、公开日为1981年3月11日的日本专利文献及其中文译文作为现有技术证据，请求宣告权利要求1、3、4无效，经审理，国家知识产权局专利复审委员会于2006年12月19日作出第9164号生效决定，宣告本专利的权利要求1和3无效，在权利要求2和4的基础上维持本专利有效。

在规定的期限内，双方当事人均没有提起行政诉讼。

针对上述专利权，杭州富阳东山塑料机械有限公司（以下简称请求人）于2007年5月31日向专利复审委员会提出了无效宣告请求，认为权利要求4不符合专利法第22条第3款的规定，并提交了以下附件：

附件1：公开日为1981年3月11日的日本专利文献JP昭56-25424A，共4页；

附件2：附件1的中文译文，共6页；

附件3：本专利的实用新型专利检索报告，复印件，共4页；

附件4：第9164号无效宣告请求审查决定，复印件，共6页；

附件5：包括附件5-1和5-2，

附件5-1：长春出版社1999年2月第1版第1次印刷的《可发性聚苯乙烯》，封面页、扉页、版权页、第2、171、174、175页复印件，共7页；

附件5-2：吉林人民出版社2003年6月第1版第1次印刷的《可发性聚苯乙烯》，封面页、版权页、第71、72、68页复印件，共5页。

请求人认为，附件5已经公开了权利要求4的附加技术特征“搅拌桶体底部设有搅拌刮板”，因此，在第9164号生效决定已经宣告本专利权利要求1和3相对于附件1没有创造性因而无效的基础上，本专利权利要求4也没有实质性特点和进步，不符合专利法第22条第3款有关创造性的规定。

经形式审查合格后，专利复审委员会受理了上述请求，于2007年6月19日向双方当事人发出了无效宣告请求受理通知书，并将专利权无效宣告请求书及其附件清单中所列附件的副本转送给了专利权人，要求其在指定的期限内答复。专利权人逾期没有答复。

专利复审委员会依法成立合议组对本案进行审查。

本案合议组于2007年9月12日向双方当事人发出了口头审理通知书，定于2007年10月25日对本案进行口头审理。

口头审理如期举行，双方当事人均参加了口头审理。在口头审理中，（1）请求人明确其无效宣告的理由、证据和范围为：本专利的权利要求4不具备创造性，不符合专利法第22条第3款的规定。证据的结合方式为：以附件1作为是最接近的现有技术再加上附件5-1或5-2，或者以附件5-1或5-2作为最接近的现有技术再加上附件1来评价本专利权利要求4的创造性。（2）请求人当庭提交了（2007）京二证字第43136号公证书，用来证明附件5-1内容的真实性，还出示了附件5-2的原件，合议组当庭将其转给专利权人核实，专利权人对附件5-1、5-2的原件真实性没有异议。（3）双方对权利要求4的创造性问题充分发表了意见。请求人认为：关于权利要求1、3的特征的对比同在先生效的第9164号决定中的认定意见，关于本专利权利要求4的附加技术特征，在附件5-1第171页第1段的倒数第4行公开了刮板搅拌器，在公证书的最后一页（176页）在表格下面的第2行提到了横扫杆，在附件5-2的第72页倒数第8行中也公开了横扫杆，附件5-2第

68 页倒数第 5 行也公开了刮板搅拌器，因此本专利权利要求 4 的附加技术特征被公开，权利要求 4 不具备创造性。专利权人认为：刮板搅拌器和本专利的搅拌刮板不相同，附件 5-1 中是连续式预发机和本专利的间歇式预发机的工作状态是有区别的，附件 5-1 的第 171 页第 6 行讲到了在桶体的最下面是 4 个空心搅拌棒，不是刮板搅拌器，而本专利的搅拌刮板是放在搅拌轴的最下方靠近桶底的。

口头审理结束之后，专利权人于 2007 年 10 月 27 日提交了意见陈述书，认为：请求人在口头审理当庭依据附件 5-2 中的“横扫杆”提出的无效理由属于请求人在提出无效请求之日起一个月后增加的新理由，合议组不应考虑。

至此，合议组认为本案事实清楚，可以作出审查决定。

二、决定的理由

1. 关于证据和现有技术

请求人提交的证据包括附件 1 至 5，请求人当庭提交了（2007）京二证字第 43136 号公证书，用来证明附件 5-1 的真实性，还出示了附件 5-2 的原件，专利权人对附件 5-1、5-2 的真实性没有提异议，附件 1、2 为日本专利文献及其中文译文，且附件 1、2 为在生效的第 9164 号决定中已经认定的作为本专利现有技术的证据，附件 3 为本专利的检索报告，附件 4 为上述生效的第 9164 号决定正文，因此合议组经审查，确认附件 1 至 5 均可以作为本案的证据使用。同时，由于附件 1 和附件 5 的公开日均早于本专利的申请日，因此都可以作为本专利的现有技术使用。

2. 关于专利法第 22 条第 3 款

专利法第 22 条第 3 款规定：创造性是指同申请日以前已有的技术相比，该发明有突出的实质性特点和显著的进步，该实用新型有实质性特点和进步。

根据该规定，如果涉案专利与对比文件的区别特征为教科书中公开的本领域的公知常识，则将该教科书与对比文件相结合从而得到涉案专利，对本领域技术人员来说是显而易见的，该涉案专利不具备创造性。

本案中，请求人在第 9164 号生效决定已经宣告本专利权利要求 1 和 3 相对于附件 1 没有创造性因而无效的基础上，认为附件 5 公开了权利要求 4 的附加技术特征，因此该利要求 4 也不具备创造性，请求宣告该权利要求 4 无效。

合议组经审查认为，权利要求 4 作为从属权利要求，直接从属于权利要求 3，间接从属于独立权利要求 1，因此权利要求 4 的技术方案除了权利要求 4 的附加技术特征外，还包括权利要求 1 和 3 的所有技术特征。

附件 1 公开了一种间歇式预发泡装置，并具体公开了以下技术方案：原料颗粒通过空气输送装置 1 送入计量器 3，计量器是容积式计量器。该计量器的前后安装自动闸阀 2 和 4，它们计量设定体积的原料颗粒。设定的原料量通过自动闸阀 5 送入发泡槽 6（即计量器与发泡槽连接）。发泡槽的上部安装搅拌电机 7，内部安装搅拌叶轮 8，搅拌桨之间安装固定杆 9，发泡槽底板安装蒸汽室 10，它通过连续的多孔底板 11 往发泡槽喷射空气，而且设置在发泡槽上部的料位计 13 与程控器 14 连接，由该程控器调节进汽阀 12，或关闭进汽阀 12，由自动排放闸阀 15 排出预发泡颗粒（参见附件 2 第 3 和 4 页及附图 1）。将本专利与附件 1 相比可以看出，本专利中的电脑控制箱已被附件 1 的程控器 14 公开，上料装置已被附件 1 的空气输送装置 1 公开，蒸汽管路装置已被附件 1 的进汽阀 12 及相应管路公开，出料装置已被附件 1 的自动排放阀 15 公开，搅拌桶体已被附件 1 中的发泡槽 6 公开。本专利的上料装置与电子称重装置连接，电子称重装置与搅拌桶体连接，即作为原料称量装置的电子称重装置连有上料装置和搅拌桶体，而附件 1 是输送装置与容积式计量器连接，容积式计量器与发泡槽连接，即作为原料称量装置的容积式计量器连有输送装置和发泡槽，因此，本专利权利要求1与附件1的区别在于：本专利采用电子称重装置，而附件1采用的是容积式计量器。然而从附件1的实施例1~4以及表1的试验结果可以看出，对于可发性聚苯乙烯，即预发泡原料投料量的计量是以其重量计的，本领域技术人员在此公开内容的基础上想到采用电子称重装置等重量计量装置对该材料进行称量是显而易见的，并且采用电子称重装置对可发性聚苯乙烯进行计量也是本领域常用的技术手段。

权利要求3的附加技术特征中，中空的桶体已经被附件1的发泡槽6公开，搅拌电机组已经被附件1的搅拌电机7公开，搅拌主轴可以从附件1的图1明显看出，即附件1中搅拌电机7下面的主轴，搅拌杆子已经被附件1中的回转叶轮8公开，固定杆子已经被附件1中的固定杆9公开，而权利要求3附加技术特征中的上下轴承座和连轴器这两个技术特征在附件1中并没有被明确公开，然而，对于本领域技术人员而言，采用轴承座和连轴器将搅拌电机与搅拌主轴相连并将动力传递给搅拌主轴是常用的技术手段。

因此本案的焦点在于，权利要求4的附加技术特征是否被现有技术进一步公开，并因而丧失创造性。合议组经审查认为，权利要求4的附加技术特征为“搅拌桶体底部设有搅拌刮板”，附件5-1和5-2作为第一和第二版《可发性聚苯乙烯》教科书，分别在附件5-1的第171页和附件5-2的第68页记载了“EPS连续式预发机中，旋转搅拌器底部的刮板搅拌器靠近底板，使沉在底板上的珠粒也能受到有效的搅拌而不致相互粘结”，附件5-2第72页记载了“间歇式预发机中，搅拌器底部有横扫杆，使原料不会停留在底盘过分受热”，上述的“刮板搅拌器”或“横扫杆”即相当于本专利的“搅拌刮板”，因此权利要求4的附加技术特征被附件5-1或5-2所公开。由于附件5-1和5-2均为教科书，因此本领域技术人员将其中的内容应用到附件1所公开的预发泡装置中，从而得到本专利权利要求4的技术方案是显而易见的。

虽然，专利权人在口头审理中辨称附件5-1第171页提到了在筒体的最下面是4根空心搅拌棒，不是刮板搅拌器，而本专利的搅拌刮板是放在搅拌轴的最下方靠近桶底的，以及附件5-1中是连续式预发机和本专利的间歇式预发机的工作状态是有区别的。对此，合议组认为，对这类技术细节问题，不应该仅对附件中的文字进行断章取义式的理解，而应该根据本领域技术人员的知识，以及附件的全文作出综合的理解。对本领域技术人员而言，不管是连续式预发机还是间歇式预发机，其搅拌刮板或者搅拌杆都不可能放在桶体外，而都应该是放在桶体中对EPS珠粒进行搅拌的，同时，桶体中的EPS珠粒也必然是在桶体的底板上产生沉积和粘结，因此需要有搅拌刮板（或称刮板搅拌器）进行搅拌，因此搅拌刮板（或称刮板搅拌器）相对于其他搅拌杆而言必然是最靠近桶底的。附件5-1第171页第7~8行所记载的“靠近筒底的4根固定空心搅拌棒……”只是为了描述这4根固定空心搅拌棒在所有的固定空心搅拌棒中相对于筒底的位置关系是最靠近的，正如本专利说明书附图4中可以看到若干个靠近桶底的固定杆子6-8、搅拌杆子6-7一样，但并不能排除在这些固定或搅拌杆子与桶底之间还设有搅拌刮板（或称刮板搅拌器）。因此专利权人的主张并不能成立。

至于专利权人在口头审理结束之后于2007年10月27日提交的意见陈述书中提到的“依据附件5-2中的横扫杆提出的无效理由属于新的理由”的意见，合议组认为，附件5-2作为《可发性聚苯乙烯》教科书，属于公知常识性证据，根据审查指南第四部分第三章4.3.1节关于请求人举证期限的相关规定“请求人在提出无效宣告请求之日起一个月后补充证据的，专利复审委员会一般不予考虑，但下列情形除外：（i）……（ii）在口头审理辩论终结前提交技术词典、技术手册和教科书等所属技术领域中的公知常识性证据或者用于完善证据法定形式的公证书、原件等证据，并在该期限内结合该证据具体说明相关无效宣告理由的。”，请求人在口头审理中结合附件5-2对关于“横扫杆”的无效理由进行了具体说明，并且专利权人对该无效理由也充分发表了意见，因此合议组可以予以考虑。

综上，本专利权利要求4的附加技术特征被附件5-1或者5-2所公开，相对于附件1和附件5-1或5-2的结合不具备创造性。

基于以上事实和理由，本案合议组作出如下审查决定。

三、决定

在第9164号无效宣告请求审查决定的基础上，宣告200320126066.2号实用新型专利权的权利要求4无效，在权利要求2的基础上维持本专利有效。

当事人对本决定不服的，可以根据专利法第46条第2款的规定，自收到本决定之日起3个月内向北京市第一中级人民法院起诉。根据该款的规定，一方当事人起诉后，另一方当事人应当作为第三人参加诉讼。

221

中空玻璃内的百叶窗

无效宣告请求审查决定（第10745号）

决　　定　　号　第10745号
决　　定　　日　2007年12月11日
发明创造名称　中空玻璃内的百叶窗
国 际 分 类 号　E06B 9/264，E06B 9/32，E06B 3/66
无效宣告请求人　天津青亚玻璃制品有限公司
专 利 权 人　金仁哲，金承哲
专　　利　　号　200420057384.2
申　　请　　日　2004年12月15日
授 权 公 告 日　2006年2月8日
合 议 组 组 长　高　栋
主　　审　　员　刘路尧
参　　审　　员　郭　琼

法 律 依 据　专利法第22条第2款，专利法第9条
决 定 要 点

如果权利要求中的技术特征没有在对比文件的技术内容中明确记载，所属技术领域的技术人员也不能在对比文件隐含的技术内容中直接地、毫无疑义地确定，则该权利要求的技术方案相对于对比文件具有新颖性。

如果两项专利的权利要求书请求保护的范围不同，则二者不属于同样的发明创造。

一、案由

本无效宣告请求涉及国家知识产权局于2006年2月8日授权公告的、名称为“中空玻璃内的百叶窗”的200420057384.2号实用新型专利，其申请日为2004年12月15日，专利权人为金仁哲和金承哲。授权公告的权利要求书的内容如下：

“1. 一种中空玻璃内的百叶窗，安装在两面玻璃以及两侧框和上、下框围成的空间中，其特征在于，其包含：

一百叶窗主体，由一底板、若干个叶片、梯绳和长轴组成，梯绳固定在长轴上；

一闭合装置，包括：

一转向拉紧轮，固定在边框上；

一环状转向拉线套过并固定在长轴一端上，并套过并绕紧转向拉紧轮，该转向拉线上位于室内的

一侧设有第一磁铁，另在中空玻璃外单设一对应的第二磁铁；

一提升装置，包括：

若干中部导向轮，垂直于长轴并固定在中空玻璃内部；

一端部导向轮，垂直于长轴并固定在中空玻璃内部的一端；

一动滑轮位于中空玻璃内边框一侧，连接一第三磁铁，另在中空玻璃外单设一对应的第四磁铁；

与中部导向轮同样数量的升降拉线一端分别绕过所述的中部导向轮，穿过叶片固定在底板上；另一端绕过端部导向轮和动滑轮固定于边框上。

2. 根据权利要求 1 所述的中空玻璃内的百叶窗，其特征在于，所述的长轴上套设若干转向轮，梯绳固定在转向轮上。

3. 根据权利要求 1 所述的中空玻璃内的百叶窗，其特征在于，所述的长轴的一端上套设一边轮，环状转向拉线套过并固定在边轮上。

4. 根据权利要求 1 所述的中空玻璃内的百叶窗，其特征在于，其中升降拉线穿过叶片的中心固定在底板上。

5. 根据权利要求 1 所述的中空玻璃内的百叶窗，其特征在于，所述的动滑轮或者第三磁铁连接一配重。”

针对上述实用新型专利（下称本专利），天津青亚玻璃制品有限公司（下称请求人）于 2007 年 7 月 5 日向专利复审委员会提出无效宣告请求。在该无效宣告请求中，请求人提交的证据为：

附件 1：专利号为 200310107553.9 的发明专利证书复印件；

附件 2：专利号为 200310107553.9 的发明权利要求书复印件；

附件 3：专利号为 200310107553.9 的发明说明书复印件；

附件 4：专利号为 200310107553.9 的发明说明书附图复印件；

上述附件 2~4 属于专利号为 200310107553.9 的发明专利授权公告文本，其申请日为 2003 年 12 月 16 日，授权公告日为 2006 年 5 月 24 日，专利权人为天津青亚玻璃制品有限公司（下称对比文件 1）；

请求人提出的具体理由为：将本专利的权利要求 2~4 与对比文件 1 公开的内容相比，本专利与对比文件 1 的技术特征及结构原理基本相同，且权利要求范围近似，因此上述权利要求不具有新颖性，不符合专利法第 22 条第 2 款的规定；将本专利的权利要求 5 与对比文件 1 的说明书第 3 页第 10~11行及附图 1、2、4 公开的内容相比，该权利要求中记载的所谓动滑轮的原理和技术特征被对比文件 1 公开，该权利要求不具有新颖性和创造性，不符合专利法第 22 条第 2 款、第 3 款的规定；本专利相对于对比文件 1 不符合专利法第 9 条和专利法实施细则第 12 条第 1 款的规定。

经形式审查合格后，专利复审委员会受理了该无效宣告请求，并于 2007 年 8 月 21 日向双方当事人发出无效宣告请求受理通知书，并随上述无效宣告请求受理通知书将请求人提交的无效宣告请求书及其附件清单中所列附件副本转送专利权人，要求其在指定期限内对该无效宣告请求陈述意见。

专利权人在指定期限内没有答复。

在此基础上，专利复审委员会依法成立合议组，对本案进行审查。合议组于 2007 年 10 月 29 日向双方当事人发出口头审理通知书，定于 2007 年 12 月 3 日对本案进行口头审理。双方当事人均提交了口头审理通知书回执，均表示参加口头审理。

口头审理如期举行，双方当事人均出席了口头审理。在口头审理中，双方当事人对合议组成员无回避请求，双方当事人对对方出庭人员身份无异议；专利权人对对比文件 1 的真实性没有异议；请求人明确放弃本专利不符合专利法实施细则第 12 条第 1 款的无效理由；请求人明确无效理由为：本专利权利要求2~5不符合专利法第22条第2款的规定，权利要求5不符合专利法第22条第3款的规定，权利要求1~5不符合专利法第9条的规定；合议组当庭告知请求人由于权利要求2~4相对于对比文件1不符合专利法第22条第2款规定的理由在无效宣告请求书中没有结合证据具体说明无效理由，因此对该无效理由合议组不予审理；合议组当庭告知请求人由于对比文件1的授权公告日在本专利申请日之后，不能作为评价本专利创造性的现有技术使用，因此对权利要求5不符合专利法第22条第3款规定的无效理由合议组不予审理；请求人当庭演示物证，请求人认为演示的实物样品与对比文件1的技术方案相同，但对比文件1没有公开该实物中的闭合装置的具体结构，闭合装置很常见属于本领域的常用技术，因此没有记载在对比文件1中，专利权人认为请求人所演示的实物样品既不是本专利产品也不是对比文件1公开的产品；针对权利要求5不具有新颖性，请求人认为闭合装置比较简单，一般的百叶窗都已经使用，因此没有记载在对比文件1中，权利要求5中的其他装置已经被对比文件1公开，专利权人认为对比文件1公开了本专利中的两侧框、上下框、叶片，本专利中的动滑轮与对比文件1中滚轮并不对应，滚轮并不具备动滑轮的作用，本专利的其他技术特征在对比文件1中都没有公开，本专利中的配重也没有被对比文件1公开，对比文件1中（说明书第3页倒数第6行）公开的是永磁块，对应本专利中的第三磁铁，与配重没有关系，配重是平衡叶片的作用，因此权利要求5相对于对比文件1具有新颖性。在此基础上双方当事人充分陈述了意见。

至此，合议组经合议后认为本案事实已经清楚，可以依法作出无效宣告请求审查决定。

二、决定的理由

1. 关于审查范围

审查指南第四部分第三章第4.1节中指出，请求人在提出无效宣告请求时没有具体说明的无效宣告理由以及没有用于具体说明相关无效宣告理由的证据，专利复审委员会不予考虑。请求人在其提交的无效宣告请求书中没有结合所依据的证据对权利要求2~4不符合专利法第22条第2款规定的无效宣告理由进行具体说明，因此对上述无效宣告理由不予审理。

审查指南第二部分第四章第2.1节中指出，在申请日以前由他人向专利局提出过申请并且记载在申请日以后公布的专利申请文件中的内容，不属于现有技术，在评价发明创造性时不予考虑。对比文件1系他人申请的中国专利文件，申请日为2003年12月16日，早于本专利的申请日，对比文件1的授权公告日为2006年5月24日，其公开日晚于本专利的申请日。因此，对比文件1只能作为评价本专利新颖性的现有技术使用，不能作为评价本专利创造性的现有技术使用，合议组对权利要求5不符合专利法第22条第3款规定的无效宣告理由不予审理。

综上，合议组就请求人提出的无效宣告理由和事实，即权利要求5相对于对比文件1不符合专利法第22条第2款的规定、权利要求1~5不符合专利法第9条的规定进行审查。

2. 关于证据

请求人提交的对比文件1为中国专利文献，专利权人对其真实性没有异议，且其属于在本专利申请日前申请，并在申请日之后公开的专利文件，因此该对比文件可以作为本案的有效证据使用。

请求人在口头审理中当庭演示实物样品，由于请求人认为对比文件1的技术方案没有公开该实物样品中的闭合装置的具体结构，专利权人认为该实物样品与对比文件1的技术方案不同，因此不能认定该实物样品就是对比文件1公开的技术方案所对应的产品，因此该实物样品作为证据与本案不具有关联性，不能作为本案的有效证据使用，合议组对其不予接受。

3. 关于新颖性

专利法第22条第2款规定的新颖性，是指在申请日以前没有同样的发明或者实用新型在国内外出版物上公开发表过、在国内公开使用过或者以其他方式为公众所知，也没有同样的发明或者实用新型由他人向专利局提出过申请并且记载在申请日以后（含申请日）公布的专利申请文件中。

权利要求5是独立权利要求1的从属权利要求，因此评价其新颖性时应当针对包含权利要求1的全部技术特征和权利要求5的附加技术特征的技术方案。对比文件1涉及一种百叶窗的升降调节结构，其中（参见说明书第3页第4行至倒数第1行，附图1、2、4）公开了如下内容：双玻璃窗1（相当于权利要求1、5中的两面玻璃）的固定框由横框架13和纵框架2（分别相当于权利要求1、5中的上、下框和两侧框）；百叶窗18（相当于权利要求1、5中的百叶窗主体）；所述的横框架和纵框架连接在设置有滚轮11的连接架10上，滚轮11与连接架10之间以轴16连接，并使滚轮以该轴为中心转动（相当于权利要求1、5中的中部导向轮和端部导向轮）；调节机构3的上部设置有滚轮架5中滚轮17自由转动，并设置有永磁块4与固定框外表面相应位置上设置的永磁块对应设置，吸附在该位置上，并可在固定框的内表面沿框架方向轴向滑动（相当于权利要求1、5中的动滑轮以及第三磁铁、第四磁铁）；绳索8分别穿过分线架7及滚轮17，一端固定于调节机构3上，另一端固定于百叶窗18的底部（相当于权利要求1、5中的升降拉线）。

将权利要求5所要求保护的技术方案与对比文件1公开的内容相比，权利要求5中的百叶窗主体和提升装置的结构已经被对比文件1公开，其中权利要求5中的动滑轮与对比文件1中公开的滚轮17相比，虽然两者的用语不同，但两者的位置结构和连接关系相同，也具有用于让升降绳绕过并连接磁铁的相同作用，因此两者属于实质上相同的技术特征；但权利要求5中的闭合装置的结构特征，包括转向拉紧轮和环状转向拉线的结构，没有在对比文件1的技术内容中明确记载，所属技术领域的技术人员也不能在对比文件1隐含的技术内容中直接地、毫无疑义地确定，另外权利要求5中的配重连接在所述动滑轮或第三磁铁下方，具有平衡叶片的作用，而对比文件1公开的内容中没有相对应的设置，永磁块4不具有与所述配重相同的作用，即对比文件1也没有公开权利要求5中配重的特征。因此，权利要求5的技术方案相对于对比文件1具有显著区别，符合专利法第22条第2款关于新颖性的规定。

4. 关于专利法第9条

根据专利法第9条的规定，两个以上的申请人分别就同样的发明创造申请专利的，专利权授予最先申请的人。

审查指南第二部分第三章第6.1节中指出，在判断是否为同样的发明创造时，应当将两件发明或者实用新型专利申请或专利的权利要求书的内容进行比较，而不是将权利要求书与专利申请或专利文件的全部内容进行比较。

对比文件1的权利要求1的内容为：

“1. 一种百叶窗的升降调节结构，其结构中双玻璃门窗的固定框由横框架和纵框架构成，其特征在于在所述横框架或纵框架，以及横框架和纵框架的交接处，分别设置有固定的滚轮；横框架和纵框架上分别设置有分线架；绳索分别穿过分线架及滚轮，一端固定于设置有强力永磁块的调节机构上，另一端固定于百叶窗的底部；所述调节机构的端部设置有滚轮，调节机构中的永磁块与固定框外表面相应位置上设置的永磁块对应设置，吸附在该位置上，并可在固定框的内表面轴向滑动。”

如在前评述新颖性中所述，将本专利权利要求1的内容与对比文件1的权利要求1的内容相比，权利要求1中闭合装置的结构特征，包括转向拉紧轮和环状转向拉线的结构，没有在对比文件1的技术内容中明确记载，即没有在对比文件1的权利要求1中描述，因此两者请求保护的范围不相同。由于独立权利要求1的保护范围不同，从属权利要求2~5的保护范围亦不同，因此本专利和对比文件1

不属于同样的发明创造，本专利权利要求 1~5 符合专利法第 9 条的规定。

三、决定

维持 200420057384. 2 号实用新型专利权有效。

当事人对本决定不服的，可以根据专利法第 46 条第 2 款的规定，自收到本决定之日起 3 个月内向北京市第一中级人民法院起诉。根据该款的规定，一方当事人起诉后，另一方当事人应当作为第三人参加诉讼。

可调多功能百叶窗

无效宣告请求审查决定（第 10764 号）

决　　定　　号 第 10764 号
决　　定　　日 2007 年 11 月 22 日
发明创造名称 可调多功能百叶窗
国 际 分 类 号 E06B 7/096
无效宣告请求人 深圳市南利装饰有限公司
专　利　权　人 昆明市万变窗墙有限责任公司
专　　利　　号 200420034307.5
申　　请　　日 2004 年 4 月 10 日
授 权 公 告 日 2005 年 3 月 30 日
合 议 组 组 长 翁晓君
主　　审　　员 乔东峰
参　　审　　员 张　霞

法　律　依　据 专利法第 22 条第 3 款
决　定　要　点

本实用新型专利的权利要求所要求保护的技术方案与对比文件相比存在区别技术特征，该区别技术既非属于公知常识，现有技术中也没有给出任何获得这些区别技术特征的启示，从而本专利具备实质性特点和进步，应予维持其专利权。

一、案由

本无效宣告请求案涉及国家知识产权局于 2005 年 3 月 30 日授权公告、申请号为 200420034307.5、名称为“可调多功能百叶窗”的实用新型专利（下称本专利），专利权人原为戴国锐，后变更为昆明市万变窗墙有限责任公司。授权公告的权利要求书的内容如下：

“1. 可调多功能百叶窗，有一由上、下和左、右平行相对边框构成的矩形框架，若干条相互平行可收展的活动百叶片（2）两端分别通过卡夹（7）以铰接方式经卡夹固定架（9）连接在左、右边框上，其特征在于：每一活动百叶片两端分别与对应卡夹（7）的前部插接相连，位于同侧的若干卡夹的中部均在同一个卡夹固定架上沿长度方向铰接相连，卡夹的后部均在同一根连动杆（11）上沿长度方向固定连接，同侧的任一个卡夹后部与一扇型齿轮（10）相连为一体，扇型齿轮与一个带动全体活动百叶片同步收展的蜗轮蜗杆（13，15）传动机构相啮合，蜗杆另一端连接有操纵摇把（12）。

2. 如权利要求 1 所述的百叶窗，其特征在于：位于左右边框上的卡夹分别通过铆钉（8）联接在卡夹固定杆（9）上，并且在左右对称位置上的卡夹和同侧扇型齿轮联接，扇型齿轮啮合的蜗轮采用锥齿轮，在对称位置上的左右两个齿轮分别装在同一根传动杆（6）的两端。

3. 如权利要求1所述的百叶窗，其特征在于，插接活动百叶片的卡夹前部制有适应不同百叶片厚度的卡夹弹性片（16），在卡夹前部内侧上至少布置二个弹性片（16）。

4. 如权利要求1所述的百叶窗，其特征在于：靠近上或下边框位置的左、右边框上连有固定百叶片。"

针对本专利，深圳市南利装饰有限公司（以下称为请求人）于2007年4月2日向国家知识产权局专利复审委员会提出无效宣告请求，理由是本专利不符合专利法第22条和专利法实施细则第30条的规定，同时请求人提交了以下附件作为证据材料：

附件1：公告号为CN2108786U的中国实用新型专利申请说明书，其公告日为1992年7月1日；

附件2：授权公告号为CN2130203Y的中国实用新型专利说明书，其授权公告日为1993年4月21日；

附件3：授权公告号为CN2238310Y的中国实用新型专利说明书，其授权公告日为1996年10月23日；

附件4：授权公告号为CN2494421Y的中国实用新型专利说明书，其授权公告日为2002年6月5日。

在无效宣告请求的理由中，请求人认为，本专利与附件1、2、3、4（以下分别称为对比文件1、2、3、4）虽然用词有不同，但实质是完全一样的，因此本专利不具备新颖性和创造性，不符合专利法第22条及专利法实施细则第30条的规定。

经形式审查合格后，专利复审委员会受理了该无效宣告请求，并于2007年4月2日向本案双方当事人发出了无效宣告请求受理通知书，同时将请求人提交的无效宣告请求书及所附证据材料的副本转给专利权人，要求其在指定期限内答复。

请求人又于2007年4月30日寄交了意见陈述书，并同时寄交了补充附件如下：

附件5：授权公告号为CN2222787Y的中国实用新型专利说明书，其授权公告日为1996年3月20日；

附件6：授权公告号为CN2431372Y的中国实用新型专利说明书，其授权公告日为2001年5月23日；

附件7：授权公告号为CN2161705Y的中国实用新型专利说明书，其授权公告日为1994年4月13日。（以下将附件5、6、7分别称为对比文件5、6、7）

在该意见陈述书的正文部分，请求人表示补充无效理由为：在对比文件1、2、3、4的基础上结合对比文件5、6和7给出的启示和公知常识得到本专利的权利要求的技术方案是显而易见的，因此本专利不具备专利法第22条第3款规定的创造性。

专利权人于2007年5月15日寄交了意见陈述书，并在意见陈述书中指出：本专利与请求人提交的对比文件1~4相比具有新颖性和创造性。专利权人还认为，本专利与对比文件的差别在于：①构成不同；②连接方式不同；③配合关系不同，因此本专利具有实质性特点和进步。

专利复审委员会依法成立合议组对本无效宣告请求进行审查。本案合议组于2007年6月8日发出无效宣告请求口头审理通知书，同时将请求人于2007年4月30日寄交的意见陈述书和附件5、6、7转送给专利权人，将专利权人于2007年5月15日寄交的意见陈述书转送给请求人，并定于2007年7月24日在专利复审委员会举行口头审理。

口头审理如期举行，双方当事人均出席了口头审理。在口审过程中，双方当事人对合议组成员无回避请求；专利权人对请求人的身份有异议，认为不符合专利代理条例第10条的规定；请求人明确无效理由为：本专利权利要求不符合专利法第22条第3款的规定，对比文件2为最接近的对比文件，具体评述方式为，对比文件2结合对比文件7评述权利要求1~3不符合专利法第22条第3款的规定，对比文件2结合对比文件5评述权利要求1~2不符合专利法第22条第3款的规定，对比文件2、对比文件5结合公知常识评述权利要求4不符合专利法第22条第3款的规定；请求人当庭表示放弃关于专利法第22条第1、2款和专利法实施细则第30条的无效理由，并明确表示放弃使用对比文件1、对比文件3、对比文件4、对比文件6；请求人当庭演示认为是本专利产品的模型，供合议组参考，但专利权人不认为该模型属于本专利产品；请求人当庭表示要求合议组依职权调查权利要求4的附加技术特征是否属于公知常识，合议组当庭告之请求人该举证责任应该由请求人承担，请求人应该承担无法举证的责任，口审之后合议组不再接受请求人提交的任何证据。

本案合议组认为双方当事人均已行使了陈述意见的权利，充分表达了各自的主张并提出相应的证据，至此本案事实已经清楚，可以作出审查决定。

二、决定的理由

1. 关于请求人的代理人的身份

出席口头审理的请求人一方的专利代理人是陈左，其代理权限是一般代理，工作证号是5310000485.3。专利权人对陈左的身份存有异议，具体理由为：根据专利代理条例第10条的规定，专利代理机构接受委托后不得就同一内容的专利事务接受有利害关系的其他委托人的委托，而代理本专利的申请和提出无效的是相同的代理机构的同一代理人。

经合议组依职权调查，国家知识产权局已对本专利的代理机构和专利代理人进行了变更，代理机构已由昆明正原专利代理有限责任公司变更为云南派特律师事务所，代理人已由陈左变更为张怡（工作证号为5311006204.6）。因此代理本专利的专利代理机构及代理人与提出无效的专利代理机构及代理人属于不同的代理机构和代理人，符合专利代理条例第10条的规定。

2. 关于证据

请求人先后共提交了7份证据，即对比文件1~7，但因为请求人已明确表示放弃使用对比文件1、3、4、6，因此请求人提出的证据共三份，即对比文件2、5、7。经合议组依职权调查，对比文件2、5、7的真实性成立。并且，对比文件2、5、7都属于建筑物门窗技术领域的专利文件，其公开日都在本专利的申请日2004年4月10日之前，因此它们都可作为评述本专利的权利要求的创造性的对比文件。

3. 关于本专利的创造性

（1）权利要求1请求保护一种可调多功能百叶窗，对比文件2也公开了一种可调百叶窗，与本专利属于相同的技术领域。对比文件2的说明书第4页第3~13行及附图1披露了如下技术内容：百叶窗包括窗框（2）、叶片（16），以及调节机构（12）；叶片装置在叶片架（1）上，由弹簧（13）压住；叶片架成对设置，并分别装置在两对应的竖框上，其中一侧的叶片架支翼上有转轴孔（10）与窗框铆接，尾孔（15）与转动连杆（3）铆接，转动连杆顶端有孔（4）以供与传动臂（5）连接，另一侧叶片不用转动连杆，只需与竖框铆接即可；调节机构（12）由摇臂（9）、主动螺杆（14）、传动齿轮（11）、驱动滑杆（6）组成；主动螺杆尾部与摇臂配合，头部与传动齿轮啮合，驱动滑杆一端有连接孔（7）与传动臂铆接，内面有齿牙与传动齿轮啮合，将传动齿轮的啮转运动转换成直线运动，从而通过传动臂驱动叶片架绕轴旋转。

由此可见，对比文件2中的窗框（2）对应于权利要求中的矩形框架，叶片（16）对应于权利要求中所称的百叶片，叶片架（1）对应于权利要求中的卡夹；对比文件2中的转动连杆（3）对应于权利要求中的连动杆。本专利的权利要求1所要求保护的技术方案与对比文件2相比的区别在于：a. 对比文件2中并未指出窗框的具体构型，而权利要求1中则限定了矩形框架是“上、下和左、右平行相对边框”构型的；b. 对比文件2中的叶片架（1）直接装置在窗框的竖框上，而权利要求1中的卡夹则以铰接方式经卡夹固定架连接在左、右边框（即竖框）上；c. 对比文件2中未提及叶片如何装配在叶片架上，而权利要求1中则限定了“百叶片的两端分别与对应卡夹的前部插接相连”；d. 对比文件2中采用调节机构（12）来调节叶片的开合，该调节机构的内部构造不同于权利要求中所限定的结构，其不包括扇形齿轮和蜗轮蜗杆。

对比文件7涉及一种九点锁紧的防盗门，其说明书第2页第5~15行、第2页第18行至第3页第1行以及附图具体公开了如下内容：钥匙插入副锁孔（15）内转动，小齿轮（9）带动扇形齿轮（8）转动，带动两个连杆（4）上下移动，推动拔盘（5）转动，拔盘带动连杆移动，使上下和左侧的四个锁舌（3）插入或抽出门框孔。

可见，对比文件7与本专利不属于相同或相近的技术领域，其公开的防盗门的结构也与权利要求1的多功能面叶窗的结构存在较大的差别。对比文件7中虽然也公开了利用扇形齿轮（8）使转动变成平动，但该扇形齿轮（8）是用来带动连杆（4，6，10）的滑动，从而使锁舌插入或抽出门框孔。而权利要求1的技术方案中通过扇形齿轮带动连动杆（11）的上下移动，从而使夹有活动百叶片（3）的卡夹（7）发生旋转，即权利要求1的技术方案是将转动变为平动，然后又将平动变为转动。也就是说，对比文件7中所公开的扇形齿轮在功能上与权利要求1的技术方案也存在显著的差别，其在构件中的连接关系也是不同的。所以，对比文件7没有给出如权利要求1的技术方案那样应用扇形齿轮来解决技术问题的启示。此外，对比文件7也没有公开上述其他的区别技术特征。而权利要求1的技术方案采用了扇形齿轮代替一般的传动齿轮和传动臂，提出了一种新型的百叶窗，其具体设计相比于现有技术节省了传动部件，且传动方式能使百叶片的转动更加平顺，因而具有进步性。所以，权利要求1与对比文件2和对比文件7的结合相比具有实质性特点和进步，因而具备专利法第22条第3款规定的创造性。

（2）对比文件5的说明书第2页第12~24行及附图1-5披露了一种中悬窗开关电动机构，与本专利属于相近的技术领域，其中具体公开了如下技术内容：齿条（7）与圆柱齿轮（9）在齿轮箱8中组成运动副，圆柱齿轮（9）与扇形齿轮（10）啮合，扇形齿轮（10）随电动机正、反旋转而使中悬窗转动开启或关闭。

由此可见，对比文件5虽然公开了扇形齿轮（10），但是其公开的扇形齿轮应用于中悬窗的开合传动，并且，该扇形齿轮是与需要转动的中悬窗固定的，并且是通过齿条（7）的上下平动来带动扇形齿轮的转动，即它是一种平动变为转动的运动模式，与本专利的权利要求1的技术方案的将转动变为平动是不一样的机械原理。况且，由于中悬窗与百叶窗在整体结构上差异较大，所属技术领域的技术人员很难想到将对比文件5的扇形齿轮应用到对比文件2中去，即对比文件5也没有给出如权利要求1的技术方案那样应用扇形齿轮来解决技术问题的启示。而权利要求1的技术方案采用了扇形齿轮代替一般的传动齿轮和传动臂，提出了一种新型的百叶窗，其具体设计相比于现有技术节省了传动部件，且传动方式能使百叶片的转动更加平顺，因而具有进步性。所以，权利要求1与对比文件2和对比文件5的结合相比也具有实质性特点和进步，因而具备专利法第22条第3款规定的创造性。

综上所述，权利要求1所要求保护的技术方案相比于现有技术具有实质性特点和进步，符合专利法第22条第3款有关实用新型的创造性的规定。

（3）由于权利要求1相对于对比文件2和对比文件7的结合，或相对于对比文件2和对比文件5的结合都具备创造性，因此其从属权利要求2、3相对于对比文件2和对比文件7的结合或相对于对比文件 2 和对比文件 5 的结合也同样具备专利法第 22 条第 3 款规定的创造性。

（4）权利要求 4 在权利要求 1 的基础上进行了进一步限定，增加了附加技术特征：靠近上或下边框位置的左、右边框上连有固定百叶片。虽然在百叶窗上设置固定百叶片所属技术领域的公知常识，但是如上所述，由于其引用的独立权利要求 1 相对于对比文件 2 和对比文件 5 的结合结合具备创造性，因此从属权利要求 4 相对于对比文件 2、5 及公知常识的结合同样具备专利法第 22 条第 3 款规定的创造性。

三、决定

维持 200420034307.5 号实用新型专利权全部有效。

当事人对本决定不服的，可以根据专利法第 46 条第 2 款的规定，自收到本决定之日起 3 个月内向北京市第一中级人民法院起诉。根据该条款的规定，一方当事人起诉后，另一方当事人应当作为第三人参加诉讼。

223

复合保温砌块

无效宣告请求审查决定（第10778号）

决　　定　　号 第10778号
决　　定　　日 2007年12月4日
发明创造名称 复合保温砌块
国 际 分 类 号 E04C 1/40
无效宣告请求人 秦皇岛开发区开元有限公司
专　利　权　人 侯宇林
专　　利　　号 02253282. X
申　　请　　日 2002年9月6日
授 权 公 告 日 2003年8月27日
合 议 组 组 长 于　萍
主　　审　　员 姜　岩
参　　审　　员 欧　岚

法　律　依　据 专利法第22条第3款
决　定　要　点

如果权利要求所要求保护的技术方案与最接近现有技术的区别特征为公知常识，则认为现有技术中存在将该公知常识结合到该最接近现有技术从而获得权利要求保护的技术方案的启示。

一、案由

本无效宣告请求涉及中华人民共和国国家知识产权局于2003年8月27日授权公告的、名称为“复合保温砌块”的实用新型专利权（以下简称本专利），其专利号是02253282. X，申请日是2002年9月26日，专利权人是侯宇林。本专利授权公告时的权利要求书如下：

“1. 一种复合保温砌块，由砌块和保温材料复合构成，其特征是，在砌块的宽度方向上有二至五排交错排列的矩形竖孔，在砌块两端各有一至三个与竖孔排列相对应的矩形竖槽，保温材料至少填充砌块的一排或交错的一排竖孔及竖槽内，填充保温材料的竖孔为通孔结构，非填充保温材料的竖孔在砌块的铺浆面为封闭结构。

2. 根据权利要求1所述的复合保温砌块，其特征是，填充在竖孔及竖槽中的保温材料凸出砌块的铺浆面8~10毫米，端面4~5毫米。

3. 根据权利要求1所述的复合保温砌块，其特征是，砌块保温性能可以通过增减砌块竖孔及竖槽的填充数量来调整。”

针对本专利权，秦皇岛开发区开元有限公司（以下简称请求人）于2007年5月25日向专利复审委员会提出无效宣告请求，认为本专利不符合专利法第22条第3款的规定，请求人同时提交了如下附件：

附件1：授权公告号为CN2568726Y（专利号为02253282.X）的中国实用新型专利说明书（本专利），申请日为2002年9月6日，授权公告日为2003年8月27日；

附件2：对比文件1，授权公告号为CN2440072Y（专利号为00254410.5）的中国实用新型专利说明书，授权公告日为2001年7月25日；

附件3：对比文件2，授权公告号为CN2328724Y（专利号为98225961.1）的中国实用新型专利说明书，授权公告日为1999年7月14日；

附件4：对比文件3，中国建筑工业出版社于1986年12月第1版第1次印刷的《简明建筑材料手册》封面页、版权信息页、前言页及172~173页的复印件；

附件5：对比文件4，授权公告号为CN2323039Y（专利号为97236594.X）的中国实用新型专利说明书，授权公告日为1999年6月9日。

请求人认为：（1）权利要求1相对于对比文件1和对比文件3公开的公知常识的结合、对比文件2和对比文件3公开的公知常识的结合、对比文件1或对比文件2公开的技术方案与对比文件4公开的技术方案的结合不符合专利法第22条第3款；（2）权利要求2的附加技术特征被对比文件2公开了；（3）权利要求3的附加技术特征被对比文件2公开了。

经形式审查合格，专利复审委员会依法受理了上述无效宣告请求，并于2007年6月11日向请求人和专利权人发出无效宣告请求受理通知书，同时将专利权无效宣告请求书及其附件清单中所列附件的副本转送给专利权人，并要求专利权人在指定的期限内陈述意见。

本案合议组于2007年8月27日向双方发出无效宣告请求口头审理通知书，定于2007年10月18日在专利复审委员会举行口头审理。

针对专利复审委员会发出的上述无效宣告请求受理通知书，专利权人于2007年9月23日提交了意见陈述书，认为请求人将4份对比文件拼凑组合也未公开权利要求1、2、3的全部必要技术特征。因此，无效宣告请求理由不能成立。

本案合议组于2007年9月28日向无效宣告请求人发出了转文通知书，将专利权人2007年9月23日提交的意见陈述书转送给无效宣告请求人。

口头审理如期举行，双方当事人均参加了口头审理。口头审理中，请求人当庭提交了对比文件3的原件，专利权人对对比文件3的真实性没有异议，对对比文件1、2、4的真实性没有异议。请求人明确其无效的理由、证据、范围以及证据的使用情况为：权利要求1相对于对比文件1和对比文件3公开的公知常识的结合、对比文件2和对比文件3公开的公知常识的结合不符合专利法第22条第3款；权利要求2的附加技术特征被对比文件1、2、4公开了；权利要求3的附加技术特征是公知常识，且被对比文件4公开了。专利权人陈述了其认为本专利相对于请求人提供的对比文件具备创造性的意见。请求人明确表示不需要在口头审理之后针对专利权人2007年9月23日提交的意见陈述书提交书面意见。

至此，合议组认为本案事实已经清楚，可以作出审查决定。

二、决定的理由

1. 关于证据和现有技术

请求人提交的证据包括对比文件1~4，专利权人对对比文件1~4的真实性没有异议，同时由于对比文件1、2、4为中国专利文献，对比文件3也为公开出版物，且对比文件1~4的公开日期均在本专利的申请日前，因此可以作为本专利的现有技术使用。

2. 本专利的权利要求 1 的创造性。

请求人认为：本专利权利要求 1 相对于对比文件 1 和对比文件 3 公开的公知常识的结合，或者对比文件 2 和对比文件 3 公开的公知常识的结合不具备创造性。

根据专利法第 22 条第 3 款的规定，创造性，是指同申请日以前已有的技术相比，该发明有突出的实质性特点和显著的进步，该实用新型具有实质性特点和进步。

如果权利要求所要求保护的技术方案与最接近现有技术的区别特征为公知常识，则认为现有技术中存在将该公知常识结合到该最接近现有技术从而获得权利要求保护的技术方案的启示。

本专利的权利要求 1 包括两个并列的技术方案：

第一个技术方案：一种复合保温砌块，由砌块和保温材料复合构成，其特征是，在砌块的宽度方向上有二至五排交错排列的矩形竖孔，在砌块两端各有一至三个与竖孔排列相对应的矩形竖槽，保温材料至少填充砌块的一排竖孔及竖槽内，填充保温材料的竖孔为通孔结构，非填充保温材料的竖孔在砌块的铺浆面为封闭结构。

第二个技术方案：一种复合保温砌块，由砌块和保温材料复合构成，其特征是，在砌块的宽度方向上有二至五排交错排列的矩形竖孔，在砌块两端各有一至三个与竖孔排列相对应的矩形竖槽，保温材料至少填充砌块的交错的一排竖孔及竖槽内，填充保温材料的竖孔为通孔结构，非填充保温材料的竖孔在砌块的铺浆面为封闭结构。

关于权利要求 1 第一个技术方案的创造性

对比文件 1 公开了一种空心保温砌块，并具体公开了如下技术内容：其包括单排孔空心砌块以及连接在砌块外侧的连接板，砌块外表面和连接板共同围成矩形竖孔形及矩形竖槽形保温腔，保温腔中填装保温材料，另外参见对比文件 1 中附图并结合其说明书的描述可知保温腔 4 是由横板 1 和纵板 2 围成的，因此对比文件 1 中该填充保温材料的保温腔为通孔结构（参见对比文件 1 的附图 1-3 以及说明书第 2 页）。

通过对比可知，对比文件 1 中的空心砌块中的单排孔以及矩形竖孔形保温腔共同对应于权利要求 1 中的砌块宽度方向上的矩形竖孔，而对比文件 1 中位于砌块两端的矩形竖槽形保温腔对应于权利要求 1 中的矩形竖槽，从对比文件 1 的附图 1-3 中可以得知，矩形竖槽形保温腔与矩形竖孔形保温腔在同一排上，附图 1 中竖孔的数目是二排，竖槽的数目是二个，附图 2 中竖孔的数目是三排，竖槽的数目是四个，附图 3 中竖孔的数目是三排，竖槽的数目是二个，而且排间的竖孔交错排列，保温材料填充在上述矩形竖孔形保温腔及矩形竖槽形的保温腔中，附图 1、3 中填充了一排保温材料，附图 2 中填充了二排保温材料，填充了保温材料的保温腔为通孔结构，非填充保温材料的竖孔—也即对比文件 1 中的砌块中的单排孔也是通孔。

由以上的分析对比可知，权利要求 1 的第一个技术方案与对比文件 1 的区别技术特征仅在于本专利权利要求 1 中的“非填充保温材料的竖孔在砌块的铺浆面为封闭结构”没有被对比文件 1 明确公开。对此，合议组认为：空心砌块中的孔包括通孔的、盲孔的或半盲孔等几种常见结构形式，这是本领域的公知常识，而且由对比文件 3 中的“空心砌块应底面朝上（孔洞朝下）砌筑”可以得知：对比文件 3 所述的空心砌块可以是带有盲孔或半盲孔或带有一端孔大、一端孔小的通孔的结构，而且将带有盲孔即“一端为封闭结构”的砌块进行反砌，即将底面朝上，便于铺浆砌筑；砌块的竖孔与其下层铺浆面之间形成封闭空气腔，且可以起到保温隔热的作用，而不用填充保温材料。故本领域的普通技术人员在对比文件 1 的基础上结合对比文件 3 中的上述内容很容易想到将对比文件 1 中非填充保温材料的竖孔在砌块的铺浆面设为封闭结构，进而得到权利要求 1 请求保护的第一个技术方案，而且能够达到的技术效果也是可以预见得到的，因此，权利要求 1 中这部分技术方案相对于对比文件 1 和 3 的结合不具备创造性。

专利权人认为：对比文件1的竖孔是二、三排，本专利是二至五排，对比文件1没有公开四、五排的情况；另外，对比文件1只反映了砌块竖槽是一或二个，没公开三个竖槽。合议组认为：本专利权利要求1中采用竖孔为“二至五排”这样的技术特征对竖孔的数值范围进行了限定，该数值范围应当被视为一个技术特征，也即是应当理解为竖孔的数目是二至五之间的一个数值范围。由于对比文件1中已经公开了竖槽的数目为二排或三排，也就是说，公开了上述数值范围（二至五）之间的一个具体值，因此，对比文件1公开权利要求1中竖孔为“二至五排”这样的技术特征。同理，对比文件1中也公开了竖槽为“一至三个”这样的技术特征。专利权人认为的上述区别技术特征的主张不成立。另外，即使把本专利权利要求1中的“二至五排交错排列的竖孔”理解为多个并列的技术方案，那么对于本领域普通技术人员来说根据对比文件1中公开的二排及三排交错排列的矩形竖孔，想到四排、五排交错排列的竖孔，完全属于常规设计的范畴，不会给所要求保护的技术方案带来实质性特点。同理，竖槽的个数由一个、二个变到三个也是本领域技术人员常规设计选择，不能给所述技术方案带来实质性特点。

权利要求1的第二个技术方案的创造性。

对比文件1公开了一种空心保温砌块，并具体公开了如下技术内容：其包括单排孔空心砌块以及连接在砌块外侧的连接板，砌块外表面和连接板共同围成矩形竖孔形及矩形竖槽形保温腔，保温腔中填装保温材料，另外参见对比文件1中附图并结合其说明书的描述可知保温腔4是由横板1和纵板2围成的，因此对比文件1中该填充保温材料的保温腔为通孔结构（参见对比文件1的附图3以及说明书第2页）。

通过对比可知，对比文件1中的空心砌块中的单排孔以及矩形竖孔形保温腔共同对应于权利要求1中的砌块宽度方向上的矩形竖孔，而对比文件1中位于砌块两端的矩形竖槽形保温腔对应于权利要求1中的矩形竖槽，从对比文件1的附图1–3中可以得知，矩形竖槽形保温腔与矩形竖孔形保温腔在同一排上，附图1中竖孔的数目是二排，竖槽的数目是二个，附图2中竖孔的数目是三排，竖槽的数目是四个，附图3中竖孔的数目是三排，竖槽的数目是二个，而且排间的竖孔交错排列，保温材料填充在上述矩形竖孔形保温腔及矩形竖槽形的保温腔中，附图1、3中填充了一排保温材料，附图2中填充了二排保温材料，填充了保温材料的保温腔为通孔结构，非填充保温材料的竖孔—也即对比文件1中的砌块中的单排孔也是通孔。

由以上的分析对比可知，权利要求1的第二个技术方案与对比文件1的区别技术特征仅在于：(1) 本专利权利要求1中的“非填充保温材料的竖孔在砌块的铺浆面为封闭结构”没有被对比文件1明确公开。(2) 对比文件1中填充有保温材料的保温槽为一排或二排，但未交错，而本专利权利要求1中的“保温材料至少填充砌块的交错的一排竖孔及竖槽内”。

关于上述区别（1），合议组的意见与前述意见相同，认为：本领域的普通技术人员在对比文件1的基础上结合前述对比文件3中的内容出于便于铺浆砌筑的考虑，很容易想到将填充保温材料的竖孔在砌块的铺浆面设为封闭结构。关于上述区别（2），合议组经审查后认为：为了防止砌块沿宽度方向上形成热桥，沿砌块长度方向布置的、起保温作用的排间竖孔交错排列是本领域的公知常识，这样可以用孔或槽中存在的空气具有良好的保温性能的特点隔断宽度方向上热量的传递，从而消除热桥的产生。更进一步，除了空气具有保温性能以外，现有技术中存在的保温材料也具有保温性能，实际上对比文件1中起保温隔热作用的包括砌块中未填充保温材料的孔及填有保温材料的保温腔，并且它们是交错排列的，本领域技术人员在对比文件1中公开的在至少一排竖孔或竖槽中填充保温材料的启示下也很容易想到在至少交错的一排竖孔及竖槽内填充保温材料。也即本领域的技术人员在对比文件1和3的基础上结合公知常识很容易想到权利要求1所要求保护的第二个技术方案，因此权利要求1的第二个技术方案也不具备专利法第22条第3款规定的创造性。

专利权人认为：本专利由于每个砌块中均形成独立空气腔可以使空气相对静止，减少对流产生的热交换，提高孔的保温性能，增强砌块的保温效果，因此本专利具备创造性。

合议组认为：如果是通孔型砌块砌筑在一起后会形成多个空腔连通的封闭空气通道，而且由于空气通道封闭也不可能形成与外界的空气对流，而本专利中的一面封闭的砌块砌筑的墙体上砌块之间的铺浆面结合部热传导性比空气层更强，这样用热传导弱的空气层来替代一部分热传导墙的砌块结合部，可以达到更好的提高砌块保温效果的目的，所以通孔砌块砌筑的墙体的保温效果应该优于本专利中一面封闭的盲孔型砌块砌筑的墙体，但从强度方面考虑前者又弱于后者，因此选用哪种类型的砌块是本领域技术人员根据具体情况综合考虑来确定的，故专利权人的上述主张不能成立。

3. 根据权利要求 2 的创造性。

请求人的具体主张为：对比文件 1 中附图 1 公开了保温材料高出端面，没有具体数值，但属于公知常识。对比文件 4 公开了保温材料高出砖、砌块上端面 8 毫米。所以权利要求 2 没有创造性。

专利权人认为：所有证据均没有公开竖孔及竖槽中的保温材料凸出砌块的端面 4~5 毫米的特征。

合议组经合议后认为：对比文件 1 的附图 1 中可以看到保温材料的端面凸出于砌块的端面，对比文件 4 说明书第 1 页第 13、14 行公开了保温材料 3 的高度高出砖、砌块的上端面 8 毫米。虽然对比文件 1 中未明确保温材料凸出砌块端部的具体数值，对比文件 4 中仅公开了保温材料高出砌块上端面的一个数值，但保温材料凸出于砌块上端面和端面的高度均是可以根据铺设的砂浆厚度进行选择的，而且本专利的说明书中也没有描述这样的取值可以取得预料不到的技术效果。对比文件 1、4 于本专利属于相同的技术领域，而且保温材料凸出于砌块体的技术特征在对比文件和本专利中起到的作用相同，都是为了更好的防止热桥产生，本领域的技术人员在对比文件 1 的基础上结合对比文件 4 和公知常识可以很容易地得到权利要求 2 的技术内容，而且能够达到的技术效果也是可以预见得到的，因此，权利要求 2 相对于对比文件 1 和 4 和公知常识的结合不具备创造性。

4. 权利要求 3 的创造性。

对比文件 4 说明书第 2 页第 7、8 行公开了“调整保温片 3 插入在砖的小孔和凹槽内的量可满足南北方不同区域对砌块墙体的隔热或保温的不同要求”，由此可见权利要求 3 的附加技术特征被对比文件 4 公开了，因此，在其引用的权利要求不具备创造性的条件下，权利要求 3 也不具备创造性。

鉴于权利要求 1~3 不具备专利法第 22 条第 3 款规定的创造性，对其他无效理由不再予以评述。

根据上述的事实和理由，本案合议组依法作出以下决定。

三、决定

宣告 02253283. X 号实用新型专利权全部无效。

当事人对本决定不服的，可以根据专利法第 46 条第 2 款的规定，自收到本决定之日起 3 个月内向北京市第一中级人民法院起诉。根据该款的规定，一方当事人起诉后，另一方当事人应当作为第三人参加诉讼。

北京市第一中级人民法院
行政判决书

（2008）一中行初字第404号

原告侯宇林，男，1955年11月13日出生，汉族，秦皇岛金辰新型墙材有限公司经理，住河北省秦皇岛市广场西路碧海云天小区6栋2单元1301号。

委托代理人侯尚辰，男，1987年3月1日出生，汉族，秦皇岛市商务局职工，住河北省秦皇岛建材学院宿舍11栋2单元201室。

委托代理人吕焕友，男，1954年6月5日出生，汉族，秦皇岛金辰新型墙材有限公司经理，住河北省秦皇岛市海港区康乐里16栋3单元1号。

被告国家知识产权局专利复审委员会，住所地北京市海淀区北四环西路9号银谷大厦10~12层。

法定代表人廖涛，副主任。

委托代理人姜岩，女，国家知识产权局专利复审委员会材料工程申诉处审查员。

委托代理人隋璐，女，国家知识产权局专利复审委员会行政诉讼处审查员。

第三人秦皇岛开发区开元有限公司，住所地河北省秦皇岛经济技术开发区。

法定代表人王建瑞，董事长。

委托代理人张雷，男，秦皇岛开发区开元有限公司副经理。

委托代理人邓亚琥，男，北京金言诚信知识产权代理有限公司专利代理人。

原告侯宇林不服被告国家知识产权局专利复审委员会作出的第10778号无效宣告请求审查决定（以下简称无效决定），向本院提起行政诉讼。本院于2008年3月12日受理后，依法组成合议庭，依照《中华人民共和国专利法》（以下简称《专利法》）第四十六条第二款、《中华人民共和国行政诉讼法》第二十七条的规定，通知利害关系人作为本案第三人秦皇岛开发区开元有限公司参加诉讼，并于2008年5月9日公开开庭审理了本案。原告侯宇林及其委托代理人侯尚辰、吕焕友，被告的委托代理人姜岩、隋璐，第三人的委托代理人张雷、邓亚琥到庭参加了诉讼。本案现已审理终结。

被告针对第三人提出的无效宣告请求，于2007年12月4日作出无效决定：

本无效宣告请求涉及中华人民共和国国家知识产权局于2003年8月27日授权公告的、名称为“复合保温砌块”的实用新型专利权（以下简称本专利），其专利号是02253282.X，申请日是2002年9月26日，专利权人是原告。本专利授权公告时的权利要求书如下：

“1. 一种复合保温砌块，由砌块和保温材料复合构成，其特征是，在砌块的宽度方向上有二至五排交错排列的矩形竖孔，在砌块两端各有一至三个与竖孔排列相对应的矩形竖槽，保温材料至少填充砌块的一排或交错的一排竖孔及竖槽内，填充保温材料的竖孔为通孔结构，非填充保温材料的竖孔在砌块的铺浆面为封闭结构。

2. 根据权利要求1所述的复合保温砌块，其特征是，填充在竖孔及竖槽中的保温材料凸出砌块的铺浆面8~10毫米，端面4~5毫米。

3. 根据权利要求1所述的复合保温砌块，其特征是，砌块保温性能可以通过增减砌块竖孔及竖槽的填充数量来调整。”

针对本专利，第三人于2007年5月25日向被告提出无效宣告请求，认为本专利不符合《专利法》第二十二条第三款的规定，第三人同时提交了如下附件：附件1：授权公告号为CN2568726Y

（专利号为 02253282.X）的中国实用新型专利说明书（本专利），申请日为 2002 年 9 月 6 日，授权公告日为 2003 年 8 月 27 日；

附件 2：对比文件 1，授权公告号为 CN2440072Y（专利号为 00254410.5）的中国实用新型专利说明书，授权公告日为 2001 年 7 月 25 日；

附件 3：对比文件 2，授权公告号为 CN2328724Y（专利号为 98225961.1）的中国实用新型专利说明书，授权公告日为 1999 年 7 月 14 日；

附件 4：对比文件 3，中国建筑工业出版社于 1986 年 12 月第 1 版第 1 次印刷的《简明建筑材料手册》封面页、版权信息页、前言页及 172~173 页的复印件；

附件 5：对比文件 4，授权公告号为 CN2323039Y（专利号为 97236594.X）的中国实用新型专利说明书，授权公告日为 1999 年 6 月 9 日。

第三人认为：（1）权利要求 1 相对于对比文件 1 和对比文件 3 公开的公知常识的结合、对比文件 2 和对比文件 3 公开的公知常识的结合、对比文件 1 或对比文件 2 公开的技术方案与对比文件 4 公开的技术方案的结合不符合《专利法》第二十二条第三款；（2）权利要求 2 附加技术特征被对比文件 2 公开了；（3）权利要求 3 的附加技术特征被对比文件 2 公开了。

经形式审查合格，被告依法受理了上述无效宣告请求，并于 2007 年 6 月 11 日向双方发出无效宣告请求受理通知书，同时将专利权无效宣告请求书及其附件清单中所列附件的副本转送给原告，并要求原告在指定的期限内陈述意见。

被告于 2007 年 8 月 27 日向双方发出无效宣告请求口头审理通知书，定于 2007 年 10 月 18 日举行口头审理。

原告于 2007 年 9 月 23 日提交了意见陈述书，认为第三人将 4 份对比文件拼凑组合也未公开权利要求 1、2、3 的全部必要技术特征。因此，无效宣告请求理由不能成立。

被告于 2007 年 9 月 28 日向第三人发出了转文通知书，将原告 2007 年 9 月 23 日提交的意见陈述书转送给第三人。

口头审理如期举行，双方当事人均参加了口头审理。口头审理中，第三人当庭提交了对比文件 3 的原件，原告对对比文件 3 的真实性没有异议，对对比文件 1、2、4 的真实性没有异议。第三人明确其无效的理由、证据、范围以及证据的使用情况为：权利要求 1 相对于对比文件 1 和对比文件 3 公开的公知常识的结合、对比文件 2 和对比文件 3 公开的公知常识的结合不符合《专利法》第二十二条第三款；权利要求 2 附加技术特征被对比文件 1、2、4 公开了；权利要求 3 的附加技术特征是公知常识，且被对比文件 4 公开了。原告陈述了其认为本专利相对于第三人提供的对比文件具备创造性的意见。第三人明确表示不需要在口头审理之后针对原告 2007 年 9 月 23 日提交的意见陈述书提交书面意见。至此，被告作出无效决定。其理由如下：

1. 关于证据和现有技术

第三人提交的证据包括对比文件 1~4，原告对对比文件 1~4 的真实性没有异议，对比文件 1、2、4 为中国专利文献，对比文件 3 也为公开出版物，且对比文件 1~4 的公开日期均在本专利的申请日前，因此可以作为本专利的现有技术使用。

2. 本专利的权利要求 1 的创造性

第三人认为：本专利权利要求 1 相对于对比文件 1 和对比文件 3 公开的公知常识的结合，或者对比文件 2 和对比文件 3 公开的公知常识的结合不具备创造性。

根据《专利法》第二十二条第三款的规定，创造性，是指同申请日以前已有的技术相比，该发明有突出的实质性特点和显著的进步，该实用新型具有实质性特点和进步。如果权利要求所要求保护的技术方案与最接近现有技术的区别特征为公知常识，则认为现有技术中存在将该公知常识结合到该最接近现有技术从而获得权利要求保护的技术方案的启示。

本专利的权利要求 1 包括两个并列的技术方案：

第一个技术方案：一种复合保温砌块，由砌块和保温材料复合构成，其特征是，在砌块的宽度方向上有二至五排交错排列的矩形竖孔，在砌块两端各有一至三个与竖孔排列相对应的矩形竖槽，保温材料至少填充砌块的一排竖孔及竖槽内，填充保温材料的竖孔为通孔结构，非填充保温材料的竖孔在砌块的铺浆面为封闭结构。

第二个技术方案：一种复合保温砌块，由砌块和保温材料复合构成，其特征是，在砌块的宽度方向上有二至五排交错排列的矩形竖孔，在砌块两端各有一至三个与竖孔排列相对应的矩形竖槽，保温材料至少填充砌块的交错的一排竖孔及竖槽内，填充保温材料的竖孔为通孔结构，非填充保温材料的竖孔在砌块的铺浆面为封闭结构。

（1）关于权利要求 1 第一个技术方案的创造性。

对比文件 1 公开了一种空心保温砌块，并具体公开了如下技术内容：其包括单排孔空心砌块以及连接在砌块外侧的连接板，砌块外表面和连接板共同围成矩形竖孔形及矩形竖槽形保温腔，保温腔中填装保温材料，另外参见对比文件 1 中附图并结合其说明书的描述可知保温腔 4 是由横板 1 和纵板 2 围成的，因此对比文件 1 中该填充保温材料的保温腔为通孔结构（参见对比文件 1 的附图 1-3 以及说明书第 2 页）。

通过对比可知，对比文件 1 中的空心砌块中的单排孔以及矩形竖孔形保温腔共同对应于权利要求 1 中的砌块宽度方向上的矩形竖孔，而对比文件 1 中位于砌块两端的矩形竖槽形保温腔对应于权利要求 1 中的矩形竖槽，从对比文件 1 的附图 1-3 中可以得知，矩形竖槽形保温腔与矩形竖孔形保温腔在同一排上，附图 1 中竖孔的数目是二排，竖槽的数目是二个，附图 2 中竖孔的数目是三排，竖槽的数目是四个，附图 3 中竖孔的数目是三排，竖槽的数目是二个，而且排间的竖孔交错排列，保温材料填充在上述矩形竖孔形保温腔及矩形竖槽形的保温腔中，附图 1、3 中填充了一排保温材料，附图 2 中填充了二排保温材料，填充了保温材料的保温腔为通孔结构，非填充保温材料的竖孔——也即对比文件 1 中的砌块中的单排孔也是通孔。

由以上的分析对比可知，权利要求 1 的第一个技术方案与对比文件 1 的区别技术特征仅在于本专利权利要求 1 中的“非填充保温材料的竖孔在砌块的铺浆面为封闭结构”没有被对比文件 1 明确公开。对此，被告认为：空心砌块中的孔包括通孔的、盲孔的或半盲孔等几种常见结构形式，这是本领域的公知常识，而且由对比文件 3 中的“空心砌块应底面朝上（孔洞朝下）砌筑”可以得知：对比文件 3 所述的空心砌块可以是带有盲孔或半盲孔或带有一端孔大、一端孔小的通孔的结构，而且将带有盲孔即“一端为封闭结构”的砌块进行反砌，即将底面朝上，便于铺浆砌筑；砌块的竖孔与其下层铺浆面之间形成封闭空气腔，且可以起到保温隔热的作用，而不用填充保温材料。故本领域的普通技术人员在对比文件 1 的基础上结合对比文件 3 中的上述内容很容易想到将对比文件 1 中非填充保温材料的竖孔在砌块的铺浆面设为封闭结构，进而得到权利要求 1 请求保护的第一个技术方案，而且能够达到的技术效果也是可以预见得到的，因此，权利要求 1 中这部分技术方案相对于对比文件 1 和 3 的结合不具备创造性。

原告认为：对比文件 1 的竖孔是二、三排，本专利是二至五排，对比文件 1 没有公开四、五排的情况；另外，对比文件 1 只反映了砌块竖槽是一或二个，没公开三个竖槽。合议组认为：本专利权利要求 1 中采用竖孔为“二至五排”这样的技术特征对竖孔的数值范围进行了限定，该数值范围应当被视为一个技术特征，也即是应当理解为竖孔的数目是二至五之间的一个数值范围。由于对比文件 1 中已经公开了竖槽的数目为二排或三排，也就是说，公开了上述数值范围（二至五）之间的一个具体值，因此，对比文件 1 公开权利要求 1 中竖孔为“二至五排”这样的技术特征。同理，对比文件 1 中也公开了竖槽为“一至三个”这样的技术特征。原告认为的上述区别技术特征的主张不成立。另外，即使把本专利权利要求 1 中的“二至五排交错排列的竖孔”理解为多个并列的技术方案，那么对于本领域普通技术人员来说根据对比文件 1 中公开的二排及三排交错排列的矩形竖孔，想到四排、五排交错排列的竖孔，完全属于常规设计的范畴，不会给所要求保护的技术方案带来实质性特点。同理，竖槽的个数由一个、二个变到三个也是本领域技术人员常规设计选择，不能给所述技术方案带来实质性特点。

（2）权利要求 1 的第二个技术方案的创造性。

对比文件 1 公开了一种空心保温砌块，并具体公开了如下技术内容：其包括单排孔空心砌块以及连接在砌块外侧的连接板，砌块外表面和连接板共同围成矩形竖孔形及矩形竖槽形保温腔，保温腔中填装保温材料，另外参见对比文件 1 中附图并结合其说明书的描述可知保温腔 4 是由横板 1 和纵板 2 围成的，因此对比文件 1 中该填充保温材料的保温腔为通孔结构（参见对比文件 1 的附图 3 以及说明书第 2 页）。

通过对比可知，对比文件 1 中的空心砌块中的单排孔以及矩形竖孔形保温腔共同对应于权利要求 1 中的砌块宽度方向上的矩形竖孔，而对比文件 1 中位于砌块两端的矩形竖槽形保温腔对应于权利要求 1 中的矩形竖槽，从对比文件 1 的附图 1-3 中可以得知，矩形竖槽形保温腔与矩形竖孔形保温腔在同一排上，附图 1 中竖孔的数目是二排，竖槽的数目是二个，附图 2 中竖孔的数目是三排，竖槽的数目是四个，附图 3 中竖孔的数目是三排，竖槽的数目是二个，而且排间的竖孔交错排列，保温材料填充在上述矩形竖孔形保温腔及矩形竖槽形的保温腔中，附图 1、3 中填充了一排保温材料，附图 2 中填充了二排保温材料，填充了保温材料的保温腔为通孔结构，非填充保温材料的竖孔——也即对比文件 1 中的砌块中的单排孔也是通孔。

由以上的分析对比可知，权利要求 1 的第二个技术方案与对比文件 1 的区别技术特征仅在于：（1）本专利权利要求 1 中的“非填充保温材料的竖孔在砌块的铺浆面为封闭结构”没有被对比文件 1 明确公开。（2）对比文件 1 中填充有保温材料的保温槽为一排或两排，但未交错，而本专利权利要求 1 中的“保温材料至少填充砌块的交错的一排竖孔及竖槽内”。

关于上述区别（1），被告认为：本领域的普通技术人员在对比文件 1 的基础上结合前述对比文件 3 中的内容出于便于铺浆砌筑的考虑，很容易想到将填充保温材料的竖孔在砌块的铺浆面设为封闭结构。关于上述区别（2），被告认为：为了防止砌块沿宽度方向上形成热桥，沿砌块长度方向布置的、起保温作用的排间竖孔交错排列是本领域的公知常识，这样可以用孔或槽中存在的空气具有良好的保温性能的特点隔断宽度方向上热量的传递，从而消除热桥的产生。更进一步，除了空气具有保温性能以外，现有技术中存在的保温材料也具有保温性能，实际上对比文件 1 中起保温隔热作用的包括砌块中未填充保温材料的孔及填有保温材料的保温腔，并且它们是交错排列的，本领域技术人员在对比文件 1 中公开的在至少一排竖孔或竖槽中填充保温材料的启示下也很容易想到在至少交错的一排竖孔及竖槽内填充保温材料。也即本领域的技术人员在对比文件 1 和 3 的基础上结合公知常识很容易想到权利要求 1 所要求保护的第二个技术方案，因此权利要求 1 的第二个技术方案也不具备《专利法》第二十二条第三款规定的创造性。

原告认为：本专利由于每个砌块中均形成独立空气腔可以使空气相对静止，减少对流产生的热交换，提高孔的保温性能，增强砌块的保温效果，因此本专利具备创造性。

被告认为：如果是通孔型砌块砌筑在一起后会形成多个空腔连通的封闭空气通道，而且由于空气通道封闭也不可能形成与外界的空气对流，而本专利中的一面封闭的砌块砌筑的墙体上砌块之间的铺浆面结合部热传导性比空气层更强，这样用热传导弱的空气层来替代一部分热传导墙的砌块结合部，可以达到更好的提高砌块保温效果的目的，所以通孔砌块砌筑的墙体的保温效果应该优于本专利中一面封闭的盲孔型砌块砌筑的墙体，但从强度方面考虑前者又弱于后者，因此选用哪种类型的砌块是本领域技术人员根据具体情况综合考虑来确定的，故原告的上述主张不能成立。

3. 根据权利要求 2 的创造性

第三人的具体主张为：对比文件 1 中附图 1 公开了保温材料高出端面，没有具体数值，但属于公知常识。对比文件 4 公开了保温材料高出砖、砌块上端面 8 毫米。所以权利要求 2 没有创造性。

原告认为：所有证据均没有公开竖孔及竖槽中的保温材料凸出砌块的端面 4~5 毫米的特征。

被告认为：对比文件 1 的附图 1 中可以看到保温材料的端面凸出于砌块的端面，对比文件 4 说明书第 1 页第 13、14 行公开了保温材料 3 的高度高出砖、砌块的上端面 8 毫米。虽然对比文件 1 中未明确保温材料凸出砌块端部的具体数值，对比文件 4 中仅公开了保温材料高出砌块上端面的一个数值，但保温材料凸出于砌块上端面和端面的高度均是可以根据铺设的砂浆厚度进行选择的，而且本专利的说明书中也没有描述这样的取值可以取得预料不到的技术效果。对比文件 1、4 于本专利属于相同的技术领域，而且保温材料凸出于砌块体的技术特征在对比文件和本专利中起到的作用相同，都是为了更好的防止热桥产生，本领域的技术人员在对比文件 1 的基础上结合对比文件 4 和公知常识可以很容易地得到权利要求 2 的技术内容，而且能够达到的技术效果也是可以预见得到的，因此，权利要求 2 相对于对比文件 1 和 4 和公知常识的结合不具备创造性。

4. 权利要求 3 的创造性

对比文件 4 说明书第 2 页第 7、8 行公开了“调整保温片 3 插入在砖的小孔和凹槽内的量可满足南北方不同区域对砌块墙体的隔热或保温的不同要求”，由此可见权利要求 3 的附加技术特征被对比文件 4 公开了，因此，在其引用的权利要求不具备创造性的条件下，权利要求 3 也不具备创造性。

鉴于权利要求 1~3 不具备《专利法》第二十二条第三款规定的创造性，对其他无效理由不再予以评述。据此，被告作出无效决定，宣告本专利全部无效。

被告向本院提交了无效决定及以下证据：（1）对比文件 1；（2）对比文件 3；（3）对比文件 4；（4）本专利说明书；证据 1-4 证明无效决定认定事实清楚，适用法律正确。（5）中国计划出版社于 1996 年 9 月第 1 版第 1 次印刷的《建筑节能技术》复印件 4 页；证明无效决定认定空心砌块中的孔包括通孔的、盲孔的或半盲孔等几种常见结构形式，是本领域的公知常识。

原告诉称，（1）无效决定对本专利的设计原理及技术方案存在错误理解和认识，在违背科学原理和缺乏事实的基础上作出的结论显属错误。①本专利砌块竖孔内的空气在砌筑后与外界空气是隔绝的，而非无效决定认为的“如果是通孔型砌块砌筑在一起后会形成多个空腔连通的封闭空气通道，而且由于空气通道封闭也不可能形成与外界的空气对流”情况。②本专利是用凸出砌块端面和铺浆面的具有优良保温性能的保温材料来阻隔砌块之间结合部的水平及垂直砌筑灰缝的热传导，同时凸出砌块端面和铺浆面的保温材料与砌块本身的竖孔、竖槽中所填充的保温材料构成连续的保温材料层作为整体隔绝热传导的屏障；而非无效决定所述的“砌筑的墙体上通孔型砌块砌筑在一起后会形成多个空腔连通的封闭空气通道，用热传导弱的空气层来替代部分热传导墙的砌块结合部，可以达到更好的提高砌块保温效果”的空气层来阻断砌块结合部的热桥。③本专利采用“保温材料至少填充砌块的交错的一排竖孔及竖槽内”的技术，一方面用填充在交错排列的竖孔及竖槽中的导热系数小的保温材料构成厚度方向上的整体屏障，阻断直接贯通砌块厚度方向的热桥；另一方面还迫使穿过导热系数较大的砌块体本身材料的热传导路经曲折延长，从而减弱砌块体本身材料的热传导；而非无效决定所述“用孔或槽中存在的空气具有良好的保温性能的特点隔断宽度方向上热量的传递，从而消除热桥的产生”的空气层来阻断贯通砌块厚度的热桥。（2）无效决定并未在对比文件所公开的技术特征范围内的事实基础上进行特征比对，因此，不符合对实用新型专利创造性的判断原则。无效决定认为

“在对比文件 1 的基础上结合对比文件 3 中的上述内容很容易想到将对比文件 1 中非填充保温材料的竖孔在砌块的铺浆面设为封闭结构”的推定是自相矛盾的，据此，得出的结论是错误的。综上，原告认为，本专利对砌块产品的形状及构造提出了新的技术方案，解决了砌块保温指标达到特定标准的技术难题，并取得了能够满足节能建筑外墙使用要求的非显而易见的新的技术效果，具有突出的实质性特点和显著进步。故请求法院判决撤销被告作出的无效决定。

原告向本院提交了如下证据：（1）本专利说明书；（2）对比文件 1；（3）对比文件 3；证据 1~3 证明本专利具备创造性。（4）《建筑节能》复印件 6 页；（5）物理课堂试验说明复印件 1 页。证据 4~5 证明本专利具备创造性的具体数据。

被告辩称，坚持无效决定认定的事实及理由。原告的诉讼理由均不能成立，被告请求法院驳回原告的诉讼请求，维持无效决定。

第三人认为无效决定认定事实清楚，适用法律正确，请求法院驳回原告的诉讼请求，维持无效决定。其未向本院提交证据。

经庭审质证，原告对被告提交的证据 1~4 的关联性、合法性、真实性无异议，但不同意被告的证明作用；认为证据 5 在行政程序未提交，不能作为本案证据使用。第三人同意被告的举证。被告、第三人对原告提交的证据 1~3 的关联性、合法性、真实性无异议，但不同意原告的证明作用；认为证据 4~5 未在行政程序中提交，不能作为本案证据使用。

经庭审质证及合议庭评议，本院认为被告提交的证据 1~4 以及原告提交的证据 1~3 可以证明无效决定是针对第三人提出的无效理由、证据以及本专利的权利要求进行审查，对上述证据本院予以采纳；被告提交的证据 5 虽未在行政程序中提交，但是，根据《最高人民法院关于行政诉讼证据若干问题的规定》第二条的规定，该证据可以证明无效决定关于公知常识的认定，上述证据本院予以接纳。原告提交的证据 4~5 未在行政程序中提交，本院对上述证据不予接纳。

根据上述有效证据以及各方当事人的当庭陈述，本院确定如下事实：原告于 2002 年 9 月 26 日向国家知识产权局提出本专利申请，2003 年 8 月 27 日授权公告。2007 年 5 月 25 日第三人向被告提出无效宣告请求并提交了相关证据。被告受理后，依照法定程序进行转文，并于同年 10 月 18 日进行了口头审理。被告在充分听取双方当事人的陈述意见后，于 2007 年 12 月 4 日作出无效决定。

在本院庭审中，原告、第三人对被告作出《无效决定》的审查程序均无异议，本院经审查，对无效决定的审查程序的合法性予以确认。

本院认为，《专利法》第二十二条第三款规定，创造性，是指同申请日以前已有的技术相比，该实用新型有实质性特点和进步。

第三人在无效程序中提交的证据即对比文件 1~4，其公开日期均早于本专利的申请日，可以作为本专利的现有技术使用。本案的争议焦点是本专利与对比文件相比是否具备创造性。

本专利的权利要求 1 包括两个并列的技术方案：

第一个技术方案：一种复合保温砌块，由砌块和保温材料复合构成，其特征是，在砌块的宽度方向上有二至五排交错排列的矩形竖孔，在砌块两端各有一至三个与竖孔排列相对应的矩形竖槽，保温材料至少填充砌块的一排竖孔及竖槽内，填充保温材料的竖孔为通孔结构，非填充保温材料的竖孔在砌块的铺浆面为封闭结构。

第二个技术方案：一种复合保温砌块，由砌块和保温材料复合构成，其特征是，在砌块的宽度方向上有二至五排交错排列的矩形竖孔，在砌块两端各有一至三个与竖孔排列相对应的矩形竖槽，保温材料至少填充砌块的交错的一排竖孔及竖槽内，填充保温材料的竖孔为通孔结构，非填充保温材料的竖孔在砌块的铺浆面为封闭结构。

关于本专利权利要求1第一个技术方案的创造性。

对比文件1公开了一种空心保温砌块，其公开了：单排孔空心砌块以及连接在砌块外侧的连接板，砌块外表面和连接板共同围成矩形竖孔形及矩形竖槽形保温腔，保温腔中填装保温材料；另外，参见对比文件1中附图并结合其说明书的描述可知保温腔4是由横板1和纵板2围成的，因此对比文件1中该填充保温材料的保温腔为通孔结构（参见对比文件1的附图1-3以及说明书第2页）。

对比文件1中的空心砌块中的单排孔以及矩形竖孔形保温腔共同对应于本专利权利要求1中的砌块宽度方向上的矩形竖孔，而对比文件1中位于砌块两端的矩形竖槽形保温腔对应于本专利权利要求1中的矩形竖槽，从对比文件1的附图1-3中可以得知，矩形竖槽形保温腔与矩形竖孔形保温腔在同一排上，附图1中竖孔的数目是二排，竖槽的数目是二个，附图2中竖孔的数目是三排，竖槽的数目是四个，附图3中竖孔的数目是三排，竖槽的数目是二个，而且排间的竖孔交错排列，保温材料填充在上述矩形竖孔形保温腔及矩形竖槽形的保温腔中，附图1、3中填充了一排保温材料，附图2中填充了二排保温材料，填充了保温材料的保温腔为通孔结构，非填充保温材料的竖孔——也即对比文件1中的砌块中的单排孔也是通孔。

根据上述对比，本专利权利要求1的第一个技术方案与对比文件1的区别技术特征在于本专利权利要求1中的“非填充保温材料的竖孔在砌块的铺浆面为封闭结构”没有被对比文件1公开。空心砌块中的孔包括通孔的、盲孔的或半盲孔等几种常见结构形式，是本领域的公知常识，本领域技术人员可以根据对比文件3中公开的“空心砌块应底面朝上（孔洞朝下）砌筑”可以得知：对比文件3所述的空心砌块可以是带有盲孔或半盲孔或带有一端孔大、一端孔小的通孔的结构，而且将带有盲孔即“一端为封闭结构”的砌块进行反砌，即将底面朝上，便于铺浆砌筑；砌块的竖孔与其下层铺浆面之间形成封闭空气腔，且可以起到保温隔热的作用，而不用填充保温材料。本领域的普通技术人员在对比文件1的基础上结合对比文件3中的上述内容容易想到将对比文件1中非填充保温材料的竖孔在砌块的铺浆面设为封闭结构，进而得到本专利权利要求1请求保护的第一个技术方案。因此，本专利权利要求1中的上述技术方案相对于对比文件1和3的结合不具备创造性。

关于本专利权利要求1的第二个技术方案的创造性。

对比文件1公开了一种空心保温砌块，其公开了：单排孔空心砌块以及连接在砌块外侧的连接板，砌块外表面和连接板共同围成矩形竖孔形及矩形竖槽形保温腔，保温腔中填装保温材料，另外参见对比文件1中附图并结合其说明书的描述可知保温腔4是由横板1和纵板2围成的，因此对比文件1中该填充保温材料的保温腔为通孔结构（参见对比文件1的附图3以及说明书第2页）。

对比文件1中的空心砌块中的单排孔以及矩形竖孔形保温腔共同对应于本专利权利要求1中的砌块宽度方向上的矩形竖孔，而对比文件1中位于砌块两端的矩形竖槽形保温腔对应于本专利权利要求1中的矩形竖槽，从对比文件1的附图1-3中可以得知，矩形竖槽形保温腔与矩形竖孔形保温腔在同一排上，附图1中竖孔的数目是二排，竖槽的数目是二个，附图2中竖孔的数目是三排，竖槽的数目是四个，附图3中竖孔的数目是三排，竖槽的数目是二个，而且排间的竖孔交错排列，保温材料填充在上述矩形竖孔形保温腔及矩形竖槽形的保温腔中，附图1、3中填充了一排保温材料，附图2中填充了二排保温材料，填充了保温材料的保温腔为通孔结构，非填充保温材料的竖孔——也即对比文件1中的砌块中的单排孔也是通孔。

根据上述对比，本专利权利要求1的第二个技术方案与对比文件1的区别技术特征在于：（1）本专利权利要求1中的“非填充保温材料的竖孔在砌块的铺浆面为封闭结构”没有被对比文件1公开。（2）对比文件1中填充有保温材料的保温槽为一排或二排，但未交错，而本专利权利要求1中的“保温材料至少填充砌块的交错的一排竖孔及竖槽内”。

关于上述区别（1），本领域的普通技术人员在对比文件1的基础上结合对比文件3中公开的内容为了便于铺浆砌筑的考虑，容易想到将填充保温材料的竖孔在砌块的铺浆面设为封闭结构。关于上述区别（2），为了防止砌块沿宽度方向上形成热桥，沿砌块长度方向布置的、起保温作用的排间竖孔交错排列是本领域的公知常识，这样可以用孔或槽中存在的空气具有良好的保温性能的特点隔断宽度方向上热量的传递，从而消除热桥的产生。因此，对比文件1中起保温隔热作用的包括砌块中未填充保温材料的孔及填有保温材料的保温腔，并且它们是交错排列的，本领域技术人员在对比文件1中公开的在至少一排竖孔或竖槽中填充保温材料的启示下容易想到在至少交错的一排竖孔及竖槽内填充保温材料。本领域的技术人员在对比文件1和3的基础上结合公知常识容易想到本专利权利要求1所要求保护的第二个技术方案，因此本专利权利要求1的第二个技术方案亦不具备《专利法》第二十二条第三款规定的创造性。

本专利中的一面封闭的砌块砌筑的墙体上砌块之间的铺浆面结合部热传导性比空气层更强，用热传导弱的空气层来替代一部分热传导墙的砌块结合部，可以达到更好的提高砌块保温效果的目的，采用通孔砌块砌筑的墙体的保温效果应优于本专利中一面封闭的盲孔型砌块砌筑的墙体，但从强度方面考虑前者又弱于后者，因此选用哪种类型的砌块是本领域技术人员可以结合具体情况综合考虑来确定的。因此，原告关于本专利由于每个砌块中均形成独立空气腔可以使空气相对静止，减少对流产生的热交换，提高孔的保温性能，增强砌块的保温效果，因此本专利具备创造性的诉讼理由不能成立，本院不予支持。

关于本专利权利要求2的创造性。

本专利权利要求2公开了竖孔及竖槽中的保温材料凸出砌块的端面4~5毫米的特征。

参见对比文件1的附图1中可以看到：保温材料的端面凸出于砌块的端面。对比文件4说明书第1页第13、14行公开了保温材料3的高度高出砖、砌块的上端面8毫米。虽然对比文件1中未明确保温材料凸出砌块端部的具体数值，对比文件4中仅公开了保温材料高出砌块上端面的一个数值，但保温材料凸出于砌块上端面和端面的高度均是可以根据铺设的砂浆厚度进行选择的，而本专利的说明书中未描述这样的取值可以取得预料不到的技术效果。对比文件1、4与本专利属于相同的技术领域，而且保温材料凸出于砌块体的技术特征在对比文件和本专利中起到的作用相同，均是为了更好的防止热桥产生，本领域的技术人员在对比文件1的基础上结合对比文件4和公知常识可以得到本专利权利要求2的技术内容，且能够达到的技术效果也是可以预见得到的，因此，本专利权利要求2相对于对比文件1和4和公知常识的结合不具备创造性。

关于本专利权利要求3的创造性。

本专利权利要求3公开了砌块保温性能可以通过增减砌块竖孔及竖槽的填充数量来调整。

对比文件4说明书第2页第7、8行公开了：调整保温片3插入在砖的小孔和凹槽内的量可满足南北方不同区域对砌块墙体的隔热或保温的不同要求。通过上述对比，本专利权利要求3的附加技术特征被对比文件4公开了，因此，在其引用的权利要求不具备创造性的条件下，本专利权利要求3亦不具备创造性。

综上，被告作出的无效决定认定事实清楚，适用法律正确，本院应予维持。原告关于无效决定并未在对比文件所公开的技术特征范围内的事实基础上进行特征比对，不符合对实用新型专利创造性的判断原则的诉讼理由缺乏事实及法律依据，其要求撤销无效决定的诉讼请求，本院不予支持。据此，依照《中华人民共和国行政诉讼法》第五十四条第（一）项之规定，判决如下：

维持被告国家知识产权局专利复审委员会于二〇〇七年十二月四日作出的第10778号无效宣告请求审查决定。

案件受理费100元，由原告侯宇林负担（已交纳）。

如不服本判决，可在本判决书送达之日起15日内，向本院提交上诉状，并按对方当事人人数提出副本，上诉于北京市高级人民法院。上诉人在接到人民法院预交诉讼费用通知后7日内未预交又不提出缓交申请的，按自动撤回上诉处理。

审　判　长　张　杰
代理审判员　贾志刚
人民陪审员　陈　辉
二〇〇八年六月四日
书　记　员　张　涵

北京市高级人民法院
行政判决书

（2008）高行终字第466号

上诉人（一审原告）侯宇林，男，1955年11月13日出生，汉族，秦皇岛金辰新型墙材有限公司经理，住河北省秦皇岛市广场西路碧海云天小区6栋2单元1301号。

被上诉人（一审被告）国家知识产权局专利复审委员会，住所地北京市海淀区北四环西路9号银谷大厦10~12层。

法定代表人廖涛，副主任。

委托代理人姜岩，女，国家知识产权局专利复审委员会审查员。

委托代理人瞿晓峰，男，国家知识产权局专利复审委员会审查员。

被上诉人（一审第三人）秦皇岛开发区开元有限公司，住所地河北省秦皇岛经济技术开发区。

法定代表人王建瑞，董事长。

委托代理人张雷，男，秦皇岛开发区开元有限公司副经理。

委托代理人邓亚琥，男，北京金言诚信知识产权代理有限公司专利代理人。

上诉人侯宇林因专利无效宣告请求审查决定一案，不服北京市第一中级人民法院（2007）一中行初字第404号行政判决，向本院提起上诉，本院依法组成合议庭进行了公开开庭审理。上诉人侯宇林，国家知识产权局专利复审委员会（以下简称专利复审委）的委托代理人姜岩、瞿晓峰，被上诉人秦皇岛开发区开元有限公司（以下简称开元公司）的委托代理人张雷等到庭参加了诉讼。本案现已审理终结。

2007年12月4日，专利复审委作出第10778号无效宣告请求审查决定（以下简称简称第10778号决定），宣告专利权人为侯宇林，专利号为02253282.X，名称为“复合保温砌块”的实用新型专利权（以下简称本专利）全部无效。侯宇林不服专利复审委作出的第10778号决定，向北京市第一中级人民法院提起行政诉讼。

一审法院判决认定，专利复审委作出的第10778号决定，认定事实清楚，适用法律正确。侯宇林关于无效决定并未在对比文件所公开的技术特征范围内的事实基础上进行特征比对，不符合对实用新型专利创造性的判断原则的诉讼理由缺乏事实及法律依据，其要求撤销无效决定的诉讼请求，不予支持。据此，依照《中华人民共和国行政诉讼法》第五十四条第（一）项的规定，判决维持专利复审委作出的第10778号决定。

侯宇林不服一审判决，于2008年6月18日提出上诉。诉称，（1）无效决定对本专利的设计原理及技术方案存在错误理解和认识，在违背科学原理和缺乏事实的基础上作出的结论显属错误。①本专利砌块竖孔内的空气在砌筑后与外界空气是隔绝的，而非无效决定认为的“如果是通孔型砌块砌筑在一起后会形成多个空腔连通的封闭空气通道，而且由于空气通道封闭也不可能形成与外界的空气对流”情况。②本专利是用凸出砌块端面和铺浆面的具有优良保温性能的保温材料来阻隔砌块之间结合部的水平及垂直砌筑灰缝的热传导，同时凸出砌块端面和铺浆面的保温材料与砌块本身的竖孔、竖槽中所填充的保温材料构成连续的保温材料层作为整体隔绝热传导的屏障；而非无效决定所述的“砌筑的墙体上通孔型砌块砌筑在一起后会形成多个空腔连通的封闭空气通道，用热传导弱的空气层来替代部分热传导墙的砌块结合部，可以达到更好的提高砌块保温效果”的空气层来阻断砌块结合部的热桥。③本专利采用“保温材料至少填充砌块的交错的一排竖孔及竖槽内”的技术，一方面用填充在交错排列的竖孔及竖槽中的导热系数小的保温材料构成厚度方向上的整体屏障，阻断直接贯通砌块厚度方向的热桥；另一方面还迫使穿过导热系数较大的砌块体本身材料的热传导路经曲折延长，从而减弱砌块体本身材料的热传导；而非无效决定所述“用孔或槽中存在的空气具有良好的保温性能的特点隔断宽度方向上热量的传递，从而消除热桥的产生”的空气层来阻断贯通砌块厚度的热桥。（2）无效决定并未在对比文件所公开的技术特征范围内的事实基础上进行特征比对，因此，不符合对实用新型专利创造性的判断原则。无效决定认为“在对比文件1的基础上结合对比文件3中的上述内容很容易想到将对比文件1中非填充保温材料的竖孔在砌块的铺浆面设为封闭结构”的推定是自相矛盾的，据此，得出的结论是错误的。综上，本专利对砌块产品的形状及构造提出了新的技术方案，解决了砌块保温指标达到特定标准的技术难题，并取得了能够满足节能建筑外墙使用要求的非显而易见的新的技术效果，具有突出的实质性特点和显著进步。

一审法院判决在事实认定、适用法律、审判程序等方面均存在错误，请求二审法院撤销一审判决，依法改判。

被上诉人专利复审委仍持第10778号决定意见，并认为一审法院判决认定事实清楚，适用法律正确，审判程序合法，请求二审法院驳回上诉，维持一审判决。

被上诉人开元公司同意专利复审委的意见。

本案一审审理期间，专利复审委在法定期限内向一审法院提交了以下主要证据：（1）对比文件1；（2）对比文件3；（3）对比文件4；（4）本专利说明书；（5）中国计划出版社于1996年9月第1版第1次印刷的《建筑节能技术》复印件4页。

侯宇林向一审法院提交了以下主要证据：（1）本专利说明书；（2）对比文件1；（3）对比文件3；（4）《建筑节能》复印件6页；（5）物理课堂试验说明复印件1页。

开元公司未向一审法院提交证据。审法院经审查认为，专利复审委提交的证据1~4以及侯宇林提交的证据1~3可以证明无效决定是针对开元公司提出的无效理由、证据以及本专利的权利要求进行审查，对上述证据予以采纳。专利复审委提交的证据5虽未在行政程序中提交，但是，根据最高人民法院《关于行政诉讼证据若干问题的规定》第二条的规定，该证据可以证明无效决定关于公知常识的认定，上述证据予以接纳。侯宇林提交的证据4~5未在行政程序中提交，对上述证据不予接纳。

上述证据均已随案移送本院。二审期间，各方当事人没有提交新的证据。经庭审质证及审查核实，本院认为专利复审委提交的证据5不是其作出具体行政行为的证据，亦不属于最高人民法院《关于行政诉讼证据若干问题的规定》第二条所规定的情形，对该证据，本院不予接纳。以上其他证据本院确认一审法院认证意见正确，并据此认定本案如下事实：

2002年9月6日，侯宇林向国家知识产权局提出了名称为“复合保温砌块”的实用新型专利

（即本专利）申请，2003 年 8 月 27 日，本专利被授权公告，专利号为 02253282. X，专利权人为侯宇林。本专利授权公告时的权利要求书记载的权利要求如下：

“1. 一种复合保温砌块，由砌块和保温材料复合构成，其特征是，在砌块的宽度方向上有二至五排交错排列的矩形竖孔，在砌块两端各有一至三个与竖孔排列相对应的矩形竖槽，保温材料至少填充砌块的一排或交错的一排竖孔及竖槽内，填充保温材料的竖孔为通孔结构，非填充保温材料的竖孔在砌块的铺浆面为封闭结构。

2. 根据权利要求 1 所述的复合保温砌块，其特征是，填充在竖孔及竖槽中的保温材料凸出砌块的铺浆面 8~10 毫米，端面 4~5 毫米。

3. 根据权利要求 1 所述的复合保温砌块，其特征是，砌块保温性能可以通过增减砌块竖孔及竖槽的填充数量来调整。”

2007 年 5 月 25 日，开元公司针对本专利向专利复审委提出无效宣告请求，认为本专利不符合《中华人民共和国专利法》（以下简称《专利法》）第二十二条第三款的规定，同时提交了以下附件：

附件 1：授权公告号为 CN2568726Y（专利号为 02253282. X）的中国实用新型专利说明书（本专利），申请日为 2002 年 9 月 6 日，授权公告日为 2003 年 8 月 27 日；

附件 2：对比文件 1，授权公告号为 CN2440072Y（专利号为 00254410. 5）的中国实用新型专利说明书，授权公告日为 2001 年 7 月 25 日；

附件 3：对比文件 2，授权公告号为 CN2328724Y（专利号为 98225961. 1）的中国实用新型专利说明书，授权公告日为 1999 年 7 月 14 日；

附件 4：对比文件 3，中国建筑工业出版社于 1986 年 12 月第 1 版第 1 次印刷的《简明建筑材料手册》封面页、版权信息页、前言页及 172~173 页的复印件；

附件 5：对比文件 4，授权公告号为 CN2323039Y（专利号为 97236594. X）的中国实用新型专利说明书，授权公告日为 1999 年 6 月 9 日。

开元公司认为：（1）权利要求 1 相对于对比文件 1 和对比文件 3 公开的公知常识的结合、对比文件 2 和对比文件 3 公开的公知常识的结合、对比文件 1 或对比文件 2 公开的技术方案与对比文件 4 公开的技术方案的结合不符合《专利法》第二十二条第三款；（2）权利要求 2 附加技术特征被对比文件 2 公开了；（3）权利要求 3 的附加技术特征被对比文件 2 公开了。

经形式审查合格，专利复审委依法受理了上述无效宣告请求，并于 2007 年 6 月 11 日向双方发出无效宣告请求受理通知书，同时将专利权无效宣告请求书及其附件清单中所列附件的副本转送给侯宇林，并要求侯宇林在指定的期限内陈述意见。

2007 年 8 月 27 日，专利复审委向双方发出无效宣告请求口头审理通知书，定于 2007 年 10 月 18 日举行口头审理。

侯宇林于 2007 年 9 月 23 日提交了意见陈述书，认为开元公司将 4 份对比文件拼凑组合也未公开权利要求 1、2、3 的全部必要技术特征。因此，无效宣告请求理由不能成立。

专利复审委于 2007 年 9 月 28 日向开元公司发出了转文通知书，将侯宇林 2007 年 9 月 23 日提交的意见陈述书转送给开元公司。

2007 年 10 月 18 日，口头审理如期举行，双方当事人均参加了口头审理。口头审理中，开元公司当庭提交了对比文件 3 的原件，侯宇林对对比文件 3 的真实性没有异议，对对比文件 1、2、4 的真实性没有异议。开元公司明确其无效的理由、证据、范围以及证据的使用情况为：权利要求 1 相对于对比文件 1 和对比文件 3 公开的公知常识的结合、对比文件 2 和对比文件 3 公开的公知常识的结合不符合《专利法》第二十二条第三款；权利要求 2 附加技术特征被对比文件 1、2、4 公开了；权利要求 3

的附加技术特征是公知常识，且被对比文件 4 公开了。侯宇林陈述了其认为本专利相对于开元公司提供的对比文件具备创造性的意见。开元公司明确表示不需要在口头审理之后针对侯宇林 2007 年 9 月 23 日提交的意见陈述书提交书面意见。

2007 年 12 月 4 日，专利复审委作出第 10778 号决定，宣告本专利权全部无效，主要理由是：

1. 关于证据和现有技术。

开元公司提交的证据包括对比文件 1~4，侯宇林对对比文件 1~4 的真实性没有异议。对比文件 1、2、4 为中国专利文献，对比文件 3 也为公开出版物，且对比文件 1~4 的公开日期均在本专利的申请日前，因此可以作为本专利的现有技术使用。

2. 本专利的权利要求 1 的创造性。

开元公司认为：本专利权利要求 1 相对于对比文件 1 和对比文件 3 公开的公知常识的结合，或者对比文件 2 和对比文件 3 公开的公知常识的结合不具备创造性。

根据《专利法》第二十二条第三款的规定，创造性，是指同申请日以前已有的技术相比，该发明有突出的实质性特点和显著的进步，该实用新型具有实质性特点和进步。如果权利要求所要求保护的技术方案与最接近现有技术的区别特征为公知常识，则认为现有技术中存在将该公知常识结合到该最接近现有技术从而获得权利要求保护的技术方案的启示。

本专利的权利要求 1 包括两个并列的技术方案：

第一个技术方案：一种复合保温砌块，由砌块和保温材料复合构成，其特征是，在砌块的宽度方向上有二至五排交错排列的矩形竖孔，在砌块两端各有一至三个与竖孔排列相对应的矩形竖槽，保温材料至少填充砌块的一排竖孔及竖槽内，填充保温材料的竖孔为通孔结构，非填充保温材料的竖孔在砌块的铺浆面为封闭结构。

第二个技术方案：一种复合保温砌块，由砌块和保温材料复合构成，其特征是，在砌块的宽度方向上有二至五排交错排列的矩形竖孔，在砌块两端各有一至三个与竖孔排列相对应的矩形竖槽，保温材料至少填充砌块的交错的一排竖孔及竖槽内，填充保温材料的竖孔为通孔结构，非填充保温材料的竖孔在砌块的铺浆面为封闭结构。

关于权利要求 1 第一个技术方案的创造性。对比文件 1 公开了一种空心保温砌块，并具体公开了如下技术内容：其包括单排孔空心砌块以及连接在砌块外侧的连接板，砌块外表面和连接板共同围成矩形竖孔形及矩形竖槽形保温腔，保温腔中填装保温材料，另外参见对比文件 1 中附图并结合其说明书的描述可知保温腔 4 是由横板 1 和纵板 2 围成的，因此对比文件 1 中该填充保温材料的保温腔为通孔结构（参见对比文件 1 的附图 1-3 以及说明书第 2 页）。

通过对比可知，对比文件 1 中的空心砌块中的单排孔以及矩形竖孔形保温腔共同对应于权利要求 1 中的砌块宽度方向上的矩形竖孔，而对比文件 1 中位于砌块两端的矩形竖槽形保温腔对应于权利要求 1 中的矩形竖槽，从对比文件 1 的附图 1-3 中可以得知，矩形竖槽形保温腔与矩形竖孔形保温腔在同一排上，附图 1 中竖孔的数目是二排，竖槽的数目是二个，附图 2 中竖孔的数目是三排，竖槽的数目是四个，附图 3 中竖孔的数目是三排，竖槽的数目是二个，而且排间的竖孔交错排列，保温材料填充在上述矩形竖孔形保温腔及矩形竖槽形的保温腔中，附图 1、3 中填充了一排保温材料，附图 2 中填充了二排保温材料，填充了保温材料的保温腔为通孔结构，非填充保温材料的竖孔—也即对比文件 1 中的砌块中的单排孔也是通孔。

由以上的分析对比可知，权利要求 1 的第一个技术方案与对比文件 1 的区别技术特征仅在于本专利权利要求 1 中的“非填充保温材料的竖孔在砌块的铺浆面为封闭结构”没有被对比文件 1 明确公开。对此，专利复审委认为：空心砌块中的孔包括通孔的、盲孔的或半盲孔等几种常见结构形式，这是本领域的公知常识，而且由对比文件3中的“空心砌块应底面朝上（孔洞朝下）砌筑”可以得知：对比文件3所述的空心砌块可以是带有盲孔或半盲孔或带有一端孔大、一端孔小的通孔的结构，而且将带有盲孔即“一端为封闭结构”的砌块进行反砌，即将底面朝上，便于铺浆砌筑；砌块的竖孔与其下层铺浆面之间形成封闭空气腔，且可以起到保温隔热的作用，而不用填充保温材料。故本领域的普通技术人员在对比文件1的基础上结合对比文件3中的上述内容很容易想到将对比文件1中非填充保温材料的竖孔在砌块的铺浆面设为封闭结构，进而得到权利要求1请求保护的第一个技术方案，而且能够达到的技术效果也是可以预见得到的，因此，权利要求1中这部分技术方案相对于对比文件1和3的结合不具备创造性。

侯宇林认为：对比文件1的竖孔是二、三排，本专利是二至五排，对比文件1没有公开四、五排的情况；另外，对比文件1只反映了砌块竖槽是一或二个，没公开三个竖槽。合议组认为：本专利权利要求1中采用竖孔为“二至五排”这样的技术特征对竖孔的数值范围进行了限定，该数值范围应当被视为一个技术特征，也即是应当理解为竖孔的数目是二至五之间的一个数值范围。由于对比文件1中已经公开了竖槽的数目为二排或三排，也就是说，公开了上述数值范围（二至五）之间的一个具体值，因此，对比文件1公开权利要求1中竖孔为“二至五排”这样的技术特征。同理，对比文件1中也公开了竖槽为“一至三个”这样的技术特征。侯宇林认为的上述区别技术特征的主张不成立。另外，即使把本专利权利要求1中的“二至五排交错排列的竖孔”理解为多个并列的技术方案，那么对于本领域普通技术人员来说根据对比文件1中公开的二排及三排交错排列的矩形竖孔，想到四排、五排交错排列的竖孔，完全属于常规设计的范畴，不会给所要求保护的技术方案带来实质性特点。同理，竖槽的个数由一个、二个变到三个也是本领域技术人员常规设计选择，不能给所述技术方案带来实质性特点。

关于权利要求1的第二个技术方案的创造性。对比文件1公开了一种空心保温砌块，并具体公开了如下技术内容：其包括单排孔空心砌块以及连接在砌块外侧的连接板，砌块外表面和连接板共同围成矩形竖孔形及矩形竖槽形保温腔，保温腔中填装保温材料，另外参见对比文件1中附图并结合其说明书的描述可知保温腔4是由横板1和纵板2围成的，因此对比文件1中该填充保温材料的保温腔为通孔结构（参见对比文件1的附图3以及说明书第2页）。

通过对比可知，对比文件1中的空心砌块中的单排孔以及矩形竖孔形保温腔共同对应于权利要求1中的砌块宽度方向上的矩形竖孔，而对比文件1中位于砌块两端的矩形竖槽形保温腔对应于权利要求1中的矩形竖槽，从对比文件1的附图1–3中可以得知，矩形竖槽形保温腔与矩形竖孔形保温腔在同一排上，附图1中竖孔的数目是二排，竖槽的数目是二个，附图2中竖孔的数目是三排，竖槽的数目是四个，附图3中竖孔的数目是三排，竖槽的数目是二个，而且排间的竖孔交错排列，保温材料填充在上述矩形竖孔形保温腔及矩形竖槽形的保温腔中，附图1、3中填充了一排保温材料，附图2中填充了二排保温材料，填充了保温材料的保温腔为通孔结构，非填充保温材料的竖孔—也即对比文件1中的砌块中的单排孔也是通孔。

由以上的分析对比可知，权利要求1的第二个技术方案与对比文件1的区别技术特征仅在于：（1）本专利权利要求1中的“非填充保温材料的竖孔在砌块的铺浆面为封闭结构”没有被对比文件1明确公开。（2）对比文件1中填充有保温材料的保温槽为一排或二排，但未交错，而本专利权利要求1中的“保温材料至少填充砌块的交错的一排竖孔及竖槽内”。

关于上述区别（1），专利复审委认为：本领域的普通技术人员在对比文件1的基础上结合前述对比文件3中的内容出于便于铺浆砌筑的考虑，很容易想到将填充保温材料的竖孔在砌块的铺浆面设为封闭结构。关于上述区别（2），专利复审委认为：为了防止砌块沿宽度方向上形成热桥，沿砌块长度方向布置的、起保温作用的排间竖孔交错排列是本领域的公知常识，这样可以用孔或槽中存在的空气具有良好的保温性能的特点隔断宽度方向上热量的传递，从而消除热桥的产生。更进一步，除了空气具有保温性能以外，现有技术中存在的保温材料也具有保温性能，实际上对比文件1中起保温隔热作用的包括砌块中未填充保温材料的孔及填有保温材料的保温腔，并且它们是交错排列的，本领域技术人员在对比文件1中公开的在至少一排竖孔或竖槽中填充保温材料的启示下也很容易想到在至少交错的一排竖孔及竖槽内填充保温材料。也即本领域的技术人员在对比文件1和3的基础上结合公知常识很容易想到权利要求1所要求保护的第二个技术方案，因此权利要求1的第二个技术方案也不具备《专利法》第二十二条第三款规定的创造性。

侯宇林认为：本专利由于每个砌块中均形成独立空气腔可以使空气相对静止，减少对流产生的热交换，提高孔的保温性能，增强砌块的保温效果，因此本专利具备创造性。

专利复审委认为：如果是通孔型砌块砌筑在一起后会形成多个空腔连通的封闭空气通道，而且由于空气通道封闭也不可能形成与外界的空气对流，而本专利中的一面封闭的砌块砌筑的墙体上砌块之间的铺浆面结合部热传导性比空气层更强，这样用热传导弱的空气层来替代一部分热传导墙的砌块结合部，可以达到更好的提高砌块保温效果的目的，所以通孔砌块砌筑的墙体的保温效果应该优于本专利中一面封闭的盲孔型砌块砌筑的墙体，但从强度方面考虑前者又弱于后者，因此选用哪种类型的砌块是本领域技术人员根据具体情况综合考虑来确定的，故侯宇林的上述主张不能成立。

3. 权利要求2的创造性。

开元公司的具体主张为：对比文件1中附图1公开了保温材料高出端面，没有具体数值，但属于公知常识。对比文件4公开了保温材料高出砖、砌块上端面8毫米。所以权利要求2没有创造性。

侯宇林认为：所有证据均没有公开竖孔及竖槽中的保温材料凸出砌块的端面4~5毫米的特征。

专利复审委认为：对比文件1的附图1中可以看到保温材料的端面凸出于砌块的端面，对比文件4说明书第1页第13、14行公开了保温材料3的高度高出砖、砌块的上端面8毫米。虽然对比文件1中未明确保温材料凸出砌块端部的具体数值，对比文件4中仅公开了保温材料高出砌块上端面的一个数值，但保温材料凸出于砌块上端面和端面的高度均是可以根据铺设的砂浆厚度进行选择的，而且本专利的说明书中也没有描述这样的取值可以取得预料不到的技术效果。对比文件1、4于本专利属于相同的技术领域，而且保温材料凸出于砌块体的技术特征在对比文件和本专利中起到的作用相同，都是为了更好的防止热桥产生，本领域的技术人员在对比文件1的基础上结合对比文件4和公知常识可以很容易地得到权利要求2的技术内容，而且能够达到的技术效果也是可以预见得到的，因此，权利要求2相对于对比文件1和4和公知常识的结合不具备创造性。

4. 权利要求3的创造性。

对比文件4说明书第2页第7、8行公开了“调整保温片3插入在砖的小孔和凹槽内的量可满足南北方不同区域对砌块墙体的隔热或保温的不同要求”，由此可见，权利要求3的附加技术特征被对比文件4公开了，因此，在其引用的权利要求1不具备创造性的条件下，权利要求3也不具备创造性。

侯宇林不服上述决定，向北京市第一中级人民法院提起行政诉讼。

本院认为，侯宇林、开元公司对专利复审委作出的第10778号决定的审查程序均无异议，经审查，本院对无效决定的审查程序的合法性予以确认。

本专利是否具备创造性是本案争议的焦点问题。关于实用新型专利的创造性问题，《专利法》第二十二条第三款规定，是指同申请日以前已有的技术相比，该实用新型有实质性特点和进步。

开元公司在无效程序中提交的对比文件1~4，其公开日期均早于本专利的申请日，可以作为本专利的现有技术使用。

本专利的权利要求 1 包括两个并列的技术方案：

第一个技术方案：一种复合保温砌块，由砌块和保温材料复合构成，其特征是，在砌块的宽度方向上有二至五排交错排列的矩形竖孔，在砌块两端各有一至三个与竖孔排列相对应的矩形竖槽，保温材料至少填充砌块的一排竖孔及竖槽内，填充保温材料的竖孔为通孔结构，非填充保温材料的竖孔在砌块的铺浆面为封闭结构。

第二个技术方案：一种复合保温砌块，由砌块和保温材料复合构成，其特征是，在砌块的宽度方向上有二至五排交错排列的矩形竖孔，在砌块两端各有一至三个与竖孔排列相对应的矩形竖槽，保温材料至少填充砌块的交错的一排竖孔及竖槽内，填充保温材料的竖孔为通孔结构，非填充保温材料的竖孔在砌块的铺浆面为封闭结构。

对于本专利权利要求 1 第一个技术方案的创造性。对比文件 1 公开了一种空心保温砌块，其公开了单排孔空心砌块以及连接在砌块外侧的连接板，砌块外表面和连接板共同围成矩形竖孔形及矩形竖槽形保温腔，保温腔中填装保温材料。另外，参见对比文件 1 中附图并结合其说明书的描述可知保温腔 4 是由横板 1 和纵板 2 围成的，因此，对比文件 1 中该填充保温材料的保温腔为通孔结构（参见对比文件 1 的附图 1-3 以及说明书第 2 页）。

对比文件 1 中的空心砌块中的单排孔以及矩形竖孔形保温腔共同对应于本专利权利要求 1 中的砌块宽度方向上的矩形竖孔，而对比文件 1 中位于砌块两端的矩形竖槽形保温腔对应于本专利权利要求 1 中的矩形竖槽，从对比文件 1 的附图 1-3 中可以得知，矩形竖槽形保温腔与矩形竖孔形保温腔在同一排上，附图 1 中竖孔的数目是二排，竖槽的数目是二个，附图 2 中竖孔的数目是三排，竖槽的数目是四个，附图 3 中竖孔的数目是三排，竖槽的数目是二个，而且排间的竖孔交错排列，保温材料填充在上述矩形竖孔形保温腔及矩形竖槽形的保温腔中，附图 1、3 中填充了一排保温材料，附图 2 中填充了二排保温材料，填充了保温材料的保温腔为通孔结构，非填充保温材料的竖孔—也即对比文件 1 中的砌块中的单排孔也是通孔。

根据上述对比，本专利权利要求 1 的第一个技术方案与对比文件 1 的区别技术特征在于本专利权利要求 1 中的“非填充保温材料的竖孔在砌块的铺浆面为封闭结构”没有被对比文件 1 公开。空心砌块中的孔包括通孔的、盲孔的或半盲孔等几种常见结构形式，是本领域的公知常识，本领域技术人员可以根据对比文件 3 中公开的“空心砌块应底面朝上（孔洞朝下）砌筑”可以得知：对比文件 3 所述的空心砌块可以是带有盲孔或半盲孔或带有一端孔大、一端孔小的通孔的结构，而且将带有盲孔即“一端为封闭结构”的砌块进行反砌，即将底面朝上，便于铺浆砌筑；砌块的竖孔与其下层铺浆面之间形成封闭空气腔，且可以起到保温隔热的作用，而不用填充保温材料。本领域的普通技术人员在对比文件 1 的基础上结合对比文件 3 中的上述内容容易想到将对比文件 1 中非填充保温材料的竖孔在砌块的铺浆面设为封闭结构，进而得到本专利权利要求 1 请求保护的第一个技术方案。因此，专利复审委作出本专利权利要求 1 中的上述技术方案相对于对比文件 1 和 3 的结合不具备创造性的认定是正确的。

对于本专利权利要求 1 的第二个技术方案的创造性。对比文件 1 公开了一种空心保温砌块，其公开了：单排孔空心砌块以及连接在砌块外侧的连接板，砌块外表面和连接板共同围成矩形竖孔形及矩形竖槽形保温腔，保温腔中填装保温材料，另外参见对比文件 1 中附图并结合其说明书的描述可知保温腔 4 是由横板 1 和纵板 2 围成的，因此对比文件 1 中该填充保温材料的保温腔为通孔结构（参见对比文件 1 的附图 3 以及说明书第 2 页）。

对比文件 1 中的空心砌块中的单排孔以及矩形竖孔形保温腔共同对应于本专利权利要求 1 中的砌块宽度方向上的矩形竖孔，而对比文件 1 中位于砌块两端的矩形竖槽形保温腔对应于本专利权利要求

1 中的矩形竖槽，从对比文件 1 的附图 1-3 中可以得知，矩形竖槽形保温腔与矩形竖孔形保温腔在同一排上，附图 1 中竖孔的数目是二排，竖槽的数目是二个，附图 2 中竖孔的数目是三排，竖槽的数目是四个，附图 3 中竖孔的数目是三排，竖槽的数目是二个，而且排间的竖孔交错排列，保温材料填充在上述矩形竖孔形保温腔及矩形竖槽形的保温腔中，附图 1、3 中填充了一排保温材料，附图 2 中填充了二排保温材料，填充了保温材料的保温腔为通孔结构，非填充保温材料的竖孔—也即对比文件 1 中的砌块中的单排孔也是通孔。

根据上述对比，本专利权利要求 1 的第二个技术方案与对比文件 1 的区别技术特征在于：（1）本专利权利要求 1 中的“非填充保温材料的竖孔在砌块的铺浆面为封闭结构”没有被对比文件 1 公开。（2）对比文件 1 中填充有保温材料的保温槽为一排或二排，但未交错，而本专利权利要求 1 中的“保温材料至少填充砌块的交错的一排竖孔及竖槽内”。

对于上述区别（1），本领域的普通技术人员在对比文件 1 的基础上结合对比文件 3 中公开的内容为了便于铺浆砌筑的考虑，容易想到将填充保温材料的竖孔在砌块的铺浆面设为封闭结构。对于上述区别（2），为了防止砌块沿宽度方向上形成热桥，沿砌块长度方向布置的、起保温作用的排间竖孔交错排列是本领域的公知常识，这样可以用孔或槽中存在的空气具有良好的保温性能的特点隔断宽度方向上热量的传递，从而消除热桥的产生。因此，对比文件 1 中起保温隔热作用的包括砌块中未填充保温材料的孔及填有保温材料的保温腔，并且它们是交错排列的，本领域技术人员在对比文件 1 中公开的在至少一排竖孔或竖槽中填充保温材料的启示下容易想到在至少交错的一排竖孔及竖槽内填充保温材料。本领域的技术人员在对比文件 1 和 3 的基础上结合公知常识容易想到本专利权利要求 1 所要求保护的第二个技术方案。因此，专利复审委作出本专利权利要求 1 的第二个技术方案亦不具备创造性的认定是正确的。

对于本专利权利要求 2 的创造性。本专利权利要求 2 公开了竖孔及竖槽中的保温材料凸出砌块的端面 4~5 毫米的特征。

参见对比文件 1 的附图 1 中可以看到：保温材料的端面凸出于砌块的端面。对比文件 4 说明书第 1 页第 13、14 行公开了保温材料 3 的高度高出砖、砌块的上端面 8 毫米。虽然对比文件 1 中未明确保温材料凸出砌块端部的具体数值，对比文件 4 中仅公开了保温材料高出砌块上端面的一个数值，但保温材料凸出于砌块上端面和端面的高度均是可以根据铺设的砂浆厚度进行选择的，而本专利的说明书中未描述这样的取值可以取得预料不到的技术效果。对比文件 1、4 与本专利属于相同的技术领域，而且保温材料凸出于砌块体的技术特征在对比文件和本专利中起到的作用相同，均是为了更好的防止热桥产生，本领域的技术人员在对比文件 1 的基础上结合对比文件 4 和公知常识可以得到本专利权利要求 2 的技术内容，且能够达到的技术效果也是可以预见得到的。因此，专利复审委作出本专利权利要求 2 相对于对比文件 1 和 4 及公知常识的结合不具备创造性的认定是正确的。

对于本专利权利要求 3 的创造性。本专利权利要求 3 公开了砌块保温性能可以通过增减砌块竖孔及竖槽的填充数量来调整。

对比文件 4 说明书第 2 页第 7、8 行公开了调整保温片 3 插入在砖的小孔和凹槽内的量可满足南北方不同区域对砌块墙体的隔热或保温的不同要求。通过上述对比，本专利权利要求 3 的附加技术特征已被对比文件 4 所公开。因此，专利复审委作出在其引用的权利要求不具备创造性的条件下，本专利权利要求 3 亦不具备创造性的认定是正确的。

综上，专利复审委作出的第 10778 号决定，宣告专利号为 02253282. X，名称为“复合保温砌块”的实用新型专利权全部无效合法，一审法院判决维持正确。依据《中华人民共和国行政诉讼法》第六十一条第（一）项的规定，判决如下：

驳回上诉，维持一审判决。

二审案件受理费人民币 100 元，由上诉人侯宇林负担（已交纳）。

本判决为终审判决。

审　判　长　朱世宽
代理审判员　赵宇晖
代理审判员　景　滔
二〇〇八年九月十二日
书　记　员　张　怡

224

单元式智能燃气脉冲吹灰装置

无效宣告请求审查决定（第 10843 号）

决　　定　　号　第 10843 号
决　　定　　日　2007 年 12 月 19 日
发明创造名称　单元式智能燃气脉冲吹灰装置
国 际 分 类 号　F23J 3/00
无效宣告请求人　哈尔滨世纪热能技术开发有限公司
专　利　权　人　北京嘉德兴业科技有限公司
专　　利　　号　200420089036.3
申　　请　　日　2004 年 8 月 31 日
授 权 公 告 日　2005 年 10 月 5 日
合 议 组 组 长　陈迎春
主　　审　　员　朱明雅
参　　审　　员　耿　博

法　律　依　据　专利法实施细则第 64 条第 1 款
决　定　要　点

请求人未结合提交的证据详细阐述其无效理由，未尽到专利法实施细则第 64 条第 1 款规定的义务，致使合议组不能针对其无效请求进行审理，因此合议组对请求人的无效请求主张不予支持。

一、案由

本无效宣告请求涉及国家知识产权局于 2005 年 10 月 5 日授权公告的，名称为“单元式智能燃气脉冲吹灰装置”的实用新型专利，其专利号是 200420089036.3，申请日是 2004 年 8 月 31 日，专利权人是北京嘉德兴业科技有限公司。本实用新型专利授权公告时的权利要求共 7 项，其中独立权利要求 1 的内容如下：

“1. 一种单元式智能燃气脉冲吹灰装置，其特征在于：该单元式智能燃气脉冲吹灰装置包括主路装置和分路装置，具体包括如下装置，并且各装置之间的工作关系为：

（一）主路装置：

包括：

（1）一压力为 0.09～0.15MPa 可燃气主气源：以及可燃气主气源控制阀，该可燃气主气源控制阀控制该可燃气气源的开关；同时设置有可燃气主路可燃气外漏检测装置；

（2）一压力为 0.3～0.8MPa 空气主气源：以及空气主气源控制阀，该空气主气源控制阀控制该空气主气源的开关；

（3）一流量控制装置：分别和上述可燃气主气源空气主气源相连接，控制该空气主气源、可燃气主气气源脉动流量环境下的流量比；

（4）可燃气分配器和空气分配器：

可燃气分配器将该吹灰装置一路主可燃气气源分成多个可燃气分路，同时将每个分路对应设置有一个可燃气分配开关，其数量与空气分配器分出的分路数量相同；

空气分配器将该吹灰装置一路主空气气源分成多个空气分路，每个分路对应设置有多个空气分配开关，其数量气分配器分出的分路数量相同；

（二）分路装置：

包括：

（1）一分路压力检测装置，设置在分路可燃气以及分路空气管路上；

（2）一分路阻止装置，设置在分路混合室前，分路管路电动阀前；

（3）一混合室，连接可燃气分类与空气分路；

（4）一分路点火装置，串连在混合室之后；

（5）一定性检测分路检测装置，设置在各分路混合点火装置外表面；

（6）一爆燃发生器，设置在分路混合室后，点火装置设置在该爆燃发生器中；

上述分路装置顺序连接在分路管路上；

（三）控制器：控制上述主路装置（1）～（4）装置和分路装置（1）～（6）装置。"

针对上述专利权（以下简称本专利），哈尔滨世纪热能技术开发有限公司（以下简称请求人）于2005年11月28日向专利复审委员会提出无效宣告请求并提交了如下证据：

证据1：无锡华光锅炉股份有限公司招标文件（标书编号：UG/B92－CB45－0413）复印件共18页；

证据2：1994年9月《华北电力学院学报》上刊登的《新型锅炉清灰装置－瓦斯脉冲清灰装置原理与应用研究》一文复印件，共6页；

证据3：哈尔滨世纪热能技术开发有限公司企业标准（Q/HSR 001－2003）HCT系列燃气高能脉冲吹灰装置，复印件共8页；

证据4：大连泰山热电有限公司新建工程2×135MW火电机组 燃气冲击波吹灰器招标文件，复印件共15页；

证据5：大连泰山热电有限公司2×135MW供热机组辅机设备 锅炉吹灰器 投标文件，复印件共47页。

请求人的无效宣告理由是本专利的权利要求1～7相对于证据1～3不符合专利法第22条第1款、第2款的规定；权利要求1～7相对于证据1～5不符合专利法第22条第1款、第3款的规定；权利要求1～7相对于证据6不符合专利法实施细则第2条第2款的规定；权利要求1～7不符合专利法实施细则第20条第1款的规定；权利要求1～7不符合专利法实施细则第21条的规定。

专利复审委员会于2005年11月28日受理了上述无效宣告请求，并将无效宣告请求书及其附件的副本转送给专利权人。

合议组于2006年3月20日向双方当事人发出口头审理通知书，定于2006年5月25日在专利复审委员会举行口头审理。

专利权人于2006年4月23日寄交了口头审理回执，表示参加口头审理。

口头审理于2006年5月25日如期举行，请求人未参加口头审理。鉴于请求人既未参加口头审理又无口头审理回执寄交，合议组于 2006 年 5 月 25 日向双方当事人发出结案通知书。

2006 年 6 月 2 日合议组收到发给请求人的口头审理通知书退信，确定合议组寄交请求人的口头审理通知书未能于口头审理之前送达请求人。故合议组于 2006 年 6 月 16 日向双方当事人发出更正处分通知书，继续对本无效宣告请求进行审查，并重新发出口头审理通知书，定于 2006 年 8 月 8 日在专利复审委员会再次举行口头审理。

专利权人于 2006 年 7 月 13 日提交了口头审理回执，表示参加口头审理。请求人于 2006 年 7 月 4 日寄交了口头审理回执，表示参加口头审理，并表示将在口头审理中提交证据原件。

专利权人于 2006 年 7 月 31 日提交了意见陈述书。

口头审理于 2006 年 8 月 8 日再次举行，专利权人参加了口头审理，请求人未参加口头审理。

在口头审理过程中，专利权人认可请求人提交的证据 2 的真实性，但认为本专利与证据 2 相比具有实质性特点和进步，因此具备新颖性和创造性；证据 1、3~5 均为非专利文献，且请求人未能提交原件，专利权人对它们的真实性均不予认可；专利权人同时认为，证据 1、4、5 为招标文件，证据 3 为企业标准，它们均不属于公开出版物，因此不能用以评价本专利的新颖性和创造性。

合议组于 2007 年 7 月 16 日将专利权人于 2006 年 7 月 31 日提交的意见陈述书转交给请求人。

在以上工作的基础上，合议组认为本案事实已经清楚，可以依法作出决定。

二、决定的理由

1. 证据的认定

在此次无效宣告请求程序中，请求人共提交 5 份证据，即证据 1~5，但请求人一直未提交证据1~5 的原件。在上述证据 1~5 中，证据 2 为专利文献，专利权人对其真实性无异议，经合议组核实，对其真实性予以认可，且其出版时间早于本专利申请日，因此可以用于对本专利新颖性、创造性进行评价；证据 1、3~5 均为非专利文献，合议组无法核实它们的真实性，故对证据 1、3~5 不予采信。

2. 关于请求人的无效宣告请求理由

专利法实施细则第 64 条第 1 款规定，无效宣告请求应当结合提交的所有证据，具体说明无效宣告请求的理由，并指明每项理由所依据的证据。

本案的请求人在提出无效宣告请求时提出的无效宣告请求理由和范围以及所依据的证据为：本专利的权利要求 1~7 相对于证据 1~3 不符合专利法第 22 条第 2 款的规定、相对于证据 1~5 不符合专利法第 22 条第 3 款的规定；本专利不符合专利法实施细则第 2 条第 2 款、专利法实施细则第 20 条第 1 款以及专利法实施细则第 21 条的规定。

由于请求人在提出无效宣告请求时，既未结合证据 1~5 具体说明本专利不符合专利法第 22 条第 2 款、第 3 款的理由，也未具体说明、指明本专利为什么不符合专利法实施细则第 2 条第 2 款、专利法实施细则第 20 条第 1 款以及专利法实施细则第 21 条的规定，同时，请求人既未在规定的期限内提交任何意见陈述，也放弃了在无效口头审理过程中结合证据具体陈述无效宣告理由的机会。

综上，请求人未结合提交的证据详细阐述其无效理由，未尽到专利法实施细则第 64 条第 1 款规定的义务，致使合议组不能针对其无效请求进行审理，因此合议组对请求人的无效请求主张不予支持。

三、决定

维持 200420089036. 3 号实用新型专利权有效。

当事人对本决定不服的，可以根据专利法第 46 条第 2 款的规定，自收到本决定之日起 3 个月内向北京市第一中级人民法院起诉。根据该款规定，一方当事人起诉后，另一方当事人应当作为第三人参加诉讼。

北京市第一中级人民法院
行政判决书

（2008）一中行初字第434号

原告哈尔滨世纪热能技术开发有限公司，住所地黑龙江省哈尔滨市高科技开发区赣水路195华采艺邻B座2402室。

法定代表人李笑愚，总经理。

委托代理人陈晓光，女，哈尔滨东方专利事务所专利代理人。

被告国家知识产权局专利复审委员会，住所地北京市海淀区北四环西路9号银谷大厦10~12层。

法定代表人廖涛，副主任。

委托代理人朱明雅，女，国家知识产权局专利复审委员会审查员。

委托代理人郭鹏鹏，男，国家知识产权局专利复审委员会审查员。

第三人北京嘉德兴业科技有限公司，住所地北京市门头沟区石龙工业区龙园路4号H1-43号。

法定代表人张自强，总经理。

委托代理人林继恒，男，北京市兰台恒信知识产权代理有限公司专利代理人。

委托代理人刘勇，北京市亿嘉律师事务所律师。

原告哈尔滨世纪热能技术开发有限公司不服国家知识产权局专利复审委作出的第10843号专利无效宣告请求审查决定（以下简称被诉决定），向本院提起行政诉讼。本院受理后，依法组成合议庭，并通知被诉决定的利害关系人北京嘉德兴业科技有限公司作为本案第三人参加诉讼。2008年5月8日，本院依法公开开庭进行了审理，原告的委托代理人陈晓光，被告的委托代理人朱明雅、郭鹏鹏，第三人的委托代理人林继恒、刘勇到庭参加了诉讼。现本案已审理终结。

2007年12月25日，被告根据原告的请求，对第三人的名称为“单元式智能燃气脉冲吹灰装置”的实用新型专利（以下简称本专利）进行审查，认为原告作为请求人未结合证据具体提出无效理由，依据《中华人民共和国专利法实施细则》（以下简称《专利法实施细则》）第六十四条第一款的规定，作出被诉决定：维持本专利权有效。具体理由如下：

（1）原告在无效宣告请求程序中共提交5份证据，但未提交证据原件。其中证据2（即：1994年9月《华北电力学院学报》上刊登的《新型锅炉清灰装置-瓦斯脉冲清灰装置原理与应用研究》一文复印件，共6页）为专利文献，第三人对其真实性无异议。经核实，证据2真实，其出版时间早于本专利申请日，可以用于对本专利新颖性、创造性进行评价；证据1（即无锡华光锅炉股份有限公司招标文件（标书编号：UG/B92-CB45-0413）复印件共18页）、证据3（即哈尔滨世纪热能技术开发有限公司企业标准（Q/HSR001-2003）HCT系列燃气高能脉冲吹灰装置，复印件共8页）、证据4（即大连泰山热电有限公司新建工程2×135MW火电机组 燃气冲击波吹灰器招标文件，复印件共15页）、证据5（即大连泰山热电有限公司2×135MW供热机组辅机设备锅炉吹灰器投标文件，复印件共47页）均为非专利文献，其真实性无法确认，对证据1、3~5不予采信。

（2）原告无效宣告请求时，既未结合证据1~5具体说明本专利不符合《中华人民共和国专利法》（以下简称《专利法》）第二十二条第二款、第三款的理由，也未具体说明和指明本专利为什么不符合《专利法实施细则》第二条第二款、第二十条第一款、第二十一条的规定。同时，原告既未在规定的期限内提交任何意见陈述，也放弃了在无效口头审理过程中结合证据具体陈述无效宣告理由的机会。因此，原告未结合提交的证据详细阐述其无效理由，未尽到《专利法实施细则》第六十四条第一款规定的义务，致使被告不能针对其无效请求进行审理，故对其无效请求主张不予支持。

在法定期限内，被告为证明被诉决定合法，向本院提交了以下证据：（1）原告提交的无效宣告请求书；（2）口审记录表；（3）涉案实用新型专利文件；（4）第三人发明专利申请文本、第三人在发明专利实质审查阶段的意见陈述及第三人提出的补充说明。

原告诉称：本专利于2004年8月31日已经全部消失，2007年2月在被告主管单位国家知识产权局的网站上已经公布这一事实。而被告在该专利权利已经自始不存在情况下，不但发出转换文件通知书，并作出维持专利权有效的决定，在相关公众中造成非常大的影响。被告在审理对象不存在的情况下，应当终止审理。故，被诉决定违法，适用法律错误，认定事实不清，请求法院依法撤销被诉决定。

在开庭审理之前，原告为支持其诉讼主张，其提供了以下证据：（1）官方网站关于该专利自申请之日放弃全部权利的记载；（2）专利登记簿副本，记载与官方网站的记载相一致。

被告辩称：根据《施行修订后审查指南的过渡办法》的规定以及我委提交的证据4、5、6，原告所提交的专利登记簿副本系登记错误。我委已经和实用新型流程部门进行沟通，实用新型流程部门将于2008年6月4日发布更正公告。原告主张我委所维持的专利权已经自始放弃的主张不能成立。由于原告在本案中提出无效宣告请求时未结合其提交的证据详细阐述其无效理由，未尽到《专利法实施细则》第六十四条第一款规定的义务，致使我委不能针对其无效请求进行审理。因此，对原告的无效请求主张不予支持。综上所述，我委作出的被诉决定认定事实清楚，适用法律正确，审理程序合法，请求法院驳回原告请求，维持被诉决定。

第三人述称：同意被告的意见。其无证据提交。

上述证据经庭审质证，当事人发表了各自的意见。针对被告的证据，原告认为被告的证据1、3、4、5真实性没有异议，对于口审记录和第三人提出的补充说明的真实性不予确认。第三人同意被告的举证。针对原告的证据，被告对原告证据1的真实性不予认可，认为官方网站是查不到涉案专利登记情况的，专利登记簿副本是实用新型的流程部门发生错误，2008年6月4日将发出更正公告。第三人同意被告的质证意见，明确其放弃专利的日期是在发明专利授权日。

经审查，被告的证据为行政程序中的有效证据，被告证明被诉决定的事实经过，本院予以确认。原告的证据1、2虽然来源真实，但是其中记载的本专利的内容应当以国家知识产权局于2008年6月4日作出的更正公告为准，因此本院对上述两份书证不予确认。

根据上述有效证据，本院查明事实如下：

本专利的申请日是2004年8月31日，授权公告日是2005年10月5日，专利号是200420089036.3。其授权公告时的权利要求共7项（内容略）。同时，其向国家知识产权局提交了发明专利申请，发明专利的权利要求包含了本专利的权利要求。

针对本专利，原告于2005年11月28日向被告提出无效宣告请求，并提交了证据1~5作为对比文件。其理由是本专利的权利要求1~7相对于证据1~3不符合《专利法》第二十二条第一款、第二款的规定；权利要求1~7相对于证据1~5不符合《专利法》第二十二条第一款、第三款的规定；权利要求1~7相对于证据6不符合《专利法实施细则》第二条第二款的规定；权利要求1~7不符合《专利法实施细则》第二十条第一款的规定；权利要求1~7不符合《专利法实施细则》第二十一条的规定。

被告于2005年11月28日予以受理，并将原告的请求内容转送给第三人。2006年7月31日，第三人向被告提交了意见陈述书。被告于2007年7月16日将该内容向原告转送。2006年5月25日、8

月 8 日，被告两次进行口头审理，原告均未派员参加口头审理，也未说明原因。第三人在口头审理过程中认可原告提交的证据 2 真实，但认为本专利与证据 2 相比具有实质性特点和进步，因此具备新颖性和创造性；证据 1、3~5 均为非专利文献，且原告未能提交原件，对其真实性均不予认可；证据 1、4、5 为招标文件，证据 3 为企业标准，均不属于公开出版物，因此不能用以评价本专利的新颖性和创造性。

据此，被告于 2007 年 12 月 19 日作出被诉决定，并于同年 12 月 25 日向原告和第三人邮寄送达。原告不服，于 2008 年 3 月 13 日向本院提起行政诉讼。在开庭审理中，原告、第三人对被诉决定中“案由”部分记载的内容无争议。同时，被告当庭告知国家知识产权局的实用新型流程部门将于 2008 年 6 月 4 日发布更正公告，将其放弃专利权生效日 2004 年 8 月 31 日更正为 2006 年 12 月 17 日。原告对第三人自 2006 年 12 月 17 日获得发明专利授权的事实没有争议。

本院认为：根据当事人无争议的陈述，本院经书面审查，对上述内容的合法性予以确认。在此基础上，本院围绕当事人争议的焦点，对被诉决定的合法性进行审查。

首先，根据被诉决定“案由”部分记载的内容，被告在审查程序中，将原告的无效宣告请求书及附件副本向第三人转送，将第三人的意见陈述书向原告转送，并且向原告发出口头审理通知书，告知了口头审理的时间。被告针对原告在第一次口头审理中既未派员参加，又未收到原告是否参加口头审理的回执后向原告发出了结案通知书被退回的情况下，被告重新进行口头审理，上述程序符合《审查指南》第四部分第一章、第三章第 4.4 节的相关规定。由于原告未派员参加口头审理，应视为原告放弃在口头审理中发表陈述意见的机会。原告认为被告审查程序违法的诉讼主张缺乏事实和法律依据，本院不予支持。

其次，根据《专利法实施细则》第六十四条第一款的规定，无效宣告请求人应当结合提交的所有证据，具体说明无效宣告请求的理由，并指明每项理由所依据的证据。虽然，原告提交的证据 2 真实，且早于本专利申请日，可以作为本专利的对比文件。但是，原告在其提交的无效宣告请求书中既未结合证据 2 说明具体理由，也未向被告提交具体的书面陈述意见，所以，原告未尽到《专利法实施细则》第六十四条第一款所规定的义务。据此，被告认为不能针对原告的无效宣告理由进行审理的结论正确，符合《审查指南》第四部分第三章第 3.3 节之（5）的规定。原告以《专利法实施细则》没有规定应当如何详尽说明理由为由，认为被告适用法律错误的主张缺乏法律依据。

最后，在 2006 年版《审查指南》实施后，国家知识产权局针对修订前、后的审查指南的过渡问题作出了《施行修订后审查指南的过渡办法》。因第三人在向国家知识产权局申请本专利的同时提出了发明专利申请，且该发明专利包含了本专利权利要求，允许第三人自在后获得专利权的生效日起放弃其在先获得的专利权。第三人在 2006 年 12 月 17 日获得发明专利授权后放弃本专利权，应当以其该日期作为放弃本专利权日。鉴于原告对第三人自 2006 年 12 月 17 日获得发明专利授权的事实没有争议，且国家知识产权局已经于 2008 年 6 月 4 日作出更正公告，将第三人放弃专利权生效日更正为 2006 年 12 月 17 日，所以，本专利可以作为无效案件的审理对象。原告认为第三人声明放弃权利时没有附条件，应当视为其全部放弃权利，被告应当及时终止无效案件的审理的诉讼主张缺乏法律依据，本院不予支持。

综上，被诉决定的主要证据充分，审查程序合法，适用法律正确，本院应予维持。故，依照《中华人民共和国行政诉讼法》第五十四条第（一）项之规定，判决如下：

维持被告国家知识产权局专利复审委员会于二〇〇七年十二月二十五日作出的第 10843 号无效宣告请求审查决定。

案件受理费 100 元，由原告哈尔滨世纪热能技术开发有限公司负担（已交纳）。

如不服本判决，各方当事人可在本判决书送达之日起 15 日内，向本院递交上诉状，并按照对方当事人的人数提出副本，及预交上诉案件受理费 100 元，上诉于北京市高级人民法院。

审　判　长　饶亚东
审　判　员　刘景文
人民陪审员　张燕宾
二〇〇九年五月六日
书　记　员　蒋利玮

北京市高级人民法院
行政判决书

（2009）高行终字第 888 号

上诉人（一审原告）哈尔滨世纪热能技术开发有限公司，黑龙江省哈尔滨市高科技开发区赣水路 195 华采艺邻 B 座 2402 室。

法定代表人李笑愚，总经理。

委托代理人陈晓光，女，哈尔滨东方专利事务所专利代理人。

被上诉人（一审被告）国家知识产权局专利复审委员会，住所地北京市海淀区北四环西路 9 号银谷大厦 10~12 层。

法定代表人，副主任。

委托代理人朱明雅，女，国家知识产权局专利复审委员会审查员。

委托代理人郭鹏鹏，男，国家知识产权局专利复审委员会审查员。

被上诉人（一审第三人）北京嘉德兴业科技有限公司，住所地北京市门头沟区石龙工业区龙园路 4 号 H1-43 号。

法定代表人张自强，总经理。

上诉人哈尔滨世纪热能技术开发有限公司（以下简称世纪热能公司）因专利无效宣告请求审查决定一案，不服北京市第一中级人民法院（2008）一中行初字第 434 号行政判决，向本院提起上诉。本院受理后依法组成合议庭进行了审理，本案现已审理终结。

2007 年 12 月 19 日，国家知识产权局专利复审委员会（以下简称专利复审委）根据世纪热能公司的请求，对北京嘉德兴业科技有限公司（以下简称嘉德兴业公司）的名称为“单元式智能燃气脉冲吹灰装置”的实用新型专利（以下简称本专利）进行了审查，认为世纪热能公司作为请求人未结合证据具体提出无效理由，依据《中华人民共和国专利法实施细则》（以下简称《专利法实施细则》）第六十四条第一款的规定，作出第 10843 号无效宣告请求审查决定（以下简称第 10843 号决定），维持本专利权有效。世纪热能公司不服专利复审委作出的第 10843 号决定，向北京市第一中级人民法院（以下简称一审法院）提起行政诉讼。

一审法院判决认定，由于世纪热能公司未派员参加本案口头审理，应视为世纪热能公司放弃在口头审理中发表陈述意见的机会。因此，世纪热能公司认为专利复审委审查程序违法的诉讼主张缺乏事实和法律依据，不予支持。

世纪热能公司在其提交的无效宣告请求书中既未结合证据 2 说明具体理由，也未向专利复审委提交具体的书面陈述意见，所以，世纪热能公司未尽到《专利法实施细则》第六十四条第一款所规定的义务。据此，专利复审委认为不能针对世纪热能公司的无效宣告理由进行审理的结论正确。

嘉德兴业公司在2006年12月17日获得发明专利授权后放弃本专利权，应当以其该日期作为放弃本专利权日。鉴于世纪热能公司对嘉德兴业公司自2006年12月17日获得发明专利授权的事实没有争议，且国家知识产权局已经于2008年6月4日作出更正公告，将其放弃专利权生效日更正为2006年12月17日，所以，本专利可以作为无效案件的审理对象。世纪热能公司认为嘉德兴业公司声明放弃权利时没有附条件，应当视为其全部放弃权利，专利复审委应当及时终止无效案件的审理的诉讼主张缺乏法律依据，不予支持。

综上，专利复审委作出的第10843号决定的主要证据充分，审查程序合法，适用法律正确。依照《中华人民共和国行政诉讼法》第五十四条第（一）项的规定，判决予以维持。

世纪热能公司不服一审判决，提出上诉。诉称，本专利于2004年8月31日已经全部消失，2007年2月在专利复审委主管单位国家知识产权局的网站上已经公布这一事实。而专利复审委在该专利权利已经自始不存在情况下，不但发出转换文件通知书，并作出维持专利权有效的决定，在相关公众中造成非常大的影响。专利复审委在审理对象不存在的情况下，应当终止审理。一审法院判决认定事实错误，缺乏法律依据，请求二审法院撤销一审判决，同时撤销专利复审委作出的第10843号决定，并责令其重新作出决定。

专利复审委辩称，根据《施行修订后审查指南的过渡办法》的规定以及专利复审委提交的证据4、5、6，世纪热能公司所提交的专利登记簿副本系登记错误。专利复审委已经和实用新型流程部门进行沟通，实用新型流程部门将于2008年6月4日发布更正公告。世纪热能公司主张专利复审委所维持的专利权已经自始放弃的主张不能成立。由于世纪热能公司在本案中提出无效宣告请求时未结合其提交的证据详细阐述其无效理由，未尽到《专利法实施细则》第六十四条第一款规定的义务，致使专利复审委不能针对其无效请求进行审理，因此，专利复审委作出的第10843号决定正确。一审法院判决认定事实清楚，适用法律正确，程序合法，请求二审法院驳回世纪热能公司的上诉，维持一审判决。

嘉德兴业公司同意专利复审委的意见。

本案一审审理期间，专利复审委在法定期限内向一审法院提交了以下主要证据：（1）世纪热能公司提交无效宣告请求书；（2）口审记录表；（3）涉案实用新型专利文件；（4）嘉德兴业公司发明专利申请文本，嘉德兴业公司在发明专利实质审查阶段的意见陈述，嘉德兴业公司提出的补充说明。

世纪热能公司向一审法院提交了以下主要证据：（1）官方网站关于本专利自申请之日放弃全部权利的记载；（2）专利登记簿副本，记载与官方网站的记载相一致。

嘉德兴业公司未向一审法院提交证据。

一审法院经审查认为，专利复审委的证据为行政程序中的有效证据，予以确认。世纪热能公司的证据1、2虽然来源真实，但是其中记载的本专利的内容应当以国家知识产权局于2008年6月4日作出的更正公告为准，因此，对上述两份书证不予确认。

上述证据均已随案移送本院。二审期间，各方当事人没有提交新的证据。经审查核实，本院确认一审法院认证意见正确，并据此认定本案如下事实：

本专利是名称为“单元式智能燃气脉冲吹灰装置”的实用新型专利，申请日为2004年8月31日，授权公告日为2005年10月5日，专利号是200420089036.3，专利权人为嘉德兴业公司。本专利授权公告时的权利要求共7项（内容略）。同时，嘉德兴业公司向国家知识产权局提交了发明专利申请，发明专利的权利要求包含了本专利的权利要求。

2005年11月28日，世纪热能公司针对本专利向专利复审委提出无效宣告请求，并提交了证据1~5作为对比文件。其理由是本专利的权利要求1~7相对于证据1~3不符合《中华人民共和国专利法》（以下简称《专利法》）第二十二条第一款、第二款的规定；权利要求1~7相对于证据1~5不符合《专利法》第二十二条第一款、第三款的规定；权利要求1~7相对于证据6不符合《专利法实施细则》第二条第二款的规定；权利要求1~7不符合《专利法实施细则》第二十条第一款的规定；权利要求1~7不符合《专利法实施细则》第二十一条的规定。

专利复审委于2005年11月28日予以受理，并将世纪热能公司的请求内容转送给嘉德兴业公司。2006年7月31日，嘉德兴业公司向专利复审委提交了意见陈述书。专利复审委于2007年7月16日将该内容向世纪热能公司转送。2006年5月25日、8月8日，专利复审委两次进行口头审理，世纪热能公司均未派员参加口头审理，也未说明原因。嘉德兴业公司在口头审理过程中认可世纪热能公司提交的证据2真实，但认为本专利与证据2相比具有实质性特点和进步，因此具备新颖性和创造性；证据1、3~5均为非专利文献，且世纪热能公司未能提交原件，对其真实性均不予认可；证据1、4、5为招标文件，证据3为企业标准，均不属于公开出版物，因此不能用以评价本专利的新颖性和创造性。

2007年12月19日，专利复审委作出第10843号决定，维持本专利有效。主要理由是：

（1）世纪热能公司在无效宣告请求程序中共提交5份证据，但未提交证据原件。其中证据2（即：1994年9月《华北电力学院学报》上刊登的《新型锅炉清灰装置-瓦斯脉冲清灰装置原理与应用研究》一文复印件，共6页）为专利文献，专利权人对其真实性无异议。经核实，证据2真实，其出版时间早于本专利申请日，可以用于对本专利新颖性、创造性进行评价；证据1（即：无锡华光锅炉股份有限公司招标文件（标书编号：UG/B92-CB45-0413）复印件共18页）、证据3（即：哈尔滨世纪热能技术开发有限公司企业标准（Q/HSR001-2003）HCT系列燃气高能脉冲吹灰装置，复印件共8页）、证据4（即：大连泰山热电有限公司新建工程2×135MW火电机组 燃气冲击波吹灰器招标文件，复印件共15页）、证据5（即：大连泰山热电有限公司2×135MW供热机组辅机设备锅炉吹灰器投标文件，复印件共47页）均为非专利文献，其真实性无法确认，对证据1、3~5不予采信。

（2）世纪热能公司无效宣告请求时，既未结合证据1~5具体说明本专利不符合《专利法》第二十二条第二款、第三款的理由，也未具体说明和指明本专利为什么不符合《专利法实施细则》第二条第二款、第二十条第一款、第二十一条的规定。同时，世纪热能公司既未在规定的期限内提交任何意见陈述，也放弃了在无效口头审理过程中结合证据具体陈述无效宣告理由的机会。因此，世纪热能公司未结合提交的证据详细阐述其无效理由，未尽到《专利法实施细则》第六十四条第一款规定的义务，致使专利复审委不能针对其无效请求进行审理，故对其无效请求主张不予支持。

世纪热能公司不服专利复审委作出的第10843号决定，向一审法院提起行政诉讼。

本院认为，世纪热能公司、嘉德兴业公司对专利复审委作出的第10843号决定中“案由”部分记载的内容没有争议。同时，专利复审委一审当庭告知国家知识产权局的实用新型流程部门于2008年6月4日发布更正公告，将嘉德兴业公司放弃专利权生效日由2004年8月31日更正为2006年12月17日。世纪热能公司对嘉德兴业公司自2006年12月17日获得发明专利授权的事实没有争议。上述内容经审查，本院对其合法性予以确认。本案争议的焦点问题是，专利复审委作出的第10843号决定是否合法。

根据专利复审委作出的第10843号决定“案由”部分记载的内容，专利复审委在审查程序中，将世纪热能公司的专利无效宣告请求书及附件副本向嘉德兴业公司进行了转送，又将嘉德兴业公司的意见陈述书向世纪热能公司进行了转送，并且向世纪热能公司发出口头审理通知书，告知了口头审理的时间。专利复审委针对世纪热能公司在第一次口头审理中既未派员参加，又未收到世纪热能公司是否参加口头审理的回执后，且向世纪热能公司发出了结案通知书被退回的情况下，专利复审委重新进行了口头审理，上述程序符合《审查指南》第四部分第一章、第三章第4.4节的相关规定。由于世纪热能公司未派员参加本案的口头审理，视为世纪热能公司放弃在口头审理中发表陈述意见的权利。因此，世纪热能公司认为专利复审委审查程序违法的诉讼主张缺乏事实和法律依据，本院不予支持。

根据《专利法实施细则》第六十四条第一款的规定，无效宣告请求人应当结合提交的所有证据，具体说明无效宣告请求的理由，并指明每项理由所依据的证据。虽然本案世纪热能公司提交的证据2真实，且早于本专利申请日，可以作为本专利的对比文件。但是世纪热能公司在其提交的无效宣告请求书中既未结合证据2说明具体理由，也未向专利复审委提交具体的书面陈述意见，因此，世纪热能公司未尽到《专利法实施细则》第六十四条第一款所规定的义务。据此，专利复审委作出不能针对世纪热能公司的无效宣告理由进行审理的认定正确，符合《审查指南》第四部分第三章第3.3节之（5）的规定。世纪热能公司以《专利法实施细则》没有规定应当如何详尽说明理由为由，认为专利复审委适用法律错误的诉讼主张缺乏法律依据，本院不予支持。

在2006年版《审查指南》实施后，国家知识产权局针对修订前、后的审查指南的过渡问题作出了《施行修订后审查指南的过渡办法》。因嘉德兴业公司在向国家知识产权局申请本专利的同时提出了发明专利申请，且该发明专利包含了本专利权利要求，允许嘉德兴业公司自在后获得专利权的生效日起放弃其在先获得的专利权。嘉德兴业公司在2006年12月17日获得发明专利授权后放弃本专利权，应当以该日期作为放弃本专利权日。鉴于世纪热能公司对嘉德兴业公司自2006年12月17日获得发明专利授权的事实没有争议，且国家知识产权局已经于2008年6月4日作出更正公告，将嘉德兴业公司放弃专利权生效日更正为2006年12月17日，因此，本专利可以作为本案的审理对象。世纪热能公司认为嘉德兴业公司声明放弃权利时没有附条件，应当视为其全部放弃权利，专利复审委应当及时终止无效案件审理的诉讼主张缺乏法律依据，本院不予支持。

综上，专利复审委作出的第10843号决定事实清楚，主要证据充分，审查程序合法，一审法院判决维持正确，本院应予维持。上诉人世纪热能公司的诉讼主张缺乏实事和法律依据，本院不予支持。依据《中华人民共和国行政诉讼法》第六十一条第（一）项的规定，判决如下：

驳回上诉，维持一审判决。

二审案件受理费人民币100元，由上诉人哈尔滨世纪热能技术开发有限公司负担（已交纳）。

本判决为终审判决。

审　判　长　朱世宽
审　判　员　赵宇晖
代理审判员　胡华峰
二〇〇九年十一月十三日
书　记　员　张　怡

225

屏蔽门

无效宣告请求审查决定（第10848号）

决　　定　　号　第10848号
决　　定　　日　2007年12月13日
发明创造名称　屏蔽门
国 际 分 类 号　E06B 5/18
无效宣告请求人　益迈得可科技股份有限公司
专　利　权　人　常州利明屏蔽有限公司
专　　利　　号　200420054453.4
申　　请　　日　2004年12月17日
授 权 公 告 日　2006年2月22日
合 议 组 组 长　张宗任
主　　审　　员　邢文飞
参　　审　　员　李　卉

法　律　依　据　专利法第5条，专利法第22条第2款，专利法第22条第3款
决　定　要　点

如果权利要求与对比文件相比具有区别技术特征，且这些区别技术特征能够带来有益效果，则权利要求所限定的技术方案具有实质性特点和进步，因而具备创造性。

一、案由

本无效宣告请求涉及国家知识产权局于2006年2月22日授权公告的、名称为“屏蔽门”的200420054453.4号实用新型专利（下称本专利），其申请日为2004年12月17日，专利权人为常州利明屏蔽有限公司。本专利授权公告的权利要求书内容如下：

“1. 一种屏蔽门，包括门体（1）、门框（2）及门体（1）与门框（2）间的连接部件，其特征在于所述门体（1）设有金属板（5），门体（1）四周镶装有紧密排列成一体的金属弹簧梳形片（3），且该金属弹簧梳形片（3）与门体（1）的金属板（5）相连，门框（2）四周的内表面均嵌装有成一体的金属板（4），使得门体（1）与门框（2）闭合时，它们之间形成良好的电气连接。

2. 根据权利要求1所述的屏蔽门，其特征在于所述门体（1）的金属板（5）设置于门体（1）两侧的包覆层内。

3. 根据权利要求2所述的屏蔽门，其特征在于所述门体（1）的金属板（5）采用铜板制成，两侧包覆层采用人造板（6）制成。

4. 根据权利要求1、2或3所述的屏蔽门，其特征在于所述门体（1）的金属弹簧梳形片（3）、门框（2）的金属板（4）均采用铜质材料。”

针对上述专利权，益迈得可科技股份有限公司（下称请求人）于2007年1月25日向专利复审委员会提出了无效宣告请求。请求人提交如下附件作为证据使用：

附件1：美国第US6519899B1号专利说明书，公告日为2003年2月18日；

附件2：浙江大学出版社2004年1月印刷出版的，钱照明、程肇基编著的《电力电子系统电磁兼容设计基础及干扰抑制技术》部分复印件共27页；

附件3：常州明瑞电子制造有限公司与瑞士IMEDCO AG公司的合同书复印件共10页；

请求人提出的无效宣告请求的理由具体为：本专利与附件1所属技术领域相同、欲解决的技术问题相同，其权利要求1~4与附件1所公开的技术方案相同且所获得的效果相同，因此附件1破坏本专利权利要求1~4的新颖性，故本专利权利要求1~4不符合专利法第22条第2款的规定；鉴于附件1公开了权利要求1~4的全部技术特征，使其丧失了新颖性，故必然不具备创造性；附件2用于证明所属领域的一些公知常识；如附件3所显示，专利权人常州利明屏蔽有限公司利用与IMEDCO AG（即无效请求人）共同投资举办合资经营企业的机会，不正当的窃取了请求人的技术，因此本专利违反了社会公德，属于专利法第5条规定的不授予专利权的情形。

2007年2月16日，请求人提交了附件1的中文译文共10页。

经形式审查合格，专利复审委员会受理了上述无效宣告请求，并于2007年3月12日发出无效宣告请求受理通知书，并将该无效宣告请求书及其附件的副本转送给专利权人。

专利复审委员会依法成立合议组对本案进行审理，本案合议组于2007年8月30日向双方当事人发出口头审理通知书，定于2007年10月15日举行口头审理，随该通知书将请求人提交的附件1的中文译文共10页转送给专利权人。

口头审理如期举行，双方当事人均出席口头审理并各自陈述了意见。

在口头审理中：双方当事人表示对合议组成员无回避请求，对对方出庭人员身份无异议；请求人当庭向合议组出示了附件2的原件，出示了附件3的公证认证书；专利权人对附件1~3的真实性无异议，对附件1中文译文的准确性无异议；请求人明确无效理由为：本专利权利要求1~4不符合专利法第5条；权利要求1~4不符合专利法第22条第2、3款的规定，其中本专利权利要求1~4相对于附件1不具有新颖性，相对于附件1和2的结合不具有创造性，其中附件1是最接近对比文件；附件3用于证明本专利不符合专利法第5条的规定。

在上述审理的基础上，合议组认为双方当事人已经充分发表意见，本案事实已经清楚，可以依法作出本无效宣告请求审查决定。

二、决定的理由

1. 关于证据

附件1是美国US6519899B1专利说明书（下称对比文件1），其公开日为2003年2月18日，早于本专利的申请日，且请求人在提出该申请的一个月之内提交了附件1的中文译文，专利权人对附件1的真实性无异议，对附件1的中文译文的准确性无异议，附件1构成本专利的现有技术，可以用来评价本专利的新颖性和创造性。

附件2是浙江大学出版社2004年1月印刷出版的，钱照明、程肇基编著的《电力电子系统电磁兼容设计基础及干扰抑制技术》部分复印件（下称对比文件2），在口审时请求人出示了附件2的原件，且专利权人对附件2的真实性无异议，其出版日期早于本专利申请日，因此附件2构成本专利的现有技术，由于附件2为教科书，因此可以作为所属技术领域公知常识的证据使用。

附件3是常州明瑞电子制造有限公司与瑞士IMEDCO AG公司的合同书复印件，在口审时请求人出示了附件3的公证认证书，且专利权人对附件3的真实性无异议，因此附件3可以作为证据使用，但是该证据只能表明常州明瑞电子制造有限公司与瑞士IMEDCO AG公司之间存在经济往来，但是不能体现违反国家法律、社会公德和妨害公共利益，缺少其他证据佐证，因此单独附件3不能作为评价专利法第5条的证据使用。

2. 关于专利法第5条

专利法第5条规定：对违反国家法律、社会公德或者妨害公共利益的发明创造，不授予专利权。

请求人提交的附件3不能作为评价专利法第5条的证据使用，因此合议组认为请求人未能提供充分的证据支持其主张，故其提出的权利要求1~4不符合专利法第5条的无效宣告请求理由不成立。

3. 关于专利法第22条第2款

专利法第22条第2款规定：新颖性，是指在申请日以前没有同样的发明或者实用新型在国内外出版物上公开发表过、在国内公开使用过或者以其他方式为公众所知，也没有同样的发明或者实用新型由他人向国务院专利行政部门提出过申请并且记载在申请日以后公布的专利申请文件中。

权利要求1请求保护一种屏蔽门，包括如下技术特征：

a）门体（1）、门框（2）及门体（1）与门框（2）间的连接部件；

b）门体（1）设有金属板（5）；

c）门体（1）四周镶装有紧密排列成一体的金属弹簧梳形片（3），且该金属弹簧梳形片（3）与门体（1）的金属板（5）相连；

d）门框（2）四周的内表面均嵌装有成一体的金属板（4），使得门体（1）与门框（2）闭合时，它们之间形成良好的电气连接。

对比文件1涉及一种射频屏蔽且隔音门，其中披露了以下技术特征（参见对比文件1说明书第3页第1行，第4页第1行、第8~19行，第5页第7~28行、第6页第6~10行、附图1和附图4）：一种射频屏蔽且隔音门；所述门10包括门板14（相当于本专利的门体）及门框16；在打开位置，门10最好露出一个门铰链机构44（相当于本专利的连接部件）；门板14有第一外侧部分68及第二外侧部分70，接近第二外侧部分70的一层传导材料82，最好沿第二外侧部分70长度方向延伸（相当于本专利的门体（1）设有金属板（5））；为了在门板14与门框16间连续的射频屏蔽，许多射频屏蔽接触部件90或手指形弹性地安装在门板14的顶部和底部，接触部件90沿门板部件的长度方向延伸，并位于接近门框16相应的顶部和底部，因此但门10处于关闭位置时在门板14与门框16间提供电连接；门板最好具有夹心或层状设计，门框16最好有4个门框部分组成，顶部62、第一侧部58与第二侧部60分别包括支撑材料以及附加在支撑材料上的传导材料。

可见，对比文件1公开了权利要求1中的技术特征a）、b）。

权利要求1与对比文件1的区别特征是技术特征c）、d）。而对比文件1是在门板14的顶部和底部弹性地安装有手指形部件，而不是四周镶装；顶部62、第1侧部58和第2侧部60分别包括附加在支撑材料上的传导材料，即在门板的三个方向上附加传导材料，而不是在四周嵌装。因此权利要求1的技术特征在对比文件1中没有全部被公开，二者公开的技术方案实质不同，权利要求1相对于对比文件1具备专利法第22条第2款规定的新颖性。

在权利要求1具备新颖性的情况下，引用权利要求1的权利要求2~4也具备新颖性，符合专利法第22条第2款的规定。

3. 关于专利法第22条第3款

专利法第22条第3款规定："创造性，是指同申请日以前已有的技术相比，该发明有突出的实质性特点和显著的进步，该实用新型有实质性特点和进步。”

如上所述，权利要求1与对比文件1的区别特征是权利要求1中技术特征c)、d)，即：“门体（1）四周镶装有紧密排列成一体的金属弹簧梳形片（3），且该金属弹簧梳形片（3）与门体（1）的金属板（5）相连，门框（2）四周的内表面均嵌装有成一体的金属板（4），使得门体（1）与门框（2）闭合时，它们之间形成良好的电气连接”。

对比文件2涉及电磁兼容设计及干扰抑制技术，特别设计了一些屏蔽体的结构设计（参见对比文件2第77~78页），但是并没有公开本专利与对比文件1的区别技术特征，而对比文件1是在门板14的顶部和底部弹性地安装有手指形部件，该手指形部件与本专利的金属弹簧梳形片的结构不同，设置方式也不同，因此对比文件1和对比文件2都没有给出四周镶装由紧密排列成一体的金属弹簧梳形片的启示，且本专利使用了金属弹簧梳形片可以使得门体与门框之间形成良号的电气连接，具有良好的屏蔽效果（见本专利说明书第2页第3段和第3页第1段），也就是说，本专利权利要求1的技术方案与对比文件1和对比文件2相结合的技术方案相比的区别技术特征能够带来有益效果，因此本专利的权利要求1所限定的技术方案与对比文件1和对比文件2相结合的技术方案相比具有实质性特点和进步，具备专利法第22条第3款所规定的创造性。

在权利要求1具备创造性的情况下，引用权利要求1的从属权利要求2~4相对于对比文件1和对比文件2的结合也具备创造性，符合专利法第22条第3款的规定。

综上所述，请求人提出的本专利权利要求1~4相对于对比文件1不具有新颖性，相对于对比文件1和对比文件2的结合不具有创造性的理由不成立，本专利权利要求1~4不符合专利法第5条的规定缺少证据支持。

三、决定

维持200420054453.4号实用新型专利权全部有效。

当事人对本决定不服的，可以根据专利法第46条第2款的规定，自收到本决定之日起3个月内向北京市第一中级人民法院起诉。根据该款的规定，一方当事人起诉后，另一方当事人应当作为第三人参加诉讼。

北京市第一中级人民法院
行政判决书

（2008）一中行初字第667号

原告益迈得可科技股份有限公司（Imedco AG），住所地瑞士联邦索洛图恩州海根多夫工业街西14号。

法定代表人罗伯特·施魏策尔（Robert Schweizer），总裁。

委托代理人冯云，女，1977年3月7日出生，上海衡方知识产权代理有限公司职员，住中华人民共和国北京市海淀区西土城路6号。

委托代理人曾宁，女，1971年6月18日出生，上海衡方知识产权代理有限公司职员，住中华人民共和国上海市长宁区中山西路620号。

被告中华人民共和国国家知识产权局专利复审委员会，住所地中华人民共和国北京市海淀区北四环西路9号银谷大厦10~12层。

法定代表人廖涛，副主任。

委托代理人邢文飞，中华人民共和国国家知识产权局专利复审委员会审查员。

委托代理人朱明雅，中华人民共和国国家知识产权局专利复审委员会审查员。

第三人常州利明屏蔽有限公司，住所地中华人民共和国江苏省常州市戚墅堰区潞城东方东路163号（163-8号）。

法定代表人李明，董事长。

委托代理人夏平，南京天华专利代理有限责任公司专利代理人。

委托代理人陈永，男，1976年11月7日出生，住中华人民共和国江苏省常州市天宁区北直街54幢。

原告益迈得可科技股份有限公司（简称益迈得可公司）不服被告中华人民共和国国家知识产权局专利复审委员会（简称专利复审委员会）于2007年12月13日作出的第10848号无效宣告请求审查决定（简称第10848号决定），于法定期限内向本院提起诉讼。本院于2008年5月12日受理本案后，依法组成合议庭，并通知第10848号决定的相对方常州利明屏蔽有限公司（简称利明公司）作为本案第三人参加诉讼，于2008年6月25日公开开庭进行了审理。原告益迈得可公司委托代理人冯云、曾宁，被告专利复审委员会委托代理人邢文飞、朱明雅，第三人利明公司委托代理人夏平、陈永到庭参加了诉讼。本案现已审理终结。

第10848号决定系专利复审委员会针对益迈得可公司就利明公司拥有的200420054453.4号“屏蔽门”实用新型专利（简称本专利）提起的无效宣告请求而作出。专利复审委员会在该决定中作出了以下认定：

1. 关于证据

附件1是美国US6519899B1专利说明书，其公开日早于本专利申请日，利明公司对其真实性和中文译文准确性无异议，附件1构成本专利的现有技术，可以用来评价本专利新颖性和创造性。附件2是浙江大学出版社2004年1月印刷出版，钱照明、程肇基编著的《电力电子系统电磁兼容设计基础及干扰抑制技术》部分复印件，利明公司对其真实性无异议，其出版日期早于本专利申请日，因此附件2构成本专利的现有技术，由于附件2为教科书，因此可以作为所属技术领域公知常识的证据使用。附件3是常州明瑞电子制造有限公司（简称明瑞公司）与瑞士IMEDCO AG公司的合同书复印件，利明公司对其真实性无异议，因此附件3可以作为证据使用，但是该证据只能表明明瑞公司与瑞士IMEDCO AG公司之间存在经济往来，不能体现违反国家法律、社会公德和妨害公共利益，因此单独附件3不能作为评价《中华人民共和国专利法》（简称专利法）第五条的证据使用。

2. 关于专利法第5条

益迈得可公司提交的附件3不能作为评价专利法第五条的证据使用，因此其未能提供充分的证据支持其主张，故其提出的权利要求1~4不符合专利法第五条的无效宣告请求理由不成立。

3. 关于专利法第22条第2款

本专利权利要求1的技术特征在附件1中没有全部被公开，二者公开的技术方案实质不同，权利要求1相对于附件1具备专利法第22条第2款规定的新颖性。在权利要求1具备新颖性的情况下，引用权利要求1的权利要求2~4也具备新颖性，符合专利法第22条第2款的规定。

4. 关于专利法第22条第3款

本专利权利要求1与附件1的区别特征是：门体（1）四周镶装有紧密排列成一体的金属弹簧梳形片（3），且该金属弹簧梳形片（3）与门体（1）的金属板（5）相连；门框（2）四周的内表面均嵌装有成一体的金属板（4），使得门体（1）与门框（2）闭合时，它们之间形成良好的电气连接。

附件2涉及电磁兼容设计及干扰抑制技术，特别设计了一些屏蔽体的结构设计，但并没有公开本专利与附件1的区别技术特征，而附件1是在门板1 4顶部和底部弹性地安装有手指形部件，该手指形部件与本专利的金属弹簧梳形片的结构不同，设置方式也不同，因此附件1和2都没有给出四周镶装由紧密排列成一体的金属弹簧梳形片的启示，且本专利使用了金属弹簧梳形片可以使得门体与门框之间形成良好的电气连接，具有良好的屏蔽效果，本专利权利要求1的技术方案与附件1和2相结合的技术方案相比的区别技术特征能够带来有益效果，本专利权利要求1所限定的技术方案与附件1和2相结合的技术方案相比具有实质性特点和进步，具备专利法第22条第3款规定的创造性。在权利要求1具备创造性的情况下，引用权利要求1的从属权利要求2~4相对于附件1和2的结合也具备创造性，符合专利法第22条第3款的规定。

据此，专利复审委员会作出第10848号决定，维持本专利有效。

原告益迈得可公司不服第10848号决定，在法定期限内向本院起诉称：（1）我方是一家专业从事射频屏蔽室设计、生产和销售的瑞士公司，拥有一系列关于射频屏蔽室的技术。2004年8月，利明公司利用假意与我方共同投资设立合营企业的机会知悉了我方“屏蔽门”技术，在此技术基础上稍作变动后于2004年12月17日抢先在中国申请了本专利。我方提交的设立合资企业合同具有证据资格，且与美国第US6519899B1号专利说明书等互相补强，可以证明利明公司恶意磋商抢先申请专利违反社会公德。（2）关于本专利新颖性，附件1所揭示的技术特征与本专利基本一致，本专利的特征已经全部被公开。（3）关于本专利创造性，附件1的手指形部件和本专利的弹簧梳形片指代的是相同部件，只是名称不同；附件1公开了在门框顶部和底部安装手指形部件的技术方案后，本领域普通技术人员不需要花费创造性劳动结合公知常识就能知道在门框上附加的手指形部件越多，屏蔽和电气连接的效果就更好，附件1和附件2揭示的公知技术已经给出所解决问题的技术启示。利明公司在接触和知悉我方技术方案后，仅仅对该技术方案做了简单改动：不仅仅在门框顶部和底部安装手指形部件，而是在四周全部安装。在门框顶部和底部安装手指形部件已经足以达到良好合格的屏蔽效果和电气连接，上述改动不经济节约，不能带来更有益的效果，不具进步性，因此不具有创造性。综上，请求法院撤销第10848号决定，判令专利复审委员会重新作出决定。

被告专利复审委员会辩称：（1）本案附件3中转让的技术是附件1中的专利，附件1不能作为附件3的补强证据，用以证明利明公司恶意磋商抢先申请专利的行为违反社会公德。在口头审理中，益迈得可公司没有提到使用附件1和3结合证明本专利不符合专利法第五条。（2）本专利权利要求1相对于附件1具备专利法第22条第2款规定的新颖性。（3）附件1和2都没有给出四周镶装由紧密排列成一体的金属弹簧梳形片的启示，且附件1的手指形部件与本专利金属弹簧梳形片的结构和设置方式也不同。本专利使用金属弹簧梳形片可以使得门体与门框之间形成良好的电气连接，具有良好的屏蔽效果，因此本专利权利要求1所限定的技术方案与附件1和2相结合的技术方案相比具有实质性特点和进步，具备专利法第22条第3款所规定的创造性。综上，请求法院维持第10848号决定。

第三人利明公司未提交书面答辩意见，在本案开庭审理过程中表示同意专利复审委员会的答辩意见。

本院经审理查明：

本专利为2006年2月2 2日授权公告的、名称为“屏蔽门”的200420054453.4号实用新型专利，其申请日为2004年12月17日，专利权人为利明公司。本专利授权公告的权利要求为：

“1. 一种屏蔽门，包括门体（1）、门框（2）及门体（1）与门框（2）间的连接部件，其特征在于所述门体（1）设有金属板（5），门体（1）四周镶装有紧密排列成一体的金属弹簧梳形片（3），且该金属弹簧梳形片（3）与门体（1）的金属板（5）相连，门框（2）四周的内表面均嵌装有成一体的金属板（4），使得门体（1）与门框（2）闭合时，它们之间形成良好的电气连接。

2. 根据权利要求1所述的屏蔽门，其特征在于所述门体（1）的金属板（5）设置于门体（1）两侧的包覆层内。

3. 根据权利要求2所述的屏蔽门，其特征在于所述门体（1）的金属板（5）采用铜板制成，两侧包覆层采用人造板（6）制成。

4. 根据权利要求1、2或3所述的屏蔽门，其特征在于所述门体（1）的金属弹簧梳形片（3）、门框（2）的金属板（4）均采用铜质材料。”

益迈得可公司于2007年1月25日向专利复审委员会提出无效宣告请求并提交如下证据：

附件1：美国第US6519899B1号专利说明书，授权日为2003年2月18日，受让人为Imedco AG（瑞士），涉及一种射频屏蔽且隔音房屋的门，披露了以下技术特征：所述门10包括门板14及门框16；在打开位置，门10最好露出一个门铰链机构44；门板14有第一外侧部分68及第二外侧部分70，接近第二外侧部分70的一层传导材料82，最好沿第二外侧部分70长度方向延伸；为了在门板14与门框16间连续的射频屏蔽，许多射频屏蔽接触部件90或手指形部件弹性地安装在门板1 4的顶部和底部，接触部件90沿门板部件的长度方向延伸，并位于接近门框16相应的顶部和底部，因此当门10处于关闭位置时在门板14与门框16间提供电连接；门板最好具有夹心或层状设计，门框16最好有4个门框部分组成，顶部62、第一侧部58与第二侧部60分别包括支撑材料以及附加在支撑材料上的传导材料。

附件2：浙江大学出版社2004年1月印刷出版，钱照明、程肇基编著的《电力电子系统电磁兼容设计基础及干扰抑制技术》部分复印件共27页，公开了几种屏蔽体的结构设计，其中对弹性指簧进行了介绍：弹性指簧通常安装在设备门框上，以保证关上门后能保持接触面屏蔽的完整性，而且能提供跨配合表面的地接触。

附件3：明瑞公司合同书复印件共10页，系Imedco AG公司（即益迈得可公司）与利明公司为共同投资举办合资经营企业而订立，成立的合资经营公司为明瑞公司。合同中关于技术转让部分约定益迈得可公司对合营公司进行技术转让，但未具体限定转让的技术内容。

专利复审委员会于2007年10月15日举行口头审理，在口头审理中：利明公司对附件1~3真实性无异议，对附件1中文译文准确性无异议；益迈得可公司明确无效理由为：附件3证明本专利权利要求1~4不符合专利法第5条，本专利权利要求1~4相对于附件1不具有新颖性，相对于附件1（最接近对比文件）和2的结合不具有创造性。

2007年12月13日，专利复审委员会作出第10848号决定，维持本专利权有效。

在本案开庭审理中，益迈得可公司明确放弃本专利权利要求1~4不具有新颖性的诉讼主张。

上述事实有本专利授权公告文本、益迈得可公司在无效宣告审查程序中向专利复审委员会提交的附件1~3、第10848号决定及当事人陈述等在案佐证。

本院认为：

综合各方当事人的诉辩主张，本案焦点问题为：

（1）本专利是否违反专利法第5条.

专利法第5条规定，对违反国家法律、社会公德或者妨害公共利益的发明创造，不授予专利权。该条规定系指技术方案因其公开、使用或制造违反国家法律、社会公德或者妨碍公共利益，而不能被授予专利权。本案中，益迈得可公司主张利明公司恶意磋商抢先申请本专利的行为违反社会公德，并不属于该条的适用范围。益迈得可公司亦未提交其他证据证明本专利的公开、实施或使用违反国家法律，或与社会公德相悖，妨碍公共利益。故益迈得可公司关于本专利违反专利法第5条的主张不能成立，本院不予支持。

（2）本专利是否具备创造性。

专利法第22条第3款规定：创造性是指同申请日以前已有的技术相比，该实用新型有实质性特点和进步。

本案中，附件1是本专利申请日前公开的美国专利说明书，附件2是本专利申请日前公开发行的出版物，故附件1、2可以作为评价本专利创造性的已有技术。

本专利权利要求1与附件1公开的技术方案至少存在以下区别技术特征：本专利中金属弹簧梳形片镶装在门体四周且紧密排列成一体，附件1中公开了许多射频屏蔽接触部件或手指形部件弹性地安装在门板的顶部和底部，但并没有公开这些接触部件或手指形部件的排列方式，从其附图也不能看出接触部件或手指形部件系紧密排列在一起。即本专利权利要求1中金属弹簧梳形片和附件1中手指形部件的结构、设置位置和设置方式均不相同。

关于金属弹簧梳形片和射频屏蔽接触部件或手指形部件的设置位置，由于其目的均在于使门体和门框之间形成电气连接，故将附件1中在门体顶部和底部的设置进行相应改动，改为将金属弹簧梳形片设置在门体的四周来实现电气连接的功能，对本领域技术人员来说是显而易见的。

关于金属弹簧梳形片和射频屏蔽接触部件或手指形部件的结构和设置方式，现有证据并不足以证明二者在结构上属于相同部件。即使认为二者功能相同，附件1亦没有公开本专利权利要求1中金属弹簧梳形片紧密排列成一体的特征，该特征也不属于本技术领域公知常识。附件2中对弹性指簧的介绍仅指出其通常安装在设备门框上，未涉及弹性指簧在使用时的设置方式，没有给出将弹性指簧紧密排列设置成一体的任何启示和/或教导。故对本领域技术人员来说，不能显而易见的将附件1和2结合得到本专利权利要求1中将金属弹簧梳形片紧密排列成一体的技术方案。因此，本专利权利要求1相对于附件1、2的结合具有实质性特点。本专利权利要求1利用金属弹簧梳形片在门体和门框之间形成电气连接，而将金属弹簧梳形片紧密排列成一体镶装在门体四周，能使门体和门框闭合时各处均能形成良好的电气连接，具有更好的屏蔽效果。因此，本专利权利要求1中的技术方案相对于附件1和2结合的技术方案具有有益的技术效果和进步。

综上，本专利权利要求1相对于附件1和2的结合具备专利法第22条第3款规定的创造性。在本专利权利要求1具备创造性的基础上，其从属权利要求2~4也具备专利法第22条第3款规定的创造性。

综上所述，益迈得可公司的诉讼理由不能成立，其诉讼请求本院不予支持。专利复审委员会作出的第10848号决定认定事实清楚，适用法律正确，程序合法，应予维持。依照《中华人民共和国行政诉讼法》第54条第（1）项之规定，本院判决如下：

维持被告中华人民共和国国家知识产权局专利复审委员会作出的第10848号无效宣告请求审查决定。

案件受理费100元，由原告益迈得可科技股份有限公司负担（已交纳）。

如不服本判决，原告益迈得可科技股份有限公司可在本判决书送达之日起30日内，被告中华人民共和国国家知识产权局专利复审委员会、第三人常州利明屏蔽有限公司可在本判决书送达之日起15日内向本院递交上诉状及副本，并交纳上诉案件受理费100元，上诉于中华人民共和国北京市高级人民法院。

审 判 长　赵　静
代理审判员　姜庶伟
人民陪审员　唐晓君
二〇〇九年一月九日
书 记 员　严　哲

226

高层建筑无水箱直连供暖的排气断流装置

无效宣告请求审查决定（第10850号）

决　　定　　号　第10850号
决　　定　　日　2007年12月3日
发明创造名称　高层建筑无水箱直连供暖的排气断流装置
国 际 分 类 号　F24D 19/00
无效宣告请求人　赵　华
专　利　权　人　中国人民解放军总参谋部通信工程设计研究院
申　　请　　号　97230200. X
申　　请　　日　1997年12月15日
授 权 公 告 日　1999年9月29日
合 议 组 组 长　于　萍
主　　审　　员　刘瑞斌
参　　审　　员　刘小静

法　律　依　据　专利法实施细则第20条第1款
决　定　要　点

如果根据权利要求记载的内容所得出的部件间的位置关系是不可能实现的，那么该权利要求的保护范围就不能被准确的限定，该权利要求不符合专利法实施细则第20条第1款的规定。

一、案由

本无效宣告请求涉及国家知识产权局于1999年9月29日授权公告的、名称为“高层建筑无水箱直连供暖的排气断流装置”的实用新型专利权（以下简称本专利），其专利号是97230200. X，申请日是1997年12月15日，专利权人是中国人民解放军总参谋部通信工程设计研究院。本专利授权公告时的权利要求书如下：

“1. 一种高层建筑无水箱直连供暖的排气断流装置，其特征在于该装置（8）的圆柱形上壳体（17）和倒置的圆台下壳体（19）相接，上壳体（17）上边有方便可拆的呼吸室兼盖板（15）；内设有环绕螺纹导向板（25）的杯状水封罐（26），水封罐（26）内悬置有下呼吸管（21），下呼吸管（21）上部与呼吸室兼盖板（15）的呼吸室连通，呼吸室兼盖板（15）的呼吸室上部接有上呼吸管（14），上呼吸管（14）上部接活动的万向弯头（13），杯状水封罐（26）的上部内衬有圆桶调节阀（24）；上壳体（17）上部的左进水管（26）和右进水管（16）分别与上壳体（17）的上部呈切线相接，其出水管（18）与下壳体（19）的下部同心相连。

2. 按照权利要求 1 所述的高层建筑无水箱直连供暖的排气断流装置，其特征在于调节阀（24）是上部有翻边，上、下开口，中部开有 4 个呈‘十’字对称分布圆孔的空心圆桶；这 4 个圆孔与杯状水封罐（26）上的圆孔分布方式相同，分布在与进水管（16）呈正交的位置。

3. 按照权利要求 1 所述的高层建筑无水箱直连供暖的排气断流装置，其特征在于杯状水封罐（26）为上开口，下有底板的密封容器。”

针对上述专利权（以下简称本专利），赵华（以下简称请求人）于 2004 年 12 月 3 日向专利复审委员会提出无效宣告请求，并提交了证据 1：97122037.9 号发明专利申请公开说明书共 8 页，其公开日为 1999 年 6 月 23 日。

请求人认为：（1）证据 1 的权利要求 2 与本专利权利要求 1 是同样的发明创造，证据 1 的授权使得本专利权利要求 1 不符合专利法实施细则第 13 条第 1 款的规定。（2）另外，本专利权利要求 1~3 缺少关于杯状水封罐与左进水管、右进水管或者是上壳体的内腔连通的技术特征，同时权利要求 1 仅提到“杯状水封罐的上部内衬有圆桶调节阀”，没有叙述圆桶调节阀自身的结构以及与其他各组成部件的连接关系，公众无法得知圆桶调节阀的技术特征，因此不符合专利法实施细则第 21 条第 2 款的规定。

在随后的审理过程中，请求人又补充了如下无效宣告请求的理由：（3）本专利权利要求 2 中描述了如下技术特征“……调节阀（24）是上部有翻边……”，而说明书第 1 页倒数第 1 行是这样描述的：“所谓调节阀，就是上部有外翻边……”。“翻边”和“外翻边”是两个不同的概念，因此权利要求 2 得不到说明书的支持，不符合专利法第 26 条第 4 款的规定。（4）本专利权利要求 1~3 不符合专利法实施细则第 20 条第 1 款的规定，因为权利要求 1~3 中各部件的标号与说明书中的不一致。另外，权利要求 1 中圆筒调节阀属于自造词，用词不准确，不清楚，也没有给出其结构组成以及与其他部件的连接关系；本专利权利要求 2 中的技术特征“……这 4 个圆孔与杯状水封罐（26）上的圆孔分布方式相同，分布在与进水管呈正交的位置”的描述不清楚。

在审查中专利权人陈述了本专利权利要求 1~3 符合专利法实施细则第 20 条第 1 款、第 21 条第 2 款、专利法第 26 条第 4 款及专利法实施细则第 13 条第 1 款规定的意见，并提交了：（2003）辽民四终字第 10 号辽宁省高级人民法院民事判决书复印件 1 份；

经审理，专利复审委员会于 2005 年 12 月 16 日作出了第 7963 号无效宣告请求审查决定，决定认为本专利权利要求 1、3 不符合专利法实施细则第 21 条第 2 款的规定，权利要求 2 不符合专利法第 26 条第 4 款的规定，因此宣告本专利权全部无效。

专利权人对 7963 号无效决定不服，向北京市第一中级人民法院提起行政诉讼，北京市第一中级人民法院于 2006 年 9 月 11 日作出（2006）一中行初字第 382 号行政判决书，一审判决书认为：第 7963 号决定有关本专利权利要求 1 缺少完成发明目的必要技术特征，不符合专利法实施细则第 21 条第 2 款规定的认定是正确的。本专利权利要求 3 作为权利要求 1 的从属权利要求其附加的技术特征也没有给出权利要求 1 所缺少的必要技术特征，在权利要求 1 不符合专利法实施细则第 21 条第 2 款的情况下，即使权利要求 3 作为独立权利要求亦不符合专利法实施细则第 21 条第 2 款的规定。关于权利要求 2 是否符合专利法第 26 条第 4 款规定，一审判决认为，结合权利要求 1 中的“内衬”这一特征，权利要求 2 中的“翻边”仅可能是“外翻边”，第 7963 号决定关于权利要求 2 中的“翻边”得不到说明书支持，不符合专利法第 26 条第 4 款规定的认定有误。因此，判决撤销专利复审委员会第 7963 号无效决定，并判决本专利权利要求 1、3 无效，维持权利要求 2 有效。北京市高级人民法院于 2006 年 12 月 18 日作出（2006）高行终字第 545 号行政判决书，维持了北京市第一中级人民法院的上述判决。

根据审查指南第四部分第一章的相关规定，专利复审委员会重新成立合议组对上述无效宣告请求进行了审查。合议组于2007年3月19日向双方当事人发出无效宣告请求口头审理通知书，定于2007年4月27日针对上述无效宣告请求进行口头审理。

口头审理如期进行，双方均参加了口头审理。在口头审理中，（1）请求人坚持认为权利要求1、3不符合专利法实施细则第21条第2款的规定，并且专利权人表示认可第7963号决定中关于本专利权利要求1、3不符合专利法实施细则第21条第2款的规定，予以无效的认定。（2）关于权利要求2是否符合专利法实施细则第20条第1款的规定，请求人认为权利要求2中“这4个圆孔与杯状水封罐上的圆孔分布方式相同，分布在与进水管呈正交的位置”的描述不清楚，其中在权利要求2中先限定了“中部开有4个呈‘十’字对称分布圆孔的空心圆桶”，然后又限定了“这4个圆孔与杯状水封罐上的圆孔分布方式相同，分布在与进水管呈正交的位置”，这两个限定是无法同时满足的，因此权利要求2不清楚，不符合专利法实施细则第20条第1款。专利权人请求给一定时间对上述问题进行书面答辩，合议组当庭宣布专利权人在口审结束后7天内对上述问题进行意见陈述。（3）关于权利要求2是否符合专利法第26条第4款的规定，请求人提出，权利要求2中“这4个圆孔与杯状水封罐上的圆孔分布方式相同”和“（4个圆孔）分布在与进水管呈正交的位置”的描述得不到说明书的支持，因此不符合专利法第26条第4款。并认为该内容虽然在此前没有具体陈述过，但其属于新事实而非新理由或新证据，合议组应当接受。专利权人认为，该内容属于新的证据，合议组不应考虑。合议组经合议当庭告知双方当事人，请求人提出的因“（4个圆孔）分布在与进水管呈正交的位置”致使权利要求2得不到说明书支持的这一理由，由于请求人在本案的第一次口头审理中以及后续的行政诉讼程序中均没有提出过，因此对该理由本案合议组不予考虑。

专利权人于2007年5月8日向专利复审委员会提交了意见陈述书的传真件，专利权人认为关于请求人主张权利要求2中“这4个圆孔与杯状水封罐上的圆孔分布方式相同，分布在与进水管呈正交的位置”的描述不清楚的问题，本领域技术人员根据说明书及附图的记载可以清楚的理解为“圆孔的开口方向即圆孔的轴线与进水管的轴线呈正交，又由于圆孔是呈‘十’字对称分布，因此权利要求2中对4个圆孔的位置作出了明确的限定。”

专利复审委员会将专利权人的上述意见转送给请求人。针对上述意见，请求人于2007年6月14日提交了意见陈述书，认为根据权利要求2的描述所得到的4个圆孔分布在与进水管呈正交的位置是不可能实现的，这与说明书中能够得到的圆孔与进水管道的位置关系不一致，因此基于这一事实得出该权利要求得不到说明书的支持。

至此，合议组认为本案事实清楚，现依法作出审查决定。

二、决定的理由

1. 关于本专利权利要求1、3是否符合专利法实施细则第21条第2款

专利法实施细则第21条第2款规定：独立权利要求应当从整体上反映发明或者实用新型的技术方案，记载解决技术问题的必要技术特征。

请求人提出：权利要求1缺少关于杯状水封罐与左进水管、右进水管或者是上壳体的内腔连通的技术特征，同时没有叙述圆桶调节阀自身的结构以及与其他各组成部件的连接关系，公众无法得知圆桶调节阀的技术特征，因此不符合专利法实施细则第21条第2款的规定。另外，从属于权利要求1的权利要求3也未描述权利要求1所缺少的上述必要技术特征，所以权利要求3也不符合专利法实施细则第21条第2款的规定。

专利权人认为：权利要求1明确记载了圆柱形上壳体“内设有环绕螺纹导向板的杯状水封罐……杯状水封罐的上部内衬有圆桶调节阀”。按一般常识，在给排水管道上设置调节阀的作用就是要调节该阀两边的联通的大小，这说明该阀的两边即杯状水封罐与上壳体内腔是连通的。

合议组认为：权利要求1要求保护“一种高层建筑无水箱直连供暖的排气断流装置”，根据说明书的描述可知，其所要解决的技术问题是，克服已有的双水箱系统的缺点，提供一种能够实现热网直连的无水箱供暖系统。而本专利权利要求1仅提到“杯状水封罐的上部内衬有圆桶调节阀”，而没有描述关于杯状水封罐与左进水管、右进水管或者是上壳体的内腔连通的技术特征。根据本专利说明书的描述可知，如果杯状水封罐与左进水管、右进水管或者是上壳体的内腔没有连通，就无法实现对杯状水封罐的补水，无法保证其水封功能，也就无法实现高区流体与低区回水管网相隔断，无法实现热网直连的发明目的。即使如专利权人所认为的：“按一般常识，在给排水管道上设置调节阀的作用就是要调节该阀两边的联通的大小”，也只能说明该阀的两边即圆桶调节阀和杯状水封罐内腔是连通的，而并不能说明杯状水封罐与上壳体内腔是连通的。因此权利要求1缺少完成发明目的的必要技术特征，不符合专利法实施细则第21条第2款的规定。

权利要求3是权利要求1的从属权利要求，其附加技术特征为“杯状水封罐（26）为上开口，下有底板的密封容器”，很显然该权利要求3也没有给出上述的权利要求1所缺少的必要技术特征，在权利要求1不符合专利法实施细则第21条第2款的情况下，权利要求3即使作为独立权利要求也不符合专利法实施细则第21条第2款的规定。

2. 关于专利法实施细则第20条第1款

专利法实施细则第20条第1款规定：权利要求书应当说明发明或者实用新型的技术特征，清楚、简明地表述请求保护的范围。

请求人认为本专利权利要求2不符合专利法实施细则第20条第1款的规定和专利法第26条第4款的规定，具体为：按照权利要求2中“这4个圆孔与杯状水封罐（26）上的圆孔分布方式相同，分布在与进水管（16）呈正交的位置”的描述应当理解出4个呈“十”字正交的圆孔分布在与进水管呈正交的位置，而这在事实上是不可能实现的，并且与说明书不一致。

专利权人认为，本领域技术人员根据说明书及附图的记载可以清楚的将上述技术特征理解为“圆孔的开口方向即圆孔的轴线与进水管的轴线呈正交”，又由于圆孔是呈“十”字对称分布，因此权利要求2中对4个圆孔的位置作出了明确的限定。

合议组认为，本专利权利要求2中限定了“这4个圆孔与杯状水封罐（26）上的圆孔分布方式相同，分布在与进水管（16）呈正交的位置”，在其引用的权利要求1中限定了进水管与上壳体上部呈切线连接，这样就可以得出进水管轴线应当平行于调节阀上的4个圆孔十字正交后所形成的平面或者位于该平面内，由于4个圆孔呈十字正交后形成两条十字正交的圆孔轴线，那么这两条轴线是不可能同时与上述进水管轴线正交的，也就是说4个圆孔不可能都分布在与进水管呈正交的位置。因此本领域技术人员根据权利要求2的记载不能得知其确切的保护范围，权利要求2不符合专利法实施细则第20条第1款的规定。

鉴于如上所述，本专利权利要求1、3不符合专利法实施细则第21条第2款、权利要求2不符合专利法实施细则第20条第1款，据此已经导致本专利全部无效，因此对请求人提出的其他无效理由和证据，本决定不再予以评述。

综上所述，合议组作出如下审查决定。

三、决定

宣告97230200.X号实用新型专利权全部无效。

当事人对本决定不服的，可以根据专利法第46条第2款的规定，自收到本决定之日起3个月内向北京市第一中级人民法院起诉。根据该款的规定，一方当事人起诉后，另一方当事人应当作为第三人参加诉讼。

北京市第一中级人民法院
行政判决书

（2008）一中行初字第 456 号

原告中国人民解放军总参谋部通信工程设计研究院，住所地辽宁省沈阳市和平区砂阳路 19 号。

法定代表人张广德，院长。

委托代理人王勇，男，1960 年 2 月 2 日出生，沈阳科威专利代理有限责任公司专利代理人，住辽宁省沈阳市和平区文化路 13-2-243 号。

委托代理人李绍彭，男，1940 年 9 月 14 日出生，辽宁直连高层供暖技术有限公司总工程师，住辽宁省沈阳市铁西区国工二街 48 号。

被告国家知识产权局专利复审委员会，住所地北京市海淀区北四环西路 9 号银谷大厦 10~12 层。

法定代表人廖涛，副主任。

委托代理人刘敏飞，国家知识产权局专利复审委员会审查员。

委托代理人隋璐，国家知识产权局专利复审委员会审查员。

第三人赵华，男，1958 年 7 月 7 日出生，满族，哈尔滨工业大学教师，住黑龙江省哈尔滨市南岗区洁净街 67 号。

原告中国人民解放军总参谋部通信工程设计研究院（简称总参通信工程设计院）不服被告国家知识产权局专利复审委员会（简称专利复审委员会）于 2007 年 12 月 3 日作出的第 10850 号无效宣告请求审查决定（简称第 10850 号决定），在法定期限内向本院提起诉讼。本院于 2008 年 3 月 24 日受理后，依法组成合议庭，并通知赵华作为第三人参加诉讼，于 2008 年 6 月 11 日公开开庭进行了审理。原告总参通信工程设计院的委托代理人王勇，被告专利复审委员会的委托代理人刘敏飞和隋璐到庭参加了诉讼，第三人赵华经本院传票传唤明确表示不出庭应诉。本案现已审理终结。

第 10850 号决定是专利复审委员会就赵华对总参通信工程设计院拥有的名称为“高层建筑无水箱直连供暖的排气断流装置”、专利号为 97230200. X 的实用新型专利（简称本专利）提出的无效宣告请求而作出的。专利复审委员会在该决定中认定：

1. 关于本专利权利要求 1、3 是否符合《中华人民共和国专利法实施细则》（简称《专利法实施细则》）第二十一条第二款

权利要求 1 要求保护“一种高层建筑无水箱直连供暖的排气断流装置”，根据说明书的描述可知，其所要解决的技术问题是，克服已有的双水箱系统的缺点，提供一种能够实现热网直连的无水箱供暖系统。而本专利权利要求 1 仅提到“杯状水封罐的上部内衬有圆桶调节阀”，而没有描述关于杯状水封罐与左进水管、右进水管或者是上壳体的内腔连通的技术特征。根据本专利说明书的描述可知，如果杯状水封罐与左进水管、右进水管或者是上壳体的内腔没有连通，就无法实现对杯状水封罐的补水，无法保证其水封功能，也就无法实现高区流体与低区回水管网相隔断，无法实现热网直连的发明目的。即使如总参通信工程设计院所认为的：“按一般常识，在给排水管道上设置调节阀的作用就是要调节该阀两边的联通的大小”，也只能说明该阀的两边即圆桶调节阀和杯状水封罐内腔是连通的，而并不能说明杯状水封罐与上壳体内腔是连通的。因此权利要求 1 缺少完成发明目的的必要技术特征，不符合《专利法实施细则》第二十一条第二款的规定。

权利要求 3 是权利要求 1 的从属权利要求，其附加技术特征为“杯状水封罐（26）为上开口，

下有底板的密封容器”，很显然该权利要求3也没有给出上述的权利要求1所缺少的必要技术特征，在权利要求1不符合《专利法实施细则》第二十一条第二款的情况下，权利要求3即使作为独立权利要求也不符合《专利法实施细则》第二十一条第二款的规定。

2. 关于《专利法实施细则》第二十条第一款

本专利权利要求2中限定了“这4个圆孔与杯状水封罐（26）上的圆孔分布方式相同，分布在与进水管（16）呈正交的位置”，在其引用的权利要求1中限定了进水管与上壳体上部呈切线连接，这样就可以得出进水管轴线应当平行于调节阀上的4个圆孔“十”字正交后所形成的平面或者位于该平面内，由于4个圆孔呈十字正交后形成两条十字正交的圆孔轴线，那么这两条轴线是不可能同时与上述进水管轴线正交的，也就是说4个圆孔不可能都分布在与进水管呈正交的位置。因此本领域技术人员根据权利要求2的记载不能得知其确切的保护范围，权利要求2不符合《专利法实施细则》第二十条第一款的规定。

鉴于如上所述，本专利权利要求1、3不符合《专利法实施细则》第二十一条第二款、权利要求2不符合《专利法实施细则》第二十条第一款，据此已经导致本专利全部无效，因此对赵华提出的其他无效理由和证据，不再予以评述。专利复审委员会作出第10850号决定，宣告本专利权全部无效。

原告总参通信工程设计院不服第10850号决定，诉称：（1）第10850号决定未执行生效判决。首先，针对本专利的生效判决已将本专利确定为“在权利要求2的基础上继续有效”，且“无必要判令专利复审委员会针对赵华就本专利提出的无效宣告请求重新作出无效审查决定”。显然第10850号决定没有执行上述生效判决。其次，上述生效判决是针对赵华于2004年12月3日向被告提出的无效请求作出的，说明赵华于2004年12月3日向被告提出的无效请求案已结案。第10850号决定在介绍案由时认定，本审查决定是根据赵华于2004年12月3日向被告提出的无效请求作出的，说明赵华没有新的无效请求。第10850号决定是在没有新的无效请求下作出的，违反了请求原则。（2）适用法律有误。第10850号决定认定，4个圆孔不可能都分布在与进水管正交的位置。因此本领域技术人员根据权利要求2的记载不能得知其确切的保护范围，权利要求2不符合《专利法实施细则》第二十条第一款。4个圆孔不可能都分布在与进水管正交的位置，说明它是一个不存在的事实，一个不存在的事实当然不会存在保护范围，可见它并不会造成该权项的保护范围不清。因此第10850号决定适用法律错误。《中华人民共和国专利法》（简称《专利法》）第五十六条规定，专利的保护范围以其权利要求书的内容为准，说明书及其附图可以用于解释权利要求书。如果对权利要求2的保护范围有疑惑时，应首先依据《专利法》第五十六条、使用说明书及其附图来解释权利要求2的保护范围。说明书及其附图具体解释了4个圆孔的位置：四个孔呈“十”字分布，其中一个孔与进水管正交。其余三个孔也就随之定位了，可见这四个孔的位置是清楚的，进而其保护范围是清楚的。综上，请求人民法院撤销第10850号决定。

被告专利复审委员会辩称：（1）第10850号无效宣告请求审查决定执行了（2006）一中行初字第382号判决（简称第382号判决）和（2006）高行终字第545号判决（简称第545号判决）。由于第382号判决中明确写明的是“本院认为本专利权利要求2能够得到说明书的支持”以及“鉴于第7963号决定已经认定本专利权利要求2中给出了权利要求1所缺少的必要技术特征，在权利要求1不符合《专利法实施细则》第二十一条第二款的情况下，权利要求2作为独立权利要求符合《专利法实施细则》第二十一条第二款的规定，赵华对于该认定不持异议，因此亦无必要判令专利复审委员会针对赵华就本专利提出的无效宣告请求重新作出无效宣告请求审查决定”，并且第545号判决中明确写明“维持原判”，可见，上述判决是在认为权利要求2能够得到说明书的支持以及符合《专利法实施细则》第二十一条第二款规定的前提下，得出被告针对赵华就本专利提出的无效宣告请求重新作出无效宣告请求审查决定以及本专利在权利要求2的基础上有效的结论。就此，被告依照上述两个生效判决，根据《审查指南》第四部分第一章的规定，在无效宣告请求人提出本专利权利要求2不符合《专利法实施细则》第二十条第一款规定的基础上，重新作出审查决定。所以，被告执行了上述两个生效判决。(2) 权利要求2不符合《专利法实施细则》第二十条第一款的规定，由于权利要求2技术方案中4个圆孔不可能都分布在与进水管呈正交的位置，因此权利要求2保护范围不清楚，不符合《专利法实施细则》第二十条第一款的规定。综上，第10850号决定认定事实清楚、适用法律正确，请求人民法院依法驳回原告的诉讼请求，维持第10850号决定。

第三人赵华没有书面答辩意见。

本院经审理查明：本专利是名称为"高层建筑无水箱直连供暖的排气断流装置"的实用新型专利，申请日是1997年12月15日，1999年9月29日经国家知识产权局授权公告，专利号为1997230200.X，专利权人为总参通信工程设计院。

本专利授权公告的权利要求书如下：

"1. 一种高层建筑无水箱直连供暖的排气断流装置，其特征在于该装置(8)的圆柱形上壳体(17)和倒置的圆台下壳体(19)相接，上壳体(17)上边有方便可拆的呼吸室兼盖板(15)；内设有环绕螺纹导向板(25)的杯状水封罐(26)，水封罐(26)内悬置有下呼吸管(21)，下呼吸管(21)上部与呼吸室兼盖板(15)的呼吸室连通，呼吸室兼盖板(15)的呼吸室上部接有上呼吸管(14)，上呼吸管(14)上部接活动的万向弯头(13)，杯状水封罐(26)的上部内衬有圆桶调节阀(24)；上壳体(17)上部的左进水管(26)和右进水管(16)分别与上壳体(17)的上部呈切线相接，其出水管(18)与下壳体(19)的下部同心相连。

2. 按照权利要求1所述的高层建筑无水箱直连供暖的排气断流装置，其特征在于调节阀(24)是上部有翻边，上、下开口，中部开有4个呈'十'字对称分布圆孔的空心圆桶；这4个圆孔与杯状水封罐(26)上的圆孔分布方式相同，分布在与进水管(16)呈正交的位置。

3. 按照权利要求1所述的高层建筑无水箱直连供暖的排气断流装置，其特征在于杯状水封罐(26)为上开口，下有底板的密封容器。"

针对本专利，赵华于2004年12月3日以本专利不符合《专利法》第二十六条第四款、《专利法实施细则》第十三条第一款、第二十条第一款和第二十一条第二款的规定为由向专利复审委员会提出无效宣告请求，并提交了证据1：97122037.9号发明专利申请公开说明书共8页，其公开日为1999年6月23日。

经审理，专利复审委员会于2005年12月16日作出了第7963号无效宣告请求审查决定（简称第7963号决定），认为本专利权利要求1~3不符合《专利法实施细则》第二十条第一款的规定，权利要求1、3不符合《专利法实施细则》第二十一条第二款的规定，权利要求2不符合《专利法》第二十六条第四款的规定，因此宣告本专利权全部无效。

总参通信工程设计院对第7963号决定中关于权利要求1、3不符合《专利法实施细则》第二十一条第二款的规定，权利要求2不符合《专利法》第二十六条第四款的规定的认定不服，向本院提起行政诉讼，本院于2006年9月11日作出第382号行政判决书，认为：权利要求1、3不符合《专利法实施细则》第二十一条第二款的规定。权利要求2符合《专利法》第二十六条第四款规定。且同时一审判决认为"鉴于公开日为1999年6月23日的97122037.9号发明专利申请公开说明书复印件系赵华仅针对本专利权利要求1是否符合《专利法实施细则》第十三条第一款的规定而向专利复审委员会提交的证据，在本院已支持专利复审委员会有关权利要求1不符合《专利法实施细则》第二十一条第二款规定的认定的前提下，已无必要要求专利复审委员会针对本专利权利要求1是否符合

《专利法实施细则》第十三条第一款的规定进行评述；鉴于第 7963 号决定已经认定本专利权利要求 2 中给出了权利要求 1 所缺少的必要技术特征，在权利要求 1 不符合《专利法实施细则》第二十一条第二款的情况下，权利要求 2 作为独立权利要求符合《专利法实施细则》第二十一条第二款规定，赵华对于该认定不持异议，因此亦无必要判令专利复审委员会针对赵华就本专利提出的无效宣告请求重新作出无效宣告请求审查决定"。因此，判决撤销专利复审委员会第 7963 号决定，并判决本专利权利要求 1、3 无效，维持权利要求 2 有效。总参通信工程设计院和赵华不服，提起上诉，专利复审委员会服从该判决。北京市高级人民法院于 2006 年 12 月 18 日作出第 545 号行政判决书，维持原审判决。

第 545 号判决生效后，专利复审委员会重新成立了合议组对上述无效宣告请求进行了审查，并作出第 10850 号决定。

上述事实有本专利授权公告文本、第 7963 号决定、第 382 号判决、第 545 号判决、第 10850 号决定书以及当事人陈述等证据在案佐证。

本院认为：

《中华人民共和国行政诉讼法》第六十五条第一款规定当事人必须履行人民法院发生法律效力的判决、裁定。针对当事人的诉辩主张，本案的争议焦点在于：被告专利复审委员会是否执行了第 382 号和第 545 号判决。

根据前面查明的事实，赵华于 2004 年提出的无效理由有四项，分别为：本专利权利要求 1~3 不符合《专利法实施细则》第二十条第一款、第二十一条第二款、权利要求 2 不符合《专利法》第二十六条第四款及权利要求 1 不符合《专利法实施细则》第十三条第一款的规定。被告作出的第 7963 号决定对本专利权利要求 1~3 是否符合《专利法实施细则》第二十条第一款、第二十一条第二款、权利要求 2 是否符合《专利法》第二十六条第四款的规定进行了评述，没有对权利要求 1 是否符合《专利法实施细则》第十三条第一款的规定进行评述。已发生法律效力的第 382 号判决认为，"本专利权利要求 2 能够得到说明书的支持，符合《专利法》第二十六条第四款的规定"以及在本院已支持专利复审委员会有关权利要求 1 不符合《专利法实施细则》第二十一条第二款规定的认定的前提下，已无必要要求专利复审委员会针对本专利权利要求 1 是否符合《专利法实施细则》第十三条第一款的规定进行评述；鉴于第 7963 号决定已经认定本专利权利要求 2 中给出了权利要求 1 所缺少的必要技术特征，在权利要求 1 不符合《专利法实施细则》第二十一条第二款的情况下，权利要求 2 作为独立权利要求符合《专利法实施细则》第二十一条第二款规定，赵华对于该认定不持异议，因此亦无必要判令专利复审委员会针对赵华就本专利提出的无效宣告请求重新作出无效宣告请求审查决定"，并据此作出了维持本专利权利要求 2 有效的判决。第 545 号判决中明确写明"维持原判"，可见，上述判决的结论是，针对赵华提出的无效宣告请求已经审理完毕，专利复审委员会没有必要重新进行审查并作出决定。现专利复审委员会作出第 10850 号决定重新对本专利权利要求 1、3 是否符合《专利法实施细则》第二十一条第二款、权利要求 2 是否符合《专利法实施细则》第二十条第一款的规定进行了评述，并且得出宣告本专利权全部无效的结论，明显与上述判决相悖，违反了《中华人民共和国行政诉讼法》的有关规定。因此原告认为被告专利复审委员会没有执行第 382 号和第 545 号判决的诉讼主张有事实和法律依据，对其要求撤销第 10850 号决定的诉讼请求，本院予以支持。

综上所述，在针对赵华就本专利提出的无效宣告请求已经由生效判决进行了确认，并明确专利复审委员会无必要重新进行审查的情况下，专利复审委员会没有法律依据，重新作出第 10850 号决定，没有执行生效判决，应当予以撤销。依照《中华人民共和国行政诉讼法》第五十四条第（二）项第 3 目、第六十五条第一款之规定，本院判决如下：

撤销被告国家知识产权局专利复审委员会作出的第 10850 号无效宣告请求审查决定。

案件受理费 100 元，由被告国家知识产权局专利复审委员会负担（于本判决生效之日起 7 日内交纳）。

如不服本判决，各方当事人可在本判决书送达之日起 15 日内，向本院提交上诉状及其副本，并交纳上诉案件受理费 100 元，上诉于北京市高级人民法院。

审 判 长 姜 颖
代理审判员 芮松艳
人民陪审员 高 伟
二〇〇八年十月八日
书 记 员 牛 捷

227

组合式衣橱

无效宣告请求审查决定（第10857号）

决　定　号 第10857号
决　定　日 2007年12月24日
发明创造名称 组合式衣橱
国 际 分 类 号 A47B 61/00，A47B 47/00
无效宣告请求人 上海佳赐实业有限公司
专 利 权 人 珠海宜心家居有限公司
专　利　号 200520059689.1
申　请　日 2005年6月15日
授 权 公 告 日 2006年8月2日
合 议 组 组 长 张梅珍
主　审　员 杨加黎
参　审　员 李晓娜

法 律 依 据 专利法第22条第3款
决 定 要 点
如果实用新型专利要求保护的技术方案与对比文件相比存在区别特征，而现有技术中没有关于该区别特征的相应技术启示，并且该区别特征能够给所述技术方案带来有益的技术效果，则该技术方案相对于所述对比文件具有实质性特点和进步，因而具备创造性。

一、案由

本无效宣告请求涉及国家知识产权局于2006年8月2日授权公告的名称为“组合式衣橱”的200520059689.1号实用新型专利权（下称本专利），其专利权人是珠海宜心家居有限公司，申请日是2005年6月15日。本专利授权公告的权利要求书如下：

“1. 一种组合式衣橱，包括有外边框、隔层部件以及外套罩组成，所述外边框采用框架式结构：即外部用管材和板材纵横相互套接搭成外框架，其特征在于：所述隔层部件包括有支撑管和隔布；由两根水平放置的支撑管作为隔层部件支架，所述支撑管的两端固定在衣橱外边框的两支撑条上，所述隔布的两边设置有固定装置，所述隔布通过固定装置与两根支撑管相固定。

2. 根据权利要求1所述的组合式衣橱，其特征在于：所述衣橱外边框的两支撑条（13）、（16）上各设置有两个安装孔（13），所述隔层部件的支撑管（15）穿入所述安装孔（13）定位。

3. 根据权利要求1或2所述的组合式衣橱，其特征在于；所述衣橱外边框的两支撑条（13）、

（16）上还各设置有一个安装孔（14），晾衣管（12）两边穿入所述安装孔（14）定位，所述安装孔（14）要略低于安装孔（13）。

4. 根据权利要求3所述的组合式衣橱，其特征在于：所述隔布（11）采用纺织物或塑胶布料制成。

5. 根据权利要求1所述的组合式衣橱，其特征在于：所述固定装置为将隔布（11）的两边缝合成管状，将支撑管（15）穿入而固定。

6. 根据权利要求5所述的组合式衣橱，其特征在于：所述组合式衣橱的隔层部件（1）即为衣橱的顶层，所述组合式衣橱内设置了多层便于使用时分类搁置衣物的网状隔板。

7. 根据权利要求5所述的组合式衣橱，其特征在于：组合式衣橱顶层和内隔层均可采用隔层部件（1）完全相同的结构，所述衣橱内设置了便于使用时分类搁置衣物的多层网状隔板，同时设置了网状结构的可透气底层。

8. 根据权利要求5所述的组合式衣橱，其特征在于：所述组合式衣橱为用铁丝或钢丝材料焊接而成，衣橱的顶层、内隔层和底层均采用与隔层部件（1）完全相同的结构。

9. 根据权利要求6、7、8中任何一项所述的组合式衣橱，其特征在于：所述外边框以及支撑管、晾衣管均可采用木制或塑料、铁制材料混合制成。

10. 根据权利要求6、7、8中任何一项所述的组合式衣橱，其特征在于：所述外边框以及支撑管、晾衣管均可采用同种木制或塑料、铁制材料制成。"

针对上述专利权，上海佳赐实业有限公司（下称请求人）于2007年3月26日向专利复审委员会提出无效宣告请求，理由是本专利权利要求1~10不符合专利法第22条第3款的规定，不具备创造性。随同其专利权无效宣告请求书，请求人提交了如下五份附件：

附件1：授权公告号为CN2542134Y的中国实用新型专利说明书复印件，共7页，其授权公告日为2003年4月2日（下称对比文件1）；

附件2：授权公告号为CN2226407Y的中国实用新型专利说明书复印件，共6页，其授权公告日为1996年5月8日（下称对比文件2）；

附件3：授权公告号为CN2513442Y的中国实用新型专利说明书复印件，共6页，其授权公告日为2002年10月2日（下称对比文件3）；

附件4：授权公告号为CN2397808Y的中国实用新型专利说明书复印件，共4页，其授权公告日为2000年9月27日（下称对比文件4）；

附件5：本专利授权公告文本，共11页。

请求人的具体无效理由是：本专利权利要求1相对于对比文件1和本领域公知常识的结合不具备创造性，权利要求2~4相对于对比文件1和2的结合不具备创造性，权利要求5相对于对比文件1和本领域公知常识或相对于对比文件1和4的结合不具备创造性，权利要求6~7相对于对比文件1和3的结合不具备创造性，权利要求8~10相对于对比文件1和本领域公知常识的结合不具备创造性。

经形式审查合格，专利复审委员会依法受理了上述无效宣告请求，于2007年3月27日向请求人和专利权人发出无效宣告请求受理通知书，同时将专利权无效宣告请求书及其附件清单所列附件的副本转给专利权人。

针对上述无效宣告请求，专利复审委员会依法组成合议组，对本案进行审理。合议组于2007年7月20日向双方当事人发出无效宣告请求口头审理通知书，告知双方当事人合议组定于2007年8月29日对本案进行口头审理。

专利权人于2007年8月13日提交了意见陈述书，认为本专利相对于对比文件1~4具备创造性，具体理由如下：（1）对比文件 1 与本专利权利要求 1 在发明目的、技术手段、技术效果上均不相同，因此对比文件 1 不能破坏本专利权利要求 1 的创造性；（2）对比文件 1 和 2 的发明目的、技术方案截然不同，本领域技术人员难以将二者结合，因此本专利权利要求 2 相对于对比文件 1 和 2 的结合具备创造性；（3）对比文件 2 中没有描述本专利权利要求 3 的附加技术特征，因此该权利要求 3 相对于对比文件 1 和 2 的结合具备创造性，在此基础上，该权利要求 3 的从属权利要求 4 也具备创造性；（4）本专利权利要求 5 的附加技术特征没有被任何一篇对比文件公开，因此该权利要求 5 相对于对比文件 1 和本领域公知常识或者对比文件 1 和 4 的结合具备创造性；（5）对比文件 3 没有公开本专利权利要求 6、7 的附加技术特征，因此这两个权利要求相对于对比文件 1 和 3 的结合具备创造性；（6）本专利权利要求 8 相对于对比文件 1 和本领域公知常识的结合具有创造性；（7）在本专利权利要求 6~8 均具备创造性的情况下，本专利权利要求 9、10 相对于对比文件 1 和本领域公知常识的结合具备创造性。

口头审理如期举行，双方当事人均出席了口头审理。在口头审理中，合议组当庭将专利权人于 2007 年 8 月 13 日提交的意见陈述书转交给请求人；请求人明确其无效宣告的理由和范围与提交专利权无效宣告请求书时的相同；专利权人对对比文件 1~4 的真实性无异议。双方当事人均结合证据对其能否影响本专利的创造性充分发表了意见。

口头审理之后，请求人于 2007 年 9 月 3 日提交了组合式衣橱的隔布实物一份，针对专利权人意见陈述书的答复共 1 页；请求人认为：（1）本专利权利要求 1 的前序部分全部被对比文件 1 所公开，虽然二者目的不同，但发明目的不同不影响创造性的评价；（2）本专利权利要求 1 中的“固定”与对比文件 1 中的“支撑”对于本专利产品而言是相同的；（3）本专利权利要求 2~5 不具备创造性。

至此，合议组认为本案事实已经清楚，现依法作出如下审查决定。

二、决定的理由

1. 关于证据

请求人提交的对比文件 1~4 是专利文献，属于公开出版物，专利权人对其真实性无异议，合议组经审查认为对比文件 1~4 可以作为本案证据使用，对比文件 1~4 的公开日期均在本专利的申请日之前，其上记载的内容构成本专利的现有技术，可以用于评价本专利的创造性。

2. 关于本专利的创造性

专利法第 22 条第 3 款规定：创造性，是指同申请日以前已有的技术相比，该发明有突出的实质性特点和显著的进步，该实用新型有实质性特点和进步。

如果实用新型专利要求保护的技术方案与对比文件相比存在区别特征，而现有技术中没有关于该区别特征的相应技术启示，并且该区别特征能够给所述技术方案带来有益的技术效果，则该技术方案相对于所述对比文件具有实质性特点和进步，因而具备创造性。

具体到本案，合议组认为，本专利权利要求 1~10 具备创造性，具体理由如下：

（1）关于本专利权利要求 1 的创造性。

请求人认为，对比文件 1 是与本专利最接近的对比文件；本专利的板材是公知常识，本专利说明书的背景技术中第 5 行也提到了板材是公知常识；本专利的固定装置也是公知常识，固定装置固定在支撑管上只是一种视情况而定的需要；由于对比文件 1 公开了本专利权利要求 1 的外边框、隔层部件、外罩套、外框架、支撑管、隔布等技术特征，并且对比文件 1 也是用套接方式组成框架的，因此本专利权利要求 1 相对于对比文件 1 和上述公知常识的结合不具备创造性。

专利权人认为，本专利的发明目的在于“可方便地拆卸和自由组合”，对比文件 1 的发明目的在于“打开即可使用、无须拆卸”，两者的发明目的不同；而且，对比文件 1 的特征“支撑内隔层布的挂架”与本专利权利要求 1 的“隔层部件”是不同的技术特征，因此对比文件 1 不能破坏本专利权利要求 1 的创造性。

合议组经审理，查明：本专利权利要求 1 要求保护一种组合式衣橱。对比文件 1 公开了（参见该对比文件 1 的说明书第 1~3 页，附图 1）一种可折合衣柜支架，采用这种支架的衣柜，购买后无需装配，打开即可使用，方便快捷，不使用时，可折合、体积小、携带方便，所述支架包括支撑外罩布（相当于本专利权利要求 1 的外罩套）的框架 40，和支撑内层隔布的挂架 30，它们是由相互平行的立管和横支撑管通过锁件连接而成，所述锁件 6 是三向互相垂直的三通管，三通管与横支撑管连接的两个分支开有可供横支撑管弯折的沟槽，横支撑管与三通管的连接为铰接；其中，框架 40 由钢管 1~5 利用锁件 6 连接而成，即钢管 1~5 对应于本专利的外部用管材，框架 40 对应于本专利的外边框，挂架 30 由钢管 7、8 通过锁件 6 与钢管 1 连接而成以用于支撑内层隔布，即挂架 30 的两根钢管 7 和该挂架所支撑的内层隔布对应于本专利的隔层部件，钢管 7 对应于本专利的两根水平放置的支撑管，挂架的两根钢管 8 对应于本专利的两支撑条。

由此可见，本专利权利要求 1 与对比文件 1 相比，其区别特征在于：①本专利权利要求 1 的固定装置设置在隔布的两边，而对比文件 1 中没有记载隔布的固定装置及其位置；②本专利权利要求 1 衣橱的外边框由外部用管材和板材纵横相互套接搭成，而对比文件 1 的框架 40 通过锁件铰接或栓接而成。

对于上述区别特征（1），合议组认为，对比文件 1 的内层隔布和挂架 30 要固定在一起，必然具有固定装置，在此基础上根据实际需要选择将固定装置设置在内层隔布或挂架上是本领域常用技术手段。

对于上述区别特征（2），合议组认为，本专利要求保护的是一种拆装方便的组合式衣橱，其中的外部用管材和板材通过相互套接的方式搭成外框架，从而达到了可方便拆装和自由组合的目的；而对比文件 1 公开的是一种可折合衣柜支架，其发明目的在于购买后无须装配、打开即可使用、无须拆卸、不使用时可折合、体积小且携带方便，为了实现这一目的，该对比文件 1 将相互平行的立管和横支撑管通过锁件的铰接或栓接等固定连接方式连接形成衣柜支架，虽然对比文件 1 中也公开了立管的上下两部分使用套接方式连接，但是结合其发明目的可知，这种套接方式的目的在于当折合衣柜时能使立管的上下两部分互相套置在一起以降低高度从而缩小体积，同时为了达到其所述无须拆卸的目的，使用这种套接方式的同时必然要在立管上下两部分的最小接合处设置锁紧装置以防止这两部分在拉伸展开时彼此脱离；由此可见，对比文件 1 没有给出使用可拆卸的套接方式得到本专利权利要求 1 要求保护的衣橱的技术启示，此外，由于本专利权利要求 1 使用了可拆卸的套接方式因而能实现方便拆装和自由组合的技术效果，因此本领域普通技术人员不可能在对比文件 1 和上述常用技术手段的基础上获得本专利权利要求 1 的技术方案，因此本专利权利要求 1 具有实质性特点和进步，具备专利法第 22 条第 3 款规定的创造性。

（2）关于本专利权利要求 2~4 的创造性。

本专利权利要求 2 是权利要求 1 的从属权利要求，其附加技术特征是对外边框支撑条上的安装孔和隔层部件的安装方式的限定。

请求人认为，本专利权利要求 2 的附加技术特征已经被对比文件 2 所公开，本领域技术人员容易从对比文件 2 中得到技术启示，将对比文件 2 中的定位方式应用于对比文件 1，因此在对比文件 1 的基础上结合对比文件 2 以及本领域技术人员的基本技能得出本专利权利要求 2 的技术方案，对本领域技术人员而言是显而易见的，因此本专利权利要求 2 不具备创造性。

专利权人认为，在本专利权利要求 1 有创造性的前提下，引用该权利要求 1 的权利要求 2 也具有创造性；对比文件 2 公开的是可拆卸的衣柜组合架，而对比文件 1 公开的是无须拆卸的衣柜支架，两者发明目的、技术方案截然不同，本领域技术人员难以将二者结合。

合议组经审理，查明：对比文件 2 公开了（参见该对比文件 2 的说明书第 2 页，附图 1、2）一种便于包装和携带的衣柜组合架，所述组合架的中间一层由两根横管 2 与两根横接杆 3 在该横接杆的接孔 10、11 处紧密接合而成。可见对比文件 2 公开了本专利权利要求 2 的附加技术特征。但是，由于对比文件 2 的发明目的在于提供一种可以拆开后便于包装和携带的衣柜组合架，对比文件 1 的发明目的在于提供一种可折合但无须拆卸的衣柜支架，两者发明目的截然不同；并且对比文件 1 中的构成框架的支撑管在不可拆卸的同时还要满足折合的要求，所以不可能将支撑管的两端直接固定在横接杆的安装孔内，而是需要在三通管与支撑管连接的两个分支开有可供支撑管弯折的沟槽，并将支撑管两端与三通管铰接；此外，一旦将对比文件 2 中的定位方式用于对比文件 1，直接在支撑条上设置安装孔来定位支撑管，则无法实现对比文件 1 所述“打开即可使用、无须拆卸”的目的；因此，本领域普通技术人员在对比文件 1 的不可拆卸的衣柜支架的基础上，难以想到将对比文件 2 的可拆卸衣柜组合架中的接合横管 2 与横接杆 3 的可拆卸接合方式应用于对比文件 1 中，即在对比文件 1 的基础上难以结合对比文件 2 得到本专利权利要求 2 要求保护的技术方案，因此，本专利权利要求 2 具备创造性，符合专利法第 22 条第 3 款的规定。

由于本专利权利要求 3、4 均从属于权利要求 1 或 2，在本专利权利要求 1 和 2 均具备创造性的前提下，其从属权利要求 3、4 也具备创造性，符合专利法第 22 条第 3 款的规定。

（3）关于本专利权利要求 5 的创造性。

本专利权利要求 5 是权利要求 1 的从属权利要求，其附加技术特征是对隔布的固定装置的限定。

请求人认为，本专利权利要求 5 的附加技术特征被对比文件 4 所公开，该权利要求 5 中隔布的两边缝合成管状可以从对比文件 4 的附图 2、3 中得到启示，且缝合成管状是公知常识。

专利权人认为，固定装置的结构没有被任何对比文件所公开。对比文件 4 的结构是悬挂式的，本专利是横向支撑的。

合议组经审理，查明：对比文件 4 公开了（参见该对比文件 4 的说明书第 1 页，附图 1~3）一种内隔层悬挂式简易衣橱，其由组合式的外部框架和多层活动内隔层组成，活动内隔层穿套入衣橱顶部框架铁管或用挂钩挂在衣橱顶部铁管，形成悬挂式内置结构；这种结构省掉了用于衣橱内部支撑、间隔的金属管、金属线以及搁板，管件减少了，组装非常方便。尽管对比文件 4 给出了利用穿套方式将活动内隔层固定在衣橱顶部框架铁管上的技术启示，但是，由于对比文件 4 旨在通过省掉衣橱内部支撑和间隔的管件、搁板以达到组装方便的目的，即该对比文件 4 提供一种可拆卸的衣橱，而对比文件 1 的发明目的在于提供一种可折合但无须拆卸的衣柜支架，两者发明目的截然不同；并且对比文件 4 的衣橱省掉了衣橱内部支撑和间隔的管件、搁板，而对比文件 1 的衣柜支架具有起支撑作用的中间挂架 30 和内层隔布，两者技术方案截然不同；因此，本领域普通技术人员在对比文件 1 的不可拆卸且具备中间支架和隔层的衣柜支架的基础上，难以想到将其与可拆卸且无须内部支撑、间隔的支架和搁板的衣橱结合，以得到本专利权利要求 5 要求保护的技术方案，因此本专利权利要求 5 具备创造性，符合专利法第 22 条第 3 款的规定。

（4）关于本专利权利要求 6、7 的创造性。

本专利权利要求 6 是权利要求 5 的从属权利要求，其附加技术特征是对隔层部件的位置以及衣橱内设置的网状隔板的限定。

请求人认为，本专利权利要求 6 的附加技术特征被对比文件 3 所公开，本专利图 4a 就是把图 5a 上面的一层拆去，在对比文件 1 的基础上可以获得启发。

专利权人认为，本专利权利要求6保护的是把隔层作为衣橱顶层的特征，任何对比文件都未公开该特征。

合议组经审理，查明：对比文件3公开了（参见该对比文件3的说明书第1~3页）一种可简单组装拆卸、经久耐用的衣橱，该衣橱的立柱上通过螺钉连接着网板9。由于对比文件3的目的在于提供一种可简单组装拆卸的衣橱，而对比文件1的目的在于提供一种可折合但无须拆卸的衣柜支架，两者发明目的截然不同，在此基础上，本领域普通技术人员难以想到将对比文件3与对比文件1结合，以得到本专利权利要求6要求保护的技术方案，因此本专利权利要求6具备创造性，符合专利法第22条第3款的规定。

本专利权利要求7也是权利要求5的从属权利要求，其附加技术特征也是对隔层部件的位置和网状隔板的限定。基于上述相同理由，本专利权利要求7也具备创造性，符合专利法第22条第3款的规定。

（5）关于本专利权利要求8~10的创造性。

本专利权利要求8是权利要求5的从属权利要求，由于其引用的在先的权利要求5具备创造性，因此该权利要求8也具备创造性，符合专利法第22条第3款的规定。

本专利权利要求9~10是权利要求6~8的从属权利要求，由于其引用的在先的权利要求6~8均具备创造性，因此该权利要求9~10也具备创造性，符合专利法第22条第3款的规定。

综上所述，本专利权利要求1~10均具备创造性，符合专利法第22条第3款的规定。

三、决定

维持200520059689.1号实用新型专利全部有效。

当事人对本决定不服的，可以根据专利法第46条第2款的规定，在收到本决定之日起三个月内向北京市第一中级人民法院起诉。根据该款规定，一方当事人起诉后，另一方当事人应当作为第三人参加诉讼。

228

一种扶手调档机构

无效宣告请求审查决定（第10858号）

决　定　号　第10858号
决　定　日　2007年12月18日
发明创造名称　一种扶手调档机构
国际分类号　A47C 1/024
无效宣告请求人　马雄飞
专　利　权　人　杭州建益实业有限公司
专　利　号　03284474.3
申　请　日　2003年9月18日
授权公告日　2004年11月24日
合议组组长　翁晓君
主　审　员　邢文飞
参　审　员　程　华

法律依据　专利法第26条第3款，专利法第22条第2款、第3款，专利法实施细则第20条第1款

决定要点

如果说明书中记载了解决技术问题所需的具体技术手段，并且所属领域的技术人员按照说明书记载的具体内容能够具体实施要求保护的技术方案并解决技术问题、产生预期的技术效果，则该说明书符合专利法第26条第3款的规定。

所属领域的技术人员根据载明的技术特征就能够清楚地确定该权利要求请求保护的范围，那么该项权利要求符合专利法实施细则第20条第1款的规定。

如果一项权利要求的技术方案相对于对比文件公开的技术方案而言，存在着区别技术特征，本领域技术人员在对比文件的基础上，不经过创造性的劳动即能够得到实现权利要求技术方案的启示，并且该权利要求的技术方案也没有产生预料不到的技术效果，则该权利要求不符合专利法第22条第3款规定的创造性。

一、案由

本无效宣告请求涉及国家知识产权局于2004年11月24日授权公告的、名称为“一种扶手调档机构”的实用新型专利（下称本专利），其申请日为2003年9月18日，专利号为03284474.3，专利权人为杭州建益实业有限公司。该专利授权公告的权利要求书内容如下：

“1. 一种扶手调档机构，包括设于扶手的档位槽及与此配合的调档销，其特征在于档位槽外设有档位槽护罩，护罩设有滑槽，调档销的连接板穿过滑槽。

2. 如权利要求 1 所述的一种扶手调档机构，其特征在于滑槽后端为十字槽。

3. 如权利要求 2 所述的一种扶手调档机构，其特征在于连接板的调档销安装位至连接板上边缘的距离小于至后边缘的距离。

4. 如权利要求 1、2 或 3 所述的一种扶手调档机构，其特征在于档位槽直接开设在扶手上。

5. 如权利要求 3 所述的一种扶手调档机构，其特征在于护罩为半圆钢管。

6. 如权利要求 4 所述的一种扶手调档机构，其特征在于护罩为半圆刚管。”

针对上述专利权，马雄飞（下称请求人）于 2007 年 7 月 19 日向专利复审委员会提出了无效宣告请求，其理由是本专利权利要求 1 和权利要求 4 不符合专利法第 22 条第 2 款的规定；权利要求 1~6 不符合专利法第 22 条第 3 款的规定。请求人提交如下附件作为证据使用：

附件 1：专利号为 92231129. 3 的中国实用新型专利说明书复印件，共 12 页（下称对比文件 1）；

附件 2：专利号为 94204727. 3 的中国实用新型专利说明书复印件，共 9 页（下称对比文件 2）；

请求人认为：权利要求 1 的技术方案相对于对比文件 1 不符合专利法第 22 条第 2 款规定的新颖性；在权利要求 1 不符合新颖性的情况下，引用权利要求 1 的权利要求 4 相对于对比文件 1 也不符合专利法第 22 条第 2 款规定的新颖性；权利要求 1~2 相对于对比文件 2 和对比文件 1 的结合不符合专利法第 22 条第 3 款规定的创造性；权利要求 3 相对于对比文件 2 和对比文件 1 以及本领域公知常识的结合不符合专利法第 22 条第 3 款规定的创造性；权利要求 4 引用权利要求 2 的技术方案相对于对比文件 2 和对比文件 1 的结合不符合专利法第 22 条第 3 款规定的创造性；权利要求 4 引用权利要求 3 的技术方案相对于对比文件 2 和对比文件 1 以及本领域公知常识的结合不符合专利法第 22 条第 3 款规定的创造性；权利要求 5~6 相对于对比文件 2 和对比文件 1 以及本领域公知常识的结合不符合专利法第 22 条第 3 款规定的创造性。

2007 年 8 月 3 日，请求人提交了补充意见的意见陈述书，在该陈述书中，请求人认为：权利要求 1 中的技术特征“设于扶手的档位槽及与此配合的调档销”中的调档销和档位槽的配合结构以及如何相互配合的关系不清楚，因而不符合专利法实施细则第 20 条第 1 款的规定；同时由于说明书没有公开护罩的位置、护罩上滑槽的位置及形状、调档销与档位槽的配合结构和相互作用关系，因此不符合专利法第 26 条第 3 款的规定。

经形式审查合格，专利复审委员会受理了上述无效宣告请求，并于 2007 年 8 月 23 日发出无效宣告请求受理通知书，并将请求人于 2007 年 7 月 19 日提交的无效宣告请求书及其附件的副本转送给专利权人，要求专利权人在指定的期限内答复。

在指定的期限内，专利权人没有对其进行答复。

专利复审委员会依法成立合议组对本案进行审查。本案合议组于 2007 年 10 月 26 日向双方当事人发出口头审理通知书，定于 2007 年 12 月 11 日举行口头审理，并随本无效宣告请求口头审理通知书将请求人于 2007 年 8 月 3 日提交的补充意见陈述书转送给专利权人。

口头审理如期举行，请求人委托代理人出席了口头审理并陈述了意见，专利权人未出席口头审理。在口头审理中，请求人明确无效理由为：权利要求 1 不符合专利法实施细则第 20 条第 1 款的规定；说明书不符合专利法第 26 条第 3 款的规定；权利要求 1 和权利要求 4 引用权利要求 1 的技术方案分别相对于对比文件 1 不符合专利法第 22 条第 2 款的规定；权利要求 1 相对于对比文件 2 和对比文件 1 的结合不符合专利法第 22 条第 3 款的规定；权利要求 2 相对于对比文件 2 和 1 的结合不符合专利法第 22 条第 3 款的规定；权利要求 3 相对于对比文件 2 和 1 的结合或者相对于对比文件 2 和对比文件 1 以及公知常识的结合不符合专利法第 22 条第 3 款的规定；权利要求 4 相对于对比文件 2 和对比文件 1 的结合不符合专利法第 22 条第 3 款的规定；权利要求 5 相对于对比文件 2 和对比文件 1 及公知常识的结合不符合专利法第 22 条第 3 款的规定；当权利要求 1、4 相对于对比文件 1 没有新颖性的情况下，权利要求 6 相对于对比文件 1 及公知常识的结合不符合专利法第 22 条第 3 款的规定；在权利要求 4 引用权利要求 1、2、3 不具有创造性的情况下，引用权利要求 4 的权利要求 6 相对于对比文件 2 和 1 及公知常识的结合不符合专利法第 22 条第 3 款的规定。请求人明确对比文件 2 为最接近的对比文件。

在上述审理的基础上，合议组认为本案事实清楚，可以依法作出本无效宣告请求审查决定。

二、决定的理由

1. 法律依据

根据请求人提出的无效宣告请求的范围、理由和证据，本案合议组依据专利法第 22 条第 2 款、第 3 款，专利法第 26 条第 3 款以及专利法实施细则第 20 条第 1 款对本案进行审理。

2. 关于证据

请求人提交的对比文件 1、对比文件 2 均为专利文献，对比文件 1 是一篇 92231129. 3 号中国实用新型专利说明书复印件，属于公开出版物，经合议组核实，对其真实性予以确认，其授权公告日是 1994 年 2 月 23 日，早于本专利的申请日，因此对比文件 1 可以作为本专利申请日前的现有技术的证据使用；对比文件 2 也是一篇 94204727. 3 号中国实用新型专利说明书复印件，属于公开出版物，经合议组核实，对其真实性予以确认，其授权公告日是 1996 年 3 月 6 日，早于本专利的申请日，因此对比文件 2 可以作为本专利申请日前的现有技术的证据使用。

3. 关于专利法第 26 条第 3 款

专利法第 26 条第 3 款规定：说明书应当对发明或者实用新型作出清楚、完整的说明，以所属技术领域的技术人员能够实现为准。

根据本专利说明书可知，本专利所要解决的技术问题是避免由于调档销和档位槽之间的空隙较大，容易发生使用者在调档时夹到手指，本专利所采用的技术方案是：档位槽及与此配合的调档销设于扶手，在档位槽外设有档位槽护罩，护罩设有滑槽，调档销的连接板穿过滑槽，以获得手指不会被调档销和档位槽所夹，使用安全，且调档销的连接板的左右位移被滑槽所限制，能极大地降低调档和使用时的零件碰撞噪音的技术效果。具体而言，请求人认为：说明书没有公开护罩的位置、护罩上滑槽的位置及形状、调档销与档位槽的配合结构和相互作用关系。合议组认为：首先参见说明书第 4 页具体实施方式的第一段第二行“档位槽外设有档位槽护罩 4”以及附图 1-3，可以确定出护罩的具体位置，即在档位槽的外侧，用于护住整个档位槽，以防止夹手；从说明书附图图 3 可以确定出该滑槽的具体位置，即该滑槽在护罩的最中部沿着档位槽方向；而对于调档销和档位槽的配合结构和相互作用关系，对于一个扶手调档结构来说，其必然存在一个调档销和档位槽或者类似的装置，它们之间的配合结构和相互作用关系是本领域的现有技术，本专利就是为了解决现有技术中的调档销和档位槽容易夹手的缺陷，而提出了在档位槽外设有档位槽护罩的技术方案，因此本专利说明书公开充分，符合专利法第 26 条第 3 款的规定。

4. 关于专利法实施细则第 20 条第 1 款

专利法实施细则第 20 条第 1 款规定：权利要求书应当说明发明或实用新型的技术特征，清楚、简要地表述请求保护的范围。

合议组认为：权利要求 1 请求保护一种扶手调档，技术特征“包括设于扶手的档位槽和与此配合的调档销”清楚限定了档位槽和调档销的连接关系和相互作用关系；技术特征“档位槽外设有档位槽护罩”清楚限定了档位槽和档位槽护罩的连接关系；对于特征“护罩设有滑槽，调档销的连接板穿过滑槽”，根据本申请的说明书可知，只要滑槽在护罩上，调档销的连接板可以穿过滑槽，就能够使得滑槽配合调档销和档位槽的正常工作。因此权利要求1通过上述技术特征的限定，清楚地限定了其所要保护的范围，权利要求1符合专利法实施细则第20条第1款的规定。

5. 关于专利法第22条第3款

专利法第22条第3款规定：创造性，是指同申请日以前已有的技术相比，该发明有突出的实质性特点和显著的进步，该实用新型有实质性特定和进步。

权利要求1请求保护一种手调档结构，包括特征：a）设于扶手的档位槽及与此配合的调档销；b）档位槽外设有档位槽护罩；c）护罩设有滑槽；d）调档销的连接板穿过滑槽。

对比文件2公开了椅具扶手结构，并具体公开了以下技术内容（参见对比文件2说明书第2页第2~4行，第13~14行；附图3）：顶面每隔适当间距向下冲压有若干个可与卡掣端320（相当于本专利的连接板）卡掣定位的卡止部46（相当于本专利的档位槽），底缘两端各内向延设一小段的接缘42（相当于本专利的护罩），二接缘42间适当处形成一个隘口43（相当于本专利的滑槽）；藉卡掣端320两侧的凸耳321（相当于本专利的调档销）可抵压于调整座40内壁两侧，使得卡掣定位效果更形显著；而且从附图3中可以看出，卡掣端320是要穿过滑槽的。将权利要求1与对比文件2相比，其区别在于对比文件2没有公开“设于扶手的档位槽和与此配合的调档销”。对比文件1公开了一种沙发椅床，并具体公开了下以下技术内容（参见对比文件1说明书第5页第2段）：轻提扶手向后退，将靠板（19）放平，后腿上部滑轨顶钩（20）（相当于本专利的调档销和连接板）让扶手梯级滑轨（24）（相当于本专利的档位槽）卡扣。因此对比文件1公开了“设于扶手的档位槽和与此配合的调档销”这一技术特征。并且，对比文件1公开的上述技术内容所解决的技术问题和本专利权利要求1上述区别特征所要解决的技术问题相同，即都是为了在扶手上设置档位槽和与档位槽配合使用的调档销。由此可见，所属技术领域普通技术人员在对比文件2的基础上，会从对比文件1获得将上述区别技术特征应用到对比文件2中而得到权利要求1所要求保护技术方案的启示，也就是说这样的结合对所属技术领域的技术人员来说是显而易见的，况且它们的结合没有产生预料不到的技术效果，因此权利要求1所要求保护的技术方案相对于对比文件2和对比文件1的结合不符合实质性特点和进步，不符合专利法第22条第3款有关创造性的规定。

权利要求2的附加技术特征是“滑槽后端为十字槽”。对比文件2公开了以下技术内容（参见对比文件2说明书第3页第2段，图3）：“使用时，首先将扣座32两侧的凸耳321与扶手座4底部调整座40的缺口44会合对应后，扣座32的卡掣端320即可伸入调整座40内与不同位置的卡止部46互相卡掣定位”。从图3中可以看出，缺口44和隘口43形成一个十字槽，而且该十字槽也是为了凸耳321的拆装方便才设置的，其也是在隘口的中间靠后部分，因此对比文件2公开了权利要求2的上述附加技术特征，由于权利要求2所引用的权利要求1相对于对比文件2和对比文件1的结合不符合创造性，因此权利要求2所要求保护的技术方案相对于对比文件2和对比文件1的结合也不符合实质性特点和进步，不符合专利法第22条第3款有关创造性的规定。

权利要求3的附加技术特征是“连接板的调档销安装位至连接板上边缘的距离小于至后边缘的距离”。对比文件2公开了以下技术内容（参见对比文件2说明书第3页第2段，图3）：藉卡掣端320两侧的凸耳321（相当于本专利的调档销）可抵压于调整座40内壁两侧，使得卡掣定位效果更形显著。从图3中可以看出，相当于本专利调档销的凸耳321至卡掣端320（相当于本专利的连接板）上边缘的距离小于至后边缘的距离，因此对比文件2公开了权利要求3的上述附加技术特征，由于权利要求3所引用的权利要求2相对于对比文件2和对比文件1的结合不符合创造性，因此权利要求3所要求保护的技术方案相对于对比文件 2 和对比文件 1 的结合也不符合实质性特点和进步，不符合专利法第 22 条第 3 款有关创造性的规定。

权利要求 4 的附加技术特征是“档位槽直接开设在扶手上”。对比文件 1 公开了一种沙发椅床，并具体公开了下以下技术内容（参见对比文件 1 说明书第 5 页第 2 段）：轻提扶手向后退，将靠板（19）放平，后腿上部滑轨顶钩（20）（相当于本专利的调档销和连接板）让扶手梯级滑轨（24）（相当于本专利的档位槽）卡扣。因此对比文件 1 公开了权利要求 4 的上述附加技术特征，由于权利要求 4 所所引用的权利要求 1、2 和 3 相对于对比文件 2 和对比文件 1 的结合分别不符合创造性，因此权利要求 4 所要求保护的技术方案相对于对比文件 2 和对比文件 1 的结合也不符合实质性特点和进步，不符合专利法第 22 条第 3 款有关创造性的规定。

权利要求 5 的附加技术特征是“护罩为半圆钢管”，该特征是所述技术领域中的公知常识，由于权利要求 5 所所引用的权利要求 3 相对于对比文件 2 和对比文件 1 的结合不符合创造性，因此权利要求 5 所要求保护的技术方案相对于对比文件 2 和对比文件 1 以及所属领域公知常识的结合也不符合实质性特点和进步，不符合专利法第 22 条第 3 款有关创造性的规定。

权利要求 6 的附加技术特征是“护罩为半圆钢管”，该特征是所述技术领域中的公知常识，由于权利要求 6 所所引用的权利要求 3 相对于对比文件 2 和对比文件 1 的结合不符合创造性，因此权利要求 6 所要求保护的技术方案相对于对比文件 2 和对比文件 1 以及所属领域公知常识的结合也不符合实质性特点和进步，不符合专利法第 22 条第 3 款有关创造性的规定。

鉴于本专利权利要求 1~4 已经相对于对比文件 2 和对比文件 1 的结合、权利要求 5~6 已经相对于对比文件 2 和对比文件 1 以及所属领域公知常识的结合不具有专利法第 22 条第 3 款规定的创造性，针对请求人提出的权利要求 1 和权利要求 4 分别相对于对比文件 1 不具有专利法第 22 条第 2 款以及权利要求 4 和权利要求 6 不符合专利法第 22 条第 3 款的其他评述方式，合议组不再一一评述。

三、决定

宣告 03284474.3 号实用新型专利权全部无效。

当事人对本决定不服的，可以根据专利法第 46 条第 2 款的规定，自收到本决定之日起 3 个月内向北京市第一中级人民法院起诉。根据该款的规定，一方当事人起诉后，另一方当事人应当作为第三人参加诉讼。

229

一种椅具扶手

无效宣告请求审查决定（第10867号）

决　　定　　号　第10867号
决　　定　　日　2007年12月18日
发明创造名称　一种椅具扶手
国 际 分 类 号　A47C 7/54
无效宣告请求人　杭州荣恒冲压件厂
专　利　权　人　陈　育，孟振林
专　　利　　号　200520013703.4
申　　请　　日　2005年8月1日
授 权 公 告 日　2006年8月23日
合 议 组 组 长　苏　青
主　　审　　员　毕艳红
参　　审　　员　李　卉

法　律　依　据　专利法第22条第3款
决　定　要　点

如果实用新型专利的权利要求与最接近现有技术之间存在的区别特征为另一份对比文件中披露的相关技术手段，该技术手段在该对比文件中所起作用与其在本实用新型专利中所起作用相同，则认为另一份对比文件给出了将上述区别特征应用到最接近的现有技术中的技术启示。

一、案由

本无效宣告请求涉及国家知识产权局于2006年8月23日授权公告的、申请号为200520013703.4、名称为“一种椅具扶手”的实用新型专利（下称本专利），其申请日是2005年8月1日，专利权人是陈育、孟振林。其授权公告的权利要求书内容如下：

“1. 一种椅具扶手，其特征在于，包括U型扶手架和扶手板，U型扶手架的U型部和端部有若干安装孔，扶手板上有安装孔与U型扶手架端部的安装孔相配合，扶手板通过安装孔连接在扶手架的U型端部，U型扶手架通过U型部的安装孔连接在座椅上；在扶手板与扶手架的连接处设有装饰套，所述的装饰套一端开口，套设在扶手架端部，另一端开设有安装孔，所述的安装孔与扶手架端部和扶手板的安装孔相配合，扶手板通过装饰套上的安装孔与扶手架连接；在扶手板上安装有扶手面板。

2. 根据权利要求1所述的椅具扶手，其特征在于，扶手架U型端部的安装孔为螺纹孔，扶手板和U型扶手架通过螺栓连接固定。

3. 根据权利要求1或2所述的椅具扶手，其特征在于，扶手面板上有螺纹孔，扶手板上有相应的安装孔，二者通过螺栓连接固定。”

针对上述专利权，杭州荣恒冲压件厂（下称请求人）于2007年7月9日向国家知识产权局专利复审委员会提出无效宣告请求，其无效理由为本专利权利要求1~3不符合专利法第22条第3款及专利法实施细则第13条第1款的规定。请求人提交了如下附件作为证据：

附件1：专利号为CN200530113655.1号中国外观设计专利的著录项目及图片复印件共2页，其申请日为2005年7月28日，公告日为2006年5月24日，专利权人为陈育、孟振林；

附件2：ZL03224973.X号中国实用新型专利说明书，其授权公告日为2004年4月7日；

附件3：ZL01235852.5号中国实用新型专利说明书，其授权公告日为2002年2月27日。

请求人认为，本专利权利要求书中技术特征均已经被附件1公开，本专利权利要求1~3相对于附件1不符合专利法实施细则第13条第1款的规定；权利要求1~3相对于附件2、3的结合不符合专利法第22条第3款有关创造性的规定，在上述创造性的评价中请求人认为附件2为与本专利最接近的现有技术。

专利复审委员会受理了上述无效宣告请求，于2007年7月10日向双方当事人发出了无效宣告请求受理通知书，并将请求人提交的无效宣告请求书及其附件清单中所列附件的副本转寄给专利权人。

2007年7月20日，请求人补充提交意见陈述并补充提交了以下附件：

附件4：型号为34533电镀扶手的送货单第二联（收费单位存查）的复印件共1页，收货单位为“超亚”，日期为2005年6月29日；

附件5：盖有安吉超亚家具有限公司公章的安吉超亚家具有限公司对附件4中签收人“成金华”的身份证明复印件共1页；

附件6：专利权人与请求人就本案相关联的证明文件的复印件，其中附件6-1为协调会会议纪要复印件共1页，会议时间2006年9月5日；附件6-2为中华人民共和国浙江省安吉县公证处出具的(2007)浙安证内字第731号证据保全公证书复印件共6页，其中附件6-2所带的附件一为NO 00140130号浙江增值税专用发票复印件共1页，附件二为4张与椅具相关的照片的复印件。

请求人使用附件4~6证明本专利产品在申请日之前已在国内公开制造、销售和使用过，不符合专利法第22条第2款有关新颖性的规定。

针对上述无效宣告请求，专利权人于2007年9月11日向国家知识产权局专利局提交本专利的实用新型专利检索报告作为证据使用。

专利复审委员会依法成立合议组对本案进行审理，合议组于2007年10月12日向双方当事人发出口头审理通知书，定于2007年11月26日对本案进行口头审理，并随口审通知书将无效宣告请求人于2007年7月20日提交的意见陈述书及其附件清单中所列附件的副本转寄给专利权人。

口头审理如期举行，双方当事人都出席了口头审理，双方当事人对合议组成员变更无异议、对合议组成员无回避请求；专利权人未提交授权委托书，双方当事人对对方出庭人员身份无异议，合议组告知专利权人应于口头审理结束后七日内提交授权委托书，逾期不提交视为未出席口头审理；请求人明确表示放弃附件4~6作为证据使用、并放弃附件4-6所支持的无效理由，请求人明确无效理由为：本专利权利要求1~3相对于附件1不符合专利法实施细则第13条第1款的规定；权利要求1~3相对于附件2、3不符合专利法第22条第3款的规定；专利权人对附件1~3的真实性没有异议；专利权人将2007年9月11日提交的实用新型专利检索报告作为证据使用，合议组当庭将其转给请求人，请求人对其真实性无异议，但认为专利权人逾期提交证据。

专利复审委员会于2007年12月3日收到专利权人提交的无效宣告程序授权委托书，其提交时间在合议组指定的7天期限之内。

在上述工作的基础上，合议组认为本案事实已经清楚，可以作出审查决定。

二、决定的理由

1. 证据认定

请求人提出无效宣告请求时提交的用于评价本专利创造性的附件2、3是中国专利文献，专利权人对附件2、3的真实性没有异议，合议组对附件2、3予以采信。

附件2为03224973.X号中国实用新型专利说明书，其授权公告日为2004年4月7日；附件3为01235852.5号中国实用新型专利说明书，其授权公告日为2002年2月27日。由于附件2、3的授权公告日均在本专利申请日2005年8月1日之前，可以作为评价本专利创造性的现有技术使用。

专利权人将其于2007年9月11日提交的实用新型专利检索报告及其中提及的三份相关文件术作为证据使用，由于已经超出了专利复审委员会于2007年7月10日向其发出的无效宣告请求受理通知书中指定的一个月答复期限，根据审查指南第四部分第三章第4.3.2节的规定，合议组对专利权人未在指定的答复期限内提交的证据不予考虑。另外，即使是在专利复审委员会指定期限内提交的检索报告，也只能作为参考，不能作为定案的依据。

2. 关于专利法第22条第3款

专利法第22条第3款规定：创造性，是指同申请日以前已有的技术相比，该发明具有突出的实质性特点和显著的进步，该实用新型有实质性特点和进步。

（1）本专利权利要求1的内容如下："一种椅具扶手，其特征在于，包括U形扶手架和扶手板，U形扶手架的U形部和端部有若干安装孔，扶手板上有安装孔与U形扶手架端部的安装孔相配合，扶手板通过安装孔连接在扶手架的U形端部，U形扶手架通过U形部的安装孔连接在座椅上；在扶手板与扶手架的连接处设有装饰套，所述的装饰套一端开口，套设在扶手架端部，另一端开设有安装孔，所述的安装孔与扶手架端部和扶手板的安装孔相配合，扶手板通过装饰套上的安装孔与扶手架连接；在扶手板上安装有扶手面板。"

附件2也公开了一种座椅扶手，其说明书第1页第25~26行公开了"扶手托板3为弧形……两端向下延伸设置有与管状支承件5、6连接的固定座4"，该页第26~27行公开了"扶手托板3与管状支承件5、6之间通过固定座4用内六角螺栓进行固定，上下连接成一体"，从附图2中可以直接地、毫无疑义地确定的技术内容：固定座下端开孔，套设在管状支承件端部，固定坐另一端开设有安装孔，由于固定坐与扶手托板是一体成型的，因此该安装孔也是扶手托板的一个安装孔，通过该安装孔即可通过固定坐实现扶手托板与管状支承件的连接；从附图2可以直接地、毫无疑义地确定的技术内容还有：管状支承件端部及扶手托板上均开有与螺栓配合的安装孔，扶手托板3通过上述安装孔连接在管状支承件5、6的U型端部；说明书第1页第28行公开了"软质扶手面板通过螺栓固定在上面的扶手托板的中间"。

将本专利权利要求1与附件2公开的上述内容分析可见，附件2公开的座椅扶手对应于权利要求1中的椅具扶手，附件2中的"扶手托板3"对应于权利要求1中的"扶手板"、"固定座"对应于权利要求1中的"装饰套"，附图2公开了的"扶手托板3与管状支承件5、6之间通过固定座4用内六角螺栓进行固定，上下连接成一体"以及从附图2中可以直接地、毫无疑义地确定的技术内容为：固定座下端开孔，套设在管状支承件端部，固定坐另一端开设有安装孔，由于固定坐与扶手托板是一体成型的，因此该安装孔也是扶手托板的一个安装孔，通过该安装孔即可通过固定坐实现扶手托板与管状支承件的连接。除了附件2中的固定坐与扶手托板共用一个安装孔而本专利权利要求1中装饰套上的安装孔与扶手板的安装孔是分开设置的不同外，附件2公开的上述技术内容对应于本专利权利要求

1 中的“在扶手板与扶手架的连接处设有装饰套，所述的装饰套一端开口，套设在扶手架端部，另一端开设有安装孔，所述的安装孔与扶手架端部和扶手板的安装孔相配合，扶手板通过装饰套上的安装孔与扶手架连接”；从附图 2 可以直接地、毫无疑义地确定的技术内容还有：管状支承件端部及扶手托板上均开有与螺栓配合的安装孔，扶手托板 3 通过上述安装孔连接在管状支承件 5、6 的 U 形端部，该技术内容对应于权利要求 1 中的 U 形扶手架端部有若干安装孔，扶手板上有安装孔与 U 形扶手架端部的安装孔相配合，扶手板通过安装孔连接在扶手架的 U 形端部；附件 2 说明书第 1 页第 28 行公开的“软质扶手面板通过螺栓固定在上面的扶手托板的中间”，对应于权利要求 1 中的“在扶手板上安装有扶手面板”。

权利要求 1 与附件 2 相比，其区别技术特征为：（1）本专利 U 型扶手架的 U 形部有若干安装孔，U 形扶手架通过 U 形部的安装孔连接在座椅上，而附件 2 是通过管状支承件上的连接耳码与座椅连接；（2）本专利权利要求 1 中的装饰套和扶手板上各有一个安装孔，而附件 2 的固定坐与扶手托板共用了一个安装孔。

附件 3 说明书第 2 页第 13~16 行及附图 2 公开了扶手与椅具的座垫及靠背固定的下侧边和后侧边上设有多个固定孔的技术内容。合议组认为，由于扶手的下侧边、后侧边分别对应于权利要求 1 中扶手架 U 形部的下侧边、后侧边，因此上述技术内容即对应于本专利与附件 2 之间的上述区别技术特征（1），该特征在附件 3 中所起作用与其在本专利中所起作用相同，均为通过在扶手架的 U 形部上设置安装孔从而使扶手架与座椅进行相互连接，即附件 3 给出了将上述特征应用于附件 2 中的技术启示；对于上述区别技术特征（2），合议组认为，由于附件 2 中的固定坐与扶手托板是一体的，所以固定坐与扶手托板共用了一个安装孔，如果将固定坐与扶手托板分开设置，为了实现固定坐、扶手托板及管状支承件之间的相互连接，固定坐与扶手托板上需要各设置一个安装孔，也就是说附件 2 已经给出得到上述特征的技术启示。本领域技术人员在附件 2 的基础上，无需创造性劳动就能够想到将上述特征应用到附件 2 中而得到本专利权利要求 1 请求保护的技术方案，因此权利要求 1 相对于附件 2、3 的结合不具有实质性特点和进步，不符合专利法第 22 条第 3 款的规定。

专利权人认为，权利要求 1 与附件 2 之间还存在如下区别技术特征，即本专利 U 形扶手架的 U 形部是单根的而附件 2 中的管状支承件是双根的。合议组认为，专利权人所述的该区别技术特征，并未体现在本专利权利要求 1 所谋求保护的技术方案中，不能对本专利权利要求 1 创造性的评价产生影响。

（2）权利要求 2 是权利要求 1 的从属权利要求，其附加技术特征为“扶手架 U 形端部的安装孔为螺纹孔，扶手板和 U 型扶手架通过螺栓连接固定”，附件 2 说明书第 1 页第 26~27 行公开了“扶手托板 3 与管状支承件 5、6 之间通过固定座 4 用内六角螺栓进行固定，上下连接成一体”，由于使用螺栓固定，管状支承件的端部还必然设置有螺纹孔形式的安装孔，即权利要求 2 附件技术特征也已被附件 2 所公开，因此在权利要求 1 不具有创造性时，权利要求 2 相对于附件 2、3 的结合也不具有实质性特点和进步，不符合专利法第 22 条第 3 款的规定。

（3）权利要求 3 引用权利要求 1 或 2，其附加技术特征为“扶手面板上有螺纹孔，扶手板上有相应的安装孔，二者通过螺栓连接固定”，附件 2 说明书第 1 页第 28 行公开了“软质扶手面板通过螺栓固定在上面的扶手托板的中间”，从附图 2 可以直接地、毫无疑义地确定的内容为：上述连接方式是通过在扶手托板的中间设有安装孔、在扶手面板上设置螺纹孔，从而通过螺栓固定的方式实现的，即附件 2 已经公开了上述附加技术特征，因此在权利要求 1、2 不具有创造性时，权利要求 3 相对于附件 2、3 的结合也不具有实质性特点和进步，不符合专利法第 22 条第 3 款的规定。

综上，鉴于上述评述已经得出本专利权利要求 1~3 不符合专利法第 22 条第 3 款规定的结论，合议组对请求人提出的其他无效理由与证据不再予以评述。

三、决定

宣告 200520013703.4 号实用新型专利权全部无效。

当事人对本决定不服的，可以根据专利法第 46 条第 2 款的规定，自收到本决定之日起 3 个月内向北京市第一中级人民法院起诉。根据该款的规定，一方当事人起诉后，另一方当事人应当作为第三人参加诉讼。

230

一种导轨式蚊帐架

无效宣告请求审查决定（第10880号）

决　定　号　第10880号
决　定　日　2007年12月18日
发明创造名称　一种导轨式蚊帐架
国际分类号　A47C 29/00
无效宣告请求人　邹可嘉
专利权人　夏伟红
专　利　号　03226393.7
申　请　日　2003年5月21日
授权公告日　2004年6月30日
合议组组长　左　一
主　审　员　武　磊
参　审　员　冉建国

法律依据　专利法第22条第3款
决定要点

在判断一项权利要求的创造性时，如果权利要求的技术方案与最接近的对比文件相比存在区别技术特征，且该区别技术特征被其他对比文件公开，或者属于本领域公知常识，且所起的作用相同，则本领域的普通技术人员在所述对比文件公开的技术内容或公知常识的教导下，得出该项权利要求的技术方案不具有实质性特点和进步，因此，该项权利要求不具备创造性。

一、案由

本无效宣告请求涉及国家知识产权局于2004年6月30日授权公告的03226393.7号实用新型专利权（以下称本专利），其名称为"一种导轨式蚊帐架"、申请日为2003年5月21日，专利权人为夏伟红。授权公告的权利要求书内容如下：

"1. 一种导轨式蚊帐架，包括安装有走珠（6）的导轨（1），导轨（1）的端部有用以将其固定在天花板上或墙壁上的固定连接板（4），其特征在于该导轨（1）有两条导槽，带两条导槽的导轨（1）呈"U"形形状。

2. 根据权利要求1所述的一种导轨式蚊帐架，其特征在于所述导轨（1）的一端部的两导槽中分别装有一个与导轨横截面的竖直方向平行的导轮（11a、11b），导轨（1）的另一端装有一与导轨横截面的竖直方向垂直的导轮（11c），导轨（1）的导槽内通过导轮装有使走珠（6）在导轨内移动的拉绳（3）。

3. 根据权利要求 1 所述的一种导轨式蚊帐架，其特征在于导轨（1）的截面呈双“C”形，其开口方向相同，两导槽之间有间隔，走珠（6）安装在导轮“C”形的开口处。

4. 根据权利要求 1 所述的一种导轨式蚊帐架，其特征在于“U”形导轨（1）由至少两根短导轨通过导轨接驳套码（7）连接而成。

5. 根据权利要求 4 所述的一种导轨式蚊帐架，其特征在于在导轨的下方通过固定连接板（4）和导轨接驳套码（7）安装有紧固支撑管（2）。

6. 根据权利要求 5 所述的一种导轨式蚊帐架，其特征在于在紧固支撑管（2）与导轨之间有加强筋（12）。

7. 根据权利要求 1 所述的一种导轨式蚊帐架，其特征在于所述导轨（1）上横向固定有至少一根支撑杆（8）。

8. 根据权利要求 1 所述的一种导轨式蚊帐架，其特征在于导轨（1）的截面呈底部开口的双方型。

9. 根据权利要求 1 所述的一种导轨式蚊帐架，其特征在于导轨（1）的截面呈双“工”字形。”

针对上述实用新型专利权，邹可嘉（以下称请求人）于 2007 年 7 月 9 日向专利复审委员会提出了无效宣告请求。请求宣告无效的理由是：本专利权利要求 1~9 不符合专利法第 22 条有关新颖性、创造性的规定。请求人同时提交的作为证据的附件如下：

附件 1：ZL01271334.1 号中国实用新型专利说明书，其授权公告日为 2002 年 10 月 9 日（下称对比文件 1）；

附件 2：ZL93245491.7 号中国实用新型专利说明书，其授权公告日为 1994 年 9 月 14 日（下称对比文件 2）；

附件 3：ZL98234475.9 号中国实用新型专利说明书，其授权公告日为 1999 年 9 月 29 日（下称对比文件 3）；

附件 4：ZL97220259.5 号中国实用新型专利说明书，其授权公告日为 1999 年 4 月 7 日（下称对比文件 4）；

附件 5：ZL97219834.2 号中国实用新型专利说明书，其授权公告日为 1998 年 12 月 2 日（下称对比文件 5）。

请求人在无效请求书中提出的具体理由如下：

本专利权利要求 1 相对于附件 1、附件 2 不具备创造性；权利要求 2、4、7~8 的附加技术特征在附件 2 中公开，该权利要求 2、4、7~8 不具备创造性；权利要求 1~2 相对于附件 1~3 以及它们两者各自的组合不具备创造性；权利要求 3 的附加技术特征分别在附件 2 和附件 5 中公开，该权利要求 3 不具备创造性；权利要求 5~6 的附加技术特征在附件 3 中公开，该权利要求 5~6 不具备创造性；权利要求 9 的附加技术特征在附件 4 中公开，并且属于一种常用公知技术，该权利要求 9 不具备创造性。

经过形式审查合格后，专利复审委员会受理了上述无效宣告请求，于 2007 年 8 月 28 日向双方当事人发出了无效宣告请求受理通知书，同时将请求人于 2007 年 7 月 9 日提交的无效宣告请求书及其附件的副本转送专利权人，并要求其在指定期限内进行意见陈述。

专利权人逾期未作任何答复。

专利复审委员会依法成立合议组对本案进行审理，并于 2007 年 11 月 1 日向双方当事人发出无效宣告请求口头审理通知书，定于 2007 年 12 月 10 日举行无效宣告请求口头审理。

口头审理如期举行，仅请求人一方到庭，专利权人未出席口头审理，合议组依法缺席审理本案。在口头审理过程中，请求人对合议组成员无回避请求，请求人明确其无效理由为：本专利权利要求1、2、4、7~8相对于附件1和附件2的结合不具备专利法第22条第3款规定的创造性，权利要求3相对于附件1和附件2的结合或者相对于附件1、附件2和附件5的结合不具备专利法第22条第3款规定的创造性；权利要求5、6相对于附件1、附件2和附件3的结合不具备专利法第22条第3款规定的创造性；权利要求9相对于附件1和附件2的结合或者相对于附件1、附件2和附件4的结合不具备专利法第22条第3款规定的创造性。请求人在口头审理过程中结合证据阐述了自己的观点。

合议组经过合议后，认为本案事实已经清楚，现依法作出如下审查决定。

二、决定的理由

1. 证据的认定

请求人提交的附件1~5是中国实用新型专利文献复印件，属于公开出版物，合议组经核实其复印件与原件一致，对其真实性予以认可，且它们的公开日均早于本专利的申请日，故附件1~5可以作为评价本专利创造性的现有技术。

2. 关于创造性

专利法第22条第3款的规定：创造性，是指同申请日以前已有的技术相比，该发明有突出的实质性特点和显著的进步，该实用新型有实质性特点和进步。

在判断一项权利要求的创造性时，如果权利要求的技术方案与最接近的对比文件相比存在区别技术特征，且该区别技术特征被其他对比文件公开，或者属于本领域公知常识，且所起的作用相同，则本领域的普通技术人员在所述对比文件公开的技术内容或公知常识的教导下，得出该项权利要求的技术方案不具有实质性特点和进步，因此，该项权利要求不具备创造性。

（1）关于权利要求1的创造性。

权利要求1请求保护一种导轨式蚊帐架，附件1公开了一种导轨式拉绳蚊帐架，其中具体披露了以下技术特征：每根单边导轨内有导轮（1），导轮上装有连接端（12），该蚊帐架由两根单边导轨组合而成，每根单边导轨由横边（7）和直边（4）弯曲而成，每根导轨的直边一端顶墙安装，两根单边导轨的横边错开重叠，每根单边导轨上有用以将其固定在天花板上的固定连接板（6），这两根单边导轨组成“U”形形状（参见附件1的权利要求1，说明书第2页倒数第一段和附图1-3），将附件1公开的上述内容与权利要求1相比较可知，附件1公开了权利要求1部分技术特征，其中附件1的“导轮（1）”相当于权利要求1中的走珠（6），附件1中的固定连接板（6）相当于权利要求1中的固定连接板（4）。

本专利的权利要求1所保护的导轨式蚊帐架与附件1所公开的导轨式拉绳蚊帐架相比，具有以下区别技术特征：该导轨有两条导槽，带两条导槽的导轨成“U”形形状。

附件2公开了一种蚊帐架（参见附件2的说明书第1页倒数第2段至倒数第1段，附图1-5），其中具体披露了以下的技术特征：该蚊帐架是设有轨道式开合帐门的方顶蚊帐架，该蚊帐架包括若干接杆构成的骨架、用于连接骨架接杆的直角连接块（套）和平角连接块（套）、以及脚架支撑杆等构成，组成骨架的每一根连接杆的内部设有双开口轨道槽，轨道槽中设有拉绳和一定数量的活动小挂勾。

从附件2公开的上述技术方案可见，附件2也同样涉及一种导轨式拉绳蚊帐架，根据附件2中公开的“设有轨道式开合帐门的方顶蚊帐架，组成骨架的每一根连接杆的内部设有双开口轨道槽”和附图5的内容可见，附件2中组成骨架的接杆（相当于权利要求1中的导轨）具有两条开口轨道槽，带两条轨道槽的接杆呈缺少一开口端的长方形（类似直角“U”字形），因此，附件2实质上已经公开了上述区别技术特征。本专利权利要求1中“导轨（1）有两条导槽，带两条导槽的导轨成“U”形形状”的技术特征是为解决现有技术中所存在的单边导轨结构复杂、使用不方便的技术问题而设置的技术特征，该技术特征能够实现导轨中间无错开重叠的结构，因而其结构显得简洁，另外拉绳安装在蚊帐架的一侧，蚊帐在使用时只需拉动拉绳即可实现两侧蚊帐的收拢或打开的技术效果（参见本专利说明书第1页第2段和第2页第2段），而附件2中的带有两条导槽的近似“U”字形的导轨结构所起的作用与上述区别技术特征在本专利中为解决其技术问题所起的作用相同（参见附件2的说明书第3页第2段，附图5）。由于附件1和附件2涉及相同的技术领域，附件2中公开了采用双导槽的近似“U”形的导轨结构，在附件1中公开的“U”形形状的错开重叠的导轨结构的基础上，为解决现有技术中存在的蚊帐使用不便的问题，本领域普通技术人员很容易想到将附件1与附件2相结合而得到本专利权利要求1的技术方案，因此，本专利权利要求1不具有实质性特点和进步，不符合专利法第22条第3款有关创造性的规定。

（2）关于权利要求2的创造性。

权利要求2的附加技术特征是“所述导轨（1）的一端部的两导槽中分别装有一个与导轨横截面的竖直方向平行的导轮（11a、11b），导轨（1）的另一端装有一与导轨横截面的竖直方向垂直的导轮（11c），导轨（1）的导槽内通过导轮装有使走珠（6）在导轨内移动的拉绳（3）”，从附件2的附图2和5中可以看出，在接杆1（相当于导轨1）的一端部的双开口轨道槽中分别装有一个与接杆（相当于导轨1）横截面的竖直方向平行的直向双转轮（12）（相当于权利要求2中的导轮（11a、11b）），在接杆1的另一端装有一与接杆1横截面的竖直方向垂直的单转轮（13）（相当于权利要求2中的导轮（11c）），附件2中的活动小挂勾相当于权利要求1中的走珠（6），因此，附件2已经公开权利要求2的附加技术特征，在权利要求1不具备创造性的基础上，该权利要求2不符合专利法第22条第3款有关创造性的规定。

（3）关于权利要求3的创造性。

权利要求3的附加技术特征是：“导轨（1）的截面呈双‘C’形，其开口方向相同，两导槽之间有间隔，走珠（6）安装在导轮‘C’形的开口处”，附件5公开了一种双层窗帘轨，该窗帘轨是由轨道、设于轨道中的滑件、以及设于轨道两端的挡板构成，轨道由顶板以及与顶板链为一体的至少两条轨道构成，这两条轨道采用横截面呈双‘C’形，其开口方向相同，两导槽之间有间隔，滑件3安装在轨道‘C’形的开口处（参见附件5的说明书第1页第4~5段，附图1~2，摘要），由上述内容可见，附件5已经公开权利要求3的附加技术特征，其中附件5中的滑件（3）相当于权利要求3中的走珠（6），由于附件5与附件1、附件2涉及相同的技术领域，附件5中采用横截面呈双‘C’形的双轨道结构的目的是为了同时滑动双层窗帘，这与附件2中带有两条导槽的导轨结构所起的作用相类似，因此，完全可以将附件2中带有双方形横截面的双导轨结构替换为附件5中的双‘C’形横截面的导轨结构，这对于本领域的技术人员来说是显而易见的，在权利要求1不具备创造性的基础上，该权利要求3不符合专利法第22条第3款有关创造性的规定。

（4）关于权利要求4的创造性。

权利要求4的附加技术特征是：“‘U’形导轨（1）由至少两根短导轨通过导轨接驳套码（7）连接而成”，附件2公开了一种蚊帐架（参见附件2的说明书第1页倒数第2段至倒数第1段，附图1-5），该蚊帐架是设有轨道式开合帐门的方顶蚊帐架，该蚊帐架包括若干接杆构成的骨架、用于连接骨架接杆的直角连接块（套）2和平角连接块（套）3。从上述内容可以看到，附件2中的接杆（相当于导轨）也是由直角连接块（套）2和平角连接块（套）3将二根以上的接杆（相当于导轨）连接构成，因此，附件2中的直角连接块（套）2和平角连接块（套）3相当于权利要求4中的导轨接驳套码（7），这些连接块的作用同样可以获得减小接杆（相当于导轨）包装运输时所占的空间，便于接杆的贮存和运输的效果，在附件1中公开了U形形状的导轨结构的基础上，为便于导轨的贮存和运输，本领域普通技术人员很容易想到将附件1与附件2相结合而得到本专利权利要求4的技术方案，因此，在权利要求1不具备创造性的基础上，本专利权利要求4不符合专利法第22条第3款有关创造性的规定。

（5）关于权利要求5的创造性。

权利要求5的附加技术特征是："在导轨的下方通过固定连接板（4）和导轨接驳套码（7）安装有紧固支撑管（2）"，附件1公开了一种导轨式拉绳蚊帐架（参见附件1的权利要求1，说明书第2页倒数第一段和附图1~3），其中，导轨上有用以将其固定在天花板上的固定连接板（6）（相当于权利要求5中的固定连接板（4））；附件2公开了一种蚊帐架（参见附件2的说明书第1页倒数第2段至倒数第1段，附图1~5），该蚊帐架包括用于连接骨架接杆的直角连接块（套）2和平角连接块（套）3（相当于权利要求5中的导轨接驳套码（7））；附件3公开了一种可沿导轨自由开合的蚊帐支架（参见附件3的说明书第1页第1段至第2页第1段，附图1），该蚊帐架在导轨槽和支撑脚之间还有加强筋（8），加强筋有一调节螺丝（81），可以将蚊帐架调置水平；从附件3公开的内容可以看出，在导轨槽和支撑脚之间的加强筋所起的作用是为牢固支撑导轨式蚊帐架，使整个蚊帐架处于水平状态，该加强筋相当于权利要求5中的紧固支撑管（2），在附件2中用于连接骨架接杆（相当于导轨）的直角连接块（套）2和平角连接块（套）3在没有任何支撑部件的情况下，由于自身重量的作用会向下倾斜，也会存在不能使蚊帐架处于水平状态的问题，因此，为更稳固的支撑蚊帐架，本领域普通技术人员很容易将附件3与附件1、2相结合而得到权利要求5的技术方案，因此，在权利要求4不具备创造性的基础上，本专利权利要求5不符合专利法第22条第3款有关创造性的规定。

（6）关于权利要求6的创造性。

权利要求6的附加技术特征是："在紧固支撑管（2）与导轨之间有加强筋（12）"，本领域普通技术人员根据所掌握的知识可知，如果支撑管承载的导轨重量过重，会使支撑管的受力过大，为了加固支撑管，在支撑管与导轨之间设置加强筋是本领域技术人员很容易想到的技术手段，因此，在权利要求5不具备创造性的基础上，本专利权利要求6不符合专利法第22条第3款有关创造性的规定。

（7）关于权利要求7的创造性。

权利要求7的附加技术特征是"所述导轨（1）上横向固定有至少一根支撑杆（8）"，附件2中同样公开了在方顶帐架的接杆（相当于导轨）之间横向固定有两根横杆（5）（相当于支撑杆8）（参见附件2的说明书第3页第2行，附图1~2），该横杆同样是起增加强度的作用，因此，附件2已经公开了权利要求7的附加技术特征，在权利要求1不具备创造性的基础上，本专利权利要求7不符合专利法第22条第3款有关创造性的规定。

（8）关于权利要求8的创造性。

权利要求8的附加技术特征是"导轨（1）的截面呈底部开口的双方形"，附件2中公开了组成骨架的每一根接杆，其内部设有横截面呈底部开口的双方型轨道槽（参见附件2的说明书第1页最后一段，附图3），因此，附件2已经公开了权利要求8的附加技术特征，在权利要求1不具备创造性的基础上，本专利权利要求8不符合专利法第22条第3款有关创造性的规定。

（9）关于权利要求9的创造性。

权利要求9的附加技术特征是"导轨（1）的截面呈双'工'字形"，附件4公开了一种一种多导轨式窗帘架，包括轨导板、吊夹，其特征在于：所述轨导板由基板和沿基板长度方向向下延伸的两根或两根以上平行的导轨构成（参见附件4的说明书第1页第3~4段，附图1~2，摘要），其中导轨的截面呈双“工”字形，因此，附件 4 已经公开了权利要求 9 的附加技术特征，由于附件 4 与附件 1、附件 2 涉及相同的技术领域，附件 4 中采用横截面呈双“工”形的双轨道结构的目的是为了同时滑动双层窗帘，这与附件 2 中带有两条导槽的导轨结构所起的作用相类似，因此，完全可以将附件 2 中带有双方形横截面的双导轨结构替换为附件 4 中的双“工”形横截面的导轨结构，这对于本领域的技术人员来说是显而易见的，在权利要求 1 不具备创造性的基础上，本专利权利要求 9 不符合专利法第 22 条第 3 款有关创造性的规定。

综上所述，请求人提出的本专利权利要求 1~9 不符合专利法第 22 条第 3 款所规定的创造性的无效宣告请求理由成立。

鉴于请求人的无效理由成立，合议组对于请求人提出的其他的证据组合方式将不再予以评述。

三、决定

宣告 03226393. 7 号实用新型专利权全部无效。

当事人对本决定不服的，可以根据专利法第 46 条第 2 款的规定，自收到本决定之日起 3 个月内向北京市第一中级人民法院起诉。根据该款的规定，一方当事人起诉后，另一方当事人应当作为第三人参加诉讼。

231

一种床上桌

无效宣告请求审查决定（第 10887 号）

决　　定　　号 第 10887 号
决　　定　　日 2007 年 12 月 19 日
发明创造名称 一种床上桌
国 际 分 类 号 A47B 23/02
无效宣告请求人 上海新逸领邮购有限公司
专　利　权　人 吕学玲
专　　利　　号 200620038940.0
申　　请　　日 2006 年 1 月 16 日
授 权 公 告 日 2006 年 10 月 11 日
合 议 组 组 长 孙跃飞
主　　审　　员 刘　磊
参　　审　　员 黄　强

法　律　依　据 专利法第 22 条第 2 款和第 3 款
决　定　要　点

实用新型专利申请与现有技术相比，如果其技术领域、所解决的技术问题、技术方案和预期效果实质上相同，则认为两者为同样的实用新型，即该实用新型不具备新颖性。

如果请求保护的技术方案与现有技术的区别特征仅为相同功能的已知手段的等效替代，且没有产生预料不到的技术效果，或区别特征仅为公知常识，则该请求保护的技术方案不具备创造性。

一、案由

本无效宣告请求涉及国家知识产权局于 2006 年 10 月 11 日授权公告的、名称为“一种床上桌”的第 200620038940.0 号实用新型专利权（下称本专利），其申请日为 2006 年 1 月 16 日，专利权人为吕学玲。本专利授权公告时的权利要求书为：

“1. 一种床上桌，包括桌面和撑架，其特征在于：所述的桌面是由一固定于撑架上的固定板和一可翻折子撑架前侧的翻板拼合组成。

2. 根据权利要求 1 所述的床上桌，其特征在于：它还包括一在所述翻板的前测设有的可拆卸的档条。

3. 根据权利要求 1 或 2 所述的床上桌，其特征在于：它还包括一在所述固定板下撑架测缘上设有的抽屉。

4. 根据权利要求 1 或 2 所述的床上桌，其特征在于：所述固定板位于撑架的右侧。

5. 根据权利要求 1 所述的床上桌，其特征在于：所述桌面和撑架均为木质材料制成。”

2007 年 5 月 22 日，针对上述专利权，上海新逸领邮购有限公司（下称请求人）向国家知识产权局专利复审委员会提出无效宣告请求，同时提交了以下证据：

证据 1：第 200320117265.7 号实用新型专利，授权公告日为 2004 年 12 月 22 日，复印件共 16 页；

证据 2：第 02270161.3 号实用新型专利，授权公告日为 2003 年 9 月 24 日，复印件共 6 页；

证据 3：第 CN86202133 号实用新型专利，授权公告日为 1987 年 3 月 18 日，复印件共 6 页；

请求人认为：（1）权利要求 1~5 不符合专利法第 22 条第 2 款的规定。证据 1 公开了本专利全部技术方案的所有技术特征，因此，相对于证据 1，本专利权利要求 1~5 不具有专利法要求的新颖性，不符合专利法第 22 条第 2 款的规定。（2）本专利不符合专利法第 22 条第 3 款的规定。本申请与证据 2 相比，存在一个区别特征——挡条，而证据 3 公开了该区别特征，相对于证据 2 和 3 结合，本专利不具有专利法第 22 条第 3 款规定的创造性。（3）证据 1 与证据 2 或证据 3 结合均可以用来破坏本专利的创造性。（4）权利要求 1 不符合专利法实施细则第 21 条第 2 款的规定。挡条这一必要技术特征，以及作为必要技术特征的翻板实现翻折并固定的技术特征——支架，在独立权利要求 1 中皆无记载。（5）权利要求 5 不符合专利法实施细则第 2 条第 2 款的规定。其附加技术特征为材料技术特征。（6）说明书不符合专利法第 26 条第 3 款的规定。本专利“通篇说明书没有记载实现翻板倾斜设置的技术特征，因此，本领域技术人员在阅读完涉案专利说明书后，无法重现”。

经形式审查合格后，专利复审委员会受理了该无效宣告请求，并于 2007 年 5 月 23 日向双方当事人发出了《无效宣告请求受理通知书》，并向专利权人转送了《专利权无效宣告请求书》及其附件清单中所列附件副本，要求其在指定的期限内答复，同时成立合议组对本无效请求案进行审理。

2007 年 6 月 26 日，专利权人针对无效宣告请求提交了意见陈述书，专利权人认为：（1）对于本实用新型专利，在申请日之前没有同样的实用新型在国内外出版物公开发表过，也没有公开使用过或曾经向专利机构申请过，故具有新颖性。（2）本实用新型巧妙地利用一端固定于撑架的活动翻板与固定在撑架右侧的固定板来分别放置笔记本电脑和鼠标，有效地解决了笔记本电脑与右侧鼠标配合使用上的关系，并利用在活动翻板上安装可拆卸的挡条来解决翻板上物体滑落的问题，显然，本实用新型与同类其他床上桌比较，具有突出的实质性特点和显著的进步。（3）证据 1 没有将支架上的固定板表述在其全部权利要求中，显然，证据 1 并没有将固定板作为其独立的技术特征和权利保护范围；证据 1 与本实用新型之间，活动翻板与固定版之间的作用关系及功能存在实质性区别，证据 1 中固定板的功能旨在用于调节活动翻板，且通过活页与活动翻板进行连接，而本专利的固定板的功能旨在用于放置电脑鼠标，且独立于活动翻板；证据 1 没有对活动翻板的挡条进行表述；证据 1 中未将固定板的位置予以表述，与本专利将固定板明确固定在右侧，存在技术特征上以及功能上的不同。因此，“证据 1 的技术特征不能否定本实用新型的新型性和创造性”。（4）与证据 2 和证据 3 相比，本专利中的可拆卸挡条，在挡条的位置、挡条与活动翻板的大小比例关系等方面，都与证据 2 和 3 有着显著不同和实质性进步，而且，本专利的床上桌的右侧增加了一个抽屉用于存放该可以拆卸的挡条。本专利的上述特征与证据表现的技术特征明显不同。

2007 年 9 月 5 日，专利复审委员会本案合议组向双方当事人发出《无效宣告请求口头审理通知书》，拟定于 2007 年 10 月 17 日对本案进行口头审理。同时向请求人转送了专利权人于 2007 年 6 月 26 日提交的意见陈述书。

2007 年 10 月 17 日，口头审理如期举行，双方当事人的代理人均参加了口头审理。在口头审理过程中，合议组就本案的无效理由及证据逐一进行了调查，双方当事人都陈述了意见，认定并记录了以下事项：（1）专利权人对请求人所提交的证据的真实性皆没有异议。（2）合议组依职权进行核实了请求人所提交的证据 1~3，证据 1~3 皆为国内专利申请。（3）请求人确认：使用证据 1~3 来证明本专利的权利要求 1~5 不具备新颖性或创造性，其中，权利要求 1 相对于证据 1 不具有新颖性，权利要求 1~5 相对于证据 1 和 2 的结合或者证据 1 和 3 的结合不具备创造性，其中证据 1 为最接近的现有技术；本专利不符合专利法第 26 条第 3 款和第 4 款的规定；权利要求 5 不符合专利法实施细则第 2 条第 2 款的规定；本专利不符合第 26 条第 3 款的规定。（4）请求人放弃证据 3 及其相关证据组合方式。

经过上述审理程序，合议组认为本案事实已经清楚，可以依法作出审查决定。

二、决定的理由

1. 关于证据的认定

请求人在提出无效宣告请求时提交了证据 1~3 的复印件，证据 1~3 皆为中国专利文献，口审时，专利权人首先表示对证据 1~8 的真实性没有异议，合议组依职权对证据 1~3 的真实性进行了核实，证据 1~3 可以作为本案的有效证据使用。此外，证据 1~3 的公开日均早于本专利的申请日（2006 年 1 月 16 日），可以作为评价本专利是否符合专利法第 22 条第 2 款或第 3 款的证据。

2. 关于审查文本

专利权人未提交新的权利要求书，因此在本专利授权文本的基础上作出本无效审查决定。

3. 关于专利法第 22 条第 2 款

专利法第 22 条第 2 款规定，新颖性是指在申请日以前没有同样的发明或者实用新型在国内外出版物上公开发表过、在国内公开使用过或者以其他方式为公众所知，也没有同样的发明或者实用新型由他人向国务院专利行政部门提出过申请并且记载在申请日以后公布的专利申请文件中。

实用新型专利申请与现有技术相比，如果其技术领域、所解决的技术问题、技术方案和预期效果实质上相同，则认为两者为同样的实用新型，即该实用新型不具备新颖性。

权利要求 1 不符合专利法第 22 条第 2 款有关新颖性的规定。权利要求 1 要求保护的是一种床上桌，包括桌面和撑架，桌面由固定于撑架上的固定板和可翻折于撑架前侧的翻板拼合组成。证据 1 公开了一种书桌，包括支架 3 和桌面板，桌面板分为活动桌面板 1 和固定桌面板 2，固定桌面板固定安装在支架 3a 的右侧，活动桌面板的前端铰接在支架 3a 的前端，可多角度调节（参见权利要求 5、附图 1 和说明书第 4 页第 24~27 行的具体实施方式）。由此可见，证据 1 已经公开了权利要求 1 的全部技术特征，且证据 1 所公开的技术方案与该权利要求 1 所要求保护的技术方案属于同一技术领域，并能产生相同的技术效果。因此，权利要求 1 不具备专利法第 22 条第 2 款所规定的新颖性。

4. 关于专利法第 22 条第 3 款

专利法第 22 条第 3 款规定，创造性是指同申请日以前已有的技术相比，该实用新型有实质性特点和进步。

如果请求保护的技术方案与现有技术的区别特征仅为相同功能的已知手段的等效替代，且没有产生预料不到的技术效果，则该请求保护的技术方案不具备创造性。

（1）权利要求 2 不具备专利法第 22 条第 3 款规定的创造性。权利要求 2 对其所引用的权利要求 1 进行了进一步限定。如前所述，证据 1 已经公开了权利要求 1 的全部技术特征，因此，权利要求 2 与证据 1 的区别技术特征仅在于其附加技术特征：该床上桌还包括一在所述翻板的前侧设有的可拆卸的挡条。但是，证据 1 公开了所述书桌包括防滑尺 4，并指出所具有的防滑尺，根据实际实用需要，可选择其处于凸于活动桌面板的状态，防止文具、书本等物品从桌面板上滑落地下，或选择处于与活动桌面板处于同一水平面的状态，以便书写时不顶住手肘部（参见说明书第 4 页第 24 至第 5 页第 8

行的具体实施方式和说明书附图1）。由此可见，根据上述教导，相对于“防滑尺”选用“可拆卸的挡条”属于相同功能的已知手段的等效替代，且没有产生预料不到的技术效果，因此，权利要求2不具备创造性，不符合专利法第22条第3款的规定。

（2）权利要求3不具备专利法第22条第3款规定的创造性。权利要求3对权利要求1或2进行了进一步限定。基于上述意见，权利要求3与证据1的区别技术特征仅在于其附加技术特征：该床上桌还包括一在所述固定板下撑架侧缘设有的抽屉。但是，桌子设有抽屉属于公知常识，而根据实际需要选择在桌子不同的侧面设置抽屉，对于本领域的普通技术人员而言，是无需付出创造性劳动的。因此，权利要求3不具备创造性，不符合专利法第22条第3款的规定。

（3）权利要求4不符合专利法第22条第2款和第3款的规定。权利要求4对权利要求1或2进行了进一步限定。基于上述意见，权利要求4与证据1的区别技术特征仅在于其附加技术特征：所述固定板位于撑架的右侧。但是，证据1亦公开了固定桌面板固定安装在支架3a的右侧（说明书第4页第24~27行的具体实施方式）。因此，在其所引用的权利要求1不具备新颖性、权利要求2不具备创造性的情况下，权利要求4亦不具备不符合专利法第22条第2款和第3款所规定的新颖性和创造性。

（4）权利要求3不具备专利法第22条第3款规定的创造性。权利要求3对权利要求1或2进行了进一步限定。基于上述意见，权利要求3与证据1的区别技术特征仅在于其附加技术特征：所述桌面和撑架均为木质材料制成。但是，桌子一般由木质材料制成属于公知常识。因此，权利要求3不具备创造性，不符合专利法第22条第3款的规定。

鉴于上述无效宣告理由成立，合议组对于请求人所提出的其他无效理由不再进行评述。

基于上述事实和理由，合议组作出下述决定。

三、决定

宣告第200620038940.0号实用新型专利权全部无效。

当事人对本决定不服的，可以根据专利法第46条第2款的规定，自收到本决定之日起三个月内向北京市第一中级人民法院起诉。根据该款规定，一方当事人起诉后，另一方当事人应当作为第三人参加诉讼。

北京市第一中级人民法院
行政判决书

（2008）一中行初字第564号

原告吕学玲，女，1974年8月15日出生，汉族，住河南省宜阳县韩城镇五岳沟村。

委托代理人王培强，上海市白玉兰律师事务所律师。

被告国家知识产权局专利复审委员会，住所地北京市海淀区北四环西路9号银谷大厦10~12层。

法定代表人廖涛，副主任。

委托代理人刘磊，国家知识产权局专利复审委员会审查员。

委托代理人郭鹏鹏，国家知识产权局专利复审委员会审查员。

第三人上海新逸领邮购有限公司，住所地上海市嘉定区环城路2222~2309号。

法定代表人马珺，总经理。

委托代理人凌学锋，男，1977年2月27日出生，上海新逸领邮购有限公司员工，住安徽省黄山市休宁县海阳镇柳洲村河东 51 号。

委托代理人曾永珠，北京中海智圣知识产权代理有限公司专利代理人。

原告吕学玲不服被告国家知识产权局专利复审委员会（以下简称专利复审委员会）于 2007 年 12 月 19 日作出的第 10887 号无效宣告请求审查决定（以下简称第 10887 号决定），于法定期限内向本院提起行政诉讼。本院于 2008 年 4 月 14 日受理后，依法组成合议庭，并通知上海新逸领邮购有限公司（以下简称新逸领公司）作为第三人参加本案诉讼，于 2008 年 6 月 3 日公开开庭进行了审理。原告吕学玲的委托代理人王培强，被告专利复审委员会的委托代理人刘磊、郭鹏鹏，第三人新逸领公司的委托代理人曾永珠到庭参加了诉讼。本案现已审理终结。

第 10887 号决定系专利复审委员会针对新逸领公司就吕学玲所拥有的 200620038940.0 号、名称为"一种床上桌"的实用新型专利（以下简称本专利）所提出的无效宣告请求而作出的。专利复审委员会在第 10887 号决定中认定：

本专利权利要求 1 要求保护的是一种床上桌，包括桌面和撑架，桌面由固定于撑架上的固定板和可翻折于撑架前侧的翻板拼合组成。证据 1 是专利号为 200320117265.7、名称为"桌面板可多角度调节的书桌"的实用新型专利，其授权公告日为 2004 年 12 月 22 日（简称证据 1）。证据 1 公开了一种书桌，包括支架 3 和桌面板，桌面板分为活动桌面板 1 和固定桌面板 2，固定桌面板固定安装在支架 3a 的右侧，活动桌面板的前端铰接在支架 3a 的前端，可多角度调节。由此可见，证据 1 已经公开了权利要求 1 的全部技术特征，且证据 1 所公开的技术方案与本专利权利要求 1 所要求保护的技术方案属于同一技术领域，并能产生相同的技术效果。因此，本专利权利要求 1 不具备《中华人民共和国专利法》（以下简称《专利法》）第二十二条第二款规定的新颖性。

本专利权利要求 2 对其所引用的权利要求 1 进行了进一步限定。如前所述，证据 1 已经公开了权利要求 1 的全部技术特征，因此，权利要求 2 与证据 1 的区别技术特征仅在于其附加技术特征：该床上桌还包括一在所述翻板的前侧设有的可拆卸的挡条。但是，证据 1 公开了所述书桌包括防滑尺 4，并指出所具有的防滑尺，根据实际实用需要，可选择其处于凸于活动桌面板的状态，防止文具、书本等物品从桌面板上滑落地下，或选择处于与活动桌面板处于同一水平面的状态，以便书写时不顶住手肘部。由此可见，根据上述教导，相对于"防滑尺"选用"可拆卸的挡条"属于相同功能的已知手段的等效替代，且没有产生预料不到的技术效果，因此，权利要求 2 不具备创造性，不符合《专利法》第二十二条第三款的规定。

本专利权利要求 4 对权利要求 1 或 2 进行了进一步限定。基于上述意见，权利要求 4 与证据 1 的区别技术特征仅在于其附加技术特征：所述固定板位于撑架的右侧。但是，证据 1 亦公开了固定桌面板固定安装在支架 3a 的右侧。因此，在其所引用的权利要求 1 不具备新颖性、权利要求 2 不具备创造性的情况下，权利要求 4 亦不具备不符合《专利法》第二十二条第二款和第三款所规定的新颖性和创造性。

本专利权利要求 3、5 相对于证据 1 和公知常识的结合不具备创造性。据此专利复审委员会作出第 10887 号决定，宣告本专利权全部无效。

原告吕学玲不服第 10887 号决定，向本院提起行政诉讼，其诉称：(1) 本专利与证据 1 相比存在明显的不同，证据 1 不足以否定本专利的新颖性。虽然本专利权利要求 1 要求保护的内容与证据 1 要求保护的内容有相近似之处，即都存在支架、固定板和活动翻板，但是两者要求保护的技术方案不同。A. 本专利要求保护的是固定板和翻板的左右关系，而证据 1 要求保护的是铰链方式和棘齿调节方式。B. 固定板和翻板的作用方式不同，本专利的固定板和翻板是相互独立存在的两部分，翻板的调节方式由翻板和撑架相互作用完成，不依赖固定板。而证据 1 的翻板和固定板是相互依存的，翻板的调节作用依赖于固定板。C. 本专利权利要求中将固定板与翻板的位置关系明确要求为固定板在翻板的右侧，而证据1并没有将固定板和翻板的位置作出具体限定，虽然证据1在说明书中的实施例为固定板在翻板的右侧，但其作用只是便于调节，与本专利固定板在右侧的使用功能完全不同。因此，第10887号决定以证据1来全面否定本专利的新颖性依据不足。（2）本专利权利要求2、4具有创造性，第10887号决定认为权利要求2、4不具有创造性，不仅与检索报告不符，而且缺乏足够的事实依据。A. 证据1没有对活动翻板的挡条进行表述，而本专利的活动翻板是为了防止笔记本电脑的滑落，在活动翻板上增加了一个可以拆卸的防滑挡条，该可拆卸的防滑挡条未曾在其他对比文件中出现过。B. 证据1中并未将固定主桌面与活动副桌面的位置予以表述，固定主桌面在活动副桌面左或者右在功能上并无实质性的区别，就其技术特征和功能而言，与本专利将固定板明确固定在右侧，明显存在技术特征上和功能上的不同。综上所述，被告作出的第10887号决定缺乏足够的事实依据和法律依据，请求人民法院依法撤销第10887号决定。

被告专利复审委员会辩称：（1）关于本专利权利要求1的新颖性问题。证据1证明了在本专利的申请日以前有与本专利权利要求1要求保护的同样的实用新型在国内外出版物上公开发表过，第10887号决定认为本专利权利要求1不具备新颖性是有充分的证据和理由的；其次，专利检索报告不属于行政决定，不具有法律约束力，不能作为评述本专利是否具备新颖性、创造性的证据使用；因此，原告的上述主张不能成立。（2）关于权利要求2和4的创造性问题。第10887号决定已充分说明了本专利权利要求2和4不具备创造性的理由。综上所述，第10887号决定认定事实清楚、适用法律法规正确、审理程序合法，审查结论正确，原告的理由不能成立，请求人民法院依法驳回原告的诉讼请求，维持第10887号决定。

第三人新逸领公司没有提交书面意见陈述。其当庭述称同意被告的意见，请求人民法院维持第10887号决定。

经审理查明：吕学玲于2006年1月16日向国家知识产权局提出了名称为“一种床上桌”的实用新型专利申请，2006年10月11日被授权公告，专利号为200620038940.0，专利权人为吕学玲。本专利授权公告的权利要求书为：

“1. 一种床上桌，包括桌面和撑架，其特征在于：所述的桌面是由一固定于撑架上的固定板和一可翻折于撑架前侧的翻板拼合组成。

2. 根据权利要求1所述的床上桌，其特征在于：它还包括一在所述翻板的前侧设有的可拆卸的档条。

3. 根据权利要求1或2所述的床上桌，其特征在于：它还包括一在所述固定板下撑架侧缘上设有的抽屉。

4. 根据权利要求1或2所述的床上桌，其特征在于：所述固定板位于撑架的右侧。

5. 根据权利要求1所述的床上桌，其特征在于：所述桌面和撑架均为木质材料制成。”

新逸领公司针对本专利于2007年5月22日向国家知识产权局专利复审委员会提出无效宣告请求，认为本专利不具有新颖性和创造性，同时提交了3份证据，其中：证据1是第200320117265.7号实用新型专利，授权公告日为2004年12月22日。证据1公开了一种书桌，包括支架3和桌面板，桌面板分为活动桌面板1和固定桌面板2，固定桌面板固定安装在支架3a的右侧，活动桌面板的前端铰接在支架3a的前端，可多角度调节。

专利复审委员会于2007年10月17日进行了口头审理。在口头审理过程中，吕学玲对新逸领公司所提交的证据的真实性皆没有异议。新逸领公司确认使用证据1~3来证明本专利的权利要求1~5不具备新颖性或创造性，其中，权利要求1相对于证据1不具有新颖性，权利要求1~5相对于证据1和2的结合或者证据1和3的结合不具备创造性，其中证据1为最接近的现有技术。

专利复审委员会经审理，于 2007 年 12 月 19 日作出第 10887 号决定，宣告本专利权全部无效。

上述事实，有本专利权利要求书、说明书及附图、证据 1、第 10887 号决定、口头审理记录表及当事人的陈述等证据在案佐证。

本院认为，根据各方当事人的诉辩主张，本案争议的焦点问题为本专利是否具有新颖性和创造性。

《专利法》第二十二条第二款规定，新颖性，是指在申请日以前没有同样的发明或者实用新型在国内外出版物上公开发表过、在国内公开使用过或者以其他方式为公众所知，也没有同样的发明或者实用新型由他人向国务院专利行政部门提出过申请并且记载在申请日以后公布的专利申请文件中。

根据本案查明的事实可以确认，证据 1 公开了一种书桌，包括支架 3 和桌面板，桌面板分为活动桌面板 1 和固定桌面板 2，固定桌面板固定安装在支架 3a 的右侧，活动桌面板的前端铰接在支架 3a 的前端，可进行多角度调节。本专利权利要求 1 要求保护的是一种床上桌，包括桌面和撑架，桌面由固定于撑架上的固定板和可翻折于撑架前侧的翻板拼合组成。可见，证据 1 已经公开了本专利权利要求 1 的全部技术特征，且证据 1 所公开的技术方案与本专利权利要求 1 所要求保护的技术方案属于同一技术领域，产生的技术效果是相同的。由于证据 1 的公开日早于本专利的申请日，因此本专利权利要求 1 不具备《专利法》第二十二条第二款规定的新颖性。

《专利法》第二十二条第三款规定，创造性，是指同申请日以前已有的技术相比，该实用新型有实质性特点和进步。

根据本案查明的事实可以确认，由于本专利权利要求 2 系对权利要求 1 的进一步限定，而证据 1 已经公开了权利要求 1 的全部技术特征，故本专利权利要求 2 与证据 1 的区别技术特征仅在于其附加技术特征，即该床上桌还包括在所述翻板前侧设有的可拆卸挡条。但是证据 1 中公开的书桌包括防滑尺，在将其设置在凸起于活动桌面板的状态时，可以防止文具、书本等物品从桌面板上滑落地下，在选择将其置于与活动桌面板同一水平面的状态时，以便书写时不顶住手肘部。因此，本专利的“可拆卸的挡条”与“防滑尺”属于相同功能的已知手段的等效替代，且并末产生预料不到的技术效果，对本领域技术人员来说在证据 1 的基础上结合公知常识得到权利要求 2 的技术方案是显而易见的。因此，权利要求 2 不具备创造性。

由于权利要求 1 相对于证据 1 不具有新颖性，而权利要求 4 是对权利要求 1 或 2 进行的进一步限定，故权利要求 4 与证据 1 的区别技术特征仅在于其附加技术特征，即固定板位于撑架的右侧。由于证据 1 也公开了固定桌面板固定安装在支架 3a 的右侧，在其所引用的权利要求 1 不具备新颖性、权利要求 2 不具备创造性的情况下，权利要求 4 亦不具备新颖性和创造性。

综上所述，被告作出的 10887 号决定认定事实清楚，程序合法，应予维持。根据《中华人民共和国行政诉讼法》第五十四条第（一）项之规定，判决如下：

维持被告国家知识产权局专利复审委员会作出的第 10887 号无效宣告请求审查决定。

案件受理费人民币 100 元，由原告吕学玲负担（已交纳）。

如不服本判决，可于判决书送达之日起 15 日内，向本院提交上诉状及其副本，并按对方当事人的人数提交副本，交纳上诉案件受理费 100 元，上诉于北京市高级人民法院。

审　判　长　刘海旗
代理审判员　周云川
人民陪审员　高　伟
二〇〇八年十月十日
书　记　员　高　颖

232

电动滚筒混凝土衬砌机

无效宣告请求审查决定（第 10893 号）

决　　定　　号　第 10893 号
决　　定　　日　2007 年 12 月 24 日
发明创造名称　电动滚筒混凝土衬砌机
国 际 分 类 号　E04G 21/02
无效宣告请求人　洛阳丽铭机器设备有限公司
专　利　权　人　耿福明，韩其华，祝凤山
申　　请　　号　200410036064.3
申　　请　　日　2004 年 11 月 5 日
授 权 公 告 日　2007 年 5 月 23 日
合 议 组 组 长　朱文广
主　　审　　员　郭建强
参　　审　　员　王　博

法　律　依　据　专利法第 22 条第 2 款、第 3 款、第 26 条第 3 款、第 4 款，专利法实施细则第 13 条第 1 款、第 20 条第 1 款、第 21 条第 2 款

决　定　要　点

如果涉案专利与一份对比文件相比，具有多个区别特征，则涉案专利相对于该对比文件具备新颖性。同时，如果上述区别特征对本领域技术人员来说不是显而易见可以想到的，而且该特征也给涉案专利带来了有益的技术效果，则涉案专利相对于该对比文件具备创造性。

一、案由

本无效宣告请求涉及中华人民共和国国家知识产权局于 2007 年 5 月 23 日授权公告的、名称为"电动滚筒混凝土衬砌机"的发明专利权（以下简称本专利），其申请号是 200410036064.3，申请日是 2004 年 11 月 5 日，专利权人是耿福明、韩其华、祝凤山。本专利授权公告时的权利要求书如下：

"1. 一种电动流筒混凝土衬砌机，包括上下端分别带有行走机构的机架和安装在机架上的衬砌小车，至少一端的行走机构与导轨配合，行走机构及衬砌小车由电动机驱动，其特征是：机架包括主直架和其两端的连接件，连接件为直架或上端下弯或上端下弯的弯角模块。

2. 根据权利要求 1 所述的电动滚筒混凝土衬砌机，其特征是：机架上装有总控制柜，机架上端有滑导器和封闭滑触线，衬砌小车上的线路通过封闭滑触线和滑导器与总控制柜连接。

3. 根据权利要求 1 或 2 所述的电动滚筒混凝土衬砌机，其特征是：所述的衬砌小车上带有由电

动机带动的销齿轮，机架上装有相应的槽型链轨道。

4. 根据权利要求 1 或 2 所述的电动滚筒混凝土衬砌机，其特征是：机架上安装有导向槽，衬砌小车上装有与导向槽配合的导向轮。

5. 根据权利要求 1 或 2 所述的电动滚筒混凝土衬砌机，其特征是：所述衬砌小车包括安装在车架上的自行机构和衬砌机构，其衬砌机构通过弹性联接器与车架连接。

6. 根据权利要求 1 或 2 所述的电动滚筒混凝土衬砌机，其特征是：机架的两端通过升降调整机构与行走机构连接。

7. 根据权利要求 6 所述的电动滚筒混凝土衬砌机，其特征是：所述的升降调整机构包括与机架连接的连接板，上连接筒固定在连接板上，下连接筒套于上连接筒内，固定在上连接筒内、装有手轮的升降螺杆与下连接筒上的螺母配合。”

针对本专利权，洛阳丽铭机器设备有限公司（以下简称请求人）于 2007 年 7 月 3 日向专利复审委员会提出无效宣告请求，认为本专利不符合专利法第 9 条、第 26 条第 3 款、第 4 款、第 22 条第 1 款、第 2 款、第 3 款及专利法实施细则第 13 条第 1 款、第 21 条第 2 款的规定，请求人同时提交了如下附件：

附件 1：本专利的发明专利说明书；

附件 2：申请日为 2004 年 11 月 5 日、授权公告日为 2005 年 10 月 12 日、授权公告号为 CN2732903Y 的中国实用新型专利说明书；

附件 3：申请日为 2004 年 4 月 30 日、授权公告日为 2005 年 7 月 13 日、授权公告号为 CN2709576Y 的中国实用新型专利说明书；

附件 4：授权公告日为 1989 年 6 月 21 日、授权公告号为 CN2039727U 的中国实用新型专利说明书；

请求人认为：本专利与附件 2 或附件 3 是同样的发明创造，不符合专利法第 9 条和专利法实施细则第 13 条第 1 款的规定；本专利权利要求 1 缺少必要技术特征，不符合专利法实施细则第 21 条第 2 款的规定；本专利说明书摘要没有简要说明发明的技术要点，不符合专利法第 26 条第 3 款的规定；本专利权利要求 1 中的技术特征“弯角模块”在说明书没有依据，不符合专利法第 26 条第 4 款的规定；本专利权利要求 1 和 6 相对于附件 4 不具备新颖性和创造性，不符合专利法第 22 条第 2 款、第 3 款的规定。

经形式审查合格，专利复审委员会依法受理了上述无效宣告请求，并于 2007 年 7 月 4 日向请求人和专利权人发出无效宣告请求受理通知书，同时将专利权无效宣告请求书及其附件清单中所列附件的副本转送给专利权人，并要求专利权人在指定的期限内陈述意见。

专利权人逾期未答复。

请求人于 2007 年 8 月 3 日次向专利复审委员会提交了意见陈述书，补充了无效理由，请求人认为：权利要求 1 中记载的特征“连接件为直架或上端下弯或上端下弯的弯角模块”与说明书中记载的内容“连接件也可以是上端上弯或上端下弯的变角模块”不一致，造成权利要求 1 不清楚，不符合专利法实施细则第 20 条第 1 款的规定，同时权利要求 1 和说明书记载的不一致也导致其缺少必要技术特征以及没有以说明书为依据，不符合专利法实施细则第 21 条第 2 款和专利法第 26 条第 4 款的规定；权利要求 1 可以分为“连接件为直架”或“连接件为上端下弯的弯角模块”的两个技术方案，其中前者相对于附件 4 不具备新颖性，后者相对于附件 4 不具备创造性。

专利复审委员会依法成立合议组。

本案合议组于 2007 年 9 月 27 日向双方发出无效宣告请求口头审理通知书，定于 2007 年 11 月 20

日在专利复审委员会举行口头审理。随同口头审理通知书，将请求人于2007年8月3日提交的意见陈述书的副本转送给专利权人。

口头审理如期举行，双方当事人均参加了口头审理。

在口头审理中，（1）请求人明确其无效的理由、证据、范围为：本专利说明书摘要不符合专利法第26条第3款的规定，权利要求1不符合专利法第26条4款、专利法实施细则第21条第2款、第20条第1款的规定，权利要求1、2、6、7不符合专利法实施细则第13条第1款的规定，权利要求1和权利要求6引用权利要求1的技术方案相对于附件4不符合专利法第22条第2款、第3款的规定。请求人当庭放弃本专利不符合专利法第9条的无效理由，放弃附件3的使用，并明确表示没有其他的无效理由、证据、范围和证据的组合形式。（2）专利权人对附件1~4的真实性没有异议。（3）关于专利法实施细则第13条第1款。请求人认为本专利权利要求1、2、6、7分别与附件2的权利要求3、4、8、9保护范围相同，不符合专利法实施细则第13条第1款的规定。专利权人当庭表示放弃附件2即第200420097446.2号实用新型专利的权利要求3、4、8、9，并将在口头审理结束后提交正式的书面放弃声明。（4）关于权利要求1不符合专利法实施细则第21条第2款。请求人的具体主张为：权利要求1的必要技术特征“所述的至少一端的行走机构与导轨配合，行走机构及衬砌小车由电动机驱动”记载在前序部分中，没有记载在特征部分中，因此权利要求1的特征部分缺少必要技术特征。特征“连接件为直架或上端下弯或上端下弯的弯角模块”是或的关系，这些特征分别解决三种技术问题，因此权利要求1未能从整体上共同解决三种技术问题，不能从整体上反映本专利的技术方案。（5）关于专利法第26条第3款。请求人的具体主张为：说明书摘要没有简要说明本专利的技术要点。（6）关于专利法第26条第4款。请求人的具体主张为：权利要求1中“连接件为上端下弯或上端下弯的弯角模块”在本专利第3页（说明书第1页）倒数第2段中是“上端上弯或上端下弯的变角模块”；另外，本专利要解决三个技术问题，而权利要求1不能同时解决三个技术问题，因此权利要求1得不到说明书的支持。（7）双方对本专利权利要求1和6相对于附件4是否具备新颖性和创造性充分发表了意见，请求人认为附件4的振捣装置7相当于本专利的衬砌小车。（8）关于实施细则第20条第1款。请求人认为：权利要求1中采用“或”的撰写方式，导致权利要求1有三个保护范围，所以权利要求1限定的整体保护范围不确定，权利要求1中的“上端下弯或上端下弯的弯角模块”与说明书中记载的不一致，不清楚，不符合专利法实施细则第20条第1款的规定。（9）专利权人认为本专利权利要求书和说明书中存在明显的笔误。权利要求1中的“电动流筒”应该为“电动滚筒”，“上端下弯或上端下弯的弯角模块”应该为“上端下弯或下端上弯的变角模块”，说明书中也应该是“上端下弯或下端上弯的变角模块”。

口头审理结束后，专利权人于2007年11月23日提交了放弃200420097446.2号实用新型专利权的权利要求3、4、8、9的声明。

至此，合议组认为本案事实已经清楚，可以作出审查决定。

二、决定的理由

1. 关于证据和现有技术

由于请求人在口头审理当庭放弃了附件3，因此其提交的证据仅包括附件2和附件4，专利权人对附件2和4的真实性没有异议，合议组经审查，附件2和4作为中国专利文献，真实性得到确认，因此可以作为本案证据使用。

附件4的公开日在本专利申请日之前，因此可以作为本专利的现有技术使用。另经核实，附件2是与本专利同一申请日、同一申请人的实用新型专利说明书，因此附件2仅能用于评价本专利是否符合专利法实施细则第13条第1款的规定。

2. 关于专利法实施细则第 13 条第 1 款

专利法实施细则第 13 条第 1 款规定：同样的发明创造只能被授予一项专利。

本案中，请求人认为本专利权利要求 1、2、6、7 分别与附件 2 的权利要求 3、4、8、9 的保护范围相同，因此不符合专利法实施细则第 13 条第 1 款的规定。

专利权人在口头审理结束后，于 2007 年 11 月 23 日提交了一份放弃专利权声明，放弃了附件 2 即 200420097446.2 号实用新型专利权的权利要求 3、4、8、9。因此请求人关于本专利不符合专利法实施细则第 13 条第 1 款的无效理由不再成立，合议组不予支持。

3. 关于专利法第 26 条第 3 款

专利法第 26 条第 3 款规定：说明书应当对发明或者实用新型作出清楚、完整的说明，以所属技术领域的技术人员能够实现为准。由此可见，所属技术领域的技术人员依据说明书所公开的内容能否实现本发明或者实用新型是本专利是否符合专利法第 26 条第 3 款的判定依据。

本案中，请求人认为本专利说明书摘要没有简要说明本专利的技术要点，因此不符合专利法第 26 条第 3 款的规定。

合议组经审查认为：根据审查指南第二部分第二章 2.4 节关于说明书摘要的规定，摘要仅是一种技术信息，不是确定专利技术内容的具有法律效力的文件，因此请求人仅仅依据摘要提出本专利不符合专利法第 26 条第 3 款之规定的理由，合议组不予支持。

4. 关于专利法第 26 条第 4 款

专利法第 26 条第 4 款规定：权利要求书应当以说明书为依据，说明要求专利保护的范围。

权利要求书应当以说明书为依据，是指权利要求应当得到说明书的支持。权利要求书中的每一项权利要求所要求保护的技术方案应当是所属技术领域的技术人员能够从说明书充分公开的内容中得到或概括得出的技术方案，并且不能超出说明书公开的范围。

请求人认为：权利要求 1 中的“连接件为上端下弯或上端下弯的弯角模块”在本专利说明书中记载是“上端上弯或上端下弯的变角模块”，另外，本专利要解决三个技术问题，而权利要求 1 不能同时解决三个技术问题，因此权利要求 1 得不到说明书的支持。

合议组经审查认为：首先，根据说明书的记载，连接件是为了能够实现衬砌小车的转向，从而使本发明能够同时完成对斜坡及其上下沿的衬砌操作（参见本专利说明书第 1 页倒数第二段）。因此本领域技术人员根据说明书文字并结合附图可以理解，权利要求 1 中的“上端下弯或上端下弯”是打印错误，应该是“上端下弯或下端上弯”，说明书中也应该是“上端下弯或下端上弯”，另外“弯角模块”相对于“变角模块”在本专利中含义也实质上相同。因此，请求人的这一主张不能成立。其次，关于请求人所称的“本专利要解决三个技术问题，而权利要求 1 不能同时解决三个技术问题”的理由，根据说明书的记载，本专利确实要解决“适应不同宽度的施工范围”、“实现衬砌小车转向，对斜坡上沿进行衬砌操作”以及“对斜坡下沿进行衬砌操作”的三个技术问题，权利要求 1 中用“或”的撰写方式分别限定连接件为直架或上端下弯或下端上弯的弯角模块，正是分别对应地解决了上述三个问题，请求人所认为的本专利要“同时”解决三个技术问题是一种误解，本专利的三个技术问题实际上是由权利要求 1 的三个并列的技术方案“分别”解决的。另外，权利要求 1 中上述三个技术方案的限定也是以说明书为依据的（参见本专利说明书第 1 页倒数第二段）。因此请求人关于本专利权利要求 1 不符合专利法第 26 条第 4 款的无效理由不能成立。

5. 关于专利法实施细则第 20 条第 1 款

专利法实施细则第 20 条第 1 款规定：权利要求书应当说明发明或者实用新型的技术特征，清楚、简要地表述请求保护的范围。

请求人认为权利要求 1 中采用“或”的撰写方式，导致权利要求 1 有三个保护范围，所以权利要求 1 限定的整体保护范围不确定，权利要求 1 中的“上端下弯或上端下弯的弯角模块”与说明书中记载的不一致、不清楚，不符合专利法实施细则第 20 条第 1 款的规定。

合议组认为：首先，权利要求 1 中虽然采用“或”的撰写方式，使得权利要求 1 实际上包括三个技术方案，但是每个技术方案的保护范围是清楚确定的，因此权利要求 1 整体的保护范围也应该是清楚确定的，即为上述三个技术方案保护范围之总和。其次，关于请求人所称的“权利要求 1 中的‘上端下弯或上端下弯的弯角模块’与说明书中记载的不一致”的问题，如上所述，权利要求 1 中“上端下弯或上端下弯”是打印错误，应该是“上端下弯或下端上弯”，说明书中也应该是“上端下弯或下端上弯”，另外“弯角模块”相对于“变角模块”在本专利中含义也实质上相同。因此本专利权利要求 1 的保护范围是清楚的，符合专利法实施细则第二十条第一款的规定。

6. 关于专利法实施细则第 21 条第 2 款

专利法实施细则第 21 条第 2 款规定：独立权利要求应当从整体上反映发明或者实用新型的技术方案，记载解决技术问题的必要技术特征。

请求人认为本专利权利要求 1 的必要技术特征“所述的至少一端的行走机构与导轨配合，行走机构及衬砌小车由电动机驱动”记载在前序部分中，没有记载在特征部分中，因此权利要求 1 的特征部分缺少必要技术特征。另外特征“连接件为直架或上端下弯或上端下弯的弯角模块”是“或”的关系，这些特征分别解决三种技术问题，因此权利要求 1 未能从整体上共同解决三种技术问题，不能从整体上反映本专利的技术方案。

合议组认为：首先，根据专利法实施细则第 22 条第 1 款的规定，独立权利要求的前序部分要写明要求保护的发明或实用新型技术方案的主题名称和发明或实用新型主题与最接近的现有技术共有的必要技术特征。因此，必要技术特征可以记载在前序部分中。另外，权利要求是技术特征构成的一个整体，必要技术技术特征无论记载在前序部分还是记载在特征部分，都是权利要求包含的内容，都不影响独立权利要求从整体上反映发明或者实用新型的技术方案。其次，关于请求人所称的“权利要求 1 未能从整体上共同解决三种技术问题，不能从整体上反映本专利的技术方案”，正如上文评价权利要求 1 是否符合专利法第 26 条第 4 款时所述，权利要求 1 采用“或”的撰写方式，限定出三个技术方案，并分别解决说明书中所述的三个技术问题，请求人所认为的本专利要“同时”解决三个技术问题是一种误解，本专利的三个技术问题实际上是由权利要求 1 的三个并列的技术方案“分别”解决的。因此，权利要求 1 采用“或”的撰写方式并不影响其从整体上反映发明或者实用新型的技术方案，记载解决技术问题的必要技术特征。因此，请求人所称的本专利权利要求 1 不符合专利法实施细则第 21 条第 2 款的理由，合议组不予支持。

7. 关于本专利的权利要求 1 和 6 的新颖性和创造性

专利法第 22 条第 2 款、第 3 款规定：新颖性，是指在申请日以前没有同样的发明或者实用新型在国内外出版物上公开发表过、在国内公开使用过或者以其他方式为公众所知，也没有同样的发明或者实用新型由他人向国务院专利行政部门提出过申请并记载在申请日以后公布的专利申请文件中。创造性，是指同申请日以前已有的技术相比，该发明有突出的实质性特点和显著的进步，该实用新型具有实质性特点和进步。

如果涉案专利与一份对比文件相比，具有多个区别特征，则涉案专利相对于该对比文件具备新颖性。同时，如果上述区别特征对本领域技术人员来说不是显而易见可以想到的，而且该特征也给涉案专利带来了有益的技术效果，则涉案专利相对于该对比文件具备创造性。

本案中，本专利权利要求 1 要求保护一种电动流（应为“滚”）筒混凝土衬砌机，包括上下端分别带有行走机构的机架和安装在机架上的衬砌小车，至少一端的行走机构与导轨配合，行走机构及衬砌小车由电动机驱动，机架包括主直架和其两端的连接件，连接件为直架或上端下弯或上端下弯（应为“下端上弯”）的弯角模块。

请求人认为本专利权利要求 1 和 6 相对于附件 4 不具备新颖性和创造性，不符合专利法第 22 条第 2 款、第 3 款的规定。

合议组经审查认为：本专利权利要求 1 根据其文字记载包括两个技术方案，一个是“连接件为直架”的技术方案①，另一个是“连接件为弯角模块”的技术方案②。

附件 4 公开了一种渠道单坡混凝土衬砌机，并且具体公开了如下技术内容：该衬砌机包括上、下行走机构 1 和 5（相当于本专利的行走机构）、动力及操纵系统 4，作业机构 3（作用类似于本专利的衬砌小车），作业机构 3 的箱体 12 内装有振捣装置 7、摊铺装置 8，箱体 12 由型钢为架（相当于本专利中的机架），因此附件 4 中的作业机构安装在机架上。附件 4 权利要求 2 中提到行走机构中的行走履带可以采用轨道车轮，因此，附件 4 中也公开了行走机构与导轨的配合。

另外，附件 4 公开了衬砌机采用全液压系统，上下行走机构采用液压马达驱动（参见说明书第 3 页第 9 行，第 4 页第 16 行），而本专利采用电机驱动；附件 4 公开了作业机构 3 本身是多节组装而成，可根据变化的坡长增加或减少组件（参见说明书第 6 页第 1 段），即公开了本专利的机架的连接件为直架的特征，但未公开弯角模块的连接件。虽然附件 4 中的作业机构 3 从作用上来说也可以实现摊铺、振捣、抹平的功能，但是由于作业机构 3 的箱体 12 是由钢架与沿钢架焊接的板构成的箱体结构，其内设置的振捣装置 7、摊铺装置 8 以及抹平部件等各部件都是在箱体内沿钢架长度方向分布的，作业机构中的振导捣装置 7 和摊铺装置 8 是固定在机架上的一组部件，不能像本专利的衬砌小车那样在机架所在平面上既可以沿水平方向移动，也可以沿竖直方向上移动。因此附件 4 的作业机构（包括振导捣装置 7 和摊铺装置 8）与本专利的衬砌小车不相同。

由上文分析可见，与本专利权利要求 1 的技术方案①相比，附件 4 并没有公开“衬砌小车”以及“上下行走机构由电动机驱动”两个技术特征，与本专利权利要求 1 的技术方案②相比，附件 4 没有公开“衬砌小车”、“上下行走机构由电动机驱动”以及“连接件为弯角模块”三个技术特征。综上，由于本专利权利要求 1 与附件 4 之间存在上述区别技术特征，因此本专利权利要求 1 相对于附件 4 具备专利法第 22 条第 2 款规定的新颖性。

同时，请求人也没有证据证明现有技术包括附件 4 中给出了使用沿支架上下运动的衬砌小车作为作业机构的任何启示，而且与附件 4 中固定在机架上的作业机构（包括振导捣装置 7 和摊铺装置 8）相比，本专利的衬砌小车整体安装、沿机架上下滑动，这样由衬砌小车实现的摊铺、振捣、抹平等工艺过程就可以沿机架连续地进行，还可以由控制系统整体控制，因此本领域的普通技术人员在附件 4 的基础上不能显而易见地想到本专利权利要求 1 中的技术方案①和②；另外，请求人也没有证据证明现有技术包括附件 4 中给出了连接件使用“弯角模块”的任何启示，而且与附件 4 中仅为直架的机架相比，通过上端下弯的变角模块作为连接件，使得小车可以转向，完成对斜坡上沿的衬砌操作。因此更进一步证明本领域的普通技术人员在附件 4 的基础上不能显而易见地想到本专利权利要求 1 中的技术方案②。因此本专利权利要求 1 相对于附件 4 具有突出的实质性特点和显著的进步，具备专利法第 22 条第 3 款规定的创造性。

因为独立权利要求 1 相对于附件 4 具备新颖性和创造性，因此其从属权利要求 6 相对于附件 4 也具备新颖性和创造性。

综上，由于请求人提出的无效理由均不能成立，因此根据上述的事实和理由，本案合议组依法作出以下决定。

三、决定

维持 200410036064.3 号发明专利权有效。

当事人对本决定不服的，可以根据专利法第 46 条第 2 款的规定，自收到本决定之日起 3 个月内向北京市第一中级人民法院起诉。根据该款的规定，一方当事人起诉后，另一方当事人应当作为第三人参加诉讼。

233

新式防盗窗

无效宣告请求审查决定（第10920号）

决　定　号　第10920号
决　定　日　2007年12月11日
发明创造名称　新式防盗窗
国际分类号　E06B 9/01，E06B 7/00
无效宣告请求人　东营市至信工贸有限责任公司
专　利　权　人　陈海强，张延强
专　利　号　200520087428.0
申　请　日　2005年9月26日
授权公告日　2007年3月14日
合议组组长　左　一
主　审　员　张　巍
参　审　员　武　磊

法律依据　专利法第26条第3款，专利法实施细则第20条第1款，专利法实施细则第21条第2款

决定要点

如果所属技术领域的技术人员根据说明书公开的内容能够理解和实现本专利的技术方案，则本专利说明书符合专利法第26条第3款的规定。

如果一项产品权利要求没有清楚地写明其要保护的产品的构成部件之间的连接关系和位置关系时，则会导致该权利要求的保护范围不清楚。

判断一项权利要求是否缺少必要技术特征，应当以该权利要求所记载的技术方案是否能够解决技术问题为判断标准，如果该权利要求所记载的技术方案不足以能解决其技术问题，获得其技术效果，则该权利要求要求保护的技术方案不符合专利法实施细则第21条第2款的规定。

一、案由

本无效宣告请求涉及国家知识产权局于2007年3月14日授权公告的、名称为“新式防盗窗”的实用新型专利（下称本专利），其专利号是200520087428.0，申请日是2005年9月26日，专利权人是陈海强、张延强。本专利授权公告时的权利要求书的内容如下：

“1. 一种新式防盗窗，窗体上连接有窗棂固定轴，其特征是：窗体上连接有上底板、上盖、侧板、下底板。

2. 根据权利要求 1 所述的新式防盗窗，其特征是：上底板上装有窗帘总成。

3. 根据权利要求 1 所述的新式防盗窗，其特征是：挡板跟随窗棂可以整体调节。

4. 根据权利要求 1 所述的新式防盗窗，其特征是：在上底板和下底板上有可调节气孔。”

针对本专利，东营市至信工贸有限责任公司（下称请求人）于 2007 年 4 月 3 日向专利复审委员会提出无效宣告请求，理由是本专利的权利要求 1~4 不符合专利法第 22 条第 3 款的规定；权利要求 1~4 不符合专利法第 26 条第 4 款和专利法实施细则第 20 条第 1 款的规定；权利要求 1~4 不符合专利法第 26 条第 3 款和专利法实施细则第 21 条第 2 款的规定。同时，请求人提交了以下附件作为证据：

附件 1：授权公告号为 CN2688852Y 的中国实用新型专利说明书复印件，该实用新型专利的申请日为 2004 年 4 月 23 日，授权公告日为 2005 年 3 月 30 日；

附件 2：授权公告号为 CN2545337Y 的中国实用新型专利说明书复印件，该实用新型专利的申请日为 2002 年 5 月 28 日，授权公告日为 2003 年 4 月 16 日。

请求人认为：（1）权利要求 1、3 相对于附件 1 不具备创造性；权利要求 2 相对于附件 1 和公知常识的结合不具备创造性；权利要求 4 相对于附件 1 和 2 的结合不具备创造性。（2）权利要求 1 中没有写明窗体与上底板、上盖、侧板、下底板之间的连接关系和位置关系，导致权利要求 1 的保护范围不清楚；由于权利要求 2 没有克服权利要求 1 存在的不清楚的问题，因此也不清楚；权利要求 3 中的技术特征“挡板”在权利要求 1 中没有描述，权利要求 3 中也没有描述挡板与窗棂之间的结构和连接关系以及如何实现挡板跟随窗棂整体调节，因此也不清楚；由于权利要求 4 没有克服权利要求 1 存在的不清楚的问题，因此也不清楚。（3）权利要求 1 中缺少实现隔风、挡雨、挡蚊虫、遮阳等目的的必要技术特征，因此不符合专利法实施细则第 21 条第 2 款的规定；权利要求 2 的技术方案同样不能实现隔风、挡雨、挡蚊虫等目的，因此也缺少必要技术特征；由于权利要求 1 中没有挡板特征，在权利要求 3 中缺少引用基础，并且权利要求 3 中没有描述挡板与权利要求 1 中的哪个技术特征连接，因而缺少连接关系的必要技术特征，权利要求 3 中也没有描述哪些必要技术特征来实现数个挡板跟随窗棂整体调节，因此也不符合专利法实施细则第 21 条第 2 款的规定；权利要求 4 中仍缺少实现隔风、挡雨、挡蚊虫、遮阳等目的的必要技术特征，不符合专利法实施细则第 21 条第 2 款的规定。（4）权利要求 1~4 不符合专利法第 26 条第 4 款的规定，权利要求 1 中部件之间的组合关系可以是任意的，但是说明书具体实施方式只给出了一种方式，本领域的技术人员不能从说明书的内容中得到或概括得出权利要求 1 的技术方案，并且从图 1 中可以看出，窗体 3 并不连接上盖 1；权利要求 3 和 4 描述了挡板跟随窗棂可以整体调节和可调节孔，但是说明书中没有说明如何实现整体调节和调节孔如何调节，因此不符合专利法第 26 条第 4 款的规定。（5）权利要求 1~4 不符合专利法第 26 条第 3 款的规定，理由为说明书描述前后矛盾，还与图 1 相矛盾，导致技术人员无法实现。

经形式审查合格后，专利复审委员会受理了上述无效宣告请求，并于 2007 年 4 月 3 日向双方当事人发出受理通知书，并将无效宣告请求书及其附件清单中所附附件的副本转送给专利权人，要求在其指定期限内答复。专利复审委员会还同时向山东省东营市中级人民法院发出无效宣告案件审查状态通知书（一）。

专利权人于 2007 年 4 月 28 日向专利复审委员会提交了意见陈述书，在该意见陈述书中，专利权人对本专利的权利要求书进行了修改，修改后的权利要求如下：

“1. 一种新式防盗窗，其特征是：窗体上连接有窗棂固定轴，窗体上连接有上底板、上盖、侧板、下底板和挡板；上底板上装有窗帘总成；挡板跟随窗棂可以整体调节；在上底板和下底板上有可调节气孔。”

基于上述修改后的权利要求 1，专利权人认为：（1）本领域技术人员能够理解，窗体是指整个窗户的一个整体结构，是窗户所有结构的安装载体，因此本专利所述的在窗体上面连接有上盖、上底板，窗体上连接有窗棂固定轴、窗棂、挡板，窗体两侧连接有侧板，窗体下面连接有下底板，这些都是非常清楚的，和图示的结构也是一致的，没有矛盾之处，本领域技术人员根据说明书的记载完全可以实现，因此本专利符合专利法第 26 条第 3 款的规定。（2）本专利的权利要求 1 中各部件之间虽然是用顿号的描述方式，但是根据说明书的记载，本领域技术人员能够理解其连接关系不是任意的，而且说明书附图中清楚地显示了各部件的连接关系，它们之间的连接关系是确定的，窗体和上盖连接也是清楚的。因此，本专利权利要求 1 得到了说明书的支持，符合专利法第 26 条第 4 款的规定。（3）修改后的权利要求 1 清楚地记载了本专利的结构技术特征，清楚、简要地表述请求保护的范围，符合专利法实施细则第 20 条第 1 款的规定。（4）本发明的目的在于克服现有防盗窗不能够在炎热夏天降低室内温度和装点美化的不足，提供一种新式防盗窗，它不仅有隔风、挡雨、挡蚊虫、遮阳、防盗作用，而且具有在炎热夏天降低室内温度和装点美化作用，根据修改后权利要求 1 的记载可以得到，隔风、挡雨的作用由挡板实现，挡蚊虫、遮阳的作用由窗帘总成实现，防盗的作用由窗棂实现，降低室内温度的作用由调节气孔和活动的挡板实现，本专利整体结构美观大方，实现了装点美化的作用。因此，本专利修改后的权利要求 1 记载了解决技术问题的全部必要技术特征，符合专利法实施细则第 21 条第 2 款的规定。（5）本专利修改后的权利要求 1 与请求人提供的附件 1 相比，区别技术特征为：（1）窗体上连接有窗棂固定轴；（2）上底板上装有窗帘总成；（3）在上底板和下底板上有可调节气孔。所述区别技术特征的技术效果为：新式防盗窗具有降温、挡蚊虫、在关闭窗扇时仍可通风功能，请求人提供的附件 1 不具有这些功能。本专利修改后的权利要求 1 与请求人提供的附件 2 相比，区别技术特征为：（1）窗体上有窗棂轴；（2）上底板上装有窗帘总成；（3）在上底板和下底板上有可调节气孔；（4）挡板跟随窗棂可以整体调节。请求人提供的附件 2 不具有上述技术特征，并且本专利下底板的气孔位于整个窗体最下部位，而附件 2 的气孔位于整个窗体上部，并且不高于 80mm，与本专利不同。本专利所述区别技术特征的效果为：新式防盗窗具有降温功能、窗扇可以成百叶状调节、可以调节阳光、可以挡蚊虫、可以防盗，附件 2 不具有这些功能。将附件 1 和 2 结合仍然没有公开上述 1~3 的区别技术特征，也没有给出将这些区别技术特征导入而得出本专利修改后的权利要求 1 的技术方案，因此本专利修改后的权利要求 1 符合专利法第 22 条第 3 款的规定。

本案合议组于 2007 年 9 月 28 日向双方当事人发出口头审理通知书，并随口头审理通知书将专利权人的上述意见陈述书副本转送给了请求人，并定于 2007 年 11 月 22 日举行口头审理。

口头审理如期举行，双方当事人均参加了口头审理，并对对方出席口头审理人员的身份和资格无异议，对合议组成员没有回避请求。专利权人对附件 1、2 的真实性没有异议。请求人认为专利权人提交的权利要求 1 的修改文本中增加了原权利要求中没有的“和挡板”的技术特征。专利权人表示将上述增加的技术特征“和挡板”删除。合议组当庭告知专利权人，由于专利权人在答复无效宣告请求时对权利要求书作的修改增加了未包含在授权的权利要求书中的技术特征“和挡板”，不符合审查指南第四部分第三章第 4.6.1 节和第 4.6.2 节的有关无效宣告程序中专利文件的修改原则和修改方式的规定，因此对其于 2007 年 4 月 28 日提交的权利要求书不予接受，在请求人并未提出新的无效理由及证据的情况下，根据审查指南第四部分第三章第 4.6.3 节有关修改方式的限制规定，专利权人在当庭对权利要求书所作出的修改不符合审查指南第四部分第三章第 4.6.3 节所规定的以合并的方式修改权利要求书的修改时机，因此合议组不接受专利权人在口头审理时对权利要求书的进一步修改，本次口头审理以本专利授权公告的权利要求书为审查依据，专利权人表示同意。请求人明确无效宣告请求理由为：（1）说明书存在不符合专利法第 26 条第 3 款的缺陷：①窗体 3 在说明书和附图中的描述相矛盾，说明书中窗体 3 上连接上盖、挡板，而在附图 1 中窗体 3 有两个标号，并且窗体 3 和上盖、挡板是不连接的；②说明书中挡板是活动的，而附图1中窗体3是固定不动的，若挡板8与窗体3连接，那么挡板8无法转动调节；（2）权利要求1~4得不到说明书的支持，不符合专利法第26条第4款的规定；（3）权利要求1~4不清楚，不符合专利法实施细则第20条第1款的规定，其中权利要求3的附加技术特征“挡板”在权利要求1中未出现，不能体现“挡板”和“窗棂”的结构关系和连接关系；（4）权利要求1~4缺少必要技术特征“挡板”，不符合专利法实施细则第21条第2款的规定；（5）权利要求1、3相对于附件1不具备创造性，权利要求2相对于附件1和公知常识的结合不具备创造性，权利要求4相对于附件1、2的结合不具备创造性，权利要求1~4不符合专利法第22条第3款的规定。针对请求人的上述无效宣告理由，专利权人认为：（1）说明书中的窗体是指整个窗户，所有窗户的结构都是安装在这个载体上的，挡板是固定在转动轴上的，在关闭时是连接的；（2）权利要求书可以得到附图的支持；（3）对于所属技术领域的技术人员来说能够清楚理解窗体的结构；（4）窗体是一个载体，所关联的是所有的部件。（5）本专利权利要求的技术方案和附件1、2公开的内容存在区别。双方当事人在口头审理过程中结合证据就各自所持的观点进行了充分的意见陈述。

在以上工作的基础上，合议组认为本案事实清楚，可以依法作出审查决定。

二、决定的理由

1. 法律依据

根据请求人提出的无效宣告请求的范围、理由和证据，本案合议组依据专利法第26条第3款、专利法第26条第4款、专利法第22条第3款、专利法实施细则第20条第1款、专利法实施细则第21条第2款对本案进行审理。

2. 关于证据

附件1、2均为中国实用新型专利说明书复印件，专利权人对其真实性没有异议，合议组经核实，其复印件与原件一致，因此对其真实性予以认定。附件1的授权公告日为2005年3月30日，附件2的授权公告日为2003年4月16日，均早于本专利申请日2005年9月26日，可以作为评价本专利创造性的现有技术使用。

3. 关于专利法第26条第3款

专利法第26条第3款规定：“说明书应当对发明或者实用新型作出清楚、完整的说明，以所属技术领域的技术人员能够实现为准。”

请求人认为：①窗体3在说明书和附图1中的描述相矛盾，说明书中窗体3上连接上盖、挡板，而在附图1中窗体3有两个标号，并且窗体3和上盖、挡板是不连接的；②说明书中挡板是活动的，而附图1中窗体3固定不动，若挡板8和窗体3连接，那么挡板8就无法转动调节。对于①，合议组认为，对于所属技术领域的人员来说，根据现有技术和所掌握的知识完全能够理解窗体3并不是仅仅指附图1中的标号3的上下两部分，而是指整个窗体结构，在附图1中窗体3有两个标号正是用于证明窗体3不仅仅指一部分，而是指整个窗体，附图1中清楚地显示了整个窗体3上连接有上盖、挡板；对于②，合议组认为，从说明书及附图1中均能看出挡板8是连接在窗棂4上，而窗棂4可以随窗棂固定轴6转动，从而带动挡板转动，这与说明书中的相应内容完全一致，所属技术领域的技术人员完全可以根据说明书记载的内容实现本专利的技术方案，因此请求人提出的该项无效理由不能成立。

4. 关于专利法实施细则第20条第1款

专利法实施细则第20条第1款规定：“权利要求书应当说明发明或者实用新型的技术特征，清楚、简要地表述请求保护的范围。”

本专利的权利要求3中的技术特征“挡板”在其引用的权利要求1中没有出现，并且在权利要求3中也没有写明挡板和防盗窗的其他任何部件之间的连接关系，使得权利要求3所要保护的新式防盗窗的结构不清楚，由此导致权利要求 3 的保护范围不清楚。因此，权利要求 3 不符合专利法实施细则第 20 条第 1 款的规定。

5. 关于专利法实施细则第 21 条第 2 款

专利法实施细则第 21 条第 2 款规定："独立权利要求应当从整体上反映发明或者实用新型的技术方案，记载解决技术问题的必要技术特征。"

根据本专利说明书的记载，本专利要解决的技术问题和达到的效果是"为了克服现有防盗窗不能够在炎热夏天降低室内温度和装点美化的不足，提供了一种新式防盗窗，不仅有隔风、挡雨、挡蚊虫、遮阳、防盗作用，而且具有在炎热夏天降低室内温度和装点美化作用"，为了解决其技术问题，"挡板"是必不可少的技术特征；如果缺少了"挡板"，则无法实现隔风、挡雨及降低室内温度的目的。目前的独立权利要求 1 中缺少上述必要技术特征"挡板"。因此，权利要求 1 不符合专利法实施细则第 21 条第 2 款的规定。

在独立权利要求 1 缺少必要技术特征的无效理由成立被无效时，引用权利要求 1 的从属权利要求 2、4 分别构成新的独立权利要求。

权利要求 2 的技术方案仍然缺少实现发明目的的必要技术特征"挡板"，因此权利要求 2 也不符合专利法实施细则第 21 条第 2 款的规定。

权利要求 4 的技术方案仍然缺少实现发明目的的必要技术特征"挡板"，因此权利要求 4 也不符合专利法实施细则第 21 条第 2 款的规定。

综上所述，权利要求 3 不符合专利法实施细则第 20 条第 1 款的规定，权利要求 1、2、4 不符合专利法实施细则第 21 条第 2 款的规定。请求人的无效宣告理由成立。对于请求人的其他无效宣告请求理由不再一一评述。

三、决定

宣告 200520087428.0 号实用新型专利权全部无效。

当事人对本决定不服的，可以根据专利法第 46 条第 2 款的规定，自收到本决定之日起 3 个月内向北京市第一中级人民法院起诉。根据该条款的规定，一方当事人起诉后，另一方当事人应当作为第三人参加诉讼。

北京市第一中级人民法院
行政判决书

（2008）一中行初字第 461 号

原告陈海强，男，1973 年 6 月 24 日出生，汉族，无业，住山东省利津县一千二林场。

原告张延强，男，1959 年 8 月 12 日出生，汉族，无业，住山东省东营市东营区淄博路萃苑小区 9-2-8 号。

被告国家知识产权局专利复审委员会，住所地北京市海淀区北四环西路 9 号银谷大厦 10-12 层。

法定代表人廖涛，副主任。

委托代理人武磊，国家知识产权局专利复审委员会审查员。

委托代理人郭鹏鹏，国家知识产权局专利复审委员会审查员。

第三人东营市至信工贸有限责任公司，住所地山东省东营市东营区北二路胜华转盘东 100 米路北。

法定代表人邓丕利，董事长。

委托代理人赵吉军，山东乾恒律师事务所律师。

委托代理人崔滨生，青岛联智专利商标事务所有限公司专利代理人。

原告陈海强、张延强不服被告国家知识产权局专利复审委员会（简称专利复审委员会）于2007年12月11日作出的第10920号无效宣告请求审查决定（简称第10920号决定），于法定期限内向本院提起行政诉讼。本院于2008年3月25日受理本案后，依法组成合议庭，并通知第10920号决定的相对方东营市至信工贸有限责任公司（简称至信公司）作为第三人参加本案诉讼，于2008年6月6日公开开庭进行了审理。原告陈海强、张延强，被告专利复审委员会的委托代理人武磊、郭鹏鹏，第三人至信公司的委托代理人赵吉军、崔滨生到庭参加了诉讼。本案现已审理终结。

第10920号决定系专利复审委员会就至信公司针对陈海强、张延强享有的专利号为200520087428.0、名称为“新式防盗窗”的实用新型专利（下称本专利）所提出的无效宣告请求作出的。专利复审委员会在该决定中认定：

（1）关于《中华人民共和国专利法》（简称专利法）第26条第3款。

专利复审委员会认为所属技术领域的技术人员完全可以根据说明书记载的内容实现本专利的技术方案，因此至信公司提出的该项无效理由不能成立。

（2）关于《中华人民共和国专利法实施细则》（简称专利法实施细则）第20条第1款。

本专利的权利要求3中的技术特征“挡板”在其引用的权利要求1中没有出现，并且在权利要求3中也没有写明挡板和防盗窗的其他任何部件之间的连接关系，使得权利要求3所要保护的新式防盗窗的结构不清楚，由此导致权利要求3的保护范围不清楚。因此，权利要求3不符合专利法实施细则第20条第1款的规定。

（3）关于专利法实施细则第21条第2款。

根据本专利说明书的记载，本专利要解决的技术问题和达到的效果是“为了克服现有防盗窗不能够在炎热夏天降低室内温度和装点美化的不足，提供了一种新式防盗窗，不仅有隔风、挡雨、挡蚊虫、遮阳、防盗作用，而且具有在炎热夏天降低室内温度和装点美化作用”，为了解决其技术问题，“挡板”是必不可少的技术特征；如果缺少了“挡板”，则无法实现隔风、挡雨及降低室内温度的目的。目前的独立权利要求1中缺少上述必要技术特征“挡板”。因此，权利要求1不符合专利法实施细则第21条第2款的规定。

在独立权利要求由于缺少必要技术特征而被宣告无效时，引用权利要求1的从属权利要求2、4分别构成新的独立权利要求。

权利要求2的技术方案仍然缺少实现发明目的的必要技术特征“挡板”，因此权利要求2也不符合专利法实施细则第21条第2款的规定。

权利要求4的技术方案仍然缺少实现发明目的的必要技术特征“挡板”，因此权利要求4也不符合专利法实施细则第21条第2款的规定。

综上所述，权利要求3不符合专利法实施细则第二十条第一款的规定，权利要求1、2、4不符合专利法实施细则第21条第2款的规定。

综上所述，专利复审委员会作出第10920号决定，宣告本专利权全部无效。

原告陈海强、张延强不服该决定，向本院起诉称：（1）本专利具有新颖性、创造性和实用性，专利复审委员会没有依据专利法第22条的规定进行审查；（2）本专利的权利要求三符合专利法实施细则第20条第1款的规定，该项权利要求保护的“新式防盗窗”的结构是清楚的，因此保护范围也是清楚的；（3）本专利的权利要求1、2、4符合专利法实施细则第21条第2款的规定。由于权利要求1中的“一种新式防盗窗”指明了本专利所依赖的技术基础是老式防盗窗，而本领域技术人员都知道“挡板”是防盗窗的基本组成部件。综上，陈海强、张延强请求法院撤销专利复审委员会作出的第10920号决定，维持本专利有效。

被告专利复审委员会辩称：（1）至信公司针对本专利提出的无效宣告请求中的无效理由包括本专利权利要求不符合专利法第22条第3款、专利法实施细则第20条第1款和第21条第2款的规定，专利复审委员会经审查后认为本专利权利要求1、2、4不符合专利法实施细则第21条第2款的规定，权利要求3不符合专利法实施细则第20条第1款的规定，鉴于至信公司提出的无效宣告理由已经成立，因此对其提出的其他无效宣告请求理由不再进行评述；（2）本专利权利要求3中的技术特征“挡板”在其引用的权利要求1中没有出现，并且在权利要求3中也没有写明挡板和防盗窗的其他任何部件之间的连接关系，使得权利要求3所要保护的新式防盗窗的结构不清楚，由此导致权利要求3的保护范围不清楚，不符合专利法实施细则第20条第1款的规定；（3）为了解决本专利要解决的技术问题，“挡板”是不可缺少的必要技术特征，而本专利权利要求1、2、4都缺少“挡板”和其与防盗窗的其他各部件的位置关系，因此不符合专利法实施细则第21条第2款的规定。综上，专利复审委员会第10920号决定认定事实清楚，适用法律正确，审理程序合法，陈海强、张延强的诉讼理由不能成立，请求法院驳回其诉讼请求，维持第10920号决定。

第三人至信公司述称：（1）本专利权利要求不符合专利法实施细则第20条第1款和第21条第2款的规定，在此前提下没有必要对本专利是否符合新颖性、创造性和实用性作出判断；（2）本专利权利要求1、2、4缺少“挡板”以及“挡板与其他构件的连接关系”等必要技术特征，不符合专利法实施细则第21条第2款的规定；（3）本专利权利要求3中由于挡板及其与窗体的连接关系等必要特征都不存在，因此不符合专利法实施细则第20条第1款的规定。综上，专利复审委员会作出的第10920号决定认定事实清楚，适用法律正确，程序合法，陈海强、张延强的诉讼请求没有事实和法律依据，应依法予以驳回。

本院经审理查明：

本案涉及国家知识产权局于2007年3月14日授权公告、名称为“新式防盗窗”的实用新型专利（即本专利），其申请号是200520087428.0，申请日为2005年9月26日，专利权人为陈海强、张延强。本专利授权公告的权利要求内容为：

“1. 一种新式防盗窗，窗体上连接有窗棂固定轴，其特征是：窗体上连接有上底板、上盖、侧板、下底板。

2. 根据权利要求1所述的新式防盗窗，其特征是：上底板上装有窗帘总成。

3. 根据权利要求1所述的新式防盗窗，其特征是：挡板跟随窗棂可以整体调节。

4. 根据权利要求1所述的新式防盗窗，其特征是：在上底板和下底板上有可调节气孔。”

本专利说明书在技术领域部分记载，“本实用新型涉及一种新式防盗窗，有防盗、隔风、挡雨、挡蚊虫、遮阳功能，尤其是能在炎热夏天降低室内温度和装点美化作用。”在背景技术部分记载，“目前、公知的防盗窗都是由普通金属和不锈钢材料简单制成，手可以通过防盗窗伸进防盗窗内，不具有在炎热夏天降低室内温度和装点美化作用。”在要解决的技术问题部分记载，“为了克服现有防盗窗不能够在炎热夏天降低室内温度和装点美化的不足，提供了一种新式防盗窗，不仅有隔风、挡雨、挡蚊虫、遮阳、防盗作用，而且具有在炎热夏天降低室内温度和装点美化作用。”在技术方案部分记载，“……窗体上连接有窗棂固定轴、窗棂、挡板……”在实施例部分记载，“……窗体（3）上连接有窗棂固定轴（6）、窗棂（4）、挡板（8）……”

2007 年 4 月 3 日，至信公司向专利复审委员会提出无效宣告请求，其理由是本专利的权利要求 1~4不符合专利法第 22 条第 3 款的规定；权利要求 1~4 不符合专利法第 26 条第 4 款和专利法实施细则第 20 条第 1 款的规定；权利要求 1~4 不符合专利法第 26 条第 3 款和专利法实施细则第 21 条第 2 款的规定。并提交了证据，其中：

在 2007 年 11 月 22 日举行的口头审理中，至信公司明确其无效的理由、证据和范围为：（1）说明书存在不符合专利法第 26 条第 3 款的缺陷；（2）权利要求 1~4 得不到说明书的支持，不符合专利法第 26 条第 4 款的规定；（3）权利要求 1~4 不清楚，不符合专利法实施细则第 20 条第 1 款的规定，其中权利要求 3 的附加技术特征“挡板”在权利要求 1 中未出现，不能体现“挡板”和“窗棂”的结构关系和连接关系；（4）权利要求 1~4 缺少必要技术特征“挡板”，不符合专利法实施细则第 21 条第 2 款的规定；（5）权利要求 1、3 相对于附件 1 不具备创造性，权利要求 2 相对于附件 1 和公知常识的结合不具备创造性，权利要求 4 相对于附件 1、2 的结合不具备创造性，权利要求 1~4 不符合专利法第 22 条第 3 款的规定。针对请求人的上述无效宣告理由，专利权人认为：（1）说明书中的窗体是指整个窗户，所有窗户的结构都是安装在这个载体上的，挡板是固定在转动轴上的，在关闭时是连接的；（2）权利要求书可以得到附图的支持；（3）对于所属技术领域的技术人员来说能够清楚理解窗体的结构；（4）窗体是一个载体，所关联的是所有的部件。（5）本专利权利要求的技术方案和附件 1、2 公开的内容存在区别。双方当事人在口头审理过程中结合证据就各自所持的观点进行了充分的意见陈述。

2007 年 12 月 11 日，专利复审委员会作出第 10920 号决定。

陈海强、张延强在诉讼过程中提交了十份证据，其中只有编号为 1、3、4、10 的四份证据在无效审查阶段提交过。在开庭审理过程中，当询问陈海强、张延强提交其他证据的证明目的时，陈海强、张延强回答是为了证明至信公司不支付本专利的许可使用费并盗取本专利的技术，以及证明本专利具有新颖性、创造性和实用性。

上述事实，有本专利权利要求书、说明书、第 10920 号决定、口审记录表、陈海强、张延强在诉讼阶段提交的证据以及当事人陈述等证据在案佐证。

本院认为：

（1）关于本案的审理范围。

行政诉讼法第 5 条规定，人民法院审理行政案件，对具体行政行为是否合法进行审查。因此，在行政诉讼中，法院原则上只针对各方当事人在被告作出具体行政行为时提交过的证据进行审查。并且在本案中，专利复审委员会是以本专利不符合专利法实施细则第 20 条第 1 款和第 21 条第 2 款的规定宣告本专利无效的，而陈海强、张延强补充提交证据的证明目的与专利复审委员会在第 10920 号决定中宣告本专利无效所依据的理由无关。综上，陈海强、张延强在本案诉讼过程中补充提交的证据不属于本案的审理范围。

（2）本专利权利要求 1、2、4 是否符合专利法实施细则第 21 条第 2 款的规定。

专利法实施细则第 21 条第 2 款规定，“独立权利要求应当从整体上反映发明或者实用新型的技术方案，记载解决技术问题的必要技术特征”。必要技术特征是指，发明或者实用新型为解决其技术问题所不可缺少的技术特征，其综合足以构成发明或者实用新型的技术方案，使之区别于背景技术中所述的其他技术方案。判断某一技术特征是否为必要技术特征，应当从所要解决的技术问题出发并考虑说明书描述的整体内容。

从本专利说明书的记载可以看出，本专利要解决的技术问题包括降低室内温度、隔风、挡雨、遮阳等，要解决这些问题，“挡板”是必不可少的特征，并且在说明书的技术方案部分和实施例部分都记载了“挡板”这一特征，因此“挡板”是本专利的必要技术特征。

陈海强、张延强在庭审过程中称在本专利独立权利要求的前序部分记载了“一种新式防盗窗”，因此其认为本专利应当包括普通窗的所有部件，而挡板是窗的基本部件，因此本专利的独立权利要求中记载有“挡板”这一特征，而权利要求2、4是援引自权利要求1的，因此权利要求1、2、4都不缺少“挡板”这一特征。对此，本院认为，专利法实施细则第22条第1款规定，发明或者实用新型的独立权利要求应当包括前序部分和特征部分，按照下列规定撰写：前序部分，写明要求保护的发明或者实用新型技术方案的主题名称和发明或者实用新型主题与最接近的现有技术共有的必要技术特征。因此，实用新型专利的独立权利要求的前序部分应当包括两部分内容，一是该实用新型技术方案的主题名称，二是该实用新型主题与最接近的现有技术共有的必要技术特征。“挡板”是与本实用新型的主题“防盗窗”有关的技术特征，并且如前所述，“挡板”是本专利的必要技术特征，因此即使陈海强、张延强认为现有的普通窗中都有“挡板”这一特征，该特征也属于本专利与最接近的现有技术共有的必要技术特征，该特征应当记载在独立权利要求的前序部分。

综上，本专利权利要求1缺少“挡板”这一必要技术特征，由于权利要求2、4都从属于权利要求1，并且在其限定部分也都没有载明“挡板”这一必要技术特征，因此权利要求1、2、4都缺少“挡板”这一必要技术特征，都不符合专利法实施细则第21条第2款的规定。

（3）本专利权利要求3是否符合专利法实施细则第20条第1款的规定。

专利法实施细则第20条第1款规定，“权利要求书应当说明发明或者实用新型的技术特征，清楚、简要地表述请求保护的范围”。对于从属权利要求，不仅要求该项权利要求本身应当清楚，还要求其引用关系应当清楚。

本专利权利要求3为“根据权利要求1所述的新式防盗窗，其特征是：挡板跟随窗棂可以整体调节。”因此本专利的权利要求3引用的是权利要求1，其限定部分是对“挡板”这一特征的进一步限定。但由于权利要求1缺少“挡板”这一必要技术特征，因此这种对“挡板”这一特征的进一步限定是不清楚的。并且，由于本专利权利要求书的类型为产品权利要求，因此权利要求书应当载明该产品应当具有的各个组成部件，还应当载明各个组成部件之间的连接关系。但在本专利的权利要求3中，挡板如何与防盗窗的其他部件连接并没有载明，因此同样是不清楚的。综上，本专利权利要求3不符合专利法实施细则第20条第1款的规定。

由于专利复审委员会已经根据至信公司提出的无效理由，依据专利法实施细则第21条第2款和第20条第1款的规定宣告本专利无效，因此已经没有必要再对本专利是否符合专利法第22条的规定进行审查，故陈海强、张延强的该项起诉理由缺乏事实和法律依据，本院不予支持。

综上，第10920号决定认定事实清楚，适用法律正确，程序合法，应予维持。原告的诉讼理由不能成立，其诉讼请求本院不予支持。依照行政诉讼法第54条第（1）项之规定，本院判决如下：

维持被告国家知识产权局专利复审委员会作出的第10920号无效宣告请求审查决定。

案件受理费100元，由原告陈海强、张延强负担（已交纳）。

如不服本判决，各方当事人可于本判决书送达之日起15日内，向本院提交上诉状及其副本，并交纳上诉案件受理费100元，上诉于北京市高级人民法院。

审　判　长　仪　军
代理审判员　王　晫
代理审判员　侯占恒
二〇〇九年三月二十日
书　记　员　王　溪

234

电动滚筒混凝土衬砌机

无效宣告请求审查决定（第 10921 号）

决　　定　　号 第 10921 号
决　　定　　日 2007 年 12 月 21 日
发明创造名称 电动滚筒混凝土衬砌机
国 际 分 类 号 E04G 21/02，E01C 7/14
无效宣告请求人 洛阳丽铭机器设备有限公司
专　利　权　人 耿福明，韩其华，祝凤山
专　　利　　号 200420097446.2
申　　请　　日 2004 年 11 月 5 日
授 权 公 告 日 2005 年 10 月 12 日
合 议 组 组 长 高　栋
主　　审　　员 姜　岩
参　　审　　员 郭建强

法　律　依　据 专利法第 22 条第 3 款、第 26 条第 4 款，专利法实施细则第 13 条第 1 款
决　定　要　点

权利要求书应当以说明书为依据，是指权利要求应当得到说明书的支持。权利要求书中的每一项权利要求所要求保护的技术方案应当是所属技术领域的技术人员能够从说明书充分公开的内容中得到或概括得出的技术方案，并且不能超出说明书公开的范围。

在对一项实用新型专利申请的创造性进行判断时，首先要将权利要求所述的技术方案和现有技术中最接近的一个技术方案进行特征分析并对相应的技术特征进行对比，找出它们之间存在的区别特征，进而考察该区别特征的引入是否给该实用新型的权利要求的技术方案带来了实质性特点和进步，如果是，该实用新型的权利要求具备创造性。

一、案由

本无效宣告请求涉及国家知识产权局于 2005 年 10 月 12 日授权公告的、名称为“电动滚筒混凝土衬砌机”的实用新型专利权（以下简称本专利），其专利号是 200420097446.2，申请日是 2004 年 11 月 5 日，专利权人是耿福明、韩其华、祝凤山。本专利授权公告时的权利要求书如下：

“1. 一种电动滚筒混凝土衬砌机，包括上下端分别带有行走机构的机架和安装在机架上的衬砌小车，其特征是：所述的至少一端的行走机构与导轨配合，行走机构及衬砌小车由电动机驱动。

2. 根据权利要求 1 所述的电动滚筒混凝土衬砌机，其特征是：机架包括主直架和其两端的连

接件。

3. 根据权利要求 2 所述的电动滚筒混凝土衬砌机，其特征是：所述的连接件为直架或通过上端上弯或上端下弯的变角模块。

4. 根据权利要求 1 或 2 或 3 所述的电动滚筒混凝土衬砌机，其特征是：机架上装有总控制柜，机架上端有滑导器和封闭滑触线，衬砌小车上的线路通过封闭滑触线和滑导器与总控制柜连接。

5. 根据权利要求 1 所述的电动滚筒混凝土衬砌机，其特征是：所述的衬砌小车上带有由电动机带动的销齿轮，机架上装有相应的槽型链轨道。

6. 根据权利要求 1 所述的电动滚筒混凝土衬砌机，其特征是：机架上安装有导向槽，衬砌小车上装有与导向槽配合的导向轮。

7. 根据权利要求 1 或 5 或 6 所述的电动滚筒混凝土上衬砌机，其特征是：所述衬砌小车包括安装在车架上的自行机构和衬砌机构，其衬砌机构通过弹性联接器与车架连接。

8. 根据权利要求 1 或 2 或 3 所述的电动滚筒混凝土衬砌机，其特征是：机架的两端通过升降调整机构与行走机构连接。

9. 根据权利要求 8 所述的电动滚筒混凝土衬砌机，其特征是：所述的升降调整机构包括与机架连接的连接板，上连接筒固定在连接板上，下连接筒套于上连接筒内，固定在上连接筒内、装有手轮的升降螺杆与下连接筒上的螺母配合。”

针对上述专利权，洛阳丽铭机器设备有限公司（以下简称请求人）于 2007 年 7 月 3 日向专利复审委员会提出无效宣告请求，认为本专利不符合专利法第 9 条、第 22 条第 1~3 款、第 26 条第 4 款以及专利法实施细则第 13 条第 1 款的规定，请求人同时提交了如下附件：

附件 1：本专利的实用新型专利说明书；

附件 2：授权公告日为 2007 年 5 月 23 日、授权公告号为 CN1317471C（专利号为 200410036064. 3）的中国发明专利说明书，共 11 页；

附件 3：授权公告日为 2005 年 7 月 13 日、授权公告号为 CN2709576Y（专利号为 200420040302. 3）的中国实用新型专利说明书，共 8 页；

附件 4：公告日为 1989 年 6 月 21 日、公告号为 CN2039727U（申请号为 88220120. 4）的中国实用新型专利申请说明书，共 17 页；

附件 5：成大先主编、化学工业出版社出版、2004 年 1 月第 1 版 2006 年 1 月第 3 次印刷的《机械设计手册》版权页、目录页、第 16-9~16-11、16-28~16-34 页的复印件，共 13 页；

附件 6：化学工业出版社于 1982 年 10 月第 2 版 1987 年 12 月第 4 次印刷的《机械设计手册》的版权页、目录页复印件，共 7 页。

请求人认为：（1）附件 2 公开的技术方案与本专利权利要求 2~9 的技术方案属于同样的发明创造、附件 3 的权利要求 6 的技术方案与本专利权利要求 2 和 3 的结合形成的技术方案属于同样的发明创造，不符合专利法第 9 条及专利法实施细则第 13 条第 1 款的规定；（2）权利要求 1 的主要技术特征，权利要求 2、3 的技术特征被附件 4 公开，因此权利要求 1~3 不具备新颖性和创造性；（3）附件 5 证明电动机作为动力源是公开技术；附件 6 证明从动力源输出动力到驱动机构之间有很多种传动方式。因此本专利权利要求 1 中“电动机驱动”的技术特征没有得到说明书的支持，不符合专利法第 26 条第 4 款的规定。

经形式审查合格，专利复审委员会依法受理了上述无效宣告请求，并于 2007 年 7 月 4 日向请求人和专利权人发出无效宣告请求受理通知书，同时将无效宣告请求书及其附件清单中所列附件的副本转送给专利权人，并要求专利权人在指定的期限内陈述意见。

请求人于2007年8月17日向专利复审委员会提交了意见陈述书，并补充了无效宣告的理由和证据，其中补充的证据为：

附件7：授权公告日2002年5月15日，授权公告号CN2491484Y（申请号为01246866.5）的中国实用新型专利说明书，共5页。

请求人认为：本专利权利要求1与附件4的区别在于采用电动驱动，但该区别特征被附件7公开了，因此，权利要求1相对于附件4和7的结合不具备创造性。

专利复审委员会依法成立合议组对本案进行审理。本案合议组于2007年9月26日向双方发出无效宣告请求口头审理通知书，定于2007年11月5日在专利复审委员会举行口头审理。

2007年10月11日，本案合议组向专利权人发出转送文件通知书，将请求人于2007年8月17日提交的意见陈述书及其所附附件的副本转送给专利权人。

口头审理如期举行，双方当事人均参加了口头审理，在口头审理中，双方当事人对对方出席人员的身份和资格没有异议，对合议组成员没有回避请求。专利权人没有提交权利要求书的修改文本，本次口头审理的文本是本专利授权公告时的权利要求书。请求人明确其无效的理由、范围以及证据的使用情况为：本专利权利要求3、4、8、9相对于附件2不符合专利法实施细则第13条第1款的规定；权利要求1相对于附件4、7的结合不符合专利法第22条第3款的规定，附件4为最接近的现有技术；使用附件5、6证明权利要求1不符合专利法第26条第4款的规定。请求人当庭放弃专利法第9条和专利法第22条第2款的无效理由，放弃单独使用附件4评价权利要求1~3创造性的无效理由，放弃使用附件3以及相关的无效理由。请求人当庭出示附件5、6的原件。专利权人当庭提交了意见陈述书，合议组当庭转给了请求人，请求人当庭签收。专利权人对附件2、4~7的真实性没有异议，对公开日期没有异议。双方就本专利权利要求1是否符合专利法第26条第4款、权利要求3、4、8、9是否符合专利法实施细则第13条第1款、权利要求1相对于附件4、7的结合是否具备创造性充分发表了意见。

口头审理结束后，专利权人于2007年11月28日提交了一份放弃专利权声明，声称放弃本实用新型专利的原权利要求3、4、8、9，并提交了修改后的权利要求1~5，修改后的权利要求书如下：

“1. 一种电动滚筒混凝土衬砌机，包括上下端分别带有行走机构的机架和安装在机架上的衬砌小车，其特征是：所述的至少一端的行走机构与导轨配合，行走机构及衬砌小车由电动机驱动。

2. 根据权利要求1所述的电动滚筒混凝土衬砌机，其特征是：机架包括主直架和其两端的连接件。

3. 根据权利要求1所述的电动滚筒混凝土衬砌机，其特征是：所述的衬砌小车上带有由电动机带动的销齿轮，机架上装有相应的槽型链轨道。

4. 根据权利要求1所述的电动滚筒混凝土衬砌机，其特征是：机架上安装有导向槽，衬砌小车上装有与导向槽配合的导向轮。

5. 根据权利要求1或3或4所述的电动滚筒混凝土上衬砌机，其特征是：所述衬砌小车包括安装在车架上的自行机构和衬砌机构，其衬砌机构通过弹性联接器与车架连接。”

至此，合议组认为本案事实已经清楚，可以作出审查决定。

二、决定的理由

1. 关于无效宣告理由

专利权人在口头审理结束后，于2007年11月28日提交了一份放弃专利权声明，声称放弃本实用新型专利的原权利要求3、4、8、9。

审查指南第四部分第三章第2.2节中规定：在无效宣告程序中，专利权人声明放弃从属权利要求的，视为专利权人承认该权利要求自始不符合专利法及其实施细则的有关规定，并且承认请求人对该权利要求的无效宣告请求。

鉴于请求人提出的无效宣告理由是本专利权利要求3、4、8、9不符合专利法实施细则第13条第1款的规定，合议组根据审查指南中的上述规定，认为专利权人已承认请求人对上述权利要求的无效请求。因此，本无效决定以下审查针对的无效宣告理由是：权利要求1相对于附件4、7的结合不符合专利法第22条第3款的规定；权利要求1不符合专利法第26条第4款的规定。

2. 审查文本认定

审查指南第四部分第三章4.6.3节中规定，在专利复审委员会作出审查决定之前，专利权人可以删除权利要求或者权利要求中包含的技术方案。

在口头审理之后，专利权人于2007年11月28日提交了修改的权利要求书，其修改方式为，删除了原权利要求3、4、8、9，其他权利要求重新编号为权利要求1~5。合议组经审查认为，此次修改的时机符合审查指南的有关规定，且这种修改的内容没有超出原说明书和原权利要求书记载的范围，也没有扩大原专利的保护范围，符合专利法第33条、专利法实施细则第68条及审查指南中的相关规定。因此，本无效决定以专利权人2007年11月28日提交的权利要求1~5为基础进行审查。

3. 关于证据和现有技术

请求人提交的证据包括附件4~7，附件4为专利文献，附件5~7为公开出版物，专利权人对附件4~7的真实性没有异议，对公开日期没有异议，且其公开日期均在本专利的申请日前，因此可以作为本专利的现有技术使用。

4. 关于专利法第26条第4款

专利法第26条第4款规定：权利要求书应当以说明书为依据，说明要求专利保护的范围。

权利要求书应当以说明书为依据，是指权利要求应当得到说明书的支持。权利要求书中的每一项权利要求所要求保护的技术方案应当是所属技术领域的技术人员能够从说明书充分公开的内容中得到或概括得出的技术方案，并且不能超出说明书公开的范围。

请求人认为：从附件5和6可知电动机的种类很多，传动方式也同样很多，本专利中电动机的种类和从动力源输出动力到驱动机构之间的传动方式在说明书中没有被详细的说明，因此，权利要求1不符合专利法第26条第4款的规定。

合议组经审查认为：本专利权利要求1的具体内容在本专利说明书正文第1页倒数第3段中公开了“本实用新型改变了传统的液压传动结构，使设备的结构大大减化、成本降低，同时可以通过电动机对衬砌小车的运行有一定的制动作用，从而使其行走速度稳定……还能在机架上安装电控的接触开关等，使本实用新型能够自动运行。”在说明书正文第2页最后一段中公开了本专利衬砌机中使用的电动机19、34、40、47、48等，结合附图10可知各电动机在衬砌机中所起的作用和运行的过程，另外在说明书正文第3页第2段中以具体实施方式的形式公开了本专利衬砌机采用电动机进行驱动和制动。电动机的种类及动力源到驱动机构之间的传动机构的种类是本领域的公知常识，而附件5和6的设计手册证明了这一点，因此本领域普通技术人员能够根据不同的设计的要求选择现有的电动机类型，权利要求1中所要求保护的技术方案是所属技术领域的技术人员能够从说明书充分公开的内容中得到的，因此，请求人关于本专利权利要求1不符合专利法第26条第4款的无效理由不成立。

5. 关于权利要求1相对于附件4、7是否具备创造性。

专利法第22条第3款规定：创造性，是指同申请日以前已有的技术相比，该发明有突出的实质性特点和显著的进步，该实用新型具有实质性特点和进步。

在对一项实用新型专利申请的创造性进行判断时，首先要将权利要求所述的技术方案和现有技术中最接近的一个技术方案进行特征分析并对相应的技术特征进行对比，找出它们之间存在的区别特征，进而考察该区别特征的引入是否给该实用新型的权利要求的技术方案带来了实质性特点和进步，如果是，该实用新型的权利要求具备创造性。

合议组经审查后认为：本专利要解决的技术问题之一是改变传统的衬砌机中采用的液压传动结构，使其设备结构简化、成本降低，同时通过电动机对衬砌小车的运行有一定的制动作用。权利要求1请求保护的是一种电动滚筒混凝土衬砌机，附件4（参见附件4权利要求1、2，说明书正文第2页倒数第9行到第4页第3行，第4页倒数第8行到第6页11行，第7页倒数第11行到该页倒数第5行）公开了一种渠道单坡混凝土衬砌机，并且具体公开了如下技术内容：该衬砌机包括上、下行走机构、作业机构，作业机构3的箱体12内装有振捣装置7、摊铺装置8，箱体12由型钢为架，钢板为墙焊接而成，因此附件4中的作业机构安装在机架上，作业机构（3）的箱体（12）通过左上方机械变比机构（2）与上行走机构（1）连接，箱体右下方与下行走机构（5）连接，因此权利要求1的“上下端分别带有行走机构的机架”也被附件4公开了。另外，附件4权利要求2中提到行走机构中的行走履带可以采用轨道车轮，由此可知，附件4中也公开了行走机构与导轨的配合。附件4说明书第4页中公开了衬砌机采用全液压系统。

由此可见，本专利权利要求1相对于附件4的区别在于：第一，本专利中采用衬砌小车，附件4中采用作业机构，并未公开安装在机架上的衬砌小车；第二，本专利中行走机构和衬砌小车均由电动机驱动，附件4中采用全液压系统。

附件7中公开了一种梯形渠道自动振捣砼衬砌机，并具体公开了如下技术内容：机架1的下面四角各有一个行走轮3，机架1上形成一个长方形骨架控制室，控制室内有电机、减速机、变速机和卷扬机，机架后部两角用夹板、转轴与撑杆底部相连，撑杆顶部通过导向滑轮8与渠岸大地连接，通过滑轮机构拉动模板和振捣体移动，通过振捣体振捣实模下的砼料。工作时，来料从模板前口均匀输入达到要求数量后，开动振动开关，振捣实模下砼料约一分钟，继续不断的输出料，开动卷扬机，拉动模板和振捣体12同步运行一次完成。由以上内容可知，附件7中公开了在衬砌机中采用电动机驱动实现拉动模板和振捣混凝土的工作方式。

合议组认为：附件7中同样没有公开衬砌小车以及机架的行走机构采用电动机驱动的技术特征。附件7中仅公开了衬砌机中的由模板、振捣体等构成的作业机构可由电动机驱动，并未公开行走机构由电动机驱动，而且虽然由模板、振捣体等构成的作业机构的作用类似于衬砌小车，均可起到摊铺、振捣等作用，但其并非本专利中整体安装、运动和控制的机架上的衬砌小车。其次，无论在附件4或者附件7中均未给出行走机构可以采用电动机驱动的技术启示，也没有使用沿机架运动的衬砌小车作为作业机构的任何启示。本领域的普通技术人员在附件4的基础上结合附件7也不能得到本专利权利要求1中的技术方案，而且权利要求1的技术方案可以达到一定的技术效果：衬砌小车整体安装、沿机架上下滑动，这样由衬砌小车实现的摊铺、振捣、抹平等工艺过程就可以沿架连续地进行，还可以由控制系统整体控制；另外，本专利中采用电动机驱动克服了现有技术中采用液压传动方式的衬砌机的技术缺陷，而且在起到动力源的作用同时还可以实现制动等效果。因此权利要求1相对于附件4和7的结合具有实质性特点和进步，具备专利法第22条第3款规定的创造性。

针对请求人认为的附件4振捣装置和摊铺装置相当于衬砌小车；作业机构相当于本专利的机架的理由；合议组认为：衬砌小车是一个相对于机架可相对移动的整体部件，而作业机构是固定于机架的多个部件的总称，虽然附件4中的作业机构从作用上来说也可以实现摊铺、振捣、抹平，但是由于作业机构的箱体是由钢架与沿钢架长度方向上焊接的板构成的箱体结构，其内设有的摊铺部件、振捣部件以及抹平部件等各部件在箱体内均是沿钢架长度方向分布的，且作业机构本身不沿钢架长度方向上移动，即二者没有相对运动，作业机构仅能随机架整体平移，不能像本专利的衬砌小车那样既可以沿机架长度方向移动，也可以随机架整体平移。因此，二者的结构不同、由于结构不同导致其工作过程也不同，请求人的上述理由不能成立。

根据上述的事实和理由，本案合议组依法作出以下决定。

三、决定

宣告200420097446.2号实用新型专利权利要求3、4、8、9无效，维持权利要求1、2、5~7有效，即在专利权人2007年11月28日提交的重新编号为权利要求1~5的基础上维持该专利权有效。

当事人对本决定不服的，可以根据专利法第46条第2款的规定，自收到本决定之日起3个月内向北京市第一中级人民法院起诉。根据该款的规定，一方当事人起诉后，另一方当事人应当作为第三人参加诉讼。

235

光纤传导液体罐群监控装置

无效宣告请求审查决定（第10927号）

决　　定　　号　第10927号
决　　定　　日　2007年12月24日
发明创造名称　光纤传导液体罐群监控装置
国 际 分 类 号　G08C 19/00，G01D 5/26，G01F 23/22，G02B 6/00，G05D 9/00
无效宣告请求人　承德市本特思达仪表有限公司
专　利　权　人　承德市本特顺达仪表有限公司
专　　利　　号　200520110389.1
申　　请　　日　2005年6月23日
授 权 公 告 日　2006年9月27日
合 议 组 组 长　杨军艳
主　　审　　员　刘　畅
参　　审　　员　佟仲明

法　律　依　据　专利法第22条第2款、第3款
决　定　要　点

如果一项权利要求与一篇现有技术之间的区别没有被其他证据公开，也不是本领域技术人员在不付出创造性劳动的情况下很容易得出的，那么该项权利要求相对于该篇现有技术而言具备创造性。

一、案由

本无效宣告请求涉及国家知识产权局于2006年9月27日授权公告的名称为"光纤传导液体罐群监控装置"的200520110389.1号实用新型专利（下称本专利），其申请日是2005年6月23日，专利权人是承德市本特顺达仪表有限公司。授权公告时的权利要求书如下：

"1. 一种光纤传导液体罐群监控装置，包括信号采集单元、数据处理控制单元及中央监控单元，所述信号采集单元采用光纤传导液位变送器，并通过光缆与数据处理控制单元连接，所述数据处理控制单元与中央监控计算机通过标准的RS232或RS422串行数据口连接，所述中央监控单元用于将智能数据处理器传送来的数据进行处理并对罐群状态参数进行监控，其特征在于：所述数据处理控制单元包括光电转换电路、放大整形电路、微处理器和输出电路，上述电路依次连接，光纤传导液位变送器送来的双路信号经光电转换电路转换成电信号，并通过放大整形电路输入所述微处理器进行判向计数。

2. 根据权利要求1所述的光纤传导液体罐群监控装置，其特征在于：所述中央监控单元包括中

央监控计算机、打印机和报警装置，所述计算机通过 RS232 或 RS422 将数据处理控制单元传送来的数据进行处理并对罐群状态参数进行监控，所述打印机和报警装置分别与中央监控计算机相连。

3. 根据权利要求 1 所述的光纤传导液体罐群监控装置，其特征在于：所述输出电路采用标准的 RS232 或 RS422，以串行数据方式连接中央监控单元。

4. 根据权利要求 1 所述的光纤传导液体罐群监控装置，其特征在于：所述输出电路将微处理器的输出信号转换成标准信号 4~20mA 输入至 A/D 采集板后输入至中央监控单元。

5. 根据权利要求 1 所述的光纤传导液体罐群监控装置，其特征在于：所述数据处理控制单元可连接控制输出模块，用于控制执行机构。

6. 根据权利要求 1 所述的光纤传导液体罐群监控装置，其特征在于：所述数据处理控制单元可连接报警输出模块，实现液位报警功能。

7. 根据权利要求 1 或所述的光纤传导液体罐群监控装置，其特征在于：所述数据处理控制单元包括显示模块，用于显示液体罐群的液位状态。"

针对本专利权，承德市本特思达仪表有限公司（下称请求人）于 2007 年 2 月 26 日向专利复审委员会提出了无效宣告请求，并提交了如下证据：

证据 1：ZL03258184. X 号中国实用新型专利说明书，其授权公告日为 2004 年 10 月 13 日；

结合上述证据，请求人认为：权利要求 1~4 相对于证据 1 不具备专利法第 22 条第 2 款所规定的新颖性，本专利的权利要求 1、5~7 相对于证据 1 不具备专利法第 22 条第 3 款所规定的创造性。

经形式审查合格，专利复审委员会受理了上述无效宣告请求，并于 2007 年 3 月 20 日向双方当事人发出了无效宣告请求受理通知书，随同无效宣告请求受理通知书将专利权无效宣告请求书及其附件清单中所列附件副本转送给专利权人，要求其在指定的期限内答复，并告知其期满未答复不影响专利复审委员会审理。

专利权人逾期未答复。

针对上述无效宣告请求，专利复审委员会依法成立合议组。本案合议组于 2007 年 6 月 1 日向双方当事人发出无效宣告请求口头审理通知书，告知双方当事人本案定于 2007 年 7 月 11 日举行口头审理。

口头审理如期举行，双方当事人均委托代理人参加了口头审理。

请求人当庭明确其无效宣告请求的理由为：权利要求 1~4 相对于证据 1 不具备专利法第 22 条第 2 款所规定的新颖性，本专利的权利要求 1、5~7 相对于证据 1 不具备专利法第 22 条第 3 款所规定的创造性。专利权人当庭表示对证据 1 的真实性予以认可。

关于权利要求 1，请求人认为证据 1 说明书中公开了本专利权利要求 1 的全部技术特征，因而权利要求 1 不具备新颖性和创造性，对此专利权人认为本专利权利要求 1 中没有证据 1 中的 4 倍频电路，因此本专利除了解决了权利要求 1 的技术问题外，还降低了成本。请求人表示 4 倍频电路把精度提高了 4 倍，如果不用可以实现本专利的发明目的，对此专利权人表示 4 倍频电路可提高精度不是本领域的公知常识，请求人也没有提交相关的证据来证明。4 倍频电路去掉之后电路变得简单，所以提高了可靠性，在本专利的说明书第 6 页倒数第 4 行可以证明去掉 4 倍频电路后没有降低精度。请求人表示本专利的 MPU 中含有 4 倍频电路，所以实际上并没有去掉 4 倍频电路，只是字面上没有写出来。对此专利权人表示 MPU 是一种微处理器，本专利并没有 4 倍频电路这个硬件，是通过微处理器中的软件提高精度的，微处理器可采用 MPU 和 MCU，此外，MPU 这个名词是本领域所公知的。请求人表示两组信号有相位差就可以实现信号的识别，证据 1 采用的 4 倍频电路可以最小识别到 45 度的信号。对此专利权人表示两个信号波相差 90 度的时候第一个波的波峰与第二个波的波谷是相对应的，这种情况下进行的判断是最准确的，并表示权利要求 1 所述的智能数据处理器就是说明书提到的微处理器。

关于权利要求 2、3、4，请求人认为证据 1 公开了权利要求 2、3、4 的附加技术特征，因此在权利要求 1 不具备新颖性的情况下，权利要求 2、3、4 也不具备新颖性。对此专利权人认可证据 1 公开了权利要求 2、3、4 的附加技术特征，应认为在权利要求 1 具备新颖性的情况下，权利要求 2、3、4 也具备新颖性。

关于权利要求 5、6、7，请求人认为证据 1 中给出了在工控机外面设置连接打印、报警、显示等装置的技术启示，因而权利要求 5、6、7 相对于证据 1 不具备创造性。对此专利权人认为证据 1 中的报警器是安装在工控机上的，而本专利中是连接在数据处理单元上的，系统灵活性更强，此外，本专利所述的显示模块与打印机不同，报表打印不是显示模块，只是一个打印功能而已，中央处理器是数据处理控制单元的组成部分。

双方当事人均对各自证据的使用方式和双方的证据能否影响本专利权利要求的新颖性、创造性充分发表了意见。

至此，合议组认为事实已经清楚，在此基础上，合议组经合议依法作出审查决定。

二、决定的理由

1. 关于证据和现有技术

证据 1 是中国实用新型专利说明书，其授权公告日在本专利的申请日之前，专利权人对证据 1 的真实性也表示认可，合议组经审查认为证据 1 可以作为本案证据使用，其上所记载的内容构成本专利的现有技术。

2. 关于新颖性

请求人认为本专利的权利要求 1~4 相对于证据 1 不具备专利法第 22 条第 2 款所规定的新颖性。

专利法第 22 条第 2 款规定：新颖性，是指在申请日以前没有同样的发明或者实用新型在国内外出版物上公开发表过、在国内公开使用过或者以其他方式为公众所知，也没有同样的发明或者实用新型由他人向国务院专利行政部门提出过申请并且记载在申请日以后公布的专利申请文件中。

具体就本案而言，本专利的权利要求 1 涉及一种光纤传导液体罐群监控装置。证据 1 也公开了一种高精度光纤油罐群监控装置，与本专利属于相同的技术领域。证据 1 具体公开了以下技术特征（见证据 1 说明书第 2 页第 1 段、第 3 页倒数第 2 段）：该装置包括数据采集、数据处理以及工控机和执行机构部分，其中数据采集部分采用光纤液位变送器，并通过光缆与数据处理部分连接，数据处理部分采用智能数据处理器，该智能数据处理器由光电转换与放大电路、整形电路、4 倍频电路和处理器 CPU 依次连接组成，其中光电转换与放大电路通过 4 根光缆与光纤液位变送器连接，处理器 CPU 通过电缆线与工控机连接，其连接方式或者采用以标准 RS232 或 RS422 串行数据方式直接连接工控机，或者采用先转换为标准信号 4~20mA 再由 A/D 采集板采集转换的方式连接工控机，当光纤液位变送器的测量单元感知到被测介质液位发生变化时，通过光码变送器转换，光缆传输线将两组相位差位 $\pi/4$ 光脉冲信号传送给智能处理器，智能处理器通过光电转换电路将光脉冲信号转变成电脉冲信号，再经放大整形后使之成为液位上升时的 F1 和液位下降时的 F2 两种矩形波信号，并被送入 4 倍频电路，由 4 倍频电路输出的信号被送入处理器 CPU 中进行数据处理，进行判向计数，最后由处理器 CPU 通过电缆以“直接”或“间接”两种方式之一将信息传送给工控机，工控机将传送来的数据进行处理，判向计数，并显示组态参数，同时通过 I/O 板连接控制执行机构，如此便直观、可靠地实现罐内液位的自动监测和控制。

将本专利权利要求 1 与证据 1 相比较可见，证据 1 中的工控机相当于权利要求 1 中的数据处理控制单元，证据 1 中的 I/O 板和执行机构相当于权利要求 1 中的中央监控单元。二者的区别在于：本专利中没有证据1中的4倍频电路，从而导致二者在数据传输及处理环节存在着差异，而这一差异导致权利要求1所限定的技术方案与证据1并不相同，并且上述区别也不属于本领域惯用手段的直接替换的情形，因而，权利要求1相对于证据1具备新颖性，符合专利法第22条第2款的规定。

在权利要求1具备新颖性的情况下，其从属权利要求2~4相对于证据1也具备新颖性，符合专利法第22条第2款的规定。

3. 关于创造性

专利法第22条第3款规定：创造性，是指同申请日以前已有的技术相比，该发明有突出的实质性特点和显著的进步，该实用新型有实质性特点和进步。

请求人认为本专利的权利要求1、5~7相对于证据1不具备创造性。

具体就本案而言，如上所述，本专利的权利要求1与证据1的区别在于：权利要求1中没有4倍频电路。根据证据1结合本领域的公知常识可以得知，4倍频电路在证据1中的作用是将信号放大，从而提高信号识别的精度。根据说明书的记载，本专利权利要求1中没有采用4倍频电路，而是采用先进的MPU的智能算法进行判向计数，简略了传统的烦琐4倍频电路，提高了电路的可靠性，节约了成本（见本专利说明书第6页倒数第2段）。因此合议组认为本领域技术人员在不付出创造性劳动的情况下难以在证据1的基础上得出这一区别特征，并得到权利要求1所述的技术方案。

关于请求人认为的不采用4倍频电路降低了信号识别的精度这一主张，合议组认为：请求人的这一主张并没有相应的证据支持，此外，如上所述，虽然本专利没有采用4倍频电路，但是采用了MPU中的算法实现了提高精度的目的，客观上还取得了简化电路、节约成本、提高系统的稳定性的优异效果，因此请求人的这一主张不能成立。

综上所述，权利要求1所限定的技术方案取得了比现有技术更优异的技术效果，因此权利要求1所限定的技术方案与证据1相比具备实质性特点和进步，符合专利法第22条第3款有关创造性的规定。

在权利要求1具备创造性的情况下，其从属权利要求5~7相对于证据1也具备创造性，符合专利法第22条第3款的规定。

综上所述，权利要求1~4相对于证据1具备新颖性，权利要求1、5~7相对于证据1具备创造性，请求人的无效宣告请求的理由不能成立。

三、决定

维持200520110389.1号实用新型专利权有效。

当事人对本决定不服的，可以根据专利法第46条第2款的规定，自收到本决定之日起三个月内向北京市第一中级人民法院起诉。根据该款的规定，一方当事人起诉后，另一方当事人应当作为第三人参加诉讼。